muamba ['mwẽbɐ] F **1** *bras* Schmuggel m **2** *Angola* (Fleisch- ou Fisch-)Soße f; ~ **de ginguba** Erdnusssoße f **muaneiro** [mwẽ'beru] M *bras* Schwarzh...

buzo ['buzu] M *bras* MÜS Bratsch...
bypass [bai'pas] M MED Bypass
byte ['baiti] M INFORM Byte n

cortar [kur'tar] ⟨1e⟩ *pão* schneiden; *fatia, bocado* abschneiden; *objeto* zer-, durchschneiden; *com serra*: (durch-, zer)sägen

chatear [ʃɐ'tjar] ⟨1l⟩ *fam (importunar)* nerven, anöden; *(aborrecer)* (ver)ärgern

margem ['marʒẽĩ] F *página*: Rand m; *(costa)* Küste f; *rio*: Ufer n

deprecar [depri'kar] ⟨1n; *Stv* 1c⟩ anflehen; DIR ersuchen um

dirigir [diri'ʒir] ⟨3n⟩ *empresa* leiten

der [dɛr], **dera** ['dɛrɐ] → dar

aterrissagem [atexi'saʒẽĩ] *bras* F → aterragem

▶ **pastel de nata**

Die **pastéis de nata** – auch **pastéis de Belém** genannt – sind typische portugiesische Puddingtörtchen. Am besten schmecken sie noch warm und mit einer Prise Zimt. Sie finden diese Köstlichkeiten in den meisten Konditoreien (**pastelarias**) und Cafés (**cafés**). Guten Appetit! ◀

Brasilianisches Portugiesisch und ...

Erklärende Hinweise und Stilebenenangaben in Kursivschrift

Genusangaben bei Übersetzungen

Angabe des Konjugationsschemas beim portugiesischen Verb

Verweise erleichtern das Auffinden der Grundform und von Wörtern mit verwandter Bedeutung

Info-Fenster mit Zusatzinfos zu Wortschatz, Grammatik und Landeskunde

Wörterbuch-Verlag Nr. 1:
Langenscheidt belegt lt. Marktforschungsinstitut media control GfK
den ersten Platz bei **Fremdsprachen-Wörterbüchern**.
Weitere Informationen dazu unter www.langenscheidt.de

Langenscheidt

Taschenwörterbuch Portugiesisch
Dicionário de Bolso Português

Langenscheidt

Dicionário de Bolso Português

Português – Alemão
Alemão – Português

Nova Edição completamente actualizada

Elaborada pela
Redacção da Editora Langenscheidt

Langenscheidt

Berlim · Munique · Viena · Zurique
Londres · Madrid · Nova-Iorque · Varsóvia

Langenscheidt

Taschenwörterbuch Portugiesisch

Portugiesisch – Deutsch
Deutsch – Portugiesisch

Völlige Neubearbeitung

Herausgegeben von der
Langenscheidt-Redaktion

Langenscheidt

Berlin · München · Wien · Zürich
London · Madrid · New York · Warschau

Neubearbeitung 2011:
Lexikografische Arbeiten:
Ana Mª Cortes Kollert, Kátia de Souza-Kirstein,
Dr. Charlotte Frei, Ekkehard Dengler, Kristina Würz
Beratend für angolanisches Portugiesisch:
Kaiser de Oliveira Barbosa

Info-Fenster:
Sumaika De Kallas Bueno, Dr. Charlotte Frei
Projektleitung: Barbara Epple

Neue deutsche Rechtschreibung nach den gültigen amtlichen Regeln
und DUDEN-Empfehlungen (Stand 1. 8. 2006)

Als Marken geschützte Wörter werden in diesem Wörterbuch
in der Regel durch das Zeichen ® kenntlich gemacht. Das Fehlen
eines solchen Hinweises begründet jedoch nicht die Annahme,
eine nicht gekennzeichnete Ware oder eine Dienstleistung sei frei.

Ergänzende Hinweise, für die wir jederzeit dankbar sind, bitten wir zu richten an:
Langenscheidt-Verlag, Postfach 40 11 20, 80711 München
redaktion.wb@langenscheidt.de

© 2011 Langenscheidt KG, Berlin und München
Typografisches Konzept nach: KOCHAN & PARTNER GmbH, München
Satz: Hagedorn medien[design], Stuttgart
Druck: Graphische Betriebe Langenscheidt, Berchtesgaden/Obb.
Printed in Germany
ISBN 978-3-468-11274-4

Inhaltsverzeichnis | Índice de Conteúdos

Vorwort	6
Prefácio	7
Hinweise für die Benutzer	8
Indicações para consulta	14
Die Aussprache des Portugiesischen	20
Besonderheiten des brasilianischen Portugiesisch	28
A pronúncia alemã	31
Terminações regulares dos substantivos alemães	36
Portugiesisch – Deutsch | Português – Alemão	**37**
Deutsch – Portugiesisch | Alemão – Português	**681**
Anhang	1304
Zahlen | Numerais	1305
Portugiesische Adjektive und Substantive	1307
Konjugation der portugiesischen Verben	1309
Verbos irregulares alemães	1329
Empfohlene neue Schreibweisen im Portugiesischen	1334
Verzeichnis der Info-Fenster	1337
Abkürzungen und Symbole | Abreviaturas e símbolos	1339

Vorwort

Mit dem vorliegenden **Taschenwörterbuch Portugiesisch** präsentiert der Verlag seinen „Klassiker" in einer völligen Neubearbeitung mit stark erweitertem Wortschatz und in der speziell für Langenscheidt neu entwickelten Wörterbuchgestaltung. Sie sorgt für optimale Lesbarkeit und ermöglicht besonders schnelles Nachschlagen in zweisprachigen Wörterbüchern.

Das deutsch-portugiesische Redaktionsteam hat sich bei der Neubearbeitung mit rund 105.000 Stichwörtern und Wendungen vor allem Aktualität, eine klare Struktur und ein hohes Maß an Benutzerfreundlichkeit zum Ziel gesetzt.

Im Mittelpunkt steht der heute allgemein gebräuchliche portugiesische und deutsche Wortschatz. Neu aufgenommen wurden hochaktuelle Begriffe aus allen wichtigen Lebensbereichen neben umgangssprachlichen und regionalen Varianten, insbesondere des europäischen und brasilianischen Portugiesisch. Die Schreibung des Deutschen folgt den gültigen amtlichen Regelungen und DUDEN-Empfehlungen. Die wichtigsten Merkmale der bisher nur in Brasilien angewendeten vereinheitlichten Rechtschreibung des Portugiesischen werden im Anhang erläutert.

Durch zahlreiche Hinweise zu Bedeutung, Grammatik und Aussprache in beiden Wörterbuchteilen sowie übersichtliche portugiesische und deutsche Verbtabellen im Anhang erfüllt das neue Taschenwörterbuch die Bedürfnisse sowohl von deutsch- als auch portugiesischsprachigen Benutzern.

Die Lautschriftangaben bei jedem portugiesischen Stichwort wurden komplett modernisiert. In der Regel folgt die Ausspracheangabe der portugiesischen Norm, nur bei rein brasilianischen Wörtern ist eine brasilianische Aussprache angegeben. Eine ausführliche Erklärung zu den verwendeten Lautschriftzeichen beider Sprachen befindet sich im Einleitungsteil des Wörterbuchs.

Abgerundet wird der hohe Informationsgehalt dieses Standardwerks durch über 80 Info-Fenster zur brasilianischen und portugiesischen Landeskunde sowie zu Wortschatz und Grammatik.

LANGENSCHEIDT VERLAG

Prefácio

Com este **Dicionário de Bolso Português**, a editora apresenta o seu já clássico dicionário numa edição completamente revista, actualizada e ampliada. A nova apresentação lexicográfica, elaborada especialmente para a Langenscheidt, optimiza a legibilidade e permite uma consulta extremamente rápida do dicionário bilingue.

O objectivo principal da equipa redactora luso-alemã que actualizou e ampliou esta nova edição com 105.000 palavras e expressões idiomáticas adicionais, foi conceber um dicionário de grande actualidade, claramente estruturado e fácil de consultar.

O vocabulário actual e comum do português e do alemão constitui o fulcro do dicionário. Foram incluídas novas entradas de grande actualidade de todas as áreas importantes, assim como variantes coloquiais e regionais, especialmente no que respeita ao Português falado em Portugal e no Brasil.
A ortografia alemã segue as regras oficiais em vigor e as recomendações do DUDEN. As características mais importantes da ortografia uniformizada do português, até à data apenas aplicada no Brasil, virá explicada no apêndice.

Com numerosas informações sobre significado, gramática e fonética em ambas as partes do dicionário, assim como informativas tabelas dos verbos alemães e portugueses no apêndice, o novo Dicionário de Bolso satisfaz as exigências dos utilizadores, sejam lusófonos ou falantes de alemão.
As transcrições fonéticas das entradas portuguesas foram completamente revistas e modernizadas. Em geral, a informação sobre a pronúncia segue a norma portuguesa. Apenas as palavras de uso exclusivamente no Brasil têm a transcrição da pronúncia brasileira. A parte introdutória do dicionário contém uma explicação detalhada dos sinais fonéticos utilizados em ambas linguas.

Nesta obra standard, foram acrescentados mais de 80 quadros informativos sobre Portugal e o Brasil, abrangendo temas geográficos, culturais e linguísticos de Portugal e do Brasil.

LANGENSCHEIDT EDITORA

Hinweise für die Benutzer

1 Alphabetische Reihenfolge

Die Stichwörter sind streng alphabetisch geordnet (mit Ausnahme mancher Feminininformen, die mit der maskulinen Form zusammengefasst sind, z. B. **alemão, alemã, cubano, cubana** etc.). Die deutschen Umlaute **ä, ö, ü** sind hierbei den Buchstaben **a, o, u** gleichgestellt.

An alphabetischer Stelle stehen auch die wichtigsten unregelmäßigen Formen der portugiesischen Verben, orthografische Varianten, Länder- und Eigennamen sowie Abkürzungen.

2 Rechtschreibung

Für die Schreibung der portugiesischen Wörter dienen die gültigen orthografischen Normen des europäischen Portugiesisch als Grundlage, für die deutschen Wörter die DUDEN-Empfehlungen auf der Basis der neuen deutschen Rechtschreibung, gültig seit dem 1.8.2006. Die portugiesische Rechtschreibreform, die zurzeit v. a. in Brasilien umgesetzt wird, wurde hier nur im Anhang berücksichtigt.

In diesem Wörterbuch wird der Bindestrich am Zeilenanfang wiederholt, wenn mit Bindestrich geschriebene Wörter getrennt werden:

... bolo-
-rei ...

3 Aussprache und Betonung

Die Aussprache der Stichwörter steht in eckigen Klammern: [ ], jeweils direkt nach dem Stichwort. Die Umschrift wird mit den Zeichen der Association Phonétique Internationale wiedergegeben, vgl. S. 20 ff. Die Betonung mehrsilbiger Wörter wird durch das Zeichen ' vor der betonten Silbe angezeigt:

abraço [ɐ'brasu] M̄ Umarmung f
'Ebbe [ˈɛbə] F̄ baixa-mar f, maré f vazia

Keine Lautschrift steht bei zusammengesetzten oder abgeleiteten deutschen Stichwörtern, wenn sich ihre Aussprache leicht aus den Wortelementen herleiten lässt (**Briefkasten, bearbeiten** usw.).

4 Grammatische Hinweise

Das Genus der Substantive (F̄, M̄, N̄) und andere Wortartangaben (ADJ, ADV, PRÄP, usw.) stehen nach dem Stichwort. Das Genus der Substantive ist auch bei den Übersetzungen stets angegeben (*f*, *m*, *n*):

> **magazine** [maga'zinɨ] M̄ Magazin *n*
> **mágico** ['maʒiku] **A** ADJ magisch; *fig*
>   zauberhaft **B** M̄ Magier *m*

Die regelmäßigen femininen Formen der portugiesischen und deutschen Substantive sind meist verkürzt angegeben:

> **autor(a)** [au̯'tor(ɜ)] M̄(F̄) Autor(in) *m(f)*
> **Chi'nese** [çi'ne:zə] M̄ ⟨-n⟩, **Chi'nesin**
>   F̄ chinês *m*, -esa *f*

Bei den deutschen Substantiven ist außer bei einer Anzahl regelmäßiger Endungen, vgl. S. 36, der Genitiv Singular sowie der Nominativ Plural angegeben, ggf. mit Varianten:

> **Blatt** N̄ ⟨-(e)s; ¨er; *als Maß*: 3 -⟩ folha *f* = des Blattes
>   bzw. des Blatts; die Blätter, aber: 3 Blatt
> **La'bor** [la'boːr] N̄ ⟨-s; -s *od* -e⟩ laboratório *m* = des
>   Labors; die Labors oder Labore
> **Lärm** [lɛrm] M̄ ⟨-(e)s; *o. pl*⟩ ruído *m*, barulho *m* = des
>   Lärms; kein Plural

Bei den zusammengesetzten deutschen Substantiven stehen diese Angaben nur, wenn die Formenbildung von der der Grundwörter abweicht:

> **'Landsmann** M̄ ⟨-(e)s; -leute⟩

Zahlen und Buchstaben bei den portugiesischen Verben verweisen auf die Konjugationstabellen im Anhang des Wörterbuches:

> **maçar** [mɜ'sar] ⟨1p; *Stv* 1b⟩ zerstampfen

Bei den deutschen Verben wird das Hilfszeitwort ‚sein' für das Perfekt mit ⟨s.⟩ angegeben. Verben, deren Partizip nicht mit vorangestelltem **ge-** gebildet wird, sind mit ⟨-⟩ gekennzeichnet:

> **er'wachen** ⟨-; s.⟩ despertar, acordar

Wird in der 2. und 3. Person Singular Präsens ein -e- vor der Endung eingeschoben, ist dies angegeben:

> **'regnen** ['re:gnən] ⟨-e-⟩ chover (= es regnete)

Ebenso der Wechsel von -el- bzw. -er- zu -le bzw. -re in der 1. Person Singular:

> **'lächeln** ['lɛçəln] V/I ⟨-le⟩ sorrir (= lächle)

Im Anhang sind die wichtigsten unregelmäßigen Verben im Deutschen aufgelistet.

5 Erläuternde Hinweise und Sachgebiete

Erläuternde Hinweise in kursiver Schrift erleichtern die Wahl der richtigen Übersetzung. Dazu gehören Wörter, die üblicherweise mit dem Stichwort im Satz kombiniert werden:

> **'ablehnen** recusar; *Einladung* declinar; *Erbschaft* renunciar a; *Antrag* indeferir; *Verantwortung* não tomar; *Vorschlag* rejeitar

Nach Oberbegriffen oder allgemeinen Erklärungen steht ein Doppelpunkt:

> **barra** ['baʁɐ] A F ... 2 *de ferro:* (Eisen)-Stange *f*; *de ouro:* (Gold)Barren *m*; *sabão etc:* Stück *n*

Synonyme stehen stets in Klammern:

> **Abbildung** F (*Bild*) gravura *f*, ilustração *f*; estampa *f*; (*Bildnis*) retrato *m*; (*Darstellung*) representação *f*

Sachgebiete werden – meistens abgekürzt – in verkleinerten Großbuchstaben angegeben:

> **'Mandel** ['mandəl] F ⟨-; -n⟩ BOT amêndoa *f*; ANAT amígdala *f*

6 Präpositionen und Kasusangaben

Die zum Verb gehörenden Präpositionen bzw. die Kasusangaben im Deutschen werden vor allem dann aufgeführt, wenn sich beide Sprachen hierin unterscheiden. Bei deutschen Präpositionen, denen verschiedene Kasus folgen können, ist der jeweils vom Verb verlangte Kasus angegeben:

queixar-se [kʒi'ʃarsɨ] ⟨1a⟩ sich beklagen (*ou* beschweren) (**a** bei, **de** über *ac*)

Reflexive Verbformen sind meist nur angezeigt, wenn sich ihre Bedeutung nicht direkt erschließen lässt.
In der Regel steht das deutsche **sich** in unpersönlichen Wendungen für ein Pronomen im Akkusativ. Nur wenn **sich** für einen Dativ steht, ist dieser angegeben:

apropriar [ɐprupri'ar] ⟨1g⟩ … **~-se de a/c** sich (*dat*) etw aneignen
(= <u>ich</u> eigne <u>mir</u> etwas an, <u>du</u> eignest <u>dir</u> etwas an, etc.)

7 Lexikografische Zeichen

~ Die Tilde vertritt das Stichwort innerhalb des Artikels.

algo ['aɫgu] **A** PRON etwas; **~ (de) belo** etwas Schönes **B** ADV ein wenig, etwas
grau [graʊ] ADJ cinzento; … **~ werden, ~e Haare bekommen** encanecer

¨ Die zwei Punkte über dem Strich zeigen den Umlaut an:

Gras [graːs] N ⟨-es; ¨er⟩ = Pl. die Gräser

≈ Die doppelte Tilde bedeutet „entspricht etwa, vergleichbar mit":

queijo … **~ flamengo**, *bras* **~ do reino**
≈ Edamer *m*

1, 2, 3 Gleichgeschriebene Stichwörter mit unterschiedlicher Bedeutung sind getrennt aufgeführt und mit Hochzahlen gekennzeichnet:

'Kiefer¹ [ˈkiːfər] M̄ ANAT …
'Kiefer² F̄ ⟨-; -n⟩ BOT …

A, **B** Grammatische Unterscheidungen werden mit Buchstaben gegliedert:

abaixo [ɐˈbajʃu] **A** ADV unten … **B** INT
~! nieder! **C** PREP **~ de** unter(halb *gen*)

1, **2** Übersetzungen mit stark unterschiedlicher Bedeutung sind durch arabische Zahlen gegliedert:

barragem [bɐˈʁaʒɐ̃ĩ] F̄ **1** Sperre *f*; Absperrung *f* **2** *água*: Wehr *n*; Staudamm *m*; Talsperre *f*

; Der Strichpunkt trennt in der Bedeutung voneinander abweichende Übersetzungen:

cor¹ [kor] F̄ Farbe *f*; *fig* Anstrich *m*

, Das Komma verbindet sehr ähnliche Übersetzungen:

geˈschickt ADJ hábil, jeitoso

/ Der Schrägstrich trennt Varianten einer Wendung und ihrer Übersetzung:

geˈlaunt [ɡəˈlaʊnt] disposto; **gut/schlecht** bem/mal disposto

⟨ ⟩ Die spitzen Klammern enthalten grammatische Angaben:

cão [kɐ̃ũ] *m* ⟨*pl* cães [kɐ̃ĩʃ]⟩ Hund *m*
Gras [ɡraːs] N̄ ⟨-es; ⸚er⟩ …

( ) Die runden Klammern zeigen orthografische Varianten, Synonyme des zu übersetzenden Worts oder mögliche Ergänzungen:

bip(e) [ˈbip(i)] M̄ TEL Piepser *m*

Sa'lat [zaˈlaːt] M̄ ⟨-(e)s; -e⟩ salada *f*;
(*Kopfsalat*) alface *f*
'Grundstück N̄ ⟨lote *m* de⟩ terreno *m*

→ Der Pfeil bedeutet *siehe*.

8 Info-Fenster

Kurze informative Zusatztexte behandeln wichtige und interessante Themen aus den Bereichen Wortschatz und Sprachgebrauch, aber auch aus Landeskunde und Kultur der portugiesischsprachigen Welt. Sie befinden sich im Wörterbuch stets nahe beim Stichwort, auf das sie sich beziehen. Ein nach Stichwörtern alphabetisch geordnetes Verzeichnis der Info-Fenster befindet sich im Anhang.

▶ **pastel de nata**

Die **pastéis de nata** – auch **pastéis de Belém** genannt – sind typische portugiesische Puddingtörtchen. Am besten schmecken sie noch warm und mit einer Prise Zimt. Sie finden diese Köstlichkeiten in den meisten Konditoreien (**pastelarias**) und Cafés (**cafés**). Guten Appetit! ◀

▶ **Begeisterung**

So können Sie Ihre Begeisterung ausdrücken:

Es gefällt mir hier sehr gut.	**Gosto muito do sítio.**
Die Altstadt / die Musik hat mir sehr gefallen.	**Gostei muito do centro da cidade / da música.**
Das ist wunderbar!	**É maravilhoso!**
... ist ein Traum!	**... é de sonho!**
Das ist (voll) cool! (*Jugendsprache*)	**Fixe!, Porreiro!** *bras:* **Muito legal!**, *auch:* **Beleza!**

Indicações para consulta

1 Ordem alfabética

A ordem alfabética foi rigorosamente observada (com excepção de algumas formas femininas, apresentadas junto ao masculino, p. ex. **alemão, alemã, cubano, cubana** etc.). As metafonias alemãs **ä**, **ö**, **ü** foram tratadas como as vogais simples **a**, **o**, **u**. Inseridas na ordem alfabética encontram-se também as principais formas irregulares dos verbos portugueses, variantes ortográficas, nomes geográficos, nomes próprios e abreviaturas.

2 Ortografia

A ortografia das entradas em língua portuguesa baseia-se nas normas actualmente em vigor do português europeu, a das entradas em língua alemã, nas recomendações do DUDEN, com base na nova ortografia do alemão, válida desde 1-8-2006. A reforma ortográfica do português, que está actualmente a ser implementada, sobretudo no Brasil, não foi ainda tida em conta nesta edição do dicionário, mais é apresentada no apêndice. Neste dicionário é repetido o hífen no início da linha sempre que forem separadas palavras compostas hifenizadas:

```
... bolo-
-rei ...
```

3 Pronúncia e Acento

A pronúncia das entradas lexicais é indicada entre parênteses rectos [ ], imediatamente após a entrada. São utilizados os simbolos fonéticos da Association Phonétique Internationale (IPA), vide pág. 31 e ss.

abraço [ɐ'brasu] M̄ Umarmung f
'Ebbe [ˈɛbə] F̄ baixa-mar f, maré f vazia

Não é indicada a transcrição fonética de palavras compostas ou derivadas cuja pronúncia possa ser facilmente obtida a partir dos seus componentes (**Briefkasten**, **bearbeiten** etc.). Uma lista dos prefixos e sufixos alemães mais frequentes encontra-se na pág. 34 s.

Na transcrição fonética, a sílaba acentuada é precedida pelo sinal de acento '. Em alemão, sobretudo quando o acento não recaia na primeira sílaba, o sinal de acento é dado também nas entradas. Nos grupos de palavras derivadas ou compostas, é preciso observar eventuais modificações no acento: **Foto'graf, Fotogra'fie, fotogra'fieren, 'Fotohandy**.

4 Indicações gramaticais

O género dos substantivos (F̄, M̄, N̄) e, eventualmente, outras categorias lexicais (ADJ, ADV, PRÄP, etc.) encontram-se depois da entrada. O género dos substantivos é também indicado depois das traduções (f, m, n):

magazine [maga'zinɨ] M̄ Magazin n
mágico ['maʒiku] A ADJ magisch; fig
zauberhaft B M̄ Magier m

As formas femininas regulares dos substantivos portugueses e alemães são, em geral, apresentadas de forma abreviada:

autor(a) [au̯'tor(ɜ)] M̄(F̄) Autor(in) m(f)
Chi'nese [çi'ne:zə] M̄ ⟨-n⟩, **Chi'nesin**
F̄ chinês m, -esa f

Para os substantivos alemães são indicadas geralmente a forma do genitivo singular e do nominativo plural. Alguns paradigmas regulares encontram-se descritos na pág. 36. No caso de haver variantes no genitivo ou plural, ambas formas são indicadas e separadas por *od*:

Blatt N̄ ⟨-(e)s; ¨-er; *als Maß*: 3 -⟩ folha f
= des Blattes *ou* des Blatts; die Blätter, aber: 3 Blatt
La'bor [la'bo:r] N̄ ⟨-s; -s *od* -e⟩ laboratório m
= des Labors; die Labors *ou* Labore
Lärm [lɛrm] M̄ ⟨-(e)s; *o. pl*⟩ ruído m, barulho·m
= des Lärms; *sem plural*

Os substantivos compostos alemães só têm estas indicações, se as suas formas diferir das formas indicadas nos radicais:

'Landsmann M̄ ⟨-(e)s; -leute⟩

Os números e letras que acompanham cada verbo português referem-se aos paradigmas de conjugação que se encontram no apêndice.

maçar [mɐˈsar] ⟨1p; *Stv* 1b⟩ zerstampfen

Os verbos alemães com o auxiliar ‚sein' para a formação do perfeito têm a indicação ⟨s.⟩ Não se indica o uso, mais frequente, de ‚haben'. Verbos cujo particípio não seja formado pelo prefixo **ge-** são assinalados com ⟨-⟩:

er'wachen ⟨-; s.⟩ despertar, acordar

Se as formas da 2ª e 3ª pessoa do presente singular precisam de um *-e-* interposto, se indica:

'regnen [ˈreːɡnən] ⟨-e-⟩ chover (= regnete)

A transformação de *-el-* o *-er-* em *-le* o *-re* na 1ª pessoa do presente singular se indica assim:

'lächeln [ˈlɛçəln] V̄/Ī ⟨-le⟩ sorrir (= lächle)

No apêndice, encontra-se uma lista dos verbos irregulares alemães.

5 Indicações explicativas e áreas de aplicação

Indicações explicativas em itálico facilitam a selecção da tradução correcta, como por exemplo termos geralmente usados com a entrada lexical:

'ablehnen recusar; *Einladung* declinar; *Erbschaft* renunciar a; *Antrag* indeferir; *Verantwortung* não tomar; *Vorschlag* rejeitar

Conceitos genéricos e explicações gerais são seguidos de dois pontos:

barra [ˈbaʁɐ] Ⓐ F̄ ... ❷ *de ferro*: (Eisen)-Stange *f*; *de ouro*: (Gold)Barren *m*; *sabão etc*: Stück *n*

Sinónimos são sempre indicados entre parênteses:

Abbildung F̄ (*Bild*) gravura *f*, ilustração *f*; estampa *f*; (*Bildnis*) retrato *m*; (*Darstellung*) representação *f*

As áreas de aplicação da respectiva entrada lexical são indicadas em maiúsculas pequenas:

> **'Mandəl** ['mandəl] F̄ ⟨-; -n⟩ BOT
> amêndoa *f*; ANAT amígdala *f*

6 Preposições e (em alemão) indicação do caso

A regência está indicada sempre que não coincida nos dois idiomas. Das preposições alemãs só levam a indicação do caso as que podem reger dois casos diferentes:

> **queixar-se** [kɜi'ʃaɾsi] ⟨1a⟩ sich bekla-
> gen (*ou* beschweren) (**a** bei, **de** über *ac*)

Os verbos reflexivos só são indicados nos casos em que a sua utilização não seja idêntica em alemão e em português.
O pronome **sich** alemão é geralmente reflexivo e representa um acusativo. Por conseguinte, são apenas assinalados os casos em que **sich** represente um dativo:

> **apropriar** [ɜprupri'ar] ⟨1g⟩ ... **~-se de**
> **a/c** sich (*dat*) etw aneignen
> (= ich eigne <u>mir</u> etwas an, du eignest <u>dir</u> etw an, etc.)

7 Sinais lexikograficos

~ O til representa a entrada lexical dentro do artigo:

> **algo** ['aɫgu] **A** P̄R̄ŌN etwas; **~ (de) belo**
> etwas Schönes **B** ĀD̄V̄ ein wenig, etwas
> **grau** [graʊ] ĀD̄J̄ cinzento; ... **~ werden,**
> **~e Haare bekommen** encanecer

⸚ Os dois pontos sobre o traço indicam a metafonia alemã:

> **Gras** [gra:s] N̄ ⟨-es; ⸚er⟩ = Pl. die Gräser

≈ O til duplo significa „corresponde a, é semelhante a":

queijo ... **~ flamengo**, *bras* **~ do reino**
≈ Edamer *m*

¹,²,³ Entradas lexicais homónimas encontram-se diferenciadas por algarismos pospostos:

'Kiefer¹ ['ki:fər] M̄ ANAT ...
'Kiefer² F̄ ⟨-; -n⟩ BOT ...

A, **B** As categorias gramaticais encontram-se diferenciadas por letras:

abaixo [ɐ'baiʃu] **A** ADV unten ... **B** INT
~! nieder! **C** PREP **~ de** unter(halb *gen*)

1, **2** Acepções claramente distintas de uma entrada lexical são numeradas com algarismos árabes antepostos:

barragem [bɐ'ʁaʒĩ] F̄ **1** Sperre *f*; Absperrung *f* **2** *água*: Wehr *n*; Staudamm *m*; Talsperre *f*

; O ponto e vírgula separa as várias acepções de uma entrada:

cor¹ [kor] F̄ Farbe *f*; *fig* Anstrich *m*

, Traduções análogas ou semelhantes são juntas por uma vírgula:

ge'schickt ADJ hábil, jeitoso

/ A barra diagonal separa variantes de uma expressão e da sua tradução:

ge'launt [gə'laʊnt] disposto; **gut/schlecht** bem/mal disposto

⟨ ⟩ Os parênteses angulares contêm informações gramaticais:

cão [kɐ̃ũ] *m* ⟨*pl* **cães** [kɐ̃ĩʃ]⟩ Hund *m*

ge'langen [gə'laŋən] ⟨-; s.⟩ chegar
Gras [gra:s] N̄ ⟨-es; ⸚er⟩ ...

( ) Os parênteses curvos contêm variantes ortográficas, sinónimos da entrada ou complementos fraseológicos:

bip(e) ['bip(i)] M̄ TEL Piepser *m*
Sa'lat [za'la:t] M̄ ⟨-(e)s; -e⟩ salada *f*; (*Kopfsalat*) alface *f*
'Grundstück N̄ (lote *m* de) terreno *m*

→ A seta significa *veja, vide*.

8 Quadros informativos

Breves textos informativos adicionais tratam temas importantes e interessantes de carácter linguístico, geográfico e cultural do mundo lusófono. Estes encontram-se no dicionário sempre junto à entrada a que se referem. O apêndice inclui um índice alfabético dos quadros informativos.

▶ **pastel de nata**

Die **pastéis de nata** – auch **pastéis de Belém** genannt – sind typische portugiesische Puddingtörtchen. Am besten schmecken sie noch warm und mit einer Prise Zimt. Sie finden diese Köstlichkeiten in den meisten Konditoreien (**pastelarias**) und Cafés (**cafés**). Guten Appetit! ◀

▶ **Begeisterung**

So können Sie Ihre Begeisterung ausdrücken:

Es gefällt mir hier sehr gut.	**Gosto muito do sitio.**
Die Altstadt / die Musik hat mir sehr gefallen.	**Gostei muito do centro da cidade / da música.**
Das ist wunderbar!	**É maravilhoso!**
... ist ein Traum!	**... é de sonho!**
Das ist (voll) cool! (*Jugendsprache*)	**Fixe!, Porreiro!** *bras:* **Muito legal!**, *auch:* **Beleza!** ◀

Die Aussprache des Portugiesischen

Die Aussprache portugiesischer Wörter wird in diesem Wörterbuch mithilfe des Internationalen Phonetischen Alphabets (IPA) wiedergegeben. Die phonetische Umschrift ist jeweils in eckige Klammern gesetzt. Das Zeichen ' steht unmittelbar vor der betonten Silbe. Zur brasilianischen Aussprache vgl. S. 28 ff.

1 Einfache Oralvokale

Oralvokale sind Vokale, bei deren Artikulation die Luft nur durch den Mund ausströmt. Während das Deutsche außer in Fremdwörtern ausschließlich solche Vokale kennt, ist es im Portugiesischen wichtig, diese von den Nasalvokalen (s. unten) zu unterscheiden, bei denen gleichzeitig auch durch die Nase ausgeatmet wird.

a	wie deutsches **a** in **Fass**	**arte** ['artɨ], **cá** [ka]
ɐ	etwa wie der zweite Vokal in dt. **Bruder**, aber geringfügig weniger offen	**ali** [ɐ'ɫi], **cada** ['kadɐ] **humano** [u'mɐnu]
ɛ	wie deutsches **e** in **Nest**	**eco** ['ɛku], **perto** ['pɛrtu], **pé** [pɛ]
e	wie deutsches **ee** in **See**	**ele** ['eli] **cortês** [kur'teʃ]
i	wie deutsches **i** in **Stil** (wird in unbetonter Silbe außer am Wortanfang häufig durch [ɨ] ersetzt, wenn die folgende Silbe ein weiteres [i] enthält, bzw. kann dann wie [ɨ] verstummen)	**liso** ['ɫizu], **ouvi** [o'vi] **igual** [i'gwaɫ] **elenco** [i'ɫẽku] **utilizar** [utiɫi'zar] (auch: [ut(ɨ)ɫi'zar])
ɨ	ähnlich wie deutsches **e** in **Brise**, aber deutlich geschlossener (tritt nur in unbetonten Silben auf und entfällt sehr oft, besonders am Wortanfang und -ende)	**estado** [ɨʃ'tadu, 'ʃtadu], **comemorar** [kum(ɨ)mu'rar], **noite** ['noit(ɨ)]
ɔ	wie deutsches **o** in **Topf**	**obra** ['ɔbrɐ], **avó** [ɐ'vɔ]
o	wie deutsches **o** in **Brot**	**olho** ['oʎu], **pouco** ['poku], **avô** [ɐ'vo]
u	wie deutsches **u** in **Fuß** (in unbetonten Silben häufig stimmlos ausgesprochen: **portanto** [pᵘr'tɐ̃tᵘ][1])	**chuva** ['ʃuvɐ] **dormir** [dur'mir] **uso** ['uzu], **tu** [tu]

(1) (Unbetontes [u] kann nach einem Reibelaut ganz verstummen und macht sich dann nur durch dessen Rundung bemerkbar: **vejo** ['vɐiʒu, vɐiʒ^w]).

Die Aussprache unbetonter Anfangssilben, die **e-**, **he-**, **o-** oder **ho-** geschrieben werden oder mit diesen Buchstaben beginnen, kann von Sprecher zu Sprecher variieren. So wechselt in manchen Wörtern [e] mit [i] und/oder [ɛ], in anderen [o] mit [ɔ]: **equivalente** [ikivɜ'ɫẽti, ekivɜ'ɫẽti]; **elite** [e'ɫiti, ɛ'ɫiti]; **ocasião** [okɜ'zjɐ̃ũ, ɔkɜ'zjɐ̃ũ].

2 Orale Diphthonge

Im Portugiesischen gibt es eine ganze Reihe von Doppelvokalen (Diphthongen), die im Deutschen nicht vorkommen. Dabei ist zu beachten, dass aus dem Deutschen bekannte Buchstabenkombinationen wie etwa -**ei**- oder -**eu**- im Portugiesischen anderen Lauten entsprechen. Die Doppelvokale werden in einer Silbe gesprochen, also nicht als zwei getrennte Laute wie z. B. das -**eu**- in dt. **Museum**.

ai	etwa wie **ei** in dt. **Seil**: erster Bestandteil wie in dt. **Fass**, zweiter wie in dt. **Stil**	**gaivota** [gai'vɔtɜ] **pai** [pai]
ɐi	erster Bestandteil etwa wie der zweite Vokal in dt. **Bruder**, aber geringfügig weniger offen, zweiter Bestandteil wie in dt. **Stil**[(1)]	**ribeiro** [ʁi'bɐiru] **êxito** ['ɐizitu]
ɛi	etwa wie **äi** in dt. **hebräisch**: erster Bestandteil wie in dt. **Nest**, zweiter wie in dt. **Stil**[(2)]	**papéis** [pɜ'pɛiʃ] **hotéis** [ɔ'tɛiʃ]
ɔi	etwa wie **eu** in dt. **Zeug**: erster Bestandteil wie in dt. **Topf**, zweiter wie in dt. **Stil**	**boina** ['bɔinɜ]
oi	etwa wie **oi** in dt. **heroisch**: erster Bestandteil wie in dt. **Brot**, zweiter wie in dt. **Stil**	**oito** ['oitu], **coisa** ['koizɜ], **dois** [doiʃ]
ui	etwa wie deutsches **ui** in dt. **hui**: erster Bestandteil wie in dt. **Fuß**, zweiter wie in dt. **Stil**	**uivo** ['uivu] **fui** [fui]

au	etwa wie deutsches **au** in **Haus**: erster Bestandteil wie in dt. **Fass**, zweiter wie in dt. **Fuß**	**pau** [pau] **aumento** [au'mẽtu]
ɐu	erster Bestandteil etwa wie der zweite Vokal in dt. **Bruder**, aber geringfügig weniger offen, zweiter Bestandteil wie in dt. **Fuß**	**saudável** [sɐu'davɛɫ]
ɛu	etwa wie **äu** in dt. **Jubiläum**: erster Bestandteil wie in dt. **Nest**, zweiter wie in dt. **Fuß**	**céu** [sɛu], **véu** [vɛu]
eu	etwa wie **eu** in dt. **Museum**: erster Bestandteil wie in dt. **See**, zweiter wie in dt. **Fuß**	**europeu** [euru'peu] **teu** [teu]
iu	etwa wie **iu** in dt. **triumphal**: erster Bestandteil wie in dt. **Stil**, zweiter wie in dt. **Fuß**	**viu** [viu] er/sie sah **riu** [ʁiu] er/sie lachte

(1) Unbetontes [ɐi] am Wortanfang kann vor **x** entfallen: **externo** [ɐiʃ'tɛrnu, ʃ'tɛrnu].
(2) Besonders in Lissabon wird statt [ɛi] häufig [ɐi] gesprochen: **hotéis** [ɔ'tɛiʃ, ɔ'tɐiʃ].

Wo die betreffenden Lautschriftzeichen nicht durch einen Bogen verbunden sind, werden aufeinanderfolgende Vokale in verschiedenen Silben gesprochen. Die Umschrift [fɐiʃ'kar] zeigt zum Beispiel an, dass das Wort **faiscar** dreisilbig ist.

3 Einfache Nasalvokale

Eine Besonderheit des Portugiesischen sind seine zahlreichen Nasalvokale, bei denen im Unterschied zu den Oralvokalen ein Teil der Atemluft durch die Nase entweicht. Jeder Nasalvokal hat ein orales Gegenstück mit im Wesentlichen gleicher Klangfarbe. Eine Annäherung stellen die Vokale in dt. **Hang**, **eng**, **ging**, **Gong** und **Schwung** dar. Allerdings berührt bei den portugiesischen Nasalvokalen die Zunge den hinteren Gaumen nicht, es ist also kein **-ng** [ŋ] zu hören. Nur vor den Verschlusslauten [p], [t], [k], [b], [d], [g] wird nach einem nasalen Vokal auch ein flüchtiger nasaler Konsonant gesprochen: **ponto** ['põⁿtu], **nunca** ['nũᵑkɐ], **membro** ['mẽᵐbru]. Diese Übergangslaute erfüllen jedoch keine Funktion und werden im Wörterverzeichnis daher nicht angegeben.

Die korrekte Bildung der portugiesischen Nasalvokale ist nicht nur für eine typische Aussprache wichtig, sondern oft auch für die Unterscheidung ansonsten gleich lautender Wörter, z. B. **dom** [dõ] *Gabe* und **dou** [do] *ich gebe*, **vim** [vĩ] *ich kam* und **vi** [vi] *ich sah*.

ã	nasales Gegenstück zu [ɐ], ähnlich wie in frz. **fin**	**âncora** [ˈɐ̃kurɐ] **andar** [ɐ̃ˈdar], **lã** [lɐ̃]
ẽ	nasales Gegenstück zu [e] (also nicht wie in frz. **en**)	**ênfase** [ˈẽfɐzɪ] **tenda** [ˈtẽdɐ]
ĩ	nasales Gegenstück zu [i] (also nicht wie in frz. **fin**)	**lindo** [ˈɫĩdu] **fim** [fĩ]
õ	nasales Gegenstück zu [o], wie in frz. **bon**	**bom** [bõ] **longe** [ˈɫõʒɪ]
ũ	nasales Gegenstück zu [u] (also nicht wie in frz. **un**)	**mundo** [ˈmũdu] **comum** [kuˈmũ]

4 Nasale Diphthonge

Sowohl der betonte erste als auch der unbetonte zweite Bestandteil des Diphthongs wird nasal ausgesprochen.

ɐ̃ĩ	erster Bestandteil ähnlich wie in frz. **fin**, zweiter wie in port. **vim**	**mãe** [mɐ̃ĩ] **também** [tɐ̃ˈbɐ̃ĩ]
ɐ̃ũ	erster Bestandteil ähnlich wie in frz. **fin**, zweiter wie in port. **um**	**pão** [pɐ̃ũ], **moram** [ˈmɔrɐ̃ũ] *sie wohnen*
õĩ	erster Bestandteil wie in frz. **bon**, zweiter wie in port. **vim**	**limões** [ɫiˈmõĩ] **supõe** [suˈpõĩ] *vermutet*
ũĩ	erster Bestandteil wie in port. **um**, zweiter wie in port. **vim**	**muito** [ˈmũĩtu]

5 Halbvokale

j	wie deutsches **j** in **Kajüte**	**diário** [ˈdjarju] **peão** [pjɐ̃ũ]
w	gerundeter Laut wie **w** in engl. **well**	**água** [ˈagwɐ] **voar** [vwar]

Bei langsamem Sprechtempo wird statt [j] und [w] bisweilen [i] bzw. [u] gesprochen: **planear** [pɫɜˈnjar] bzw. [pɫɜniˈar], **gradual** [grɜˈdwaɫ] bzw. [grɜduˈaɫ]. Umgekehrt können bei schneller Sprechweise unbetonte [i] und [u] zu Halbvokalen werden, wenn die nächste Silbe mit einem Vokal anfängt: **apropriado** [ɜpruprˈiˈadu] bzw. [ɜpruˈprjadu], **incluído** [ĩkɫuˈidu] bzw. [ĩˈkɫwidu].

6 Konsonanten

b⁽¹⁾	wie deutsches **b** in **Gabe**	**barco** [ˈbarku]
		saber [sɜˈber]
d⁽¹⁾	wie deutsches **d** in **Bude**	**dúzia** [ˈduzjɜ]
		onde [ˈõdi]
g⁽¹⁾	wie deutsches **g** in **Lage**	**amigo** [ɜˈmigu]
		ninguém [nĩˈgɐ̃ĩ]
p	wie **p** in frz. **pur** oder span. **puro** (anders als in dt. **pur** nicht behaucht)	**praia** [ˈprajɜ]
		trepar [triˈpar]
t	wie **t** in frz. **ton** oder span. **tono** (anders als in dt. **Ton** nicht behaucht)	**tarefa** [tɜˈrɛfɜ]
		ontem [ˈõtɐ̃ĩ]
k	wie der **k**-Laut in frz. **cours** oder span. **curso** (anders als in dt. **Kurs** nicht behaucht)	**correr** [kuˈʀer]
		boca [ˈbokɜ]
		quem [kɐ̃ĩ]
v	wie deutsches **v** in **Klavier** oder **Vase**	**vento** [ˈvẽtu]
		chave [ˈʃavi]
f	wie deutsches **f** in **Fest**	**forno** [ˈfornu]
		perfeito [pirˈfɜitu]
s	wie deutsches **ss** in **Masse**	**sol** [sɔɫ], **aço** [ˈasu],
		passo [ˈpasu]
ʃ	wie deutsches **sch** in **Schiff**	**chave** [ˈʃavi],
		rasto [ˈʀaʃtu],
		xadrez [ʃɜˈdreʃ]
z	stimmhaft wie **s** in dt. **Dose**	**zona** [ˈzonɜ]
		rosa [ˈʀɔzɜ]
ʒ	stimmhafter Reibelaut wie in dt. **Genie**	**gelo** [ˈʒelu]
		hoje [ˈoʒi]
		desde [ˈdeʒdi]

ɫ	dunkles **l** wie in engl. **fill**	**liso** [ˈɫizu], **mil** [miɫ]
ʎ	wie **gl** in ital. **gli**: ähnlich wie **li** in dt. **Familie**, aber als ein Laut gesprochen	**lhes** [ʎiʃ] **rolha** [ˈʁoʎɐ]
m	wie deutsches **m** in **Meer** (Vokal + m am Wortende, z. B. in **sim** [sĩ], **bom** [bõ], wird als Nasalvokal gesprochen)	**maduro** [mɐˈduru] **cama** [ˈkɐmɐ]
n	wie deutsches **n** in **Nase**	**nós** [nɔʃ] **unido** [uˈnidu]
ɲ	wie spanisch **ñ**: ähnlich wie **ni** in dt. **Spanien**, aber als ein Laut gesprochen	**tenho** [ˈtɐɲu] **cozinhar** [kuziˈɲar]
ŋ	wie deutsches **ng** in **Ding** (selten, nur in Fremdwörtern)	**ngana** [ˈŋgɐnɐ]
r	wie in ital. oder span. **caro**: mit einem einzelnen Schlag der Zungenspitze hinter die oberen Schneidezähne erzeugtes **r**	**treze** [ˈtrezi] **ouro** [ˈoru] **abrir** [ɐˈbrir]
ʁ [2]	mit dem Gaumenzäpfchen erzeugter stimmhafter Laut, ähnlich wie dt. **rr** in **erringen**, aber mit stärkerer Reibung	**roda** [ˈʁɔdɐ] **garrafa** [gɐˈʁafɐ] **torre** [ˈtoʁi]

[1] Besonders in Nordportugal werden statt [b], [d] und [g] oft auch stimmhafte Reibelaute gesprochen: für [b] und [g] ähnlich wie in span. **trabajo** und **lago** [β] bzw. [ɣ], für [d] ein mit dem englischen **th** in **this** vergleichbarer Laut: [ð].

[2] Statt [ʁ] kann auch ein mit mehreren Zungenschlägen gerolltes **r** gesprochen werden.

7 Vokallängen

Während im Deutschen die Klangfarbe der meisten Vokale an eine bestimmte Länge gebunden ist (beispielsweise ist das **o** in **floss** zugleich offener und kürzer als das in **Floß**), besteht im Portugiesischen kein solcher Zusammenhang. Auch können alle Vokale lang oder kurz ausgesprochen werden, ohne dass sich dadurch die Bedeutung eines Wortes ändert (im Gegensatz zum Deutschen, vgl. etwa **nette** und **nähte**).

In der Regel sind Nasalvokale jedoch relativ lang, unbetonte Oralvokale dagegen sehr kurz. Betonte Oralvokale werden vor stimmhaften Konsonanten meist länger gesprochen als vor stimmlosen.

In der phonetischen Umschrift der portugiesischen Wörter ist die Länge der Vokale nicht markiert.

8 Vokalwechsel

Die Aussprache mancher Vokale kann in bestimmten Substantiv-, Adjektiv- und Verbformen von der für die Grundform angegebenen Aussprache abweichen.

Einige maskuline Substantive, die im Singular mit betontem [o] gesprochen werden, erhalten im Plural ein offenes [ɔ]:
porto ['portu] Hafen, **portos** ['pɔrtuʃ] Häfen.
Dieser Wechsel ist im Wörterbuch wie folgt angegeben:

> **porto** ['portu] M̄ ⟨pl ['pɔ-]⟩

Ähnlich bei einer Reihe von Adjektiven – dem betonten [o] der maskulinen Singularform entspricht im Plural und in den femininen Formen ein [ɔ]:
novo ['novu], **nova** ['nɔvɐ], **novos** ['nɔvuʃ], **novas** ['nɔvɐʃ].
Die betroffenen Adjektive sind (mit Ausnahme der Adjektive auf **-oso**, die diesen Vokalwechsel immer aufweisen) im Wörterbuch so gekennzeichnet:

> **novo** ['novu] ADJ ⟨fsg, m/fpl ['nɔ-]⟩

Auch manche Vokale in portugiesischen Verben sind veränderlich. Ein Teil der in der Konjugation auftretenden Vokalwechsel ergibt sich aus Betonungsverschiebungen. Beispielsweise steht dem betonten [e] in **poder** [pu'der] *können* ein unbetontes [i] in **poderei** [pudi'rɐi] *ich werde können* gegenüber, dem unbetonten [u] des Infinitivs wiederum ein betontes [ɔ] in **pode** ['pɔdi] *er/sie/es kann*.
Aufschluss über diese Veränderungen geben die Verbtabellen im Anhang.

9 Lautveränderungen an Wortgrenzen

Die Aussprache vieler portugiesischer Wörter wird durch den ersten Laut eines folgenden Wortes oder den letzten Laut eines vorhergehenden beeinflusst.

Aus [ʃ] am Wortende zum Beispiel wird vor einem stimmhaften Konsonanten [ʒ], vor einem Vokal dagegen [z]:
estas [ˈɛʃtɐʃ] *diese*, **estas quatro** [ˈɛʃtɐʃˈkwatru] *diese vier*, aber
estas duas [ˈɛʃtɐʒˈduɐʃ] *diese beiden*, **estas aqui** [ˈɛʃtɐzɐˈki] *diese hier*.

Manche Vokale am Wortanfang werden mit dem letzten Vokal des vorhergehenden Wortes zusammengezogen, wodurch ein neuer Laut entsteht. So verschmelzen etwa **conversa** [kõˈvɛrsɐ] und **animada** [ɐniˈmadɐ] in dem Ausdruck **conversa animada** außer in sehr langsamer oder nachdrücklicher Sprechweise zu [kõˈvɛrsɐniˈmadɐ].

Über die teils komplexen Regeln, nach denen sich Laute beiderseits einer Wortgrenze verändern, geben Grammatiken und Lehrbücher Auskunft.

10 Das portugiesische Alphabet

a	b	c	d	e	f	g	h
[a]	[be]	[se]	[de]	[ɛ]	[ˈɛfi, fe]	[ge, ʒe]	[ɐˈga]

i	j	l	m	n	o	p	q
[i]	[ˈʒɔtɐ]	[ˈɛɫi, ɫe]	[ˈɛmi, me]	[ˈɛni, ne]	[ɔ]	[pe]	[ke]

r	s	t	u	v	x	z
[ˈɛʁi, ʁe]	[ˈɛsi]	[te]	[u]	[ve]	[ʃiʃ]	[ze]

Die Buchstaben k [ˈkapɐ], w [ˈdɐbɫju, dupɫuˈve], y [ˈipsiɫɔn, iˈgregu], die nach der neuen Rechtschreibung ins port. Alphabet aufgenommen werden sollen, werden nur in wenigen Fremdwörtern verwendet.

Besonderheiten der brasilianischen Aussprache

Die Aussprache des brasilianischen Portugiesisch unterscheidet sich in vieler Hinsicht von der des europäischen. Zudem variiert sie innerhalb Brasiliens von Region zu Region. Eine Standardlautung gibt es nicht. In diesem Wörterbuch basiert die phonetische Umschrift brasilianischer Wörter auf der in Rio de Janeiro üblichen Aussprache, die aufgrund ihrer Präsenz in den Medien überregional gut bekannt ist.

Es folgt ein kurzer Überblick über die Hauptunterschiede zum europäischen Portugiesisch.

Vokale

1. Unbetonte Oralvokale werden meist voller artikuliert als in Portugal. Dies betrifft insbesondere **a**, **e** und **o**:

    1.1. Der Buchstabe **a** wird vor der betonten Silbe eines Wortes [a] ausgesprochen: **ali** [a'li], **parecer** [pare'sex]. Nach der betonten Silbe hat **a** den Lautwert [ɐ] (wie -**er** in dt. *besser*): **copa** ['kɔpɐ], **xícara** ['ʃikerɐ].

    1.2. Unbetontes **e** wird am Anfang und im Inneren eines Wortes als [e] gesprochen: **eletrônico** [ele'trõniku]. Am Wortende dagegen steht **e** für [i]: **ave** ['avi]. Die Lautung [i] ist auch am Wortanfang vor **s** plus Konsonant sowie in der Vorsilbe **des-** verbreitet: **esporte** [iʃ'pɔxtʃi], **descansado** [dʒiʃkẽ'sadu].

    1.3. Dem Buchstaben **o** entspricht vor der betonten Silbe eines Wortes der Laut [o]: **promover** [promo'vex], **adotar** [ado'tax]. In der letzten und vorletzten Silbe wird unbetontes **o** wie im europäischen Portugiesisch [u] ausgesprochen: **ato** ['atu], **sambódromo** [sẽ'bɔdrumu].

    1.4. Bei zügiger Sprechweise werden **e** und **o** jedoch häufig zu [j] bzw. [w], wenn sie einem weiteren Vokal unmittelbar vorausgehen: **reais** [xe'aiʃ, xjaiʃ], **garoar** [garo'ax, ga'rwax].

    1.5. Enthält die folgende Silbe betontes **i** oder **u**, schwankt die Aussprache von **e** in vielen Wörtern zwischen [e] und [i]: **pedir** [pe'dʒix, pi'dʒix],

peru [pe'ru, pi'ru]. Der Klang von **o** variiert unter denselben Bedingungen zwischen [o] und [u]: **dormir** [doxˈmix, duxˈmix], **coruja** [koˈruʒe, kuˈruʒe].

2. Betontes **e** vor **ch**, **lh**, **j** und **x** hat – sofern es nicht offen ist wie in **velho** [ˈvɛlju] – den Lautwert [e]: **fecho** [ˈfeʃu], **abelha** [aˈbelje], **vejo** [ˈveʒu], **sexto** [ˈseʃtu].

3. Die Schreibung **ei** bezeichnet den Diphthong [ei̯]: **sei** [sei̯], **feito** [ˈfei̯tu]. Vor [r], [ʃ] und [ʒ] wird dieser jedoch meist zu [e] reduziert: **padeiro** [paˈderu], **peixe** [ˈpeʃi], **beijo** [ˈbeʒu]. Die Substantiv- und Adjektivendung **-eia** enthält den offeneren Vokal [ɛ] und wurde in Brasilien deshalb bis 2008 mit Akzent geschrieben: **idéia** [iˈdɛje], **européia** [eu̯roˈpɛje].
Die Buchstabenkombination **ou** wird mitunter als Diphthong ausgesprochen: **outro** [ˈotru], auch: [ˈou̯tru].

4. Nasalem **a** bzw. **ã** entspricht der Laut [ẽ] (das nasale Gegenstück zu [e]): **banco** [ˈbẽku], **fã** [fẽ]. Dies gilt auch für die Diphthonge **ão** und **ãe**: **são** [sẽũ̯], **mamãe** [maˈmẽi̯].
Dagegen steht **em** am Wortende für [ẽi̯]: **trem** [trẽi̯].

5. Ein betonter Vokal wird vor **m** oder **n** auch dann nasal gesprochen, wenn ein Vokal unmittelbar folgt: **único** [ˈũniku], **falamos** [faˈlẽmuʃ]. Mit der Nasalierung von **e** und **o** ist eine geschlossene Aussprache verbunden: **higiene** [iˈʒjẽni], **telefone** [teleˈfõni]. Auf den Buchstaben wird gegebenenfalls ein Zirkumflex gesetzt: **acadêmico** [akaˈdẽmiku], **sinônimo** [siˈnõnimu]. Vor **nh** wird unabhängig von der Betonung jeder Vokal nasaliert: **tenha** [ˈtẽje], **ganhar** [gẽˈjax].

6. Zwischen einem betonten Vokal und **s** oder **z** am Wortende wird oft ein [i] eingefügt: **atrás** [aˈtrai̯ʃ], **luz** [lui̯ʃ].

Konsonanten

1. In bestimmten Wörtern wird **d** [dʒ] (wie in dt. *Dschungel*) und **t** [tʃ] (wie in dt. *Rutsch*) ausgesprochen. Dies ist vor **i** der Fall: **dia** [ˈdʒie], **tia** [ˈtʃie]; ebenso vor unbetontem **e**, wenn es am Wortende oder vor einem Vokal steht: **tarde** [ˈtaxdʒi], **lote** [ˈlɔtʃi]; **rodear** [xoˈdʒjax], **teatro** [ˈtʃjatru]. Die Lautung [dʒ] tritt darüber hinaus in der Vorsilbe *des-* auf: **desligar** [dʒiʒliˈgax].

2. Ein **l** wird vor einem Vokal im selben Wort wie im Deutschen ausgesprochen, ansonsten [u]: **local** [lo'kau̯], **volta** ['vɔu̯te]. Geht einem als [u] gesprochenen **l** ein **u** voraus, wird dieses häufig offener (etwa wie in dt. *Busch*) artikuliert: **julgamento** [ʒu̯u̯ga'mẽtu]. In der Umgangssprache können die beiden Vokale zu einem verschmelzen: [ʒuga'mẽtu].

3. Die Buchstabenkombination **lh** steht für [lj] wie in dt. *Familie*: **malha** ['malje]. Der **nh** geschriebene Laut [j̃] klingt ähnlich wie **j** in dt. *Jahr*, wird aber im Unterschied dazu nasal gesprochen: **sonho** ['sõj̃u].

4. Ein **r** wird am Wortanfang, am Silbenende sowie nach **l** oder **n** entweder als [x] (wie in dt. *nach*) oder als [h] (wie in dt. *hat*) artikuliert: **rua** ['xue, 'hue], **porto** ['poxtu, 'pohtu], **melro** ['mɛu̯xu, 'mɛu̯hu], **genro** ['ʒẽxu, 'ʒẽhu]. Auch **rr** wird so ausgesprochen: **carro** ['kaxu, 'kahu]. Am Wortende kann **r** verstummen: **fazer** [fa'ze].

5. In manche Konsonantenverbindungen – beispielsweise **gn**, **ps**, **dm**, **tm** – wird häufig ein [i] eingeschoben: **significado** [siginifi'kadu], **psicologia** [pisikolo'ʒie]. Ein **d** oder **t** vor diesem Vokal, der in der Schrift nicht erscheint, wird dann [dʒ] bzw. [tʃ] ausgesprochen: **admiração** [adʒimira'sẽũ], **ritmo** ['xitʃimu].

6. Die Buchstaben **sc** stehen vor **e** und **i** für einfaches [s]: **descer** [de'sex], **piscina** [pi'sĩne].

Hinweis:

Im größten Teil Brasiliens werden **s** und **z** am Silbenende anders als in Rio de Janeiro [s] bzw. stimmhaft [z] ausgesprochen: **pista** ['piste], **mesmo** ['mezmu], **feliz** [fe'lis].

A Pronúncia alemã

As transcrições fonéticas são apenas indicadas depois dos radicais ou quando é preciso marcar, dentro de um grupo de palavras num parágrafo, as diferenças de pronúncia, p. ex. **Glas** [glaːs], **Glaser** [ˈglaːzər], **glasig** [ˈglaːzɪç]. Nas palavras compostas, a pronúncia é fácil de reconstruir através dos seus componentes. A sílaba acentuada em alemão é precedida pelo acento ˈ: **verˈstehen** bzw. [fɛrˈsteːən].

No final do capítulo é indicada uma lista dos prefixos, das desinências e dos sufixos mais frequentes em alemão com a sua fonética.

1 Vogais

aː	**a** longo, parecido ao **a** em **mar**	**Abend** [ˈaːbənt]
a	mais breve que o **a** em **arte**	**Ball** [bal]
		Marke [ˈmarkə]
ɛː	**e** aberto e longo, parecido ao **e** em **sério**	**Käse** [ˈkɛːzə]
ɛ	mais breve que o **e** em **perto**	**Kern** [kɛrn]
		messbar [ˈmɛsbaːr]
eː	**e** fechado e longo, parecido ao **e** em **três**	**See** [zeː]
		Esel [ˈeːzəl]
		Lehm [leːm]
e	**e** fechado e breve, parecido ao **e** em **cesto**	**Chemie** [çeˈmiː]
ə	som semelhante ao **e** em **tarde**, um pouco mais gutural	**Bestand** [bəʃˈtant]
		Rose [ˈroːzə]
iː	**i** longo, como em **ruído**	**Dieb** [diːp]
		ihnen [ˈiːnən]
i	parecido ao **i** português	**Diplom** [diˈploːm]
ɪ	mais breve que o **i** português, parecido ao **i** em **heroí**	**in** [ɪn], **Wind** [vɪnt]
oː	**o** fechado e longo como em **avô**	**oben** [ˈoːbən]
o	**o** fechado e breve como em t**o**davia	**Tomate** [toˈmaːtə]
ɔ	**o** aberto e mais breve que o **o** em **avó**	**offen** [ˈɔfən]
		Rock [rɔk]
øː	vogal fechada e longa entre o **e** e o **o**, parecida ao **eu** francês em **bleu**	**Flöte** [ˈfløːtə]
		hören [ˈhøːrən]

œ	vogal fechada e longa entre o **e** e o **o**, parecida ao **eu** francês em **heure**	**Löffel** ['lœfəl]
uː	**u** fechado e mais longo que o **u** em **cru**	**Mut** [muːt], **Uhr** [uːr]
u	**u** fechado e breve, parecido a o **u** em **custar**	**Kuvert** [kuˈvɛːr]
ʊ	**u** mais breve que o **u** português	**und** [ʊnt] **Suppe** [ˈzʊpə]
yː	vogal fechada e longa entre o **i** e o **u**, parecida ao **u** francês em **rue**	**Tür** [tyːr] **Tüte** [ˈtyːtə]
y	vogal fechada e breve entre o **i** e o **u**, parecida ao **u** francês em **sur**	**dünn** [dyn] **Rücken** [ˈrykən]

2 Ditongos

aɪ	aberto e breve como em **raiva**	**Mai** [maɪ] **Reise** [ˈraɪzə]
aʊ	aberto e breve como em **ao**	**Aufbau** [ˈaʊfbaʊ]
ɔʏ	aberto e breve como em **herói**	**neu** [hɔʏ] **Säule** [ˈzɔʏlə]

3 Consoantes

p	como o **p** em **copo** (no princípio das palavras e antes duma vogal é ligeiramente aspirado: [pʰ])	**Perle** [ˈpɛrlə], **Korb** [kɔrp], **Matte** [ˈmatə]
b⁽¹⁾	como o **b** em **barra**	**Ball** [bal], **Ebbe** [ˈɛbə]
t	como o **t** em **atar** (no princípio das palavras e antes duma vogal é ligeiramente aspirado: [tʰ])	**Tal** [taːl], **Kind** [kɪnt] **wetten** [ˈvɛtən]
ts	combinação de **t** e **s**	**zu** [tsuː] **Katze** [ˈkatsə]
d⁽¹⁾	como o **d** em **andar**	**dick** [dɪk] **Faden** [ˈfaːdən]
k	como o **c** em **arco** (no princípio das palavras e antes duma vogal é ligeiramente aspirado: [kʰ])	**kalt** [kalt], **Decke** [ˈdɛkə], **Weg** [veːk]

ks	como o **x** em **axila**	**Achse** ['aksə]
		Boxer ['bɔksər]
kv	combinação de **k** e **v**	**Qualm** [kvalm]
		bequem [bə'kve:m]
g[(1)]	como o **g** em **gosto**	**Geld** [gɛlt]
		Lage ['la:gə]
ʒ	como o **g** em **génio**	**Garage** [ga'ra:ʒə]
f	como o **f** em **forte**	**Fuß** [fu:s], **Affe**
		['afə], **viel** ['fi:l]
		aktiv [ak'ti:f]
v	como o **v** em **haver**	**Wal** [va:l]
		Vase ['va:zə]
l	parecido ao **l** francês	**hell** [hɛl]
		alle ['alə]
m	como o **m** em **amor**	**Meer** [me:r]
		Kamm [kam]
n	como o **n** em **nada**	**nennen** ['nɛnən]
		und [ʊnt]
ŋ	parecido a o **n** em **mangueira**	**lang** [laŋ]
		Enkel ['ɛŋkəl]
r	como o **rr** em **carro**	**Rad** [ra:t]
		Ware [va:rə]
s	como o **ss** em **assim**	**beste** ['bɛstə]
		nass [nas]
z	como o **z** em **fazer** (no princípio das palavras ou entre vogais)	**Sinn** ['zɪn]
		Rose ['ro:zə]
ʃ	como o **ch** em **chá**	**Asche** ['aʃə]
ʃp	como em **bispo**, **leste** (no princípio das palavras, mas também depois de um prefixo ou em palavras compostas)	**Spiel** [ʃpi:l],
ʃt		**stets** [ʃte:ts],
		verspielt [fɛr'ʃpi:lt]
ç	obtém-se aproximando a língua do palato, com a ponta da língua perto dos dentes inferiores (sempre precedido por **e, i, ä, ö, ü, äu/eu** ou por uma consoante; e no começo de algumas palavras)	**ich** [ɪç], **rechts** [rɛçts], **Milch** [mɪlç] **manche** ['mançə] **China** ['çi:na]

x	som gutural, semelhante ao **j** espanhol; obtém-se pronunciando um **r** gutural com a ponta da língua perto da gengiva inferior (sempre precedido por **a, o, u, au**)	**Sache** ['zaxə] **Loch** [lɔx] **Buch** [buːx] **auch** [aʊx]
h[2]	som fortemente aspirado, semelhante à pronúncia do **r** inicial no português do Brasil (no princípio das palavras, depois de um prefixo ou em palavras compostas)	**haben** ['haːbən] **erholen** [ɛr'hoːlən]
j	como o **i** em **Maio**	**ja** [jaː] **jede** ['jeːdə]
ʔ	oclusão gutural que precede uma vogal no princípio das palavras ou sílabas (no dicionário o som é indicado apenas no interior das palavras)	**Beamter** [bə'ʔamtər] **EU** [eːˈʔuː]

[1] As consoantes **b, d, g** pronunciam-se no final das palavras como **p, t, k**: **Korb** [kɔrp], **bald** ['balt], **Weg** [veːk].

[2] A consoante **h** não é aspirada no interior e no final das palavras: **nah** ['naː], **mehr** [meːr], **sehen** ['zeːən].

4 Prefixos alemães mais frequentes

ab-	['ap-]	ge-	[gə-]	ur-	['uːr-]
an-	['an-]	her-	[her-, 'heːr-]	ver-	[fɛr-]
aus-	['aʊs-]	hin-	[hɪn-, 'hiːn-]	vor-	[foːr-]
be-	[bə-]	in-	['ɪn-]	zer-	[tsɛr-]
da-	['daː-]	miss-	['mɪs-]	zu-	['tsuː-]
ein-	['aɪn-]	mit-	[mɪt-]	zusammen-	[tsu'zamən-]
ent-	[ɛnt'-]	um-	['ʊm-]	zwischen-	['tsvɪʃən-]
er-	[ɛr'-]	un-	['un-]		

5 Desinências e sufixos alemães mais frequentes

-bar	['-baːr]	-ieren	[-'iːrən]	-ling	['-lɪŋ]
-e	['-ə]	-ich	['-ɪç]	-los	['-loːs]
-(l)ei	[-'(l)aɪ]	-ig	['-ɪç]	-nis	['-nɪs]
-el	['-əl]	-igt	['-ɪçt]	-sal	['-zaːl]
-eln(d)	['-əln(t)]	-igung	['-ɪgʊŋ]	-sam	['-zaːm]
-en	['-ən]	-in	['-ɪn]	-schaft	['-ʃaft]
-end	['-ənt]	-isch	['-ɪʃ]	-ste	['-stə]
-er	['-ər]	-ismus	[-'ɪsmʊs]	-stens	['-stəns]
-ern(d)	['-ərn(t)]	-ist	[-'ɪst]	-tion	['-tsi'oːn]
-haft	['-haft]	-keit	['-kaɪt]	-tum	['-tuːm]
-heit	['-haɪt]	-lich	['-lɪç]	-ung	['-ʊŋ]

6 O alfabeto alemão

a	b	c	d	e	f	g	h	i
[aː]	[beː]	[tseː]	[deː]	[eː]	[ɛf]	[geː]	[haː]	[iː]

j	k	l	m	n	o	p	q	r
[jɔt]	[kaː]	[ɛl]	[ɛm]	[ɛn]	[oː]	[peː]	[kuː]	[ɛr]

s	t	u	v	w	x	y	z
[ɛs]	[teː]	[uː]	[faʊ]	[veː]	[ɪks]	['ypsilɔn]	[tsɛt]

Além disso existem as seguintes vogais com metafonia:
ä [ɛː], ö [øː], ü [yː].

Terminações regulares dos substantivos alemães

Endung	Beispiele	Genitiv Sing., Nominativ Pl.
-anz *f*	Distanz	-anz, -anzen
-ar *m*	Notar	-ars, -are
-är *m*	Aktionär	-ärs, -äre
-at *n*	Mandat	-ats, -ate
-chen *n*	Gänseblümchen	-chens, -chen
-e *f*, -ie *f*	Blume, Theorie	-(i)e, -(i)en
-ent *m*	Referent	-enten, -enten
-enz *f*	Essenz	-enz, -enzen
-er *m*	Arbeiter	-ers, -er
-eur *m*	Akteur	-eurs, -eure
-euse *f*	Souffleuse	-euse, -eusen
-heit *f*	Schönheit	-heit, -heiten
-ik *f*	Tragik	-ik, -iken
-in *f*	Managerin	-in, -innen
-ion *f*	Aktion	-ion, -ionen
-ismus *m*	Optimismus	-ismus, -ismen
-ist *m*	Statist	-isten, -isten
-ität *m*	Aktivität	-ität, -itäten
-ium *n*	Ministerium	-iums, -ien
-keit *f*	Leichtigkeit	-keit, -keiten
-lein *n*	Zicklein	-leins, -lein
-ling *m*	Zwilling	-lings, -linge
-loge *m*	Biologe	-logen, -logen
-ment *n*	Fundament	-ments, -mente
-or, -tor *m*	Professor, Sektor	-(t)ors, -(t)oren
-schaft *f*	Freundschaft	-schaft, -schaften
-sel, -(s)tel *n*	Anhängsel, Zehntel	-sels, -sel; -(s)tels, -(s)tel
-tum *f*	Altertum	-tums, -tümer
-ung *f*	Hoffnung	-ung, -ungen
-ur *f*	Statur	-ur, -uren
-us *m*	Bus, Bonus	-us(ses), -usse

Portugiesisch – Deutsch

A, a [a] M̄ A, a n
a¹ [ɐ] A ART F die, der, das B PRON F I *pessoa*: sie; *dat* ihr; *formal* Sie; *dat* Ihnen; **conheço-a** ich kenne sie (*formal* Sie); **ajudo-a** ich helfe ihr (*formal* Ihnen) 2 *objectos*: sie, es, ihn 3 *relativo*: die-, der-, dasjenige
a² [ɐ] PREP I *local, proximidade*: an (*dat*) bei; *direcção*: nach *Lissabon, Spanien etc*; zu (*p. ex. zum Arzt, zur Post*); in (*p. ex. ins Konzert, in den Garten*); an (*ac*) (*p. ex. ans Fenster, an die Wand*); **a casa** nach Hause; *distância*: **a poucos passos (de aqui)** wenige Schritte von hier; **aos 50 metros** nach 50 Metern; **a norte de** nördlich von (*dat*) 2 *temporal*: **aos doze minutos** nach zwölf Minuten; **à noite** am Abend; **a três de Março** am dritten März; **aos trinta dias** nach dreißig Tagen; **às três um drei** (Uhr); **às quartas-feiras** mittwochs; **aos trinta anos** mit dreißig Jahren; **de hoje a oito (dias)** heute in acht Tagen; **de quinta-feira a domingo** von Donnerstag bis Sonntag 3 *modo*: **à (maneira) inglesa** auf englische Art; **a pé/cavalo** zu Fuß/Pferd; **ao entrar** beim Eintreten; **a rir** lachend 4 *sequência*: **folha a folha** Blatt für Blatt; **três a três** jeweils drei; **ser o primeiro/segundo** *etc* als Erster/Zweiter *etc* etw tun 5 *meio, instrumento*: mit; **feito à mão** handgefertigt 6 *preço*: **a 20 escudos** zu (ou für) 20 Escudos 7 *oposição*: **dois a um** zwei gegen einen; DESP zwei zu eins 8 *comparação*: **saber/cheirar a vinho** nach Wein schmecken/riechen 9 *circunstância*: **ao sol** in (ou an) der Sonne 10 (*representa dat ou ac alemão*) **dizer a/c a alg** j-m etw sagen; **telefonar a alg** j-n anrufen 11 *antes do inf*: zu; **a ser assim wenn**

das so ist; **estar a fazer a/c** gerade etw tun
A ABR ⟨*pl* AA⟩ (autor, autores) Verf. (Verfasser)
(a) ABR (assinado) gez. (gezeichnet)
à [a] CONTR *de a e a* (*art ou pron f*); **~ socapa** heimlich; **~ tarde** am Abend (*tb* Nachmittag); GASTR **~ moda de** nach Art (*gen*); **~ brasileira** nach brasilianischer Art
aba [ˈabɐ] F (Hut)Krempe f; *mesa*: Klappe f; *roupa*: Rand m, Saum m; *rio*: (Fluss)Ufer n; *telhado*: (Dach)Kante f
abacate [ɐbɐˈkati] M̄ Avocado f
abacaxi [ɐbɐkaˈʃi] M̄ *bras* Ananas f; *fig fam* Mist m; Schund m; **descascar um ~** *bras fam* sich aus der Affäre ziehen
abáculo [ɐˈbakulu] M̄ Mosaikstein m
abade [ɐˈbadi] M̄ Abt m; *geralm tb* Pfarrer m **abadessa** [ɐbɐˈdesɐ] F̄ Äbtissin f
abadia [ɐbɐˈdiɐ] F̄ Abtei f
abafadiço [ɐbɐfɐˈdisu] *ar* stickig **abafado** [ɐbɐˈfadu] *tom* dumpf; *tempo* schwül (*tb fig*); eingehüllt (**em** in *ac*); *fig pessoa* bedrückt; *escândalo* totgeschwiegen; **vinho m ~** Süßwein m; **morrer (de) ~** ersticken **abafador** [ɐbɐfɐˈdor] M̄ Kaffee- (*ou* Tee)wärmer m; TECN Dämpfer m; MÚS Schalldämpfer m **abafadura** [ɐbɐfɐˈdurɐ] F̄, **abafamento** [ɐbɐfɐˈmẽtu] M̄ *pessoa*: Erstickung f; METEO Schwüle f; TECN Dämpfung f **abafar** [ɐbɐˈfar] ⟨1b⟩ A V̄/T̄ *pessoa, chamas* ersticken; *sentimento* unterdrücken; *escândalo* totschweigen; *revolta* niederschlagen; *alg* zum Schweigen bringen; NÁUT *velas* reffen; *bras fam* verschwinden *ou* mitgehen lassen B V̄/Ī stickig sein; *pessoa* ersticken; **~-se** sich (gut) zudecken; sich warm anziehen
abafo [ɐˈbafu] M̄ *vestuário*: warmes Zeug n
abainhar [ɐbɐiˈɲar] ⟨1q⟩ *tecido* (um)säumen
abaixamento [ɐbajʃɐˈmẽtu] M̄ Absinken n; *preço, temperatura*: Rückgang m **abaixar** [ɐbajˈʃar] ⟨1a⟩ A V̄/T̄ senken (*tb fig*); *estores* hinunterlassen; *valor* sinken las-

A ABAI

sen; *olhos* niederschlagen; *fig* erniedrigen **B** V/I *nivel* (ab)sinken; **~-se** sich bücken

abaixo [ɐˈbajʃu] **A** ADV unten; *direcção* her-, hinunter; **as escadas ~** die Treppe hinunter, herunter; *rio* ~ flussabwärts; *fig fam* den Bach runter; **deitar ~** niederreißen; *governo* stürzen; **ir(-se)** ~ herunterkommen *(tb fig)*; *fam port pessoa* schlappmachen; *motor* verrecken; *governo* ab-, zurücktreten **B** INT **~!** nieder! **C** PREP **~ de** unter(halb *gen*); *qualitativo* schlechter als; *quantitativo* geringer als

abaixo-assinado [ɐˈbajʃuasiˈnadu] M ⟨*pl* ~s⟩ Unterschriftensammlung *f*

abajur [abaˈʒur] M, **abat-jour** [abaˈʒur] M (Lampen-)Schirm *m*; *bras* Leuchte *f*, Lampe *f*

abalada [abɐˈɫada] F Aufbruch *m*; **de ~** hastig; **estar de ~** im Aufbruch begriffen sein **abalado** [abɐˈɫadu] locker, wackelig; *fig* niedergeschlagen **abalador** [abɐɫɐˈdor] erschütternd

abalançar-se [abɐɫɐ̃ˈsarsi] ⟨1p⟩ sich wagen (**a** an *ac*)

abalar [abɐˈɫar] ⟨1b⟩ **A** V/T schütteln; zum Wanken bringen *(tb fig)*; erschüttern *(tb fig)*; *fig* verunsichern; **~ a** bewegen *ou* treiben zu **B** V/I *muro* wackeln; unsicher werden; *fig* aufbrechen; *(fugir)* sich davonmachen; **~ contra** angreifen; **~-se** verzweifeln, niedergeschlagen sein **abalável** [abɐˈɫavɛɫ] leicht zu erschüttern; *fig tb* rührselig

abalizado [abɐɫiˈzadu] hervorragend, maßgebend **abalizador** [abɐɫizɐˈdor] M Messlatte *f* **abalizar** [abɐɫiˈzar] ⟨1a⟩ *terreno* abstecken; markieren; *fig* (e-r Sache) Grenzen setzen; **~-se** sich hervortun

abalo [ɐˈbalu] M Erschütterung *f*, Stoß *m*; *fig* Schock *m* (**com** wegen); **~ sísmico** Erdstoß *m*; **dar ~ a** *ou* **em** e-n Stoß versetzen

abalroação [abaɫwɐˈsɐ̃ũ] F, **abalroamento** [abaɫwɐˈmẽtu] M NÁUT Kollision *f*, Zusammenstoß *m* **abalroar** [abaɫˈrwar] ⟨1f⟩ **A** V/T zusammenstoßen mit *(dat)*; *fig* anrempeln **B** V/I (G V/R) **~(-se)** zusammenstoßen

abanadela [abɐnɐˈdɛɫa] F Stoß *m*, Ruck *m*; Schütteln *n*; **dar uma ~ a** → abanar **abanador** [abɐnɐˈdor] M Wedel *m* **abana-moscas** [abɐnɐˈmɔʃkɐʃ] M ⟨*pl inv*⟩ Fliegenwedel *m*

abananado [abɐnɐˈnadu] *fig* fassungslos **abananar-se** [abɐnɐˈnarsi] ⟨1a⟩ *fig* aus der Fassung geraten

abanão [abɐˈnɐ̃ũ] M *fam* Stoß *m* **abanar** [abɐˈnar] ⟨1a⟩ **A** V/T *leque* fächeln; wedeln (mit); *cabeça, alg* schütteln; *porta* rütteln an *(dat)*; *mosca* verscheuchen; *fig* abbringen; **~ as orelhas** abwinken **B** V/I wackeln; *(estremecer)* zittern; *barco* schwanken

abancar [abɐ̃ˈkar] V/I (G V/R) ⟨1n⟩ **~(-se)** (sich) setzen; *advogado* sich niederlassen **abandalhar-se** [abɐ̃daˈʎarsi] ⟨1b⟩ *fam* verkommen, verlottern

abandonado [abɐ̃duˈnadu] verlassen; *(desleixado)* verwahrlost **abandonar** [abɐ̃duˈnar] ⟨1f⟩ verlassen; im Stich lassen; *plano etc* aufgeben; **~ o campo** *port* den Kampf aufgeben **abandonar-se** [abɐ̃duˈnarsi] ⟨1f⟩ sich gehen lassen; **~ a** *dor, vício*, sich ergeben *(dat)*

abandono [abɐ̃ˈdonu] M *proje(c)to*: Aufgabe *f*, Verzicht *m* (**de** auf *ac*); *pessoa*: Vernachlässigung *f*; Verlassenheit *f*; **ao ~** schutzlos; **deixar ao ~** vernachlässigen **abanicar** [abɐniˈkar] ⟨1n⟩ fächeln **abanico** [abɐˈniku], **abano** [ɐˈbanu] M (kleiner) Fächer *m*, Wedel *m*

abarcar [abɐrˈkar] ⟨1n, *Stv* 1b⟩ → abranger

abarracamento [abɐʁakɐˈmẽtu] M Barackensiedlung *f* **abarracar** [abɐʁaˈkar] ⟨1n; *Stv* 1b⟩ **A** V/T *(armar barracas)* Baracken aufschlagen in *ou* auf *(dat)* **B** V/I in Baracken kampieren

abarrancar [abɐʁɐ̃ˈkar] ⟨1n⟩ **A** V/T *fig* Hindernisse auftürmen vor; *alg* behindern **B** V/I GEOL Schluchten aufreißen

abarrotar [abɐʁuˈtar] ⟨1e⟩ **A** V/T voll stopfen (**de** mit) **B** V/I überquellen; *fam* **estar a ~** proppenvoll sein, gerammelt voll sein; **~-se** *comida* sich voll stopfen (**de** mit)

abastado [abɐʃˈtadu] *pessoa* wohlhabend; versorgt (**de** mit); **levar uma vida ~a** ohne Sorgen leben **abastança** [abɐʃˈtɐ̃sa] F Vorräte *mpl*; *(riqueza)* Wohlstand *m*; *(fartura)* Überfluss *m* (**de an** *dat*) **abastar** [abɐʃˈtar] ⟨1b⟩ versorgen (**de** mit)

abastardar [abɐʃtɐrˈdar] ⟨1b⟩ **A** V/T verfälschen; *qualidade* verderben (lassen) **B** V/I (G V/R) **~(-se)** entarten

abastecedor [abɐʃtisiˈdor] **A** ADJ Lie-

fer..., Versorgungs-... **B** M̄ Lieferant m **abastecedora** [ɐbɐʃtiʃi'dora] F̄ Zulieferer m **abastecer** [ɐbɐʃtiʃi'ser] ⟨2g⟩ versorgen, beliefern; (*encher*) auffüllen; **~-se** sich eindecken (**de** mit) **abastecimento** [ɐbɐʃtiʃi'mẽtu] M̄ Versorgung f; *comida*: Verpflegung f; **~ de água** Wasserversorgung f; *posto* **de ~** Tankstelle f
abate [ɐ'bati] M̄ (*desconto*) Preisnachlass m; *gado*: Schlachtung f; *madeira*: Einschlag m
abatedor [ɐbɐti'dor] M̄ **~ (de gado)** Schlachter m **abatedouro** [ɐbɐti'doru] M̄ *bras* Schlachthof m **abater** [ɐbɐ'ter] ⟨2b⟩ **A** V̄T niederschlagen (*tb fig*); (herab)fallen (lassen); *árvore* fällen; *gado* schlachten; *caça* abschießen; *edifício* ein-, niederreißen; *forças* lähmen; *nome* streichen; *preço* herabsetzen; *orgulho* demütigen; *alg* niederstrecken; *doença* angreifen **B** V̄I, **~-se** *chão* sich senken; *construção* einstürzen; *fig* hereinbrechen (**sobre** über *ac*); NÁUT vom Kurs abkommen; *vontade*, *vento* nachlassen; *preço* sich reduzieren **abatido** [ɐbɐ'tidu] abgespannt; PSICOL niedergeschlagen (**com**, **por** von, durch) **abatimento** [ɐbɐti'mẽtu] M̄ Rabatt m; (Preis)Ermäßigung f; *edifício*: Einsturz m; PSICOL Niedergeschlagenheit f; (*cansaço*) Abgespanntheit f; NÁUT Abtrift f; → **abate abatis** [ɐ'batʃiʃ] M̄ *bras* GASTR Geflügelklein n
abaulamento [ɐbau̯lɐ'mẽtu] M̄ Wölbung f **abaular** [ɐbau̯'lar] ⟨1q⟩ wölben; ausbauchen
abcesso [ɐb'sesu] M̄ MED Abszess m
abdicação [ɐbdikɐ'sɐ̃u̯] F̄ POL Abdankung f, Amtsniederlegung f **abdicar** [ɐbdi'kar] ⟨1n⟩ **A** V̄T verzichten auf (*ac*); *cargo* niederlegen; *direito* aufgeben **B** V̄I abdanken; verzichten (**de** auf *ac*)
abdome [ɐb'dɔmi] M̄, **abdómen** [ɐb'dɔmɛn] M̄ Unterleib m, Bauch m **abdominal** [ɐbdumi'naɫ] **A** ADJ Bauch-... **B** M̄ *bras* Sit-up m, Rumpfbeuge f
abeberar [ɐbibi'rar] ⟨1c⟩ *gado*, *material* tränken; **~-se** sich voll saugen
a-bê-cê [abe'se] M̄ ⟨*pl* **~s**⟩ ABC n, Alphabet n; (*livro*) Fibel f **abecedário** [ɐbisi'darju] M̄ Alphabet n; *libro*: Fibel f
abegoaria [ɐbigwɐ'ria] F̄ *gado*: Stallung f; *instrumentos*: Geräteschuppen m
abeirar [ɐbɐ̯i'rar] ⟨1a⟩ **~(-se)** (sich) nähern (**de** *dat*)
abelha [ɐ'bɐ(i)ʎɐ] F̄ Biene f; *fig* schlaue Person f **abelha-mestra** [ɐbɐ(i)ʎɐ'mɛʃtrɐ] F̄ Bienenkönigin f; *port fam* Puffmutter f
abelhão [ɐbi'ʎɐ̃u̯] M̄ Drohne f; Hummel f **abelheira** [ɐbi'ʎɐi̯rɐ] F̄ Bienenkorb m **abelheiro** [ɐbi'ʎɐi̯ru] M̄ Imker m **abelhudo** [ɐbi'ʎudu] *fam* aufdringlich; neugierig; indiskret
abençoado [ɐbẽ'swadu], **abendiçoado** [ɐbẽdi'swadu] ADJ segensreich; (*feliz*) glücklich **abençoar** [ɐbẽ'swar] ⟨1f⟩, **abendiçoar** [ɐbẽdi'swar] ⟨1f⟩ segnen; **~-se** sich bekreuzigen
aberração [ɐbirɐ'sɐ̃u̯] F̄ Abweichung f; Aberration f; *fig* Verirrung f; (Sinnes)Täuschung f **aberrante** [ɐbi'rɐ̃ti] abweichend (*von der Norm*); *ideia*, *proposta* abwegig **aberrar** [ɐbi'rar] ⟨1c⟩ (von der Norm) abweichen
aberta [ɐ'bɛrtɐ] F̄ Öffnung f; (*clareira*) (Wald)Lichtung f; METEO Aufheiterung f; Aufklaren n; (*pausa*) Unterbrechung f; **apanhar uma ~** e-e Gelegenheit beim Schopf packen
aberto [ɐ'bɛrtu] **A** PP *irr* → **abrir** **B** ADJ offen; **em ~** offen, ungelöst; **ficar (em) ~** *porta*, *questão* offen bleiben; **estar ~** offen stehen, *fam* auf sein **abertura** [ɐbir'turɐ] F̄ Öffnung f; Lücke f, Spalt m; *exposição*, *museu*: Eröffnung f; TECN Spannweite f; *fig* Offenheit f; MÚS Ouverture f; **~ da temporada** DESP Eröffnung f der Spielzeit
abespinhar-se [ɐbiʃpi'ɲarsi] ⟨1a⟩ in Wut geraten, sich aufregen
abeto [ɐ'betu] M̄ Tanne f; **~ (branco)** (Weiß-)Tanne m
abetumar [ɐbitu'mar] ⟨1a⟩ betumieren; NÁUT kalfatern
abibe [ɐ'bibi] M̄ ZOOL Kiebitz m
abichar [ɐbi'ʃar] ⟨1a⟩ *vantagem* erreichen, erlangen
abicharar [ɐbiʃɐ'rax] ⟨1a⟩ *bras pop* schwul werden **abichar-se** [ɐbi'ʃaxsi] V̄R ⟨1a⟩ *bras fruta*: wurmig werden
abismado [ɐbiʒ'madu] *fig* versunken (**em** in *ac*); (*surpreendido*) verwundert (**com** über *ac*) **abismal** [ɐbiʒ'maɫ] abgründig **abismar-se** [ɐbiʒ'marsi] ⟨1a⟩ (in Gedanken) versinken **abismo** [ɐ'biʒmu] M̄ Abgrund m; *mar*: (Meeres)Tiefe f; *fig* (*deca-*

dência) Elend n; (*contradição*) Gegensatz m **abissal** [ɐbiˈsaɫ] Tiefen…; *fig* riesig
abje(c)ção [ɐbʒɛˈsɜ̃u̯] F Abscheulichkeit f; Niedertracht f **abje(c)to** [ɐˈbʒɛtu] abscheulich, niederträchtig
adjudicação [ɐbʒudikɐˈsɜ̃u̯] F DIR Aberkennung f **abjudicar** [ɐbʒudiˈkar] ⟨1n⟩ aberkennen
abjuração [ɐbʒurɐˈsɜ̃u̯] F Widerruf m (*e-r These*); *hábito, vício*: Abkehr f (**de** von) **abjurar** [ɐbʒuˈrar] ⟨1a⟩ widerrufen; *hábito, vício* abschwören, sich lossagen von; (*negar*) (ab)leugnen
ablação [ɐblɐˈsɜ̃u̯] F MED Entfernung f; GEOL Abtragung f
ablactação [ɐblaktɐˈsɜ̃u̯] F Abstillen n, Entwöhnung f **ablactar** [ɐblɐkˈtar] ⟨1b⟩ abstillen, entwöhnen
ablução [ɐbluˈsɜ̃u̯] F REL Waschung f
abnegação [ɐbniɡɐˈsɜ̃u̯] F Entsagung f; (*devoção*) Aufopferung f (*für andere*) **abnegado** [ɐbniˈɡadu] aufopfernd **abnegar** [ɐbniˈɡar] ⟨1o; *Stv* 1c⟩ verzichten auf (*ac*); entsagen (*dat*); **~-se** sich aufopfern
abóbada [ɐˈbɔbɐdɐ] F ARQUIT Gewölbe n; **~ craniana** ANAT Schädeldecke f
abobadar [ɐbubɐˈdar] ⟨1b⟩ *telhado* wölben; *tecto* überwölben **abobadilha** [ɐbubɐˈdiʎɐ] F ARQUIT (Kappen)Gewölbe n **abobado** [ɐboˈbadu] *bras*, **abobalhado** [ɐbobɐˈʎadu] *bras* närrisch, dumm **abobar** [ɐboˈbax] ⟨1e⟩ *bras* närrisch machen; **~-se** närrisch werden; sich dumm stellen
abóbora [ɐˈbɔburɐ] F Kürbis m (*fam tb* Kopf); *fig* Schwächling m ADJ (**cor de**) **~** kürbisfarben, orange
aboboral [ɐbuboˈraɫ] M Kürbisfeld n
abobrar [ɐbubuˈrar] ⟨1e⟩ einweichen; *plano* reifen lassen
aboboreira [ɐbubuˈrɐi̯rɐ] F Kürbispflanze f
abobrinha [ɐboˈbriɲɐ] F *bras* Zucchini pl
abocanhar [ɐbukɐˈɲar] ⟨1a⟩ in den Mund nehmen; (*devorar*) verschlingen; (*despedaçar*) abbeißen; *bras* ergattern, sich schnappen; **~ alg** *fig* (*difamar*) j-s Ruf zerstören **abocar** [ɐbuˈkax] ⟨1n; *Stv* 1e⟩ in den Mund nehmen; NÁUT einlaufen in (*ac*)
aboiz [ɐˈbwiʃ] M (Vogel)Schlinge f
abolachado [ɐbolɐˈʃadu] ADJ abgeflacht,

cara rund
aboletamento [ɐbuletɐˈmetu] M Einquartierung f **aboletar** [ɐbuleˈtar] ⟨1c⟩ Quartier geben (*dat*); einquartieren
abolição [ɐbuliˈsɜ̃u̯] F Abschaffung f, Aufhebung f **abolicionista** [ɐbulisjuˈniʃtɐ] A ADJ für die Abschaffung der Sklaverei B M/F Abolitionist(in) m(f)
abolir [ɐbuˈlir] ⟨3f⟩ abschaffen, aufheben
abolorecer [ɐbuluriˈser] ⟨2g⟩ (ver)schimmeln
abolsado [ɐboɫˈsadu] beutelförmig
abombar [ɐbõˈbax] ⟨1a⟩ *bras* A VIT überanstrengen B VII nicht weiterkönnen
abominação [ɐbuminɐˈsɜ̃u̯] F Abscheu m; Gräuel m **abominar** [ɐbumiˈnar] ⟨1a⟩ verabscheuen; hassen **abominável** [ɐbumiˈnavɛɫ], **abominoso** [ɐbumiˈnozu] abscheulich
abonação [ɐbunɐˈsɜ̃u̯] F ▮ (*fiança*) Bürgschaft f; (*citação*) Beleg m (*Textstelle*); (*confirmação*) Bestätigung f; *testemunha*: Glaubwürdigkeit f ▮ (*adiantamento*) Vorschuss m; (*abono*) Vergütung f **abonado** [ɐbuˈnadu] ▮ vertrauenswürdig ▮ (*rico*) wohlhabend **abonador** [ɐbunɐˈdor] M Bürge m **abonançar** [ɐbunɐ̃ˈsar] ⟨1p⟩ *tempo* (sich) aufheitern; *mar* sich beruhigen; *tempestade* sich legen **abonar** [ɐbuˈnar] ⟨1f⟩ bürgen für; garantieren; (*provar*) beweisen; *dinheiro* vorstrecken; *vantagem* gewähren; **~-se de** sich rühmen (*gen*); sich berufen auf (*ac*) **abonatório** [ɐbunɐˈtɔrju] verbürgend
abonecado [ɐbuneˈkadu] puppenhaft; *fam* aufgedonnert
abono [ɐˈbonu] M Bürgschaft f; (*adiantamento*) Vorschuss m; **~ de família** Kindergeld n; **~ de Natal** Weihnachtsgeld n; **~ de trabalhos penosos** Erschwerniszulage f; **em ~ de** zugunsten (*gen*)
abordagem [ɐburˈdaʒɐ̃i̯] F Erörterung f, Besprechung f **abordar** [ɐburˈdar] ⟨1e⟩ A VIT NÁUT entern; *alg* ansprechen; *questão* erörtern; *bras fam mulher* anmachen B VII NÁUT anlegen, landen **abordável** [ɐburˈdavɛɫ] zugänglich; NÁUT Anlege…
aborígene [ɐbuˈriʒini] A ADJ einheimisch B M/F Ureinwohner(in) m(f); **~s** mpl Ureinwohner mpl
aborrascar-se [ɐbuʁɐʃˈkarsi] *tempo* stür-

misch werden

aborrecer [abuʁi'ser] ⟨2g⟩ *alg* verabscheuen; (*irritar*) ärgern, verdrießen; (*causar tédio*) langweilen; **~-se com** (*ou* **de**) sich ärgern über (*ac*); fartar-se genug haben von; keine Lust haben zu **aborrecido** [abuʁi'sidu] (*monótono*) langweilig; (*irritado*) ärgerlich; ungehalten (**com** über *ac*); **~ com a** (*ou* **da**) **vida** lebensmüde **aborrecimento** [abuʁisi-'mẽtu] M ❶ (*aversão*) Widerwille m (**a**, **de** gegen), Abscheu m (**de** vor *dat*) ❷ (*contratempo*) Unannehmlichkeit f; Ärger m ❸ (*monotonia*) Langeweile f

abortadeira [aburta'dajra] F Kurpfuscherin f, Engelmacherin f **abortar** [abur'tar] ⟨1e⟩ A V/T MED abtreiben; *fig* (*fazer*) ~ zum Scheitern bringen; INFORM (*Bearbeitung*) abbrechen B V/I MED eine Fehlgeburt haben; *animal* verwerfen; *fig* scheitern, fehlschlagen **aborteira** [abox'tera] F *bras* → abortadeira **abortivo** [abur'tivu] A ADJ Abtreibungs... B M Abtreibungsmittel m **aborto** [a'bortu] M Fehlgeburt f; *fig* Ausgeburt f; **~ provocado** Abtreibung f

abotoar [abu'twar] ⟨1f⟩ zuknöpfen; **~-se** sich bereichern (**com** an *dat*)

abraçadeira [abrasa'dajra] F Klammer f; Schelle f; *cortinado*: Schlaufe f **abraçado** [abra'sadu] in den Armen (**a** von) **abraçar** [abra'sar] ⟨1p; *Stv* 1b⟩ *pessoa* umarmen; *objecto* umfassen, -schlingen; *profissão* ergreifen; *tarefa* in Angriff nehmen; *ideia* sich (*dat*) zu eigen machen; *partido* sich anschließen; **~-se a** sich halten an (*ac*); → abraçar

abraço [a'brasu] M Umarmung f; ARQUIT Rankenwerk n; **dar um ~ a** (*ou* **em**) *alg* umarmen; *em cartas*: **um ~!**, **~s!** ≈ liebe Grüße!; **um ~ de** es umarmt dich (*ou* euch)

abrandamento [abrɐ̃dɐ'mẽtu] M Abschwächung f; *dor*, *vento*: Nachlassen n; *velocidade*: Verringerung f **abrandar** [abrɐ̃'dar] ⟨1a⟩ A V/T abschwächen; *cólera* besänftigen; *dor* lindern; *tom* dämpfen; *velocidade etc* verringern; *água* enthärten B V/I (G V/R) **~(-se)** sich beruhigen

abrangente [abrɐ̃'ʒẽti] umgreifend, -fassend **abranger** [abrɐ̃'ʒer] ⟨2h⟩ er-, umfassen (*tb olhar*); (*conter*) enthalten; begreifen

abrasado [abrɐ'zadu] glühend (**de** vor *dat*), erhitzt (**por** von); *cor* glutrot **abrasador** [abrɐzɐ'dor] *calor* glühend, sengend; *catástrofe* verheerend; *fig* verzehrend

abrasão [abrɐ'zɐ̃ũ] F Abrieb m, Verschleiß m; TECN Schleifen n

abrasar [abrɐ'zar] ⟨1b⟩ zum Glühen bringen; in Brand setzen; *fig* entflammen **abrasileirado** [abrɐzilɐj'radu] ADJ modos, pronúncia etc brasilianisch

abrasivo [abrɐ'zivu] M Schleif-, Poliermittel n; **pó m ~** Scheuerpulver n

abre-cartas [abri'kartaʃ] M ⟨*pl inv*⟩ Brieföffner m **abre-latas** [abri'+ataʃ] M ⟨*pl inv*⟩ *port* Dosenöffner m, Büchsenöffner m

abre-portas [abri'pɔrtaʃ] M ⟨*pl inv*⟩ Türöffner m

abreugrafia [abreugra'fie] F *bras* MED Röntgenbild n, Röntgenaufnahme f

abreviação [abrivja'sɐ̃ũ] F Abkürzung f **abreviadamente** [abrivjadɐ'mẽti] in gekürzter Form **abreviar** [abri'vjar] ⟨1g⟩ (ab-, ver)kürzen; **~ razões** sich kurzfassen **abreviatura** [abrivjɐ'tura] F Abkürzung f, Kürzel n

abricó [abri'kɔ] *bras* M, **abricote** [abri-'kɔtʃi] *bras* M Aprikose f **abricoteiro** [abriko'teru] *bras* M Aprikosenbaum m

abrideira [abri'dera] *bras* F Aperitif m **abridor** [abri'dor] M Öffner m; **~ de latas** *bras* Dosen-, Büchsenöffner m; TECN *têxtil* Wolf m; Graveur m

abrigada [abri'gada] F, **abrigadouro** [abrigɐ'doru] M → abrigo **abrigar** [abri'gar] ⟨1o⟩ Obdach gewähren (*dat*); schützen; *sentimentos* hegen; **~-se** Zuflucht suchen (**de** vor *dat*); Unterschlupf finden

abrigo [a'brigu] M Unterschlupf m (**a** für), Zuflucht f (**a** für); Schutz m (**contra**, **de** gegen, vor); MIL Unterstand m; **~ antiaéreo** Luftschutzkeller m, -bunker m; **~ no(c)turno** Nachtasyl n; **sem ~ m** Obdachlose(r) *m/f*

Abril [a'bri+] M April m **Abrilada** [abri-'+ada] F *hist* Aprilaufstand m (*1824*)

abrilhantar [abriʎɐ̃'tar] ⟨1a⟩ Glanz verleihen (*dat*); *fig* verschönen; erhellen

abrir [a'brir] ⟨3b; *pp* **aberto**⟩ A V/T öffnen, aufmachen; TECN aufbohren; *à força* aufbrechen; *à chave* aufschließen; *à facada* aufschneiden; *garrafa* aufdrehen; *livro, cama* aufschlagen; *apetite* anregen; *conta, falência* eröffnen; *caminho* bahnen; *rua, porto* anlegen; *túnel, furo* bohren; *vala* ausheben; *terra* pflügen; *concurso* ausschreiben; **~ a boca** gähnen; **~ ao público** eröffnen; **~ passagem** den Weg freigeben; **~ mão de** aufgeben; **num ~ e fechar de olhos** im Nu B VI sich öffnen; *flor* aufblühen; *tempo* sich aufhellen; **~-se com alg** sich j-m anvertrauen

ab-rogação [əbʁugɐˈsɐ̃ũ] F DIR Aufhebung f (*e-s Gesetzes*) **ab-rogar** [əbʁuˈgar] ⟨1o; *Stv* 1e⟩ DIR aufheben, außer Kraft setzen

abrolho [ɐˈbroʎu] M ⟨*pl* [-ˈbrɔ-]⟩ Stachel m; BOT Sterndistel f; **~s** *pl fig* Klippen fpl

abrótea [ɐˈbrɔtjɐ] F 1 ZOOL Gabeldorsch m 2 BOT Affodill m

abrumado [ɐbruˈmadu] neblig, trübe **abrumar** [ɐbruˈmar] ⟨1a⟩ trüben; verfinstern; *fig* bedrücken

abrunheiro [ɐbruˈɲɐiru] M BOT Zwetschgenbaum m **abrunho** [ɐˈbruɲu] M *fruto*: Schlehe f

abrupto [ɐˈbruptu] (*íngreme*) steil, abschüssig; (*repentino*) abrupt, plötzlich; (*brusco*) rau

abscesso [ɐbiˈsɛsu], **abscissa** [ɐbiˈsisɐ] *bras* → abcesso etc

absconso [ɐbʃˈkõsu] verborgen

abside [ɐbˈsidi] F Apsis f

absíntio [ɐbˈsĩtju] M, **absinto** [ɐbˈsĩtu] M Absinth m, Wermut m

absolto [ɐbˈsoɫtu] PP *irr* → absolver

absolutamente [ɐbsuluταˈmẽti] ADV unbedingt; *bras* ganz und gar nicht; **~ nada** gar nichts

absoluto [ɐbsuˈlutu] absolut; *poder* uneingeschränkt; *obediência* unbedingt; **em ~** durchaus; ganz und gar **absolutório** [ɐbsulu'tɔrju] ADJ *sentença* F **-a** Freispruch m

absolver [ɐbsoɫˈver] ⟨2e⟩ freisprechen (**de** von); *fig* entbinden (**de** von); REL *alg* lossprechen; REL vergeben **absolvição** [ɐbsoɫviˈsɐ̃ũ] F Freispruch m; REL Lossprechung f, Absolution f

absorção [ɐbsorˈsɐ̃ũ] F Absorption f; Aufnahme f; **~ do poder aquisitivo** Kaufkraftabschöpfung f **absorto** [ɐbˈsortu] PP *irr* → absorver; in Gedanken versunken (*ou* vertieft)

absorvedor [ɐbsorviˈdor] M Absorber m

absorvente [ɐbsorˈvẽti] A ADJ saugfähig; *fig* Aufmerksamkeit erweckend; zeitaufwändig B M Absorptionsmittel n; *bras* **~ higiênico** Damenbinde f **absorver** [ɐbsorˈver] ⟨2a⟩ absorbieren; *líquido* aufsaugen; *ideia* aufnehmen; *fig* ganz in Anspruch nehmen; *problema* ganz erfassen; **~-se em** *fig* sich versenken in (*ac*) **absorvibilidade** [ɐbsorvibiliˈdadi] F Aufnahmefähigkeit f

abstémio (**ê*) [ɐbʃˈtɛmju] A ADJ enthaltsam B M, **-a** F Abstinenzler(in) m(f) **abstenção** [ɐbʃtẽˈsɐ̃ũ] F POL Enthaltung f; *alimentos*: Enthaltsamkeit f Verzicht m; **~ eleitoral** Wahlmüdigkeit f **abstencionismo** [ɐbʃtẽsjuˈnizmu] M Wahlmüdigkeit f **abstencionista** [ɐbʃtẽsjuˈniʃtɐ] M/F Nichtwähler(in) m(f)

abster [ɐbʃˈter] ⟨2xa⟩ **~ de** abhalten von, hindern an (*dat*); **~-se de** sich enthalten (*gen*); Abstand nehmen von

abstinência [ɐbʃtiˈnẽsjɐ] F Enthaltsamkeit f; REL Abstinenz f; **dia m de ~** Fasttag m **abstinente** [ɐbʃtiˈnẽti] A ADJ enthaltsam, abstinent B M/F Abstinenzler(in) m(f)

abstra(c)ção [ɐbʃtrɐˈsɐ̃ũ] F Abstraktion f; *fig* Zerstreutheit f; **poder m de ~** Abstraktionsvermögen n **abstra(c)to** [ɐbʃˈtratu] ADJ abstrakt; *fig* geistesabwesend; **em ~** abstrakt **abstraído** [ɐbʃtrɐˈidu] *fig* gefangen sein in (*dat*) **abstrair** [ɐbʃtrɐˈir] ⟨3l⟩ isoliert betrachten; loslösen von; **~ de** absehen von; **abstraindo de** abgesehen von; **~-se** sich entziehen (*dat*) in Gedanken versinken

abstruso [ɐbʃˈtruzu] verworren, abstrus

absurdo [ɐbˈsurdu] A ADJ absurd B M Unsinn m; Absurdes n

abulia [ɐbuˈliɐ] F Willensschwäche f, Entschlussunfähigkeit f **abúlico** [ɐˈbuliku] A ADJ willenlos, entschlussunfähig B M willenloser Mensch m

abundância [ɐbũˈdɐ̃sjɐ] F Fülle f (**de, em** an *dat*), Überfluss m (**de, em** an *dat*); **em ~** reichlich **abundante** [ɐbũˈdɐ̃ti] reichlich; reich (**de, em** an *dat*) **abundar** [ɐbũˈdar] ⟨1a⟩ reichlich vorhanden sein; **~ em** reich sein an (*dat*); überquellen von

aburguesado [ɐburgiˈzadu] (spieß)bürgerlich **aburguesar** [ɐburgiˈzar] ⟨1c⟩ verbürgerlichen

abusado [abu'zadu] übertrieben; *bras* zudringlich **abusar** [abu'zar] ⟨1a⟩ ~ **de** missbrauchen (*tb sexualement*); ~ **de a/c** *tb* es mit etw übertreiben; **usar e** ~ **de a/c** etw in Unmengen verbrauchen **abusivo** [abu'zivu] missbräuchlich
abuso [a'buzu] M̄ DIR Missbrauch *m*; Übergriff *m*; ~ **de confiança** Vertrauensmissbrauch *m*; ~ **de poder** Machtmissbrauch *m*; ~ **sexual** sexueller Missbrauch *m*
abutre [a'butri] M̄ ZOOL Geier *m*
a/c ABR (ao cuidado de) c/o (care of, bei)
a. C. ABR (antes de Cristo) v. Chr. (vor Christus)
acabado [aka'badu] A ADJ *tarefa* beendet, fertig; (*perfeito*) tadellos; *fig* erledigt; verbraucht; ~ **de chegar/imprimir** *port* soeben angekommen/gedruckt; ~ **de fazer** *port* nagelneu; **produto** *m* ~ Fertigware *f* B M̄ Ausführung *f*, Qualität *f*; *tb* → acabamento **acabadote** [akaba'dɔti] *fam* klapperig; ältlich **acabamento** [akaba'mẽtu] M̄ Abschluss *m*, Beendigung *f*; Fertigstellung *f*; Verarbeitung *f*; *modelo, versão*: Ausführung *f*; Nachbearbeitung *f*; *têxtil*: Appretur *f*
acabar [aka'bar] ⟨1b⟩ A V̄T beenden; fertig stellen, vollenden; *material* verarbeiten; *têxteis* appretieren; (*desgastar*) verbrauchen, erschöpfen B V̄I enden, aufhören; *prazo* ablaufen; **estar a** ~ **com** abschaffen; ein Ende machen (*dat*); Schluss machen mit; *esp fig alg* erledigen, fertig machen; ~ **de fazer a/c** aufhören etw zu tun; (gerade) mit etw fertig sein; ~ **por** (*ou* **em**) **fazer**, ~ **fazendo a/c** schließlich etw tun; ~ (**em**) **bem/mal** gut/ schlecht ausgehen; ein gutes/böses Ende nehmen; **coisa de nunca** ~ das nimmt kein Ende; **um nunca** ~ **de** nicht enden wollend; ~-**se** zu Ende sein; **acabou-se!** jetzt ist's aber genug!; jetzt reicht's!
acabrunhado [akabru'nadu] bedrückt (**de**, **por** wegen), niedergeschlagen (**de**, **por** wegen) **acabrunhamento** [akabruɲa'mẽtu] M̄ Niedergeschlagenheit *f*; Trübsinn *m* **acabrunhar** [akabru'nar] ⟨1a⟩ bedrücken, quälen
acaçapar [akasa'par], **acachapar** [akaʃa'par] ⟨1b⟩ demütigen; *fig* verbergen **acachapado** [akaʃa'padu] niedrig, platt

acácia [a'kasja] F̄ BOT Akazie *f*
acacifar [akasi'far] ⟨1a⟩ ein-, verschließen, sicher verwahren
academia [akadi'mia] F̄ ▶ Akademie *f*; *dança etc*: Schule *f* ▶ UNIV Studentenschaft *f* **académico** [aka'dɛmiku], *bras* **acadêmico** [aka'dẽmiku] A ADJ akademisch; *fig* konventionell B M̄, **-a** F̄ Hochschulabsolvent(in) *m(f)*; Akademiker(in) *m(f)*
açafate [asa'fati] M̄ (Weiden)Korb *m*
açafrão [asa'frãũ] M̄ *tempero*: Safran *m*; BOT Krokus *m* **açafrão-da-Índia** [asafrãũdaˈidʒa] M̄, **açafrão-das-Índias** [asafrãũdaʃˈidʒaʃ] M̄ Kurkuma *f*
acagaçar [akaga'sar] ⟨1p, Stv 1b⟩ *fam* Schiss einjagen (*ängstigen*)
acaimar [asaj'mar] ⟨1a⟩ e-n Maulkorb anlegen (*tb fig*) **acaime** [a'sajmi], **acaimo** [a'sajmu] M̄ Maulkorb *m*
acajadar [akaʒa'dar] ⟨1b⟩ (mit dem Stock) durch-, verprügeln
acaju [aka'ʒu] M̄ → caju; *bras Holz*, ≈ Mahagoni *n*
acalcanhar [akalka'nar] ⟨1a⟩ zertreten (*tb fig*)
acalentado [akalẽ'tadu] eingehüllt (**com**, **por** in *ac*) **acalentador** [akalẽta'dor] beruhigend **acalentar** [akalẽ'tar] ⟨1a⟩ erwärmen; *criança* wiegen; *geralm* beschwichtigen; *esperança* hegen; **canção** *f* **de** ~ Schlaf-, Wiegenlied *n*
acalmar [akał'mar] ⟨1a⟩ A V̄T beruhigen; besänftigen; *dor* lindern B V̄I sich beruhigen
acalorado [akalu'radu] hitzig, heftig; erhitzt **acalorar** [akalu'rar] ⟨1e⟩ erhitzen; *fig* aufheizen; begeistern
acamado [aka'madu] bettlägerig; ausgebreitet (**sobre** auf *dat*, über *dat*) **acamar** [aka'mar] ⟨1a⟩ A V̄T *pessoa* ins Bett bringen; *em camadas* aufeinanderlegen B V̄I bettlägerig werden; sich legen; biegen
açamar [asa'mar] ⟨1a⟩ → açaimar
acamaradar-se [akamara'darsi] ⟨1b⟩ sich zusammentun
açambarcador [asãbarka'dor] M̄ *fam* Hamsterer *m*, Schieber *m* **açambarcamento** [asãbarka'mẽtu] M̄ Aufkauf *m*; Hamstern *n* **açambarcar** [asãbar'kar] ⟨1n; Stv 1b⟩ aufkaufen; *provisões* hamstern

A AÇAM | 44

açame [ɐˈsɐmi], **açamo** [ɐˈsɐmu] → açaime

acampamento [ɐkɐ̃pɐˈmẽtu] M (Zelt)Lager n; **levantar ~** sein Lager abbrechen (tb fig); **fazer ~** lagern; zelten **acampar** [ɐkɐ̃ˈpar] ⟨1a⟩ lagern; zelten

acanaladura [ɐkɐnɐlɐˈdurɐ] F TECN Auskehlung f; ARQUIT Kannelierung f

acanalhado [ɐkɐnɐˈʎadu] verdorben, heruntergekommen

acanhado [ɐkɐˈɲadu] espaço beengt; zu klein (**com, de** durch); (tímido) linkisch, schüchtern; (avarento) kleinlich, engherzig; (limitado) beschränkt **acanhamento** [ɐkɐɲɐˈmẽtu] M espaço: Enge f; (timidez) Verlegenheit f; (avareza) Kleinlichkeit f **acanhar** [ɐkɐˈɲar] ⟨1a⟩ be-, einengen; pessoa ein-, verschüchtern; beschämen; **~-se** v/r sich genieren

acanto [ɐˈkɐ̃tu] M BOT Bärenklau m, Akanthus m

acantonamento [ɐkɐ̃tonɐˈmẽtu] M (Truppen)Unterkunft f, Standort m; (divisão) Einteilung f **acantonar** [ɐkɐ̃tuˈnar] ⟨1f⟩ A v/t verteilen (**em, por** auf ac); verlegen nach B v/i MIL Quartier beziehen

ação [ɐˈsɐ̃ũ] bras → acção

acapachar [ɐkɐpɐˈʃar] ⟨1b⟩ fig erniedrigen, zum Fußabtreter machen

acareação [ɐkɐrjɐˈsɐ̃ũ] F Gegenüberstellung f **acarear** [ɐkɐˈrjar] ⟨1l⟩ testemunhas gegenüberstellen

acariciador [ɐkɐrisjɐˈdor] schmeichlerisch **acariciar** [ɐkɐriˈsjar] ⟨1g⟩ streicheln; ideia liebäugeln mit

acarinhar [ɐkɐriˈɲar] ⟨1a⟩ streicheln; projecto unterstützen

ácaro [ˈakɐru] M Milbe f

acarretar [ɐkɐʀɨˈtar] ⟨1c⟩ **1** anfahren, zusammentragen **2** fig mit sich bringen, verursachen

acasalar [ɐkɐzɐˈlar] ⟨1b⟩ sich paaren; **~-se** (unverheiratet) zusammenleben

acaso [ɐˈkazu] A M Zufall m; **ao ~** aufs Geratewohl; **por ~** zufällig B ADV zufällig; etwa, vielleicht

acastanhado [ɐkɐʃtɐˈɲadu] bräunlich **acatadamente** [ɐkatadɐˈmẽti] ehrerbietig; folgsam **acatamento** [ɐkatɐˈmẽtu] M Respekt m (**a** vor dat); Verehrung f (**a** für); Ehrerbietung f; regra, lei: Befolgung f, Einhaltung f **acatar** [ɐkaˈtar] ⟨1b⟩ pessoa (ver)ehren, achten; regra, lei befolgen, einhalten **acato** [ɐˈkatu] M → acatamento

acautelado [ɐkautɨˈladu] vorsichtig **acautelar** [ɐkautɨˈlar] ⟨1c⟩ A v/t warnen (**de** vor dat); schützen (**de** vor dat) B v/i & v/r **~-se** sich vorsehen ou in Acht nehmen (**com** vor dat)

acavalar [ɐkɐvɐˈlar] ⟨1b⟩ ZOOL bespringen (lassen); fig aufeinanderpacken, übereinanderpacken; **~-se** sich überlagern

a(c)ção [aˈsɐ̃ũ] F **1** Handlung f, Tat f; espec POL, MIL Aktion f; (intervenção) Eingreifen n; **homem m** (ou **mulher f**) **de ~** tatkräftiger Mensch m; **liberdade f de ~** Handlungs-, Bewegungsfreiheit f; **não ter ~ de** (inf) keine Freiheit haben zu; **pôr em ~** (in die Tat) umsetzen; **entrar em ~** in Aktion treten, zu Werke gehen **2** TECN etc Wirkung f; **~ sobre** Einfluss auf (ac); Wirkung auf (ac); **esfera f de ~** Wirkungskreis m **3** FOR Klage f, Verfahren n; **~ acessória** Nebenklage f; **~ civil** Zivilklage f; **~ de despejo** Räumungsklage f; **~ penal** Strafverfahren n; **pôr** (ou **instaurar**) **uma ~** ein Verfahren anstrengen **4** FIN Aktie f; **~ de prioridade** Vorzugsaktie f; **~ de fundador** Gründeraktie f; **~ nominativa** Namensaktie f; **~ ao portador** Inhaberaktie f **5** REL **~ de graças** Dankfeier f

accionamento [asjunɐˈmẽtu] M Antrieb m **accionar** [asjuˈnar] ⟨1f⟩ aktivieren; auslösen; TECN betätigen; DIR verklagen **accionista** [asjuˈniʃtɐ] M/F Aktionär(in) m(f)

acedência [asɨˈdẽsjɐ] F Einverständnis n; Entgegenkommen n **aceder** [asɨˈder] v/i ⟨2c⟩ **1 ~ a** zustimmen (dat), beipflichten (dat); convite annehmen; desejo nachkommen (dat) **2 ~ a poder** kommen ou gelangen an (ac); trono besteigen; INFORM zugreifen auf (ac)

acefalia [asɨfɐˈliɐ] F MED Azephalie f; fig Führungsschwäche f

acéfalo [aˈsɛfɐlu] MED kopflos; fig führerlos

aceirar [asajˈrar] ⟨1a⟩ → acerar

aceitabilidade [asajtabiliˈdadi] F Akzeptanz f **aceitação** [asajtɐˈsɐ̃ũ] F Annahme f; (êxito) Anerkennung f; (resignação) Hinnahme f; **ter ~** angenommen werden; **ter boa ~** gut ankommen **aceitamen-**

to [ɐsɐitɐ'mẽtu] M̄ → aceitação **aceitante** [ɐsɐi'tɐ̃ti] M̄ COM Akzeptant m **aceitar** [ɐsɐi'tar] ⟨1a⟩ annehmen, akzeptieren; ihr anerkennen; zulassen; INFORM kompatibel sein **aceitável** [ɐsɐi'tavɛł] annehmbar, akzeptabel

aceite [ɐ'sɐiti] **A** ADJ angenehm, willkommen; anerkannt **B** M̄ COM Akzept n **C** PP irr → aceitar

aceleração [ɐsilirɐ'sɐ̃ū] F̄ Beschleunigung f; **marcha f -a** Laufschritt m **B** M̄ Laufschritt m **acelerador** [ɐsilirɐ'dor] M̄ AUTO Gaspedal n; CINE Zeitraffer m; QUÍM Katalysator m; **carregar no ~** port fam aufs Gas treten **acelerar** [ɐsilɨ'rar] ⟨1c⟩ beschleunigen; AUTO Gas geben; **~-se** sich beeilen

acelga [ɐ'sɛłgɐ] F̄ Mangold m

acém [ɐ'sɐ̃j] M̄ **(carne F̄ do) ~** Kamm m, Kammstück n

acenar [ɐsi'nar] ⟨1d⟩ **A** V/I winken; **~ a alg** j-m winken; j-m ein Zeichen machen; **~ que sim com a cabeça** nicken; **~ que não com a cabeça** den Kopf schütteln **B** V/T lenço schwenken; **~ a cabeça** (mit dem Kopf) nicken

acendalha [ɐsẽ'daʎɐ] F̄ Feuerzünder m; fig Zündstoff m **acendedor** [ɐsẽdi'dor] M̄ (Zigarren-, Gas)Anzünder m **acender** [ɐsẽ'der] ⟨2a⟩ **A** V/T lume, vela anzünden; luz etc anschalten; fig entzünden; anstiften **B** V/I AUTO zünden **acender-se** V/R sich entzünden, brennen; fig entbrennen; guerra ausbrechen; desejo erwachen **acendido** [ɐsẽ'didu] glühend; fig hingerissen

aceno [ɐ'senu] M̄ Wink m, Zeichen n; Nicken n; **fazer um ~ a alg** j-m (zu)winken; j-m ein Zeichen machen

acento [ɐ'sẽtu] M̄ fala: Akzent m, Tonfall m; palavra: Betonung f; Klang m; **~ agudo** LING Akut m; **~ circunflexo** LING Zirkumflex m; **~ grave** LING Gravis m; **~ tónico** (bras **tônico**) ⟨1g⟩ Hauptton m; **~ secundário** Nebenton m

acentuação [ɐsẽtwɐ'sɐ̃ū] F̄ LING Betonung f **acentuadamente** [ɐsẽtwadɐ'mẽti] deutlich; stark; LING akzentuiert **acentuado** [ɐsẽ'twadu] deutlich; LING betont **acentuar** [ɐsẽ'twar] ⟨1g⟩ betonen (tb fig); fig verstärken; verschärfen **acepção** [ɐsɛ'sɐ̃ū] F̄ Sinn m, Bedeutung

f; **~ original** ursprüngliche Bedeutung f, Grundbedeutung f; **na ~ da palavra** wörtlich; **sem ~ de pessoas** ohne Ansehen der Person

acepipe [ɐsi'pipi] M̄ Vorspeise f; (petisco) Leckerbissen m; **~s** mpl Appetithappen mpl

acerado [ɐsi'radu] stählern; scharf, schneidend (tb fig) **acerar** [ɐsi'rar] ⟨1c⟩ stählen; schärfen; fig verschärfen

acerbar [ɐsir'bar] ⟨1c⟩ verbittern; verschärfen **acerbidade** [ɐsirbi'dadi] F̄ sabor: Bitterkeit f; fig Härte f **acerbo** [ɐ'sɛrbu] herb, bitter

acerca [ɐ'sɛrkɐ] PREP **~ de** über (ac), in Bezug auf (ac)

acercamento [ɐsirkɐ'mẽtu] M̄ Annäherung f (**a**, **de** an ac) **acercar** [ɐsir'kar] ⟨1n; Stv 1c⟩ **~(-se) de** sich nähern (dat)

acerola [ɐsi'rɔłɐ] F̄ Azerolakirsche f

aceroso [ɐsi'rozu] spitz; BOT **folha f -a** Nadel f

acérrimo [ɐ'sɛʁimu] **A** SUP de → acre **B** ADJ hartnäckig; eigensinnig

acertado [ɐsir'tadu] richtig; rea(c)ção angemessen; resposta (zu)treffend; fig getroffen **acertar** [ɐsir'tar] ⟨1c⟩ **A** V/T treffen (tb fig); caminho, solução finden; adivinha lösen; relógio stellen; objecto zurechtrücken; **~ contas com alg** mit j-m abrechnen tb fig; **~ um encontro** e-e Verabredung vereinbaren **B** V/I treffen; por acaso geschehen; **~ com** (heraus-, vor)finden; Glück haben mit; **~ de** (inf) zufällig (geschehen ou tun); **~ no alvo** ins Schwarze treffen **acerto** [ɐ'sertu] M̄ Treffer m; Zufall m, Glück n; fig Scharfsinn m; Geschick n; TECN Korrektur f; **com ~** port geschickt; **de ~**, **por ~** port zufällig

acervar [ɐsir'var] ⟨1c⟩ (auf)häufen **acervo** [ɐ'servu] M̄ Haufen m; herança etc: Bestand m; bras museu: Sammlung f; **~ cultural** bras Kulturerbe n

aceso [ɐ'sezu] **A** PP irr → acender **B** ADJ brennend; fig erregt; **estar ~** brennen

acessão [ɐsi'sɐ̃ū] F̄ Zustimmung f; posto: Beförderung f; DIR Zuwachs m **acessar** [ɐse'sax] ⟨1c⟩ bras INFORM abrufen, zugreifen auf (ac); **~ a Internet** ins Internet gehen **acessibilidade** [ɐsisibili'dadi] F̄ Erreichbarkeit f **acessível** [ɐsi'sivɛł] zugänglich; preço erschwinglich

acesso [ɐ'sesu] M̄ **1** Zutritt m; AUTO Zu-

fahrt f; INFORM Zugriff m; ~ autorizado INFORM erlaubter Zugriff m; ~ dire(c)to INFORM Direktzugriff m; ~ rodoviário (Autobahn)Zubringer m; dar ~ a führen zu; dar ~ a alg j-n zulassen; de fácil/difícil ~ leicht/schwer zugänglich; ter ~ a Zugang zu etw haben; ter ~ à Internet Internetanschluss m haben; tempo m de ~ INFORM Zugriffszeit f; ter ~ a Zugang haben zu; rua f de ~ Zufahrtsstraße f 2 MED Anfall m; ~ de choro Weinkrampf m; ~ de raiva Tobsuchtsanfall m
acessório [əsi'sɔrju] A ADJ zusätzlich; Ersatz...; Neben... B M Zusatz m; Hilfsmittel n; fig Winzigkeit f; TECN Ersatzteil n; GRAM Attribut n; ~s pl Zubehör n; moda: Accessoires npl; TEAT Requisiten pl; fig Beiwerk n
acetato [əsi'tatu] M QUÍM Azetat n; transparência: Overheadfolie f; ~ de alumínio essigsaure Tonerde f
acetinado [əsiti'nadu] satiniert; glänzend, Glanz...
acetona [əsi'tona] F Nagellackentferner m; QUÍM Azeton n
acha [ˈaʃɐ] F (Holz)Scheit n
achacadiço [əʃɐkɐˈdisu] kränklich, anfällig **achacado** [əʃɐˈkadu] kränkelnd **achacar** [əʃɐˈkar] ⟨1n; Stv 1b⟩ anfällig machen; bras Geld ergaunern
achado [əˈʃadu] A ADJ gefunden; não se dar por ~ sich dumm stellen B M Auffinden n; Fund m; fig (guter) Einfall m; bras ~s pl e perdidos Fundsachen fpl; escritório: Fundbüro n; ser um ~ fam ein guter Fang sein
achamboado [əʃɐ̃ˈbwadu] grob (-schlächtig); heruntergekommen
achaparrado [əʃɐpɐˈʁadu] figura untersetzt
achaque [ɐˈʃaki] M Unpässlichkeit f; üble Angewohnheit f; unlauteres Mittel n; ~s pl MED Beschwerden fpl; geralm Unannehmlichkeiten fpl
achar [ɐˈʃar] VT ⟨1b⟩ finden; (opinar) meinen **achar-se** [ɐˈʃarsi] VR sich befinden; (julgar-se) sich halten für
achatadela [ɐʃɐtɐˈdɛɫɐ] F Beule f; Abflachung f; fig fam Ärger m **achatado** [ɐʃɐˈtadu] platt; fig geknickt **achatamento** [ɐʃɐtɐˈmẽtu] M Abflachung f **achatar** [ɐʃɐˈtar] ⟨1b⟩ platt drücken; fig einschüchtern; erniedrigen **achatar-**

-se VR platt werden
achega [ɐˈʃɛɣɐ] F Beitrag m; Gewinn m; Zutat f **achegado** [ɐʃiˈɣadu] A ADJ nahe (stehend); eng (verwandt) B M Verwandte(r) m; Verbündete(r) m **achegamento** [ɐʃiɣɐˈmẽtu] M Annäherung (a an ac) **achegar** [ɐʃiˈɣar] ⟨1o; Stv 1d⟩ (an)nähern **achego** [ɐˈʃeɣu] M bras → achega
achincalhar [ɐʃĩkɐˈʎar] ⟨1b⟩ verspotten, hänseln **achincalhe** [ɐʃĩˈkaʎi] M Spott m; Hänselei f
achocolatado [ɐʃukulɐˈtadu] cor schokoladenbraun; Schokoladen...
acicatar [ɐsikɐˈtar] ⟨1b⟩ anspornen; fig tb an-, aufstacheln **acicate** [ɐsiˈkati] M Sporn m; fig Ansporn m
acíclico [ɐˈsikliku] azyklisch; BOT spiralförmig
acidência [ɐsiˈdẽsjɐ] F Zufälligkeit f
acidentado [ɐsidẽˈtadu] terreno hügelig; piso uneben; estrada holprig; vida bewegt; Unfall...; MÚS mit Vorzeichen versehen **acidental** [ɐsidẽˈtaɫ] zufällig; nebensächlich
acidente [ɐsiˈdẽti] M (acaso) Zufall m; (desastre) Unglück n; MÚS Vorzeichen n; fam Anfall m; ~ de carro Autounfall m; ~ de trabalho Arbeitsunfall m; ~ de terreno Unebenheit f; ~ de viação (bras de trânsito) Verkehrsunfall m; ~ doméstico Unfall m im Haushalt; ~ máximo previsível größter anzunehmender Unfall m; por ~ zufällig
acidez [ɐsiˈdeʃ] F Säure f, Säuregehalt m **acidificação** [ɐsidifikɐˈsɐ̃ũ] F Säurebildung f **acidificar** [ɐsidifiˈkar] ⟨1n⟩ QUÍM (an)säuern, sauer machen **acidificar--se** VR sauer werden
ácido [ˈasidu] A ADJ sauer; fig bissig B M Säure f; ~ acético Essigsäure f; ~ benzóico Benzolsäure f; ~ fólico Folsäure f; ~ silício Kieselsäure f; ~ sulfúrico Schwefelsäure f; ~ úrico Harnsäure f
acídulo [ɐˈsiduɫu] säuerlich
acima [ɐˈsimɐ] ADV herauf, hinauf; nach oben; aufwärts; **escadas ~, escadas abaixo** treppauf, treppab; **~ mencionado** oben erwähnt (ou genannt); **os nomes ~** die obigen Namen B PREP **~ de** über (ac e dat), oberhalb (gen) C INT hoch!; auf, auf!
acinte [ɐˈsĩti] M (böse) Absicht f; Bosheit f; **com ~** um jeden Preis; **de ~** absicht-

lich **acintoso** [ɐsĩ'tozu] absichtlich; boshaft
acinzentado [ɐsĩzẽ'tadu] aschfarben, gräulich **acinzentar** [ɐsĩzẽ'tar] ⟨1a⟩ **A** **VT** grau färben **B** **VI** grau werden
acion... bras, → accionador etc
acirrado [ɐsi'ʀadu] aufgebracht **acirrar** [ɐsi'ʀar] ⟨1a⟩ reizen, anstacheln; anregen
acirrar-se VR gereizt werden
aclamação [ɐklɐmɐ'sɐ̃ʊ̃] F Zuruf m; POL Wahl f (durch Akklamation); Beifall m; Jubel m; **dar** (ou **fazer**) **-ões a** zujubeln (dat)
aclamar [ɐklɐ'mar] ⟨1a⟩ zujubeln (dat); (durch Zuruf) wählen zu **aclamativo** [ɐklɐmɐ'tivu] zustimmend
aclaração [ɐklɐrɐ'sɐ̃ʊ̃] F Aufklärung f, Erklärung f; dúvida f **aclarar** [ɐklɐ'rar] ⟨1b⟩ **A** **VT** erhellen; dúvida auf-, erklären; TECN klären **B** **VI**, ~-**se** VR klar (ou hell) werden, aufhellen
aclimação [ɐklimɐ'sɐ̃ʊ̃] F, **aclimatação** [ɐklimɐtɐ'sɐ̃ʊ̃] F (Ein)Gewöhnung f **aclimar** [ɐkli'mar] ⟨1a⟩, **aclimatar** [ɐklimɐ'tar] ⟨1b⟩ akklimatisieren, gewöhnen; ~-**se** sich eingewöhnen **aclimatável** [ɐklimɐ'tavɛɫ] anpassungsfähig
aclive [ɐ'klivi] **A** ADJ steil (ansteigend) **B** M Steigung f, Hang m; **em** ~ ansteigend
acne [ˈakni] F MED Akne f
aço [ˈasu] M Stahl m; ~**s** mpl Stahlwaren fpl; ~ **inoxidável** rostfreier Stahl m; ~ **laminado** Walzstahl m; ~ **perfilado** Profilstahl m; **de** ~ stählern; fig stahlhart; **ser duro como o** ~ hart wie Stahl sein
acobardado [ɐkubar'dadu] verzagt; verängstigt **acobardar** [ɐkubar'dar] ⟨1b⟩ Angst einjagen (dat); ~-**se** sich fürchten (**com** vor dat)
acobertar [ɐkubɛr'tar] ⟨1c⟩ be-, zudecken; fig verschleiern; ~-**se com** (ou **em**) sich verstecken hinter (dat)
acocorado [ɐkuku'radu] in der Hocke, hockend **acocorar-se** [ɐkuku'rarsi] ⟨1e⟩ sich (hin-, nieder)hocken, kauern; fig sich ducken (**diante** vor dat)
açodado [ɐsu'dadu] eilig, hastig **açodar** [ɐsu'dar] ⟨1e⟩ (auf)hetzen; antreiben; ~-**se** sich beeilen
acoelhar-se [ɐkwe'ʎjaxsi] ⟨1b⟩ bras ängstlich (ou schüchtern) werden
acoimar [ɐkoj'mar] ⟨1a⟩ **A** **VT** tadeln; DIR e-e Geldstrafe verhängen gegen **B**

VI sich rächen
acoitar [ɐkoj'tar] ⟨1a⟩ **1** beherbergen; aufnehmen **2** verbergen; schützen; ~-**se** Zuflucht suchen
açoitar [ɐsoj'tar] ⟨1a⟩ (aus)peitschen; schlagen **açoite** [ɐ'sojti] M (chicote) Peitsche f; Peitschenhieb m; fam **dar um** ~ **a alg** j-m e-e Tracht Prügel geben
acolá [ɐku'ɫa] da, dort
acolchetar [ɐkoɫʃi'tar] ⟨1c⟩ ein-, zu-, festhaken
acolchoado [ɐkoɫ'ʃwadu] **A** ADJ gesteppt, Stepp... **B** M Polsterstoff m; Steppdecke f **acolchoar** [ɐkoɫ'ʃwar] ⟨1f⟩ móvel polstern; vestuário wattieren; (ab)steppen
acolhedor [ɐkuʎe'dor] gastlich, einladend **acolher** [ɐku'ʎer] ⟨2d⟩ hóspede aufnehmen; empfangen; ~-**se** Schutz suchen (**a bei**, **em** in dat); sich flüchten (**a** zu) **acolhida** [ɐku'ʎida] F, **acolhimento** [ɐkuʎi'mẽtu] M **1** Zuflucht f **2** Aufnahme f, Empfang m
acometer [ɐkume'ter] ⟨2c⟩ pessoa anfallen, angreifen; coisa in Angriff nehmen; (chocar) zusammenstoßen mit; doença etc ~ **alg** j-n befallen **acometida** [ɐkumi'tida] F Angriff m; Inangriffnahme f
acometido [ɐkumi'tidu] befallen (**de**, **por** von)
acomodação [ɐkumudɐ'sɐ̃ʊ̃] F Anpassung f; Bequemlichkeit f; hotel, etc: Unterbringungsmöglichkeit f **acomodadiço** [ɐkumudɐ'disu] anpassungsfähig **acomodado** [ɐkumu'dadu] bequem; geeignet; (pacato) genügsam, ruhig; in Übereinstimmung (**a**, **com** mit); preço gemäßigt **acomodamento** [ɐkumudɐ'mẽtu] M → acomodação **acomodar** [ɐkumu'dar] ⟨1e⟩ **A** VT hóspede unterbringen; coisas aufräumen, ordnen; casa etc (bequem) einrichten **B** VI sich aussöhnen; ~-**se** sich (dat) bequem machen; ~-**se a** sich anpassen (dat); sich fügen in (ac) **acomodatício** [ɐkumudɐ'tisju] anpassungsfähig
acompanhamento [ɐkõpɐɲɐ'mẽtu] M Betreuung f, Begleitung f (tb MÚS); GASTR Beilage f; ~ (**fúnebre**) Leichenzug m **acompanhante** [ɐkõpɐ'ɲɐ̃ti] M/F Begleiter(in) m(f); ~ **do condutor** AUTO Beifahrer(in) m(f) **acompanhar** [ɐkõpɐ'ɲar] ⟨1a⟩ pessoa begleiten; acontecimen-

tos verfolgen; *(juntar)* beilegen; MÚS begleiten (**a** auf *dat*)
aconchegado [ɐkõʃiˈgadu] gemütlich, anheimelnd **aconchegar** [ɐkõʃiˈgar] ⟨1o; *Stv* 1d⟩ schmiegen (**a** an, in *ac*), drücken (**a** an, in *ac*)
aconchego [ɐkõˈʃegu] M **1** Gemütlichkeit *f* **2** Unterschlupf *m*
acondicionamento [ɐkõdisjunɐˈmẽtu] M Verpackung *f*; Verstauung *f* **acondicionar** [ɐkõdisjuˈnar] ⟨1f⟩ *espaço* ausstatten; *mercadoria* verpacken; verstauen
aconselhado [ɐkõseˈʎadu] besonnen; gut beraten **aconselhar** [ɐkõseˈʎar] ⟨1d⟩ **A** *VII* ~ **alg** (j-n) beraten; (j-m etw) raten (**a** zu) **B** *VI* Ratschläge erteilen; **~-se com** sich beraten mit **aconselhável** [ɐkõseˈʎavɛɫ] empfehlenswert
acontecer [ɐkõtiˈser] ⟨2g⟩ sich ereignen, geschehen (**a, com** mit); vorkommen; **acontece** das kommt vor; **o que é que aconteceu?** was ist los? **acontecido** [ɐkõtiˈsidu] M, **acontecimento** [ɐkõtisiˈmẽtu] M *(incidente)* Vorfall *m*
Açores [ɐˈsoriʃ] MPL GEOG **os ~** die Azoren *pl* **açoriano** [ɐsuˈrjɐnu] **A** ADJ von den Azoren **B** M, **-a** F Azorer(in) *m(f)*
acoplador [ɐkupɫɐˈdor] M ELECT, TECN Koppler *m* **acoplamento** [ɐkupɫɐˈmẽtu] M TECN Kupplung *f*; ELECT, INFORM Kopplung *f*; *astronáutica:* Ankopplung *f* **acoplar** [ɐkuˈpɫar] ⟨1e⟩ kuppeln; (an)koppeln; **~-se** *bras fam* sich zusammentun (Mann und Frau)
açor [ɐˈsor] M ZOOL Habicht *m*
açorda [ɐˈsorda] F *port* Gericht aus zerkochtem, in Olivenöl gebratenem Brot, Meeresfrüchten, Fisch oder Fleisch; **~ alentejana** Brotsuppe mit Knoblauch, Korianderblättern u. pochiertem Ei
acordado [ɐkurˈdadu] wach; *fig* wachsam, hellwach; **estar ~** wach sein **acordante** [ɐkurˈdɐ̃ti] übereinstimmend
acórdão [ɐˈkɔrdɐ̃ũ] M *(pl ~s)* DIR Grundsatzurteil *n*
acordar [ɐkurˈdar] ⟨1e⟩ **A** *VII* **1** (auf)wecken; *sentimentos* wecken; *fig* erinnern an *(ac)* **2** vereinbaren, (in Einklang bringen **3** MÚS stimmen **B** *VI* **1** auf-, erwachen; **não ~ a horas** *(bras* **a tempo)** verschlafen **2** **~ em** beschließen; **~-se** sich einigen
acorde [ɐˈkɔrdi] **A** ADJ **~ em** *(ou* **acerca de)** einig in *(dat)*, übereinstimmend mit **B** M MÚS Akkord *m*

acordeão [ɐkorˈdjɐ̃ũ] M Akkordeon *n*; Ziehharmonika *f*
acordo [ɐˈkordu] M **1** *(conformidade)* Übereinstimmung *f*; Einverständnis *n*; *(gemeinsame)* Übereinkunft *f*; **de comum ~** einmütig **2** *(decisão)* Übereinkommen *n*; *(contrato)* Abkommen *n*; Vertrag *m*; **~ amigável** gütliche Einigung *f*; **~ coligatório** Koalitionsvereinbarung *f*; **~ comercial** Wirtschaftsabkommen *n*; **extra-judicial** außergerichtliche Einigung *f*; **~ de paz** Friedensvertrag *m*; **Acordo de Schengen** *EU:* Schengener Abkommen *n*; **chegar a (um) ~** zu e-r Einigung kommen; **de ~ com** im Einverständnis mit; gemäß; **estar de ~ com** übereinstimmen mit; **(não) estar no seu ~** (nicht ganz) bei sich *(dat)* sein; **pôr-se de ~** übereinkommen (**em** in *dat*), sich einigen (**em** in *dat*); **ter pronto ~** geistesgegenwärtig *(ou* schlagfertig) sein; **não dar ~ (de si)** *port* kein Lebenszeichen von sich geben
acoroçoado [ɐkuruˈswadu] beherzt; hoffnungsvoll **acoroçoamento** [ɐkuruswɐˈmẽtu] M Ermutigung *f* **acoroçoar** [ɐkuruˈswar] ⟨1f⟩ ermutigen, anregen
acorrentar [ɐkuʀẽˈtar] ⟨1a⟩ anketten (**a** an *ac*); *fig* unterwerfen
acorrer [ɐkuˈʀer] ⟨2d⟩ (herbei)eilen; zu Hilfe eilen *(ou* kommen); **~ em socorro de alg** j-m zu Hilfe eilen
acossar [ɐkuˈsar] ⟨1e⟩ **1** *caça* hetzen; *fugitivos* verfolgen; (vor sich *dat* her) treiben **2** quälen, peinigen
acostagem [ɐkuʃˈtaʒẽĩ] F NÁUT Landung *f*, Anlegen *n* **acostamento** [ɐkoʃtɐˈmẽtu] M *bras* Straßenrand *m*, Randstreifen *m*; → **acostagem acostar** [ɐkuʃˈtar] ⟨1e⟩ NÁUT anlegen (**a**, in *dat*)
acostumado [ɐkuʃtuˈmadu] gewohnt, üblich; **fig mal ~** verwöhnt **acostumar** [ɐkuʃtuˈmar] ⟨1a⟩ gewöhnen (**a** an *ac*); *bras* sich gewöhnen (**com** an *ac*)
acotovelamento [ɐkutuveɫɐˈmẽtu] M *fig* Gedränge *n*; TECN Kröpfung *f* **acotovelar** [ɐkutuviˈɫar] ⟨1c⟩ (mit den Ellbogen) (an)stoßen; TECN kröpfen; **~-se** *fig* (sich) drängeln
açougue [ɐˈsogi] M **1** *bras* Metzgerei *f*;

Schlachthof m 2 **port** fig Blutbad n
açougueiro [asoˈgɐiru] M̄ Metzger m
acovardar [akovaxˈdax] ⟨1a⟩ bras → acobardar
acre [ˈakri] ADJ beißend; *sabor* sauer; *vinho* herb; fig scharf, schroff
Acre [ˈakri] M̄ GEOG **o ~ bras** Bundesstaat
acreditado [əkridiˈtadu] angesehen; glaubwürdig; POL akkreditiert **acreditador** [əkridıtaˈdoɾ] M̄ Kreditgeber m
acreditar [əkridiˈtar] ⟨1a⟩ ~ **em alg** j-m glauben, j-m Glauben schenken; *com adj:* j-n halten für; *fama, respeito* j-m Ansehen verleihen; POL j-n akkreditieren; ~ **em a/c an etw (ac) glauben;** ~ **em alg** j-m glauben; ~ **em Deus** an Gott glauben; ~**-se** sich (dat) Ansehen verschaffen **acreditável** [əkridiˈtavɛɫ] glaubhaft
acrescentamento [əkɾɨʃẽtɐˈmẽtu] M̄ Zusatz m **acrescentar** [əkɾɨʃẽˈtaɾ] ⟨1a⟩ *opinião etc* hinzufügen, -setzen; *número* vermehren; *(ampliar)* anbauen, erweitern; ~**-se** zunehmen, wachsen **acrescer** [əkɾɨʃˈseɾ] ⟨2g⟩ A V̄T̄ *número* vermehren; *pedaço* hinzufügen B V̄Ī (an)wachsen; hinzukommen (**a** zu) **acrescido** [əkɾɨˈsidu] ADJ ~ **de** (ou **por**) vermehrt um; zuzüglich (*gen*)
acréscimo [əˈkɾɛʃsimu] M̄ tb TECN Steigerung f, Erhöhung f; Zunahme f; Zuwachs m
acriançado [əkɾjɐ̃ˈsadu] kindisch
acrídeos [əˈkɾidjuʃ] MPL ZOOL Heuschrecken fpl (Gattung)
acrimónia (*ö) [əkɾiˈmɔnjɐ] F̄ Herbheit f; fig Heftigkeit f **acrimonioso** [əkɾimuˈnjozu] herb; fig scharf, heftig
acrioulado [əkɾjoˈladu] bras kreolisch
acrítico [əˈkɾitiku] unkritisch
acrobacia [əkɾubɐˈsiɐ] F̄ Akrobatik f; ~**s** akrobatische Kunststücke npl **acrobata** [əˈkɾuˈbatɐ] M̄F̄ Akrobat(in) m(f); AERO Kunstflieger(in) m(f) **acrobático** [əkɾuˈbatiku] akrobatisch; **voo** m ~ Kunstflug m
a(c)ta [ˈatɐ] F̄ (Sitzungs)Protokoll n; ~**s** pl Akten fpl; Akte f
a(c)tiva [ˈativɐ] F̄ GRAM Aktiv n
a(c)tivação [ativɐˈsɐ̃ũ] F̄ Aktivierung f
a(c)tivar [atiˈvar] ⟨1a⟩ in Gang setzen; aktivieren; fig anschüren **a(c)tividade** [ətiviˈdadi] F̄ Aktivität f, (Berufs)Tätigkeit f; *(eficácia)* Wirksamkeit f; Tatkraft f; ~ **comercial** Handel m; ~ **industrial** produzierendes Gewerbe n; ~ **intelectual** geistige Betätigung f; **entrar em ~** *máquina* in Betrieb genommen werden; *vulcão* ausbrechen; **estar em plena ~** florieren
a(c)tivo [aˈtivu] A ADJ aktiv; tätig; tatkräftig; *substância* wirksam B M̄ COM Guthaben n, Aktivsaldo m; **no ~** MIL im (aktiven) Dienst
a(c)to [ˈatu] M̄ 1 tb solene: Akt m; *(acção)* Tat f, Handlung f; TEAT Aufzug m, Akt m; ~ **de caridade** Akt m der Nächstenliebe; ~ **de desespero** Verzweiflungstat f; ~ **heróico** Heldentat f; ~ **ilícito** DIR strafbare Handlung f; ~ **instintivo** Instinkthandlung f; ~ **jurídico** Rechtsgeschäft n; ~ **de presença** persönliches Erscheinen n; ~ **sexual** Geschlechtsakt m; ~ **de violência** Gewalttat f; ~ **contínuo** adv sofort; **em** ~ FILOS in Wirklichkeit; **passar aos** ~**s** zur Tat schreiten 2 POL **A(c)to Único (Europeu)** Einheitliche Europäische) Akte f 3 REL **A(c)tos** pl **dos Apóstolos** Apostelgeschichte f
a(c)tor [aˈtoɾ] M̄ Schauspieler m; *geralm* Akteur m, Beteiligte(r) m **a(c)triz** [əˈtɾiʃ] F̄ Schauspielerin f
a(c)tuação [atwɐˈsɐ̃ũ] F̄ *(acção)* Handeln n; *(desempenho)* Leistung f; *(comportamento)* Verhalten n; CINE, TEAT Darbietung f; *(influência)* Einwirken n
a(c)tual [aˈtwaɫ] aktuell; gegenwärtig, derzeitig **a(c)tualidade** [ətwəɫiˈdadi] F̄ *época:* Gegenwart f; Aktualität f; ~**s** pl Neuigkeiten fpl **a(c)tualização** [ətwəɫizɐˈsɐ̃ũ] F̄ Aktualisierung f; INFORM Update n, *software:* Upgrade n **a(c)tualizar** [ətwəɫiˈzaɾ] ⟨1a⟩ aktualisieren; **estar a(c)tualizado** auf dem Laufenden sein **a(c)tualmente** [ətwaɫˈmẽti] gegenwärtig, zurzeit
a(c)tuante [aˈtwɐ̃ti] wirksam; handelnd, tätig **a(c)tuar** [aˈtwar] ⟨1g⟩ A V̄Ī in Gang setzen B V̄Ī *(influenciar)* wirken, einwirken (**sobre** auf *ac*); *(colaborar)* mitwirken (**em** bei); wirksam werden (**em** in *dat*); *(agir)* tätig werden, vorgehen (**contra** gegen); auftreten
açu [aˈsu] bras groß, mächtig
acuar [aˈkwax] ⟨1g⟩ bras A V̄T̄ *caça, inimigo* stellen, einkreisen B V̄Ī zurückweichen; zum Sprung ansetzen; *cavalo* bo-

açúcar [ɐ'sukar] M̄ Zucker m; **~ areado** feiner (ou Streu)Zucker m; **~ branco** weißer Zucker m; **~ de beterraba** Rübenzucker m; **~ de cana** Rohrzucker m; **~ em cubos** Würfelzucker m; **~ mascav(ad)o** Vollrohrzucker m; **~ em pó** (bras **de confeiteiro**) Puderzucker m; **pão m de ~** Zuckerhut m; **sem ~** ungesüßt
açucarado [ɐsukɐ'radu] süß, gesüßt
açucarar [ɐsukɐ'rar] ⟨1b⟩ süßen, zuckern; fig versüßen **açucareiro** [ɐsukɐ'rɐiru] A ADJ Zucker... B F Zuckerdose f
açucena [ɐsu'senɐ] F Lilie f
açudar [ɐsu'dar] ⟨1a⟩ água stauen **açude** [ɐ'sudi] M̄ Wehr n, Damm m
acudir [ɐku'dir] VI ⟨3h⟩ helfen (**em** bei); hinzukommen; zu Hilfe eilen (dat); sich einsetzen (**por** für); **acudam!** (zu) Hilfe!
acuidade [ɐkwi'dadi] F Schärfe f; Empfindlichkeit f; Scharfsinn f
acumulação [ɐkumulɐ'sɐ̃u] F Speicherung f; (An)Häufung f, Ansammlung f
acumulador [ɐkumulɐ'dor] M̄ FIS Speicher m; **~ elé(c)trico** Akkumulator m, fam Akku m **acumular** [ɐkumu'lar] ⟨1a⟩ (an)häufen; akkumulieren; energia speichern; experiência sammeln; cargos anhäufen; **~-se** sich ansammeln; gente zusammenlaufen
acupressão [ɐkupri'sɐ̃u] F Akupressur f **acupun(c)tura** [ɐkupũ'turɐ] F Akupunktur f
acurácia [ɐku'rasjɐ] F bras exame, previsão: Genauigkeit f, Zuverlässigkeit f **acurado** [ɐku'radu] sorgfältig; bras exame, previsão genau, zuverlässig
acusação [ɐkuzɐ'sɐ̃u] F DIR Anklageschrift f, Anklage f (**a** gegen); Beschuldigung f; Vorwurf m (**sobre** gegen); (Empfangs)Bestätigung f (e-s offiziellen Briefes); **advogado m da ~** Anklagevertreter m; **formulação f da ~** Anklageerhebung f **acusado** [ɐku'zadu] M̄ Angeklagte(r) m **acusador** [ɐkuzɐ'dor] M̄ Ankläger m; Kläger m; **~ público** Staatsanwalt m **acusar** [ɐku'zar] ⟨1a⟩ DIR anklagen, beschuldigen (**de** gen); Vorwürfe machen; recepção bestätigen; crime (auf)zeigen, enthüllen; **~ a/c em alg** j-m etw nachsagen
acústica [ɐ'kustikɐ] F Akustik f **acústico** [ɐ'kustiku] akustisch; Schall...; Hör...; **barreira f -a** Lärmschutzwand f; **sinal m ~** akustisches Zeichen n, Lautzeichen n; TEL Signalton m
acutilador [ɐkutilɐ'dor] M̄ Messerstecher m **acutilância** [ɐkuti'lɐ̃sjɐ] F fig Schärfe f **acutilar** [ɐkuti'lar] ⟨1a⟩ (mit e-m Messer er)stechen; verletzen
adágio [ɐ'dajɨu] M̄ **1** Sprichwort n, Spruch m **2** MÚS Adagio n
adamado [ɐdɐ'madu] pop weibisch; **vinho m ~** port Süßwein m
adaptabilidade [ɐdɐptɐbili'dadi] F Anpassungsfähigkeit f **adaptação** [ɐdɐptɐ'sɐ̃u] F Anpassung f; texto: Umarbeitung f; Umstellung f (auf etwas Neues); Adaptation f; CINE Bearbeitung f; **capacidade f de ~** Anpassungsfähigkeit f; **fase f de ~** Eingewöhnungszeit f **adaptador** [ɐdɐptɐ'dor] M̄ TECN Adapter m **adaptar** [ɐdɐp'tar] ⟨1b⟩ anpassen; umarbeiten (**a** für); CINE bearbeiten; adaptieren; fig harmonisieren, in Einklang bringen; **~-se** sich anpassen an (ac); sich umstellen auf (ac) **adaptável** [ɐdɐp'tavɛl] brauchbar; anpassungsfähig
adega [ɐ'dɛgɐ] F Weinkeller m **adegar** [ɐdi'gar] VT ⟨1o; Stv 1c⟩ einkellern **adegueiro** [ɐdi'gɐiru] M̄ Kellermeister m
adejar [ɐdi'ʒar] ⟨1d⟩ flattern; fig schweben **adejo** [ɐ'dɐiʒu] M̄ Geflatter n
adelgaçamento [ɐdɛlgɐsɐ'mẽtu] M̄ Schlankwerden n; Abmagern n **adelgaçar** [ɐdɛlgɐ'sar] ⟨1p; Stv 1b⟩ A VT dünn (ou schlank) machen B VI (E V/R) **~(-se)** dünn (ou schlank) werden; zurückgehen
adenda [ɐ'dẽdɐ] F Anhang m
adensar [ɐdẽ'sar] ⟨1a⟩ verdichten; líquido eindicken; fig sättigen
adentro [ɐ'dẽtru] dire(c)ção hinein; drinnen; **terra ~** landeinwärts
adepto [ɐ'dɛptu] M̄, **-a** F Anhänger(in) m(f); port tb Fan m
adequação [ɐdikwɐ'sɐ̃u] F Anpassung f (**a an** ac), Angleichung f; (conformidade) Übereinstimmung f (**com** mit) **adequado** [ɐdi'kwadu] angemessen **adequar** [ɐdi'kwar] ⟨1m⟩ anpassen
adereçar [ɐdiri'sar] ⟨1p; Stv 1c⟩ (her)richten; (aus)schmücken **adereço** [ɐdi'resu] M̄ Zierde f (tb fig); Schmuck m; **~s** pl Zierrat m; Schmuck m; AGR (Pferde)Geschirr n; TEAT Requisiten npl
aderência [ɐdi'rẽsjɐ] F Haftfestigkeit f;

TECN Haftung f, Haftkraft f; (Aneinander)Haften n; fig Anhängerschaft f; Mitgliederschaft f; **~ a** Festhalten an (dat); **~ em piso** AUTO Straßenhaftung f (e-s Autos); **~s** pl MED Verwachsungen fpl **aderente** [ɐdɨˈrẽtɨ] **A** ADJ (fest)haftend; teilnehmend (an Kampagne) **B** M/F Anhänger(in) m(f) **aderir** [ɐdɨˈrir] ⟨3c⟩ **~ a** haften, kleben an (dat); fig movimento sich anschließen an (dat); clube, partido beitreten (dat), eintreten in (ac)
adesão [ɐdɨˈzɐ̃w] F Haftkraft f; POL Anschluss m; partido Beitritt m; (Partei)Zugehörigkeit f; fig Zustimmung (**a, com** zu); FÍS Adhäsion f; **~ à União Europeia** Beitritt m zur Europäischen Union **adesivo** [ɐdɨˈzivu] **A** ADJ Klebe...; klebrig; **fita** f **-a** Klebeband n **B** M/F Heftpflaster n; bras Aufkleber m
adestramento [ɐdɨʃtrɐˈmẽtu] M Schulung f; animal: Dressur f; Übung f (**em** in dat) **adestrar** [ɐdɨʃˈtrar] ⟨1c⟩ alg schulen; animal abrichten, dressieren
adeus [ɐˈdewʃ] **A** INT fam tschüs!, Wiedersehen! **B** M Abschied m; **o último ~** das letzte Lebewohl; fig **dizer ~ a/c** e-e Sache für verloren erklären **adeusinho** [ɐdewˈziɲu] INT **~!** fam tschüs!, tschüssi!
adiamento [ɐdjɐˈmẽtu] M Aufschub m; Verschiebung f; Vertagung f
adiantadamente [ɐdjɐ̃tadɐˈmẽtɨ] ADV vorzeitig, zu früh; pagamento etc im Voraus **adiantado** [ɐdjɐ̃ˈtadu] **A** ADJ fortschrittlich; hora, idade, processo forgeschritten; criança frühreif; bras aufdringlich **B** ADV vorzeitig, zu früh; im Voraus; **dinheiro m ~** Vorschuss m; **chegar ~ ou** zu früh kommen; **estar ~** zu früh (gekommen) sein; **estar** ou **andar ~** relógio vorgehen **adiantamento** [ɐdjɐ̃tɐˈmẽtu] M Fortgang m, trabalho etc: Fortschritt m; acontecimento: Vorwegnahme f; dinheiro: Vorschuss m; relógio: Vorrücken n **adiantar** [ɐdjɐ̃ˈtar] ⟨1a⟩ **A** VT voranbringen; trabalho fortführen; relógio vorstellen, -rücken; dinheiro, mão vorstrecken; opinião äußern; notícia (vorweg) melden **B** VI fortfahren; Fortschritte machen; relógio vorgehen; **não ~ (nada)** nichts nützen; **~-se** vortreten; vorangehen; vorschnell tun; (abusar) zu weit gehen; DESP in Führung gehen

adiante [ɐˈdjɐ̃tɨ] ADV local: vorn(e); direcção: voran, vorwärts, weiter; **~ de** vor; **mais ~** weiter vorn; texto weiter unten; **pelo tempo** ~ später; danach; **passar ~** weitergehen; coisa weitergeben; DESP vorstoßen; **passar ~ de** überholen; **~!** weiter! **adiar** [ɐˈdjar] ⟨1g⟩ verschieben; vertagen
adição [ɐdiˈsɐ̃w] F Zusatz m; Beigabe f; MAT Addition f
adicional [ɐdisjuˈnał] **A** ADJ zusätzlich, Zusatz...; Zuschlag...; **rendimento m ~** Nebeneinkommen n **B** M Zusatz m; Zuwachs m **adicionamento** [ɐdisjunɐˈmẽtu] M Zusatz m **adicionar** [ɐdisjuˈnar] ⟨1f⟩ ingredientes, palavras beifügen, hinzufügen; observação hinzusetzen; números zusammenzählen, addieren; TECN zuschlagen
adi(c)tivo [ɐdiˈtivu] ADJ MED comportamento süchtig; Sucht...
adido [ɐˈdidu] **A** ADJ Hilfs...; Neben...; außerplanmäßig **B** M Attaché m; **~ comercial** Handelsattaché m; **~ de imprensa** Presseattaché m; **~ militar** Militärattaché m
adinheirado [ɐdiɲɐjˈradu] reich
adipose [ɐdiˈpɔzi] F MED Fettleibigkeit f, Adipositas f **adiposidade** [ɐdipuziˈdadi] F Verfettung f; Fettablagerung f **adiposo** [ɐdiˈpozu] adipös
aditamento [ɐditɐˈmẽtu] M Zusatz m, Zusatzerklärung f; Anhang m; POL Zusatzantrag m **aditar** [ɐdiˈtar] ⟨1a⟩ **1** → adicionar **2** beglücken
aditivo¹ [ɐdiˈtivu] **A** ADJ zusätzlich, Zusatz...; **sinal m ~** Pluszeichen n **B** M Zusatzstoff m; QUÍM Additiv n
aditivo² [ɐdʒiˈtʃivu] bras → adi(c)tivo
adivinha [ɐdiˈviɲɐ] F **1** Rätsel n **2** Wahrsagerin f **adivinhação** [ɐdiviɲɐˈsɐ̃w] F Wahrsagung f; Vorhersage f; Rätsel n **adivinhar** [ɐdiviˈɲar] ⟨1a⟩ wahrsagen; vorhersehen; voraussagen; pensamentos erraten; tippen; adivinha lösen; segredo enträtseln **adivinho** [ɐdiˈviɲu] M Wahrsager m
adjacência [ɐdʒɐˈsẽsjɐ] F Nachbarschaft f; **~s** pl Umgebung f **adjacente** [ɐdʒɐˈsẽtɨ] angrenzend
adje(c)tivo [ɐdʒɛˈtivu] M Adjektiv n
adjudicação [ɐdʒudikɐˈsɐ̃w] F Zuerkennung f; contrato, leilão: Zuschlag m (**de**

zu); (Auftrags)Vergabe f **adjudicar** [adʒudiˈkar] ⟨1n⟩ zuerkennen, -sprechen; den Zuschlag geben; *contrato* vergeben **adjunto** [aˈdʒũtu] Ⓐ ADJ beigeordnet; stellvertretend Ⓑ M Stellvertreter m; Gehilfe m; Assistent m; GRAM Beifügung f; **médico** n **~** Assistenzarzt m

admin. ABR (administrador) Verw. (Verwalter)

administração [adminiʃtraˈsɐ̃ũ] F Verwaltung f; Administration f; MED Verabreichung f; **~ da justiça** Rechtspflege f; **~ de empresas** Betriebswirtschaft(slehre) f; **~ pública** öffentliche Verwaltung f **administrador(a)** [adminiʃtraˈdor(ɐ)] M(F) Verwalter(in) m(f); **~(a) de empresas** Geschäftsführer(in) m(f); *bras* Betriebswirt(in) m(f); **~(a) de casa** Hausverwalter(in) m(f) **administrar** [adminiʃˈtrar] ⟨1a⟩ verwalten; *cargo* bekleiden; *medicamento* verabreichen; *sacramentos* spenden; *fig* verabreichen; **~ justiça** Recht sprechen **administrativo** [adminiʃtraˈtivu] administrativ, Verwaltungs…

admiração [admiraˈsɐ̃ũ] F Bewunderung f (**a, por** für); (*surpresa*) Verwunderung f (**por** über *ac*); **ponto m de ~** *port* Ausrufezeichen n **admirador(a)** [admiraˈdor(ɐ)] M(F) Bewunderer(in) m(f), Verehrer m, in f **admirar** [admiˈrar] bewundern (**a/c a alg** etw an j-m); (*espantar*) (ver-)wundern, erstaunen; **não admira!** kein Wunder!; **~-se** sich wundern (**de, com, por** über *ac*) **admirável** [admiˈravel] bewundernswert; erstaunlich

admissão [admiˈsɐ̃ũ] F *universidade*: Zulassung f; *pessoal*: Annahme f; Einstellung f (**a, em** in *dat*, bei); *clube etc*: Aufnahme f (**a, em** in *ac*); TECN *combustível*: Zuführung f; Aufnahme f; **~ de culpa** Schuldbekenntnis n **admissível** [admiˈsivel] zulässig; annehmbar

admitir [admiˈtir] ⟨3a⟩ für möglich halten; annehmen, akzeptieren; *pessoal* einstellen; *pessoa* aufnehmen; *pensamento* übernehmen; *verdade* zugeben; *culpa* bekennen; *acção* hinnehmen

admoestação [admwɛʃtaˈsɐ̃ũ] F Ermahnung f, Warnung f; Verweis m **admoestar** [admwɛʃˈtar] ⟨1a⟩ ermahnen, rügen

ADN [adeˈeni] M ABR (ácido desoxirribonucléico) DNS f (Desoxyribonukleinsäure)

adoçante [aduˈsɐ̃ti] Ⓐ ADJ süßend; Süß…; **poder ~** Süßkraft f Ⓑ M Süßstoff m, Süßungsmittel n

adoção [adoˈsɐ̃ũ] F *bras* → adopção **adoçar** [aduˈsar] ⟨1p; *Stv* 1e⟩ süßen; *fig* versüßen; abschwächen; **~ a pílula a alg** j-m die bittere Pille versüßen; TECN schärfen **adocicado** [adusiˈkadu] süßlich; *fig* lieblich **adocicar** [adusiˈkar] ⟨1n⟩ leicht süßen

adoecer [adwiˈser] ⟨2g⟩ krank werden; erkranken (**com, de** an *dat*) **adoentado** [adwẽˈtadu] unpässlich, kränkelnd; **estar** (*ou* **andar**) **~** kränkeln **adoentar** [adwẽˈtar] ⟨1a⟩ gesundheitlich anschlagen

adolescência [aduliˈsẽsjɐ] F Jugend f **adolescente** [aduliˈsẽti] Ⓐ ADJ jugendlich Ⓑ M/F Jugendliche(r) m/f(m), Heranwachsende(r) m/f(m)

ado(p)ção [adɔˈsɐ̃ũ] F Übernahme f; Anwendung f; *criança*: Adoption f **ado(p)tar** [adɔˈtar] ⟨1a⟩ *método* an-, übernehmen; *criança* adoptieren; *medida* ergreifen; **~ como base** zugrunde legen **ado(p)tável** [adɔˈtavel] annehmbar **ado(p)tivo** [adɔˈtivu] Adoptiv…; **pais** *mpl* **~s** Adoptiveltern

adoração [aduraˈsɐ̃ũ] F REL Anbetung f; **ter ~ por** anbeten, verehren **adorador** [aduraˈdor] M Verehrer m; Bewunderer m **adorar** [aduˈrar] ⟨1e⟩ anbeten (*tb fig*); verehren; abgöttisch lieben

adormecedor [adurmɛsiˈdor] Ⓐ ADJ einschläfernd Ⓑ M Betäubungsmittel n; Schlafmittel n **adormecer** [adurmiˈser] ⟨2g⟩ Ⓐ V/T einschläfern; in den Schlaf wiegen Ⓑ V/I einschlafen (*tb fig* e *perna etc*) **adormentar** [adurmẽˈtar] ⟨1a⟩ einschläfern; ermüden; *dor* betäuben

adornar [adurˈnar] ⟨1e⟩ (aus)schmücken, verzieren **adorno** [ɐˈdornu] M Verzierung f; Schmuck m

adot…; *bras* → adoptar *etc*

adquirente [adkiˈrẽti] M/F, **adquiridor(a)** [adkiriˈdor(ɐ)] M(F) Erwerber(in) m(f), Käufer(in) m(f) **adquirir** [adkiˈrir] ⟨3a⟩ erwerben; *fig* erlangen **adquirível** [adkiˈrivel] erhältlich

Ádria [ˈadrjɐ] F Adria f **adriático** [adriˈatiku] adriatisch; **o** (**mar**) **Adriático** die Adria

adro [ˈadru] M Kirchplatz m

adstringente [adʃtrĩ'ʒẽti] M MED Adstringens n; tb Gesichtswasser n **adstringir** [adʃtrĩ'ʒir] ⟨3n⟩ zusammenziehen
adstrito [adʃ'tritu] A PP irr → adstringir B ADJ ~ **a** gebunden an (ac); abhängig von
aduana [a'dwana] F Zoll m **aduaneiro** [adwa'nairu] A ADJ Zoll... B M Zöllner(in) m(f), Zollbeamte(r) m, -beamtin f
adubação [adubɐ'sɐ̃ũ] F Düngung f; ~ **verde** Gründüngung f **adubar** [adu'bar] ⟨1a⟩ AGR düngen; GASTR reg würzen **adubo** [a'dubu] M Dünger m, Düngemittel n; GASTR Würze f; ~ **químico** Kunstdünger m
adução [adu'sɐ̃ũ] F TECN Zufuhr f
aduela [a'dwɛła] F Daube f; ARQUIT Gewölbestein m
adufa [a'dufɐ] F Fensterladen m; TECN Wehr n; Lärmschutzwand f
adulação [adułɐ'sɐ̃ũ] F Lobhudelei f **adulador** [aduła'dor] A ADJ kriecherisch, schmeichlerisch B M, **-a** [aduła'dorɐ] F Lobhudler(in) m(f), Schmeichler(in) m(f) **adular** [adu'łar] ⟨1a⟩ lobhudeln; umschmeicheln
adulteração [adułtirɐ'sɐ̃ũ] F (Ver)Fälschung f **adulterar** [adułti'rar] ⟨1c⟩ (ver)fälschen; verderben; vinho panschen; texto, intenção entstellen; **~-se** verderben
adultério [aduł'tɛrju] M Ehebruch m
adúltero [a'dułtiru] A ADJ ehebrecherisch B M, **-a** F Ehebrecher(in) m(f)
adulto [a'dułtu] A ADJ erwachsen B M, **-a** F Erwachsene(r) m/f(m)
adunar [adu'nar] ⟨1a⟩ zusammenfügen
adurente [adu'rẽti] MED A ADJ ätzend; brennend B M Ätzmittel n
adutor [adu'tor] ADJ **conduta** F **-a**; bras **linha** F **-a** Zuleitung f **aduzir** [adu'zir] ⟨3m⟩ prova, testemunha beibringen; motivos anführen; água, electricidade zuführen, -leiten
advento [ɐd'vẽtu] M fig (Auf)Kommen n, (Heran)Nahen n; Ankunft f; Beginn m **Advento** [ɐd'vẽtu] M REL Advent m
advérbio [ɐd'vɛrbju] M Adverb n
adversão [advir'sɐ̃ũ] F Gegnerschaft f **adversário** [advir'sarju] A ADJ gegnerisch B M, **-a** F Gegner(in) m(f) **adversativo** [advirsɐ'tivu] GRAM adversativ **adversidade** [advirsi'dadi] F Widrigkeit f; Rückschlag m

adverso [a'dvɛrsu] widrig; nachteilig; ~ **a** gegen, wider
advertência [advir'tẽsjɐ] F Hinweis m; Benachrichtigung f; Warnung f; ~ **sujeita a taxa** gebührenpflichtige Verwarnung f **advertido** [advir'tidu] aufmerksam; vorsichtig, klug; **mal** ~ unklug, unbedacht **advertir** [advir'tir] ⟨3c⟩ ~ **(de)** aufmerksam machen (auf ac); warnen (vor dat); in Kenntnis setzen (ou benachrichtigen) (von)
advindo [ɐd'vĩdu] PP irr → advir **advir** [ɐd'vir] V/I ⟨3wa⟩ geschehen; ~ **de** herrühren von, sich ergeben aus
adv.º ABR (advogado) RA (Rechtsanwalt)
advogado [advu'gadu] M, **-a** F (Rechts-)Anwalt m, (Rechts)Anwältin f **advogado ~, -a de defesa** Verteidiger(in) m(f) **advogar** [advu'gar] ⟨1o; Stv 1r⟩ V/I verfechten, vertreten; eintreten für V/I den Anwaltsberuf ausüben; ~ **a causa de** plädieren für; ~ **que** den Standpunkt vertreten (ou dafür eintreten), dass
aéreo [a'ɛrju] Luft...; luftig; fig zerstreut; leichtsinnig; **base** f **-a** MIL Luftstützpunkt m; **força** f **-a** MIL Luftwaffe f; **(por) via -a** (mit) Luftpost f; **ser** ~ fig ein Luftikus m sein
aerificar [ɐɛrifi'kar] in Gas umwandeln
aeriforme [ɐɛri'formi] luftförmig
aerobarco [ɐɛro'baxku] M bras, **aerodeslizador** [ɐɛrodʒizliza'dox] M bras Luftkissenboot n
aeróbica [ɐ'rɔbikɐ] F Aerobic n
aerodinâmico [ɐɛrodi'nɐmiku] aerodynamisch; stromlinienförmig
aeródromo [ɐɛ'rɔdrumu] M Flugplatz m
aerofobia [ɐɛrofu'biɐ] F MED Aerophobie f **aerogare** [ɐɛro'gari] F Flughafengebäude n; Terminal n
aerólito [ɐɛ'rɔłitu] M Meteorit m
aeromoça [ɐɛro'mosɐ] F bras hist Stewardess f
aeromodelo [ɐɛromo'dełu] M Modellflugzeug n **aeronauta** [ɐɛro'nautɐ] M/F Ballonfahrer(in) m(f) **aeronave** [ɐɛro'navi] F Luftfahrzeug n; Flugzeug n **aeroporto** [ɐɛro'portu] M ⟨pl [-'pɔr-]⟩ Flughafen m **aeropostal** [ɐɛropuʃ'tał] Luftpost... **aeroespacial** [ɐɛroɛʃpɐ'sjał] Luftfahrt...; Raumfahrt...; **indústria** f ~ Luft- und Raumfahrtindustrie f
aerossol [ɐɛrɔ'sɔł] M Aerosol n; Spray

m/n

aeróstata [ɐɛˈrɔʃtɐtɐ] M/F Ballonfahrer(in) m(f) **aeróstato** [ɐɛˈrɔʃtɐtu] M (Luft)Ballon m

aerotransportado [ɐɛrɔtrɐ̃ʃpurˈtadu] MIL Luftlande...; **tropas** fpl **-as** Luftlandetruppen pl **aerovia** [ɐɛrɔˈviɐ] F bras Luftweg m, Flugkorridor m

afã [ɐˈfɐ̃] M Anstrengung f, Mühe f; Eifer m; **com ~** angestrengt; eifrig

afabilidade [ɐfɐbiliˈdadʒi] F Freundlichkeit f; Wohlwollen n

afadigar [ɐfɐdiˈgar] ⟨1o⟩ ermüden, anstrengen; **~-se** sich abmühen

afagar [ɐfɐˈgar] ⟨1o; Stv 1b⟩ streicheln, liebkosen; braços tätscheln; fig schmeicheln (dat); esperança hegen, nähren; TECN glätten **afago** [ɐˈfagu] M Liebkosung f

afamado [ɐfɐˈmadu] berühmt; **mal ~** berüchtigt **afamar** [ɐfɐˈmar] ⟨1a⟩ berühmt machen; rühmen; **~-se** berühmt werden, sich (dat) e-n Namen machen

afanado [ɐfɐˈnadu] beschäftigt; pop knapp bei Kasse **afanar** [ɐfɐˈnar] ⟨1b⟩ A VI anstreben; sich bemühen um; bras fam klauen B VI & V/R **~-se** sich abmühen **afanoso** [ɐfɐˈnozu] mühsam

afastado [ɐfɐʃˈtadu] local abgelegen, entlegen; parente entfernt **afastador** [ɐfɐʃtɐˈdor] M TECN Abstandhalter m **afastamento** [ɐfɐʃtɐˈmẽtu] M Entfernung f; Wegnahme f; cargo: (Amts)Enthebung f; fig Entfremdung f; TECN Abstand m; Distanz f **afastar** [ɐfɐʃˈtar] ⟨1b⟩ entfernen; beiseiteschieben; obstáculo beseitigen; olhar abwenden; pessoa fernhalten (**de** von); fig entzweien; **~-se** weggehen; caminho abweichen; fig sich zurückziehen

afável [ɐˈfavɛl] freundlich

afazer [ɐfɐˈzer] ⟨2v⟩ gewöhnen (**a** an ac) **afazeres** [ɐfɐˈzeriʃ] MPL Geschäfte npl, Verpflichtungen fpl; **ter muitos ~** viel zu tun haben

afecção [ɐfɛˈsɐ̃w] F MED Erkrankung f **afe(c)tação** [ɐfɛtɐˈsɐ̃w] F Affektiertheit f, Geziertheit f **afe(c)tado** [ɐfɛˈtadu] ⑴ betroffen ⑵ (artificial) affektiert, gekünstelt ⑶ bras fam schwindsüchtig; **~ de** behaftet mit **afe(c)tar** [ɐfɛˈtar] ⟨1a⟩ ⑴ betreffen; beeinflussen; in Mitleidenschaft ziehen ⑵ sentimentos vorgeben, heucheln ⑶ MED angreifen, befallen; schädigen

afe(c)tivo [ɐfɛˈtivu] gefühl-, liebevoll; Gefühls... **afe(c)to** [ɐˈfɛtu] A ADJ nahe stehend; **~ de** befallen von B M Zuneigung f, Liebe f; fig Affekt m **afe(c)tuosidade** [ɐfɛtwuziˈdadʒi] F Anhänglichkeit f; Zärtlichkeit f **afe(c)tuoso** [ɐfɛˈtwozu] herzlich; liebevoll

Afeganistão [ɐfigɐniʃˈtɐ̃w] M GEOG **o ~** Afghanistan n **afegão** [ɐfiˈgɐ̃w] A ⟨pl -ãos⟩, **afegã** [ɐfiˈgɐ̃] F Afghane m, Afghanin f

afeição [ɐfɐiˈsɐ̃w] F Zuneigung f (**a, por** zu), Sympathie f (**a, por** für); Freundschaft f; Liebe (**a** zu; **por** für); fig Verbindung f (**a, por** zu); Zusammenhang f **afeiçoado** [ɐfɐiˈswadu] ⑴ a alg zugetan ⑵ passend; wohlgeformt **afeiçoar** [ɐfɐiˈswar] ⟨1f⟩ ⑴ einnehmen ou gewinnen (**a** für) ⑵ (formar) formen; anpassen; vervollkommnen; **~-se a** zugeneigt sein; lieb gewinnen

afeminado [ɐfemiˈnadu] bras verweiblicht; pej weibisch; fig manieriert

aferição [ɐfiriˈsɐ̃w] F Eichung f **aferidor** [ɐfiriˈdor] M Eichmaß n; TECN Stellvorrichtung f **aferir** [ɐfiˈrir] ⟨3c⟩ pesos, medidas eichen; (comparar) vergleichen

aferrado [ɐfiˈʀadu] hartnäckig, verbissen; **~ a** verrannt in (ac) **aferrar** [ɐfiˈʀar] ⟨1c⟩ A VI (prender) festmachen; verankern; festhalten, packen; geralm angreifen, anfallen B VI NÁUT ankern; **~-se a** sich klammern an (ac); festhalten an (dat); retomar etc sich verbeißen in (ac) **aferretoar** [ɐfiʀiˈtwar] ⟨1f⟩ stechen, fam piken; fig belästigen; sticheln

aferro [ɐˈfɛʀu] M Hartnäckigkeit f (**em** bei, in dat), Beharrlichkeit f (**em** bei, in dat); Anhänglichkeit f; Festhalten n (**a** an dat) **aferroar** [ɐfiˈʀwar] ⟨1f⟩ → aferretoar **aferrolhar** [ɐfiʀuˈʎar] ⟨1e⟩ porta verriegeln; dinheiro ein-, wegschließen, fig hinter Gitter bringen

afervantar [ɐfirvɐ̃ˈtar] ⟨1b⟩ abkochen; aufkochen (lassen); fig in Wallung bringen **afervorar** [ɐfirvuˈrar] ⟨1e⟩ in Wallung bringen; anfeuern; **~-se** sich ereifern (**com** über ac)

afet... bras → afectar etc

afiação [ɐfiɐˈsɐ̃w] F faca: Schleifen n, Schärfen n; lápis: (An)Spitzen n **afiadeira** [ɐfiɐˈdɐirɐ] F port Bleistiftspitzer m; (pedra) Schleifstein m **afiado** [ɐˈfiadu] faca scharf; *lápiz, língua* spitz; **~ contra** aufgebracht gegen **afiador** [afjɐ'dor] M Schleifer *m*

afiambrado [afjɐ̃'bradu] (wie Schinken gekocht); *fig* geschniegelt

afiançado [afjɐ̃'sadu] ADJ **estar ~ em** verbürgt sein durch **afiançador** [afjɐ̃sɐ'dor] M Bürge *m* **afiançar** [afjɐ̃'sar] ⟨1p⟩ *e-e* Bürgschaft leisten für, bürgen für; *fig* sich verbürgen für, versichern; **~-se** Sicherheiten leisten, e-e Kaution hinterlegen; **~ em alg** auf j-n vertrauen

afiar [ɐ'fjar] ⟨1g⟩ *faca* schleifen; schärfen (*tb fig*); *lápis* spitzen

aficionado [ɐfisju'nadu] M, **-a** F Liebhaber(in) *m(f)*, Fan *m*

afigurar [afigu'rar] ⟨1a⟩ (*representar*) vorstellen; darstellen; *material* formen; **~-se** (zu sein) scheinen; sich darstellen (**a alg** j-m)

afilado [ɐfi'ladu] schmal, zart; *nariz* spitz **afilar** [ɐfi'lar] ⟨1a⟩ **1** *lápis* anspitzen; *faca* schärfen; dünner machen **2** *cães* hetzen

afilhado [ɐfi'ʎadu] M, **-a** F Patenkind *n*

afim [ɐ'fĩ] **A** ADJ verwandt (**com, de** mit); ähnlich **B** MF Verwandte(r) *m/f(m)*

afinação [afinɐ'sɐ̃w] F Feinheit *f*; letzte Hand *f*; MÚS Stimmen *n*; TECN (Fein)Einstellung *f*; *bras fam* Verstimmung *f*; **estar na ~** verärgert sein **afinadinho** [afinɐ'dĩɲu] *pop* prima, verlässlich **afinador** [afinɐ'dor] M MÚS **1** Stimmschlüssel *m* **2** *pessoa* (Klavier)Stimmer *m*

afinal [ɐfi'nal] schließlich, letztendlich; also, nun

afinar [ɐfi'nar] ⟨1a⟩ **A** VT verfeinern; letzte Hand legen an (*ac*); *sentidos* schärfen; TECN ein-, nachstellen; RÁDIO einstellen; MÚS stimmen; *fig* in Einklang bringen (**por mit**) **B** VI fam sich ärgern (**com** über *ac*); *fam* sich verabreden (**com** mit)

afincado [ɐfĩ'kadu] nachdrücklich, hartnäckig **afincar-se** [ɐfĩ'karsi] ⟨1n⟩ **~ a** (*ou* **em**) mit Nachdruck betreiben; bestehen auf (*dat*) **afinco** [ɐ'fĩku] M Beharrlichkeit *f*, Hartnäckigkeit *f*

afinidade [ɐfini'dadi] F Ähnlichkeit *f* (**com** mit); *geralm* Verwandtschaft *f*, Affinität *f* (**com** mit)

afirmação [afirmɐ'sɐ̃w] F (*depoimento*) Behauptung *f*; (*confirmação*) Bestätigung *f*; (*protesto*) Bekräftigung *f*, Versicherung *f* **afirmar** [afir'mar] ⟨1a⟩ *pergunta* bejahen, bestätigen; *tese* behaupten; bekräftigen; **~-se** sich erweisen, sich zeigen; auftreten; sich durchsetzen (**como** als); sich vergewissern, sich versichern (**de** *e-r Sache*); **~-se em** sich halten an (*ac*); sich behaupten in (*dat*) **afirmativa** [afirmɐ'tivɐ] F Behauptung *f*; GRAM Bejahung *f* **afirmativamente** [afirmɐtivɐ'mẽti] ADV responder **~** zustimmen, zusagen **afirmativo** [ɐfirmɐ'tivu] bejahend, zustimmend

afixação [ɐfiksɐ'sɐ̃w] F Anschlag *m*, Aushang *m* **afixar** [ɐfi'ksar] ⟨1a⟩ befestigen; *cartaz* anschlagen, -kleben, aushängen **afixo** [ɐ'fiksu] M GRAM Affix *n*

afleumar [afleu'mar] VI ⟨1a⟩ *bras* sich entzünden

aflição [ɐfli'sɐ̃w] F Kummer *m*, Schmerz *m*; Not *f*; **causar ~** zu schaffen machen; bedrücken, bekümmern **afligir** [ɐfli'ʒir] ⟨3n⟩ bedrücken, bekümmern **aflitivo** [ɐfli'tivu] schmerzlich; beängstigend **aflito** [ɐ'flitu] **A** PP *irr* → **B** ADJ angstvoll; betrübt (**com**, **por** über *ac*, wegen); **estar ~** sich in e-r Notlage befinden

afloração [ɐflurɐ'sɐ̃w] F, **afloramento** [ɐflurɐ'mẽtu] M Auftauchen *n* (*an der Oberfläche*); GEOL Aufschluss *m* **aflorar** [ɐflu'rar] ⟨1e⟩ **A** VT (leicht) berühren, streifen; *tema* anreißen; auf gleiche Höhe bringen; **~ com** TECN bündig machen **B** VI auftauchen; *fig* sich andeuten

afluência [ɐflu'ẽsjɐ] F Zufluss *m*; *fig* Zustrom *m*, Andrang *m*; Besuch *m* **afluente** [ɐflu'ẽti] **A** ADJ *fig* überströmend, reich **B** M Zu-, Nebenfluss *m* **afluir** [ɐflu'ir] ⟨3i⟩ **A** VT zuströmen, -fließen; **~ a** fließen in (*ac*); *fig* strömen zu **B** VI *fig* herbei-, zusammenströmen **afluxo** [ɐ'fluksu] M Zustrom *m* (**a** zu), Andrang *m* (**a** bei); MED (Blut)Andrang *m*

afobação [afobɐ'sɐ̃w] F *bras fam* Aufregung *f*; Hetze *f* **afobar** [afo'bar] ⟨1e⟩ *bras* Aufregung (*ou* Hektik) verursachen

afocinhar [ɐfusi'ɲar] ⟨1a⟩ **A** VT schnappen nach; (mit der Schnauze) aufwühlen, wühlen in (*dat*); gegenüberstellen (*dat*) **B** VI auf die Nase fallen; zusammenstoßen

afogadiço [afugɐ'disu] *ar* stickig, drückend **afogadilho** [afugɐ'diʎu] M Hast *f*, Eile *f*; **de ~** hastig **afogado** [afu'gadu]

afogadilho [afuga'dor] M TECN Drosselklappe f; *bras* Choke m **afogamento** [afuga'mẽtu] M (Tod m durch) Ertrinken n; *fig* Beklemmung f **afogar** [afu'gar] ⟨1o; *Stv* 1e⟩ A V/T j-n ersticken (*tb fig*); ertränken; *sentimentos* verbergen, unterdrücken; *vida* auslöschen; *pão* einweichen, -tunken; *motor* abwürgen B V/I (& V/R) ~(-se) ersticken; ertränken; *sino* versinken; *motor* verrecken; sich ertränken **afogo** [a'fogu] M Beklemmung f; Bedrängnis f; *fig* Hitze f

afogueado [afu'gjadu] glühend; *fig* hitzig **afoguear** [afu'gjar] ⟨1l⟩ entflammen; erhitzen; *fig* begeistern; ~-se erglühen; *fig tb* sich erhitzen

afoitar [afoj'tar] ⟨1a⟩ ermutigen; ~-se sich getrauen (a zu) **afoiteza** [afoj'tezɐ] F Kühnheit f, Mut m **afoito** [a'fojtu] mutig

afonia [afu'niɐ] F MED Stimmlosigkeit f **áfono** ['afunu] stimmlos; heiser; **estar ~** die Stimme verloren haben

afora [a'fɔrɐ] A PREP außer, abgesehen von B ADV *local* draußen; hinaus

aforar [afu'rar] ⟨1e⟩ in (Erb)Pacht geben (ou nehmen), (ver)pachten

aforrado [afu'wadu] gespart; *pessoa* sparsam **aforrar** [afu'ʁar] ⟨1e⟩ *dinheiro* sparen **aforro** [a'foʁu] M Ersparnisse *fpl*; **certificado m de ~** Sparbrief m

afortunado [afurtu'nadu] vom Glück begünstigt; **mal ~** vom Pech verfolgt; **homem m ~** Glückspilz m **afortunar** [afurtu'nar] ⟨1a⟩ glücklich machen

afreguesado [afregi'zadu] gut gehend *negócio*; gut besucht; **estar ~ com** (ou **em**) Kunde sein bei

afrescalhado [afreʃka'ʎadu] *bras pop* tuntig

afretamento [afretɐ'mẽtu] M Charter m, Frachtvertrag m

África ['afrikɐ] F Heldentat f **África** ['afrikɐ] F GEOG Afrika n; **a ~ do Sul** Südafrika n; **em ~**, *bras* **na ~** in Afrika; *fig* **meter uma lança em ~** Großes leisten **africânder** [afri'kãder] M, **africâner** [afri'kɐner] M LING Afrikaans n **africano** [afri'kɐnu] A ADJ afrikanisch B M, -a F Afrikaner(in) m(f) **afro...** [afrɔ-] EM COMP afro... **afro-americano** [afroɐmiri'kɐnu] afro-amerikanisch **afro-brasileiro** [afrɔbrɐzi'łɐiru] afrobrasilianisch

afronta [a'frõtɐ] F Beleidigung f (**a, para** für); Affront m (**a, para** für) **afrontamento** [afrõtɐ'mẽtu] M Beleidigung f; MED Beklemmung f, Atembeschwerden *fpl* **afrontar** [afrõ'tar] ⟨1a⟩ beschimpfen, beleidigen; *problema* die Stirn bieten; sich auseinandersetzen mit; (*laguentar*) ertragen; MED quälen; ~-se sich unwohl fühlen **afrontoso** [afrõ'tozu] beleidigend

afrouxamento [afroʃɐ'mẽtu] M, Erschlaffen n, Erschlaffung f; Schwäche f; Lockerung f; *sentimentos, força*: Nachlassen n **afrouxar** [afro'ʃar] ⟨1a⟩ A V/T *cinto* lockern; entlasten; verringern; *dor* vermindern; *velocidade* verlangsamen; *fig* schwächen B V/I (& V/R) ~(-se) schwach werden; erschlaffen; *or, sentimentos, força* nachlassen

afta ['aftɐ] F MED Mundfäule f; Aphthe f **after-shave** [aftar'ʃajv] M Aftershave n **aftoso** [af'tozu] ADJ ZOOL **febre** F **-a** Maul- und Klauenseuche

afugentar [afuʒẽ'tar] ⟨1a⟩ verjagen, verscheuchen; *inimigo* in die Flucht schlagen **afundado** [afũ'dadu] *barco* versunken; *olhos* tief liegend; missmutig **afundamento** [afũdɐ'mẽtu] M Versenkung f; Untergang m; Vertiefung f (*tb fig*); Versinken n **afundar** [afũ'dar] ⟨1a⟩ A V/T (ver)senken; vertiefen; *problema* ergründen B V/I & V/R ~-se untergehen, versinken; NÁUT auf Grund laufen; *fig* verschwinden

agá [a'ga] M Name des Buchstabens h **agachar-se** [aga'ʃarsi] ⟨1a⟩ sich ducken; *bras* anfangen, beginnen

agadanhar [agadɐ'nar] ⟨1a⟩ packen, ergreifen; (*arranhar*) (zer)kratzen; *fam* klauen

agaiatado [agajɐ'tadu] ADJ kindisch; (*travesso*) lausbübisch

agalinhar-se [agali'ɲarsi] *bras pop* e-n Rückzieher machen

agaloado [agɐ'ɫwadu] betresst **agaloadura** [agɐɫwɐ'durɐ] F Tressen *fpl*

agárico [a'gariku] M BOT Egerling m, Blätterpilz m

agarradiço [agɐʁɐ'disu] anhänglich; zudringlich **agarrado** [aɡɐˈʁadu] knauserig; **estar** (ou **ficar**) **~ fam** (drogen)süchtig sein (ou werden); **ser ~ a** (ou **com**) sehr hängen an (dat); **~ às suas opiniões** rechthaberisch **agarramento** [aɡaxaˈmẽtu] M bras **1** (avarice) Knauserei f **2** enges Verhältnis n (mehrerer Personen) **3** fam Knutschen n **agarrar** [aɡɐˈʁaɾ] ⟨1b⟩ A V/T packen, ergreifen; (um)fassen B V/I greifen (**em** zu); bras é e Entscheidung treffen; **agarra!** halt fest!; **agarra que é ladrão!** haltet den Dieb!; **~-se** festhalten ou sich klammern (**a** an ac); **~-se com unhas e dentes a** sich verbeißen in (ac)

agasalhar [aɡɐzɐˈʎaɾ] ⟨1b⟩ warm anziehen; (proteger) schützen; einhüllen; **~-se** sich warm anziehen

agasalho [aɡɐˈzaʎu] M warme Kleidung f; bras tb Trainingsanzug m; Anorak m

agastadiço [aɡɐʃtɐˈdisu] reiz-, streitbar **agastado** [aɡɐʃˈtadu] ärgerlich; (abatido) verhärmt **agastar** [aɡɐʃˈtaɾ] ⟨1b⟩ reizen; ärgern; **~-se** wütend (ou zornig) werden (**com** über ac)

ágata [ˈaɡɐtɐ] F Achat m

agatanhar [aɡɐtɐˈɲaɾ] V/T ⟨1a⟩ (zer)kratzen

agaturrar [aɡɐtuˈxaɾ] ⟨1a⟩ bras packen

agave [ɐˈɡavi] F BOT Agave f

agência [ɐˈʒẽsjɐ] F Agentur f, Büro n; Vertretung f, Filiale f; **Agência Federal do Trabalho** Alemanha: Bundesagentur f für Arbeit; **~ funerária** Beerdigungsinstitut n; **~ imobiliária** Maklerbüro n; **~ de colocações** Stellenvermittlungsbüro n; **~ de correios** Postamt n; **~ de informações** Informationsbüro n; **~ de notícias** Nachrichtenagentur f; **~ de publicidade** Werbeagentur f; **~ de trabalho temporário** Zeitarbeitsfirma f; **~ de transportes** Spedition f; **~ de Turismo** Touristeninformation f, Fremdenverkehrsverein m; **~ de viagens** Reisebüro n

agenciador [ɐʒẽsjɐˈdoɾ] geschäftig, betriebsam; unternehmerisch **agenciar** [ɐʒẽˈsjaɾ] ⟨1g, bras 1h⟩ sich rühren; negócios (be)treiben; sich bemühen um; a/c a alg besorgen (ou vermitteln) **agencioso** [ɐʒẽˈsjozu] → agenciador

agenda [ɐˈʒẽdɐ] F Terminkalender m; **~ (de bolso)** Taschenkalender m; **~ de argolas** Ringbuch n; **~ de trabalhos** Tages-, Geschäftsordnung f **agendar** [ɐʒẽˈdaɾ] ⟨1a⟩ vormerken

agente [ɐˈʒẽti] A ADJ wirkend, wirksam B M wirkende (ou treibende) Kraft f; Mittel n; MED (Krankheits)Erreger m; LING, QUÍM Agens n C M/F COM Agent(in) m(f), Vertreter(in) m(f); (de polícia) Polizist(in) m(f); **~ de seguro** port Versicherungsvertreter(in) m(f); **~ de transportes** Spediteur(in) m(f), Vertreter(in) m(f); **~ de vendas** Verkäufer(in) m(f), Vertreter(in) m(f); **~ imobiliário** Immobilienmakler(in) m(f); **~ marítimo** Schiffsmakler(in) m(f)

agigantado [ɐʒiɡɐ̃ˈtadu] riesig, gewaltig **agigantar** [ɐʒiɡɐ̃ˈtaɾ] ⟨1a⟩ ins Gigantische vergrößern; fig übertreiben

ágil [ˈaʒił] gewandt, flink; geschickt (**em** bei, in dat); **~ de mãos** fingerfertig

agilidade [ɐʒiliˈdadi] F Beweglichkeit f

ágio [ˈaʒju] M COM Agio n, Aufgeld n

agiota [ɐˈʒjɔtɐ] M Börsenspekulant m; Wucherer m **agiotagem** [ɐʒjuˈtaʒẽĩ] F COM Agiotage f, Arbitrage f; Börsenspekulation f; geralm Wucher m **agiotar** [ɐʒjuˈtaɾ] ⟨1e⟩ spekulieren

agir [ɐˈʒiɾ] ⟨3n⟩ handeln; wirken; eingreifen; vorgehen

agitação [ɐʒitɐˈsɐ̃ũ] F Unruhe f; Aufregung f, Erregung f; POL Agitation f; Aufruhr m; **~ do mar** Seegang m **agitado** [ɐʒiˈtadu] mar unruhig; pessoa beunruhigt (**com** über ac); bewegt (**por** mittels, durch) **agitador** [ɐʒitɐˈdoɾ] M POL Agitator m; Aufrührer m; TECN Rührwerk n **agitar** [ɐʒiˈtaɾ] ⟨1a⟩ bewegen; bandeira schwenken; líquido schütteln; fig auf-, erregen; beunruhigen; problema aufwerfen; POL agitieren; aufwiegeln; **~ as mãos** mit den Händen fuchteln; **~-se** sich aufregen **agitável** [ɐʒiˈtavɛł] beweglich, fig erregbar

aglomeração [aɡlumiɾɐˈsɐ̃ũ] F Anhäufung f, Ansammlung f; (concentração) Zusammenballung f; (de) pessoas (Menschen)Auflauf m; indústria etc: Ballungsgebiet n **aglomerado** [aɡlumiˈɾadu] A ADJ **cortiça** F -a Presskork m B M Ansammlung f; GEOL Agglomerat n; ARQUIT Spanplatte f; künstlicher Marmor m; Kunststein m; **~ (de casas)** Weiler m; **~ (urbano)** Ballungsgebiet n **aglomerar** [aɡlumiˈɾaɾ] ⟨1c⟩ zusammenballen; anhäufen; **~-se** sich ansammeln

aglutinação [aglutinaˈsɐ̃u] F (Zusammen)Ballung f; GRAM Agglutination f
aglutinante [aglutiˈnɐ̃ti] M TECN Bindemittel n, Klebstoff m **aglutinar** [aglutiˈnar] ⟨1a⟩ zusammenschließen; (zusammen)kleben; GRAM agglutinieren
agogô [agoˈgo] M afrobras Perkussionsinstrument
agonia [aguˈnia] F Todeskampf m, Agonie f; fig Angst f, Not f; (enjoo) Übelkeit f **agoniado** [aguˈnjadu] angeekelt; verängstigt; **estou ~** mir ist übel; bras ich bin nervös (ou in Hektik) **agoniar** [aguˈnjar] ⟨1g⟩ Übelkeit verursachen (dat); fig quälen; zu Tode ängstigen; **~-se** Übelkeit verspüren; fig sich ängstigen
agónico (*ô) [aˈgɔniku] M ADJ estado M ~ Todeskampf m, Agonie f; **morte** f **-a** langsamer Tod m
agonizante [aguniˈzɐ̃ti] A ADJ sterbend B M/F im Sterben Liegende(r) m/f **agonizar** [aguniˈzar] ⟨1a⟩ A V/i im Sterben liegen; fig erlöschen, ersterben B V/T quälen; ängstigen
agora [aˈgɔra] A ADV jetzt, nun; **~ mesmo** (so)eben; **de ~** von heute (an); **de ~ em diante** von nun an, in Zukunft; **ainda ~** eben erst; **ainda ~?** jetzt erst?; **já ~** aber jetzt; **por ~** fürs Erste, vorläufig; **só ~** erst jetzt; INT **essa ~!** nein, so was! B CJ jedoch, aber; **~ que** jetzt da, jetzt wo
agorinha [agoˈriɲa] fam gerade eben
Agosto [aˈgoʃtu] M August m; **em ~** im August
agourado [agoˈradu] ADJ bem/mal ~ Glück verheißend/unheilvoll **agourar** [agoˈrar] ⟨1a⟩ verkünden, verheißen **agoureiro** [agoˈrɐiru] A ADJ prophetisch; Unheil verkündend, Unglücks... B M Wahrsager m **agourentar** [agorẽˈtar] ⟨1a⟩ Unheil verkünden, unken **agourento** [agoˈrẽtu] unheilvoll **agouro** [aˈgoru] M Vorzeichen n; **ser de bom/ mau ~** ein/kein gutes Omen sein; → agourado
agraciar [agraˈsjar] ⟨1g⟩ Gnade erweisen (dat)
agradado [agraˈdadu] angetan **agradar** [agraˈdar] ⟨1b⟩ **~ a alg** j-m gefallen; j-m angenehm sein; j-n ansprechen **agradável** [agraˈdavɛł] angenehm; arredores behaglich

agradecer [agradɨˈser] ⟨2g⟩ danken (dat); sich bedanken für (a bei) **agradecido** [agradɨˈsidu] dankbar; **muito ~!** herzlichen Dank! **agradecimento** [agradɨsiˈmẽtu] M Dank m; Dankbarkeit f
agrado [aˈgradu] M Wohlgefallen n; (aprovação) Zustimmung f, Beifall m; **ser do ~ de alg** j-s Zustimmung finden, nach j-s Geschmack sein
agrafador [agrafaˈdor] M Hefter m; fam Tacker m **agrafar** [agraˈfar] ⟨1b⟩ papel zusammenheften **agrafe** [aˈgrafi] M, **agrafo** [aˈgrafu] M Heftklammer f; MED (Wund)Klammer f; bras Haarklammer f
agrário [aˈgrarju] A ADJ landwirtschaftlich; Agrar... B M Landbesitzer m
agravação [agravaˈsɐ̃u] F, **agravamento** [agravaˈmẽtu] M Erschwernis f; Verschärfung f; MED e geralm Verschlechterung f **agravante** [agraˈvɐ̃ti] A ADJ ~ **(de pena)** strafverschärfend B M/F Belastungszeuge m, -zeugin f C F situação: Zuspitzung f; (circunstância) erschwerender Umstand m **agravar** [agraˈvar] ⟨1b⟩ erschweren; be-, überlasten; estado verschlimmern; pena verschärfen; pessoa beleidigen; DIR Einspruch erheben (de gegen); **~-se** situação sich zuspitzen; sich beklagen (de über ac) **agravo** [aˈgravu] M Beleidigung f (a gen); estado Verschlimmerung f; Schaden m; DIR Einspruch m
agre [ˈagri] sauer; herb
agredir [agrɨˈdir] ⟨3d⟩ (tätlich) angreifen; überfallen
agregação [agrɨgaˈsɐ̃u] F Zusammenschluss m, Vereinigung f; Ansammlung f **agregado** [agrɨˈgadu] A ADJ angeschlossen; beigeordnet; UNIV **professor m ~ port** etwa Akademischer Rat m B M Zusammenballung f; QUÍM Aggregat n; ARQUIT Zuschlagstoff m; bras Lebenspartner m; **ser ~** zur Familie gehören **agregar** [agrɨˈgar] ⟨1o; Stv 1c⟩ zusammenschließen; hinzufügen; anschließen; funcionário zuteilen
agressão [agrɨˈsɐ̃u] F Aggression f (a, contra gegen); Angriff m (a, contra auf ac); Überfall m (a, contra auf ac) **agressividade** [agrɨsiviˈdadi] F Aggressivität f; **~ física** Handgreiflichkeit f **agressivo** [agrɨˈsivu] aggressiv; Angriffs... **agressor(a)** [agrɨˈsor(a)] M/F Angreifer(in) m(f), Aggressor(in) m(f)

ÁGUA

agreste [ɐˈɡrɛʃti] **A** ADJ ländlich; rau, wild; **flor** f **~** Feldblume f **B** M bras: halbtrockenes Gebiet n

agrião [ɐɡriˈɐ̃w] M Brunnenkresse f

agrícola [ɐˈɡrikuɫɐ] landwirtschaftlich; Agrar..., Landwirtschafts...; **trabalho** m **~** Feldarbeit f; **defensivo** m **~** Pflanzenschutzmittel n

agricultor(a) [ɐɡrikuɫˈtor(ɐ)] M(F) Landwirt(in) m(f) **agricultura** [ɐɡrikuɫˈturɐ] F Landwirtschaft f, Ackerbau m; **~ ecológica** ökologischer Landbau m

agridoce [aɡriˈdosi] süßsauer

agrimensor [ɐɡrimẽˈsor] M Vermessungsingenieur m; **cadeia** f **de ~** Messlatte f

agr.° ABR (agradecido) dankbar

agroalimentar [aɡroɐlimẽˈtar] Lebensmittel..., Nahrungsmittel... **agroambiental** [aɡroɐ̃bjẽˈtaɫ] Landwirtschaft- und Umwelt... **agroindústria** [aɡroĩˈduʃtrjɐ] F landwirtschaftliche Industrie f

agronomia [ɐɡrunuˈmiɐ] F Agronomie f, Agrarwissenschaft f

agrónomo (*ô) [ɐˈɡrɔnumu] M, **-a** F Agronom(in) m(f), Diplomlandwirt(in) m(f)

agropecuária [aɡropiˈkwarjɐ] F Land- und Viehwirtschaft f, Ackerbau und Viehzucht **agropecuário** [aɡropiˈkwarju] land- und viehwirtschaftlich

agroturismo [aɡrotuˈriʒmu] M Ferien fpl auf dem Bauernhof; Urlaub m auf dem Land; Agrotourismus m

agrupamento [ɐɡrupɐˈmẽtu] M Gruppierung f; Vereinigung f **agrupar** [ɐɡruˈpar] ⟨1a⟩ obje(c)tos gruppieren; vereinigen; umfassen

agrura [ɐˈɡrurɐ] F sabor:Säure f; Bitterkeit f (tb fig); Rauheit f

água [ˈaɡwɐ] **A** F Wasser n; Regenwasser n; **~ benta** Weihwasser n; NÁUT **~** (**aberta**) Leck n; **~ da torneira** Leitungswasser n; **~ de despejos** Schmutzwasser n; **~ de sabão** Seifenwasser n, -lauge f; **~ sanitária** bras Chlorreiniger m; **~ de subsolo** Grundwasser n; **~ doce** Süßwasser n; **~ mineral** (**com/sem gás**) Mineralwasser n (mit/ohne Kohlensäure); **~ oxigenada** Wasserstoffperoxid n; **~ (não) potável** (kein) Trinkwasser n; **~ refrigerante** Kühlwasser n; **~ salgada** Salzwasser n; **~ tónica** (bras **tônica**) Tonic(water) n; **carga** f **d'~** Regenguss m; **claro como ~** glasklar, sonnenklar; **fazer crescer ~ na boca a alg** fam jdm das Wasser im Munde zusammenlaufen lassen; **levar a ~ ao seu moinho** port die Dinge in seinem Sinn steuern; **meter** (bras **abrir**) **~** NÁUT leck sein, lecken; fig Unsinn erzählen; Dummheiten machen; **por ~** zu Wasser; **ir por ~ abaixo** misslingen **B** FPL **~s** Gewässer npl; NÁUT Kielwasser n; MED Fruchtwasser n; fig Anzeichen npl, Absichten fpl; **~s passadas** fam Schnee von gestern; **~s residuais** Abwässer npl; **~s termais** Thermal-, Heilquellen fpl; **~s territoriais** Hoheitsgewässer npl; **~s vivas** Springflut f; **ficar em ~s de bacalhau** port zu nichts führen; **navegar em ~s turvas** im Trüben fischen

aguaçal [aɡwɐˈsaɫ] M Pfuhl m **aguaceiro** [aɡwɐˈsɐiru] M (Regen)Schauer m; fig Gewitter n **aguada** [aˈɡwadɐ] F NÁUT Wasservorrat m; Wasserentnahmestelle f; PINT Wasserfarbe f

água-de-colónia (*ô) [aɡwɐdiku'ɫɔnjɐ] F Kölnischwasser n

aguadeiro [aɡwɐˈdɐiru] M Wasserträger m **aguadilha** [aɡwɐˈdiʎɐ] F (Pflanzen)-Saft m; Sekret n **aguado** [aˈɡwadu] wässrig

água-forte [aɡwɐˈfɔrti] F ⟨pl **águas-fortes**⟩ PINT Radierung f; Kupferstich m **água-marinha** [aɡwɐmɐˈriɲɐ] F ⟨pl **~s**⟩ Aquamarin m **água-pé** [aɡwɐˈpɛ] F Tresterwein m; Haustrunk m

aguar [aˈɡwar] ⟨1ma⟩ **A** VT wässern; vinho verwässern; fig verderben **B** VI fam Appetit bekommen; **~ por** sich verzehren nach

aguardar [ɐɡwɐrˈdar] ⟨1b⟩ alg erwarten; desfecho abwarten; coisa warten auf (ac); **aguardando a sua resposta** carta in Erwartung Ihrer Antwort

aguardente [ɐɡwɐrˈdẽti] F Branntwein m, Schnaps m; **~ de cana** Zuckerrohrschnaps m; **~ de bagaço** Tresterschnaps m; **~ de cereja** Kirschwasser n; **~ ordinária** pej Fusel m

aguarela [ɐɡwɐˈrɛɫɐ] F Aquarell n; Wasserfarbe f **aguarelar** [ɐɡwɐriˈɫar] ⟨1c⟩ mit Wasserfarben malen

águas-furtadas [aɡwɐʃfurˈtadɐʃ] FPL Mansarde f; Dachgeschoss n **água-viva** [aɡwɐˈvivɐ] F ⟨pl **águas-vivas**⟩ Spring-

flut f; bras tb Feuerqualle f
aguçadeira [ɐgusɐˈdɐjrɐ] F̲ Schleif-, Wetzstein m **aguçado** [ɐguˈsadu] scharf; spitz **aguçadura** [ɐgusɐˈdurɐ] F̲, **aguçamento** [ɐgusɐˈmẽtu] M̲ pau: Anspitzen n; olhar: Schärfen n; faca: Wetzen n; Schliff m **aguçar** [ɐguˈsar] ⟨1p⟩ pau anspitzen; sentidos schärfen; faca wetzen; foice dengeln; fig reizen, anstacheln; situação zuspitzen; fig tb orelhas spitzen; **~ os dentes** port fig die Krallen wetzen

agudeza [ɐguˈdezɐ] F̲ Schärfe f (tb fig); Spitze f; (Messer)Schneide f; fig Scharfsinn m; situação Anspannung f

agudo [ɐˈgudu] A̲ ADJ scharf (tb fig), schneidend; spitz; MÚS som hoch; MED akut; GRAM auf der letzten Silbe betont; **acento** ~ Akut m; **ângulo** ~ spitzer Winkel m; **inteligência** f -a Scharfsinn m; **vista** f -a Scharfblick m; **tornar(-se)** ~ (sich) verschärfen B̲ M̲ Hochton m; MÚS **os ~s** die hohen Töne mpl, die hohen Lagen fpl

agueiro [ɐˈgwɐjru] M̲ Abflussrinne f **aguentar** (*ü) [ɐgwẽˈtar] ⟨1a⟩ peso halten, tragen, stützen; dificuldade aushalten, durchhalten; quantidade vertragen; ~ **com** aushalten; ertragen; **~-se** durchhalten

aguerrido [ɐgɨˈʀidu] kriegerisch
águia [ˈagjɐ] F̲ ZOOL Adler m; fig Genie n; Held m
aguieiro [ɐˈgjɐjru] M̲ Dachbalken m
aguilhão [ɐgiˈʎɐ̃w] M̲ metal, inse(c)to: Stachel m (tb fig) **aguilhoada** [ɐgiˈʎwadɐ] F̲ Stich m **aguilhoar** [ɐgiˈʎwar] ⟨1f⟩ stechen, pieken; fig an-, aufstacheln
agulha [ɐˈguʎɐ] F̲ (Näh)Nadel f; FERROV Weiche f; vinho etc: Prickeln n; ARQUIT (Turm)Spitze f; TECN Zeiger m; GEOG spitzer (Berg)Gipfel m; ~ **de marear** (ou **magnética**) NÁUT Kompass m; ~ **de tricotar**, bras ~ **de tricô** Stricknadel f; ~ **ferrugenta** fam Schandmaul n; **trabalho m de** ~ port Handarbeit f; fig procurar ~s **em palheiro** e-e Nadel im Heuhaufen suchen **agulhada** [ɐguˈʎadɐ] F̲ Nadelstich m **agulhão** [ɐguˈʎɐ̃w] M̲ NÁUT (Steuer)-Kompass m **agulheiro** [ɐguˈʎɐjru] M̲ Nadelkissen n; ARQUIT Öffnung f; FERROV Weichensteller m; **~s** pl Abflusslöcher npl **agulheta** [ɐguˈʎetɐ] F̲ Durch-

ziehnadel f; arma: Metallspitze f; mangueira: Düse f

ai [aj] M̲ Ach n; **~s** pl Ach und Weh n; **num** ~ im Nu; ~ **de** wehe (dat); ~ **de mim!** wehe mir!, ich armer Mensch!

aí¹ [aˈi] M̲ bras Faultier n
aí² [ɐˈi] ADV da, dort; **daí que** (conj) von daher kommt es, dass; **até** ~ bis dahin (tb fig); **eis** ~ da sehen Sie (siehst du, seht ihr), da haben Sie (hast du, habt ihr); **(eis)** ~ **está** das ist's eben; **por** ~ local: hier (herum ou irgendwo); etwa, quantidade, preço (so) ungefähr; **e por** ~ **fora** und so weiter (und so fort); **que tal por ~?** pop wie geht's denn so?; **a/c não é por** ~ **além** port etw ist nicht so toll; **espere** ~! Moment mal!

ai-ai [ajˈaj] A̲ INT ~! au(a)!, autsch! B̲ M̲ Weinen n; Klage f
aiatola [ajɐˈtɔlɐ] M̲ REL Ajatollah m
aidético [ajˈdɛtʃiku] A̲ ADJ bras aidskrank, aidsinfiziert B̲ M̲, **-a** F̲ Aidskranke(r) m/f(m)
aids [ˈajdʒiʃ] F̲ bras Aids n
ai-jesus [ajʒiˈzuʃ] A̲ INT ~! oh Gott B̲ MF̲ Liebling m

ainda [ɐˈĩdɐ] noch; ~ **agora** soeben, gerade; ~ **agora?** erst jetzt?; ~ **assim** trotzdem; ~ **bem** zum Glück; ~ **bem que** (conj) gut, dass; ~ **por cima** obendrein, noch dazu; ~ **quando** selbst wenn; ~ **que** (conj) wenn auch, obgleich

aipim [ajˈpĩ] M̲ bras Maniok m
aipo [ˈajpu] M̲ (Stangen)Sellerie m **aipo-rábano** [ajpuˈʀabɐnu] M̲ ⟨pl aipos-rábano⟩ Sellerie m (Knolle)

airado [ajˈradu] leichtsinnig; ausschweifend, zügellos; **vida** f -a lockeres Leben n
airbag [ɛrˈbɛg] M̲ Airbag m; ~ **lateral** Seitenairbag m **airbus** [ɛrˈbɐs] M̲ Airbus m

airoso [ajˈrozu] anmutig; elegant
ajanotado [ɐʒɐnuˈtadu] eitel
ajantarado [ɐʒɐ̃tɐˈradu] ADJ almoço M̲ ~ spätes Mittagessen n

ajardinado [ɐʒɐrdiˈnadu] gartenartig **ajardinar** [ɐʒɐrdiˈnar] ⟨1a⟩ bepflanzen
ajeitado [ɐʒɐjˈtadu] passend; ordentlich; (adequado) geeignet; (hábil) geschickt; fig zierlich **ajeitar** [ɐʒɐjˈtar] ⟨1a⟩ zurechtlegen, -machen, -rücken; (organizar) besorgen, arrangieren; balanço frisieren; **~-se** sich richten nach, sich fügen in

(ac); **~-se com** zurechtkommen (ou sich abfinden) mit

ajoelhado [aʒweˈʎadu] kniend, auf den Knien **ajoelhar** [aʒweˈʎar] ⟨1d⟩ **A** *v/t* in die Knie zwingen **B** *v/i* niederknien, sich hinknien

ajuda [aˈʒuda] *F* Hilfe *f*; Unterstützung *f*; Beistand *m*; **~ administrativa** Amtshilfe *f*; **~(s)** (*pl*) **de custo** Spesen *pl*; **~ de desenvolvimento** Entwicklungshilfe *f*; **prestar ~** Hilfe leisten (*dat*); **para mais ~** *fig* zu allem Überfluss; **dar uma ~ a alg** j-m helfen; **(v)ir em ~ de alg** j-m zu Hilfe kommen

ajudância [aʒuˈdẽsje] *bras F* Assistentenstelle *f* **ajudanta** [aʒuˈdɐ̃ta] *F port* Helferin *f*; Assistentin *f* **ajudante** [aʒuˈdɐ̃ti] *M/F* Helfer(in) *m(f)*; Assistent(in) *m(f)*; Gehilfe *m*, Gehilfin *f*; REL Messdiener(in) *m(f)* **ajudar** [aʒuˈdar] ⟨1a⟩ helfen (*dat*), behilflich sein; unterstützen, beistehen (*dat*); **~-se com** sich (be)helfen mit; **posso ajudá-lo?** kann ich Ihnen helfen?

ajuizado [aʒwiˈzadu] vernünftig; verständig **ajuizar** [aʒwiˈzar] ⟨1q⟩ **A** *v/t* beurteilen, einschätzen; (*julgar*) halten für; DIR vor Gericht bringen; *fig* zur Vernunft bringen **B** *v/i* Vernunft annehmen; nachdenken (**de, sobre** über *ac*); urteilen (**de, sobre** über *ac*)

ajuntamento [aʒũtɐˈmẽtu] *M* An-, Versammlung *f*; (Menschen)Auflauf *m* **ajuntar** [aʒũˈtar] ⟨1a⟩ → *juntar*

ajuramentação [aʒurɐmẽtɐˈsɐ̃ũ] *F tribunal*: Vereidigung *f* **ajuramentar** [aʒurɐmẽˈtar] ⟨1a⟩ DIR *pessoa* vereidigen; *a/c* beschwören; **~-se** sich unter Schwur verpflichten (**a** zu)

ajustado [aʒuʃˈtadu] **A** *ADJ* passend; TECN eingepasst; *fig tb* angemessen; *produção, gerência* schlank; **~ ao corpo** (eng) anliegend; **estar bem ~** richtig sitzen (ou eingepasst sein) **B** *M* Abmachung *f*; **ir pelo ~** sich an die Abmachung halten; **não faltar ao ~** Wort halten **ajustagem** [aʒuʃˈtaʒɐ̃j] *F* TECN Justierung *f*; Einpassung *f*; *bras* → *ajustamento* **ajustamento** [aʒuʃtɐˈmẽtu] *M* Anpassung *f* (**a** an *ac*); Vereinbarung *f*; Abmachung *f*, Vergleich *m* (*bei Verhandlungen*); COM Abrechnung *f*; TECN → *ajustagem* **ajustar** [aʒuʃˈtar] ⟨1a⟩ **A** *v/t* ausrichten; anpassen (**a** an *ac*); TECN justieren, einstellen, regulieren; *vestuário* enger machen; *mão, orelha* legen an (*ac*); COM aushandeln; *preço etc* ab-, ausmachen, vereinbaren; *empregado* einstellen **B** *v/i* (zusammen)passen, zueinanderpassen; **~-se** sich einigen (**a** auf *ac*; sich abfinden (**a** mit); passen (**a** zu) **ajustável** [aʒuʃˈtavɛɫ] einstellbar, regulierbar

ajuste [aˈʒuʃti] *M* → *ajustamento*; **~ de contas** Rechnungsausgleich *m*, Abrechnung *f* (*tb fig*); **de ~** TECN Einstell…; **salário** *m* **por ~** Akkordlohn *m*; **estar pelos ~s** einverstanden sein, *fam* mitspielen

ala [ˈaɫa] *F* Reihe *f*; POL, ARQUIT Flügel *m*; MIL Glied *n*; **abrir** (ou **fazer, formar**) **~s** Spalier bilden

alabastro [aɫɐˈbaʃtru] *M* Alabaster *m*

alado [aˈɫadu] geflügelt; *fig* beflügelt

alagação [alagaˈsɐ̃ũ] *F bras* Überschwemmung *f* **alagadiço** [alagaˈdisu] sumpfig **alagado** [alaˈgadu] *terreno* überschwemmt; *pessoa, vestuário port* (*trief*)nass **alagamento** [alagaˈmẽtu] *M* Überschwemmung *f* **alagar** [alaˈgar] ⟨1o; *Stv* 1b⟩ unter Wasser setzen; überschwemmen, überfluten; *fig* verschwenden; ruinieren; **~-se** überschwemmt werden; *zona* sich in e-n See verwandeln; untergehen

Alagoas [alaˈgoeʃ] *M* GEOG **o ~** *bras* Bundesstaat

alambazado [alɐ̃baˈzadu] ekelhaft, schweinisch; (*comilão*) gefräßig **alambicar** [alɐ̃biˈkar] ⟨1n⟩ destillieren; *fig* ausklügeln **alambique** [alɐ̃ˈbiki] *M* QUÍM Destillierapparat *m*

alambrado [alɐ̃ˈbradu] *M bras* Drahtzaun *m*

alameda [alaˈmeda] *F* (Pappel)Allee *f*; (*parque*) Park *m*

álamo [ˈaɫɐmu] *M* Pappel *f*

alapardar-se [alɐpɐrˈdarsi], **alapar-se** [alɐˈparsi] ⟨1b⟩ sich (nieder)ducken; sich verstecken; *pop* es sich (*dat*) gemütlich machen

alar [aˈɫar] ⟨1b⟩ **1** *bandeira* hissen; erheben; **2** mit Flügeln versehen; *fig* beflügeln; **~-se** sich aufsteigen, davonfliegen

alaranjado [alarɐ̃ˈʒadu] orange(farben)

alarde [aˈɫardi] *M* Prahlerei *f*; **fazer ~ de** großtun mit **alardear** [alɐrˈdjar] ⟨1l⟩

prahlen (mit); GASTR spicken
alargador [aɬɐrgɐ'dor] M̄ TECN Reibahle f **alargamento** [aɬɐrgɐ'mẽtu] M̄ Erweiterung f; Verbreiterung f; Ausdehnung f; *regras* Lockerung f; **~ da UE** *port* EU-Erweiterung f **alargar** [aɬɐr'gar] V̄/Ī ⟨1o; Stv 1b⟩ *tecido, material* erweitern, dehnen; *caminho etc* verbreitern; *vestuário* weiter machen; *regras* lockern; *espaço, tempo* ausdehnen; **~ a mão** *port* übertreiben, zu weit gehen; MIL **~ passo!** ohne Tritt!; **~-se** sich (aus)dehnen, sich ausbreiten; *fig* sich weiten; sich entfernen; **~-se em despesas** sich in Unkosten stürzen; viel Geld ausgeben
alarido [ɐɬɐ'ridu] M̄ Geschrei n, Lärm m; *(choro)* Geheul n
alarmado [ɐɬɐr'madu] beunruhigt **(com** über *ac)* **alarmante** [ɐɬɐr'mɐ̃ti] alarmierend, erschreckend **alarmar** [ɐɬɐr'mar] ⟨1b⟩ alarmieren; *fig* beunruhigen, in Aufregung versetzen; **~-se** in Aufregung geraten
alarme [ɐ'ɬarmi] M̄ **1** Alarm m; Alarmvorrichtung f; INFORM (akustische) Fehlermeldung f; (akustisches) Systemsignal n; **falso ~** blinder Alarm m; AUTO **~ para automóvel** Alarmanlage f; FERROV **sinal** m **de ~** Notbremse f; **dar (o sinal de) ~** Alarm geben *(ou* auslösen); *fig* Lärm schlagen **2** *fig* Unruhe f, Aufregung f
alarmismo [ɐɬɐr'miʒmu] M̄ Panikmache f **alarmista** [ɐɬɐr'miʃtɐ] A ADJ beängstigend B M/F Gerüchteverursacher(in) m(f)
alarve [ɐ'ɬarvi] A ADJ grobschlächtig, ungehobelt B M̄ **1** Grobian m **2** Vielfraß m; **comer como um ~** *fam* wie ein Scheunendrescher fressen
Alasca [ɐ'ɬaʃkɐ] M̄ GEOG **o ~** Alaska n
alastradeira [ɐɬɐʃtrɐ'dɐirɐ] F̄ **(planta** F̄) **~** Kriechpflanze f **alastrador** [ɐɬɐʃtrɐ'dor], *bras* **alastrante** [alaʃ'trẽtʃi] um sich greifend **alastramento** [ɐɬɐʃtrɐ'mẽtu] M̄ Ausbreitung f **alastrar** [ɐɬɐʃ'trar] ⟨1b⟩ A V̄/Ī → lastrar; verbreiten, ausdehnen B V̄/Ī & V̄/R **~-se** sich ausbreiten **(por** in *dat)*, um sich greifen **(por** in *dat)*; **~ a** übergreifen auf *(ac)*
alaúde [ɐɬɐ'udi] M̄ Laute f
alavanca [ɐɬɐ'vɐ̃kɐ] F̄ Hebel m; **~ de comando** TECN Stellhebel m; **~ de controlo** *(bras* **controle)** Steuerknüppel m; INFORM Joystick m; **~ de ferro** Brecheisen n; **~ (de velocidades)**, *bras* **~ de câmbio** AUTO Schaltknüppel m
albanês [aɬbɐ'neʃ] A ADJ albanisch B M̄, **-esa** [aɬbɐ'nezɐ] F̄ Albaner(in) m(f) **Albânia** [aɬ'bɐ̃njɐ] F̄ GEOG **a ~** Albanien n
albarda [aɬ'bardɐ] F̄ *mit* Stroh gefüllter Sattel; *fam* Jacke f *(ou* Mantel m) *(schlechter Qualität)*
albardado [aɬbɐr'dadu] ADJ gesattelt; *port* GASTR in Pfannkuchenteig gewälzt und frittiert; *port pop pessoa* schlecht gekleidet; *trabalho* schlampig
albardão [aɬbɐr'dɐ̃u] M̄ Saumsattel m; *bras* Bergkette f **albardar** [aɬbɐr'dar] ⟨1b⟩ *(selar)* den Packsattel auflegen, satteln; *pop pessoa* unmöglich anziehen, kleiden; *pop trabalho* hinpfuschen; GASTR in Backteig wälzen
albatroz [aɬbɐ'trɔʃ] M̄ ZOOL Albatros m
albergamento [aɬbɛrgɐ'mẽtu] M̄ Beherbergung f, Unterbringung f **albergar** [aɬbir'gar] ⟨1o; Stv 1c⟩ A V̄/Ī beherbergen B V̄/Ī & V̄/R **~(-se)** absteigen *(für die Nacht)* **albergaria** [aɬbirgɐ'riɐ] F̄ Herberge f
albergue [aɬ'bɛrgi] M̄ Herberge f; Asyl n *(für Bedürftige)*; **~ no(c)turno** Nachtasyl n; *bras* **~ de** *(ou* **da) juventude** Jugendherberge f
albufeira [aɬbu'fɐirɐ] F̄ **1** Lagune f; TECN Stausee m **2** GASTR Olivenwasser n
álbum ['aɬbũ] M̄ Album n
albumina [aɬbu'minɐ] F̄ QUÍM Eiweiß n, Albumin n **albuminífero** [aɬbumi'nifiru] eiweißhaltig
alça ['aɬsɐ] F̄ *vestuário:* Träger m; (Halte-)Griff m, Schlaufe f; Henkel m; NÁUT Stagring m; *bras* Öse f; **~ de mira** Visier n; Kimme f
alcácer [aɬ'kasɛr] M̄ *(maurisches)* Burgschloss n, Alkazar m
alcachofra [aɬkɐ'ʃɔfrɐ] F̄ Artischocke f
alcáçova [aɬ'kasuvɐ] F̄ Festung f
alcaçuz [aɬkɐ'suʃ] M̄ Süßholz n; Lakritze f
alçada [aɬ'sadɐ] F̄ DIR Zuständigkeitsbereich m; Wirkungsbereich m; **não é da minha ~** dafür bin ich nicht zuständig
alcagüetar [aukagwe'tax] ⟨1c⟩ *bras pop* der Polizei Informationen zuspielen, zutragen **alcagüete** [auka'gwetʃi] M/F *bras pop* Spitzel m, Informant(in) m(f)

alcalinar [aɫkɜli'nar] ⟨1a⟩, **alcalinizar** [aɫkɜlini'zar] ⟨1a⟩ QUÍM alkalisieren **alcalino** [aɫkɜ'linu] QUÍM alkalisch; **sal m ~** Laugensalz n

alcançar [aɫkɜ̃'sar] ⟨1p⟩ obje(c)tivo, erreichen; pessoa, viatura einholen; posição, êxito erlangen, bekommen; (chegar até) reichen bis; fig erfassen; treffen; **~ a/c a alg** j-m etw verschaffen; **tudo quanto a vista alcança** so weit das Auge reicht

alcance [aɫ'kɜ̃si] M Reichweite f; Tragweite f (tb fig); Bereich m; DIR Unterschlagung f; **~ dos efeitos** Wirkungsbereich m; **~ visual** Sichtweite f; **ao ~ de** erreichbar für, zugänglich (dat); **ao ~ de todos** (barato) erschwinglich; (simples) leicht verständlich; **ao ~ da bala** in Schussweite; **de (grande) ~** weit tragend; Fern...; **fora do ~** unfassbar; außer Reichweite; unerreichbar (**de für**); unerschwinglich (**de für**); **pôr ao ~ de** zugänglich machen (dat); **ir no(s) ~(s) de** (auf dem Fuße) folgen (dat)

alcandor [aɫkɜ̃'dor] M Gipfel m; höchster Punkt m **alcandorado** [aɫkɜ̃du'radu] hoch (liegend); fig hochtrabend, schwülstig; **~ em** oben auf (dat) **alcandorar-se** [aɫkɜ̃du'rarsi] ⟨1e⟩ sich erheben

alcantil [aɫkɜ̃'tiɫ] M Steilufer n; Steilhang m; Fels m **alcantilado** [aɫkɜ̃ti'ɫadu] (íngreme) steil (aufragend od abfallend); (escarpado) schroff; vale tief eingeschnitten; (fragoso) felsig

alcaparra [aɫkɜ'paʀɜ] F **1** Kaper f; planta: Kapernstaude f **2** port reg entkernte u. eingelegte Olive

alça-pé [aɫsɜ'pɛ] M ⟨pl ~s⟩, **alça-perna** [aɫsɜ'pɛrnɜ] F ⟨pl ~s⟩ Fußangel f; Vogelschlinge f; fig Fallstrick m **alçaprema** [aɫsɜ'prɛmɜ] F Brecheisen n, Hebel m

alçar [aɫ'sar] ⟨1p⟩ (hoch)heben; edifício errichten; ARQUIT erhöhen; fig loben; lei etc (zeitweilig) aufheben; **~ a voz** fig die Stimme erheben; fig sich auflehnen (**contra** gegen); bras gado durchgehen

alcaravia [aɫkɜrɜ'viɜ] F BOT, GASTR Kümmel m

alcateia (*é) [aɫkɜ'tɐjɜ] F ZOOL Rudel n; fig Bande f, Trupp m; **estar de ~** pop auf der Hut sein

alcatifa [aɫkɜ'tifɜ] F Teppichboden m **alcatifar** [aɫkɜti'far] ⟨1a⟩ mit Teppichboden auslegen

alcatra [aɫ'katrɜ] F vaca: Hüfte f; pop Arsch m

alcatrão [aɫkɜ'trɜ̃w] M Teer m

alcatraz [aɫkɜ'traʃ] M ZOOL Mantelmöwe f; **~-pardo** m Sturmmöwe f

alcatroado [aɫkɜtru'adu] geteert, Teer...; **papelão m ~** Dachpappe f **alcatroar** [aɫkɜtru'ar] ⟨1f⟩ teeren; asphaltieren

alcatruz [aɫkɜ'truʃ] M Schaufel f; Schöpfeimer m (Brunnen)

alce [ˈaɫsi] M Elch m

alcofa¹ [aɫ'kɔfɜ] F flacher Henkelkorb m

alcofa² [aɫ'kɔfɜ] M/F Kuppler(in) m(f)

álcool [ˈaɫkwɔɫ] M Alkohol m; **~ (desnaturado)** (Brenn)Spiritus m; **~ etílico** Äthylalkohol

alcoólatra [aɫ'kwɔlatrɜ] **A** ADJ alkoholabhängig **B** M/F Trinker(in) m(f) **alcoolemia** [aɫkwuti'miɜ] F, **alcoolémia** [aɫkwu'tɛmjɜ] F Blutalkohol m; **taxa f de ~** Alkoholspiegel im **alcoólico** [aɫ'kwɔtiku] **A** ADJ alkoholisch; alkoholhaltig **B** M, -a F Alkoholiker(in) m(f)

alcoolismo [aɫkwu'tiʒmu] M Alkoholismus m, Trunksucht f **alcoolizado** [aɫkwuti'zadu] betrunken; **não ~** nüchtern; **um tanto ~** angetrunken **alcoolizar** [aɫkwuti'zar] ⟨1a⟩ alkoholisieren; mit Alkohol versetzen; fig unter Alkohol setzen; **-se** fig sich betrinken

alcorão [aɫku'rɜ̃w] M Koran m

alcovitar [aɫkuvi'tar] ⟨1a⟩ **A** VT pessoas verkuppeln **B** VI kuppeln; geralm intrigieren; klatschen **alcoviteirice** [aɫkuvitɐi'risi] F, **alcovitice** [aɫkuvi'tisi] F Kuppelei f; Klatscherei f; Intrige f **alcoviteiro** [aɫkuvi'tɐiru] M, -a F Kuppler(in) m(f); Zuhälter m; fig Klatschbase f; Intrigant(in) m(f)

alcunha [aɫ'kuɲɜ] F Spitzname m **alcunhar** [aɫku'ɲar] ⟨1a⟩ **~ alg de ...** j-m den Spitznamen ... geben, j-n ... nennen

aldeamento [aɫdjɜ'mẽtu] M Wohnanlage f, Wohnsiedlung f; Ferienanlage f, -siedlung f

aldeão [aɫ'djɜ̃w] **A** ADJ dörflich, ländlich; bäuerlich; fig pej bäurisch **B** M ⟨pl ~s, -ões⟩, **aldeã** [aɫ'djɜ̃] F Dorfbewohner(in) m(f); AGR Bauer m, Bäuerin f **aldeia** [aɫ'dɐjɜ] F Dorf n

aldeído [aɫdɐ'idu] M QUÍM Aldehyd m; **~**

fórmico Formaldehyd *m*
aldeola [ał'djɔłɐ] F̄ Dörfchen *n*
aldraba [ał'drabɐ] F̄ (Tür)Drücker *m*; Klopfer *m* **aldrabada** [ałdrɐ'badɐ] F̄ Schlag *m* (mit dem Klopfer) **aldrabão** [ałdrɐ'bɐ̃ũ] M̄, **aldrabona** [ałdrɐ'bonɐ] F̄ *pop* Pfuscher(in) *m(f)*; Schwindler(in) *m(f)* **aldrabar** [ałdrɐ'bar] ⟨1b⟩ A V/T 1 *porta* verriegeln 2 *fig* (ver)fälschen; *pop* hinpfuschen B V/I 1 (an)klopfen (**em** an *ac*) 2 *fig* daherreden, quasseln **aldrabice** [ałdrɐ'bisi] F̄ *pop* Schwindel *m*; Pfusch(erei) *m(f)*; Gequassel *n*
aldrava [au'dravɐ] F̄, **aldravão** [audrɐ'vɐ̃ũ] M̄ *etc bras* → aldraba, aldrabão *etc*
aleatório [ałjɐ'tɔrju] *vom Zufall abhängig; zufällig*; INFORM aleatorisch; **acesso** *m* ~ INFORM wahlfreier Zugriff *m*; DIR **contrato** *m* ~ DIR Vertrag *m* mit Zufallsklausel
alecrim [ałɨ'krĩ] M̄ Rosmarin *m*
alegação [ałɨgɐ'sɐ̃ũ] F̄ *motivos*: Anführung *f*; (*afirmação*) Behauptung *f*; Darlegung *f*; Begründung *f* (*tb* DIR); **-ões** *pl* finais DIR (Schluss)Plädoyer *n* **alegado** [ałɨ'gadu] M̄ Einlassung *f* **alegante** [ałɨ'gɐ̃ti] ADJ *partes* FPL ~**s** DIR streitende(n) Parteien *fpl* **alegar** [ałɨ'gar] ⟨1o; *Stv* 1c⟩ A V/T *fa*(*c*)*to* anführen, sich berufen auf (*ac*); (*apresentar*) vorbringen; (*expor*) darlegen B V/I behaupten; argumentieren
alegoria [ałɨgu'riɐ] F̄ Allegorie *f*, Sinnbild *n* **alegórico** [ałɨ'gɔriku] allegorisch; **carro** *m* ~ Festwagen (Karneval *etc*)
alegrar [ałɨ'grar] ⟨1c⟩ *pessoa* (er)freuen; auf-, erheitern; (*embelezar*) verschönern; (*refrescar*) erfrischen; ~**-se** sich freuen (**com** über *ac*); *fam* sich (*dat*) e-n antrinken
alegre [ɐ'łɛgri] froh (**com** über *ac*), zufrieden (**com** über *ac*); fröhlich, heiter, lustig; (*embriagado*) angeheitert (*von Alkohol*); *vida* frei, locker **alegrete** [ałɨ'grɛti] A ADJ fröhlich, lustig; *fam* angeheitert (*von Alkohol*) B M̄ (Blumen)Rabatte *f* **alegreto** [ałɨ'gretu] M̄ MÚS Allegretto *n*
alegria¹ [ałɨ'griɐ] F̄ Freude *f*; Fröhlichkeit *f*, Heiterkeit *f*, gute Laune *f*
alegria² [ałɨ'griɐ] F̄ BOT Sesam *m*
aleijado [ałɐj'ʒadu] A ADJ verkrüppelt B M̄, **-a** F̄ Krüppel *m* **aleijamento** [ałɐjʒɐ'mẽtu] M̄, **aleijão** [ałɐj'ʒɐ̃ũ] M̄ Gebrechen *n*; MED Verkrüppelung *f* **aleijar**

[ałɐj'ʒar] ⟨1a⟩ verletzen; *fig* verstümmeln
aleitação [ałɐjtɐ'sɐ̃ũ] F̄, **aleitamento** [ałɐjtɐ'mẽtu] M̄ Stillen *n* **aleitar** [ałɐj'tar] ⟨1a⟩ *animal* mit Milch aufziehen; *criança* stillen
além [ɐ'łɐ̃j] A ADV (da) drüben, dahinten; auf der anderen Seite; weit (weg); **de por aí ~** *pop* hervor-, herausragend B PREP ~ **de** *local*: jenseits (*gen*); außer (*dat*); ~ **disso**, ~ **do mais** außerdem; **para ~ de** über etw (*ac*) hinaus; abgesehen von; **ir ~** weiter- (*ou* hinaus)gehen (**de** über *ac*); **passar ~** darüber hinweggehen; **isso está ~ das minhas forças** das geht über meine Kräfte C M̄ Jenseits *n*
Alemanha [ałɨ'mɐɲɐ] F̄ GEOG **a** ~ Deutschland *n*
alemão [ałɨ'mɐ̃ũ] A ADJ deutsch; ~ **ocidental/oriental** westdeutsch/ostdeutsch B M̄ ⟨*pl* -ães⟩, **alemã** [ałɨ'mɐ̃] F̄ Deutsche(r) *m/f(m)* C M̄ Deutsch *n*; **alto ~ (moderno)** (Neu)Hochdeutsch *n*; **baixo ~** Nieder-, Plattdeutsch *n*
alentado [ałẽ'tadu] stark; mutig; (*corpulento*) korpulent **alentar** [ałẽ'tar] ⟨1a⟩ A V/T stärken, ermutigen B V/I Atem holen; ~**-se** Mut fassen
alentejano [ałẽti'ʒɐnu] M̄ Alentejaner *m*
Alentejo [ałẽ'teʒu] M̄ GEOG **o** ~ *port hist* Provinz
alento [ɐ'łẽtu] M̄ 1 Hauch *m*, Atem *m*; ~**s** *pl* Nüstern *fpl*; **o último ~** der letzte Hauch (*ou* Atemzug) 2 *fig* Kraft *f*, Stärke *f*; Mut *m*, Tüchtigkeit *f*; (*tónico*) Stärkung *f*; **cobrar** (*ou* **tomar**) ~ Mut schöpfen
alergénico [ɐłir'ʒɛniku] ADJ allergen B M̄ Allergen *n* **alergénio** (**ê*) [ɐłir'ʒɛnju] M̄ Allergen *n* **alergia** [ɐłir'ʒiɐ] F̄ Allergie *f*, Überempfindlichkeit *f*; ~ **ao pólen** Pollenallergie *f*
alérgico [ɐ'łɛrʒiku] A ADJ allergisch (**contra** gegen, auf *ac*) B M̄, **-a** F̄ Allergiker(in) *m(f)* **alergologia** [ɐłirgułu'ʒiɐ] F̄ Allergologie *f*
alerta [ɐ'łɛrtɐ] A ADV wachsam, aufmerksam; ~**!** Achtung!; **andar** ~ wachsam sein B M̄ Alarmsignal *n*; Alarm *m*; **tocar o ~** Alarm geben (*ou* schlagen) **alertar** [ałir'tar] A V/T alarmieren, aufschrecken B V/I Alarm schlagen; warnen (**contra**, **de** vor *dat*); (*warnend*) hinweisen (**para** auf *ac*)

aleta [ɐ'letɐ] F̄ TECN Rippe f; AERO Klappe f; *foguete*: Flügel m; ANAT Nasenflügel m

aletria [ɐli'triɐ] F̄ Fadennudeln fpl; **~ doce** Süßspeise aus Fadennudeln, Eiern u. Milch

aléu [ɐ'lɛu] M̄ Stock m, Rute f; DESP (Eishockey)Schläger m

alfabetação [ałfɐbitɐ'sɐ̃u] F̄ alphabetische Ordnung f **alfabetar** [ałfɐbi'tar] ⟨1c⟩ *lista* alphabetisch ordnen

alfabético [ałfɐ'bɛtiku] alphabetisch

alfabetismo [ałfɐbi'tiʒmu] M̄ Alphabetisiertsein n **alfabetização** [ałfɐbitizɐ'sɐ̃u] F̄ Alphabetisierung f **alfabetizar** [ałfɐbiti'zar] ⟨1a⟩ alphabetisieren **alfabeto** [ałfɐ'bɛtu] M̄ Alphabet n; Abc n (*tb fig*); **~ fonético (internacional)** (internationale) Lautschrift f

alface [ał'fasi] F̄ (Kopf)Salat m **alfacinha** [ałfɐ'siɲɐ] *fam* A ADJ Lissabonner B M̄/F̄ Lissabonner(in) m(f)

alfafa [ał'fafɐ] F̄ Luzerne f

alfaia [ał'fajɐ] F̄ Gerät n; *fig* **~s** *pl* Schmuck m **alfaiar** [ałfɐ'jar] ⟨1b⟩ ausstatten; *fig* schmücken

alfaiataria [ałfɐjɐtɐ'riɐ] F̄ Schneiderei f **alfaiate** [ałfɐ'jati] M̄ (Herren)Schneider m

alfândega [ał'fɐ̃digɐ] F̄ Zoll m; Zollamt n **alfandegagem** [ałfɐ̃di'gaʒɐ̃j] F̄ Zollabfertigung f **alfandegar** [ałfɐ̃di'gar] ⟨1o; *Stv* 1c⟩ verzollen; zollamtlich abfertigen (*ou* einlagern) **alfandegário** [ałfɐ̃di'garju] Zoll...; *direitos mpl* **~s** Zoll m

alfarrábio [ałfɐ'ʀabju] M̄ Schmöker m **alfarrabista** [ałfɐʀɐ'biʃtɐ] M̄ (Buch)Antiquar m; (*loja f* **de**) **~** Antiquariat n

alfarroba [ałfɐ'ʀɔbɐ] F̄ Johannisbrot n **alfarrobeira** [ałfɐʀu'bɐirɐ] F̄ Johannisbrotbaum m

alfavaca [ałfɐ'vakɐ] F̄ Basilikum n

alfazema [ałfɐ'zemɐ] F̄ Lavendel m

alfinetada [ałfini'tadɐ] F̄ Nadelstich m (*tb fig*); (*dor*) stechender Schmerz m **alfinetar** [ałfini'tar] ⟨1c⟩ (*picar*) stechen; *marcar* abstecken; *fig* sticheln **alfinete** [ałfi'neti] M̄ Stecknadel f; (*broche*) Ansteckenadel f, Brosche f; **~s** *pl* kleinere Ausgaben fpl; **~ de gravata** Krawattennadel f; **~ de segurança** Sicherheitsnadel f; **fechar** (*ou* **prender**) **com ~** fest-, zusammenstecken **alfinete-de-ama** [ałfineti'd(i)ɐmɐ] M̄ ⟨*pl* alfinetes-de-ama⟩ *port* Sicherheitsnadel f **alfineteira** [ałfini'tɐirɐ] F̄ Nadelkissen n

alforge [ał'fɔrʒi] F̄ Ranzen m; Satteltasche f **alforjada** [ałfur'ʒadɐ] F̄ Sack m voll **alforjar** [ałfur'ʒar] ⟨1e⟩ einsacken; verstauen

alforreca [ałfu'ʀɛkɐ] F̄ *port* Feuerqualle f

alga [ałgɐ] F̄ Alge f; **~s** *pl* Tang m

algar [ał'gar] M̄ Grotte f, Höhle f

algaravia [ałgɐrɐ'viɐ] F̄ Kauderwelsch n **algaraviada** [ałgɐrɐ'vjadɐ] F̄ Stimmengewirr n; Geschrei n

algarismo [ałgɐ'riʒmu] M̄ Ziffer f; Zahl f; **~ árabe** (*ou* **arábico**) arabische Ziffer f

Algarve [ał'garvi] M̄ GEOG **o ~** Algarve f (*port Provinz*) **algarvio** [ałgɐr'viu] aus der Algarve

algazarra [ałgɐ'zaʀɐ] F̄ Geschrei n; Lärm m

álgebra [ałʒibrɐ] F̄ Algebra f

algébrico [ał'ʒɛbriku] algebraisch

algema [ał'ʒemɐ] F̄ Handschelle f; Fessel f (*tb fig*) **algemar** [ałʒi'mar] ⟨1d⟩ Handschellen anlegen (*dat*); *fig* unter Druck setzen

algeroz [ałʒi'rɔʃ] M̄ Wasserrinne f

algibeira [ałʒi'bɐirɐ] F̄ (Hosen-, Jacken)Tasche f; **~ rota** *port* pop Verschwender m; **pergunta f de ~** *port* pop Fangfrage f; **ciência f de ~** *port* Halbwissen n; **andar de mãos na ~** *port* in den Tag hinein leben, faulenzen; **pôr da sua ~** aus eigener Tasche bezahlen

algidez [ałʒi'deʃ] F̄ Eiseskälte f; MED Unterkühlung f

algo [ałgu] A PRON etwas; **~ (de) belo** etwas Schönes B ADV ein wenig, etwas

algodão [ałgu'dɐ̃u] M̄ Baumwolle f; **~ doce** Zuckerwatte f; **~ em rama** Rohbaumwolle f; MED Watte f; **~ hidrófilo** Verbandwatte f; (*tecido m* **de**) **~ cru** Nesseltuch m **algodão-de-vidro** [ałgu-dɐ̃udi'vidru] M̄ ⟨*sem pl*⟩ Glaswolle f **algodão-pólvora** [ałɡuˈdɐ̃u'pɔɫvurɐʃ] M̄ ⟨*sem pl*⟩ *port* Schießbaumwolle f

algodoado [ałgu'dwadu] baumwollen; watteartig **algodoar** [ałgu'dwar] ⟨1f⟩ wattieren **algodoeiro** [ałgu'dwɐiru] A ADJ Baumwoll... B M̄ Baumwollstrauch m

algorítmico [ałgu'ritmiku] algorithmisch **algoritmo** [ałgu'ritmu] M̄ Algorithmus *m*

algoz [aɫˈɡoʃ] M̄ Henker *m*; *fig* Unmensch *m*

alguém [aɫˈɡɐ̃j] jemand

alguergue [aɫˈɡɛrɡi] M̄ Mosaikstein *m*

alguidar [aɫɡiˈdar] M̄ Schüssel *f*

algum [aɫˈɡũ], **alguma** [aɫˈɡumɐ] **A** PRON (irgend)eine(r, -s) **B** ADJ (irgend)ein(e); ein wenig, etwas; **-a coisa** etwas; **~ dia** eines Tages; **~ tempo** einige Zeit; **-a vez** einmal; *em frases negativas* kein(e), keinerlei; **de maneira** (*ou* **forma) -a, de modo ~** keineswegs; **alguns** *mpl*, **algumas** *fpl* einige, manche; **-as vezes** manchmal; **alguns quinhentos** etwa fünfhundert **C** F̄ **~a** *fam* Blödsinn *m*

algures [aɫˈɡuriʃ] ADV irgendwo; **de ~** irgendwoher

alhada [ɐˈʎaðɐ] F̄ Knoblauchgericht *n*; *fig* dumme Geschichte *f*

alheação [ɐʎjɐˈsɐ̃ũ] F̄, **alheamento** [ɐʎjɐˈmẽtu] M̄ Geistesabwesenheit *f*; Zerstreutheit *f*; Vergesslichkeit *f*; → alienação **alhear** [ɐˈʎjar] ⟨1l⟩ entfremden; entfernen; abwenden; *direito* entziehen; **~-se** (in Gedanken) versinken; sich freimachen (**de** von)

alheio [ɐˈʎɐju] **A** ADJ fremd; **~ a, de** entfernt (*ou* ferro) von; **~ ao mundo** weltfremd; **~ de si** geistesgestört; *pessoa* **a aos serviços** Betriebsfremde(r) *m*; **estar ~ a** nichts zu tun haben mit; nicht Acht geben auf (*ac*); **meter-se com a vida -a** sich in fremde Angelegenheiten mischen **B** M̄ fremdes Eigentum *n*; **amigo m do ~ port** Dieb *m*

alheira [ɐˈʎɐjrɐ] F̄ Knoblauchwurst *f*

alheta [ɐˈʎɐtɐ] F̄ NAUT Kielwasser *n*; **ir na ~ de alg** *pop* j-s Spur folgen; **pôr-se na ~** *pop* abhauen, verduften

alho [ˈaʎu] M̄ Knoblauch *m*; **cabeça f de ~** Knoblauchknolle *f*; **cabeça f de ~ chocho** *port fam* zerstreuter Professor *m*; **dente m de ~** Knoblauchzehe *f*; **memória f de ~** *port fam* Gedächtnis *n* wie ein Sieb; **misturar ~s com bugalhos** alles durcheinanderwerfen; **ser um ~** schlau sein **alho-francês** [aʎufrɐ̃ˈseʃ] M̄ ⟨*pl* alhos-franceses⟩, **alho-porro** [aʎuˈpoʁu] M̄ ⟨*pl* alhos-porros⟩, *bras* **alho-poró** [aʎupoˈrɔ] M̄ ⟨*pl* alhos-porós⟩ Lauch *m*, Porree *m*

alhures [ɐˈʎuriʃ] anderswo

ali [ɐˈli] dort, da; *dire(c)ção*: dorthin, dahin; **por ~** da herum, dort (in der Gegend); **para ~** dahin; **de ~** → dali

aliado [ɐˈljadu] M̄ Verbündete(r) *m*, Alliierte(r) *m* **aliança** [ɐˈljɐ̃sɐ] F̄ Allianz *f*, Bündnis *n*; Bund *m*; **~ (de casamento)** Trauring *m*; **contrair uma ~** ein Bündnis schließen; **fazer ~ com** sich verbünden mit **aliar** [ɐˈljar] ⟨1g⟩ verbinden (**a** mit); POL verbünden; TECN legieren; **~-se** sich verbünden; sich zusammenschließen; sich verbinden

aliás [ɐˈljaʃ] ADV übrigens, jedoch; beziehungsweise

alicate [ɐliˈkati] M̄ (Draht)Zange *f*; **~ ajustável** Rohrzange *f*; **~ de corte** Kneifzange *f*; **~ universal** Kombizange *f*

alicerçar [ɐlisɨrˈsar] ⟨1p; *Stv* 1c⟩ (be)gründen; fundamentieren **alicerce** [ɐliˈsɛrsi] M̄ Grundlage *f*; ARQUIT, *tb pl* **~s** Fundament *n*, Unterbau *m*; **lançar os ~s de** den Grundstein legen für (*tb fig*)

aliciação [ɐlisjɐˈsɐ̃ũ] F̄ Verlockung *f*, Verführung *f*; *pessoal*: Abwerbung *f*; **tentativa f de ~** Abwerbungsversuch *m* **aliciador** [ɐlisjɐˈdor], **aliciante** [ɐliˈsjɐ̃ti] verführerisch **aliciar** [ɐliˈsjar] ⟨1g⟩ anlocken; **~ a, para** überreden zu; verführen (*ou* verlocken) zu

alienabilidade [ɐljenɐbiliˈdadi] F̄ DIR Veräußerungsrecht *n*; Veräußerbarkeit *f*; Übertragbarkeit *f* **alienação** [ɐljenɐˈsɐ̃ũ] F̄ DIR Veräußerung *f*; Überlassung *f*; FILOS Entfremdung *f*; Verwirrung *f*; **~ cultural** kulturelle Entfremdung *f*; **~ mental** geistige Umnachtung *f* **alienado** [ɐljeˈnadu] **A** ADJ verwirrt, geisteskrank **B** M̄, **-a** F̄ Irre(r) *m*/*f*(*m*) **alienamento** [ɐljenɐˈmẽtu] M̄ → alienação **alienante** [ɐljeˈnɐ̃ti] M̄/F̄ Veräußerer *m* **alienar** [ɐljeˈnar] ⟨1d⟩ DIR veräußern; *direito, propriedade* abtreten, übertragen; verfremden; verstimmen; *mente* verwirren; **~-se** den Verstand verlieren, wahnsinnig werden **alienatário** [ɐljenɐˈtarju] M̄, **-a** F̄ Erwerber(in) *m*(*f*), Empfänger(in) *m*(*f*) **alienável** [ɐljeˈnavɛɫ] DIR veräußerlich; übertragbar **alienígena** [ɐljeˈniʒinɐ] **A** ADJ ausländisch; fremd **B** M̄/F̄ Ausländer(in) *m*(*f*); Fremde(r) *m*/*f*

aligátor [ɐliˈɡatɔr] M̄ Alligator *m*

aligeirar [ɐliʒɐjˈrar] ⟨1a⟩ leichter machen; erleichtern; *passo* beschleunigen

alijação [ɐliʒɐˈsɐ̃u] F, **alijamento** [ɐliʒɐˈmetu] M Erleichterung f; NÁUT Leichtern m **alijar** [ɐliˈʒar] ⟨1a⟩ erleichtern; NÁUT leichtern; *carga* abwerfen; *perigo* verkennen; **~-se** sich freimachen **alijo** [ɐˈliʒu] M NÁUT Leichter m

alimária [ɐliˈmarjɐ] F *fam* Hornochse m

alimentação [ɐlimẽtɐˈsɐ̃u] F Ernährung f; Verpflegung f; TECN, QUÍM Speisung f; Zuführung f; AUTO Gemischaufbereitung f; **~ integral** Vollwertkost f **alimentado** [ɐlimẽˈtadu] unterstützt (**a**, **com**, **de** durch, von); **~ a bateria** batteriebetrieben **alimentador** [ɐlimẽtɐˈdor] A ADJ Speise... B M ELECT Speisekabel n; **~ automático de papel** automatischer Papiereinzug m **alimentando** [ɐlimẽˈtɐ̃du] M DIR Unterhaltsberechtigter m **alimentar** [ɐlimẽˈtar] A ADJ → alimentício; *produtos* MPL **~es** Nahrungsmittel npl B VIT ⟨1a⟩ ernähren; *fig* hegen; TECN einspeisen, zuführen **alimentício** [ɐlimẽˈtisju] nahrhaft; Nahrungs...; *géneros* (*bras* gêneros) mpl **~s** Lebensmittel npl, Nahrungsmittel npl; **indústria** f **-a** Nahrungsmittelindustrie f; **matéria** f **-a** Nährstoff m; **pensão** f **-a** (Lebens-)Unterhalt m **alimento** [ɐliˈmẽtu] M Nahrungsmittel n; **~s** pl DIR Kostgeld n; (Lebens-)Unterhalt m; **~s pl regulares** DIR Regelunterhalt m

alindamento [ɐlĩdɐˈmẽtu] M Verschönerung f **alindar** [ɐlĩˈdar] ⟨1a⟩ verschönern

alínea [ɐˈlinjɐ] F TIPO Absatz m

alinhado [ɐliˈɲadu] gerade (ausgerichtet); *fig* tadellos **alinhamento** [ɐliɲɐˈmẽtu] M Ausrichtung f; *em fila:* Aufstellung f, Formierung f; Begradigung f; Regulierung f; ARQUIT Fluchtlinie f; **~ Spureinstellung** f; **fio** m **de ~** Richtschnur f; **fazer o ~ de** (in Reihen) anordnen **alinhar** [ɐliˈɲar] ⟨1a⟩ A VIT aufstellen; (in Reihen) anordnen; ausrichten; *rua* begradigen; *fig* an-, ausgleichen; schmücken; *estilo* feilen an (*dat*); *cabelo port* glätten; **~ à esquerda** linksbündig ausrichten B VIT antreten; fig den rechten Weg einschlagen; **~ com** gleichziehen mit; auf der gleichen Linie liegen mit; *pop* mitmachen, dabei sein; **~-se** antreten; sich formieren; *fig* sich (heraus)putzen (**por** nach); **~-se** a sich messen an (*ac*); **~-se ao lado de** auf *j-s* Seite treten **alinhavar** [ɐliɲɐˈvar] ⟨1b⟩ *bainha* heften; *plano* entwerfen, umreißen; *(dat)* ausdenken; *trabalho* hinpfuschen **alinhavo** [ɐliˈɲavu] M *costura:* Heften n; Heftstich m; *fig (Roh)*Entwurf m; **~s** pl *fig* Geschreibsel n

alinho [ɐˈliɲu] M Aufstellung f; Richtschnur f; *fig* Sorgfalt f

alíquota [ɐˈlikutɐ] F Satz m; **~ do imposto** Steuersatz m (**sobre** für)

alisado [ɐliˈzadu] glatt, geglättet; eben; *ventos* mpl **~s** Passatwinde mpl **alisamento** [ɐlizɐˈmẽtu] M Glätten n; Einebnen n **alisar** [ɐliˈzar] ⟨1a⟩ glätten, schleifen; ARQUIT nivellieren; *fig* beschwichtigen

aliseu [ɐliˈzeu], **alísio** [ɐˈlizju] ADJ (*ventos* MPL) **~s** Passat m, -winde pl

alistamento [ɐliʃtɐˈmẽtu] M Einschreibung f; Aufstellung f; MIL Einberufung f **alistar** [ɐliʃˈtar] ⟨1a⟩ (*inscrever*) einschreiben; *(arrolar)* e-e Liste aufstellen von; MIL einberufen; **~-se** sich zum Militär melden; eintreten (**em** in *ac*)

aliviar [ɐliˈvjar] ⟨1g⟩ A VIT erleichtern, befreien; *dificuldade* leichter machen, entlasten; *dor* lindern; *fig* trösten B VI sich abschwächen; *fig* Erleichterung bringen

alívio [ɐˈlivju] M Erleichterung f; *peso:* Entlastung f; *dor:* Linderung f; *luto:* Trost m

alma [ˈalmɐ] F Seele f (*tb* MÚS); Herz n, Gemüt n; Geist m; MÚS Stimmstock m; Steg m (*an T-Eisen*); **~ de Deus!** Menschenskind!; **aperto m de ~** fam Seelendruck m; **~ danada** m böser Geist m; **~ gémea** (*bras* gêmea) *poét* Seelenverwandte(r) m/f(m); **minha ~!** mein Herzchen!; **com ~** herzlich, lebhaft; **sem ~** herzlos; **nem viva ~** keine Menschenseele; **dia** m **das ~s** Allerseelen n; **abrir a ~ a** sein Herz ausschütten (*dat*); **dar ~ a** Leben verleihen (*dat*); **dar a ~ a Deus** s-n Geist aufgeben

almaço [aɫˈmasu] M *papel* M **~** Kanzleipapier n

almanaque [aɫmɐˈnaki] M Almanach m; Kalender m

almeida [aɫˈmɐjdɐ] M *port pop* Straßenfeger m

almejar [aɫmɨˈʒar] ⟨1d⟩ **A** *V/t* herbeisehnen **B** *V/i* mit dem Tode ringen **almejo** [aɫˈmɐiʒu] *M* sehnlicher Wunsch *m*
almiranta [aɫmiˈrɐ̃tɐ] *F* Admiralschiff *n*
almirante [aɫmiˈrɐ̃ti] *M* Admiral *m*; (**navio** *m*) **~ Flaggschiff** *n*
almíscar [aɫˈmiʃkar] *M* Moschus *m* **almiscarado** [aɫmiʃkɐˈradu] *ADJ* nach Moschus duftend
almoçadeira [aɫmusɐˈdɐirɐ] *F* port große Frühstückstasse *f* **almoçado** [aɫmuˈsadu] *ADJ* **venho ~** port ich habe schon gegessen
almoçar [aɫmuˈsar] ⟨1p; *Stv* 1e⟩ zu Mittag essen; port reg tb frühstücken **almoçarada** [aɫmusɐˈradɐ] *F* großes Mittagessen *mit Freunden oder Familie* **almoço** [aɫˈmosu] *M* ⟨*pl* [-'mɔ-]⟩ Mittagessen *n*
almofaça [aɫmuˈfasɐ] *F* Striegel *m* **almofaçar** [aɫmufɐˈsar] ⟨1p; *Stv* 1b⟩ striegeln
almofada [aɫmuˈfadɐ] *F* (Kopf-, Sitz-, Sofa-, Stempel)Kissen *n*; Polster *n*; Unterlage *f*; (Tür)Füllung *f*; **~ de ar** AUTO Airbag *m*; **~ térmica** Heizkissen *n*
almofadado [aɫmufɐˈdadu] gepolstert **almofadagem** [aɫmufɐˈdaʒɐ̃i] *F* Polsterung *f* **almofadão** [aɫmufɐˈdɐ̃ũ] *M* großes Kissen *n*; bras Sitzkissen *n*; port Zierkissen *n* **almofadar** [aɫmufɐˈdar] ⟨1b⟩ mit Kissen (*ou* Füllungen) versehen; (aus)polstern
almofariz [aɫmufɐˈriʃ] *M* Mörser *m*; **mão** *f* **de ~** Stößel *m*
almôndega [aɫˈmõdigɐ] *F* (Fleisch)Klößchen *n*, Klops *m*
almoxarifado [aɫmuʃɐriˈfadu] *M* bras (Material)Lager *n* **almoxarife** [aɫmuʃɐˈrifi] *M* bras Lagerverwalter *m*
almude [aɫˈmudi] *M* Almude *f* (*Maß*, port 25 l, bras 32 l)
alô [aˈlo] *INT* bras **~!** hallo!
alocução [ɐluku'sɐ̃ũ] *F* Ansprache *f*, kurze Rede *f*
aloé [ɐˈlwɛ] *M*, **aloés** [ɐˈlwɛʃ] *M* BOT Aloe *f*
aloirado [ɐloiˈradu] *cabelo* blond; *port pele* leicht gebräunt **aloirar** [ɐloiˈrar] ⟨1a⟩ **A** *V/t* GASTR anbraten; bräunen; *cabelo* blondieren, aufhellen; *fig* vergolden **B** *V/i* *cabelo* blond werden; GASTR bräunen; *port fruta* gelb werden, reifen
alois... → aloisado *etc*

alojamento [ɐluʒɐˈmẽtu] *M* Quartier *n*, Unterkunft *f*, Wohnung *f*; *acção:* Unterbringung *f* **alojar** [ɐluˈʒar] ⟨1e⟩ **A** *V/t* unterbringen; bei sich aufnehmen; MIL einquartieren **B** *V/i* (& *V/R*) **(~-se)** absteigen (**em casa de** bei); Wohnung nehmen; kampieren
alombado [ɐlõˈbadu] krumm; *bras* faul **alombar** [ɐlõˈbar] ⟨1a⟩ biegen, krümmen; tragen, schleppen
alonga [ɐˈlõgɐ] *F* Passrohr *n* (*Labor*) **alongado** [ɐlõˈgadu] länglich **alongamento** [ɐlõgɐˈmẽtu] *M* *prazo:* Verlängerung *f*; *extensão:* (Aus)Dehnung *f*; DESP Dehnungsübungen *fpl* **alongar** [ɐlõˈgar] ⟨1o⟩ *prazo* verlängern; *duração* in die Länge ziehen; entfernen, trennen; *mão etc* ausstrecken; *pescoço* recken; *olhos* schweifen lassen; MÚS schleifen; **~ o passo** e-n Schritt zulegen; **~-se** sich strecken; sich erstrecken (**a** auf *ac*); sich entfernen (**de** von); *fig* sich verlieren (**em** in *dat*)
alour... → aloirado *etc*
alousado [ɐloˈzadu] schiefergedeckt **alousar** [ɐloˈzar] ⟨1a⟩ mit Schiefer decken
alpaca [aɫˈpakɐ] *F* ZOOL Alpaka *n*; *lã:* Alpakawolle *f*; *metal:* Alpakasilber *n*; **manga** *f* **de ~** Ärmelschoner *m*; *fig* Schreiberseele *f*
alparca [aɫˈparkɐ] *F*, **alparcata** [aɫparˈkatɐ] *F*, **alpargata** [aɫparˈgatɐ] *F* ~ alpercata
alpendrada [aɫpẽˈdradɐ] *F* offene (Lager)Halle *f* **alpendrado** [aɫpẽˈdradu] mit Vordach versehen
alpendre [aɫˈpẽdri] *M* Vordach *n*; *bras tb* Veranda *f*
alpercata [aɫpɨrˈkatɐ] *F* Espadrille *f*
alperce [aɫˈpɛrsi] *M*, **alperche** [aɫˈpɛrʃi] *M* Aprikose *f*
Alpes [ˈaɫpɨʃ] *MPL* GEOG **os ~** die Alpen
alpestre [aɫˈpɛʃtri] Hochgebirgs...; GEOG alpin; felsig, bergig; rau **alpinismo** [aɫpiˈniʒmu] *M* Bergsport *m*, -steigen *n* **alpinista** [aɫpiˈniʃtɐ] *M/F* Bergsteiger(in) *m(f)* **alpino** [aɫˈpinu] **A** *ADJ* Hochgebirgs...; GEOG Alpen..., alpin **B** *M* Gebirgsjäger *m*
alpista [aɫˈpiʃtɐ] *F*, **alpiste** [aɫˈpiʃti] *F* Kanariengras *n*; Vogelfutter *n*
alporcar [aɫpurˈkar] ⟨1n; *Stv* 1e⟩ absenken **alporque** [aɫˈpɔrki] *M* AGR Absen-

ker *m*

alq. ABR → alqueire

alquebrado [aɫkiˈbradu] geschwächt; *fig* gebrochen, gebeugt **alquebramento** [aɫkibrɐˈmẽtu] M *fig* Ermüdung *f*; Erschöpfung *f* **alquebrar** [aɫkiˈbrar] ⟨1c⟩ A V/T schwächen; *fig* zermürben B V/I espinha sich verkrümmen; *fig* zusammenbrechen

alqueire [aɫˈkɐiɾi] M **1** *port* Hohlmaß (≈ 20 l) **2** *bras* Flächenmaß: 2,5–4,8 ha

alqueivar [aɫkɐiˈvar] ⟨1a⟩ brachliegen lassen **alqueive** [aɫˈkɐivi] M Brache *f*, Brachland *n*

alquimia [aɫkiˈmiɐ] F Alchimie *f* **alquimista** [aɫkiˈmiʃtɐ] M Alchimist *m*

Alsácia [aɫˈsasiɐ] F GEOG a ~ Elsass *n* **alsaciano** [aɫsaˈsjanu] A ADJ elsässisch B M, **-a** F Elsässer(in) *m(f)*

alta [ˈaɫtɐ] F **1** *preço etc* Anstieg *m*; Höhe *f*; FIN Hausse *f*; *fig tb* vornehme Gesellschaft *f*; **a ~ do custo da vida** die hohen Lebenshaltungskosten; **para (a) ~** nach oben; steigend; **estar em ~** *fig* im Aufwind sein; **sofrer uma ~ de** (an)steigen um **2** Oberstadt *f* **3** MED Entlassungsschein *m*; MIL Rückmeldung *f* (zum Dienst); Rückmeldeschein *m*; **dar ~ a alg** j-n aus dem Krankenhaus entlassen; **receber** (*ou* **ter**) **~** entlassen werden **4** METEO Hoch *n*

alta-fidelidade [aɫtɐfideliˈdadi] F ⟨*sem pl*⟩ ELECT High Fidelity *f*

altamente [aɫtɐˈmẽti] A ADV in hohem Maße, höchst, hochgradig B ADJ *fam* spitze, super

altanaria [aɫtɐnɐˈɾiɐ] F **1** Hochmut *m* **2** *hist* Greifvogeljagd *f* **altaneiro** [aɫtɐˈnɐiɾu] *ave* hoch fliegend; *planos* hochfliegend; *árvore, torre* hoch aufragend; *fig pessoa* hochmütig

altar [aɫˈtar] M Altar *m* **altar-mor** [aɫˈtarmɔr] M Hochaltar *m*

alta-roda [aɫtɐˈʀɔdɐ] F ⟨ *sem pl*⟩ vornehme Gesellschaft *f*

alteamento [aɫtjɐˈmẽtu] M Erhöhung *f*, Anhebung *f*; *edifício* FIN Aufstockung *f* **altear** [aɫˈtjar] ⟨1l⟩ A V/T erheben; höher machen; *edifício*, FIN aufstocken; *voz* anheben B V/I (& V/R) ~(-se) höher werden

alterabilidade [aɫtɐɾɐbiliˈdadi] F Veränderlichkeit *f*; *alimentos*: Verderblichkeit *f*; *fig* Reizbarkeit *f* **alteração** [aɫtɐɾɐˈsɐ̃u̯] F (Ver)Änderung *f*; Umstellung *f*; *da verdade*: Fälschung *f*; *alimentos*: Verderben *n*; *fig* Aufregung *f*; Empörung *f*; GEOL Verwitterung *f*; TECN Umwandlung *f*; **sem ~** unverändert **alterar** [aɫtɐˈrar] ⟨1c⟩ (ver)ändern; *funcionamento* umstellen; *descanso etc* stören, durcheinanderbringen; *fig* aufregen; empören; ärgern; **~-se** *alimentos* verderben; *pessoa* wütend werden

altercação [aɫtɐrkɐˈsɐ̃u̯] F Wortwechsel *m*, Polemik *f*; Streit *m* **altercado** [aɫtɐrˈkadu] umstritten; *discussão* heftig **altercar** [aɫtɐrˈkar] ⟨1n; Stv 1c⟩ (sich) streiten (über *ac*); e-n Wortwechsel auslösen

alter-ego [aɫtɐrˈɛgu] M ⟨*sem pl*⟩ Alter ego *n*, anderes Ich *n*; *fig* treuer Freund *m*

alternação [aɫtɐrnɐˈsɐ̃u̯] F Abwechseln *n*; Wechsel *m* **alternado** [aɫtɐrˈnadu] abwechselnd; wechselweise; **corrente *f* -a** ELECT Wechselstrom *m*; **rima *f* -a** Kreuzreim *m* **alternador** [aɫtɐrnɐˈdor] M ELECT Wechselstromgenerator *m* **alternância** [aɫtɐrˈnɐ̃siɐ] F (regelmäßiger) Wechsel *m*; **~ de culturas** AGR Wechselwirtschaft *f* **alternante** [aɫtɐrˈnɐ̃ti] alternierend, (ab)wechselnd; *pulso* unregelmäßig **alternar** [aɫtɐrˈnar] ⟨1c⟩ A V/T abwechseln; *sequência* umkehren B V/I (& V/R) ~(-se) aufeinanderfolgen; sich ablösen **alternativa** [aɫtɐrnɐˈtivɐ] F Alternative *f*; Ablösung *f*, Wechsel *m* **alternativo** [aɫtɐrnɐˈtivu] alternativ; (ab)wechselnd, wechselweise; Wechsel... **alterno** [aɫˈtɛrnu] abwechselnd; BOT wechselständig; Wechsel... (*tb* ELECT, MAT)

alteza [aɫˈtezɐ] F Höhe *f*; *fig* Größe *f*; *título* Hoheit *f*

altibaixo [aɫtiˈbai̯ʃu] A ADJ uneben; holperig B M *freq* **~s** PL unebenes Gelände *n*; Unebenheiten *fpl*; *fig* Auf und Ab *n*, Hin und Her *n*

altifalante [aɫtifɐˈlɐ̃ti] M *port* Lautsprecher *m*; **~ de graves** Tieftonlautsprecher *m*

altimetria [aɫtimeˈtriɐ] F Höhenmessung *f* **altímetro** [aɫˈtimitɾu] M Höhenmesser *m*

altiplano [aɫtiˈplanu] M Hochplateau *n* **altissonante** [aɫtisuˈnɐ̃ti], **altíssono** [aɫˈtisunu] laut; *fig* hochtrabend

altista [aɫˈtiʃtɐ] MF MÚS Bratschist(in) *m(f)*; FIN Haussier *m*

altitude [aɫti'tudi] F̄ Höhe f (über dem Meeresspiegel); **~ de voo** Flughöhe f

altivez [aɫti'veʃ] F̄ Stolz m; Hochmut m **altivo** [aɫ'tivu] selbstbewusst; stolz

alto ['aɫtu] **A** ADJ montanha, tom hoch; estatura groß; ruido laut; noite, silêncio tief; **~ dia**, **~ sol** heller (ou am helllichten) Tag; **a -as horas da manhã** am späten Vormittag; **-a(s) finança(s)** f(pl) Hochfinanz f; **a sociedade** f High Society f; **(em) ~ e bom som** laut und deutlich **B** ADV sítio: hoch, oben; som laut; falar: rundheraus; **fazer as contas por ~** überschlagen; **ler** (ou ver) **por ~** texto überfliegen **C** M̄ **1** Höhe f; Anhöhe f; NÁUT hohe See f, offenes Meer; **no ~** oben auf ou am (dat); **no ~ da noite** mitten in der Nacht; **ao/do ~ in** die/aus der Höhe, nach/von oben; **mãos/coração ao ~!** Hände/Kopf hoch! **2** Halt m; **fazer ~** Halt machen; **~! halt!**; **~ lá!** halt mal!

alto-alemão [aɫtwaʒi'mɐ̃ũ] M̄ Hochdeutsch n **alto-falante** [aɫtufa'lẽtʃi] M̄ ⟨pl ~s⟩ bras Lautsprecher m **alto-forno** [aɫtu'fornu] M̄ ⟨pl altos-fornos [-'fɔ-]⟩ Hochofen m **alto-mar** [aɫtu'mar] M̄ hohe See f **alto-relevo** [aɫtuʀe'levu] M̄ ⟨pl altos-relevos⟩ Hochrelief n

altruísmo [aɫtru'iʒmu] M̄ Selbstlosigkeit f; Altruismus m **altruísta** [aɫtru'iʃta] **A** ADJ selbstlos **B** M̄F̄ Altruist(in) m(f), Menschenfreund(in) f

altura [aɫ'tura] F̄ Höhe f; estatura: Größe f; GEOG Anhöhe f; Gipfel m; intelectual: geistiges Niveau n; (momento) Zeitpunkt m, Zeit f; **à ~** ordentlich, erwartungsgemäß; **a** (ou **em**) **que ~** wann; **a certa ~** zu e-m bestimmten Zeitpunkt; auf einmal; **na ~** seinerzeit, damals; **na ~, nesta ~** im Augenblick, jetzt; **na ~ em que** (zu der Zeit,) als ou wenn; **na ~ de** zur Zeit (gen); **nessa ~** zu jener Zeit, damals; da; **nas ~s** in der Höhe, im Himmel; **~ livre** TECN lichte Höhe f; **regulável em ~** TECN höhenverstellbar; **cair das ~s** fam aus allen Wolken fallen; **estar à ~ de alg** ou **a/c** j-m, e-r Sache (dat) gewachsen sein

aluado [a'lwadu] animal brünstig; fig launisch

alucinação [alusina'sɐ̃ũ] F̄ Halluzination f, Sinnestäuschung f, Wahn(-vorstellung) m(f) **alucinado** [alusi'nadu] verblendet; besessen (**de** von); wahnsinnig **alucinador** [alusinɔ'dor], **alucinante** [alusi'nɐ̃tʃi] betörend, hinreißend **alucinar** [alusi'nar] ⟨1a⟩ **A** V̄T̄ um den Verstand bringen; blenden; betören **B** V̄Ī & V̄R̄ **~-se** in Wahn verfallen; Halluzinationen haben **alucinogénio** [alusinɔ'ʒenju] **A** ADJ halluzinogen **B** M̄ Halluzinogen n

alude [a'ɫudi] M̄ Lawine f

aludido [aɫu'didu] (oben) erwähnt; **o ~** der Vorerwähnte; **dar-se por ~** sich ertappt fühlen **aludir** [aɫu'dir] ⟨3a⟩ **~ a** anspielen auf (ac), andeuten

alugar [aɫu'gar] ⟨1o⟩ vermieten, verleihen; mieten; **aluga-se** zu vermieten **aluguel** [alu'gɛu] M̄ bras, **aluguer** [aɫu'ger] M̄ port de carros, skis etc: Vermietung f, Verleih m; (renda) Miete f; **~ de automóveis** Autoverleih m; **carro m de ~** Mietwagen m; **casa f de ~** Mietshaus n; **tomar/dar de ~** mieten/vermieten

aluimento [aɫwi'mẽtu] M̄ Zusammenbruch m; (Ein)Sturz m; Bergrutsch m **aluir** [a'ɫwir] ⟨3i⟩ **A** V̄T̄ rütteln an (dat); zum Wanken bringen, erschüttern (tb fig); terra lockern, aufwühlen; edifício zum Einsturz bringen, ein-, niederreißen **B** V̄Ī & V̄R̄ **~-se** unsicher werden; wanken; ein-, zusammenstürzen

alumiar [aɫu'mjar] ⟨1g⟩ **A** V̄T̄ beleuchten; alg leuchten; luz anzünden; fig aufklären, bilden **B** V̄Ī leuchten

alumina [aɫu'mina] F̄ reine Tonerde f **aluminífero** [aɫumi'niferu] alaunhaltig **alumínio** [aɫu'minju] M̄ Aluminium n

alunagem [aɫuna'ʒẽī] F̄, bras **alunissagem** [aluni'saʒẽī] F̄ Mondlandung f **alunar** [aɫu'nar], bras **alunissar** [aluni'sax] ⟨1a⟩ auf dem Mond landen

aluno [a'ɫunu] M̄, **-a** F̄ Schüler(in) m(f); **~ universitário, -a universitária** bras Student(in) m(f); **~, -a ouvinte** Gasthörer(in) m(f)

alusão [aɫu'zɐ̃ũ] F̄ Anspielung f (**a** auf ac); Hinweis m (**a** auf ac), Andeutung f; **fazer -ões** → **aludir alusivo** [aɫu'zivu] ADJ **~ a** betreffend (ac); gewidmet (dat); **cartaz** **~** Spruchband n

aluvial [aɫu'vjaɫ], **aluviano** [aɫu'vjanu] Schwemm...; alluvial; **terreno m ~** Schwemmland n **aluvião** [aɫu'vjɐ̃ũ] F̄/M̄ angeschwemmtes Erdreich n; fig Ansammlung f; **terra f de ~** Schwemmge-

biet n

alva ['aɫvɐ] F̄ Morgengrauen n; REL Messhemd n, Albe f; olho: Weiße(s) n; **estrela f de** (ou **d'**) **~** Morgenstern m

alvaiade [aɫvɐ'jadi] M̄ Bleiweiß n

alvar [aɫ'var] weißlich; fig fam dümmlich, töricht

alvará [aɫvɐ'ra] M̄ (schriftliche) Erlaubnis f, Konzession f; ARQUIT Baugenehmigung f; **~ comercial** COM Gewerbeerlaubnis f; **~ de serviço de bar** Schankkonzession f; **~ profissional** Gewerbeschein m; **conceder** e-e Konzession (ou Gewerbeerlaubnis) erteilen

alvarenga [aɫva'rẽgɐ] F̄ bras NÁUT Leichter m

alveiro [aɫ'vajru] weiß; **moinho m ~** Weizenmühle f

alvejante [aɫve'ʒɐ̃ti] A ADJ weißlich (aussehend) B M̄ Bleichmittel n **alvejar** [aɫve'ʒar] ⟨1d⟩ A VT 1 weiß machen, bleichen 2 zielen auf (ac); fig tb bezwecken B VI weißlich schimmern

alvenaria [aɫvɪnɐ'riɐ] F̄ Mauerwerk n

alvéo ['aɫvju] M̄ (Fluss)Bett n; Rinne f

alvéola [aɫ'vɛulɐ] F̄, **alvéola-branca** [aɫvɛulɐ'brɐ̃kɐ] F̄ ZOOL Bachstelze f

alvéolo [aɫ'vɛulu] M̄ (Waben)Zelle f; ANAT Alveole f, Zahndamm m; Lungenbläschen n

alvíssaras [aɫ'visɐrɐʃ] F̄PL Finderlohn m

alvitrar [aɫvi'trar] ⟨1a⟩ vorschlagen; raten zu **alvitre** [aɫ'vitri] M̄ Vorschlag m; Meinung f

alvo ['aɫvu] A ADJ hell; weiß; rein B M̄ 1 Weiße f; **o ~ das** das Weiße (im Auge) 2 Zielscheibe f, Ziel n; **grupo m ~** Zielgruppe f; **tiro m ao ~** Scheibenschießen n; **acertar** (ou **dar**) **no ~** treffen; fig ins Schwarze treffen; **errar o ~** fig übers Ziel hinausschießen

alvor [aɫ'vor] M̄ Morgengrauen n

alvorada [aɫvu'radɐ] F̄ Morgendämmerung f; fig Beginn m **alvorecer** [aɫvure'ser] ⟨2g⟩ Tag werden, tagen; fig erwachen

alvoroçar [aɫvuru'sar] ⟨1p; Stv 1e⟩ 1 aufregen, aufwühlen; aufschrecken; (atiçar) aufwiegeln 2 (alegrar-se) freudig erregen, begeistern; **~-se** sich freuen (**com** über ac)

alvoroço [aɫvu'rosu] M̄ 1 Auf-, Erregung f; Aufruhr m; (susto) Schreck m 2 (prazer) Freude f, Begeisterung f 3 (pressa) Eile f, Hast f **alvorotar** [aɫvuru'tar] ⟨1e⟩ → alvoroçar **alvoroto** [aɫvu'rotu] M̄ → alvoroço

alvura [aɫ'vurɐ] F̄ Weiße f; fig Reinheit f, Unschuld f

ama ['ɐmɐ] F̄ Tagesmutter f; Kinderpflegerin f; **~ de leite** Amme f **amabilidade** [ɐmɐbili'dadi] F̄ Liebenswürdigkeit f (**a, para, com** gegenüber); **falta f de ~** Unfreundlichkeit f

amachucadela [ɐmɐʃukɐ'dɛlɐ] F̄ pop Tracht f Prügel **amachucado** [ɐmɐʃu'kadu] knautschig; fig (nieder)gedrückt; unpässlich; **ficar ~ com a/c** sich (dat) etw zu Herzen nehmen **amachucar** [ɐmɐʃu'kar] ⟨1n⟩ tecido (zer)knittern, (zer)knautschen; papel zusammenknüllen; fig bedrücken, zusetzen (dat)

amaciador [ɐmɐsjɐ'dor] M̄ Weichspüler m **amaciamento** [ɐmɐsjɐ'mẽtu] M̄ AUTO Einfahren n **amaciante** [ɐmɐ'sjẽtʃi] M̄ bras Weichspüler m **amaciar** [ɐmɐ'sjar] ⟨1g⟩ weich (ou geschmeidig) machen; glätten; mildern; besänftigen; AUTO einfahren

amado [ɐ'madu] A ADJ geliebt B M̄, **-a** F̄ Geliebte(r) m/f(m) **amador** [ɐmɐ'dor] M̄ Amateur m, Laie m; arte: (Kunst)Liebhaber m **amadorismo** [ɐmɐdu'riʒmu] M̄ Liebhaberei f

amadurar [ɐmɐdu'rar] ⟨1a⟩, **amadurecer** [ɐmɐduri'ser] ⟨2g⟩ A VT zur Reife bringen; (aus)reifen lassen B VI reifen (tb fig) **amadurecido** [ɐmɐduri'sidu] fruto reif **amadurecimento** [ɐmɐdurisi'mẽtu] M̄ Reifen n; Reife f

âmago ['ɐmɐgu] M̄ BOT Mark n; fig Kern m; Wesen n; Innere(s) n

amainar [ɐmaj'nar] ⟨1a⟩ A VT NÁUT velas reffen, einziehen; fig beschwichtigen B VI nachlassen, abflauen

amaldiçoar [ɐmaɫdi'swar] ⟨1f⟩ verfluchen, verwünschen

amálgama [ɐ'maɫgɐmɐ] M̄/F̄ Amalgam n **amalgamar** [ɐmaɫgɐ'mar] ⟨1a⟩ vermengen; fig verquicken; verbinden

amalucado [ɐmɐlu'kadu] leicht verrückt **amalucar** [ɐmɐlu'kar] VT ⟨1n⟩ verrückt machen A VI verrückt werden

amamentar [ɐmɐmẽ'tar] ⟨1a⟩ nähren; criança säugen, stillen

amancebado [ɐmɐ̃si'badu] in wilder Ehe

lebend **amancebamento** [ɐmɐ̃siba'metu] M wilde Ehe f **amancebar-se** [ɐmɐ̃si'barsi] ⟨1d⟩ ~ **com** unverheiratet zusammenleben mit (*dat*), in Lebensgemeinschaft leben mit
amandar [ɐmɐ̃'dar] ⟨1a⟩ *pop* schmeißen
amaneirado [ɐmɐnaj'radu] gekünstelt, affektiert **amaneirar-se** [ɐmɐnaj'rarsi] ⟨1a⟩ affektiert tun
amanhã [ɐmɐ'ɲɐ̃] morgen; ~ **de manhã** morgen früh; **de hoje para** ~ von heute auf morgen; **depois de** ~ übermorgen, **o (dia de)** ~ der morgige Tag; (*futuro*) das Morgen; **guardar para** ~ aufschieben
amanhar [ɐmɐ'ɲar] ⟨1a⟩ *terreno* bestellen; *chão* bearbeiten; vorbereiten; (*consertar*) (her)richten; ~**-se** sich zurechtmachen
amanhecer [ɐmɐɲi'ser] ⟨2g⟩ A *V/i* tagen, Tag werden; *dia* anbrechen B M Tagesanbruch *m*; **ao** ~ bei Tagesanbruch
amanita [ɐmɐ'nita] M Fliegenpilz *m*
amansar [ɐmɐ̃'sar] ⟨1a⟩ A *V/T animal* bändigen, zähmen; *raiva* besänftigen; *planta* veredeln; *sede*, *dor* stillen B *V/i* *V/R* ~(**-se**) zahm werden; sich beruhigen, sich legen
amante [ɐ'mɐ̃ti] A *ADJ* liebend; ~ **da paz** friedliebend; **ser** ~ **de** gern haben, lieben B *M/F* Liebhaber(in) *m(f)*, Geliebte(r) *m/f(m)*; ~**s** *pl* Liebende(n) *pl*, Liebespaar *n*
Amapá [ama'pa] M GEOG **o** ~ *bras* Bundesterritorium
amar [ɐ'mar] ⟨1a⟩ lieben; verliebt sein (**in** *ac*); **fazer-se** ~ sich beliebt machen
amarado [ɐmɐ'radu] voller Wasser; (mit Wasser) vollgelaufen **amaragem** [ɐmɐ-'raʒɐ̃j] F AERO Wasserlandung *f*
amarar [ɐmɐ'rar] ⟨1b⟩ AERO wassern; ~**-se** mit Wasser volllaufen
amarelado [ɐmɐri'ladu] gelblich; *rosto* blass **amarelão** [ɐmɐri'lɐ̃w̃] M [1] ZOOL Grünfink *m*; Grünling *m* [2] *cor*: Gelb *n* **amarelar** [ɐmɐri'lar] ⟨1c⟩, **amarelecer** [ɐmɐrili'ser] ⟨2g⟩ A *V/T* gelb färben B *V/i* gelb werden; *papel* vergilben **amarelejar** [ɐmɐrili'ʒar] ⟨1d⟩ gelb(lich) schimmern **amarelento** [ɐmɐri'lẽtu] A *ADJ* gelblich; *rosto* fahl, blass B M *bras* Gelbfieberkranke(r) *m* **amarelidão** [ɐmɐriti'dɐ̃w̃] F Gelb *n*; *fam* Blässe *f*
amarelinha [amare'liɲɐ] F *bras* Hopse *f*, Hopsespiel *n*
amarelo [ɐmɐ'rɛlu] A *ADJ* gelb; *rosto* blass; *sorriso* gezwungen; **febre** *f* -**a** Gelbfieber *n* B M Gelb(e) *n*, gelbe Farbe *f*; ~**s** *pl* Gegenstände *mpl* aus Kupfer (*ou* Messing)
amargar [ɐmɐr'gar] ⟨1o; *Stv* 1b⟩ A *V/T* bitter machen, *fig* verbittern; (*expiar*) bitter büßen B *V/i* bitter schmecken; **ser de** ~ schwer zu ertragen sein
amargo [ɐ'margu] A *ADJ sabor* bitter; *fig* hart B M Bitterkeit *f*; ~**s** *pl* bittere Medizin *f*; ~**s** *pl* **de boca** *fig* Verdruss *m*, Ärger *m* **amargor** [ɐmɐr'gor] M → **amargura**
amargoso [ɐmɐr'gozu] bitter **amargura** [ɐmɐr'gura] F bitterer Geschmack *m*; *fig* Bitterkeit *f*; Bitternis *f*; Kummer *m*; Verbitterung *f*; **de** ~, **da** ~ Leidens...; ~**s** *pl* Leiden *npl*, Verdruss *m*; **andar pelas ruas da** ~ *fam* durch das Tal der Leiden gehen **amargurado** [ɐmɐrgu'radu] bitter; verbittert **amargurar** [ɐmɐrgu'rar] ⟨1a⟩ bitter machen, *alg* er-, verbittern; ~**-se** sich grämen
amaricado [ɐmɐri'kadu] *pop pej* weibisch; schwul
amarílis [ɐmɐ'rilif] F Amaryllis *f*
amarração [ɐmɐʀɐ'sɐ̃w̃] F Vertäuung *f*; Verankerung *f* (*tb* ARQUIT); *fig* bras zärtliche Bande *npl* **amarradouro** [ɐmɐʀɐ-'doru] M Ankerplatz *m* **amarradura** [ɐmɐʀɐ'dura] F Trosse *f*; Vertäuung *f* **amarrar** [ɐmɐ'ʀar] ⟨1b⟩ A *V/T* an-, festbinden (**a**, **em** *ac*), ketten (**a**, **em** *ac*); NÁUT verankern, -täuen; *embrulho* *etc* ver-, zusammenschnüren; behindern; *bras pop* anbandeln mit; ~ **a cara** ein finsteres Gesicht machen B *V/i* *barco* festmachen; *fig* halten, stehen bleiben; ~**-se** sich binden (**a an** *ac*), sich klammern (**a an** *ac*); *bras pop* sich verknallen (**em** *in* *ac*)
amarrotar [ɐmɐʀo'tar] ⟨1e⟩ *tecido*, *papel* zerknittern, zusammenknüllen; *fam* verdreschen; ~**-se** knittern, knautschen
amarujar[1] [ɐmɐru'ʒar] *V/T* ⟨1a⟩ *barco* bemannen
amarujar[2] [ɐmɐru'ʒar] *V/i* ⟨1a⟩ leicht bitter schmecken; bitter werden
ama-seca [ɐmɐ'sekɐ] F ⟨*pl* amas-secas⟩ Kindermädchen *n*, Pflegemutter *f*
amásio [ɐ'mazju] M, **amásia** [ɐ'mazjɐ] F *pej* Geliebte(r) *m/f(m)*
amassadeira [ɐmɐsɐ'dɐjrɐ] F *máquina*: Knet-, Mischmaschine *f*; *recipiente*: Back-

trog m **amassadela** [amɐsa'dɛlɐ] F fig Beule f; fam Abreibung f; **dar uma ~ a** (durch)kneten; fam Abreibung f; fig Hand anlegen bei; **amassadura** [amɐsa'durɐ] F Teig m; cimento: Mischung f; pedreiro: Speise f **amassar** [amɐ'sar] ⟨1b⟩ A V/T massa kneten; cimento etc mischen, anmachen; chapa zerbeulen; cara platt drücken; papel einstampfen; vermischen; fig zusammentun; alg zusammenstauchen; verhauen B V/I verbeulen, e-e Beule abbekommen **amassaria** [amɐsa'riɐ] F 1 padaria etc: Backstube f 2 (mistura) Mischung f

amável [ɐ'mavɛl] liebenswürdig (**com**, **para** zu); nett (**com**, **para** zu); **pouco ~** unfreundlich

amazona [ɐma'zɔna] F hist Amazone f; (Kunst)Reiterin f; Reitkleid n

Amazonas [ɐma'zɔnaʃ] M GEOG **o ~** Amazonas m (tb bras Bundesstaat) **amazonense** [amazo'nẽsi] A ADJ aus Amazonas B M/F Einwohner(in) m(f) des Bundesstaates Amazonas **Amazônia** [ama'zonjɐ] F bras Amazonasgebiet n **amazônico** (*ô) [ɐma'zɔniku], **amazónio** (*ô) [ɐma'zɔnju] GEOG Amazonas...

▶ Amazonas

Der in den peruanischen Anden entspringende Amazonas ist ein Fluss der Superlative: Insgesamt über 6.000 Kilometer lang, wird der **Río Amazonas** von zahllosen Nebenflüssen gespeist, von denen einige selbst über tausend Kilometer lang sind. Er ist mit Abstand der wasserreichste Fluss der Erde. Sein Mündungsdelta erstreckt sich über viele Tausende Quadratkilometer. Darin liegt die größte Flussinsel der Welt, die **Ilha de Marajó**. Der Unterlauf des Amazonas ist bis zu 100 m tief und kann selbst von Hochseeschiffen befahren werden. Die tropischen Regenwälder des Amazonasbeckens stellen fast ein Drittel der weltweit noch vorhandenen Urwaldgebiete dar. Ihre Artenvielfalt ist bis heute nicht völlig erforscht. ◀

âmbar ['ɐ̃bar] M 1 Bernstein m 2 perfume: Ambra f

ambição [ɐ̃bi'sɐ̃ũ] F geralm Ambition f; Ehrgeiz m, Streben n; espec Verlangen n, heftiger Wunsch m **ambicionar** [ɐ̃bisju'nar] ⟨1f⟩ erstreben, streben nach; verlangen nach **ambicioso** [ɐ̃bi'sjozu] ambitioniert; ehrgeizig

ambidestro [ɐ̃bi'dɛʃtru] beidhändig **ambiência** [ɐ̃'bjẽsjɐ] F Umwelt f; Atmosphäre f

ambiental [ɐ̃bjẽ'tal] Umwelt...; **impacto** m **~** Umwelteinwirkungen fpl; **política** f **~** Umweltpolitik f; **prote(c)ção** f **~** Umweltschutz m **ambientalista** [ɐ̃bjẽtɐ-'liʃta] A ADJ Umweltschutz...; **associação** f **~** Umwelt(schutz)organisation f B M/F Umweltschützer(in) m(f) **ambientar** [ɐ̃bjẽ'tar] ⟨1a⟩ e-e Atmosphäre schaffen für; **~-se** sich eingewöhnen; sich einarbeiten

ambiente [ɐ̃'bjẽti] A ADJ umgebend; **meio** m **~** Umwelt f; **música** f **~** Hintergrundmusik f B M 1 (atmosfera) Atmosphäre f; fig Stimmung f; INFORM (Benutzer)Oberfläche f; **~ de cortar à faca** port fam dicke Luft f 2 ECOL (**meio**) **~** Umwelt f; **prote(c)ção** f **ao** (**mosfera**) **~** Umweltschutz m

ambiguidade (*ü) [ɐ̃bigwi'dadi] F Zweideutigkeit f **ambíguo** [ɐ̃'bigwu] zweideutig; zweifelhaft

âmbito ['ɐ̃bitu] M Umfang m; Bereich m; **~ de a(c)ção** Wirkungsbereich m; **~ de competência** Zuständigkeitsbereich m; **~ de responsabilidade** Verantwortungsbereich m; **no ~ de** auf dem Gebiet (gen); im Rahmen (gen) (e-r Veranstaltung etc)

ambivalência [ɐ̃biva'tẽsjɐ] F Zwiespältigkeit f, Ambivalenz f

ambos ['ɐ̃buʃ], **ambas** ['ɐ̃baʃ] PRON beide **âmbula** ['ɐ̃bulɐ] F Phiole f; REL Ölfläschchen n (für geweihtes Öl)

ambulância [ɐ̃bu'lɐ̃sjɐ] F Krankenwagen m; Sanitätsdienst m **ambulante** [ɐ̃bu-'lɐ̃ti] ambulant; fahrend; Wander...; **vendedor** m **~** Straßenverkäufer m **ambulatório** [ɐ̃bulɐ'tɔrju] A ADJ unstet; med ambulant B M bras MED Ambulanz f

ameaça [ɐ'mjasɐ] F Bedrohung f (**a** für); Drohung f (**a** gegen); bedrohliches Anzeichen n; **~ de morte** Morddrohung f; **~ de ruína** Baufälligkeit f; Einsturzgefahr f; **fazer ~ de** port beabsichtigen **amea-**

çador [amjɐa'dor] drohend, bedrohlich **ameaçar** [amjɐ'sar] ⟨1p; Stv 1b⟩ bedrohen; ~ **alg de**, **com** j-m drohen mit; ~ **a/c a alg** j-m etw androhen **ameaço** [a'mjasu] M̄ doença, chuva etc: Anzeichen n
amealhar [amjɐ'ʎar] ⟨1b⟩ (zusammen-)sparen
ameba [a'meba] F̄ Amöbe f
amedrontador [amidrõta'dor] erschreckend, schrecklich **amedrontar** [amidrõ'tar] ⟨1a⟩ (er-, auf)schrecken; (ver)ängstigen; **~-se** erschrecken (**com**, **de** vor dat)
ameigar [amaj'gar] ⟨1o⟩ streicheln
ameijoa [a'majʒwa] F̄ Venusmuschel f; **~-branca** f Trogmuschel f; **~s** pl **à Bulhão Pato** Muschelgericht mit Knoblauch u. frischem Koriander; **~s** pl **à espanhola** Muscheln mit Zwiebeln, Tomaten u. Paprika **amêijoada** [amẽi'ʒwada] F̄ Muschelgericht n; bras durchwachte Nacht f
ameixa [a'majʃa] F̄ Pflaume f
ameloado [ami'ɬwadu] Melonen...
amém [a'mẽĩ], **ámen** ['amɛn] M̄ Amen n; **dar os ámens a**, **dizer ~ a** fam Ja und Amen sagen zu; **num** (ou **em menos de um**) **~** im Nu
amêndoa [a'mẽdwa] F̄ Mandel f; **~ amarga** Bittermandel f; **~ de caju** Cashewnuss f; **~ pelada** geschälte Mandel f; **~ torrada** gebrannte Mandel f; confeito: Zuckermandel f; **~s** pl Ostergeschenk n
amendoada [amẽ'dwada] F̄ **~ leite**: Mandelmilch f; bolo: Mandelkuchen m; doce: Mandelpudding m **amendoado** [amẽ'dwadu] mandelförmig **amendoeira** [amẽ'dwɐjrɐ] F̄ Mandelbaum m **amendoim** [amẽ'dwĩ] M̄ Erdnuss f
amenidade [amini'dadi] F̄ paisagem: Lieblichkeit f, Anmut f; carácter: Heiterkeit f; clima Milde f
amenizador [aminiza'dor] mildernd **amenizar** [amini'zar] ⟨1a⟩ A V/T verschönen; ausschmücken; (suavizar) abschwächen, mildern; aufheitern B V/I & V/R **~-se** sich beruhigen; ira verfliegen; frio milder werden **ameno** [a'menu] paisagem lieblich, anmutig; dia, tempo heiter; clima mild
amentilho [amẽ'tiʎu] M̄, **amento** [a'mẽtu] M̄ BOT (Weiden)Kätzchen n
américa [a'mɛrikɐ] F̄ fig bras großartige Sache f; gutes Geschäft n
América [a'mɛrikɐ] F̄ GEOG **a ~** Amerika n; **a ~ Central** Zentral-, Mittelamerika n; **a ~ do Norte** Nordamerika n; **a ~ Latina** Lateinamerika n
americanice [amirika'nisi] F̄ pej **é uma ~** das ist typisch amerikanisch **americanista** [amirika'niʃtɐ] M/F Amerikanist(in) m(f)
americano [amiri'kɐnu] A ADJ amerikanisch B M̄, **-a** F̄ Amerikaner(in) m(f)
ameríndio [ami'rĩdju] A ADJ indianisch B M̄, **-a** F̄ Indianer(in) m(f), Indio m, Indiofrau f
amerisagem [ameri'saʒẽĩ] F̄ bras → amaragem **amerissar** [ameri'sax] ⟨1a⟩ bras → amarar
amesquinhador [amiʃkiɲa'dor] kleinlich **amesquinhar** [amiʃki'ɲar] ⟨1a⟩ abschätzig behandeln; verächtlich machen; heruntermachen; **~-se** sich demütigen
Amesterdão [amiʃter'dɐ̃ũ] SEM ART GEOG Amsterdam n
amestrador [amɛʃtra'dor] M̄ Dresseur m **amestramento** [amɛʃtra'mẽtu] M̄ Dressur f **amestrar** [amɛʃ'trar] ⟨1a⟩ dressieren; geralm unterweisen; **~-se** sich üben (in dat), trainieren
ametista [ami'tiʃtɐ] F̄ Amethyst m
amial [a'mjaɬ] M̄ BOT Erlenbusch m
amianto [a'mjãtu] M̄ Asbest m
amiba [a'mibɐ] F̄ Amöbe f **amibiano** [ami'bjɐnu] Amöben...
amical [ami'kaɬ] freundschaftlich; Freundschafts... **amicíssimo** [ami'sisimu] A SUP → **amigo** B ADJ **~ de alg** j-m sehr zugetan (dat); mit j-m eng befreundet
amido [a'midu] M̄ Stärke f; Stärkemehl n
amieiro [a'mjɐjru] M̄ Erle f
amiga [a'migɐ] F̄ Freundin f **amigação** [amiga'sɐ̃ũ] F̄ bras pop wilde Ehe f **amigado** [ami'gadu] → **amancebado** **amigalhaço** [amiga'ʎasu] M̄, **amigalhão** [amiga'ʎɐ̃ũ] M̄, **amigão** [ami'gɐ̃ũ] M̄ enger (echter) Freund m **amigar-se** [ami'garsi] ⟨1o⟩ zusammenleben (**com** mit)
amigável [ami'gavɛɬ] freundschaftlich; separação gütlich (ou in gegenseitigem Einvernehmen); DESP **jogo** m **~** Freundschaftsspiel n
amígdala [a'migdɬɐ] F̄ ANAT Mandel f
amigdalite [amigda'ɬiti] F̄ MED Mandel-

entzündung f
amigo [ɐ'migu] **A** ADJ freundschaftlich; Freundes...; pessoa f -a guter Bekannter m, gute Bekannte f; **ser (muito) ~ de** (eng) befreundet sein mit (*Person*); (sehr) lieben (*tb fig*); **~ de música** Musik liebend; **tornar-se ~ de** sich anfreunden mit; lieb gewinnen **B** M Freund m; **~ do peito** enger Freund m; **cara f de poucos ~s** mürrisches Gesicht n **amigo-da-onça** [ɐmiguɐ'dõsɐ] falscher Freund m

amiguete [ɐmi'ɡetʃi] M/F bras irón Freundchen n **amiguismo** [ɐmi'ɡiʒmu] M port Vetternwirtschaft f

amimalhar [ɐmimɐ'ʎar] ⟨1b⟩ verziehen
amimar [ɐmi'mar] ⟨1a⟩ verwöhnen
aminoácido [ɐminɔ'asidu] M Aminosäure f

amistoso [ɐmiʃ'tozu] freundschaftlich
amiudado [ɐmju'dadu] häufig, wiederholt; **-as vezes** oft **amiudar** [ɐmju'dar] ⟨1q⟩ **A** VT häufig wiederholen; häufig aufeinanderfolgen lassen **B** VI sich häufen; galo krähen

amiúde [ɐ'mjudʒi] häufig
amizade [ɐmi'zadʒi] F Freundschaft f (**para com, por** zu); befreundete Person f; **fazer ~s** Freundschaften schließen; **ter ~ por** ein freundschaftliches Verhältnis zu j-m haben; **travar ~** Freundschaft schließen (**com** mit)

amnésia [ɐm'nɛzjɐ] F Gedächtnisschwund m, Amnesie f
amniótico [ɐm'njɔtiku] ADJ **líquido** M **~** Fruchtwasser n
amnistia [ɐmniʃ'tiɐ] F, Amnestie f; Straferlass m **amnistiar** [ɐmniʃ'tjar] ⟨1g⟩ amnestieren; begnadigen

am.º ABR (**amigo**) Freund
amo ['ɐmu] M espec hist Herr m; (dono) Besitzer m; de um animal: Herrchen n
amochar-se [ɐmɔ'ʃarsi] ⟨1a⟩ **1** sich zurückziehen; in sich (ac) gehen **2** (esconder-se) sich verbergen

amodorrado [ɐmudu'ʁadu] schläfrig; schlafttrunken **amodorrar** [ɐmudu'ʁar] ⟨1e⟩ einschläfern; einlullen
amoedar [ɐmwe'dar] ⟨1a⟩ münzen; fig zu Geld machen; palavras prägen
amofinado [ɐmufi'nadu] verdrießlich; verärgert; gelangweilt **amofinar** [ɐmufi'nar] ⟨1a⟩ verdrießen; ärgern; langweilen

amoitar [ɐmoi'tar] ⟨1a⟩ verbergen
amolação [ɐmulɐ'sɐ̃ũ] F Schleifen n, Schärfen n; fig bras Ärgernis n; Widrigkeit f, lästige Angelegenheit f **amoladeira** [ɐmulɐ'dɐirɐ] F Schleifstein m, -maschine f **amoladela** [ɐmulɐ'dɛlɐ] F → amolação; fig tb Denkzettel m **amolado** [ɐmu'ladu] scharf; fig erstklassig; bras verärgert, pop sauer **amolador** [ɐmulɐ'dor] M Schleifer m; fig bras aufdringlicher Kerl m, Ekel n **amoladura** [ɐmulɐ'durɐ] F Schleifen n, Schliff m **amolante** [ɐmo'lɐ̃tʃi] bras aufdringlich; lästig, langweilig **amolar** [ɐmu'lar] ⟨1e⟩ **A** VT schleifen; schärfen (tb fig); chapa verbeulen; bras pessoa belästigen; **não amola!** bras lass mich in Ruhe! **B** VI nachdenken; bras lästig sein; **~-se** bras sich ärgern (**com** über ac); in Schwierigkeiten stecken

amoldar [ɐmoɫ'dar] ⟨1e⟩ formen; gestalten; (adaptar) anpassen; **~-se** sich anpassen; sich fügen
amolecar [ɐmole'kax] ⟨1n⟩ bras lächerlich machen
amolecer [ɐmuli'ser] ⟨2g⟩ **A** VT aufweichen; água enthärten; fig erweichen; rühren; schwächen **B** VI & V/R **~-se** erschlaffen; aufweichen, weich werden (tb fig) fig schwach werden; verweichlichen **amolecido** [ɐmuli'sidu] geschwächt (**com, por** durch, von) **amolecimento** [ɐmulisi'mẽtu] M Schwächung f; fig Erschlaffung f

amolentar [ɐmulẽ'tar] ⟨1a⟩ → amolecer; abschwächen, dämpfen
amolgadela [ɐmɔɫɡɐ'dɛlɐ] F → amolgadura **amolgado** [ɐmɔɫ'ɡadu] verbeult **amolgadura** [ɐmɔɫɡɐ'durɐ] F Beule f **amolgar** [ɐmɔɫ'ɡar] ⟨1o⟩ **A** VT verformen; verbeulen; zerstoßen, zerquetschen; fig zusammenschlagen **B** VI & V/R **~-se** beulen bekommen

amoníaco [ɐmu'niɐku] M Ammoniak n
amónio (*ô) [ɐ'mɔnju] M Ammonium n; **carbonato** m **de ~** Hirschhornsalz n
amontoação [ɐmõtwɐ'sɐ̃ũ] F Aufhäufung f; Haufen m **amontoado** [ɐmõ'twadu] M Haufen m; **~ de escórias** MIN Schlackenhalde f **amontoamento** [ɐmõtwɐ'mẽtu] M → amontoação **amontoar** [ɐmõ'twar] ⟨1f⟩ **A** VT (an-,

auf)häufen; auf e-n Haufen werfen; AGR häufeln; *bens* anhäufen (*ou* beiseiteschaffen) B VR **~-se** sich ansammeln; anwachsen

amoque [ɐ'mɔki] M Übellaunigkeit f; blinde Wut f; Amok m; **estar com ~** *port* schlechte Laune haben

amor [ɐ'mor] A M Liebe f (**a, para com, por** zu); *pessoa*: Liebste(r) m/f, Liebling m; *deus*: Amor m; **~ ao próximo** Nächstenliebe f; **~ à primeira vista** Liebe auf den ersten Blick; **~ físico** körperliche Liebe f; **~ materno** Mutterliebe f; *venal port* käufliche Liebe f; **meu ~** *fam* mein Schatz; **pelo** (*ou* **por**) **~ de Deus** um Gottes willen; **por ~ de** wegen (*gen*); **por ~ de mim/de ti** mir/dir zuliebe; **fazer ~** Liebe machen; **ser/estar um ~** reizend sein/ aussehen; **ter ~ à pele** *pop* s-e Haut retten wollen; sehr vorsichtig sein; **viver de ~ e brisas** *pop* von Luft und Liebe leben B **~es** MPL Liebschaften fpl

amora [ɐ'mɔrɐ] F Maulbeere f; Brombeere f

amorável [ɐmu'ravɛɫ] zärtlich; liebenswert

amoreira [ɐmu'rɐjrɐ] F Maulbeerbaum m; Brombeerstrauch m

amorfo [ɐ'mɔrfu] formlos, gestaltlos; *t/t* amorph

amornar [ɐmur'nar] ⟨1e⟩ warm werden

amorosa [ɐmo'rɔzɐ] F *bras* Faulheit f

amoroso [ɐmu'rozu] A ADJ liebevoll; liebenswürdig B M TEAT Liebhaber m

amor-perfeito [ɐmorpirˈfɐjtu] M ⟨*pl* amores-perfeitos⟩ Stiefmütterchen n

amor-próprio [ɐmor'prɔpriu] M Selbstachtung f

amortalhador [ɐmurtɐʎɐ'dor] M, **-adeira** [ɐmurtɐʎɐ'dɐjrɐ] F Leichenwäscher(in) m(f) **amortalhar** [ɐmurtɐ'ʎar] ⟨1b⟩ 1 einhüllen; *espec* ins Leichentuch hüllen; einsargen 2 *cigarro* drehen

amortecedor [ɐmurtisɛ'dor] M AUTO Stoßdämpfer m; Prellvorrichtung f; FERROV Puffer m; **~ a gás** Gasstoßdämpfer m; **~ de som** Schalldämpfer m **amortecer** [ɐmurti'ser] ⟨2g⟩ A VT *ódio, pancada* abschwächen, dämpfen; *ímpeto* abfangen; *luz* abblenden; *futebol* stoppen B VI schwächer werden; *sentimentos, luz* erlöschen; *cor* verblassen **amortecido** [ɐmurti'sidu]

abgestorben; abgeschwächt **amortecimento** [ɐmurtisi'mẽtu] M Abschwächung f, Dämpfung f; Schwäche f

amorticado [ɐmurti'sadu] abgestumpft, ausgelöscht

amortização [ɐmurtiz'sɐ̃ũ] F COM Tilgung f; Amortisation f; Abschreibung f **amortizador** [ɐmurtiz'dor] ADJ **prestação** F **~a** Tilgungsrate f **amortizar** [ɐmurti'zar] ⟨1a⟩ COM tilgen; amortisieren; *dívida* abtragen, abbezahlen

amossar [ɐmɔ'sar] ⟨1a⟩ verbeulen

amostra [ɐ'mɔʃtrɐ] F Muster n; Probe f; **~ grátis** Gratisprobe f, unverkäufliches Muster n; **pano** m **de ~** *port fam* Beweis m; **de ~** als Muster, zur Probe; **recolher ~** e-e Probe nehmen (*ou* ziehen) **amostragem** [ɐmuʃ'traʒɐ̃j] F Probennahme f; *geralm* Auswahl f

amotinação [ɐmutinɐ'sɐ̃ũ] F Aufwiegelung f; Aufstand m, Aufruhr m; NÁUT, MIL Meuterei f **amotinador** [ɐmutinɐ'dor] A ADJ aufständisch; meuternd B M Aufrührer m; Meuterer m **amotinar** [ɐmuti'nar] ⟨1a⟩ aufhetzen, -wiegeln; **~-se** sich empören; meutern

amover [ɐmu'ver] ⟨2d⟩ abnehmen, entfernen; *empregado* versetzen; *imposto* absetzen **amovibilidade** [ɐmuvibili'dadi] F Absetzbarkeit f **amovível** [ɐmu'vivɛɫ] *empregado* versetzbar; entfernbar; *imposto* absetzbar; *cargo* befristet; TECN abherausnehmbar

amparar [ɐ̃pɐ'rar] ⟨1b⟩ (be)schützen (**de** vor *dat*); *familia* unterstützen; *muro* stützen; **~-se a** (*ou* **em**) sich stützen auf (*ac*); sich halten an (*ac*); Zuflucht suchen in

amparo [ɐ̃'paru] M Schutz m (**a** für, **contra** gegen, vor *dat*); Hilfe f, Stütze f (*tb fig*); Unterstützung f

amperagem [ɐ̃pi'raʒɐ̃j] F FÍS Stromstärke f **ampere** [ɐ̃'pɛri] M Ampere n

ampliação [ɐ̃pliɐ'sɐ̃ũ] F Erweiterung f; ARQUIT Ausbau m, Erweiterungsbau m; Vergrößerung f (*tb* FOTO) **ampliador** [ɐ̃plia'dor] M Vergrößerungsapparat m **ampliar** [ɐ̃pli'ar] ⟨1g⟩ ausdehnen; erweitern; FOTO vergrößern **amplidão** [ɐ̃pli'dɐ̃ũ] F Weite f; Ausdehnung f **amplificação** [ɐ̃plifikɐ'sɐ̃ũ] F Vergrößerung f; Verstärkung f (*espec* ELECT) **amplificador** [ɐ̃plifikɐ'dor] M ELECT Ver-

stärker *m* **amplificar** [ɐptifi'kar] ⟨1n⟩ erweitern; vergrößern; ELECT verstärken; *fig* übertreiben

amplitude [ɐpti'tudi] F̄ espacial Weite f, Ausdehnung f; Umfang m; FIS Amplitude f; Ausschlag m; *rádio*. Frequenz f

amplo ['ɐplu] terreno weit, weitläufig; *casa, espaço* geräumig; *poder* weitgehend; *conhecimentos etc* umfassend; **informações** *fpl* **mais -as** nähere Auskunft f

ampola [ɐ'pɔla] F̄ MED Blase f; *recipiente*: Ampulle f

ampulheta [ɐpu'ʎeta] F̄ Sand-, Eieruhr f

amputação [ɐputa'sɐ̃u] F̄ MED Amputation f; Abnahme f **amputar** [ɐpu'tar] ⟨1a⟩ MED amputieren; abnehmen

Amsterdam [ɐmʃter'dʒɐ̃u] SEM ART GEOG Amsterdam *n*

amuado [ɐ'mwadu] schlecht gelaunt; missmutig; **ficar ~** schmollen; beleidigt (**com, por** wegen), eingeschnappt (**com, por** wegen) **amuar** [ɐ'mwar] ⟨1g⟩ Ⓐ V/T (ver)ärgern; *temporal*: drängen (**em** zu) Ⓑ V/I *fam* maulen, motzen; einschnappen; **fazer ~** beleidigen; verärgern

amuleto [ɐmu'tetu] M̄ Amulett *n*

amuo [ɐ'muu] M̄ Zank *m*

amurada [ɐmu'rada] F̄ NÁUT Reling f

anabólicos [ɐnɐ'bɔliku]] MPL, **anabolizantes** [ɐnɐbuli'zɐ̃tiʃ] MPL Anabolika *npl*

anacrónico (*ô) [ɐnɐ'krɔniku] anachronistisch **anacronismo** [ɐnɐkru'niʒmu] M̄ Anachronismus *m*

anafado [ɐnɐ'fadu] dick

anágua [ɐ'nagwa] F̄ Unterrock *m*

anais [ɐ'najʃ] MPL Jahrbücher *npl*; Annalen *pl*

anal¹ [ɐ'nal] ANAT anal; After...

anal² [ɐ'nal] einjährig

analéptico [ɐnɐ'tɛptiku] Ⓐ MED stärkend Ⓑ M̄ MED Analeptikum *n*, Stärkungsmittel *n*

analfabetismo [ɐnɐtfabi'tiʒmu] M̄ Analphabetentum *n* **analfabeto** [ɐnɐtfa'betu] M̄, **-a** F̄ Analphabet(in) *m(f)*

analgesia [ɐnɐɫʒi'zia] F̄, **analgia** [ɐnɐɫ'ʒia] F̄ Schmerzlosigkeit *f*; Unempfindlichkeit *f* gegen Schmerz **analgésico** [ɐnɐɫ'ʒɛziku] Ⓐ ADJ schmerzstillend Ⓑ M̄ Analgetikum *n*, Schmerzmittel *n*

analisador [ɐnɐtiza'dor] Ⓐ ADJ kritisch; Prüf...; Analyse... Ⓑ M̄ Prüfgerät *n*, Prüfer *m*; FIS Abtaster *m* **analisar** [ɐnɐti-'zar] ⟨1a⟩ analysieren, untersuchen; zergliedern, zerlegen

análise [ɐ'nazili] F̄ Analyse *f*, Untersuchung *f*; Bestimmung *f*; **~s** *pl* **clínicas** Laboruntersuchungen *fpl*; **~ do mercado** Marktanalyse *f*; **~ ao (ou de) sangue** Blutuntersuchung *f*; **em última ~** letzten Endes

analista [ɐnɐ'tiʃta] M/F Analytiker(in) *m(f)*; FIN Analyst(in) *m(f)*; MED Laborant(in) *m(f)*; *bras* Psychoanalytiker(in) *m(f)*; **~ de sistema(s)** INFORM Systemanalytiker(in) *m(f)* **analítico** [ɐnɐ'titiku] analytisch

analogia [ɐnɐtu'ʒia] F̄ Analogie *f*, Entsprechung *f*; Ähnlichkeit *f*; **por ~ com** in Anlehnung an (ac)

analógico [ɐnɐ'tɔʒiku], **análogo** [ɐ'natugu] analog (**a** zu); entsprechend; INFORM Analog...

anamnese [ɐnɐm'nɛzi] F̄, **anamnesia** [ɐnɐmni'zia] F̄ Anamnese *f*

ananás [ɐnɐ'naʃ] M̄ ⟨*pl* ananases⟩ Ananas *f* **ananaseiro** [ɐnɐnɐ'zɐiru] M̄ Ananaspflanze *f*

anão [ɐ'nɐ̃u] M̄ ⟨*pl* anões, anãos⟩, **anã** [ɐ'nɐ̃] F̄ Zwerg(in) *m(f)*

anarquia [ɐnɐr'kia] F̄ Anarchie *f*

anárquico [ɐ'narkiku] anarchisch

anarquista [ɐnɐr'kiʃta] Ⓐ ADJ anarchistisch Ⓑ M̄/F̄ Anarchist(in) *m(f)* **anarquização** [ɐnɐrkiza'sɐ̃u] F̄ Zerrüttung *f*; Zerfall *m* **anarquizar** [ɐnɐrki'zar] ⟨1a⟩ in Anarchie stürzen; aufwiegeln

anátema [ɐ'natima] M̄ Kirchenbann *m*

anatomia [ɐnɐtu'mia] F̄ Anatomie *f*

anatómico (*ô) [ɐnɐ'tɔmiku] anatomisch **anatomista** [ɐnɐtu'miʃta] M̄/F̄ Anatom(in) *m(f)* **anatomizar** [ɐnɐtumi'zar] ⟨1a⟩ sezieren

anavalhado [ɐnɐvɐ'ʎadu] messerscharf **anavalhar** [ɐnɐvɐ'ʎar] (*atacar*) angreifen, zustechen

anca ['ɐka] F̄ Hüfte *f*; **~s** *pl* Gesäß *n*

Ancara ['ɐkara] SEM ART GEOG Ankara *n*

ancestral [ɐsiʃ'trat] Ⓐ ADJ weit zurückliegend; (ur)alt Ⓑ M̄/F̄ Vorfahr(e) *m*, Vorfahrin *f*; **os ancestrais** die Vorfahren

anchova [ɐ'ʃova] F̄ Sardelle *f*, Anschovis *f*

ancianidade [ɐsjɐni'dadi] F̄ hohes Alter *n*; Dienstalter *n* **ancião** [ɐ'sjɐ̃u] ⟨*mpl* **~s, -ães, -ões**⟩ Ⓐ ADJ alt, hochbetagt

ancião [ɐ̃'sjɐ̃w] F Greis(in) m(f)
ancilose [ɐ̃si'ɫɔzi] F Gelenksteife f
âncora ['ɐ̃kuɾɐ] F Anker m; **levantar ~** den Anker lichten
ancoradouro [ɐ̃kuɾɐ'doɾu] M Ankerplatz m; Reede f **ancoragem** [ɐ̃ku'ɾaʒɐ̃j] F Ankern n; Verankerung f (tb ELECT, ARQUIT); tributo: Liegegebühren fpl **ancorar** [ɐ̃ku'ɾaɾ] ⟨1e⟩ ankern, vor Anker gehen (ou liegen); verankern (tb fig); **~ em** fig begründen mit; gründen auf (ac)
anda ['ɐ̃dɐ] F Stelze f **andadeiro** [ɐ̃dɐ'dɐjɾu] caminho gangbar; pessoa que zu Fuß; sapato bequem; vestuário robust **andador** [ɐ̃dɐ'doɾ] A ADJ → andadeiro B M cavalo: Passgänger m; bras para crianças: Laufstuhl m; para idosos: Gehhilfe f; Rollwägelchen n **andadura** [ɐ̃dɐ'duɾɐ] F Gang m; cavalo: Gangart f
andaimar [ɐ̃daj'maɾ] ⟨1a⟩ einrüsten **andaime** [ɐ̃'dajmi] M Baugerüst n
andamento [ɐ̃dɐ'mẽtu] M Gang m; (decorrer) Fortgang m, Verlauf m; MÚS Taktart f, Tempo n; MÚS Satz m; **com o comboio em ~** port während der Fahrt; **dar ~ a** fig abfertigen, auf den Weg bringen; **estar em ~** processo, máquina laufen (tb fig); **pôr em ~** in Gang setzen (ou fig bringen); anlaufen lassen; **seguir o ~ de** dem Gang der Ereignisse folgen
andança [ɐ̃'dɐ̃sɐ] F (Fort)Gang m; fam Schererei f; Plackerei f; **~s** pl Abenteuer n **andante** [ɐ̃'dɐ̃ti] A ADJ wandernd; Wander...; reisend B M MÚS Andante n **andar** [ɐ̃'daɾ] ⟨1a⟩ A V/I 1 animal, pessoa gehen; automóvel etc fahren; máquina laufen; rio fließen; **~ de (automóvel** etc**)** fahren mit (dem Auto etc); **~ de avião** fliegen; **~ a cavalo** reiten; **pôr a ~** in Gang setzen (ou bringen); fam rausschmeißen; **como anda?** wie läuft's?; **anda (lá)!** geh!, na los!, weiter!; **anda cá!** komm her! 2 **~ a fazer a/c**, bras **~ fazendo a/c** damit beschäftigt sein, etw zu tun; gerade etw tun 3 com adj: sein, sich befinden; **~ desesperado/triste** verzweifelt/traurig sein; **~ bem/mal** pessoa gut/schlecht sein (**de, em** in dat); assunto, negócio gut/schlecht gehen; pessoa gut/nicht gut daran tun (**em** inf zu); saúde auf der Höhe/nicht auf der Höhe sein (**de** mit); **ando bem/mal** es geht mir gut/schlecht; **~ mal de dinheiro** knapp bei Kasse sein; **vai andando** es geht so; es läuft normal 4 com prep: **~ aos saltos** umherspringen; **~ à pancada** sich herumprügeln; **~ aos encontrões** herumgestoßen werden; **~ com** doença, problema haben; **~ com alg** mit j-m Umgang haben, mit j-m befreundet sein; (namorar) mit j-m gehen; **~ de luto** Trauer tragen; **~ por, em** preço stehen auf etwa ...; **~ nos copos** pop auf Sauftour gehen; **~ nos seus quarenta** in den Vierzigern sein; **não saber a quantas anda** nicht wissen, wo e-m der Kopf steht B V/T (percorrer) durchqueren, -wandern C M 1 (decorrer) Gang m, Lauf m (der Dinge); (passo) Gangart f; automóvel etc: Fahrt f; (velocidade) Geschwindigkeit f; **a todo o ~** NÁUT mit Volldampf (tb fig fam); **com o ~ dos tempos** im Lauf(e) der Zeit 2 (piso) Stock m, Stockwerk n, Etage f; port (apartamento) Etagenwohnung f; **~ térreo** Erdgeschoss n 3 GEOL Schicht f
andarilho [ɐ̃dɐ'ɾiʎu] A ADJ wanderlustig B M para crianças: Laufstuhl m; para idosos: Gehwägelchen n, Rollator m
andável [ɐ̃'davɛɫ] gangbar
andebol [ɐ̃di'bɔɫ] M Handball m **andebolista** [ɐ̃dibu'ɫiʃtɐ] M/F Handballer(in) m(f)
Andes ['ɐ̃diʃ] MPL GEOG os **~** die Anden pl
andino [ɐ̃'dinu] Anden...
andorinha [ɐ̃du'ɾiɲɐ] F Schwalbe f; bras Möbelwagen m
andrajos [ɐ̃'dɾaʒuʃ] MPL Lumpen mpl
andrógino [ɐ̃'dɾɔʒinu] androgyn
androginóide [ɐ̃dɾɔʒi'nɔjdi] A ADJ androgyn, zwitterig B M/F Zwitter m
anediar [ɐni'djaɾ] ⟨1g⟩ dick und glänzend machen B (acariciar) streicheln 3 (alisar) glätten
anedota [ɐni'dɔtɐ] F Anekdote f; Witz m
anedótico [ɐni'dɔtiku] anekdotisch
aneiro [ɐ'nɐjɾu] mal so, mal so; unbeständig; ungewiss; AGR nicht jedes Jahr Frucht tragend
anel [ɐ'nɛɫ] M Ring m; (argola) (Ketten)-Glied n; BOT **~ anual** Jahresring m
anelado [ɐni'ɫadu] geringelt; ringförmig
anelante [ɐni'ɫɐ̃ti] keuchend; lechzend
anelar[1] [ɐni'ɫaɾ] V/I ⟨1c⟩ keuchen, schwer atmen; **~ por** lechzen (ou sich sehnen) nach; ersehnen
anelar[2] [ɐni'ɫaɾ] A ADJ ringförmig B V/T

⟨1c⟩ *cabelos, fita* ringeln, kräuseln **anelídeos** [ɐniˈłidjuʃ] MPL ZOOL Ringelwürmer *mpl*
anélito [ɐˈnɛłitu] M̄ Hauch *m*
anemia [ɐniˈmiɐ] F̄ Blutarmut *f*
anémico (*ê) [ɐˈnɛmiku] anämisch, blutarm; *fig* blutleer, farblos
anémona (*ê) [ɐˈnɛmunɐ] F̄ Anemone *f*
anémona-do-mar [ɐnɛmunɐdu'mar] F̄ ⟨*pl* anémonas-do-mar⟩ Seeanemone *f*
anequim [ɐniˈkĩ] M̄ ZOOL Heringshai *m*
anestesia [ɐniʃtɨˈziɐ] F̄ Anästhesie *f*, Betäubung *f* **anestesiante** [ɐniʃtɨˈzjɐ̃t(ɨ)] A ADJ Betäubungs... B M̄ Anästhetikum *n*, Betäubungsmittel *n* **anestesiar** [ɐniʃtɨˈzjar] ⟨1g⟩ betäuben, anästhesieren **anestésico** [ɐniʃˈtɛziku] → anestesiante **anestesista** [ɐniʃtɨˈziʃtɐ] M̄/F Anästhesist(in) *m(f)*
aneto [ɐˈnetu] M̄ BOT Dill *m*
anexação [ɐnɛksɐˈsɐ̃ũ] F̄ POL Annexion *f*; Angliederung *f* (**a an** *ac*) **anexar** [ɐnɛˈksar] ⟨1a⟩ POL annektieren; an-, eingliedern; *documento* beifügen
anexo [ɐˈnɛksu] A ADJ **~ a** angeschlossen (*dat*); *documentos* beiliegend (*dat*); **edifício** *m* ~ Anbau *m*; Nebengebäude *n* B M̄ Zubehör *n*; *documento*: Anlage *f*; *libro*: Anhang *m*; Zusatz *m*; ARQUIT Anbau *m*; INFORM Attachment *n*, angehängte Datei *f*
anfíbio [ɐ̃ˈfibju] A ADJ amphibisch; Amphibien...; **avião** *m* ~ Amphibienflugzeug *n*; **carro** *m* ~ Amphibienfahrzeug *n* B M̄ Amphibie *f*
anfiteatro [ɐ̃fiˈtjatru] M̄ Amphitheater *n*; UNIV Hörsaal *m*; **~ anatómico** (*bras* **anatômico** *ou* **de anatomia**) Seziersaal *m*
anfitrião [ɐ̃fitriˈɐ̃ũ] M̄, **anfitriã** [ɐ̃fitriˈɐ̃] F̄ Gastgeber(in) *m(f)*
ânfora [ˈɐ̃furɐ] F̄ Amphore *f*
angariação [ɐ̃gɐrjɐˈsɐ̃ũ] F̄ *material*: Beschaffung *f*; *pessoal, sócios*: (An)Werbung *f* **angariador** [ɐ̃gɐrjɐˈdor] M̄ Beschaffer *m*; **~ de seguros** *port* Versicherungsvertreter *m* **angariar** [ɐ̃gɐˈrjar] ⟨1g⟩ *material* beschaffen; *apoio etc* erlangen, erzielen; *pessoal, sócios* (an)werben
angélico [ɐ̃ˈʒɛliku] engelhaft
angina [ɐ̃ˈʒinɐ] F̄ Halsentzündung *f*; *port espec* (eitrige) Mandelentzündung *f*, Angina *f*; **~ de peito** MED Angina *f* pectoris
anglicano [ɐ̃gliˈkɐnu] ADJ REL anglikanisch **anglicismo** [ɐ̃gliˈsizmu] M̄ Anglizismus *m* **anglística** [ɐ̃ˈgliʃtikɐ] F̄ Anglistik *f* **anglófilo** [ɐ̃ˈgłɔfilu] anglophil, englandfreundlich **anglófono** [ɐ̃ˈgłɔfunu] anglofon, englischsprachig **anglo-saxão** [ɐ̃głɔsɐˈksɐ̃ũ] A M̄, **anglo-saxões** A M̄, **anglo-saxã** [ɐ̃głɔsɐˈksɐ̃] F̄ Angelsachse *m*, -sächsin *f* B ADJ angelsächsisch **anglo-saxónico (*ô)** [ɐ̃głɔsɐˈksɔniku] A ADJ *lingua*: Angelsächsisch *n* B ADJ angelsächsisch
Angola [ɐ̃ˈgɔlɐ] F̄ Angola *n*
angolano [ɐ̃guˈłɐnu] A ADJ angolanisch B M̄, **-a** F̄ Angolaner(in) *m(f)* **angolês** [ɐ̃guˈłeʃ] M̄ → angolano
angora [ɐ̃ˈgɔrɐ], **angorá** [ɐ̃gɔˈra] A M̄/F Angorakater *m*, -katze *f* B M̄ Angorawolle *f*
angra [ˈɐ̃grɐ] F̄ Bucht *f*
angu [ɐ̃ˈgu] M̄ *bras milho*: Maisbrei *m*; *mandioca*: Maniokbrei *m*; *fig fam* Schlamassel *m*; Gerücht *n*
angulado [ɐ̃guˈładu] → angular A **angular** [ɐ̃guˈłar] A ADJ wink(e)lig, Winkel...; eckig; **pedra** *f* **~** Eckstein *m* B V/I ⟨1a⟩ abbiegen
ângulo [ˈɐ̃gułu] M̄ Ecke *f*, Kante *f*; Knick *m*; MAT Winkel *m*; **~ agudo, obtuso, recto** spitzer, stumpfer, rechter Winkel *m*; *fig* Blickwinkel *m*, Gesichtspunkt *m*; **~ de viragem** AUTO Wendekreis *m*, -radius *m*
anguloso [ɐ̃guˈłozu] eckig, kantig; MAT (spitz)winkelig; *fig* knochig
angústia [ɐ̃ˈguʃtjɐ] F̄ Beklemmung *f*; Angst *f*; **~ de peito** MED Angina *f* pectoris; **~ existencial** Existenzangst *f*; **com ~** angstvoll; voller Trauer
angustiado [ɐ̃guʃˈtjadu] beklommen, angstvoll **angustiador** [ɐ̃guʃtjɐˈdor], **angustiante** [ɐ̃guʃˈtjɐ̃t(ɨ)] beklemmend, beängstigend **angustiar** [ɐ̃guʃˈtjar] ⟨1g⟩ ängstigen; quälen
anho [ˈɐɲu] M̄ Lamm *n*; Osterlamm *n*
anião [ɐˈnjɐ̃ũ] M̄ FÍS, QUÍM Anion *n*
anichar [ɐniˈʃar] ⟨1a⟩ an e-n beengten Ort stellen; *fig* einnisten; *fam* durch Beziehungen gut unterbringen; **~-se** sich ducken, sich verbergen
anidrido [ɐniˈdridu] M̄ Anhydrid *n*
anilado [ɐniˈładu] (dunkel)blau (gefärbt)
anilha [ɐˈniʎɐ] F̄ Ring *m*; Öse *f*; *port* TECN Unterlegscheibe *f*; **~ dentada** *port* Zahn-

rad n **anilho** [ɐˈniɫu] M (Gardinen)Ring m; Öse f

anilina [ɐniˈlinɐ] F Anilin n

animação [ɐnimɐˈsɐ̃ũ] F Belebung f; Aufmunterung f; *conversa*: Lebhaftigkeit f; *fam (movimento)* Betrieb m; *(divertimento)* (angeregte) Stimmung f; **~-doida** Übermut m **animado** [ɐniˈmadu] lebhaft; *vida nocturna* rege; *conversa* angeregt; *bairro* belebt; *(corajoso)* hoffnungsvoll; mutig; **desenhos** mpl **~s** (Zeichen)Trickfilm m **animador** [ɐnimɐˈdor] A ADJ belebend; aufmunternd; *fig* aussichtsreich B M, **animdora** [ɐnimɐˈdorɐ] F Moderator(in) m(f); Animateur(in) m(f); **~ cultural** Animateur m; **~ (de programa)** Quizmaster m

animal [ɐniˈmaɫ] A ADJ tierisch, Tier-...; **reino ~** Tierreich n B M Tier n; *bras* Pferd n; *fig* Rindvieh n; **~ doméstico** *(ou* **de estimação)** Haustier n

animalaço [ɐnimɐˈlasu] M, **animalão** [ɐnimɐˈlɐ̃ũ] M Riesentier n; *fig fam* Hornochse m **animalejo** [ɐnimɐˈlɐʒu] M Kleintier n; *fig fam* Esel m, Hammel m **animalesco** [ɐnimɐˈleʃku] tierisch *(tb fig)* **animalizar-se** [ɐnimɐliˈzarsi] ⟨1a⟩ zum Tier werden

animante [ɐniˈmɐ̃ti] aufmunternd; ermutigend **animar** [ɐniˈmar] ⟨1a⟩ animieren; *bebida* beleben, anregen; **~ alg** j-n aufmuntern; j-n ermuntern (a zu); **~-se** lebhaft werden; *(ganhar coragem)* Mut fassen, sich *(dat)* ein Herz fassen (a zu); in Stimmung kommen; *(embriagar-se)* sich *(dat)* e-n antrinken

ânimo [ˈɐnimu] M Geist m; Gemüt n; Gesinnung f; Mut m; Lust f **(de, para zu)**; Absicht f **(de, para zu)**; **!** nur Mut!, auf!, los!; **de ~ leve** leichten Herzens; leichthin; **(re)cobrar (o) ~** (neuen) Mut fassen!; **estar sem ~ para** *(inf)* keine Lust haben zu; **perder o ~** die Lust verlieren

animosidade [ɐnimuziˈdadi] F Abneigung f, Aversion f; Groll m **animoso** [ɐniˈmozu] beherzt, mutig

aninar [ɐniˈnax] ⟨1a⟩ *bras* einschläfern, einlullen *(tb fig)*; täuschen

aninhar [ɐniˈɲar] ⟨1a⟩ A V/T ins Nest legen; *fig* aufnehmen; verbergen B V/I nisten; *fam* hausen; **~-se** sich (nieder)hocken; sich kauern; *fig* zu Bett gehen

ânion [ˈɐnjõ] M *bras* → **anião**

aniquilação [ɐnikiɫɐˈsɐ̃ũ] F, **aniquilamento** [ɐnikiɫɐˈmẽtu] M Vernichtung f **aniquilar** [ɐnikiˈɫar] ⟨1a⟩ vernichten; *fig* zunichte machen; **~-se** zugrunde gehen; zusammenbrechen

anis [ɐˈniʃ] M, *bras* F Anis m *(tb licor)* **anisar** [ɐniˈzar] ⟨1a⟩ mit Anis würzen **anis-estrelado** [ɐniziʃtrɨˈɫadu] M *⟨pl* **~s⟩** BOT Sternanis m

anistia [ɐniʃˈtjiɐ] F *bras*, **anistiar** [ɐniʃˈtjjax] ⟨1g⟩ *bras* → **amnistia**, **amnistiar**

aniversariante [ɐnivɨrsɐˈrjɐ̃ti] A ADJ Jubiläums...; Geburtstags... B M/F Jubilar(in) m(f); Geburtstagskind n **aniversariar** [ɐnivexsaˈrjax] ⟨1g⟩ *bras* Geburtstag haben; Geburtstag feiern

aniversário [ɐnivirˈsarju] A ADJ Jubiläums...; Geburts... B M *acontecimento*: Jahrestag m, Jubiläum n; *pessoa*: Geburtstag m; **fazer/celebrar ~** Geburtstag haben/feiern; **feliz ~!** alles Gute zum Geburtstag!

anjinho [ɐ̃ˈʒiɲu] M Engelchen m; *fig* Unschuldsengel m; **fazer-se de ~** *pop* den Ahnungslosen spielen; **ser um ~** *pop* völlig unbeleckt sein

anjo [ˈɐ̃ʒu] M Engel m; **pé m de ~** *fam* Riesenfuß m; **~-custódio**, **~-da-guarda** Schutzengel m

ano [ˈɐnu] A M Jahr n; **~ académico** *(bras* **acadêmico)** Studienjahr n; **~ bissexto** Schaltjahr n; **o ~ corrente** das laufende Jahr; **~ económico** *(bras* **financeiro)** Geschäftsjahr n; **~ le(c)tivo** Schuljahr n; **Ano Novo** Neujahr n; **~s** *pl* **de serviço** Dienstjahre npl; **~ transacto** vergangenes *(ou* abgelaufenes*)* Jahr n; **os ~s cinquenta** *etc* die fünfziger *etc* Jahre, die Fünfzigerjahre *etc*; **votos** mpl **de Ano Novo** Glückwünsche mpl zum Neuen Jahr; **~ sim, ~ não** alle zwei Jahre; **~s a fio** viele Jahre lang; **há ~s** seit *(ou* vor*)* Jahren; **de há muitos ~s** langjährig; **dar** *(ou* **desejar) bons ~s**, *bras* **desejar bom ~ Novo** ein gutes Neues Jahr wünschen; **no ~ que vem** nächstes Jahr B **~s** MPL Lebensjahre npl; **carregado de ~s**, *bras* **avançado em ~s** hochbetagt; **dia m de ~** port Geburtstag m; **fazer ~s** Geburtstag haben; **fazer/fez trinta ~s** 30 Jahre alt werden/sein; **quantos ~s tem?** wie alt sind Sie?

anoa [ɐˈnoɐ] F *port* Zwergin f

anódino [ɐˈnɔdinu] A ADJ schmerzstillend; *fig* unschädlich **B** M̄ Schmerzmittel *n*

anódio [ɐˈnɔdju] M̄ FÍS, QUÍM Anode *f*

anoitecer [ɐnoiˈteˈser] **A** V/T ⟨2g⟩ dunkel werden; **anoitece** es wird dunkel, die Nacht bricht herein; **~ em** sich bei Einbruch der Dunkelheit befinden in (*dat*); bei Einbruch der Dunkelheit ankommen in (*dat*) **B** **(ao) ~ (bei)** Einbruch *m* der Dunkelheit

anojadiço [ɐnuʒɐˈdisu] aufbrausend, reizbar **anojar** [ɐnuˈʒar] ⟨1e⟩ anwidern, anekeln; Schmerz (*ou* Trauer) auslösen bei; **~-se** trauern; Trauer anlegen; aufbrausen (**por** wegen)

ano-luz [ɐnuˈluʃ] M̄ ⟨*pl* anos-luz⟩ Lichtjahr *n*

anomalia [ɐnomɐˈliɐ] F̄ Abweichung *f*, Anomalie *f*; Unregelmäßigkeit *f*

anómalo (*ô) [ɐˈnɔmɐɫu] unnatürlich; *comportamento* abartig, abnorm; *resultado* abweichend, fehlerhaft

anonimato [ɐnuniˈmatu] M̄ Anonymität *f*

anónimo (*ô) [ɐˈnɔnimu] **A** ADJ anonym; **sociedade** *f* **-a** Aktiengesellschaft *f* **B** Unbekannte(r) *m*; *autor:* Anonymus *m*

anoraque [ɐnɔˈraki] M̄ Anorak *m*

anorexia [ɐnɔrɛˈksiɐ] F̄ Magersucht *f*; *t/t* Anorexie *f*; **~ (nervosa)** Magersucht *f*

anoréxico [ɐnɔˈrɛksiku] ADJ magersüchtig

anormal [ɐnɔrˈmaɫ] ungewöhnlich; → anómalo **anormalidade** [ɐnɔrmɐliˈdadi] F̄ Abnormität *f*; Ungewöhnlichkeit *f*

anotação [ɐnutɐˈsɐ̃ũ] F̄ Anmerkung *f*; Vermerk *m*; **caderno** *m* **de -ões** Notizbuch *n* **anotar** [ɐnuˈtar] ⟨1e⟩ *texto* mit Anmerkungen versehen; *pensamentos etc* notieren, vermerken

anseio [ɐ̃ˈsɐju] M̄ Unruhe *f*, Sorge *f* (**de** um); *fig* Sehnsucht *f* (**de, por** nach); Streben *n* (**de, por** nach)

ânsia [ˈɐ̃sjɐ] F̄ (sehnlicher) Wunsch *m* (**de, por** nach); Drang *m* (**de, por** nach); → ansiedade; **~ de vómito** (*bras* vômito) Brechreiz *m*; **~s** *pl* Übelkeit *f*

ansiado [ɐ̃ˈsjadu] **1** ersehnt **2** *alg* **está ~** j-m ist übel **ansiar** [ɐ̃ˈsjar] ⟨1h⟩ **A** V/T ängstigen, quälen; **~ (por)** herbeisehnen, sich sehnen nach; brennen auf (*ac*) **B** V/I keuchen; Angst (*ou* Übelkeit) verspüren **ansiar-se** V/R Angst (*ou* Übelkeit) verspüren **ansiedade** [ɐ̃sjeˈdadi] F̄ **1** MED Atemnot *f*; *fig* (*preocupação*) Sorge *f*, Angst *f*; (*inquietação*) innere Unruhe *f* **2** (*ânsia*) Sehnsucht *f*; (*desejo*) Begierde *f*; **com ~** begierig **ansioso** [ɐ̃ˈsjozu] unruhig, angstvoll; (*impaciente*) sehnsüchtig

ant. ABR (antigamente) früher; (antigo) alt, ehemalig

anta¹ [ˈɐ̃tɐ] **A** F̄ ZOOL Tapir *m* **B** M/F *bras fam* Dummkopf *m*

anta² [ˈɐ̃tɐ] F̄ Megalithgrab *n*

antagónico (*ô) [ɐ̃tɐˈɡɔniku] gegensätzlich, widerstreitend **antagonismo** [ɐ̃tɐɡuˈniʒmu] M̄ Gegensatz *m*, Antagonismus *m* **antagonista** [ɐ̃tɐɡuˈniʃtɐ] Gegner(in) *m/f*

antár(c)tico [ɐ̃ˈtartiku] **A** ADJ antarktisch; **pólo** *m* **~** Südpol *m* **B** M̄ **o Antár(c)tico** *der* Antarktische Ozean **Antártida** [ɐ̃ˈtartidɐ] F̄ Antarktis *f*

ante [ˈɐ̃ti] PREP vor (*ac e dat*), angesichts **antea(c)to** [ɐ̃tiˈatu] M̄ TEAT Vorspiel *n* **antebraço** [ɐ̃tiˈbrasu] M̄ Unterarm *m* **antecâmara** [ɐ̃tiˈkɐmɐrɐ] F̄ Vorzimmer *n*

antecedência [ɐ̃tisiˈdẽsjɐ] F̄ (zeitliches) Vorangehen *n*; **~s** *pl* Vorgeschichte *f*; **com ~** im Voraus **antecedente** [ɐ̃tisiˈdẽti] **A** ADJ vorhergehend, vorig **B** M̄ Präzedenzfall *m*; *pessoa:* Vorleben *n*; *factos:* Vorgeschichte *f*; **~s penais** Vorstrafen (*fpl*); **atestado** *m* **de bons ~s** polizeiliches Führungszeugnis *n*; **de maus ~s** vorbelastet **C** M̄ PL Vorfahren *mpl* **anteceder** [ɐ̃tisiˈder] ⟨2c⟩ vorausgehen (*a dat*); *temporal:* vorziehen; zuvorkommen (**alg** j-m) **antecessor-se** V/R zuvorkommen **antecessor(a)** [ɐ̃tisɨˈsor(ɐ)] M/F Vorgänger(in) *m/f*; **~es** *mpl* Vorfahren *mpl*

antecipação [ɐ̃tisipɐˈsɐ̃ũ] F̄ Vorwegnahme *f*; COM Vorauszahlung *f*; **com ~** im Voraus **antecipadamente** [ɐ̃tisipadɐˈmẽti] im Voraus **antecipado** [ɐ̃tisiˈpadu] vorherig; vorzeitig; **pagamento** *m* **~** Vorauszahlung *f*; **venda** *f* **-a** Vorverkauf *m* **antecipar** [ɐ̃tisiˈpar] ⟨1a⟩ **A** V/T vorwegnehmen; *acontecimento* vorverlegen; **~-se a alg** j-m zuvorkommen (**em** bei, in *dat*); **~ os agradecimentos** im Voraus danken **B** V/I vorzeitig geschehen; **~-se a** vorhergehen (*dat*); zuvorkommen (*dat*); früher kommen als; vorgreifen

(dat) **antecipo** [ẽte'sipu] M bras Vorschuss m
antedatar [ɐ̃tidɐ'tar] ⟨1b⟩ (zu)rückdatieren
antediluviano [ɐ̃tidilu'vjɐnu] vorsintflutlich (tb fig) **antedizer** [ɐ̃tidi'zer] vorhersagen **antefirma** [ɐ̃ti'firmɐ] F Schlussformel f
antegosto [ɐ̃ti'goʃtu] M, **antegozo** [ɐ̃ti'gozu] M Vorgeschmack m; Vorfreude f
antemanhã [ɐ̃timɐ'ɲɐ̃] A F Morgengrauen n B ADV im Morgengrauen
antemão [ɐ̃ti'mɐ̃w̃] ADV **de ~** im Voraus
antena [ɐ̃'tenɐ] F radio etc: Antenne f; NÁUT Rahe f; ZOOL Fühlhorn n, Fühler m; **~ interior** Zimmerantenne f; **~ parabólica** Parabolantenne f; Satellitenschüssel f
antenupcial [ɐ̃tinu'psjał] vorehelich
anteontem [ɐ̃'tjɔtɐ̃j] vorgestern; **olhar para ~** port gedankenverloren sein
antepara [ɐ̃ti'parɐ] F NÁUT Schott n; → anteparo **anteparar** [ɐ̃tipɐ'rar] ⟨1b⟩ schützen; perigo vorbeugen (dat); terreno absperren; **~-se** v/r sich vorsehen **anteparo** [ɐ̃ti'paru] M Schutz m
antepassado [ɐ̃tipɐ'sadu] M Vorfahr m, **antepasto** [ẽte'paʃtu] M bras Vorspeise f **antepenúltimo** [ɐ̃tipi'nułtimu] vorvorletzt, drittletzt **antepor** [ɐ̃ti'por] ⟨2z⟩ (preferir) bevorzugen; voranstellen (**a** e-r Sache); local vorsetzen; argumentos entgegenhalten, -stellen **anteporto** [ɐ̃ti'portu] M ⟨pl [-'pɔr-]⟩ Außenhafen m **anteposição** [ɐ̃tipuzi'sɐ̃w̃] F Voranstellung f **anteposto** [ɐ̃ti'poʃtu] PP ⟨fsg, m/fpl [-'pɔʃ-]⟩ → antepor **anteprograma** [ɐ̃tipru'grɐmɐ] M Vorprogramm n
antera [ɐ̃'tɛrɐ] F Staubbeutel m
anterior [ɐ̃ti'rjor] vorhergehend, vorig; früher **anterioridade** [ɐ̃tirjuri'dadi] F temporal: Vorzeitigkeit f; fig Vorzug m, Vorrang m **anteriormente** [ɐ̃tirjor'mẽti] vorher; früher (**a** als), vor (**a** dat)
anterrosto [ɐ̃ti'ʁoʃtu] M TIPO Schmutztitel m
antes ['ɐ̃tiʃ] A PREP **~ de** vor (dat); **~ de mais nada** vor allen Dingen, vor allem; **~ de eu partir** vor meiner Abreise, bevor ich abreis(t)e; **~ de terminado** o espe(c)**táculo** vor Schluss der Vorstellung B CJ **~ que** + conj bevor, ehe C ADV **(em) ~** temporal: vorher; eher, früher; (preferência) lieber, besser; **~ assim** besser so; **~ (pelo contrário)** vielmehr; **de ~** → dantes; **ou ~** vielmehr; **quanto ~** so bald wie möglich; **quanto ~ melhor** je eher, desto besser
antessala [ɐ̃ti'salɐ] F Vorzimmer n **antestreia** [ɐ̃tiʃ'trɐjɐ] F port TEAT Voraufführung f **antever** [ɐ̃ti'ver] ⟨2m⟩ vorhersehen **antevisão** [ɐ̃tivi'zɐ̃w̃] F Voraussicht f; Vorahnung f
anti... [ɐ̃ti-] 1 EM COMP 1 com subst: Anti..., Gegen..., ...gegner(in) m(f) 2 com adj: anti..., ...feindlich; (gut) gegen ...
antiácido [ɐ̃ti'asidu] A ADJ säurebeständig B M MED Magensäurehemmer m **antiaéreo** [ɐ̃tiɐ'ɛrju] Luftabwehr...; **defesa** f **-a** Luftabwehr f **antialcoólico** [ɐ̃tiał'kwɔtiku] A ADJ antialkoholisch B M, **-a** F Antialkoholiker(in) m(f) **antialcoolismo** [ɐ̃tiałkwu'liʒmu] M Antialkoholismus m **antialérgico** [ɐ̃tiɐ'lɛrʒiku] A ADJ antiallergisch B M Antiallergikum n **antibiótico** [ɐ̃ti'bjɔtiku] M Antibiotikum n **antibloqueio** [ɐ̃tibluk'ɐju] **sistema** M **de travagem** ou **de travões** (bras **de frenagem** ou **de freios**) **~** Antiblockiersystem n **anticancerígeno** [ɐ̃tikɐ̃si'riʒinu], **anticanceroso** [ɐ̃tikɐ̃si'rozu] Krebs bekämpfend **anticarro** [ɐ̃ti'kaʁu] Panzerabwehr... **anticaspa** [ɐ̃ti'kaʃpɐ] ADJ Antischuppen... **anticiclone** [ɐ̃tisi'klɔni] M METEO Hoch(druckgebiet) n **anticoagulante** [ɐ̃tikwɐgu'łɐ̃ti] M Antigerinnungsmittel n **anticomunismo** [ɐ̃tikumu'niʒmu] M Antikommunismus m **anticomunista** [ɐ̃tikumu'niʃtɐ] antikommunistisch **anticoncepcional** [ɐ̃tikõsɛssju'nał], **anticonceptivo** [ɐ̃tikõsɛ'tivu] A ADJ empfängnisverhütend B M Empfängnisverhütungsmittel n **anticongelante** [ɐ̃tikõʒi'łɐ̃ti] M Frostschutzmittel n **anticonstitucional** [ɐ̃tikõʃtitusju'nał] verfassungswidrig **anticorpo** [ɐ̃ti'korpu] M ⟨pl [-'kɔr-]⟩ MED Antikörper m **anticorrosivo** [ɐ̃tikuʁu'zivu] M Rostschutzmittel n
antidemocrático [ɐ̃tidimu'kratiku] undemokratisch **antidepressivo** [ɐ̃tidipri'sivu] M MED Antidepressivum n **antiderrapante** [ɐ̃tidiɐ'pɐ̃ti], **antideslizante** [ɐ̃tidiʒli'zɐ̃ti] rutschfest **antidetonante** [ɐ̃tiditu'nɐ̃ti] A ADJ gasolina

klopffest B M Antiklopfmittel n **antidopagem** [ɪtidu'paʒɐ̃ĩ] ADJ Antidoping-...; **controlo** m (bras **exame** m) ~ Antidoping-Kontrolle f

antídoto [ɪ'tidutu] M Gegengift n (a gegen); Gegenmittel n

antieconómico (*ô) [ɪtiiku'nɔmiku] unwirtschaftlich **antiespasmódico** [ɪtiʃpɐʒ'mɔdiku] A ADJ krampflösend B M krampflösendes Mittel n **antiestético** [ɪti'tɛtiku] unästhetisch, unschön **antifascista** [ɪtifaʃ'siʃtɐ] antifaschistisch **antifebril** [ɪtifi'bril] fiebersenkend **antiflatulento** [ɪtiflɐtu'lẽtu] gegen Blähungen **antifúngico** [ɪti'fũʒiku] fungizid, pilztötend

antigamente [ɪtigɐ'mẽti] ADV früher **anti-gás** [ɪti'gaʃ] ADJ **máscara** F ~ Gasmaske f

antigo [ɪ'tigu] A ADJ alt; ministro etc früher, ehemalig; móvel antik, alt; à -a nach altem Brauch B M os ~s port fig die Alten mpl

antigripal [ɪtigri'pal] A ADJ Grippe(schutz)...; **vacinação** f ~ Grippeimpfung f B M Grippemittel n

antiguidade [ɪtigwi'dadi] F hist Altertum n; Antike f; serviço: (Dienst)Alter n; ~s pl Antiquitäten fpl

anti-higiénico (*ê) [ɪtii'ʒjɛniku] unhygienisch **anti-inflamatório** [ɪtiɪ̃flɐmɐ'tɔrju] ADJ entzündungshemmend **antijurídico** [ɪtiʒu'ridiku] rechtswidrig

Antilhas [ɪ'tiʎaʃ] FPL GEOG as ~ (Maiores/Menores) die (Großen/Kleinen) Antillen pl

antílope [ɪ'tilupi] M Antilope f

antimagnético [ɪtimɐ'gnɛtiku] antimagnetisch **antimalárico** [ɪtimɐ'lariku] M Malariatabletten fpl

antipatia [ɪtipɐ'tiɐ] F Antipathie f, Abneigung f (a, contra gegen); Widerwille m (a, contra gegen) **antipático** [ɪti'patiku] unsympathisch; unfreundlich

antiquado [ɪti'kwadu] veraltet, antiquiert **antiquário** [ɪti'kwarju] M Antiquar m; Antiquitätenhändler m **antiquíssimo** [ɪti'kwisimu] uralt

anti-rugas [ɪti'ʁugɐʃ] ADJ knitterfrei; **creme** m ~ Antifaltencreme f

anti-semita [ɪtisi'mitɐ] ‹pl anti-semitas› A ADJ antisemitisch B M/F Antisemit(in) m(f) **anti-semitismo** [ɪtisimi'tiʒmu] M

Antisemitismus m

anti-séptico [ɪti'sɛtiku] A ADJ keimtötend, antiseptisch B M Antiseptikum n **anti-sísmico** [ɪti'siʒmiku] ADJ erdbebensicher **anti-social** [ɪtisu'sjal] asozial; unsozial

antitabagista [ɪtitɐbɐ'ʒiʃtɐ] Antiraucher... **antitanque** [ɪti'tɐ̃ki] Panzerabwehr... **antiterrorista** [ɪtitɨʁu'riʃtɐ] Antiterror...

antítese [ɪ'titizi] F FILOS Antithese f; Gegenteil n

antitóxico [ɪti'tɔksiku] A ADJ entgiftend B M Gegengift n **antitrust** [ɪti'trɐst], bras **antitruste** [ẽtʃi'truʃtʃi] ADJ **lei** F ~ Kartellgesetz n **antitússico** [ɪti'tusiku] A ADJ hustenlindernd B M Antitussivum n, hustenlinderndes Mittel n **antiviral** [ɪtivi'ral] ADJ antiviral, Antiviren...

antojo [ɪ'toʒu] M 1 Gelüst n; Laune f 2 (repugnância) Widerwille m, Ekel m **antolhos** [ɪ'tɔʎuʃ] MPL Scheuklappen fpl (tb fig)

antologia [ɪtulu'ʒiɐ] F LIT Sammelband m, Anthologie f

antónimo (*ô) [ɪ'tɔnimu] M LING Antonym n, Gegenteil n

antracite [ɪtrɐ'siti] F, **antracito** [ɪtrɐ'situ] M Anthrazit n

antro ['ɪtru] M Grotte f, Höhle f; fig Spelunke f; droga etc: Höhle f

antropófago [ɪtrɔ'pɔfɐgu] M, **-a** F Menschenfresser(in) m(f) **antropóide** [ɪtrɔ'pɔjdi] A ADJ menschenähnlich B M Menschenaffe m **antropologia** [ɪtrupulu'ʒiɐ] F Anthropologie f **antropólogo** [ɪtru'pɔlugu] M, **-a** F Anthropologe m, -login f

Antuérpia [ɪ'twɛrpjɐ] F Antwerpen n

anual [ɐ'nwal] jährlich; Jahres... **anualidade** [ɐnwɐli'dadi] F Jahresbeitrag m; Jahresrate f **anualmente** [ɐnwal'mẽti] ADV (all)jährlich

anuário [ɐ'nwarju] M Jahrbuch n; ~ **comercial** Adressbuch n

anuência [ɐ'nwẽsjɐ] F Zustimmung f **anuidade** [ɐnwi'dadi] F Jahresbetrag m; FIN Annuität f

anuir [ɐ'nwir] ‹3i› ~ **a** zustimmen zu; einwilligen in

anulação [ɐnulɐ'sɐ̃ũ] F Annullierung f, Aufhebung f; Nichtigkeitserklärung f **anular**[1] [ɐnu'lar] V/T ‹1a› acordo rückgängig machen; *lei* außer Kraft setzen, aufheben; *contrato* auflösen; *casamento* annullieren

anular² [ɐnu'ɫar] ADJ ringförmig; **dedo ~** Ringfinger *m*

anunciação [ɐnũsjɐ'sɐ̃ũ] F Ankündigung *f*; REL (Mariä) Verkündigung *f* **anunciador** [ɐnũsjɐ'dor] ADJ, **anunciante** [ɐnũ-'sjɐ̃ti] A ADJ anzeigend; verkündend B M/F Inserent(in) *m(f)* **anunciar** [ɐnũ'sjar] ⟨1g⟩ *visita, acontecimento* ankündigen; *notícia* verkünden, bekannt machen; *publicar* annoncieren, inserieren; *rádio* ansagen

anúncio [ɐ'nũsju] M Bekanntmachung *f*; Ankündigung *f*; *jornal*: Zeitungsanzeige *f*, Inserat *n*; *rádio* Ansage *f*; **~ de desaparecimento** Vermisstenanzeige *f*; **~ luminoso** Leuchtreklame *f*; **pôr (um) ~** inserieren; **~s** *pl* **classificados** (Klein)Anzeigen *fpl*

ânus ['ɐnuʃ] M After *m*

anuviar [ɐnu'vjar] ⟨1g⟩ verdüstern

anverso [ɐ̃'vɛrsu] M Vorderseite *f*

anzol [ɐ̃'zɔɫ] M Angelhaken *m*; *fig* Fallstrick *m*; **cair no ~ de alg** j-m ins Netz gehen; **morder (ou tragar) o ~** anbeißen (*tb fig*)

ao [au] CONTR *de* a e o; GASTR nach Art (*gen ou von*)

aonde [ɐ'õdi] ADV wo(hin)

aorta [ɐ'ɔrtɐ] F Aorta *f*, Hauptschlagader *f*

apadrinhamento [ɐpɐdriɲɐ'mẽtu] M Patenschaft *f*; *pej* Vetternwirtschaft *f* **apadrinhar** [ɐpɐdri'ɲar] ⟨1a⟩ Pate sein bei; die Patenschaft übernehmen von; *fig* begünstigen

apagado [ɐpɐ'gadu] *tom* dumpf (*tb fig*); *luz* erloschen; *fig* bescheiden; still **apagar** [ɐpɐ'gar] ⟨1o; *Stv* 1b⟩ auslöschen; *fogo,* INFORM löschen; *escrita* ausradieren; *luz* ausschalten; *cor* bleichen; *quadro* abwischen; *cigarro* ausdrücken; *fig tb* besänftigen; vermindern; *vestígio* verwischen **apagar-se** V/R *luz* erlöschen; *tom* wenking sterben **apagável** [ɐpɐ'gavɛɫ] ADJ *tinta* löschbar; **não ~** INFORM nicht löschbar

apainelado [ɐpajni'ɫadu] M Deckenpaneel *n* **apainelar** [ɐpajni'ɫar] ⟨1c⟩ täfeln

apaixonado [ɐpajʃu'nadu] leidenschaftlich; (*enamorado*) verliebt (**por** *in ac*); hingerissen (**por** *von*) **apaixonante** [ɐpajʃu'nɐ̃ti] erregend; *pessoa* hinreißend; *livro, filme* spannend **apaixonar** [ɐpajʃu'nar] ⟨1e⟩; begeistern, hinreißen; Leidenschaft wecken bei (*ou* in *dat*); *acontecimento* zutiefst bewegen; **~-se por** *pessoa* sich verlieben in (*ac*); *assunto, causa* sich begeistern für

apaladar [ɐpɐɫɐ'dar] ⟨1b⟩ würzen

apalavrado [ɐpɐɫɐ'vradu] ADJ **estar ~** verabredet (*ou* versprochen) sein **apalavrar** [ɐpɐɫɐ'vrar] ⟨1b⟩ *assunto* besprechen; *encontro* ausmachen, verabreden; *alg* verpflichten; *a/c* versprechen; mündlich ver-, zusichern; **~-se** sich mündlich verpflichten

apalermado [ɐpɐɫɛr'madu] einfältig

apalpação [ɐpaɫpɐ'sɐ̃ũ] F Abtasten *n*; MED Abklopfen *n* **apalpadela** [ɐpaɫpɐ-'dɛɫɐ] F Abtasten *n*; **às ~s** tastend; *fig* blindlings; **andar às ~s** umhertasten; sich vorwärtstasten **apalpador** [ɐpaɫpɐ'dor] M TECN Fühler *m* **apalpar** [ɐpaɫ'par] ⟨1a⟩ *obje(c)to,* MED (ab-, be)tasten (nach); *mexer* belästigen; *fig* beunruhigen; **~ as costelas a alg** *port* j-m e-e Tracht Prügel verabreichen; *fig* sondieren

apanágio [ɐpɐ'naʒju] M Merkmal *n*

apanha [ɐ'paɲɐ] F *azeitona*: (Oliven)Ernte *f*; *uva*: (Trauben)Lese *f*

apanhação [ɐpɐɲɐ'sɐ̃ũ] F *bras* → apanha **apanhada** [ɐpɐ'ɲadɐ] F **brincar** (*ou* **jogar**) **à ~** Fangen spielen **apanhadeira** [ɐpɐɲɐ'dɐjrɐ] F (Obst)Pflückerin *f*; *bras* Kehrblech *n* **apanhado** [ɐpɐ'ɲadu] A ADJ ertappt; *pop* (*louco*) verrückt, behämmert; *pop* (*doente*) von e-r Krankheit erwischt; **bem ~** lustig; *bras* gut aussehend B M Zusammenfassung *f*; Übersicht *f*; *vestido*: Falte *f*, Faltenwurf *m* **apanhador** [ɐpɐɲɐ'dor] M 1 *café, fruta etc:* Pflücker *m*; *peixe etc:* Hafenarbeiter *m* 2 *lixo*: Schaufel *f*, Kehrblech *n* **apanha-gotas** [ɐpaɲɐ'gotɐʃ] M ⟨*pl inv*⟩ Tropfenfänger *m*; TECN Auffanggschale *f* **apanha-moscas** [ɐpaɲɐ'moʃkɐʃ] M ⟨*pl inv*⟩ Fliegenfänger *m*; BOT Sonnentau *m* **apanhar** [ɐpɐ'ɲar] ⟨1a⟩ A V/T 1 *do chão*: aufheben; *pessoa, obje(c)to* (er)greifen, fassen, packen; *fruta* pflücken, ernten; *uva* lesen; *vestido* raffen; *malhas* aufnehmen; *bola, peixe* fangen; *ladrão* gefangen nehmen; **~ alg em a/c** j-n bei etw ertappen (pop erwischen) **2** (receber) chuva abbekommen; *fila* geraten; *febre, comboio* bekommen; *fam* kriegen; *alg* einholen, treffen; *fam* abstauben; **~ um chumbo** *port pop escola* sitzenbleiben **B** *VII* geschlagen werden (*tb fig*) **apanho** [ɐˈpɐɲu] M → apanha

apara [ɐˈparɐ] F *papel*: Schnitzel m; *madeira*: Span m; **~s** pl Späne mpl; Abfall m; GASTR (Fleisch)Reste mpl **apara-charutos** [aparɐʃɐˈrutuʃ] M ⟨*pl inv*⟩ Zigarrenabschneider m

aparador [aparɐˈdor] M Anrichte f

aparafusar [aparafuˈzar] ⟨1a⟩ anschrauben

apara-lápis [aparɐˈłapiʃ] M ⟨*pl inv*⟩ Bleistiftspitzer m

aparar [apɐˈrar] ⟨1b⟩ *bola, golpe* auffangen; *pedra* behauen; *lápis* spitzen; *barba, cabelo* stutzen; *madeira* abhobeln, glätten; *estilo* (aus)feilen; *fig* (e-e Zumutung) dulden

aparato [apɐˈratu] M Aufwand m; Pracht f; (Polizei)Aufgebot n; **com grande ~** mit großem Aufwand (*ou* Aufgebot) **aparatoso** [apara'tozu] aufwändig; *cerimónia* pompös; *acontecimento* spektakulär, Aufsehen erregend

aparcamento [aparkɐˈmẽtu] M Parken n

aparcar [aparˈkar] ⟨1n, Stv 1b⟩ parken

aparceirar [aparsejˈrar] ⟨1a⟩ *alg* zum (Geschäfts)Partner nehmen; **~ com** sich einlassen mit

aparecer [apɐriˈser] ⟨2g⟩ *pessoa* erscheinen; kommen; *doença* auftreten; *verdade etc* zutage treten, zum Vorschein kommen **aparecimento** [apɐrisiˈmẽtu] M Erscheinen n

aparelhador [apɐriʎɐˈdor] M ARQUIT Polier m **aparelhagem** [apɐriˈʎaʒĩ] F Gerätschaften fpl; Apparatur f; Anlage f; *fig* Apparat m; **~ (de som)** Stereoanlage f **aparelhamento** [apɐriʎɐˈmẽtu] M Bestückung f; → aparelhagem **aparelhar** [apɐriˈʎar] ⟨1d⟩ ausrüsten, ausstatten; vorbereiten; *pedra, madeira* behauen, bearbeiten; *cavalo* anschirren; NÁUT auftakeln **aparelho** [apɐˈre(i)ʎu] M **1** Apparat m, Gerät n; Vorrichtung f; *bras* Service n (*Geschirr*); MED (Gips)Verband m; *dentes*: Zahnspange f; ARQUIT Mauerverband m; **~ auditivo** Hörgerät n; **~ de leitura** Lesegerät n; **~ fotográfico** Fotoapparat m; **~ de som** *bras* Stereoanlage f **2** ANAT **~ circulatório** Kreislauf m; **~ digestivo** Verdauungsapparat m; **~ reprodutor** Fortpflanzungsorgane npl; **~ respiratório** Atmungsorgane npl

aparência [apɐˈrẽsjɐ] F Schein m; Anschein m; Äußere(s) n; **salvar as ~s** den Schein wahren

aparentado [aparẽˈtadu] verwandt **aparentar** [aparẽˈtar] ⟨1a⟩ vortäuschen; scheinen, aussehen wie; **~ (calma)** sich (ruhig) geben; **~-se com** ähneln (*dat*); sich verschwägern mit **aparente** [apɐˈrẽti] scheinbar, Schein...

aparição [apariˈsãu̯] F Erscheinung f

aparo [ɐˈparu] M Beschneiden n; *lápis*: Spitzen n; *espec* Schreibfeder f

apartação [apartɐˈsãu̯] F (*separação*) Trennung f; (*distância*) Entfernung f; *tourada*: Aussuchen n (*der Kampfstiere*)

apartado [aparˈtadu] **A** ADJ abgelegen, einsam **B** M Postfach n **apartamento** [apartɐˈmẽtu] M **1** (*separação*) Trennung f; (*quarentena*) Absonderung f; (*distância*) Entfernung f; (*solidão*) Zurückgezogenheit f **2** (*casa*) Appartement n, Wohnung f **apartar** [aparˈtar] ⟨1b⟩ *obje(c)tos* beiseitelegen, auf die Seite tun; *pessoas, animais* trennen, absondern; *olhar* abwenden; **~ de** abbringen von; **~-se** sich zurückziehen, sich abwenden; *do caminho*: abweichen

aparte [ɐˈparti] M Zwischenbemerkung f; TEAT Monolog m, Selbstgespräch n **apartear** [aparˈtjar] ⟨1l⟩ dazwischenrufen; *alg* unterbrechen

apart-hotel [apartɔˈtɛł] M Aparthotel n

apartidário [apartiˈdarju] unabhängig; POL parteilos **apartidarismo** [apartidɐˈriʒmu] M Unparteilichkeit f; politische Unabhängigkeit f

aparvalhado [aparvɐˈʎadu], **aparvoado** [aparˈvwadu] (*surpreendido*) verdutzt, verwirrt; (*bronco*) dumm, blöde **aparvalhar** [aparvɐˈʎar] ⟨1b⟩, **aparvoar** [aparˈvwar] ⟨1f⟩ verwirren, *fam* verdattern; verdummen; **~-se** *pop* verblöden

apascentar [apɐʃẽˈtar] ⟨1a⟩ füttern; zur Weide führen; hüten (*tb fig*)

apatacado [apataˈkadu] *bras* reich

apatetar-se [apateˈtarsi] ⟨1a⟩ verblöden

apatia [apɐˈtiɐ] F Apathie f; Teilnahmslo-

sigkeit f, Gleichgültigkeit f
apático [ɐˈpatiku] teilnahmslos
apátrida [ɐˈpatridɐ] A ADJ staatenlos B M/F Staatenlose(r) m/f(m)
apavorar [ɐpɐvuˈrar] ⟨1e⟩ erschrecken, entsetzen
apaziguador [ɐpɐzigwɐˈdor] Frieden stiftend **apaziguamento** [ɐpɐzigwɐˈmẽtu] M país: Befriedung f; pessoa: Beruhigung f **apaziguar** [ɐpɐziˈgwar] ⟨1m⟩ país befrieden; adversário versöhnen; beruhigen
apeadeiro [ɐpjɐˈdɐjru] M FERROV Haltepunkt m **apear** [ɐˈpjar] ⟨1l⟩ A VT alg herunterhelfen; aussteigen lassen; herunternehmen; abwerfen; cargo entheben, absetzen; fig stürzen B V/I (& V/R) ~(-se) cavalo, bicicleta absitzen; automóvel, comboio aussteigen (de aus); absteigen (em in dat)
apedido [ɐpeˈdʒidu] M bras Leserzuschrift f
apedrejador [ɐpidriʒɐˈdor] M Steinewerfer m **apedrejamento** [ɐpidriʒɐˈmẽtu] M Steinigung f **apedrejar** [ɐpidriˈʒar] ⟨1d⟩ (mit Steinen) bewerfen; mit Steinwürfen vertreiben; steinigen
apegadiço [ɐpigɐˈdisu] substância klebrig, zäh; doença ansteckend **apegado** [ɐpiˈgadu] anhänglich, zugetan (dat) **apegar-se** [ɐpiˈgarsi] ⟨1o, Stv 1c⟩ ~ a Zuneigung fassen zu; sich klammern (oder halten) an (ac); hängen an (dat) **apego** [ɐˈpegu] M (fôlego) Zähigkeit f, Beharrlichkeit f; (tendência) Hang m (a zu), Neigung f (a zu); fig Anhänglichkeit f, Zuneigung f
apeiro [ɐˈpɐjru] M Gerätschaft f; Werkzeug n
apelação [ɐpelɐˈsɐ̃u] F DIR Berufung f; fig Ausweg m; **sem ~ nem agravo** ohne Revisionsmöglichkeit; fig unwiderruflich **apelante** [ɐpiˈlɐ̃ti] M/F Berufungskläger(in) m/f **apelar** [ɐpiˈlar] ⟨1c⟩ A VT **~ para** appellieren an (ac); (pedir auxílio a) um Hilfe anrufen; DIR Berufung einlegen bei (de gegen) B V/I Berufung einlegen **apelatório** [ɐpilɐˈtɔrju] Berufungs... **apelável** [ɐpiˈlavɛɫ] revisionsfähig
apelidado [ɐpeliˈdadu] ADJ **~ de ...** genannt **apelidar** [ɐpeliˈdar] ⟨1a⟩ **~ de** nennen; cargo benennen als **apelido** [ɐpeˈlidu] M 1 Familienname m, Nachname m 2 bras tb Spitzname m, Kosename m; **ser ~ bras pop** von wegen ...!
apelo [ɐˈpelu] M Aufruf m (a an ac), Appell m (a an ac); DIR Berufung f; **sem ~** unwiderruflich; **fazer ~ ao serviço de** j-s Hilfe in Anspruch nehmen
apenas [ɐˈpenɐʃ] A ADV nur, lediglich; temporal: erst B C̄J kaum; sobald
apêndice [ɐˈpẽdisi] M Anhang m (a, de zu); Zusatz m (a, de zu); ANAT Blinddarm m
apendicite [ɐpẽdiˈsiti] F Blinddarmentzündung f
apensar [ɐpẽˈsar] ⟨1a⟩ hinzufügen (a zu), anhängen (a an ac) **apenso** [ɐˈpẽsu] A ADJ beigefügt B M Anlage f; Zusatz m
aperaltado [ɐpiraɫˈtadu] aufgedonnert
aperaltar-se [ɐpiraɫˈtarsi] ⟨1a⟩ fam sich aufdonnern
aperceber [ɐpirsiˈber] ⟨2c⟩ 1 wahrnehmen 2 a/c vorbereiten; alg ausrüsten (de mit), versehen (de mit); **~-se** (be)merken (de a/c etw); (compreender) begreifen
aperfeiçoamento [ɐpirfɐjswɐˈmẽtu] M Vervollkommnung f; Vollendung f; profissional: Weiterbildung f; **curso m de ~** Fortbildungskurs m **aperfeiçoar** [ɐpirfɐjˈswar] ⟨1f⟩ vervollkommnen, verbessern; **~-se** sich weiterbilden
aperitivo [ɐpiriˈtivu] A ADJ appetitanregend B M Aperitif m
aperrar [ɐpeˈʀar] ⟨1c⟩ entsichern
aperrear [ɐpiˈʀjar] ⟨1l⟩ hetzen; fig unterdrücken; peinigen; pop alg kurz halten
apertadela [ɐpirtɐˈdɛlɐ] F kurzer, heftiger Druck m; fig Zwangslage f, fam Zwickmühle f; **dar uma ~ a alg** j-n zwicken; fig sich (dat) j-n vornehmen **apertado** [ɐpirˈtadu] A ADJ eng (tb curva); orçamento schmal, knapp; espaço beengt; (comprimido) fest; (severo) streng; fig verängstigt; **estar ~ fam** drängen, eilig sein; bras fam dringend (auf die Toilette) müssen; bras tb knapp bei Kasse sein B M bras Engpass m **aperta-livros** [ɐpɛrtɐˈlivruʃ] M ⟨pl inv⟩ Bücherstütze f **apertão** [ɐpirˈtɐ̃u] M heftiger Druck m; Gedränge n; **dar um ~ em** drängen **aperta-papéis** [ɐpɛrtɐpɐˈpɛiʃ] M ⟨pl inv⟩ Papierclip m **apertar** [ɐpirˈtar] ⟨1c⟩ A VT (zusammen)drücken, (zusammen)pressen; com fita, fio: (zusammen)schnüren; fest umklammern; esponja ausdrücken;

vestido enger machen; *botão* zuknöpfen; *parafuso* anziehen; *nó* zuziehen; *laço* zusammenziehen; *mão* drücken, schütteln; *passo* beschleunigen; *coração* bedrücken, zusammenschnüren; *disciplina* verschärfen; *fig* **~ alg** j-m (hart) zusetzen; *espec* j-n ausfragen; **~ a mão de alg** j-m die Hand schütteln; **~ o(s) cinto(s)** AUTO, AERO sich anschnallen; *fig* den Gürtel enger schnallen; **~ nas despesas** (*ou* **a bolsa**, *ou* **os cordões à bolsa**) sparen, Ausgaben verringern B *VI* drücken; zusammenrücken, sich zusammenschließen; *tempo, necessidade* drängen; *calor etc* stärker (*ou* schlimmer) werden; *tempestade* sich zusammenziehen; **~ com alg** j-n bedrängen, j-m zusetzen mit; **~-se a** sich drängen (*ou* hängen) an (*ac*)
aperto [ɐˈpertu] M Druck *m*; *gente*: Gedränge *n*; *espaço*: Enge *f*; *fig* Bedrängnis *f*, Not *f*; Verlegenheit *f*, *fam* Klemme *f*; (*urgência*) Dringlichkeit *f*; TECN Verspannung *f*; *peça*: Festsitz *m*; MED Verengung *f*; **~ de mão(s)** Händedruck *m*, Handschlag *m*; **parafuso** *m* **de ~** Klemm-, Spannschraube *f*; **meter-se** (*ou* **ver-se**) **em ~s** in Schwierigkeiten stecken
apesar [ɐpiˈzar] PREP **~ de** trotz, ungeachtet; **~ disso** trotzdem; **~ de que** (*conj*) obwohl, obgleich
apetecer [ɐpitiˈser] ⟨2g⟩ A *VI* begehren, streben nach; *comida* Appetit haben auf (*ac*); *divertimento etc* Lust haben an (*ac*), Gefallen finden an (*dat*), zusagen B *VI* Appetit machen; **apetece-me** (*inf*) ich habe Lust auf (*ac*) *ou zu* **apetecível** [ɐpitiˈsivɛł] begehrenswert; *comida* appetitlich
apetência [ɐpiˈtẽsjɐ] F Lust *f* (**por** auf *ac*); (*desejo*) Begierde *f* (**por** nach)
apetite [ɐpiˈtiti] M Appetit *m* (**de**, **para**, **por** auf *ac*); Gefallen *m* (**de**, **para**, **por** an *dat*); (*desejo*) Begierde *f* (**de**, **para**, **por** nach) **apetitivo** [ɐpitiˈtivu], **apetitoso** [ɐpitiˈtozu] appetitlich; *obje(c)to*, begehrenswert
apetrechamento [ɐpitrɨʃɐˈmẽtu] M Ausstattung *f*, Ausrüstung *f* **apetrechar** [ɐpitriˈʃar] ⟨1d⟩ ausstatten, -rüsten
apiário [ɐˈpjarju] M Bienenhaus *n*; Bienenstand *m*
ápice [ˈapisi] M Gipfel *m* (*tb fig*); Spitze *f*; **~s** *pl* Trema *n*; **num ~** im Nu; **por um ~**

um ein Haar
apícola [ɐˈpikulɐ] Bienen...
apicultor [ɐpikułˈtor] M Imker *m* **apicultura** [ɐpikułˈturɐ] F Bienenzucht *f*
apiedado [ɐpjeˈdadu] mitleidig, mitfühlend **apiedar** [ɐpjeˈdar] ⟨1c⟩ j-s Mitleid erregen; **~-se** Mitleid empfinden (**de** für)
apimentado [ɐpimẽˈtadu] scharf, gepfeffert (*tb fig*) **apimentar** [ɐpimẽˈtar] ⟨1a⟩ pfeffern (*tb fig*); (*condimentar*) würzen
apinhado [ɐpiˈɲadu] dicht besetzt, überfüllt **apinhar** [ɐpiˈɲar] ⟨1a⟩, **apinhoar** [ɐpiˈɲwar] ⟨1f⟩ *espaço* (über)füllen; *madeira, pedras* Steine (auf)häufen; *pessoas, animais* (zusammen)drängen
ápiro [ˈapiru] feuerfest
apisoar [ɐpiˈzwar] ⟨1f⟩ walken; stampfen
apitadela [ɐpitɐˈdɛłɐ] F Pfiff *m*; **~ inicial** DESP Anpfiff *m*; *fig* Startschuss *m*; **dar uma ~ a alg** *pop* j-n kurz anrufen **apitar** [ɐpiˈtar] ⟨1a⟩ pfeifen; **andar a ~** *pop* (völlig) blank sein; **ficar a ~** *pop* zu kurz kommen **apito** [ɐˈpitu] M Pfeife *f*; Pfiff *m*
aplacar [ɐpłɐˈkar] ⟨1n; Stv 1b⟩ besänftigen, beruhigen; *fome* stillen; *fogo* eindämmen; **~-se** *vento* sich legen
aplainamento [ɐpłajnɐˈmẽtu] M Hobeln *n*, Glätten *n* **aplainar** [ɐpłajˈnar] ⟨1a⟩ *madeira* (ab)hobeln; *disputa* schlichten; *fig* → aplanar
aplanação [ɐpłɐnɐˈsɐ̃u] F Ebnen *n*; Einebnung *f*, Nivellierung *f* **aplanado** [ɐpłɐˈnadu] eben; flach, platt **aplanar** [ɐpłɐˈnar] ⟨1a⟩ ebnen (*tb fig*); *diferenças* einebnen; beheben
aplaudir [ɐpłauˈdir] ⟨3a⟩ A *VI* feiern, bejubeln; loben; *desempenho* anerkennen B *VI* applaudieren, Beifall klatschen **aplauso(s)** [ɐˈpłauzu(ʃ)] M|PL Beifall *m*
aplicabilidade [ɐpłikɐbiłiˈdadi] F Anwendbarkeit *f* **aplicação** [ɐpłikɐˈsɐ̃u] F ❶ Verwendung *f*, Gebrauch *m*; *medicamento tb* Verabreichung *f*; *cor*: Auftragen *n*; **ter ~** sich anwenden lassen ❷ *port* INFORM Anwendung *f*, Programm *n*; **-ões** *pl* **multitarefa** INFORM Multitasking *n* ❸ *vestuário*: Besatz *m*, Applikation *f* ❹ Fleiß *m* (**a**, **em** bei) **aplicado** [ɐpłiˈkadu] *pessoa* fleißig; *ciências* angewandt **aplicar** [ɐpłiˈkar] ⟨1n⟩ anwenden (**a** *ac*, **em** bei); verwenden; anpassen (**a an** *ac*); *penso* auflegen; *selo* aufkleben; *dinhei-*

ro investieren; *cor* auftragen; *medicamento* verabreichen, geben; *pancada* verpassen, versetzen; *sentença* verurteilen; **~-se** a sich widmen (*dat*); passen (*ou* gehören) zu **aplicativo** [aplikaˈtʃivu] M *bras* INFORM Anwenderprogramm *n*
aplique [aˈpliki] M Wandleuchte *f*
aplomb [aˈplõ] M Selbstsicherheit *f*; Unverfrorenheit *f*
apneia (*é) [ɐˈpnɐja] F Atemstillstand *m*
apocalipse [apɔkaˈlipsi] M Weltuntergang *m*
apodar [apuˈdar] ⟨1e⟩ aufziehen, hänseln; **~ com** vergleichen mit; **~ de** nennen
apoderado [apudiˈradu] M *espec tourada*: Manager *m* **apoderar-se** [apudiˈrarsi] ⟨1c⟩ **~ de** sich bemächtigen (*gen*); ergreifen
apodo [ɐˈpodu] M Spott *m*; Beschimpfung *f*; *fig* Spitzname *m*
apodrecer [apudriˈser] ⟨2g⟩ A V/T verderben lassen B V/I *víveres* (ver)faulen, verderben; *cadáver* verwesen
apogeu [apɔˈʒeu] M *fig* Höhepunkt *m*, Gipfel *m*
apoiado [apoˈjadu] A INT ~! bravo!, sehr richtig! B M Beifall *m* **apoiar** [apoˈjar] ⟨1a, *bras* 1k⟩ *pessoa* (unter)stützen, helfen; *à parede* (an)lehnen; TECN lagern; abstützen; **~-se em** sich stützen (*ou* beruhen) auf (*ac*) (*Person*); *tese* (be)ruhen auf (*dat*); Nachdruck legen auf (*ac*); **~-se a** (*ou* **contra**) sich lehnen an (*ac*) (*ou* gegen)
apoio [aˈpoju] M Stütze *f*; Halt *m*; (*auxílio*) Unterstützung *f*, Hilfe *f*; TECN Lager *n*, Lagerung *f*; Stütze *f*; **dar ~ a alg** j-n unterstützen; **~ ao sistema** INFORM Systemunterstützung *f*
apólice [aˈpɔlisi] F Police *f*; COM Anteilschein *m*; **~ aberta** Pauschalpolice *f*; **~ de carga** Frachtschein *m*; **~ de seguro** Versicherungspolice *f*
apologético [apuluˈʒɛtiku] Rechtfertigungs-..., Verteidigungs-...; *tb* Lob-...
apologia [apuluˈʒia] F 1 Rechtfertigungs-, Verteidigungsrede *f*, Apologie *f* 2 (*elogio*) Lobrede *f*, -schrift *f*; Verherrlichung *f*; **fazer a ~ de** rechtfertigen, verteidigen **apologista** [apuluˈʒiʃta] M/F Verteidiger(in) *m(f)*; Verfechter(in) *m(f)*; *elogio*: Lobredner(in) *m(f)*
apontado [apõˈtadu] spitz (zulaufend); **ele é ~ a dedo** man zeigt mit dem Finger auf ihn **apontador** [apõtɐˈdor] M Zeiger *m*; *prisão*: Aufseher *m*; Schließer *m*; (*livro*) Kontrollbuch *n*; TEAT Souffleur *m*; *bras* Bleistiftspitzer *m* **apontamento** [apõtɐˈmetu] M Hinweis *m*; *escrito* Notiz *f*, Vermerk *m*; Eintragung *f*; *transcrição* Aufzeichnung *f*; **tomar ~s** sich (*dat*) Notizen machen **apontar** [apõˈtar] ⟨1a⟩ A V/T zeigen auf (*ac*), (Hin)weisen auf (*ac*); *hora* anzeigen; *testemunha* benennen; *motivo* darlegen; *entrevista* festsetzen; *orelhas* spitzen; *espingarda, ponta* richten (**para** auf *ac*); (sich *dat*) etw auf-, mitschreiben, notieren; festhalten; *câmbio* eintragen; *acontecimento* aufzeichnen, (an-, zu)spitzen; *fig* schärfen B V/I auftauchen; *dia* anbrechen; *dente* durchstoßen; *barba, botão* sprießen; *osso* herausstehen; *geralm* hervortreten; TEAT soufflieren; **~ para** zeigen auf
apontoar [apõˈtwar] ⟨1f⟩ (zusammen)heften; *fig* erwähnen; ARQUIT versteifen, verstreben
apoplexia [apɔplɛˈksia] F (Hirn)Schlag *m*
apoquentação [apukẽtɐˈsɐ̃u] F Verdruss *m*, Sorge *f* **apoquentado** [apukẽˈtadu] bekümmert (**com, por** über *ac*); besorgt (**com, por um ou wegen**) **apoquentador** [apukẽtɐˈdor] lästig; beschwerlich **apoquentar** [apukẽˈtar] ⟨1a⟩ bedrücken, belästigen; quälen; **~-se** sich ängstigen
apor [aˈpor] ⟨2z⟩ bei-, hinzufügen; auflegen, -setzen; anbringen; *cartaz* anschlagen; *assinatura* leisten
aporrinhar [apuʁiˈnar] ⟨1a⟩ *pop* auf die Nerven gehen; (*bater*) verdreschen
aportar [apurˈtar] ⟨1e⟩ **~ a** NÁUT anlaufen; **~ em** einlaufen in (*ac*); *local* geraten nach
aportuguesamento [apurtugizɐˈmetu] M Portugiesierung *f*; portugiesische Form *f* **aportuguesar** [apurtugiˈzar] ⟨1c⟩ *palavras* portugiesieren; *pessoa* zum Portugiesen machen (**~-se** werden)
após [aˈpɔʃ] A PREP nach (*dat*); hinter (*dat*); **ano ~ ano** Jahr für Jahr B ADV danach, hinterher
aposentação [apuzẽtɐˈsɐ̃u] F *port* Pensionierung *f*; (Versetzung *f ou* Eintritt *m* in den) Ruhestand *m*; *funcionários*: Pensionierung *f*; UNIV Emeritierung *f*; **Caixa**

f de Aposentação *port* Pensionskasse f **aposentado** [ɐpuzẽ'tadu] **A** ADJ im Ruhestand **B** M̲, **-a** F̲ Rentner(in) m(f) **aposentadoria** [ɐpozẽtado'riɛ] F̲ *bras* Altersversorgung f; Ruhegeld n; → aposentação; **direito** m **a ~** Pensionsberechtigung f; **~ provisória** einstweiliger Ruhestand m **aposentar** [ɐpuzẽ'tar] ⟨1a⟩ **1** in den Ruhestand versetzen; UNIV emeritieren **2** *(alojar)* beherbergen; **~-se 3** in den Ruhestand treten **4** *(alojar-se)* unterkommen, absteigen **aposento** [ɐpu'zẽtu] M̲ Wohnraum m; Unterkunft f **após-guerra** [ɐpɔʒ'gɛrɐ] M̲ ⟨sem pl⟩ Nachkriegszeit f

aposição [ɐpuzi'sɐ̃u] F̲ Beifügung f **apossar** [ɐpu'sar] ⟨1e⟩ in Besitz nehmen; **~ alg de** j-n einsetzen in *(ac)*; **~-se de** in Besitz nehmen

aposta [ɐ'pɔʃtɐ] F̲ Wette f; **fazer uma ~** eine Wette abschließen, wetten; **de ~** um die Wette **apostado** [ɐpuʃ'tadu] entschlossen (em zu) **apostar** [ɐpuʃ'tar] ⟨1e⟩ verwetten; wetten (em um); setzen (em auf *ac*)

apóstata [ɐ'pɔʃtɐtɐ] REL abtrünnig **apostila** [ɐpuʃ'tilɐ] F̲, **apostilha** [ɐpuʃ'tiʎɐ] F̲ *(nota)* Randbemerkung f; *(aditamento)* Nachtrag m; *(explicação)* Erläuterung f

aposto [ɐ'poʃtu] **A** PP *irr* → apor **B** ADJ ⟨fsg, m/fpl [-'pɔ-]⟩ beiliegend; *fig* von angenehmen Äußeren; wohlgeformt **C** M̲ GRAM Apposition f

apostolar [ɐpuʃtu'lar] ⟨1e⟩ (das Evangelium) verkündigen; predigen **apóstolo** [ɐ'pɔʃtulu] M̲ Apostel m **apostrofar** [ɐpuʃtru'far] ⟨1e⟩ **1** *(insultar)* Verwünschungen ausstoßen gegen; beschimpfen **2** feierlich anreden, apostrophieren (**de** als) **3** *palavra* mit Apostroph versehen

apóstrofe [ɐ'pɔʃtrufi] F̲ *retórica:* Apostrophe f; Zwischenruf m; *(insulta)* Beschimpfung f **apóstrofo** [ɐ'pɔʃtrufu] M̲ GRAM Apostroph m

apoucado [ɐpo'kadu] gering; klein(lich); *(tacanho)* zurückgeblieben **apoucamento** [ɐpoka'mẽtu] M̲ Verminderung f; *fig* Verächtlichmachung f; Erniedrigung f; Niedergeschlagenheit f **apoucar** [ɐpo'kar] ⟨1n⟩ verringern; *fig* herabsetzen; **~-se** sich erniedrigen; sich klein machen

apr. ABR *(aprovado)* gen. (genehmigt) **aprazamento** [ɐprɐzɐ'mẽtu] M̲ *contrato:* Befristung f; Frist f; *prazo:* Anraumung f, Festsetzung f **aprazar** [ɐprɐ'zar] ⟨1b⟩ befristen; *sessão* anberaumen; *data* festsetzen; *alg* vorladen, bestellen **aprazer** [ɐprɐ'zer] ⟨2y⟩ **~ a alg** j-m gefallen, j-n erfreuen, j-m angenehm sein **aprazimento** [ɐprɐzi'mẽtu] M̲ Gefallen n, Vergnügen n; *(aprovação)* Zustimmung f

apreçar [ɐpri'sar] ⟨1p; *Stv* 1c⟩ den Preis festsetzen (*ou* erfragen); *(avaliar)* einschätzen; *fig* wertschätzen **apreciação** [ɐprisjɐ'sɐ̃u] F̲ Beurteilung f, Einschätzung f; (Über)Prüfung f **apreciador(a)** [ɐprisjɐ'dor(ɐ)] M(F) *da arte etc:* Liebhaber(in) m(f); **ser ~ de** → apreciar **apreciar** [ɐpri'sjar] ⟨1g⟩ *(avaliar)* bewerten, würdigen; *(gostar)* (wert)schätzen, zu würdigen wissen; *(julgar)* beurteilen (**por** nach); *(examinar)* betrachten, überprüfen **apreciativo** [ɐprisjɐ'tivu] ADJ abschätzend; wertend; Wert... **apreciável** [ɐpri'sjavɛɫ] *(ab)*schätzbar; *quantidade* beachtlich; *importância* wesentlich

apreço [ɐ'presu] M̲ Wertschätzung f (**para com, por** *gen)*; Achtung f (**para com, por** vor *dat)*; Wert m; **dar ~ a** Wert legen auf *(ac)*

apreender [ɐpriẽ'der] ⟨2a⟩ **A** V̲T̲ ergreifen; *alg* festnehmen; *bens* beschlagnahmen; *(compreender)* begreifen, erfassen **B** V̲I̲ (nach)grübeln (**em** über *ac*) **apreensão** [ɐpriẽ'sɐ̃u] F̲ *pessoa:* Festnahme f; *bens:* Beschlagnahme f; *fig* Befürchtung f, Sorge f (**de, por** wegen); **~ da carta** Führerscheinentzug m; **de fácil ~** leicht verständlich **apreensível** [ɐpriẽ'sivɛɫ] verständlich **apreensivo** [ɐpriẽ'sivu] besorgt, ängstlich; *(pensativo)* nachdenklich

apregoador [ɐprigwɐ'dor] M̲ (öffentlicher) Ausrufer m; Marktschreier m **apregoar** [ɐpri'gwar] ⟨1f⟩ *notícia* ausrufen, bekannt machen; *mercadoria* anpreisen; *alg* aufbieten

aprender [ɐprẽ'der] ⟨2a⟩ lernen; erfahren; FIG beherzigen; **~ a ler** lesen lernen **aprendiz** [ɐprẽ'diʃ] M̲, **aprendiza** [ɐprẽ'dizɐ] F̲ Lehrling m, Auszubildende(r) m/f(m); *fam* Azubi m/f **aprendizado**

APRE

[ɐprẽdi'zadu] M̄ Lernen n; Lehre f, Lehrzeit f; bras Lehrwerkstatt f **aprendizagem** [ɐprẽdi'zaʒɐ̃ĩ] F̄ Lehre f; **certificado m de ~** Lehrbrief m
apresar [ɐpri'zar] ⟨1c⟩ packen; fangen; MIL erbeuten; NÁUT aufbringen
apresentação [ɐprizẽta'sɐ̃ũ] F̄ (comparecimento) Vorstellung f; Auftreten n; (introdução) Einführung f; (recomendação) Empfehlungsschreiben n; pedido: Einreichung f; documento: Meldung f; Vorlage f, Vorzeigen n; produto: Vorführung f; pessoa: Aussehen n, Äußere(s) n; COM Aufmachung f, (Buch)Ausstattung f; **carta f de ~** Bewerbungschreiben n; **Apresentação** REL Mariä Opferung f (21. Nov.); **fazer a ~ de →** apresentar **apresentado** [ɐprizẽ'tadu] A ADJ bem/mal ~ produto gut/schlecht aufgemacht; pessoa gut/schlecht aussehend B M̄ vorgestellte Person f **apresentador(a)** [ɐprizẽta'dor(ɐ)] M̄(F̄) Ansager(in) m(f); TV Moderator(in) m(f) **apresentar** [ɐprizẽ'tar] ⟨1a⟩ vorstellen; orador einführen; darbieten; pêsames aussprechen; questão stellen, afirmação aufstellen; solução vorschlagen; POL proposta de lei einbringen; queixa einreichen; pedido, sugestão unterbreiten; relatório, papéis vorlegen; prova, fiador beibringen; identificação vorzeigen; modelo vorführen; câmbio präsentieren; autenticação überreichen; cumprimentos ausrichten; desculpa aussprechen; mercadoria auslegen; problema, vestígio aufweisen, aufzeigen; MIL **~ armas** das Gewehr präsentieren; **~-se** erscheinen; órgão público sich melden; polícia sich stellen; candidato antreten; kommen (**por** von)
apresentável [ɐprizẽ'tavɛɫ] gut aussehend; **estar ~** sich sehen lassen können
apresilhar [ɐprizi'ʎar] ⟨1a⟩ zubinden
apressado [ɐpri'sadu] eilig, schnell; olhar flüchtig; hastig **apressar** [ɐpri'sar] ⟨1c⟩ beschleunigen; duração abkürzen; alg drängen, (an)treiben (**a** zu); **~-se** eilen, sich beeilen
apressurado [ɐprisu'radu] eilig; hastig **apressuramento** [ɐprisurɐ'mẽtu] M̄ Eile f; fig Eifer m **apressurar** [ɐprisu'rar] ⟨1a⟩ hetzen; beschleunigen; **~-se** hasten; sich beeilen
aprestamento [ɐpriʃtɐ'mẽtu] M̄ Ausrüstung f; Vor-, Zubereitung f **aprestar**

[ɐpriʃ'tar] ⟨1c⟩ provisões etc vorbereiten, herrichten; expedição ausrüsten; fertig machen; **~-se a**, **para** sich bereitmachen für **aprestos** [ɐ'prɛʃtuʃ] MPL NÁUT Ausrüstung f
aprimorado [ɐprimu'radu] vollkommen; hervorragend
aprisco [ɐ'priʃku] M̄ (Schaf)Stall m; fig Schoß m (der Kirche)
aprisionado [ɐpriziu'nadu] gefangen **aprisionamento** [ɐpriziunɐ'mẽtu] M̄ Gefangennahme f; NÁUT Aufbringung f **aprisionar** [ɐpriziu'nar] ⟨1f⟩ gefangen nehmen; gefangen halten; NÁUT aufbringen
aproar [ɐpru'ar] ⟨1f⟩ A V/T barco drehen; auf Kurs bringen B V/I landen; zusteuern (**para**, **a** auf ac)
aprofundamento [ɐprufũdɐ'mẽtu] M̄ Vertiefung f; vertieftes Studium n **aprofundar** [ɐprufũ'dar] ⟨1a⟩ vertiefen (fig tb tema); versenken; fig ergründen; **~-se em** eindringen in (ac); fig sich versenken in (ac)
aprontamento [ɐprõtɐ'mẽtu] M̄ Ausrüstung f; Vor-, Zubereitung f **aprontar** [ɐprõ'tar] ⟨1a⟩ (her)richten
apropositadamente [ɐprupuzitadɐ'mẽti] ADV (a tempo) im rechten Augenblick; (no local certo) an der rechten Stelle **apropositado** [ɐprupuzi'tadu] geeignet, passend; angemessen **apropositar** [ɐprupuzi'tar] ⟨1a⟩ anpassen (**a** an ac); a/c einrichten **a-propósito** [ɐpru'pɔzitu] M̄ (Zwischen)Bemerkung f; **não ter ~** unangebracht sein
apropriação [ɐprupriɐ'sɐ̃ũ] F̄ bens: Aneignung f; (adaptação) Anpassung f; (transformação) Umwandlung f **apropriado** [ɐpru'priadu] ADJ **~ (a, para)** geeignet (für); richtig (für), angemessen (für); zweckmäßig (für) **apropriar** [ɐprupri'ar] ⟨1g⟩ bens aneignen; unter Gewahrsam (ou Obhut) nehmen; anpassen (**a** an ac); herrichten (**a** für); anwenden (**a** auf ac); **~-se de** sich (dat) aneignen
aprovação [ɐpruvɐ'sɐ̃ũ] F̄ pedido: Billigung f, Genehmigung f; (louvor) Beifall m; Zustimmung f (**a**, **de** zu); exame: Bestehen(lassen) n **aprovado** [ɐpru'vadu] ADJ **ser** (ou **ficar**) **~ no exame** die Prüfung bestehen **aprovar** [ɐpru'var] ⟨1e⟩ A V/T gutheißen, billigen; proposta zu-

stimmen; *pedido* genehmigen; *lei* annehmen; *exame* bestehen lassen B VT bestehen (**no exame** die Prüfung)
aproveitabilidade [spruvaitbiti'dadi] F Nutzbarkeit f **aproveitador** [spruvait3'dor] M *pop* Schmarotzer m **aproveitamento** [spruvaits'mẽtu] M Benutzung f, (Aus)Nutzung f; *material*: Verwertung f; *terra*: Nutzbarmachung f; *(vantagem)* Nutzen m; *(progresso)* Vorankommen n, Fortschritt m; *escola*: Leistung f; **~ de despojos e refugo**, *bras* **~ de resíduos** Abfallverwertung f **aproveitar** [spruvai'tar] ⟨1a⟩ A VT benutzen, gebrauchen; ausnutzen; *material, lixo* verwerten; *terra* nutzbar machen; *oportunidade* wahrnehmen B VI Nutzen ziehen aus (*dat*); vorwärtskommen; **~ com** Vorteil haben von, *fam* profitieren von *ou* bei C VR **~-se** sich (*dat*) zunutze machen; *etw* ausnutzen; **~ de alg** j-n ausnutzen; *bras tb* j-n (sexuell) missbrauchen **aproveitável** [spruvaj'tavɛɫ] brauchbar; COM verwertbar
aprovisionamento [spruvizjuna'mẽtu] M Versorgung f (mit Proviant) **aprovisionar** [spruvizju'nar] ⟨1f⟩ versorgen, ausstatten
aproximação [sproxima'sɐ̃ũ] F Annäherung f (**a, de** an *ac*); Heranziehung f; *(avaliação)* ungefähre Schätzung f, Überschlag m; AERO Anflug m; *lotaria* Trostpreis m **aproximadamente** [sprosimada'mẽti] ADV annähernd **aproximado** [sprosi'madu] Näherungs...; → aproximativo **aproximar** [sprosi'mar] ⟨1a⟩ (an)nähern; näher bringen; *(comparar)* etw zum Vergleich heranziehen; *(ligar)* in Verbindung bringen mit; *fig* näher bringen; **~-se** sich nähern (*dat*), herangehen an (*ac*); *fig* sich (*dat*) näher kommen **aproximativo** [sprosima'tivu] annähernd, ungefähr
aprumado [spru'madu] senkrecht; im Lot (*tb fig*); korrekt; aufrecht **aprumar** [spru'mar] ⟨1a⟩ senkrecht stellen; ins Lot bringen (*tb fig*); gerade richten, aufrichten; *fig* stolz machen; **~-se** aufstehen; Haltung annehmen; *bras* sich herausputzen
aptidão [spti'dɐ̃ũ] F Eignung f, Begabung f; Fähigkeit f; UNIV Hochschulreife f; **~ marítima** Seetüchtigkeit f; **~ para**
línguas Sprachbegabung f; **~ profissional** Berufsbefähigung f; **ter -ões para** begabt sein für **aptificar** [sptifi'kar] ⟨1n⟩ befähigen **aptitude** [spti'tudʒi] F → aptidão
apto ['sptu] fähig; tauglich
apunhalar [spuɲa'lar] ⟨1b⟩ erdolchen, erstechen; mit e-m Dolch verletzen; *fig* verletzen; quälen
apupada [spu'pada] F Gezisch n, Gepfeife n; Geschrei n **apupar** [spu'par] ⟨1a⟩ auspfeifen, -zischen; laut verhöhnen **apupo** [s'pupu] M Schrei m (**dar ausstoßen**); **~s** *pl* → apupada
apuração [spurs'sɐ̃ũ] F → apuramento **apurado** [spu'radu] A ADJ sorgfältig, tadellos; *gosto, comportamento* gut, edel; klar; *situação* schwierig; *bras* ungeduldig; *sopa, molho* dick, sämig; **dinheiro** m Einnahme f; **ter** (*ou* **estar com**) **a paciência -a** am Ende s-r Geduld sein; **ser ~ para o serviço militar** tauglich geschrieben werden B M (Tages)Einnahme f **apuramento** [spurs'mẽtu] M *substância*: Klärung f, Reinigung f; Verfeinerung f; *causa*: Ermittlung f, Klarstellung f; *estatística*: Auswertung f; (Stimmen)Auszählung f; *de contas*: (Rechnungs)Abschluss m **apurar** [spu'rar] ⟨1a⟩ säubern, reinigen; *estilo* verfeinern; vervollkommnen; *problema* (auf)klären, auf den Grund gehen; *verdade* ermitteln; *votos* (aus)zählen; *candidatos* wählen; *dinheiro* einnehmen; *dívidas* eintreiben; *quantia* aus-, berechnen; *mente, ouvido* schärfen; *sopa* einkochen lassen; *águas* klären; **~-se** *bras* sich aufregen
apuro [s'puru] M Vollkommenheit f; Gewähltheit f (**de, em** in *dat*); Schliff m; Sorgfalt f (**de, em** bei); TEAT ensaio m **de ~** Kostümprobe f; **~(s)** *pl financeiros*: Verlegenheit f; **ver-se** (*ou* **estar**) **em ~s** *fam* in der Klemme stecken *ou* sitzen
aquando [s'kwɐ̃du] PREP **~ de** zur Zeit (*gen*); während (*gen*)
aquaplanagem [akwspłs'naʒɐ̃ĩ] F Aquaplaning n
aquário [s'kwarju] M Aquarium n **Aquário** [s'kwarju] M ASTRON Wassermann m
aquartelado [skwartis'ładu] ADJ **estar ~** in Garnison liegen **aquartelamento** [skwartis'mẽtu] M MIL Kasernierung f; Einquartierung f **aquartelar** [skwarti-

'tar⟩ ⟨1c⟩ einquartieren; stationieren **aquático** [a'kwatiku] Wasser...; **esqui** m ~ Wasserski n

aquecedela [akɛsi'dɛtɐ] F leichte Erwärmung f; pop Tracht f Prügel **aquecedor** [akɛsi'dor] A ADJ Heiz... B M Heizgerät n; ~ **de ar** Heizlüfter m; ~ **de imersão** Tauchsieder m **aquecer** [akɛ'ser] ⟨2g; Stv 2c⟩ V/t (er)wärmen; erhitzen; casa heizen; sopa etc aufwärmen; fig ereignen; ~ **o ânimo a alg** j-n aufbringen; ~ **no forno** aufbacken B V/i wärmen (tb fig); warm werden; máquina warm laufen ~-**se** DESP sich warm machen, warm laufen **aquecimento** [akɛsi'mẽtu] M Erwärmung f; casa: Heizung f; fig Erregung f; ~ **a gás** Gasheizung f; ~ **central** Zentralheizung f; ~ **global** Erderwärmung f, globale Erwärmung f **aquecível** [akɛ'sivɛł] beheizbar

aqueduto [aki'dutu] M Aquädukt m **aquela** [a'kɛłɐ] PRON ⇒ aquele; fam die da **àquela** [a'kɛłɐ] CONTR de a e aquela **aquele** [a'keli] jene(r, -s); der, die, das (da); der-, die-, dasjenige; der der da; **quem é** ~? wer ist der da? **àquele** [a-'keli] CONTR de a e aquele **aqueloutro** [aki'łotru], **aqueloutra** [aki'łotrɐ] PRON der (die, das) andere (da)

aquém [a'kɐ̃j] ADV diesseits (**de** gen); unterhalb (**de** gen); **ser** (ou **ficar**) ~ **de** zurückbleiben hinter (dat) **aquém-fronteiras** [akɐ̃jfrõ'tɐjrɐʃ] ADV diesseits der Grenze **aquém-mar** [akɐ̃j'mar] ADV hier in Europa; **de** ~ europäisch

aqui [a'ki] ADV local: hier; direcção: hierher; temporal: jetzt; ~ **há oito dias** port vor (etwa) acht Tagen; **por** ~ hier (herum); **para** ~ hierher; **posto** ~ port COM ab hier

aquiescência [akjɛʃ'sẽsjɐ] F Zustimmung f (**a zu**); Bewilligung f; ~ **a um pedido** Erfüllung f e-r Bitte **aquiescer** [akjɛʃ'ser] ⟨2g⟩ zustimmen (**a** dat)

aquietar [akjɛ'tar] ⟨1a⟩ (sich) beruhigen **aquífero** (*ü) [a'kwifiru] A ADJ Wasser führend B M Grundwasserbrunnen m **aquilatar** [akitɐ'tar] ⟨1b⟩ die Karatzahl bestimmen; den Wert bestimmen von; fig wertschätzen; abwägen; qualidade hervorheben

aquilino [aki'tinu] Adler...

aquilo [a'kitu] das (dort); jenes

àquilo [a'kitu] CONTR de a e aquilo **aquinhoamento** [akiɲwɐ'mẽtu] M (Auf-, Ver)Teilung f **aquinhoar** [aki-'ɲwar] ⟨1f⟩ (auf-, ver-, zu)teilen; fig beschenken, ausstatten (**de** mit); ~-**se** teilhaben (**de an** dat)

aquisição [akizi'sɐ̃u] F Erwerb m, Anschaffung f; COM Einkauf m; ~ **de dados** INFORM Datenerfassung f; COM **Serviço m de Aquisição** Einkauf m **aquisitivo** [akizi'tivu] Erwerbs...; **poder** m ~ Kaufkraft f

aquista [a'kwiʃtɐ] M/F Badegast m **aquoso** [a'kwozu] wässrig; Wasser...

ar [ar] M 1 clima: Luft f; Wind m; ~**es** pl Luft f, Klima n; **corrente** f **de** ~ Durchzug m, Zugluft f; ~ **condicionado** TECN Klimaanlage f; **botão** m **do** ~ AUTO Choke m; ~ **evacuado** TECN Abluft f; **castelos** mpl **no** ~ Luftschlösser npl; **falta** f **de** ~ Atemnot f; **golpe** m **de** ~ (heftiger) Durchzug m; **uma lufada de** ~ **fresco** fig ein frischer Wind; **mudança** f **de** ~**es** Klimawechsel m; **ao** ~ **livre** ins Freie, im Freien; **no** ~ ins Blaue hinein, unüberlegt; (pendente) in der Schwebe, ungewiss; **andar com a cabeça** (ou **estar**) **no** ~ zerstreut sein; **andar no** ~ in der Luft liegen; **apanhar** ~ fam frische Luft schnappen (gehen); **apanhar no** ~ fig aufschnappen; **dar** ~, **pôr ao** ~ lüften; **fazer a/c pelos** ~**es** port flugs etw tun; **estar no** ~ TV auf Sendung sein; **ir ao** ~ **bras** TV gesendet werden; **ir aos** ~**es** port fam in die Luft gehen, platzen (vor Wut); **ir pelos** ~**es** explodieren 2 fig Anschein m; Gestalt f, Haltung f; **dar-se** ~**es de** sich aufspielen als

A.R. ABR (**Assembleia da República**) das port Parlament

árabe ['arɐbi] A ADJ arabisch B M/F Araber(in) m(f) **arabesco** [ɐrɐ'bɛʃku] M Arabeske f **Arábia** [ɐ'rabjɐ] F GEOG **a** ~ Arabien n; **a** ~ **Saudita** Saudi-Arabien n

arábias [ɐ'rabjɐʃ] FPL port fam **homem** M **das** ~ toller ou schlauer Kerl m; **coisa** f **das** ~ port Dummheit f **arábico** [ɐ'rabi-ku] arabisch

araca [a'rakɐ] F Arrak m

Aracaju [arakɐ'ʒu] bras Hauptstadt von Sergipe

aracnídeos [ɐrɐk'nidjuʃ] MPL ZOOL Spinnentiere npl

arada [aˈradɐ] F Ackerland n; tb → aradura **arado** [aˈradu] M Pflug m **aradura** [aɾɐˈduɾɐ] F Pflügen n
aragem [aˈɾaʒɐ̃ĩ] F Lufthauch m, kühles Lüftchen n, Brise f
aramado [aɾɐˈmadu] M Maschendraht m; Drahtgeflecht n **aramar** [aɾɐˈmar] ⟨1a⟩ (mit Draht) umzäunen
arame [aˈɾami] M Draht m; ~ **farpado** Stacheldraht m; **andar por ~s** port pop auf unsicherem Boden gehen; **ir aos ~s** port pop (vor Wut) platzen
aranha [aˈɾaɲɐ] F 1 ZOOL Spinne f; ~ **cruzeira** ou **de jardim** Kreuzspinne f; ~ **caranguejeira** bras Vogelspinne f; **teia f de ~** Spinnengewebe n, Spinnennetz n; fig pop Hirngespinst n; **andar às ~s** port völlig durcheinander sein (**com** wegen); **ter teias de ~ na cabeça** port Hirngespinste (ou Illusionen) haben; **ver-se em papos** (ou **palpos**) **de ~** fam in der Klemme sitzen; **~do-mar** m ZOOL Seespinne f; Dreieckskrabbe f 2 candeeiro: Kronleuchter m
aranhão [aɾɐˈɲɐ̃ũ] M Riesenspinne f; fig Tolpatsch m **aranheira** [aɾɐˈɲɐiɾɐ] F Spinnennetz n **aranhento** [aɾɐˈɲetu] voller Spinnen; Spinnen...; **aranhiço** [aɾɐˈɲisu] M fig spindeldürre Person f
aranzel [aɾɐ̃ˈzɛł] M Geschwätz n
arapuca [aɾaˈpukɐ] F bras Vogelfalle f; pop Bruchbude f; fig Gaunerei f
araque [aˈɾaki] M bras pop **de ~** zufällig; fig minderwertig; gewöhnlich
arar [aˈɾar] ⟨1b⟩ (durch-, um)pflügen
arara [aˈɾaɾɐ] F ZOOL Ara m
arbitragem [aɾbiˈtɾaʒɐ̃ĩ] F Vermittlung f; DIR Schiedsspruch m; **comissão f de ~** Schlichtungsausschuss m **arbitral** [aɾbiˈtɾał] Schieds..., Schlichtungs...; **convénio m ~** Schlichtungsvereinbarung f; **laudo m ~** Schiedsspruch m; **processo m ~** Schiedsverfahren n **arbitramento** [aɾbitɾɐˈmetu] M arbitragem; **por ~** schiedsgerichtlich **arbitrar** [aɾbiˈtɾar] ⟨1a⟩ willkürlich entscheiden; DESP Schiedsrichter sein in (ac); DIR e in Schiedsspruch fällen; **~ a/c a alg** j-m etw (richterlich) zusprechen **arbitrariedade** [aɾbitɾaɾjɛˈdadʒi] F Willkür f; willkürliches Vorgehen n **arbitrário** [aɾbiˈtɾaɾju] willkürlich
arbítrio [aɾˈbitɾju] M 1 Gutdünken n; Willkür f; **livre ~** Willensfreiheit f 2 DIR, DESP Schiedsspruch m; (parecer) Gutachten n, Meinung f
árbitro [ˈaɾbitɾu] M Vermittler m, Schlichter m; DESP Schiedsrichter m; fig oberster Richter m
arbóreo [aɾˈbɔɾju] baumartig; **vegetação f -a** Baumbestand m
arborescência [aɾbuɾiʃˈsẽsjɐ] F Baumstruktur f (grafische Darstellung)
arboricultura [aɾboɾikułˈtuɾɐ] F Baumzucht f **arborização** [aɾbuɾizɐˈsɐ̃ũ] F Aufforstung f **arborizar** [aɾbuɾiˈzar] ⟨1a⟩ mit Bäumen bepflanzen; aufforsten
arbustáceo [aɾbuʃˈtasju], **arbústeo** [aɾˈbuʃtju] strauchartig; **Strauch...**; ~**s** mpl BOT Sträucher mpl **arbusto** [aɾˈbuʃtu] M Strauch m
arca [ˈaɾkɐ] F Truhe f, Kasten m; ~ **congeladora** port Kühltruhe f; ~ **da aliança**, ~ **santa** REL Bundeslade f; ~ **de Noé** Arche f Noah; pop Pfandhaus n
arcabouço [aɾkɐˈbosu] M ANAT Brustkorb m; TECN Gerippe n; (Holz)Konstruktion f; fig Können n; Fähigkeit f
arcada [aɾˈkadɐ] F 1 Säulengang m; (Gewölbe)Bogen m; ~ **dentária** Gebiss n 2 MÚS Bogenführung f, (Bogen)Strich m **arcado** [aɾˈkadu] gebogen
arcaico [aɾˈkaiku] altertümlich; archaisch
arcanjo [aɾˈkɐ̃ʒu] M Erzengel m
arcar [aɾˈkar] ⟨1n; Stv 1b⟩ A V/T wölben; biegen; pipa bereifen B V/I ~ **com** ringen mit; dificuldades etc (er)tragen, auf sich (ac) nehmen
arcaria [aɾkɐˈɾiɐ] F Bogengang m **arcatura** [aɾkɐˈtuɾɐ] F Blendbögen mpl
arcebispado [aɾsibiʒˈpadu] M Erzbistum n **arcebispo** [aɾsiˈbiʃpu] M Erzbischof m
archote [aɾˈʃɔti] M (Pech)Fackel f; pop Viertel m Wein
arco [ˈaɾku] M Bogen m (tb ARQUIT, MÚS e arma); Reifen m; Ring m; bras DESP Tor n; TECN tb Bügel m; ~ **de prote(c)ção** AUTO Überrollbügel m
arcobotante [aɾkubuˈtɐ̃ti] M ARQUIT Strebe-, Bogenpfeiler m **arco-da-velha** [aɾkudɐˈvɛʎɐ] M ⟨mpl arcos-da-velha⟩ Regenbogen m; **coisas** fpl **do ~** Ammenmärchen npl **arco-íris** [aɾˈkwiɾiʃ] M ⟨pl inv⟩ Regenbogen m; **Grupo Arco-Íris** port POL Regenbogenfraktion f
ár(c)tico [ˈaɾtiku] GEOG A ADJ arktisch;

ARDÊ | 94

nördlich, Nord...; **pólo** m ~ Nordpol m B M̲ **o Ár(c)tico** die Arktis f

ardência [ɐrˈdẽsjɐ] F̲ Glut f, Feuer n; *sabor*: Schärfe f; MED Brennen m **ardente** [ɐrˈdẽti] *sol etc* brennend; *temperamento* feurig; *sabor* scharf; **espelho** m ~ Brennspiegel m; **capela** f ~ Totenkapelle f **ardentia** [ɐrdẽˈtiɐ] F̲ Meeresleuchten n

arder [ɐrˈder] ⟨2b⟩ A V̲I̲ (ver)brennen; (er)glühen (*tb fig*); leuchten, blitzen; *pele, língua* beißen, brennen; *fortuna* zerrinnen, verfliegen; *guerra etc* wüten, grassieren; ~ **por** (*inf*) darauf brennen zu (*inf*) B V̲T̲ verbrennen; *fig* herbeisehnen; **deixar** ~ *pop* e-e Sache (einfach) laufen lassen

ardiloso [ɐrdiˈlozu] (hinter)listig

ardimento [ɐrdiˈmẽtu] M̲ Kühnheit f

ardina [ɐrˈdinɐ] Zeitungsjunge m

ardor [ɐrˈdor] M̲ Glut f, Hitze f; *fig* Feuereifer m (**em** bei); Begierde f; MED **~(es)** (*pl*) Brennen n **ardoroso** [ɐrduˈrozu] brennend, glühend; *temperamento* feurig, hitzig

ardósia [ɐrˈdɔzjɐ] F̲ Schiefer m

árduo [ˈardwu] *subida* steil; *tarefa* schwierig, mühevoll, hart

are [ˈari] M̲ AGR *medida*: Ar n

área [ˈarjɐ] F̲ Gelände n; Fläche f; Gegend f; *fig* Gebiet n; MAT Flächeninhalt m; *bras* ARQUIT Lichthof m; **~ crítica** POL Unruhegebiet m; **~ de cultivo** AGR Anbaufläche f; **~ de descanso** Rastplatz m; **~ de serviço** Autobahnraststätte f; *bras* Hauswirtschaftsraum m; **~ de trabalho** INFORM Arbeitsplatz m; **~ grande** m DESP Strafraum m; **~ habitacional** ARQUIT Wohnfläche f; **~ residencial** Wohngebiet m

areal [ɐˈrjal] M̲ Sandboden m, -fläche f; (Sand)Strand m **arear** [ɐˈrjar] ⟨1l⟩ A V̲T̲ mit Sand bedecken (*ou* bestreuen); *chão* scheuern; *açúcar* raffinieren B V̲I̲ *vista* sich trüben; versanden; **~-se** sich verlieren **areeiro** [ɐˈrjɐjru] M̲ Sandgrube f **areento** [ɐˈrjẽtu] sandig

areia [ɐˈrɐjɐ] F̲ Sand m; MED Blasengrieß m; *fig* Unsinn m; **~ cega**, **~ movediça** Flug-, Treibsand m; **enterrar a cabeça na ~** *fig* den Kopf in den Sand stecken; **jogar ~ nos olhos de alg** *fig* j-m Sand in die Augen streuen; **ter ~ (na cabeça)** *port pop* e-n Vogel haben

arejado [ɐriˈʒadu] luftig; belüftet; *fig* aufgeweckt **arejamento** [ɐriʒɐˈmẽtu] M̲ (Be)Lüftung f; Durchlüften n **arejar** [ɐriˈʒar] ⟨1d⟩ A V̲T̲ (aus-, be)lüften B V̲I̲ Luft schöpfen; AGR trocknen **arejo** [ɐˈrɐjʒu] M̲ (Be)Lüftung f; Luftzug m; *port fig* böser Blick m

arena [ɐˈrenɐ] F̲ Arena f (Stierkampf); Manege f (Zirkus); DESP Boxring m

arenga [ɐˈrẽgɐ] F̲ feierliche Ansprache f; öffentliche Rede f; *pej* Geschwafel n, Gewäsch n **arengar** [ɐrẽˈgar] ⟨1o⟩ eine Ansprache (*ou* Rede) halten; *pop* sich (herum)zanken **arengueiro** [ɐrẽˈgɐjru] streitsüchtig

arenífero [ɐriˈnifiru] sandhaltig, -führend (*Fluss*) **arenito** [ɐriˈnitu] M̲ Sandstein m **arenoso** [ɐriˈnozu] sandig, Sand...

arenque [ɐˈrẽki] M̲ Hering m

aréola [ɐˈrɛulɐ] F̲ ASTRON Hof m REL, *fig* Heiligenschein m, Aureole f; ANAT Warzenhof m; MED ringförmiger Entzündungsherd m

aresta [ɐˈrɛʃtɐ] F̲ Kante f, Rand m; (Berg-) Grat m; BOT Granne f; Faser f; TECN Stift m **arestado** [ɐriʃˈtadu] eckig; kantig **arestoso** [ɐriʃˈtozu] kantig, rau

arfada [ɐrˈfadɐ] F̲, **arfagem** [ɐrˈfaʒɐ̃j] F̲ NÁUT Stampfen n **arfar** [ɐrˈfar] ⟨1b⟩ *pessoa* keuchen; *coração* klopfen; *peito* sich heben; (*balouçar*) schwanken; sich biegen; NÁUT stampfen

argamassa [ɐrgɐˈmasɐ] F̲ ARQUIT Mörtel m; **~ auto-alisante** ARQUIT Ausgleichmasse f; Feinestrich m **argamassar** [ɐxgɐmɐˈsax] ⟨1a⟩ *bras* ARQUIT verputzen

arganaz [ɐrgɐˈnaʃ] M̲ ZOOL Siebenschläfer m

Argel [ɐrˈʒɛɫ] SEM ART GEOG Algier n **Argélia** [ɐrˈʒɛljɐ] F̲ GEOG **a ~** Algerien n **argelino** [ɐrʒiˈlinu] A A̲D̲J̲ algerisch B M̲, **-a** F̲ Algerier(in) m(f)

argentão [ɐrʒẽˈtɐ̃w] M̲ Neusilber n, Alpaka n **argentar** [ɐrʒẽˈtar] ⟨1a⟩ versilbern **argentaria** [ɐrʒẽtɐˈriɐ] F̲ Silberbesatz m, -geschirr n

argentífero [ɐrʒẽˈtifiru] silberhaltig

Argentina [ɐrʒẽˈtinɐ] F̲ GEOG **a ~** Argentinien n

argentino [ɐrʒẽˈtinu] A A̲D̲J̲ 1 silbern, silb(e)rig 2 GEOG argentinisch B M̲, **-a** F̲ Argentinier(in) m(f) **argentite** [ɐrʒẽ-

ARMA

'titi] F, bras **argentita** [ax3ẽ'tʃite] F GEOL Silberglanz m

argila [ɐrˈʒiɫɐ] F Ton m; Lehm m; ~ **branca**, ~ **pura** Porzellanerde f; ~ **figulina** Ziegelerde f, -lehm m; ~ **gorda** Töpferton m; ~ **de moldagem**, ~ **para moldes** Formlehm m **argileira** [ɐrʒiˈɫɐjrɐ] F Tongrube f **argiloso** [ɐrʒiˈɫozu] tonhaltig

argola [ɐrˈgɔɫɐ] F Ring m; (brinco) Ohrring m; (batente) Türklopfer m; ~s pl DESP Ringe mpl; **meter o pé na** ~ e-n Fehltritt begehen **argolar** [ɐrguˈɫar] ⟨1a⟩ beringen; mit Ringen versehen **argolinha** [ɐrguˈɫiɲɐ] F Ringlein n; GASTR Suppennudel f; (bolacha) Kringel m

argúcia [ɐrˈgusjɐ] F Scharfsinn m; Spitzfindigkeit f **arguscioso** [ɐrguˈsjozu] scharfsinnig; spitzfindig

argueiro [ɐrˈgɐjru] M Splitter m; Staubkorn m; fig Nichtigkeit f; **de um** ~ **fazer um cavaleiro** fig aus e-r Mücke e-n Elefanten machen

arguente (*ü) [ɐrˈgwẽti] M/F Redner(in) m(f); DIR Beweisführer(in) m(f) **arguição** (*ü) [ɐrgwiˈsɐ̃u] F Beschuldigung f; DIR Darlegung f, Beweisführung f; Befragung f **arguido** (*ü) [ɐrˈgwidu] M DIR Beschuldigte(r) m **arguidor** (*ü) [ɐrgwiˈdor] M DIR Ankläger m; Beweisführer m **arguir** (*ü) [ɐrˈgwir] ⟨3p⟩ A V/T 1 (acusar) beschuldigen, verurteilen 2 UNIV tese angreifen 3 (chamar) beweisen (**de** als) bras oralmente prüfen B V/I argumentieren **arguitivo** (*ü) [ɐrgwiˈtivu] beweisführend; fig schlagkräftig

argumentação [ɐrgumẽtɐˈsɐ̃u] F Beweisführung f; Argumentation f **argumentador** [ɐrgumẽtɐˈdor] M Redner m (im Streitgespräch) **argumentar** [ɐrgumẽˈtar] ⟨1a⟩ A V/T (provar) mit Beweisen stützen; (discutir) diskutieren; (justificar) begründen; ~ **a favor/contra alg** für/gegen j-n sprechen B V/I argumentieren (com mit) **argumentativo** [ɐrgumẽtɐˈtivu] argumentativ, beweisführend **argumentista** [ɐrgumẽˈtiʃtɐ] M/F Drehbuchautor(in) m(f) **argumento** [ɐrguˈmẽtu] M Argument n; (prova) Beweis m; (assunto) Thema m; TEAT Handlung f; CINE Drehbuch n

arguto [ɐrˈgutu] scharfsinnig; (hábil) geschickt; voz, tom hell

ária [ˈarjɐ] F ópera: Arie f; Lied n

aridez [ɐriˈdeʃ] F Dürre f, Trockenheit f **árido** [ˈaridu] dürr, trocken (tb fig)

Áries [ˈariʃ] M ASTRON Widder m

arisco [ɐˈriʃku] terra sandig; feitio spröde; cavalo scheu; vento rau; pessoa misstrauisch

aristocracia [ɐriʃtukrɐˈsiɐ] F Aristokratie f **aristocrata** [ɐriʃtuˈkratɐ] A ADJ aristokratisch B M/F Aristokrat(in) m(f) **aristocrático** [ɐriʃtuˈkratiku] aristokratisch

aritmética [ɐriˈtmɛtikɐ] F Arithmetik f **aritmético** [ɐriˈtmɛtiku] A ADJ arithmetisch; Rechen... B M Arithmetiker m

arma [ˈarmɐ] F 1 Waffe f (tb fig); espec Gewehr n; Waffengattung f; ~ **branca** Stichwaffe f; ~ **de fogo** Schusswaffe f; ~**s** pl **nucleares** Kernwaffen fpl; ~**s** pl **químicas** chemische Waffen fpl; **tráfico** m **de** ~**s** Waffenhandel m; **às** ~**s!** zu den Waffen!; **sob** ~**s** unter Waffen; **descansar** ~**s!** Gewehr ab!; **tomar (as)** ~**s** zu den Waffen greifen 2 ~**s** pl Wappen n; (chifres) (Stier)Hörner npl; (garras) Krallen fpl; (dentes) Zähne mpl

armação [ɐrmɐˈsɐ̃u] F Ausrüstung f; Ausstattung f; MIL Bewaffnung f; port ARQUIT Fachwerk n; Dachstuhl m; óculos (Brillen)Fassung f; TECN Gestell n, Rahmen m; TECN Armatur f; NÁUT Takelung f; Navigationsgeräte npl; (Schiffs)Ausrüstung f; (rede) Netz n; tenda (Zelt)Gestänge n; ZOOL Geweih n; bras pop Mogelei f; **-ões** pl Beschläge mpl **armada** [ɐrˈmadɐ] F (Kriegs)Flotte f

armadilha [ɐrmɐˈdiʎɐ] F Falle f (**a** für); Schlinge f **armadilhado** [ɐrˈmadu] bewaffnet fig gewappnet; (apetrechado) ausgestattet **armador** [ɐrmɐˈdor] M NÁUT Reeder m; (agência funerária) Leichenbestatter m

armadura [ɐrmɐˈdurɐ] F (Ritter)Rüstung f; ZOOL Geweih n; ARQUIT Balkenwerk n; betão: Armierung f; AERO Gestell n; TECN Armierung f; Armatur f; ELECT Belag m; ZOOL Panzer m **armamentismo** [ɐrmɐmẽˈtiʒmu] M POL Wettrüsten n, Aufrüstung f **armamento** [ɐrmɐˈmẽtu] M MIL Bewaffnung f; (Auf-, Aus)Rüstung f; NÁUT Bestückung f **armar** [ɐrˈmar] ⟨1b⟩ tropas bewaffnen; NÁUT bestücken; obra einrichten; tenda aufschlagen; andaime aufbauen; cama aufstellen; armadilha stellen; mola spannen; (maquinar) aushecken; plano schmieden; briga anfangen; **~ a** sich aufspielen als; **~-se** (sich) rüsten; *fig* sich wappnen; *tempestade* im Anzug sein

armaria [arma'ria] F̲ Waffenkammer *f* **~-marinho** [axma'riɲu] M̲ *bras* (*loja* F̲ de) ~ Kurzwarenhandlung *f* **armário** [ar'marju] M̲ Schrank *m*; ~ **embutido** Einbauschrank *m*

armazém [arma'zẽj] M̲ ⟨*pl* armazéns⟩ Lager *n*; Lagerhaus *n*, Lagerraum *m*; *museu, biblioteca*: Magazin *n*; *espec bras* Lebensmittelgeschäft *n* **armazenagem** [armazi'naʒẽj] F̲ Lagerung *f*, Lagern *n*; *quantia*: Lagergebühr *f*, *tempo*: Lagerzeit *f* **armazenamento** [armazina'mẽtu] M̲ Lagerung *f*; INFORM Speicherung *f* **armazenar** [armazi'nar] ⟨1a⟩ (ein)lagern, speichern (*tb* INFORM) **armazenista** [armazi'niʃta] M̲F̲ Großhändler(in) *m(f)*; *bras* Lagerverwalter(in) *m(f)*

armeiro [ar'majru] M̲ Waffenhändler *m*; *armário*: Waffenschrank *m*

Arménia [ar'mɛnja] F̲ GEOG **a ~** Armenien *n*

arménio (*ê) [ar'menju] A̲ A̲D̲J̲ armenisch B̲ M̲, **-a** F̲ Armenier(in) *m(f)*

arminho [ar'miɲu] M̲ Hermelin *n*; *pele*: Hermelin *m*

armistício [armiʃ'tisju] M̲ Waffenstillstand *m*

aro ['aru] M̲ Reifen *m*; Ring *m*; runde Halterung *f*; *óculos*: Brillengestell *n*; AUTO (Rad)Kranz *m*; Felge *f*; *camisa etc*: Träger *m*; **~ decorativo** Zier-, Dekorblende *f*

aroma [a'roma] M̲ Aroma *n*; Duft *m*; *vinho*: Bukett *n* **aromático** [aru'matiku] aromatisch; wohlriechend, Duft... **aromatizar** [arumati'zar] ⟨1a⟩ aromatisieren; GASTR würzen

arpado [ar'padu] gezahnt, gezackt **arpão** [ar'pãũ] M̲ Harpune *f*; **arpoador** [arpua'dor] M̲, **-a** F̲ Harpunier(in) *m(f)* **arpar** [ar'par] ⟨1b⟩, **arpear** [ar'pjar] ⟨1l⟩ harpunieren **arpéu** [ar'pɛu] M̲ Enterhaken *m*; Boots-, Fischhaken *m* **arpoar** [ar'pwar] ⟨1f⟩ harpunieren; mit Haken packen

arqueação [arkja'sãũ] F̲ 1 Krümmung *f*, 2 TECN Eichung *f*; NÁUT Tonnage *f* **arqueado** [ar'kjadu] *recipiente* gewölbt, bauchig; *linha* bogenförmig, geschwungen **arqueadura** [arkja'dura] F̲, **arqueamento** [arkja'mẽtu] M̲ Krümmung *f*, Wölbung *f* **arquear** [ar'kjar] ⟨1l⟩ 1 krümmen, wölben; **~ as sobrancelhas** die Augenbrauen hochziehen 2 TECN ausmessen, eichen

arqueiro [ar'kejru] M̲ *bras* Torwart *m*

arquejante [arki'ʒãti] keuchend, außer Atem **arquejar** [arki'ʒar] ⟨1d⟩ keuchen; *fig* sich sehnen (**por** nach), lechzen

arqueologia [arkjulu'ʒia] F̲ Archäologie *f* **arqueológico** [arkju'lɔʒiku] archäologisch **arqueólogo** [ar'kjɔlugu] M̲, **-a** F̲ Archäologe *m*, -login *f*

arqueta [ar'keta] F̲ Kästchen *n*; Sparbüchse *f*; REL *igreja*: Opferstock *m*

arquétipo [ar'kɛtipu] M̲ Urform *f*; Muster *n*, Schablone *f*

arqui... [arki-] EM COMP Erz... **arquibancada** [axkibẽ'kade] F̲ *bras* Tribüne *f* **arquiducado** [arkidu'kadu] M̲ Erzherzogtum *n* **arquiepiscopal** [arkiepiʃku-'pat] erzbischöflich **arquipélago** [arki-'pɛlagu] M̲ Inselgruppe *f*; Archipel *m* **arquite(c)tar** [arkite'tar] ⟨1a⟩ entwerfen, projektieren; *edifício* errichten; *fig* erdenken, (sich *dat*) ausdenken; *planos* schmieden **arquite(c)to** [arki'tetu] M̲, **-a** F̲ Architekt(in) *m(f)*; *fig* Urheber *m* **arquite(c)tónico (*ô)** [arkite'tɔniku] A̲D̲J̲ baulich, architektonisch **arquite(c)to-paisagista** [arkitetupaiza'ʒiʃta] M̲/F̲ ⟨*pl* arquite(c)tos-paisagistas⟩ Landschaftsarchitekt(in) *m(f)* **arquite(c)tura** [arkite-'tura] F̲ Architektur *f*; **~ de interiores** Innenarchitektur *f*; **~ de rede** INFORM Netzwerkarchitektur *f*

arquivar [arki'var] ⟨1a⟩ archivieren; aufbewahren; *documentos* ablegen; *factos* festhalten; *processo etc* niederschlagen; ad acta legen (*tb fig*); INFORM (ab)speichern **arquivo** [ar'kivu] M̲ Archiv *n*, Ablage *f*; Aktenschrank *m*; INFORM elektronisches Archiv *n*; **ser um ~** *fig* ein wandelndes Lexikon sein

arrabalde [aʁa'baɫdi] M̲ Vorort *m*; **~s** *pl* Umgebung *f*.

arraia [a'ʁaja] F̲ → raia

arraial [aʁa'jaɫ] M̲ MIL Militärcamp *n*; Fest-, Rummelplatz *m*; (*festa*) Straßen-, Volksfest *n*; *bras* Flecken *m*, Siedlung *f*; **assentar -ais** *port fam* sich niederlassen **arraia-miúda** [aʁaja'mjuda] F̲ ⟨*pl* arraias-miúdas⟩ Abschaum *m*, Pöbel *m* **arraigada** [aʁai'gada] F̲ ZOOL, ANAT Ansatzstelle f (von Gliedmaßen); espec (Zungen)Wurzel f **arraigado** [aʀaiˈgadu] tief (ou fest) verwurzelt (tb fig); verhaftet (**a, em** in dat); sentimento beständig **arraigar** [aʀaiˈgar] ⟨1o⟩ **A** V/T einpflanzen **B** V/I wurzeln (tb fig); Wurzeln schlagen; **~-se** fig ansässig werden; sich einleben

arrais [ɐˈʀaiʃ] M Bootsführer m

arrancada [ɐʀɐ̃ˈkadɐ] F Ruck m; (salto) Sprung m, Satz m; DESP Start m; MIL Ausfall m, Vorstoß m (**contra, sobre** gegen); **duma ~** mit e-m Schlag; **de ~** plötzlich

arrancadeira [ɐʀɐ̃kɐˈdɐirɐ] F (Rode)Hacke f **arrancador** [ɐʀɐ̃kɐˈdor] M Anlasser(motor) m **arrancamento** [ɐʀɐ̃kɐˈmẽtu] M → arrancamento **arrancão** [ɐʀɐ̃ˈkɐ̃u] M (gewaltiger) Ruck m **arrancar** [ɐʀɐ̃ˈkar] ⟨1n⟩ **A** V/T papel abreißen; planta, cabelo aus-, herausreißen; (tirar) ent-, wegreißen; tempestade losreißen; árvore entwurzeln; dente ziehen; fig informação entlocken; INFORM starten **B** V/I guerra ausbrechen; DESP losstürmen; acontecimentos beginnen; zustürmen (**para** auf ac); semente aufgehen; motor anspringen; veículo anfahren, starten; máquina anlaufen; (sair) ausgehen

arranchar [ɐʀɐ̃ˈʃar] ⟨1a⟩ **A** V/T (agrupar) in Gruppen einteilen; zusammenlegen; (abrigar) beherbergen **B** V/I zusammen essen; **~-se** v/r sich zusammentun; sich zusammensetzen

arranco [ɐˈʀɐ̃ku] M Ruck m; Satz m, Sprung m; Ungestüm n; fig Anwandlung f; Ausbruch m

arranha-céus [ɐʀɐɲɐˈsɛuʃ] M ⟨pl inv⟩ Wolkenkratzer m **arranhadela** [ɐʀɐɲɐˈdɛlɐ] F, **arranhadura** [ɐʀɐɲɐˈdurɐ] F Kratzer m, Schramme f **arranhão** [ɐʀɐˈɲɐ̃u] M tiefe Kratzwunde f, tiefe Schramme f **arranhar** [ɐʀɐˈɲar] ⟨1a⟩ **A** V/T zerkratzen, schrammen; fam língua radebrechen; **~ um instrumento** MÚS auf e-m Instrument herumklimpern **B** V/I kratzen; AUTO engrenagem knirschen; pop pfuschen, schludern

arranjadela [ɐʀɐ̃ʒɐˈdɛlɐ] F port kleine Reparatur f; **dar uma ~ a** port fam zurechtbiegen **arranjado** [ɐʀɐ̃ˈʒadu] ordentlich (aussehend); **estar ~** in Ordnung gehen (ou sein); **estar bem ~** irón fam aufgeschmissen sein **arranjamento** [ɐʀɐ̃ʒɐˈmẽtu] M port → arranjo; MÚS Bearbeitung f, Arrangement n; **~ para piano** Klavierauszug m **arranjar** [ɐʀɐ̃ˈʒar] ⟨1a⟩ herrichten, schön zurechtmachen; (an)ordnen, arrangieren; (harmonizar) in Ordnung bringen; (consertar) instand setzen; (conseguir) besorgen; bekommen; emprego finden; tempo erübrigen; doença etc sich (dat) zuziehen; problemas etc sich (dat) einbrocken; **~-se** in Ordnung kommen; (conseguir-se) sich machen lassen; (vestir-se, pintar-se) sich zurechtmachen; zurechtkommen (mit dem, was man hat); **~-se com** sich einrichten mit, finanziell auskommen mit; (chegar a acordo) sich einigen mit; **isso arranja-se!** das geht schon in Ordnung!

arranjo [ɐˈʀɐ̃ʒu] M (An)Ordnung f; port (reparação) Instandsetzung f, Reparatur f; (embelezamento) Verschönerung f; (apresentação) Aufmachung f; (decoração) Einrichtung f; port (acordo) Abmachung f, Einigung f; Arrangement n (tb MÚS); bras krummes Geschäft n; **~ da casa** Hausarbeit f; **~s** pl port Vorkehrungen fpl

arranque [ɐˈʀɐ̃ki] M → arranco; TECN motor: Anspringen n; máquina: Anlaufen n; veículo: Anfahren n; DESP Anlauf m; Start m (tb fig); tourada: Ausfall m; ARQUIT Gewölbeansatz m; **~ a frio** TECN Kaltstart m; (**motor m de**) **~** AUTO Anlasser m; **~ final** Endspurt m

arrasado [ɐʀɐˈzadu] randvoll; fig deprimiert, niedergeschlagen; versunken (**em** in dat); heimgesucht (**de** von); **~ de água** randvoll, überlaufend; **~ de lágrimas** port tränenüberströmt **arrasamento** [ɐʀɐzɐˈmẽtu] M Glätten n; Einebnung f; (destruição) Zerstörung f; edifício: Abtragen n, Einreißen n **arrasar** [ɐʀɐˈzar] ⟨1b⟩ (ein)ebnen; espec dem Erdboden gleichmachen; fortaleza schleifen; edifício abtragen; recipiente (bis zum Rande) füllen; fig niederschmettern; bras fam Eindruck machen, alle(s) überstrahlen

arrastadeira [ɐʀɐʃtɐˈdɐirɐ] F port MED Bettpfanne f **arrastadiço** [ɐʀɐʃtɐˈdisu] (leicht) beeinflussbar **arrastado** [ɐʀɐʃˈtadu] passo, voz schleppend; processo mühsam, langwierig; vida armselig **arrastão** [ɐʀɐʃˈtɐ̃u] M Ruck m; NÁUT Schleppnetz n; **ir no ~ (de)** sich beeinflussen lassen (von) **arrastar** [ɐʀɐʃˈtar] ⟨1b⟩ **A** V/T schleppen; problema ertragen;

corrente (mit)reißen (**para** in ac); *fig* hinreißen (**a** zu), verführen (**a** zu) **B** V/I & V/R **~-se** kriechen; s-n gewohnten Gang gehen

arrazoado [ɐʁɐ'zwadu] **A** ADJ vernünftig, angemessen; richtig **B** M Argumentation *f*; Darlegung *f*; Überlegung *f*; *pej fam* Geschwafel n **arrazoador** [ɐʁɐzwɐ-'dor] M Redner *m* **arrazoar** [ɐʁɐ'zwar] ⟨1f⟩ **A** V/T darlegen; erörtern; (*defender*) mit Worten verteidigen; *alg* zurechtweisen **B** V/I reden; diskutieren; *fam* schwafeln

arreamento [ɐʁjɐ'mẽtu] M Hausrat *m*; *bras* Zaumzeug *n* **arrear** [ɐ'ʁjar] ⟨1l⟩ **A** V/T *cavalo* zäumen; *casa* einrichten (**com, de** mit); schmücken (**com, de** mit) **B** V/I *fig* aufgeben; zurückschrecken

arrebanhar [ɐʁibɐ'ɲar] ⟨1a⟩ *gado* zusammentreiben; *haveres* zusammenraffen; **~-se** *gente* zusammenströmen, sich ansammeln

arrebatado [ɐʁibɐ'tadu] *afirmação* ungestüm, unbedacht; *pessoa* jähzornig; *fig* hingerissen (**com, por** von); *pessoa f -a* Hitzkopf *m* **arrebatador** [ɐʁibɐtɐ'dor] hinreißend **arrebatamento** [ɐʁibɐtɐ-'mẽtu] M Ungestüm *n*; Jähzorn *m*; *fig* Entzücken *n*; Begeisterung *f*; *bras* Rausch *m* **arrebatar** [ɐʁibɐ'tar] ⟨1b⟩ entreißen; rauben; *fig* begeistern; **~-se** wütend werden

arrebentação [ɐʁibẽtɐ'sɐ̃ũ] F ~ **das ondas** Brandung *f* **arrebentar** [ɐʁibẽ'tar] ⟨1a⟩ → rebentar

arrebicar [ɐʁibi'kar] ⟨1n⟩ herausputzen, schmücken (**com, de** mit); **~-se** sich (stark) schminken; sich herausputzen

arrebique [ɐʁi'biki] M Schminke *f*

arrebitado [ɐʁibi'tadu] *fig* hochnäsig; *nariz m* ~ Stupsnase *f* **arrebitar** [ɐʁibi'tar] ⟨1a⟩ hochstülpen, -biegen; nach oben bewegen; *orelhas* spitzen; **~-se** auftrumpfen, sich brüsten

arrebol [ɐʁi'bɔɫ] M Morgenrot *n*, Morgenröte *f*; Abendrot *n*, Abendröte *f*

arrecada [ɐʁi'kada] F Ohrring *m*; **~s** *pl fig* Schmuck *m*

arrecadação [ɐʁikɐdɐ'sɐ̃ũ] F *compartimento*: Abstellraum *m*, -kammer *f* (*in Wohnung*); *acção*: Aufbewahrung *f*; ECON Einnahme *f*, Eintreibung *f*; POL Steuereinnahmen *fpl* **arrecadar** [ɐʁikɐ-'dar] ⟨1b⟩ **A** V/T aufbewahren, abstellen; *bens* in Besitz nehmen; *imposto* einfordern; *dinheiro* einnehmen **B** V/I *fig* gelingen

arrecife [ɐʁe'sifi] M *bras* → recife

arrecuas [ɐʁi'kuɐʃ] FPL **às** ~ zurück

arreda [ɐ'ʁɛdɐ] INT ~! zurück!; weg da!

arredado [ɐʁi'dadu] abgelegen, weit entfernt **arredar** [ɐʁi'dar] ⟨1c⟩ **A** V/T zurückdrängen; entfernen, fortschaffen; beiseitestellen; *fig* abbringen (**de** von), abhalten (**de** von); **não ~ pé** nicht von der Stelle weichen **B** V/I & V/R **~-se** sich zurückziehen; zurückweichen **arredio** [ɐʁi'diu] zurückgezogen, fern

arredondado [ɐʁidõ'dadu] rundlich; **canto** *m* ~ stumpfe (*ou* abgerundete) Kante *f* **arredondar** [ɐʁidõ'dar] ⟨1a⟩ **A** V/T runden; *a/c* abrunden; ~ (**por defeito/excesso**) MAT abrunden/aufrunden **B** V/I rund(lich) werden

arredores [ɐʁi'dɔriʃ] MPL Umgebung *f*

arrefecedor [ɐʁifɛsɛ'dor] **A** ADJ Kühl... **B** M TECN Kühler *m*; QUIM Kühlmittel *n* **arrefecer** [ɐʁifɛ'ser] ⟨2g; *Stv* 2c⟩ **A** V/T (ab)kühlen; *ovos*, *fig* abschrecken **B** V/I *tempo* (sich) abkühlen; *comida* kalt werden, erkalten; *fig* erlahmen, nachlassen **arrefecido** [ɐʁifɛ'sidu] kühl, kalt **arrefecimento** [ɐʁifɛsi'mẽtu] M Abkühlung *f*

arregaçado [ɐʁigɐ'sadu] *mangas* hochgekrempelt **arregaçar** [ɐʁigɐ-'sar] ⟨1p; *Stv* 1b⟩ auf-, umschlagen; *saia*, *lábios* schürzen; *mangas*, *calças* hoch-, umkrempeln

arregalar [ɐʁigɐ'ɫar] V/T ⟨1b⟩ ~ **os olhos** die Augen aufreißen

arreganhar [ɐʁigɐ'ɲar] ⟨1a⟩ ~ **os dentes** die Zähne fletschen (*fig* zeigen); ~ **os lábios** den Mund verziehen **arreganho** [ɐʁi'gɐɲu] M Zähnefletschen *n*; **~s** *pl fig* Drohgebärden *fpl*

arreigada [ɐʁɐj'gada] F, **arreigado** [ɐʁɐj'gadu] *etc* → arraigada, arraigado *etc*

arreio(s) [ɐ'ʁɐju(ʃ)] M(P)L Zaumzeug *n*

arrelia [ɐʁi'liɐ] F **1** Ärger *m*, Verdruss *m*; *fig* Ungeduld *f* **arreliação** [ɐʁiɐ-'sɐ̃ũ] F → arrelia; *pop tb* Wut *f* **arreliado** [ɐʁi'ljadu] ärgerlich, *pop* sauer **arreliar** [ɐʁi'ljar] ⟨1g⟩ (ver)ärgern; lästig fallen (*dat*), *pop* auf den Geist gehen

arrematação [ɐʁimɐtɐ'sɐ̃ũ] F Versteigerung f, Auktion f; Zuschlag m; **~ judicial** Zwangsversteigerung f **arrematante** [aʁimɐ'tɐ̃tʃi] MF Meistbietende(r) m/f(m); (leiloeiro) Auktionator(in) m(f) **arrematar** [aʁimɐ'tar] ⟨1b⟩ **1** leiloeiro versteigern; den Zuschlag geben; cliente ersteigern **2** trabalho abschließen, beenden; zum Abschluss bringen; discurso abschließend sagen

arremessar [aʁimi'sar] ⟨1c⟩ (weg)schleudern; (weit weg) werfen; (fort)stoßen; futebol werfen; **~-se sobre** sich stürzen auf (ac) **arremesso** [aʁi'mesu] M **1** Wurf m; Stoß m; Schwung m; DESP Freiwurf m; bras **~ de dardo/de disco** Speer-/Diskuswerfen n **2** fig Verwegenheit f; Drohung f; MIL Überfall m; Vorstoß m; **~s** pl Anschein m **arremeter** [aʁime'ter] ⟨2c⟩ vorstoßen, losstürmen (**a**, **contra**, **sobre** auf ac) **arremetida** [aʁimi'tʃidɐ] F Vorstoß m; Attacke f, Angriff m (tb MIL); **de ~** urplötzlich

arrendador [aʁẽdɐ'dor] M Vermieter m **arrendamento** [aʁẽdɐ'mẽtu] M terra, negócio: Verpachtung f; (aluguer) Vermietung f; quantia: Pacht f, Miete f; **dar de** (ou **em**) **~** terra, negócio verpachten; (alugar) vermieten; **tomar de** (ou **em**) **~** terra, negócio pachten; (alugar) mieten

arrendar[1] [aʁẽ'dar] ⟨1a⟩ terra, negócio (ver)pachten; (alugar) (ver)mieten; **arrenda-se** zu vermieten

arrendar[2] [aʁẽ'dar] ⟨1a⟩ mit (Klöppel)-Spitzen besetzen

arrendatário [aʁẽdɐ'tarju] M, **-a** F terra, negócio: Pächter(in) m(f); (inquilino) Mieter(in) m(f)

arrepanhar [aʁipɐ'ɲar] ⟨1a⟩ zerknittern; zerzausen; vestuário schürzen; geizen mit; stehlen; entreißen; fig hinreißen **arrepelão** [aʁipi'lɐ̃w] M Haareraufen n; Zerren n **arrepelar** [aʁipi'lar] ⟨1c⟩ ziehen an (dat); **~-se** verzweifeln

arrepender-se [aʁipẽ'dersi] ⟨2a⟩ s-e Meinung ändern; bereuen (**de** ac) **arrependido** [aʁipẽ'didu] A ADJ reuig; zerknirscht

arrepia-cabelo [aʁipiɐkɐ'belu] A ADV a **~** gegen den Strich (tb fig) B M ⟨pl **~s**⟩ Griesgram m **arrepiado** [aʁi'pjadu] stachelig, borstig; fig erschaudert; verängstigt; **está com o cabelo ~** ihm (ou ihr) stehen die Haare zu Berge; **ficar ~** Gänsehaut bekommen **arrepiar** [aʁi'pjar] ⟨1g⟩ A V/T (er)schaudern lassen; entsetzen; cabelo gegen den Strich kämmen; **ser de ~** haarsträubend sein B V/I haarsträubend sein; tempo unfreundlich werden; **~-se** e-e Gänsehaut kriegen; erschaudern (**de, com** vor dat)

arrepio [aʁi'piu] M Schauder m; Kälteschauer m; **ter** (ou **estar com**) **~s** schaudern; frösteln; **ao ~** gegen den Strich; fig gegen den Strom; **ao ~ de** wider (ac), entgegen (dat)

arrestar [aʁeʃ'tar] ⟨1c⟩ DIR pessoa festnehmen; bens blockieren **arresto** [ɐ'ʁeʃtu] M DIR de pessoa: Arrest m; de bens: Beschlagnahme f; Pfändung f

arretado [axe'tadu] bras pop toll, super

arrevesado [aʁivi'zadu] verzwickt, vertrackt **arrevesar** [aʁivi'zar] ⟨1c⟩ umkehren; sentido, palavras verdrehen; verwirren

arriar [ɐ'ʁjar] ⟨1g⟩ A V/T einholen; herunterlassen B V/I unter der Last zusammenbrechen; bras pop vor Leidenschaft dahinschmelzen

arriba [ɐ'ʁibɐ] A ADV aufwärts, nach oben, hoch B INT **~!** auf!; vorwärts!

arribação [aʁibɐ'sɐ̃w] F NÁUT Ankunft f; ZOOL Landung f; **ave** f **de ~** Zugvogel m (tb fig) **arribadiço** [aʁibɐ'disu] unstet; umherziehend **arribar** [aʁi'bar] ⟨1a⟩ NÁUT ablegen (**de** von), abfahren; (chegar) landen (**a** in dat), ankommen (**a** in dat); fig verschlagen werden (**a** nach), gelangen (**a** nach); fam sich verdrücken; (restabelecer-se) genesen, (wieder) hochkommen

arrimar [aʁi'mar] ⟨1a⟩ (ab-, unter)stützen; família unterhalten; **~-se** fam sich lehnen (**a**, **em**, **contra** an ac, gegen); sich stützen (**a**, **em**, **sobre** auf ac) **arrimo** [ɐ'ʁimu] Stütze f; Schutz m, Halt m; **o ~ da família** der Ernährer

arriscado [aʁiʃ'kadu] coisa gewagt, riskant; pessoa waghalsig **arriscar** [aʁiʃ'kar] ⟨1n⟩ wagen, aufs Spiel setzen; **~-se a** wagen zu; (correr perigo) Gefahr laufen zu

arritmia [ɐʁit'miɐ] F **~ cardíaca** MED Herzrhythmusstörung f

arrivismo [aʁi'viʒmu] M Strebertum n, krankhafter Ehrgeiz m **arrivista** [aʁi'viʃtɐ] MF Emporkömmling m

arroba [ɐ'ʁɔbɐ] F Arroba f (15 kg);

INFORM At-Zeichen n, fam Klammeraffe m

arrobe [ɐ'ʁɔbi] M̱ Traubensirup m

arrochar [ɐʁʊ'ʃar] ⟨1e⟩ (eng) zusammenschnüren, -pressen; ~ **com** fig ausquetschen

arrocho [ɐ'ʁoʃu] M̱ Knebel m

arrogância [ɐʁʊ'gãsjɐ] F̱ Arroganz f, Anmaßung f; Dünkel m **arrogante** [ɐʁʊ-'gãti] arrogant (**com, para com** gegenüber), anmaßend (**com, para com** gegenüber), überheblich (**com, para com** gegenüber) **arrogar** [ɐʁʊ'gar] ⟨1o; Stv 1e⟩ direito, privilégio an sich (ac) reißen; **~-se** sich anmaßen (**de** zu)

arroio [ɐ'ʁoju] M̱ Bächlein n; Wasserlauf m

arrojadiço [ɐʁʊʒa'disu], **arrojado** [ɐʁʊ-'ʒadu] kühn, wagemutig; entschlossen **arrojar** [ɐʁʊ'ʒar] ⟨1e⟩ (ab-, weg)werfen; schleudern; ~ **de si** von sich stoßen; **~-se** sich erdreisten; (lançar-se) sich stürzen

arrojo [ɐ'ʁoʒu] M̱ Wagemut m

arrolamento [ɐʁʊla'mẽtu] M̱ Eintragung f; Aufstellung f **arrolar** [ɐʁʊ'lar] ⟨1e⟩ **1** COM etc (in Listen) eintragen, aufnehmen; e-e Aufstellung machen von; inventarisieren **2** obje(c)to, papel (ein)rollen **3** fig pop umschmeicheln; einlullen

arrolhar [ɐʁʊ'ʎar] ⟨1e⟩ A V/T garrafa ver-, zukorken; fig zum Schweigen bringen B V/I den Mund halten

arromba [ɐ'ʁõbɐ] F̱ **de ~** pop fabelhaft; festa rauschende

arrombamento [ɐʁõbɐ'mẽtu] M̱ (Damm)Bruch m; DIR Einbruch m **arrombar** [ɐʁõ'bar] ⟨1a⟩ (auf-, durch)brechen; DIR einbrechen in (ac); fig zerknirschen, deprimieren; pop alg aufs Kreuz legen; bras pop entjungfern

arrostar [ɐʁʊʃ'tar] ⟨1e⟩ die Stirn bieten (dat), gegenübertreten (dat) **arrostar-se** perigo, adversário sich stellen (**a, com, contra** dat), ins Antlitz blicken (**a, com, contra** dat)

arrotar [ɐʁʊ'tar] ⟨1e⟩ aufstoßen, rülpsen; sentenças von sich geben, ausspucken; platzen (**de** vor dat)

arrotear [ɐʁʊ'tjar] ⟨1l⟩ terreno urbar machen, kultivieren; fig lehren, bilden

arroto [ɐ'ʁotu] M̱ Rülpser m

arroz [ɐ'ʁoʃ] M̱ Reis m; ~ **de manteiga** Butterreis m; ~ **de pato no forno** im Ofen gebackene Ente mit Reis **arrozal** [ɐʁʊ'zał] M̱ Reisfeld n, Reispflanzung f **arroz-doce** [ɐʁoʒ'dosi] M̱ ⟨sem pl⟩ Milchreis m

arruaça [ɐ'ʁwasɐ] F̱ Menschenauflauf m, Tumult m **arruaceiro** [ɐʁwɐ'sɐiru] M̱ Aufrührer m; Krawallmacher m

arruamento [ɐʁwɐ'mẽtu] M̱ Straßenzug m; Straßennetz n; ARQUIT Straßentrassierung f **arruar** [ɐ'ʁwar] ⟨1g⟩ A V/T trassieren; Straßen (ou Wege) anlegen in (dat) B V/I sich herumtreiben; vagabundieren

arruela [ɐ'ʁwɛłɐ] F̱ Unterlegscheibe f

arrufar [ɐʁʊ'far] ⟨1a⟩ verstimmen; **~-se** pássaro sich aufplustern; leite überkochen; namorados sich entzweien; fig sich ärgern (**com, de** über ac), schmollen **arrufo** [ɐ'ʁufu] M̱ fig Verstimmung f, Zwist m

arruinador [ɐʁwinɐ'dor] ADJ ruinös **arruinamento** [ɐʁwinɐ'mẽtu] M̱ edifício: Ver-, Zerfall m; financeiro: Ruin m **arruinar** [ɐʁwi'nar] ⟨1q⟩ edifício zerstören; alg ruinieren; **~-se** edifício verfallen, zerfallen; costumes verderben

arrulhar [ɐʁʊ'ʎar] ⟨1a⟩ gurren **arrulho** [ɐ'ʁuʎu] M̱ Gurren n

arrumação [ɐʁumɐ'sɐ̃u] F̱ **1** Aufräumen n; Unterbringung f; mercadoria: Verstauung f, Verladung f; (disposição) (An-, Ein)Ordnung f **2** FIN saubere Buchführung f **3** (arrecadação) Abstellraum m **4** NÁUT geografische Lage f **5** METEO (Wolken)Ansammlung f **arrumadeira** [ɐʁumɐ'dɐiɾɐ] A ADJ ordnungsliebend B F̱ port TEAT Platzanweiserin f; bras Zimmermädchen n **arrumadela** [ɐʁumɐ'dɛłɐ] F̱ **dar** (ou **fazer**) **uma ~** (a) (flüchtig) aufräumen; fig rasch in Ordnung bringen **arrumado** [ɐʁu-'madu] ADJ **ficar ~** port fam in der Patsche sitzen **arrumador** [ɐʁumɐ'dor] M̱ port TEAT Platzanweiser m; port (illegaler) Parkeinweiser m **arrumar** [ɐʁu'mar] ⟨1a⟩ verstauen; unterbringen (tb pessoa); aufräumen; bras tb erreichen; trabalho etc finden; actas ordnen; móveis anordnen, aufstellen; port AUTO einparken; port fam passo, pancada versetzen (**em** dat); port pop fig in e-e Zwickmühle bringen; ~ **um assunto** port e-e Angelegenheit in Ordnung bringen; **~-se** bras fam sich

zurechtmachen; *na vida* zurechtkommen; (*empregar-se*) e-e Stelle finden; *port* (*casar*) heiraten **arrumos** [ɐˈʁumuʃ] MPL *port* Abstellkammer *f*

arsenal [ɐrsiˈnaɫ] M̲ Arsenal *n*

arsénico (*ê) [ɐrˈsɛniku] M̲ Arsenik *n*

arsénio (*ê) [ɐrˈsɛnju] M̲ Arsen *n*

arte [ˈartɨ] F̲ ❶ Kunst *f*; **~s** *pl* **aplicadas** Kunstgewerbe *n*; **~s** *pl* **mecânicas** Handwerk *n*; **Arte Nova** Jugendstil *m*; **~s** *pl* **plásticas** bildende Kunst *f*; **belas ~s** *fig die* schönen Künste *fpl*; **obra** *f* **de ~** Kunstwerk *n*; **sétima ~** Filmkunst *f* ❷ *fig* (Finger)Fertigkeit *f*; Fähigkeit *f*, Vermögen *n*; (*manha*) List *f*

arteirice [ɐrtɐjˈrisɨ] F̲ Hinterlist *f*, Tücke *f*; *bras* Streich *m* **arteiro** [ɐrˈtɐjru] (hinter)listig

artelho [ɐrˈtɐ(i/ʎ)u] M̲ Fußknöchel *m*

artemísia [ɐrtiˈmizjɐ] F̲ BOT Beifuß *m*

artéria [ɐrˈtɛrjɐ] F̲ Schlagader *f*, Arterie *f*; *fig* Hauptstraße *f*; **~ aorta** Aorta *f*; **~ carótida** Halsschlagader *f*

arterial [ɐrtiˈrjaɫ] Arterien...; **tensão** (*ou* **pressão**) *f* **~** Blutdruck *m* **arteriosclerose** [ɐrterjɔʃkɫɨˈrɔzi] F̲ Arterienverkalkung *f*

artesanal [ɐrtɨzɐˈnaɫ] handwerklich; kunstgewerblich, -handwerklich **artesanato** [ɐrtɨzɐˈnatu] M̲ Handwerk *n*, Kunstgewerbe *n*, -handwerk *n* **artesão** [ɐrtɨˈzɐ̃u] M̲ ⟨*pl* ~s⟩, **artesã** [ɐrtɨˈzɐ̃] F̲ (Kunst)Handwerker(in) *m(f)*

ártico [ˈartʃiku] *bras* → **árctico**

articulação [ɐrtikuɫɐˈsɐ̃u] F̲ ❶ ANAT Gelenk *n*; TECN Scharnier *n*; Gliederung *f*; LING Artikulation *f*; **~ esférica** ANAT Kugelgelenk *n*; **em ~ com** im Zusammenhang mit ❷ *bras* DIR **~** articulado **articulado** [ɐrtikuˈɫadu] A ADJ gegliedert; Glieder...; *móvel* zusammenklappbar, Klapp...; *pronúncia* artikuliert B M̲ DIR Darlegung *f*, Darstellung *f* (*e-s Sachverhalts*) **articulados** [ɐrtikuˈɫaduʃ] MPL ZOOL Gliedertiere *npl* **articular** [ɐrtikuˈɫar] A ADJ ANAT Gelenk... B V̲T̲ ⟨1a⟩ Teile durch Gelenke aneinanderfügen; gliedern; *desejo* aussprechen; *frase, sons* formulieren; *discurso* vortragen; *factos* darlegen; *contacto* herstellen **articulista** [ɐrtikuˈɫiʃtɐ] M̲F̲ Artikelschreiber(in) *m(f)*

artífice [ɐrˈtifisɨ] M̲F̲ Handwerker(in) *m(f)*; *fig* Künstler(in) *m(f)*; Urheber(in) *m(f)*

artificial [ɐrtifiˈsjaɫ] künstlich, Kunst...; unecht; *sorriso* gekünstelt **artificialidade** [ɐrtifisjɐɫiˈdadɨ] F̲, **artificialismo** [ɐrtifisjɐˈɫiʒmu] M̲ Künstlichkeit *f*

artifício [ɐrtiˈfisju] M̲ Kunstfertigkeit *f*; (*truque*) Kunstgriff *m*, Kniff *m*; (*artificialidade*) Künstlichkeit *f*; **fogo(s)** *m(pl)* **de ~** Feuerwerk *n* **artificioso** [ɐrtifiˈsjozu] kunstfertig; findig; *pej* (arg)listig, falsch

artigo [ɐrˈtigu] M̲ COM, *imprensa*: Artikel *m*; (*texto*) Abschnitt *m*, Absatz *m*; **~ de fundo** Leitartikel *m*; **~ de grande consumo** Massenartikel *m*; **~ de primeira necessidade** Grundbedarfsartikel *m*; **~ semimanufa(c)turado** Halbfabrikat *m*; **~s** *pl* **em** (*ou* **de**) **segunda mão** Gebrauchtwaren *pl*

artilharia [ɐrtiʎɐˈriɐ] F̲ MIL Artillerie *f* **artilheiro** [ɐrtiˈʎɐjru] M̲, **-a** F̲ MIL Artillerist(in) *m(f)*; DESP *bras* Torschütze *m*, Torschützin *f*

artimanha [ɐrtiˈmɐɲɐ] F̲ List *f*; Kniff *m*

artista [ɐrˈtiʃtɐ] A ADJ künstlerisch begabt; *fam* durchtrieben B M̲F̲ Künstler(in) *m(f)*; Handwerker(in) *m(f)* **artístico** [ɐrˈtiʃtiku] künstlerisch; kunstvoll

artola [ɐrˈtɔɫɐ] A ADJ eingebildet B M̲F̲ *pop* Dummkopf *m*

artrite [ɐrˈtritɨ] F̲ Arthritis *f*

artrose [ɐrˈtrɔzɨ] F̲ MED Arthrose *f*

arvorar [ɐrvuˈrar] ⟨1e⟩ A V̲T̲ *mastro*: aufrichten, setzen; *bandeira*: hissen; **~ em** umwandeln in (*ac*) B V̲I̲ sich davonmachen; **~-se** sich aufspielen (**em** als)

árvore [ˈarvurɨ] F̲ ❶ BOT Baum *m*; **~ de folha caduca** Laubbaum *m*; **~ de folha persistente** immergrüner Baum *m*; **~ de fruto** Obstbaum *m*; **~ de Natal** Weihnachtsbaum *m*; **~ genealógica** Stammbaum *m*; *fig* Bohnenstange *f* (*Person*) ❷ NÁUT Mast *m*; TECN Welle *f*; Achse *f*; Spindel *f* **arvoredo** [ɐrvuˈredu] M̲ ❶ Wäldchen *n* ❷ NÁUT Bemastung *f*

as [ɐʃ] P̲L̲ *von* → **a**¹ (*art e pron*)

ás [aʃ] M̲ ⟨*pl* **ases**⟩ Ass *n*; *fig* Beste(r) *m*, Könner *m*; **ser um ~** *fig* ein Ass sein (**em** in *dat*)

às [aʃ] C̲O̲N̲T̲R̲ *de* **a** *e* **as**

a.s. A̲B̲R̲ (**a saber**) d. h. (das heißt)

asa [ˈazɐ] F̲ ❶ ZOOL, AERO Flügel *m*; (Korb)Henkel *m*; (Koffer-, Topf)Griff *m*; ANAT (Nasen)Flügel *m*; **debaixo da ~**

de *fig* unter den Fittichen von; **aparar as ~s de alg** *fig* j-m die Flügel stutzen; **arrastar a ~ a alg** j-m den Hof machen; **bater a ~** *pop* ausreißen; **ter um grão (-zinho) na ~** *pop* e-n in der Krone haben **asa-delta** [az3'dɛɫta] F 〈*pl* asas-delta〉 Drachenflieger *m*; Drachenfliegen *n* **asado** [3'zadu] Henkel...
asbesto [3ʒ'beʃtu] M Asbest *m*
ascaricida [3ʃkari'sida] M FARM Wurmmittel *n* **ascáridas** [3ʃ'karidɐʃ] FPL Spulwürmer *mpl*
ascendência [3ʃsẽ'dẽsjɐ] F Vorfahren *mpl*, Ahnen *mpl*; *fig* Überlegenheit *f*; Einfluss *m*; **de ~ portuguesa** portugiesischer Abstammung *f* **ascendente** [3ʃsẽ'dẽti] A ADJ aufsteigend; FERROV *comboio* ankommend B M/F Vorfahr(in) *m(f)* C M *fig* Überlegenheit *f* **ascender** [3ʃsẽ'der] 〈2a〉 aufsteigen (a zu); *preços*: (an)steigen; *factura*: sich belaufen; **ao poder:** an die Macht kommen
ascensão [3ʃsẽ'sãw̃] F Aufstieg *m* (a auf *ac*, zu); *trono*: Besteigung *f*; *poder*: Ergreifung *f*; REL **Ascensão** Christi Himmelfahrt *f* **ascensional** [3ʃsẽsjʊ'naɫ] Aufstiegs...; Aufwärts...; TECN Auftriebs...; **força ~** Auftrieb *m* **ascensor** [3ʃsẽ'sor] M Aufzug *m*, Fahrstuhl *m*
asceta [3ʃ'sɛta] M/F Asket(in) *m(f)* **ascético** [3ʃ'sɛtiku] asketisch **ascetismo** [3ʃsi'tiʒmu] M Askese *f*
asco [ʻaʃku] M Ekel *m*, Abscheu *m* (**a de, por** vor *dat*); **dar** (*ou* **fazer**) **~ a alg** j-n ekeln, j-s Ekel erregen; **que ~!** ekelhaft!
ascoroso [3ʃku'rozu] ekelhaft; widerlich
aselha [3'zɐ(i)ʎa] F Öse *f*; *roupa etc tb*: Schlaufe *f*; *pop pej* Null *f*, Flasche *f* **aselhice** [3zi'ʎisi] F *pop* Ungeschicklichkeit *f*
asfaltagem [3ʃfaɫ'taʒɐ̃j] F Asphaltierung *f* **asfaltar** [3ʃfaɫ'tar] 〈1a〉 teeren, asphaltieren **asfalto** [3ʃ'faɫtu] M Asphalt *m*
asfixia [3ʃfi'ksia] F Erstickungstod *m*; **matar alg por ~** j-n ersticken **asfixiado** [3ʃfiksja'du] ADJ **morrer ~** ersticken **asfixiante** [3ʃfi'ksjãti] erstickend; giftig; **ar *m* ~** stickige Luft *f*; **gás *m* ~** Giftgas *n* **asfixiar(-se)** [3ʃfa'ɫtu] 〈1g〉 ersticken
Ásia ['azja] F GEOG **a ~** Asien *n*; **a ~ Menor** Kleinasien *n* **asiático** [3'zjatiku] A ADJ asiatisch B M, **-a** F Asiat(in) *m(f)*
asilado [3zi'ɫadu] A ADJ **estar ~** in e-m Asyl leben B M, **-a** F (Asyl)Insasse *m*, Insassin *f*; POL Asylant(in) *m(f)* **asilar** [3zi'ɫar] 〈1a〉 POL **~ alg** j-m Asyl gewähren
asilo [3'zilu] M Asyl *n* (*tb* POL); *fig* Zuflucht *f* (**contra**, **de** vor *dat*); **direito** *n* **de ~** Asylrecht *n*; **pedido** *m* (*ou* **requerimento** *m*) **de ~** Asylantrag *m*; **requerente** *m/f* **de ~** Asylbewerber(in) *m(f)*
asma ['aʒma] F Asthma *n*; **~ brônquica** Bronchialasthma *n* **asmático** [3ʒ'matiku] A ADJ asthmatisch B M, **-a** F Asthmatiker(in) *m(f)*
asna ['aʒna] F ZOOL Eselin *f*; ARQUIT Dachgerüst *n* **asnear** [3ʒ'njar] 〈1l〉 Blödsinn reden (*ou* machen) **asneira** [3ʒ'nɐjra] F Blödsinn *m*, Dummheit *f*; Kraftausdruck *m*; **~s** *pl* dummes Zeug *n*; **chorrilho** *m* **de ~s** *pop* ein Haufen Blödsinn *m*
asno ['aʒnu] M Esel *m*
aspa ['aʃpa] F *hist* Marterkreuz *n* (**entre**) **~s** *pl* (in) Anführungszeichen *npl*; *fam* (in) Gänsefüßchen *npl*
aspargo [aʃ'paxgu] M *bras* Spargel *m*
aspecto [3ʃ'pɛktu] *bras* [aʃ'pɛktu] M Anblick *m*, Aussehen *n*; Ansicht *f*; Gesichtspunkt *m*, Aspekt *m* (*e-s Sachverhaltes*); **sob todos os ~s** in jeder Hinsicht; **ter bom/mau ~** gut/schlecht aussehen
aspereza [3ʃpi'reza] F Rauheit *f*, Schroffheit *f*; *sabor*: Herbheit *f*; *fig* Härte *f*
aspergir [3ʃpir'ʒir] 〈3n; Stv 3c〉 besprengen; besprühen
áspero ['aʃpiru] rau, schroff; *vinho, fruto* herb; *fig* hart (**a** für)
aspersão [3ʃpir'sãw̃] F Besprengung *f* **aspersor** [3ʃpir'sor] M (Rasen)Sprenger *m*
aspiração [3ʃpira'sãw̃] F 〈*pl* -ções -sõjʃ〉 Einatmung *f*; Atemzug *m*; TECN Ein-, Ansaugen *n*; *fig* Streben *n*; (*empenho*) Bestrebung *f*; **tubo** *m* **de ~** Saugrohr *n*; **ter -ões a** streben nach **aspirador** [3ʃpira'dor] A M Saugvorrichtung *f*; **~ (de pó)** Staubsauger *m* B ADJ Saug... **aspirante** [3ʃpi'rãti] A ADJ TECN Saug...; MIL **oficial** *m* **~** Offiziersanwärter *m* B M/F Anwärter(in) *m(f)* (**a** auf *ac*) **aspirar** [3ʃpi'rar] 〈1a〉 TECN an-, ein-, absaugen; GRAM aspirieren; **~ a, ~ por** streben nach; *acontecimento* herbeisehnen; *posição* begehren **aspiratório** [3ʃpira'tɔrju] Atem...
aspirina [3ʃpi'rina] F Aspirin® *n*
asqueroso [3ʃki'rozu] ekelhaft; widerlich
assacar [3sa'kar] 〈1n; Stv 1b〉 *alg* beschul-

digen; *culpa* zuschieben
assadeira [ɐsɐˈdɐjrɐ] F̄ Röstpfanne f
assado [ɐˈsadu] M̄ Braten m; *port pop* Zwangslage f, Bredouille f; **assim ou ~** *pop* so oder so **assador** [ɐsɐˈdor] M̄ *panela*: Schmortopf m; *espeto*: Bratspieß m; *tabuleiro*: Bratrost m **assadura** [ɐsɐˈdurɐ] F̄ *port* GASTR Bratenstück n; *bras fam* MED (Haut)Wolf m
assa-fétida [asɐˈfɛtidɐ] M̄ BOT (Stink)Asant m, Asa foetida f
assalariado [ɐsɐlɐˈrjadu] M̄ Lohn- und Gehaltsempfänger m, Arbeitnehmer m; **trabalho** m **~** nicht selbstständige Arbeit f **assalariar** [ɐsɐlɐˈrjar] ⟨1g⟩ gegen Lohn einstellen, beschäftigen; *fig* bestechen
assaltante [ɐsaɫˈtɐ̃ti] M̄/F̄ Angreifer m; (Bank-, Straßen)Räuber m **assaltar** [ɐsaɫˈtar] ⟨1a⟩ *alg, banco* überfallen; *alg* angreifen; *fortaleza* (er)stürmen; *casa* einbrechen in (*ac*); (*agredir*) herfallen über (*ac*) (*tb fig*); *pensamento, dúvida* heimsuchen, bestürmen; *doença* befallen
assalto [ɐˈsaɫtu] M̄ (Bank)Überfall m (**a, contra** auf *ac*); (Haus)Einbruch m (**a, contra** in *ac*); (*ataque*) Angriff m (**a, contra** auf *ac*); *esgrima* Ausfall m; *fig* Anwandlung f; Anfall m; **~ à mão armada** bewaffneter Überfall m; **~ com** (*ou por*) **arrombamento** DIR Raubüberfall m
assanhadiço [ɐsɐɲɐˈdisu] reizbar, empfindlich **assanhado** [ɐsɐˈɲadu] wütend, zornig; *ferida* hochrot, entzündet; *bras* aufgeregt; erregt **assanhar** [ɐsɐˈɲar] ⟨1a⟩ reizen; verärgern; *mar* aufwühlen; (*exacerbar*) zuspitzen, verschlimmern; **~-se** sich aufregen
assar [ɐˈsar] ⟨1b⟩ *no forno*: rösten, braten; schmoren; *no grill*: grillen, braten; *fig* pop wund laufen
assarapantado [ɐsɐrɐpɐ̃ˈtadu] *port pop* durcheinander, perplex
assassinar [ɐsɐsiˈnar] ⟨1a⟩ ermorden **assassinato** [ɐsɐsiˈnatu] M̄, **assassínio** [ɐsɐˈsinju] M̄ Mord m **assassino** [ɐsɐˈsinu] A ADJ mörderisch; Mörder...; B M̄, **-a** F̄ Mörder(in) m(f); *fam* Killer(in) m(f)
assaz [ɐˈsaʃ] ziemlich; ausreichend
asseado [ɐˈsjadu] sauber; *animal* stubenrein; *fig* tadellos **assear(-se)** [ɐˈsjar(si)] ⟨1l⟩ (sich) säubern
assediador [ɐsidjɐˈdor] M̄ Belagerer m (*tb fig*) **assediar** [ɐsiˈdjar] ⟨1g⟩ belagern;

fig bestürmen; *sexualmente*: belästigen
assédio [ɐˈsɛdju] M̄ Belagerung f (*tb fig*); Belästigung f; **~ no trabalho** Mobbing n; **~ sexual** sexuelle Belästigung f
assegurado [ɐsiguˈradu] garantiert, sicher; *carro etc* versichert **assegurador** [ɐsiguraˈdor] M̄ **assegurar** [ɐsiguˈrar] ⟨1a⟩; (*providenciar*) sichern, sicherstellen; *carro etc* versichern (**contra** gegen); **~ a/c a alg** j-m etw ver-, zusichern **~-se de** sich e-r Sache (*dat*) versichern (*ou* vergewissern)
asseio [ɐˈsɐju] M̄ Reinlichkeit f; Sauberkeit f; *vestuário*: Gepflegtheit f; **com ~** reinlich, sauber; *trabalho* sorgfältig; *vestuário* adrett, gepflegt
assemblagem [ɐsẽˈbɫaʒɐ̃j] F̄ INFORM Assemblieren n
assembleia (***é**) [ɐsẽˈbɫajɐ] F̄ Versammlung f; Rat m; Klub m; **Assembleia da República** *port, bras* **~ Legislativa** Parlament n, Nationalversammlung f; *Alemanha*: ≈ Bundestag m; **~ de voto** *port* Wahllokal n; **~ geral** Vollversammlung f; **~ municipal** Gemeinderat m
assemelhar [ɐsimiˈʎar] ⟨1d⟩ ähneln (**a** *dat*), Ähnlichkeit haben (**a** mit); ähnlich machen (**a** *dat*); vergleichen (**a** mit); **~-se** (**um ao outro**) einander ähneln
assenhorear-se [ɐsiɲuˈrjarsi] ⟨1l⟩ sich bemächtigen (**de** *gen*)
assentada [ɐsẽˈtadɐ] F̄ *port pop* **de uma ~** auf einmal **assentado** [ɐsẽˈtadu] fundiert; *plano* festgelegt, beschlossen; (ab)gesetzt **assentador** [ɐsẽtɐˈdor] M̄ Fliesenleger m; FERROV Streckenarbeiter m; TECN Flach-, Setzhammer m **assentamento** [ɐsẽtɐˈmẽtu] M̄ Ansiedlung f; DIR Niederschrift f, schriftliche Aufzeichnung f **assentar** [ɐsẽˈtar] ⟨1a⟩ A V/T (auf-, hin)setzen; (auf)stellen; *fig* festigen; *tese* (be)gründen; *questão* entscheiden; *regras* festsetzen; *plano* beschließen; *fundamento* legen; *piso, azulejos* verlegen; FERROV *carris* verlegen; (*povoar*) ansiedeln; *morada* aufschlagen; *cor* auftragen; *terra* festklopfen, -stampfen; *pancada* versetzen; (*amadurecer*) annehmen; TECN einbetten, lagern; *quantia* (ver)buchen; **~ praça** MIL einrücken B V/I sich (hin)setzen; sich senken; *pessoa* gesetzt werden; *teoria* basieren; sich einigen (**em** auf *ac*); (*resolver*) beschließen (**de, em, a** zu); *ves-*

tido passen; ~ *bem* (*a alg*) (*j-m*) gut passen; (*j-m*) gut stehen; ~*-se* sich einschreiben

assente [ɐ'sẽti] A̅ P̅P̅ *irr* → **assentar** B̅ A̅D̅J̅ sicher; entschieden; **ficar ~ em** beruhen auf (*dat*); **ficar ~ sobre** liegen auf (*dat*)

assentimento [ɐsẽti'mẽtu] M̅ Zustimmung *f* **assentir** [ɐsẽ'tir] ⟨3e⟩ beipflichten, zustimmen

assento [ɐ'sẽtu] M̅ Sitz *m*; Sitzplatz *m*, -gelegenheit *f*; *fam calças:* Hosenboden *m*; *sanita:* WC-Sitz *m*, Klosettdeckel *m*; Unterkunft *f*; *vinho:* Bodensatz *m*; (*registo, registro*) Aufzeichnung *f*; TECN Untersatz *m*; Unterlage *f*; COM Buchung *f*, Posten *m*; ANAT Gesäß *n*; *fig* Beschluss *m*; AERO ~ **ejetável** Schleudersitz *m*; **de ~** gesetzt, ruhig (*Person*); ~ **de abater** Klappsitz *m*; ~ **de deitar** AUTO Liegesitz *m*

asséptico [ɐ'sɛtiku] MED keimfrei **asserção** [ɐsir'sɐ̃ũ] F̅ Behauptung *f* **assertivo** [ɐsir'tivu] bestimmt
assertoado [ɐsir'twadu] zweireihig
assessor(a) [ɐsi'sor(ɐ)] M̅F̅ Berater(in) *m(f)*; Referent(in) *m(f)*; *exame:* Beisitzer(in) *m(f)*; Beirat *m*; ~**(a) de empresas** Unternehmensberater(in) *m(f)* **assessoramento** [ɐsisurɐ'mẽtu] M̅ Beratung *f*; Consulting *n* **assessoria** [ɐsisu'riɐ] F̅ Beraterstab *m*; Beratung *f*

asseveração [ɐsivirɐ'sɐ̃ũ] F̅ Behauptung *f*; Versicherung *f*, Bekräftigung *f* **asseverar** [ɐsivi'rar] ⟨1c⟩ behaupten; versichern, bekräftigen

assexual [ɐsɛ'kswaɫ] BIOL ungeschlechtlich; geschlechtslos

assiduidade [ɐsidwi'dadʒi] F̅ regelmäßige Anwesenheit *f*; Pünktlichkeit *f* **assíduo** [ɐ'sidwu] immer anwesend; eifrig (**em** bei); beständig

assim [ɐ'sĩ] so; daher; also; ~-~ mehr oder weniger, *fam* soso; ~ **como** so wie; **ainda ~**, **mesmo ~** trotzdem; immerhin; ~ **mesmo** genau so; **e ~ por diante** und so weiter; **por ~ dizer** sozusagen; ~ **que** *cj* sowie, sobald; **tanto ~ que ...** und zwar so sehr, dass ...

assimetria [ɐsimi'triɐ] F̅ Asymmetrie *f*
assimilação [ɐsimilɐ'sɐ̃ũ] F̅ Annäherung *f*; Anpassung *f*, Assimilierung *f* **assimilar** [ɐsimi'lar] ⟨1a⟩ anpassen, assimilieren; vergleichen (**a** mit)

assinação [ɐsinɐ'sɐ̃ũ] F̅ Unterzeichnung *f*; Benachrichtigung *f*; DIR Vorladung *f*; *data:* Anberaumung *f* **assinado** [ɐsi'nadu] A̅ A̅D̅J̅ unterschrieben, unterzeichnet B̅ M̅ (offizielle) Bescheinigung *f*

assinalação [ɐsinɐɫɐ'sɐ̃ũ] F̅ → **assinalamento assinalado** [ɐsinɐ'ɫadu] *texto* markiert; *pessoa, desempenho* herausragend, bedeutend; *pessoa tb* hochberühmt **assinalamento** [ɐsinɐɫɐ'mẽtu] M̅ *mercadoria:* Kennzeichnung *f*; Kennzeichen *n*; *pessoa:* Auszeichnung *f* **assinalar** [ɐsinɐ'ɫar] ⟨1b⟩ (kenn)zeichnen; markieren; *alg* aus-, bezeichnen (**de, como** als); *desempenho* hervorheben; ~**-se** *mudança* zu verzeichnen sein, sichtbar (*ou* spürbar) werden

assinante [ɐsi'nɐ̃ti] M̅F̅ Unterzeichner(in) *m(f)*; *jornal:* Abonnent(in) *m(f)*; TEL Fernsprechteilnehmer(in) *m(f)* **assinar** [ɐsi'nar] ⟨1a⟩ *documento* unterschreiben, -zeichnen; *prazo* festlegen; vereinbaren; *quantia* an-, zuweisen; *jornal etc* abonnieren; ~**-se** unterschreiben **assinatura** [ɐsinɐ'turɐ] F̅ Unterschrift *f*; Subskription *f*; Abonnement *n*; ~ **mensal** TEL Grundgebühr *f*

assistência [ɐsiʃ'tẽsjɐ] F̅ Anwesenheit *f* (**a** bei); Anwesende *pl*; Publikum *n*, Zuschauer *mpl*; Beistand *m*, Unterstützung *f* (**a** bei); Mitwirkung *f* (**a** *an dat*, bei); *idosos, doentes* Betreuung *f*, Fürsorge *f* (**a** für); ~ **a países em desenvolvimento** Entwicklungshilfe *f*; ~ **hospitalar** Krankenhausbehandlung *f*; ~ **médica** ärztliche Hilfe *f*; ~ **pós-venda** TECN Service *m*, Kundendienst *m*; ~ **social** Sozialhilfe *f*; ~ **técnica** Kundendienst *m* **assistencialismo** [ɐsiʃtẽsjɐ'ɫiʒmu] M̅ *port pej* Besitzstandsdenken *n* **assistente** [ɐsiʃ'tẽti] A̅ A̅D̅J̅ anwesend; *médico* behandelnd B̅ M̅F̅ Assistent(in) *m(f)*; **os ~s** die Anwesenden; **assistente** *f* **de bordo** *port* Flugbegleiter*in* *f*; ~ **de terceira idade** *port* Altenpfleger*in* *m(f)*; ~ **social** Sozialarbeiter(in) *m(f)* **assistido** [ɐsiʃ'tidu] A̅D̅J̅ ~ **por computador** INFORM computergestützt; **direcção** *f* **-a** *port* AUTO Servolenkung *f*; **ser ~** unterstützt werden **assistir** [ɐsiʃ'tir] ⟨3a⟩ V̅T̅ *pop doente* pflegen B̅ V̅I̅ 1̅ ~ **a alg** j-m beistehen, j-m helfen 2̅ *espectáculo, etc* beiwohnen; *curso* teil-

nehmen an (dat); geralm besuchen; zusehen ou zuhören bei
assoalhada [ɐsw3ˈʎɐdɐ] F̄ port (Wohn)-Raum m, Zimmer n **assoalhamento** [ɐswɐʎɐˈmẽtu] M̄ Fußbodenbelag m **assoalhar¹** [ɐswɐˈʎar] ⟨1b⟩ chão dielen
assoalhar² [ɐswɐˈʎar] ⟨1b⟩ der Sonne aussetzen; fig bekannt werden (ou machen); (sich) zeigen
assoar [ɐˈswar] VT ⟨1f⟩ **~ o nariz** die Nase putzen, sich schnäuzen **assoar-se** VR (sich dat) die Nase putzen, sich schnäuzen
assoberbado [ɐsubɨrˈbadu] hochmütig; (sobrecarregado) überlastet (**de, com** mit) **assoberbar** [ɐsubɨrˈbar] ⟨1c⟩ beherrschen 2 (sobrecarregar) überlasten; (pesar) lasten auf (dat); **~-se** hochmütig werden (**com** durch); (sobrecarregar-se) sich abnehmen
assobiada [ɐsuˈbjadɐ] F̄ Gepfeife n **assobiar** [ɐsuˈbjar] ⟨1g⟩ pfeifen; alg auspfeifen **assobio** [ɐsuˈbiu] M̄ 1 som: Pfiff m 2 instrumento: Trillerpfeife f
associabilidade [ɐsusjɐbiliˈdadi] F̄ Geselligkeit f; Aufgeschlossenheit f **associação** [ɐsusjɐˈsɐ̃u] F̄ 1 Vereinigung f; Zusammenschluss m; ligação: Verknüpfung f; DESP Verein m; Verband m; Klub m; **~ de estudantes** Studentenverband m **associado** [ɐsuˈsjadu] M̄, **-a** F̄ Mitglied n; ECON Gesellschafter(in) m(f), Teilhaber(in) m(f) **associar** [ɐsuˈsjar] ⟨1g⟩ verbinden (**a** mit); pensamentos verknüpfen; zu e-r Gesellschaft zusammenschließen, ECON zum Teilhaber machen; anschließen (**a, em** an ac); **~-se** sich verbünden, sich zusammentun; sich vereinen (**em** in dat); **~-se a** sich gesellen zu; clube etc Mitglied werden bei; fig Anteil nehmen an (dat) **associativo** [ɐsusjɐˈtivu] ADJ vida F̄ **-a** Vereinswesen n
assolação [ɐsulɐˈsɐ̃u] F̄, **assolamento** [ɐsulɐˈmẽtu] M̄ Verwüstung f; fig Heimsuchung f **assolador** [ɐsulɐˈdor] verheerend **assolar** [ɐsuˈlar] ⟨1e⟩ heimsuchen; verheeren
assomar [ɐsuˈmar] ⟨1f⟩ A VT alg aufbringen; cão (auf)hetzen B VT sol aufsteigen; aos pincaros: gelangen (**a** zu); idade erreichen; sich zeigen (**a** an dat, bei), erscheinen (**a** an dat, bei); **~-se** zornig werden; (embriagar-se) sich (dat) e-n antrinken

assombração [ɐsõbrɐˈsɐ̃u] F̄ bras Spuk m; Gespenst n **assombrado** [ɐsõˈbradu] 1 lugar schattig; fig verhext 2 pessoa bestürzt; **mal ~** übellaunig **assombramento** [ɐsõbrɐˈmẽtu] M̄ Schrecken m; Grauen n; Verblüffung f **assombrar** [ɐsõˈbrar] ⟨1a⟩ 1 lugar schattig machen, abdunkeln; fig verhexen 2 pessoa in Angst (ou Erstaunen) versetzen (**ante, de, com, por** angesichts gen); verblüffen; bewundern **assombroso** [ɐsõˈbrozu] verblüffend; fabelhaft
assomo [ɐˈsomu] M̄ Anzeichen n; fig Einfall m; Gedankenblitz m
assoprar [ɐsuˈprar] ⟨1e⟩ pop alg verpfeifen; resposta vorsagen; blasen (**a** in ac), pusten (**a** in ac) **assopro** [ɐˈsopru] M̄ port pop heißer Tipp m
assorear [ɐsuˈrjar] ⟨1l⟩ versanden
assossego [ɐsuˈsegu] M̄ Ruhe f
assuada [ɐˈswadɐ] F̄ Auflauf m; Zusammenrottung f; Bande f
assumido [ɐsuˈmidu] überzeugt; ausgemacht **assumir** [ɐsuˈmir] ⟨3a⟩ A VT responsabilidade, culpa übernehmen; desafio annehmen; cargo antreten; decisão treffen B VI ein Amt antreten; **~-se** sich zu erkennen geben; pop sich outen (als)
assunção [ɐsũˈsɐ̃u] F̄ fig Erhebung f; Beförderung f (auf e-n Posten); REL **Assunção Mariã** Himmelfahrt f
assuntar [ɐsũˈtar] bras ⟨1a⟩ aufpassen; beobachten, betrachten; nachdenken
assunto [ɐˈsũtu] M̄ Angelegenheit f, Thema n; fig Stoff m, Gegenstand m, Sache f; PINT Motiv n
assustadiço [ɐsuʃtɐˈdisu] schreckhaft **assustador** [ɐsuʃtɐˈdor] erschreckend **assustar** [ɐsuʃˈtar] ⟨1a⟩ ängstigen; erschrecken; überraschen; **~-se** (sich) erschrecken (**com, por** über ac)
asteca [ɐʃˈtɛka] A ADJ aztekisch B M/F Azteke m, Aztekin f
asterisco [ɐʃtɨˈriʃku] M̄ TIPO Sternchen n **asteróide** [ɐʃtɨˈrɔidi] M̄ ASTRON Asteroid m
astro [ˈaʃtru] M̄ Gestirn n; Stern m (tb fig) **astrologia** [ɐʃtrulu'ʒiɐ] F̄ Astrologie f **astrólogo** [ɐʃˈtrɔlugu] M̄, **-a** F̄ Astrologe m, Astrologin f
astronauta [ɐʃtrɔˈnautɐ] M/F Astronaut(in) m(f) **astronáutica** [ɐʃtrɔˈnautikɐ] F̄ Raumfahrt f **astronomia** [ɐʃtrunu-

'mia] F̄ Astronomie f **astronómico (*ô)** [ɐʃtru'nɔmiku] astronomisch; *fig* riesig

astrónomo (*ô) [ɐʃ'trɔnumu] M̄, **-a** F̄ Astronom(in) *m(f)*

astúcia [ɐʃ'tusjɐ] F̄ List *f*

astucioso [ɐʃtu'sjozu], **astuto** [ɐʃ'tutu] verschlagen; schlau; listig

ata ['atɐ] F̄ *bras* → acta

atabalhoar [ɐtɐbɐ'ʎwar] ⟨1f⟩ *trabalho* hinschludern; *resposta* stammeln

atacadista [atɐka'dʒiʃtɐ] M/F *bras* Großhändler(in) *m(f)* **atacado** [ɐtɐ'kadu] M̄ **comércio ~ por** ~ Großhandel *m*

atacador [ɐtɐka'dor] M̄ Schnürsenkel *m* **atacante** [ɐtɐ'kɐ̃ti] M/F Angreifer(in) *m(f)*; *futebol*: Stürmer(in) *m(f)* **atacar** [ɐta'kar] ⟨1n; *Stv* 1b⟩ **A** V̄/T̄ **1** *embrulho* ver-, zuschnüren; *bolso* voll stopfen (**de**, **com** mit); *braz* (zu)knöpfen **2** *alg* angreifen; packen (**por** bei); *fig* bekämpfen; *canção* anstimmen; *sono, doença* befallen **B** V̄/Ī TECN ansetzen an (*ac*)

atadilho [ɐtɐ'diʎu] M̄ Saitenhalter *m*

atado [ɐ'tadu] **A** ADJ gebunden; *pessoa* gefesselt; *fig* verlegen; **ser ~** (*ou* **atadinho**) *port* schüchtern sein; **estou de mãos -as** mir sind die Hände gebunden **B** M̄ Bündel *n* **atadura** [ɐtɐ'durɐ] F̄ Band *n*, Schnur *f*; MED Binde *f*, Verband *m*

atafulhar [ɐtɐfu'ʎar] ⟨1a⟩ *pop coisas* hineinstopfen (**em** in); *mala* voll stopfen

atalaia [ɐtɐ'laja] F̄ Ausguck *m*; Wachturm *m*; **de ~** *fig* auf der Hut

atalhada [ɐtɐ'ʎadɐ] F̄ (Brand)Schneise *f* (*im Wald*) **atalhar** [ɐtɐ'ʎar] V̄/Ī ⟨1b⟩ *caminho* versperren; *pessoa* (*embaraçar*) in den Weg treten (*dat*), aufhalten; (*encurtar*) abkürzen, verkürzen **atalho** [ɐ'taʎu] M̄ **1** (*vereda*) Seitenweg *m*; (*caminho mais curto*) Abkürzung *f*; INFORM Pfad *m*; **andar por ~s** Ausflüchte suchen **2** (*obstáculo*) Hindernis *n*; **pôr ~ a** ein Ende setzen (*dat*)

atapetar [ɐtɐpi'tar] ⟨1c⟩ *parede, soalho* auslegen; *móvel* überziehen; *chão* bedecken (**com, de** mit)

ataque [ɐ'taki] M̄ **1** MIL, *fig* Angriff *m* (**a, contra** auf *ac*, gegen) (*tb* DESP) **2** MED Anfall *m*; **deu-lhe um ~** er bekam e-n Anfall; **~ de nervos** Nervenzusammenbruch *m* **3** TECN Eingriff *m*

atar [ɐ'tar] ⟨1b⟩ *cão etc* anbinden (**a, em** an *ac*); *sapatos* zuschnüren; *embrulho* zusammenbinden; *partes* verknüpfen; **~ as mãos à** (*ou* **na**) **cabeça** sich (*dat*) an den Kopf fassen; **não ~ nem desatar** sich nicht entschließen können

atarantamento [ɐtɐrɐ̃tɐ'mētu] M̄ *port* Durcheinander *n*, Verwirrung *f* **atarantar** [ɐtɐrɐ̃'tar] ⟨1a⟩ *pop* durcheinanderbringen, verwirren

atardado [ɐtar'dadu] ADJ *criança* (geistig) zurückgeblieben **atardar** [ɐtar'dar] ⟨1b⟩ verzögern; **~-se** sich verspäten; verweilen (**em** bei, in *dat*)

atarefado [ɐtɐrɛ'fadu] sehr beschäftigt; geschäftig; **andar ~** viel zu tun haben **atarefar** [ɐtɐrɛ'far] ⟨1a⟩ (*sobrecarregar*) j-n mit Arbeit überlasten; **~-se** sich (*dat*) zu schaffen machen

ataroucado [ɐtɐro'kadu] verblödet

atarracado [ɐtɐʀɐ'kadu] untersetzt

atarraxar [ɐtɐʀɐ'ʃar] ⟨1b⟩ festschrauben; *port fig* in die Enge treiben

atascar-se [ɐtɐʃ'karsi] V̄/R̄ ⟨1b⟩ versinken

ataúde [ɐtɐ'udi] M̄ Sarg *m*; Grab *n*

ataviar [ɐtɐ'vjar] ⟨1g⟩ schmücken **atavio** [ɐtɐ'viu] M̄ Schmuck *m*

até [ɐ'tɛ] **A** PREP bis; **~ a** bis an (auf, nach, zu) **B** C̄Ī **~ que** bis (dass) (*conj*); **~ que enfim!** na endlich!; **~ já!** bis gleich!; **~ logo!** bis später!; bis bald! **C** ADV sogar; selbst; **~ já!** bis gleich!; **~ logo!** bis später!; bis bald!

atear [ɐ'tjar] ⟨1l⟩ *forno* anfeuern, -heizen; schüren (*tb fig*); *lume* entfachen, anzünden; **~-se** sich entzünden; *fig* entbrennen

ateia (*é) [ɐ'tɐjɐ] ADJ/F → ateu

ateísmo [ɐtɐ'iʒmu] M̄ Atheismus *m* **ateísta** [ɐtɐ'iʃtɐ] M/F Atheist(in) *m(f)*

ateliê [ɐti'tje] M̄ Atelier *n*

atemorizador [ɐtimurizɐ'dor] fürchterlich; *fig* riesig **atemorizadorar** [ɐtimuri'zar] ⟨1a⟩ erschrecken

atempado [ɐtɐ̃'padu] befristet; termingerecht; gelegen

Atenas [ɐ'tɐnɐʃ] SEM ART GEOG Athen *n*

atenção [ɐtɐ̃'sɐ̃u] F̄ Aufmerksamkeit *f*; Gefälligkeit *f*; Rücksicht *f*; Höflichkeit *f*; **~ com, para com** Wertschätzung für; **falta *f* de ~** Unhöflichkeit *f*; *bras* Unaufmerksamkeit *f*; Unachtsamkeit *f*; **em ~ a** mit Rücksicht auf (*ac*); **chamar a ~ (de alg)** (j-s) Aufmerksamkeit erregen; **dar ~ a** achten auf (*ac*); **prestar ~** aufpassen; **ter em** ~ berücksichtigen; ~! Achtung!

atenciosamente [atẽsjɔzaˈmẽti] *em cartas* mit freundlichen Grüßen; *muito formal*: hochachtungsvoll **atencioso** [atẽˈsjozu] aufmerksam; rücksichtsvoll **atendedor** [atẽdeˈdor] M ~ **(automático) de chamadas** *port* Anrufbeantworter m **atendente** [atẽˈdẽtʃi] M/F *bras* Krankenpfleger(in) m(f) **atender** [atẽˈder] ⟨2⟩ ■ ~ **a alg** j-m zuhören; *doente* j-n behandeln, j-n betreuen; *cliente* j-n bedienen; *visita* j-n empfangen; ~ **pelo nome de ...** auf den Namen ... hören ■ ~ **(a)** *circunstância* berücksichtigen; *acontecimento* verfolgen; *conselho* befolgen; *encomenda* erledigen; *pedido* positiv bescheiden; **atendendo a** unter Berücksichtigung (*gen ou* von) ■ TEL abnehmen; *chamada* annehmen **atendimento** [atẽdʒiˈmẽtu] M Beachtung f; Abfertigung f; Bedienung f; Service m; *tb* ~ **ao atenção**; **horário m de** ~ Geschäfts-, Schalterstunden *fpl* **atendível** [atẽˈdʒivɛɫ] beachtenswert **atentado** [atẽˈtadu] ■ M Anschlag m (a auf *ac*), Attentat n (a auf *ac*); autor m de (ou do) ~ Attentäter m; ~ **bombista** Bombenattentat n ■ ADJ *bras pop* unartig, ungezogen **atentar** [atẽˈtar] ⟨1a⟩ ■ (*dar atenção a*) beachten, berücksichtigen; achten (**a, em, para** auf *ac*) ■ (*proceder*) vorgehen (**a, contra** gegen); an Attentat verüben (**a, contra** auf *ac*); ~ **contra a vida de alg** nach j-s Leben trachten ■ *port pop* versuchen, in Versuchung führen **atentatório** [atẽtɐˈtɔrju] frevelhaft; verletzend; **ser** ~ **de** verstoßen gegen **atento** [aˈtẽtu] aufmerksam; **estar** ~ **a** (ou **em, para**) bedacht sein auf (*ac*) **atenuação** [atinwaˈsɐ̃w̃] F (Ab)Schwächung f; Abnahme f; FIS Dämpfung f; QUÍM Verdünnung f **atenuador** [atinwaˈdor] M Schwingungsdämpfer m **atenuante** [atiˈnwɐ̃tʃi] ■ ADJ abschwächend; mildernd; DIR strafmildernd ■ F strafmildernder Umstand m **atenuar** [atiˈnwar] ⟨1g⟩ abschwächen, mildern (*tb pena*)

aterrador [ateraˈdor] grauenhaft **aterragem** [ateˈʁaʒɐ̃j] F AERO Landung f; ~ **forçada** Notlandung f; **campo m de** ~ Rollfeld n **aterramento** [ateʁaˈmẽtu] M ELECT Erdung f **aterrar** [ateˈʁar]

⟨1c⟩ ■ V/T ■ *alg* entsetzen, erschrecken; *fig* niederschmettern ■ *área* mit Erde bedecken; *monte* aufschütten; *buraco* auffüllen ■ V/I AERO landen **aterrissagem** [atexiˈsaʒẽj] *bras* F → **aterragem aterrissar** [atexiˈsax] *bras* ⟨1a⟩ → **aterrar aterro** [aˈteʁu] M *geralm* (Boden)Aufschüttung f; Auffüllung f; *espec* (Straßen)Damm m; *de escombros*: Schuttberg m; MIN Halde f; ~ **controlado** Mülldeponie f **aterrorizar** [ateʁuriˈzar] ⟨1a⟩ in Schrecken versetzen; terrorisieren **atestado¹** [atiʃˈtadu] ADJ randvoll **atestado²** [atiʃˈtadu] M Zeugnis n; Bescheinigung f; MED Attest n; ~ **de saúde** Gesundheitszeugnis n; ~ **médico** Krankenschein m **atestar¹** [atiʃˈtar] V/T ⟨1c⟩ bis zum Rand füllen; *carro* volltanken; *medida* bis zum Eichstrich auffüllen **atestar²** [atiʃˈtar] ⟨1c⟩ DIR bezeugen; bescheinigen; (*provar*) beweisen; ~ **de** zeugen von **ateu** [aˈtew], F **ateia** [aˈtɐjɐ], *bras* **atéia** [aˈtɐjɐ] atheistisch; gottlos **atiçador** [atisaˈdor] M Schüreisen n, Feuerhaken m; *fig* Unruhestifter m; Anstifter m **atiçar** [atiˈsar] ⟨1p⟩ *fogo, ódio* schüren; *fogão* anfeuern; *fig* an-, aufstacheln (**a, contra** gegen) **atilado** [atiˈladu] ADJ klug, vernünftig, gescheit **atilho** [aˈtiʎu] M Band n, Schnur f **átimo** [ˈatʃimu] M *bras* Moment m, Augenblick m; **num** ~ im Nu **atinado** [atʃiˈnadu] *observação* treffend; *pessoa* vernünftig **atinar** [atʃiˈnar] ⟨1a⟩ ~ **com** bemerken; *solução* finden, entdecken; ~ **em** sich erinnern an (*ac*) **atinente** [atʃiˈnẽtʃi] PREP ~ **a** betreffend (*ac*), in Bezug auf (*ac*) **atingir** [atʃĩˈʒir] ⟨3n⟩ erreichen, erlangen; berühren (*tb fig*); *fig* betreffen, angehen; *alvo* treffen **atingível** [atʃĩˈʒivɛɫ] erreichbar; greifbar **atípico** [aˈtʃipiku] atypisch, untypisch **atiradeira** [atʃiraˈdajrɐ] F Zwille f, Katapult n **atiradiço** [atʃiraˈdʒisu] unternehmungslustig; *fam* draufgängerisch **atirador(a)** [atʃiraˈdor(ɐ)] M Schütze m, Schützin f **atirar** [atʃiˈrar] ⟨1a⟩ ■ V/T pe-

dra, bola schleudern, werfen; DESP schießen (**a** auf *ac*); *pontapé* versetzen (**a** alg j-m); *pernas* übereinanderschlagen; **~ a/c a alg** j-m etw zuwerfen B VII *cavalo* ausschlagen; *caçador, soldado* schießen (**a, contra, sobre** auf *ac*); *fig* abzielen (**a, contra, sobre** auf *ac*); **~ a alg** nach j-m geraten; **~ para** e-n Hang haben zu; *cor* spielen in (*ac*); **~ com a porta** *port* die Tür zuschlagen; **~ com a/c a** (*ou* **em, para**) etw (blindlings) irgendwohin werfen; **~-se** sich stürzen (**a, sobre** auf *ac*)

atitude [ati'tudʒi] F Haltung f, Einstellung f; (*convicção*) Gesinnung f; Vorgehensweise f; Verhalten n

ativ... *bras* → **activa** *etc*

atlântico [a'tlãtiku] atlantisch

Atlântico [a'tlãtiku] M GEOG **o** (**oceano**) **~** der Atlantik

atlas ['atlaʃ] M Atlas m

atleta [a'tlɛta] M/F Athlet(in) m(f) **atlético** [a'tlɛtiku] athletisch **atletismo** [atlɛ'tʒiʒmu] M Leichtathletik f

atmosfera [atmuʃ'fɛra] F Atmosphäre f; **~ carregada** Gewitterluft f; **~ terrestre** Erdatmosphäre f **atmosférico** [atmuʃ'fɛriku] atmosphärisch; **pressão f** -**a** Luftdruck m

ato ['atu] *bras* → **acto**

à-toa [a'toa] ADJ (*irreflectido*) unbedacht; (*inútil*) nutzlos, wertlos

atoarda [a'twarda] F Gerücht n

atocaiar [atoka'jax] ⟨1i⟩ *bras* auflauern (*dat*); bespitzeln

atochar [atu'ʃar] ⟨1e⟩ einkeilen; feststopfen; *garrafa* zupfropfen; *carro* überladen; *espaço* überfüllen

atolar [atu'kar] ⟨1e⟩ M VT festfahren (*im Schlamm*); versenken; *fig* in Schwierigkeiten bringen B VI/R (G VIR) **~(-se)** im Morast versinken; *geralm* stecken bleiben; sich festfahren; *situação* verfahren sein; *pop* verblöden

atoleimado [atuɫej'madu] albern

atoleiro [atu'ɫejru] M Morast m; Sumpf m; *fig* Verlegenheit f; *fam* Patsche f, Klemme f

atómico (**ô*) [a'tɔmiku] Atom...

atomizador [atumiza'dor] M Zerstäuber m **atomizar** [atumi'zar] ⟨1a⟩ *geralm* vernichten; zerreiben; *líquido* zerstäuben; *pedra* zertrümmern

átomo ['atumu] M Atom n; *fig* Spur f

atónito (**ô*) [a'tɔnitu] verblüfft

átono ['atunu] GRAM tonlos, unbetont

atopetar [atope'tax] ⟨1c⟩ *bras* (bis obenhin) voll stopfen mit

ator [a'tox] *bras* → **actor**

atordoador [aturdwa'dor] betäubend; verwirrend **atordoar** [atur'dwar] ⟨1f⟩ betäuben, benebeln; verwirren

atormentação [aturmẽta'sãũ] F Aufregung f, Qual f, Sorge f **atormentado** [aturmẽ'tadu] unruhig, sorgenvoll **atormentar** [aturmẽ'tar] ⟨1a⟩ foltern, quälen (*tb fig*)

ato-show [atu'ʃou] M ⟨*pl* atos-show⟩ *bras* Show f

atóxico (**ô*) [a'tɔksiku] ungiftig

atracação [atraka'sãũ] F NÁUT Festmachen n (*des Schiffes*); Landung f; Anlegen n **atracadouro** [atraka'doru] M NÁUT Liegeplatz m **atracar** [atra'kar] ⟨1n; *Stv* 1b⟩ M VT NÁUT festmachen; *alg* festhalten; (*abraçar*) fest umarmen; *fam* anrempeln; *pop mulher* anmachen B VI/R NÁUT anlegen, landen; **~-se com** raufen mit

atra(c)ção [atra'sãũ] F Anziehung(skraft) f (*tb* FÍS); Hang m (**a, para, por** zu), Neigung f (**a, para, por** zu); *circo etc*: Glanznummer f, Attraktion f **atra(c)tivo** [atra'tivu] M ADJ *pessoa* attraktiv, anziehend; *filme* zugkräftig B M Verlockung f; Reiz m

atraente [atra'ẽti] anziehend, einnehmend; bezaubernd

atraiçoar [atrajˈswar] ⟨1f⟩ verraten; täuschen; *sentido* entstellen; (*abandonar*) im Stich lassen

atrair [atra'ir] ⟨3l⟩ anziehen; *olhares* auf sich (*ac*) ziehen; *alg* an sich (*ac*) (heran)ziehen; *fig* für sich einnehmen

atrapalhação [atrapaʎa'sãũ] F Durcheinander n; (*desconcerto*) Ratlosigkeit f; (*insegurança*) Hilflosigkeit f **atrapalhado** [atrapa'ʎadu] ratlos; verwirrt; *bras* verworren; *pessoa* linkisch; **estar ~ com** *fam* in der Bredouille stecken wegen **atrapalhar** [atrapa'ʎar] ⟨1b⟩ M VT durcheinanderbringen; verwirren B VI/R Verwirrung stiften; **~-se** durcheinandergeraten; *ao falar* sich verhaspeln (**com** bei)

atrás [a'traʃ] ADV **1** *local* zurück; hinten, dahinter; NÁUT achtern; **~ de** hinter (*ac e dat*), nach (*dat*); **para ~** nach hinten, zurück; rückwärts; **por ~** von hinten; **correr**

~ de alg j-m hinterherlaufen; **deixar ~** *fig* links liegen lassen; **estar de pé ~ com alg** j-m nicht trauen; **fazer pé ~** zurückweichen; **ficar ~ de alg** hinter j-m zurückstehen **2** *temporal*: danach, später; **anos ~** vor Jahren

atrasado [ɐtrɐˈzadu] **A** ADJ *país* rückständig; *temporal*: verzögert; *pagamento* ausstehend; *pessoa* (geistig) behindert *ou* zurückgeblieben; **chegar ~** zu spät (*ou* mit Verspätung) kommen; **estar ~ em** im Rückstand sein mit; *relógio* **ir ~, estar ~** nachgehen **B** M ↝ **mental** geistig Behinderte(r) m **atrasar** [ɐtrɐˈzar] ⟨1b⟩ **A** V/T zurückstellen, hinauszögern; *(antedatar)* zurückdatieren; *assunto* verschieben; *alg* aufhalten; *a/c* zurückbringen; TECN hemmen, verlangsamen **B** V/I (G V/R) **~ar(-se)** zurückbleiben; in Rückstand geraten (**a, em** bei, in *dat*); *relógio* nachgehen; *pessoa* sich verspäten

atraso [ɐˈtrazu] M Rückgang m; *temporal*: Verspätung f; Verzögerung f; COM FIN Zahlungsrückstand m, Verzug m; *fig* Rückständigkeit f

atravancar [ɐtrɐvɐ̃ˈkar] ⟨1n⟩ *porta, caminho* versperren; *mala* voll packen (**de** mit); **~-se** sich quer stellen

através [ɐtrɐˈvɛʃ] ADV (quer) durch (*tb local*); anhand (*gen*); **~ de** durch (*ac*) **atravessado** [ɐtrɐvɨˈsadu] seitlich; über Kreuz; *fig* verquer; falsch; **ter um olho ~** auf e-m Auge schielen **atravessamento** [ɐtrɐvɨsɐˈmẽtu] M Überquerung f **atravessar** [ɐtrɐvɨˈsar] ⟨1c⟩ *a/c* quer legen; *área* durchfahren, -queren; *montanha* überqueren; *crise etc* durchmachen; *planos* durchkreuzen; BIOL kreuzen; *braç* Schwarzhandel treiben mit; **~ a nado** durchschwimmen; **~-se a** in die Quere kommen; sich einmischen in (*ac*); sich widersetzen (*dat*); **~-se a alg** *tb* j-m widersprechen

atreito [ɐˈtrɐjtu] ADJ **~ a** mit e-m Hang zu; empfänglich für; *(habituado)* gewöhnt an (*ac*)

atrelado [ɐtrɨˈladu] M AUTO (An)Hänger m **atrelagem** [ɐtrɨˈlaʒɐ̃j] F Anspannen n; Anhängen n; Kupplung f **atrelar** [ɐtrɨˈlar] ⟨1c⟩ *cão* an die Leine nehmen; anbinden; *cavalo* anspannen; *atrelado* anhängen

atrever-se [ɐtrɨˈversi] ⟨2c⟩ sich erdreisten, wagen (**a** zu); sich heranwagen (**a** an *ac*) **atrevido** [ɐtrɨˈvidu] verwegen; unverschämt; *palavras* anzüglich **atrevimento** [ɐtrɨviˈmẽtu] M Kühnheit f, Mut m; *(insolência)* Unverschämtheit f; *(abuso)* Anzüglichkeit f

atribuição [ɐtribwiˈsɐ̃w̃] F *prémio*: (Preis-)Verleihung f; *poderes*: Ermächtigung f; *tarefa*: (Aufgaben)Zuteilung f; *culpa*: (Schuld)Zuweisung f; **~ões** *pl* Befugnisse *fpl*, Aufgaben *fpl* **atribuir** [ɐtriˈbwir] ⟨3i⟩ *cargo, prémio* verleihen; *poderes* erteilen; *direito* zuerkennen; *autoria* zuordnen; *tarefa* zuteilen; *característica* zuschreiben; *culpa* zuschieben, zur Last legen; **~ se** für sich reklamieren

atribulação [ɐtribulɐˈsɐ̃w̃] F Kummer m, Qual f; Not f **atribular(-se)** [ɐtribuˈlar(-si)] ⟨1a⟩ Kummer verursachen (haben); (sich) ängstigen; (sich) quälen

atributivo [ɐtribuˈtivu] GRAM attributiv **atributo** [ɐtriˈbutu] M Merkmal n; Abzeichen n; GRAM, REL Attribut n

atrição [ɐtriˈsɐ̃w̃] F TECN Abnutzung f, Verschleiß m; REL Reue f

átrio [ˈatriu] M Vorraum m, Eingang (-sbereich) m; Innenhof m

atrito [ɐˈtritu] M TECN Reibung f; **~ de rolamento** Rollreibung f; *fig* **~s** *pl* Schwierigkeiten *fpl*; Reibereien *fpl*

atriz [ɐˈtriʃ] *bras* → actriz

atroada [ɐtruˈada] F Getöse n, Gepolter n; *fam* geschwätzig **atroador** [ɐtruɐˈdor] (ohren)betäubend **atroamento** [ɐtruɐˈmẽtu] M Benommenheit f **atroar** [ɐtruˈar] ⟨1f⟩ **A** V/T erschüttern; *barulho* betäuben **B** V/I donnern

atrocidade [ɐtrusiˈdadɨ] F Grausamkeit f, Gräuel m

atroçoar [ɐtruˈswar] zermalmen

atrofia [ɐtruˈfiɐ] F MED Atrophie f, Schwund m; *fig* Zerfall m **atrofiar** [ɐtruˈfjar] ⟨1g⟩ **A** V/T verkümmern lassen **B** V/I & V/R **~-se** verkümmern, schrumpfen

atropelamento [ɐtrupilɐˈmẽtu] M Zusammenstoß m; *peão*: Verkehrsunfall m, Überfahren n; DIR Gesetzesübertretung f **atropelar** [ɐtrupiˈlar] ⟨1c⟩ *com um carro* über- (*ou* an)fahren; umrennen; anrempeln; *obstáculos* überwinden, sich hinwegsetzen über (*ac*); *factos* durcheinanderbringen; *fig* in Angst versetzen, bedrängen; **~-se** sich drängeln; durcheinan-

dergeraten

atropelo [stru'pelu] M → atropelamento; Gedränge n; **aos ~s** wild durcheinander; **de ~** hastig

atroz [ɐ'trɔʃ] scheußlich; grausam

atua... bras → actuação etc

atufar [stu'far] ⟨1a⟩ (auf)blähen; **~-se** eintauchen in (ac)

atulhar [stu'ʎar] ⟨1a⟩ voll stopfen; fig ver-, zustopfen

atum [ɐ'tũ] M Thunfisch m

aturar [ɐtu'rar] ⟨1a⟩ sofrimento ertragen; tempo, processo aus-, durchhalten; trabalho sich abgeben (ou herumschlagen) mit **aturável** [stu'ravɛɫ] erträglich

aturdido [stur'didu] kopflos, verwirrt; verblüfft **aturdimento** [sturdi'metu] M Verwirrung f; Verblüffung f; Durcheinander n **aturdir** [stur'dir] ⟨3a⟩ betäuben; verwirren; verblüffen; **~-se** den Kopf verlieren

audácia [au'dasjɐ] F Kühnheit f **audacioso** [auda'sjozu] → audaz **audaz** [au'daʃ] kühn; verwegen

audibilidade [audibili'dadi] F Hörbarkeit f, Wahrnehmbarkeit f **audição** [audi'sɐ̃u] F Hören n; ANAT Gehör n; DIR Anhörung f; MÚS Aufführung f; Vorspiel n; rádio: Empfang m; **~ (musical)** Konzert n

audiência [au'djesjɐ] F Audienz f, Empfang m; TV Zuschauer mpl; rádio: Zuhörer mpl; TV, rádio Einschaltquote f; DIR (Gerichts)Verhandlung f

audiofone [audjɔ'fɔni] M Hörgerät n **audiolivro** [audjɔ'livru] M Hörbuch n **audiologia** [audjulu'ʒiɐ] F Audiologie f **audiovisual** [audjɔvi'zwaɫ] A ADJ audiovisuell B M Rundfunk und Fernsehen; bras Multimediavortrag m

auditivo [audʒi'tivu] Gehör..., Hör...; aparelho ~ ANAT Gehör n; TECN Hörgerät n **auditor** [audi'tor] M Beisitzer m; COM Wirtschaftsprüfer, Buchprüfer m **auditoria** [auditu'riɐ] F COM Wirtschaftsprüfung f **auditório** [audi'tɔrju] M UNIV Auditorium n, Hörsaal m; Zuhörerschaft f

auferir [aufɨ'rir] ⟨3c⟩ erhalten; erringen; vantagem nutzen; lucro erzielen; imposto einnehmen

auge ['auʒi] M fig Gipfel m

aula ['auɫɐ] F (Unterrichts)Stunde f; **~ de inglês** Englischstunde f, -unterricht m; UNIV **Aula Magna** Auditorium n Maximum, fam Audimax n; **~ particular** Privatstunde f; bras Nachhilfestunde f; **~s** pl Unterricht m; **sala f de ~s** Klassenzimmer n; UNIV Hörsaal m; **dar a alg ~s de** j-n unterrichten in (dat)

aumentar [aumē'tar] ⟨1a⟩ A V/T número vermehren; superfície vergrößern (**de, em** um, a auf ac); temperatura, preços erhöhen B V/I zunehmen; preços steigen **aumento** [au'metu] M número: Vermehrung f; Zuwachs m; produção, preços: Erhöhung f, Anstieg m, Steigerung f; **lente** f **de ~** Vergrößerungsglas n; **ir em ~** port im Wachsen (ou Steigen) begriffen sein

áureo ['aurju] golden; fig Blüte...

auréola [au'rɛulɐ] F Heiligenschein m; fig Ruhm m

aurícula [au'rikulɐ] F ANAT Vorhof m; BOT Aurikel f

auricular [auriku'lar] Ohren...; Hör... **auriculares** [auriku'lariʃ] MPL Ohrhörer mpl

aurífero [au'rifiru] goldhaltig **aurificação** [aurifikɐ'sɐ̃u] F Goldfüllung f (Zahn) **aurífice** [au'rifisi] M Goldschmied(in) m(f)

aurora [au'rɔrɐ] F Morgenröte f; **~ boreal** Nordlicht n; **ao romper da ~** bei Tagesanbruch

auscultação [auʃkuɫtɐ'sɐ̃u] F MED Abhorchen n; **~ da opinião pública** Meinungsumfrage f **auscultador** [auʃkuɫta'dor] M MED Stethoskop n, Abhörgerät n; rádio: Kopfhörer m; TEL Hörer m **auscultar** [auʃkuɫ'tar] ⟨1a⟩ MED abhören, -horchen; befragen

ausência [au'zẽsjɐ] F Abwesenheit f; **~ de** Fehlen n von, Mangel m an (dat) **ausentar-se** [auzē'tarsi] ⟨1a⟩ sich entfernen; fig sich zurückziehen; (viajar) verreisen **ausente** [au'zēti] abwesend (tb fig)

auspiciar [auʃpi'sjar] ⟨1g⟩ vorhersagen **auspício** [auʃ'pisju] M Vorbedeutung f; Vorzeichen n; **sob os ~s de** unter der Schirmherrschaft von **auspicioso** [auʃpi'sjozu] aussichtsreich

austeridade [auʃtɨri'dadi] F Strenge f; ECON Sparsamkeit f; Genügsamkeit f; (contenção) Zurückhaltung f; ECON Sparkurs m; **política** f **de ~** Sparpolitik f **austero** [auʃ'tɛru] streng; (poupado); sparsam

austral [auʃˈtrał] südlich, Süd...
Austrália [auʃˈtraḷjɐ] F̲ GEOG **a ~** Australien n **australiano** [auʃtrɐˈłjɐnu] A̲ ADJ australisch B̲ M̲, **-a** F̲ Australier(in) m(f)
Áustria [ˈauʃtrjɐ] F̲ GEOG **a ~** Österreich n **austríaco** [auʃˈtriɐku] A̲ ADJ österreichisch B̲ M̲, **-a** F̲ Österreicher(in) m(f)
aut. ABR (autoria) Urheberschaft
autarca [auˈtarkɐ] M̲/F̲ Kommunalpolitiker(in) m(f); Lokalpolitiker(in) m(f) **autarcia** [autarˈkiɐ] F̲ ECON Autarkie f **autarquia** [autarˈkiɐ] F̲ port Kommune f, Gemeinde f; Körperschaft f des öffentlichen Rechts **autárquico** [auˈtarkiku] autark; port **eleições** fpl **-as** Kommunalwahlen fpl
autenticação [autẽtikɐˈsɐ̃u] F̲ documento: Beurkundung f; assinatura: Beglaubigung f **autenticar** [autẽtiˈkar] ⟨1n⟩ beurkunden; verbürgen; **cópia** beglaubigen **autenticidade** [autẽtisiˈdadʒi] F̲ Echtheit f
autêntico [auˈtẽtiku] authentisch, echt; declaração glaubwürdig
auto [ˈautu] M̲ Urkunde f; DIR tb Protokoll n; **~s** pl Prozessakten fpl; hist (Mysterien)Spiel n; **estar pelos ~s** port pop dafür sein
auto... [autɔ-, autu-] EM COMP Auto...; Selbst...; selbst..., eigen... **autoacusação** [autɔɐkuzɐˈsɐ̃u] F̲ Selbstanklage f **autoadesivo** [autɔɐdʒiˈzivu] A̲ ADJ selbstklebend **auto análise** [autɔɐˈnaɫizi] F̲ Selbstanalyse f **auto avaliação** [autɔɐvɐḷjɐˈsɐ̃u] F̲ Selbsteinschätzung f **autobiografia** [autɔbjugrɐˈfiɐ] F̲ Autobiografie f **autobiográfico** [autɔbjuˈgrafiku] autobiografisch
autocaravana [autɔkɐrɐˈvɐnɐ] F̲ AUTO Caravan m **autocarro** [autɔˈkaʁu] M̲ (Auto)Bus m; **~ de turismo** Reisebus m; **~ shuttle** Shuttlebus m
autoclismo [autɔˈkłiʒmu] M̲ (WC-)Spülung f
autocolante [autɔkuˈłɐ̃ti] A̲ ADJ selbstklebend B̲ M̲ Aufkleber m, Sticker m; Austria: Pickerl n **autocombustão** [autɔkõbuʃˈtɐ̃u] F̲ Selbstentzündung f **autoconfiança** [autɔkõˈfjɐ̃sɐ] F̲ Selbstbewusstsein n; Selbstvertrauen n **autoconsciência** [autɔkõˈsjẽsjɐ] F̲ Selbsteinschätzung f; Selbstgefühl n **auto controle** [autɔkõˈtroɫi] M̲, **autocontrolo** [autɔkõˈtrołu] M̲ Selbstbeherrschung f **autocrata** [autɔˈkratɐ] A̲ ADJ unabhängig B̲ M̲/F̲ Autokrat(in) m(f), Alleinherrscher(in) m(f) **autocrítica** [autɔˈkritikɐ] F̲ Selbstkritik f
autóctone [auˈtɔktuni] Ureinwohner(in) m(f)
autodefesa [autɔdiˈfezɐ] F̲ Selbstverteidigung f **autodeterminação** [autɔditirminɐˈsɐ̃u] F̲ Selbstbestimmung f **autodida(c)ta** [autɔdiˈdatɐ] M̲/F̲ Autodidakt(in) m(f) **autodomínio** [autɔduˈminju] M̲ Selbstbeherrschung f
autódromo [auˈtɔdrumu] M̲ Autorennbahn f, Motodrom n
auto-escola(s) [autwiʃˈkɔłɐ] F̲ ⟨pl ~s⟩ bras Fahrschule f
autoestima [autɔʃˈtimɐ] F̲ Selbstbewusstsein n
autoestrada [autɔʃˈtradɐ] F̲ ⟨pl ~s⟩ Autobahn f
autogénese [autɔˈʒɛnizi] F̲ BIOL, PSICOL Autogenese f **autogestão** [autɔʒiʃˈtɐ̃u] F̲ Selbstverwaltung f **autogolo** [autɔˈgołu] M̲ port Eigentor n
autógrafo [auˈtɔgrɐfu] A̲ ADJ eigenhändig B̲ M̲ Autogramm n
auto-lotação [autulotɐˈsɐ̃u] M̲ bras Art Gemeinschaftstaxi n
automação [autumɐˈsɐ̃u] F̲ Automatisierung f **automático** [autuˈmatiku] automatisch **automatismo** [autumɐˈtiʒmu] M̲ Automatismus m **automatizar** [autumɐtiˈzar] ⟨1a⟩ automatisieren
autómato (*ô) [auˈtɔmɐtu] M̲ Automat m
automedicação [autɔmidikɐˈsɐ̃u] F̲ Selbstmedikation f
automobilismo [autumubiˈłiʒmu] M̲ Kraftverkehr m; Motorsport m **automobilista** [autumubiˈłiʃtɐ] M̲/F̲ Kraftfahrer(in) m(f) **automobilístico** [autumubiˈłiʃtiku] Auto...; Kraftfahrzeug...
automotora [autɔmuˈtorɐ] F̲, bras **automotriz** [automoˈtriʃ] F̲ Schienenbus m
automóvel [autuˈmɔvɛł] A̲ ADJ selbstfahrend; **veículo ~** Kraftfahrzeug n B̲ M̲ Kraftwagen m, -fahrzeug n, pop Auto n; **~ de praça** Taxi n; **~ ligeiro** Personen(kraft)wagen m, Pkw m; **~ misto** Kombi m; **~ pesado** Last(kraft)wagen m, Lkw m

automutilação [autɔmutilɐ'sɐ̃ũ] F Selbstverstümmelung f **autonomeação** [autɔnumjɐ'sɐ̃ũ] F Selbsternennung f
autonomia [autunu'miɐ] F Autonomie f, Selbstständigkeit f; POL Selbstverwaltung f; AERO, AUTO Reichweite f; INFORM, ELECT Netzunabhängigkeit f
autonomizar [autunumi'zar] ⟨1a⟩ unabhängig machen (**de** von) **autónomo** (*ô) [au'tɔnumu] selbstständig; unabhängig; port INFORM offline
autopeça [autɔ'pesɐ] F bras Autoersatzteil n
autopolinização [autɔpuliniza'sɐ̃ũ] F BOT Selbstbestäubung f
autoproclamar-se [autɔpruklɐ'marsi] ⟨1a⟩ sich selbst ernennen zu; fig sich aufspielen als
autópsia [au'tɔpsjɐ] F Autopsie f
autor(a) [au'tor(ɐ)] M(F) Autor(in) m(f); Urheber(in) m(f); Verfasser(in) m(f); DIR delito: Täter(in) m(f); processo: Kläger(in) m(f)
auto-rádio [autɔ'ʀadju] M ⟨pl ~s⟩ Autoradio n
auto-retrato [autɔʀɨ'tratu] M ⟨pl ~s⟩ Selbstporträt m
autoria [autu'riɐ] F Autorenschaft f; ~ **de um delito** Täterschaft f
autoridade [auturi'dadi] F ❶ Ansehen n, Autorität f; Macht f (**sobre** über ac), (Amts)Gewalt f (**sobre** über ac); **fazer valer a sua ~** fam ein Machtwort sprechen ❷ ADMIN Behörde f; ~ **competente** zuständige Behörde f; **as ~s** pl tb die Staatsgewalt, die Obrigkeit **autoritário** [auturi'tarju] autoritär, selbstherrlich **autoritarismo** [auturitɐ'riʒmu] M Gewaltherrschaft f
autorização [auturiza'sɐ̃ũ] F Ermächtigung f; Berechtigung f; Genehmigung f; ~ **de residência** ou **permananência** Aufenthaltsberechtigung f; ~ **de trabalho** Arbeitserlaubnis f; **sem** ~ unberechtigterweise; ohne Erlaubnis **autorizado** [auturi'zadu] bevollmächtigt; angesehen; glaubwürdig **autorizar** [auturi'zar] ⟨1a⟩ ermächtigen; berechtigen; genehmigen; **~-se em** sich berufen auf (ac)
auto-serviço [autɔsɨr'visu] M ⟨pl ~s⟩ Selbstbedienung f **auto-silo** [autɔ'silu] M Parkhaus n **auto-suficiência** [autɔsufi'sjẽsjɐ] F Selbstversorgung f **auto-suficiente** [autɔsufi'sjẽti] selbstgenügsam; **ser ~** Selbstversorger sein **auto-sugestão** [autɔsuʒiʃ'tɐ̃ũ] F ⟨pl -ões⟩ Selbsttäuschung f; Autosuggestion f
auto-tanque [autɔ'tɐ̃ki] M ⟨pl ~s⟩ Löschfahrzeug n
autuação [autwa'sɐ̃ũ] F DIR Ermittlung f; acta: Protokollierung f **autuar** [au'twar] ⟨1g⟩ DIR ermitteln (gegen); acta: protokollieren
auxiliar [ausi'ljar] A V/I ⟨1g⟩ ~ **alg** j-m helfen, beistehen (**a** bei); j-n unterstützen (**em** bei) B ADJ (Aus)Hilfs...; **pessoal** ~ Aushilfskräfte pl, -personal n; **verbo** ~ GRAM Hilfsverb n C M/F Hilfskraft f **auxílio** [au'siłju] M Hilfe f (**em** bei), Beistand m (**em** bei); Unterstützung f (**em** bei)
Av. ABR (Avenida) Allee
avacalhado [avakɐ'ljadu] bras lächerlich; schlampig **avacalhar** [avakɐ'ljax] ⟨1a⟩ bras lächerlich machen; verkommen lassen; a/c nachlässig machen
aval [ɐ'vał] M ⟨pl ~es, avais⟩ Bankbürgschaft f, Aval m; DIR Bürgschaft f; geralm Unterstützung f
avalancha [ɐvɐ'łɐ̃ʃɐ] F Lawine f (tb fig); ~ **seca** Steinschlag m
avaliação [ɐvɐljɐ'sɐ̃ũ] F (Ab-, Ein)Schätzung f; Bewertung f; Beurteilung f; UNIV Evaluierung f; ~ **pericial** Expertise f **avaliado** [ɐvɐ'ljadu] ADJ **estar bem/mal** ~ hoch/niedrig im Kurs stehen **avaliador** [ɐvɐljɐ'dor] M Schätzer m, Taxator m **avaliar** [ɐvɐ'ljar] ⟨1g⟩ valor (ab-, ein)schätzen, taxieren (**em** auf ac); desempenho (be)werten; quantidade veranschlagen; situação sich (dat) ein Urteil bilden (**de** über ac); pessoa halten (**por** für)
avalista [ɐvɐ'liʃtɐ] M/F COM Wechselbürge m, -bürgin f **avalizar** [ɐvɐli'zar] ⟨1a⟩ avalieren; geralm bürgen für
avança [ɐ'vɐ̃sɐ] F bras irón Schlacht f am kalten Büfett **avançado** [ɐvɐ̃'sadu] A ADJ posto vorgeschoben; -idade vorgerückt; ideias fortschrittlich; técnica, curso fortgeschritten B M port DESP Stürmer m **avançado-centro** [ɐvɐ̃sadu'sẽtru] M ⟨pl avançados-centro⟩ port Mittelstürmer m **avançamento** [ɐvɐ̃sɐ'mẽtu] M → avanço **avançar** [ɐvɐ̃'sar] ⟨1p⟩ A V/T tropas vorrücken lassen; relógio vorstellen; trabalho, aluno vorwärtsbrin-

gen; *desenvolvimento* vorantreiben; *cabeça, dinheiro* vorstrecken; *afirmação* vorbringen; TECN vortreiben **B** V/I fortschreiten, vorankommen (**em** bei, in *dat*); *tropas* vorrücken, vorstoßen (**a, contra, sobre** gegen); *tempo* vergehen; *edifício* vorspringen; *pessoa* näherkommen, vorwärtskommen; *janela* gehen, zeigen (**sobre** auf *ac*); **~-se** nähertreten; vordringen (**em** in *ac*)

avanço [ɐˈvɐ̃su] M MIL Vorrücken n, Vormarsch m; *técnico*: Fortschritt m; (*melhoria*) Verbesserung f; *dinheiro*: (Geld)Vorschuss m; (*vantagem*) Vorteil m; Vorsprung m (*tb jogol*); TECN Vorschub m; **~ de papel** INFORM *impressora*: Papiervorschub m; **~ imagem a imagem** *vídeo*: Bild-für-Bild-Vorlauf m; **~ rápido** *gravador*: Schnellvorlauf m

avantajado [ɐvɐ̃taˈʒadu] überlegen; *aluno* begabt; *estatura* korpulent **avantajar** [ɐvɐ̃taˈʒar] ⟨1b⟩ übertreffen (**em** in *dat*); begünstigen, fördern; **~-se** sich hervortun vor (*dat*); im Vorteil sein vor (*dat*); **~-se em** sich auszeichnen in (*dat*); überflügeln in (*dat*); zunehmen an (*dat*)

avante [ɐˈvɐ̃ti] ADV vorn; *dire(c)ção* voran, vorwärts; **de ora ~** von nun an, in Zukunft

avarento [ɐvɐˈrẽtu] **A** ADJ geizig **B** M Geizhals m **avareza** [ɐvɐˈreza] F Geiz m, Habgier f

avaria [ɐvɐˈria] F Schaden m; AUTO (Auto)Panne f; TECN Betriebsstörung f; NÁUT Havarie f **avariado** [ɐvɐˈrjadu] defekt, *fam* kaputt **avariar** [ɐvɐˈrjar] ⟨1g⟩ **A** V/T beschädigen, *fam* kaputt machen **B** V/I (& V/R) **(~-se)** *aparelho* ausfallen; AUTO e-e Panne haben; *geralm* Schaden nehmen; *fam* kaputtgehen

avaro [ɐˈvaru] → avarento

avassalador [ɐvasalɐˈdor] erdrückend **avassalar** [ɐvasaˈlar] ⟨1b⟩ unterwerfen; beherrschen

AVC [aveˈse] M ABR **(acidente vascular cerebral)** MED Schlaganfall m

ave [ˈavi] F ZOOL Vogel m; *fig bras* schlaues Kerlchen n; **~s** *pl* Geflügel n; **~ de arribação, ~ migratória** Zugvogel m; **~-do-paraíso** f Paradiesvogel m

aveal [ɐˈvjaɫ] M Haferfeld n **aveia** [ɐˈvɐja] F Hafer m; **flocos** *mpl* **de ~** Haferflocken *fpl*

Aveiro [ɐˈvɐjru] GEOG *port* Distrikt (*-hauptstadt*)

avelã [ɐvɨˈlɐ̃] F Haselnuss f; **cabeça** f **de ~** *port fam* Hohlkopf m **aveleira** [ɐvɨˈlɐjrɐ] F Haselnussstrauch m

avelhado [ɐvɨˈʎadu] gealtert; ältlich

avelórios [ɐvɨˈlɔrjuʃ] MPL Glasperlen *fpl*; *fig* Kinkerlitzchen *npl*

aveludado [ɐvɨluˈdadu] samtig, weich

avenca [ɐˈvẽkɐ] F BOT Frauenhaarfarn m

avença [ɐˈvẽsɐ] F Pauschalvertrag m; Pauschale f; **por ~** pauschal **avençar** [ɐvẽˈsar] ⟨1p; *Stv* 1c⟩ pauschalieren

avenida [ɐvɨˈnidɐ] F Allee f, Avenida f; **fazer ~** *port pop* flanieren, bummeln

avental [ɐvẽˈtaɫ] M Schürze f

aventar [ɐvẽˈtar] ⟨1a⟩ *questão* aufwerfen; *opinião* äußern; *tese* aufstellen; *reg (atirar)* werfen

aventura [ɐvẽˈturɐ] F **1** Abenteuer n **2** (*acaso*) Zufall m

aventurado [ɐvẽtuˈradu] gefährlich; waghalsig; REL selig **aventurar** [ɐvẽtuˈrar] ⟨1a⟩ wagen; *vida* aufs Spiel setzen; *tese* zu äußern wagen; *sorte* dem Glück (*ou* Schicksal) anvertrauen; **~-se** *pensamento* hervorzubringen wagen; **~-se a** sich heranwagen an (*ac*); sich einlassen auf (*ac*) **aventureirismo** [ɐvẽturɐjˈriʒmu] M Abenteuerlust f; Abenteurertum n **aventureiro** [ɐvẽtuˈrɐjru] **A** ADJ abenteuerlich, verwegen **B** M Abenteurer m **aventuroso** [ɐvẽtuˈrozu] abenteuerlich; gefährlich

averbamento [ɐvirbɐˈmẽtu] M Eintragung f; *propriedade*: Überschreibung f **averbar** [ɐvirˈbar] ⟨1c⟩ eintragen; schriftlich vermerken; *propriedade* überschreiben

averiguação [ɐvirigwɐˈsɐ̃u] F Ermittlung f; Feststellung f **averiguadamente** [ɐviriguadɐˈmẽti] erwiesenermaßen **averiguar** [ɐviriˈgwar] ⟨1m⟩ **A** V/T (nach)prüfen; feststellen; ermitteln **B** V/I **~ sobre** sich erkundigen bei (*ou* nach); **~-se** sich erkundigen

avermelhado [ɐvirmiˈʎadu] rötlich **avermelhar** [ɐvirmiˈʎar] ⟨1d⟩ (sich) röten

aversão [ɐvirˈsɐ̃u] F Abneigung f (**a** gegen), Widerwille m (**a** gegen)

avessas [ɐˈvɛsɐʃ] ADV **às ~** umgekehrt; verkehrt herum; im Gegenteil; **pôr às ~**

umkehren, auf den Kopf stellen; **sair às ~** fehlschlagen

avesso [ɐ'vesu] **A** M̄ Rückseite f; vestuário: Innenseite f **B** ADJ **ao ~** umgekehrt; (errado) verkehrt; **ser ~ a a/c** gegen etw sein

avestruz [ɐviʃ'truʃ] F̄, **bras** M̄ ZOOL Strauß m; **bancar o ~ bras** den Kopf in den Sand stecken

aviação [ɐvjɐ'sɐ̃u] F̄ Luftfahrt f, Flugwesen n; **~ militar** Luftwaffe f; **campo m de ~** Flugfeld n

aviado [ɐ'vjadu] pessoa flink, eilfertig; tarefa erledigt; **estar bem ~ port** irón in der Patsche sitzen

aviador [ɐvjɐ'dor] M̄, **-a** [ɐvjɐ'dorɐ] F̄ Flieger(in) m(f)

aviamento [ɐvjɐ'mẽtu] M̄ Ausführung f; (andamento) Erledigung f; receita: Anfertigung f; Fertigstellung f; certificado: Ausstellung f, Ausfertigung f; (andamento) Gang m; **~s** pl Zutaten fpl, Materialien npl; Einkäufe mpl; **bras** Kurzwaren pl; Besorgungen fpl; **dar ~** vorwärtsbringen

avião [ɐ'vjɐ̃u] M̄ Flugzeug n; **~ anfíbio** Wasserflugzeug n; **a ja(c)to, ~ de rea(c)ção** Düsenflugzeug n; **~ charter** Charterflugzeug n; **~ de bombardeio** Bombenflugzeug; **~ de carreira** Linienflugzeug n; **~ de carga** Frachtflugzeug n; **~ supersónico** (bras **supersônico**) Überschallflugzeug n

aviar [ɐ'vjar] ⟨1g⟩ **A** VT̄ eine W/eg bringen; pessoa losschicken; cliente bedienen; encomenda ausführen; incumbência erledigen; receita ausstellen **B** VI & VG **~-se** sich beeilen

aviário [ɐ'vjarju] **A** M̄ Geflügelfarm f **B** ADJ Geflügel...; **gripe f aviária** Vogelgrippe f

avicultor [ɐvikuɫ'tor] M̄ Geflügelzüchter m **avicultura** [ɐvikuɫ'turɐ] F̄ Geflügelzucht f

avidez [ɐvi'deʃ] F̄ Gier f

ávido [ˈavidu] (be)gierig

avigorar [ɐvigu'rar] ⟨1e⟩ kräftigen

avilo [ɐ'viɫu] M̄, **-a** F̄ Angola Freund(in) m(f); M̄ tb Kumpel m

aviltamento [ɐviɫtɐ'mẽtu] M̄ Erniedrigung f; preços: Senkung f **aviltar** [ɐviɫ'tar] ⟨1a⟩ entwürdigen; erniedrigen; preços senken

avindo [ɐ'vidu] **A** PP irr → avir **B** ADJ vereinbart, abgemacht **avindor** [ɐvi'dor] **A** ADJ Schlichtungs... **B** M̄ Schlichter m

avinhado [ɐvi'ɲadu] mit Wein vermischt; (impregnado) weingetränkt; pessoa angetrunken

avioneta [ɐvju'netɐ] F̄ Sportflugzeug n

avios [ɐ'vjuʃ] MPL **bras** Ausrüstung f, Utensilien pl; (compras) Einkäufe mpl, **fam** Besorgungen fpl

avir [ɐ'vir] ⟨3wa⟩ versöhnen (**com** mit)

avisado [ɐvi'zadu] klug; vorsichtig; **mal ~** unklug **avisador** [ɐviza'dor] Warn..., Signal...; **~ luminoso** AUTO Leuchtanzeige f **avisar** [ɐvi'zar] ⟨1a⟩ benachrichtigen; **~ de** informieren über (ac); aufmerksam machen auf (ac); perigo warnen vor (dat) **aviso** [ɐ'vizu] M̄ Nachricht f; Bescheid m; Mitteilung f; Hinweis m (**de** auf ac); (Ver-)Warnung f; **de ~** vorsorglich; **sobre ~** gewarnt, auf der Hut; **~ de multa** Strafmandat n; **~ de recepção** Empfangsbestätigung f; **greve f de ~** Warnstreik m; **~ prévio** Vorwarnung f, Vorankündigung f; fristgemäßes Kündigungsschreiben n; **sinal m de ~** (Vor)Ankündigung f; **salvo ~ em contrário** Widerruf vorbehalten

avistar [ɐviʃ'tar] ⟨1a⟩ sichten; erblicken; **~-se com** zusammenkommen mit, sich treffen mit

avitaminose [ɐvitɐmi'nɔzi] F̄ Vitaminmangel(krankheit) m(f)

avivamento [ɐvivɐ'mẽtu] M̄ Belebung f **avivar** [ɐvi'var] ⟨1a⟩ beleben; auffrischen; ódio, dor verstärken; **~-se** munter werden

avizinhar [ɐvizi'ɲar] ⟨1a⟩ in die Nähe bringen, nähern; território grenzen (**com** an ac); liegen (**com, de** neben dat); **~-se** sich nähern

avo [ˈavu] M̄ MAT (in Brüchen über 10) ... tel; **três doze ~s** drei Zwölftel

avó [ɐ'vɔ] F̄ Großmutter f; **fam** Oma f

avô [ɐ'vo] M̄ Großvater m **avós** mpl Großeltern mpl

avoado [ɐ'vwadu] **bras** zerstreut

avocação [ɐvukɐ'sɐ̃u] F̄ DIR Überweisung f **avocar** [ɐvu'kar] ⟨1n; Stv 1e⟩ an sich (ac) ziehen, übernehmen; **~ a/c a ou para alg** etw an j-n verweisen

avoengo [ɐ'vwẽgu] **A** ADJ von den Vorfahren, uralt **B** **~s** MPL Vorfahren mpl

avolumar [ɐvulu'mar] VT̄ ⟨1a⟩ größer machen; (aumentar) vermehren; (dramatizar) hochspielen **avolumar-se** V/R anschwellen; fig sich hochschaukeln

à-vontade [avõ'tadi] M Lässigkeit f; Unbefangenheit f; Unbekümmertheit f

avulso [ɐ'vuɫsu] lose; einzeln; Einzel...

avultado [avuɫ'tadu] quantia groß, beträchtlich; volume umfangreich, dick

avultar [avuɫ'tar] ⟨1a⟩ **A** V/T quantia, número vergrößern, vermehren; dimensão erweitern; fig hervorheben **B** V/I anwachsen (**a** auf ac), quantidade zunehmen; montante sich belaufen (**a** auf ac); größer werden

axadrezado [ɐʃɐdri'zadu] kariert

axé [a'ʃɛ] M afrobras Kraft f; Energie f; música r ~ (tb ~-music) Musikstil aus Bahia

axial [ɐ'ksjaɫ] Achsen..., axial

axila [ɐ'ksilɐ] F Achselhöhle f

axioma [ɐ'ksjomɐ] M Grundsatz m

azado [ɐ'zadu] günstig; geeignet

azáfama [ɐ'zafɐmɐ] F Eile f; Hast f; Hektik f

azafamado [ɐzɐfɐ'madu] eilig, hastig; hektisch **azafamar-se** [ɐzɐfɐ'marsi] ⟨1a⟩ sich abhetzen (**com** mit, bei), sich beeilen (**com** mit, bei)

azálea [ɐ'zaljɐ] F BOT Azalee f

azamboado [ɐzɐ̃'bwadu] verwirrt, durcheinander **azamboar** [ɐzɐ̃-'bwar] ⟨1f⟩ verwirren, durcheinanderbringen

azambujo [ɐzɐ̃'buʒu] M Ölbaum m

azar [ɐ'zar] M **1** (má sorte) Unglück n; fam Pech n; jogo: Unglückskarte f, -zahl f; **dar ~** Unglück bringen; **estar com ~** ter ~ Pech haben; **ter ~ a alg** port j-m böse sein, j-m grollen **2** (acaso) Zufall m; **jogo m de ~** Glücksspiel n **azarado** [ɐzɐ'radu] **A** ADJ Pech..., Unglücks... **B** M, -a F Pechvogel m **azarar** [ɐzɐ'rar] ⟨1b⟩ Unglück bringen **azarento** [ɐzɐ'rẽtu] Unglücks...

azeda [ɐ'zedɐ] F BOT Sauerampfer m

azedado [ɐze'dadu] säuerlich **azedar** [ɐzi'dar] ⟨1c⟩ **A** V/T GASTR sauer werden lassen **B** V/I (& V/R) **~(-se)** sauer werden (por wegen); fig gereizt (ou böse) werden (por wegen) **azedeira** [ɐzi'dajrɐ] F BOT Sauerampfer m **azedo** [ɐ'zedu] säuerlich; fig sauertöpfisch; (zangado) gereizt, wütend **azedume** [ɐzi'dumi] M Säure f; saurer Geschmack m; MED Sodbrennen n; Missmut m

azeitar [ɐzɐj'tar] ⟨1a⟩ ölen; fetten

azeite [ɐ'zɐjti] M Olivenöl n; geralm Öl n; **~ virgem** kaltgepresstes Olivenöl n; **~ de primeira pressão** Olivenöl n der ersten Pressung **azeiteira** [ɐzɐj'tajrɐ] F Ölkanne f **azeiteiro** [ɐzɐj'tɐjru] M Ölhändler m; port pop Zuhälter m **azeitona** [ɐzɐj'tonɐ] F Olive f; **~ trabalhadora**: Olivenpflückerin f **azeitoneiro** [ɐzɐjtu'nɐjru] M Olivenhändler m; trabalhador: Olivenpflücker m

azenha [ɐ'zɐɲɐ] F Wassermühle f

azerbaijano [ɐzirbaj'ʒɐnu], **azerbeijano** [ɐzirbɐj'ʒɐnu] **A** ADJ aserbaidschanisch **B** M, -a F Aserbaidschaner(in) m(f); Azeri m/f **Azerbaijão** [ɐzirbaj'ʒɐ̃ũ] M, **Azerbeijão** [ɐzirbɐj'ʒɐ̃ũ] M GEOG o ~ Aserbaidschan n

azevim [ɐze'vĩ] M bras, **azevinho** [ɐzi'viɲu] M BOT Stechpalme f

azia [ɐ'ziɐ] F MED Sodbrennen n

aziago [ɐ'zjagu] Unglück bringend, unheilvoll; **dia ~** Unglückstag m

ázimo ['azimu] ADJ pão ungesäuert

azinhaga [ɐzi'nagɐ] F Hohlweg m; Pfad m

azinhavre [ɐzi'navri] M Grünspan m

azo ['azu] M Gelegenheit f; Grund m; Vorwand m; **por ~ de** dank (gen ou dat); **dar ~ a** ermöglichen

azoado [ɐ'zwadu] benommen **azoar** [ɐ-'zwar] ⟨1f⟩ schwindelig machen, schwindeln lassen; (ver)ärgern

azorragar [ɐzuʀɐ'gar] ⟨1o; Stv 1b⟩ peitschen; strafen; fig durch Reden aufpeitschen, anstacheln

azotado [ɐzu'tadu] stickstoffhaltig **azoto** [ɐ'zotu] M bras Stickstoff m

azougue [ɐ'zogi] M QUÍM Quecksilber n; fig Schlitzohr n, durchtriebener Bursche m; bras pop Schnaps m

azucrim [azu'krĩ] M bras lästige Person f, fam Klette f **azucrinar** [azukri'nar] V/T ⟨1a⟩ bras nerven; belästigen

azul [ɐ'zuɫ] **A** ADJ blau; **~-celeste** (**-claro**, **-escuro**, **-marinho**) himmel-, (hell-, dunkel-, marine)blau; **tudo ~** bras alles bestens; fam alles in Butter **B** M Blau n **azuláceo** [ɐzu'ɫasju], **azulado** [ɐzu'ɫadu] bläulich **azular-se** [ɐzu'ɫarsi] V/R *bras fam* abhauen, die Flatter machen **azulejador** [ɐzuɫiʒɐ'dor] M̄ Fliesenleger *m* **azulejar** [ɐzuɫi'ʒar] ⟨1d⟩ fliesen; *parede tb* kacheln **azulejo** [ɐzu'ɫɐiʒu] M̄ Kachel *f*; Fliese *f*

▶ **azulejos**

Azulejos sind bunt bemalte Keramikfliesen, die in Portugal und Spanien eine lange Tradition haben. Man findet sie an Hausfassaden und Kirchen, aber auch viele Innenhöfe sind mit den Blumen- und Tiermotiven, Heiligengeschichten und Jagdszenen geschmückt. Auf der Iberischen Halbinsel sind sie eine Hinterlassenschaft der Mauren. Einheimische Handwerker haben später die Technik der Herstellung übernommen und weiterentwickelt. Portugal ist heute ein Hauptproduzent von **Azulejos**. Das **Museu Nacional do Azulejo** in Lissabon beherbergt die größte Fliesensammlung des Landes. Ein Besuch lohnt sich! ◀

B

B, b [be] M̄ B, b *n*
baba ['babɐ] F̄ Schleim *m*; Speichel *m*, Spucke *f*; Sabber *m*, Geifer *m*; **deitar ~** sabbern, geifern; *bras* Zungenfertigkeit *f*; *fam* Geschwätz *n*; GASTR **~ de camelo** *f* Süßspeise aus Eiern und Kondensmilch
babá [ba'ba] F̄ *bras* Kinderfrau *f*
babaça [ba'basɐ] M̄/F̄ *bras* Zwillingsbruder *m*, -schwester *f*; **~s** *pl* Zwillinge *pl*
babaçu [baba'su] M̄ *bras* BOT Babassupalme *f*; *fruto*: Babassunuss *f*
babadinho [babɐ'dɪɲu] **1** *fam* wild (**por** auf *ac*) **2** (*sentimental*) rührselig; zärtlich **babado** [ba'badu] **A** ADJ stolz; vernarrt; **andar ~ por** *fig* lechzen nach **B** M̄ *bras* Rüsche *f* (*zur Verzierung*); *fam* Geschwätz *n*, Gewäsch *n* **babão**- [ba'bɐ̃ũ] M̄ *fam* Dummkopf *m*; (*verliebter*) Narr *m* **baba-**

quice [babɐ'kisi] F̄ *bras* Albernheit *f* **babar** [ba'bar] ⟨1b⟩ besabbern, vollsabern; **~-se** sabbern; geifern; *fam* versessen sein (**por** auf *ac*) **babatar** [baba'tax] ⟨1a⟩ *bras* herumtappen
babete [ba'bɛti] M̄/F̄ Sabberlätzchen *n*
babosa [ba'bɔze] F̄ *bras* Aloe *f* **baboseira** [babu'zɐira] F̄, **babosice** [babu'zisi] F̄ Unsinn *m*; Gewäsch *n*; Schund *m*
baboso [ba'bozu] sabbernd; *fam* verknallt; schmachtend
babugem [bɐ'buʒɐ̃ĩ] F̄ → baba; Schaum *m*, -krone *f*; *fam* (Speise)Reste *mpl*; **andar à ~** *fam* schmarotzen
babuíno [bɐ'bwinu] M̄ Pavian *m*; *fig* Dummkopf *m*
babujar [babu'ʒar] ⟨1a⟩ besabbern; *fig* lobhudeln (*dat*); **~-se** sich besabbern
babygro [bɐibi'gro] M̄ *port* Strampelanzug *m*; Strampler *m*
bacalhau [bɐkɐ'ʎɐu] M̄ ZOOL Kabeljau *m*; GASTR Stockfisch *m*; *pop* (mão) Flosse *f*; **~ fresco** GASTR Kabeljau *m*, Dorsch *m*; **~ à Brás** *gebratener Stockfisch mit Zwiebeln, Kartoffeln und Rührei*; **~ à Gomes de Sá** *gebackener Stockfisch mit Kartoffeln, Zwiebeln, Oliven und gekochten Eiern*; **bolinho** *m* (ou **pastel** *m*) **de ~** GASTR Stockfischbällchen *m*; **óleo** *m* **de fígado de ~** Lebertran *m*; **ficar** (ou **dar**) **em água(s) de ~** *port fam* schief gehen, ins Wasser fallen; **magro como um ~** spindeldürr **bacalhauzada** [bɐkɐʎɐu'zadɐ] F̄, **bacalhoada** [bɐkɐ'ʎwadɐ] F̄ **1** Stockfischgericht *n*, -essen *n* **2** *pop* Händedruck *m* **bacalhoeiro** [bɐkɐ'ʎwɐiru] M̄ NÁUT Kabeljaufänger *m*; *comerciante*: Stockfischhändler *m*

▶ **bacalhau**

Bacalhau (Stockfisch) ist die portugiesische Bezeichnung für den gesalzenen und luftgetrockneten Kabeljau. Die Portugiesen verzehren weltweit die größte Menge an Stockfisch: pro Jahr und Person ca. 15 Kilogramm. Dem **bacalhau** wird nachgesagt, dass es so viele Zubereitungsarten gibt wie Tage im Jahr. Am bekanntesten sind wohl die **bolinhos de bacalhau** (frittierte Stockfischkroketten) und der **bacalhau com natas** (Stockfisch in Sahnesoße). Bacalhau ist sowohl in

Portugal als auch in Brasilien (hier neben der **feijoada**) ein Nationalgericht. Übrigens ist der Fisch ebenso Bestandteil vieler Redewendungen. So sagt man z. B. **ficar em águas de bacalhau** (wörtlich: im Kabeljauwasser liegen), um auszudrücken, dass etwas missglückt oder schiefgegangen ist. ◁

bacamarte [bɐkɐˈmartɨ] M ❶ Vorderladerpistole f, Donnerbüchse f ❷ pop vulg Schwanz m ❸ ZOOL Knurrhahn m
bacana [baˈkɐne] bras pop A ADJ toll, super B M/F toller Typ m
bacelo [bɐˈsɛłu] M Rebling m
bacharel(a) [bɐʃɐˈrɛł(ɐ)] M/F UNIV Bachelor m; hist Bakkalaureus m; fig Schwätzer m **bacharelar-se** [bɐʃɐriˈłarsi] ⟨1C⟩ den Bachelor machen (**em** in dat) **bacharelato** [bɐʃɐriˈłatu] M UNIV Bachelor m; hist Bakkalaureat n
bacia [bɐˈsiɐ] F; Schüssel f; ANAT, GEOG Becken n; **~ de captação** Auffangbecken n; **~ de decantação** Klärbecken n; **~ do Ruhr** GEOG Ruhrgebiet n
bacilar [bɐsiˈłar] Bazillen...; stabförmig
bacilo [bɐˈsiłu] M Krankheitserreger m, Bazille f
bacinete [bɐsiˈnetɨ] M ANAT Nierenbecken n **bacio** [bɐˈsiu] M Nachttopf m
baço¹ [ˈbasu] ADJ matt, glanzlos, trüb(e), stumpf; **ficar ~** fam blass werden
baço² [ˈbasu] M ANAT Milz f
bacoco [bɐˈkoku] A ADJ port dämlich B M port pop Dummkopf m, Depp m
bacorada [bɐkuˈradɐ] F Blödsinn m; Ungezogenheit f
bácoro [ˈbakuru] M port reg Ferkel n
bactéria [bɐkˈtɛrjɐ] F Bakterie f; **~s pl coliformes** Kolibakterien pl **bactericida** [bɐktɛriˈsidɐ] keimtötend **bacteriologia** [bɐktirjułuˈʒiɐ] F Bakteriologie f **bacteriologista** [bɐktirjułuˈʒiʃtɐ] M/F Bakteriologe m, -login f
báculo [ˈbakułu] M Bischofsstab m; fig Halt m, Schutz m
badagaio [bɐdɐˈgaju] M fam Herzkasper m; (Ohnmachts)Anfall m; **deu-lhe o ~** pop er/sie wurde ohnmächtig
badalação [bɐdɐłɐˈsẽũ] F bras fam Läuten n **badalada** [bɐdɐˈładɐ] F Glockenschlag m **badalado** [bɐdɐˈładu] ADJ bras fam in (Mode) **badalar** [bɐdɐˈłar] ⟨1b⟩

A V/T Glocke läuten; fig ausplaudern B V/I sino läuten; (dar à língua) schwatzen; bras **~ em** erscheinen bei; gehen zu
badalhoco [bɐdɐˈʎoku] A ADJ schmuddelig; schlampig B M, **-a** [bɐdɐˈʎɔkɐ] F Schmutzfink m; Ferkel m
badalo [bɐˈdału] M Glockenschwengel m, Klöppel m; **dar ao ~** fam schwatzen, plaudern m; alles ausplaudern
badame [bɐˈdɐmɨ] M Meißel m; Beitel m
badameco [bɐdɐˈmɛku] M Snob m, Geck m; pop Taugenichts; Bengel m
badejo [bɐˈdɐiʒu] M Dorsch m, Art Kabeljau
baderna [bɐˈdɛrnɐ] F bras Unordnung f; Trubel m; fort Trinkgelage n
Bade-Vurtemberga [badivurtɛmˈbɛrgɐ] SEM ART GEOG Baden-Württemberg n
badminton [badˈmitɐn] M Federball (-spiel) n, Badminton n
badulaque [bɐduˈłaki] M GASTR Leberragout n; **~s** pl bras Lappalie f
bafejar [bɐfiˈʒar] ⟨1d⟩ A V/T (an)hauchen; brisa umwehen; fig umsäuseln B V/I hauchen; vento wehen **bafejo** [bɐˈfɐiʒu] M Hauch m, Atem m; fig Glückssträhne f **bafiento** [bɐˈfjẽtu] modrig, muffig
bafio [bɐˈfiu] M modriger ou muffiger Geruch m; **ter ~** modrig ou muffig riechen
bafo [ˈbafu] M (Atem)Hauch m; Ausdünstung f; fig Gunst f; (menschliche) Wärme f; (ideia) Eingebung f; bras fig Geschwätz n, heiße Luft f **bafoômetro** [bafoˈometru] bras M AUTO Promilletester; fam Röhrchen n **baforada** [bɐfuˈradɐ] F fumo etc: Dunst-, Rauchwolke f; (hálito) Fahne f; fig Prahlerei f
baga [ˈbagɐ] F Beere f; suor: (Schweiß)Tropfen m **bagaceira** [bɐgɐˈsɐirɐ] F Trester(schnaps) m; bras Plunder m; Brennholzstapel m; Geschwätz n **bagaço** [bɐˈgasu] M Trester(schnaps) m; pop fig (dinheiro) Moos n, Kies m
bagageira [bɐgɐˈʒɐirɐ] F AUTO Kofferraum m **bagageiro** [bɐgɐˈʒɐiru] A ADJ Gepäck... B M Gepäckträger m; **~ de tejadilho** (bras **de teto**) Dachgepäckträger m **bagagem** [bɐˈgaʒɐ̃ĩ] F Gepäck n; bras pej Gesindel n; **~ de mão** Handgepäck n; **carrinho m de ~** Kofferkuli m; **depósito m de -ens** Gepäckaufbewahrung f; **guiché** (bras **guichê**) **m de ~** Gepäckschalter

m; *seguro m de* ~ Reisegepäckversicherung *f*; *despachar a* ~ das Gepäck aufgeben

bagana [ba'gɐnɐ] F *bras* Kippe *f*

baganha [bə'gɐɲɐ] F BOT Samenkapsel *f*; Schote *f*

bagatela [bəgə'tɛɫɐ] F Nichtigkeit *f*, Bagatelle *f*

bago ['bagu] M Beere *f*; *(chumbo)* Schrotkorn *n*; *pop (dinheiro)* Kohle *f*, Knete *f*

bagulho [bə'guʎu] M (Trauben)Kern *m*; *bras* Krimskrams *m*; Joint *m*; Haufen *m* Geld

bagunça [bə'gũsɐ] F *bras* Chaos *n*, Durcheinander *n*; *fam* dicke Luft *f*; Radau *m*, Krach *m* **bagunçar** [bəgũ'sar] ⟨1l⟩ *bras pop* A *vt* durcheinanderbringen, aufmischen B *vi* Chaos verursachen

Bahia [ba'iɐ] F GEOG *a* ~ *bras* Bundesstaat

baia ['bajɐ] F *cavalos*: Box *f*

baía [bɐ'iɐ] F Bucht *f*, Bai *f*

baiano [ba'jɐnu] A ADJ aus Bahia B M, -a F Bahianer(in) *m(f)* **baião** [ba'jɐ̃w̃] M *bras* Baião *m* (*bras Rhythmus und Tanz*)

baila ['bajlɐ] F *andar* (*ou* **estar**) **na** ~ in aller Munde sein; Schlagzeilen machen; **chamar** (*ou* **trazer**) **à** ~ zur Sprache bringen; **vir à** ~ zur Sprache (*ou* aufs Tapet) kommen

bailado [bai'ɫadu] M Ballett *n*; Tanz *m*
bailar [bai'ɫar] ⟨1a⟩ tanzen **bailarico** [bajɫə'riku] M Tanz *m*, Tanzveranstaltung *f* **bailarino** [bajɫə'rinu] M, -a F (Ballett)Tänzer(in) *m(f)*; F Ballerina *f*

baile ['bajɫi] M Tanz *m*; *festa*: Ball *m*; **dar** ~ *pop fig* Ärger geben; *futebol* ausdribbeln (**em** alg j-n); **dar um** ~ **a** (*bras* **em**) **alg** *pop* j-m e-e Lektion erteilen

bailique [bai'ɫiki] M Pritsche *f*, (Gefängnis)Zelle *f*

bainha [bə'iɲɐ] F *arma*: Scheide *f*; *vestuário*: Saum *m*; BOT Schote *f* **bainhar** [bai'ɲar] ⟨1q⟩ *vestuário*: umsäumen

baio ['baju] A ADJ rotbraun B M *(cavalo)* ~ Fuchs *m*

baioneta [baju'nɛtɐ] F Bajonett *n*

Bair. ABR → bairro

bairrismo [bai'ʁiʒmu] M Lokalpatriotismus *m* **bairrista** [bai'ʁiʃtɐ] M/F Bewohner(in) *m(f)* (*e-s Stadtviertels*); Lokalpatriot(in) *m(f)*

bairro ['baiʁu] M Stadtviertel *n*; Wohnsiedlung *f*; ~ **antigo** Altstadt *f*; ~ **degradado** sanierungsbedürftes Viertel *n*; ~ **económico** (*bras* **econômico**) Siedlung *f* (im sozialen Wohnungsbau); Arme-Leute-Viertel *n*; ~ **residencial** Wohngebiet *n*; ~ **operário** Arbeiterviertel *n*; *fam* ~ **de lata** Slum *m*

baita ['baitɐ] ADJ *bras fam* riesenhaft

baiuca [bə'juka] F Kneipe *f*, Spelunke *f*

baixa ['bajʃɐ] F **1** Rückgang *m*; *preços*: Senkung *f*; FIN *Bolsa*: Baisse *f*; *fig* Niedergang *m*, Verfall *m*; ~ **dos preços/salários** Preis-/Lohnsenkung *f*; ~ **das vendas** Umsatzrückgang *m*; **dar** ~ **a** abschreiben **2** GEOG Senke *f*; *do mar*: Untiefe *f*; **a Baixa** das Stadtzentrum **3** MED Einlieferung *f* (*ins Krankenhaus*); MIL Entlassung *f*; **dar** (*ou* **ter**) ~ MIL ausmustern; MED (ins Krankenhaus) eingeliefert werden; **estar de** ~ krankgeschrieben sein **4** MIL ~**s** *pl* Verluste *mpl*

baixada [baj'ʃadɐ] F GEOG Tiefebene *f*, Niederung *f*; ELECT Zuleitungskabel *n*
baixa-mar [bajʃɐ'mar] F ⟨*pl* ~**es**⟩ Ebbe *f*

baixar [bai'ʃar] ⟨1a⟩ A *vt* preços, temperatura, voz senken; *objecto* herunter-, hinunterbringen, -geben; *assento* herunterklappen; *estores* herunterlassen; *juros* herabsetzen; INFORM herunterladen; ~ **a grimpa** *port* sich unterwerfen, sich fügen B *vi* sinken (**para** auf *ac*), sich senken; *preços etc* fallen (**para** auf *ac*); *terreno* abfallen; niedergehen; ~**-se** sich bücken; *fig* sich erniedrigen

baixaria [bajʃɐ'riɐ] F *bras fam* Niveaulosigkeit *f*; Pöbelei *f*; Niedertracht *f*

Baixa-Saxónia [bajʃsa'ksɔnjɐ] F GEOG Niedersachsen *n*

baixel [bai'ʃɛɫ] M Kahn *m*, Boot *n*

baixeza [bai'ʃezɐ] F Niedrigkeit *f*; *fig* Niedertracht *f*, Erbärmlichkeit *f* **baixinho** [bai'ʃiɲu] A ADJ leise; *fig* heimlich B M Kleinwüchsige(r) *m/f(m)* **baixio** [bai'ʃiu] M NÁUT Sandbank *f*, Untiefe *f*; *fig* Klippe *f* **baixista** [bai'ʃiʃtɐ] M/F Baissier *m*

baixo ['bajʃu] A ADJ *preço, terreno* niedrig; *estatura* klein; *rio* seicht; *olhos* niedergeschlagen; *cabeça* gesenkt; *voz* leise; *tom* tief; *fig estilo* gemein; platt; **de alto a** ~ *port* von oben bis unten; **parte f** ~**a, parte de** ~ unterer Teil *m*; **dar para** ~ erbarmungslos zuschlagen B M **1** MÚS

Bass m; Bassstimme f; *corda*: Basssaite f; **2** unterer Teil m; GEOG Niederung f; NÁUT Sandbank f; **~s** pl (**da casa**) Erdgeschoss n; **os altos e ~** die Höhen und Tiefen (des Lebens) **C** ADV tief, niedrig; *som leise*; **de ~** → debaixo; **em ~** unten; **em ~ de** unter; **para ~** her-, hinunter; **estar em ~** *fam* in schlechter Verfassung sein; *bras* **estar por ~** *fam* (ganz) unten angelangt sein; *falar* ~ leise sprechen; **tratar alg de cima para ~** j-n von oben herab behandeln **baixo-alemão** [bajʃwɐti-'mɐ̃ũ] M̄ Nieder-, Plattdeutsch n **baixo-relevo** [bajʃuʀi'ɫevu] M̄ ⟨pl baixos--relevos⟩ Bas-, Flachrelief n **baixote** [baiˈʃɔti] **A** ADJ untersetzt **B** M̄ *port cão*: Dackel m

bajoujar [bɜʒoˈʒaʀ] ⟨1a⟩ umschmeicheln **bajoujice** [bɜʒoˈʒisi] F̄ Kriecherei f, Liebedienerei f

bajulação [bɜʒulɐˈsɐ̃ũ] F̄ Lobhudelei f **bajulador** [bɜʒulɐˈdoʀ] M̄ Schmeichler m **bajular** [bɜʒuˈlaʀ] ⟨1a⟩ lobhudeln (*dat*), schmeicheln (*dat*)

bala [ˈbalɐ] F̄ **1** Kugel f, Geschoss n; **~ de borracha** Gummigeschoss n; **à prova de ~** kugelsicher, schusssicher **2** *bras* Bonbon n **3** TÊX Ballen m

balada [bɐˈladɐ] F̄ Ballade f

balaieiro [balaˈjeʀu] M̄ *bras* Gemüse-, Obsthändler m

balaio [bɐˈlaju] M̄ (ovaler) Korb m; *bras* Wegzehrung f, Proviant m

balança [bɐˈlɐ̃sɐ] F̄ Waage f; *fig* Gleichgewicht n; **~ comercial/de pagamentos** Handels-/Zahlungsbilanz f (*e-s Landes*)

balançar [bɐlɐ̃ˈsaʀ] ⟨1p⟩ (*compensar*) ausgleichen; (*equilibrar*) ausbalancieren; COM bilanzieren; *criança* schaukeln, wiegen; *membros* schlenkern; (*hesitar*) schwanken (*fig entre zwischen dat*); NÁUT schlingern **balancé** [bɐlɐ̃ˈsɛ] M̄ **1** TECN Prägepresse f **2** *bras* Tanzschritt m; Tanzveranstaltung f; (*baloiço*) Schaukel f **balanceamento** [balɐ̃sjɐˈmẽtu] M̄ *bras* AUTO **fazer o ~ das rodas** die Radspur einstellen **balancear** [bɐlɐ̃ˈsjaʀ] ⟨1l⟩ → **balançar balanceiro** [bɐlɐ̃ˈsɐjʀu] M̄ TECN Kipp-, Schwinghebel m; *Uhr*: Pendel n; *relógio*: Unruh f **balancete** [bɐlɐ̃ˈseti] M̄ Zwischenbilanz f **balancista** [bɐlɐ̃ˈsiʃte] M̄ *bras* Eichmeister m **balanço** [bɐˈlɐ̃su] M̄ Schaukeln n; (*empurrão*) Stoß m; NÁUT Schlingerbewegung f, Schlingern n; DESP Anlauf m; COM Bilanz f; **dar ~ a** COM prüfen; bilanzieren; **~ ecológico** Ökobilanz f

balão [bɐˈlɐ̃ũ] M̄ (Luft)Ballon m; *banda desenhada*: Sprechblase f; QUÍM Kolben m; *fig jornal*: Ente f; *port* DESP Schuss m; **~ cativo** Fesselballon m; **~ de ar quente** Heißluftballon m; **~ de ensaio** *fig* Versuchsballon m; **~ de oxigénio** (*bras* **oxigênio**) Sauerstoffflasche f; **andar de ~** *port pop* schwanger sein; **ir no ~** *pop* sich täuschen lassen **balão-sonda** [bɐˈlɐ̃ũˈsõdɐ] M̄ ⟨pl **balões--sonda(s)**⟩ METEO Versuchsballon m

balastro [bɐˈlaʃtru] M̄ Schotter m

balaustrada [bɐlauʃˈtradɐ] F̄ Geländer n; Balustrade f

balbuciar [baɫbuˈsjaʀ] ⟨1g⟩ stammeln, stottern **balbúcie** [baɫˈbusi] F̄ Gestammel n

balbúrdia [baɫˈburdjɐ] F̄ (*confusão*) Wirrwarr m; (*barulho*) Lärm m **balburdiar** [baɫburˈdjaʀ] ⟨1g⟩ durcheinanderbringen, verwirren

balça [ˈbaɫsɐ] F̄ Gestrüpp n; Hecke f; AGR Brachland n

balcânico [baɫˈkɐniku] Balkan...

balcão [baɫˈkɐ̃ũ] M̄ TEAT Rang m; ARQUIT Laubengang m; *bar*: Theke f, Tresen m; *loja*: Laden-, Verkaufstisch m; **empregado m de ~** Verkäufer m **Balcãs** [baɫˈkɐ̃ʃ] MPL GEOG **os ~** Balkan m **balconista** [baukoˈniʃte] M/F *bras* Verkäufer(in) m(f)

balda [ˈbaɫdɐ] F̄ Fehler m; Schwäche f; *jogo*: Fehlfarbe f; **à ~** schlampig; **dar na ~ de alg** *port* j-s schwache Stelle treffen; **ter a ~ de** die Schwäche haben zu **baldada** [baɫˈdadɐ] F̄ **uma ~** ein Eimer voll **baldado** [baɫˈdadu] vergeblich **baldão** [baɫˈdɐ̃ũ] M̄ **1** große Welle f; **andar aos ~ões** *fam* vom Pech verfolgt sein; **de ~** *fam* chaotisch, wirr **2** *fig* Widrigkeit f, Missgeschick n

baldar [baɫˈdaʀ] ⟨1a⟩ *esperança, planos* vereiteln, zunichte machen; *forças* vergeuden; **~-se** scheitern; *pop fig* sich drücken (**a** vor *dat*); *pop* ignorieren; pfeifen auf (*ac*)

balde [ˈbaɫdi] M̄ (Wasser)Eimer m; **~ de água fria** *fig* kalte Dusche f; **~ de gelo** Eiskübel m; **~ do lixo** Mülleimer m; **de** (ou **em**) **~** umsonst, vergebens **baldea-**

ção [baˈdjaˈsɐ̃ɡ] F̄ Umladen n (von Waren); **fazer ~ bras** umsteigen **baldear** [baɫˈdjar] ⟨1l⟩ A V̄T água mit dem Eimer schöpfen; liquido umgießen; mercadoria, bagagem umladen B V̄i herunterkommen, scheitern; **~-se** schaukeln, schwanken; **bras viajantes** umsteigen

baldio [baɫˈdiu] A ADJ esforço vergeblich, unnütz; (sem dono) herrenlos; (não cultivado) unbebaut B M̄ Brache f, Brachland n

baldo [ˈbaɫdu] ADJ **estar ~ de ...** jogo de cartas: ... nicht bedienen können

baldroca [baɫˈdrɔkɐ] F̄ Schwindel m; Betrug m; **fazer trocas e ~s port pop** schachern; **fazer ~s a alg port pop** j-n betrügen; j-n anschwindeln **baldrocar** [baɫdruˈkar] ⟨1n; Stv 1e⟩ betrügen; an-, beschwindeln

balear [baˈljar] ⟨1l⟩ anschießen; treffen, verletzen

baleeira [baˈljɐjrɐ] F̄ NÁUT Walfänger m; **~ (salva-vidas)** Rettungsboot n **baleeiro** [baˈljɐjru] M̄ Walfänger m (Person) **baleia** [baˈlɐjɐ] F̄ Wal m; fig Fettwanst m

balela [baˈlɛlɐ] F̄ Schwindel m; (boato) Gerücht n

balido [baˈlidu] M̄ Blöken n **balir** [baˈlir] ⟨3b⟩ blöken

balístico [baˈliʃtiku] ballistisch

baliza [baˈlizɐ] A F̄ (estaca) (Grenz)Pfahl m; Grenzstein m; NÁUT Boje f; Verkehrszeichen n; DESP Tor n; fig Grundsatz m; **fazer ~ bras fam** AUTO einparken (bei der Führerscheinprüfung) B M̄/F Ans Tambourmajor(in) m(f) **balizar** [baliˈzar] ⟨1a⟩ limites markieren; terreno abstecken; begrenzen; fig festlegen

ballet [baˈlɛ] M̄ Ballett n

balnear [baɫˈnjar] ADJ Bade... **balneário** [baɫˈnjarju] M̄ 1 Badeanstalt f 2 (vestiário) Umkleidekabine f

balofo [baˈlofu] pessoa (auf)gedunsen; consistência locker, weich; fig aufgeblasen

baloiç... [baɫoiʃ...] → balouçar etc

balote [baˈlɔti] M̄ 1 (bala) Kleinkaliberkugel f 2 TÊX Stoffballen m

balouçar [baloˈsar] ⟨1p⟩ schaukeln; schütteln **balouço** [baˈlosu] M̄ 1 Schaukel f; movimento: Schaukeln n; Stoß m

balsa¹ [ˈbaɫsɐ] F̄ Floß n; Fähre f; **~ pneumática** Schlauchboot n; **~ salva-vidas** Rettungsfloß n

balsa² [ˈbaɫsɐ] F̄ AGR Trester m, Hefe f; recipiente: Bottich m

balsâmico [baɫˈsɐmiku] balsamisch; **vinagre ~** Balsamessig m **bálsamo** [ˈbaɫsɐmu] M̄ Balsam m

báltico [ˈbaɫtiku] ADJ baltisch; Ostsee... **Báltico** [ˈbaɫtiku] M̄ GEOG **o (Mar) ~** die Ostsee

balúrdio [baˈlurdju] M̄ fam Unmenge f

bamba [ˈbɐ̃bɐ] F̄ 1 Glücks-, Zufallstreffer m 2 (confusão) Wirrwarr m

bambalear [bɐ̃bɐˈljar] ⟨1l⟩ hin und her wiegen **bambear** [bɐ̃ˈbjar] V̄/i ⟨1l⟩ (sich) lockern; schlapp werden; fig schwach werden, zögern **bambo** [ˈbɐ̃bu] schlaff; fig schwankend **bambolear** [bɐ̃buˈljar] ⟨1l⟩ A V̄T schwenken; pé wippen mit; wiegen B V̄i schaukeln; ao andar: sich in den Hüften wiegen **bamboleio** [bɐ̃buˈlɐju] M̄ Schwanken n; Schaukeln n; wiegende Bewegung f

bambu [bɐ̃ˈbu] M̄ Bambus m

bambúrrio [bɐ̃ˈburju] M̄ fam Glückstreffer m; glücklicher Zufall m

bambuzal [bɐ̃buˈzaɫ] M̄ Bambushain m

banal [baˈnaɫ] banal, alltäglich; palavras abgedroschen, platt **banalidade** [bɐnɐliˈdadi] F̄ Banalität f **banalizar-se** [bɐnɐliˈzarsi] ⟨1a⟩ banal (ou inhaltslos) werden

banana [bɐˈnɐnɐ] A F̄ Banane f; **ao preço da ~, bras a preço de ~** pop spottbillig B M̄ fam Schwächling m; (idiota) Trottel m; (medroso) Angsthase m **bananada** [bɐnɐˈnadɐ] F̄ bras GASTR Bananensüßspeise f **bananal** [bɐnɐˈnaɫ] M̄ Bananenplantage f **bananeira** [bɐnɐˈnɐjrɐ] F̄ Bananenstaude f; **dormir à sombra da ~** pop sich auf die faule Haut legen; **plantar ~ bras** Kopfstand machen **bananeiro** [bɐnɐˈnɐjru] A ADJ Bananen... B M̄, **bananeira** [bɐnɐˈnɐjrɐ] F̄ Bananenfarmer(in) m(f)

banca¹ [ˈbɐ̃kɐ] F̄ port FIN Bankwesen n; no jogo: (Spiel)Bank f; **jogo m da ~** Glücksspiel n; **~ telefónica** port Telefonbanking n; **~ à distância** Onlinebanking n

banca² [ˈbɐ̃kɐ] F̄ (Arbeits)Tisch m; cozinha: Spüle f; bras (Prüfungs)Ausschuss m; **~ de jornais** Zeitungsstand m

bancada [bɐ̃ˈkadɐ] F̄ Bank(reihe) f; Tribüne f; POL Fraktion f; oficina: Werk-, Ho-

BANG

belbank f; **cozinha:** Arbeitsplatte f; Arbeitsfläche f (mit Spüle) **bancar** [bẽ'kax] ⟨1a⟩ bras Banker sein; fig sich aufspielen als **bancário** [bɐ̃'karju] ◨ ADJ Bank...; **conta** f -a Bankkonto n; **crise** f -a Bankenkrise f; **relação** f -a Bankverbindung m ◨ M̄, -a F̄ Bankangestellte(r) m/f(m); fam Banker(in) m(f) **bancarrota** [bɐ̃kɐ'ʁɔtɐ] F̄ Bankrott m

banco¹ ['bɐ̃ku] M̄ ◨ (Sitz)Bank f; Hocker m; TECN Werkbank f; (balcão) Ladentisch m; DESP Reservebank f; **~ de ensaios** Prüfstand m; **~ dos réus** Anklagebank f ◨ AUTO **~ anatómico/antimergulho** körpergerechter/durchrutschsicherer Sitz m; **~ do condutor** Fahrersitz m; **~ para criança** Autokindersitz m; **~ traseiro** Rücksitz m, Rückbank f ◨ MED Ambulanz f; **~ de urgência** port Unfallstation f; **estar de ~** port auf der Intensivstation liegen

banco² ['bɐ̃ku] M̄ ◨ FIN Bank f; Bankwesen n; **Banco Central (Europeu)** (Europäische) Zentralbank f; **~ emissor** Notenbank f; **Banco Europeu de Investimento** Europäische Investitionsbank f; **Banco Mundial** Weltbank f ◨ INFORM **~ de dados** Datenbank f ◨ MED **~ de esperma** Samenbank f; **~ genético** Genbank f; **~ de sangue** Blutbank f

banco³ ['bɐ̃ku] M̄ NÁUT Untiefe f; GEOL Schicht f; **~ de areia** Sandbank f

banda¹ ['bɐ̃dɐ] F̄ ◨ Seite f; (Fluss)Ufer n; **à** (ou **de**) **~** schräg, von der Seite; **mandar à outra ~** pej zum Teufel jagen; **pôr de ~** fam beiseitelegen; **plano** aufgeben ◨ F̄ (faixa) Streifen m; Binde f; TÊX Schärpe f; **~ de rodagem** AUTO Lauffläche f (Reifen); **~ desenhada** port Comic m; **cabo m de ~ larga** ELECT, INFORM Breitbandkabel n; **~ magnética** ELECT Magnetstreifen m; **~ sonora** Tonspur f, Soundtrack m

banda² ['bɐ̃dɐ] F̄ Trupp m, Schar f; MÚS (Musik)Kapelle f; Band f; POL Gruppierung f; Partei f; **ficar a ver a ~ passar** port fig etw abschreiben können

banda³ ['bɐ̃dɐ] F̄ Angola fam **a ~** Angola n; **na ~** in Angola

bandagem [bɐ̃'daʒɐ̃j] F̄ Bandage f; **bandalheira** [bɐ̃dɐ'ʎajrɐ] F̄ Schlamperei f **bandalhice** [bɐ̃dɐ'ʎisi] F̄ Gemeinheit f **bandalho** [bɐ̃'daʎu] M̄; Schurke m

bandear [bɐ̃'djar] ⟨1⟩ ◨ V/T zusammenscharen; bandeira (hin und her) schwenken ◨ V/I (G V/R) **~(-se)** sich zusammentun (com mit); (de Lager sein ou das Lager) wechseln; **~ a** (ou **para**) sich auf j-s Seite (ac) schlagen

bandeira [bɐ̃'dajrɐ] F̄ ◨ Fahne f; Wetterfahne f; (National)Flagge f; **~ a meia haste** halbmast (geflaggt); **enrolar a ~** fig die Arme hochreißen, aufgeben; **rir a ~s despregadas** port sich vor Lachen biegen ◨ porta, janela: Oberlicht n; autocarro etc: Fahrzielanzeige f ◨ bras hist «Bandeira» f (Expedition ins Landesinnere); **dar uma ~** port pop irón abhauen; **dar ~ bras pop** sich verraten ◨ BOT Maisrispe f

bandeirada [bɐ̃daj'radɐ] F̄ Grundgebühr f (im Taxi) **bandeirante** [bẽde'rɐ̃tʃi] M̄ bras hist «Bandeirante» m (Expeditionsmitglied) **bandeirinha** [bẽde'riɲɐ] M̄ bras DESP Linienrichter m **bandeirista** [bẽde'ristɐ] M̄ bras Streckenwärter m **bandeiro** [bɐ̃'dajru] parteiisch **bandeirola** [bɐ̃daj'rɔlɐ] F̄ Wimpel m; Signalfähnchen n

bandeja [bɐ̃'daʒɐ] F̄ Tablett n; **dar de ~** fig a/c auf dem Tablett servieren **bandejão** [bẽde'ʒɐ̃ũ] M̄ bras (Kantinen)Menü n (auf e-m Tablett)

bandido [bɐ̃'didu] M̄ Bandit m **banditismo** [bɐ̃di'tiʒmu] M̄ Banditenstreich m; Bandenunwesen n

bando ['bɐ̃du] M̄ Bande f; pássaros: Schwarm m; animais, gente: Schar f **tomar ~ por** port Partei ergreifen für

bandoleira [bɐ̃du'lajrɐ] F̄ Schulterriemen m **bandoleirismo** [bɐ̃dulaj'riʒmu] M̄ Bandenunwesen n; Räuberleben n **bandoleiro** [bɐ̃du'lajru] M̄ Bandit m **bandolim** [bɐ̃du'lĩ] M̄ MÚS Mandoline f **bandónio** (*ô) [bɐ̃'dɔnju] M̄, **bandoneón** [bɐ̃dɔne'ɔn] M̄ Bandoneon n **bandulho** [bɐ̃'duʎu] M̄ fam Wanst m; **encher o ~** pop sich (dat) die Wampe vollhauen

bangaló (*ô) [bɐ̃gɐ'lɔ] M̄ Bungalow m **Bangladesh** [bɐ̃glɐ'dɛʃ] N̄ o Bangladesch n **Bangladeshiano** [bɐ̃glɐdɛ'ʃjanu] ◨ ADJ aus Bangladesch; bangladisch ◨ M̄, -a F̄ Bangladeshi m/f, Bangale m, -in f

bangue-bangue [bɐ̃gi'bɐ̃gi] M̄ ⟨pl bangue-bangues⟩ bras Western m

banguela [bẽ'gɛlɐ] *bras* **A** ADJ zahnlos **B** F *fam* AUTO Leerlauf *m*
banha ['baɲɐ] F Schmalz *m*, Fett *n*; **~ de porco** Schweineschmalz *n*
banhada [ba'ɲadɐ] F *pop* Reinfall *m* **banhar** [ba'ɲar] ⟨1a⟩ baden; *em água etc* (ein)tauchen; ab-, überspülen; *rio, mar* be-, umspülen; *sol* bescheinen; **~-se** baden, ein Bad nehmen (*ou fig* schwimmen) (**em** *in dat*) **banheira** [ba'ɲajrɐ] F **1** Badewanne *f* **2** *mulher*: Bademeisterin *f* **banheiro** [ba'ɲajru] M Bademeister *m*; *bras* Bad(ezimmer) *n* **banhista** [ba'ɲiʃtɐ] M/F Badegast *m*; *bras tb* Rettungsschwimmer(in) *m(f)*
banho ['baɲu] M Bad *n*; **~s** *pl* Heilbäder *npl*; **casa f de ~** *port* Bad *n*, Badezimmer *n*; **público**: Toilette *f*; **~ de chuveiro** Duschbad *n*; **~ de loja** *bras pop* Kaufrausch *m*; **~ de sangue** *fig* Blutbad *n*; **~ de sol** Sonnenbad *n*; **tomar ~** baden, ein Bad nehmen; **turco** Dampfbad *n*
banhoca [ba'ɲɔkɐ] F *port fam* kurzes Bad *n*, Sprung *f* ins Wasser **banho-maria** [baɲumɐ'riɐ] M ⟨*pl* banhos-maria⟩ GASTR Wasserbad *n*
banhos ['baɲuʃ] MPL (Heirats)Aufgebot *n*; **afixar** (*ou* **publicar**) **os ~** das Aufgebot bestellen
banimento [bɐni'mẽtu] M Verbannung *f*
banir [bɐ'nir] ⟨3a⟩ verbannen; ausweisen
banjo ['bãʒu] M MÚS Banjo *n*
banqueiro [bã'kajru] M, **-a** *f empregado*: Bankkaufmann *m*, Bankkauffrau *f*; *fam* Banker(in) *m(f)*; *proprietário*: Bankier *m*; *jogo*: Bankhalter(in) *m(f)* **banqueta** [bã'ketɐ] F Bänkchen *n*, Schemel *m*; *janela*: Fensterbrett *n*, -bank *f*; FERROV Bahndamm *m* **banquete** [bã'ketɨ] M Bankett *n*; **bras o ~ sagrado** das heilige Abendmahl **banquetear** [bãki'tʃar] ⟨1l⟩ ein Bankett geben; **~-se** prassen **banquinho** [bã'kiɲu] M Hocker *m*, Fußbank *f*
banto [bãtu], **bantu** ['bãtu] ⟨*f inv*⟩ **A** ADJ Bantu... **B** M **1** Bantu *m* **2** *língua*: Bantusprache *f*
banzar [bã'zar] ⟨1a⟩ **A** VT verblüffen; erschrecken **B** VI sprachlos sein; grübeln
banzé [bã'zɛ] M (*festa*) laute Fete *f*; (*chinfrim*) Krach *m*
banzo¹ ['bẽzu] *bras* **A** ADJ traurig, niedergeschlagen **B** M Heimweh *n*

banzo² ['bẽzu] *escada*: Wange *f*; *escadote*: Schenkel *m*
baobá [ba͡ɔ'ba] M BOT Baobab *m*, Affenbrotbaum *m*
ba(p)tismal [batiʒ'mal] Tauf... **ba(p)tismo** [ba'tiʒmu] M Taufe *f*; **~ de calouros** *port* UNIV Mutprobe *f* (*als Aufnahmeritual*); **~ de fogo** *fig* Feuertaufe *f*; **certidão f de ~** Taufschein *m*; **nome m de ~** Taufname *m* **ba(p)tista** [ba'tiʃtɐ] M REL Täufer *m*; Baptist *m* **ba(p)tizado** [bati'zadu] M Taufe *f* **ba(p)tizando** [bati'zẽdu] M Täufling *m* **ba(p)tizar** [bati'zar] ⟨1a⟩ taufen; *pop vinho* (mit Wasser) verdünnen; panschen
baque ['baki] M **1** *som, choque*: (dumpfer) Knall *m*; Aufprall *m*; (*queda*) Fall *m*, Sturz *m* **2** *fig* (Vor)Ahnung *f*; (*revés*) Schicksalsschlag *m* **baqueado** [ba'kjadu] ADJ *bras fig* niedergeschlagen **baquear** [ba'kjar] ⟨1l⟩ an-, aufprallen; fallen, stürzen (**em**, **por** *auf ac*) **baqueta** [ba'ketɐ] F MÚS Schlägel *m* (*Schlagzeug*)
bar¹ [bar] M Bar *f*, Kneipe *f*; *móvel*: Hausbar *f*
bar² [bar] M FÍS Bar *n*
baraço [ba'rasu] M Strick *m*
barafunda [bara'fũdɐ] F Gedränge *n*; Wirrwarr *m*; (*gritaria*) Geschrei *n*, Lärm *m*
barafustar [barafuʃ'tar] ⟨1a⟩ *pop* sich streiten; (*debater-se*) sich mit Händen und Füßen wehren; (*ralhar*) schimpfen
baralhada [bara'ʎadɐ] F Chaos *n*, Durcheinander *n* **baralhar** [bara'ʎar] ⟨1b⟩ **A** VT *cartas*: mischen; *coisas* durcheinanderbringen, durcheinanderwerfen **B** VI sich zanken **baralho** [ba'raʎu] M *cartas*: Stock *m*; Karten; **cortar o ~** abheben
barão [ba'rãw] M Baron *m*, Freiherr *m*
barata [ba'ratɐ] F Küchenschabe *f*, Kakerlak *m*; **pior que uma ~** *fig fam* fuchsteufelswild, stinksauer
barateamento [baratʃɐ'mẽtu] M Verbilligung *f* **baratear** [bara'tʃar] ⟨1l⟩ billig verkaufen; verbilligen; (*esbanjar*) verschleudern (*tb fig*); *custos* verringern **barateiro** [bara'tajru] **A** ADJ Billig...; Schleuder... **B** M Billiganbieter *m* **barateza** [bara'tezɐ] F Billigpreis *m*, billiges Angebot *n*
baratinado [baratʃi'nadu] ADJ *bras pop* durcheinander; verwirrt; *fam* berauscht
barato [ba'ratu] **A** ADJ billig *tb fig*; *mer-*

cadoria preiswert; *tarefa* leicht **B** M̄ *jogo*: Gewinnanteil *m*; *bras fam* Gaudi *f*; **dar de ~ bras** zubilligen, gern zugeben **C** ADV **custar ~** *fam* preiswert sein **baratucho** [bɐrɐˈtuʃu] *port pop* (spott)billig; *qualidade* schäbig

barba [ˈbarbɐ] F̄ **1** Bart *m*; ANAT Kinn *n*; *milho*: Granne *f*; **~ a ~** Auge in Auge; **~ cerrada** Vollbart *m*; (**homem m de**) **~ rija** *port pop* Macho *m*; Tyrann *m*; **dar água pela ~ a alg** *port* j-m zu schaffen machen; **fazer a ~** (sich) rasieren; **ter a ~ tesa** *port* ein Dickkopf sein **2 ~s** *pl* Bart *m*; Barthaare *npl*; **pôr as ~s de molho** *fam* s-e Vorkehrungen treffen; **rir-se nas ~s de alg** *port* j-m ins Gesicht lachen **barba-azul** [barbaˈzuɫ] M̄ ⟨*pl* barbas-azuis⟩ *pop* Blaubart *m*

barbaças [bɐrˈbasɐ] M̄ ⟨*pl inv*⟩ Bärtige(r) *m* **barbaçudo** [bɐrbɐˈsudu] (voll)bärtig **barbada** [baxˈbade] F̄ *bras fam* leichter Sieg *m* **barbado** [bɐrˈbadu] bärtig **barbante** [bɐrˈbãtʃi] M̄ Bindfaden *m* **barbaria** [bɐrbɐˈriɐ] F̄ Barberei *f*; Rohheit *f* **barbarice** [bɐrbɐˈrisi] F̄ Untat *f* **barbaridade** [bɐrbɐriˈdadʒi] F̄ Barbarei *f*; Ungeheuerlichkeit *f*; **que ~!** so ein Unsinn!

barbarismo [bɐrbɐˈriʒmu] M̄ → barbaria **bárbaro** [ˈbarbɐru] **A** ADJ barbarisch; (*cruel*) grausam, wild, roh; (*pouco culto*) ungebildet; *linguagem, estilo* verunstaltet; *bras tb* fantastisch, wunderbar **B** M̄, **-a** F̄ Barbar(in) *m*(*f*)

barbatana [bɐrbɐˈtɐnɐ] F̄ Flosse *f*; **~s** *pl* Schwimmflossen *pl*
barbeador [baxbjɐˈdox] M̄ *bras* Rasierer *m* **barbear** [bɐrˈbjar] ⟨1l⟩ rasieren; **máquina f de ~** Rasierapparat *m* **barbearia** [bɐrbjɐˈriɐ] F̄ (Herren)Friseurgeschäft *n*

barbeiragem [baxbeˈraʒẽi̯] F̄ *bras* Stümperei *f* **barbeiro** [bɐrˈbɐi̯ru] M̄ (Herren)-Friseur *m*; *irón* Sonntagsfahrer *m*; Stümper *m*

barbela [bɐrˈbɛlɐ] F̄ *pop* Doppelkinn *n*; (*farpa*) Widerhaken *m*
barbicacho [bɐrbiˈkaʃu] M̄ Halfter *m*, Kappzaum *m*; Sturmband *n*, -riemen *m*; *fig* verzwickte Lage *f*; Knackpunkt *m* **barbicha** [bɐrˈbiʃɐ] F̄ Bärtchen *n*; Spitzbart *m* **barbilhão** [bɐrbiˈʎɐ̃u̯] M̄ *galo*: Kehllappen *m* **barbilho** [bɐrˈbiʎu] M̄

Maulkorb *m* (*tb fig*)
barbitúrico [bɐrbiˈturiku] M̄ MED Barbiturat *n*
barbo [ˈbarbu] M̄ *peixe*: Barbe *f*
barbudo [bɐrˈbudu] bärtig
barca [ˈbarkɐ] F̄ Kahn *m*, Barke *f*; **~ (de passagem)** Fähre *f*
barça [ˈbarsɐ] F̄ Korbgeflecht *n*
barcaça [bɐrˈkasɐ] F̄ Barkasse *f*; Leichter *m*; **~ de desembarque** Landungsboot *n* **barcada** [bɐrˈkadɐ] F̄ Bootsladung *f* **barcagem** [bɐrˈkaʒẽi̯] F̄ Fährgeld *n* **barco** [ˈbarku] M̄ Schiff *n*; Boot *n*; **~ a remos** Ruderboot, **~ à vela** Segelboot *n*; **~ de cabotagem** Küstenmotorschiff *n*; **~ desmontável** Faltboot, **~ pneumático** Schlauchboot *n*; **deixar o ~ e redes** *pop* das Boot verlassen; **governar o ~** *fam* das Schiff lenken

barda [ˈbardɐ] F̄ (Dornen)Hecke *f*; (Bretter)Wand *f*; Stützbalken *m*; **em ~** in Mengen, im Überfluss **bardamerda(s)** [bardɐˈmɛrdɐ(ʃ)] M̄/F̄ *pop* Schweinehund *m*; INT **~!** Scheiße her; **mandar à ~** zum Teufel jagen

bardana [bɐrˈdɐnɐ] F̄ Klette *f*
bardar [bɐrˈdar] ⟨1b⟩ einzäunen
bardo¹ [ˈbardu] M̄ → barda
bardo² [ˈbardu] M̄ *hist*, MÚS Barde *m*
barganha [bɐrˈɡɐɲɐ] F̄ Tausch(handel) *m*; *pej* Schacher *m* **barganhar** [bɐrɡɐˈɲar] ⟨1a⟩ Tauschhandel treiben; schachern, betrügen

baril [bɐˈriɫ] *port pop* toll, super
barista [bɐˈriʃtɐ] *port* M̄/F̄ Barista *m*/*f*
barítono [bɐˈritunu] M̄ MÚS Bariton *m*
barlaventear [bɐrlɐvẽˈtʃar] ⟨1l⟩ NÁUT lavieren **barlaventejar** [bɐrlɐvẽtɐˈʒar] ⟨1d⟩ NÁUT vor dem Wind segeln **Barlavento** [bɐrlɐˈvẽtu] M̄ NÁUT Luv *f*, Luvseite *f*; **~ (Algarvio)** Westalgarve *f*

barman [ˈbarmɐn] M̄ Barkeeper *m*
barógrafo [bɐˈrɔɡrɐfu] M̄ Barograf *m*
barómetro (*ô) [bɐˈrɔmitru] M̄ Barometer *n*
baronesa [bɐruˈnezɐ] F̄ Baronin *f*
barqueiro [bɐrˈkɐi̯ru] M̄ Schiffer *m*; Fährmann *m* **barquilheiro** [bɐrkiˈʎɐi̯ru] M̄ Waffelverkäufer *m* **barquilho** [bɐrˈkiʎu] M̄ (gewölbte) Waffel *f* **barquinha** [bɐrˈkiɲɐ] F̄ Ballonkorb *m*, Gondel *f* **barquinho** [bɐrˈkiɲu] M̄ (kleines) Boot *n*

barra [ˈbarɐ] **A** F̄ **1** NÁUT Mole *f*; **ir de**

~ fora verbannt werden [2] *de ferro:* (Eisen)Stange *f*; *de ouro:* (Gold)Barren *m*; *sabão etc:* Stück *n* [3] TECN Hebebaum *m*; Holm *m*; **~ estabilizadora** Stabilisator *m*; DESP **~ fixa** Reck *n*; **~ lateral** Seitenaufprallschutz *m*; **~ do leme** Ruderpinne *f*; FÍS **~ nuclear** Kernbrennstab *m*; DESP **~s** *pl* **paralelas** Barren *m*; **~s** *pl* **de tejadilho** *port* Dachgepäckträger *m*; **~ do tribunal** Zeugenstand *m* [4] MÚS Taktstrich *m*; INFORM Zeile *f*, Leiste *f*; **~ de estado** (*bras* **status**) Statuszeile *f*; **~ de ferramentas** Symbolleiste *f*; **~ de menus** Menüleiste *f*; **~ de rolagem** Pulldownmenü *n* [5] GASTR **~ de chocolate** Tafel *f* Schokolade [6] *vestuário:* Einfassung *f* [7] *fig port* **~ de salvação** rettender Strohhalm *m*; **aguentar/segurar a ~** *bras* e-e schwierige Situation durchstehen; **forçar a ~** *bras* aufdringlich sein [8] M̄ Experte *m*

barraca [bɐ'ʁakɐ] F̄ Baracke *f*; (*tenda*) Zelt *n*; (*quiosque*) Kiosk *m*; *feira:* (Markt)Bude *f*; **armar ~** *pop* (ein) großes Durcheinander verursachen; **armar uma ~** ein Zelt aufbauen; **dar ~** *port pop* Stunk geben **barracada** [bɐʁɐ'kadɐ] F̄ *pop* Konfusion *f*, Chaos *n* **barracão** [bɐʁɐ'kɐ̃ũ] M̄ Schuppen *m* **barraco** [bɐ'ʁaku] M̄ Schuppen *m*; Hütte *f* (*in e-r Favela*); **armar (o) ~** *bras pop* einen Wirbel machen **barragem** [bɐ'ʁaʒɐ̃ĩ] F̄ [1] Sperre *f*; Absperrung *f* [2] *água:* Wehr *n*; Staudamm *m*; Talsperre *f*

barramento [bɐʁɐ'mẽtu] M̄ INFORM Bus *m*, Bussystem *n*

barranco [bɐ'ʁɐ̃ku] M̄ Schlucht *f*, Klamm *f*; Steilhang *m* **barrancoso** [bɐʁɐ̃'kozu] zerfurcht; zerklüftet; *fig* voller Hindernisse

barraqueiro [bɐʁɐ'kɐiru] M̄ Standbesitzer *m*, -inhaber *m*

barrar [bɐ'ʁaʁ] ⟨1b⟩ [1] mit Lehm verschmieren; *port parede* verputzen; *port pão* bestreichen (**de** mit); *port* GASTR *bolo* überziehen [2] *metal* in Barren schmelzen [3] *port cheque* sperren; *bras* hindern; *caminho, tb* DESP sperren

barreira[1] [bɐ'ʁɐirɐ] F̄ Schranke *f*; Sperre *f*; Schlagbaum *m*; DESP Hürde *f*; *vólei:* Block *m*; **corrida** *f* **de ~s** Hindernislauf *m*; Hürdenlauf *m*; **~ de prote(c)ção acústica, ~ anti-ruído** Lärmschutzwand *f*; **~ de segurança** Leitplanke *f*; **~ do som** Schallmauer *f*; **~s** *pl* **de comércio** Handelsschranken *fpl*

barreira[2] [bɐ'ʁɐirɐ] F̄, **barreiro** [bɐ'ʁɐiru] M̄ Tongrube *f*

barrela [bɐ'ʁɛlɐ] F̄ Lauge *f*; Bleiche *f*; *fam* Säuberung *f*; *fig* Betrug *m*

barrete [bɐ'ʁeti] M̄ Mütze *f*; Kappe *f*; **enfiar um ~ a alg** *port pop* j-n hereinlegen **barrica** [bɐ'ʁikɐ] F̄ Fass *n* **barricada** [bɐʁi'kadɐ] F̄ Barrikade *f* **barricar** [bɐʁi'kaʁ] ⟨1a⟩ verbarrikadieren, *fam* verrammeln

barriga [bɐ'ʁigɐ] F̄ ANAT Bauch *m*; Ausbuchtung *f*; **~ da perna** Wade *f*; **dor** *f* **de ~** Bauchschmerzen *mpl*; **encher a ~** sich satt essen; **tirar a ~ de misérias** *port* sich (*dat*) den Bauch vollschlagen; **tirar a ~ da miséria** *bras* sich (*dat*) endlich etwas leisten können; **estar de ~** *fam* guter Hoffnung sein (*Schwangerschaft*); **ter** (*ou* **estar com**) **a ~ a dar horas** *port fam* Kohldampf schieben; **ter** (*ou* **trazer**) **o rei na ~** *fam* stolzieren **barrigada** [bɐʁi'gadɐ] F̄ voller Bauch *m*; Riesenportion *f*; Haufen *m*; *bras* Wurf *m* (*Jungtiere*) **barrigão** [bɐʁi'gɐ̃ũ] M̄ *fam* Schmerbauch *m* **barrigudo** [bɐʁi'gudu] [A] ADJ dick(bäuchig); **-a** *pop tb* schwanger [B] M̄, **-a** F̄ Dicke(r) *m/f(m)*; *pej* Fettwanst *m*; *bras* ZOOL Wollaffe *m*

barril [bɐ'ʁil] M̄ Fass *n*; **~ de pólvora** *fig* Pulverfass *n*; *petróleo:* Barrel *n* **barrilada** [bɐʁi'ladɐ] F̄ Fass *n* voll **barrilete** [bɐʁi'leti] M̄ [1] Fässchen *n* [2] *carpinteiro:* Zwinge *f*

barrir [bɐ'ʁiʁ] ⟨3b⟩ *elefante* trompeten **barrista**[1] [bɐ'ʁiʃtɐ] M/F DESP Reckturner(in) *m(f)*

barrista[2] [bɐ'ʁiʃtɐ] M/F *ofício:* Töpfer(in) *m(f)*

barro ['baʁu] M̄ Lehm *m*; Ton *m* (*zum Töpfern*); *fig* Lappalie *f*; **~s** *pl* MED Pickel *mpl*; **~ cozido** Steingut *n*; **de ~** aus Ton, Ton...; **barroca** [bɐ'ʁɔkɐ] F̄ Schlucht *f*; Abgrund *m*; Ausspülung *f* (*im Erdreich*); Lehmkuhle *f*

barroco [bɐ'ʁoku] [A] ADJ barock; *fig* bizarr [B] M̄ Barock *n/m*

barroso [bɐ'ʁozu] lehmig; tonhaltig, Ton...; AGR buntscheckig

barrotar [bɐʁu'taʁ] ⟨1e⟩ mit Stützbalken

versehen

barrote¹ [bɐˈʀɔti] M ARQUIT Sparren m; Stützbalken m, Ständer m; Querträger m

barrote² [bɐˈʀɔti] M ZOOL Eber m

barulhada [bɐruˈʎadɐ] F Krach m; Radau m; Geschrei n; (confusão) Durcheinander n; **há grande ~** es geht laut zu (ou hoch her) **barulhar** [bɐruˈʎar] ⟨1a⟩ Krach machen; Durcheinander stiften **barulheira** [bɐruˈʎɐjrɐ] F → barulhada **barulhento** [bɐruˈʎẽtu] laut

barulho [bɐˈruʎu] M Lärm m, Krach m; lautes Geräusch n; (confusão) Durcheinander n; fig Wirbel m, Aufsehen n; **armar (um) ~** Krach schlagen; **comprar ~** Streit suchen; **fazer ~** lärmen

basáltico [bɐˈzaltiku] basalten, Basalt...

basalto [bɐˈzaltu] M Basalt m

basbaque [bɐʒˈbaki] M Tölpel m, Dummkopf m

basco [ˈbaʃku] A ADJ baskisch B M, **-a** F Baske m, Baskin f C M Baskisch n

báscula [ˈbaʃkulɐ] F Dezimalwaage f; **carrinho m de ~** MIN Kipplore f; **~ para vagões** Gleiswaage f **basculante** [bɐʃkuˈlɐ̃ti] kippbar; Kipp...

base [ˈbazi] F 1 geralm Basis f, Grundlage f; ARQUIT, TECN Unterbau m, Fundament n; TECN, ELECT Sockel m; copo, coluna: Fuß m; **~ carregadora de bateria** (Batterie)Ladegerät n; **~ de dados** INFORM Datenbank f; **~ do crânio** ANAT Schädelbasis f; **formação f de ~** Grundausbildung f; **ordenado m ~** Basisgehalt n 2 MAT Grundzahl f; linha, área: Grundlinie f, Grundfläche f 3 QUÍM Base f; perfume etc: Grundstoff m; PINT camada: Grundierung f; **indústria f de ~** Grundstoffindustrie f 4 ANAT Nagelbett n 5 MIL Stützpunkt m, Basis f; **~ aérea** Luftstützpunkt m 6 **na ~ de, com ~ em** aufgrund von; auf der Grundlage (gen); **não ter ~** unbegründet sein

baseado [bɐˈzjadu] A ADJ begründet (**em** dat), basierend (**em** auf dat) B M bras pop Joint m **baseamento** [bɐzjɐˈmẽtu] M ARQUIT Sockel m **basear** [bɐˈzjar] ⟨1l⟩ **~ em** gründen auf (dat), aufbauen auf (dat); stützen auf (dat); **~-se em** sich berufen auf (ac); beruhen auf (dat)

basebol [bɐziˈbɔl] M Baseball m

básico [ˈbaziku] grundlegend; Grund..., Basis...; QUÍM basisch **basilar** [bɐziˈlar] grundlegend

Basileia [bɐziˈlɐjɐ] SEM ART GEOG Basel f

basílica [bɐˈzilikɐ] F Basilika f

basílico [bɐˈziliku] M BOT Basilikum n

basilisco [bɐziˈliʃku] M Basilisk m

basquete [ˈbaʃkɛti], **básquete** [ˈbaʃkɛti] M port, **basquetebol** [baʃkɛtiˈbɔl] M Basketball m **basquetebolista** [baʃkɛtibuˈliʃtɐ] M/F Basketballer(in) m(f)

basset [baˈsɛ] M, bras **bassê** [baˈse] M ZOOL Basset m

basta¹ [ˈbaʃtɐ] INT **~!** genug!; **dar o ~** pop Schluss machen

basta² [ˈbaʃtɐ] F Steppnaht f

bastante [baʃˈtɐ̃ti] A ADJ genügend, genug B ADV genug, reichlich; **ser o ~** völlig ausreichend sein

bastão¹ [baʃˈtɐ̃w] M Stab m

bastão² [baʃˈtɐ̃w] ADJ dicht; dick

bastar [baʃˈtar] ⟨1b⟩ genügen; genug sein; **basta e sobra!** das ist mehr als genug!; **~-se** sich (dat) selbst genügen

bastardo [baʃˈtardu] A ADJ filho unehelich; (adulterado) unecht; pej entartet; ZOOL, BOT hybrid B M Bastard m

bastião [baʃˈtjɐ̃w] M Bastion f; fig Bollwerk n

bastidor [baʃtiˈdor] M Stickrahmen m; TEAT Bühnen-, Schiebewand f; **~es** pl Kulissen fpl

basto [ˈbaʃtu] cabelo dicht; caldo dick; plantação gedrängt

bastonada [baʃtuˈnadɐ] F Stockschlag m

bastonário [baʃtuˈnarju] M Präsident m

bastonete [baʃtuˈneti] M Stäbchen n; BIOL Stäbchenbakterie f

bata [ˈbatɐ] F port Kittel m; bras Tunika f

batalha [bɐˈtaʎɐ] F MIL Schlacht f, Kampf m; Wortgefecht n; **cavalo m de ~** Streitross n; fig Zankapfel m; **aceitar ~** den Kampf aufnehmen (tb fig); **fazer cavalo de ~ de** fig herumreiten auf (dat); **~-naval** jogo Schiffeversenken n

batalhador [bɐtɐʎɐˈdor] M, **-a** [bɐtɐʎɐˈdorɐ] F Kämpfer(in) m(f) **batalhão** [bɐtɐˈʎɐ̃w] M Bataillon n **batalhar** [bɐtɐˈʎar] ⟨1b⟩ kämpfen; (miteinander) streiten

batata [bɐˈtatɐ] F Kartoffel f; **~ inglesa** bras Kartoffel f; **~ quente** fig heißes Eisen n; **~s** pl **assadas/cozidas** gebackene/gekochte Kartoffeln pl; **~s** pl **cozidas** tb Salzkartoffeln pl; **~s** pl **fritas** Pommes

frites *pl*; **~s** *pl* **inglesas** Chips *pl*; **puré** *m* (*bras* **purê**) **de ~s** Kartoffelpüree *n*, Kartoffelbrei *m*
batatada [bɐtɐ'tadɐ] F̲ Kartoffeln *pl*; Kartoffelsüßspeise *f* **batata-doce** [bɐtatɐ-'dɔsi] F̲ ⟨*pl* batatas-doces⟩ Süßkartoffel *f*, Batate *f* **batatal** [bɐtɐ'tał] M̲ Kartoffelfeld *n* **batatinha** [bɐtɐ'tiɲɐ] F̲ **pedir ~s** *port pop* um Vergebung betteln

 batata-doce

Die aus Südamerika stammende Süßkartoffel ist keine richtige Kartoffel, sondern ein Windengewächs. Wer von ihr den typischen Kartoffelgeschmack erwartet, erlebt eine Enttäuschung. Es gibt rötliche und gelbliche Varianten, die mehr oder weniger süßlich-aromatisch schmecken. Die **batata-doce** findet sich in zahlreichen brasilianischen Gerichten und Süßspeisen. Ein beliebter brasilianischer Zungenbrecher ist:
Qual é o doce mais doce do que o doce de batata-doce?
Was schmeckt süßer als die Süßspeise aus der Süßkartoffel?
Die Antwort lautet brasilianisch-verschmitzt:
O doce mais doce do que o doce de batata-doce é o doce de batata-doce!
Die Süßspeise, die noch süßer schmeckt als die Süßspeise aus der Süßkartoffel, ist die Süßspeise aus der Süßkartoffel!

bate-bate [batʃi'batʃi] M̲ ⟨*pl* ~s⟩ Vogelscheuche *f* **bate-boca** [batʃi'bɔke] M̲ ⟨*pl* ~s⟩ *bras* Auseinandersetzung *f*, Diskussion *f* **bate-bola** [batʃi'bɔle] M̲ ⟨*pl* ~s⟩ *bras futebol*: Kicken *n*; *espec* Dribbeln *n* **bate-chapa** [batʃi'ʃapɐ] M̲ ⟨*pl* ~s⟩ *port* Karosseriebauer *m*; Karosseriewerkstatt *f* **bate-chapas** [batʃi'ʃapɐʃ] M̲ ⟨*pl inv*⟩ *port* Straßenfotograf *m*
batedeira [batɨ'dɐjrɐ] F̲ ~ **(elé(c)trica)** Rührgerät *n*; Knetmaschine *f* **batedor** [batɨ'dor] M̲; *caça*: Treiber *m*; MIL Aufklärer *m*; *bras* Polizei-Eskorte *f* **batedouro** [batɨ'doru] M̲ Waschstein *m* **batedura** [batɨ'durɐ] F̲ (Hammer-) Schlag *m*
bate-enxuga [batʃjẽ'ʃugɐ] M̲ ⟨*pl inv*⟩ *bras fam* Lieblingsklamotten *pl* **bate-estacas** [batʃi'takɐʃ] M̲ ⟨*pl inv*⟩ TECN Ramme *f*
bátega ['batigɐ] F̲ Regenguss *m*; *hist* Metallschüssel *f*
bateira [bɐ'tɐjrɐ] F̲ Fischerboot *n*
batel [bɐ'tɛł] M̲ Kahn *m*, Boot *n* **batelada** [bɐtɨ'tadɐ] F̲ Bootsladung *f*; *fig* Unmenge *f* (**de an, von**) **batelão** [bɐtɨ'lɐ̃w] M̲ Lastkahn *m*, Schleppkahn *m*
batente [bɐ'tẽtʃi] M̲ (*entalhe*) (Tür-, Fenster)Flügel *m*; *de ferro*: Türklopfer *m*; (*fasquia*) Pfosten *m*, Anschlag *m*; *bras pop* Broterwerb *m*
bate-papo [batʃi'papu] M̲ ⟨*pl* ~s⟩ *bras* Plauderei *f*; *tb* (*nette*) Unterhaltung *f*; ~ **virtual/on-line** INFORM Chat *m*; **sala f de ~** Chatroom *m*; **ter um ~** sich unterhalten
bater [bɐ'ter] ⟨2b⟩ A V/T schlagen (*tb* Tür); *pessoa* verprügeln; *tapete* (aus)klopfen; *texto* tippen; *ferro* etc hämmern; bearbeiten; *moeda* prägen; *campo, floresta* durchstreifen; *bras pop comida* verschlingen; *bras vestuário* alle Tage anziehen; *ondas* ~ **a costa** an die Küste peitschen, die Küste bespülen; ~ **a asa** *pop* abhauen; ~ **a(s) bota(s)**, ~ **o pé** *pop* abkratzen; ~ **palmas** Beifall klatschen; DESP ⟨*bras* **de**⟩ 3 a 2 drei zu zwei schlagen B V/I *sino* läuten; *coração, porta, relógio, asas* schlagen; *dentes* klappern; ~ **contra** sich stoßen an (*dat*), AUTO stoßen gegen; ~ **em** *pessoa* schlagen, verprügeln; (*colidir*) zusammenstoßen mit; *sol* scheinen auf (*ac*); (*cair*) aufschlagen auf (*ac*); (*chegar*) gelangen nach, landen in (*dat*); ~ **à porta de** anklopfen bei; **estão a ~** es klopft; **~-se** sich schlagen
bateria [bɐtɨ'riɐ] F̲ ELECT Batterie *f*; MÚS Schlagzeug *n*; (Koch)Geschirr *n*, Topfset *n*; ~ **recarregável** aufladbare Batterie *f*
baterista [bɐtɨ'riʃtɐ] M̲/F̲ Schlagzeuger *m*
batida [bɐ'tidɐ] F̲ 1 Schlag *m*; TIPO Anschlag *m*; *fig* Zurechtweisung *f*; *bras de carros*: Zusammenstoß *m*; **de ~** hastig 2 intensive Suche *f*; (*rusga*) Razzia *f*; *caça*: Treibjagd *f* 3 schmaler Pfad *m* 4 *bras* Batida *f* (*Mixgetränk mit Zuckerrohrschnaps*); *tb* Fruchtmixgetränk 5 *Moçambique* Party *f* **batido** [bɐ'tidu] A ADJ *terra* festgestampft; *sapato, caminho* ausgetreten; *trilho* ausgefahren; *roupa*

abgetragen; *fig* abgedroschen; **dar-se por ~** sich geschlagen geben **B** M̄ *port* Mixgetränk *n*; **~ de leite** Milchshake *m*
batimento [bɐtiˈmẽtu] M̄ (Zusammen-) Stoß *m*; *coração:* Schlagen *n*, Klopfen *n*
batina [bɐˈtinɐ] F̄ Soutane *f*; Talar *m*
batis..., batiz..., *bras* ~ *bras* → baptismal *etc*
batiscafo [bɐtiʃˈkafu] M̄ Tiefseetauchboot *n*
batom [baˈtõ] M̄ ⟨pl batons⟩, **bâton** [baˈtõ] M̄ ⟨pl bâtons⟩ Lippenstift *m*; *port* DESP Skistock *m*
batoque [bɐˈtɔki] M̄ Spund *m*, Spundloch *n*; *fig* Dickwanst *m*
batota [bɐˈtɔtɐ] F̄ Falschspiel *n*, Mogelei *f*; **casa f de ~** Spielhölle *f*; **fazer ~** falsch spielen, mogeln **batoteiro** [bɐtuˈtɐjru] M̄ (Falsch)Spieler *m*
batráquios [bɐˈtrakjuʃ] MPL ZOOL Lurche *mpl*
batucada [bɐtuˈkadɐ] F̄ Trommeln *n*, Getrommel *n* **batucar** [bɐtuˈkar] ⟨1a⟩ trommeln; (zum Trommelklang) tanzen
batuque [bɐˈtuki] M̄ Trommel *f*; *acto:* Trommeln *n*; *dança:* Batuque-Tanz *m* **batuqueiro** [bɐtuˈkɐjru] M̄ Trommler *m*; Batuque-Tänzer *m*
batuta¹ [bɐˈtutɐ] F̄ Taktstock *m*
batuta² [bɐˈtute] *bras* **A** ADJ fix, tüchtig **B** M̄ Könner *m*, *fam* Crack *m*
bau [bau] M̄ *Angola* Büffel *m*
baú [baˈu] M̄ (Holz)Truhe *f*; *bras pop* Geldsack *m*
baunilha [bauˈniʎɐ] F̄ Vanille *f*
bauxita [bauˈʃitɐ] *bras*, **bauxite** [bauˈʃiti] F̄ Bauxit *m*
bávaro [ˈbavɐru] **A** ADJ bayrisch **B** M̄, **-a** F̄ Bayer(in) *m(f)* **Baviera** [bɐˈvjɛrɐ] F̄ GEOG **a ~** Bayern *n*
bazar¹ [bɐˈzar] M̄ Bazar *m*; Kaufhaus *n*
bazar² [bɐˈzar] ⟨1b⟩ *pop* abhauen
bazófia [bɐˈzɔfjɐ] F̄ Prahlerei *f* **bazofiar** [bɐzuˈfjar] ⟨1g⟩ prahlen, angeben
bazuca [bɐˈzukɐ] F̄ MIL Bazooka *f*, Panzerabwehrrakete *f*
BB M ABR (Banco do Brasil) Bank *f* von Brasilien (*brasilianische Nationalbank*)
BCE [beseˈɛ] M ABR (Banco Central Europeu) EZB *f* (Europäische Zentralbank)
BCP [beseˈpe] M ABR (Banco Comercial Português) Portugiesische Handelsbank
BD [beˈde] F ABR (banda desenhada) Comic *m*

bê [be] M̄ *Name des Buchstabens* **b**
bê-á-bá [beaˈba] M̄ ⟨sem pl⟩ Buchstabieren *n*; *fig* Abc *n*
beata [ˈbjatɐ] F̄ Betschwester *f*; *pop* Frömmlerin *f*; *fig* (Zigaretten)Kippe *f*
beateiro [bjaˈtɐjru] M̄ Kippensammler *m* **beatice** [bjaˈtisi] F̄ Frömmelei *f* **beatificação** [bjatifikɐˈsɐ̃u̯] F̄ REL Seligsprechung *f* **beatificar** [bjatifiˈkar] ⟨1n⟩ REL selig sprechen **beatitude** [bjatiˈtudi] F̄ Glückseligkeit *f* **beato** [ˈbjatu] **A** ADJ REL selig (gesprochen); *pej* frömmlerisch, scheinheilig **B** M̄ REL Seliggesprochene(r) *m*; Frömmler *m*, Heuchler *m*
bêbado [ˈbebɐdu] → bêbedo
bebé [bɛˈbɛ] *bras*, **bebê** [beˈbe] M̄ Baby *n*, Säugling *m*; **carrinho de ~** Babywagen *m*; **estar de ~** schwanger sein; **~-proveta**, *bras* **~ de proveta** Retortenbaby *n*
bebedeira [bibiˈdɐjrɐ] F̄ Rausch *m*, Trunkenheit *f*; (*festa*) Trinkgelage *n*
bêbedo [ˈbebidu] **A** ADJ betrunken **B** M̄, **-a** F̄ Betrunkene(r) *m/f(m)*; *geralm* Trinker(in) *m(f)*
beber [biˈber] ⟨2c⟩ trinken; *animal, alcoólico* saufen; *fig* hinunterschlucken; *dinheiro, fortuna* vertrinken; **~ a** trinken auf (*ac*); **~ à saúde de alg** auf j-s Wohl trinken; **~ azeite** *port fam* schlau sein; **~ de trinken aus** (*dat*); **~ do fino** *port* gut informiert sein; **~ os ares por** *port* sich vernarren in (*ac*) **beberagem** [bibiˈraʒɐ̃j̃] F̄ (Heil)Trank *m*, Aufguss *m*; *fig* Gebräu *n* **beberes** [biˈberiʃ] MPL Getränke *npl* **beberete** [bibiˈreti] M̄ Trunk *m*, Cocktail *m* **bebericar** [bibiriˈkar] ⟨1n⟩ nippen (an *dat*)
beberrão [bibiˈʁɐ̃u̯], **beberraz** [bibiˈʁaʃ] **A** ADJ trunksüchtig, *pop* versoffen **B** M̄ Säufer *m* **beberricar** [bibiʁiˈkar] ⟨1n⟩ nippen **beberrolas** [bibiˈʁɔlaʃ] M/F ⟨pl inv⟩ *fam* Säufer(in) *m(f)* **beberrona** [bibiˈʁonɐ] F̄ *fam* Säuferin *f*
bebes [ˈbɛbiʃ] MPL *fam* Getränke *npl*; **comes e ~** Essen und Trinken *n*
bebida [biˈbidɐ] F̄ Getränk *n*; **~ alcoólica/sem álcool** alkoholisches/alkoholfreies Getränk *n*; **~ branca** (*ou* **seca**) hartes Getränk *n*; **dado à ~** trunksüchtig; **ir na ~** auf j-n *ou* etw hereinfallen; **levar alg à ~** *pop* j-n herumkriegen; **meter-se na ~** Alkoholiker(in) werden; *fam* sich dem

BEBÍ | 128

Suff ergeben, dem Suff verfallen **bebível** [bi'bivɛł] trinkbar
beça ['bɛse] *bras fam* **à ~** in rauen Mengen
bechamel [beʃa'mɛł] M GASTR Béchamelsoße f
beco ['beku] M Gasse f; **~ sem saída** Sackgasse f (tb fig); **desocupar o ~** *pop* abkratzen
bedel [bi'dɛł] M Pedell m
bedelhar [bidi'ʎar] ⟨1d⟩ *fig* sich einmischen **bedelho** [bi'da(ʎ)u] M *porta*: Sperrhebel m; **meter o ~** *fam* sich einmischen; seinen Senf dazugeben
beduíno [bi'dwinu] M Beduine m
bege ['bɛʒi] A ADJ beige B M Beige n
begónia (*ô) [bi'ɡɔnjɐ] F Begonie f
beiça ['bɐjsɐ] F Unterlippe f; *do animal*: Lefze f; *pop* Schnute f; **andar de ~ caída** ein langes Gesicht machen; **estar de ~** niedergeschlagen sein **beicinha** [bɐj'sinɐ] F, **beicinho** [bɐj'siɲu] M *fam* Schnütchen n; **andar de ~ por** *fam* verliebt sein in (ac); **fazer ~** *fam* eine Schnute ziehen (ou machen) **beiço** ['bɐjsu] M Lippe f; *animal*: Lefze f; *ferida*: (Wund)Rand m; *(rebordo)* Vorsprung m; **~ rachado** gespaltene (Ober)Lippe f, Hasenscharte f; **de ~ caído** *port fam* niedergeschlagen; eingeschnappt; **fazer ~** schmollen, maulen; **lamber os ~s** sich *(dat)* die Lippen ablecken; **levar** (ou **trazer**) **pelo ~** j-n um den Finger wickeln (können); **morder os ~s** sich *(dat)* auf die Lippen beißen **beiçudo** [bɐj'sudu] dicklippig
beijado [bɐj'ʒadu] ADJ **~ com** dicht an *(dat)*; **de mão -a gratis**; unerwartet **beija-flor** [bɐjʒɐ'flor] M ⟨pl ~es⟩ Kolibri m **beija-mão** [bɐjʒɐ'mɐ̃ũ] M ⟨pl ~s⟩ Handkuss m **beijar** [bɐj'ʒar] ⟨1a⟩ küssen; *fig* anhauchen, berühren **beijinho** [bɐj'ʒiɲu] M Küsschen n (tb em cartas); *fig* die Creme, das Feinste **beijo** ['bɐjʒu] M Kuss n; **~ de Judas** Judaskuss m **beijoca** [bɐj'ʒɔkɐ] *pop* Schmatz m **beijocar** [bɐjʒo'kar] ⟨1n; Stv 1e⟩ abküssen, *fam* abknutschen
beijoim [bɐj'ʒwĩ] M → *benjoim*
beiju [be'ʒu] M *bras* Maniokkuchen m
beira ['bɐjrɐ] F *estrada*: Rand m; *rio, mar*: Ufer n; **à ~ de** nahe *(dat)*; an *(ac e dat)*, bei; **à** (ou **na**) **~ do rio** am Flussufer
Beira ['bɐjrɐ] F GEOG **a ~ Alta**, **a ~ Baixa**, **a ~ Litoral** *hist port* Provinzen
beirada [be'radɐ] F Dachtraufe f; *tb* → *beirado* **beiradear** [berɐ'dʒjar] ⟨1l⟩ *bras* entlanglaufen, -fahren an *(dat)* **beirado** [bɐj'radu] M Rand m; ARQUIT Traufe f, Dachvorsprung m; *rio*: (Fluss)Ufer n **beira-estrada** [bɐjrɐʃ'tradɐ] F ⟨pl ~s⟩ Straßenrand m **beiral** [bɐj'rał] M → *beirado* **beira-mar** [bɐjrɐ'mar] F ⟨pl ~es⟩ Küste f, Küstengebiet n; **à ~** an der (ou die) Küste, am (ou ans) Meer **beirão** [bɐj'rɐ̃ũ] A ADJ (aus) der Beira B M, **beirã** [bɐj'rɐ̃] F, **beiroa** [bɐj'roɐ] F Beiraner(in) m(f) **beirar** [bɐj'rar] ⟨1a⟩ entlanggehen, -fahren an *(dat)*; grenzen *(a, com an ac)*; **~ os 50** *etc* **anos** auf die Fünfzig *etc* zugehen **beirense** [bɐj'rẽsi] F → *beirão* **beirinha** [bɐj'riɲɐ] F *fam* **à ~ de** ganz dicht an *(ac e dat)*
beisebol [bɐjzi'bɔł] M *bras* Baseball m
Beja ['bɛʒɐ] *sem art port* Distrikt (-hauptstadt)
bela ['bɛłɐ] F Schöne f
beladona [bɛłɐ'donɐ] F Tollkirsche f
belas-artes [bɛłɐ'zartiʃ] FPL bildende Künste fpl **belas-letras** [bɛłɐʒ'łɛtrɐʃ] FPL schöngeistige Literatur f, Belletristik f
beldade [bɛł'dadi] F Schönheit f
beleléu [bele'łɛu] M *bras pop* **ir para o ~** *fig* den Bach runtergehen *(scheitern)*
Belém[1] [bi'łɐ̃j̃] M Stadtviertel in Lissabon
Belém[2] [be'łẽj̃] SEM ART *bras* Hauptstadt

des Bundesstaats Pará
beleza [bi'tezɐ] F̄ Schönheit f; **ser uma ~** herrlich (ou wunderbar) sein
belfas ['bɛɫfɐʃ] F̄PL pop Pausbacken fpl; pej Visage f **belfo** ['bɛɫfu] ADJ dicklippig; **ser ~** lispeln
belga ['bɛɫgɐ] A ADJ belgisch B M/F Belgier(in) m(f) **Bélgica** ['bɛɫʒikɐ] F̄ GEOG **a ~** Belgien n
beliche [bi'tiʃi] M̄ Doppelstockbett n; NÁUT Koje f; (camarote) Kajüte f
bélico ['bɛliku] kriegerisch, Kriegs...
belicoso [biti'kozu] kriegerisch; streitlustig **beligerância** [biliʒi'rãsjɐ] F̄ Kriegführung f; **estado m de ~** Kriegszustand m **beligerante** [biliʒi'rãti] Krieg führend
belindre [bi'tĩdri] M̄ Murmel f
beliscado [betiʃ'kadu] bras pop sauer, beleidigt **beliscadura** [betiʃkɐ'durɐ] F̄, **beliscão** [betiʃ'kɐ̃ũ] M̄ Kniff m; Zwicken n; (port tb (nódoa negra) blauer Fleck m; fig Stichelei f, Bosheit f **beliscar** [betiʃ'kar] ⟨1n⟩ kneifen, zwicken; fig sticheln; bras comida stochern in (dat) **belisco** [bi'tiʃku] → beliscadura
belo ['bɛtu] (wunder)schön
Belo Horizonte ['bɛlori'zõtʃi] bras Hauptstadt von Minas Gerais
belonave [belo'navi] F̄ bras Kriegsschiff n
bel-prazer [bɛɫprɐ'zer] M̄ **a seu ~** nach eigenem Gutdünken n
beltrano [bɛɫ'trɐnu] M̄, **-a** F̄ Dingsda m/f, Dingsbums m; **fulano, ~ e sicrano** alle Welt, alle Leute
bem [bɐ̃j] A M̄ 1 (possessão) Gut n; **~ de raiz** Grundbesitz m, Liegenschaft f; **bens** pl Vermögen n, Besitz m; Habe f; **bens pl de consumo** Konsumgüter npl; **bens pl duradouros** langlebige Konsumgüter npl; **bens pl intermédios** Zwischenerzeugnisse npl 2 das Gute; Wohl n, Nutzen m; **~ comum** allgemeines Wohlbefinden n; **meu ~** fig mein Schatz m; **homem m de ~** Ehrenmann m; anständiger Mensch m; **fazer ~** Gutes tun; **~ hajas!/haja/hajam!** reg Dank dir/Ihnen/euch!; **~ haja quem ...!** wohl dem, der ...! B ADV sentir-se gut, wohl; gostar sehr; recht; gern; trabalhar ordentlich, richtig; (mas) aber; **a ~** zum (ou im) Guten; **levar a ~** gut aufnehmen, genehmigen; **ainda ~**

glücklicherweise, Gott sei Dank; **ainda ~ que** (conj) gut, dass; **~ como** ebenso wie, so wie; **de ~** auf freundschaftlichem Fuß; **acabar em ~** gut ausgehen; sich in Wohlgefallen auflösen; **por ~** in guter Absicht; **haver** (ou **ter**) **por ~** für gut befinden; **assentar** (ou **estar**, **ficar**) **~ a alg** j-m (gut) stehen (ou passen); **calhar ~** fam gelegen (ou zupass) kommen; **dar-se ~ com** fam gut auskommen mit; **estou ~** mir geht es gut, ich fühle mich wohl; **está ~!** ist in Ordnung!; **estar ~ com** (sich) gut stehen mit; **fazer ~** gut tun (dat), bekommen (dat); **~ feito!** irón gut gemacht!; geschieht ihm (ihr etc) recht!; **ficar ~** exame bestehen; **passar ~** es sich (dat) gut ergehen lassen; **querer ~ a** gern (ou lieb) haben, mögen; **não regular ~** fam nicht richtig im Kopf sein; **saber ~ a alg** port j-m gut schmecken; fig j-m gefallen; **sair ~** gut ausgehen C PL → bens
bem-afamado [bɐ̃jɐfɐ'madu] ADJ ⟨pl bem-afamados⟩ **ser ~** e-n guten Ruf haben **bem-amado** [bɐ̃jɐ'madu] M̄ ⟨pl bem-amados⟩ fam (jedermanns) Liebling m
bem-aventurado [bɐ̃jɐvẽtu'radu] ⟨mpl ~s⟩ (glück)selig, glücklich **bem-aventurança** [bɐ̃jɐvẽtu'rɐ̃sɐ] F̄ ⟨sem pl⟩ (Glück)Seligkeit f **bem-aventurar** [bɐ̃jɐvẽtu'rar] ⟨1a⟩ glücklich (ou selig) machen
bem-bom [bɐ̃j'bõ] M̄ ⟨sem pl⟩ bras Gemütlichkeit f; Wohlbefinden n; Wohlstand m **bem-criado** [bɐ̃jkri'adu] ⟨mpl ~s⟩ wohlerzogen **bem-disposto** [bɐ̃jdiʃ'poʃtu] ⟨mpl ~s; fsg, m/fpl [-'pɔ-]⟩ gut gelaunt, gut aufgelegt **bem-dizer** [bɐ̃jdi'zer] ⟨2t⟩ loben (**de** ac); **a ~** sozusagen; → bendizer **bem-educado** [bɐ̃jidu'kadu] ⟨mpl ~s⟩ wohlerzogen **bem-empregado** [bɐ̃jẽpri'gadu] ⟨mpl ~s⟩ sinnvoll eingesetzt **bem-estar** [bɐ̃j'tar] M̄ geralm: Wohlergehen n; financeiro: Wohlstand m; saúde: Wellness f **bem-fadado** [bɐ̃jfɐ'dadu] ⟨mpl ~s⟩ glücklich; Glücks... **bem-humorado** [bɐ̃jumu'radu] ⟨mpl ~s⟩ gut gelaunt **bem-intencionado** [bɐ̃jĩtẽsju'nadu] ⟨mpl ~s⟩ wohlmeinend; aufrichtig **bem-mandado** [bɐ̃jmɐ̃'dadu] ⟨mpl ~s⟩ fam unterwürfig **bem-me-quer** [bɐ̃jmi'kɛr] M̄ ⟨pl ~es⟩ Gänseblümchen n

bemol [bi'mɔɫ] M̄ MÚS Erniedrigungszeichen n, B n
bem-parecido [bɐ̃jpɐri'sidu] ⟨mpl ~s⟩ gut aussehend **bem-posto** [bɐ̃j'poʃtu] ⟨mpl ~s; fsg, m/fpl [-'pɔ-]⟩ gut gekleidet **bem-querente** [bɐ̃jki'rẽti] ⟨pl ~s⟩ wohlmeinend; zugetan **bem-sucedido** [bɐ̃jsusi'didu] ⟨mpl ~s⟩ erfolgreich **bem-vindo** [bɐ̃j'vidu] ⟨mpl ~s⟩ willkommen **bem-visto** [bɐ̃j'viʃtu] ⟨mpl ~s⟩ gern gesehen
bênção ['bẽsɐ̃u] F̄ ⟨pl ~s⟩ Segen m, Segnung f (tb REL); (favor) Gefallen m
bendito [bɐ̃j'ditu] PP irr → bendizer
bendizer [bɐ̃jdi'zer] ⟨2t⟩ segnen (tb REL), preisen
beneficência [binifi'sẽsjɐ] F̄ Wohltätigkeit f **beneficente** [binifi'sẽti] wohltätig **beneficiação** [binifisjɐ'sɐ̃u] F̄ ARQUIT Renovierungsarbeiten fpl; MIN Aufbereitung f; **obras** fpl **de ~** estrada: Fahrbahnarbeiten fpl **beneficiador** [binifisjɐ'dor] A ADJ wohltätig B M, **beneficiadora** [binifisjɐ'dorɐ] F̄ Wohltäter(in) m(f) **beneficiamento** [binifisjɐ'mẽtu] M̄ Aus-, Verbesserung f, Veredelung f **beneficiar** [binifi'sjar] ⟨1g⟩ ~ **alg** j-n begünstigen; j-m e-e Wohltat erweisen; (prover) j-n mit etw bedenken (ou versehen); **~ a/c** (melhorar) aus-, verbessern, verschönern; TECN veredeln; ARQUIT sanieren; **~-se com** bras Vorteil ziehen aus **beneficiário** [binifi'sjarju] M̄, **-a** F̄ Nutznießer(in) m(f); Begünstigte(r) m/f(n) **benefício** [bini'fisju] M̄ Wohltat f; Geschenk n; fig Nutzen m, Vorteil m; social: Beihilfe f; (espectáculo) Benefizveranstaltung f; **~ fiscal** Steuervorteil m; **em** (ou **a**) **~ de** zum Wohl (ou Nutzen) von **benéfico** [bi'nɛfiku] wohltätig; gutmütig; (vantajoso) günstig, vorteilhaft **benemérito** [bini'mɛritu] lobenswert **benesse** [bi'nɛsi] F̄ Wohltat f; Almosen n; (rendimento) Pfründe **benevolência** [binivu'lẽsjɐ] f Wohlwollen n; Güte f **benevolente** [binivu'lẽti], **benévolo** [bi'nɛvulu] wohlwollend
benfazejo [bɐ̃jfɐ'zɐjʒu] wohltätig **benfeitor(a)** [bɐ̃jfɐj'tor(ɐ)] M/F Wohltäter(in) m(f) **benfeitoria** [bɐ̃jfɐjtu'riɐ] F̄ Aus-, Verbesserung f; Verschönerung f **Benfica** [bɐ̃j'fikɐ] A SEM ART Stadtteil v. Lissabon B M̄ DESP clube: Benfica n Lissabon **benfiquista** [bɐ̃jfi'kiʃtɐ] A ADJ Benfica Lissabon betreffend B M/F Spieler(in) m(f) ou Anhänger(in) m(f) von Benfica Lissabon
bengala [bẽ'galɐ] F̄ (Spazier)Stock m; **~ branca** Blindenstock m **bengalada** [bẽgɐ'ɫadɐ] F̄ Stockhieb m **bengaleiro** [bẽgɐ'ɫɐjru] M̄ Schirmständer m; geralm: Garderobe f
bengalês [bẽgɐ'ɫeʃ] ADJ bengalisch **bengali** [bẽgɐ'ɫi] A M/F Bengale m, Bengalin f B M̄ língua: Bengali n
benignidade [binigni'dadi] F̄ Güte f, Gutherzigkeit f; Milde f; MED Gutartigkeit f **benigno** [bi'nignu] gütig, gutherzig; mild; MED gutartig
benjamim [bẽʒɐ'mĩ] M̄ fam Nesthäkchen n, Benjamin m (der Familie); bras ELECT Mehrfachstecker m
benjoim [bẽ'ʒwĩ] M̄ Benzoe f -harz n **benquerença** [bɐ̃ki'rẽsɐ] F̄ Zuneigung f; (apreciação) Wertschätzung f **benquisto** [bɐ̃j'kiʃtu] beliebt
bens [bɐ̃jʃ] MPL → bem I 1
bento ['bẽtu] geweiht, Weih...; **São Bento** Sitz des port Parlaments
benzedeiro [bẽzi'dɐjru] M̄, **-a** F̄ Wunderheiler(in) m(f), Gesundbeter(in) m(f) **benzer** [bẽ'zer] ⟨2a⟩ a/c weihen; alg segnen; **~-se** sich bekreuzigen; fig staunen
benzina [bẽ'zinɐ] F̄ Leicht-, Waschbenzin n **benzol** [bẽ'zɔɫ] M̄ Benzol n
bequadro [bi'kwadru] M̄ MÚS Auflösungszeichen n
bera ['bɛrɐ] A ADJ carácter böse, mies; qualidade billig, unecht; fam **estar ~** sauer sein; **ficar ~** stinksauer werden B M/F pop Flasche f, Niete f
berbequim [birbi'kĩ] M̄ port Drillbohrer m; **~ com percussão** port Schlagbohrmaschine f; **~ eléctrico** port elektrische (Hand)Bohrmaschine f
berbere [bir'bɛri] berberisch, Berber...
berbigão [birbi'gɐ̃u] M̄ Herzmuschel f
berçário [bex'sarju] bras Säuglingsstation f **berças** ['bɛrsɐʃ] FPL pop Provinz f, Hinterland n **berço** ['bersu] M̄ Wiege f (tb fig); NÁUT Stapel m; TECN Schlitten m; bras Stempelkissen n
bergantim [birgɐ̃'tĩ] M̄ Zweimaster m
berimbau [birĩ'bau] M̄ 1 port Maul-

trommel f 2 bras Berimbau n, Musikbogen m

> **berimbau**

Das wichtigste Instrument beim Capoeira-Tanz wird aus dem nur in Brasilien wachsenden, elastischen Biriba-Holz angefertigt. Das Berimbau ist eine Art Musikbogen, der aus einem Holzstab (**verga**), einer Metallsaite (**arame**) und einem Klangkörper (**cabaça**) besteht. In der Hand hält der Musiker zusätzlich eine Holzraspel (**caxixi**), ein Schlagstöckchen (**barreta**) und eine Münze oder einen Stein (**dobrão**). Trotz seiner scheinbar einfachen Konstruktion ist das Instrument schwer zu spielen und verlangt neben gutem Rhythmusgefühl einiges an Koordination und Fingerkraft. Erst seit den 20er-Jahren des letzten Jahrhunderts wird das Berimbau bei der **capoeira** eingesetzt.

beringela [biri'ʒɛła] F Aubergine f
Berlim [biɾ'łĩ] SEM ART GEOG Berlin n
berlinda [biɾ'łĩdɐ] F **estar na ~** fam Tagesgespräch sein **berlinde** [biɾ'łĩdi] M Murmel f
berlinense [birłi'nẽsi] A ADJ berlinisch, Berliner B M/F Berliner(in) m(f)
berliques [biɾ'łikiʃ] MPL **(por artes de) ~ e berloques** pop (mit) Taschenspielertricks m pl, (mit) Hokuspokus m **berloque** [biɾ'łɔki] M (Schmuck)Anhänger m
berma ['bεɾmɐ] F port (caminho) Fußweg m; port estrada: Straßenrand m, Randstreifen m; bras Deichbau m; **~ baixa** tief liegender Randstreifen m
bermudas [biɾ'mudɐʃ] FPL Bermudas f pl, Bermudashorts f pl
Berna ['bεɾnɐ] SEM ART GEOG Bern n
berra ['bεʁɐ] F Brunst f; **andar (ou estar) na ~** pop in (Mode) sein **berrante** [bi'ʁãti] A ADJ cor schreiend, grell B M MÚS Horn n **berrão** [bi'ʁɐ̃ũ] M fam (criança) Schreihals m **berrar** [bi'ʁaɾ] ⟨1c⟩ brüllen; schreien (**por** nach); ovelha blöken; veado röhren; fig zetern **berraria** [biʁɐ'ria] F Gebrüll n **berregar** [biʁɨ'gaɾ] ⟨1o, Stv 1c⟩ (herum)brüllen; ovelha blöken **berreiro** [bi'ʁɐiɾu] M Gebrüll n, Geheul

n; fig Gezeter n
berro ['bεʁu] M Schrei m; Brüllen n; ovelha: Geblöke n; fig **~s** pl Gezeter n; **aos ~s** schreiend; **dar o ~** pop (estragar-se) den Geist aufgeben; (morrer) den Abgang machen
besouro [bi'zoɾu] M (Mist)Käfer m
besta¹ ['bεʃtɐ] F Armbrust f
besta² ['bεʃtɐ] A ADJ pop blöd, doof; bras fam bedeutungslos; **metido a ~** bras pop überheblich, selbstgefällig B F 1 Vierfüßler m, Vieh n; **~ de carga/tiro** Last-/Zugtier m; fam tb Arbeitstier m 2 fig fam Hornochse m **besta-fera** [bεʃtɐ'fɛrɐ] F ⟨pl bestas-feras⟩ wildes Tier n; Bestie f (tb fig) **bestalhão** [bεʃtɐ'ʎɐ̃ũ] M, **bestalhona** [bεʃtɐ'ʎonɐ] F bras pop A ADJ blöde B M/F Dummkopf m **besta-quadrada** [bεʃtɐ'kwa'drad a] F ⟨pl bestas-quadradas⟩ pop Schwachkopf m; Vollidiot m **bestar** [beʃ'taɾ] ⟨1c⟩ bras Blödsinn machen; herumlungern
besteira [beʃ'teɾɐ] F bras pop Dummheit f; Blödsinn m; (bagatela) Klacks m
béstia ['bεʃtjɐ] F Vieh n, Tier n
bestiaga [biʃ'tjagɐ] F pej Trottel m
bestial [biʃ'tjał] bestialisch, grausam; pop toll, irre, tierisch (gut) **bestialidade** [biʃtjałi'dadi] F Bestialität f
bestificar(-se) [biʃtifi'kaɾ(si)] ⟨1n⟩ verrohen; verblöden
bestunto [biʃ'tũtu] M pop Schwachkopf m
besugo [bi'zugu] M Meerbrasse f
besuntado [bizũ'tadu] fettig, ölig; schmierig **besuntão** [bizũ'tɐ̃ũ] M, **besuntona** [bizũ'tonɐ] F pop Schmutzfink m, Dreckferkel n **besuntar** [bizũ'taɾ] ⟨1a⟩ beschmieren
beta¹ ['bεtɐ] F Beta n; **partícula f ~** Betateilchen n; **raios** m pl **~** Betastrahlen m pl
beta² ['bεtɐ] F Streifen m, Fleck m
betão [bi'tɐ̃ũ] M port Beton m; **~ armado** Stahlbeton m; **~ batido** Stampfbeton m; **~ pré-esforçado** Spannbeton m; **~ vibrado** Rüttelbeton m
bétele ['bεtiłi] M Betel(nuss) m(f)
beterraba [biti'ʁabɐ] F Rübe f; Rote Beete f; **~ forrageira** Futterrübe f; **~ sacarina** Zuckerrübe f
betesga [bi'teʒgɐ] F 1 (Sack)Gasse f 2 (taberna) Spelunke f
betonagem [bitu'naʒɐ̃ĩ] F Betonieren n

betonar [bitu'nar] ⟨1f⟩ betonieren
betoneira [bitu'najrɐ] F̄ Betonmischer m
bétula ['bɛtulɐ] F̄ Birke f
betumado [bitu'madu] Teer...; Bitumen...; **cartão** (ou **papelão**) m ~ Dachpappe f **betumar** [bitu'mar] ⟨1a⟩ estrada teeren; vidro, janela (ver)kitten
betume [bi'tumi] M̄ asfalto: Bitumen n; construção: (Glaser)Kitt m; Spachtelmasse f; ~ **de juntas** Fugenmörtel m **betuminoso** [bitumi'nozu] teerhaltig, bituminös
bexiga [bi'figɐ] F̄ ANAT Harnblase f; peixe: (Schwimm)Blase f; ~s pl MED Blattern pl, Pocken pl; ~s **doidas**, ~s **loucas** pl MED Windpocken pl; **pedir** ~ fig pop den Schwanz einziehen; **picado das** ~s port fam kratzbürstig **bexigar** [biʃi'gar] ⟨1o⟩ pop hänseln
bezerra [be'zeʁɐ] F̄ ZOOL Jungrind n; Färse f; **estar a pensar na morte da** ~ fam zerstreut sein, in Gedanken (versunken) sein
bezerro [be'zeʁu] M̄ ZOOL Kalb n; Kalbsleder n; BOT **pé** m **de** ~ Löwenmäulchen n
B.F. ABR (boas festas) Frohes Fest
BI [be'i] M̄ ABR (bilhete de identidade) Personalausweis m
bibe ['bibi] M̄ Kittelschürze f (für Kinder), Spielkittel m
bibelô [bibi'ło] M̄, **bibelot** [bibi'ło] M̄ Nippes pl
biberão [bibi'rɐ̃ũ] M̄ port (Baby)Fläschchen
Bíblia ['biblɐ] F̄ Bibel f
bíblico [ˈbibliku] biblisch
bibliofilia [bibliofi'lia] F̄ Bücherliebhaberei f, Bibliophilie f **bibliófilo** [bibli'ɔfilu] M̄ Bibliophile(r) m, Bücherfreund m **bibliografia** [bibliugra'fia] F̄ Bibliografie f, Literaturverzeichnis n **bibliográfico** [bibliu'grafiku] bibliografisch **bibliómano** (*ô) [bibli'ɔmanu] M̄ Büchernarr m **biblioteca** [bibliu'tɛkɐ] F̄ Bibliothek f, Bücherei f **bibliotecário** [bibliute'karju] M̄, **-a** f Bibliothekar(in) m(f) **biblioteconomia** [bibliutekɔnu'mia] F̄ Bibliothekswesen n
bica ['bikɐ] F̄ 1 Brunnenröhre f; (Wasser)Strahl m; Wasserspender m; **água** f **de** ~ Brunnenwasser n; **estar à** (ou **na**) ~ an der Reihe sein; bevorstehen 2 fam port ~ (**cheia**) Espresso m; ~ **curta** kleiner Espresso m

bicada [bi'kadɐ] F̄ 1 Schnabelhieb m; quantidade: **uma** ~ e-n Schnabel voll; fig Biss m 2 Ausläufer m (e-s Gebirges); ~s pl Reisig n
bicampeão [bikɐ̃'pjɐ̃ũ] M̄, **bicampeã** [bikɐ̃'pjɐ̃] F̄ DESP zweifacher Meister m, zweifache Meisterin f
bicar [bi'kar] VT & VI ⟨1n⟩ bebida nippen (an ou von); comida knabbern; pássaro picken
bicarbonato [bikɐrbu'natu] M̄ doppelkohlensaures Salz n; ~ **de sódio** Natron (-salz) n
bicentenário [bisẽti'narju] M̄ Zweihundertjahrfeier f
bíceps ['bisɛps] M̄ ⟨pl inv⟩ Oberarmmuskel m, Bizeps m
bicha ['biʃɐ] F̄ 1 Kriechtier n; Schlange f (tb fig); (verme) Wurm m; ~ **solitária** Bandwurm; **estar com uma** ~ port fam wütend sein 2 port Warteschlange f; **fazer** ~ port anstehen, Schlange stehen 3 bras pop pej Schwule(r) m **bicha-cadela** [biʃɐkɐ'dɛlɐ] F̄ ⟨pl bichas-cadelas⟩ Ohrwurm m **bicha-de-rabear** [biʃɐdiʁɐ'bjar] F̄ ⟨pl bichas-de-rabear⟩ Knallfrosch m
bichado [bi'ʃadu] madig **bichanar** [biʃɐ'nar] ⟨1a⟩ wispern, flüstern; segredo anvertrauen **bichano** [bi'ʃɐnu] M̄ Kätzchen n **bichão** [bi'ʃɐ̃ũ] M̄ bras Mordskerl m **bichar** [bi'ʃar] ⟨1d⟩ Maden (ou Würmer) bekommen **bicharada** [biʃɐ'radɐ] F̄, bras **bicharedo** [biʃɐ'redu] M̄, **bicharia** [biʃɐ'ria] F̄ Viehzeug n; Ungeziefer n; fig Gewimmel n **bicharoco** [biʃɐ'rɔku] M̄ Untier m **bicheiro** [bi'ʃɐjru] A ADJ fig kleinlich B M̄ Bootshaken m; bras pop Könner m, Fachmann m **bichinho** [bi'ʃiɲu] M̄ fam Tierchen n; Würmchen n **bicho** ['biʃu] M̄ geralm Tier n; (verme) Wurm m; Made f; (piolho) Laus f; fam Kerl m; ~ **do monte** (ou **do mato**) Raubein, Eigenbrötler m; **de criar** ~ fam ein Haufen...; Riesen...; **andar com o** ~ **no ouvido** misstrauisch sein; **matar o** ~ fam frühmorgens e-n trinken; **matar o** ~ **do ouvido a alg** fam j-m auf die Nerven gehen; **ser um** ~ bras pop ein Fuchs sein; **virar** ~ bras pop stinksauer werden; ⟨**jogo m do**⟩ ~ bras Tier-Lotto f
bichoca [bi'ʃɔkɐ] F̄ port pop Regenwurm m; MED (kleiner) Furunkel m; bras fam

(pénis) Pimmelchen n **bicho-careta** [biʃukɐˈrɛta] M ⟨pl bichos-caretas⟩ **1** fam Niemand m **2** (qualquer pessoa) jedermann, jeder x-Beliebige **bicho-carpinteiro** [biʃukɐrpĩˈtɐjru] M ⟨pl bichos--carpinteiros⟩ Holzwurm m; **ter ~** zappelig sein **bicho-da-seda** [biʃudɐˈsedɐ] M ⟨pl bichos-da-seda⟩ Seidenraupe f **bicho-do-mato** [biʃuduˈmatu] M ⟨pl bichos-do-mato⟩ Sonderling m **bichoso** [biˈʃozu] madig

bicicleta [bisiˈklɛtɐ] F Fahrrad n; **~ a motor** Mofa n; **~ de montanha** Mountainbike n; **ir** (ou **andar**) **de ~** Rad fahren, radeln

bico [ˈbiku] M ZOOL Schnabel m; *faca, lápis:* Spitze f; Ende n; *cafeteira:* Tülle f; Ausguss m; TECN Düse f; Brenner m; MÚS Mundstück n; **~ de gás** Gasbrenner m; **~ do peito** Brustwarze f; **melro de ~ amarelo** Schlauberger m; **em ~s dos pés** pop auf Zehenspitzen; **abrir o ~** fam den Schnabel aufmachen, reden; **calar o ~** fam den Schnabel halten; **~ calado!** fam Ruhe!; **meter o ~** fam sich einmischen

bicolor [bikuˈlor] zweifarbig
bicudo [biˈkudu] *pássaro* mit spitzem Schnabel; *objecto* spitz (zulaufend); *fam situação* heikel; *pessoa* kratzbürstig
bidão [biˈdɐ̃w̃] M Kanister m
bidé (*ê) [biˈdɛ] M Bidet n
bidon [biˈdõ] M Kanister m
biela [ˈbjɛlɐ] F TECN Kupplungs-, Kolben-, Pleuelstange f
Bielorrússia [bjɛlɔˈʀusjɐ] F GEOG **a ~** Weißrussland n
bienal [bjeˈnal] **A** ADJ zweijährig; zweijährlich, biennal **B** F Biennale f
biénio (*ê) [ˈbjɛnju] M Zeitraum m von zwei Jahren
bifana [biˈfanɐ] F (kleines) Schweinesteak n im Brot
bifar [biˈfar] ⟨1a⟩ fam stibitzen, mausen
bife [ˈbifi] M **1** *carne de vaca:* (Rinder-) Steak n; **~ bem/mal passado** durchgebratenes/rosa gebratenes Steak; **~ de lombo** Filetsteak n **2** *porco etc:* Schnitzel n; **~ de porco/peru** Schweine-/Putenschnitzel n; **~ de vitela** Kalbsschnitzel n; **~ a cavalo** Schnitzel n mit Spiegelei, Reis und Pommes Frites; **~ à portuguesa** Schnitzel n mit Knoblauch-Schinken--Weinsoße **3** *port fam* Engländer m

bifurcação [bifurkɐˈsɐ̃w̃] F Gabelung f; Abzweigung f **bifurcar** [bifurˈkar] ⟨1n⟩ teilen; aufteilen (**em** in *ac*); **~-se** *caminho* sich teilen, sich gabeln

bigamia [bigɐˈmiɐ] F Bigamie f
bígamo [ˈbigɐmu] M Bigamist m
bigodaça [biguˈdasɐ] F *port* großer Schnauzbart m **bigode** [biˈgɔdi] M Schnauzer m, Schnurrbart m; **dar um ~ a alg** *port pop* j-m eins auswischen **bigodear** [biguˈdjar] ⟨1l⟩ hintergehen, täuschen
bigorna [biˈgɔrnɐ] F Amboss m
bigorrilha(s) [biguˈʀiʎɐ(ʃ)] M Taugenichts m
bigotismo [biguˈtiʒmu] M Bigotterie f
biguá [biˈgwa] M *bras* ZOOL Olivenscharbe f (Kormoranart)
bijutaria [biʒutɐˈriɐ], **bijuteria** [biʒutiˈriɐ] F (Mode)Schmuck m
bilabial [bilɐˈbjal] **A** ADJ bilabial **B** F bilabialer Laut m, Bilabial m
bilateral [bilɐtiˈral] POL bilateral
bilha [ˈbiʎɐ] F Tonkrug m
bilhão [biˈʎɐ̃w̃] M *bras* Milliarde f
bilhar [biˈʎar] M Billard n; **calvo como uma bola de ~** pop glatzköpfig **bilharista** [biʎɐˈriʃtɐ] M/F Billardspieler(in) m(f)
bilh.e ABR (bilhete) Sch., (Schein)
bilhete [biˈʎeti] M Eintrittskarte f; FERROV Fahrkarte f, Fahrschein m; AERO (Flug)Ticket n; *carta:* Briefchen n; *papel:* Zettel m; *lotaria:* Los n; **~ azul** pop blauer Brief m (Entlassung); **~ de identidade** Personalausweis m; **~ de ida e volta** Rückfahrkarte f **bilhete-de-visita** [biˈʎetidiviˈzitɐ] M ⟨pl bilhetes-de-visita⟩ Visitenkarte f
bilheteira [biʎɛˈtɐjrɐ] F **1** (Fahrkarten-) Schalter m; TEAT Kasse f; **êxito m de ~** Kassenerfolg m **2** *pessoa:* (Fahr)Kartenverkäuferin f **bilheteiro** [biʎɛˈtɐjru] M Kartenverkäufer m **bilhete-postal** [biˌʎetipuʃˈtal] M ⟨pl bilhetes-postais⟩ *port* Postkarte f **bilheteria** [biʎetɛˈriɐ] F *bras* → bilheteira
bilião [biˈʎɐ̃w̃] M *port* Billion f
biliar [biˈʎar], **biliário** [biˈʎarju] Gallen...
bilingue (*ü) [biˈlĩgi], **bilíngue** (*ü) [biˈlĩgwi] zweisprachig; *fig* doppelzüngig **bilinguismo** (*ü) [bilĩˈgwiʒmu] M

Zweisprachigkeit f
bilionário [biʎju'narju] M̲, **-a** F̲ Milliardär(in) m(f)
bilioso [bi'ʎozu] gallig
bílis ['biłiʃ] F̲ Galle f
bilontra [bi'łõtra] M̲ Schuft m
bilrar [bił'ʁar] ⟨1a⟩ klöppeln **bilro** ['biłʁu] M̲ Klöppel m (Handarbeiten); jogo: Schläger m; fig Knirps m
biltre [bił'tri] M̲, **biltra** ['biłtra] F̲ pop Lump m, ordinäres Weib n
bimbalhada [bĩbaˈʎadɐ] F̲ 1 Gebimmel n 2 Gruppe f Hinterwäldler **bimbalhar** [bĩbaˈʎar] ⟨1b⟩ bimmeln
bimbo ['bĩbu] M̲ pop Hinterwäldner m
bimensal [bimẽˈsał] frequência vierzehntägig, zweimal monatlich; duração zweimonatig **bimestral** [bimiʃˈtrał] zweimonatlich, Zweimonats... **bimotor** [bimuˈtor] zweimotoriges Flugzeug n
bina ['bina] F̲ Angola fam (Fahr)Rad n
binário [biˈnarju] A̲ ADJ binär B̲ M̲ TECN Drehmoment n
bingo ['bĩgu] M̲ Bingo n; Spielsalon m
binóculo(s) [biˈnɔkułu(ʃ)] M̲ Fernglas n, Feldstecher m; TEAT Opernglas n
binómio (*ô) [biˈnɔmju] M̲ Binom n
bio... [bio-, bjɔ-, bju-] EM COMP bio..., Bio... **bioacumulável** [biɔakumuˈławeł] biologisch nicht abbaubar **biocombustível** [biɔkõbuʃˈtiweł] M̲ Biotreibstoff m; fam Biosprit m **biodegradabilidade** [biɔdigradabiłiˈdadi] F̲ biologische Abbaubarkeit f **biodegradável** [biɔdigraˈdaweł] biologisch abbaubar **biodiversidade** [biɔdiversiˈdadi] F̲ Artenvielfalt f, Biodiversität f **bioética** [bjɔˈεtika] F̲ Bioethik f **biofísica** [bjɔˈfizika] F̲ Biophysik f **biogás** [bjɔˈgaʃ] M̲ Biogas n **biogénese (*ê)** [bjɔˈʒɛnizi] F̲, **biogenia** [biɔʒiˈnia] F̲ Biogenese f **biogénico** [biɔˈʒɛniziku], **biogenético** [biɔʒiˈnεtiku] biogenetisch; **lei** f -a biogenetische Grundregel f **biogeografia** [biɔʒjugraˈfia] F̲ Biogeografie f
biografia [bjugraˈfia] F̲ Biografie f **biográfico** [bjuˈgrafiku] ADJ biografisch **biologia** [bjułuˈʒia] F̲ Biologie f **biológico** [bjuˈłɔʒiku] biologisch **biologista** [bjułuˈʒiʃta] M̲/F̲, **biólogo** ['bjɔługu] M̲, **-a** F̲ Biologe m, Biologin f
biomassa [bjɔˈmasa] F̲ ECOL Biomasse f
biombo ['bjõbu] M̲ spanische Wand f
biometria [bjɔmiˈtria] F̲ Biometrie f
biométrico [bjɔˈmεtriku] ADJ biometrisch
biónica ['bjɔnikɐ] F̲ Bionik f
biopsia [bjɔˈpsia] F̲, **biópsia** ['bjɔpsjɐ] F̲ MED Biopsie f
bioquímica [bjɔˈkimika] F̲ Biochemie f
biorritmo [bjɔˈʁitmu] M̲ Biorhythmus m **biosfera** [bjɔʃˈfεra] F̲ Biosphäre f
biotecnologia [biɔtεknułuˈʒia] F̲ Biotechnologie f
biótopo ['bjɔtupu] M̲ Biotop m/n
bip(e) ['bip(i)] M̲ TEL Piepser m
bipartidarismo [bipartidɐˈriʒmu] M̲ Zweiparteiensystem n **bipartir** [bipɐrˈtir] ⟨3b⟩ zweiteilen; **~-se** caminho sich teilen, sich gabeln
bípede ['bipidi] M̲ Zweifüßer m
biplano [biˈpłanu] M̲ AERO Doppeldecker m
bipolar [bipuˈłar] bipolar, zweipolig **bipolaridade** [bipułariˈdadi] F̲ Bipolarität f, Zweipoligkeit f
biqueira [biˈkajrɐ] F̲ (ponta) Spitze f; (bica) Ausguss m; (goteira) Wasserspeier m; sapato: Schuhspitze f; metálica: (Metall)Beschlag m; bras Zigarren-, Zigarettenspitze f; fig Fußtritt m
biquinho [biˈkiɲu] M̲ fazer ~ fam schmollen, eingeschnappt sein
biquíni [biˈkini] M̲ Bikini m
birbante [birˈbɐ̃ti] M̲ Schurke m
Birmânia [birˈmɐnjɐ] F̲ GEOG Burma n, Myan Mar n
birra ['biʁɐ] F̲ (teima) Starrsinn m; Halsstarrigkeit f; (aversão) Abneigung f; **fazer ~** fam bockig sein (Kind) **birrar** [biˈʁar] ⟨1a⟩ bocken, störrisch sein **birrento** [biˈʁẽtu] halsstarrig; criança ungezogen, bockig
bis [biʃ] A̲ M̲ Wiederholung f B̲ ADV zweimal; MÚS da capo; **1 ~** port 1A (Hausnummer) C̲ INT Zugabe!
bisagra [biˈzagrɐ] F̲ (Tür)Angel f
bisão [biˈzɐ̃ũ] M̲ ZOOL Bison m
bisar [biˈzar] ⟨1a⟩ noch einmal verlangen; Zugabe rufen; (repetir) wiederholen
bisarma [biˈzarmɐ] F̲ pop Riesending n, Koloss m (Sache, Person)
bisavô [bizɐˈvo] M̲, **bisavó** [bizɐˈvɔ] F̲ Urgroßvater m, Urgroßmutter f **bisavós** [bizɐˈvɔʃ] MPL Urgroßeltern pl
bisbilhar [biʒbiˈʎar] ⟨1a⟩ bras murmeln

BLAS

bisbilho [biʒˈbiʎu] M bras Murmeln n (Wind, Wasser) **bisbilhotar** [biʒbiʎuˈtar] ⟨1e⟩ intrigieren; klatschen (**de** über ac); herumschnüffeln **bisbilhoteiro** [biʒbiʎuˈtajru] M, **-a** F Klatschmaul n, -base f; Intrigant(in) m(f); Schnüffler(in) m(f) **bisbilhotice** [biʒbiʎuˈtisi] F Intrige f; Klatscherei f; Schnüffelei f
bisbórria(s) [biʒˈbɔrjɐ(ʃ)] M pessoa: lächerlicher Kerl m; coisa: Kleinigkeit f
bisca [ˈbiʃkɐ] F Art Kartenspiel; (piada) Anzüglichkeit f, Anspielung f; **uma boa ~** pop pej ein toller Halunke; bras Miststück n
Biscaia [biʃˈkajɐ] F GEOG **a ~** Biskaya f
biscar [biʃˈkar] ⟨1a⟩ e-e Karte ziehen
biscate[1] [biʃˈkatʃi] F bras pop pej Nutte f
biscate[2] [biʃˈkati] M, **biscato** [biʃˈkatu] M Gelegenheitsjob m, Nebenjob m **biscatear** [biʃkɐˈtjar] ⟨1l⟩ e-n Nebenjob haben; fam jobben **biscateiro** [biʃkɐˈtajru] M Gelegenheitsarbeiter m
biscoito [biʃˈkojtu] M GASTR Keks m; Zwieback m; porcelana: Biskuitporzellan n; fig Ohrfeige f
bisel [biˈzɛɫ] M TECN Schrägkante f; ferramenta: Schneidkante f **biselar** [biziˈlar] ⟨1c⟩ abkanten, abschrägen
bismuto [biʒˈmutu] M Wismut n
bisnaga [biʒˈnagɐ] F Tube f; (Wasser-)Spritze f **bisnagar** [biʒnɐˈgar] ⟨1o; Stv 1b⟩ bespritzen
bisnau [biʒˈnau] tückisch; **pássaro m ~** fig Fuchs m, Gauner m
bisneto [biʒˈnɛtu] M, **-a** F Urenkel(in) m(f)
bisonho [biˈzoɲu] ADJ unerfahren; linkisch, ungeschickt; (acanhado) schüchtern; (carrancudo) unfreundlich
bisonte [biˈzõti] M Bison m
bispar [biʃˈpar] ⟨1a⟩ fam wahrnehmen; mustern; pop klauen; **~-se** sich davonstehlen
bispo [ˈbiʃpu] M Bischof m; xadrez: Läufer m; **cheirar a ~** port fam angebrannt sein; **trabalhar para o ~** port fam für die Katz sein
bisse(c)ção [bisɛˈksɐ̃u] F Halbierung f **bisse(c)tar** [bisɛ(k)ˈtar] ⟨1a⟩ halbieren **bisse(c)tor** [bisɛˈktor] halbierend **bisse(c)triz** [bisɛˈktriʃ] F Halbierungslinie f; Winkelhalbierende f
bissemanal [bisimɐˈnaɫ] zweimal wöchentlich **bissexto** [biˈsajʃtu] **A** ADJ Schalt...; **ano n ~** Schaltjahr n **B** M Schalttag m
bissexual [bisɛˈkswaɫ] bisexuell **bissexualidade** [bisɛkswɐliˈdadʒi] F Bisexualität f
bissílabo [biˈsilɐbu] **A** ADJ zweisilbig **B** M zweisilbiges Wort n
bistrô [biʃˈtro] M bras Bistro n, kleines Restaurant n
bisturi [biʃtuˈri] M Skalpell n
bit [bit] M INFORM Bit n
bitácula [biˈtakulɐ] F NÁUT Kompassgehäuse n; pop Visage f; **~s** pl fam Nasenlöcher mpl; **apanhar** (ou **levar**) **nas ~s** pop eins auf die Nase bekommen
bitola [biˈtɔlɐ] F Maß n, Maßstab m; Norm f; Muster n; TECN Kaliber n, Stärke f; FERROV Spurweite f; NÁUT (Tau)Dicke f; fig Richtschnur f; Eintracht f; **~ dupla** Doppelgleis n; **de ~ estreita** schmal-, **de ~ larga** breit-, **de ~ simples, de uma só ~** einspurig; **medir tudo pela mesma ~** port alles über e-n Kamm scheren **bitolado** [bitoˈladu] ADJ bras fam engstirnig
bitoque [biˈtɔki] M port Steak mit Spiegelei, Reis u. Pommes frites
bitributação [bitributaˈsɐ̃u] F Doppelbesteuerung f **bivalência** [bivɐˈlẽsjɐ] F Bivalenz f, Zweiwertigkeit f **bivalve** [biˈvaɫvi] zweischalig; **~s** mpl Muscheln fpl
bivaque [biˈvaki] M **1** Biwak n **2** MIL vestuário: Feldmütze f
bizantino [bizɐ̃ˈtinu] **A** ADJ byzantinisch **B** M hist Byzantiner m
bizarria [bizɐˈʀiɐ] F (elegância) Eleganz f; (afectação) Überspanntheit f; (excentricidade) Verschrobenheit f **bizarro** [biˈzaʀu] (excêntrico) bizarr; pej überspannt, verschroben
black-tie [blɛkˈtaj] M ⟨pl ~s⟩ bras Smoking m
blague [ˈblagi] F Scherz m, Ulk m
blandícia [blɐ̃ˈdisjɐ] F Schmeichelei f, Kompliment n **blandiciar** [blɐ̃diˈsjar] ⟨1g⟩ schmeicheln; liebkosen
blasfemar [blaʒfiˈmar] ⟨1d⟩ **A** VT verhöhnen **B** VI lästern; fluchen (**de, contra** auf ac) **blasfémia** (***ê**) [blaʒˈfɛmjɐ] F Blasphemie f, (Gottes)Lästerung f; Fluch m, Schimpfwort n **blasfemo** [blaʒˈfɛmu] **A** ADJ blasphemisch, (gottes)lästernd **B** M (Gottes)Lästerer m

blasonar [blɐzuˈnar] ⟨1f⟩ prahlen; sich aufspielen; sich ausgeben
blazer [ˈblɐizɐr] M, **blêizer** [ˈblɐizɐr] M Blazer m, Sakko n
blecaute [bleˈkautʃi] M bras Stromausfall m
blefar [bleˈfax] ⟨1a⟩ bras bluffen
blefe [ˈblɛfi] M bras Bluff m
blindado [blĩˈdadu] A ADJ gepanzert; Panzer...; ELECT abgeschirmt; **carro ~** B M Panzerfahrzeug n, gepanzertes Fahrzeug n **blindar** [blĩˈdar] ⟨1a⟩ panzern; (revestir) verkleiden (**com, de** mit)
bloco [ˈblɔku] M Block m; Klotz m; **~ de notas** port INFORM Notebook n; **em ~** im Ganzen; **Bloco de Esquerda** port POL Linksblock m
blog(ue) [ˈblɔg(i)] M INTERNET Blog m/n
blogar [blɔˈgar] ⟨1o⟩ INTERNET bloggen
bloguista [blɔˈgiʃtɐ] M/F Blogger(in) m(f)
bloqueado [blukiˈadu] blockiert; gesperrt; TECN festgefahren **bloqueador** [blukiaˈdor] Blockier... **bloquear** [blukiˈar] ⟨1l⟩ blockieren; sperren, abriegeln **bloqueio** [bluˈkaju] M Blockade f; (Ab)Sperrung f; TECN Blockierung f, Sperre f; MED **~ cardíaco** AV-Block m (Herzrhythmusstörung); **~ das portas de trás** (ou **traseiras**) AUTO Kindersicherung f; **~ do volante** AUTO Lenkradsperre f **bloquista** [blɔˈkiʃtɐ] M/F port Mitglied des Linksblocks (Bloco de Esquerda)
bluff [blʌf] M Bluff m; **fazer ~** bluffen
blusa [ˈbluzɐ] F Bluse f **blusão** [bluˈzɐ̃u] M Blouson m, (Wind)Jacke f
B. º ABR (Beco) Gasse
boa[1] [ˈbɔɐ] A ADJ F (→ bom); (essa) é **~ das ist (ja) gut!**, **das ist ja heiter!**; **estar numa ~** pop gut drauf sein; **às ~s** im Guten, gütlich
boa[2] [ˈbɔɐ] F ZOOL Boa f
boa-boca [bɔɐˈbɔkɐ] M/F ⟨pl boas-bocas⟩ guter Esser m, gute Esserin f
boa-noite [bɔɐˈnoitʃi] F, bras M ⟨pl boas-noites⟩ Guten-Abend-Gruß m
boa-pinta [boɐˈpĩtɐ] mos pop ⟨pl inv⟩ A ADJ elegant, beeindruckend B M/F Schönheit f, Schöne(r) m/f **boa-praça** [boɐˈprasɐ] bras pop M/F ⟨pl inv⟩ netter Bursche m, nette Frau f
boas-entradas [bɔɐzẽˈtradɐʃ] FPL Neujahrswünsche mpl **boas-festas** [bɔɐʃˈfɛʃtɐʃ] FPL Festtagswünsche mpl; **dar as ~ a alg** j-m ein frohes Fest wünschen
boas-novas [bɔɐʒˈnɔvɐʃ] FPL gute Nachrichten fpl, erfreuliche Neuigkeiten fpl
boas-vindas [bɔɐʒˈvĩdɐʃ] FPL Willkommen n; **dar as ~ a alg** j-n willkommen heißen
boate [ˈbwatʃi] F Tanzlokal n
boateiro [bwaˈtɐiru] M Klatschweib n
boato [ˈbwatu] M Gerücht n
boa-vai-ela [bɔɐvaiˈɛlɐ] F ⟨sem pl⟩ port pop tolles Leben n; **andar na ~** in den Tag hinein leben **boa-vida** [boeˈvidɐ] bras M/F ⟨pl inv⟩ Lebenskünstler(in) m(f), Nichtstuer(in) m(f)
boazinha [bɔɐˈziɲɐ] F fig gute Seele f
boazona [bɔɐˈzonɐ] A ADJ F → bonzão B F (sehr) attraktive Frau f **boazuda** [bɔɐˈzudɐ] F fam Prachtweib n
boba [ˈbobɐ] F bras pop dumme Gans f
bobagem [boˈbaʒɐ̃ĩ] F bras Quatsch m, Blödsinn m; Dummheit f **bobalhão** [bobaˈljɐ̃u] M, **bobalhona** [bobaˈljonɐ] F bras fam Dussel m; (dumme) Trine f
bobar [boˈbax] ⟨1e⟩ bras, **bobear** [boˈbjax] ⟨1l⟩ bras Dummheiten machen; sich blöd anstellen **bobeira** [boˈbɐirɐ] F bras dummes Zeug n **bobice** [boˈbisi] F → bobagem
bobina [bɔˈbinɐ] F Spule f (fio, tb ELECT); filme, papel: Rolle f; **~ de indução** ELECT Induktionsspule f **bobinagem** [bɔbiˈnaʒɐ̃ĩ] F ELECT (Auf-, Um)Spulen n; (Vor-, Zurück)Spulen n **bobinar** [bɔbiˈnar] ⟨1a⟩ (auf-, um)spulen; Kassetten (vor-, zurück)spulen; ELECT wickeln **bobine** [bɔˈbini] F (Film)Rolle f
bobo [ˈbobu] A ADJ albern; dumm; bras sinnlos, unbedeutend, läppisch B M Hofnarr m
boca [ˈbokɐ] F Mund m; pop Schnauze f, Maul n; animal: Maul n; túnel, rio: Einfahrt f; garrafa: Öffnung f; (entrada) Eingang m; TECN, MIL Mündung f; inverno: Einbruch m; noite: Einbruch m; **~s** pl fig spöttische, zynische Bemerkung f; (**à**) **~ de sino** calças glockenförmig; **~ de fogo** port Geschütz n; **~ do fogão** Herdplatte f; **à ~ pequena** (ou **miúda**) insgeheim, heimlich; leise (etw mitteilen); **de ~** = mündlich; **de ~ em ~** von Mund zu Mund; **na ~** laut, nach Meinung von; **abrir a ~**

gähnen; **abrir muito a ~** *port Sache* überteuert verkaufen; **andar na(s) ~(s) do mundo** in aller Munde sein; **calar a ~** *fam* das Maul halten; **estar** (*ou* **ficar**) **de ~ aberta** sprachlos sein; **fazer a ~ doce a alg** *port* j-m Honig ums Maul schmieren; **fazer crescer água na ~ a alg** j-m das Wasser im Munde zusammenlaufen lassen; **fechar a ~ a alg** j-n zum Schweigen bringen; **ter a ~ cheia** den Mund voll nehmen; **bater ~** *bras fam* streiten **boca-aberta** [bokaˈbɛrtɐ] M/F ⟨bocas-abertas⟩ Einfaltspinsel *m*, Unschuldslamm *n* **boca-de-fogo** [bokɐdɨˈfogu] F ⟨bocas-de-fogo⟩ Geschütz *n*, Kanone *f* **boca-de-incêndio** [bokɐdɨĩˈsẽdju] F ⟨bocas-de-incêndio⟩ Hydrant *m* **boca-de-leão** [bokɐdɨˈljɐ̃ũ] F ⟨bocas-de-leão⟩ BOT Löwenmaul *n*
bocadinho [bukɐˈdiɲu] *fam* **um ~** ein bisschen; **há ~** vor kurzem **bocado** [buˈkadu] M **1** Bissen *m*, Happen *m*; **tirar os ~s da boca** sich (*dat*) den Bissen vom Munde absparen **2** *fig* **um ~ (de)** ein bisschen; *tempo*: ein Weilchen *n*; **há ~** vor kurzem; vorhin; soeben; **passar um mau ~** e-e schwere Zeit durchmachen
bocal [buˈkał] M *bule*: Tülle *f*; Ansatz *m*; *recipiente*: (Gefäß)Öffnung *f*; TECN Stutzen *m*; Düse *f*; MÚS Mundstück *n*
boçal [buˈsał] grob; *comportamento* ungeschliffen **boçalidade** [busɐłiˈdadɨ] F Grobheit *f*; Dummheit *f*
bocejar [busɨˈʒar] ⟨1d⟩ gähnen (**de** vor *dat*) **bocejo** [buˈseʒu] M Gähnen *n*
boceta [buˈsetɐ] F Dose *f*; **~ de Pandora** Büchse *f* der Pandora; *bras vulg* (*vagina*) Muschi *f*
bochecha [buˈʃeʃɐ] F Backe *f*; **atirar às ~s de alg** j-m ins Gesicht schleudern; **estalar as ~s** schnalzen **bochechão** [buʃiˈʃɐ̃ũ] M Backpfeife *f* **bochechar** [buʃiˈʃar] ⟨1d⟩ (den Mund) ausspülen mit **bochecho** [buˈʃeʃu] M Mund *m* voll, Schluck *m*; Mundspülung *f*; **aos ~s** *port* Stück für Stück **bochechudo** [buʃiˈʃudu] pausbäckig
bócio [ˈbɔsju] M MED Kropf *m*
bocó [boˈkɔ] M *bras* Dummkopf *m*, Idiot *m*
boda(s) [ˈbodɐ(ʃ)] F(PL) Hochzeit *f*, Hochzeitsfest *n*; **~ de prata/ouro** silberne/goldene Hochzeit *f*; *jubileu*: silbernes (goldenes) Dienst-, Geschäftsjubiläum *n*
bodar [boˈdax] ⟨1e⟩ *bras pop* bekifft sein
bode [ˈbɔdɨ] M Ziegenbock *m*; **barba *f* de ~** Ziegenbärtchen *n*; **~ expiatório** Sündenbock *m*; **comer sopa de ~** *port* e-e Abfuhr bekommen
bodega [buˈdɛgɐ] F *pop* Spelunke *f*, Kneipe *f*; *pop* Fraß *m*; *bras* Lebensmittelladen *m*, Feinkostladen *m* **bodegão** [budɨˈgɐ̃ũ] M, **bodegueiro** [budɨˈgajru] M (Kneipen)Wirt *m*; *fam* Schmutzfink *m*
bodelha [buˈdɐ(i)ʎɐ] F Braunalge *f*
bodo [ˈbodu] M Armenspeisung *f*
body [ˈbɔdi] M *moda*: Body *m*
boémia (**ê*) [ˈbwemjɐ] F Boheme *f* **boémio** [ˈbwemju] **A** ADJ bohemien; *nacionalidade*: böhmisch **B** M, **-a** F Bohemien *m*, Bohemienne *f*; *nacionalidade*: Böhme *m*, Böhmin *f*
bóer [ˈbɔɛr] M/F, **bôer** [ˈboɛr] M/F Bure *m*, Burin *f*
bofar [buˈfar] ⟨1e⟩ **A** VT ausstoßen **B** VI (hervor)sprudeln; *fig* großtun **bofes** [ˈbɔfiʃ] MPL Lunge *f*; **deitar** (*ou* **lançar**) **os ~** (vor Anstrengung) japsen, keuchen; **ser de ~ lavados** *port pop* e-e Seele von Mensch sein
bofetada [bufiˈtadɐ] F Ohrfeige *f* **bofetão** [bufiˈtɐ̃ũ] M Backpfeife *f* **bofete** [buˈfetɨ] M Klaps *m*
boi [boi] M Ochse *m*; Rind *n*; **a passo de ~** *port* im Schneckentempo
bóia [ˈbɔjɐ] F NÁUT Boje *f*; Schwimmer *m*; *fig* leichte Mahlzeit *f*; **não ver ~** *fam* (immer) nur Bahnhof verstehen; **~ salva-vidas** Rettungsboje *f*; **~ sonora** Heulboje *f* **bóia-de-braço** [bɔjɐdɨˈbrasu] F ⟨bóias-de-braço⟩ *mas* Schwimmflügel *m* **bóia-de-cintura** [bɔjɐdɨsĩˈturɐ] F ⟨bóias-de-cintura⟩ *bras* Schwimmring *m*
boião [boˈjɐ̃ũ] M Einmachglas *n*
boiar [boˈjar] ⟨1k⟩ **1** (auf dem Wasser) schwimmen, treiben; *fig* schwanken; *bras pop* nur Bahnhof verstehen **2** *bras* (zu) Mittag *ou* zu Abend essen
boicotagem [boikuˈtaʒɐ̃j] F Boykott *m*, **boicotar** [boikuˈtar] ⟨1e⟩, **boicotear** [boikuˈtjar] ⟨1l⟩ boykottieren **boicote** [boiˈkɔti] M Boykott *m*
boina [ˈbɔjnɐ] F Baskenmütze *f*; MIL Barett *n*
boîte [ˈbwati] F Disko(thek) *f*

bojadura [bu‌ʒa'dura] F̲ Schwellung f
bojar [bu'ʒar] ⟨1e⟩ ausbauchen, wölben; *metal* treiben **bojo** ['boʒu] M̲ Bauch m; *(capacidade)* Fassungsvermögen n
bola¹ ['bɔla] F̲ Kugel f; DESP Ball m; *sabão:* (Seifen)Blase f; *futebol:* Fußball m; *fam (cabeça)* Rübe f; *pop* Hoden m; **~s** *pl* Eierbriketts *npl*; **~ inflável** Wasserball m *(Spielzeug)*; **comer ~** *pop* geschmiert werden *(Bestechung)*; **estar uma ~** sehr dick sein; **(não) ir à ~ com alg** j-n (nicht) mögen; **jogar (à) ~** Ball spielen; *tb* Fußball spielen; *fam* **não bater nem da ~**, **ser ruim da ~** *bras*, **sofrer da ~** *bras* nicht alle Tassen im Schrank haben
bola² ['bɔla] F̲ GASTR **~ de milho** (Mais)Fladenbrot n; **~ de carne** mit Fleisch *ou* Wurst gefüllter runder Brotlaib
bola-ao-cesto [bɔlau'seʃtu] M̲ ⟨*sem pl*⟩ *bras* Basketball m
bolacha [bu'laʒa] F̲ Keks m; *fam criança:* Klaps m; **~ de água e sal** Cracker m, Kräcker m **bolachudo** [bula'ʃudu] *fam* pausbäckig
bolada [bu'lada] F̲ Wurf m, Schlag m *(Tennis);* **boa ~** *fig* großes Los n
bola-de-berlim [bɔladibir'liʹ] F̲ ⟨*pl* bolas-de-berlim⟩ *port* GASTR Berliner (Pfannkuchen) m, Krapfen m
bolandas [bu'lɑ̃daʃ] FPL Schwierigkeiten *fpl;* **andar em ~** große Hektik haben; **meter-se em ~** sich in die Nesseln setzen
bolar [bu'lar] ⟨1e⟩ **1** *port tênis:* servieren; e-e Angabe machen; *(lançar)* stoßen **2** *bras pop* aushecken, planen
bolas ['bɔlaʃ] A M̲F̲ Nichtsnutz m, Taugenichts m B ĪNT̲ **ora ~!** *fam* verflixt noch mal!; von wegen!
bolbo ['bolbu] M̲ Knolle f, (Blumen)Zwiebel f **bolboso** [bol'bozu] zwiebelförmig, Zwiebel...; Knollen...
bolear [bu'ljar] ⟨1D⟩ (ab)runden *(tb fig);* **~-se** sich in den Hüften wiegen
boleia (*é) [bu'leja] F̲ Mitfahrgelegenheit f; *bras* Fahrerhaus n; **dar ~ a alg** j-n im Auto mitnehmen; **andar (ou viajar) à ~** *port* per Anhalter fahren, trampen; **pedir ~** *port* trampen
bolero [bu'lɛru] M̲ Bolero m; *moda:* Bolerojäckchen n
boletim [buli'tiʹ] M̲ amtliche Mitteilung f; Bericht m; *(impresso)* Vordruck m *(zum Ausfüllen);* Mitteilungsblatt n; **~ clínico** MED Krankenakte f; **~ de alojamento** Anmeldeformular n; **~ de expedição** Auslieferungsschein m; **~ de saúde** *port* Impfpass m; **~ de inscrição** Einschreibformular n; **~ escolar** *bras* Schulzeugnis n; **~ meteorológico** Wetterbericht m
boleto [bu'letu] M̲ Röhrenpilz m
boléu [bu'lɛu] M̲ *(queda)* Fall m; *(encontrão)* Stoß m; *(choque)* Auf-, Zusammenprall m
bolha ['boʎa] F̲ Blase f *(tb Haut);* **ter ~** *port* fam e-n Vogel haben; **estar com a ~** *port* fam e-n Rappel haben **bolhão** [bu'ʎɑ̃u̯] M̲ (Wasser)Strahl m **bolhoso** [bu'ʎozu] blasig, voller Blasen
boliche [bu'liʃi] M̲ *bras* Bowling n; Kegeln n; Kegelbahn f
bólide [b'bɔlidi] M̲ **1** ASTRON Bolid m, Meteor m **2** AUTO Bolide m, Rennwagen m *(der Formel 1)*
bolinete [buli'neti] M̲ NÁUT Winde f; Haspel f
bolinha [bɔ'liɲa] F̲ Bällchen n; Kugel f; Tupfen m; Punkt m; *bras pop* Aufputschpille f
bolinho [bu'tiɲu] M̲; *doce:* kleiner Kuchen m; *salgado:* Frikadelle f; **~ de bacalhau** Stockfischbällchen n
Bolívia [bu'livja] F̲ GEOG **a ~** Bolivien n **boliviano** [buli'vjanu] A ADJ bolivianisch B M̲, **-a** F̲ Bolivianer(in) m(f)
bolo ['bolu] M̲ **1** *(carteira)* (Geld)Beutel m; *(mala)* Handtasche f; **~ de ar** Luftsack m; **~ dos cosméticos** Kosmetikbeutel m; **~ térmica** Kühltasche f; **~ de água quente** Wärmflasche f; **~s** *pl* **sob os olhos** Tränensäcke *mpl;* **puxar os cor-**

dões da ~ *port pop* die Brieftasche zücken [2] ~ **(de estudos)** Stipendium *n* [3] ECON, FIN Börse *f*; ~ **de câmbios** Devisenbörse *f*; ~ **de fundos públicos** Effektenbörse *f*, ~ **de mercadorias** Warenbörse *f*, ~ **de valores** Wertpapierbörse *f*
bolseiro [boɬˈsajru] [M] UNIV Stipendiat(in) *m(f)*; FIN Börsianer(in) *m(f)* **bolsista** [boɬˈsiʃtɐ] [A] ADJ Börsen... [B] M/F Börsenspekulant(in) *m(f)*, Börsianer(in) *m(f)*; *bras* UNIV Stipendiat(in) *m(f)*
bolso [ˈboɬsu] [M] ⟨pl [ˈbɔ-]⟩ (Hosen)Tasche *f*; ~ **falso** (versteckte) Innentasche *f*; **dicionário** *m* **de** ~ Taschenwörterbuch *n*; **do** ~ **do colete** *fam* aus der hohlen Hand
bom [bõ] gut; *estudante* tüchtig; *(bonito)* schön; *(são)* gesund; **Ano** *m* **Bom** Neujahr *n*; **o** ~ **e o bonito** das Allerschlimmste; **estou** ~ es geht mir gut; **que** ~ **que...** wie schön, dass...; **do** ~ **e do melhor** das Beste vom Besten
bomba [ˈbõbɐ] F [1] Pumpe *f*; Saugrohr *n*; ~ **de incêndio** Feuerspritze *f*; ~ **de inje(c)ção** AUTO Einspritzpumpe *f*; ~ **submersível** Tauchpumpe *f*; **dar à** ~ pumpen [2] ~ **de gasolina** Tankstelle *f* [3] *arma*: Bombe *f*; ~ **atómica** (*bras* **atômica**) Atombombe *f*; ~ **falhada** Blindgänger *m*; ~ **incendiária** Brandbombe *f*; *bras fam* **levar** ~ durchfallen
bombachas [bõˈbaʃʃ] FPL Pumphose *f*
bombardeamento [bõbɐrdjɐˈmẽtu] M Bombardement *n*; Beschießung *f* **bombardear** [bõbɐrˈdjar] ⟨1l⟩ beschießen, bombardieren **bombardeio** [bõbɐrˈdɐju] M Bombardierung *f*; **avião** *m* **de** ~ Bomberflugzeug *n* **bombardeiro** [bõbɐrˈdɐjru] M MIL AERO Bomber *m*
bomba-relógio [ˌbõbɐʁiˈɬɔʒu] F ⟨pl **bombas-relógio**⟩ Zeitbombe *f*
bombástico [bõˈbaʃtiku] *estilo* schwülstig, hochtrabend
bombazina [bõbɐˈzinɐ] F Kord *m*
bombeador [bõbjɐˈdor] Pump..., **bombear** [bõˈbjar] ⟨1l⟩ pumpen; *bras* auskundschaften **bombeiro** [bõˈbɐjru] M Feuerwehrmann *m*; *bras tb* Klempner *m*; Kundschafter *m*; MÚS Trommler *m* [B] **os** ~**s** *pl*, **o corpo de** ~**s** die Feuerwehr
bombista [bõˈbiʃtɐ] [A] ADJ Bomben...; **atentado** *m* ~ Bombenattentat *n* [B] M/F Bombenattentäter(in) *m(f)*

bombo [ˈbõbu] M große Trommel *f*; *fig fam* Prügelknabe *m*; **andar de** ~ *port pop* e-n dicken Bauch haben (*schwanger sein*)
bomboca [bõˈbɔkɐ] F Schokokuss *m*
bom-bocado [bõbuˈkadu] M ⟨pl **bons-bocados**⟩ Süßigkeit *aus Mandeln, Eigelb, Kokos* **bombom** [bõˈbõ] M ~ **(de chocolate)** Praline *f*
bombordo [bõˈbordu] M Backbord *n*
bom-tom [bõˈtõ] M ⟨sem pl⟩ *fig* guter Ton *m*
Bona [ˈbɔnɐ] GEOG Bonn *n*
bonachão [bunɐˈʃɐ̃u], **bonacheirão** [bunɐʃɐjˈrɐ̃u] [A] ADJ gutmütig [B] M, **bonachona** [bunɐˈʃonɐ], **bonacheirona** [bunɐʃɐjˈronɐ] *f* gute Seele *f* **bonacheirice** [bunɐʃɐjˈrisi] F Gutmütigkeit *f*
bonança [buˈnɐ̃sɐ] F günstiges Wetter *n* (*auf See*); *(calma)* Ruhe *f*; *fig* Glück *n* **bonançoso** [bunɐ̃ˈsozu] ruhig, heiter; *vento* frisch
bondade [bõˈdadi] F Güte *f*; **tenha a** ~ **de** (*inf*) seien Sie so gut und...
bonde [ˈbõdʒi] M *bras* Straßenbahn *f*; **comprar o** ~ *pop* die Katze im Sack kaufen; **tomar o** ~ **errado** *pop* aufs falsche Pferd setzen
bondoso [bõˈdozu] gütig
boné [bɔˈnɛ] M (Schirm)Mütze *f*; ~ **escocês** Schottenhaube *f* (*Muschel*); **apanhar** ~**s** *fam* keine blasse Ahnung haben; **botar** ~ **em alg** *bras reg pop* j-m Hörner aufsetzen
boneca [buˈnɛkɐ] F Puppe *f* **boneco** [buˈneku] M Puppe *f*; *fig* Marionette *f*; ~ **articulado**, *bras* ~ **de engonços** Hampelmann *m*; ~ **de peluche** Plüschtier *n*; **(ser) para o** ~ *fam* für die Katz (sein)
bonificação [bunifikɐˈsɐ̃u] F Vergünstigung *f*, Prämie *f* **bonificar** [bunifiˈkar] ⟨1n⟩ j-m e-e Vergünstigung gewähren; j-m e-e Prämie zahlen
bonifrate [buniˈfrati] M Marionette *f*
bonina [buˈninɐ] F Gänseblümchen *n*
boníssimo [buˈnisimu] SUP → **bom**
bonitão [buniˈtɐ̃u], **bonitona** [buniˈtonɐ] ADJ *fam* unheimlich hübsch **bonitinho** [buniˈtinu] *fam* niedlich **bonito** [buˈnitu] [A] ADJ hübsch, schön; **fê-la -a!** *port* da haben Sie sich was geleistet! [B] M Bonito *m* (*Art Thunfisch*)
bónus (*ô) [ˈbɔnuʃ] M ⟨pl inv⟩ Bonus *m*;

Prämie f; Gutschein m; (desconto) Ermäßigung f
bonzão [bõ'zɐ̃ũ], F **boazona** [boɜ'zonɜ] pop pessoa tolli
bonzo ['bõzu] M Bonze m (tb fig pej)
boqueira [bu'kɐjrɜ] F Ausschlag m am Mundwinkel **boqueirão** [bukɜi'rɐ̃ũ] M weite Öffnung f; rio: (Kanal)Mündung f
boquejar [buki'ʒar] ⟨1d⟩ gähnen; palavras murmeln, tuscheln, meckern (**de**, **em**, **sobre** über ac) **boquejo** [bu'kɐjʒu] M Gähnen n
boquiaberto [bukjɜ'bɛrtu] mit offenem Mund; fig verdutzt; **ficar ~** mit offenem Mund dastehen; fam baff sein **boquiabrir** [bokjɜ'brix] ⟨3b⟩ bras verblüffen
boquilha [bu'kiʎɜ] F (Zigarren-, Zigaretten)Spitze f; MÚS Mundstück n **boquim** [bu'kĩ] M Mundstück n **boquinha** [bu'kiɲɜ] F fam Schnute f, Grimasse f
borboleta [burbu'letɜ] F ZOOL Schmetterling m; TECN Drosselklappe f; bras Drehkreuz n; fig unsteter Mensch m **borboletear** [burbuli'tjar] ⟨1l⟩ (herum)flattern (**entre** zwischen); umherziehen; fig die Gedanken schweifen lassen
borborejar [burburi'ʒar] ⟨1d⟩ brodeln
borborigmo [burbu'rigmu] M, **borborismo** [burbu'riʒmu] M Magenknurren n; **~s** pl Blähungen fpl
borbotão [burbu'tɐ̃ũ] M líquido: Strahl m; gás: Windstoß m; **a** (ou **em**) **-ões** sprudelnd; vento: stoßweise; **sair em -ões** (hervor)sprudeln **borbotar** [burbu'tar] ⟨1e⟩ (hervor)sprudeln **borboto** [bur'botu]. M BOT Auge n; Spross m; vestuário: Fussel f ou m
borbulha [bur'buʎɜ] F (Eiter)Pickel m; bolha: Bläschen n **borbulhão** [burbu'ʎɐ̃ũ] M → borbotão **borbulhar** [burbu'ʎar] ⟨1a⟩ brodeln; (hervor)sprudeln, rebento sprießen; fig hervorbrechen **borbulhoso** [burbu'ʎozu] sprudelnd
borco ['borku] ADV **de ~** bäuchlings
borda ['bɔrdɜ] F Rand m; (bainha) Saum m; (barra) Borte f, Einfassung f (zur Verzierung); mesa: Kante f; TECN Fase f; (margem) Ufer n; **à ~ do mar** am Ufer des Meeres; **atirar pela ~ fora** über Bord werfen (tb fig)
bordada [bur'dadɜ] F NÁUT Kreuzen n; **~ (de artilharia)** Breitseite f **borda-d'água** [bɔrdɜ'dagwɜ] F ⟨bordas-d'água⟩ Ufer n; (Meeres)Küste f
bordadeira [burdɜ'dɐjrɜ] F Stickerin f **bordado** [bur'dadu] M Stickerei f **bordadura** [burdɜ'durɜ] F Einfassung f, Rand m (Beet, Stoff) **bordagem** [bur'daʒɐ̃ĩ] F NÁUT Beplankung f
bordão [bur'dɐ̃ũ] M (Wander)Stab m; MED Krückstock m; fig Halt m
bordar [bur'dar] ⟨1e⟩ sticken (Handarbeit); einfassen; fig (aus)schmücken **bordejar** [burdi'ʒar] ⟨1d⟩ NÁUT kreuzen, lavieren; fig schwanken
bordel [bur'dɛł] M Bordell n
bordo¹ ['bɔrdu] M NÁUT Bord m; Kurs m; geralm: Rand m; **a ~** an Bord; **de alto ~** fig riesig; posição hochrangig; **comissário m, assistente f de bordo** Flugbegleiter m, Flugbegleiterin f; **diário m de ~** Bordtagebuch n; **andar aos ~s** pop (hin und her) schwanken, torkeln; **virar de ~** s-e Meinung ändern
bordo² ['bɔrdu] M BOT Ahorn m
bordoada [bur'dwadɜ] F Schlag m; **carga f de ~** pop Tracht f Prügel
boreal [bu'rjał] nördlich, Nord...
borga ['bɔrgɜ] F port fam Zechtour f; fam Sause f
borgonha [bur'goɲɜ] M Burgunder (-wein) m
borla ['bɔrlɜ] F Quaste f, Troddel f; UNIV Doktorhut m; port bilhete: Freikarte f; **tomar a ~** port sich habilitieren; **à** (ou **de**) **~** port pop umsonst **borlista** [bor'tiʃtɜ] M/F pop Trittbrettfahrer(in) m(f)
borne ['bɔrni] M ELECT (Pol)Klemme f; Anschluss m
boro ['bɔru] M QUÍM Bor n
borra¹ ['boʀɜ] F Bodensatz m, Rückstand m; fig Abschaum m; pop unnützes Zeug n; **~ de café** Kaffeesatz m
borra² ['bɔʀɜ] F pop Dünnschiss m
borraçal [buʀɜ'sał] M Sumpfwiese f
borraceiro [buʀɜ'sɐjru] M Sprühregen m
borracha [bu'ʀaʃɜ] F material: Gummi m; Radiergummi m; **~ sintética** künstlicher Kautschuk m
borrachão [buʀɜ'ʃɐ̃ũ] M, **-ona** [buʀɜ'ʃonɜ] F pop Säufer(in) m(f)
borracharia [boxaʃa'riɛ] F bras AUTO Reifendienst m
borracheira [buʀɜ'ʃɐjrɜ] F **1** Rausch m,

BOTA

Bossa Nova

Der Ende der 50er-Jahre in Rio de Janeiro entwickelte Bossa Nova hat die brasilianische Musik nachhaltig geprägt. Junge Großstadt-Musiker wie Tom Jobim und João Gilberto experimentierten mit neuen und alten Rhythmen und führten Cool Jazz- und Swing-Elemente in die traditionelle brasilianische Samba ein. Das bestimmende Instrument ist die Gitarre (**violão**).

Der international mehrfach preisgekrönte Film **Orfeu Negro** von 1960, der die Geschichte von Orpheus und Eurydike vor dem Hintergrund des Karnevals von Rio erzählt, machte den Bossa Nova international bekannt, z. B. mit dem Song **Manhã de Carnaval** (Karnevalsmorgen). Der Bossa wurde dann in den USA von Sängern wie Charlie Byrd und Stan Getz aufgegriffen, u. a. mit **Garota de Ipanema** (The girl from Ipanema).

Während der Militärdiktatur (1964-1985) gingen viele Bossa-Nova-Musiker ins Exil in die USA oder setzten wie Chico Buarque auf subversive Liedtexte.

Suff m; (pândega) Saufgelage n; **apanhar uma ~** sich vollsaufen 2 port fig Pfusch m, Mist m

borracheiro [boxaˈʃeru] M bras AUTO Reifendienst m

borracho [buˈʁaʃu] A ADJ pop besoffen B M, **-a** F Säufer(in) m(f)

borrachudo [boxaˈʃuðu] M bras ZOOL Bremse f

borrada [buˈʁaða] F Schmiererei f, Sudelei f **borradela** [buʁɐˈðɛɫɐ] F Klecks m; (cagadela) Fliegendreck m; nachlässiger Anstrich m; fig Geschmiere n **borrador** [buʁɐˈðor] M Kladde f, Konzept n (Geschriebenes); PINT Skizzenbuch n; fig Federfuchser m, Klecksor m **borradura** [buʁɐˈðurɐ] F Klecks m 1 em textos: Streichung f; radierte Stelle f

borragem [buˈʁaʒɐ̃] F Borretsch m

borralheira [buʁɐˈʎɐjrɐ] F Aschenkasten m **borralho** [buˈʁaʎu] M glühende Asche f; Glut f

borrão [buˈʁɐ̃w] M (Tinten)Klecks m; Konzept n, (Text)Entwurf m; PINT Skizze f; Schande f, Makel m **borrar** [buˈʁar] ⟨1e⟩ beklecksen, beschmieren; erro, palavra durchstreichen; (apagar) ausradieren; fig kritzeln; **~-se** pop sich in die Hosen machen (vor Angst)

borrasca [buˈʁaʃkɐ] F Unwetter n; fig Wutausbruch m **borrascoso** [buʁɐʃˈkozu] stürmisch

borrego [buˈʁeɡu] M, **-a** F Lamm n; GASTR Lamm(fleisch) n; **costeleta f de ~** Lammkotelett n

borrelho [buˈʁɐ(i)ʎu] M ZOOL 1 ave: Regenpfeifer m 2 caracol: Strand-, Leistenschnecke f

borrifador [buʁifɐˈdor] M Rasen-, Wäschesprenger m **borrifar** [buʁiˈfar] ⟨1a⟩ A VIT anfeuchten; relva sprengen B VI líquido tröpfeln; areia rieseln; fam **estar-se a ~** (ou **borrifando**) **para** sich e-n Dreck scheren um **borrifo** [buˈʁifu] M Tröpfchen n; chuva: Sprühregen m

Bósnia [ˈbɔʒnjɐ] F GEOG **a ~** Bosnien n **Bósnia-Herzegovina** [bɔʒnjɐɛrzɨɡɔˈvinɐ] F Bosnien-Herzegowina n **bósnio** [ˈbɔʒnju] A ADJ bosnisch B M, **-a** F Bosnier(in) m(f)

bosque [ˈbɔʃkɨ] M Wald m (tb fig)

bosquejar [buʃkiˈʒar] ⟨1d⟩ entwerfen, skizzieren **bosquejo** [buʃˈkɐjʒu] M (texto) Entwurf m; PINT Skizze f

bosquete [buʃˈketi] F Wäldchen n

bosquímano [buʃˈkimɐnu] M Buschmann m

bossa [ˈbɔsɐ] F AUTO Beule f, Delle f; (inchaço) Auswuchs m; (galo) Höcker m; estrada Huckel m; fig Eignung f, Talent n; **~ nova** MÚS Bossa Nova m; fig bras pop letzter Schrei m

bosta [ˈbɔʃtɐ] F Kuhfladen m, -mist m; INT pop Scheiße! **bosteira** [buʃˈtɐjrɐ] F Misthaufen m **bosteiro** [buʃˈtɐjru] M Mistkäfer m

bostela [buʃˈtɛɫɐ] F Pustel f, Pocke f; kleine verschorfte Wunde f **bostelento** [buʃtiˈɫẽtu] mit Pusteln übersät; pockig

bota [ˈbɔtɐ] F Stiefel m; **~ alta** Schaftstiefel m; **~ curta** Stiefelette f; **~ de borracha** Gummistiefel m; **~ de meio cano**

Halbschäfter m; **~ de montar** Reitstiefel m; **arranjar um par de ~s a alg** pop j-m etwas einbrocken; **bater a(s) ~(s)** pop den Löffel abgeben (sterben); **dar ~ port** pop in die Hose gehen, schief gehen; **descalçar a ~** pop sich aus der Affäre ziehen; **ser uma ~ de elástico** fam port hinter dem Mond leben

bota-de-elástico [bɔtɐdʒiˈlaʃtiku] ⟨pl botas-de-elástico⟩ port A ADJ hinterwäldlerisch, provinziell B M/F fig Hinterwäldler(in) m(f)

bota-fora [bɔtɐˈfɔrɐ] M ⟨pl ~s⟩ bras NÁUT Stapellauf m; geralm: Abschiedsfeier f

botânica [buˈtɐnika] F Botanik f **botânico** [buˈtɐniku] A ADJ botanisch B M, **-a** F Botaniker(in) m(f)

botão [buˈtɐ̃ũ] M Knopf m (tb TECN); Knauf m (e-s Stockes); INFORM Schaltfläche f (Benutzeroberfläche); Knospe f; MED Pickel m; **~ de ajuste** TECN Einstellknopf m; **~ do ar** AUTO Choke m; **com os seus -ões** zu (ou mit) sich selbst

botar [boˈtax] ⟨1e⟩ bras A V/T setzen, stellen, legen; vestuário anziehen, tragen; no bolso etc: (hinein)stecken, wegstecken; liquido (ein)schütten; negócio einrichten, aufmachen; dinheiro investieren; **~ fora** ausstoßen, fam wegschmeißen; comida etc ausspucken; língua herausstrecken; liquido wegschütten; pessoa rauswerfen; dinheiro: um sich schmeißen mit B V/I Eier legen, BOT blühen, Blüten treiben C V/R **~-se a** reisen nach; sich stürzen auf (ac); **~-se a fugir** sich dünnmachen

botaréu [butɐˈrɛu] M ARQUIT Widerlager n; Strebebogen m

bote [ˈbɔti] M Boot n; pop (carro) Kiste f; **~ de borracha** Gummi-, Schlauchboot n

botelha [buˈtɐ(i)ʎa] F Flasche f; **uma ~ de vinho** e-e Flasche Wein

botequim [butiˈkĩ] M Schenke f; fam Kneipe f

botica [buˈtika] F Apotheke f; Drogerie f **boticário** [butiˈkarju] M Apotheker m; Drogist m

botija [buˈtiʒa] F großer (Ton)Krug m; **~ de água quente** port Wärmflasche f; **~ de gás** Gasflasche f; fig Fettwanst m; **apanhar alg com a boca na ~** fam j-n auf frischer Tat ertappen

botim [buˈtĩ] M Schnürstiefel m

botina [buˈtina] F (Halb-)Stiefel m, Stiefelette f; Boot m

boto[1] [ˈbotu] ADJ stumpf; fig stumpfsinnig

boto[2] [ˈbotu] M ZOOL Amazonasdelfin m

botocudo [botoˈkudu] M bras Botokude m (Indianerstamm) **botoque** [buˈtɔki] M Lippen-, Nasen-, Ohrenpflock m, -scheibe f

bouba [ˈboba] F MED Frambösie f (Hautkrankheit in den Tropen)

bouça [ˈbosa] F Gestrüpp n

bovídeos [buˈvidjuʃ] MPL Hornvieh n **bovinicultor(a)** [buvinikulˈtor(ɐ)] M/F Rinderzüchter(in) m(f) **bovino** [buˈvinu] A ADJ Rinder..., Rinds...; **gado** m **~** Rinder npl B **~s** MPL Rinder npl

bowling [ˈboliŋ] M Bowling n, Kegeln n

boxe [ˈbɔksi] A M B Boxsport m, Boxen n; **jogar** (bras **lutar**) **~** boxen B arma: Schlagring m B bras (Markt)Stand m; banho: Duschkabine f B F fórmula 1: Box f **boxeador** [boksjaˈdox] M, **boxeadora** [boksjaˈdorɐ] F bras Boxer(in) m(f)

bóxer [ˈbɔksɛr] M cão: Boxer m

BP ABR (**Banco de Portugal**) Bank f von Portugal

braçada [brɐˈsadɐ] F Arm m voll; natação: Zug m; **às ~s** fam haufenweise **braçadeira** [brasɐˈdɐirɐ] F Schlinge f, Schlaufe f; (argola) Schelle f, Klemme f; **~ para mangueiras** Schlauchklemme f **braçado** [brɐˈsadu] M Arm m voll; große Menge f **braçal** [brɐˈsaɫ] ADJ **trabalho** m **~** körperliche Arbeit f

bracejar [brɐsiˈʒar] ⟨1d⟩ mit den Armen schlenkern (ou herumfuchteln); BOT treiben **bracejo** [brɐˈsɐiʒu] M **~** bracejamento **bracelete** [brasiˈlɛti] F Armreifen m, -band n; **~ de relógio** Uhrarmband n

braço [ˈbrasu] M Arm m; ANAT Oberarm m; quadrúpedes: Vorderbein n; árvore: Ast m; GEOG Meeres-, Flussarm m; cadeira: Armlehne f; TECN Hebelarm m, Waagebalken m; bomba: Pumpenschwengel m; instrumento de música: Hals m; fig Arbeitskraft f; (coragem) Mut m; (poder) Gewalt f; **cadeira** f **de ~s** Lehnstuhl m; **o ~ secular** der lange Arm (der Justiz); **de ~ dado** Arm in Arm; **de ~s abertos** herzlich, freundlich; **de ~s cruzados** mit verschränkten Armen; fig gleichgültig; **abrir**

os ~s a alg j-n mit offenen Armen empfangen; **dar o ~ a torcer** *fig* nachgeben, das Handtuch werfen; **dar-se os ~s** sich unterhaken; **deixar cair os ~s** die Arme sinken lassen; *fig* mutlos werden; **deixar alg a ~s com a/c** j-n mit etw allein lassen; j-m etw aufbürden; **meter o ~** *fam* draufschlagen, reinschlagen; **viver dos seus ~s** *port* von seiner Hände Arbeit leben **braço-de-ferro** [brasudi'fɛʀu] M̄ ⟨pl braços-de-ferro⟩ herrschsüchtiger Mensch m **braço-direito** [brasudi'ʀaitu] M̄ ⟨pl braços-direitos⟩ fig rechte Hand f
bráctea ['braktja] F̄ BOT Deckblatt n
bradar [brɐ'dar] ⟨1b⟩ schreien, brüllen; anbrüllen (**a alg** j-n); **~ por socorro** *port* um Hilfe rufen **brado** ['bradu] M̄ Schrei m; Geschrei n; **dar ~** *fig* Aufsehen erregen
Braga ['braga] SEM ART *port* Distrikt (-hauptstadt) in Nordportugal
Bragança [brɐ'gɐ̃sa] SEM ART *port* Distrikt (-hauptstadt)
bragueiro [brɐ'gairu] M̄ MED Bruchband n **braguilha** [brɐ'giʎa] F̄ Hosenschlitz m
braile ['brai̯li] M̄, **braille** ['brai̯li] M̄ Braille f, Blindenschrift f
brainstorming [brɛi̯n'stɔrmĩg] M̄ Brainstorming n
brama ['brɐma] F̄ ZOOL Brunft f **bramar** [brɐ'mar] ⟨1a⟩ brüllen; *veado* röhren; *caça* in der Brunst sein; *geralm* toben **bramido** [brɐ'midu] M̄ *fera*: Gebrüll n; *lauter Knall m*, Lärm m; *fig* Toben n **bramir** [brɐ'mir] ⟨3a⟩ brüllen; *fig* toben **bramoso** [brɐ'mozu] brüllend; *fig* tobend
branca ['brɐ̃ka] F̄ weißes Haar n; **Branca de Neve** Schneewittchen f
branco ['brɐ̃ku] A ADJ *cor* weiß; (*vazio*) blank; (*claro*) hell; *pele* blass; **pão m ~** Weißbrot n; **verso m ~** Blankvers m; **cheque m em ~** Blankoscheck m; **página f em ~** leere Seite f; **de ponto em ~** tadellos *ou fam* tipptopp (angezogen); **assinar em ~** *fig* vorbehaltlos unterschreiben, e-e Blankovollmacht erteilen; **deixar em ~** unausgefüllt (leer *ou* frei) lassen; **estar em ~** *port* nüchtern sein; *finanziell*: blank sein; *fig* ahnungslos (*ou* ungebildet) sein; **passar a noite em ~** e-e schlaflose Nacht verbringen, kein Auge zutun; **pôr o preto no ~ a alg** *port* es j-m schwarz auf weiß geben; **sair ~ em ~** eine Niete ziehen; **~ é, galinha o põe** *fam* das ist kinderleicht B M̄ *cor, ovo*: Weiß n; *do olho*: das Weiße (im Auge) C M̄, **-a** F̄ *pessoa*: Weiße(r) m/f(m)
brancura [brɐ̃'kura] F̄ Weiße f
brandão [brɐ̃'dɐ̃ũ] M̄ (Wachs)Fackel f; große (Altar)Kerze f
brande ['brɐ̃di] F̄ Brandy m, Weinbrand m
Brandemburgo [brɐ̃dẽ'burgu] M̄,
Brandenburgo [brɐ̃dẽ'burgu] M̄,
Brandeburgo [brɐ̃di'burgu] M̄ Brandenburg n
brandir [brɐ̃'dir] ⟨3a⟩ *arma* schwingen
brando ['brɐ̃du] *material* weich; *clima* mild; *vento* sanft; *chama, fogo* schwach, klein; *carácter* nachgiebig, sanft; *constituição* schwächlich **brandura** [brɐ̃'dura] F̄ *material*: Weichheit f; *clima*: Milde f; *carácter*: Nachgiebigkeit f; **~s** *pl* zärtliche Worte *npl*; Zärtlichkeiten *fpl*
branqueador [brɐ̃kja'dor] M̄ *roupa*: Bleichmittel n; *dinheiro*: Geldwäscher m **branqueamento** [brɐ̃kja'mẽtu] M̄ *roupa*: Bleichen n; *parede*: Kalken n, Tünchen n; *fig* Geldwäsche f **branquear** [brɐ̃-'kjar] ⟨1l⟩ *roupa* bleichen; *parede* weißen, tünchen; *dinheiro* waschen **branquejar** [brɐ̃ki'ʒar] ⟨1d⟩ bleichen, weiß werden; (*luzir*) weiß schimmern
brânquias ['brɐ̃kjaʃ] FPL ZOOL Kiemen *fpl*
braquial [brɐ'kjal] *Arm...*
bras. ABR (brasileiro) bras. (brasilianisch)
brasa ['braza] F̄ (Kohlen)Glut f; glühende Asche f; **em ~** glühend; *fig* wütend; **estar** (*ou* **andar**) **sobre ~s** auf Kohlen sitzen; **passar pelas ~s** *port* ein Nickerchen machen; *fig* halbfertig lassen; **bras pop manda ~!** nur zu!
brasão [brɐ'zɐ̃ũ] M̄ Wappen n
braseira [brɐ'zai̯ra] F̄, **braseiro** [brɐ'zai̯ru] M̄ Kohlenbecken n; (*fogo*) Glut f **brasido** [brɐ'zidu] M̄ Glut f
brasil [brɐ'zit] M̄ Brasilholz n
Brasil [brɐ'zit] M̄, *bras* [brɐ'ziu] M̄ GEOG **o ~** Brasilien n
brasileira [brazi'lera] F̄ *bras* klarer Schnaps m; Klarer m **brasileirismo** [brazilɐi̯'riʒmu] M̄ Brasilianismus m **brasileiro** [brazi'lɐi̯ru] A ADJ brasilianisch B M̄, **-a** F̄ Brasilianer(in) f
Brasília [brɐ'ziljɐ] F̄ *bras* Hauptstadt v. Brasilien **brasilidade** [brazili'dadʒi] F̄

bras brasilianische Wesensart f **brasiliense** [brazi'ljɛsi] ADJ *bras* aus Brasília

> **Brasília**

Die Hauptstadt Brasília ist eine Millionenstadt, die komplett auf dem Reißbrett entstand und innerhalb von nur vier Jahren (1956-1960) aus dem Boden des brasilianischen Hinterlandes gestampft wurde. Heute wohnen im Regierungsbezirk (**Distrito Federal**) rund 2,5 Mio. Einwohner.
Der Stadtplaner **Lúcio Costa** (1902-1998) und der von Bauhaus und Le Corbusier beeinflusste Architekt **Oscar Niemeyer** (*1907) versuchten, ästhetische und praktische Gesichtspunkte zu vereinen. Eine symmetrische Stadtteilanordnung, repräsentative Regierungsgebäude, funktionale Wohngebiete, großzügige Parks und Straßen und ein künstlich angelegter See (**Lago Paranoá**), sollten den Einklang von Natur, Architektur und Mensch symbolisieren.
1987 wurde Brasília in Anerkennung seines avantgardistischen städtebaulichen Konzepts von der UNESCO zum Weltkulturerbe erklärt.

brassagem [brɐˈsaʒɐ̃j] F *cerveja*: Brauen n
brasuca [brɐˈzukɐ] M/F *port pej* Brasilianer(in) m(f)
brava ['bravɐ] F **à ~** *pop* wie toll, verrückt
bravata [brɐ'vatɐ] F (*ameaça*) Drohung f; (*bazófia*) Prahlerei f **bravatear** [brɐvɐˈtjaɾ] ⟨1⟩ sich aufspielen (**de als**); **~ de valente** großtun **braveza** [brɐˈvezɐ] F Kühnheit f; Grobheit f; *fig* Ungestüm n **bravio** ['bravju] A ADJ *animal*: wild, ungezähmt; *pessoa* ungestüm, grob; *clima* rau, unwirtlich; *terreno* unbebaut B M Ödland n
bravo ['bravu] A ADJ tapfer; mutig, unerschrocken; tüchtig, großartig (*tb irón*) (*Leistung*); *animal* wild; *terreno* unwegsam, unwirtlich; *bras pessoa* zornig; **o mar está ~** das Meer geht hoch; **~!** bravo! B M Bravoruf m; Draufgänger m **bravura** [brɐˈvuɾɐ] F Mut m, Tapferkeit f; Ungestüm n; *animal*: Wildheit f; *fig* Bravour f

breca¹ ['brɛkɐ] F Wut f; MED Muskelkrampf m; **com a ~!** zum Donnerwetter!; **ir-se com a ~** *fam* abhauen; **ser levado da ~** *pop* es faustdick hinter den Ohren haben
breca² ['brɛkɐ] F *peixe*: Dorade f
brecada [breˈkadɐ] F *bras* Bremsung f, Bremsen n **brecar** [breˈkaɾ] ⟨1n⟩ *bras* bremsen
brecha ['brɛʃɐ] F Bresche f (**abrir, fazer** schlagen); Riss m; Lücke f **brechar** [breˈʃaɾ] *bras pop* ausspähen; begaffen
brejeirice [breʒejˈɾisi] F Flegelei f **brejeiro** [breˈʒejɾu] A ADJ flegelhaft, ordinär; (*rasca*) mies B M Flegel m
brejo ['bɾeʒu] M Sumpf m, Sumpfland n **brejoso** [bɾeˈʒozu] öd; *terra* unfruchtbar
brema ['bɾemɐ] F ZOOL Brasse f
brenha ['bɾɐɲɐ] F Dickicht n, Gestrüpp n (*tb fig*); **~s** *pl* Wildnis f **brenhoso** [bɾiˈɲozu] buschig, dicht; undurchdringlich (*tb fig*)
breque ['bɾɛki] M *bras* Bremse f
Bretanha [bɾiˈtɐɲɐ] F Bretagne f
bretão [bɾiˈtɐ̃w] A ADJ bretonisch B M, **-ã** [bɾiˈtɐ̃] F Bretone m, Bretonin f
breu [bɾew] M Pech n, Teer m; **escuro como ~** pechschwarz; **noite stockfinster**
breve ['bɾɛvi] A ADV bald B ADJ kurz; *temporal*: baldig; **em ~s anos** in wenigen Jahren; **uma resposta ~** eine baldige Antwort; **o mais ~ possível** so kurz (*ou* so bald) wie möglich; (**dentro**) **em ~** bald, in Kürze; **ser ~** sich beeilen
brevet [bɾeˈve] M, **brevete** [bɾiˈveti] M Flugschein m, Pilotenschein m
breviário [bɾiˈvjaɾju] M Brevier n; Auszug m, Abriss m; **ler pelo mesmo ~** im selben Fahrwasser segeln **brevidade** [bɾiviˈdadi] F Kürze f
bricabraque [bɾikɐˈbɾaki] M Antiquitäten fpl; *pej* Trödel m; **loja**: Antiquitätengeschäft n
bricolage [bɾikɔˈlaʒi] F, **bricolagem** [bɾikɔˈlaʒɐ̃j] F Heimwerken n, Basteln n
brida ['bɾidɐ] F Zaumzeug n, Zügel m; **a toda a ~** in größter Eile, (sehr) schnell
briefing ['bɾifiŋ] M Briefing n
briga ['bɾigɐ] F Streit m; (*pancadaria*) Schlägerei f; **dar ~** Ärger geben
brigada [bɾiˈgadɐ] F Brigade f; Trupp m
brigadeiro [bɾigɐˈdejɾu] M ❶ MIL Briga-

degeneral m, Generalmajor m ❷ GASTR Süßspeise aus gezuckerter Kondensmilch und Schokolade

brigador [briga'dor], **brigão** [bri'gɐ̃ũ] **A** ADJ streitsüchtig **B** M, **brigona** [bri'gona] F Streithahn m, Raufbold m **brigalhão** [briga'ʎɐ̃ũ] M, **brigalhona** [briga'ʎona] F bras → brigão **brigar** [bri'gar] ⟨1o⟩ streiten; kämpfen; raufen; ~ **com** roupa, cores nicht zueinander passen

brilhante [bri'ʎɐ̃ti] **A** ADJ glänzend **B** M Brillant m **brilhantina** [briʎɐ̃'tina] F Pomade f, Frisiercreme f

brilhar [bri'ʎar] ⟨1a⟩ glänzen (tb fig); (cintilar) schimmern, funkeln **brilharete** [briʎa'reti] M fam Erfolg m, Glanz m (espec fig); Angeberei f, Wichtigtuerei f **brilho** ['briʎu] M Glanz m, Schimmer m, Schein m

brim [brĩ] M Plane f, Segeltuch n **brincadeira** [brĩka'dajra] F Scherz m, Spaß m; Spielerei f; **fora de ~** Spaß beiseite; **não estar para ~s** nicht zum Scherzen aufgelegt sein; **não gostar de ~s** k-n Spaß verstehen **brincalhão** [brĩka'ʎɐ̃ũ] **A** ADJ lustig; verspielt **B** M, **brincalhona** [brĩka'ʎona] F pop Spaßvogel m; fam Scherzkeks m

brincar [brĩ'kar] ⟨1n⟩ criança spielen; (gracejar) scherzen, Spaß machen; **a ~** zum Spaß; **a ~, a ~** port nach und nach; **~ a** (bras de) algo spielen; **~ à** (bras de) **cabra-cega** Blindekuh spielen; **~ de roda** Reigen tanzen; **~ com o fogo** fig mit dem Feuer spielen; **estar a ~ com alg** irón j-n auf den Arm nehmen wollen

brinco ['brĩku] M ❶ Scherz m, Spaß m ❷ adorno Ohrring m; fig hübsche Sache f; Schmuck m; **~s** pl Schmuck m; **ficar um ~** perfekt sein; blitzsauber sein **brincos-de-princesa** [brĩkuʒdipri'sezɐ] MPL BOT Fuchsie f

brindar [brĩ'dar] ⟨1a⟩ (oferecer) beschenken (**com** mit), schenken (**alg com a/c** j-m etw); (beber) trinken auf (ac); **~ à saúde de** auf j-s Gesundheit anstoßen (ou trinken)

brinde ['brĩdi] M Trinkspruch m, Toast m; (presente) Geschenk n; **fazer um ~ a** trinken auf (ac)

brinquedo [brĩ'kedu] M Spielzeug n

brio [briu] M Ehr-, Selbstwertgefühl n; (coragem) Mut m; fig Feuer n; **sem ~** nie- dergeschlagen; glanzlos; **abater os ~s a alg** port fam j-m eins auf den Deckel geben; **encher-se de ~s** sich bei der Ehre gepackt fühlen; **meter alg em ~s** j-n bei der Ehre packen

brioche [bri'ɔʃi] M Brioche f

brioso [bri'ozu] stolz, selbstbewusst; (corajoso) mutig; fig feurig

briquetagem [briki'taʒɐ̃j] F Brikettierung f **briquete** [bri'kɛti] M (Eier)Brikett n

brisa ['brizɐ] F Brise f

brita ['britɐ] F Schotter m **britadeira** [britɐ'dajrɐ] F, **britador** [britɐ'dor] M TECN Erz-, Steinbrecher m

britânico [bri'tɐniku] britisch

britar [bri'tar] ⟨1a⟩ bras klopfen; geralm zerkleinern; zerstoßen; nozes knacken; ossos etc brechen

broa ['broɐ] F **~ (de milho)** Maisbrot n; **~s** pl **de Natal** GASTR Weihnachtsgebäck mit Maismehl, Honig u. Olivenöl; **na ~** port pop in aller Eile

broca ['brɔkɐ] F Bohrer m; bras tb Bohrloch n; bras Schlüsselloch n

brocado [bru'kadu] M Brokat m

brocar [bru'kar] ⟨1n; Stv 1e⟩ (durch)bohren (tb dente)

brocardo [bru'kardu] M Rechtsspruch m, Rechtsgrundsatz m

brocha ['brɔʃɐ] F Zwecke f, kleiner Nagel m; TECN Splint m; **estar** (ou **ver-se**) **à ~** pop in der Klemme sitzen; **estar à ~** ganz scharf sein auf (ac)

brochadora [bruʃɐ'dorɐ] F TIPO Heftmaschine f **brochar** [bru'ʃar] ⟨1e⟩ (an)heften, (fest)nageln; livro broschieren

broche ['brɔʃi] M Brosche f; Spange f; Schnalle f

brochura [bru'ʃurɐ] F Broschüre f

brócolos ['brɔkuluʃ] MPL Brokkoli pl

bródio ['brɔdju] M Gelage n

broker ['brɔkɐr] M Broker m

broma[1] ['bromɐ] **A** ADJ ordinär; minderwertig **B** M/F Dumm-, Schafskopf m

broma[2] ['bromɐ] ZOOL Holzwurm m

bromar [bru'mar] ⟨1f⟩ zernagen; bras verderben; fig schlecht ausgehen

bromo ['bromu] QUÍM Brom n

bronca ['brõkɐ] F pop Stunk m, Ärger m; Rüge f; **dar ~** Ärger geben; **dar ~ em alg** bras j-n zurechtweisen; **levar uma ~** bras ausgeschimpft werden; fam Schimpfe

kriegen
bronco ['brõku] *material* roh, unbearbeitet; *voz, terreno* rau; *pessoa* ungehobelt; *trabalho* grob; *inteligência* stumpf
broncodilatador [brõkɔdiɫɐtɐ'dor] MED bronchienerweiternd **broncoscopia** [brõkɔʃku'piɐ] F Luftröhrenspiegelung *f*
bronquial [brõ'kjaɫ] bronchial, Bronchien... **brônquios** ['brõkjuʃ] MPL Bronchien *fpl* **bronquite** [brõ'kiti] F Bronchitis *f*
bronze ['brõzi] M Bronze *f*; *fig* (*mulher*) Schönheit *f*; (Sonnen)Bräune *f*; **de ~** bronzen; **medalha** *f* **de ~** Bronzemedaille *f*; **ter coração de ~** hartherzig sein **bronzeado** [brõ'zjadu] bronzefarben; *do sol* braun gebrannt **bronzeador** [brõzjɐ'dor] **A** ADJ Bräunungs... **B** M Bräunungsmittel *n* **bronzear** [brõ'zjar] ⟨1l⟩ bronzieren; *ao sol* bräunen
brônzeo ['brõzju] bronzen; *fig* ehern
broquear [bru'kjar] ⟨1l⟩ = brocar
brossa ['brɔsɐ] F Striegel *m*; Bürste *f*
brotar [bru'tar] ⟨1e⟩ **A** VIT sprießen lassen; hervorbringen; *queixume etc* ausstoßen; *disparate* reden **B** VII *planta* keimen, sprießen, treiben; *árvore* ausschlagen; *água* (hervor)quellen; *rio* entspringen; *fig* zum Vorschein kommen
brotinho [bru'tʃiɲu] M *bras pop* Backfisch *m* **broto** ['brotu] M Spross *m*, Knospe *f*
browser ['brauzɐr] M INFORM Browser *m*
broxa ['brɔʃɐ] F Quast *m*; Anstreicherpinsel *m*; *bras pop* Schlappschwanz *m* **broxar** [bro'ʃar] ⟨1e⟩ *bras pop* erschlaffen; impotent werden
brucelose [brusi'lɔzi] F Maltafieber *n*
bruços ['brusuʃ] MPL *port* DESP Brustschwimmen *n*; **de ~** bäuchlings
bruma ['brumɐ] F Dunst *m*; (See-, Boden)Nebel *m* **brumal** [bru'maɫ] Dunst...; Nebel...; *fig* düster **brumoso** [bru'mozu] nebelig, diesig; *fig* vage
brunch [brɐtʃ] M Brunch *m*
brunidor [bruni'dor] M **1** *trabalhador*: Polierer *m* **2** *utensílio*: Polierstahl *m*, Polierstein *m* **brunir** [bru'nir] ⟨3a⟩ glätten, polieren; TECN brünieren
Brunsvique [brũʒ'viki] SEM ART GEOG Braunschweig *n*
brusco ['bruʃku] *movimento* plötzlich, jäh; *resposta* brüsk, schroff
brushing ['brɐʃig] M Föhnfrisur *f*

brusquidão [bruʃki'dɐ̃u] F, **brusquidez** [bruʃki'deʃ] F Heftigkeit *f*; Schroffheit *f*; **com ~** schroff, barsch
bruta ['brutɐ] F **à ~** *pop* mit Karacho
brutal [bru'taɫ] brutal, gewalttätig; roh **brutalidade** [brutɐli'dadi] F Brutalität *f*; Rohheit *f*; Rücksichtslosigkeit *f* **brutalizar** [brutɐli'zar] ⟨1a⟩ verrohen (lassen); Gewalt antun (*alg* j-m) **brutamontes** [brutɐ'mõtiʃ] M Grobian *m*, Flegel *m*
bruto ['brutu] **A** ADJ roh; unbearbeitet; *fig tb* ungeschliffen; **em ~** im Rohzustand, Roh...; **peso** *m* **~** Bruttogewicht *n*; **rendimento** *m* **~** Bruttogewinn *m* **B** M Tier *n*, Bestie *f*; *fig* Rohling *m*, Grobian *m*
bruxa ['bruʃɐ] F Hexe *f*; **caça às ~s** *fig* Hexenjagd *f* **bruxar** [bru'ʃar] ⟨1a⟩ hexen **bruxaria** [bruʃɐ'riɐ] F, **bruxedo** [bru'ʃedu] M Hexerei *f*
Bruxelas [bru'ʃɛlɐʃ] SEM ART GEOG Brüssel *n*
bruxo ['bruʃu] M Hexer *m*, Zauberer *m*; (*curandeiro*) Wunderheiler *m*
bruxuleante [bruʃu'ɫjɐ̃ti] flackernd **bruxulear** [bruʃu'ɫjar] ⟨1l⟩ *luz* flackern; *lume* glimmen; verglimmen (*tb fig*) **bruxuleio** [bruʃu'ɫɐju] M *luz*: Flackern *n*; *lume*: Glimmen *n*
BTT [bete'te] F ABR (bicicleta todo-o-terreno) Mountainbike *n*
bucal [bu'kaɫ] Mund...; **bolsa** *f* **~** Backentasche *f*
Bucareste [bukɐ'rɛʃti] SEM ART GEOG Bukarest *n*
bucéfalo [bu'sɛfɐlu] M *hist* Schlachtross *n*; *pop* Gaul *m*
Bucelas [bu'sɛlɐʃ] SEM ART Weinanbaugebiet nordöstlich v. Lissabon; **vinho** *m* **de ~**, **bucelas** *m* Wein *m* aus Bucelas
bucha[1] ['buʃɐ] F Pfropf(en) *m*; TECN Buchse *f*; *para fixar parafusos*: Dübel *m*; *comida*: Happen *m*; BOT Luffa *f*, Schwammgurke *f*
bucha[2] ['buʃɐ] *fam* **A** ADJ fett **B** M/F Fettwanst *m*; **Bucha e Estica** *port* Dick und Doof
bucho ['buʃu] M (Tier)Magen *m*, Pansen *m*; *pop* Wampe *f*; **de ~** *pop* aufgeblasen (*schwanger*); **despejar o ~** sein Herz ausschütten; **meter no ~** *pop* (*comer*) einfahren

buço ['busu] M Flaum m
bucólica [bu'kɔɫikɐ] F Bukolik f, Hirtendichtung f **bucólico** [bu'kɔɫiku] bukolisch; *vida* ländlich, einfach
Budapeste [budɐ'pɛʃti] SEM ART Budapest n
budismo [bu'diʒmu] M Buddhismus m **budista** [bu'diʃtɐ] A ADJ buddhistisch B M/F Buddhist(in) m(f)
bué [bwɛ] ADV *Angola, port pop* viel; sehr
bueiro [bwɐjɾu] M Gully m
bufa ['bufɐ] F Windstoß m; *pop* Furz m; **~s** *pl* Koteletten *pl*
búfalo ['bufɐɫu] M Büffel m
bufão [bu'fɐ̃ũ] M Narr m; Angeber m
bufar [bu'faɾ] ⟨1a⟩ pusten; schnaufen, fauchen; *pop* ausplaudern; *fig tb* große Töne spucken; *pop* furzen; **~ ao lume** in die Glut blasen; **~ de raiva** vor Wut schnauben
bufarinha(s) [bufɐ'ɾiɲɐ(ʃ)] F(PL) Krimskrams m **bufarinhar** [bufɐɾi'ɲaɾ] ⟨1a⟩ hausieren mit **bufarinheiro** [bufɐɾi'ɲɐjɾu] M Hausierer m
bufê [bu'fe] M *bras*, **bufete** [bu'feti] M Büfett n; *móvel*: Anrichte f; Serviertisch m; **~ frio** kaltes Büfett m
bufo[1] ['bufu] ZOOL **~(-real)** Uhu m; *pop* Spitzel m, Informant m
bufo[2] ['bufu] A ADJ possierlich, komisch B M *fig* Eigenbrötler m; *(avarento)* Geizhals m; *Teat* Buffo m
bufo[3] ['bufu] M Atemzug m; *fam* Schnaufer m
bufonaria [bufonɐ'ɾiɐ] F Clownerie f; Prahlerei f
bugalho [bu'gaʎu] M Gallapfel m; *pop* Glotzauge n; **misturar alhos com ~s** *fam* Äpfel mit Birnen vergleichen
buganvília [bugɐ̃'viɫjɐ] F BOT Bougainvillea f
bugia [bu'ʒiɐ] F 1 ZOOL Brüllaffenweibchen n 2 *vela*: kleine Kerze f **bugiar** [bu'ʒjaɾ] ⟨1g⟩ **mandar ~** *fam* fortjagen, zum Teufel schicken **bugiaria** [buʒjɐ'ɾiɐ] F, **bugigangas** [buʒi'gɐ̃gɐʃ] FPL *fam* Affentheater n; *especi*: Kleinkram m, Plunder m; **loja f de ~** Kramladen m **bugio** [bu'ʒiu] M ZOOL Brüllaffe m; *geralm*: Affe m (*tb fig*); **ter sangue de ~** *fig* ein Hasenfuß sein
bugre ['bugɾi] M *bras pej* Wilde(r) m, Hinterwäldler m

buir [bwiɾ] ⟨3i⟩ reiben; *pedra* schleifen; *superfície* glätten
bujão [bu'ʒɐ̃ũ] M Pfropfen m, Stopfen m, Stöpsel m; *bras* Gasflasche f; **~ de drenagem** TECN Ablassschraube f
bujarrona [buʒɐ'ʁonɐ] F NÁUT Klüver m; *fig* Beleidigung f; *bras* (Papier)Drachen m
bula ['buɫɐ] F (päpstliche) Bulle f; MED Beipackzettel m; **contar ~s** *port pop* Märchen erzählen
bulbo ['buɫbu] M (Blumen)Zwiebel f **bulboso** [buɫ'bozu] Zwiebel...
bulcão [buɫ'kɐ̃ũ] M Gewitter-, Rauchwolke f; *vento*: Wirbel m; *fig* große Aufregung f, Wirbel m
buldogue [buɫ'dɔgi] M Bulldogge f **buldózer** [buɫ'dɔzɛɾ] M, *bras* **buldôzer** [buu'dozex] M Bulldozer m
bule ['buɫi] M (Tee)Kanne f; *pop* Wampe f *(Bauch)*
bulevar [buɫi'vaɾ] M Boulevard m
Bulgária [buɫ'gaɾjɐ] F GEOG **a ~** Bulgarien n
búlgaro ['buɫgɐɾu] A ADJ bulgarisch B M, **-a** F Bulgare m, Bulgarin f
bulha ['buʎɐ] F Krach m; Streit m; Durcheinander n; Rauferei f; **meter alg à ~** j-n in e-n Streit verwickeln; aufhetzen; **andar à ~ → bulhar bulhão** [bu'ʎɐ̃ũ] M, **bulhona** [bu'ʎonɐ] F Unruhestifter(in) m(f), *pop* Streithammel m **bulhar** [bu'ʎaɾ] ⟨1a⟩ Unruhe stiften; Streit suchen **bulhento** [bu'ʎẽtu] streitsüchtig
bulício [bu'ɫisju] M Unruhe f; *(aperto)* Gedränge n; *(confusão)* Gewirr n; *(vozes)* Gemurmel n
buliçoso [buɫi'sozu] unruhig; *criança* zappelig; *(esperto)* gewitzt
bulimia [buɫi'miɐ] F Heißhunger m; MED Bulimie f **bulímico** [bu'ɫimiku] bulimisch, esssüchtig
bulir [bu'ɫiɾ] ⟨3h⟩ A VT beunruhigen; belästigen; **~ (com)** bewegen B VI sich rühren, sich regen; **~ em** anfassen, berühren
bum [bũ] INT **~!** peng! **bumba** ['bũbɐ] INT **~!** bums!, bum! **bumba-meu-boi** [būbɐmew'boj] M *bras* Folklorefest
bumbar [bũ'baɾ] ⟨1a⟩ *Angola* arbeiten; *fam* schuften
bumerangue [bumi'ɾɐ̃gi] M Bumerang m
bunda ['būdɐ] F *bras fam* Hintern m;

nascer com a ~ para a lua bras pop unter e-m Glücksstern geboren werden **bunda-mole** [bũdeˈmɔli] M/F ⟨pl bundas--moles⟩ bras pop Schlaffi m
bungalow [bãgaˈlo] M Bungalow m; Ferienhaus n
buque [ˈbuki] M NÁUT Leichter m
buquê [buˈke] M bras Bukett n (Blumen, Duft)
buraco [buˈraku] M Loch n; **~ de ozono** (bras **ozônio**) Ozonloch n; **~ negro** ASTRON schwarzes Loch n; **tapar ~s** finanzielle Löcher stopfen; **ter um ~ no estômago** Kohldampf schieben, e-n Bärenhunger haben
burburinho [burbuˈriɲu] M vozes: Gemurmel n; (ruído) Geräusch n, Lärm m; fam Wirbel m
bureta [buˈreta] F QUÍM Bürette f
burgo [ˈburgu] M Ortschaft f, Dorf n; (arredores) Vorstadt f; hist Burg f **burgomestre** [burguˈmɛʃtri] M hist Bürgermeister m
burguês [burˈgeʃ] A ADJ (spieß)bürgerlich B M, **burguesa** [burˈgeza] F Bourgeois(e) m(f); pej Spießer(in) m(f)
burguesada [burgiˈzada] F pej Spießertum n, **burguesia** [burgiˈzia] F Bürgertum n; Bourgeoisie f; **pequena ~** Kleinbürgertum n
buril [buˈril] M (Grab)Stichel m; Radiernadel f **burilador** [buriləˈdor] M (Kupfer)Stecher m **burilar** [buriˈlar] ⟨1a⟩ em cobre etc stechen, (ein)gravieren; em pedra (ein-, aus)meißeln; fig (sich dat) einprägen; estilo ausfeilen
burla [ˈburla] F Betrug m; Täuschung f **burlador** [burlaˈdor], **burlão** [burˈlãw] A ADJ betrügerisch B M, **burlona** [burˈlona] F Betrüger(in) m(f); Schwindler(in) m(f) **burlar** [burˈlar] ⟨1a⟩ betrügen; (ver)spotten
burlesco [burˈleʃku] komisch; lächerlich, grotesk
burlista [burˈliʃta] → burlador
burocracia [burokraˈsia] F Bürokratie f **burocrata** [buruˈkrats] M/F Bürokrat(in) m(f) **burocrático** [buruˈkratiku] bürokratisch **burocratismo** [burokraˈtiʒmu] M Bürokratismus m **burocratizar** [burokratiˈzar] ⟨1a⟩ bürokratisieren
burra [ˈbuʀa] F 1 ZOOL Eselin f; fam Drahtesel m; **do alto da ~** fig von oben herab 2 Geldkassette f 3 TECN Sägebock m; pouço: Winde f
burrada [buˈʀada] F Eselherde f; fig Blödsinn m, Quatsch m **burricada** [buʀiˈkada] F Ausritt m (auf e-m Esel); → burrice **burrice** [buˈʀisi] F Blödsinn m, Schwachsinn m; Dummheit f; (teimosia) Störrischsein n, Sturheit f **burrico** [buˈʀiku] M Eselfohlen n
burrié [buˈʀjɛ] M ZOOL Kreiselschnecke f; pop Rotz m
burrinho [buˈʀiɲu] M AUTO Benzinpumpe f; bras Hydraulikpumpe f **burriqueiro** [buʀiˈkajru] M Eseltreiber m
burro [ˈbuʀu] A ADJ dumm B M 1 ZOOL Esel m (tb fig); **~ de carga** fig Arbeitstier n; **~ de sorte** fig Glückspilz m; **cabeça f de ~** Dummkopf m; **como ~**, pop **pra ~** bras wie verrückt 2 TECN (Säge)Bock m; jogo: Kartenspiel n; fig tradução: wortwörtliche Übersetzung f
bursa [ˈbursa] F ANAT (Schleim)Beutel m
busca [ˈbuʃka] F Suche f; Durchsuchung f; Nachforschung f, fig Spürhund m; **em ~ de** auf der Suche nach; **~ domiciliária** (bras **domiciliar**) Hausdurchsuchung f; **dar ~ a** ab-, durchsuchen; INTERNET **motor m de ~** Suchmaschine f **buscador** [buʃkaˈdor] M bras INFORM Suchmaschine f **busca-pé** [buʃkaˈpɛ] M ⟨pl busca-pés⟩ Schwärmer m, Knallfrosch m (Feuerwerk)
buscar [buʃˈkar] ⟨1n⟩ suchen; casa etc ab-, durchsuchen; pessoa aufsuchen, sich wenden an (ac); **ir ~** a/c holen (gehen); alg abholen (gehen); **mandar ~** holen lassen; **vir ~** (ab)holen (kommen)
busílis [buˈzilis] M pop Knackpunkt m; **aí é que está o ~** das ist der springende Punkt
bússola [ˈbusuɫa] F Kompass m
busto [ˈbuʃtu] M Büste f; PINT, FOTO Brustbild m
butano [buˈtanu] M Butan(gas) n
bute [ˈbuti] M bras port zu Fuß, auf Schusters Rappen; **~s** port pop irre, super
butique [buˈtiki] F Boutique f
buxeiro [buˈʃajru] M, **buxo** [ˈbuʃu] M Buchs(baum) m
buzina [buˈzina] F carro: (Auto)Hupe f; aparelho: Sprachrohr n, Megafon n; caça: (Jagd)Horn n; ASTRON Kleiner Bär m;

zool Tritonshorn m **buzinada** [buzi'nadɜ] F̄ Hupkonzert n **buzinar** [buzi'nar] ⟨1a⟩ auto hupen; (das Horn) blasen; trompeten (tb fig)
búzio ['buzju] A ADJ trüb, matt B M̄ 1 zool Stachelschnecke f; Wellhornschnecke f; bras Helmschnecke f; **~ assassino** Killerschnecke f; **~ pente-de-vénus** m Venuskamm m 2 auto Horn n; Hupe f 3 Perlenfischer m 4 **~s** pl pop (ouvidos) Löffel pl
buzo ['buzu] M̄ bras mús Bratsche f
bypass [bai'pas] M̄ med Bypass m
byte ['baiti] M̄ inform Byte n

C

C, c [se] M̄ C, c n
c/ ABR 1 (caixa) Kasse 2 (calçada) Str. (Straße) 3 (com) mit 4 (conta) Rechn. (Rechnung)
c. ABR 1 (capítulo) M̄ Kapitel n 2 (cento) hundert
°C ABR (grau centígrado) °C (Grad Celsius)
cá [ka] ADV hier; (hier)her; com valor fático em expressões: **eu ~ (por mim)** ich für meine Person; **nós ~, a gente ~** unsereins; wir (hier); **de ~** von hier, hiesig; **de ~ para lá** von hier nach da; **dá ~!** gib her!; **por ~, tudo bem!** hier ist alles im Lot!; **ficar meio ~, meio lá** fam angesäuselt sein
cã [kɐ̃] F̄ weißes Haar n
caatinga [kaa'tʃĩgɐ] F̄ bras halbtrockene Landschaft f in Nordostbrasilien mit dorniger, strauchiger Vegetation
caba ['kabɛ] F̄ bras reg Wespe f
cabaça [ka'basɐ] A F̄ Flaschenkürbis m; recipiente: Kürbisflasche f B M̄ bras gémeo: Zweitgeborene(s) n C INT **qual ~!** port von wegen! **cabaçada** [kabɜ'sadɜ] F̄ Inhalt m e-r Kürbisflasche; gastr Kürbiskompott n **cabaço** [kɜ'basu] M̄ 1 Flaschenkürbis m; port fig pop **dar/levar o ~** e-n Korb geben/kriegen 2 pop anat Jungfernhäutchen n
cabal [kɜ'bat] vollständig; explicação erschöpfend; (convincente) stichhaltig, schlagend
cabala [kɜ'batɜ] F̄ Kabbala f; Intrige f
cabalístico [kɜbɜ'ɫiʃtiku] geheimwissenschaftlich; fig geheimnisvoll
cabana [kɜ'banɐ] F̄ (Stroh)Hütte f; reg Geräteschuppen m **Cabanada** [kabɜ'nade] F̄ bras hist Aufstand m in Brasilien (1832–1835) **cabaneiro** [kɜbɜ'nairu] M̄ 1 landloser Dorfbewohner m 2 cesto: Weidenkorb m
cabanha [kɜ'baɲɐ] F̄ bras moderne Viehzuchtanlage f
cabaré [kabɜ'rɛ] M̄ (Tanz)Bar f; bras tb Cabaret m
cabaz [kɜ'baʃ] M̄ (Weiden)Korb m (mit Henkel); econ **~ de preços** port Warenkorb m; **~ de Natal** port mit Delikatessen gefüllter Geschenkkorb zu Weihnachten
cabeça [kɜ'besɐ] A F̄ 1 anat Kopf m (tb fig) poét Haupt n; (inteligência) Verstand m, fam Köpfchen n; **uma grande ~** ein kluger Kopf; fig **~ no ar** verträumt, zerstreut; **de ~** aus dem Kopf; **dos pés à ~** von Kopf bis Fuß; **abanar a ~** den Kopf schütteln; **andar de ~ baixa** den Kopf hängen lassen; **anda a ~ à roda de alg** port j-m ist schwindelig; j-d weiß nicht, wo ihm/ihr der Kopf steht; **atirar-se de ~** sich kopfüber stürzen (ou in ac); **não caber na ~ de ninguém** niemandem einleuchten; **deu-lhe na ~ de** (inf) er hat es sich (dat) in den Kopf gesetzt zu; **estar à ~** an der Spitze stehen (**de** von); **não estar bom da ~** fam nicht ganz richtig im Kopf sein; **fazer a ~ em água a alg** port j-m den Kopf verdrehen; j-n verrückt machen; **fazer perder a ~ a alg** j-n aus der Fassung bringen, j-m den Kopf verdrehen; **levar à ~** auf dem Kopf tragen; **meter a/c na ~ a alg** j-m etw einreden; **meter-se a/c na ~** sich (dat) etw in den Kopf setzen; **ser uma ~ de alho chocho** ein Gedächtnis wie ein Sieb haben; **quebrar a ~** sich (dat) den Kopf zerbrechen; **ser uma ~ de burro** ein Esel sein; **subir à ~ a alg** j-m zu Kopfe (ou in den Kopf) steigen; **ter ~** fam Köpfchen haben; **ter a ~ no lugar** (ou **sítio**) vernünftig sein; **alg não tem ~ para a/c** j-m steht der Kopf nicht nach etw; **não ter pés nem ~** weder Hand noch Fuß haben; **tirar a/c da ~ a alg** j-m etw ausreden 2 espec tecn

Kopf m; **~ de cilindro** AUTO Zylinderkopf m; **~ de impressão** INFORM Druckkopf m; **~ de leitura** ELECT Lesekopf m; **~ magnética** Magnetkopf m **2** obje(c)to: Kopfstück n, Oberteil n; dedos etc: Kuppe f; **~ de alho** Knoblauchknolle f; **~ de gado** Stück n Vieh **4** (gerência) Spitze f, Führung f; **~ de casal** DIR Erbschaftspfleger m **5** texto: (Kapitel)Überschrift f **6** distrito: Distrikthauptstadt f **7** M/F família: (Familien)Oberhaupt n; secção: Leiter(in) m(f); POL (Rädels)Führer(in) m(f), Anführer(in) m(f)

cabeçada [kɐbiˈsaðɐ] F **1** Stoß m mit dem Kopf; DESP Kopfstoß m, -ball m; fig Dummheit f

cabeça-de-lista [kɐbɛsɐðiˈliʃtɐ] M/F ⟨pl cabeças-de-lista⟩ POL Spitzenkandidat(in) m(f) **cabeça-de-ponte** [kɐbɛsɐðiˈpõti] F ⟨pl cabeças-de-ponte⟩ Brückenkopf m **cabeça-de-vento** [kɐbɛsɐðiˈvẽtu] M/F ⟨pl cabeças-de-vento⟩ fig fam Leichtfuß m

cabeça-dura [kɐbɛsɐˈðuɾɐ] F ⟨cabeças-duras⟩ Dickschädel m **cabeça-leve** [kɐbɛsɐˈlɛvi] F ⟨cabeças-leves⟩ fam Leichtfuß m, Luftikus m **cabeçalha** [kɐbiˈsaʎɐ] F Deichsel f **cabeçalho** [kɐbiˈsaʎu] M **1** Titel m; Überschrift f; jornal: Schlagzeile f; TIPO Kopfzeile f **cabeção** [kɐbiˈsɐ̃u] M (Umlege)Kragen m **cabeça-rapada** [kɐbɛsɐʀɐˈpaðɐ] M ⟨pl cabeças-rapadas⟩ Skinhead m

cabecear [kɐbiˈsjaɾ] ⟨1l⟩ **A** V/T bola köpfen; cumprimento nicken **B** V/I mit dem Kopf hin und her wackeln; nicken; **~ de sono** (fast) einnicken; NÁUT Schiff stampfen **cabeceira** [kɐbiˈsɐiɾɐ] F **1** da cama: Kopfende n; da mesa: Stirnseite f; fig Ehrenplatz m; **à ~** am Kopfende; an der Stirnseite; **mesa f de ~** Nachttisch m **2** (almofada) Kopfkissen n **3** rio: Oberlauf m **cabecilha** [kɐbiˈsiʎɐ] M/F (An)Führer(in) m(f)

cabeço [kɐˈbesu] M Gipfel m; Hügel m; **~ de amarração** NÁUT Poller m

cabeçorra [kɐbiˈsɔʀɐ] F pop Dickkopf m **cabeçote** [kɐbiˈsɔti] M TECN Spindel-, Reitstock m; FERROV Vorderteil n **cabeçudo** [kɐbiˈsuðu] fig stur; dickköpfig **cabedal** [kɐbiˈðaɫ] M **1** Leder n; fig Vermögen n; (poder) Macht f **cabedelo** [kɐbiˈðelu] M Sandbank f

cabeleira [kɐbiˈlɐiɾɐ] F (Haupt)Haar n; Haarschopf m; **~ postiça** Perücke f **cabeleireiro** [kɐbilɐiˈɾɐiɾu] M, **-a** F (Damen)Friseur m, Friseurin f

cabelo [kɐˈbelu] M **1** (Kopf)Haar n; **~ à escovinha** Bürstenschnitt m; **queda f de ~** Haarausfall m; **agarrar pelos ~s** beim Schopf packen; **arranjar o ~** das Haar zurechtmachen; **de arrepiar os ~s** haarsträubend; **em ~** ohne Kopfbedeckung; **estar farto até à ponta dos ~s** fam etw total satt haben; **porem-se os ~s em pé a alg, bras ficar de ~ em pé** j-m stehen die Haare zu Berge; **ter ~s no coração** hartherzig sein **2** reloj: (Uhr)Feder f **cabeludo** [kɐbiˈludu] behaart; haarig; fig verworren, verzwickt

caber [kɐˈbeɾ] ⟨2q⟩ **1** Platz haben (ou finden) (**em** in ac); hin(ein)gehen, (hin)einpassen (**em** in ac) **2** fig angebracht (ou zulässig) sein; möglich (ou denkbar) sein; quantia kommen auf (ac); **~ a alg tarefa** j-s Sache sein, j-m obliegen, j-m zufallen; quinhão j-m zustehen **3** **não ~ em si de** außer sich (dat) sein vor (dat); **não me cabe na cabeça** das will mir nicht einleuchten

cabide [kɐˈβiði] M (Kleider)Bügel m; Kleiderhaken m; Kleiderständer m; **~ ambulante** fam wandelndes Skelett n **cabidela** [kɐbiˈðɛlɐ] F GASTR Gericht mit Geflügelklein; **arroz m de ~** Risotto m mit Geflügelklein

cabimento [kɐbiˈmẽtu] M (ausreichend) Platz m; Rückhalt m; fig Berechtigung f, Zulässigkeit f; **não ter ~** fehl am Platz sein; **ter ~** → **caber 1**

cabina [kɐˈbinɐ] F, **cabine** [kɐˈbini] F Kabine f; NÁUT Kajüte f; FERROV Abteil n; **~ de duche** (bras **de banho**) Duschkabine f; **cabine telefónica** (bras **telefônica**) Telefonzelle f

cabisbaixo [kɐbiʒˈbaiʃu] niedergeschlagen, fam geknickt

cabo [ˈkabu] M **1** Ende n; vassoura etc: Stiel m; faca etc: Griff m; **ao ~ de** am Ende (gen), nach (Ablauf von); **ao fim e ao ~** zu guter Letzt; **de ~ a rabo** von A bis Z; **dar ~ de** fam kaputtmachen; fortuna durchbringen; paciência erschöpfen; **dar ~ do canastro** pop verdreschen; (matar) umlegen; **ir às do ~** port fam ausrasten; **levar a ~** durchführen **2** GEOG Kap n,

Vorgebirge n **3** NÁUT Seil n; ELECT, AUTO Kabel n; **~ elástico** Gummiseil n; **~ de ignição** Zündkabel n; **~ de reboque** Abschleppseil n; **~ submarino** Unterseekabel n; AUTO **~s** pl SOS Starthilfekabel n **4** MIL Gefreite(r) m; Patrouillenführer m; geralm: Anführer m; espec: Vorarbeiter m; **~ da polícia** (Polizei)Wachtmeister m

Cabo ['kabu] M̲ Kap n; **~ da Boa Esperança** Kap n der Guten Hoffnung

caboclo [ka'boklu] M̲ bras Indianermischling m

cabo-de-guerra [kabudi'gɛʀɐ] M̲ ⟨pl cabos-de-guerra⟩ MIL Befehlshaber m; bras Tauziehen n

cabotagem [kabu'taʒɐ̃ĩ] F̲ Küstenschifffahrt f, Kabotage f

cabotino [kabu'tinu] M̲ Komödiant m

caboucar [kabo'kar] ⟨1n⟩ e-n Graben ausheben **cabouco** [ka'boku] M̲ Baugrube f **cabouqueiro** [kabo'kajru] M̲ Bauarbeiter m; MIN Minenarbeiter m

Cabo Verde ['kabu'verdi] M̲ GEOG **o ~** die Kapverden, die Kapverdischen Inseln **cabo-verdiano** [kabuvir'djɐnu] ⟨mpl ~s⟩ **1** ADJ kapverdisch **2** M̲, -a F̲ Kapverdier(in) m(f)

cabra ['kabrɐ] **A** F̲ **1** Ziege f (tb fig pej); **~ montês** Steinbock m; (peixe) Knurrhahn m; fig pop Kater m **2** TECN Kran m; NÁUT Ladebaum m **3** Universitätsglocke in Coimbra **B** M̲ bras pop Mischling m; geralm fam Typ m, Kerl m **cabra-cega** [kabrɐ'sɛgɐ] F̲ jogo: Blindekuh f **cabrada** [kɐ'bradɐ] F̲ Ziegenherde f

cabrão [kɐ'brɐ̃ũ] M̲ Ziegenbock m; pop Hurensohn m vulg betrogener Ehemann m

cábrea ['kabriɐ] F̲ Kran m

cabrear [kɐbri'ar] ⟨1l⟩ pop sich aufbäumen

cabreiro [kɐ'brɐiru] **A** ADJ aus Ziegenmilch, Ziegen...; bras fig misstrauisch **B** M̲ Ziegenhirt m

cabrestante [kɐbriʃ'tɐ̃ti] M̲ NÁUT Winde f, Spill n

cabrestear [kɐbrɐʃ'tʃiax] ⟨1l⟩ bras am Halfter führen **cabresteiro** [kɐbriʃ'tɐiru] ADJ lammfromm, zahm **cabresto** [kɐ'breʃtu] M̲ Geschirr n, Zaumzeug n; Leitochse m; **dar f de ~** port pop Brummschädel m (nach Alkoholgenuss)

cabril [kɐ'briɫ] M̲ Ziegenstall m; Trampelpfad m **cabrim** [kɐ'brĩ] M̲ Ziegenleder n

cabriola [kɐbri'ɔɫɐ] F̲ Bockssprung m; fig Kapriole f; opinião: Schwanken n **cabriolar** [kɐbriu'ɫar] ⟨1e⟩ Kapriolen machen

cabriolé [kɐbriɔ'ɫɛ] M̲, **cabriolet** [kɐbriɔ'ɫɛ] M̲ Kabrio(lett) n

cabrita [kɐ'britɐ] F̲ Zicklein n; **às ~s** huckepack **cabrito** [kɐ'britu] M̲ Zicklein n (tb GASTR); **deitar o ~ fora** (ou **os ~s ao mar**) pop kotzen **cabrum** [kɐ'brũ] Ziegen...

cábula ['kabuɫɐ] **A** ADJ faul **B** F̲ papel: Spickzettel m **C** M̲/F̲ Faulpelz m; (Schul-) Schwänzer(in) m(f)

cabular [kɐbu'ɫar] ⟨1a⟩ (die Schule) schwänzen; (copiar) abschreiben, mogeln

cabulice [kɐbu'ɫisi] F̲ Nachlässigkeit f

caca ['kakɐ] M̲ fam Kacka n

caça ['kasɐ] **A** F̲ Jagd f; animal: Wild n; **~ feliz** Glücksgriff m; **~ grossa/miúda** Hoch-, Großwild n/Niederwild n; **~ submarina** Unterwasserjagd f; **~ à baleia** Walfang m; **dar ~ a** port Jagd machen auf (ac); **ir à ~** auf die Jagd gehen **B** M̲ MIL Jäger m, Jagdflugzeug n

caçada [kɐ'sadɐ] F̲ (Treib)Jagd f; excursão: Jagdpartie f; animais: Jagdbeute f; fig Verfolgungsjagd f **caçadeira** [kɐsɐ'dɐirɐ] F̲ Jagdgewehr n; Jägerrock m **caçadeiro** [kɐsɐ'dɐiru] Jagd... **caçador** [kɐsɐ'dor] M̲ Jäger m (tb MIL); **~ clandestino** (ou **furtivo**) Wilderer m; **~ de pechinchas** pop Schnäppchenjäger m; hist **~-(re)colector** Jäger m und Sammler m; GASTR **à ~** geschmort mit Zwiebeln, Weißwein u. Gemüse

caçamba [ka'sɐ̃bɐ] F̲ bras (Schöpf)Eimer m; (Bagger)Schaufel f; Tragsattel n

caça-minas [kasɐ'minɐʃ] M̲ ⟨pl inv⟩ MIL Minensuchboot n **caça-níqueis** [kasɐ'nikejʃ] M̲ ⟨pl inv⟩ bras Spielautomat m, fam Groschengrab n

cação [kɐ'sɐ̃ũ] M̲ ⟨pl -ções [-sõj̃ʃ]⟩ Glatthai m; Hundshai m; **sopa f de ~** Fischsuppe mit Kartoffeln u. Koriander

caçar [kɐ'sar] ⟨1p; Stv 1b⟩ **V/T** jagen; (apanhar) fangen; fig ergattern; erwischen; bras tb suchen **B V/I** auf die Jagd gehen

cacaracá [kakɐrɐ'ka] M̲ Kikeriki n; **de ~** fam unnütz, läppisch

cacarecos [kakaˈrɛkuʃ] MPL bras, **cacaréus** [kakaˈrɛuʃ] MPL Plunder m
cacarejar [kakariˈʒar] ⟨1d⟩ gackern (tb fig) **cacarejo** [kakaˈraiʒu] M Gackern n; fig Gegacker n; Geschwätz n
cacaria [kakaˈria] F Gerümpel n; bras Räuberversteck n
caçarola [kasaˈrɔɫa] F Kasserolle f
cacatua [kakaˈtua] F Kakadu m
cacau [kaˈkau] M Kakao m; fam (dinheiro) Knete f **cacaual** [kakaˈwaɫ] M Kakaoplantage f **cacaueiro** [kakaˈweiru] M **cacauzeiro** [kakauˈzairu] M Kakaobaum m

cacetada [kasiˈtadɜ] F Schlag m; bras fig Aufdringlichkeit f; **dar uma ~ em alg** j-m eins mit dem Knüppel überziehen
cacete [kaˈseti] A ADJ bras lästig; langweilig B M Knüppel m; Schlagstock m; *pão*: längliches Weißbrot n; bras lästiger Mensch m; bras pop (*pénis*) Schwanz m; ~ **francês** Baguette f; **do** ~ pop irre, toll C INT bras verdammt! **caceteação** [kasetʃjaˈsẽu] F bras Schererei f, lästige Sache f; Langeweile f **cacetear** [kasiˈtjar] ⟨1l⟩ mit e-m Knüppel verprügeln; niederknüppeln; bras belästigen; fam auf den Wecker gehen (dat)

cacha [ˈkaʃɐ] F Vortäuschung f
cachaça [kaˈʃasɐ] A F bras (Zuckerrohr)-Schnaps m; fig große Leidenschaft f **ca-**

▶ **Cachaça und Caipirinha**

Achtung! **Cachaça** oder **pinga** ist kein Rum, sondern ein Zuckerrohrschnaps, der aus dem frischen Zuckerrohrsaft hergestellt wird. Er enthält zwischen 38 % und 48 % Alkohol.
In vielen Teilen der Welt wird zwar Zuckerrohr angebaut und zu Schnaps verarbeitet, aber der Hauptproduzent und -anbieter ist Brasilien.
Die **caipirinha** ist ein Getränk aus weißer Cachaça, frischem Limettensaft, Zucker und Eis. Kuriorserweise bedeutet das brasilianische Wort **caipira** eigentlich ‚Hinterwäldler'. Seinem Namen zum Trotz gehört das Hinterwäldler-Getränk zu den weltweit bekanntesten und gerade in Großstädten sehr beliebten Cocktails. ◀

chaceira [kaʃaˈsere] F bras ◫ (*embriaguez*) Trunkenheit f, Rausch m ◪ (*destilaria*) Schnapsbrennerei f **cachaceiro** [kaʃaˈseru] M, **-a** bras Säufer(in) m(f)
cachaço [kaˈʃasu] M GASTR Nacken m, Nackenstück n; bras AGR Zuchteber m
cachaçudo [kaʃaˈsudu] stiernackig; fig aufgeblasen
cachamorra [kaʃaˈmoʀɐ] F, **cachaporra** [kaʃaˈpoʀɐ] F Keule f, Knüppel m
cachão [kaˈʃɐ̃u] M Brodeln n, Aufwallen n (*des Wassers*)
cachapuz [kaʃaˈpuʃ] INT ~! plumps!
cachar [kaˈʃar] ⟨1b⟩ A VT verbergen; bedecken B VT betrügen
cacharolete [kaʃaruˈɫeti] M Cocktail m
caché [kaˈʃɛ] M, **cachê** [kaˈʃe] M → cachet
cacheado [kaˈʃjadu] ADJ bras lockig; **cabelo** m ~ Locken fpl
cachecol [kaʃiˈkɔɫ] M Schal m; Halstuch n
cacheira [kaˈʃeirɐ] F Knüppel m
cache-pot [kaʃiˈpo] M, **cachepô** [kaʃiˈpo] M Übertopf m
cachet [kaˈʃɛ] M Gage f
cachimbada [kaʃiˈbadɐ] F Zug m (*aus der Pfeife*) **cachimbar** [kaʃiˈbar] ⟨1a⟩ (Pfeife) rauchen; bras nachgrübeln (**em** über *ac*); fam sich (*dat*) nichts machen aus; missachten (**de** *ac*) **cachimbo** [kaˈʃibu] M (Tabaks)Pfeife f
cachimónia (*ô) [kaʃiˈmɔnjɐ] F pop Schädel m; fig Grips m
cacho [ˈkaʃu] M *uva*: Traube f; *cabelo*: Büschel n; (*caracol*) (Haar)Locke f; **estar como um ~** port fam total voll sein (*betrunken*)
cachoar [kaˈʃwar] ⟨1f⟩ (auf)brodeln **cachoeira** [kaˈʃwere] F bras Wasserfall m
cachola [kaˈʃɔɫɐ] F pop Schädel m; GASTR Leber f; **ficar com uma grande ~** ein langes Gesicht machen **cacholada** [kaʃuˈɫadɐ] F port GASTR Gericht aus Schweineinnereien **cacholeira** [kaʃuˈɫeirɐ] F port Fleischwurst f
cachopo [kaˈʃɔpu] M ⟨*pl* [-ˈʃɔ-]⟩, **-a** [kaˈʃɔpɐ] F port Junge m, Mädchen n (*vom Land*); fam Landpomeranze f
cachorro [kaˈʃoʀu] M, **-a** F ◫ port Welpe m, junger Hund m, junge Hündin f; bras Hund m; **com a -a** übellaunig; **como gato e ~** fig wie Hund und Katze ◪ fig pej

gemeiner Kerl m, gemeines Weib n ▮ ARQUIT Kragstein m **cachorro-quente** [kɐʃoʀu'kẽti] M ⟨cachorros-quentes⟩ GASTR Hotdog m

cacifo [kɐ'sifu] M (caixa) Kasten m; (gaveta) (Schub)Lade f; piscina etc: (Gepäck)Schließfach m; (cofre) Tresor m; (armário) Garderobenschrank m

cacilheiro [kɐsi'ʎɐiru] M Fähre f (die Lissabon mit Cacilhas verbindet)

cacimbar [kɐsĩ'baɾ] ⟨1a⟩ nieseln **cacimbo** [kɐ'sĩbu] M feuchtwarmer Nebel m; (chuva) Nieselregen m; Angola, época: relativ feuchte Trockenzeit von Mai bis August

cacique [kɐ'siki] M Häuptling m

caco ['kaku] M (Glas-, Ton)Scherbe f; Plunder m; fig fam Grips m; port fam (Nasen)Popel m

caçoada [kɐ'swadɐ] F Spötteleí f; Witz m **caçoar** [kɐ'swaɾ] ⟨1f⟩ Ⓐ V/T verspotten Ⓑ V/I spötteln (**com**, **de** über ac); Witze machen (**com**, **de** über ac)

cacofonia [kɐkɔfu'niɐ] F Missklang m; Kakofonie f

caçoila [kɐ'sɔiɫɐ] F, **caçoula** [kɐ'soɫɐ] F flacher Kochtopf m aus Ton

caçoleta [kɐsu'ɫetɐ] F kleine Bratpfanne f

cacto ['katu] M Kaktus m

caçula [ka'suɫɐ] ADJ bras, **caçule** [kɐ'suɫi] Angola filho M, **filha** F ~ jüngster Sohn m, jüngste Tochter f; **irmão** m ~, **irmã** f ~ jüngster Bruder m, jüngste Schwester f

cacunda [ka'kũdɐ] F bras Buckel m; fig Schutz m

cada ['kadɐ] jede(r, -s); ~ **três dias** alle drei Tage; ~ **um**, ~ **qual** ein jeder; ~ **vez** jedes Mal; ~ **vez mais** immer mehr; ~ **vez melhor** immer besser; ~ **vez que** immer wenn; **dizer ~ uma** das tollste Dinge sagen

cadafalso [kɐdɐ'faɫsu] M Schafott n **cadastrado** [kɐdɐʃ'tradu] vorbestraft **cadastrar** [kɐdɐʃ'tɾaɾ] ⟨1b⟩ (ins Grundbuch) eintragen; registrieren (lassen)

cadastro [kɐ'daʃtɾu] M geral: Register n; Kartei f; Kataster m ou n; predial: Grundbuch n; firma: Personalakte f; DIR Vorstrafenregister n; **ter** ~ e-e Vorstrafe haben

cadáver [kɐ'daveɾ] M Leiche f, Leichnam m; Kadaver m **cadavérico** [kɐdɐ'vɛɾiku] Leichen...; tez leichenblass

cadê [ka'de] INT bras ~ ...? wo ist ...?

cadeado [kɐ'dʒjadu] M Vorhängeschloss n; ~ **moto** Bügelschloss n **cadeia** [kɐ'dɐjɐ] F ▮ Kette f; ~ **alimentar** Nahrungskette f; **em** ~ Ketten...; **colisão** f **em** ~ Massenkarambolage f ▯ (prisão) Gefängnis n; bras ~ **perpétua** Lebenslänglich n

cadeira [kɐ'dɐiɾɐ] F Stuhl m; UNIV Lehrstuhl m; (disciplina) (Lehr)Fach n; ~ **de balanço** (bras **balanço**) Schaukelstuhl m; ~ **de bebé** (bras **bebê**) Kinderstuhl m; AUTO Kindersitz m; ~ **de praia** Campingstuhl m; ~ **de rodas** Rollstuhl m; ~ **dobradiça** Klappstuhl m; ~ **giratória** Drehstuhl m; ~ **de opção** UNIV Wahlpflichtfach n; ~ **eje(c)tável** Schleudersitz m; ~ **teleférica** Sessellift m; ~**s** pl Hüften fpl **cadeira-auto** [kɐdɐiɾɐ'autu] F ⟨pl cadeiras-auto⟩ (Auto)Kindersitz m **cadeirado** [kɐdɐi'ɾadu] Ⓐ ADJ breithüftig Ⓑ M Gestühl n **cadeirão** [kɐdɐi'ɾɐ̃u] M Sessel m; UNIV schwieriges Fach n; ~ **de praia** Strandstuhl m, Strandliege f **cadeirinha** [kɐdɐi'ɾiɲɐ] F Sänfte f; Tragsessel m

cadela [kɐ'dɛɫɐ] F Hündin f; pop pej Dirne f; **apanhar uma** ~ port fam sich besaufen, sich (dat) einen antrinken

cadência [kɐ'dẽsjɐ] F MÚS Kadenz f, Takt m; ELECT Impulsfolge f; MÚS Kadenz f; fig Talent n, Neigung f

cadenciado [kɐdẽ'sjadu] rhythmisch; gleichmäßig **cadenciador** [kɐdẽsjɐ'doɾ] M ELECT Intervallschalter m **cadenciar** [kɐdẽ'sjaɾ] ⟨1g⟩ den Rhythmus (ou Takt) bestimmen **cadencioso** [kɐdẽ'sjozu] → cadenciado

cadente [kɐ'dẽti] fallend; **estrela** f ~ Sternschnuppe f

caderneta [kɐdiɾ'netɐ] F Notizbuch n; Sparbuch n; escola: Klassenbuch n; MIL Soldatenpass m; ~ **de bilhetes** (ou em Lisboa: **módulos**) port Fahrkartenheft n; ~ **de trabalho** port Sozialversicherungsausweis m; ~ **predial** Grundbuchauszug m; ~ **de poupança** bras Sparbuch n

caderno [kɐ'dɛɾnu] M Heft n; ~ **de encargos** Vertragsbestimmungen fpl (espec ARQUIT); ~ **escolar** Schulheft n

cadete [kɐ'deti] M Kadett m

cádi ['kadi] M (juiz islâmico) Kadi m

cadinho [kɐ'diɲu] M (Schmelz)Tiegel m (tb fig)

caducar [kɐdu'kar] ⟨1n⟩ in Verfall geraten; hinfällig werden (tb physisch); außer Gebrauch kommen; *pena* verjähren; **caducou** *documento*: ungültig **caducário** [kɐdu'karju] Verfalls...; Ausschluss...; *bens* herrenlos **caducidade** [kɐdusi'dadʒi] F *edifício*: Baufälligkeit f; *pessoa*: Gebrechlichkeit f; *alimentos*: Haltbarkeit f; *lei, documento*: Gültigkeit f; **~ de um direito** Ausschluss m e-s Anspruchs; **data f de ~** Verfallsdatum n; **prazo m de ~** Verfallsfrist f **caduco** [kɐ'duku] *edifício* baufällig; *pessoa* senil; *DIR direito* verfallen; *contrato* ungültig, abgelaufen; *fig* vergänglich

cafajeste [kafaˈʒɛʃtʃi] M/F bras Schurke m, Schurkin f

cafanga [kaˈfẽgɐ] F bras Zimperlichkeit f

café [ka'fɛ] M **1** *bebida*: Kaffee m; **~ cheio/duplo** voller/doppelter Espresso m; **~ coado** Filterkaffee m; **~ curto** *port* kleiner starker Espresso m; **~ com leite** Milchkaffee m; **~ descafeinado** koffeinfreier Kaffee m; **~ instantâneo** Instantkaffee m; **~ pingado** Kaffee m mit e-m Schuss Milch; **~ só** (*bras puro*) schwarzer Kaffee m; **~ solúvel** löslicher Kaffee m **2** *local*: Café n; Bar f **3** bras **~ da manhã** Frühstück n

cafeeiral [kafjajˈraɫ] M Kaffeeplantage f
cafeeiro [kɐ'fjɐiru] M Kaffeestrauch m
cafeicultor [kafeikuɫˈtor] M Kaffeepflanzer m **cafeicultura** [kafeikuɫˈturɐ] F Kaffeeanbau m **cafeína** [kɐfɛˈinɐ] F Koffein n; **sem ~** koffeinfrei
cafetaria [kafɨtɐˈriɐ] F Cafeteria f
cafeteira [kafɨˈtɐirɐ] F Kaffeekanne f; **~ ele(c)trica** Kaffeemaschine f **cafeteiro** [kafiˈtɐiru] M Kaffeehausbesitzer m
cafeteria [kafeteˈriɐ] F bras Cafeteria f
cafezal [kafɨˈzaɫ] M Kaffeeplantage f **cafezeiro** [kafɨˈzɐiru] M Kaffeestrauch m; Cafébesitzer m **cafezinho** [kafɨˈziɲu] M bras Espresso m **cafezista** [kafeˈziʃte] bras **A** M Kaffeepflanzer m **B** M/F Kaffeegenießer(in) m(f)

cafifa [kaˈfifɐ] M/F bras pop Pechvogel m
cafife [kaˈfifi] M bras pop Pech n
cáfila [ˈkafitɐ] F Karawane f; *fig fam* Bande f

cafona [kaˈfõne] ADJ bras fam geschmacklos; kitschig **cafonice** [kafoˈnisi] F bras fam Geschmacklosigkeit f

cáften [ˈkaftēj] M bras Zuhälter m **caftina** [kafˈtʃinɐ] F bras Kupplerin f

cafua [kaˈfuɐ] F Höhle f; *fig* Loch n

cafundó(-do-judas) [kafũˈdɔ(duˈʒudeʃ)] M bras fam **no ~** am Arsch der Welt, jwd

cafuné [kafuˈnɛ] M bras fam **fazer ~ em** streicheln

cafuzo [kaˈfuzu] M bras afroindianischer Mischling

cagaço [kaˈgasu] M vulg (*medo*) Schiss m; **pregar um ~ a alg** vulg j-m Schiss einjagen **cagada** [kaˈgada] F vulg Scheißen n; bras vulg **fazer uma ~** Scheiße bauen **cágado** [ˈkagadu] M zool Schlangenhalsschildkröte f; fig Schnecke f

cagaita [kaˈgaita] F fam Popel m **cagalhão** [kagɐˈʎãũ] M pop Scheißhaufen m

caga-lume [kagaˈɫumi] m ⟨pl ~s⟩ fam Glühwürmchen n **caganeira** [kagɐˈnɐirɐ] F pop Scheißerei f **cagança** [kagɐˈnitɐ] F fam Schafkot m; Mäusedreck m **cagão** [kaˈgɐ̃ũ] M ⟨pl -ões [-õiʃ]⟩, **cagona** [kaˈgona] F pop Schisser(in) m(f) **cagar** [kaˈgar] ⟨1o; Stv 1b⟩ vulg scheißen; fig **cago em** ich scheiß auf (ac) **cagarola(s)** [kagɐˈrɔɫɐ(ʃ)] M/F pop Schisser(in) m(f)

cagüete [kaˈgwetʃi] M bras pop → **alcagüete**

caguincha [kaˈgĩʃɐ] M/F Angsthase m
caiação [kajaˈsɐ̃ũ] F Tünchen n
caiaque [kaˈjaki] M Kajak m
caiar [kaˈjar] ⟨1b⟩ kalken, tünchen; *pele* schminken; *fig* beschönigen

caiba [ˈkaibɐ], **caibo** [ˈkaibu] → **caber**
cãibra [ˈkɐ̃ibrɐ] F (Muskel)Krampf m
caibro [ˈkaibru] M (Dach)Sparren m
caicai [kai'kai] M trägerloses Top n
caída [kaˈidɐ] F → **queda caído** [kaˈidu] **A** ADJ hängend; fig hinfällig, niedergeschlagen; bras verknallt; (*velho*) gealtert **B** **~s** MPL Rückstände mpl; FIN Außenstände pl

caim [kɐˈĩ] M Bösewicht m, Übeltäter m; *cão*: Winseln n

caimão [kaiˈmɐ̃ũ] M Kaiman m
caimento [kaiˈmẽtu] M (Ver)Fall m
cainhar [kaiˈɲar] ⟨1q⟩ jaulen, winseln
caipira [kaiˈpirɐ] bras **A** ADJ ländlich; Land...; *festa f* **~** Trachtenball m; *música f* **~** bras Volksmusik f **B** M/F Landei n; Hinterwäldler(in) m(f) **caipirinha** [kaipiˈri-

ɲɐ] f̄ Caipirinha f (*Cocktail aus Zuckerrohrschnaps, Limetten und Zucker*)
caipora [kaiˈpɔrɐ] *bras* Ⓐ M̄ Irrlicht n Ⓑ M̄/F̄ Pechvogel m
cair [kɐˈir] ⟨3l⟩ (herunter)fallen; umfallen, umstürzen; *sol, nível* sinken; *rendimento, vento* nachlassen; *avião* abstürzen; *folhas* (ab)fallen; *cabelo* ausfallen, -gehen; *soldado, moeda* fallen; **~ ao chão** zu Boden fallen; **~ bem** passen, gelegen kommen; *vestuário* gut stehen; zusammenpassen; **deixar ~** fallen lassen (*tb fig*); **~ como a sopa no mel** *fig* gerade recht kommen; **~ de sono** todmüde sein; **caiu do céu** (wie) vom Himmel gefallen; **~ doente** (plötzlich) krank werden; **~ em** auf e-n Tag, Zeitpunkt fallen; **~ em casa de alg** *fig* bei j-m hereinschneien (*ou* einfallen); **~ em cima de** herfallen über (*ac*); **~ em desuso** aus der Mode kommen; **~ em erro** e-n Fehler begehen; **~ em esquecimento** in Vergessenheit geraten; **~ em ruína** zusammenfallen; **~ em si** s-n Fehler einsehen; **~ em silêncio** schweigen; **~ na asneira de** (*inf*) so dumm sein zu; **~ na esparrela** *fam* darauf hereinfallen; **~ no ridículo** sich lächerlich machen; **~ pela escada abaixo** die Treppe hinunterfallen; *bras* **~ fora** abhauen; **não ~ em cesto roto** *port ofensa* sich (*dat*) merken
cais [kaiʃ] M̄ ⟨*pl inv*⟩ Kai m; Bahnsteig m; **~ de embarque** Verladekai m
caixa [ˈkaiʃɐ] Ⓐ F̄ *de papel*: Schachtel f; *de metal*: Büchse f; *de madeira*: Kiste f; Kasten m; COM Kasse f; TECN *tb* Gehäuse n; ARQUIT Treppenhaus n; Fahrstuhlschacht m; **~ aberta/fechada** AUTO offene/geschlossene Pritsche f/Kasten m; **~ alta/baixa** TIPO Groß-/Kleinbuchstabe m; **~ de correio** Briefkasten m; INFORM Mailbox f; **~ de crédito predial** Bausparkasse f; **~ de descarga** Spülkasten m (*Toilette*); **~ económica** (*bras* **econômica**) Sparkasse f; **~ forte** Safe m; **~ de fósforos** Streichholzschachtel f; **~ de junção** ELECT Lüsterklemme f; **~ negra** AERO Flugschreiber m, Black Box f; **~ postal** Postfach n; **~ de ressonância** Resonanzkasten m; **~ torácica** ANAT Brustkasten m; **~ de velocidades** AUTO Schaltgetriebe n; **~ de cinco velocidades** Fünfganggetriebe n; **a toque de ~** in aller Eile; **calar a ~** *fam* den Mund halten; **ter ~** reich sein Ⓑ M̄/F̄ Kassierer(in) m(f) Ⓒ M̄ Kassenbuch n; **~ automático** (**Multibanco**), *bras* **~ eletrônico** Geldautomat m, *reg* Bankomat m

caixa-d'água [kaiʃaˈdagwɐ] F̄ ⟨*pl* caixas-d'água⟩ Wassertank m, -turm m
caixa-de-óculos [kaiʃɐdi̯ˈɔkuɫuʃ] M̄/F̄ ⟨*pl* caixas-de-óculos⟩ *port fam* Brillenträger(in) m(f) **caixa-dos-pirolitos** [kaiʃɐduʃpiruˈlituʃ] M̄/F̄ ⟨*pl* caixas-dos-pirulitos⟩ *port fam* (*cabeça*) Birne f
caixão [kaiˈʃɐ̃ũ] M̄ (große) Kiste f; *espec* Sarg m **caixilho** [kaiˈʃiʎu] M̄ (Bilder-, Fenster)Rahmen m; Zarge f **caixinha** [kaiˈʃiɲɐ] F̄ (kleine) Schachtel f; *bras fam* Trinkgeld n; **fazer ~ de a/c** etw geheim halten **caixotão** [kaiʃuˈtɐ̃ũ] M̄ (Decken)Kassette f **caixote** [kaiˈʃɔti] M̄ Kiste f; **~ do lixo** *port* Mülltonne f
cajadada [kɐʒɐˈdadɐ] F̄ Stockhieb m **cajado** [kɐˈʒadu] M̄ Stock m; *fig* Halt m
caju [kɐˈʒu] M̄ (**castanha** F̄ **de**) ~ Cashewnuss f; *bras fig* (Lebens)Jahr n **cajueiro** [kɐˈʒwɐiru] M̄ Cashewbaum m
cal [kaɫ] F̄ Kalk m; **~ apagada** Löschkalk m; **branco como a ~** *fig* kalkweiß; **de pedra e ~** felsenfest
cala [ˈkalɐ] F̄ Einschnitt m; GEOG (schmale) Felsenbucht f
calabouço [kɐlɐˈbosu] M̄ Verlies n; Gefängnis n **calaceiro** [kɐlɐˈsɐiru] Ⓐ ADJ faul Ⓑ M̄, **-a** F̄ Faulpelz m
calada [kɐˈladɐ] F̄ (völlige) Stille f; Schweigen n; **às ~s, pela ~** *fam* heimlich, unter der Hand **calado** [kɐˈladu] Ⓐ ADJ schweigend; schweigsam; **estar ~** schweigen Ⓑ M̄ NÁUT Tiefgang m
calafetagem [kɐlɐfiˈtaʒɐ̃i] F̄ Kalfaterung f; Abdichtung f **calafetar** [kɐlɐfiˈtar] ⟨1c⟩ kalfatern; abdichten
calafrio [kɐlɐˈfriu] M̄ Schauder m; MED Schüttelfrost m; **estou com ~s** es fröstelt mich
calamar [kɐlɐˈmar] M̄ Tintenfisch m **calamidade** [kɐlɐmiˈdadi] F̄ Unheil n; **declarar estado de ~ (pública)** den Notstand ausrufen
cálamo [ˈkalɐmu] M̄ (Getreide)Halm m; BOT Kalmus m
calandra [kɐˈlɐ̃drɐ] F̄ Kalander m
calão [kɐˈlɐ̃ũ] M̄ ⟨*pl* -ões [-ɔ̃iʃ]⟩ Slang m; *port* Gaunersprache f; *profissional* ~ Jargon m

calar¹ [kaˈɫar] ⟨1b⟩ **A** _VT_ zum Schweigen (_ou_ Verstummen) bringen; (_esconder_) verschweigen **B** _VI_ **1** schweigen; **~-se** verstimmen; **cala-te!** halt den Mund!; **cala-te com isso!** hör auf damit!

calar² [kaˈɫar] ⟨1b⟩ **A** _VT_ durchdringen; anschneiden; _a/c_ an s-n Platz bringen **B** _VI_ (ein)dringen

calau [kaˈɫau] _M_ Nashornvogel _m_

calça [ˈkaɫsɐ] _F_ **1** Fußring _m_ (_für Vögel_) **2** _PL_ → **calças**

calçada [kaɫˈsadɐ] _F_ Pflaster _n_; (gepflasterte) Straße _f_; (_passeio_) Bürgersteig _m_ **calçadão** [kausaˈdɐ̃ũ] _M_ _bras_ Fußgängerzone _f_; Boulevard _m_ **calçadeira** [kaɫsaˈdɐiɾɐ] _F_ Schuhanzieher _m_, Schuhlöffel _m_ **calçado** [kaɫˈsadu] _M_ Schuhwerk _n_

calcador [kaɫkɐˈdor] _M_ Fuß _m_ (_an Nähmaschinen_); TECN Stampfer _m_

calçamento [kausɐˈmẽtu] _M_ _bras_ (Straßen)Belag _m_, Pflaster _n_

calcanhar [kaɫkɐˈɲar] _M_ _pé_: Ferse _f_; _sapato_: Hacken _m_; **~ de Aquiles** Achillesferse _f_; **andar nos ~es de alg** j-m auf den Fersen sein

calção [kaɫˈsɐ̃ũ] _M_ kurze Hose _f_; Bermudas _pl_; **~ de banho** Badehose _f_; **~ de ciclista** Radhose _f_

calcar [kaɫˈkar] ⟨1n⟩ treten; zertreten; _terra_ festtreten, -stampfen; _à mão_: andrücken, anklopfen _fig_ festtreten; **~ alg/a/c aos pés** j-n/etw mit Füßen treten

calçar [kaɫˈsar] ⟨1p⟩ sapatos, meias, luvas anziehen (_ou_ tragen); _rua_ pflastern; _pneus_ aufziehen; _ferramenta_ beschlagen; ver-, festkeilen; _alg_ mit Schuhwerk ausstatten; **que número calça?** welche (Schuh)Größe tragen Sie?

calcário [kaɫˈkaɾju] **A** _ADJ_ kalkhaltig, Kalk... **B** _M_ Kalk(stein) _m_

calças [ˈkaɫsɐʃ] _FPL_ Hose _f_, _tb_ Hosen _fpl_; **~ de fato de treino** _port_ Trainingshose _f_; _pl_ **fuseau** Keilhose _f_; **~ de ganga** _port_ Jeans _pl_; **~ de montar** Reithose _f_; **~** _pl_ **de pregas** Bundfaltenhose _f_; **usar ~** _fig fam_ die Hosen anhaben

calcetar [kaɫsiˈtar] ⟨1c⟩ pflastern

calcificação [kaɫsifikɐˈsɐ̃ũ] _F_ Verkalkung _f_

calcinação [kaɫsinɐˈsɐ̃ũ] _F_ (Aus)Brennen _n_; Verkohlung _f_ **calcinar** [kaɫsiˈnar] ⟨1a⟩ _minério_ ausglühen; aus-, verbrennen; _madeira_ verkohlen

calcinha(s) [kaɫˈsiɲɐʃ] **A** _FPL_ (Damen-)Slip _m_ **B** _M_ _port_ weibischer, lächerlicher Mann _m_

cálcio [ˈkaɫsju] _M_ Kalzium _n_

calco [ˈkaɫku] _M_ TIPO Pause _f_, Abzug _m_

calço [ˈkaɫsu] _M_ Unterlage _f_; Keil _m_; AUTO Bremsklotz _m_

calculador [kaɫkuɫɐˈdor] _M_ Rechenmaschine _f_ **calculadora** [kaɫkuɫɐˈdoɾɐ] _F_ **~ de bolso** Taschenrechner _m_ **calcular** [kaɫkuˈɫar] ⟨1a⟩ **A** _VT_ berechnen; kalkulieren; veranschlagen (**em** auf _ac_); (_imaginar_) sich (_dat_) ausrechnen, sich (_dat_) vorstellen (können); **calculo!** kann ich mir denken! **B** _VI_ rechnen (können) (**com** mit) **calculável** [kaɫkuˈɫavɛɫ] berechenbar; _desenrolar_ absehbar **calculista** [kaɫkuˈɫiʃtɐ] **A** _ADJ_ berechnend **B** _M/F_ berechnender Mensch _m_

cálculo¹ [ˈkaɫkuɫu] _M_ Rechnen _n_, Rechenkunst _f_; (_premeditação_) (Be)Rechnung _f_; Kalkül _n_; Plan _m_; **~ mental** Kopfrechnen _n_

cálculo² [ˈkaɫkuɫu] _M_ MED Stein _m_; **~ biliar/renal** Gallen-/Nierenstein _m_

calda [ˈkaɫdɐ] _F_ **1** _ferro_: Glühen _n_ **2** GASTR (Zucker-, Frucht)Sirup _m_; _geralm_: Brühe _f_; Sud _m_ **3** **~s** _pl_ Thermalquelle _f_; Thermalbad _n_

caldeamento [kaɫdjɐˈmẽtu] _M_ (_fusão_) Verschmelzung _f_; (_mistura_) Mischung _f_; _metal_: Härtung _f_ **caldear** [kaɫˈdjar] ⟨1l⟩ GASTR zu Sirup verarbeiten; _metais_ zum Glühen bringen; (_soldar_) (zusammen-) schweißen; _cal_ löschen; **~-se** verschmelzen, sich mischen

caldeira [kaɫˈdɐiɾɐ] _F_ **1** _recipiente_: Kessel _m_; TECN (Dampf)Kessel _m_ **2** GEOG (Tal-) Senke _f_; **~ eléctrica** _port_ elektrischer (Wasser-)Kocher _m_ **caldeirada** [kaɫdɐiˈɾadɐ] _F_ GASTR Eintopf _m_ (_oft mit Fisch_) **caldeirão** [kaɫdɐiˈɾɐ̃ũ] _M_ ⟨_pl_ -ões [-õĩʃ]⟩ (großer) Kessel _m_; MÚS Fermate _f_ **caldeirinha** [kaɫdɐiˈɾiɲɐ] _F_ Weihwasserkessel _m_

caldeiro [kaɫˈdɐiɾu] _M_ Schöpfeimer _m_; (_panela_) großer Kochtopf _m_

caldo [ˈkaɫdu] Brühe _f_; **~ de cana** _bras_ Zuckerrohrsaft _m_; **~ de castanhas** _port_ _fig_ dünner Kaffee _m_, Blümchenkaffee _m_; **~ de galinha** Hühnerbrühe _f_; **~ requentado** _port_ _fam_ kalter Kaffee _m_; **~**

verde Kohlsuppe f (port Nationalgericht); **temos o ~ entornado!** fam da haben wir die Bescherung!
cale ['kaɫɨ] F̄ (Wasser)Rinne f
calefa(c)ção [kɐlifaˈsɐ̃ũ] F̄ Heizung f; Erhitzung f, Erwärmung f
caleira [kɐˈlɐjrɐ] F̄ (Dach)Rinne f
calejado [kɐliˈʒadu] schwielig; fig abgefeimt
calembur [kɐlẽˈbur] M̄ Teekessel m (Wortspiel); Kalauer m
calendário [kɐlẽˈdarju] M̄ Kalender m
calha ['kaʎɐ] F̄ Rinne f; Schiene f (tb FERROV); cortinados: Gardinenstange f
calhamaço [kɐʎɐˈmasu] M̄ pop livro: alter Schinken m
calhambeque [kɐʎɐ̃ˈbɛki] M̄ fam (carro) Klapperkiste f; (coisas) Plunder m
calhar [kɐˈʎar] ⟨1b⟩ passen, sich ein-, anpassen; fig sich treffen, klappen; gelegen kommen (**a alg** j-m); **estar** (ou **vir mesmo**) **a ~** sich gut treffen; wie gerufen kommen; **se ~** vielleicht; **como calha(r)** wie es gerade kommt
calhau [kɐˈʎaw] M̄ Gesteinsbrocken m; (Kiesel)Stein m; **~s** pl Geröll n; **estúpido como um ~** port Dummkopf wie Bohnenstroh
calibrador [kɐlibrɐˈdor] M̄ TECN Kalibriergerät n; (Schub)Lehre f; AGR Sortiergerät n **calibragem** [kɐliˈbraʒɐ̃j] F̄ Kalibrierung f; AUTO Auswuchtung f (von Reifen) **calibrar** [kɐliˈbrar] ⟨1a⟩ kalibrieren; ausmessen; pneus auswuchten **calibre** [kɐˈlibrɨ] M̄ Kaliber n (tb fig); TECN Lehre f; ARQUIT Schablone f; **de ~** fig hochkarätig
caliça [kɐˈlisɐ] F̄ Kalk(schutt) m
cálice [ˈkalisi] M̄ (Wein)Glas n; espec Portweinglas n; REL, BOT Kelch m
calicida [kɐliˈsidɐ] M̄ Hühneraugenmittel n
calidez [kɐliˈdɛʃ] F̄ Hitze f **cálido** [ˈkalidu] heiß; temperamento hitzig, feurig; (esperto) schlau, listig
califa [kɐˈlifɐ] M̄ Kalif m
Califórnia [kɐliˈfɔrnjɐ] F̄ GEOG Kalifornien n
caligrafia [kɐligrɐˈfiɐ] F̄ Kalligrafie f
calista [kɐˈlistɐ] M/F Fußpfleger(in) m(f)
calisto [kɐˈliʃtu] M̄ pessoa: Unglücksbringer m
call center [kɔːlˈsentɐr] M̄ Callcenter n

calma ['kalmɐ] F̄ Ruhe f; NÁUT Windstille f; (calor) (Mittags)Hitze f; **na ~** ohne Hast **calmante** [kalˈmɐ̃ti] A ADJ Beruhigungs... B M̄ Beruhigungsmittel n
calmar [kalˈmar] VT ⟨1a⟩ beruhigen; besänftigen; dor lindern **calmaria** [kalmɐˈriɐ] F̄ Windstille f **calmeirão** [kalmɐjˈrɐ̃ũ] M̄ fam Gemütsmensch m; Faulenzer m **calmo** ['kalmu] ruhig, still; (imóvel) unbewegt; (quente) heiß
calo ['kalu] M̄ Schwiele f, Hornhaut f; MED Hühnerauge n; **criar ~** fam Erfahrungen sammeln
caloiro [kɐˈlojru] M̄ port UNIV ≈ Erstsemester n
calombo [kɐˈlõbu] M̄ bras Geschwulst f; Gerinnsel n
calor [kɐˈlor] M̄ Wärme f (tb FÍS); Hitze f; fig Feuer n, Lebhaftigkeit f; **~ de rachar** fam Bullenhitze f; **~ natural** Körperwärme f; **com ~** fig lebhaft, eifrig; **resistente ao ~** wärmebeständig; **está** (ou **faz**) **~** es ist heiß; **tenho** (ou **estou**) **~** mir ist warm **caloraça** [kɐluˈrasɐ] F̄, **calorão** [kɐluˈrɐ̃ũ] M̄, bras **calorama** [kɐluˈrɐmɐ] F̄ große Hitze f **caloria** [kɐluˈriɐ] F̄ Kalorie f **calorífero** [kɐluˈrifiru] M̄ (Elektro-, Öl-, Gas)Heizkörper m, -Heizung f **calorificação** [kɐlurifikɐˈsɐ̃ũ] F̄ Erwärmung f **calorífugo** [kɐluˈrifugu] nicht wärmeleitend **calorímetro** [kɐluˈrimitru] M̄ Kalorimeter n, Wärmemesser m **caloroso** [kɐluˈrozu] warm (tb fig); herzlich
calosidade [kɐluziˈdadi] F̄ Hornhaut f
calota [kɐˈlɔtɐ] F̄ MAT (Kugel)Kappe f; MED Schädeldach n; bras Radkappe f; **~ polar** GEOG Polkappe f (aus Eis)
calote [kɐˈlɔti] M̄ fam Nepp m; **ferrar/pregar um ~ a alg**, bras **dar/passar um ~ em alg** j-n prellen **calotear** [kɐluˈtjar] ⟨1l⟩ alg neppen, prellen; betrügen
calouro [kɐˈloru] M̄ bras UNIV ≈ Erstsemester n
caluda [kɐˈludɐ] INT fam **caluda!** Ruhe!; Schnauze!
calúnia [kɐˈlunjɐ] F̄ Verleumdung f
caluniador [kɐlunjɐˈdor] A ADJ Verleumdungs... B M̄, **caluniadora** [kɐlunjɐˈdorɐ] F̄ Verleumder(in) m(f) **caluniar** [kɐluˈnjar] ⟨1g⟩ verleumden
calva ['kalvɐ] F̄ Glatze f; **pôr a ~ de alg à mostra** j-n entlarven **calvário** [kalˈvarju] M̄ Kalvarienberg m; fig Leidensweg

m, Qual *f*; **levar a sua cruz ao** ~ sein Kreuz auf sich (*ac*) nehmen **calvejar** [kaɫvi'ʒaɾ] ⟨1d⟩ kahl werden **calvície** [kaɫ'visi] f̄ Kahlköpfigkeit *f*; MED Haarausfall *m* **calvo** ['kaɫvu] A ADJ kahl (-köpfig); *desculpa, mentira* durchsichtig, offensichtlich B M̄, -a F̄ Kahlkopf *m*, Glatzköpfige(r) *m*(*f*/*m*)

cama ['kɐmɐ] F 1 Bett *n*; *animal*: Lager *n*; ~ **de campanha**, *bras* ~**-de-vento** Campingbett *n*; ~ **de casal/criança/solteiro** Doppel-/Kinder-/Einzelbett *n*; **comida** *f* e ~ *port* Vollpension *f*; **roupa** *f* **de** ~ Bettwäsche *f*; **cair à** ~ bettlägerig werden; **estar de** ~ das Bett hüten, bettlägerig sein; **fazer a** ~ **a alg** *pop* j-n reinlegen; **ir para a** ~ zu Bett gehen; **ir para a** ~ **com alg** mit j-m ins Bett gehen, mit j-m schlafen 2 (*camada*) Schicht *f*; *fig* Unterlage *f*

camada [kɐ'madɐ] F̄ Schicht *f*, Lage *f*; *óleo, tinta, plástico*: Überzug *m*, Film *m*; ~ **de inversão** METEO Inversionsschicht *f*; ~ **de ozono** Ozonschicht *f*; ~ **sensível ao tacto** INFORM berührungssensitive Oberfläche *f*; ~ **social** soziale Schicht *f*; **dispor em** ~**s** (auf)schichten, übereinanderschichten

camafeu [kɐmɐ'few] M̄ Gemme *f*
camaleão [kɐmɐ'ljɐ̃w̃] M̄ Chamäleon *n*
câmara ['kɐmɐɾɐ] F 1 *divisão*: Kammer *f* 2 FOTO (Film-, Video)Kamera *f*; ~ **escura** Dunkelkammer *f*; ~ **fotográfica** Fotoapparat *m*; ~ **lenta** Zeitlupe *f* 3 POL Kammer *f*; **Câmara de Comércio** Handelskammer *f*; **Câmara de Comércio e Indústria Luso-Alemã** Deutsch-Portugiesische Industrie- und Handelskammer *f*; **Câmara dos Deputados** Abgeordnetenhaus *n*, Parlament *n*; **Câmara Municipal** *port* Rathaus *n*; *bras* Stadt-, Gemeinderat *m*; **Presidente** *m*, -a *f* **da Câmara** Bürgermeister(in) *m*(*f*); *cidades grandes*: = Oberbürgermeister(in) *m*(*f*) 4; TECN **pistola**: Patronenlager *n*

camarada [kɐmɐ'ɾadɐ] MF Gefährte *m*, Gefährtin *f*; POL (Partei)Genosse *m*, Genossin *f* **camaradagem** [kɐmɐɾɐ'daʒɐ̃j] F̄ Kameradschaft *f*

câmara-de-ar [kɐmɐɾɐ'd(j)aɾ] F ⟨*pl* câmaras-de-ar⟩ *pneu*: Schlauch *m*

camarão [kɐmɐ'ɾɐ̃w̃] M 1 ZOOL Garnele *f*; Granat *m* 2 TECN Schraubhaken *m*

camarário [kɐmɐ'ɾaɾju] städtisch; Gemeinde...; **imposto** *m* ~ Gemeindesteuer *f*

camarata [kɐmɐ'ɾatɐ] F̄ Schlafraum *m*, -saal *m* **camareiro** [kɐmɐ'ɾɐjɾu] M̄, -a F̄ Kämmerer *m*; *bras* Zimmerkellner *m*, Zimmermädchen *n* **camarilha** [kɐmɐ'ɾiʎɐ] F̄ Kamarilla *f* **camarim** [kɐmɐ'ɾĩ] M TEAT Künstlergarderobe *f* **camarista** [kɐmɐ'ɾiʃtɐ] MF Stadtrat *m*, -rätin *f*
Camarões [kɐmɐ'ɾõj̃ʃ] MPL GEOG **os** ~ Kamerun *n*

camarote [kɐmɐ'ɾɔti] M NÁUT Kabine *f*, Kajüte *f*; TEAT Loge *f* **camaroteiro** [kɐmɐɾu'tɐjɾu] M NÁUT Steward *m*; TEAT Kartenverkäufer *m*

camba ['kɐ̃bɐ] F̄ Felge *f*
cambada [kɐ̃'badɐ] F̄ Gesindel *n*; **uma** ~ **de** *coisas*: e-e Unmenge *f* (*gen ou* von); *pej pessoas*: e-e Horde *f* (*gen ou* von)
cambado [kɐ̃'badu] schief (getreten)
cambaio [kɐ̃'baju] krumm-, x-beinig
cambalear [kɐ̃bɐ'ljaɾ] ⟨1l⟩ schwanken, taumeln
cambalhota [kɐ̃bɐ'ʎɔtɐ] F̄ Purzelbaum *m*
cambão [kɐ̃'bɐ̃w̃] M̄ (Pumpen)Schwengel *m*; *fig* (Insider)Absprache *f*
cambapé [kɐ̃bɐ'pɛ] M̄ Fußangel *f* (*tb fig*); **dar um** ~ **a alg** j-m ein Bein stellen
cambar [kɐ̃'baɾ] ⟨1a⟩ hinken, humpeln; (hin und her) wanken (*vor Trunkenheit*); *fig* neigen (**para** zu)
cambeta [kɐ̃'betɐ] x-beinig
cambial [kɐ̃'bjaɫ] Wechselkurs...; Devisen...; **política** *f* ~ Devisenpolitik *f*; **estabilidade** *f* ~ Wechselkursstabilität *f*
cambiante [kɐ̃'bjɐ̃ti] A ADJ changierend B M̄ Farbton *m* **cambiar** [kɐ̃'bjaɾ] ⟨1g⟩ A VT *dinheiro* (um)tauschen; ~ **de opinião** *etc* ändern, wechseln B VI *cor* changieren; *fig* sich wandeln **cambiário** [kɐ̃'bjaɾju] → cambial
câmbio ['kɐ̃bju] M̄ (Geld)Wechsel *m*, Umtausch *m*; Wechselgeschäft *n*; Kurs *m*; *tourada*: Finte *f*; *bras* Gangschaltung *f*; ~ **do dia** Tageskurs *m*; **casa** *f* **de** ~ Wechselstube *f*; **letra** *f* **de** ~ Wechsel *m* (*Wertpapier*)
cambista [kɐ̃'biʃtɐ] MF Wechselstubeninhaber(in) *m*(*f*); *bras tb* inoffizieller Ticketverkäufer(in) *m*(*f*)
Camboja [kɐ̃'bɔʒɐ] F̄ GEOG **o** ~ Kambod-

scha n
cambota [kɐ̃'bɔtɐ] F̲ AUTO Kurbelwelle f; bras Radkranz m
cambraia [kɐ̃'brajɐ] F̲ Batist m
cambulhada [kɐ̃buˈʎadɐ] F̲ → **cambada**; fig Durcheinander n; **de ~** Hals über Kopf
came [ˈkɐmi] F̲ TECN Nocken m
camélia [kɐˈmɛljɐ] F̲ Kamelie f
camelice [kɐmiˈɫisi] F̲ pop Blödheit f **camelídeos** [kɐmiˈɫidjuʃ] MPL Kamele npl
camelo [kɐˈmelu] M̲ Kamel n (tb fig pej)
camelô [kɐmeˈlo] M̲ bras Straßenhändler m
camembert [kɐmɐ̃ˈbɛr] M̲ GASTR Camembert m
camião [kɐˈmjɐ̃ũ] M̲ port Last(kraft)wagen m, Laster m, Lkw m; **~ basculante** Kipper m; **~ de longo curso** Fernlaster m; **~ de pesados** Schwerlasttransporter m; **~ de recolha** Müllauto n **camião-cisterna** [kɐmjɐ̃ũʃiʃˈtɛrnɐ] M̲ ⟨pl camiões-cisterna⟩ Tankwagen m
caminhada [kɐmiˈɲadɐ] F̲ (passeio) Wanderung f; (marcha) weiter Weg m; DESP Trekking n **caminhador** [kɐmiɲɐˈdor] A̲ ADJ gut zu Fuß B̲ M̲ (geübter) Wanderer m **caminhante** [kɐmiˈɲɐ̃ti] wandernd; Wander…
caminhão [kɐmiˈɲɐ̃ũ] M̲ bras → **camião**; **~ frigorífico** Kühlwagen m; **~ de coleta** Müllauto n **caminhão-tanque** [kɐmiˈɲɐ̃ũˈtɐ̃ki] M̲ bras Tankwagen m
caminhar [kɐmiˈɲar] ⟨1a⟩ A̲ V̲I̲ laufen; (passear) wandern; (deslocar-se) sich (zu Fuß) fortbewegen; fig tempo dahingehen; **~ para** fig zusteuern auf (ac); **~ por** durchwandern; bereisen B̲ V̲T̲ percurso zurücklegen **caminheiro** [kɐmiˈɲɐjru] A̲ ADJ gut zu Fuß B̲ M̲ Wanderer m
caminho [kɐˈmiɲu] M̲ (Wander)Weg m; **~ forestal** Waldweg m; **~ de pé posto** Trampelpfad m; **a meio ~ andado** auf halbem Wege (tb fig); **de ~** sofort; gleich; **o ~ de** der Weg nach; **pelo** (ou **a**) **~** unterwegs; **ficar pelo ~** fig auf der Strecke bleiben; **levar ~** abhanden kommen, verloren gehen; **levar o seu ~** s-n Lauf nehmen; **pôr-se** (ou **meter-se**) **a ~** sich auf den Weg machen **caminho-de-ferro** [kɐmiɲudiˈfɛṟu] M̲ ⟨caminhos-de-ferro⟩ port Eisenbahn f **caminhoneiro** [kɐmiɲoˈneru] M̲, **-a** F̲ bras Lkw-Fahrer(in) m(f)

caminhonete [kɐmiɲoˈnɛtʃi] F̲ bras Kleinbus m; Transporter m, Lieferwagen m
camionagem [kɐmjuˈnaʒɐ̃ĩ] F̲ Güterfernverkehr m; Transport m (per Lkw); **empresa f de ~** Transportunternehmen n **camioneta** [kɐmjuˈnɛtɐ] F̲, **camionete** [kɐmjuˈnɛtʃi] F̲ (Überland)bus m; Lieferwagen m; **~ de carga** Kleinlaster m **camionista** [kɐmjuˈniʃtɐ] M̲/F̲ Transportunternehmer(in) m(f); Lkw-Fahrer(in) m(f)
camisa [kɐˈmizɐ] F̲ (Ober)Hemd n; geralm: Hülle f, Mantel m; Überzug m; TECN Buchse f; **~ de dormir** port Nachthemd n; **~ incandescente** Glühstrumpf m; **~ pólo** bras Polohemd n; **em fraldas de ~** fam in Unterwäsche **camisa-de-forças** [kɐmizɐdiˈforsaʃ] F̲ ⟨pl camisas-de-forças⟩ Zwangsjacke f **camisa-de-vénus** [kɐmizɐdiˈvenuʃ] F̲ ⟨pl camisas-de-vénus⟩ fam (preservativo) Pariser m
camisaria [kɐmizɐˈriɐ] F̲ Hemden-, Wäschegeschäft n **camiseiro** [kɐmiˈzɐjru] M̲ Hemdenfabrikant m **camiseta** [kɐmiˈzeta] F̲ Damenbluse f; bras Unterhemd n; T-Shirt n **camisete** [kɐmiˈzɛti] F̲ port Polohemd n **camisinha** [kɐmiˈziɲɐ] N̲ Hemdchen n; Hemdeinsatz m; fam Kondom n, Präservativ n **camisola** [kɐmiˈzɔɫɐ] F̲ port Unterhemd n; DESP Trikot m; bras Nachthemd n; **~ de lã/de gola alta** port Woll-/Rollkragenpullover m **camisolão** [kɐmizuˈɫɐ̃ũ] M̲ port dicker Wollpullover m; bras Nachthemd n

▶ **Luis de Camões**

Luís Vaz de Camões (1524/25–1580) ist der bedeutendste Dichter Portugals. Als Lyriker bildet er den Höhepunkt der portugiesischen Renaissance. Seinen weltliterarischen Ruhm verdankt er dem Heldenlied „Die Lusiaden" – Os lusíadas (1572), das in zehn Gesängen die Fahrten und Taten seiner Landsleute unter dem Entdecker Vasco da Gama verherrlicht und als portugiesisches Nationalepos gilt. Heute widmet sich das gleichnamige Instituto Camões der Verbreitung der portugiesischen Sprache und Kultur in der ganzen Welt. ◀

camomila [kamu'mi+3] F̄ BOT Kamille f

campa ['kɐpɐ] F 1 (túmulo) Grab n, Grabstein m 2 kleine Glocke f **campainha** [kɐpɐ'iɲɐ] F̄ Glocke f (tb BOT); porta: Klingel f; fam ANAT Zäpfchen n; bras BOT Winde f; **tocar a ~** an (der Tür) klingeln

campanário [kɐpɐ'narju] M̄ Glockenturm m; **política f de ~** port irón Lokalpolitik f

campanha [kɐ'paɲɐ] F̄ MIL Schlacht f, Feldzug m; Feldlager n; fig Kampagne f; **~ de caça** Jagdzeit f; **~ de pesca** Fangzeit f; **~ eleitoral** (ou **política**) Wahlkampf m; **~ publicitária** (ou **de propaganda**) Werbekampagne f

campânula [kɐ'pɐnu+ɐ] F̄ Glas-, Käseglocke f; BOT Glockenblume f

campar [kɐ'par] ⟨1a⟩ sich auszeichnen; glänzen; sich aufspielen (**de** als); Angola schlafen; Angola pop sterben; **~-se** pop Glück haben; es schaffen

campeão [kɐ'pjɐ̃w] M̄, **campeã** [kɐ'pjɐ̃] F̄ DESP Meister(in) m(f), Champion m; **~ europeu, campeã europeia** Europameister(in) m(f); **~ mundial** Weltmeister(in) m(f); **Liga f dos Campeões** Champions League f; **armar em ~** pop den großen Macker spielen; **~ de bilheteria** bras Kassenknüller m

campear [kɐ'pjar] ⟨1l⟩ MIL lagern; (sobressair) herausragen; sich erheben (**sobre** ac); thronen (**sobre** ac)

campeonato [kɐpju'natu] M̄ Meisterschaft f; **~ mundial** Weltmeisterschaft f; **Campeonato Mundial de Futebol** (Fußball-)Weltmeisterschaft f, WM f

campestre [kɐ'pɛʃtri] ländlich, Land...; BOT wild wachsend, Feld...; **vida f ~** Landleben n **campina** [kɐ'pinɐ] F̄ Gefilde n **campismo** [kɐ'piʒmu] M̄ Camping n; **parque m de ~** port Campingplatz m; **fazer ~** port campen **campista** [kɐ'piʃtɐ] M̄F̄ Camper(in) m(f)

campo ['kɐpu] M̄ 1 AGR Acker m; **~ de minas** Minenfeld n; **~ de batalha** Schlachtfeld n (tb fig) 2 oposto a cidade: Land n; **no ~** auf dem Land 3 MIL, POL Lager n; **~ de concentração** Konzentrationslager n; **~ de refugiados** Flüchtlingslager n 4 (Arbeits-, Fach)Gebiet n 5 **~ de esportes** bras Sportplatz m; **~ de aviação** Flugplatz m; **~ de futebol** Fußballplatz m 6 fig Feld n; **~ de visão** Sichtfeld n; **conquistar ~** an Boden gewinnen; **entrar em ~** in Aktion treten; **ficar senhor do ~** das Feld behaupten; **pôr fora de ~** disqualifizieren; pop aus dem Rennen werfen, ausschalten

Campo Grande ['kɐpu'grẽdʒi] bras Hauptstadt v. Mato Grosso do Sul

camponês [kɐpu'neʃ] A ADJ ländlich; bäuerlich B M̄, **camponesa** [kɐpu'nezɐ] F̄ Bauer m, Bäuerin f **campónio** [kɐ'pɔnju] pej A ADJ ländlich; bäuerlich B M̄, **-a** F̄ Bauer m, Bäuerin f

camuflado [kɐmu'f+adu] M̄ Tarn-, Kampfanzug m **camuflagem** [kɐmu'f+aʒɐ̃ĩ] F̄ Tarnung f **camuflar** [kɐmu'f+ar] ⟨1a⟩ tarnen

camundongo [kɐmũ'dõgu] M̄ bras ZOOL M̄ Maus f

camurça [kɐ'mursɐ] F̄ ZOOL Gämse f; material: Wildleder n; pano: Fensterleder n

cana¹ ['kɐnɐ] F̄ 1 BOT Schilf n; açúcar, bambu: (Zucker-, Bambus)Rohr n; milho: (Getreide)Halm m 2 (pau) Rohrstock m; pesca: (Angel)Rute f, Gerte f 3 ANAT **~ do nariz** Nasenrücken m, -bein n; **~ da perna** Schienbein n

cana² ['kɐnɐ] A F̄ pop Knast m, Kittchen n; **ir de ~** pop, **ir em ~** bras fam ins Kittchen wandern B M̄ bras pop (polícia) Bulle m

canábis [ka'nabiʃ] M̄ Cannabis m, Haschisch n

canada [kɐ'nadɐ] F̄ 1 Gertenhieb m 2 Krug m voll (Flüssigkeitsmaß ca 2 Liter) **Canadá** [kɐnɐ'da] M̄ GEOG o ~ Kanada n

cana-da-Índia [kɐnɐdɐ'ĩdjɐ] F̄ ⟨pl canas-da-Índia⟩ Bambusrohr n **cana-de--açúcar** [kɐnɐd(ʒ)ɐ'sukar] F̄ ⟨pl canas-de--açúcar⟩ Zuckerrohr n

canadense [kana'dẽsi] bras = **canadiano canadiana** [kɐnɐ'djɐnɐ] F̄ 1 MED Krücke f 2 vestuário: Dufflecoat m **canadiano** [kɐnɐ'djɐnu] A ADJ kanadisch B M̄F̄ Kanadier(in) m(f)

canal [kɐ'na+] M̄ Kanal m (tb TV, RÁDIO); Röhre f; ANAT Gang m, Kanal m; **~ de televisão** Fernsehsender m

canalha [kɐ'naʎɐ] A F̄ Gesindel n, Pack n B M̄ Kanaille f, Lump m

canalização [kɐnaliza'sɐ̃w] F̄ Kanalisation f; (Wasser-, Gas)Leitung f **canalizador** [kɐnaliza'dor] M̄ port Klempner m, In-

stallateur m **canalizar** [kɐnɐɫi'zar] ⟨1a⟩ kanalisieren; fig (weiter)leiten
canapé [kɐnɐ'pɛ] M̄ Sofa n; GASTR Kanapee n
Canárias [kɐ'narjɐʃ] FPL GEOG as ~ Kanarische Inseln fpl, Kanaren pl **canário** [kɐ'narju] M̄ Kanarienvogel m
canastra [kɐ'naʃtrɐ] F̄ 1 (Wäsche)Korb m (halbkugelförmig); **como sardinha em ~** port fam eng wie die Sardinen in der Büchse 2 jogo: Canasta n **canastrada** [kɐnɐʃ'tradɐ] F̄ Korb m voll; **às ~s** körbeweise **canastrão** [kɐnɐʃ'trɐ̃u] M̄ großer Korb **canastreiro** [kɐnɐʃ'trɐiru] M̄ Korbflechter m **canastro** [kɐ'naʃtru] M̄ hochwandiger Tragkorb m; fig pop Knochen pl, Skelett n; **dar cabo do ~** port (sich dat) die Gesundheit ruinieren; **dar cabo do ~ a alg** port pop j-m die Knochen im Leibe zerschlagen
canção [kɐ̃'sɐ̃u] F̄ Lied n; **~ de embalar** Wiegenlied n; **~ do bandido** port fig Lügenmärchen n
cancela [kɐ̃'sɛɫɐ] F̄ Gittertür f; (portão) (Garten)Tor n, -Törchen n; (cerca) Viehzaun n FERROV (Bahn)Schranke f **cancelado** [kɐ̃si'ɫadu] gestrichen; voo etc annulliert **cancelamento** [kɐ̃siɫɐ'mẽtu] M̄ entrevista, voo: Streichung f; documento: Ungültigkeitserklärung f; (cartão de) crédito: Sperrung f; COM, FIN Stornierung f **cancelar** [kɐ̃si'ɫar] ⟨1c⟩ geralm aufheben, rückgängig machen; registo streichen, löschen; COM encomenda, voo stornieren, annullieren; crédito etc sperren; INFORM canceln, abbrechen; processo niederschlagen
câncer ['kɐ̃sɛr] M̄ bras → cancro; **Câncer** ASTRON Krebs m
cancerígeno [kɐ̃si'riʒinu] Krebs erregend, kanzerogen **cancerologia** [kɐ̃sirutu'ʒiɐ] F̄ Krebsforschung f **canceroso** [kɐ̃si'rozu] Krebs...; krebskrank
cancha ['kɐ̃ʃɐ] F̄ bras Sportplatz m; (Pferde)Rennbahn f
cancioneiro [kɐ̃sju'nɐiru] M̄ Liedersammlung f, -buch n (espec hist)
cançoneta [kɐ̃su'netɐ] F̄ Lied(chen) n; Schlager m **cançonetista** [kɐ̃suni'tiʃtɐ] M̄F̄ Liedermacher(in) m(f); Schlagersänger(in) m(f)
cancro ['kɐ̃kru] M̄ port Krebs m; Krebsgeschwür n (tb fig); **~ da mama** Brustkrebs

m; **~ da pele** Hautkrebs m; **~ de pulmão** Lungenkrebs m
candeeiro [kɐ̃'djɐiru] M̄ Lampe f; (Straßen)Laterne f; bras (Öl-, Petroleum)Lampe f; **~ de leitura/pé/tecto** Lese-/Steh-/Deckenlampe f
candeia [kɐ̃'dɐjɐ] A ADJ graziös; elegant B F̄ Öl-, Petroleumlampe f; BOT Kätzchen n; **Festa f das Candeias** Lichtmess f **candela** [kɐ̃'dɛɫɐ] F̄ FÍS Candela f **candelabro** [kɐ̃di'ɫabru] M̄ Kandelaber m, Armleuchter m **candelária** [kɐ̃di'ɫarjɐ] F̄ Lichtmess f; BOT Königskerze f
candente [kɐ̃'dẽti] weiß glühend
cândi ['kɐ̃di] açúcar ~ Kandiszucker m
candidatar-se [kɐ̃dide'tarsi] ⟨1a⟩ sich bewerben (a für); POL kandidieren (a als) **candidato** [kɐ̃di'datu] M̄ Kandidat m (a für); Bewerber m (a für); Anwärter n (a auf ac); **~, -a refugiado** Asylbewerber(in) m(f) **candidatura** [kɐ̃dide'turɐ] F̄ POL Kandidatur f (a für); Bewerbung f (a um, für); Anwartschaft f
cândido ['kɐ̃didu] weiß; fig rein; unschuldig; aufrichtig; arglos; naiv
candil [kɐ̃'diɫ] M̄ → candeia; luz: Lichtschimmer m
candomblé [kɐ̃dõ'blɛ] afro-brasilianischer Kult
candonga [kɐ̃'dõgɐ] 1 Schmuggel m; Schwarzhandel m 2 Guiné-Bissau: Sammeltaxi n **candongueiro** [kɐ̃dõ'gɐiru] M̄ 1 Schmuggler m; Schwarzhändler m 2 Angola Sammeltaxi n
caneca [kɐ'nɛkɐ] F̄ Krug m; (Bier)Humpen m, Seidel m; café: (Kaffee)Becher m; **~ graduada** Messbecher m **canecada** [kɐnɛ'kadɐ] F̄ Krug m voll **caneco** [kɐ'nɛku] M̄ port Bottich m; bras großer Krug m; **com o ~!** fam Mensch!
caneiro [kɐ'nɐiru] M̄ Fahrwasser n
canela [kɐ'nɛɫɐ] F̄ Zimt m; ANAT Schienbein n; (Web-, Näh)Spule f; **dar às ~s** fam ausreißen; **esticar a ~** pop (morrer) abkratzen **canelada** [kɐni'ɫadɐ] F̄ Tritt m gegen das Schienbein
canelado [kɐni'ɫadu] gerippt; cartão gewellt; vidro, lata geriffelt **canelão** [kɐni'ɫɐ̃u] M̄ kandierte Zimtstange f; **a pulso e ~** port pop mit aller Gewalt **canelar** [kɐni'ɫar] ⟨1c⟩ riefen; kannelieren **caneleira** [kɐni'ɫɐirɐ] F̄ Zimtbaum m; DESP Schienbeinschützer m; tecelagem: Spul-

Candomblé und Macumba

Brasilien ist bekannt für seine lebendigen, afrobrasilianischen religiösen Traditionen. Während der Kult in Salvador de Bahía als **candomblé** bezeichnet wird, spricht man anderswo auch von **macumba** oder **umbanda**.
Etwa 20 afrobrasilianische Gottheiten (**orixás**), oft mit katholischen Heiligen gleichgesetzt und dann als **santos** bezeichnet, werden heute noch an vielen Orten verehrt.
Nach dem afrikanischen Mythos schickte Olorum die Orixás auf die Erde: zuerst den Schöpfungsgott Oxalá und die Meeresgöttin Iemanjá. Feuer, Donner und Blitz obliegen Xangô. Ogum ist der Gott des Eisens und Exú der Götterbote, Iansã die Göttin von Wind und Sturm, Oxum die Göttin des Süßwassers und der Liebe. Jedem Orixá werden bestimmte Eigenschaften und Verantwortlichkeiten zugeschrieben. Auch Magie und Fetische spielen eine große Rolle.
In rituellen Tänzen werden die Orixás angerufen und ergreifen dann Besitz von den in Trance gefallenen Tänzern.

---

maschine f
canelim [kɐnɨˈłĩ] M̅ GASTR Zimtmandel f
canelones [kɐnɨˈłɔniʃ] MPL GASTR Cannelloni pl
canelura [kɐnɨˈłuɾɐ] F̅ Rille f; ARQUIT Kannelierung f
caneta [kɐˈnɛtɐ] F̅ Füllfederhalter m, Füller m; fam Stift m; ~ **esferográfica** bras Kugelschreiber m; ~ **de feltro** Filzstift m; ~ **hidrográfica** Filzstift m, Faserschreiber m; ~ **óptica** Light-Pen m; Lichtgriffel m; ~ **(de tinta) permanente** Füller m **caneta-tinteiro** [kɐnetɐtĩˈtɐjɾu] F̅ ⟨pl canetas-tinteiro⟩ Füllfederhalter m, Füller m
cânfora [ˈkɐ̃fuɾɐ] F̅ Kampfer m
canga [ˈkɐ̃gɐ] F̅ (Ochsen)Joch n (tb fig); Tragstange f; bras tb Strandtuch n
cangaceiro [kɐ̃gɐˈseɾu] M̅ bras Bandit m, Räuber m **cangaço** [kɐ̃ˈgasu] M̅ bras Banditentum n
cangalhas [kɐ̃ˈgaʎɐʃ] FPL Traggestell n (der Lasttiere); fam Brille f; **de ~** der Länge nach **cangalheiro** [kɐ̃gɐˈʎɐjɾu] M̅ Bestattungsunternehmer m
cangar [kɐ̃ˈgaɾ] ⟨1o⟩ ins Joch spannen
canguinha(s) [kɐ̃ˈgiɲɐ(ʃ)] M̅ Knirps m; (avarento) Geizhals m **canguinhez** [kɐ̃gĩˈʎeʃ] F̅ bras Geiz m, Knickerigkeit f
canguru [kɐ̃guˈɾu] M̅ Känguru n
canha [ˈkɐɲɐ] F̅ mão: die Linke f; **às ~s** mit links; verkehrt herum
cânhamo [ˈkɐɲɐmu] M̅ Hanf m
canhão [kɐˈɲɐ̃ũ] M̅ 🔟 MIL Kanone f; ~ **antiaéreo** Flak f; ~ **de água** Wasserwerfer m 🔠 vestuário: Ärmelaufschlag m; bota: (Stiefel)Schaft m 🔢 GEOG Cañon m
canhestro [kɐˈɲeʃtɾu] port linkshändig; fig linkisch, unbeholfen; pop stümperhaft
canhonada [kɐɲuˈnadɐ] F̅ Kanonade f
canhota [kɐˈɲɔtɐ] F̅ die linke Hand; bras (Quittungs)Abschnitt m **canhoto** [kɐˈɲotu] ⟨fsg, fpl [-ˈɲɔ-]⟩ 🅰 ADJ linkshändig; fig linkisch 🅱 M̅, **canhota** F̅ Linkshänder(in) m(f); fam Tollpatsch m
canibal [kɐniˈbał] 🅰 ADJ kannibalisch 🅱 MF Kannibale m, -balin f **canibalismo** [kɐnibɐˈłiʒmu] M̅ Kannibalismus m
caniçada [kɐniˈsadɐ] F̅ Rohrgeflecht n (Einzäunung) **caniçal** [kɐniˈsał] M̅ Ried n
caniche [kɐˈniʃɨ] M̅ Pudel m
canície [kɐˈnisi] F̅ Weißhaarigkeit f; fig Alter n
caniço [kɐˈnisu] M̅ BOT Rohr n, Schilf n; Rohrgeflecht n; pesca: Angelrute f; fig dünnes Bein n
canícula [kɐˈnikułɐ] F̅ ASTRON Hundsstern m; Hundstage mpl **canicular** [kɐnikuˈłaɾ] glühend (heiß); **época** f ~ Hundstage mpl **canicultor(a)** [kɐnikułˈtoɾ(ɐ)] MF Hundezüchter(in) m(f) **canil** [kɐˈnił] M̅ Hundezwinger m; Hundepension f; Tierheim n **canino** [kɐˈninu] Hunde...; **dente** m ~ Eckzahn m
canivetada [kɐniveˈtadɐ] F̅, **canivetaço** [kɐniveˈtasu] M̅ Messerstich m **canivete** [kɐniˈvetɨ] M̅ (Taschen)Messer n; **nem que chovam ~s** fig unter allen Umständen
canja [ˈkɐ̃ʒɐ] F̅ Hühnersuppe f mit Reis; fig fam **que nem ~** wie geschmiert; bras **dar**

uma ~ *artista* eine Gratisvorstellung geben; **ser ~** ganz einfach sein

canjica [kẽ'ʒike] F *bras* Maisbrei m *(dem Milchreis ähnliche Süßspeise mit weißen Maiskörnern); (aguardente)* Schnaps m; *(tabaco)* Art Schnupftabak m

cano ['kanu] M Rohr n, Röhre f; *espingarda:* Gewehrlauf m; *bota, coluna:* (Stiefel-, Säulen)Schaft m; *chaminé:* Rauchabzug m; **entrar pelo ~** *pop* ein Rohrkrepierer sein, schiefgehen

canoa [kɐ'noɐ] F Kanu n; Paddelboot n; Wanne f; GASTR Fischpfanne f; **embarcar em ~ furada** *pop fig* sich anschmieren (lassen) **canoagem** [kɐ'nwaʒɐ̃ĩ] F DESP Kajakfahren n

cânon ['kanɔn] M, **cânone** ['kanuni] M Regel f, Norm f, Richtschnur f; *espec* MÚS Kanon m

canonista [kɐnu'ništɐ] MF Kirchenrechtler(in) m(f) **canonização** [kɐnuniza'sɐ̃ũ] F Heiligsprechung f **canonizar** [kɐnuni'zar] ⟨1a⟩ heilig sprechen; *fig* verewigen; (übermäßig) loben

cansaço [kɐ̃'sasu] M Erschöpfung f; Abspannung f; *(fartura)* Überdruss m **(em an** *dat*) **~ político** Politikverdrossenheit f **cansado** [kɐ̃'sadu] müde, abgespannt; *(estafado)* erschöpft; *(gasto)* abgenutzt; **vista** f **-a** (Alters)Weitsichtigkeit f; **estar ~ de** es müde sein zu *(inf)* **cansar** [kɐ̃'sar] ⟨1a⟩ ermüden; anstrengen; *(aborrecer)* langweilen; **~-se** müde werden **(de** zu); sich abplagen **(de** mit); **não se ~ de** *fig* nicht müde werden zu, unermüdlich sein **cansativo** [kɐ̃sɐ'tivu] ermüdend **canseira** [kɐ̃'sɐirɐ] F Anstrengung f; Stress m; Plackerei f; Sorgfalt f **canseiroso** [kɐ̃sɐi'rozu] mühselig, mühevoll; *no trabalho:* sorgfältig

cantada [kɐ̃'tadɐ] F Gesang m; *fam* Anmache f; **dar uma ~ em** *alg fig* j-n bezirzen **cantadeira** [kɐ̃tɐ'dɐirɐ] F (Volks)Sängerin f **cantador** [kɐ̃tɐ'dor] M (Volks)Sänger m **cantante** [kɐ̃'tɐ̃ti] singend

cantão [kɐ̃'tɐ̃ũ] M ADMIN Kanton m

cantar [kɐ̃'tar] ⟨1a⟩ **A** *VI pássaro, pessoa* singen; *galo* krähen; *rouxinol* schlagen; *rã* quaken; *na algibeira:* klimpern; **~ de galo** groß daherreden; stolzieren **B** *VT* besingen, preisen; *canção* singen **C** Gesang m; **ao ~ do galo** beim ersten Hahnen-

schrei; **isto é outro ~** das ist etwas anderes

cantaria [kɐ̃tɐ'riɐ] F **(pedra** F **de) ~** Baustein m, Quader m

cântaro ['kɐ̃tɐru] M großer (Ton)Krug m; **chover a ~s** in Strömen regnen, gießen

cantarola [kɐ̃tɐ'rɔlɐ] F Trällerliedchen n; Singsang m **cantarolar** [kɐ̃tɐru'tar] ⟨1e⟩ (vor sich *ac* hin) trällern; *irón* krächzen

canteira [kɐ̃'tɐirɐ] F Steinbruch m **canteiro** [kɐ̃'tɐiru] M **1** Steinmetz m **2** AGR *etc* (Garten)Beet n

cântico ['kɐ̃tiku] M Loblied n

cantiga [kɐ̃'tigɐ] F Lied n; *fig* Litanei f, rührselige *(ou* unglaubliche) Geschichte f; *hist* höfisches Lied n; **deixe-se de ~s!** *port fam* reden Sie kein Blech!

cantil [kɐ̃'tit] M Hobel m; Meißel m

cantina [kɐ̃'tinɐ] F Kantine f; Mensa f

canto¹ ['kɐ̃tu] M *exterior:* Kante f; *interior:* Ecke f; *olho, boca:* Augen-, Mundwinkel m; ARQUIT Eckstein m; *fig* Winkel m, Ecke f; DESP Eckball m; **de ~** übereck; hochkant; **conhecer os ~s à casa** *port fam* sich (überall) bestens auskennen; **olhar pelo ~ do olho** e-n heimlichen Blick werfen; **todos os ~s do mundo** aller Herren Länder

canto² [kɐ̃tu] MMÚS Gesang m *(tb* LIT*),* Lied n

cantonal [kɐ̃tu'nat] Kantons... **cantoneira** [kɐ̃tu'nɐirɐ] F Eckbord n, -regal n

cantor(a) [kɐ̃'tor(ɐ)] MF Sänger(in) m(f)

canudo [kɐ'nudu] M Röhre f, Rohr n; *para guardar cartazes:* Papprohre f; *cabelo:* Ringellocke f; *vestuário:* Rüsche f; *fam irón (diploma)* Pappe f, Wisch m; *fig* Schwindel m

cânula ['kanulɐ] F Röhrchen n; MED Kanüle f

cão [kɐ̃ũ] M ⟨*pl* **cães** [kɐ̃ĩʃ]⟩ Hund m *(tb fig);* **~ de água** Portugiesischer Wasserhund m; **~ de estimação/gado** Schoß-/ Hütehund m; **~ de guarda** *bras tb* **de fila)** Wachhund m; *bras* **~ policial** Polizeihund m; *espec* deutscher Schäferhund m; **~ rafeiro** *port pop* (Straßen)Köter m; **vida** f **de ~** Hundeleben n; **entre ~ e lobo** *port* in der Abenddämmerung

caolho [ka'oʎu] *bras* schielend

cão-polícia [kɐ̃ũpu'lisja] M ⟨cães-polícias⟩ Polizeihund m

caos ['kauʃ] M ⟨*pl inv*⟩ Chaos n; Durcheinander n; **pôr num ~** völlig durcheinanderbringen **caótico** [kaˈɔtiku] chaotisch; (desarrumado) durcheinander, unordentlich

cão-tinhoso [kɐ̃ũtiˈɲozu] M ⟨sem pl⟩ pop **o ~** der Leibhaftige

cap. ABR **1** (capital) Hptst. (Hauptstadt) **2** (capítulo) Kap. (Kapitel)

capa¹ [ˈkapɐ] F **1** vestuário: Mantel m; Umhang m, Cape n; fig tb Deckmantel m, Vorwand m, protecção: Schutz(mantel) m; tauromaquia: Capa f **2** Überzug m; livro: (Schutz)Hülle f, Umschlag m; CD, revista: Cover n; **~ aérea** Lufthülle f; **~ dura** Hardcover n

capa² [ˈkapɐ] M letra k

capacete [kɐpɐˈseti] M (Sturz-, Schutz-) Helm m; TECN Haube f; ECOL Dunstglocke f; **~ de gelo** port Eisbeutel m **capacete-azul** [kɐpɐseteˈazuł] M ⟨pl capacetes-azuis⟩ ONU: Blauhelm m

capacho [kɐˈpaʃu] M Fußmatte f, -abtreter m; fig Kriecher m

capacidade [kɐpɐsiˈdadʒi] F Kapazität f (tb pessoa); Fassungs-, Leistungsvermögen n, Aufnahmefähigkeit f; geralm: Fähigkeit f; TECN tb Leistung f; MAT Inhalt m, Raum m; **~ de armazenamento** (ou **memória**) INFORM Speicherkapazität f; **~ de compra** port Kaufkraft f; **~ de ganho** Erwerbsfähigkeit f; **~ do depósito** AUTO Tankinhalt m; **~ legal** DIR Geschäftsfähigkeit f; **~ pulmonar** MED Lungenkapazität f; **medida f de ~** Hohlmaß n; **não ter ~ para** nicht fähig (ou imstande) sein zu **capacitação** [kɐpɐsitɐˈsɐ̃ũ] F Befähigung f (para zu) **capacitar** [kɐpɐsiˈtar] ⟨1a⟩ befähigen (a, para zu); (treinar) ausbilden, schulen; **~-se** sich überzeugen (de von ou dass)

capanga¹ [kɐˈpɐ̃gɐ] M Leibwächter m; Schläger m; Scherge m

capanga² [kɐˈpɐ̃ge] F bras Handgelenktasche f

capão [kɐˈpɐ̃ũ] M galo: Kapaun m; cavalo: Wallach m; bras Gehölz n, Waldstück n

capar [kɐˈpar] ⟨1b⟩ animal kastrieren; planta beschneiden

capataz [kɐpɐˈtaʃ] M Aufseher m; Vorarbeiter m; ARQUIT Polier m; MIN Steiger m; bras Verwalter m (e-r Fazenda)

capaz [kɐˈpaʃ] fähig (**de** zu), imstande (**de** zu); (idóneo) geeignet (**de** für); (autorizado) berechtigt (**de** zu), befähigt (**de** zu); **ser ~ de** fähig sein zu; **não sou ~** das kann ich nicht

capcioso [kɐˈpsjozu] listig; situação verfänglich

capear [kɐˈpjar] ⟨1l⟩ livro mit Deckel versehen; fig vertuschen; tauromaquia den Stier (mit der Capa) reizen; pessoa narren

capela [kɐˈpɛlɐ] F REL, MÚS Kapelle f; (grinalda) (Blumen)Gebinde n; forno: (Backofen)Gewölbe n **capela-mor** [kɐpɛlɐˈmɔr] F ⟨pl capelas-mores⟩ ARQUIT Chor m

capelão [kɐpɨˈlɐ̃ũ] M ⟨pl capelães⟩ Kaplan m **capelista** [kɐpɨˈliʃtɐ] M/F port Kurzwarenhändler(in) m(f) **capelo** [kɐˈpelu] M (Mönchs)Kapuze f; ARQUIT Rauchfang m; altar: (Thron-, Altar)Himmel m

capengar [kɐpẽˈgar] ⟨1o⟩ bras hinken (**de uma perna** auf e-m Bein)

capicua [kɐpiˈkuɐ] F symmetrische Zahl f; dominó: Pasch m

capilar [kɐpiˈlar] Haar...; haarfein; **vaso** (ou **tubo**) m **~** Kapillargefäß n; **tónico** m **(~ô) ~** Haartonikum n

capim [kɐˈpĩ] M **1** bras, Angola Gras n **2** ARQUIT Verputz m **capina** [kɐˈpinɐ] F bras, Angola Mähen n, Mahd f **capinar** [kɐpiˈnax] ⟨1a⟩ bras jäten; pop abhauen **capinzal** [kɐpĩˈzaw] M bras Wiese f

capiscar [kɐpiʃˈkar] ⟨1n⟩ pessoa ertappen; bras **~ a/c** ein bisschen Ahnung haben von etw

capital [kɐpiˈtał] **A** ADJ (principal) hauptsächlich, wesentlich, Haupt-...; importância entscheidend; pena, erro Kapital...; **pena f ~** Todesstrafe f **B** F Hauptstadt f; TIPO Großbuchstabe m, Versal m **C** M ECON, FIN Kapital n; **~ circulante** ou **flutuante** bewegliches Kapital n; **~ líquido** flüssiges Kapital n; **~ nominal/principal** (**social**) Stamm-/Gesellschafts)kapital n; **~ de exploração** Betriebskapital n; **~ ocioso** totes Kapital n

capitalismo [kɐpitɐˈliʒmu] M Kapitalismus m **capitalista** [kɐpitɐˈliʃtɐ] **A** ADJ kapitalistisch **B** M/F Kapitalist(in) m(f) **capitalizar** [kɐpitɐliˈzar] ⟨1a⟩ kapitalisieren; juros anlegen

capitanear [kɐpitɐˈnjar] ⟨1l⟩ befehligen, kommandieren; fig regieren **capitania** [kɐpitɐˈniɐ] F Kapitänsrang m; NÁUT Hafenamt n

capitão [kɐpi'tɐ̃ũ] M ⟨pl capitães⟩ MIL Hauptmann m; NÁUT, DESP Kapitän m; fig Anführer m; **~ de indústria** Wirtschaftsführer m
capitel [kɐpi'tɛɫ] M ARQUIT Kapitell n
capitulação [kɐpitulɐ'sɐ̃ũ] F **~ (incondicional)** (bedingungslose) Kapitulation f
capitular [kɐpitu'lar] ⟨1a⟩ **A** VI kapitulieren (**ante** ou dat, angesichts gen); DIR Anklagepunkte vortragen (ou vorlegen); **~ com** sich abfinden mit **B** VT (ajustar) vereinbaren; (enumerar) aufführen, auflisten; **~ alg de a/c** j-n e-r Sache (gen) bezichtigen; (chamar) j-n als etw bezeichnen, j-n etw nennen **C** ADJ Kapitel..., Stifts...; **letra f ~** Initiale f
capítulo [kɐ'pitulu] M Abschnitt m, Kapitel n; DIR (Anklage)Punkt m; BOT Korbblüte f; REL (Dom)Kapitel n
capivara [kɐpi'varɐ] F Capibara n, Wasserschwein n
capô [ka'po] M AUTO → capot
capoeira [kɐ'pwajrɐ] **A** F **1** Geflügelhaltung f; Hühnerstall m; **aves** fpl **de ~** (Haus)Geflügel n **2** afrobras akrobatische, tänzerische Kampfsportart **B** M Capoeiratänzer m **capoeirista** [kɐpwe'riʃte] M bras Capoeiratänzer m **capoeiro** [kɐ'pwajru] M Hühnerdieb m
capot [ka'po] M AUTO (Wagen)Verdeck

▶ Capoeira

Capoeira ist eine in Brasilien ausgesprochen populäre Sport- und Tanzart. Ursprünglich von afrikanischen Sklaven entwickelt, verbindet sie Elemente des Ringkampfes mit Tanz und Musik.
Um, wie die Brasilianer sagen, Capoeira zu spielen, bildet man eine **roda** (Kreis). Begleitet vom **berimbau**, einem einsaitigen Musikbogen, wird gesungen, getrommelt und geklatscht. Zwei Tänzer stehen sich dabei gegenüber und bewegen sich harmonisch im Rhythmus der Musik. Einfache Schritt- und Bewegungsformen ermöglichen vielerlei Kombinationen und machen die Capoeira zum spannenden Kampfspiel mit geringem Verletzungsrisiko, da die Kampfgriffe nur angedeutet, in der Regel aber nicht ausgeführt werden. ◁

n; **~ do motor** Motorhaube f
capota [kɐ'pɔtɐ] F Mützchen n (für Kinder); AUTO → **capotar** [kɐpu'tar] ⟨1e⟩ AUTO sich überschlagen **capote** [kɐ'pɔti] M Umhang m, Cape n; Militärmantel m; tourada: Capa f
caprichar [kɐpri'ʃar] ⟨1a⟩ Lust haben auf (ac); den Einfall haben zu; **~ em** (inf) sich (dat) Mühe geben zu, **capricho** [kɐ'priʃu] m Laune f; fam Grille f; (teimosia) Eigensinn m; MÚS Capriccio m; **a ~** je nach Laune; sorgfältig; **~s** pl port fam Mucken fpl **caprichoso** [kɐpri'ʃozu] launisch; (teimoso) eigensinnig; sorgfältig
capricórnio [kɐpri'kɔrnju] M ZOOL Holzbock m; **Capricórnio** ASTRON Steinbock m; **trópico m de Capricórnio** südlicher Wendekreis m **caprino** [kɐ'prinu] Ziegen...; **gado m ~** Ziegen fpl
cápsula ['kapsulɐ] F MED, BOT Kapsel f; port Kronkorken m **capsulado** [kɐpsu'ɫadu] MED tumor verkapselt, eingekapselt
captação [kapta'sɐ̃ũ] F intelectual: Auf-, Erfassen n; (recolha) Entnahme f; Auffangen n; RÁDIO, TV Empfang m; **~ de votos** POL Stimmenfang m **captar** [kap'tar] ⟨1b⟩ confiança gewinnen; simpatia erwecken; admiração auslösen; RÁDIO, TV empfangen; sentido erfassen; água entnehmen **captura** [kap'turɐ] F Festnahme f; animais: Fang m; **mandado m de ~** Haftbefehl m **capturar** [kaptu'rar] ⟨1a⟩ festnehmen; animal (ein)fangen; NÁUT aufbringen; (conquistar) erobern
capucha [kɐ'puʃɐ] F Kapuze f; REL Kapuzinerorden m; mosteiro: Kapuzinerkloster n; **à ~** heimlich, verdeckt **capuchinho** [kɐpu'ʃinu] → capucho; **Capuchinho Vermelho** port Rotkäppchen n **capucho** [kɐ'puʃu] **A** ADJ Kapuziner... **B** M Kapuziner(mönch) m
capulana [kɐpu'lɐnɐ] F Moçambique Wickelrock aus farbig bedrucktem Batist
capulho [kɐ'puʎu] M (Samen)Hülle f; algodão: Baumwollkapsel f
capuz [kɐ'puʃ] M Kapuze f
caquear [ka'kjax] ⟨1l⟩ bras umhertasten; fig grübeln
caqué(c)tico [ka'kɛtiku] klapprig; alt und schwach
caqui¹ [ka'ki], bras **cáqui** ['kaki] **A** ADJ khakifarben **B** M Khaki n (tb Stoff)

caqui² [ka'ki] M bras BOT Kaki(frucht) f **cara** ['karɐ] A F Gesicht n; (expressão) Miene f; moeda etc: Vorderseite f; **~ a ~ von Angesicht zu Angesicht; ~ de caso** (ou **circumstância**) sorgenvolles Gesicht n; **~ cheia** rundes Gesicht n; **~ ou coroa?** Kopf oder Zahl?; **à ~** gewaltsam, unter Drohungen; wütend; **de ~s** von vorn; gegenüber; fig geradeheraus; **na ~ de** j-m ins Gesicht; **na ~ dura** bras ungeniert, schamlos; **custar os olhos da ~** ein Heidengeld kosten; **dar de ~s com** stoßen auf (ac); **deitar à ~ de alg** port j-m unter die Nase reiben; **encher a ~** bras pop saufen; **estar com boa/má ~** gut/schlecht aussehen; **fazer ~ alegre** e-e zufriedene Miene aufsetzen; **fazer ~ de poucos amigos** finster ou unfreundlich schauen; **fazer má ~** fam ein langes Gesicht machen; **ficar com a ~ no chão** bras fam wie ein begossener Pudel dastehen; **não ir com a ~ de** bras j-n nicht leiden können; **partir a ~ a alg** fam j-m eine aufs Maul hauen; **ser a ~ chapada de alg**, bras **ser a ~ de alg** fig j-m wie aus dem Gesicht geschnitten sein; **ser ~ de pau** unverschämt sein; **ter boa ~** Vertrauen erweckend aussehen; comida appetitlich aussehen; **ter ~ para fazer a/c**, bras fam **ter a ~ de pau de** (inf) die Frechheit besitzen zu; **torcer a ~** das Gesicht verziehen B M bras fam Kerl m, Typ m

cara-direita [karadi'rajtɐ] MF ⟨pl caras-direitas⟩ port pop ehrliche Haut f **caradurismo** [karadu'riʒmu] M bras Unverschämtheit f

carago [kɐ'ragu] INT port pop na so was!

caralho [kɐ'raʎu] M vulg (pénis) Schwanz m; INT (vai para o) ~! (scher dich zum) Teufel!

caramanchão [kɐrɐmɐ̃'ʃɐ̃u] M, **caramanchel** [kɐrɐmɐ̃'ʃɛɫ] M Laube f

caramba [kɐ'rɐ̃bɐ] INT fam **~!** Donnerwetter!; fam Mensch!

carambina [kɐrɐ̃'binɐ] F Eiszapfen m

carambola¹ [kɐrɐ̃'bɔlɐ] F **1** rote Billardkugel f, Karambole f; bilhar: Karambolage f **2** fig Intrige f, Machenschaft f

carambola² [kɐrɐ̃'bɔlɐ] F BOT Sternfrucht f, Karambole f

carambolar [kɐrɐ̃bu'ɫar] ⟨1e⟩ bilhar karambolieren; fig betrügen; intrigieren; pop bumsen (kopulieren) **carambolareiro** [kɐrɐ̃bu'ɫajru] M Intrigant m

caramelo [kɐrɐ'mɛlu] M **1** Karamell (-zucker) m, -bonbon m **2** Eis n (auf der Straße); Raureif m

cara-metade [karɐmi'tadɨ] F ⟨pl caras-metades⟩ fig de alg: bessere Hälfte f

carangueja [kɐrɐ̃'gaiʒɐ] F NAUT Gaffel f **caranguejar** [kɐrɐ̃gi'ʒar] ⟨1d⟩ fam sich im Krebsgang bewegen, kriechen **caranguejo** [kɐrɐ̃'gaiʒu] M (Fluss)Krebs m; Krabbe f; **~ vulgar** Strandkrabbe f **caranguejola** [kɐrɐ̃gi'ʒɔlɐ] F Taschenkrebs m; fig (Auto) Klapperkiste f

carão [kɐ'rɐ̃u] M Grimasse f, Fratze f; **passar um ~ a alg** pop j-n anschnauzen **carapaça** [kɐrɐ'pasɐ] F ZOOL Panzer m; fig harte Schale f

carapau [kɐrɐ'pau] M ZOOL Bastardmakrele f; tb Stichling m; fig pop Klappergestell n

carapeta [kɐrɐ'petɐ] F Kreisel m; móvel: Knopf m, Griff m

carapinha [kɐrɐ'piɲɐ] F Kraushaar n, Krause f **carapinho** [kɐrɐ'piɲu] kraus

carapuça [kɐrɐ'pusɐ] F̲ (Zipfel)Mütze f; a ~ **serve a alg** fig j-m passt der Schuh (Kritik); **qual ... qual ~!** von wegen ...! **carapuço** [kɐrɐ'pusu] M̲ Kaffeefilter m; → carapuça

caraté (*ê) [kara'tɛ] M̲ Karate m

caráter [ka'ratex] M̲ bras → carácter

caravana [kɐrɐ'vɐnɐ] F̲ Karawane f; veículos: Konvoi m; atrelado: Wohnwagen m

caravela [kɐrɐ'vɛlɐ] F̲ NÁUT Karavelle f

carbónico (*ô) [kɐr'bɔniku] A̲ ADJ QUÍM Kohlen...; B̲ M̲ GEOL Karbon m **carbonífero** [kɐrbu'nifiru] QUÍM Kohlen... **carbónio** [kɐr'bɔnju] M̲ → carbono **carbonizar** [kɐrbuni'zar] ⟨1a⟩ verkohlen; verbrennen **carbono** [kɐr'bɔnu] M̲ QUÍM Kohlenstoff m

carbúnculo [kɐr'bũkulu] M̲ Karfunkel m

carburação [kɐrburɐ'sɐ̃ũ] F̲ Verbrennung f **carburador** [kɐrburɐ'dor] M̲ Vergaser m **carburante** [kɐrbu'rɐ̃ti] M̲ Kraftstoff m **carburar** [kɐrbu'rar] ⟨1a⟩ vergasen

carcaça [kɐr'kasɐ] F̲ (esqueleto) Gerippe n; (invólucro) Gehäuse n; NÁUT Wrack n; port reg (pão) kleines, rundliches Weißbrot n, Brötchen n; pop pej **a ~** die (alten) Knochen

Carcavelos [kɐrkɐ'vɛluʃ] SEM ART Badeort bei Lissabon

carcel [kɐr'sɛl] M̲ Pendelleuchte f

cárcere ['karsiri] M̲ Kerker m

carcereiro [kɐrsi'rɐiru] M̲ Gefängniswärter m, Aufseher m

carcinogéneo [kɐrsinɔ'ʒɛnju] A̲ ADJ krebserregend B̲ M̲ krebserregende Substanz m **carcinoma** [kɐrsi'nomɐ] M̲ Karzinom n

carcoma [kɐr'komɐ] M̲, bras F̲ Holzwurm m; Wurmfraß m; fig nagender Kummer m **carcomer** [kɐrku'mer] ⟨2d⟩ zernagen, -fressen; fig untergraben, -höhlen **carcomido** [kɐrku'midu] wurmstichig; zerfressen

carda ['kardɐ] F̲ TECN Krempel f

cardal [kɐr'dal] M̲ Distelfeld n; fig Friedhof m

cardamomo [kɐrdɐ'momu] M̲ Kardamom m/n

cardápio [kax'dapju] M̲ bras Speisekarte f

cardar [kɐr'dar] ⟨1b⟩ TÊX pano kardieren; lã kämmen; krempeln

cardeal [kɐr'djal] A̲ ADJ Haupt...; **ponto** m ~ Himmelsrichtung f B̲ M̲ Kardinal m; ZOOL (Grau)Kardinal m

cardíaco [kɐr'diɐku] A̲ ADJ Herz...; **ritmo** m ~ Herzrhythmus m; **paragem** f **-a** Herzstillstand m B̲ M̲, **-a** F̲ Herzkranke(r) m/f

cardinal [kɐrdi'nal] Haupt...; **número** m ~ Kardinalzahl f

cardiologia [kɐrdjuluʻʒiɐ] F̲ Kardiologie f **cardiologista** [kɐrdjuluʻʒiʃtɐ] M/F Kardiologe m, Kardiologin f, Herzspezialist(in) m(f) **cardiovascular** [kɐrdjɔvɐʃku'lar] ADJ kardiovaskulär

cardo ['kardu] M̲ Distel f

cardume [kɐr'dumi] M̲ Fischschwarm m; fig (Menschen)Menge f

careca [kɐ'rɛkɐ] A̲ ADJ kahl(köpfig); haarlos; fig mentira durchsichtig; desculpa fadenscheinig; bras pneu glatt, ohne Profil; **pêssego** m ~ port Nektarine f B̲ F̲ Glatze f C̲ M̲ Glatzkopf m

carecente [kɐri'sẽti] → carenciado

carecer [kɐri'ser] ⟨2g⟩ ~ **de** perspectiva, meios fehlen an (dat), mangeln an (dat); dinheiro, víveres knapp sein; apoio brauchen **carecido** [kɐri'sidu] ADJ ~ **de** bedürftig (gen)

careiro [kɐ'rɐiru] (sündhaft) teuer

carência [kɐ'rẽsjɐ] F̲ Entbehrung f; víveres: Mangel m (**de** an dat), Knappheit f (**de** an dat); COM, FIN Karenzzeit f, zeitlicher Aufschub m **carenciado** [kɐrẽ'sjadu], **carente** [kɐ'rẽti] ADJ bedürftig; liebesbedürftig

carestia [kɐriʃ'tiɐ] F̲ Teuerung f; **taxa** f **de** ~ Teuerungsrate f

careta [kɐ'retɐ] A̲ F̲ Grimasse f, Fratze f; **fazer ~s** Grimassen schneiden B̲ ADJ Angola schlecht **careteiro** [kɐri'tɐiru] M̲ Grimassenschneider m

carga ['kargɐ] F̲ Last f (tb TECN, ELECT, fig); Ladung f (tb ELECT, MIL); fig Bürde f; Belastung f; COM Fracht f Frachtgut n; a(c)ção: Verladung f; lapiseira: Mine f; **uma ~ de** fam ein Haufen ...; ~ **de água** Regenguss m; ~ **explosiva** Sprengladung f; ~ **fiscal** steuerliche Belastung f; ~ **de ossos** port fam Haut und Knochen; ~ **útil** Nutzlast f; **besta** f (bras animal m) **de ~** Lasttier m; **burro** m **de ~** fig Packesel m; **navio** m **de ~** Frachter m; **voltar à ~** wieder damit anfangen

cargo ['kargu] M Amt n; (encomenda) Auftrag m; (obrigação) Verpflichtung f; **a ~ de** unter der Verantwortung von, zu Lasten (gen); **ter a seu ~** verpflichtet sein zu; sorgen müssen für; **deixar a/c a ~ de alg** etw j-m überlassen
cargueiro [kar'gairu] A ADJ Fracht..., Last... B M NÁUT Frachter m
cariado [ka'rjadu] ADJ kariös **cariar** [ka'rjar] ⟨1g⟩ Karies bilden
Caribe [ka'ribi] M Karibik f
carica [ka'rika] F fam Kronkorken m
caricato [kari'katu] ADJ lachhaft, lächerlich; karikaturistisch **caricatura** [karika'tura] F Karikatur f, Zerrbild n **caricaturista** [karikatu'rifta] M/F Karikaturist(in) m(f)
carícia [ka'risja] F Liebkosung f; **fazer ~s** liebkosen
caridade [kari'dadi] F (Nächsten)Liebe f; Wohltätigkeit f; **casa f de ~** Armenhaus n; (asilo) Obdachlosenheim n **caridoso** [kari'dozu] wohltätig, karitativ
cárie ['kari] F MED Karies f
caril [ka'ril] M Curry m; **~ de frango** GASTR Hühnchencurry ~
carimbar [karĩ'bar] ⟨1a⟩ (ab)stempeln **carimbo** [ka'rĩbu] M Stempel m
carinho [ka'ripu] M Liebe f; (carícia) Liebkosung f; **com ~** alles Liebe (Briefschluss) **carinhoso** [kari'pozu] liebevoll (**com** zu); zärtlich (**com** zu)
carioca [ka'rjɔka] A ADJ aus Rio de Janeiro B M/F Einwohner(in) m(f) von Rio de Janeiro C F **~ de café** port Tasse Kaffee mit e-m Schuss heißem Wasser; **~ de limão** port Tasse Tee aus Zitronenschalen
carisma [ka'rizma] M Charisma n
caritativo [karita'tivu] wohltätig, karitativ; Wohltätigkeits...
cariz [ka'riʃ] M (aspecto) Aussehen n; (aparência) Anschein m; (natureza) Wesen n; pop Fratze f
carjacking [kar'ʒɛkĩg] M Autoraub m; Carjacking n
carlinga [kar'ɫĩga] F AERO Kabine f; NÁUT Kielschwein n
carmesim [karmi'zĩ] M Karminrot n
carminativo [karmina'tivu] A ADJ blähungstreibend B M MED Mittel n gegen Blähungen, Karminativum n
carnadura [karna'dura] F Fleisch n (des Körpers); **ter boa/má ~** gut im Futter stehen/ausgemergelt sein **carnal** [kar'nal]

körperlich REL sinnlich; filho leiblich, primos ersten Grades
carnaval [karna'val] M Karneval m; **armar ~** fig pop e-n Aufstand (ou Ärger) machen; **desfile m de ~** Karnevalszug m **carnavalesco** [karnavaˈlɛʃku] karnevalistisch; Karnevals...
carne ['karni] F Fleisch n (tb fig); **~s** pl frias port Aufschnitt m; **~ de fumeiro** geräuchertes Fleisch n; **~ picada** (bras moída) Hackfleisch n; **~ de porco à Alentejana** Gericht aus Schweinefleisch, Muscheln, Knoblauch und Paprika; **~ de sol** bras Trockenfleisch n; **~ de vaca, ~ bovina** Rindfleisch n; **em ~ e osso** in Fleisch und Blut, leibhaftig; **criar ~** Fett ansetzen; **nem ~ nem peixe** nam weder Fisch noch Fleisch; **ser um espinho na ~ de alg** j-m ein Dorn im Auge sein; **ser unha e ~ com alg** mit j-m ein Herz und eine Seele sein; **sofrer a/c na própria ~** etw am eigenen Leib erfahren
carnê [kax'ne] M bras Belegheft n (für Ratenzahlungen)
carneira [kar'naira] F Schafleder n **carneirada** [karnaiˈrada] F Hammelherde f tb fig; NÁUT Schaumkronen fpl; MED Malariaanfall m
carneiro [kar'nairu] M Hammel m; **Carneiro** ASTRON Widder m; **~ assado** Hammelbraten m
cárneo ['karnju] fleischig; Fleisch...; cor fleischfarben
carniça [kar'nisa] F Schlachtung f; fig Gemetzel n; bras Aas n **carniçaria** [karnisa'ria] F Schlachthaus n; fig Gemetzel n
carniceiro [karni'sairu] A ADJ fleischfressend; (cruel) blutrünstig B M port pej médico: Stümper m, Metzger m; **~s** pl ZOOL Fleischfresser mpl **carnificina** [karnifi'sina] F Gemetzel n, Blutbad n **carnívoro** [kar'nivuru] A ADJ fleischfressend B M **~s** PL ZOOL Fleischfresser mpl **carnosidade** [karnuzi'dadi] F MED (Fleisch)Wucherung f **carnoso** [kar'nozu] fleischig (tb BOT); Fleisch... **carnudo** [kar'nudu] fruto, lábios fleischig; (musculoso) muskulös
caro ['karu] teuer; fig lieb, wert (tb Anrede); **sair ~** (a) teuer werden
carocha [ka'rɔʃa] F ZOOL Hirschkäfer m; port fam Küchenschabe f; port fam (VW-)Käfer m **carochinha** [karɔˈʃĩpa] F histó-

rias FPL da ~ Ammenmärchen npl **carocho** [kɜ'roʃu] dunkelfarbig; brünett **caroço** [kɜ'rosu] M ⟨pl [-'rɔ-]⟩ (Frucht)Kern m, Stein m; pop (dinheiro) Kies m, Moos n; pop Klümpchen n (beim Kochen); MED Knotenm; bras Griebe f; **sem ~** fruto kernlos **carola** [kɜ'rɔlɐ] A ADJ frömmelnd; fanatisch B M/F Frömmler(in) m(f); pop geralm: Fan m **carolice** [kɐru'lisi] F Frömmelei f; Fanatismus m **carolo** [kɜ'rolu] M Maisgrieß m; Maisbrei m; Beule f (am Kopf); Kopfnuss f **carona** [kɐ'ronɐ] bras A F Mitfahrgelegenheit f; illegal: Schwarzfahrt f; **dar ~ (a alg)** (j-n als) Anhalter mitnehmen; **ir de ~** per Anhalter fahren, trampen B M/F Anhalter(in) m(f); illegal: Schwarzfahrer(in) m(f) **carótida** [kɜ'rɔtidɐ] F Halsschlagader f **carpa** ['karpɐ] F Karpfen m **carpetar** [kaxpe'tax] ⟨1a⟩ bras mit Teppichboden auslegen **carpete** [kar'peti] A F Teppich m B M bras Teppichboden m **carpintaria** [kɐrpīts'riɐ] F Tischlerei f, Schreinerei f **carpinteirar** [kɐrpītɐj'rar], bras **carpintejar** [kɐxpīte'ʒax] ⟨1a⟩ tischlern; zimmern **carpinteiro** [kɐrpī'tɐjru] M Tischler m; Zimmermann m; **~ de limpo** port Tischler m, Schreiner m; **~ de tosco** port Zimmermann m; **banco m de ~** Hobelbank f; **bicho m ~** Holzbock m **carpir**[1] [kɐr'pir] ⟨3b⟩ A VT beweinen, beklagen; **~-se** (weh)klagen (de über ac) B VI vento heulen **carpir**[2] [kax'pix] ⟨3a⟩ bras erva jäten **carpo** ['karpu] M 1 ANAT Handwurzel f 2 BOT Frucht f **carquilha** [kɐr'kiʎɐ] F Runzel f, Falte f **carraça** [kɜ'ʀasɐ] F Zecke f; pop Klette f **carrada** [kɜ'ʀadɐ] F Fuhre f, (Wagen)Ladung f; **~s pl de** Unmengen fpl (gen ou von) **carranca** [kɜ'ʀɐ̃kɐ] F finsteres Gesicht n; verbissene Miene f **carrancudo** [kɜʀɐ̃'kudu] übellaunig, brummig; verbissen **carrão** [kɜ'ʀɐ̃ũ] M pop (carro grande) (Riesen)Schlitten m **carrapato** [kaxa'patu] M bras ZOOL Zecke f **carrapicho** [kɐʀɐ'piʃu] M Haarknoten m;

bras BOT Klette f **carrasco** [kɜ'ʀaʃku] M Henker m; fig Unmensch m; BOT Steineiche f **carraspana** [kɐʀɐʃ'pɐnɐ] F Rausch m **carrear** [kɜ'ʀjar] ⟨1l⟩ transportieren, herbei-, fortschaffen (mit Wagen); fig nach sich ziehen, mit sich bringen **carregação** [kɜʀiɡɜ'sɐ̃ũ] F (Be-, Ver)Laden n; Ladung f; port pop Rotz m; **de ~** bras schlecht gemacht; pop hingepfuscht **carregado** [kɜʀi'gadu] (voll) beladen; fig überladen; tempo drückend; cor kräftig; pilha geladen; **~ de ele(c)tricidade** elektrisch geladen **carregador** [kɜʀiga-'dor] M Packer m; Lastträger m; Ladearbeiter m (im Hafen etc); FERROV Gepäckträger m; arma: Magazin n; ELECT **~ de bateria** Batterieladegerät n **carregamento** [kɜʀiga'mẽtu] M (Be)Laden n; Ladung f; MIL Laden m **carregar** [kɜʀi'gar] ⟨1o; 8tv 1c⟩ VT beladen (com, de mit); mercadoria ver-, einladen; verfrachten; veículo beladen; arma, pilha laden; culpa zur Last legen, aufladen; imposto, preço erhöhen; barriga voll schlagen; fig alg belasten; adversário bedrängen; mal vergrößern; forno beschicken B VI atmosfera sich auflagen; céu, humor sich verfinstern; **~ com** sich beladen (ou belasten) mit; **~ em** lasten auf (dat); Druck ausüben auf (ac); sich stützen auf (ac); botão drücken; (exagerar) zu viel des Guten tun bei; **~ no sal** versalzen C V/R **~-se** bewölken; sich verfinstern **carreira** [kɜ'ʀɐjrɐ] F (vereda) Weg m; (corrida) Rennen n; port transportes públicos: (Verkehrs-)Linie f; port (autocarro) Linienbus m; (fileira) Reihe f; fig Laufbahn f, Karriere f; **~ de tiro** Schießstand m; **diplomata m de ~** Berufsdiplomat m **carreirismo** [kɐʀɐj'riʒmu] M Karrierismus m **carreirista** [kɐʀɐj'riʃtɐ] M/F Karrierist(in) m(f) **carreiro** [kɜ'ʀɐjru] M (Fahr)Weg m; caça: Wildwechsel m; formigas: (Ameisen)Straße f; **~ de São Tiago** pop Milchstraße f **carreta** [kɜ'ʀetɐ] F Karren m **carretagem** [kɐʀi'taʒɐ̃j] F Beförderung f; (quantia) Beförderungsentgelt n; COM Fracht f **carrete** [kɜ'ʀeti] M Rolle f (für Lager); TECN Ritzel m **carreteiro** [kɐʀi-'tɐjru] A ADJ barco M **~ de** Leichter m B M Spediteur m **carretel** [kɐʀi'tɛt] M Rol-

le f, Spule f; **~ de linha** bras Garnrolle f
carretilha [kɐʀɨ'tiʎɐ] F Teigrädchen n; (broca) Holzbohrer m
cariça [kɐ'ʀisɐ] F ZOOL Zaunkönig m
carril [kɐ'ʀiɫ] M Fahrspur f; FERROV Schiene f
carrilhão [kɐʀi'ʎɐ̃ũ] M MÚS Glockenspiel n; Carillon n; Röhrenglocken fpl
carrinha [kɐ'ʀiɲɐ] F port AUTO (Klein)Transporter m; Pick-up m; **~ (mista)** port Kombi(wagen) m **carrinho** [kɐ'ʀiɲu] M kleiner Karren m; (Garn)Rolle f; TECN Laufkatze f; **~ de bagagem** Kofferkuli m; **~ de bebé** ⟨bras **bebê**⟩ Kinderwagen m; **~ de compras** Einkaufswagen m; **~ de mão** Schubkarre(n) f(m) **carripana** [kɐʀi'panɐ] F port pop Klapperkiste f
carro ['kaʀu] M (automóvel) Auto n, Pkw m; de bois etc: Wagen m, Fuhrwerk n; FERROV Wagen m, Waggon m; **~ de aluguer**, bras **de aluguel** Mietwagen m; **~ blindado** gepanzertes Fahrzeug n; **~ citadino** port Stadtauto n; **~ de combate** MIL (Schützen)Panzer m; **~ emissor** TV Übertragungswagen m; **~ forte** Geldtransporter m; **~ fúnebre** Leichenwagen m; **~ de mão** Karren m; **~ de praça** Taxi n; **~ de reboque** Abschleppfahrzeug m; **~ usado** Gebrauchtwagen m; **~ vassoura**, **~ varredor** Straßenkehrmaschine f
carro-bomba [kaʀu'bõbɐ] M ⟨pl **carros-bomba**⟩ Autobombe f
carroça [kɐ'ʀɔsɐ] F Leiterwagen m; (einachsiger) Karren m **carroçaria** [kɐʀusɐ'riɐ] F Karosserie f
carro-casa [kaʀu'kazɐ] M ⟨pl **carros-casa**⟩ bras Wohnmobil n
carroceiro [kɐʀu'sɐiru] M Kutscher m, fig Grobian m **carroceria** [kaʀose'riɐ] F bras Karosserie f
carro-guincho [kaʀu'gĩʃu] bras ⟨pl **carros-guincho**⟩, **carro-grua** [kaʀu'gruɐ] M ⟨pl **carros-grua**⟩ Abschleppwagen m
carro-leito [kaʀu'lɐitu] M ⟨pl **carros-leito**⟩ bras Schlafwagen m **carro-patrulha** [kaʀupɐ'truʎɐ] M ⟨pl **carros-patrulha**⟩ Streifenwagen m **carro-pipa** [kaxu'pipe] ⟨pl **carros-pipa**⟩ bras, **carro-tanque** [kaxu'tẽki] M ⟨pl **carros-tanque**⟩ bras Tankwagen m
carrossel [kɐʀu'sɛɫ] M Karussell n
carruagem [kɐ'ʀwaʒɐ̃ĩ] F Kutsche f; FERROV Wagen m; **~ cama** FERROV; **~ direc-** **ta** port Kurswagen m **carruagem-cama** [kɐʀwaʒɐ̃ĩ'kamɐ] F ⟨pl **carruagens-cama**⟩ Schlafwagen m **carruagem-restaurante** [kɐʀwaʒɐ̃ĩʀɨʃtɐu'ʀati] F ⟨pl **carruagens-restaurante**⟩ port Speisewagen m

carta ['kartɐ] F Brief m, Schreiben n; jogo: Spielkarte f; **~ aberta** offener Brief m; **~ branca** Freibrief m; **~ circular** Rundschreiben n; **~ de apresentação**, **~ de recomendação** Empfehlungsschreiben n; **~ de chamada** Arbeitserlaubnis f (für Asylanten); **~ de condução**, bras **de motorista** Führerschein m; **~ de curso** (Abschluss-, Diplom)Zeugnis n; **~ de vinhos** Weinkarte f; **~ registada**, bras **registrada** Einschreibbrief m; **castelo de ~s** fig Kartenhaus n; **por ~** brieflich; **jogar a ~ e-e** Karte ausspielen (tb fig); **jogar às ~s** Karten spielen; **partir as ~s** die Karten abheben; **tirar a ~** den Führerschein machen
cartada [kɐr'tadɐ] F Ausspielen n; (ausgespielte) Karte f
cartão [kɐr'tɐ̃ũ] M ⟨pl **-ões** [-õĩʃ]⟩ **1** material: Pappe f, Karton m; caixa: Schachtel f; embalagem: **~ composto** Verbundstoff m; **~ ondulado** Wellpappe f **2** documento: Mitgliedskarte f; **~ credifone®** port Telefonkarte f; **~ de alberguista** Jugendherbergsausweis m; **~ de contribuinte** (financeiro) Lohnsteuerkarte f; **~ de embarque** AERO Bordkarte f; **~ de estudante** Studentenausweis m; **~ de sócio** Mitgliedsausweis m; **~ de visita** Visitenkarte m; **~ festivo** Grußkarte f; **~ verde** port grüne Versicherungskarte f **3** FIN **~ bancário** Bankkarte f; **~ de cheque** Scheckkarte f; **~ de crédito** Kreditkarte f; **~ Multibanco** Geldkarte f; **~ pré-pago** Prepaid-Karte f **4** INFORM **~ gráfico** Grafikkarte f; **~ magnético** Magnetkarte f **5** DESP e fig **~ amarelo/vermelho** gelbe/rote Karte f **cartão-postal** [kɐrtɐ̃ũposˈtaɫ] M ⟨pl **cartões-postais**⟩ bras Postkarte f, Ansichtskarte f
cartaxo-comum [kɐrtaʃukuˈmũ] M ⟨pl **cartaxos-comuns**⟩ ZOOL Schwarzkehlchen n
cartaz [kɐr'taʃ] M Plakat n; bras Berühmtheit f, Ruf m
carteira [kɐr'tɐirɐ] F **1** dinheiro: Brieftasche f; documentos: Aktenmappe f; se-

nhora: (Damen)Handtasche f; **~ a tiracolo** Umhängetasche f **2** *móvel*: Schreibpult n **3** *bras espec*: Ausweis m; **~ de identidade** Personalausweis m; **~ de habilitação** Führerschein m; *bras* **~ de motorista** Führerschein m **4** *banco*: Abteilung f **carteirista** [kartɐi'riʃtɐ] M/F Taschendieb(in) m(f) **carteiro** [kɐr'tɐiru] M Briefträger m

cartel [kɐr'tɛɫ] M **1** ECON Kartell n **2** schriftliche Provokation f, Herausforderung f; **de ~** *port* von Format **cartelização** [kɐrtiɫizɐ'sɐ̃u] F ECON Kartellbildung f **cárter** ['kartɛr] M TECN, AUTO Gehäuse m **cartilagem** [kɐrti'laʒɐ̃i] F Knorpel m **cartilaginoso** [kɐrtiɫɐʒi'nozu] knorpelig **cartilha** [kɐr'tiʎɐ] F Fibel f **cartografia** [kɐrtugrɐ'fia] F Kartografie f, Kartenkunde f **cartola** [kɐr'tɔɫɐ] **A** F *fam chapéu*: Zylinder m **B** M *pop* Bonze m **cartolina** [kɐrtu'ɫinɐ] F feines Kartonpapier n, Zeichenkarton m **cartomancia** [kɐrtumɐ̃'sia] F Kartenlegen n **cartomante** [kɐrtu'mɐ̃ti] M/F Kartenleger(in) m(f) **cartonado** [kɐrtu'nadu] kartoniert **cartonagem** [kɐrtu'naʒɐ̃i] F TIPO Pappeinband m **cartoon** [kɐr'tun] M Cartoon m **cartoonista** [kɐrtu'niʃtɐ] M/F Cartoonist(in) m(f) **cartório** [kɐr'tɔrju] M *notário*: Notariat n; *bras* Standesamt n; *(arquivo)* Archiv n **cartucheira** [kɐrtu'ʃɐirɐ] F Patronentasche f, -gurt m **cartucho** [kɐr'tuʃu] M Patrone f (*tb* MIL); *bras impressora*: Kartusche f; *embalagem*: Packung f, (Papp)Schachtel f **cartum** [kax'tũ] M *bras*, **cartune** [kɐr'tuni] *port etc* → cartoon etc **caruma** [kɐ'rumɐ] F BOT (abgefallene) Nadeln fpl **carunchar** [kɐrũ'ʃar] ⟨1a⟩ vom Wurm zerfressen werden **caruncho** [kɐ'rũʃu] M Holzwurm m **carunchoso** [kɐrũ'ʃozu] wurmstichig **carusma** [kɐ'ruʒmɐ] F sprühender Funke m; herumfliegende Asche f **carvalhal** [kɐrvɐ'ʎaɫ] M Eichenwald m **carvalho** [kɐr'vaʎu] M Eiche f; **de ~** eichen **carvão** [kɐr'vɐ̃u] M Kohle f; PINT Kohlezeichnung f; **~ de pedra**, **~ fóssil** Steinkohle f; **~ vegetal** Holzkohle f; **preto como ~** *fam* kohlrabenschwarz

casa ['kazɐ] F Haus n; *tb* Wohnung f; *jogo*: Feld n; *botão*: Knopfloch n; *estante*: (Regal)Boden m; *tabela, formulário*: Feld n; MAT (Dezimal)Stelle f; **~ arrendada**, **~ comercial** Handelshaus n; **~ de abrigo** Schutzhütte f; **~ de aluguer**, *bras* **de aluguel** Mietshaus n; **~ de banho** *port* Bad (-ezimmer) n; **~ de campo** Landhaus n; **~ de detenção** Gefängnis n; **~ editora** Verlagshaus n; **~ de entrada** *port fam* Diele f **~ geminada** Doppelhaus n; **~ grande** *bras* Herrenhaus n; **Casa da Moeda** Münze f; **~ de pasto** Speisegaststätte f; **~ de passe**, **~ de putas** *pop* Puff m; **~ paterna** Elternhaus n; **~ de penhores** Pfandhaus n; **~ popular** *bras* Sozialwohnungsbau m; **~ pré-fabricada** Fertighaus n; **~ de produtos dietéticos** Reformhaus n; **~ de saúde** Privatkrankenhaus n, *bras* Krankenhaus n; **~ em série** *port* Reihenhaus n; **a/em ~ de alg** zu/bei j-m; **em/para ~** zu/nach Hause; *Suíça tb*: zuhause/nachhause; **feito em ~** hausgemacht; **governar a ~** *fam* den Hausstand führen; **mudar de ~** umziehen; **passar pela ~ de alg** bei j-m vorbeigehen; **pôr ~** *en* Hausstand gründen

casa-alugada [kazaɫu'gadɐ] M ⟨*pl* casas-alugadas⟩ *port* ZOOL Einsiedlerkrebs m

casaca [kɐ'zakɐ] F Frack m; **cortar na ~ de alg** *fam* über j-n herziehen, lästern; **virar a ~** sein Fähnchen nach dem Wind drehen **casacão** [kɐzɐ'kɐ̃u] M Mantel m; *fam* Parka m **casaco** [kɐ'zaku] M Jacke f; Jackett n; **~ acolchoado** Steppjacke f; **~ de cabedal**, *bras* **~ de couro** Lederjacke f; **~ comprido** Mantel m; **~ de malha** Strickjacke f; **~ a três quartos** Dreiviertel jacke f

casadeiro [kɐzɐ'dɐiru], **casadouro** [kɐzɐ'doru] M heiratsfähig **casado** [kɐ'zadu] verheiratet

casa-forte [kazɐ'fɔrti] F ⟨*pl* casas-fortes⟩ Tresorraum m

casal [kɐ'zaɫ] M **1** AGR Gehöft n; (kleines) Gut m **2** (Ehe)Paar n **casalejo** [kɐzɐ'ɫɐiʒu] M (kleines) Anwesen n

casa-mãe [kazɐ'mɐ̃i] F ⟨*pl* casas-mãe⟩ COM Mutterhaus n

casamenteiro [kɐzɐmɐ̃'tɐiru] Heirats-...;

Ehevermittlungs... **casamento** [kazɐ'mẽtu] M *acto:* Heirat f, Hochzeit f; *instituição:* Ehe f; **~ civil/religioso** standesamtliche/kirchliche Trauung f; **de conveniência** Vernunftehe f; **contrair ~ com** die Ehe schließen mit; **pedir alg em ~** um j-s Hand anhalten
casão [kɐ'zɐ̃ũ] M großes Haus n
casar [kɐ'zar] ⟨1b⟩ (sich) (ver)heiraten; **~ com alg** j-n heiraten
casarão [kazɐ'rɐ̃ũ] M großes Haus n; Villa f **casario** [kazɐ'riu] M Häuserzeile f
casca ['kaʃkɐ] F *fruta, ovo:* Schale f; *árvore:* (Baum)Rinde f; *fig* Hülle f; Außenseite f; **~ de banana** *pop fig* Fußangel f; **em ~** ungeschält *(Reis);* **morrer na ~** im Keim ersticken **casca-de-noz** [kaʃkɐdi'nɔʒ] F ⟨pl cascas-de-noz⟩ *pop* Nussschale f *(kleines Boot)* **casca-grossa** [kaʃkɐ'grɔsɐ] M/F ⟨pl cascas-grossas⟩ Raubein n, Grobian m
Cascais [kɐʃ'kaiʃ] SEM ART *Badeort bei Lissabon*
cascalheira [kɐʃkɐ'ʎɐirɐ] F **1** *no rio:* Kiesbank f **2** *ruído:* Rasseln n *(wie von Kies);* *respiração:* Röcheln n **cascalho** [kɐʃ'kaʎu] M Geröll n; Kies m; Schotter m; *(ferro)* Eisenschlacke f **cascalhoso** [kɐʃkɐ'ʎozu], **cascalhudo** [kɐʃkɐ'ʎudu] steinig
cascão [kɐʃ'kɐ̃ũ] M dicke Schale f; *fig* Dreck-, Schmutzschicht f
cascar [kɐʃ'kar] ⟨1n; *Stv* 1b⟩ *fruta, ovo.* (ab)schälen; **~ em alg** *pop (bater)* j-n verprügeln; *(criticar)* j-n beschimpfen
cascata [kɐʃ'katɐ] F Kaskade f; Wasserfall m; *bras tb* Geflunker n
cascavel [kɐʃkɐ'vɛl] **A** F ZOOL Klapperschlange f; *bras fig* böse Zunge f, Schlange f **B** M Schelle f
casco ['kaʃku] M ZOOL Huf m; *(barril)* (Wein)Fass n; NÁUT (Schiffs)Rumpf m; *bras* Leergut n; *fig* Grips m; **~ histórico** Altstadt f; **em Cascos de rolha** *pop* wo sich Fuchs und Hase gute Nacht sagen **cascudo** [kɐʃ'kudu] **A** ADJ dickschalig; dickhäutig **B** M Kopfnuss f
casebre [kɐ'zɛbri] M elende Hütte f
caseificar [kɐzɐifi'kar] ⟨1n⟩ zu Käse verarbeiten
caseira [kɐ'zɐirɐ] F Haushälterin f **caseiro** [kɐ'zɐiru] **A** ADJ Haus...; häuslich *(tb fig);* hausgemacht **B** M Verwalter m; Pächter m

caserna [kɐ'zɛrnɐ] F Kaserne f
casimira [kɐzi'mirɐ] F Kaschmir m
casinha [kɐ'ziɲɐ] F Häuschen n; *fam* Örtchen n **casinhola** [kɐzi'ɲɔlɐ] F, **casinhota** [kɐzi'ɲɔtɐ] F Häuschen n; Hütte f
casino [kɐ'zinu] M Casino n
casmurro [kɐʒ'muʁu] dickköpfig
caso ['kazu] M Fall m *(tb* LING, DIR*);* Sache f; *(circunstância)* Umstand m; *(ocorrência)* Vorfall m; **~ de consciência** Gewissensfrage f; **~ de urgência** Notfall m; **~ extremo** Härtefall m; **~ que** *conj,* **no ~ de** *(inf)* falls; **dado o ~ que** gesetzt den Fall, dass; **em ~ de necessidade** im Bedarfsfall; **em todo o ~** auf jeden Fall, jedenfalls; **em ~ algum** *(ou* **nenhum)** auf keinen Fall, keinesfalls; **(no) ~ contrário** andernfalls; **no melhor/pior dos ~s** bestenfalls/schlimmstenfalls; **em último ~** äußerstenfalls; **estar a par do ~** im Bilde sein; **(não) fazer ~ de** *etw* (nicht) beachten; **não é ~ para ...** so schlimm ist es nun auch nicht!
casota [kɐ'zɔtɐ] F Hütte f
caspa ['kaʃpɐ] F (Kopf)Schuppe f
Cáspio ['kaʃpju] M GEOG **o (mar) ~** das Kaspische Meer n
casqueta [kɐʃ'ketɐ] F (Schirm)Mütze f **casquete** [kɐʃ'keti] M Käppi n
casquilho[1] [kɐʃ'kiʎu] M TECN Lagerbuchse f; ELECT Fassung f
casquilho[2] [kɐʃ'kiʎu] **A** ADJ geckenhaft **B** M *pej* Dandy m, Lackaffe m
casquinada [kɐʃki'nadɐ] F Gekicher n
casquinha [kɐʃ'kiɲɐ] F Rinde f; *madeira:* Furnier(holz) n; *prata:* Auflage f; *bras* Eistüte f; **tirar ~** *pop* schnorren
cassação [kɐsɐ'sɐ̃ũ] F Aufhebung f; Kassation f **cassar** [kɐ'sar] ⟨1b⟩ aufheben; DIR kassieren
cassete [kɐ'sɛti] F Kassette f; **~ de vídeo,** *bras* **fita ~** Videokassette f **B** M *bras* Kassettenrekorder m
cassetete [kɐsi'tɛti] M Schlagstock m
cassino [kɐ'sinu] *bras* Casino n
casta ['kaʃtɐ] F Art f; Rasse f; Geschlecht n; *ou* Kaste f; **de ~ pur,** rein-(rassig); hochwertig
castanha [kɐʃ'tɐɲɐ] F Kastanie f; *caju etc.* Nuss f; *fig pop* Pferdeapfel m; **estala/rebenta a ~ na boca a alg** j-d erlebt es böse Überraschung **castanha-do-pará** [kɐʃtɐɲɐdupɐ'ra] F Paranuss f

castanhal [kɐʃtɐ'ɲaɫ], **castanhedo** [kɐʃtɐ'ɲedu] M Kastanienwald m **castanheira** [kɐʃtɐ'ɲajrɐ] F Kastanienverkäuferin f **castanheiro** [kɐʃtɐ'ɲajru] M Kastanienbaum m **castanho** [kɐʃ'tɐɲu] A ADJ (kastanien)braun B M Kastanie f **castanholas** [kɐʃtɐ'ɲɔɫɐʃ] FPL MÚS Kastagnetten fpl

castão [kɐʃ'tɐ̃w] M (Stock)Knauf m

Castela [kɐʃ'tɛlɐ] F GEOG Kastilien n **castelhano** [kɐʃti'ʎɐnu] M kastilisch

castelo [kɐʃ'tɛlu] M Burg f; Schloss n; (fortaleza) Festung f, Fort n; **~ no ar** fig Luftschloss n; **~ de cartas** Kartenhaus n

Castelo Branco [kɐʃ'tɛlu'brɐ̃ku] port Distrikt(hauptstadt)

castiçal [kɐʃti'saɫ] M Leuchter m, Kerzenhalter m

castiço [kɐʃ'tisu] linguagem rein; cavalo reinblütig, -rassig; fig einwandfrei; pop astrein, cool **castidade** [kɐʃti'dadi] F Keuschheit f

castigar [kɐʃti'gar] ⟨1o⟩ (be)strafen; fig (atormentar) malträtieren, traktieren; (prejudicar) benachteiligen; estilo verfeinern **castigo** [kɐʃ'tigu] M Strafe f, Bestrafung f; **de ~** zur Strafe; **ficar de ~** Hausarrest bekommen; escola: nachsitzen

casto [ˈkaʃtu] keusch; fig rein

castor [kɐʃ'tor] M Biber(pelz) m

castração [kɐʃtrɐ'sɐ̃w] F Kastration f **castrado** [kɐʃ'tradu] A ADJ kastriert B M Kastrat m **castrar** [kɐʃ'trar] ⟨1b⟩ kastrieren; fig tb beschneiden

casual [kɐ'zwaɫ] zufällig, Zufalls...; **com ar ~** wie zufällig **casualidade** [kɐzwɐli'dadi] F Zufälligkeit f; Zufall m; **por ~** zufällig

casuarina [kɐzwɐ'rinɐ] F Casuarinabaum m

casula [kɐ'zulɐ] F REL Messgewand n, Kasel f

casulo [kɐ'zulu] M ZOOL Kokon m; BOT Samenkapsel f

cat. ABR (catálogo) Kat. (Katalog)

cata [ˈkatɐ] F Suche f; bras (Kaffee)Ernte f; **andar à** (ou **em**) **~ de** fam suchen nach **cataclismo** [kɐtɐ'kliʒmu] M (Natur)Katastrophe f; fig Umsturz m

catacumbas [kɐtɐ'kũbɐʃ] FPL Katakomben fpl

catadupa [kɐtɐ'dupɐ] F Wasserfall m; **em ~** pop in rauen Mengen

catadura [kɐtɐ'durɐ] F Miene f; Befinden n; **estar de boa/má ~** gute/böse Miene machen

catalão [kɐtɐ'lɐ̃w] A ADJ katalanisch B M ⟨pl -ães⟩, **catalã** [kɐtɐ'lɐ̃] F Katalane m, Katalanin f

catalisador [kɐtɐliza'dor] A ADJ Katalysator.. B M Katalysator m **catalisar** [kɐtɐli'zar] ⟨1a⟩ katalysieren

catalogar [kɐtɐlu'gar] ⟨1o; Stv 1e⟩ katalogisieren

catálogo [kɐ'talugu] M Katalog m; Verzeichnis n; **~ ideográfico** Sachkatalog m **Catalunha** [kɐtɐ'luɲɐ] F GEOG **a ~** Katalonien n

catamarã [kɐtɐmɐ'rɐ̃] M Katamaran m

catana [kɐ'tɐnɐ] F Haumesser n, Machete f

cataplana [kɐtɐ'plɐnɐ] F flache Kupferkasserole f (mit Deckel); **~ de peixe** Fischpfanne f; **na ~** in der Kupferkasserole zubereitet

cataplasma [kɐtɐ'plaʒmɐ] F Breiumschlag m; fig pessoa: Waschlappen m, Weichei n

catapora(s) [kata'pɔre(ʃ)] FPL bras Windpocken pl

catapulta [kɐtɐ'puɫtɐ] F TECN Katapult m **catapultar** [kɐtɐpuɫ'tar] ⟨1a⟩ katapultieren (tb fig)

catar [kɐ'tar] V/T ⟨1b⟩ objecto suchen, forschen nach; terreno ab-, durchsuchen; pessoa, animal lausen; **vai-te ~!** pop scher dich zum Teufel!

catarata¹ [kɐtɐ'ratɐ] F Wasserfall m

catarata² [kɐtɐ'ratɐ] F MED grauer Star m

catarinense [katari'nẽsi] A bras ADJ aus Santa Catarina B M/F bras Einwohner(in) des Bundesstaats Santa Catarina

catarro [kɐ'taʀu] M Katarr(h) m

catástrofe [kɐ'taʃtrufi] F Katastrophe f; **~ climática** Klimakatastrophe f; **~ nuclear** atomare Katastrophe f

catastrófico [kɐtɐʃ'trɔfiku] katastrophal

catatua [kɐtɐ'tuɐ] F Kakadu m

cata-vento [katɐ'vẽtu] M ⟨pl ~s⟩ Wetterfahne f; fig Wendehals m

catecismo [kɐti'siʒmu] M Katechismus m

cátedra [ˈkatidrɐ] F UNIV Lehrstuhl m; REL der Heilige Stuhl **catedral** [kɐti'draɫ] A ADJ sé F **~ Dom** m, Münster n B F Kathedrale f **cate-**

drático [kati'dratiku] ADJ/M (**professor M**) ~ Lehrstuhlinhaber m, ordentlicher Professor m

categoria [kɐtiguˈriɐ] F Kategorie f; social: Klasse f, Gruppe f; fig Rang m; fig Format n; **de ~** von Rang; **de alta ~** hochrangig **categórico** [kɐtiˈgɔriku] kategorisch, bestimmt **categorizar** [kɐtiguriˈzar] ⟨1a⟩ einstufen, -ordnen; kategorisieren

catenária [kɐtiˈnarjɐ] F ELECT Oberleitung f

catequese [kɐtiˈkɛzi] F Katechese f, Religionsunterricht m

cateter [kɐtiˈtɛr] M MED Katheter m **cateterizar** [kɐtitiriˈzar] ⟨1a⟩ MED kathetern

cateto [kɐˈtɛtu] M MAT Kathete f

catião [kɐˈtjɐ̃u] M FÍS Kation n

catinga [kɐˈtĩgɐ] A F unangenehmer Körpergeruch m; bras tb Geiz m B M bras Geizkragen m **catingar** [kɐtĩˈgar] ⟨1o⟩ stinken; fam knausern

catita [kɐˈtitɐ] A port ADJ adrett; fein, elegant B M/F gut gekleidete Person f C port INT herrlich!, wunderbar!

cativante [kɐtiˈvɐ̃ti] gewinnend; bezaubernd **cativar** [kɐtiˈvar] ⟨1a⟩ gefangen nehmen; knechten; fig anziehen, fesseln; bezaubern; simpatia erzeugen; **~ alg** j-n für sich einnehmen **cativeiro** [kɐtiˈvɐiru] M Gefangenschaft f; Gefängnis n **cativo** [kɐˈtivu] A ADJ gefangen; fig entzückt B M Gefangene(r) m; (escravo) Sklave m

catolicão [kɐtuliˈkɐ̃u] M Erzkatholik m **catolicismo** [kɐtuliˈsiʒmu] M Katholizismus m

católico [kɐˈtɔliku] ADJ katholisch; **não ser muito ~** fig fam nicht ganz koscher sein; **não estar muito ~** fam kränkeln B M, **-a** F Katholik(in) m(f)

catombo [kɐˈtõbu] M bras Geschwulst f

catorze [kɐˈtorzi] NUM vierzehn

catrabucha [kɐtrɐˈbuʃɐ] F **~ (de arame)** feine Drahtbürste f

catrapus [kɐtrɐˈpuʃ] A M Galopp m, Galoppieren n B INT **~!** plauz!, plumps!

catre [ˈkatri] M Klappbett n; Pritsche f

catrefada [kɐtrɛˈfadɐ] F pop Unmenge f, Haufen m

caturra [kɐˈturɐ] fam A ADJ vorsintflutlich; (teimoso) bockig, dickköpfig B M/F altmodischer Mensch m; (teimoso) Dickschädel m **caturrice** [kɐtuˈʁisi] F Marotte f

caubói [kauˈbɔi] M bras Cowboy m

caução [kauˈsɐ̃u] F DIR Bürgschaft f, Kaution f; Sicherheit f

Cáucaso [ˈkaukɐzu] M GEOG **o ~** der Kaukasus

cauchu [kauˈʃu] M Rohgummi m/n, Kautschuk m

caucionar [kausjuˈnar] ⟨1f⟩ bürgen für; Sicherheit leisten für; confiança erweisen; respeito zollen; **ser caucionado** DIR e-e Kaution hinterlegen (müssen) **caucionário** [kausjuˈnarju] A ADJ Kautions... B M, **-a** F Bürge m, Bürgin f

cauda [ˈkaudɐ] F Schwanz m (tb AERO); Schweif m (tb ASTRON); vestido: Schleppe f; MÚS (Noten)Hals m; fig Gefolge n; **na ~** am Schluss; **piano m de ~** Flügel m

caudal[1] [kauˈdał] A ADJ rio reißend, mächtig B M/F Strom m; Wasserflut f; TECN medida: Durchflussmenge f; **~ de refugiados** Flüchtlingsstrom m

caudal[2] [kauˈdał] ZOOL Schwanz...

caudilho [kauˈdiʎu] M (An)Führer m; pej Caudillo m; MIL Oberbefehlshaber m

caule [ˈkauli] M BOT Stängel m; erva: (Gras)Halm m

caulim [kauˈłĩ] M Porzellanerde f, Kaolin n

causa [ˈkauzɐ] F Ursache f, Grund m; DIR Prozess m; fig Sache f; **conhecimento m de ~** Sachkenntnis f; **em ~** fraglich; **por ~ de** wegen; **por minha ~** meinetwegen; **pôr em ~** bezweifeln

causador [kauzɐˈdor] A ADJ verursachend; auslösend B M Verursacher m, Urheber m **causal** [kauˈzał] A ADJ kausal, ursächlich; Kausal... (tb LING) B F (Beweg)Grund m; Ursache f **causalidade** [kauzɐliˈdadi] F Ursächlichkeit f, Kausalität f **causar** [kauˈzar] ⟨1a⟩ custos, atraso verursachen; infortúnio, miséria anrichten, stiften; alegria, dificuldades bereiten; impressão hinterlassen

cáustico [ˈkauʃtiku] A ADJ ätzend (tb fig); fig beißend B M Ätzmittel n, Beize f; MED Zugpflaster n

cautela [kauˈtɛłɐ] F Vorsicht f; Vorbehalt m; port lotaria: Anteilschein m; **~ de penhor** Pfandschein m; **à ~** vorsichtshalber; **estar com ~** auf der Hut sein **cautelei-**

ro [kauti'ʒiru] M Losverkäufer m **cauteloso** [kauti'lozu] vorsichtig
cautério [kau'tɛrju] M MED Kauter m; fig strenge Maßnahme f (ou Strafe f) **cauterização** [kautʃirizɐ'sɐ̃u̯] F MED Kauterisation f **cauterizar** [kautʃiri'zar] ⟨1a⟩ (weg)ätzen; MED kauterisieren; fig ausmerzen
cauto ['kautu] vorsichtig; schlau
cava ['kavɐ] F (escavação) Aushub m; Grube f; decote, manga: Ausschnitt m; bras Keller m, Kellergeschoss n
cavaca [kɐ'vakɐ] F Scheit n Stück n Holz; GASTR Spritzkuchen m; **ser como ~s** kinderleicht sein **cavaco** [kɐ'vaku] M (Holz)Span m, Splitter m; Scheit m; fam Schwatz m
cavadela [kɐvɐ'dɛlɐ] F **dar uma ~** ein wenig umgraben, hacken **cavado** [kɐ'vadu] A ADJ terra bearbeitet; olhos tief liegend; rosto ausgemergelt; vestido tief ausgeschnitten B M Grube f **cavador** [kɐvɐ'dor] M Erdarbeiter m; bras Hochstapler m
cavala [kɐ'valɐ] F Makrele f
cavalada [kɐvɐ'ladɐ] F Dummheit f
cavalaria [kɐvɐlɐ'riɐ] F Reitkunst f; MIL Kavallerie f; **meter-se em altas ~s** Rosinen im Kopf haben **cavalariça** [kɐvɐlɐ'risɐ] F Pferdestall m **cavaleira** [kɐvɐ'lɐi̯rɐ] F Reiterin f; **às ~s** rittlings; huckepack **cavaleiro** [kɐvɐ'lɐi̯ru] A ADJ beritten; Ritter... B M, **-a** F Reiter(in) m(f); hist **~** m Ritter m, Edelmann m; **~ andante** fahrender Ritter m; **ficar a ~** überragen
cavalete [kɐvɐ'letʃi] M AUTO Wagenheber m; PINT Staffelei f; MÚS Steg m; ARQUIT Sattel m; carpinteiro: (Säge)Bock m; geralm: Gestell m; **pôr sobre ~s** carro etc aufbocken
cavalgada [kɐval'gadɐ] F Reitertrupp m, -umzug m; (Aus)Ritt m **cavalgadura** [kɐvalgɐ'durɐ] F Reittier n; pop fig Rindvieh n **cavalgar** [kɐval'gar] ⟨1o⟩ A VI reiten; fig rittlings sitzen (**em auf** dat) B VT reiten
cavalhadas [kɐvɐ'ʎadɐʃ] FPL Reiterspiele npl
cavalheiresco [kɐvɐʎɐi'reʃku] galant; zuvorkommend; hist ritterlich; Ritter... **cavalheirismo** [kɐvɐʎɐi'riʒmu] M Anstand m; Zuvorkommenheit f; hist Ritterlichkeit f **cavalheiro** [kɐvɐ'ʎɐi̯ru] M Kavalier m; geralm: Herr m; mein Herr

cavalicoque [kɐvɐlɪ'kɔki] M pop Klepper m **cavalinha** [kɐvɐ'liɲɐ] F BOT Schachtelhalm m **cavalitas** [kɐvɐ'litɐʃ] FPL **às ~** huckepack

cavalo [kɐ'valu] M Pferd n (tb DESP); xadrez: Springer m; (tenaz) Feuerzange f; **~ m de batalha** fig Schlachtross n; Steckenpferd n; **dose f de ~** pop Rosskur f; **~ de lavoura** Ackergaul m; **~ de montar** Reitpferd n; **a ~** zu Pferde; rittlings; **ir** (ou **andar, montar**) **a ~** reiten; **fugir a unhas de ~** port pop sich auf und davon machen; **a ~ dado não se olha o dente** e-m geschenkten Gaul schaut man nicht ins Maul; **tirar o ~ da chuva** pop aufgeben **cavalo-marinho** [kɐvɐluma'riɲu] M ⟨pl cavalos-marinhos⟩ Seepferd(chen) n **cavalo-vapor** [kɐvɐluvɐ'por] M ⟨pl cavalos-vapor⟩ AUTO Pferdestärke f
cavaqueador [kɐvɐkjɐ'dor] M Plaudertasche f **cavaquear** [kɐvɐ'kjar] ⟨1l⟩ schwatzen, plaudern; fam quatschen, tratschen **cavaqueira** [kɐvɐ'kɐi̯rɐ] F Schwatz m **cavaquinho** [kɐvɐ'kiɲu] M MÚS Art kleine Gitarre f
cavar [kɐ'var] ⟨1b⟩ terra, canteiro umgraben, (auf)hacken; buraco graben, obje(c)to ausgraben; fig durch-, erforschen; **pôr-se a ~** port pop sich davonmachen
cave ['kavi] F Keller m, Kellergeschoss n
caveira [kɐ'vɐi̯rɐ] F Totenkopf m; **encher a ~** bras pop sich besaufen
caverna [kɐ'vɛrnɐ] F Höhle f, Hohlraum m; MED Kaverne f; NÁUT Spant n **cavername** [kɐvir'nɐmi] M NÁUT Spantenwerk n **cavernícola** [kɐvir'nikulɐ] A ADJ Höhlen... B M/F Höhlenbewohner(in) m(f) **cavernoso** [kɐvir'nozu] höhlenartig; região voller Höhlen; voz, tom hohl; MED kavernös
caviar [kɐ'vjar] M Kaviar m
cavidade [kɐvi'dadʒi] F Höhlung f; Vertiefung f; **~ abdominal** ANAT Bauchhöhle f
cavilha [kɐ'viʎɐ] F Bolzen m; Zapfen m; (Klinken)Stecker m
caviloso [kɐvi'lozu] arglistig
cavo ['kavu] hohl; tief; höhlenartig
caxemira [kaʃi'mirɐ] F port Kaschmir m
caxias [ka'ʃieʃ] M/F bras pop Pedant(in) m(f);
Cazaquistão [kɐzɐkiʃ'tɐ̃u̯] M GEOG **o ~** Kasachstan n

cc ABR (centímetros cúbicos) ccm, cm³ (Kubikzentimeter)

c/c ABR (conta corrente) (Giro)Konto *n*

CD [se'de] M CD *f*; **leitor** *m* **de ~** CD-Player *m*, CD-Spieler *m* **CD-Rom** [sede'ʀɔm] M CD-ROM *f*; **em ~** auf CD-ROM

cear [sjar] ⟨1l⟩ spät zu Abend essen

Ceará [sea'ra] M GEOG o **~** *bras* Bundesstaat

cebola [si'bola] F Zwiebel *f*; *fam* Uhr *f* **cebolada** [sibu'ɫada] F Zwiebelsoße *f*; **de ~** mit e-r Soße aus geschmorten Zwiebeln **cebolinha** [sibu'ɫiɲa] F Perlzwiebel *f*; *bras* Schnittlauch *m* **cebolinho** [sibu'ɫiɲu] M Schnittlauch *m* **cebolório** [sibu'ɫɔrju] INT *port pop* **~!** Unsinn!, Quatsch!

cecear [si'sjar] ⟨1l⟩ lispeln

cê-cedilhado [sesidi'ʎadu] M ⟨*pl* cês-cedilhados⟩ Name des Buchstabens **ç**

ceceio [si'sajju] M Lispeln *n*

ceco ['sɛku] M ANAT Blinddarm *m*

cedência [si'dẽsja] F (*transigência*) Nachgeben *n*; DIR Überlassung *f* **ceder** [si'der] ⟨2c⟩ A VT *direito, terreno* abtreten, überlassen B VI nachgeben ⟨**a alg em** j-m bei; *a e-r Sache*⟩, sich beugen; absehen ⟨**de** von⟩; *vento* nachlassen, aufhören

cedilha [si'diʎa] F Häkchen *n* (unter dem **c**)

cedinho [si'diɲu] ADV recht früh; rasch **cedo** ['sedu] ADV ⟨zu⟩ früh; bald, gleich; **de manhã ~** frühmorgens; **mais ~ ou mais tarde** *ou* **mais tarde ou mais ~** früher oder später

cedro ['sedru] M Zeder *f*

cédula ['sɛduɫa] F Urkunde *f*, Dokument *n*; FIN Banknote *f*; **~ de identidade** *bras* Personalausweis *m*; **~ pessoal** Ausweis *m*

CEE [se'ɛ] F ABR (Comunidade Económica Europeia) *hist* EWG *f* (Europäische Wirtschaftsgemeinschaft)

cefálico [si'faliku] Kopf…; Gehirn…

cega ['sɛga] F Blinde *f*; **às ~s** blindlings **cegamente** [sɛga'mẽti] *adv* blind(lings) **cegar** [si'gar] ⟨1o; *Stv* 1c⟩ A VT blenden (*tb fig*); *buraco* verstopfen B VI erblinden; *bras faca etc* stumpf werden; **~-se** sich blenden lassen ⟨**com** von⟩ **cego** ['sɛgu] A ADJ blind; *fig* verblendet; *cano* verstopft; dunkel; *gume* stumpf; *intestino m* **~** Blinddarm *m*; **nó m ~** unlösbarer Knoten *m*; **ficar ~** erblinden B M, **-a** F Blinde(r) *m/f(m)*

cegonha [si'goɲa] F Storch *m*; *bras* AUTO Autotransporter *m*

cegueira [si'gajra] F Blindheit *f*; *fig* Verblendung *f*; **~ cromática** Farbenblindheit *f*; **~ no(c)turna** Nachtblindheit *f* **ceguinho** [si'giɲu] A ADJ **eu seja ~!** *port pop* ich will blind werden (, wenn…)! B M Blinder *m*

ceia ['saja] F Abendessen *n*; *reg* Nachtessen *n*; **a Santa** (*ou* **Última**) **Ceia** das heilige Abendmahl; **Ceia de Natal** Abendessen *am* Heiligabend

ceifa ['sajfa] F *trabalho*: Schnitt *m*, Mahd *f* (*Gras, Getreide*); (*colheita*) Ernte *f* (*Getreide*); *fig grandes* Sterben *n* **ceifar** [saj'far] ⟨1a⟩ (*cortar*) mähen, schneiden; (*colher*) ernten; *fig* niedermähen **ceifeira** [saj'fajra] F Mähmaschine *f* **ceifeira-debulhadora** [sajfajradibuʎa'dora] F ⟨*pl* ceifeiras-debulhadoras⟩ AGR Mähdrescher *m*

cela ['sɛɫa] F Kammer *f*; (Mönchs-, Gefängnis)Zelle *f*

celebração [silibra'sãu] F Feier *f*, feierliche Begehung *f*; *contrato*: Abschluss *m* **celebrar** [siɫi'brar] ⟨1c⟩ *festa, aniversário* feiern; *contrato* abschließen; *assinatura* vollziehen; *missa* lesen; *alg* rühmen; **~-se** stattfinden **célebre** ['sɛɫibri] berühmt **celebridade** [siɫibri'dadi] F Berühmtheit *f* **celebrizar** [siɫibri'zar] ⟨1a⟩ berühmt machen; **~-se** berühmt werden

celeiro [si'ɫajru] M Scheune *f*, (Getreide-) Speicher *m*; Lager *n*

celenterados [siɫẽte'radus] MPL ZOOL Nesseltiere *npl*

celerado [siɫi'radu] A ADJ bösartig, ruchlos B M Verbrecher *m*

célere ['sɛɫiri] schnell; leicht(füßig)

celeste [si'ɫɛʃti], **celestial** [siɫiʃ'tjaɫ] himmlisch, Himmels…

celeuma [si'ɫeṷma] F Lärm *m*; (*vozearia*) Stimmengewirr *n*; (*excitação*) Aufregung *f*

celga ['sɛɫga] F Mangold *m*

celha ['saɫja] F Wimper *f*; **carregar a ~** *port* die Stirn runzeln

celibatário [siɫiba'tarju] A ADJ unverheiratet, ledig B M Junggeselle *m* **celibato** [siɫi'batu] M Ehelosigkeit *f*; REL Zölibat *n*/*m*

celofane [siɫɔ'fani] M Zellophan *n*

celso ['sɛɫsu] hoch; erhaben

celta ['sɛɫtɐ] keltisch
célula ['sɛɫuɫɐ] F Zelle f (tb MED, BIOL); ~ **estaminal** Stammzelle f; ~ **fotoelé(c)trica** Fotozelle f; ~ **indeformável** stabile Fahrgastzelle f; ~ **solar** Solarzelle f **célula-ovo** [sɛɫuɫɐ'ovu] F ⟨pl células-ovo⟩ Eizelle f
celular [siɫu'ɫar] A ADJ BIOL zellig; zellulär, Zell(en)...; **telefone m ~** bras Handy n B M Handy n
célula-tronco [sɛɫuɫɐ'trõku] F ⟨pl células-tronco⟩ Stammzelle f
celulite [siɫu'ɫitɨ] F Zellulitis f, Cellulite f
celulose [siɫu'ɫɔzɨ] F Zellulose f, Zellstoff m **celuloso** [siɫu'ɫozu] Zell(en)...
cem [sɐ̃j] NUM hundert; ~ **mil** hunderttausend; ~ **por cento** hundertprozentig
cementar [simẽ'tar] ⟨1a⟩ metal härten
cemento [si'mẽtu] M Zahnzement m
cemitério [simi'tɛrju] M Friedhof m; Kirchhof m; ~ **nuclear** (bras **radioativo**) Atommülllager n
cena ['senɐ] F TEAT, CINE Szene f; (palco) Bühne f; Auftritt m (tb fig); local: Schauplatz m; fig tb Schauspiel n; **dire(c)tor m de ~** Regisseur m; **aparecer** (ou **entrar**) **em ~** auftreten, die Szene betreten; fig in Erscheinung treten; **fazer uma ~ a alg** fam j-m eine e Szene machen; **pôr em ~** inszenieren
cenário [si'narju] M TEAT, CINE Bühnenausstattung f, Bühnenbild n; (paisagem) Landschaft f; (local) Schauplatz m; ~ **de fundo** Hintergrund m **cenarista** [sena'riʃtɨ] M/F bras Bühnenbildner(in) m(f)
cenho ['sɐɲu] M (düstere) Miene f; strenges Aussehen n
cenógrafo [si'nɔgrɐfu] M, **-a** F Bühnenbildner(in) m(f), -maler(in) m(f)
cenoura [si'norɐ] F Karotte f; Möhre f
censo ['sẽsu] M Volkszählung f; Zensus m **censor** [sẽ'sor] M Zensor m; pej Kritiker m **censura** [sẽ'surɐ] F Tadel m; POL Zensur f; **voto m de ~** Misstrauensvotum n **censurar** [sẽsu'rar] ⟨1a⟩ zensieren; (criticar) tadeln (**de, por** wegen gen) **censurável** [sẽsu'ravɛɫ] tadelnswert
cent. ABR → centavo
centavo [sẽ'tavu] M bras (1/100 Real) Centavo m (tb port hist); **até ao último ~** auf Heller und Pfennig; **não valer um ~** keinen Pfifferling wert sein 1 (centésimo) Hundertstel n

CENT

centeal [sẽ'tjaɫ] M Roggenfeld n **centeio** [sẽ'taju] M Roggen m; **farinha f de ~** Roggenmehl n
centelha [sẽ'tɐ(i)ʎɐ] F Funke(n) m (tb fig) **centelhante** [sẽti'ʎɐ̃tɨ] Funken sprühend
centena [sẽ'tenɐ] F Hundert n; MAT Hunderter m; **uma ~ de** etwa hundert; **~s** pl Hunderte npl; **em ~s** zu Hunderten
centenar [sẽti'nar] M Hundert n **centenário** [sẽti'narju] A ADJ hundertjährig B M aniversário: Hundertjahrfeier f; ~ **da morte** hundertster Todestag m; **oitavo ~** Achthundertjahrfeier f C M, **-a** F pessoa: Hundertjährige(r) m/f(m)
centesimal [sẽtɨzi'maɫ] zentesimal **centésimo** [sẽ'tɛzimu] A ADJ hundertste; **uma -a parte** ein Hundertstel n B M Hundertste m **centígrado** [sẽ'tigradu] ADJ grau M ~ Grad m Celsius **centímetro** [sẽ'timitru] M Zentimeter m ou n; ~ **cúbico** Kubikmeter m ou n; ~ **quadrado** Quadratzentimeter m ou n
cêntimo ['sẽtimu] M ~ **(de euro)** (Euro-) Cent m
cento ['sẽtu] A ADJ (ein)hundert B M Hundert n; **aos ~s** zu Hunderten; **cem por ~** hundert Prozent; **a cem ~** hundertprozentig **centopeia** [sẽtu'pɐjɐ] F ZOOL Tausendfüßler m
centragem [sẽ'traʒɐ̃j] F Zentrierung f
central [sẽ'traɫ] A ADJ zentral; Haupt... B F Zentrale f; ~ **térmica** Heizkraftwerk n; ~ **dos telefones** port Fernmeldeamt n; ~ **telefônica** bras Telefonzentrale f; ~ **hidr(o)elé(c)trica** Wasserkraftwerk n; ~ **nuclear** Kernkraftwerk n **centralismo** [sẽtra'liʒmu] M POL Zentralismus m **centralização** [sẽtralizɐ'sɐ̃w̃] F Zentralisierung f **centralizar** [sẽtrali'zar] ⟨1a⟩ zusammenführen, zentralisieren
centrar [sẽ'trar] ⟨1a⟩ TECN, TIPO zentrieren
centrífuga [sẽ'trifugɐ] F, **centrifugador** [sẽtrifugɐ'dor] M Zentrifuge f **centrifugadora** [sẽtrifugɐ'dorɐ] F ~ **de roupa** Wäscheschleuder f **centrifugar** [sẽtrifu'gar] ⟨1o⟩ zentrifugieren; roupa, salada schleudern **centrífugo** [sẽ'trifugu] zentrifugal; **força f -a** Fliehkraft f
centro ['sẽtru] M Mittelpunkt m; Zentrum n, Mitte f (tb POL); ~ **cívico** Bürgerzentrum n; ~ **comercial** Einkaufszentrum

n; **~ de acolhimento** Auffanglager *n*; **~ de dia** Seniorentreff *m*, Seniorentagesstätte *f*; **~ de gravidez** Schwerpunkt *m*; **~ de investigação** Forschungsinstitut *n*; **~ de processamento de dados** INFORM Rechenzentrum *n*; **~ de recolha** (*bras* **recolhimento**) Rücknahmestelle *f* (*zum Recycling*); **~ de serviço** Servicecenter *n*; **~ recreativo** Freizeitzentrum *n*
centroavante [sẽtrwa'vẽtʃi] M̄ *bras* Mittelstürmer *m* **centromédio** [sẽtro-'mɛdʒju] M̄ *bras futebol*: Mittelfeldregisseur *m*, Spielmacher *m*
centuplicar [sẽtupli'kar] ⟨1n⟩ verhundertfachen
CEP ['sɛpi] M̄ ABR *bras* (Código de Endereçamento Postal) PLZ *f* (Postleitzahl)
cepa ['sepa] F̄ (*videira*) Rebstock *m*; (*casta*) Rebsorte *f*; (*árvore*) Baumstumpf *m*; *port fig* **não passar da ~ torta** es zu nichts bringen
cepilho [si'piʎu] M̄ Hobel *m*
cepo ['sepu] M̄ Klotz *m* (*tb fig*); Baumstamm *m*; NÁUT Ankerstock *m*; Opferstock *m*
cepticismo [seti'siʒmu] M̄ Skepsis *f*; FILOS Skeptizismus *m* **céptico** ['sɛtiku] skeptisch
cera ['sera] F̄ *vela*: (Kerzen)Wachs *n*; *para móveis*: Bohnerwachs *n*; *ouvido*: Ohrenschmalz *n*; **de ~** aus Wachs; **fazer ~** *fam* bummeln, trödeln
cerâmica [si'ramika] F̄ Keramik *f*; **~ sanitária** Sanitärkeramik *f* **ceramista** [sira-'mifta] M/F̄ Keramiker(in) *m*(*f*)
cerca ['sɛrka] A F̄ Zaun *m*, (Tier)Gehege *n*; **~ viva** Hecke *f* B ADV **de ~** ungefähr, etwa, zirka; nahe, nahe bei **cercado** [sir'kadu] M̄ Gehege *n*, Umzäunung *f*; *crianças*: Laufstall *m* **cercadura** [sirkɐ'duɾɐ] F̄ Einfassung *f*
cercanias [sirkɐ'niɐʃ] FPL Umland *n*, Umgebung *f* **cercar** [sir'kar] ⟨1n; *Stv* 1c⟩ *terreno etc* einzäunen (**de** mit); MIL belagern; *cidade* einschließen; *fig* umringen
cerce ['sɛrsi] ADV ganz unten; **cortar ~** im Keim ersticken
cerceamento [sirsjɐ'mẽtu] M̄ Kürzung *f*; Senkung *f* (*Ausgaben*) **cercear** [sir-'sjar] ⟨1l⟩ *planta* an der Wurzel abschneiden; *custos* senken, vermindern; *esperança* zerstören
cerco ['sɛrku] M̄ (*muro*) Einfriedung *f*;

Umzingelung *f*; MIL Belagerung *f*; Belagerungsring *m*
cerdas ['sɛrdaʃ] FPL Borsten *fpl* **cerdo** ['sɛrdu] M̄ Schwein *n* **cerdoso** [sir'dozu] borstig; Borsten...
cereal [si'rjał] A ADJ Getreide... B M̄ Getreide *n*, Getreideart *f*; **cereais** *pl* Getreide *n* **cerealífero** [sirjɐ'lifiru] Getreide...
cerebelo [siri'belu] M̄ ANAT Kleinhirn *n*
cerebral [siri'brał] ANAT (Ge)Hirn...; FIG verstandesmäßig; **acidente** *m* (**vascular**) **~** Schlaganfall *m*; (Ge)Hirnschlag *m*; **lavagem** *f* **~** *bras* Gehirnwäsche *f*; **tronco** *m* **~** Hirnstamm *m*
cérebro ['sɛribru] M̄ ANAT (Ge)Hirn *n*; Großhirn *n*, *fig* Verstand *m*; *fam* Person *f* Genie *n*; **~ ele(c)trónico** INFORM Elektronenhirn *n*; **lavagem** *f* **ao ~** Gehirnwäsche *f*
cerefólio [siri'fɔłju] M̄ BOT Kerbel *m*
cereja [si'rɐjʒɐ] F̄ Kirsche *f*; **~ da noiva** *port fam* Anstandshappen *m* **cerejeira** [siri'ʒɐjɾɐ] F̄ Kirschbaum *m* (*tb Holz*)
cerimónia (*) [siri'mɔnjɐ] F̄ Feierlichkeit *f*; *fig* Förmlichkeit *f*; **~s** *pl* Umstände *mpl*; **de ~(s)** förmlich; **sem ~(s)** ungezwungen; **traje** *m* **de ~** Gesellschaftsanzug *m*; **não fazer ~(s)** keine Umstände machen **cerimonial** [sirimu'njał] A ADJ zeremoniell B M̄ Zeremoniell *n*; Etikette *f* **cerimonioso** [sirimu'njozu] förmlich
cerne ['sɛrni] M̄ Kern *m*; *madeira*: Kernholz *n*; *fig* Härte *f*; **estar no ~** in s-n besten Jahren sein **cerneira** [sir'nɐjɾɐ] F̄ Kernholzbrett *n*
ceroulas [si'ro:łaʃ] FPL lange (Herren)Unterhosen *fpl*
cerqueiro [sir'kɐjɾu] umgebend
cerração [siʁɐ'sɐ̃u] F̄ (*nevoeiro*) dichter Nebel *m*; (*escuridão*) Finsternis *f* **cerrado** [si'ʁadu] A ADJ nevoeiro dicht; *céu* geschlossen; finster, dunkel; *pronúncia* schwer verständlich B M̄ Gehege *n*; *bras* Buschsteppe *f* **cerra-livros** [sɛʁɐ'łivɾuʃ] M̄ ⟨*pl inv*⟩ *port* Bücherhalter *m* **cerrar** [si'ʁar] ⟨1c⟩ A V/T fest (ver-, zusammen-)schließen; *trabalho* abschließen; *carta* beenden; *terreno* einzäunen; *acesso* versperren; *punhos* ballen; *dentes* zusammenbeißen; **~ nos braços** in die Arme schließen B V/I (& V/R) **~(-se)** *nuvens* sich zusammen-

ziehen; *céu* sich beziehen; *noite* (her)einbrechen; *ano* zu Ende gehen

cerro ['seʀu] M felsiger Hügel m

certa ['sɛʀtɐ] F **à** (*ou* **na**) ~ gewiss, sicher; **ir pela** ~ *pop* auf Nummer Sicher gehen

certame [siʀ'tɐmi] M Wettbewerb m; (*desafio*) Herausforderung f; (*exposição*) Ausstellung f

certeiro [siʀ'tɐjru] (treff)sicher; *observação* (zu)treffend **certeza** [siʀ'tɐzɐ] F Gewissheit f; **com** ~ sicherlich; **ter a** ~ **de** völlig sicher sein, dass **certidão** [siʀti'dɐ̃ũ] F DIR Bescheinigung f; ~ **de ba(p)tismo** Taufschein m; ~ **de nascimento/ /casamento** Geburts-/Heiratsurkunde f; ~ **de capacidade matrimonial** Ehefähigkeitszeugnis n

certificado [siʀtifi'kadu] M Bescheinigung f; Zeugnis n; Zertifikat n; ~ **de aptidão** Befähigungsnachweis m; ~ **de garantia** Garantieschein m; ~ **de habilitações** Bescheinigung f (*über den Ausbildungsstand*), Zeugnis n; ~ **de incapacidade de trabalho** Arbeitsunfähigkeitsbescheinigung f; ~ **de origem** COM Herkunftsnachweis m; ~ **de vacinas** Impfpass m; ~ **médico** ärztliches Attest n **certificar** [siʀtifi'kaʀ] ⟨1n⟩ bescheinigen; *documento* beglaubigen; versichern; *alg* in Kenntnis setzen (**de** von); **-se** sich vergewissern

certo ['sɛʀtu] A ADJ *anteposto* gewiss; *posposto* sicher; genau; bestimmt; ~ **homem** ein gewisser Jemand m; **homem** m ~ *por* zuverlässiger Mensch m; **dia** e-s Tages; **de** ~, **por** ~ sicher, zweifellos; **é** ~ (**que**) gewiss; (**está**) ~! (das ist) richtig!, *fig* das ist recht!; **andar** (*ou* **estar**) ~ *relógio* richtig gehen; **estar** ~ **de** gewiss sein, dass; **bater** ~ *factos* stimmen; *conta* aufgehen; *pessoa* Recht haben; ~ **de que** *formal* in der Gewissheit, dass B N **o é que** sicher ist, dass ...; **saber ao** ~ (ganz) genau wissen C ADV sicher, gewiss

cerume [si'rumi] M Ohrenschmalz n

cerva ['sɛʀvɐ] F Hirschkuh f **cerval** [siʀ'vał] Hirsch...

cerveja [siʀ'vɐjʒɐ] F Bier n; ~ **branca/ /preta** helles/dunkles Bier n; ~ **de malte** Malzbier n; ~ **choca** abgestandenes Bier n **cervejaria** [siʀvɨʒɐ'ria] F Bierbrauerei f; (*taberna*) Bierlokal n **cervejeiro** [siʀvi'ʒɐjru] A ADJ Bier...; Brauerei... B M

Bierbrauer m; (*dono de taberna*) Schankwirt m

cervical [siʀvi'kał] Nacken..., Genick... **cerviz** [siʀ'viʃ] F Nacken m

cervo ['sɛʀvu] M Hirsch m

cesariana [sizɐ'rjɐnɐ] F MED Kaiserschnitt m

césio ['sɛzju] M QUÍM Cäsium n

céspede ['sɛʃpidi] M Rasen m, Rasenfläche f

cessação [sisɐ'sɐ̃ũ] F Aufhören n; (*fim*) Ende n; (*interrupção*) Unterbrechung f **cessante** [si'sɐ̃ti] *pessoa* ausscheidend; *chuva, vento* nachlassend **cessão** [si'sɐ̃ũ] F *direitos*: Abtretung f; *bens*: Überlassung f; *imposto*: Abgabe f **cessar** [si'saʀ] ⟨1c⟩ A V/I aufhören (**de** zu); *ideia, plano* ablassen (**de** von), aufgeben; **sem** ~ unaufhörlich B V/T beenden; unterbrechen; MIL *Feuer* einstellen; **cessar-fogo** [sisaʀ'fogu] M ⟨*pl inv*⟩ MIL Waffenruhe f **cessível** [si'sivɛł] veräußerlich, abtretbar

cesta ['seʃtɐ] F Korb m; *bras* Basketballkorb m; *bras* ECON ~ **básica** Warenkorb m, Grundnahrungsmittel *npl*; ~ **de Natal** *bras mit Delikatessen gefüllter Geschenkkorb zu Weihnachten* **cestaria** [siʃtɐ'ria] F Korbflechterei f **cesta-rota** [sɛʃtɐ'ʀɔtɐ] F ⟨*cestas-rotas*⟩ Klatschweib n **cesteiro** [siʃ'tɐjru] M Korbmacher m, -händler m **cesto** ['seʃtu] M kleiner Korb m; *basquetebol*: Korb m; ~ **de papéis** Papierkorb m

cesura [si'zurɐ] F Zäsur f; Einschnitt m **cetáceos** [si'tasjuʃ] MPL Wale *mpl*

ceticismo, cético *bras* → cepticismo, céptico

cetim [si'tĩ] M Satin m, Atlas m **cetineta** [siti'netɐ] F Baumwollsatin m **cetinoso** [siti'nozu] seidenweich; seidig

céu [sɛu] M Himmel m; **a** ~ **aberto** unter freiem Himmel; MIN im Tagebau; **bradar aos** ~**s** *fig* zum Himmel schreien; **cair dos** ~ *fam* aus allen Wolken fallen; **caído do** ~ wie vom Himmel gefallen **céu-da- -boca** [sɛudɐ'bokɐ] M ⟨*pl céus-da-boca*⟩ Gaumen m

ceva ['sɛvɐ] F AGR Mast f; Mastfutter n **cevada** [si'vadɐ] F Gerste f **cevadal** [sivɐ'dał] M Gerstenfeld n **cevadeira** [sivɐ'dɐjrɐ] F Futtersack m; *fam* Goldgrube f (*einträglicher Job*) **cevadinha** [sivɐ'diɲɐ] F Graupen *fpl* **cevado** [si'vadu] M

Mastschwein n; fig pop Fettkloß m **cevagem** [si'vaʒɐ̃ĩ] F → ceva **cevar** [si'var] ⟨1c⟩ aufziehen; mästen; fome, avidez stillen

cf. ABR (confira) vgl. (vergleiche)

CF port ABR (Caminhos-de-Ferro) Esb. (Eisenbahn)

CFC [seefi'se] MPL ABR (clorofluorcarbonetos) FCKW pl (Fluorchlorkohlenwasserstoffe)

chá [ʃa] M Tee m; **~ de limão** Zitronentee m; **~ preto/verde** schwarzer/grüner Tee m; **ter falta de ~** port fam fig schlechte Manieren haben; **dar um ~ a** port fig pop j-n aufziehen, sticheln; **tomar ~ de cadeira** pop fig lange warten müssen

chã¹ [ʃɐ̃] A ADJ chão B F Flachland n, Ebene f

chã² [ʃɐ̃] F GASTR Keule f (v. Rind)

chacal [ʃa'kaɫ] M Schakal m

chácara ['ʃakere] F bras Landhaus n, Landsitz m

chacha [ˈʃaʃa] F port **de ~** pop hohl, hirnlos; **conversa** f **de ~** sinnloses Geschwätz n **chachada** [ʃa'ʃada] F port pop Geschwätz n

chacina [ʃa'sinɐ] F Schlachten n; FIG Gemetzel n; GASTR geräucherte od. gesalzene Schweinefleischscheiben

chaço [ˈʃasu] M (Holz)Dübel m; pop Schnäppchen f

chacoalhar [ʃakwa'ʎjar] ⟨1a⟩ bras pop alg belästigen; ärgern; → chocalhar

Chade ['ʃadi] M GEOG **o ~** der Tschad

chafarica [ʃaʃa'rikɐ] F port (Kneipe f; Kramladen m **chafariz** [ʃaʃa'riʃ] M öffentlicher Brunnen m

chafurda [ʃa'furdɐ] F Suhle f; Pfuhl m (tb fig) **chafurdar** [ʃafur'dar] ⟨1a⟩ sich im Schlamm wälzen; fig verkommen

chaga [ˈʃaga] F 1 offene Wunde f; fam fig Plage f; Quälgeist m; **~ viva** fig offene Wunde f; **~s de Cristo** Wundmale npl Christi; **pôr o dedo na ~** den Finger in die Wunde legen **chagar** [ʃa'gar] ⟨1o; Stv 1b⟩ verwunden; pop alg auf den Geist gehen

chagas [ˈʃagaʃ] FPL BOT Kapuzinerkresse f **chaguento** [ʃa'gẽtu] wund, voller Wunden

chalaça [ʃa'lasɐ] F Witz m; Spott m **chalaceador** [ʃalɐsja'dor] M Witzbold m; Spötter m **chalacear** [ʃalɐ'sjar] ⟨1l⟩ spotten (**com** über ac); lächerlich machen **chalado** [ʃa'ladu] ADJ port fam pessoa durchgeknallt, behämmert

chalé [ʃa'lɛ] M Chalet n, Landhaus n

chaleira [ʃa'lɐjrɐ] F Wasserkessel m; **~ de chá** Teekessel m **chaleirar** [ʃale'rax] ⟨1a⟩ bras alg schmeicheln, lobhudeln **chaleirice** [ʃale'risi] F bras Lobhudelei f

chalota [ʃa'lɔtɐ] F BOT, GASTR Schalotte f

chalrar [ʃaɫ'var] ⟨1a⟩ criança plappern; pássaro zwitschern **chalreada** [ʃaɫ'wjadɐ] F (Kinder)Geplapper n; pássaros: Gezwitscher n **chalrear** [ʃaɫ'sjar] ⟨1l⟩ → chalrar

chalupa [ʃa'lupɐ] F NÁUT Schaluppe f

chama ['ʃɐmɐ] F Flamme f; fig Feuer n; Eifer m; **em ~** brennend; **mar m de ~s** Flammenmeer n; **pasto m das ~s** port Raub m der Flammen

chamada [ʃɐ'madɐ] F Ruf m; Anruf m (tb TEL); presença: Aufruf m; MIL Appell m; **~ interurbana** Ferngespräch n; **~ local** Ortsgespräch n; **~ a cobrar** R-Gespräch n; **fazer uma ~** die Anwesenheit feststellen; **levar uma ~** pop angepfiffen werden (Kritik); **a ~ é para ti!** der Anruf ist für dich! **chamamento** [ʃɐmɐ'mẽtu] M Aufruf m (**para** zu); Einberufung f **chamar** [ʃɐ'mar] ⟨1a⟩ A V/T rufen; alg zu sich rufen; reunião einberufen; posto berufen; nome aufrufen; (denominar) nennen; (apodar) bezeichnen; **~ nomes a** port j-n beschimpfen; **~ a si** port fig an sich (dat) ziehen B V/I rufen (**por** nach); telefone läuten; **~-se** heißen; (a) **isto chama-se**, bras **isto se chama ...** das nennt man ...

chamariz [ʃɐmɐ'riʃ] M Lockvogel m (tb fig); Lockpfeife f, -ruf m

chá-mate [ʃa'mati] M ⟨pl **chás-mate**⟩ Mateetee m

chamego [ʃa'megu] M bras 1 Liebkosung f, Zärtlichkeit f 2 (paixão) heftige Leidenschaft f

chamejante [ʃɐmi'ʒɐ̃ti] lodernd; olhar sprühend; olhos funkeln **chamejar** [ʃɐmi'ʒar] ⟨1d⟩ (lichterloh) brennen; fogo lodern; olhos funkeln

chamiço [ʃa'misu] M Brennholz n

chaminé [ʃɐmi'nɛ] F Schornstein m; Schlot m; Kamin m; Zylinder m

champanha [ʃɐ̃'pɐɲɐ] M, **champa-**

nhe [β'ɲaɲi] M̄ Champagner m
champô [ʃɐ̃'po] M̄ port Shampoo n
chamuça [ʃɐ'musɐ] F̄ pikante dreieckige Teigtasche; ≈ Samosa f
chamuscado [ʃɐmuʃ'kadu] cheiro brenzlig **chamuscar** [ʃɐmuʃ'kar] ⟨1n⟩ (an-, ver)sengen; *comida* anbrennen lassen
chamusco [ʃɐ'muʃku] M̄ Brandgeruch m; **cheirar a ~** angebrannt (*ou* versengt) riechen; *fig* anrüchig sein
chance ['ʃɐ̃si] F̄ Chance f
chancela [ʃɐ̃'sɛla] F̄ Siegel n **chancelar** [ʃɐ̃si'lar] ⟨1c⟩ (be)siegeln **chancelaria** [ʃɐ̃silɐ'riɐ] F̄ Kanzlei f; POL Kanzleramt n **chanceler** [ʃɐ̃si'lɛr] M̄/F̄ Kanzler(in) m(f); *bras* tb Außenminister(in) m(f)
chanfana [ʃɐ̃'fɐnɐ] F̄ Eintopf aus Fleisch, Blut und Innereien; **~ de cabrito** *reg* in Rotwein geschmortes Zicklein
chanfrado [ʃɐ̃'fradu] *pop fig* bescheuert **chanfradura** [ʃɐ̃frɐ'durɐ] F̄ Abschrägung f; TECN Gehrung f **chanfrar** [ʃɐ̃'frar] ⟨1a⟩ abschrägen; TECN auf Gehrung schneiden
chantagear [ʃɐ̃tɐ'ʒjar] ⟨1l⟩ erpressen **chantagem** [ʃɐ̃ta'ʒɐ̃ĩ] F̄ Erpressung f; **fazer ~ com alg** j-n erpressen **chantagista** [ʃɐ̃tɐ'ʒiʃtɐ] A ADJ erpresserisch B M̄/F̄ Erpresser(in) m(f)
chantilly [ʃɐ̃ti'ʎi] M̄ Schlagsahne f (*geschlagene Sahne*)
chão [ʃɐ̃ũ] A ADJ (F̄ **chã**) eben, flach; *fig* einfach, ungekünstelt; geradeheraus B M̄ ⟨*pl* ~**s**⟩ (Erd-, Fuß)Boden *m*; Grund *m*; **no ~** auf dem Boden; **cair no ~** auf den Boden fallen; **(v)ir ao ~** *pop fig* zu Bruch gehen; zu Boden gehen
chapa ['ʃapɐ] F̄ (Holz-, Metall)Platte f; Blech n; dünne Schicht f; *cozinha*: Herdplatte f; AUTO Nummernschild n; (*distintivo*) (Erkennungs)Marke f; **de ~** auf einmal; voll und ganz; *sol* senkrecht; *queda* der Länge nach; *bras fam* **meu ~** mein Freund *m* (Kumpel); **~ comemorativa** (Erinnerungs)Plakette f; *bras* **~ eleitoral** (*boletim*) Wahlzettel *m*; (*lista*) Kandidatenliste f; **~ ondulada** Wellblech n **chapa-branca** [ʃapɐ'brɐ̃kɐ] M̄ ⟨*pl* chapas-brancas⟩ *bras* Behördenfahrzeug n
chapada [ʃɐ'padɐ] F̄ 1 (*planalto*) (Hoch)Ebene f; (*superfície*) Fläche f; (*clareira*) Lichtung f 2 (*pancada*) Schlag *m*; *agua*: (Wasser)Schwall *m*; **andar à ~** sich schla-

gen **chapadinho** [ʃɐpɐ'diɲu], **chapado** [ʃɐ'padu] ganz genau (so); komplett, perfekt; **ser a cara -a de alg** j-m wie aus dem Gesicht geschnitten sein **chapar** [ʃɐ'par] ⟨1b⟩ *tb metal*: überziehen; *material* prägen; *fig fam observação* ins Gesicht schleudern; **~-se** stürzen (**no chão** zu Boden)
chapa-testa [ʃapɐ'tɛʃtɐ] F̄ ⟨*pl* chapas-testas⟩ Schließblech n
chape ['ʃapi] A M̄ *ruido*: Klatsch *m* B INT **~!** klatsch!, platsch!
chapelaria [ʃɐpilɐ'riɐ] F̄ Hutgeschäft n
chapeleiro [ʃɐpi'lɐiru] M̄ Hutmacher *m*
chapeleta [ʃɐpi'letɐ] F̄ 1 Hütchen n; (*válvula*) (Ventil)Klappe f 2 (*rubor*) Wangenröte f
chapéu [ʃɐ'pɛu] M̄ Hut *m*; **~ de palhinha** Strohhut *m*; **~ de sol** Sonnenschirm *m*; **pôr/tirar o ~** den Hut aufsetzen/abnehmen; **é de se lhe tirar o ~!** *fam* alle Achtung! **chapéu-de-chuva** [ʃɐpɛudi'ʃuvɐ] M̄ ⟨*pl* chapéus-de-chuva⟩ Regenschirm *m* **chapéu-(de)-coco** [ʃɐpɛu(di)'koku] M̄ ⟨*pl* chapéus-(de)-coco⟩ Melone f **chapeuzinho** [ʃɐpeu'ziɲu] M̄ *bras* 1 *fam* Zirkumflex *m* 2 **Chapeuzinho Vermelho** Rotkäppchen n
chapim [ʃɐ'pĩ] M̄ ZOOL Meise f **chapim-azul** [ʃɐpĩ'zuɫ] M̄ ⟨*pl* chapins-azuis⟩ Blaumeise f **chapim-de-poupa** [ʃɐpĩdi'popɐ] M̄ ⟨*pl* chapins-de-poupa⟩ Haubenmeise f **chapim-real** [ʃɐpĩ'ɽjaɫ] M̄ Kohlmeise f
chapinhar [ʃɐpi'ɲar] ⟨1a⟩ plätschern
chapuz [ʃɐ'puʃ] M̄ Holzpflock *m*
charada [ʃɐ'radɐ] F̄ (Silben)Rätsel n; **matar a ~** das Rätsel lösen
charanga [ʃɐ'rɐ̃gɐ] F̄ Blechblaskapelle f
charão [ʃɐ'rɐ̃ũ] M̄ Glanzlack *m*
charco ['ʃarku] M̄ (*pouça*) Pfütze f; (*lodaçal*) Morast *m*, Sumpf *m* **charcoso** [ʃɐr'kozu] morastig, sumpfig
charcutaria [ʃɐrkutɐ'riɐ] F̄ Delikatessengeschäft f; *bras* Fleischerei f **charcuteiro** [ʃɐrku'tɐiru] M̄ Delikatessenhändler *m*; *bras* Fleischer *m*
charlatanaria [ʃɐrɫɐtɐnɐ'riɐ] F̄, **charlatanice** [ʃɐrɫɐtɐ'nisi] F̄ Scharlatanerie f **charlatão** [ʃɐrɫɐ'tɐ̃ũ] M̄ ⟨*pl* charlatões, charlatães⟩, **charlatã** [ʃɐrɫɐ'tɐ̃] F̄, **charlatona** [ʃɐrɫɐ'tonɐ] F̄ Scharlatan(in) m(f)

charme ['ʃarmɨ] M Charme m
charneca [ʃɐrˈnɛkɐ] F Heide f
charneira [ʃɐrˈnajrɐ] F Scharnier n; *fig* Bindeglied f; **ano m ~** Entscheidungsjahr n
charola [ʃɐˈrɔɫɐ] F REL Traggerüst f; *fig* **andar** (*ou* **ir**) **de ~** auf e-r Bahre abtransportiert werden
charpa [ˈʃarpɐ] F Schärpe f; MED Armschlinge f
charque [ˈʃaxki] M *bras* gesalzenes Dörrfleisch n
charro [ˈʃaʁu] A ADJ plump, grobschlächtig B M *pop* Joint m
charrua [ʃɐˈʁuɐ] F Pflug m
charter [ˈʃartɛr] AERO Charterflugzeug n; **voo m ~** Charterflug m
charutaria [ʃɐrutɐˈriɐ] F *bras* Zigarrenladen m **charuteira** [ʃɐruˈtajrɐ] F Zigarrenetui n, -kiste f **charuteiro** [ʃɐruˈtajru] M Zigarrendreher m; *bras tb* Zigarrenhändler m **charuto** [ʃɐˈrutu] M Zigarre f
chasco [ˈʃaʃku] M Spott m, Stichelei f **chasquear** [ʃɐʃˈkjar] 〈1l〉 A VT verspotten, aufziehen B VI spotten
chassi [ʃɐˈsi] M Fahrgestell n; AUTO Chassis n; FOTO Kassette f; *geralm* TECN Rahmen m, Gestell n
chat [ʃat] M INFORM Chat m; **sala f de ~** Chatroom m
chata [ˈʃatɐ] F NÁUT Prahm m; Schute f
chatear [ʃɐˈtjar] 〈1l〉 *fam* (*importunar*) nerven, anöden; (*aborrecer*) (ver)ärgern **chatice** [ʃɐˈtisɨ] F *fam* Mist m; (*monotonia*) Langeweile f; Stumpfsinn m; **que ~!** so was Blödes!
chato [ˈʃatu] A ADJ platt (*tb fig*), flach; *fam* langweilig; (*maçador*) nervig B M, **-a** F *fam* Langweiler(in) *m(f)*; Nervensäge f C M ZOOL Filzlaus f
chauvinista [ʃawviˈniʃtɐ] chauvinistisch
chaval [ʃɐˈvat] M *port fam* Typ m **chavala** [ʃɐˈvatɐ] F *port fam* Mädel n; Kleine f
chavão [ʃɐˈvɐ̃ũ] M Kuchenform f, Backform f; *fig* Muster n; *retórica*: Gemeinplatz m; (*cliché*) Schlagwort n
chavascal [ʃɐvɐʃˈkat] M Ödland n; *fig* Schweinestall m; **armar um ~** *port fam* e-e Szene machen **chavascar** [ʃɐvɐʃˈkar] 〈1n, *Stv* 1b〉 *pej* zusammenschustern; *texto* (hin)sudeln **chavasco** [ʃɐˈvaʃku] grob (bearbeitet) **chavasquice** [ʃɐvɐʃˈkisɨ] F Pfuscherei f
chave [ˈʃavɨ] F Schlüssel m; ELECT Schalter m; ARQUIT Schlussstein m; **~ de boca** Maulschlüssel m; **~ de catraca** Ratsche f; **~ de cruz** Kreuzschlüssel m; **~ de estria** Ringschlüssel m; **~ falsa** Nachschlüssel m; **~ de fenda** (*ou* **de parafusos**) Schraubenzieher m; **~ geral** Hauptschlüssel m *torneira*: Haupthahn m, TECN Hauptschalter m; **~ de ignição** Zündschlüssel m; **~ inglesa** Engländer m (*Werkzeug*); **~ mestra** Hauptschlüssel; **~ de parafusos** Schraubenschlüssel m
chaveiro [ʃɐˈvajru] M *prisão*: Schließer m; *profissão*: Schlüsselmacher m; *móvel*: Schlüsselbrett n; *bras* Schlüsselbund m, -anhänger m
chavelho [ʃɐˈve(i)ʎu] M ZOOL Horn n; Fühler m
chávena [ˈʃavinɐ] F Tasse f
chaveta [ʃɐˈvetɐ] F TECN Keil m
chavo [ˈʃavu] M *fig* Pfennig m
checagem [ʃeˈkaʒɐ̃j] F *bras* (Ab)Checken n, Überprüfen n **checar** [ʃeˈkax] 〈1n〉 *bras* checken, überprüfen; vergleichen
check-list [ʃɛˈklist] F Checkliste f
checo [ˈʃɛku] A ADJ tschechisch; **República f Checa** Tschechische Republik f B M, **-a** F Tsche(ch)in(in) *m(f)* C M *língua*: Tschechisch n **Checoslováquia** [ʃɛkɔʒlɔˈvakjɐ] F GEOG **a ~** *hist* Tschechoslowakei f
chefão [ʃeˈfɐ̃ũ] M *pop* Boss m **chefatura** [ʃifɐˈturɐ] F → chefia
chefe [ˈʃɛfɨ] M/F Chef(in) *m(f)*; POL (An)Führer(in) *m(f)*, Oberhaupt n (*e-r Bewegung*); *no emprego*: Vorgesetzte(r) *m/f(m)*; **~ de Estado** Staatschef(in) *m(f)*; **~ de partido** Parteichef(in) *m(f)*; **~ de reda(c)ção** Chefredakteur(in) *m(f)*; **~ de se(c)ção** Abteilungsleiter(in) *m(f)*; MED **~ de serviço** *m/f* Stationsarzt m, -ärztin f; **em ~** leitend; kommandierend; Ober...
chefia [ʃiˈfiɐ] F Führung n, Leitung f **chefiar** [ʃiˈfjar] 〈1g〉 *empresa* führen, leiten; *grémio* vorstehen (*dat*); *movimento* anführen
chega [ˈʃegɐ] F *pop* Anranzer m, Anschnauzer m **chegada** [ʃiˈgadɐ] F Ankunft f; **dar uma ~ a** auf e-n Sprung zu j-m gehen **chegadela** [ʃigɐˈdɛłɐ] F Tracht f Prügel, Abreibung f; **dar uma ~ a alg** j-m eine Abreibung verpassen

chegadinha [ʃigɐ'dinɐ] F *pop* Backpfeife f **chegado** [ʃi'gadu] nahe (a bei); *parente* eng; *(vizinho)* benachbart **chegar** [ʃi'gaɾ] ⟨10; *Stv* 1d⟩ A VT heran-, herbeibringen; *(herüber)*reichen; *pop* schlagen; **chega-lhe!** *port* gibs ihm! B VI *local, temporal:* (an)kommen (a, *bras* tb **em** in, an *dat*); (heran)nahen; *local:* heranreichen (a an *ac*), reichen (**para** zu, für; **até** bis ou bis zu); gelangen (a zu, nach); *custos* sich belaufen (a auf *ac*); ~ a werden, es bringen zu; ~ **adiantado/atrasado** zu früh/zu spät kommen; ~ **a desoras** *port* zur Unzeit kommen; ~ **a fazer** a/c dazu kommen, etw zu tun; ~ **ao fim** enden; ~ **a ser** werden; ~ **perto** näherkommen; **chega!** genug!, ~-**se** herantreten

cheia ['ʃɐjɐ] F Hochwasser n; Überschwemmung f; *maré:* Flut f

cheio ['ʃɐju] voll; *pessoa* gut genährt; *rosto* rund(lich); *(prenhe)* trächtig; ~ **de** voll von, voller; *(recheado)* gefüllt mit; *(rico)* reich an *(dat)*; *bras fam* ~ **da nota** reich; ~ **de si** stolz; tb eingebildet; ~ **de sono** todmüde; ~ **de vida** lebhaft; **mal** ~ schlecht gefüllt; **estar** ~ *fam* es satt (ou leid) sein; satt sein; **em** ~ voll und ganz; (gut) ausgefüllt *(Tag)*; *festa* gelungen

cheira-cola [ʃɐjɾɐ'kɔɫɐ] MF ⟨*pl inv*⟩ *pop* Klebstoffschnüffler(in) m(f) **cheirar** [ʃɐi'ɾaɾ] ⟨1a⟩ A VT riechen; *fam* beriechen; schnüffeln *(fig* in *dat); fig (pressentir)* (er)ahnen B VI riechen (a nach), duften (a nach); stinken (a nach); ~ **mal** stinken **cheirete** [ʃɐi'ɾetɨ] M *port fam* Gestank m, Mief m **cheirinho** [ʃɐi'ɾiɲu] M *fam* Duft m

cheiro ['ʃɐiɾu] M Geruch m (a nach); Duft m (a nach); *fig* (guter) Klang m; (guter) Ruf m; ~**s** *pl* Gewürzkräuter *npl*; **água f de** ~ Riechwasser n; **dar** *(ou* **deitar)** ~ riechen **cheiroso** [ʃɐi'ɾozu] duftend; wohlriechend; parfümiert **cheiro-verde** [ʃeɾu'veɾdʒi] M ⟨*sem pl*⟩ *bras* Küchenkräuter *npl* **cheirum** [ʃɐi'ɾũ] M *port fam* Gestank m, Mief m

cheque ['ʃɛki] M Scheck m, ~ **aberto** Barscheck m; ~ **careca** *fam*, ~ **borrachudo** *bras pop* ungedeckter Scheck m; ~ **cruzado** Verrechnungsscheck m; ~ **ao portador** Inhaberscheck m; ~ **de viagem** Reisescheck m; ~ **sem cobertura**, *bras* **sem fundos** ungedeckter Scheck m; **livro** m *(bras* **talão** m**) de** ~**s** Scheckheft n; **pagar com** ~ mit Scheck bezahlen; **trocar** *(ou* **descontar) um** ~ e-n Scheck einlösen

cherne ['ʃɛɾni] M ZOOL, GASTR Steinbarsch m

cheta ['ʃetɐ] F *port fam* **não ter** ~ total pleite sein, blank sein

chiada ['ʃjadɐ] F Zischen n **chiar** [ʃjaɾ] VI ⟨1g⟩ quietschen; *lume* zischen; *pássaro* piepen; *sobrado* knarren; **não adianta** ~ *pop* da hilft kein Mosern

chibata [ʃi'batɐ] F Gerte f

chibo ['ʃibu] M Zicklein n

chica ['ʃikɐ] F *bras* Maisschnaps m

chiça ['ʃisɐ] A INT *pop* verflucht!, verdammt! B F *pop* Scheiß m

chicana [ʃi'kɐnɐ] F Kniff m, Trick m; Schikane f; **fazer** ~, **usar de** ~ Winkelzüge machen; schikanieren **chicanar** [ʃikɐ'naɾ] ⟨1a⟩ tricksen; *alg* j-n schikanieren

chicha ['ʃiʃɐ] F Anmerkung f; *pop* Spickzettel m; *(carne)* Fleisch n; *bras* Maisbier m **chichar** [ʃi'ʃaɾ] ⟨1a⟩ *pop* Spickzettel schreiben

chícharo ['ʃiʃɐɾu] M BOT Platterbse f

chicharro [ʃi'ʃaʀu] M Bastardmakrele f, Stöcker m

chichi [ʃi'ʃi] M *port fam* Pipi n; **fazer** ~ Pipi machen

chiclete [ʃi'klɛti] F/M Kaugummi m

Chico ['ʃiku] M *fam* Kurzform von *Francisco*; **armar(-se) em** ~ **esperto** *port pop* den Größten mimen; **estar de chico** *pop bras* ihre Tage haben *(Menstruation)*

chicória [ʃi'kɔɾjɐ] F BOT Zichorie f; GASTR Endivie f

chicotada [ʃiku'tadɐ] F (Peitschen)Hieb m; *som:* Peitschenknall m **chicote** [ʃi'kɔti] M Peitsche f; NÁUT Tauende n **chicotear** [ʃiku'tjaɾ] ⟨1l⟩ (aus)peitschen

chifre ['ʃifɾi] M Horn n; ~**s** *pl* Gehörn n; Geweih n; **pôr os** ~**s a alg** j-m Hörner aufsetzen

chila ['ʃilɐ] F BOT Art Kürbis

Chile ['ʃili] M GEOG **o** ~ Chile n **chileno** [ʃi'lenu] A ADJ chilenisch B M, -a F Chilene m, Chilenin f

chilrear [ʃiɫ'ɾjaɾ] ⟨1l⟩ zwitschern; *fig* schwatzen, plappern **chilreio** [ʃiɫ'ɾɐju] M Gezwitscher n **chilro** ['ʃiɫɾu] geschmacklos, fad; GASTR dünn; *fig* substanzlos, schwach

chimarrão[1] [ʃimɐ'xɐ̃ũ] *bras* A ADJ *gado*

streuend, umherziehend **B** **M** streunendes Vieh n

chimarrão² [ʃima'xẽũ] bras **A** ADJ GASTR ungezuckert **B** **M** (mate) Mate-Tee m

chimpanzé [ʃipɜ'zɛ] **M** Schimpanse m

china [ˈʃinɐ] **A** M/F Chinese m, Chinesin f **B** **F** bras Indio-, Mischlingsfrau f **China** [ˈʃinɐ] **F** GEOG a ~ China n

chinchila [ʃĩˈʃilɐ] **F** ZOOL Chinchilla f

chinelo [ʃiˈnɛlu] **M**, **chinela** [ʃiˈnɛlɐ] **F** (pantufa) Pantoffel m; ~s pl **de praia** Strandlatschen fpl; **meter num ~, pôr** (ou botar) **no ~** in den Schatten stellen

chinês [ʃiˈneʃ] **A** ADJ chinesisch **B** **M**, **chinesa** [ʃiˈnezɐ] **F** Chinese m, Chinesin f **C** **M** lingua: Chinesisch **chinesice** [ʃiniˈzisi] **F** ausgefallene Sache (ou Idee) f; Marotte f; ARTE Chinoiserie f

chinfreiro [ʃĩˈfrɐiru] bras pop cool

chinfrim [ʃĩˈfrĩ] **A** pop ADJ lärmend; gewöhnlich, ordinär **B** **M**, **chinfreirа** [ʃĩfriˈnairɐ] **F** Radau m, Krach m **chinfrineiro** [ʃĩfriˈnairu] **M** Unruhestifter m

chino [ˈʃinu] → **chinês**

chinó [ʃiˈnɔ] **M** Haarteil m, Perücke f

chio [ˈʃiu] **M** schriller Ton m; rodas: Quietschen n; pássaro: Piepen n

chip [ʃip] **M** INFORM Chip m

Chipre [ˈʃipri] **F** GEOG Zypern n

chique [ˈʃiki] **A** ADJ schick **B** **M** Schick m; **nem ~, nem mique** pop nichts; weder Fisch noch Fleisch

chiqueirinho [ʃikɐiˈriɲu] **M** bras Laufgitter n **chiqueiro** [ʃiˈkairu] **M** Schweinestall m (tb fig pop)

chiquismo [ʃiˈkiʒmu] **F** Eleganz f, Schick m

chisco [ˈʃiʃku] **M** Häppchen n

chispa [ˈʃiʃpɐ] **F** Funke(n) m; fig Geist (-esblitz) m **chispalhada** [ʃiʃpɐˈʎadɐ] **F** GASTR Eintopf mit Eisbein u. weißen Bohnen **chispar** [ʃiʃˈpar] ⟨1a⟩ Funken sprühen (tb fig); fig de cólera kochen; bras (disparar) (davon)flitzen **chispe** [ˈʃiʃpi] **M** GASTR Schweinshaxe f; Eisbein n

chiste [ˈʃiʃti] **M** Scherz m, Witz m **chistoso** [ʃiʃˈtozu] geistreich, witzig

choca [ˈʃɔkɐ] **F** Kuhglocke f; tourada: Leittier m

choça [ˈʃɔsɐ] **F** **1** (Laub)Hütte f; pop Knast m **2** (carvão) Holzkohle f

chocadeira [ʃukɐˈdairɐ] **F** Inkubator m

chocalhada [ʃukɐˈʎadɐ] **F** (Kuhglocken)Geläut n **chocalhar** [ʃukɐˈʎar] ⟨1b⟩ läuten, bimmeln; caixa, líquido schütteln; fig klatschen; segredo ausplaudern; (rir) loslachen **chocalheiro** [ʃukɐˈʎairu] **A** ADJ schwatzhaft; klatschsüchtig **B** **M**, **-a** **F** Plaudertasche f; Schwatzbase f **chocalhice** [ʃukɐˈʎisi] **F** Klatschsucht f; Klatsch m **chocalho** [ʃuˈkaʎu] **M** (Kuh)Glocke f; Rassel f; fig Klatschbase f; **andar de ~** port pop tratschen; Gerüchte verbreiten

chocante [ʃuˈkɐ̃ti] **A** ADJ anstößig; (revoltante) empörend **B** INT ~! bras pop toll!, Wahnsinn!

chocar¹ [ʃuˈkar] ⟨1n; Stv 1e⟩ **A** V/T schockieren, empören **B** V/R ~-se aufeinanderprallen; prallen (ou rennen) (**com, contra** gegen); sich stoßen (**com, em** an dat); zusammenstoßen (**com** mit)

chocar² [ʃuˈkar] ⟨1n; Stv 1e⟩ **A** V/T ovo, plano, doença ausbrüten **B** V/I **1** ave brüten **2** alimento schlecht werden; cerveja schal werden

chocarrear [ʃukɐˈrjar] V/I ⟨1l⟩ derbe Witze machen, Zoten reißen **chocarrice** [ʃukɐˈrisi] **F** derber Witz m, Zote f

chocho [ˈʃoʃu] **A** ADJ fruta saftlos, trocken; ovo faul; noz taub; pessoa kränklich; **andar ~** fam niedergeschlagen sein **B** **M** fam (beijo) Schmatz m, Bussi n

choco [ˈʃoku] **A** ⟨fsg, m/pfpl [ˈʃɔ-]⟩ ADJ **1** ovo bebrütet; **galinha f ~a** Bruthenne f **2** cerveja schal; água abgestanden **3** geralm faul, verdorben **B** **M** Brut(zeit) f; **estar no ~** brüten; fig **estar de ~** krank im Bett liegen

choco² [ˈʃoku] **M** ⟨pl [ˈʃɔ-]⟩ ZOOL Tintenfisch m; Sepia f; **~s** pl **com tinta** in der eigenen Tinte geschmorte Tintenfische

chocolate [ʃukuˈlati] **A** ADJ schokoladenbraun **B** **M** (Trink)Schokolade f; **~ de** (bras **ao**) **leite** (Voll)Milchschokolade f; **~ semi amargo** Zartbitterschokolade f; **barra f** (bras **barrinha**) **de ~** Schokoriegel m; **tablete f** (bras **barra f**) **de ~** Tafel f Schokolade

chofer [ʃɔˈfɛr] **M** Chauffeur m **choferar** [ʃofɛˈrax] ⟨1a⟩ bras fam Auto fahren

chofre [ˈʃɔfri] **M** Stoß m, Schlag m; **de ~** plötzlich; unvermittelt

choldra (*ô) [ˈʃɔɫdrɐ] **F** pop Pack n; Wirrwarr m; port Knast m

choninhas [ʃɔˈniɲɐʃ] **M/F** pop Feigling m

chopada [ʃoˈpadɐ] F bras Umtrunk m
chope [ˈʃɔpi] M bras Fassbier n; copo: Glas n Bier
choque [ˈʃɔki] M Zusammenstoß m (**com** mit), -prall m (**com** mit); Stoß m, Schock m (tb fig); Schlag m (tb fig); ~ **em cadeia** Massenkarambolage f; ~ **elé(c)trico** Elektroschock m
chora [ˈʃɔra] F **choradeira** [ʃuraˈdair ɐ] F Gejammer n; Geheule n **choramingar** [ʃurɐmĩˈgar] ⟨1o⟩ quengeln; jammern **choramingas** [ʃurɐˈmĩgɐʃ] MF ⟨pl inv⟩ fam Heulsuse f, Jammerlappen m
chorão [ʃuˈrɐ̃ũ] A ADJ weinerlich B M BOT Trauerweide f C M, **chorona** [ʃuˈrɔnɐ] F → choramingas **chorar** [ʃuˈrar] ⟨1e⟩ A VT beweinen, weinen über (ac); beklagen B VI weinen; ~ **baba e ranho** fam Rotz und Wasser heulen **choro** [ˈʃoru] M Weinen n; (lágrimas) Tränen fpl **choroso** [ʃuˈrozu] weinend; voz weinerlich; (ofendido) gekränkt; (lastimoso) beklagenswert
chorrilho [ʃuˈʁiʎu] M schnelle Reihe f ou Folge f
chorudo [ʃuˈrudu] pop fett; fig dick, einträglich, Bomben...
choupal [ʃoˈpal] M Pappelwäldchen n
choupana [ʃoˈpanɐ] F (Stroh)Hütte f
choupo [ˈʃopu] BOT Pappel f
chouriço [ʃoˈrisu] M GASTR (Räucher-)Wurst f; de pano: Stoffrolle gegen Zug an Fenstern u. Türen; cabelo: Haarteil n; ~ **de carne** Fleischwurst f; ~ **de sangue** Blutwurst f
chovediço [ʃuviˈdisu] regnerisch; nieselig; Regen... **chove-não-molha** [ʃɔviˌnɐ̃ũˈmoʎɐ] M ⟨pl inv⟩ bras Sackgasse f **chover** [ʃuˈver] ⟨2d⟩ regnen; ~ **a cântaros** port in Strömen regnen, gießen
chucha [ˈʃuʃa] F alc)ção: Saugen n, Nuckeln n; (teta) Nuckel m; **à ~ calada** unbemerkt, heimlich **chuchadeira** [ʃuʃaˈdaira] F → chucha; fig fam lohnende Sache f; pop Spott m, fauler Witz m **chuchado** [ʃuˈʃadu] verdorrt; corpo ausgemergelt; fig geizig **chuchar** [ʃuˈʃar] ⟨1a⟩ saugen, lutschen; pop kriegen; fig lucro, vantagem einheimsen **chuchurrear** [ʃuʃuˈʁjar] ⟨1l⟩ (aus)schlürfen
chuço [ˈʃusu] M Spieß m; port fam Krücke f
chucrute [ʃuˈkruti] M Sauerkraut n

chuinga [ˈʃwĩga] F Angola Kaugummi m
chulé [ʃuˈlɛ] M pop Fußgeruch m, Fußschweiß m; **fazer** (ou **armar**) **~** port Krach machen
chulear [ʃuˈljar] ⟨1l⟩ TÊX bainha heften
chulice [ʃuˈlisi] F pop Sauerei f
chulipa [ʃuˈlipa] F FERROV Schwelle f; pop Arschtritt m
chulo [ˈʃulu] A ADJ ordinär; pop schweinisch B M fam Zuhälter m
chumaceira [ʃumaˈsaira] F Lager n; (Lager)Buchse f; (Ruder)Dolle f **chumaço** [ʃuˈmasu] M Polsterwatte f; Wattebausch m
chumbada [ʃũˈbadɐ] F Schrotschuss m, -ladung f; pesca: Anglerbleri m; (peso) Bleigewicht n; UNIV Durchfallen n; **ser uma ~** pop nervtötend sein **chumbado** [ʃũˈbadu] dente plombiert; bras fam betrunken; **ficar ~**, **ser ~** port UNIV durchfallen; bras fam verknallt sein **chumbagem** [ʃũˈbaʒɐ̃j] F Löten n, Plombieren n **chumbar** [ʃũˈbar] ⟨1a⟩ löten; dente plombieren; (mit Blei) beschweren; ferir schießen; fig schwer wie Blei werden; port fam no exame: durchfallen (lassen); pop besäuseln
chumbo [ˈʃũbu] M Blei n; Plombe f (tb Zahn); Schrot m; pesca: Bleigewicht n; UNIV fam Durchfaller m (im Examen); fig fam Grips m, Grütze f; AUTO **com ~** verbleit; **sem ~** bleifrei, unverbleit; **sono m de ~** fam bleierner Schlaf m; **apanhar** (bras **levar**) (**um**) **~** fam durchfallen, sitzen bleiben
chunga [ˈʃũga] Schund... **chungaria** [ʃũgaˈria] F pop Mist m, Schund m
chupa [ˈʃupa] M, **chupa-chupa** [ʃupɐˈʃupa] M ⟨pl ~s⟩ Lutscher m, Lolli m
chupadeira [ʃupaˈdaira] F port Schnuller m **chupadela** [ʃupaˈdɛlɐ] F Zug m (tb cigarro); **dar uma ~** saugen; ein Zug machen **chupador** [ʃupaˈdor] M TECN Saugrohr n; ZOOL Saugrüssel m **chupa-flor** [ʃupɐˈflor] M ⟨pl ~es⟩ Kolibri m **chupão** [ʃuˈpɐ̃ũ] A ADJ, **chupona** [ʃuˈpɔnɐ] F Saug... B M pop Schmatz m; Knutschfleck m **chupar** [ʃuˈpar] ⟨1a⟩ 1 rebuçado lutschen; (sorver) schlürfen; cigarro ziehen an (dat); água aufsaugen 2 vantagem herausschlagen; pessoa ausnutzen **chupeta** [ʃuˈpeta] F Schnuller m; pop **de ~** lecker; prima **chupista** [ʃu-

'pi∫tɐ] M/F Schmarotzer(in) m(f)
churrascaria [∫uɐʒkɐˈriɐ] F̄ Grillrestaurant n **churrasco** [∫uˈvaʃku] M̄ **1** Gegrilltes n; Grillfleisch n; Grillspieß m **2** Grillen n; Grillparty f **churrasquear** [∫uʀɐʃˈkjax] ⟨1l⟩ bras grillen **churrasqueira** [∫uʀɐʃˈkajrɐ] F̄ Grillrestaurant n **churrasquinho** [∫uʀɐʃˈkiɲu] M̄ bras Art Schaschlik
churro [ˈ∫uʀu] M̄ längliches Schmalzgebäck mit Zucker u. Zimt
chusma [ˈ∫uʒmɐ] F̄ Meute f, Haufen m
chuta [ˈ∫utɐ] port INT pscht!, still!
chutador [∫utɐˈdox] M̄ bras pop großer Lügner m **chutar** [∫uˈtax] ⟨1a⟩ futebol schießen; port droga spritzen **chute** [ˈ∫uti] M̄ Schuss m **chuteira** [∫uˈtajrɐ] F̄ Fußballschuh m **chuto** [ˈ∫utu] M̄ port DESP Schuss m
chuva [ˈ∫uvɐ] F̄ Regen m; fig Menge f; bras pop Suff m; **~ ácida** saurer Regen m; **~ miúda** Sprühregen m; **~ torrencial** Wolkenbruch m; **ao preço da ~** spottbillig; **~s** pl Regenfälle mpl; **~ de granizo** (ou **pedra**) Hagel m **chuva-criadeira** [∫uvɐkrjɐˈdere] F̄ ⟨pl chuvas-criadeiras⟩ bras Nieselregen m **chuvada** [∫uˈvadɐ] F̄ (Regen)Guss m
chuveiro [∫uˈvajru] M̄ cabeça: Brause f / Duschkopf m; geralm: Dusche f; fig Regenguss m; **~ automático** Sprinkler m; **banho m de ~** Dusche f **chuviscar** [∫uviʃˈkax] ⟨1n⟩ nieseln **chuvisco** [∫uˈvi∫ku] M̄ Nieselregen m **chuvoso** [∫uˈvozu] regnerisch
C.ia, Cia. ABR (Companhia) Ges. (Gesellschaft)
cianamida [sjanɐˈmidɐ] F̄ **~ cálcica** Stickstoffdünger m **cianídrico** [sjɐˈnidriku] ADJ **ácido** M̄ **~** QUÍM Blausäure f
ciática [ˈsjatikɐ] F̄ MED Ischias m/f/n **ciático** [ˈsjatiku] ANAT Hüft-...; **nervo m ~** Ischiasnerv m; **dor f -a** Ischias m/f/n
cibercafé [siberkɐˈfɛ] M̄ Internetcafé n
ciberespaço [siberi∫ˈpasu] M̄ Cyberspace m **cibernauta** [siberˈnautɐ] M/F Internetsurfer(in) m(f) **cibernética** [sibirˈnɛtikɐ] F̄ Kybernetik f
cicatriz [sikaˈtri∫] F̄ Narbe f (tb fig) **cicatrização** [sikatrizɐˈsɐ̃u] F̄ Vernarbung f **cicatrizar** [sikɐtriˈzax] ⟨1a⟩ heilen; vernarben
cicerone [sisiˈrɔni] M/F Fremdenfüh-

rer(in) m(f)
ciciar [siˈsjar] ⟨1g⟩ vento säuseln; (murmurar) flüstern **cicio** [siˈsiu] M̄ Säuseln n; (murmúrio) Geflüster n
cíclame [ˈsiktɐmi] M̄ BOT Alpenveilchen n
ciclismo [siˈktiʒmu] M̄ Radsport m; **~ de montanha** Mountainbiking n **ciclista** [siˈktiʃtɐ] M/F Radfahrer(in) m(f)
ciclo [ˈsiktu] M̄ Zyklus m (tb LIT); Reihe f; Periode f **ciclomotor** [siktɔmuˈtor] M̄ Mofa n **ciclomotorista** [siktɔmutuˈri∫tɐ] M/F Mofafahrer(in) m(f)
ciclone [siˈktɔni] M̄ Zyklon m
cicloturismo [siktɔtuˈriʒmu] M̄ Radwandern n **cicloturista** [siktɔtuˈri∫tɐ] M/F Radler(in) m(f); Radwanderer m, -wanderin f **ciclovia** [siktɔˈviɐ] F̄ Radweg m
cicuta [siˈkutɐ] F̄ BOT Schierling m
cid. ABR (cidade) St. (Stadt)
cidadania [sidɐdɐˈniɐ] F̄ Staatsangehörigkeit f, -bürgerschaft f **cidadão** [sidɐˈdɐ̃u] M̄ ⟨pl ~s⟩, **cidadã** [sidɐˈdɐ̃] F̄ Staatsangehörige(r) m/f(m); Bürger(in) m(f); **~-eleitor** Wahlberechtigter m, -e f; **~ idoso** älterer Mitbürger m
cidade [siˈdadi] F̄ Stadt f; **ir à ~** in die Stadt gehen; **na ~** in der Stadt; **Cidade do Cabo** Kapstadt n **cidade-dormitório** [sidadidurmiˈtɔrju] F̄ ⟨pl cidades-dormitório⟩ Schlafstadt f **cidadela** [sidɐˈdɛtɐ] F̄ Zitadelle f; fig Hochburg f **cidade-de-satélite** [sidadizɐˈtɛtiti] F̄ ⟨pl cidades-satélite⟩ Satellitenstadt f, Trabantenstadt f
cidra [ˈsidrɐ] F̄ BOT Zitronatzitrone f; bras bebida: Apfelwein m **cidrão** [siˈdrɐ̃u] M̄ Zitronat n; BOT Zitronenstrauch m
cieiro [ˈsjajru] M̄ rauhe Haut f; **~ nos lábios** aufgesprungene Lippen fpl
ciência [ˈsjɐ̃sjɐ] F̄ Wissenschaft f; Kenntnisse pl; **Faculdade f de Ciências** UNIV Naturwissenschaftliche Fakultät f; **~s humanas** Geisteswissenschaften fpl
ciência-ficção [sjɐ̃sjɐfiˈksɐ̃u] F̄ ⟨sem pl⟩ Science-Fiction f
ciente [ˈsjɐ̃ti] wissend; (douto)o kenntnisreich; **~ de** unterrichtet von; (experiente) erfahren in (dat), ausgebildet in (dat); **estou ~ de que** es ist mir bewusst, dass
científico [sjɐ̃ˈtifiku] wissenschaftlich **cientista** [sjɐ̃ˈti∫tɐ] M/F Wissenschaftler(in) m(f)

cifra ['sifrɐ] F̲ MAT Ziffer f; Chiffre f; Schlüssel m (zum Dechiffrieren); **em ~** chiffriert, Chiffre... **cifrão** [si'frɐ̃u] M̲ Währungszeichen n (Escudo, Dollar) **cifrar** [si'frar] ⟨1a⟩ notícia chiffrieren; quantia beschränken (**em** auf ac), reduzieren (**em** auf ac); beziffern (**a, em** auf ac)

cigana [si'ganɐ] F̲ Romni f, neg! Zigeunerin f **cigano** [si'ganu] **A** ADJ Roma...; neg! Zigeuner... **B** M̲ Rom m; neg! Zigeuner m

cigarra [si'ɡaʀɐ] F̲ Zikade f, Baumgrille f; bras tb (Tür)Summer m

cigarreira [sigɐ'ʀɐirɐ] F̲ Zigarettenetui n **cigarreiro** [sigɐ'ʀɐiru] Zigaretten... **cigarrilha** [sigɐ'ʀiʎɐ] F̲ Zigarillo m **cigarro** [si'ɡaʀu] M̲ Zigarette f

cilada [si'ladɐ] F̲ **1** Hinterhalt m; caça: Anstand m **2** List f

cilha ['siʎɐ] F̲ Sattel-, Bauchgurt m

cilindrada [siliˈdradɐ] F̲ AUTO Hubraum m; Hubvolumen n **cilindrado** [sili'dradu] platt gewalzt (tb fig) **cilindragem** [sili'draʒɐ̃i] F̲ Walzen n **cilindrar** [sili'drar] ⟨1a⟩ estrada walzen; pop fig plattmachen, niederwalzen; derrotar) zur Schnecke machen

cilíndrico [si'lĩdriku] ADJ zylindrisch **cilindro** [si'lĩdru] M̲ TECN, MAT Zylinder m; Trommel f, Walze f, espec: Straßenwalze f

cílio [ˈsiliu] M̲ Wimper f

cima ['simɐ] F̲ Spitze f, höchster Punkt m; **de ~** von oben (herab tb fig); **o andar de ~** das obere Stockwerk; **ao de ~** port oberflächlich; ganz nach oben; **em ~** oben(auf); **em ~ de** auf (ac e dat); **para ~** hin-, herauf, nach oben; aufwärts; **para ~** pop über, mehr als; **por ~** oberhalb, darüber; **por ~ de** über (ac ou dat); oberhalb; **ainda por ~** fam obendrein, darüber hinaus; **passar por ~** regra missachten; falta darüber hinwegsehen; **vir ao de ~** port an die Oberfläche kommen; bras fam **dar em ~ de alg** j-n umwerben

cimalha [siˈmaʎɐ] F̲ Gesimsplatte f

cimbalino [sĩbɐˈlinu] M̲ port reg Espresso m

cimeira [si'mɐirɐ] F̲ Gipfel m; POL Gipfelkonferenz f **cimeiro** [si'mɐiru] ober(st), höchst; fig tb Spitzen...

cimentar [simẽ'tar] ⟨1a⟩ zementieren, fig untermauern; festigen **cimento** [si-'mẽtu] M̲ Zement m; fig Unterbau m, Grundlage f

cimo ['simu] M̲ montanha: (Berg)Gipfel m; telhado: (Dach)First m; torre: (Turm)Spitze f; árvore: (Baum)Wipfel m; **no ~** fig am Gipfel, am Scheitelpunkt

cinábrio [si'nabriu] M̲ Zinnober m

cinco ['sĩku] NUM **A** ADJ fünf **B** M̲ Fünf f **cinco-réis** [sĩku'ʀɐis] M̲ ⟨pl inv⟩ hist Münze f; fig Nichtigkeit f

cindir [si'dir] ⟨3a⟩ trennen; POL spalten

cineasta [si'njaʃtɐ] MF̲ Filmemacher(in) m(f) **cineclube** [sine'klubi] M̲ Filmklub m

cinegética [sine'ʒɛtikɐ] F̲ Jägerei f; geralm: Jagd f **cinegético** [sine'ʒɛtiku] Jagd...

cinema [si'nemɐ] M̲ Kino n; **a(c)tor m de ~** Filmschauspieler m; **ir ao ~** ins Kino gehen; **sessão f de ~** Filmvorstellung f **cinematografia** [sinimɐtuɡrɐ'fiɐ] F̲ Filmkunst f **cinematográfico** [sinimɐtu'ɡrafiku] Film...

cineração [sinerɐ'sɐ̃u] F̲ Einäscherung f **cinerar** [sine'rar] einäschern **cinerário** [sine'rariu] Aschen...; **urna f -a** Urne f

cinética [si'nɛtikɐ] F̲ FÍS Kinetik f

cingir [sĩ'ʒir] ⟨3n⟩ adorno etc anlegen; (abraçar) umarmen; (cercar) umgeben (**de** mit), umschließen (**de** mit); fig entzweien; **~-se** sich nähern (**com** dat); (respeitar) sich halten (**a** an ac); (limitar-se) sich beschränken (**a** auf ac)

cínico ['siniku] zynisch

cinquenta [sĩ'kwẽtɐ] NUM fünfzig **cinquentão** [sĩkwẽ'tɐ̃u] **A** ADJ fünfzigjährig; in den Fünfzigern **B** M̲, **cinquentona** [sĩkwẽ'tonɐ] F̲ Fünfziger(in) m(f) **cinquentenário** [sĩkwẽti'nariu] M̲ fünfzigster Jahrestag m

cinta ['sĩtɐ] F̲ geralm: Band n; Gurt m; documentos: Streifband m; ANAT Taille f; de senhora: Hüfthalter m; bras tb Mieder n; ARQUIT Kranzgesims n; fig Gürtel m (Anordnung); **~ de aço** AUTO Stahlgürtel m (Reifen); **~ de ferro** Bandeisen n; **~ de ligas**, bras **~-liga** Strumpfhalter m, pop Straps m; **~ métrica** Bandmaß n **cintado** [sĩ'tadu] tailliert **cintar** [sĩ'tar] ⟨1a⟩ binden; documentos mit Streifband versehen; vestuário taillieren; pipa bereifen; fig einfassen

cintilar [sĩti'tar] ⟨1a⟩ funkeln, glitzern

cinto ['sĩtu] M *vestuário*: Gürtel m; Gurt m; *(cós)* (Rock-, Hosen)Bund m; **~ de segurança** AUTO Sicherheitsgurt m **(regulável em altura** höhenverstellbarer); **pôr o ~** sich anschnallen; **apertar os ~s** AERO den Sicherheitsgurt anlegen, sich anschnallen **cintura** [sĩ'tura] F Gürtel m *(tb fig)*; ANAT Taille f **cinturão** [sĩtu'rãũ] M Gurt m

cinza ['sīza] A ADJ grau B F Asche f; **~ vulcânica** Vulkanasche f; **Quarta-Feira de Cinzas** Aschermittwoch m **cinzeiro** [sī'zajru] M Aschenbecher m; *forno*: Aschenkasten m

cinzel [sī'zɛł] M Meißel m **cinzelar** [sīzi'tar] ⟨1c⟩ *pedra* (aus)meißeln; *metal* ziselieren; *fig texto* ausfeilen, feilen an *(dat)*

cinzento [sī'zẽtu] grau

cio [siu] M *geralm*: Brunst f; *aves*: Balz f; *cadela*: Läufigkeit f; **estar no ~** läufig sein **cioso** ['sjozu] *(ciumento)* eifersüchtig; *(zeloso)* eifrig **(de** bei)

cipó [si'pɔ] M *bras* Liane f

cipreste [si'prɛʃti] M Zypresse f

cipriota [sipri'ɔta] A ADJ zypriotisch B MF Zypriot(in) m/(f)

ciranda [si'rɐ̃da] F grobes Sieb n, Kornsieb n; → cirandinha **cirandinha** [sirɐ̃'diɲɐ] F *Volkstanz*

circo ['sirku] M Zirkus m

circuito [sir'kuitu] M Umkreis m *(Gebiet)*; Kreislauf m; *turismo*: Rundfahrt f; ELECT Stromkreis m; Schaltkreis m *(tb* INFORM*)*; **~ de manutenção** Trimmpfad m; **~ impresso** gedruckter Schaltkreis m

circulação [sirkuła'sɐ̃ũ] F Umlauf m, Kreislauf m *(tb* MED*)*; *de veículos etc*: Verkehr m; **~ monetária** Geldumlauf m; **de grande ~** weit verbreitet; verkehrsreich

circular [sirku'łar] A ADJ Kreis..., kreisförmig; Rund... B F *estrada*: Umgehungsstraße f; *carta*: Rundschreiben n C VT ⟨1a⟩ umgeben; umrunden D VI ⟨1a⟩ zirkulieren; *boato etc* in Umlauf sein; *viatura* fahren **circulatório** [sirkuła'tɔrju] Verkehrs...; MED Kreislauf...; **colapso** m **~** Kreislaufkollaps m; **movimento** m **~** Kreislauf m

círculo ['sirkułu] M Kreis m *(tb* MAT*)*; Bezirk m; *fig tb* Zirkel m, Verein m; **~ eleitoral** Wahlbezirk m; **~ de leitores** Buchklub m; **~ vicioso** *fig* Teufelskreis m

circum-navegação [sirkũnavigɐ'sɐ̃ũ] F, *bras* **circunavegação** [sixkũnavega'sẽũ] F *(pl -ções)* Umsegelung f

circuncidar [sirkũsi'dar] ⟨1a⟩ REL beschneiden **circuncisão** [sirkũsi'zɐ̃ũ] F REL Beschneidung f **circunciso** [sirkũ'sizu] A ADJ beschnitten B M Beschnittene(r) m

circundante [sirkũ'dɐ̃ti] umliegend **circundar** [sirkũ'dar] ⟨1a⟩ umgeben **(de** mit), einfassen **(de** mit); umkreisen; herumgehen *(ou* -fahren) um; *rua* herumführen um

circunferência [sirkũfi'rẽsjɐ] F MAT Kreis(umfang) m; *(arredores)* Umkreis m; Peripherie f **circunflexo** [sirkũ'flɛksu] GRAM *(acento)* → M Zirkumflex m **circunjacente** [sirkũʒa'sẽti] umliegend **circunlocução** [sirkũłuku'sɐ̃ũ] F *fig* Umschreibung f

circunscrever [sirkũʃkri'ver] ⟨2c⟩ *área* ein-, begrenzen; beschränken **(a, em** auf *ac*); MAT umschreiben; *fig* um-, erfassen, einschließen; eindämmen **circunscrição** [sirkũʃkri'sɐ̃ũ] F Ein-, Begrenzung f; Beschränkung f; MAT Umschreibung f; POL Wahlkreis m; *florestal*: (Forst)Bezirk m, Revier n **circunscrito** [sirkũʃ'kritu] PP *irr* → circunscrever; begrenzt, eingegrenzt

circunspe(c)ção [sirkũʃpe'sɐ̃ũ] F Umsicht f; **com ~** mit Bedacht **circunspe(c)to** [sirkũʃ'pɛktu] umsichtig; bedächtig

circunstância [sirkũʃ'tɐ̃sjɐ] F Umstand m; Zusammenhang m; **~s** *pl* Verhältnisse *npl*, Lage f; **~s** *pl* **atenuantes** DIR mildernde Umstände *pl*; **nestas ~s** unter diesen Umständen **circunstancial** [sirkũʃtɐ̃'sjał] umstandsbedingt; **ser ~** *situação* sich ergeben; **complemento** m **~** GRAM Adverbialbestimmung f **circunstanciar** [sirkũʃtɐ̃'sjar] ⟨1g⟩ detailliert schildern **circunstante** [sirkũʃ'tɐ̃ti] A ADJ umstehend; anwesend B MF Umstehende(r) m/f(m); Anwesende(r) m/f(m); **os ~s** die Zuschauer *pl*; die Zuhörerschaft f

circunvagar [sirkũva'gar] ⟨1o; Stv 1b⟩ umherstreifen, -irren **(por** in *dat*); *olhar* streifen lassen **circunvalação** [sirkũvała'sɐ̃ũ] F (Schutz)Wall m; *estrada*: Umgehungsstraße f

círio ['sirju] M Altarkerze f; BOT Königin f

der Nacht
cirro ['siʀu] M̄ METEO Zirrus-, Federwolke f; BOT Ranke f
cirrose [si'ʀɔzi] F̄ MED Zirrhose f
cirurgia [siruʀ'ʒiɐ] F̄ Chirurgie f; **~ estética** (ou **plástica**) plastische Chirurgie f
cirurgião [siruʀ'ʒjɐ̃ũ] F̄, **cirurgiã** [siruʀ'ʒjɐ̃] F̄ Chirurg(in) m(f)
cirúrgico [si'ruʀʒiku] chirurgisch
cisalha [si'zaʎɐ] F̄ TIPO Papierschere f; **~s** pl (Metall)Späne mpl
cisão [si'zɐ̃ũ] F̄ Spaltung f; **~ nuclear** Kernspaltung f
ciscador [siʃka'dor] M̄ Rechen m **ciscalho** [siʃ'kaʎu] M̄ Kehricht m; Kohlenstaub m **ciscar** [siʃ'kar] ⟨1n⟩ zusammenharken (mit Rechen), -kehren (mit Besen); galinha scharren in (dat) **cisco** ['siʃku] M̄ → ciscalho
Cisjordânia [siʒuʀ'dɐnjɐ] F̄ GEOG Westjordanland n
cisma ['siʒmɐ] A M̄ Spaltung f; REL Schisma n B F̄ Grübelei f; (receio) Ängstlichkeit f; (mania) fixe Idee f, fam Grille f; **andar de ~ com** misstrauen (dat) **cismar** [siʒ'mar] ⟨1a⟩ A V̄T durchdenken, überlegen; grübeln über (ac); sich sorgen um B V̄I nachdenken (**em** über ac); **~ com** bras misstrauen
cisne ['siʒni] M̄ Schwan m
cisqueiro [siʃ'kajru] M̄ Kehricht m
cisterna [siʃ'tɛʀnɐ] F̄ Zisterne f
cistite [siʃ'titi] F̄ Blasenentzündung f **cisto** ['siʃtu] M̄ MED Zyste f
cit. ABR (citação) Zit. (Zitat)
citação [sitɐ'sɐ̃ũ] F̄ Zitat n; Erwähnung f; DIR Vorladung f
citadino [sitɐ'dinu] A ADJ städtisch, Stadt... B **-a** F̄ Städter(in) m(f)
citar [si'tar] ⟨1a⟩ zitieren (tb DIR; trecho anführen; autor erwähnen; DIR vorladen
cítara ['sitɐrɐ] F̄ Zither f
citologia [situlu'ʒiɐ] F̄ MED Zytologie f
cítrico ['sitriku] Zitrus...; **frutas** fpl **-as** Zitrusfrüchte fpl
citricultura [sitrikuɫ'turɐ] F̄ Anbau m von Zitrusfrüchten **citrinos** [si'trinu] MPL Zitrusfrüchte fpl
ciúme ['sjumi] M̄ Eifersucht f; **ter ~s de** eifersüchtig sein auf (ac)
ciumento [sju'mẽtu] eifersüchtig
cível ['sivɛɫ] DIR A ADJ zivil B M̄ Zivilrecht n; Zivilkammer f; **juiz m do ~** Zivil-
richter m **cívico** ['siviku] A ADJ (staats)bürgerlich; Bürger...; **movimento** m **~** Bürger(rechts)bewegung f; **direitos** mpl **~s** Bürgerrechte npl B M̄ Polizist m
civil [si'viɫ] A ADJ 1 zivil; bürgerlich; **ano m ~** Kalenderjahr n; **direitos** mpl **civis** Bürgerrechte npl; **guarda** m/f **~** bras Polizist(in) m(f) 2 (cortês) höflich B M̄/F̄ Zivilist(in) m(f) **civilidade** [siviɫi'dadi] F̄ Anstand m; Höflichkeit f; Etikette f **civilista** [sivi'liʃtɐ] M̄/F̄ DIR Zivilrechtler(in) m(f) **civilização** [siviɫiza'sɐ̃ũ] F̄ Zivilisation f **civilizado** [siviɫi'zadu] zivilisiert; höflich **civilizador** [siviɫiza'dor] A ADJ zivilisatorisch B M̄ Kulturträger m, Zivilisator m **civilizar** [siviɫi'zar] ⟨1a⟩ zivilisieren; erziehen
clã [klɐ̃] M̄ Sippe f, Klan m
clamar [klɐ'mar] ⟨1a⟩ schreien, rufen; **~ (por)** rufen nach; (suplicar) flehen um
clamor [klɐ'mor] M̄ Geschrei n; (queixa) (Weh)Klage f; **~ público** öffentlicher Protest m **clamoroso** [klɐmu'rozu] (weh)klagend; schreiend
clandestinidade [klɐ̃deʃtini'dadi] F̄ Heimlichkeit f; POL Illegalität f, Untergrund m **clandestino** [klɐ̃deʃ'tinu] heimlich; geheim; POL illegal; Schwarz...; **passageiro m ~** blinder Passagier m; **trabalho m ~** Schwarzarbeit f
clangoroso [klɐ̃gu'rozu] schmetternd
claque ['klaki] F̄ (Fußball)Fans mpl, Anhänger mpl **claquista** [kla'kiʃtɐ] M̄/F̄ (Fußball)Fan m
clara ['klarɐ] F̄ Lichtung f; (aberta) Öffnung f; **~ (de ovo)** Eiweiß n; **~ do olho** das Weiße im Auge; **às ~s** öffentlich **clarabóia** [klarɐ'bɔjɐ] F̄ Oberlicht n
clarão [klɐ'rɐ̃ũ] M̄ heller Schein m, Leuchten m, fig Gedankenblitz m **clarear** [klɐ'rjar] ⟨1l⟩ A V̄T erhellen; (iluminar) beleuchten B V̄I céu aufhellen; nuvens sich lichten; port cabelo lückenhaft werden; fig sich aufklären **clareira** [klɐ'rajrɐ] F̄ Lichtung f **clarete** [klɐ'reti] A ADJ vinho blassrot B M̄ vinho: heller Rotwein m **clareza** [klɐ'rezɐ] F̄ Klarheit f; Deutlichkeit f; **com ~** klar; deutlich
claridade [klɐri'dadi] F̄ Helle f, Helligkeit f; (luz) Licht n **clarificador** [klɐrifikɐ'dor] M̄ Klärmittel n, -anlage f **clarificar** [klɐrifi'kar] ⟨1n⟩ água klären; fig tb klarstellen

clarinete [klɐri'netɨ] M̄ Klarinette f
clarividência [klɐrivi'dẽsjɐ] F̄ Hellsichtigkeit f **clarividente** [klɐrivi'dẽti] hellsichtig
claro ['klaru] A ADJ água, voz klar; espaço, cor hell; luz, sol strahlend; pronúncia deutlich; facto unleugbar; em ~ fam ohne zu schlafen; é ~, está ~ selbstverständlich B M̄ Leere f; (espaço) Zwischenraum m; texto: Lücke f; **deixar em ~** lugar frei lassen, questão offen lassen; **passar a/c em ~** etw auslassen; hinwegsehen über etw (ac) **claro-escuro** [klaruʃ'kuru] ⟨sem pl⟩ Helldunkel n
classe ['klasi] F̄ Klasse f; social: (Gesellschafts)Schicht f; profissional: (Berufs)Stand m; escola: Klasse f, Klassenstufe f; fig Ordnung f; Kategorie f; hierarquia: Rang m
classicismo [klasi'siʒmu] M̄ Klassizismus m; LIT Klassik f
clássico ['klasiku] A ADJ klassisch; (exemplar) mustergültig B M̄ Klassiker m
classificação [klasifikɐ'sɐ̃u] F̄ Klassifizierung f; Einordnung f; Einstufung f; DESP Platz m; (pontos) Punktzahl f; escola: Bewertung f, Note **classificado** [klasifi'kadu] A ADJ ficar ~ eingestuft werden; DESP em n̄o Platz (ou e-e Punktzahl) erringen; **o primeiro ~** der Erste; **o melhor ~** der Bestplatzierte B M̄ Annonce f, Anzeige f **classificador** [klasifikɐ'dor] M̄ Aktenordner m **classificadora** [klasifikɐ'dorɐ] F̄ Sortierer m, Sortiermaschine f
classificar [klasifi'kar] ⟨1n⟩ einteilen (**em** in ac); klassifizieren (**por** nach); TECN klassieren; documentos einordnen, abheften; numa hierarquia einstufen; rendimento bewerten; **~ de** bezeichnen als; **~-se** DESP sich platzieren; **~-se de** sich auszeichnen als; sich erweisen als **classificativo** [klasifikɐ'tivu], bras **classificatório** [klasifikɐ'tɔrju] Rang..., Platzierungs...
classista [klɐ'siʃtɐ] klassenbewusst
claudicar [klaudi'kar] ⟨1n⟩ hinken (**de um pé** auf e-m Bein); fig Schwächen zeigen (**em** bei); e-n Fehler begehen
claustro ['klauʃtru] M̄ Kloster n; Kreuzgang m **claustrofobia** [klauʃtrɔfu'biɐ] F̄ Klaustrophobie f
cláusula ['klauzulɐ] F̄ Klausel f
clausura [klau'zurɐ] F̄ Klausur f

clava ['klavɐ] F̄ MÚS Keule f
clave ['klavi] F̄ MÚS Schlüssel m; **~ de fá/sol** Bass-/Violinschlüssel m **clavícula** [klɐ'vikulɐ] F̄ ANAT Schlüsselbein n
clemência [kli'mẽsjɐ] F̄ Milde f; Gnade f
clemente [kli'mẽti] mild(e)
clementina [klimẽ'tinɐ] F̄ Klementine f
cleptomaníaco [klɛptɔmɐ'niɐku] M̄ Kleptomane m
clérigo ['klɛrigu] M̄ Geistliche(r) m; **cantar de ~** prahlen, angeben
clero ['klɛru] M̄ Klerus m
clicar [kli'kar] ⟨1n⟩ INFORM klicken (**o rato** mit der Maus), anklicken
cliché (*ê) [kli'ʃɛ] M̄ FOTO Negativ n; fig Klischee n
cliente [kli'ẽti] M/F MED Patient(in) m(f); DIR Mandant(in) m(f); Klient(in) m(f); COM Kunde m, Kundin f; INFORM Client m; **~ habitual** Stammkunde m, -kundin f **clientela** [kliẽ'tɛlɐ] F̄ COM Kundschaft f; Klientel f; MED Patienten mpl **clientelismo** [kliẽti'tiʒmu] M̄ Lobbyismus m
clima ['klimɐ] M̄ Klima n
clima(c)térico [klimɐk'tɛriku] ADJ **anos** MPL **~s** Wechseljahre npl **clima(c)tério** [klimɐk'tɛrju] M̄ Klimakterium n; Wechseljahre npl **climatérico** [klimɐ'tɛriku], **climático** [kli'matiku] klimatisch **climatizar** [klimɐti'zar] ⟨1a⟩ klimatisieren **climatologia** [klimɐtulu'ʒiɐ] F̄ Wetterkunde f, Klimaforschung f
clímax ['klimaks] M̄ Höhepunkt m
clínica ['klinikɐ] F̄ Klinik f; Praxis f; **fazer ~** den Arztberuf ausüben; **médico ~ de ~ geral** Allgemeinmediziner m **clínico** ['kliniku] A ADJ klinisch B M̄ praktischer Arzt m
clínquer ['klĩkɛr] M̄ ARQUIT Klinker m
clipe ['klipi] M̄ 1 Büroklammer f; ADMIN Heftklammer f 2 video: Videoclip m
clique ['kliki] M̄ Klicken n; INFORM Klick m; **duplo ~** Doppelklick m
clister [kliʃ'tɛr] M̄ Einlauf m
clítoris ['klituriʃ], bras **clitóris** [kli'tɔriʃ] M̄ ANAT Klitoris f, Kitzler m
clivagem [kli'vaʒɐ̃j] F̄ MIN schräge Schieferung f; fig Aufsplitterung f
cloaca [klu'akɐ] F̄ Kloake f
clonagem [klu'naʒɐ̃j] F̄ Klonen n **clonar** [klu'nar] klonen **clone** ['klɔni] M̄ Klon m
cloragem [klu'raʒɐ̃j] F̄ da água: Chloren

n, Chlorung f **cloreto** [klu'retu] M̄ Chlorid *n*; **~ de sódio** Kochsalz *n* **cloro** ['klɔru] M̄ Chlor *n*

clorofila [klɔrɔ'filɐ] F̄ Chlorophyll *n*
clorofluorcarbonetos [klɔrɔfluɔrkɐrbu'netuʃ] MPL **clorofluorocarbonetos** [klɔrɔfluɔrɔkɐrbu'netuʃ] MPL Fluorchlorkohlenwasserstoffe *mpl*
clube ['klubi] M̄ Klub *m*; **~ recreativo** Freizeitverein *m* **clubista** [klu'biʃtɐ] M̄/F̄ Klubmitglied *n*
CM F̄ ABR (Câmara Municipal) Rathaus *n*
CME F̄ ABR (Conferência Mundial de Energia) Weltklimakonferenz *f*
co..., co-... [ko-] EM COMP Mit...; Ko...; *p. ex.* **co-autor(a)** *m(f)* Koautor(in) *m(f)*; **co-réu** *m* Mitangeklagte(r) *m*
coabitação [kwɐbitɐ'sɐ̃u] F̄ Zusammenleben *n*; POL Kohabitation f **coabitar** [kwɐbi'tar] ⟨1a⟩ zusammenleben
coa(c)ção [kwa'sɐ̃u] F̄ Druck *m*, Zwang *m*; DIR Nötigung f **coa(c)tivo** [kwa'tivu] zwangsweise, Zwangs...; **coa(c)to** ['kwaktu] genötigt, gezwungen
co-acusado [koɐku'zadu] M̄, **-a** F̄ Mitangeklagte(r) *m/f(m)*
coador [kwa'dor] M̄ Durchschlag *m*; *chá:* (Tee)Sieb *n*; Kaffeefilter *m*
coadunar [kwɐdu'nar] ⟨1a⟩ verbinden; zusammenschließen; *opiniões* in Einklang bringen
coagir [kwɐ'ʒir] ⟨3n⟩ DIR nötigen; zwingen
coagulabilidade [kwɐgulɐbili'dadi] F̄ Gerinnbarkeit *f*, Gerinnungsvermögen *n* **coagulação** [kwɐgulɐ'sɐ̃u] F̄ Gerinnung *f*; QUÍM Koagulation *f*; *leite:* Ausflocken *n* **coagulador** [kwɐgulɐ'dor] M̄ Labmagen *m* **coagulante** [kwɐgu'lɐ̃ti] MED Koagulans *n* **coagular** [kwɐgu'lar] ⟨1a⟩ VT zum Gerinnen bringen; QUÍM ausfällen B̄ VI gerinnen **coágulo** ['kwagulu] M̄ Gerinnsel *n*
coalhada [kwɐ'ʎadɐ] F̄ Dickmilch f **coalhar** [kwɐ'ʎar] ⟨1b⟩ gerinnen; *fig* versperren; **~-se** sich (an)füllen (**de** mit) **coalheira** [kwɐ'ʎɐirɐ] F̄ Labmagen *m*; BIOL Lab *n* **coalho** ['kwaʎu] M̄ Gerinnsel *n*; **fermento** *m* **do ~** (Käse)Lab *n*
coalizão [kwali'zɐ̃u] F̄ *bras* POL Koalition *f*; ECON Kartell *n*; DIR Preisabsprache f **coalizar** [kwali'zar] ⟨1a⟩ *bras* POL koalieren; DIR Absprachen treffen

coar [kwar] ⟨1f⟩ Ā VT *líquido* durchseihen, filtern; *luz* (hin)durchlassen; *metal* schmelzen B̄ VI eindringen, durchdringen (*tb fig*)
co-arrendar [koɐʀẽ'dar] ⟨1a⟩ gemeinsam mieten
coas [kwaʃ] *pop* CONTR de **com** e **as**
co-autor(a) [koau'tor(ɐ)] M̄/F̄ Koautor(in) *m(f)*, Mitverfasser(in) *m(f)*; DIR Mittäter(in) *m(f)*
coaxial [koa'ksjal] TECN koaxial
cobaia [ku'baiɐ] F̄ Meerschweinchen *n*; *fig* Versuchskaninchen *n*
cobalto [ku'baltu] M̄ Kobalt *n*
cobarde [ku'bardi] *port* Ā ADJ feig; (*traiçoeiro*) niederträchtig B̄ M̄/F̄ Feigling *m* **cobardia** [kubɐr'diɐ] F̄ Feigheit *f*; (*traição*) Niedertracht *f*
coberta [ku'bɛrtɐ] F̄ (Bett)Überzug *m*; (Bett)Decke f; AUTO Verdeck *n*; *geralm:* Abdeckung f; NÁUT (Zwischen)Deck *n*; FIN Deckung f; *fig* Schutz *m*, Deckung *f*
coberto[1] [ku'bɛrtu] Ā PP → **cobrir**; **~ de protegido** B̄ ADJ *chão, etc* übersät (**de** mit)
coberto[2] [ku'bɛrtu] M̄ Schutzdach *n*; MIL Schanze *f*
cobertor [kubɛr'tor] M̄ Bettdecke *f*; **de lã:** Wolldecke f **cobertura** [kubɛr'turɐ] F̄ Decke *f*; (*tampa*) Deckel *m*; GASTR Überzug *m*; FIN, MIL Deckung *f*; *notícias:* Berichterstattung *f*; *fig* Deckung *f*; (*disfarce*) Tarnung *f*; ARQUIT *bras* Penthouse *n*
cobiça [ku'bisɐ] F̄ Begierde *f*, Gier f **cobiçar** [kubi'sar] ⟨1p⟩ begehren; begierig sein auf (*ac*) **cobiçoso** [kubi'sozu] gierig
cobói [kɔ'bɔi] M̄ *port* Cowboy *m* **coboiada** [kɔbɔ'jadɐ] F̄ *port* Western *m*; *port pop* Fete *f*
cobra ['kɔbrɐ] Ā F̄ ZOOL Schlange *f*; *bras* **ficar ~** *pop* sauwütend werden; **dizer ~s e lagartos de** *pop* herziehen über j-n; **ser pior que as ~s** *pop* **~-se** falsche Schlange sein B̄ M̄/F̄ *bras pop* Genie *n*
cobra-capelo [kɔbrɐkɐ'pelu] F̄ ⟨*pl* cobras-capelo⟩ Brillenschlange f **cobra-coral** [kɔbreko'ral] F̄ ⟨*pl* cobras-coral⟩ *bras* Korallenschlange *f*
cobrador [kubrɐ'dor] M̄ *impostos:* Steuereintreiber *m*; *transportes públicos:* Schaffner *m* **cobrança** [ku'brɐ̃sɐ] F̄ (Gebühren)Einnahme *f*; Kassieren *n*; COM Inkasso *n*; *correio:* **à ~** per Nachnahme **co-**

brar [kuˈbrar] ⟨1e⟩ *taxa* erheben; *dívida, imposto* eintreiben, einziehen (**a** bei); *fa(c)tura* kassieren; *promessa* erinnern an (*ac*), einfordern; *forças, fama* erlangen; *coragem, confiança* fassen
cobre [ˈkɔbri] M̱ Kupfer *n*
cobre-junta [kɔbriˈʒũta] F̱ ⟨*pl ~s*⟩ Deckschiene *f*; Fugenleiste *f* **cobre-leito** [kɔbriˈlejtu] M̱ ⟨*pl ~s*⟩ *bras* Tagesdecke *f* **cobrição** [kubriˈsɐ̃w̃] F̱ *gado*: Begattung *f*; **de ~** Zucht... **cobridor** [kubriˈdor] M̱ Zucht... **cobrir** [kuˈbrir] ⟨3f⟩ bedecken, ver-, zudecken; *crime*, MIL, FIN decken; *pão* bestreichen (**com, de** mit); *sofá, bolo* überziehen (**com, de** mit); *fig* verbergen, überdecken; *tema* abhandeln; *distância* zurücklegen; *gado* begatten, decken; **~-se** bedeckt werden (**de** mit); (*pôr o chapéu*) den Hut aufsetzen
cobro [ˈkɔbru] M̱ **pôr ~ a/c** e-r Sache (*dat*) ein Ende bereiten, etw abstellen
coca[¹] [ˈkɔka] F̱ BOT Koka(pflanze) *f*; **estar à ~** auf der Lauer liegen
coça [ˈkɔsa] F̱ *fam* Tracht *f* Prügel
coçado [kuˈsadu] *vestuário* verschlissen; *pessoa* schäbig
cocaína [kɔkaˈina] F̱ Kokain *n* **cocainómano (*ô)** [kɔkajˈnɔmɐnu] A̱ ADJ kokainsüchtig Ḇ M̱, **-a** F̱ Kokainsüchtige(r) *m/f(m)*
coçar [kuˈsar] ⟨1p, *Stv* 1e⟩ (sich) kratzen; *fig* verdreschen
cocção [kɔˈksɐ̃w̃] F̱ Sieden *n*, Kochen *n*
cóccix [ˈkɔksiʃ] M̱ ⟨*pl inv*⟩ Steißbein *n*
cócegas [ˈkɔsigaʃ] F̱PL Kitzel *m*, *fig tb* Reiz *m*; **ter ~** kitzlig sein; **fazer ~ a alg** j-n kitzeln; **ter ~ na língua** den Mund nicht halten können
coceira [koˈsera] F̱ *bras* Juckreiz *m*
coche[¹] [ˈkɔʃi] M̱ Kutsche *f*
coche[²] [ˈkɔʃi] M̱ *Angola fam* **um ~** ein bisschen
cocheira [kuˈʃejra] F̱ Remise *f*; Wagenschuppen *m* **cocheiro** [kuˈʃejru] M̱ Kutscher *m*
cochichar [kuʃiˈʃar] ⟨1a⟩ flüstern, tuscheln; j-m etw zuflüstern **cochicho** [kuˈʃiʃu] M̱ **1** Getuschel *n*, Gewisper *n* **2** *pop* (*quarto*) Kabuff *m*; (*casa*) Bruchbude *f*
cochilar [koʃiˈlax] ⟨1a⟩ *bras* schlummern; *fig* schludern, schlampen **cochilo** [koˈʃilu] M̱ *bras* Schlummer *m*; *fig* Nachlässigkeit *f*, Schlampigkeit *f*; **tirar um ~** *pop* ein Nickerchen machen
cochinilha [kuʃiˈniʎa] F̱ Koschenille *f*
cochito [kuˈʃitu] M̱ *Angola* **um ~** ein bisschen
cocho [ˈkoʃu] M̱ *port reg* Trinkgefäß aus Kork; *bras* Tränke *f*
coco [ˈkoku] M̱ Kokosnuss *f*; **chapéu m de ~** Melone *f*; **leite m de ~** Kokosmilch *f*
cocó[¹] [kɔˈkɔ] M̱ *bras* **1** Haarkranz *m* **2** *fam* Huhn *n*
cocó[²] [kɔˈkɔ] M̱, *bras* **cocô** [koˈko] M̱ *fam* Kacka *n*
cócoras [ˈkɔkuraʃ] ADV **de ~** hockend, in der Hocke; **estar de ~** hocken; **pôr-se de ~** sich niederhocken
cocorocó [kɔkɔrɔˈkɔ] M̱ Kikeriki *n*
cocota [koˈkɔte] F̱ *bras pop* Backfisch *m* (*junges Mädchen*)
co-credor(a) [kokreˈdor(a)] M̱(F̱) Mitbürge *m*, Mitbürgin *f*
cocuana [kɔˈkwɐna] M̱/F̱ *Moçambique* Greis(in) *m(f)*
cocuruto [kukuˈrutu] M̱ Gipfel *m*; *da cabeça*: Kopf(spitze) *m(f)*
coda [ˈkɔda] F̱ MÚS Koda *f*
côdea [ˈkodja] F̱ Rinde *f*, Kruste *f*
codeína [kodɛˈina] F̱ Kodein *n*
Codex [kɔˈdɛks] M̱ ⟨*pl inv*⟩ *correios*: ... **Codex** Sonderpostleitzahl für Postgroßkunden
códex [ˈkɔdɛks] M̱ ⟨*pl inv*⟩, **códice** [ˈkɔdisi] M̱ Kodex *m*; LIT *tb* alte Handschrift *f*
codificar [kudifiˈkar] ⟨1n⟩ *documento, lei* zusammenstellen, kodifizieren
código [ˈkɔdigu] M̱ **1** MAT *etc* Kode *m*, Code *m*; **~ bancário** Bankleitzahl *f*; **~ de barras** Strichkode *m*; **~ binário** Binärcode *m*; INFORM **~ fonte** Quellcode *m*; **~ pessoal (NIP)** Geheimzahl *f*, Geheimnummer *f*; PIN(-Nummer) *f*; **~ postal** Postleitzahl *f*; **em ~** kodiert; chiffriert **2** DIR Gesetzbuch *n*; *geralm*: Regelwerk *n*; **Código Civil** Bürgerliches Gesetzbuch *n*; **Código Comercial** Handelsgesetzbuch *n*; **Código da Estrada** Straßenverkehrsordnung *f*; **Código Penal** Strafgesetzbuch *n*
codorna [koˈdɔxne] F̱ *bras*, **codorniz** [kudurˈniʃ] F̱ Wachtel *f*
coeficiente [kwɛfiˈsjẽti] M̱ MAT, FÍS, TECN Koeffizient *m*; *geralm* Faktor *m*
coelheira [kweˈʎɐjra] F̱ Kaninchenstall *m*
coelho [ˈkwɐ(i)ʎu] M̱ Kaninchen *n*; **tirar**

o ~ da cartola *fig* die Katze aus dem Sack lassen; **matar dois ~s de uma cajadada** *fig* zwei Fliegen mit e-r Klappe schlagen

coentro [ˈkwẽtru] **M** Koriander *m*

coerência [kweˈrẽsjɐ] **F** Zusammenhang *m*, Kohärenz *f* **coerente** [kweˈrẽti] zusammenhängend, kohärent; (*lógico*) folgerichtig, schlüssig

coesão [kweˈzɐ̃ũ] **F** Kohäsion *f*; *fig* Zusammenhalt *m*; POL Zusammenwachsen *n*; UE: **fundo** *m* **de ~** Kohäsionsfonds *m*

coesivo [kweˈzivu] zusammenhaltend

coeso [ˈkwezu] eng verbunden; (*lógico*) schlüssig, logisch

coetâneo [kweˈtanju], **coevo** [ˈkwevu] **A** ADJ gleichaltrig; zeitgenössisch **B** M Alters-, Zeitgenosse *m*

coexistência [kwizi(f)ˈtẽsjɐ] **F** Koexistenz *f* **coexistir** [kwizi(f)ˈtir] ⟨3a⟩ koexistieren, gleichzeitig existieren

cofragem [koˈfraʒɐ̃j] **F** ARQUIT (Ver-)Schalung *f* **cofre** [ˈkɔfri] **M** Geldschrank *m*, Safe *m*

cogitabundo [kuʒitɐˈbũdu] nachdenklich **cogitar** [kuʒiˈtar] ⟨1a⟩ **A** VI denken an; **~ de** beabsichtigen **B** VT nachdenken (**em** über *ac*); (*reflectir*) überlegen

cognome [kuˈgnɔmi] **M** Bei-, Spitzname *m* **cognominar** [kugnɔmiˈnar] ⟨1a⟩ **~ (de) ...** j-n ... nennen

cogular [kuguˈɫar] ⟨1a⟩ überfüllen

cogumelo [kuguˈmɛɫu] **M** Pilz *m*

co-herdar [koerˈdar] ⟨1c⟩ gemeinsam erben

coibir [kwiˈbir] ⟨3s⟩ **~ de** einschreiten (gegen), *protesto* unterdrücken; *alg* hindern an (*dat*); **~-se** sich zügeln

coice [ˈkoisi] **M** *espingarda*: Rückstoß *m*; *cavalo*: Huftritt *m*

coifa [ˈkoifɐ] **F** 1 Haarnetz *n* 2 Dunstabzugshaube *f*

coima [ˈkɔimɐ] **F** Bußgeld *n*; Fehler *m*

Coimbra [ˈkwĩbrɐ] SEM ART GEOG *port* Distrikt(*hauptstadt*)

coincidência [kwĩsiˈdẽsjɐ] **F** *de acontecimentos*: Zusammentreffen *n*; (*acaso*) Zufall *m* **coincidente** [kwĩsiˈdẽti] übereinstimmend (**com** mit) **coincidir** [kwĩsiˈdir] ⟨3a⟩ *acontecimentos* zusammenfallen, -treffen; *opiniões* übereinstimmen (**com** mit, **em** in *dat*); **~ em fazer** *a/c* übereinstimmend (*ou* gleichzeitig) tun

coisa [ˈkoizɐ] **F** 1 Sache *f*, Ding *n*; (*assunto*) Gegenstand *m*, Angelegenheit *f*; **~ imóvel** DIR unbewegliches (*ou* liegendes) Gut *n*; **~ móvel** bewegliches Gut *n*; **estado** *m* **de** (*ou* **das**) **~s** Sachverhalt *m*, Tatbestand *m*; **são ~s da vida** *fam* so sind die Dinge eben, das ist unvermeidlich 2 *fig* **alguma ~** (irgend)etwas; **~ alguma** (*ou* **nenhuma**) nichts; **~s** *pl* **e loisas** *fam* dies und das; **ser a mesma ~** sich Gleiche hinauslaufen; **não ser lá grande ~** *pop* nicht so toll sein; **~ de** *fam* etwa, ungefähr; **~ de nada** *fam* fast nichts; **vistas bem as ~s** *fam* bei Lichte betrachtet; **aí há ~!** *pop* da stimmt doch was nicht!

coisa-feita [koizɐˈfeitɐ] **F** ⟨*pl* ~s⟩ *bras* Hexerei *f*

coisar [koiˈzar] ⟨1a⟩ sich kümmern (**de** um); *pop* es treiben (*kopulieren*) **coisificar** [koizifiˈkar] ⟨1a⟩ FILOS verdinglichen

coisíssima [koiˈzisimɐ] **F ~ nenhuma** *fam* absolut nichts

coiso [ˈkoizu] **M** *pop* 1 *pessoa*: Dingsbums *m*, Dingsda *m* 2 *coisa*: Dingsbums *n*, Dingsda *n*; *pop* (*pénis*) **o ~** das Ding, der Schwanz

coitadinho [koitɐˈdiɲu] → coitado

coitado [koiˈtadu] **A** ADJ arm, unglücklich **B** M, **-a** F armer Teufel *m*, armes Luder *n*; *port fam* tb betrogener Ehemann *m*, betrogene Ehefrau *f*; **~/-a de mim!** ich Ärmster/Ärmste!

coito [ˈkoitu] **M** Beischlaf *m*, Koitus *m*; *escondidas*: Anschlag *m*

cola[1] [ˈkɔɫɐ] **F** 1 Leim *m*; Klebstoff *m*; **~ branca** (Stärke)Kleister *m*; **~ forte**, **~ de madeira** Tischlerleim *m*; **~ para papel de parede** Tapetenkleister *m* 2 *bras pop* Spickzettel *m*; **fazer ~** abschreiben

cola[2] [ˈkɔɫɐ] **F** *animal*: Schwanz *m*; Sfig Spur *f*

cola[3] [ˈkɔɫɐ] **F** BOT Kolanuss *f*; *fam bebida*: Cola *f ou n*

colaboração [kuɫɐburɐˈsɐ̃ũ] **F** Mitarbeit *f* (**em** an *ou* in *dat*), Zusammenarbeit *f* (**com** mit); Mitwirkung *f* (**em** bei *ou* an *dat*) **colaboracionista** [kuɫɐburɐsjuˈniʃtɐ] M/F POL Kollaborateur(in) *m*(*f*) **colaborador(a)** [kuɫɐburɐˈdor(ɐ)] **A** ADJ hilfsbereit **B** M/F Mitarbeiter(in) *m*(*f*); Mitwirkende(r) *m*/*f*(*m*) **colaborar** [kuɫɐbuˈrar] ⟨1e⟩ zusammenarbeiten (**com** mit); mitarbeiten (**em** an *ou* in *dat*); mitwirken (**em** bei *ou* an *dat*)

colação [kuɫaˈsɐ̃ũ] F ❶ GASTR Imbiss m ❷ *cargo, honra:* Verleihung f ❸ *documentos:* Vergleich m; DIR Erbenausgleich m

colacionar [kuɫɐsjuˈnar] ⟨1f⟩ vergleichen, kollationieren

colapsar [kuɫɐˈpsar] ⟨1a⟩ MED kollabieren; zusammenbrechen; *bolsa* einbrechen; *ponte* einstürzen **colapso** [kuˈɫapsu] M Schwächeanfall m, Kollaps m; Zusammenbruch m; *bolsa:* Einbruch m; *ponte:* Einsturz m

colar[1] [kuˈɫar] M Halskette f; TECN Kragen m, Rand m

colar[2] [kuˈɫar] ⟨1e⟩ A V/T (zusammen)leimen, (zusammen)kleben; *(apertar)* pressen, drücken; *bras pop escola:* abschreiben B V/I kleben; *bras pop* richtig kommen, passen

colareja [kuɫɐˈrɐiʒɐ] F *port pop* Marktweib n

Colares [kuˈɫariʃ] SEM ART Weinanbaugebiet nördlich von Lissabon

colarinho [kuɫɐˈriɲu] M Kragen m

colateral [kuɫɐtɨˈrał] benachbart; Seiten…; *parente* entfernt

colcha [ˈkołʃɐ] F Tagesdecke f **colchão** [kołˈʃɐ̃ũ] M Matratze f; **~ pneumático** Luftmatratze f

colcheia [kołˈʃɐjɐ] F Achtelnote f

colchete [kołˈʃeti] M Haken m und Öse f; MAT eckige Klammer f; **~ de pressão** Druckknopf m; **~s** *pl* TIPO eckige Klammern fpl **colchetear** [kołʃiˈtjar] ⟨1l⟩ ein-, festhaken

colchoaria [kołʃwɐˈriɐ] F Matratzenfabrik f **colchonete** [kołʃuˈnɛti] M *camping:* Isomatte f

colear [kuˈljar] ⟨1l⟩ sich schlängeln (**entre** durch); **~-se** *fig* sich einschleichen

cole(c)ção [kuɫɛˈsɐ̃ũ] F Sammlung f **cole(c)cionador(a)** [kuɫɛsjunɐˈdor(ɐ)] M/F Sammler(in) m(f) **cole(c)cionar** [kuɫɛsjuˈnar] ⟨1f⟩ sammeln **cole(c)ta** [kuˈɫɛtɐ] F Spende f; REL Kollekte f; COM Abgabe f; *bras* Leerung f (der Briefkästen) **cole(c)tânea** [kuɫɛˈtɐnjɐ] F LIT Auswahl f, Anthologie f **cole(c)tar** [kuɫɛˈtar] ⟨1a⟩ besteuern; mit Abgaben belegen **cole(c)tividade** [kuɫɛtiviˈdadi] F Gesamtheit f; *(comunidade)* Gemeinschaft f **cole(c)tivismo** [kuɫɛtiˈviʒmu] M Kollektivwirtschaft f **cole(c)tivização** [kuɫɛtiviˈzasɐ̃ũ] F Kollektivierung f

cole(c)tivo [kuɫɛˈtivu] A ADJ gemeinsam, kollektiv; **contrato m ~** Tarifvertrag m; **nome m ~** GRAM Sammelbegriff m; DESP **provas** fpl **-as** Mannschaftskämpfe mpl B M Kollektiv n; *bras* öffentliches Verkehrsmittel n

cole(c)tor [kuɫɛˈtor] A ADJ Sammel… B M ❶ Sammler m; *imposto, taxa:* Einsammler m; Eintreiber m, Kassierer m ❷ Sammelleitung f, -kanal m *(p. ex. águas)*; ELECT Kollektor m; TECN (Auf)Fangvorrichtung f

colega [kuˈɫɛgɐ] M/F Kollege m, Kollegin f; UNIV Kommilitone m, Kommilitonin f; *escola:* Mitschüler(in) m(f) **colegial** [kuɫiˈʒjał] A ADJ kollegial B M/F (Ober)Schüler(in) m(f) e-r Privatschule; Gymnasiast(in) m(f)

colégio [kuˈɫɛʒju] M Kollegium n; *privado:* Privatschule f; *bras* (Grund-, Ober)Schule f; **~ eleitoral** Wahlversammlung f; **~ infantil** *port* privater Kindergarten m

coleira [kuˈɫɐjrɐ] F Hundehalsband n

cólera[1] [ˈkɔɫɨrɐ] F Zorn m, Wut f

cólera[2] [ˈkɔɫɨrɐ] F MED Cholera f

colérico[1] [kuˈɫɛriku] A ADJ zornig; cholerisch; MED cholerakrank B M, **-a** F Choleriker(in) m(f)

colérico[2] [kuˈɫɛriku] M MED Cholerakranke(r) m/f(m)

colesterol [kuɫɨʃtiˈrɔł] M QUÍM Cholesterin n

colet… *etc bras* → **cole(c)ta** *etc*

colete [kuˈɫeti] M Weste f; Korsett n *(espec fig)*; **~ anti-bala** kugelsichere Weste f; **~ de forças** *port* Zwangsjacke f; **~ refle(c)tor** Warnweste f; **~ salva-vidas** Rettungsweste f

colheita [kuˈʎɐjtɐ] F Ernte f

colher[1] [kuˈʎer] ⟨2d⟩ *fruta* (ab)ernten; *flores* (ab)pflücken; *fig* erfassen, begreifen; *lição* ziehen; *peão* erfassen (*Auto*); *touro* auf die Hörner nehmen; *dados* sammeln; *de um recipiente* (ent)nehmen

colher[2] [kuˈʎer] F Löffel m; (Maurer)Kelle f; Handschaufel f; **~ de café/chá** Kaffee-/Teelöffel m; **~ de sopa/sobremesa** Ess-/Dessertlöffel m; **de ~** *pop bras* kinderleicht **colherada** [kuʎiˈradɐ] F Löffel m voll; **meter a sua ~** *fam* s-n Senf dazugeben

colhões [kuˈʎõĩʃ] MPL *vulg* Eier npl (Hoden)

colibri [kɔti'bri] M̄ Kolibri *m*
cólica ['kɔlikɐ] F̄ MED Kolik *f*
colidir [kuli'dir] ⟨3a⟩ zusammenstoßen; verstoßen (**com** gegen)
coligação [kuligɐ'sɐ̃u̯] F̄ POL Koalition *f*; Bündnis *n* **coligar-se** [kuli'garsi] ⟨1o⟩ sich verbünden; POL koalieren (**a**, **com** mit)
coligir [kuli'ʒir] ⟨3n⟩ *dados* sammeln, zusammentragen; folgern (**de** aus)
colimador [kulimɐ'dor] M̄ OPT, FÍS Kollimator *m* **colimar** [kuli'mar] ⟨1a⟩ anvisieren; *fig* bezwecken
colina [ku'linɐ] F̄ Hügel *m*
colírio [ku'liriu̯] M̄ Augentropfen *mpl*
colisão [kuli'zɐ̃u̯] F̄ Kollision *f*, Zusammenstoß *m*; *fig* Widerstreit *m*; ~ **em cadeia** AUTO Massenkarambolage *f*
coliseu [kuli'zeu̯] M̄ Kolosseum *n*
collants [kɔ'lɐ̃ʃ] MPL (Fein)Strumpfhose *f*
colmado [kol'madu] M̄ Strohhütte *f*
colmar [kol'mar] ⟨1a⟩ mit Stroh decken; bedecken **colmatar** [kolmɐ'tar] ⟨1b⟩ *terreno*, *brechas* auffüllen; *monte* aufschütten; *buraco* zuschütten; *fenda* schließen; FIG ausgleichen; *necessidades* befriedigen
colmeal [kol'mjaɫ] M̄ Bienenstand *m* **colmeeiro** [kol'mjɐi̯ru] M̄ Bienenzüchter *m* **colmeia** [kol'mɐi̯ɐ] F̄ Bienenkorb *m*, -stock *m* **colmeiro** [kol'mɐi̯ru] M̄ Garbe *f* (*Stroh*)
colmo ['kolmu] M̄ (*caule*) Halm *m*; (*palha*) (Schilf)Rohr *n*
colo ['kɔlu] M̄ Hals *m*; *fig* (*peito*) Busen *m*; (*regaço*) Schoß *m*; ANAT *dente*, *útero*: Hals *m*; **ao ~** auf dem Arm (*ou* Schoß); **criança f de ~** Kleinkind *n*, Säugling *m*
col.º ABR (*colégio*) *bras* Schule *f*; Gymnasium *n*
colocação [kulukɐ'sɐ̃u̯] F̄ Aufstellung *f*; (*disposição*) Anordnung *f*; (*apresentação*) Präsentation *f*; (*montagem*) Einbau *m*; FIN (Geld)Anlage *f*; COM (Waren)Absatz *m*; (*armazenagem*) Unterbringung *f*; (*emprego*) Anstellung *f*, Stelle *f*; **de fácil/difícil ~** leicht/schwer absetzbar (*ou* unterzubringen) **colocar** [kulu'kar] ⟨1n; *Stv* 1e⟩ *copo* (hin)stellen; (*substituir*) setzen; *toalha de mesa* auflegen; *livro*, *mão* legen; *por ordem* anordnen; *quadro* anbringen (**a** an *dat*), (*montar*) einbauen (**a** in *dat*); *mercadoria* auf den Markt bringen; *dinhei-*ro anlegen; *alg* unterbringen; *trabalhador etc* einstellen; **~-se** e-e Stelle finden; *fig* s-n Platz finden
colocutor(a) [kɔtuku'tor(ɐ)] M̄/F̄ Gesprächspartner(in) *m(f)*
Colômbia [ku'tõbjɐ] F̄ GEOG **a ~** Kolumbien *n* **colombiano** [kutõ'bjɐnu] A̅ ADJ kolumbianisch B̅ M̄, **-a** F̄ Kolumbianer(in) *m(f)*
cólon ['kɔlɔn] M̄ ANAT Dickdarm *m*
colónia (*ô) [ku'tɔnjɐ] F̄ Kolonie *f* (*tb* BOT, ZOOL); Siedlung *f*; ~ **de férias** Ferienkolonie *f*
Colónia (*ô) [ku'tɔnjɐ] F̄ Köln *n*
colonial [kutu'njaɫ] kolonial, Kolonial...
colonialismo [kutunjɐ'tiʒmu] M̄ Kolonialismus *m* **colonialista** [kutunjɐ'tiʃtɐ] A̅ ADJ kolonialistisch B̅ M̄/F̄ Kolonialist(in) *m(f)*
colonização [kuluniza'sɐ̃u̯] F̄ Kolonisation *f* **colonizador** [kuluniza'dor] M̄ Kolonisator *m* **colonizar** [kuluni'zar] ⟨1a⟩ erschließen; kolonisieren **colono** [ku'tɔnu] M̄, **-a** F̄ Siedler(in) *m(f)*, Kolonist(in) *m(f)*
coloquial [kutu'kjaɫ] 1 umgangssprachlich; **linguagem** *f* ~ Umgangssprache *f* 2 Kolloquiums...
colóquio [ku'tɔkju] M̄ Kolloquium *n*; *informal*: Gespräch *n*
coloração [kuturɐ'sɐ̃u̯] F̄ Färbung *f*, Farbgebung *f* **colorar** [kutu'rar] ⟨1e⟩ färben; *fig* beleben, auffrischen **colorau** [kutu'rau̯] M̄ Paprika *m* (*Gewürz*) **colorido** [kutu'ridu] A̅ ADJ farbig, bunt B̅ M̄ Farbgebung *f*, Farbigkeit *f*; *fig* Kolorit *n* **colorir** [kutu'rir] ⟨3f⟩ färben (*tb fig*); bemalen; FOTO kolorieren; **~-se de vermelho** rot werden
colossal [kutu'saɫ] gewaltig, riesig **colosso** [ku'tosu] M̄ Koloss *m*
coltar [kol'tar] M̄ Steinkohlenteer *m*
coluna [ku'tunɐ] F̄ ARQUIT Säule *f*; Kolonne *f* (*tb* MIL); TIPO Spalte *f*; ANAT Wirbelsäule *f*; ELECT (Lautsprecher)Box *f*; ~ **de dire(c)ção** AUTO Lenksäule *f*; **quinta ~** fünfte Kolonne *f* **colunata** [kutu'natɐ] F̄ Kolonnade *f*, Säulengang *m* **colunável** [kutu'naveɫ] M̄/F̄ *bras* Prominente(r) *m/f(m)* **colunista** [kutu'niʃtɐ] M̄/F̄ Kolumnist(in) *m(f)*
colza ['kɔɫzɐ] F̄ Raps *m*
com [kõ] PREP 1 mit (*dat*) 2 *proximidade*,

circunstância: bei (dat); **~ este tempo** bei dem Wetter; **vive ~ os pais** er lebt bei den Eltern 3 *relação*: **para ~** zu (dat); **a amizade para ~ ...** die Freundschaft zu 4 *concessivo*: trotz (dat, gen); **~ tudo isso** trotz alledem 5 **estar ~ medo** Angst haben; **estar ~ fome, sono** etc hungrig, müde etc sein

coma[1] ['kɔmɐ] A F Mähne f; ASTRON (Kometen)Schweif m B M **~s** PL Anführungszeichen npl, -striche mpl

coma[2] ['kɔmɐ] M MED Koma n; **~ vigíl** Wachkoma n

comadre [ku'madrɨ] F (Tauf)Patin f; *fam* Hebamme f; *fam* Wärmflasche f; **negócio m de ~s** *fam* Weiberkram m; **quinta-feira f de ~s** Altweiberfastnacht f

comandante [kumɐ̃'dɐ̃tɨ] A ADJ tom kommandierend; MIL befehlshabend B M/F Kommandant(in) m(f), Befehlshaber(in) m(f); *bras* AERO Flugkapitän(in) m(f) **comandar** [kumɐ̃'dar] ⟨1a⟩ kommandieren, befehligen **comandita** [kumɐ̃'ditɐ] F ECON Kommanditgesellschaft f **comanditista** [kumɐ̃di'tarju] M ECON Kommanditist m

comando [ku'mɐ̃du] M Kommando n, Befehl m (tb INFORM); fig Führung f; TECN Steuerung f; Antrieb m; MIL Elitesoldat m; **~ remoto** port ELECT Fernbedienung f; **~ à distância de abertura das portas** port AUTO Infrarottüröffner m; **~s** pl MIL Kommandounternehmen n, -trupp m

comarca [ku'markɐ] F DIR (Amts-, Verwaltungs)Bezirk m; **tribunal m de** (ou **da**) **~** Amtsgericht n

combalir [kõbɐ'tir] ⟨3b⟩ *saúde* schwächen, erschüttern; *fruta etc* verderben; *fig* **~ alg** j-m zusetzen

combate [kõ'batɨ] M Kampf m; MIL Gefecht n; DESP, POL Wettkampf m; *droga, criminalidade*: Bekämpfung f **combatente** [kõbɐ'tẽtɨ] A ADJ Kampf...; Streit... B M/F Kämpfer(in) m(f); Kriegsteilnehmer(in) m(f); ZOOL Kampfläufer m (*Vogel*) **combater** [kõbɐ'ter] ⟨2b⟩ A V/T *inimigo, doença* bekämpfen; *opinião* bestreiten B V/I MIL kämpfen (**por** für ou um, **contra** gegen, **com** mit); streiten (**por** um, **com** mit); *fig* eintreten (für) **combatividade** [kõbɐtivi'dadɨ] F Kampfkraft f, -geist m

combinação [kõbinɐ'sɐ̃ũ] F Kombination f (**de** aus); Anordnung f, Zusammenstellung f; Verbindung f; Vereinbredung f, Abmachung f; **~ de teclas** Tastenkombination f **combinar** [kõbi'nar] ⟨1a⟩ *cores, vestuário* kombinieren; *ideias* verbinden; (sich) verabreden; *prazo, preço* ausmachen; **~-se** sich verbinden; sich verabreden; *cores, vestuário* passen (**com** zu)

comboiar [kõbɔ'jar] ⟨1k⟩ geleiten, bringen; *bras pop mulheres* nachstellen

comboio [kõ'boju] M *port* Zug m; *fig* Konvoi m, Geleitzug m; MIL Transport m; **~ de alta velocidade** Hochgeschwindigkeitszug m; **~ directo** Eilzug m; **~ expresso** Expresszug m; **~ intercidades** Intercity m; **~ de levitação magnética** Magnetschwebebahn f; **~ de mercadorias** Güterzug m; **~ rápido** Schnellzug m; **~ (sub)urbano** Nahverkehrszug m

combustão [kõbuʃ'tɐ̃ũ] F Verbrennen n; Brand m (tb fig) **combustível** [kõbuʃ'tivɛɫ] A ADJ brennbar B M *sólido*: Brennmaterial n; *líquido*: Brenn-, Treibstoff m; **~ nuclear** Kernbrennstoff m **combustor** [kõbuʃ'tɔʃ] M *bras* Straßenlaterne f

começar [kumi'sar] ⟨1p; Stv 1c⟩ anfangen; **~ a fazer** anfangen, etw. zu tun; **~ por fazer** zuerst etw tun **começo** [ku'mesu] M Anfang m; **no ~** zu Beginn

comédia [ku'mɛdjɐ] F Lustspiel n, Komödie f (tb fig)

comediante [kumi'djɐ̃tɨ] M/F Komödiant(in) m(f) (tb fig); Komiker(in) m(f)

comedido [kumi'didu] *exigência, hábitos* mäßig, maßvoll; *carácter* zurückhaltend **comedimento** [kumidi'mẽtu] M Zurückhaltung f; (*modéstia*) Bescheidenheit f **comedir** [kumi'dir] ⟨3r⟩ *alternativas* abwägen; anpassen; *exigências* mäßigen; **~-se** Maß halten, an sich (ac) halten; *fig* sich beugen

comedor [kumi'dor] A ADJ gefräßig B M (starker) Esser m; (*esbanjador*) Verschwender m; (*parasita*) Schmarotzer m **comedoria** [kumidu'riɐ] F → **comezaina**; **~s** FPL Unterhalt m; Essenszuschuss m **comedouro** [kumi'doru] A ADJ essbar B M Futterplatz m; *recipiente*: Fresstrog m

comemoração [kumimurɐ'sɐ̃ũ] F (Gedenk)Feier f; **em ~ de** zur Erinnerung an (ac) **comemorar** [kumimu'rar] ⟨1e⟩

gedenken (gen) **comemorativo** [kumimurɜ'tivu] Gedenk...

comenos [ku'menuʃ] M̄ neste ~ in diesem Augenblick; unterdessen

comensal [kumẽ'saɫ] A M/F Tischgenosse m, -genossin f B M̄ ZOOL Schmarotzer m

comensurável [kumẽsu'ravɛɫ] messbar; espec vergleichbar; MAT teilbar

comentador(a) [kumẽtɜ'dor(ɜ)] M/F Kommentator(in) m(f) **comentar** [kumẽ'tar] ⟨1a⟩ kommentieren; texto mit Anmerkungen versehen; kritisieren **comentário** [kumẽ'tarju] M̄ Erklärung f; Kommentar m; Anmerkung(en) f(pl) **comentarista** [kumẽtɜ'riʃtɜ] M/F Kommentator(in) m(f)

comer [ku'mer] A V/T ou V/I ⟨2d⟩ essen; animal fressen; ferrugem anfressen; fortuna aufzehren, durchbringen; palavras verschlucken; pedra schlagen (Brettspiel); MED zucken; fig fam alg reinlegen; pop mulher vernaschen; ~ de comida probieren; animal füttern; ~-se de vergehen vor (dat) B M̄ Essen n

comercial [kumir'sjaɫ] A ADJ kaufmännisch; Handels...; Geschäfts...; centro m ~ Einkaufszentrum n; escola f ~ Handelsschule f B M̄ Werbespot m **comercialista** [kumirsjɜ'liʃtɜ] M/F Handelsrechtler(in) m(f) **comercialização** [kumirsjɜtizɜ'sɜ̃u] F Vermarktung f; início m da ~ Markteinführung f **comercializar** [kumirsjɜti'zar] ⟨1a⟩ vermarkten **comercializável** [kumirsjɜti'zavɛɫ] absetzbar, vermarktbar

comerciante [kumir'sjãti] A ADJ Handel treibend; Handels... B M/F Kaufmann m, -frau f; Geschäftsmann m, -frau f **comerciar** [kumir'sjar] ⟨1g e 1h⟩ Handel treiben (com mit), handeln (com mit) **comerciário** [komex'sjarju] M bras kaufmännische Angestellte(r) m/f(m) **comerciável** [kumir'sjavɛɫ] verkäuflich

comércio [ku'mɛrsju] M̄ Handel m; Geschäft n; fig Verkehr m, Umgang m (mit j-m); ~ externo/interno Außen-/Binnenhandel m; ~ justo fairer Handel m; ~ por atacado (bras atacadista) Großhandel m; ~ a retalho (bras varejista) Einzelhandel m

comes ['kɔmiʃ] → bebes

comestível [kumiʃ'tivɛɫ] A ADJ essbar;

óleo m ~ Speiseöl n B M̄ **-eis** PL Essbare(s) n

cometa [ku'metɜ] M̄ Komet m
cometer [kumi'ter] ⟨2c⟩ vollbringen; espec crime etc begehen; ~-se a sich stürzen in (ac) **cometida** [kumi'tidɜ] F Angriff, m **cometimento** [kumiti'mẽtu] M̄ (gewagtes) Unternehmen n

comezinho [kumi'ziɲu] essbar, gut zu essen; fig anspruchslos, schlicht

comichão [kumi'ʃɐ̃u] F Juckreiz m; fig Gelüst n (de auf ac); **tenho -ões** es juckt mich; **causar ~ a alg** j-n jucken; **dar ~** jucken; fig j-n in Versuchung führen **comichoso** [kumi'ʃozu] unzufrieden; nörgelig

comício [ku'misju] M̄ Kundgebung f; Parteiversammlung f

cómico (*ô) ['kɔmiku] A ADJ komisch B M̄, **-a** F Komiker(in) m(f)

comida [ku'midɜ] F Nahrung f; (prato) Speise f; (comer) Essen n; ~ **caseira** Hausmannskost f; ~ **de urso** port pop Dresche f **comido** [ku'midu] ADJ estar ~ gegessen haben; **ser/ficar ~** fig fam reingelegt werden/reinfallen

comigo [ku'migu] PRON mit mir; tb bei mir; **conta ~** du kannst dich auf mich verlassen; **isso é cá ~** fam das geht nur mich etwas an

comilança [kumi'lɐ̃sɜ] F Schlemmerei f; fig (roubalheira) Betrügerei f **comilão** [kumi'lɐ̃u] M̄, **comilona** [kumi'lonɜ] F Vielfraß m

cominação [kuminɜ'sɐ̃u] F Strafandrohung f

cominho [ku'miɲu] M̄ Kreuzkümmel m

comissão [kumi'sɐ̃u] F Kommission f (tb COM); Abordnung f; POL Ausschuss m; (incumbência) Auftrag m, Mission f (tb MIL); COM Provision f; **Comissão da União Europeia** Kommission f der Europäischen Union **comissariado** [kumisɜ'rjadu] M̄ Kommissariat n **comissário** [kumi'sarju] M̄, **-a** F Kommissar(in) m(f); POL Beauftragte(r) m/f(m); ~ **de bordo** NÁUT Steward m; bras tb AERO Steward m, Purser m **comissionar** [kumisju'nar] ⟨1f⟩ beauftragen; e-r Kommission übertragen **comissionista** [kumisju'niʃtɜ] M/F COM Kommissionär(in) m(f); Vertreter(in) m(f) **comisso** [ku'misu] M̄ DIR Konventionalstrafe f **comissório** [kumi'sɔrju] ADJ **cláusula** F **-a** Ungültigkeitsklausel f

comissura [kumi'surɐ] F **1** Spalt m **2** Nahtstelle f; Fuge f

comité (*ê*) [kumi'tɛ] M Ausschuss m; Komitee n; EU: **Comité das Regiões** Ausschuss m der Regionen; EU: **Comité Económico e Social** Wirtschafts- und Sozialausschuss m

comitente [kumi'tẽti] M/F Auftraggeber(in) m(f) **comitiva** [kumi'tivɐ] F Gefolge n

comível [ku'mivɛł] ADJ essbar

como ['komu] **A** ADV wie (sehr); *função in der Eigenschaft* als; **assim ~** sowie; **tanto ... ~** sowohl ... als auch; **~ quem diz** sozusagen **B** INTERROGATIVO wie?; wieso?; **a ~?** *preço:* (zu) wie viel? **C** CJ (+ conj) *causal:* da, weil; *concessivo:* ~ **(que)** (gerúndio), **~ se** (+ conj) als ob

com.° ABR (comércio) Hdl. (Handel)

comoção [kumu'sɐ̃ũ] F Erschütterung f; *fig* Rührung f

cómoda (*ô*) ['kɔmudɐ] F Kommode f

comodidade [kumudi'dadi] F Bequemlichkeit f, Annehmlichkeit f; **~s** *pl* Komfort m **comodismo** [kumu'diʒmu] M Bequemlichkeit f, Egoismus m **comodista** [kumu'diʃtɐ] **A** ADJ bequemlich, egoistisch **B** M/F Egoist(in) m(f)

cómodo (*ô*) ['kɔmudu] **A** ADJ bequem (*tb fig*); angenehm; (*fácil*) leicht **B** M Annehmlichkeit f; (*aposento*) Raum m

cômoro ['komuru] M Hügel m

comovedor [kumuvi'dor], **comovente** [kumu'vẽti] rührend, ergreifend **comover** [kumu'ver] ⟨2d⟩ **A** V/T bewegen (**a** zu); (*abalar*) erschüttern; (*enternecer*) ergreifen, rühren **B** V/I zu Herzen gehen; **~-se** gerührt sein (**com, por** wegen)

compactação [kõpakta'sɐ̃ũ] F ARQUIT Verdichtung f **compactador** [kõpakta'dor] M ARQUIT Verdichter m (für Beton); **~ vibratório** Rüttelverdichter m **compactar** [kõpak'tar] ⟨1b⟩ verdichten, INFORM komprimieren, packen **compacto** [kõ'paktu] kompakt; fest; *denso* dicht (gedrängt); **disco ~** CD f

compadecimento [kõpɐdisi'mẽtu] M Mitleid n

compadre [kõ'padri] M (Tauf)Pate m; *fam* Freund m; **negócio** m **de ~s** *fam* Vetternwirtschaft f

compaginação [kõpaʒinɐ'sɐ̃ũ] F TIPO Umbruch m

compaixão [kõpai'ʃɐ̃ũ] F Mitleid n (**de** mit), Erbarmen n (**de** mit)

companheirismo [kõpɐɲei'riʒmu] M Kameradschaftlichkeit f **companheiro** [kõpɐ'ɲɐiru] M, **-a** F (Lebens)Gefährte m, (Lebens)Gefährtin f; Kamerad(in) m(f); **~, -a de escola** Mitschüler(in) m(f)

companhia [kõpɐ'ɲiɐ] F Gesellschaft f (*tb* ECON); Begleitung f; MIL Kompanie f; TEAT Truppe f; **~ aérea** Fluggesellschaft f; **~ construtora** Bauunternehmen n; **~ limitada** Gesellschaft f mit beschränkter Haftung; **~ de seguros** Versicherungsgesellschaft f; **~ de transporte** Transportunternehmen n; **fazer ~ a alg** j-m Gesellschaft leisten

comparabilidade [kõpɐrɐbili'dadi] F Vergleichbarkeit f **comparação** [kõpɐrɐ'sɐ̃ũ] F Vergleich m; GRAM Steigerung f; **em ~ com** im Vergleich zu; **sem ~** unvergleichlich; **não ter ~** nicht zu vergleichen sein **comparar** [kõpɐ'rar] ⟨1b⟩ vergleichen (**a, com** mit); gleichstellen (**a** *dat*) **comparativo** [kõpɐrɐ'tivu] **A** ADJ vergleichend **B** M GRAM Komparativ m **comparável** [kõpɐ'ravɛł] vergleichbar

comparecer [kõpɐre'ser] ⟨2g⟩ *tribunal etc* erscheinen (**a, em bei**, vor *dat*); sich (ein)stellen (**a, em bei**, in *dat*) **comparecimento** [kõpɐrisi'mẽtu] M, **comparência** [kõpɐ'rẽsjɐ] F Erscheinen n, Auftreten n

comparsa [kõ'parsɐ] M/F Statist(in) m(f)

comparticipação [kõpɐrtisipɐ'sɐ̃ũ] F Teilnahme f; *Segurança Social etc:* Zuschuss m; DIR Mittäterschaft f; MED Zuzahlung f **comparticipar** [kõpɐrtisi'par] ⟨1a⟩ **~ de** teilnehmen an (*dat*); sich beteiligen an (*dat*); **~ 50%** 50% zuzahlen

compartilhar [kõpɐrti'ʎar] ⟨1a⟩ *alegria* teilen; *luto* Anteil haben (**de, em** an *dat*); teilnehmen (**de, em** an *dat*)

compartimentar [kõpɐrtimẽ'tar] ⟨1a⟩ unterteilen; in Fächer *etc* einteilen **compartimento** [kõpɐrti'mẽtu] M (*gaveta*) Fach n; (*classe*) Abteilung f; (*divisão*) Raum m (*e-s Hauses*); FERROV Abteil n

compassado [kõpɐ'sadu] *superficie* (ab)gemessen; *movimento* rhythmisch, gleichmäßig; MÚS im Takt **compassar**

199 | COMP

[kõpɐˈsar] ⟨1b⟩ *distância* abzirkeln; *superfície* gleichmäßig einteilen; *movimento* verlangsamen
compassividade [kõpɐsiviˈdadi] F̄ Mitleid n, Mitgefühl n **compassivo** [kõpɐˈsivu] mitleidig, mitfühlend
compasso [kõˈpasu] M̄ Zirkel m; MÚS Takt m; NÁUT Kompass m; *fig* Maß n; **a** (*ou* **no**) **~** im Takt; **bater o ~** den Takt schlagen
compatibilidade [kõpɐtibiliˈdadi] F̄ Kompatibilität f (*tb* INFORM), Vereinbarkeit f **compatibilizar** [kõpɐtibiliˈzar] ⟨1a⟩ in Einklang bringen (**com** mit), vereinbaren (**com** mit) **compatível** [kõpɐˈtivɛł] kompatibel (**com** mit) (*tb* INFORM); vereinbar (**com** mit)
compatrício [kõpɐˈtrisju] M̄, **-a** F̄, **compatriota** [kõpɐtriˈɔtɐ] M/F Landsmann m, -männin f
compelir [kõpɨˈlir] ⟨3c⟩ zwingen (**a** zu); nötigen (**a** zu), drängen (**a** zu)
compêndio [kõˈpẽdju] M̄ Kompendium n, Abriss m; *escola*: Lehrbuch n; Leitfaden m
compenetração [kõpinɨtrɐˈsɐ̃u] F̄ innere Überzeugung f **compenetrar** [kõpiniˈtrar] ⟨1c⟩ überzeugen (**de** von)
compensação [kõpẽsɐˈsɐ̃u] F̄ COM, PSICOL Kompensation f; Ausgleich m; (*substituição*) Ersatz m; *monetária* Entschädigung f; **em ~** (im Ausgleich) dafür **compensado** [kõpẽˈsadu] M̄ *bras* Sperrholz n **compensador** [kõpẽsɐˈdor] ausgleichend; Ersatz...; *fig* lohnend **compensar** [kõpẽˈsar] ⟨1a⟩ kompensieren; (*anular*) ausgleichen; (*substituir*) ersetzen; FIN entschädigen (**de** für)
competência [kõpɨˈtẽsjɐ] F̄ 1 Kompetenz f (*tb* LING); Sachkenntnis f, (Urteils)Fähigkeit f; **de ~** maßgebend 2 Befugnis f; DIR Zuständigkeit f; **não é da minha ~** dafür bin ich nicht zuständig 3 ECON Konkurrenz f **competente** [kõpɨˈtẽti] kompetent; DIR zuständig; (*devido*) maßgebend; **órgãos** *mpl* **~s** zuständige Behörden *fpl* **competição** [kõpɨtiˈsɐ̃u] F̄ Wettstreit m; ECON Wettbewerb m; DESP Wettkampf m **competidor(a)** [kõpɨtiˈdor(ɐ)] A ADJ Wettbewerbs..., M/F Konkurrent(in) m(f); DESP Wettkämpfer(in) m(f) **competir** [kõpɨˈtir] ⟨3c⟩ 1 zustehen (**a alg** j-m) 2 ECON *etc* konkur-

rieren (**com** mit, **em** um); (an e-m Wettbewerb) teilnehmen **competitividade** [kõpɨtitiviˈdadi] F̄ Wettbewerbsfähigkeit f **competitivo** [kõpitiˈtivu] konkurrenzfähig; **espírito ~** Konkurrenzgeist m
compilação [kõpilɐˈsɐ̃u] F̄ Kompilation f, Zusammenstellung f **compilador** [kõpilɐˈdor] M̄ Kompilator m; INFORM Compiler m **compilar** [kõpiˈlar] ⟨1a⟩ zusammentragen, kompilieren
compincha [kõˈpĩʃɐ] M/F *fam* Kumpel m
complacência [kõplɐˈsẽsjɐ] F̄ Zuvorkommenheit f; Nachsicht f
compleição [kõplɐiˈsɐ̃u] F̄ physische Beschaffenheit f, Konstitution f; Gemüt n, Naturell n **compleicionado** [kõplɐisjuˈnadu], **compleiçoado** [kõplɐisuˈadu] ADJ **bem/mal ~** kräftig gebaut/ schmächtig
complementar [kõplɨmẽˈtar] A ADJ ergänzend, Ergänzungs...; (*adicional*) zusätzlich B V/T ⟨1a⟩ vervollständigen; ergänzen **complemento** [kõplɨˈmẽtu] M̄ Ergänzung f, Vervollständigung f; Abschluss m; MAT Komplement n; GRAM Objekt n; **~ dire(c)to** ≈ Akkusativobjekt n; **~ indire(c)to** präpositionales *ou* Dativobjekt n
completar [kõplɨˈtar] ⟨1c⟩ ergänzen; vervollständigen; *trabalho* fertigstellen; vollenden **completo** [kõˈplɛtu] komplett; ganz; (*cheio*) (voll) besetzt
complexado [kõplɛkˈsadu] komplexbeladen **complexidade** [kõplɛksiˈdadi] F̄ Vielschichtigkeit f, Komplexität f **complexo** [kõˈplɛksu] A ADJ komplex; verwickelt, kompliziert; vielseitig B M̄ Komplex m; Gesamtheit f; **~ industrial** Industrieanlage f; PSICOL **~ de inferioridade** Minderwertigkeitskomplex m
complicação [kõplikɐˈsɐ̃u] F̄ Komplikation f, Schwierigkeit f; Verwicklung f
complicado [kõpliˈkadu] *questão, doença* kompliziert; *questão* schwierig; *estrutura* verwickelt **complicar** [kõpliˈkar] ⟨1n⟩ erschweren; (ver)komplizieren
complô [kõˈplo] M̄, **complot** [kõˈplɔ] M̄ Komplott n
componente [kõpuˈnẽti] A ADJ Teil... B M/F Komponente f; Bestandteil m; **~ físico** INFORM Hardware f **compor** [kõˈpor] ⟨2z⟩ *peças* zusammensetzen; *menu* zusammenstellen; (*dispor*) (an)ordnen;

(*arrumar*) in Ordnung bringen; *vestuário etc.* zurechtmachen; (*participar*) teilnehmen an (*dat*), (Bestand)Teil sein (*e-s Gremiums, e-r Kommission*); TIPO setzen; LIT verfassen; MÚS komponieren; **~ o número** *port* wählen; **~-se** sich versöhnen; bestehen (**de** aus)

comportado [kõpur'tadu] ADJ **bem/mal ~** artig/unartig; gut/schlecht erzogen **comportamental** [kõpurtɐmẽ'taɫ] ADJ verhaltens... **comportamento** [kõpurtɐ'mẽtu] M Benehmen n; PSICOL *etc* Verhalten n; *espec escola*: Betragen n; **~ em estrada** AUTO Straßenverhalten n **comportar** [kõpur'tar] ⟨1e⟩ 1 zulassen, dulden 2 (*conter*) beinhalten, fassen 3 V/R **~-se** sich benehmen

composição [kõpuzi'sɐ̃u] F Zusammensetzung f (*tb* QUÍM); Zusammenstellung f, Anordnung f; (*estrutura*) Aufbau m; *texto*: Abfassung f; (*redacção*) Aufsatz m; MÚS Komposition f; TIPO Satz m; Güterzug m; AUTO Lastzug m; DIR Vergleich m **compositor(a)** [kõpuzi'tor(ɐ)] M(F) Komponist(in) m(f); TIPO Setzer(in) m(f)

compostagem [kõpuʃ'taʒɐ̃ĩ] F Kompostierung f **compostas** [kõ'pɔʃtɐʃ] FPL Korbblütler *mpl* **composto** [kõ'poʃtu] *⟨fsg, m/fpl* [-'pɔ-]⟩ A PP *irr* = compor B ADJ zusammengesetzt (**de** aus); *fig* ruhig; ernst; *fam* satt C M Mischung f; Verbindung f (*tb* QUÍM); AGR Kompost m **compostura** [kõpuʃ'turɐ] F Zusammensetzung f; Anordnung f; (*atitude*) Anstand m, Haltung f; (*conserto*) Reparatur f; (*imitação*) (Ver)Fälschung f, Imitation f; **ter ~** ausgebessert werden können; **~s** *pl* Schminke f

compota [kõ'pɔtɐ] F Marmelade f; Kompott n, Eingemachte(s) n

compra [ˈkõprɐ] F (Ein)Kauf m; Erwerb m; *fig* Bestechung f; **~ online** Onlineshopping n; **fazer ~s** Einkäufe machen, einkaufen; **ir às** (*ou* **fazer**) **~s** einkaufen (gehen) **comprador(a)** [kõprɐ'dor(ɐ)] M(F) Käufer(in) m(f) **comprar** [kõ'prar] ⟨1a⟩ kaufen (**a, de alg** von j-m); (*ein*)kaufen (**a crédito** auf Kredit, **a prazo** auf Raten) **comprável** [kõ'pravɛɫ] käuflich (*tb fig*)

comprazer [kõprɐ'zer] ⟨2y; *Perfektstamm tb* 2b⟩ gefällig sein; nachgeben (**a alg** j-m, **com, em** bei, **in** *dat*); **~-se com** (*ou* **de, em**) Vergnügen (*ou* Gefallen) finden an (*dat*) **comprazimento** [kõprɐzi'mẽtu] M Wohlgefallen n, Vergnügen n

compreender [kõpriẽ'der] ⟨2a⟩ 1 enthalten; umfassen; einschließen 2 *lingua* verstehen; *texto* begreifen; **chegar a ~** dahinter kommen **compreensão** [kõpriẽ'sɐ̃u] F Verständnis n; **~ mútua** gegenseitiges Verständnis n; **capacidade f de ~** Auffassungsgabe f; **de fácil ~** leicht verständlich **compreensibilidade** [kõpriẽsibiɫi'dadi] F Verständlichkeit f **compreensível** [kõpriẽ'sivɛɫ] verständlich **compreensivo** [kõpriẽ'sivu] verständnisvoll

compressa [kõ'prɛsɐ] F Kompresse f, Umschlag m **compressão** [kõpri'sɐ̃u] F Verdichtung f (*tb* AUTO); Druck m (*tb fig*) **compressivo** [kõpri'sivu] Druck ausübend; Druck..., Press... **compressor** [kõpri'sor] A ADJ Druck... B M TECN Verdichter m, Kompressor m

comprido [kõ'pridu] lang **comprimento** [kõpri'mẽtu] M Länge f; **ter dois metros de ~** zwei Meter lang sein **comprimido** [kõpri'midu] A ADJ zusammengepresst; komprimiert B M Tablette f; **~ de carvão** Kohletablette f; **~ mastigável** Kautablette f; **~ para dormir** Schlaftablette f **comprimir** [kõpri'mir] ⟨3a⟩ zusammendrücken; *gás* verdichten; *fig* zurückhalten; unterdrücken; INFORM, TECN komprimieren

comprobatório [kõprobɐ'tɔrju] → comprovador

comprometedor [kõprumite'dor] verdächtig; kompromittierend **comprometer** [kõprumi'ter] ⟨2c⟩ 1 garantieren, geradestehen (**em für**) 2 *reputação* aufs Spiel setzen; *futuro, saúde* in Gefahr bringen; *reputação* bloßstellen; *alg* Schaden zufügen; **~-se a** sich verpflichten zu (**com** bei, gegenüber); **~-se com** sich verloben mit; sich verwickeln in (*ac*) **comprometido** [kõprumi'tidu] kompromittiert; (*empenhado*) in der Pflicht; *fam* verlegen, in der Zwickmühle; **estar ~** schon etwas vorhaben **comprometimento** [kõprumiti'mẽtu] M Verpflichtung f; Verantwortlichkeit f

compromisso [kõpru'misu] M 1 Kompromiss m; DIR Vergleich m 2 Verpflichtung f; Verabredung f; **~ entre gerações**

Generationenvertrag m; **sem ~** unverbindlich; **tomar o ~ de** sich verpflichten zu; **~s** pl COM Verbindlichkeiten fpl; **ter ~s** Verpflichtungen (ou Termine) haben **comprovação** [kõpruvaˈsɐ̃ū] F̄ Bestätigung f; Beweis m; Nachweis m **comprovador** [kõpruvaˈdor] beweiskräftig; **exemplar** m **~** Belegexemplar n; **documento** m **~** Beweisstück n; **força** f **-a** Beweiskraft f **comprovante** [kõpruˈvɐ̃ti] **A** ADJ → comprovador **B** M̄ bras Beleg m **comprovar** [kõpruˈvar] ⟨1e⟩ bestätigen; belegen, beweisen (**com** mit, anhand); nachweisen **comprovativo** [kõpruvaˈtivu] → comprovador
compulsão [kõpuɫˈsɐ̃ū] F̄ Nötigung f
compungir [kõpũˈʒir] ⟨3n⟩ schmerzen
computacional [kõputasjuˈnaɫ] INFORM Computer... **computador** [kõputaˈdor] M̄ Computer m; **~ de bordo** Bordcomputer m; **~ de grande porte** Großrechner m, Mainframe m; **~ pessoal** Personalcomputer m, PC m; **~ portátil** Laptop m, Notebook m; **assistido em** (bras **auxiliado por**) ~ computergestützt **computadorizar** [kõputaduriˈzar] ⟨1a⟩ computerisieren; mit Computern ausstatten **computar** [kõpuˈtar] ⟨1a⟩ aus-, berechnen; adiantado veranschlagen
cômputo [ˈkõputu] M̄ Berechnung f
comum [kuˈmũ] **A** ADJ allgemein; gemeinsam; Gemeinschafts...; gewöhnlich; **de ~ acordo** in gegenseitigem Einvernehmen; decisão einmütig; **em ~** gemeinschaftlich, zusammen; **senso m ~** gesunder Menschenverstand m; **voz f ~** Volksmeinung f; **ter a/c em ~** etw teilen, gemeinsam haben; **viver em ~** zusammenleben **B** M̄ **o ~** die Allgemeinheit; **Câmara f dos Comuns** Unterhaus n **comum(m)ente** [kuˈmũmēti] ADV im Allgemeinen
comuna [kuˈmunɐ] F̄ Kommune f; Gemeinde f **comunal** [kumuˈnaɫ] Gemeinde..., kommunal
comunhão [kumuˈɲɐ̃ū] F̄ REL católica: Kommunion f; protestante: Abendmahl n; **~ de bens** DIR Gütergemeinschaft f
comunicabilidade [kumunikabiɫiˈdadi] F̄ Aufgeschlossenheit f; Mitteilsamkeit f **comunicação** [kumunikaˈsɐ̃ū] F̄ Kommunikation f; escrita: Mitteilung f; Übermittlung f; Vortrag m; (relacionamento) Umgang m; transportes: (Verkehrs)Verbindung f; **-ões** pl Verkehrsmittel npl; Kommunikationsmittel npl; **~ oficiosa** halbamtliche Mitteilung f; **meios** mpl **de ~ Medien** pl; **vias** fpl **de ~** Verkehrswege mpl; **dar ~ para** die Verbindung herstellen zu **comunicado** [kumuniˈkadu] M̄ amtliche Meldung f; **~ da polícia** Steckbrief m **comunicar** [kumuniˈkar] ⟨1n⟩ **A** VT mitteilen; verbreiten; verbinden **B** VI pessoas miteinander reden, kommunizieren; divisões verbunden sein; in Verbindung stehen (ou treten) (**entre si** untereinander); **~-se** sich übertragen auf (ac) **comunicativo** [kumunikaˈtivu] aufgeschlossen; gesellig **comunicável** [kumuniˈkavɛɫ] mitteilsam; mitteilbar
comunidade [kumuniˈdadi] F̄ Gemeinschaft f; DIR Körperschaft f; Gemeinwesen n; **Comunidade (Económica) Europeia** Europäische (Wirtschafts-)Gemeinschaft f; **~ rural** Dorfgemeinschaft f **comunismo** [kumuˈniʒmu] M̄ Kommunismus m **comunista** [kumuˈniʃtɐ] **A** ADJ kommunistisch **B** M/F Kommunist(in) m(f) **comunitário** [kumuniˈtarju] gemeinschaftlich; Gemeinschafts...; POL EU...
comutação [kumutaˈsɐ̃ū] F̄ Umwandlung f (tb DIR); ELECT Umschaltung f; Umtausch m, Tausch m; TEL Vermittlung f **comutador** [kumutaˈdor] M̄ ELECT (Um)Schalter m, Kommutator m; **~ de relógio** Zeitschaltuhr f **comutar** [kumuˈtar] ⟨1a⟩ pena umwandeln (**em**, **por** in ac); elec(t)ricidade umschalten; geralm umtauschen, eintauschen
con... [kõ-] EM COMP Mit...; p.e. **concidadão** m, **-ã** f Mitbürger(in) m(f)
cona [ˈkonɐ] F̄ vulg port Fotze f
concatenação [kõkɐteˈnaˈsɐ̃ū] F̄ Verknüpfung f; Zusammenhang m; **~ de ideias** Gedankengang m **concatenar** [kõkɐteˈnar] ⟨1d⟩ verketten; ideias verknüpfen
côncavo [ˈkõkɐvu] konkav; espelho hohl
conceber [kõsiˈber] ⟨2c⟩ BIOL empfangen; fig erdenken; begreifen; ideia sich ausdenken; plano entwerfen **concebível** [kõsiˈbivɛɫ] denkbar; (claro) verständlich
conceder [kõsiˈder] ⟨2c⟩ pedido gewähren; direito zugestehen; palavra, autoriza-

ção erteilen; (*permitir*) erlauben
conceição [kõsɐi'sɐ̃ʊ̃] F Empfängnis f; **Nossa Senhora da Conceição** Unsere liebe Frau der Unbefleckten Empfängnis (Schutzheilige Portugals) **conceito** [kõ'sɐitu] M FILOS Begriff m; (*noção*) Idee f; (*máxima*) Leitsatz m; *fig* Konzept m; **no ~ de alg** nach j-s Auffassung; **ter alg em alto ~** j-n hoch achten **conceituado** [kõsɐi'twaðu] ADJ angesehen **conceituar** [kõsɐi'twar] ⟨1a⟩ er-, auffassen (als); (*julgar*) urteilen, e-e Meinung äußern
concelhio [kõsi'ʎiu] *port* ADMIN Kreis...
concelho [kõ'sa(i)ʎu] M (Land)Kreis m
concentração [kõsẽtrɐ's ɐ̃ʊ̃] F Konzentration f; (*quím tb* Sättigungsgrad m; *de gente*: Ansammlung f; *bras* DESP Trainingslager n **concentrado** [kõsẽ'traðu] A ADJ konzentriert (*tb* QUÍM) B M Konzentrat n **concentrar** [kõsẽ'trar] ⟨1a⟩ konzentrieren; *forças* anspannen; **~ em** konzentrieren, richten auf (*ac*); **~-se** sich konzentrieren
concêntrico [kõ'sẽtriku] konzentrisch
concepção [kõsɛ'sɐ̃ʊ̃] F BIOL Empfängnis f; *plano*: Konzeption f, Entwurf m; *fig* Auffassungsgabe f; (*conceito*) Begriff m, Idee f; (*opinião*) Ansicht f; **~ do mundo** Weltbild n **conceptual** [kõsɛ(p)-'twał] begrifflich, Begriffs...
concernente [kõsir'nẽti] PREP **~ a** betreffend (*ac*)
concertado [kõsir'taðu] abgestimmt, konzertiert **concertar** [kõsir'tar] ⟨1c⟩ A VT vereinbaren, (*ajustar*) aufeinander abstimmen; (*conciliar*) in Einklang bringen; *plano* ausdenken B VI übereinstimmen; *mús* harmonisch klingen; **~-se** übereinkommen (**em** in *dat*); sich einig werden (**sobre** über *ac*) **concertina** [kõsir'tinɐ] F Konzertina f **concertino** [kõsir'tinu] M Konzertmeister m; die erste Geige **concertista** [kõsir'tiʃtɐ] M/F (Konzert)Solist(in) m(f) **concerto** [kõ'sɛrtu] M MÚS Konzert n; *fig* Harmonie f; Übereinkunft f
concessão [kõsi's ɐ̃ʊ̃] F Gewährung f (*e-r Bitte, e-s Stipendiums*); Bewilligung f; (*autorização*) Erlaubnis f; COM Konzession f **concessionária** [kõsisju'narjɐ] F (*Handels*)Vertretung f; AUTO Vertragshändler m **concessionário** [kõsisju-'narju] A ADJ Lizenz... B M Konzessionär m; DIR Lizenzträger m; *espec* autorisierter Fachhändler m; AUTO Vertragshändler m
concessivo [kõsi'sivu] GRAM konzessiv
concha ['kõʃɐ] F ■ ZOOL Muschel f; *caracol*: (Schnecken)Haus n ■ Waagschale f; *sopa*: (Suppen)Kelle f
conchavar [kõʃɐ'var] ⟨1b⟩ einfügen; *encontro* verabreden; *braš* anstellen; **~-se** sich zusammentun (**em** mit) **conchavo** [kõ'ʃavu] M Absprache f; *pej* Machenschaft f; *fam* Mauschelei f
concheiro [kõ'ʃɐiru] M Muschelbank f
concho ['kõʃu] *fam* aufgeblasen, eitel
concidadão [kõsiðɐ'd ɐ̃ʊ̃] M ⟨*pl* ~s⟩, **concidadã** [kõsiðɐ'dɐ̃] F Mitbürger(in) m(f)
conciliação [kõsilja's ɐ̃ʊ̃] F Versöhnung f; DIR Vergleich m **conciliar** [kõsi'ʎar] A ADJ Konzil... B VT ⟨1g⟩ *partes* versöhnen; *interesses, opiniões* vereinigen, in Einklang bringen; *simpatia etc* gewinnen; **~ o sono** einschlafen **conciliável** [kõsi'ʎja-vɛł] vereinbar; versöhnlich
concílio [kõ'silju] M Konzil n
concisão [kõsi'z ɐ̃ʊ̃] F Knappheit f **conciso** [kõ'sizu] kurz, knapp; (*preciso*) präzis(e)
concitar [kõsi'tar] ⟨1a⟩ aufwiegeln (**a** zu), anstacheln (**a** zu); anregen
conclamar [kõklɐ'mar] ⟨1a⟩ A VT **~ alg** j-d ausrufen (zu); POL j-n per Akklamation wählen B VI rufen, schreien
concludente [kõklu'dẽti] schlüssig; überzeugend **concluir** [kõklu'ir] ⟨3i⟩ *trabalho, contrato* (ab)schließen; (*completar*) be-, vollenden; **~ de** folgern aus; **~ em** beschließen, sich entscheiden für **conclusão** [kõklu'z ɐ̃ʊ̃] F Vollendung f, Abschluss m; (*dedução*) Schluss m, Schlussfolgerung f; Fazit n; DIR Schlussantrag m; **em ~** kurz und gut **conclusivo** [kõklu'zivu] abschließend; folgerichtig; Schluss...
concomitância [kõkumi'tãsjɐ] F Zusammenwirken n; Gleichzeitigkeit f **concomitante** [kõkumi'tãti] Begleit...; gleichzeitig
concordância [kõkur'dãsjɐ] F *opiniões*: Übereinstimmung f; (*assentimento*) Einverständnis n; *t/t* Konkordanz f; LING Kongruenz f **concordar** [kõkur'dar] ⟨1e⟩ A VT in Einklang bringen; vereinbaren B VI übereinstimmen (**com** mit, **em**

in dat); einverstanden sein (**com, em** mit); zustimmen (**com, em** zu); sich bereit finden (**em** zu) **concorde** [kõ'kɔrdɨ] gleich gesinnt, einig; einverstanden; **ser ~** e-r Meinung sein **concórdia** [kõ'kɔrdjɐ] F̄ Eintracht f **concorrência** [kõku'ʁẽsjɐ] F̄ acto: Bewerbung f; (adversário) (Mit)Bewerber mpl (für Stelle); (concurso) Wettbewerb m; (afluência) Zulauf m, Besuch m (e-r Ausstellung); (público) Publikum n; ECON Konkurrenz f; **~ vital** Kampf m ums Dasein; **mercado de livre ~** freie Marktwirtschaft f; **abrir ~** (e-n Wettbewerb) ausschreiben; **fora de ~** außer Konkurrenz **concorrente** [kõku'ʁẽti] A̲ ADJ teilnehmend; ECON Konkurrenz..., konkurrierend B̲ M/F (adversário) (Mit)Bewerber(in) m(f) (für Stelle); (participante) Teilnehmer(in) m(f) (an Wettbewerb); ECON Konkurrent(in) m(f) **concorrer** [kõku-'ʁer] ⟨2d⟩ zusammenkommen (**a, em** in dat); (convergir) zusammentreffen (**a, em** in dat); (participar) mitwirken (**em a** dat ou bei); **~ a** emprego, bolsa sich bewerben um; concurso, luta teilnehmen an (dat); (contribuir) beitragen zu **concorrido** [kõku'ʁidu] stark besucht; (concurso) beliebt **concretização** [kõkritizɐ'sɐ̃ũ] F̄ Konkretisierung f, (realização) Verwirklichung f **concretizar** [kõkriti'zar] ⟨1a⟩ konkretisieren, verwirklichen **concreto** [kõ'krɛtu] A̲ ADJ fest, hart; fig konkret; (preciso) bestimmt; (claro) eindeutig; **nada em ~** nichts Bestimmtes B̲ M̄ bras Beton m; **~ armado** Stahlbeton m; **~ protendido** Spannbeton m **concubinato** [kõkubi'natu] M̄ wilde Ehe f; DIR Konkubinat n **concunhado** [kõku'ɲadu] M̄ Schwippschwager m **concurso** [kõ'kursu] M̄ Wettbewerb m; **público** (öffentliche) Ausschreibung f; (participação) Mitwirkung f; TV Quiz n; (afluência) Andrang m; **~ hípico** Reitturnier n; **abrir ~** ausschreiben; **por ~** durch Ausschreibung **concussão** [kõku'sɐ̃ũ] F̄ 1 Erschütterung f; **~ cerebral** MED Gehirnerschütterung f 2 Erpressung f (durch e-n Beamten); **de fundos públicos**: Veruntreuung f **condado** [kõ'dadu] M̄ Grafschaft f **con-**

COND

dão [kõ'dɐ̃ũ] M̄ Begabung f; **vara f de ~** Zauberstab m **conde** ['kõdɨ] M̄ Graf m; **fruta f do conde** bras Zimtapfel m **condecoração** [kõdikurɐ'sɐ̃ũ] F̄ Auszeichnung f; (medalha) Orden m, Ehrenzeichen n **condecorar** [kõdiku'rar] ⟨1e⟩ alg j-m e-n Orden verleihen **condenação** [kõdinɐ'sɐ̃ũ] F̄ DIR Verurteilung f; (censura) Tadel m **condenado** [kõdi'nadu] A̲ ADJ verurteilt; **estar ~** verurteilt sein (**a** zu) B̲ M̄, **-a** F̄ DIR Verurteilte(r) m/f(m) **condenar** [kõdi'nar] ⟨1d⟩ verurteilen (**a** zu); verdammen (tb fig) **condenável** [kõdi'navɛɫ] verwerflich; DIR strafbar **condensação** [kõdẽsɐ'sɐ̃ũ] F̄ FÍS, QUÍM Kondensation f, Kondensierung f; (concentração) Verdichtung f; Zusammendrängung f; fig Zusammenfassung f; **cauda f de ~** AERO Kondensstreifen m **condensador** [kõdẽsɐ'dor] M̄ TECN Kondensator m; ÓPT Kondensor m **condensar** [kõdẽ'sar] ⟨1a⟩ verdichten; líquido eindicken; fig zusammenfassen **condescendência** [kõdɨsẽ'dẽsjɐ] F̄ Nachgiebigkeit f; (aprovação) Zustimmung f; (altivez) Herablassung f **condescendente** [kõdi(ɨ)sẽ'dẽti] nachgiebig; (altivo) herablassend **condescender** [kõdi(ɨ)sẽ'der] ⟨2a⟩ eingehen (**a** auf ac); (concordar) einwilligen (**com, em** in ac); (dignar-se) sich herablassen (**em** zu) **condessa** [kõ'desɐ] F̄ 1 Gräfin f 2 Deckelkorb m **condição** [kõdi'sɐ̃ũ] F̄ Bedingung f; (estado) Zustand m; Beschaffenheit f; social: Stand m, Rang m; **sob a ~ de** unter der Bedingung, dass; **de baixa ~** von niederer Herkunft; **-ões** pl Voraussetzungen fpl; **-ões** pl **ambientais** Umweltbedingungen fpl; **em boas -ões** in gutem Zustand; pessoa in guter Verfassung, fit; **-ões** pl **de pagamento** Zahlungsbedingungen fpl **condicional** [kõdisju'naɫ] A̲ ADJ bedingt; GRAM Bedingungs...; **liberdade f ~** DIR Bewährung f B̲ M̄ GRAM Konditional m **condicionalismo** [kõdisjunɐ-'liʒmu] M̄ Bedingtheit f; Zwangsläufigkeit f **condicionar** [kõdisju'nar] ⟨1f⟩ bedingen; abhängig machen (**a** von); TECN konditionieren; regulieren **condigno** [kõ'dignu] angemessen **condimentar** [kõdimẽ'tar] ⟨1a⟩ würzen

condimento [kõdi'mẽtu] M Gewürz n; Würze f

condizente [kõdi'zɛti] passend; harmonisch **condizer** [kõdi'zer] ⟨2t⟩ zusammenpassen; **~ com** übereinstimmen mit

condoer [kõ'dwer] ⟨2f⟩ Mitleid erregen **condolência** [kõdu'lẽsjɐ] F Anteilnahme f; **~s** pl Beileid n

condomínio [kõdu'minju] M habitações: (bewachte) Wohnanlage f; área: Gemeinschaftseigentum n (an e-r Immobilie); quantia: Hausgeld n **condómino** (*ô) [kõ'dɔminu] M Miteigentümer m

condução [kõdu'sɐ̃ũ] F Führung f; Leitung f (tb ELECT, TECN); AUTO Lenkung f; máquina, barco Steuerung f; COM mercadoria: Überführung f; Transport m; bras tb Verkehrsmittel n; öffentlicher Personenverkehr m; **~ da água** Wasserzuführung f, -zuleitung f; **carta f de ~** port Führerschein m; **escola f de ~** port Fahrschule f; **~ dos negócios** Geschäftsabwicklung f; **~ sob efeito de álcool** Fahren n unter Alkoholeinfluss **conducente** [kõdu'sẽti] ADJ **~ a** führend ou bestimmt zu **conduta** [kõ'dutɐ] F Führung f; Geleit n; (Wasser- etc)Leitung f; fig Verhalten n; **atestado m de boa ~** Führungszeugnis n; **~ de lixos** port Müllschlucker m

condutância [kõdu'tɐ̃sjɐ] F FIS Leitwert m **condutibilidade** [kõdutibili'dadi] F FIS Leitfähigkeit f **condutividade** [kõdutivi'dadi] F FIS (spezifische) Leitfähigkeit f

conduto [kõ'dutu] M Röhre f; chuva: Rinne f; (canalização) (Wasser)Leitung f; (canal) Kanal m; ANAT (Speise)Röhre f; ouvido: (Gehör)Gang m **condutor** [kõdu'tor] A ADJ leitend; Leitungs...; **fio m ~** Leitungsdraht m; fig roter Faden m B M Leiter m (tb FIS); Führer m; chuva: (Regenwasser)Fallrohr n; **~ neutro** ELECT Nullleiter m C M, **condutora** [kõdu'torɐ] F AUTO Fahrer(in) m(f); FERROV Zugführer(in) m(f) **conduzir** [kõdu'zir] ⟨3m⟩ führen; automóvel fahren; (transportar) transportieren (a nach, zu)

cone ['kɔni] M Kegel m; TECN Konus m, Zapfen m; fam Eiswaffel f, -tüte f

conectar [kunɛk'tar] V/T anschließen; INFORM verbinden, e-e Verbindung herstellen (zwischen); V/R **~-se** INFORM sich einloggen **conector** [kunɛk'tor] M ELECT Stecker m; Buchse f; geralm Verbindungsteil n; **~-padrão** m INFORM Masterport m **conexão** [kunɛ'ksɐ̃ũ] F Verknüpfung f; (coerência) Zusammenhang m; INFORM, AERO, FERROV Verbindung f; **voo m de ~** Verbindungsflug m **conexo** [ku'nɛksu] zusammengehörig

confecção [kõfɛ'sɐ̃ũ] F Anfertigung f; vestuário: Konfektion(skleidung) f **confeccionar** [kõfɛsju'nar] ⟨1f⟩ anfertigen; herstellen; prato zubereiten

confederação [kõfidirɐ'sɐ̃ũ] F POL Konföderation f, Staatenbund m; trabalhadores, desporto: Bund m, Verband m; **Confederação Helvética** Schweizerische Eidgenossenschaft f **confederar-se** [kõfidi'rarsi] ⟨1c⟩ POL sich (in e-m Bund) zusammenschließen **confederativo** [kõfidirɐ'tivu] Bundes...

confeitado [kõfɐj'tadu] Zucker... **confeitar** [kõfɐj'tar] ⟨1a⟩ mit Zuckerguss überziehen, glasieren; doces anfertigen **confeitaria** [kõfɐjtɐ'riɐ] F Süßwarenfabrik f; (pastelaria) Konditorei F **confeiteiro** [kõfɐj'tɐjru] M, **-a** F Konditor(in) m(f); Süßwarenhändler(in) m(f) **confeito** [kõ'fɐjtu] M kandierte Früchte fpl

conferência [kõfi'rẽsjɐ] F (reunião) Besprechung f, Konferenz f; Tagung f; (discurso) Vortrag m; UNIV Vorlesung f; **~ cimeira** (bras **~ de cúpula**) Gipfelkonferenz f; **~ com proje(c)ção de slides** Diavortrag m; **~ de imprensa** Pressekonferenz f; **dar uma ~** e-n Vortrag halten; UNIV e-e Vorlesung halten; **realizar uma ~** e-e Tagung abhalten **conferenciar** [kõfirẽ'sjar] ⟨1g⟩ (discutir) sich besprechen; beratschlagen; (discursar) e-n Vortrag halten **conferencista** [kõfirẽ-'sistɐ] M/F, **conferente** [kõfi'rẽti] M/F (orador) Vortragende(r) m/f, Redner(in) m(f); (participante) Konferenzteilnehmer(in) m(f)

conferir [kõfi'rir] ⟨3c⟩ V/T vergleichen; troco nachzählen; título, prémio verleihen; palavra erteilen B V/I stimmen; übereinstimmen

confessado [kõfɨ'sadu] A ADJ **estar ~** gebeichtet haben B M Beichtkind n **confessar** [kõfɨ'sar] ⟨1c⟩ crime gestehen; erro eingestehen, zugeben; REL beichten; **~ alg** j-m die Beichte abneh-

men; **~-se** REL beichten; sich öffnen (**a** j-m); sich zu erkennen geben (**por** als) **confessionário** [kõfisjuˈnarju] M Beichtstuhl m **confesso** [kõˈfɛsu] geständig; REL bekehrt **confessor** [kõfiˈsor] M Beichtvater m
confetes [kõˈfɛtiʃ] MPL, **confetti** [kõˈfɛti] MPL Konfetti n
confiado [kõˈfjadu] ADJ vertrauensvoll; zuversichtlich; *pop* dreist **confiança** [kõˈfjɐ̃sɐ] F Vertrauen n (**em** zu); (*familiaridade*) Vertraulichkeit f; **abuso m de ~** Vertrauensbruch m; **ser de ~** zuverlässig sein; **voto m de ~** POL Vertrauensfrage f; **~ em si** Selbstvertrauen n; **à ~** zuverlässig; **dar ~ a alg** j-m Vertrauen schenken; **tomar ~** *fam* zutraulich werden **confiar** [kõˈfjar] ⟨1g⟩ A VT j-m etw anvertrauen B VI **~ em** vertrauen (*dat*); vertrauen auf (*ac*); **~-se** sich verlassen auf (*ac*); setzen auf (*ac*) **confiável** [kõˈfjavɛł] vertrauenswürdig; *fam* in Ordnung
confidência [kõfiˈdẽsjɐ] F vertrauliche Mitteilung f; **em ~** heimlich **confidencial** [kõfidẽˈsjał] vertraulich **confidenciar** [kõfidẽˈsjar] ⟨1g⟩ *em alg* j-m etw anvertrauen; vertraulich besprechen **confidente** [kõfiˈdẽti] M/F Vertraute(r) m/f; Gewährsmann m, -frau f
configuração [kõfiguraˈsɐ̃u̯] F Gestalt f, Form f; (*aparência*) Aussehen n; INFORM Konfiguration f **configurar** [kõfiguˈrar] ⟨1a⟩ abbilden, darstellen; INFORM konfigurieren
confinante [kõfiˈnɐ̃ti] an-, begrenzend; Grenz... **confinar** [kõfiˈnar] ⟨1a⟩ **~ com** grenzen an (*ac*)
confirmação [kõfirmɐˈsɐ̃u̯] F Bestätigung f; REL Firmung f (*katholisch*); Konfirmation f (*protestantisch*) **confirmar** [kõfirˈmar] ⟨1a⟩ bestätigen (*tb* INFORM; bekräftigen; REL firmen (*katholisch*); einsegnen, konfirmieren (*protestantisch*)
confiscação [kõfiʃkɐˈsɐ̃u̯] F Einziehung f, Beschlagnahme f; DIR Konfiskation f **confiscar** [kõfiʃˈkar] ⟨1n⟩ beschlagnahmen; DIR konfiszieren **confisco** [kõˈfiʃku] M → confiscação
confissão [kõfiˈsɐ̃u̯] F (Ein)Geständnis n; Beichte f (*tb* REL); REL Bekenntnis n, Konfession f
conflagração [kõflɐgrɐˈsɐ̃u̯] F Brandkatastrophe f; *fig* (Kriegs)Ausbruch m; **~ bélica** kriegerische Verwicklung f **conflagrar** [kõflɐˈgrar] ⟨1b⟩ in Brand setzen; *povo* aufstacheln; **~-se** sich entzünden **conflito** [kõˈflitu] M Konflikt m, Auseinandersetzung f
confluência [kõfluˈẽsjɐ] F *gente*: Zusammenströmen n; *rios*: Zusammenfluss m; *trânsito*: Knotenpunkt m **confluente** [kõfluˈẽti] M Neben-, Zufluss m **confluir** [kõfluˈir] ⟨3i⟩ *rios* zusammenfließen, sich vereinigen; *gente* zusammenströmen (**a**, **em** in *dat*, auf *dat*)
conformação [kõfurmɐˈsɐ̃u̯] F Bildung f, Gestalt(ung) f; *fig* Ergeben n (**com** in *ac*); (*adaptação*) Anpassung f (**com** an *ac*) **conformado** [kõfurˈmadu] angepasst; resigniert; (*fatalista*) (schicksals)ergeben **conformar** [kõfurˈmar] ⟨1e⟩ *forma etc* gestalten, formen, anpassen (**a** an *ac*); *opiniões* in Einklang bringen (*ou* stehen) (**com** mit); **~-se com** sich abfinden mit, sich ergeben in (*ac*); passen zu
conforme [kõˈfɔrmi] A ADJ übereinstimmend; *objectos* gleich(artig), identisch; *comportamento* richtig, angemessen; *fig* ergeben; **estar ~** (überein)stimmen B PREP gemäß (*dat*); nach (*dat*); entsprechend (*dat*) C CJ wie; je nachdem, ob; **~!** je nachdem!, wie man's nimmt! **conformidade** [kõfurmiˈdadi] F Übereinstimmung f; Fügsamkeit f; **em ~ com** gemäß (*dat*) **conformismo** [kõfurˈmiʒmu] M Konformismus m; Anpassung f **conformista** [kõfurˈmiʃtɐ] A ADJ angepasst; **ser ~** alles mitmachen B M/F Konformist(in) m(f)
confortar [kõfurˈtar] ⟨1e⟩ stärken; *fig* trösten **confortável** [kõfurˈtavɛł] bequem; gemütlich **conforto** [kõˈfortu] M 1 *físico*: Stärkung f; *moral*: Trost m 2 Bequemlichkeit f
confrangedor [kõfrɐ̃ʒiˈdor] herzzerreißend, quälend; beängstigend **confranger** [kõfrɐ̃ˈʒer] ⟨2h⟩ quälen; ängstigen; **~-se com** (*ou* **de**) sich ängstigen über (*ac*); leiden unter (*dat*), sich quälen wegen **confrangimento** [kõfrɐ̃ʒiˈmetu] M Qual f; Angst f
confraria [kõfrɐˈriɐ] F Berufsverband m; REL Bruderschaft f
confraternidade [kõfrɐtirniˈdadi] F Kameradschaftlichkeit f, Freundschaft f

confraternização [kõfrɐtirnizɐˈsɐ̃ũ] F Verbrüderung f; freundschaftlicher Verkehr m; **festa f de ~** Freundschaftsfest n **confraternizar** [kõfrɐtirniˈzar] ⟨1a⟩ A VT sich anfreunden mit B VI **~ com** kameradschaftlich verkehren mit; sich verbrüdern mit

confrontação [kõfrõtɐˈsɐ̃ũ] F Konfrontation f; DIR Gegenüberstellung f; MIL Zusammenstoß m; **-ões** pl (Grundstücks-)Grenzen fpl **confrontar** [kõfrõˈtar] ⟨1a⟩ A VT gegenüberstellen, vergleichen B VI **~ com** grenzen an (ac); **~-se** einander gegenübertreten; **~-se com** sich auseinandersetzen mit **confronto** [kõˈfrõtu] M Vergleich m; confrontação

confundido [kõfũˈdidu] verwirrt, durcheinander; **estar ~** sich irren **confundir** [kõfũˈdir] ⟨3a⟩ vermengen; pessoas, acontecimentos durcheinanderbringen, verwechseln; alg verwirren; **~-se** sich (ver)mischen, ineinander übergehen; a falar sich verhaspeln; verwirrt werden; **~ alhos com bugalhos** Äpfel mit Birnen vergleichen

confusa [kõˈfuze] F bras pop → confusão

confusão [kõfuˈzɐ̃ũ] F Verwirrung f, Durcheinander n, Konfusion f; (engano) Verwechslung f; **em ~** durcheinander; **fazer ~ com** durcheinanderbringen, verwechseln **confuso** [kõˈfuzu] verwirrt

congelação [kõʒilɐˈsɐ̃ũ] F Ge-, Einfrieren n; alimentos Tiefkühlung f; MED Erfrierung f; **ponto m de ~** Gefrierpunkt m **congelado** [kõʒiˈladu] eingefroren (tb FIN); alimentos (tief)gefroren; **carne f -a** Gefrierfleisch n; **crédito m ~** Sperrguthaben n **congelador** [kõʒilɐˈdor] A ADJ eisig B M Tiefkühlfach n; bras Tiefkühlschrank m; **~ horizontal** Tiefkühltruhe f **congelamento** [kõʒilɐˈmẽtu] M FIN conta Sperrung f; preços, salários Einfrieren f, Stopp m **congelar** [kõʒiˈlar] ⟨1c⟩ A VT zum Gefrieren (ou Erstarren) bringen; tiefkühlen; einfrieren (tb Löhne, Preise); conta sperren; voz ersticken B VI ein-, gefrieren; **~-se** gefrieren; erstarren

congeminar [kõʒimiˈnar] ⟨1a⟩ A VT esforços etc vermehren B VI nachdenken; sich (dat) etwas ausdenken

congénere (*ê) [kõˈʒɛniri] A ADJ (art-)verwandt; geralm ähnlich B M/F Artverwandte(r) m/f

congenial [kõʒiˈnjal] geistesverwandt **congénito** (*ê) [kõˈʒɛnitu] angeboren **congestão** [kõʒiʃˈtɐ̃ũ] F Stauung f; MED Blutandrang m; **~ cerebral** Gehirnschlag m **congestionado** [kõʒiʃtjuˈnadu] verstopft; trânsito zähflüssig; geschwollen; rosto zornrot **congestionamento** [kõʒiʃtjunɐˈmẽtu] M Verkehrsstockung f, Stau m; Gedränge n **congestionar** [kõʒiʃtjuˈnar] ⟨1f⟩ **~** verstopfen; stauen; **~-se** sangue sich stauen; trânsito stocken; gente sich drängen; de raiva rot anlaufen

conglomeração [kõglumirɐˈsɐ̃ũ] F Ansammlung f **conglomerado** [kõglumiˈradu] M Konglomerat n; Zusammenballung f **conglomerar** [kõglumiˈrar] ⟨1c⟩ zusammenballen; binden; **~-se** sich verbinden

congratulação [kõgrɐtulɐˈsɐ̃ũ] F Glückwunsch m **congratular** [kõgrɐtuˈlar] ⟨1a⟩ alg j-m gratulieren (**por, de** zu); **~-se** sich freuen (**com** über ac)

congregação [kõgrigɐˈsɐ̃ũ] F Kongregation f **congregado** [kõgriˈgadu] M, **-a** F Kongregationsmitglied n

congressista [kõgriˈsiʃtɐ] M/F Kongressteilnehmer(in) m(f) **congresso** [kõˈgrɛsu] M Kongress m; POL Parteitag m **congro** [ˈkõgru] M ZOOL Meeraal m

congruência [kõgruˈẽsjɐ] F Übereinstimmung f; Kongruenz f (tb MAT) **congruente** [kõgruˈẽti] angemessen, passend; MAT kongruent

conhaque [koˈnaki] M Kognak m **conhecedor** [kuɲisiˈdor] A ADJ Kenner...; sachverständig, versiert (**de** in dat) B M, **conhecedora** [kuɲisiˈdorɐ] F Kenner(in) m(f); Sachverständige(r) m **conhecer** [kuɲiˈser] ⟨2g⟩ VT kennen; (descobrir) kennen lernen; cidade sich auskennen (in dat); noção, conceito etw verstehen von; FILOS erkennen B VI Bescheid wissen (**de** über ac); sich auskennen (**de** in dat); **~ de** etw erfahren über (ac); **~ por** erkennen an (dat); kennen als; **dar a ~** zur Kenntnis bringen; bekannt machen; **chegar a ~** kennen lernen **conhecido** [kuɲiˈsidu] A ADJ bekannt B M Bekannte(r) m **conhecimento** [kuɲisiˈmẽtu] M (Er)Kenntnis f; FILOS Bewusstsein n; de uma pessoa Bekanntschaft *f*; COM Bescheinigung *f*; NÁUT Konnossement *n*; **dar ~ de** in Kenntnis setzen von; **tomar ~ de a/c** etw zur Kenntnis nehmen; **travar ~ com** Bekanntschaft schließen mit ; **~s** *pl* **prévios** Vorkenntnisse *fpl* **conhecível** [kuɲi'sivɛɫ] erkennbar

cónico (**ô*) ['kɔniku] konisch, Kegel...

conífera [ku'nifɨrɐ] F̄ Nadelbaum *m*

conivência [kuni'vẽsjɐ] F̄ Begünstigung *f* (e-r *Straftat*); (*cumplicidade*) Mittäterschaft *f*, Beihilfe *f* **conivente** [kuni'vẽti] mitschuldig

conje(c)tura [kõʒɛ'turɐ] F̄ Vermutung *f*

conje(c)tural [kõʒɛtu'raɫ] mutmaßlich

conje(c)turar [kõʒɛtu'rar] ⟨1a⟩ vermuten

conjugação [kõʒugɐ'sɐ̃ũ] F̄ Verbindung *f*; Verknüpfung *f*, GRAM Konjugation *f*; **a ~ dos esforços** die Bündelung aller Anstrengungen; **em ~ com** zusammen mit **conjugado** [kõʒu'gadu] verbunden (*tb* TECN); *verbo* konjugiert **conjugal** [kõʒu'gaɫ] ehelich; Ehe...; **conjugar** [kõʒu'gar] ⟨1o⟩ vereinigen; verbinden; *planos etc* (aufeinander) abstimmen; *fig* bündeln; GRAM konjugieren

cônjuge ['kõʒuʒi] MF̄ Ehegatte *m*, -gattin *f*; **~s** *pl* Eheleute *pl*

conjunção [kõʒũ'sɐ̃ũ] F̄ Vereinigung *f*, Verbindung *f*; GRAM, ASTRON Konjunktion *f* **conjuntamente** [kõʒũtɐ'mẽti] zusammen; gemeinsam, miteinander **conjuntiva** [kõʒũ'tivɐ] F̄ ANAT Bindehaut *f* **conjuntivite** [kõʒũti'viti] F̄ MED Bindehautentzündung *f* **conjuntivo** [kõʒũ'tivu] A ADJ verbindend; Binde...; **tecido m ~** Bindegewebe *n* B M̄ GRAM Konjunktiv *m* **conjunto** [kõ'ʒũtu] A ADJ verbunden; *declaração etc* gemeinsam; *área* anliegend B M̄ Ganze(s) *n*, Gesamtheit *f*; (*jogo*) Satz *m*, Set *n*; TEAT Ensemble *n*; DESP Mannschaft *f*, Gruppe *f* (*Musiker*) ...; **~ residencial** (*ou* **habitacional**) Wohnanlage *f*; **teoria** *f* **dos ~s** Mengenlehre *f*; **em ~** zusammen **conjuntura** [kõʒũ'turɐ] F̄ *de acontecimentos*: Zusammentreffen *n*; (*circunstâncias*) Umstände *mpl*; ECON Konjunktur *f* **conjuntural** [kõʒũtu'raɫ] ECON konjunkturell

conjura [kõ'ʒurɐ] F̄, **conjuração** [kõʒurɐ'sɐ̃ũ] F̄ **1** Verschwörung *f* **2** Beschwörung *f*; *demónio*: (Teufels)Austreibung *f* **conjurado** [kõʒu'radu] M̄ Verschwörer *m* **conjurar** [kõʒu'rar] ⟨1a⟩ A V̄/T beschwören (*tb fig*); *revolta etc* anzetteln; *planos* aushecken; *alg* anstiften (**a**, **para zu**), *alg* aufhetzen (**contra gegen**) B V̄/I konspirieren (**contra gegen**); **~-se** sich verschwören (**contra gegen**); sich erheben (**contra gegen**) **conjuro** [kõ'ʒuru] M̄ *fig* Beschwörung *f*; *demónio*: Austreibung *f*

connosco [kõ'noʃku], *bras* **conosco** [ko'noʃku] *bras* mit (bei *ou* zu) uns; *tb* → com; consigo

conotação [kunutɐ'sɐ̃ũ] F̄ Konnotation *f*; Nebenbedeutung *f*

conquanto [kõ'kwɐ̃tu] obgleich

conquilha [kõ'kiʎɐ] F̄ Dreiecksmuschel *f*

conquista [kõ'kiʃtɐ] F̄ Eroberung *f* (*tb fig*); (*feito*) Errungenschaft *f*; **ser dado às ~s** *fam* hinter den Frauen her sein **conquistador** [kõkiʃtɐ'dor] A ADJ Eroberungs...; *fig* unwiderstehlich B M̄ Eroberer *m*; *fam* Don Juan *m* **conquistar** [kõkiʃ'tar] ⟨1a⟩ erobern (**a von** *j-m*); erringen (**a für**)

Cons. ABR (Conselho) Rat

consagração [kõsɐgrɐ'sɐ̃ũ] F̄ REL (Priester-, Altar)Weihe *f*; *ceia*: Wandlung *f* ; *fig* Verankerung *f*, Verfestigung *f* **consagrado** [kõsɐ'gradu] anerkannt; (*importante*) bedeutend **consagrar** [kõsɐ'grar] ⟨1b⟩ REL (ein)weihen; heiligen; *atenção* widmen; *respeito* zollen; *fig* gewährleisten

consanguíneo (**ü*) [kõsɐ̃'gwinju] blutsverwandt

consciência [kõʃ'sjẽsjɐ] F̄ PSICOL Bewusstsein *n*; REL Gewissen *n*; (*responsabilidade*) Gewissenhaftigkeit *f*; **com ~** gewissenhaft; aufrichtig; **caso** *m* **de ~** Gewissensfrage *f*; **liberdade** *f* **de ~** Gewissensfreiheit *f*; **obje(c)ção** *f* **de ~** Wehrdienstverweigerung *f* aus Gewissensgründen; **~ pesada** schlechtes Gewissen *n*; **re-bate** *m* **de ~** *port* Gewissensbisse *pl*

consciencializar [kõʃsjẽsjɐɫi'zar] ⟨1a ⟩ bewusst machen (**alg para a/c** *j-m* etw); *alg* j-n überzeugen (**de von**); **~ a/c** etw gewahr werden; sich (*dat*) etw bewusst machen; **~-se** sich (*dat*) bewusst werden (**de gen**); (*convencer-se*) sich überzeugen

consciencioso [kõʃsjɨ'sjozu] gewissenhaft **consciente** [kõʃ'sjẽti] (selbst)bewusst **conscientizar** [kõsjẽtʃi'zax] ⟨1a⟩ bras → conscencializar

cônscio ['kõfsju] bewusst (**de** gen)

consecução [kõsiku'sãu̯] F Erlangung f; Erreichung f **consecutivo** [kõsiku'tivu] aufeinanderfolgend; hintereinander, konsekutiv (tb GRAM)

conseguinte [kõsi'gĩtʃi] (aufeinander-)folgend; **por ~** folglich **conseguir** [kõsi'gir] ⟨3o; Stv 3c⟩ título erlangen; vitória erringen; objectivo erreichen; êxito erzielen; bekommen; **consigo** es gelingt mir

conselheiro [kõsi'ʎai̯ru] M Berater m; Rat(geber) m

conselho [kõ'sɐ(i)ʎu] M **1** Rat(schlag) m; **a ~ de** auf Anraten von **2** POL Rat m, Ratsversammlung f; **~ de administração** Aufsichtsrat m; **~ escolar** Schulkonferenz f; **Conselho Europeu** Europarat m; **Conselho de Ministros** Ministerrat m; **Conselho de Segurança (das Nações Unidas)** (UNO-)Sicherheitsrat m; **paços** mpl **do ~** port Rathaus n; **entrar** (ou **reunir-se**) **em ~** zusammentreten

consenso [kõ'sẽsu] M Einverständnis n, Konsens m **consensualizar** [kõsẽswɐ-ti'zar] ⟨1a⟩ übereinstimmen in (dat)

consentâneo [kõsẽ'tɐnju] angemessen, geeignet (**a** für); **~ com** gemäß (dat); **não ser ~ a** nicht passen zu **consentimento** [kõsẽti'mẽtu] M Zustimmung f, Einwilligung f; **declaração f de ~** Einverständniserklärung f **consentir** [kõsẽ'tir] ⟨3e⟩ **A** V/T (autorizar) gestatten; (permitir) zulassen, dulden **B** V/I **~ em** einwilligen in (ac), einverstanden sein mit

consequência (*ü) [kõsi'kwẽsjɐ] F Konsequenz f, Folge f; (lógica) Folgerichtigkeit f; **em ~ de** infolge, aufgrund; angesichts; **por ~** folglich; **ter ~s** zur Folge haben; **ter ~ Konsequenzen haben consequente** (*ü) [kõsi'kwẽti] resultado daraus folgend; procedimento konsequent **consequentemente** [kõsikwẽ-ti'mẽti] ADV folglich

consertar [kõsir'tar] ⟨1c⟩ geralm reparieren; casa instandsetzen; telhado, vestuário flicken, ausbessern **conserto** [kõ'sertu] M geralm Reparatur f; casa: Instandsetzung f; telhado, vestuário Ausbesserung f

conserva [kõ'sɛrvɐ] F Konserve f, Eingemachte(s) n; **de ~** eingemacht; **navio m de ~** NÁUT Geleitschiff n; **alimentos** mpl **em ~** Konserven fpl; **pôr de ~** GASTR konservieren; **fruta tb** einmachen **conservação** [kõsirvɐ'sãu̯] F Erhaltung f; Aufbewahrung f; alimentos: Konservierung f (tb ARQUIT); **~ de monumentos** Denkmalpflege f **conservador** [kõsirvɐ'dor] **A** ADJ erhaltend; POL konservativ **B** M, **conservadora** [kõsirvɐ'dorɐ] F Beamte(r) m, Beamtin f; museu: Konservator(in) m(f); POL Konservative(r) m/f(m); **~ do registo** (bras registro) predial Katasterbeamte(r) m; **~a do registo civil** Standesbeamtin f **conservar** [kõsir'var] ⟨1c⟩ erhalten; tradição bewahren, beibehalten; (guardar) aufbewahren; **~-se** sich halten; **~-se (em silêncio)** (still) bleiben; **conserve-se frio!** kühl aufbewahren! **conservativo** [kõsirvɐ'tivu] konservierend **conservatória** [kõsirvɐ-'tɔrjɐ] F Standesamt n; Katasteramt n **conservatório** [kõsirvɐ'tɔrju] M Konservatorium n; teatro, ballet: Theater-, Ballettschule f

consideração [kõsidirɐ'sãu̯] F (estudo) Überlegung f; (exame) Erwägung f; (levar em conta) Berücksichtigung f; (atenção) Rücksicht(nahme) f; (respeito) Ansehen n (e-r Person); **por -ões pessoais** aus persönlichen Gründen; **falta f de ~** Rücksichtslosigkeit f; **em cartas: com toda a ~** hochachtungsvoll; **com a máxima ~** mit vorzüglicher Hochachtung; **de ~** beträchtlich; angesehen; **em ~ a** in Anbetracht (gen); **ter em ~** berücksichtigen; **ter ~ por** achten **considerado** [kõsidi-'radu] angesehen **considerando** [kõsidi'rɐ̃du] M DIR Begründung f; Argument n **considerar** [kõsidi'rar] ⟨1c⟩ situação bedenken, berücksichtigen; possibilidade prüfen; alternativa erwägen, in Betracht ziehen; alg hoch schätzen; **~ como** halten für **considerável** [kõsidi'ravɛł] despesa beträchtlich; êxito ansehnlich

consignação [kõsignɐ'sãu̯] F geralm Hinterlegung f; dinheiro: (Geld)Anweisung f; DIR Niederschrift f; Com (Waren-)Sendung **consignar** [kõsi'gnar] ⟨1a⟩ COM in Kommission geben, konsignieren; DIR hinterlegen; por escrito festhalten; dinheiro anweisen, zuweisen **consignatário** [kõsignɐ'tarju] M COM Kommissionär m; Konsignatär m

consigo [kõˈsigu] **A** PREP mit (bei ou zu) sich (selbst); mit (bei ou zu) Ihnen; **de si para ~** zu sich selbst; **levar ~** mitnehmen; **ter** (ou **trazer**) **~** bei sich haben; **isso (não) é ~** port das geht Sie (nichts) an; das gilt (nicht) Ihnen **B** V/T → conseguir
consistência [kõsiʃˈtẽsjɐ] F Konsistenz f; *material*: Beschaffenheit f; Haltbarkeit f; *carácter etc*: Beständigkeit f; **ter ~** von Bestand sein **consistente** [kõsiʃˈtẽti] fest, stark; *material* haltbar; *carácter etc* beständig; *líquido* dickflüssig **consistir** [kõsiʃˈtir] ⟨3a⟩ **~ em** bestehen aus (*dat*) ou in (*dat*); beruhen auf (*dat*)
consoada [kõˈswadɐ] F *após jejum*: Abendessen n; *Natal*: Weihnachtsessen n; *fig* Weihnachtsgeschenk n **consoante** [kõˈswɐ̃ti] **A** ADJ übereinstimmend **B** PREP (*segundo*) laut (*gen* ou *dat*), gemäß (*dat*); (*conforme*) je nach (*dat*) **C** F Konsonant m **consoar** [kõˈswar] ⟨1f⟩ **B** V/I zusammenklingen; (sich) reimen **B** V/T & V/I zu Abend essen
consócio [kõˈsɔsju] M Geschäftspartner m
consola [kõˈsɔlɐ] F Konsole f; **~ de jogos** Spiel(e)konsole f
consolação [kõsuɫɐˈsɐ̃ũ] F Trost m **consolador** [kõsuɫɐˈdor] **A** ADJ tröstlich **B** M, **consoladora** [kõsuɫɐˈdorɐ] F Trostspender(in) m(f), Tröster(in) m(f) **consolar** [kõsuˈɫar] ⟨1e⟩ trösten; (*alegrar*) erfreuen; **~-se** sich hinwegtrösten; Trost finden
console [kõˈsɔli] M *bras* Konsole f
consolidação [kõsuɫidɐˈsɐ̃ũ] F MED, ECON Konsolidierung f; Festigung f **consolidar** [kõsuɫiˈdar] ⟨1a⟩ ECON konsolidieren; festigen; *por escrito*: festhalten; **~-se** sich festigen; MED *fractura* heilen
consolo [kõˈsoɫu] M Trost m; Stärkung f; Freude f
consomê [kõsɔˈme] M, **consommé** [kõsɔˈme] M GASTR klare Fleischbrühe f
consonância [kõsuˈnɐ̃sjɐ] F Gleichklang m; LIT Reim m
consorciar [kõsurˈsjar] ⟨1g⟩ **1** zusammenschließen, verbinden **2** trauen, verheiraten; **~-se** heiraten (**com** *ac*) **consórcio** [kõˈsɔrsju] M **1** ECON Konsortium n; *tb* Konzern m **2** Ehe f **consorte** [kõˈsɔrti] M/F Gatte m, Gattin f
conspiração [kõʃpirɐˈsɐ̃ũ] F Konspiration f, Verschwörung f **conspirador(a)** [kõʃpirɐˈdor(ɐ)] M/F Verschwörer(in) m(f) **conspirar** [kõʃpiˈrar] ⟨1a⟩ Verschwörungen anzetteln; sich verschwören; **~ a** hinarbeiten (ou abzielen) auf (*ac*)
conspurcar [kõʃpurˈkar] ⟨1n⟩ beflecken, besudeln (*tb fig*)
constância [kõʃˈtɐ̃sjɐ] F *amizade, sentimento* Beständigkeit f; (*persistência*) Ausdauer f, Beharrlichkeit f **constante** [kõʃˈtɐ̃ti] **A** ADJ konstant (*tb* MAT); (*persistente*) beharrlich; *amizade* beständig; *opinião* einmütig; **~ de** bestehend aus **B** F Konstante f, feste Größe f **constantemente** [kõʃtɐ̃tiˈmẽti] ADV immerzu; ständig **constar** [kõʃˈtar] ⟨1a⟩ verlauten; **~ de** hervorgehen aus; erwähnt werden in (*dat*); (*consistir*) bestehen aus; **consta-me** ich habe gehört; **consta que** es heißt, dass; **segundo consta** wie verlautet
constatar [kõʃtɐˈtar] ⟨1b⟩ feststellen
constelação [kõʃtiɫɐˈsɐ̃ũ] F Sternbild n, Konstellation f (*tb fig*) **constelado** [kõʃtiˈɫadu] *céu* sternenhell; *geralm* sternförmig **constelar** [kõʃtiˈɫar] ⟨1c⟩ e-e Konstellation (nach)bilden; *fig* (aus)schmücken; *alg* verherrlichen
consternação [kõʃtɛrnɐˈsɐ̃ũ] F tiefes Leid n; Bestürzung f **consternar** [kõʃtɛrˈnar] ⟨1c⟩ tief betrüben, bestürzen
constipação [kõʃtipɐˈsɐ̃ũ] F Schnupfen m, Erkältung f **constipado** [kõʃtiˈpadu] verschnupft, erkältet **constipar** [kõʃtiˈpar] ⟨1a⟩ **~-se** sich erkälten
constitucional [kõʃtitusjuˈnaɫ] verfassungsmäßig, Verfassungs...; konstitutionell (*tb* MED) **constitucionalidade** [kõʃtitusjunɐɫiˈdadi] F Verfassungsmäßigkeit f
constituição [kõʃtitwiˈsɐ̃ũ] F *instituição*: Gründung f, Errichtung f; *sistema*: Aufbau m; *comissão*: Einsetzung f; (*composição*) Zusammensetzung f; POL Verfassung f; MED Konstitution f **constituinte** [kõʃtiˈtwĩti] **A** ADJ Gründungs...; Ernennungs...; POL verfassunggebend; **assembleia f ~** verfassunggebende Versammlung f **B** M/F Mandant(in) m(f) **constituir** [kõʃtiˈtwir] ⟨3i⟩ *base* bilden, sein; *problema* darstellen; *grupo, comissão* zusammensetzen, -stellen; *administrador* einsetzen; *porta-voz* ernennen zu; *família* gründen; *sucursal* errichten; **~-se** zusammen-

treten, sich konstituieren **constitutivo** [kõʃtitu'tivu] wesentlich; Haupt...
constrangedor [kõʃtrãʒi'dor] bedrückend; (*embaraçoso*) peinlich **constranger** [kõʃtrã'ʒer] ⟨2h⟩ zwingen (**a** zu), nötigen (**a** zu); *liberdade de movimento* einengen; *alg* Zwang antun; *direitos* beschneiden; *fig* bedrücken; **~-se** verlegen werden **constrangimento** [kõʃtrãʒi'mẽtu] M **1** Zwang m; Gewalt f **2** Verlegenheit f, Gehemmtheit f; **sem ~** ungezwungen
constringir [kõʃtrĩ'ʒir] ⟨3n; pp constrito⟩ zusammenschnüren, -ziehen; *liberdade* einengen
construção [kõʃtru'sãũ] F Bau m; *edifício, sistema*; Aufbau m; (*formação*) Bildung f; (*edifício*) Gebäude n; GRAM Satzbau m; *geralm tb* Konstruktion f; **~ civil** Baugewerbe m, -wesen n; **~ naval** Schiffbau m **construir** [kõʃtru'ir] ⟨3k⟩ *casa, rua* bauen; *frase* bilden; *geralm tb* konstruieren **construtivo** [kõʃtru'tivu] aufbauend; konstruktiv **construtor** [kõʃtru'tor] M ADJ Bau...; B M Baumeister m; Erbauer m; TECN Konstrukteur m **construtora** [kõʃtru'tora] F Bauunternehmen n
consuetudinário [kõswetudi'narju] gewohnheitsmäßig; Gewohnheits...
cônsul ['kõsuł] M ⟨pl ~es⟩ Konsul m
consulado [kõsu'ładu] M Konsulat n **consular** [kõsu'łar] Konsulats...; Konsular... **consulente** [kõsu'łẽti] A ADJ **1** beratend **2** Rat suchend B M/F **1** Ratsuchende(r) m/f **2** DIR Beistand m, Berater(in) m(f) **consulesa** [kõsu'łeza] F Konsulin f
consulta [kõ'suɫta] F Anfrage f; MED, POL Konsultation f; Besprechung f (*e-s Problems*); **marcar uma ~** e-n Termin vereinbaren (**beim Arzt**); (**horas** fpl **de**) **~** Sprechstunde f; **obra** f **de ~** Nachschlagewerk n **consultante** [kõsuɫ'tãti] m/f consulente **consultar** [kõsuɫ'tar] ⟨1a⟩ A VT/I *perito, médico* befragen, zurate ziehen, konsultieren; *plano* begutachten; *dicionário* nachschlagen bei B VI sich beraten (**com** mit); Rat geben *ou* erteilen; *médico* Sprechstunden abhalten; **~-se** nachdenken **consultivo** [kõsuɫ'tʒivu] beratend, konsultativ **consultor(a)** [kõsuɫ'tor(ɐ)] M(F) ECON Berater(in) m(f); **~ de impostos** Steuerberater m; **~ de investimentos** Anlageberater m; **~ jurídico** Rechtsberater m; **conselho** m **~** Beirat m **consultório** [kõsuɫ'tɔrju] M MED Sprechzimmer n; Praxis f
consumação [kõsuma'sãũ] F **1** Vollendung f; Ende n **2** *bras* Verzehr m **consumado** [kõsu'madu] vollendet (*Arbeit*); vollkommen; (*experiente*) erfahren **consumar** [kõsu'mar] ⟨1a⟩ vollenden; vollbringen; *crime* begehen; *plano* ausführen
consumição [kõsumi'sãũ] F Beunruhigung f; (*contratempo*) Verärgerung f, Ärger m; (*tortura*) Qual f, Tortur f **consumidor(a)** [kõsumi'dor(ɐ)] M(F) Verbraucher(in) m(f); **defesa** f **do ~** Verbraucherschutz m **consumir** [kõsu'mir] ⟨3h⟩ verbrauchen; konsumieren; *provisões* aufbrauchen; *material* abnutzen; *fogo* vernichten; *doença* schwächen; verzehren; **~-se** *fig* sich aufreiben (**em bei**), sich plagen (**em** mit); *amor saudade* sich verzehren (**de, em** vor *dat*) **consumismo** [kõsu'miʒmu] F Konsum-, Kaufrausch m **consumo** [kõ'sumu] M Verbrauch m; Konsum m, Absatz m; **bens** mpl **de ~** Konsumgüter npl; **de baixo ~ energético** energiesparend
consumpção [kõsũ'(p)sãũ] F Auszehrung f
conta ['kõta] F Rechnung f; MAT Rechenoperation f; Konto n; *colar, rosário:* Perle f; **~ aberta** offene Rechnung f; **~ bancária** Bankkonto n; COM Kontokorrent n; **~ calada** gesalzene Rechnung f; **~ à ordem**, *bras* **corrente** Girokonto n; **~ a prazo** Festgeldkonto n; **~s** pl **do Porto** *port* getrennte Rechnung f; **trabalhador(a)** m(f) **por ~ própria** Freiberufler(in) m(f); **à ~ de** auf Rechnung von; **afinal de ~s** schließlich und endlich; **por ~** auf Rechnung; **por ~ própria** auf eigene Rechnung, selbstständig; **por ~ de outrem**) unselbstständig, auf fremde Rechnung; **por sua ~ e risco** auf eigenes Risiko; **sem ~** unzählbar; **acertar ~s** abrechnen (*tb fig*); **apanhar a sua ~** *fig* verprügelt werden; **chamar a ~s** zur Rechenschaft ziehen; **dar ~(s) de** abrechnen; Rechenschaft ablegen über (*ac*); **dar má ~ de si** *fam* sich blamieren; **dar por ~** *port* e-e Teilzahlung machen; **dar-se ~ de** bemerken; sich (*dat*) bewusst werden; **fazer**

~s (ab)rechnen; **fazer ~ a alg** j-m nützlich sein, j-m dienen; **fazer (de) ~ que** annehmen, dass; (*fingir*) so tun, als ob; **incluir na ~** auf die Rechnung setzen; **levar em ~** berücksichtigen; **passar das ~s** über die Stränge schlagen, zu weit gehen; **saldar ~s** Schulden tilgen; Rechnungen begleichen (*tb fig*); **sem ter em ~ que** abgesehen davon, dass; **ter ~s a ajustar** *fam* noch e-e Rechnung zu begleichen haben; **tomar ~ de a/c** etw in Verwahrung nehmen; *assunto* sich (*dat*) e-r Sache (*gen*) annehmen; **tomar ~ de alg** auf j-n aufpassen

contabilidade [kõtabili'dadi] F Rechnungswesen *n*; Berechnung *f*; COM Buchführung *f*; **~ paralela** doppelte Buchführung *f* **contabilista** [kõtabi'liʃtɐ] M/F Buchhalter(in) *m(f)* **contabilizar** [kõtabili'zar] ⟨1a⟩ berechnen; die Buchführung machen von; COM verbuchen

conta(c)tar [kõtak'tar] ⟨1b⟩ den Kontakt herstellen zwischen (*esp* ELECT); *alg* ~ sich in Verbindung setzen mit

conta(c)to [kõ'taktu] M *físico*: Berührung *f*; (*ligação*) Verbindung *f*; (*telefónico etc*) Kontakt *m* (*tb* ELECT); ELECT, TECN **~ intermitente** Wackelkontakt *m*; **~ de pino** ELECT Steckkontakt *m*; **lente f de ~** Kontaktlinse *f*; **pôr-se em ~ com** sich in Verbindung setzen mit, Kontakt aufnehmen mit; **ter ~** in Verbindung stehen; **ter bons ~s** gute Beziehungen haben

contado [kõ'tadu] ADJ (ab)gezählt; (*calculado*) berechnet; **tem os dias ~s** seine/ihre Tage sind gezählt **contador** [kõta'dor] M Rechnungsprüfer *m*; *bras* Buchhalter *m*; TECN Zähler *m*, Uhr*f n*; *gás, água*: (Gas-, Wasser)Uhr *f* **contagem** [kõ'taʒẽj] F Zählung *f*; **~ regressiva** Countdown *m*

contagiar [kõta'ʒjar] ⟨1g⟩ *pessoa* anstecken (**de, com** mit); *doença* übertragen (**a** *auf ac*) **contágio** [kõ'taʒju] M *pessoa*: Ansteckung *f*; *doença*: Übertragung *f* **contagioso** [kõta'ʒjozu], **contagiante** [kõta'ʒjãti] ansteckend, übertragbar **conta-gotas** [kõta'gotaʃ] M ⟨*pl inv*⟩ Pipette *f*; Tropfenzähler *m*; **a ~** tropfenweise

contaminação [kõtamina'sɐ̃w] F *meio ambiente*: Verseuchung *f*, Verschmutzung *f*; MED Ansteckung *f*; LING, FÍS Kontamination *f*; **~ ambiental** Umweltverschmutzung *f* **contaminar** [kõtami'nar] ⟨1a⟩ *meio ambiente* verseuchen; kontaminieren; MED anstecken

contanto [kõ'tãtu] ADV **~ que** CONJ sofern; falls; wenn ... nur

conta-quilómetros [kõtaki'lɔmitruʃ] M ⟨*pl inv*⟩ Kilometerzähler *m*; **~ parcial** Tageskilometerzähler *m*

contar [kõ'tar] ⟨1a⟩ **A** VT zählen; (*calcular*) aus-, berechnen; *história* erzählen; **~** (*inf*) beabsichtigen zu (*inf*) **B** VI rechnen; zählen; **~ com** rechnen mit; **conta comigo** du kannst mit mir rechnen (*ou* auf mich zählen) **conta-rotações** [kõtaʀu- ta'sõjʃ] M ⟨*pl inv*⟩ Drehzahlmesser *m*

contat... *bras* → contactar *etc*

contêiner [kõ'teinɛks] M ⟨*pl* ~**es**⟩ *bras tb* Container *m*

contemplação [kõtẽpla'sɐ̃w] F Betrachtung *f*; (*consideração*) Rücksicht(nahme) *f*; **não estar para ~ões** keinerlei Rücksichten (mehr) nehmen; **por ~** aus Rücksicht **contemplar** [kõtẽ'plar] ⟨1a⟩ **A** VT *quadro etc* betrachten, anschauen; *possibilidade* erwägen (**com, de** mit); *fig* bedenken (**com, de** mit); *pedido* berücksichtigen **B** VI nachdenken, meditieren **contemplativo** [kõtẽplɐ'tivu] beschaulich; nachdenklich

contemporâneo [kõtẽpu'rɐnju] **A** ADJ zeitgenössisch; **~ de** aus der Zeit (*gen ou* von) **B** M, **-a** F Zeitgenosse *m*, -genossin *f*

contemporização [kõtẽpuriza'sɐ̃w] F Anpassung *f*; Rücksichtnahme *f*; (*transigência*) Nachgiebigkeit *f* **contemporizar** [kõtẽpuri'zar] ⟨1a⟩ **A** VT hinhalten **B** VI **com** j-m nachgeben; sich anpassen an (*dat*)

contenção [kõtẽ'sɐ̃w] F **1** Streit *m* **2** Stillstand *m*; (*moderação*) Zurückhaltung *f*; **~ orçamental** POL Haushaltsdisziplin *f*; **~ salarial** POL Lohnmäßigung *f* **contencioso** [kõtẽ'sjozu] **A** ADJ strittig; umstritten; DIR streitig **B** M Rechtsabteilung *f*; DIR Schiedsstelle *f*, -gericht *n* **contenda** [kõ'tẽdɐ] F **1** Streit(fall) *m*; (*luta*) Kampf *m* **2** Anstrengung *f* **contender** [kõtẽ'der] ⟨2a⟩ **1** (sich) streiten (**por um, com** mit); (*lutar*) kämpfen (**por um**); (*competir*) wetteifern **2** sich anstrengen **contendor** [kõtẽ'dor] **A** ADJ streitend **B** M Gegner *m* **contensão**

[kõtɐˈsɐ̃ũ] F̲ Anspannung f
contentamento [kõtẽtɐˈmẽtu] M̲ Zufriedenheit f; (prazer) Vergnügen n **contentar** [kõtẽˈtar] ⟨1a⟩ befriedigen, zufrieden stellen; **~-se** sich zufrieden geben (**com** mit), zufrieden sein (**com** mit)
contente [kõˈtẽti] zufrieden (**de** mit); (feliz) vergnügt, froh; **de ~** vor Freude **contento** [kõˈtẽtu] M̲ a **~** auf (ou zur) Probe; **a ~ de alg** ou **j-s** Zufriedenheit
contentor [kõtẽˈtor] M̲ Container m; **~ de lixo** port Müllcontainer m
conter [kõˈter] ⟨2xa⟩ quantidade enthalten; respiração anhalten; sentimento unterdrücken, zurückhalten; **~-se** an sich (ac) halten; **se conter de** ou **dat**); sich zurückhalten
conterrâneo [kõteˈʀɐnju] M̲, **-a** F̲ Landsmann m, -frau f; PL̲ Landsleute pl
contestação [kõteʃtɐˈsɐ̃ũ] F̲ DIR Anfechtung f; (objecção) Widerspruch m; geralm Protest m **contestado** [kõteʃˈtadu] strittig, umstritten **contestar** [kõteʃˈtar] ⟨1c⟩ A̲ V/T bestreiten; resultado, DIR anfechten; geralm bekämpfen B̲ V/I protestieren
contestatário [kõteʃtɐˈtarju] trotzig, Protest... **contestável** [kõteʃˈtavɛł] anfechtbar
conteúdo [kõˈtjudu] M̲ Inhalt m
contexto [kõˈtɐiʃtu] M̲ Zusammenhang m; Kontext m **contextura** [kõteʃˈtura] F̲ innerer Aufbau m
contigo [kõˈtigu] mit (bei ou zu) dir; → consigo
contíguo [kõˈtigwu] angrenzend
continência [kõtiˈnẽsjɐ] F̲ sexual: Enthaltsamkeit f; (comedimento) Beherrschung f; Zurückhaltung f; **~ militar** Ehrenbezeigung f
continental [kõtinẽˈtał] kontinental
continente [kõtiˈnẽti] M̲ Kontinent m; Festland n
contingência [kõtĩˈʒẽsjɐ] F̲ Zufälligkeit f; (possibilidade) Möglichkeit f **contingente** [kõtĩˈʒẽti] A̲ ADJ zufällig; (possível) möglich; (incerto) unsicher B̲ M̲ Quote f, Anteil m; COM, MIL Kontingent n
continuação [kõtinwɐˈsɐ̃ũ] F̲ trabalho, viagem: Fortsetzung f; série, obra: Weiterführung f; (Fort)Dauer f **continuamente** [kõtinwɐˈmẽti] ADV (an)dauernd; ununterbrochen **continuar** [kõtiˈnwar] ⟨1g⟩ A̲ V/T trabalho, viagem fortsetzen; série, obra weiterführen B̲ V/I fortfahren

(mit Arbeit, Studium); tempo andauern; tradição bestehen bleiben; **~ a** (inf) weiter etw tun; **~ com a/c** etw fortsetzen; **~ sem fazer** immer noch nicht tun; **~ doente** etc (immer) noch krank etc sein
continuidade [kõtinwiˈdadi] F̲ Kontinuität f
contínuo [kõˈtinwu] A̲ ADJ unablässig, fortwährend; stetig; **a(c)to m ~** sofort; **de ~** unaufhörlich B̲ M̲ Bürogehilfe m; Aushilfe f
conto [ˈkõtu] M̲ 1 Erzählung f, Geschichte f; **~ de fadas** Märchen n; **~ da carochinha** Ammenmärchen n; **~s** pl Betrug m, Schwindel m 2 hist 1000 Escudos
contorção [kõturˈsɐ̃ũ] F̲ Verrenkung f; Verzerrung f **contorcer** [kõturˈser] ⟨2g; Stv 2d⟩ verrenken; rosto verzerren; **~-se** sich winden **contorcionista** [kõtursjuˈniʃtɐ] M/F Schlangenmensch m
contornar [kõturˈnar] ⟨1e⟩ herumgehen, -fahren um, umrunden; (rodear) umgeben; (evitar) umgehen; umreißen **contorno** [kõˈtornu] M̲ ⟨pl [-ˈtɔ-]⟩ figura, estátua: Umriss m, Kontur f; círculo: Umfang m; bras Umleitung f; LIT Eleganz f
contra [ˈkõtrɐ] A̲ PREP gegen (ac); posição gegenüber (dat); expectativa entgegen (dat) B̲ ADV dagegen C̲ M̲ Schwierigkeit f, Nachteil m; (objecção) Ablehnung f; **os prós e os ~s** das Für und Wider; **pesar** (ou **ver**) **os prós e os ~s** die Vor- und Nachteile abwägen
contra... [kõtrɐ-] EM COMP Gegen...; Wider... **contra-almirante** [kõtraałmiˈrɐ̃ti] M̲ ⟨pl ~s⟩ MIL Konteradmiral m **contra-atacar** [kõtratɐˈkar] ⟨1n; Stv 1b⟩ e-n Gegenangriff starten **contra-ataque** [kõtraˈtaki] M̲ ⟨pl ~s⟩ Gegenangriff m; DESP Konter m **contrabaixo** [kõtrɐˈbaiʃu] M̲ Kontrabass m **contrabalançar** [kõtrɐbɐłˈsar] ⟨1p⟩ aufwiegen; ausgleichen
contrabandear [kõtrɐbɐˈdjar] ⟨1l⟩ schmuggeln **contrabandista** [kõtrɐbɐˈdiʃtɐ] M/F Schmuggler(in) m(f) **contrabando** [kõtrɐˈbɐdu] M̲ Schmuggel m; (mercadoria) Schmuggelware f
contra(c)ção [kõtrɐˈsɐ̃ũ] F̲ MED, LING, FÍS Kontraktion f; (espasmo) Zuckung f
contracepção [kõtrɐseˈsɐ̃ũ] F̲ Empfängnisverhütung f **contraceptivo** [kõtrɐseˈtivu] A̲ ADJ empfängnisverhütend,

kontrazeptiv **B** M̄ Empfängnisverhütungsmittel n

contracorrente [kõtrəku'ʁẽti] F̄ Gegenstrom m, -strömung f

contradição [kõtrədi'sɐ̃ũ] F̄ Widerspruch m; **sem ~** unstreitig; **espírito m de ~** Widerspruchsgeist m **contradique** [kõtrə'diki] M̄ Vordeich m **contraditório** [kõtrədi'tɔrju] widersprüchlich; sich widersprechend **contradizer** [kõtrədi'zer] ⟨2t⟩ widersprechen (dat); (negar) bestreiten

contraente [kõtrə'ẽti] **A** ADJ vertragschließend **B** M̄/F̄ Vertragspartner(in) m(f); fig Handwerker(in) m(f)

contrafa(c)ção [kõtrəfa'sɐ̃ũ] F̄ Nachahmung f, Kopie f; (falsificação) Fälschung f **contrafa(c)tor** [kõtrəfa'tor] M̄ Fälscher m **contrafazer** [kõtrəfa'zer] ⟨2v⟩ nachmachen, kopieren; (falsificar) fälschen; **~-se** sich verstellen **contrafé** [kõtrə'fɛ] F̄ DIR Vorladung f **contrafeito** [kõtrə'fajtu] **A** PP irr → contrafazer **B** ADJ gezwungen **contraforte** [kõtrə'fɔrti] M̄ Stützpfeiler m; **~s** pl Vorgebirge n **contragosto** [kõtrə'goʃtu] ADV **a ~** widerwillig

contra-indicação [kõtrəĩdika'sɐ̃ũ] F̄ ⟨pl contra-indicações⟩ MED Gegenanzeige f **contra-indicado** [kõtrəĩdi'kadu] unverträglich **contra-indicar** [kõtrəĩdi'kar] ⟨1n⟩ medicamento abraten von, verbieten

contrair [kõtrə'ir] ⟨3l⟩ zusammenziehen; verkürzen; doença sich (dat) zuziehen; sich anstecken mit; hábito annehmen; obrigação eingehen; dívida machen; empréstimo aufnehmen; contrato, casamento schließen **contrair-se** V̄R̄ schrumpfen; músculo zucken

contralto [kõ'traɫtu] M̄ MÚS Alt m, Altstimme f

contraluz [kõtrə'łuʃ] F̄ Gegenlicht n **contramão** [kõtrə'mɐ̃ũ] F̄ Gegenfahrbahn f, Gegenspur f; **em ~** auf der falschen Fahrbahn fahrend **contramaré** [kõtrəmə'rɛ] F̄ Gegenstrom m **contramedida** [kõtrəmi'didɐ] F̄ Gegenmaßnahme f **contramestre** [kõtrə'mɛʃtri] M̄ Werkmeister m **contraminar** [kõtrəmi'nar] ⟨1a⟩ fig vereiteln **contra-ordem** [kõtrə'ɔrdɐ̃ĩ] F̄ ⟨pl -ens⟩ Gegenbefehl m **contrapartida** [kõtrəpər'tidɐ] F̄ Gegen-

stück n; fig Ausgleich m **contrapé** [kõtrə'pɛ] M̄ Stütze f, Stützpfeiler m **contrapelo** [kõtrə'pełu] ADV **a ~** gegen den Strich; fig verkehrt **contrapeso** [kõtrə'pezu] M̄ Gegengewicht n (tb fig) **contraplacado** [kõtrəpłə'kadu] M̄ Sperrholz n **contraponto** [kõtrə'põtu] M̄ MÚS Kontrapunkt m **contrapor** [kõtrə'por] ⟨2z⟩ (einander) gegenüberstellen; (opor) entgegenstellen **contraporca** [kõtrə'pɔrkɐ] F̄ Kontermutter f **contraposição** [kõtrəpuzi'sɐ̃ũ] F̄ Gegenüberstellung f; (contrário) Gegensatz m; **em ~** im Gegensatz dazu **contraproducente** [kõtrəprudu'sẽti] kontraproduktiv, das Gegenteil bewirkend **contraprova** [kõtrə'prɔvɐ] F̄ MAT Gegenprobe f; DIR Gegenbeweis m; TIPO zweite Korrektur f **contra-regra** [kõtrə'ʁɛgrə] M̄/F̄ ⟨pl ~s⟩ TEAT Inspizient(in) m(f)

contrariar [kõtrə'rjar] ⟨1g⟩ **1** widerstreben (dat); ärgern, verdrießen **2** aj im Gegensatz stehen zu; alg widersprechen (dat); acusação zurückweisen **contrariedade** [kõtrərje'dadi] F̄ Widrigkeit f; Unannehmlichkeit f **contrário** [kõ'trarju] **A** ADJ Gegen...; direcção entgegengesetzt, umgekehrt; condições widrig; schädlich (dat) (für Gesundheit); MIL feindlich; **em sentido ~** umgekehrt **B** M̄ Gegenteil n; **ao ~ de** im Gegensatz zu; **pelo ~** im Gegenteil; **de ~** andernfalls, sonst

contra-senha [kõtrə'sɐɲɐ] F̄ ⟨pl ~s⟩ Losung f, -swort n **contra-senso** [kõtrə'sẽsu] M̄ ⟨pl ~s⟩ Wider-, Unsinn m

contrastar [kõtrəʃ'tar] ⟨1b⟩ gegenüberstellen, konfrontieren; (comparar) vergleichen; qualidade prüfen; ouro etc eichen; **~ com** im Widerspruch stehen zu; (sobressair) abstechen von **contrastaria** [kõtrəʃtə'riɐ] F̄ Eichamt n **contraste** [kõ'traʃti] M̄ **1** Gegensatz m; Kontrast m; MED Kontrastmittel n **2** Eichung f; Eichmeister m

contratação [kõtrətə'sɐ̃ũ] F̄ vertragliche Vereinbarung f; **~ cole(c)tiva** Tarifvertrag m **contratador** [kõtrətə'dor], **contratante** [kõtrə'tɐ̃ti] **A** ADJ vertragschließend **B** M̄/F̄ Vertragsschließende(r) m/f, vertragschließende Seite f **contratar** [kõtrə'tar] ⟨1b⟩ vertraglich vereinbaren; trabalhador einstellen; artista, perito engagieren, verpflichten; marinheiro heu-

ern
contratempo [kõtrɐ'tẽpu] M̄ Zwischenfall m; (revés) Unannehmlichkeit f
contrato [kõ'tratu] M̄ Vertrag m; ~ **de arrendamento** Miet-, Pachtvertrag m; ~ **bilateral** POL bilaterales (ou zweiseitiger) Vertrag m; ~ **de casamento** Ehevertrag m; ~ **colectivo de trabalho** Tarifvertrag m; ~ **permanente** unbefristeter Vertrag m; ~ **a prazo** Zeitvertrag m, befristeter Vertrag m; ~ **social entre gerações** Generationenvertrag m **contratual** [kõtrɐ'twat] ADJ vertraglich; Vertrags...
contravalor [kõtrɐvɐ'lor] M̄ Gegenwert m **contravenção** [kõtrɐvẽ'sɐ̃u] F̄ lei: Übertretung f; regra: Verstoß m **contraveneno** [kõtrɐvi'nenu] M̄ Gegengift n **contravento** [kõtrɐ'vẽtu] M̄ Gegenwind m; Windfang m **contraventor** [kõtrɐvẽ'tor] A ADJ vertragsbrüchig B M̄ Gesetzesbrecher m; Vertragsbrüchige(r) m **contravir** [kõtrɐ'vir] ⟨3wa⟩ A V̄I erwidern B V̄T lei verletzen
contribuição [kõtribwi'sɐ̃u] F̄ Beitrag m; Abgabe f; espec Steuer f; ~ **camarária** port Gemeindesteuer f; ~ **industrial** Gewerbesteuer f; ~ **predial** Grund- und Gebäudesteuer f; ~ **patronal** Arbeitgeberanteil m (zur Sozialversicherung); ~ **para a Segurança Social**, bras ~ **previdenciária** Sozialversicherungsbeitrag m **contribuinte** [kõtri'bwĩti] A ADJ steuerpflichtig B M̄F̄ Steuer-, Beitragszahler(in) m(f); **cartão** m **de** ~ port (Lohn)Steuerkarte f **contribuir** [kõtri'bwir] ⟨3i⟩ a/c etw beitragen ou beisteuern; (participar) sich beteiligen; imposto (Steuern) zahlen **contributivo** [kõtribri'tivu] steuerlich, Steuer...; Beitrags...; **não** ~ beitragsfrei **contributo** [kõtri'butu] M̄ Anteil m, Beitrag m
contrição [kõtri'sɐ̃u] F̄ Zerknirschung f, Reue f **contristar** [kõtriʃ'tar] ⟨1a⟩ betrüben **contrito** [kõ'tritu] zerknirscht
controlador [kõtruɫɐ'dor] M̄ Kontrolleur m; ~ **de impressora** INFORM Druckertreiber m; ~ **de tráfego aéreo** AERO Fluglotse m **controlar** [kõtru'lar] ⟨1e⟩ kontrollieren; área beherrschen; ELECT steuern **controle** [kõ'troli] M̄, **controlo** [kõ'troɫu] M̄ Kontrolle f; ELECT Steuerung f; (dispositivo) Steuervorrichtung f; ~ **de qualidade** Qualitätskontrolle f; ~ **de se-**

gurança Sicherheitskontrolle f; ~ **de vídeo** Bildschirmüberwachung f; ~ **por voz** Sprachsteuerung f; ~ **radar** Radarüberwachung f, -kontrolle f; ~ **remoto** Fernbedienung f; ~ **remoto de abertura das portas** AUTO Infrarottüröffner m
controvérsia [kõtru'vɛrsjɐ] F̄ Kontroverse f, Auseinandersetzung f; Meinungsverschiedenheit f **controverso** [kõtru-'vɛrsu] umstritten, strittig, Streit...
contudo [kõ'tudu] C̄J jedoch; dennoch **contumácia** [kõtu'masjɐ] F̄ Halsstarrigkeit f, Eigensinn m; DIR Nichterscheinen n vor Gericht **contumaz** [kõtu'maʃ] eigensinnig
contundir [kõtũ'dir] ⟨3a⟩ quetschen **conturbar** [kõtur'bar] ⟨1a⟩ durcheinanderbringen, verwirren; (agitar) aufwiegeln
contusão [kõtu'zɐ̃u] F̄ Quetschung f **contuso** [kõ'tuzu] gequetscht; Quetsch...
convalescença [kõvɐliʃ'sẽsɐ] F̄ Genesung f; Rekonvaleszenz f **convalescente** [kõvɐliʃ'sẽti] M̄F̄ Genesende(r) m/f **convalescer** [kõvɐliʃ'ser] ⟨2g⟩ genesen (de von)
convector [kõvɛ'tor] M̄ Konvektor m **convenção** [kõvẽ'sɐ̃u] F̄ Übereinkunft f, Konvention f; ~ **antenupcial** Ehevertrag m; ~ **tácita** stillschweigende Vereinbarung f **convencer** [kõvẽ'ser] ⟨2g; Stv 2a⟩ überzeugen (a zu inf, de von); ~-**se** sich überzeugen (de von) **convencido** [kõvẽ'sidu] überzeugt (de von); fig eingebildet (de auf ac) **convencimento** [kõvẽsi'mẽtu] M̄ Überzeugung f; fig Eitelkeit f; Anmaßung f
convencional [kõvẽsju'naɫ] 1 vertragsmäßig; Vertrags... 2 konventionell; förmlich **convencionalismo** [kõvẽsjuna'liʒmu] M̄ Förmlichkeit f; Brauch m, Konventionen fpl **convencionar** [kõvẽsju'nar] ⟨1f⟩ festsetzen; vereinbaren, verabreden
conveniência [kõvi'njẽsjɐ] F̄ medidas: Angemessenheit f; aparência: Schicklichkeit f; (vantagem) Vorteil m; (adequação) Zweckmäßigkeit f; **por** ~ aus Zweckmäßigkeit; **casamento** m **de** ~ Vernunftehe f; **as** ~**s** der Anstand; **guardar as** ~**s** den Anstand wahren; **olhar às** ~**s** auf s-n Vorteil bedacht sein **conveniente**

[kõvi'njɛti] *medidas* angemessen; *comportamento* schicklich; (*vantajoso*) vorteilhaft; **é ~** es empfiehlt sich; **não é ~** es ist nicht ratsam **convénio** (**ê*) [kõ'vɛnju] M̄ Abkommen *n*; **~ médico** *bras* Krankenversicherung *f* **convento** [kõ'vẽtu] M̄ Kloster *n* **convergência** [kõvir'ʒẽsjɐ] F̄ Konvergenz *f*; *fig* Übereinstimmung *f* **convergente** [kõvir'ʒẽti] zusammenlaufend; übereinstimmend **convergir** [kõvir'ʒir] ⟨3n; *Stv* 3c⟩ *gente* zusammenlaufen; MAT konvergieren; (*dirigir-se*) sich richten (**sobre** auf *ac*) **conversa** [kõ'vɛrsɐ] F̄ Unterhaltung *f*, Gespräch *n*, *oficial*: Besprechung *f*, INFORM **~ (on line)** Chat *m*; **~ de chacha**, *bras* **~ mole** (*ou* **fiada**) *fam pej* Geschwätz *n*; **meter** (*ou* **puxar**) **~** ein Gespräch anknüpfen; **mudar de ~** das Thema wechseln **conversação** [kõvirsɐ-'sɐ̃w] F̄ Konversation *f*; Unterhaltung *f* **conversador** [kõvirsɐ'dor] ADJ gesprächig **conversão** [kõvir'sɐ̃w] F̄ (*transformação*) Umwandlung *f*; MIL Umkehrung *f*; FIN Konversion *f*; REL Bekehrung *f*; **~ da dívida** Umschuldung *f* **conversar** [kõvir'sar] V̄I ⟨1c⟩ miteinander sprechen; sich unterhalten **conversível** [kõvir'sivɛł] A ADJ umkehrbar, umwandelbar; FIN konvertibel B M̄ *bras* Kabrio *n* **conversor** [kõvir'sor] M̄ TECN Wandler *m*; ELECT Umformer *m*; INFORM Compiler *m*; FIN Konverter *m*; **~ catalítico** AUTO Katalysator *m* **convertedor** [kõvirti'dor] M̄ TECN Bessemerbirne *f* **converter** [kõvir'ter] ⟨2c⟩ um-, verwandeln (**em** in *ac*); FIN konvertieren; REL, *fig* bekehren (**a** zu); DESP *penalidade* verwandeln; **~-se** POL IT umschwenken **convertido** [kõvir'tidu] M̄ REL Konvertit *m* **convertível** [kõvir'tivɛł] → **conversível** **convés** [kõ'vɛʃ] M̄ Deck *n* **convexo** [kõ'vɛksu] konvex **convicção** [kõvi'ksɐ̃w] F̄ Überzeugung *f*; (*crença*) Glauben *m*; **-ões** *pl* Anschauungen *fpl*; **prova f de ~** Beweisstück *n*, Beweis *m* **convicto** [kõ'viktu] A ADJ überzeugt (**de** von) B M̄, **-a** DIR Verurteilte(r) *m*/*f*(*m*) **convidado** [kõvi'dadu] M̄ Gast *m* **con-**

215 **COOR**

vidar [kõvi'dar] ⟨1a⟩ einladen (**a, para** zu); auffordern; (*tentar*) reizen **convincente** [kõvĩ'sẽti] überzeugend **convir** [kõ'vir] ⟨3wa⟩ *comportamento* angemessen sein; *hora* passen; **~ em** übereinstimmen in (*dat*); sich einigen auf (*ac*); **convém** es schickt sich; es empfiehlt sich; **convém notar que** es ist zu beachten, dass **convite** [kõ'viti] M̄ Einladung *f* **conviva** [kõ'vivɐ] M̄/F̄ Tischgast *m*, -herr *m*, -dame *f*; Mitfeiernde(r) *m*/*f* **convivência** [kõvi'vẽsjɐ] F̄ Zusammenleben *n*; *intima*: (vertraulicher) Umgang *m* **conviver** [kõvi'ver] ⟨2a⟩ zusammenleben; verkehren **convívio** [kõ'vivju] M̄ Geselligkeit *f*, gesellige Veranstaltung *f*; Umgang *m* **convocação** [kõvukɐ'sɐ̃w] F̄ Einberufung *f* (*tb* MIL); Aufforderung *f* **convocar** [kõvu'kar] ⟨1n; *Stv* 1e⟩ *reunião* einberufen; *multidão* zusammenrufen (**para** zu) **convocatória** [kõvukɐ'tɔrjɐ] F̄ offizielle Einladung *f*; Aufruf *m*, Einberufung *f* **convocatório** [kõvukɐ'tɔrju] ADJ *organização* einberufend, einladend; **carta f -a** (schriftliche) Einladung *f* **convosco** [kõ'voʃku] mit (bei *ou* zu) euch (*ou* Ihnen *pl*); **~ com**; consigo **convulsão** [kõvuł'sɐ̃w] F̄ (Muskel)Zuckung *f*; (Muskel)Krampf *m*; *fig* Umwälzung *f* **convulsionar** [kõvułsju'nar] ⟨1f⟩ zusammenzucken, verkrampfen; *fig* aufwiegeln, aufhetzen **convulsivo** [kõvuł'sivu] krampfhaft, -artig **convulso** [kõ'vułsu] zuckend; verkrampft; Krampf...; **tosse** *f* **-a** Keuchhusten *m* **cooperação** [kwupirɐ'sɐ̃w] F̄ Zusammenarbeit *f*; Zusammenwirken *n* (**de** von); Mitarbeit *f* (**em** an *dat*, bei); Kooperation *f*; **espírito** *m* **de ~** Teamgeist *m* **cooperador** [kwupirɐ'dor] mitwirkend (**em** bei, an *dat*); beteiligt (**em** an *dat*, bei) **cooperar** [kwupi-'rar] ⟨1c⟩ zusammenarbeiten; **~ em** mitarbeiten an (*dat*); mitwirken bei **cooperativa** [kwupirɐ'tivɐ] F̄ Genossenschaft *f*, Kooperative *f* **cooperativo** [kwupirɐ'tivu] Genossenschafts...; genossenschaftlich; kooperativ **coordenação** [kwurdinɐ'sɐ̃w] F̄ Koordination *f* (*tb* LING); Koordinierung *f* **coordenadas** [kwurdi'nadɐʃ] FPL Koordinaten *fpl* **coordenador** [kwurdɪnɜ'dor] **A** *ADJ* koordinierend **B** *M*, **coordenadora** [kwurdɪnɜ'dorɜ] *F* Koordinator(in) *m(f)* **co-ordenar** [kwurdi'nar] ⟨1d⟩ koordinieren, anleiten **coordenativo** [kwurdɪnɜ'tivu] Koordinierungs...

copa ['kɔpɜ] *F* **1** Wipfel *m*, Baumkrone *f* **2** *divisão*: Anrichte *f* **3** *bras DESP* Pokal *m*, Cup *m*; **~ do Mundo** (Fußball-)Weltmeisterschaft *f* **4** *jogo de cartas*: **~s** *pl* Herz *n*; **fechar-se em ~s** sich in Stillschweigen hüllen **copada** [ko'padɜ] *F bras* Glas *n* voll

Copenhaga [kopɪ'nagɜ] SEM ART, *bras* **Copenhague** [kopẽ'jagi] SEM ART GEOG Kopenhagen *n*

cópia ['kɔpjɜ] *F* Kopie *f*; Durchschlag *m*; TIPO, FOTO Abzug *m*; *fig* Abbild *n*; **~ em papel** INFORM Ausdruck *m*; **~ pirata** Raubkopie *f*

copiador [kupjɜ'dor] *M* TIPO Druckmaschine *f* **copiadora** [kupjɜ'dorɜ] *F* Kopierer *m* **copiar** [ku'pjar] *VT* ⟨1g⟩ abschreiben; *(fotocopiar)* kopieren; *(imprimir)* abziehen; *(imitar)* nachahmen

copiosidade [kupjuzi'dadɨ] *F* Reichhaltigkeit *f*, Reichtum *m* **copioso** [ku'pjozu] *refeição* reichlich, reichhaltig; *texto* ausführlich

copista[1] [ku'piʃtɜ] *MF* Abschreiber(in) *m(f)*; Nachahmer(in) *m(f)*; MÚS, PINT Kopist(in) *m(f)*

copista[2] [kɔ'piʃtɜ] *MF fam* Zecher(in) *m(f)*

copito [ku'pitu] *M fam* Gläschen *n (Alkohol)*; **tomar um ~** ein Gläschen trinken

copla ['kɔplɜ] *F* LIT Strophe *f*; (Volks-)Lied *n*

copo ['kɔpu] *M* (Wein-, Wasser-)Glas *n*; Becher *m*; **base f de ~** Fuß *m*; **com uns ~s** *fam* angetrunken; **andar nos ~s** *port pop* ein Kneipengänger sein; **estar com os ~s** *port pop* voll sein; **ser um bom ~** *pop* ein Schluckspecht sein; **vai mais um ~!** noch ein Glas!; **um ~ de água** ein Glas Wasser **copo-d'água** [kɔpu'dagwɜ] *M* ⟨*pl* copos-d'água⟩ *port casamento, baptisado*: Büfett *n*

coprodução [koprudu'sɐ̃ũ] *F* Koproduktion *f*

co-proprietário [koʹpruprie'tarju] *M*, **-a** *F* Miteigentümer(in) *m(f)*

cópula ['kɔpulɜ] *F* Beischlaf *m*; ZOOL Begattung *f*; LING Kopula *f*

copulativo [kupulɜ'tivu] verbindend

coque[1] ['kɔki] *M* **1** Kopfnuss *f*; Klaps *m* **2** *bras* Dutt *m*

coque[2] ['kɔki] *M* Koks *m*

coqueiro [ko'kɐiru] *M* Kokospalme *f*

coqueluche [koki'luʃi] *F* Keuchhusten *m*; *fam* Idol *n*

coquete [kɔ'kɛti] kokett

coquetel [koki'tɛɬ] *M* Cocktail *m*

cor[1] [kor] *F* Farbe *f*; *fig* Anstrich *m*; **~ complementar** Komplementärfarbe *f*; **de ~** farbig; **pessoa f de ~** *neg!* Farbige(r) *m/f*; **perder a ~** *fam* Farbe verblassen; **soltar a ~** abfärben

cor[2] [kɔr] ADV **de ~** auswendig

coração[1] [kurɜ'sɐ̃ũ] *M* ANAT, *fig* Herz *n*; *(coragem)* Mut *m*; *(âmago)* Kern *m*, Innerste(s) *n (e-s Wesens, Dinges)*; **~ de Jesus** Herz *n* Jesu; **do ~** von Herzen; herzlich gern; **o ~ cai aos pés a alg** *port* j-m dreht sich das Herz im Leibe um; **ler no ~** Gedanken lesen; **meter no ~** in sein Herz schließen; **não ter ~** herzlos sein; **ter bom ~** ein gutes Herz haben; **ter cabelos no ~** hartherzig sein; **abrir o ~ a alg** j-m sein Herz ausschütten

coração[2] [kɔrɜ'sɐ̃ũ] *F* Färbung *f*; Bleiche *f* **corado** [ko'radu] ADJ **estar ~** e-e gesunde Gesichtsfarbe haben **coradouro** [korɜ'doru] *M* Bleiche *f*

coragem [ku'raʒɐ̃ĩ] *F* Mut *m*; **~ cívica** *(ou* **do indivíduo)** Zivilcourage *f* **corajoso** [kurɜ'ʒozu] mutig, tapfer

coral [ku'raɬ] **A** *ADJ* Chor...; **canto m ~** Chorgesang *m*; **Choral** *m* **B** *M* **1** Koralle *f* **2** Chor(gesang) *m*

corante [kɔ'rɐ̃ti] **A** *ADJ* Farb..., Färbe... **B** *M* Farbstoff *m*; Bleichmittel *n* **corar** [kɔ'rar] ⟨1a⟩ **A** *VT* *tecido* färben; *roupa* bleichen; *geralm* röten; *fig* beschönigen **B** *VI* rot werden, erröten; *fig* sich schämen

corça ['korsɜ] *F* Reh *n*; Ricke *f*

corço ['korsu] *M* Reh *n*; Rehbock *m*

corcova [kur'kɔvɜ] *F* Höcker *m*; Buckel *m* **corcovado** [kurku'vadu] bucklig; krumm **Corcovado** [korko'vadu] *M* Berg u. Wahrzeichen von Rio de Janeiro **corcovo** [kur'kovu] *M* ⟨*pl* [-'kɔ-]⟩ *cavalo*: Sprung *m* **2** Hügel *m*, Erhebung *f*

corcunda [kur'kũdɜ] **A** *ADJ* buckelig **B** *F* Buckel *m* **C** *MF* Buckelige(r) *m/f*

corda ['kɔrdɜ] *F* Schnur *f*, Strick *m*; *roupa*:

▶ Corcovado und Zuckerhut

Der **Corcovado** (deutsch: der Bucklige) ist ein Berg in Rio de Janeiro. Auf seiner Spitze steht das Wahrzeichen der Stadt, die 38 m hohe Christus-Statue **Cristo Redentor** (Christus der Erlöser). An seinem Fuß breitet sich der Tijuca-Nationalpark aus.

Der Corcovado ist 710 m hoch und bietet einen wunderschönen Blick über Rio de Janeiro und die Guanabara-Bucht. Eine Serpentinenstraße und eine Zahnradbahn führen bis nahe an den Gipfel. Nicht verwechseln sollte man den Corcovado mit dem Zuckerhut: Der **Pão de Açúcar** ist ein 396 m hoher steiler Granitfelsen, der auf der Halbinsel Urca mitten in der Guanabara-Bucht liegt. Beide Berge sind Wahrzeichen von Rio de Janeiro. ◁

(Wäsche)Leine f; MAT, ANAT Sehne f; *relógio*: Feder f; Saite f; **instrumento m de ~** Streichinstrument n; **~ de vento** steifer Wind m; **~ sensível** Schwachstelle f; **~s pl** MÚS Streicher mpl; **~s vocais** Stimmbänder npl; **dançar na ~ bamba** seiltanzen; *fig* in der Patsche sitzen; **dar ~ a relógio** aufziehen; *bras fam* **dar ~ a alg** j-n zum Reden anregen; **ter ~** *port pop* wie aufgezogen sein **corda-d'água** [kɔrdɐ'dagwɐ] F Regenguss m **cordame** [kur'dɐmi] M NÁUT Takelwerk n **cordão** [kur'dɐ̃ũ] M os **~s** *port fig* die geheimen Fäden; **mexer** (*ou* **puxar**) **os ~s** die Fäden in der Hand halten, s-e Beziehungen spielen lassen

cor-de-rosa [kɔrdi'ʀɔzɐ] rosa(farben)
cordial [kur'djaɫ] A ADJ Herz...; herzlich B M Herzstärkungsmittel n **cordialidade** [kurdjaɫi'dadi] F Herzlichkeit f
cordilheira [kurdi'ʎɐirɐ] F Gebirgskette f
coreano [ku'rjɐnu] A ADJ koreanisch B M, -a F Koreaner(in) m(f) **Coreia** [ku'rɐjɐ] F GEOG a **~** Korea (n)
coreografia [kurjugrɐ'fiɐ] F Choreografie f **coreógrafo** [ku'rjɔgrɐfu] M, -a F Choreograf(in) m(f)
coreto [ku'retu] M Musikpavillon m
coriáceo [ku'rjasju] lederartig; zäh wie Leder
corifeu [kuri'feu] M Koryphäe f
corinto [ku'rĩtu] M Korinthe f
coriscada [kurif'kadɐ] F Wetterleuchten n **coriscar** [kurif'kar] ⟨1n⟩ wetterleuchten, blitzen **corisco** [ku'rifku] A M (elektrischer) Funken m; Blitz m; **dizer raios e ~s de** herziehen über (ac) B M, -a F ham Bewohner(in) m(f) von São Miguel (Azoren)
corista [ku'riftɐ] M/F Chorsänger(in) m(f)
corja ['kɔrʒɐ] F *pop* Pack n
cornada [kur'nadɐ] F Hornstoß m **cornadura** [kurnɐ'durɐ] F Gehörn n **cornalina** [kurnɐ'linɐ] F GEOL Karneol m
córnea ['kɔrnjɐ] F ANAT Hornhaut f (*Augen*) **córneo** ['kɔrnju] Horn...; hornartig
córner ['kɔxnex] M *bras futebol*: Ecke f
corneta [kur'netɐ] A F MÚS Horn n; Kornett n; *pop* (*nariz*) Zinken m; **~ acústica** Hörrohr n B M Hornist m **cornetada** [kurni'tadɐ] F Hornsignal n **corneteiro** [kurni'tɐiru] M Hornist m
cornicho [kur'niʃu] M (*chifre*) Hörnchen n; *caracol*: Fühler m; *insecto*: Antenne f
cornija [kur'niʒɐ] F Sims m, Gesims n
corno ['kɔrnu] M ⟨pl ['kɔ-]⟩ Horn n; *pop* gehörnter Ehemann m; **dor f de ~** *pop* Eifersucht f; **pôr ~s a alg** *pop* j-m Hörner aufsetzen
cornucópia [kurnu'kɔpjɐ] F *fig* Füllhorn n **cornudo** [kur'nudu] gehörnt (*tb pop*)
coro ['koru] M ⟨pl ['kɔ-]⟩ MÚS Chor m (*tb* ARQUIT); **em ~** im Chor, einstimmig
coroa [ku'roɐ] F Krone (*tb dente, moeda*); *louros etc*: (Lorbeer- *etc*)Kranz m; ASTRON Aureole f; *monge*: Tonsur f; *bras pop* alter Knacker m **coroação** [kurwɐ'sɐ̃ũ] F, **coroamento** [kurwɐ'mẽtu] M Krönung f (*tb fig*) **coroar** [ku'rwar] ⟨1f⟩ krönen; die Krone aufsetzen (*tb fig*)
coroca [ko'rɔkɐ] *bras* A ADJ hinfällig, altersschwach B M/F hässlicher Alter m, hässliche Alte f
coroinha [ko'rwĩjɐ] M *bras* Messdiener m, Ministrant m

coronária [kuru'narjɐ] F MED Herzkranzgefäß n
coronel [kuru'nɛł] M MIL Oberst m
coronha [ku'roɲɐ] F Gewehrkolben m **coronhada** [kuru'ɲadɐ] F Kolbenhieb m
corpaço [kur'pasu] M, **corpanzil** [kurpɐ̃'ziɫ] M fam stattlicher Körper m **corpete** [kur'peti] M, **corpinho** [kur'piɲu] M Mieder n, Unterhemd n
corpo ['korpu] M ‹pl ['kɔ-]› Körper m, ANAT tb Leib m; espec Oberkörper m, Rumpf m; (morto) Leichnam m; geralm Haupt(bestand)teil m; MÚS Schallkörper m; fig Körperschaft f, Verband m; MIL Truppenverband m, Korps n; TIPO Schriftgröße f; fig Gewicht n; ~ **celeste** Himmelskörper m; ~ **de bombeiros** Feuerwehr(mannschaft) f; ~ **de delito** DIR Beweisstück n, Corpus Delicti n; **Corpo de Deus** Fronleichnam m; ~ **diplomático** diplomatisches Korps n; ~ **docente** Lehrkörper m; ~ **a** ~ Mann gegen Mann; **dar o** ~ **ao manifesto** sich exponieren; hart schuften; **de** ~ **bem feito** nackt; **de** ~ **e alma** mit Leib und Seele; **tomar** ~ Gestalt annehmen; boato sich verdichten; **tirar o** ~ **fora** bras fam sich um etwas herumdrücken
corporação [kurpurɐ'sɐ̃u̯] F Körperschaft f, Verband m; artesanal Innung f; hist Gilde f; Zunft f; ~ **profissional** Berufsverband m **corporal** [kurpu'raɫ] A ADJ körperlich, Körper...; Leibes... B M REL Kelchtuch n **corporativo** [kurpurɐ'tivu] korporativ
corpóreo [kur'pɔrju] körperlich; materiell
corpulência [kurpu'lẽsjɐ] F Beleibtheit f **corpulento** [kurpu'lẽtu] beleibt, korpulent **corpúsculo** [kur'puʃkulu] M FÍS Korpuskel n
corre(c)ção [kuʀɛ'sɐ̃u̯] F (emenda) Korrektur f, Berichtigung f, Verbesserung f; (perfeição, aprumo) Korrektheit f; (castigo) Verweis m, Strafe f; ~ **automática de erros** INFORM automatische Fehlerkorrektur f; **casa f de** ~ Erziehungsheim n **corre(c)cional** [kuʀɛsju'naɫ] ausgleichend; Erziehungs...; **tribunal** m ~ Schnellgericht n; **juiz** m ~ Schnellrichter m
corre-corre [kɔʀi'kɔʀi] M (Hinundher-)Gerenne n
corre(c)tivo [kuʀɛ'tivu] A ADJ erro berichtigend; mal verbessernd; mildernd B M Korrektiv n; mal: Abmilderung f (admoestação) Verweis m, Strafe f
corre(c)to [ku'ʀɛtu] korrekt, richtig
corre(c)tor [kuʀɛ'tor] M Korrektor m; TECN Entzerrer m; ~ **ortográfico** INFORM Rechtschreibprogramm n
corredeira [koʀe'dɐi̯rɐ] F bras Stromschnelle f **corrediça** [kuʀe'disɐ] F Gleit-, Laufschiene f; Rollo n **corrediço** [kuʀe-'disu] glatt; Schiebe...; Roll... **corredio** [kuʀe'diu] movimento gleitend; superfície glatt
corredor[1] [kuʀe'dor] A ADJ laufend; schnell; Lauf... B M, **corredora** [kuʀe-'dorɐ] F **1** DESP Läufer(in) m(f); AUTO Rennfahrer(in) m(f) **2** bras cavalo: Rennpferd n
corredor[2] [kuʀe'dor] M ARQUIT (Haus-)Flur m; Korridor m, Gang m; bras piscina: Bahn f; ~ **de entrada** AERO Einflugschneise f
córrego ['kɔʀegu] M Abflussrinne f
correia [ku'ʀɐi̯ɐ] F Riemen m; ~ **de transmissão** Transmissionsriemen m; ~ **transportadora** Transport-, Förderband n; ~ **trapezoidal** AUTO Keilriemen m
correio [ku'ʀɐi̯u] M Post f; (Post)Bote m; pessoa: Kurier m; ~ **aéreo** Luftpost f; ~ **azul** por Eilpost f; ~ **(por)** ~ **electrónico** (*ô) (per) E-Mail f; **central** f **dos ~s** Hauptpost f, Hauptpostamt n; **estação** f **dos ~s** Postamt n; **pombo** m ~ Brieftaube f; **na volta do** ~ port postwendend
correio-geral [koʀei̯ʒe'raɫ] M bras Hauptpost f
correlação [kuʀɨlɐ'sɐ̃u̯] F Wechselbeziehung f; ~ **de forças** Kräfteverhältnis n
correlacionar [kuʀɨlɐsju'nar] ‹1f› in Beziehung setzen (**com**, **a** mit; zu); miteinander in Beziehung bringen; **~-se** miteinander in Beziehung stehen (ou treten)
correlativo [kuʀɨlɐ'tivu] wechselseitig bedingt
corrente [ku'ʀẽti] A ADJ água laufend; fließend; estilo flüssig; termo geläufig; processo gebräuchlich, üblich; moeda gültig; **linguagem** f ~ Umgangssprache f; **preço** m ~ Marktpreis m B M mês laufender Monat m; **estar** (ou **andar**) **ao** ~ **de** auf dem Laufenden sein über (ac);

pôr ao ~ ins Bild setzen, auf den neuesten Stand bringen **C** *F* Strömung *f* (tb *fig*); Strom *m*, Wasserlauf *m*; *temporal* Lauf *m*; **~ de ar** Zug(luft) *m*(*f*); Durchzug *m*; **~ alternada** Wechselstrom *m*; **~ contínua** Gleichstrom *m*; **~ marítima** Meeresströmung *f*; **ir ao sabor da** ~ *fig* mit dem Strom schwimmen; **ir contra a** ~ *fig* gegen den Strom schwimmen **D** *ADV* üblicherweise **correntemente** [kuʁẽtʃi'mẽtʃi] *ADV* üblicherweise; gemeinhin; *falar* flüssig

correnteza [kuʁẽ'teza] *F* Strömung *f*; (*série*) Folge *f*, Serie *f*; *casas*: (Häuser)Reihe *f*; *fig* Gebräuchlichkeit *f*; (*facilidade*) Leichtigkeit *f*

correr [ku'ʁer] ⟨2d⟩ **A** *VI* *pessoa, animal* laufen; rennen; *água* fließen; *aragem* wehen; *estrada, acontecimento* verlaufen; *tempo* vergehen; *moeda* im Umlauf sein; *boato* (um)gehen; Mode sein; INFORM laufen; herfallen (**sobre** *ac*); **~ atrás de** nachlaufen (*dat*); **~ com alg** *port* j-n hinauswerfen; j-n verjagen; **~ por** (**conta de alg**) zu j-s Lasten gehen; **deixar ~** es laufen lassen; **corre que** es heißt, dass **B** *VT* durchlaufen; *país* bereisen; *ferrolho* vorschieben; *cortinado* zuziehen; **~ perigo** in Gefahr geraten; **~ o perigo de** (*inf*) Gefahr laufen zu; **~ o mundo** in der Welt herumkommen; **~ toda a cidade** *boato* durch die ganze Stadt gehen

correria [kuʁe'ria] *F* Rennerei *f*

correspondência [kuʁeʃpõ'dẽsja] *F* Entsprechung *f*; (*reciprocidade*) Erwiderung *f*; (*ligação*) Verbindung *f*, FERROV Anschluss *m*, Umsteigemöglichkeit *f*; *correio* Briefwechsel *m*; Korrespondenz *f*; Leserbriefe *mpl*; **ter ~ sentimentos** erwidert werden; COM Geschäftsverbindungen haben **correspondente** [kuʁeʃpõ'dẽtʃi] **A** *ADJ* entsprechend; **sócio ~** korrespondierendes Mitglied *n* **B** *M/F* Korrespondent(in) *m*(*f*); Berichterstatter(in) *m*(*f*); **~ em línguas estrangeiras** Fremdsprachenkorrespondent(in) *m*(*f*) **corresponder** [kuʁeʃpõ'der] ⟨2a⟩ **A** *VT sentimento* erwidern; *acção* vergelten; **~ -se im Briefwechsel stehen (com mit) B** *VI* entsprechen (**a** *dat*)

corretagem [kuʁe'taʒẽj] *F* Maklergeschäft *n*; Maklergebühr *f* **corretor(a)** [kuʁe'tor(ʁ)] *M/F* Makler(in) *m*(*f*); **~(a) da Bolsa** Börsenmakler(in) *m*(*f*); **~(a) de imóveis/seguros** Immobilien-/Versicherungsmakler(in) *m*(*f*)

corricar [kuʁi'kar] ⟨1n⟩ trippeln; (tänzelnden Schrittes) gehen **corrida** [ku'ʁida] *F* Lauf *m*; Gelaufe *n*, Gerenne *n*; *fig* Hetze *f*; DESP Wettlauf *m*; Rennen *n*; **~ aos armamentos**, *bras* **~ armamentista** Wettrüsten *n*; **~ corta-mato** Querfeldeinlauf *m*, -rennen *n*; **~ de cavalos** Pferderennen *n*; **~ de estafetas** (*bras* **revezamento**) Staffellauf *m*; **~ de fórmula 1** Formel-1-Rennen *n*; **~ de touros** Stierkampf *m*; **de ~** eilig; hastig; nebenbei, beiläufig **corrido** [ku'ʁidu] verlegen; (*gasto*) abgenutzt; *ferrolho* vorgelegt; **ser ~** *fam* hinausgeworfen werden; verjagt werden (**de** von *ou* aus)

corrigenda [kuʁi'ʒẽda] *F* Druckfehler *mpl*; Druckfehlerverzeichnis *n* **corrigir** [kuʁi'ʒir] ⟨3n⟩ *erro* verbessern, berichtigen, korrigieren; (*castigar*) zurechtweisen; (*suavizar*) mildern; *fig* kurieren (**de** von); **~-se** sich bessern **corrigível** [kuʁi'ʒivɛɫ] korrigierbar, verbesserungsfähig

corrimão [kuʁi'mãw̃] *M* ⟨*pl* ~s, -ões⟩ Handlauf *m*, Treppengeländer *n* **corrimento** [kuʁi'mẽtu] *M rio etc*: Ausbruch *m*; Lauf *m*; MED (Aus)Fluss *m*

corriqueirice [kuʁikaj'ʁisɨ] *F* Alltäglichkeit *f*; Trivialität *f* **corriqueiro** [kuʁi'kajru] alltäglich, üblich; abgedroschen

corroborante [kuʁubu'ʁãtʃi] (be)stärkend; Stärkungs... **corroborar** [kuʁubu'ʁar] ⟨1e⟩ stärken; (*confirmar*) bekräftigen, bestätigen

corroer [ku'ʁwer] ⟨2f⟩ zernagen; *ferrugem* an-, zerfressen; *vício* zerstören; **~-se** verwittern

corromper [kuʁõ'per] ⟨2a⟩ *alimentos* verderben; *texto* verunstalten; *algo* bestechen; **~-se** *alimentos* verderben; *fruta* verfaulen; *cadáver* verwesen

corrosão [kuʁu'zãw̃] *F edifício* Verwitterung *f*; *metal* Korrosion *f*, Rost *m* **corrosibilidade** [kuʁuzibili'dadɨ] *F* Korrodierbarkeit *f* **corrosivo** [kuʁu'zivu] **A** *ADJ* ätzend; korrosiv; zerstörend **B** *M* Ätzmittel *n*

corrupção [kuʁu'psãw̃] *F* Verderben *n*; Fäulnis *f*; (*cadáver*) Verwesung *f*; (*suborno*) Bestechung *f*, Korruption *f*

corrupião [koxu'pjẽw̃] *M bras* ZOOL Tru-

CORR | 220

pial m

corrupio [kuʀu'piu] M Windrädchen n; fig Trubel m; Hektik f

corruptível [kuʀup'tivɛł] a/c verderblich; alg verführbar **corrupto** [ku'ʀuptu] mercadoria verdorben; fruta faul; cadáver verwest; pessoa korrupt, bestechlich; sentido entstellt; fig verkommen

corsa ['kɔrsɐ] F Art Schlitten

corsário [kur'sarju] A ADJ Piraten... B M Seeräuber m, Korsar m

Córsega ['kɔrsiɡɐ] F GEOG Korsika (n)

córsico ['kɔrsiku] A ADJ korsisch B M, **-a** F Korse m, Korsin f

corso[1] ['kɔrsu] M 1 Seeräuberei f; Plünderung f 2 (Auto)Korso m 3 Sardinenschwarm m

corso[2] ['kɔrsu] → córsico

corta-arame [kɔrtɐ'rami] M ⟨pl ~s⟩ Draht-, Bolzenschneider m **corta-charutos** [kɔrtɐʃɐ'rutuʃ] M ⟨pl inv⟩ Zigarrenabschneider m **cortadeira** [kurtɐ'dɐjrɐ] F Teigrädchen n **cortador** [kurtɐ'dor] M Fleischer(geselle) m; Schneidegerät n; ~ **de relva** (bras grama) Rasenmäher m; ~ **por abrasão** TECN Trennschleifer m **cortadura** [kurtɐ'durɐ] F Schnitt m; Einschnitt m **corta-fios** [kɔrtɐ'fiuʃ] M ⟨pl inv⟩ Kneifzange f **cortagem** [kur'taʒɐ̃j] F Schnitt m (mit Schneidwerkzeug) **corta-mato** [kɔrtɐ'matu] ADV **a ~** querfeldein; geradewegs **cortante** [kur'tɐ̃ti] Schneid(e)...; schneidend; palavras verletzend **corta-palha** [kɔrtɐ'paʎɐ] M ⟨pl ~s⟩ Häckselmaschine f

cortar [kur'tar] ⟨1e⟩ pão schneiden; fatia, bocado abschneiden; objeto zer-, durchschneiden; com serra: (durch-, zer)sägen; árvore absägen, fällen; (trinchar) zerlegen; vestuário zuschneiden; fig planos durchkreuzen; despesas einschränken; acesso versperren; caminho abkürzen; entrega einstellen, stoppen; ligação unterbrechen; gás, electricidade abdrehen; relações abbrechen; AUTO pop die Vorfahrt nehmen; ~ **(a) direito** geradeaus gehen (tb fig); ~ **à direita/esquerda** (nach) rechts/links abbiegen; ~ **na casaca de alg** schlecht über j-n reden

corta-sebes [kɔrtɐ'sɛbiʃ] M ⟨pl inv⟩ Heckenschere f (tb ELECT) **corta-vidro** [kɔrtɐ'vidru] M ⟨pl ~s⟩ Glasschneider m

corte[1] ['kɔrti] A M (Ein)Schnitt m; árvore:

Schlagen n, Fällen n; cabelo: Haarschnitt m; vestuário: (Zu)Schnitt m; MED Schnittwunde f; gráfico: (Quer)Schnitt m (e-s Modells etc); (gume) Schneide f; rua: (Ab)Sperrung f; despesas: Streichung f; salário: Kürzung f; ligação, relações: Unterbrechung f, Abbruch m B AGR Gatter n, Gehege n; ténis: Court m

corte[2] ['kɔrti] F Hof(staat) m; **Cortes** fpl hist (Reichs)Stände mpl; **fazer a ~ a** alg j-m den Hof machen **cortejar** [kurti'ʒar] ⟨1d⟩ (höflich) begrüßen; j-m den Hof machen **cortejo** [kur'tɐjʒu] M 1 (höfliche) Begrüßung f; Gefolge n (tb fig) 2 Umzug m, (Fest)Zug m; ~ **fúnebre** Leichenzug m; **desfilar em ~** vorbeiziehen

cortês [kur'teʃ] höflich **cortesã** [kurti'zɐ̃] F Kurtisane f **cortesão** [kurti'zɐ̃u] ⟨pl ~s, -ões⟩ A ADJ höfisch, Hof... B M Höfling m **cortesia** [kurti'ziɐ] F Höflichkeit f; Gruß m; Verbeugung f; **~s** pl tourada: Begrüßungsritual n

cortiça [kur'tisɐ] F Kork m; Rinde f; **~ aglomerada** Presskork m; **medalha** f **de ~** port Kork für Trostpreis m

cortical [kurti'kał] Kork..., Rinden...; **camada** f **~ do cérebro** Großhirnrinde f **corticeiro** [kurti'sɐjru] A ADJ Kork... B M Korkhändler m **corticite** [kurti'siti] F Korkplatte f **cortiço** [kur'tisu] M Bienenkorb m (aus Kork); bras Elendsquartier n

cortina [kur'tinɐ] F Gardine f; Vorhang m (de ferro eisern); MIL Schutzmauer f; ~ **de banho** Duschvorhang m; **~ de enrolar** Springrollo n; ~ **em fitas** Perlen-, Fliegenvorhang m; **estar por trás da ~** fig hinter e-r Sache (dat) stecken **cortinado** [kurti'nadu] M Gardinen fpl

cortisona [kurti'zonɐ] F Kortison n

coruchéu [kuru'ʃɛu] M Turmspitze f, Zinne f; Turm m (an e-m Gebäude)

coruja [ku'ruʒɐ] F Eule f; fig alte Hexe f; **~ das-torres** F Schleiereule f; **~-do-mato** f ZOOL Waldkauz m **corujão** [kuru'ʒɐ̃u] M Uhu m

coruscar [kuruʃ'kar] ⟨1n⟩ (auf)blitzen

corveta [kur'vetɐ] F Korvette f **corvina** [kur'vinɐ] F Schattenfisch m

corvo ['korvu] M ⟨pl ⟨kɔ-⟩⟩ Rabe m; ~ **(comum)** Kolkrabe m **corvo-marinho** [korvumɐ'riɲu] M ⟨pl corvos-marinhos [kɔ-]⟩ Kormoran m

cos [kuʃ] *pop* CONTR *de* **com** *e* **os**
cós [kɔʃ] M (Hosen-, Rock)Bund m; *port* Manschette f (*Hemd*); *port fam* Sparbüchse f
coscorão [kuʃku'rɐ̃ũ] M *Art Krapfen*; *laranja*: weiße innere Schale; MED *ferida*: Schorf f
coscuvilhar [kuʃkuvi'ʎar] ⟨1a⟩ Gerüchte in Umlauf setzen; klatschen, intrigieren **coscuvilheiro** [kuʃkuvi'ʎɐiru] A ADJ klatschsüchtig; intrigant B M, **-a** F Intrigant(in) m(f); Klatschbase f **coscuvilhice** [kuʃkuvi'ʎisɨ] F Klatsch m; Intrige f
cosedura [kuzi'dura] F Nähen n
co-seno [ku'senu] M MAT Kosinus m
coser [ku'zer] ⟨2d⟩ A V/I nähen B V/T (an-, zusammen)nähen; *fig* pressen (**a, com, contra** an *ac*, gegen); **~-se a** (*ou* **contra**) sich schmiegen an (*ac*); **~-se com** *Wand* sich drücken an (*ac*); *segredo* für sich behalten
co-signatário [kosignə'tarju] M, **-a** F Mitunterzeichner(in) m(f)
cosmética [kuʒ'mɛtika] F Kosmetik f **cosmético** [kuʒ'mɛtiku] A ADJ kosmetisch B M *pl* Kosmetika *npl*
cosmo ['kɔʒmu] M Kosmos m **cosmopolita** [kuʒmupu'lita] kosmopolitisch **cosmovisão** [kɔʒmovi'zɐ̃ũ] F *bras* Weltanschauung f
costa ['kɔʃtɐ] F 1 Küste f; *bras rio*: Ufer n; *montanha*: (Ab)Hang m; **andar mouro na ~** *port* von j-m beobachtet werden; **in Verdacht schöpfen**; **de ~ arriba** (*ou* **acima**) *port* schwierig, heikel; **dar à ~** stranden (*tb fig*) 2 PL **~s** ANAT Rücken m; *geralm* Rückseite f; *cadeira*: Rückenlehne f; **às ~s** auf dem Rücken; *fig* auf dem Rulse; **de ~s** auf dem (*ou* den) Rücken; von hinten; **nas ~s de alg** hinter j-s Rücken; **pelas ~s** von hinten; **pôr às ~s** (sich) beladen mit; (sich *dat*) etw aufladen; **ter às ~s largas** etw verkraften können; **ter às ~s quentes** Rückendeckung haben
costado [kuʃ'tadu] M Seite f, Flanke f; ANAT *fam* Rücken m; NÁUT Bordwand f; **dos quatro ~s** *port fig* pur, echt; Erz...
Costa do Marfim ['kɔʃtɐdumar'fĩ] F GEOG **a ~** die Elfenbeinküste f
costal [kuʃ'taɫ] A ADJ Rücken... B M Last f, Ladung f
costaneira [kuʃtɐ'nɐirɐ] F Schmierpapier n; Kladde f

COTÃ

Costa Rica [kɔʃtɐ'ʁika] F GEOG **a ~** Costa Rica (n) **costa-riquenho** [kɔʃtɐʁi'kɐɲu] A ADJ costa-ricanisch B M, **-a** F Costa-Ricaner(in) m(f) **costariquense** [kɔʃtɐʁi'kẽsɨ] → **costa-riquenho**
costear [kuʃ'tjar] ⟨1l⟩ A V/T umfahren; herumgehen um (*ac*) B V/I an der Küste entlangfahren; entlangfahren an (*dat*)
costeiro [kuʃ'tɐiru] Küsten...
costela [kuʃ'tɛlɐ] F Rippe f; BOT Blattnerv m; *fig fam* bessere Hälfte f; **apalpar as ~s a alg** *port* j-n verprügeln **costeleta** [kuʃti'ɫetɐ] F Kotelett n
costilha [kuʃ'tiʎɐ] F Zarge f
costumado [kuʃtu'madu] üblich, gewohnt **costumar** [kuʃtu'mar] ⟨1a⟩ **fazer a/c** etw zu tun pflegen **costumário** [kuʃtu'marju] üblich **costume** [kuʃ'tumɨ] M 1 (*hábito*) (An)Gewohnheit f; (*tradição*) Sitte f, Brauch m; **~s** *pl* Sitten und Bräuche *pl*; (*comportamento*) Benehmen n; **como de ~** wie üblich; **de bons ~s** wohlerzogen; **ter por ~** (*inf*) die Gewohnheit haben zu 2 *bras* (Damen)Kostüm m; (Herren)Kombination f **costumeiro** [kuʃtu'mɐiru] üblich; hergebracht
costura [kuʃ'turɐ] F *actividade*: Nähen n; *pontos*: Naht f (*tb* MED); ARQUIT Fuge f; **alta ~** Haute Couture f, Designermode f; **assentar as ~s a alg** *port* j-m eine Tracht Prügel verabreichen; **rebentar pelas ~s** *fig* aus allen Nähten platzen
costuragem [kuʃtu'raʒɐ̃ĩ] F *bras* TIPO Heftung f **costurar** [kuʃtu'rar] ⟨1a⟩ schneidern, nähen; Näharbeiten machen; AUTO *bras* (den Weg ab)schneiden; *bras futebol*: dribbeln **costureira** [kuʃtu'rɐirɐ] F *hist* Näherin f **costureiro** [kuʃtu'rɐiru] M, **-a** F (Damen)Schneider(in) m(f); *alta costura*: Modeschöpfer(in) m(f)
cota ['kɔta] F 1 Anteil m; Rate f; Quote f; *de sócio*: (Mitglieds)Beitrag m 2 (Rand-)Glosse f; DIR Aktenzeichen n; GEOL Höhenzahl f 3 Messerrücken m **cotação** [kutɐ'sɐ̃ũ] F (Börsen)Notierung f; Kurs m; DESP Bewertung f; MAT Maße *npl*; *fig* (Wert)Schätzung f; **ter fraca ~** tief im Kurs stehen (*tb fig*) **cotado** [ku'tadu] ADJ gefragt; geschätzt **cotamento** [kutɐ'mẽtu] M Kategorisierung f, Bewertung f
cotão [ku'tɐ̃ũ] M Flaum m; *pó*: Staubflocken *fpl*; *lã*: Wollfusseln *fpl*

cota-parte [kɔtɐˈparti] F → quota-parte
cotar [kuˈtar] ⟨1e⟩ bewerten (**de** als); (*determinar*) den Preis (*ou* Kurs) festsetzen (**em** auf *ac*); *assinalar* mit Aktenzeichen versehen; FIN curso notieren **cotável** [kuˈtavɛɫ] zum Börsenhandel zugelassen
cote [ˈkɔti] M Schleifstein m
cotejo [kuˈtɐiʒu] M Vergleich m
cotelê [koteˈle] ADJ bras *veludo* M ~ Kord(samt) m
cotiara [koˈtjarɐ] F bras Lanzenotter f
cotidiano [kotʃiˈdʒjɐnu] bras → quotidiano
cótilo [ˈkɔtilu] M ANAT Gelenkpfanne f
cotim [kuˈtĩ] M Drillich m
cotização [kutizɐˈsɐ̃w̃] F Bewertung f; *imposto*: Besteuerung f; (*percentagem*) Anteil m **cotizar** [kutiˈzar] ⟨1a⟩ *quantia* festsetzen; *despesas* umlegen; **~-se** sich beteiligen an (*dat*); (*pagar*) s-n Anteil zahlen an (*dat*)
coto [ˈkotu] M Stumpf m; Stummel m
cotonete [kɔtɔˈnɛti] M Wattestäbchen m
cotovelada [kutuviˈɫadɐ] F Rippenstoß m, **~s** *pl* Geschubse n
cotoveleira [kutuviˈɫɐirɐ] F Ellbogenschützer m
cotovelo [kutuˈveɫu] M ANAT Ellbogen m; (*curva*) Knick m; Biegung f; TECN Knie(-stück) n, Knierohr n; **dor f de ~** *fam* Eifersucht f; **falar pelos ~s** reden wie im Wasserfall
cotovia [kutuˈviɐ] F ZOOL Lerche f **cotovia-de-poupa** [kutuviɐdiˈpopɐ] F Haubenlerche f
coube [ˈkobi] → caber
couce [ˈkosi] M → coice; Huftritt m; (*pontapé*) Fußtritt m; *espingarda etc*: Rückstoß m; **dar ~s** *cavalo* ausschlagen; treten
couraça [koˈrasɐ] F Panzer m (*tb* ZOOL) Panzerung f **couraçado** [korɐˈsadu] A ADJ gepanzert B M MIL (Panzer)Kreuzer m **couraçar** [korɐˈsar] ⟨1p; *Stv* 1b⟩ panzern
courela [koˈrɛlɐ] F Streifen m Land
couro [ˈkoru] M Leder n; (*pele*) Haut f; **~ cabeludo** Kopfhaut f; **em ~** *pop* nackt; **dar no ~** *pop* voll ins Schwarze treffen
coutada [koˈtadɐ] F Gehege n; Jagdrevier n **couto** [ˈkotu] M Wildpark m; Gehege n; *caça*: Jagdrevier n; (*zona protegida*) Schutzgebiet n; *fig* Zuflucht f
couve [ˈkovi] F Kohl m; **~ branca** Weißkohl m; **~-de-Bruxelas** Rosenkohl m; **~-flor** Blumenkohl m; **~-nabo** Kohlrübe f; **~ galega**, **~ portuguesa** portugiesischer (grüner) Kohl m; **~-sabóia** Wirsing m

cova [ˈkɔvɐ] F **1** Grube f; Mulde f; AUTO Schlagloch n **2** Grab n; **descer à ~** in die Grube fahren (*sterben*); **estar com os pés para a (*bras* na) ~** mit e-m Fuß im Grabe stehen
covalente [kovɐˈɫẽtʃi] zweiwertig
covarde [koˈvaxdʒi], **covardia** [kovaxˈdʒie] F bras ~ cobarde, cobardia
coveiro [kuˈvɐiru] M Totengräber m **covil** [kuˈviɫ] M Höhle f; (Fuchs)Bau m; *fig* Spelunke f **covinha** [kɔˈviɲɐ] F Grübchen m
coxa [ˈkoʃɐ] F (Ober)Schenkel m; **~ de frango** Hähnchenkeule f **coxal** [koˈksaɫ] M ANAT Beckenknochen m **coxear** [kuˈʃjar] ⟨1l⟩ *pessoa* hinken; *animal* lahmen; **~ do pé direito** auf dem rechten Bein hinken **coxeira** [kuˈʃɐirɐ] F Lahmen n **coxia** [kuˈʃiɐ] F (Mittel)Gang m; Klappsitz m; NÁUT Laufsteg m; *cavalariça*: Box f; **correr a ~** *pop* umherstreifen **coxim** [kuˈʃĩ] M (Sitz)Kissen n, Polster n; *equitação*: Sattelsitz m; TECN Filzunterlage f **coxo** [ˈkoʃu] A ADJ hinkend; wackelig; **ser ~** (*momentan*: **estar**) ~ *pessoa* hinken; *animal* lahmen B M Lahme(r) m
cozedura [kuziˈdurɐ] F *fogão*: Kochen n; *forno*: Backen n; GASTR *Sud m*; Einkochen n; TECN Brennen n, Brennvorgang m **cozer** [kuˈzer] ⟨2d⟩ *em água*: kochen; *no forno*: backen; *tijolo* brennen; *fig* verdauen; **carne f para ~** Suppenfleisch n; **~ uma bebedeira** s-n Rausch ausschlafen **cozido** [kuˈzidu] M Eintopf m; **~ à portuguesa** Eintopf aus gekochtem Rindfleisch, Wurst, Reis *u.* Gemüse; **carne f para ~** Suppenfleisch n
cozinha [kuˈziɲɐ] F Küche f; **~ caseira** *port* Hausmannskost f; **~ encastrada** (*bras* **modulada**) Einbauküche f; **trem m (*bras* **utensílios** *pl*) **de ~** Küchenutensilien *pl* **cozinhado** [kuziˈɲadu] M Gericht n **cozinhar** [kuziˈɲar] ⟨1a⟩ kochen **cozinheiro** [kuziˈɲɐiru] M, **cozinheira** [kuziˈɲɐirɐ] F Koch m, Köchin f
CP [seˈpe] MPL ABR (*Caminhos de Ferro Portugueses*) *port* staatliche Bahn; ≈ DB f (Deutsche Bahn)

craca ['kraka] F̲ ZOOL Seepocke f
crachá [kra'ʃa] M̲ Orden m; (Namens)Plakette f, Schild n (zum Anstecken); Teilnehmerausweis m
crânio ['krɐnju] M̲ Schädel m; fig fam Köpfchen n
crápula ['krapuɫa] **A** F̲ Ausschweifung f **B** M̲ Schurke m; bras tb Wüstling m **crapuloso** [krɐpu'łozu] liederlich; lasterhaft
craque ['kraki] M̲ **1** ECON Crash m **2** DESP Crack m, Kanone f **3** droga: Crack m
crasso ['krasu] dick, dicht; grob
cratera [krɐ'tɛrɐ] F̲ Krater m
craudeado [krau'dʒjadu] bras pop überfüllt
crava ['kravɐ] F̲ fam Schnorrer m, Abstauber m **cravação** [krɐvɐ'sɐ̃ũ] F̲ (An)Nageln n; prego: Einschlagen n; pedras preciosas: (Ein)Fassen n; TECN Nieten n **cravanço** [krɐ'vɐ̃su] M̲ fam Schnorrerei f **cravar** [krɐ'var] <1b> (an)nageln; prego einschlagen; papel (zusammen)heften; pedra preciosa fassen; os olhos ~ em heften auf (ac); ~ a/c a fam etw abstauben bei; ~-se em eindringen in (ac) **craveira** [krɐ'vɐirɐ] F̲ Messlatte f; fig Maßstab m **craveiro** [krɐ'vɐiru] M̲ BOT Nelkenstock m
cravejar [krɐvi'ʒar] <1d> annageln (em em ac); ferradura beschlagen; pedras preciosas fassen
cravelha [krɐ'vɐ(i)ʎɐ] F̲ Wirbel m **cravelhame** [krɐ'vɐ(ʎ)ɐmi] M̲ Wirbelkasten m
cravete [krɐ'vɛti] M̲ fivela: Dorn m **cravija** [krɐ'viʒɐ] F̲ Bolzen m; Zapfen m
cravinho [krɐ'viɲu] M̲ (Gewürz)Nelke f
cravista [krɐ'viʃtɐ] M̲/F̲ Cembalist(in) m(f)
cravo ['kravu] M̲ **1** Nagel m; **dar uma no ~ e outra na ferradura** port sich widersprüchlich verhalten **2** MED Warze f; Schwiele f **3** MÚS Cembalo n **4** BOT Nelke f; **~-da-índia**, **~-de-cabecinha** Gewürznelke f; **Revolução f dos Cravos** hist Nelkenrevolution f
cré [krɛ] F̲ Kreide f
creche ['krɛʃi] F̲ Kinderkrippe f
credência [kri'dẽsjɐ] F̲ Anrichte f **credenciado** [kridẽ'sjadu] ADJ genehmigt; zugelassen; pessoa befähigt **credencial** [kridẽ'sjał] **A** ADJ carta f ~ Beglaubigungsschreiben n **B** F̲ **-ais** PL Beglaubigungsschreiben n; POL Akkreditiv n **credenciar** [kridẽ'sjar] <1g> beglaubigen,

akkreditieren; ausweisen (**como** als)
crediário [kre'dʒjarju] M̲ bras (Ver)Kauf m mittels Finanzierungskredit **credibilidade** [kridibili'dadʒi] F̲ Glaubwürdigkeit f **credifone®** [kredi'fɔni] M̲ port Kartentelefon n; **cartão m** ~ Telefonkarte f
creditar [kridi'tar] <1a> gutschreiben; verpfänden (tb fig); **~-se als** Gläubiger auftreten
crédito ['krɛditu] M̲ **1** Vertrauen n, Glauben m; Glaubwürdigkeit f; guter Ruf m, Ansehen n; ~ **diplomático** Beglaubigung f, Akkreditiv n; **dar** ~ **a alg** j-m Glauben schenken; **de** ~ angesehen, vertrauenswürdig **2** FIN Kredit m; Guthaben n; **~s pl** Außenstände mpl; ~ **aberto** Blankokredit m; ~ **à habitação** Wohnungsbaukredit m; **carta f de** ~ Kreditbrief m, Akkreditiv n; **cartão m de** ~ Kreditkarte f; **papéis mpl de** ~ Effekten pl, Wertpapiere npl; **a** ~ auf Kredit; **de** ~ pessoa kreditwürdig; **abrir um** ~ **a alg** j-m Kredit einräumen **3** TV, CINE **~s pl (finais)** Abspann m, Nachspann m; **~s pl de abertura** Vorspann m
credo ['krɛdu] **A** M̲ Glaubensbekenntnis n, Kredo n (tb fig); **num** ~ port im Nu **B** INT **~!** was?; schrecklich! **credor(a)** [kre'dor(ɐ)] M̲/F̲ Gläubiger(in) m(f); **ser** ~ **de** fig beanspruchen können **credulidade** [kriduli'dadʒi] F̲ Leichtgläubigkeit f **crédulo** ['krɛduɫu] leichtgläubig
cremação [krimɐ'sɐ̃ũ] F̲ Einäscherung f **cremalheira** [krimɐ'ʎɐirɐ] F̲ (Loch)Schiene f; TECN Zahnstange f
cremar [kri'mar] <1d> einäschern **crematório** [krimɐ'tɔrju] M̲ Krematorium n
creme ['krɛmi] **A** ADJ cremefarben **B** M̲ **1** GASTR ~, bras ~ **de leite** Sahne f; reg Rahm m; ~ **chantilly** Schlagsahne f; ~ **de legumes** Gemüsecremesuppe f; **leite m** ~ Süßspeise aus Eigelb, Sahne, Milch und Zucker; ≈ Crème f brûlée **2** cosmética: Creme f (tb fig); ~ **para o dia/a noite** Tages-/Nachtcreme f; ~ **de prote(c)ção solar** Sonnenschutzcreme f **cremoso** [kri'mozu] cremig
crença ['krẽsɐ] F̲ Glaube(n) m; **carta f de** ~ Ermächtigungsschreiben n **crendeiro** [krẽ'dɐiru] einfältig, leichtgläubig; abergläubisch **crendice** [krẽ'diʃi] F̲ Einfalt f; Aberglaube m **crente** ['krẽti] M̲/F̲ Gläubige(r) m/f

crepe ['krɛpi] M 1 Krepp m; *luto*: Trauerflor m 2 GASTR Crêpe f
crepitação [krɨpitɐ'sɐ̃ũ] F *fogo*: Knistern n, Prasseln n; MED *pulmão*: Rasseln n
crepitar [krɨpi'tar] ⟨1a⟩ *fogo* knistern, prasseln; *ramo*: knacken
crepuscular [krɨpuʃku'lar] Dämmer...; dämmerig **crepúsculo** [krɨ'puʃkulu] M Dämmerung f; *fig* Nieder-, Untergang m
crer [krer] ⟨2k⟩ glauben (**em** an ac); halten für; **fazer ~** glauben machen
crescendo [kriʃ'sedu] M MÚS Crescendo n **crescente** [kriʃ'sẽti] A ADJ wachsend, zunehmend; **quarto** m **~** Halbmond m B F *maré*: Flut f; *rio*: Hochwasser n C M 1 *lua*: zunehmender Mond m; *símbolo islâmico*: Halbmond m 2 *cabelo*: Haarteil n
crescer [kriʃ'ser] ⟨2g⟩ wachsen; (*aumentar*) zunehmen (**em** an *dat*), anwachsen; *massa* aufgehen; *rio* anschwellen; *maré* steigen; **~ para** (**cima de** *alg*) über j-n herfallen **crescido** [kriʃ'sidu] A ADJ groß; erwachsen; *idade* reif; **estar ~** (schon) groß sein (*Kind*) B M *port* Rest m **crescidote** [kriʃsi'dɔti] *port pop* halbwüchsig **crescimento** [kriʃsi'mẽtu] M Wachstum n; (An)Wachsen n; (*aumento*) Zunahme f
crespo ['kreʃpu] *cabelo* kraus; *superfície* rau, uneben; *caminho* holprig; *mar* bewegt
crestar [kriʃ'tar] ⟨1c⟩ (*dourar*) bräunen; (*chamuscar*) an-, versengen
cretáceo [kri'tasju] A ADJ kreidig, Kreide... B M GEOL Kreidezeit f
cretino [kri'tinu] M Schwachkopf m; Trottel m
cri [kri] → crer
cria ['kriɐ] F Junge(s) n; *cão*: Wurf m; *aves*: Brut f; **gado** m **de ~** Jungvieh n **criação** [kriɐ'sɐ̃ũ] F REL Schöpfung f; (*instituição*) Einrichtung f, Schaffung f; (*educação*) Erziehung f; AGR (Vieh)Zucht f **criada** [kri'adɐ] F *pej* Dienstmädchen n; **para todo o serviço** *fig* Mädchen n für alles **criado** [kri'adu] A ADJ **bem ~** wohlerzogen; **mal ~** ungezogen B M *pej* Hausangestellte(r) m; AGR Knecht m **criado-mudo** [krjadu'mudu] M ⟨*pl* criados-mudos⟩ *bras* Nachttisch m **criador** [kriɐ'dor] A ADJ schöpferisch, Schöpfer...; *talento* fruchtbar B M Schöpfer m; AGR (Vieh)Züchter m

criança [kri'ɐ̃sɐ] F Kind n; **~ de peito** Säugling m **criançada** [kriɐ̃'sadɐ] F Kinderschar f **criancice** [kriɐ̃'sisi] F Kinderei f **criançola** [kriɐ̃'sɔlɐ] M Kindskopf m
criar [kri'ar] ⟨1g⟩ (er)schaffen; erzeugen; hervorbringen; *condições* verschaffen; *gordura* ansetzen; *coragem* schöpfen; (*amamentar*) nähren, säugen; (*educar*) großziehen; *animais* aufziehen; *gado* züchten; *raízes* treiben, schlagen; **~-se** aufwachsen
criativo [kriɐ'tivu] kreativ, schöpferisch **criatura** [kriɐ'turɐ] F Geschöpf n; Kreatur f; Wesen n
cricrilar [krikri'lar] ⟨1a⟩ zirpen (*Grille*)
crime ['krimi] M Verbrechen n; **~ capital** Kapitalverbrechen n; **~ ambiental** Umweltvergehen n; **~ de lesa-pátria** Hochverrat m; **~ organizado** organisiertes Verbrechen n
Crimeia [kri'mɐjɐ] F GEOG **a ~** die Krim f **criminal** [krimi'nał] A ADJ *pessoa* verbrecherisch, kriminell; DIR Straf...; **processo** m **~** Strafprozess m B M Strafsache f; Strafgerichtsbarkeit f **criminalidade** [kriminɐli'dadi] F Kriminalität f; **~ ambiental** Umweltkriminalität f; **~ juvenil** Jugendkriminalität f **criminalista** [kriminɐ'liʃtɐ] M/F Strafrechtler(in) m/f **criminalizar** [kriminɐli'zar] ⟨1a⟩ kriminalisieren **criminoso** [krimi'nozu] A ADJ verbrecherisch, kriminell B M, **-a** [krimi'nɔzɐ] F Kriminelle(r) m/f(m), Verbrecher(in) m/f
crina ['krinɐ] F (Pferde)Mähne f; *tecido*: Rosshaar n
crioulo [kri'oɫu] A ADJ kreolisch B M, **-a** F Kreole m, Kreolin f C M LING Kreolisch n
cripta ['kriptɐ] F Krypta f
criptónio (**ô*) [krip'tɔnju] M Krypton n
crisálida [kri'zalidɐ] F ZOOL Puppe f
crisântemo [kri'zɐ̃timu] M BOT Chrysantheme f
crise ['krizi] F Krise f; MED Krisis f; **~ de confiança** Vertrauenskrise f; **~ económica** (**ô*) Wirtschaftskrise f; **~ financeira** Finanzkrise f; **~ de liderança** Führungskrise f; **vencer***ou* **debelar uma ~** e-e Krise meistern*ou* überwinden
crisma ['kriʒmɐ] F REL (Sakrament n der) Firmung f; Salbung f

crispar [kriʃˈpar] ⟨1a⟩ kräuseln; *rosto etc* verziehen; **~-se** zusammenzucken
crista [ˈkriʃtɐ] F̱ ZOOL (Hahnen)Kamm *m*; GEOG (Berg-, Gebirgs)Kamm *m*; **~ de onda** Wellenkamm *m*; **abaixar a ~** klein beigeben; **jogar as ~s** sich schlagen; **levanta a ~** ihm schwillt der Kamm
cristal [kriʃˈtał] M̱ GEOL Kristall *m*; Kristall (-glas) *n*; **de ~** kristallen, kristallen; *água* kristallklar; **de rocha** Bergkristall *m* **cristaleira** [kriʃtɐˈłɐirɐ] F̱ Gläserschrank *m* **cristalino** [kriʃtɐˈłinu] A ADJ kristallklar; *fig* rein B ANAT (Augen)Linse *f* **cristalização** [kriʃtɐłizɐˈsɐ̃ũ] F̱ Kristallbildung *f*, Kristallisierung *f* **cristalizar** [kriʃtɐłiˈzar] ⟨1a⟩ A V/T kristallisieren B V/I (& V/R) **~-se**) kristallisieren; *fig* sich festigen, stabilisieren
cristandade [kriʃtɐ̃ˈdadi] F̱ Christenheit *f* **cristão** [kriʃˈtɐ̃ũ] ⟨*mpl* **~s**⟩ A ADJ christlich B M̱, **cristã** [kriʃˈtɐ̃] F̱ Christ(in) *m(f)* **cristianismo** [kriʃtjɐˈniʒmu] M̱ Christentum *n* **cristianização** [kriʃtjɐnizɐˈsɐ̃ũ] F̱ Christianisierung *f* **cristianizar** [kriʃtjɐniˈzar] ⟨1a⟩ christianisieren
Cristo [ˈkriʃtu] M̱ Christus *m*; **antes de cristo** vor Christi Geburt, v. Chr.
critério [kriˈtɛrju] M̱ Kriterium *n*; Maßstab *m*; (*perspectiva*) Gesichtspunkt *m*; **de ~** einsichtig, klug; **deixar ao ~ de alg** j-m anheim stellen; **isso fica a seu ~** das liegt in Ihrem Ermessen **criterioso** [kritɛˈrjozu] verständnisvoll; *trabalho* sorgfältig
crítica [ˈkritikɐ] F̱ Kritik *f*; LIT, CINE, MÚS Besprechung *f*, Rezension *f*
criticar [kritiˈkar] ⟨1n⟩ kritisieren; *livro, filme etc* besprechen **criticastro** [kritiˈkaʃtru] M̱ Kritikaster *m*, Nörgler *m* **criticável** [kritiˈkavɛł] *tese* angreifbar; *comportamento* tadelnswert
crítico [ˈkritiku] A ADJ kritisch; *momento* entscheidend; *estado* bedenklich; **espírito** *m* **~** kritischer Geist *m* B M̱, **-a** F̱ Kritiker(in) *m(f)*
crivar [kriˈvar] ⟨1a⟩ (*peneirar*) sieben; *de balas etc* durchlöchern; *fig* bedecken (**de mit**)
crível [ˈkrivɛł] glaubhaft, -würdig
crivo [ˈkrivu] M̱ Sieb *n*; (*passador*) Durchschlag *m*, Sieb *n*; *duche, regador*: Brause *f*
Croácia [kruˈasjɐ] F̱ GEOG **a ~** Kroatien

(*n*) **croata** [kruˈatɐ] A ADJ kroatisch B M̱/F̱ Kroate *m*, Kroatin *f*
crocante [kroˈkɐ̃tʃi] *bras* knusperig
croché (*ê) [krɔˈʃɛ] M̱ Häkelarbeit *f*; **fazer ~** häkeln
crocodilo [krukuˈdiłu] M̱ Krokodil *n*
croissant [krwaˈsɐ̃] M̱ GASTR Hörnchen *n*, Croissant *m*
croma [ˈkrɔmɐ] F̱ *fam* Spinnerin *f*; **dumme Nuss** *f*
cromado [krɔˈmadu] M̱ Chromteil *n*
cromática [krɔˈmatikɐ] F̱ Farbenlehre *f* **cromático** [krɔˈmatiku] MÚS, FÍS chromatisch
cromeleque [krɔmiˈłɛki] M̱ *hist* Kromlech *m*
crómio (*ô) [ˈkrɔmju] M̱ Chrom *n*
cromo[1] [ˈkrɔmu] M̱ Chrom *n*
cromo[2] [ˈkrɔmu] ■ 1 Sammelbild *n*, Aufkleber *m* 2 *pop* Spinner *m*, Freak *m*; Blödmann *m*
cromossoma [krɔmɔˈsomɐ] M̱ Chromosom *n*
crónica (*ô) [ˈkrɔnikɐ] F̱ Chronik *f* **crónico** [ˈkrɔniku] chronisch
cronista [kruˈniʃtɐ] M̱/F̱ Chronist(in) *m(f)*
cronologia [krunułuˈʒiɐ] F̱ Chronologie *f* **cronológico** [krunuˈłɔʒiku] chronologisch **cronometrar** [krunumiˈtrar] Zeit nehmen, stoppen **cronómetro (*ô**) [kruˈnɔmitru] M̱ Chronometer *n*; Präzisionsuhr *f*; Stoppuhr *f*
croquete [krɔˈkɛtʃi] M̱ GASTR Krokette *f*
crosta [ˈkrɔʃtɐ] F̱ *assado* Kruste *f*; *casca*: Schale *f*; *ferida*: Schorf *m*; **~ terrestre** Erdkruste *f*
cru [kru] ⟨*f* **crua**⟩ *comida* roh; *expressão* rau, hart; *verdade* ungeschminkt; *terra* unbebaut; *pano* naturfarben; **couro** *m* **~** Rohleder *n*
crucial [kruˈsjał] kreuzförmig, Kreuz...; *fig* entscheidend; **ponto** *m* **~** *fig* entscheidender Punkt *m*; *fam* Knackpunkt *m* **cruciferas** [kruˈsifirɐʃ] F̱PL BOT Kreuzblütler *mpl*
crucificação [krusifikɐˈsɐ̃ũ] F̱ Kreuzigung *f* **crucificar** [krusifiˈkar] ⟨1n⟩ kreuzigen **crucifixo** [krusiˈfiksu] M̱ Kruzifix *n* **cruciforme** [krusiˈfɔrmi] kreuzförmig
crude [ˈkrudi] M̱ Rohöl *n*
cruel [kruˈɛł] grausam **crueldade** [kruɛłˈdadi] F̱ Grausamkeit *f*
cruento [kruˈẽtu] blutig; *fig* blutrünstig

crueza [kru'ezɐ] F̲ roher Zustand m; fig Grausamkeit f, Härte f

crupe ['krupi] M̲ MED Krupp m

crusta ['kruʃtɐ] F̲ → **crosta crustáceo** [kruʃ'tasju] M̲ ZOOL ~s P̲L̲ Schalentiere npl, Krebstiere npl

cruz [kruʃ] F̲ **1** Kreuz n; fig tb Leid n; **Cruz Vermelha** Rotes Kreuz n; **~es canhoto!** Gott bewahre!; **~es ou cunhos** jogo: Kopf oder Zahl; **em ~** kreuzweise; **carregar a sua ~** fig sein Kreuz zu tragen haben; **fazer o sinal da ~** sich bekreuzigen **2** animal: Widerrist m; cavalo: Kruppe f

cruzada [kru'zaðɐ] F̲ hist Kreuzzug m

cruzado [kru'zaðu] **A** AD̲J̲ gekreuzt; Kreuz...; **B** M̲ hist Kreuzfahrer m; hist bras Währung 1986-1990 **cruzador** [kruz'dor] M̲ MIL NÁUT Kreuzer m **cruzamento** [kruzɐ'mẽtu] M̲ Kreuzung f (tb BIOL); Wegkreuzung f; DESP Flanke f

cruzar [kru'zar] ⟨1a⟩ **A** V̲T̲ **1** braços kreuzen; pernas übereinanderschlagen; estrada überqueren; mares durchkreuzen, durchqueren **2** BIOL (miteinander) kreuzen **B** V̲I̲ NÁUT kreuzen; caminhos sich kreuzen **cruzar-se** V̲R̲ sich kreuzen; linhas sich schneiden; (passar) vorbeigehen, -fahren (com a d a t) **cruzeiro** [kru'zɐiru] **A** AD̲J̲ Kreuz... **B** M̲ **1** großes (Stein)Kreuz n; ARQUIT Vierung f **2** hist bras Währung 1942-86, 1990-94 **3** NÁUT Kreuzfahrt f **Cruzeiro** [kru'zɐiru] M̲ ASTRON Kreuz n des Südens **cruzeta** [kru'zetɐ] F̲ Kleiderbügel m

Cs ABR (Casal) Ehep. (Ehepaar)
c.ᵗᵉ ABR (corrente) lfd. (laufend)
CTT [sete'te] ABR (Correios, Telégrafos e Telefones) Post- und Fernmeldewesen n

cu [ku] M̲ ⟨pl cus⟩ **1** Nadelöhr n **2** vulg Arsch m; **no ~ de Judas** pop am Arsch der Welt, jwd [jɔtveː'deː]; **cair de ~** auf den Arsch fallen (vor Schreck); **meter no ~** sich (dat) in den Arsch stecken (können); **vai levar** (ou **tomar**) **no ~!** leck mich am Arsch!; bras **ficar com o ~ na mão** sich (dat) in die Hosen machen (vor Angst) **3** bras pop **pão ~ de ferro** Streber m **cuada** ['kwadɐ] F̲ **1** Zwickel m; Hosenboden m **2** pop Schlag m (ou Fall m) auf den Hintern

cuba ['kubɐ] F̲ **1** Kübel m, Bottich m **2** bras fam hohes Tier n

Cuba ['kubɐ] SEM ART GEOG Kuba n

cubagem [ku'baʒɐ̃i] F̲ Fassungsvermögen n

cubano [ku'bɐnu] **A** AD̲J̲ kubanisch **B** M̲, **-a** F̲ Kubaner(in) m(f)

cubata [ku'batɐ] F̲ Strohhütte f

cúbico ['kubiku] kubisch, würfelförmig, Kubik...; **metro ~** Kubikmeter m ou n; Madeira: Festmeter m; **raiz ~ -a** MAT Kubikwurzel f

cubículo [ku'bikuɫu] M̲ (kleine) Kammer f

cúbito ['kubitu] M̲ ANAT Elle f

cubo ['kubu] M̲ Würfel m, Kubus m; MAT dritte Potenz f; TECN Nabe f

cubra ['kubrɐ] → **cobrir**

cuca¹ ['kuke] F̲ bras pop (cabeça) Birne f; inteligência: Köpfchen n; (velha) alte Schachtel f; **encher a ~** sich besaufen, sich (dat) die Hucke voll saufen

cuca¹ ['kukɐ] F̲ Angola Bier n

cucar [ku'kaʀ] ⟨1n⟩ bras pop sich (dat) den Kopf zerbrechen

cuco ['kuku] M̲ Kuckuck m

cuecas ['kwɛkɐʃ] F̲P̲L̲ port Unterhose f, Slip m; bras Herrenunterhose f

cueiro ['kwɐiru] M̲ Spucktuch n

cuia ['kujɐ] F̲ bras Kürbisschale f

Cuiabá [kuja'ba] bras Hauptstadt von Mato Grosso

cuidado [kui'daðu] **A** AD̲J̲ bedacht, (wohl) überlegt **B** M̲ Sorge f; Sorgfalt f; Vorsicht f; **~ continuado** MED Dauerbehandlung f; **~s** pl **paliativos** Palliativmedizin f; **~s** pl **primários** MED Grundversorgung f; INT **~!** Vorsicht!, Achtung!; **ao ~ de, aos ~s de** zu Händen von (Briefaufschrift); **com ~** vorsichtig; sorgfältig; **deixar ao ~ de alg** j-s Ermessen überlassen; j-m anvertrauen; **estar em ~ s** fam besorgt sein, unruhig sein; **ter ~** vorsichtig sein (**com** mit) **cuidadoso** [kuidɐ'dozu] vorsichtig; sorgfältig **cuidar** [kui'dar] ⟨1a⟩ **A** V̲T̲ beachten; bedenken; doentes pflegen, versorgen; fig tb glauben **B** V̲I̲ **~ de** (ou **em**) Acht geben, achten auf (ac); (tratar de) sorgen für; aufpassen, dass ...; **dar que ~** Sorgen bereiten; viel Arbeit machen; **~-se** auf sich (ac) Acht geben ou achten; sich hüten (**de** vor dat)

cujo ['kuʒu], **cuja** ['kuʒɐ] PRON dessen, deren

culatra [ku'ɫatrɐ] F̲ Gewehrkolben m

culinária [kuli'narjɐ] F̲ Kochkunst f; li-

vro m **de ~** Koch-, Rezeptbuch n **culinário** [kuti'narju] kulinarisch; Koch... **culminação** [kutminɐ'sɐ̃ũ] F Höhepunkt m; ASTRON Kulmination f **culminância** [kutmi'nɐ̃sjɐ] F höchster Punkt m; fig Höhepunkt m **culminante** [kutmi'nɐ̃ti] ADJ **ponto** M **~** fig Gipfel m, Höhepunkt m; ASTRON Kulminationspunkt m; **época** f **~** Blütezeit f **culminar** [kutmi'nar] ⟨1a⟩ den Höhepunkt erreichen **culote** [ku'lɔtɨ] M bras **1** (calças de montar) Reithosen f **2** (gordura nas coxas) Reiterhosen fpl **culpa** ['kutpɐ] F Schuld f (tb REL); Vergehen n; **~ formada** Tatverdacht m; **por ~ de** aufgrund von, wegen; **atirar as ~s sobre alg** j-m die Schuld geben; **a ~ é dele** er ist schuld **culpabilidade** [kutpɐbiti'dadi] F Schuld f **culpado** [kut'padu] A ADJ schuldig (**de** an dat) B M Schuldige(r) m **culpar** [kut'par] ⟨1a⟩ beschuldigen (**de** gen) **culpável** [kut'pavɛt] ADJ strafbar **culposo** [kut'pozu] ADJ schuldhaft **cultivador** [kuttivɐ'dor] M Landwirt m; AGR Grubber m, Kultivator m **cultivar** [kutti'var] ⟨1a⟩ terra bestellen, bebauen; plantas anbauen; talento herausbilden; pflegen; geralm kultivieren **cultivável** [kutti'vavɛt] anbaufähig, kultivierbar **cultivo** [kut'tivu] M terra: Bebauung f; plantas: Anbau m; fig Pflege f **culto** ['kuttu] A ADJ pessoa gebildet; comportamento gesittet; estil gepflegt B M REL Gottesdienst m; Verehrung f, Kult m; **liberdade** f **de ~s** Religionsfreiheit f **cultor** [kut'tor] M Anhänger m; Liebhaber m **cultura** [kut'turɐ] F Kultur f (tb AGR); (educação) Bildung f; talento: (Her-)Ausbildung f; AGR terra: Bebauung f; planta: Anbau m; Zucht f; Pflege f; **~ dos campos** port Ackerbau m; **~ e civilização** f (**alemãs**) port (deutsche) Landeskunde f, (Deutschlandkunde f); **~ física** port DESP Leibeserziehung f; **~ geral** Allgemeinbildung f; **sem ~** ungebildet **cultural** [kuttu'raɫ] Kultur-...; Bildungs-...; kulturell **culturismo** [kuttu'riʒmu] M Kraftsport m, Bodybuilding n **culturista** [kuttu'riʃtɐ] M/F Bodybuilder(in) m(f) **cume** ['kumi] M Gipfel m; höchster Punkt m; (ponta) Spitze f **cumeada** [ku'mjadɐ] F Gebirgskamm m; Bergrücken m

CURA

cúmplice ['kũptisi] A ADJ mitschuldig; komplizenhaft B M/F Komplize m, Komplizin f **cumplicidade** [kũptisi'dadi] F Komplizenschaft f, Mittäterschaft f **cumpridor** [kũpri'dor] ADJ verlässlich, zuverlässig; (zeloso) pflichtgetreu **cumprimentar** [kũprimẽ'tar] ⟨1a⟩ (be)grüßen; (elogiar) Komplimente machen (dat); (felicitar) beglückwünschen (**por** für) **cumprimento** [kũpri'mẽtu] M **1** desejo etc: Erfüllung f; (desempenho) Ausführung f; DIR pena: Vollzug m **2** Gruß m; Begrüßung f; (felicitação) Glückwunsch m; **muitos~s a** ... viele Grüße an ... **3** (elogio) Kompliment n; **~s** pl Glückwunschadresse f, -ansprache f **cumprir** [kũ'prir] ⟨3a⟩ A VT pedido erfüllen; ordem ausführen; sentença vollstrecken; palavra halten; pena verbüßen; Angola **~ alg** j-n umbringen B VI obliegen; j-s Pflicht sein; (ser necessário) nötig sein; **~ os seus deveres** s-n Verpflichtungen nachkommen; **~-se** sich erfüllen **cúmulo** ['kumutu] M Haufen m; fig Gipfel m; Inbegriff m; **~s** npl Haufenwolken fpl; **é o ~!** das ist doch die Höhe!; **para ~** zu allem Überfluss **cunha** ['kuɲɐ] F Keil m; fig Beziehungen pl; fam Vitamin B n; **meter uma ~** j-n um e-n Gefallen bitten (z. B. für e-e Jobempfehlung) **cunhada** [ku'ɲadɐ] F Schwägerin f **cunhado** [ku'ɲadu] M Schwager m **cunhagem** [ku'ɲaʒɐ̃ĩ] F Prägung f **cunhar** [ku'ɲar] ⟨1a⟩ moeda prägen; fig tb hervorheben **cunho** ['kuɲu] M Prägestempel m; fig Gepräge n **cupão** [ku'pɐ̃ũ] MPL Kupon m **cupé (*ê)** [ku'pɛ] M AUTO Coupé n **cupidez** [kupi'deʃ] F Gier f **cúpido** [ku'pidu] M irón Lackaffe m **cúpido** ['kupidu] ADJ gierig **cupim** [ku'pĩ] M bras Termite f **cupom** [ku'põ] M bras → cupão **cúpula** ['kuputɐ] F Kuppel f; BOT Kelch m; fig Himmelsgewölbe n; POL (Regierungs-, Partei)Spitze f; **pela ~** von oben; **conferência** f **de ~** bras Gipfelkonferenz f **cura**[1] ['kurɐ] F Heilung f; **~ de cavalo** fig Rosskur f; **ter ~** heilbar sein **cura**[2] ['kurɐ] M Pfarrer m; **~ de almas** Seelsorger m

curador(a) [kuɾɐˈdoɾ(ɐ)] M/F Heiler(in) m(f); DIR Vormund m; *museu, fundação:* Kurator(in) m(f) **curadoria** [kuɾɐduˈriɐ] F Vormundschaft f **curandeiro** [kuɾɐ̃ˈdɐiɾu] M, **-a** F (Natur)Heilkundige(r) m/f(m); *pej* Kurpfuscher(in) m(f), Quacksalber(in) m(f) **curandice** [kuɾɐ̃ˈdisi] F Kurpfuscherei f **curar** [kuˈɾaɾ] ⟨1a⟩ A *v/t pessoa* heilen (**de** von); *doença* behandeln; *roupa* bleichen; *alimentos* haltbar machen B *v/i* genesen (**de** von); **~-se** genesen; *fig* sich bessern **curatela** [kuɾɐˈtɛlɐ] F Vormundschaft f **curativo** [kuɾɐˈtivu] A ADJ heilkräftig, Heil... B M Heilmittel n; (*penso*) Verband m **curável** [kuˈɾavɛl] heilbar **curcuma** [kuɾˈkumɐ] F GASTR Kurkuma f, Gelbwurz f **cúria** [ˈkuɾjɐ] F REL Kurie f **curinga** [kuˈɾĩɡɐ] M *bras* Joker m **curiosidade** [kuɾjuziˈdadi] F 1 Neugierde f; *geralm* Wissbegier f; **estar com ~ de** neugierig (*ou* gespannt) sein auf (*ac*); **rebentar de ~** *pop* vor Neugier platzen 2 *port* Sehenswürdigkeit f; Kuriosität f **curioso** [kuˈɾjozu] A ADJ *pessoa* neugierig; *coisa* merkwürdig; außergewöhnlich; **estar ~ por** (*inf*) gespannt darauf sein zu (*inf*) B M, **-a** [kuˈɾjɔzɐ] F 1 Neugierige(r) m/f(m); *pej* Gaffer(in) m(f) 2 *port* Laie m, Laiin f **curita** [kuˈɾitɐ] F *Angola* (Wund)Pflaster n **Curitiba** [kuɾiˈtʃibɐ] SEM ART *Hauptstadt von Paraná* **curral** [kuˈʁaɫ] M Stall m; Gehege n **currículo** [kuˈʁikulu] M Laufbahn f; Lebenslauf m **curriculum (vitae)** [kuˈʁikulũ (viˈtai)] M **~ vitae** Lebenslauf m **cursado** [kuɾˈsadu] geübt (**em** in *dat*), versiert (**em** in *dat*) **cursar** [kuɾˈsaɾ] ⟨1a⟩ *disciplina* studieren; *curso* absolvieren; *universidade* besuchen **cursista** [kuɾˈsiʃtɐ] M/F Kursteilnehmer(in) m(f) **curso** [ˈkuɾsu] M 1 Lauf m, Gang m (*der Dinge*); FIN (Geld)Umlauf m; **em ~** im Gange; laufend; **dar livre ~ a** freien Lauf lassen (*dat*); **ter ~** im Umlauf sein; *fig* gebräuchlich sein 2 Lehrgang m; Kurs m; UNIV Studiengang m; **~ de iniciação** Anfänger-, Einsteigerkurs m; **~ intensivo** Intensivkurs m; **~ de Medicina** Medizinstudium n; **~ de pós-graduação** Aufbaustudium n, Postgraduiertenstudiengang m; **~ de verão** Sommerkurs m; **fazer o ~ de Engenharia** Ingenieurwissenschaften studieren; **frequentar um ~** e-n Kurs (*ou* Lehrgang) besuchen; **ter um ~ estudiert haben** 3 TECN (Kolben)Hub m **cursor** [kuɾˈsoɾ] M TECN Läufer m; INFORM Cursor m **curta-metragem** [kuɾtɐmiˈtɾaʒɐ̃ĩ] F, *bras* M Kurzfilm m **curteza** [kuɾˈtezɐ] F Kürze f; Knappheit f **curtição** [kuɾtʃiˈsɐ̃ũ] F *bras fam* Trip m (*Rausch*); *geralm* tolle Sache f; (Mode)Hit m; **estar numa boa ~** high sein; *geralm* toll drauf sein **curtidor** [kuɾtʃiˈdoɾ] M Gerber m **curtimento** [kuɾtʃiˈmẽtu] M Gerben n **curtir** [kuɾˈtʃiɾ] ⟨3a⟩ A *v/t cabedal* gerben; *azeitonas* einlegen; *alg* abhärten; *doença, infelicidade* erleiden; *pop* (*estar entusiasmado por*) wild abfahren auf (*ac*) B *v/i pop* high sein **curto** [ˈkuɾtu] kurz; (*breve*) knapp; *fig* beschränkt; **~ de palavras** wortkarg; **a ~ prazo** kurzfristig; **ter vistas -as** *fig* beschränkt sein **curto-circuito** [kuɾtusiɾˈkuitu] M ⟨*pl* curtos-circuitos⟩ ELECT Kurzschluss m **curtume** [kuɾˈtumi] M Gerbung f **curva** [ˈkuɾvɐ] F Kurve f; Biegung f; Bogen m; TECN *tubo:* Knie n; **~ muito apertada** Haarnadelkurve f; **~ da perna** Kniekehle f **curvado** [kuɾˈvadu] krumm; *fig* gebeugt; ergeben **curvar** [kuɾˈvaɾ] ⟨1a⟩ krümmen, biegen; *costas e fig* beugen; *cabeça* senken; **~-se** sich bücken; *cortesia:* sich verbeugen (**a, perante** vor *dat*); (*submeter-se*) sich unterwerfen (*ou* beugen) (**a** j-m) **curvatura** [kuɾvɐˈtuɾɐ] F Krümmung f (*tb* MAT); ARQUIT Wölbung f; Biegung f **curvilíneo** [kuɾviˈlinju] krummlinig; gebogen **curvo** [ˈkuɾvu] krumm, gebogen **cuspe** [ˈkuʃpi] M → cuspo **cúspide** [ˈkuʃpidi] F BOT, ZOOL Stachel m **cuspido** [kuʃˈpidu] ADJ **ser ~** hinausgeschleudert werden; **sair ~ e escarrado a alg** *fam* j-m aufs Haar gleichen, j-m wie aus dem Gesicht geschnitten sein **cuspir** [kuʃˈpiɾ] ⟨3h⟩ (aus)spucken; *ofensas* ins Gesicht werfen **cuspo** [ˈkuʃpu] M Speichel m; *fam* Spucke f **custa** [ˈkuʃtɐ] F **-s** PL DIR Prozesskosten *pl*; **à ~ de, às ~s de** auf Kosten von; zu Lasten von; **aprender à sua ~** etw am ei-

custar [kuʃˈtar] ⟨1a⟩ *preço, esforço* kosten; *trabalho* schwer fallen (**a** zu *inf*); **~ caro** teuer sein; *fig* j-n teuer zu stehen kommen; **~ a crer** schwer zu glauben sein; **~ os olhos da cara** ein Vermögen kosten; **~ a vida a alg** j-n das Leben kosten; **não ~ nada** überhaupt keine Mühe machen; ganz leicht sein; **custe o que custar!** koste es was es wolle! **custeamento** [kuʃtjaˈmẽtu] M Unkosten *pl*; (*financiamento*) Finanzierung *f*; (*plano de custos*) Kostenaufstellung *f* **custear** [kuʃˈtjar] ⟨1l⟩ die Kosten tragen für; finanzieren; *despesas* bestreiten **custeio** [kuʃˈtɐju] M → custeamento

custo [ˈkuʃtu] M Kosten *pl*; Preis *m*; Mühe *f*; **a ~** mit Mühe, mühsam; **a todo o ~** unbedingt; **preço m de ~** Selbstkostenpreis *m*; **~ de viagem** Reisekosten *pl*; **~ de vida** Lebenshaltungskosten *pl*; **ajuda *f* de ~s** Unkostenbeitrag *m*; **~s *pl* de contabilidade** Kontoführungsgebühren *fpl*; **~s *pl* de produção** Produktionskosten *pl*, **~s *pl* de transporte** Transportkosten *pl*; **factor *m* custo-proveito** Kosten-Nutzen-Faktor *m*

custódia [kuʃˈtɔdja] F Gewahrsam *m*, Obhut *f*; (*protecção*) Schutz *m*; REL Monstranz *f* **custodiar** [kuʃtuˈdjar] ⟨1g⟩ in Obhut nehmen **custódio** [kuʃˈtɔdju] Schutz...; **anjo m ~** Schutzengel *m*

custoso [kuʃˈtozu] kostspielig; (*difícil*) mühsam

cutâneo [kuˈtɐnju] Haut...; **erupção *f* -a** (Haut)Ausschlag *m*

cutelaria [kutilɐˈria] F Messerschmiede *f*; Messer- und Scherengeschäft *n* **cuteleiro** [kutiˈlɐjru] M Messerschmied *m* **cutelo** [kuˈtɛlu] M Hackmesser *n*

cutícula [kuˈtikulɐ] F (Nagel)Haut *f*

cutilada [kutiˈladɐ] F (Messer)Stich *m*; (Säbel)Hieb *m*; *fig* Schaden *m*

cútis [ˈkutiʃ] F (Gesichts)Haut *f*

cutucada [kutuˈkadɐ] F *bras fam*, **cutucão** [kutuˈkɐ̃ũ] M *bras fam* Schubs *m* **cutucar** [kutuˈkar] ⟨1n⟩ *bras fam* antippen

c.v. ABR **cavalo-vapor** PS (Pferdestärke); (**curriculum vitae**) Lebenslauf

czar [kzar] M, **czarina** [kzɐˈrinɐ] F Zar(in) *m(f)*

D, d [de] M D, d *n*

D. ABR (**dia**) M Tag *m*

D. ABR (**Dona**) Fr. (*immer mit dem Vornamen*)

da [dɐ] CONTR **de** de e **a** (*art e pron f*)

dá [da] → dar

dacolá [dɐkuˈla] CONTR **de** de e **acolá**; von dort (her), daher

dactilógrafa [datiˈlɔgrɐfɐ] F Schreibkraft *f* **dactilografado** [datilugrɐˈfadu] maschinenschriftlich **dactilografar** [datilugrɐˈfar] ⟨1b⟩ mit der Maschine schreiben, *fam* tippen

dádiva [ˈdadivɐ] F (*graça*) Gabe *f*, Geschenk *n*; (*esmola*) Spende *f*

dado¹ [ˈdadu] A PP → dar; *fig* ergeben (**a alg** j-m); anhänglich; **ser ~ a a/c** e-r Sache sehr zugetan sein; **ser ~ a alg fazer a/c** j-m vergönnt sein, etw zu tun; **~ (o facto de), -a a circunstância de** in Anbetracht, infolge (*gen*); **~ que da**, in Anbetracht dessen, dass; **de braço ~** Am in Arm B M Gegebenheit *f*; Tatsache *f*; **~s *pl*** INFORM Daten *fpl*; *biográficos etc*: Angaben *fpl*; **~s *pl* pessoais** persönliche Daten *fpl*; **~s *pl*** Personalien *fpl*; **banco m de ~s** INFORM Datenbank *f*; **processamento *m* de ~s** INFORM Datenverarbeitung *f*

dado² [ˈdadu] Würfel *m*; **jogar aos ~s** würfeln

dador(a) [dɐˈdor(ɐ)] M(F) *port* Geber(in) *m(f)*; *esmola, sangue etc*: → doador(a)

daí [dɐˈi] CONTR **de** de e **aí**; *direcção*: von da, von dort; *fig* daraus; daher; *fam* **e daí?** na und?; **~ que** *conj* daher kommt es, dass

dalém [dɐˈlɐ̃j̃] CONTR **de** de e **além**; von da, von dort

dali [dɐˈli] CONTR **de** de e **ali**; *direcção*: von da, von dort; *resultado*: da-, dorther; *fig* daraus; daher

dália [ˈdaljɐ] F Dahlie *f*

daltónico (*ô)** [dɐlˈtɔniku] farbenblind

dama [ˈdɐmɐ] F Dame *f*; **jogo m das ~s** Damespiel *n*; **~ de honor** Brautjungfer *f*

damasco¹ [dɐˈmaʃku] M Damast *m*

damasco² [dɐˈmaʃku] M BOT Aprikose f
danação [dɐnɐˈsɐ̃ũ] F REL Verdammnis f; Verderben n; fig Fluch m; (raiva) Wut f; pop Tollwut f **danado** [dɐˈnadu] A ADJ sorte etc: verdammt; (zangado) wütend (com auf ac); animal tollwütig; situação verzwickt; pessoa, carácter verrucht; bras criança ungezogen; frio, fome schlimm; ser ~ por versessen sein auf (ac) B M, **-a** F Verfluchte(r) m|f(m) **danar** [dɐˈnar] ⟨1a⟩ alg schaden (dat); a|c beschädigen; REL verdammen; fam wütend machen; **pra ~** bras pop sehr; **~-se cão** toll werden; fam wütend werden (com über ac); bras pop sich (dat) ins eigene Knie schießen
dança [ˈdɐ̃sɐ] F Tanz m (tb fig); **meter-se em ~s** port sich auf etw (ac) einlassen
dançar [dɐ̃ˈsar] ⟨1p⟩ tanzen **dançarino** [dɐ̃sɐˈrinu] M, **-a** F (Ballett)Tänzer(in) m(f)
danificação [dɐnifikɐˈsɐ̃ũ] F Beschädigung f, Schaden m **danificado** [dɐnifiˈkadu] ADJ **ficar ~** Schaden erleiden **danificar** [dɐnifiˈkar] ⟨1n⟩ a|c beschädigen; verderben; alg Schaden zufügen
daninho [dɐˈniɲu] schädlich; fig böse; **ervas** fpl **-as** Unkraut n
dano [ˈdɐnu] M Schaden m; (perda) Verlust m; **~ corporal** Personenschaden m; **~ material** Sachschaden m; **perdas** fpl **e ~s** pl Schadensersatz m; **causar ~s a alg** j-m Schaden zufügen, schaden
dantes [ˈdɐ̃tiʃ] CONTR de de e antes einst, früher
Danúbio [dɐˈnubju] M GEOG Donau f
Dão [dɐ̃ũ] M Weinanbaugebiet im Norden Portugals; **vinho** m **do Dão** Wein m aus der Dão-Gegend, Dão m
daquele [dɐˈketɨ], **daquela** [dɐˈkɛtɐ] CONTR de de e aquele, aquela **daqui** [dɐˈki] CONTR de de e aqui; **~ a nada** sehr bald, gleich; **~ a oito dias** heute in acht Tagen; **~ a pouco** bald, in Kürze; **~ em diante** von jetzt an, in Zukunft **daquilo** [dɐˈkilu] CONTR de de e aquilo
dar [dar] ⟨1r⟩ A VT geben (tb festa etc); (passar) reichen; (oferecer) schenken; (ceder) abgeben, hergeben (por für); licença gewähren; matéria durchnehmen; trabalhos de casa aufgeben; tom etc von sich geben; resultado ergeben; trabalho machen; frutos tragen; vantagem (ein)bringen; filme zeigen, vorführen; conferência halten; tempo, dinheiro verwenden auf (ac), opfern (para, por für) B VI ausreichen, taugen (para für); **~ a** (inf) anfangen zu (inf); **~ a alg** fig es j-m geben; **~ a entender** zu verstehen geben; **~ à língua** schwatzen; pop singen; **~ à luz** gebären; **~ a (sua) palavra** sein Wort geben; fam **~ graxa a alg** fam j-n anschleimen; **~ a saber a alg** j-m bekannt geben; **ir ~ a** führen zu; **~ certo** klappen; **~ com** stoßen auf (ac), erblicken; alg treffen; **~ como** halten für; **~ de si** madeira etc sich dehnen; **telhado** sich senken; **material** nachgeben; **~ em** einschlagen auf (ac); fallen auf (ou in ac); fig werden (zu); dahin kommen zu (inf); **~ em nada** misslingen; **~ em** (ou **contra**) stoßen gegen (ou auf ac); (an)rennen gegen; **~ para** reichen für; gelten für; janela, porta (hinaus)gehen nach (ou auf ac); (**vir a**) **~ em** (ou **ao**) hinauslaufen auf (ac); **bem, mal ausgehen**; **dá-me para** ich bekomme Lust auf (ac ou zu); **~ por** halten für; a|c achten auf (ac); (be)merken; **~ pela coisa** dahinter kommen; **~ (o) que falar** Anlass zu Gerede geben; **~ sobre** herfallen über (ac); **deu-lhe para** er ist (ou sie ist) darauf verfallen zu (inf); **isto não vai ~ para nada** daraus wird nichts; **quem me dera** (inf) könnte (ou hätte) ich doch (auch) ...; **quem me dera ser** wäre ich doch ...; C **~-se** sich ereignen, geschehen; situação eintreten; **~-se a a|c** sich e-r Sache (dat) widmen; **~-se com alg** mit j-m verkehren; **~-se bem/mal com alg** sich mit j-m verstehen/nicht verstehen (ou vertragen); **~-se como certo** sich als sicher erweisen; **~-se por** sich halten (ou erklären, ausgeben) für; **não se ~ por achado** (ou **entendido**) sich dumm stellen
dardejar [dɐrdiˈʒar] ⟨1d⟩ A VT raios, olhares schleudern (a, em, sobre auf ac) B VI Speere werfen (ou schleudern); sol, olhar funkeln, glitzern **dardo** [ˈdardu] M Speer m (tb DESP); insecto: Stachel m; fig bissige Bemerkung f
das [dɐʃ] CONTR de de e as (art e pron fpl)
data [ˈdatɐ] F Datum n; **~ de durabilidade mínima** Mindesthaltbarkeitsdatum n; **~ de nascimento** Geburtsdatum n; **uma ~ de** fam e-e Menge; **de fresca ~** port neueren Datums; fam frisch gebacken; **de longa ~** langjährig, alt; **com ~ de**

mit Datum vom **datação** [dataˈsɐ̃ũ] F Datierung f **datado** [daˈtadu] veraltet; überholt **datar** [daˈtar] ⟨1b⟩ datieren; ~ **de** *temporal*: stammen aus; beginnen mit
dativo [daˈtivu] M GRAM Dativ m
d. C. ABR (depois de Cristo) n. Chr. (nach Christus)
DDA [dedeˈa] M ABR bras (Distúrbio do Déficit de Atenção) PSICOL ADS n (Aufmerksamkeitsdefizitsyndrom)
DDD [dedeˈde] ABR bras (discagem direta à distância) Vorwahl f
de [di] **1** ≈ genitivo alemão, tb von (dat); não traduzido em palavras compostas ou em medidas: **livro f ~ bolso** Taschenbuch n; **um copo ~ água** ein Glas Wasser; **1 m ~ fazenda** (ou **tecido**) ein Meter Stoff **2** qualidade, material, forma etc: aus (dat); **~ 20 anos** zwanzigjährig; **~ boa vontade** gutmütig; **a cidade ~ Lisboa** die Stadt Lissabon **3** característica, função: **sala f ~ jantar** Esszimmer n; **pobre ~ mim** ich Ärmste(r); **algo/nada ~ novo** etwas/nichts Neues **4** origem, pertença: aus, von (dat); **sou do Porto/dos Açores** ich komme aus Porto/von den Azoren; **~ onde é?** woher kommen (ou sind) Sie?; **ser ~ alg** j-m gehören **5** causa: **doente ~** erkrankt an (dat); **~ medo/alegria** etc vor Angst/Freude etc **6** circunstância: mit; **~ fato** (bras **terno**)**/óculos** im Anzug/mit Brille; **~ costas** auf dem Rücken; **~ entre** unter (dat), zwischen; **~ novo** von neuem; **~ todo** ganz und gar; **~ por si** für sich allein; von sich aus **7** temporal: **~ manhã** morgens, am Morgen; **~ dia** tagsüber, am Tage; **~ ora em diante** von nun an; **~ ... a von ...** bis; local: von ... zu (ou nach); **~ um momento para o outro** von e-m Moment zum anderen **8** comp: **mais de** mehr als
dê¹ [de] M nome da letra d
dê² [de] → **dar**
deambulação [djɐ̃bulaˈsɐ̃ũ] F Lustwandeln n **deambular** [djɐ̃buˈlar] ⟨1a⟩ pessoa lustwandeln; pensamentos umherschweifen
debaixo [diˈbajʃu] ADV unten; darunter; **~ de** unter (ac e dat); unterhalb (gen); **ficar ~** unterliegen; **meter ~** unterkriegen
debalde [diˈbaɫdi] ADV vergeblich
debandada [dibɐ̃ˈdadɐ] F Auflösung f; (fuga) (wilde) Flucht f; fig Abwanderung

f; **em ~** auf der Flucht; partida: Hals über Kopf; confusão: bunt durcheinander; **pôr em ~** in die Flucht schlagen **debandar** [dibɐ̃ˈdar] ⟨1a⟩ (auseinander)treiben, zerstreuen
debate [diˈbati] M Auseinandersetzung f, Debatte f; (negociação) Verhandlung f; POL Aussprache f; **em ~** zur Verhandlung (ou zur Debatte) stehend; fraglich; TV Talkshow f **debater** [dibaˈter] ⟨2b⟩ erörtern, debattieren; verhandeln; **~-se** sich sträuben; (libertar-se) zappeln; fig sich herumschlagen (**com, em** mit)
debelar [dibiˈlar] ⟨1c⟩ niederwerfen, bezwingen; mal, crise überwinden
debicar [dibiˈkar] ⟨1n⟩ **A** VT picken; naschen **B** VI picken (**em** in dat); naschen (**em** von); fig herumstichlen (**com, de, em** auf dat)
débil [ˈdɛbiɫ] ⟨pl débeis⟩ schwach; físico hinfällig; psique debil
debilidade [dibiliˈdadi] F Schwäche f; física: Hinfälligkeit f; psíquica: Debilität f
debilitação [dibilitaˈsɐ̃ũ] F, **debilitamento** [dibilitaˈmẽtu] M Schwächung f; Entkräftung f **debilitar** [dibiliˈtar] ⟨1a⟩ schwächen; entkräften
debitar [dibiˈtar] ⟨1a⟩ COM belasten (**em** mit); água fließen lassen (**em** in ac), leiten (**em** in ac); ELECT, TECN leisten; **~ a/c** (bras **em**) **alg** j-m etw in Rechnung stellen; j-s Konto mit etw belasten; **~ em conta** abbuchen; **~-se em** sich verschulden mit
débito [ˈdɛbitu] M **1** Schuld f; Lastschrift; COM Soll n; **levar a ~ de alg** j-s Konto belasten mit **2** TECN Leistungsvermögen n (e-r Pumpe, e-s Motors); ELECT Leistung f; **~ de transmissão de dados** INFORM Datenübertragungsrate f
debochado [diboˈʃadu] **A** ADJ lasterhaft; bras tb spöttisch **B** M lasterhafter Mensch m; bras tb Spötter m **debochar** [diboˈʃar] ⟨1a⟩ moralisch verderben; bras tb verspotten
debruçar [dibruˈsar] ⟨1p⟩ (nieder-, herab)beugen; fig erniedrigen; **~-se** sich (hinaus)lehnen (**de** aus); sich (herab)beugen (**para** zu); fig sich befassen (**sobre** mit)
debrum [diˈbrũ] M Einfassung f; vestido: Borte f; Saum m
debulha [diˈbuʎɐ] F Dreschen n **debulhar** [dibuˈʎar] ⟨1a⟩ enthülsen; trigo etc

dreschen; **~-se em** sich auflösen in (ac)
debulho [di'buʎu] M̄ Spreu f
debuxar [dibu'ʃar] ⟨1a⟩ zeichnen; *projecto* skizzieren, entwerfen **debuxo** [di'buʃu] M̄ Zeichnung f; Skizze f, Entwurf f; Projekt n; Druckstock m (*für Gewebedruck*)
década ['dɛkadɐ] F̄ Jahrzehnt n
decadência [dikɐ'dẽsjɐ] F̄ Dekadenz f; Verfall m, Niedergang m; **estar em ~** verfallen; *fig civilização* im Niedergang sein, darniederliegen **decadente** [dikɐ-'dẽti] dekadent
decaída [dikɐ'idɐ] F̄ Verfall m **decaído** [dikɐ'idu] hinfällig; geschwächt **decaimento** [dikɐi'mẽtu] M̄ Verfall m; Dekadenz f; FIS Zerfall m **decair** [dikɐ'ir] ⟨3l⟩ verfallen; *força* nachlassen; *influência* sinken; *poder* verlieren (**de** an ac); (*cair*) herunterkommen; *fig* untergehen; **~ da graça** in Ungnade fallen
decalcar [dikał'kar] ⟨1n⟩ durchpausen; *fig* nachahmen
decalque [di'kałki] M̄ Pause f; Kopie f; *pej* Abklatsch m
decanato [dikɐ'natu] M̄ Dekanat n **decano** [di'kɐnu] M̄ Dekan m
decantação [dikɐ̃ta'sɐ̃ũ] F̄ TECN Klärung f, Reinigung f **decantar** [dikɐ̃'tar] ⟨1a⟩ **1** *vinho, etc* dekantieren **2** (*louvar*) besingen
decapar [dikɐ'par] ⟨1b⟩ den Rost (*ou* die Schmutzschicht) entfernen von **decapitar** [dikɐpi'tar] ⟨1a⟩ enthaupten (*tb fig*); *organização* (der Führung) berauben
decatlo [di'katłu] M̄ DESP Zehnkampf m
decenal [disi'nał] zehnjährig; Zehnjahres... **decenário** [disi'narju] **A** ADJ zehnteilig **B** M̄ Jahrzehnt n
decência [di'sẽsjɐ] F̄ Anstand m; *fig* (Zu-rück)Haltung f
decénio [di'sɛnju] M̄ Jahrzehnt n
decente [di'sẽti] **1** anständig; schicklich **2** zurückhaltend
decepar [disi'par] ⟨1c⟩ *geralm* abhacken; durchtrennen; *árvore* fällen; MED *membro* abnehmen; *fig* unterbrechen
decepção [disɛ'sɐ̃ũ] F̄ Enttäuschung f **decepcionante** [disɛsjo'nɐ̃ti] ADJ enttäuschend **decepcionar** [disɛsjo'nar] ⟨1f⟩ enttäuschen; **~-se com** enttäuscht sein über (ac)
decerto [di'sɛrtu] gewiss
decibel [dɛsi'bɛł] M̄ Dezibel n

decidido [disi'didu] energisch; entschlossen **decidir** [disi'dir] ⟨3a⟩ entscheiden (**de** über ac, zugunsten, für); *dúvida* zerstreuen; *accção* beschließen; **~-se** sich entschließen (**a, por** zu)
decifrar [disi'frar] ⟨1a⟩ V̄/ī *texto* entziffern; *mistério* entschlüsseln **B** V̄/ī MÚS vom Blatt spielen
decigrama [dɛsi'grɐmɐ] M̄ Dezigramm n
decilitro [disi'litru] M̄ Deziliter m
décima ['dɛsimɐ] F̄ zehnter Teil m; LIT Zehnzeiler m, Dezime f
decimal [dɛsi'mał] Dezimal... **decímetro** [di'simitru] M̄ Dezimeter m
décimo ['dɛsimu] **A** ADJ zehnte **B** M̄ zehnter Teil m; Zehntel n
decisão [disi'zɐ̃ũ] F̄ Entscheidung f; Beschluss m, Entschluss m; (*firmeza*) Entschlossenheit f; **tomar uma ~** e-e Entscheidung fällen, e-n Entschluss fassen; **com ~** entschlossen, energisch **decisivo** [disi'zivu] *factor* entscheidend; *posição* entschieden, klar **decisório** [disi'zɔrju] entscheidend
declamação [diklɐmɐ'sɐ̃ũ] F̄ Vortrag m; *arte*: Vortragskunst f **declamar** [diklɐ-'mar] ⟨1a⟩ deklamieren; feierlich reden; *pej* Phrasen dreschen
declaração [diklɐrɐ'sɐ̃ũ] F̄ Erklärung f (*tb alfândega etc*); DIR Aussage f; **~ de amor** Liebeserklärung f; **~ de impostos** Steuererklärung f; **fazer uma ~** e-e Erklärung abgeben **declarado** [diklɐ'radu] *situação* offenkundig; *inimigo* entschieden **declarante** [diklɐ'rɐ̃ti] M̄/F̄ DIR Zeuge m, Zeugin f **declarar** [diklɐ'rar] ⟨1b⟩ erklären; *novidade* kundgeben; *alfândega* deklarieren, verzollen; *conteúdo* nennen; DIR *tb* aussagen; *fig* ernennen zu; **~-se** *doença* auftreten; *fogo* ausbrechen; *agitação etc* entstehen; *pessoa* sich aussprechen (**por** für); *fig* **~ a alg** j-m e-e Liebeserklärung machen, sich j-m erklären; **~-se culpado** sich schuldig bekennen
declinação [diklinɐ'sɐ̃ũ] F̄ Neigung f, Senkung f; *fig* Verfall m; (*diminuição*) Rückgang m; GRAM Deklination f **declinar** [dikli'nar] ⟨1a⟩ **A** V̄/ī *culpa* abwälzen (**sobre** auf ac); *olhar* abwenden; *convite, proposta* ablehnen; GRAM deklinieren **B** V̄/ī sich neigen, senken (**a, para** zu); abweichen (**de** von); *febre* zurückgehen; *vida* zu Ende gehen (Leben); *geralm* verfallen

declínio [di'klinju] M̄ Niedergang m, Verfall m; (fim) Ende n

declivar [dikɨi'var] ⟨1a⟩ terreno abfallen

declive [di'klivɨ] M̄ Hang m (tb fig); (desnível) Gefälle n; (terreno) abschüssiges Gelände n; **em ~** fig im Niedergang

DECO ['dɛku] F̄ ABR (Associação Portuguesa para a Defesa do Consumidor) port Verbraucherschutzbund m

decocção [dikɔ'ksjɐ̃ũ] F̄ Absud m

decolagem [deko'laʒɐ̃ĩ] F̄ bras AERO Start m; Abflug m **decolar** [deko'lax] ⟨1e⟩ bras starten

decomponibilidade [dikõpunibɨli'dadɨ] F̄ Abbaubarkeit f **decomponível** [dikõpu'nivɛɫ] abbaufähig; zersetzbar **decompor** [dikõ'por] ⟨2z⟩ zerlegen; zersetzen (tb fig); feições entstellen; MAT kürzen; átomo zertrümmern; **~-se** zerfallen; alimentos verfaulen, verderben **decomposição** [dikõpuzi'sjɐ̃ũ] F̄ Zerlegung f; Abbau m; Zerfall m (tb fig); cadáver: Verwesung f

decoração [dikuɾɐ'sjɐ̃ũ] F̄ **1** Ausschmückung f, Dekoration f; TEAT Bühnenausstattung f **2** Auswendiglernen n **decorador(a)** [dikuɾɐ'dor(ɐ)] M̄(F̄) Dekorateur(in) m(f); TEAT Bühnenbildner m **decorar** [diku'rar] ⟨1e⟩ **1** (aus)schmücken, dekorieren **2** auswendig lernen **decorativo** [dikuɾɐ'tivu] dekorativ

decoro [di'koru] M̄ Anstand m; Würde f **decoroso** [diku'rozu] anständig

decorrência [diku'ʁẽsjɐ] F̄ Verlauf m; Folge f **decorrente** [diku'ʁẽtɨ] laufend; resultado resultierend **decorrer** [diku'ʁer] ⟨2d⟩ situação verlaufen; tempo verstreichen; acntecimento stattfinden, geschehen; **~ de** folgen aus; **no ~ de** im Verlauf (gen)

decotado [diku'tadu] dekolletiert, ausgeschnitten **decote** [di'kɔtɨ] M̄ Ausschnitt m, Dekolleté n

decrépito [di'krɛpitu] gebrechlich

decrescendo [dikɾɨʃ'sẽdu] M̄ MÚS Decrescendo n **decrescer** [dikɾɨʃ'ser] ⟨2g⟩ abnehmen; nível fallen; ruído abschwellen **decrescimento** [dikɾɨʃsi'mẽtu] M̄ Abnahme f; Rückgang m

decréscimo [di'krɛʃsimu] M̄ → decrescimento

decretar [dikri'tar] ⟨1c⟩ verordnen, dekretieren; verfügen, bestimmen **decreto** [di'krɛtu] M̄ Verordnung f; Dekret n

decúbito [di'kubitu] M̄ Ruhelage f

decurso [di'kursu] M̄ Verlauf m; temporal: Dauer f; **no ~ de** im Verlauf (gen)

dedada [di'dadɐ] F̄ Fingerabdruck m; **uma ~ de ...** eine Fingerspitze ... **dedal** [di'daɫ] M̄ Fingerhut m **dedão** [di'dɐ̃ũ] M̄ bras großer Zeh m, große Zehe f

dedicação [didikɐ'sjɐ̃ũ] F̄ Hingabe f, Hinwendung f; trabalho: Fleiß m; dinheiro, meios: Verwendung f; (dedicatória) Widmung f **dedicado** [didi'kadu] hingebungsvoll; (trabalhador) fleißig; **~ a** gewidmet (dat) **dedicar** [didi'kar] ⟨1n⟩ widmen; amor schenken; meios verwenden (**a** auf ac, für); **~-se a alg** sich j-m ergeben **dedicatória** [didikɐ'tɔrjɐ] F̄ Widmung f

dedilhar [didi'ʎar] ⟨1a⟩ MÚS cordas anschlagen; notas mit Fingersatz versehen; (tamborilar) mit den Fingern trommeln (**em** auf dat)

dedo ['dedu] M̄ Finger m; **~ anular** Ringfinger m; **~ do pé** Zehe f; **~ indicador** Zeigefinger m; **~ médio** Mittelfinger m; **~ mínimo** kleiner Finger m; **nó m dos ~s** Knöchel m; **a ~** sehr genau; **por dois ~s** fig um Haaresbreite; **ficar a chupar no ~** fig pop in die Röhre gucken, leer ausgehen; **pôr o ~ na ferida** fig den Finger in die Wunde legen; **ter ~** geschickt sein; **como os próprios ~s** in- und auswendig; **poder contar-se pelos ~s** etw an den Fingern abzählen können **dedo-duro** [dedu'duru] M̄ ⟨pl dedos-duros⟩ bras Spitzel m, Informant m

dedução [didu'sjɐ̃ũ] F̄ Ableitung f; lógica: Folgerung f; imposto etc: (Steuer)Abzug m; **~ feita de** nach Abzug (gen ou von); **~ automática** automatischer Abzug m (Steuer)

dedurar [dedu'rax] ⟨1a⟩ bras pop verpfeifen

dedutível [didu'tivɛɫ] imposto abzugsfähig, absetzbar **deduzir** [didu'zir] ⟨3m⟩ ableiten (**de** aus), folgern (**de** aus); custos etc abziehen; impostos absetzen; **a ~** abzüglich

defecação [difɨkɐ'sjɐ̃ũ] F̄ MED Stuhl(gang) m **defecar** [difɨ'kar] ⟨1n, Stv 1c⟩ **A** V̄/T̄ TECN klären, läutern **B** V̄/Ī Stuhlgang haben

defecção [difɛ'sjɐ̃ũ] F̄ MIL Fahnenflucht

f; POL Austritt *m* **defectível** *a/c* fehlerhaft; *pessoa* fehlbar

defectivo [difɛ'tivu] ADJ unvollständig; **verbo** *m* ~ GRAM defektives Verb *n*

defeito [di'fɐjtu] M̄ Fehler *m*, Defekt *m*; MED Gebrechen *n*; *(falta)* Mangel *m* **defeituoso** [difɐj'twozu] TECN fehlerhaft; *(incompleto)* unvollständig; *(imperfeito)* mangelhaft

defender [difẽ'der] ⟨2a⟩ *país, opinião, acusado* verteidigen; *perigo, frio* (be)schützen (**de** vor *dat*); *(proibir)* untersagen; **~-se** sich durchschlagen; sich verteidigen (*ou* behaupten) (**de, contra** gegen)

defendível [difẽ'divɐɫ], **defensável** [difẽ'savɐɫ] verteidigungsfähig; *opinião* haltbar, vertretbar; *comportamento* entschuldbar **defensiva** [difẽ'sivɐ] F̄ Defensive *f* **defensivo** [difẽ'sivu] defensiv; Verteidigungs... **defensor** [difẽ'sor] M̄ Verteidiger *m* (*tb* DIR); *fig* Fürsprecher *m*; **~ da natureza** Naturschützer *m*; **~ dos direitos civis** Bürgerrechtler *m*; **~ oficioso** DIR Pflichtverteidiger *m*

deferência [difi'rẽsjɐ] F̄ Gefälligkeit *f*; *(respeito)* Ehrerbietung *f* **deferimento** [difiri'mẽtu] M̄ *pedido oficial:* Bewilligung *f*; *geralm* Erlaubnis *f*; *cargo:* Übertragung *f* **deferir** [difi'rir] ⟨3c⟩ A V̄T *pedido* bewilligen; *cargo* übertragen; *honra* verleihen B V̄I zustimmen (**a** *dat*); sich richten (**a** nach)

defesa [di'fezɐ] A F̄ Verteidigung *f* (*tb* MIL, DIR); Abwehr *f*; *(protecção)* Schutz *m*; *(proibição)* Verbot *n*; **legítima ~** DIR Notwehr *f* B M̄ *futebol:* Verteidiger *m*

defeso [di'fezu] A ADJ verboten *(Zutritt)* B M̄ Schonfrist *f*; *caça:* Schonzeit *f*

défice ['dɛfisi] M̄ *port* Defizit *n*, Fehlbetrag *m*; **~ orçamental** POL Haushaltsdefizit *n*; **cobrir um ~** ein Defizit ausgleichen

deficiência [difi'sjẽsjɐ] F̄ Mangel *m*; Schwäche *f*; Fehler *m*; **~ física** Körperbehinderung *f*; **com ~ grave** schwerbehindert; **com ~ visual** sehbehindert **deficiente** [difi'sjẽti] A ADJ mangelhaft; fehlerhaft; MED (körper)behindert B M̄/F̄ (Körper)Behinderte(r) *m/f*

déficit ['dɛfisit] M̄ → défice

deficitário [difisi'tarju] defizitär

definhado [difi'ɲadu] *(definhado)* abgezehrt; *(fraco)* hinfällig; *planta* welk **definhar** [difi'ɲar] ⟨1a⟩ abmagern; *planta* (ver)welken

definição [difini'sɐ̃w] F̄ Definition *f*; *(genaue)* Erklärung *f*; INFORM, TV (Bildschirm)Auflösung *f*; **de alta ~** hochauflösend **definido** [difi'nidu] genau; klar, präzise; GRAM bestimmt **definir** [difi'nir] ⟨3a⟩ bestimmen, definieren; *(explicar)* erklären; *(delimitar)* abgrenzen; **~-se** Stellung nehmen, sich entscheiden (**por, a favor de** für, zugunsten); sich herausstellen (**como** als) **definitivo** [difini'tivu] endgültig, definitiv; **em ~** letzten Endes **definível** [difi'nivɐɫ] bestimmbar, definierbar

deflação [diflɐ'sɐ̃w] F̄ FIN Deflation *f*; (Geld)Aufwertung *f*

deflagração [diflɐgrɐ'sɐ̃w] F̄ Verpuffung *f*; Explosion *f* (*tb fig*); *guerra etc:* Ausbruch *m*; POL Ausrufung *f* **deflagrar** [diflɐ'grar] ⟨1b⟩ A V̄T abbrennen, zur Explosion bringen; *fig* auslösen B V̄I verpuffen; explodieren; *chama* auflodern; *fig* ausbrechen

deflexão [diflɛ(k)'sɐ̃w] F̄ Abweichung *f*

deflor... → desfloração *etc*

deformação [difurmɐ'sɐ̃w] F̄ Entstellung *f*; Deformation *f*; MED Missbildung *f* **deformar** [difur'mar] ⟨1e⟩ entstellen; deformieren **deforme** [di'fɔrmi] entstellt; *figura* unförmig; *(feio)* unansehnlich **deformidade** [difurmi'dadi] F̄ Unförmigkeit *f*; Verunstaltung *f*; MED Gebrechen *n*

defraudação [difrawdɐ'sɐ̃w] F̄ Veruntreuung *f*; *impostos:* Steuerhinterziehung *f* **defraudador(a)** [difrawdɐ'dor(ɐ)] M̄(F̄) Betrüger(in) *m(f)* **defraudar** [difraw'dar] ⟨1a⟩ bringen (**alg de** j-n um etw); *impostos* hinterziehen; *quantia* unterschlagen; *lei* umgehen; *esperança* enttäuschen; *credor* hintergehen

defrontar [difrõ'tar] ⟨1a⟩ A V̄T gegenüberstehen, -treten B V̄I **~ com** gegenüberliegen, -sitzen, -stehen (*dat*); *fig* gegenüberstellen

defronte [di'frõti] ADV gegenüber(liegend, -sitzend, -stehend); **~ a** (*ou* **de**) gegenüber; vor *(dat)*

defumação [difumɐ'sɐ̃w] F̄ (Aus)Räuchern *n* **defumado** [difu'madu] ADJ **carne** F̄ **-a** Rauchfleisch *n* **defumar** [difu'mar] ⟨1a⟩ räuchern; *divisão* verräuchern

defunto [di'fũtu] A ADJ verstorben; *fig* ins Vergessen geraten B M̄, **-a** F̄ Ver-

degas ['dɛgɐʃ] M bras pop Angeber m
degelador [diʒila'dor] M Enteiser m
degelar [diʒi'tar] ⟨1c⟩ auftauen (tb fig)
degelo [di'ʒelu] M METEO Tauwetter n (tb POL)
degeneração [diʒinirɐ'sɐ̃ũ] F Entartung f; (atrofiamento) Verkümmerung f; BIOL Degeneration f **degenerar** [diʒini'rar] ⟨1c⟩ entarten; verkommen (**em** zu), ausarten (**em** in ac); BIOL degenerieren
degola [di'gɔla] F, **degolção** [digutɐ'sɐ̃ũ] F Enthauptung f; animais: Schächten n **degolar** [digu'lar] ⟨1e⟩ j-m die Kehle durchschneiden; j-n enthaupten
degradação [digrada'sɐ̃ũ] F profissional: Degradierung f; dignidade: Erniedrigung f; gosto, costumes: Verfall m; PINT Abstufung f; GEOL Verwitterung f; **~ de florestas** Waldsterben n **degradante** [digrɐ'dɐ̃ti] erniedrigend **degradar** [digrɐ'dar] ⟨1b⟩ profissional degradieren; dignidade erniedrigen; **~-se** fig herunterkommen; costumes verderben
degrau [di'grau] M (Treppen)Stufe f
degredar [digri'dar] ⟨1c⟩ verbannen
degressivo [digri'sivu] abnehmend; nachlassend, sinkend
degustação [diguʃtɐ'sɐ̃ũ] F vinho etc: Probe f **degustar** [diguʃ'tar] ⟨1a⟩ probieren, verkosten
deitado [dɐi'tadu] liegend; im Liegen; **estar ~** (im Bett) liegen **deitar** [dɐi'tar] ⟨1a⟩ A VT 1 (pousar) (hin)legen; carta einwerfen; lixo wegwerfen; líquido eingießen; manta ausbreiten; rede auswerfen; navio zu Wasser lassen; **~ (ao chão)** auf den Boden werfen; **~ no chão** niederwerfen; **~ abaixo** ab-, ein-, niederreißen; POL stürzen; **~ de fora** herausstrecken; **~ fora** wegwerfen; **~ sal à comida** Salz an das Essen geben; **~ sangue** bluten 2 cheiro, luz verbreiten, verströmen; fogo, sangue spucken; vapor, maldição ausstoßen; **~ para** gehen (o zeigen) auf (ac) 3 fig culpa zuschieben; cartas legen; **~ mão a** anpacken 4 **~ a** (inf) anfangen zu; **~ a fugir** ausreißen B VR **~-se** schlafen gehen; **~-se a a/c** sich auf etw (ac) verlegen; sich auf (ou in etw) (ac) stürzen; **~-se a** (inf) sich darauf verlegen zu (inf)
deixa ['dɐiʃa] F TEAT Stichwort n; **dar uma ~** ein Stichwort geben; e-e Andeutung machen; **pegar na ~** die Gelegenheit beim Schopfe packen
deixá-lo [dɐi'ʃalu] INT macht nichts
deixar [dɐi'ʃar] ⟨1a⟩ A VT lassen; lugar, pessoa verlassen; coisas zurücklassen; stehen (ou liegen) lassen; ao próximo hinterüberlassen; pena erlassen; lucro abwerfen; **~ correr** laufen lassen; **~ em paz** in Ruhe lassen; **~ feito** (ou **pronto, acabado**) tarefa beenden; **~ triste/alegre** traurig/froh machen; **~ de** aufhören zu; (esquecer) vergessen (ou es unterlassen) zu; **~ muito a** (ou **que**) desejar viel zu wünschen übrig lassen; **~ de fora** fig außen vor lassen; **não ~ de** (inf) auf jeden Fall etw tun; (não perder) nicht verpassen; **não poder ~ de fazer a/c** etw tun müssen; **ora deixe-me (em paz)!** lassen Sie mich doch zufrieden!; **deixe estar!** lassen Sie nur!; **~ ver** herzeigen; **~ para lá** nicht ernst nehmen B VR **~-se** sich trennen; (unter)lassen (**de** etw); **~-se estar** dableiben; sich nicht bemühen; **~-se ir** sich gehen lassen
dela ['dɛla] CONTR de de e ela
delação [dila'sɐ̃ũ] F DIR Anzeige f
delambido [dilɐ̃'bidu] aufgeblasen
delapidar [dilapi'dar] zerstören; fortuna: verschwenden, aufbrauchen
delas ['dɛlaʃ] CONTR de de e elas
delatar [dila'tar] ⟨1a⟩ anzeigen
dele ['deli] CONTR de de e ele
delegação [dilɨgɐ'sɐ̃ũ] F Abordnung f; POL Delegation f; (transmissão) Übertragung f; COM Zweigstelle f; **~ escolar** Schulamt n **delegacia** [dilɨgɐ'sia] F Amt n; Vertretung f; bras Polizeikommissariat n **delegado** [dilɨ'gadu] M, **-a** F zuständige Person f; POL Abgeordnete(r) m/f(m), Beauftragte(r) m/f(m); (representante) Vertreter(in) m(f); bras Polizeikommissar(in) m(f); **~ do Ministério Público** Generalstaatsanwalt m, -anwältin f **delegar** [dilɨ'gar] ⟨1o; Stv 1c⟩ **~ alg** j-n abordnen; j-n (als Vertreter) entsenden; **~ alg com a/c** j-n mit etwas beauftragen; **~ a/c a alg** j-m etw übertragen
deleitar [dilɐi'tar] ⟨1a⟩ erfreuen, ergötzen **deleite** [di'lɐiti] M Wonne f, Vergnügen n
deles ['delɨʃ] CONTR de de e eles
deletrear [dilɨtri'ar] ⟨1l⟩ buchstabieren
delével [di'lɛvɛl] entfernbar; tinta (was-

ser)löslich
delgadeza [dɫɡɐˈdezɐ] F Schlankheit f
delgado [deɫˈgadu] dünn; schlank
deliberação [dilibirɐˈsɐ̃u] F Überlegung f, Abwägung f; (*discussão*) Beratung f; (*resolução*) Beschlussfassung f **deliberadamente** [diˈlibirɐdɐˈmẽti] ADV mit Bedacht; (*propositadamente*) absichtlich; *infracção* vorsätzlich **deliberar** [diˈlibiˈrar] ⟨1c⟩ A V/T beschließen B V/I nachdenken (**sobre** über *ac*)
delicadeza [diˈlikɐˈdezɐ] F (*fragilidade*) Zartheit f; (*sensibilidade*) Empfindlichkeit f; (*tacto*) Feingefühl n, Takt m **delicado** [diˈliˈkadu] (*frágil*) zart; (*fino*) dünn, fein; *saúde* empfindlich; *situação* delikat; *comportamento* taktvoll, aufmerksam; *sabor* köstlich, lecker
delícia [diˈlisjɐ] F Wonne f; Entzücken n; *comida*: Genuss m; **ser uma ~** *comida* köstlich sein, ein Genuss sein
deliciar [diliˈsjar] ⟨1g⟩ entzücken, erfreuen; **~-se** sich (er)freuen (**com** an *dat*); genießen (**de** zu) **delicioso** [diliˈsjozu] *comida* köstlich; entzückend
delimitação [diˈlimitɐˈsɐ̃u] F Be-, Abgrenzung f; Grenzziehung f **delimitar** [diˈlimiˈtar] ⟨1a⟩ ab-, begrenzen
delineação [diliˈnjɐˈsɐ̃u] F Entwurf m **delineador** [delinjɐˈdox] M *bras* Eyeliner m **delineamento** [diˈlinjɐˈmẽtu] M Entwurf m **delinear** [diliˈnjar] ⟨1l⟩ umreißen; in Umrissen festhalten; *fig* entwerfen; **~-se** sich abzeichnen
delinquência [diliˈkwẽsjɐ] F Straffälligkeit f, Kriminalität f; **~ juvenil** Jugendkriminalität f **delinquente** [diliˈkwẽti] A ADJ straffällig B M/F Straftäter(in) *m(f)*
delirante [diliˈrɐ̃ti] MED wahnsinnig, *pop* verrückt; *festa* rauschend, tosend **delirar** [diliˈrar] ⟨1a⟩ MED delirieren; fantasieren; faseln; *fam* **~ com** lieben **delírio** [diˈlirju] M MED Wahnsinn m, Delirium n; *fig* Schwärmerei f; Begeisterung f; Trubel m; **ser um ~** *fam* der blanke Wahnsinn sein
delito [diˈlitu] M Delikt n, Straftat f; **em flagrante ~** auf frischer Tat; **~ sexual** Sexualdelikt n
delonga [diˈlõgɐ] F Verzögerung f, (*adiamento*) Aufschub m; **fazer ~s** hinauszuschieben versuchen **delongar** [dilõˈgar] ⟨1o⟩ verzögern; **~-se em** sich

aufhalten mit
delta [ˈdɛɫtɐ] M GEOG Delta *n*
demagogia [dimɐguˈʒiɐ] F Demagogie f; Hetze f **demagógico** [dimɐˈgɔʒiku] demagogisch **demagogo** [dimɐˈgogu] M Demagoge m
demais [diˈmajʃ] A ADV im Übrigen; (*além disso*) außerdem; zu viel; zu sehr B PRON & ADJ übrig; **o ~** das Übrige; **os/as ~** die Übrigen
demanda [diˈmɐ̃dɐ] F DIR Streitsache f, Klage f; *fig* Streit m; COM Nachfrage f; Bedarf m (**de an** *dat*) (*tb* Strom, Wasser); **mover ~** e-n Prozess anstrengen; **em ~ de** auf der Suche nach
demão [diˈmɐ̃u] F ⟨*pl* ~s⟩ Anstrich m
demarcação [dimɐrkɐˈsɐ̃u] F Abgrenzung f; **linha f de ~** MIL Demarkationslinie f **demarcar** [dimɐrˈkar] ⟨1n; *Stvs* 1b⟩ abstecken; *área* ab-, begrenzen; *prazo, tarefa* festlegen
demasia [dimɐˈziɐ] F Übermaß n; COM Überschuss m; *fig* Übertreibung f; *fam* Restgeld n; **em ~** im Übermaß, zu sehr **demasiado** [dimɐˈzjadu] A ADJ *quantidade* zu viel; *qualidade* übermäßig; übertrieben B ADV (all)zu; zu sehr (*ou* viel)
demência [diˈmẽsjɐ] F MED Demenz f **demente** [diˈmẽti] A ADJ geisteskrank B M/F Demenzkranke(r) *m(f)*
demissão [dimiˈsɐ̃u] F POL Rücktritt m; Kündigung f, Entlassung f; **pedir a ~** s-e Kündigung einreichen; POL zurücktreten **demissionário** [dimisjuˈnarju] ADJ **estar ~** s-e Kündigung eingereicht (*ou* erhalten) haben
demitir [dimiˈtir] ⟨3a⟩ j-n entlassen, j-m kündigen; POL s-s Amtes entheben, j-n absetzen; **~-se** zurücktreten von; *cargo* niederlegen; *emprego* kündigen
Demo [ˈdemu] M *fam* Teufel m
democracia [dimukrɐˈsiɐ] F Demokratie f **democrata** [dimuˈkratɐ] M/F Demokrat(in) *m(f)* **democrático** [dimuˈkratiku] demokratisch **democratização** [dimukrɐtizɐˈsɐ̃u] F Demokratisierung f **democratizar** [dimukrɐtiˈzar] ⟨1a⟩ demokratisieren
demografia [dimugrɐˈfiɐ] F Demografie f **demográfico** [dimuˈgrafiku] demografisch
demolhar [dimuˈʎar] ⟨1e⟩ GASTR in Wasser einweichen

demolição [dimuˈɫiˈsɐ̃u] F Zerstörung f; ARQUIT Abriss m, Abbruch m; Demolierung f **demolir** [dimuˈɫir] ⟨3f⟩ zerstören; *edifício* abreißen; *muro* abtragen

demoníaco [dimuˈniɐku] teuflisch **demónio** (*ô) [diˈmɔnju] M Teufel m; **com os ~s!, com mil ~s!** *pop* zum Teufel noch mal!; **que** ~ was zum Teufel

demonstração [dimõʃtrɐˈsɐ̃u] F (*prova*) Nachweis m; (*exposição*) Darlegung f; (*apresentação*) Vorführung f; POL Demonstration f; FÍS Versuch m; MAT Beweis m; *fig* Bekundung f **demonstrar** [dimõʃˈtrar] ⟨1a⟩ demonstrieren; *afirmação* beweisen; *culpa* nachweisen; *pensamento* veranschaulichen; *factos* darlegen; *sentimentos* bekunden; TECN vorführen

demonstrativo [dimõʃtrɐˈtivu] anschaulich; demonstrativ (*tb* GRAM)

demora [diˈmɔrɐ] F Verzögerung f; FERROV *etc* Verspätung f; **sem mais ~s** unverzüglich **demorado** [dimuˈradu] zeitraubend; langwierig; (*lento*) langsam **demorar** [dimuˈrar] ⟨1e⟩ **A** V/T *começo, conclusão* hinauszögern; *alg* aufhalten; warten lassen; *olhar* ruhen lassen (**em** *auf dat*) **B** V/I *temporal*: (lange) dauern; *local*: liegen; ~ **a chegar** sich verspäten; **~-se** sich aufhalten; (stehen) bleiben; **não se ~ a fazer a/c** etw sofort tun **demover** [dimuˈver] ⟨2d⟩ wegräumen, entfernen; *alg* abbringen (**de** von); **~-se a** abkommen von

dendê [dẽˈde] M *bras* BOT Ölpalme f; (*óleo m* **de ~**) Palmöl n; Dendeöl n **denegação** [dinigɐˈsɐ̃u] F Verweigerung f **denegar** [diniˈgar] ⟨1o; Stv 1c⟩ infrage stellen; *cooperação* verweigern; (*negar*) leugnen

denegrir [diniˈgrir] ⟨3d⟩ verdunkeln; *fig* verunglimpfen; *reputação* beschmutzen **dengoso** [dẽˈgozu] (*sensual*) kokett; (*afectado*) geziert; (*melindroso*) zimperlich; *olhar* schmachtend; *bras* weinerlich **dengue** [ˈdẽgi] **A** ADJ zimperlich **B** F MED Dengue-, Dreitagefieber n **C** M *bras* Quengelei f, Koketterie f **denguice** [dẽˈgisi] F Koketterie f

denigrir [diniˈgrir] → denegrir **denodado** [dinuˈdadu] beherzt, wagemutig; (*arrebatado*) ungestüm **denodo** [diˈnodu] M Wagemut m; (*arrebatado*) Ungestüm n

237 ‖ DENÚ

denominação [dinuminɐˈsɐ̃u] F Bezeichnung f, Benennung f **denominador** [dinuminɐˈdor] M MAT Nenner m **denominar** [dinumiˈnar] ⟨1a⟩ (be)nennen (**de** als)

denotação [dinutɐˈsɐ̃u] F Bezeichnung f, Kennzeichnung f; (*sinal*) Zeichen n **denotar** [dinuˈtar] ⟨1e⟩ be-, kennzeichnen; (*mostrar*) zeigen

densidade [dẽsiˈdadi] F Dichte f (*tb* FÍS); ~ **populacional** Bevölkerungsdichte f **denso** [ˈdẽsu] *nevoeiro, vegetação* dicht; *dick*; *floresta, fig* undurchdringlich

dentada [dẽˈtadɐ] F Biss m; *fig* bissige Bemerkung f **dentado** [dẽˈtadu] gezahnt; gezackt; **roda** f **-a** Zahnrad n **dentadura** [dẽtɐˈdurɐ] F ANAT Gebiss n; TECN Zahnkranz m; ~ **postiça** Zahnersatz m **dental** [dẽˈtaɫ] Zahn...; *fim* **-**... **dente-de-seide** f **dentar** [dẽˈtar] V/I *bebé* zahnen **dentário** [dẽˈtarju] Zahn...

dente [ˈdẽti] M ANAT Zahn m; BOT (Knoblauch)Zehe f; TECN Zacke(n) f(m); ~ **canino** Eckzahn m; ~ **de leite** Milchzahn m; ~ **do siso** Weisheitszahn m; ~ **molar** Backenzahn m; **pasta** f **de ~s** Zahnpasta f; ~ **por** ~ *fig* Zahn um Zahn; **arrancar um** ~ e-n Zahn ziehen; **armado até aos ~s** bis an die Zähne bewaffnet; **dar ao** ~ *port* essen; **bater os ~s** mit den Zähnen klappern; **lavar** (*bras* **escovar**) **os ~s** sich die Zähne putzen; **com unhas e ~s** *fig* mit aller Macht

dente-de-leão [dẽtidiˈlɐ̃u] M ⟨*pl* dentes-de-leão⟩ Löwenzahn m

dentição [dẽtiˈsɐ̃u] F *criança*: Zahnen n; *animal*: Zahnstand m; ~ **de leite** Milchgebiss n **dentífrica** [dẽtiˈfriʃu] M Zahncreme f **dentífrico** [dẽˈtifriku] **A** ADJ Zahn...; **água** f **-a** *port* Mundwasser n; **pasta** f **-a** Zahnpasta f **B** M Zahnpasta f **dentista** [dẽˈtiʃtɐ] M/F Zahnarzt m, -ärztin f

dentro [ˈdẽtru] **A** ADV darin, drinnen; **de** ~ von (dr)innen; **para** ~ hinein; **por** ~ drinnen; (von) innen; **estar por** ~ *fig* tema stecken in (*dat*); *acontecimento* im Bilde sein; **ir** ~ *pop* in den Knast gehen **B** PREP *temporal, local*: ~ **de,** ~ **em** in (*dat e ac*); innerhalb; ~ **em breve** bald **dentuça** [dẽˈtusɐ] F *fam* Pferdegebiss n **denudar** [dinuˈdar] ⟨1a⟩ entblößen **denúncia** [diˈnũsjɐ] F *crime*: Anzeige f;

(*traição*) Verrat *m*; (*sinal*) Anzeichen *n*; (*aviso*) Ankündigung *f*; DIR contrato: Kündigung *f*

denunciação [dinūsjɐ'sɐ̃u] F̄ → **denúncia denunciante** [dinū'sjɐ̃ti] M/F Denunziant(in) *m(f)* **denunciar** [dinū'sjar] ⟨1g⟩ *crime* anzeigen; *alg* verraten; *segredo* enthüllen; (*anunciar*) ankündigen; *tréguas, contrato* aufkündigen

deparar [dipɐ'rar] ⟨1b⟩ (dar)bieten; (*encontrar*) (auf)finden; ~ **com** stoßen auf (*ac*); konfrontiert sein mit; **~-se com alg** auf j-n stoßen

departamental [dipɐrtɐmẽ'taɫ] Abteilungs... **departamento** [dipɐrtɐ'mẽtu] M̄ POL Bezirk *m*, Departement *n*; *espec* Dienststelle *f*; Abteilung *f*; UNIV Fachbereich *m*; *bras* Behörde *f*; **Departamento de Estado** Außenministerium *n* (*der USA*)

depauperação [dipaupirɐ'sɐ̃u] F̄, **depauperamento** [dipaupirɐ'mẽtu] M̄ Verelendung *f* **depauperar** [dipaupi'rar] ⟨1c⟩ *alg* auslaugen; *forças* schwächen; **~-se** verarmen

depenar [dipi'nar] ⟨1d⟩ rupfen; **andar depenado** *fam* völlig blank sein

dependência [dipẽ'dẽsjɐ] F̄ Abhängigkeit *f* (**de** von); ARQUIT Nebengebäude *n*; COM Zweigstelle *f*, -niederlassung *f*; **~s** *pl* POL Besitzungen *fpl*; *bras* Einliegerwohnung *f*; **estar na ~ de** ~ abhängen von **dependente** [dipẽ'dẽti] abhängig (**de** von) **depender** [dipẽ'der] ⟨2a⟩ abhängen (**de** von); angewiesen sein (**de** auf *ac*); *administração* gehören (**de** zu); **isso depende!** das kommt drauf an!, je nachdem!

depenicar [dipini'kar] ⟨1n⟩ (einzeln) ausrupfen, ausreißen; *pop* (herum)knabbern (**em** an *dat*)

deperecer [dipiri'ser] ⟨2g⟩ dahinsiechen, langsam sterben; *poét* dahinwelken; *planta* verkümmern

depilação [dipiɫɐ'sɐ̃u] F̄ Enthaarung *f* **depilar** [dipi'ɫar] ⟨1a⟩ enthaaren; die Haare entfernen **depilatório** [dipiɫɐ'tɔrju] M̄ Enthaarungsmittel *n*

deplorar [diplu'rar] ⟨1e⟩ beklagen **deplorável** [diplu'ravɛɫ] beklagenswert; (*miserável*) kläglich, erbärmlich

depoimento [dipwi'mẽtu] M̄ DIR (Zeugen)Aussage *f*; (*confissão*) Bekenntnis *n*; *jornalismo*: Erlebnisbericht *m*

depois [di'poiʃ] **A** ADV **1** *temporal*: danach, darauf, dann; nachher, später **2** außerdem **B** PREP **~ de** nach; **~ de** (*inf ou pp*) nachdem, als **C** CJ **~ que** nachdem

depor [di'por] ⟨2z⟩ *geralm* vorsichtig hinlegen; *alg* absetzen; seines Amtes entheben; *armas, cargo* niederlegen; *dinheiro* hinterlegen; DIR aussagen; *confiança* setzen (**em** in *ac*); **~ nas mãos de alg** j-m zu treuen Händen übergeben

deportação [dipurtɐ'sɐ̃u] F̄ Deportation *f* **deportar** [dipur'tar] ⟨1e⟩ deportieren

deposição [dipuzi'sɐ̃u] F̄ Absetzung *f*; Amtsenthebung *f*; QUÍM Ansetzen *n*; Abscheidung *f* **depositante** [dipuzi'tɐ̃ti] M/F FIN Einzahler(in) *m(f)* **depositar** [dipuzi'tar] ⟨1a⟩ ablegen, hinterlegen; anvertrauen (**em alg** j-m); *dinheiro* einzahlen (**em** auf *ac*); *mercadoria* deponieren, einlagern; *corpo* niederlegen; QUÍM *substâncias* ansetzen; **~-se** *substância* sich absetzen **depositário** [dipuzi'tarju] M̄ Verwahrer *m*; DIR Treuhänder *m*

depósito [di'pɔzitu] M̄ **1** *acção*: Hinterlegung *f*; **~ bancário** Einzahlung *f*; Überweisung *f* **2** (*armazém*) Warenlager *n*, Depot *n*; *bras* Abstellkammer *f*; *fig* Sammelbecken *n*; **~ de lixo** Mülldeponie *f* **3** FIN Bankeinlage *f*; (*conta*) (Bank)Konto *n*; **~ à ordem** Girokonto *n*; **~ a prazo** Termineinlage *f* **4** AUTO Tank *m*; *água*: Wasserspeicher *m*; AUTO **encher o ~** volltanken **5** *vasilhame*: (Flaschen)Pfand *n*; **garrafa f sem ~** Einwegflasche *f* **6** *perdidos e achados*: Fundbüro *n* **7** MED, GEOL Ablagerung *f*; QUÍM Bodensatz *m*

depravação [diprɐvɐ'sɐ̃u] F̄ Verfall *m* **depravado** [diprɐ'vadu] verdorben (*tb fig*); verkommen **depravar** [diprɐ'var] ⟨1b⟩ verderben (*tb fig*); *verdade* verfälschen

deprecada [dipri'kadɐ] F̄ DIR Rechtshilfeersuchen *n* **deprecar** [dipri'kar] ⟨1n, *Stv* 1c⟩ anflehen; DIR ersuchen um

depreciação [diprisjɐ'sɐ̃u] F̄ Ab-, Entwertung *f*; *fig* Herabsetzung *f*; (*menosprezo*) Geringschätzung *f* **depreciador** [diprisjɐ'dor] M̄ Verächter *m* **depreciar** [dipri'sjar] ⟨1g⟩ ab-, entwerten; *fig* herabsetzen; (*menosprezar*) verachten **depreciativo** [diprisjɐ'tivu] abschätzig, abwertend

depredação [diprid₃'sɐ̃ũ] F̄ (*devastação*) Verwüstung f; (*roubo*) Raub m; *casa*: Plünderung f; *bens*: Vergeudung f **depredar** [dipri'dar] ⟨1c⟩ (*devastar*) verwüsten; *bens* vergeuden; *casa* plündern; (*roubar*) rauben

depreender [diprië'der] ⟨2a⟩ erkennen, verstehen; ~ **de** ableiten aus, schließen aus **depreensão** [diprië'sɐ̃ũ] F̄ Erkenntnis f, Schluss m

depressa [di'prɛsɐ] ADV schnell, rasch; **o mais ~ possível** schnellstmöglich

depressão [dipri'sɐ̃ũ] F̄ Senkung f; ECON Rückgang m; Konjunkturtief n; MED Depression f; GEOL Senke f; METEO Tief n; **~ nervosa** MED Nervenzusammenbruch m **depressivo** [dipri'sivu] niederdrückend; MED depressiv

deprimente [dipri'mēti] ADV niederdrückend; deprimierend **deprimir** [dipri'mir] ⟨3a⟩ senken; niedrig halten; (*enfraquecer*) schwächen; (*desanimar*) deprimieren

depuração [dipurɐ'sɐ̃ũ] F̄ Reinigung f; *líquido*: Klärung f; *metal*: Läuterung f; POL Säuberung f **depurar** [dipu'rar] ⟨1a⟩ reinigen; *líquido* klären; *Metall* läutern; POL säubern

deputado [dipu'tadu] M̄, **-a** F̄ POL Abgeordnete(r) m/f(m)

der [der], **dera** [derɐ] → *dar*

deriva [di'rivɐ] F̄ AERO, NÁUT Abdrift f; *geralm* Abweichung f; **à ~** aufs Geratewohl; sich selbst überlassen **derivação** [dirivɐ'sɐ̃ũ] F̄ Ableitung f; (*origem*) Abstammung f; TECN Abzweigung f; Ableitungsrohr n; ELECT Nebenanschluss m; TEL Zweigleitung f **derivado** [diri'vadu] M̄ LING Ableitung n; FIN, QUÍM Derivat n; TECN Nebenprodukt n **derivar** [diri'var] ⟨1a⟩ A V̄T ab-, umleiten; abzweigen; *palavra* herleiten; *fig* ablenken von B V̄I 1 hervorgehen (**de** aus); herkommen *ou* (ab)stammen (**de** von) 2 *mar* dahingehen; *água* fließen; *barco* abtreiben

dermatologia [dɛrmɐtulu'ʒiɐ] F̄ Dermatologie f **dermatologista** [dɛrmɐtulu-'ʒi[ʃ]tɐ] M̄F̄ Hautarzt m, -ärztin f **dermatose** [dɛrmɐ'tɔzi] F̄ Hautkrankheit f

dérmico [ˈdɛrmiku] MED Haut...

derradeiro [diʁɐ'dɐjru] letzte; **por ~** schließlich; zuletzt

derramamento [diʁɐmɐ'mētu] M̄ *sangue etc*: Vergießen n; *dinheiro*: Verbreitung f; Verschwendung f; (*escorrer*) Ausfließen n; MED (Blut)Erguss m **derramar** [diʁɐ'mar] ⟨1a⟩ *líquido* vergießen, verschütten; *boato* ausstreuen; *flores* streuen; *fortuna* verschwenden; (*espalhar*) zerstreuen; **~-se** sich ergießen (**em, por** über *ac*); *líquido* ausfließen; (*derreter-se*) zerfließen

derrame [di'ʁɐmi] M̄ → *derramamento*; **~ (cerebral)** *fam* Hirnblutung f; GEOL Lavafeld f

derrapagem [diʁɐ'paʒɐ̃j] F̄ Schleudern n (*espec* AUTO) **derrapar** [diʁɐ'par] ⟨1b⟩ AUTO schleudern

derreado [di'ʁjadu] kreuzlahm; (*exausto*) erschöpft **derreamento** [diʁjɐ'mētu] M̄ Erschöpfung f **derrear** [di'ʁjar] ⟨1l⟩ *peso, problema* niederdrücken; (*derrubar*) zu Boden zwingen; (*extenuar*) erschöpfen; (*desacreditar*) in Misskredit bringen; **estar derreado** erschöpft sein (**de** von)

derredor [diʁɨ'dor] M̄ **ao** (*ou* **em**) **~ de** um … herum

derreter [diʁɨ'ter] ⟨2c⟩ *gelo, manteiga* schmelzen; *substância* auflösen; *dinheiro* durchbringen; *fig* rühren **derreter-se** V̄R schmelzen; *fig* zerschmelzen; **~ em lágrimas** hemmungslos weinen **derretimento** [diʁɨti'mētu] M̄ Schmelzen n; *fig* Zerfließen n

derribamento [diʁib̵ɐ'mētu] M̄ (Ein-, Zusammen)Sturz m; POL Umsturz m **derribar** [diʁi'bar] ⟨1a⟩ *alg* zu Boden werfen; *edifício* zum Einsturz bringen; *árvore* fällen; *adversário* schlagen; *oposição* unterdrücken; *governo* stürzen **derribar-se** [diʁi'barsi] V̄R *edifício* einstürzen; *árvore* umstürzen

derriçar [diʁi'sar] ⟨1p⟩ A V̄T *cabelos* auskämmen B V̄I (*namorar*) schäkern; (*troçar*) herumalbern **derriço** [di'ʁisu] M̄ 1 (*namoro*) Flirt m; Verhältnis n; (*troça*) Alberei f; (*provocação*) Impertinenz f 2 (*namorado,-a*) Liebste(r) m/f(m)

derrisão [diʁi'zɐ̃ũ] F̄ Hohngelächter n; Hohn m **derrisório** [diʁi'zɔrju] höhnisch

derrocada [diʁu'kadɐ] F̄ Einsturz m; POL Zusammenbruch m; Sturz m; MIL Niederlage f **derrocar** [diʁu'kar] ⟨1n; *Stv* 1e⟩ niederreißen; umstürzen; *governo* zu Fall bringen; *adversário* niederwerfen

derrogação [diʁugɐ'sɐ̃ũ] F̄ DIR Aufhebung f; *parcial*: Außerkraftsetzung f **derrogar** [diʁu'gar] ⟨1o, *Stv* 1e⟩ aufheben; *parcialmente* Gesetz teilweise außer Kraft setzen

derrota [di'ʁɔta] F **1** NÁUT Richtung f, Kurs m **2** Niederlage f; **~ eleitoral** Wahlniederlage f **derrotar** [diʁu'tar] ⟨1e⟩ **1** NÁUT vom Kurs abbringen **2** MIL, DESP (vernichtend) schlagen; besiegen (*tb jogo*, DESP); **ser derrotado** eine Niederlage kassieren

derruba [de'xube] F *bras*, **derrubada** [dexu'bade] F *bras* Abholzung f; Massenentlassung f **derrubar** [diʁu'bar] ⟨1a⟩ niederzwingen; POL stürzen; *obstáculos* überwinden **derrube** [di'ʁubi] M POL (Um)Sturz m

desabafado [dizɐbɐ'fadu] *lugar* luftig; *vida* unbeschwert; *vista* unbehindert; (*desafogado*) offen(herzig); vorurteilsfrei **desabafar** [dizɐbɐ'far] ⟨1b⟩ **A** VT freimachen; aufdecken, lüften; *coração* erleichtern; *mágoa* klagen (**com** *j-m*) **B** V frei aufatmen; sich (*dat*) Luft machen (**com** gegenüber *dat*), *fam* auspacken

desabafo [dizɐ'bafu] M (Aus)Lüftung f; *fig* (Gefühls)Ausbruch m; (*alívio*) Erleichterung f

desabalado [dizɐbɐ'ɫadu] übermäßig; *fam dor, raiva* wahnsinnig; *partida* überstürzt **desabalar** [dizɐbɐ'ɫar] ⟨1b⟩ überstürzt fliehen

desabamento [dizɐbɐ'mẽtu] M Einsturz m; *fig* Zusammenbruch m; **~ de terra** Erdrutsch m **desabar** [diza'bar] ⟨1a⟩ **A** VT zum Einsturz bringen **B** V einstürzen; GEOL abrutschen; *fig* zusammenbrechen

desabitado [dizɐbi'tadu] unbewohnt

desabituação [dizɐbitwɐ'sɐ̃u] F Entwöhnung f; *droga*: Entzug m **desabituar** [dizɐbi'twar] ⟨1g⟩ entwöhnen; **~ alg de a/c** j-m etw abgewöhnen; **~-se de a/c** sich (*dat*) etw abgewöhnen

desabonar [dizɐbu'nar] ⟨1f⟩ in Verruf bringen; **~-se** sein Ansehen verlieren **desabono** [dizɐ'bonu] M Misskredit m; Verruf m; **em ~ de** zuungunsten *von* **desabotoar** [dizɐbu'twar] ⟨1f⟩ **A** VT abknöpfen; aufknöpfen; *geralm* öffnen **B** V *flor* aufblühen

desabrido [dizɐ'bridu] *tempo* rau; barsch; *tom* grob

desabrigado [dizɐbri'gadu] *pessoa* obdachlos, schutzlos; *lugar* verlassen; offen **desabrigar** [dizɐbri'gar] ⟨1o⟩ preisgeben; des Schutzes berauben **desabrigo** [dizɐ'brigu] M Schutzlosigkeit f

desabrochar [dizɐbru'ʃar] ⟨1e⟩ *flor* aufblühen, erblühen

desacatar [dizɐkɐ'tar] ⟨1b⟩ **A** VT *alg* respektlos (*ou* unhöflich) behandeln; *regra* missachten **B** V *bras pop tb* Aufsehen erregen **desacato** [dizɐ'katu] M Respektlosigkeit f; **~ à autoridade** Beleidigung f e-s Amtsträgers, Beamtenbeleidigung f

desacautelado [dizɐkauti'ɫadu] unvorsichtig **desacautelar(-se)** [dizɐkauti'ɫar(si)] ⟨1c⟩ **~ (de)** unvorsichtig sein (*mit*)

desacelerar [dizɐsiti'rar] ⟨1c⟩ AUTO vom Gas gehen; *actividade etc* sich verlangsamen; *fig* sich beruhigen

desacertado [dizɐsir'tadu] töricht; *ideia* irrig, abwegig **desacertar** [dizɐsir'tar] ⟨1c⟩ (*errar*) sich irren bei *ou* in (*dat*); verfehlen; *passo, horário* in Unordnung geraten; *relógio etc* nicht richtig funktionieren **desacerto** [dizɐ'sertu] M (*descoordenação*) mangelnde Koordination f; (*tolice*) Fehltritt m

desacomodar [dizɐkumu'dar] ⟨1e⟩ *alg* aus der Wohnung werfen; *coisa* wegräumen

desacompanhado [dizɐkõpɐ'ɲadu] ADJ unbegleitet

desaconchego [dizɐkõ'ʃegu] M **1** Ungemütlichkeit f **2** Schutz-, Hilflosigkeit f **desaconselhar** [dizɐkõsi'ʎar] ⟨1d⟩ abraten von (**a** *alg* j-m)

desacordado [dizɐkur'dadu] uneinig; *observação* unbesonnen; *pop* besinnungslos **desacordar** [dizɐkur'dar] ⟨1e⟩ **A** VT durcheinanderbringen; MÚS verstimmen **B** V *pessoas* (sich *dat*) uneinig sein; *coisas* nicht zueinanderpassen; durcheinandergeraten; MÚS falsch spielen (*ou* singen); *pop* bewusstlos werden

desacordo [dizɐ'kordu] M Uneinigkeit f, Meinungsverschiedenheit f; **estar em ~ com** widersprechen (*dat*)

desacostumado [dizɐkuʃtu'madu] *comportamento etc* ungewöhnlich; *pessoa* aus der Übung; nicht mehr gewöhnt (**de an** *ac*) **desacostumar** [dizɐkuʃtu'mar] ⟨1a⟩ *a/c* verlernen; *alg* entwöhnen; **~-se de a/c** sich (*dat*) etw abgewöhnen

desacreditado [dizɐkridi'tadu] verrufen,

diskreditiert **desacreditar** [dizɐkridi'tar] ⟨1a⟩ in Misskredit bringen (**com** bei); *a/c* nicht glauben
desa(c)tivação [dizativɐ'sɐ̃ũ] *F* Außerdienstsetzung *f*; FÍS, INFORM Deaktivierung *f* **desa(c)tivar** [dizati'var] ⟨1a⟩ außer Dienst stellen; *departamento* auflösen; *bomba* entschärfen; FÍS, INFORM deaktivieren
desa(c)tualizado [dizɐtwɐli'zadu] nicht mehr aktuell, überholt
desafe(c)tação [dizɐfɛtɐ'sɐ̃ũ] *F* Ungezwungenheit *f*; Natürlichkeit *f* **desafe(c)to** [dizɐ'fɛtu] **A** *ADJ* gegnerisch **B** *M* **1** Abneigung *f* **2** Widersacher *m*
desafeição [dizɐfɐj'sɐ̃ũ] *F* Abneigung *f* **desafeiçoar** [dizɐfɐj'swar] ⟨1f⟩ **1** *verdade* entstellen **2** *pessoa* Abneigung einflößen (**de** gegen)
desafeito [dizɐ'fɐjtu] entwöhnt **desaferrar** [dizɐfɨ'ʀar] ⟨1c⟩ loslassen; *fig* abbringen (**de** von); **~-se** *fig* aufgeben; ablassen (**de** von)
desafiar [dizɐ'fjar] ⟨1g⟩ **A** *VT* (heraus)fordern (**a** *inf* zu); *perigo* trotzen (*dat*); *alg* auffordern (**a** *inf* zu) **B** *VI* stumpf werden
desafinação [dizɐfinɐ'sɐ̃ũ] *F* Verstimmtheit *f*; Unreinheit *f* **desafinado** [dizɐfi'nadu] MÚS verstimmt; *pessoa* falsch singend **desafinar(-se)** [dizɐfi'nar(si)] ⟨1a⟩ MÚS verstimmt sein (*fig* **com** über *ac*) (*tb Instrument*); *pessoa* falsch spielen (*ou* singen)
desafio [dizɐ'fiu] *M* Herausforderung *f* (*tb* DESP); Wettstreit *m*; *bras* Wechselgesang *m*; **ao ~** um die Wette
desafivelar [dizɐfivi'lar] ⟨1c⟩ abschnallen
desafogado [dizɐfu'gadu] (*livre*) frei, ungehindert; (*espaçoso*) geräumig; *vida* bequem; unbeschwert **desafogar** [dizɐfu'gar] ⟨1o; *Stv* 1e⟩ **A** *VT* Erleichterung (*ou* Luft) verschaffen (**de** von); *sentimentos* freien Lauf lassen **B** *VI* sein Herz erleichtern (**com** bei); **~-se** es sich (*dat*) bequem machen; sich freimachen (**de** von)
desafogo [dizɐ'fogu] *M* (*alívio*) Erleichterung *f*; Erholung *f*; (*à-vontade*) Zwanglosigkeit *f*; *material*: Wohlstand *m*; **viver com ~** finanziell abgesichert sein (*ou*

gut dastehen) **desafoguear** [dizɐfu'gjar] ⟨1l⟩ abkühlen; erfrischen
desaforo [dizɐ'foru] *M* Unverschämtheit *f*; Dreistigkeit *f*
desafortunado [dizɐfurtu'nadu] unglücklich

desafronta [dizɐ'frõtɐ] *F* **1** Genugtuung *f*; Rache *f* **2** Erleichterung *f* **desafrontar-se** [dizɐfrõ'tarsi] ⟨1a⟩ **1** sich rächen (*ou* revanchieren) (**de** für) **2** sich befreien (**de** von)
desagasalhado [dizɐgɐzɐ'ʎadu] obdachlos; *lugar* unwirtlich; *pessoa* unzweckmäßig gekleidet **desagasalho** [dizɐgɐ'zaʎu] *M* Unwirtlichkeit *f*; (*penúria*) Dürftigkeit *f*, Mangel *m*
desagastar [dizɐgɐʃ'tar] ⟨1b⟩ beruhigen; beschwichtigen; **~-se** sich wieder beruhigen
deságio [de'zaʒju] *M* *bras* FIN Disagio *n*, Abschlag *m*
desagradar [dizɐgrɐ'dar] ⟨1b⟩ missfallen; lästig sein; **~-se de** sich ärgern über (*ac*) **desagradável** [dizɐgrɐ'davɛɫ] unangenehm **desagradecimento** [dizɐgrɐdisi'mẽtu] *M* Undankbarkeit *f* **desagrado** [dizɐ'gradu] *M* Missfallen *n*; **cair** (*ou* **incorrer**) **em ~** Missfallen erregen
desagravar [dizɐgrɐ'var] ⟨1b⟩ *alg* Genugtuung geben; rächen; *conflito* entschärfen; *culpa* mildern; *dor* lindern; *sentença* aufheben **desagravo** [dizɐ'gravu] *M* Sühne *f*; *material*: Entschädigung *f*; *sentença*: Aufhebung *f*
desagregação [dizɐgrigɐ'sɐ̃ũ] *F* (Ab-)Trennung *f*; Loslösung *f* **desagregar** [dizɐgri'gar] ⟨1o; *Stv* 1c⟩ (ab)trennen; *von e-m Ganzen* ablösen; **~-se** zerfallen
desaguadouro [dizɐgwɐ'doru] *M* Entwässerungsgraben *m* **desaguamento** [dizɐgwɐ'mẽtu] *M* **1** Entwässerung *f* **2** Mündung *f* **desaguar** [dizɐ'gwar] ⟨1ma⟩ **A** *VT* entwässern; trockenlegen **B** *VI* münden (**em** in *ac*)
desaire [di'zajri] *M* Steifheit *f*; Ungeschicklichkeit *f*; *comportamento*: Ungehörigkeit *f* **desairoso** [dizaj'rozu] steif, hölzern; ungeschickt, linkisch; (*infeliz*) unglücklich; *comportamento* ungehörig
desajeitado [dizɐʒɐj'tadu] ungeschickt, unbeholfen, linkisch **desajuizado** [dizɐʒwi'zadu] unvernünftig
desajustado [dizɐʒuʃ'tadu] durcheinan-

der; aus der Ordnung; TECN verstellt **desajustar** [dizɜʒuʃˈtar] ⟨1a⟩ aus der Ordnung bringen; contrato rückgängig machen; **~-se** sich überwerfen; TECN sich verstellen; sich lösen **desajuste** [dizɜˈʒuʃtɨ] M contrato, acordo: Aufkündigung f; pessoa: Anpassungsschwierigkeit f; (desacordo) Meinungsverschiedenheit f

desalentar [dizɜlẽˈtar] ⟨1a⟩ entmutigen; **~-se** den Mut (ou die Lust) verlieren **desalento** [dizɜˈlẽtu] M Mutlosigkeit f

desalinhado [dizɜliˈɲadu] a/c unordentlich; pessoa verwahrlost **desalinhar** [dizɜliˈɲar] ⟨1a⟩ in Unordnung bringen **desalinho** [dizɜˈliɲu] M Unordnung f; Nachlässigkeit f; mental: Verwirrung f

desalmado [dizaɫˈmadu] herzlos

desalojado [dizɜlɔˈʒadu] M POL Vertriebene(r) m **desalojar** [dizɜluˈʒar] ⟨1e⟩ aus e-r Wohnung hinaussetzen

desalugado [dizɜluˈgadu] unvermietet

desamabilidade [dizɜmɜbiliˈdadɨ] F Unhöflichkeit f

desamar [dizɜˈmar] ⟨1a⟩ nicht mehr lieben; hassen

desamarrar [dizɜmɜˈʀar] ⟨1b⟩ A VT losmachen; lösen; fig fam loseisen B VI NÁUT die Anker lichten **desamarrotar** [dizɜmɜʀuˈtar] ⟨1e⟩ glatt streichen

desamável [dizɜˈmavɛɫ] unhöflich

desamor [dizɜˈmor] M Lieblosigkeit f; (repugnância) Widerwille m

desamparado [dizɜpɜˈradu] hilflos; schutzlos; verwahrlost; verlassen; **criança f -a** bras Straßenkind n **desamparar** [dizɜpɜˈrar] ⟨1b⟩ verlassen; sich nicht kümmern um **desamparo** [dizɜˈparu] M Schutzlosigkeit f; Verlassenheit f; **ao ~** verlassen

desancar [dizɜˈkar] ⟨1n⟩ pop verprügeln; fig verreißen

desanda [diˈzɐ̃dɐ] F Anschnauzer m, Rüffel m; pop (sova) Tracht f Prügel **desandar** [dizɜˈdar] ⟨1a⟩ A VT port parafuso herausschrauben; caminho zurückgehen B VI zurückgehen, -weichen; sich zurückziehen; plano scheitern; bras fam comida schlecht werden; **~ em** enden mit

desanimação [dizɜnimɜˈsɐ̃ũ] F → desânimo **desanimado** [dizɜniˈmadu] mutlos; bedrückt; (aborrecido) langweilig; leblos **desanimar** [dizɜniˈmar] ⟨1a⟩ A VT entmutigen; die Lust (ou die Freude) nehmen (**de an** dat) B VI den Mut (ou die Lust) verlieren

desânimo [diˈzɐnimu] M Niedergeschlagenheit f

desanuviado [dizɜnuˈvjadu] wolkenlos; fig sorglos **desanuviamento** [dizɜnuvjɜˈmẽtu] M POL Entspannung f **desanuviar** [dizɜnuˈvjar] ⟨1g⟩ aufhellen, -heitern; fig beruhigen; POL entspannen

desapaixonado [dizɜpajʃuˈnadu] leidenschaftslos, kühl

desaparafusar [dizɜpɜrɜfuˈzar] ⟨1a⟩ ab-, auf-, herausschrauben

desaparecer [dizɜpɜriˈser] ⟨2g⟩ verschwinden **desaparecimento** [dizɜpɜrisiˈmẽtu] M Verschwinden n

desapegar-se [dizɜpiˈgarsi] ⟨1o; Stv 1c⟩ gleichgültig werden; das Interesse (ou die Lust) verlieren an (dat) **desapego** [dizɜˈpegu] M Gleichgültigkeit f; Abneigung f

desapercebido [dizɜpirsiˈbidu] unvorbereitet; unvorsichtig; **~ de** ohne; → despercebido

desapertar [dizɜpirˈtar] ⟨1c⟩ fivela lockern; botão aufmachen; nó losmachen; fig erleichtern; **~-se** es sich (dat) bequem machen; sich freimachen (**de** von) **desaperto** [dizɜˈpertu] M Lockerung f; fig Sorglosigkeit f

desapiedado [dizɜpjeˈdadu] herzlos

desaplicação [dizɜplikɜˈsɐ̃ũ] F Nachlässigkeit f

desapoderar [dizɜpudiˈrar] ⟨1c⟩ **~ alg de** haveres, poder j-m entreißen; cargo, procuração j-m entziehen

desapontamento [dizɜpõtɜˈmẽtu] M Enttäuschung f **desapontar-se** [dizɜpõˈtarsi] ⟨1a⟩ enttäuscht sein (**com** von)

desapossado [dizɜpuˈsadu] besitzlos; kraftlos **desapossar** [dizɜpuˈsar] ⟨1e⟩ POL alg entmachten; DIR enteignen; **~ alg de a/c** j-m etw wegnehmen; **~-se de** verzichten auf (ac)

desaprazer [dizɜprɜˈzer] ⟨2y⟩ missfallen; unangenehm sein **desaprazível** [dizɜprɜˈzivɛɫ] unangenehm; lästig

desapreciar [dizɜpriˈsjar] ⟨1g⟩ gering schätzen **desapreço** [dizɜˈpresu] M Verachtung f, Geringschätzung f

desaprender [dizɜprẽˈder] ⟨2a⟩ verlernen

desapropriação [dizɜpruprjɜˈsɐ̃ũ] F Ent-

eignung f **desapropriar** [dizɐprupri'ar] ⟨1g⟩ → desapossar
desaprovação [dizɐpruvɐ'sɐ̃ũ] F Missbilligung f **desaprovar** [dizɐpru'var] ⟨1e⟩ missbilligen
desaproveitamento [dizɐpruvɐjtɐ'mẽtu] M Vergeudung f; Nachlässigkeit f; *escola:* Sitzenbleiben n **desaproveitar** [dizɐpruvɐj'tar] ⟨1a⟩ nicht ausnutzen; *oportunidade* vertun; vernachlässigen; *tempo* vergeuden
desaprumado [dizɐpru'madu] aus dem Lot; geneigt; schief
desar [di'zar] M → desaire
desarborizado [dizɐrburi'zadu] baumlos
desarborizar [dizɐrburi'zar] ⟨1a⟩ abholzen
desarmamentismo [dizɐrmɐmẽ'tiʒmu] F POL Abrüstungsbewegung f **desarmamento** [dizɐrmɐ'mẽtu] M POL Abrüstung f; Entwaffnung f **desarmar** [dizɐr'mar] ⟨1b⟩ POL abrüsten; entwaffnen (tb fig); *máquina etc* abmontieren, demontieren
desarmonia [dizɐrmu'nia] F MÚS Missklang m; fig Uneinigkeit f **desarmónico** (*ô) [dizɐr'mɔniku], **desarmonioso** [dizɐrmu'njozu] MÚS disharmonisch; fig uneinig
desarraig... → desarreigamento etc
desarranjado [dizɐʀɐ̃'ʒadu] unordentlich **desarranjar** [dizɐʀɐ̃'ʒar] ⟨1a⟩ in Unordnung bringen; *ordem* stören **desarranjo** [dizɐ'ʀɐ̃ʒu] M Unordnung f; Durcheinander n; MED Darmverstimmung f; *port pop* Abtreibung f; **causar** ~ *port* stören
desarrazoado [dizɐʀɐ'zwadu] A ADJ unsinnig, ungereimt; unangebracht B M Widersinn m; Unvernunft f
desarreigamento [dizɐʀɐjgɐ'mẽtu] M fig Entwurzelung f **desarreigar** [dizɐʀɐj'gar] ⟨1o⟩ entwurzeln (tb fig); fig ausrotten
desarrolhar [dizɐʀu'ʎar] ⟨1e⟩ entkorken
desarrumação [dizɐʀumɐ'sɐ̃ũ] F Unordnung f; Durcheinander n **desarrumado** [dizɐʀu'madu] *quarto* unaufgeräumt; *a/c* durcheinander; verlegt; *pessoa* unordentlich **desarrumar** [dizɐʀu'mar] ⟨1a⟩ in Unordnung bringen **desarrumo** [dizɐ'ʀumu] M Unordnung f
desarticulação [dizɐrtikulɐ'sɐ̃ũ] F Aus-

renkung f; fig Zerrüttung f **desarticulado** [dizɐrtiku'ɫadu] fala unverständlich
desarticular [dizɐrtiku'ɫar] ⟨1a⟩ *articulação* auskugeln; verstauchen; fig *ordem* aus den Fugen bringen; (*decompor*) zerlegen; *revolta* niederschlagen
desarvorar [dizɐrvu'rar] ⟨1e⟩ *navio* entmasten; fig überstürzt fliehen
desassazonado [dizɐssɐzu'nadu] außerhalb der Saison; fig ungelegen
desasseio [dizɐ'sɐju] M Unsauberkeit f; Dreck m
desassistido [dizɐsiʃ'tidu] hilflos, im Stich gelassen; MED ohne ärztliche Hilfe (ou Behandlung)
desassociar [dizɐsu'sjar] ⟨1g⟩ trennen; auseinanderbringen; **~-se** austreten
desassombrado [dizɐsõ'bradu] *terreno* offen; fig offenherzig; *espec* unerschrocken; dreist **desassombro** [dizɐ'sõbru] M Unerschrockenheit f; (*atrevimento*) Dreistigkeit f; (*abertura*) Offenheit f
desassossegado [dizɐsusɐ'gadu] unruhig **desassossegar** [dizɐsusɐ'gar] ⟨1o; Stv 1c⟩ beunruhigen **desassossego** [dizɐsu'sɐgu] M Unruhe f; Ruhelosigkeit f
desastrado [dizɐʃ'tradu] ungeschickt; tollpatschig; (*infeliz*) unglücklich; (*deplorável*) jämmerlich; (*desastroso*) misslich **desastre** [di'zaʃtri] M Unglück n; Unfall m; ~ **de trânsito** Verkehrsunfall m **desastroso** [dizɐʃ'trozu] unheilvoll; verhängnisvoll
desatar [dizɐ'tar] ⟨1b⟩ aufknoten, aufschnüren; fig lösen; befreien (**de** von); ~ **a** (*inf*) plötzlich anfangen zu; ~ **em** ausbrechen in (*ac*); **~-se** sich losmachen; sich entziehen (**de alg** e-r Sache *dat*)
desatarraxar [dizɐtɐʀɐ'ʃar] ⟨1b⟩ ab-, auf-, herausschrauben
desatenção [dizɐtẽ'sɐ̃ũ] F Achtlosigkeit f; Unachtsamkeit f **desatencioso** [dizɐtẽ'sjozu] achtlos; unhöflich **desatender** [dizɐtẽ'der] ⟨2a⟩ ~ **a** (*ac*) nicht beachten; nicht hören auf (*ac*); sich nicht kümmern um **desatentar** [dizɐtẽ'tar] ⟨1a⟩ unaufmerksam sein **desatento** [dizɐ'tẽtu] zerstreut; unaufmerksam
desaterrar [dizɐti'ʀar] ⟨1c⟩ *terreno* einebnen; *cova* ausschachten; *monte* abtragen
desatinar [dizɐti'nar] ⟨1a⟩ den Verstand verlieren, aus der Fassung geraten **desatino** [dizɐ'tinu] M Unsinn m

desautorização [dizaʌutɔriza'sɐ̃ʊ̃] F poder, honra: Entzug m **desautorizar** [dizaʌuturi'zar] ⟨1a⟩ a/c untersagen, alg die Befugnis entziehen; die Zuständigkeit absprechen; **~-se** sich um sein Ansehen bringen

desavença [dizɐ'vẽsɐ] F Zwist m; Meinungsverschiedenheit f

desavergonhado [dizɐvɨrgu'ɲadu] schamlos; unverschämt **desavergonhamento** [dizɐvɨrguɲɐ'mẽtu] M Schamlosigkeit f

desavindo [dizɐ'vĩdu] uneins; zerstritten; **andar ~ com alg** mit j-m verfeindet sein **desavir-se** [dizɐ'virsi] ⟨3wa⟩ sich entzweien (**com** mit)

desavisado [dizɐvi'zadu] unvernünftig; unklug; leichtfertig **desavisar** [dizɐvi'zar] ⟨1a⟩ notícia widerrufen; ordem zurücknehmen **desaviso** [dizɐ'vizu] M **1** Gegenorder f **2** Unklugheit f; Leichtfertigkeit f

desavistar [dizɐviʃ'tar] ⟨1a⟩ aus den Augen verlieren

desazado [dizɐ'zadu] (desajeitado) ungeschickt; (inoportuno) unpassend

desbaratar [diʒbɐrɐ'tar] ⟨1b⟩ verschwenden; fortuna durchbringen; capital, mercadoria verschleudern; fig zerstören; **~-se** verloren gehen; zugrunde gehen; (estragar-se) kaputtgehen **desbarate** [diʒbɐ'rati] M, **desbarato** [diʒbɐ'ratu] M port Zerrüttung f; port COM Misswirtschaft f; Verlust m; Verlustgeschäft n; Verschwendung f; **ao ~** port zu Schleuderpreisen; **em ~** port blindlings

desbastar [diʒbaʃ'tar] ⟨1b⟩ madeira abhobeln; pedra behauen; floresta ausholzen, lichten; cabelo ausdünnen

desbloqueamento [diʒblukjɐ'mẽtu] M → desbloqueio **desbloquear** [diʒblu'kjar] ⟨1l⟩ die Blockade aufheben; (desimpedir) freigeben **desbloqueio** [diʒblu'kɐju] M Aufhebung f der Blockade; estrada: Freigabe f; capital: Herausgabe f

desbocado [diʒbu'kadu] unbändig, zügellos (tb fig); frech, schamlos

desbordante [diʒbur'dɐ̃ti] überschwänglich; überschäumend **desbordar** [diʒbur'dar] ⟨1e⟩ **A** VT rio über die Ufer treten lassen; recipiente überlaufen lassen **B** VI rio über die Ufer treten; recipiente überlaufen; fig überquellen (**de** vor)

desbotado [diʒbu'tadu] fig matt; tecido ausgeblichen **desbotar** [diʒbu'tar] ⟨1e⟩ (aus)bleichen; die Farbe verlieren

desbragado [diʒbrɐ'gadu] zügel-, hemmungslos, frech

desbravar [diʒbrɐ'var] ⟨1b⟩ AGR urbar machen; cavalo bändigen; caminho bahnen; fig zähmen

desbundar [dʒiʒbũ'dax] ⟨1a⟩ bras pop ausflippen; Bewunderung auslösen **desbunde** [dʒiʒ'bũdʒi] M bras pop Rausch m; **ser um ~** pop irre gut sein

desc. ABR (desconto) Rabatt

descabeçado [diʃkɐbi'sadu] kopflos, führerlos **descabelado** [diʃkɐbi'ladu] (despenteado) zerzaust; (calvo) kahl; fig wild

descaber [diʃkɐ'ber] ⟨2q⟩ local: nicht (hinein)passen; temporal: ungelegen kommen **descabido** [diʃkɐ'bidu] unpassend; temporal: ungelegen; (vão) zwecklos

descafeinado [diʃkɐfei'nadu] **A** ADJ koffeinfrei **B** M koffeinfreier Expresso m

descaída [diʃkɐ'idɐ] F Ausrutscher m, Versehen n **descair** [diʃkɐ'ir] ⟨3l⟩ **A** VT neigen; beugen; (herab)fallen lassen **B** VI herabfallen, (ab)sinken (**sobre** auf ac); fama, calor zurückgehen, nachlassen; de fome schwach werden; curso abweichen (**de** von); NÁUT abdriften; **~ em** fallen in (ac); ausarten in (ac); **~ para** verfallen auf (ac); übergehen zu; **ao ~ do dia** port gegen Abend; **~-se** sich verraten

descalabro [diʃkɐ'labru] M Verlust m; geralm verheerende Lage f

descalçadeira [diʃkaɫsɐ'dɐjrɐ] F, **descalçador** [diʃkaɫsɐ'dor] M Schuhlöffel m **descalçar** [diʃkaɫ'sar] ⟨1p⟩ sapatos, meias, luvas ausziehen; AUTO den Bremsklotz entfernen one; estrada aufreißen; **~ a bota** port pop sich aus der Affäre ziehen

descalcificação [diʃkaɫsifikɐ'sɐ̃ʊ̃] F Kalziumabbau m; dos ossos: (Knochen)Erweichung f; da água: (Wasser)Enthärtung f **descalcificante** [diʃkaɫsifi'kɐ̃ti] **1** ADJ entkalkend **2** M Entkalkungsmittel m

descalço [diʃ'kaɫsu] pessoa barfuß; estrada ungepflastert; fig unvorbereitet; **andar ~** barfuß laufen; **apanhar alg ~** fig j-n kalt erwischen; **ficar ~** fam mittellos dastehen

descambação [diʃkɐ̃bɐ'sɐ̃ʊ̃] F, **des-**

cambadela [kɐ̃bɐˈdɛɫɐ] F (Ab)Hang m; fig Entgleisung f **descambar** [dɨʃkɐ̃ˈbar] ⟨1a⟩ hinunterfallen, -gleiten; sich fallen lassen; ~ **em** ausarten in ⟨ac⟩; ~ **no ridículo** lächerlich werden

descaminhar [dɨʃkɐmiˈɲar] ⟨1a⟩ → desencaminhar **descaminho** [dɨʃkɐˈmiɲu] M Irrweg m; COM Unterschlagung m; Schmuggel m; (perda) Verlust m; fig Entgleisung f, Irrtum m

descampado [dɨʃkɐ̃ˈpadu] M offenes Feld n

descansado [dɨʃkɐ̃ˈsadu] ruhig, entspannt; vida geruhsam, sorglos; **esteja ~!** keine Sorge! **descansar** [dɨʃkɐ̃ˈsar] ⟨1a⟩ A V/T (aus)ruhen lassen; perna aufstützen, auflegen (**em** auf dat); cabeça stützen; peso abstellen; fig beruhigen B V/I sich ausruhen (**de** von); (fazer uma pausa) rasten; em férias ausspannen; (dormir) schlafen; (acalmar-se) sich beruhigen; ~ **em** stehen auf ⟨dat⟩; fig sich verlassen auf ⟨ac⟩; vertrauen auf ⟨ac⟩; ~**!** MIL rührt euch!; **sem ~** unablässig, rastlos

descanso [dɨʃˈkɐ̃su] M 1 Ruhe f; (pausa) Rast f; em férias: Erholung f; (intervalo de trabalho) Arbeitspause f; **dia m de ~** Ruhetag m 2 Stütze f (tb fig); (base) Unterlage f; Ablage f; TEL Gabel f; bras ~ **de copo** (Glas)Untersetzer m

descapitalização [dɨʃkɐpitɐlizɐˈsɐ̃u] F FIN Unterfinanzierung f; Kapitalabwanderung f **descapitalizar** [dɨʃkɐpitɐliˈzar] ⟨1a⟩ unterfinanzieren; capital entziehen

descapotável [dɨʃkɐpuˈtavɛɫ] A ADJ aufklappbar B M AUTO Kabrio(lett) n

descarado [dɨʃkɐˈradu] unverschämt **descaramento** [dɨʃkɐrɐˈmẽtu] M Unverschämtheit f

descarga [dɨʃˈkarɡɐ] F Entladung f (tb ELECT); ~ **(da privada)** bras fam (WC-) Spülung f; **fazer a ~ de a/c**, proceder à ~ **de a/c** etw ausladen

descargo [dɨʃˈkarɡu] M Entlastung f (v. e-r Pflicht); Entledigung f; ~ **de consciência** Gewissensentlastung f

descarnado [dɨʃkɐrˈnadu] fig abgezehrt, hager **descarnar** [dɨʃkɐrˈnar] ⟨1b⟩ ossos ausschälen; das Fleisch ablösen von; ~**-se** abmagern

descaro [dɨʃˈkaru] M → descaramento **descaroçador** [dɨʃkɐrusɐˈdor] M Entkerner m

descarregadouro [dɨʃkɐʁiɡɐˈdoru] M Entladestelle f, Abladeplatz m **descarregamento** [dɨʃkɐʁiɡɐˈmẽtu] M Abladen n; INFORM ~ **(de dados)** Download n **descarregar** [dɨʃkɐʁiˈɡar] ⟨1o; Stv 1c⟩ A V/T 1 carga abladen, ausladen; arma, veículo, barco etc entladen; ~ **em** (ou **sobre**) **alg** tarefa, dever auf j-n abladen 2 (dar) tiro abgeben; pancada versetzen 3 fig erleichtern; consciência entlasten; befreien (**de** von); raiva etc auslassen an ⟨dat⟩ 4 INFORM downloaden, herunterladen (**de** aus) B V/I sich entladen (tb ELECT, pilha)

descarrilamento [dɨʃkɐʁilɐˈmẽtu] M Entgleisung f **descarrilar** [dɨʃkɐʁiˈlar] ⟨1a⟩ A V/T zum Entgleisen bringen B V/I entgleisen

descarrilhamento [dʒiʃkaxiʎɐˈmẽtu] M bras, **descarrilhar** [dʒiʃkaxiˈʎax] bras → descarrilamento, descarrilar

descartar [dɨʃkɐrˈtar] ⟨1b⟩ wegwerfen; beiseitetun; fig possibilidade ausschließen; ~**-se de a/c** fig sich e-r Sache ⟨gen⟩ entledigen; cartas abwerfen **descartável** [dɨʃkɐrˈtavɛɫ] Einweg...

descasca [dɨʃˈkaʃkɐ] F pop Rüffel m, Anpfiff m **descascar** [dɨʃkɐʃˈkar] ⟨1n; Stv 1b⟩ A V/T batata, laranja schälen; ervilhas enthülsen; árvore entrinden B V/I sich schälen; fig ~ **em** fam schimpfen mit (ou über ac)

descaso [dʒiʃˈkazu] M bras Missachtung f

descendência [dɨʃsẽˈdẽsjɐ] F Nachkommenschaft f; (genealogia) Abstammung f

descendente [dɨʃsẽˈdẽti] A ADJ absteigend; genealogia: abstammend; temperatura fallend; local: abwärtsfahrend B M/F Nachkomme m **descender** [dɨʃsẽˈder] ⟨2a⟩ abstammen (**de** von)

descentralizar [dɨʃsẽtrɐliˈzar] ⟨1a⟩ dezentralisieren

descer [dɨʃˈser] ⟨2g⟩ A V/T carga abladen, hinunterbringen; estores hinunterlassen; gastos senken; MÚS instrumento tiefer stimmen B V/I herunter-, hinunterkommen; hinunter-, heruntergehen, -fahren, -fließen; preço, temperatura sinken, fallen (tb fig); terreno sich senken; avião niedergehen; hinuntergehen, -reichen (**até** bis); rio: stromabwärts fahren; comboio, autocarro ab-, aussteigen (**de**

von, aus); hinuntersteigen (**a, para** zu); *fig qualidade* nachlassen; *(rebaixar-se)* sich herablassen (**a** zu); *carreira* tiefer eingestuft werden

descida [diʃ'sidɐ] F Abstieg *m*; Abfahrt *f*, Talfahrt *f*; AERO Sinkflug *m*; Niedergehen *n*; *(inclinação)* Gefälle *n*; *preços:* (Preis-)Senkung *f*; *temperatura:* (Temperatur-)Rückgang *m*

descivilizar(-se) [diʃsivili'zar(si)] ⟨1a⟩ verrohen

desclassificar [diʃklɐsifi'kar] ⟨1n⟩ deklassieren; DESP disqualifizieren

descoberta [diʃku'bɛrtɐ] F Entdeckung *f*

descoberto [diʃku'bertu] A PP *irr* → descobrir B ADJ *terreno* offen; *recipiente* unbedeckt; *cabeça* nackt, bloß; **a ~** FIN ungedeckt, offen; **ao ~** im Freien; schutzlos

descobridor [diʃkubri'dor] M, **descobridora** [diʃkubri'dorɐ] F Entdecker(in) *m(f)* **descobrimento** [diʃkubri'mẽtu] M Entdeckung *f* **descobrir** [diʃku'brir] ⟨3f⟩ entdecken; aufdecken; *peito, cabeça* entblößen; *segredo* mitteilen, enthüllen; *crime* anzeigen; *coração* ausschütten

descodificador [diʃkudifikɐ'dor] M INFORM Dekoder *m* **descodificar** [diʃkudifi'kar] ⟨1a⟩ dekodieren

descolagem [diʃku'laʒẽj] F AERO Start *m*, Abheben *n*; *(soltar-se)* Ablösen *n* **descolamento** [diʃkulɐ'mẽtu] M Ablösen *n* **descolar** [diʃku'lar] ⟨1e⟩ *(soltar-se)* sich ablösen; AERO abheben, starten; *bras pop* abstauben

descoloração [diʃkulurɐ'sɐ̃ũ] F Entfärbung *f*; *(branquear)* Bleichen *n* **descolorar** [diʃkulu'rar], ⟨1e⟩ (aus)bleichen **descolorido** [diʃkulu'ridu] blass, farblos **descolorir** [diʃkulu'rir] ⟨3f⟩ → descolorar

descombinar [diʃkõbi'nar] ⟨1a⟩ *encontro etc* absagen

descomedido [diʃkumi'didu] maßlos; übermäßig; *comportamento* ungebührlich **descomedimento** [diʃkumidi'mẽtu] M Maßlosigkeit *f*; Übermaß *n*; *comportamento:* Ungebührlichkeit *f* **descomedir-se** [diʃkumi'dirsi] ⟨3r⟩ es zu weit *(ou* über)treiben (**em** mit)

descomodidade [diʃkumudi'dadi] F Unbequemlichkeit *f*

descompactar [diʃkõpak'tar] ⟨1b⟩ INFORM *dados* dekomprimieren, entzippen

descompassar [diʃkõpɐ'sar] ⟨1b⟩ MÚS aus dem Takt bringen; überspitzen, -treiben; **~-se** *fig* aus dem Ruder laufen **descompasso** [diʃkõ'pasu] M Unordnung *f*; *(discórdia)* Zwietracht *f*, Hader *m*

descompor [diʃkõ'por] ⟨2z⟩ in Unordnung bringen; *expressão* entstellen; *espírito* verwirren; *(desnudar)* entblößen; *(ralhar)* ausschimpfen (**de** *ac*); *fig* maßregeln; *espec fam* abkanzeln; **~-se** in Unordnung *(ou fig* außer sich) geraten; *lágrimas etc* sich auflösen (**em** *in ac*) **descomposto** [diʃkõ'poʃtu] *(fsg, m/fpl* [-'pɔ-]) A PP *irr* → descompor B ADJ *(desarrumado)* unordentlich; *de raiva* außer sich; *(atrevido)* unverschämt **descompostura** [diʃkõpuʃ'turɐ] F 1 Unordnung *f*; *vestuário:* Nachlässigkeit *f* 2 *fig de alg:* Maßregelung *f*

descomprimir [diʃkõpri'mir] ⟨3a⟩ INFORM *dados* dekomprimieren, entpacken

descomunal [diʃkumu'nal] ungewöhnlich; *fam* riesig, Riesen...

desconceituar [diʃkõsɐj'twar] ⟨1g⟩ in Verruf bringen

desconcertado [diʃkõsir'tadu] unordentlich; *(surpreendido)* fassungslos **desconcertante** [diʃkõsir'tɐ̃ti] verwirrend; *(embaraçoso)* peinlich **desconcertar** [diʃkõsir'tar] ⟨1c⟩ A VT *alg* verwirren, verunsichern; *(desarrumar)* in Unordnung bringen; *processo* stören; *aparelho* verstellen; *pessoas* entzweien; *fig* aus der Fassung bringen B VT nicht einverstanden sein (**de** mit); *(divergir)* nicht übereinstimmen (**com** mit)

desconchavar [diʃkõʒɐ'var] ⟨1b⟩ demontieren; **~-se** sich entzweien **desconchavo** [diʃkõ'ʃavu] M Unsinn *m*

desconchego [diʃkõ'ʃegu] M 1 Ungemütlichkeit *f* 2 Schutz-, Hilflosigkeit *f*

desconcordância [diʃkõkur'dɐ̃sjɐ] F Missverhältnis *n*; *(discórdia)* Unstimmigkeit *f* **desconcordante** [diʃkõkur'dɐ̃ti], **desconcorde** [diʃkõ'kɔrdi] unstimmig; *(desigual)* ungleich; *(discordante)* widerstreitend **desconcordar** [diʃkõkur'dar] ⟨1e⟩ A VT Widerspruch erregen bei B VT nicht einverstanden sein (**de** mit)

desconectar [diʃkunɛk'tar] ⟨1a⟩ A TECN

ligação trennen B V/R **~-se** (sich) ausloggen **desconexão** [diʃkunɛ'ksɐ̃ũ] F Zusammenhanglosigkeit f; TECN Trennung f **desconexo** [diʃku'nɛksu] (incoerente) zusammenhanglos; (desunido) lose; TECN getrennt; nicht angeschlossen
desconfiado [diʃkõ'fjadu] misstrauisch (**de** gegenüber); zweifelnd (**de** an dat); (incrédulo) ungläubig **desconfiança** [diʃkõ'fjɐ̃sa] F Misstrauen n **desconfiar** [diʃkõ'fjar] ⟨1g⟩ **~ de** misstrauen (dat); **~ que** vermuten, dass
desconforme [diʃkõ'fɔrmi] verschieden; estatura unförmig, riesig **desconformidade** [diʃkõfurmi'dadʒi] F (desarmonia) Verschiedenheit f; (deformação) Unförmigkeit f
desconfortante [diʃkõfur'tɐ̃tʃi] trostlos **desconforto** [diʃkõ'fortu] M Trostlosigkeit f
descongelação [diʃkõʒɨɫa'sɐ̃ũ] F Auftauen n; FIN Freigabe f (gesperrter Konten) **descongelador** [diʃkõʒɨɫa'dor] M Enteiser m **descongelamento** [diʃkõʒɨɫa'mẽtu] m → descongelação **descongelar** [diʃkõʒi'ɫar] ⟨1c⟩ alimentos auftauen; janela etc enteisen; fig FIN freigeben; **~-se** schmelzen, tauen
descongestionamento [diʃkõʒiʃtjuna'mẽtu] M MED Abschwellung f; fig Entlastung f; Auflockerung f; trânsito: Auflösung f (e-s Verkehrsstaus) **descongestionante** [diʃkõʒiʃtju'nɐ̃tʃi] M **~ nasal** Schnupfenmittel n; Nasenspray n **descongestionar** [diʃkõʒiʃtju'nar] ⟨1f⟩ MED zum Abschwellen bringen; vias respiratórias freimachen; trânsito entlasten
desconhecer [diʃkuɲi'ser] ⟨2g⟩ nicht kennen, nicht wissen; língua nicht sprechen (ou können); (ignorar) keine Ahnung haben von; alg nicht erkennen; teoria bestreiten **desconhecido** [diʃkuɲi'sidu] A ADJ unbekannt B M Unbekannte(r) m **desconhecimento** [diʃkuɲisi'mẽtu] M Unkenntnis f; (ignorância) Ignoranz f
desconjuntamento [diʃkõʒũta'mẽtu] M MED Verrenkung f; Riss m (tb fig) **desconjuntar** [diʃkõʒũ'tar] ⟨1a⟩ auseinandernehmen; articulação aus-, verrenken; **~-se** fig aus den Fugen geraten
desconsertar [diʃkõsir'tar] ⟨1c⟩ entzweibrechen; fam kaputtmachen; articulação verrenken; fig verunsichern **desconserto** [diʃkõ'sertu] M Fehler m, Defekt m; fig Verunsicherung f
desconsideração [diʃkõsidɨra'sɐ̃ũ] F Rücksichtslosigkeit f; (desrespeito) Unhöflichkeit f **desconsiderar** [diʃkõsidi'rar] ⟨1c⟩ nicht beachten; regra missachten; alg rücksichtslos (ou unhöflich) behandeln; reputação in Misskredit bringen (**em** bei)

desconsolação [diʃkõsuɫa'sɐ̃ũ] F Trostlosigkeit f; (dor) Kummer m **desconsolado** [diʃkõsu'ɫadu] trostlos; untröstlich; (monótono) langweilig, fad **desconsolar** [diʃkõsu'ɫar] ⟨1e⟩ aufs Tiefste betrüben (**de** zu); (desapontar) grausam enttäuschen; fig zur Verzweiflung bringen (**com** mit) **desconsolo** [diʃkõ'soɫu] M → desconsolação; **ser um ~** schrecklich langweilig (ou zum Verzweifeln) sein

descontar [diʃkõ'tar] ⟨1a⟩ preço Nachlass gewähren; quantia abziehen; cheque einlösen; fig absehen von **descontável** [diʃkõ'tavɛɫ] abziehbar

descontentadiço [diʃkõtẽta'disu] schwer zu befriedigen **descontentamento** [diʃkõtẽta'mẽtu] M Unzufriedenheit f **descontentar** [diʃkõtẽ'tar] ⟨1a⟩ unzufrieden machen; (desagradar) missfallen (dat); **~-se** unzufrieden sein mit **descontente** [diʃkõ'tẽtʃi] unzufrieden

descontinuidade [diʃkõtinwi'dadʒi] F Unstetigkeit f; Sprunghaftigkeit f **descontínuo** [diʃkõ'tinwu] unterbrochen; vida unstet

desconto [diʃ'kõtu] M preço: (Preis)Ermäßigung f; (redução) Rabatt m; (dedução) Abzug m; FIN Diskontgeschäft n; **~ de quantidade** Mengenrabatt m; **~ para revenda** Preisnachlass m (ou Rabatt m) für Wiederverkäufer; **dar ~** fig nachsichtig sein

descontraído [diʃkõtra'idu] fig locker, entspannt **descontrair** [diʃkõtra'ir] ⟨3l⟩ entspannen (tb fig)

descontrolado [diʃkõtru'ɫadu] unkontrolliert, unbewacht; fig außer Rand und Band **descontrolar-se** [diʃkõtru'ɫarsi] ⟨1e⟩ die Beherrschung verlieren; bras leichtsinnig werden; aus dem Gleichgewicht geraten **descontrole** [diʃkõ'trɔɫi] M, **descontrolo** [diʃkõ'troɫu] M situação: Durcheinander n; außer Kontrolle *f*; *pessoa*: Unbeherrschtheit *f*; *bras* Leichtsinn *m*

desconversar [dijkõvir'sar] ⟨1c⟩ ausweichen; das Thema wechseln **desconvidar** [dijkõvi'dar] ⟨1a⟩ *alg* ausladen **descoordenadamente** [dijkwurdinada'mẽtu] ADV unkoordiniert

descorado [dijkɔ'radu] cor verblichen; farblos **descorar** [dijkɔ'rar] ⟨1a⟩ A V/T (aus)bleichen (lassen) B V/I cor , tecido ausbleichen; (*tingir-se*) sich verfärben; *pessoa* blass werden (**de** vor *dat*)

descor(o)çoar [dijkur(u)'swar] ⟨1f⟩ A V/T entmutigen B V/I den Mut verlieren, mutlos werden

descortês [dijkur'teʃ] unhöflich; grob **descortesia** [dijkurti'zia] F Taktlosigkeit *f*

descortinar [dijkurti'nar] ⟨1a⟩ *cortinado etc* öffnen; *fig* enthüllen; *perspectivas* eröffnen; erblicken

descoser [dijku'zer] ⟨2d⟩ *costura etc* auf-, lostrennen; **~-se** *costura* aufgehen, aufplatzen; *pessoa* enthüllen; beichten

descravar [dijkra'var] ⟨1b⟩ abmachen; herauslösen; *fig olhar* abwenden

descrédito [dij'krεditu] M Misskredit *m*

descrença [dij'krẽsa] F Unglaube(n) *m* **descrente** [dij'krẽti] ungläubig **descrer** [dij'krer] ⟨2k⟩ nicht glauben (**de** an *ac*); das Vertrauen verlieren (**de, em** in *ac*, zu)

descrever [dijkri'ver] ⟨2c; *pp* descrito⟩ beschreiben, schildern **descrição** [dijkri'sɐ̃ũ] F Beschreibung *f*

descriminar [dijkrimi'nar] ⟨1a⟩ *alg* freisprechen

descritivo [dijkri'tivu] beschreibend

descuidado [dijkui'dadu] nachlässig; (*negligente*) fahrlässig; (*despreocupado*) sorglos **descuidar** [dijkui'dar] ⟨1a⟩ vernachlässigen; außer Acht lassen; **~-se** sich nicht aufpassen auf (*ac*); nachlässig sein mit; unvorsichtig sein in (*dat*) **descuido** [dij'kuidu] M Nachlässigkeit *f*; Unachtsamkeit *f*; Versehen *n* (**por** aus)

desculpa [dij'kuɫpa] F 1 Entschuldigung *f*; **por ~** als, zur Entschuldigung; **pedir ~ de a/c a alg** j-n um Entschuldigung für etw bitten; **pedir muitas/mil ~s** sich vielmals/tausendmal entschuldigen 2 Vorwand *m*, Ausrede *f*; **dar ~s** Vorwände erfinden **desculpar** [dijkuɫ'par] ⟨1a⟩ entschuldigen; *de um dever* von e-r Pflicht entbinden (**alg de a/c** j-n von etw); **desculpe!** entschuldigen Sie!; **~ se** vorschützen (**com** etw); sich rechtfertigen (**de** für); sich entschuldigen **desculpável** [dijkuɫ'pavεɫ] entschuldbar

descupinização [dʒijkupiniza'sẽũ] F *bras* Termitenbekämpfung *f*

desde ['deʒdi] PREP 1 *temporal*: seit; von ... an, ab; von (**até** ... bis); **~ então** seitdem, seither; **~ há** seit; **~ há muito** seit langem; **~ já** sogleich; schon jetzt; **~ logo** → logo; **~ que** seitdem; **~ que** sofern 2 *local*: ab; von (... **até**... bis)

desdém [dʒɪʒ'dẽj] M Geringschätzung *f*, Verachtung *f*; **com ~** verächtlich; **ao ~** nachlässig **desdenhar** [dʒɪʒdi'nar] ⟨1d⟩ gering schätzen, verachten; *oferta* verschmähen

desdentado [dʒɪʒdẽ'tadu] zahnlos

desdita [dʒɪʒ'dita] F Pech *n* **desditoso** [dʒɪʒdi'tozu] vom Unglück verfolgt

desdizer [dʒɪʒdi'zer] ⟨2t⟩ A V/T bestreiten, in Abrede stellen B V/I nicht passen, im Widerspruch stehen (**de** zu); **~-se de** widerrufen; *tese* zurücknehmen

desdobramento [dʒɪʒdubra'mẽtu] M Ausbreitung *f*; FERROV Teilung *f* **desdobrar** [dʒɪʒdu'brar] ⟨1e⟩ *papel, tecido* auffalten, entfalten; *actividade* ausbreiten, ausdehnen (**em, sobre** auf *ac*); *grupo*, FERROV teilen, (ab)spalten **desdobrável** [dʒɪʒdu'bravεɫ] A ADJ aufklappbar, auseinanderklappbar B M Faltblatt *n*

deseducação [dizidukaˈsɐ̃ũ] F Bildungsmangel *m*; Verdummung *f*

desejado [dizi'ʒadu] erwünscht; begehrt **desejar** [dizi'ʒar] ⟨1d⟩ (sich *dat*) wünschen; begehren; **deixar a ~** zu wünschen übrig lassen **desejável** [dizi'ʒavεɫ] wünschenswert **desejo** [di'zeiʒu] M Wunsch *m* (**de** nach), Verlangen *n* (**de** nach) **desejoso** [dizi'ʒozu] süchtig (**de** nach), begierig (**de** auf *ac*)

deselegante [diziɫi'gɐ̃ti] ADJ unelegant; unfein

desembaciador [dizɛ̃bɐsja'dor] M, *bras* **desembaçador** [dʒizɛ̃baˈsa'dox] M AUTO Heizung *f* (*an Heckscheibe, Außenspiegel*) **desembaciar** [dizɛ̃ba'sjar] ⟨1g⟩, *bras* **desembaçar** [dʒizɛ̃ba'sax] ⟨1p; *Stv* 1b⟩ polieren; *metal* abwischen; AUTO **~ os vidros** die beschlagenen

Scheiben abwischen
desembainhar [dizẽbaj'nar] ⟨1q⟩ den Saum auftrennen; *espada* ziehen
desembalar [dizẽba'lar] ⟨1b⟩ auspacken
desembaraçado [dizẽbara'sadu] *conversa* zwanglos; (*hábil*) geschickt; flink **desembaraçar** [dizẽbara'sar] ⟨1p; *Stv* 1b⟩ beiseiteräumen; *obstáculo* beseitigen; *caminho* freimachen (**de** von); *cabelos* entwirren; **~se** zurechtkommen; sich durchsetzen; **~se de** a/c sich e-r Sache (*gen*) entledigen **desembaraço** [dizẽba'rasu] M̄ Ungezwungenheit *f*; Geschick *n*; Selbstsicherheit *f*
desembarcadouro [dizẽbarka'doru] M̄ NÁUT Landungsplatz *m*; Anlegestelle *f*
desembarcar [dizẽbar'kar] ⟨1n, *Stv* 1b⟩
A V̄T̄ *mercadoria* ausladen; NÁUT löschen
B V̄Ī an Land gehen; AERO aussteigen
desembargar [dizẽbar'gar] ⟨1o, *Stv* 1b⟩ freigeben; das Embargo aufheben gegen
desembarque [dizẽ'barki] M̄ NÁUT Landung *f*; AERO Auschecken *n*; *mercadoria*: Ausladen *n*; NÁUT Löschung *f*
desembocadura [dizẽbuka'dura] F̄ (Fluss)Mündung *f* **desembocar** [dizẽbu'kar] ⟨1n, *Stv* 1e⟩ münden (**em** in *ac*)
desembolsar [dizẽbol'sar] ⟨1e⟩ *dinheiro* ausgeben; *conta* bezahlen
desembrulhar [dizẽbru'ʎar] ⟨1a⟩ auswickeln, -packen
desembuchar [dizẽbu'ʃar] ⟨1a⟩ *fam* (*confessar*) ausspucken
desempacotar [dizẽpaku'tar] ⟨1e⟩ auspacken
desempanagem [dizẽpa'naʒẽj] F̄ Pannendienst *m* **desempanar** [dizẽpa'nar] ⟨1a⟩ *janela* abwischen; *prata etc* polieren; AUTO reparieren, die Panne beseitigen an (*dat*); *fig* (auf)klären
desempatar [dizẽpa'tar] ⟨1b⟩ den Ausschlag geben; *negócio* zum Abschluss bringen; e-e Entscheidung herbeiführen bei (*ou* in *dat*) (*em negociações, tb* DESP); **~ capitais** Geld flüssig machen
desempate [dizẽ'pati] M̄ POL Durchbruch *m*; Entscheidung *f* (*tb* DESP)
desempeçar [dizẽpi'sar] ⟨1p; *Stv* 1c⟩, **desempecer** [dizẽpi'ser] ⟨2g⟩, **desempecilhar** [dizẽpisi'ʎar] ⟨1a⟩ *caminho* freimachen; befreien; *obstáculo* beseitigen **desempeço** [dizẽ'pesu] M̄ Erleichterung *f*; *obstáculo*: Beseitigung *f*;

Befreiung *f*
desempenadeira [dizẽpina'dajra] F̄ ARQUIT Reibebrett *n* **desempenar** [dizẽpi'nar] ⟨1d⟩ (*endireitar*) gerade richten; *superficie* glätten; begradigen
desempenhar [dizẽpi'ɲar] ⟨1d⟩ *rendimento*, TECN erbringen; *dever* erfüllen; *incumbência* ausführen; *cargo* ausüben; *palavra* halten; *dívida* bezahlen, tilgen; *penhor* auslösen; TEAT *papel* spielen; **~se de** nachkommen (*dat*) **desempenho** [dizẽ'peɲu] M̄ *rendimento*, TECN Leistung (-sfähigkeit) *f*; (*comportamento*) Verhalten *n*; *deveres*: Erfüllung *f*; *cargo*: Ausübung *f*; *promessa*: Einlösung *f*; *dívida*: Befreiung *f*; *penhor*: Auslösung *f*; TEAT Darstellung *f*
desempeno [dizẽ'penu] M̄ aufrechte Haltung *f*, *fig* Gewandtheit *f*, Beweglichkeit *f*; TECN Richtplatte *f*
desemperrar [dizẽpi'xar] ⟨1c⟩ lockern, lösen; in Gang bringen; *fig alg* gefügig machen; (*convencer*) umstimmen
desempoado [dizẽ'pwadu], **desempoeirado** [dizẽpwaj'radu] staubfrei; *fig* (*modesto*) schlicht; bescheiden; (*aberto*) aufgeschlossen; vorurteilslos **desempoar** [dizẽ'pwar] ⟨1f⟩, **desempoeirar** [dizẽpwaj'rar] ⟨1a⟩ abstauben; *fig* von Vorurteilen befreien
desempregado [dizẽpri'gadu] **A** ADJ arbeitslos; beschäftigungslos; **estar ~** arbeitslos sein **B** M̄, **-a** F̄ Arbeitslose(r) *m/f(m)* **desempregar** [dizẽpri'gar] ⟨1o, *Stv* 1c⟩ entlassen **desemprego** [dizẽ'pregu] M̄ Arbeitslosigkeit *f*; **~ de longa duração** Langzeitarbeitslosigkeit *f*; **~ parcial** Kurzarbeit *f*; **subsídio** *m* **de ~** Arbeitslosengeld *n*; **estar no ~** arbeitslos sein
desencabeçar [dizẽkabi'sar] ⟨1p; *Stv* 1c⟩ j-n abbringen (**de** von)
desencabrestar [dizẽkabriʃ'tar] ⟨1c⟩ abhalftern; **~se** *fig* über die Stränge schlagen
desencadeamento [dizẽkadja'mẽtu] M̄ Ausbruch *m*; *fig* Entfesselung *f* **desencadear** [dizẽka'djar] ⟨1l⟩ losmachen; *fig* auslösen; entfesseln; **~se** ausbrechen, losbrechen; *fig* sich entladen
desencaixar [dizẽkaj'ʃar] ⟨1a⟩ *aus* etw herausnehmen; *com força*: -reißen; (*desmanchar*) auseinandernehmen; *mercado-*

ria auspacken; *braço* ausrenken; *porta* aus den Angeln heben; **~-se** herausspringen
desencaixotar [dizẽkajʃu'tar] ⟨1e⟩ aus Kisten auspacken
desencalhar [dizẽka'ʎar] ⟨1b⟩ **A** *v/t* (wieder) flottmachen (*tb fig*); *caminho* freimachen; *obstáculo* beseitigen **B** *v/i* (wieder) flott werden; *fig* (wieder) in Ordnung kommen **desencalhe** [dizẽ'kaʎi] *M* Flottmachen *n*; *obstáculo*: Räumung *f*
desencaminhado [dizẽkami'nadu] abwegig, irrig; *andar* ~ sich auf dem falschen Weg befinden **desencaminhar** [dizẽkami'nar] ⟨1a⟩ (*despistar*) irreführen, fehlleiten; (*perverter*) auf Abwege bringen; *objecto* verschwinden lassen; *dinheiro* unterschlagen; **~-se** abkommen (*de* von), sich entfernen (*de* von); *objectos* verloren gehen
desencantamento [dizẽkɐ̃tɐ'mẽtu] *M* Ernüchterung *f*; *geralm* Enttäuschung *f*
desencantar [dizẽkɐ̃'tar] ⟨1a⟩ **A** *v/t* *alg* enttäuschen; *verdade* entdecken; *objecto escondido* aufstöbern **B** *v/i* die Augen öffnen (*de* über *ac*); **~-se** sich von Illusionen befreien **desencanto** [dizẽ'kɐ̃tu] *M* Enttäuschung *f*
desencarregar [dizẽkɐʀi'gar] ⟨1o; *Stv* 1c⟩ entlasten; befreien (*de* von); *cargo* des Amtes entheben; **~-se de** sich e-r Pflicht (*gen*) entledigen
desencavar [dʒiẽkɐ'vax] ⟨1b⟩ *bras* herausfinden, entdecken
desencomendar [dizẽkumẽ'dar] ⟨1a⟩ abbestellen
desencontrado [dizẽkõ'tradu] entgegengesetzt; abweichend **desencontrar** [dizẽkõ'trar] ⟨1a⟩ **A** *v/t* einander verfehlen lassen; *alg* verfehlen **B** *v/i* sich (*dat*) widersprechen; **~-se** sich verpassen, nicht mehr begegnen (*com alg* einander); **~-se de alg** voneinander abweichen; aneinander vorbeireden **desencontro** [dizẽ'kõtru] *M* verpasste Gelegenheit *f*; (*mal-entendido*) Missverständnis *n*; Gegensatz *m*
desencorajar [dizẽkura'ʒar] ⟨1b⟩ entmutigen
desencostar [dizẽkuʃ'tar] ⟨1e⟩ aufrichten; frei (hin)stellen
desencravar [dizẽkrɐ'var] ⟨1b⟩ (die Nägel) herausziehen aus; freilegen; *fig etw* wieder in Gang bringen

desendividar [dizẽdivi'dar] ⟨1a⟩ entschulden, schuldenfrei machen
desenfadar [dizẽfɐ'dar] ⟨1b⟩ unterhalten, zerstreuen, ablenken; (*animar*) aufheitern **desenfado** [dizẽ'fadu] *M* Unterhaltung *f*
desenfastiar [dizẽfɐʃ'tjar] ⟨1g⟩ Lust (*ou* Appetit) machen; (*animar*) aufheitern
desenferrujante [dizẽfiʀu'ʒɐ̃ti] *M* Entrostungsmittel *n* **desenferrujar** [dizẽfiʀu'ʒar] ⟨1a⟩ von Rost befreien; aufpolieren; *pernas* sich (*dat*) die Beine vertreten; *membros*, *língua* lockern; *fig fam* aufmöbeln; auf Vordermann bringen
desenfreado [dizẽfri'adu] zügel-, hemmungslos; maßlos **desenfrear** [dizẽfri'ar] ⟨1l⟩ abzäumen; *fig* freien Lauf lassen; entfesseln; **~-se** alle Fesseln sprengen; *raiva* ausbrechen (*em* in *ac*)
desenganar [dizẽgɐ'nar] ⟨1a⟩ ernüchtern; die Wahrheit sagen (*de* über *ac*); (*desiludir*) enttäuschen; **~-se** s-n Irrtum einsehen; (*assegurar-se*) sich vergewissern (*de gen*); **desengane-se!** lassen Sie sich e-s Besseren belehren!
desenganchar [dizẽgɐ̃'ʃar] ⟨1a⟩ ab-, loshaken; lösen
desengano [dizẽ'gɐnu] *M* Enttäuschung *f*
desengarrafamento [dizẽgɐʀɐfɐ'mẽtu] *M* Stauauflösung *f* **desengarrafar** [dizẽgɐʀɐ'far] ⟨1b⟩ *trânsito* flüssig machen
desengatar [dizẽgɐ'tar] ⟨1b⟩ aushaken, -klinken; *TECN engrenagem* auskuppeln; *FERROV* abkuppeln **desengate** [dizẽ-'gati] *M* Auskuppeln *n*
desengodar [dizẽgu'dar] ⟨1e⟩ *fig* ernüchtern
desengonçar [dizẽgõ'sar] ⟨1p⟩ *porta* ausheben; auseinandernehmen; *parafuso* lockern; *braço* ausrenken; **~-se** aus den Fugen gehen; *braço* baumeln lassen
desengrossar [dizẽgru'sar] ⟨1e⟩ verschlanken; dünner machen (*ou* werden); *MED* abschwellen (lassen); *madeira* abhobeln
desenhador(a) [dizinɐ'dor(ɐ)] *M/F* Zeichner(in) *m(f)*; *moda etc*: Designer(in) *m(f)*
desenhar [dizi'nar] ⟨1d⟩ (ab-, auf)zeichnen; **~-se** sich abzeichnen (*contra* gegen)
desenhista [dezẽ'ji∫te] *M/F* *bras* → desenhador(a) **desenho** [di'zɐɲu] *M* Zeichnung *f*; Zeichnen *n*; *espec* Design

n; **~ à mão livre** Freihandzeichnung *f*; **~ de produto** Produktdesign *n*; **~ geométrico** Planzeichnen *n*; **~ industrial** Industriedesign *n*; **~(s)** *(pl)* **animado(s)** (Zeichen)Trickfilm *m*

desenlaçar [dizẽtɜˈsar] ⟨1p; *Stv* 1b⟩ losbinden; *embrulho* aufschnüren; *fig* entwirren; (auf)lösen **desenlace** [dizẽˈtasi] M̄ (Auf)Lösung *f*; *história*: Ausgang *m*, Ende *n*; **~ feliz** Happy End *n*

desenlear [dizẽˈljar] ⟨1l⟩ entwirren **desenleio** [dizẽˈtɜju] M̄ Entwirrung *f*; *problema*: Lösung *f*

desenquadrar [dizẽkwɜˈdrar] ⟨1b⟩ herauslösen, -nehmen; *fig* aus dem Zusammenhang reißen

desenraizado [dizẽʁɜiˈzadu] entwurzelt **desenraizar** [dizẽʁɜiˈzar] ⟨1q⟩ entwurzeln

desenrascar [dizẽʁɜʃˈkar] ⟨1n; *Stv* 1b⟩ entwirren; von Hindernissen befreien; *fig* j-m aus der Klemme helfen; **~-se** sich aus der Affäre ziehen

desenredar [dizẽʁeˈdar] ⟨1c⟩ *questão, novela* entwirren; *problema* lösen **desenredo** [dizẽˈʁedu] M̄ Entwirrung *f*, Lösung *f*

desenregelar [dizẽʁɨʒiˈlar] ⟨1c⟩ auftauen *(tb fig)*; *membros* aufwärmen

desenrijar [dizẽʁiˈʒar] ⟨1a⟩ enthärten

desenrolamento [dizẽʁutɜˈmẽtu] M̄ Ab-, Verlauf *m*; INFORM Scrolling *n*, Bildschirmrollen *n* **desenrolar** [dizẽʁuˈtar] A V̄T ⟨1e⟩ ausrollen; *fig* darlegen; entwickeln; **~-se** sich entwickeln; ablaufen; *espectáculo* stattfinden B M̄ Ab-, Verlauf *m*

desenroscar [dizẽʁuʃˈkar] ⟨1n; *Stv* 1e⟩ *(desenrolar)* abwickeln; ausrollen; *(desatarraxar)* ab-, losschrauben

desenrugar [dizẽʁuˈgar] ⟨1o⟩ glätten **desentalar** [dizẽtɜˈtar] ⟨1b⟩ *fig* aus der Klemme ziehen

desentender [dizẽtẽˈder] ⟨2a⟩ nicht verstehen (wollen); überhören; **fazer-se -ido** *fam* sich dumm stellen; **~-se** sich nicht (mehr) verstehen (**com** mit); *(brigar)* sich streiten (**com** mit) **desentendimento** [dizẽtẽdiˈmẽtu] M̄ Unverständnis *n*; Zwist *m*; *(burrice)* Begriffsstutzigkeit *f*

desenterrado [dizẽtiˈʁadu] ausgegraben, freigelegt; *pop* leichenblass **desenterrar** [dizẽtiˈʁar] ⟨1c⟩ (wieder) ausgraben *(tb fig)*; herausziehen aus *(tb fig)*

desentoar [dizẽˈtwar] ⟨1f⟩ falsch klingen; *fig* Unsinn reden

desentorpecer [dizẽturpiˈser] ⟨2g⟩ wieder beleben

desentortar [dizẽturˈtar] ⟨1e⟩ gerade biegen

desentranhar [dizẽtrɜˈɲar] ⟨1a⟩ *animal* ausnehmen; *gordura, sujidade* herausholen; *(puxar)* herausreißen; *segredo* ans Tageslicht bringen; **~-se** überschäumen (**em** vor *dat*), strotzen (**em** vor *dat*); sein Letztes geben (**por** für)

desentulhar [dizẽtuˈʎar] ⟨1a⟩ *terreno* (vom Schutt) säubern; *lixo* wegräumen von; *objecto* aus dem Schutt ziehen; freilegen **desentulho** [dizẽˈtuʎu] M̄ Abraum *m*, Schutt *m*; **trabalhos** *mpl* **de ~** Aufräumungsarbeiten *fpl*

desentupir [dizẽtuˈpir] ⟨3a e 3h⟩ *caminho* freimachen; *passagem* öffnen; *obstrução* beseitigen

desenvencilhar [dizẽvẽsiˈʎar] ⟨1a⟩ entwirren; **~-se** sich befreien (**de** von), losmachen (**de** von)

desenvolto [dizẽˈvoltu] 1 gewandt, sicher 2 ungeniert; dreist; *linguagem* grobschlächtig **desenvoltura** [dizẽvotˈtura] F̄ 1 Gewandtheit *f* 2 Dreistigkeit *f*

desenvolver [dizẽvotˈver] ⟨2e⟩ entwickeln; *actividade* entfalten (**em** bei); *(expor)* (ausführlich) darlegen, -stellen; *plano* durchführen; **~-se** sich entwickeln; *local*: sich erstrecken (**por** über *ac*), sich ausbreiten (**por** über *ac*) **desenvolvimento** [dizẽvotviˈmẽtu] M̄ Entwicklung *f*, Fortschritt *m*; *plano*: Aus-, Durchführung *f*; *(exposição)* Darstellung *f*; **~ sustentável** nachhaltige Entwicklung *f*; **país** *m* **em (vias de) ~** Entwicklungsland *n*

desenxabidez [dizẽʃabiˈdeʃ] F̄ Fadheit *f* **desenxabido** [dizẽʃɐˈbidu] abgeschmackt, fad

desenxovalhar [dizẽʃuvɜˈʎar] ⟨1b⟩ säubern; *ruga* glätten

desequilibrado [dizikitiˈbradu] *pessoa* unausgeglichen; *proposta* unbedacht; *cadeira etc* wackelig; *fam* verrückt **desequilibrar** [dizikitiˈbrar] ⟨1a⟩ aus dem Gleichgewicht bringen; **~-se** aus dem Gleichgewicht geraten; *pessoa* den Verstand verlieren **desequilíbrio** [diziki-

'híbriu] M̄ Ungleichgewicht n; Unausgeglichenheit f, Missverhältnis n; psíquico: geistige Verwirrung f
deserção [dizir'sɐ̃u] F̄ MIL Desertion f; DIR Verzicht m
deserdação [dizerdɐ'sɐ̃u] F̄ Enterbung f
deserdar [dizer'dar] ⟨1c⟩ enterben
desertar [dizir'tar] ⟨1c⟩ **A** V/T entvölkern; verlassen **B** V/I MIL desertieren; fliehen; fig abfallen (**de** von); DIR Verzicht leisten, verzichten (**de** auf ac)
desértico [di'zɛrtiku] wüstenähnlich
desertificação [dizirtifikɐ'sɐ̃u] F̄ GEOL Wüstenbildung f **deserto** [di'zɛrtu] **A** ADJ wüst; öde, leer; (desabitado) unbewohnt; verlassen; **estar ~ em a/c ou de** (inf) port fam scharf sein auf etw (ac) ou darauf, dass **B** M̄ Wüste f; Einöde f; **pregar no ~** fig tauben Ohren predigen
desertor [dizir'tor] M̄ MIL Deserteur m
desesperação [dizispirɐ'sɐ̃u] F̄ Verzweiflung f; Hoffnungslosigkeit f **desesperado** [dizispi'radu] verzweifelt; erbittert
desesperança [dizispi'rɐ̃sɐ] F̄ Hoffnungslosigkeit f; Aussichtslosigkeit f **desesperar** [dizispi'rar] ⟨1c⟩ **A** V/T zur Verzweiflung bringen **B** V/I alle Hoffnungen aufgeben (ou verlieren) (**de** an dat); verzweifeln (**de** an dat); **~-se** verzweifeln (**com** an dat); wütend werden **desespero** [di'zifperu] M̄ Verzweiflung f; **que ~!** wie grässlich!; **deu-lhe o ~** pop er ist voll ausgerastet
desestabilização [dizi(ʃ)tɐbili'zɐ'sɐ̃u] F̄ Verunsicherung f; Destabilisierung f (tb POL) **desestabilizador** [dizi(ʃ)tɐbilizɐ'dor] verunsichernd; destabilisierend **desestabilizar** [dizi(ʃ)tɐbili'zar] ⟨1a⟩ verunsichern
desfalcar [diʃfaɫ'kar] ⟨1n⟩ vermindern (**de** um); abziehen; DIR unterschlagen
desfalecer [diʃfɐli'ser] ⟨2g⟩ **A** V/T schwächen **B** V/I schwächer werden; MED in Ohnmacht fallen; **~ em** es fehlen lassen an (dat); (deixar de) aufhören mit
desfalecimento [diʃfɐlisi'mẽtu] M̄ Schwäche f; MED Ohnmacht f; Nachlassen n
desfalque [diʃ'faɫki] M̄ Abzug m; Fehlbetrag m, Verlust m; espec Unterschlagung f
desfasagem [diʃfɐ'zaʒɐ̃ĩ] F̄, **desfasamento** [diʃfɐzɐ'mẽtu] M̄ temporal zeitliche Verschiebung f; Phasenverschiebung f; fig Abstand m, Kluft f
desfastio [diʃfaʃ'tiu] M̄ **1** Esslust f **2** Heiter-, Munterkeit f; **por ~** zur Unterhaltung
desfavor [diʃfɐ'vor] M̄ Ungunst f; Abneigung f; fig fam Bärendienst m **desfavorável** [diʃfɐvu'ravɛɫ] ungünstig; nachteilig **desfavorecer** [diʃfɐvuri'ser] ⟨2g⟩ alg benachteiligen; negócio etc nachteilig sein für **desfavorecido** [diʃfɐvuri'sidu] **A** ADJ (sozial) schwach **B** M̄ sozial Schwache(r) m; Benachteiligte(r) m
desfazer [diʃfɐ'zer] ⟨2v⟩ **A** V/T motor etc zerlegen (**em** in ac); (pulverizar) zerreiben; em pedaços: zerteilen; zerstückeln; (quebrar) zerbrechen; (destruir) zerstören; esperança zunichte machen; acordo rückgängig machen; ofensa wieder gutmachen; malas auspacken; alg j-n zusetzen; j-n befreien (**de** von); em água: auflösen (**em** in dat); machen (**em** zu) **B** V/R **~-se** auseinandergehen; noite, penteado aufgehen; substância, multidão sich auflösen (**em** in ac); (derreter-se) zergehen (**com** bei); cuprimentos, desculpas sich ergehen (**em** in dat); (esforçar-se) sich (dat) alle Mühe geben (**por** zu); **~-se de** sich entledigen (gen); (vender) veräußern, abstoßen **desfecho** [diʃ'feiʃu] M̄ Ausgang m, Ende n
desfechar [diʃfi'ʃar] ⟨1d⟩ **A** V/T ab-, aufreißen; tiro abfeuern (**a**, **em** auf ac), abgeben (**a**, **em** auf ac); olhar schleudern; grito ausstoßen; golpe versetzen; FOTO knipsen **B** V/I plötzlich anfangen (**a** zu inf); MIL schießen (**em**, **contra**, **sobre** auf ac); em lágrimas etc: ausbrechen (**em** in dat); (afastar-se) davonsausen; (acabar) enden (**em** mit); **~-se** arma losgehen **desfecho** [diʃ'feiʃu] M̄ Ausgang m, Ende n
desfeita [diʃ'fɐitɐ] F̄ Beleidigung f
desferir [diʃfi'rir] ⟨3c⟩ MÚS cordas anschlagen; tons ausstoßen; olhar, setas schleudern; luz ausstrahlen; golpe versetzen; tentativa unternehmen
desfiar [diʃ'fjar] ⟨1g⟩ **A** V/T tecido ausfransen; cabelo ausdünnen; peixe, carne zerpflücken **B** V/I água, lágrimas rinnen
desfibrilador [diʃfibrilɐ'dor] M̄, **desfibrilhador** [diʃfibriʎɐ'dor] M̄ MED Defibrillator m
desfiguração [diʃfigurɐ'sɐ̃u] F̄ Entstellung f (tb fig); Verzerrung f **desfigurar** [diʃfigu'rar] ⟨1a⟩ entstellen (tb fig); verzer-

desfilada [diʃfi'ɫadɐ] F̲ (Ab)Folge f; **à ~** hastig, stürmisch; *cavalo* im Galopp)

desfiladeiro [diʃfiɫɐ'ðɐjru] M̲ (Gebirgs-)Pass m; Engpass m (tb fig) **desfilar** [diʃfi'ɫar] ⟨1a⟩ vorbeimarschieren; *modelo* defilieren; *procissão, cortejo* vorüberziehen **desfile** [diʃ'fiɫi] M̲ Vorbeimarsch m; *Carnaval*: (Um)Zug m

desfloração [diʃfɫuɾɐ'sɐ̃u] F̲, **desfloramento** [diʃfɫuɾɐ'mẽtu] M̲ Blütenfall m; MED Defloration f **desflorar** [diʃfɫu'ɾar] ⟨1e⟩ A V̲T̲ die Blätter abpflücken von; MED deflorieren; *fig* erstmals benutzen (*ou* tun); den Reiz des Neuen nehmen (*dat*) B V̲I̲ die Blüten verlieren

desflorestação [diʃfɫuɾiʃtɐ'sɐ̃u] F̲, **desflorestamento** [diʃfɫuɾiʃtɐ'mẽtu] M̲ Abholzung f, Rodung f; Kahlschlag m **desflorestar** [diʃfɫuɾiʃ'tar] ⟨1c⟩ abholzen, roden

desfocar [diʃfu'kar] ⟨1n; *Stv* 1e⟩ FOTO unscharf einstellen; verschwimmen lassen **desfolha** [diʃ'foʎɐ] F̲ Laubfall m; *fig* Herbst m **desfolhar** [diʃfu'ʎar] ⟨1e⟩ *árvore* entlauben; *milho* enthülsen; *flores* streuen; **~-se** das Laub abwerfen; *fig* vergehen (*Illusionen, Träume*)

desforra [diʃ'fɔʀɐ] F̲ Rache f, Vergeltung f; **dar ~** *no jogo:* Revanche geben; **tirar ~** a sich rächen an j-m **desforrar** [diʃfu'ʀar] ⟨1e⟩ **1** *vestido* das Futter heraustrennen aus **2** *alg* rächen; Genugtuung verschaffen; **~-se de** sich rächen für (**em** *ou dat*)

desfraldar [diʃfɾaɫ'dar] ⟨1a⟩ *bandeira* ausrollen; *geralm* ausbreiten

desfrutador [diʃfɾutɐ'dor] M̲ Nutznießer m **desfrutar** [diʃfɾu'tar] ⟨1a⟩ (aus)nutzen; **~ de** genießen **desfrute** [diʃ'fɾuti] M̲ Nutznießung f; Ausnutzung f; (*prazer*) Genuss m; **dar-se ao ~** sich lächerlich machen

desgarrado [dizgɐ'ʀadu] unbekümmert; dreist **desgarrar** [dizgɐ'ʀar] ⟨1b⟩ A V̲T̲ **~ do caminho** vom Weg abbringen; *fig* irreleiten B V̲I̲ (& V̲/R̲) ~(-se) sich verirren; *fig* auf Abwege geraten; **~ de** abweichen von

desgastar [dizgɐʃ'tar] ⟨1b⟩ *material* abnutzen, verschleißen; *provisão* aufbrauchen; *fig* zermürben; (*corroer*) zerfressen

desgaste [diz'gaʃti] M̲ Abnutzung f, Verschleiß m; *fig* Zermürbung f **desgasto** [diz'gaʃtu] A P̲P̲ *irr* → desgastar B A̲D̲J̲ abgenutzt

desgostar [dizguʃ'tar] ⟨1e⟩ A V̲T̲ verärgern, verstimmen; bekümmern; **~ alg de a/c** j-m etw verleiden B V̲I̲ nicht mögen (**de** *ac*); **não ~** ganz gern nicht mögen (*ou* haben); **~-se com** (*ou* **de, por**) sich ärgern über (*ac*) **desgosto** [diz'goʃtu] M̲ Ärger m, Verstimmung f; Kummer m **desgostoso** [dizguʃ'tozu] unwillig, verärgert; betrübt

desgovernado [dizguvir'nadu] unordentlich; leichtsinnig; **ficar ~** *auto* außer Kontrolle geraten **desgovernar** [dizguvir'nar] ⟨1c⟩ A V̲T̲ POL schlecht regieren; in Unordnung bringen B V̲I̲ & V̲/R̲ ~(-se) unvernünftig leben (*ou* wirtschaften); POL Misswirtschaft betreiben; nicht regieren können; *fig* aus dem Ruder laufen; AUTO von der Fahrbahn abkommen; NÁUT vom Kurs abkommen **desgoverno** [dizgu'vernu] M̲ POL Misswirtschaft f; *fig* Leichtsinn m

desgraça [diz'gɾasɐ] F̲ Unglück n; *material* Elend n; Missgeschick n; *fam* Unglücksrabe m; **para maior ~** *fig* zu allem Überfluss; **por ~** unglücklicherweise; **cair em ~** in Ungnade fallen; **uma ~ nunca vem só** *fam* ein Unglück kommt selten allein **desgraçadamente** [dizgɾɐsadɐ'mẽti] A̲D̲V̲ unglücklicherweise **desgraçado** [dizgɾɐ'sadu] A A̲D̲J̲ unglücklich; unselig; (*pobre*) armselig; *bras* gemein B M̲ *fam* Unglücksrabe m **desgraçar** [dizgɾɐ'sar] ⟨1p; *Stv* 1b⟩ ins Unglück stürzen

desgraceira [dizgɾɐ'sɐjɾɐ] F̲ *bras* **a vida é uma ~** *fam* das Leben ist ein Jammertal **desgrenhado** [dizgɾi'ɲadu] *pessoa* ungekämmt; *cabelo* zerzaust; *fig* wirr **desgrenhar** [dizgɾi'ɲar] ⟨1d⟩ zerzausen

desgrudar [dizgɾu'dar] ⟨1a⟩ (*descolar*) ablösen; *olhos* abwenden; **desgruda!** *pop* verzieh dich!

desídia [di'zidjɐ] F̲ Nachlässigkeit f **desidioso** [dizi'djozu] nachlässig; *processo* langwierig; *pessoa* faul

desidratar [dizidɾɐ'tar] ⟨1b⟩ das Wasser entziehen (*dat*)

design [di'zajn] M̲ Design n

designação [dizignɐ'sɐ̃u] F̲ Bezeichnung

f, Benennung f; (significado) Bedeutung f; *para um cargo*: Ernennung f **designadamente** [dizignads'mẽti] ADV insbesondere **designar** [dizi'gnar] ⟨1a⟩ bezeichnen (**por** als); (significar) symbolisch bedeuten; *para um cargo* ernennen (**como** zu); POL designieren (**para** als) **designer** [di'zainər] M/F Designer(in) m(f); ~ **gráfico** Grafiker m **designio** [di'zigniu] M Absicht f; Plan m; (objectivo) Ziel m **desigual** [dizi'gwat] ungleich(mäßig); *terreno* uneben **desigualar** [dizigwa'łar] ⟨1b⟩ A VT unterscheiden; ungleich behandeln (*ou* machen) B VI verschieden sein **desigualdade** [dizigwał'dadi] F Ungleichheit f **desiludido** [dizitu'didu] ernüchtert, illusionslos **desiludir** [dizitu'dir] ⟨3a⟩ enttäuschen; die Augen öffnen (*dat*); ~-**se** e-e Enttäuschung erleben; alle Illusionen verlieren (**de** über *ac*) **desilusão** [dizitu-'zãu̯] F Enttäuschung f; Ernüchterung f **desimpedir** [dizĩpi'dir] ⟨3r⟩ *caminho* freimachen; *obstáculo* beseitigen **desincentivo** [dizĩsẽ'tivu] M Abschreckung f; Mangel m an Anreiz; *meio*: Abschreckungsmittel n **desinchar** [dizĩ'ʃar] ⟨1a⟩ A VT zum Abschwellen bringen; *fig* demütigen B VI (& V/R) ~(-**se**) abschwellen; *fig* bescheiden (*ou* normal) werden **desincorporar** [dizĩkurpu'rar] ⟨1e⟩ aus e-r Gruppe ausgliedern **desincumbir-se** [dizĩkũ'birsi] ⟨3a⟩ ~ **de** sich entledigen (*gen*); *tarefa* ausführen; *cargo* ausüben **desinência** [dizi'nẽsjə] F GRAM (Wort)Endung f **desinfe(c)ção** [dizĩfe'sãu̯] F Desinfektion f **desinfe(c)tante** [dizĩfe'tãti] M Desinfektionsmittel n **desinfe(c)tar** [dizĩfe-'tar] ⟨1a⟩ desinfizieren; *pop* j-m von der Pelle rücken; verschwinden (**de** von) **desinfestação** [dizĩfeʃta'sãu̯] F Schädlingsbekämpfung f **desinfestar** [dizĩfeʃ-'tar] ⟨1a⟩ reinigen (**de** von) **desinibido** [dizini'bidu] enthemmt; ungeniert **desinibir** [dizini'bir] ⟨3l⟩ enthemmen **desinquietar** [dizĩkje'tar] ⟨1a⟩ aus der Ruhe bringen; *pop alg* j-n anstiften (**para** zu); *a/c* etw anzetteln **desinquieto** [di-

zĩ'kjetu] unruhig; *fam criança* zappelig **desintegração** [dizĩtigra'sãu̯] F (Los-) Trennung f; Zerfall m (*tb* Atom); Spaltung f **desintegrar** [dizĩti'grar] ⟨1c⟩ (los-) trennen; *de um todo*: herausnehmen; *átomo* zertrümmern; *fig* auflösen; ~-**se** sich auflösen (**em** in *ac*); sich trennen (**de** von) **desinteligência** [dizĩtili'ʒẽsjə] F Meinungsverschiedenheit f; Zwist m **desinteressado** [dizĩtiri'sadu] desinteressiert; unbeteiligt; (altruísta) uneigennützig **desinteressante** [dizĩtiri'sãti] reizlos, uninteressant **desinteressar** [dizĩtiri'sar] ⟨1c⟩ j-m gleichgültig sein; ~ **de** j-m etw verleiden; j-n abbringen von; ~-**se** das Interesse verlieren an (*dat*); *contrato*: zurücktreten von **desinteresse** [dizĩti'resi] M Gleichgültigkeit f **desintoxicação** [dizĩtoksika'sãu̯] F Entgiftung f; *espec droga*: Entziehung f **desintoxicar** [dizĩtoksi'kar] ⟨1n⟩ entgiften; *espec droga* entziehen; *alg* entwöhnen **desintrincar** [dizĩtrĩ'kar] ⟨1n⟩ entwirren, auflösen; (simplificar) vereinfachen **desintumescer** [dizĩtumiʃ'ser] ⟨2g⟩ A VT abschwellen lassen B VI (& V/R) ~(-**se**) abschwellen; zurückgehen **desistência** [diziʃ'tẽsjə] F Verzicht m; *plano*: Aufgabe f; *cargo*: Rücktritt m **desistir** [diziʃ'tir] ⟨3a⟩ ~ **de** verzichten auf (*ac*); *intenção* aufgeben; *contrato* zurücktreten von; *curso* sich abmelden von; **fazer** ~ **de** abbringen von **desjeito** [di'ʒaitu] M Ungeschick n, Ungeschicklichkeit f **deslanchar** [dʒiʒlẽ'ʃax] ⟨1a⟩ *bras pop* abhauen; funktionieren (Schwieriges) **deslassar** [diʒła'sar] ⟨1b⟩ locker machen (*ou* werden); (desfazer-se) (sich) auflösen **deslavado** [diʒła'vadu] *tecido* verwaschen; *vinho* wässrig; *pessoa* langweilig; *fig* unverschämt **deslavar** [diʒła'var] ⟨1b⟩ *tecido* verwaschen; ausbleichen; *vinho* verwässern; *fig* frech werden lassen **desleal** [diʒ'łjał] treulos; *oferta* unlauter **deslealdade** [diʒłjał'dadi] F Treulosigkeit f; *oferta*: Unlauterkeit f **desleitar** [diʒłai̯'tar] ⟨1a⟩ melken; *bébé* abstillen **desleixar** [diʒłai̯'ʃar] ⟨1a⟩ vernachlässigen; ~-**se** sein (*ou* **com, em**) nachlässig werden in (*dat*); nicht aufpassen bei **desleixo** [diʒ'łai̯ʃu] M Nachlässigkeit f

desligado [dɨʒliˈgadu] unverbunden, lose; ELECT ausgeschaltet; pop abgehoben; (distraído) abwesend **desligamento** [dɨʒligɐˈmetu] M ELECT Ab-, Ausschalten n; fig Loslösung f **desligar** [dɨʒliˈgar] ⟨1o⟩ lösen; carro abkuppeln; ELECT ab-, ausschalten, -stellen; ficha herausziehen; TEL auflegen; fig de um cargo: entbinden; **~-se de** sich (los)lösen von

deslindamento [dɨʒlĩdɐˈmetu] M terreno: Vermessung f; geralm Klarstellung f

deslizamento [dɨʒlizɐˈmetu] M (Aus-) Rutschen n; **~ de terras** Erdrutsch m

deslizante [dɨʒliˈzɐ̃ti] rutschig **deslizar** [dɨʒliˈzar] ⟨1a⟩ ~(-se) (dahin-, hinunter)gleiten; água fließen; abrutschen (**de** von); ausgleiten (tb fig) fig sich herauswinden (**de** aus); **~ em** (ou **sobre**) **o gelo** über das Eis gleiten; **deslizа!** port fam hau ab! **deslize** [dɨʒˈlizi] M Ausrutscher m

deslocação [dɨʒlukɐˈsɐ̃w̃] F, bras **deslocamento** [dɨʒlokɐˈmetu] M Ortsveränderung f; permanente: Übersiedlung f; (viagem) Reise f, Fahrt f; GEOL Verschiebung f; de actividade: Verlegung f; de ar: (Luft)Verdrängung f; de terra: (Erd)Bewegung f; MED Ausrenkung f; **despesas** fpl **de ~** port Reisekosten pl; Umzugskosten pl **deslocar** [dɨʒluˈkar] ⟨1n; Stv 1e⟩ A V/T verlegen, -setzen, -stellen; tropas etc verschieben; indústria verlagern; GEOL bewegen; ar, água verdrängen; membro ausrenken B V/R **~-se** reisen (**a**, **para** nach; in, an ac), fahren (**a**, **para** nach; in, an ac); eco sich fortpflanzen; sich bewegen; GEOL in Bewegung geraten

deslombar [dɨʒlõˈbar] ⟨1a⟩ verprügeln; schlagen (tb fig)

deslumbrado [dɨʒlũˈbradu] ADJ geblendet; fig verblendet; (fascinado) fasziniert **deslumbramento** [dɨʒlũbrɐˈmetu] M Blendung f; fig Verblendung f; Faszination f **deslumbrante** [dɨʒlũˈbrɐ̃ti] blendend; fig gewaltig **deslumbrar** [dɨʒlũˈbrar] ⟨1a⟩ blenden; fig verblenden; (fascinar) faszinieren; **~-se com** sich blenden lassen von

deslustrar [dɨʒluʃˈtrar] ⟨1a⟩ den Glanz nehmen; fig beflecken **deslustre** [dɨʒˈluʃtri] M, **deslustro** [dɨʒˈluʃtru] M Glanzlosigkeit f; fig Schande f, Makel m **deslustroso** [dɨʒluʃˈtrozu] glanzlos, trübe; fig schändlich

desmaiado [dɨʒmɐˈjadu] ruido schwach; cor, pessoa blass; MED ohnmächtig **desmaiar** [dɨʒmɐˈjar] ⟨1b⟩ A V/T erblassen lassen; fig niederschmettern B V/I MED ohnmächtig werden; cor verblassen; pessoa blass werden **desmaio** [dɨʒˈmaju] M MED Ohnmacht f; fig Verzagtheit f

desmama [dɨʒˈmamɐ] F bebé: Abstillen n; viciado: Entwöhnung f **desmamar** [dɨʒmɐˈmar] ⟨1a⟩ bebé abstillen; viciado entwöhnen

desmame [dɨʒˈmami] M → desmama

desmancha-prazeres [dɨʒmɐ̃ʃɐpraˈzeriʃ] M/F ⟨pl inv⟩ pop Spiel-, Spaßverderber(in) m(f) **desmanchar** [dɨʒmɐ̃ˈʃar] ⟨1a⟩ auseinandernehmen; aufmachen; auftrennen; plano zunichtemachen; alegria verderben; acordo, noivado rückgängig machen; braço ausrenken; port pop abtreiben; **~-se** entzweigehen; durcheinandergeraten; plano sich zerschlagen; braço sich verrenken; fig sich gehen lassen; zergehen; **~-se a rir** sich vor Lachen kugeln **desmancho** [dɨʒˈmaʃu] M Unordnung f, Verwirrung f; (avaria) Störung f, fig (destruição) Zerstörung f; pop Abtreibung f

desmantelamento [dɨʒmɐ̃tilɐˈmetu] M ARQUIT Abbruch m; TECN Demontage f; fig Entlarvung f; organização: Zerschlagung f; COM Abwicklung f **desmantelar** [dɨʒmɐ̃tiˈlar] ⟨1c⟩ demontieren; monopólio brechen; organização zerschlagen; COM abwickeln; fig entlarven

desmaquilhante [dɨʒmɐkiˈʎɐ̃ti] Make-up-Entferner m

desmarcado [dɨʒmɐrˈkadu] maßlos, ungeheuer **desmarcar** [dɨʒmɐrˈkar] ⟨1n; Stv 1b⟩ unkenntlich machen; die Markierung(en) entfernen von; etrevista absagen; **~-se** port zu weit gehen

desmascaramento [dɨʒmɐʃkɐrɐˈmetu] M Entlarvung f **desmascarar** [dɨʒmɐʃkɐˈrar] ⟨1n; Stv 1b⟩ demaskieren; fig entlarven; conspiração, planos enthüllen, aufdecken

desmatamento [dɨʒimatɐˈmetu] M bras, **desmatar** [dɨʒimɐˈtax] ⟨1c⟩ bras → desflorestação, desflorestar

desmaterializar [dɨʒmɐtirjɐliˈzar] ⟨1a⟩ vergeistigen

desmazelar-se [dɨʒmɐziˈlarsi] ⟨1c⟩ sich

desmazelo [diʒmɐ'zelu] M Nachlässigkeit f; Schlamperei f; Schlendrian m

desmedido [diʒme'didu] unmäßig, übermäßig; (enorme) ungeheuer(lich) **desmedir-se** [diʒmi'dirsi] ⟨3r⟩ das Maß überschreiten (**em** in dat)

desmembramento [diʒmẽbrɐ'mẽtu] M Zerstückelung f; organização: Zerfall m, Auflösung f; ARQUIT Parzellierung f **desmembrar** [diʒmẽ'brar] ⟨1a⟩ zerstückeln, zerteilen; (separar) (ab)trennen; **~-se** auseinanderfallen, sich auflösen; (separar-se) sich loslösen

desmentido [diʒmẽ'tidu] M Dementi n **desmentir** [diʒmẽ'tir] ⟨3e⟩ notícia dementieren; alg widersprechen; afirmação richtig stellen; factos in Abrede stellen; verleugnen

desmerecer [diʒmɨri'ser] ⟨2g⟩ A VT (não merecer) nicht verdienen; (menosprezar) gering schätzen B VI an Wert (-schätzung) einbüßen (**em** bei, in dat); **~ (de)** unwürdig sein (gen) **desmerecimento** [diʒmɨrisi'mẽtu] M Unwürdigkeit f; (menosprezo) Geringschätzung f

desmesura [diʒmi'zurɐ] F Unhöflichkeit f **desmesurado** [diʒmizu'radu] riesig; fig exzessiv; übertrieben **desmesurar-se** [diʒmizu'rarsi] ⟨1a⟩ übertreiben

desmilitarização [diʒmilitɐriza'sɐ̃u] F Entmilitarisierung f **desmilitarizar** [diʒmilitɐri'zar] ⟨1a⟩ entmilitarisieren

desminar [diʒmi'nar] ⟨1a⟩ von Minen räumen

desmiolado [diʒmju'ɫadu] fam hirnverbrannt

desmoer [diʒ'mwer] ⟨2f⟩ port fam verdauen

desmoitar [diʒmoi̯'tar] ⟨1a⟩ roden; fig zurechtstutzen

desmonetização [diʒmunitiza'sɐ̃u] F Geldentwertung f

desmontagem [diʒmõ'taʒɐ̃i̯] F Demontage n; Abbau m **desmontar** [diʒmõ'tar] ⟨1a⟩ A VT/I 1 auseinandernehmen; máquina ab-, demontieren 2 alg absitzen lassen; cavaleiro abwerfen; fig aufdecken B VI absitzen **desmontável** [diʒmõ'tavɛɫ] zerlegbar; abnehmbar

desmoralização [diʒmurɐliza'sɐ̃u] F Demoralisierung f; Sittenverfall m **desmoralizado** [diʒmurɐli'zadu] entmutigt; demoralisiert **desmoralizador** [diʒmurɐliza'dor], **desmoralizante** [diʒmurɐli'zɐ̃ti] demoralisierend **desmoralizar** [diʒmurɐli'zar] ⟨1a⟩ (desanimar) demoralisieren; entmutigen; (desmerecer) in Verruf bringen; (desviar) abbringen (**de** von); **~-se** in Verruf geraten

desmoronamento [diʒmurunɐ'mẽtu] M GEOL Erd-, Bergrutsch m; edifício: Einsturz m; Zerfall m; Zusammenbruch m (tb fig) **desmoronar** [diʒmuru'nar] ⟨1f⟩ A VT/I edifício ab-, einreißen; zum Einsturz bringen; umstürzen; fig untergraben B VI (G V/R) **~(-se)** edifício einstürzen; muro zerbröckeln, zerfallen; sistema zusammenbrechen; GEOL abrutschen

desmotivado [diʒmuti'vadu] unmotiviert **desmotivar** [diʒmuti'var] ⟨1a⟩ abschrecken; demotivieren

desnacionalização [diʒnɐsjunɐliza'sɐ̃u] F ECON Reprivatisierung f; DIR Ausbürgerung f; país: Entfremdung f; Verlust m des Nationalcharakters

desnatação [diʒnɐtɐ'sɐ̃u] F Entrahmung f **desnatar** [diʒnɐ'tar] ⟨1b⟩ entrahmen; **leite** m **(parcialmente) desnatado** Magermilch f, entrahmte Milch f

desnaturado [diʒnɐtu'radu] A ADJ widernatürlich; (cruel) grausam; **álcool** m **~** Brennspiritus m; **mãe** f **~** Rabenmutter B M Unmensch m **desnaturalizar** [diʒnɐtur̯ɐli'zar] ⟨1a⟩ ausbürgern

desnecessariamente [diʒnisisɐrjɐ'mẽti] ADV unnötigerweise **desnecessário** [diʒnisi'sarju] unnötig, überflüssig

desnível [diʒ'nivɛɫ] M (Höhen)Unterschied m; (degrau) Absatz m; terreno: Unebenheit f; (inclinação) Gefälle n

desnivelamento [diʒnivɛlɐ'mẽtu] M (Höhen)Verschiebung f; Gefälle n; **~ social** Sozialgefälle n **desnivelar** [diʒnivɨ'ɫar] ⟨1c⟩ aus der Waagerechten (fig aus dem Gleichgewicht) bringen; uneben machen; fig unterscheiden

desnorteado [diʒnor'tjadu] ziellos, orientierungslos; ratlos **desnorteamento** [diʒnortjɐ'mẽtu] M Orientierungslosigkeit f; fig Verwirrung f; Ratlosigkeit f **desnortear** [diʒnor'tjar] ⟨1l⟩ A VT/I vom Kurs abbringen; fig irreführen; verwirren B VI/I (G V/R) **~(-se)** die Orientierung verlieren; sich nicht mehr zurechtfinden; fig ratlos werden (**com** wegen)

desnublado [diʒnu'bɫadu] wolkenlos
desnuclearização [diʒnukɫiariza'sɐ̃ũ] F Ausstieg f aus der Atomenergie; MIL Denuklearisierung f; **tratado m de ~** Atomwaffenabrüstungsvertrag m **desnuclearizado** [diʒnukɫiari'zadu] atomwaffenfrei
desnudamento [diʒnudɐ'mẽtu] M roupa: Ablegen n, Ausziehen n; parte do corpo: Entblößung f; bloßlegen f **desnudar** [diʒnu'dar] ⟨1a⟩ entblößen; bloßlegen; **~-se** sich ausziehen **desnudo** [diʒ'nudu] nackt
desnutrição [diʒnutri'sɐ̃ũ] F Unterernährung f **desnutrido** [diʒnu'tridu] ADJ unterernährt
desobedecer [dizobidi'ser] ⟨2g⟩ den Gehorsam verweigern (**a** j-m); nicht gehorchen; (opor-se) sich widersetzen; ordem nicht beachten; DIR zuwiderhandeln **desobediência** [dizobi'djẽsjɐ] F Ungehorsam m; ordem: Nichtbeachtung f; DIR Zuwiderhandlung f **desobediente** [dizobi'djẽti] ADJ ungehorsam; (insubmisso) widerspenstig
desobrigação [dizobriga'sɐ̃ũ] F Entlastung f, Befreiung f (von e-r Pflicht) **desobrigar** [dizobri'gar] ⟨1o⟩ entlasten (tb COM); geralm befreien (**de** von), entbinden (**de** von); **~-se** s-n Verpflichtungen nachkommen; **~ de um compromisso** e-r Verpflichtung nachkommen
desobstrução [dizobʃtru'sɐ̃ũ] F estrada: Freiräumen n; passagem: Öffnung f; MED Durchgängigmachung f **desobstruir** [dizobʃtru'ir] ⟨3k⟩ estrada freiräumen; passagem öffnen; MED artéria weiten, wieder durchgängig machen
desocupação [dizokupa'sɐ̃ũ] F **1** Beschäftigungslosigkeit f **2** casa: Räumung f **desocupado** [dizoku'padu] **1** unbeschäftigt; (desempregado) arbeitslos **2** casa frei; leer stehend **desocupar** [dizoku'par] ⟨1a⟩ casa (aus)räumen; posição freimachen; **~-se** casa frei werden; **~ de uma tarefa** sich frei machen, eine Aufgabe erledigen
desodorante [dizodu'rɐ̃ti] M, **desodorizante** [dizoduri'zɐ̃ti] M Deodorant n
desofuscar [dizofuʃ'kar] ⟨1n⟩ erhellen; aufhellen
desolação [dizuɫɐ'sɐ̃ũ] F Untröstlichkeit f; fig Verheerung f; Ruin m **desolado** [dizu'ɫadu] pessoa untröstlich; estado trostlos, desolat **desolar** [dizu'ɫar] ⟨1e⟩ erschüttern, niederschmettern; guerra verheeren
desonestidade [dizoneʃti'dadi] F Unehrlichkeit f; Unanständigkeit f **desonesto** [dizo'neʃtu] unehrlich; unanständig
desonra [di'zõʁɐ] F Ehrverlust m, Schande f; Ehrlosigkeit f **desonrar** [dizõ'ʁar] ⟨1a⟩ **A** VT entehren; a/g Schande machen; (desacreditar) in Misskredit bringen **B** VI ehrenrührig sein; **~-se** s-e Ehre verlieren (**com** bei) **desonroso** [dizõ'ʁozu] entehrend; (vergonhoso) schändlich
desoprimir [dizopri'mir] ⟨3a⟩ erleichtern; befreien (**de** von)
desoras [di'zɔrɐʃ] FPL **a ~** zur Unzeit
desordeiro [dizor'dɐjru] **A** ADJ streitsüchtig **B** M, **-a** F Randalierer(in) m(f), Unruhestifter(in) m(f) **desordem** [di'zɔrdɐ̃ĩ] F Unordnung f, Durcheinander n; fig Verwirrung f; POL Unruhe f **desordenado** [dizordi'nadu] unordentlich; regellos; vida liederlich; impulso ungezügelt; mente wirr; fuga wild
desorganização [dizorganiza'sɐ̃ũ] F Desorganisation f **desorganizar** [dizorgani'zar] ⟨1a⟩ desorganisieren; **~-se** in Unordnung geraten
desorientação [dizorjẽtɐ'sɐ̃ũ] F Richtungs-, Ziellosigkeit f; local: Desorientierung f; fig Ratlosigkeit f **desorientado** [dizorjẽ'tadu] ADJ orientierungslos; fig ratlos **desorientar** [dizorjẽ'tar] ⟨1a⟩ irreführen; (confundir) verwirren; **~-se** die Richtung verlieren; do caminho: abkommen (**de** von); fig ratlos werden; sich nicht mehr zurechtfinden (**com** mit)
desossar [dizɔ'sar] ⟨1a⟩ entbeinen
desova [di'zɔvɐ] F Laichen n; período: Laichzeit f
desoxidar [dizɔksi'dar] ⟨1a⟩ Rost entfernen von; QUIM desoxidieren **desoxigenar** [dizɔksiʒi'nar] ⟨1d⟩ desoxidieren
despachado [diʃpɐ'ʃadu] flink, fam fix, tüchtig **despachante** [diʃpɐ'ʃɐ̃ti] M/F Zollexpedient(in) m(f); Speditionskaufmann m, -frau f **despachar** [diʃpɐ'ʃar] ⟨1b⟩ **A** VT tarefa, encomenda erledigen; mercadoria, cliente abfertigen; carta absenden; telegrama aufgeben; (exarar despacho) ausfertigen; pedido bewilligen;

alg ernennen; DIR entscheiden; *fam* ~ **alg j-m Beine machen**; (*matar*) j-n umlegen; *bras* j-n wegschicken 🅱 VI̲ die (laufenden) Geschäfte erledigen; **~-se** *fam* sich beeilen

despacho [diʃˈpaʃu] M̲ *administrativo:* Abfertigung *f*; *encomenda:* Erledigung *f*; DIR Ausfertigung *f*; *pedido:* Bewilligung *f*; *mercadoria:* Expedition *f*, Versand *m*; DIR Beschluss *m*; *afrobras* REL Opfer *n*, Opfergaben *pl*; **dar ~ a** *pedido etc* e-e Entscheidung treffen über (*ac*), befinden über (*ac*); *mercadoria* abfertigen; **dar um ~ a** *pop* j-m eins verpassen; **ir a ~ port** den Instanzenweg gehen

desparafusar [diʃpɜrɜfuˈzar] ⟨1a⟩ ab-, auf-, herausschrauben

despautério [diʃpauˈtɛrju] M̲ *fam* Blödsinn *m*, Quatsch *m*

despedaçar [diʃpidɜˈsar] ⟨1p; *Stv* 1b⟩ zerstückeln; *com violência:* zerschlagen

despedida [diʃpiˈdidɜ] F̲ Abschied *m*; Verabschiedung *f*; **~ de solteiro** Polterabend *m*, Junggesellenabend *m*; **dar as ~s** abschließen, zum Ende kommen

despedimento [diʃpidiˈmẽtu] M̲ Entlassung *f*; **~ em massa** Massenentlassung *f* **despedir** [diʃpiˈdir] ⟨3r⟩ verabschieden; *pessoal* entlassen; *tiro* abgeben; *pancada* versetzen; *grito* ausstoßen; *calor, cheiro* verströmen; *geralm tb* schicken; **~-se** sich verabschieden (**de** von); *emprego* kündigen; *cargo* niederlegen; **~ se à francesa** sich auf französische Art verabschieden (grußlos gehen)

despegar [diʃpeˈgar] ⟨1o; *Stv* 1c⟩ ab-, loslösen; *fig* das Interesse verlieren an (*dat*)

despego [diʃˈpegu] M̲ Desinteresse *n*

despeitar [diʃpaiˈtar] ⟨1a⟩ ärgern, reizen; abschätzig behandeln **despeito** [diʃˈpaitu] M̲ Verachtung *f*, Ressentiment *n*; **a ~ de** trotz

despejado [diʃpiˈʒadu] frei; klar; *garrafa, lugar* leer; *céu* wolkenlos; *fig* schamlos **despejar** [diʃpiˈʒar] ⟨1d⟩ A VI̲ *recipiente* leeren; *líquido* ausgießen; *caminho* freimachen; *casa* räumen; *bebida* kippen; **~ à bomba** *port* auspumpen 🅱 VI̲ ausziehen **despejo** [diʃˈpaiʒu] M̲ *recipiente:* Entleerung *f*; *casa:* Zwangsräumung *f* (*tralha*) Gerümpel *n*; *fig* Frechheit *f*; **~s** *pl* Abfall *m*; Dreck *m*; **a(c)ção** *f* **de ~** DIR Räumungsklage *f*

despenalização [diʃpinɜtizɜˈsɐ̃u̯] F̲ Aufhebung *f* der Strafverfolgung

despencar [dʒiʃpẽˈkax] ⟨1n⟩ *bras* (her)abstürzen

despender [diʃpẽˈder] ⟨2a⟩ *dinheiro* ausgeben (**em** für); *tempo, esforços* auf-, verwenden (**em** für); *fig* verschwenden; *alg* überschütten mit

despenhadeiro [diʃpiɲɜˈdai̯ru] M̲ Abgrund *m* (*tb fig*); Steil-, Abhang *m* **despenhar(-se)** [diʃpiˈɲar(si)] ⟨1d⟩ (her-, hin)abstürzen; *fig* stürzen

despensa [diʃˈpẽsɜ] F̲ Speisekammer *f*; → **dispensa**

despentear [diʃpẽˈtjar] ⟨1l⟩ *cabelos* zerzausen; *penteado* auflösen

desperceber [diʃpirsiˈber] ⟨2c⟩ nicht bemerken; *voluntariamente* nicht beachten **despercebido** [diʃpirsiˈbidu] unbeachtet; (*descuidado*) unvorsichtig; **passar ~** unbemerkt bleiben

desperdiçado [diʃpirdiˈsadu] A ADJ verschwenderisch 🅱 M̲, **-a** F̲ Verschwender(in) *m(f)* **desperdiçador(a)** [diʃpirdisɜˈdor(ɜ)] M(F) Verschwender(in) *m(f)* **desperdiçar** [diʃpirdiˈsar] ⟨1p⟩ verschwenden, verschleudern, vergeuden (**em** für)

desperdício [diʃpirˈdisju] M̲ **1** Verschwendung *f* **2** Abfall *m*; **~s** *pl* **industriais** Industrieabfälle *mpl*

desperecer [diʃpiriˈser] ⟨2g⟩ → **deperecer**

despersonalizar [diʃpirsunɜliˈzar] ⟨1a⟩ der Persönlichkeit berauben; *discussão etc* objektivieren

despersuadir [diʃpirswɜˈdir] ⟨3b⟩ abbringen (**de** von)

despertador [diʃpirtɜˈdor] M̲ Wecker *m* **despertar** [diʃpirˈtar] ⟨1c⟩ A VT̲ wecken; *sentimento* erwecken; *recordação* wachrufen; *curiosidade* erregen 🅱 VI̲ auf-, erwachen (**de** aus *dat*) **desperto** [diʃˈpertu] hellwach; *fig* aufgeweckt

despesa [diʃˈpezɜ] F̲ *financeira:* Ausgabe *f*; *de tempo:* (Zeit)Aufwand *m*; **~s** *pl* (Un)Kosten *pl*; **cortar (n)as ~s** die Kosten reduzieren; **~s** *pl* **de viagem** *bras* Fahrtkosten *pl*, Reisekosten *pl*

despicar-se [diʃpiˈkarsi] ⟨1n⟩ sich rächen (**de** für, **com** an *dat*)

despido [diʃˈpidu] nackt, bloß; *árvore* kahl; **~ de bar** (*gen*) ohne

despiedado [diʃpjeˈdadu] mitleidlos;

(*cruel*) grausam

despique [diʃˈpikɨ] M Genugtuung f; (*desafio*) Herausforderung f; DESP (End)Spurt m; **a ~** verstritten; **ao ~** um die Wette

despir [diʃˈpir] ⟨3c⟩ *alg, a/c* ausziehen; *cobertura* abstreifen; *erro* ablegen; **~-se** sich ausziehen

despistar [diʃpiʃˈtar] ⟨1a⟩ von e-r Spur ablenken; *fig* irreführen; **~-se** aus der Bahn geraten; AUTO von der Fahrbahn abkommen **despiste** [diʃˈpiʃtɨ] M Abweichen n von der Norm; Ausrutscher m; *fig* Zerstreutheit f

despoeirar [diʃpwajˈrar] ⟨1a⟩ ab-, entstauben

despojar [diʃpoˈʒar] ⟨1e⟩ berauben (**de** *gen*); (*saquear*) ausplündern; **~-se de** *vestuário* ablegen **despojo** [diʃˈpoʒu] M ⟨*pl* [-ˈpɔʒ-]⟩ Beraubung f; *de guerra*: (Kriegs)Beute f; *herança*: Nachlass m; *animal*: Balg m; **~s** *pl* Überbleibsel *npl*; Reste *mpl*

despolitização [diʃpuɫitizaˈsɐ̃w] F Entpolitisierung f, politische Gleichgültigkeit f

despoluição [diʃpuɫwiˈsɐ̃w] F Beseitigung f von Verschmutzung, Säuberung f **despoluir** [diʃpuˈɫwir] ⟨3i⟩ reinigen, säubern

despontar [diʃpõˈtar] **A** V/T ⟨1a⟩ *ponta* abstumpfen, abbrechen; *lâmina etc* abnutzen **B** V/I ⟨1a⟩ *dia* anbrechen; *sol* aufsteigen; (*surgir*) auftauchen; *fig* keimen **C** M Anbruch m

desportista [diʃpurˈtiʃtɐ] M/F Sportler(in) m(f) **desportivo** [diʃpurˈtivu] sportlich; Sport(s)...

desporto [diʃˈportu] M ⟨*pl* [-ˈpɔɾ-]⟩ Sport m; **~ amador** Amateursport m; **~ de alta competição** Hochleistungssport m; **~ em pista** (*ou* **quadra**) **coberta** Hallensport m; **~ radical** Extremsport m; **~s** *pl* Sportarten *fpl*; **praticar ~** Sport treiben

desposar [diʃpuˈzar] ⟨1e⟩ (ver)heiraten

despótico [diʃˈpɔtiku] despotisch **despotismo** [diʃpuˈtiʒmu] M Despotismus m

despovoação [diʃpuvwaˈsɐ̃w] F, **despovoamento** [diʃpuvwaˈmẽtu] M Entvölkerung f **despovoado** [diʃpuˈvwadu] M unbewohnte Gegend f, Einöde f

desprazer [diʃpraˈzer] **A** V/I ⟨2y⟩ missfallen **B** M Missfallen n **desprazível** [diʃpraˈzivɛɫ] unangenehm

desprecatado [diʃprɨkaˈtadu] unvorsichtig; ahnungs-, arglos **desprecatar-se** [diʃprɨkaˈtarsɨ] ⟨1b⟩ nicht aufpassen

desprecaver [diʃprɨkaˈver] ⟨2b⟩ unvorsichtig (*ou* sorglos) werden; **~-se** nachlässig werden (**com** mit, bei) **desprecavido** [diʃprɨkaˈvidu] unvorbereitet; (*imprudente*) unvorsichtig

despregar [diʃprɨˈgar] ⟨1o; *Stv* 1c⟩ **1** abreißen, losreißen (*tb fig*); abmachen, aufmachen **2** *ruga* glätten; **~-se** abgehen, aufgehen

desprendado [diʃprẽˈdadu] unbegabt **desprender** [diʃprẽˈder] ⟨2a⟩ abmachen, losmachen, lösen; *olhos etc* abwenden; *unhas* herausziehen; *palavras* ausstoßen **desprendido** [diʃprẽˈdidu] lose; *fig* uneigennützig; (*indiferente*) gleichgültig (**de** gegen) **desprendimento** [diʃprẽdiˈmẽtu] M Ab-, Loslösung f; *fig material*: Uneigennützigkeit f; *emocional*: Gleichgültigkeit f

despreocupação [diʃpriokupaˈsɐ̃w] F Sorglosigkeit f, Unbekümmertheit f **despreocupado** [diʃpriokupadu] ADJ unbesorgt; unbeschwert **despreocupar** [diʃpriokuˈpar] ⟨1a⟩ beruhigen; sorglos machen (**de** gegenüber); **~-se de** vernachlässigen

desprestigiar [diʃpriʃtiˈʒjar] ⟨1g⟩ in Misskredit bringen; um sein Ansehen bringen **desprestígio** [diʃpriʃˈtiʒju] M Prestigeverlust m

despretensão [diʃprɨtẽˈsɐ̃w] F Anspruchslosigkeit f **despretensioso** [diʃprɨtẽˈsjozu] anspruchslos, bescheiden

desprevenido [diʃprɨviˈnidu] unvorbereitet; ahnungslos; **estar ~** *fam* gerade kein Geld (dabei) haben **desprevenir** [diʃpriviˈnir] ⟨3d⟩ sorglos machen; **~-se** keine Vorkehrungen treffen

desprezador [diʃprɨzaˈdor] M Verächter m **desprezar** [diʃprɨˈzar] ⟨1c⟩ verachten; (*ignorar*) außer Acht lassen; **~-se** sich erniedrigen; sich schämen (**de** für) **desprezável** [diʃprɨˈzavɛɫ], **desprezível** [diʃprɨˈzivɛɫ] verächtlich; schändlich

desprezo [diʃˈprezu] M Verachtung f; (*descuido*) Vernachlässigung f; **dar** (*ou* **votar**) **ao ~** verachten; **dar-se ao ~** sich erniedrigen (**de** zu)

desprivilegiado [diʃpriviliˈʒjadu] unterprivilegiert **desprivilegiar** [diʃpriviliˈʒjar] ⟨1g⟩ der Vorrechte berauben; benachteiligen

despromoção [diʃprumuˈsɐ̃ũ] F̄ Degradierung f **despromover** [diʃprumuˈver] ⟨2d⟩ zurückversetzen, degradieren

despronúncia [diʃpruˈnũsja] F̄ Zurückziehung f der Anklage (**de** gegen) **despronunciar** [diʃprunũˈsjar] ⟨1g⟩ die Anklage gegen j-n zurückziehen

desproporção [diʃpruporˈsɐ̃ũ] F̄ Missverhältnis n **desproporcionado** [diʃprupursjuˈnadu] *tamanho* unverhältnismäßig (groß, lang, hoch etc); *forma, medida* unproportioniert; *fig* ungleich; *castigo* unangemessen **desproporcionar** [diʃprupursjuˈnar] ⟨1f⟩ ins Missverhältnis setzen; unverhältnismäßig (groß, lang etc) machen

despropositado [diʃprupuziˈtadu] unbeabsichtigt; *acontecimento* ungelegen; *suspeita* unbegründet; *observação* unklug, unsinnig **despropositar** [diʃprupuziˈtar] ⟨1a⟩ Unsinn reden (ou machen)

despropósito [diʃpruˈpɔzitu] M̄ Ungereimtheit f; Unsinn m

desprote(c)ção [diʃprutɛˈsɐ̃ũ] F̄ Verlassenheit f; Schutzlosigkeit f **desprotegido** [diʃprutiˈʒidu] schutzlos, verlassen; *local* ungeschützt

desproveito [diʃpruˈvɐitu] M̄ Nachteil m, Schaden m **desprover** [diʃpruˈver] ⟨2m; *pp* desprovido⟩ nicht versorgen (**de** mit); *alg* j-n berauben (**de** *gen*); j-m vorenthalten (**de** *ac*) **desprovido** [diʃpruˈvidu] unversorgt; (*desprevenido*) unvorbereitet; **~ de** ohne; **~ de recursos** mittellos

despudor [diʃpuˈdor] M̄ Schamlosigkeit f

desqualificação [diʃkwaɫifikaˈsɐ̃ũ] F̄ Untauglichkeit f; Unfähigkeit f; DESP Disqualifizierung f **desqualificar** [diʃkwaɫifiˈkar] ⟨1n⟩ für unfähig erklären; DESP disqualifizieren (*tb fig*)

desquitado [dʒiʃkiˈtadu] ADJ *bras* getrennt lebend (*vom Ehepartner*) **desquitar** [diʃkiˈtar] ⟨1a⟩ *bras casal* trennen; *port fam bébé* abstillen; **~-se** sich trennen (*ou* zurückziehen) von **desquite** [diʃˈkiti] M̄ *bras* DIR Trennung f (*von Tisch und Bett*); *port jogo*: Revanche f

desratização [dʒiʒʁatizaˈsɐ̃ũ] F̄ Rattenbekämpfung f

desregrado [dʒiʒɐiˈgradu] ungeregelt; unmäßig; *vida* ausschweifend, zügellos **desregramento** [dʒiʒɐigraˈmẽtu] M̄ Regellosigkeit f; Unmäßigkeit f; Ausschweifung f **desregrar** [dʒiʒɐiˈgrar] ⟨1c⟩ in Unordnung bringen; **~-se** sich gehen lassen; ausschweifen

desregulamentação [dʒiʒʁigulɐmẽtaˈsɐ̃ũ] F̄ ECON Deregulierung f

desrespeitar [dʒiʒɐipɐiˈtar] ⟨1a⟩ *regra* missachten; *alg* unhöflich behandeln **desrespeito** [dʒiʒɐiˈpɐitu] M̄ *regras:* Missachtung f; (*falta de cortesia*) Unhöflichkeit f; (*impertinência*) Respektlosigkeit f **desrespeitoso** [dʒiʒɐipɐiˈtozu] unhöflich; (*atrevido*) frech

dessa [ˈdɛsa] CONTR *de* de *e* essa

dessalgar [diʃsaɫˈgar] ⟨1g⟩ entsalzen; *fig* veröden

dessangrar [diʃsɐ̃ˈgrar] ⟨1a⟩ ausbluten lassen (*tb fig*); *fig* schwächen; **~-se** verbluten

desse¹ [ˈdesi] CONTR *de* de *e* esse
desse² [ˈdɛsi] → dar

dessecação [disikaˈsɐ̃ũ] F̄ *pântano:* Trockenlegung f, Austrocknung f; *fruta:* Dörren n; *planta:* Verdorren n; TECN *tb* Entwässerung f **dessecar** [disiˈkar] ⟨1n; *Stv* 1c⟩ *pântano* trockenlegen; *campos* austrocknen (*tb fig*); *planta* trocknen

dessensibilização [diʃsẽsibitizaˈsɐ̃ũ] F̄ MED Desensibilisierung f

desserviço [diʃsirˈvisu] M̄ schlechter Dienst m, Bärendienst m

dessoldar [diʃsoɫˈdar] ⟨1e⟩ (ab)lösen; abtrennen; TECN abschweißen

desta [ˈdɛʃta] CONTR *de* de *e* esta

destacado [diʃtaˈkadu] *personagem* herausragend; *sinal* führend; deutlich; MÚS staccato **destacamento** [diʃtakaˈmẽtu] M̄ MIL (Sonder)Kommando n **destacar** [diʃtaˈkar] ⟨1n; *Stv* 1b⟩ **A** V̄T̄ MIL abkommandieren; entsenden; *fig a/c* hervorheben; *alg* auszeichnen **B** V̄Ī̄ (& V̄R̄) **~(-se)** herausragen (**de** aus); sich abheben (**de** von) **destacável** [diʃtaˈkavɛɫ] herausnehmbar

destampar [diʃtɐ̃ˈpar] ⟨1a⟩ den Deckel abheben von; ab-, aufdecken; **~ a** anfangen zu; **~ em** ausbrechen in (*ac*); führen zu

destapar [diʃtaˈpar] ⟨1b⟩ aufdecken; **~-se**

destaque [diʃ'taki] M herausragende Persönlichkeit f; herausragendes Ereignis n; **pôr em ~** fig hervorheben; **de ~** herausragend; pessoa hochgestellt; **em ~** gut sichtbar

destarte [deʃ'tarti] ADV espec bras hierdurch; auf diese Weise

deste[1] ['deʃti] CONTR de e este

deste[2] ['deʃti] → dar

destelhar [diʃti'ʎar] ⟨1d⟩ Dach abdecken

destemidez [diʃtimi'deʃ] F Unerschrockenheit f **destemido** [diʃti'midu] furchtlos; kühn

destemperadamente [diʃtẽpiradʒ'mẽti] ADV unsinnigerweise **destemperado** [diʃtẽpi'radu] unmäßig; heftig; clima rau; MÚS, MED verstimmt; cor, vinho wässrig **destemperar** [diʃtẽpi'rar] ⟨1c⟩ A VT temperatura abschwächen; aguardente verdünnen; sabor mildern; MÚS, MED verstimmen; geralm stören B Vi Unsinn reden; **~-se** fig es zu weit treiben **destempero** [diʃtẽ'peru] M Durcheinander n; Störung f; fig Heftigkeit f; Ungehörigkeit f

desterrar [diʃti'xar] ⟨1c⟩ verbannen; fig verscheuchen **desterro** [diʃ'texu] M Verbannung f

destilação [diʃtila'sãũ] F Destillation f **destilado** [diʃti'ladu] ADJ destilliert; **água** f **-a** destilliertes Wasser n **destilar** [diʃti'lar] ⟨1a⟩ A VT QUÍM destillieren; aguardente brennen B VI tropfen; fig triefen (**de** vor) **destilaria** [diʃtila'ria] F (Schnaps)Brennerei f

destinação [diʃtina'sãũ] F Bestimmungsort m, Ziel n **destinar** [diʃti'nar] ⟨1a⟩ bestimmen (**a** für); zuweisen; carta richten (**a** an ac); **~-se a** ou **para** bestimmt sein für; alg tb sich entscheiden für **destinatário** [diʃtina'tarju] M, **-a** F Empfänger(in) m(f)

destino [diʃ'tinu] M **1** Schicksal n; **ironia** f **do ~** Ironie f des Schicksals **2** viagem: Bestimmungsort m, Ziel n; meios, dinheiro: Zweck m, Ziel n; **com ~ a** viagem nach ...; **sem ~** aufs Geratewohl

destintagem [diʃti'taʒãĩ] F Entfärbung f (espec Papierrecycling)

destituição [diʃtitwi'sãũ] F Absetzung f; **de cargo:** Amtsenthebung f; Entlassung f

destituído [diʃti'twidu] ADJ **~ de** entblößt (gen); bar; **~ de bom senso** unklug; **~ de razão** grundlos **destituir** [diʃti'twir] ⟨3i⟩ do cargo entheben; alg absetzen, entlassen (**de** aus); **~ alg de** poder j-m entziehen; informação j-m vorenthalten

destoar [diʃ'twar] ⟨1f⟩ falsch singen (ou spielen); aus der Reihe tanzen; **~ de** nicht passen zu; **~ em** verfallen in (ac)

destoldar [diʃtoł'dar] ⟨1e⟩ Plane, Sonnendach entfernen; vinho etc klären **destoldar-se** VR sich aufheitern

destorcer [diʃtur'ser] ⟨2g⟩ A VT gerade biegen; MED einrenken (tb fig) B VI umkehren; kehrtmachen; abkehren (**de** von)

destra [ˈdɛʃtra] F → dextra

destramar [diʃtra'mar] ⟨1a⟩ fig entwirren; intriga aufdecken

destrambelhado [diʃtrãbi'ʎadu] pop A ADJ chaotisch, verrückt B M, **-a** F Chaot(in) m(f) **destrambelhar** [diʃtrãbi'ʎar] ⟨1d⟩ pop konfus sein; Unsinn machen **destrambelho** [diʃtrã'bɐʎu] M pop Chaos n; Unsinn m

destrancar [diʃtrã'kar] ⟨1n⟩ aufriegeln

destravado [diʃtra'vadu] nicht abgebremst; fig haltlos, zügellos **destravar** [diʃtra'var] ⟨1b⟩ travão lösen; rédeas lockern

destreinado [diʃtrɐi'nadu] aus der Übung; DESP untrainiert

destreza [diʃ'treza] F geralm Geschicklichkeit f; espec Kunstgriff m; fam Kniff m

destrinça [diʃ'trĩsa] F Zerlegung f; Entwirrung f **destrinçar** [diʃtrĩ'sar] ⟨1p⟩ auseinandernehmen, zerlegen (tb fig); entwirren; (enxergar) von weitem erkennen

destrinchar [dʒiʃtrĩ'ʃar] bras → destrinçar

destro [ˈdɛʃtru] rechts; (habilidoso) geschickt; (astuto) schlau; **lado** m **~** rechte Seite f; **mão** f **-a** rechte Hand f

destroçar [diʃtru'sar] ⟨1o; Stv 1e⟩ A VT zerschlagen, -trümmern, -stückeln; MIL vernichtend schlagen; fortuna verschleudern B VI auseinanderlaufen, sich zerstreuen **destroço** [diʃ'trosu] M ⟨pl [-'trɔ-]⟩ Vernichtung f; **~s** pl Trümmer pl

destronar [diʃtru'nar] ⟨1f⟩ rei absetzen

destroncar [diʃtrõ'kar] ⟨1n⟩ **1** verstümmeln **2** braço, perna ausrenken

destruição [diʃtrui'sɐ̃ũ] F̄ Zerstörung f; Vernichtung f **destruidor** [diʃtrui'dor] M̄ Zerstörer m (tb MIL) **destruir** [diʃtru'ir] ⟨3k⟩ zerstören **destrutivo** [diʃtru'tivu] zerstörerisch; destruktiv; (corrosivo) zersetzend

desumano [dizu'mɐnu] unmenschlich **desumidificador** [dizumidifikɐ'dor] M̄ (Raum-, Luft)Entfeuchter m **desumidificar** [dizumidifi'kar] ⟨1n⟩ entfeuchten

desunhar-se [dizu'ɲarsi] ⟨1a⟩ fig sich ins Zeug legen; ~ a trabalhar pop sich abrackern, sich abschuften

desunião [dizu'njɐ̃ũ] F̄ Uneinigkeit f; (separação) Trennung f **desunir** [dizu'nir] ⟨3a⟩ trennen; duas pessoas entzweien

desuso [di'zuzu] M̄ Nichtgebrauch m; **cair em ~** veralten

desvairado [diʒvai'radu] A ADJ verwirrt, durcheinander; (doido) überspannt; kopflos B M̄, -a F̄ Hektiker(in) m(f), Chaot(in) m(f) **desvairar** [diʒvai'rar] ⟨1a⟩ A VI verblenden; verwirren; irreführen B VI den Verstand verlieren; (disparatar) Unsinn reden (ou machen)

desvalido [diʒva'ɬidu] hilflos; schutzlos **desvalor** [diʒva'lor] M̄ Wertlosigkeit f; fig Feigheit f

desvalorização [diʒvaloriza'sɐ̃ũ] F̄ Entwertung f; FIN Abwertung f **desvalorizar** [diʒvalori'zar] ⟨1a⟩ A VI entwerten; FIN abwerten B VI herunterspielen B VI (& V/R) **~(-se)** wertlos werden; im Wert sinken

desvanecer [diʒvɐni'ser] ⟨2g⟩ verscheuchen; dúvida zerstreuen; esperança auslöschen; zunichte machen; alg zu Kopfe steigen (Ruhm); **~-se** esperança verfliegen; nevoeiro sich verflüchtigen; fig eitel werden; stolz sein (**de, em** auf ac) **desvanecido** [diʒvɐni'sidu] pessoa eitel; sensação flüchtig; cor verblasst **desvanecimento** [diʒvɐnisi'mẽtu] M̄ Verschwinden n; (desânimo) Schwäche f, Niedergeschlagenheit f; fig Dünkel m; Stolz m

desvantagem [diʒvɐ̃'taʒɐ̃ĩ] F̄ Nachteil m **desvantajoso** [diʒvɐ̃ta'ʒozu] nachteilig; ungünstig

desvão [diʒ'vɐ̃ũ] M̄ ⟨pl ~s⟩ (Dach)Boden m; (esconderijo) (Schlupf)Winkel m

desvario [diʒva'riu] M̄ (delírio) (Fieber-) Wahn m; (loucura) Wahnsinn m; (alucinação) Wahnvorstellung f

desvelado [diʒvi'ladu] 1 wachsam besorgt; (carinhoso) liebevoll 2 enthüllt; offenbar **desvelar** [diʒvi'lar] ⟨1c⟩ 1 aufpassen; (velar) wach sein; **~-se em** (ou **por**) sich bemühen um; sich (dat) Mühe geben mit 2 enthüllen (tb fig); aufhellen; **~-se** offenbar werden **desvelo** [diʒ'velu] M̄ Sorge f (tb fig)

desvendar [diʒvẽ'dar] ⟨1a⟩ 1 die Binde abnehmen; (destapar) enthüllen; fig j-m die Augen öffnen; segredo aufdecken

desventura [diʒvẽ'tura] F̄ Unglück n **desventurado** [diʒvẽtu'radu], **desventuroso** [diʒvẽtu'rozu] unglücklich

desvergonha [diʒver'goɲa] F̄ Unverschämtheit f; Schamlosigkeit f

desviado [diʒ'vjadu] abgelegen; fern (stehend) **desviar** [diʒ'vjar] ⟨1g⟩ A VI ablenken; da estrada abdrängen; entfernen; olhar abwenden; cabeça zur Seite biegen; cadeira beiseiterücken; encomenda fehlleiten; trânsito umleiten; indústria etc verlagern; colisão etc vermeiden; pancada parieren, abwehren; dinheiro abzweigen; unterschlagen; **~ de** (weg)nehmen von; plano, bom caminho: abbringen von; abkommen von (tb fig) B VI (& V/R) **~(-se)** ausweichen (**para o lado** zur Seite); barco abtreiben; tiro fehlgehen; do tema abschweifen; de a/c sich e-r Sache (dat) entziehen; **~ para a direita/esquerda** nach rechts/links abbiegen

desvincular [diʒvĩku'lar] ⟨1a⟩ lösen **desvio** [diʒ'viu] M̄ Ablenkung f; da normalidade Abweichung f (tb MAT); correio: Fehlleitung f; estrada: Umweg m; Abzweigung f; indústria etc: Verlagerung f; (engano) Verirrung f; dinheiro: Unterschlagung f; trânsito: (Verkehrs)Umleitung f

desvirtuar [diʒvir'twar] ⟨1g⟩ infrage stellen; verdade entstellen; argumento entkräften **desvirtude** [diʒvir'tudi] F̄ Untugend f; Fehler m **desvirtuoso** [diʒvir'twozu] ungut, schlecht

desvitalizar [diʒvitali'zar] ⟨1a⟩ die Vitalität nehmen

detalhar [dita'ʎar] ⟨1b⟩ detaillieren, detailliert darstellen **detalhe** [di'taʎi] M̄ Detail n, Einzelheit f

detecção [ditɛ'sɐ̃ũ] F̄ Aufdeckung f **detectar** [ditɛ'tar] ⟨1a⟩ feststellen; entdecken; *crime* aufdecken; TECN orten; MED *doença* erkennen, diagnostizieren **dete(c)tável** [dite'tavɛɫ] feststellbar **detective** [dite'tivi] M/F Detektiv(in) *m(f)* **detector** [dite'tor] M Detektor *m*; TECN *tb* Fühler *m*; **~ de fumo** Rauchmelder *m*; **~ de mentiras** Lügendetektor *m*; **teste de ~ de mentiras** Lügendetektortest *m* **detença** [di'tẽsɐ] F Aufschub *m*; Verzögerung *f*; **sem ~** unverzüglich **detenção** [ditẽ'sɐ̃ũ] F 1 (*paragem*) Aufhalten *n*; (*delonga*) Verzögerung *f* 2 (*aprisionamento*) Verhaftung *f*; Haft *f*; (**casa f de**) **~** Gefängnis *n*; **~ preventiva** Untersuchungshaft *f* 3 *de bens alheios*: Einbehaltung *f* **detento** [de'tẽtu] M, **-a** F *bras* (Untersuchungs)Häftling *m* **detentor(a)** [ditẽ'tor(ɐ)] M/F *acções, documento*: Inhaber(in) *m(f)*; POL **~(a) de poder** Machthaber(in) *m(f)* **deter** [di'ter] ⟨2xa⟩ *alg* zurückhalten, aufhalten; *veículo* zum Stillstand bringen; *poder* innehaben; *recorde* halten; *criminoso* festnehmen; **~-se** sich aufhalten (**em** bei, mit); stehen bleiben; *actividade* innehalten; (*demorar-se*) sich (*dat*) Zeit nehmen; **~-se a** (*inf*) sich (*dat*) die Zeit nehmen zu **detergente** [diter'ʒẽti] M *geralm* Reinigungsmittel *n*; *roupa*: Waschmittel *n*; *louça*: Spülmittel *n*; **~ em pó** Waschpulver *n*; **~ líquido** *roupa*: Flüssigwaschmittel *n*; *louça*: Spülmittel *n* **deterioração** [ditirjurɐ'sɐ̃ũ] F *alimentos*: Verderben *n*; ARQUIT Verfall *m*; *estado*: Verschlechterung *f* **deteriorar** [ditirju'rar] ⟨1e⟩ *alimentos, costumes* verderben; beschädigen; *dentes* angreifen; **~-se** *alimento* verderben; zerfallen; *edifício* verfallen **deteriorável** [ditirju'ravɛɫ] verderblich **determinação** [ditirmina'sɐ̃ũ] F POL 1 Bestimmung *f*, Anordnung *f*; Beschluss *m* 2 (*firmeza*): Entschlossenheit *f* Bestimmtheit *f* **determinado** [ditirmi'nadu] bestimmt; *desejo* ausdrücklich; (*decidido*) entschlossen (**a zu**) **determinante** [ditirmi'nɐ̃ti] ADJ entscheidend, bestimmend; *prova* schlagend **determinar** [ditirmi'nar] ⟨1a⟩ *dia e hora* bestimmen; *questão* entscheiden; *medida* anordnen; *circunstâncias* nötig machen; **~-se** sich entschließen (**a** *inf* zu)

detestar [ditiʃ'tar] ⟨1c⟩ verabscheuen; hassen **detestável** [ditiʃ'tavɛɫ] abscheulich; entsetzlich **detido** [di'tidu] A PP → **deter** B ADJ eingehend C M, **-a** F (Untersuchungs)Häftling *m* **detonação** [ditunɐ'sɐ̃ũ] F Detonation *f*; Knall *m* **detonador** [ditunɐ'dor] M Sprengkapsel *f* **detonar** [ditu'nar] ⟨1f⟩ explodieren (lassen) **detra(c)ção** [ditra'sɐ̃ũ] F Verleumdung *f* **detra(c)tivo** [ditra'tivu] verleumderisch **detra(c)tor** [ditra'tor] M Verleumder *m* **detrás** [di'traʃ] A ADV hinten; hinterher; dahinter; **por ~** hinterrücks; hinter dem Rücken B PREP **~ de, por ~ de** hinter (*dat e ac*) **detrimento** [ditri'mẽtu] M Nachteil *m*; **em ~ de** zum Nachteil von **detritos** [di'trituʃ] MPL Trümmer *pl*; Abfall *m*; QUÍM Rückstand *m*; **~s** *pl* **industriais** Industrieabfälle *mpl*; **~s** *pl* **tóxicos** toxische Abfälle *mpl*; *fam* Giftmüll *m*; **aproveitamento *m* de ~s** Abfallverwertung *f* **deturpação** [diturpɐ'sɐ̃ũ] F Entstellung *f*, Verfälschung *f* **deturpar** [ditur'par] ⟨1a⟩ entstellen; *fig* beflecken **deu** [deu] → **dar** **deus** [deuʃ] M Gott *m*, Gottheit *f* **Deus** [deuʃ] M (christlicher) Gott *m*; **temente a ~** gottesfürchtig; **por** (*ou* **pelo**) **amor de ~!** um Gottes willen!; **ao ~ dará** auf gut Glück; in den Tag hinein; **graças a ~!** Gott sei Dank!; **~ me livre!** Gott bewahre!; **~ lhe pague!** vergelt's Gott!; **se ~ quiser** so Gott will; **valha-me ~!** Gott steh mir bei!; **fica/fique com ~!** Gott sei mit Dir/Ihnen! **deusa** [ˈdeuzɐ] F Göttin *f* **dev.** ABR (**devedor**) Schuldner **devagar** [divɐ'gar] ADV langsam **devanear** [divɐ'njar] ⟨1l⟩ A VT (sich *dat*) erträumen, sich (*dat*) vorstellen B VI fantasieren; träumen (**em** von) **devaneio** [divɐ'nɐju] M Träumerei *f* **devassa** [di'vasɐ] F DIR Untersuchung *f*; Zeugenbefragung *f*; **tirar ~** e-n Prozess anstrengen **devassado** [divɐ'sadu] *terreno* offen, frei (zugänglich); DIR in Untersuchungen (*ou* Prozesse) verwickelt **devassar** [divɐ'sar] ⟨1b⟩ *informação* öffentlich machen; verbreiten, bekannt machen; *intimidade etc* auskundschaften; *se-*

gredo aufdecken; preisgeben; **~-se** bekannt werden; sich lockern **devassável** [divɐˈsavɛł] F zugänglich **devassidão** [divɐsiˈdãũ] F Verderbtheit f; Liederlichkeit f **devasso** [diˈvasu] liederlich

devastação [divɐʃtɐˈsãũ] F Verwüstung f, **devastar** [divɐʃˈtar] ⟨1b⟩ verwüsten, verheeren

deve [ˈdɛvi] M COM Soll n **devedor(a)** [diviˈdor(ɐ)] M(F) Schuldner(in) m(f) **deve-haver** [dɛvɐˈver] M ⟨sem pl⟩ Soll und Haben n

dever [diˈver] A VT ⟨2c⟩ COM *dinheiro, explicação* schulden; *bem, qualidade* verdanken; **~ a/c a si (mesmo)** sich (dat) etw schuldig sein; **~ os cabelos** port bis über die Ohren verschuldet sein; **não ficar a ~ a** *alg* j-m nichts schuldig bleiben; *fig* j-m in nichts nachstehen B VI ⟨2c⟩ **~ (de)** (inf) müssen, sollen (tb *probabilidade*); **não ~** nicht dürfen (ou sollen) C M *moral:* Pflicht f; *(tarefa)* Aufgabe f; **fiel ao ~** pflichttreu; **~(es)** (pl) **de casa** Hausaufgabe(n) f(pl)

deveras [diˈvɛraʃ] ADV wirklich

devidamente [dividɐˈmẽti] ADV vorschriftsmäßig; ordentlich, richtig **devido** [diˈvidu] A ADJ gehörig; richtig; **~ a** infolge; aufgrund (gen *ou* von); **ser ~** gebühren; sich gehören B M Schuldigkeit f

devoção [divuˈsãũ] F REL Andacht f; Frömmigkeit f; *fig* Hingabe f; Ergebenheit f; **ser a ~ de** j-m heilig sein; j-s Ein und Alles sein

devolução [divuluˈsãũ] F Rückgabe f; **~ de bagagens** Gepäckausgabe f **devoluto** [divuˈłutu] unbewohnt, leer stehend **devolver** [divołˈver] ⟨2e⟩ zurückgeben; *(reembolsar)* zurückerstatten; *carta, encomenda* zurückschicken; *comida* zurückgehen lassen; *(restituir)* rückübertragen; *cumprimento* erwidern

devorador [divurɐˈdor] verzehrend; unersättlich **devorar** [divuˈrar] ⟨1e⟩ *livro, com os olhos* verschlingen (tb *Feuer*); *comida* hinunterschlingen; *fig* verzehren

devotação [divutɐˈsãũ] F, **devotamento** [divutɐˈmẽtu] M Hingabe f; Aufopferung f **devotar** [divuˈtar] ⟨1e⟩ REL weihen; a/c a alg schenken; *tempo, esforço* zuwenden; *fig espec* widmen **devoto** [diˈvɔtu] A ADJ REL andächtig; fromm; *a alg* ergeben, zugetan; *pej* devot B M

Fromme(r) m; *pej* Frömmler m; *fig* Anhänger m

dexteridade [dɐjʃtiriˈdadi] F Fertigkeit f, Geschicklichkeit f **dextra** [ˈdɐjʃtrɐ] F rechte Hand f **dextrímano** [dɐjʃˈtrimɐnu] A ADJ rechtshändig B M, **-a** F Rechtshänder(in) m(f)

dez [dɛʃ] NUM A ADJ zehn B M Zehn f **dezanove** [dizɐˈnɔvi] NUM neunzehn **dezasseis** [dizɐˈsɐjʃ] NUM sechzehn **dezassete** [dizɐˈsɛti] NUM siebzehn

Dezembro [diˈzẽbru] M Dezember m; **em ~** im Dezember

dezena [diˈzenɐ] F (etwa) zehn; **uma ~ de pessoas** zehn Personen pl **dezenove** [dezeˈnɔvi] *bras*, **dezesseis** [dezeˈsɐjʃ] *bras*, **dezessete** [dezeˈsɛtʃi] *bras* → *dezanove, dezasseis, dezassete* **dezoito** [diˈzojtu] NUM achtzehn

dia [ˈdia] A M Tag m; **~ de anos** (*ou* aniversário) Geburtstag m; **~ feriado** Feiertag m; **~ de festa** Festtag m; **~ de folga** (*ou* descanso) Ruhetag m; freier Tag m; **~ de semana** Wochentag m; **~ útil** Arbeits-, Werktag m; **~ negro** *fig* schwarzer Tag m; **~ do Juízo Final** REL Tag m des Jüngsten Gerichts; **~ santo, ~ santificado** kirchlicher Feiertag m; **~ de são nunca** *pop* Sankt-Nimmerleins-Tag m; **a ~, ~ após ~** tagtäglich; **o ~ a ~** der Alltag; **um belo ~** e-s schönen Tages; **algum ~** e-s Tages, einmal; **com ~** bei Tag, bei Tageslicht; **de ~** tagsüber; am (helllichten) Tage; **dum ~ para o outro** über Nacht; **no ~ anterior/imediato** tags zuvor/darauf; **hoje em ~** heutzutage; **mais ~ menos ~** über kurz oder lang; **outro ~** neulich; **um ~ destes** in den nächsten Tagen; **bom ~!** guten Morgen!; guten Tag!; **o/no ~ 2 de Maio** der zweite/am zweiten Mai; **~ sim, ~ não** jeden zweiten Tag, alle zwei Tage; *fig* mal so, mal so; **deixar para outro ~** liegen lassen; **estar (*ou* andar) em ~** auf dem Laufenden sein; **fazer de noite ~** die Nacht zum Tage machen; **pôr em ~** aufarbeiten; aktualisieren; *contabilidade etc* nachtragen; **pôr-se em ~ com** sich ins Bild setzen über (ac) B M **~s** PL (Lebens)Tage mpl; **mulher f a ~s** Putz-, Zugehfrau f; **de ~s** *criança* wenige Tage alt; **quinze ~s** vierzehn Tage; **~s a fio** über viele Tage hinweg; **dentro de ~s** in wenigen Tagen; **há ~s** kürzlich;

em meus ~s, (n)os ~s da minha vida mein Leben lang; **nos ~s de hoje** heutzutage; **uns ~s por outros** dann und wann; **dar os bons ~s** guten Morgen wünschen; **não estar nos seus ~s** *pop* nicht gut drauf sein; **ele/ela tem os seus ~s contados** *fam* er/sie hat nicht mehr viel Zeit; *(vai morrer)* seine/ihre Tage sind gezählt; **trabalhar a ~s** tageweise arbeiten
diabete(s) [djɐ'bɛti(ʃ)] F̱ MED Diabetes f
diabético [djɐ'bɛtiku] A̱ ADJ zuckerkrank Ḇ M̱, **-a** F̱ Diabetiker(in) m(f)
diabo ['djabu] M̱ Teufel m; *fig* Teufelskerl m; **obra f do ~** Teufelswerk n; **pobre ~** armer Teufel m; **com o ~!, que ~!** zum Teufel!, Teufel noch mal!; **do(s) ~(s)** verteufelt, höllisch; **Teufels...**; *medo* Wahnsinns...; **andar o ~ à solta** der Teufel los sein; **dar ao ~** verwünschen; **dizer o ~** das unglaublichste Zeug reden; **enquanto o ~ esfrega um olho** im Nu; **mandar para o ~** zum Teufel schicken; **pintar o ~** den größten Unsinn machen; **vá para o ~!** scheren Sie sich zum Teufel!
diabólico [djɐ'bɔliku] teuflisch; verteufelt; diabolisch **diabrete** [djɐ'breti] M̱ *fig* kleiner Teufel m **diabrura** [djɐ'brurɐ] F̱ dummer Streich m; *fig* Druckfehler m
diacho ['djaʃu] M̱ *pop* Deibel m
diácono ['djakunu] M̱ REL Diakon m
diacrónico (*ô) [djɐ'krɔniku] diachronisch
diadema [djɐ'demɐ] M̱ Diadem n
diáfano ['djafɐnu] durchsichtig
diafragma [djɐ'fragmɐ] M̱ Diaphragma n; Scheidewand f; FOTO Blende f; ANAT Zwerchfell n; TECN Membrane f; **~ do ouvido** ANAT Trommelfell n
diagnose [djɐ'gnɔzi] F̱ Diagnose f **diagnosticar** [djɐgnuʃti'kar] ⟨1n⟩ feststellen; erkennen; MED diagnostizieren **diagnóstico** [djɐ'gnɔʃtiku] M̱ Diagnose f, Befund m
diagonal [djɐgu'naɫ] A̱ ADJ diagonal Ḇ F̱ Diagonale f **diagrama** [djɐ'gramɐ] M̱ Diagramm n; **~ de barras** Balkendiagramm n
diale(c)tal [djɐlɛ'taɫ] mundartlich, dialektal **dialé(c)tica** [djɐ'lɛtikɐ] F̱ Dialektik f **diale(c)to** [djɐ'lɛtu] M̱ Mundart f, Dialekt m
diálise ['djalizi] F̱ MED Dialyse f
dialogado [djɐlu'gadu] in Gesprächsform **dialogar** [djɐlu'gar] ⟨1o; *Stv* 1e⟩ miteinander reden; sprechen (**com** mit, **sobre, acerca de** über *ac*)
diálogo ['djalugu] M̱ Dialog m
diamante [djɐ'mɐ̃ti] M̱ Diamant m
diâmetro ['djɐmitru] M̱ Durchmesser m
dianho ['djɐɲu] M̱ *pop* → diacho
diante ['djɐ̃ti] A̱ ADV vorn; **de ... em** (*ou* **por**) **~** *temporal*: von ... an, ab ...; **para ~** vorwärts; weiter; **e assim por ~** und so weiter; **ir por ~** fortfahren; weitergehen Ḇ PREP **~ de** vor (*ac e dat*); angesichts; *alg* j-m vor, j-m her
dianteira [djɐ̃'tɐjrɐ] F̱ *casa*: Vorderteil m, Vorderseite f; MIL Vorhut f; Spitze f; *futebol*: Sturm m; **dar a ~ a alg** j-m den Vortritt lassen; *fig* die Führung abgeben an (*ac*); *bras* DESP **estar na ~** führen; **tomar a ~** in Führung gehen
dianteiro [djɐ̃'tɐjru] A̱ ADJ vorder; Vorder... Ḇ M̱ *futebol*: Stürmer m
diapasão [djɐpɐ'zɐ̃u] M̱ Ton-, Stimmumfang m; MÚS Stimmgabel f; MÚS Kammerton m; **afinar pelo mesmo ~** *fig* ins gleiche Horn stoßen
diaporama [djɐpo'rɐmɐ] M̱ Multimediashow f **diapositivo** [djɐpuzi'tivu] M̱ Dia (-positiv) n
diária ['djarjɐ] F̱ (*soldo*) Tagelohn m; (*ração*) Tagesration f; (*preço*) Tagessatz m; *hotel*: Tagespreis m
diário ['djarju] A̱ ADJ täglich Ḇ M̱ Tagebuch n; *jornal*: (Tages)Zeitung f; *escola*: Klassenbuch n
diarista [djɐ'riʃtɐ] MF Zeitungsredakteur(in) m(f); *bras* Tagelöhner(in) m(f)
diarreia (*é) [djɐ'ʁɐjɐ] F̱ MED Durchfall m, Diarrhöe f
dica ['dikɐ] F̱ *pop* (heißer) Tipp m; **à ~** *port* auf der Lauer
dicção [di'ksɐ̃u] F̱ Diktion f
dichote [di'ʃɔti] M̱ bissige Bemerkung f
dicionário [disju'narju] M̱ Wörterbuch n; **~ ambulante** wandelndes Wörterbuch n; **~ electrónico** (*ô) E-Wörterbuch n; **~ enciclopédico** enzyklopädisches Wörterbuch n; **~ especializado** (*ou* **técnico**) Fachwörterbuch n; **~ visual** Bildwörterbuch n
dicotomia [dikutu'miɐ] F̱ Dichotomie f
dictafone [dikta'fɔni] M̱ *port* Diktiergerät n
didá(c)tica [di'datikɐ] F̱ Didaktik f

didá(c)tico [di'datiku] didaktisch; Lehr...

diesel ['dizɛł] M̲ Diesel *m*

dieta ['djɛta] F̲ **1** *geralm* Lebensweise *f*, Ernährungsweise *f*; *espec* Diät *f*; MED Krankenkost *f*; **~ macrobiótica** Makrobiotik *f*; **~ zero** Nulldiät *f*; **estar de ~** Diät leben; **fazer ~** Diät halten; **pôr a ~** auf Diät setzen **2** POL *Art* Landtag

dietética [dje'tɛtika] Diätetik *f* **dietético** [dje'tɛtiku] diätetisch

dietista [dje'tiʃta] M̲/F̲ Ernährungsberater(in) *m(f)*

difamação [difama'sɐ̃u] F̲ Verleumdung *f*, Diffamierung *f* **difamador** [difama'dor] Â M̲ Verleumder *m* B̲ ADJ → **difamante difamante** [difa'mɐ̃ti] verleumderisch, diffamierend **difamar** [difa'mar] ⟨1a⟩ verleumden, in Verruf bringen, diffamieren (**de** als) **difamatório** [difama'tɔrju] verleumderisch

diferença [difi'resa] F̲ Unterschied *m*; Verschiedenheit *f*, *fig* Unstimmigkeit *f*; Meinungsverschiedenheit *f*; TECN Abweichung *f*; **fazer ~** sich unterscheiden (**em** in *dat*); etw ausmachen (**a alg** j-m); **não fazer ~** nichts ausmachen; **à ~ de** im Unterschied zu; **ter ~s com** Differenzen haben mit

diferençar [difirẽ'sar] ⟨1p⟩ unterscheiden; differenzieren **diferencial** [difirẽ'sjał] Â F̲ MAT Differential *n* B̲ M̲ TECN Differential(getriebe) *n* **diferenciar** [difirẽ'sjar] ⟨1g⟩ unterscheiden (**um do outro** voneinander); differenzieren

diferendo [difi'rẽdu] M̲ Meinungsverschiedenheit *f*; DIR Streit *m*; COM **~ comercial** Handelsstreitigkeit *f*

diferente [difi'rẽti] verschieden(artig); (*desigual*) ungleich; **~ de** anders als; **~s** *pl* mehrere, verschiedene; **isto é ~** das ist etwas anderes **diferentemente** [difirẽti'mẽti] ADV anders

diferido [difi'ridu] *encontro* aufgeschoben; *transmissão* verzögert, zeitversetzt; **transmissão f em ~** *port* TV Aufzeichnung *f* **diferimento** [difiri'mẽtu] M̲ Aufschub *m*; (*demora*) Verzögerung *f* **diferir** [difi'rir] ⟨3c⟩ Â V̲/T aufschieben; verzögern B̲ V̲/I anders sein; (*ser diferente*) sich unterscheiden (**em** in *dat*); *opiniões* auseinandergehen

difícil [di'fisił] schwierig, schwer; *caminho* beschwerlich; *situação* peinlich; **fazer-se ~** (*bras* **bancar**) **~** großtun; **ser ~ de fazer** schwer zu machen sein

dificílimo [difi'sihimu] äußerst schwierig **dificilmente** [difisił'mẽti] ADV schwerlich; kaum

dificuldade [difikuł'dadi] F̲ Schwierigkeit *f*, Mühe *f* (**levantar, causar** bereiten); **ter ~(s) em** Mühe haben zu (*inf*); **sem ~** leicht; mühelos **dificultação** [difikułta'sɐ̃u] F̲ Erschwerung *f* **dificultar** [difikuł'tar] ⟨1a⟩ erschweren; als schwierig hinstellen; **~-se** schwierig werden **dificultoso** [difikuł'tozu] schwierig

difteria [difti'ria] F̲ MED Diphtherie *f*

difundir [difũ'dir] ⟨3a⟩ aus-, verbreiten; RÁDIO, TV senden, ausstrahlen **difusão** [difu'zɐ̃u] F̲ Aus-, Verbreitung *f*; RÁDIO, TV Sendung *f*; *discurso* Weitschweifigkeit *f* **difuso** [di'fuzu] *luz, dor* diffus; *estilo* weitschweifig

diga ['diga] → *dizer*

digerir [diʒi'rir] ⟨3c⟩ verdauen (*tb fig*); (*suportar*) verschmerzen **digerível** [diʒi'rivɛł] verdaulich **digestão** [diʒiʃ'tɐ̃u] F̲ Verdauung *f*; **fazer a ~** verdauen **digestivo** [diʒiʃ'tivu] Â ADJ Verdauungs...; verdauungsfördernd; **tubo ~** *m* → ANAT Magen-Darm-Kanal *m* B̲ M̲ Verdauungsschnaps *m*

digitação [diʒita'sɐ̃u] F̲ Fingerbewegung *f*; MÚS Fingerübung *f*; INFORM Computerschreiben *n* **digitado** [diʒi'tadu] fingerförmig **digital** [diʒi'tał] Â ADJ Finger...; INFORM digital; **impressões** *fpl* **-ais** Fingerabdrücke *mpl* B̲ F̲ BOT Fingerhut *m*; **câmara f ~** Digitalkammera *f* **digitalização** [diʒitałiza'sɐ̃u] F̲ Digitalisierung *f*; INFORM *tb* Scannen *n* **digitalizador** [diʒitałiza'dor] M̲ Scanner *m* **digitalizar** [diʒitałi'zar] ⟨1a⟩ INFORM digitalisieren; *documento* einscannen **digitar** [diʒi'tar] ⟨1a⟩ INFORM (ein)tippen

dígito [di'ʒitu] M̲ Ziffer *f*, Zahl *f*; **~ binário** Binärziffer *f*; **de dois ~s** zweistellig

dignar-se [di'gnarsi] ⟨1a⟩ ~ (*inf* (*ou* **a, de**) sich herablassen zu, die Güte haben zu **dignidade** [digni'dadi] F̲ Würde *f*; (*reputação*) Ansehen *n* **dignificação** [dignifika'sɐ̃u] F̲ Würdigung *f* **dignificar** [dignifi'kar] ⟨1n⟩ würdigen, ehren; aufwerten **digno** ['dignu] würdig; angemessen

digo ['digu] → dizer
digressão [digri'sɐ̃ũ] F̲ Ausflug m (**a** nach); Fahrt f (**a** nach); *espec* Abstecher m (**a** nach); *artista:* Tournee f; *fig* Abschweifung f; Ausflucht f **digressionar** [digrisju'nar] ⟨1f⟩ reisen; e-n Abstecher (*ou* Ausflug) machen; *fig* abschweifen; **~ sobre** (weitläufig) sprechen über (*ac*) **digressivo** [digri'sivu] orador abschweifend; *discurso* weitschweifig
dilação [dila'sɐ̃ũ] F̲ Verzögerung f, Aufschub m; **sem ~** unverzüglich
dilaceração [dilasira'sɐ̃ũ] F̲, **dilaceramento** [dilasira'mẽtu] M̲ Zerstückelung f; *fig* Zerrissenheit f **dilacerante** [dilasi'rɐ̃ti] *fig* herzzerreißend **dilacerar** [dilasi'rar] ⟨1c⟩ zerreißen, zerfetzen; *fig* quälen
dilapidação [dilɐpidɐ'sɐ̃ũ] F̲ Vergeudung f **dilapidar** [dilɐpi'dar] ⟨1a⟩ ruinieren; *dinheiro* vergeuden
dilatação [dilɐtɐ'sɐ̃ũ] F̲ (Aus)Dehnung f; Verlängerung f; *espacial* Verbreit(er)ung f **dilatar** [dilɐ'tar] ⟨1b⟩ (aus)dehnen; erweitern; weiten; *prazo* verlängern; *acção* hinauszögern; *doutrina* verbreiten; **~ se** sich aufhalten (**em** bei); sich ausbreiten (**por** über *ac*)
dile(c)ção [dilɛ'sɐ̃ũ] F̲ Hingabe f; (*predilecção*) (Vor)Liebe f **dile(c)to** [di'lɛtu] (innig) geliebt, lieb
dilema [di'lɛmɐ] M̲ Dilemma n
diletante [dilɨ'tɐ̃ti] A̲ ADJ dilettantisch B̲ M/F Dilettant(in) m(f); *espec* Musikliebhaber(in) m(f)
diligência [dili'ʒẽsjɐ] F̲ 1 Eifer m; Sorgfalt f; (*pressa*) Eile f; **~s** *pl fig* Maßnahmen *fpl;* POL Schritte *mpl;* *policiais:* Ermittlungen *fpl;* DIR Durchführung f; Vollstreckung f; **oficial m de ~s** Gerichtsvollzieher m; **fazer ~s por** (*inf*) sich bemühen zu (*inf*); **fazer ~s** Maßnahmen ergreifen; Schritte unternehmen; Ermittlungen (*ou* Erhebungen) anstellen; **com ~** eifrig 2 *hist* Postkutsche f **diligenciar** [diliʒẽ'sjar] ⟨1g e 1h⟩ betreiben; sich bemühen (**um** *ac*) **diligente** [dili'ʒẽti] eifrig; sorgfältig; (*rápido*) flink
diluente [di'lwẽti] A̲ ADJ verdünnend; zerfließend B̲ M̲ QUÍM Verdünner m **diluir** [di'lwir] ⟨3i⟩ *em líquido:* (auf)lösen; verdünnen; **~-se** *cores* verschwimmen

diluvial [dilu'vjaɫ], **diluviano** [dilu'vjɐnu] sintflutartig; GEOL eiszeitlich
dilúvio [di'luvju] M̲ Sintflut f (*tb fig*)
dimensão [dimẽ'sɐ̃ũ] F̲ Ausdehnung f, Dimension f; (*medida*) Ausmaß n **dimensional** [dimẽsju'naɫ] dimensional **dimensionar** [dimẽsju'nar] ⟨1f⟩ dimensionieren; bemessen
diminuendo [dimi'nwẽdu] M̲ MAT Minuend m **diminuição** [diminwi'sɐ̃ũ] F̲ Verringerung f; *de peso:* (Gewichts)Abnahme f; *de pessoal:* (Personal)Abbau m; COM Rückgang m **diminuído** [dimi'nwidu] M̲ **~ físico** *port* Körperbehinderte(r) m; **~ mental** *port* geistig Behinderte(r) m **diminuir** [dimi'nwir] ⟨3i⟩ A̲ V/T vermindern; *tamanho* verkleinern; *quantidade* verringern; *efeito* abschwächen; *despesas* einschränken; *tempo* verkürzen; *preço* herabsetzen; *pessoal* abbauen; *velocidade* verlangsamen; MAT abziehen (**de** von) B̲ V/I geringer werden; *vestuário* einlaufen; *preços* sinken; **~ em** schwächer werden; (sich) verringern (um); **~ de peso** abnehmen (*Körpergewicht*) **diminutivo** [diminu'tivu] M̲ GRAM Deminutiv n **diminuto** [dimi'nutu] winzig
Dinamarca [dinɐ'markɐ] F̲ GEOG **a ~** Dänemark (n) **dinamarquês** [dinɐmɐr'keʃ] A̲ ADJ dänisch B̲ M̲, **dinamarquesa** [dinɐmɐr'kezɐ] F̲ Däne m, Dänin f
dinâmica [di'nɐmikɐ] F̲ Dynamik f; *fig* Triebkraft f; (*sequência*) Bewegung f, Ablauf m **dinâmico** [di'nɐmiku] dynamisch; *fig* schwungvoll **dinamismo** [dinɐ'miʒmu] M̲ *fig* Dynamik f, Schwung m; (*energia*) Tatkraft f
dinamitar [dinɐmi'tar] ⟨1a⟩ sprengen
dinamite [dinɐ'miti] F̲ Dynamit n
dinamização [dinɐmizɐ'sɐ̃ũ] F̲ Aktivierung f; ECON Ankurbelung f **dinamizar** [dinɐmi'zar] ⟨1a⟩ in Schwung bringen; aktivieren; *fig* ankurbeln
dínamo ['dinɐmu] M̲ Dynamo m
dinastia [dinɐʃ'tiɐ] F̲ Dynastie f
dinheirada [diɲɐi'radɐ] F̲, **dinheirame** [diɲɐi'rɐmi] M̲ → dinheirão
dinheirão [diɲɐi'rɐ̃ũ] M̲ *pop* Haufen m Geld; Unsumme f; **custar um ~** ein Heidengeld kosten
dinheiro [di'ɲɐiru] M̲ Geld n; **~ miúdo**, **~ trocado** Kleingeld n; **~ sujo** Schwarzgeld n; **~ vivo** Bargeld n; **a ~** gegen

bar; in bar
dinossauro [dinɔˈsauru] M̄ Dinosaurier m

diocese [djuˈsɛzi] F̄ Diözese f

diospiro [djɔʃˈpiru], **dióspiro** [ˈdjɔʃpiru] M̄ BOT Kaki f

dióxido [ˈdjɔksidu] M̄ QUÍM Dioxid n; ~ **de carbono** Kohlendioxid n

dioxina [djɔˈksinɐ] F̄ QUÍM Dioxin n

diploma [diˈplɔmɐ] M̄ Diplom n; Zeugnis n; Urkunde f **diplomacia** [diplumɐˈsiɐ] F̄ Diplomatie f **diplomado** [diplu'madu] gelernt; UNIV diplomiert; **Diplom...** **diplomata** [diplu'matɐ] M̄/F̄ Diplomat(in) m(f); **diplomático** [diplu'matiku] diplomatisch; **corpo** m ~ **diplomatico** Diplomatisches Korps n

dique [ˈdiki] M̄ Damm m, Deich m; fig Hindernis n

dirá [diˈra] → **dizer**

dire(c)ção [direˈsɐ̃u] F̄ (gerência) Leitung f; Direktion f; POL Führung f; local: Richtung f (orientação) Ausrichtung f; (endereço): Adresse f; TECN Lenkung f; Steuerung f; ~ **assistida** (bras hidráulica) AUTO Servolenkung f; ~ **desalinhada** AUTO ausgeschlagene Lenkung f; ~ **geral** Generaldirektion f; **em** ~ **a** (ou **de**) in Richtung (auf ac)

directa [diˈrɛtɐ] F̄ POL ~s PL Direktwahlen fpl; **fazer uma** ~ port (die Nacht) durchmachen **directiva** [direˈtivɐ] F̄ Richtlinie f; Anweisung f; ~ **da UE** EU-Richtlinie f **directivo** [direˈtivu] leitend; **comissão** f ~ Vorstand m; **conselho** m ~ Verwaltungsrat m; UNIV Fakultätsrat m **directo** [diˈrɛtu] A ADJ gerade; comboio, autocarro durchgehend; caminho, eleição direkt; **comboio** (bras **trem**) m ~ Eilzug m B M̄ Eilzug m

dire(c)tor [direˈtor] A ADJ leitend B M̄, **dire(c)tora** [direˈtorɐ] F̄ Leiter(in) m(f), Direktor(in) m(f); **~(a)-geral** m(f) Generaldirektor(in) m(f) **dire(c)toria** [diretuˈriɐ] F̄ Leitung f; ECON Vorstand m **dire(c)tório** [direˈtɔrju] M̄ Direktorium n **dire(c)triz** [direˈtriʃ] A ADJ leitend B F̄ Richtlinie f; Leitlinie f

direita [diˈrɐita] F̄ rechte Hand f, Rechte f (tb POL); **à** ~ rechts; zur Rechten; **às** ~**s** rechtschaffen; recht, richtig; **seguir pela** ~ rechts gehen (ou fahren) **direitinho** [dirɐiˈtiɲu] pop gerade(wegs); genau; richtig

direito¹ [diˈrɐitu] M̄ 1 Recht n; Jura; ~ **administrativo** Verwaltungsrecht n; ~ **constitucional** Verfassungsrecht n; POL ~ **de permanência** Bleiberecht n; ~ **fiscal** (ou **tributário**) Steuerrecht n; ~ **de sufrágio** (bras **de voto**) Wahlrecht n; ~ **penal** Strafrecht n; ~ **à autodeterminação** Selbstbestimmungsrecht n; ~ **canónico** (*ô) kanonisches Recht n; ~ **civil** Zivilrecht n; **Faculdade** f **de Direito** juristische Fakultät f; ~**s** pl **de autor** (ou **autorais**) Urheberrecht n, Copyright n; ~**s** pl **cívicos** Bürgerrechte npl; ~**s** pl **humanos** Menschenrechte npl; **a torto e a** ~ fam unbesehen; blind drauflos; **ceder um** ~ ein Recht abtreten; **de** ~ von Rechts wegen; ~ **em vigor** gültiges Recht n; ~ **(in)alienável** (un)übertragbares Recht n; ~ **vigente** geltendes Recht n; **em (bom)** ~ billigerweise; **dar a** ~ berechtigen zu; **estudar** ~ Jura studieren; **invocar um** ~ sich auf ein Recht berufen; **negar um** ~ ein Recht verweigern; **violar um** ~ ein Recht verletzen; **ter** ~ **a** Anspruch haben auf (ac); **ter (o)** ~ **de** das Recht haben zu 2 ~**s** pl (**alfandegários**) Zoll m, Zollgebühren fpl; ~**s** pl **de importação**, ~**s** pl **de entrada** Einfuhrzoll m; ~**s** pl **de exportação**, ~**s** pl **de saída** Ausfuhrzoll m

direito² [diˈrɐitu] A ADJ 1 gerade; senkrecht; fato einreihig; fig aufrecht, rechtschaffen; (veridico) recht, wahr 2 contrário de esquerdo: rechte B ADV gerade (-wegs); bras gut; richtig; **a** ~ port geradeaus **direitura** [dirɐiˈturɐ] F̄ Geradheit f; fig Rechtschaffenheit f; **em** ~ **a** geradewegs nach (ou zu)

diret... bras → **directa** etc

dirigente [diriˈʒẽti] A ADJ função leitend; POL führend B M̄/F̄ (gerente) Leiter(in) m(f); POL Führer(in) m(f) **dirigido** [diriˈʒidu] zielgerichtet, gezielt **dirigir** [diriˈʒir] ⟨3n⟩ empresa leiten; passos lenken; negócios, tropa führen; bras automóvel, barco lenken, steuern; carta, palavra richten (**a** an ac); ~**-se a** pessoa sich wenden an (ac); notícia gerichtet sein an (ac); ~**-se para** sich begeben (ou fahren etc) nach **dirigível** [diriˈʒivɛɫ] A ADJ lenkbar B M̄ Luftschiff n

dirimente [diriˈmẽti] ADV DIR aufhebend; annullierend **dirimir** [diriˈmir]

⟨3a⟩ unmöglich machen; DIR aufheben; *dúvida* auslöschen; *disputa* schlichten; *questão* entscheiden

discagem [dʒiʃ'kaʒɐĩ] F̄ *bras* TEL Wählen n; **~ direta à distância** Vorwahl f **discar** [diʃ'kar] ⟨1n⟩ wählen

discernimento [diʃsirni'mẽtu] M̄ Unterscheidungsvermögen n; (*raciocínio*) Überlegung f, Abwägung f; **sem ~** unterschiedslos; (*à toa*) unüberlegt **discernir** [diʃsir'nir] ⟨3c⟩ unterscheiden; abwägen (**entre** zwischen *dat*)

disciplina [diʃsi'plinɐ] F̄ Disziplin f; *escola*: (Unterrichts)Fach n **disciplinado** [diʃsipli'nadu] ruhig, beherrscht; diszipliniert **disciplinar** [diʃsipli'nar] A V/I ⟨1a⟩ disziplinieren; (*castigar*) strafen B ADJ Disziplinar...; Straf...; Disziplinier...

discípulo [diʃ'sipulu] M̄ Schüler m

disco [ʹdiʃku] M̄ Scheibe f; MÚS Schallplatte f; TEL Wählscheibe f; DESP Diskus m; **~ compacto** Compact Disk f, CD f; **~ de estacionamento** AUTO Parkscheibe f; **~ removível** INFORM Wechselplattenspeicher m; **~ rígido** INFORM Festplatte f; **mudar o ~ e tocar o mesmo** fam fig immer dieselbe Platte auflegen; **~ voador** fliegende Untertasse f

disco-jóquei [diʃku'ʒɔkɐj] M̄ Discjockey m

discordância [diʃkur'dãsjɐ] F̄ Unvereinbarkeit f; Widerspruch m; *de opinião*: (Meinungs)Verschiedenheit f; MÚS Missklang m **discordante** [diʃkur'dãti] unvereinbar; widersprechend **discordar** [diʃkur'dar] ⟨1e⟩ nicht übereinstimmen (**de** mit); (voneinander) abweichen (**em** bei, in *dat*); sich widersprechen; *de opinião*: anderer Meinung sein (**de** als); MÚS nicht zusammenklingen **discorde** [diʃ'kɔrdi] uneinig; ungleich; MÚS disharmonisch, falsch; → discordante

discórdia [diʃ'kɔrdjɐ] F̄ Zwietracht f; Streit m; **pomo m de ~** Zankapfel m

discorrer [diʃku'ʀer] ⟨2d⟩ *fig* streifen (**por** durch); (*raciocinar*) nachdenken (**em** über *ac*); (*expor*) sich auslassen (*ou* sprechen) (**sobre** über *ac*)

discoteca [diʃku'tɛkɐ] F̄ Diskothek f

discrepância [diʃkri'pãsjɐ] F̄ Widerspruch m; Unstimmigkeit f; *de opinião*: (Meinungs)Verschiedenheit f; Diskrepanz f **discrepante** [diʃkri'pãti] widersprechend; (*desigual*) ungleich **discrepar** [diʃkri'par] ⟨1c⟩ → discordar

discreto [diʃ'kretu] *comportamento* zurückhaltend; *acção* unauffällig; *pessoa* diskret **discrição** [diʃkri'sɐ̃ũ] F̄ *comportamento*: Zurückhaltung f, Takt m; *acção*: Unauffälligkeit f; *pessoa* Verschwiegenheit f; (*modéstia*) Bescheidenheit f; **à ~** nach Belieben **discricional** [diʃkrisjuʹnaɫ] *serviço* Privat..., Spezial..., Sonder...; → discricionário **discricionário** [diʃkrisjuʹnarju] unbeschränkt; willkürlich

discriminação [diʃkriminɐ'sɐ̃ũ] F̄ Unterscheidung f; (*divisão*) Aufteilung f; POL Diskriminierung f **discriminador** [diʃkriminɐ'dor] diskriminierend **discriminar** [diʃkrimi'nar] ⟨1a⟩ unterscheiden; auseinanderhalten; (*pormenorizar*) (näher) beschreiben; (*separar*) aussondern; POL diskriminieren **discriminatório** [diʃkriminɐ'tɔrju] diskriminierend

discursar [diʃkur'sar] ⟨1a⟩ e-e Rede (*ou* e-n Vortrag) halten (**sobre** über *ac*); reden (*ou* sprechen) (**sobre** über *ac*) **discursivo** [diʃkur'sivu] diskursiv; *pej* redselig; (*monótono*) langatmig **discurso** [diʃ'kursu] M̄ Rede f; **~ (in)dire(c)to** GRAM (in)direkte Rede f; **fazer um ~** e-e Rede halten

discussão [diʃku'sɐ̃ũ] F̄ Diskussion f; (*debate*) Erörterung f; (*controvérsia*) Auseinandersetzung f; **puxar ~** e-e Diskussion vom Zaune brechen **discutir** [diʃku'tir] ⟨3a⟩ diskutieren (**de, sobre** über *ac*); *assunto* besprechen, erörtern; (*negociar*) verhandeln (**de, sobre** über *ac*); (*brigar*) sich streiten (**de, sobre** über *ac*) **discutível** [diʃku'tiveɫ] fraglich, fragwürdig

disenteria [dizẽti'riɐ] F̄ MED Ruhr f

disfarçado [diʃfɐr'sadu] verkleidet (**de** als); *fig* verkappt, falsch **disfarçar** [diʃfɐr'sar] ⟨1p; *Stv* 1b⟩ verkleiden; *defeito, acção* verbergen; *verdade* verhehlen; *voz* verstellen; **~-se** (**de** als) *fig* sich verkleiden als; *fig* sich verstellen **disfarce** [diʃ'farsi] M̄ Carnaval: Verkleidung f; *fig* Tarnung f

disforme [diʃ'fɔrmi] unförmig; scheußlich **disformidade** [diʃfurmi'dadi] F̄ Unförmigkeit f; Missbildung f

disfunção [diʃfũ'sɐ̃ũ] F̄ Fehlfunktion f

disjunção [diʒũ'sɐ̃ũ] F̄ (Zer)Trennung f

disjuntivo [diʒũ'tivu] trennend; einan-

der ausschließend **disjunto** [di'ʒũtu] getrennt **disjuntor** [diʒũ'tor] ELECT Überlastschalter m
diskette [diʃ'kɛti] F → disquete
dislate [diʒ'łati] M Unsinn m
dislexia [diʒłɛ'ksia] F Dyslexie f, Lese-Rechtschreib-Schwäche f **disléxico** [diʒ'łɛksiku] ADJ dyslexisch
díspar ['diʃpar] verschiedenartig
disparada [dʒiʃpa'radɛ] F bras Flucht f; **em ~**, **à ~** fluchtartig, Hals über Kopf; **chegar** (ou **vir**) **em ~** angesaust kommen; **sair em ~** davonfegen, -stürzen **disparar** [diʃpə'rar] ⟨1b⟩ A VT projéctil abschießen; schleudern; grito ausstoßen; FOTO knipsen B VT tiro schießen (**contra** auf ac); fugir davonrennen, losbrausen; motor anspringen; flash blitzen; **~ para casa** nach Hause rasen
disparatado [diʃparə'tadu] ungereimt; sinnlos **disparatar** [diʃpərə'tar] ⟨1b⟩ por palavras: Unsinn reden; por acções: Unfug machen; Quatsch machen **disparate** [diʃpə'rati] M Unsinn m; fam Quatsch m; **~!** Unsinn!, Quatsch!
disparidade [diʃpəri'dadi] F Verschiedenartigkeit f; bras Unsinn m
disparo [diʃ'paru] M Schuss m (contra auf ac); (explosão) Knall m; (fuga) Flucht f
dispêndio [diʃ'pẽdju] M bens: Verbrauch m; (perda) Verlust m **dispendioso** [diʃpẽ'djozu] (caro) kostspielig; (complicado) aufwändig
dispensa [diʃ'pẽsa] F 🟢 ADMIN Erlass m, Befreiung f; (autorização) Erlaubnis f 🟢 Vorratskammer f **dispensar** [diʃpẽ'sar] ⟨1a⟩ alg entlassen; (emprestar) überlassen; **~ de** dever befreien von; a/c verzichten (können) auf (ac); nicht benötigen; de cargo entheben von; pena erlassen; **~-se de** a/c etw nicht für nötig halten; sich e-r Sache (dat) entledigen **dispensário** [diʃpẽ'sarju] M ärztliche Beratungsstelle f **dispensável** [diʃpẽ'savɛł] entbehrlich; (desnecessário) unnötig
dispersão [diʃpir'sãũ] F Verbreitung f; multidão: Zerstreuung f; dinheiro: Verschwendung f; FIS Dispersion f **dispersar** [diʃpər'sar] ⟨1c⟩ (zer)streuen; dinheiro verschwenden; QUÍM fein verteilen; **~!** MIL wegtreten! **disperso** [diʃ'pɛrsu] verstreut (Menschenmenge); objectos verstreut
displicência [diʃpli'sẽsja] F Missvergnügen n; Überdruss m; (mau humor) Übellaunigkeit f; (indiferença) Gleichgültigkeit f; (descuido) Nachlässigkeit f; bras Leichtsinn m **displicente** [diʃpli'sẽti] mürrisch, übellaunig; (indiferente) gleichgültig; (descuidado) nachlässig
dispneia [diʃ'pnaja] F Atemnot f
disponibilidade [diʃpunibili'dadi] F Verfügbarkeit f; Disponibilität f; **em ~** verfügbar; **~s** pl Bestände mpl, Vorräte mpl; **~s** pl **monetárias** verfügbare Geldmittel npl **disponível** [diʃpu'nivɛł] verfügbar; disponibel
dispor [diʃ'por] ⟨2z⟩ A VT numa prateleira etc: (an)ordnen; anlegen; quarto (her)richten (**para** für); tropas, regras aufstellen; comportamento vorschreiben; plano etc entwerfen; alicerce legen; caminho bereiten; grupos einteilen (**por** nach ou in ac); **~ alg a** (ou **para**) j-n dazu bewegen (ou bringen) zu; j-n vorbereiten auf (ac); modificação: j-n gewöhnen an (ac); **o homem põe e Deus dispõe** der Mensch denkt und Gott lenkt B VT **~ de** dinheiro, possibilidade verfügen über (ac); **~ de si** frei sein; **~-se** sich anschicken zu; sich gefasst machen auf (ac); sich entschließen zu C M Verfügung f; **estar ao ~ de alg** j-m zur Verfügung stehen; **deixar a/c ao ~ de alg** j-m etw überlassen; **pôr a/c ao ~ de alg** j-m etw zur Verfügung stellen
disposição [diʃpuzi'sãũ] F Anordnung f; GEOG Lage f; Auf-, Einteilung f (in Gruppen); genética: Veranlagung f (**para** für); religiosa, política Gesinnung f; (humor) Gemütslage f, Stimmung f; DIR (Gesetzes)Vorschrift f; MED gesundheitliches Befinden n; (prontidão) Bereitschaft f; **estar ou ficar/pôr à ~ de** j-m zur Verfügung stehen/stellen **dispositivo** [diʃpuzi'tivu] M 🟢 TECN Vorrichtung f; (aparelho) Anlage f, Gerät n; **~ de alarme** Alarmanlage f; **~ intra-uterino** MED Spirale f; **~ periférico** INFORM Peripheriegerät n; **~ de visualização** INFORM Display n 🟢 fig **~s** pl Vorkehrungen fpl
disposto [diʃ'poʃtu] ⟨fsg, m/fpl [-'pɔ-]⟩ A PP irr → dispor B ADJ bereit (**a** zu); (inclinado) geneigt (**a** zu); (disposto) aufgelegt (**a** zu); (capaz) fähig (**a** zu); **estar bem/mal ~** sich wohl/unwohl fühlen; gut/schlecht aufgelegt sein C M Festgeleg-

te(s) *n*; *legal*: Vorschrift *f*
disputa [diʃ'puta] F̄ Wortwechsel *m*, Disput *m*; (*competição*) Wettstreit *m* (**de** um); Streit *m*; (*discussão*) Auseinandersetzung *f*; DESP Austragung *f* **disputar** [diʃpu'tar] ⟨1a⟩ A V̄T bestreiten; DESP austragen; kämpfen um; **~ por a/c com alg** mit j-m um etw streiten um B V̄I sich streiten (**sobre** über *ac*); diskutieren (**sobre** über *ac*) **disputável** [diʃpu'tavɛɫ] strittig

disquete [diʃ'kɛti] F̄, *bras* M̄ INFORM Diskette *f*

dissabor [disa'bor] M̄ Verdruss *m*; Unannehmlichkeit *f*

disse ['disi] → dizer

dissecação [diseka'sɐ̃ũ] F̄ Zergliederung *f*; (*análise*) Analyse *f*; ANAT Sektion *f* **dissecar** [dise'kar] ⟨1n; *Stv* 1c⟩ zergliedern, zerlegen; ANAT sezieren; MED herausschneiden

dissecção [disɛ'ksɐ̃ũ] F̄ → dissecação

dissemelhança [disimi'ʎɐ̃sɐ] F̄ Ungleichheit *f*, Unähnlichkeit *f*

disseminação [disimina'sɐ̃ũ] F̄ *substância*: Aus-, Verstreuung *f*; *teoria*: Aus-, Verbreitung *f* **disseminar** [disimi'nar] ⟨1a⟩ *substância* aus-, umher-, verstreuen; *teoria* aus-, verbreiten (**por** über *ac*)

dissensão [disɛ̃'sɐ̃ũ] F̄ Gegensatz *m*; *de opinião*: Meinungsverschiedenheit *f* **dissentir** [disɛ̃'tir] ⟨3e⟩ **~ de** anderer Meinung sein als

dissertação [disɨrta'sɐ̃ũ] F̄ (wissenschaftliche) Abhandlung *f*; (*exposição*) Vortrag *m*; UNIV *doutoramento*: Doktorarbeit *f*, Dissertation *f* **dissertar** [disir'tar] ⟨1c⟩ **~ sobre** *texto* se behandeln; *pessoa* sprechen (*ou* schreiben) über (*ac*)

dissidência [disi'dɐ̃sjɐ] F̄ POL (Ab)Spaltung *f*, REL Abfall *m* (vom Glauben); (*desunião*) Uneinigkeit *f* **dissidente** [disi'dɐ̃ti] A AD̄J anders denkend B M̄/F̄ POL Dissident(in) *m(f)*

dissídio [di'sidju] M̄ Auseinandersetzung *f*; *bras* DIR Rechtsstreit *m* zu Lohnfragen

dissimulação [disimuɫa'sɐ̃ũ] F̄ Verstellung *f*; *crime*, *factos*: Verheimlichung *f* **dissimuladamente** [disimuɫadɐ'mẽti] AD̄V heimlich; (*com manha*) hinterhältig **dissimulado** [disimu'ɫadu] heimlich; (*manhoso*) hinterhältig **dissimular** [disimu'ɫar] ⟨1a⟩ A V̄T verheimlichen, verbergen B V̄I sich verstellen; (*conter-se*) zurückhaltend sein

dissipação [disipɐ'sɐ̃ũ] F̄ Auflösung *f*; (*distracção*) Zerstreuung *f*; *fig* Verschwendung *f*; (*devassidão*) Ausschweifung *f* **dissipador(a)** [disipɐ'dor(ɐ)] M̄/F̄ Verschwender(in) *m(f)* **dissipar** [disi'par] ⟨1a⟩ auflösen; *dúvidas etc* zerstreuen; *fig* verschwinden; *saúde* ruinieren

disso ['disu] CONTR *de de e isso*

dissociabilidade [disusjabiɫi'dadi] F̄ Löslichkeit *f* **dissociação** [disusjɐ'sɐ̃ũ] F̄ Trennung *f*; Absonderung *f*; (*decomposição*) Zerfall *m* **dissociar** [disu'sjar] ⟨1g⟩ trennen; absondern, -spalten; QUÍM dissoziieren; **~-se** zerfallen (**em** in *ac*)

dissolução [disuɫu'sɐ̃ũ] F̄ Auflösung *f*, QUÍM Lösung *f*; *fig* Ausschweifung *f* **dissoluto** [disu'ɫutu] zersetzt; *fig vida* liederlich; *pessoa* korrupt **dissolúvel** [disu'ɫuvɛɫ] löslich **dissolvente** [disoɫ'vẽti] A AD̄J lösend; *fig* zersetzend B M̄ QUÍM Lösungsmittel *n* **dissolver** [disoɫ'ver] ⟨2e⟩ auflösen (*tb fig*)

dissonância [disu'nɐ̃sjɐ] F̄ MÚS Missklang *m*, Dissonanz *f*; (*desacordo*) Uneinheitlichkeit *f* **dissonante** [disu'nɐ̃ti] MÚS misstönend; *opinião* gegensätzlich, uneinheitlich; *observação* fehl am Platz **dissonar** [disu'nar] ⟨1f⟩ MÚS falsch klingen; *cores* nicht zueinanderpassen; uneinheitlich wirken

dissuadir [diswɐ'dir] ⟨3b⟩ **~ de** *plano* j-m abraten von; j-m ausreden; *opinião* j-n abbringen von; **~-se** abkommen (**de** von) **dissuasão** [diswɐ'zɐ̃ũ] F̄ Abbringen *n* (**de** von); Ausreden *n*

distância [diʃ'tɐ̃sjɐ] F̄ Entfernung *f*; Abstand *m* (*tb fig*); (*intervalo*) Zwischenraum *m*; *fig* Unterschied *m*; **a ~** aus der Ferne, von weitem; **à ~ de** in e-r Entfernung (*ou* e-m Abstand) von; **a grande ~** Langstrecken..., Fern...; **de ~ em ~** von Ort zu Ort; hier und da; von Zeit zu Zeit; **conservar** (*ou* **manter**) **a ~** Abstand halten, Distanz wahren; *de algo*: sich fern halten; **tomar ~ de** auf Abstand gehen zu, sich fern halten vor; **mantenha ~!** Abstand halten!

distanciador [diʃtɐ̃sjɐ'dor] M̄ TECN Abstandhalter *m* **distanciamento** [diʃtɐ̃sjɐ'mẽtu] M̄ *posição*, *opinião*: Distanz (-ierung) *f*; (*mudança de opinião*) Abrücken n; (afastamento) Entfremdung f **distanciar** [diʃtɜ'sjar] ⟨1g⟩ local: (voneinander) entfernen; temporal: hinausschieben; **~-se** fig pessoas sich entfremden; **~-se** de opinião abrücken von; local: sich entfernen von

distante [diʃ'tɐ̃ti] (weit) entfernt, fern; pessoa (frio) distanziert **distar** [diʃ'tar] ⟨1a⟩ entfernt sein

distender [diʃtẽ'der] ⟨2a⟩ dehnen, strecken; spannen; MED zerren; **~-se** sich ausdehnen; fig sich entspannen **distensão** [diʃtẽ'sɐ̃u] F Dehnung f; Spannung f; MED Zerrung f; PSICOL Entspannung f

distinção [diʃti'sɐ̃u] F Unterscheidung f; (diferença) Unterschied m; (nitidez) Deutlichkeit f; (honra) Auszeichnung f; (cortesia) Vornehmheit f; **à ~ de** im Unterschied zu; **com ~** ausgezeichnet; **para ~** zur Unterscheidung; **sem ~** ohne Unterschied; **fazer (a) ~** unterscheiden; **ter ~** vornehm sein **distinguir** [diʃti'gir] ⟨3o⟩ unterscheiden; diferença wahrnehmen; (agraciar) auszeichnen; **~-se** sich abheben (de von), sich durch Leistung hervortun; herausragen (de aus); (diferenciar-se) sich unterscheiden (de von) **distinguível** [diʃti'givɛɫ] unterscheidbar **distintivo** [diʃti'tivu] M Kennzeichen n; Abzeichen n **distinto** [diʃ'tĩtu] verschieden; personagem ausgezeichnet; (fino) vornehm, distingiert

disto [ˈdiʃtu] CONTR de e isto

distorção [diʃtur'sɐ̃u] F ELECT Verzerrung f **distorcer** [diʃtur'ser] ⟨2g; Stv 2d⟩ verzerren

distra(c)ção [diʃtra'sɐ̃u] F Unachtsamkeit f, Zerstreutheit f; (diversão) Ablenkung f; **por ~** aus Versehen; **parque de -ões** Vergnügungspark m **distra(c)tivo** [diʃtra'tivu] unterhaltend

distraidamente [diʃtraidɐ'mẽti] ADV aus Versehen **distraído** [diʃtrɜ'idu] zerstreut; **apanhar alg ~ a** j-n überraschen bei **distrair** [diʃtrɜ'ir] ⟨3l⟩ alg unterhalten; atenção ablenken; **~-se** sich ablenken lassen; (descuidar-se) nicht aufpassen **distratar** [diʃtrɜ'tar] ⟨1b⟩ rückgängig machen **distrate** [diʃ'trati] M, **distrato** [diʃ'tratu] M contrato: Rücktritt m; doação etc: Widerruf m

distribuição [diʃtribwi'sɐ̃u] F bens: Verteilung f; em grupos: Einteilung f; COM Vertrieb m; CINE Verleih m; correio: Briefzustellung f; bilhetes: (Karten)Ausgabe f; FIN lucros: Ausschüttung f **distribuidor** [diʃtribwi'dor] M ▮ pessoa, empresa: Verteiler m; de jornais: Austräger m; COM **~ (autorizado)** (autorisierter) Vertragshändler m ▮ aparelho, máquina: Verteiler m (tb ELECT); **~ automático** bras Automat m (für Getränke, Süßigkeiten etc) **distribuidora** [diʃtribwi'dorɐ] F COM Vertrieb m; CINE Filmverleih m; **~ automática** port Automat m (für Zigaretten, Fahrkarten etc) **distribuir** [diʃtri'bwir] ⟨3i⟩ verteilen (**por** unter ac e dat); em grupos: einteilen; quinhão zuteilen; mercadoria vertreiben; correio austragen

distrital [diʃtri'taɫ] Bezirks...; Distrikt... **distrito** [diʃ'tritu] M (Regierungs)Bezirk m; **~ comunal** Gemarkung f; **~ policial** bras Polizeirevier n **Distrito Federal** [dʒiʃ'tritufede'rau] M bras (Brasilia) Hauptstadtbezirk m, Bundeshauptstadt f

distúrbio [diʃ'turbju] M Störung f; **~s** pl POL Unruhen fpl; Randale f

dita ['ditɐ] F Glück n, Glücksfall m

ditado [di'tadu] M escola, escritório: Diktat n; (provérbio) Sprichwort n **ditador** [ditɐ'dor] M Diktator m **ditadura** [ditɐ'durɐ] F Diktatur f **ditafone** [dits'fɔni] M bras Diktiergerät n **ditame** [di'tɐmi] M Ausspruch m; (regra) Regel f, Gesetz n **ditar** [di'tar] ⟨1a⟩ texto diktieren; eingeben; befehlen; lei erlassen **ditatorial** [ditɐtu'rjaɫ] diktatorisch

ditinho [di'tiɲu] M Geschwätz n

dito ['ditu] **A** PP irr → dizer **B** ADJ besagt; irón so genannt; **~ e feito** gesagt, getan; **está ~!** abgemacht!; es bleibt dabei! **C** M Ausspruch m; Sinnspruch m; **dar o ~ por (ou pelo) não ~** nichts gesagt haben wollen

ditoso [di'tozu] glücklich

diurético [dju'rɛtiku] harntreibend

diurno [ˈdjurnu] Tages...

diva ['divɐ] F Diva f

divã [di'vɐ̃] M Diwan m; Liege f

divagação [divagɐ'sɐ̃u] F Umherstreifen n, Umherziehen n; Streifzug m; fig Abschweifung f **divagar** [divɐ'gar] ⟨1o; Stv 1b⟩ umherstreifen; irren (por durch); fig fantasieren; do tema abschweifen (de von); sich verbreiten (sobre über ac)

divergência [divir'ʒēsja] F Meinungsverschiedenheit f; (contrário) Gegensatz m; Divergenz f **divergente** [divir'ʒēti] auseinandergehend; (contrário) gegensätzlich; divergierend **divergir** [divir'ʒir] ⟨3n; Stv 3c⟩ auseinandergehen; nicht (miteinander) übereinstimmen; divergieren

diversão [divir'sɐ̃ũ] F Zeitvertreib m, Zerstreuung f; premeditada: Ablenkung f; MIL, POL Ablenkungsmanöver n; **parque** m **de -ões** Freizeitpark m **diversidade** [divirsi'dadi] F Verschiedenartigkeit f; Mannigfaltigkeit f; **~ de espécies** Artenvielfalt f **diversificação** [divirsifika'sɐ̃ũ] F ECON, AGR Diversifizierung f **diversificar** [divirsifi'kar] ⟨1n⟩ A V/T Abwechslung hineinbringen in (ac); diversifizieren B V/I wechseln; sich unterscheiden (**de** von) **diverso** [di'versu] verschieden, divers; ander; verschiedenartig

divertido [divir'tidu] lustig; unterhaltsam **divertimento** [divirti'mẽtu] M Unterhaltung f, Vergnügen n **divertir** [divir'tir] ⟨3n⟩ filme etc unterhalten, vergnügen; problema, plano abbringen, ablenken (**de** von); **~-se** sich amüsieren, Spaß haben; **~-se com** sich amüsieren über (ac); filme etc genießen (dat)

dívida ['dividɐ] F Schuld f; FIN Verschuldung f; **~ externa** Auslandsverschuldung f; **~ pública** öffentliche Verschuldung f; **atolado em ~s** fam bis über beide Ohren verschuldet; **contrair ~s** Schulden machen; **estar em ~ para com alg** in j-s Schuld stehen

dividendo [divi'dẽdu] M Dividend m; FIN Dividende f **dividir** [divi'dir] ⟨3a⟩ teilen; ab-, zerteilen (**em** in ac); MAT dividieren (**por** durch); fig entzweien

divinatório [divinɐ'tɔrju] ahnungsvoll **divindade** [divĩ'dadi] F (deus) Gottheit f; (essência divina) Göttlichkeit f **divino** [di'vinu] göttlich (tb fig); unübertrefflich (tb fig)

divisa [di'vizɐ] F Wahlspruch m; (sinal distintivo) Kennzeichen n; MIL Rangabzeichen n; **~s** pl FIN Devisen pl

divisão [divi'zɐ̃ũ] F Teilung f; grupos: Einteilung f; Unterteilung f; (departamento) Abteilung f; ARQUIT Trennwand f; casa: (Wohn)Raum m; MAT, MIL Division f; DESP Liga f; **~ do trabalho** Arbeitsteilung f **divisar** [divi'zar] ⟨1a⟩ erblicken; (demarcar) abstecken **divisível** [divi'zivɛł] teilbar **diviso** [di'vizu] geteilt; getrennt; pessoas uneinig **divisor** [divi'zor] M MAT Divisor m; Nenner m **divisória** [divi'zɔrjɐ] F Trennlinie f; ARQUIT Trennwand f **divisório** [divi'zɔrju] Trenn...; Scheide...; Grenz...; **a(c)ção** f **-a** DIR Teilungsverfahren n

divorciar [divur'sjar] ⟨1g⟩ casamento scheiden; geralm entzweien; **~-se** sich scheiden lassen (**de** von) **divórcio** [di'vɔrsju] M (Ehe)Scheidung f; fig Gegensatz m

divulgação [divułgɐ'sɐ̃ũ] F Verbreitung f **divulgar** [divuł'gar] ⟨1o⟩ verbreiten; bekannt machen

dizer [di'zer] A V/T ⟨2t⟩ sagen; (exprimir) aussprechen; texto besagen; (comprovar) Zeugnis ablegen; segredo verraten; número nennen; anedota erzählen; poema vortragen; opinião äußern; papel, oração sprechen; missa lesen; **~ consigo** zu sich (selbst) sagen; **mandar ~** ausrichten lassen; **ouvir ~** sagen hören B V/I ⟨2t⟩ sagen; (expor) Darlegungen machen; texto lauten; cor passen (**com** zu); **~ que sim/não** ja/nein sagen; **dar que ~** Anlass zu Gerede geben; **querer ~** bedeuten, heißen; **quer ~** das heißt; **a bem ~** genau genommen; **por assim ~** sozusagen; **não há nada a ~** das hat nichts zu sagen; **diz-se** (ou **dizem**) **que** es heißt, dass; **é o que dizem** so sagt man; **ele diz e faz** er tut, was er sagt; **há quem diga** es heißt, man sagt; **dir-se-ia** man könnte meinen; **é o que digo!** das will ich meinen!; **eu bem dizia!** das hab ich doch gleich gesagt!; **diga?** (wie) bitte?; **faz favor de ~!** ja, bitte?; was wünschen Sie? **não me diga!** was Sie nicht sagen!; **~-se** sich nennen; sein wollen; **como se diz isso em ...?** wie heißt das auf ...? C M Ausdruck m; (estilo) Ausdrucksweise f, Stil m; **no ~ de** nach Ansicht; **~es** pl Auf-, Inschrift f; Beschriftung f

dizimação [dizimɐ'sɐ̃ũ] F Dezimierung f **dizimar** [dizi'mar] ⟨1a⟩ dezimieren; herança durchbringen; **~-se** fortuna zusammenschmelzen

dizível [di'zivɛł] aussprechbar

diz-que-diz-que [dʒiʃki'dʒiʃki] M bras Gerede n

dlim [dłĩ] INT **~!** kling!

do [du] contr *de* e *o*; *comparativo*: ~ **que** als

dó [dɔ] M̄ 1 (*pena*) Mitleid *n*; Schmerz *m*; **ter ~ de** Mitleid haben mit 2 mús C *n*

d.º abr (*dito*) bes. (besagte)

doação [dwa'sɐ̃u] F̄ Schenkung *f* **doador(a)** [dwa'dor(ɐ)] M/F esmola, sangue: Spender(in) *m(f)*; (*fundador,-a*) Stifter(in) *m(f)*; ~ **universal** med Universalspender *m* **doar** [dwar] ⟨1f⟩ schenken; spenden; stiften; j-n mit etw bedenken; ~ **sangue** Blut spenden; **~-se** sich widmen (*dat*)

dobra ['dɔbrɐ] F̄ *tecido*: Falte *f*; *papel*: Falz *m*, Knick *m*

dobrada [du'bradɐ] F̄ (Rinder)Gekröse *n*

dobradiça [dubrɐ'disɐ] F̄ *porta*: Türangel *f*; Scharnier *n*; teat Klappsitz *m* **dobradiço** [dubrɐ'disu] biegsam; *móvel* zusammenklappbar; Klapp... **dobrado** [du'bradu] adj *papel* gefaltet; *bastão* gebogen; *terreno* hügelig; *flor* gefüllt; (*duplicado*) doppelt; Doppel... **dobradura** [dubrɐ'durɐ] F̄ *tecido*: Falte *f*; *estrada*: Biegung *f* **dobragem** [du'braʒɐ̃ĩ] F̄ port cine Synchronisation *f*

dobrar [du'brar] ⟨1e⟩ A V̄T̄ *papel, tecido, mãos* falten; *bastão* (um)biegen; *quantia* verdoppeln; *dois* mal multiplizieren; *orgulho* beugen; *alg* gefügig machen; (*convencer*) umstimmen; *sino* läuten; naút umschiffen; port cine synchronisieren; ~ **a esquina** um die Ecke biegen; ~ **a voz** *ave* trillern B V̄Ī zunehmen (**de an** *dat*); *automóvel* abbiegen (**a nach**); *sino* läuten; *número* sich verdoppeln; **~-se** sich verneigen; *fig* nachgeben **dobrável** [du'bravɛł] *móvel* zusammenklappbar; *bastão* biegsam **dobro** [du'bru] M̄ Doppelte(s) *n*

doc. abr (*documento*) Dok. (Dokument)

DOC [dɔk] abr (Denominação de Origem Controlada) kontrollierte Ursprungsbezeichnung *f*

doca ['dɔkɐ] F̄ naút Dock *n*

doçagem [du'saʒɐ̃ĩ] F̄ *port* für Süßen in **doçaria** [dusɐ'riɐ] F̄ Süßwaren *fpl*

doce ['dosi] A adj gastr süß; *carácter* lieblich, sanft; *material tb* weich B M̄ (*sobremesa*) Süßspeise *f*; *geralm* Süßigkeit *f*; ~ **de fruta** *port* Konfitüre *f*, Marmelade *f*; ~ **em calda** Kompott *n* **doce-amargo** [dosɐ'margu] ⟨*pl* doces-amargos⟩ bittersüß

docência [du'sẽsjɐ] F̄ Dozentur *f* **docente** [du'sẽti] A adj Lehr...; *corpo m* ~ Lehrkörper *m* B M/F Dozent(in) *m(f)*

docente-livre [dosẽti'livri] M/F ⟨*pl* docentes-livres⟩ *bras* Privatdozent(in) *m(f)*

dócil ['dɔsił] *aluno* gelehrig; (*subalterno*) fügsam; *material* weich

docilidade [dusili'dadʒi] F̄ *aluno*: Gelehrigkeit *f*; *subalterno*: Fügsamkeit *f*; *metal*: Geschmeidigkeit *f*

documentação [dukumẽta'sɐ̃u] F̄ hist Beurkundung *f*; *pessoal* Ausweispapiere *npl*; dir Beweise *mpl*; com Belege *mpl* **documental** [dukumẽ'tał] urkundlich, schriftlich **documentalista** [dukumẽtɐ'liʃtɐ] M/F Dokumentar(in) *m(f)* **documentar** [dukumẽ'tar] ⟨1a⟩ dokumentieren, mit Belegen versehen dir beurkunden; *afirmação* beweisen; **~-se** sich ausweisen; *fig* sich vergewissern **documentário** [dukumẽ'tarju] M̄ Dokumentarfilm *m* **documentável** [dukumẽ'tavɛł] beweisbar **documento** [duku'mẽtu] M̄ Dokument *n* (*tb hist*); *oficial*: Urkunde *f*; Schriftstück *n*; dir Beweis *m*; com Beleg *m*; **~s** *pl geralm* Unterlagen *fpl*; *de alg*: (Ausweis)Papiere *npl*; auto Fahrzeugpapiere *npl*

doçura [du'surɐ] F̄ *sabor*: Süße *f*, Süßigkeit *f*; *fig* Lieblichkeit *f*, Milde *f*; *carácter*: Sanftmut *f*; **~s** *pl* Annehmlichkeiten *fpl*

doença ['dwẽsɐ] F̄ Krankheit *f*; ~ **cardiovascular** Herz-Kreislauf-Erkrankung *f*; ~ **do fuso** (*horário*) *bras* Jetlag *m*; ~ **das vacas loucas** *fam* Rinderwahn(sinn) *m* **doente** ['dwẽti] A adj krank; **estar ~** krank sein; **ficar ~** krank werden; **ser ~ por** *bras* vernarrt sein in (*ac*) B M/F Kranke(r) *m/f*; **dar parte de ~** sich krankmelden **doentio** [dwẽ'tiu] med kränklich; psicol krankhaft; (*nocivo*) schädlich

doer [dwer] ⟨2f⟩ schmerzen; wehtun; **~-se** ⟨2f⟩ klagen (**de** über *ac*); *incidente* bedauern, bereuen

dogma ['dɔgmɐ] M̄ Dogma *n*, Glaubenssatz *m* **dogmático** [dɔ'gmatiku] dogmatisch

dogue ['dɔgi] M̄ Dogge *f*

doidice [doi'disi] F̄ Verrücktheit *f* **doidinho** [doi'dʒiɲu] *fam* meschugge; verschossen (**por** in *ac*)

doido [doidu] A adj verrückt; (*alegre*) ausgelassen, toll; (*maluco*) wahnsinnig (**de vor** *dat*); versessen (**para auf** *ac*); **à ~a**

wie verrückt; **andar ~ com** sich wahnsinnig freuen über (ac); **estar ~ de** verrückt sein vor (dat); **estar** (ou **ser**) **~ por** verrückt sein nach B **A**, **-a** F Verrückte(r) m/f(m), Wahnsinnige(r) m/f(m); **como um ~** pop wie ein Verrückter; **dar com alg em ~** fam noch verrückt werden mit j-m; **ver--se ~** pop weder ein noch aus wissen

doído ['dwidu] A PP irr → **doer** B ADJ MED schmerzend, schmerzhaft; pessoa betrübt; queixa schmerzlich

dois [dojʃ] NUM,A **duas** [duɐʃ] A ADJ zwei; **os ~** die beiden, beide; **nós** (**os**) **~** wir beide; **das duas uma** entweder oder B M Zwei f

dólar ['dɔlar] M Dollar m

dolência [du'lẽsjɐ] F Schmerz m

dolo ['dolu] M DIR Betrug m; betrügerische Absicht f; **~ da guerra** Kriegslist f; **por ~** mit betrügerischer Absicht

doloroso [dulu'rozu] MED schmerzhaft; perda schmerzlich; resultado, desenvolvimento kläglich

doloso [du'lozu] DIR betrügerisch

dom [dõ] M Gabe f; (talento) Begabung f; **ter o ~ de** etw beherrschen, gut sein in (dat)

Dom [dõ] M título de nobres e clérigos: **dom Afonso IV** König Alfons IV.

domador(a) [dumɐ'dor(ɐ)] M(F) Tierbändiger(in) m(f), Dompteur m, Dompteuse f

domar [du'mar] ⟨1f⟩ bezwingen **domável** [du'mavɛɫ] zähmbar; fig bezwingbar

domesticar [dumiʃti'kar] ⟨1n⟩ zähmen; domestizieren

doméstico [du'mɛʃtiku] A ADJ häuslich, Haus...; POL einheimisch; inner; **empregada** f **-a** Hausangestellte f; **vida** f **-a** häusliches Leben n; **voo** m **~** AERO Inlandsflug m B **A**, **-a** F Hausangestellte(r) m/f; port profissão Hausfrau f

domiciliado [dumisi'ljadu] wohnhaft

domiciliar [dumisi'ljar] ⟨1g⟩ VIT numa região: ansiedeln; unterbringen; **~-se** sich niederlassen B ADJ, **domiciliário** [dumisi'ljarju] Haus..., Wohnungs...; **entrega** f **ao serviço ~** Lieferservice m, Zustellung f (frei Haus) **domicílio** [dumi'siɫju] M Wohnung f; Wohnsitz m; COM, fig Sitz m

dominação [duminɐ'sɐ̃u] F Herrschaft f; de sentimentos: Beherrschung f **dominador** [dumina'dor] herrisch **dominância** [dumi'nãsjɐ] F Dominanz f **dominante** [dumi'nɐ̃ti] (be-, vor)herrschend; gene dominant **dominar** [dumi'nar] ⟨1a⟩ A VIT beherrschen; GEOG überragen B VII (vor)herrschen; führend sein (**em** in dat)

dominga [du'migɐ] F letzter Sonntag m in der Fastenzeit **domingo** [du'mĩgu] M Sonntag m; **aos ~s** sonntags; **no ~** am Sonntag **domingueiro** [dumĩ'gɐjru] sonntäglich

dominical [dumini'kaɫ] ADJ dia M **~** Tag m des Herrn; **escola** f **~** REL Sonntagsschule f **dominicano** [dumini'kɐnu] M REL Dominikaner m

domínio [du'minju] M POL Herrschaft f; Macht f, propriedade: Eigentum n; Besitz f; **~ das línguas** Fremdsprachenbeherrschung f; **dire(c)to** Eigentumsrecht n; **~ útil** Nutzungsrecht n; **~ de si** (**próprio**) Selbstbeherrschung f; **~ público** Staatseigentum n; bras Public Domain f; **de ~ público** bras frei verfügbar, nicht urheberrechtlich geschützt; **ser do ~ público** fig allgemein bekannt sein

domo ['domu] M Kuppel f

dona ['donɐ] F ⓵ Eigentümerin f; **~ de** (ou **da**) **casa** Hausfrau f, Hausherrin f ⓶ seguido do nome: **~ Maria** Barbosa-Schmidt: ≈ Frau Barbosa-Schmidt

donatário [donɐ'tarju] M, **-a** F Beschenkte(r) m/f(m); Empfänger(in) m(f)

donativo [donɐ'tivu] M Schenkung f; Spende f; Stiftung f

donde ['dõdi] CONTR de de e onde; woher; woraus

doninha [du'niɲɐ] F Mauswiesel n

dono ['donu] M Eigentümer m, Besitzer m; Herr m; **~ da casa** Hausherr m; **~ da taverna** Wirt m

donzela [dõ'zɛɫɐ] F hist (Hof)Fräulein n

dopagem [du'paʒɐ̃j] F Doping n; **teste** m **de ~** Dopingtest m **dopar** [du'par] ⟨1e⟩ dopen; VIR **~ar-se** DESP sich dopen; **estar dopado** gedopt sein

doqueiro [do'kɐjru] M bras Dockarbeiter m

dor [dor] F Schmerz m; **~ de cabeça/garganta/estômago** Kopf-/Hals-/Magenschmerzen pl; **~ de corno** (ou **cotovelo**) pop Eifersucht f; **~ de músculos** port Muskelkater m; **~es** pl (**de parto**) Wehen *fpl*; **estar com as ~es** *port* in den Wehen liegen

doravante [dɔrɐˈvɐ̃ti] ADV von nun an; in Zukunft, zukünftig

dorido [duˈridu] *ferimento* schmerzend, schmerzhaft; *expressão* schmerzerfüllt; *pessoa* betrübt

dormência [durˈmẽsjɐ] F Schläfrigkeit *f*; *nos membros* Lähmung *f* **dormente** [durˈmẽti] A ADJ schlafend; schläfrig; *(imóvel)* regungslos; *água* stehend; *membro* eingeschlafen B M Tragbalken *m*; FERROV (Bahn)Schwelle *f* **dormida** [durˈmidɐ] F Schlaf *m*; Übernachtung *f*; *(cama)* Nachtlager *n*; **dar ~** Nachtquartier geben **dormideira** [durmiˈdɐjrɐ] F BOT Mohn *m*; *bras tb* Mimose *f* **dorminhoco** [durmiˈɲoku] *⟨fsg, m/fpl [-ˈɲɔ-]⟩* A ADJ verschlafen B M, **-a** F Langschläfer(in) *m(f)*; *fam* Schlafmütze *f* **dormir** [durˈmir] *⟨3f⟩* A VI *sesta* halten B VT schlafen; **~ sobre** *etw* überschlafen **dormitar** [durmiˈtar] *⟨1a⟩* schlummern **dormitório** [durmiˈtɔrju] M Schlafsaal *m*; *bras* Schlafzimmer *n*

dorsal [dɔrˈsal] A ADJ ANAT Rücken...; **espinha** *f* **~** Rückgrat *n* B M DESP Rückennummer *f* **dorso** [ˈdɔrsu] M ANAT Rücken *m*; Rückseite *f*

dosagem [duˈzaʒɐ̃j] F Dosierung *f*; Menge *f*, Mengenverhältnis *n*; *(mistura)* Mischung *f* **dosar** [duˈzar] *⟨1e⟩* dosieren; abmessen; *trabalho* ein-, zuteilen **dose** [ˈdɔzi] F Menge *f*; *medicamento, droga*: Dosis *f*; Teil *m*; *comida*: Portion *f*; **uma boa ~** *fig* eine ziemliche Menge **doseador** [duzjɐˈdor] M Dosierer *m* **dosear** [duˈzjar] *⟨1l⟩* → dosar

▶ **dose**

Vorsicht! Die portugiesische **dose** hat mit der deutschen ‚Dose' nichts gemein. Es handelt sich dabei um die Dosis eines Medikaments oder um eine Portion Essen im Restaurant. Hier gilt: Wenn der Hunger nicht allzu groß ist, reicht es in der Regel, wenn Sie eine **meia dose** bestellen, also eine halbe Portion.

Die Getränke- oder Konservendose heißt übrigens **lata**:
uma lata de cerveja = eine Dose Bier. ◀

dossier [dɔˈsje], **dossiê** [dɔˈsje] M Aktenordner *m*; Akte *f*

dotação [dutɐˈsɐ̃ũ] F Stiftung *f*; Ausstattung *f*; *noiva*: Aussteuer *f* **dotado** [duˈtadu] begabt (**de** mit); begnadet **dotador** [dutɐˈdor] M Stifter *m* **dotar** [duˈtar] *⟨1e⟩* ausstatten (**de, com** mit) **dote** [ˈdɔti] M Mitgift *f*; Schenkung *f*; *(talento)* Gabe *f*

dou [do] → dar

dourada [doˈradɐ] F ZOOL Goldbrasse *f*; Dorade *f* **dourado** [doˈradu] A ADJ golden, Gold... B M Vergoldung *f* **dourar** [doˈrar] *⟨1a⟩* vergolden; GASTR anbraten, bräunen

Douro [ˈdoru] M GEOG *port* Fluss *u. hist* Provinz

douto [ˈdotu] gelehrt

doutor [doˈtor] M Doktor *m*; *irón* Schlaumeier *m*; **~ em direito** Doktor *m* der Rechte **doutora** [doˈtorɐ] F Frau *f* Doktor **doutorado** [dotuˈradu] M Doktorwürde *f*; **fazer o ~** s-n Doktor machen **doutoramento** [dotuɾɐˈmẽtu] M UNIV Promotion *f* **doutorando** [dotuˈrɐ̃du] M, **-a** F Doktorand(in) *m(f)* **doutorar** [dotuˈrar] *⟨1e⟩* UNIV zum Doktor promovieren; **~-se** promovieren (**em** in *dat*), den Doktor machen

doutrem [ˈdotrɐ̃j] CONTR *de* de *e* outrem **doutrina** [doˈtrinɐ] F Lehre *f*; DIR Rechtsauffassung *f*; POL Doktrin *f*; REL Katechese *f* **doutrinação** [dotrinɐˈsɐ̃ũ] F REL Unterweisung *f*; *geralm* Schulung *f* **doutrinal** [dotriˈnal] belehrend; grundsätzlich **doutrinar** [dotriˈnar] *⟨1a⟩* REL in e-r Lehre unterweisen; *geralm* lehren **doutrinário** [dotriˈnarju] → doutrinal

doutro [ˈdotru] CONTR *de* de *e pron* outro

download [dɐwnˈlɔd, ˈdɐwntʒud] M Download *n*; **fazer um ~ (de)** herunterladen

doze [ˈdozi] NUM A ADJ zwölf B M Zwölf *f*

Dr., Dr.ª ABR (Doutor, Doutora) Dr (Doktor)

draga [ˈdragɐ] F (Schwimm)Bagger *m*; Nassbagger *m* **dragagem** [drɐˈgaʒɐ̃j] F *rio*: Ausbaggerung *f*

dragão [drɐˈgɐ̃ũ] M Drachen *m*

dragar [drɐˈgar] *⟨1o, 1b⟩* ausbaggern

drágea [ˈdraʒje] F *bras*, **drageia** [drɐˈʒɐ-

já] F̲ Dragee n
drama ['drɐmɐ] M̲ Drama n (espectáculo) Schauspiel n **dramática** [drɐ'matikɐ] F̲ Dramatik f **dramático** [drɐ'matiku] A̲ ADJ dramatisch B̲ M̲ Dramatiker m **dramatizar** [drɐmati'zar] ⟨1a⟩ TEAT, fig dramatisieren **dramaturgia** [drɐmɐtur'ʒiɐ] F̲ Dramaturgie f **dramaturgo** [drɐmɐ'turgu] M̲ Dramaturg m; Dramatiker m
drástico [ˈdraʃtiku] drastisch
drenagem [dri'naʒɐ̃ĩ] F̲ Entwässerung f; MED Dränage f **drenar** [dri'nar] ⟨1d⟩ entwässern; dränieren **dreno** ['drenu] M̲ Abflussgraben m; (cano) Sickerrohr n
driblagem [dri'blaʒɐ̃ĩ] F̲ futebol: Dribbeln n **driblar** [dri'blar] ⟨1a⟩ dribbeln
drinque [ˈdriki] M̲ bras Drink n
drive ['drajvi] F̲ INFORM Laufwerk n
droga ['drɔgɐ] F̲ Rauschgift n; fam Schund m; ~ **leve/dura** weiche/harte Droge f; **dar em ~** port schief gehen; **ser (uma)** ~ großer Schund sein **drogado** [dru'gadu] M̲, **-a** F̲ Drogensüchtige(r) m/f(m) **drogar** [dru'gar] ⟨1o; Stv 1e⟩ j-n unter Drogen setzen; **~-se** Drogen nehmen **drogaria** [drugɐ'riɐ] F̲ Drogerie f; bras tb Apotheke f **droguista** [dru'giʃtɐ] M/F Drogist(in) m(f)
dromedário [drumi'darju] M̲ Dromedar n
d.^{to} ABR (direito) r. (rechts)
dual [dwaɫ] F̲ dual **dualidade** [dwɐli'dadi] F̲ Dualität f **dualismo** [dwɐ'liʒmu] M̲ Dualismus m; Gegensätzlichkeit f **dualista** [dwɐ'liʃtɐ] dualistisch; gegensätzlich
duas ['duɐʃ] → dois
dúbio ['dubju] resultado, carácter zweifelhaft, unsicher; (incerto) unklar; pessoa unschlüssig
dublagem [du'blaʒɐ̃ĩ] F̲ bras → dobragem **dublar** [du'blar] bras → dobrar
ducado [du'kadu] M̲ Herzogtum n
ducha [ˈduʃɐ] F̲ bras, **duche** [ˈduʃi] M̲ Dusche f; **tomar uma ~ ou um duche (sich) duschen**
dúctil ['duktiɫ] dehnbar; material formbar; pessoa gefügig; TECN verformbar, duktil; metal schmiedbar **ductilidade** [duktili'dadi] F̲ Dehnbarkeit f; material: Formbarkeit f, Duktilität f; pessoa: Gefügigkeit f; TECN Verformbarkeit f; ferro: Schmiedbarkeit f

DURO

duelo ['dwɛɫu] M̲ Duell n (tb fig)
duende ['dwẽdi] M̲ Kobold m
dueto ['dwetu] M̲ Duett n
dulcificar [duɫsifi'kar] ⟨1n⟩ versüßen; (abrandar) mildern
dum(a) [dũ, 'dumɐ] CONTR de de e um(a)
duna ['dunɐ] F̲ Düne f
duodécimo [dwɔ'desimu] A̲ ADJ zwölfte B̲ M̲ Zwölftel n **duodeno** [dwɔ'denu] M̲ ANAT Zwölffingerdarm m
dupla ['duplɐ] F̲ Paar n; DESP Doppel n; bras tam Pärchen n
dúplex ['duplɛks] A̲ ADJ doppelt; Duplex...; **em ~** TV in Konferenzschaltung B̲ M̲ ARQUIT Maisonette(nwohnung) f
duplicação [duplikɐˈsɐ̃ũ] F̲ Verdoppelung f **duplicado** [dupli'kadu] A̲ ADJ doppelt B̲ M̲ Doppel n, Duplikat n; (cópia) Abschrift f; **em ~** in doppelter Ausfertigung **duplicar** [dupli'kar] ⟨1n⟩ verdoppeln **duplicata** [dupli'katɐ] F̲ → duplicado B **duplicidade** [duplisi'dadi] F̲ Duplizität f; fig Doppelzüngigkeit f
duplo ['duplu] doppelt; **de ~ sentido** doppelsinnig, zweideutig **duplo-clique** [duplu'kliki] M̲ Doppelklick m; **fazer ~ em** doppelklicken auf (ac)
duque [ˈduki] M̲ Herzog m **duquesa** [du'kezɐ] F̲ Herzogin f
dura ['durɐ] F̲ → duração **durabilidade** [durɐbili'dadi] F̲ Haltbarkeit f; (resistência) Festigkeit f **duração** [durɐˈsɐ̃ũ] F̲ Dauer f; **de muita (ou longa ~** dauerhaft, (lange) haltbar; langlebig; **de pouca (ou baixa)** ~ nicht lange haltbar; kurzlebig **duradouro** [durɐ'doru] dauerhaft; material haltbar; chuva etc andauernd; processo: langwierig
durante [du'rɐ̃ti] PREP während; **~ todo o ano** das ganze Jahr hindurch; **~ quatro anos** vier Jahre lang
durar [du'rar] ⟨1a⟩ (an)dauern; material (sich) halten; provisões reichen **durável** [du'ravɛɫ] dauerhaft; material haltbar **dureza** [du'rezɐ] F̲ Härte f; fig Grausamkeit f; bras Geldmangel m
duriense [du'rjẽsi] GEOG aus dem Durogebiet, vom Douro
duro ['duru] A̲ ADJ material fig hart; carne zäh; trabalho schwer, mühsam; Inverno rau, streng; procedimento grausam; ~ **de ouvido** schwerhörig; ~ **de roer** fig kaum zu fassen; schwer zu ertragen; **cabeça** f **-a**

Dickkopf m; **no ~ bras** auf Biegen und Brechen; **estar ~** pop (ohne Geld) blank sein B M, **bras durão** [duˈɾẽũ] M harter Bursche m; **bras fam dar ~** schuften

dúvida [ˈduvidɐ] F Zweifel m; Bedenken n; **estar em ~** im Zweifel sein; Bedenken haben; **pôr em ~** in Zweifel ziehen; infrage stellen; **na ~** im Zweifelsfalle; **sem ~** zweifellos, sicher; **não há ~** zweifellos

duvidar [duviˈdax] ⟨1a⟩ s-e Zweifel haben; (vacilar) unschlüssig sein; **~ de** zweifeln an (dat), bezweifeln **duvidoso** [duviˈdozu] zweifelhaft; (suspeito) verdächtig; (hesitante) unschlüssig

duzentos [duˈzẽtuʃ] zweihundert

dúzia [ˈduzjɐ] F Dutzend n; **às ~s** dutzendweise, im Dutzend; **bras meia ~ (de)** ein halbes Dutzend; fig massenhaft; **das ~s** mittelmäßig

DVD [deveˈde] M DVD f; **gravador** m **de ~** DVD-Brenner m; **leitor** m **de ~** DVD-Player m

dz. ABR (dúzia) Dtzd. (Dutzend)

E

E, e [ɛ] M E, e n
e [i] und; (mas) aber; (ou seja) und zwar
é [ɛ] → ser
E. ABR (Este) O (Osten)
ebanista [ebɐˈniʃtɐ] M/F Möbel-, Kunsttischler(in) m(f)
ébano [ˈɛbɐnu] M Ebenholz n
eborense [ebuˈɾẽsi] A ADJ die Stadt Évora betreffend; aus Évora B M/F Einwohner(in) m(f) Évoras
ébrio [ˈɛbɾiu] betrunken; **~ (de)** poét trunken vor (dat); lechzend (nach)
ebulição [ibuliˈsɐ̃ũ] F Kochen n, Sieden n; fig Wallung f, Aufruhr m; **ponto** m **de ~** Siedepunkt m; **entrar em ~** zu kochen (ou sieden) beginnen; fig in Wallung (ou Aufruhr) geraten; **estar em ~** kochen, sieden **ebulidor** [ebuliˈdox] M bras → fervedor
écharpe [eˈʃaɾpi] F Schal m; Schärpe f
eclético [eˈklɛtiku] A ADJ eklektisch B M, **-a** F Eklektiker(in) m(f) **eclectismo** [eklɛˈtiʒmu] M Eklektizismus m
eclesiástico [ekleˈzjaʃtiku] A ADJ geistlich; kirchlich, Kirchen... B M Geistliche(r) m
eclipsar [ekliˈpsax] ⟨1a⟩ verfinstern; fig verbergen; in den Schatten stellen; **~-se** lua sich verbergen; pop abhauen **eclipse** [eˈklipsi] M Finsternis f; **~ mental** Gedächtnislücke f
eclodir [ekluˈdix] ⟨3f⟩ guerra etc ausbrechen; animal schlüpfen; fig auftauchen **eclosão** [ekluˈzɐ̃ũ] F guerra, doença: Ausbruch m; rebento: Aufbruch m; ovo: Schlüpfen n
eclusa [eˈkluzɐ] F Schleuse f
eco [ˈɛku] M Echo n, Widerhall m **ecoar** [eˈkwaɾ] ⟨1f⟩ (wider)hallen
ecocentro [ɛkɔˈsẽtɾu] M port Wertstoffhof m, Sammelstelle f **ecologia** [ekuluˈʒiɐ] F Ökologie f **ecológico** [ekuˈlɔʒiku] ökologisch, umweltfreundlich **ecologista** [ekuluˈʒiʃtɐ] M/F Umweltschützer(in) m(f) **ecólogo** [eˈkɔlugu] M, **-a** F Ökologe m, -login f
economato [ikɔnuˈmatu] M Verwaltung f
economia [ikɔnuˈmiɐ] F 1 Wirtschaft f; **~ doméstica** Hauswirtschaft f; **~ liberal** freie Marktwirtschaft f; **~ de mercado** Marktwirtschaft f; **~ nacional** Volkswirtschaft f; **~ planificada** Planwirtschaft f; **~ política** Volkswirtschaft(slehre) f; **~ de subsistência** Subsistenzwirtschaft f 2 (poupança) Wirtschaftlichkeit f, Sparsamkeit f; (pé-de-meia) Ersparnis f; **~s** pl Ersparnisse pl; **fazer ~s** sparen; **fazer ~s de palitos** fig am falschen Ende sparen
economicamente [ikunɔmikɐˈmẽti] ADV wirtschaftlich gesehen **económico (*ô)** [ikuˈnɔmiku] wirtschaftlich, Wirtschafts... **economista** [ikɔnuˈmiʃtɐ] M/F Wirtschaftswissenschaftler(in) m(f), Ökonom(in) m(f) **economizar** [ikɔnumiˈzaɾ] ⟨1a⟩ (administrar) sparsam umgehen mit; (poupar) (ein)sparen (**em** bei), Einsparungen machen (**em** bei)
ecónomo (*ô) [iˈkɔnumu] M, **-a** F Verwalter(in) m(f)
ecossistema [ɛkɔsiʃˈtemɐ] M Ökosystem n **ecotóxico** [ɛkɔˈtɔksiku] A ADJ umweltschädlich, ökotoxisch B M Umweltgift n **ecoturismo** [ɛkɔtuˈɾiʒmu] M Öko-

tourismo *m*, sanfter Tourismus *m*
ecrã [ɛ'krɐ̃] M̄, **écran** [ɛ'krɐ̃] M̄ *port* Bildschirm *m*; INFORM *tb* Monitor *m*; *menor*, TEL *etc* Display *n*; **~ LCD** LCD-Bildschirm *m*; LCD-Display *n*; **~ táctil** *ou* **sensível ao toque** Touchscreen *m*, Berührungsbildschirm *m*; **~ plano** Flachbildschirm *m*; **grande ~**, **~ de projecção** Leinwand *f*; **diagonal** *f* **de ~** Bildschirmdiagonale *f*
ecstasy ['ɛkstɐzi] F̄ *droga*: Ecstasy *n*
ecuménico (*ê) [eku'meniku] REL ökumenisch
eczema [ɛk'zema] M̄ MED (Haut)Ausschlag *m*, Ekzem *n*
ed. ABR *(edifício)* Gbd. (Gebäude)
edema [e'dema] M̄ Ödem *n*
edição [idi'sɐ̃u] F̄ TIPO Herausgabe *f*; *livro, crítica, anotada*: Ausgabe *f*, Edition *f*; *1ª etc tb*: Auflage *f*; **~ de bolso** Taschenbuchausgabe *f*; **~ especial** *jornal*: Sonderausgabe *f*; **~ integral** vollständige Ausgabe *f*; **primeira ~** Erstausgabe *f*
edicto [e'ditu] M̄ Verordnung *f*
edificação [idifikɐ'sɐ̃u] F̄ Erbauung *f* (*tb fig*), Errichtung *f* **edificante** [idifi'kɐ̃ti] erbaulich; *observação* aufbauend **edificar** [idifi'kar] ⟨1n⟩ bauen, errichten; *fig* erbauen
edifício [idi'fisju] M̄ Gebäude *n*; Bauwerk *n*, Bau *m*; **~ pré-moldado** *port* Fertighaus *n* **edifício-garagem** [edʒifisjugɐ'raʒɐ̃j] M̄ ⟨*pl* edifícios-garagem⟩ *bras* Parkhaus *n*
edil [e'dit] M̄ Stadtrat *m* **edilidade** [edit'dadi] F̄ Stadtverwaltung *f*
edital [idi'tat] M̄ Bekanntmachung *f* **editar** [idi'tar] ⟨1a⟩ herausgeben; *livro* verlegen; INFORM editieren
édito ['ɛditu] M̄ (öffentliche) Bekanntmachung *f*, Anschlag *m*
editor [idi'tor] M̄ Herausgeber *m*; Verleger *m*; **~ de texto** INFORM Texteditor *m* **editora** [idi'torɐ] F̄ **A** Herausgeberin *f*; Verlegerin *f* **B** (*casa f*) **~** Verlag *m* **editorial** [iditu'rjat] **A** ADJ Herausgeber...; Verleger...; Verlags... **B** M̄ Leitartikel *m*; Titelgeschichte *f* **C** F̄ Verlag *m*
edredão [edri'dɐ̃u] M̄, **edredom** [edri'dõ] M̄ Steppdecke *f*
educação [iduka'sɐ̃u] F̄ Erziehung *f*; *geralm* Erziehungssystem *n*, Bildungswesen *n*; *escola*, UNIV Ausbildung *f*; **~ física** Sport(unterricht) *m*, Turnen *n*; **falta** *f* **de ~** Ungezogenheit *f* **educacional** [idukasju'naɫ] Erziehungs... **educador(a)** [iduka'dor(ɐ)] M̄/F̄ Erzieher(in) *m(f)*; **-a f** (*bras* **jardim** *m* **de**) **infância** Kindergärtnerin *f* **educando** [idu'kɐ̃du] M̄, **-a** F̄ Zögling *m*, Schüler(in) *m(f)* **educar** [idu'kar] ⟨1n⟩ *crianças* erziehen; UNIV ausbilden (**a** zu) **educativo** [idukɐ'tivu] erzieherisch; Erziehungs...
edulcorante [edułkɔ'rati] M̄ Süßstoff *m*, Süßungsmittel *n*
EEB F̄ ABR *(encefalite espongiforme bovina)* MED BSE *n* (bovine spongiforme Encephalopathie)
EEE M̄ ABR *(Espaço Económico Europeu)* EWR *m* (Europäischer Wirtschaftsraum)
efe ['ɛfi] M̄ *nome da letra* F; **com todos os ~s e erres** mit allem Drum und Dran
efe(c)tivação [ifɛtivɐ'sɐ̃u] F̄ Verwirklichung *f* **efe(c)tivamente** [ifɛtivɐ'mẽti] ADV tatsächlich, wirklich **efe(c)tivar** [ifɛti'var] ⟨1a⟩ *sonho* verwirklichen; *trabalho* zustande bringen; *funcionário* verbeamten
efe(c)tível [ifɛ'tivɛɫ] ausführbar, durchführbar **efe(c)tividade** [ifɛtivi'dadi] F̄ *remédio, medidas*: Wirksamkeit *f*; *pessoa*: Effektivität *f* **efe(c)tivo** [ifɛ'tivu] **A** ADJ *meio* wirksam; *resultado* tatsächlich; *posição* fest; Effektiv...; **B** M̄ (Effektiv)Bestand *m*; *pessoal*: Personalbestand *m* **efe(c)tuar** [ifɛ'twar] ⟨1g⟩ durchführen; ausführen; **~-se** stattfinden; sich vollziehen
efeito [i'fɐjtu] M̄ (*resultado*) Wirkung *f*; Ergebnis *n*; (*objectivo*) Zweck *m*; *luz* Effekt *m*; FIN Wertpapier *n*; **com ~** in der Tat; **de ~** wirkungsvoll; **para este** (*ou* **tal**) **~** dazu; **~ (de) estufa** Treibhauseffekt *m*; **~ secundário** Nebenwirkung *f* (*espec* MED); **armar ao ~** angeben; **causar um ~** e-e Wirkung haben; wirken; *fig* Eindruck machen; **fazer ~** wirken; **levar a ~, pôr em ~** → efectuar
efémero [i'fɛmiru] ADJ kurzlebig; eintägig; Eintags...
efeminado [ifimi'nadu] *fam* verweiblicht; *pej* weibisch; *fig* manieriert
efervescência [ifirvij'sẽsja] F̄ *fig* (Gemüts)Wallung *f*, Erregung *f*; POL Aufruhr *m* **efervescente** [ifirvij'sẽti] Brause...; *fig* aufbrausend **efervescer** [ifirvij'ser] ⟨2g⟩ (auf)wallen (*tb fig*)

efet... → efectivação *etc*

eficácia [ifi'kasjɐ] F̲ Wirksamkeit f; (*êxito*) Erfolg m; Effektivität f **eficaz** [ifi'kaʃ] wirksam (*tb* MED); *trabalhador* erfolgreich

eficiência [ifi'sjẽsjɐ] F̲ Effizienz f; → eficácia **eficiente** [ifi'sjẽti] effizient; → eficaz

efluente [eflu'ẽti] A̲ ADJ ausströmend; abfließend B̲ M̲ abfließendes Wasser n

EFTA ['ɛftɐ] F̲ *Abk* (Associação Europeia de Livre Comércio) EFTA f (Europäische Freihandelszone)

efusão [efu'zãu̯] F̲ Ausströmen n; (*derramar*) Vergießen n; MED (Blut)Erguss m; *fig* (Herzens)Erguss m; Innigkeit f **efusivo** [efu'zivu] überströmend

égide ['ɛʒidi] F̲ Ägide f; **sob a ~ de** unter der Schirmherrschaft von

egípcio [i'ʒipsju] A̲ ADJ ägyptisch B̲ M̲, **-a** F̲ Ägypter(in) m(f) **Egípto** [i'ʒitu] M̲ GEOG **o ~** Ägypten (n)

egocêntrico [ɛgɔ'sẽtriku] ichbezogen, egozentrisch **egocentrismo** [ɛgɔsẽ'triʒmu] M̲ Egozentrik f **egocentrista** [ɛgɔsẽ'triʃtɐ] A̲ ADJ → egocêntrico B̲ M̲/F̲ Egozentriker(in) m(f) **egoísmo** [i'gwiʒmu] M̲ Selbstsucht f, Egoismus m **egoísta** [i'gwiʃtɐ] A̲ ADJ egoistisch B̲ M̲/F̲ Egoist(in) m(f)

égua ['ɛgwɐ] F̲ Stute f

eh [ɛ] INT ~! eh!, hei!

ei-lo ['ɐilu], **ei-la** ['ɐilɐ] PRON ⟨*pl* ei-los, ei-las⟩ → eis

eira ['ɐirɐ] F̲ Tenne f; **sem ~ nem beira** arm wie ne Kirchenmaus **eirado** [ɐi'radu] M̲ Terrasse f

eiró [ɐi'rɔ] F̲ → enguia

eis [ɐiʃ] PRON ~ (**aqui**) hier ist (*ou* sind); **~-me (aqui)** da bin ich; **ei-lo** da ist er; **ei-la que chega** *port* da kommt sie; **~ porque** und deshalb; **~ senão quando** unversehens

eito ['ɐitu] M̲ Aufeinanderfolge f; **a ~** nacheinander

eiva ['ɐivɐ] F̲ *copo, prato*: Sprung m; *fruto*: Fleck m; *fig* Makel m; *físico*: Gebrechen n **eivado** [ɐi'vadu] fleckig **eivar** [ɐi'var] ⟨1a⟩ beflecken; *fig* verderben

eixo ['ɐiʃu] M̲ Achse f; TECN Welle f; *viário* Verkehrsachse f; **andar fora dos ~s** *fam* über die Stränge schlagen; **estar fora dos ~s** *fam* außer Rand und Band sein; **entrar/pôr nos ~s** *pop* (wieder) ins Lot kommen/bringen

ejaculação [iʒakuɫɐ'sãu̯] F̲ Ejakulation f **ejacular** [iʒaku'ɫar] ⟨1a⟩ A̲ V̲I̲T̲ ausstoßen B̲ V̲I̲ ejakulieren

eje(c)ção [iʒɛ'sãu̯] F̲ Ausstoß m, Auswurf m **eje(c)tar** [iʒɛ'tar] ⟨1a⟩ ausstoßen, auswerfen **eje(c)tável** [iʒɛ'tavɛɫ] ADJ **assento** M̲ ~ Schleudersitz m

ela ['ɛlɐ] PRON F̲ sie; **com ~** mit ihr; bei ihr; **para ~** für sie

elã [e'lã] M̲ Elan m, Schwung m

elaboração [iɫɐburɐ'sãu̯] F̲ *texto, programa*: Ausarbeitung f; *produto*: Anfertigung f; (*processamento*) Verarbeitung f **elaborar** [iɫɐbu'rar] ⟨1e⟩ *programa* ausarbeiten; *produto* anfertigen; *idéias* hervorbringen; *frase* formulieren

elasticidade [iɫɐʃtisi'dadi] F̲ Elastizität f (*tb fig*); *fig* Spannkraft f **elástico** [i'ɫaʃtiku] A̲ ADJ elastisch; dehnbar B̲ M̲ Gummi(band) n

Elba ['ɛɫbɐ] M̲ GEOG *rio*: Elbe f

ele¹ ['ɛɫi] *nome da letra* l

ele² ['eɫi] PRON M̲ er; **é ~ mesmo** er ist es wirklich; **com ~** mit ihm; bei ihm

ele(c)tivo [iɫɛ'tivu] Wahl-...

electrão [iɫɛ'trãu̯] M̲ *port* FÍS Elektron n **electricidade** [iɫɛtrisi'dadi] F̲ Elektrizität f **electricista** [iɫɛtri'siʃtɐ] M̲/F̲ Elektriker(in) m(f)

elé(c)trico [i'ɫɛtriku] A̲ ADJ elektrisch; **cabo** m ~ elektrische Leitung f; **central f -a** Elektrizitätswerk n; **fio** m ~ Leitungsdraht m; **poste** m ~ Leitungsmast m; **rede f -a** Leitungsnetz n; **carro** (*bras* **bonde**) m ~ Straßenbahnwagen m B̲ *port* Straßenbahn f

ele(c)trificação [iɫɛtrifikɐ'sãu̯] F̲ Elektrifizierung f **ele(c)trificar** [iɫɛtrifi'kar] ⟨1n⟩ mit Strom versorgen **ele(c)trizar** [iɫɛtri'zar] ⟨1a⟩ elektrisieren; *fig* begeistern

ele(c)trobomba [iɫɛtrɔ'bõbɐ] F̲ Elektropumpe f **ele(c)trocardiograma** [iɫɛtrɔkardju'gramɐ] M̲ Elektrokardiogramm n **ele(c)trochoque** [iɫɛtrɔ'ʃɔki] M̲ Elektroschock m **ele(c)trocussão** [iɫɛtrɔku'sãu̯] F̲ Hinrichtung f auf dem elektrischen Stuhl **ele(c)trocutado** [iɫɛtrɔku'tadu] ADJ **morrer ~** durch e-n elektrischen Schlag sterben; DIR auf dem elektrischen Stuhl sterben

electródio [iɫɛ'trɔdju] M̲, **eléctrodo**

[i'tɛtrudu] M̄, bras **eletrodo** [ele'trodu] M̄ FÍS Elektrode f
ele(c)trodoméstico [iɫɛtrɔdu'mɛʃtiku]
A ADJ aparelho M̄ ~ (Elektro-) Haushaltsgerät n **B** M̄ Elektrogerät n
ele(c)troencefalografia [iɫɛtrɔɛsefɐlugrɐ'fiɐ] F̄ MED Elektroenzephalografie f
ele(c)trólise [iɫɛ'trɔlizɨ] F̄ FÍS Elektrolyse f **ele(c)trólito** [iɫɛ'trɔlitu] M̄ FÍS Elektrolyt m
ele(c)tromagnético [iɫɛtrɔmɐ'gnɛtiku] elektromagnetisch **ele(c)tromagnetismo** [iɫɛtrɔmɐgni'tiʒmu] M̄ Elektromagnetismus m **ele(c)tromecânica** [iɫɛtrɔmi'kɐniɐ] F̄ Elektromechanik f **ele(c)tromotor** [iɫɛtrɔmu'tor] M̄ Elektromotor m **ele(c)tromotriz** [iɫɛtrɔmu'triʃ] elektromotorisch
ele(c)trónica (*ô) [iɫɛ'trɔnikɐ] F̄ Elektronik f **ele(c)trónico** (*ô) [iɫɛ'trɔniku] ADJ elektronisch; **correio** m ~ E-Mail f
ele(c)trossoldadura [iɫɛtrɔsoɫdɐ'durɐ] F̄ Elektroschweißen n **ele(c)trostática** [iɫɛtrɔʃ'tatikɐ] F̄ Elektrostatik f **ele(c)trostático** [iɫɛtrɔʃ'tatiku] elektrostatisch **ele(c)trotecnia** [iɫɛtrɔtɛ'kniɐ] F̄ Elektrotechnik f **ele(c)trotécnico** [iɫɛtrɔ'tɛkniku] **A** ADJ elektrotechnisch; Elektro... **B** M̄, **-a** F̄ Elektrotechniker(in) m(f)
elefante [ili'fɐ̃tɨ] M̄, **elefanta** [ili'fɐ̃tɐ] F̄ Elefant m, Elefantenkuh f
elegância [ili'gɐ̃siɐ] F̄ no vestir, andar: Eleganz f; nas proporções: Zierlichkeit f; no falar: Gewähltheit f **elegante** [ili'gɐ̃tɨ] vestuário , movimentos elegant (tb fig); proporções zierlich, schlank; falar gewählt; (hábil) geschickt
eleger [ili'ʒer] ⟨2h⟩ auswählen; wählen (para zu) (tb POL) **elegibilidade** [iliʒibili'dadɨ] F̄ Wählbarkeit f **elegível** [ili'ʒivɛɫ] wählbar
eleição [ilɐi'sɐ̃ũ] F̄ Wahl f; **-ões** pl POL Wahlen pl; ~ **de desempate** (bras de 2ª turno) Stichwahl f; **-ões** pl **autárquicas** Kommunalwahlen pl; **-ões** pl **europeias** Europawahlen fpl; **-ões** pl **gerais** allgemeine Wahlen fpl; **-ões** pl **legislativas** Parlamentswahlen fpl; **-ões** pl **presidenciais** Präsidentschaftswahlen pl **eleitor(a)** [ilɐi'tor(ɐ)] M̄ **1** Wähler(in) m(f) **2** hist (**príncipe**) m) ~ Kurfürst m **eleito-**

281 ELOG

rado [ilɐitu'radu] M̄ Wähler mpl, Wählerschaft f **eleitoral** [ilɐitu'raɫ] Wahl(rechts)...; **campanha** f ~ Wahlkampf m
elementar [ilimẽ'tar] elementar, grundlegend; curso Anfänger...; **curso** m ~ Anfängerkurs m; **ensino** m ~ Grundschulunterricht m **elemento** [ili'mẽtu] M̄ Element n (tb QUÍM); Grundstoff m; (parte) Bestandteil m; fig Mensch m; **~s** pl Grundlagen fpl; Material n
elenco [i'lẽku] M̄ Katalog m; Liste f; TEAT, CINE Besetzung f
eles ['elɨʃ], **elas** ['elɐʃ] PRON PL → ele, ela
elet... bras → electivo, eléctrico etc
elétron [e'lɛtrõ] M̄ bras FÍS Elektron n
eletrosserra [elɛtrɔ'sɛxɐ] F̄ bras Elektrosäge f; elektrische Kettensäge f
elevação [ilivɐ'sɐ̃ũ] F̄ An-, Erhebung f; GEOG Erhöhung f; profissional: Beförderung f; ARQUIT Errichtung f; preço: (An)Steigen n; para o ar: Aufsteigen n **elevado** [ili'vadu] hoch; GEOG erhöht **elevador** [ilivɐ'dor] M̄ Aufzug m, Lift m, Fahrstuhl m **elevar** [ili'var] ⟨1c⟩ (empor)heben (tb fig); preço erhöhen (a auf ac); muro errichten; alg befördern (a zu); **~-se** preço (an)steigen (Preis); no ar (auf)steigen; alg sich aufschwingen (a zu); preço sich belaufen (a auf ac)
eliminação [iliminɐ'sɐ̃ũ] F̄ Beseitigung f; mal: Ausmerzung f; meios: Streichung f; de um grémio: Ausschluss m; t/t Elimination f; ~ **de resíduos (industriais)** (Industrie)Abfallentsorgung f **eliminar** [ilimi'nar] ⟨1a⟩ beseitigen; resíduos entsorgen; mal ausmerzen; membro, possibilidade ausschließen; MED, DESP ausscheiden **eliminatória** [ilimina'tɔriɐ] F̄ DESP Ausscheidungskampf m **eliminatório** [ilimina'tɔriu] Ausscheidungs...
elipse [e'lipsɨ] F̄ Ellipse f
elite [e'litɨ] F̄ Elite f **elitista** [eli'tiʃtɐ] elitär
elixir [eli'ʃir] M̄ Elixier n
elmo ['ɛɫmu] M̄ Helm m
elo ['ɛlu] M̄ (Ketten-, Binde)Glied n
elogiar [ilu'ʒjar] ⟨1g⟩ loben; rühmen, preisen **elogio** [ilu'ʒiu] M̄ Lob n; (discurso) Lobrede f; **fazer o** ~ **de** e-e Lobrede halten auf (ac); **fazer ~s a** loben; rühmen, preisen; **digno de ~s** lobenswert **elogioso** [ilu'ʒjozu] schmeichelhaft

eloquência [etu'kwẽsjɐ] F Eloquenz f
eloquente [etu'kwẽti] beredt
el-rei [ɛɫ'ʁɐj] M hist der König; **~ D. João I.** König Johann I.
elucidação [ilusidɐ'sɐ̃u] F Aufklärung f; Erklärung f **elucidado** [itusi'dadu] ADJ estar **~** verstehen **elucidar** [itusi'dar] ⟨1a⟩ aufklären; erklären; *alg* Aufschluss geben (**sobre** über *ac*) **elucidativo** [itusdɨ'tivu] aufschlussreich; erklärend
em [ɐ̃j] PREP *local*: in (*dat e ac*); an (*dat e ac*); auf (*dat e ac*); **~ Portugal** in Portugal; **~ São Paulo** in São Paulo [2] *temporal*: in (*dat*), an (*dat*); **de ano ~ ano** Jahr für Jahr; **~ 3 semanas** in drei Wochen; **~ 7 de Maio** am 7. Mai; **~ 2011** (im Jahr) 2011 [3] **~ alemão** auf Deutsch; **~ cinco % um 5%; ~ sinal** zum Zeichen; **~ criança** als Kind
EM M ABR (Estado-Maior) MIL Generalstab m
ema ['emɐ] F ZOOL Nandu m (*Straußenvogel*)
emagrecer [imɐgri'ser] ⟨2g⟩ abmagern **emagrecido** [imɐgri'sidu] abgezehrt **emagrecimento** [imɐgrisi'mẽtu] M Abnehmen n; *excessivo*: Abmagerung f
e-mail [i'mɐjɫ] M E-Mail f
emalar [imɐ'lar] ⟨1b⟩ einpacken
emanação [emɐnɐ'sɐ̃u] F Ausdünstung f; Dunst m; *calor*: Ausstrahlung f; *líquido*: Ausfluss m; *gás*: Verpuffung f **emanar** [emɐ'nar] ⟨1a⟩ (aus)strömen; *fig* entspringen (**de** *dat*)
emancipação [imɐ̃sipɐ'sɐ̃u] F Emanzipation f; (*libertação*) Befreiung f **emancipado** [imɐ̃si'padu] emanzipiert; (*independente*) unabhängig; (*livre*) frei **emancipalista** [imɐ̃sipɐ'ɫiʃtɐ] Emanzipations... **emancipar** [imɐ̃si'par] ⟨1a⟩ emanzipieren; (*libertar*) befreien **emancipatório** [imɐ̃sipɐ'tɔrju] → emancipalista
emaranhado [imɐrɐ'ɲadu] ADJ wirr; verwirrt, durcheinander **emaranhar** [imɐrɐ'ɲar] ⟨1a⟩ verwickeln; *fig* verheddern
embaçadela [ẽbɐsɐ'dɛɫɐ] F *pop* Betrug m; *fig* Verblüffung **embaçado** [ẽbɐ'sadu] trüb(e); beschlagen **embaçar** [ẽbɐ'sar] ⟨1p; Stv 1b⟩ A VT trüben; *fig alg* verblüffen B VI *vidro, óculos* beschlagen (*assustar-se*) erschrecken; (*perder a fala*) sprachlos sein; (*envergonhar-se*) sich schämen (**com** wegen) **embaciar** [ẽbɐ'sjar]

⟨1g⟩ A VT trüben; anhauchen; *fig* verdunkeln B VI (& V/R) **~(-se)** *brilho* verblassen; *vidro* trübe werden, beschlagen; *tempo* sich eintrüben
embainhar [ẽbɐj'ɲar] ⟨1q⟩ *espada etc* in die Scheide stecken; *costura* einsäumen
embaixada [ẽbɐj'ʃadɐ] F Botschaft f
embaixador [ẽbɐjʃɐ'dor] M, **embaixadora** [ẽbɐjʃɐ'dorɐ] F Botschafter(in) m(f) **embaixatriz** [ẽbɐjʃɐ'triʃ] F Botschaftergattin f; *bras* Botschafterin f
embaixo [ẽ'bajʃu] ADV *bras* unten; **~ de** *prep* unter (*dat, direcção: ac*)
embalagem [ẽbɐ'ɫaʒɐ̃j] F Verpackung f; **~ de cartão** Pappkarton m; **~ descartável** Einwegpackung f; **~ reutilizável** Mehrwegverpackung f **embalar** [ẽbɐ'ɫar] ⟨1b⟩ A VI [1] einpacken; abfüllen [2] *sono, esperanças* wiegen; *fig* einlullen B VI *fig* beschleunigen **embalo** [ẽ'baɫu] M Schwung m
embalsamar [ẽbaɫsɐ'mar] ⟨1a⟩ einbalsamieren
embananamento [ẽbanana'mẽtu] M *bras* Verwicklung f
embaraçado [ẽbɐrɐ'sadu] *pessoa* verlegen; *situação* schwierig; (*emaranhado*) verwickelt (*tb fig*); **estar -a** *pop* schwanger sein **embaraçar** [ẽbɐrɐ'sar] ⟨1p; Stv 1b⟩ *caminho* versperren; *desenvolvimento* (be)hindern, hemmen; *pessoa* in Verlegenheit bringen; **~-se com** in Verlegenheit geraten wegen; (*zangar-se*) **~-se com alg** sich mit j-m überwerfen; **~-se em** sich verheddern in (*dat*) **embaraço** [ẽbɐ'rasu] M Hindernis n; (*impedimento*) Hemmnis n; Störung f; *pessoa*: Verlegenheit f; *pop* (*gravidez*) Schwangerschaft f; **~ gástrico** *port* Verdauungsstörung f **embaraçoso** [ẽbɐrɐ'sozu] hinderlich; *situação* misslich; peinlich
embaralhar [ẽbɐrɐ'ʎar] ⟨1b⟩ durcheinanderbringen; *cartas* mischen
embarcação [ẽbɐrkɐ'sɐ̃u] F Wasserfahrzeug n, Schiff n; *pequena*: Boot n **embarcadouro** [ẽbɐrkɐ'doru] M Landungsplatz m; COM Ladekai m; FERROV Bahnsteig m **embarcar** [ẽbɐr'kar] ⟨1n; Stv 1b⟩ A VI verschiffen B VI an Bord gehen; einsteigen; AERO einchecken; *fig* **~ em** *aventura etc* sich einlassen auf (*ac*)
embargado [ẽbɐr'gadu] beschlagnahmt; blockiert **embargar** [ẽbɐr'gar]

⟨1o; *Stv* 1b⟩ *mercadoria* beschlagnahmen; DIR pfänden; zurückhalten; *desenvolvimento* (be)hindern; *fig* unterdrücken **embargo** [ẽˈbargu] M *mercadoria:* Beschlagnahme *f;* (*obstáculo*) Hindernis *n;* (*suspensão*) Einstellung *f;* ECON Embargo *n;* DIR Einspruch *m;* **pôr ~s a** Einwände erheben gegen; *alg* Schwierigkeiten machen; **sem ~** jedoch; trotzdem; **sem ~ de** trotz

embarque [ẽˈbarki] M Verschiffung *f;* Verladung *f;* AERO Einchecken *n;* **sala f de ~** Abflughalle *f*

embarrilar [ẽbaʀiˈlar] ⟨1a⟩ in Fässer füllen; *pop alg* reinlegen

embasbacado [ẽbɐʒbɐˈkadu] verblüfft; sprachlos **embasbacar** [ẽbɐʒbɐˈkar] ⟨1n; *Stv* 1b⟩ **A** V/T verblüffen **B** V/I staunen

embate [ẽˈbati] M Aufprall *m;* Zusammenprall *m* (*esp* AUTO); *fig* Widrigkeit *f;* (*ataque*) Angriff *m* **embater** [ẽbɐˈter] ⟨2b⟩ (auf)prallen (**em** auf *ac,* gegen); AUTO auffahren auf (**em** *ac*); **~ com** zusammenprallen mit

embatucar [ẽbɐtuˈkar] ⟨1n⟩ *pop* **A** V/T verstummen lassen; *pop* das Maul stopfen **B** V/I verstummen

embebedar [ẽbibiˈdar] ⟨1c⟩ berauschen; *fig tb* betören; **~-se** sich betrinken; *fig* sich berauschen (**com** an *dat*) **embeber** [ẽbiˈber] ⟨2b⟩ aufsaugen, einsaugen; *pão* eintunken; *fam* stippen; **~ em** *líquido* (ein)tauchen in (*ac*), tränken mit; **~-se de** sich voll saugen mit; *fig* **~-se em** eindringen in (*ac*); *fig* sich versenken in (*ac*) **embebido** [ẽbiˈbidu] *fig* durchdrungen (**de** von); versunken (**em** in *dat*)

embeiçado [ẽbɐjˈsadu] *fam* verliebt, verknallt **embeiçar** [ẽbɐjˈsar] ⟨1p⟩ betören; *fam* den Kopf verdrehen (*dat*); **~-se por** sich verlieben in (*ac*)

embelecer [ẽbiliˈser] ⟨2g⟩ verschönern; (*enfeitar*) schmücken; *fig* beschönigen **embelezamento** [ẽbiliˈzɐˈmẽtu] M Verschönerung *f;* (*enfeite*) Schmuck *m;* Entzücken *n* **embelezar** [ẽbiliˈzar] ⟨1c⟩ → embelecer

embevecer [ẽbiviˈser] ⟨2g⟩ verzücken, hinreißen; (*aturdir*) betören; **~-se** in Verzückung geraten; *fig* sich vernarren (**de, em** in *ac*) **embevecimento** [ẽbivisiˈmẽtu] M Verzückung *f*

embezerrar(-se) [ẽbizeˈʀar(si)] ⟨1c⟩ *pop* maulen; einschnappen; bocken

embicar [ẽbiˈkar] ⟨1n⟩ spitz machen, anspitzen; *pop* stolpern (**com** über *ac*) (*tb fig*); *automóvel* stecken bleiben; *rua* münden (**em** in *ac*); **~ com** sich stoßen an (*dat*); nörgeln über (*ac*); **~(-se) para** sich wenden nach

embiocar [ẽbjuˈkar] ⟨1n; *Stv* 1e⟩ verhüllen; verschleiern; verbergen; **~-se** Ausflüchte machen

embirra [ẽˈbiʀɐ] F, **embirração** [ẽbiʀɐˈsɐ̃u] F (*teimosia*) Eigensinn *m;* (*mania*) Marotte *f;* (*antipatia*) Widerwille(n) *m* **embirrar** [ẽbiˈʀar] ⟨1a⟩ halsstarrig sein; (*protestar*) (herum)maulen; **~ com** nicht ausstehen können **embirrento** [ẽbiˈʀẽtu] unausstehlich

emblema [ẽˈblemɐ] M Sinnbild *n;* Abzeichen *n;* Emblem *n*

embobinar [ẽbɔbiˈnar] ⟨1a⟩ aufspulen **embocadura** [ẽbukɐˈdurɐ] F Mündung *f;* MÚS Mundstück *n; cavalo:* (Pferde)Zaum *m; fig* Anlage *f* (**para** zu) **embocar** [ẽbuˈkar] ⟨1n; *Stv* 1e⟩ ansetzen; *copo* an den Mund führen; *cavalo* das Zaumzeug anlegen; *rua* einbiegen, -fahren (**por** in *ac*)

embolia [ẽbuˈliɐ] F MED Embolie *f*

êmbolo [ˈẽbulu] M TECN Kolben *m*

embolsar [ẽbolˈsar] ⟨1e⟩ *dinheiro* kassieren; *fam* einstecken; *dívidas* bezahlen; *credor* befriedigen; *por um dano:* entschädigen

embonecar [ẽbunɛˈkar] ⟨1n⟩ (heraus)putzen

embora [ẽˈbɔrɐ] **A** ADV weg; **ir(-se) ~** fort-, weggehen; **mandar ~** wegschicken **B** CJ (*conj*) obwohl, obgleich

emborcar [ẽburˈkar] ⟨1n; *Stv* 1e⟩ *recipiente* umstülpen; (*esvaziar-se*) (aus)leeren; **~-se** *port pop* sich besaufen; *bras* umfallen; hinfallen

embornal [ẽburˈnał] M Futtersack *m; bras* Umhängetasche *f* (für Werkzeug, Proviant etc)

emborrachar [ẽbuʀɐˈʃar] ⟨1b⟩ *pop* betrunken machen, zuschütten; **~-se** sich besaufen

emborrascar [ẽbuʀɐʃˈkar] ⟨1n; *Stv* 1b⟩ aufwühlen; aufbringen; **~-se** *céu, mar* bedrohlich aussehen

emboscada [ẽbuʃˈkadɐ] F Hinterhalt *m*

embotado [ẽbu'tadu] stumpf **embotamento** [ẽbutɐ'mẽtu] M Abstumpfung f; Stumpfheit f; fig Nachlassen n **embotar** [ẽbu'tar] ⟨1e⟩ abstumpfen (tb fig); stumpf machen; efeito abschwächen; olhos etc schwächen; **~-se** stumpf werden; fig nachlassen

embraiagem [ẽbraja'ʒẽj] F port AUTO Kupplung f

embrandecer [ẽbrɐdi'ser] ⟨2g⟩ A VIT dor mildern; coração erweichen; (acalmar) besänftigen B VI weich werden (tb fig); nachlassen

embranquecer [ẽbrɐki'ser] ⟨2g⟩ A VIT bleichen B VI weiß werden

embravecer [ẽbrɐvi'ser] ⟨2g⟩ aufbringen, wütend machen **embravecimento** [ẽbrɐvisi'mẽtu] M Wut f

embreagem [ẽ'brjaʒẽj] F bras → embraiagem

embrenhar-se [ẽbri'ɲarsi] ⟨1d⟩ eindringen (**em**, **por** in ac); fig versinken (**em**, **por** in dat)

embriagar [ẽbrja'gar] ⟨1o; Stv 1b⟩ berauschen; com álcool betrunken machen; fig begeistern; **~-se** sich betrinken **embriaguez** [ẽbrja'geʃ] F Trunkenheit f, Rausch m

embrião [ẽbri'ɐ̃w̃] M Embryo m **embriologia** [ẽbriuɫu'ʒia] F Embryologie f

embroma [ẽ'brõme] F bras, **embromação** [ẽbroma'sɐ̃w̃] F bras Bummelei f; Schwindel m **embromar** [ẽbro'maʃ] ⟨1f⟩ bras (absichtlich) hinauszögern; verbummeln; alg (an-, be)schwindeln

embrulhada [ẽbru'ʎada] F Verwirrung f, Durcheinander n; fam Patsche f; **meter-se numa boa ~** irón sich auf etwas Schönes einlassen **embrulhar** [ẽbru-'ʎar] ⟨1a⟩ (dobrar) zusammenfalten; em papel: einwickeln, einhüllen; **~ alg** j-n verwirren; fig j-n einwickeln; **~-se** durcheinandergeraten; tempo trübe werden **embrulho** [ẽ'bruʎu] M Paket n; Bündel n; **papel** m **de ~** Packpapier n; **ir no ~** darauf hereinfallen

embrumado [ẽbru'madu] neblig

embrutecer [ẽbruti'ser] ⟨2g⟩ verdummen; verrohen **embrutecimento** [ẽbrutisi'mẽtu] M Verdummung f; Verrohung f

embuçado [ẽbu'sadu] A ADJ vermummt B M, **-a** F Vermummte(r) m/f(m) **embuçar** [ẽbu'sar] ⟨1p⟩ vermummen

embuchar [ẽbu'ʃar] ⟨1a⟩ pop A VIT hineinstopfen, voll stopfen; estômago voll schlagen; fig (hinunter)würgen; **~ alg** j-m das Maul stopfen; bras pop j-n schwängern B VI ersticken; fig sich ausschweigen

embuço [ẽ'busu] M Verhüllung f (des Gesichts); fig Verstellung f

emburrado [ẽbu'ʁadu] fam verbiestert

embuste [ẽ'buʃti] M Betrügerei f; Schwindel m **embustear** [ẽbuʃ'tjar] ⟨1l⟩ betrügen **embusteiro** [ẽbuʃ'tɐjru] A ADJ falsch B M Schwindler m

embutido [ẽbu'tidu] A ADJ mobiliário eingebaut, integriert; **armário** m **~** Einbauschrank m B M Einlegearbeit f **embutir** [ẽbu'tir] ⟨3a⟩ einlassen; móvel einbauen; in e-e Lücke einpassen; fig **~ alg** j-m e-n Streich spielen; **fogão** m **de ~** bras Einbauherd m

eme ['ɛmi] M nome da letra M

emenda [i'mẽda] F Verbesserung f, (Druckfehler)Berichtigung f; vestuário: Flicken m; (acrescento) Verlängerung f; POL Abänderungsvorschlag m (**a** zu); fig Besserung f; **não ter ~** fig unverbesserlich sein **emendar** [imẽ'dar] ⟨1a⟩ erro verbessern; dano ausbessern; vestido ändern; lei etc abändern; (acrescentar) ansetzen; mal wieder gutmachen; **~-se** fig sich bessern, sich wandeln

ementa [i'mẽtɐ] F Liste f; espec Speisekarte f; Speisenfolge f

emergência [imɛr'ʒẽsja] F Auftauchen n; de água etc: Austritt m; MED, fig Notfall m; (urgência) Notstand m, Dringlichkeit f; **estado** m **de ~** Ausnahmezustand m; **saída** f **de ~** Notausgang m; **em caso de ~** im Notfall **emergir** [imɛr'ʒir] ⟨3n; Stv 2c⟩ auftauchen (**de** aus); água etc aus-, hervortreten; iniciativa etc hervorgehen (**de** aus)

emérito [i'mɛritu] UNIV emeritiert

emersão [imɛr'sɐ̃w̃] F Auftauchen n **emerso** [i'mɛrsu] PP irr → emergir

emigração [imigra'sɐ̃w̃] F Auswanderung f; Emigration f; ave: Migration f **emigrante** [emi'grɐ̃ti] M/F Emigrant(in) m(f), Auswanderer m, Auswanderin f **emigrar** [emi'grar] ⟨1a⟩ auswandern; emigrieren

eminência [emi'nẽsjɐ] F **1** Erhebung f; fig Überlegenheit f **2** pessoa: **~ (parda)** (graue) Eminenz f **eminente** [emi'nẽti] local hervor-, überragend; acontecimento bedeutsam

emirato [emi'ratu] M Emirat n

emissão [emi'sɐ̃u] F calor: Ausstrahlung f; gás, água: Ausströmen n; TECN Emission f; RÁDIO, TV Sendung f; **~ port em dire(c)to** Livesendung f; **~ de gases de escape** Abgasemission f; **~-ões pl nocivas** Schadstoffemission f **emissário** [emi'sarju] M, **-a** F Abgesandte(r) m/f(m)

emissor [emi'sor] A ADJ aparelho M **~** Sendegerät n; **banco** m **~** Emissionsbank f B M Sender m **emissora** [emi'sorɐ] F RÁDIO, TV Sendestation f, Sender m

emitir [emi'tir] ⟨3a⟩ aussenden, ausstrahlen; cheque ausstellen; notas emittieren; tom ausstoßen; opinião äußern; voz abgeben; RÁDIO senden

emoção [imu'sɐ̃u] F Erregung f; (comoção) Rührung f, Ergriffenheit f; (sentimento) Emotion f, fig Erlebnis n; **causar -ões** Gefühle hervorrufen **emocional** [imusju'nał] erregend; emotional **emocionante** [imusju'nɐ̃ti] ergreifend; auf-, erregend **emocionar** [imusju'nar] ⟨1f⟩ erregen; fig ergreifen; **~-se com** ergriffen sein von

emoldurar [emołdu'rar] ⟨1a⟩ einrahmen; (aus)füllen (**de** mit)

emoliente [emu'ljẽti] A ADJ weich machend (tb fig); FARM entzündungshemmend B M FARM entzündungshemmendes Mittel n

emolumentos [emułu'mẽtuʃ] MPL consulares etc: Gebühren fpl; (ganho adicional) Nebeneinkünfte fpl

emotividade [imutivi'dadi] F Erregbarkeit f; Gefühlsbewegung f **emotivo** [imu'tivu] erregend; Gefühls...

empacar [ẽpɐ'kar] ⟨1n; Stv 1b⟩ einpacken; bras animal bocken; trânsito stocken; scheitern (**em** an dat)

empachado [ẽpɐ'ʃadu] ADJ estômago etc voll **empachar** [ẽpɐ'ʃar] ⟨1b⟩ überladen, -füllen; (obstruir) behindern

empacotador [ẽpɐkutɐ'dajɾɨ] F AGR (Garben)Binder m **empacotador(a)** [ẽpɐkutɐ'dor(a)] M(F) Packer(in) m(f) **empacotamento** [ẽpɐkutɐ'mẽtu] M (Ver)Packen n **empacotar** [ẽpɐku'tar] ⟨1e⟩ einpacken, verpacken; bündeln

empada [ẽ'padɐ] F GASTR (kleine) Pastete f **empadão** [ẽpɐ'dɐ̃u] M GASTR Fleisch- ou Fischpastete f **empadinha** [ẽpɐ'dʒĩjɐ] M bras Pastetchen n

empáfia [ẽ'pafjɐ] F Hochnäsigkeit f

empalhar [ẽpɐ'ʎar] ⟨1b⟩ in Stroh wickeln (ou packen); auf Stroh lagern; animais ausstopfen; fig fam hinhalten **empalheirar** [ẽpɐʎɐi'rar] ⟨1a⟩ trigo etc einfahren; cadeira mit Rohrgeflecht versehen

empalidecer [ẽpɐłidi'ser] ⟨2g⟩ blass werden (**com, de** vor dat)

empalmar [ẽpał'mar] ⟨1a⟩ verbergen, verschwinden lassen; (roubar) stehlen

empanada [ẽpɐ'nadɐ] F GASTR Pastete f **empanar** [ẽpɐ'nar] ⟨1a⟩ A VT in ein Tuch hüllen; verbergen; bras carn panieren B VI AUTO e-e Panne haben

empancar [ẽpɐ̃'kar] ⟨1n⟩ (ab)dichten

empandeirar [ẽpɐ̃dɐi'rar] ⟨1a⟩ vela blähen; anschwellen lassen; fig pop prellen; alg abschieben; wegschicken (**de** von)

empanque [ẽ'pɐ̃ki] M Dichtung f

empanturrar [ẽpɐ̃tu'ʀar] ⟨1a⟩ voll stopfen; **~-se** fam sich voll fressen; fig den Mund voll nehmen **empanzinar** [ẽpɐ̃zi'nar] ⟨1a⟩ pop (voll) stopfen; fig j-m e-n Schreck einjagen

empapar [ẽpɐ'par] ⟨1b⟩ farinha einweichen; de suor, lágrimas: tränken; algodão, pano eintauchen, eintunken

empapuçar [ẽpɐpu'sar] ⟨1p⟩ anschwellen, dick werden

emparceirar [ẽpɐrsɐi'rar] ⟨1a⟩ dar sociedade zum Partner machen; (juntar-se) sich zusammentun (**com** mit)

emparcelamento [ẽpɐrsɨłɐ'mẽtu] M Parzellierung f **emparcelar** [ẽpɐrsɨ'łar] ⟨1c⟩ parzellieren

emparedar [ẽpɐri'dar] ⟨1c⟩ ver-, zumauern; alg einsperren

emparelhar [ẽpɐri'ʎar] ⟨1d⟩ **1** zu Paaren zusammenstellen; zusammentun **2** gleichstellen; vergleichen; **~ com alg** j-m gleich sein

emparvecer [ẽpɐrvi'ser] ⟨2g⟩ A VT verblüffen B VI verdummen

empastado [ẽpɐʃ'tadu] zäh(flüssig); (pegajoso) klebrig; teigig (tb fig); MED voz belegt; fala verwaschen, undeutlich **empastar** [ẽpɐʃ'tar] ⟨1b⟩ leimen; verkleben

empata [ẽˈpatɐ] M/F *pop pessoa:* Klotz *m* am Bein **empatado** [ẽpɐˈtadu] unentschieden; *xadrez:* remis, patt; *dinheiro* festliegend **empatar** [ẽpɐˈtar] ⟨1b⟩ **A** VT *desenvolvimento, pessoa* hemmen, aufhalten; *resultado* unentschieden lassen; **~ em** *dinheiro* (ungünstig) anlegen in (*dat*) **B** VI POL die gleiche Stimmenzahl erreichen; DESP unentschieden enden (*ou* spielen); **a 2 golos** (*bras* **gols**) zwei zu zwei spielen **empate** [ẽˈpatɨ] M POL Stimmengleichheit *f;* DESP Unentschieden *n;* Patt *n* (*tb fig*)

empatia [ẽpɐˈtiɐ] F Einfühlungsvermögen *n;* (*harmonia*) Einklang *m*

empavesar [ẽpɐvɨˈzar] ⟨1c⟩ beflaggen; **~-se** *fig* sich aufspielen

empavonar [ẽpɐvuˈnar] ⟨1f⟩ j-m zu Kopf steigen; **~-se** sich brüsten

empeçar [ẽpiˈsar] ⟨1p; Stv 1c⟩ **A** VT behindern **B** VI stolpern (**em** über *ac*) **empecer** [ẽpɨˈser] ⟨2g⟩ **A** VT (be-, ver)hindern; (*ser nocivo*) schaden (*dat*) **B** VI ein Hindernis bilden **empecilho** [ẽpɨˈsiʎu] M Hindernis *n;* (*dificuldade*) Schwierigkeit *f; fig pessoa:* Klotz *m* am Bein

empedernido [ẽpidɨrˈnidu] hart(herzig, -gesotten) **empedernir** [ẽpidɨrˈnir] ⟨3c⟩ versteinern; verhärten

empedrado [ẽpiˈdradu] M (Kopfstein-)Pflaster *n* **empedrar** [ẽpiˈdrar] ⟨1c⟩ pflastern; **~-se** versteinern; steinhart werden; *fig* sich verhärten

empena [ẽˈpenɐ] F Giebel *m,* Giebelfront *f* **empenar** [ẽpiˈnar] ⟨1d⟩ (sich) verziehen; sich werfen

empenhamento [ẽpiɲɐˈmẽtu] M Engagement *n* (**em bei,** *in dat*), Einsatz *m* (**em bei**) **empenhar** [ẽpiˈɲar] ⟨1d⟩ *jóias etc* versetzen; *alg* verpflichten; *força* einsetzen; *sacrifício* bringen; **~-se em** sich in Schulden stürzen; **~-se em** sich engagieren in (*dat*); sich bemühen um; **~-se por** eintreten für **empenho** [ẽˈpɐɲu] M *jóias:* Verpfändung *f; trabalho:* Verpflichtung *f;* (*esforço*) Bemühung *f;* (*interesse*) Anliegen *n;* Interesse *n;* **~s** *pl espec* persönliche Beziehungen *fpl;* **carta** *f* **de ~** *port* Empfehlungsbrief *m;* **meter ~s** s-e Verbindungen spielen lassen; **ter** (*ou* **pôr**) **~ em** Wert legen auf (*ac*)

emperiquitar-se [ẽpɨrikiˈtarsi] ⟨1a⟩ *bras* sich aufdonnern

emperramento [ẽpiʀɐˈmẽtu] M Stocken *n; fig* Widerspenstigkeit *f* **emperrar** [ẽpiˈʀar] ⟨1c⟩ **A** VT zum Stocken (*ou* Stehen) bringen; (*obstruir*) behindern, hemmen; *fig* störrisch machen; aufbringen **B** VI (& V/R) **~(-se)** stehen (*ou* stecken) bleiben; *trânsito* stocken; *porta* klemmen; *objecto* sich verkanten; *fig* bocken

empertigar [ẽpirtiˈɡar] ⟨1o⟩ steif machen; (*endireitar*) aufrichten; **~-se** sich (kerzengerade) aufrichten

empestar [ẽpɨʃˈtar] ⟨1a⟩ verpesten

empilhadeira [ẽpiʎɐˈdejrɐ] F *bras,* **empilhadora** [ẽpiʎʎˈdorɐ] F TECN Gabelstapler *m* **empilhar** [ẽpiˈʎar] ⟨1a⟩ (auf-)stapeln; **~-se** sich drängen

empinado [ẽpiˈnadu] steil; hoch (aufgerichtet); *fig* hochnäsig; *estilo* hochtrabend **empinar** [ẽpiˈnar] ⟨1a⟩ **1** emporheben; steil aufrichten; *copo* leeren; **~ papagaio** *bras* Drachen steigen lassen; **~-se** sich (hoch)recken; *cavalo* sich bäumen; (*subir*) emporsteigen **2** *port* auswendig lernen; *pop* büffeln

empinocar-se [ẽpinɔˈkarsi] ⟨1n⟩ *port pop* sich aufdonnern

empírico [ẽˈpiriku] **A** ADJ empirisch **B** M MED Heiler(in) *m(f);* Heilkundige(r) *m/f(m)*

emplast(r)ar [ẽpɫɐʃˈt(r)ar] ⟨1b⟩ MED ein Pflaster auflegen auf (*ac*); *fig* verkleiden, verdecken **emplast(r)o** [ẽˈpɫaʃt(r)u] M Pflaster *n; fig pop* Nichtsnutz *m*

emplumar [ẽpɫuˈmar] ⟨1a⟩ (be)fiedern; *fig* großtun

empoar [ẽˈpwar] ⟨1f⟩ (ein)pudern

empobrecer [ẽpubriˈser] ⟨2g⟩ **A** VT arm machen **B** VI verarmen **empobrecimento** [ẽpubrisiˈmẽtu] M Verarmung *f*

empoeirar [ẽpwɐjˈrar] ⟨1a⟩ staubig machen; einstauben; **~-se** verstauben

empola [ẽˈpɔlɐ] F MED Blase *f; recipiente:* Ampulle *f* **empolado** [ẽpuˈɫadu] blasig; *mar* aufgewühlt; GEOG gebirgig; *fig* schwülstig **empolamento** [ẽpuɫɐˈmẽtu] M Aufhäufung *f; fig* Übertreibung *f* **empolar** [ẽpuˈɫar] ⟨1e⟩ **A** VT aufblähen (*tb fig*) **B** VI (an)schwellen; *mar* hochgehen

empoleirado [ẽpulɐjˈradu] (oben) auf (**em** *dat*); *fig* hoch gestellt; (*arrogante*) hochnäsig **empoleirar** [ẽpuˈʒiˈrar] ⟨1a⟩ alg voranbringen; j-n machen zu; an die Macht bringen; **~-se** ave sich auf die Stange setzen; (sentar-se) (sich hin)hocken; fig hochkommen

empolgante [ẽpoɫˈɡɐ̃tɨ] packend; spannend **empolgar** [ẽpoɫˈɡar] ⟨1o; Stv 1e⟩ packen (tb fig); fig anziehen; **~-se com** sich mitreißen lassen von

emporcalhar [ẽpurkɐˈʎar] ⟨1b⟩ beschmutzen

empório [ẽˈpɔrju] M Handelsplatz m; (porto, cidade) Handelszentrum n; (armazém) Kaufhaus n; bras Lebensmittelgeschäft n

empossar [ẽpuˈsar] ⟨1e⟩ einsetzen (**em in** ac); POL in ein Amt einsetzen; **~-se de** Besitz ergreifen von

emprazamento [ẽprɐzɐˈmẽtu] M Vorladung f **emprazar** [ẽprɐˈzar] ⟨1b⟩ (vor)laden (**para** zu); e-e Frist setzen (dat); caça umstellen

empreendedor [ẽpriẽdɨˈdor] A ADJ unternehmerisch B M Unternehmer m **empreender** [ẽpriẽˈder] ⟨2a⟩ A VT viagem unternehmen; projecto anfangen; (planear) sich vornehmen B VI nachdenken (**em** über ac) **empreendimento** [ẽpriẽdiˈmẽtu] M Unternehmung f; Unternehmen n

empregado [ẽpriˈɡadu] A ADJ beschäftigt B M, **-a** F Angestellte(r) m/f(m); **-a** f (**doméstica**) Hausangestellte f; **-a** f **a horas** Haushaltshilfe f; **~** (**-a** f) **de mesa** port Kellner(in) m(f) **empregador(a)** [ẽpriɡɐˈdor(ɐ)] M Arbeitgeber(in) m(f) **empregar** [ẽpriˈɡar] ⟨1o; Stv 1c⟩ alg anstellen; conhecimentos gebrauchen; aparelho, tempo benutzen (**em** für), verwenden (**em** für); **~-se em** e-e Stelle annehmen bei (ou in dat)

emprego [ẽˈpreɡu] M **1** trabalho: Anstellung f, Stelle f; **~ a** (ou **de**) **tempo parcial** Teilzeitarbeit f; **~ permanente** Dauerstelle f; **pleno ~** Vollbeschäftigung f; **lugar m de ~** Arbeitsplatz m **2** (uso) Gebrauch m; Verwendung f; esforço: (Kraft)Aufwand m; capital: (Kapital)Anlage f

empreitada [ẽprɐjˈtadɐ] F (Bau)Unternehmen n, Firma f; **de ~** im Akkord **empreitar** [ẽprɐjˈtar] ⟨1a⟩ in Akkord nehmen (ou geben) **empreiteiro** [ẽprɐjˈtɐj-ru] M Bauunternehmer m

emprenhar [ẽpriˈɲar] ⟨1d⟩ A VT schwängern B VI schwanger werden

empresa [ẽˈprezɐ] F Unternehmen n, Betrieb m; **~ em arranque** Start-up Unternehmen n; **~ credenciada** alteingesessene Firma f; **~ de prestação de serviço** Dienstleistungsunternehmen n; **~ subsidiada** Zuschussbetrieb m; **pequenas e médias ~s** mittelständische Betriebe mpl; **~-mãe** f (bras **matriz** f) Mutterunternehmen n

empresariado [ẽprizɐˈrjadu] M Unternehmerschaft f **empresarial** [ẽprizɐˈrjaɫ] Unternehmens...; Unternehmer... **empresário** [ẽprɨˈzarju] M, **-a** F Unternehmer(in) m(f); TEAT Konzertagent m

emprestado [ẽprɨʃˈtadu] ADJ **pedir a/c ~ a** etw leihen von **emprestar** [ẽprɨʃˈtar] ⟨1c⟩ (aus-, ver)leihen **empréstimo** [ẽˈprɛʃtimu] M Leihgabe f; FIN Anleihe f, Darlehen n; **de ~**, **por ~** leihweise; kurzzeitig

emproado [ẽpruˈadu] hochmütig; (vaidoso) eitel **emproar-se** [ẽpruˈarsɨ] ⟨1f⟩ prahlen

empunhar [ẽpuˈɲar] ⟨1a⟩ ergreifen, packen; (segurar) halten, tragen

empurrão [ẽpuˈʀɐ̃u] M Stoß m, Puff m; **dar um ~ a** (ou **em**) pop j-m e-n Schubs geben; **aos -ões** mit Geschubse **empurrar** [ẽpuˈʀar] ⟨1a⟩ schieben; (zurück-, weg)stoßen; alg tb schubsen

emputecer [ẽputɨˈsex] ⟨2g⟩ bras pop stinkwütend sein

emudecer [imudiˈser] ⟨2g⟩ A VT verstummen lassen B VI verstummen **emudecimento** [imudɨsiˈmẽtu] M Verstummen n

emulação [emulɐˈsɐ̃u] F Nacheifern n; Wetteifer m; (competição) Wettbewerb m, -streit m; INFORM Emulation f **emular** [emuˈɫar] ⟨1a⟩ nacheifern (dat); (competir) wetteifern (**com** mit); INFORM emulieren

êmulo (*ê) [ˈɛmulu] M Gegenspieler m **emulsão** [emuɫˈsɐ̃u] F Emulsion f **emulsionante** [emuɫsjuˈnɐ̃ti] M Emulgator m

EN ABR (**Estrada Nacional**) port Nationalstraße f; **Alemanha**: ≈ B (Bundesstraße f)

enaltecer [inaɫtɨˈser] ⟨2g⟩ erheben, fig (lob)preisen **enaltecimento** [inaɫtisi-

'metu] M̄ Erhebung f; fig Preisen n
enamorar [inɐmuˈrar] ⟨1e⟩ verliebt machen; **~-se** sich verlieben
enc. ABR (encadernado) geb. (gebunden)
encabeçar [ẽkɐbiˈsar] ⟨1p; Stv 1c⟩ partido etc (an)führen; an erster Stelle stehen; dep. de finanças: zur Steuer veranlagen; artigo etc betiteln
encabritar-se [ẽkɐbriˈtarsi] ⟨1a⟩ (empinar-se) sich bäumen; (trepar) steigen (**em auf** ac)
encabular [ẽkɐbuˈlar] ⟨1a⟩ fam **A** V/T verdattern; verschüchtern **B** V/I (ofender-se) beleidigt sein
encachoeirado [ẽkɐʃweˈradu] bras rio reißend
encadeamento [ẽkɐdjɐˈmẽtu] M̄ Verkettung f; (ligação) Verknüpfung f **encadear** [ẽkɐˈdjar] ⟨1l⟩ an eine Kette legen; (juntar) verknüpfen; fig aneinanderreihen; (coordenar) (miteinander) verknüpfen
encadernação [ẽkɐdɨrnɐˈsɐ̃u] F̄ actividade: (Buch)Binden n; (loja): Buchbinderei f; (capa) Einband m **encadernador** [ẽkɐdɨrnɐˈdor] M̄ Buchbinder m **encadernar** [ẽkɐdɨrˈnar] ⟨1c⟩ TIPO (ein)binden; fig fam neu einkleiden
encafifar [ẽkɐfiˈfar] ⟨1a⟩ bras fam **A** V/T (vexar) ärgern, unangenehm sein **B** V/I (vexar-se) verärgert sein; fam maulen; (envergonhar-se) verlegen sein
encafuar [ẽkɐˈfwar] ⟨1g⟩, **encafurnar** [ẽkɐfurˈnar] ⟨1a⟩ verbergen, verstecken; hineinstecken, -zwängen; fam fig in den Kopf setzen
encaixamento [ẽkɐjʃɐˈmẽtu] M̄ **1** Verpackung f **2** TECN Sitz m, Einpassung f
encaixar [ẽkɐjˈʃar] ⟨1a⟩ **A** V/T in Kästen verpacken; verpacken; TECN einfügen, -passen; ineinanderfügen; pensamentos einflechten; trecho einfügen; fig alg j-n durch Beziehungen unterbringen; fam in den Kopf setzen **B** V/I (ineinander)passen
encaixável [ẽkɐjˈʃavɛl] zusammensteckbar **encaixe** [ẽˈkajʃi] M̄ Ein-, Ineinanderfügen n; TECN (Ein)Passung f; (ranhura) Schlitz m; (orifício) (Zapfen)Loch n; (junta) Fuge f; (peça) Einsatz m; ~ **de ouro** Goldreserve f **encaixilhar** [ẽkɐjʃiˈʎar] einrahmen **encaixotamento** [ẽkɐjʃutɐˈmẽtu] M̄ Verpackung f (in Kisten) **encaixotar** [ẽkɐjʃuˈtar] ⟨1e⟩ in Kisten (ver)packen; pop verscharren

encalacrar [ẽkɐlɐˈkrar] ⟨1b⟩ pop hereinlegen; **~-se com** in Schwierigkeiten kommen mit
encalçar [ẽkaɫˈsar] ⟨1p⟩ ~ **alg** j-s Spur (ou j-n) verfolgen **encalço** [ẽˈkaɫsu] M̄ Verfolgung f; Spur f; **ir ao** (ou **no**) ~ **de alg** hinter j-m her sein
encalhar [ẽkɐˈʎar] ⟨1b⟩ stranden; fig sich festfahren; (imobilizar-se) liegen bleiben **encalhe** [ẽˈkaʎi] M̄ Strandung f; fig Stockung f; pop Ladenhüter m
encalist(r)ar [ẽkɐliʃˈt(r)ar] ⟨1a⟩ j-m Unglück bringen; **bras** tb sich schämen
encalvecer [ẽkaɫveˈser] ⟨2g⟩ kahl werden; relva verbrennen
encaminhado [ẽkɐmiˈɲadu] ADJ **bem ~** auf gutem Wege **encaminhamento** [ẽkɐmiɲɐˈmẽtu] M̄ Zu-, Weiterleitung f; projecto: Anbahnung f **encaminhar** [ẽkɐmiˈɲar] ⟨1a⟩ **A** V/T auf den Weg bringen; a/c in die Wege leiten; ~ **a** (ou **para**) fig (hin)leiten zu; interesse richten auf (ac); correspondência zuleiten (dat) **B** V/I j-m den Weg weisen; **~-se** sich auf den Weg machen; **~-se para** zusteuern auf (ac); **~-se bem** e-e gute Wendung nehmen
encanado [ẽkɐˈnadu] ADJ **água** F̄ -**a** Leitungswasser n **encanador** [ẽkɐnɐˈdor] M̄ bras Installateur m **encanamento** [ẽkɐnɐˈmẽtu] M̄ Kanalisierung f; Leitungen fpl, Leitungssystem n
encandear [ẽkɐ̃ˈdjar] ⟨1l⟩ blenden; **~-se com** geblendet werden von
encantador [ẽkɐ̃tɐˈdor] **A** ADJ bezaubernd **B** M̄ Zauberer m **encantamento** [ẽkɐ̃tɐˈmẽtu] M̄ Zauberei f; Verzauberung f; (feitiço) Zauber m **encantar** [ẽkɐ̃ˈtar] ⟨1a⟩ verzaubern; fig bezaubern; **~-se com** entzückt sein über (ac)
encanto [ẽˈkɐ̃tu] M̄ Zauber m; fig Entzücken n; (delícia) Wonne f; **como por ~** wie von Zauberhand; **ser um ~** reizend (ou entzückend) sein
encapar [ẽkɐˈpar] ⟨1b⟩ livro einschlagen; überziehen
encapelar [ẽkɐpiˈlar] ⟨1c⟩ mar aufwühlen; **~-se** hochgehen
encapotar(-se) [ẽkɐpuˈtar(si)] ⟨1e⟩ (sich) verhüllen; fig (sich) verstellen
encaprichar-se [ẽkɐpriˈʃarsi] ⟨1a⟩ ~ **de** (ou **em**) **a/c** sich (dat) etw in den Kopf setzen; auf etw bestehen
encapuçado [ẽkɐpuˈsadu] bras, **enca-**

puzado [ẽkʃpu'zadu] **A** ADJ vermummt **B** M̄, **-a** F̄ Vermummte(r) m/f(m)

encaracolado [ẽkɐrɐku'ładu] ADJ *cabelo* lockig, gelockt **encaracolar(-se)** [ẽkɐrɐku'łar(si)] V/I (& V/T) ⟨1e⟩ (sich) locken; (sich) ringeln

encarado [ẽkɐ'radu] ADJ *bem* ~ gut aussehend; *fig* nett; *mal* ~ schlecht gelaunt, mürrisch; finster; (*doente*) krank aussehend; (*cansado*) erschöpft (aussehend)

encaramelar [ẽkɐrɐmi'łar] ⟨1c⟩ fest werden; gelieren; (*congelar*) gefrieren

encarapinhado [ẽkɐrɐpi'ɲadu] kraus **encarapinhar** [ẽkɐrɐpi'ɲar] ⟨1a⟩ kräuseln

encarar [ẽkɐ'rar] ⟨1b⟩ *projecto* ins Auge fassen; *alg* ansehen; *questão* erörtern; *perigo* ins Auge sehen (*dat*); ~ *de frente fig* mutig entgegentreten (*dat*); ~**-se com** sich gegenübersehen (*dat*); begegnen

encarceramento [ẽkɐrsirɐ'mẽtu] M̄ Einkerkerung f **encarcerar** [ẽkɐrsi'rar] ⟨1c⟩ einkerkern

encardido [ẽkɐr'didu] ADJ schmutzig; *papel* vergilbt; *roupa* vergraut; *pessoa* schmuddelig **encardir** [ẽkɐr'dir] ⟨3a⟩ besudeln

encarecer [ẽkɐri'ser] ⟨2g⟩ **A** V/T *mercadoria* verteuern; *perigo* übertreiben; *fig* anpreisen **B** V/I teurer werden **encarecidamente** [ẽkɐrisidɐ'mẽti] ADV eifrig; *pedir* eindringlich **encarecimento** [ẽkɐrisi'mẽtu] M̄ ECON Verteuerung f; *fig* Übertreibung f; (*insistência*) Nachdruck m

encargo [ẽ'kargu] M̄ Auftrag m; (*dever*) Verpflichtung f; (*carga*) Last f; ~**s** *pl* Steuerlast f; ~**s** *pl familiares* Unterhaltspflichten fpl; ~**s** *pl sociais* Sozialabgaben fpl; **caderno** *m* **de** ~**s** Auflagen fpl, Auflagenheft n

encarnação [ẽkɐrnɐ'sɐ̃ũ] F̄ REL Inkarnation f; Verkörperung f **encarnado** [ẽkɐr'nadu] **A** ADJ (hoch)rot **B** M̄ (leuchtendes) Rot n **encarnar** [ẽkɐr'nar] ⟨1b⟩ **A** V/T *papel* darstellen; (*assumir*) sich verinnerlichen **B** V/I REL Fleisch werden; sich verkörpern (**em** in *dat*); *ferida* heilen

encarniçado [ẽkɐrni'sadu] blutrünstig; *luta* erbittert; *rosto* hochrot; *olhos* blutunterlaufen **encarniçamento** [ẽkɐrnisɐ'mẽtu] M̄ Wut f, Erbitterung f **encarniçar** [ẽkɐrni'sar] ⟨1p⟩ aufhetzen; *fig* erbittern; ~**-se** wüten; (*obstinar-se*) sich versteifen (**em** auf *ac*)

encaroçar [ẽkɐru'sar] ⟨1p; *Stv* 1e⟩ *farinha* Klumpen bilden; MED Knoten bilden

encarquilhar [ẽkɐrki'ʎar] ⟨1a⟩ verschrumpeln, runzlig werden

encarrapitar-se [ẽkɐʀɐpi'tarsi] ⟨1a⟩ sich begeben (*ou* setzen) (**em** oben auf *ac*)

encarregado [ẽkɐʀi'gadu] M̄ Beauftragte(r) m; ~ **de cursos** UNIV Lehrbeauftragte(r) m; ~ **de negócios** *embaixada*: Geschäftsträger m **encarregar** [ẽkɐʀi'gar] ⟨1o; *Stv* 1c⟩ ~ **a/c a alg** j-m etw auftragen; *dever* j-m etw auferlegen; ~ **alg de** j-n beauftragen mit; ~**-se** übernehmen

encarreirar [ẽkɐʀɐi'rar] ⟨1a⟩ **A** V/T voranbringen (**em** bei) **B** V/I auf den Weg helfen (*dat*); s-n Weg gehen

encarretar [ẽkɐʀi'tar] ⟨1c⟩ *fio* aufspulen

encarrilar [ẽkɐʀi'łar] ⟨1a⟩, **encarrilhar** [ẽkɐʀi'ʎar] ⟨1a⟩ **A** V/T auf die Gleise setzen; *fig* in die Wege leiten; in Gang bringen **B** V/I den rechten Weg einschlagen

encartado [ẽkɐr'tadu] zugelassen; AUTO *pessoa* im Besitz e-s Führerscheins; *fig pop* gewieft **encartar** [ẽkɐr'tar] ⟨1b⟩ **A** V/T zulassen **B** V/I *jogo de cartas*: bedienen; ~**-se** s-n Abschluss machen; COM sich (*dat*) e-e Zulassung (*ou* e-n Gewerbeschein) besorgen; (*registar-se*) sich eintragen lassen **encarte** [ẽ'karti] M̄ Eintragung f; Zulassung(sgebühren fpl) f

encartuchar [ẽkɐrtu'ʃar] ⟨1a⟩ in e-e Hülse stecken; *dinheiro* einrollen

encasacado [ẽkɐzɐ'kadu] befrackt; *fig* herausgeputzt

encascar [ẽkɐʃ'kar] ⟨1n; *Stv* 1b⟩ **A** V/T *vinho* abfüllen **B** V/I hart werden **encasque** [ẽ'kaʃki] M̄ Abfüllung f

encatarrarar-se [ẽkɐtɐ'ʀarsi] ⟨1b⟩ sich erkälten

encavacar [ẽkɐvɐ'kar] ⟨1n; *Stv* 1b⟩ sich schämen; (*zangar-se*) verärgert sein

encavalitar [ẽkɐvɐli'tar] ⟨1a⟩ huckepack tragen (*ou* nehmen)

encavilhar [ẽkɐvi'ʎar] ⟨1a⟩ an-, festpflocken; TECN versplinten; mit Bolzen verbinden

encefalite [ẽsifɐ'łiti] F̄ MED Gehirnentzündung f, Enzephalitis f **encéfalo** [ẽ-'sɛfɐłu] M̄ ANAT Gehirn n

encenação [ẽsinɐ'sɐ̃ũ] F̄ Inszenierung f;

(*representação*) Aufführung *f* **encenador** [ẽsĩɐ'dor] M Regisseur M **encenar** [ẽsi'nar] ⟨1d⟩ TEAT inszenieren; (*representar*) aufführen

enceradeira [ẽsera'dere] F bras Bohnermaschine **encerado** [ẽsi'radu] M (*wasserdichte*) Plane *f*; Wachs-, Öltuch **enceradora** [ẽsɨra'dora] F Bohnermaschine **encerar** [ẽsi'rar] ⟨1c⟩ (ein)wachsen; *soalho* bohnern

encerramento [ẽsiɨra'metu] M Schließung *f*; *espectáculo* Abschluss *m*; COM Geschäftsschluss *m*; ~ **do comércio** Ladenschluss(zeiten *fpl*) *m*; **a(c)to** *m* **de ~** Abschlussveranstaltung *f*; **sessão** *f* **de ~** Abschlusssitzung *f* **encerrar** [ẽsi'ʁar] ⟨1c⟩ *negócio etc* schließen; *muro* einschließen; *porta* ver-, abschließen; *livro* enthalten; **encerrado para férias** wegen Urlaubs geschlossen **encerro** [ẽ'seʁu] M → *encerramento*

encestar [ẽsiʃ'tar] ⟨1c⟩ in e-n Korb legen; DESP e-n Korb werfen

encetar [ẽsi'tar] ⟨1c⟩ beginnen; *trabalho* aufnehmen; *pão etc* anschneiden; *embalagem* anbrechen; *objecto* einweihen; *reunião* eröffnen; *projecto* in Angriff nehmen

encharcar [ẽʃɐr'kar] ⟨1n; Stv 1b⟩ überfluten; *roupa* einweichen; durchnässen; *chão* aufweichen; **~-se** nass werden; *fig* ertrinken (*ou* versinken) (**em** in *dat*); *pop* sich voll laufen lassen

encheção [ẽʃe'sẽũ] F *bras fam* Belästigung *f*

enche-mão [ẽʃi'mɐ̃ũ] ADV **de ~** tadellos, erstklassig **enchente** [ẽ'ʃẽti] F Flut *f* (*tb fig*); Hochwasser *n*; *maré*: Steigen *n*; *lua*: Zunehmen *n*; TEAT ausverkauftes Haus *n*; Andrang *m* **encher** [ẽ'ʃer] ⟨2a⟩ A V/T (er)füllen; *fig* überschütten (**de** mit); **~ o saco** *bras pop* total auf den Geist gehen B V/I *nível do mar* steigen; *lua* zunehmen; **~ de ar** aufpumpen; **~-se** *fam* sich voll stopfen mit; *fig ódio etc* empfinden; *esperança, coragem* fassen; *paciência* sich wappnen **enchido** [ẽ'ʃidu] M GASTR Wurst *f* **enchimento** [ẽʃi'mẽtu] M Füllung *f*; *pej* Füllsel *n*

enchouriçar [ẽʃori'sar] ⟨1p⟩ 1 rollen 2 (*inchar*) anschwellen; **~-se** sich aufspielen **enchumbar** [ẽʃũ'bar] ⟨1a⟩ bleischwer werden

enciclopédia [ẽsiklu'pɛdjɐ] F (Konversations)Lexikon *n*; Enzyklopädie *f* **enciclopédico** [ẽsiklu'pɛdiku] enzyklopädisch; *saber* umfassend (gebildet)

encimar [ẽsi'mar] ⟨1a⟩ (oben) anbringen; *acontecimento* krönen

enciumado [ẽsju'madu] ADJ eifersüchtig

enclaustrar [ẽklawʃ'trar] ⟨1a⟩ ins Kloster schicken; *fig* einsperren **enclausurar** [ẽklawzu'rar] ⟨1a⟩ einsperren; **~-se** sich absondern

enclave [ẽ'klavi] F Enklave *f*

encoberta [ẽku'bɛrta] F Versteck *n*; *fig* Vorwand *m*; (*armadilha*) List *f*, Falle **fencoberto** [ẽku'bɛrtu] A PP *irr* → *encobrir* B ADJ verstohlen; *fam céu* bedeckt **encobridor** [ẽkubri'dor] A ADJ hehlerisch B M, **-a** [ẽkubri'dora] F Hehler(in) *m(f)* **encobrimento** [ẽkubri'mẽtu] M Hehlerei *f* **encobrir** [ẽku'brir] ⟨3f⟩ verbergen, verhüllen; *sol* verdecken; **~-se** *céu* sich bedecken

encolerizar [ẽkuliri'zar] ⟨1a⟩ erzürnen; **~-se** zornig werden

encolher [ẽku'ʎer] ⟨2d⟩ A V/T *cabeça etc* einziehen; zusammenziehen; *despesas* kürzen, verringern; *tecido* einlaufen; einschüchtern; **~ os ombros** (gleichgültig) mit den Schultern zucken B V/I G V/R/I **~(-se)** schwinden; *tecido* einlaufen; *fig* sich ducken; sich zurückhalten; (*poupar*) sparen **encolhido** [ẽku'ʎidu] schüchtern **encolhimento** [ẽkuʎi'mẽtu] M *tecido*: Einlaufen *n*; (*redução*) Schwund *m*; *fig* Schüchternheit *f*

encomenda [ẽku'mẽda] F Bestellung *f*; Auftrag *m*; **~ interna** ECON Binnennachfrage *f*; **~ postal** Päckchen *n*; Postpaket *n*; **de ~** auf Bestellung; (*por medida*) nach Maß; nach Wunsch; **sair melhor que a ~** besser sein als erwartet **encomendar** [ẽkumẽ'dar] ⟨1a⟩ *a(c) a alg* j-n mit etw beauftragen; etw bei j-m bestellen; **~-se** sich anvertrauen

encontrão [ẽkõ'trɐ̃ũ] M (*choque*) Zusammenprall *m*; (*pancada*) Stoß *m* **encontrar** [ẽkõ'trar] ⟨1a⟩ j-n treffen, j-m begegnen; *etw* (auf)finden; (*por acaso*) stoßen auf (*ac*); **~-se** (*estar*) sich befinden (*im Restaurant etc*); sich treffen (**com** mit) **encontro** [ẽ'kõtru] M Treffen *n* (*tb* DESP); Begegnung *f*; (*choque*) Zusammenstoß *m*; *fig* Hindernis *n*; **ir ao ~ de**

alg j-m entgegengehen; **vir ao ~ de** *fig* entgegenkommen (*dat*); **ir de ~ a** zusammenstoßen mit; stoßen gegen; *fig* j-m widersprechen

encorajar [ẽkuɾɜˈʒaɾ] ⟨1b⟩ ermutigen, bestärken; DESP anfeuern; **~-se** sich (*dat*) Mut machen (**para** für); sich bestärken lassen (**com** durch)

encorpado [ẽkuɾˈpadu] beleibt; kräftig gebaut; *papel* dick, stark; *vinho* mit Körper **encorpar** [ẽkuɾˈpaɾ] ⟨1e⟩ Ⓐ V/T verstärken; GASTR eindicken Ⓑ V/I (& V/R) **~(-se)** zunehmen; wachsen

encosta [ẽˈkɔʃtɐ] F (Ab)Hang *m*; Steigung *f* **encostadela** [ẽkuʃtɐˈdɛlɐ] F *fam* Belästigung *f*, Nötigung *f* **encostar** [ẽkuʃˈtaɾ] ⟨1e⟩ Ⓐ V/T *na ac*; (*apoiar*) stützen (**em** auf *ac*); AUTO abstellen Ⓑ V/I AUTO anhalten; **~-se** sich lehnen (**a** an *ac*); (*apoiar-se*) sich stützen (**em, sobre** auf *ac*); *fam* faulenzen **encostes** [ẽˈkɔʃtɨʃ] MPL Stützpfeiler *mpl*; *fig* Schutz *m*

encosto [ẽˈkoʃtu] M Lehne F; Stütze F (*tb fig*)

encovado [ẽkuˈvadu] *rosto* eingefallen; *bochechas* hohl; *olhos* tief liegend **encovar** [ẽkuˈvaɾ] ⟨1e⟩ verstecken; (*enterrar*) vergraben; *fig* j-m den Mund stopfen

encravamento [ẽkɾɜvɐˈmẽtu] M Annageln *n*; *fig* Klemme *f*; Unannehmlichkeit *f* **encravar** [ẽkɾɜˈvaɾ] ⟨1b⟩ Ⓐ V/T *na parede*: (an)nageln, festnageln; *prego* bohren (**em** in *ac*); *olhar* fixieren; *fig* bloßstellen Ⓑ V/I verstopfen; AUTO festfahren; **~-se** stecken bleiben (*tb fig*); *fecho, mecanismo* sich einklemmen, (fest)klemmen; *unha* einwachsen; *fig* sich festfahren

encrenca [ẽˈkɾẽkɐ] F *pop* Schlamassel *m*; Stunk *m* **encrencado** [ẽkɾẽˈkadu] *máquina* defekt; *fig situação* verfahren; *pessoa* in der Bredouille **encrencar** [ẽkɾẽˈkaɾ] ⟨1n⟩ Ärger machen; Blödsinn anstellen

encrespar [ẽkɾɨʃˈpaɾ] ⟨1c⟩ kräuseln; einrollen; *lábios* schürzen; *mar* aufwühlen; **~ os nervos a alg** j-m auf die Nerven fallen

encriptação [ẽkɾiptɜˈsɐ̃ʊ̃] F INFORM Verschlüsselung *f*; **~ de dados** Datenverschlüsselung *f* **encriptar** [ẽkɾipˈtaɾ] *dados* verschlüsseln

encristar-se [ẽkɾiʃˈtaɾsɨ] ⟨1a⟩ *fig* sich blähen, großtun; (*zangar-se*) wütend werden

encruar [ẽkɾuˈaɾ] ⟨1g⟩ Ⓐ V/T verhärten; GASTR nicht gar kochen; *fig* aufbringen Ⓑ V/I hart bleiben

encruzamento [ẽkɾuzɐˈmẽtu] M Kreuzung *f* **encruzar** [ẽkɾuˈzaɾ] ⟨1a⟩ kreuzen **encruzilhada** [ẽkɾuziˈʎadɐ] F Kreuzweg *m*; Scheideweg *m* **encruzilhar** [ẽkɾuziˈʎaɾ] ⟨1a⟩ kreuzen

encurralar [ẽkuʁɜˈlaɾ] ⟨1b⟩ einschließen; *gado* einpferchen

encurtar [ẽkuɾˈtaɾ] ⟨1a⟩ *distância* (ab-, ver)kürzen; **~-se** kürzer werden

encurvar [ẽkuɾˈvaɾ] ⟨1e⟩ krümmen; biegen; *fig* beugen

endémico (*ê) [ẽˈdɛmiku] endemisch

endemoninhado [ẽdimuniˈɲadu] (vom Teufel) besessen; dämonisch; *fig* wild **endemoninhar** [ẽdimuniˈɲaɾ] ⟨1a⟩ *fig* zur Verzweiflung bringen; **~-se** toben

endereçamento [ẽdiɾɨsɜˈmẽtu] M Adressierung *f* **endereçar** [ẽdiɾiˈsaɾ] ⟨1p; *Stv* 1c⟩ richten (**a** an *ac*), senden (**a** an *ac*); *carta, notícia* adressieren (**a** an *ac*); **~-se** sich wenden (**a** an *ac*); (*dirigir- -se*) sich begeben (**a** nach, zu) **endereçável** [ẽdiɾiˈsavɛɫ] adressierbar **endereço** [ẽdiˈɾesu] M Anschrift *f*; Adresse *f* (*tb* INFORM)

endeusar [ẽdeu̯ˈzaɾ] ⟨1a⟩ vergöttern; **~-se** sich erheben (**diante** über *ac*)

endiabrado [ẽdjɜˈbɾadu] verteufelt; wütend; *criança* wild **endiabrar-se** [ẽdjɜˈbɾaɾsi] ⟨1b⟩ wütend werden, *pop* ausrasten

endinheirado [ẽdiɲɐɪ̯ˈɾadu] reich

endireitar [ẽdiɾɐɪ̯ˈtaɾ] ⟨1a⟩ Ⓐ V/T begradigen; (*levantar*) aufrichten; (*desentortar*) gerade biegen; *fig* in Ordnung bringen; *fam* zurechtbiegen, einrenken; *paços etc* lenken (**para** nach, auf *ac*), richten (**para** nach, auf *ac*); TECN richten Ⓑ V/I geradewegs Kurs nehmen (**para** auf *ac*); sich zurechtfinden (**com** mit, in *dat*); **~-se** sich strecken; *fig* sich aufsässig werden

endívia [ẽˈdivjɐ] F BOT Chicorée *m*

endividado [ẽdiviˈdadu] verschuldet **endividamento** [ẽdividɜˈmẽtu] M Verschuldung *f* (**público** öffentlich); **~ externo** Auslandsverschuldung *f* **endividar** [ẽdiviˈdaɾ] ⟨1a⟩ *dinheiro* in Schulden stürzen; *favor* sich (*dat*) j-n verpflichten; **~-se** Schulden machen; (**com** bei)

Endoenças [ẽ'dwẽsɐʃ] FPL Passionsfeierlichkeiten fpl; **Quinta-feira** f **de ~** Gründonnerstag m

endoidecer [ẽdoidi'ser] ⟨2g⟩ A VT verrückt machen B VI verrückt werden

endomingado [ẽdumĩ'gadu] vestuário sonntäglich; fam geschniegelt

endoscopia [ẽdɔʃku'piɐ] F MED Endoskopie f

endossado [ẽdu'sadu] M banco: Indossat m, Girat(ar) m **endossamento** [ẽdusɐ'mẽtu] M Indossament n **endossante** [ẽdu'sɐ̃ti] M/F banco: Indossant(in) m(f), Girant(in) m(f) **endossar** [ẽdu'sar] ⟨1e⟩ banco: indossieren, girieren; fig Last aufbürden; geralm übertragen **endossatário** [ẽdusɐ'tarju] → endossado **endossável** [ẽdu'savɛł] übertragbar **endosso** [ẽ'dosu] M Indossament n, Giro n

endoudecer [ẽdodi'ser] → endoidecer

endro ['ẽdru] M BOT Dill m

endurecer [ẽduri'ser] ⟨2g⟩ A VT verhärten; contra o frio etc: abhärten B VI erhärten; hart werden **endurecer-se** VR hart werden; fig posição sich verhärten; pessoa verstockt werden **endurecimento** [ẽdurisi'mẽtu] M Verhärtung f; contra o frio etc Abhärtung f; fig (indiferença) Hartherzigkeit f; Verstocktheit f

ene ['ɛni] M nome da letra N

enegrecer [inigri'ser] ⟨2g⟩ A VT schwärzen; verdunkeln; fig diffamieren B VI (& VR) ~(-se) schwarz werden

energético [inir'ʒɛtiku] energetisch; Energie...; **política** f **-a** Energiepolitik f **energia** [inir'ʒiɐ] F Tatkraft f; Nachdruck m; TECN Energie f; **~ elé(c)trica** Strom m; **~ eólica** Windenergie f; **~ geotérmica** Erdwärme f; **~ nuclear** Kernenergie f; **~ solar** Sonnenenergie f; **~s** pl **renováveis** erneuerbare Energien fpl **enérgico** [i'nɛrʒiku] tatkräftig; (insistente) nachdrücklich; energisch

enervação [inirvɐ'sɐ̃u̯] F, **enervamento** [inirvɐ'mẽtu] M Nervosität f **enervante** [inir'vɐ̃ti] nervtötend **enervar** [inir'var] ⟨1c⟩ j-n nerven; **~-se** nervös werden; (irritar-se) aufbrausen

enevoado [ini'vwadu] neblig, trüb

enfadadiço [ẽfadɐ'disu] empfindlich; reizbar **enfadado** [ẽfɐ'dadu] ärgerlich; (entediado) gelangweilt **enfadar** [ẽfɐ'dar] ⟨1b⟩ verstimmen; ärgern; (entediar) langweilen **enfado** [ẽ'fadu] M Verstimmung f; Ärger m; (tédio) Langeweile f; **encher-se de ~** sich langweilen **enfadonho** [ẽfɐ'doɲu] (aborrecido) langweilig; ärgerlich; pessoa lästig

enfaixar [ẽfai̯'ʃar] ⟨1a⟩ criança wickeln; ferida verbinden

enfardadeira [ẽfardɐ'dai̯rɐ] F AGR Bindemaschine f **enfardador** [ẽfardɐ'dor] M Packer m **enfardar** [ẽfar'dar] ⟨1b⟩ (in Ballen) verpacken; bündeln; trigo binden; port pop wie ein Scheunendrescher essen

enfarinhar [ẽfɐri'ɲar] ⟨1a⟩ (mit Mehl) bestäuben; geralm (ein)pudern

enfarruscar [ẽfɐʀuʃ'kar] ⟨1n⟩ schwärzen; **~-se** sich schmutzig machen; tempo sich eintrüben

enfartamento [ẽfartɐ'mẽtu] M estômago: Völlegefühl n; sangue: (Blut)Stau m **enfartar** [ẽfar'tar] ⟨1b⟩ voll stopfen (**de, com** mit); cano verstopfen **enfarte** [ẽ'farti] M → enfartamento; MED Infarkt m; **~ do miocárdio** Herzinfarkt m

ênfase ['ẽfɐzi] F Nachdruck m; Emphase f; fig Schwung m; **sem ~** schlaff, lasch; **dar ~ a** das Schwergewicht legen auf (ac)

enfastiamento [ẽfɐʃtjɐ'mẽtu] M Überdruss m; Langeweile f; comida: Widerwille m **enfastiante** [ẽfɐʃ'tjɐ̃ti] langweilig **enfastiar** [ẽfɐʃ'tjar] ⟨1g⟩ j-n anwidern; langweilen; **~-se** überdrüssig werden **enfastioso** [ẽfɐʃ'tjozu] → enfastiante

enfático [ẽ'fatiku] nachdrücklich

enfatuado [ẽfɐ'twadu] arrogant **enfatuamento** [ẽfɐtwɐ'mẽtu] M Arroganz f **enfatuar** [ẽfɐ'twar] ⟨1g⟩ zu Kopf steigen (dat); **~-se de, com** a/c sich (dat) etw einbilden auf (ac)

enfeitar [ẽfai̯'tar] ⟨1a⟩ (aus)schmücken; verzieren **enfeite** [ẽ'fai̯ti] M pessoa: Schmuck m; objecto: Zierrat m, Verzierung f

enfeitiçar [ẽfai̯ti'sar] ⟨1p⟩ verzaubern, behexen; fig bezaubern

enfermagem [ẽfir'maʒɐ̃i̯] F 1 Krankenpflege f 2 Pflegepersonal n **enfermar** [ẽfir'mar] ⟨1c⟩ A VT krank machen; a/c beschädigen B VI erkranken; **~ de** kranken an (dat) **enfermaria** [ẽfirmɐ'riɐ] F Krankenstation f **enfermeira** [ẽfir'mai̯rɐ] F Krankenschwester f; Pflegerin f **enfermeiro** [ẽfir'mai̯ru] M Kran-

enkenpfleger m **enfermidade** [ẽfirmiˈdadi] F *cegueira etc* Gebrechen n; Leiden n; (*doença*) Krankheit f **enfermo** [ẽˈfermu] krank; (*débil*) kränklich

enferrujado [ẽfiʀuˈʒadu] verrostet **enferrujar** [ẽfiʀuˈʒar] ⟨1a⟩ **A** V/T rosten lassen, zum Rosten bringen **B** V/I (& V/R) ~(-se) (ein)rosten

enfezado [ẽfeˈzadu] schmächtig; *criança* unterentwickelt **enfezar** [ẽfeˈzar] ⟨1a⟩ verkümmern lassen; zugrunde richten; *fig* j-n aufbringen

enfiada [ẽˈfjada] F Reihe f, Kette f; **de ~** hintereinander **enfiado** [ẽˈfjadu] *fio* eingefädelt; *partes* verbunden; *fig* angsterfüllt; (*pálido*) blass; (*envergonhado*) verschämt **enfiamento** [ẽfjaˈmẽtu] M *fio, trânsito:* Einfädeln n; (*série*) Reihe f; *fig* Schreck m; (*palidez*) Blässe f; (*vergonha*) Beschämung f **enfiar** [ẽˈfjar] ⟨1g⟩ **A** V/T einfädeln (*tb fig*); *pérolas* aufreihen; aneinanderreihen; *vestuário* anziehen; *anel* anstecken; *terreno* durchqueren; *caminho, estrada:* entlanggehen, -fahren **B** V/I ~(-se) por (ou a, em) *rua:* einbiegen in (*ac*); *sala:* (hinein)gehen in (*ac*), *direcção:* sich wenden nach

enfileirar [ẽfilejˈʀar] ⟨1a⟩ **A** V/T (in Reihen) aufstellen; eingliedern **B** V/I **~ com alg** sich zu j-m gesellen; **~-se** in die Reihe treten; in Reihen stehen; *partido* eintreten

enfim [ẽˈfĩ] ADV schließlich, endlich; (*em resumo*) also, kurz und gut; **até que ~!** na endlich!

enfoque [ẽˈfɔki] M Fokus m; Fokussierung f

enforcado [ẽforˈkadu] M Gehenkte(r) m **enforcamento** [ẽforkaˈmẽtu] M Henken n, Erhängen n **enforcar** [ẽforˈkar] ⟨1n; *Stv* 1e⟩ (er)hängen; *fig esperança etc* begraben; *dinheiro* verjubeln; *mercadoria* verschleudern; **~ aula** *bras* (die) Schule schwänzen; **~-se** sich erhängen

enformar [ẽforˈmar] ⟨1e⟩ **A** V/T formen **B** V/I sich entwickeln; Form annehmen

enfornar [ẽforˈnar] ⟨1e⟩ in den Ofen schieben

enfraquecer [ẽfrakiˈser] ⟨2g⟩ **A** V/T schwächen; entkräften **B** V/I schwach werden (**com** von, durch) **enfraquecimento** [ẽfrakisiˈmẽtu] M Schwächung f **enfrascar** [ẽfraʃˈkar] ⟨1n; *Stv* 1b⟩ abfüllen; *pop* voll stopfen; **~-se** *pop* voll laufen lassen

enfrentamento [ẽfrẽtaˈmẽtu] M Konfrontation f; (*briga*) Auseinandersetzung f **enfrentar** [ẽfrẽˈtar] ⟨1a⟩ entgegentreten; *fig* die Stirn bieten (*dat*), ins Auge sehen (*dat*); **~-se com alg** j-m gegenübertreten

enfriar [ẽfriˈar] ⟨1g⟩ abkühlen (lassen)

enfronhado [ẽfruˈɲadu] *almofada* bezogen; *pessoa* beschlagen (**em** in *dat*), bewandert (**em** in *dat*) **enfronhar** [ẽfruˈɲar] ⟨1f⟩ be-, überziehen; **~-se em** sich vertiefen in (*ac*); studieren

enfumaçar [ẽfumaˈsar] ⟨1p; *Stv* 1b⟩, **enfumarar** [ẽfumaˈrar] ⟨1b⟩ verräuchern

enfunar [ẽfuˈnar] ⟨1a⟩ (auf)blähen; **~-se** (an)schwellen; *fig* großtun

enfurecer [ẽfuriˈser] ⟨2g⟩ **A** V/T wütend machen **B** V/I (**~-se**) wütend werden (**com** über *ac*); *vento, mar* wüten, toben

enfurnar [ẽfurˈnar] ⟨1a⟩ verbergen; wegstecken; **~-se** sich zurückziehen

eng. ABR (*engenheiro*) Ing. (Ingenieur)

engabelar [ẽgabeˈlax] ⟨1c⟩ *bras* **~ alg** j-n hereinlegen

engadanhar [ẽgadaˈɲar] ⟨1a⟩ steif machen; **~-se** erstarren (*tb fig*)

engaiolar [ẽgajuˈlar] ⟨1e⟩ in e-n Käfig sperren; *fam pessoa* einsperren

engajador [ẽgaʒaˈdor] M Anwerber m **engajamento** [ẽgaʒaˈmẽtu] M Engagement n (*tb fig*) **engajar** [ẽgaˈʒar] ⟨1b⟩ an-, einstellen; *artista* engagieren; anwerben; *marinheiro* anheuern; **~-se** e-e Stelle annehmen (**em** bei); *fig* sich einlassen (**em** auf *ac*); sich engagieren (**em** für *dat*)

engalinhado [ẽgaliˈɲadu] *pop* verärgert

enganadiço [ẽganaˈdisu] leicht zu täuschen **enganado** [ẽgaˈnadu] ADJ **estar ~** sich täuschen **enganador** [ẽganaˈdor] (be)trügerisch **enganar** [ẽgaˈnar] ⟨1a⟩ betrügen (**em** um); täuschen; *o tempo* totschlagen; *a fome* betäuben; **deixar-se ~ por** sich täuschen lassen von; **~-se** sich irren (**com, em** in *dat*); sich vertun (**com, em** bei)

enganchar [ẽgãˈʃar] ⟨1a⟩ *colchete etc* ein-, festhaken; *quadro* an-, aufhängen; **~-se** hängen bleiben (**em** an *dat*)

engano [ẽˈganu] M Betrug m; (*erro*) Irrtum m; Täuschung f **enganoso** [ẽga-

'nozu) (be)trügerisch; (errado) irrig
engarrafadeira [ẽgɐʒɐfɐ'dɐirɐ] F Flaschenabfüllanlage f **engarrafamento** [ẽgɐʒɐfɐ'mẽtu] M Flaschenabfüllung f; fig Verstopfung f; AUTO Verkehrsstau m; COM Engpass m **engarrafar** [ẽgɐʒɐ'far] ⟨1b⟩ in e-e Flasche (ou Flaschen) füllen, abfüllen; fig verstopfen; AUTO e-n Stau verursachen (dat)

engasgar [ẽgɐʒ'gar] ⟨1o; Stv 1b⟩ j-m im Halse stecken bleiben; **~-se** sich verschlucken (**com** an dat); fig stecken bleiben; den Faden verlieren

engatar [ẽgɐ'tar] ⟨1b⟩ partes zusammenklammern; em gancho etc einhaken; cavalo anspannen; TECN einrasten; FERROV ankuppeln; fam AUTO mudança einlegen; pop **~ alg** j-n anmachen; mit j-m anbandeln **engate** [ẽ'gati] M (Anhänger-) Kupplung f; fig Anbandeln n; **andar no ~** auf ein erotisches Abenteuer aus sein; auf Brautschau/Männerfang gehen

engatilhar [ẽgati'ʎar] ⟨1a⟩ espingarda spannen; fig resposta etc bereithalten

engavetamento [ẽgavetɐ'mẽtu] M bras Auffahrunfall m **engavetar** [ẽgavi'tar] ⟨1c⟩ in e-e Schublade tun; (fechar) einschließen; pop einbuchten; **~-se** bras carros etc ineinanderfahren

engelha [ẽ'ʒɐ(l)ʎɐ] F Runzel f; Falte f **engelhar** [ẽʒi'ʎar] ⟨1c⟩ tecido zerknittern; testa runzeln; **~-se** verschrumpeln

engendrar [ẽʒẽ'drar] ⟨1a⟩ erzeugen, hervorbringen; plano sich ausdenken; conspiração anzetteln

engenhar [ẽʒi'ɲar] ⟨1d⟩ erfinden, fam aushecken **engenharia** [ẽʒiɲɐ'riɐ] F Ingenieurwissenschaft f; **~ civil** Bauingenieurwesen n; **~ genética** Gentechnologie f; **~ mecânica** Maschinenbau m; **~ subterrânea** ARQUIT Tiefbau m **engenheiro** [ẽʒi'ɲɐiru] M (Diplom)Ingenieur m; **~ agrónomo** (*ô) Diplomlandwirt m; **~ civil** Bauingenieur m; **~ de sistemas** INFORM Systemanalytiker m; **~ químico** Chemieingenieur m **engenho** [ẽ'ʒɐɲu] M ① Erfindungsgabe f; (talento) Geschick n; (génio) Genie n; (truque) Kunstgriff m ② Maschine f; (nora) (Wasser)Schöpfwerk n; bras Mate-, Zuckermühle f; espec Zuckersiederei f, -rohrfarm f; **~ (explosivo)** Sprengkörper m; **senhor m de ~** hist Zuckerbaron m **engenhoca** [ẽʒi'nɔkɐ] F

fig fam Kniff m **engenhosidade** [ẽʒẽjozi'dadʒi] F bras Erfindungsgabe f **engenhoso** [ẽʒi'nozu] erfinderisch; (espirituoso) geistreich

engessar [ẽʒi'sar] ⟨1c⟩ MED (ein)gipsen

englobamento [ẽglubɐ'mẽtu] M Erfassung f; DIR Zusammenveranlagung f **englobar** [ẽglu'bar] ⟨1e⟩ zusammenfassen; umfassen; einbeziehen; DIR zusammen veranlagen **englobável** [ẽglu'bavɛl] port rendimento steuerpflichtig

eng.º ABR (engenheiro) Ing. (Ingenieur)

engodar [ẽgu'dar] ⟨1e⟩ ködern **engodo** [ẽ'godu] M Köder m, Lockspeise f

engolfar [ẽgoł'far] ⟨1e⟩ NÁUT (auf das offene Meer) treiben; no abismo (hinein-) stürzen (**em** in ac); fig verschlingen; **~-se em** versinken in (dat); (atirar-se) sich hineinstürzen in (ac)

engolir [ẽgu'lir] ⟨3f⟩ A VT animal verschlingen; pessoa (hinunter)schlucken (tb fig) B VI still sein; **~ em seco** fig schlucken, einstecken

engomadeira [ẽgumɐ'dɐirɐ] F Büglerin f **engomar** [ẽgu'mar] ⟨1f⟩ A VT roupa stärken; (passar a ferro) bügeln B VI bügeln; **ferro m de ~** Bügeleisen n

engorda [ẽ'gɔrdɐ] F Mast f **engordar** [ẽgur'dar] ⟨1e⟩ A VT mästen; aufpäppeln B VI dick werden (**com** von), zunehmen (**com** von) **engordurar** [ẽgurdu'rar] ⟨1a⟩ fettig machen

engraçado [ẽgrɐ'sadu] criança nett, niedlich; dito witzig; bras lustig, komisch; **fazer-se (de) ~** fig den Hampelmann spielen **engraçar(-se)** [ẽgrɐ'sar(si)] ⟨1p; Stv 1b⟩ **~-se com alg/a/c** j-n/etw nett finden

engradado [ẽgrɐ'dadu] M Lattenverschlag m **engradar** [ẽgrɐ'dar] ⟨1b⟩ einzäunen

engrandecer [ẽgrɐ̃di'ser] ⟨2g⟩ A VT número vergrößern; alg rühmen; acontecimento übertreiben B VI (& V/R) **~(-se)** wachsen; fig aufsteigen **engrandecimento** [ẽgrɐ̃disi'mẽtu] M Vergrößerung f; fig Aufstieg m

engravatado [ẽgrɐvɐ'tadu] mit Krawatte; fig schick **engravatar-se** [ẽgrɐvɐ'tarsi] ⟨1b⟩ e-n Schlips tragen; fig sich herausputzen

engravidar [ẽgrɐvi'dar] ⟨1a⟩ A VT schwängern B VI schwanger werden

engraxadela [ẽgraʒ'dɛłɐ] F schnelles Schuheputzen **engraxador** [ẽgraʃɐ'dor] M Schuhputzer m; fig Speichellecker m **engraxar** [ẽgra'ʃar] ⟨1a⟩ sapatos putzen; cabedal einfetten; ~ **(as botas a) alg** fig j-m die Stiefel lecken **engraxate** [ẽgra'ʃatʃi] M bras Schuhputzer m

engrenagem [ẽgri'naʒẽĩ] F Getriebe n; Räderwerk n (tb fig); Maschinerie f **engrenar** [ẽgri'nar] ⟨1d⟩ A VT verzahnen, einhaken; AUTO mudança einlegen; fig in Angriff nehmen B V/I (& V/R) ~(-se) ineinandergreifen

engrinaldar [ẽgrinał'dar] ⟨1a⟩ (mit Blumen) schmücken

engripado [ẽgri'padu] grippekrank **engripar-se** [ẽgri'parsi] ⟨1a⟩ sich erkälten **engrolar** [ẽgru'łar] ⟨1e⟩ GASTR kurz braten, anbraten; trabalho hinpfuschen; desenho hinsudeln; palavras (vor sich ac hin) murmeln, nuscheln; alg täuschen, hereinlegen

engrossador [ẽgrosa'dox] M bras pop Kriecher m **engrossamento** [ẽgrusɐ'mẽtu] M Verdickung f; bras Kriecherei f **engrossar** [ẽgru'sar] ⟨1e⟩ A VT verdicken; verstärken (tb fig); rio anschwellen lassen; número vergrößern; alg rüde behandeln; GASTR eindicken B V/I dick werden (**com** von); anschwellen (**com, por, durch** (Fluss); tiefer werden (Stimme); ~ **com alg** j-m grob kommen

enguia [ẽ'gia] F ZOOL Aal m **enguiçar** [ẽgi'sar] ⟨1p⟩ A V/T pop verhexen; Unglück bringen; durcheinanderbringen B V/I Pech haben (**com** mit); bras defekt werden **enguiço** [ẽ'gisu] M 1 Hexerei f; fig Unglück n, fam Pech n; bras Panne f; (pressentimento) böse Ahnung f; **deitar ~ a alg** j-n verfluchen 2 criança: Quälgeist m

engulhar [ẽgu'ʎar] ⟨1a⟩ (sich) ekeln **engulho** [ẽ'guʎu] M Ekel m; MED Brechreiz m; (aversão) Widerwillen m

enigma [i'nigmɐ] M Rätsel n **enigmático** [ini'gmatiku] rätselhaft

enjaular [ẽʒaw'łar] ⟨1a⟩ in e-n Käfig sperren; fig alg einsperren

enjeitado [ẽʒɐj'tadu] M Findelkind n; fig Stiefkind n **enjeitar** [ẽʒɐj'tar] ⟨1a⟩ zurückweisen; verstoßen; criança aussetzen; ninho aufgeben

enjoado [ẽ'ʒwadu] see-, reisekrank; geralm unwohl; **estou ~** mir ist übel **enjoar** [ẽ'ʒwar] ⟨1f⟩ ~ **(de)** nicht vertragen; alg Übelkeit verursachen **enjoar-se** V/R ~ **de a/c** j-m übel werden von etw **enjoativo** [ẽʒwɐ'tivu] comida zu süß, unangenehm süß; fig eklig; Brechreiz erregend **enjoo** [ẽ'ʒou] M Seekrankheit f; Reisekrankheit f; geralm Übelkeit f; fig Widerwille m

enlaçadura [ẽłɐsɐ'durɐ] F Verkettung f **enlaçar** [ẽłɐ'sar] ⟨1p; Stv 1b⟩ A V/T festbinden (**por** an dat); partes verbinden; fig fesseln (**em** mit); INFORM programas koppeln B V/I sich anschließen (**com** an ac); ~**-se** sich verbinden; casal (sich ver)heiraten **enlace** [ẽ'łasi] M 1 Verbindung f; Verschlingung f 2 Band n, Fessel f; ~ **matrimonial** Vermählung f

enlambuzar [ẽłɐ̃bu'zar] ⟨1a⟩ beschmieren (**de, com** mit)

enlamear [ẽłɐ'mjar] ⟨1l⟩ verschlammen, besudeln

enlatado [ẽłɐ'tadu] A ADJ Büchsen... B M Konserve f; ~**s** pl Eingemachte(s) n **enlatar** [ẽłɐ'tar] ⟨1b⟩ (in Büchsen) einmachen, konservieren

enleado [ẽ'łjadu] fio verwickelt; (preso) gebunden; fig (embaraçado) befangen; (confuso) wirr **enlear** [ẽ'łjar] ⟨1l⟩ (an-, fest)binden; fig verwirren; alg numa coisa verwickeln; (atrair) anziehen (**com** mit); ~**-se** sich verfangen (**em** in dat); fig gefesselt werden (**com** von)

enleio [ẽ'łɐju] M Schlinge f; BOT Schlingpflanze f; fig Verwicklung f; Verwirrung f; (atracção) Reiz m, Zauber m

enlevar [ẽłi'var] ⟨1c⟩ verzücken; betören; ~**-se** in Verzückung geraten; versinken (**em** in ac e dat) **enlevo** [ẽ'łevu] M 1 Begeisterung f; Verzückung f 2 Zauber m; Wunder n

enliçar [ẽłi'sar] ⟨1p⟩ tear einziehen; tecido binden; fig plano anzetteln, aushecken; alg j-n in etw verstricken; (enganar) täuschen **enliço** [ẽ'łisu] M Täuschung f; Verstrickung f

enlodar [ẽłu'dar] ⟨1e⟩ verschlammen **enlouquecer** [ẽłoki'ser] ⟨2g⟩ A V/T verrückt machen B V/I verrückt werden (**com, de** vor); verrückt sein (**por** nach)

enluarado [ẽłwɐ'radu] ADJ im Mondschein; **noite** f **-a** Mondnacht f

enlutado [ẽłu'tadu] in Trauer; trauernd;

fig düster **enlutar** [ẽtu'tar] ⟨1a⟩ heimsuchen; *fig* verdüstern
enobrecer [inubri'ser] ⟨2g⟩ adeln; *fig* veredeln; (*embelezar*) verschönern; **~-se** sich hervortun (**por, com** durch)
enodoar [inu'dwar] ⟨1f⟩ beflecken
enojadiço [inuʒa'disu] empfindlich, reizbar **enojar** [inu'ʒar] ⟨1e⟩ ekeln, anwidern; ärgern; **~-se** Ekel empfinden (**de** vor *ac*); sich ärgern (*ou* aufregen) (**com** über *ac*)
enologia [enutu'ʒia] F̄ Önologie f, Weinbaukunde f
enorme [i'nɔrmi] enorm, ungeheuer (groß, lang *etc*), gewaltig; *fig* ungeheuerlich **enormidade** [inurmi'dadi] F̄ gewaltige Größe f (*ou* Zahl f); *dimensão* gewaltiges Ausmaß n; *fig* Ungeheuerlichkeit f
enovelar [inuvi'tar] ⟨1c⟩ aufrollen; *fig* verwirren; **~-se** durcheinandergeraten; *fios* sich verknäueln
enquadramento [ẽkwadrɐ'mẽtu] M̄ Rahmen m; *fig* Integration f; **~ salarial** Lohn-, Gehaltsanpassung f **enquadrar** [ẽkwa'drar] ⟨1b⟩ einstufen; *quadro* einrahmen; *tematicamente* einschließen; **~ em** *fig* einfügen in (*ac*); (*pertencer*) gehören zu
enquanto [ẽ'kwãtu] A C̄J *qualidade* als; *temporal*: solange; **~ (que)** während; **~ isto** unterdessen B ADV **por ~** vorläufig, bis auf weiteres
enraivar [ẽʀai'var] ⟨1a⟩, **enraivecer** [ẽʀaivi'ser] ⟨2g⟩ VT̄ wütend machen (**com** auf *ac*) B V̄I (& V/R) **~(-se)** wütend werden (**com** über *ac*, auf *ac*)
enraizamento [ẽʀaizɐ'mẽtu] M̄ Verwurzelung f **enraizar(-se)** [ẽʀai'zar(si)] ⟨1q⟩ Wurzeln schlagen, wurzeln
enranchar [ẽʀã'ʃar] ⟨1a⟩ *pessoas* zu e-r Gruppe zusammenstellen
enrarecer [ẽʀɐri'ser] ⟨2g⟩ rar (*ou* selten) werden
enrascada [ẽʀaʃ'kade] F̄ *fam bras* Patsche f, Schlamassel m; **meter-se numa ~** in die Bredouille geraten **enrascadela** [ẽʀaʃkɐ'dɛla] F̄ *pop* Patsche f, Schlamassel m; Reinfall m **enrascado** [ẽʀaʃ'kadu] ADJ *pop* **estar** (*ou* **ver-se**) **~** geliefert sein; in der Klemme sitzen **enrascar** [ẽʀaʃ'kar] ⟨1n; *Stv* 1b⟩ in Schwierigkeiten bringen; *pop* reinlegen; **~-se** reinfal-

len (**com** mit)
enredar [ẽʀe'dar] ⟨1c⟩ *fios* verschlingen; *numa intriga* verwickeln (**em** in *ac*); *história* aushecken **enredo** [ẽ'ʀedu] M̄ Intrige f; Verwicklung f (*in e-e Intrige*); *situação*: Verwirrung f; missliche Lage f; LIT, TEAT, CINE Handlung f, Plot m *samba*: Nummer f **enredoso** [ẽʀi'dozu] verwickelt; heikel
enregelar [ẽʀiʒi'tar] ⟨1c⟩ A V̄T̄ erstarren lassen B V̄I erstarren (**de, com** vor *dat*)
enrijar [ẽʀi'ʒar] ⟨1a⟩, **enrijecer** [ẽʀiʒi'ser] ⟨2g⟩ (robustecer) (sich) abhärten; (*endurecer*) steif werden
enriquecer [ẽʀiki'ser] ⟨2g⟩ V̄T̄ reich machen, bereichern; TECN *urânio* anreichern B V̄I (*bras* **~-se**) reich werden (**com** durch); *pej* sich bereichern (**com** an *dat*) **enriquecimento** [ẽʀikisi'mẽtu] M̄ Reichwerden n; *pej* Bereicherung f; TECN Anreicherung f
enrodilhar [ẽʀudi'ʎar] ⟨1a⟩ wickeln (**em** um); einwickeln (**em** in *ac*) (*tb fig*); (*complicar*) verkomplizieren
enrolador [ẽʀutɐ'dor] M̄ **~ para cabo** Kabeltrommel f **enrolamento** [ẽʀutɐ'mẽtu] M̄ ELECT Wicklung f **enrolar** [ẽʀu'tar] ⟨1e⟩ auf-, ein-, zusammenrollen; *fig* verwickeln; verstecken; **~-se** *mar, ondas* hochgehen; *fig* sich verwickeln
enroscar [ẽʀuʃ'kar] ⟨1n; *Stv* 1e⟩ zusammenrollen; *parafuso* einschrauben; *braços* schlingen (**em** um); **~-se** *fig* sich zusammenkauern
enroupar [ẽʀo'par] ⟨1a⟩ ein-, ankleiden; (*agasalhar*) warm anziehen
enrouquecer [ẽʀoki'ser] ⟨2g⟩ heiser machen (*ou* werden) **enrouquecimento** [ẽʀokisi'mẽtu] M̄ Heiserkeit f
enrubescer [ẽʀubiʃ'ser] ⟨2g⟩ A V̄T̄ röten; *alg* erröten lassen B V̄I erröten (**de, com** vor); *metal* erglühen
enrugado [ẽʀu'gadu] ADJ runzlig; faltig; **ficar ~** Falten bekommen **enrugar** [ẽʀu'gar] ⟨1o⟩ A V̄T̄ *papel, tecido* zerknittern; (ver-, zer)knautschen; *água* kräuseln B V̄I *pele* faltig werden
ensaboadela [ẽsɐbwa'dɛla] F̄ *fam* Grundkenntnisse fpl, Schnellkurs m; *fig* Abreibung f; **dar uma ~ a alg** *fig pop* j-m den Kopf waschen; **dar uma ~ de** *pop* e-n Einstieg geben in (*dat*) **ensa-**

boar [ẽa'bwar] ⟨1f⟩ einseifen; *fig fam* j-m den Kopf waschen
ensacar [ẽsa'kar] ⟨1n; *Stv* 1b⟩ einsacken; GASTR zu Wurst verarbeiten
ensaiar [ẽsa'jar] ⟨1a⟩ ausprobieren; *valor, peso* prüfen; AUTO einfahren; TEAT proben; **~-se** sich üben
ensaio [ẽ'saju] *M* Probe *f* (*tb* TEAT); Versuch *m*; *valor, peso*: Prüfung *f*; LIT Essay *m*; **~ geral** TEAT Generalprobe *f*; **proveta** *f* (*ou* **tubo** *m*) **de ~** Reagenzglas *n*; **no banco de ~** auf dem Prüfstand; **a título de ~** probehalber, versuchsweise **ensaísta** [ẽsa'iʃta] *M/F* Essayist(in) *m(f)*
ensambladura [ẽsãbɫɐ'duɾɐ] *F* carpintaria Blatt *n* **ensamblar** [ẽs'bɫar] ⟨1a⟩ TECN zusammenfügen; carpintaria anblatten
ensanguentado (*ü) [ẽsãgwẽ'tadu] blutig, blutbefleckt **ensanguentar** [ẽsãgwẽ'tar] ⟨1a⟩ mit Blut beflecken
ensardinhar [ẽsardi'ɲar] ⟨1a⟩ zusammenquetschen
enseada [ẽ'sjada] *F* kleine Bucht *f*
ensebado [ẽsi'badu] schmierig, fettig; *fig* schmutzig **ensebar** [ẽsi'bar] ⟨1d⟩ (ein)fetten, (ein)schmieren; *fig* verschmutzen
ensejo [ẽ'saiʒu] *M* Gelegenheit *f*; Augenblick *m*
ensimesmar-se [ẽsimiʒ'marsi] ⟨1c⟩ in Gedanken versinken
ensinadela [ẽsinɐ'dɛɫɐ] *F* pop Denkzettel *m* **ensinado** [ẽsi'nadu] sachverständig; **bem/mal ~** wohlerzogen/ungezogen
ensinamento [ẽsinɐ'mẽtu] *M* Lehre *f* (*tb fig*) **ensinar** [ẽsi'nar] ⟨1a⟩ *escola, UNIV* unterrichten, lehren (**a** zu) (*tb fig*); (*mostrar*) j-m etw zeigen; *cavalo* zureiten; *cão* abrichten, dressieren; **~ alemão** Deutsch unterrichten
ensino [ẽ'sinu] *M escola, UNIV* Unterricht *m*; Lehre *f*; *sistema*: Erziehungssystem *n*, Bildungswesen *n*; *fig* Erziehung *f*; **bras ~ fundamental** (*1. – 8. Klasse*) ≈ Primarstufe *f* und Sekundarstufe *f* I; **bras ~ medio** (*9. – 12. Klasse*) ≈ Sekundarstufe *f* II; **~ pré-primário** (*bras* **pré-escolar**) Vorschule *f*; **~ primário** Grundschulwesen *n*; **~ secundário** Sekundarschulwesen *n*; **~ superior** Hochschulwesen *n*
ensoado [ẽ'swadu] *planta* welk; *chão* trocken, ausgedörrt; (*quente*) heiß
ensoberbecer [ẽsubirbi'ser] ⟨2g⟩ **A** *V/T* stolz machen **B** *V/I* gierig werden; **~-se** hochmütig werden; sich brüsten (**de** *e-r Sache*); *ondas* hochgehen

ensolarado [ẽsuɫɐ'ɾadu] sonnig, sonnenbeschienen
ensombrar [ẽsõ'brar] ⟨1a⟩ beschatten; verdüstern; *fig* überschatten
ensonado [ẽsu'nadu] schläfrig
ensopado [ẽsu'padu] **A** *ADJ* durchtränkt, getränkt; (*molhado*) durchnässt; *carne f* **-a** (Fleisch)Eintopf *m* **B** *M* GASTR Eintopf *m* (*mit Fisch oder Fleisch*) **ensopar** [ẽsu'par] ⟨1e⟩ *em água*: in Wasser einweichen; *no café, na sopa*: eintunken; *sopas de pão* einbrocken; *chuva* durchnässen; **~-se** nass werden (**de** von)
ensurdecedor [ẽsurdisi'dor] (ohren)betäubend **ensurdecer** [ẽsurdi'ser] ⟨2g⟩ **A** *V/T* dämpfen **B** *V/I* taub werden; *fig* sich taub stellen (**a** *dat*) **ensurdecimento** [ẽsurdisi'mẽtu] *M* Taubheit *f*
entabuamento [ẽtɐbwɐ'mẽtu] *M* (Holz)Fußboden *m*; Bohlen *fpl*; *parede, tecto*: Verschalung *f* **entabuar** [ẽtɐ'bwar] ⟨1g⟩ *chão* dielen; mit Bohlen versehen; *parede, tecto* verschalen; **~-se** sich verhärten; *fig céu* sich bewölken
entabulamento [ẽtɐbuɫɐ'mẽtu] *M* Gesims *n* **entabular** [ẽtɐbu'ɫar] ⟨1a⟩ **1** verschalen **2** (an)ordnen; zurechtlegen; *conversa* anknüpfen
entaipar [ẽtai'par] ⟨1a⟩ absperren
entalação [ẽtɐɫɐ'sãu] *F fig* Bedrängnis *f*; Klemme *f* **entaladela** [ẽtɐɫɐ'dɛɫɐ] *F pop* finanzielle Klemme *f*; **dar uma ~** *port* GASTR kurz garen **entalado** [ẽtɐ'ɫadu] *ADJ* **estar** (*ou* **ver-se**) **~** in der Klemme sitzen **entalão** [ẽtɐ'ɫãu] *M* → entalação; **dar um ~ a alg** j-n hereinlegen **entalar** [ẽtɐ'ɫar] ⟨1b⟩ *parafuso* ein-, festschrauben; (ein-, dazwischen)klemmen; MED schienen; GASTR kurz garen; *fig* in die Enge treiben; *fam* hereinlegen; **~-se** eingeklemmt werden; *fig* in Bedrängnis kommen; sich hereinlegen lassen
entalha [ẽ'taʎɐ] *F* Einschnitt *m*; Kerbe *f* **entalhador** [ẽtɐʎɐ'dor] *M* **1** (Holz)Schnitzer *m* **2** Stechbeitel *m* **entalhamento** [ẽtɐʎɐ'mẽtu] *M* Schnitzwerk *n*; *espec* Spundung *f* **entalhar** [ẽtɐ'ʎar] ⟨1b⟩ (ein)schneiden; *madeira* schnitzen; *pedra* hauen, (aus)meißeln; *carpintaria*:

spunden; *ornamento* (ein)kerben **entalhe** [ẽ'taʎi] M, **entalho** [ẽ'taʎu] M Schnitzen n; Holzschnitzerei f; *geralm* Einschnitt m

entanto [ẽ'tãtu] CONJ **no** ~ indessen, jedoch

então [ẽ'tãũ] A ADV damals; da; dann; **desde** ~ seitdem; seit damals; **até** ~ bis dahin B INT ~! los!, also!; dann woll'n wir mal!; **e** ~? und nun?; und dann?; na und?; **pois** ~! na also!; ~ **é possível?** wie ist es nur möglich?

entardecer [ẽtaɾdi'seɾ] ⟨2g⟩ Abend werden; dunkel werden; **ao** ~ am Spätnachmittag

ente ['ẽti] M Wesen n; **os** ~**s queridos** die Liebsten

enteado [ẽ'tjadu] M, **-a** F Stiefsohn m, -tochter f

entediar [ẽti'djaɾ] ⟨1g⟩ langweilen; ~**-se de** (*ou* **com**) sich langweilen bei

entendedor [ẽtẽde'doɾ] verständig **entender** [ẽtẽ'deɾ] ⟨2a⟩ A VT verstehen; *etw* verstehen von; *erro* erkennen, einsehen; *alg* durchschauen; (*crer*) glauben, meinen B VI verstehen; der Ansicht sein; ~ **com** zusammenhängen mit; ~ **de** sich verstehen auf (*ac*); etwas verstehen von; ~ **da** *pop port fam* sich auskennen, Ahnung haben; **dar a** ~ zu verstehen geben, andeuten; **fazer-se** ~ sich verständlich machen; **no meu** ~ meiner Meinung nach; ~**-se lingua**: sich verständigen; *especialidade*: sich auskennen (**de, em** in *dat*); ~**-se com** *alg* sich einigen mit, sich einig sein mit; **eu cá me entendo** ich weiß, woran ich bin **entendido** [ẽtẽ'didu] A ADJ sachverständig; klug, schlau; ~**!** abgemacht!, einverstanden!; **bem** ~ selbstverständlich; **não se dar por** ~ sich dumm stellen; **ser** ~ **em** etwas verstehen von B M Kenner m; (*perito*) Fachmann m **entendimento** [ẽtẽdi'mẽtu] M Verstand m; Verständnis n; *texto*: Auslegung f; *palavra*: Bedeutung f; POL Verständigung f

entenebrecer [ẽtinibɾi'seɾ] ⟨2g⟩ verfinstern; *fig* traurig stimmen

enterite [ẽti'ɾiti] F Darmentzündung f

enternecedor [ẽtiɾnise'doɾ] rührend **enternecer** [ẽtiɾni'seɾ] ⟨2g⟩ rühren; erweichen; ~**-se** gerührt werden; sich rühren lassen (**de, com** von) **enternecido** [ẽtiɾni'sidu] ADJ **estar** (*ou* **ficar**) ~ gerührt sein **enternecimento** [ẽtiɾnisi'mẽtu] M Rührung f; (*sensibilidade*) Sanftheit f; (*compaixão*) Mitgefühl n

enterramento [ẽtiɨɾɐ'mẽtu] M Ein-, Vergraben n; (*funeral*) → **enterro enterrar** [ẽti'ʀaɾ] ⟨1c⟩ ein-, vergraben; *mortos* beerdigen, begraben; *fig* ins Grab bringen; ~**-se** *fig* aufgehen (**em** in *dat*); sich versenken (**em** in *dat*); *fam* sich blamieren (**com** mit) **enterro** [ẽ'teʀu] M Beerdigung f, Begräbnis n

entesar [ẽti'zaɾ] ⟨1c⟩ A VT straffen; versteifen; (ver)stärken B VI *pop* pleite sein; ~**-se** sich hart zeigen (**com** gegenüber)

entestar [ẽtiʃ'taɾ] ⟨1c⟩ ~ **com** grenzen an (*ac*), stoßen an (*ac*)

entibiar [ẽti'bjaɾ] ⟨1g⟩ schwächen; abkühlen (*tb fig*)

entidade [ẽti'dadi] F FILOS Wesen n; (*pessoa*) Persönlichkeit f; (*sociedade*) Körperschaft f; (*pública*) Stelle f, Behörde f; ~ **empregadora**, ~ **patronal** Arbeitgeber m; *federação*: Arbeitgeberverband m

entoação [ẽtwɐ'sɐ̃ũ] F Intonation f; Tonfall m; PINT Abstimmung f **entoar** [ẽ'twaɾ] ⟨1f⟩ *canção* anstimmen; *tb* singen; *fig* (ein)leiten

entono [ẽ'tonu] M Dünkel m

entontecer [ẽtõti'seɾ] ⟨2g⟩ schwindlig machen (*ou* werden); (*enlouquecer*) verrückt machen **entontecimento** [ẽtõtisi'mẽtu] M Schwindel m, Schwindelgefühl n; (*loucura*) Wahnsinn m

entornar [ẽtuɾ'naɾ] ⟨1e⟩ *recipiente* umkippen; *líquido* vergießen; ~**-se** *recipiente* umfallen; *líquido* ausfließen; *pop* (*embriagar-se*) sich besaufen

entorpecente [ẽtuɾpi'sẽti] M Rauschgift n **entorpecer** [ẽtuɾpi'seɾ] ⟨2g⟩ A VT lähmen; einschläfern B VI erlahmen; *membro* einschlafen **entorpecimento** [ẽtuɾpisi'mẽtu] M Lähmung f; Erlahmen n; *membro*: Gefühllosigkeit f

entorse [ẽ'tɔɾsi] F MED Verrenkung f

entortar [ẽtuɾ'taɾ] ⟨1e⟩ A VT (ver)biegen; *olhos* schielen; *cabeça* wegdrehen; ~ **um negócio** e-n Handel verderben B VI (& V/R) ~(**-se**) krumm werden; *fig alc* schief gehen; *alg* auf Abwege geraten; *pop* sich voll laufen lassen

entrada [ẽ'tɾada] F **1** *edifício*: Eingang m; Eingangshalle f; *de veículos*: Einfahrt *m*; **ter ~ em** Zutritt haben zu **2** *accão*: Eintreten *n*; Eintritt *m*; *autocarro, comboio*: Einstieg *m*; *país*: Einreise *f*; MIL Einzug *m*, Einmarsch *m*; TEAT Auftritt *m*; MÚS Einsatz *m*; **~ em força** Eindringen *n*; Einbrechen *n*; **~ proibida** Eintritt verboten **3** (*chegada*) Ankunft *f*; *hospital*: Einlieferung *f*; **~ do ano** Jahresanfang *m*; **~ em vigor** Inkrafttreten *n*; **de ~** eingangs; zu Anfang; **dar ~ a** *comboio etc* einfahren lassen; *avião* einfliegen lassen; *água etc* einlassen; *no hospital*: eingeliefert werden **4** (*bilhete*) (Eintritts)Karte *f* **5** GASTR Vorspeise *f* **6** INFORM Eingabe *f* **7** *dicionário*: Eintrag *m* **8** FIN Einzahlung *f*; (*sinal*) Anzahlung *f*; *clube, sociedade*: Aufnahmegebühr *f*; *jogo*: Einnahme *f* **9** COM (*receita*) Einnahme *f* **10** **~s** *pl* Geheimratsecken *fpl*

entrado [ẽ'tradu] *fam* beschwipst, angeheitert; *bras* dreist; **~ em anos** im vorgerückten Alter **entradote** [ẽtra'dɔti] *fam* **1** ältlich **2** (*bébedo*) angesäuselt

entrançado [ẽtrɐ̃'sadu] **A** ADJ geflochten **B** M Geflecht *n* **entrançar** [ẽtrɐ̃'sar] ⟨1p⟩ (zu Zöpfen) flechten; ineinander verflechten

entranhado [ẽtrɐ'ɲadu] innig; *ódio* (tief) verwurzelt **entranhar** [ẽtrɐ'ɲar] ⟨1a⟩ (tief) hineinführen; (*conter*) bewahren, einschließen; **~-se** eindringen; (*esconder-se*) sich verbergen; *fig* sich vertiefen (**de, em** in *ac*) **entranhas** [ẽ'trɐɲɐʃ] FPL Weichteile *pl*; Innereien *pl*; Innere(s) *n*; *fig* Gemüt *n*; **ter más ~** keinen guten Ruf haben

entrar [ẽ'trar] ⟨1d⟩ **A** VIT *a/c* hereinschaffen; COM einführen, importieren; buchen; INFORM *dados* eingeben **B** VII **1** eintreten; hereinkommen; **~ em país** einreisen in (*ac*); *à força* eindringen in (*ac*); *clube, sociedade* beitreten (*dat*); (*ter acesso*) Zutritt haben; **~ em si** sich (*ac*) gehen; **~ numa empresa** bei *ou* in e-r Firma angestellt werden; **fazer ~** hineinbringen; **mandar ~** eintreten lassen; **entra!, entre!** herein! **2** *cortejo etc* einziehen, einmarschieren; *comboio, barco* einfahren, einlaufen; *rio* münden (**em** in *ac*); *no trabalho etc* kommen; *correio etc* eingehen; MÚS einsetzen **3** *fig* **~ em a/c** bei etw mitmachen; (*participar*) sich an etw (*dat*) beteiligen; sich auf etw (*ac*) einlassen; *tema* mit etw beginnen; *questão* auf etw (*ac*) eingehen; *coisa* zu etw gehören; **~ em alg** *sentimento, pensamento* j-n heimsuchen **4** TEAT auftreten **5** *com prep*: **~ a** (*inf*) beginnen zu (*inf*); **~ bem, ~ com o pé direito** e-n guten Anfang (*ou* Start) haben; **~ com a/c** hinter etw kommen; *quantia* beisteuern, (ein)zahlen; *jogo* setzen; **~ com alg** j-n auf den Arm nehmen; j-n verspotten; **~ de** (*ou* **em**) **serviço** seinen Dienst antreten; **~ para** *ordem* REL, POL beitreten; UNIV, MIL gehen zu (*dat*); **~ por** *rua* einbiegen in (*ac*) & *bras fam* **~ na jogada** mitmachen; *bras fam* **~ numa fria** Mist bauen

entravar [ẽtra'var] ⟨1b⟩ hemmen; *fig* (ver)hindern **entrave** [ẽ'travi] M Hemmnis *n*; *fig* Hindernis *n*

entre [ˈẽtri] zwischen (*ac, dat*); unter (*mehreren*) (*ac, dat*); **cem homens ~ mortos e feridos** hundert Mann an Toten und Verwundeten; **~ ... e ...** halb ..., halb ...; **por ~** inmitten, mitten unter; *direcção* mittendurch; **~ si** bei sich selbst; unter sich (*sein*); unter-, miteinander, zueinander; **~ os portugueses** bei (*ou* unter) den Portugiesen; **~ outras coisas** unter anderem

entreaberta [ẽtriɐ'bɛrtɐ] F METEO Auflockerung *f* **entreaberto** [ẽtriɐ'bɛrtu] angelehnt (*Tür*) **entreabrir** [ẽtriɐ'brir] ⟨3b⟩ **A** VIT (ein wenig *ou* leise) öffnen **B** VII (& V/R) **~(-se)** (langsam) aufgehen (*Tür*); METEO sich aufhellen; sich auflösen (**em** in *ac*)

entrea(c)to [ẽtri'atu] M TEAT Zwischenakt *m*

entreajuda [ẽtriɐ'ʒudɐ] F gegenseitige Hilfe *f* **entreajudar-se** [ẽtriɐʒu'darsi] ⟨1a⟩ sich (*dat*) gegenseitig helfen

entrecho [ẽ'trɐiʃu] M LIT, CINE, TEAT Handlung *f*

entrechocar-se [ẽtriʃu'karsi] ⟨1n; *Stv* 1e⟩ aufeinanderprallen (*ou* -stoßen) **entrechoque** [ẽtri'ʃɔki] M Zusammenstoß *m*

entrecortado [ẽtrikur'tadu] unregelmäßig **entrecortar** [ẽtrikur'tar] ⟨1e⟩ zerteilen; *fala* unterbrechen; **~-se** *linhas* sich schneiden

entrecosto [ẽtri'koʃtu] M GASTR Rippenstück *n*, Entrecôte *n* **entredizer** [ẽtridi-

'zer] ⟨2t⟩ murmeln; zueinander sagen; **entreforro** [ẽtri'foʀu] M **1** Stoffeinlage f **2** ARQUIT Dachstuhl m

entrega [ẽ'tregɐ] F Übergabe f; Aushändigung f; *encomenda*: Ab-, Auslieferung f; *dinheiro*: Zahlung f; **~ ao domicílio** Zustellung f (*ins Haus*); Anlieferung f; **~ (física)** fig Hingabe f; **contra ~** gegen Aushändigung **entregador** [ẽtrigɐ'doʀ] M Ladengehilfe m **entregar** [ẽtri'gaʀ] ⟨1o; *Stv* 1c⟩ übergeben; aushändigen; abliefern, abgeben; *correio* zustellen; *encomenda* ausliefern; *nas mãos de alg* anvertrauen; (*devolver*) zurückgeben; *dinheiro* (be)zahlen; *segredo* verraten; **~-se** a *destino* sich ergeben (*dat*); (*dedicar-se*) sich widmen (*dat*); *alg* sich hingeben (*dat*) **entregue** [ẽ'tregi] PP irr de → entregar; **~** fig ergeben; *pej* ausgeliefert; **deixar ~** aushändigen, abgeben; *valores* anvertrauen; **ficar** (ou **estar**) **bem ~** gut aufgehoben sein

entrelaçado [ẽtrilɐ'sadu] A ADJ verflochten; **não ~** INFORM *ecrã* flimmerfrei B M Flechtwerk n **entrelaçamento** [ẽtrilɐsɐ'mẽtu] M Verflechtung f; Geflecht n **entrelaçar** [ẽtrilɐ'saʀ] ⟨1p; *Stv* 1b⟩ verflechten; einweben; **~-se** sich verschlingen

entrelinha [ẽtri'liɲɐ] F Zeilenzwischenraum m; TIPO Durchschuss m; **ler nas ~s** zwischen den Zeilen lesen **entrelinhar** [ẽtrili'ɲaʀ] ⟨1a⟩ TIPO den Durchschuss vergrößern

entreluzir [ẽtrilu'ziʀ] ⟨3m⟩ durchschimmern

entremear [ẽtri'mjaʀ] ⟨1l⟩ *parte* einschieben, -setzen; *ingrediente* untermischen; (*intervalar*) durchbrechen **entremeio** [ẽtri'maju] M Einschub m; Zwischenraum m; *tempo*: Zwischenzeit f; **neste ~** mittlerweile

entrementes [ẽtri'mẽtiʃ] A ADV inzwischen, unterdessen B M Zwischenzeit m

entremeter [ẽtrimi'teʀ] ⟨2c⟩ → intromemeter

entreolhar-se [ẽtrio'ʎaʀsi] ⟨1e⟩ einander ansehen **entreouvir** [ẽtrio'viʀ] ⟨3u⟩ (undeutlich) hören

entrepano [ẽtri'pɐnu] M Einlegeboden m, Fach n

entreposto [ẽtri'poʃtu] M ⟨*pl* [-'pɔ-]⟩ Lagerplatz m; Zwischenlager n

entretanto [ẽtri'tɐ̃tu] A ADV unterdessen; indessen B M Zwischenzeit f

entretela [ẽtri'tɛlɐ] F ARQUIT Widerlager n

entretém [ẽtri'tẽj] M pop, **entretenimento** [ẽtritini'mẽtu] M Unterhaltung f, Zeitvertreib m **entreter** [ẽtri'teʀ] ⟨2xa⟩ unterhalten; zerstreuen; *temporal*: auf-, hinhalten; *dor* ertragen helfen, erträglich machen; **~-se** innehalten; sich zerstreuen (**com** mit) **entretido** [ẽtri'tidu] *pessoa* abgelenkt; (*embebido*) vertieft (**em** in *dat*); *filme, livro* unterhaltsam

entretom [ẽtri'tõ] M Zwischenton m

entrevado [ẽtre'vadu] A ADJ gelähmt B M, **-a** F Gelähmte(r) m/f(m)

entrever [ẽtri'veʀ] ⟨2m⟩ (undeutlich ou flüchtig) sehen; (*prever*) ahnen

entrevista [ẽtri'viʃtɐ] F *imprensa*: Interview n; *emprego*: Vorstellungs-, Bewerbungsgespräch n **entrevistado** [ẽtriviʃ'tadu] M, **-a** F Befragte(r) m/f(m) **entrevistador(a)** [ẽtriviʃtɐ'doʀ(ɐ)] M(F) Interviewer(in) m(f) **entrevistar** [ẽtriviʃ'taʀ] ⟨1a⟩ *imprensa*: interviewen; befragen; *polícia etc* verhören; **~-se com** zusammentreffen mit

entristecer [ẽtriʃti'seʀ] ⟨2g⟩ A VT traurig machen, betrüben B VI traurig werden **entristecimento** [ẽtriʃtisi'mẽtu] M Betrübnis f; Trauer f

entroncado [ẽtrõ'kadu] untersetzt, stämmig **entroncamento** [ẽtrõkɐ'mẽtu] M Abzweigung f; FERROV (Bahn)Knotenpunkt m **entroncar** [ẽtrõ'kaʀ] ⟨1n⟩ zusammenlaufen, -treffen (**em** in *dat*)

entronização [ẽtronizɐ'sɐ̃u] F Inthronisation f; *geralm* Amtsantritt m **entronizar** [ẽtroni'zaʀ] ⟨1a⟩ *j-n* (auf den Thron) erheben; *a/c* durchsetzen

entrós [ẽ'trɔʃ] M, **entrosa** [ẽ'trɔzɐ] F Zahnrad n **entrosar** [ẽtro'zaʀ] ⟨1e⟩ ineinandergreifen; einrasten; *braʂ* sich einleben; **~ com** greifen in (*ac*); passen zu; übereinstimmen mit; *braʂ* sich anfreunden mit

Entrudo [ẽ'trudu] M Karneval f, Fasching m; fig Rummel m

entufar [ẽtu'faʀ] ⟨1a⟩ (auf)blähen

entulhar [ẽtu'ʎaʀ] ⟨1a⟩ ablagern; aufschütten; *fossa* auffüllen; fig voll stopfen **entulho** [ẽ'tuʎu] *construção*: (Bau)Schutt m; *móveis* Sperrmüll m; MIN Ab-

entumecer [ētumi'ser] ⟨2g⟩ → intumescer

entupido [ētu'pidu] verstopft; **estar ~** *fig* schwer von Begriff sein; **ficar ~** wie vor den Kopf geschlagen sein **entupimento** [ētupi'mẽtu] M (Rohr)Verstopfung f; *fig* Dummheit f **entupir** [ētu'pir] ⟨3a e 3h⟩ (sich) verstopfen; *fig* sprachlos sein (**com** vor)

enturvar [ētur'var] ⟨1a⟩ *alegria, brilho* trüben; *janela* beschlagen

entusiasmar [ētuzjɐʒ'mar] ⟨1b⟩ begeistern; (*animar*) anfeuern **entusiasmo** [ētu'zjaʒmu] M Begeisterung f **entusiasta** [ētu'zjaʃta] A M/F Enthusiast(in) m(f); *fam* Anhänger(in) m(f) B ADJ begeistert **entusiástico** [ētu'zjaʃtiku] enthusiastisch, begeistert

enublar-se [inu'bɫarsi] ⟨1a⟩ *expressão etc* sich verdüstern

enumeração [inumirɐ'sɐ̃ũ] F Aufzählung f **enumerar** [inume'rar] ⟨1c⟩ aufzählen

enunciação [inũsjɐ'sɐ̃ũ] F Nennung f; Darlegung f; GRAM Aussage f; Äußerung f **enunciado** [inũ'sjadu] M Äußerung f; GRAM Satz m **enunciar** [inũ'sjar] ⟨1g⟩ aussagen, -sprechen; *motivos* nennen; *opinião* ausdrücken

envaidecer [ẽvajdi'ser] ⟨2g⟩ eitel machen (*ou* werden); **~-se com** (*ou* **de**) stolz sein auf (*ac*) **envaidecimento** [ẽvajdisi'mẽtu] M Eitelkeit f; (*presunção*) Einbildung f; (*orgulho*) Stolz m

envasar [ẽvɐ'zar] ⟨1b⟩ **1** eintopfen **2** → envasilhar **envasilhar** [ẽvɐzi'ʎar] ⟨1a⟩ in Gefäße (ab)füllen; einfüllen; **~ sob vácuo** vakuumverpacken

envelhecer [ẽviʎi'ser] ⟨2g⟩ A V/T alt machen; altern lassen B V/I alt werden, altern; *máquina etc* veralten **envelhecimento** [ẽviʎisi'mẽtu] M Altern n, Alterung f; *de uma máquina etc* Veralten n; **~ precoce** vorzeitiges Altern n

envelope [ẽvi'lɔpi] M (Brief)Umschlag m

envencilhar [ẽvẽsi'ʎar] ⟨1a⟩ (fest-, zusammen)binden; **~-se em** sich verwickeln in (*dat*)

envenenado [ẽvini'nadu] vergiftet; giftig (*tb fig*); **morrer ~** an e-r Vergiftung sterben **envenenamento** [ẽvinina'mẽtu] M Vergiftung f **envenenar** [ẽvini'nar] ⟨1d⟩ vergiften; *intenção* missdeuten; **~-se** *fig* bösartig (*ou* gehässig) werden

enverdecer [ẽvirde'ser] ⟨2g⟩ A V/T begrünen B V/I grünen, grün werden

enveredar [ẽviri'dar] ⟨1c⟩ den Weg einschlagen (**por** nach), **em direcção a** in Richtung auf etw gehen; sich zuwenden; sich entscheiden (**por** für)

envergadura [ẽvirgɐ'durɐ] F NÁUT Segelbreite f; ZOOL, AERO Flügel-, Spannweite f; *fig* Format n; Ausmaß n; **de grande ~** *plano etc* groß angelegt **envergar** [ẽvir'gar] ⟨1c⟩ *vela* anschlagen; biegen; (*vestir*) überziehen

envergonhado [ẽvirgu'ɲadu] verschämt; schamhaft **envergonhar** [ẽvirgu'ɲar] ⟨1f⟩ beschämen; (*desonrar*) Schande machen (*dat*); **~-se** sich schämen (**de** *e-r Sache*)

envernizado [ẽvirni'zadu] Lack... **envernizar** [ẽvirni'zar] ⟨1a⟩ *unhas, móvel* lackieren; *chão* polieren

envesgar [ẽviʒ'gar] ⟨1c⟩ **~ os olhos** schielen

enviado [ẽ'vjadu] M, **-a** F (Ab)Gesandte(r) m/f(m); **~ especial** Sonderbotschafter m **enviar** [ẽ'vjar] ⟨1g⟩ *carta* (ab)senden, (zu)schicken; *correspondente* entsenden; **~ ao destinatário** *correio* nachsenden

envidar [ẽvi'dar] ⟨1a⟩ *jogo* reizen; *fig forças* einsetzen; anspannen; *esforço* machen

envidraçado [ẽvidrɐ'sadu] verglast; Glas... **envidraçar** [ẽvidrɐ'sar] ⟨1p; Stv 1b⟩ verglasen

enviesado [ẽvje'zadu] schräg; schief **enviesar** [ẽvje'zar] ⟨1a⟩ A V/T schräg stellen; *canto* abschrägen; *alg* von der Seite ansehen B V/I in die falsche Richtung gehen; **~ para** (ab)gehen nach

envilecer [ẽviti'ser] ⟨2g⟩ A V/T herabwürdigen; entwerten B V/I (G V/R) **~(-se)** an Wert (*ou* Ansehen) verlieren; (*aviltar*) verkommen

envio [ẽ'viu] M *correio:* (Zu)Sendung f; Versand m; *correspondence:* Entsendung f

enviuvar [ẽvju'var] ⟨1q⟩ verwitwen

envolta [ẽ'vɔɫtɐ] F **1** Durcheinander n, Chaos n **2** Wickeltuch n **envolto** [ẽ'vɔɫtu] A PP → envolver B ADJ *situação*

verwickelt; *água* trübe; *fig* tränenerstickt; zornentbrannt; *no vicio* versunken **envoltório** [ẽvoɫˈtɔrju] M Hülle f; (*embalagem*) Verpackung f
envolvência [ẽvoɫˈvẽsjɐ] F Umstand m
envolvente [ẽvoɫˈvẽti] umfassend; *local*: umliegend; *fig* anheimelnd; (*cómodo*) kuschelig; (*insinuante*) verführerisch **envolver** [ẽvoɫˈver] ⟨2e⟩ *em papel* (ein)wickeln; *em manta* einhüllen; *muro* umfassen; *fig numa intriga* verstricken (**em** *in ac*); beteiligen (**em** *an dat*); *consequências* nach sich ziehen; **~-se com** *fig* sich einmischen (*in ac*); **~-se com alg** sich mit j-m einlassen **envolvido** [ẽvoɫˈvidu] ADJ *ser/estar* ~ **em** verwickelt werden/sein in (*ac*) **envolvimento** [ẽvoɫviˈmẽtu] M Beteiligung f; *fig* Verwicklung f; (*intervenção*) Einmischung f; **~ emocional/afe(c)tivo** PSICOL emotionale Bindung f; **~ amoroso** Liebesbeziehung f
enxada [ẽˈʃadɐ] F Hacke f; *fig* Broterwerb m **enxadada** [ẽʃaˈdadɐ] F Hieb m (*mit der Hacke*)
enxaguadela [ẽʃɐgwɐˈdɛɫɐ] F, **enxaguadura** [ẽʃɐgwɐˈdurɐ] F (Ab)Spülen n **enxaguar** [ẽʃɐˈgwar] ⟨1ma⟩ (ab-, aus)waschen, spülen
enxaimel [ẽʃaiˈmɛɫ] M Fachwerk n **enxame** [ẽˈʃɐmi] M Bienenschwarm m; *fig* Schwarm m
enxaqueca [ẽʃɐˈkɛkɐ] F Migräne f; **sofrer de ~** unter Migräne leiden
enxerga [ẽˈʃɛrgɐ] F Strohsack m; ärmliches Lager n
enxergar [ẽʃirˈgar] ⟨1o; *Stv* 1c⟩ bemerken; sehen, erblicken
enxertadeira [ẽʃirtɐˈdɐirɐ] F Okuliermesser n **enxertar** [ẽʃirˈtar] ⟨1c⟩ (auf)pfropfen, okulieren; MED verpflanzen; *fig* einfügen; einschmuggeln **enxerto** [ẽˈʃertu] M AGR Pfropfreis n; *port pop* Abreibung f; **~ de pele** Hautverpflanzung f
enxofrar [ẽʃuˈfrar] ⟨1e⟩ schwefeln **enxofre** [ẽˈʃofri] M Schwefel m
enxota-moscas [ẽˈʃɔtɐˈmɔʃkɐʃ] M ⟨*pl inv*⟩ Fliegenwedel m **enxotar** [ẽʃuˈtar] ⟨1e⟩ verjagen, vertreiben
enxoval [ẽʃuˈvaɫ] M Aussteuer f; *bebé*: (Säuglings)Ausstattung f
enxovalhar [ẽʃuvɐˈʎar] ⟨1b⟩ beschmutzen; *tecido* zerknittern; *fig* beschimpfen **enxovalho** [ẽʃuˈvaʎu] M Beschmutzung

f; *fig* Verunglimpfung f; Demütigung f
enxugador [ẽʃugɐˈdor] M Trockengestell n; *máquina*: Wäschetrockner m **enxugadouro** [ẽʃugɐˈdoru] M Trockenplatz m **enxugar** [ẽʃuˈgar] ⟨1o⟩ A VIT (ab)trocknen (**a** *an dat*) B VI (aus)trocknen
enxurrada [ẽʃuˈradɐ] F (Regen)Guss m; Sturzbach m; (Wasser)Flut f; *de asneiras etc*: Unmenge f; **às ~s** in Strömen; *fig* haufenweise **enxurrar** [ẽʃuˈrar] ⟨1a⟩ A VIT überschwemmen B VI anschwellen **enxurro** [ẽˈʃuru] M Flut f; *fig* Abschaum m
enxuto [ẽˈʃutu] A PP *irr* → enxugar B ADJ trocken; *fam* schlank, fit
enzima [ẽˈzimɐ] F BIOL Enzym n
eólico [ɛˈɔliku] Windkraft...
E.P. F ABR (Empresa Pública) öffentliches Unternehmen n
epicentro [epiˈsẽtru] M Epizentrum n
épico [ˈɛpiku] A ADJ episch; **género (*ê)** m ~ Epik f B M Epiker m
epidemia [epidiˈmiɐ] F Epidemie f **epidémico (*ê)** [epiˈdɛmiku] epidemisch
epiderme [epiˈdɛrmi] F Epidermis f, Oberhaut f **epidérmico** [epiˈdɛrmiku] epidermal, Oberhaut...
Epifania [epifɐˈniɐ] F REL Dreikönigsfest n, Erscheinungsfest n
epigástrio [epiˈgaʃtriu] M, **epigastro** [epiˈgaʃtru] M ANAT Magengrube f
epígrafe [eˈpigrɐfi] F *funerária etc*: Inschrift f; *livro*: Überschrift f; (*mote*) Motto n
epilepsia [epiɫɛˈpsiɐ] F Epilepsie f **epiléptico** [epiˈɫɛtiku] A ADJ epileptisch B M, -a F Epileptiker(in) m(f)
epílogo [eˈpiɫugu] M Nachwort n; (*fim*) Schluss m; Epilog m
episcopado [epiʃkuˈpadu] M Bischofsamt n, -würde f; Episkopat m
episódico [epiˈzɔdiku] episodisch; (*secundário*) nebensächlich; (*casual*) gelegentlich **episódio** [epiˈzɔdju] M Episode f; TV Folge f
epístola [eˈpiʃtuɫɐ] F Brief m; REL Epistel f
epitáfio [epiˈtafju] M Grabinschrift f
epíteto [eˈpititu] M Beiwort n; Bei-, Spitzname m
época [ˈɛpukɐ] F Epoche f, Zeit f; **~ alta** *port* Hochsaison f; **~ baixa** *port* Nachsaison f, Nebensaison f

epopeia [epu'pɐjɐ] F̄ Epos n **epopeico** (*é) [epu'pɐiku] Helden...; glorreich
equação [ekwɐ'sɐ̃ũ] F̄ MAT Gleichung f
equacionar [ekwɐsju'nar] ⟨1f⟩ erwägen; bedenken
equador [ekwɐ'dor] M̄ Äquator m
Equador [ekwɐ'dor] M̄ GEOG **o ~** Ecuador (n)
equalizador [ekwɐłiza'dor] M̄ ELECT Equalizer m
equanimidade [ekwɐnimi'dadi] F̄ Gleichmut m
equatorial [ekwɐtu'rjał] äquatorial
equatoriano [ekwɐtu'rjɐnu] A ADJ ecuadorianisch B M̄, **-a** F̄ Ecuadorianer(in) m(f)
equestre (*ü) [e'kwɛʃtri] Reit(er)...
equidade (*ü) [ekwi'dadi] F̄ Rechtsgefühl n; Gleichheit f
equidistante (*ü) [ekwidiʃ'tɐ̃ti] gleich weit (entfernt)
equilibração [ikiłibrɐ'sɐ̃ũ] F̄ Ausgleich m; TECN Ausbalancierung f; AUTO Auswuchten n **equilibrado** [ikiłi'bradu] im Gleichgewicht, ausgeglichen; fig gerecht **equilibrador** [ikiłibra'dor] M̄ TECN Stabilisator m **equilibrar** [ikiłi'brar] ⟨1a⟩ ins Gleichgewicht bringen; ausgleichen; pneu auswuchten; **~-se** im Gleichgewicht bleiben; (afirmar-se) sich behaupten **equilíbrio** [iki'łibriu] M̄ Gleichgewicht n; fig Ausgeglichenheit f; (justiça) Gerechtigkeit f; **perder o ~** das Gleichgewicht verlieren **equilibrista** [ikiłi'briʃtɐ] M/F Seiltänzer(in) m(f)
equimose [eki'mɔzi] F̄ Bluterguss m
equino (*ü) [e'kwinu] Pferde...
equinócio [iki'nɔsju] M̄ Tagundnachtgleiche f
equipa [e'kipɐ] F̄ Team n, Arbeitsgruppe f; Besatzung f; DESP Mannschaft f; **trabalho m por** (ou **de**) **~** Gruppenarbeit f
equipagem [eki'paʒɐ̃ĩ] F̄ NÁUT Mannschaft f, Besatzung f **equipamento** [ekipɐ'mẽtu] M̄ expedição etc: Ausrüstung f; edifício, automóvel: Ausstattung f; TECN Anlage f; fig Einrichtung f; **~ social** soziale Einrichtung f **equipar** [eki'par] ⟨1a⟩ ausrüsten (**com, de** mit), ausstatten (**com, de** mit); NÁUT navio bemannen
equiparação [ikipɐrɐ'sɐ̃ũ] F̄ Gleichstellung f **equiparar** [ikipɐ'rar] ⟨1b⟩ gleichstellen (**a, com** mit)
equipe [e'kipi] F̄ bras Mannschaft f, Team n; **~ de** (busca e) **resgate** (Such- und) Rettungsteam n
equitação [ekitɐ'sɐ̃ũ] F̄ Reiten n
equitativo (*ü) [ekitɐ'tivu] DIR gerecht; pessoa rechtschaffen (denkend)
equivalência [ikivɐ'łẽsjɐ] F̄ diploma: Gleichwertigkeit f; (correspondência) Entsprechung f; COM Gegenwert m; **dar a ~** als gleichwertig anerkennen **equivalente** [ikivɐ'łẽti] A ADJ diploma gleichwertig; (correspondente) entsprechend; palavra, afirmação gleichbedeutend (**a** mit); MAT gleich groß B M̄ Gegenwert m **equivaler** [ikivɐ'łer] ⟨2p⟩ gleich(wertig) sein; (corresponder) entsprechen (**a** dat)
equivocar [ikivu'kar] ⟨1n; Stv 1e⟩ alg täuschen, irreführen; a/c verwechseln; **~-se** ao falar: sich versprechen; (enganar-se) sich täuschen (**com, em** in dat)
equívoco (*ï) [i'kivuku] A ADJ doppelsinnig; fig zweifelhaft; (suspeito) verdächtig B M̄ Doppelsinn m; Irrtum m; (mal-entendido) Missverständnis n
E. R. ABR (espera resposta) u. A. w. g. (um Antwort wird gebeten)
era¹ ['ɛrɐ] F̄ Zeitalter n; Zeitrechnung f
era² ['ɛrɐ] → ser
erário [e'rarju] M̄ (Staats)Kasse f; **~ público** öffentliche Hand f
ere(c)ção [erɛ'sɐ̃ũ] F̄ ARQUIT Er-, Aufrichtung f; geralm Steifheit f, espec Erektion f **ere(c)to** [e'rɛtu] A PP irr → erigir B ADJ aufrecht; steif
eremita [eri'mitɐ] M̄ Einsiedler m, Eremit m
ergonomia [ergunu'miɐ] F̄ Ergonomie f **ergonómico** (*ô) [ergu'nɔmiku] ergonomisch **ergoterapia** [ergɔtirɐ'piɐ] F̄ Ergotherapie f
erguer [er'ger] ⟨2i; Stv 2c⟩ ARQUIT auf-, errichten; ao alto: in die Höhe (ou hoch-)halten; mão, voz etc erheben; **~-se** aufsteigen (**a** zu) **erguido** [er'gidu] hoch (aufgerichtet)
eriçado [eri'sadu] stachelig; cabelo struppig **eriçar** [eri'sar] ⟨1p⟩ sträuben; aufrichten; fig spicken (**de** mit)
erigir [eri'ʒir] ⟨3n⟩ ARQUIT auf-, errichten; fig stiften; gründen; **~-se em** sich aufspielen als

erisipela [erizi'pɛɫɐ] F̲ MED (Wund)Rose f
ermida [er'midɐ] F̲ Einsiedelei f; (*capela*) Wallfahrtskapelle f; *pop* Kneipe f **ermo** ['ermu] A̲ ADJ local abgelegen; *terra* verödet B̲ M̲ Einöde f
erosão [eru'zɐ̃u] F̲ Erosion f; *fig* Zersetzung f **erosivo** [eru'zivu] zersetzend; zerfressend
erótico [e'rɔtiku] erotisch; Liebes... **erotismo** [eru'tiʒmu] M̲ Erotik f
errabundo [eʀɐ'būdu], **erradio** [eʀɐ'diu] (umher)irrend, -schweifend; unstet
erradicação [eʀɐdikɐ'sɐ̃u] F̲ Vernichtung f; *doença* Ausrottung f **erradicar** [eʀɐdi'kar] ⟨1n⟩ ausreißen, (mit der Wurzel) herausreißen; *fig* vernichten
errado [e'ʀadu] irrig, (*incorrecto*) falsch; (*equivocado*) irrtümlich; *fig* verirrt; **estar ~** sich irren **errante** [e'ʀɐ̃ti] umherirrend; Wander...; *olhar* iss.; **errar** [e'ʀar] ⟨1c⟩ A̲ V/T verfehlen; falsch machen; *olhar* schweifen lassen B̲ V/I local: umherirren; *fig* sich irren (**em** in *dat*); REL sündigen **errata** [e'ʀatɐ] F̲ Druckfehlerverzeichnis *n*
erre ['eʀi] M̲ *nome da letra* r; **levar um ~ port** im Examen durchfallen; **por um ~ port** um ein Haar
erro ['eʀu] M̲ Irrtum *m*; Fehler *m*; *fig* Fehltritt *m*; **salvo ~** Irrtum vorbehalten
erróneo (*ō) [e'ʀɔnju] irrtümlich
erudição [erudi'sɐ̃u] F̲ Gelehrsamkeit f **erudito** [eru'ditu] A̲ ADJ gelehrt B̲ M̲ Gelehrte(r) *m*
erupção [eru'psɐ̃u] F̲ Ausbruch *m*; MED (Haut)Ausschlag *m*
erva ['ɛrvɐ] F̲ Kraut *n*; Gras *n* (*pop tb Marihuana*); *fam* (*dinheiro*) Knete f, Kohle f; **~s pl aromáticas** Gewürzkräuter *npl*; **~ daninha, ~ má, ~ ruim** Unkraut f; **~-cidreira** Melisse f; **~-doce** Anis *m*; **~ medicinal** Heilpflanze f; **filho m das ~s port** Findelkind *n*
ervaçal [ɛrvɐ'saɫ] M̲ Wiese f; (*pastagem*) (Vieh)Weide f **ervado** [er'vadu] grasbewachsen B̲ Gift...; vergiftet **ervanária** [ɛrvɐ'narjɐ] F̲ Art Reformhaus; (Heil)Kräuterhandlung f
ervilha [er'viʎɐ] F̲ Erbse f
és [ɛʃ] → ser
esbaforido [iʒbɐfu'ridu] atemlos **esbaforir** [iʒbɐfu'rir] ⟨3f⟩ außer Atem kommen

esbandalhar [iʒbɐ̃dɐ'ʎar] ⟨1b⟩ zerreißen; *inimigo* in die Flucht schlagen; *fig* durcheinanderbringen; **~-se** auseinanderstieben
esbanjador [iʒbɐ̃ʒɐ'dor] A̲ ADJ verschwenderisch B̲ M̲, **esbanjadora** [iʒbɐ̃ʒɐ'dorɐ] F̲ Verschwender(in) *m(f)* **esbanjamento** [iʒbɐ̃ʒɐ'mẽtu] M̲ Vergeudung f **esbanjar** [iʒbɐ̃'ʒar] ⟨1a⟩ vergeuden
esbarrão [iʒbɐ'ʀɐ̃u] M̲ bras → encontrão; **dar um ~ em** zusammenstoßen mit **esbarrar** [iʒbɐ'ʀar] ⟨1b⟩ (an)stoßen; **~ com** (ou **contra**) AUTO zusammenprallen mit; fahren gegen; *pessoa* sich stoßen an (*dat*); (*deparar*) stoßen (**com** auf *ac*) **esbarro** [iʒ'baʀu] M̲ Stoß *m*; TECN Anschlag *m*
esbater [iʒbɐ'ter] ⟨2b⟩ herausarbeiten, hervorheben (*tb fig*); PINT abschatten
esbelteza [iʒbeɫ'tezɐ] F̲ Schlankheit f **esbelto** [iʒ'bɛɫtu] schlank, zierlich
esboçar [iʒbu'sar] ⟨1p; Stv 1e⟩ *contornos* skizzieren; *plano* andeuten **esboço** [iʒ'bosu] M̲ PINT Skizze f, Entwurf *m*; Andeutung f
esbofar-se [iʒbu'farsi] ⟨1e⟩ sich abhetzen; außer Atem kommen
esbofetear [iʒbufi'tjar] ⟨1l⟩ ohrfeigen
esboroamento [iʒburwɐ'mẽtu] M̲ Zerfall *m*; (*queda*) Einsturz *m* **esboroar** [iʒbu'rwar] ⟨1f⟩ zerbröckeln; (*cair*) einstürzen
esborrachar [iʒbuʀɐ'ʃar] ⟨1b⟩ zerquetschen; platt drücken; **~-se** zerschellen; *chuva* trommeln
esborralhar [iʒbuʀɐ'ʎar] ⟨1b⟩ *brasas* zerstochern; *fig* zertrümmern, zerstören; **~-se** *pop pop* sich verquatschen
esbracejar [iʒbrɐsi'ʒar] ⟨1d⟩ mit den Armen fuchteln
esbranquiçado [iʒbrɐ̃ki'sadu] weißlich **esbrasear** [iʒbrɐ'zjar] ⟨1l⟩ zum Glühen bringen; **~-se** (er)glühen
esbravejar [iʒbrɐvi'ʒar] ⟨1d⟩ toben
esbugalhado [iʒbugɐ'ʎadu] ADJ **olhos MPL ~s** Glotzaugen *npl*
esburacar [iʒbu rɐ'kar] ⟨1n; Stv 1b⟩ durch-, zerlöchern
esc. ABR (escudo, escudos) Escudo(s)
escabeche [iʃkɐ'bɛʃi] M̲ GASTR Marinade f; **molho m de ~** Essigtunke f; *fam fig* **fazer/armar um ~** e-e Szene machen
escabichar [iʃkɐbi'ʃar] ⟨1a⟩ durchstö-

bern; stochern in (dat) **escabrosidade** [iʃkɐbruzi'dadi] F Unebenheit f; Holprigkeit f; fig Anzüglichkeit f **escabroso** [iʃkɐ'brozu] declive steil; caminho holprig; superfície rau; situação heikel; fig anedota, observação schlüpfrig

escachar [iʃkɐ'ʃar] ⟨1b⟩ spalten; halbieren; pernas spreizen

escada [iʃ'kadɐ] F Treppe f; ~ (**móvel**) Leiter f; ~ **rolante** Rolltreppe f; ~ **de salvação** (bras **incêndio**) Feuer-, Rettungsleiter f **escadaria** [iʃkadɐ'riɐ] F Treppenhaus n **escadote** [iʃkɐ'dɔti] M Stehleiter f

escafandro [iʃkɐ'fɐ̃dru] M Taucheranzug m

escala [iʃ'kalɐ] **1** F Skala f; (Karten)Maßstab m; (hierarquia) Reihe(nfolge) f; Rangliste f; MÚS Tonleiter f; **em larga ~** in großem Ausmaß; quantidade umfang-, zahlreich; projecto groß angelegt; **por ~** der Reihe nach; schichtweise **2** AERO, NÁUT (Zwischen)Station f, Zwischenlandung f; **porto** m **de ~** Anlaufhafen m; **sem ~** ohne Zwischenlandung; **fazer ~ em, tocar de ~** NÁUT anlaufen; AERO anfliegen

escalada [iʃkɐ'ladɐ] F Aufstieg m; DESP Klettern n; **muro** m **de ~** Kletterwand f; fig Eskalation f **escalão** [iʃkɐ'lɐ̃w] M Stufe f; Rang m; COM Anteil m, Satz m; (degrau) (Leiter)Sprosse f; MIL Staffel f **escalar** [iʃkɐ'lar] ⟨1b⟩ **A** VT monte, rocha erklettern, ersteigen; serviço verteilen; alg zum Dienst einteilen (ou aufstellen); DIR einsteigen in (ac); fortaleza stürmen **B** VI die Reise unterbrechen (**em** in dat); zwischenlanden (**em** in dat)

escalavradura [iʃkɐlɐvrɐ'duɾɐ] F, **escalavramento** [iʃkɐlɐvrɐ'mẽtu] M → escalavro **escalavrar** [iʃkɐlɐ'vrar] ⟨1b⟩ pele abschürfen; canto abstoßen; geralm beschädigen; zahlreich; projecto groß angelegt **escalavro** [iʃkɐ'lavru] M MED (Haut)Abschürfung f; Schramme f; geralm Schaden m

escaldadela [iʃkaldɐ'dɛlɐ] F Verbrühung f; (ferida) Brandwunde f; do sol: Sonnenbrand m; fig Denkzettel m **escaldadura** [iʃkaldɐ'duɾɐ] F → escaldadela **escaldante** [iʃkaldɐ'dɐ̃ti] glühend heiß **escaldão** [iʃkaldɐ̃w] M Sonnenbrand m; pop Rüffel m **escalda-pés** [iʃkaldɐ'pɛʃ] M

⟨pl inv⟩ heißes Fußbad n **escaldar** [iʃkaldɐr] ⟨1a⟩ MED verbrennen; GASTR abbrühen; pop e-n Rüffel verpassen (dat)

escalda-rabo [iʃkaldɐ'ʁabu] M ⟨pl ~s⟩ pop Anschiss m; **passar um ~ a alg** pop j-m Feuer unterm Hintern machen

escalfar [iʃkaɫ'far] ⟨1a⟩ port pochieren; **ovo** m **escalfado** pochiertes Ei n

escalonamento [iʃkɐluna'mẽtu] M Staffelung f **escalonar** [iʃkɐlu'nar] ⟨1f⟩ staffeln

escalope [iʃkɐ'lɔpi] M GASTR Schnitzel n **escalpar** [iʃkaɫ'par] ⟨1a⟩ skalpieren; fig auseinandernehmen **escalpelo** [iʃkaɫ'pɛlu] M Skalpell n **escalpo** [iʃ'kaɫpu] M Skalp m

escalvado [iʃkaɫ'vadu] kahl, nackt

escama [iʃ'kɐmɐ] F Schuppe f **escamadiço** [iʃkɐmɐ'diʃu] zänkisch **escamado** [iʃkɐ'madu] peixe geschuppt; fig fam sauer; (ofendido) beleidigt **escamar** [iʃkɐ'mar] ⟨1a⟩ schuppen; fig ärgern; **estar escamado** wütend sein; **~-se** fig wütend werden (**com** über ac) **escamoso** [iʃkɐ'mozu] schuppig

escamot(e)ação [iʃkɐmut(j)ɐ'sɐ̃w] F Diebstahl m **escamot(e)ador** [iʃkɐmut(j)ɐ'dor] M fam Langfinger m **escamot(e)ar** [iʃkɐmu'tjar] ⟨1e, 1l⟩ entwenden; fam stibitzen; fig verschleiern

escampado [iʃkɐ̃'padu] região öd(e); tempo heiter **escampar** [iʃkɐ̃'par] ⟨1a⟩ céu sich aufheitern

escâncara [iʃ'kɐ̃kɐɾɐ] F **às ~s** weit offen; fig in aller Öffentlichkeit; unverhohlen **escancarar** [iʃkɐ̃kɐ'rar] ⟨1b⟩ weit öffnen; (sperrangelweit) aufreißen

escanchar [iʃkɐ̃'ʃar] ⟨1a⟩ (auseinander)spreizen

escandalizar [iʃkɐ̃dɐli'zar] ⟨1a⟩ Anstoß erregen bei; (indignar) empören; **~-se com** (ou **de**) Anstoß nehmen an (dat), sich empören über (ac) **escândalo** [iʃ'kɐ̃dɐlu] M Ärgernis n; Skandal m; (indignação) Empörung f **escandaloso** [iʃkɐ̃dɐ'lozu] skandalös

Escandinávia [iʃkɐ̃di'navjɐ] F GEOG **a ~** Skandinavien (n) **escandinavo** [iʃkɐ̃di'navu] **A** ADJ skandinavisch **B** M, **-a** F Skandinavier(in) m(f)

escanear [iʃkɐ'njaʃ] VT ⟨1l⟩ bras INFORM (ein)scannen

escangalhado [iʃkɐ̃gaʎadu] kaputt **escangalhar** [iʃkɐ̃gaˈʎar] ⟨1b⟩ abbauen; *fam* kaputt machen; **~-se** aus dem Leim gehen

escanhoar [iʃkɐˈɲwar] ⟨1f⟩ glatt rasieren

escanifrado [iʃkɐniˈfradu] *fam* spindeldürr

escaninho [iʃkɐˈniɲu] M (Geheim)Fach n; Versteck n **escano** [iʃˈkɐnu] M Schemel m; Sitzkiste f

escanteio [iʃkɐ̃ˈteju] M *bras* DESP Eckball m, Ecke f

escantilhão [iʃkɐ̃tiˈʎɐ̃u] M Maßstab m; (*padrão*) Eichmaß n; TECN Schablone f; **de ~** Hals über Kopf

escapada [iʃkɐˈpada] F, **escapadela** [iʃkɐpɐˈdɛla] F Entwischen n; *do trabalho*: *fam* Drückebergerei f; *conjugal*: Seitensprung m; *geralm* Entgleisung f; *fig* Ausweg m; Ausflucht f **escapamento** [iʃkɐpɐˈmẽtu] M *bras* → escape **escapar** [iʃkɐˈpar] ⟨1b⟩ *gás* ausströmen; *líquido* ausfließen; *ao destino* entrinnen; *de um castigo* davonkommen; vorbeikommen an (*dat*); *lei* nicht fallen unter (*ac*); **~ a alg** j-s Aufmerksamkeit entgehen; *palavra* j-m herausrutschen; *mão, pé* j-m ausrutschen; **deixar ~** *ocasião* verpassen; (*tolerar*) durchgehen lassen; **~-se** entwischen; *palavra* entfallen; *gás* entweichen; *fig* sich drücken (**a** vor *dat*)

escaparate [iʃkɐpɐˈrati] M Glasschrank m; Vitrine f; (*redoma*) Glasglocke f; COM Schaufenster n; Auslage f

escapatória [iʃkɐpɐˈtɔrja] F Ausflucht f; (*desculpa*) Ausrede f **escapatório** [iʃkɐpɐˈtɔrju] leidlich (gut); (*suportável*) erträglich

escape [iʃˈkapi] M undichte Stelle f, Loch n; NÁUT Leck n; AUTO Auspuff m; TECN Ventil n; **gás m de ~** Abgas n; **tubo m de ~** Auspuffrohr n; **ter um ~** undicht sein **escapo** [iʃˈkapu] A ADJ außer Gefahr B M *relógio*: Hemmung f

escapulir-se [iʃkɐpuˈlirsi] ⟨3h⟩ entwischen

escara [iʃˈkara] F Schorf m

escarafunchar [iʃkɐrɐfũˈʃar] ⟨1a⟩ *chão* aufwühlen

escaramuça [iʃkɐrɐˈmusa] F Scharmützel n; *fig* (Wort)Geplänkel n **escaramuçar** [iʃkɐramuˈsar] ⟨1p⟩ sich herumzanken

escarcéu [iʃkɐrˈsɛu] M Wellenschlag m; Sturzwelle f; **fazer grande ~ de** *pop* viel Tamtam machen um

escardar [iʃkɐrˈdar] ⟨1b⟩, **escardilhar** [iʃkɐrdiˈʎar] ⟨1a⟩ (aus)jäten **escardilho** [iʃkɐrˈdiʎu] M Jäthacke f

escarlate [iʃkɐrˈlati] A ADJ scharlachrot B M Scharlach m (Farbe) **escarlatina** [iʃkɐrlɐˈtina] F Scharlach m

escarmenta [iʃkɐrˈmẽta] M Lektion f; Strafe f **escarmentar** [iʃkɐrmẽˈtar] ⟨1a⟩ A VT (be)strafen B VI durch Schaden klug werden; (*ser castigado*) bestraft werden

escarnecer [iʃkɐrniˈser] ⟨2g⟩ A VT verspotten B VI spotten (**de** über *ac*); Spott treiben (**de** mit)

escárnio [iʃˈkarnju] M Spott m, Hohn m; (*desprezo*) Verachtung f

escarola [iʃkɐˈrɔla] F Endivie f

escarpa [iʃˈkarpa] F *espec* Steilwand f; *geralm* Abhang m, Böschung f **escarpado** [iʃkɐrˈpadu] abschüssig, steil

escarradeira [iʃkɐˈʁadejra] F Spucknapf m **escarrado** [iʃkɐˈʁadu] täuschend ähnlich; **escrito e ~** *fig pop* wie aus dem Gesicht geschnitten

escarranchado [iʃkɐʁɐ̃ˈʃadu] breitbeinig **escarranchar** [iʃkɐʁɐ̃ˈʃar] ⟨1a⟩ die Beine spreizen; **~-se** sich rittlings setzen (**em** auf *ac*)

escarrar [iʃkɐˈʁar] ⟨1b⟩ (aus)spucken **escarro** [iʃˈkaʁu] M Auswurf m

escassear [iʃkɐˈsjar] ⟨1l⟩ A VT *víveres* verknappen; *quantidade* vermindern; **~ a/c** a etw knausern bei B VI *víveres* knapp werden (*ou* sein); *remessa* ausbleiben **escassez** [iʃkɐˈseʃ] F Knappheit f; Mangel m; *fam* Knauserei f **escasso** [iʃˈkasu] *quantidade* knapp; *frequência* selten; *fig* knauserig

escavação [iʃkɐvaˈsɐ̃u] F Ausschachtung f; Aushub m; *arqueologia*: Ausgrabung f **escavacar** [iʃkɐvaˈkar] ⟨1n; Stv 1b⟩ zerbrechen; *madeira, vidro* zersplittern; *fig* herunterkommen lassen

escavadeira [iʃkavaˈdere] F *bras*, **escavadora** [iʃkɐvɐˈdora] F Bagger m **escavar** [iʃkɐˈvar] ⟨1b⟩ ausschachten; ausbaggern; *rua* aufgraben; *gruta* aushöhlen; *fig* durchackern

escaveirado [iʃkavejˈradu] abgezehrt

esclarecedor [iʃklɐrisiˈdor] erklärend; (*informativo*) aufschlussreich **esclare-**

cer [iʃkləˈser] ⟨2g⟩ A VT (auf-, er)klären; erhellen; *alg* j-m etw klarmachen; (*tornar famoso*) j-n berühmt machen B VR *céu sich* aufheitern; (*amanhecer*) hell werden **esclarecido** [iʃklərɨˈsidu] aufgeklärt; (*inteligente*) intelligent; (*famoso*) berühmt **esclarecimento** [iʃklərisiˈmẽtu] M Aufklärung *f*; Erklärung *f*
esclerose [iʃklɨˈrɔzɨ] F MED Sklerose *f*
esclerótica [iʃklɨˈrɔtikɐ] F ANAT Lederhaut *f*
escoadouro [iʃkwaˈdoru] M Ausguss *m*; Ablauf *m*, Abfluss *m*; COM Absatzgebiet *n* **escoalha** [iʃˈkwaʎɐ] F *pop* Abschaum *m* **escoamento** [iʃkwɐˈmẽtu] M Ausfluss *m* (*tb fig*); Abfluss *m*; Ableitung *f*; *recipiente*: Entleerung *f*; COM Absatz *m*; Abnahme *f* **escoar** [iʃˈkwar] ⟨1f⟩ (ab)fließen lassen; *recipiente* (ent)leeren; **~ stocks** COM die Lagerbestände abbauen; **~-se** *água* abfließen; *tempo* verfließen, strömen
escocês [iʃkuˈseʃ] A ADJ schottisch B M, **escocesa** [iʃkuˈsezɐ] F Schotte *m*, Schottin *f* **Escócia** [iʃˈkɔsjɐ] F GEOG **a ~** Schottland (*n*)
escol [iʃˈkɔɫ] M *fig* Auslese *f*; Elite *f*
escola [iʃˈkɔlɐ] F Schule *f*; **~ de condução** *port* Fahrschule *f*; **~ de ensino unificado** Gesamtschule *f*; **~ geral e básica** allgemein bildende Grundschule *f*; **~ no(c)turna** Abendschule *f*; **~ primária** Grundschule *f*; **~ profissional** Berufsschule *f*; **~ de samba** Sambaschule *f*, Sambaverein *m*; **~ secundária** Oberschule *f*; **fazer ~** Schule machen
escolar [iʃkuˈlar] A ADJ Schul-, B M/F Schüler(in) *m(f)* **escolaridade** [iʃkulɐriˈdadɨ] F Schulzeit *f*; **nível *m* (ou grau *m*) de ~** (Grad *m* der) Schulbildung *f*
escolha [iʃˈkoʎɐ] F Wahl *f*; Auswahl *f* (**à** zur); **múltipla ~** Multiple Choice *n*; **sem ~** wahllos **escolher** [iʃkuˈʎer] ⟨2d⟩ (aus)wählen (**de, em** aus, **[de] entre** unter *ac*, **como** als); sich (*dat*) etw aussuchen; *alg* ausersehen (**para** zu); *arroz, feijão etc* verlesen **escolhido** [iʃkuˈʎidu] auserlesen, ausgewählt
escolho [iʃˈkoʎu] M ⟨*pl* [-ˈkɔ-]⟩ Riff *n*, Klippe *f*
escoliose [iʃkuˈljɔzɨ] F MED Skoliose *f*
escolta [iʃˈkɔɫtɐ] F Eskorte *f*; MIL Geleit *n* **escoltar** [iʃkɔɫˈtar] ⟨1e⟩ geleiten

escombros [iʃˈkõbruʃ] MPL Schutt *m*
esconder [iʃkõˈder] ⟨2a⟩ *objecto* verstecken; *acontecimento, acção* verheimlichen (**de** *vor dat*) **esconderijo** [iʃkõdɨˈriʒu] M Versteck *n* **escondidamente** [iʃkõdidɐˈmẽtɨ] ADV heimlich **escondidas** [iʃkõˈdidɐʃ] FPL **às ~** unter der Hand, heimlich; **jogar às ~** Verstecken spielen
esconjurar [iʃkõʒuˈrar] ⟨1a⟩ verfluchen **esconjuro** [iʃkõˈʒuru] M Fluch *m*
esconso [iʃˈkõsu] M Winkel *m*; Versteck *n*; **de ~** schief (*tb fig*)
escopo [iʃˈkopu] M Zielscheibe *f*; *fig* Ziel *n*, Absicht *f*
escora [iʃˈkɔrɐ] F Stütze *f* (*tb fig*); ARQUIT Strebe *f*; *bras tb* Hinterhalt *m* **escorar** [iʃkuˈrar] ⟨1e⟩ (ab)stützen; *bras* auflauern (*dat*)
escorchar [iʃkurˈʃar] ⟨1e⟩ *fruto* schälen; *pele* abziehen; *com custos, impostos* erdrücken; *mercadoria* Wucher treiben mit; *alg* (aus)plündern
escória [iʃˈkɔrjɐ] F Schlacke *f*; *fig* Abschaum *m*; Gesindel *n*, Pack *n*
escoriação [iʃkurjɐˈsɐ̃u] F (Ab)Schürfung *f* **escoriar** [iʃkuˈrjar] ⟨1g⟩ 1 *pele* (ab)schürfen; aufreiben 2 entschlacken, läutern
escorpião [iʃkurˈpjɐ̃u] M Skorpion *m*; **Escorpião** ASTRON Skorpion *m*
escorraçar [iʃkuʀɐˈsar] ⟨1p; *Stv* 1b⟩ hinauswerfen; *cão* verjagen
escorralhas [iʃkuˈʀaʎɐʃ] FPL, **escorralho** [iʃkuˈʀaʎu] M Bodensatz *m*
escorredor [iʃkoʀeˈdor] M *bras* Sieb *n*, Durchschlag *m*
escorrega [iʃkuˈʀɛgɐ] F Rutsche *f* **escorregadela** [iʃkuʀigɐˈdɛlɐ] F Ausrutscher *m*; *fig* Entgleisung *f*; Fehltritt *m* **escorregadiço** [iʃkuʀigɐˈdisu], **escorregadio** [iʃkuʀigɐˈdiu] glatt; rutschig, schlüpfrig; *fig* schwierig **escorregador** [iʃkoʀegɐˈdor] M *bras* Rutsche *f*, Rutschbahn *f* **escorregão** [iʃkuʀiˈgɐ̃u] M *port* Rutsche *f*, Rutschbahn *f*; *fig* Fehltritt *m*; *bras* **levar um ~** ausrutschen **escorregar** [iʃkuʀiˈgar] ⟨1o; *Stv* 1c⟩ (aus)rutschen; *de alc* abrutschen; *fig* straucheln; *fam* sich verplappern
escorreito [iʃkuˈʀɐitu] wohlbehalten, gesund; *estilo* gefällig
escorrência [iʃkuˈʀẽsjɐ] F Aus-, Abfließen *n* **escorrer** [iʃkuˈʀer] ⟨2d⟩ A VT ba-

tatas abgießen; *saladas* abtropfen lassen; *port roupa* ausdrücken; *líquido* auslaufen lassen; *lágrima* vergießen; *sangue* ausströmen aus; *veículo* entlang- (ou vorbei-) fahren an (dat) **B** VII (ab)tropfen; ab-, ausfließen; triefen (**de** vor); *pessoa sich* begeben (**para** nach) **escorrido** [iʃkuˈʀidu] *cabelo* glatt; *port vestido* anliegend

escorripichar [iʃkuʀipiˈʃar], **escorropichar** [iʃkuʀupiˈʃar] ⟨1a⟩ *(beber)* (bis auf den letzten Tropfen) austrinken; *(esvaziar)* ausleeren

escota [iʃˈkɔta] F NÁUT Schot f
escote [iʃˈkɔti] M Anteil m
escoteiro [iʃkuˈtajru] M, -a F *espec bras* Pfadfinder(in) m(f)
escotilha [iʃkuˈtiʎa] F (Schiffs)Luke f
escova [iʃˈkova] F Bürste f; **~ de dentes** Zahnbürste f; **~ de esfrega** *port* Schrubber m **escovadela** [iʃkuvaˈdɛɫa] F Abbürsten n; *fig* Abreibung f; **dar uma ~** → *escovar* **escovado** [iʃkuˈvadu] geschniegelt; *bras gerissen* **escovão** [iʃkuˈvɐ̃ũ] M *bras* Schrubber m **escovar** [iʃkuˈvar] ⟨1e⟩ (ab-, aus)bürsten; *cavalo* striegeln; *fig* abkanzeln

escravatura [iʃkravaˈtura] F Sklavenhandel m; Sklaverei f **escravidão** [iʃkraviˈdɐ̃ũ] F Sklaverei f **escravizar** [iʃkraviˈzar] ⟨1a⟩ versklaven **escravo** [iʃˈkravu] **A** ADJ sklavisch **B** M, -a F Sklave m, Sklavin f

escrevedor [iʃkreviˈdor] M *fam* Schreiberling m **escrevente** [iʃkreˈvẽti] M/F Schreibkraft f **escrever** [iʃkreˈver] ⟨2c; *pp* escrito⟩ (auf)schreiben; **~ à mão/à máquina** mit der Hand/Maschine schreiben **escrevinhador** [iʃkrevɪɲaˈdor] M *pej* Kritzler m, Schreiberling m **escrevinhar** [iʃkreviˈɲar] ⟨1a⟩ *pej* (zusammen)kritzeln

escrita [iʃˈkrita] F Schrift f; COM Buchführung f; **fazer a ~** Buch führen (**de** über *ac*)

escrito [iʃˈkritu] **A** PP *irr* → *escrever* **B** ADJ schriftlich; **~ à mão** handgeschrieben; **prova f -a** schriftliche Prüfung f **C** M Schrift f, Schriftstück n; **por ~** schriftlich; **pôr por ~** schriftlich festhalten (ou DIR niederlegen); **pôr ~s** *port* Mietgesuche ankleben (**em** an *ac*); *fig pop* etw loswerden wollen **escritor(a)** [iʃkriˈtor(a)] M/F Schriftsteller(in) m(f) **escritório** [iʃkriˈtɔrju] M Büro n; *privado* Arbeitszimmer n; **~ em plano aberto** Großraumbüro n **escritura** [iʃkriˈtura] F Urkunde f; Dokument n; Niederschrift f; **~ sagrada** Heilige Schrift f **escrituração** [iʃkrituraˈsɐ̃ũ] F Buchführung f **escriturar** [iʃkrituˈrar] ⟨1a⟩ Buch führen über *(ac)*; eintragen; *contrato* verpflichten **escriturário** [iʃkrituˈrarju] M, -a F Sachbearbeiter(in) m(f); *(guarda-livros)* Buchhalter(in) m(f)

escrivã [iʃkriˈvɐ̃] F → *escrivão* **escrivaninha** [iʃkrivaˈniɲa] F Schreibtisch m **escrivão** [iʃkriˈvɐ̃ũ] M ⟨*pl* -ães⟩, **-ã** F [iʃkriˈvɐ̃] F (Gerichts)Schreiber(in) m(f); Protokollführer(in) m(f)

escroto [iʃˈkrotu] M ANAT Hodensack m
escrúpulo [iʃˈkrupuɫu] M **1** Skrupel m; **sem ~s** skrupellos **2** Gewissenhaftigkeit f; **com ~s** gewissenhaft **escrupuloso** [iʃkrupuˈɫozu] gründlich; gewissenhaft

escrutar [iʃkruˈtar] ⟨1a⟩ untersuchen; erforschen **escrutinador** [iʃkrutinaˈdor] M Wahlhelfer m **escrutínio** [iʃkruˈtinju] M POL Wahlgang m; Abstimmung f; *(contagem)* Stimmenauszählung f; *(exame)* eingehende Untersuchung f

escudeiro [iʃkuˈdajru] M *hist* Schildknappe m **escudela** [iʃkuˈdɛɫa] F (Holz)Napf m **escudo** [iʃˈkudu] M **1** Schild m; *de armas*: Wappen n, Wappenschild m; *fig* Schutz m **2** Escudo m *hist (port Währung)*

esculhambação [iʃkuʎɐ̃baˈsɐ̃ũ] F *bras pop* Anschiss m; *(negligência)* Schlamperei f, Chaos n; *(porcaria)* Schweinerei f **esculhambar** [iʃkuʎɐ̃ˈbar] ⟨1a⟩ *bras pop* **~ alg** j-n zusammenscheißen; **~ a/c** etw versauen

esculpir [iʃkuɫˈpir] ⟨3a⟩ **A** VT *em pedra*: (in Stein) hauen; *em madeira*: (in Holz) schnitzen; *em barro*: modellieren **B** VII als Bildhauer arbeiten **escultor(a)** [iʃkuɫˈtor(a)] M/F Bildhauer(in) m(f) **escultura** [iʃkuɫˈtura] F **1** Bildhauerkunst f **2** Skulptur f **escultural** [iʃkuɫtuˈraɫ] bildhauerisch; *fig* bildschön

escuma [iʃˈkuma] F Schaum m; *fig* Abschaum m **escumadeira** [iʃkumaˈdajra] F Schaumlöffel m **escumalha** [iʃkuˈmaʎa] F Schlacke f; *fig fam* Abschaum m **escumar** [iʃkuˈmar] ⟨1a⟩ schäumen (**de** vor *dat*) **escumoso** [iʃkuˈmozu] *espuma* schaumig; *saliva, baba* schäumend

escuras [iʃˈkuraʒ] FPL **às ~** im Dunkeln; *fig* blind(lings) **escurecer** [iʃkureˈser] ⟨2g⟩ A VI/T verdunkeln; dunkler machen; *fig* trüben; beeinträchtigen B VI/I dunkel werden; **ao ~** bei Einbruch der Dunkelheit **escurecimento** [iʃkurisiˈmẽtu] M Dunkelwerden *n*; Verdunkelung *f* **escurentar** [iʃkurẽˈtar] ⟨1a⟩ → escurecer **escuridão** [iʃkuriˈdɐ̃ũ] F Dunkelheit *f*, Finsternis *f*; *fig* Blindheit *f*; (*tristeza*) Trübsinn *m* **escuro** [iʃˈkuru] A ADJ dunkel; *fig* finster; (*triste*) trüb; *tom* dumpf B M → escuridão

escusa [iʃˈkuza] F Entschuldigung *f*; Ausrede *f* **escusado** [iʃkuˈzadu] überflüssig; (*inútil*) zwecklos; **ser ~** sich erübrigen **escusar** [iʃkuˈzar] ⟨1a⟩ A VI/T entschuldigen; *alg* j-m (*e-e* Schuld) vergeben; *a/c* vermeiden; *alg de a/c* verschonen; *a/c* überflüssig machen B VI/I zwecklos sein; *castigo* erlassen (**de** zu); **~-se** (ou **de**) absehen von; (*prescindir*) darauf verzichten zu; (*recusar-se*) sich weigern zu **escusável** [iʃkuˈzavɛɫ] entschuldbar **escuso** [iʃˈkuzu] *lugar* einsam; *fig* obskur

escuta [iʃˈkuta] F Hören *n*, Lauschen *n*; TEL Abhören *n*; *pessoa* Lauscher *m*; Horchposten *m* **escutar** [iʃkuˈtar] ⟨1a⟩ A VI/T (an)hören; lauschen auf (*ac*); TEL abhorchen; (*espiar*) belauschen; TEL abhören; *pedido* erhören B VI/I lauschen; zuhören **escuteiro** [iʃkuˈtairu] M *port* Pfadfinder *m*

esdrúxulo [iʒˈdruʃulu] 1 GRAM auf der drittletzten Silbe betont 2 *fig fam* komisch

esfacelar [iʃfasiˈlar] ⟨1c⟩ zerfetzen; zerstören

esfaimado [iʃfaiˈmadu], **esfaimar** [iʃfaiˈmar] ⟨1a⟩ → esfomeado, esfomear

esfalfamento [iʃfaɫfaˈmẽtu] M Erschöpfung *f*; Überanstrengung *f* **esfalfar** [iʃfaɫˈfar] ⟨1a⟩ überanstrengen

esfanicar [iʃfaniˈkar] ⟨1n⟩ zerstückeln

esfaquear [iʃfaˈkjar] ⟨1l⟩ mit e-m Messer stechen; erstechen

esfarelado [iʃfariˈladu] brüchig, bröcklig **esfarelar** [iʃfariˈlar] ⟨1c⟩ zerreiben; *pão etc* zerbröckeln; *fig* aufreiben; **~-se** zerfallen; sich auflösen

esfarpar [iʃfarˈpar] ⟨1b⟩ zersplittern

esfarrapadeira [iʃfaʒapaˈdairɐ] F TECN Wolf *m* **esfarrapado** [iʃfaʒaˈpadu] zerlumpt; *fig desculpa* dürftig **esfarrapar** [iʃfaʒaˈpar] ⟨1b⟩ zerfetzen **esfarripado** [iʃfaʒriˈpadu] strähnig **esfarripar** [iʃfaʒriˈpar] ⟨1a⟩ ausfransen

esfera [iʃˈfɛra] F MAT Kugel *f*; *fig* Sphäre *f*; **~ de a(c)ção** Wirkungsbereich *m*; **~ de influência** Einflussbereich *m*; **~ rolante** INFORM Trackball *m* **esférico** [iʃˈfɛriku] A ADJ Kugel...; kugelförmig B M *port futebol*: Ball *m* **esferográfica** [iʃfɛrɔˈgrafika] F Kugelschreiber *m* **esferovite** [iʃfɛrɔˈvitɛ] F *port* Styropor *n*

esfiar [iʃˈfjar] ⟨1g⟩, **esfiampar** [iʃfjɐ̃ˈpar] ⟨1a⟩ ausfransen

esfola [iʃˈfɔla] M *port pop* Wucherer *m* **esfoladela** [iʃfulaˈdɛla] F wund geriebene Stelle *f*; Hautabschürfung *f*; (*arranhão*) Schramme *f*, Kratzer *m*; *fig* Betrug *m*; Ausbeutung *f* **esfoladura** [iʃfulaˈdura] F, **esfolamento** [iʃfulaˈmẽtu] M Abhäuten *n*; MED Wundliegen *n*; → esfoladela **esfolar** [iʃfuˈlar] ⟨1e⟩ *animal* (ab)häuten; *pele* abschürfen; *rosto* zerkratzen; *fig alg* j-n schröpfen

esfolhar [iʃfuˈʎar] ⟨1e⟩ entblättern

esfoliar [iʃfuˈljar] ⟨1g⟩ *livro* blättern in (*dat*); MED abschälen

esfomeado [iʃfɔˈmjadu] ausgehungert, (sehr) hungrig **esfomear** [iʃfɔˈmjar] ⟨1l⟩ aushungern; hungrig machen

esforçar [iʃforˈsar] ⟨1p; *Stv* 1e⟩ (*animar*) ermutigen; (be)stärken; *voz, vista* anstrengen; **~-se** sich bemühen (**por** zu *inf* ou **um**) **esforço** [iʃˈforsu] M ⟨*pl* [-ˈfɔ-]⟩ Anstrengung *f*; (*coragem*) Mut *m*; (*força*) Kraft *f*; TECN Beanspruchung *f*; **fazer** (ou **empregar**) **~s** Anstrengungen machen; Kräfte aufbieten; **não poupar ~s** keine Mühen scheuen

esfrangalhar [iʃfrɐ̃gaˈʎar] ⟨1b⟩ → esfarrapar

esfrega [iʃˈfrega] F Scheuern *n*; *pop fig* Abreibung *f* **esfregadela** [iʃfrigaˈdɛla] F → esfrega **esfregalho** [iʃfriˈgaʎu] M, **esfregão** [iʃfriˈgɐ̃ũ] M Scheuerlappen *m*; Schrubber *m* **esfregar** [iʃfriˈgar] ⟨1o; *Stv* 1c⟩ *chão* scheuern; (ab)reiben; *sapatos* abputzen; *pop alg* durchprügeln

esfriamento [iʃfriaˈmẽtu] M Abkühlung *f*; Erkaltung *f* **esfriar** [iʃfriˈar] ⟨1g⟩ *espec bras* A VI/T (ab)kühlen (*tb fig*); abschrecken (*tb fig*); *afã* dämpfen B VI/I (& V/R) **~(-se)** sich abkühlen; *tempo* auffrischen

esfumado [iʃfu'madu] dunkel; *contorno* verschwommen; PINT sfumato **esfumar** [iʃfu'mar] ⟨1a⟩ PINT verwischen; verschatten

esgalha [iʒ'gaʎɐ] F **na ~** *pop* unter Druck; in aller Eile

esganado [iʒgɐ'nadu] begierig (**por** nach); **~ de fome** ausgehungert

esganar [iʒgɐ'nar] ⟨1a⟩ erdrosseln, erwürgen; **~-se** sich erhängen; *fig* gieren (**por** nach)

esganiçado [iʒgɐni'sadu] kreischend

esganiçar-se [iʒgɐni'sarsi] ⟨1p⟩ kreischen

esgar [iʒ'gar] M Grimasse f, Fratze f

esgaravatar [iʒgɐrɐvɐ'tar] ⟨1b⟩ mit e-m Gegenstand (herum)stochern in (*dat*); *ouvidos* (aus)putzen; *nariz* bohren; *fig* durchwühlen

esgarçar [iʒgɐr'sar] ⟨1p; *Stv* 1b⟩ A VT zerreißen; abreißen B VI zerfasern

esgazear [iʒgɐ'zjar] ⟨1l⟩ *olhos* aufreißen; *cores* verblassen lassen

esgotado [iʒgu'tadu] *livro* vergriffen; *mercadoria, espectáculo* ausverkauft; *viagem, hotel* ausgebucht; *pessoa* erschöpft; ausgebrannt **esgotadouro** [iʒguta'doru] M Abflussrohr n **esgotamento** [iʒguta'mẽtu] M Erschöpfung f (*tb de matérias-primas*); *recipiente*: (Ent)Leerung f; **~ (nervoso)** Nervenzusammenbruch m **esgotante** [iʒgu'tãti] aufreibend **esgotar** [iʒgu'tar] ⟨1e⟩ *recipiente* ausleeren; *pessoa, matéria-prima* erschöpfen; *mantimentos* aufbrauchen; *mercadoria* ausverkaufen; **~-se** *água etc* abfließen; *mantimentos* ausgehen; *pessoa* sich verausgaben (**com** bei, **em** in *dat*) **esgotável** [iʒgu'tavɛɫ] begrenzt

esgoto [iʒ'gotu] M ⟨*pl* [-'gɔ-]⟩ Abfluss m, Ausguss m; **~s** *pl* Kanalisation f

esgravatar [iʒgrɐvɐ'tar] → esgaravatar

esgrima [iʒ'grimɐ] F Fechten n **esgrimir** [iʒgri'mir] ⟨3a⟩ fechten (*tb fig*) **esgrimista** [iʒgri'miʃtɐ] M/F Fechter(in) m(f)

esgrouviado [iʒgro'vjadu] *pessoa* schlaksig; *cabelo* ungekämmt; *fig* konfus, wirr

esguedelhar [iʒgidi'ʎar] ⟨1d⟩ *cabelo* zerzausen

esgueirar-se [iʒgi'rarsi] ⟨1a⟩ sich davonschleichen, -stehlen

esguelha [iʒ'gɐ(i)ʎɐ] F Schräge f; **de ~** schief; von der Seite; **andar de ~ com** *pop* j-m nicht über den Weg trauen **esguelhar** [iʒgi'ʎar] ⟨1d⟩ abschrägen

esguichadela [iʒgiʃɐ'dɛlɐ] F Spritzer m **esguichar** [iʒgi'ʃar] ⟨1a⟩ A VT verspritzen B VI (hervor)spritzen, -sprudeln **esguicho** [iʒ'giʃu] M Strahl m; Spritzen n

esguio [iʒ'giu] schlank; schmal

eslaide [iʒ'laidʒi] M *bras* Dia n

eslavo [iʒ'lavu] A ADJ slawisch B M, **-a** F Slawe m, Slawin f

eslovaco [iʒlɔ'vaku] A ADJ slowakisch B M, **-a** F Slowake m, Slowakin f **Eslováquia** [iʒlɔ'vakjɐ] F GEOG **a ~** die Slowakei **eslovénia** (*) [iʒlɔ'vɛnjɐ] F GEOG **a ~** Slowenien n **Esloveno** [iʒlɔ'vɛnu] A ADJ slowenisch B M, **-a** F Slowene m, Slowenin f

esmaecer [iʒmɐi'ser] ⟨2g⟩ dahinwelken; *cor* verblassen; *fig* ohnmächtig werden

esmagador [iʒmagɐ'dor] A ADJ *maioria* überwältigend; *resultado negativo* niederschmetternd; *peso, dor* erdrückend B M (Trauben)Presse f **esmagamento** [iʒmaga'mẽtu] M *uvas*: Treten n; *fig* Vernichtung f **esmagar** [iʒma'gar] ⟨1o; *Stv* 1b⟩ *uvas* treten n; *geralm* (zer)quetschen; *impostos* erdrücken; *fig* zertreten, vernichten; **~-se** zerquetscht werden

esmaltar [iʒmaɫ'tar] ⟨1a⟩ emaillieren; *porcelana* glasieren; *móveis* lackieren; *fig* schmücken **esmalte** [iʒ'maɫti] M Email n, Emaille f; *porcelana*: Glasur f; *unhas*: Nagellack m; ANAT Zahnschmelz m

esmerado [iʒmi'radu] sorgfältig (ausgeführt); (*perfeito*) tadellos

esmeralda [iʒmi'raɫdɐ] F Smaragd m

esmerar [iʒmi'rar] ⟨1c⟩ vervollkommnen; (*cuidar*) pflegen; *fig* feilen (**em** an *dat*); **~-se** sich (*dat*) die größte Mühe geben

esmeril [iʒmi'riɫ] M Schmirgel m **esmerilar** [iʒmiri'ʎar] ⟨1a⟩, **esmerilhar** [iʒmiri'ʎar] ⟨1a⟩ (ab)schmirgeln; (ab)schleifen; *metal* polieren; *fig estilo* ausfeilen; *arquivo* durchforschen

esmero [iʒ'meru] M Sorgfalt f; (*perfeição*) (Form)Vollendung f

esmigalhar [iʒmigɐ'ʎar] ⟨1b⟩ *pão* zerkrümeln; *fig* zermalmen

esmiuçar [iʒmju'sar] ⟨1p; *Stv* 1q⟩, **esmiudar** [iʒmju'dar] ⟨1q⟩ zerkleinern; *pó* zerstäuben; *fig* zerlegen; (*examinar*) eingehend untersuchen (ou erklären) **esmo** ['eʒmu] M̄ Schätzung f; **a ~** aufs Geratewohl

esmola [iʒ'mɔla] F̄ Almosen n; **pedir ~ (a alg)** (j-n an)betteln

esmordaçar [iʒmurdɐ'sar] ⟨1p; Stv 1b⟩ zerbeißen **esmordicar** [iʒmurdi'kar] ⟨1n⟩ anbeißen; anknabbern

esmorecer [iʒmuri'ser] ⟨2g⟩ A VT alg entmutigen; forças schwächen; entusiasmo dämpfen B VI fisicamente ermatten; dahinsiechen; fig den Mut verlieren (**de, com** über dat); luz verblassen; fig ersterben; entusiamo nachlassen (**em** bei) **esmorecimento** [iʒmurisi'mẽtu] M̄ psíquico: Niedergeschlagenheit f; físico: Schwäche f (tb fig); Abflauen f

esmurrar [iʒmu'xar] ⟨1a⟩ **esmurraçar** [iʒmuxɐ'sar] ⟨1p; Stv 1b⟩ mit den Fäusten bearbeiten; misshandeln

esnobe [iʒ'nɔbi] M̄ bras Snob m **esnobismo** [iʒno'biʒmu] M̄ bras Snobismus m

és-nordeste [ɛʒnɔr'dɛʃti] M̄ Ostnordost m

esôfago (*ô) [e'zɔfagu] M̄ ANAT Speiseröhre f

esotérico [ezɔ'tɛriku] esoterisch **esoterismo** [ezɔti'riʒmu] M̄ Esoterik f

esp. ABR (especialmente) bes. (besonders)

espaçadamente [ispɐsadɐ'mẽti] ADV in Abständen; (intervaladamente) mit Unterbrechungen **espaçado** [ispɐ'sadu] gelegentlich; falar stockend, abgehackt; langsam; temporal: lange (andauernd) **espaçamento** [ispɐsɐ'mẽtu] M̄ local: Abstand m; (interrupção) Unterbrechung f; prazo: Aufschub m **espaçar** [ispɐ'sar] ⟨1p; Stv 1b⟩ Abstand lassen zwischen (dat); erweitern; prazo aufschieben; fig in die Länge ziehen

espacial [ispɐ'sjaɫ] räumlich; Raum…; **nave** f **~** Raumschiff n

espaço [iʃ'pasu] M̄ Raum m; temporal: Zeitraum m; entre duas coisas: Zwischenraum m; (distância) Abstand m; (local) Platz m; TIPO Leerzeichen n; AERO Weltraum m; **~ aéreo** Luftraum m; **~ Schengen** EU: Schengen-Raum m; **de ~ a ~** hier und da; **a ~s** von Zeit zu Zeit **espaçoso** [iʃpɐ'sozu] geräumig; temporal: ausgedehnt

espada [iʃ'pada] A F̄ Degen m; Säbel m; Schwert n (tb fig); fig pop Kommiss m; **estar entre a ~ e a parede** zwischen zwei Stühlen sitzen; **passar à ~** über die Klinge springen lassen; **ser uma ~ de dois gumes** ein zweischneidiges Schwert sein; **~s** pl cartas: Pik m B M̄ port pop (carro) Schlitten m, schickes Auto n

espadanar [iʃpadɐ'nar] ⟨1a⟩ (jorrar) (hervor)sprudeln; (agitar) wedeln

espadarte [iʃpɐ'darti] M̄ Schwertfisch

espadaúdo [iʃpɐdɐ'udu] breitschultrig

espadilha [iʃpɐ'diʎa] F̄ Pikass n

espádua [iʃ'padwa] F̄ Schulter f

espaguete [iʃpɐ'getʃi] M̄ bras Spaghetti pl

espairecer [iʃpairi'ser] ⟨2g⟩ (sich) zerstreuen, (sich) ablenken; (distrair-se) (sich) unterhalten **espairecimento** [iʃpairisi'mẽtu] M̄ Unterhaltung f; Zerstreuung f

espalda [iʃ'paɫda] F̄, **espaldar** [iʃpaɫ'dar] M̄ Rückwand f, Rückseite f; cadeira: (Rücken)Lehne f

espalha-brasas [iʃpaʎɐ'brazɐʃ] M/F ⟨pl inv⟩ pop Aufschneider(in) m(f); Angeber(in) m(f) **espalhafato** [iʃpaʎɐ'fatu] M̄ Lärm m; Getue n; (aparato) Aufwand m **espalhafatoso** [iʃpaʎɐfɐ'tozu] lärmend; vestuário auffallend

espalhar [iʃpɐ'ʎar] ⟨1b⟩ (ver)streuen; notícia etc verbreiten; **~-se** sich ausbreiten (**por** in dat, über ac); tempestade sich verziehen; quantidade sich zerstreuen; pop no exame: voll danebenhauen; (caer) hinschlagen

espalmado [iʃpaɫ'madu] flach, platt; breit gedrückt **espalmar** [iʃpaɫ'mar] ⟨1a⟩ com a mão auseinanderstreichen; ausrollen; NÁUT reinigen

espampanante [iʃpɐ̃pɐ'nɐ̃ti] fam großspurig; auffällig, protzig

espanador [iʃpɐnɐ'dor] M̄ Staubtuch n **espanar** [iʃpɐ'nar] ⟨1a⟩ abstauben

espancar [iʃpɐ̃'kar] ⟨1n⟩ verprügeln

Espanha [iʃ'pɐɲa] F̄ GEOG **a ~** Spanien (n); port **em ~**, port, bras **na ~** in Spanien

espanhol [iʃpɐ'ɲɔɫ] A ADJ spanisch B M̄, **espanhola** [iʃpɐ'ɲɔla] F̄ Spanier(in) m(f)

espantadiço [iʃpɐ̃tɐ'disu] schreckhaft; scheu **espantalho** [iʃpɐ̃'taʎu] M̄ Vogelscheuche f; fam Tölpel m **espantar** [iʃpɐ̃'tar] ⟨1a⟩ erschrecken; verblüffen; caça

aufscheuchen; *sono etc* verscheuchen; **~-se** erschrecken; sich wundern (**com** über *ac*); *cavalo* scheuen **espanto** [iʃˈpɐ̃tu] M Schrecken m; Erstaunen n, Verblüffung f **espantoso** [iʃpɐ̃ˈtozu] *crime* schrecklich; erstaunlich; verblüffend, *fam* toll

espapaçado [iʃpɐpɐˈsadu] breiig; *fig* niedergeschlagen

esparadrapo [iʃpɐrɐˈdrapu] M bras Heft-, Wundpflaster n

espargir [iʃpɐrˈʒir] ⟨3n; *Stv* 3b⟩ *líquido* vergießen; *relva* besprengen mit; ausstreuen; *luz* ausstrahlen; **~-se** sich ergießen; sich aus-, verbreiten (**sobre** über *ac*)

espargo [iʃˈpargu] M BOT Spargel m **esparguete** [iʃpɐrˈgetɨ] M GASTR Spaghetti *pl*

esparramar [iʃpɐʀɐˈmar] ⟨1a⟩ durcheinanderbringen; in Unordnung bringen; **~-se** *fam* sich hinflätzen

esparregado [iʃpɐʀɨˈgadu] M GASTR Beilage aus gehacktem Gemüse in e-r Mehlschwitze **esparregar** [iʃpɐʀɨˈgar] ⟨1o; *Stv* 1c⟩ *legumes* pürieren

esparrela [iʃpɐˈʀɛlɐ] F (Vogel)Schlinge f; *fam* Falle f (*tb fig*)

esparso [iʃˈparsu] verstreut; (*cabelo*) locker, lose

espartano [iʃpɐrˈtɐnu] spartanisch **espartilhar** [iʃpɐrtiˈʎar] ⟨1a⟩ einschnüren **espartilho** [iʃpɐrˈtiʎu] M Korsett n **esparzir** [iʃpɐrˈzir] ⟨3b⟩ → espargir **espasmo** [iʃˈpaʒmu] M Krampf m; MED Spasmus m

espatifar [iʃpɐtiˈfar] ⟨1a⟩ *papel, tecido* zerfetzen; *porcelana etc* zerschlagen, -trümmern; *fam* kurz und klein schlagen **espátula** [iʃˈpatuɫɐ] F Spatel m, Spachtel m; Papiermesser n

espaventar [iʃpɐvẽˈtar] ⟨1a⟩ 1 erschrecken; bestürzen 2 (*gabar-se*) angeben mit, zur Schau tragen; **~-se** (sich) erschrecken; bestürzt sein; *pop* sich aufblasen **espavento** [iʃpɐˈvẽtu] M Schreck(en) m; *pop* Geprahle n; Tamtam n **espaventoso** [iʃpɐvẽˈtozu] prunkvoll

espavorecer [iʃpɐvuriˈser] ⟨2g⟩, **espavorir** [iʃpɐvuˈrir] ⟨3f⟩ erschrecken

especado [iʃpɨˈkadu] (stock)steif **especar** [iʃpɨˈkar] ⟨1n⟩ A V/T (ab)stützen B V/I (& V/R) **~(-se)** stehen bleiben

especial [iʃpɨˈsjaɫ] besondere; speziell; Sonder..., Spezial...; **em ~** insbesondere, besonders **especialidade** [iʃpɨsjɐliˈdadɨ] F Besonderheit f; Eigentümlichkeit f; *t/t* Spezialgebiet n; (Haupt)Fach n; GASTR Spezialität f **especialista** [iʃpɨsjɐˈliʃtɐ] M/F Spezialist(in) m(f); Experte m, Expertin f; Fachmann m, -frau f (**em** für); MED Facharzt m, -ärztin f **especializado** [iʃpɨsjɐliˈzadu] Spezial..., Fach... **especializar** [iʃpɨsjɐliˈzar] ⟨1a⟩ gesondert angeben (*ou* behandeln); (*realçar*) hervorheben; **~-se** sich spezialisieren (**em** in *dat*) **especialmente** [iʃpɨsjaɫˈmẽtɨ] ADV besonders

especiaria [iʃpɨsjɐˈriɐ] F Gewürz(e) n(pl) **espécie** [iʃˈpɛsi] F 1 Art f, Spezies f; *geralm* Gattung f; DIR Sonderfall m; FIN Sorte f; **~ ameaçada** gefährdete (*ou* bedrohte) Art f; **a ~ humana** das Menschengeschlecht n; **conservação f das ~es** Arterhaltung f; **protecção f das ~es** Artenschutz m; **fazer ~ a alg** j-n wundern; **da pior ~** *fam* übelster Art; **toda a ~ de** allerlei 2 FIN **~s** *pl* Münzsorten *fpl*; **em ~** *bras* FIN in bar

especificação [iʃpɨsifikɐˈsɐ̃ũ] F (genaue) Aufstellung f; Spezifizierung f **especificado** [iʃpɨsifiˈkadu] genau; einzeln (angeführt) **especificar** [iʃpɨsifiˈkar] ⟨1n⟩ einzeln anführen; spezifizieren **especificidade** [iʃpɨsifisiˈdadɨ] F Spezifik f, Besonderheit f **específico** [iʃpɨˈsifiku] spezifisch

espécime [iʃˈpɛsimɨ] M, **espécimen** [iʃˈpɛsimɛn] M Muster n, Probe f; Modell n

espe(c)tacular [iʃpɛtɐkuˈɫar] spektakulär **espe(c)táculo** [iʃpɛˈtakuɫu] M Schauspiel n; *pej* Spektakel m; TEAT Vorstellung f; **armar um ~** *fam* (j-m) e-e Szene machen **espe(c)taculoso** [iʃpɛtɐkuˈɫozu] auffallend **espe(c)tador(a)** [iʃpɛtɐˈdor(ɐ)] M/F Zuschauer(in) m(f)

espectral [iʃpɛ(k)ˈtraɫ] FIS Spektral... **espectro** [iʃˈpɛ(k)tru] M Gespenst n; FIS Spektrum n

especulação [iʃpɨkuɫɐˈsɐ̃ũ] F Spekulation f **especulador(a)** [iʃpɨkuɫɐˈdor(ɐ)] M/F Spekulant(in) m(f) **especular** [iʃpɨkuˈɫar] ⟨1a⟩ A V/T nachsinnen (*ou* spekulieren) über (*ac*); studieren B V/I spekulieren (**em** in *dat*; *fig* com *ac*) **especulativo** [iʃpɨkuɫɐˈtivu] spekulativ; (*teórico*) theoretisch; **preço** m **~** Spekulationspreis

espelhar [iʃpi'ʎar] ⟨1d⟩ espelho, água (wider)spiegeln; (polir) polieren; **~-se** sich spiegeln; fig sich weiden (**em** an dat)
espelho [iʃ'pɐ(i)ʎu] M̲ Spiegel m; MÚS Schallloch n; **~ retrovisor** AUTO Rückspiegel m
espelta [iʃ'pɛłta] F̲ BOT Dinkel m
espelunca [iʃpi'lũka] F̲ pej Spelunke f
espeque [iʃ'pɛki] M̲ Stütze f (tb fig)
espera [iʃ'pɛrɐ] F̲ (Ab)Warten n; (expectativa) Erwartung f; DIR Frist f; fig Hinterhalt m; caça: Anstand m; **estar** (ou **ficar**) **à ~ (de)** warten (auf ac) **esperança** [iʃpi'rɐ̃sɐ] F̲ Hoffnung f; (expectativa) Erwartung f; **~ de vida** Lebenserwartung f; **estar de ~s** guter Hoffnung sein; **nutrir ~s** Hoffnungen nähren **esperançar** [iʃpirɐ̃'sar] ⟨1p⟩ Hoffnung machen; **~-se em** Hoffnungen haben auf (ac) **esperançoso** [iʃpirɐ̃'sozu] hoffnungsvoll **esperar** [iʃpi'rar] ⟨1c⟩ A̲ V̲/̲T̲ erwarten; fig auflauern (dat) B̲ V̲/̲I̲ warten (**por** auf ac); hoffen (**por** auf ac); sich (dat) etw versprechen (**de** von)
esperma [iʃ'pɛrmɐ] M̲ Sperma n, Samen m
espernear [iʃpir'njar] ⟨1l⟩ strampeln; fig sich winden **espernegar** [iʃpirni'gar] ⟨1o, Stv 1c⟩ = **espernear espernegar-se** V̲/̲R̲ lang hinschlagen
espertalhão [iʃpirta'ʎɐ̃u] fam A̲ A̲D̲J̲ schlau B̲ M̲ Schlauberger m **espertalhona** [iʃpirta'ʎonɐ] F̲ Schlaubergerin f **espertar** [iʃpir'tar] ⟨1c⟩ = despertar; auf-, ermuntern **esperteza** [iʃpir'tezɐ] F̲ Schlauheit f **esperto** [iʃ'pɛrtu] wach; fig gescheit; schlau
espessar [iʃpi'sar] ⟨1c⟩ GASTR ein-, verdicken; material verstärken **espesso** [iʃ'pesu] líquido dick(flüssig); multidão dicht (gedrängt); material stark **espessura** [iʃpi'surɐ] F̲ Dicke f; floresta: Dichte f
espet... bras → espectacular etc
espetada [iʃpi'tadɐ] F̲ GASTR Fleischspieß m **espetadela** [iʃpitɐ'dɛłɐ] F̲ Stich m; fam Pech n im Spiel **espetar** [iʃpi'tar] ⟨1c⟩ stechen; com um espeto aufspießen; (perfurar) durchbohren; zusammenstoßen (**em** mit); dedo ausstrecken; com o dedo bohren (**em** in dat); fig fam reinlegen; **~-se** lasca etc sich einziehen; fam reinfallen **espetinho** [iʃpe'tʃiɲu] M̲ bras GASTR

→ espetada **espeto** [iʃ'pɛtu] M̲ (Brat)-Spieß m; fig Bohnenstange f
espevitado [iʃpivi'tadu] aufgeweckt **espevitar** [iʃpivi'tar] ⟨1a⟩ fig anfachen, aufstacheln
espezinhar [iʃpɛzi'ɲar] ⟨1a⟩ zertrampeln; uvas stampfen; fig mit Füßen treten
espia [iʃ'pia] A̲ M̲/̲F̲ Spion(in) m(f) B̲ F̲ NÁUT Schlepptau n; Wurfleine f **espião** [iʃ'pjɐ̃u] M̲, **espiã** [iʃ'pjɐ̃] F̲ Spion(in) m(f) **espiar** [iʃ'pjar] ⟨1g⟩ a/c auskundschaften; alg belauern; POL (aus)spionieren; porta: lauschen (**a** an dat)
espicaçar [iʃpikɐ'sar] ⟨1p; Stv 1b⟩ pássaro anpicken; com uma faca: stechen; pieksen; fig an-, aufstacheln; sticheln; fam piesacken
espichar [iʃpi'ʃar] ⟨1a⟩ durchbohren; peixe para secar aufädeln; pipa anstechen; couro spannen; pop (morrer) abkratzen; **~-se** sich ausstrecken **espiche** [iʃ'piʃi] M̲, **espicho** [iʃ'piʃu] M̲ Spund m; Pflock m; fig pop Bohnenstange f; bras fam UNIV Patzer m
espiga [iʃ'pigɐ] F̲ Ähre f; (Mais)Kolben m; TECN Zapfen m; Mist m; **apanhar** (ou **gramar**) **uma ~** pop e-n Reinfall erleben; **ora ~s!** fam von wegen!; **que ~!** so'n Mist!
espigado [iʃpi'gadu] aufgeschossen **espigadote** [iʃpigɐ'dɔti] halbwüchsig **espigão** [iʃpi'gɐ̃u] M̲ 1 Pfahl m; Pflock m 2 Spitze f; ARQUIT First m; (Dach)Schräge f **espigar** [iʃpi'gar] ⟨1o⟩ A̲ V̲/̲I̲ trigo Ähren ansetzen; fig in die Höhe schießen B̲ V̲/̲T̲ fig pop **~ alg** j-n reinlegen **espigo** [iʃ'pigu] M̲ Stachel m
espinafre [iʃpi'nafri] M̲ Spinat m
espinal [iʃpi'nał] MED spinal; Rückenmarks..., Wirbelsäulen...
espingarda [iʃpi'gardɐ] F̲ Gewehr n; Flinte f
espinha [iʃ'piɲɐ] F̲ (Fisch)Gräte f; MED Pickel m; (ponto negro) Mitesser m; fig Schwierigkeit f; **~ (dorsal)** Rückgrat n; **dobrar a ~** pop fig den Schwanz einziehen; **ter ~** e-n Haken haben; **ter uma ~ com** pop pop noch ein Hühnchen zu rupfen haben mit
espinhaço [iʃpi'ɲasu] M̲ ANAT Wirbelsäule f, Rückgrat n; fig Gebirgskette f
espinhal [iʃpi'ɲał] A̲ A̲D̲J̲ = espinal B̲ M̲ (Dornen)Gestrüpp n **espinhar** [iʃpi'ɲar] ⟨1a⟩ (mit Dornen) stechen; **~-se**

com *fig* sich ärgern über (*ac*) **espinho** [iʃˈpiɲu] M̄ Dorn *m*; Stachel *m*; *fig* Schwierigkeit *f* **espinhoso** [iʃpiˈɲozu] dornig; stachelig; *fig* schwierig

espiolhar [iʃpjuˈʎar] ⟨1e⟩ lausen; *fig* unter die Lupe nehmen

espionagem [iʃpjuˈnaʒɐ̃ĩ] F̄ Spionage *f* **espionar** [iʃpjuˈnar] ⟨1f⟩ (aus)spionieren

espira [iʃˈpira] F̄ Windung *f*; Rille *f* **espiral** [iʃpiˈral] A ADJ schneckenförmig; Spiral... B F̄ Spirale *f*; TECN Spiralfeder *f*; **em ~** spiralförmig; gewunden, gedreht

espirar [iʃpiˈrar] ⟨1a⟩ leben; atmen

espiritismo [iʃpiriˈtiʒmu] M̄ Spiritismus *m* **espiritista** [iʃpiriˈtiʃtɐ] A ADJ spiritistisch B M/F Spiritist(in) *m(f)*

espírito [iʃˈpiritu] M̄ Geist *m*; (*sentido*) Sinn *m* (de für); (*graça*) Witz *m*; **~ associativo** Gemeinschaftssinn *m*; **~ empresarial** (*ou* **de empresa**) Unternehmergeist *m*; **~ engarrafado** *fam* irón Tölpel *m*; **~ de equipa** Teamgeist *m*; **~ de negócio** Geschäftssinn *m*; **presença *f* de ~** Geistesgegenwart *f*; **de ~** geistvoll

Espírito Santo [iʃˈpiritu ˈsɐ̃tu] M̄ 1 REL Heiliger Geist *m*; 2 GEOG *bras* Bundesstaat

espiritual [iʃpiriˈtwal] geistig; spirituell **espiritualidade** [iʃpiritwaliˈdadi] F̄ Geistigkeit *f*; (*vida espiritual*) geistiges Leben *n* **espiritualizar** [iʃpiritwaliˈzar] ⟨1a⟩ vergeistigen; (*dar sentido*) symbolisch deuten

espirituoso [iʃpiriˈtwozu] *bebida* alkoholisch; *fig* geistreich

espirra-canivetes [iʃpiʁakɐniˈvetiʃ] M/F ⟨*pl inv*⟩ *pop* Hitzkopf *m* **espirrar** [iʃpiˈʁar] A V̄T ver-, bespritzen B V̄I niesen; spritzen; *fig* aufbrausen; **fazer ~** j-n aufbringen **espirro** [iʃˈpiʁu] M̄ Niesen *n*; Nieser *m*; **dar um ~** niesen

esplanada [iʃplɐˈnadɐ] F̄ Straßencafé *n*; *de um café ou restaurante* Terrasse *f*

esplender [iʃplẽˈder] ⟨2a⟩ **esplendecer** [iʃplẽdeˈser] ⟨2g⟩ glänzen, strahlen **esplêndido** [iʃˈplẽdidu] strahlend, glänzend; *fig* prächtig **esplendor** [iʃplẽˈdor] M̄ Glanz *m*; (*luxo*) Pracht *f* **esplendoroso** [iʃplẽduˈrozu] → esplêndido

espojar-se [iʃpɔˈʒarsi] ⟨1a⟩ *port* sich wälzen (**com riso** vor Lachen); **~ no chão** sich auf dem Boden wälzen

espoleta [iʃpuˈletɐ] F̄ Zünder *m*; *bras* Zündplätzchen *n*

espoliação [iʃpuljaˈsɐ̃ũ] F̄ *pessoa*: Beraubung *f*; *local*: Plünderung *f*; *objecto*: Raub *m* **espoliar** [iʃpuˈljar] ⟨1g⟩ *alg* berauben; *a/c* plündern

espólio [iʃˈpɔlju] M̄ Nachlass *m*; MIL (Kriegs)Beute *f*; Plünderung *f*

esponja [iʃˈpõʒɐ] F̄ Schwamm *m*; **beber como uma ~** *pop* saufen wie ein Loch

esponjoso [iʃpõˈʒozu] schwammig

esponsais [iʃpõˈsaiʃ] MPL Verlobung *f*; (*promessa*) Eheversprechen *n*

espontaneamente [iʃpõtɐnjɐˈmẽti] ADV von selbst; *acção* freiwillig **espontaneidade** [iʃpõtɐnɐiˈdadi] F̄ Spontaneität *f* **espontâneo** [iʃpõˈtɐnju] *acção*, *observação* spontan; *vegetação* ursprünglich, urwüchsig

espora [iʃˈpɔrɐ] F̄ Sporn *m*; *fig* Ansporn *m*; **~s** *pl* BOT Rittersporn *m*

esporádico [iʃpuˈradiku] sporadisch; (*raro*) vereinzelt, selten

esporte [iʃˈpɔxtʃi] M̄ *bras*, **esportista** [iʃpoxˈtʃiʃtɨ] M/F *bras* → desporto, desportista

espórtula [iʃˈpɔxtulɐ] F̄ Trinkgeld *n*

esposa [iʃˈpozɐ] F̄ Gattin *f* **esposar** [iʃpuˈzar] ⟨1e⟩ trauen, verheiraten **esposo** [iʃˈpozu] M̄ Gatte *m*; **~s** *pl* [iʃˈpɔzuʃ] Ehegatten *pl*, -leute *pl*

espraiar [iʃpraˈjar] ⟨1a⟩ *mar* an den Strand werfen; ausbreiten; *raio* (aus)senden; **~ a vista** den Blick schweifen lassen (**sobre** über *ac*); **~-se** sich verbreiten; *fig* sich ergehen (**em** in *dat*, **sobre** über *ac*)

espreguiçadeira [iʃprigisaˈdairɐ] F̄ Liegestuhl *m* **espreguiçar-se** [iʃprigiˈsarsi] ⟨1p⟩ sich rekeln, sich räkeln

espreita [iʃˈpraitɐ] F̄ Beobachtung *f*; **à ~** auf der Lauer **espreitar** [iʃpraiˈtar] ⟨1a⟩ beobachten; *alg* belauern; spähen nach; *ocasião* abpassen

espremedor [iʃpremiˈdor] M̄ (Zitrus-)Presse *f*; **~ de alho** Knoblauchpresse *f*; **~ eléctrico** Entsafter *m* **espremer** [iʃpriˈmer] ⟨2c⟩ auspressen (*tb fig*); *port roupa* (aus)wringen; *tema* erschöpfend behandeln; *fam alg* ausquetschen

espuma [iʃˈpumɐ] F̄ Schaum *m*; **~ de barbear** Rasierschaum *m*; **~ fixadora** Schaumfestiger *m*; **~ de polietileno** PE-Folie *f* **espumadeira** [iʃpumɐˈdairɐ] F̄

esporte - desporto

Das brasilianische und das europäische Portugiesisch unterscheiden sich deutlich. Die Unterschiede zwischen den beiden Varianten sind historisch bedingt und zeigen sich besonders in der Aussprache (vgl. auch das Aussprachekapitel in der Einleitung) und im Wortschatz. Auch in der Schreibung gibt es Abweichungen, die jedoch im Zuge der großen Rechtschreibreform (seit 2009 v. a. in Brasilien angewendet) aufgehoben werden sollen. So heißt z. B. der Sport in Portugal **desporto**, aber in Brasilien **esporte**. Bei einer Autopanne sprechen Sie in Portugal von **avaria**, in Brasilien dagegen heißt es ganz vertraut: **pane**. Weitere typische Beispiele sind:

	Portugiesisch:	Brasilianisch:
(Herren)Anzug	**fato**	**terno**
Frühstück	**pequeno almoço**	**café da manhã**
Kühlschrank	**frigorífico**	**geladeira**
Saft	**sumo**	**suco**
Straßenbahn	**(carro) eléctrico**	**bonde**
Zug	**comboio**	**trem**
Ja!	**Sim!**	**É!** (*umg.*)
Um Himmels willen!	**Meu deus!**	**Nossa!**

Schaumlöffel *m* **espumante** [iʃpuˈmɐ̃ti] A ADJ schäumend B M (*vinho* M) ~ Schaumwein *m*, Sekt *m* **espumar** [iʃpuˈmar] ⟨1a⟩ **espumejar** [iʃpumiˈʒar] ⟨1d⟩ Schaum bilden; schäumen (*tb fig*) **espumoso** [iʃpuˈmozu] schaumig; schäumend; *bebida* kohlensäurehaltig

espúrio [iʃˈpurju] *criança* unehelich; falsch

esq. ABR (esquerdo, -a) li. (links)

esquadra [iʃˈkwadrɐ] F Polizeirevier *n*; NÁUT, AERO Geschwader *n*; MIL Zug *m* **esquadrão** [iʃkwaˈdrɐ̃ũ] M Schwadron *f* **esquadrejar** [iʃkwɐdriˈʒar] ⟨1d⟩ rechtwinklig behauen (*ou* zuschneiden) **esquadria** [iʃkwɐˈdriɐ] F rechter Winkel *m*; ~**s** *pl* ARQUIT Fenster *npl* und Türen *fpl* **esquadrilha** [iʃkwɐˈdriʎɐ] F NÁUT Flottille *f*; AERO Staffel *f*

esquadrinhar [iʃkwɐdriˈɲar] ⟨1a⟩ beobachten; *quarto* durchstöbern; *a vida alheia* ausforschen

esquadro [iʃˈkwadru] M Zeichendreieck *n*, Geodreieck® *n*; TECN Winkeleisen *n*

esquálido [iʃˈkwalidu] **1** schmutzig **2** *rosto* bleich

esquartejar [iʃkwɐrtiˈʒar] ⟨1d⟩ vierteilen, vierteln; zerstückeln

esquecediço [iʃkesiˈdisu] vergesslich **esquecer** [iʃkeˈser] ⟨2g; *Stv* 2c⟩ A VIT vergessen; nicht denken an (*ac*) B VI vergessen werden; ~ **a alg** j-m entfallen; *braço, pera* j-m einschlafen; ~-**se de** a/c, *alg* vergessen; a/c verlernen **esquecido** [iʃkeˈsidu] ADJ vergesslich; in Gedanken versunken; *local* verlassen; ~ **de** entrückt (*dat*) **esquecimento** [iʃkesiˈmẽtu] M Vergessen *n*; (*falha de memória*) Vergesslichkeit *f*; *fig* Vergessenheit *f*; MED (Glieder)Lähmung *f*; **cair no** ~ in Vergessenheit geraten

esquelético [iʃkeˈlɛtiku] Skelett...; skelettartig; *fig* klapperdürr **esqueleto** [iʃkeˈletu] M Skelett *n*

esquema [iʃˈkemɐ] M Schema *n*; (*plano*) Entwurf *m*, Plan *m* **esquemático** [iʃkeˈmatiku] schematisch **esquematizar** [iʃkimatiˈzar] ⟨1a⟩ schematisieren

esquentador [iʃkẽtaˈdor] M ~ (**a gás**) (Gas-)Durchlauferhitzer *m* **esquentamento** [iʃkẽtɐˈmẽtu] M *pop* Tripper *m*; *bras* Erwärmung *f* **esquentar** [iʃkẽˈtar] ⟨1a⟩ *bras* VIT (er)wärmen; *fig* aufbringen A VI (& VR) ~(-**se**) in Zorn geraten; *pop* *sexualidade*: scharf werden

esquerda [iʃˈkerdɐ] F Linke *f* (*tb* POL); **à** ~

zur Linken, links **esquerdino** [iʃkir'dinu] linkshändig; *fig* linkisch **esquerdismo** [iʃkir'diʒmu] M linke Politik f; *tendência* Linkstendenz f **esquerdista** [iʃkir'diʃtɐ] A ADJ POL linksgerichtet; Links... B M/F Linke(r) m/f, Anhänger(in) m/f der Linken **esquerdo** [iʃ'kerdu] linke; Links...; *fig* verkehrt; verdreht; (*desajeitado*) linkisch; **fazer-se ~** *port pop* sich zieren

esqui [iʃ'ki] M Ski m; **~ aquático** Wasserski m; **~ de fundo** Skilanglauf m **esquiador(a)** [iʃkiɐ'dor(ɐ)] M/F Skiläufer(in) m(f) **esquiar** [iʃ'kjar] ⟨1g⟩ Ski laufen

esquilo [iʃ'kilu] M Eichhörnchen n

esquimó [iʃki'mɔ] M/F Eskimo m

esquina [iʃ'kinɐ] F Ecke f; **à ~** an der Ecke; **ao virar da ~** *pop* gleich um die Ecke **esquinado** [iʃki'nadu] *pop* angeheitert

esquipação [iʃkipɐ'sɐ̃ũ] F NÁUT Ausrüstung f; (*vestuário*) Satz m Kleidungsstücke **esquipamento** [iʃkipɐ'mẽtu] M (Schiffs)Ausrüstung f **esquipar** [iʃki'par] ⟨1a⟩ ausrüsten; schmücken

esquisitice [iʃkizi'tisi] F Überspanntheit f; *fam* Verwöhntheit f **esquisito** [iʃki'zitu] (*invulgar*) ausgefallen; (*estranho*) sonderbar; *pessoa* überspannt; *fam* (*exigente*) verwöhnt, anspruchsvoll

esquivança [iʃki'vɐ̃sɐ] F Zurückhaltung f; Scheu f; (*insociabilidade*) Ungeselligkeit f **esquivar** [iʃki'var] ⟨1a⟩ verschmähen; *alg* ausweichen; *contacto, encontro* vermeiden; **~-se** (sich) davonschleichen; *alg* ausweichen (**a, de** *dat*); *a/c* sich drücken (**a, de** vor *dat*) **esquivo** [iʃ'kivu] scheu (*tb Tier*); *pessoa* ungesellig; schwierig

esquizofrenia [iʃkizɔfri'niɐ] F MED Schizophrenie f

essa¹ ['ɛsɐ] PRON F → esse¹

essa² ['ɛsɐ] F Katafalk m; **pôr na ~** aufbahren

esse¹ ['esi] *pron* diese(r, -s); der, die, das (da); **~ relógio** die Uhr da; **e -a saúde?** und Ihre Gesundheit?, und wie geht's Ihnen?; **~ tal** der besagte ...; **-a é boa!** das ist ja gut!; *irón* das ist ja reizend!; **ora -a!** aber ich bitte Sie!; gern geschehen!; **ainda mais -a!** auch das noch!, nein, so was!; **por -as e por outros** aus diesen und anderen Gründen

esse² ['ɛsi] M *nome da letra* s

essência [i'sẽsjɐ] F ❶ Wesen n (*e-r Sache*); (*sentido*) Sinn m; (*âmago*) Wesentliche(s) n ❷ Essenz f **essencial** [isẽ'sjał] A ADJ wesentlich; hauptsächlich, Haupt...; **ser ~ a** wesentlich sein für B M Hauptsache f **essencialmente** [isẽsjał'mẽti] ADV im Wesentlichen; besonders

essoutro [e'sotru], **essoutra** [ɛ'sotrɐ] PRON der, die, das andere (da)

és-sueste [ɛʃ'sweʃti] M Ostsüdosten m

Est. ABR (**Estado**) St. (Staat) ❶ (**Estrada**) Landstr. (Landstraße)

esta ['ɛʃtɐ] PRON F → este¹

está [iʃ'ta] → estar

estabanado [iʃtɐbɐ'nadu] *bras* ungeschickt, tollpatschig

estabelecer [iʃtɐbiłi'ser] ⟨2g⟩ (be)gründen; *estado, edifício* errichten; *instituição* einrichten, eröffnen; *por lei* bestimmen; *o acontecido* feststellen; *imposto, tradição* einführen; *ligação* herstellen; *tribunal* einsetzen; *record* aufstellen; *decisão* fassen **estabelecer-se** [iʃtɐbiłi'sersi] V/R *tradição* sich durchsetzen; *teoria* sich gründen (**em** auf *dat*); *advogado* sich niederlassen **estabelecimento** [iʃtɐbiłisi'mẽtu] M ❶ *teoria*: Begründung f; *empresa*: Gründung f; *edifício*: Errichtung f; *regras*: Festsetzung f; Auf-, Feststellung f ❷ Geschäft n; Einrichtung f; Niederlassung f; **~ comercial** Geschäft(shaus) n; **~ industrial** gewerblicher Betrieb m; **~ público** öffentliche Einrichtung f

estabilidade [iʃtɐbiłi'dadi] F *financeira etc* Stabilität f; *de carácter* (Stand)Festigkeit f; *tempo, sentimentos* Beständigkeit f **estabilizador** [iʃtɐbiłizɐ'dor] M Stabilisator m; Leitwerk n **estabilizar** [iʃtɐbiłi'zar] ⟨1a⟩ festigen, stabilisieren

estábulo [iʃ'tabułu] M Stall m

estaca [iʃ'takɐ] F Pfahl m; Stecken m; **~ zero** *fig* Ausgangspunkt m; **pegar de ~** Wurzeln schlagen

estação [iʃtɐ'sɐ̃ũ] F ❶ *autocarro*: Station f; (*paragem*) Haltestelle f; FERROV Bahnhof m; **~ de autocarros**, *bras* **~ rodoviária** Busbahnhof m ❷ TECN Station f; Anlage f; *administração*: Dienststelle f; **~ espacial** Raumstation f; **~ de serviço** AUTO Tankstelle f; **~ de triagem** Sortieranlage f; **~ de trabalho** INFORM Workstation f; **~ de tratamento de águas re-

siduais Kläranlage f ▨ **~ balnear** Seebad n; **~ termal** Thermalbad n ▨ *do ano:* Jahreszeit f; *balnear:* Saison f; *da vida:* (Lebens)Alter n; **~ alta/baixa** Hoch-/Nebensaison f; **~ das chuvas** Regenzeit f

estacar [iʃtɐˈkar] ⟨1n; Stv 1b⟩ ▨ *v/t* (mit Pfählen) (ab)stützen ▨ *v/i* (plötzlich) stehen bleiben; *fig* stocken; stutzen

estacional [iʃtɐsjuˈnaɫ] jahreszeitlich; *local:* stationär **estacionamento** [iʃtɐsjunɐˈmẽtu] M Stillstand m; AUTO Parken n; MIL Stationierung f; (port **parque** m **de**) **estacionar** [iʃtɐsjuˈnar] ⟨1f⟩ ▨ *v/t* AUTO parken; MIL stationieren ▨ *v/i* halten; stehen bleiben; AUTO parken; *fig* aufhören; **fazer ~** *doença etc* zum Stillstand bringen **estacionário** [iʃtɐsjuˈnarju] unveränderlich; *preço etc* fest; **ficar ~, conservar-se ~** gleich bleiben; nicht zurückgehen

estada [iʃˈtadɐ] F Aufenthalt m **estadão** [iʃtɐˈdɐ̃u] M Prunk m **estadear** [iʃtɐˈdjar] ⟨1l⟩ prunken mit; **~-se** großtun **estadia** [iʃtɐˈdiɐ] F NÁUT Liegezeit f; → estada; **direito** m **de ~** Aufenthaltsberechtigung f

estádia [iʃˈtadjɐ] F Entfernungsmesser m **estádio** [iʃˈtadju] M *geralm tb* Stadium n **estadista** [iʃtɐˈdiʃtɐ] M Staatsmann m

estado [iʃˈtadu] M ▨ Stand m; Zustand m; *tempo etc:* Lage f; **~ civil** Familienstand m; **~ de coisas** Lage f *der* Dinge; **~ de sítio** Belagerungszustand m ▨ *sentimento:* **~ de alma** Stimmung f; **~ de espírito** Gemütszustand m; **estar em ~ interessante** schwanger sein; *tb* guter Hoffnung sein ▨ **~s** pl POL Stände mpl

Estado [iʃˈtadu] M POL Staat m; **estado federado** (*bras* **federal**) Bundesstaat m; *Alemanha, Áustria* Bundesland n; **~ membro** Mitgliedsstaat m; **estado Membro (da UE)** (EU-)Mitgliedsland n; **~ providência** Wohlfahrtsstaat m; **golpe** m **de ~** Staatsstreich m; **razão** f **de ~** POL Staatsräson f **Estados Unidos** [iʃˈtaduzuˈniduʃ] MPL GEOG **os ~** die Vereinigten Staaten pl (von Amerika) **estado-unidense** [iʃtɐduniˈdẽsɨ] der Vereinigten Staaten, US-... **estadual** [iʃtɐˈdwaɫ] Staats..., Landes...

estafa [iʃˈtafɐ] F Schinderei f; Mühe f; (*exaustão*) Erschöpfung f; **dar uma ~ a alg** *pop* j-n völlig erschöpfen; j-m mächtig auf den Geist gehen **estafado** [iʃtɐˈfadu] *pessoa* erschöpft; *expressão* abgedroschen; *vestuário* abgetragen **estafante** [iʃtɐˈfɐ̃tɨ] anstrengend **estafar** [iʃtɐˈfar] ⟨1b⟩ herumhetzen; überanstrengen; *fig* herunterleiern; **~-se** sich abschinden (**com, de** mit, **em** bei); *fam* sich abrackern (**com, de** mit, **em** bei)

estafeta [iʃtɐˈfetɐ] F Stafette f; Bote m; *port* DESP Staffellauf m

estagiar [iʃtɐˈʒjar] ⟨1g⟩ ein Praktikum absolvieren; als Volontär arbeiten **estagiário** [iʃtɐˈʒjarju] M, **-a** F Praktikant(in) m(f); Volontär(in) m(f); *advogado, professor* Referendar(in) m(f)

estágio [iʃˈtaʒju] M Praktikum n; praktische Ausbildung f; *Jurist, Lehrer:* Referendariat n; TECN (Entwicklungs-, Raketen-)Stufe f; **fazer um ~** estagiar

estagnação [iʃtɐgnɐˈsɐ̃u] F Stagnation f; Stockung f **estagnado** [iʃtɐˈgnadu] *Prozess, Geschäfte* stagnierend; *Wasser* stehend **estagnante** [iʃtɐˈgnɐ̃tɨ] lähmend **estagnar** [iʃtɐˈgnar] ⟨1b⟩ ▨ *v/t* stauen; *fig* lähmen; zum Stocken bringen ▨ *v/i* (ɢ v/r) **~(-se)** *fig* stocken

estalactite [iʃtɐɫakˈtitɨ] F Stalaktit m; **~ de gelo** Eiszapfen m

estalada [iʃtɐˈladɐ] F Knall m; *pop* Backpfeife f **estaladiço** [iʃtɐɫɐˈdisu] knusperig; knackig

estalagem [iʃtɐˈlaʒɐ̃ĩ] F kleines Hotel n, Gästehaus n

estalajadeiro [iʃtɐlɐʒɐˈdɐiru] M (Gast)Wirt m

estalão [iʃtɐˈlɐ̃u] M Maß n; Standard m

estalar [iʃtɐˈlar] ⟨1b⟩ ▨ *v/t* zerbrechen; *bras ovo* m **estalado** Spiegelei n ▨ *v/i* platzen (*tb fig, Kopf*); *vidro* (zer)springen; *som:* knacken; *lume* knistern; *tiro* knallen; *fig guerra* ausbrechen; **~ os dedos** mit den Fingern schnipsen; **~ com a língua** mit der Zunge schnalzen

estaleiro [iʃtɐˈlɐiru] M Werft f

estalejante [iʃtɐlɨˈʒɐ̃tɨ] krachend **estalejar** [iʃtɐlɨˈʒar] ⟨1d⟩ knattern; krachen **estalido** [iʃtɐˈlidu] M Geknatter n; *do lume* Geknister n; Knall m; *com a língua* Schnalzer m **estalo** [iʃˈtalu] M Knall m; *sobre água etc* Klatsch m; *pop* Maulschelle f; **de ~** *pop* irre gut; **~s** pl Knallen n; *louça, passos:* Geklapper n; *bras fig* Erleuchtung f

estaminé [iʃtami'nɛ] M kleiner Laden m; (bar) Bar f

estampa [iʃ'tɐ̃pɐ] F Abbildung f; em cobre Stich m; em madeira Holzschnitt m; (pegada) (Fuß) Abdruck m; fig Bild n; (aparência) Aussehen n; **dar à ~** in Druck geben; **obrar de ~** nach Schema fam arbeiten **estampado** [iʃtɐ̃'padu] **A** ADJ tecido bedruckt **B** M Aufdruck m; tecido: Muster n **estampagem** [iʃtɐ̃'paʒɐ̃ĩ] F Druck m **estampar** [iʃtɐ̃'par] ⟨1a⟩ tecido bedrucken; padrão ein-, aufdrücken; na memória (ein)prägen; TECN (aus-, ein)stanzen; **~-se** sich abdrücken; zum Ausdruck kommen; pop hinfallen; sich stürzen (**em** auf ac); stoßen (**contra** gegen) **estamparia** [iʃtɐ̃pɐ'riɐ] F Stoffdruckerei f

estampido [iʃtɐ̃'pidu] M Knall m; Krach m, Getöse n

estampilha [iʃtɐ̃'piʎɐ] F (Post)Stempel m; bras Steuermarke f

estancamento [iʃtɐ̃kɐ'mẽtu] M líquido: Stauung f; recipiente: Abdichten n; pântano: Trockenlegung f; fonte: Versiegen n

estancar [iʃtɐ̃'kar] ⟨1n⟩ líquido stauen; recipiente abdichten; sangue sede stillen; lágrimas trocknen; água auspumpen; ablassen; fig aussaugen; erschöpfen; **~-se** sich stauen; processo, negócio stocken; negócio versiegen

estância [iʃ'tɐ̃sjɐ] F Aufenthalt(sort) m; (habitação) Wohnsitz m; de repouso: Erholungsort m; NÁUT Ankerplatz m; COM Holzhandlung f; bras reg Farm f; **~ balnear** Badeort m; **~ termal** (bras **hidromineral**) Heilbad n

estanco [iʃ'tɐ̃ku] M bras ECON Monopol n; → **estanque**

estandardização [iʃtɐ̃dɐrdizɐ'sɐ̃ũ] F Standardisierung f **estandardizar** [iʃtɐ̃dɐrdi'zar] ⟨1a⟩ vereinheitlichen, standardisieren

estandarte [iʃtɐ̃'darti] F Standarte f

estande [iʃ'tẽdʒi] M bras Schießstand m; feira: Messestand m

estanhar [iʃtɐ'ɲar] ⟨1a⟩ verzinnen **estanho** [iʃ'tɐɲu] M Zinn n

estanque [iʃ'tɐ̃ki] **A** ADJ barco (wasser)dicht; recipiente hermetisch verschlossen; leito de um rio trocken; fonte versiegt; **~ ao ar** luftdicht **B** M Stillstand m; ECON Monopol n

estante [iʃ'tɐ̃ti] F Regal n; **~ de música** Notenständer m

estar [iʃ'tar] ⟨1s⟩ em casa, contente etc: sein; local tb: liegen, stehen, hängen etc; pessoa sich befinden; sich aufhalten; com adj: sein; **~ a fazer a/c, ~ fazendo a/c** gerade (eben) etw tun; dabei sein, etw zu tun; **~ (bem) a alg** j-m (gut) stehen; **~ com fome/sede/vontade** etc Hunger/Durst/Lust etc haben; **~ com frio** frieren; **~ com alg** mit j-m zusammen sein; assunto bei j-m liegen; **alg está com calor/frio** j-m ist warm/kalt; **~ de luto** in Trauer sein; **~ em problema** bestehen in (dat); **~ em si** pessoa bei Sinnen sein; **~ para** (inf) im Begriff sein zu; (ter vontade) Lust haben zu; (concordar) einverstanden sein mit; **~ por a/c** für etw sein; **~ por alg** auf j-s Seite stehen; **~ por fazer** noch zu tun sein; **~ por pouco** kurz bevorstehen; **~ por tudo** für alles zu haben sein; bras fam **~ por fora** nicht im Bilde sein; **~ que** port meinen, dass, glauben, dass; **está (lá)?** port TEL hallo!; **deixa ~!** lass es gut sein!

estarrecedor [iʃtɐʁisi'dor] entsetzlich **estarrecer** [iʃtɐʁi'ser] ⟨2g⟩ **A** VT lähmen; (assustar) ängstigen **B** VI erstarren (**de, com** vor dat)

estatal [iʃtɐ'tal] staatlich, Staats...

estatelado [iʃtɐti'ɫadu] der Länge nach **estatelar** [iʃtɐti'ɫar] ⟨1c⟩ (auf den Boden, hin)werfen; alg niederstrecken; (hin)fallen lassen; **~-se** (cair) der Länge nach (hin)fallen; (zu Boden) stürzen; (embater) prallen (**em, contra** gegen); fig fam sich blamieren

estática [iʃ'tatikɐ] F Statik f **estático** [iʃ'tatiku] statisch; fig unbeweglich

estatística [iʃtɐ'tiʃtikɐ] F Statistik f **estatístico** [iʃtɐ'tiʃtiku] **A** ADJ statistisch **B** M Statistiker m

estatização [iʃtɐtizɐ'sɐ̃ũ] F Verstaatlichung f **estatizar** [iʃtɐti'zar] ⟨1a⟩ verstaatlichen

estátua [iʃ'tatwɐ] F Statue f **estatuária** [iʃtɐ'twarjɐ] F Bildhauerkunst f **estatueta** [iʃtɐ'twetɐ] F Statuette f, Figur f

estatuir [iʃtɐ'twir] ⟨3i⟩ durch Statuten festsetzen; (ordenar) verordnen; regras aufstellen; exemplo statuieren **estatura** [iʃtɐ'turɐ] F Statur f; Gestalt f; (tamanho) Größe f **estatutariamente** [iʃtɐtutɐrjɐ-

'mêti] ADV satzungsgemäß **estatuto** [iʃtɐ'tutu] M̄ Statut n

estável [iʃ'tavɛɫ] beständig; fest, stabil

este¹ ['eʃti], **esta** ['ɛʃtɐ] diese(r, -s); der, die, das (hier); **esta manhã/noite** heute Morgen/Abend *ou* Nacht; **nesta (cidade)** hier (in der Stadt)

este² ['ɛʃti] M̄ Osten *m*

estear [iʃ'tjar] ⟨1l⟩ (unter)stützen

esteio [iʃ'tɐju] M̄ Stütze *f* (*tb fig*); Pfeiler *m*

esteira [iʃ'tɐjrɐ] F̄ **1** (Binsen)Matte *f*; TECN Raupe *f*, Kette *f*; **~ ergométrica** *bras* Laufband *n*; **~ transportadora** *bras* Fließband *n* **2** NÁUT Kielwasser *n*; *fig* Spur *f*; **ir na ~ de alg** *fig* j-m folgen **esteiro** [iʃ'tɐjru] M̄ Meeres- (*ou* Fluss)arm *m*; Haff *n*

esteja [iʃ'tɐʒɐ] → estar

estelionato [iʃteljo'natu] M̄ *bras* DIR Betrug *m*

estendal [iʃtẽ'daɫ] M̄ Wäsche-, Trockenplatz *m*; *fig* Angeberei *f*; **fazer ~ de** angeben mit **estendedouro** [iʃtẽdi'doru] M̄ Trockenplatz *m* **estender** [iʃtẽ'der] ⟨2a⟩ *pernas* (aus)strecken; *manta, braços* ausbreiten; *temporal*: in die Länge ziehen; *corda, elástico* (aus)dehnen; *roupa etc* (zum Trocknen) aufhängen; (*espalhar*) verteilen; *massa* ausrollen; *a/c a alg* j-m etw (herüber)reichen; *competência* überschreiten; *adversário* niederstrecken; **~ os olhos, ~ a vista** blicken, den Blick schweifen lassen (**por, sobre** über *ac*, **para bis**); **~-se** sich erstrecken (**até bis**); sich ausstrecken (**em** auf *dat*, über *ac*); *fig* fam sich blamieren; durchfallen; **~-se no chão, ~-se ao comprido** der Länge nach hinfallen **estenderete** [iʃtẽdi'retɨ] M̄ Reinfall *m*; **dar um ~** *fig pop* e-n Bock schießen **estendível** [iʃtẽ'divɛɫ] streckbar; móvel ausziehbar

estenografar [iʃtinugrɐ'far] ⟨1b⟩ stenografieren **estenografia** [iʃtinugrɐ'fiɐ] F̄ Stenografie *f* **estenógrafo** [iʃti'nɔgrɐfu] M̄, **-a** F̄ Stenograf(in) *m(f)*

estepe¹ [iʃ'tɛpi] F̄ Steppe *f*

estepe² [iʃ'tɛpi] M̄ *bras* AUTO Ersatzrad *n*

esterco [iʃ'terku] M̄ Mist *m*, Dünger *m*; *fig* Unrat *m*

estere [iʃ'tɛri] M̄, **estéreo** [iʃ'tɛrju] M̄ *medida:* Festmeter *m*, Ster *m*

estereofonia [iʃtɨrjɐfu'niɐ] F̄ Stereofonie *f* **estereofónico (*ô)** [iʃtɛrjɔ'fɔniku] stereo(fon); **aparelhagem** *f* **-a** *port* Stereoanlage *f* **estereotipado** [iʃtɛrjɔti'padu] stereotyp **estereotípico** [iʃtɛrjɔ'tipiku] stereotyp **estereótipo** [iʃtɛ'rjɔtipu] M̄ Stereotyp *n*

estéril [iʃ'tɛriɫ] **A** ADJ unfruchtbar (*tb fig*); MED steril, keimfrei; *fig* fruchtlos **B** M̄ taubes Gestein *n*

esterilidade [iʃtiriliˈdadɨ] F̄ Unfruchtbarkeit *f* **esterilização** [iʃtirilizɐ'sɐ̃w] F̄ Sterilisierung *f* **esterilizador** [iʃtirilizɐ'dor] M̄ Sterilisierapparat *m* **esterilizar** [iʃtirili'zar] ⟨1a⟩ sterilisieren; unfruchtbar machen; *fig* zunichte machen

esterlino [iʃtir'linu] **A** ADJ **libra** F̄ **-a** Pfund *n* Sterling **B** M̄ Pfund *n* Sterling

esterno [iʃ'tɛrnu] M̄ ANAT Brustbein *n*

esterqueira [iʃtɨr'kɐjrɐ] F̄ Misthaufen *m*; Mistgrube *f* **esterqueiro** [iʃtɨr'kɐjru] M̄ → esterqueira; *fig pop* (porco) Stinktier *n*

estertor [iʃtɨr'tor] M̄ Röcheln *n* **estertorar** [iʃtɨrtu'rar] ⟨1e⟩ röcheln; *respiração* rasseln **estertoroso** [iʃtɨrtu'rozu] röchelnd

esteta [iʃ'tɛtɐ] M̄F̄ Ästhet(in) *m(f)* **estética** [iʃ'tɛtikɐ] F̄ Ästhetik *f* **esteticista** [iʃtɛti'siʃtɐ] M̄F̄ Kosmetiker(in) *m(f)* **estético** [iʃ'tɛtiku] ästhetisch

estetoscópio [iʃtɛtɔʃ'kɔpju] M̄ Stethoskop *n*, Hörrohr *n*

esteve [iʃ'tɛvɨ] → estar

estiagem [iʃ'tjaʒɐ̃j] F̄ **1** Sommerwetter *n*; trockenes Wetter *n* **2** Trockenzeit *f*, Dürre *f* **estiar** [iʃ'tjar] ⟨1g⟩ aufhören zu regnen

estibordo [iʃti'bɔrdu] M̄ NÁUT Steuerbord *n*

estica [iʃ'tikɐ] **A** F̄ Magerkeit *f*; TECN Ketten-, Seilspanner *m*; Spannschloss *n*; **estar na ~** spindeldürr sein **B** M̄F̄ spindeldürre Person *f* **esticadela** [iʃtikɐ'dɛlɐ] F̄ Ruck *m* **esticador** [iʃtikɐ'dor] M̄ Spanngummi *m* (*zur Befestigung von Lasten*); Spannvorrichtung *f*, Spanner *m* **esticar** [iʃti'kar] ⟨1n⟩ *cordel* straffen, spannen; *pernas* strecken; *cabeça* recken; **~ a canela, ~ o pernil** *pop* verrecken

estigar [iʃti'gar] ⟨1o⟩ *Angola* **~ alg** j-n lächerlich machen, über j-n Witze reißen

estigma [iʃ'tigmɐ] M̄ Stigma *n*; REL Wundmal *n* Christi; *fig* (Brand)Mal *n*; BOT Narbe *f*

estilete [iʃti'lɛtɨ] M̄ Stilett *n*; BOT Griffel

m; MED Sonde *f*; AUTO Schwimmernadel *f*

estilha [iʃˈtiʎɐ] F̄ Span *m*, Splitter *m*; **fazer em ~s** zersplittern **estilhaçar** [iʃtiʎɐˈsar] ⟨1p; Stv 1b⟩ zersplittern **estilhaço** [iʃtiˈʎasu] M̄ Splitter *m*

estilismo [iʃtiˈliʒmu] M̄ unhas, cabelo: Styling *n* **estilista** [iʃtiˈliʃtɐ] MF Designer(in) *m(f)*; unhas, cabelo: Stylist(in) *m(f)* **estilística** [iʃtiˈliʃtikɐ] F̄ Stilistik *f* **estilizar** [iʃtiliˈzar] ⟨1a⟩ stilisieren **estilo** [iʃˈtilu] M̄ Stil *m*; BOT Griffel *m*

estima [iʃˈtimɐ] F̄ Wertschätzung *f*; **conquistar a ~ de alg** j-s Achtung erringen; **ter ~ a alg** j-n schätzen **estimação** [iʃtimaˈsɐ̃w] F̄ Schätzung *f*; fig Achtung *f*; **animal de ~** Haustier *n*, Kuscheltier *n*; **valor de ~** Liebhaberwert *m*; **ter em ~** (hoch) schätzen **estimado** [iʃtiˈmadu] lieb, teuer **estimar** [iʃtiˈmar] ⟨1a⟩ A V/T valor, preço schätzen (**em** auf ac); alg (wert)schätzen (**por** aufgrund, wegen); memória in Ehren halten B V/I glauben, meinen; halten für; **~ que** conj hoffentlich **estimativa** [iʃtimɐˈtivɐ] F̄ (Ab-)Schätzung *f*; Veranschlagung *f* **estimativo** [iʃtimɐˈtivu] geschätzt **estimável** [iʃtiˈmavɛɫ] valor schätzbar; fig angenehm **estimulação** [iʃtimuɫɐˈsɐ̃w] F̄ Anregung *f*; Erregung *f*; jogo: Anfeuerung *f* **estimulador** [iʃtimuɫɐˈdor] M̄ **~ cardíaco** port Herzschrittmacher *m* **estimulante** [iʃtimuˈɫɐ̃ti] A ADJ anregend, stimulierend B M̄ Reizmittel *n*, Stimulans *n*; fig tb **~** estímulo **estimular** [iʃtimuˈɫar] ⟨1a⟩ actividade anregen; ódio etc erregen; alg anspornen; reizen **estímulo** [iʃˈtimuɫu] M̄ Reiz *m*, Anregung *f*; Anreiz *m*; Antrieb *m*; Ansporn *m*

Estio [iʃˈtiu] M̄ Sommer *m*; (calor) Hitze (-periode) *f*; fig reifes Alter *n*

estiolamento [iʃtjoɫɐˈmẽtu] M̄ Verkümmern *n* **estiolar(-se)** [iʃtjoˈɫar(si)] V/I (G V/R) ⟨1e⟩ verkümmern; dahinsiechen

estipulação [iʃtipuɫɐˈsɐ̃w] F̄ Festsetzung *f*; (convénio) Abmachung *f*; DIR Bestimmung *f* **estipulado** [iʃtipuˈɫadu] ADJ **ficar ~ contratualmente:** vereinbart worden sein **estipulante** [iʃtipuˈɫɐ̃ti] ADJ **as partes ~** die vertragschließenden Parteien **estipular** [iʃtipuˈɫar] ⟨1a⟩ festsetzen; abmachen; zur Bedingung machen

estiraçar [iʃtirɐˈsar] ⟨1p; Stv 1b⟩ in die Länge ziehen; cabeça recken; **~-se** sich ausstrecken; ao sol: sich aalen **estirador** [iʃtirɐˈdor] M̄ Reißbrett *n*; Zeichentisch *m* **estirão** [iʃtiˈrɐ̃w] M̄ Ruck *m*; fam Plackerei *f* **estirar** [iʃtiˈrar] ⟨1a⟩ pernas (aus)strecken; cabeça recken; local, temporal: (aus)dehnen; fio, arame ziehen; competência überschreiten; alg zu Boden werfen; **~-se** sich ausstrecken (**em, por** auf ac e dat)

estirpe [iʃˈtirpi] F̄ Wurzelstock *m*; fig Geschlecht *n*; (origem) Abstammung *f*

estiva [iʃˈtivɐ] F̄ Ballast *m*; NÁUT, AERO Trimmladung *f*; (grade) (Lade)Rost *m* **estivação** [iʃtivɐˈsɐ̃w] F̄ NÁUT, AERO Trimmen *n* **estivador** [iʃtivɐˈdor] M̄ Stauer *m* **estivagem** [iʃtiˈvaʒẽj] F̄ NÁUT, AERO Trimmen *n*; Verstauen *n*

estival [iʃtiˈvaɫ] Sommer...; sommerlich **estivar¹** [iʃtiˈvar] V/I ⟨1a⟩ (Sommer)Urlaub machen

estivar² [iʃtiˈvar] V/T NÁUT, AERO trimmen; mercadoria (ver)stauen; barco beladen

estive [iʃˈtivi] → estar

estocada [iʃtuˈkadɐ] F̄ Degenstich *m* **estocagem** [iʃtoˈkaʒẽj] F̄ bras (Ein)Lagerung *f*; (mercadoria) Lagerbestand *m* **estocar** [iʃtoˈkax] ⟨1n; Stv 1e⟩ bras einlagern

Estocolmo [iʃtuˈkoɫmu] SEM ART GEOG Stockholm *n*

estofador [iʃtufɐˈdor] M̄ Polsterer *m* **estofamento** [iʃtofɐˈmẽtu] M̄ bras **~** estofo **estofar** [iʃtuˈfar] ⟨1e⟩ móvel beziehen; polstern; vestuário wattieren; ausfüllen, -stopfen **estofo** [iʃˈtofu] A ADJ água stehend B M̄ ⟨pl [-ˈtɔ-]⟩ Bezugstoff *m*; Polster *n*; (recheio) Füllung *f*; **de baixo ~** fig minderwertig; heruntergekommen; **ter ~ para** das Zeug haben zu; **~s** pl Polstermöbel pl

estóico [iʃˈtɔjku] A ADJ stoisch; gleichmütig B M̄, **-a** F̄ Stoiker(in) *m(f)*

estoir... → estourada etc

estojo [iʃˈtoʒu] M̄ ⟨pl [-ˈtɔ-]⟩ Futteral *n*; Etui *n*; MED cirurgia: Besteck *n*; **~ de ferramenta** Werkzeugkasten *m*; **~ de primeiros socorros** Verbandskasten *m*

estola [iʃˈtɔɫɐ] F̄ Stola *f*

estomacal [iʃtumɐˈkaɫ] ANAT Magen..., magenstärkend **estomagar** [iʃtumɐˈgar] ⟨1o; Stv 1b⟩ (ofender) beleidigen; (ferir) verletzen

estômago [iʃ'tomɐgu] M̄ ANAT Magen m; fig Lust f; (sangue-frio) Kaltblütigkeit f; (coragem) Mut m, fam Mumm m; **dar cabo do ~** fam (sich dat) den Magen verderben; **me da volta ao ~** das dreht mir den Magen um; **ter o ~ a dar horas** port pop Magenknurren haben, Kohldampf haben

estomatite [iʃtumɐ'titi] F̄ Mundfäule f

estomatologia [iʃtumɐtulu'ʒiɐ] F̄ Stomatologie f **estomatologista** [iʃtumɐtulu'ʒiʃtɐ] M/F Kieferorthopäde m, -orthopädin f

Estónia (*ô) [iʃ'tɔnjɐ] F̄ GEOG **a ~** Estland (n) **estoniano** [iʃto'njɐnu] bras, **estónio** [iʃ'tɔnju] A ADJ estnisch B M̄, **-a** F̄ Este m, Estin f

estonteado [iʃtõ'tjadu] benommen; fig ratlos **estonteamento** [iʃtõtjɐ'mẽtu] M̄ Verwirrung f **estonteante** [iʃtõ'tjãti] verwirrend; (fascinante) faszinierend **estontear** [iʃtõ'tjar] ⟨1l⟩ verwirren

estopa [iʃ'tɔpɐ] F̄ Werg n; **não meter prego nem ~ em** (ou **para**) fam nicht mitmachen bei, nichts zu tun haben mit **estopada** [iʃtu'padɐ] F̄ Büschel n; Bausch m; fig langweilige Sache f; Plackerei f **estopar** [iʃtu'par] ⟨1e⟩ buraco zustopfen; fig langweilen; (chatear) auf die Nerven fallen **estopento** [iʃtu'pẽtu] faserig; fig langweilig; lästig **estopim** [iʃtu'pĩ] M̄ Docht m **estopinha** [iʃtu'piɲɐ] F̄ feiner Flachs m; **suar as ~s** port pop schuften, malochen

estoque[1] [iʃ'tɔki] M̄ bras → **stock**

estoque[2] [iʃ'tɔki] tourada: Stoßdegen m **estoquear** [iʃtu'kjar] ⟨1l⟩ tourada: e-n Degenstoß versetzen (dat)

estore [iʃ'tɔri] M̄ Rollo n; Jalousie f, Rollladen m

estória [iʃ'tɔrjɐ] F̄ bras LIT Geschichte f

Estoril [iʃtu'ril] M̄ Badeort bei Lissabon

estornar [iʃtur'nar] ⟨1e⟩ stornieren

estorninho [iʃtur'niɲu] M̄ ZOOL Star m

estorno [iʃ'tornu] M̄ Storno m/n

estorricar [iʃtuʁi'kar] ⟨1n⟩ GASTR anbrennen lassen

estorvar [iʃtur'var] ⟨1e⟩ stören (**em** bei); behindern (**em** bei); fig irremachen **estorvo** [iʃ'torvu] M̄ ⟨pl [-'tɔ-]⟩ Störung f; Hindernis n; **fazer ~** hinderlich sein; → estorvar

estourada [iʃto'radɐ] F̄ Knallen n, Getöse n **estourado** [iʃto'radu] fam todmüde **estourar** [iʃto'rar] ⟨1a⟩ A V/T zum Platzen bringen (tb fig); (esgotar) in Nichts auflösen; (esmagar) zerschmettern; (estragar) kaputt machen; dinheiro verschleudern B V/I platzen (tb fig) (**de**, **com** vor dat); (zer)knallen, krachen **estoura-vergas** [iʃtora'vergɐʃ] M/F ⟨pl inv⟩ pop irón Chaot(in) m(f); Hitzkopf m **estouro** [iʃ'toru] M̄ Knall m, Krach m

estouvadice [iʃtova'disi] F̄ Leichtsinn m **estouvado** [iʃto'vadu] leichtsinnig, leichtfertig **estouvamento** [iʃtovɐ'mẽtu] M̄ Leichtfertigkeit f; Nachlässigkeit f

estrábico [iʃ'trabiku] schielend **estrabismo** [iʃtrɐ'biʒmu] M̄ Schielen n

estrada [iʃ'tradɐ] F̄ (Land)Straße f; fig Weg m; **~ de ferro** bras Eisenbahn f; **~ nacional** Nationalstraße f; Landstraße f; **~ com portagem** f (bras **pedágio** m) Mautstraße f; **~ de rodagem** → rodovia; **~ secundária** Nebenstraße f; **Estrada de Santiago** fam Milchstraße f **estrado** [iʃ'tradu] M̄ Podium n; Tribüne f

estrafegar [iʃtrɐfi'gar] ⟨1o; Stv 1c⟩ material verschleißen; (desperdiçar) verschwenden; pessoa erdrosseln **estrafego** [iʃtrɐ'fegu] M̄ Verschleiß m, Dauerbelastung f

estragão [iʃtrɐ'gãũ] M̄ BOT Estragon m **estragar** [iʃtrɐ'gar] ⟨1o; Stv 1b⟩ verderben; saúde zerrütten; dinheiro verschwenden; fam kaputtmachen (**a/c a alg** j-m etw); **~-se** verderben; entzweigehen; fig sich (schier) umbringen (**com** vor dat) **estrago** [iʃ'tragu] M̄ Schaden m; (destruição) Zerstörung f; (perda) Verlust m

estrangeirado [iʃtrɐ̃ʒai'radu] fremdartig **estrangeirar(-se)** [iʃtrɐ̃ʒai'rar(si)] ⟨1a⟩ A V/T verändern; verfremden B V/I sich verändern; fremd werden **estrangeirinha** [iʃtrɐ̃ʒai'riɲɐ] F̄ pop Trick m **estrangeirismo** [iʃtrɐ̃ʒai'riʒmu] M̄ Fremdwort n

estrangeiro [iʃtrɐ̃'ʒairu] A ADJ ausländisch; **Ministério** m **dos Negócios Estrangeiros** port Außenministerium n; **país** m **~** fremdes Land n B M̄ Ausland n C M̄, **-a** F̄ Ausländer(in) m(f); **lei** f **dos ~s** Ausländerrecht n; **serviço** m **de ~s** Ausländerbehörde f

estrangulação [iʃtrɐ̃gulɐ'sɐ̃ũ] F̄ Verengung f (tb Straße); (assassínio) Erdrosselung f; fig Beklemmung f TECN Drosselung f; MED Abschnürung f **estrangulador** [iʃtrɐ̃guɫɐ'dor] M AUTO Choke m **estrangulamento** [iʃtrɐ̃guɫɐ'mẽtu] M → estrangulação; fig Engpass m **estrangular** [iʃtrɐ̃gu'ɫar] ⟨1a⟩ alg erdrosseln; rua etc verengen; MED ab-, einklemmen; voz ersticken; motor abwürgen; TECN drosseln

estranhão [iʃtrɐ'ɲɐ̃u] A ADJ ungesellig; (menschen)scheu B M Eigenbrötler m; bras criança fremdelnd **estranhar** [iʃtrɐ'ɲar] ⟨1a⟩ VT befremdlich (ou seltsam) finden; an-, bestaunen; clima nicht gewohnt sein; (recear) Angst haben vor (dat); ~ **que** conj wir befremden bemerken, dass B VI sich fremd fühlen **estranheza** [iʃtrɐ'ɲeza] F 1 Befremden n, Verwunderung f; (timidez) Scheu f 2 Fremdartigkeit f **estranho** [iʃ'trɐɲu] A ADJ país, costume fremd(artig); (peculiar) seltsam; assunto befremdend; pessoa scheu; ~ **a** unbeteiligt an (dat) B M, -a F Fremde(r) m/f(m); ~ **ao serviço** Betriebsfremde(r) m

Estrasburgo [iʃtraʒ'burgu] SEM ART GEOG Straßburg n

estratagema [iʃtratɐ'ʒema] M (Kriegs-)List f **estratégia** [iʃtrɐ'tɛʒja] F Strategie f **estratégico** [iʃtrɐ'tɛʒiku] strategisch **estrategista** [iʃtrɐti'ʒiʃtɐ] M/F Stratege m, Strategin f

estratificação [iʃtratifikɐ'sɐ̃u] F GEOL Schichtung f **estratificar** [iʃtratifi'kar] ⟨1n⟩ GEOL schichten; (schichtweise) ablagern **estrato** [iʃ'tratu] M GEOL Lage f; Schicht f (tb sozial); METEO Stratus-, Schichtwolke f **estratosfera** [iʃtratɔʃ'fɛra] F Stratosphäre f

estreante [iʃtri'ɐ̃ti] A ADJ debütierend B M/F Anfänger(in) m/f), Debütant(in) m/f) **estrear** [iʃtri'ar] ⟨1l⟩ A VT einweihen; vestuário zum ersten Mal anziehen; objecto zum ersten Mal benutzen; TEAT ur-, erstaufführen B VI (E V/R) **~(-se)** zum ersten Mal auftreten (ou neu tun); debütieren; geralm anfangen

estrebuchar [iʃtrɨbu'ʃar] ⟨1a⟩ zappeln; com os braços gestikulieren; com a cabeça mit dem Kopf wackeln

estreia [iʃ'trɐjɐ] F Einweihung f; (início) Anfang m; TEAT Debüt n; de uma peça Erstaufführung f, Premiere f

estreitamento [iʃtrɐjtɐ'mẽtu] M Verengung f (tb Straße); liberdade: Beschränkung f; regras: Verschärfung f **estreitar** [iʃtrɐj'tar] ⟨1a⟩ caminho enger (ou schmaler) machen; espec liberdade einengen; direitos beschränken; distância verringern; (abraçar) in die Arme schließen; drücken (**a**, **em** an ac); **~-se** enger (ou schmaler) werden; (diminuir) sich verringern; **~-se em** sich zusammenschließen in (dat); gastos sich einschränken in (dat) **estreiteza** [iʃtrɐj'teza] F local: Enge f; de espírito: Beschränktheit f; de meios: Not f; negócios etc: Dringlichkeit f; lei: Strenge f **estreito** [iʃ'trɐjtu] A ADJ eng; schmal; liberdade beschränkt; abraço innig; lei streng; (exacto) (peinlich) genau; (poupado) sparsam B M Meerenge f; fig Engpass m; Notlage f

estrela [iʃ'trela] F Stern m (tb fig); TEAT Star m **estrela-cadente** [iʃtrelakɐ'dẽti] F (pl estrelas-cadentes) Sternschnuppe f; fig Komet m **estrelado** [iʃtrɨ'ɫadu] Sternen...; ovo m ~ Spiegelei n **estrela-do-mar** [iʃtrelɐdu'mar] F (pl estrelas-do-mar) Seestern m **estrelar** [iʃtrɨ'ɫar] ⟨1c⟩ VT (mit Sternen) schmücken; ovos braten B VI funkeln, glitzern **estrelato** [iʃtrɨ'ɫatu] M Kür f (ou Auftritt m) der Stars **estrelejar** [iʃtrɨlɨ'ʒar] ⟨1d⟩ wie ein Stern glitzern; céu sich mit Sternen bedecken

estrema [iʃ'trema] F Feldrain m; Begrenzung f

Estremadura [iʃtrimɐ'dura] F GEOG hist port Provinz

estremar [iʃtri'mar] ⟨1d⟩ território abgrenzen, begrenzen; limites abstecken; fig abheben

estreme [iʃ'trɛmi] ADJ rein; unvermischt **estremecer** [iʃtrimi'ser] ⟨2g⟩ VT schütteln; vento rütteln (an ac); terramoto erschüttern; ruído erschrecken; (amar) zärtlich lieben B VI susto, terramoto (er)zittern (lassen); de susto zusammenzucken (**com**, **de** vor dat); tom dröhnen **estremecimento** [iʃtrimisi'mẽtu] M (ER)Zittern n; susto, medo: Schauer m; terramoto: Erschütterung f; fig zärtliche Liebe f

estremunhado [iʃtrimu'ɲadu] schlaftrunken **estremunhar** [iʃtrimu'ɲar] ⟨1a⟩ (aus dem Schlaf) aufschrecken

estrénuo (*ê) [iʃˈtrɛnwu] mutig
estrepitar [iʃtripiˈtar] ⟨1a⟩ tosen; lärmen **estrépito** [iʃˈtrɛpitu] M̄ Tosen n, Getöse n; Lärm m **estrepitoso** [iʃtripiˈtozu] tosend; lärmend; fig Aufsehen erregend
estressante [iʃtreˈsẽtʃi] ADJ bras stressig
estresse [iʃˈtrɛs(i)] M̄ bras Stress m
estria [iʃˈtriɐ] F̄ Rinne f; ARQUIT, GEOL Hohlkehle f; disco: Rille f; arma: Drall m; **~s** pl MED Dehnungsstreifen pl **estriar** [iʃtriˈar] ⟨1g⟩ riefen; auskehlen
estribar [iʃtriˈbar] ⟨1a⟩ A V/T stützen, halten B V/I (& V/R) **~(-se) em** (ou **sobre**) sich stützen auf (ac); fig beruhen auf (dat); ARQUIT ruhen auf (dat) **estribeira** [iʃtriˈbɐjrɐ] F̄ Steigbügel m; veículo: Trittbrett n; **perder as ~s** fig pop platzen
estribilhar [iʃtribiˈʎar] ⟨1a⟩ fam wiederkäuen, nachplappern **estribilho** [iʃtriˈbiʎu] M̄ Kehrreim m; politico, publicitário: Schlagwort n
estribo [iʃˈtribu] M̄ Steigbügel m (tb ANAT); veículo: Trittbrett n; TECN Bügel m; fig Stütze f; Basis f; **dar ~ a alg** j-m (blind) vertrauen
estricnina [iʃtrikˈninɐ] F̄ Strychnin n
estridente [iʃtriˈdẽtʃi] schrill; gellend **estridor** [iʃtriˈdor] M̄ schriller Ton (ou Aufschrei) m; (grito) Kreischen n **estridular** [iʃtriduˈlar] ⟨1a⟩ surren; grilo zirpen
estrincar [iʃtrĩˈkar] ⟨1n⟩ knacken; os dedos schnipsen
estrito [iʃˈtritu] streng; strikt; fig eng
estrofe [iʃˈtrɔfi] F̄ Strophe f
estroina (*ó) [iʃˈtrɔjnɐ] M̄/F̄ Leichtfuß m; Verschwender(in) m(f) **estroinice** [iʃtrɔjˈnisi] F̄ Leichtsinn m
estrondo [iʃˈtrõdu] M̄ Krach m; Knall m; Krachen n; Tosen n; fig Aufsehen n (**fazer erregen**); Aufwand m; **de ~** pop umwerfend, fabelhaft; **~s** pl fam Freudengeschrei n **estrondoso** [iʃtrõˈdozu] krachend; tosend; tobend; fig Aufsehen erregend
estropiamento [iʃtrupjɐˈmẽtu] M̄ Verstümmelung f; fig Entstellung f **estropiar** [iʃtruˈpjar] ⟨1g⟩ alg verstümmeln; a/c kaputtmachen; sentido entstellen; TEAT schmeißen; **~-se** entzweigehen
estrugido [iʃtruˈʒidu] M̄ **1** Lärm m; mar: Getöse n **2** GASTR (Zwiebel)Schwitze f **estrugir** [iʃtruˈʒir] ⟨3n⟩ A V/T erzittern lassen B V/I dröhnen; quietschen; GASTR e-e Schwitze zubereiten
estrumar [iʃtruˈmar] ⟨1a⟩ düngen **estrume** [iʃˈtrumi] M̄ Dünger m
estrutura [iʃtruˈturɐ] F̄ **1** texto Gliederung f, Aufbau m; Struktur f **2** Gestell n; **~ de deformação** AUTO Knautsch-, Deformationszone f **estrutural** [iʃtrutuˈraɫ] strukturell **estruturalismo** [iʃtruturɐˈliʒmu] M̄ Strukturalismus m **estruturar** [iʃtrutuˈrar] ⟨1a⟩ gliedern; strukturieren
estuário [iʃˈtwarju] M̄ Mündung f; Flussdelta n; Mündungstrichter m
estucador [iʃtukɐˈdor] M̄ Stuckateur m **estucagem** [iʃtuˈkaʒẽj] F̄ Stuckarbeit f **estucar** [iʃtuˈkar] ⟨1n⟩ mit Stuck versehen
estucha [iʃˈtuʃɐ] F̄ Zapfen m; **que ~!** pop das ist ja nicht zum Aushalten!; **é de ~!** pop das haut einen um!
estudado [iʃtuˈdadu] einstudiert; (comportamento) gekünstelt **estudante** [iʃtuˈdɐ̃tʃi] M̄/F̄ Schüler(in) m(f); UNIV Student(in) m(f) **estudantil** [iʃtudɐ̃ˈtiɫ] Schüler...; UNIV Studenten...; studentisch **estudar** [iʃtuˈdar] ⟨1a⟩ UNIV studieren; lição, vocábulos lernen; (decorar) auswendig lernen; (controlar) untersuchen, prüfen; TEAT einüben; MÚS (ein)üben
estúdio [iʃˈtudju] M̄ Arbeitszimmer n; artista: Atelier n; MÚS Studio n
estudioso [iʃtuˈdjozu] A ADJ lernbegierig; fleißig B M̄, **-a** F̄ Kenner(in) m(f); de música, arte Liebhaber(in) m(f)
estudo [iʃˈtudu] M̄ Studium n; t/t Studie f; Untersuchung f; MÚS Etüde f; TECN Entwurf m, Plan m; **bolsa f de ~(s)** Stipendium n; **de ~** absichtlich; **estar em ~** projecto etc geprüft werden; **andar nos ~s** lernen; studieren; **ter ~s** studiert haben
estufa [iʃˈtufɐ] F̄ Treibhaus n, Gewächshaus n; AGR Brutschrank m; **~ eléc(t)rica** Elektroofen m **estufadeira** [iʃtufɐˈdɐjrɐ] F̄ Schmortopf m **estufado** [iʃtuˈfadu] A ADJ Schmor...; bras aufgebläht; **carne f -a** Schmorbraten m B M̄ GASTR Schmorbraten m **estufagem** [iʃtuˈfaʒẽj] F̄ Trocknen n, Darren n; GASTR Schmoren n **estufar** [iʃtuˈfar] ⟨1a⟩ **1** fruta trocknen, dörren; GASTR schmoren; dämpfen **2** bras aufblähen

estugar [iʃtu'gar] ⟨1o⟩ ~ **o passo** den Schritt beschleunigen

Estugarda [iʃtu'gardɐ] SEM ART GEOG Stuttgart n

estultícia [iʃtuɫ'tisjɐ] F Dummheit f **estulto** [iʃ'tuɫtu] dumm, töricht

estupefa(c)ção [iʃtupifa'sɐ̃ũ] F Betäubung f; fig Verblüffung f **estupefaciente** [iʃtupifa'sjẽti] M Rauschgift n **estupefa(c)to** [iʃtupi'faktu] betäubt; fig verblüfft; sprachlos

estupendo [iʃtu'pẽdu] wunderbar

estupidamente [iʃtupidɐ'mẽti] ADV irrsinnig (tb fig) **estupidez** [iʃtupi'deʒ] F espec Blödsinn m; geralm Dummheit f **estúpido** [iʃ'tupidu] A ADJ dumm, beschränkt; stumpfsinnig; pop idiotisch B M, -a F pop Idiot(in) m(f), Trottel m

estupor [iʃtu'por] M Erstarrung f; Sprachlosigkeit f; pop dämlicher Hammel m **estuporar** [iʃtupu'rar] ⟨1e⟩ verblüffen; (estragar) kaputt machen; zerstören; **~-se com** alg sich überwerfen mit j-m; a/c sich ärgern über (ac)

estuprar [iʃtu'prar] ⟨1a⟩ vergewaltigen **estupro** [iʃ'tupru] M Vergewaltigung f

estuque [iʃ'tuki] M Stuck m

estúrdia [iʃ'turdjɐ] F Leichtsinn m; **andar na ~** sich gehen lassen **estúrdio** [iʃ'turdju] M Taugenichts m

esturjão [iʃtur'ʒɐ̃ũ] M ZOOL Stör m

esturrado [iʃtu'ʁadu] ADJ angebrannt (Speise); fig fanatisch, verbohrt; (teimoso) halsstarrig; **cabeça** f **-a** Querkopf m **esturrar** [iʃtu'ʁar] ⟨1a⟩ A Vit **café schwarz brennen**; comida anbrennen lassen B Vit (G V/R) **~(-se)** anbrennen; schwarz werden; fig sich begeistern (**por** für); sich aufregen **esturro** [iʃ'tuʁu] M angebrannter Zustand m; **cheirar/saber a ~** angebrannt riechen/schmecken; fig brenzlig sein; **criar ~** anbrennen; **ter ~** angebrannt sein

esvaecer [iʒvaj'ser] ⟨2g⟩ A Vit (in Dunst) auflösen; vertreiben; esperança zerstören B Vit (G V/R) **~(-se)** coragem vergehen; luz, fogo erlöschen; tom verklingen; fig pessoa dahinsiechen; (desmaiar) schwindlig werden **esvaecimento** [iʒvajsi'mẽtu] M nevoeiro: Auflösung f; Vergehen n; fig Schwäche f, Ohnmacht f

esvaído [iʒva'idu] siech; kraftlos; MED ohnmächtig; schwindlig **esvaimento** [iʒvaj'mẽtu] M Verflüchtigung f; (Ver)Schwinden n; MED Schwindel m, Schwäche f **esvair-se** [iʒva'irsi] ⟨3l⟩ verschwinden; **~ em sangue** verbluten **esvanecer** [iʒvɐni'ser] ⟨2g⟩ → esvaecer

esvaziar [iʒvɐ'zjar] ⟨1g⟩ (aus)leeren, entleeren

esventrar [iʒvẽ'trar] ⟨1d⟩ aufschlitzen, -schneiden; animal ausnehmen

esverdeado [iʒvir'djadu] grünlich (verfärbt)

esvoaçar [iʒvwɐ'sar] ⟨1p; Stv 1b⟩ (auf-, los)flattern

etano [e'tɐnu] M QUÍM Äthan n **etanol** [etɐ'nɔɫ] M QUÍM Äthanol n

etapa [e'tapɐ] F Etappe f (tb MIL); Abschnitt m; (nível) Stufe f

ETAR [ɛ'tar] F ABR (estação de tratamento de águas residuais) Kläranlage f

etário [e'tarju] Alters...; **faixa** f **-a** Altersgruppe f

éter ['ɛtɛr] M Äther m **etéreo** [e'tɛrju] ätherisch

eternidade [itirni'dadi] F Ewigkeit f **eternizar** [itirni'zar] ⟨1a⟩ verewigen; **~-se** fig sich verewigen **eterno** [i'tɛrnu] ewig

ética ['ɛtikɐ] F Ethik f **ético** ['ɛtiku] ethisch

etileno [eti'lɛnu] M QUÍM Äthylen n, Ethylen n **etílico** [e'tiliku] QUÍM Äthyl..., Ethyl... **etilo** [e'tilu] M QUÍM Äthyl n, Ethyl n

etimologia [etimulu'ʒiɐ] F Etymologie f **etimológico** [etimu'lɔʒiku] etymologisch

etíope [e'tjupi] A ADJ äthiopisch B M/F Äthiopier(in) m(f) **Etiópia** [e'tjɔpjɐ] F GEOG **a ~** Äthiopien (n)

etiqueta [eti'ketɐ] F 1 Etikette f; Förmlichkeit f; **de ~** Gala...; **faltar à ~** gegen die Etikette verstoßen 2 Etikett n; **~ gomada** port Aufkleber m **etiquetadora** [etikitɐ'dorɐ] F Etikettiermaschine f **etiquetar** [etiki'tar] ⟨1c⟩ etikettieren

etnia [ɛt'niɐ] F Ethnie f, Volksstamm m **étnico** ['ɛtniku] ethnisch

etnocentrismo [ɛtnɔsẽ'triʒmu] M Ethnozentrismus m **etnografia** [ɛtnugrɐ'fiɐ] F Ethnografie f, (beschreibende) Völkerkunde f **etnográfico** [ɛtnu'grafiku] ethnografisch, völkerkundlich **etnologia** [ɛtnulu'ʒiɐ] F Ethnologie f, Völkerkunde f **etnólogo** [ɛ'tnɔlugu] M, **-a** F

Ethnologe m, -login f; Völkerkundler(in) m(f)

eu [eu] **A** PRON ich **B** M Ich n

EUA MPL ABR (Estados Unidos da América) USA mpl (United States of America)

eucalipto [eukɐˈɫiptu] M Eukalyptus m

eucaristia [eukɐriʃˈtiɐ] F heiliges Abendmahl n

eufémico (*ê) [euˈfɛmiku] beschönigend, euphemistisch **eufemismo** [eufiˈmiʒmu] M Euphemismus m **eufonia** [eufuˈniɐ] F Wohlklang m **eufónico (*ô)** [euˈfɔniku] wohlklingend **euforia** [euˈfɔriɐ] F Euphorie f **eufórico** [euˈfɔriku] euphorisch

eunuco [euˈnuku] M Eunuch m

euritmia [euriˈtmiɐ] F Eurhythmie f

euro [ˈeuru] M **1** moeda: Euro m **2** DESP EM f, Europameisterschaft f

euro... [euro-] EM COMP Euro... **euro-africano** [euroɐfriˈkɐnu] **A** ADJ europäisch-afrikanisch **euro-americano** [euroɐmeriˈkɐnu] **A** ADJ europäisch-amerikanisch **euro-asiático** [euroɐˈzjɐtiku] **A** ADJ eurasisch **B** M, **-a** F Eurasier(in) m(f) **eurocéptico** [euroˈsɛtiku] M POL Euroskeptiker m **Eurolândia** [euroˈlɐ̃diɐ] F Eurozone f **euromercado** [euromirˈkadu] M Europäischer Markt m

Europa [euˈrɔpɐ] F GEOG **a ~** Europa (n); **de ~** Europa...

Europarlamento [europɐrlɐˈmẽtu] M Europaparlament n

europeia (*é) [euruˈpajɐ] F → europeu

europeísmo [europɐˈiʒmu] M POL Europagedanke m **europeísta** [europɐˈiʃtɐ] **A** ADJ POL Europa... **B** MF POL Europäer(in) m(f), Vertreter(in) m(f) des Europagedankens **europeização** [europajzɐˈsɐ̃u] F Europäisierung f **europeizar** [europajˈzar] ⟨1q⟩ europäisieren

europeu [euruˈpeu] **A** ADJ europäisch, Europa...; Parlamento Europeu Europaparlament n **B** M, **europeia** [euruˈpajɐ] F, bras **européia** [euroˈpejɐ] F Europäer(in) m(f)

Europol [euroˈpɔl] M ABR (Serviço Europeu de Polícia) Europol (Europäisches Polizeiamt n) **eurotúnel** [euroˈtunɛl] m Eurotunnel m **Eurovisão** [eurɔviˈzɐ̃u] F Eurovision f

eutanásia [eutɐˈnaziɐ] F Euthanasie f

evacuação [ivɐkwɐˈsɐ̃u] F local: Räumung f; pessoas: Evakuierung f; MIL Abzug m; objectos: Beseitigung f; Abtransport m; MED Stuhl(gang) m **evacuar** [ivɐˈkwar] ⟨1g⟩ **A** VT local räumen; pessoas: evakuieren; tropas zurückziehen; MED intestino entleeren **B** VI Stuhlgang haben; **~-se** auslaufen; sich entleeren

evadir [ivɐˈdir] ⟨3a⟩ vermeiden; tarefa sich drücken um; **~-se** gás entweichen; prisioneiro ausbrechen (**de** aus)

Evangelho [ivɐ̃ˈʒɛʎu] M Evangelium n **evangélico** [ivɐ̃ˈʒɛliku] evangelisch **evangelista** [ivɐ̃ʒiˈliʃtɐ] M Evangelist m **evaporação** [ivɐpurɐˈsɐ̃u] F água: Verdunstung f; pessoa: Ausdünstung f; (perfume) Duft m **evaporar** [ivɐpuˈrar] ⟨1e⟩ zum Verdunsten (ou fig zum Verschwinden) bringen; cheiro ausdünsten; perfume verströmen; fig vergeuden; **~-se** água verdunsten; perfume verfliegen; fig sich in nichts auflösen

evasão [ivɐˈzɐ̃u] F Flucht f; da prisão: (Gefängnis)Ausbruch m; **~ fiscal** Steuerflucht f **evasiva** [ivɐˈzivɐ] F Ausflucht f; Ausrede f **evasivo** [ivɐˈzivu] ausweichend

evento [iˈvẽtu] M Ereignis n; Event m/n, Veranstaltung f

eventual [ivẽˈtwaɫ] etwaig, eventuell; (ocasional) gelegentlich; **trabalho** m **~** Gelegenheitsarbeit f **eventualidade** [ivẽtwɐɫiˈdadi] F Eventualität f; zufälliger Umstand m; (possibilidade) Möglichkeit f; (acaso) Zufall m; **na ~ de** für den Fall, dass **eventualmente** [ivẽtwaɫˈmẽti] ADV eventuell, möglicherweise; unter Umständen

evidência [iviˈdẽsjɐ] F Offenkundigkeit f; tese: Unbestreitbarkeit f; Evidenz f; **ceder à ~** sich geschlagen geben; **pôr em ~** klarstellen; hervorheben **evidenciar** [ividẽˈsjar] ⟨1g⟩ zeigen; **~-se** sich zeigen, sich erweisen (als); nos estudos etc: sich hervortun (**em** in dat) **evidente** [iviˈdẽti] caso offenkundig; tese unbestreitbar; überzeugend; (nítido) deutlich, evident; fig greifbar **evidentemente** [ividẽtiˈmẽti] ADV offensichtlich; selbstverständlich

evitar [iviˈtar] ⟨1a⟩ perigo (ver)meiden; ausweichen (dat); catástrofe verhindern, verhüten **evitável** [iviˈtavɛɫ] vermeidbar

evocação [ivukɐˈsɐ̃u] F Beschwörung f;

(lembrança) Erinnerung *f* (**de** an *ac*) **evocar** [ivu'kar] ⟨1n; *Stv* 1e⟩ hervorrufen; *o passado* vergegenwärtigen; *recordações* wachrufen **evocativo** [ivuka'tivu], **evocatório** [ivukɔ'tɔrju] beschwörend; Erinnerungs...

evolução [ivutu'sɐ̃ũ] F Entwicklung *f*; Fortgang *m*, -entwicklung *f*; *t/t* Evolution *f* **evolucionar** [ivutusju'nar] ⟨1f⟩ sich (weiter)entwickeln **evolucionismo** [ivutusju'niʒmu] M BIOL Evolutionstheorie *f* **evoluir** [ivu'+wir] ⟨3i⟩ sich entwickeln; Fortschritte machen **evolutivo** [ivutu'tivu] Entwicklungs...

Évora ['ɛvuɾɐ] <u>SEM ART</u> *port* Distrikt (-hauptstadt)

ex. <u>ABR</u> **1** (exemplar) Ex., Expl. (Exemplar) **2** (exemplo) Beisp. (Beispiel)

ex-... [ɐiʃ-], vor stimmhaftem Konsonanten [ɐiʒ-], vor Vokal [ɐiz-] <u>EM COMP</u> ehemalig, Ex-...

Ex.ª <u>ABR</u> (Excelência) Exz. (Exzellenz)

exacerbação [izasirbɐ'sɐ̃ũ] F Erbitterung *f*; Steigerung *f*; *situação, medida*: Verschärfung *f*; *doença*: Verschlimmerung *f* **exacerbar** [izasir'bar] ⟨1c⟩ erbittern; *ódio* schüren; *dor* steigern; *situação crítica* verschärfen; **~-se** wütend werden

exa(c)tamente [izats'mẽti] <u>ADV</u> genau; **~!** sehr richtig!; eben! **exa(c)tidão** [izati'dɐ̃ũ] F Genauigkeit *f*; *factura etc*: Richtigkeit *f*; *no trabalho*: Sorgfalt *f*; *(pontualidade)* Pünktlichkeit *f*; **com ~** exakt; sorgfältig **exa(c)to** [i'zatu] exakt, genau; *factura etc* richtig, korrekt; *trabalho* sorgfältig

exageração [izaʒiɾɐ'sɐ̃ũ] F → exagero **exagerado** [izaʒi'ɾadu] übertrieben **exagerar** [izaʒi'rar] ⟨1c⟩ übertreiben; *fig* es zu weit treiben (**em** mit) **exagero** [izɐ'ʒeɾu] M Übertreibung *f*

exalação [izatɐ'sɐ̃ũ] F Ausdünstung *f*; *(perfume)* angenehmer Duft *m* **exalar** [iza'+ar] ⟨1b⟩ ausdünsten; *perfume* verströmen; *suspiro, queixa* ausstoßen; *alma* aushauchen; *raiva* auslassen; **~-se** *gás* entströmen; *perfume* verfliegen

exaltação [izatɐ+ɐ'sɐ̃ũ] F Erhöhung *f*; *(elogio)*: Lobpreisung *f*; Ruhm *m*; *fig* Erregung *f*; *(ira)* Wut *f*; *(entusiasmo)* Begeisterung *f* **exaltado** [izɐ+'tadu] begeistert; *sentimento* übersteigert; *pessoa* überspannt **exaltar** [izɐ+'tar] ⟨1a⟩ erhöhen; *forças* steigern; *(elogiar)* rühmen; *fig* begeistern; *provocação* erregen; **~-se** aufbrausen

exame [i'zɐmi] M UNIV Prüfung *f*; Examen *n*; *espec* MED Untersuchung *f*; DIR Vernehmung *f*; **~ de admissão** Aufnahmeprüfung *f*; AUTO **~ de condução** Fahrprüfung *f*; AUTO **~ de código** Theorieprüfung *f*; **~ final do 12° ano** = Abitur *n*; **passar/chumbar no ~** die Prüfung bestehen/durchfallen

examinador(a) [izɐmina'doɾ(ɐ)] M Prüfer(in) *m(f)* **examinando** [izɐmi'nɐ̃du] M Prüfling *m* **examinar** [izɐmi'nar] ⟨1a⟩ *aluno, assunto* prüfen; *desenrolar* beobachten; untersuchen *(espec* MED*)*; *depoimento* überprüfen

exangue [i'zɐ̃gi] blutleer; kraftlos **exânime** [i'zɐnimi] leblos

exarar [iza'rar] ⟨1b⟩ eingraben (in); *fig* (nieder)schreiben; *(assentar)* eintragen, vermerken; *decreto* erlassen

exasperação [izaʃpiɾɐ'sɐ̃ũ] F Erbitterung *f*; Erregung *f* **exasperar** [izaʃpi'rar] ⟨1c⟩ aufbringen; erbittern; zur Verzweiflung bringen; *mal* verschlimmern; **~-se** sich aufregen **exaspero** [izaʃ'pɛru] M → exasperação

exat... *bras* → exactamente *etc*

exaurir [izau'rir] ⟨3a⟩ erschöpfen; *fonte* austrocknen **exaurir-se** <u>VR</u> *fonte, ideias* versiegen; *pessoa* sich verausgaben **exaurível** [izau'rivɛt] erschöpfbar **exaustão** [izauʃ'tɐ̃ũ] F *forças, matéria-prima*: Erschöpfung *f*; *recipiente*: (völlige) Entleerung *f* **exaustivo** [izauʃ'tivu] erschöpfend; *tratamento* ausführlich, umfassend; *actividade* ermüdend **exausto** [i'zauʃtu] *pessoa* erschöpft; *matéria-prima* verbraucht; **~ de bar** *(gen)* ...los **exaustor** [izauʃ'tor] M Entlüfter *m*

exceç..., excec... *bras* → excepção *etc*

excedente [ɐiʃsi'dẽti] **A** <u>ADJ</u> überzählig; restlich **B** M Überschuss *m*; *(resto)* Rest *m*; *dinheiro*: Mehrbetrag *m*; **um ~ de** ein Mehr *n* (an); **~ de receitas** Mehreinnahme(n) *f(pl)* **exceder** [ɐiʃsi'der] ⟨2c⟩ **A** <u>VT</u> überschreiten **B** <u>VI</u> **~ a a**/*ac*, *alg* etw, j-n übertreffen (**em** in *dat*) **C** <u>VR</u> **~-se** sich selbst übertreffen; **~-se em** zu weit gehen bei *(ou* in *dat)* **excelência** [ɐiʃsi'+ẽsjɐ] F Vorzüglichkeit

f; **Excelência** *título*: Exzellenz f; **Vossa Excelência** *tratamento formal*: Eure Exzellenz; *tb* Sie; **por ~** par excellence, schlechthin **excelente** [ɐjsiˈlẽti] vortrefflich; exzellent **excelentíssimo** [ɐjsilẽˈtisimu] ADJ **Excelentíssimo Senhor** *endereço*: Herrn; *tratamento*: Sehr geehrter Herr; **o Excelentíssimo Senhor Ministro** Herr Minister; **Excelentíssima Senhora Dona** *endereço*: Frau; *tratamento*: sehr geehrte Frau
excelso [ɐjˈsɛɫsu] hoch; *fig* erhaben
excentricidade [ɐjsẽtrisiˈdadi] F Exzentrizität f; AUTO *pneus*: Rundlauffehler m
excêntrico [ɐjˈsẽtriku] A ADJ exzentrisch; *fig* überspannt; sonderbar B M Sonderling m, Exzentriker m; TEAT Clown m; TECN Exzenter m
exceção [ɐjseˈsɐ̃u] F Ausnahme f; DIR Einspruch m; **à** (*ou* **com**) **~ de** → excepto
excecional [ɐjseesjuˈnaɫ] außergewöhnlich; Ausnahme... **excecionalmente** [ɐjseesjunaɫˈmẽti] ADV ausnahmsweise **excepto** [ɐjˈsɛtu] PREP außer, mit Ausnahme von **exceptuar** [ɐjseˈtwar] ⟨1g⟩ ausnehmen; ausschließen
excerto [ɐjˈsertu] M Auszug m (*tb* Konto)
excessivo [ɐjsiˈsivu] übertrieben, exzessiv **excesso** [ɐjˈsesu] M Rest m; Übermaß n (**de an** *dat*); *fig* Ausschreitung f; Exzess m; **~ de peso** Übergewicht n; **~ de velocidade** Geschwindigkeitsüberschreitung f; **em ~** übermäßig; zu viel, zu sehr
excitação [ɐjsitaˈsɐ̃u] F Erregung f; Reizung f (*tb* MED); (*irritação*) Gereiztheit f
excitado [ɐjsiˈtadu] ADJ erregt; *fam* aufgekratzt **excitador** [ɐjsitaˈdor] M **~ de desordens** *port* Unruhestifter m **excitamento** [ɐjsitaˈmẽtu] M Erregung f; *fig* Belebung f **excitante** [ɐjsiˈtɐ̃ti] A ADJ (auf)reizend; erregend B M Reizmittel n
excitar [ɐjsiˈtar] ⟨1a⟩ erregen; (*provocar*) reizen; DESP anfeuern; *fig* beleben, ankurbeln; **~-se com** sich aufregen über (*ac*)
exclamação [ɐjskɫɐmaˈsɐ̃u] F Ausruf m; (Auf)Schrei m; **ponto de ~** Ausrufungszeichen n **exclamar** [ɐjskɫɐˈmar] ⟨1a⟩ (aus)rufen; schreien
excluir [ɐjskɫuˈir] ⟨3i⟩ ausschließen (**de** aus) **exclusão** [ɐjskɫuˈzɐ̃u] F Ausschluss m; **sem ~ de ninguém** ohne Ausnahme

exclusiva [ɐjkɫuˈziva] F DIR Ausschlussklausel f **exclusive** [ɐjkɫuˈzive] ausschließlich **exclusividade** [ɐjkɫuzivi-ˈdadi] F Exklusivität f **exclusivismo** [ɐjkɫuziˈviʒmu] M Ausschließlichkeit f, Ausschließlichkeitsanspruch m; Exklusivität f **exclusivo** [ɐjkɫuˈzivu] A ADJ ausschließlich; Allein...; ausschließend; **em ~** *direito* exklusiv B M Alleinberechtigung f; COM Alleinverkauf m, -vertretung f
excomungado [ɐjkumũˈgadu] A ADJ *fig* verflucht B M, **-a** F *pop pej* Kerl m, Weibsbild n; **ter cara de ~** wenig Vertrauen erweckend aussehen **excomungar** [ɐjkumũˈgar] ⟨1o⟩ REL exkommunizieren **excomunhão** [ɐjkumu-ˈɲɐ̃u] F Exkommunikation f
excreção [ɐjkriˈsɐ̃u] F Ausscheidung f **excremento** [ɐjkriˈmẽtu] M Kot m
excrescência [ɐjkrɪʃˈsẽsjɐ] F Auswuchs m (*tb fig*), Wucherung f; ANAT *tb* Gewächs n
excretar [ɐjʃkriˈtar] ⟨1c⟩ ausscheiden **excreto** [ɐjʃˈkrɛtu] M Ausscheidung f
excursão [ɐjʃkurˈsɐ̃u] F Ausflug m; Exkursion f **excursionismo** [ɐjʃkursjuˈniʒmu] M Wandersport m **excursionista** [ɐjʃ-kursjuˈniʃtɐ] M/F Ausflügler(in) m(f) **excurso** [ɐjʃˈkursu] M Exkurs m
execração [izikrɐˈsɐ̃u] F Abscheu m; Aversion f; REL Entweihung f **execrando** [iziˈkradu] verabscheuenswert **execrar** [iziˈkrar] ⟨1c⟩ verabscheuen **execrável** [iziˈkravɛɫ] abscheulich
execução [iziˈkusɐ̃u] F Ausführung f; Durchführung f; *cargo*: Ausübung f; MÚS, TEAT Spiel n; DIR Vollstreckung f; *espec* Zwangsvollstreckung f; *pessoa*: Hinrichtung f; **de difícil ~** schwer durchführbar; **dar ~ a, pôr em ~** → executar **executante** [iziku'tɐ̃ti] M/F Ausführende(r) m/f **executar** [iziku'tar] ⟨1c⟩ ausführen; *programa* durchführen; *cargo* ausüben; *peça, papel* spielen; *sentença* vollstrecken; *junto de um credor* pfänden; *criminoso* hinrichten **executável** [iziku-ˈtavɛɫ] durchführbar; DIR vollstreckbar **executivo** [iziku'tivu] A ADJ Aus-, Durchführungs...; **comissão f -a** Exekutivausschuss m; **mandado m ~** Vollstreckungsbefehl m B M POL Exekutive f; Regierung f C M, **-a** F COM leitende(r)

Angestellte(r) *m/f(m)*; Manager(in) *m(f)*
executor [izi'ku'tor] M̄ Vollstrecker *m*; ~ **judicial** *port* Gerichtsvollzieher *m*
exegese [ezi'ʒɛzi] F̄ Auslegung *f*, Lesart *f*; REL Exegese *f*
exemplar [izẽ'pɫar] A ADJ mustergültig, Muster...; exemplarisch B M̄ Muster *n*, Exemplar *n*; ~ **grátis** Gratisexemplar *n*
exemplificação [izẽpɫifika'sɐ̃ũ] F̄ Veranschaulichung *f* **exemplificar** [izẽpɫifi'kar] ⟨1n⟩ veranschaulichen; als Beispiel anführen **exemplo** [i'zẽpɫu] M̄ Beispiel *n* (*tb* GRAM); Vorbild *n*; Exempel *n*; LING Sprichwort *n*; **a ~ de alg** nach j-s Vorbild; **por ~** zum Beispiel; **dar o ~** mit gutem Beispiel vorangehen; **fazer em ~** ein Exempel statuieren an (*dat*); **tomar ~ em** (*ou* **o ~ de**) sich (*dat*) ein Beispiel nehmen an (*dat*)
exéquias [i'zɛkjaʃ] F̄PL Trauerfeier *f*
exequível (**ü*) [izi'kwivɛɫ] aus-, durchführbar
exercer [izir'ser] ⟨2g⟩ A V̄T ausüben; *comércio, desporto* treiben; *negócio* betreiben; *habilidade* üben; *crime* verüben; *influência* ausüben; **~ a(c)ção sobre** wirken auf (*ac*); beeinflussen B V̄I tätig sein; POL amtieren; *médico* praktizieren **exercício** [izir'sisju] M̄ Übung *f* (*tb* DESP); *actividade*: Ausübung *f*; COM Geschäftsjahr *n*; **em ~** amtierend **exercitar** [izirsi'tar] ⟨1a⟩ üben; *negócio, comércio* (be)treiben; *actividade* ausüben; MIL drillen
exército [i'zɛrsitu] M̄ Heer *n*, Armee *f*
exeto, exetuar *bras* → excepto, exceptuar
exibição [izibi'sɐ̃ũ] F̄ *de um documento*: Vorlage *f*; CINE (Film)Vorführung *f*; *exposição*: Zurschaustellung *f*; Ausstellung *f*; TEAT Aufführung *f*; Auftreten *n* **exibicionismo** [izibisju'niʒmu] M̄ Exhibitionismus *m* **exibir** [izi'bir] ⟨3a⟩ *papeis* vorlegen; *documento* vorweisen; *motivo* vorbringen; *habilidade* vorführen; *mercadoria* auslegen; *objectos de arte* ausstellen; *filme* aufführen; *talento, coragem* zeigen; **~-se** sich zur Schau stellen; TEAT auftreten (**em** in *dat*)
exigência [izi'ʒẽsja] F̄ Forderung *f* (*tb* POL); Erfordernis *n*; Bedarf *m*; DIR Vorschrift *f* **exigente** [izi'ʒẽti] anspruchsvoll; fordernd **exigir** [izi'ʒir] ⟨3n⟩ *direitos* fordern (**a, de** von); *esforços* erfordern
exiguidade (**ü*) [izigwi'dadi] F̄ Geringfügigkeit *f*; Winzigkeit *f* (*fig*) gering(fügig); wenig
exilado [izi'ɫadu] A ADJ exiliert B M̄, **-a** F̄ Exilant(in) *m(f)* **exilar** [izi'ɫar] ⟨1a⟩ verbannen, ins Exil schicken **exílio** [i'ziɫju] M̄ Exil *n*; Verbannung *f*
exímio [i'zimju] hervorragend
eximir [izi'mir] ⟨3a⟩ **~ de** befreien von; *trabalho* verschonen mit; *culpa* freisprechen von; **~-se de** *dever* sich entziehen (*dat*); *desastre* entkommen (*dat*)
existência [iziʃ'tẽsja] F̄ *humana* Existenz *f*; Dasein *n*; *objecto*: Vorhandensein *n*; *espécie rara* Vorkommen *n*; **~s** *pl* Vorräte *mpl* **existente** [iziʃ'tẽti] existent; bestehend; vorhanden; COM vorrätig **existir** [iziʃ'tir] ⟨3a⟩ bestehen, existieren; (*objecto*) vorhanden sein; *espécie rara* vorkommen; *ser humano, animal* leben
êxito ['ɐizitu] M̄ Erfolg *m*; (*resultado*) Ausgang *m*
Ex.ᵐᵒ, Ex.ᵐᵃ ABR (Excelentíssimo, Excelentíssima) sehr geehrte(r) ...
êxodo ['ɐizudu] M̄ Exodus *m*
exoneração [izunira'sɐ̃ũ] F̄ Amtsenthebung *f*; Entlassung *f* **exonerar** [izuni'rar] ⟨1c⟩ entlasten; *de deveres* befreien; *de um cargo* entheben; entlassen (**de** aus)
exorar [izu'rar] ⟨1e⟩ anflehen **exorável** [izu'ravɛɫ] mitleidig, gütig
exorbitância [izurbi'tɐ̃sja] F̄ Übermaß *n*; Übertreibung *f*; COM überhöhter Preis *m*; Willkür *f* **exorbitante** [izurbi'tɐ̃ti] überzogen; übertrieben; *fam* unverschämt **exorbitar** [izurbi'tar] ⟨1a⟩ zu weit gehen; **~ de** *limite* überschreiten; *competência* missbrauchen
exorcismar [izursiʒ'mar] ⟨1a⟩ *alg* j-m den Teufel austreiben; *espíritos* austreiben **exorcismo** [izur'siʒmu] M̄ Exorzismus *m*
exórdio [i'zɔrdju] M̄ Einleitung *f*, Einführung *f*
exortação [izurta'sɐ̃ũ] F̄ 1 Ermahnung *f* 2 Aufruf *m* **exortar** [izur'tar] ⟨1e⟩ 1 (er)mahnen 2 aufmuntern; auffordern (**a** zu)
exótico [e'zɔtiku] exotisch; fremdartig **exotismo** [ezu'tiʒmu] M̄ Exotik *f*
expandibilidade [ɐiʃpɐ̃dibiɫi'dadi] F̄ Erweiterungsfähigkeit *f* (*espec* INFORM) **ex-**

pandir [ɐĩʃpã'dir] ⟨3a⟩ ausbreiten; erweitern; (*exprimir*) äußern; **~-se** expandieren (**para** nach) **expansão** [ɐĩʃpã'sãu̯] F Expansion f (tb hist); Aus-, Verbreitung f; Erweiterung f (tb INFORM); fig Äußerung f; **~ da UE** bras EU-Erweiterung f **expansionismo** [ɐĩʃpãsju'niʒmu] M Expansionismus m **expansivo** [ɐĩʃpã'sivu] (sich) ausdehnend; fig aufgeschlossen

expatriação [ɐĩʃpɐtria'sãu̯] F Ausbürgerung f **expatriar** [ɐĩʃpɐtri'ar] ⟨1g⟩ ausbürgern; **~-se** außer Landes gehen

expectar [ɐĩʃpe(k)'tar] ⟨1a⟩ abwarten **expectativa** [ɐĩʃpe(k)tɐ'tivɐ] F Erwartung f; (*esperança*) Hoffnung f (**de** auf ac); **na ~ de** in Erwartung (*gen*); **estar na ~** (ab)warten; **manter-se na ~** sich abwartend verhalten; **ter a ~ de** Aussicht haben auf (ac); **~ de vida** Lebenserwartung f

expectoração [ɐĩʃpɛtura'sãu̯] F MED Auswurf m **expectorante** [ɐĩʃpɛtu'rɐ̃tɨ] A ADJ schleimlösend B M FARM schleimlösendes Mittel n; Schleimlöser m **expectorar** [ɐĩʃpɛtu'rar] ⟨1e⟩ aushusten, ausspucken; fig ausstoßen

expedição [ɐĩʃpɨdi'sãu̯] F 1 ADMIN Abfertigung f; Erledigung f; *correio*: Beförderung f; COM (Waren)Versand m; *telegrama*: Aufgabe f 2 *investigação*: Forschungsreise f, Expedition f; MIL Feldzug m 3 fig Geschick m **expedicionário** [ɐĩʃpɨdisju'narju] A ADJ Versand...; Expeditions... B M Expeditionsteilnehmer m

expediente [ɐĩʃpi'djẽtɨ] A ADJ fam findig; flink B M 1 Geschäfts-, Schriftverkehr m; Schriftsachen fpl; (**horas** fpl **de**) **~** Dienst-, Geschäftszeit f; **dia** m **de ~** Versandtag m 2 Hilfsmittel n; pej Notbehelf m; bras Handstreich m 3 fig Geschick n; **fértil em ~s** findig; **viver de ~s** sich (schlecht und recht) durchschlagen **expedir** [ɐĩʃpi'dir] ⟨3r⟩ abfertigen; erledigen; *mercadoria etc* verschicken; *mensageiro* entsenden; *correio* befördern; *telegrama* aufgeben; *grito* ausstoßen **expeditivo** [ɐĩʃpidi'tivu], **expedito** [ɐĩʃpi'ditu] flink; gewandt

expelir [ɐĩʃpi'lir] ⟨3c⟩ austreiben; *ameaça, fumo* ausstoßen; *bola* weit (weg)werfen; **~ de si** von sich geben

expensas [ɐĩʃ'pẽsɐʃ] FPL Kosten pl; **a ~ de alg** auf j-s Kosten

experiência [ɐĩʃpi'rjẽsjɐ] F 1 Erfahrung f; Erlebnis n; **adquirir ~** Erfahrungen sammeln 2 Versuch m; Erprobung f; Experiment n; **a título de ~** probeweise **experiente** [ɐĩʃpi'rjẽtɨ] erfahren **experimentação** [ɐĩʃpirimẽtɐ'sãu̯] F Erprobung f; Prüfung f; Experimentieren n **experimentado** [ɐĩʃpirimẽ'tadu] pessoa erfahren; *material* erprobt **experimental** [ɐĩʃpirimẽ'tał] experimentell **experimentar** [ɐĩʃpirimẽ'tar] ⟨1a⟩ erproben (tb fig); *vestuário* anprobieren; (*examinar*) prüfen; *alimentos* probieren; *sentimentos* erleben; **~-se** Erfahrungen sammeln (**com** bei)

expet... bras → expectar etc

expiação [ɐĩʃpja'sãu̯] F Buße f **expiar** [ɐĩʃ'pjar] ⟨1g⟩ *culpa* büßen; *pena* abbüßen **expiatório** [ɐĩʃpjɐ'tɔrju] Buß...; Sünden...; **bode** m **~** Sündenbock m

expiração [ɐĩʃpira'sãu̯] F Ausatmung f; fig *prazo*: Ablauf m **expirar** [ɐĩʃpi'rar] ⟨1a⟩ A V/T (aus)atmen B V/I *prazo* ablaufen; auslaufen, zu Ende gehen; *poét pessoa* hinscheiden; *tom, voz* erlöschen, ersterben

explicação [ɐĩʃplika'sãu̯] F Erklärung f; **-ões** pl Nachhilfestunden fpl; **dar -ões** Nachhilfe erteilen; fig Erklärungen (ou Rechtfertigungen) abgeben **explicadamente** [ɐĩʃplikadɐ'mẽtɨ] ADV eingehend **explicador** [ɐĩʃplika'dor] M Nachhilfelehrer m; UNIV Repetitor m **explicar** [ɐĩʃpli'kar] ⟨1n⟩ erklären; fam **~ a/c a alg** j-m etw klarmachen; **~-se com alg** j-m den eigenen Standpunkt klarmachen **explicativo** [ɐĩʃplikɐ'tivu] erklärend **explicável** [ɐĩʃpli'kavɛł] erklärlich **explicitar** [ɐĩʃplisi'tar] ⟨1a⟩ explizit machen; (*esclarecer*) verdeutlichen **explícito** [ɐĩʃ'plisitu] ausdrücklich; klar, deutlich; explizit

explodir [ɐĩʃplu'dir] ⟨3f⟩ explodieren; *vidro etc* zerspringen, zerplatzen

exploração [ɐĩʃplurɐ'sãu̯] F Erforschung f; Erkundung f; (*exame*) Untersuchung f; ECON Bewirtschaftung f; MIN Abbau m; fig Ausbeutung f **explorador(a)** [ɐĩʃplurɐ'dor(ɐ)] Forscher(in) m(f); fig Ausbeuter(in) m(f) **explorar** [ɐĩʃplu'rar] ⟨1e⟩ erforschen; erkunden; untersuchen; ECON bewirtschaften; *negócio* betreiben; MIN abbauen; fig *possibilidades* ausnutzen; *resultados* auswerten; *pessoas* ausbeuten

explosão [aiʃplu'zɕ̃u] f̄ Explosion f; fig Ausbruch m **explosivo** [aiʃplu'zivu] A ADJ explosiv; Spreng...; Knall...; fig Brisanz f B M̄ Sprengstoff m, -körper m

expor [aiʃ'por] ⟨2z⟩ mercadoria, arte ausstellen; pensamentos darlegen; resultados darstellen; criança aussetzen; à chuva etc aussetzen (a dat), a vida aufs Spiel setzen; segredo aufdecken; FOTO belichten; **~-se a** sich zeigen (dat); perigo sich aussetzen (dat); exame sich unterziehen (dat)

exportação [aiʃpurtɐ'sɕ̃u] f̄ Export m **exportador** [aiʃpurtɐ'dor] M̄ Exporteur m **exportadora** [aiʃpurtɐ'dorɐ] f̄ Exportunternehmen n **exportar** [aiʃpur'tar] ⟨1e⟩ exportieren **exportável** [aiʃpur'tavɛl] exportfähig

exposição [aiʃpuzi'sɕ̃u] f̄ Ausstellung f (tb Kunst); teoria: Darlegung f; resultado: Darstellung f; (localização) Lage f; animal etc: Aussetzung f; LIT Exposition f; FOTO Belichtung(sdauer) f **expositor** [aiʃpuzi'tor] M̄ Aussteller m **exposto** [aiʃ'poʃtu] A PP irr → expor B M̄ ⟨pl [-'pɔ-]⟩ Darlegung f, Darstellung f

expressão [aiʃpre'sɕ̃u] f̄ Ausdruck m; **liberdade f de ~** Redefreiheit f; **~ idiomática** idiomatische Wendung f; **reduzir à ~ mais simples** auf die einfachste Formel bringen; fig j-n blamieren; j-n ins Elend stürzen **expressar** [aiʃpri'sar] ⟨1c⟩ → exprimir **expressionismo** [aiʃprisju'niʒmu] M̄ Expressionismus m **expressividade** [aiʃprisivi'dadi] f̄ Ausdruckskraft f **expressivo** [aiʃpri'sivu] ausdrucksvoll; Ausdrucks...; (insistente) nachdrücklich **expresso** [aiʃ'presu] A PP irr → exprimir B ADJ 1 (insistente) ausdrücklich; deutlich 2 Express...; **comboio m** (bras trem m) **~** Schnellzug m C M̄ Eilbote m

exprimir [aiʃpri'mir] ⟨3a⟩ ausdrücken; **~-se em português** sich auf Portugiesisch ausdrücken

exprobração [aiʃprubrɐ'sɕ̃u] f̄ Vorwurf m **exprobrar** [aiʃpru'brar] ⟨1e⟩ alg j-m etw vorhalten, vorwerfen; a/c etw anprangern

expropriação [aiʃprupriɐ'sɕ̃u] f̄ Enteignung f **expropriar** [aiʃpru'priar] ⟨1g⟩ enteignen

expugnar [aiʃpu'gnar] ⟨1a⟩ cidade, castelo erobern; inimigo besiegen

expulsão [aiʃpuɫ'sɕ̃u] f̄ POL Ausweisung f, Abschiebung f; grupo étnico, povo: Vertreibung f; de uma comunidade Ausschluss m **expulsar** [aiʃpuɫ'sar] ⟨1a⟩ pessoa abschieben (**de** aus); grupo étnico, povo vertreiben (**de** aus); membro ausstoßen (**de** aus); ausschließen (**de** aus); fam hinauswerfen (**de** aus); MED abführen; von sich geben **expulso** [aiʃ'puɫsu] PP irr → expulsar

expurgar [aiʃpur'gar] ⟨1o⟩ reinigen (tb MED, fig); erro korrigieren; bras POL säubern **expurgatório** [aiʃpurgɐ'tɔrju] M̄ Index m

êxtase ['eʃtɐzi] M̄ Ekstase f

extasiar [eʃtɐ'zjar] ⟨1g⟩ verzücken; begeistern; **~-se** in Verzückung geraten (**com** über ac)

extemporâneo [eʃtẽpu'rɐnju] ungelegen; unangebracht

extensão [aiʃtẽ'sɕ̃u] f̄ local: Ausdehnung f; (Über)Dehnung f; temporal: Länge f, Dauer f; (dimensão) Umfang m; TEL Apparat m, Nebenanschluss m; ELECT Verlängerungsschnur f; **em menor/maior ~** in geringerem/höherem Maße; **por ~** im weiteren Sinne **extensível** [aiʃtẽ'sivɛl] (aus)dehnbar **extensivo** [aiʃtẽ'sivu] extensiv; fig verallgemeinerbar; anwendbar (**a** auf ac); **ser ~ a** gelten für **extenso** [aiʃ'tẽsu] local: weit(läufig); temporal: lang; tom lang anhaltend; texto umfangreich; **por ~** ausgeschrieben (Zahl)

extenuação [aiʃtinwɐ'sɕ̃u] f̄ Schwäche f; Abschwächung f **extenuante** [aiʃti-'nwɐ̃ti] anstrengend; erschöpfend; schwächend **extenuar** [aiʃti'nwar] ⟨1g⟩ schwächen; ameaça abschwächen

exterior [aiʃti'rjor] A ADJ äußer, Außen...; äußerlich B M̄ Äußere(s) n; Ausland n; **do ~** von außen; **no ~** im Ausland **exterioridade** [aiʃtirjori'dadi] f̄ Äußerlichkeit f **exteriorização** [aiʃtirjurizɐ-'sɕ̃u] f̄ Äußerung f **exteriorizar** [aiʃti-rjuri'zar] ⟨1a⟩ zum Ausdruck bringen **exteriormente** [aiʃtirjor'mẽti] ADV von außen (betrachtet)

exterminador [aiʃtirminɐ'dor] M̄ Kammerjäger m **exterminar** [aiʃtirmi'nar] ⟨1a⟩ ausrotten; vernichten **extermínio** [aiʃtir'minju] M̄ Ausrottung f; Vernichtung f

externato [aiʃtir'natu] M̄ Externat m **ex-

terno [ɜiʃˈtɛrnu] **A** ADJ äußer; Außen...; äußerlich; **uso** m ~ *medicamento*: äußerliche Anwendung f **B** M̄ *escola*: Externe(r) m

extinção [ɜiʃtĩˈsɐ̃u] F̄ *fogo*: Löschung f; *peste*: Ausrottung f; *lei*: Abschaffung f; *associação*: Auflösung f; *dívida*: Tilgung f; *voz etc*: Verlust m; BIOL Aussterben n **extinguir** [ɜiʃtĩˈgir] ⟨3o⟩ *fogo* löschen; *peste*, BIOL ausrotten; *lei*, *pobreza* abschaffen; *associação* auflösen; *dívida* tilgen; *força*, *fortuna* vergeuden; **~-se** *fogo* erlöschen; BIOL aussterben **extinguível** [ɜiʃtĩˈgivɛɬ] löschbar **extinto** [ɜiʃˈtĩtu] PP *irr* → extinguir **B** M̄ Verstorbene(r) m **extintor** [ɜiʃtĩˈtor] M̄ (*bras* **de incêndio**) Feuerlöscher m

extirpação [ɜiʃtirpaˈsɐ̃u] F̄ Ausrottung f **extirpar** [ɜiʃtirˈpar] ⟨1a⟩ ausrotten (**pela raiz** mit der Wurzel)

extorquir [ɜiʃtorˈkir] ⟨3o⟩ *dinheiro* erpressen; *confissão* abnötigen; *objecto* entreißen **extorsão** [ɜiʃturˈsɐ̃u] F̄ Erpressung f; Nötigung f

extra [ˈɜiʃtra] M̄ Extra n; TEAT Zugabe f **extra...**, **extra-...** [ɜiʃtra-] EM COMP außer...; extra...

extra(c)ção [ɜiʃtraˈsɐ̃u] F̄ MED Extraktion f; *dente*: Ziehen n; *lotaria*: Ziehung f; QUÍM Auslaugung f; MIN Förderung f; COM Absatz m, Verkauf m

extraconjugal [ɜiʃtrakõʒuˈgaɬ] außerehelich

extra(c)tar [ɜiʃtraˈtar] ⟨1b⟩ e-n Auszug machen aus; QUÍM auslaugen **extra(c)to** [ɜiʃˈtratu] M̄ Auszug m; Extrakt m; ~ **de conta** Kontoauszug m; ~ (**concentrado**) **de tomate** GASTR Tomatenmark n

extradição [ɜiʃtradiˈsɐ̃u] F̄ Auslieferung f **extraditar** [ɜiʃtradiˈtar] ⟨1a⟩ ausliefern

extrair [ɜiʃtraˈir] ⟨31⟩ (heraus)ziehen (**de** aus); *dente*, *raiz* ziehen; MIN fördern, abbauen; *tb* → extractar **extraível** [ɜiʃtraˈivɛɬ] ausziehbar; ausfahrbar

extraordinário [ɜiʃtraordiˈnarju] **A** ADJ außer-, ungewöhnlich; (*adicional*) außerordentlich; Sonder...; **horas** *fpl* **extraordinárias** *port* Überstunden *fpl* **B** M̄ ~ PL Extraausgaben *pl*; Sonstige(s) n **extraparlamentar** [ɜiʃtrapɐrləmẽˈtar] außerparlamentarisch

extrat... *bras* → extractar *etc*
extraterrestre [ɜiʃtratiˈvɛʃtri] außerirdisch

extravagância [ɜiʃtrɐvɐˈɡɐ̃sjɐ] F̄ Extravaganz f; **dizer ~s** ungereimtes Zeug reden **extravagante** [ɜiʃtrɐvɐˈɡɐ̃ti] **A** ADJ *vestuário* extravagant; *ideia* unsinnig; *alg* leichtsinnig **B** M/F extravagante Person f, *fam* Spinner(in) m(f) **extravagar** [ɜiʃtrɐvɐˈgar] ⟨1o; *Stv* 1b⟩ *objecto* überzählig sein; (*errar*) umherirren; *orador* sich verlieren (**em** in *dat*) **extravasar** [ɜiʃtrɐvɐˈzar] ⟨1b⟩ **A** VT überlaufen lassen; (*entornar*) verschütten **B** VI ausfließen; *rio* über die Ufer treten **extraviar** [ɜiʃtrɐˈvjar] ⟨1g⟩ vom Weg abbringen; *coisa* verlegen; *de propósito*: verschwinden lassen; *dinheiro* hinterziehen; *fig* auf Abwege bringen; **~-se** sich verirren; *correio* abhanden kommen; *fig* auf Abwege geraten **extravio** [ɜiʃtrɐˈviu] M̄ Irreführung f; *correio*: Verlust m

extrema-direita [ɜiʃtremadiˈrajta] F̄ POL extreme Rechte f **extremado** [ɜiʃtriˈmadu] *talento* außergewöhnlich; (*perfeito*) vollkommen; *cortesia* ausgesucht **extrema-esquerda** [ɜiʃtremaʃˈkerdɐ] F̄ POL extreme Linke f **extremar** [ɜiʃtriˈmar] ⟨1d⟩ *alg* auszeichnen; (*aumentar*) steigern; (*aperfeiçoar*) vervollkommnen **extrema-unção** [ɜiʃtremɐũˈsɐ̃u] F̄ ⟨*pl* extremas-unções⟩ REL Letzte Ölung f **extremidade** [ɜiʃtrimiˈdadi] F̄ (*ponta*) Ende n; (*limite*) Grenze f; *fig* Äußerste(s) n; **levar a** ~ auf die Spitze treiben; **~s** *pl* Extremitäten *pl* **extremismo** [ɜiʃtriˈmiʒmu] M̄ Extremismus m **extremista** [ɜiʃtriˈmiʃta] M/F Extremist(in) m(f); (*fanático*) Fanatiker(in) m(f)

extremo [ɜiʃˈtremu] **A** ADJ extrem, äußerste; letzte **B** M̄ (*ponta*) Ende n; (*oposição*) Extrem n, (*größer*) Gegensatz m; (*limite*) Äußerste(s) n (**de an** *dat*); **~s** *pl local*: Ende n; (*äußerster*) Rand m; *fig* Übertreibungen *fpl*; **em ~**, **por ~** außerordentlich; (*demasiado*) übermäßig; (*ao limite*) aufs Äußerste **extremoso** [ɜiʃtriˈmozu] innig

extrínseco [ɜiʃˈtrĩsiku] *causa* äußerlich; unwesentlich; *valor* m ~ Nennwert m **extrovertido** [ɜiʃtrɔvɛrˈtidu] extrovertiert **Exu** [eˈʃu] M̄ *afrobras* Gottheit

exuberância [izubiˈrɐ̃sjɐ] F̄ Üppigkeit f; (*riqueza*) Reichtum m **exuberante** [izubiˈrɐ̃ti] üppig; *fig de alegria*: überschwäng-

lich; *de força*: strotzend **exuberar** [izubi'rar] ⟨1c⟩ strotzen (**de** vor *dat*)
exultação [izuɫta'sɐ̃ũ] f̅ Jubel *m* **exultante** [izuɫ'tɐ̃ti] frohlockend **exultar** [izuɫ'tar] ⟨1a⟩ jubeln, frohlocken
exumação [izuma'sɐ̃ũ] f̅ Exhumierung *f*
exumar [izu'mar] ⟨1a⟩ ausgraben, exhumieren
eye-liner [ai'tainɐr] m̅ *port* Eyeliner *m*

F

F, **f** ['ɛfi, fe] m̅ F, *f* n
f. ABR (folha) Blatt *n* (Bl.)
F ABR (Freguesia) Gde. (Gemeinde)
fá [fa] m̅ MÚS F *n*
fã [fɐ̃] m̅/f̅ Fan *m*
fabiano [fa'bjɐnu] m̅ *pop* Typ *m*, Kerl *m*
fábrica ['fabrika] f̅ Fabrik *f*; Bau *m*; *fig* Herd *m*; **preço m de ~** Fabrikpreis *m*; **de boa ~** gut gearbeitet
fabricação [fabrika'sɐ̃ũ] f̅ Fabrikation *f*, Herstellung *f*; *fig* Machenschaft *f* **fabricante** [fabri'kɐ̃ti] m̅/f̅ Fabrikant(in) *m(f)*
fabricar [fabri'kar] ⟨1n⟩ herstellen; *fig acusações* hervorbringen; *destino* schmieden **fabrico** [fa'briku] m̅ Herstellung *f*, Erzeugung *f*
fabril [fa'briɫ] Fabrik...; fabrikmäßig
fábula ['fabuɫɐ] f̅ Fabel *f*
fabular [fabu'lar] ⟨1a⟩ A v/t erdichten B v/i Fabeln erzählen (*ou* schreiben) **fabuloso** [fabu'lozu] Fabel...; (*fantástico*) märchenhaft; (*irreal*) erdichtet; *fig* fabelhaft
Fac. ABR (Faculdade) UNIV Fak. (Fakultät)
faca ['faka] f̅ Messer *n*; **~ retrá(c)til** TECN Cutter *m*; **pôr a ~ ao peito de alg** *port fig* j-m die Pistole auf die Brust setzen; **ter a ~ e o queijo na mão** *pop* die Fäden in der Hand haben
faça ['fasɐ] → **fazer**
facada [fa'kada] f̅ Messerstich *m*; *fig* schmerzliche Überraschung *f*; **dar uma ~ em alg** *pop* j-m e-n (Messer)Stich versetzen; **matar às ~s** erstechen
façanha [fa'sɐɲa] f̅ Heldentat *f* **faça-**

nhoso [fasɐ'ɲozu] heldenhaft
facão [fa'kɐ̃ũ] m̅ *bras* Buschmesser *n*; **~ de mato** Machete *f*
facção [fa'sɐ̃ũ] f̅ MIL Kampf *m*; POL (politische) Partei *f*; Fraktion *f* **faccioso** [fa'ksjozu] parteiisch, einseitig; verbohrt
face ['fasi] f̅ Gesicht *n*; *poet* Antlitz *n*; *espec* Wange *f*; (*frente*) Stirn-, Vorderseite *f*; (*superfície*) Fläche *f* (e-s Körpers); *mar, terra*: Oberfläche *f*; *moeda*: Bildseite *f fig* Aussehen *n*, Miene *f*; **de dupla ~** INFORM double sided (*Diskette*); **à ~ de** *circunstância* angesichts; *presença* in Gegenwart von; **à ~ da lei** vor dem Gesetz; **à ~ da letra** buchstäblich; **de ~** von vorn; (**de**) **~ a ~** von Angesicht zu Angesicht; **em ~ de** infolge; angesichts; **dar de ~ com** (mit der Nase) stoßen auf (*ac*); **fazer ~ a alg** *ou* **a/c** sich j-m, etw stellen; *despesas* bestreiten; *obrigações* nachkommen; **salvar a ~** *fig* das Gesicht wahren
facear [fa'sjar] ⟨1l⟩ TECN abfasen
facécia [fa'sɛsjɐ] f̅ Scherz *m*, Spaß *m*
faceirice [fasɐi'risi] f̅ Koketterie *f* **faceiro** [fa'sɐiru] geschniegelt; geckenhaft
faceta [fa'seta] f̅ Facette *f*; Seite(nfläche) *f* **facetar** [fasɨ'tar] ⟨1c⟩ facettieren
facetear [fasɨ'tjar] ⟨1l⟩ Witze reißen, Scherze machen
fachada [fa'ʃada] f̅ Fassade *f*; *livro*: Titelblatt *n*; *fig* Äußere(s) *n*; (*aparência*) Aussehen *n*; **obra f de ~** *fig* Fassadenkosmetik *f*
facho ['faʃu] m̅ Fackel *f*; NÁUT Leuchtfeuer *n*, -turm *m*
facial [fa'sjaɫ] Gesichts...
fácil ['fasiɫ] leicht; *execução* mühelos; *trato* ungezwungen; *pessoa* (leicht) zugänglich; **é ~ de dizer** das ist leicht gesagt
facilidade [fɐsili'dadi] f̅ Leichtigkeit *f*; *trato*: Ungezwungenheit *f*; *pessoa* Gefälligkeit *f*; Leichtfertigkeit *f*; **~s** *pl* Entgegenkommen *n*; **~ de pagamento** (Zahlungs)Erleichterungen *fpl*; **ter ~ em** e-e Veranlagung haben für; **para ele tudo são ~s** ihm geht alles leicht von der Hand; **com ~** leicht, mit Leichtigkeit
facílimo [fa'siɫimu] kinderleicht
facilitar [fɐsili'tar] ⟨1a⟩ A v/t *trabalho* erleichtern; *execução* ermöglichen; *livros etc* be-, verschaffen; *desenvolvimento* unterstützen, begünstigen B v/i unvorsichtig sein; **~-se** sich bereit erklären (**para** zu) **facilitismo** [fɐsili'tiʒmu] m̅ Be-

quemlichkeit f **facilmente** [fasiɫ'mẽti] ADV leicht, mit Leichtigkeit
facínora [fɐ'sinurɐ] M Übeltäter m, Bösewicht m
fã-clube [fẽ'klubi] M ⟨pl fãs-clubes⟩ bras Fanklub m
factício [fak'tisju] künstlich **factível** [fak'tivɛɫ] machbar; (possível) möglich
fa(c)to ['faktu] M Tatsache f; **~ consumado** vollendete Tatsache f; **vias fpl de ~** Tätlichkeiten fpl; **de ~** tatsächlich, in der Tat; **passar a vias de ~** handgreiflich werden; **pôr ao ~ de** unterrichten von; **reter o ~ de** auf die Tatsache verweisen, dass **fa(c)tor** [fa'tor] M Faktor m; Bedingung f; **~ de prote(c)ção solar** Lichtschutzfaktor m **fa(c)tura** [fa'turɐ] F Ausführung f, (Mach)Art f; COM Rechnung f
fa(c)turar [fatu'rar] ⟨1a⟩ (e-e) Rechnung ausstellen über (ac); in Rechnung stellen; mercadoria ab-, umsetzen; quantia einnehmen
faculdade [fɐkuɫ'dadʒi] F Fähigkeit f, Vermögen n; (direito) Berechtigung f; (autorização) Befugnis f; UNIV Fakultät f; **~s** pl **mentais** Geistesgaben fpl; **em perfeito uso das ~s** im Vollbesitz s-r Kräfte
facultativo [fɐkuɫta'tivu] ADJ fakultativ; trabalho freiwillig; disciplina wahlfrei
facundo [fɐ'kũdu] redegewandt
fada ['fadɐ] F Fee f; **conto m de ~s** Märchen n
fadado [fɐ'dadu] (vom Schicksal) vorherbestimmt; **bem/mal ~** glücklich/unglücklich **fadar** [fɐ'dar] ⟨1b⟩ vorherbestimmen (**para** für); futuro voraussagen; com talento ausstatten (**a alg** j-n mit); j-n begünstigen; (proteger) beschützen **fadário** [fɐ'darju] M Schicksal n, Unvermeidliche(s) n; (lida) Mühsal n, Fluch m
fadiga [fɐ'digɐ] F **1** sensação: Müdigkeit f **2** trabalho etc: Mühe f; (canseira) Anstrengung f, Strapaze f
fadinho [fɐ'dinu] M **fazer o ~** port fam j-n zu etw überreden **fadista** [fɐ'dʃistɐ] M/F Fadosänger(in) m(f), fam Könner(in) m(f), Künstler(in) m(f); hist Zuhälter m; hist Hure f **fadistagem** [fɐdʃiʃ'taʒɐ̃j] F Gaunerleben n **fado** ['fadu] M Los n, Schicksal n; Verhängnis n; MÚS Fado m (port Musikstil); **~s** pl Schicksal n
fagote [fɐ'gɔti] M Fagott n
fagueiro [fɐ'gajru] poét lieblich, heiter; (carinhoso) liebevoll, lieb
fagulha [fɐ'guʎɐ] **A** F Funke m **B** M/F Naseweis m, Besserwisser(in) m(f) **fagulhar** [fɐgu'ʎar] ⟨1a⟩ Funken sprühen
faia ['fajɐ] F BOT Buche f
faiança [fɐ'jɐ̃sɐ] F Keramik f
faisão [fai'zɐ̃w] M ⟨pl -ães, -ões⟩ Fasan m
faísca [fɐ'iʃkɐ] F Funke m; Blitz m; luz: Aufblitzen n; min Goldkorn n; **fazer ~** pop Eindruck schinden **faiscar** [faiʃ'kar] ⟨1n; Stv 1q⟩ **A** VT sprühen **B** VI lume Funken sprühen; blitzen; estrela funkeln
faitar [fai'tar] ⟨1a⟩ Moçambique kämpfen
faixa ['faiʃɐ] F **1** Binde f; Band n; de uma associação: Schärpe f **2** rodoviária: Spur f; **~ para bicicletas** Radweg m; **~ central** mittlere Spur f; **~ de emergência** (ou **paragem**) Standspur f; **~ de rodagem** Fahrbahn f; **~ para viaturas lentas** Kriechspur f **3** fig Bereich m; **~ etária** Altersgruppe f
fala ['falɐ] F Rede f; Worte npl; (língua) Sprache f; **estar** ou **ficar sem ~** sprachlos sein (vor Verblüffung); **ser de poucas ~s** fam einsilbig (ou wortkarg) sein
fala-barato [falɐbɐ'ratu] M/F ⟨pl inv⟩ pop Schwätzer(in) m(f), Schönredner(in) m(f)
falação [falɐ'sɐ̃w] F bras Ansprache f; **deitar ~** e-e Rede halten **falácia** [fɐ'ɫa-

sj3] F̄ **1** Stimmengewirr n; Geschwätz n; pessoa: Geschwätzigkeit f **2** Schwindel m **falador** [fɐlɐ'dor], **faladeira** [fɐlɐ'dɐjrɐ] **A** ADJ schwatzhaft **B** M/F Schwätzer(in) m(f)

falange [fɐ'lɐ̃ʒɨ] F̄ Trupp m, Schar f; ANAT Fingerglied n

falante [fɐ'lɐ̃tɨ] sprechend; *bras* redselig; *fam* schwatzhaft

falar [fɐ'lar] ⟨1b⟩ sprechen; *(dizer)* sagen; ~ **a alg** sprechen zu j-m; ~ **com** sprechen mit j-m; ~ **de**, ~ **em**, ~ **sobre** sprechen von *(ou* über *ac)*; ~ **por** drauflosreden; ~ **português** Portugiesisch sprechen; *dar que* ~, *fazer* ~ **de si** Aufsehen erregen; *estar a* ~ TEL besetzt sein; TEL **quem fala?** wer ist am Apparat?; ~ **a torto e direito** herumschwafeln; ~ **por entre os dentes** nuscheln; **não falando em**, **sem** ~ **de** abgesehen von

falatório [fɐlɐ'tɔrju] M̄ Geschwätz n **falaz** [fɐ'laʃ] F̄ (be)trügerisch, falsch

falcão [faɫ'kɐ̃ũ] M̄ Falke m

falcatrua [faɫkɐ'truɐ] F̄ List f; Betrug m

falcatruar [faɫkɐtru'ar] ⟨1g⟩ betrügen

falecer [fɐli'ser] ⟨2g⟩ *pessoa* (ver)sterben, ableben; *(faltar)* mangeln **(de** an *dat)* **falecimento** [fɐlisi'mẽtu] M̄ Tod m, Ableben n; *(falta)* Mangel m

falência [fɐ'lẽsjɐ] F̄ Fehler m; *(falta)* Mangel m; ECON Konkurs m; **abrir** ~ in Konkurs gehen, Konkurs machen

falésia [fɐ'lɛzjɐ] F̄ Steilküste f

falha ['faʎɐ] F̄ Fehler m; Mangel m; *porcelana etc:* Riss m, Sprung m; GEOL Verwerfung f; ~**s** *pl* COM Fehlbetrag m; INFORM Absturz m **falhado** [fɐ'ʎadu] M̄ gescheiterte Existenz f **falhanço** [fɐ'ʎɐ̃su] M̄ Misserfolg m **falhar** [fɐ'ʎar] ⟨1b⟩ *projecto* fehlschlagen, scheitern; *(não acertar)* fehlgehen; *(faltar)* ausbleiben; *pessoa* versagen **(em** bei**)**; *máquina* ausfallen; *cartas* passen; *computador* abstürzen; ~ **ao compromisso** sein Wort nicht halten; ~ **ao encontro** e-e Verabredung verpassen **falho** ['faʎu] fehler-, mangelhaft; ~ **de ta(c)to** taktlos; ~ **em** arm an *(dat)*

falido [fɐ'lidu] **A** ADJ ECON zahlungsunfähig; **massa** *f* -**a** Konkursmasse *f* **B** M̄ Bankrotteur m **falir** [fɐ'lir] ⟨3b⟩ *pagamento* die Zahlungen einstellen; FIN Bankrott machen; *coragem etc* fehlen **falível** [fɐ'livɛɫ] *pessoa* fehlbar; *factura* feh-

lerhaft; *situação* unsicher

falo ['faɫu] M̄ Phallus m

falsamente [faɫsɐ'mẽti] ADV fälschlich (-erweise) **falsar** [faɫ'sar] ⟨1a⟩ **A** VT fälschen; *alg* j-n hintergehen **B** VI *pessoa* falsch sein, schwindeln; *madeira* sich (ver)biegen; *tiro* fehlgehen **falsário** [faɫ'sarju] M̄ Schwindler m; *(falsificador)* Fälscher m **falsear** [faɫ'sjar] ⟨1l⟩ **A** VT (ver)fälschen; *verdade* entstellen; *alg* betrügen; *(enganar)* irreführen; *projecto* zum Scheitern bringen **B** VI fehltreten; ausgleiten, MÚS falsch singen *(ou* klingen)

falsete [faɫ'seti] M̄ MÚS Falsett n, Fistel (-stimme) f

falsidade [faɫsi'dadi] F̄ Falschheit f; Lüge f **falsificação** [faɫsifikɐ'sɐ̃ũ] F̄ Fälschung f **falsificador(a)** [faɫsifikɐ'dor(ɐ)] M/F Fälscher(in) m(f) **falsificar** [faɫsifi'kar] ⟨1n⟩ fälschen

falso ['faɫsu] ADJ & ADV falsch; **soar** ~ falsch klingen, **chave** *f* -**a** Nachschlüssel m; **juramento** m ~ Meineid m; **em** ~ falsch; nur zum Schein; **passo** m **em** ~ Fehltritt m

falta ['faɫtɐ] F̄ Fehler m; Mangel m **(de** an *dat)*; *escola:* Fehlen n; *futebol:* Foul n; ~ **de jeito** Ungeschicklichkeit f; **à** *(ou* **na, por)** ~ **de** aus Mangel an *(dat)*, mangels; **sem** ~ ganz bestimmt; *temporal:* umgehend; **dar** ~ fernbleiben, fehlen; **em** ~ fehlend, ausstehend; **estar em** ~ **com** im Rückstand sein bei j-m; **fazer** ~ fehlen; **há** ~ **de** es mangelt an *(dat)*; **sentir** ~ **de** (ver)missen

faltar [faɫ'tar] ⟨1a⟩ fehlen; *aluno* abwesend sein, fehlen; *remessa* ausbleiben; *provisões* zu Ende *(ou* aus)gehen; *forças* versagen; ~ **a** verstoßen gegen; *palavra* nicht halten; *contrato* nicht einhalten; unterlassen; *espectáculo:* fehlen bei; *aulas* versäumen; *a alg* j-n im Stich lassen; *(abandonar)* verlassen; ~ **à palavra** sein Wort nicht halten; ~ **ao respeito a alg** j-n respektlos behandeln; ~ **à verdade** lügen; **falta fazer** etw nur noch tun müssen; **não falta quem** es gibt genug Menschen, die; **falta pouco para** es ist fast; **era o que faltava** das fehlte gerade noch

falto ['faɫtu] *pessoa* bedürftig; *aparelho* fehlerhaft; ~ **de** arm an *(dat)*; **ele está** ~ **de** ihm fehlt *(nom)* **faltoso** [faɫ'tozu] DIR schuldbeladen; *(descuidado)* pflichtvergessen

fama ['fɐmɐ] F̲ Ruf m; Ruhm m; **ter ~** berühmt sein; **ter boa/má ~** e-n guten/schlechten Ruf haben **famigerado** [fɐmiʒi'radu] → **famígero**

famígero [fɐ'miʒiru] berühmt; *pej* berüchtigt

família [fɐ'miljɐ] F̲ Familie f; **~ nuclear** Kernfamilie f; **pessoa f de** (*ou* **da**) **~** Angehörige(r) m/f, Verwandte(r) m/f; **em ~** unter sich

familiar [fɐmi'ljar] A ADJ familiär; Familien...; vertraut; *atmosfera* ungezwungen B M̲ Familienangehörige(r) m **familiaridade** [fɐmiljari'dadɨ] F̲ Vertrautheit f; *atmosfera:* Ungezwungenheit f; **ter ~ com** befreundet sein mit **familiarizar** [fɐmiljari'zar] ⟨1a⟩ vertraut machen; **~-se com** sich hineinfinden in (*ac*), vertraut werden mit

faminto [fɐ'mĩtu] hungrig (**de** auf *ac*)

famoso [fɐ'mozu] berühmt, angesehen

fanado [fɐ'nadu] knapp, eng; *planta* welk

fanal [fɐ'nat] M̲ Leuchtfeuer n; *fig* Fanal n

fanar [fɐ'nar] V̲T̲ ⟨1a⟩ *fam* klauen

fanático [fɐ'natiku] A ADJ fanatisch B M̲, **-a** F̲ Fanatiker(in) m(f) **fanatismo** [fɐnɐ'tiʒmu] M̲ Fanatismus m

fancaria [fɐ̃kɐ'ria] F̲ Stoffhandel m; **obra f de ~** Pfusch m

faneca [fɐ'nɛkɐ] F̲ ZOOL Franzosendorsch m; **ao pintar da ~** *port pop* wie gerufen

faneco [fɐ'neku] A ADJ *planta* verwelkt; *fam pessoa* ausgelaugt B Z̲ Stückchen n

fanfarrão [fɐ̃fɐ'ʀɐ̃u] A ADJ großspurig; angeberisch B M̲, **fanfarrona** [fɐ̃fɐ'ʀonɐ] F̲ Angeber(in) m(f); Aufschneider(in) m(f) **fanfarrear** [fɐ̃fɐ'ʀjar] ⟨1l⟩ angeben; prahlen, aufschneiden; **~ de** sich aufspielen als **fanfarrice** [fɐ̃fɐ'ʀisi] F̲, **fanfarronada** [fɐ̃fɐʀu'nadɐ] F̲ Prahlerei f, Aufschneiderei f **fanfarronear** [fɐ̃fɐʀu'njar] ⟨1a⟩ → fanfarrear **fanfarronice** [fɐ̃fɐʀu'nisi] F̲ → fanfarrice

fanhoso [fɐ'ɲozu] näselnd

fanico [fɐ'niku] M̲ 1 Stück(chen) n; *fig* Gelegenheitseinnahme f 2 (*desmaio*) Ohnmacht f, Ohnmachtsanfall m **faniquito** [fɐni'kitu] M̲ *bras pop* (hysterischer) Anfall m

fanqueiro [fɐ̃'kɐiru] M̲ Tuchhändler m

fantasia [fɐ̃tɐ'ziɐ] F̲ Fantasie f (*tb* MÚS); Einbildungskraft f, Einbildung f; *Karneval etc:* Kostüm f; *fig* Einfall m, Laune f; **de ~** Fantasie...; *padrão* gemustert; **deixar-se de ~s** *fam* sich (*dat*) etw aus dem Kopf schlagen **fantasiar** [fɐ̃tɐ'zjar] ⟨1g⟩ A V̲T̲ sich (*dat*) ausdenken; sich (*dat*) vorstellen B V̲I̲ fantasieren **fantasioso** [fɐ̃tɐ'zjozu] fantasievoll A V̲R̲ **~-se** sich maskieren (**de** als) **fantasma** [fɐ̃'taʒmɐ] M̲ Trugbild n; Phantom n, Gespenst n **fantasmagoria** [fɐ̃tɐʒmɐgu'riɐ] F̲ Trugbild n **fantasmagórico** [fɐ̃tɐʒmɐ'gɔriku] zauberhaft; gespenstisch **fantástico** [fɐ̃'taʃtiku] fantastisch

fantoche [fɐ̃'tɔʃi] M̲ Marionette f (*tb* POL); Hampelmann m

faqueiro [fɐ'kɐiru] M̲ 1 Besteck n; Besteckkasten m 2 Messerschmied m

fará [fɐ'ra] → fazer

farda ['fardɐ] F̲ Uniform f **fardado** [far'dadu] in Uniform **fardamento** [fardɐ'mẽtu] M̲ Montur f; Kleidung f **fardamento** [fardɐ'mẽtu] M̲ Uniform f; *acção* Uniformierung f **fardar** [far'dar] ⟨1b⟩ in Uniform stecken, uniformieren

fardel [far'dɛɫ] M̲ Reiseproviant m **fardo** ['fardu] M̲ Bündel n; Ballen m; *fig* Last f

farejar [fɐri'ʒar] ⟨1d⟩ A V̲T̲ wittern, riechen; *alg* aufspüren; *casa* durchschnüffeln B V̲I̲ die Witterung aufnehmen **farejo** [fɐ'rɐiʒu] M̲ Witterung f

farelo [fɐ'rɛɫu] M̲ Spreu f; Kleie f; **~s** *pl* Krimskram m; Lappalie f **farelório** [fɐri'lɔrju] M̲ *fam* Humbug m

farfalhada [fɐrfɐ'ʎadɐ] F̲ Rabatz m; Getöse n **farfalhador** [fɐrfɐʎɐ'dor] M̲, **farfalhão** [fɐrfɐ'ʎɐ̃u] M̲ Schwätzer m **farfalhar** [fɐrfɐ'ʎar] ⟨1b⟩ raschelnd; *fig* plappern; lärmen **farfalheira** [fɐrfɐ'ʎɐirɐ] F̲ Rascheln n; MED Rasseln n; *fig* Geschwätz n; Prahlerei f; **~s** *pl* Krimskrams m **farfalho** [fɐr'faʎu] M̲ Heiserkeit f; MED Pfeifen n (*der Bronchien*)

farináceo [fɐri'nasju] A ADJ mehlig, mehlhaltig; Mehl... B M̲ **~s** P̲L̲ Mehlprodukte *npl*

faringe [fɐ'rĩʒi] F̲ Rachen m; Schlund m **faringite** [fɐri'ʒiti] F̲ Rachenentzündung f

farinha [fɐ'riɲɐ] F̲ Mehl n; **~-flor** f *port* (Weizen)Auszugsmehl n; **~ integral** Vollkornmehl n; **~ de pau** (*bras* **de mandioca**) Maniokmehl n; **~ de rosca** *bras* Paniermehl n; **~ de trigo** Weizenmehl n; **da mesma ~** fig vom gleichen Schlag; **fazer ~ com alg** mit j-m gut auskommen **farinheira** [fɐriˈnɐjɾɐ] F Schweinswurst mit Mehl **farinhento** [fɐriˈɲẽtu] maçã mehlig **farinhoso** [fɐriˈɲozu], **farinhudo** [fɐriˈɲudu] mehlig

farm. ABR (farmácia) Ap. (Apotheke)
farmacêutico [fɐrmɐˈseutiku] A ADJ pharmazeutisch; Arznei...; Heil...; Apotheker... B M, **-a** F Apotheker(in) m(f)
farmácia [fɐrˈmasjɐ] F 1 loja: Apotheke f 2 UNIV Pharmazie f 3 Verbandskasten m; Reiseapotheke f **farmacologia** [fɐrmɐkuluˈʒiɐ] F Pharmakologie f **fármacos** [ˈfaɾmɐkuʃ] MPL Arzneimittel npl; Pharmaka npl

farnel [fɐrˈnɛɫ] M Imbiss m; Reiseproviant m
faro [ˈfaɾu] M Witterung f; Geruch(ssinn) m; Spürsinn m
Faro [ˈfaɾu] SEM ART Stadt in Südportugal
farofa [fɐˈɾɔfɐ] F bras geröstetes und gewürztes Maniokmehl **farófia** [fɐˈɾɔfjɐ] F GASTR Süßspeise f (aus Eiweiß)
farol [fɐˈɾɔɫ] M 1 Leuchtturm m; NÁUT Positionslicht n; Topplaterne f; AUTO Scheinwerfer m; fig Leuchte f; **~ dianteiro** Frontscheinwerfer m; **~ de nevoeiro** Nebelscheinwerfer m **faroleiro** [fɐɾuˈlɐjɾu] M Leuchtturmwärter m **farolete** [fɐɾuˈlɛti] M AUTO Begrenzungsleuchte f
farolim [fɐɾuˈlĩ] M Blinkfeuer n; AUTO Leuchte f; **~ traseiro** Rücklicht n
farpa [ˈfaɾpɐ] F 1 (Pfeil)Spitze f; Widerhaken m 2 (rasgão) Riss m; (lasca) Splitter m; (farrapo) (Tuch)Fetzen m 3 tourada: Banderilla f; **espetar ~s** Banderillas aufsetzen **farpado** [fɐɾˈpadu] spitz; stachelig; **arame ~** Stacheldraht m; **papel ~** Büttenpapier n **farpão** [fɐɾˈpɐ̃ũ] M fig Schicksalsschlag m **farpar** [fɐɾˈpaɾ] ⟨1b⟩ mit Spitzen (ou Stacheln) versehen; tecido etc aufrollen; zerfetzen **farpear** [fɐɾˈpjaɾ] ⟨1l⟩ durchbohren **farpela** [fɐɾˈpɛlɐ] F 1 Widerhaken m 2 fam Kluft f (Kleidung); Tracht f
farra [ˈfaʁɐ] F 1 ZOOL Äsche f 2 Feier f, fam Schwof m; bras fam **cair na ~**, **fazer ~** e-n draufmachen
farrapo [fɐˈʁapu] M Lumpen m; Fetzen m; fig Lump m
farrar [fɐˈʁaɾ] ⟨1b⟩, bras **farrear** [fɐˈxjaɾ] ⟨1l⟩ schwofen; feiern, Party machen
farripas [fɐˈʁipɐʃ] FPL Strähnen fpl
farronca [fɐˈʁõkɐ] A F Prahlerei f, Angeberei f B M/F Angeber(in) m(f)
farrusco [fɐˈʁuʃku] rußig; schwarz
farsa [ˈfaɾsɐ] F Farce f; Narrenstreich m; TEAT Schwank m **farsista** [fɐɾˈsiʃtɐ] M/F Hanswurst m, Narr m, Närrin f **farsola** [fɐɾˈsɔlɐ] M/F Witzbold m
farta [ˈfaɾtɐ] F **à ~** in Hülle und Fülle **fartadela** [fɐɾtɐˈdɛlɐ] F Völlerei f **fartar** [fɐɾˈtaɾ] ⟨1b⟩ sättigen; fome, sede stillen; necessidade befriedigen; alg j-n mit Essen voll stopfen; fig lästig fallen (dat); paciência erschöpfen; **à ~** (über)reichlich; **~-se** genug bekommen, satt werden; **~-se de** (inf) es satt haben zu (inf); **~-se de rir** sich totlachen; **não se ~ de** (inf) nicht müde werden zu (inf)
farto [ˈfaɾtu] satt; refeição üppig; fig überdrüssig; **estar ~ de** genug haben von
fartura [fɐɾˈtuɾɐ] F Sättigung f; Überfluss m; GASTR Art Krapfen
fascículo [fɐʃˈsikulu] M 1 Broschüre f, Heft n 2 ervas etc: Bündel n
fascinação [fɐʃsinɐˈsɐ̃ũ] F Faszination f **fascinador** [fɐʃsinɐˈdoɾ], **fascinante** [fɐʃsiˈnɐ̃ti] faszinierend **fascinar** [fɐʃsiˈnaɾ] ⟨1a⟩ faszinieren **fascínio** [fɐʃˈsinju] M Faszinosum n; tb → fascinação
fascismo [fɐʃˈsiʒmu] M Faschismus m **fascista** [fɐʃˈsiʃtɐ] A ADJ faschistisch B M/F Faschist(in) m(f)
fase [ˈfazi] F Phase f (tb ELECT); Entwicklungsstufe f; **~ anal/oral** PSICOL anale/orale Phase f; **~ da Lua** Mondphase f **faseado** [fɐˈzjadu] etappenweise; (zeitlich) versetzt
fasquia [fɐʃˈkiɐ] F Latte f
fastidioso [fɐʃtiˈdjozu] unangenehm; ärgerlich; lästig **fastio** [fɐʃˈtiu] M Überdruss m; Widerwillen m; MED Appetitlosigkeit f
fat..., bras tb → facto etc
fatal [fɐˈtaɫ] acontecimento fatal, verhängnisvoll; consequência unabwendbar; acidente tödlich **fatalidade** [fɐtɐliˈdadi] F Verhängnis n; (pouca sorte) Unglück n; (infortúnio) Missgeschick n
fateixa [fɐˈtɐjʃɐ] F NÁUT Draggen m (kleiner mehrarmiger Anker); (arpão) Kanthaken m; (gancho) Fleischerhaken m
fatia [fɐˈtiɐ] F Scheibe f, Schnitte f

fatídico [fɐˈtidiku] verhängnisvoll; unheilvoll, unheimlich

fatigante [fɐtiˈɣɐ̃ti] beschwerlich; ermüdend **fatigar** [fɐtiˈɣar] ⟨1o⟩ ermüden; (über)anstrengen; *(importunar)* lästig sein

Fátima

Die Stadt Fátima wird auch das „portugiesische Lourdes" genannt. Sie ist mit ihren ca. 9.500 Einwohnern die wichtigste katholische Wallfahrtsstätte in Portugal und liegt etwa 135 km nördlich von Lissabon.
Das „Wunder von Fátima" geschah am 13. Mai 1917: Den drei Hirtenkindern Lúcia, Jacinta und Francisco erschien auf freiem Feld eine geheimnisvolle Frauengestalt, die heute als die Jungfrau von Fátima bekannt ist. Diese befahl ihnen, künftig an jedem 13. des Monats an diesen Ort zurückzukommen. Mittlerweile pilgern jährlich mehr als fünf Millionen Gläubige nach Fátima, wo sie eine wundersame Heilung ihrer Krankheiten erhoffen.

---

fatiota [fɐˈtjɔtɐ] F *fam* Robe f; *vestuário:* Kluft f

fato¹ [ˈfatu] M *port (conjunto)* Anzug m; *geralm* Kleidung f; **~ de banho/treino** Bade-/Trainingsanzug m; **~ de saia-e-casaco** Kostüm n

fato² *bras* → **facto**

fato-macaco [fatumɐˈkaku] M ⟨pl fatos-macaco⟩ *port* Overall m

fator, fatura *bras* → **factor** *etc*

fátuo [ˈfatwu] *pessoa* eingebildet; *assunto* albern

fauce [ˈfausi] F Schlund m

faúlha [fɐˈuʎɐ] F **1** Funke m **2** Mehlstaub m; **~s** *pl* Bagatelle f

faulhento [fɐuˈʎẽtu] **1** Funken sprühend **2** stäubend; *fig* nichtig

fauna [ˈfaunɐ] F Tierwelt f, Fauna f

fausto [ˈfaustu] **A** ADJ Glück bringend *(ou* verheißend); günstig **B** M Pracht f; Prunk m **faust(u)oso** [fauʃˈt(w)ozu] prunkvoll, prächtig

fava [ˈfavɐ] F BOT (Sau)Bohne f; **~s contadas** todsichere Sache f; **~s guisadas com chouriço** Eintopf m mit dicken Bohnen und Knoblauchwurst; **mandar à ~** *pop* zum Teufel schicken; **pagar as ~s** *pop fig* die Zeche bezahlen (müssen); **que vá plantar ~s** *pop* er kann mir gestohlen bleiben

favela [faˈvɛlɐ] F *bras* Slum m, Favela f

favo [ˈfavu] M (Bienen)Wabe f

favor [fɐˈvor] M Gefälligkeit f; Gefallen m; *(benefício)* Nachsicht f; **a (***ou* **em) ~ de** zugunsten von; **a (***ou* **em) meu ~** zu meinen Gunsten; **ao (***ou* **com o) ~ de** mit Hilfe *(gen);* **por ~** bitte; **não abonar a ~ de** *alg* j-m nicht zum Vorteil gereichen; **é ~** *(inf)* bitte *(inf);* **faz (***ou* **faça) (o) ~ de** *(inf)* bitte ...!; **faça-me o ~ (de** *inf)* tun Sie mir den Gefallen (und ...)!

favorável [fɐvuˈravɛɫ] günstig, vorteilhaft; *decisão* positiv **favorecer** [fɐvuriˈser] ⟨2g⟩ *decisão, fuga* begünstigen; günstig sein für; *alg* fördern; *vestuário* **alg** j-m gut (zu Gesicht) stehen; **~ com** j-n bedenken mit; **~se com** *a/c (ou* **de)** sich *(dat)* etw zunutze machen, sich e-r Sache *(gen)* bedienen **favoritismo** [fɐvuriˈtiʒmu] M Vetternwirtschaft f **favorito** [fɐvuˈritu] **A** ADJ begünstigt; Lieblings... **B** M, **-a** F Favorit(in) m(f); *pej* Günstling m

fax [faks] M ⟨pl **~es**⟩ Fax n; **número de ~** Faxnummer f; **mandar um ~** ein Fax schicken

faxina [faˈʃinɐ] F MIL Stubendienst m; *bras* Hausputz m; **estar de ~** Stubendienst haben

fazedor [fazeˈdor] M Schöpfer m; Urheber m; *fig* (Ränke)Schmied m; **~ de opinião** Meinungsmacher m

fazenda [faˈzẽdɐ] F (Land)Gut n; AGR Farm f, Plantage f; ECON Vermögen n; Stoff m; *allg* Ware f; **Fazenda (pública)** Finanzwesen n; Finanzamt n **fazendeiro** [fazẽˈdɐjru] M, **-a** F Farmer(in) m(f); Großgrundbesitzer(in) m(f)

fazer [faˈzer] ⟨2v⟩ machen, tun; *a/c* **a alg** j-m etw antun; *honra* erweisen; *trabalho* verrichten; *desporto* treiben; *ofício* betreiben; *casa* bauen; *febre, espanto* verursachen, bewirken; **~** *(inf)* veranlassen, machen lassen; **~ bem a alg** j-m gut tun, j-m gut bekommen; *pessoa* j-m etwas Gutes tun; **~ bem em** *(inf)* richtig daran tun zu *(inf);* **~ ver** zeigen, hinweisen auf *(ac);* **~ com que** *conj* dazu führen, dass; **~ de**

sich aufspielen als; **~ de intérprete** *etc* den Dolmetscher *etc* machen; **~(-se) de surdo** sich taub stellen; **~ que** so tun, als ob; **~ em** *com subst* machen zu; **(estar a) ~ tudo para alles** (*ou* sein Möglichstes) tun um zu (*inf*); **~ por onde** sein Möglichstes tun; Anlass geben zu; **dar que ~** Arbeit machen; *período de tempo*: **faz agora 20 anos** es ist jetzt 20 Jahre her; **~ as vezes de alg** für j-n vertreten; **quanto faz?** wie viel macht's?; **não faz mal** das macht nichts; **tanto (me) faz** (das) ist (mir) egal; **~ cruzes na boca** *port* leer ausgehen; **~-se** zu machen sein, sich machen lassen; **~-se tarde/velho** spät/alt werden; **~-se rogar** sich bitten lassen; **~-se por** sich ausgeben als; **não ~ por menos** nicht zögern

fé [fɛ] F̄ Glaube *m* (*tb* REL); Vertrauen *n* (**de auf** *ac*, **em** zu); DIR Beglaubigung *f*; **boa ~** Ehrlichkeit *f*; **de boa ~** in gutem Glauben; **má ~** Böswilligkeit *f*, Unredlichkeit *f*; **à ~** wahrhaftig; **à falsa ~** heimtückisch, treulos; **dar ~** DIR beglaubigen; (*reparar*) (be)merken; **dar por ~** für richtig (*ou* gültig) erklären; **fazer ~, ter ~** glaubwürdig sein; *contrato* gültig sein; **fazer ~ de** zeugen von; **fazer ~ em, ter ~ em** Glauben schenken (*dat*); **fazer uma ~** *fam* wetten, e-n Einsatz machen

fé [fɛ] M port, bras reg nome da letra F̄

febra ['fɛbrɐ] F̄ mageres Fleisch *n*, Steakfleisch *n*; *fig* Energie *f*; **ter (boa) ~** e-n eisernen Willen haben; **de ~** willensstark; **~s pl de porco a alentejana** mit Speck und Chouriço gegrillte Schweinefiletstücke

febre ['fɛbri] F̄ Fieber *n*; **~ amarela** Gelbfieber *n*; **~ dos fenos** Heuschnupfen *m*; **ponta f de ~** *fam* erhöhte Temperatur *f*; **ter** (*ou* **estar com**) **~** Fieber haben **febrifugo** [fi'brifugu] M̄ FARM fiebersenkendes Mittel *n* **febril** [fi'bril] fiebrig, Fieber...; *fig* fieberhaft

fecal [fi'kał] fäkal

fechadura [fiʃɐ'durɐ] F̄ (Tür)Schloss *n*; **~ de segurança** Sicherheitsschloss *n* **fechamento** [fiʃɐ'mẽtu] M̄ (Ver)Schließen *n*; *negócio*: Schließung *f*; Abschluss *m* (*tb* ARQUIT) **fechar** [fi'ʃar] ⟨1c⟩ A V/T schließen; *porta tb* zumachen; *espaço, tarefa, contrato* abschließen; *alg* einschließen; *dinheiro* ein-, wegschließen; **~ à chave** abschließen, verschließen; *porta tb* zuschließen B V/I schließen, zugehen; *ferida* vernarben; **~-se** *fig* sich verschließen; sich einschließen (**em** in *dat*); **~ em copas** *fam* schweigen, sich nicht äußern

fecho ['fɐiʃu] M̄ Verschluss *m*, (Tür)Riegel *m*; *trabalho, texto*: (Ab)Schluss *m*; **~ de correr**, **~ ecler** Reißverschluss *m*; **~ (de portas) centralizado** AUTO Zentralverriegelung *f*; **~ de fita aderente** *port* Klettverschluss *m*

fécula ['fɛkulɐ] F̄ Stärke *f*, Stärkemehl *n* **feculento** [fiku'lẽtu] ☐ stärkehaltig ☐ Niederschlag bildend, trüb

fecundação [fikũdɐ'sɐ̃ũ] F̄ Befruchtung *f*; **~ artificial** künstliche Befruchtung *f* **fecundar** [fikũ'dar] ⟨1a⟩ A V/T befruchten B V/I befruchtet werden **fecundidade** [fikũdi'dadi] F̄ Fruchtbarkeit *f*; (*produção*) Produktivität *f* **fecundo** [fi'kũdu] fruchtbar

fedelhice [fidi'ʎisi] F̄ Lausbubenstreich *m* **fedelho** [fi'dɐ(i)ʎu] M̄ Rotznase *f*, Grünschnabel *m*

feder [fi'der] ⟨2c⟩ stinken

federação [fidɨrɐ'sɐ̃ũ] F̄ Bund *m*; Verband *m*; POL Föderation *f* **federal** [fidɨ'rał] föderal; Bundes... **federalismo** [fidɨrɐ'liʒmu] M̄ Föderalismus *m* **federar** [fidɨ'rar] ⟨1c⟩ vereinen

fedor [fi'dor] M̄ Gestank *m* **fedorento** [fidu'rẽtu] stinkend

feição [fɐi'sɐ̃ũ] F̄ Form *f*, Gestalt *f*, Aussehen *n*; *pessoa*: Gesichtszug *m*; *fig* Laune *f*; **à ~** nach Wunsch, nach Belieben; **à ~ de** nach Art (*gen*); **desta ~** auf diese Weise; **falar à ~ de alg** j-m nach dem Munde reden

feijão [fɐi'ʒɐ̃ũ] M̄ Bohne *f*; **~ branco/encarnado** weiße/rote Bohne *f*; **~ frade** Schwarzaugenbohne *f*; **~ preto** schwarze Bohne *f*; **~ verde** grüne Bohne *f*; **jogar a -ões** *port pop* nichts aufs Spiel setzen; **trabalhar a -ões** *port pop* umsonst arbeiten **feijoada** [fɐi'ʒwadɐ] F̄ GASTR Bohneneintopf *m*

feio ['fɐju] hässlich; *cara* böse; **~ de doer** *pop* hässlich wie die Nacht; **estar ~** *fig* schlecht (*ou* übel) aussehen (*Situation*); **fazer ~** *bras* e-n schlechten Eindruck machen

feira ['fɐirɐ] F̄ Markt *m*; COM

feijoada

Bohnen – **feijão** – sind ein Grundbestandteil der portugiesischen und brasilianischen Küche. Die **feijoada** ist ein Eintopf aus schwarzen, in Portugal gelegentlich auch aus roten oder braunen Bohnen und gilt als das brasilianische Nationalgericht, das in den Zeiten der Sklaverei entstanden sein soll. Die Sklaven bekamen häufig nur die Reste des Herrschaftshauses: minderwertige Fleischabfälle mit Gemüse und Bohnen verkocht.

Bei der reichhaltigen Variante, der **feijoada completa**, werden die Bohnen mit Trockenfleisch, Räucherwürstchen, Zunge, Schweinsohren und -füßen, Nelken, Lorbeer, schwarzen Pfefferkörnern, Knoblauch und Zwiebeln gekocht, dazu werden Reis (**arroz**), geröstetes Maniokmehl (**farofa**), gedünsteter Kohl (**couve**) und Orangenscheiben sowie eine scharfe Pfeffersoße (**molho de pimenta**) serviert.

Mit einem Glas Caipirinha schmeckt der Eintopf noch besser!

(Handels)Messe f; ~ **da ladra** port Flohmarkt m; ~ **popular** Jahrmarkt m **feirante** [fajˈrɐ̃ti] M/F Schausteller(in) m(f); COM (Messe)Aussteller(in) m(f); tb (Messe)Besucher(in) m(f)

feita [ˈfajtɐ] F Tat f; **desta** ~ diesmal

feitiçaria [fajtisɜˈriɐ] F Zauberei f **feiticeira** [fajtiˈsajrɐ] F Zauberin f, Hexe f **feiticeiro** [fajtiˈsajru] M Zauberer m **feitiço** [fajˈtisu] A ADJ künstlich, falsch B M Zauber m; *objecto*: Fetisch m

feitio [fajˈtiu] M Form f, Gestalt f; Charakter m, (Mach)Art f; *vestuário*: Schnitt m; **de bom** ~ auf nette Art; **perder o tempo e o** ~ *fam* s-e Zeit und Mühe nur verschwenden; **está fora do meu** ~ das liegt mir nicht

feito [ˈfajtu] A PP *irr* → *fazer*; ~ **à mão** handgefertigt; ~ **em casa** hausgemacht; **bem** ~! recht so!; **dito e** ~ gesagt, getan; **estar** ~ fertig sein; **estar** ~ **com alg** *fam* etw mit j-m abgesprochen haben; *fig* mit j-m unter e-r Decke stecken; **o que está** ~, ~ **está** da ist das nun einmal nicht zu ändern; **que é** ~ **dele?** was ist aus ihm geworden? B M *trabalho* vollendet, fertig; *fruta* reif; *assunto* beschlossen; *negócio* abgeschlossen; ~! abgemacht!; ~ **de** (hergestellt) aus; **homem** m ~ erwachsener Mann m C M Tat f; (*empresa*) Unternehmung f; **de** ~ tatsächlich

feitor [fajˈtor] M Verwalter m; Pächter m; *fábrica*: Vorarbeiter m **feitoria** [fajtuˈriɐ] F Verwaltung f; COM (Handels)Niederlassung f **feitura** [fajˈturɐ] F Herstellung f; Machart f (*e-s Produktes*)

feixe [ˈfajʃi] M Bündel n; *chaves etc*: Bund m

fel [fɛł] M Galle f; *fig* Bitterkeit f

felicidade [fitisiˈdadi] F Glück n, Glückseligkeit f; tb Zufriedenheit f; **por** ~ zum Glück; **não caber em si de** ~ vor Glück überschäumen; (**muitas**) ~**s!** (herzliche) Glückwünsche!

felicíssimo [fitiˈsisimu] SUP *de* feliz

felicitação [fitisitɐˈsɐ̃ũ] F Glückwunsch m **felicitar** [fitisiˈtar] ⟨1a⟩ beglückwünschen (**por** zu), gratulieren (**por** zu)

felino [fiˈlinu] A ADJ Katzen...; *fig* hinterhältig B M ~**s** PL ZOOL Katzen *fpl*

feliz [fiˈliʃ] glücklich; ~ **da vida** überglücklich **felizão** [fiti'zɐ̃ũ] M, **felizona** [fiti'zonɐ] F, **felizardo** [fiti'zardu] M Glückspilz m **felizmente** [fitiʒˈmẽti] ADV glücklicherweise, zum Glück

felpa [ˈfɛłpɐ] F, **felpo** [ˈfɛłpu] M Plüsch m; *espec* Frottee m; *animal*: Flaum m **felpudo** [fɛłˈpudu] *animal* Plüsch...; *toalha* Frottee...; *fig* samtig; flauschig

feltrado [fɛłˈtradu] filzbespannt **feltro** [ˈfɛłtru] M Filz m; *móvel*: Filzgleiter m

fêmea [ˈfemjɐ] F ZOOL Weibchen n; *pej* Weib n; TECN Öse f **fêmeo** [ˈfemju] weiblich; **ficha** f **-a** *port* ELECT Steckdose f

feminidade [fimɐ̃iˈdadi] F, **feminilidade** [fiminitiˈdadi] F Weiblichkeit f **feminino** [fimiˈninu] feminin, weiblich; *estabelecimento* Frauen..., für Frauen **feminismo** [fimiˈniʒmu] M Feminismus m **feminista** [fimiˈniʃtɐ] A ADJ feministisch B M/F Feminist(in) m(f)

fémur (***ê**) [ˈfemur] M Schenkelknochen m

fenda [ˈfẽdɐ] F Spalte f; *porta*:

(Tür)Schlitz m; *parede, porcelana:* Riss m **fender** [fẽ'der] ⟨2a⟩ *madeira* spalten; *com uma faca* aufreißen; *ondas etc* durchqueren; **~-se** bersten; rissig werden

feno ['fenu] M̄ Heu n

fenomenal [finumi'nał] phänomenal; *fig* fabelhaft; wunderbar **fenómeno** (*ô) [fi'nɔminu] M̄ Phänomen n (*tb fig*); Naturerscheinung f

fera ['fɛrɐ] F̄ Raubtier n; *fig pop* Biest n

féretro ['fɛritru] M̄ Sarg m

féria ['fɛrjɐ] F̄ ◼ (*dia de descanço*) Ruhetag m; **~s** *pl* Urlaub m; Ferien *pl*; **~s** *pl* **cole**(c)**tivas** Betriebsferien *fpl*; **boas ~s!** schönen Urlaub, schöne Ferien!; **encerrado para ~s** wegen Urlaub geschlossen; **passar as ~s em …** den Urlaub in … verbringen; **ter ~s** Urlaub haben; **ter direito a ~s** Urlaubsanspruch haben ◼ REL Wochentag m ◼ COM Tagelohn m, Wochenlohn m **feriado** [fi'rjadu] ◼ ADJ Ruhe-, Erholungs…; **dia ~** Feiertag m ◼ M̄ Feiertag m; **~ nacional** Nationalfeiertag m

ferida [fi'ridɐ] F̄ Wunde f; Verletzung f (*tb fig*); **pôr o dedo na ~** *fig* den Finger in die Wunde legen **ferimento** [firi'mẽtu] M̄ Verwundung f

ferino [fi'rinu] raubtierhaft; *fig* bösartig

ferir [fi'rir] ⟨3c⟩ MED verwunden, verletzen; *fig* beleidigen, kränken; *cordas* anschlagen; streichen; *ouvido, olfacto etc* beleidigen

fermentação [firmẽtɐ'sɐ̃ũ] F̄ Gärung f, Fermentation f **fermentar** [firmẽ'tar] ⟨1a⟩ ◼ V/T gären lassen, fermentieren; *massa* gehen lassen; *fig* aufwühlen; aufhetzen ◼ V/I gären (*tb fig*); *massa* aufgehen **fermento** [fir'mẽtu] M̄ Ferment n; Gärstoff m; **~ biológico** GASTR Hefe f; **~ natural** Sauerteig m; **~ em pó** Backpulver n; *fig* Keim m

fero ['fɛru] *animal* wild; *pessoa* grausam **ferocidade** [firusi'dadi] F̄ *animal:* Wildheit f; *pessoa:* Grausamkeit f **feroz** [fi'rɔʒ] *animal* wild; gewalttätig; *pessoa grausam*; *tempestade,* heftig

ferradela [fiɐ'dɛlɐ] F̄ Biss m **ferrado** [fi'ɐdu] ADJ *bota* eisenbeschlagen; *água* eisenhaltig **ferrador** [fiɐ'dor] M̄ Hufschmied m **ferradura** [fiɐ'durɐ] F̄ Hufeisen n; **deitar a ~** beschlagen; **mostrar as ~s** *pop* Fersengeld geben **ferragem** [fi'ɐʒɐ̃ĩ] F̄ (Eisen-, Huf)Beschlag m; Eisenteile *npl*; **-ns** *pl* Eisenwaren f; *loja:* Eisenwarenhandlung f **ferramenta** [fiɐ'mẽtɐ] F̄ Werkzeug n; INFORM Tool n; **máquina-~** f Werkzeugmaschine f; **saco** m (ou **mala** f) **de ~** Werkzeugtasche f

ferrão [fi'ɐ̃ũ] M̄ Stachel m **ferrar** [fi'ɐar] ⟨1c⟩ ◼ V/T *cavalo* beschlagen; *gado* zeichnen; *pop pancada* versetzen (**a, em** j-m); *pop etw* aufs Auge drücken (**a** j-m) ◼ V/I ◼ NÁUT Segel einholen; Anker werfen ◼ (*morder*) beißen (**a** alg j-n); **~ com a/c/alg em** *etw*/j-n werfen an (*ac*) (ou in *ac,* gegen); packen (**da** *an dat*) ◼ *Angola, Moçambique pop* schlafen ◼ V/R **~-se bras** *pop num exame:* durchfallen; **~-se no sono** einschlafen **ferraria** [fiɐ'riɐ] F̄ Schmiede f **ferreiro** [fi'ɐiru] M̄ Schmied m **ferrenho** [fi'ɐɲu] eisenfarbig; eisern (*tb fig*)

férreo ['fɛrju] eisern (*tb fig*); Eisen…; *material* hart, starr; **via f -a** Eisenbahnnetz n **ferreta** [fi'ɐtɐ] F̄ Eisenspitze f **ferrete** [fi'ɐti] M̄ Brandeisen n **ferretear** [fiɐi'tjar] ⟨1l⟩ brandmarken (*tb fig*) **ferretoar** [fiɐi'twar] ⟨1f⟩ stechen; *fig fam* bissige Bemerkungen machen

ferrinhos [fɐ'ɐiɲuʃ] MPL Triangel m

ferro ['fɐru] M̄ *material:* Eisen n; *gado:* Brandmal n; NÁUT Anker m; *fig* Waffe f; **~s** *pl* Werkzeug n; Ketten *fpl*; **~ fundido** Gusseisen n; **~ batido,** ou **forjado** Schmiedeeisen n; **~ (de engomar,** *bras* **de passar)** Bügeleisen n; **~ a vapor** Dampfbügeleisen n; **a ~ e fogo** mit Feuer und Schwert; **de ~** eisern (*tb fig*); **com mão de ~** mit eiserner Hand; **levar ~** *pop num exame* durchrauschen; **passar a ~** (*Wäsche*) bügeln; *port pop* überfahren

ferroada [fi'wadɐ] F̄, **ferroadela** [fiwɐ'dɛlɐ] F̄ Stich m; *fig* Stichelei f **ferroar** [fi'war] ⟨1f⟩ → ferretoar **ferrolho** [fi'woλu] M̄ Riegel m; **correr o ~** den Riegel vorschieben **ferro-velho** [fɐwu'vɛλu] M̄ (*pl* ferros-velhos); Schrott m; Schrotthandel m; Trödel m; **pronto para ~** schrottreif

ferrovia [fɐu'viɐ] F̄ Eisenbahnnetz n **ferroviário** [fɐuo'vjarju] ◼ ADJ Eisenbahn… ◼ M̄ Eisenbahner m, Bahnangestellte(r) m

ferrugem [fi'ɐuʒɐ̃ĩ] F̄ Rost m; AGR Mehltau m; **criar ~** ver-, einrosten (*tb fig*) **fer-

rugento [ʀiɐu'ʒẽtu] rostig, verrostet
fértil ['fɛrtił] fruchtbar; *fig* ergiebig
fertilidade [firtili'dadi] F Fruchtbarkeit f; *fig* Ergiebigkeit f **fertilização** [firtiliza'sɐ̃ũ] F Befruchtung f; **~ artificial** künstliche Befruchtung f; **~ in vitro** In-Vitro-Fertilisation f **fertilizante** [firtili'zɐ̃ti] M Dünger m **fertilizar** [firtili'zar] ⟨1a⟩ *chão* düngen; *terra* fruchtbar machen; *ovo* befruchten
fervedor [firvi'dor] M *port* Wasserkocher m **fervedouro** [firvi'doru] M Gewimmel n; Menschenauflauf m (*der Sonne*)
fervente [fir'vẽti] *liquido* kochend; *fig* inbrünstig
ferver [fir'ver] ⟨2c⟩ *liquido* kochen; *mar* aufbrausen; wimmeln; **~ em pouca água** *fig* aufbrausend sein
férvido ['fɛrvidu] *liquido* siedend, kochend; *mar* wild (bewegt); heftig; *simpatizante, admirador* glühend
fervilhar [firvi'ʎar] ⟨1a⟩ *liquido* (vor sich ac hin) brodeln; *multidão* wimmeln **fervor** [fir'vor] M Glut f, Feuer n (*der Sonne*); *fig* Inbrunst f; Ungestüm f; Eifer m; **com ~** inbrünstig **fervoroso** [firvu'rozu] *simpatizante* glühend; *fé* inbrünstig; *fig* heftig, ungestüm **fervura** [fir'vura] F Sieden n; Sprudeln n; *fig* Aufwallung f; Glut f; **deitar água na ~** Öl auf die Wogen gießen
festa ['fɛʃta] F Fest n; **dia m de ~** Festtag m; **~ rija** *port fam* Rummel m; **boas ~s!** *espec Natal:* frohe Feiertage!; **uma ~ para os olhos** ein Augenschmaus; **fazer ~s a alg** j-n streicheln; **desejar as boas ~s a alg** j-m ein frohes Fest wünschen
festança [fiʃ'tɐ̃sa] F Festivität f; *fam* Riesenfete f; Rummel m
festão¹ [fiʃ'tɐ̃ũ] M ARQUIT Feston n; *geralm* Girlande f
festão² [fiʃ'tɐ̃ũ] M *espec bras* Riesenfete f
festarola [fiʃta'rɔla] F *fam* Fete f, Schwof m **festejar** [fiʃti'ʒar] ⟨1d⟩ feiern
festejo [fiʃ'taiʒu] M Feier(lichkeit) f; **~ popular** Volksfest n **festim** [fiʃ'tĩ] M (Familien)Fest n; Festschmaus m **festival** [fiʃti'vał] M Festival n, Festspiel n **festividade** [fiʃtivi'dadi] F Festivität f, Festlichkeit f **festivo** [fiʃ'tivu] festlich; Fest...; fröhlich; **dia m ~** Feiertag m, Festtag m
fetal [fi'tał] fetal, fötal
fetiche [fɨ'tiʃi] M Fetisch m **fetichismo** [fɨti'ʃiʒmu] M Fetischismus m **fetichista** [fɨti'ʃiʃta] A ADJ fetischistisch B M/F Fetischist(in) m(f)
fétido ['fɛtidu] stinkend
feto¹ ['fɛtu] M MED Fetus m, Fötus m; *fig* Keim m
feto² ['fɛtu] M BOT Farn m
feudal [feu'dał] feudal **feudalismo** [feuda'liʒmu] M Feudalismus m **feudo** ['feudu] M Lehen n
Fevereiro [fivi'rairu] M Februar m
fez [feʃ] → fazer
fezes ['fɛziʃ] FPL Fäkalien pl; (*sedimento*) Bodensatz m; MIN (Metall)Schlacke f; *fig* Abschaum m; (*preocupações*) Sorgen fpl; **dar ~** *fam* Kopfzerbrechen bereiten
fezinha [fɨ'ziɲɐ] F *bras fam* **fazer uma ~** *fam* wetten, e-n Einsatz machen
fiabilidade [fjabili'dadi] F Zuverlässigkeit f (*tb* TECN)
fiação [fja'sɐ̃ũ] F Spinnen n; (**fábrica f de**) **~** Spinnerei f **fiada** ['fjada] F Lage (*ou* Schicht) f Mauersteine; (*fila*) Reihe f
fiado¹ ['fjadu] A ADJ vertrauensvoll, im Vertrauen (**em** auf *ac*); B ADV auf Kredit; **comprar ~** anschreiben lassen; *fig* **conversa f ~a** Geschwätz n
fiado² ['fjadu] M gesponnener Faden m
fiador(a) [fja'dor(a)] M/F Bürge m, Bürgin f
fiambre ['fjɐ̃bri] M gekochter Schinken m
fiança ['fjɐ̃sa] F Bürgschaft f; Kaution f (**prestar** zahlen); *fig* Gewähr f
fiapo ['fjapu] M Fädchen n; **tirar um ~** *pop* e-n Blick werfen
fiar¹ [fjar] VT ⟨1g⟩ *arame* ziehen; *madeira* (zu Brettern) sägen
fiar² [fjar] ⟨1g⟩ A *segredo* anvertrauen; *dinheiro* verleihen, verborgen; *alg* bürgen für B VT anschreiben, auf Kredit verkaufen; **~(-se) de** (*ou* **em**) vertrauen (*dat*), bauen auf (*ac*); sich j-m anvertrauen; **~ fino** e-e heikle Sache sein; sich schwierig anlassen
fiasco ['fjaʃku] M Misserfolg m; Reinfall m, Fiasko n
fibra ['fibra] F Faser f, Fiber f; **~ de vidro** Glasfaser f; **~ muscular** Muskelfaser f; **~ sintética** Kunstfaser f; **~s** *pl* (**vegetais**) Ballaststoffe *mpl* **fibrilação** [fibrila'sɐ̃ũ] F Zucken n; *coração* (Herz)Flattern n **fibrino** [fi'brinu] Faser... **fibroso** [fi'bro-

zu] faserig
ficar [fi'kar] ⟨1n⟩ A V/I bleiben; *restos* übrig bleiben, zurückbleiben; *veículo* anhalten, stehen bleiben; *cidade, casa etc* sich befinden, liegen, sein; **~ com alg** bei j-m bleiben; **~ com a/c** behalten; *vestuário* anbehalten; *chapéu* aufbehalten; **~ de** bleiben als; werden; (*prometer*) versprechen zu; **~ de fora** draußen sein, draußen bleiben (*espec fig*); **~ em entrevista** bleiben bei; vereinbaren; *soma* sich belaufen auf (*ac*); *quantidade* nur noch ... sein; **~ em dificuldades** in Schwierigkeiten geraten; **~ na mesma** auf dasselbe hinauslaufen; *fam pessoa* genauso schlau sein wie vorher; **~ na sua** dabei bleiben; auf s-r Meinung (*ou* s-m Willen) beharren; **~ para** bleiben (*ou* sein) für; *fig* sich erweisen als; **~ para ali, ~ para um canto vergessen** (*ou* vernachlässigt) werden; **~ por** kommen auf (*ac*), kosten; **~ por aqui** es dabei bewenden lassen; **~ por alg** für j-n einstehen; **~ por fazer** liegen bleiben; noch zu tun sein; **~ (por) que** garantieren, dass; **~ por conta de alg** auf j-s Rechnung gehen; **~ sem** loswerden, los sein; verlieren; *o desejado* nicht bekommen; **~ sem se fazer** nicht getan werden B V/AUX *geralm* → *estar*; **~ com pp, adj ou subst:** werden; **~ contente** zufrieden (*ou* froh) sein; **~ bem/mal** *resultado* gut/ schlecht abschneiden; *impressão* e-n guten/schlechten Eindruck machen; **~ bem/mal a alg** *vestuário* j-m gut/schlecht stehen; **~ a fazer** noch zu tun sein; **~ a apitar** *port fig* leer ausgehen C V/R **~-se bleiben;** (*interromper-se*) innehalten, stecken bleiben; (*imobilizar-se*) stehen bleiben, zurückbleiben; (*parar de*) aufhören; **~-se em** bleiben bei; beharren auf (*dat*)
ficção [fi'ksɐ̃ũ] F bloße Annahme f, Fiktion f; (*ilusão*) Vorspiegelung f; **de ~** fiktional); **literatura f de ~** Belletristik f; **~ científica** Science-Fiction f **ficcionista** [fiksju'ni∫tɐ] M/F Literat(in) m(f), Schriftsteller(in) m(f)
ficha ['fi∫ɐ] F (Garderoben-, Spiel)Marke f; *biblioteca*: Karteikarte f; Formblatt n; *hotel*: Anmeldezettel m; **~ dupla** port ELECT Doppelstecker m; **~ eléctrica** port Stecker m; **~ fêmea** Steckdose f (*mit Verlängerungsschnur*); **ter ~ limpa** *bras* e-e saubere Weste haben **fichar** [fi'∫ar]

⟨1a⟩ registrieren; katalogisieren; *bras* bei der Polizei registrieren **fichário** [fi'∫arju] M *bras*, **ficheiro** [fi'∫ɐiru] M Kartei f; Kartei-, Zettelkasten m; INFORM Datei f; **~ de segurança** Sicherheitskopie f; **~ executável** Exe-Datei f
fictício [fik'tisju] ADJ fiktiv; (*suposto*) angeblich, angenommen; Schein...
fidalga [fi'daɫgɐ] F *hist* Edelfrau f **fidalgo** [fi'daɫgu] A ADJ adelig; edel; (*generoso*) edelmütig; (*requintado*) vornehm; *irón* fein B M *hist* Edelmann m; Junker m; *irón* feiner Mann m **fidalguia** [fidaɫ'giɐ] F Adel m; (*generosidade*) Edelmut m
fidedignidade [fidedigni'dadɨ] F Glaubwürdigkeit f **fidedigno** [fidi'dignu] glaubwürdig **fidelidade** [fidɨli'dadɨ] F Treue f; (*exatidão*) Genauigkeit f; (*verdade*) Wahrhaftigkeit f
fidúcia [fi'dusjɐ] F (Selbst)Vertrauen n, Zuversicht f; *pop* Dreistigkeit f, Frechheit f **fiduciário** [fidu'sjarju] A ADJ treuhänderisch; **sociedade f -a** Treuhandgesellschaft f B M, **-a** F Treuhänder(in) m(f)
fiel [fjɛɫ] A ADJ treu; zuverlässig; (*exacto*) (wort)getreu, genau; **~ amigo** m *irón* Stockfisch m B M Vertrauensmann m; Sachverwalter m; **os fiéis** pl REL die Gläubigen pl
fig. ABR (figura) Abb. (Abbildung)
figa ['figɐ] F *Amulett in Faustform*; **de uma ~** Super...; *pop* Mist...; **figas** (*ou* **dar**) **~s a alg** *pop* j-n abblitzen lassen; INT **~s!** zieh Leine!; hau ab!
figadal [figɐ'daɫ] ANAT Leber...; *fig* vertraut, intim; **inimigo m ~** Todfeind **fígado** ['figɐdu] M 1 Leber f; **~ de galinha/ /vitela** Hühner-/Kalbsleber f 2 *fig* Charakter m; (*coragem*) Mut m; **ter maus ~s** kratzbürstig sein
figo ['figu] M BOT Feige f; *fig* Leckerei f; *fam* Klumpen m; **chamar um ~ a** *port* verschlingen
figueira [fi'gɐirɐ] F Feigenbaum m
figura [fi'gurɐ] F Figur f (*tb* MAT); Gestalt f; (*reprodução*) Abbildung f; **fraca ~** *fam* Jammergestalt f; **fazer (boa) ~** (e-n guten) Eindruck machen; **fazer ~ de urso** e-e schlechte Figur abgeben
figuração [figurɐ'sɐ̃ũ] F (bildliche) Darstellung f; Gestaltung f; (*aparência*) Aussehen n **figuradamente** [figurɐdɐ'mẽti] ADV in übertragener Bedeutung **figu-**

rado [figu'radu] bildlich, übertragen **figurante** [figu'rɐ̃ti] M/F Statist(in) m(f); fig Lückenbüßer(in) m(f) **figurão** [figu'rɐ̃ũ] M, **figurona** [figu'rona] F pop hohes Tier n; Promi; pej Schlitzohr m; **fazer um ~** Eindruck schinden **figurar** [figu'rar] ⟨1a⟩ darstellen; **~ de** zu sein scheinen; auftreten als; **~ em** gehören zu; TEAT auftreten in (dat); **~-se** scheinen **figurativo** [figura'tivu] bildlich; figurativ **figurino** [figu'rinu] M Modepuppe f (tb fig); Modezeitschrift f; TEAT Kostüm n; **como manda o ~** wie es sich gehört; **pelo mesmo ~** nach demselben Strickmuster

fila ['fila] F Reihe f; gente: (Menschen)Schlange f; AERO, TEL Warteschleife f; **à má ~** heimtückisch, hinterhältig; **em ~ indiana** im Gänsemarsch; **fazer ~** Schlange stehen

filaça [fi'lasa] F grober Zwirn m **filamento** [fila'mẽtu] M Faser f; (dünner) Faden m; ELECT Glühfaden m

filantropia [filɐ̃tru'pia] F Philanthropie f **filantrópico** [filɐ̃'trɔpiku] philanthropisch **filantropo** [filɐ̃'tropu] M Philanthrop m

filão [fi'lɐ̃ũ] M MIN Erzader f, Erzgang m; **explorar o ~** die Gelegenheit nutzen

filar [fi'lar] ⟨1a⟩ cão packen; os dentes die Zähne schlagen in (ac); segurar festhalten; cartas kiebitzen; abschreiben; bras fam schnorren

filarmónica (*ô) [filar'monika] F Philharmonie f

filatelia [filɐtɨ'lia] F Philatelie f **filatelista** [filɐtɨ'lista] M/F Philatelist(in) m(f)

filé [fi'lɛ] M Filetarbeit f; bras GASTR Filet n

fileira [fi'ɐjra] F Stuhl- etc Reihe f; **abrir ~s** sich (dat) e-n Weg bahnen (**por entre** durch)

filetar [fili'tar] ⟨1a⟩ mit Leisten versehen; TECN Gewinde schneiden in (ac)

filete¹ [fi'letɨ] M GASTR peixe, carne: Filet n

filete² [fi'leti] M Streifen m; TECN Gewindegang m; ANAT Nervenfaser f; TIPO Linie f

filha ['fiʎa] F Tochter f **filharada** [fiʎa'rada] F Kinderschar f **filho** ['fiʎu] M Sohn m; **~ único** Einzelkind n; **~s pl** Söhne pl; geralm Kinder npl; **~ bastardo**

DIR **ilegítimo** uneheliches Kind n; **~ da mãe** pop, **~ da puta** pop Hurensohn m, Schweinehund m; **~ pródigo** REL verlorener Sohn m; **~ varão** männlicher Nachwuchs m, Stammhalter m

filhó [fi'ʎɔ] F GASTR Art Krapfen

filho-família [fiʎufɐ'milja] M Adoptivkind n **filhote** [fi'ʎɔti] M ZOOL Junge(s) n; fam Nachwuchs m; **~s pl** Brut f

filiação [filjɐ'sɐ̃ũ] F Abstammung f, Herkunft f; POL (Partei)Zugehörigkeit f; (entrada) (Partei)Beitritt m **filial** [fi'ljat] A ADJ Kindes-...; COM Zweig... B F Zweigstelle f, Filiale f **filiar** [fi'ljar] ⟨1g⟩ adoptieren; sócio aufnehmen (**em** in ac, bei); **~-se** abstammen (**de** von); numa organização beitreten (**a** dat), eintreten (**em** in ac)

Filipinas [fili'pinɐʃ] FPL GEOG **as ~** Philippinen pl **filipino** [fili'pinu] A ADJ philippinisch B M, **-a** F Filipino m, Filipina f

filmagem [fit'maʒɐ̃j] F livro: Verfilmung f; Filmaufnahme f **filmar** [fit'mar] ⟨1a⟩ (ver)filmen **filme** ['fitmi] M (Spiel-, Fernseh)Film m; **~ de longa metragem** Spielfilm m; **~ didá(c)tico** Lehrfilm m; **~ legendado** Film m mit Untertiteln; **~ mudo** Stummfilm; **~ policial** Kriminalfilm m; **~ sincronizado** synchronisierter Film m **filmoteca** [fitmo'tɛka] F Filmothek f

filologia [filulu'ʒia] F Philologie f **filológico** [filu'lɔʒiku] philologisch **filólogo** [fi'lɔlugu] M Philologe m

filosofal [filuzu'fat] ADJ **pedra f ~** Stein m der Weisen **filosofar** [filuzu'far] ⟨1e⟩ philosophieren **filosofia** [filuzu'fia] F Philosophie f

filosófico [filu'zɔfiku] philosophisch **filósofo** [fi'lɔzufu] M Philosoph m

filtração [fittra'sɐ̃ũ] F Filtern n; QUÍM Filtrieren n **filtrado** [fit'tradu] M Filtrat n **filtrar** [fit'trar] ⟨1a⟩ filtern, durchseihen; QUÍM filtrieren; fig abschwächen, dämpfen **filtro** ['fittru] M Filter m; **~ de ar** Luftfilter m; **~ intercambiável** Filtereinsatz m

fim [fĩ] M **1** geralm Ende n, Schluss m; **~ de semana** Wochenende n; **~ de temporada** Nachsaison f; **o ~ do mundo** pop das Ende der Welt; **ao ~ e ao cabo** schließlich, letztendlich; **ao ~, em fins de** gegen Ende (des Monats etc); **por ~** schließlich, endlich; **levar bom ~**

fam gut laufen; **pôr** ~ **a** abschließen; *pessoa* töten; **ser o** ~ *pej* das Letzte sein; **bras** *fam* **ser o** ~ **da picada** das Allerletzte sein ❷ *(intenção)* Zweck *m*, Absicht *f*; *(objectivo)* Ziel *n*; **a** ~ **de** *(inf)* um zu; **a** ~ **de que** *conj* damit; **com o** ~ **de** *(inf)* in der Absicht zu

fim-de-semana [fidisi'mɐnɐ] *M* ⟨fins-de semana⟩ Wochenende *n*; **bom** ~! schönes Wochenende!

finado [fi'nadu] *M* Verstorbene(r) *m*; **Dia** *m* **de Finados** Allerseelen *n*

final [fi'naɫ] Ⓐ *ADJ* endgültig; End..., Schluss...; *(último)* letzt; **exame** *m* ~ Abschlussprüfung *f*; **juízo** *m* ~ *das* Jüngste Gericht; **ponto** *m* ~ (Schluss)Punkt *m* Ⓑ *M* Ende *n*, Schluss *m*; **no** ~ **das contas** schließlich, letzten Endes Ⓒ *F* DESP Endspiel *n*, Finale *n*; **Endrunde** *f* **finalidade** [finaɫ'dadi] *F* Zweck *m*; *(objectivo)* Zielsetzung *f* **finalista** [finɐ'liʃtɐ] *M/F* Schulabgänger(in) *m(f)*; UNIV Student(in) *m(f)* des letzten Studienjahres; DESP Finalist(in) *m(f)* **finalizar** [finɐli'zar] ⟨1a⟩ Ⓐ *V/T* abschließen, beenden Ⓑ *V/I* enden, zu Ende gehen *(ou* sein); schließen (**com** mit); *futebol* ein Tor schießen **finalmente** [finaɫ'mẽti] endlich, schließlich; letzten Endes

finança [fi'nɐ̃sɐ] *F* Finanz *f*; **alta** ~ Hochfinanz *f*; Großkapital *n*; ~**s** *pl* Finanzen *pl*; Finanzwesen *n*; **Ministério** ~ **das Finanças** Finanzministerium *n*; **Repartição** *f* **das Finanças** Finanzamt *n* **financeiro** [finɐ̃'sɐjru] Ⓐ *ADJ* finanziell; Finanz...; **crise** *f* -**a** Finanzkrise *f*, Bankenkrise *f* Ⓑ *M* Finanzier *m*; Geldgeber *m* **financiamento** [finɐ̃sjɐ'mẽtu] *M* Finanzierung *f* **financiar** [finɐ̃'sjar] ⟨1g⟩ finanzieren **financista** [finɐ̃'siʃtɐ] *M/F* Finanzfachmann *m*, -frau *f*

finca ['fĩkɐ] *F* Stütze *f*; *fig* Schutz *m*; **às** ~**s** nachdrücklich; *fig* Nachdruck *m*; **fazer** ~ **em** sich stemmen *(ou* stützen) auf *(ac)*; *fig* bestehen auf *(dat)* **fincar** [fĩ'kar] ⟨1n⟩ *estaca* einschlagen; *planta* einpflanzen; *cotovelo, pé* aufstützen; ~-**se em** sich festsetzen in *(dat)*; *ideia, projecto* sich fixieren auf *(ac)*; bestehen auf *(dat)*

findar [fĩ'dar] ⟨1a⟩ enden, ein Ende nehmen; *prazo* ablaufen **findável** [fĩ'davɛɫ] vergänglich **findo** ['fĩdu] Ⓐ *PP irr de* → findar; nach *(dat)*; ~ **o prazo** nach Ablauf der Frist Ⓑ *ADJ* *prazo* abgelaufen; *amor* verflossen

fineza [fi'nezɐ] *F* *material*: Feinheit *f*, Zartheit *f*; *pessoa*: Nachsicht *f*; *(amabilidade)* Liebenswürdigkeit *f*; **ter a** ~ **de** *(inf)* so freundlich sein zu

fingido [fĩ'ʒidu] falsch, künstlich; Schein...; fingiert; **ser** ~ nur so tun, also ob **fingimento** [fĩʒi'mẽtu] *M* Verstellung *f*; Falschheit *f* **fingir** [fĩ'ʒir] ⟨3n⟩ Ⓐ *V/T* erfinden; *sentimentos, doença* vortäuschen, vorgeben, fingieren Ⓑ *V/I* (G *V/R*) ~(-**se**) sich verstellen; ~ *(inf)* so tun, als ob; ~-**se doente** sich krank stellen

fininho [fi'niɲu] *M* (kleines) Glas *n* Bier; **de** ~ ganz unauffällig

finito [fi'nitu] begrenzt, endlich **finitude** [fini'tudi] *F* Endlichkeit *f*

finlandês [fĩɫɐ̃'deʃ] Ⓐ *ADJ* finnisch Ⓑ *M*, **finlandesa** [fĩɫɐ̃'dezɐ] *F* Finne *m*, Finnin *f* **Finlândia** [fĩ'ɫɐ̃dja] *F* GEOG *a* ~ Finnland *(n)*

fino ['finu] Ⓐ *ADJ* *geralm* fein; *fio, tecido, voz* dünn; *sabor* erlesen; *aparência, vestuário* elegant; *gume* scharf; *pessoa* schlau; **ouro** *m* ~ Feingold *n*; **vinho** *m* ~ Süß-, Dessertwein *m*; **beber do** ~ port pop genau Bescheid wissen; **fazer-se** ~ port frech werden *(ou* sein) Ⓑ *M* ❶ Glas *n* Bier ❷ → finlandês **finório** [fi'nɔrju] Ⓐ *ADJ* durchtrieben Ⓑ *M* port pop Trickser *m*, Schlawiner *m*

finta ['fĩtɐ] *F* ❶ Steuersatz *m* ❷ List *f*; Finte *f* (*bras tb futebol*); **fazer** ~ **a** *alg* j-n täuschen **fintar** [fĩ'tar] ⟨1a⟩ ❶ besteuern; *imposto* umlegen; ~-**se** *dinheiro* zusammenlegen ❷ überlisten

finura [fi'nurɐ] *F* Feinheit *f*; Schlauheit *f*; Verschlagenheit *f*

fio ['fiu] *M* *costura*: Faden *m*, Garn *n*; *embrulho*: dünne Schnur *f*, Bindfaden *m*; *(arame)* Draht *m*; *faca*: (Messer)Schneide *f*; *fig* Kette *f*; ~ **condutor** Leitungsdraht *m*; *fig* roter Faden *m*; ~ **de água** Rinnsal *n*; ~ **dental** Zahnseide *f*; *bras irón* **calcinha** ~-**dental** Stringtanga *m*; ~ **de terra** ELECT Erdung *f*; ~ **retorcido** Zwirn *m*; **a** ~, ~ **a** ~ ununterbrochen; **de** ~ **a pavio** von Anfang bis Ende; **por um** ~ haarscharf; beinahe; **dar** ~ **a** schleifen; **estar por um** *fig* ~ an einem Faden hängen; **perder o** ~ **à meada** *fam* den Faden verlieren; **ter** ~ scharf sein, gut schneiden;

bras fam **bater um ~** anrufen, telefonieren

firma ['firmɐ] F 1 Unterschrift f 2 COM (Handels)Firma f; **~ de vendas por correspondência** Versandhaus n

firmamento [firmɐ'mẽtu] M Himmelszelt n, Firmament n

firmar [fir'mar] ⟨1a⟩ *objecto* befestigen; *influência* festigen; bestätigen; anerkennen; *documento* beglaubigen; *carta, contrato* unterzeichnen; **~ em** stellen (*ou* stützen) auf (*ac*); **~ os pés em** treten (*ou* sich stellen) auf (*ac*); **~-se** unterschreiben; *fig* Fuß fassen; sich stützen (*ou* sich berufen) (**em** auf *ac*)

firme ['firmɨ] *chão, fé* fest; *posição, voz, atitude* sicher; (*constante*) standhaft; (*inabalável*) endgültig; *tempo* beständig; *claras, natas* steif; **terra f ~** Festland n; **a pé ~** festen Fußes **firmeza** [fir'mezɐ] F Festigkeit f; (*segurança*) Sicherheit f; (*força*) Kraft f

fiscal [fiʃ'kaɫ] A ADJ Steuer...; **nota f ~** Rechnung f; Lieferschein m B M/F *funcionário*: Steuerprüfer(in) m(f); Zollinspektor(in) m(f), Kontrolleur(in) m(f) **fiscalização** [fiʃkɐɫiza'sɐ̃u] F Aufsicht f; Kontrolle f **fiscalizador** [fiʃkɐɫiza'dor] A ADJ Aufsichts...; Überwachungs... B M Aufseher m; Kontrolleur m **fiscalizar** [fiʃkɐɫi'zar] ⟨1a⟩ *pessoal* überwachen; *resultado* überprüfen

fisco ['fiʃku] M Fiskus m; Finanzbehörden pl

fisga ['fiʒɡɐ] F dreizackige Harpune f; *espec* Zwille f **fisgada** [fiʒ'ɡadɐ] F stechender Schmerz m, Stich m **fisgar** [fiʒ'ɡar] ⟨1o⟩ *peixe* stechen, angeln; *fugitivos* knapp erwischen; *fig* schnell auffassen; *bras tb* betören

física ['fizikɐ] F 1 *ciência*: Physik f 2 *pessoa*: Physikerin f **físico** ['fiziku] A ADJ 1 physikalisch 2 körperlich, physisch B M 1 *pessoa*: Physiker m 2 (*aspecto*) Äußere(s) n; Aussehen n

fisiologia [fizjuɫu'ʒiɐ] F Physiologie f **fisiológico** [fizju'ɫɔʒiku] physiologisch **fisiologista** [fizjuɫu'ʒiʃtɐ] M/F Physiologe m, Physiologin f **fisionomia** [fizjunu'miɐ] F (*expressão*) Gesichtsausdruck m; Physiognomie f **fisioterapeuta** [fizjɔtirɐ'peutɐ] M/F Physiotherapeut(in) m(f) **fisioterapia** [fizjɔtirɐ'piɐ] F Physio-

therapie f, Krankengymnastik f

fissão [fi'sɐ̃u] F Spaltung f; **~ nuclear** Kernspaltung f; **~ em cadeia** FIS Kettenreaktion f

fissura [fi'surɐ] F Riss m; MED Fissur f

fita ['fitɐ] N 1 Band n; (Papier-, Stoff*etc*)Streifen m; MIL Patronengurt m; **~ adesiva, ~ colante** Klebeband n; **~ contínua** *port* Fließband n; *tb* Montageband n; **~ isoladora** Isolierband n; **~ métrica** Maßband n; **~ transportadora** *port* Transportband n 2 *fam fig* **fazer ~s** Theater machen; **ir nessa ~** *fig* darauf hereinfallen

fitar [fi'tar] ⟨1a⟩ *alg* (starr) ansehen; *olhar* heften (**em** auf *ac*); aufpassen; *atenção* richten (**em** auf *ac*) **fito** ['fitu] A ADJ *olhar* starr; **a** (*ou* **de**) **~** starr, fest, direkt B M Ziel n; Absicht f

fivela [fi'vɛɫɐ] F Schnalle f

fixa ['fiksɐ] F Messlatte f

fixação [fiksa'sɐ̃u] F Befestigung f (*von Einzelteilen*); *tarifa*: Festsetzung f; Fixierung f **fixador** [fiksa'dor] A ADJ Fixier... B M *cabelo*: Haarfestiger m; TECN Feststeller m; Sicherung f; PINT Fixativ n; FOTO Fixierbad n **fixar** [fi'ksar] ⟨1a⟩ fixieren (*tb* Blick), befestigen; *entrevista* festmachen, festlegen; sich (*dat*) merken; *pé* setzen (**em** auf *ac*); *atenção* fesseln, richten (**em** auf *ac*); **~-se** sich niederlassen; *material* sich festsetzen; **~-se em** sich konzentrieren auf (*ac*); PSICOL sich klammern an (*ac*)

fixe ['fiʃɨ] *fam* (**bem**) **~** toll, super, prima; *pop* cool

fixidez [fiksi'deʃ] F Festigkeit f; (*constância*) Beständigkeit f **fixo** ['fiksu] *preço* fest; *olhar* starr; *cor* beständig; *prazo* bestimmt; (*suplemento*) pauschal; **ideia f -a** fixe Idee f; (**ordenado** n) **~** Fixum n

fiz [fiʃ] → fazer

flacidez [fɫasi'deʃ] F Schlaffheit f

flácido ['fɫasidu] schlaff, welk

flagelar [fɫɐʒɨ'ɫar] ⟨1c⟩ geißeln, peitschen; *fig* bedrängen, *alg* j-m zusetzen **flagelo** [fɫɐ'ʒeɫu] M Geißel f; *fig* Katastrophe f

flagrância [fɫɐ'ɡrɐ̃sjɐ] F Moment m des Verbrechens **flagrante** [fɫɐ'ɡrɐ̃ti] A ADJ offenkundig, flagrant B M Augenblick m; günstige Gelegenheit f; **em ~** (**delito**) auf frischer Tat

flamejante [flɐmi'ʒɐti] flammend; **gótico** m ~ Spätgotik f **flamejar** [flɐmi'ʒar] ⟨1d⟩ aufflammen; leuchten

flamengo [flɐ'mẽgu] △ ADJ flämisch B M, -a F Flame m, Flämin f

flamingo [flɐ'mĩgu] M Flamingo m

flâmula ['flɐmuɫɐ] F kleine Flamme f; Wimpel m (espec NÁUT)

flanar [flɐ'nar] ⟨1a⟩ flanieren

flanco ['flãku] M Flanke f; Seite f

Flandres ['flãdrif] F Flandern n

flanela [flɐ'nɛɫɐ] F Flanell m

flange [flãʒi] F TECN Flansch m; **junta** f **de ~s** Flanschverbindung f

flanquear [flã'kjar] ⟨1l⟩ flankieren

flash [flaʃ] M Blitzlicht n **flashback** [flɛʃ'bɛk] M Rückblende f

flato ['flatu] M, **flatulência** [flatu'lẽsjɐ] F Blähung f (geralm pl) **flatulento** [flatu'tẽtu] blähend

flauta ['flawtɐ] F Flöte f; **~ re(c)ta** Blockflöte f; **~ travessa** (ou **transversal**) Querflöte f; **levar tudo na ~** pop alles auf die leichte Schulter nehmen **flautar** [flaw'tar] ⟨1a⟩ flöten (tb fig) **flautear** [flaw'tjar] ⟨1l⟩ Flöte spielen; pop vagabundieren; spotten **flautim** [flaw'tĩ] M Pikkoloflöte f **flautista** [flaw'tiʃtɐ] M/F Flötist(in) m(f), Flötenspieler(in) m(f)

flebite [fɫi'biti] F Venenentzündung f

flecha ['flɛʃɐ] F Pfeil m; ARQUIT Turmspitze f; **subir em ~** steil (ansteigen) **flechar** [flɛ'ʃar] VT ⟨1a⟩ mit Pfeilen beschießen; fig Pfeile abschießen auf (ac)

flectir [flɛ'tir] ⟨3c⟩ △ VT beugen B VI fig nachgeben; (virar) abbiegen (**para** nach)

flertar [flex'tax] ⟨1c⟩ bras, **flerte** ['flextfi] M bras → flirtar, flirt

flexão [flɛ'ksãʊ] F Beugung f; GRAM Flexion f; TECN Biegung f **flexibilidade** [flɛksibili'dadi] F Flexibilität f; Biegsamkeit f **flexibilização** [flɛksibiɫiza'sãʊ] F Flexibilisierung f; **~ do horário de trabalho** Flexibilisierung f der Arbeitszeit **flexível** [flɛ'ksivɛɫ] material biegsam; pessoa flexibel; nachgiebig; GRAM flektierbar

flipar [flɪ'par] ⟨1a⟩ port pop ausflippen

flirt [flart] M, **flirtar** [flar'tar] ⟨1a⟩ port Flirt m flirten

flocado [flu'kadu] flockig **floco** ['flɔku] M Flocke f; lã, algodão Büschel n; **~s pl de aveia** Haferflocken fpl

flor [flor] F Blüte f (tb fig); BOT Blume f; farinha: Schimmel m; fruta: Flaum m; cabedal Narben m; **fina ~** Elite f; **à ~ de** an (ou auf) der Oberfläche; dicht an (dat); **ter os nervos à ~ da pele** fig die Nerven blank liegen haben; **em ~** blühend; **na ~ da idade** im besten Alter; **dar ~, estar em ~** blühen **flora** ['flɔrɐ] F Flora f

floração [fɫura'sãʊ] F Blütenstand m; Blüte(zeit) f **floral** [flu'raɫ] Blumen...; Blüten... **florar** [flu'rar] ⟨1e⟩ aufblühen; Blüten treiben **floreado** [flu'rjadu] △ ADJ tecido geblümt B M Verzierung f **florear** [flu'rjar] ⟨1l⟩ △ VT (mit Blumen) schmücken; planta erblühen lassen; fig verzieren; espada führen B VI blühen; fig glänzen **floreio** [flu'raju] M Verzierung f; linguagem: Gewandtheit f; **~s pl** Blumenornament n; fig Floskeln fpl **floreira** [flu'rɐjrɐ] F Blumenkasten m; → florista **florescer** [fluriʃ'ser] ⟨2g⟩ △ VT mit Blumen schmücken B VI (auf)blühen; fig auflesen

floresta [flu'rɛʃtɐ] F Wald m; Forst m; **~ de chuvas** Regenwald m; **~ virgem** Urwald m; **~ amazônica** Amazonas-Urwald m **florestal** [fluriʃ'taɫ] waldig; Forst...; Wald...; **guarda** m **~** Förster m; **horto** m **~** Baumschule f

florete [flu'reti] M Florett n

Florianópolis [flɔrjɐ'nɔpuliʃ] bras Hauptstadt von Santa Catarina

floricultor(a) [fɫurikuɫ'tor(ɐ)] M(F) Blumenzüchter(in) m(f) **floricultura** [fɫurikuɫ'turɐ] F Blumenzucht f; bras tb Blumengeschäft n **florido** [flu'ridu] blühend; estilo blumig **flórido** ['flɔridu] glänzend; estilo blumig **florir** [flu'rir] ⟨3f⟩ (auf)blühen (tb fig) **florista** [flu'riʃtɐ] M/F Florist(in) m(f)

fluência [flu'ẽsjɐ] F Flüssigkeit f; de expressão Leichtigkeit f **fluente** [flu'ẽti] matéria flüssig; águas, estilo fließend **fluidez** [fui'deʃ] F → **fluência fluido** ['fuidu] △ ADJ (dünn)flüssig B M Flüssigkeit f; fig Strom m **fluir** [flu'ir] ⟨3i⟩ fließen; entspringen; fig hervorgehen

fluminense [flumi'nẽsi] ADJ bras aus Rio de Janeiro; **Fluminense (Football Club)** Fußballverein aus Rio de Janeiro

flúor ['fluor] M Fluor n

fluorescência [fwuriʃ'sẽsjɐ] F Leuchtkraft f; Fluoreszenz f **fluorescente**

flutuação [fɫutwɐˈsɐ̃ũ] F̱ Schwanken n (tb fig); Fluktuation f; preços: (Preis)Schwankung f; mar: Wogen n **flutuador** [fɫutwɐˈdor] M̱ TECN Schwimmer m **flutuante** [fɫuˈtwɐ̃ti] schwimmend; Schwimm... **flutuar** [fɫuˈtwar] ⟨1g⟩ na água: auf dem Wasser treiben; no ar: in der Luft schweben

fluvial [fɫuˈvjaɫ] Fluss...; porto m ~ Binnenhafen m

fluxo [ˈfɫuksu] M̱ Fließen n, Fluss m; (maré) Flut f; MED Ausfluss m; Schnupfen m; animal: Rotz m; fig (Wort)Schwall m; ~ **e refluxo** fig Hin und Her n

FMI [ɛfɛˈmji] M̱ ABR ⟨Fundo Monetário Internacional⟩ IWF m (Internationaler Währungsfonds)

F.º ABR ⟨Filho⟩ Jun. (Junior); S. (Sohn)

fobado [foˈbadu] Angola fam hungrig, ausgehungert

fobia [fuˈbiɐ] F̱ Phobie f

foca [ˈfɔkɐ] A F̱ Robbe f, Seehund m B M/F fig Fettwanst m C M̱ bras fam Anfänger m, Neuling m

focagem [fuˈkaʒɐ̃i] F̱ FOTO Einstellung f

focalizar [fukɐɫiˈzar] ⟨1a⟩, **focar** [fuˈkar] ⟨1n; Stv 1c⟩ fig tema zur Sprache bringen, behandeln; objectivo anvisieren; FOTO ~ **bem/mal** scharf/unscharf einstellen

foçar [fuˈsar] ⟨1p; Stv 1e⟩ (mit der Schnauze auf)wühlen

focinheira [fusiˈɲajrɐ] F̱ (Schweine)Rüssel m **focinho** [fuˈsiɲu] M̱ Schnauze f (tb pop); **levar no** ~ pop eins auf die Schnauze kriegen

foco [ˈfɔku] M̱ Brennpunkt m; de luz: Lichtquelle f; fig Herd m; **profundidade** f **de** ~ FOTO Tiefenschärfe f; **estar em** ~ im Brennpunkt (ou Mittelpunkt) stehen; **pôr em** ~ etw hervorheben

foda [ˈfɔdɐ] F̱ vulg dar uma ~ e-e Nummer schieben, ficken; **ser** ~ beschissen sein **foder** [fuˈder] ⟨2d⟩ vulg ficken; pop ~ **alg** j-n bescheißen; **ser fodido** pop Scheiße sein; **~-se** vulg sich verpissen; **estar (todo) fodido** pop in der Scheiße sein ou stecken

fofice [foˈfisi] F̱ Weichheit f **fofo** [ˈfofu] bauschig; pão, sofá weich; fam pessoa süß, knuddelig

fofoca [fɔˈfɔkɐ] F̱ fam Gerücht n; Klatsch m, Tratsch m

fogaça [fuˈgasɐ] F̱ Art Kuchenbrot

fogacho [fuˈgaʃu] M̱ Flämmchen n; Lichtlein n; fig Wutausbruch m; (calores) Hitzewallung f **fogão** [fuˈgɐ̃ũ] M̱ (Küchen)Herd m; ~ **a gás** Gasherd m; ~ **de sala** port Kamin m **fogareiro** [fugɐˈrɐjru] M̱ Grill m; Kocher m

fogo [ˈfogu] M̱ ⟨pl ˈfɔgu-⟩ Feuer n (tb fig); (incêndio) Brand m; (fogão) Herd m; estatística: Haushalt m, Wohnung f; ~ **cruzado** MIL Kreuzfeuer n; ~ **posto** Brandstiftung f; **com** ~ olhar, amante feurig; mit Feuereifer; **em** ~ brennend; **abrir/cessar** ~ das Feuer eröffnen/einstellen; **acender o** ~ fig das Feuer entfachen; **atiçar o** ~ fig Hass schüren, Missgunst anstacheln; **pegar** ~ Feuer fangen; **pôr** ~ **a** in Brand stecken; **~!** Feuer! **fogo-de-artifício** [fogud(j)ɐrtiˈfisju] M̱ ⟨pl fogos-de-artifício⟩ Feuerwerk n

fogosidade [fuguziˈdadi] F̱ Feuer n; fig Heftigkeit f **fogoso** [fuˈgozu] feurig; heiß; fig heftig

fogueira [fuˈgajrɐ] F̱ Glut f; Kamin-, Herdfeuer n; Lagerfeuer n **foguetada** [fugiˈtadɐ] F̱ Knallerei f (von Feuerwerk) **foguetão** [fugiˈtɐ̃ũ] M̱ Rakete f **foguete** [fuˈgeti] M̱ (Feuerwerks)Rakete f; ASTRON Rakete f **deitar ~s** Raketen steigen lassen; **como um** ~ blitzschnell; **deitar ~s antes da festa** sich zu früh freuen

foi [foi] → ir, ser

foiçada [foiˈsadɐ] F̱ Sensenhieb m **foiçar** [foiˈsar] ⟨1p⟩ (ab)mähen, sensen **foice** [ˈfoisi] F̱ Sense f; Hippe f; **vir a talho de** ~ (sehr) gelegen kommen **foicinha** [foiˈsiɲɐ] F̱ Sichel f

fol. ABR ⟨folha, folhas⟩ Bl. (Blatt)

folclore [fɔɫˈklɔri] M̱ Folklore f **folclórico** [fɔɫˈklɔriku] folkloristisch

fole [ˈfɔɫi] M̱ Blasebalg m; Gebläse n; TECN Gummimanschette f; fig fam Wanst m; **ir no** ~ fam auf etw (ac) reinfallen

fôlego [ˈfoɫigu] M̱ Atem m; Atmung f; fig Atempause f; (força) Ausdauer f; **perder o** ~ außer Puste geraten; **tomar** ~ Atem schöpfen; **sem** ~ außer Atem

foleiro [fuˈɫɐjru] fam kitschig

folga [ˈfɔɫgɐ] F̱ Ruhepause f; Muße f; TECN Spiel n; fig Spielraum m; **dia** m **de** ~ Ruhetag m; ~ **das válvulas** TECN Ventilspiel *n*; **dar ~ a alg** j-m Spielraum lassen; **estar de ~** dienstfrei haben; **ter ~** *vestuário* weit sein **folgado** [foɫˈgadu] **A** ADJ bequem; *vestuário* weit; (*descansado*) geruhsam; *vida* fröhlich, unbeschwert; *bras fig pop* ausgeschlafen, dreist; **levar vida -a sorglos leben folgar** [foɫˈgar] ⟨1o; *Stv* 1e⟩ **A** VT *vestuário* weit(er) machen; (*aliviar*) auflockern; (*libertar*) freimachen (**de** von) **B** VI (*dienst*)frei haben (*ou* machen); (*descansar*) sich (*dat*) Ruhe (*ou* Erholung) gönnen; sich ausruhen; (*festejar*) sich amüsieren, sich vergnügen; (*alegrar-se*) sich freuen (**com** über *ac*, **em**, **por** zu *inf*) **folgazão** [foɫgɐˈzɐ̃ũ] **A** ADJ (*lebens*)lustig **B** M Genießer *m*; (*brincalhão*) Schelm *m* **folguedo** [foɫˈgedu] M Spiel *n*; (*brincadeira*) Spaß *m*; (*passatempo*) Zeitvertreib *m*

folha [ˈfoʎɐ] F Blatt *n* (*tb* BOT); Briefbogen *m*; *faca*: (Messer)Klinge *f*; (*latão*) Blech *n*; *administração*: Verzeichnis *n*, Liste *f*; **~ de alumínio** Alufolie *f*; **~ de cálculo** INFORM Tabellenkalkulationsprogramm *n*; **~ contínua** INFORM Endlospapier *n*; **~ de féria** Lohnliste *f*; **~ de serviço** Personalakte *f*; **novinho em ~** (funkel)nagelneu; **ter ~ corrida limpa** e-e blütenreine Akte haben; **virar a ~** *fam* das Thema wechseln **folhado** [fuˈʎadu] **A** ADJ blätterig; **massa f -a** Blätterteig *m* **B** M Blätterteig *m*; **~ de maçã** Apfelstrudel *m* **folhagem** [fuˈʎaʒɐ̃ĩ] F Laub *n*; Blattwerk *n* **folheado** [fuˈʎjadu] M Furnier *n* **folhear** [fuˈʎjar] ⟨1l⟩ *livro, jornal* blättern in (*dat*), durchblättern; *móvel* furnieren **folhedo** [fuˈʎedu] M (abgefallenes) Laub *n* **folhetim** [fuʎɨˈtĩ] M *jornal*: Feuilleton *n* **folheto** [fuˈʎetu] M Flugblatt *n*; *publicidade*: Prospekt *m*; *geralm* Heft *n*, Broschüre *f*; **~ informativo** Informationsbroschüre *f*; **~ televisivo** *port* Fernsehzeitschrift *f* **folhinha** [fuˈʎiɲɐ] F Kalenderblatt *n* **folia** [fuˈliɐ] F *fam* Rummel *m*, Schwof *m* **folião** [fuˈljɐ̃ũ] M **1** Witzbold *m*; Schwerenöter *m* **2** **foliona** [fuˈljɔnɐ] F Karnevalist(in) *m(f)* **foliar** [fuˈljar] ⟨1g⟩ (*dançar*) (ausgelassen) tanzen; (*divertir-se*) sich amüsieren **fólio** [ˈfɔlju] M (Buch)Blatt *n*, Foliant *m*, Folio *n*

fome [ˈfɔmi] F (*sensação*) Hunger *m*; *generalizada*: Hungersnot *f*; **~ canina, ~ de rabo** Mords-, Riesenhunger *m*; **estar com ~, ter ~** Hunger haben, hungrig sein; **morrer de ~** vor Hunger sterben; **passar ~** hungern **fomentação** [fumẽtɐˈsɐ̃ũ] F ECON Förderung *f*, Ankurbelung *f* **fomentador** [fumẽtɐˈdor] M Förderer *m*; Promotor *m*; *guerra etc*: Verursacher *m* **fomentar** [fumẽˈtar] ⟨1a⟩ fördern; ECON beleben; *ódio* schüren; *conspiração* anzetteln **fomento** [fuˈmẽtu] M ECON Förderung *f*; Belebung *f*

fona [ˈfonɐ] **A** F (*faúlha*) Funke(n) *m*; *fig movimento*: schnelle Bewegung *f*; Hektik *f*; **andar numa ~** ohne Unterbrechung tätig sein **B** F/M (*avarento,-a*) Geizhals *m*, Geizige *f*

fondue [fõˈdju] M Fondue *n*
fone [ˈfɔni] M *bras* Telefon *n*
fonema [fuˈnemɐ] M LING Phonem *n* **fonética** [fuˈnɛtikɐ] F Phonetik *f*, Lautlehre *f* **fonologia** [funuloˈʒiɐ] F Phonologie *f* **fonoteca** [fɔnɔˈtɛkɐ] F Tonarchiv *n*
fonte [ˈfõti] F Quelle *f* (*tb* ELECT, *fig*); Brunnen *m*; INFORM (Schrift)Font *m*, Schriftart *f*; **saber de ~ segura** aus sicherer Quelle wissen

fora¹ [ˈfɔrɐ] → ir, ser
fora² [ˈfɔrɐ] **A** ADV (*exterior*) draußen; *jantar* auswärts, außerhalb; *pessoa* außer Haus; **~ de horas** zur Unzeit; (*tarde*) zu später Stunde; **~ de si** außer sich (*dat*); **lá ~** da draußen; (*no estrangeiro*) im Ausland; **~ de** von (dr)außen; von auswärts; **por ~** (von) außen; *trabalhar* nebenher, im Nebenberuf; **por aí ~** immer (so) weiter; **dar o ~** *bras pop* abhauen; sich aus der Affäre ziehen; *bras* **dar um ~ em alg** j-m e-n Korb geben, e-e Abfuhr erteilen; **dar um ~** sich blamieren; **deitar** (*ou bras botar*) **~** wegwerfen; **deitar por ~** *port* aus-, überlaufen; **deixar de ~** draußen (*ou* aus)lassen; (*excluir*) ausklammern; **estar para ~,** *bras* **estar ~** verreist sein; **ficar de ~** außen vor bleiben; *aspecto* vergessen werden; *pessoa* sich heraushalten; **ir para ~** verreisen; **pôr ~ de** hinauswerfen aus **B** PREP außer (*dat*); (*ausgenommen*, abgesehen von; **~ de casa** außerhalb (*gen*); außer (*dat*); **~ de serviço** außer Betrieb **C** INT **~!** hinaus!; *fam* raus!

fora-de-jogo [fɔɾɐdiˈʒogu] M ⟨pl foras-de-jogo⟩ DESP Abseits n **fora-de-lei** [fɔɾɐdiˈlɐj] M/F ⟨pl foras-de-lei⟩ Außenseiter(in) m/f(m), Gesetzlose(r) m/f(m)

foragido [fuɾɐˈʒidu] A ADJ flüchtig; entflohen (**de** aus) B M, **-a** F Flüchtige(r) m/f(m) **forasteiro** [fuɾɐʃˈtɐjɾu] A ADJ fremd; auswärtig B M, **-a** F Fremde(r) m/f(m)

forca [ˈfoɾkɐ] F Galgen m

força [ˈfoɾsɐ] F **1** Kraft f; Gewalt f; ~ **centrífuga** Zentrifugalkraft f; ~ **motriz** Triebkraft f **2** POL Macht f; Stärke f **3** ~ **pública** paramilitärische Polizeitruppe f; ~**s** pl **armadas** Streitkräfte fpl; **as** ~**s** pl **vivas** POL die Entscheidungsträger mpl; ECON das freie Unternehmertum n; ~ **de vontade** Willenskraft f, -stärke f (**caso** m **de**) ~ **maior** höhere Gewalt f; **é** ~ **que es** ist nötig, dass; **a toda a** ~ mit aller Kraft (ou Macht); **à** (**viva**) ~ mit Gewalt, gewaltsam; **à** ~ **de** mit Hilfe von; **de** ~ tüchtig, bedeutend; motivo schwerwiegend; **em** ~ in großer Zahl; mit Macht; **na** ~ **de** fig auf der Höhe (gen); Verão etc mitten in (dat); **por** ~ unbedingt; (obrigado) notgedrungen; **por** ~ **de** kraft (gen), wegen; **adquirir** ~ erstarken; **dar** ~ **a alg** j-m Mut machen; **fazer** ~ sich anstrengen; (insistir) drängen; **ter** ~ **de lei** Gesetzeskraft haben

forcado [fuɾˈkadu] A M **1** Heugabel f, Mistgabel f; **um** ~ **de** e-e Gabel voll **2** tauromaquia: Stiertreiber m

forçado [fuɾˈsadu] A ADJ gewaltsam; notgedrungen; **trabalhos** mpl ~**s** Zwangsarbeit f B M, hist Sträfling m **forçar** [fuɾˈsaɾ] ⟨1p; Stv 1e⟩ zwingen, (be)drängen (a zu); alg Gewalt antun (dat); marcha überanstrengen; (meter) (hinein)pressen, -zwängen; entrada etc (sich) erzwingen; oposição bezwingen; porta etc aufbrechen **forcejar** [fuɾsiˈʒaɾ] ⟨1d⟩ kämpfen; (esforçar-se) sich bemühen (**por** a, inf) **forçoso** [fuɾˈsozu] notgedrungen, unbedingt; (obrigatório) zwingend; tempestade heftig; **ser** ~ zwingend sein

foreiro [fuˈɾɐjɾu] A ADJ zinspflichtig B M Erbpächter m

forense [fuˈɾẽsi] gerichtlich, Gerichts...

forja [ˈfoɾʒɐ] F Schmiede f; TECN Schmelzofen m; **estar na** ~ in Vorbereitung sein **forjador** [fuɾʒɐˈdoɾ] M Urheber m **forjar** [fuɾˈʒaɾ] ⟨1e⟩ schmieden; fig tb aushecken; (inventar) erfinden

forma¹ [ˈfɔɾmɐ] F Form f; Gestalt f; (modo) Art und Weise f; **pública** ~ beglaubigte Abschrift f; **dar** ~ **a** gestalten, ausführen; **de** (ou **por**) **esta** ~ auf diese Weise; **de** (ou **por**) ~ **alguma** keineswegs; **de outra** ~ anderenfalls, sonst; **de** (**tal**) ~ **que** (conj), **de** (ou **por**) ~ **a** (inf) dergestalt, dass; so, dass; **em** ~ **de** in der Art eines (ou einer); ...förmig; **em** (**devida**) ~ ordnungsgemäß, vorschriftsmäßig; richtig; **em toda a** ~ regelrecht; gebührend; **estar em boa** ~/**baixo de** ~ in guter/schlechter Form sein; **ganhar** (ou **tomar**) ~ sich abzeichnen; Form annehmen; **não há** ~ **de** (inf) es gibt keinen Weg zu

forma² (***ô**) [ˈfoɾmɐ] F TECN Form f; bolo: Kuchen-, Backform f; **letra** f **de** ~ Druckschrift f, Druckbuchstabe m; **pão** m **de** ~ Kastenbrot n, Toastbrot n

formação [fuɾmɐˈsɐ̃w] F Bildung f; Entstehung f; Formation f (espec GEOL); Aufstellung f; **em** ~ im Entstehen begriffen; ~ **profissional** Berufsausbildung f; ~ **profissional contínua** Weiterbildung f **formado** [fuɾˈmadu] ADJ **ser** ~ **em Medicina** Mediziner sein **formador** [fuɾmɐˈdoɾ] A ADJ gestaltend; (constituinte) (die Grundlage) bildend B M **formadora** [fuɾmɐˈdoɾɐ] F Schöpfer(in) m(f), Gestalter(in) m(f); profissional: Ausbilder(in) m(f)

formal [fuɾˈmal] Form..., formal; comportamento förmlich; (claro) ausdrücklich **formalidade** [fuɾmɐliˈdadi] F comportamento: Förmlichkeit f; Formalität f; **por** ~ der Form halber **formalizar** [fuɾmɐliˈzaɾ] ⟨1a⟩ formalisieren; a/c vorschriftsmäßig tun; contrato ausfertigen; pedido einreichen (**em** bei); ~**-se** sich entrüsten (**com** über ac) **formalmente** [fuɾmalˈmẽti] ADV der Form nach

formando [fuɾˈmãdu] M, **-a** F Auszubildende(r) m/f(m), Lehrling m **formão** [fuɾˈmɐ̃w] M Stechbeitel m **formar** [fuɾˈmaɾ] ⟨1e⟩ A VT bilden; aufstellen; plano fassen; alg studieren lassen B VI MIL antreten (**a** zu); ~**-se** entstehen; sich (aus-, heraus)bilden; alg na Universidade einen akademischen Grad erwerben (**em** in dat), studieren **formatação** [fuɾmɐtɐˈsɐ̃w] F INFORM For-

matierung f **formatar** [furmɜ'tar] ⟨1b⟩ formatieren **formativo** [furmɜ'tivu] Bildungs-...; erzieherisch **formato** [fur'matu] M̲ Format n **formatura** [furmɜ'turɜ] F̲ UNIV Abschlussprüfung f; Studienabschluss m; (curso) Studium n
formicida [furmi'sidɜ] M̲ Ameisengift n
formidável [furmi'davɛɫ] beeindruckend, fantastisch; (terrível) furchtbar
formiga [fur'migɜ] F̲ Ameise f; à ~ fam e-r nach dem anderen, (sorrateiramente) unbemerkt; **como as ~s** fam wie im Ameisenhaufen **formiga-branca** [furmigɜ'brãkɜ] F̲ ⟨pl formigas-brancas⟩ port Termite f **formigar** [furmi'gar] ⟨1o⟩ na pele kribbeln; de gente wimmeln (**de** vor dat); fig sich abplagen **formigueiro** [furmi'gairu] M̲ Ameisenhaufen m; fig Gewimmel n; Kribbeln n
formoso [fur'mozu] schön, lieblich; anmutig **formosura** [furmu'zurɜ] F̲ Schönheit f; Anmut f
fórmula [ˈfɔrmulɜ] F̲ Formel f
formular [furmu'ɫar] ⟨1a⟩ formulieren; medicamento verschreiben; pedido zum Ausdruck bringen **formulário** [furmu'ɫarju] M̲ Formular n; Regelwerk n; FARM Arzneibuch n; **~ contínuo** INFORM Endlospapier n
fornada [fur'nadɜ] F̲ Schub m, Ofenfüllung f **fornalha** [fur'naʎɜ] F̲ Backofen m (tb fig); TECN Brennkammer f; Ofenloch n
fornecedor [furniseˈdor] M̲ Lieferant m; de serviços: Dienstleister m **fornecer** [furni'ser] ⟨2g⟩ mercadoria liefern (tb fig); loja, instituição beliefern, versorgen (**de** mit); (equipar) ausstatten mit **fornecimento** [furnisi'mẽtu] M̲ Lieferung f; (abastecimento) Versorgung f (**de** mit); **~ de serviços** Dienstleistungen fpl
fornicar [furni'kar] ⟨1n⟩ kopulieren; fig pop belästigen
fornido [fur'nidu] stark; stämmig
forno ['fornu] M̲ ⟨pl ['fɔ-]⟩ Backofen m (tb fig); Bratröhre f; TECN Ofen m; **~ com circulação de ar quente** Umluftherd m; **~ de auto-limpeza** selbstreinigender Herd m; **~ de microondas** Mikrowellenherd m
foro[1] ['fɔru] M̲ Forum n
foro[2] ['foru] M̲ ⟨pl ['fɔ-]⟩ (pensão) (Pacht-) Zins m; (direito) Nutzungsrecht n, Nutzung f; DIR Gerichtshof m; (jurisdição) Rechtsprechung f; **~s** pl DIR (Gewohnheits-, Sonder-, Vor)Rechte npl
forqueta [fur'ketɜ] F̲ TECN Gabel f **forquilha** [fur'kiʎɜ] F̲ dreizinkige Heugabel f; bicicleta: Gabel f
forrador [fuʀɜ'dor] M̲ Tapezierer m
forragear [fuʀɜ'ʒjar] ⟨1l⟩ A V/T erva mähen; fig kiebitzen; ideias etc abschreiben B V/I Futter schneiden; Heu machen **forragem** [fu'ʀaʒẽj] F̲ Viehfutter n, Futter (-mittel) n
forrar [fu'ʀar] ⟨1e⟩ 1 vestido etc füttern; (revestir) auskleiden, -legen; de metal etc überziehen; de madeira verkleiden, -schalen; parede tapezieren 2 dinheiro sparen; **~-se de a/c** sich (dat) etw ersparen **forreta** [fu'ʀetɜ] M/F Geizhals m **forro** ['foʀu] M̲ vestido: (Kleider)Futter n; madeira: (Holz)Verkleidung f, Verschalung f; (tecto) (Holz)Decke f; (cobertura) Überzug m; ARQUIT Dachboden m
fortalecer [furtɜɫe'ser] ⟨2g⟩ (be)stärken; alg ermutigen; afirmação bekräftigen; **~-se** erstarken; sich erholen **fortalecimento** [furtɜɫesi'mẽtu] M̲ Stärkung f; Erstarken n **fortaleza** [furtɜ'ɫezɜ] F̲ Stärke f, Festigkeit f; Kraft f; MIL, ARQUIT Festung f
Fortaleza [foxta'leze] SEM ART bras Hauptstadt von Ceará
forte ['fɔrti] A ADJ geralm stark; pessoa voz tb kräftig; parede, árvore dick; tropas schlagkräftig; **casa** f **~** feuersicherer Raum m; **estar ~ de s** idiom zu sehr sein; **fazer-se ~** fam sich aufspielen; **ser ~ em** fig groß sein in (dat) B ADV kräftig, laut (-stark); MÚS forte C M̲ starke Seite f; MIL Fort n
fortificação [furtifikɜ'sɐ̃ũ] F̲ Befestigung f; (castelo) Festung(sanlage) f **fortificante** [furtifi'kɐ̃ti] M̲ Stärkungsmittel n **fortificar** [furtifi'kar] ⟨1n⟩ stärken, kräftigen; fig bestärken; MIL befestigen
fortuito [fur'tuitu] zufällig
fortuna [fur'tunɜ] F̲ Glück n; (êxito) Erfolg m; (destino) Schicksal n; (sorte) Los n, Geschick n; (riqueza) Vermögen n; **fazer ~** reich werden; fig es zu etwas bringen
fórum ['fɔrũ] M̲ Forum n (tb INTERNET); **Fórum Económico Mundial** Weltwirtschaftsforum n
foscar [fuʃ'kar] ⟨1n; Stv 1e⟩ mattieren

fosco ['foʃku] matt; stumpf
fosfatado [fuʃfa'tadu] phosphathaltig
fosfato [fuʃ'fatu] M̄ Phosphat n
fosforeira [fuʃfu'rɐirɐ] F̄ Streichholzschachtel f
fosforescência [fuʃfuriʃ'sẽsjɐ] F̄ Phosphoreszenz f; Leuchtkraft f **fosforescer** [fuʃfuriʃ'ser] ⟨2g⟩ phoreszieren; leuchten (tb fig)
fósforo ['fɔʃfuru] M̄ QUÍM Phosphor m; Streich-, Zündholz n; fig fam Grips m; **em menos de um ~** im Handumdrehen
fossa [fu'sar] F̄ Senke f; (Abfall)Grube f; face: Grübchen n; **~ comum** Massengrab n; **~ séptica** Klärgrube f; **na ~** fig pop down, völlig am Boden; **~s** pl **nasais** Nasenhöhlen fpl
fossado [fu'sadu] M̄ (Festungs)Graben m
fossar [fu'sar] ⟨1e⟩ V/T chão aufwühlen; fossa, túmulo ausheben B̄ V/I fam sich abrackern
fosse ['fosɨ] → ir, ser
fóssil ['fɔsił] A̅ ADJ versteinert, fossil B̄ M̄ Versteinerung f
fosso ['fosu] M̄ ⟨pl ['fɔ-]⟩ Graben m; Grube f
foto ['fɔtɔ] F̄ Foto n **fotocomposição** [fɔtokõpuzi'sɐ̃u] F̄ TIPO Fotosatz m **fotocópia** [fɔtɔ'kɔpjɐ] F̄ Fotokopie f; **tirar uma ~ de a/c** etw fotokopieren **fotocopiador(a)** [fɔtɔkupjɐ'dor(ɐ)] M(F) Fotokopierer m **fotocopiar** [fɔtɔku'pjar] ⟨1g⟩ fotokopieren **fotogénico** (*ê) [fɔtɔ'ʒɛniku] fotogen **fotografar** [futugrɐ'far] ⟨1b⟩ fotografieren, aufnehmen **fotografia** [futugrɐ'fiɐ] F̄ Fotografie f (**a cores** Farb...); Lichtbild n, Aufnahme f; **tirar uma ~** e-e Aufnahme machen (a von) **fotográfico** [futu'grafiku] fotografisch; **máquina ~a** Fotoapparat m, Kamera f; **papel ~** Fotopapier n
fotógrafo [fu'tɔgrɐfu] M̄, **-a** F̄ Fotograf(in) m(f)
fotojornalista [fɔtɔʒurnɐ'liʃtɐ] M(F) Fotojournalist(in) m(f) **fotomontagem** [fɔtɔmõ'taʒɐ̃j] F̄ Fotomontage f **fotonovela** [fɔtɔnu'vɛłɐ] F̄ Fotoroman m **fotossíntese** [fɔtɔ'sĩtizɨ] F̄ BIOL Photosynthese f **fototerapia** [fɔtɔtirɐ'piɐ] F̄ MED Bestrahlung f
fouçada [fo'sadɐ] F̄ etc → foiçada etc
foz [fɔʃ] F̄ Flussmündung f; **de ~ em fora** aufs weite Meer hinaus

FRAL

fracalhão [frɐkɐ'ʎɐ̃u] A̅ ADJ schwächlich B̄ M̄, **fracalhona** [frɐkɐ'ʎonɐ] F̄ Schwächling m
fracassar [frɐkɐ'sar] ⟨1b⟩ pessoa scheitern (**em** bei); plano misslingen; TEAT peça durchfallen; **fazer ~** scheitern lassen; zum Scheitern verurteilen **fracasso** [frɐ'kasu] M̄ Fehlschlag m; Misserfolg m; explosão: Knall m; Krach m
fra(c)ção [frɐ'sɐ̃u] F̄ (Bruch)Teil m; Bruchstück n; MAT Bruch m; **às -ões** stück-, teilweise; **numa ~ de segundos** im Bruchteil von Sekunden **fra(c)cionar** [frɐsju'nar] ⟨1f⟩ zerstückeln, -teilen; madeira, partido zersplittern; **~-se em** sich aufteilen, (sich) zersplittern in (ac) **fra(c)cionário** [frɐsju'narju] Bruch...
fraco ['fraku] A̅ ADJ constituição, aproveitamento, moeda, carácter, luz, voz schwach; café, tecido dünn; fig pessoa feig B̄ M̄ schwache Seite f; Schwäche f; **ter um ~ por** e-e Schwäche haben für **fracote** [frɐ'kɔti] schwächlich; anfällig
fra(c)tura [frɐ'turɐ] F̄ MED Bruch m; GEOL (Erd)Einbruch m, Riss m; **~ exposta** offener Bruch m; MED **~ múltipla** Trümmerbruch m **fra(c)turar(-se)** [frɐtu'rar(-si)] ⟨1a⟩ (zer)brechen
frade ['fradɨ] M̄ REL Mönch m; (coluna) Steinpfosten m (an Haus etc); → feijão
fraga ['fragɐ] F̄ (steiler) Felsen m
frágil ['fraʒił] ADJ vidro zerbrechlich; material brüchig, spröd; pessoa gebrechlich; saúde schwach; fig vergänglich **fragilidade** [frɐʒiłi'dadɨ] F̄ vidro: Zerbrechlichkeit f; espec metais: Sprödigkeit f; pessoa: Schwäche f; fig Vergänglichkeit f
fragmentação [fragmẽtɐ'sɐ̃u] F̄ Zerstückelung f **fragmentar** [fragmẽ'tar] ⟨1a⟩ texto zerstückeln; objecto zerschlagen; **~-se** (zer)splittern **fragmentário** [fragmẽ'tarju] bruchstückhaft, fragmentarisch; Stück... **fragmento** [fra'gmẽtu] M̄ Bruchstück n, Fragment n
fragor [frɐ'gor] M̄ Krachen n; Getöse n; mar: Tosen n
fragoso [frɐ'gozu] caminho steil; piso unwegsam; rau, wild
fragrância [frɐ'grɐ̃sjɐ] F̄ Duft m **fragrante** [frɐ'grɐ̃ti] duftend
fralda ['fradɐ] F̄ bébé (Baby)Windel f; vestuário Saum m; GEOG (Berg)Fuß m; **~**

descartável Wegwerfwindel f; **~ do mar** Küste f **fraldar** [fraɫˈdar] ⟨1a⟩ windeln
fraldário [fraɫˈdarju] M̄ Wickelraum m
fraldilha [fraɫˈdiʎa] F̄ Lederschürze f (der Schmiede) **fraldiqueiro** [fraɫdiˈkairu] M̄ pej Weiberheld m; Schoßhund m **fraldoso** [fraɫˈdozu] lang(schößig); fig weitschweifig
framboesa [frãˈbwezɐ] F̄ Himbeere f
framboeseiro [frãbweˈzairu] M̄ Himbeerstrauch m
França [ˈfrãsɐ] F̄ GEOG **a ~** Frankreich (n); **port em ~**, **port, bras na ~** in Frankreich
francamente [frãkɐˈmẽti] ADV offen gestanden; **~!** also wirklich!
francês [frãˈseʃ], **francesa** [frãˈsezɐ] A ADJ französisch B B̄, F̄ Franzose m, Französin f; **à ~esa** auf französische Art; **despedir-se à -esa** sich auf Französisch verabschieden
franchisado [frãʃiˈzadu] M̄ COM Franchisenehmer m **franchisador** [frãʃizɐˈdor] M̄ Franchisegeber m **franchisar** [frãʃiˈzar] ⟨1a⟩ in Franchise nehmen (ou verkaufen)
franciscano [frãsiʃˈkɐnu] M̄ Franziskaner m
franco¹ [ˈfrãku] ADJ frei(mütig); offen(-herzig); großzügig; falar: ungehemmt; **porto m ~** Freihafen m
franco² [ˈfrãku] M̄ moeda: Franken m; **~ suíço** Schweizer Franken m
franco³ [ˈfrãku] GEOG A ADJ fränkisch B M̄PL espec hist **os ~s** tribo: die Franken mpl
franco...¹ [frãkɔ-] EM COMP Frei...; **entrada f -a** freier Eintritt m, Eintritt frei
franco...² [frãkɔ-] EM COMP französisch; **~-alemão** deutsch-französisch **franco-atirador** [frãkɔatiraˈdor] M̄ ⟨pl ~es⟩ MIL hist Freischärler m **franco-canadiano** [frãkɔkɐnɐˈdjɐnu] M̄, **-a** F̄ Frankokanadier(in) m(f)
Francoforte [frãkuˈfɔrti] SEM ART GEOG Frankfurt n; **~ sobre o Meno** Frankfurt am Main
franco-mação [frãkɔmɐˈsɐ̃u] M̄ ⟨pl franco-mações⟩ Freimaurer m
franga [ˈfrãgɐ] F̄ Huhn n
frangalho [frãˈgaʎu] M̄ Lumpen m; Fetzen m; **fazer em ~s** zerfetzen
frangalhote [frãgaˈʎɔti] M̄ (junger) Hahn m; fig (junger) Gockel m **franganito**

[frãgɐˈnitu] M̄ (junger) Hahn m; fig Gernegroß m **frango** [ˈfrãgu] M̄ 1 GASTR Hähnchen n; **~ com piripíri** scharf gewürztes Brathähnchen n; **~ na púcara** mit Chouriço, Schinken, Tomaten, Zwiebeln u. Portwein geschmorte Hähnchenstücke 2 fig Grünschnabel m 3 pop futebol: Fehlgriff des Torwarts
franja [ˈfrãʒɐ] F̄ Franse f; **~s pl** pop (grupo) Randgruppe f; cabelo: Pony m; **estar com os nervos em ~** port pop die Nerven blank liegen haben **franjar** [frãˈʒar] ⟨1a⟩ mit Fransen (ou Spitzen) besetzen; fig verzieren
franquear [frãˈkjar] ⟨1l⟩ freigeben; acesso: öffnen; (possibilitar) ermöglichen; casa zur Verfügung stellen; dificuldade überwinden; NÁUT zum Freihafen erklären; bras correspondência frankieren **franqueza** [frãˈkezɐ] F̄ Freiheit f; Offenheit f; (generosidade) Großzügigkeit f; **com ~ →** francamente; **usar de ~** ohne Umschweife zur Sache kommen **franquia** [frãˈkia] F̄ 1 correio: Porto n 2 imposto: Freistellung f; (regalia) Freiheit f, Vorrecht n 3 bras Franchising n **franquiar** [frãˈkjar] ⟨1g⟩ correspondência freimachen, frankieren
franzido [frãˈzidu] A ADJ Falten...; faltig; kraus B M̄ Plissee n **franzino** [frãˈzinu] dünn (tb tecido); (delicado) zart; (fraco) schwächlich **franzir** [frãˈzir] ⟨3a⟩ fälteln; fig kräuseln; **~ as sobrancelhas** (ou **o sobrolho**), **~ a testa** die Stirn runzeln
fraque [ˈfraki] M̄ Frack m
fraquejar [frakiˈʒar] ⟨1d⟩ schwach werden; wanken; rendimento nachlassen **fraqueza** [frɐˈkezɐ] F̄ Schwäche f, Schwachheit f; **~ no sangue** fam Blutarmut f; **cair na ~ de** (inf) so schwach sein, dass **fraquinho** [frɐˈkiɲu] F̄ fig fam kleine Schwäche f (**por** für)
frasco [ˈfraʃku] M̄ Fläschchen n; perfume: Flakon m|n; conserva etc: Glas n; port pop pej hässliche, dürre Person f
frase [ˈfrazi] F̄ Satz m; Phrase f (tb MÚS); **fazer ~s** GRAM Sätze bilden; fig Phrasen dreschen **fraseado** [frɐˈzjadu] M̄ Rede- (ou Schreib)weise f; MÚS Phrasierung f
frase-feita [frɐziˈfaita] F̄ ⟨pl frases-feitas⟩ Redensart f
fraternal [frɐtirˈnal] brüderlich **fraternidade** [frɐtirniˈdadi] F̄ Brüderlichkeit f

fraternizar [frɐtɨrni'zar] ⟨1a⟩ sich verbrüdern (**com** mit); freundschaftlich miteinander umgehen **fraterno** [frɐ'tɛrnu] Bruder..., brüderlich

fratur... *bras* → *fractura etc*

fraudador [frauda'dox] M, **fraudadora** [frauda'doɾɐ] F *bras* Betrüger(in) m(f) **fraudar** [frau'dax] ⟨1a⟩ *bras* betrügen (**de** um) **fraude** ['fraudi] F Betrug m; ~ **fiscal** Steuerhinterziehung f **fraudulento** [fraudu'lẽtu] betrügerisch; *fig* hinterlistig

freada ['frjadɐ] F *bras* Bremsung f **frear** [frjax] ⟨1l⟩ *bras* bremsen

frech... → *flecha etc*

freguês [fre'geʃ] M, **freguesa** [fre'gezɐ] F Kunde m, Kundin f; *restaurante*: (Stamm)Gast m **freguesia** [fregi'ziɐ] F COM Kundschaft f; Gemeinde f

frei [fraj] M REL Bruder m, Mönch m

freio ['fraju] M TECN Bremse f (*bras espec* AUTO); Zügel m, Zaum m (*tb fig*); ~ **de emergência** Notbremse f; **pôr** ~ **em** *fig* zügeln; **não ter** ~ **na língua** kein Blatt vor den Mund nehmen

freira ['frajɾɐ] F Nonne f

freixo ['frajʃu] M BOT Esche f

frémito (*ê) ['frɛmitu] M *mar*: Brausen n, Tosen n; *leão*: Gebrüll n; (*tremor*) Zittern n

frenação [frɨna'sɐ̃ũ] F (*aparelho m de*) ~ Bremsvorrichtung f **frenar** [fri'nar] ⟨1d⟩ bremsen; *fig* zügeln

frenesi [frini'zi] M, **frenesim** [frini'zĩ] M Tobsucht f; Raserei f; **com** ~ wie verrückt **frenético** [fri'nɛtiku] rasend, toll; frenetisch

frente ['frẽti] F Vorderseite f (*tb* ARQUIT); Spitze f; MIL Front f; ~ **fria/quente** METEO Kalt-/Warmfront f; ~ **a** ~ einander gegenüber; **à** ~ vorn; **estar à** ~ an der Spitze stehen; (**largamente**) **à** ~ **de** (weit) vor (*ac e dat*); **da** ~ vorder, Vorder...; **de** ~ von vorn; (*decidido*) entschlossen; **em** ~ **a** (direkt) vor (*dat*); **em** ~ **de** vor (*ac e dat*), gegenüber; **sempre em** ~ immer geradeaus; **para a** ~ vorwärts; nach vorn; **fazer** ~ **a** entgegentreten (*dat*); *a/c* Einhalt gebieten; **ter alg pela** ~ j-n vor sich (*dat*) haben **frentista** [frẽ'tʃiʃtɐ] M *bras* Tankwart m

frequência (*ü) [fri'kwẽsjɐ] F Häufigkeit f; (*afluência*) Zulauf m; *escola*: Besuch m; UNIV (Semester)Prüfung f, Klausur f; ELECT Frequenz f; (**alta Hoch...**); ~ **de relógio** INFORM Taktfrequenz f; ~ **modulada** Ultrakurzwelle f; **com** ~ häufig; **ter** ~ gut besucht sein, Zulauf haben; **ter boa** ~ *estudante* selten gefehlt haben; *estabelecimento* gut besucht sein **frequentador** [frikwẽta'dor] M (regelmäßiger) Besucher m **frequentar** [frikwẽ'tar] ⟨1a⟩ *local, curso* (regelmäßig) besuchen; *pessoa* verkehren mit (ou in *dat*); *percurso* begehen **frequente** [fri'kwẽti] häufig; *pulso* beschleunigt; (*assíduo*) eifrig **frequentemente** [frikwẽti'mẽti] ADV häufig

fresa ['frezɐ] F Fräse f **fresar** [fre'zar] ⟨1a⟩ fräsen

fresca ['freʃkɐ] F Abendkühle f (**pela** in der); **à** ~ leicht, luftig (gekleidet); **tomar** ~ frische Luft schöpfen

frescalhão [friʃkɐ'ʎɐ̃ũ], **frescalhona** [friʃkɐ'ʎonɐ] F, **frescalhota** [friʃkɐ'ʎɔtɐ] *fam* (sehr) frisch; jugendlich; *pop* flegelhaft

fresco ['freʃku] **A** ADJ frisch; *temperatura* kühl; *vestuário* leicht; *pop* frech; anzüglich; *irón* reizend, heiter; *bras* sentimental; **de** ~ kürzlich; **pintado de** ~ frisch gestrichen **B** M frische Brise f; PINT Fresko n; *bras pej* pop Schwuchtel f (*Homosexueller*); **~s** pl Proviant m; **leite m** ~ Frischmilch f; **queijo m** ~ Frischkäse m; **pôr-se ao** ~ *pop* sich verdrücken; **tomar (o)** ~ frische Luft schöpfen **frescor** [friʃ'kor] M (*espec bras*) Frische f; Kühle f **frescura** [friʃ'kurɐ] F Frische f; *temperatura*: Kühle f; *bras* Sentimentalität f

fresquidão [friʃki'dɐ̃ũ] F → *frescor* **fresquinho** [friʃ'kiɲu] *fam ar etc* schön kühl (ou frisch); *fruta, legmes* knackig

fressura [fri'surɐ] F Innereien fpl

fresta ['freʃtɐ] F *muro*: (Mauer)Lücke f, Spalt m, Ritze f; *telhado*: (Dach)Luke f

fretador [frita'dor] M Transportunternehmer m **fretagem** [fri'taʒɐ̃ĩ] F Chartergebühr f; *bras* **fretamento** [frita'mẽtu] M Charter m; Frachtvertrag m **fretar** [fri'tar] ⟨1c⟩ *barco* chartern; *automóvel ato* mieten **frete** ['freti] M Fracht f; (*transporte*) Transport m; (*aluguer*) Chartern n; *fig pop* Genneve f; Mist m; **fazer (um)** ~ *pop* lustlos ou widerwillig sein

fria ['friɐ] F *bras pop* kitzlige Situation f **friagem** [fri'aʒɐ̃ĩ] F Frost m; (*estrago*)

Frostschaden *m* **frialdade** [friaɫ'dadɨ] *F̄* Gefühlskälte *f*, Gleichgültigkeit *f*
fricassé [frika'sɛ] *M̄* GASTR Frikassee *n*
fricção [fri'ksɐ̃ũ] *F̄* FÍS Reibung *f*; *com creme etc* Einreiben *n* **friccionar** [friksju'nar] ⟨1f⟩ reiben; *com creme etc* einreiben
frieira [fri'ɐira] *F̄* Frostbeule *f* **frieza** [fri'eza] *F̄* (Gefühls)Kälte *f*; Frostigkeit *f*; ~ **de ânimo** Kaltblütigkeit *f*
frigideira [friʒi'dɐira] *F̄* Bratpfanne *f*
frígido ['friʒidu] kalt, eisig; MED frigid
frigorífico [frigu'rifiku] *ADJ* Kühl...; Eis...; Kälte erzeugend; **armazém** ~ = Kühlraum *m* *B̄ M̄* Kühlschrank *m*; *bras* Kühlhaus *n*
frincha ['frĩʃɐ] *F̄* Spalte *f*
frio ['friu] *ADJ* kalt; *fig* tb frostig; (*impávido*) ausdruckslos; *carnes fpl* -**as** GASTR Aufschnitt *m*; ~ **de pedra** eiskalt *B̄ M̄* Kälte *f*, Frost *m*; Frostigkeit *f*; ~**s** *pl bras* kalte Platten *fpl*; (Wurst)Aufschnitt *m*; ~ **de rachar** schneidende Kälte *f*; **apanhar** ~ sich erkälten; **estar** ~, **fazer** ~ kalt sein; **ter** (*ou* **sentir**) ~ frieren
friorento [friu'rẽtu] verfroren
frisa ['friza] *F̄* TEAT Loge *f* (vor der Bühne)
frisado [fri'zadu] *ADJ* gekräuselt *B̄ M̄* gekräuseltes Haar *n* **frisante** [fri'zɐ̃tɨ] *resposta* passend, zutreffend; bezeichnend; *exemplo* überzeugend **frisar** [fri'zar] ⟨1a⟩ *cabelo* kräuseln; *testa* runzeln; hervorheben; unterstreichen; ~ **com** ähneln; (*acordar*) übereinstimmen mit
friso ['frizu] *M̄* ARQUIT Fries *m*
frita ['fritɐ] *F̄* TECN Schmelze *f*; ~**s** *pl bras* Pommes frites *pl* **fritada** [fri'tadɐ] *F̄* GASTR Gebratene(s) *n*; ~ **de ovos** gebratene Eier *mpl* **fritadeira** [fritɐ'dɐirɐ] *F̄* Fritteuse *f* **fritar** [fri'tar] ⟨1a⟩ (in Fett) backen, braten; frittieren **frito** ['fritu] *A ADJ irr* → fritar; **batatas** *FPL* -**as** Pommes frites *pl*; **estar** ~ *fig pop* angeschmiert sein *B̄ M̄* Gebackene(s) *n* **fritura** [fri'turɐ] *F̄* (in Fett) Gebackene(s) *n*
frívolo ['frivulu] leichtfertig; *pessoa* frivol; *motivo* nichtig
frízer ['frizex] *M̄ bras* Tiefkühlfach *n*; *arca*: Tiefkühltruhe *f*
froco ['frɔku] *M̄* Troddel *f*, Quaste *f*; *neve*: (Schnee)Flocke *f*
frondear [frõ'djar] ⟨1l⟩, **frondejar** [frõdi'ʒar] ⟨1d⟩ (sich) belauben; (Blätter) treiben **frondoso** [frõ'dozu] dicht belaubt
fronha ['froɲɐ] *F̄* (Kissen)Bezug *m*
frontada [frõ'tadɐ] *F̄* ARQUIT Eckstein *m*
frontal [frõ'taɫ] *A ADJ* Vorder...; Stirn...; ARQUIT Front...; *fig* frontal: *oposição* krass, schroff *B̄ M̄* (Fenster-, Tür)Aufsatz *m*; ANAT Stirnbein *n* **frontão** [frõ'tɐ̃ũ] *M̄* ARQUIT Giebel *m*; Aufsatz *m*
frontaria [frõtɐ'riɐ] *F̄* Fassade *f* **fronte** ['frõtɨ] *F̄* ANAT Stirn *f*; Front-, Vorderseite *f*; ~ **a** ~ von Angesicht zu Angesicht; frontal **fronteira** [frõ'tɐirɐ] *F̄* Grenze *f* (**com** zu) **fronteiriço** [frõtɐi'risu] Grenz...; angrenzend **fronteiro** [frõ'tɐiru] gegenüberliegend; angrenzend; Grenz...
frota ['frɔtɐ] *F̄* Flotte *f*
frouxel [fro'ʃɛɫ] *M̄* Flaum(federn *fpl*) *m*
frouxidão [froʃi'dɐ̃ũ] *F̄* (*lassidão*) Schlaffheit *f*; (*moleza*) Schlappheit *f*; (*fraqueza*) Lässigkeit *f* **frouxo** ['froʃu] *A ADJ* schlapp; *pessoa* schlaff, matt; *fig* lässig *B̄ M̄* Schlappschwanz *m*
frugal [fru'gaɫ] *refeição*, *vida* einfach, bescheiden, genügsam; (*pobre*) karg
fruição [frui'sɐ̃ũ] *F̄* Genuss *m* **fruir** [fru'ir] ⟨3i⟩ genießen (**de** *ac*)
fruste ['fruʃtɨ] *qualidade* minderwertig; *vestuário* abgenutzt; *técnica* veraltet; MED unspezifisch
frustração [fruʃtrɐ'sɐ̃ũ] *F̄* PSICOL Frustration *f*; *a/c*...: Vereitelung *f*; *plano*: Scheitern *n* **frustrado** [fruʃ'tradu] PSICOL frustriert; *plano* gescheitert; *artista* verhindert; *esforços* vergeblich **frustrante** [fruʃ'trɐ̃tɨ] frustrierend **frustrar** [fruʃ'trar] ⟨1a⟩ *esperança* täuschen; *alg* bringen um; *plano* vereiteln, zum Scheitern bringen; frustrieren; ~-**se** scheitern
fruta ['frutɐ] *F̄* Obst *n*; Frucht *f*; ~ **cristalizada** kandierte Früchte *fpl*; ~ **da época** Früchte *pl* der Saison; ~ **em calda** Kompott *n*; ~ **fresca** Frischobst *n*; ~ **seca** Dörrobst *n*; **uma peça de** ~ ein Stück Obst; **ser** ~ **do tempo** *fig* jahreszeitlich (*ou* zeit)bedingt sein
fruta-pão [frutɐ'pɐ̃ũ] *F̄* ⟨*pl* frutas-pães⟩ *bras* BOT Brotfrucht *f*; *árvore*: Brotfruchtbaum *m* **frutaria** [frutɐ'riɐ] *F̄* Obstgeschäft *n* **fruteira** [fru'tɐirɐ] *F̄* BOT Obstbaum *m*; Obstkorb *m*, -schale *f* **fruticultor** [frutiku{ł}'tor] *M̄* Obst(an)bauer *m* **fruticultura** [frutikuɫ'turɐ] *F̄* Obst(an)-

bau m **frutífero** [fru'tifiru] fruchttragend; Obst...; fig ergiebig; (útil) nützlich; (fértil) fruchtbar **frutificar** [frutifi'kar] ⟨1n⟩ Frucht bringen; fig ergiebig sein; (tornar-se fértil) fruchtbar werden **fruto** ['frutu] M geralm Frucht f; (resultado) Ergebnis n; (vantagem) Nutzen m; (consequência) Folge f; **dar ~ planta** (Früchte) tragen; (ser vantajoso) Nutzen bringen; (produzir efeito) ein Ergebnis bringen **frutose** [fru'tɔzi] F Fruchtzucker m

fuba ['fubɐ] F África: Maniokmehl n **fubá** [fu'ba] M bras Mais-, Reismehl n

fuça [fusɐ] F pop (cara) Fresse f, Visage f; **levar nas ~s** pop eins auf die Schnauze kriegen **fuçar** [fu'sax] ⟨1p⟩ bras fam stöbern (**em** in dat)

fúcsia ['fuksjɐ] F BOT Fuchsie f

fuel ['fuɛɫ] M, **fuelóleo** [fwɛ'ɫɔɫju] M port Heizöl n

fufa ['fufɐ] pop A ADJ lesbisch B F pop Lesbe f

fuga ['fugɐ] F **1** Flucht f (v Gefangenen); **~ ao fisco**, **~ aos impostos** Steuerflucht f; **em ~** flüchtig, auf der Flucht; **pôr em ~** in die Flucht schlagen; **pôr-se em ~** die Flucht ergreifen **2** recipiente: Leck n, undichte Stelle f; **ter ~** leck (ou undicht) sein **3** MÚS Fuge f **4** fig Ausflucht f; Anwandlung f **5** (**lance m de**) ⟨ DESP Vorstoß m

fugaz [fu'gaʃ] flüchtig

fugida [fu'ʒidɐ] F Flucht f; fig Ausflucht f; Ausweg m; **de ~** flüchtig; vorübergehend; **dar uma ~ até** (ou a) auf e-n Sprung gehen (ou kommen) zu **fugir** [fu'ʒir] ⟨3n; Stv 3h⟩ fliehen (**a**, **de** aus, vor dat), flüchten (**a**, **de** vor dat); AUTO ausbrechen; DESP vorstoßen; **~ a** memória verschwinden; pergunta ausweichen; **deixar ~ alg** j-n entkommen lassen; a/c sich (dat) entgehen lassen; etw aus der Hand gleiten lassen **fugitivo** [fuʒi'tivu] A ADJ flüchtig (tb fig) B M, **-a** F Flüchtling m

fui [fuj] → ir, ser

fuinha ['fwiɲɐ] A F (Stein)Marder m B M/F Hänfling m; (avarento) Geizhals m; (bisbilhoteira) Klatschtante f

fula ['fulɐ] F Eile f; (quantidade) Haufen m, Menge f; TECN indústria têxtil: Walkmaschine f; **à ~** überstürzt

fulano [fu'ɫɐnu] M Dingsda m; **~ (de tal)** (ein) Herr Soundso m; **Fulano** Herr X; **~ e sicrano** Hinz und Kunz

fulcral [fuɫ'kraɫ] einschneidend **fulcro** ['fuɫkru] M Stütze f; Stütz-, Drehpunkt m; fig Rückhalt m; (ênfase) Schwergewicht n, Betonung f

fulgente [fuɫ'ʒẽti], **fúlgido** ['fuɫʒidu] leuchtend, strahlend **fulgir** [fuɫ'ʒir] ⟨3n⟩ → fulgurar **fulgor** [fuɫ'gor] M Glanz m, (heller) Schein m **fulguração** [fuɫgurɐ'sɐ̃ũ] F Aufblitzen n **fulgurar** [fuɫgu'rar] ⟨1a⟩ blitzen; raios zucken; (brilhar) leuchten; fig überragen

fuligem [fu'ɫiʒɐ̃j] F Ruß m **fuliginoso** [fuɫiʒi'nozu] rußig; rußbedeckt; língua belegt

fulminante [fuɫmi'nɐ̃ti] A ADJ blitzartig; olhar drohend; sentença vernichtend; MED tödlich; QUÍM Knall..., Spreng...; Zünd...; fig niederschmetternd B M Zündhütchen n; Sprengsatz m **fulminar** [fuɫmi'nar] ⟨1a⟩ A V/T **1** ~ **alg** raio j-n treffen, erschlagen; doença j-n hinraffen; (paralizar) erstarren lassen; fig j-n niederschmettern; **com o olhar:** j-n durchbohren **2** zerschmettern; ameaça ausstoßen; castigo verhängen (**contra** über ac) B V/I Blitze schleudern; blitzen; fig toben, wettern

fulo ['fuɫu] fig gelb, bleich (vor Zorn)

fulvo ['fuɫvu] goldblond

fumaça [fu'masɐ] F Rauch m, Qualm m; fig Dünkel m **fumaceira** [fumɐ'sɐjrɐ] F Qualm m, fig (Trauer)Flor m; luto: (Trauer)Flor m; **negro ~ de ~** Ruß m; **~ de palha** fig Strohfeuer n; **deitar** (ou **fazer**) **~** rauchen, qualmen; **ter ~s de** sich aufspielen

fumada [fu'madɐ] F Zug m (beim Rauchen); (fumo) Rauch m, Rauchwolke f **fumado** [fu'madu] ADJ geräuchert **fumador(a)** [fumɐ'dor(ɐ)] M, bras **fumante** [fu'mɐ̃ti] M/F Raucher(in) m(f) **fumar** [fu'mar] ⟨1a⟩ tabaco rauchen; carne, peixe räuchern; **~ de raiva** schäumen vor Wut **fumear** [fu'mjar] ⟨1l⟩, **fumegar** [fumi'gar] ⟨1o; Stv 1c⟩ rauchen, qualmen; alimento dampfen; bebida schäumen **fumeiro** [fu'mɐjru] M Rauchfang m **fumífero** [fu'mifiru] ADJ bomba F **-a** port Rauchbombe f **fumigação** [fumigɐ'sɐ̃ũ] F mosquitos etc: Ausräucherung f **fumigar** [fumi'gar] ⟨1o⟩ ausräuchern **fumo** ['fumu] M Rauch m; (vapor) Dampf m; (gases) Dunst m; bras Tabak m; fig Dünkel m, Eitelkeit f; luto: (Trauer)Flor m;

als **fumoso** [fu'mozu] rauchig; rauchend, dampfend; *fig* eitel; eingebildet
funâmbulo [fu'nãbuɫu] M Seiltänzer m
função [fũ'sɐ̃ũ] F Funktion f; (*tarefa*) Aufgabe f; (*propósito*) Zweck m; (*cargo*) Amt n; TEAT Aufführung f, Vorstellung f; ~ **pública** öffentlicher Dienst m; **em** ~ in Betrieb; **em** ~ **de** im Verhältnis zu; im Hinblick auf (*ac*); ~ **de ajuda** INFORM Hilfefunktion f; ~**-ões** pl **adicionais** INFORM Zusatzfunktionen fpl
Funchal [fũ'ʃaɫ] SEM ART GEOG Hauptstadt von Madeira
funcho ['fũʃu] M Fenchel m
funcional [fũsju'naɫ] funktionell, funktional; Funktions...
funcionalismo [fũsjunɐ'liʒmu] M ~ (**público**) Beamtenschaft f, Beamtentum n
funcionamento [fũsjunɐ'mẽtu] M Funktionstüchtigkeit f; *máquina etc*: Gang m; *estabelecimento*: Betrieb m; **entrar em** ~ *máquina* anlaufen; **entrada f em** ~ Inbetriebnahme f
funcionar [fũsju'nar] ⟨1f⟩ funktionieren; *estabelecimento* in Betrieb sein; *máquina* laufen; *fam* klappen
funcionário [fũsju'narju] M, **-a** F m/f(m); ~ **equiparado** gleichgestellter Angestellter m; ~ **público** Funktionär m; Beamte(r) m
fundação [fũdɐ'sɐ̃ũ] F Gründung f; Einrichtung f; *caritativa* Stiftung f; TECN Träger m; (*suporte*) Stütze f; ARQUIT Fundament n **fundado** [fũ'dadu] begründet, fundiert **fundador** [fũdɐ'dor] A ADJ Gründungs... B M, **fundadora** [fũdɐ'dorɐ] F Gründer(in) m/f; Stifter(in) m/f(m)
fundamentação [fũdɐmẽtɐ'sɐ̃ũ] F Begründung f **fundamental** [fũdɐmẽ'taɫ] fundamental, grundlegend; Grund...; (*principal*) Haupt...; **é** ~ **que** conj es ist unabdingbar, dass **fundamentalismo** [fũdɐmẽtɐ'liʒmu] M Fundamentalismus m; ~ **islâmico** Islamismus m **fundamentalista** [fũdɐmẽtɐ'liʃtɐ] A ADJ fundamentalistisch B M/F Fundamentalist(in) m/f; *fam* Fundi m/f **fundamentalmente** [fũdɐmẽtaɫ'mẽti] hauptsächlich; *inv* im Grunde **fundamentar** [fũdɐmẽ'tar] ⟨1a⟩ den Grundstein legen zu; *opinião* begründen; (*apoiar*) stützen (**em** auf *dat*) **fundamento** [fũdɐ'mẽtu] M Grundlage f; Fundament n; (*justificação*) Begründung f; TECN Fundierung f, Unterbau m; **não ter** ~ *acusação* der Grundlage entbehren; *argumento* nicht stichhaltig sein **fundar** [fũ'dar] ⟨1a⟩ *instituição* gründen; einrichten; *prémio* stiften; ~ **em** stützen auf (*ac*); (*confiar*) vertrauen auf (*ac*) **fundeado** [fũ'djadu] vor Anker liegend **fundeadouro** [fũdjɐ'doru] M Ankerplatz m **fundear** [fũ'djar] ⟨1l⟩ vor Anker gehen **fundeiro** [fũ'dɐiru] unterste, tief **fundiário** [fũ'djarju] Grund...; Boden...; **capital** m ~ Grundvermögen n
fundição [fũdi'sɐ̃ũ] F Guss m (*tb fig*); Roheisen n; Verhüttung f; (**fábrica** f **de**) ~ Gießerei f; Hütte f, Hüttenwerk n **fundido** [fũ'didu] Guss...
fundir [fũ'dir] ⟨3a⟩ *metal* schmelzen; *estátua, metal* gießen; *minério* verhütten; *fig* (*fusionar*) (miteinander) verschmelzen, zusammenlegen; ~**-se** schmelzen; *fusíveis* durchbrennen; *fig* dahin-, zusammenschmelzen; (*fusionar*) miteinander verschmelzen, zusammenwachsen
fundo ['fũdu] A ADJ tief; tief liegend; **de olhos** ~**s** hohläugig B M 1 *geralm* Grund m; *recipiente*: (Gefäß)Boden m; GEOG (Tal)Sohle f; PINT Tiefe f; *fig* Grundlage f; (*substância*) Gehalt m; *assunto*: Hintergrund m; Kern m (*e-r Sache*); ~ **falso** doppelter Boden m; ~ **de tela** Bildschirmschoner m; **corrida** f **de fundo** DESP Langstreckenlauf m; **pano** m **de** ~ *fig* Hintergrund m; **de** ~ tiefgründig; wesentlich; **no** ~ im Grunde (genommen); **meter ao** (*ou* **no**) ~ versenken; **ser** ~ tief sein; **prometer mundos e** ~**s** das Blaue vom Himmel herunter versprechen 2 ECON, FIN Fonds m; ~**s** pl Kapital n, Geldmittel pl; ~ **de amortização** Tilgungsfonds m; ~ **de investimento** Investmentfonds m; **Fundo Monetário Internacional** Internationaler Währungsfonds m; ~ **de pensões** Rentenfonds m; ~**s** pl **públicos** Staatspapiere npl; ~ **de reserva** Reservefonds m; **a** ~ gründlich; ausgiebig; **a** ~ **perdido** COM, FIN ohne Aussicht auf Rückerstattung; *cheque* **sem** ~**s** ungedeckt; **ir ao** ~ (ver)sinken; **ir** ~ **bras** sich etwas trauen
fundura [fũ'durɐ] F Tiefe f
fúnebre ['funibri] Leichen...; Trauer...; Grab...; *fig* traurig; düster
funeral [funi'raɫ] A ADJ Begräbnis... B

M̄ Beerdigung f; Trauerfeier f **funerária** [funiˈrarjɐ] F̄ Bestattungsinstitut n **funerário** [funiˈrarju] Begräbnis...; Grab...
funesto [fuˈnɛʃtu] verhängnisvoll
fungão [fũˈgɐ̃ũ] M̄ **1** BOT Morchel f; AGR Mutterkorn n **2** pop Schnupfen m; pop (nariz) Zinken m; pop Heulsuse f
funge [ˈfũʒi] M̄ Angola → funje
fungo [ˈfũgu] M̄ BOT, MED Pilz m
funicular [funikuˈlar] A ADJ Seil... B M̄ Drahtseilbahn f
funil [fuˈnit] M̄ Trichter m **funileiro** [funiˈłɐiru] M̄ Klempner m
funje [ˈfũʒi], **fúnji** [ˈfũʒi] M̄ Angola GASTR Maniokbrei m
fura-barreira [furɐbɐˈxere] M̄ ⟨pl ~s⟩ bras ave: Jakamar m **fura-bolos** [furɐˈboɫuʃ] M̄ ⟨pl inv⟩ fam (indicador) Zeigefinger m; pessoa: aufgeweckte Person f
furacão [furɐˈkɐ̃ũ] M̄ Orkan m
furadeira [furɐˈdere] F̄ bras Bohrmaschine f; ~ **de impacto** Schlagbohrmaschine f, Schlagbohrer m **furado** [fuˈradu] ADJ **sair ~** schief gehen **furador** [furɐˈdor] M̄ Pfriem m; Locher m **fura-greves** [furɐˈgrɛviʃ] M/F ⟨pl inv⟩ Streikbrecher(in) m(f)
furão [fuˈrɐ̃ũ] M̄ ZOOL Frettchen n; fig Schnüffler m; fam Schlaukopf m; INFORM Hacker m
furar [fuˈrar] ⟨1a⟩ A V/T lochen; durchlöchern, durchbohren; INFORM hacken (a/c in etw ac); fig vereiteln, verderben; ~ **paredes** port pop mit allen Wassern gewaschen sein; bras fam ins Wasser fallen B V/I **1** bohren; pneu, bola ein Loch bekommen **2** fig sich ein-, durchschmuggeln; sich durchsetzen (**pela vida** im Leben) **fura-vidas** [furɐˈvidɐʃ] M/F ⟨pl inv⟩ Erfolgsmensch m
furgão [furˈgɐ̃ũ] M̄ FERROV Gepäckwagen m; bras Lieferwagen m **furgoneta** [furguˈnɛtɐ] F̄ AUTO Lieferwagen m; Kleinbus m
fúria [ˈfurjɐ] F̄ Wut f; Raserei f
furibundo [furiˈbũdu] zornig, grimmig
furioso [fuˈrjozu] wütend; tobsüchtig; rasend
furna [ˈfurnɐ] F̄ Grotte f, Höhle f
furo [ˈfuru] M̄ Loch n; fig Ausweg m; **abrir um ~** ein Loch bohren; **aproveitar o ~** pop die Gelegenheit beim Schopfe packen; **esperar o ~** port e-e günstige Gelegenheit suchen; **subir um ~ no conceito de alg** fig in j-s Achtung steigen; **ter um ~** AUTO e-n Platten haben
furor [fuˈror] M̄ **1** Raserei f; Wut f; Tobsucht f **2** Begeisterung f; **fazer ~** pop Furore machen
furta-cor [furtɐˈkor] ⟨mpl ~es⟩ A ADJ schillernd B M̄ Changeant m **furtadela** [furtɐˈdɛłɐ] F̄ Diebrei f; **às ~s** verstohlen **furtar** [furˈtar] ⟨1a⟩ stehlen; dinheiro unterschlagen; olhar abwenden; assinatura fälschen; **~ o corpo**, **~-se a** ausweichen (dat); influência sich entziehen (dat); trabalho etc sich drücken vor (dat)
furtivo [furˈtivu] olhar flüchtig; heimlich
furto [ˈfurtu] M̄ acção: Diebstahl m; objecto: Diebesgut n
furúnculo [fuˈrũkułu] M̄ MED Furunkel m
fusa [ˈfuzɐ] F̄ MÚS Zweiunddreißigstelnote f
fusão [fuˈzɐ̃ũ] F̄ Fusion f; Schmelze f; Verhüttung f; fig Verschmelzung f; Zusammenschluss m; **ponto m de ~** Schmelzpunkt m; **~ nuclear** Kernfusion f
fusca [ˈfuʃkɐ] A bras VW-Käfer m B F̄ Cabo Verde Betrunkenheit f **fuscão** [fuʃˈkɐ̃ũ] M̄ bras VW-1500 m
fusco [ˈfuʃku] **1** dunkel, düster; fig traurig **2** Cabo Verde betrunken
fusionar [fuzjuˈnar] ⟨1f⟩ verschmelzen; (reunir) zusammenlegen, -schließen; fusionieren (tb ECON **fusível** [fuˈzivɛł] A ADJ schmelzbar B M̄ ELECT (Schmelz)Sicherung f
fuso [ˈfuzu] M̄ Spindel f; **~ horário** GEOG Zeitzone f; **direito como um ~** port kerzengerade; geradewegs
fusquinha [fuʃˈkĩɲɐ] M̄ bras → fusca
fustigar [fuʃtiˈgar] ⟨1o⟩ (aus)peitschen; fig anregen, stimulieren
futebol [futiˈbɔł] M̄ Fußball m; jogo: Fußballspiel n; **jogar (ao) ~** Fußball spielen **futebolista** [futibuˈłiʃtɐ] M/F Fußballspieler(in) m(f), fam Fußballer(in) m(f)
fútil [ˈfutił] nichtig, belanglos
futilidade [futiłiˈdadi] F̄ Nichtigkeit f, Belanglosigkeit f
futrica [fuˈtrikɐ] F̄ **1** Kram m, Plunder m **2** Kneipe f; Kramladen m **3** gemeiner Kerl m **4** UNIV Coimbra Nicht-Student m
futricar [futriˈkar] ⟨1n⟩ intrigieren, hetzen; plano hintertreiben

futurar [futu'rar] ⟨1a⟩ voraussagen; vermuten **futurismo** [futu'riʒmu] M ARTE Futurismus m **futurista** [futu'riʃtɐ] A ADJ futuristisch B M/F Futurist(in) m(f) **futuro** [fu'turu] A ADJ (zu)künftig M Zukunft f; GRAM Futur n; **de ~, para o ~** in Zukunft, künftig; **ter ~** Zukunft haben **futurologia** [futurulu'ʒiɐ] F Zukunftsforschung f

fuzil [fu'ziɫ] M Kettenglied n; METEO Blitz m; bras Karabiner m, Gewehr n **fuzilamento** [fuziɫɐ'mẽtu] M (standrechtliche) Erschießung f **fuzilar** [fuzi'ɫar] ⟨1a⟩ A VT (standrechtlich) erschießen; com o olhar: anfunkeln B VI blitzen, funkeln **fuzileiro** [fuzi'ɫɐiru] M MIL Infanterist m

G

G, g [ʒe, ʒɛ] M G, g n
g. ABR **1** (grama) g (Gramm) **2** (grau) Gr. (Grad)
G-20 [ʒe'viti] M G 20 pl, G-20-Staaten mpl; **cimeira** f (bras **cúpula** f) **do G-20** G-20-Gipfel m
Gabão [gɐ'bɐ̃ũ] M GEOG **o ~** = Gabun (n)
gabar [gɐ'bar] ⟨1b⟩ A VT **~ alg** j-n loben; j-n rühmen; j-m schmeicheln (**por** wegen) B VR **~-se** angeben, prahlen (**de** mit)
gabardina [gɐbar'dinɐ] F, **gabardina** [gɐbar'dinɐ] F Regenmantel m; material: Gabardine m
gabarito [gɐbɐ'ritu] M Vorlage f, Schablone f; Modell n; FERROV Spurweite f; bras TB Bauhöhe f; (tabela) Lösungsschablone f (für Multiple-Choice-Tests); fig Format n
gabarola [gɐbɐ'rɔɫɐ] M/F, **gabarolas** [gɐbɐ'rɔɫɐʃ] M/F ⟨pl inv⟩ fam Aufschneider(in) m(f), Angeber(in) m(f) **gabarolice** [gɐbɐru'ɫisɐ] F fam Angeberei f
gabinete [gɐbi'netɨ] M (Arbeits)Zimmer n; (escritório) Büro n; POL Kabinett n, Regierung f; **~ federal** Bundesamt n; **~ de imprensa** Pressebüro n
gabiru [gɐbi'ru] M pop Nichtsnutz m; (espertalhão) Schlitzohr n; bras Tollpatsch m

gadanha [gɐ'dɐɲɐ] F Sense f; Schöpflöffel m **gadanhar** [gɐdɐ'ɲar] ⟨1a⟩ sensen **gadanho** [gɐ'dɐɲu] M Kralle f (tb fig); Eisenharke f; Forke f; **~s** fig pop Hände fpl; Finger mpl
gado ['gadu] M Vieh n; **~ bovino/grosso/miúdo** Rind-/Groß-/Kleinvieh n
gafanhoto [gɐfɐ'ɲotu] M Heuschrecke f
gafe ['gafɨ] F Entgleisung f; Schnitzer m, Patzer m; **cometer uma ~** e-n Schnitzer machen; ins Fettnäpfchen treten; fam e-n Bock schießen
gagá [ga'ga] fam plemplem, gaga
gago ['gagu] A ADJ **ser ~** stottern B M, **-a** F Stotterer m, Stotterin f
gaguejar [gɐgɨ'ʒar] ⟨1d⟩ stottern
gaiatice [gajɐ'tisɨ] F Lausbubenstreich m
gaiato [gɐ'jatu] A ADJ lausbubenhaft; jugendlich B M Bengel m, Lausbub m; Junge m
gaio ['gaju] ZOOL Eichelhäher m
gaiola [gɐ'jɔɫɐ] F Käfig m; Lattenverschlag m; MIN Förderkorb m; bras Amazonas: Flussdampfer m; **estar na ~** pop im Knast sitzen
gaita ['gaitɐ] F Mundharmonika f; fam Dingsda n; pop Scheiß m; pop pénis: Ding n; **~ galega, ~ de foles** Dudelsack m; **ir-se à ~** fam in die Hose gehen; **saber a ~s, saber que nem ~s** wunderbar schmecken; **uma ~!** pop von wegen!, Quatsch!
gaivão [gai'vɐ̃ũ] M ZOOL Segler m **gaivota** [gai'votɐ] F Möwe f
gaja ['gaʒɐ] F pop Frau f; pej Weibsbild n, Alte f **gajo** ['gaʒu] M pop Typ m, Kerl m
gala ['gaɫɐ] F **1** festa: Gala f **2** vestuário: Gala f; Galaanzug m, Abendkleid f **3** (Fest)Schmuck m; (fausto) Prunk m; **dia m de ~** (Staats)Feiertag m; **de ~** in Gala; Gala...; **fazer ~ fam** angeben (**de** mit)
galã [gɐ'ɫɐ̃] M CINE Filmschönling m; (amante) Liebhaber m; irón Galan m
galaico [gɐ'ɫaiku] galicisch (espec hist)
galalau [gɐɫɐ'ɫau] M bras Riese m
galantaria [gɐɫɐ̃tɐ'riɐ] F Höflichkeit f; Nettigkeit f **galante** [gɐ'ɫɐ̃tɨ] anmutig; galant; höflich, fein **galantear** [gɐɫɐ̃'tjar] ⟨1l⟩ **~ alg** j-n umwerben; j-m den Hof machen **galanteio** [gɐɫɐ̃'tɐju] M Galanterie f
galão¹ [gɐ'ɫɐ̃ũ] M (englische) Gallone f
galão² [gɐ'ɫɐ̃ũ] M MIL Tresse f; Litze f

galão³ [gɐ'lɜ̃ũ] M̄ *port reg* Milchkaffee m im Glas

galardão [gɐlɐr'dɜ̃ũ] M̄ Lohn m; Ehre f, Ruhm m

galáxia [gɐ'laksjɐ] F̄ *geralm* Galaxie f, Stern(en)system n; (*Via-Láctea*) Galaxis f, Milchstraße f

galdéria [gaɫ'dɛrjɐ] F̄ *pej* Schlampe f

galdério [gaɫ'dɛrju] M̄ Herumtreiber m, Penner m

galé [gɐ'lɛ] A F̄ **1** Galeere f; **~s** pl Zwangsarbeit f B M̄ *hist* Galeerensträfling m **galeão** [gɐ'ljɜ̃ũ] M̄ NÁUT Galeone f

galego [gɐ'legu] A ADJ galicisch B M̄, **-a** F̄ Galicier(in) m(f); *bras pej* Portugiese m; *port reg pej* Nordportugiese m

galera [gɐ'lɛrɐ] F̄ **1** NÁUT Dreimaster m; Galeere f **2** Feuerwehrwagen m; Möbelwagen m; *bras fam* Clique f, Leute f

galeria [gɐli'riɐ] F̄ Galerie f (*tb* TEAT); ARQUIT (überdachter) Gang m; MIN Stollen m; NÁUT Promenadendeck n; **~ comercial** Einkaufspassage f; **falar para a ~** *fam* Eindruck schinden wollen

Gales ['galiʃ] M̄ GEOG **o País de ~** Wales (n)

galês [gɐ'leʃ] A ADJ walisisch B M̄, **galesa** [gɐ'lezɐ] F̄ Waliser(in) m(f)

galga ['gaɫgɐ] F̄ ZOOL Windhündin f; NÁUT kleiner Anker m; *lagar*: Mahlstein m; *pop (mecha)* Geschwindigkeit f; **pregar uma ~** *fam* Lügen auftischen; **ter uma ~** *fam* e-n Mordshunger haben **galgar** [gaɫ'gar] ⟨1o⟩ A V/T durch-, überschreiten; (*pular*) hinaufspringen auf (*ac*); springen über (*ac*); *caminho* zurücklegen; *escola etc* durchlaufen B V/I springen; (dahin)eilen; *fig* aufsteigen **galgo** ['gaɫgu] M̄ Windhund m

galhada [gɐ'ʎadɐ] F̄ *bovino*: Hörner npl; *caça*: Geweih n; **ferrar uma ~** *fam* ein Nickerchen machen

galhardear [gɐʎɐr'djar] ⟨1l⟩ schneidig auftreten; (*gabar-se*) prunken (mit) **galhardete** [gɐʎɐr'deti] M̄ Wimpel m **galhardia** [gɐʎɐr'diɐ] F̄ Schneid f; (*elegância*) Stattlichkeit f **galhardo** [gɐ'ʎardu] schneidig; (*elegante*) stattlich

galheta [gɐ'ʎetɐ] F̄ Öl-, Essigfläschchen n; **um par de ~s** *fam* ein unzertrennliches Paar; *fig* ein paar Backpfeifen m **galheteiro** [gɐʎi'tɐjru] M̄ Öl- und Essigständer m, Menage f

galho ['gaʎu] M̄ Zweig m, Schössling m; *animal*: Horn n; **~s** pl Hirschgeweih n; Gehörn n; *fam* **ferrar o ~** (ein)schlafen

galhofa [gɐ'ʎɔfɐ] F̄ Spaß m; Scherz m; (*festa*) lärmendes Gelage n; **fazer ~ de** lachen (*ou* spotten) über (*ac*) **galhofar** [gɐʎu'far] ⟨1e⟩ sich amüsieren **galhofeiro** [gɐʎu'fɐjru] A ADJ lustig B M̄ Spaßvogel m

galicismo [gɐli'siʒmu] M̄ LING Gallizismus m

galinha [gɐ'liɲɐ] F̄ Henne f, Huhn n; *fig* Memme f; *bras pop* Schlampe f; **pele** f **de ~** Gänsehaut f; **pés** mpl **de ~** (*rugas*) Krähenfüße mpl; **cercar ~s** *pop* (betrunken) herumtaumeln; **deitar-se com as ~s** mit den Hühnern zu Bett gehen; **ser canja de ~** *fam* kinderleicht sein; **ter ~** *fam* Pech haben **galinhaço** [gɐli'ɲasu] M̄ Hühnerhof m

galinheiro [gɐli'ɲɐjru] M̄ Hühnerstall m; TEAT billige Plätze mpl **galinhola** [gɐli'ɲɔlɐ] F̄ (Wald)Schnepfe f

Galiza [gɐ'lizɐ] F̄ GEOG **a ~** Galicien (n) (*span. Provinz*)

galo ['galu] M̄ **1** Hahn m; **~ de briga** Kampfhahn m; **ao cantar do ~** beim ersten Hahnenschrei; **missa** f **do ~** Christmette f **2** *peixe*: Stachelmakrele f **3** *pop* Beule f (*am Kopf*)

galocha [gɐ'lɔʃɐ] F̄ Gummistiefel m **galopante** [gɐlu'pɐ̃ti] *inflação* galoppierend **galopar** [gɐlu'par] ⟨1e⟩ galoppieren; *fig* schaukeln **galope** [gɐ'lɔpi] M̄ Galopp m; **a ~** im Galopp; **a todo ~** in gestrecktem Galopp (*tb fig*) **galopim** [gɐlu'pĩ] M̄ Laufbursche m; Gassenjunge m; **~ eleitoral** Stimmenfänger m **galopinagem** [gɐlupi'naʒɜ̃ĩ] F̄ POL Stimmenfang m

galpão [gaʊ'pɐ̃ũ] M̄ *bras* Lagerraum m, Schuppen m

galrar [gaɫ'ʁar] ⟨1a⟩ plappern, schwatzen; angeben **galrear** [gaɫ'ʁjar] ⟨1l⟩ *criança* plappern

galvanizar [gaɫvɐni'zar] ⟨1a⟩ QUÍM galvanisieren; verzinken; *fig* beleben; erregen

gama¹ ['gɐmɐ] F̄ **1** Skala f, Palette f; MÚS Tonleiter f

gama² ['gɐmɐ] F̄ ZOOL Damhirschkuh f

gama³ ['gɐmɐ] M̄ *letra* Gamma n

O Galo de Barcelos

Barcelos ist ein Städtchen nördlich von Porto, wo der traditionelle Hahn von Barcelos aus bunt bemalter Keramik hergestellt wird.

Die Legende erzählt von einem Mann, der für ein Verbrechen verurteilt wurde, das er nicht begangen hatte. Vor seiner Hinrichtung verlangte er, vor den Richter geführt zu werden. Der Richter saß gerade mit Freunden beim Essen. Da zeigte der Verurteilte auf ein Brathähnchen und prophezeite, dass der Hahn vom Teller hüpfen und bei seiner Hinrichtung krähen würde. Als das Urteil vollzogen wurde, begann der Hahn tatsächlich zu krähen. Der Richter lief rasch zum Galgen, um die Hinrichtung zu verhindern. Doch wie durch ein Wunder war der Strick bereits von selbst aufgegangen. Der Hahn symbolisiert daher den Sieg der Gerechtigkeit und ist heute ein weltbekanntes und beliebtes Touristensouvenir.

gamação [gama'sẽu] F bras (heftige) Verliebtheit f

gamaglobulina [gamaglɔbuˈlina] F Gammaglobulin n

gamanço [gaˈmãsu] M pop Klauen n; **andar no ~** pop vom Klauen leben **gamar** [gaˈmar] ⟨1a⟩ A VT pop stehlen, abzocken B VI bras verschossen sein, sich verknallen (**por, em** in ac)

gamba ['gãba] F 1 ZOOL große Garnele f, Krevette f 2 MÚS Gambe f

gâmbia ['gãbja] F fam (perna) Stelze f; **dar às ~s** fam abhauen, ausreißen

gamboa [gãˈboa] F Quitte f

gamela [gaˈmɛɫa] F (Futter)Kübel m, Trog m; Holznapf m; **comer da mesma ~** ein Herz und eine Seele sein **gamelo** [gaˈmeɫu] M Futtertrog m

gamo ['gamu] M Damhirsch m

gana ['gana] F Verlangen n; Heißhunger m; **dar na ~ de alg** j-m einfallen; j-m gelüsten nach; **ter ~s** de Lust haben zu **ganância** [gaˈnãsja] F Habsucht f; Gier f; (juros) Wucher(zins) m **ganancioso** [ganãˈsjozu] habsüchtig; Wucher...; negócio einträglich

gancho [ˈgãʃu] M Haken m; cabelo: Haarnadel f; bras (Telefon)Gabel f; **~ de suspensão** Lasthaken m; **~s** pl Nebenjob m, Nebenverdienst m; **ir a ~** pop in den Knast kommen; **prender** (ou **segurar**) **com ~** ein-, festhaken; **alg é de ~** mit j-m ist nicht gut Kirschen essen

ganda [ˈgãda] pop riesig; Riesen...

gândara [ˈgãdara] F Heide(landschaft) f

gandula [gẽˈdule] F bras Balljunge m **gandular** [gãduˈɫar] ⟨1a⟩ umherstreunen **gandulo** [gãˈduɫu] M Landstreicher m

gânglio ['gãgɫju] M MED Ganglion n

gangorra [gẽˈgoxe] F bras Wippe f (für Kinder)

gangrena [gãˈgrena] F MED Wundbrand m; fig Verderben n **gangrenar** [gãgriˈnar] ⟨1d⟩ A VT fig verderben B VI MED brandig werden **gangrenoso** [gãgriˈnozu] MED brandig

gangster ['gãgster] M, bras **gângster** ['gẽgstex] M Gangster m

gangue [ˈgãgi] M, bras F Bande f

ganhadeiro [gaɲaˈdɐiru] A ADJ (für Geld) arbeitend; auf Geld versessen B M Verdiener m; **ganha-dinheiro** [gaɲadiˈnɐiru] ⟨pl ~s⟩ (Gelegenheits)Arbeiter m **ganhão** [gaˈɲɐ̃u] M AGR Landarbeiter m; Saisonarbeiter m **ganha-pão** [gaɲaˈpɐ̃u] M ⟨pl ganha-pães⟩ Broterwerb m **ganhar** [gaˈɲar] ⟨1a⟩ A VT prémio, consideração gewinnen; salário verdienen; bekommen; êxito erzielen; j-m etw einbringen; hábito annehmen; objetivo erreichen; (recuperar) aufholen; coragem fassen; **~ a vida** s-n Lebensunterhalt verdienen; **~ juízo** Vernunft annehmen B VI consideração sich verschaffen (a bei); dano sich zuziehen; **~ a/c de alg** j-m etw abgewinnen; **~ a alg** gegen j-n gewinnen (**em bei**); **~ com** gewinnen durch, etwas haben von **~ em** (inf) gewinnen, indem ...; **~ no ~ para o susto** fam e-n Heidenschreck kriegen

ganho ['gaɲu] M Gewinn m; (aquisição) Erwerb m; (vantagem) Vorteil m, Nutzen m; **~s e perdas** fpl COM Gewinn m und Verlust m **ganhoso** [gaˈɲozu] gewinnsüchtig

ganiçar [gani'sax] ⟨1p⟩ bras → ganir **ganido** [ɡɐ'nidu] M̄ Geheul n, Gewinsel n
ganir [ɡɐ'nir] ⟨3a⟩ heulen, winseln
ganso [ˈɡɐ̃su] M̄ ZOOL Gans m; *macho*: Gänserich m; *fam após bebedeira*: Kater m; **passo m de ~** *irón* Stechschritt m; **afogar o ~** *pop* bras vögeln
garagem [ɡɐ'raʒɐ̃] F̄ Garage f; Autowerkstatt f; **~ subterrânea** Tiefgarage f
garajau [ɡɐrɐ'ʒau] M̄ ZOOL (Brand)Seeschwalbe f
garanhão [ɡɐrɐ'ɲɐ̃u] M̄ Zuchthengst m; *fig* geiler Bock m
garante [ɡɐ'rɐ̃ti] M̄F̄ Bürge m, Bürgin f; Gewährsmann m, -frau f; *fig* Garant m
garantia [ɡɐrɐ̃'tiɐ] F̄ Garantie f; Bürgschaft f **garantir** [ɡɐrɐ̃'tir] ⟨3a⟩ garantieren; bürgen für; *aparelho*: Garantie geben auf (*ac*); *afirmação* bekräftigen; **~-se contra** sich absichern gegen
garapa [ɡɐ'rapɐ] F̄ bras Zuckerrohrsaft m
garatuja [ɡɐrɐ'tuʒɐ] F̄ Gekritzel n, Geschmiere n; *rosto*: Grimasse f **garatujar** [ɡɐrɐtu'ʒar] ⟨1a⟩ (be)kritzeln
garavanço [ɡɐrɐ'vɐ̃su] M̄ AGR Getreideschwinge f **garaveto** [ɡɐrɐ'vetu] M̄ Holzspan m; **~s** pl Kleinholz n
garbo [ˈɡarbu] M̄ Anstand m; Anmut f
garboso [ɡar'bozu] anmutig; elegant
garça [ˈɡarsɐ] F̄ ZOOL Reiher m; **~-branca** f Silberreiher m
garço [ˈɡarsu] grünlich; blaugrün
garçom [ɡax'sõ] M̄ bras Kellner m **garçonete** [ɡaxso'netʃi] F̄ bras Kellnerin f
gardénia (*ê) [ɡar'dɛnjɐ] F̄ Gardenie f
gare [ˈɡari] F̄ Bahnsteig m
garfada [ɡar'fadɐ] F̄ eine Gabel voll; *bras pop* Klauen f **garfo** [ˈɡarfu] M̄ TECN, GASTR, AGR Gabel f; BOT (Pfropf)Reis n; **ser um bom ~** *fam* ein guter Esser sein, e-n gesunden Appetit haben
gargalhada [ɡɐrɡɐ'ʎadɐ] F̄ Gelächter n; **soltar** (*ou* **dar**) **~s, rir às ~s** laut herauslachen; losprusten **gargalhar** [ɡɐrɡɐ'ʎar] ⟨1b⟩ laut herauslachen; losprusten **gargalho** [ɡɐr'ɡaʎu] M̄ eiteriger Auswurf m **gargalo** [ɡɐr'ɡalu] M̄ Flaschenhals m; *pop* Schlund m; FIN Engpass m
garganta [ɡɐr'ɡɐ̃tɐ] F̄ Kehle f; Hals m; (*passagem*) Engpass m (*tb fig*); GEOG Schlucht f; TECN Ausladung f; *fam fig* Angeberei f; **ficar atravessado na ~** *fig* im Halse stecken bleiben; **ter muita ~** *fam* dicke Töne spucken; angeben; **sentir um nó na ~** e-n Kloß im Halse sitzen haben **gargantão** [ɡɐrɡɐ̃'tɐ̃u] M̄ Vielfraß m **gargantear** [ɡɐrɡɐ̃'tjar] ⟨1l⟩ trillern; trällern
gargarejar [ɡɐrɡɐri'ʒar] ⟨1d⟩ gurgeln **gargarejo** [ɡɐrɡɐ'reiʒu] M̄ Gurgeln n
gárgula [ˈɡarɡuɫɐ] F̄ Ausfluss m, Ausflussloch n; ARQUIT Wasserspeier m
gari [ɡɐ'ri] M̄F̄ bras Straßenkehrer(in) m(f)
garimpagem [ɡɐrĩ'paʒɐ̃j] F̄ bras Gold-, Diamantenschürfen n **garimpar** [ɡɐrĩ'pax] ⟨1a⟩ bras (nach) Gold (*ou* Diamanten) schürfen, graben **garimpeiro** [ɡɐrĩ'peru] M̄ bras Gold-, Diamantensucher m
garimpo [ɡɐ'rĩpu] M̄ bras Gold-, Diamantenmine f

▶ **Garimpeiros**

Die **garimpeiros** sind nicht autorisierte Goldsucher in Brasilien. Die ungeregelte Ausbeutung von Goldvorkommen bzw. anderen Edelmetall- oder Edelsteinfundorten ist starken Schwankungen unterworfen, abhängig von den Weltmarktpreisen. So wuchs beispielsweise die Bevölkerung der Gemeinde Itaituba im Amazonasgebiet aufgrund eines Goldbooms 1984 sprunghaft von 40.000 auf 100.000 Einwohner.
Man schätzt die Zahl der **garimpeiros** in Brasilien auf mehrere 100.000, die sich auf etwa 2.000 Schürfgebiete verteilen. Oft dringen die garimpeiros in geschützte Urwaldgebiete ein. Da die Garimpeiros meist Quecksilber zur Bindung des Goldes benutzen, führt dies häufig zur Verschmutzung der Natur, besonders der Gewässer. Auf diese Weise gelangt das Gift zudem in die Nahrungskette und gefährdet die Flussanwohner. ◀

garina [ɡɐ'rinɐ] F̄ Angola Mädchen n; (*namorada*) Freundin f
garoa [ɡɐ'roɐ] F̄ bras Sprühregen m **garoar** [ɡɐ'rwax] ⟨1f⟩ bras nieseln
garota [ɡɐ'rotɐ] F̄ port kleines Mädchen n; bras Mädchen n **garotada** [ɡɐru'tadɐ] F̄ Kinder npl; Gruppe f von Kindern; Kinderschar f **garoto** [ɡɐ'rotu] A ADJ laus-

bubenhaft; frech B M **1** Junge m; Lausbub m **2** port reg GASTR kleiner Milchkaffee

garoupa [ɡɐˈropɐ] F ZOOL Zackenbarsch m

garra [ˈɡaʁɐ] F Klaue f, Kralle f; TECN tb Greifer m; **~ de bloqueio das rodas** AUTO Parkkralle f; **~s** pl Fänge mpl; **ter ~ para** fam ein Naturtalent sein in (dat)

garrafa [ɡɐˈʁafɐ] F Flasche f; **~ com depósito** Pfand-, Mehrwegflasche f; **~-termo** f, **~ térmica** Warmhalteflasche f, Thermoskanne® f **garrafão** [ɡɐʁɐˈfɐ̃w̃] M Korbflasche f; espec Fünfliterflasche f **garrafeira** [ɡɐʁɐˈfɐjɾɐ] F Weinkellerei f; Flaschenkeller m, -regal m

garridice [ɡɐʁiˈdisi] F Schick m; Eleganz f; Koketterie f **garrido** [ɡɐˈʁidu] vestuário fesch, schick; kokett; munter; fröhlich; cor grell

garrotar [ɡɐʁuˈtaɾ] ⟨1e⟩ erdrosseln; braço, perna abschnüren **garrote** [ɡɐˈʁɔti] M Knebel m; MED Abbindtuch n; bras Jungstier m

garupa [ɡɐˈɾupɐ] F Kruppe f; hist Mantelsack m

gás [ɡaʃ] M ⟨pl gases⟩ Gas n; **~es** pl Blähungen fpl; **~ de combate** Kampfgas n; **~ de escape** Auspuff-, Abgas n; **~ lacrimogéneo** Tränengas n; **~ natural** Erdgas n; **~ em bilha** Flaschengas n; **com ~** Getränk mit Kohlensäure; **ir a todo o ~** mit Vollgas fahren

gaseificação [ɡɐzɐjfikɐˈsɐ̃w̃] F Vergasung f **gaseificar** [ɡɐzɐjfiˈkaɾ] ⟨1n⟩ vergasen; Gas zusetzen (dat) **gaseiforme** [ɡɐzɐjˈfɔɾmi] gasförmig

gasganete [ɡɐʒɡɐˈneti] M Gurgel f, Hals m; **torcer o ~ a alg** fam j-m den Hals umdrehen

gasoduto [ɡazɔˈdutu] M Gasfernleitung f **gasóleo** [ɡaˈzɔlju] M Diesel(öl) m **gasolina** [ɡazuˈlinɐ] A F Benzin n; **posto m de ~** Tankstelle f; **~ super** Superbenzin n; **~ sem chumbo** bleifreies Benzin n; **meter** (bras pôr, botar) **~** tanken B M kleines Motorboot n **gasosa** [ɡɐˈzɔzɐ] F (Zitronen)Sprudel m **gasoso** [ɡɐˈzozu] kohlensäurehaltig; **água f ~a** kohlensäurehaltiges Wasser n, Sprudel m

gaspacho [ɡɐʃˈpaʃu] M GASTR Gazpacho m (kalte Gemüsesuppe)

gáspea [ˈɡaʃpjɐ] F fam Fußtritt m; **na ~** fam in aller Eile

gastalho [ɡɐʃˈtaʎu] M TECN Zwinge f, Klammer f

gastar [ɡɐʃˈtaɾ] ⟨1b⟩ dinheiro ausgeben (**em** für, **com** bei); meios aufwenden; reservas aufbrauchen; fortuna vergeuden; vestuário abnutzen, abtragen; máquina verschleißen; sapatos durch-, ablaufen; **~ a** (inf) tempo etc damit verbringen, zu (inf); **~ largo** auf großem Fuß leben; **~-se** reservas sich verbrauchen; fam draufgehen; sich verausgaben; material verschleißen **gasto** [ˈɡaʃtu] A M Ausgabe f; (custos) Kosten pl; reservas: Verbrauch m; máquina: Abnutzung f; TECN Verschleiß m; **~s** pl Spesen fpl; Unkosten pl B PP irr abgenutzt; verbraucht

gástrico [ˈɡaʃtɾiku] Magen...

gastrite [ɡɐʃˈtɾiti] F Gastritis f, Magenschleimhautentzündung f **gastro...** [ɡaʃtɾɔ-] EM COMP Magen... **gastro-intestinal** [ɡaʃtɾɔĩtiʃtiˈnał] Magen- und Darm... **gastronomia** [ɡaʃtɾunuˈmiɐ] F; Kochkunst f; Gastronomie f **gastrónomo** (*ô*) [ɡaʃˈtɾɔnumu] M Feinschmecker m; Gastronom m **gastroscopia** [ɡaʃtɾɔʃkuˈpiɐ] F MED Magenspiegelung f

gata [ˈɡatɐ] F Katze f (weibliches Tier); NÁUT Besanrahe f; pop Rausch m; **borralheira** Aschenputttel m; irón pej Hausfrau f; **de ~s** auf allen vieren

gatafunhar [ɡɐtɐfuˈɲaɾ] ⟨1a⟩ kritzeln **gatafunhos** [ɡɐtɐˈfuɲuʃ] MPL Gekritzel n **gatear** [ɡɐˈtjaɾ] ⟨1l⟩ A VIT verklammern, -nieten B VI klettern (wie Katzen) **gateira** [ɡɐˈtɐjɾɐ] F Katzentür f; Schlupfloch n; telhado: (Dach)Luke f **gatilho** [ɡɐˈtiʎu] M pistola: Hahn m, Abzug m **gatinhar** [ɡɐtiˈɲaɾ] ⟨1a⟩ bébé krabbeln

gato [ˈɡatu] M **1** ZOOL Katze f; macho: Kater m; **~ bravo**, **~ montês** Wildkatze f; **~ escaldado de água fria tem medo** gebranntes Kind scheut das Feuer; **aí há ~!** fam da stimmt was nicht!; **comprar ~ por lebre** fig die Katze im Sack kaufen; **de noite todos os ~s são pardos** nachts sind alle Katzen grau; **lavar-se como um ~** Katzenwäsche machen **2** TECN Klammer f, Krampe f **3** pop fig Versehen n **gato-pingado** [ɡatupĩˈɡadu] M ⟨pl gatos-pingados⟩ pop fig Leichenträger m; fig Niemand m **gato-sapato** [ɡatusaˈpatu] M ⟨pl gatos-sapatos⟩ jogo: Art Blinde-

kuhspiel; (*desprezo*) Verachtung *f*; **fazer de alguém ~** j-n mit Füßen treten
gatunice [gatu'nisi] F Gaunerei *f*; Diebstahl *m* **gatuno** [ga'tunu] M Gauner *m*; Spitzbube *m*
gaúcho [ga'uʃu] *bras* A M, **-a** F 1 Einwohner(in) *m(f)* von Rio Grande do Sul 2 M (*peão*) Kuhhirt *m*, Gaucho *m* B ADJ aus Rio Grande do Sul
gáudio ['gawdju] M Riesenspaß *m*
gaulês [gaw'leʃ] A ADJ gallisch B M, **gaulêsesa** [gaw'leza] F Gallier(in) *m(f)*
gávea ['gavja] F NÁUT Mastkorb *m*
gavela [ga'vɛla] F Garbe *f*; Bündel *n*; (*braçada*) Arm *m* voll
gaveta [ga'veta] F Schublade *f*, -fach *n*; TECN Schieber *m* **gaveto** [ga'vetu] M **prédio** *m*/**loja** *f* **de ~** Eckhaus *n*/Eckladen *m*
gavião [ga'vjãʊ̃] M, **gavião-da-Europa** [gavjãʊ̃dʒeu'rɔpa] M ⟨*pl* gaviões-da-Europa⟩ Sperber *m* **gavião-branco** [gavjẽʊ̃'bɾẽku] M *bras* ⟨*pl* gaviões-brancos⟩ Schneebussard *m*, Weißbussard *m* **gavião-preto** [gavjẽʊ̃'pɾetu] M *bras* ⟨*pl* gaviões-pretos⟩ Schwarzbussard *m*
gaxeta [ga'ʃeta] F TECN Dichtung *f*
gaza ['gaza], **gaze** ['gazi] F Gaze *f*, Mull *m*
gazão [ga'zãʊ̃] M Rasen *m*
gazear [ga'zjar] ⟨1I⟩ 1 *fam* die Schule schwänzen 2 *aves* zwitschern; *criança* plappern
gazela [ga'zɛla] F Gazelle *f*
gazeta [ga'zeta] F Zeitung *f*; **fazer ~ fam** (die Schule) schwänzen; *allg* blaumachen **gazetear** [gazi'tʃar] → gazear **gazeteiro** [gazi'tajɾu] M Zeitungsmann *m*, *pej* Zeitungsfritze *m*; *aluno etc*: Schwänzer *m* **gazetilha** [gazi'tiʎa] F Feuilleton *n*
gazua [ga'zua] F Nachschlüssel *m*
gê [ʒe] N *nome da letra* g
geada ['ʒjada] F Reif *m*; Frost *m* **gear** ['ʒjar] ⟨1I⟩ reifen; (*gelar*) (ge)frieren
gebo¹ ['ʒebu] A ADJ abgerissen, schäbig; buckelig B M Lump *m*, Vagabund *m*
gebo² ['ʒebu] M ZOOL Zebu *m*
gel [ʒɛl] M Gel *n*; *cabelo*: Haargel *n*; **~ de banho** *ou* **de duche** Duschgel *n*
geladaria [ʒilada'ɾia] F Eiscafé *n*, Eisdiele *f* **geladeira** [ʒela'dejɾa] F *bras* Kühlschrank *m*; **~ de praia** Kühlbox *f* **gelado** [ʒi'ladu] A ADJ eisig (*tb fig*), eiskalt;

água *etc* gefroren; *pessoa* durchgefroren B M (Speise)Eis *n*; **~ de palito** Eis *n* am Stiel; **~ de bola** Kugeleis *n*
gelar [ʒi'tar] ⟨1c⟩ A VT zum Gefrieren bringen, vereisen; *fig* lähmen B VI (G V/R) **~(-se)** gefrieren; erstarren (*tb fig*); *cano* einfrieren; *estrada* vereisen
gelataria [ʒilata'ɾia] F → geladaria
gelatina [ʒila'tina] F Gelatine *f*; Gallert *n*
gelatinoso [ʒilati'nozu] gallertartig
geleia [ʒi'lɐja] F Gelee *n*; **~ de carne** Sülze *f*
geleira [ʒi'lɐjɾa] F GEOG Gletscher *m*; Eiskeller *m*; *bras, Moçambique* Kühlschrank *m*; **~ portátil** Kühlbox *f*
gélido ['ʒɛlidu] eisig
gelo ['ʒelu] M Eis *n*; *fig* Eiseskälte *f*, Frost *m*; **de ~** eiskalt, eisig; **cubo** *m* **de ~** Eiswürfel *m*; **dar um ~ em alg** *bras fam* j-m die kalte Schulter zeigen; **estar no ~** *fam* pleite sein; **quebrar o ~** *fig* das Eis brechen
gelosia [ʒilu'zia] F Fensterladen *m*; Jalousie *f*; Rollladen *m*
gema ['ʒema] F BOT Auge *n*, Knospe *f*; Keim *m*; *jóia*: Gemme *f*; *fig* Kern *m*; Innere(s) *n*; **~ de ovo** Eidotter *m*, Eigelb *n*; **de ~ fam** (wasch)echt; astrein **gemada** [ʒi'mada] F Süßspeise *aus Eigelb u. Zucker*
gêmeo (**ê*) ['ʒemju] A ADJ Zwillings... B M, **-a** F Zwilling *m*; **~s** *pl* Zwillinge *mpl* (*tb* ASTRON); **~s** *pl* (ASTRON): eineiige Zwillinge *mpl*; **três ~s** *pl* Drillinge *mpl*
gemer [ʒi'mer] ⟨2c⟩ A VT beklagen, bejammern B VI ächzen, stöhnen; *de dor* wimmern; jammern; *cão* winseln; *porta etc* knarren **gemido** [ʒi'midu] M Ächzen *n*; *de dor*: Wimmern *n*; *cão*: Winseln *n*
geminado [ʒimi'nadu] Doppel...; BOT paarig; **casa** *f* **-a** Doppelhaushälfte *f*, **casas** *fpl* **-as** Doppelhaus *n*
genciana [ʒẽ'sjɐna] F BOT Enzian *m*
gene ['ʒeni] M Gen *n*; **~ dominante/recessivo** dominantes/rezessives Gen *n*; **banco** *m* **de ~** Genbank *f*
genealogia [ʒinjalu'ʒia] F Genealogie *f*; Ahnenreihe *f*; Herkunft *f* **genealógico** [ʒinjaˈlɔʒiku] genealogisch; **árvore** *f* **-a** Stammbaum *m*
genebra [ʒiˈnɛbɾa] F Gin *m*
Genebra [ʒiˈnɛbɾa] SEM ART GEOG Genf *n*
general [ʒiniˈral] M General *m* **generalidade** [ʒiniɾaliˈdadi] F Allgemeinheit

f; Gesamtheit *f*; **a ~** die meisten; der größte Teil; **~s** *pl* Allgemeine(s) *n*; **na ~** im Allgemeinen **generalizar** [ʒinirɐli'zar] ⟨1a⟩ verallgemeinern; *notícia* verbreiten; **~-se** allgemein (*ou* zum Allgemeingut) werden

generativo [ʒinirɐ'tivu] generativ **generatriz** [ʒinirɐ'triʃ] → geratriz

genérico [ʒi'nɛriku] **A** ADJ generisch; BIOL Gattungs...; *fig* allgemein **B** M CINE Nach-, Vorspann *m*; FARM Generikum *n*

género (*ê) ['ʒɛniru] M Gattung *f* (*tb* LIT); Art (und Weise) *f*; Stil *m*; GRAM Genus *n*; **~ de vida** Lebensart *f*; **~s** *pl* Waren *fpl*; **~s** *pl* (**alimentícios**) Lebensmittel *npl*

generosidade [ʒiniruzi'dadi] F Großzügigkeit *f*; *acção*: edle Tat *f* **generoso** [ʒini'rozu] großzügig, freigebig; (*benevolente*) großmütig; (*espaçoso*) geräumig; **vinho m ~** Süßwein *m*

génese (*ê) ['ʒɛnizi] F Entstehung *f* **Génesis** (*ê) ['ʒɛniziʃ] M *bíblia*: Genesis *f*

geneta [ʒi'netɐ] F ZOOL Ginsterkatze *f*

genética [ʒi'nɛtikɐ] F Genetik *f* **genético** [ʒi'nɛtiku] genetisch; **código m ~** Gencode *m*

gengibre [ʒẽ'ʒibri] M Ingwer *m*

gengiva [ʒẽ'ʒivɐ] F Zahnfleisch *n* **gengivite** [ʒẽʒi'viti] F Zahnfleischentzündung *f*

genial [ʒi'njaɫ] genial; *fam* toll, super **genica** [ʒi'nikɐ] F *fam* Power *f*, Biss *m*; **ter ~** Pep haben

génio (*ê) ['ʒɛnju] M Genius *m*, Geist *m*; *pessoa*: Genie *n*; (*carácter*) Anlage *f*, Neigung *f*; (Charakter)Veranlagung *f*; **de ~** genial; **por ~** aus Neigung (*ou* Veranlagung); **ter bom ~** gutmütig (*ou* freundlich) sein; **ter mau ~** böse (*ou* jähzornig) sein

genioso [ʒi'njozu] jähzornig; (*genial*) genial

genital [ʒini'taɫ] ADJ genital, Genital...; **órgãos** *mpl* **~is** Genitalien *npl*

genitivo [ʒini'tivu] M GRAM Genitiv *m*

genitor [ʒini'tor] M Erzeuger *m*; Vater *m*; Elternteil *m*; Elter *m/n*; **~es** *pl* Eltern *pl*

genocídio [ʒinu'sidju] M Völkermord *m*, Genozid *m/n*

genoma [ʒi'nomɐ] M Genom *n*

Génova ['ʒɛnuvɐ] SEM ART GEOG Genua *n*

genro ['ʒẽru] M Schwiegersohn *m*

gentaça [ʒẽ'tasɐ] F, **gentalha** [ʒẽ'taʎɐ] F Pack *n*, Pöbel *m*

gente ['ʒẽti] F Leute *pl*; Menschen *mpl*; **a ~** wir, man; unsereiner; **~ de paz** ruhige, anständige Leute; **~ fina** *fam* Schickeria *f*; **a minha ~** meine Leute; **a ~ nova** die jungen Leute; **toda a ~** alle Welt; **direito n das ~s** Völkerrecht *n*; **fazer-se ~** *fam* heranwachsen; etwas werden

gentil [ʒẽ'tiɫ] höflich, liebenswürdig; reizend, nett **gentileza** [ʒẽti'lezɐ] F Höflichkeit *f*; Liebenswürdigkeit *f*; (*graciosidade*) Anmut *f* **gentinha** [ʒẽ'tiɲɐ] F Pack *n*, Gesindel *n*; die kleinen Leute

gentio [ʒẽ'tiu] **A** ADJ heidnisch; *fig* primitiv **B** M **1** REL Heide *m* **2** *fam* Menschenmenge *f*, Gedränge *n*

genuflexão [ʒinufle'ksɐ̃w] F DESP Kniebeuge *f*; REL Kniefall *m*

genuinidade [ʒinwini'dadi] F Echtheit *f* **genuíno** [ʒi'nwinu] echt; unverkennbar; (*original*) ursprünglich

geocêntrico [ʒeo'sẽtriku] geozentrisch **geodinâmica** [ʒɛɔdi'namikɐ] F Geodynamik *f* **geofísica** [ʒɛɔ'fizikɐ] F Geophysik *f* **geografia** [ʒjugrɐ'fiɐ] F Geografie *f* **geográfico** [ʒju'grafiku] geografisch **geógrafo** ['ʒjɔgrɐfu] M, **-a** F Geograf(in) *m(f)*

geologia [ʒjulu'ʒiɐ] F Geologie *f*

geólogo ['ʒjɔlugu] M, **-a** F Geologe *m*, -login *f*

geomagnetismo [ʒɛɔmɐgni'tiʒmu] M Erdmagnetismus *m* **geometria** [ʒjumi'triɐ] F Geometrie *f*

Geórgia ['ʒjɔrʒjɐ] F GEOG **a ~** Georgien (*n*)

geração [ʒerɐ'sɐ̃w] F BIOL Zeugung *f*; Generation *f*; TECN *etc* Erzeugung *f*, Entstehung *f*; **~ de calor** Wärmeerzeugung *f* **geracional** [ʒirɐsju'naɫ] Generations... **gerador** [ʒerɐ'dor] **A** ADJ erzeugend, Erzeuger...; Ursprungs...; ELECT Generator(en)... **B** M Erzeuger *m*; ELECT Generator *m*; **~ eólico** Windgenerator *m* **geral** [ʒi'raɫ] **A** ADJ allgemein; generell; General...; **duma maneira ~** insgesamt; **em ~** im Allgemeinen; meistens **B** M Allgemeinheit *f* **C** F TEAT Galerie *f* **geralmente** [ʒiraɫ'mẽti] ADV im Allgemeinen; meistens

gerânio [ʒi'rɐnju] M Geranie *f*

gerar [ʒi'rar] ⟨1c⟩ BIOL zeugen; *fig* schaffen; hervorbringen; *energia* erzeugen; INFORM *sinal* generieren; **~-se** entstehen **geratriz** [ʒɛrɐˈtriʃ] **A** ADJ f → gerador **B** F Erzeugerin f; Mutter f

gerência [ʒiˈrẽsjɐ] F Geschäftsführung f, -leitung f **gerenciador** [ʒerẽsjɐˈdoʃ] M, **gerenciadora** [ʒerẽsjɐˈdorɐ] F **~ de arquivos/programas** bras INFORM Datei-/Programmmanager(in) m(f) **gerenciamento** [ʒerẽsjɐˈmẽtu] M bras Verwaltung f (espec INFORM) **gerenciar** [ʒerẽˈsjaʃ] ⟨1g⟩ bras verwalten, leiten, führen **gerente** [ʒiˈrẽti] **A** ADJ geschäftsführend, leitend **B** M/F Geschäftsführer(in) m(f); Betriebsleiter(in) m(f)

gergelim [ʒɛrʒiˈli] M GASTR Sesam m **geriatria** [ʒirjɐˈtriɐ] F Geriatrie f **geringonça** [ʒiriˈgõsɐ] F (língua) Kauderwelsch n; (engenhoca) Plunder m **gerir** [ʒiˈriʃ] ⟨3c⟩ empresa leiten, managen; INFORM verwalten

germânicas [ʒirˈmɐnikɐʃ] FPL UNIV Germanistik f und Anglistik f **germânico** [ʒirˈmɐniku] deutsch; hist germanisch **germanismo** [ʒirmɐˈniʒmu] M LING Germanismus m **germanista** [ʒirmɐˈniʃtɐ] M/F Germanist(in) m(f) **germanística** [ʒirmɐˈniʃtikɐ] F Germanistik f **germano** [ʒirˈmɐnu] **A** ADJ **1** richtig; echt; *parente* leiblich **2** deutsch; hist germanisch **B** M Germano Germane m

germe [ˈʒɛrmi] M, **gérmen** [ˈʒɛrmẽ] M Keim m

germicida [ʒermiˈsidɐ] **A** ADJ keimtötend **B** M Desinfektionsmittel n **germinação** [ʒirminɐˈsɐ̃ũ] F Keimen n; *fig* Entstehung f **germinar** [ʒirmiˈnaʃ] ⟨1a⟩ keimen (tb *fig*)

gerontologia [ʒirõtutuˈʒiɐ] F Gerontologie f

gerúndio [ʒiˈrũdju] M LING Gerundium n

gessado [ʒiˈsadu] Gips... **gessar** [ʒiˈsaʃ] ⟨1c⟩ (ein)gipsen **gesso** [ˈʒesu] M Gips m (-abdruck); *aparelho* m **de ~** Gips (-verband) m

gestação [ʒiʃtɐˈsɐ̃ũ] F MED Schwangerschaft f; ZOOL Tragezeit f; *fig* Entwurfsphase f **gestante** [ʒiʃˈtɐ̃ti] F Schwangere f

gestão [ʒiʃˈtɐ̃ũ] F Amtsführung f; *de uma empresa:* (Geschäfts)Leitung f; *actividade, disciplina* Management n; POL Amtszeit f; INFORM **~ de dados** Datenverwaltung f; **~ de documentos** INFORM Dokumentenverwaltung f, -management n; **~ de empresas** Betriebswirtschaft f

gesticulação [ʒiʃtikulɐˈsɐ̃ũ] F Gestikulation f, Gebärdenspiel n **gesticulado** [ʒiʃtikuˈɫadu] ADJ Gebärden..., Zeichen... **B** M Gebärde f **gesticular** [ʒiʃtikuˈɫaʃ] ⟨1a⟩ gestikulieren

gesto [ˈʒɛʃtu] M Gebärde f, Geste f; (*sinal*) Zeichen n

gestor [ʒiʃˈtoʃ] M (Betriebs)Leiter m; Manager m, Führungskraft f; **~ de topo** Topmanager m; **~ de ficheiro/programas** INFORM Datei-/Programmmanager m

gestual [ʒɛʃˈtwaɫ] gestisch; ARTE *pintura* f **~ Action Painting** n

GF ABR (**Guarda Fiscal**) Steuerfahndung f **giba** [ˈʒibɐ] F Höcker m, Buckel m **gibi** [ˈʒibi] M bras Comicheft n; **~s** pl Comics pl

giesta [ˈʒjɛʃtɐ] F BOT Ginster m **giga** [ˈʒigɐ] F flacher Korb m **gigabyte** [ʒigɐˈbaiti] M INFORM Gigabyte n

gigante [ʒiˈgɐ̃ti] **A** ADJ gewaltig, riesig; Riesen... **B** M, **-a** [ʒiˈgɐ̃tɐ] F Riese m, Riesin f **C** M BOT Malve f **gigantesco** [ʒigɐ̃ˈteʃku] gigantisch, riesenhaft

gilete [ʒiˈɫɛti] F (*lâmina*) Rasierklinge f; (*utensílio*) mechanischer Rasierapparat m; bras pop Bi m/f, Bisexuelle(r) m/f(m)

gim [ʒĩ] M Gin m; **~ tónico** Gin Tonic m **gimnodesportivo** [ʒimnɔdiʃporˈtivu] **A** ADJ Turn..., Sport... **B** M Sport-, Turnhalle f

ginasial [ʒinɐˈzjaɫ] bras **A** ADJ gymnasial **B** M gymnasiale Oberstufe f **ginasiano** [ʒinɐˈzjɐnu] M, **-a** F bras Gymnasiast(in) m(f)

ginásio [ʒiˈnazju] M **1** ~ (bras de esportes) Sport-, Turnhalle f; **~ de body-building** Fitnesscenter m **2** bras fam gymnasiale Oberstufe f **ginasta** [ʒiˈnaʃtɐ] M/F Turner(in) m(f) **ginástica** [ʒiˈnaʃtikɐ] F Gymnastik f, Turnen n; **~ de manutenção** Fitnesstraining n; **~ rítmica** rhythmische Gymnastik f; **fazer ~** turnen; *fig* Verrenkungen machen (*um etw zu erreichen*) **ginasticado** [ʒinaʃtiˈkadu] durchtrainiert

gincana [ʒĩˈkɐnɐ] F Geschicklichkeitswettbewerb m; AUTO Ralley f; DESP Wett-

kampf *m*
gindungo [ʒiˈdũgu] M *África* BOT Piripiri *n*, scharfer Pfeffer *m*
ginecologia [ʒinekuɫuˈʒiɐ] F Gynäkologie *f* **ginecologista** [ʒinekuɫuˈʒiʃtɐ] M/F Frauenarzt *m*, -ärztin *f*
gineta [ʒiˈnetɐ] F ZOOL Ginsterkatze *f*
gingar [ʒĩˈgar] ⟨1o⟩ watscheln; sich (hin- und her)wiegen
ginguba [ʒĩˈgubɐ] F *Angola* Erdnuss *f*
ginja [ˈʒĩʒɐ] F Sauerkirsche *f*; **calhar como ~s** *fam* wie die Faust aufs Auge passen **ginjeira** [ʒĩˈʒɐjrɐ] F Sauerkirschbaum *m*; **conhecer de ~** durch und durch kennen **ginjinha** [ʒĩˈʒiɲɐ] F Kirschlikör *m*
gira-discos [ʒiraˈdiʃkuʃ] M ⟨pl inv⟩ Plattenspieler *m*
girafa [ʒiˈrafɐ] F ZOOL Giraffe *f*; *(caneca)* Einliterkrug *m*; *reg* Maßkrug *m*
girar [ʒiˈrar] ⟨1a⟩ **A** VT drehen; *círculo* beschreiben, ziehen; *(passar à pressa)* durcheilen; *(andar perdido)* herumirren; *(virar-se)* sich umdrehen; *fig* sich rühren; **fazer ~** drehen; *boato* in Umlauf bringen **girassol** [ʒiraˈsɔɫ] M Sonnenblume *f* **giratório** [ʒiraˈtɔrju] ADJ Dreh...; Kreis..., kreisend; drehbar; **ponte *f* -a** Drehbrücke *f*
gíria [ˈʒirjɐ] F Jargon *m*; Slang *m*
girino [ʒiˈrinu] M ZOOL Kaulquappe *f*
giro¹ [ˈʒiru] M Kreisen *n*, Kreislauf *m*; Drehung *f*; Umlauf *m*; Runde *f*; *serviço*: Schicht *f*; COM Umsatz *m*; FIN Giro *n*; *fig* Haken *m*; **polícia *f* de ~** Streifenpolizist *m*; **dar um ~** *fam* eine Runde drehen
giro² [ˈʒiru] ADJ *fam* niedlich, süß; *filme, livro* toll; *(cómico)* ulkig
giz [ʒiʃ] M Kreide *f*; **~ de cera** Wachsstift *m* **gizar** [ʒiˈzar] ⟨1a⟩ skizzieren; *plano* entwerfen
glacial [glɐˈsjaɫ] eisig; Eis... **glaciar** [glɐˈsjar] M Gletscher *m* **glaciário** [glɐˈsjarju] eiszeitlich; Gletscher...
gladíolo [glɐˈdiuɫu] M Schwertlilie *f*
glande [ˈglɐ̃di] F ANAT Eichel *f*
glândula [ˈglɐ̃duɫɐ] F Drüse *f*; **~ lacrimal** Tränendrüse *f*; **~ mamária** Milchdrüse *f*; **~ tiróide** Schilddrüse *f* **glandular**

[glɐ̃duˈlar] Drüsen...
glauco [ˈglawku] meergrün **glaucoma** [glawˈkomɐ] M MED grüner Star *m*
glicemia [glisiˈmiɐ] F, **glicémia** [gliˈsɛmjɐ] F Blutzucker *m*; **medir a ~** den Blutzucker messen **glicerina** [glisiˈrinɐ] F Glyzerin *n*
glicínia [gliˈsinjɐ] F BOT Glyzin(i)e *f*
glicol [gliˈkɔɫ] M Glykol *n* **glicose** [gliˈkɔzi] F Traubenzucker *m*; QUÍM Glukose *f*
global [gluˈbaɫ] Gesamt...; Pauschal...; global **globalização** [gɫubɐɫizaˈsɐ̃w] F Globalisierung *f*
globo [ˈgɫobu] M Erdball *m*; Globus *m*; **~ ocular**, **~ do olho** Augapfel *m*; **em ~** insgesamt **globular** [gɫubuˈɫar] kugelförmig; Kugel... **glóbulo** [ˈgɫɔbuɫu] M Kügelchen *n*; ANAT **~ sanguíneo** Blutkörperchen *n*
glória [ˈgɫɔrjɐ] F Ruhm *m*; *(acção)* Ruhmestat *f*; REL Seligkeit *f*; Heiligenschein *m*; **dar ~ a alg** j-m die Ehre geben; **ir à ~** *fam* verschwinden; Pleite gehen
glorificação [gɫurifikɐˈsɐ̃w] F Verherrlichung *f*; REL Seligsprechung *f* **glorificar** [gɫurifiˈkar] ⟨1n⟩ verherrlichen; *(louvar)* rühmen; REL selig sprechen **glorioso** [gɫuˈrjozu] glorreich; *(famoso)* berühmt
glosa [ˈgɫɔzɐ] F Glosse *f*; *(explicação)* Erklärung *f*; *(nota)* Randbemerkung *f* **glosar** [gɫuˈzar] ⟨1e⟩ mit Anmerkungen versehen
glossário [gɫuˈsarju] M Glossar *n*
glucose [gɫuˈkɔzi] F Traubenzucker *m*; QUÍM Glukose *f*
glutamato [gɫutɐˈmatu] M Glutamat *n*
glutão [gɫuˈtɐ̃w] **A** ADJ gefräßig **B** M, **glutona** [gɫuˈtonɐ] F *pej* Vielfraß *m* **C** M ZOOL Vielfraß *m*
glúten [ˈgɫutɛn] M Gluten *n*; **sem ~** glutenfrei **glutinoso** [gɫutiˈnozu] glutenhaltig; klebrig
gnomo [ˈgnomu] M Gnom *m*
GNR [ʒeɛˈnjɛri] F ABR (Guarda Nacional Republicana) Nationalgarde *f* *(Polizeieinheit)*
gnu [gnu] M ZOOL Gnu *n*
goela [ˈgwɛlɐ] F Schlund *m*, Kehle *f*; **molhar a ~** die Kehle anfeuchten
goense [ˈgwẽsi], **goês** [gweʃ] **A** ADJ aus Goa **B** M, **goesa** [ˈgwezɐ] F Goenser(in)

goiaba [go'jabɐ] F̱ Guave f **goiabada** [goja'badɐ] F̱ bras Guavenpaste f **goiabeira** [goja'bajrɐ] F̱ Guavenbaum m

Goiânia [go'jɐnjɐ] SEM ART bras Hauptstadt von Goiás

Goiás [go'jaʃ] SEM ART GEOG brasilianischer Bundesstaat

gol [gou] M̱ bras (Fußball)Tor n, Treffer m; **~ contra** Eigentor m; **marcar um ~** ein Tor schießen

gola ['gɔlɐ] F̱ Kragen m; ARQUIT Karnies n; **~ alta** Rollkragen m

golaço [gu'lasu] M̱ fam DESP Supertor n
golada [gu'ladɐ] F̱ NÁUT Fahrrinne f; fam Schluck m **gole** ['gɔli] M̱ Schluck m; **de um ~** auf einmal

goleada [gu'ljadɐ] F̱ Kantersieg m; **ganhar de ~** en Kantersieg erzielen

goleador [gulja'dor] M̱, **-a** [gulja'dorɐ] F̱ Torschützenkönig(in) m(f); Torjäger(in) m(f) **goleiro** [go'leru] M̱, **-a** F̱ bras Torwart m, Torfrau f

golfada [gof'fadɐ] F̱ (Wasser)Strahl m; fig Schwung m **golfar** [gof'far] ⟨1e⟩ V/T auswerfen; ausspeien; verströmen; fig ausstrahlen V/I (hervor)sprudeln, (heraus)strömen; fig strahlen

golfe ['gofi] M̱ Golf n; **campo de ~** Golfplatz m

golfinho [gof'fiɲu] M̱ ZOOL Delphin m, Tümmler m

golfista [gof'fiʃtɐ] M/F Golfspieler(in) m(f)
golfo ['gofu] M̱ Golf m, Meerbusen m
golo ['golu] M̱ (Fußball)Tor n, Treffer m; **marcar um ~** ein Tor schießen; **invalidar um ~** ein Tor für ungültig erklären

golpada [gof'padɐ] F̱, **golpázio** [gof'pazju] M̱ heftiger Schlag m, Hieb m; fig Streich m; (fraude) Gaunerei f

golpe ['gofpi] M̱ (pancada) Schlag m (tb fig), Hieb m; de faca: Schnitt m; de líquido: Schuss m; **~ baixo** Tiefschlag m (tb fig); fig Niedertracht f; **~ de ar** Luftzug m; **~ de Estado** Staatsstreich m, Putsch m; **~ de mar** Brecher m, Sturzsee f; **~ de mestre** fig Meisterstück n; **~ de morte** Todesstoß m; **~ de vento** Windstoß m; **~ de vista** rascher Blick m; **errar o ~** das Ziel verfehlen; **de ~** auf einmal; (ur)plötzlich; **de um ~** auf e-n Zug (ou Streich)

golpear [gof'pjar] ⟨1l⟩ zerschlagen; zerstechen; tecido aufschlitzen; fig verletzen

golpista [gof'piʃtɐ] A ADJ Putsch... B M/F Putschist(in) m(f)

goma ['gomɐ] F̱ Gummi m; (cola) Klebstoff m; roupa: Stärke f; bras Tapioka f; **~ de mascar** bras Kaugummi n **goma-elástica** [gomɐi'laʃtikɐ] F̱ ⟨pl gomas-elásticas⟩ Kautschuk m

gomo ['gomu] M̱ BOT Auge n, Spross m; laranja etc: Schnitz m

gôndola ['gõdulɐ] F̱ Gondel f

goniómetro (*ô) [gu'njɔmitru] M̱ Winkelmesser m, Goniometer n

gonorreia [gunu'kɐjɐ] F̱ Tripper m
gonzo ['gõzu] M̱ porta: (Tür)Angel f; janela: Scharnier n; ARQUIT Haspe f; **sair dos ~s** fig aus den Fugen geraten

googlar® [gu'glar] ⟨1a⟩ googeln®
gorar [gu'rar] ⟨1e⟩ A V/T zum Scheitern bringen, vereiteln B V/I (G V/R) **~(-se)** ovo faul werden; fig scheitern

goraz [gu'raʃ] M̱ peixe: Brachse f, Brasse f; **olhos mpl de ~** fam Glupschaugen npl

gordo ['gordu] fett (tb carne etc); dick, beleibt; **Domingo m ~** Fastnachtssonntag m

gorducho [gur'duʃu] pummelig, rundlich **gordura** [gur'durɐ] F̱ Fett n **gordurento** [gurdu'rẽtu] fettig, schmierig; fig fleckig, verschmiert **gorduroso** [gurdu'rozu] fettig, Fett...; ölig

gorgolejar [gurguli'ʒar] ⟨1d⟩ A V/T schlürfen B V/I glucksen, gluckern

gorgolhão [gurgu'ʎɐ̃u] M̱ (Wasser)Strahl m **gorgolhar** [gurgu'ʎar] ⟨1e⟩ (hervor)sprudeln

gorgomil [gurgu'mil] M̱, **gorgomilo** [gurgu'milu] M̱ pop Kehle f, Hals m

gorila [gu'rilɐ] M̱ Gorilla m (tb fig); fam Leibwächter m

gorjear [gur'ʒjar] ⟨1l⟩ zwitschern; trillern **gorjeio** [gur'ʒɐju] M̱ Zwitschern n; Trillern n

gorjeta [gur'ʒetɐ] F̱ Trinkgeld n
goro ['goru] ovo faul, verdorben
gorra ['gorɐ] F̱ Kappe f, Mütze f **gorro** ['goʀu] M̱ Kappe f; de estudante: Studentenmütze f

gostar [guʃ'tar] ⟨1e⟩ A V/T kosten, probieren B V/I **~ de** gern haben, mögen; gern essen (ou trinken); a/c, alg lieben, mögen; **~ de fazer a/c** etw gern tun; **gosto de ti** ich mag dich; **gostou?** comida: hat es Ihnen geschmeckt? **gostinho**

[guʃˈtinu] M̄ fam Gefallen m; **fazer ~ ao dedo** etw nur so zum Spaß machen
gosto [ˈgoʃtu] M̄ (paladar) Geschmack m (a nach); (aprovação) Gefallen m; (alegria) Freude f; (vontade) Lust f; **a ~** nach Gusto, nach Belieben; **ao ~ de alg** nach j-s Belieben; **muito ~** (em conhecê-lo) sehr erfreut (Sie kennenzulernen); **com muito ~** sehr gern; **de bom/mau ~** geschmackvoll/geschmacklos; **por ~** freiwillig; zum Spaß; **dar** (ou **fazer**) **~** Spaß (ou Freude) machen; **ter muito em gosto fz a/c** etw gern tun; sich freuen, etw zu tun; **tomar o ~ a** comida probieren; **~s não se discutem** über Geschmack lässt sich nicht streiten; **isso são ~s!** das ist Geschmackssache! **gostosamente** [guʃtɔzaˈmẽti] ADV gern **gostoso** [guʃˈtozu] comida schmackhaft; geralm angenehm
gota [ˈgotɐ] F̄ Tropfen m; MED Gicht f; **~ a ~** tropfenweise
goteira [guˈtajrɐ] F̄ Dachtraufe f; Loch n (im Dach) **gotejante** [gutiˈʒãti] tröpfelnd **gotejar** [gutiˈʒar] ⟨1d⟩ tröpfeln, tropfen
gótico [ˈgɔtiku] A ADJ gotisch; **caracteres** mpl **~s** TIPO Frakturschrift f B M̄ ARQUIT Gotik f; TIPO Fraktur f
goto [ˈgotu] M̄ Schlund m; **dar** (ou **cair**) **no ~ de** Gefallen finden bei, auf Interesse stoßen bei
Gov. ABR (Governo) M̄ Reg. (Regierung)
governabilidade [guvirnɐbiliˈdadi] F̄ Regierbarkeit f **governação** [guvirnɐˈsɐ̃w] F̄ Verwaltung f; Regierung f **governado** [guvirˈnadu] sparsam **governador(a)** [guvirnɐˈdor(ɐ)] M(F) Gouverneur(in) m(f); **~ civil** Regierungspräsident m, Gouverneur m e-s Distrikts; **~ militar** Militärgouverneur m **governamental** [guvirnɐmẽˈtat] Regierungs... **governanta** [guvirˈnɐ̃tɐ] F̄ Haushälterin f; Gouvernante f **governante** [guvirˈnɐ̃ti] M/F Machthaber(in) m(f) **governar** [guvirˈnar] ⟨1c⟩ A VT país regieren; leiten; casa führen; automóvel etc steuern; fig vida meistern; destino lenken B VI regieren; die Macht ausüben; (funcionar) funktionieren; **~-se** s-e Interessen wahrnehmen; dinheiro wirtschaften; (satisfazer-se) zurechtkommen (**com** mit) **governativo** [guvirnɐˈtivu] Regierungs... **governá-**

vel [guviˈnavɛt] país regierbar; pessoa, automóvel lenkbar **governista** [govexˈniʃte] bras M/F Regierungsanhänger(in) m(f)
governo [guˈvernu] M̄ Regierung f; (administração) Verwaltung f; (distrito) Regierungsbezirk m; NÁUT Steuer(ruder) n; AUTO Steuerung f; Lenkung f; ECON (Haushalts)Führung f; fig Richtschnur f; **Governo Civil** Regierungspräsidium n; **~ sombra** Schattenkabinett n; **não ter ~** nicht zu regieren (ou lenken) sein
gozação [gozaˈsɐ̃w] F̄ bras Spott m; fam **fazer ~ com alg** j-n auf den Arm nehmen **gozado** [goˈzadu] bras komisch **gozador** [gozaˈdox] M̄ bras Spötter m **gozar** [guˈzar] ⟨1e⟩ A VT genießen; férias etc haben; dinheiro Anspruch haben auf (ac) B VI genießen; Scherze machen; (zombar) sich lustig machen (**com** über ac); bras e-n Orgasmus haben; **~ de** sich erfreuen (gen); a/c sich amüsieren über (ac); alg veralbern
gozo [ˈgozu] M̄ 1 Genuss m; (prazer) Vergnügen n 2 pej Köter m **gozoso** [guˈzozu] genussvoll; fröhlich
G/P ABR (ganhos e perdas) Gewinne und Verluste
grã [grɐ̃] ADJ F → grande
Grã-Bretanha [grɐ̃briˈtɐɲɐ] F̄ GEOG **a ~** Großbritannien n
graça [ˈgrasɐ] A F̄ espec REL Gnade f; DIR Begnadigung f; (favor) Gunst f; pessoa: (encanto) Grazie f, Anmut f; (anedota) Witz m; **de ~** umsonst, gratis; **de boa ~** gutwillig, freudig; **golpe** m **de ~** Gnadenstoß m; **nem de ~!** nicht einmal geschenkt!; **achar ~ a** Gefallen finden an (dat); etw lustig finden; **cair em ~** gut aufgenommen werden; **dizer por ~** etw im Scherz sagen; **não estar** (ou **ser**) **para ~s** keinen Spaß verstehen; **ser uma ~** (ou **gracinha**) fam goldig sein; **ter ~** witzig (ou komisch) sein B F̄ ~s PL Dank m; **~ a** dank (gen ou dat); **~ a Deus!** Gott sei Dank!; **dar ~ a** danken (dat)
gracejar [grasiˈʒar] ⟨1d⟩ scherzen, Witze machen (**com**, **de** über ac) **gracejo** [grɐˈsajʒu] M̄ Scherz m, Spaß m
grácil [ˈgrasit] zart, grazil
graciosidade [grɐsjuziˈdadi] F̄ Anmut f **gracioso** [grɐˈsjozu] A ADJ graziös; an-

mutig; reizend; *história* witzig; *produto gratis* B M, **-a** [grɐˈsjozɐ] F Witzbold m, Spaßmacher(in) m(f)

graçola [grɐˈsɔlɐ] A F schlechter Scherz m B M Witzbold m

gradação [grɐdɐˈsɐ̃ũ] F Abstufung f; *(alteração)* schrittweise Veränderung f; *oratória*: Steigerung f **gradar** [grɐˈdar] ⟨1b⟩ A VIT eggen B VII wachsen **gradaria** [grɐdɐˈriɐ] F Gitter(werk) n **gradativo** [grɐdɐˈtivu] → **gradual**

grade [ˈgradi] F *de metal*: Gitter n; *de madeira*: Lattenverschlag m; *para fruta*: (Obst)Spalier n; *de cerveja etc*: (Bier)Kasten m; AGR Egge f; PINT Staffelei f; **ir para as ~s** ins Gefängnis kommen **gradeado** [grɐˈdjadu] A ADJ *janela* vergittert; *terreno* eingezäunt B M Gitter n **gradear** [grɐˈdjar] ⟨1l⟩ *janela* vergittern; *terreno* einzäunen

gradil [grɐˈdił] M Einfassung f

grado [ˈgradu] A ADJ dick(körnig); *fig* höchst; herausragend B M guter Wille m; **de bom/mau ~** gern/ungern; **mau ~** trotz (*gen*); **mau ~ meu** gegen meinen Willen

graduação [grɐdwɐˈsɐ̃ũ] F Gradeinteilung f; ÓPT Stärke f; MIL Rang m, Rangordnung f; *de álcool*: Alkoholgehalt m; *fig* Abstufung f **graduado** [grɐˈdwadu] ADJ Grad...; Mess...; *líquido* alkoholhaltig; *fig* angesehen; UNIV graduiert; **óculos** mpl **~s** (Korrektions)Brille f; **ser ~** e-n Universitätsabschluss haben **gradual** [grɐˈdwał] graduell; allmählich **graduar** [grɐˈdwar] ⟨1g⟩ (in Grad) einteilen; e-n Rang (ou eine Würde) verleihen (*dat*); abstufen; *em categorias*: einstufen; **~-se** UNIV e-n akademischen Titel erwerben (**em** in *dat*)

grafar [grɐˈfar] ⟨1b⟩ schreiben **grafia** [grɐˈfiɐ] F Grafie f, Schreibung f

gráfica [ˈgrafikɐ] F Grafik f **gráfico** [ˈgrafiku] A ADJ Schrift...; grafisch B M grafische Darstellung f, Grafik f; **~ de barras** Balkendiagramm m

grã-fino [grɐ̃ˈfinu] *bras pej* reich; elegant **grafita** [grɐˈfitɐ] F *bras*, **grafite** [grɐˈfiti] F Grafit m **grafitar** [grɐfiˈtar] ⟨1a⟩ Graffiti sprühen (auf ac) **grafito** [grɐˈfitu] M Graffiti mpl, Graffito n

grafólogo [grɐˈfɔługu] M, **-a** F Grafologe m, Grafologin f

grainha [grɐˈiɲɐ] F Traubenkern m

gralha [ˈgraʎɐ] F Krähe f; TIPO Druckfehler m; *fig* Klatschbase f **gralhar** [grɐˈʎar] ⟨1b⟩ krächzen; *fig* schnattern, schwätzen

grama¹ [ˈgramɐ] M Gramm n

grama² [ˈgramɐ] F BOT Quecke f; *bras tb* Gras n **gramado** [grɐˈmadu] M *bras* Rasen m; *espec* Fußballfeld n

gramar [grɐˈmar] ⟨1a⟩ *fam comida* hinunterwürgen; *fam* aushalten; *ofensa* schlucken; *port fam* toll finden; **~ a pastilha** *fig* die bittere Pille schlucken

gramática [grɐˈmatikɐ] F Grammatik f **gramatical** [grɐmɐtiˈkał] grammat(ikal)isch **gramático** [grɐˈmatiku] A ADJ grammat(ikal)isch B M, **-a** F Grammatiker(in) m(f)

gramíneas [grɐˈminjɐs] FPL Gräser npl **gramíneo** [grɐˈminju] grasartig, Gras...

grampeador [grẽpjɐˈdox] M *bras* Heftmaschine f, *fam* Klammeraffe m **grampear** [grẽˈpjax] ⟨1b⟩ *bras* zusammenklammern, -heften; *telefone* abhören; *pessoa* belauschen **grampo** [ˈgrɐ̃pu] M 1 Krampe f; (Heft)Klammer f; *bras* Haarnadel f 2 *bras* Abhörgerät n, *fam* Wanze f; *actividade*: Abhören n; Lauschangriff m

grana [ˈgrɐnɐ] F *bras fam* (*dinheiro*) Knete f, Kohle f

granada [grɐˈnadɐ] F MIL Granate f; GEOL Granat m

grande [ˈgrɐ̃di] groß (*tb fig*); *temporal*: lang; *fig* mächtig; (*importante*) bedeutend; **~ área** f *futebol*: Strafraum m; **~ cidade** f Großstadt f; **~ honor** hohe Ehre; **~ potência** f Großmacht f; **à ~, de ~** großartig; **em ~** im Großen (und Ganzen); **gastar à ~** mit vollen Händen ausgeben; **viver à** (*ou* **de**) **~** auf großem Fuß leben; **viver à ~ e à francesa** leben wie Gott in Frankreich **grandemente** [grɐ̃diˈmẽti] ADV über Gebühr; außerordentlich; großartig

grandessíssimo [grɐ̃diˈsisimu] *fam* Riesen... **grandeza** [grɐ̃ˈdezɐ] F Größe f (*tb* FÍS); *fig* Erhabenheit f; **~s** pl Titel mpl und Würden fpl; Pracht f **grandiosidade** [grɐ̃djuziˈdadi] F Großartigkeit f; Herrlichkeit f, Pracht f **grandioso** [grɐ̃ˈdjozu] großartig; grandios

granel [grɐˈnɛł] M Kornspeicher m; TIPO Fahne f; **a ~** *mercadoria* lose, unverpackt; COM im Ramsch

GRAN | 370

granir [grɐˈnir] ⟨3a⟩ *desenho* punktieren
granito [grɐˈnitu] M Granit m; GASTR *Art Anisschnaps* **granizar** [grɐniˈzar] ⟨1a⟩ hageln **granizo** [grɐˈnizu] M Hagel m
granja [ˈgrɐ̃ʒɐ] F Bauernhof m; Scheune f; *bras* Hühnerfarm f **granjear** [grɐ̃ˈʒjar] ⟨1l⟩ *terra* bearbeiten; *fig* sich (*dat*) etw erarbeiten; ~ *alg* j-n für sich gewinnen **granjeio** [grɐ̃ˈʒjaju] M AGR *plantas*: Anbau m; *quinta*: Bewirtschaftung f; (*produção*) Ertrag m; *fig* Gewinn m **granjeiro** [grɐ̃ˈʒajru] M Landwirt m; (*rendeiro*) Pächter m
granulação [grɐnulɐˈsɐ̃u] F Granulation f **granulado** [grɐnuˈladu] M Granulat n **granular** [grɐnuˈlar] **A** ADJ körnig **B** V/T ⟨1a⟩ körnen, aufrauen **grânulo** [ˈgrɐnulu] M MED Pustel f **granuloso** [grɐnuˈlozu] körnig
grão [grɐ̃u] M ⟨*pl* ~s⟩ Korn n; Körnchen n; *de café*: Bohne f; MED Pustel f **grão-de-bico** [grɐ̃udiˈbiku] M ⟨*pl* grãos-de-bico⟩ Kichererbse f **grãozinho** [grɐ̃uˈzipu] M *estar com um ~ na asa fam* (*embriagado*) einen in der Krone haben; (*alegre*) beschwipst sein
grasnar [grɐʒˈnar] ⟨1b⟩ *pato* schnattern; *corvo* krächzen; *rã* quaken; *fig* keifen
grassar [grɐˈsar] ⟨1b⟩ umgehen, *doença* grassieren; *hábito* um sich greifen
gratidão [grɐtiˈdɐ̃u] F Dankbarkeit f **gratificação** [grɐtifikɐˈsɐ̃u] F Gratifikation f; Vergütung f **gratificar** [grɐtifiˈkar] ⟨1n⟩ belohnen; beschenken, erfreuen; *horas extraordinárias* vergüten; (*dar gorgeta*) ein Trinkgeld geben
gratinar [grɐtiˈnar] ⟨1a⟩ GASTR überbacken, gratinieren
grátis [ˈgratiʃ] unentgeltlich, gratis
grato [ˈgratu] dankbar; *coisa* angenehm
gratuidade [grɐtwiˈdadi] F Unentgeltlichkeit f, **gratuitidade** [grɐtwitiˈdadi] F Unentgeltlichkeit f; *fig* Vergeblichkeit f
gratuito [grɐˈtuitu] unentgeltlich, gratis; *entrada* frei; *fig suspeita* grundlos, unbegründet
gratulação [grɐtulɐˈsɐ̃u] F Gratulation f; Glückwunsch m **gratular** [grɐtuˈlar] ⟨1a⟩ beglückwünschen
grau [grau] M Grad m (*tb* UNIV); MIL Rang m, Dienstgrad m; *fig* Stufe f; (*dimensão*) Ausmaß n; ~ **centígrado** Grad Celsius;

~ **de dificuldade** Schwierigkeitsgrad m; *jogo de computador*: Level n; GEOG ~ **de latitude/longitude** Breiten-/Längengrad m; **em alto** ~ hochgradig, in hohem Grad(e); **por** ~**s** stückweise, graduell
graúdo [grɐˈudu] ADJ groß; kräftig; *sal etc* grobkörnig; *fig* angesehen
gravação [grɐvɐˈsɐ̃u] F Gravierung f; MÚS *etc* (Ton)Aufnahme f; *DVD etc*: Brennen n **gravador** [grɐvɐˈdor] M *profissão*: Graveur m; *cobre*: (Kupfer)Stecher m; MÚS *etc* Aufnahmegerät n, Rekorder m; ~ **de cassetes** Kassettenrekorder m; ~ **de chamadas** Anrufbeantworter m; ~ **de CD/ /DVD** CD-/DVD-Brenner m **gravadora** [grɐvaˈdore] F *bras* Plattenfirma f
gravame [grɐˈvɐmi] M Last f; (*ónus*) Belastung f; (*ofensa*) Beleidigung f
gravanço [grɐˈvɐ̃su] M Kichererbse f
gravar [grɐˈvar] ⟨1b⟩ *em metal* stechen; *em madeira* (ein)schneiden; *fig* ein-, aufdrücken; *na memória* einprägen; *CD, cassetes* bespielen; INFORM speichern (**em** auf *dat*); *música, filme* aufnehmen (**em** auf *ac*)
gravata [grɐˈvatɐ] F Krawatte f
gravável [grɐˈvavɛɫ] bespielbar
grave [ˈgravi] *peso, doença* schwer; *situação* ernst; wichtig; gefährlich; *tom* tief; *palavra* auf der vorletzten Silbe betont; **acento** m ~ Gravis m; **doente** m/f ~ Schwerkranke(r) m/f; **de passo** ~ gemessenen Schrittes
gravela [grɐˈvɛlɐ] F Trester m; Weinstein m; MED Blasen- (*ou* Nieren)steine *mpl*
grávida [ˈgravidɐ] schwanger; *animal* trächtig (*tb fig*)
gravidade [grɐviˈdadi] F *peso, doença*: Schwere f; *situação*: Ernst m; (*importância*) Wichtigkeit f; (*perigo*) Gefährlichkeit f; FÍS Schwerkraft f; **centro** m **de** ~ Schwerpunkt m; **sem** ~ leicht; unproblematisch **gravidez** [grɐviˈdeʃ] F Schwangerschaft f
gravilha [grɐˈviʎɐ] F Kies m
gravitação [grɐvitɐˈsɐ̃u] F Anziehungskraft f; Gravitation f **gravitacional** [grɐvitɐsjuˈnaɫ] Gravitations... **gravitar** [grɐviˈtar] ⟨1a⟩ FÍS gravitieren; kreisen (**em volta de** um) (*tb fig*)
gravoso [grɐˈvozu] belastend
gravura [grɐˈvurɐ] F Gravierung f; Gravur f; *madeira*: Holzschnitt m; (*ilustração*) Il-

lustration f, Abbildung f

graxa ['graʃa] F TECN Fett n, Schmieröl n; **~ (de calçado)** Schuhcreme f; **dar ~ a alg** fam j-m Honig ums Maul schmieren; sich anbiedern **graxista** [gra'ʃiʃta] M/F pop Schleimer(in) m(f)

Grécia ['grɛsja] F GEOG a ~ Griechenland n **grego** ['gregu] A ADJ griechisch; **sentir-se ~ em** fam sich überhaupt nicht auskennen in (dat);, **ser ~ para alg** fam Chinesisch für j-n sein; **ver-se ~ (para fazer a/c)** fam große Schwierigkeiten haben (etw zu tun) B M, **-a** F Grieche m, Griechin f

gregório [gri'gɔrju] M pop **chamar o ~ ou pelo ~ ou Gregório** reihern, kotzen **grelar** [gri'ɫar] ⟨1c⟩ keimen; sprießen

grelha ['grɛʎ(i)ʎa] F Rost m, Grill m (tb AUTO); ELECT Gitter n; TV (Programm)-Übersicht f; pintura: Abstreichsieb n **grelhador** [griʎɐ'dor] M Grill m **grelhados** [gri'ʎaduʃ] MPL Gegrillte(s) n **grelhar** [gri'ʎar] ⟨1a⟩ grillen

grelo ['grelu] M BOT Spross m (espec Gemüse); **~s** pl GASTR Steckrübenblätter npl **grémio** (*-ê) ['grɛmju] M Gremium n; agricultura, indústria, comércio: (Handwerker)Innung f; desportivo, etc: Verein m; REL da igreja: Schoß m

grenha ['grɐɲa] F Mähne f; BOT Busch (-wald) m

grés [grɛʃ] M Sandstein m

greta ['grɛta] F Spalte f; na pele: Riss m **gretar(-se)** [gri'tar(sĩ)] ⟨1c⟩ rissig werden; fig schief gehen

greve ['grɛvi] F Streik m; **~ geral** Generalstreik m; **~ de braços caídos** Sitzstreik m; **~ de zelo** Dienst m nach Vorschrift; **vaga f de ~** Streikwelle f; **declarar-se em ~, ir para a ~** in Streik treten; **fazer ~** streiken; **furar a ~** den Streik brechen **grevista** [grɛ'viʃta] A ADJ streikend, Streik... B M/F Streikende(r) m/f(m)

grifa ['grifa] F Kralle f **grifado** [gri'fadu] kursiv **grifar** [gri'far] ⟨1a⟩ reg cabelo ondulieren; TIPO kursiv drucken **grifo** ['grifu] M **1** ZOOL Gänsegeier m; MITOL (pássaro) Greif m **2** Rätsel(wort) n; cabelo: Haarlocke f **3** TIPO Kursivschrift f

grila ['grila] F pop Notlüge f

grilhão [gri'ʎɐ̃ũ] M (Eisen)Kette f; de ouro: massive Goldkette f; fig Fessel f

grilo ['grilu] M Grille f (tb fig); bras fam

Ärger m; (mania) fixe Idee f; **memória f de ~** Gedächtnis n wie ein Sieb; **andar aos ~s** fam Däumchen drehen

grimpa ['grĩpa] F Wetterfahne f; telhado etc: First m; fig Höhepunkt m; **baixar a ~** pop den Schwanz einziehen, kuschen; **levantar a ~** pop das Maul aufreißen **grimpar** [grĩ'par] ⟨1a⟩ frech werden; sich anlegen (**com** mit); **~ por** erklimmen; **~ contra** herfallen über (ac)

grinalda [gri'naɫda] F Girlande f; Kranz m; LIT Anthologie f

gringo ['grĩgu] M, **-a** F bras pej Ausländer(in) m(f)

gripado [gri'padu] ADJ vergrippt; **estar ~** erkältet sein, die Grippe haben **gripal** [gri'paɫ] grippal, grippeartig **gripar** [gri'par] ⟨1a⟩ A VI motor sich festfressen; festsitzen B V/R **~-se** die Grippe bekommen; sich erkälten **gripe** ['gripi] F Grippe f; tb fig Erkältung f; **~ A** Schweinegrippe f

gris [griʃ] blaugrau **grisalho** [gri'zaʎu] cabelo grau(meliert) **grisão** [gri'zɐ̃ũ] M Graubündner m

gritador [grita'dor] M, **griteira** [gritɐ'dɐirɐ] F, **gritalhão** [gritɐ'ʎɐ̃ũ] M, **gritalhona** [gritɐ'ʎɔna] F Schreihals m **gritar** [gri'tar] ⟨1a⟩ schreien; palavra etc ausrufen; a/c a alg j-m etw zurufen; (ralhar) zetern; **~ a alg, ~ com alg** j-n anfahren, anschreien; **~ por auxílio** um Hilfe rufen **gritaria** [gritɐ'ria] F Geschrei n **grito** ['gritu] M Schrei m; auxílio: Ruf m; **~s** pl Geschrei n; **aos ~s** schreiend; **de ~s** fam entzückend, wunderbar; **dar/soltar ~s** schreien/losschreien

groenlandês [grwɛlɐ̃'deiʃ] bras, **Groenlândia** [grwɛ'lɛ̃dʒjɐ] F bras → gronelandês, Gronelândia

grogue¹ ['grɔgi] ADJ erschöpft; fam groggy; fam (embriagado) blau

grogue² ['grɔgi] M bebida: Grog m **gronelandês** [grunilɐ̃'deʃ] A ADJ grönländisch B M, **gronelandesa** [grunilɐ̃'deza] F Grönländer(in) m(f) **Gronelândia** [gruni'lɐ̃dʒja] F GEOG a ~ Grönland (n)

grosa ['grɔza] F Raspel f

groselha [grɔ'zɐ(i)ʎa] F Johannisbeere f; **-beersaft** m; **~-negra** f schwarze Johannisbeere f; **~-espim** f Stachelbeere f

grosseirão [grusɐi'rɐ̃ũ] A ADJ ungeschliffen, flegelhaft **B** M̄ Flegel m, Lümmel m **grosseiro** [gruˈsɐiru] grob (tb fig); plump; fig ungeschliffen; roh; (vulgar) gemein **grosseria** [gruseˈria] F̄ Grobheit f; Ungehörigkeit f

grossista [gruˈsiʃtɐ] COM **A** ADJ Groß(handels)... **B** M̄ Grossist m, Großhändler m

grosso [ˈgrosu] ⟨fsg, m/fpl [ˈgrɔ-]⟩ **A** ADJ perímetro, tecido etc dick; tecido, carácter grob; voz tief; líquido dickflüssig, zähflüssig; asneira etc grob, groß; **mar ~** aufgewühltes Meer n, schwere See f; **estar ~** pop (embriegado) blau sein **B** ADV stark; **falar ~** fam Krach schlagen; **jogar ~** hoch spielen **C** M̄ COM Gros m; fig Hauptteil m, -macht f; **em ~** in großen Zügen; unbesehen; **por ~** en gros; **comércio** m **por ~** Großhandel m; **preço** m **por ~** Großhandelspreis m; **venda** f **por ~** Engrosverkauf m **grossura** [gruˈsura] F̄ Dicke f, Stärke f; pop Rausch m; bras pop Grobheit

grotesco [gruˈteʃku] grotesk
grou [gro] M̄ Kranich m
grua [ˈgrua] F̄ Kran m
grudar [gruˈdar] ⟨1a⟩ **A** V/T ver-, zusammenleimen, verkleben **B** V/I (zusammen)kleben; fig zusammenpassen; (resultar) klappen; **não gruda!** fam das läuft nicht!; **~-se** sich klammern (**a an** ac); sich schmiegen (**com** gegen); fig aneinandergeraten **grude** [ˈgrudi] M̄ móveis: (Tischler)Leim m; Kleister m
grulhar [gruˈʎar] ⟨1a⟩ schwätzen
grumar [gruˈmar] ⟨1a⟩ klumpen
grumo [ˈgrumu] M̄ Klümpchen n **grumoso** [gruˈmozu] klumpig
grunhido [gruˈɲidu] M̄ Grunzen n **grunhir** [gruˈɲir] ⟨3a⟩ grunzen; fig murren
grupelho [gruˈpɐ(i)ʎu] M̄ Grüppchen n **grupo** [ˈgrupu] M̄ **1** Gruppe f; (amigos) (Freundes)Kreis m; COM **~ alvo** Zielgruppe f; **~ empresarial** Unternehmensgruppe f; **~ etário** Altersgruppe f; **~ marginal** Randgruppe f; INFORM **~ de notícias** Newsgroup f; **~ de risco** Risikogruppe f; **~ sanguíneo** MED Blutgruppe f; **terapia f de ~** Gruppentherapie f **2** TECN **~ gerador** (**eléctrico**) ELECT Stromaggregat m, Generator m
gruta [ˈgrutɐ] F̄ Grotte f; Höhle f
guache [ˈgwaʃi] M̄ PINT Guasch f

Guadiana [gwɐˈdjɐnɐ] M̄ spanisch-port. Fluss

guapear [gwaˈpjar] ⟨1l⟩ bras reg schneidig auftreten; schöntun **guapetão** [gwapeˈtɐ̃u] M̄ bras reg schneidiger Kerl m; Aufschneider m **guapo** [ˈgwapu] tapfer, schneidig; fam schick; reg fesch

guaraná [gwaraˈna] M̄ bras **1** BOT Lianenart (im Amazonasgebiet) **2** GASTR Guarana-Limonade f

▶ **guaraná**

Der Guaraná-Strauch ist eine tropische, immergrüne Kletterpflanze. In der etwa haselnussgroßen, tiefgelben bis rotorangefarbenen Kapselfrucht steckt ein brauner Samen, der mehr Koffein als Kaffee oder Tee enthält. Die Wirkung der Guaraná war den Indios im Amazonasgebiet schon seit Jahrhunderten bekannt. Die getrockneten Samen wurden zu Pulver zermahlen, in Wasser aufgeschwemmt und mit Honig gesüßt. Das Getränk wirkte anregend wie Kaffee und dämpfte das Hungergefühl. Heute wird in Brasilien eine beliebte Limonade mit Guaraná-Extrakten hergestellt. ◀

guarda [ˈgwardɐ] **A** M/F Wächter(in) m(f); prisão: Aufseher(in) m(f), Wärter(in) m(f); (polícia) Polizist(in) m(f); **~ da alfândega** Oberzollinspektor m **B** F̄ **1** objectos: Aufbewahrung f; pessoas: Obhut f; **~ dos filhos** DIR Sorgerecht n; **cão m de ~** Wachhund m **2** (protecção) Bewachung f, Schutz m (e-s Gebäudes); esgrima: Deckung f; **ó da ~!** zu Hilfe! **3** MIL (sentinela) Wache f; **~ avançada** Vorhut f; bras **~ civil** Polizei f; **Guarda Nacional Republicana** port Nationalgarde f; **~ de honra** Ehrengarde f **4** **~s** pl Brüstung f **5** TIPO Vorsatz m, -blatt n

Guarda [ˈgwardɐ] port Distrikt bzw Distrikthauptstadt

guarda-barreira [gwardɐbɐˈʁɐirɐ] M̄ ⟨pl ~s⟩ Grenzbeamte(r) m; FERROV Schrankenwärter m **guarda-cancela** [gwaxdɐkɛ̃ˈsɛlɐ] M̄ ⟨pl ~s⟩ bras Schrankenwärter m **guarda-chuva** [gwardɐˈʃuvɐ] M̄ ⟨pl ~s⟩ Regenschirm m **guarda-costas** [gwardɐˈkɔʃtɐʃ] M̄ ⟨pl inv⟩ Küstenschutz m; *pessoa*: Leibwächter m **guarda-fatos** [gwardɐˈfatuʃ] M ⟨pl inv⟩ Kleiderschrank m **guarda-fiscal** [gwardɐfiʃˈkał] M/F ⟨pl guardas-fiscais⟩ Steuerfahnder(in) m/f **guarda-florestal** [gwardɐfłuɾɨʃˈtał] M ⟨pl guardas-florestais⟩ Förster m **guarda-jóias** [gwardɐˈʒɔjɐʃ] M ⟨pl inv⟩ Schmuckkasten m **guarda-lama** [gwardɐˈłɐmɐ] M ⟨pl ~s⟩ AUTO Kotflügel m; *bicicleta*: Schutzblech n **guarda-livros** [gwardɐˈłivɾuʃ] M/F ⟨pl inv⟩ Buchhalter(in) m/f(m) **guarda-louça** [gwardɐˈłosɐ] M ⟨pl ~s⟩ Geschirrschrank m **guardanapo** [gwardɐˈnapu] M ⟨pl ~s⟩ Serviette f **guarda-nocturno** [gwardɐnɔˈturnu] M ⟨pl guardas nocturnos⟩ Nachtwächter m **guarda-pó** [gwardɐˈpɔ] M ⟨pl ~s⟩ Staubmantel m **guarda-portão** [gwardɐpurˈtɐ̃ũ] M/F ⟨pl guarda-portões⟩ Pförtner(in) m/f

guardar [gwɐrˈdar] ⟨1b⟩ *edifício* bewachen; *crianças, rebanho* hüten, beaufsichtigen; *de perigo*: (be)schützen; *objecto* (auf)bewahren; *carteira, dinheiro* einstecken; *troco* (zurück)behalten; *(conter)* (in sich da!) bergen; *(poupar)* aufsparen; *a/c de alg* vorbehalten; *distância* (ein)halten; *principio* aufrechterhalten; *lei* beachten; **~-se** sich hüten (**de** vor *dat*), sich schützen (**de** vor *dat*); für sich behalten (**com** a/c etw)

guarda-redes [gwardɐˈʀedɨʃ] M ⟨pl inv⟩ Torwart m **guarda-roupa** [gwardɐˈʀopɐ] A M ⟨pl ~s⟩ *móvel* Kleiderschrank m; *(vestuário)* Garderobe f; *estabelecimento*: Kostümverleih m; TEAT *de um actor*: Kostüme npl; *de um teatro*: Kleiderkammer f; B F *profissão*: Garderobiere f **guarda-sol** [gwardɐˈsɔł] M ⟨pl guarda-sóis⟩ Sonnenschirm m

guardião [gwɐrˈdjɐ̃ũ] M ⟨pl -ães, -ões⟩ DESP Torwart m

guarida [gwɐˈɾidɐ] F Bau m; *fig* Schlupfwinkel m; **dar ~ a alg** j-n aufnehmen

guarita [gwɐˈɾitɐ] F Schilderhaus n

guarnecer [gwɐrniˈser] ⟨2g⟩ *espec* GASTR garnieren; verzieren; *sala etc* ausschmücken; *vestido* einfassen, besetzen; **~ de** (ou **com**) ausrüsten mit, ausstatten mit; *de material*: versehen mit **guarnição** [gwɐrniˈsɐ̃ũ] F **1** (Ein)Fassung f, Garnierung f *(espec* GASTR); Garnitur f; *(apetrechos)* Ausrüstung f; *cavalo*: Geschirr n, Reitzeug n; *móvel*: Beschlag m, Verzierung f; *vestuário*: Besatz m **2** MIL Garnison f; *barco*: Besatzung f **3** TECN Dichtung f

guê [ge] M *Name des Buchstabens* g
guedelha [giˈdɐ(ʎ)ʎɐ] F (Haar)Mähne f
guedelhudo [gidiˈʎudu] langhaarig
guerra [ˈɡɛʀɐ] F Krieg m; **~ atómica** Atomkrieg m; **~ civil** Bürgerkrieg m; **a ~ fria** der kalte Krieg m; **a Guerra Mundial** der Weltkrieg m; **a Grande Guerra** der Erste Weltkrieg m; **dar ~ a alg** j-m das Leben sauer machen; **fazer ~ a** Krieg führen gegen, bekriegen **guerrear** [giˈʀjar] ⟨1l⟩ A V/T bekriegen B V/I Krieg führen **guerreiro** [giˈʀɐjɾu] A ADJ kriegerisch B M, **-a** F Krieger(in) m/f **guerrilha** [giˈʀiʎɐ] F Guerilla f B M/F, **guerrilheiro** [giʀiˈʎɐjɾu] M, **guerrilheira** [giʀiˈʎɐjɾɐ] F Guerillero m, Guerillera f

gueto [ˈɡetu] M Ghetto n
guglar® [guˈɡłar] ⟨1a⟩ googeln®
guia [ˈɡiɐ] A F **1** Führung f, Steuerung f *(espec* TECN); *(mola)* Schwungfeder f **2** *(manual)* Leitfaden m; *(introdução)* Einführung f; *(directiva)* Richtschnur f **3** COM Begleit-, Frachtschein m; *correio*: Paketkarte f **4** MED Überweisung f; **passar uma ~** MED eine Überweisung ausstellen B M/F *pessoa*: Führer(in) m/f(m); DESP Führende(r) m/f(m); AGR Leittier n *(e-r Herde)*; **~ turístico (turística)** Reiseleiter(in) m/f(m) C M *livro*: Reiseführer m; FERROV Kursbuch m; *tb autocarros*: Fahrplan m; *em livros*: Register n; *bras* **~ da calçada** Bordstein m

guiador [ɡjɐˈdor] A M, **guiadora** [ɡjɐˈdoɾɐ] F Führer(in) m/f(m) B M *contabilidade*: Register n; (Fahrrad)Lenker m

Guiana [ˈɡjɐnɐ] F GEOG **a ~** Guyana (n)

guião [ɡjɐ̃ũ] M ⟨pl -ães, -ões⟩ (Film)Drehbuch n; REL Prozessionsfahne f **guiar** [ɡjar] ⟨1g⟩ führen (**para** zu, nach); *cavalo, pessoa* lenken; *automóvel* fahren; **~-se por** sich richten nach

guiché (*ê) [giˈʃɛ] M *banco, correio*: (Post-, Bank)Schalter m; *geralm*: Durchreiche f; **~ de informações** Informationsschalter m

guidão [ɡiˈdɐ̃ũ] M, *bras tb* **guidom** [ɡiˈdõ] M Lenkstange f, Lenker m
guilherme [ɡiˈʎɛrmi] M Hobel m

guilhotina [giʎu'tinɐ] F̄ Fallbeil n; *para papel*: Papierschneidemaschine f
guinada [gi'nadɐ] F̄ Kurswechsel m (tb POL); *cavalo*: Seitensprung m (*des Pferdes*); (*ataque*) Anfall m; **~ à direita** POL Rechtsruck m **guinar** [gi'nar] ⟨1a⟩ im Zickzack fahren; (*evitar*) ausweichen; (*virar*) abbiegen (**para** nach)
guinchar [gĩ'ʃar] ⟨1a⟩ kreischen (**de** vor dat); quietschen; *bras* AUTO abschleppen **guincho** ['gĩʃu] M̄ **1** Aufschrei m **2** TECN Winde f; *bras tb* Abschleppwagen m
guindaste [gĩ'daʃti] M̄ Kran m
Guiné [gi'nɛ] F̄ GEOG Guinea (n); **a ~-Bissau** Guinea-Bissau (n) **guineense** [gi'njẽsi] **A** ADJ guineisch **B** MF Guineer(in) m(f)
guionista [gju'niʃtɐ] MF Drehbuchautor(in) m(f)
guisa ['gizɐ] F̄ Art f, Weise f; Brauch m; **à ~ de** nach Art (*gen*)
guisado [gi'zadu] M̄ GASTR Art Gulasch m **guisar** [gi'zar] ⟨1a⟩ GASTR schmoren; *intriga* anstiften; *planos* schmieden
guita ['gitɐ] F̄ Bindfaden m, Schnur f; *pop* (*dinheiro*) Knete f; **com toda a ~** in aller Eile; **dar ~ a** *alg* *fig* j-m die Zügel lockern
guitarra [gi'taʁɐ] F̄ (*12-saitige*) portugiesische Gitarre f; E-Gitarre f **guitarrista** [gitɐ'ʁiʃtɐ] MF Gitarrist(in) m(f)
guizalhar [gizɐ'ʎar] ⟨1b⟩ bimmeln **guizo** ['gizu] M̄ Glöckchen n, Schelle f
gula ['gulɐ] F̄ Gefräßigkeit f; Völlerei f

▶ **Gulbenkian-Stiftung**

Calouste Sarkis Gulbenkian (1869–1955) war ein britischer Erdölmagnat armenischer Herkunft. Als „Mister Fünfprozent" besaß er u. a. Anteile an der Iraq Petroleum Company. Er hinterließ einen großen Teil seines Vermögens als internationale Stiftung. Die **Fundação Calouste Gulbenkian** mit Sitz in Lissabon unterstützt Bedürftige sowie zahlreiche Projekte aus Kunst, Wissenschaft, Bildung und Erziehung in Portugal. ◀

gulodice [gulu'disi] F̄, **guloseima** [gulu'zajmɐ] F̄, **gulosice** [gulu'zisi] F̄ Naschhaftigkeit f (*e-r Person*); GASTR Leckerbissen m; Leckerei f **guloso** [gu'lozu] **A** ADJ naschhaft; *pej* gefräßig; **ser ~ por** *fig* erpicht sein auf (*ac*) **B** M̄, **-a** [gu-'lɔzɐ] F̄ Naschkatze f; (*comilão*) Vielfraß m

gume ['gumi] M̄ (Messer)Schneide f; *fig* Scharfsinn m; **de dois ~s** zweischneidig; **estar no ~** *fig* auf Messers Schneide stehen
guri [gu'ri] M̄, **guria** [gu'riɐ] F̄ *bras reg* Junge m, Mädchen n; *fam* Gör n
guru [gu'ru] M̄ Guru m
gusa ['guzɐ] F̄ Eisenguss m
gusano [gu'zɐnu] M̄ Wurm m; Made f
gustação [guʃtɐ'sɐ̃ũ] F̄ (Ver)Kosten n, Probe f **gustativo** [guʃtɐ'tivu] Geschmacks...
gutural [gutu'rał] Kehl...; LING guttural

H

H, h [ɐ'ga] M̄ H, h n
h. ABR (**hora, horas**) Uhr; h, Std. (Stunde, Stunden)
há [a] → **haver** **1** *temporal*: seit; **~ dois anos** seit/vor zwei Jahren **2** *com conj*: **há (que)** (*inf*) man muss (*inf*); **não há (que)** (*inf*) man braucht nicht zu (*inf*), man muss nicht (*inf*)
ha. ABR (**hectare, hectares**) ha (Hektar)
hábil ['abił] **1** geschickt; (*desenvolto*) gewandt **2** fähig; DIR berechtigt
habilidade [ɐbili'dadi] F̄ **1** Geschicklichkeit f; (*desenvoltura*) Gewandtheit f; **ter ~ para** Geschick haben für **2** Fähigkeit f; **~s** *pl* Kunststücke *npl* **habilidoso** [ɐbili'dozu] geschickt **habilitação** [ɐbilitɐ'sɐ̃ũ] F̄ (*capacidade*) Befähigung f; (*autorização*) Berechtigung f; DIR Rechtsfähigkeit(serklärung) f; **-ões** *pl* Befähigungs-, Berechtigungsnachweis m; (*capacidades*) Fähigkeiten *fpl* Kenntnisse *fpl* **habilitado** [ɐbili'tadu] mit Berufserfahrung **habilitar** [ɐbili'tar] ⟨1a⟩ befähigen; *aprendiz* ausbilden; *edifício* ausstatten; berechtigen (**a** zu); DIR für (rechts)fähig erklären; **~-se** sich üben; sich vorbe-

reiten (**a** für); s-e Berechtigung (*ou* Befähigung) nachweisen; **~-se para professor** die Lehrbefähigung erwerben

habitação [abitɐ'sɐ̃u] F̲ Wohnung f; ADMIN Wohnungswesen n; **~ social** Sozialwohnung f; **~ própria** Eigentumswohnung f **habitacional** [abitasju'naɫ] Wohn(ungs)...; **zona** f **~** Wohngegend f

habitante [abi'tɐ̃ti] M̲/F̲ Bewohner(in) m(f); *cidade, país:* Einwohner(in) m(f) **habitar** [abi'tar] ⟨1a⟩ A̲ V̲T̲ bewohnen B̲ V̲I̲ wohnen (**em** in *dat*) **habitat** [abi'ta(t)] M̲ BIOL natürlicher Lebensraum m **habitável** [abi'tavɛɫ] bewohnbar

hábito ['abitu] M̲ 1 Gewohnheit f; **mau ~** Unsitte f; **por ~** aus Gewohnheit; **cair no ~ de** (*inf*) sich angewöhnt zu (*inf*) 2 äußere Erscheinung f; (*comportamento*) Art n 3 *vestuário:* REL Ordenskleid n; *tb* ADMIN Amtstracht f; **~s pl menores** Unterwäsche fpl

habituação [abitwa'sɐ̃u] F̲ Gewöhnung f; Angewohnen n **habitual** [abi'twaɫ] 1 gewöhnlich 2 gewohnt; Gewohnheits... **habitualmente** [abitwaɫ'mẽti] A̲D̲V̲ für gewöhnlich **habituar** [abi'twar] ⟨1g⟩ sich gewöhnen (**a** an *ac*)

hacker ['ɛkɐr] M̲/F̲ INFORM Hacker(in) m(f)

Haia ['aja] F̲ GEOG (**a**) **~** Den Haag (n)

Haiti [aj'ti] M̲ GEOG **o ~** Haiti (n) **haitiano** [aj'tjɐnu] A̲ A̲D̲J̲ haitianisch B̲ M̲, **-a** F̲ Haitianer(in) m(f)

haja ['aʒa] → haver

hálito ['alitu] M̲ Hauch m; Atem m; **mau ~** Mundgeruch m

hall [ɔɫ] M̲ Eingangshalle f

halogéneo (***ê**) [aɫɔ'ʒɛnju] Halogen...

haltere [aɫ'tɛri] M̲ Hantel f **halterofilia** [aɫtɛrɔfi'lia] F̲ Gewichtheben n

Hamburgo [ɐ̃'burgu] S̲E̲M̲ A̲R̲T̲ GEOG Hamburg n **hamburguer** [ɐ̃'burgɐr] M̲ GASTR Hamburger m **hamburgueria** [ɐ̃burgi'ria] F̲ ≈ Snackbar f

hamster ['amstɛr] M̲ Hamster m

handebol [ɐ̃di'bɔɫ] M̲ Handball m

hangar [ɐ̃'gar] M̲ Hangar m, (Flugzeug-)Halle f

hanseático [ɐ̃'sjatiku] Hanse..., hanseatisch

hardware [ar'dwɛr] M̲ INFORM Hardware f

harém [a'rɐ̃j] M̲ Harem m

harmonia [armu'nia] F̲ 1 MÚS Harmonie (-lehre) f; Wohl-, Zusammenklang m 2 Eintracht f; **de** (*ou* **em**) **~ com** im Einklang mit

harmónica (***ô**) [ar'mɔnika] F̲ Harmonika f **harmónico** [ar'mɔniku] harmonisch

harmonioso [armu'njozu] harmonisch; ausgeglichen; (*pacífico*) einträchtig **harmonizar** [armuni'zar] ⟨1a⟩ A̲ V̲T̲ in Einklang bringen (**com** mit); wohl abstimmen B̲ V̲I̲ in Einklang stehen, harmonieren

harpa ['arpa] F̲ Harfe f; *fam* Liebesbrief m **harpear** [ar'pjar] ⟨1l⟩, **harpejar** [arpi'ʒar] ⟨1d⟩ Harfe spielen **harpista** [ar'piʃta] M̲/F̲ Harfenist(in) m(f)

hasta¹ ['aʃta] F̲ Speer m, Lanze f

hasta² ['aʃta] F̲ **~ pública** öffentliche Versteigerung f

haste ['aʃti] F̲ Schaft m; *de bandeira:* (Fahnen)Stange f; BOT Stängel m; **a meia ~** auf halbmast **hastear** [aʃ'tjar] ⟨1l⟩ *bandeira* hissen; (auf)stecken; *escada etc* befestigen; **~-se** flattern

haver [a'ver] ⟨2n⟩ A̲ V̲T̲ haben, besitzen; (*receber*) bekommen; **~ por** halten für, ansehen als (*ac*); **~ por bem** für gut befinden; **que Deus haja!** Gott hab ihn selig!; **bem haja** wohl ihm; wohl dem, (der) B̲ V̲/A̲U̲X̲ **~ de** (*inf*) (*com traço:* **hei-de, hás-de, há-de, hão-de**) sollen, sicher (-lich) werden C̲ V̲/I̲M̲P̲ **há** es gibt; es ist (*ou* sind) (da); es findet (*ou* finden) statt; es kommt vor; **há que** (*inf*) man muss (*inf*); **não há de quê!** keine Ursache!; **não há como** man kann nicht, es ist unmöglich; **não há (nada) como** *port* es geht nichts über (*ac*); **há 3 dias (que)** vor (*ou* seit) 3 Tagen; es ist 3 Tage her(, dass); **há muito/pouco (que)** vor (*ou* seit) langer/kurzer Zeit D̲ V̲/R̲ **~-se** sich benehmen; es zu tun bekommen (**com** mit) E̲ M̲ COM Haben n; **~es** pl Habe f; Vermögen n

haxixe [a'ʃiʃi] M̲ Haschisch n; *fam* Hasch n

headphones [ɛd'fɔniʃ] M̲ Headset n

hebdomadário [ɛbdumɐ'darju] M̲ Wochenblatt n

hebraico [e'brajku] A̲D̲J̲ hebräisch **hebreu** [e'breu], **hebreia** (***é**) [e'brɐja] A̲ A̲D̲J̲ hebräisch B̲ M̲, F̲ Hebräer(in) m(f) C̲ M̲ *língua:* Hebräisch n

hectare [ɛkˈtari] M̄ Hektar n
hectolitro [ɛktɔˈlitru] M̄ Hektoliter m
hediondo [eˈdjõdu] scheußlich
hegemonia [eʒimuˈniɐ] F̄ Hegemonie f, Vorherrschaft f **hegemónico** (*ô) [eʒiˈmɔniku] hegemonial
hei [ɐi] → haver
hélice [ˈɛlisi] F̄ Spirale f; (Schiffs)Schraube f; AERO Propeller m; TECN Schnecke f
helicoidal [ɛlikɔiˈdał] schraubenförmig
helicóptero [ɛliˈkɔptiru] M̄ Hubschrauber m, Helikopter m
hélio [ˈɛłju] M̄ Helium n
heliporto [ɛliˈpɔrtu] M̄ ⟨pl [-pɔ-]⟩ Hubschrauberlandeplatz m
Helsínquia [εłˈsĩkjɐ], bras **Helsinque** [euˈsĩki] Helsinki n
helvético [εłˈvɛtiku] schweizerisch, helvetisch
hem [ʒi] INT ~! ähm!; was?; na?
hematológico [ematuˈłɔʒiku] ADJ **boletim** M̄ ~ Blutbild n **hematoma** [emɐˈtomɐ] M̄ Hämatom n, Bluterguss m
hemiciclo [emiˈsiktu] M̄ Halbkreis m; *estádio, sala*: Halbrund n **hemisfério** [emiʃˈfɛrju] M̄ Halbkugel f; GEOG, Hemisphäre f
hemodialisador [emɔdjɐłizɐˈdor] M̄ MED Dialysegerät n, künstliche Niere f **hemofilia** [emɔfiˈłiɐ] F̄ MED Hämophilie f, Bluterkrankheit f **hemofílico** [emɔˈfiłiku] M̄ Bluter m **hemoplástico** [emɔˈpłaʃtiku] blutbildend **hemorragia** [emuʁɐˈʒiɐ] F̄ Blutung f **hemorróidas** [emuˈʁɔidɐʃ] FPL, **hemorróides** [emuˈʁɔidiʃ] FPL MED Hämor(rho)iden fpl **hemostático** [emɔʃˈtatiku] A ADJ blutstillend B M̄ blutstillendes Mittel n
hepático [eˈpatiku] Leber...; MED leberkrank **hepatite** [epɐˈtiti] F̄ MED Hepatitis f
hera [ˈɛrɐ] F̄ BOT Efeu m
heráldica [eˈrałdikɐ] F̄ Heraldik f, Wappenkunde f
herança [eˈrɐ̃sɐ] F̄ Erbschaft f, Erbe n; ~ **genética** BIOL *genetische* Vererbung f; **deixar em (de) ~** vererben, hinterlassen
herbáceo [erˈbasju] Kraut... **herbário** [erˈbarju] M̄ Pflanzensammlung f, Herbarium n **herbicida** [ɛrbiˈsidɐ] M̄ Herbizid n **herbívoro** [erˈbivuru] A ADJ Pflanzenfresser B ADJ pflanzenfressend **herborizar** [erburiˈzar] ⟨1a⟩ botanisieren

herdade [erˈdadi] F̄ großer (Bauern)Hof m, Landgut n **herdar** [erˈdar] ⟨1c⟩ erben **herdeiro** [erˈdɐiru] M̄, **-a** F̄ Erbe m, Erbin f
hereditariedade [eriditɐrjɐˈdadi] F̄ Vererbbarkeit f; BIOL Erblichkeit f **hereditário** [eridiˈtarju] erblich, Erb...
herege [eˈrɛʒi] A ADJ ketzerisch B M/F Ketzer(in) m(f) **heresia** [eriˈziɐ] F̄ Ketzerei f; Irrlehre f
herético [eˈrɛtiku] A ADJ ketzerisch B M̄, **-a** F̄ Ketzer(in) m(f)
hermafrodita [ermɐfrɔˈditɐ] A ADJ zwittrig, zweigeschlechtig B M/F Zwitter m
hermético [erˈmɛtiku] ADJ luftdicht, hermetisch; *fig* undurchdringlich
hérnia [ˈɛrnjɐ] F̄ MED (Eingeweide)Bruch m, Hernie f
herói [eˈrɔi] M̄ Held m **heróico** [eˈrɔiku] heldenmütig; heroisch, heldenhaft, Helden... **heroína** [eˈrwinɐ] F̄ ❶ Heldin f ❷ Heroin n **heroísmo** [eˈrwiʒmu] M̄ Heldentum n, -tum n
hesitação [ezitɐˈsɐ̃u] F̄ Zögern n, Unschlüssigkeit f **hesitante** [eziˈtɐ̃ti] unschlüssig; zögernd **hesitar** [eziˈtar] ⟨1a⟩ zögern, schwanken; ~ **em** (*inf*) zögern zu (*inf*); davor zurückschrecken zu (*inf*)
Hesse [ˈɛsi] SEM ART GEOG Hessen (n)
heterodoxo [ɛtirɔˈdɔksu] A ADJ heterodox; anders gesinnt, andersgläubig B M̄ Andersdenkende(r) m **heterogéneo** (***ê**) [ɛtirɔˈʒɛnju] heterogen **heterossexual** [ɛtirɔsεˈkswał] heterosexuell
hexaedro [ɛgzɐˈɛdru] M̄ Hexaeder m, Würfel m **hexagonal** [ɛzɐguˈnał] hexagonal, sechseckig **hexágono** [eˈzaguˈnu] M̄ Sechseck n
hibernação [ibirnɐˈsɐ̃u] F̄ Winterschlaf m **hibernal** [ibirˈnał] winterlich, Winter... **hibernar** [ibirˈnar] ⟨1c⟩ Winterschlaf halten; überwintern
híbrido [ˈibridu] A ADJ hybrid; **carro** m **~** Hybridauto n; **motor** m **~** Hybridmotor m B M̄ BOT Hybride f ou m
hidratante [idrɐˈtɐ̃ti] ADJ Feuchtigkeits...; (**creme**) m) **~** Feuchtigkeitscreme f **hidratar** [idrɐˈtar] ⟨1b⟩ QUÍM hydrieren **hidrato** [iˈdratu] M̄ QUÍM Hydrat n **hidráulica** [iˈdrawlikɐ] F̄ Hydraulik f **hidráulico** [iˈdrawłiku] hydraulisch;

Wasser... **hidravião** [idrɐˈvjɐ̃ũ] M̄ Wasserflugzeug n **hidrelétrica** [idreˈlɛtrikɐ] F̄ bras, **hidrelé(c)trico** [idriˈlɛtriku] → hidroelétrica etc
hidrocarboneto [idrɔkɐrbuˈnetu] M̄ QUÍM Kohlenwasserstoff m **hidroelétrica** [idrweˈlɛtrikɐ] F̄ bras Wasserkraftwerk n **hidroelé(c)trico** [idrɔiˈlɛtriku] hydroelektrisch; Wasserkraft...; **central** f **-a** Wasserkraftwerk n **hidrofobia** [idrɔfuˈbiɐ] F̄ Wasserscheu f; fam Tollwut f **hidrogénio (*ê)** [idrɔˈʒɛnju] M̄ Wasserstoff m **hidrografia** [idrugrɐˈfiɐ] F̄ Hydrografie f **hidromecânica** [idrɔmiˈkɐniku] F̄ Hydromechanik f **hidrometria** [idrɔmiˈtriɐ] F̄ Hydrometrie f **hidrómetro (*ô)** [iˈdrɔmitru] M̄ Hydrometer n **hidroplanador** [idrɔplɐnɐˈdor] M̄ Wassersegelflugzeug n **hidroplano** [idrɔˈplɐnu] M̄ Wasserflugzeug n **hidrosfera** [idrɔsˈfɛrɐ] F̄ GEOL Hydrosphäre f **hidroterapia** [idrɔtirɐˈpiɐ] F̄ MED Hydrotherapie f **hidróxido** [iˈdrɔksidu] M̄ QUÍM Hydroxid m
hiena [ˈjɛnɐ] F̄ Hyäne f
hierarquia [jɛrɐrˈkiɐ] F̄ Hierarchie f; Rangordnung f **hierárquico** [jɛˈrarkiku] hierarchisch; Rang... **hierarquizar** [jɛrɐrkiˈzar] ⟨1a⟩ hierarchisch gliedern
hieróglifo [jɛˈrɔɡlifu] M̄ Hieroglyphe f
hífen [ˈifɛn] M̄ Bindestrich m
hi-fi [aiˈfai] ABR (alta fidelidade) Hi-Fi (High-Fidelity)
higiene [iˈʒjɛni] F̄ Hygiene f **higiénico (*ê)** [iˈʒjɛniku] hygienisch; **papel** m **~** Toilettenpapier n; **penso** m (bras **absorvente** m) **~** (Damen)Binde f
hilariante [ilɐˈrjɐ̃ti] erheiternd; **gás** m **~** Lachgas n
Himalaias [imɐˈlajɐʃ] M̄ GEOG Himalaya m
hímen [ˈimɛn] M̄ ANAT Jungfernhäutchen n, Hymen n
hindi [ĩˈdi] M̄ língua: Hindi m
hindu [ĩˈdu] A ADJ hinduistisch B M̄/F̄ Hindu m, -frau f **hinduísmo** [ĩˈdwiʒmu] M̄ Hinduismus m
hino [ˈinu] M̄ Hymne f; **~ nacional** Nationalhymne f
hiper... [ipɛr-] EM COMP Über..., übermäßig, hyper... **hipera(c)tividade** [ipɛrativiˈdadi] F̄ PSICOL Hyperaktivität f **hipera(c)tivo** [ipɛraˈtivu] ADJ PSICOL hyperaktiv
hipérbole [iˈpɛrbuli] F̄ MAT, LING Hyperbel f; fig Übertreibung f
hiperbóreo [ipɛrˈbɔrju] Nord...; des hohen Nordens
hipericão [ipɛriˈkɐ̃ũ] M̄ BOT Johanniskraut n
hiperligação [ipɛrliɡɐˈsɐ̃ũ] F̄ INFORM Hyperlink m **hipermercado** [ipɛrmirˈkadu] M̄ großer Supermarkt m **hipermetropia** [ipɛrmitruˈpiɐ] F̄ MED Weitsichtigkeit f **hipersensibilidade** [ipɛrsɛ̃sibiliˈdadi] F̄ Überempfindlichkeit f **hipertensão** [ipɛrtẽˈsɐ̃ũ] F̄ MED hoher Blutdruck m **hipertexto** [ipɛrˈtajʃtu] M̄ INFORM Hypertext m **hipertrofia** [ipɛrtruˈfiɐ] F̄ MED krankhafte Vergrößerung f, Hypertrophie f **hipertrofiado** [ipɛrtruˈfjadu] MED hypertroph
hípico [ˈipiku] Pferde...; Reit...
hipismo [iˈpiʒmu] M̄ Reitsport m; **campo** m **de ~** Reitplatz m, -bahn f
hipnose [ipˈnɔzi] F̄ Hypnose f **hipnótico** [ipˈnɔtiku] A ADJ hypnotisch; einschläfernd tb fig B M̄ Betäubungsmittel n **hipnotizador** [ipnɔtizɐˈdor] M̄ Hypnotiseur m **hipnotizar** [ipnɔtiˈzar] ⟨1a⟩ hypnotisieren; lähmen
hipoalergénico [ipɔaliɾˈʒɛniku] hypoallergen; für Allergiker geeignet
hipocentro [ipɔˈsẽtru] M̄ Hypozentrum n, Erdbebenherd m
hipocondria [ipɔkõˈdriɐ] F̄ Hypochondrie f **hipocondríaco** [ipɔkõˈdriɐku] A ADJ hypochondrisch B M̄, **-a** F̄ Hypochonder(in) m(f)
hipocrisia [ipɔkriˈziɐ] F̄ Heuchelei f; Scheinheiligkeit f **hipócrita** [iˈpɔkritɐ] A ADJ heuchlerisch; scheinheilig B M̄/F̄ Heuchler(in) m(f)
hipoderme [ipɔˈdɛrmi] F̄ ANAT Unterhaut f **hipodérmico** [ipɔˈdɛrmiku] MED subkutan
hipódromo [iˈpɔdrumu] M̄ Reit-, Rennbahn f
hipófise [iˈpɔfizi] F̄ ANAT Hirnanhangsdrüse f
hipopótamo [ipɔˈpɔtɐmu] M̄ Fluss-, Nilpferd n; fam fig Trampeltier n
hipoteca [ipuˈtɛkɐ] F̄ Hypothek f **hipotecado** [iputiˈkadu] verschuldet; **estar ~ a alg** fig j-m verpflichtet sein **hipotecar** [iputiˈkar] ⟨1n; Stv 1c⟩ verpfänden; ei-

ne Hypothek aufnehmen auf (ac); mit e-r Hypothek belasten **hipotecário** [iputi'karju] ADJ **direito** M ~ Pfandrecht n **hipotecável** [iputi'kavεɫ] verpfändbar
hipótese [i'pɔtizi] F ◼ Gelegenheit f, Chance f; **na melhor das ~s** bestenfalls ◼ Voraussetzung f; Annahme f, Hypothese f; **em qualquer ~** in jedem Falle; **na ~ de** (inf) falls
hipotético [ipu'tεtiku] hypothetisch; mutmaßlich **hipotonia** [ipɔtu'niɐ] F MED niedriger Blutdruck m
hirsuto [ir'sutu] struppig, zottig
hirto ['irtu] steif, starr; straff, stramm; fig wie versteinert
hispânico [iʃ'pɐniku] (hi)spanisch **hispano...** [iʃpɐnɔ-] EM COMP hispano...
hispano-americano [iʃpɐnɔɐmεri'kɐnu] A adj hispanoamerikanisch, aus Hispanoamerika B M, **-a** F Hispanoamerikaner(in) m(f)
histeria [iʃti'riɐ] F Hysterie f **histérico** [iʃ'tεriku] hysterisch
histologia [iʃtulu'ʒiɐ] F MED Histologie f, Gewebekunde f
história [iʃ'tɔrjɐ] F Geschichte f; **~ contemporânea** Zeitgeschichte f; **~ sagrada** biblische Geschichte f; **~ universal** Weltgeschichte f; **~s** pl **da carochinha** Ammenmärchen npl; **qual ~!** fam Quatsch!; **deixa-te de ~s!** fam red keinen Blödsinn!
historiado [iʃtu'rjadu] dem Geschichtsverlauf nach, geschichtsreich; fig reich verziert **historiador(a)** [iʃturjɐ'dor(ɐ)] M(F) Historiker(in) m(f); Erzähler(in) m(f)
histórico [iʃ'tɔriku] A ADJ historisch, geschichtlich B M **~ escolar** bras Schulzeugnis n
hobby ['ɔbi] M Hobby n
hoje ['oʒi] ADV heute; heutzutage; **de ~ (em dia)** heutig; von heute; **~ em dia, nos dias** pl **de ~** heutzutage; **de ~ a oito dias** (heute) in acht Tagen
Holanda [o'lɐ̃dɐ] F GEOG **a ~** Holland (n)
holandês [olɐ̃'deʃ] A ADJ holländisch B M, **holandesa** F Holländer(in) m(f)
holocausto [ɔlɔ'kauʃtu] M Holocaust m
holofote [ɔlɔ'fɔti] M Scheinwerfer m
holograma [ɔlɔ'grɐmɐ] M Hologramm n
homem ['ɔmɐ̃j] M Mensch m; Mann m; **~ da rua** fam fig Mann m auf der Straße; **~ de bem** Ehrenmann m; **~ de confiança** Vertrauensmann m; V-Mann m; **~ de negócios** Geschäftsmann m; **~!** Mensch!, Mann!
homenagear [ominɐ'ʒjar] ⟨1l⟩ ehren
homenagem [omi'naʒɐ̃j] F Ehrung f; UNIV Festschrift f (**a** für); **prestar ~ a** ehren; **em ~ a** zu Ehren (gen); in Anerkennung (gen)
homenzarrão [ɔmɐ̃jzɐ'ʁɐ̃w] M Riese m, (Riesen)Kerl m **homenzinho** [ɔmɐ̃j'ziɲu] M Knirps m; pej Männchen n
homeopata [ɔmjɔ'patɐ] M/F Homöopath(in) m(f) **homeopatia** [ɔmjɔpɐ'tiɐ] F Homöopathie f **homeopatático** [ɔmjɔ'patiku] homöopathisch
homepage [om'pɐjdʒ] F INFORM Homepage f
homicida [omi'sidɐ] M/F Totschläger(in) m(f), Mörder(in) m(f) **homicídio** [omi'sidju] M Totschlag m; **~ por negligência** fahrlässige Tötung f; **~ premeditado** vorsätzliche Tötung f
homilia [omi'tiɐ] F REL Predigt f; Homilie f
homogeneidade [ɔmɔʒinɐj'dadi] F Homogenität f, Gleichartigkeit f **homogeneizar** [ɔmɔʒinɐj'zar] ⟨1a⟩ vereinheitlichen; homogenisieren **homogéneo (*ê)** [ɔmɔ'ʒεnju] homogen
homologar [ɔmulu'gar] ⟨1o; Stv 1e⟩ anerkennen; DIR rechtskräftig machen **homólogo** [ɔ'mɔlugu] A ADJ MAT, QUÍM homolog B M Kollege m; POL Amtskollege m
homónimo (*ô) [ɔ'mɔnimu] A ADJ gleichlautend B M Namensvetter m
homossexual [ɔmɔsε'kswaɫ] A ADJ homosexuell B M/F Homosexuelle(r) m/f; **~ assumido** geouteter Homosexueller m **homossexualidade** [ɔmɔsεkswɐti'dadi] F Homosexualität f
Honduras [õ'durɐʃ] SEM ART GEOG Honduras (n) **hondurenho** [õdu'rɐɲu] A ADJ honduranisch B M, **-a** F Honduraner(in) m(f)
honestidade [oniʃti'dadi] F Ehrlichkeit f, Aufrichtigkeit f **honesto** [o'nεʃtu] ehrlich; anständig
honorabilidade [onurɐbiɫi'dadi] F Ehrenhaftigkeit f, Rechtschaffenheit f **honorário** [onu'rarju] A ADJ ehrenamtlich; Ehren...; Honorar... B M

~s PL Honorar n

honra ['õʁɐ] F Ehre f; ~s pl Ehren pl; Ehrentitel mpl, -beweise mpl; **palavra** m **de ~ Ehrenwort** n; **as ~s fúnebres** (ou **supremas**) die letzte Ehre; ~s pl **militares** militärische Ehren fpl; **com ~** ehrenvoll; **em ~ de** zu Ehren (gen); **dar** (ou **fazer**) **~ a** j-m Ehre machen; **ter a ~ de** (inf) die Ehre haben, zu (inf); **~ lhe seja feita!** Ehre, wem Ehre gebührt!

honradez [õʁɐ'deʃ] F Ehrbarkeit f, Rechtschaffenheit f **honrado** [õ'ʁaduʷ] ehrlich; rechtschaffen; anständig **honrar** [õ'ʁaʁ] ⟨1a⟩ ehren; **~-se** stolz sein auf (ac) **honraria** [õʁɐ'ria] F Würde f, Ehrung f **honroso** [õ'ʁozu] ehrenvoll; ehrenwert

hooligan ['uligɐn] M Rowdy m; futebol: Hooligan m **hooliganismo** [uligɐ'nizmu] M Rowdytum n

hóquei ['ɔkɐj] M Hockey n

hora ['ɔrɐ] F **1** Stunde f; **meia ~** eine halbe Stunde f; ~s **pl extras** (ou **extraordinárias**) Überstunden fpl; ~s **a** fio stundenlang; **à ~** stundenweise; pagamento: pro Stunde; **a que ~s?** wann?, um wie viel Uhr?; **às duas ~s** um zwei Uhr; **altas ~s da noite** mitten in der Nacht; **a qualquer ~** irgendwann; **a toda a ~** jederzeit; **à ~ que quiser** wann Sie wollen; **em boa ~** sehr gelegen; **em má ~** zur Unzeit, ungelegen; **à última (de) ~, em cima da ~** in letzter Minute; **de ~ em ~** stündlich; **na ~** sofort; **na ~ H** in letzter Minute; **por ~** pro Stunde; **dar ~s** relógio schlagen; fig barriga knurren; **dizer as ~s a alg** j-m sagen, wie spät es ist; **fazer ~s** die Zeit totschlagen; **quando a ~ toca** wenn die Stunde schlägt **2** Uhrzeit f; **Zeit** f; **~ da Europa central** mitteleuropäische Zeit f; **~ da verdade** Stunde f der Wahrheit; **~ de chegada** Ankunftszeit f; **~ de ponta** Hauptverkehrszeit f, Rushhour f; **~ de verão** Sommerzeit f; **~ legal, ~oficial** amtliche Uhrzeit f; **alteração f da ~** Zeitumstellung f; **que ~s são?** wie viel Uhr ist es?, wie spät ist es? **3 ~ marcada** Termin m (beim Arzt etc); **~ para entrar** Einlasszeit f; **ter ~ marcada em** e-n Termin haben bei; bestellt sein zu; **à ~** pünktlich; **a ~s** zur rechten Zeit; **fora de ~** zur Unzeit; **ser (mais que) ~s** (höchste) Zeit sein

horário [o'rarju] A ADJ stündlich; Stunden...; **quilómetros (*ô)** mpl **~s** Stundenkilometer mpl; **fuso** m **~** Zeitzone f; **sinal** m **~** Zeitzeichen n B M Stundenplan m; FERROV Fahrplan m; AERO Flugplan m; **~ flexível** flexible Arbeitszeit f; **~ nobre** TV Hauptsendezeit f; **~ de pico** bras Stoßzeit f, Hauptverkehrszeit f; **~ de trabalho** Arbeitszeit f; **~ de verão** bras Sommerzeit f

horda ['ɔrdɐ] F Horde f, Bande f

horizontal [orizõ'taɫ] A ADJ waagerecht B F Waagerechte f **horizonte** [ori'zõti] M Horizont m; fig Weite f; Weitblick m; Aussicht f; **ter ~s curtos/largos** e-n eingeschränkten/weiten Horizont haben

hormona [ɔr'monɐ] F, **hormônio** [ox'monju] M bras Hormon n

hormonoterapia [ɔrmonotirɐ'pia] F Hormontherapie f

horóscopio [ɔrɔʃ'kɔpju] M, **horóscopo** [ɔ'rɔʃkupu] M Horoskop n

horrendo [o'ʁẽdu], **horrífico** [o'ʁifiku] preço horrend; (feio) grässlich, grausig **horripilante** [oʁipi'lɐ̃ti] haarsträubend; grausig **horripilar** [oʁipi'laʁ] ⟨1a⟩ entsetzen (alg j-n); **~-se** (er)schaudern (com bei); sich grausen (com vor dat) **horrível** [o'ʁivɛɫ] schrecklich; grauenhaft **horror** [o'ʁor] M Entsetzen n; Horror m; (asco) Abscheu m; Greuel m; **um ~ de** pop haufenweise; **dizer ~es de alg** die übelsten Dinge über j-n sagen; **ter ~ a a/c** etw nicht ausstehen können; **que ~!** (wie) entsetzlich! **horrorizado** [oʁuri'zadu] ficar **~** entsetzt sein **horrorizar** [oʁuri'zaʁ] ⟨1a⟩ erschrecken, mit Entsetzen erfüllen; **~-se** sich entsetzen (com, de über ac) **horroroso** [oʁu'rozu] grauenvoll

horta ['ɔrtɐ] F Gemüsegarten m

hortaliça [ɔrtɐ'lisɐ] F Gemüse n **hortelã** [ɔrti'lɐ̃] F Minze f **hortelã-pimenta** [ɔrtilɐ̃pi'mẽtɐ] F ⟨pl hortelãs-pimenta(s)⟩ Pfefferminze f **hortênsia** [ɔr'tẽsjɐ] F Hortensie f **horticultor(a)** [ɔrtikuɫ'tor(ɐ)] M(F) Gemüsegärtner(in) m(f) **horticultura** [ɔrtikuɫ'turɐ] F Gartenbau m

horto ['ɔrtu] M Kleingarten m; comercial: Gärtnerei f; **~ florestal** Baumschule f; **Horto das Oliveiras** REL Ölberg m **hortomercado** [oxtumex'kadu] bras Ge-

müsemarkt m
Hosp. ABR (hospital) Kr., Krh. (Krankenhaus)
hospedado [ɔʃpi'daðu] ADJ estar ~ wohnen, logieren **hospedagem** [ɔʃpi'daʒĩ] F̄ Beherbergung f; Unterbringung f; dar ~ a j-n beherbergen **hospedar** [ɔʃpi'dar] ⟨1c⟩ beherbergen, unterbringen; aufnehmen; ~-se absteigen; (instalar-se) sich einquartieren (**em** bei); INFORM hosten **hospedaria** [ɔʃpiðɐ'ria] F̄ Gasthaus n
hóspede [ˈɔʃpiði] MF Gast m; casa f de ~s Pension f
hospedeira [ɔʃpi'dairɐ] F̄ Hostess f; ~ **de bordo** port Stewardess f **hospedeiro** [ɔʃpi'dairu] A ADJ gastlich, gastfreundlich; Gast... B M̄ Wirt m; AERO Steward m
hospício [ɔʃˈpisju] M̄ Hospiz n; Asyl n; doentes mentais: psychiatrische Anstalt f
hospital [ɔʃpiˈtaɬ] M̄ Krankenhaus n; **dar entrada no ~, baixar ao ~** ins Krankenhaus gehen (ou eingeliefert werden)
hospitalar [ɔʃpitɐˈɬar] Krankenhaus...
hospitaleiro [ɔʃpitɐˈɬeiru] gastlich
hospitalidade [ɔʃpitɐɬiˈdaði] F̄ Gastfreundschaft f **hospitalização** [ɔʃpitɐɬizɐˈsɐ̃ũ] F̄ entrada Aufnahme f (ou Einlieferung f) ins Krankenhaus; estadia Krankenhausaufenthalt m **hospitalizado** [ɔʃpitɐɬiˈzaðu] im Krankenhaus (befindlich); **ser** (ou **ficar**) ~ ins Krankenhaus kommen **hospitalizar** [ɔʃpitɐɬiˈzar] ⟨1a⟩ ins Krankenhaus einliefern
hóstia [ˈɔʃtjɐ] F̄ REL Hostie f; Oblate f
hostil [ɔʃˈtiɬ] feindlich; feindselig **hostilidade** [ɔʃtiɬiˈdaði] F̄ Feindseligkeit f **hostilização** [ɔʃtiɬizɐˈsɐ̃ũ] F̄ Anfeindung f **hostilizar** [ɔʃtiɬiˈzar] ⟨1a⟩ anfeinden; feindselig behandeln
hotel [ɔˈtɛɬ] M̄ Hotel n; ~ **de cinco estrelas** Fünfsternehotel n **hotelaria** [ɔtɛɬɐˈria] F̄ Hotel- und Gaststättengewerbe n **hoteleiro** [ɔtɛˈɬɐiru] A ADJ **indústria** F̄ -a → hotelaria B M̄ Hotelbesitzer m, Hotelier m
houve [ˈovi] → haver
hulha [ˈuʎɐ] F̄ Steinkohle f **hulheira** [uˈʎɐirɐ] F̄ Steinkohlengrube f
humanamente [umɐnɐˈmẽti] ADV menschlich; ~ **possível** menschenmöglich **humanidade** [umɐniˈdaði] F̄ espé-
cie: Menschheit f; atitude: Menschlichkeit f; ~**s** pl Geisteswissenschaften fpl **humanitário** [umɐniˈtarju] menschlich; humanitär; **ajuda** f -**a** humanitäre Hilfe f **humanitarismo** [umɐnitɐˈriʒmu] M̄ Menschlichkeit f **humanizar** [umɐniˈzar] ⟨1a⟩ humanisieren; menschlich machen **humano** [uˈmɐnu] A ADJ menschlich; relações zwischenmenschlich; **direitos** mpl ~**s** Menschenrechte npl; **o ser** ~ die Menschen mpl, die Menschheit f B ~**s** MPL die Menschen mpl
humedecer [umideˈser] ⟨2g⟩ port anfeuchten, befeuchten; ~-**se** feucht werden **humidade** [umiˈdaði] F̄ Feuchtigkeit f **humidificação** [umidifikɐˈsɐ̃ũ] F̄ Befeuchtung f **humidificar** [umidifiˈkar] ⟨1n⟩ an-, befeuchten
húmido [ˈumiðu] feucht
humildade [umiɬˈdaði] F̄ Demut f; Bescheidenheit f; Ärmlichkeit f **humilde** [uˈmiɬdi] ADJ demütig; bescheiden; ärmlich; **de condição** ~ aus ärmlichen Verhältnissen
humilhação [umiʎɐˈsɐ̃ũ] F̄ Demütigung f; Erniedrigung f **humilhante** [umiˈʎɐ̃ti] erniedrigend; demütigend **humilhar** [umiˈʎar] ⟨1a⟩ demütigen; erniedrigen
humílimo [uˈmiɬimu] SUP humilde
humo [ˈumu] M̄ Humus m
humor [uˈmor] M̄ Laune f; (graça) Humor m; ~ **negro** schwarzer Humor m; **estar de bom/mau** (bras **senso**) **de** ~ Sinn für Humor haben **humorado** [umuˈraðu] ADJ **bem/mal** ~ gut/schlecht gelaunt **humorista** [umuˈriʃtɐ] MF Humorist(in) m(f) **humorístico** [umuˈriʃtiku] humoristisch; Witz...
húmus [ˈumuʃ] M̄ Humus m
húngaro [ˈũgaru] A ADJ ungarisch B M̄, -**a** F̄ Ungar(in) m(f)
Hungria [ũˈgriɐ] F̄ GEOG **a** ~ Ungarn (n)
Hz ABR (Hertz) Hz

I, i [i] M ⟨pl -i ou -s⟩ I, i n; **~ grego** Ypsilon n

ia ['iɐ] → ir

IA ABR (Imposto Automóvel) Kfz-St. (Kfz--Steuer, Kraftfahrzeugsteuer)

ianque ['jãki] **A** ADJ (nord)amerikanisch **B** M Nordamerikaner m; pej Yankee m

ião [jãu̯] M Ion n

iaque ['jaki] M ZOOL Jak m

iate ['jati] M Jacht f

ibérico [i'bɛriku] iberisch; **Península Ibérica** Iberische Halbinsel f

ibero... [ibɛrɔ-] EM COMP ibero...

íbis ['ibiʃ] F ZOOL Ibis m

Ibope [i'bɔpi] M bras fig Zuschauerquote f

içamento [isɐˈmẽtu] M Hissen n **içar** [i'sar] ⟨1p⟩ hissen; âncora hochwinden

icebergue [ajsi'bɛrgi] M Eisberg m

ICMS [iseẽˈmjesi] M ABR bras (imposto sobre a circulação de mercadorias e prestação de serviços) MwSt. (Mehrwertsteuer), Umsatzst. (Umsatzsteuer)

ícone ['ikuni] M REL Ikone f; INFORM Icon n, Symbol n

icterícia [ikti'risjɐ] F MED Gelbsucht f

ida ['idɐ] F pessoa: Gang m, Hinreise f; (caminho) Hinweg m (a nach); de automóvel, comboio: (Hin)Fahrt f; AERO (Hin)Flug m (a nach); FERROV einfache Fahrt (ou Fahrkarte) f; (partida) Weggang m, Abreise f; **~ às urnas** POL Urnengang m; **~ e volta** Hin- und Rückfahrt f, -reise f; **bilhete de ~ e volta** Rückfahrkarte f

idade [i'dadi] F pessoa: Alter n (época) Zeitalter n; **de admissão/à pensão** Eintritts-/Pensionierungsalter n; **meia ~** mittleres Alter n; **Idade Média** Mittelalter n; **pouca ~** Jugend f; **terceira ~** Alter n, die Alten pl, Senioren pl; **de ~** alt; **de maior/menor ~** volljährig/minderjährig; **que ~ tem?** wie alt sind Sie?; **tenho 20 anos de ~** ich bin 20 Jahre alt; **sobre ~** in vorgerücktem Alter

ideal [i'djaɫ] **A** ADJ ideal; (irreal) erdacht **B** M Ideal n **idealidade** [idjɐłi'dadi] F Idealität f; (fantasia) Traum m **idealismo** [idjɐˈliʒmu] M Idealismus m **idealista** [idjɐˈliʃtɐ] **A** ADJ idealistisch **B** M/F Idealist(in) m(f) **idealização** [idjɐłizɐˈsãu̯] F Idealisierung f; → ideação **idealizar** [idjɐłiˈzar] ⟨1a⟩ idealisieren **idear** [i'djar] ⟨1l⟩ (conceber) entwerfen; sich vorstellen **ideário** [i'djarju] M Ideen-, Vorstellungswelt f

ideia (*é) [i'dajɐ] F Idee f, Gedanke m; súbita Einfall m; (conceito) Vorstellung f, Begriff m; **~ fixa** fixe Idee f; **fazer ~ de a/c** sich (dat) etw vorstellen können; **não fazer ~/a mínima ~ de** keine Ahnung/nicht die geringste Ahnung haben von; **meter (a/c) na ~** (sich dat) etw in den Kopf setzen; **tirar** (ou **varrer**) **da ~** sich (dat) etw aus dem Kopf schlagen; **vir à ~ a alg** j-m zu Bewusstsein (ou in den Sinn) kommen

idem ['idɛm, 'idãj̃] PRON der-, die-, dasselbe; ebenso **identicamente** [idɛtikɐˈmẽti] ADV ebenso; gleichermaßen **idêntico** [i'dẽtiku] identisch; gleich

identidade [idẽti'dadi] F Identität f; **bilhete de identidade** (bras carteira f **de ~** Personalausweis m **identificar** [idẽtifi'kar] ⟨1n⟩ identifizieren; **~-se com** sich identifizieren mit **identificável** [idẽtifi'kavɛɫ] identifizierbar, erkennbar

ideologia [idjulu'ʒiɐ] F Ideologie f, Weltanschauung f **ideológico** [idju'lɔʒiku] ideologisch, weltanschaulich **ideólogo** [i'djɔługu] M, **-a** F Ideologe m, Ideologin f

idílico [i'ditiku] idyllisch **idílio** [i'ditju] M Idyll n

idioma [i'djomɐ] M Sprache f **idiomático** [idju'matiku] idiomatisch **idiomatismo** [idjumɐ'tiʒmu] M Idiom n, idiomatische Wendung f

idiossincrasia [idjosĩkrɐ'ziɐ] F MED Idiosynkrasie f, Überempfindlichkeit f; (característica) Charakter m, Wesen n

idiota [i'djɔtɐ] **A** ADJ MED, fig schwachsinnig; fig tb idiotisch **B** M/F MED, fig Idiot(in) m(f) **idiotia** [idju'tiɐ] F MED, fig Idiotie f; fam Blödsinn m **idiotice** [idju'tisi] F fam Blödsinn m

idiótico [i'djɔtiku] MED, fig idiotisch **idiotismo** [idju'tiʒmu] M MED Idiotismus m; LING idiomatische Wendung f

idólatra [i'dɔłɐtrɐ] M/F Götzendiener(in)

m(f)

idolatrar [idułˈtrar] ⟨1b⟩ Götzendienst treiben mit; *fig* abgöttisch lieben **idolatria** [idułˈtria] F̲ Götzendienst *m*; *fig* Vergötterung *f*

ídolo [ˈidułu] M̲ Idol *n*; *fig* Abgott *m*

idoneidade [idonəi̯ˈdadʒi] F̲ Eignung *f*

idóneo (*ô) [iˈdɔnju] tauglich

idoso [iˈdozu] A̲ A̲D̲J̲ betagt, alt B̲ M̲, -a [iˈdɔza] F̲ Alte(r) *m/f(m)*; **lar m de ~s** Seniorenheim *n*

lémen [ˈjɛmen] M̲ GEOG **o ~ (der) Jemen** *m*

iene [ˈjɛni] M̲ *moeda:* Yen *m*

ignescente [igniʃˈsẽti] brennend; glühend **ignição** [igniˈsɐ̃u̯] F̲ Verbrennung *f*; AUTO Zündung *f* **ignífugo** [igˈnifugu] feuersicher; flammenhemmend **ignizar-se** [igniˈzarsi] ⟨1a⟩ Feuer fangen

ignóbil [igˈnɔbił] niedrig, gemein

ignomínia [ignuˈminjɐ] F̲ (*afronta*) Schmach *f*, Schande *f*; (*maldade*) Gemeinheit *f* **ignominioso** [ignumiˈnjozu] schmählich, schändlich

ignorado [ignuˈradu] unbekannt; (*apagado*) unbeachtet; (*esquecido*) vergessen **ignorância** [ignuˈrɐ̃sjɐ] F̲ Unwissenheit *f*; Unkenntnis *f* **ignorante** [ignuˈrɐ̃ti] A̲ A̲D̲J̲ unwissend, ignorant; B̲ M̲/F̲ Ignorant(in) *m(f)*; *fam* Dummkopf *m* **ignorar** [ignuˈrar] ⟨1e⟩ nicht wissen; (*desconhecer*) nicht kennen; *regra* ignorieren, nicht beachten; **não ignoro** ich weiß sehr wohl; **ninguém ignora** jedermann weiß

ignoto [igˈnɔtu] unbekannt

Igr. A̲B̲R̲ (Igreja) Kirche

igreja [iˈgrei̯ʒɐ] F̲ Kirche *f* **igrejinha** [igriˈʒiɲɐ] F̲ *fam* Falle *f*, Hinterhalt *m*

Iguaçu [igwaˈsu] M̲ Fluss *im* Südbrasilien; **Cataratas fpl do ~** Iguaçu-Wasserfälle *mpl*; **Foz do Iguaçu** *Stadt bei den Iguaçu-Wasserfällen*

▶ Iguaçu

Die an der Grenze zu Argentinien gelegenen **Cataratas do Iguaçu** gelten als eines der modernen Weltwunder. Der Name **Iguaçu** kommt aus dem Guaraní und bedeutet „großes Wasser". Die weltberühmten Wasserfälle sind breiter als die afrikanischen Victoriafälle, höher als der Niagarafall und – nach Meinung der Brasilianer – schöner als beide zusammen. Sie bestehen aus 20 größeren sowie etwa 250 kleineren Wasserfällen auf einer Breite von 2,7 Kilometern. Einige sind bis zu 82 Meter, der Großteil ca. 65 Meter hoch. Die Wassermenge an den Fällen schwankt zwischen 1.500 m³ und 7.000 m³ pro Sekunde. ◀

igual [iˈgwał] gleich; *processo* gleichbleibend, -förmig, -mäßig; *superfície* eben; **os meus/teus iguais** meines-/deinesgleichen; **~ a** wie; **de ~ a** (*ou* **para) ~** unter seinesgleichen; **sem ~** ohnegleichen; **não ter ~** nicht seinesgleichen haben **igualar** [igwaˈłar] ⟨1b⟩ A̲ V̲T̲ gleichmachen; *diferenças* ausgleichen; (*equiparar*) gleichstellen, -setzen (**a**, **com** mit); *salários* angleichen (**com an** *acl*); *terreno* ebnen; **~ alg em** j-m gleichkommen in (*dat*) B̲ V̲I̲ gleich (*groß etc*) sein; gleichen (*dat*); **~-se** sich gleichen (**em** in *dat*); so groß (*ou* hoch *etc*) sein (**com wie**) **igualdade** [igwałˈdadʒi] F̲ (*paridade*) Gleichheit *f*; *processo* Gleichmäßigkeit *f*; *terreno* Ebenheit *f*; **~ de direitos** Gleichberechtigung *f*; **com ~** gleichmäßig

igualitário [igwałiˈtarju] egalitär; *pej* gleichmacherisch **igualitarismo** [igwałitɐˈriʒmu] M̲ Egalitarismus *m*; *pej* Gleichmacherei *f* **igualmente** [igwałˈmẽti] A̲D̲V̲ gleichfalls; gleichermaßen **igualzinho** [igwałˈziɲu] *fam* genau gleich

iguana [iˈgwɐnɐ] F̲ ZOOL Leguan *m*

iguaria [igwɐˈriɐ] F̲ Leckerbissen *m*; (*prato*) Gericht *n*, Speise *f*

ilegal [iłiˈgał] ungesetzlich, illegal **ilegalidade** [iłigałiˈdadʒi] F̲ Illegalität *f*; Gesetzwidrigkeit *f* **ilegalizar** [iłigałiˈzar] ⟨1a⟩ verbieten

ilegibilidade [iłiʒibiłiˈdadʒi] F̲ Unleserlichkeit *f*

ilegítimo [iłiˈʒitimu] illegitim, unrechtmäßig; *filho* unehelich

ilegível [iłiˈʒivɛł] unleserlich

ileso [iˈłezu] MED unverletzt; heil; unberührt; **sair ~** davonkommen

iletrado [iłiˈtradu] ungebildet

ilha [ˈiʎɐ] F̲ Insel *f*; *reg* Häusergruppe *f*

ilharga [iˈʎarga] F̲ ANAT Seite *f*, Hüfte *f*

cavalo: Weiche *f;* **~s** *pl fig* Stütze *f;* **às ~s** zur Seite; **de ~** von der Seite; **ter alg à ~** *pop* unter j-s Fuchtel stehen

ilhéu [i'ʎeu] A̲ Felseninsel *f,* Eiland *n* B̲ M̲, **ilhoa** [i'ʎoɐ] F̲ Insulaner(in) *m(f)*

ilhó [i'ʎɔ] M̲/F̲ Öse *f;* Öhr *n*

ilhota [i'ʎɔtɐ] F̲ kleine Insel *f*

ilibar [iɫi'bar] ⟨1a⟩ *pessoa* rein waschen; *reputação* wiederherstellen

ilícito [i'ɫisitu] unerlaubt

ilimitado [iɫimi'tadu] *duração* unbeschränkt; *dimensão* grenzenlos

Il. ᵐᵒ, Il. ᵐᵃ ABR (Ilustríssimo, Ilustríssima) Sehr verehrte(r) ...

ilógico [i'ɫɔʒiku] unlogisch

iludir [iɫu'dir] ⟨3a⟩ täuschen; *(evitar)* umgehen

iluminação [iɫuminɐ'sɐ̃u] F̲ Beleuchtung *f;* REL Erleuchtung *f;* AERO, NÁUT Befeuerung *f* **iluminado** [iɫumi'nadu] beleuchtet; erleuchtet *tb* REL; hell **iluminar** [iɫumi'nar] ⟨1a⟩ erhellen (*tb fig*); ELECT beleuchten; anstrahlen; *livro* kolorieren **iluminismo** [iɫumi'niʒmu] M̲ *hist* Aufklärung *f* **iluminura** [iɫumi'nurɐ] F̲ Buchmalerei *f*

ilusão [iɫu'zɐ̃u] F̲ Täuschung *f;* Illusion *f* **ilusionismo** [iɫuzju'niʒmu] M̲ *(prestidigitação)* Zauberei *f;* Täuschung *f* **ilusionista** [iɫuzju'niʃtɐ] M̲/F̲ Zauberkünstler(in) *m(f)* **ilusor** [iɫu'zor] M̲ Betrüger *m* **ilusório** [iɫu'zɔrju] illusorisch, trügerisch; vergeblich

ilustração [iɫuʃtrɐ'sɐ̃u] F̲ Abbildung *f;* Illustration *f; fig* Verdeutlichung *f; (cultura)* Bildung *f; (fama)* Berühmtheit *f* **ilustrado** [iɫuʃ'tradu] gebildet; *pessoa* belesen; *livro* illustriert **ilustrar** [iɫuʃ'trar] ⟨1a⟩ *(explicar)* veranschaulichen; *(mostrar)* zeigen; *alg* bilden; *(honrar)* auszeichnen; *livro* illustrieren **ilustrativo** [iɫuʃtrɐ'tivu] anschaulich

ilustre [i'ɫuʃtri] berühmt; vornehm **ilustríssimo** [iɫuʃ'trisimu] *em cartas formais:* Sehr verehrter

imã ['imɐ̃] M̲ *bras* → íman

imaculado [imɐku'ɫadu] unbefleckt; *fig* tadellos; **Imaculada Conceição** *f* REL Unbefleckte Empfängnis *f*

imagem [i'maʒɐ̃i] F̲ (Ab)Bild *n;* Ebenbild *n;* REL Heiligenbild *n; fig* Image *n;* **~ de empresa** Firmenimage *n;* **~ inimiga** Feindbild *n*

imaginação [imɐʒinɐ'sɐ̃u] F̲ Vorstellung *f,* Einbildung(skraft) *f,* Fantasie *f* **imaginar** [imɐʒi'nar] ⟨1a⟩ sich einbilden; *(idear)* sich vorstellen; **imagino!** das kann ich mir denken!; **~-se** sich halten für; sich einbilden (**a fazer a/c** etw zu tun) **imaginário** [imɐʒi'narju] A̲ eingebildet; imaginär B̲ M̲ Vorstellungswelt *f* **imaginativa** [imɐʒinɐ'tivɐ] F̲ Einbildungskraft *f* **imaginativo** [imɐʒinɐ'tivu] erfinderisch; fantasievoll **imaginoso** [imɐʒi'nozu] *pessoa* fantasievoll; *estilo* fantastisch

imaleável [imɐ'ɫjavɛɫ] unbiegsam, unflexibel

íman ['imɐn] M̲ Magnet *m*

imanente [imɐ'nẽti] immanent

imaterial [imɐtɛ'rjaɫ] immateriell, unkörperlich; *(espiritual)* geistig

imaturidade [imɐturi'dadi] F̲ Unreife *f*

imaturo [imɐ'turu] unreif

imbatível [ĩbɐ'tivɛɫ] unschlagbar

imbecil [ĩbi'siɫ] A̲ ADJ schwachsinnig B̲ Schwachkopf *m* **imbecilidade** [ĩbisiɫi'dadi] F̲ Schwachsinn *m*

imberbe [ĩ'bɛrbi] bartlos; *fam* (noch) grün hinter den Ohren

imbondeiro [ĩbõ'dɐiru] M̲ Affenbrotbaum *m,* Baobab *m*

imbuir [ĩ'bwir] ⟨3i⟩ eintauchen (**em in** *ac*); tränken; *fig* durchdringen (**de mit**); **~ a/c a alg** j-m etw einflüstern

imbumbável [ĩbũ'bavɛɫ] ADJ *Angola fam* arbeitsscheu

imediação [imidjɐ'sɐ̃u] F̲ Unmittelbarkeit *f;* **-ões** *pl* Nähe *f,* Nachbarschaft *f* **imediatamente** [imidjatɐ'mẽti] ADV unmittelbar, sofort **imediato** [imi'djatu] A̲ ADJ augenblicklich; *sequência* (aufeinander)folgend; *local:* angrenzend; **dia** *m* **~** nächster Tag *m;* **de ~** sofort B̲ M̲ Stellvertreter *m;* NÁUT Erster Offizier *m*

imedicável [imidi'kavɛɫ] nicht medikamentös behandelbar

imemorável [imimu'ravɛɫ], **imemorial** [imimu'rjaɫ] weit zurückliegend; uralt; **de tempos -áveis** seit grauen Vorzeiten

imensidade [imẽsi'dadi] F̲, **imensidão** [imẽsi'dɐ̃u] F̲ Unermesslichkeit *f;* *(vastidão)* Weite *f* **imenso** [i'mẽsu] A̲ ADJ unermesslich; ungeheuer; riesig; unendlich B̲ ADV sehr viel; überaus **imen-**

surável [imẽsuˈravɛɫ] unermesslich
imerecido [imɨriˈsidu] unverdient
imergir [imirˈʒir] ⟨3n; Stv 2c⟩ **A** V/T eintauchen (**em** in ac); fig versenken (**em** in dat) **B** V/I eindringen (**em** in ac); versinken (**em** in dat); (entrar) eintreten (**em** in ac); untertauchen; **~-se** untertauchen; sich versenken (**em** in ac)
imérito [iˈmɛritu] unverdient
imersão [imirˈsɐ̃ũ] F Ein-, Untertauchen n; TECN Versenkung f; luz: Einfall m; **banho** m **de ~** Wannenbad n **imersivo** [imirˈsivu] Tauch... **imerso** [iˈmɛrsu] **A** PP irr → imergir **B** ADJ versunken
imigração [imigrɐˈsɐ̃ũ] F Einwanderung f **imigrante** [imiˈgrɐ̃ti] M/F Einwanderer m, Einwanderin f **imigrar** [imiˈgrar] ⟨1a⟩ einwandern
iminência [imiˈnẽsjɐ] F Nähe f, nahes Bevorstehen n; **estar na ~** kurz bevorstehen **iminente** [imiˈnẽti] bevorstehend; drohend; perigo im Verzug; **estar ~** nahe bevorstehen; drohen
imisção [imiʃˈsɐ̃ũ] F (Ver)Mischung f; (intromissão) Einmischung f **imiscível** [imiʃˈsivɛɫ] nicht (ver)mischbar **imiscuição** [imiʃkwiˈsɐ̃ũ] F → imissão **imiscuir-se** [imiʃˈkwirsi] ⟨3i⟩ sich einmischen (**em** in ac)
imitação [imitɐˈsɐ̃ũ] F Imitation f, Nachahmung f; MÚS Wiederholung f; **à ~ de** nach dem Vorbild (gen) **imitador(a)** [imitɐˈdor(ɐ)] M/F Imitator(in) m(f) **imitar** [imiˈtar] ⟨1a⟩ imitieren; nachmachen; um idolo nacheifern (dat) **imitativo** [imitɐˈtivu] nachahmend; Nachahmungs...
imitir [imiˈtir] ⟨3a⟩ num cargo: einsetzen (**em** in ac)
imobiliário [imubiˈljarju] **A** ADJ unbeweglich; **agência** f-a Maklerbüro n; Immobilie f **imobilidade** [imubiliˈdadi] F Unbeweglichkeit f; Stillstand m; Starre f **imobilismo** [imubiˈliʒmu] M Beharren n; Starrsinn m **imobilização** [imubiliˈzɐsɐ̃ũ] F fábrica: Stilllegung f; processo, movimento: Stillstand m; (paralização) Lähmung f; Festsitzen n **imobilizado** [imubiliˈzadu] ADJ **estar ~** stillstehen; stecken bleiben; dinheiro, capital festliegen **imobilizar** [imubiliˈzar] ⟨1a⟩ stilllegen; processo, movimento zum Stillstand bringen; lähmen; dinheiro festliegen; konsolidieren; **~-se** stocken; comboio stecken bleiben; erstarren (**com, de** vor); ECON fundos einfrieren
imoderação [imudirɐˈsɐ̃ũ] F Maßlosigkeit f **imoderado** [imudiˈradu] unmäßig, übermäßig; maßlos
imodéstia [imuˈdɛʃtjɐ] F Unbescheidenheit f; (despudor) Schamlosigkeit f **imodesto** [imuˈdɛʃtu] unbescheiden
imolação [imulɐˈsɐ̃ũ] F Opferung f; (chacina) Metzelei f **imolar** [imuˈlar] ⟨1e⟩ opfern; töten; (chacinar) (hin)schlachten
imoral [imuˈraɫ] unmoralisch, unanständig **imoralidade** [imurɐliˈdadi] F Unsittlichkeit f; Sittenlosigkeit f
imortal [imurˈtaɫ] unsterblich **imortalidade** [imurtɐliˈdadi] F Unsterblichkeit f **imortalizar** [imurtɐliˈzar] ⟨1a⟩ verewigen
imóvel [iˈmɔvɛɫ] unbeweglich; (**bens** mpl) **-eis** mpl Immobilien fpl
impaciência [ĩpɐˈsjẽsjɐ] F Ungeduld f (**para, com alg** j-m gegenüber) **impacientar** [ĩpɐsjẽˈtar] ⟨1a⟩ nervös machen; **~-se** die Geduld verlieren (**com** mit) **impaciente** [ĩpɐˈsjẽti] ungeduldig
impacte [ĩˈpakti] M, **impacto** [ĩˈpaktu] M Aufschlag m; Aufprall m; (choque) (Zusammen)Stoß m; MIL Einschlag m; fig Widerhall m; **~ ambiental** Umwelteinwirkung f; Folgen fpl für die Umwelt; **avaliação** f **de ~ ambiental** Umweltverträglichkeitsprüfung f; **de grande ~** mit großen Auswirkungen (**sobre** auf ac)
impagável [ĩpɐˈgavɛɫ] unbezahlbar; fig köstlich **impalpável** [ĩpaɫˈpavɛɫ] nicht greif-, fassbar **impar** [ĩˈpar] ⟨1a⟩ seufzen; fig platzen (**de** vor dat)
ímpar [ˈĩpar] ADJ ⟨pl **~es**⟩ MAT ungerade; ungleich; órgão einseitig
imparável [ĩpɐˈravɛɫ] unaufhaltsam **imparcial** [ĩparˈsjaɫ] unparteiisch **imparcialidade** [ĩparsjaliˈdadi] F Unparteilichkeit f
impartível [ĩparˈtivɛɫ] unteilbar
impasse [ĩˈpasi] M Sackgasse f; fig Engpass m, fam Klemme f
impassibilidade [ĩpasibiliˈdadi] F Gleichmut m **impassível** [ĩpɐˈsivɛɫ] unempfindlich; (fleumático) gleichmütig, geduldig
impavidez [ĩpɐviˈdeʃ] F Unerschrocken-

heit f **impávido** [ĩ'pavidu] unerschrocken

impecável [ĩpi'kavɛt] tadellos

impedido [ĩpi'didu] Ⓐ ADJ gesperrt; TEL besetzt; (*impossibilitado*) verhindert Ⓑ M MIL Rekrut m (*im Innendienst*) **impedimento** [ĩpidi'mẽtu] M Hindernis n; fig Hinderungsgrund m; POL Amtsenthebung f; bras futebol Abseits n **impedir** [ĩpi'dir] ⟨3r⟩ *acção* verhindern; *processo* hemmen; *alg* abhalten (**de** von); *passagem* (ver)sperren; verwehren; *a/c* verbieten; **~ alg de fazer a/c** j-n daran hindern, etw zu tun; **~ a/c a alg** j-n an etw (dat) hindern

impelir [ĩpi'lir] ⟨3c⟩ (an)treiben (**a** zu); (*empurrar*) stoßen; vorwärtstreiben

impenetrável [ĩpini'travɛt] undurchdringlich; FIG unergründlich

impenhorabilidade [ĩpiɲurɐbili'dadi] F Unpfändbarkeit f **impenhorável** [ĩpiɲu'ravɛt] unpfändbar

impensado [ĩpẽ'sadu] unbedacht; unvermutet **impensável** [ĩpẽ'savɛt] undenkbar

imperador [ĩpirɐ'dor] M Herrscher m; Kaiser m **imperar** [ĩpi'rar] ⟨1c⟩ Ⓐ V/T beherrschen Ⓑ V/I herrschen (**sobre** über ac) **imperativo** [ĩpirɐ'tivu] Ⓐ ADJ gebieterisch; (*forçoso*) Zwangs... Ⓑ M Gebot n; GRAM Befehlsform f, Imperativ m **imperatório** [ĩpirɐ'tɔrju] Herrscher...; gebieterisch **imperatriz** [ĩpirɐ'triʃ] F Kaiserin f; Herrscherin f

imperceptível [ĩpirsɛ'tivɛt] unmerklich; nicht wahrnehmbar

imperdoável [ĩpir'dwavɛt] unverzeihlich

imperecível [ĩpiri'sivɛt] unvergänglich

imperfeição [ĩpirfɐi'sɐ̃u] F Unvollkommenheit f **imperfeito** [ĩpir'fɐitu] ADJ unvollkommen; (*incompleto*) unvollständig; (**pretérito** m) **~** m Imperfekt n

imperial [ĩpi'rjat] Ⓐ ADJ kaiserlich; Kaiser...; fam frech, anmaßend Ⓑ F (*cerveja*) Glas n Bier (vom Fass) **imperialismo** [ĩpirjɐ'liʒmu] M Imperialismus m **imperialista** [ĩpirjɐ'liʃtɐ] Ⓐ ADJ imperialistisch Ⓑ M/F Imperialist(in) m(f)

imperícia [ĩpi'risjɐ] F Unerfahrenheit f **império** [ĩ'pɛrju] M Herrschaft f; **Império romano** römisches (Kaiser)Reich n; ECON Imperium n; **estilo** m **~** Empire-

stil m **imperioso** [ĩpi'rjozu] hoheitsvoll, herrisch; zwingend

imperito [ĩpi'ritu] unerfahren

impermeabilizar [ĩpirmjɐbili'zar] ⟨1a⟩ abdichten; *gabardine* etc imprägnieren **impermeável** [ĩpir'mjavɛt] Ⓐ ADJ undurchlässig; wasserdicht; **~ ao ar** luftdicht Ⓑ M Regenmantel m

impermutável [ĩpirmu'tavɛt] *direito* nicht übertragbar; unverkäuflich; *pena* nicht umwandelbar **imperscrutável** [ĩpirʃkru'tavɛt] unergründlich **impersistente** [ĩpirsiʃ'tẽti] unbeständig

impertinência [ĩpirti'nẽsjɐ] F Aufdringlichkeit f; (*desrespeito*) Frechheit f **impertinente** [ĩpirti'nẽti] ungehörig; aufdringlich; (*desrespeituoso*) frech

imperturbável [ĩpirtur'bavɛt] unerschütterlich

impessoal [ĩpi'swat] unpersönlich **impessoalidade** [ĩpiswɐli'dadi] F Unpersönlichkeit f

impetigem [ĩpi'tiʒɐ̃] F MED Impetigo f **ímpeto** ['ĩpitu] M Impuls m, Impetus m; Ungestüm n; Schwung m

impetrar [ĩpi'trar] ⟨1c⟩ (*rogar*) erbitten; erflehen; (*obter*) erwirken, erlangen; DIR Widerspruch einlegen

impetuosidade [ĩpitwuzi'dadi] F Ungestüm n **impetuoso** [ĩpi'twozu] ungestüm; unbeherrscht

impiedade [ĩpjɛ'dadi] F Erbarmungslosigkeit f **impiedoso** [ĩpjɛ'dozu] herzlos **impigem** [ĩ'piʒɐ̃] F MED Hautflechte f **impingir** [ĩpĩ'ʒir] ⟨3n⟩ aufdrängen; fam andrehen; *pancada* versetzen

ímpio ['ĩpju] gottlos; ungläubig

implacável [ĩplɐ'kavɛt] unerbittlich

implantação [ĩplɐ̃tɐ'sɐ̃u] F Einführung f; Errichtung f; MED Implantation f **implantar** [ĩplɐ̃'tar] ⟨1a⟩ MED implantieren; einpflanzen; fig einrichten; einführen; verwurzeln; **~-se** sich festsetzen; sich einnisten **implante** [ĩ'plɐ̃ti] M MED Implantat n; *de órgão*: Transplantat n

implausível [ĩplau'zivɛt] unglaubwürdig

implementação [ĩplimẽtɐ'sɐ̃u] F Implementierung f (*espec* INFORM); *medidas*: Einführung f; *política*: Umsetzung f **implementar** [ĩplimẽ'tar] ⟨1a⟩ implementieren; *medidas* einführen; *política* umsetzen; durchsetzen

implicação [iptika'sɐ̃u̯] F̲ Einbeziehung f; **-ões** pl Verwicklungen fpl **implicância** [ipti'kɐ̃sjɐ] F̲ fam Nörgelei f **implicante** [ipli'kɐ̃ti] A̲ ADJ nörglerisch B̲ M/F Nörgler(in) m(f) **implicar** [ipli'kar] ⟨1n⟩ A̲ VT verwickeln (**em** in ac); hineinziehen (**em** in ac); implizieren; bedeuten; voraussetzen; **isso implica que** (conj) das heißt (ou bedeutet), dass B̲ VI in Streit geraten (**com** mit); **~ com** a/c im Widerspruch zu etw stehen; **~ com alg, ~ com a/c** fam an jemandem/etw herummeckern; **~ em** sich einlassen auf (ac)
implicitamente [iplisita'mẽti] ADV indirekt **implícito** [i'plisitu] implizit; unausgesprochen; stillschweigend
imploração [iplura'sɐ̃u̯] F̲ Anrufung f; Flehen n **implorar** [iplu'rar] ⟨1e⟩ anflehen um; flehen um
implosão [iplu'zɐ̃u̯] F̲ Implosion f
implume [i'plumi] ungefiedert
impolidez [ipuli'deʃ] F̲ Grobheit f; Unhöflichkeit f **impolido** [ipu'lidu] diamante roh, ungeschliffen; fig grob
impoluto [ipu'lutu] makellos, rein
imponderabilidade [ipõdirabili'dadi] F̲ Unwägbarkeit f **imponderável** [ipõdi'ravɛɫ] unwägbar; processo unberechenbar; quantidade nicht im Gewicht fallend
imponência [ipu'nẽsjɐ] F̲ Erhabenheit f; Pracht f **imponente** [ipu'nẽti] imposant
impontual [ipõ'twaɫ] unpünktlich
impopular [ipupu'lar] unbeliebt (**entre** bei); unpopulär (**entre** bei) **impopularidade** [ipupulari'dadi] F̲ Unbeliebtheit f
impor [i'por] ⟨2z⟩ A̲ VT vontade durchsetzen; respeito einflößen; multa, condição auferlegen; tarefa aufbürden (**a** j-m); lei aufzwingen; hora vorschreiben; decisão erfordern; culpa zuweisen; **~ o tom** den Ton angeben; **~ silêncio a** j-m Schweigen gebieten B̲ VI bestimmen; unerlässlich sein; fig unterstellen; **~-se** sich durchsetzen (**a** bei, **por** wegen); (impressionar) imponieren; decisão etc unvermeidlich sein; **~-se a/c** sich (dat) etw auferlegen; **~-se a alg** sich j-m aufdrängen
importação [ipurta'sɐ̃u̯] F̲ ECON Import m; doença Einschleppung f; moda etc: Einführung f **importador** [ipurta'dor] A̲ ADJ Einfuhr... B̲ M̲ Importeur m **importadora** [ipurta'dorɐ] F̲ Importunternehmen n **importância** [ipur'tɐ̃sjɐ] F̲ Wichtigkeit f; COM Betrag m; **na ~ de** in Höhe von; **atribuir** (ou **dar, ligar**) **~ a** Bedeutung beimessen (dat); wichtig nehmen; Wert legen auf (ac); **dar-se ~** sich wichtig nehmen (ou machen); **não ter ~** keine Rolle spielen **importante** [ipur'tɐ̃ti] wichtig; wesentlich **importar** [ipur'tar] ⟨1e⟩ A̲ VT mercadoria importieren; doença einschleppen; mit sich bringen B̲ VI wichtig sein (**a alg** für j-n); **~ em** sich belaufen auf (ac); fig hinauslaufen auf (ac); **não importa** das macht nichts; **pouco importa** das ist nicht weiter schlimm; **que importa?** was macht das schon?; **~-se com a/c** sich (dat) etw machen aus; sich um etw kümmern; **se não se importa** wenn es Ihnen nichts ausmacht **importável** [ipur'tavɛɫ] importfähig
importunação [ipurtuna'sɐ̃u̯] F̲ Belästigung f **importunar** [ipurtu'nar] ⟨1a⟩ belästigen; (insistir) bedrängen **importuno** [ipur'tunu] lästig; (impertinente) zudringlich; unangebracht
imposição [ipuzi'sɐ̃u̯] F̲ vontade: Durchsetzung f; condição: Auflage f; imposto: Erhebung f; obrigação: Verpflichtung f; pena: Verhängung f; lei, regra: gewaltsame Einführung f; fig Machtwort n; REL Handauflegen n **impositivo** [ipuzi'tivu] Zwangs...
impossibilidade [ipusibili'dadi] F̲ Unmöglichkeit f **impossibilitado** [ipusibili'tadu] verhindert; **~ de** außerstande zu; **~ de trabalhar** arbeitsunfähig **impossibilitar** [ipusibili'tar] ⟨1a⟩ unmöglich machen (**a alg** j-m), verhindern; **alg** außerstande setzen
impossível [ipu'sivɛɫ] unmöglich; **fazer os impossíveis** das Menschenmögliche tun
imposto [i'poʃtu] ⟨pl [-'pɔʃ-]⟩ A̲ M̲ Steuer f; Abgabe f; fig Last f; **~ apurado** bereinigte Steuer f; **~ sobre o rendimento de pessoas singulares** (bras **~ de renda**) Einkommensteuer f; **~ sobre o valor acrescentado** Mehrwertsteuer f; **~ sobre veículos** Kraftfahrzeugsteuer f; **~ sucessório** (bras **~ de transmissão**) Erbschaftsteuer f; **~ verde** ou **ambiental** Ökosteuer f; **declaração f de ~s** Steuererklärung

f **B** PP irr → impor
impostor(a) [ĩpuʃ'tor(ɐ)] M(F) Betrüger(in) m(f) **impostura** [ĩpuʃ'turɐ] F Schwindel m
impotável [ĩpu'tavɛɫ] nicht trinkbar; **água ~!** kein Trinkwasser!
impotência [ĩpu'tẽsjɐ] F Unvermögen n; Machtlosigkeit f; MED Impotenz f; **reduzir à ~** entmachten **impotente** [ĩpu'tẽti] machtlos; ohnmächtig; MED impotent
impraticável [ĩprɐti'kavɛɫ] undurchführbar; nicht durchsetzbar; *caminho* unwegsam; unbefahrbar, -gehbar
imprecação [ĩprikɐ'sɐ̃w] F Verwünschung f **imprecar** [ĩpri'kar] ⟨1n; Stv 1c⟩ **A** VT verwünschen **B** VI fluchen
imprecisão [ĩprisi'zɐ̃w] F Ungenauigkeit f **impreciso** [ĩpri'sizu] ungenau
impregnação [ĩprignɐ'sɐ̃w] F Durchtränkung f; QUIM Sättigung f **impregnar** [ĩpri'gnar] ⟨1c⟩ durchsetzen (**de** mit); QUIM sättigen; *fig* durchdringen; **~-se** voll saugen (**de** mit)
impremeditado [ĩprimidi'tadu] unüberlegt; instinktiv
imprensa [ĩ'prẽsɐ] F Presse f; Buchdruck m; *máquina*: Druck(er)presse f; **letra f de ~** Druckschrift f; **~ amarela** (*bras* **~ marrom**) Regenbogenpresse f **imprensar** [ĩprẽ'sar] ⟨1a⟩ (zusammen)pressen; TIPO drucken; (*estampar*) bedrucken
imprescindível [ĩpriʃsĩ'divɛɫ] unerlässlich; unentbehrlich **imprescritível** [ĩpriʃkri'tivɛɫ] unumstößlich
impressão [ĩpri'sɐ̃w] F TIPO Druck m; Abdruck m; INFORM Ausdruck m; *fig* Eindruck m; **troca f de -ões** Meinungsaustausch m; **causar má ~** e-n schlechten Eindruck hinterlassen; **fazer ~** erschütternd sein **impressionado** [ĩprisju'nadu] ficar/estar **~** com beeindruckt sein von **impressionante** [ĩprisju'nɐ̃ti] beeindruckend; erschütternd **impressionar** [ĩprisju'nar] ⟨1f⟩ beeindrucken; (*abalar*) erschüttern; FOTO belichten; **~-se com** sich beeindrucken lassen von **impressionável** [ĩprisju'navɛɫ] leicht zu beeindrucken **impressionismo** [ĩprisju'niʒmu] M Impressionismus m
impresso [ĩ'prɛsu] **A** PP irr → imprimir **B** ADJ gedruckt; Druck... **C** M Drucksache f; (*formulário*) Formular n, Vordruck

m; (*panfleto*) Flugblatt n **impressor** [ĩpri'sor] M pessoa: Drucker m **impressora** [ĩpri'sorɐ] F máquina: Drucker m; **~ a cores** Farbdrucker m; **~ de agulhas** Nadeldrucker m; **~ de jacto de tinta** Tintenstrahldrucker m; **~ laser** Laserdrucker m
imprestável [ĩpriʃ'tavɛɫ] unnütz; unbrauchbar
impreterível [ĩpriti'rivɛɫ] dringlich
imprevidência [ĩprivi'dẽsjɐ] F Unvorsichtigkeit f **imprevidente** [ĩprivi'dẽti] unvorsichtig; (*leviano*) leichtsinnig **imprevisão** [ĩprivi'zɐ̃w] F Unvorsichtigkeit f **imprevisível** [ĩprivi'zivɛɫ] unvorhersehbar **imprevisto** [ĩpri'viʃtu] **A** ADJ unvorhergesehen **B** M Zwischenfall m
imprimir [ĩpri'mir] ⟨3a⟩ **1** TIPO drucken **2** *pegadas etc* auf-, eindrücken **3** *fig* (*conferir*) verleihen; (*inculcar*) einflößen
improbabilidade [ĩprubɐbili'dadi] F *hipótese*: Unwahrscheinlichkeit f; (*credibilidade*) Unglaubwürdigkeit f **improbidade** [ĩprubi'dadi] F Unredlichkeit f
ímprobo ['ĩprubu] mühevoll
improcedente [ĩprusi'dẽti] unzulässig; unangebracht; *suspeita* grundlos **improdutivo** [ĩprudu'tivu] unergiebig; (*estéril*) unfruchtbar; ECON unproduktiv **improficiente** [ĩprufi'sjẽti] unprofessionell; unfähig **improfícuo** [ĩpru'fikwu] unergiebig; (*vão*) vergeblich
impropério [ĩpru'pɛrju] M Beleidigung f **improporcionado** [ĩprupursju'nadu] unproportioniert
impropriamente [ĩprɔpriɐ'mẽti] ADV unangemessen; fälschlich **impropriedade** [ĩpruprie'dadi] F Unangemessenheit f; (*incoerência*) Inkohärenz f; *bras* Grobheit f **impróprio** [ĩ'prɔpriu] ungeeignet; (*inconveniente*) unpassend; (*deshabitual*) untypisch; **~ para consumo** nicht zum Verzehr geeignet
improrrogável [ĩpruʁu'gavɛɫ] unaufschiebbar; nicht verlängerbar
improvável [ĩpru'vavɛɫ] *hipótese* unwahrscheinlich; *credibilidade* unglaubwürdig
improvisação [ĩpruviza'sɐ̃w] F Improvisation f **improvisar** [ĩpruvi'zar] ⟨1a⟩ **A** VT improvisieren **B** VI schwindeln **improviso** [ĩpru'vizu] **A** ADJ unvorbereitet; unvorhergesehen **B** M Improvisa-

tion f; **de ~** unerwartet; aus dem Stegreif
imprudência [ipruˈdẽsjɐ] F̱ Unklugheit f, Unvorsichtigkeit f **imprudente** [ipruˈdẽti] unklug, unvorsichtig
impúbere [ĩˈpubiri] unreif
impudente [ĩpuˈdẽti] schamlos; unverfroren **impúdico** [ĩpuˈdiku] (port tb **impúdico**) unzüchtig, schamlos **impudor** [ĩpuˈdor] M̱ Schamlosigkeit f
impugnação [ĩpugnaˈsɐ̃ũ] F̱ Infragestellung f; Zurückweisung f; DIR Anfechtung f **impugnar** [ĩpugˈnar] ⟨1a⟩ *sentença* anfechten; *afirmação* bestreiten; *prova* widerlegen **impugnável** [ĩpugˈnavɛɫ] anfechtbar
impulso [ĩˈpuɫsu] F̱ impulsives Handeln n; TECN Auftrieb m **impulsionador** [ĩpuɫsjunaˈdor] M̱ treibende Kraft f **impulsionar** [ĩpuɫsjuˈnar] ⟨1f⟩ (an)treiben; *fig* anregen **impulsivo** [ĩpuɫˈsivu] impulsiv; TECN treibend
impulso [ĩˈpuɫsu] M̱ Stoß m; Antrieb m, Impuls m (tb fig); PSICOL Trieb m; (*estímulo*) Anregung f; TEL Gebühreneinheit f; **~ inicial** Anstoß m, Schwung m; Anfangsgeschwindigkeit f; **dar ~ a** anstoßen, -treiben; *fig* ankurbeln; Auftrieb geben (*dat*) **impulsor** [ĩpuɫˈsor] **A** M̱ Trägerrakete f **B** ADJ → *impulsivo*
impune [ĩˈpuni] ungestraft; straflos **impunidade** [ĩpuniˈdadi] F̱ Straflosigkeit f **impunível** [ĩpuˈnivɛɫ] nicht strafbar
impureza [ĩpuˈreza] F̱ Unreinheit f; Schmutz m **impuro** [ĩˈpuru] unrein
imputação [ĩputaˈsɐ̃ũ] F̱ (*acusação*) Beschuldigung f; DIR Straffähigkeit f **imputar** [ĩpuˈtar] ⟨1a⟩ zur Last legen (a *j-m*); FIN auf e-e Schuld anrechnen **imputável** [ĩpuˈtavɛɫ]; *fiscal*: (Steuer)Freiheit f; *pessoa* straffähig; *dívida* anrechenbar
imputrescível [ĩputriˈsivɛɫ] unbegrenzt haltbar
imundície [imũˈdisi] F̱ Schmutz m, Unrat m **imundo** [iˈmũdu] schmutzig; *fig* schändlich
imune [iˈmuni] MED, POL immun; **~ de** frei von **imunidade** [imuniˈdadi] F̱ MED, POL Immunität f; *fiscal*: (Steuer)Freiheit f; Befreiung f **imunizar** [imuniˈzar] ⟨1a⟩ immunisieren (**de**, **contra** gegen) **imunodeficiência** [imunɔdifiˈsjẽsjɐ] F̱ MED Immunschwäche f; **síndrome f de ~ adquirida** Aids n **imunologia** [imunuluˈʒiɐ] F̱ Immunologie f **imunorrea(c)ção** [imunɔʁjaˈsɐ̃ũ] F̱ MED Immunreaktion f

imutável [imuˈtavɛɫ] unveränderlich
inabalável [inabɐˈlavɛɫ] unerschütterlich
inábil [iˈnabiɫ] unfähig; untauglich
inabilidade [inabiliˈdadi] F̱ Unfähigkeit f; Untauglichkeit f **inabilitação** [inabilitaˈsɐ̃ũ] F̱ DIR Aberkennung f; Unfähigkeitserklärung f **inabilitar** [inabiliˈtar] ⟨1a⟩ für unfähig erklären; *alg* das Recht entziehen (**de** zu)
inabitado [inabiˈtadu] unbewohnt **inabitável** [inabiˈtavɛɫ] unbewohnbar
inacabado [inakaˈbadu] unvollendet
ina(c)ção [inaˈsɐ̃ũ] F̱ Untätigkeit f
inaceitável [inasejˈtavɛɫ] unannehmbar; unzulässig **inacessível** [inasiˈsivɛɫ] *local* unerreichbar; *pessoa* unzugänglich (*tb fig*); *preço* unerschwinglich **inacostumado** [inakuʃtuˈmadu] ungewohnt **inacreditável** [inakrediˈtavɛɫ] unglaubwürdig; unglaublich
ina(c)tividade [inativiˈdadi] F̱ Untätigkeit f; Stillstand m; Ruhestand m **ina(c)tivo** [inaˈtivu] *pessoa* untätig; *máquina etc* stillstehend; *capital* tot; *remédio* unwirksam
inadaptação [inadaptaˈsɐ̃ũ] F̱ Anpassungsschwierigkeiten *fpl* **inadaptável** [inadapˈtavɛɫ] nicht anpassungsfähig
inadequado [inadiˈkwadu] unangemessen **inadiável** [inaˈdjavɛɫ] unaufschiebbar **inadmissível** [inadmiˈsivɛɫ] unannehmbar; (*inválido*) unzulässig
inadvertência [inadvirˈtẽsjɐ] F̱ Unachtsamkeit f **inadvertido** [inadvirˈtidu] unachtsam; unbemerkt
inalação [inalaˈsɐ̃ũ] F̱ Einatmung f; MED Inhalation f **inalador** [inalaˈdor] M̱ Inhalationsapparat m, Inhalator m **inalar** [inaˈlar] ⟨1b⟩ einatmen; MED inhalieren
inalienável [inaljɛˈnavɛɫ] unveräußerlich
inalterável [inaɫtɛˈravɛɫ] unveränderlich; unwiderruflich
inamovível [inamuˈvivɛɫ] unversetzbar; nicht abberufbar
inanimado [inɐniˈmadu], **inânime** [iˈnɐnimi] leblos
inaplicável [inapliˈkavɛɫ] nicht anwendbar; unbrauchbar

inapreciável [inɐpri'sjavɫ] unschätzbar tb fig; unbestimmbar
inaptidão [inɐpti'dɐ̃ũ] F Unfähigkeit f
inapto [i'naptu] nicht geeignet; unfähig
inarticulado [inɐrtiku'ɫadu] unausgesprochen **inarticulável** [inɐrtiku'ɫavɫ] unaussprechbar
inatacável [inatɐ'kavɫ] unangreifbar; ~ **a** ... TECN ...fest
inatingível [inati'ʒivɫ] unerreichbar
inato [i'natu] *qualidade, defeito* angeboren; *criança* ungeboren
inaudito [inaw'ditu] unerhört **inaudível** [inaw'divɫ] unhörbar
inauguração [inawgurɐ'sɐ̃ũ] F *estabelecimento*: Eröffnung f; *igreja*: Einweihung f; *monumento*: Enthüllung f **inaugural** [inawgu'raɫ] Eröffnungs...; *discurso* m ~ Antrittsrede f **inaugurar** [inawgu'rar] ⟨1a⟩ eröffnen; *igreja* einweihen; *monumento* enthüllen; **~-se** beginnen; eröffnet werden
inavegável [inɐvi'gavɫ] nicht schiffbar
incalculável [ĩkaɫku'ɫavɫ] unberechenbar; unermesslich
incandescência [ĩkɐ̃dij'sẽsjɐ] F Weißglut f; Glühen n; **camisa** f **de** ~ Glühstrumpf m **incandescente** [ĩkɐ̃dij'sẽti] weiß glühend; *luz* f ~ Glühlicht n **incandescer** [ĩkɐ̃dij'ser] ⟨2g⟩ **A** VT zur Weißglut bringen **B** VI (auf-, er)glühen
incansável [ĩkɐ̃'savɫ] unermüdlich
incapacidade [ĩkɐpɐsi'dadi] F Unfähigkeit f; MIL Wehruntauglichkeit f **incapacitar** [ĩkɐpɐsi'tar] ⟨1a⟩ außerstand setzen; DIR entmündigen **incapaz** [ĩkɐ'paʃ] unfähig; unbrauchbar
incauto [ĩ'kawtu] unvorsichtig; unbedacht
incendiar [ĩsẽ'djar] ⟨1g; Stv 1h⟩ in Brand setzen (*ou* stecken); (*destruir*) niederbrennen; *fig* entzünden; **~-se** in Brand geraten; *fig* entbrennen **incendiário** [ĩsẽ'djarju] **A** ADJ Brand...; *fig* Hetz... **B** M, **-a** F Brandstifter(in) m(f)
incêndio [ĩ'sẽdju] M Brand m; *fig* Glut f; **boca** f **de** ~ Hydrant m; ~ **florestal** Waldbrand m; **prote(c)ção** f **contra** ~**s** Brandschutz m
incenso [ĩ'sẽsu] M Weihrauch m; *fig* Schmeichelei f
incentivar [ĩsẽti'var] ⟨1a⟩ ermuntern; Anlass geben (**a** zu) **incentivo** [ĩsẽ'tivu]

M Ansporn m; ~ **fiscal** steuerlicher Anreiz m
incerteza [ĩsir'tezɐ] F Ungewissheit f, Unsicherheit f **incerto** [ĩ'sertu] ungewiss
incessante [ĩsi'sɐ̃ti] unablässig
incessível [ĩsi'sivɫ] unveräußerlich
incesto [ĩ'seʃtu] M Inzest m **incestuoso** [ĩsiʃ'twozu] inzestuös
inchação [ĩʃɐ'sɐ̃ũ] F, **inchaço** [ĩ'ʃasu] M Schwellung f; (*tumor*) Geschwulst f; *fig* Dünkel m **inchado** [ĩ'ʃadu] (auf)gedunsen; geschwollen (*tb fig*); **ficar todo** ~ *fam* sich aufblasen **inchar** [ĩ'ʃar] ⟨1a⟩ **A** VT (an)schwellen lassen; (auf)blähen; *mar* aufwühlen **B** VI (G VR) ~(-**se**) (an)schwellen (**de** vor *dat*, **com** von); *madeira* (auf)quellen; *fig* sich blähen
incidência [ĩsi'dẽsjɐ] F Auftreten n, Auswirkung f; *estatística*: Rate f; **ângulo** m **de** ~ FIS Einfallswinkel m **incidente** [ĩsi'dẽti] **A** ADJ beiläufig; Zwischen...; Neben...; FIS einfallend, Einfalls... **B** M Vorfall m; Zwischenfall m; DIR Nebenumstand m
incidir [ĩsi'dir] ⟨3a⟩ ~ **em** auftreten; treffen auf (*ac*); ~ **sobre** fallen auf (*ac*); *data* zusammenfallen mit; *fig* betreffen
incineração [ĩsinirɐ'sɐ̃ũ] F Einäscherung f; Verbrennung f **incineradora** [ĩsinirɐ'dorɐ] F Müllverbrennungsanlage f **incinerar** [ĩsini'rar] ⟨1c⟩ *corpo* einäschern; verbrennen
incipiente [ĩsi'pjẽti] beginnend
incisão [ĩsi'zɐ̃ũ] F (Ein)Schnitt m **incisivo** [ĩsi'zivu] **A** ADJ einschneidend; scharf (*Kritik*) **B** M Schneidezahn m **inciso** [ĩ'sizu] **A** ADJ eingeschnitten; Schnitt...; *estilo* knapp **B** M Einschiebsel n
incitação [ĩsitɐ'sɐ̃ũ] F Reizung f; Reiz m; → *incitamento* **incitador** [ĩsitɐ'dor] **A** ADJ Reiz...; Hetz... **B** M Anstifter m **incitamento** [ĩsitɐ'mẽtu] M Anstachelung f; *crime*: Anstiftung f (**a** zu); (*impulso*) Antrieb m; → *incitação* **incitar** [ĩsi'tar] ⟨1a⟩ reizen; anstacheln (**a, para** zu); aufhetzen (**a, para** zu)
incivil [ĩsi'viɫ] unhöflich **incivilizado** [ĩsivili'zadu] unzivilisiert
inclemência [ĩkɫi'mẽsjɐ] F Härte f, Grausamkeit f; ~ **da sorte** Härte f des Schicksals; ~**s** *pl* Unbilden *pl* (*der Witterung*) **inclemente** [ĩkɫi'mẽti] hart; unbarmherzig
inclinação [ĩkɫinɐ'sɐ̃ũ] F Neigung f; Ge-

fälle *n*; *fig* Talent *n*; Zuneigung *f*; (*aceno*) Verbeugung *f*; **ângulo** *m* **de** ~ Neigungswinkel *m*; **plano** *m* ~ schiefe Ebene *f* **inclinar** [ĩkti'nar] ⟨1a⟩ **A** V/T neigen; *corpo* beugen; *cabeça* senken; *numa direcção*: lenken; *alg* bewegen (**a** zu) **B** V/I neigen (**a, para** zu); *terreno* abfallen **inclinar-se** V/R *terreno* abfallen; (*submeter-se*) sich abfinden; sich beugen (**para a frente** nach vorn); (*agachar-se*) sich bücken; *fig* sich wenden (**a, para** zu); (*tender*) sich entscheiden (**por für**)
incluído [ĩkłu'idu] *ADJ* inbegriffen **incluindo** [ĩkłu'idu] *ADV* einschließlich (*gen*); inbegriffen; sogar **incluir** [ĩkłu'ir] ⟨3i⟩ einschließen; (*contar*) zählen (**em, entre** zu); *anexo* beifügen **inclusão** [ĩkłu'zɐ̃u̯] F Einschluss *m* **inclusivamente** [ĩkłuziva'mẽti] *ADV*, **inclusive** [ĩkłu'zivɨ] *ADV* einschließlich; inklusive; (*até*) sogar **incluso** [ĩ'kłuzu] beiliegend; enthalten; → incluído
incobrável [ĩku'bravɨł] *dívida* nicht eintreibbar
incoerência [ĩkwe'rẽsjɐ] F Zusammenhanglosigkeit *f*; Sprunghaftigkeit *f* **incoerente** [ĩkwe'rẽti] unzusammenhängend; sprunghaft
incógnita [ĩ'kɔgnitɐ] F MAT Unbekannte *f* **incógnito** [ĩ'kɔgnitu] **A** *ADJ* unbekannt **B** M/F Unbekannte(r) *m*/*f*(*m*) **C** M (*anónimo*) Inkognito *n*
incolor [ĩku'łor] farblos
incólume [ĩ'kɔłumi] unversehrt, heil
incombustível [ĩkõbuʃ'tivɨł] feuerfest
incomensurável [ĩkumẽsu'ravɨł] unvergleichbar; unermesslich
incomodado [ĩkumu'dadu] MED unpässlich, unwohl; (*molestado*) belästigt; (*irritado*) aufgebracht; **estar** ~ **com** verärgert sein über (*ac*) **incomodar** [ĩkumu'dar] ⟨1e⟩ stören; (*molestar*) belästigen; lästig fallen (*dat*); (*irritar*) aufregen; **~-se** sich bemühen (**com mit**, **um** j-n); sich die Mühe machen (**a, em** zu) **incomodativo** [ĩkumudɐ'tivu] beschwerlich **incomodidade** [ĩkumudi'dadi] F Unbequemlichkeit *f*; Mühe *f*
incómodo (**ô*) [ĩ'kɔmudu] **A** *ADJ* *cadeira* unbequem; *situação* unbehaglich; *pessoa* lästig **B** M Mühe *f*; MED Unpässlichkeit *f*; → incomodidade; **causar** (*ou* **dar**) ~ Mühe machen; **dar-se ao** ~ **de** (*inf*) sich die Mühe machen zu (*inf*)
incomparável [ĩkõpɐ'ravɨł] unvergleichbar; unverglichlich
incompatibilidade [ĩkõpɐtibili'dadi] F Unvereinbarkeit *f*; *t*/*t*, INFORM Inkompatibilität *f* **incompatibilizar-se** [ĩkõpɐtibili'zarsi] ⟨1a⟩ im Streit auseinandergehen; sich nicht mehr verstehen (**com** mit) **incompatível** [ĩkõpɐ'tivɨł] unverträglich; INFORM nicht kompatibel
incompetência [ĩkõpi'tẽsjɐ] F Inkompetenz *f* **incompetente** [ĩkõpi'tẽti] unbefugt; unfähig; inkompetent
incompleto [ĩkõ'płɛtu] unvollendet; unvollständig; *produto* unfertig
incomportável [ĩkõpur'tavɨł] unerträglich; (*incompatível*) unverträglich
incompreendido [ĩkõpriɛ̃'didu] unverstanden **incompreensão** [ĩkõpriɛ̃'sɐ̃u̯] F Unverständnis *n* **incompreensível** [ĩkõpriɛ̃'sivɨł] unverständlich, unbegreiflich
incomum [ĩku'mũ] ungewöhnlich
incomunicabilidade [ĩkumunikɐbili'dadi] F Unerreichbarkeit *f*; DIR Einzelhaft *f* **incomunicável** [ĩkumuni'kavɨł] unübertragbar; TEL nicht erreichbar; (*isolado*) abgeschnitten (**com** von); DIR in Einzelhaft; *carácter* ungesellig
incomutável [ĩkumu'tavɨł] DIR nicht umwandelbar; unveränderlich
inconcebível [ĩkõsi'bivɨł] unvorstellbar
inconciliável [ĩkõsi'ljavɨł] unversöhnlich; unvereinbar **inconclusivo** [ĩkõkłu'zivu] unvollständig
incondicionado [ĩkõdisju'nadu] unbedingt **incondicional** [ĩkõdisju'nał] bedingungslos
inconfessado [ĩkõfi'sadu] uneingestanden **inconfessável** [ĩkõfi'savɨł] unsagbar; beschämend **inconfesso** [ĩkõ'fɛsu] ungeständig; verstockt
inconfidência [ĩkõfi'dẽsjɐ] F Verrat *m*; **Inconfidência Mineira** *bras* Unabhängigkeitsbewegung im 18. Jahrhundert **inconfidente** [ĩkõfi'dẽti] treulos; unzuverlässig
inconformado [ĩkõfur'madu] aufsässig, trotzig **inconformismo** [ĩkõfur'miʒmu] M Nonkonformismus *m* **inconformista** [ĩkõfur'miʃtɐ] M/F Nonkonformist(in) *m*(*f*)

inconfundível [ĩkõfũ'divɛł] unverwechselbar

incongelável [ĩkõʒi'tavɛł] frostbeständig

incongruência [ĩkõgru'ẽsjɐ] F Unvereinbarkeit f; (*inconveniência*) Ungehörigkeit f **incongruente** [ĩkõgru'ẽti] unvereinbar; unpassend; TECN inkongruent

inconsciência [ĩkõʃ'sjẽsjɐ] F fehlendes Bewusstsein n; MED Bewusstlosigkeit f; (*ignorância*) Ahnungslosigkeit f; *moral*: Gewissenlosigkeit f **inconsciencioso** [ĩkõʃsjẽ'sjozu] gewissenlos **inconsciente** [ĩkõʃ'sjẽti] A ADJ MED bewusstlos; PSICOL unbewusst; (*irresponsável*) unverantwortlich B M Unbewusste(s) n

inconsequência (*ü) [ĩkõsi'kwẽsjɐ] F Inkonsequenz f; Widerspruch m **inconsequente** [ĩkõsi'kwẽti] inkonsequent

inconsideração [ĩkõsidirɐ'sɐ̃u] F Rücksichtslosigkeit f; Unvorsichtigkeit f; Unbedachtsamkeit f **inconsiderado** [ĩkõsidi'radu] rücksichtslos; übereilt

inconsistência [ĩkõsiʃ'tẽsjɐ] F Unbeständigkeit f; Haltlosigkeit f; (*insegurança*) Unsicherheit f **inconsistente** [ĩkõsiʃ'tẽti] nicht stichhaltig; (*instável*) unbeständig; DIR haltlos; (*inseguro*) unsicher

inconsolável [ĩkõsu'tavɛł] untröstlich

inconstância [ĩkõʃ'tɐ̃sjɐ] F Unbeständigkeit f, Wankelmut m **inconstante** [ĩkõʃ'tɐ̃ti] unbeständig

inconstitucional [ĩkõʃtitusju'nał] verfassungswidrig **inconstitucionalidade** [ĩkõʃtitusjunɐtɨ'dadi] F Verfassungswidrigkeit f

incontaminado [ĩkõtɐmi'nadu] unbelastet, nicht kontaminiert

incontável [ĩkõ'tavɛł] unzählbar

incontestado [ĩkõtiʃ'tadu] unbestritten

incontestável [ĩkõtiʃ'tavɛł] unbestreitbar

incontido [ĩkõ'tidu] hemmungslos **incontinência** [ĩkõti'nẽsjɐ] F Unmäßigkeit f; Hemmungslosigkeit f; MED Inkontinenz f **incontinente** [ĩkõti'nẽti] unmäßig; hemmungslos; MED inkontinent

incontínuo [ĩkõ'tinwu] unzusammenhängend; (*desigual*) unstetig

incontornável [ĩkõtur'navɛł] unvermeidlich; unumgänglich (*tb fig*)

incontroverso [ĩkõtru'vɛrsu] unstrittig

inconveniência [ĩkõvi'njẽsjɐ] F (*contratempo*) Unannehmlichkeit f; Ärgernis n; Unschicklichkeit f **inconveniente** [ĩkõvi'njẽti] A ADJ ungebührlich; unzweckmäßig; ungelegen B M Missstand m; Nachteil m; Widrigkeit f

inconversível [ĩkõvir'sivɛł], **inconvertível** [ĩkõvir'tivɛł] unumkehrbar; FIN nicht konvertierbar

incorporação [ĩkurpurɐ'sɐ̃u] F Aufnahme f; Einverleibung f; TECN Einbau m **incorporado** [ĩkurpu'radu] Einbau... **incorporar** [ĩkurpu'rar] ⟨1e⟩ A VT einbinden; anschließen; aufnehmen (*in Organisation*); TECN einbauen B VI (& V/R) ~(-se) sich (heraus)bilden; eintreten (**em** *in ac*)

incorre(c)ção [ĩkuɾɛ'sɐ̃u] F Fehler m; Unhöflichkeit f; Taktlosigkeit f **incorre(c)to** [ĩku'ɾɛtu] unrichtig; unhöflich, taktlos **incorrer** [ĩku'ʁer] ⟨2d⟩ ~ **em** *ódio etc* sich (*dat*) zuziehen; hineingezogen werden in (*ac*); *lei* unterliegen (*dat*); *ideia* verfallen auf (*ac*); *erro* begehen **incorrigível** [ĩkuʁi'ʒivɛł] unverbesserlich **incorruptível** [ĩkuʁup'tivɛł] unauflöslich; unzerstörbar; *fig* unbestechlich **incorrupto** [ĩku'ʁuptu] unversehrt; *fig* unbescholten; unbestechlich

incredibilidade [ĩkridibiłi'dadi] F Unglaubwürdigkeit f **incredulidade** [ĩkridułi'dadi] F Ungläubigkeit f

incrédulo [ĩ'krɛdułu] ungläubig

incrementado [ĩkremẽ'tadu] *bras fam* ausgefallen

incrementar [ĩkrimẽ'tar] ⟨1a⟩ fördern; vermehren; ECON ankurbeln **incremento** [ĩkri'mẽtu] M Zuwachs m; Förderung f; Aufschwung m; *salarial*: (Gehalts-)Erhöhung f

increpar [ĩkri'par] ⟨1c⟩ scharf tadeln

incriminação [ĩkriminɐ'sɐ̃u] F Beschuldigung f **incriminar** [ĩkrimi'nar] ⟨1a⟩ beschuldigen (**de, por** *gen*)

incrível [ĩ'krivɛł] unglaublich

incrustação [ĩkruʃtɐ'sɐ̃u] F Überzug m; Verkrustung f; (*embutido*) Einlegearbeit f; TECN Kalkablagerung f; GEOL Einschluss m **incrustar** [ĩkruʃ'tar] ⟨1a⟩ (*revestir*) auslegen; (*embutir*) einlegen; (*cobrir*) überziehen mit; ~**-se** *ferida* verkrusten; (*calcário*) verkalken; *fig* sich einprägen

incubação [ĩkubɐ'sɐ̃u] F Brut(zeit) f; MED Inkubation f; *fig* Ausarbeitung f **incubador** [ĩkubɐ'dor] Brut...; Inkubations... **incubadora** [ikubɐˈdorɐ] F̲ Brutkasten m **incubar** [ikuˈbar] ⟨1a⟩ brüten; aushecken

inculcar [ikuɫˈkar] ⟨1n⟩ (*parecer*) zu sein scheinen; (*insinuar*) zu verstehen geben; (*recomendar*) empfehlen; (*louvar*) anpreisen; (*incutir*) einschärfen

inculpar [ikuɫˈpar] ⟨1a⟩ beschuldigen (**de** als)

inculto [iˈkuɫtu] *aparência* ungepflegt; (*ignorante*) ungebildet; AGR unbebaut

incumbência [ikũˈbẽsjɐ] F̲ Auftrag m; Pflicht f **incumbir** [ikũˈbir] ⟨3a⟩ *alg* beauftragen (**de** mit); ~ **a alg** j-s Aufgabe sein; **incumbe-lhes** (*inf*) sie müssen

incumprimento [ikũpriˈmẽtu] M̲ Nichteinhaltung f; Nichterfüllung f

incurável [ikuˈravɛɫ] unheilbar

incúria [iˈkurjɐ] F̲ (*negligência*) Fahrlässigkeit f; (*desleixo*) Nachlässigkeit f

incursão [ikurˈsɐ̃ũ] F̲ MIL Überfall m; Ausfall m

incutir [ikuˈtir] ⟨3a⟩ einflößen; *sentimento* wecken (**em** bei)

índ. ABR (*índice*) Index

inda [ˈidɐ] → *ainda*

indagação [idɐɡɐˈsɐ̃ũ] F̲ Erkundigung f; Nachforschung f; (*inquérito*) Befragung f

indagar [idɐˈɡar] ⟨1o; *Stv* 1b⟩ A̲ V̲T̲ erforschen; ermitteln B̲ V̲I̲ nachfragen; ~ **acerca de** (*ou* **sobre**) Nachforschungen anstellen über (*ac*)

indébito [iˈdɛbitu] unrechtmäßig; *sorte, recompensa* unverdient; *pagamento* freiwillig

indecência [idiˈsẽsjɐ] F̲ Unschicklichkeit f; Schamlosigkeit f **indecente** [idiˈsẽti] ADJ unanständig, vulgär; (*indecoroso*) ungehörig; (*chocante*) anstößig; *fam* skandalös, unglaublich

indecifrável [idisiˈfravɛɫ] *letra* unleserlich; *sentido* unverständlich

indecisão [idisiˈzɐ̃ũ] F̲ Unentschlossenheit f **indeciso** [idiˈsizu] *alg* unentschlossen; *resultado* unentschieden

indeclinável [idikliˈnavɛɫ] unabweisbar; GRAM undeklinierbar

indecoro [idiˈkoru] M̲ Anstandslosigkeit f **indecoroso** [idikuˈrozu] unanständig; anstößig

indefectível [idifɛˈtivɛɫ] unfehlbar; unvergänglich **indefensável** [idifẽˈsavɛɫ], **indefensível** [idifẽˈsivɛɫ] unhaltbar; *fig* unentschuldbar **indeferimento** [idifɪriˈmẽtu] M̲ *oficial*: Ablehnung f; ~ **ao pedido de asilo** Ablehnung f des Asylantrags **indeferir** [idifɪˈrir] ⟨3c⟩ ablehnen

indefeso [idiˈfezu] wehrlos

indefinição [idifiniˈsɐ̃ũ] F̲ Unklarheit f; Unentschiedenheit f **indefinidamente** [idifinidɐˈmẽti] ADV auf unbestimmte Art (od Zeit) **indefinido** [idifiˈnidu], **indefinito** [idifiˈnitu] unbestimmt (*tb* GRAM); unbegrenzt, grenzenlos

indefinível [idifiˈnivɛɫ] undefinierbar

indeformável [idifurˈmavɛɫ] formbeständig; unverformbar

indelével [idɪˈlɛvɛɫ] unauslöschlich **indeliberado** [idɪlibɪˈradu] unüberlegt

indelicadeza [idɪlikɐˈdezɐ] F̲ Taktlosigkeit f **indelicado** [idɪliˈkadu] taktlos

inde(m)ne [iˈdɛmni] unbeschädigt; heil **inde(m)nidade** [idɛmniˈdadi] F̲ Straflosigkeit f **inde(m)nização** [idɛmnizɐˈsɐ̃ũ] F̲ Entschädigung f; Schadenersatz m; Abfindung f **inde(m)nizar** [idɛmniˈzar] ⟨1a⟩ entschädigen (**com** mit); ~ **alg de** (*ou* **por**) j-n entschädigen für

indemonstrável [idɪmõˈstravɛɫ] unbeweisbar

independência [idɪpẽˈdẽsjɐ] F̲ Unabhängigkeit f (**de** von) **independente** [idɪpẽˈdẽti] unabhängig (**de** von), frei; *actividade* selbstständig, freiberuflich

▶ Independência ou morte!

"Unabhängigkeit oder Tod!" Mit diesem dramatischen Ausruf am Ufer des Ipiranga-Flusses, der als **grito do Ipiranga** in die Geschichte einging, erklärte Kaiser Dom Pedro I, Sohn und Thronfolger des portugiesischen Königs João VI, am 7. September 1822 die Unabhängigkeit Brasiliens. Innerhalb kurzer Zeit wurden die portugiesischen Truppen aufgelöst oder verließen das Land. Noch heute sind die Brasilianer stolz auf diese weitgehend unblutige Revolution.
Denn bis zu jenem Zeitpunkt waren alle Versuche, die Unabhängigkeit zu erlangen, gescheitert. So z. B. die **Inconfidência Mineira** oder Rebellion des Tiradentes (1746–1792) in Minas Gerais im ausgehenden 18. Jahrhundert. ◀

indescritível [idiʃkri'tivɛɫ] unbeschreiblich **indesculpável** [idiʃkuɫ'pavɛɫ] unentschuldbar

indesejável [idezi'ʒavɛɫ] **A** ADJ unerwünscht **B** M/F unerwünschte Person f; Persona f non grata

indesmentível [idiʒmē'tivɛɫ] unleugbar **indestrutível** [idiʃtru'tivɛɫ] unzerstörbar **indesviável** [idiʒ'vjavɛɫ] unausweichlich

indeterminado [iditirmi'nadu] unbestimmt; *pessoa* unschlüssig **indeterminável** [iditirmi'navɛɫ] unbestimmbar

indevidamente [idivida'mēti] ADV zu Unrecht **indevido** [idi'vidu] unsachgemäß; (*errado*) fälschlich; (*imerecido*) unverdient

index ['idɛks] M ⟨pl inv⟩ → índice

indexar [idɛ'ksar] ⟨1a⟩ indizieren

Índia ['idja] F̄ GEOG **a** ~ Indien (n)

indiano [i'djanu] **A** ADJ indisch **B** M̄, **-a** F̄ Inder(in) m(f)

indicação [idika'sãu] F̄ Anzeige f; (*sinal*) Hinweis m; Anzeichen n; (*informação*) Angabe f; MED Indikation f **indicado** [idi'kadu] zweckmäßig; passend; **não estar ~** nicht infrage kommen **indicador** [idika'dor] **A** ADJ Zeige..., Mess...; **placa f ~a** Hinweisschild n **B** M̄ ANAT Zeigefinger m; TECN Zeiger m; Messgerät n **indicar** [idi'kar] ⟨1n⟩ (an)zeigen; *alg* hinweisen auf (*ac*); angeben **indicativo** [idika'tivu] **A** ADJ Anzeige... **B** M̄ GRAM Indikativ m; *fig* Anzeichen n; TEL Vorwahl f

índice ['idisi] M̄ (Inhalts)Verzeichnis n; Register n; Index m; **~ das matérias** Sachregister n; **~ onomástico** Namensregister n

indiciar [idi'sjar] ⟨1g⟩ anzeigen; Indiz sein für; hinweisen auf (*ac*) **indiciário** [idi'sjarju] Indizien...

indício [i'disju] M̄ Indiz n

indiferença [idifi'rẽsa] F̄ Gleichgültigkeit f; Indifferenz f **indiferente** [idifi'rẽti] gleichgültig; teilnahmslos **indiferentemente** [idifirẽti'mēti] ADV unabhängig (**de** von); gleichermaßen

indígena [i'diʒina] **A** ADJ einheimisch; *t/t* indigen; *bras* die Indios betreffend **B** M/F Einheimische(r) m/f; *bras* → índio

indigência [idi'ʒẽsja] F̄ Armut f, Not f **indigente** [idi'ʒẽti] bedürftig, arm

indigerível [idiʒi'rivɛɫ] unverdaulich **indigestão** [idiʒiʃ'tãu] F̄ Verdauungsstörung f; Magenverstimmung f **indigesto** [idi'ʒɛʃtu] schwer verdaulich; *fig* unausstehlich

indigitado [idiʒi'tadu] (allgemein) bekannt (*ou* anerkannt); berufen (**para** für) **indigitar** [idiʒi'tar] ⟨1a⟩ zeigen (auf *ac*); bezeichnen; *alg* vorschlagen

indignação [idigna'sãu] F̄ Entrüstung f, Empörung f; Zorn m **indignar** [idig'nar] ⟨1a⟩ empören; erzürnen; **~-se** zornig werden (**com** über *ac*) **indigno** [i'dignu] unwürdig

índigo ['idigu] M̄ Indigo n

índio ['idju] M̄, **-a** F̄ Indio(frau) m(f); Indianer(in) m(f)

indire(c)ta [idi'rɛta] F̄ *fam* Anspielung f; Seitenhieb m; **dar** (*ou* **dizer**) **~s** anzüglich werden **indire(c)to** [idi'rɛtu] indirekt; mittelbar; **discurso** m **~** GRAM indirekte Rede f

indiscernível [idiʃsir'nivɛɫ] ununterscheidbar

indisciplinado [idiʃsipli'nadu] undiszipliniert **indisciplinar-se** [idiʃsipli'narsi] ⟨1a⟩ aufsässig werden

indiscreto [idiʃ'krɛtu] indiskret; taktlos; (*atrevido*) zudringlich **indiscrição** [idiʃkri'sãu] F̄ Indiskretion f; Taktlosigkeit f **indiscriminado** [idiʃkrimi'nadu] unterschiedslos **indiscriminável** [idiʃkrimi'navɛɫ] ununterscheidbar

indiscutível [idiʃku'tivɛɫ] fraglos, unbestreitbar; indiskutabel

indispensável [idiʃpẽ'savɛɫ] unerlässlich; unentbehrlich **indisponível** [idiʃpu'nivɛɫ] nicht verfügbar **indispor** [idiʃ'por] ⟨2z⟩ verderben; schlecht bekommen (*dat*); **~-se com** sich abwerfen mit **indisposição** [idiʃpuzi'sãu] F̄ MED Unwohlsein n; *fig* Unlust f; Verstimmung f **indisposto** [idiʃ'poʃtu] ADJ ⟨*fsg, m/fpl* [-'pɔ-]⟩ MED unwohl; *fig* übellaunig, zänkisch

indissociável [idisu'sjavɛɫ] untrennbar (verbunden)

indissolúvel [idisu'ɫuvɛɫ] un(auf)löslich **indistinguível** [idiʃti'givɛɫ] ununterscheidbar **indistintamente** [idiʃtitã'mēti] ADV ohne Unterschied **indistinto** [idiʃ'titu] undeutlich; vage

individual [idivi'dwaɫ] individuell; Sonder..., Einzel...; Individual...; **lições** *fpl*

-ais Einzelunterricht *m* **individualidade** [ĩdividwəli'dadi] F̄ Individualität *f*; *(personalidade)* Persönlichkeit *f*; *(particularidade)* Eigenart *f*; DIR Person *f*; **alta ~** hoch gestellte Persönlichkeit *f* **individualismo** [ĩdividwə'liʒmu] M̄ Individualismus *m* **individualista** [ĩdividwə'liʃtɐ] A ADJ individualistisch; eigen B M̄/F̄ Individualist(in) *m(f)*; Einzelgänger(in) *m(f)* **individualizar** [ĩdividwəli'zar] ⟨1a⟩ individualisieren; (einzeln) kennzeichnen **individualmente** [ĩdividwał'mẽti] ADV einzeln; *pagar etc*: jeder für sich **indivíduo** [ĩdi'vidwu] M̄ Individuum *n* (*tb* BIOL, *pej*)
indivisível [ĩdivi'zivɛł] unteilbar **indiviso** [ĩdi'vizu] ungeteilt; gemeinsam
indizível [ĩdi'zivɛł] unaussprechlich
indobrável [ĩdu'bravɛł] unbiegsam; *fig* unbeugsam
indócil [ĩ'dɔsił] unfolgsam; unbelehrbar
indocumentado [ĩdukumẽ'tadu] ohne Papiere; **estar ~** keine Papiere haben
indo-europeu [ĩdəeuru'peu] A ADJ indo-europäisch LING *tb* indogermanisch B M̄, **indo-europeia** [ĩdəeuru'pajɐ] (*é) F̄ Indo-Europäer(in) *m(f)*
índole ['ĩdułi] F̄ Art *f*, Wesen *n*; Eigenart *f*; **estar na ~ de alg** j-m eigen sein; **ter boa ~** gutartig sein
indolência [ĩdu'łẽsjɐ] F̄ (Nach)Lässigkeit *f*; Trägheit *f* **indolente** [ĩdu'łẽti] (nach)lässig; träge **indolor** [ĩdu'łor] schmerzlos
indomável [ĩdu'mavɛł] unbezwinglich; unbeugsam **indómito** (*ô) [ĩ'dɔmitu] unbezwungen; widerspenstig
Indonésia [ĩdɔ'nɛzjɐ] F̄ GEOG **a ~** Indonesien (*n*) **indonésio** [ĩdɔ'nɛzju] A ADJ indonesisch B M̄, **-a** F̄ Indonesier(in) *m(f)*
indo-português [ĩdəpurtu'geʃ] A ADJ indo-portugiesisch B M̄, **-esa** [ĩdəpurtu'geza] F̄ Indo-Portugiese *m*, -giesin *f*
indubitável [ĩdubi'tavɛł] unzweifelhaft
indução [ĩdu'sɐ̃u] F̄ Überredung *f*; Verführung *f*; FILOS, ELECT Induktion *f* **indúctil** [ĩ'duktił] starr; spröde (*tb* TECN)
indulgência [ĩduł'ʒẽsjɐ] F̄ Nachsicht *f*, Milde *f*; **~s** *pl* REL Ablass *m* **indulgente** [ĩduł'ʒẽti] nachsichtig, milde **indultar** [ĩduł'tar] ⟨1a⟩ begnadigen; freisprechen von **indulto** [ĩ'dułtu] M̄ Begnadigung *f*; Straferlass *m*
indumentária [ĩdumẽ'tarjɐ] F̄ Tracht *f*; Kostüm *n* **indumentário** [ĩdumẽ'tarju] Trachten... **indumento** [ĩdu'mẽtu] M̄ Kleidung *f*; Tracht *f*
indústria [ĩ'duʃtrjɐ] F̄ ECON Industrie *f*; Gewerbe *n*; **~ automobilística** Automobilindustrie *f*; **~ básica** Grundstoffindustrie *f*; **cavalheiro *m* de ~** Hochstapler *m*; **~ de base** Grundstoffindustrie *f*; **~ de consumo** Konsumgüterindustrie *f*; **~ dos transportes** Transportwesen *n*; **~ hoteleira** Hotelgewerbe *n*; **~ pesada** Schwerindustrie *f*; **~ transformadora** verarbeitende Industrie *f*
industrial [ĩduʃtri'ał] A ADJ industriell, Industrie...; gewerblich, Gewerbe... B M̄/F̄ Industrielle(r) *m*/*f*; Gewerbetreibende(r) *m*/*f* **industrialização** [ĩduʃtrjəlizə'sɐ̃u] F̄ Industrialisierung *f* **industrializar** [ĩduʃtrjəli'zar] ⟨1a⟩ industrialisieren
industriar [ĩduʃtri'ar] ⟨1g⟩ unterrichten (**em** *in dat*) **industrioso** [ĩduʃtri'ozu] fleißig; geschickt
indutância [ĩdu'tɐ̃sjɐ] F̄ ELECT Induktanz *f* **indutivo** [ĩdu'tivu] induktiv **indutor** [ĩdu'tor] A ADJ Induktions... B M̄ ELECT Induktor *m* **induzido** [ĩdu'zidu] M̄ ELECT Anker *m*, Rotor *m* **induzir** [ĩdu'zir] ⟨3m⟩ folgern; ELECT induzieren; *medo* erwecken; *alg* mitreißen; **~ a** anregen zu; **~ em** verleiten zu
inebriar [inibri'ar] ⟨1g⟩ **~ com** betrunken machen mit
inédito [i'nɛditu] A ADJ unveröffentlicht; unbekannt; *(original)* originell B M̄ ungedrucktes Werk *n*
inefável [ini'favɛł] unaussprechlich
ineficácia [inifi'kasjɐ] F̄ Unwirksamkeit *f*, Wirkungslosigkeit *f* **ineficaz** [inifi'kaʃ] unwirksam, wirkungslos **ineficiência** [inifi'sjẽsjɐ] F̄ Ineffizienz *f*; ECON Unwirtschaftlichkeit *f* **ineficiente** [inifi'sjẽti] unwirtschaftlich
inegável [ini'gavɛł] unleugbar
inegociável [inigu'sjavɛł] unverkäuflich
INEM [i'nɛm] M̄ ABR (Instituto Nacional de Emergência Médica) Nationales Institut *n* für Notfallmedizin; **chamar o ~** e-n Krankenwagen rufen
inépcia [i'nɛpsjɐ] F̄, **ineptidão** [inɛpti'dɐ̃u] F̄ Unfähigkeit *f*; *(estupidez)* Dummheit *f*; *(disparate)* Unsinnigkeit *f* **inepto**

INFI

[i'nɛptu] ungeeignet; *pessoa tb* unfähig
inequívoco [ini'kivuku] eindeutig
inércia [i'nɛrsjɐ] F̲ Trägheit *f* (*tb* FIS)
inerência [ini'rẽsjɐ] F̲ Zugehörigkeit *f*; Verbundenheit *f*; DIR Amtsinhaberschaft *f* (*kraft Zusammenhanges mit einem anderen öffentlichen Amt*) **inerente** [ini-'rẽti] innewohnend; verbunden (**a** mit)
inerte [i'nɛrti] träge (*tb* FIS); reg(ungs)los
inescrutável [iniʃkru'tavɛɫ] unerforschlich
inesgotável [iniʒgu'tavɛɫ] unerschöpflich
inesperado [iniʃpi'radu] unerwartet; unverhofft **inesquecível** [iniʃkɛ'sivɛɫ] unvergesslich **inestético** [iniʃ'tɛtiku] unästhetisch **inestimável** [iniʃti'mavɛɫ] unschätzbar
inevitável [inivi'tavɛɫ] unvermeidlich
inexa(c)tidão [inizɐti'dɐ̃u] F̲ Ungenauigkeit *f* **inexa(c)to** [ini'zatu] ungenau; (*errado*) unrichtig; (*impontual*) unpünktlich
inexaurível [inizau'rivɛɫ] unausschöpfbar; unversiegbar **inexcedível** [iniʃsi-'divɛɫ] unübertrefflich **inexecutável** [inizɛku'tavɛɫ], **inexequível** [inizi'kwivɛɫ] unausführbar
inexistência [inizif'tẽsjɐ] F̲ Nichtvorhandensein *n*; Fehlen *n*; Mangel *m* (**de** an *dat*) **inexistente** [inizif'tẽti] nicht vorhanden
inexorável [inizu'ravɛɫ] unerbittlich
inexperiência [inɐiʃpi'rjẽsjɐ] F̲ Unerfahrenheit *f* **inexperiente** [inɐiʃpi'rjẽti] unerfahren **inexplicável** [inɐiʃpli'kavɛɫ] unerklärlich **inexplorado** [inɐiʃplu'radu] unerforscht; *matérias-primas* ungenutzt **inexplorável** [inɐiʃplu'ravɛɫ] unerforschbar; MIN nicht abbauwürdig **inexpressivo** [inɐiʃpri'sivu] ausdruckslos **inexprimível** [inɐiʃpri'mivɛɫ] unaussprechlich **inexterminável** [inɐiʃtirmi-'navɛɫ] unausrottbar **inextinguível** [inɐiʃti'givɛɫ] unauslöschlich
infalibilidade [ifɐlibili'dadi] F̲ Unfehlbarkeit *f* **infalível** [ifɐ'tivɛɫ] unfehlbar; *acontecimento* unausbleiblich **infalsificável** [ifaɫsifi'kavɛɫ] unfälschbar
infame [i'fami] A ADJ infam; ehrlos; niederträchtig B M/F Schurke *m*, Schurkin *f*
infâmia [i'fɐmjɐ] F̲ Niedertracht *f*; (*vergonha*) Schändlichkeit *f*
infância [i'fɐ̃sjɐ] F̲ Kindheit *f*

infantaria [ifɐ̃tɐ'riɐ] F̲ MIL Infanterie *f*
infantário [ifɐ̃'tarju] M̲ Kinderkrippe *f*
infante [i'fɐ̃ti] A M̲ MIL Infanterist *m* B M̲, **-a** F̲ Infant(in) *m*(*f*) **infanticida** [ifɐ̃ti'sidɐ] M/F̲ Kindermörder(in) *m*(*f*) **infanticídio** [ifɐ̃ti'sidju] M̲ Kindesmord *m* **infantil** [ifɐ̃'tiɫ] kindlich; Kinder...; *pej* kindisch
infarto [i'faxtu] M̲ *bras* Infarkt *m*
infatigável [ifɐti'gavɛɫ] unermüdlich
infausto [i'fauʃtu] unglücklich
infecção [ifɛ'sɐ̃u] F̲ (*contágio*) Infektion *f*, Ansteckung *f*; (*inflamação*) Entzündung *f* **infeccionar** [ifɛsju'nar] ⟨1f⟩ A V̲/T̲ eine Infektion verursachen bei; *com uma doença* infizieren B V̲/I̲ sich entzünden **infeccioso** [ifɛ'(k)sjozu] (*contagioso*) ansteckend; *ferida* entzündlich **infectar** [ifɛ'tar] ⟨1a⟩ (*contagiar*) anstecken; *ferida* entzünden **infecto** [i'fɛ(k)tu] verpestet; FIG stinkend
infecundo [ifi'kũdu] unfruchtbar
infelicidade [ifiɫisi'dadi] F̲ Unglück *n* **infeliz** [ifi'tiʒ] A ADJ unglücklich B M/F̲ Pechvogel *m* **infelizmente** [ifiɫiʒ-'mẽti] ADV leider
inferência [ifi'rẽsjɐ] F̲ Folgerung *f*
inferior [ifi'rjor] A ADJ *local* untere; *hierarquia* unterlegen; untergeordnet; *valor* minderwertig; Unter...; Nieder...; *comp*: **~ a** niedriger (*ou* geringer) als B M/F̲ Untergebene(r) *m*/*f* **inferioridade** [ifirjuri'dadi] F̲ Unterlegenheit *f*; Minderwertigkeit *f*; **complexo** *m* **de ~** Minderwertigkeitskomplex *m* **inferiorizar** [ifirjuri'zar] ⟨1a⟩ erniedrigen
inferir [ifi'rir] ⟨3c⟩ folgern (**de** aus)
infernal [ifir'naɫ] höllisch; teuflisch **infernizar** [ifirni'zar] quälen; schikanieren; *vida* zur Hölle machen **inferno** [i-'fɛrnu] M̲ Hölle *f*; **~ verde** *fig* grüne Hölle *f* (*Dschungel*); **dar voltas ao ~** *fam* Himmel und Hölle in Bewegung setzen
infértil [i'fɛrtiɫ] unfruchtbar **infertilidade** [ifirtili'dadi] F̲ Unfruchtbarkeit *f*
infestação [ifɛʃtɐ'sɐ̃u] F̲ Verheerung *f*; Heimsuchung *f*; MED Befall *m* **infestar** [ifɛʃ'tar] ⟨1a⟩ *praga, guerra* heimsuchen; *área* verheeren; MED befallen
infidelidade [ifidɛli'dadi] F̲ Untreue *f*, Treulosigkeit *f*; (*traição*) Verrat *m*; **~ conjugal** eheliche Untreue *f*
infiel [i'fjɛɫ] untreu; REL ungläubig; *ami-*

go, amante treulos

infiltração [ĩfiɫtra'sɐ̃ŭ] F Infiltration f, Einsickern n; *espionagem*: Eindringen n; GEOL Einschluss m **infiltrar** [ĩfiɫ'trar] ⟨1a⟩ einsickern in (*ac*); *fig* einflößen (**em** *j-m*); *organização* infiltrieren; **~-se** eindringen (**em** in *ac*); durchsickern

ínfimo ['ĩfimu] A SUP → **baixo** B ADJ unterste, niedrigste

infindável [ĩfĩ'davɛɫ] endlos **infindo** [ĩ'fĩdu] → infinito **infinidade** [ĩfini'dadi] F Unendlichkeit f; **uma ~ de** zahllose; **uma ~ de tempo** endlos lange **infinitesimal** [ĩfinitɛzi'maɫ] unendlich klein; MAT Infinitesimal... **infinitivo** [ĩfini'tivu] M Infinitiv m; **~ pessoal** GRAM persönlicher Infinitiv m **infinito** [ĩfi'nitu] A ADJ *espaço* unendlich; grenzenlos; *número* zahllos B M Unendlichkeit f

inflação [ĩfla'sɐ̃ŭ] F Füllung f; Schwellung f; *fig* Dünkel m; FIN Inflation f; **taxa f de ~** Inflationsrate f **inflacionista** [ĩflasjo'niʃta] Inflations..., inflationistisch **inflado** [ĩ'fladu] aufgebläht (*tb fig*)

inflamabilidade [ĩflɐmabili'dadi] F Entzündbarkeit f; Entflammbarkeit f **inflamação** [ĩflɐma'sɐ̃ŭ] F Entzündung f (*tb* MED); *fig* Glut f **inflamado** [ĩfla'madu] entzündet (*tb* MED); entflammt **inflamar** [ĩfla'mar] ⟨1a⟩ entzünden (*tb* MED); entflammen (*tb fig*); **~-se** sich entzünden (*tb* MED); *fig* entbrennen; erröten **inflamatório** [ĩflɐma'tɔrju] zündend; Entzündungs...(*tb* MED) **inflamável** [ĩfla'mavɛɫ] entzündlich

inflar [ĩ'flar] ⟨1a⟩ aufblasen, -pumpen; aufblähen (*tb fig*); **~-se** (an)schwellen **inflável** [ĩ'flavɛɫ] aufblasbar

infle(c)tir [ĩflɛ'tir] ⟨3c⟩ A VT (ab)biegen; nach unten beugen; (*desviar*) ablenken; GRAM flektieren B VI sich senken; *luz* sich brechen

inflexão [ĩflɛ'k(s)sɐ̃ŭ] F Biegung f; Krümmung f; *fig* (Trend)Wechsel m; Kurswechsel m; MAT Brechung f; GRAM Flexion f **inflexível** [ĩflɛ'ksivɛɫ] unbeugsam, unbeugbar; GRAM nicht flektierbar

infligir [ĩfli'ʒir] ⟨3n⟩ *pena* auferlegen; *derrota* bereiten, zufügen

influência [ĩ'flu'ẽsja] F Einfluss m; **exercer ~ sobre** Einfluss ausüben auf (*ac*) **influenciação** [ĩflueŋsja'sɐ̃ŭ] F Einflussnahme f, Beeinflussung f **influenciar** [ĩfluẽ'sjar] ⟨1g⟩ beeinflussen; **~-se com** sich beeinflussen lassen von **influenciável** [ĩfluẽ'sjavɛɫ] beeinflussbar **influente** [ĩflu'ẽti] einflussreich **influenza** [ĩflu'ẽza] F MED Influenza f, Virusgrippe f **influir** [ĩflu'ir] ⟨3i⟩ A VT *coragem etc* einflößen B VI Einfluss haben (**em** auf *ac*)

influxo [ĩ'fluksu] M Einfluss m; Zustrom m; *maré*: Flut f

in-fólio [in'fɔlju] A ADJ Folio... B M Foliant m

informação [ĩfurma'sɐ̃ŭ] F Information f; *oficial*: Mitteilung f; (*notícia*) Nachricht f; (*esclarecimento*) Auskunft f (**dar** erteilen, **colher** einholen); **pedido m de ~** Anfrage f **informado** [ĩfur'madu] ADJ **estar ~** Bescheid wissen; **ser** (*ou* **ficar**) **~** Kenntnis erhalten **informador** [ĩfurma'dor] M Informant m **informal** [ĩfur'maɫ] ungezwungen, locker **informante** [ĩfur'mãti] M/F → informador **informar** [ĩfur'mar] ⟨1e⟩ informieren (**de** über *ac*); **~-se** sich erkundigen (**de**, **sobre** nach) **informática** [ĩfur'matika] F Informatik f **informático** [ĩfur'matiku] Informatik... **informativo** [ĩfur'mativu] Informations...; Nachrichten...; informativ **informatização** [ĩfurmatiza'sɐ̃ŭ] F Computerisierung f; Umstellung f auf EDV **informatizado** [ĩfurmati'zadu] computergestützt

informe [ĩ'fɔrmi] A M Information f; Bericht m B ADJ formlos; unförmig

infortunado [ĩfurtu'nadu] unglücklich; (*azarento*) vom Unglück verfolgt **infortúnio** [ĩfur'tunju] M Unglück n

infra(c)ção [ĩfra'sɐ̃ŭ] F Vergehen n; Zuwiderhandlung f; *contrato*: Bruch m; **~ disciplinar** Dienstvergehen n **infra(c)tor** [ĩfra'tor] M Zuwiderhandelnde(r) m; *contrato*: Vertragsbrüchige(r) m

infra-estrutura [ĩfraʃtru'tura] F ⟨*pl* ~s⟩ Infrastruktur f **infravermelho** [ĩfravir'mɐʎu] infrarot

infringência [ĩfrĩ'ʒẽsja] F Übertretung f **infringir** [ĩfrĩ'ʒir] ⟨3n⟩ *lei* übertreten; *contrato, palavra* brechen

infrutífero [ĩfru'tifiru] unfruchtbar **infundado** [ĩfũ'dadu], **infundamentado** [ĩfũdɐmẽ'tadu] unbegründet; grundlos

infundir [ĩfũ'dir] ⟨3a⟩ aufgießen; einwei-

chen; vergießen; *medo, respeito* einflößen **infusão** [ĩfu'zɐ̃ũ] F Aufguss m; (*tisana*) Kräutertee m; Infusion f **infusível** [ĩfu'zivɛɫ] unschmelzbar **infuso** [ĩ'fuzu] A PP irr → infundir B M Aufguss m
ingénito (*ê) [ĩ'ʒɛnitu] angeboren
ingenuidade [ĩʒinwi'dadi] F Naivität f; Einfalt f; (*boa-fé*) Arglosigkeit f **ingénuo** (*ê) [ĩ'ʒɛnwu] A ADJ naiv; arglos; harmlos B M argloser Mensch m; *fam* Dummerchen n
ingerência [ĩʒi'rẽsja] F Einmischung f **ingerir** [ĩʒi'rir] ⟨3c⟩ V/T MED einnehmen; *comida* verzehren B V/I & V/R ~(-se) sich einmischen (em ac) **ingestão** [ĩʒi'stɐ̃ũ] F Einnahme f (*espec* MED); Verzehr m
Inglaterra [ĩgɫa'tɛra] F GEOG a ~ England (n); *port* em ~, *port, bras* na ~ in England
inglês [ĩ'gɫeʃ] A ADJ englisch B M, **inglesa** [ĩ'gɫeza] F Engländer(in) m(f) C M *língua*: Englisch n
inglório [ĩ'gɫɔrju] unrühmlich, ruhmlos **ingovernável** [ĩguvɨr'navɛɫ] *veículo* unlenkbar; POL nicht regierbar
ingratidão [ĩgrati'dɐ̃ũ] F Undank (-barkeit) m(f) **ingrato** [ĩ'gratu] A ADJ undankbar; *tarefa* unangenehm B M, **-a** F undankbarer Mensch m
ingrediente [ĩgri'djẽti] M Bestandteil m; GASTR Zutat f
íngreme ['ĩgrimi] abschüssig; steil
ingressar [ĩgri'sar] ⟨1c⟩ *organização* eintreten (em ac); aufgenommen werden (em ac); *hospital* eingeliefert werden (em ac) **ingresso** [ĩ'grɛsu] M Eintritt m (em ac); (*bilhete*) Eintrittskarte f (em ac); ~s *pl* Einnahmen *fpl*
íngua ['ĩgwa] F MED Lymphdrüsenschwellung f
inguinal [ĩgi'naɫ] ANAT Leisten...
ingurgitamento [ĩgurʒita'mẽtu] M Verstopfung f, Überfüllung f **ingurgitar** [ĩgurʒi'tar] ⟨1a⟩ verschlingen; (*entupir*) verstopfen; ~-**se** em versinken in (*dat*)
inhaca [i'ɲake] F *bras* pop Gestank m
inhame [i'ɲami] M BOT Yams(wurzel) f; Taro m
inibição [inibi'sɐ̃ũ] F Verhinderung f (*proibição*) Verbot n; PSICOL Hemmung f (tb TECN); MED Lähmung f; *fig* Verklemmt-

heit f; ~ **de conduzir** Fahrverbot n **inibido** [ini'bidu] gehemmt; verkrampft **inibir** [ini'bir] ⟨3a⟩ verhindern; untersagen (**de** zu); QUÍM hemmen **inibitivo** [inibi'tivu], **inibitório** [inibi'tɔrju] hinderlich
iniciação [inisja'sɐ̃ũ] F Einführung f (**em** ac); *espec tb* Aufklärung f **iniciado** [ini'sjadu] A ADJ eingeweiht; *sexualidade* aufgeklärt B M Eingeweihte(r) m **iniciador** [inisja'dor] M Bahnbrecher m **inicial** [ini'sjaɫ] A ADJ anfänglich; Ausgangs... B F Anfangsbuchstabe m **inicialização** [inisjaɫiza'sɐ̃ũ] F INFORM Initialisierung f **inicializar** [inisjaɫi'zar] ⟨1a⟩ initialisieren **iniciar** [ini'sjar] ⟨1g⟩ beginnen; in die Wege leiten; einweihen (**em** ac); *tema* einführen (**em** ac); ~-**se em** beginnen mit; sich üben in (*dat*) **iniciativa** [inisja'tiva] F Initiative f; **por** ~ **de** auf Anregung von; **por própria** aus eigenem Antrieb; **tomar a** ~ die Initiative ergreifen
início [i'nisju] M Beginn m; **de** ~ anfänglich; **dar** ~ **a** eröffnen; **ter** ~ beginnen
inigualável [inigwa'ɫavɛɫ] unvergleichlich
inimaginável [inimaʒi'navɛɫ] unvorstellbar
inimicíssimo [inimi'sisimu] A ADJ (tödlich) verfeindet B SUP → inimigo **inimigo** [ini'migu] A ADJ feindlich; verfeindet; (*nocivo*) schädlich B M, **-a** F Feind(in) m(f)
inimitável [inimi'tavɛɫ] unnachahmlich **inimizade** [inimi'zadi] F Feindschaft f **inimizar** [inimi'zar] ⟨1a⟩ verfeinden
ininteligível [inĩtɨɫi'ʒivɛɫ] unverständlich; (*inexplicável*) unerklärlich **ininterrupto** [inĩti'ʁuptu] ununterbrochen
iniquidade (*ü) [inikwi'dadi] F Unrecht n **iníquo** [i'nikwu] ungerecht
inje(c)ção [ĩʒɛ'sɐ̃ũ] F Injektion f; Spritze f; TECN Einspritzung f (*espec* AUTO); **dar/tomar uma** ~ e-e Spritze geben/bekommen; **bomba f de** ~ Einspritzpumpe f; ~ **de capital** Kapitalspritze f **inje(c)tado** [ĩʒɛ'tadu] injiziert; *olhos* blutunterlaufen **inje(c)tar** [ĩʒɛ'tar] ⟨1a⟩ injizieren; einspritzen; ~-**se** *droga* sich spritzen **inje(c)tor** [ĩʒɛ'tor] M TECN Spritzdüse f; **a vapor**: Dampfstrahlgebläse n
injúria [ĩ'ʒurja] F Beschimpfung f, Belei-

digung f **injuriar** [ĩʒu'rjar] ⟨1g⟩ *alg* beschimpfen; *(caluniar)* verleumden; *reputação* beschädigen **injurioso** [ĩʒu'rjozu] beleidigend

injustiça [ĩʒuʃ'tisɐ] F̄ Ungerechtigkeit f **injustiçado** [ĩʒuʃti'sadu] ungerecht behandelt **injustificado** [ĩʒuʃtifi'kadu] ungerechtfertigt, unberechtigt **injustificável** [ĩʒuʃtifi'kavɛł] nicht zu rechtfertigen **injusto** [ĩ'ʒuʃtu] ungerecht

inobediência [inobi'djẽsjɐ] F̄ Ungehorsam m **inobediente** [inobi'djẽti] ungehorsam

inobservado [inɔbsir'vadu] unbeobachtet; noch nicht beobachtet **inobservância** [inɔbsir'vãsjɐ] F̄ Nichtbeachtung f

inocência [inu'sẽsjɐ] F̄ Unschuld f **inocentar** [inusẽ'tar] ⟨1a⟩ von Schuld freisprechen; rein waschen **inocente** [inu'sẽti] A ADJ unschuldig; arglos B M/F Unschuldige(r) *m/f*; **armar em ~** *port* Unschuldsengel spielen

inocuidade [inɔkwi'dadi] F̄ ECOL Unschädlichkeit f

inoculação [inɔkułɐ'sɐ̃u] F̄ MED Inokulation f, Übertragung f; *fig* Verbreitung f **inocular** [inɔku'łar] ⟨1a⟩ MED impfen; übertragen; **~-se** eindringen

inócuo [i'nɔkwu] unschädlich; harmlos **inocupado** [inoku'padu] *lugar* frei, unbesetzt; *casa* unbewohnt; *pessoa* untätig

inodoro [inu'dɔru] geruchlos

inofensivo [inofẽ'sivu] harmlos

inolvidável [inołvi'davɛł] unvergesslich **inominado** [inumi'nadu] namenlos **inominável** [inumi'navɛł] unbenennbar

inoperância [inopi'rãsjɐ] F̄ *medida*: Unwirksamkeit f; *pessoa*: Untätigkeit f **inoperante** [inopi'rãti] *medida* unwirksam; *pessoa* untätig **inopinado** [inopi'nadu] unerwartet **inoportuno** [inopur'tunu] ungelegen; unangebracht

inorgânico [inɔr'gɐniku] anorganisch **inorganizado** [inɔrgɐni'zadu] unorganisiert

inospitaleiro [inɔʃpitɐ'łɐjru], **inóspito** [i'nɔʃpitu] ungastlich

inovação [inuvɐ'sɐ̃u] F̄ Neuerung f; Innovation f **inovador** [inuvɐ'dor] A ADJ innovativ B M/F **inovar** [inu'var] ⟨1e⟩ erfinden; erneuern

inoxidável [inɔksi'davɛł] rostfrei

inqualificável [ĩkwɐłifi'kavɛł] unqualifizierbar

inquebrantável [ĩkibrɐ̃'tavɛł], **inquebrável** [ĩki'bravɛł] unzerbrechlich; *pessoa* unermüdlich

inquérito [ĩ'kɛritu] M̄ DIR Untersuchung f; *policial*: Ermittlung f; *de opinião*: Umfrage f; **comissão f de ~** Untersuchungsausschuss m

inquestionável [ĩkiʃtju'navɛł] unbestreitbar, außer Frage stehend

inquietação [ĩkjetɐ'sɐ̃u] F̄ Unruhe f; Beunruhigung f; *(excitação)* Aufregung f **inquietante** [ĩkje'tɐ̃ti] beunruhigend **inquietar** [ĩkje'tar] ⟨1a⟩ beunruhigen; *(excitar)* aufregen **inquieto** [ĩ'kjetu] unruhig **inquietude** [ĩkje'tudi] F̄ → inquietação

inquilinato [ĩkili'natu] M̄ Mieterschaft f; Mietverhältnis n; **lei f do ~** Mieterschutzgesetz n **inquilino** [ĩki'łinu] M̄, **-a** F̄ 1 Mieter(in) *m(f)* 2 ZOOL Schmarotzer m

inquinação [ĩkinɐ'sɐ̃u] F̄ Verunreinigung f, Verseuchung f **inquinar** [ĩki'nar] ⟨1a⟩ verunreinigen

inquirição [ĩkiri'sɐ̃u] F̄ Nachforschung f; DIR (Zeugen)Verhör n **inquiridor** [ĩkiri'dor] M̄ Fragesteller m **inquirir** [ĩki'rir] ⟨3a⟩ fragen (**de** nach); erforschen; DIR untersuchen; *testemunhas* befragen, verhören

Inquisição [ĩkizi'sɐ̃u] F̄ *hist* Inquisition f **inquisidor** [ĩkizi'dor] M̄ *hist* Inquisitor m

insaciabilidade [ĩsɐsjɐbili'dadi] F̄ Unersättlichkeit f **insaciável** [ĩsɐ'sjavɛł] unersättlich

insalivar [ĩsɐłi'var] ⟨1a⟩ mit Speichel vermischen **insalubre** [ĩsɐ'łubri] ungesund; schädlich

insanável [ĩsɐ'navɛł] MED unheilbar **insano** [ĩ'sɐnu] geisteskrank

insatisfação [ĩsɐtiʃfɐ'sɐ̃u] F̄ Unzufriedenheit f **insatisfeito** [ĩsɐtiʃ'fɐjtu] unbefriedigt; unzufrieden

insciente [ĩʃ'sjẽti], **ínscio** [ĩ'ʃsju] unwissend

inscrever [ĩʃkri'ver] ⟨2c; *pp* inscrito⟩ einschreiben (**em** in *ac*); *nome* schreiben (**em** in, auf *ac*); *em pedra*: einmeißeln (**em** *ac*); einzeichnen; **~-se em** sich einschreiben in (*ac*); sich anmelden für **inscri-**

ção [ĩ]kri'sɐ̃u̯] F In-, Aufschrift f; *curso etc*: Einschreibung f, Eintragung f; **mediante ~ prévia** nach vorheriger Eintragung (*ou* Bestellung)

inse(c)ticida [ĩseti'sida] **A** ADJ Insekten tötend; **pó** m ~ Insektenpulver n **B** M Insektizid n, Insektenbekämpfungsmittel n **inse(c)tífugo** [ĩse(k)'tifugu] **1** ADJ insekten vertreibend **2** M Insektenvertreibungsmittel n, Insektenspray n, **inse(c)tívoro** [ĩse(k)'tivuru] m Insektenfresser m **inse(c)to** [ĩ'setu] m Insekt n; **~ daninho** Schädling m

inseduzível [ĩsidu'zivεł] unbestechlich
insegurança [ĩsigu'rɐ̃sɐ] F Unsicherheit f **inseguro** [ĩsi'guru] unsicher
inseminação [ĩsimina'sɐ̃u̯] F Befruchtung f; **~ artificial** künstliche Befruchtung f
insensatez [ĩsɐ̃sa'teʃ] F Unvernunft f; Unsinn m **insensato** [ĩsɐ̃'satu] unvernünftig
insensibilidade [ĩsɐ̃sibili'dadi] F Gefühllosigkeit f; MED Unempfindlichkeit f; FIG mangelnde Sensibilität f **insensibilizar** [ĩsɐ̃sibili'zar] ⟨1a⟩ MED betäuben; gefühllos machen; FIG abstumpfen **insensível** [ĩsɐ̃'sivεł] gefühllos, unsensibel; MED unempfindlich
inseparável [ĩsipa'ravεł] unzertrennlich
inserção [ĩsir'sɐ̃u̯] F Einfügung f (**em** *ac*); Aufnahme f, Anschluss m; ANAT, TECN Insertion f; **ponto** m **de ~** Ansatzstelle f **inserir** [ĩsi'rir] ⟨3c; *pp* inserto⟩ einfügen (**em** in *ac*); aufnehmen; *anúncio* aufgeben; **~-se** *fig* sich einordnen (**em** in *ac*); ANAT, BOT an-, einwachsen
insídia [ĩ'sidjɐ] F Hinterlist f; (*armadilha*) Falle f
insidiar [ĩsi'djar] ⟨1g⟩ nachstellen (*dat*); e-n Hinterhalt legen (*dat*) **insidioso** [ĩsi'djozu] hinterlistig
insigne [ĩ'signi] bedeutend
insígnia [ĩ'signjɐ] F (Ab)Zeichen n; Standarte f; **~s** *pl fig* Insignien *npl*
insignificância [ĩsignifi'kɐ̃sjɐ] F Bedeutungslosigkeit f; Geringfügigkeit f **insignificante** [ĩsignifi'kɐ̃ti] unbedeutend; geringfügig
insinceridade [ĩsĩsiri'dadi] F Unehrlichkeit f **insincero** [ĩsĩ'sεru] unehrlich
insinuação [ĩsinwa'sɐ̃u̯] F Andeutung f, Wink m; *pej* Unterstellung f **insinuante** [ĩsi'nwɐ̃ti] einschmeichelnd; anziehend **insinuar** [ĩsi'nwar] ⟨1g⟩ einreden; nahe legen; *crítica* andeuten; *pej* unterstellen; **~-se em** sich einschmeicheln bei; sich einschleichen in (*ac*); **~-se por** etw durchdringen

insipidez [ĩsipi'deʃ] F Fadheit f; *fig* Abgeschmacktheit f **insípido** [ĩ'sipidu] fade; geschmacklos, abgeschmackt **insipiente** [ĩsi'pjẽti] unwissend; unklug; (*imprudente*) unvernünftig
insistência [ĩsiʃ'tẽsjɐ] F Drängen n; Beharrlichkeit f **insistente** [ĩsiʃ'tẽti] beharrlich; nachdrücklich; (*urgente*) dringend **insistir** [ĩsiʃ'tir] ⟨3a⟩ drängen (**com** *j-n*); (*reiterar*) beteuern; bestehen (**em** auf *dat*); Wert legen (**em** auf *ac*)
insociabilidade [ĩsusjabili'dadi] F Menschenscheu f **insocial** [ĩsu'sjał] unsozial **insociável** [ĩsu'sjavεł] ungesellig
insolação [ĩsulɐ'sɐ̃u̯] F METEO Sonneneinstrahlung f; MED Sonnenstich m **insolar** [ĩsu'łar] ⟨1e⟩ (übermäßig) sonnen **insolente** [ĩsu'łẽti] **A** ADJ arrogante; (*atrevido*) unverschämt **B** M/F zudringliche Person f
insólito [ĩ'sɔłitu] ungewöhnlich
insolúvel [ĩsɔ'łuvεł] unlösbar; *divida* unablösbar; QUÍM unlöslich
insolvência [ĩsoł'vẽsjɐ] F Zahlungsunfähigkeit f, Insolvenz f **insolvente** [ĩsoł'vẽti] zahlungsunfähig
insondável [ĩsõ'davεł] unergründlich
insónia (***ô**) [ĩ'sɔnjɐ] F Schlaflosigkeit f
insonorização [ĩsunurizɐ'sɐ̃u̯] F Lärm-, Geräuschdämmung f
insonso [ĩ'sõsu], **insosso** [ĩ'sosu] salzlos; fad; *pessoa* langweilig; **comer ~ e beber salgado** *fig* alle Höhen und Tiefen des Lebens durchschreiten
inspe(c)ção [ĩʃpε'sɐ̃u̯] F **1** Besichtigung f; MED, TECN Untersuchung f; Überprüfung f; Inspektion f; MIL Musterung f **2** ADMIN Aufsichtsbehörde f, Überwachungsstelle f; **Inspe(c)ção de Finanças** Finanzinspektion f; **Inspe(c)ção do Trabalho** ≈ Gewerbeaufsichtsamt n; **~ de viaturas** Kraftfahrzeuginspektion f (*Art* TÜV) **inspe(c)cionar** [ĩʃpεsju'nar] ⟨1f⟩ besichtigen; (*examinar*) untersuchen; *norma, regulamento* überprüfen; *actividade* beaufsichtigen; (*vistoriar*) inspizieren; *recrutas* mustern **inspe(c)tor(a)** [ĩʃpε-

'tor(3)] MF Inspektor(in) m(f)
inspiração [ĩpirɐ'sɐ̃ũ] F Einatmung f; fig Inspiration f; Eingebung f **inspirador(a)** [ĩpirɐ'dor(ɐ)] MF Urheber(in) m(f)
inspirar [ĩpi'rar] ⟨1a⟩ einatmen; respeito einflößen; fig inspirieren (**a** zu); **~-se** sich inspirieren lassen (**em** von)
instabilidade [ĩʃtɐbili'dadi] F Unbeständigkeit f; ECON Instabilität f
instalação [ĩʃtɐlɐ'sɐ̃ũ] F acção: Einrichtung f, Einbau m, Installation f; ELECT Leitung f; TECN Anlage f; **-ões** pl sanitárias sanitäre Einrichtungen fpl **instalar** [ĩʃtɐ'lar] ⟨1b⟩ installieren; aufstellen; einbauen; anlegen; cabos, canos verlegen; alg unterbringen; num cargo: einsetzen; **~-se** sich niederlassen (**em** in dat); es sich bequem machen
instância [ĩʃ'tɐ̃sjɐ] F Dringlichkeit f; (solicitação) inständige Bitte f; DIR Instanz f; **com ~** inständig; **em última ~** fig äußerstenfalls; **~s** pl **superiores** höhere Instanzen fpl
instantâneo [ĩʃtɐ̃'tɐnju] A ADJ augenblicklich; (repentino) plötzlich; (passageiro) vorübergehend; GASTR Instant... B M Momentaufnahme f **instante** [ĩʃ'tɐ̃ti] A ADJ pedido inständig; drängend; dringlich B M Augenblick m; **a cada ~** jederzeit; **num ~** im Nu
instar [ĩʃ'tar] ⟨1a⟩ A VT auffordern (**para** zu); (rogar) anflehen (**para** zu) B VI perigo drohen; drängen (**em** auf ac); dringend (nötig) sein
instauração [ĩʃtauɾɐ'sɐ̃ũ] F Errichtung f, Einrichtung f; (introdução) Einführung f; espec POL Wiederherstellung f; DIR Einleitung f (e-s Verfahrens) **instaurador** [ĩʃtauɾɐ'dor] M Begründer m **instaurar** [ĩʃtau'rar] ⟨1a⟩ sistema errichten, einführen; organização gründen; wiederherstellen; DIR einleiten; processo anstrengen (**a** gegen); **~ em** j-n einsetzen als
instável [ĩʃ'tavɛɫ] unbeständig; unsicher; FÍS, METEO instabil; PSICOL labil; TECN leicht beweglich
instigação [ĩʃtigɐ'sɐ̃ũ] F DIR Anstiftung f; Hetze f; Antrieb m **instigador** [ĩʃtigɐ'dor] A ADJ treibend B M Anstifter m **instigar** [ĩʃti'gar] ⟨1o⟩ DIR anstiften; (auf)hetzen
instilar [ĩʃti'ɫar] ⟨1a⟩ einträufeln; fig einflüstern

instintivo [ĩʃtĩ'tivu] instinktiv; (involuntário) unwillkürlich **instinto** [ĩʃ'tĩtu] M Instinkt m
institucional [ĩʃtitusju'naɫ] institutionell **institucionalização** [ĩʃtitusjunɐliza'sɐ̃ũ] F Institutionalisierung f **institucionalizar** [ĩʃtitusjunɐli'zar] ⟨1a⟩ institutionalisieren
instituição [ĩʃtitwi'sɐ̃ũ] F **1** acto: Gründung f; DIR Einsetzung f **2** organização: Institution f; pública tb: Behörde f; caritativa, social tb: Einrichtung f **instituir** [ĩʃti'tiwir] ⟨3i⟩ organização gründen; herdeiro einsetzen **instituto** [ĩʃti'tutu] M Institut n; caritativo, penitenciário: Anstalt f; REL Ordensgründung f; Orden m; **~ de beleza** Schönheitssalon m; **Instituto Monetário Europeu** Europäisches Währungsinstitut n; **Instituto Superior Técnico** port Technische Hochschule f
instrução [ĩʃtru'sɐ̃ũ] F (ensino) Unterricht m; (indicação) Unterweisung f; Anweisung f; (educação escolar) (Schul)Bildung f; DIR Ermittlung f; **~ criminal** Ermittlungsverfahren n; **juiz m de ~** Untersuchungsrichter m; **-ões** pl (Bedienungs)Anleitung f **instruído** [ĩʃtru'idu] gebildet **instruir** [ĩʃtru'ir] ⟨3i⟩ (ensinar) unterrichten, unterweisen; (dirigir) anweisen; (educar) bilden; processo vorbereiten
instrumentação [ĩʃtɾumẽtɐ'sɐ̃ũ] F Instrumentierung f **instrumental** [ĩʃtɾumẽ'taɫ] A ADJ Instrumental... B M MÚS Instrumentarium n **instrumentar** [ĩʃtɾumẽ'tar] ⟨1a⟩ instrumentieren **instrumentista** [ĩʃtɾumẽ'tiʃtɐ] MF MÚS Instrumentalist(in) m(f); MED Arztgehilfe m, Arzthelferin f
instrumento [ĩʃtɾu'mẽtu] M Instrument n (tb fig); Werkzeug n; Gerät n; DIR Urkunde f; **~ de corda/percussão/sopro** MÚS Streich-/Schlag-/Blasinstrument n; **~ de pressão** fig Druckmittel n
instrutivo [ĩʃtɾu'tivu] lehrreich; aufschlussreich; Lehr... **instrutor** [ĩʃtɾu'tor] A ADJ lehrend, Lehr... B M, **instrutora** [ĩʃtɾu'tora] F Lehrer(in) m(f); DESP tb Trainer(in) m(f)
ínsua [ˈĩswɐ] F (Fluss)Insel f
insubmergível [ĩsubmɛr'ʒivɛɫ], **insubmersível** [ĩsubmɛr'sivɛɫ] unsinkbar
insubmissão [ĩsubmi'sɐ̃ũ] F Aufsässigkeit f **insubmisso** [ĩsub'misu] aufsässig

insubordinação [isuburdinaˈsɐ̃ũ] _F_ Ungehorsam _m_ **insubordinado** [isuburdiˈnadu] **A** _ADJ_ ungehorsam **B** _M_, **-a** _F_ Aufwiegler(in) _m(f)_ **insubordinar** [isuburdiˈnar] ⟨1a⟩ aufwiegeln; **~-se** den Gehorsam verweigern

insubornável [isuburˈnavɛɫ] unbestechlich **insubsistente** [isubsiʃˈtẽti] haltlos, grundlos **insubstituível** [isubʃtiˈtwivɛɫ] unersetzlich

insucesso [isuˈsɛsu] _M_ Misserfolg _m_ **insuficiência** [isufiˈsjẽsjɐ] _F_ Unzulänglichkeit _f_; MED Schwäche _f_; **~ cardíaca** Herzschwäche _f_ **insuficiente** [isufiˈsjẽti] _qualidade_ unzulänglich; _quantidade_ unzureichend

insuflar [isuˈflar] ⟨1a⟩ _balão_ aufblasen; _com gás etc_: füllen; _líquido_ einspritzen; _fig_ einflößen **insuflável** [isuˈflavɛɫ] aufblasbar

insular [isuˈlar] **A** _ADJ_ Insel... **B** _V/T_ ⟨1a⟩ isolieren; von der Außenwelt abschließen **insulina** [isuˈlinɐ] _F_ MED Insulin _n_

insultar [isuɫˈtar] ⟨1a⟩ beleidigen **insulto** [ĩˈsuɫtu] _M_ Beleidigung _f_; MED Anfall _m_ **insultuoso** [isuɫˈtwozu] beleidigend

insuperável [isupiˈravɛɫ] unüberwindlich; unübertrefflich **insuportável** [isupurˈtavɛɫ] unerträglich **insuprível** [isuˈprivɛɫ] unersetzlich

insurgente [isurˈʒẽti] **A** _ADJ_ aufständisch **B** _M/F_ Aufständische(r) _m/f_ **insurgir** [isurˈʒir] ⟨3n⟩ aufwiegeln; **~-se** sich auflehnen (**contra** gegen)

insurre(c)to [isuˈrɛtu] → insurgente **insurreição** [isurejˈsɐ̃ũ] _F_ POL Aufstand _m_; Empörung _f_

insuspeito [isuʃˈpajtu] unverdächtig; (_imparcial_) unparteiisch **insustentabilidade** [isuʃtẽtɐbiliˈdadi] _F_ Unhaltbarkeit _f_ **insustentável** [isuʃtẽˈtavɛɫ] unhaltbar **inta(c)to** [ĩˈtaktu] unberührt; unversehrt, intakt, heil

intangível [ĩtɐ̃ˈʒivɛɫ] unantastbar **íntegra** [ˈĩtigrɐ] _F_ Wortlaut _m_ (_e-s Textes_); **na ~** vollständig

integração [ĩtigraˈsɐ̃ũ] _F_ Integration _f_ (_tb_ MAT, POL); _num sistema_: Einordnung _f_; (_fusão_) Zusammenschluss _m_ **integral** [ĩtiˈgraɫ] **A** _ADJ_ vollständig; _parte_ integral; **cálculo** _m_ **~** MAT Integralrechnung _f_;

pão _m_ **~** Vollkornbrot _n_; **tempo** _m_ (_ou_ **período** _m_) **~** Vollzeit _f_ **B** _F_ MAT Integral _n_ **integrante** [ĩtiˈgrɐ̃ti] **A** _ADJ_ integrierend; **fazer parte ~ de** wesentlicher Bestandteil sein von **B** _M/F_ _bras fam_ Mitglied _n_ **integrar** [ĩtiˈgrar] ⟨1c⟩ einbeziehen; integrieren; **~-se em** gehören zu; _grupo, organização_ eintreten in (_ac_) **integridade** [ĩtigriˈdadi] _F_ Vollständigkeit _f_; _física_: Unversehrtheit _f_; _moral_: Integrität _f_ **íntegro** [ˈĩtigru] vollständig; _aparelho_ unversehrt, ganz; _pessoa_ rechtschaffen; integer

inteirado [ĩtajˈradu] _ADJ_ **estar ~ de** im Bilde sein über (_ac_) **inteirar** [ĩtajˈrar] ⟨1a⟩ vervollständigen; komplettieren; _alg_ in Kenntnis setzen; **~-se** (_assegurar--se_) sich vergewissern; Kenntnis nehmen (**de** von) **inteireza** [ĩtajˈrezɐ] _F_ Vollständigkeit _f_; **~ de carácter** aufrechter Charakter _m_ **inteiriçado** [ĩtajriˈsadu] steif (_vor Kälte_) **inteiriçar** [ĩtajriˈsar] ⟨1p⟩ _articulações_ steif machen; _roupa_ klamm werden lassen; **~-se com** erstarren vor (_dat_)

inteiro [ĩˈtajru] ganz; vollständig; (_ileso_) unversehrt; **por ~** ganz und gar, vollständig; **o dia** _m_ **~** den ganzen Tag _m_; **a tempo ~** hauptamtlich; ganztägig

intele(c)to [ĩtiˈlɛktu] _M_ Verstand _m_ **intele(c)tual** [ĩtilɛkˈtwaɫ] **A** _ADJ_ verstandesmäßig; intellektuell **B** _M/F_ Intellektuelle(r) _m/f_ **intele(c)tualidade** [ĩtilɛktwaliˈdadi] _F_ 1 _qualidade_: Intellektualität _f_ 2 _grupo_: Intelligenz _f_; die Intellektuellen _mpl_ **intele(c)tualizar** [ĩtilɛktwaliˈzar] ⟨1a⟩ vergeistigen

inteligência [ĩtiliˈʒẽsjɐ] _F_ Intelligenz _f_; Einsicht _f_; (_compreensão_) Verständnis _n_; (_acordo_) Einvernehmen _n_; **~ artificial** künstliche Intelligenz _f_; **serviço** _m_ **de ~** Geheimdienst _m_ **inteligente** [ĩtiliˈʒẽti] intelligent; klug **inteligibilidade** [ĩtiliʒibiliˈdadi] _F_ Verständlichkeit _f_ **inteligível** [ĩtiliˈʒivɛɫ] verständlich

intemerato [ĩtimiˈratu] _fé, doutrina_ rein; _pessoa_ unerschrocken

intemperado [ĩtẽpiˈradu] unbescheiden; unmäßig **intemperança** [ĩtẽpiˈrɐ̃sɐ] _F_ Unmäßigkeit _f_; Zügellosigkeit _f_ **intempérie** [ĩtẽˈpɛri] _F_ Unwetter _n_ **intempestivo** [ĩtẽpiʃˈtivu] ungelegen; (_súbito_) plötzlich

intemporal [ĩtẽpuˈraɫ] ADJ zeitlos
intenção [ĩtẽˈsɐ̃ũ] F Absicht f, Vorsatz m; **~ de voto** Wahlverhalten n (laut Umfragen); **segunda ~** Hintergedanke m; **com a ~ de** in der Absicht zu; **por ~ de** zum Besten von; **ter boas** (ou **as melhores**) **~ções** es gut meinen **intencionado** [ĩtẽsjuˈnadu] beabsichtigt; **bem ~** in guter Absicht; wohl überlegt; **mal ~** böswillig **intencional** [ĩtẽsjuˈnaɫ] absichtlich; DIR vorsätzlich **intendência** [ĩtẽˈdẽsja] F Verwaltung(sbehörde) f (tb MIL) **intendente** [ĩtẽˈdẽti] M Verwalter m **intender** [ĩtẽˈder] ⟨2a⟩ leiten; beaufsichtigen
intensidade [ĩtẽsiˈdadi] F Heftigkeit f, Stärke f; Intensität f; (ênfase) Nachdruck m **intensificar** [ĩtẽsifiˈkar] ⟨1n⟩ intensivieren, verstärken; steigern **intensivo** [ĩtẽˈsivu] intensiv **intenso** [ĩˈtẽsu] vento heftig; calor, frio stark; intensiv; (veemente) eindringlich
intentar [ĩtẽˈtar] ⟨1a⟩ beabsichtigen; versuchen; processo anstrengen; **~ a(c)ção judicial contra alg** j-n (gerichtlich) verklagen **intento** [ĩˈtẽtu] M Absicht f; (tentativa) Versuch m; **de ~** absichtlich **intentona** [ĩtẽˈtɔna] F Putschversuch m
intera(c)ção [ĩtɛraˈsɐ̃ũ] F Interaktion f **intera(c)tivo** [ĩtɛraˈtivu] interaktiv
intercalar [ĩtɛrkaˈɫar] A VT ⟨1b⟩ einschieben; TECN einschalten; einfügen B ADJ Zwischen...; **eleições** fpl **~es** Zwischenwahlen fpl **intercambiar** [ĩtɛrkɐˈbjar] ⟨1g⟩ austauschen **intercambiável** [ĩtɛrkɐˈbjavɛɫ] austauschbar **intercâmbio** [ĩtɛrˈkɐbju] M Austausch m (**entre** zwischen dat) **interceder** [ĩtɛrsɛˈder] ⟨2c⟩ sich einsetzen (**por** für); vermitteln **interceptar** [ĩtɛrsɛˈtar] ⟨1a⟩ TEL abhören; noticia abfangen; comboio anhalten **intercessão** [ĩtɛrsiˈsɐ̃ũ] F Vermittlung f **intercessor** [ĩtɛrsiˈsor] M, **-a** [ĩtɛrsiˈsora] F Fürsprecher(in) m(f); Vermittler(in) m(f) **intercidades** [ĩtɛrsiˈdadiʃ] M FERROV Intercity m **intercomunicador** [ĩtɛrkumuniˈkador] M Gegensprechanlage f **intercontinental** [ĩtɛrkõtinẽˈtaɫ] interkontinental
interdependência [ĩtɛrdipẽˈdẽsja] F wechselseitige Abhängigkeit f **interdependente** [ĩtɛrdipẽˈdẽti] voneinander abhängig **interdição** [ĩtɛrdiˈsɐ̃ũ] F Verbot n; de função: Absetzung f; DIR Entmündigung f; **~ profissional** Berufsverbot n **interditado** [ĩtɛrdiˈtadu] **estar ~** gesperrt sein; DIR entmündigt sein **interditar** [ĩtɛrdiˈtar] ⟨1a⟩ untersagen; sperren; DIR entmündigen **interdito** [ĩtɛrˈditu] A ADJ verboten B M 1 Entmündigte(r) m 2 REL Interdikt n **interdizer** [ĩtɛrdiˈzer] ⟨2t⟩ untersagen; função entziehen; DIR entmündigen
interessado [ĩtiriˈsadu] A ADJ estar/ficar **~ em** interessiert sein an (dat) B M, **-a** F Interessent(in) m(f); COM Teilhaber(in) m(f) **interessante** [ĩtiriˈsɐ̃ti] interessant; (atraente) reizvoll; (relevante) wichtig **interessar** [ĩtiriˈsar] ⟨1c⟩ von Interesse sein für; **~ a alg** j-n interessieren; wichtig sein für j-n; **~ em** COM beteiligen an (dat); **~ por** j-n interessieren für; (**isso**) **não interessa** das tut nichts zur Sache; **~-se por** Anteil nehmen an (dat) **interesse** [ĩtiˈresi] M Interesse n (**em** an dat); (simpatia) Anteilnahme f; (importância) Bedeutung f; (utilidade) Nutzen m; COM Anteil m; FIN Zins m; **cheio de ~** hochinteressant; **sem ~** uninteressant **interesseiro** [ĩtiriˈsɐjru] berechnend
interestadual [ĩtɛrjʃtɐˈdwaɫ] zwischenstaatlich; zwischen Bundesstaaten
interface [ĩtɛrˈfasi] F INFORM Schnittstelle f; **~ de utilizador** (bras **de usuário**) Benutzeroberfläche f **interferência** [ĩtɛrfɛˈrẽsja] F Einmischung f; LING Interferenz f; TECN Störung f **interferente** [ĩtɛrfɛˈrẽti] Interferenz... **interferir** [ĩtɛrfɛˈrir] ⟨3c⟩ FIS interferieren; **~ com** beeinflussen; **~ em** sich einmischen in (ac); mitwirken bei **interfone** [ĩtɛrˈfɔni] M bras Gegensprechanlage f
interinado [ĩtiriˈnadu] M, **interinato** [ĩtiriˈnatu] M Interim n **interino** [ĩtiˈrinu] einstweilig
interior [ĩtiˈrjor] A ADJ innere; innerlich; Innen...; GEOG Binnen... B M Innere(s) n; GEOG Inland n; Landesinnere(s) n; CINE Interieur n; FOTO Innenaufnahme f; **no ~** innen **interiorano** [ĩtɛrjoˈrɐnu] bras binnenländisch **interioridade** [ĩtirjuriˈdadi] F Innerlichkeit f
interjeição [ĩtɛrʒajˈsɐ̃ũ] F Ausruf m; GRAM Interjektion f **interlocutor(a)** [ĩtɛrɫukuˈtor(a)] M(F) Gesprächspartner(in)

m(f); (*representante*) Wortführer(in) *m(f)* **intermediação** [itirmidʒəˈsɐ̃u] *F̱* Eingriff *m*; Vermittlung *f* **intermediar** [itirmiˈdʒar] ⟨1h⟩ dazwischenliegen; **intermediário** [itirmiˈdʒarju] **A** ADJ dazwischenliegend; Zwischen... **B** *M̱*, **-a** *F̱* Vermittler(in) *m(f)*; COM Zwischenhändler *m* **intermédio** [itirˈmɛdju] **A** ADJ Zwischen... **B** *M̱* (*pausa*) Zwischenzeit *f*; TEAT Intermezzo *n*; (*mediação*) Vermittlung *f*; **por ~ de** durch Vermittlung von **interminável** [itirmiˈnavɛɫ] endlos **intermissão** [itirmiˈsɐ̃u] *F̱* Unterbrechung *f*; (*intervalo*) Pause *f* **intermitência** [itirmiˈtẽsjɐ] *F̱* Unterbrechung *f*; *pulso:* Aussetzen *n* **intermitente** [itirmiˈtẽti] stockend; aussetzend; **febre** *f* **~** Wechselfieber *n*; **luz** *f* **~** Blinklicht *n*

internacional [itirnɐsjuˈnaɫ] international **internacionalização** [itirnɐsjunɐlizɐˈsɐ̃u] *F̱* Internationalisierung *f*; DESP Ländereinsatz *m*

internamento [itirnɐˈmẽtu] *M̱* Internierung *f*; Einlieferung *f* **internar** [itirˈnar] ⟨1c⟩ internieren; einliefern; **~-se em** eindringen in (*ac*); FIG sich vertiefen in (*ac*) **internato** [itirˈnatu] *M̱* Internat *n* **internauta** [itirˈnautɐ] *M̱/F̱* Internetsurfer(in) *m(f)*

Internet [itɛrˈnɛt] *F̱* Internet *n*; **acesso** *m* **à ~** Internetzugang; **(navegar) na ~** im Internet (surfen)

interno [iˈtɛrnu] **A** ADJ inner; PSICOL innerlich; intern; GEOG Binnen...; **B** *M̱*, **-a** *F̱* Internatsschüler(in) *m(f)*

interpelação [itirpilɐˈsɐ̃u] *F̱* Aufforderung *f*; POL Anfrage *f*; DIR Einspruch *m* **interpelar** [itirpiˈlar] ⟨1c⟩ ansprechen; das Wort richten an (*ac*); anfragen bei **interplanetário** [itɛrplɐnɨˈtarju] interplanetar **interpolação** [itirpuɫɐˈsɐ̃u] *F̱* Einschub *m* **interpolar** [itirpuˈlar] ⟨1e⟩ einschieben; TECN zwischenschalten; MAT interpolieren **interpor** [itirˈpor] ⟨2z⟩ legen (**entre** zwischen *ac*); (*intercalar*) einschieben; *autoridade* geltend machen; **~ recursos** DIR Berufung einlegen (**contra** gegen); **~-se** dazwischentreten; (*mediar*) vermitteln **interpretação** [itirpritɐˈsɐ̃u] *F̱* Deutung *f*, Interpretation *f*; (*tradução*) Dolmetschen *n*; MÚS Wiedergabe *f*; TEAT Darstellung *f* **interpretar** [itirpriˈtar] ⟨1c⟩ interpretieren; (*traduzir*) dolmetschen; MÚS wiedergeben; TEAT darstellen **interpretativo** [itirpritɐˈtivu] erläuternd; TEAT darstellerisch **intérprete** [iˈtɛrpriti] *M̱/F̱* Dolmetscher(in) *m(f)*; Vermittler(in) *m(f)*; MÚS Interpret(in) *m(f)*; TEAT Darsteller(in) *m(f)*

interregno [itiˈrɛgnu] *M̱* Interregnum *n* **interrogação** [itiʁugɐˈsɐ̃u] *F̱* (*interrogatório*) Befragung *f*; (*pergunta*) Frage *f*; DIR Vernehmung *f*; **(ponto** *m* **de) ~** Fragezeichen *n* **interrogar** [itiʁuˈgar] ⟨1o; *Stv* 1e⟩ (be)fragen; DIR verhören **interrogativo** [itiʁugɐˈtivu] fragend; Frage... **interrogatório** [itiʁugɐˈtɔrju] *M̱* Verhör *n* **interromper** [itiʁõˈper] ⟨2a⟩ unterbrechen; *alg* ins Wort fallen; ELECT ausschalten **interrupção** [itiʁuˈpsɐ̃u] *F̱* Unterbrechung *f*; ELECT Ausfall *m*; **~ da emissão** *rádio* Sendepause *f*; **sem ~** ununterbrochen; durchgehend (*geöffnet*) **interruptor** [itiʁupˈtor] *M̱* ELECT Schalter *m*; Unterbrecher *m*

intersecção [itɨrsɛ(k)ˈsɐ̃u] *F̱* MAT Schnitt(-punkt) *m* **interurbano** [itɨrurˈbɐnu] **A** ADJ TEL Fern...; **chamada** *f* **interurbana** *port* Ferngespräch *n* **B** *M̱* *bras* Ferngespräch *n*

intervalado [itirvɐˈɫadu] unterbrochen **intervalo** [itirˈvaɫu] *M̱* (*distância*) Zwischenraum *m*; (*pausa*) Zwischenzeit *f*; Pause *f*; MÚS Intervall *n*; DESP Halbzeit *f* **intervenção** [itirvẽˈsɐ̃u] *F̱* Intervention *f*; Wortmeldung *f*; (*discurso*) Rede *f*; MED Eingriff *m* **intervencionismo** [itirvẽsjuˈniʒmu] *M̱* ECON, POL Interventionismus *m* **interveniente** [itirviˈnjẽti] *M̱/F̱* Beteilige(r) *m/f*; (*participante*) Teilnehmer(in) *m(f)*; (*orador*) Redner(in) *m(f)* **intervir** [itirˈvir] ⟨3wa⟩ *acontecimento* eintreten; *alg* intervenieren, einschreiten (**em** in *ac*); *discussão* sich zu Wort melden

intestinal [itɨʃtiˈnaɫ] Darm... **intestino** [itɨʃˈtinu] **A** ADJ inner(lich); **guerra** *f* **-a** Bürgerkrieg *m* **B** *M̱* Darm *m*; **~s** *pl* Eingeweide *npl*; **~ delgado** Dünndarm *m*; **~ grosso** Dickdarm *m*

intimação [itimɐˈsɐ̃u] *F̱* Ankündigung *f*; Aufforderung *f*; DIR Vorladung *f*; *pagamento:* Zahlungsbefehl *m* **intimar** [itiˈmar] ⟨1a⟩ auffordern (**a** *zu*); DIR vorladen; *reunião* einberufen **intimativa** [itimɐˈtivɐ] *F̱* energische Aufforderung (*ou* Geste) *f* **intimativo** [ĩtimɐ'tivu] befehlend; drohend **intimidação** [ĩtimidɐ'sɐ̃u] *F* Einschüchterung *f*; Abschreckung *f* **intimidade** [ĩtimi'dadi] *F* Intimität *f*; innige Freundschaft *f*; **tomar ~ com** sich anfreunden mit; **ter ~ com, viver na ~ de** eng befreundet sein mit **intimidar** [ĩtimi'dar] ⟨1a⟩ einschüchtern; durch Drohungen zwingen (**a** *inf* zu)

íntimo [ˈĩtimu] **A** ADJ innerste; intim; vertraut **B** M Innerste(s) *n*; *(amigo)* guter Freund *m*; **no ~** heimlich; im Grunde

intitular [ĩtitu'łar] ⟨1a⟩ betiteln; (be)nennen; **~-se** heißen

intocável [ĩtu'kavɛł] unberührbar; *pessoa, direito*: unangreifbar; tabu

intolerância [ĩtuli'rɐ̃sjɐ] *F* Intoleranz *f* **intolerante** [ĩtuli'rɐ̃ti] intolerant **intolerável** [ĩtuli'ravɛł] unerträglich

intoxicação [ĩtɔksikɐ'sɐ̃u] *F* Vergiftung *f* **intoxicar** [ĩtɔksi'kar] ⟨1n⟩ vergiften

intracomunitário [ĩtrɐkumuni'tarju] ADJ EU: innergemeinschaftlich

intraduzível [ĩtrɐdu'zivɛł] unübersetzbar

intragável [ĩtrɐ'gavɛł] ungenießbar

intranquilidade (*ü) [ĩtrɐ̃kwiłi'dadi] *F* Unruhe *f* **intranquilo (*ü)** [ĩtrɐ̃'kwiłu] unruhig

intransferível [ĩtrɐ̃ʃfi'rivɛł] unübertragbar; nicht transferierbar

intransigência [ĩtrɐ̃zi'ʒẽsjɐ] *F* Unnachgiebigkeit *f* **intransigente** [ĩtrɐ̃zi'ʒẽti] unnachgiebig; kompromisslos

intransitável [ĩtrɐ̃zi'tavɛł] unwegsam; *estrada* nicht befahrbar **intransitivo** [ĩtrɐ̃zi'tivu] GRAM intransitiv **intransmissível** [ĩtrɐ̃ʒmi'sivɛł] unübertragbar **intransponível** [ĩtrɐ̃ʃpu'nivɛł] unüberbrückbar **intransportável** [ĩtrɐ̃ʃpur'tavɛł] nicht transportfähig

intratável [ĩtrɐ'tavɛł] unausstehlich

intra-uterino [ĩtrɐuti'rinu] intrauterin

intravenoso [ĩtrɐvi'nozu] intravenös

intrepidez [ĩtripi'deʃ] *F* Unerschrockenheit *f* **intrépido** [ĩ'trɛpidu] unerschrocken, verwegen

intriga [ĩ'trigɐ] *F* Intrige *f* **intrigante** [ĩtri'gɐ̃ti] → intriguista **intrigar** [ĩtri'gar] ⟨1o⟩ **A** V/T *(mexericar)* aufhetzen; *amigos* entzweien, verfeinden; *(fascinar)* neugierig machen **B** V/I intrigieren **intriguista** [ĩtri'giʃtɐ] **A** ADJ intrigant **B** M/F Intrigant(in) *m(f)*

intrincar [ĩtrĩ'kar] ⟨1n⟩ verwirren; *(complicar)* verkomplizieren

intrínseco [ĩ'trĩsiku] innere; wesentlich; echt

introdução [ĩtrudu'sɐ̃u] *F* Einführung *f* (**a** in *ac*); LIT Einleitung *f* (**a** zu); MÚS Vorspiel *n* **introdutivo** [ĩtrudu'tivu] einleitend; Vor... **introdutor** [ĩtrudu'tor] *M* Wegbereiter *m*; Begründer *m* **introduzir** [ĩtrudu'zir] ⟨3m⟩ einführen; *alg* vorstellen; *(meter)* hineinstecken; *(enfiar)* (hi)n)einschieben; INFORM eingeben; **~-se em** eindringen in *(ac)*

intrometer [ĩtrumi'ter] ⟨2c⟩ (hinein)bringen; einfügen; **~-se** sich einmischen (**em** in *ac*); Streit suchen (**com** mit) **intrometido** [ĩtrumi'tidu] indiskret; frech

intromissão [ĩtrumi'sɐ̃u] *F* Einmischung *f*; Belästigung *f*

introspe(c)ção [ĩtrɔʃpe'sɐ̃u] *F* Selbstbeobachtung *f* **introspe(c)tivo** [ĩtrɔʃpe'tivu] inner; nach innen gehend; Selbst...

introvertido [ĩtruvir'tidu] PSICOL introvertiert

intrujão [ĩtru'ʒɐ̃u] *M*, **-ona** [ĩtru'ʒonɐ] *F* pop Hochstapler(in) *m(f)* **intrujar** [ĩtru'ʒar] ⟨1a⟩ pop anschwindeln **intrujice** [ĩtru'ʒisi] *F* pop Schwindel *m*

intrusão [ĩtru'zɐ̃u] *F* Eindringen *n*; *(usurpação)* Aneignung *f* **intruso** [ĩ'truzu] **A** ADJ *(unrechtmäßig)* eingedrungen **B** *M*, **-a** *F* Eindringling *m*

intuição [ĩtwi'sɐ̃u] *F* Intuition *f*; Einfühlungsvermögen *n* **intuitivo** [ĩtwi'tivu] intuitiv **intuito** [ĩ'tuitu] *M* Absicht *f*; Zweck *m*

intumescência [ĩtumiʃ'sẽsjɐ] *F* (An)Schwellung *f* **intumescente** [ĩtumiʃ'sẽti] geschwollen (*tb fig*) **intumescer** [ĩtumiʃ'ser] ⟨2g⟩ MED (an)schwellen; sich aufblähen

inumação [inumɐ'sɐ̃u] *F* Bestattung *f* **inumano** [inu'mɐnu] unmenschlich, inhuman **inumar** [inu'mar] ⟨1a⟩ bestatten

inumerável [inumi'ravɛł], **inúmero** [i'numiru] unzählbar; PL **inumeráveis** *tb* unzählige

inundação [inũdɐ'sɐ̃u] *F* Überschwemmung *f* **inundar** [inũ'dar] ⟨1a⟩ überschwemmen; durchfluten

inusitado [inuzi'tadu] ungewöhnlich

inútil [i'nuti+] unnütz; zweck-, wertlos **inutilidade** [inuti+i'dadi] F Nutz-, Zwecklosigkeit f **inutilizado** [inuti+i'zadu] unbrauchbar; *bilhete* entwertet **inutilizar** [inuti+i'zar] ⟨1a⟩ unbrauchbar machen; zunichte machen; *bilhete* entwerten **invadir** [iva'dir] ⟨3a⟩ *país* überfallen; *mercado* eindringen in ⟨ac⟩, überfluten; *praga* heimsuchen (*tb fig*); *fig* überkommen

invalidade [iv3ti'dadi] F *a/c* Ungültigkeit f; *alg* Untauglichkeit f **invalidar** [iv3ti'dar] ⟨1a⟩ ungültig machen; *validade* aufheben; *argumento* entkräften **invalidez** [iv3ti'deʃ] F Invalidität f; MIL Untauglichkeit f

inválido [i'validu] A ADJ *alg* behindert, arbeitsunfähig; *a/c* ungültig B M, -a F Invalide m, Invalidin f; Behinderte(r) m/f(m)

invariável [iv3'rjavɛ+] unveränderlich; *pessoa* gleichmütig

invasão [iva'zɐ̃ũ] F Invasion f (**de** in *ac*); Eindringen n; MIL tb Einfall m; (*inundação*) (Wasser)Einbruch m **invasor** [iva'zor] M Eindringling m, Angreifer m

invectiva [ivɛ'tiva] F Beschimpfung f; Ausfall m **invectivar** [ivɛti'var] ⟨1a⟩ V/T beschimpfen B V/I ausfällig werden; **~ contra** schimpfen auf ⟨ac⟩

inveja [i'vɐʒa] F Neid m; **roer-se de ~** *fam* vor Neid platzen; **ter ~ de** beneiden, neidisch sein auf ⟨ac⟩ **invejar** [ivi'ʒar] ⟨1c⟩ A V/T **~ alg de a/c** j-n um etw beneiden; **~ a/c de alg** j-m etw neiden; **~ a/c** etw begehren B V/I neidisch sein **invejável** [ivi'ʒavɛ+] beneidenswert **invejoso** [ivi'ʒozu] A ADJ neidisch B M, **-a** [ivi'ʒɔza] F Neider(in) m/f

invenção [ivẽ'sɐ̃ũ] F Erfindung f **invencibilidade** [ivẽsibi+i'dadi] F Unbesiegbarkeit f **invencionice** [ivẽsju'nisi] F Betrug m **invencível** [ivẽ'sivɛ+] MIL unbesiegbar; *dificuldade* unüberwindlich **invendável** [ivẽ'davɛ+], **invendível** [ivẽ'divɛ+] unverkäuflich

inventar [ivẽ'tar] ⟨1a⟩ erfinden; (*urdir*) anzetteln **inventariar** [ivẽtɐ'rjar] ⟨1g⟩ eine Bestandsaufnahme machen von; *objeto etc* aufführen **inventário** [ivẽ'tarju] M Bestandsaufnahme f, Inventur f; (Inventar)Verzeichnis n **inventiva** [ivẽti-va] F Erfindung(sgabe) f; Fantasie f **inventivo** [ivẽ'tivu] erfinderisch; Erfindungs... **invento** [i'vẽtu] M Erfindung f; **privilégio** m (ou **propriedade** f) **de ~** Urheberschutz m **inventor** [ivẽ'tor] M Erfinder m; Urheber m

inverdade [ivir'dadi] F Unwahrheit f **inverídico** [ivi'ridiku] unwahr; (*inexacto*) ungenau

invernada [ivir'nada] F Winter(s)zeit f; *bras* Winterlager n (für Vieh) **invernadouro** [ivirnɐ'doru] M Winterquartier n; BOT Gewächshaus n **invernal** [ivir'na+] winterlich; Winter... **invernar** [ivir'nar] ⟨1c⟩ überwintern; *tempo* winterliches Wetter sein **invernia** [ivir'nia] F hartes Winterwetter n **Inverno** [i'vernu] M Winter m **invernoso** [ivir'nozu] → invernal

inverosímil [iviru'zimi+], *bras* **inverossímil** [ivero'simiu] unwahrscheinlich **inverosimilhança** [iviruzimi'ʎɐ̃sa] F, *bras* **inverossimilhança** [iverosimi'ʎẽsɐ] F Unwahrscheinlichkeit f

inversão [ivir'sɐ̃ũ] F Umkehrung f; *t/t* Inversion f; **~ de marcha** AUTO Wenden n; **terminal m de ~ de marcha** FERROV Wendeschleife f **inversivo** [ivir'sivu] umkehrbar; ELECT umschaltbar **inverso** [i'versu] A ADJ umgekehrt; gegenteilig, entgegengesetzt B M Gegenteil n

invertebrado [ivirti'bradu] A ADJ wirbellos B M ZOOL **~s** PL Wirbellose pl **inverter** [ivir'ter] ⟨2c⟩ umkehren; umdrehen; (*trocar*) vertauschen; umstellen; **~ a marcha** die Richtung ändern (*tb fig*) **invertido** [ivir'tidu] umgekehrt; (*trocado*) vertauscht; FOTO seitenverkehrt

invés [i'vɛʃ] M **ao ~** umgekehrt; **ao ~ de** (an)statt ⟨*gen*⟩; im Gegensatz zu ⟨*dat*⟩

investida [ivif'tida] F Überfall m; *fig* Handstreich m **investidor(a)** [ivifti'dor(ɐ)] M(F) Investor(in), Anleger(in) m/f **investidura** [ivifti'dura] F Amtseinsetzung f; REL Investitur f **investigação** [ivifti'gɐ'sɐ̃ũ] F (Er)Forschung f; (*inquérito*) Untersuchung f; **~ de base** Grundlagenforschung f **investigador(a)** [iviftigɐ'dor(ɐ)] M(F) Forscher(in) m/f; *policial*: Ermittler(in) m/f; Fahnder(in) m/f **investigar** [ivifti'gar] ⟨1o⟩ erforschen; prüfen; *polícia* ermitteln; untersuchen

investimento [ivi∫'ti'mɐ̃tu] M ECON Investition f, (Kapital)Anlage f **investir** [ivi∫'tir] ⟨3c⟩ A VT angreifen; *para cargo*: wählen zu; ECON investieren B VI angreifen; sich stürzen (*com* auf *ac*, *por* in *ac*)

inveterado [ĩviti'radu] eingefleischt; eingewurzelt

inviabilizar [ĩvjəbili'zar] ⟨1a⟩ *caminho* versperren; *projecto, medida* unmöglich machen, verunmöglichen **inviável** [ĩ-'vjavεł] *caminho* unbefahrbar; *projecto, medida* aussichtslos

invicto [ĩ'viktu] unbesiegt; **a (Cidade) Invicta** Umschreibung für Porto

ínvio ['ĩvju] unwegsam

inviolabilidade [ĩvjułabili'dadi] F Unverletzlichkeit f **inviolado** [ĩvju'ładu] unversehrt **inviolável** [ĩvju'łavεł] unverletzlich

invisibilidade [ĩvizibili'dadi] F *total*: Unsichtbarkeit f; *parcial*: schlechte Sicht f **invisível** [ĩvi'zivεł] unsichtbar **invisual** [ĩvi'zwał] *port* A ADJ blind B M/F Blinde(r) m/f(m)

invocação [ĩvukɐ'sɐ̃ũ] F Anrufung f; Flehen n; *auxílio*: (Hilfe)Ersuchen n **invocar** [ĩvu'kar] ⟨1n; Stv 1e⟩ *alg* anrufen; flehen um; *lei etc* sich berufen auf (*ac*)

involução [ĩvułu'sɐ̃ũ] F MED Rückbildung f; Rückentwicklung f

invólucro [ĩ'vɔłukru] M (*cobertura*) Hülle f; (*embalagem*) (Ver)Packung f

involuntário [ĩvułũ'tarju] unfreiwillig; unwillkürlich

invulgar [ĩvuł'gar] außergewöhnlich

invulnerabilidade [ĩvułnɨrabili'dadi] F Unverwundbarkeit f **invulnerável** [ĩvułnɨ'ravεł] unverletzlich; *fig* unangreifbar

iodado [ju'dadu] jodhaltig; jodiert; **sal m ~** Jodsalz n **iodeto** [ju'detu] M Jodid n **iodo** ['jodu] M Jod n; **tintura f de ~** Jodtinktur f

ioga ['jɔga] M Joga n

iogurte [jɔ'gurti] M Joghurt m; **~ de morango** Erdbeerjoghurt m; **~ integral** Vollmilchjoghurt m **iogurteira** [jɔgur'tɐjra] F Joghurtbereiter m

ioiô [jo'jo] M Jojo n

ionização [juniza'sɐ̃ũ] F Ionisierung f

ípsilon ['ipsilɔn] M Ypsilon n, *letra* y

ir [ir] ⟨3x⟩ A VI sich begeben (*a, para* nach, zu); *a pé*: gehen; *de carro, comboio etc*: fahren; *de avião*: fliegen; *caminho* führen; *boato* umgehen; *rio* fließen; **~ a** (*inf*) wollen (*inf*), beabsichtigen zu (*inf*); **~ a alg** losgehen auf j-n; **~ atrás de alg** j-m folgen; **~ com** begleiten; **~ contra** ziehen gegen; bekämpfen; verstoßen gegen; **~ de** gehen als (*verkleidet*); *carro etc* fahren; *avião* fliegen; **~ de ... a ...** *local*: von ... nach ... fahren (*ou* gehen); *temporal*: von ... bis ... dauern; **~ em** *embalagem* sich befinden in (*ou bei*) (*dat*); *fig* hereinfallen auf (*ac*); **~ fazer a/c** *futuro* etw bald tun; **~ longe** es weit bringen; **~ para** gehen (*ou* ziehen) nach (*auf Dauer*); **~ para padeiro** *port* Bäcker werden; **~ por** gehen (*ou* fahren) über (*ac*); *fig* gehen durch; setzen auf (*ac*); **~ por diante** *fig* vorangehen; **~ sobre** losgehen auf (*ac*), herfallen über (*ac*); **~ ter com alg** j-n treffen; j-n aufsuchen; **como vai?** wie geht's?; **vou indo** es geht (so); *port* **vai um ano que** seit (*ou* vor) einem Jahr; *port* **já lá vão três anos** es ist etwa 3 Jahre her; *port* **vai nos oitenta** er ist in den Achtzigern; **onde vai?** wohin gehen (*ou* fahren) Sie?; *coisas* wohin kommt das?; **já vou!** ich komme schon!; **vamos!** gehen wir!, komm(en Sie)!; los!; *indignado* hören Sie mal!; langsam, langsam!; **vá lá ...** immerhin; **ora vai, lá vai!** hin ist hin! B VR **~-se** aufbrechen (*a, para* nach, zu), weggehen; verschwinden; auslaufen, verdunsten; verfliegen; verbraucht werden; *fam dinheiro* draufgehen; *tempo* vergehen; *pensamento* entfallen; dahingehen; **~-se abaixo** niedergeschlagen sein; *motor* ausgehen; **~-se embora** aufbrechen; fortgehen

ira ['ira] F Zorn m **iracúndia** [ira'kũdja] F Jähzorn m **iracundo** [ira'kũdu] jähzornig **irado** [i'radu] zornig

iraniano [irɐ'njɐnu] A ADJ iranisch B M, **-a** f Iraner(in) m/f)

Irão [i'rɐ̃ũ] M GEOG **o ~** (der) Iran m

Iraque [i'raki] M GEOG **o ~** (der) Irak m

iraquiano [ira'kjɐnu] A ADJ irakisch B M, **-a** f Iraker(in) m/f)

irascível [iraʃ'sivεł] reizbar

íris ['iriʃ] F ⟨*pl inv*⟩ BOT, ANAT Iris f; BOT *tb* Schwertlilie f

irisar [iri'zar] ⟨1a⟩ irisieren, schillern

Irlanda [irˈtɐ̃dɐ] F̲ GEOG **a ~** Irland (n)
irlandês [irtɐ̃ˈdeʃ] A̲ ADJ irisch B̲ M̲, **irlandesa** [irtɐ̃ˈdezɐ] F̲ Ire m, Irin f
irmã [irˈmɐ̃] F̲ Schwester f; **a minha ~** meine Schwester; **meia ~** Halbschwester f **irmãmente** [irmɐ̃ˈmẽti] ADV geschwisterlich **irmandade** [irmɐ̃ˈdadi] F̲ REL Bruderschaft f; Brüderlichkeit f; fam Verwandtschaft f **irmão** [irˈmɐ̃w̃] A̲ M̲ ⟨pl ~s⟩ Bruder m; **~ de leite** Stiefbruder m; **meio ~** (ou **~ uterino**) Halbbruder m; **o meu ~** mein Bruder; **~s** pl Geschwister pl B̲ ADJ Bruder...
ironia [iruˈniɐ] F̲ Ironie f; Spott m
irónico (*ô) [iˈrɔniku] ironisch
ironizar [iruniˈzar] ⟨1a⟩ A̲ V/T ironisieren B̲ V/I spotten, spötteln
iroso [iˈrozu] zornig; tobend
irra [ˈiʁɐ] INT **~!** pop verdammt!
irracional [iʁɐsjuˈnal] ADJ irrational
irradiação [iʁɐdjɐˈsɐ̃w̃] F̲ Strahlung f; Ausstrahlung f; ideología: Ausbreitung f
irradiador [iʁɐdjɐˈdor] M̲ port Wärmestrahler m; Heizkörper m **irradiar** [iʁɐˈdjar] ⟨1g⟩ A̲ V/T luz, calor, alegria ausstrahlen; verbreiten; noticia senden B̲ V/I strahlen (**de** vor dat); sich ausbreiten; ausgehen (**de** von)
irreal [iˈʁjal] irreal; unwirklich **irrealista** [iʁjɐˈliʃtɐ] unrealistisch; wirklichkeitsfremd **irrealizável** [iʁjɐliˈzavɛł] undurchführbar
irreconciliável [iʁɨkõsiˈljavɛł] unversöhnlich **irreconhecível** [iʁɨkuɲiˈsivɛł] unkenntlich; nicht wieder zu erkennen **irrecorrível** [iʁɨkuˈʁivɛł] unanfechtbar **irrecuperável** [iʁɨkupɨˈravɛł] perda unwiederbringlich; dano bleibend **irrecusável** [iʁɨkuˈzavɛł] unabweislich
irredutibilidade [iʁɨdutibiliˈdadi] F̲ Unkürzbarkeit f; fig Unbeugsamkeit f; Unabänderlichkeit f; **~ salarial** Bestandsschutz m des Gehalts **irredutível** [iʁɨduˈtivɛł], **irreduzível** [iʁɨduˈzivɛł] nicht reduzierbar; ordenado nicht kürzbar; MAT tb nicht ableitbar; fig unbeugsam
irrefle(c)tido [iʁɨfłɛˈtidu] unüberlegt **irreformável** [iʁɨfurˈmavɛł] unabänderlich **irrefreável** [iʁɨfrjaˈvɛł] unbezähmbar **irrefutável** [iʁɨfuˈtavɛł] unwiderlegbar
irregular [iʁɨɡuˈlar] unregelmäßig (tb GRAM); regellos; DIR ungesetzlich; irregulär **irregularidade** [iʁɨɡulɐriˈdadi] F̲ Unregelmäßigkeit f (tb GRAM)
irrelevante [iʁɨlɨˈvɐ̃ti] unwichtig, belanglos; dano, quantia gering
irremediável [iʁɨmɨˈdjavɛł] MED unheilbar; unabänderlich, unausweichlich **irremunerado** [iʁɨmuniˈradu] unvergütet (Arbeit)
irreparável [iʁɨpɐˈravɛł] unersetzlich; → irremediável **irrepreensível** [iʁɨpriɐ̃ˈsivɛł] untadelig **irreprimível** [iʁɨpriˈmivɛł] ununterdrückbar **irrequieto** [iʁɨˈkjɛtu] unruhig
irresistente [iʁɨziʃˈtẽti] widerstandslos **irresistível** [iʁɨziʃˈtivɛł] unwiderstehlich **irresoluto** [iʁɨzuˈłutu] unentschlossen **irresponsabilidade** [iʁɨʃpõsɐbiliˈdadi] F̲ Verantwortungslosigkeit f **irresponsável** [iʁɨʃpõˈsavɛł] verantwortungslos
irreverência [iʁɨvɨˈrẽsjɐ] F̲ Respektlosigkeit f **irreverente** [iʁɨviˈrẽti] respektlos **irreversível** [iʁɨvirˈsivɛł] unumkehrbar **irrevogável** [iʁɨvuˈɡavɛł] unwiderruflich
irrigação [iʁiɡɐˈsɐ̃w̃] F̲ Bewässerung f; MED Spülung f **irrigador** [iʁiɡɐˈdor] M̲ Sprenger m; MED Irrigator m **irrigar** [iʁiˈɡar] ⟨1o⟩ bewässern; relva (be)sprengen; MED spülen **irrigatório** [iʁiɡɐˈtɔrju] Bewässerungs...; Berieselungs...
irrisão [iʁiˈzɐ̃w̃] F̲ Spott m; Hohn m **irrisório** [iʁiˈzɔrju] lächerlich; **quantia** f -**a** geringfügiger Betrag m, lächerliche Summe f
irritabilidade [iʁitɐbiliˈdadi] F̲ Reizbarkeit f; Empfindlichkeit f **irritação** [iʁitɐˈsɐ̃w̃] F̲ Reizung f (tb MED); Gereiztheit F **irritadiço** [iʁitɐˈdisu] leicht reizbar; sehr empfindlich **irritante** [iʁiˈtɐ̃ti] A̲ ADJ MED reizend, Reiz...; fig ärgerlich; fam nervig B̲ M̲ Reizmittel n, Reizstoff m **irritar** [iʁiˈtar] ⟨1a⟩ reizen; fig wütend machen (**com** mit, durch); fam nerven **irritável** [iʁiˈtavɛł] reizbar
irromper [iʁõˈper] ⟨2a⟩ einbrechen (**em** in ac); hervorbrechen (**de** aus) **irrupção** [iʁuˈpsɐ̃w̃] F̲; vulcão: Ausbrechen n; MED Ausschlag m; cólera: Ausbruch m; MIL Einbruch m
IRS [iɛˈʁjɛsi] M̲ ABR port (Imposto sobre o Rendimento de Pessoas Singulares) Est. (Einkommensteuer)
isca [ˈiʃkɐ] F̲ Köder m (tb fig); Bissen m; GASTR **~ de peixe** bras Fischstäbchen n;

~s pl à **portuguesa** mit Knoblauch u Weißwein gebratene Leber; **morder a ~** anbeißen (tb fig); fig j-m auf den Leim gehen **iscar** [iʃˈkar] ⟨1n⟩ Angelhaken mit Köder versehen; (untar) bestreichen; fig ködern; locken **isco** [ˈiʃku] M Köder m
isenção [izẽˈsɐ̃u] F impostos: Befreiung f; (neutralidade) Unabhängigkeit f; Zurückhaltung f **isentar** [izẽˈtar] ⟨1a⟩ impostos befreien (**de** von); ausnehmen **isento** [iˈzẽtu] impostos befreit; (independente) unabhängig; **~ de direitos** zollfrei; **~ de impostos** steuerfrei; **~ de propinas** von Schul- (ou Studien)gebühren befreit; **~ de taxas** gebührenfrei
islã M [iʒˈlɐ̃], **islão** [iʒˈlɐ̃u] M, **islamismo** [iʒɫɐˈmiʒmu] M Islam m; **islamismo radical** Islamismus m **islâmico** [iʒˈɫɐmiku] ADJ islamisch
islandês [iʒɫɐ̃ˈdeʃ] A ADJ isländisch B M, **islandesa** [iʒɫɐ̃ˈdeza] F Isländer(in) m(f) **Islândia** [iʒˈɫɐ̃dja] F GEOG **a ~** Island (n)
isolação [izulaˈsɐ̃u] F Isolierung f; Absonderung f; fig Zurückgezogenheit f **isolado** [izuˈladu] isoliert; fig zurückgezogen **isolador** [izulaˈdor] A ADJ Isolier... B M ELECT Isolator m **isolamento** [izulaˈmẽtu] M → isolação **isolar** [izuˈlar] ⟨1e⟩ isolieren (tb ELECT); absondern; vereinzeln
isopor® [izoˈpɔr] M bras Styropor® n
isqueiro [iʃˈkairu] M Feuerzeug n
Israel [izʁaˈɛɫ] M GEOG Israel n **israelense** [izʁaeˈlẽsi] bras A ADJ israelisch B M/F Israeli m/f **israelita** [izʁaeˈlita] A ADJ israelisch; israelitisch B M/F Israeli m/f; hist Israelit(in) m(f)
isso [ˈisu] PRON das (da), dies (da); **~!** bras genau!; **(é) ~ mesmo!** ganz genau!; sehr richtig!; **~ sim!** bras so ist es!; port keineswegs!; **para ~** dafür, dazu; **por ~** darum, deshalb, deswegen; **nem por ~** nicht allzu sehr (ou viel); (mesmo assim) trotzdem nicht; bras **não seja por ~** keine Ursache
istmo [ˈiʃtmu] M Landenge f, Isthmus m; ANAT Verengung f
isto [ˈiʃtu] PRON das (hier), dies (hier); **com ~** hiermit; **~ é** das heißt; nämlich
Itália [iˈtalja] F GEOG **a ~** Italien (n); port **em ~**, port, bras **na ~** in Italien
italiano [itaˈljanu] A ADJ italienisch B M, **-a** F Italiener(in) m(f)
itálico [iˈtaliku] ADJ letra F **-a** TIPO Kursivschrift f; **em ~** kursiv

Itamaraty

Hinter diesem ursprünglich indianischen Wort verbirgt sich das brasilianische Außenministerium. Der von Oscar Niemeyer erbaute **Palácio do Itamaraty** ist eines der berühmtesten und elegantesten Regierungsgebäude in Brasília. Eine Besichtigung lohnt sich!

item [ˈitɐ̃j, iˈtɐ̃j] M (Unter)Punkt m; Position f; (parágrafo) Abschnitt m
iterativo [itiɾaˈtivu] wiederholend; GRAM iterativ
itinerante [itiniˈɾɐ̃ti] A ADJ wandernd, reisend; **exposição** f **~** Wanderausstellung f B M/F Schausteller(in) m(f) **itinerário** [itiniˈɾarju] M (Reise)Route f, Reise f; livro: Reiseführer m; FERROV Fahrplan m
IVA [ˈiva] M ABR (Imposto sobre o Valor Acrescentado, bras sobre o Valor Agregado) MwSt. (Mehrwertsteuer)

J

J, j M [ˈʒɔta, ʒe] M J, j n
já [ʒa] ADV schon; (imediatamente) (so)gleich, sofort; (agora) jetzt; **~, ~!** schleunigst, auf der Stelle! **~ agora** da wir nun einmal dabei sind; **até ~!** bis gleich!; **desde ~** bereits jetzt; hiermit; **~ não** nicht mehr; **para ~** fürs Erste, zunächst einmal; **~ que** da nun einmal, weil
jabuti [ʒabuˈtʃi] F bras ZOOL (Testudo-)Schildkröte f
jabuticaba [ʒabutʃiˈkabe] F bras Baumstammkirsche f
jaca [ˈʒake] F bras Brotfrucht f
jacá [ʒaˈka] M bras Tragekorb m
jacamim [ʒakaˈmĩ] M bras ZOOL (Weißflügel)Trompetervogel m

jacarandá [ʒakɜrɐ̃'da] F BOT Jakarandabaum m; *madeira*: Palisanderholz n
jacaré [ʒakɐ'rɛ] M ZOOL Kaiman m; *bras* ELECT Kabelklemme f
jacente [ʒɐ'sẽti] **A** ADJ liegend; ruhend; **herança** f ~ herrenloser Nachlass m **B** M ARQUIT Brückenträgerbalken m; ~s *pl areia*: Untiefe f; *rochedo*: Klippen fpl
jacinto [ʒɐ'sĩtu] M BOT Hyazinthe f
jactância [ʒɐk'tɐ̃sjɐ] F Angeberei f; *(altivez)* Hochnäsigkeit f **jactancioso** [ʒɐktɐ̃'sjozu] prahlerisch; *(altivo)* hochnäsig
jactar-se [ʒɐk'tarsi] 〈1a〉 prahlen (**de** mit); sich rühmen (**de** *gen*)
jacto ['ʒaktu] M *água*: Strahl m; Wurf m; Stoß m; AERO (**avião m a** ~) Düsenflugzeug n; **de (um)** ~ auf e-n Ruck
jacular [ʒɐku'lar] 〈1a〉 → ejacular **jaculatória** [ʒɐkuta'tɔrjɐ] F Stoßgebet n
jade ['ʒadi] M Jade m
jaguar [ʒɐ'gwar] M Jaguar m **jaguatirica** [ʒagwatʃi'rike] F *bras* Ozelot m
jagunço [ʒɐ'gũsu] M *bras* Bandit m, bezahlter Schläger m
jaleco [ʒɐ'lɛku] M Weste f
Jamaica [ʒɐ'majkɐ] F GEOG Jamaika (n)
Jamaicano [ʒɐmaj'kɐnu] **A** ADJ aus Jamaika; jamaikanisch **B** M, **-a** F Jamaikaner(in) m(f)
jamais [ʒɐ'majʃ] ADV niemals; je(mals)
jamba ['ʒɐ̃bɐ] F Tür-, Fensterflügel m
jambo [ʒɐ̃bu] M LIT Jambus m
janeiras [ʒɐ'najrɐʃ] FPL Neujahrsgesang m
Janeiro [ʒɐ'najru] M Januar m; **em** ~ im Januar; **contar ... Janeiros ...** Jahre alt sein
janela [ʒɐ'nɛlɐ] F **1.** Fenster n *(tb* INFORM*)*; ~ **dupla** Doppelfenster n; ~ **panorâmica** Panoramafenster n; ~ **de sótão** Dachfenster n; **à** ~, *(bras na* ~*)* am *ou* ans Fenster; **pela** ~ **fora** zum Fenster hinaus; **entrar pela** ~ durchs Fenster kommen; *ladrão* durchs Fenster einsteigen; *fam* durch Beziehungen an e-e Stelle kommen **2.** ~s *pl fig* Augen *pl* **janeleiro** [ʒɐni'tajru] M, **-a** F Fensterhocker(in) m(f) **janelo** [ʒɐ'nelu] M kleines Fenster n; Klappe f
jangada [ʒɐ̃'gadɐ] F Floß n; *bras* Fischerboot n; ~ **pneumática** großes Schlauchboot n; ~ **salva-vidas** NÁUT Rettungsinsel f **jangadeiro** [ʒɐ̃gɐ'dajru] M Flößer m; *bras* Fischer m

janota [ʒɐ'nɔtɐ] **A** ADJ schick, elegant **B** M eitler Geck m
janta ['ʒɐ̃tɐ] F *bras fam* Abendessen n **jantar** [ʒɐ̃'tar] **A** VT u VI 〈1a〉 *(zu Abend)* essen **B** M Abendessen n **jantarada** [ʒɐ̃tɐ'radɐ] F, **jantarão** [ʒɐ̃tɐ'rɐ̃ũ] M Festessen n
jante ['ʒɐ̃ti] F Felge f; ~ **de liga leve** Leichtmetallfelge f
Japão [ʒɐ'pɐ̃ũ] M GEOG Japan (n)
japona [ʒɐ'ponɐ] F dicke Jacke f
japonês [ʒɐpu'neʃ] **A** ADJ japanisch **B** M, **japonesa** [ʒɐpu'nezɐ] F Japaner(in) m(f) **japónico** (*ô) [ʒɐ'pɔniku] japanisch
jaque ['ʒaki] F ELECT Stecker m *(für Schwachstromgeräte)*
jaqueira [ʒa'kajrɐ] F Brotfruchtbaum m **jaqueta** [ʒɐ'ketɐ] F kurze Jacke f **jaquetão** [ʒɐki'tɐ̃ũ] M Jackett n
jararaca [ʒɐrɐ'rakɐ] F *bras* ZOOL Lanzenotter f
jarda ['ʒardɐ] F **1.** *medida*: Yard n **2.** Heide f
jardim [ʒar'dĩ] M Garten m; ~ **botânico/zoológico** botanischer/zoologischer Garten m; ~ **de infância** Kindergarten m
jardim-de-inverno [ʒardĩdʒi'vɛrnu] M 〈*pl* jardins-de-inverno〉 Wintergarten m
jardim-escola [ʒardĩʃ'kɔlɐ] M 〈*pl* jardins-escola〉 Kindergarten m
jardinagem [ʒardi'naʒɐ̃j] F Gartenbau m
jardinar [ʒardi'nar] 〈1a〉 gärtnern, Gartenbau betreiben; *fig* nicht viel tun **jardineira** [ʒardi'najrɐ] F **1.** *mesa*: Ziertisch m; *Pflanzentisch m; vaso*: (Blumen)Topf m **2.** Gärtnerin f; GASTR **à** ~ Gärtner (Art)
jardineiras [ʒardi'najrɐʃ] FPL Latzhose f
jardineiro [ʒardi'najru] M Gärtner m
jargão [ʒar'gɐ̃ũ] M Jargon m
jarra ['ʒarɐ] F *(Blumen)Vase f; NÁUT Trinkwasserbehälter m; bras (Wasser)Krug m* **jarrão** [ʒɐ'rɐ̃ũ] M große Schmuckvase f; *fam fig* Anstandsdame f **jarreta** [ʒɐ-'retɐ] *fam* **A** ADJ altmodisch **B** M/F Kauz m
jarrete [ʒɐ'retɪ] M ANAT Kniekehle f **jarreteira** [ʒɐrɐ'tajrɐ] F Strumpfband n
jarro ['ʒaru] M **1.** Krug m; ~ **eléctrico** Wasserkocher m **2.** BOT Aronstab m
jasmim [ʒaʒ'mĩ] M BOT Jasmin m
jataí [ʒata'i] M *bras* ZOOL Honigbiene f **2.** BOT Heuschreckenbaum m

jato ['ʒatu] M bras → jacto
jaula ['ʒaʊłɐ] F Käfig m, Zwinger m
Java ['ʒavɐ] SEM ART GEOG Java (n); **na ilha de ~** auf Java
javali [ʒavɐ'łi] M Wildschwein n; *macho:* Keiler m **javalina** [ʒavɐ'łinɐ] F Bache f
javanês [ʒavɐ'neʃ] A ADJ javanisch B M, **javanesa** [ʒavɐ'nezɐ] F Javaner(in) m(f)
javardice [ʒavɐr'disɨ] F Schweinerei f **javardo** [ʒɐ'vardu] M Wildschwein n; *pop fig* Dreckschwein n
jazer [ʒɐ'zer] ⟨2b, 3ª pessoa sg pres jaz⟩ liegen; *morto tb* ruhen **jazida** [ʒɐ'zidɐ] F Ruhe f; Ruhestätte f; GEOL Fundstätte f; Vorkommen n **jazigo** [ʒɐ'zigu] M Grabstätte f; *espec* Gruft f; GEOL Lagerstätte f
jê [ʒe] M *nome da letra* j
jeira ['ʒɐjrɐ] F *medida:* Morgen m, (*jorna*) Tagelohn m
jeitão [ʒɐj'tɐ̃ũ] M *fam* **fazer um ~** *fam* sehr gelegen kommen **jeitinho** [ʒɐj'tiɲu] M **dar um ~** *fam* j-m entgegenkommen, zur Hand gehen; *bras* improvisieren; *pej* tricksen
jeito ['ʒɐjtu] M *fam* Griff m; (*truque*) Kniff m; (*gesto*) Geste f; (*habilidade*) Geschick m; (*modo*) Art f; (*aparência*) Anschein m; **dar ~** *fam* passen; praktisch sein; **fazer ~** gerade recht kommen; **ter ~ para** *fam* ein Händchen haben für; **não dar** (*ou* **ter**) **~** *fam* nicht taugen; **dar um ~ a** (*bras* **em**) **a/c** *fam* etw zurechtbiegen; etw in Ordnung bringen; **dar um ~ em alg** *fam* j-m e-n Schubs geben; **a ~** günstig; gelegen; **com ~** behutsam; **de ~** handlich; brauchbar; **de ~ que so, dass; de qualquer ~** irgendwie; *bras* **de ~ nenhum** auf keinen Fall; **sem ~** *fam* unansehnlich; langweilig; ohne Pfiff; *bras* verlegen; gehemmt **jeitoso** [ʒɐj'tozu] (*habilidoso*) geschickt; (*cómodo*) bequem; (*bonito*) hübsch; (*perfeito*) gut gemacht
jejuar [ʒɨ'ʒwar] ⟨1a⟩ fasten, nüchtern bleiben **jejum** [ʒɨ'ʒũ] M Fasten n; **em ~** nüchtern; *fig* ahnungslos
jerico [ʒɨ'riku] M *fam* Esel m
jeropiga [ʒiru'pigɐ] F Süßwein m
Jerusalém [ʒiruzɐ'łɛ̃j] SEM ART GEOG Jerusalem (n)
jesuíta [ʒɨ'zwitɐ] M REL Jesuit m
jesus [ʒɨ'zuʃ] INT ~! herrje!

jetom [ʒɛ'tõ] M *bras* Spielmünze f, Jeton m
JF F ABR *port* (Junta de Freguesia) Gemeindevertretung f, Gemeinderat m
jibóia [ʒi'bɔjɐ] F ZOOL Boa f **jiboiar** [ʒibo'jax] ⟨1k⟩ *bras* in Ruhe verdauen
jigajoga [ʒigɐ'ʒɔgɐ] F *ein Kartenspiel; fig* Kuddelmuddel m
jihad [ʒjad] F REL Dschihad m
jindungo [ʒĩ'dũgu] M *Angola* Chili m
jingulo [ʒĩ'gubɐ] F *Angola* Erdnuss f
jipe ['ʒipɨ] M Geländewagen m, Jeep® m
joalharia [ʒwaʎɐ'riɐ] F Juweliergeschäft n **joalheiro** [ʒwa'ʎɐjru] M Juwelier m **joalheria** [ʒwaʎɨ'riɐ] *bras* → joalharia
joanete [ʒwa'nɐtɨ] M NÁUT Bramsegel n; ANAT Überbein n
joaninha [ʒwɐ'niɲɐ] F Marienkäfer m
joão-de-barro [ʒwɐ̃ũdʒi'baxu] M *bras* ⟨*pl* joões-de-barro⟩ ZOOL Töpfervogel m, Rosttöpfer m
joão-ninguém [ʒwɐ̃ũnĩ'gɐ̃j] M ⟨*pl* joões-ninguéns⟩ *fam* Niemand m
João Pessoa [ʒwɐ̃ũpɨ'soɐ] *bras* Hauptstadt von Paraiba
joão-pestana [ʒwɐ̃ũpɨʃ'tɐnɐ] M *fam* Sandmännchen m **joãozinho** [ʒwɐ̃ũ'ziɲu] M *Angola* Pimmel m **Joãozinho** [ʒwɐ̃ũ'ziɲu] M Hänschen n; **~ e Maria** ≈ Hänsel und Gretel
joça ['ʒɔsɐ] F *bras pop* Plunder m
jocosidade [ʒukuzi'dadɨ] F Spaß m; Freude f **jocoso** [ʒu'kozu] spaßig; lustig
joeira ['ʒwɐjrɐ] F Getreidesieb n
joelhada [ʒwe'ʎadɐ] F Stoß m (mit dem Knie) **joelheira** [ʒwe'ʎɐjrɐ] F Knieschützer m
joelho ['ʒwe(ʎ)łu] M ANAT Knie n; TECN Kugelgelenk n; **estar de ~s** knien; **pôr-se de ~s** niederknien
jogada [ʒu'gadɐ] F *jogo:* Runde f; Zug m; Wurf m; *dinheiro:* Einsatz m; *fig* Manöver n **jogador(a)** [ʒugɐ'dor(ɐ)] M(F) Spieler(in) m(f) **jogar** [ʒu'gar] ⟨1o; *Stv* 1e⟩ A VIT 1 spielen; *carta* ausspielen; *figura* ziehen; *quantia* riskieren; *fig* aufs Spiel setzen; *dinheiro* verspielen; **~ tudo em ales** setzen auf (*ac*); **~ a última cartada** *espec fig* die letzte Karte ausspielen; **as últimas** alles aufbieten 2 *bras* werfen; **~ fora** wegwerfen 3 **~ à pancada** sich prügeln B VI 1 spielen; *máquina* funktionieren; *barco* schaukeln; *vestuário* pas-

sen (**com zu**); **~ em setzen auf** (ac); **~ à bola** (bras **~ bola**) Ball spielen; **~ às cartas** (bras **~ cartas**) Karten spielen ② FIN **~ na Bolsa** an der Börse spekulieren; **~ na alta/baixa** auf Hausse/Baisse spekulieren; auf steigende/fallende Kurse spekulieren **jogata** [ʒu'gatɐ] F Spiel(chen) n; Runde f **jogatina** [ʒuga'tinɐ] F Spielsucht f

jogo ['ʒogu] M ⟨pl ['ʒɔ-]⟩ ① Spiel n; (**brincadeira**) Spielerei f; fig Wette f; Bolsa: (Börsen)Spekulation f; **~ de água** Wasserspiel n; **~ de azar** Glücksspiel n; **~ do bicho** bras Tierlotterie f; **~ de cartas** Kartenspiel n; **~ de computador** Computerspiel n; **~ de palavras** Wortspiel n; DESP **~ de pares** Doppel n; **~ franco** fig offenes Spiel n; **~ limpo/sujo** faires/unfaires Spiel n; **Jogos pl Olímpicos** Olympische Spiele npl; **atrapalhar** (ou **estragar**) **o ~ a alg** j-s Spiel verderben; Pläne durcheinanderbringen; **esconder o ~** sich nicht in die Karten schauen lassen; **descobrir o ~ a alg** j-s Spiel durchschauen; **entrar no ~** mitspielen; **estar em ~** auf dem Spiel stehen; **faltar ao ~** sich nicht an die Spielregeln halten; **jogar o ~** nach den Regeln spielen ② toalhas etc: Satz m, Set m, Garnitur f; **fazer ~ com** gut passen zu ③ Kniff m, Dreh m; **~ de mão** Taschenspielerei f

jogral [ʒu'graɫ] M hist Narr m

joguete [ʒu'getɨ] M Spielzeug n (espec fig); Scherz m; fig Spielball m

jóia ['ʒɔjɐ] F Juwel n, Kleinod n; (**entrada**) Aufnahmegebühr f; fig Perle f; Schatz m; **~s pl** Schmuck m

joint-venture [ʒɔint'vetʃɐɾ] F ECON Joint Venture n

joio ['ʒoju] M Taumellolch m; **separar o trigo do ~** (bras **o ~ do trigo**) fig die Spreu vom Weizen trennen

jóquei ['ʒɔkɐj] M Jockey m **jóquei-clube** [ʒɔkɐj'klubi] M bras Reitsportverein m

Jordânia [ʒur'dɐnjɐ] F GEOG **o ~** Jordanien n **Jordão** [ʒur'dɐ̃w] M Jordan m

jorna ['ʒornɐ] F fam (Tages)Lohn m **jornada** [ʒur'nadɐ] F (**viagem**) Tagesreise f; (**horas de trabalho**) tägliche Arbeitszeit f; (**tarefa**) Tagewerk n; congresso: Konferenz f; DESP Runde f, Sporttag m; MIL Feldzug m

jornal[1] [ʒur'naɫ] M (Tages)Zeitung f; RÁDIO, TV: Nachrichten fpl; **pôr no ~** inserieren

jornal[2] [ʒur'naɫ] M (Tages)Lohn m

jornaleco [ʒurnɐ'lɛku] M pej Käseblatt n **jornaleiro** [ʒurnɐ'lɐjru] M ① Tagelöhner m ② Zeitungsverkäufer m **jornalismo** [ʒurnɐ'liʒmu] M Journalismus f **jornalista** [ʒurnɐ'liʃtɐ] M/F Journalist(in) m(f) **jornalístico** [ʒurnɐ'liʃtiku] journalistisch; Zeitungs-

jorra ['ʒɔʁɐ] F Eisenschlacke f **jorrar** [ʒu'ʁaɾ] ⟨1e⟩ A V/T vulcão, etc auswerfen; líquido (aus)gießen B V/I hervorquellen (**de** aus); água strömen; sprudeln **jorro** ['ʒoʁu] M starker Strahl m; **correr em ~** → jorrar

jota ['ʒɔtɐ] M Name des Buchstabens j

jovem ['ʒɔvɐ̃j] A ADJ jung; jugendlich B M/F Jugendliche(r) m/f; **os jovens** pl die jungen Leute pl

jovial [ʒu'vjaɫ] ADJ heiter **jovialidade** [ʒuvjɐli'dadi] F Heiterkeit f; Jovialität f

jt. ABR (**junto**) beil. beiliegend

juba ['ʒubɐ] F (Löwen)Mähne f

jubilação [ʒubilɐ'sɐ̃w] F UNIV Emeritierung f; Versetzung f in den Ruhestand; (**alegria**) Jubel m **jubilado** [ʒubi'ladu] professor etc emeritiert; bras aluno zwangsexmatrikuliert **jubilar** [ʒubi'laɾ] A ADJ Jubiläums-... B V/T ⟨1a⟩ in den Ruhestand versetzen; **~-se** in den Ruhestand treten C V/I ⟨1a⟩ jubeln **jubileu** [ʒubi'lew] M Jubiläum n; REL Ablass m

júbilo ['ʒubilu] M Jubel m, Freude f **jubiloso** [ʒubi'lozu] jubelnd; froh

judaico [ʒu'dajku] jüdisch **judaísmo** [ʒudɐ'iʒmu] M Judentum n **judas** ['ʒudɐʃ] M fig Judas m **judeu** [ʒu'dew] A ADJ jüdisch, Juden-... B M, **judia** [ʒu'diɐ] F Jude m, Jüdin f **judiação** [ʒudʒjɐ'sɐ̃w] F bras →judiaria 2 **judiar** [ʒu'dʒjaɾ] ⟨1g⟩ pop pej **~ de** böse umspringen mit; (**troçar**) spotten über (ac) **judiaria** [ʒudʒɐ-'riɐ] F ① hist Judenviertel n ② pop pej **que ~!** was für eine Quälerei!

judicatura [ʒudikɐ'turɐ] F richterliche Gewalt f; Richteramt n **judicial** [ʒudi-'sjaɫ] gerichtlich; Rechts-...; **decisão f ~** Gerichtsentscheid m; **venda f ~** Zwangsversteigerung f **judiciar** [ʒudi'sjaɾ] ⟨1g⟩ richten, Gerichtsurteile fällen **judiciário** [ʒudi'sjarju] richterlich; **erro m ~** Justizirrtum m; **poder m ~** Judikative f; **Po-**

lícia f -a Kriminalpolizei f **judicioso** [ʒudi'sjozu] verständig, klug
judite [ʒu'diti] F pop Kripo f
judo ['ʒudu] M, bras **judô** [ʒu'do] M Judo n **judoca** [ʒu'dɔkɐ] M/F Judoka m/f
jugada [ʒu'gadɐ] F, **jugo** ['ʒugu] M Ochsengespann n; Joch n (tb fig)
Jugoslávia [ʒuguʒ'lavjɐ] F GEOG hist a ~ Jugoslawien (n) **jugoslavo** [ʒuguʒ'lavu] hist A ADJ jugoslawisch B M, -a F Jugoslawe m, Jugoslawin f
jugular [ʒugu'lar] A ADJ Hals...; (veia f) ~ f Halsader f B VT ⟨1a⟩ unterdrücken, ersticken
juiz ['ʒwiʃ] M, **juíza** ['ʒwizɐ] F Richter(in) m(f); ~ **de direito** Amtsrichter m; ~ **de facto** Schöffe m; ~ **de inquérito** Untersuchungsrichter m; ~ **de linha** hist Linienrichter m; ~ **de menores** Jugendrichter m; ~ **do cível** Zivilrichter m; ~ **criminal** Strafrichter m **juizado** [ʒwi'zadu] M bras Gericht n; ~ **de menores** bras = Jugendamt n
juízo ['ʒwizu] M Urteil(svermögen) n; (opinião) Ansicht f; (razão) Vernunft f; DIR Prozess m; (tribunal) Gericht n; **o ~ final** (ou **universal**) das Jüngste Gericht; **o dia do ~** der Jüngste Tag; **em seu perfeito ~** im Vollbesitz s-r geistigen Kräfte; **chamar a ~** zur Verantwortung ziehen; **ser enviado a ~** zur Verantwortung gezogen werden; **dar volta ao ~ de alg** j-n um den Verstand bringen; **estar em seu/fora de ~** bei/von Sinnen sein, bei Vernunft/außer sich sein; **formar ~** sich ein Urteil bilden; **(não) ter ~** (un)vernünftig sein; **tomar ~** Vernunft annehmen; **vir a ~ (com alg)** vor den Richter kommen (bringen)
julgado [ʒuɫ'gadu] A ADJ abgetan B M Urteil n; **transitar** ou **passar em ~** DIR rechtskräftig werden **julgador** [ʒuɫgɐ-'dor] M Gutachter m, Richter m **julgamento** [ʒuɫgɐ'mẽtu] M (processo) Gerichtsverfahren n; (sentença) Urteil n; fig Verurteilung f; fig Prüfung f **julgar** [ʒuɫ-'gar] ⟨1o⟩ A VT richten; beurteilen; DIR ein Urteil fällen über (ac); questão entscheiden; (condenar) aburteilen; (considerar) halten für B VI urteilen (**de** über ac); glauben; **~-se** sich halten für; **~-se na obrigação** sich verpflichtet fühlen (**de** zu)

Julho ['ʒuʎu] M Juli m; **em ~** im Juli
jumento [ʒu'mẽtu] M, **-a** F Esel(in) m(f)
juncal [ʒũ'kaɫ] M Röhricht n
junção [ʒũ'sɐ̃u] F Verbindung(sstelle) f; Vereinigung f; TECN Verbindungsstück n; **~ macho** Anschlussstück n (am Wasserhahn)
juncar [ʒũ'kar] ⟨1n⟩ (mit Blumen) bestreuen; bedecken (**de** mit) **junco** ['ʒũku] M BOT Binse f; Rohrstock m
jungir [ʒũ'ʒir] ⟨3n⟩ boi anspannen; coisas vereinigen; povo unterwerfen
Junho ['ʒuɲu] M Juni m; **em ~** im Juni
júnior ['ʒunjɔr] M ⟨pl **juniores** [ʒu'njɔriʃ]⟩ Junior m
junquilho [ʒũ'kiʎu] M BOT Narzisse f
junta ['ʒũtɐ] F **1** Fuge f; Verbindung (-sstelle) f, Naht f; ANAT Gelenk n; AGR Gespann n **2** (Verwaltungs)Rat m, Kommission f; credores: (Gläubiger)Versammlung f; POL Junta f; **~ de freguesia** Gemeinderat m; **~ médica** Ärztekommission f; **~ de paróquia** Kirchenvorstand m
juntamente [ʒũtɐ'mẽti] ADV zusammen; (simultaneamente) gleichzeitig
juntar [ʒũ'tar] ⟨1a⟩ (an-, ver)sammeln; anhäufen; (convocar) zusammenrufen; gado zusammentreiben; TECN verbinden (**com** mit); tecido zusammennähen; organizações vereinigen; documentos an-, beifügen; hinzufügen (**a** zu); mãos falten; dinheiro zusammenbringen; **~-se** sich anschließen (**a** an ac), sich zusammentun (**com** mit); **~ os trapinhos** fam zusammenziehen, in eine gemeinsame Wohnung ziehen **junteira** [ʒũ'tɐirɐ] F Falzhobel m **juntinho** [ʒũ'tiɲu] ADJ **~ de** fam ganz dicht neben (ou bei)
junto ['ʒũtu] A PP irr → juntar B ADJ documentos beiliegend; daneben liegend (ou stehend); Neben...; **~s** zusammen C ADV beiliegend (im Brief); local: dicht dabei; daneben; zusammen (**com** mit); **por ~** auf einmal; im Ganzen D PREP **~ a**, **~ de** (dicht) bei; (dicht) an; neben; **para ~ de** direcção: in die Nähe von, neben **juntura** [ʒũ'turɐ] F ANAT Gelenk n; TECN Scharnier n; Fuge f
jura ['ʒurɐ] F Schwur m; (praga) Fluch m; **fazer uma ~** schwören; **dizer ~s** fluchen **jurado** [ʒu'radu] M Geschworene(r) m **juramentar** [ʒurɐmẽ'tar] ⟨1a⟩ vereidigen **juramento** [ʒurɐ'mẽtu] M Eid

m; **~ de bandeira** Fahneneid *m*; **~ falso** Meineid *m*; **~ hipocrático** hippokratischer Eid *m*; **sob ~** unter Eid

jurão [ʒu'rɐ̃ũ] M̄ *bras* Pfahlbau *m*

jurar [ʒu'rar] ⟨1a⟩ schwören (**a** alg j-m, **por** bei); a/c beeidigen; **~ a** (bras de) **pés juntos** fam hoch und heilig schwören; **~ pela pele** port Rache schwören

júri ['ʒuri] M̄ DIR Prüfungsausschuss *m*; (jurados) die Geschworenen *pl*

jurídico [ʒu'ridiku] juristisch; rechtlich; Rechts...

jurisconsulto [ʒuriʃkõ'suɫtu] M̄ Rechtsgelehrte(r) *m* **jurisdição** [ʒuriʒdi'sɐ̃ũ] F̄ Gerichtsbarkeit *f*; Rechtsprechung *f*; (vara) Befugnis *f*; Zuständigkeit *f* **jurisperito** [ʒuriʃpɨ'ritu] M̄ Rechtskundige(r) *m* **jurisprudência** [ʒuriʃpru'dẽsjɐ] F̄ Rechtswissenschaft *f*; Rechtsprechung *f* **jurista** [ʒu'riʃtɐ] M̄/F̄ ❶ DIR Jurist(in) *m(f)* ❷ Geldverleiher(in) *m(f)*; FIN Inhaber(in) *m(f)* von Staatspapieren

juro ['ʒuru] M̄ Zins(satz) *m*; **~s** *pl* Zinsen *mpl*; **~ composto** Zinseszins *m*; **~ de mora** Verzugszins *m*; **a ~ fixo** festverzinslich; **taxa** *f* **de ~s** Zinssatz *m*; **à razão de ~s** port fam sinnlos

jururu [ʒuru'ru] bras traurig, niedergeschlagen

justa ['ʒuʃtɐ] F̄ (Zwei)Kampf *m*; Streit *m*

justamente [ʒuʃtɐ'mẽti] ADV zu Recht; genau; *temporal*: eben; **~!** ganz recht

justapor [ʒuʃtɐ'por] ⟨2z⟩ stellen (ou setzen, legen) (**a** neben ac) **justaposição** [ʒuʃtɐpuzi'sɐ̃ũ] F̄ Nebeneinanderstellung *f* **justaposto** [ʒuʃtɐ'poʃtu] PP *irr* ⟨fsg, m/fpl [-'pɔ-]⟩ → justapor

justar [ʒuʃ'tar] ⟨1a⟩ e-n Zweikampf ausfechten; kämpfen (**por** um) **justeza** [ʒuʃ'tezɐ] F̄ Genauigkeit *f*; Richtigkeit *f*; *fig* Augenmaß *n*

justiça [ʒuʃ'tisɐ] F̄ *virtude*: Gerechtigkeit *f*; *princípio*: Recht *n*; *poder, órgãos*: Justiz *f*; *competência*: Gerichtsbarkeit *f*; **~ comutativa** ausgleichende Gerechtigkeit *f*; **~ social** soziale Gerechtigkeit *f*; **Ministério** *m* **da Justiça** Justizministerium *n*; **de ~, por ~** von Rechts wegen; **em boa ~** völlig unparteiisch; **fazer ~ a alg** j-n aburteilen; j-m Gerechtigkeit widerfahren lassen; **dizer de sua ~** s-n Standpunkt verteidigen; **fazer ~ pelas próprias mãos** Selbstjustiz üben; **ouvir alg de sua ~** j-s

Gründe anhören

justiçar [ʒuʃti'sar] ⟨1p⟩ aburteilen; (executar) hinrichten **justiceiro** [ʒuʃti'sɐjru] ADJ streng; unbestechlich

justificação [ʒuʃtifikɐ'sɐ̃ũ] F̄ Rechtfertigung *f*; (prova) Beweis *m*; Begründung *f* **justificadamente** [ʒuʃtifikadɐ'mẽti] ADV zu Recht **justificar** [ʒuʃtifi'kar] ⟨1n⟩ rechtfertigen; (provar) beweisen **justificativa** [ʒuʃtifikɐ'tivɐ] F̄ Grund *m*, Begründung *f*; (prova) Beweis *m* **justificativo** [ʒuʃtifikɐ'tivu] rechtfertigend; Beweis...

justo ['ʒuʃtu] ❶ ADJ gerecht; (certo) richtig; (apertado) eng (anliegend) ❷ ADV genau passend; **à -a** fam (millimeter)genau; nicht zu viel, nicht zu wenig ❸ M̄ **bater o ~** port den Nagel auf den Kopf treffen; **dormir como um ~**, **dormir o sono dos ~s** fam den Schlaf der Gerechten schlafen

juta ['ʒutɐ] F̄ Jute *f*

juvenil [ʒuvi'niɫ] jugendlich **juvenília** [ʒuvi'niɫjɐ] F̄ LIT Frühwerk *n* **juventude** [ʒuvẽ'tudi] F̄ Jugend *f*

K

K, k ['kapɐ] M̄ K, k *n*

kamba ['kãbɐ] M̄ *Angola* Freund *m*; Kumpel *m*

kamoka [kɐ'mɔkɐ] M̄ *Cabo Verde* Maismehl *m*

kanimambo [kɐni'mãbu] M̄ *Moçambique* danke

kassumbular [kɐsubu'ɫar] ⟨1a⟩ *Angola* entreißen (a/c a alg j-m etw)

kayak [ka'jak] M̄ Kayak *m*

ketchup [kɛ'tʃɐp] M̄ Ketchup *m*

kilobyte [kiɫɔ'bajti] M̄ Kilobyte *n*

kimbundo [ki'bũdu] M̄, **kimbundu** [ki'bũdu] M̄ → quimbundo

kisomba [ki'zõbɐ] M̄ angolanischer Musik- u. Tanzstil

kit [kit] M̄ Ausrüstung *f*; Set *n*; TEL **~ mãos-livres** Freisprechset *n*

kitchenette [kitʃi'nɛti] F̄ Kochnische *f*

KIWI | 414

> ### kisomba
>
> Obwohl nur noch etwa ein Drittel der Angolaner ausschließlich eine indigene Sprache spricht, fühlen sich viele Menschen ihren Volksgruppen (Kimbundu, Umbundu, Bakongo, Chokwe) noch verbunden. Manche angolanische Wörter haben auch Eingang in das europäische und brasilianische Portugiesisch gefunden. Exilangolaner reden z. B. gerne von **a banda** und meinen damit die (ferne) Heimat Angola.
>
> Wörter angolanischer Herkunft erkennt man oft daran, dass sie mit **k-, mw-, ng-** oder **nz-** beginnen:
>
> **kisomba** *angolanischer Musikstil* (portugiesisch auch: **quizumba**)
> **mwangolé** *angolanisch*
> **ngana** *Herr, Frau (Anrede)*

kiwi [ki'vi] M̄ Kiwi f
kizomba [ki'zõbɐ] M̄ → kisomba
kleenex® [kti'nɛks] M̄ *fam* Papiertaschentuch n
Kosovo [kɔ'zovu] M̄ Kosovo m/n
kota ['kɔtɐ] M̄ *Angola fam* (älterer) Mann m; Herr m
Koweit [kɔ'wajt] M̄ Kuwait n
kumbu [kũ'bu] *Angola pop* M̄ Geld n
kwanza ['kwãzɐ] M̄ Kwanza m (*angolanische Währung*)

L

L, l ['ɛti, łe] M̄ L, l n
l ABR 1 (litro) l (Liter) 2 (letra) Wechsel m 3 (livro) B. (Buch)
L. ABR (Largo) Pl. (Platz)
la ABR PRON F sie (ihn, es); Sie; **posso ajudá-la?** kann ich Ihnen helfen?
lá¹ [ła] ADV 1 *local*: da, dort; da-, dorthin; **~ em cima/baixo** da oben/unten; *direcção* hinauf (hinunter); **de ~** dorther; dortig; **~ na minha terra** in meiner Heimat 2 *temporal*: da; **o que ~ vai, ~ vai!** *port fam* was vorbei ist, ist vorbei! 3 *énfase* **sei ~!** was weiß ich!; **diga ~** sagen Sie mal; also; **vá ~!** komm los!; meinetwegen!
lá² [ła] M̄ MÚS A n; **~ sustenido** Ais n; **~ bemol** As n
lã [łɜ̃] F̄ Wolle f; **~ virgem** Schurwolle f; **~s** *pl* Wollstoffe *mpl*
labareda [łɐbɐˈredɐ] F̄ Flamme f
lábia [ˈłabjɐ] F̄ *fam pej* Zungenfertigkeit f; Überredungskunst f; (*manha*) Durchtriebenheit f; **ter muita ~** *port* es faustdick hinter den Ohren haben; **passar a ~ em alg** *bras fam* j-n belabern
labiadas [łɐˈbjadɐʃ] FPL BOT Lippenblütler *mpl* **labiado** [łɐˈbjadu] lippenförmig **labial** [łɐˈbjał] A ADJ Lippen... B F̄ GRAM Labiallaut m
lábil [ˈłabił] ADJ (*chão*) rutschig; BOT *pétala* leicht abfallend; PSICOL labil; *fig* unsicher
lábio [ˈłabju] M̄ Lippe f; **~s** *pl* MED Wundrand m; **~ inferior/superior** Unter/Oberlippe f; **~ leporino** Hasenscharte f; **de sorriso nos ~s** mit e-m Lächeln auf den Lippen
labiríntico [łɐbiˈritiku] verworren **labirinto** [łɐbiˈritu] M̄ Labyrinth n
labor [łɐˈbor] M̄ Arbeit f; *fig* Mühe f
laboração [łɐburaˈsɜ̃ũ] F̄ Betrieb m; (*trabalho*) Arbeit f **laboral** [łɐbuˈrał] Arbeits... (*tb* DIR); Arbeiter... (*tb* POL) **laborar** [łɐbuˈrar] ⟨1e⟩ arbeiten; AGR pflügen
laboratório [łɐburɐˈtɔrju] M̄ Labor n; **~ de línguas** Sprachlabor n **laboratorista** [łɐburɐtuˈriʃtɐ] M/F̄ Laborant(in) m(f) **laborioso** [łɐbuˈrjozu] *alg* fleißig; *a/c* mühsam **laborista** [łɐbuˈriʃtɐ] → trabalhista
lábrego [ˈłabregu] A ADJ *pej* bäurisch; primitiv B M̄ Bauerntölpel m
labuta [łɐˈbutɐ] F̄, **labutação** [łɐbutɐˈsɜ̃ũ] F̄ Plackerei f; Mühe f **labutar** [łɐbuˈtar] ⟨1a⟩ sich plagen (**em** bei); *fam* sich abrackern (**por** für)
laca [ˈłakɐ] F̄ Lack m; *cabelo*: Haarspray n
laçada [łɐˈsadɐ] F̄ Schlinge f **laçador** [lasɐˈdoɾ] M̄ *bras* Lassowerfer m
lacaio [łɐˈkaju] M̄ Lakai m
laçar [łɐˈsar] ⟨1p; Stv 1b⟩ mit der Schlinge (ou dem Lasso) fangen
lacete [łɐˈseti] M̄ Serpentine f
laço [ˈłasu] M̄ Schleife f; *caça*: Schlinge f

LAMA

(armar legen); Lasso n; fam vestuário: Fliege; Band n; **~ de união** Bindeglied n; **~s pl de sangue** Blutsbande npl; **cair no ~** in die Falle gehen

lacónico (*ô) [ɫɐˈkɔniku] ADJ lakonisch; kurz angebunden

lacrar [ɫɐˈkrar] ⟨1b⟩ versiegeln **lacrau** [ɫɐˈkraw] M Skorpion m **lacre** [ˈɫakri] M Siegellack m

lacrimal [ɫɐkriˈmaɫ] Tränen...; **saco m ~** Tränensack m **lacrimejante** [ɫɐkrimiˈʒɐ̃ti] tränend **lacrimejar** [ɫɐkrimiˈʒar] ⟨1d⟩ tränen; fig jammern **lacrimogéneo (*ê)** [ɫɐkrimɔˈʒenju] ADJ **gás m ~** Tränengas n **lacrimoso** [ɫɐkriˈmozu] tränenüberströmt

lactação [ɫɐktɐˈsɐ̃w̃] F Stillen n; MED Laktation f; **período m de ~** Stillzeit f **lactar** [ɫɐkˈtar] ⟨1b⟩ A VT stillen B VI saugen **lactário** [ɫɐkˈtarju] Milch...

lactente [ɫɐkˈtẽti] M/F Säugling m

lácteo [ˈɫaktju] milchig; **via f ~a** Milchstraße f

lacticínio [ɫɐtiˈsinju] M Milchprodukt n

láctico [ˈɫaktiku] QUÍM Milch... **láctose** [ɫɐkˈtɔzi] F Milchzucker m, Laktose f; **intolerância à ~** Laktose-Intoleranz f **lactúmen** [ɫɐkˈtumen] M MED Milchschorf m

lacuna [ɫɐˈkunɐ] F Lücke f; **~ da lei** Gesetzeslücke f

lacustre [ɫɐˈkuʃtri] See..., Wasser...; **habitação f ~** Pfahlbau m

ladainha [ɫɐdɐˈiɲɐ] F Litanei f

ladear [ɫɐˈdjar] ⟨1l⟩ in die Mitte nehmen; flankieren

ladeira [ɫɐˈdɐjrɐ] F (Ab)Hang m

ladino [ɫɐˈdinu] A ADJ durchtrieben B M LING Rätoromanisch(e) n

lado [ˈɫadu] M Seite f (tb fig); (direcção) Richtung f; MAT Schenkel m; **~ fraco de alg** j-s schwache Seite f; **~ a ~** Seite an Seite; **ao ~** nebenan; **ao ~ de** (da)neben; **de ~** seitwärts; seitlich; beiseite; **do ~** de aufseiten, vonseiten (gen); **de ~ a ~** von e-r Seite zur anderen; **do ~ de cá** diesseits; **do outro ~** drüben, auf der anderen Seite; **de um para o outro ~** hin und her; **para o ~** auf die (ou zur) Seite; **para os ~s de** in der (ou die) Gegend von; **pelo meu ~** meinerseits; **por um ~ ... por outro ~** ... einerseits ... andererseits ...; **pôr de ~** weglegen; beiseite lassen; dinheiro sparen, beiseitelegen

ladra [ˈɫadrɐ] F Diebin f; ferramenta: Obstpflücker m; **Feira f da Ladra** Flohmarkt in Lissabon **ladrão** [ɫɐˈdrɐ̃w̃] M Dieb m; Gauner m; BOT wilder Trieb m; **com pés de ~** fam unbemerkt; **agarra que é ~!**, **bras pega ~!** haltet den Dieb!

ladrar [ɫɐˈdrar] ⟨1b⟩ cão bellen; pessoa kreischen

ladrilhar [ɫɐdriˈʎar] ⟨1a⟩ mit Fliesen belegen, pflastern **ladrilheiro** [ɫɐdriˈʎɐjru] M Fliesenleger m; fabricante: Fliesenhersteller m **ladrilho** [ɫɐˈdriʎu] M (Boden)Fliese f; rua: Platte f; fig Block m; marmelada: Viereck n

ladro¹ [ˈɫadru] ADJ diebisch

ladro² [ˈɫadru] M Gebell n

ladroeira [ɫɐdruˈɐjrɐ] F, **ladroíce** [ɫɐdruˈisi] F Diebstahl m

lagar [ɫɐˈgar] M vinho: Kelter f; azeite: Ölmühle f

lagarta [ɫɐˈgartɐ] F ZOOL Raupe f; TECN Gleiskette f **lagartixa** [ɫɐgarˈtiʃɐ] F Mauereidechse f; bras Gecko m **lagarto** [ɫɐˈgartu] M ZOOL Eidechse f; bras GASTR Schwanzrolle f

lago [ˈɫagu] M See m **lagoa** [ɫɐˈgoɐ] F Teich m; na serra: Bergsee m; (charco) Morast m

lagosta [ɫɐˈgoʃtɐ] F Languste f **lagostim** [ɫɐguʃˈtĩ] M Kaisergranat m; kleine Languste f; de água doce: Flusskrebs m

lágrima [ˈɫagrimɐ] F Träne f; fig Tropfen m; **desfeito em ~s** tränenüberströmt

laguna [ɫɐˈgunɐ] F Lagune f

laia [ˈɫaja] F fig Art f, Schlag m; **à ~ de** nach Art (gen); wie; **da mesma ~** fig aus demselben Holz (geschnitzt)

laico [ˈɫajku] weltlich, Laien...; **escola konfessionslos**

laivar [ɫajˈvar] ⟨1a⟩ beflecken; beschmutzen **laivo** [ˈɫajvu] M Fleck m; fig Makel m; mármore, madeira: Ader f; **~s pl fig** Spur f, Schimmer m; **ter ~s de** fig Ahnung haben von

laje [ˈɫaʒi] F Steinplatte f; **~ de betão** (bras **concreto**) Betonplatte f **lajeado** [ɫɐˈʒjadu] M Plattenbelag m **lajear** [ɫɐˈʒjar] ⟨1l⟩ pflastern

lama¹ [ˈɫamɐ] F Schlamm m; **arrastar pela ~** pop fig durch den Dreck ziehen; **sair da ~ e meter-se no lameiro** pop vom Regen in die Traufe kommen

lama² ['ɫɐmɐ] M̄ ZOOL Lama n
lama³ ['ɫɐmɐ] M̄ REL Lama m
lamaçal [ɫɐmɐˈsaɫ] M̄, **lamaceiro** [ɫɐmɐˈsɐiru] M̄ Morast m; Schlammloch n **lamacento** [ɫɐmɐˈsẽtu] schlammig
lambada [ɫɐ̃ˈbadɐ] F̄ Ohrfeige f; Schlag m (ins Gesicht); dança: Lambada f/m; **andar à ~** sich prügeln
lambança [ɫɐ̃ˈbɐ̃sɐ] F̄ Fressgelage n; bras Intrige f; (mentira) Lüge f **1 lambão** [ɫɐ̃ˈbɐ̃ũ] m, **lambona** [ɫɐ̃ˈbonɐ] F̄ Vielfraß m; (guloso,-a) Naschkatze f **lambareiro** [ɫɐ̃bɐˈʀɐiru] ADJ gefräßig; (guloso) naschhaft **B** M̄, -a F̄ Vielfraß m; (guloso,-a) Naschkatze f **lambarice** [ɫɐ̃bɐˈrisɨ] F̄ Leckerbissen m; (gula) Naschhaftigkeit m **lambe-botas** [ɫɐ̃bɨˈbɔtɐʃ] M̄/F̄ ⟨pl inv⟩ pop Speichellecker(in) m(f) **lambe-cu** [ɫɐ̃biˈku] M̄/F̄ ⟨pl ~s⟩ vulg Arschkriecher m **lamber** [ɫɐ̃ˈber] ⟨2a⟩ lecken; **~ os beiços** sich die Lippen (ab)lecken; **~ os dedos, ~-se** genießen; sich die Finger lecken (por nach) **lambido** [ɫɐ̃ˈbidu] geschniegelt; cabelo glatt **lambiscar** [ɫɐ̃biʃˈkar] ⟨1n⟩ fam naschen **lambisco** [ɫɐ̃ˈbiʃku] M̄ Häppchen n; **num ~** im Nu **lambisgóia** [ɫɐ̃biʒˈgɔjɐ] F̄ fam Klatschbase f
lambrequim [ɫɐ̃briˈki] M̄ Fries m; palco: Querbehang m
lambreta [ɫɐ̃ˈbretɐ] F̄ Motorroller m
lambril [ɫɐ̃ˈbriɫ] M̄, **lambrim** [ɫɐ̃ˈbrĩ] M̄, bras **lambris** [ɫẽˈbriʃ] MPL (Wand)Verkleidung f
lambugem [ɫɐ̃ˈbuʒɐ̃i] F̄ Nascherei f; fig Köder m **lambuja** [ɫẽˈbuʒɐ] F̄ bras fam **dar de ~** extra/gratis dazugeben **lambujar** [ɫɐ̃buˈʒar] ⟨1a⟩ fam naschen **lambuzadela** [ɫɐ̃buzɐˈdɛɫɐ] F̄ Fleck m; Verschmutzung f; **ter umas ~s de** einige Ahnung haben von **lambuzar** [ɫɐ̃buˈzar] ⟨1a⟩ be-, verschmieren
lamecha [ɫɐˈmɛʃɐ] **A** ADJ fam weinerlich **B** M̄/F̄ fam Schmachtlappen m
lameiro [ɫɐˈmɐiru] M̄ Feuchtwiese f
lamela [ɫɐˈmɛɫɐ] F̄ Lamelle f; Blättchen n; Plättchen n **lamelado** [ɫɐmiˈɫadu], **lameloso** [ɫɐmiˈɫozu] Lamellen..., **lameliforme** [ɫɐmɛɫiˈfɔrmi] lamellenförmig
lamentação [ɫɐmẽtɐˈsɐ̃ũ] F̄ (Weh)Klage f; Klagelied n; **muro ~ das lamentações** Klagemauer f **lamentar** [ɫɐmẽˈtar] ⟨1a⟩ a/c etw beklagen; bedauern; **lamento muito!** bedaure sehr!; **~-se** klagen (de über ac) **lamentável** [ɫɐmẽˈtavɛɫ] bedauerlich; → **lamentoso lamento** [ɫɐˈmẽtu] M̄ Klage f; **~(s)** (pl) Jammern n **lamentoso** [ɫɐmẽˈtozu] klagend; kläglich
lâmina [ˈɫɐminɐ] F̄ folha: (Gold)Blättchen n; Plättchen n; (Metall)Streifen m; serra: (Säge)Blatt n; canivete: Klinge f; BOT Lamelle f; **~ de barbear** Rasierklinge f
laminação [ɫɐminɐˈsɐ̃ũ] F̄ (Aus)Walzen n; Plattierung f **laminado** [ɫɐmiˈnadu] **A** ADJ plattiert; gewalzt; Walz...; **pavimento** (ou **piso**) **~** Laminatboden m **B** M̄ pavimento: Laminat m **laminador** [ɫɐminɐˈdor] M̄ Walze f; TECN Walzwerk n **laminagem** [ɫɐmiˈnaʒɐ̃i] F̄ Walzen n **laminar** [ɫɐmiˈnar] **A** VT ⟨1a⟩ walzen; TECN laminieren **B** ADJ → **laminoso laminária** [ɫɐmiˈnarjɐ] F̄ BOT Bandalge f **laminoso** [ɫɐmiˈnozu] lamellenförmig
lamiré [ɫɐmiˈrɛ] M̄ Stimmgabel f; **dar o ~** fig den Auftakt geben; **dar um ~ a alg** fam fig j-m e-n Wink geben
lampa ['ɫɐ̃pɐ] F̄ **1** Chinaseide mit Reliefmuster **2** fam Lampe f
lâmpada ['ɫɐ̃pɐdɐ] F̄ Lampe f, Leuchte f; ELECT Glühlampe f; **~ economizadora** (bras **econômica**) Energiesparleuchte f; **~ fluorescente** Leuchtstofflampe f; **~ halógena** Halogenlampe f; **~ reflectora de halogéneo** Halogenspot m
lamparina [ɫɐ̃pɐˈrinɐ] F̄ Lämpchen n; Nachtlicht n; de azeite: Öllampe f; **lampeiro** [ɫɐ̃ˈpɐiru] frühreif; fig dreist **lampejar** [ɫɐ̃piˈʒar] ⟨1d⟩ (auf)blitzen; METEO wetterleuchten **lampejo** [ɫɐ̃ˈpɐiʒu] M̄ Funkeln n; (Auf)Blitzen n **lampião** [ɫɐ̃ˈpjɐ̃ũ] M̄ (Straßen)Laterne f; Lampion m
lampreia [ɫɐ̃ˈprɐjɐ] F̄ ZOOL Neunauge n
lamúria(s) [ɫɐˈmurjɐ(ʃ)] F̄(PL) Lamentieren n, Jammern n
lamuriante [ɫɐmuˈrjɐ̃tɨ] jammernd; jämmerlich; larmoyant **lamuriar** [ɫɐmuˈrjar] ⟨1g⟩ jammern **lamuriento** [ɫɐmuˈrjẽtu], **lamurioso** [ɫɐmuˈrjozu] → **lamuriante**
lança ['ɫɐ̃sɐ] F̄ Lanze f; carro: Deichsel f; TECN Ausleger m; **ponta f de ~** futebol: Sturmspitze f; port **meter uma ~ em África** e-n großen Wurf tun **lança-chamas** [ɫɐ̃sɐˈʃɐmɐʃ] M̄ ⟨pl inv⟩ Flammenwerfer m **lançadeira** [ɫɐ̃sɐˈdɐirɐ] F̄ tear: Schiffchen n **lança-foguetes** [ɫɐ̃-

sẠfu'getiʃ] M ⟨pl inv⟩ Leuchtsignalpistole f
lança-granadas [ɫɐ̃sɐgrɐ'nadɐʃ] M ⟨pl inv⟩ Granatwerfer m **lançamento** [ɫɐ̃sɐ'mẽtu] M Wurf m; futebol: Einwurf m; bomba, míssil: Abwurf m; foguete: Abschuss m; alicerce: Legung f; produto: Einführung f; fig Start m; COM Buchung f; imposto: Veranlagung f; no mercado: Markteinführung f; **fazer um ~** COM e-e Buchung vornehmen; **~ à água** Stapellauf m; **~ da primeira pedra** Grundsteinlegung f; **~ de disco** DESP Diskuswerfen n; **~ de peso** Kugelstoßen n **lança-perfume** [ɫɐ̃sɐpir'fumi] M ⟨pl lanças-perfumes⟩ Parfümzerstäuber m
lançar [ɫɐ̃'sar] ⟨1p⟩ A V/T werfen, schleudern; verbreiten; produto lancieren, auf den Markt bringen; rede auswerfen; cheiro verströmen; fumo ausstoßen; gießen; sentimento einflößen; culpa zuweisen (**a, sobre alg** j-m); boato ausstreuen; TEAT auf die Bühne bringen; ponte schlagen; míssil abschießen, starten; fogo legen (**a an** dat, in dat); fig alg treiben (**em** in ac); COM buchen; imposto festsetzen; dividendo ausschütten; **~ à água** vom Stapel lassen; **~ à conta de alg** j-m in Rechnung stellen; fig j-m zuschreiben; **~ à costa** (ou **praia**) anspülen; **~ imposto sobre** besteuern (ac); **~ luz sobre** fig Licht bringen in (ac); **~ mão de a/c** zu etw greifen; **~ os alicerces** (ou **a primeira pedra**) **de den** Grundstein legen zu (ou für); **~ fora** erbrechen; **estar lançado em** engagiert sein in (dat) B V/R **~-se** sich stürzen (**sobre** auf ac, **em** in ac); rio sich ergießen; **~-se a** sich heranwagen an (ac)
lance [ˈɫɐ̃si] M Wurf m; xadrez: Zug m; (risco) Wagnis n; (momento) (entscheidender) Augenblick m; **~ do destino** Schlag m; (sorte) (Glücks-)Treffer m; **de um ~** fig auf einen Schlag; **~ de olhos** Augenblick m; **dar um ~ em** bras pop mulher anmachen
lancear [ɫɐ̃siˈar] ⟨1l⟩ (mit der Lanze) verwunden; fig quälen, beunruhigen; bras (mit dem Netz) fischen **lanceolado** [ɫɐ̃sjuˈɫadu] lanzettförmig **lanceta** [ɫɐ̃'seta] F MED Lanzette f **lancetar** [ɫɐ̃siˈtar] ⟨1c⟩ aufstechen
lancha [ˈɫɐ̃ʃɐ] F Barkasse f; Boot n; **~ a motor** Motorboot n; **~ pesqueira** Fischerboot n **lanchão** [ɫɐ̃ˈʃɐ̃u] M Frachtschiff n
lanchar [ɫɐ̃ˈʃar] ⟨1a⟩ pela tarde: e-n Imbiss zu sich nehmen **lanche** [ˈɫɐ̃ʃi] M (Nachmittags)Imbiss m **lancheira** [ɫɐ̃ˈʃɐjra] F Brotzeittasche f **lancheiro** [ɫɐ̃ˈʃɐjru] M Imbissverkäufer m; NÁUT Bootsführer m **lanchonete** [ɫɐ̃ʃoˈnɛtʃi] F bras Schnellimbiss m
lancil [ɫɐ̃ˈsiɫ] M Bordstein m; (Stein)Platte f; parapeito: Einfassungsstein m
lancinante [ɫɐ̃siˈnɐ̃ti] stechend
lanço [ˈɫɐ̃su] M Wurf m; COM preiswertes Angebot n; leilão: Gebot n; (troço) Abschnitt m; escadas: Treppenlauf m; NÁUT Fischzug m; Stapel m; (feito) Tat f; **a poucos ~s** ganz in der Nähe; **ao maior ~** meistbietend; **de ~** auf einmal
langor [ɫɐ̃ˈgor] M Schwäche f, Hinfälligkeit f **langoroso** [ɫɐ̃guˈrozu] → **lânguido languidez** [ɫɐ̃giˈdeʃ] F Schwäche f, Hinfälligkeit f
lânguido [ˈɫɐ̃gidu] schlaff; schwach; kränkelnd; olhar schmachtend
lanho [ˈɫɐ̃ɲu] M Schnitt m
lanífero [ɫɐ̃ˈnifiru], **lanígero** [ɫɐ̃ˈniʒiru] wollig; Woll... **lanoso** [ɫɐ̃ˈnozu] wollig
lantejoula [ɫɐ̃tʃiˈʒoɫɐ] F Paillette f
lanterna [ɫɐ̃ˈtɛrnɐ] F Laterne f; (pilha) Taschenlampe; bras AUTO Standlicht n **lanternagem** [ɫɐ̃tɛrnaˈʒɐ̃ĩ] F bras AUTO Karosseriewerkstatt f **lanterneiro** [ɫɐ̃tɛrˈnɐru] M bras Karosseriebauer m **lanterninha** [ɫɐ̃tɛrˈniɲɐ] M/F bras fam cinema: Platzanweiser(in) m(f)
lanudo [ɫɐ̃ˈnudu] cabelo: zottig; wollig, weich **lanugem** [ɫɐ̃ˈnuʒɐ̃ĩ] F Flaum m **lanuginoso** [ɫɐ̃nuʒiˈnozu] flaumig
Laos [ɫauʃ] M GEOG Laos n
lapa[1] [ˈɫapɐ] F ZOOL Napfschnecke f; **agarrar-se como uma ~** port fam fig anhänglich sein wie eine Klette
lapa[2] [ˈɫapɐ] F Felsenhöhle f; überhängender Fels m
lapão [ɫɐˈpɐ̃u] A ADJ lappländisch B M, **lapona** [ɫɐˈponɐ] F Lappländer(in) m(f), Lappe m, Lappin f
láparo [ˈɫaparu] M fam Häschen n; Kaninchen n
lapela [ɫɐˈpɛɫɐ] F Revers n
lapidação [ɫɐpidɐˈsɐ̃u] F **1** pedras preciosas: Schleifen n **2** castigo: Steinigung f **lapidagem** [ɫɐpiˈdaʒɐ̃ĩ] F Steinschleiferei f; Schliff m **lapidar** [ɫɐpiˈdar] A V/T

⟨1a⟩ *pedras* schleifen; *fig* arbeiten an (*dat*); *plano* (aus)feilen; *pessoa* formen; *castigo* steinigen **B** ADJ Stein-...; *resposta* lapidar **lapidário** [ɫɐpi'darju] M̄ Steinschleifer m

lápide ['ɫapidɨ] F̄ Grabstein m **lápis** ['ɫapiʃ] M̄ ⟨*pl inv*⟩ Bleistift m; **~ de cor** Farbstift m; **~ de olhos** Eyeliner m

lapiseira [ɫɐpi'zɐjrɐ] F̄ Druck-, Drehbleistift m

lápis-tinta [ɫapiʃ'tĩtɐ] M̄ ⟨*pl inv*⟩ Tintenschreiber m

Lapónia (*ô) [ɫɐ'pɔnjɐ] F̄ GEOG **a ~** Lappland nt

lapso ['ɫapsu] M̄ Versehen n; Irrtum m; Lapsus m; **~ (de tempo)** Zeitraum m; **~ de memória** Gedächtnisausfall m; **no ~ de** im (Ver)Lauf (*gen*); **por ~** versehentlich

laquê [ɫa'ke] M̄ *bras* Haarlack m

laqueação [ɫɐkjɐ'sɐ̃ũ] F̄ MED Abbindung f **laquear** [ɫɐ'kjar] ⟨1l⟩ **1** *veia* abschnüren **2** *móveis etc* lackieren

lar [ɫar] M̄ Heim n (*tb fig*); Nest n; *port* **~ de estudantes** Studentenwohnheim m; **~ de (bras da) terceira idade**, **~ de idosos** Altenheim n

laracha [ɫɐ'raʃɐ] **A** F̄ Witz m; Schwatz m **B** M̄ Witzbold m

laranja [ɫɐ'rɐ̃ʒɐ] **A** ADJ orange(farben); *port semáforo* gelb; POL *port der Partei PSD zugehörig* **B** F̄ BOT Orange f; **~ sanguínea** Blutorange f; **estar a pão e ~s** *port fig* von Brot und Wasser leben **C** M̄ *cor:* Orange n **laranja-amarga** [ɫɐˌrɐ̃ʒa'marɡɐ] F̄ ⟨*pl* laranjas-amargas⟩ Pomeranze f **laranjada** [ɫɐrɐ̃'ʒadɐ] F̄ Orangenlimonade f **laranjal** [ɫɐrɐ̃'ʒaɫ] M̄ Orangenhain m **laranjeira** [ɫɐrɐ̃'ʒɐjrɐ] F̄ Orangenbaum m **laranjinha** [ɫɐrɐ̃'ʒiɲɐ] F̄ Orangenlikör m; *bras* Zuckerrohrschnaps mit Orangenschalen

larapiar [ɫɐrɐ'pjar] V/T ⟨1g⟩ stibitzen, klauen **larápio** [ɫɐ'rapju] M̄ Dieb m; Gauner m

lardeadeira [ɫɐrdjɐ'dɐjrɐ] F̄ Spicknadel f **lardear** [ɫɐr'djar] ⟨1l⟩ spicken **lardo** ['ɫardu] M̄ Speck(streifen) m

lareira [ɫɐ'rɐjrɐ] F̄ Kamin m; Herd m, Herdfeuer n

larga [ˈɫarɡɐ] F̄ **à ~** nach Herzenslust; überreichlich; **dar ~s a** freien Lauf lassen; **viver à ~** auf großem Fuß leben **largada** [ɫɐr'ɡadɐ] F̄ Abfahrt f; Start m; NÁUT Ablegen n; AERO Abflug m **largado** [ɫax'ɡadu] *bras* verlassen; verwahrlost **largar** [ɫɐr'ɡar] ⟨1o; *Stv* 1b⟩ **A** V/T loslassen; fallen lassen; (*abandonar*) verlassen; (*ceder*) hergeben; überlassen (**a/c a alg** j-m etw); *velas* setzen; *fig* **~ soltar B** V/I abfahren, abfliegen; **~ para** sich aufmachen nach; **~-se** sich daranmachen (**a** zu *inf*); sich freimachen (**de** von)

largo [ˈɫarɡu] **A** ADJ breit; (*grande*) weit; weitläufig; *sala* geräumig; *tempo* ausgedehnt, lang; (*abundante*) reichlich; (*volumoso*) umfangreich; *traço, espírito:* groß; **a passos ~s** mit großen Schritten; *mar* **m ~** hohe See f **B** M̄ **1** (*largura*) Breite f; **ter dois metros de ~** zwei Meter breit sein **2** (*distância*) Weite f; Ferne f; NÁUT hohe (*ou* offene) See f; **ao ~** weit, in der Ferne; *bras* mit Einzelheiten; *fig* auf Distanz; **de ~** von weitem; aus der Ferne; **pelo ~** weitgehend; **passar de ~ sobre** *fig* rasch hinweggehen über (*ac*); **pôr-se** (*ou* **fazer-se**) **ao ~** *port* das Weite suchen; *fam* sich verdünnisieren **3** (*praça*) Platz m **4** MÚS Largo n **C** ADV nealig *ou* breit; mit großen Schritten; **vivir:** auf großem Fuß **largueza** [ɫɐr'ɡezɐ] F̄ Freigebigkeit f; **~ de espírito** Toleranz f **largura** [ɫɐr'ɡurɐ] F̄ Breite f; Weite f; (*extensão*) Ausdehnung f; (*espaço*) Geräumigkeit f; (*perímetro*) Umfang m; **ter** (*ou* **ser de**) **2 metros de ~** 2 Meter breit sein; **que ~ tem?** wie breit ist das?

larício [ɫɐ'risju] M̄ Lärche f

laringe [ɫɐ'rĩʒɨ] F̄ ANAT Kehlkopf m **laringite** [ɫɐrĩ'ʒitɨ] F̄ Kehlkopfentzündung f

larva ['ɫarvɐ] F̄ Larve f; Engerling m

las [ɫɐʃ] PRON FPL sie; Sie; → la

lasanha [ɫɐ'zɐɲɐ] F̄ GASTR Lasagne f

lasca ['ɫaʃkɐ] F̄ Splitter m; Span m; *fig,* GASTR Stückchen n; *fam fig* steiler Zahn m **lascar** [ɫɐʃ'kar] ⟨1n; *Stv* 1b⟩ (zer)splittern; **ser de ~** *pop* ätzend sein

lascívia [ɫɐʃ'sivjɐ] F̄ Ausschweifung f; (*comportamento*) Laszivität f **lascivo** [ɫɐʃ'sivu] ausschweifend; *comportamento* lasziv

laser ['ɫɐjzɐr] M̄ *raio* M̄ **~** Laserstrahl m; **impressora** f (**a**) **~** Laserdrucker m; **terapia** f (**a**) **~** Lasertherapie f

lassidão [ɫɐsi'dɐ̃ũ] F̄ Erschlaffung f, Ermattung f; Müdigkeit f **lasso** ['ɫasu] schlaff; erschöpft; (frouxo) locker

lástima ['ɫaʃtimɐ] F̲ Mitleid n; Bedauern n; (desgraça) Jammer m; (miséria) Elend n; fig pej lästige Angelegenheit f; **é ~ que** conj es ist bedauerlich (ou schade), dass; **é uma ~** es ist ein Jammer; **que ~!** ein Jammer!; wie schade!

lastimar [ɫɐʃtiˈmar] ⟨1a⟩ beklagen, bedauern; **~-se** klagen **lastimável** [ɫɐʃtiˈmavɛɫ] beklagenswert **lastimoso** [ɫɐʃtiˈmozu] kläglich; bedauernswert

lastrar [ɫɐʃˈtrar] ⟨1b⟩ mit Ballast beladen (espec NÁUT); beschweren **lastro** ['ɫaʃtru] M̲ **1** Ballast m; fig Grundlage f **2** FERROV Schotter m

lata ['ɫata] F̲ material: Weißblech n; Blechdose f; óleo etc: Kanister m; fig Unverfrorenheit f; **~ de conserva** Konservendose f; **dar ~ a alg** bras j-m e-n Korb geben; **ter muita ~** pop vorlaut sein; **~s** pl AUTO Karosserie f

latada [ɫɐˈtada] F̲ Spalier n; fig Blechgetöse in der Hochzeitsnacht zu Ehren der Neuvermählten; pop Schlag m aufs Maul; port UNIV Fest n der Erstsemester **latagão** [ɫɐtɐˈgɐ̃ũ] M̲ Muskelprotz m **latão** [ɫɐˈtɐ̃ũ] M̲ Messing n **lataria** [ɫɐtɐˈriɐ] F̲ bras AUTO Karosserie f

látego ['ɫatigu] M̲ Knute f

latejar [ɫɐtiˈʒar] ⟨1d⟩ coração klopfen, schlagen; pulsieren **latejo** [ɫɐˈtɐiʒu] M̲ Pulsieren n; Pulsschlag m; **~s** pl coração: (Herz)Klopfen n; Schlagen n

latência [ɫɐˈtẽsjɐ] F̲ Latenz f **latente** [ɫɐˈtẽti] mal schleichend

lateral [ɫɐtiˈraɫ] **A** ADJ seitlich, Seiten... **B** M̲ **~ direito/esquerdo** futebol: Rechts-/Linksaußen m

látex ['ɫatɛks] M̲ Latex m

latido [ɫɐˈtidu] M̲ Bellen n

latifundiário [ɫɐtifũˈdjarju] **A** ADJ Großgrund... **B** M̲ Großgrundbesitzer m **latifúndio** [ɫɐtiˈfũdju] M̲ Großgrundbesitz m

latim [ɫɐˈtĩ] M̲ língua: Latein n; fam Argumente npl; **gastar/perder o seu ~** fig in der Wüste predigen **latino** [ɫɐˈtinu] **A** ADJ lateinisch; Latein...; língua, povo romanisch **B** M̲ Romane m; UNIV Lateiner m **latino-americano** [ɫɐtinɔɐmiriˈkɐnu] **A** ADJ lateinamerikanisch **B** M̲, **-a** F̲ Lateinamerikaner(in) m(f)

latir [ɫɐˈtir] ⟨3b⟩ cão bellen; coração klopfen, schlagen

latitude [ɫɐtiˈtudi] F̲ GEOG Breite f; Breitengrad m; fig Weite f; **~ sul** südlicher Breitengrad m

lato ['ɫatu] weit(läufig); geräumig; **em sentido ~** im weiteren Sinne

latoaria [ɫɐtwɐˈriɐ] F̲ Klempnerei f **latoeiro** [ɫɐˈtwairu] M̲ Klempner m

latrina [ɫɐˈtrina] F̲ Latrine f

latrocínio [ɫɐtruˈsinju] M̲ Raubüberfall m

laudatório [ɫaudɐˈtɔrju] lobend, Lob... **laudável** [ɫauˈdavɛɫ] löblich

laudo ['ɫaudu] M̲ **1** Schiedsspruch m; Laudatio f **2** DIR Gutachten n

láurea ['ɫaurjɐ] F̲ poét Lorbeer m; **~ de doutor** bras Doktorhut m **laureado** [ɫauˈrjadu] preisgekrönt **laurear** [ɫauˈrjar] ⟨1l⟩ mit e-m Preis krönen; (louvar) loben; (adornar) verzieren; fam bummeln

lauto ['ɫautu] üppig

lava ['ɫava] F̲ Lava f

lavabo [ɫɐˈvabu] M̲ Waschraum m; restaurante etc: Toilette f; bras Gästetoilette f

lavadeira [ɫɐvɐˈdairɐ] F̲ Wäscherin f; **acabar-se como sabão na mão de ~** fam wie Sand zwischen den Fingern zerrinnen **lavadela** [ɫɐvɐˈdɛɫa] F̲ kleine Wäsche f; **dar uma ~ a** etw rasch waschen **lavadinho** [ɫɐvɐˈdiɲu] fam sauber gewaschen

lavado [ɫɐˈvadu] **A** ADJ sauber; **~ de ares** luftig; **~ em lágrimas** tränenüberströmt; **de mãos -as** unentgeltlich **B** M̲ Waschen n **lavadora** [ɫavaˈdorɐ] F̲ bras Waschmaschine f **lavadouro** [ɫɐvɐˈdoru] M̲ Waschplatz m

lavagante [ɫɐvɐˈgɐ̃ti] M̲ ZOOL Hummer m

lavagem [ɫɐˈvaʒɐ̃ĩ] F̲ Waschen n; fig Abreibung f; **~ a seco** chemische Reinigung f; **~ automática** Autowaschanlage f; **~ cerebral** Gehirnwäsche f; **~ intestinal** MED Einlauf m **lava-loiça** [ɫavaˈɫoisa] M̲, **lava-louça** [ɫavaˈɫosa] M̲ Spüle f; fam máquina: Geschirrspülmaschine f; detergente: Spülmittel m

lavandaria [ɫɐvɐ̃daˈriɐ], bras **lavanderia** [ɫavẽdeˈriɐ] F̲ Waschraum m; estabelecimento: Wäscherei f; **~ a seco** chemische Reinigung f; **~ self-service** Waschsalon m **lavandeira** [tɐvɐ̃'dɐirɐ], **lavandisca** [tɐvɐ̃'diʃkɐ] F ZOOL Bachstelze f

lava-pára-brisas [tavɐparɐ'brizɐʃ] M ⟨pl inv⟩, **lava-vidros** [tava'vidruʃ] M ⟨pl inv⟩ AUTO Scheibenwaschanlage f

lavar [tɐ'var] ⟨1b⟩ waschen; *louças* abspülen; *fig* rein waschen; FOTO wässern; **~ a seco** reinigen; **~-se** de sich rein waschen von **lavatório** [tavɐ'tɔrju] M Waschbecken n; (*purificação*) Waschung f **lavável** [tɐ'vavɛl] waschbar

lavor [tɐ'vor] M Arbeit f; Werk n; (*artesanato*) Handarbeit f **lavores** [tɐ'voriʃ] MPL Stick- und Häkelarbeiten fpl **lavoura** [tɐ'vourɐ] F Ackerbau m; **~ algodoeira/arrozeira** Baumwoll-/Reisanbau m

lavra ['lavrɐ] F *actividade*: Pflügen n; *terreno*: Ackerland n; GEOL Abbau m **lavradeira** [tavrɐ'dɐirɐ] F AGR Bäuerin f; Feldarbeiterin f **lavradeiro** [tavrɐ'dɐiru] Acker...; **lavradio** [tavra'diu] anbaufähig, Acker...; **lavrado** [tɐ'vradu] M AGR (umgepflügter) Acker m; (*bordado*) Handarbeit f **lavrador** [tavra'dor] M Bauer m; Landarbeiter m **lavrar** [tɐ'vrar] ⟨1b⟩ A V/T bearbeiten; AGR pflügen; *madeira* hobeln; *pedra* (be)hauen, meißeln *metal* treiben; *moeda* prägen; *jazigo metalífero* ausbeuten; *escritura* abfassen; *sentença* fällen B V/I sich ausbreiten; Form annehmen; (*deteriorar*) Schaden anrichten

laxação [tɐʃɐ's̃ɐ̃u] F Lockerung f **laxante** [tɐ'ʃɐ̃ti] A ADJ abführend B M Abführmittel n **laxar** [tɐ'ʃar] ⟨1b⟩ lockern; abführen **laxativo** [tɐʃɐ'tivu] → laxante

lay-off [tɐ'jɔf] M port regime M de ~ ≈ Kurzarbeit f

lazarento [tazɐ'rẽtu] aussätzig; *pop* ausgehungert; elend **lazareto** [tazɐ'retu] M Quarantänelager n **lázaro** ['lazaru] M Aussätzige(r) m

lazer [tɐ'zer] M Vergnügen n, Muße f; (*tempo livre*) Freizeit f; **área** f **de ~** Freizeitbereich m; (*zona verde*) Erholungsgebiet n; **parque** m **de ~** Freizeitpark m

L. da ABR (Sociedade de Responsabilidade de Limitada) ≈ GmbH f (Gesellschaft mit beschränkter Haftung)

L. do, L. da ABR (Licenciado, Licenciada) Titel für Hochschulabsolventen; *port*≈ Bachelor

lê [te] M nome da letra l

leal [tjat] ehrlich; treu; loyal **lealdade** [tjat'dadi] F Ehrlichkeit f; Treue f

leão [ti'ʒɐ̃u] M ⟨pl -ões⟩ Löwe m (*tb* ASTRON); **dente** m **de ~** BOT Löwenzahn m; **~ de pedra** *pop* Türsteher m, Einlasser m **leão-marinho** [tjɐ̃ũmɐ'riɲu] M ⟨pl leões-marinhos⟩ Seelöwe m

leasing ['tiziŋ] M COM Leasing n **lebracho** [ti'braʃu] M Häschen n **lebrão** [ti'brɐ̃u] M Hase m **lebre** ['tɛbri] F ZOOL Hase m; *fémea*: Häsin f; **andar à ~** *fam* schnorren; **levantar uma ~** *fig* eine Frage aufwerfen; **levar gato por ~** die Katze im Sack kaufen **lebreiro** [ti-'brɐiru] M, **lebréu** [ti'brɛu] M Jagdhund m

le(c)cionar [tɛsju'nar] ⟨1f⟩ UNIV *etc* unterrichten, lehren **le(c)tivo** [tɛ'tivu] Schul...; Unterrichts...; **ano** m **~** Schuljahr n; UNIV Studienjahr n

legação [tiga's̃ɐ̃u] F Gesandtschaft f **legado** [ti'gadu] M ❶ REL Nuntius m, (päpstlicher) Gesandter m ❷ (*herança*) Vermächtnis n, Legat n

legal [ti'gat] legal, gesetzlich; rechtsgültig; *bras fam* toll; **muito ~** super, klasse **legalidade** [tigati'dadi] F Rechtmäßigkeit f; Legalität f **legalista** [tigɐ'tiʃtɐ] gesetzestreu **legalização** [tigatizɐ's̃ɐ̃u] F Legalisierung f; Beglaubigung f; Rechtsgültigkeit f **legalizar** [tigati'zar] ⟨1a⟩ legalisieren; beglaubigen

legar [ti'gar] ⟨1o; *Stv* 1c⟩ ❶ *comissão* abordnen ❷ *herança* vermachen **legatário** [tigɐ'tarju] M DIR Erbe m

legenda [ti'ʒẽdɐ] F Legende f (*tb* REL); Aufschrift f; (*inscrição*) Inschrift f; **~ explicativa** Erklärung f; CINE Untertitel m **legendar** [tiʒẽ'dar] ⟨1a⟩ CINE mit Untertiteln versehen

legião [ti'ʒjɐ̃u] F Legion f; **Legião Estrangeira/de Honra** Fremden-/Ehrenlegion f; **~ de** unzählige **legionário** [tiʒju-'narju] M Legionär m

legislação [tiʒiʒta's̃ɐ̃u] F Gesetzgebung f **legislador** [tiʒiʒta'dor] M Gesetzgeber m **legislar** [tiʒiʒ'tar] ⟨1a⟩ A V/I per Gesetz verordnen B V/I Gesetze erlassen **legislativo** [tiʒiʒta'tivu] ADJ legislativ, gesetzgebend; (*poder* m) **~** gesetzgebende Gewalt f; Legislative f **legislatura** [tiʒiʒta'turɐ] F Legislaturperiode f

legisperito [tiʒiʃpi'ritu] M Jurist m **le-**

gista [ʒi'ʒiʃtɐ] M Jurist m; **(médico m) ~** Gerichtsmediziner m

legítima [lɨ'ʒitimɐ] F DIR Pflichtteil m

legitimação [lɨʒitimɐ'sɐ̃ũ] F Legitimation f; (documento) Ausweis m **legitimar** [lɨʒiti'mar] ⟨1a⟩ legitimieren, rechtfertigen; **~-se** sich ausweisen **legitimidade** [lɨʒitimi'dadi] F Rechtmäßigkeit f; Richtigkeit f; Berechtigung f

legítimo [lɨ'ʒitimu] legitim; filho ehelich; reclamação etc berechtigt; (verdadeiro) echt; **-a defesa** f Notwehr f (**em** in dat)

legível [lɨ'ʒivɛł] leserlich; lesbar

légua ['lɛgwɐ] F hist Meile f, Wegstunde f (5 km); **~ marítima** Seemeile f (5,555 km); **estar a ~s de** meilenweit entfernt sein von

legume [lɨ'gumi] M Hülsenfrucht f; **~s** pl Gemüse n **leguminosas** [lɨgumi'nɔzɐʃ] FPL Hülsenfrüchte fpl **leguminoso** [lɨgumi'nozu] Hülsen...

lei [lɐj] F Gesetz n; tb Vorschrift f; Gebot n; ouro, prata: Münzgehalt m; **~ anti-corrupção** Antikorruptionsgesetz n; **~ anti-poluição** Umweltschutzgesetz n; **~ básica** Grundgesetz n; **~ da prote(c)ção de dados** Datenschutzgesetz n; **~ de asilo** Asylgesetz n; **~ da guerra** Kriegsrecht n; **~ civil** bürgerliches Recht n; **~ criminal** Strafrecht n; **~ eclesiástica** Kirchenrecht n; **~ da rolha** fig (Presse)Zensur f; **~ de ~** vollgewichtig (Gold); fig echt, gut; **ditar a ~** fig Vorschriften machen; fam den Ton angeben; **fora da ~** vogelfrei

leia ['lɐjɐ] → ler

leigo ['lɐjgu] A ADJ weltlich; Laien...; fig laienhaft B M Laie m

leilão [lɐj'lɐ̃ũ] M Auktion f; **levar a ~** versteigern **leiloar** [lɐj'lwar] ⟨1f⟩ versteigern **leiloeiro** [lɐj'lwɐjru] M Auktionator m

leio ['lɐju] → ler

leira ['lɐjrɐ] F Furche f; (canteiro) Beet n

Leiria [lɐj'riɐ] port Distrikthauptstadt

leitão [lɐj'tɐ̃ũ] M, **leitoa** [lɐj'toɐ] F Spanferkel n; **em ~** port splitternackt **leitaria** [lɐjtɐ'riɐ] F, bras **leiteria** [lɐjte'riɐ] F Molkerei f; Milchhandlung f

leite ['lɐjti] M Milch f; **~ coalhado** Dickmilch f; **~ com chocolate** Schokoladenmilch, Milchkakao; **~ condensado** Kondensmilch f; **~ em pó** Trockenmilch f; **~ de coco** Kokosmilch f; **~ gordo**, bras **~ integral** Vollmilch f; **~ magro**, bras **~ desnatado** Magermilch f; **~ materno** Muttermilch; **~ meio-gordo** halbfette Milch; **~ homogeneizado/pasteurizado** homogenisierte/pasteurisierte Milch; **(semi-)desnatado** fettarme Milch f; **dentes** mpl **de ~** Milchzähne mpl **leite-creme** [lɐjti'krɛmi] M GASTR ≈ Crème Brulée (Milchsüßspeise mit karamelisiertem Zucker) **leiteira** [lɐj'tɐjrɐ] F mulher: Milchfrau f; Milchkanne f; fam Glück n, Glückssträhne f **leiteiro** [lɐj'tɐjru] A ADJ Milch... B M Milchmann m **leitelho** [lɐj'tɐɫ(i)ʎu] M Buttermilch f

leito ['lɐjtu] M Bettgestell n; Bett n; Lager n (tb fig) TECN Schicht f; **~ do rio** Flussbett n; **guardar o ~** das Bett hüten

leitor [lɐj'tor] M INFORM Scanner m; **~ de cassetes** port Kassettengerät n; **~ de CD** CD-Spieler m, CD-Player m; **~ de MP3** MP3-Player m **leitor(a)** [lɐj'tor(ɐ)] M(F) Leser(in) m(f); UNIV Lektor(in) m(f) **leitorado** [lɐjtu'radu] M Lektorat n **leitor-gravador** [lɐjtorgrɐvɐ'dor] M ⟨pl leitores-gravadores⟩ port Kassettenrekorder m

leitoso [lɐj'tozu] milchig; Milch...

leitura [lɐj'turɐ] F Lesen n; LIT Lesung f; Lektüre f; **sala f de ~** Lesesaal m

leiva ['lɐjvɐ] F (Acker)Scholle f

leixão [lɐj'ʃɐ̃ũ] M Felsenriff n

lema ['lemɐ] M fig Motto n, Devise f

lembradiço [lẽbrɐ'disu] gedächtnisstark **lembrado** [lẽ'bradu] unvergesslich; **estar ~ de** sich erinnern an (ac) **lembrança** [lẽ'brɐ̃sɐ] F Erinnerung f; (prenda) (Reise)Andenken n; (pensamento) Gedanke m; (proposta) Vorschlag m; (atenção) Aufmerksamkeit f; **~s** pl Grüße mpl; **mandar ~s a alg** j-m Grüße ausrichten; **trazer à ~** in Erinnerung bringen **lembrar** [lẽ'brar] A ⟨1a⟩ VT erinnern an (ac); **~ a/c a alg**, **~ alg de a/c** j-n an etw (ac) erinnern; j-n auf etw (ac) hinweisen B VI j-m einfallen; bras sich erinnern (de an ac); **~-se de** sich erinnern an (ac); sich merken; **lembro-me de a/c** mir fällt etw ein; **fazer ~ a/c a alg** j-n an etw erinnern **lembrete** [lẽ'breti] M Merkzettel m; Notiz f; fam Denkzettel m

leme ['lɛmi] M Steuer n; AERO, NÁUT Ruder n; fig Leitung f; **~ de profundidade** AERO Höhenruder n; **não dar pelo ~** fig

aus dem Ruder laufen; **ir ao ~** die Führung übernehmen; **ter o ~** *fig* am Ruder sitzen
lémure (*ê) ['lɛmuri] M̄ ZOOL Lemure *m*
lenço ['lẽsu] M̄ (Taschen-, Hals-, Kopf-) Tuch *n*; **~ de papel** Papiertaschentuch *n* **lençol** [lẽ'sɔɫ] M̄ Bettuch *n*; *mortuório*; Leichentuch *n*; Lache *f*; *port pop* Lappen *m* (*Geldschein*); **~ de banho** *port* Badetuch *n*; **~ freático** Grundwasserspiegel *m*; **dar um ~ em** *bras* DESP *jogador* decken; **estar/meter-se em maus -óis** *fam* in der Tinte sitzen/sich in die Nesseln setzen
lenda ['lẽdɐ] F̄ Legende *f*; Sage *f* **lendário** [lẽ'darju] legendär
lêndea ['lẽdjɐ] F̄ Nisse *f*
lengalenga [lẽgɐ'lẽgɐ] F̄ *fam* Litanei *f*
lenha ['lɐɲɐ] F̄ Brennholz *n*; **deitar ~ na fogueira**, *bras* **pôr ~ na fogueira** *fig* Öl ins Feuer gießen; **rachar ~** Holz hacken **lenhador** [lɐɲɐ'dor] M̄ Holzfäller *m* **lenhar** [lɐ'ɲar] ⟨1d⟩ Holz hacken **lenheiro** [lɐ'ɲajru] M̄ Holzhändler *m*; *bras* Holzschuppen *m* **lenhite** [lɐ'ɲiti] F̄ Braunkohle *f* **lenho** ['lɐɲu] M̄ Holzklotz *m*; **o Santo Lenho** das Heilige Kreuz **lenhoso** [lɐ'ɲozu] holzig, Holz...
lenificar [linifi'kar] ⟨1n⟩ lindern **lenimento** [lini'mẽtu] M̄ Linderung *f* **lenir** [li'nir] ⟨3c⟩ lindern **lenitivo** [lini'tivu] M̄ Linderungsmittel *n*
lentamente [lẽtɐ'mẽti] ADV langsam
lente ['lẽti] A F̄ FÍS Linse *f*; *fam* Lupe *f*; **~ de conta(c)to** Kontaktlinse *f*; **~ grande-angular** FOTO Weitwinkelobjektiv *n* B M̄/F̄ Hochschullehrer(in) *m(f)*
lentejoula [lẽti'ʒo(w)lɐ] F̄ → lantejoula
lenticular [lẽtiku'lar] linsenförmig **lentidão** [lẽti'dɐ̃w] F̄ Langsamkeit *f*; Trägheit *f* **lentigem** [lẽ'tiʒɐ̃j] F̄ Leberfleck *m*; *(sarda)* Sommersprosse *f* **lentilha** [lẽ'tiʎɐ] F̄ BOT Linse *f*
lento ['lẽtu] langsam, träge; *vento*
leoa ['ljoɐ] F̄ Löwin *f* **leonino** [ljʊ'ninu] A ADJ Löwen...; **den Fußballverein Sporting Lissabon betreffend** B M̄ ASTRON Löwe *m* **leopardo** [lju'pardu] M̄ Leopard *m*
lépido ['lɛpidu] lustig; *(rápido)* flink
leporino [lipu'rinu] Hasen...
lepra ['lɛprɐ] F̄ MED Lepra *f*; *fig* Laster *n*

leprosaria [lipruzɐ'riɐ] F̄ Leprastation *f*
leproroso [li'prozu] aussätzig; leprakrank
leque ['lɛki] M̄ Fächer *m*; *fig* Palette *f*; ZOOL Kammmuschel *f*; **~ salarial** Gehaltsspektrum *n*
ler [ler] ⟨2k⟩ (ab-, vor)lesen
lerdear [lex'dʒjar] ⟨1l⟩ *bras* trödeln **lerdo** ['lerdu] schwerfällig; plump
léria ['lɛrjɐ] F̄ *fam* Geschwätz *n*; Ammenmärchen *n*; **~s** *pl* Quatsch *m*
lerpar [ler'par] ⟨1a⟩ *pop* (*morrer*) abkratzen
lés [lɛʃ] M̄ **de ~ a ~** durch und durch; von Anfang bis Ende
lesa-majestade [lɐzɐmɐʒiʃ'tadi] F̄ ⟨*pl* lesas-majestades⟩ crime M̄ **de ~** Majestätsbeleidigung *f* **lesão** [li'zɐ̃w] F̄ Verletzung *f*; *(dano)* Beschädigung *f* **lesa-pátria** [lɛzɐ'patriɐ] F̄ ⟨*pl* lesas-pátrias⟩ crime M̄ **de ~** Vaterlandsverrat *m* **lesar** [li'zar] ⟨1c⟩ verletzen; *(danificar)* schädigen
lesbiana [liʒ'bjanɐ], **lésbica** ['lɛʒbikɐ] A ADJ lesbisch B F̄ Lesbe *f*, Lesbierin *f*
lesionar [lizju'nar] ⟨1e⟩ *espec* MED verletzen **lesivo** [li'zivu] schädlich
lesma ['lɐʒmɐ] F̄ ZOOL Nacktschnecke *f*; *fig fam* langsamer Mensch *m*
lés-nordeste [lɛʒnɔr'dɛʃti] M̄ Ostnordost *m*
leso ['lɐzu] verletzt; *bras* dumm
lés-sueste [lɛʃ'swɛʃti] M̄ Ostsüdost *m*
leste ['lɛʃti] M̄ Osten *m*; *vento* Ostwind *m*; **andar a ~ de** *fam* keine Ahnung haben von
lesto ['lɛʃtu] flink; leicht; schnell
letal [li'taɫ] tödlich **letalidade** [litɐli'dadi] F̄ Sterblichkeit(srate) *f*
letão [li'tɐ̃w] ⟨*mpl* -ões [-õiʃ]⟩ A ADJ lettisch B M̄, **-ã** [li'tɐ̃] F̄ Lette *m*, Lettin *f* C M̄ *língua*: Lettisch *n*
letargia [litɐr'ʒiɐ] F̄ Lethargie *f*; Teilnahmslosigkeit *f*; Untätigkeit *f* **letárgico** [li'tarʒiku] lethargisch
Letónia [li'tɔnjɐ] F̄ GEOG **a ~** Lettland (*n*)
letra ['lɐtrɐ] A F̄ *alfabeto*: Buchstabe *m*; *(escrita)* Schrift *f* Handschrift *f*; *texto*: Text *m*; *(teor)* Wortlaut *m*; TIPO Letter *f*; FIN Wechsel *m*; **~ aberta** Kreditbrief *m*; **~ ao portador** Inhaberwechsel *m*; **~ a termo fixo** Datowechsel *m*; **~ à vista** Sichtwechsel *m*; **~ aprazada** Datowechsel *m*;

LEVE

~ **convencional** Gefälligkeitswechsel *m*; ~ **contra entrega de documentos** Dokumententratte *f*; ~ **de câmbio** gezogener Wechsel *m*; ~ **de imprensa** Druckschrift *f*; ~ **da terra** Inlandswechsel *m*; ~ **de compensação** Saldowechsel *m*; ~ **de reembolso** Rückwechsel *m*; (**tomar** a/c) **à ~, ao pé da** ~ (etw) wörtlich (nehmen); **em ~s de ouro** *fig* klar und deutlich **B** **~s** PL **1** UNIV Geisteswissenschaften *fpl*; *bras* Sprach- und Literaturwissenschaften *fpl*; **Faculdade f de Letras** Geisteswissenschaftliche Fakultät *f* **2** Schrifttum *n*; **belas ~s** Belletristik *f*

letrado [ɫi'tradu] **A** ADJ (akademisch) gebildet **B** M (Rechts)Gelehrte(r) *m*

letreiro [ɫi'trɐjru] M Aufschrift *f*; (*etiqueta*) Etikett *n*; (*placa*) Schild *n*

léu [ɫɛu] M *fam* Muße *f*, Zeit *f*; **ao** ~ offenkundig; nackt; **com a cabeça ao** ~ barhäuptig; **pôr ao** ~ offen legen

leucemia [ɫeusi'mia] F MED Leukämie *f*

leucócito [ɫeu'kɔsitu] M weißes Blutkörperchen *n*

leva ['ɫɛva] F NÁUT Lichten *n* des Ankers; (*saída*) Ausfahrt *f*; MIL Trupp *m*; (Truppen)Aushebung *f*; MED (Krankheits)-Schub *m* **levada** [ɫi'vadɐ] F **1** (Ab)Transport *m*; Mitnahme *f* **2** Mühlbach *m*; (*corrente*) Wasserstrom *m*; **de** ~ hastig

levadiça [ɫiva'disɐ] F Zugbrücke *f* **levadiço** [ɫiva'disu] beweglich; aufziehbar

levadinho [ɫivɐ'diɲu], **levado** [ɫi'vadu] ADJ *fam* unartig, ungezogen; *port* ~ **do diabo, ~ do demónio** vom Teufel besessen; **ser** ~ *pop* unerträglich sein; **ser** ~ **da breca** *pop* es faustdick hinter den Ohren haben

levantado [ɫivɐ̃'tadu] erhoben; (*leviano*) leichtsinnig; (*nobre*) erhaben **levantamento** [ɫivɐ̃tɐ'mẽtu] M (*elevação*) Erhöhung *f*; (*revolta*) Aufstand *m*; (*inventário*) (Bestands-)Aufnahme *f*; *dinheiro*: Abhebung *f*; ~ **cénico** Bühnenbild *n*; ~ **de peso** DESP Gewichtheben *n*; ~ **próprio** *port* Selbstabholung *f*; ~ **topográfico** Vermessung *f*

levantar [ɫivɐ̃'tar] ⟨1a⟩ **A** VT (er)heben; erhöhen; (*puxar*) hochziehen; *âncora* lichten; *pena, objecto* aufheben; *dinheiro da conta*: abheben; *encomenda* abholen; *pó* aufwirbeln; *mar* aufwühlen; POL aufwiegeln; *canto* anstimmen; *edifício* errichten; *coragem* stärken; *questão* aufwerfen; *dúvida* vorbringen; *briga* vom Zaun brechen; *caça* aufscheuchen; *mesa* abräumen; *obstáculo* aus dem Weg räumen; ~ **às alturas** (*ou* ~ **às nuvens, ao céu**) *fig* in den Himmel heben; ~ **a/c alg** etw gegen j-n vorbringen **B** V/I *preços* (an)steigen; *massa* aufgehen; *tempo* sich aufheitern **C** V/R ~-**se** aufstehen; *vento, boato* aufkommen; *sol* aufgehen; *fig* es zu etw bringen; sich empören (**contra** über *ac*) **D** M ~ **do sol** Sonnenaufgang *m*

levante [ɫi'vɐ̃ti] M **1** Aufstand *m*, Erhebung *f*; **de** ~ *fam* im Aufbruch **2** Osten *m*; **Levante** Levante *f*

levar [ɫi'var] ⟨1c⟩ **A** V/T mitnehmen; (hin)bringen; *peso* tragen; *caminho* gehen; *passos, olhos* lenken (**para** nach, auf *ac*); wegbringen; *automóvel* fahren; *carroça* ziehen; *âncora* lichten; (*tirar*) (weg)nehmen; entführen; *corrente* wegschwemmen; *vento* wegwehen; *meios* verschlingen; *ferimento* davontragen; *lucro* einheimsen; *perda* erleiden; *fam pancada* kriegen; mit sich bringen; *coisa* mit sich führen; (an *ou* bei sich) tragen; (*conter*) enthalten; aufweisen; *alg* j-n mit sich reißen; *fam* j-n hinters Licht führen; ~ **a** *caminho, estrada* führen nach; ~ **alg** *doença* j-n dahinraffen; ~ **alg a** (*inf*) j-n verleiten zu (*inf*); ~ **a crer** darauf schließen lassen; ~ **a mal** übel nehmen; ~ **a rir** nicht ernst nehmen; **saber** ~ **alg** j-n zu nehmen wissen; ~ **à cena** TEAT aufführen; ~ **a que** *conj* dazu führen, dass; ~ **a efeito** durchführen; ~ **consigo** mitnehmen; ~ **em conta** *fig* berücksichtigen; ~ **por diante** *plano etc* durchziehen; **quanto leva?** was macht das? **B** V/I *fam* Dresche kriegen; **deixar-se** ~ **por a/c** sich von etw mitreißen lassen

leve ['ɫɛvi] **A** ADJ leicht; (*efémero*) flüchtig; (*suave*) sanft; (*ágil*) flink; (**ao**) **de** ~ leicht; flüchtig; **nem** (**ao**) **de** ~ nicht im Entferntesten; **ser** ~ **como uma pena** federleicht sein; **tem a mão** ~ die Hand sitzt ihm (*ou* ihr) locker **B** M DESP Federgewicht *n*

levedar [ɫivi'dar] ⟨1c⟩ **A** V/T säuern; *massa* gehen lassen **B** V/I *fam* (auf)gehen

lêvedo ['ɫevidu] **A** ADJ (auf)gegangen **B** M *bras* Hefepilz *m*

levedura [ɫivi'durɐ] F Hefepilz *m*

leveza [ɫi'veza] F̲ Leichtigkeit f; (efemeridade) Flüchtigkeit f

leviandade [ɫivjɐ̃'dadi] F̲ Leichtsinn m

leviano [ɫi'vjɐnu] leichtfertig

levitação [ɫivita'sɐ̃u̯] F̲ Schweben n (espec Spiritismus); **comboio** m (bras **trem**) **de ~ magnética** FERROV Magnetschwebebahn f

lexema [ɫɛ'ksema] M̲ Lexem n

lexical [ɫɛksi'kaɫ] lexikalisch

léxico [ˈɫɛksiku] M̲ Wortschatz m; dicionário: Wörterbuch n, Lexikon n

lexicografia [ɫɛksikugra'fia] F̲ Lexikografie f **lexicógrafo** [ɫɛksi'kɔgrafu] M̲ Lexikograf m

leziria [ɫɛ'zirja] F̲ Flussniederung f

lha [ʎɐ], **lhas** [ʎɐʃ] PRON → lho, lhos

lhe [ʎi] PRON ihm; ihr; Ihnen; **~s** pl ihnen, Ihnen

lho [ʎu], **lha** [ʎɐ] CONTR de lhe(s) e o, a

lhos [ʎuʃ], **lhas** [ʎɐʃ] CONTR de lhe(s) e os, as

li [ɫi], **lia** [ˈɫia] → ler

liamba [ˈɫjɐ̃bɐ] F̲ Indischer Hanf; droga: Marihuana f

liame [ˈɫjami] M̲ Bindung f; Band n; NÁUT Taue npl, Takelage f

liana [ˈɫjɐnɐ] F̲ BOT Liane f

libanês [ɫibɐ'neʃ] A̲ ADJ libanesisch B̲ M̲, **libanesa** [ɫibɐ'nezɐ] F̲ Libanese m, Libanesin f **Líbano** [ˈɫibɐnu] M̲ GEOG o ~ der Libanon m

libelinha [ɫibi'tiɲɐ] F̲, **libélula** [ɫi'bɛluɫɐ] F̲ Libelle f

líber [ˈɫibɛr] M̲ Bast m

liberação [ɫibira'sɐ̃u̯] F̲ Befreiung f; Freilassung f; COM Freigabe f

liberal [ɫibi'raɫ] A̲ ADJ liberal; freigebig; arte, profissão frei B̲ M/F̲ Liberale(r) m/f **liberalidade** [ɫibirali'dadi] F̲ Freigebigkeit f **liberalismo** [ɫibira'liʒmu] M̲ Liberalismus m **liberalização** [ɫibirɐliza'sɐ̃u̯] F̲ Liberalisierung f **liberalizar** [ɫibirɐli'zar] ⟨1a⟩ liberalisieren

liberar [ɫibi'rar] ⟨1c⟩→ libertar **libertório** [ɫibir'tɔrju] Freiheits...; Befreiungs... **liberdade** [ɫibir'dadi] F̲ Freiheit f; **~ de acção** Bewegungsfreiheit f; **~ de consciência** Gewissensfreiheit f; **~ de imprensa** Pressefreiheit f; **tomar ~s** sich Freiheiten herausnehmen; **tomar a ~ de** sich erlauben zu; **~ condicional** Bewährung f; **privação** f **da ~** Freiheitsentzug m

Libéria [ɫi'bɛrjɐ] F̲ GEOG **a ~** Liberia (n) **liberiano** [ɫibɛ'rjɐnu] A̲ ADJ liberisch B̲ M̲, **-a** F̲ Liberier(in) m/f

libertação [ɫibirta'sɐ̃u̯] F̲ Befreiung f; DIR (Haft)Entlassung f; poluentes: Freisetzung f **libertador** [ɫibirta'dor] A̲ ADJ Befreiungs... B̲ M̲ Befreier m **libertar** [ɫibir'tar] ⟨1c⟩ befreien (**de** von); prisioneiro entlassen (**de** aus); dinheiro freigeben; calor abgeben; poluentes freisetzen **libertário** [ɫibir'tarju] freiheitlich **libertinagem** [ɫibirti'naʒɐ̃ĩ] F̲ Zügellosigkeit f **libertino** [ɫibir'tinu] A̲ ADJ zügellos B̲ M̲ Wüstling m **liberto** [ɫi'bɛrtu] frei (-gelassen)

Líbia [ˈɫibjɐ] F̲ GEOG **a ~** Libyen (n) **libidinoso** [ɫibidi'nozu] triebhaft, lüstern, geil **libido** [ɫi'bidu] F̲ Libido f

líbio [ˈɫibju] A̲ ADJ libysch B̲ M̲, **-a** F̲ Libyer(in) m/f

libra [ˈɫibrɐ] F̲ Pfund n; **~ esterlina** Pfund n Sterling

Libra [ˈɫibrɐ] ASTRON Waage f

libração [ɫibra'sɐ̃u̯] F̲ FÍS Pendelbewegung f, Schwingung f **librar** [ɫi'brar] ⟨1a⟩ FÍS (aus)schwingen lassen; ausbalancieren; (fundar-se) gründen (**em** auf ac); **~-se** schwingen; schweben

libreto [ɫi'bretu] M̲ Libretto n

liça¹ [ˈɫisa] F̲ Kampfplatz m; Kampf m; Auseinandersetzung f; fig Schranken fpl; **ser chamado à ~** fig eingreifen müssen; **entrar na ~** eingreifen

liça² [ˈɫisa] F̲ TECN Schaft m

liça³ [ˈɫisa] F̲ ZOOL peixe: Meeräsche f

lição [ɫi'sɐ̃u̯] F̲ 🔢 (aula) (Unterrichts)Stunde f, Lektion f (tb fig); (matéria) Lehrstoff m; **dar -ções a alg** j-m Unterricht geben; **ter -ções com alg** bei j-m Unterricht nehmen 🔢 fig texto: Lesart f; moral: Lehre f; Lektion f; **servir de ~ a alg** j-m e-e Lehre sein

liceal [ɫi'sjat] gymnasial; **ensino** m **~** port ≈ Sekundarstufe f; **aluno** m, **-a** f **~** port Schüler(in) m/f der Sekundarstufe

licença [ɫi'sẽsa] F̲ Erlaubnis f; de parquear: Lizenz f; de caça: (Jagd)Schein m; fig Zügellosigkeit f; **~ de construção** Baugenehmigung f; **~ de parto**, bras **~-maternidade** Mutterschaftsurlaub m; **~ de paternidade**, bras **~-paternidade** Vaterschaftsurlaub m; **~ sem vencimen-**

to unbezahlte Freistellung f; **dar ~** erlauben; **dá ~?** darf ich?; **estar com ~** beurlaubt sein; **estar de ~** Urlaub haben; **com ~!** Verzeihung!, gestatten Sie?
licenciado [lisẽ'sjadu] M̄ Hochschulabsolvent m; port Bachelor m; **~ em medicina** approbierter Arzt m **licenciamento** [lisẽsjɐ'mẽtu] M̄ MIL Beurlaubung f; *de construção:* Genehmigung f; AUTO Zulassung f; UNIV Hochschulexamen n **licenciando** [lisẽ'sjɐ̃du] M̄ Examens-, *bras* Lehramtskandidat m **licenciar** [lisẽ'sjar] ⟨1g e 1h⟩ beurlauben; AUTO zulassen; UNIV **~ alg** j-m das Examen abnehmen, j-n prüfen; **~-se** UNIV das Examen machen **licenciatura** [lisẽsjɐ'tura] F̄ UNIV *Hochschulexamen n*; *port* Bachelor m; *bras* Lehramt n
liceu [li'seu] M̄ Oberschule f, Sekundarschule f; *bras* höheres Bildungsinstitut n
líchia ['liʃjɐ] F̄ Litschi f, Lychee f
licitar [lisi'tar] ⟨1a⟩ A V̄T̄ (*vender*) versteigern B V̄Ī bieten **lícito** ['lisitu] erlaubt, zulässig
licor [li'kor] M̄ Likör m
licorne [li'kɔrni] M̄ Einhorn n
licoroso [liku'rozu] ADJ *vinho* M̄ = Süßwein m
licranço [li'krɐ̃su] M̄ ZOOL (Blind)Schleiche f
lida ['lidɐ] F̄ Arbeit f; *fam* Plackerei f; Kampf m **lidador** [lidɐ'dor] M̄ Kämpfer m; *tourada:* Torero m **lidar** [li'dar] ⟨1a⟩ A V̄T̄ *touro* bekämpfen B V̄Ī kämpfen; *fig* leiden plagen; **~ com** *fig* umgehen mit; (*lutar*) kämpfen mit **lide** ['lidi] F̄ Kampf m; *espec* Stierkampf m; DIR (Rechts)Streit m; **em ~** strittig; fraglich
líder ['lider] M̄ Führer m **liderança** [lide'rɐ̃sɐ] F̄ Führung f **liderar** [lide'rar] ⟨1c⟩ (an)führen, leiten
lídimo ['lidimu] → legítimo
lido ['lidu] belesen
liga ['ligɐ] F̄ POL Bund m, Liga f; Strumpfband f; TECN Legierung f; **~ leve** Leichtmetalllegierung f; Mischung f; **fazer boa ~** sich (gut) vertragen
ligação [ligɐ'sɐ̃u] F̄ Verbindung f; *fig* Zusammenhang m; *transportes públicos:* Anschluss m; ELECT Schaltung f; MÜS Bindung f; *fig* Liaison f; **~ à corrente** (*ou* rede) Netzanschluss m **ligada** [li'gadɐ] F̄ *bras fam* (Telefon)Gespräch n; **dar uma ~** *fam* mal kurz anrufen **ligadura** [ligɐ'durɐ] F̄ MED Verband m; **~s e pensos** *pl* Verbandszeug n **ligame** [li'gɐmi] M̄, **ligâmen** [li'gɐmẽ] M̄ Band n **ligamento** [ligɐ'mẽtu] M̄ Bindung f; ANAT Muskelband n
ligar [li'gar] ⟨1o⟩ A V̄T̄ **1** verbinden; festbinden; *embrulho* verschnüren; *pensamentos* verknüpfen; **não ~ duas ideias** nicht denken können **2** *aparelho* einschalten; ELECT anschließen (**a** an *ac*); *motor* anlassen **3** *metais* legieren B V̄Ī **1** Beachtung schenken (**a** *dat*); **~ a alg** *ou* **a/c** auf j-n/etw achten; **não ~ a a/c** *fam* sich (*dat*) nichts aus etw machen **2** **~ com** sich vertragen mit; passen zu **3** TEL **~ a alg**, *bras* **~ para alg** j-n anrufen; **~ para casa/para Braga** zu Hause/in Braga anrufen C V̄R̄ **~-se** sich binden (**a** an *ac*); sich verbinden; POL sich verbünden; *assunto* zusammenhängen (*port* **com** mit)
ligeira [li'ʒairɐ] F̄ **à ~** auf die Schnelle **ligeireza** [liʒai'rezɐ] F̄ Leichtigkeit f; Behändigkeit f; (*superficialidade*) Oberflächlichkeit f **ligeiro** [li'ʒairu] leicht; flink; (*efémero*) flüchtig; (*superficial*) oberflächlich; **de ~** leicht; flüchtig; **música ~** *-a* Unterhaltungsmusik f
lignite [li'gniti] F̄ Braunkohle f
ligustro [li'guʃtru] M̄ BOT Liguster m
lilás [li'laʃ] A ADJ fliederfarben, lila B M̄ BOT Flieder m; *cor:* Lila n
lima ['limɐ] F̄ **1** Feile f; *fig* Ausfeilung f; **~ das unhas** Nagelfeile f; **~ redonda** Rundfeile f **2** Limone f **limado** [li'madu] ADJ GASTR *in Zitrone u Olivenöl eingelegter Fisch* **limadura** [limɐ'durɐ] F̄ Feilen n **limalha** [li'maʎɐ] F̄ Feilspäne *mpl*
limão [li'mɐ̃u] M̄ **~ (siciliano)** Zitrone; **~ cravo** Rangpurlimette f; **~ galego, ~ tahiti** Limette f
limar [li'mar] ⟨1a⟩ (ab)feilen, *fig* ausfeilen; GASTR mit Zitrone einreiben
limbo ['lĩbu] M̄ Rand m; REL Vorhölle f
limiar [li'mjar] M̄ Schwelle f (*tb fig*)
limitação [limitɐ'sɐ̃u] F̄ Begrenzung f, Beschränkung f, (*moderação*) Zurückhaltung f **limitada** [limi'tadɐ] F̄ (**Sociedade** F̄) **Limitada** Gesellschaft f mit beschränkter Haftung **limitar** [limi'tar] ⟨1a⟩ A V̄T̄ begrenzen; beschränken; einschränken B V̄Ī **~ com** grenzen an (*ac*);

~se sich beschränken (**a** auf *ac*) **limitativo** [limita'tivu] einschränkend
limite ['limiti] M Grenze f; Limit n; MAT Grenzwert m; **preço** **m ~** Höchstpreis m; **~ de velocidade** Tempolimit n
limítrofe [li'mitrufi] angrenzend
limo ['limu] M Alge f; Wasserlinse f
limoal [li'mwał] M Zitronenhain m **limoeiro** [li'mwɐjru] M Zitronenbaum m
limonada [limu'nadɐ] F Limonade f
limoso [li'mozu] schlammig
limpa ['lĩpɐ] F Reinigung f; (*clareira*) Lichtung f; *bras tb* Ausrauben n **limpa-botas** [lĩpɐ'bɔtɐʃ] M ⟨*pl inv*⟩ Schuhputzer m **limpa-chaminés** [lĩpɐʃɐmi'nɛʃ] M ⟨*pl inv*⟩ Schornsteinfeger m **limpadela** [lĩpɐ'dɛlɐ] F Säuberung f **limpador** [lĩpɐ'dor] M Reiniger m; **~ de pára-brisa** *bras* Scheibenwischer m **limpa-móveis** [lĩpɐ'mɔvɐjʃ] M ⟨*pl inv*⟩ *port* Möbelpolitur f **limpa-neves** [lĩpɐ'nevɨʃ] M ⟨*pl inv*⟩ Schneepflug m **limpa-nódoas** [lĩpɐ'nɔdwɐʃ] M ⟨*pl inv*⟩ Fleckentferner m **limpa-pára-brisas** [lĩpɐpɐrɐ'brizɐʃ] M ⟨*pl inv*⟩ AUTO Scheibenwischer m
limpar [lĩ'par] ⟨1a⟩ **A** V/T sauber machen, reinigen; abwischen; *erva* jäten; (*esvaziar*) (aus)leeren; **~ as mãos a** (*bras em*) die Hände abwischen an (*dat*); **o suor da testa** sich den Schweiß von der Stirn; **~ as lágrimas dos olhos** sich die Tränen aus den Augen wischen **B** V/I *tempo* sich aufheitern; *árvore* die Blüten abwerfen
limpa-vidros [lĩpɐ'vidruʃ] M ⟨*pl inv*⟩ **1** Glasreiniger m **2** AUTO Scheibenwischer m; **~ traseiro** Heckscheibenwischer m
limpeza [lĩ'pezɐ] F acção: Säuberung f; qualidade: Sauberkeit f; Reinlichkeit f; **~ a seco** Trockenreinigung f; **~ de neve** Schneeräumung f; **~ pública** *bras* Müllabfuhr f und Straßenreinigung f; **foi uma ~!** das war ganze Arbeit!; **fazer a ~ de a/c** etw reinigen
limpidez [lĩpi'deʃ] F Klarheit f; Durchsichtigkeit f
límpido ['lĩpidu] klar; durchsichtig; *céu* tiefblau; *voz* wohlklingend
limpo ['lĩpu] sauber; rein(lich); (*justo*) fair; (*livre*) frei (**de** von); *céu* klar; **estar ~** *pop* blank sein; **passar a ~** ins Reine schreiben; **pôr em pratos ~s** *fam* kein Blatt vor den Mund nehmen; **tirar a ~**

aufklären
limusina [limu'zinɐ] F, *bras* **limusine** [limu'zini] F Limousine f
lince ['lĩsi] M Luchs m
linchagem [lĩ'ʃaʒɐ̃j] F, **linchamento** [lĩʃɐ'mẽtu] M Lynchjustiz f; Lynchen n
linchar [lĩ'ʃar] ⟨1a⟩ lynchen
linda ['lĩdɐ] F Grenze f; Markstein m **linda-flor** [lĩdɐ'flɔr] F ⟨*pl* lindas-flores⟩ *bras Art* Vergissmeinnicht **lindano** [lĩ'danu] QUÍM Lindan n **lindar** [lĩ'dar] ⟨1a⟩ **A** V/T abgrenzen **B** V/I (an)grenzen (**com** an *ac*) **lindeira** [lĩ'dɐjrɐ] F (Fenster-, Tür)Sturz m **lindeiro** [lĩ'dɐjru] Grenz...
lindeza [lĩ'dezɐ] F Schönheit f; Anmut f
lindo ['lĩdu] schön; anmutig
lineal [li'njał] → **linear** **lineamento** [linjɐ'mẽtu] M Entwurf m; Umriss m; Linie f **linear** [li'njar] linear; *fig* eindeutig, klar
linfa ['lĩfɐ] F Lymphe f **linfático** [lĩ'fatiku] Lymph...; lymphatisch
lingote [lĩ'gɔti] M Barren m
língua ['lĩgwɐ] F **1** ANAT, GASTR Zunge f; **~ danada** (*ou* **depravada, ruim, viperina**) böse Zunge f; **de ~ solta** *fam* schwatzhaft; **dar à ~** *fam* plaudern, schwatzen; **dar com a ~ nos dentes** *fam* den Mund nicht halten können; **puxar a/c pela ~ a alg** *port fam* j-m etw entlocken; **não ter papas na ~** *fam* kein Blatt vor den Mund nehmen; **não ter senão ~** *fam* ein Maulheld sein; **saber** (*ou* **ter**) **na ponta da ~** aus dem Effeff kennen (*ou* können) **2** Sprache f; **~ estrangeira** Fremdsprache f; **~ materna** Muttersprache f; **~ franca** (*ou* **veicular**) Verkehrssprache f; **~s** *pl* neolatinas romanische Sprachen *fpl* **3** GEOG **~ da geleira** Gletscherzunge f; **~ de terra** Landzunge f
língua-de-sogra [lĩgwɐdɨ'sɔgrɐ] F ⟨*pl* línguas-de-sogra⟩ **1** *port pop* Klatschtante f **2** *port* GASTR Waffel f **3** *bras* Luftrüssel m, *fam* Tröte f
linguado [lĩ'gwadu] M TIPO Fahne f; TECN (Metall)Band n; Block m Gusseisen; ZOOL Seezunge f; *port fam* Zungenkuss m;; GASTR **~ à meunière** Seezunge f Müllerin **linguagem** [lĩ'gwaʒɐ̃j] F Sprech-, Ausdrucksweise f; (*idioma*) Sprache f; **~ de programação** Programmiersprache f; **~ técnica** Fachsprache f **linguarei-**

ro [ˈtɨgwɐˈʀɐjʀu] **A** ADJ redselig **B** M Schwätzer m **lingueta** (*ü) [ˈɫĩˈgwetɐ] F balança: Zünglein n; sapato: Zunge f; (rampa) Laderampe f; TECN, MÚS Klappe f **linguiça** (*ü) [ɫĩˈgwisɐ] F port (geräucherte) Wurst f; bras Art Bratwurst f **linguista** (*ü) [ɫĩˈgwiʃtɐ] MF Sprachwissenschaftler(in) m(f), Linguist(in) m(f) **linguística** (*ü) [ɫĩˈgwiʃtikɐ] F Linguistik f **linguístico** (*ü) [ɫĩˈgwiʃtiku] linguistisch, sprachwissenschaftlich

linha [ˈɫĩɲɐ] F Linie f; (fila) Reihe f; TIPO Zeile f; ELECT, TEL Leitung f; FERROV Strecke f; TÊX Faden m, Schnur f; pesca: Leine f; ~ **aérea** Fluggesellschaft f, Fluglinie f; ~ **de comando/estado** INFORM Kommando-/Statuszeile f; ~ **de espera** Warteschlange f; ~ **de montagem** Fließband n; ~ **férrea** Eisenbahn f; ~ **ondulada** Wellenlinie f; ~ **rápida** FERROV Schnellbahn f, S-Bahn f; ~ **re(c)ta** MAT Gerade f; ~ **tracejada** gestrichelte Linie f **em** ~ in der Reihe; nebeneinander; INFORM online; **pescar à** ~ **s** angeln **por entre as** ~**s** zwischen den Zeilen; **manter a** ~ die Linie halten; bras die Haltung wahren; **perder a** ~ fam aus der Rolle fallen 🔢 costura: Zwirn m; Garn n; pesca: Angelleine f

linhaça [ɫĩˈɲasɐ] F Leinsamen m; **óleo m de** ~ Leinöl n

linhagem¹ [ɫĩˈɲaʒẽj] F Abstammung f
linhagem² [ɫĩˈɲaʒẽj] F Sackleinen n
linhito [ɫĩˈɲitu] F bras Braunkohle f
linho [ˈɫĩɲu] M BOT Flachs m; Leinen n **linhoso** [ɫĩˈɲozu] M Leinen...
linhote [ɫĩˈɲɔti] M Stützbalken m
linifícios [ɫiniˈfisjuʃ] MPL Leinen-, Weißwaren fpl
linotipia [ɫinɔtiˈpiɐ] F Maschinensatz m
lipídios [ɫiˈpidʒjuʃ] bras, **lípidos** [ˈɫipiduʃ] MPL port Fette pl **lipoaspiração** [ɫipɔˈpiɾɐˈsɐ̃w] F MED Fettabsaugung f
Lípsia [ˈɫipsjɐ] SEM ART Leipzig n
líq. ABR (líquido) netto
liquação [ɫikwɐˈsɐ̃w] F Schmelzen n **liquefacção** [ɫikɛfaˈsɐ̃w] F Verflüssigung f **liquefazer** [ɫikɛfaˈzeʀ] ⟨2v⟩ verflüssigen **liquefeito** [ɫikɛˈfajtu] flüssig
líquen [ˈɫikẽn] M ⟨pl líquenes⟩ Flechte f
liquidação [ɫikidɐˈsɐ̃w] F COM Liquidation f; (saldos) Ausverkauf m; negócio: Geschäftsaufgabe f; fig Beseitigung f; ~ **provisória/definitiva** Voraus-/Abschlusszahlung f **liquidador** [ɫikidɐˈdoʀ] M Liquidator m **liquidante** [ɫikiˈdɐ̃ti] **A** ADJ in Auflösung (befindlich) **B** M COM Liquidator m **liquidar** [ɫikiˈdaʀ] ⟨1a⟩ liquidieren; abwickeln; COM tb saldieren; conta begleichen; défice ausgleichen; negócio auflösen; mercadoria ausverkaufen; conflito beilegen; fig alg beseitigen **liquidável** [ɫikiˈdavɛɫ] aufzulösen **liquidez** [ɫikiˈdeʃ] F flüssiger Zustand m; COM Liquidität f **liquidificador** [ɫikidifikɐˈdoʀ] M Standmixer m
líquido (*ü) [ˈɫikidu] **A** ADJ flüssig (tb finanziell); COM netto, Netto...; **produto m** ~ Rein-, Nettoertrag m **B** M Flüssigkeit f
lira [ˈɫiɾɐ] F 🔢 Lira f 🔢 MÚS Leier f
lírica [ˈɫiɾikɐ] F Lyrik f **lírico** [ˈɫiɾiku] **A** ADJ lyrisch **B** M Lyriker m; fam Softie m
lírio [ˈɫiɾju] M Lilie f **lírio-de-água** [ɫiɾjuˈd(j)agwɐ] M Seerose f
Lisboa [ɫiʒˈboɐ] SEM ART GEOG Lissabon n
lisboeta [ɫiʒˈbwetɐ], **lisbonense** [ɫiʒbuˈnẽsi] **A** ADJ Lissabonner, aus Lissabon **B** MF Lissabonner(in) m(f)

▶ **Lissabon – Lisboa**

„Portugal ist Lissabon, der Rest ist Landschaft." So hat im 19. Jahrhundert der portugiesische Schriftsteller Eça de Queiróz das Verhältnis zwischen Stadt und Land etwas überspitzt beschrieben. Lissabon (portugiesisch **Lisboa**), die Hauptstadt und mit 500.000 Einwohnern größte Stadt Portugals, liegt an der Flussmündung des Tejo. In Lissabon befinden sich der wichtigste Hafen des Landes, der Regierungssitz, die obersten Staats- und Regierungsbehörden und mehrere Universitäten. Die Stadt gilt als das wirtschaftliche und kulturelle Zentrum des Landes. 1998 fand die Weltausstellung in Lissabon statt und war gemäß der Seefahrernation Portugal den Ozeanen gewidmet. Um die romantische Altstadt zu besichtigen, sollten Sie unbedingt die gelbe Straßenbahn Linie 28 nehmen. ◀

liso [ˈɫizu] superfície glatt; (uniforme) uni; fig schlicht; pessoa ehrlich; **estar** ~ pop (sem dinheiro) blank sein

lisonja [li'zõʒa] F̄ Schmeichelei f **lisonjear** [lizõ'ʒjar] ⟨1l⟩ schmeicheln (dat); **~-se** sich rühmen (de gen); estar (ou sentir-se) lisonjeado sich geschmeichelt fühlen (com durch) **lisonjeiro** [lizõ'ʒaiɾu] A̲ ADJ schmeichelhaft B̲ M̄ Schmeichler m

lista ['liʃta] F̄ Liste f, Verzeichnis n; vinhos etc: (Speise-, Wein)Karte f; **~ classificada** Branchenverzeichnis n; **~ dos vinhos** Weinkarte f; **~ telefónica** (ou de telefones) Telefonbuch n; **~ negra** fig schwarze Liste f; **à ~, por ~** nach der Liste **listagem** [liʃ'taʒẽĩ] F̄ Auflistung f; INFORM Ausdruck m

listão [liʃ'tɐ̃ũ] M̄ Band n; Schärpe f; carpinteiro: Zollstock m **listel** [liʃ'tɛł] M̄ ARQUIT Leiste f **listra** ['liʃtɾa] F̄ no tecido: Streifen m **listrado** [liʃ'tradu] gestreift

lisura [li'zuɾa] F̄ Glätte f; fig Schlichtheit f; caráter: Ehrlichkeit f

liteira [li'tɐiɾa] F̄ Sänfte f

literal [liti'ɾał] (wort)wörtlich; **tradução** f **~** wörtliche Übersetzung f **literário** [liti'ɾaɾju] literarisch **literato** [liti'ɾatu] M̄, **-a** F̄ Literat(in) m(f) **literatura** [litiɾa'tuɾa] F̄ Literatur f; **~ de cordel** Trivialliteratur f; **~ de ficção** Belletristik f

litíase [li'tiazi] F̄ MED Stein m; **~ biliar/renal** Gallen-/Nierensteine mpl

litigante [liti'gɐ̃ti] A̲ ADJ prozessführend B̲ M̲F̲ Prozesspartei f **litigar** [liti'gar] ⟨1o⟩ **litigiar** [liti'ʒjar] ⟨1g⟩ prozessieren; streiten (por wegen) **litígio** [li'tiʒju] M̄ DIR (Rechts)Streit m, Prozess m **litigioso** [liti'ʒjozu] strittig

litografia [litugɾa'fia] F̄ Lithografie f **litoral** [litu'ɾał] A̲ M̄ Küstengebiet n B̲ ADJ Küsten... **litro** ['litɾu] M̄ Liter m; **um ~ de vinho, leite,** etc ein Liter Wein, Milch etc **Lituânia** [li'twɐnja] F̄ GEOG **a ~** Litauen (n) **lituano** [li'twɐnu] A̲ ADJ litauisch B̲ M̄, **-a** F̄ Litauer(in) m(f)

liturgia [litur'ʒia] F̄ Liturgie f **litúrgico** [li'turʒiku] liturgisch

lividez [livi'deʃ] F̄ Leichenblässe f **lívido** ['lividu] leichenblass; fahl

livramento [livɾa'mẽtu] M̄ Befreiung f; Freilassung f **livrança** [li'vɾɐ̃sa] F̄ Zahlungsaufforderung f **livrar** [li'vɾar] ⟨1a⟩ **~ de** befreien von; (proteger) behüten vor (dat); **Deus me livre!** Gott bewahre!; **livra!** unerhört!; **~-se de a/c** sich (dat) etw ersparen

livraria [livɾa'ɾia] F̄ Buchhandlung f **livre** ['livɾi] frei (de von) B̲ M̄ futebol: Freistoß m **livre-câmbio** [livɾi-'kɐ̃bju] M̄ ⟨pl livres-câmbios⟩ Freihandel m

livreco [li'vɾɛku] M̄ Schmöker m **livreiro** [li'vɾɐiɾu] M̄, **-a** F̄ Buchhändler(in) m(f)

livremente [livɾi'mẽti] ADV frei(willig); ungezwungen **livre-pensador** [livɾi-pẽsa'dor] M̄ ⟨pl livres-pensadores⟩ Freidenker m

livresco [li'vɾeʃku] Buch...; conhecimentos angelesen **livrete** [li'vɾeti] M̄ Büchlein n; Sparbuch n; AUTO Fahrzeugbrief m

livro ['livɾu] M̄ Buch n; **~ branco** Weißbuch n; **~ de bolso** Taschenbuch n; **~ de cheques** port Scheckheft n; **~ de cozinha** Kochbuch n; **~ de leitura** Lesebuch n; **~ de ponto** port Klassenbuch n; **~ de reclamações** Beschwerdebuch n; **~ do professor** Lehrerhandbuch n; **~ infantil** Kinderbuch n

lixa ['liʃa] F̄ Sandpapier n; ZOOL Art Dornhai; bras Nagelfeile **lixadeira** [liʃa'dɐi̯ɾa] F̄ **~ oscilante** (ou vibratória) Schwingschleifer m **lixadela** [liʃa'dɛɫa] F̄ Schleifen n; fig Klemme f; pessoa sauer; **estar ~** fam angeschmiert sein **lixadora** [liʃa'doɾa] F̄ Schleifmaschine f

lixão [li'ʃɐ̃ũ] M̄ bras Müllkippe f **lixar** [li'ʃar] ⟨1a⟩ (ab)schmirgeln; fig Schaden anrichten bei; bras unhas feilen; fam anschmieren; **~-se com a/c** fam sich mit etw in die Nesseln setzen; sich ärgern über etw (ac); alg **está-se a ~ para a/c,** bras alg **se lixa com** ou **para a/c** pop j-m ist etw schnurz

lixeira [li'ʃɐi̯ɾa] F̄ port Müllkippe f; bras Mülltonne f; Papierkorb m **lixeiro** [li'ʃɐi̯ɾu] M̄ Müllmann m; bras fig Müllabfuhr f

lixívia [li'ʃivja] F̄ Lauge f **lixiviar** [liʃi'vjar] ⟨1g⟩ auswaschen; bleichen

lixo ['liʃu] M̄ Müll m; fig Abschaum m; lixo m biológico Biomüll m; **~ doméstico** Hausmüll m; **~ tóxico** Giftmüll m; **recolha** f (bras **coleta** f) **de ~** Müllabfuhr f

lo [łu] PRON M̄ ihn (es, sie); (o Senhor) Sie;

gostava (bras **gostaria**) **de vê-~** ich würde ihn (ou Sie) gerne sehen

ló¹ [lɔ] M̲ NÁUT Luv f

ló² [lɔ] M̲ GASTR pão M̲ **de ~** Biskuitkuchen m

loba ['lɔba] F̲ ⓵ ZOOL Wölfin f ⓶ REL Soutane f

lobacho [lu'baʃu] M̲ Wölflein n **lobado** [lu'badu] BOT gelappt **lobal** [lu'bal] wölfisch, Wolfs... **lobato** [lu'batu] M̲ junger Wolf m

lobby ['lɔbi] M̲, **lóbi** ['lɔbi] M̲ POL Lobby f; Lobbying n, Lobbyismus m; **fazer ~** Lobbying betreiben

lobisomem [lɔbi'zɔmɐ̃j] M̲ Werwolf m

lobo¹ ['lɔbu] M̲ (Ohr)Läppchen n

lobo² ['lɔbu] M̲ Wolf m; **~ do mar** fig alter Seebär m; **velho ~** fig alter Fuchs m

lobo-cerval [lɔbusir'val] M̲ ⟨pl lobos-cervais⟩ Luchs m **lobo-marinho** [lɔbumɐ'riɲu] M̲ ⟨pl lobos-marinhos⟩ Seelöwe m

lôbrego ['lobrigu] düster, finster

lobrigar [lubri'gar] ⟨1o⟩ undeutlich sehen, erspähen; fig erahnen

lóbulo ['lɔbulu] M̲ Läppchen n

loca ['lɔka] F̲ Höhle f; Versteck n; **~ renal** Nierenhöhle f

locação [luka'sɐ̃ũ] F̲ ⓵ Vermietung f; quantia: Miete f; renda: Pacht f; CINE Location f, Drehort m **locador** [luka'dor] M̲ Vermieter m **locadora** [loka'dore] F̲ bras Verleih m, Vermietung f

local [lu'kal] A̲ ADJ örtlich, Orts..., lokal; **afecção f ~** lokale Erkrankung f B̲ M̲ Ort m, Stelle f; Örtlichkeit f; **~ do crime** Tatort m; **no próprio ~** an Ort und Stelle C̲ F̲ Lokalnachricht f; **-ais** pl Lokale(s) n **localidade** [lukali'dadʒi] F̲ Ort m; (povoação) (geschlossene) Ortschaft f **localização** [lukaliza'sɐ̃ũ] F̲ acto: Lokalisierung f; Lage f; ECON Standort m **localizado** [lukali'zadu] ADJ **bem ~** gut gelegen **localizar** [lukali'zar] ⟨1a⟩ lokalisieren; INFORM suchen

loção [lu'sɐ̃ũ] F̲ Waschung f; Lotion f; **~ capilar** Haarwasser n; **~ de barbear**, bras **~ pós-barba** Aftershave-Lotion f

locatário [luka'tarju] M̲, **-a** F̲ Mieter(in) m(f); (rendeiro) Pächter(in) m(f)

lockout [lɔ'kaut] M̲ Aussperrung f

locomoção [lukumu'sɐ̃ũ] F̲ Fortbewegung f; (transporte) Beförderung f **locomotiva** [lukumu'tivɐ] F̲ Lokomotive f **locomotor** [lukumu'tor] fortbewegend, Fortbewegungs...; **aparelho** m **~** ZOOL Fortbewegungsorgane npl **locomotriz** [lukumu'triʃ] ADJ F zu → locomotor

locução [luku'sɐ̃ũ] F̲ Ausdrucksweise f; Redewendung f; GRAM Ausdruck m

locutor(a) [luku'tor(ɐ)] M̲/F̲ RÁDIO, TV Ansager(in) m(f), Sprecher(in) m(f)

lodaçal [luda'sal] M̲ Morast m; Pfuhl m, Sumpf m **lodacento** [luda'sẽtu] → lodoso

lódão ['lɔdɐ̃ũ] M̲ ⟨pl lodãos⟩ Lotosblume f

lodo ['lodu] M̲ Schlamm m **lodoso** [lu'dozu] schlammig

loendro ['lwẽdru] M̲ BOT Oleander m

logarítmico [luga'ritmiku] ADJ **tábua** F̲ **-a** Logarithmentafel f **logaritmo** [luga'ritmu] M̲ MAT Logarithmus m

lógica ['lɔʒikɐ] F̲ Logik f **lógico** ['lɔʒiku] logisch

login [lɔ'gin] M̲ INFORM Login n; Benutzername m

logística [lu'ʒiʃtikɐ] F̲ Logistik f **logístico** [lu'ʒiʃtiku] logistisch

logo ['lɔgu] temporal: (so)gleich; (após) nachher; bald; consequência: also, demnach; **até ~!** bis später!; **desde ~** sogleich; gewiss; **para ~** alsbald; **~ a seguir** gleich darauf; **mais ~** nachher; **~ que** conj sobald

logotipo [lɔgɔ'tipu], **logótipo** [lɔ'gɔtipu] M̲ Logo n

logradouro [lugrɐ'doru] M̲ (gemeinschaftliche) Nutzfläche f; **~ público** öffentliche Anlage f **lograr** [lu'grar] ⟨1e⟩ A̲ V̲T̲ objectivo erreichen; (aproveitar) Nutzen haben von; alg hereinlegen B̲ V̲I̲ gelingen; sich durchsetzen **logro** ['logru] M̲ Genuss m; Besitz m; (engano) Schwindel m

loiça ['lojsɐ] Geschirr n; **~ de barro** Steingut n; Tonwaren fpl; **ser de outra ~** pop aus anderem Holz (geschnitzt) sein

lóio ['lɔju] M̲ Kornblume f

loira ['lojrɐ] F̲ Blondine f; bras **~ gelada** gekühltes Bier n

loiro ['lojru] ADJ M → louro

loja ['lɔʒɐ] F̲ Laden m, Geschäft n; **~ de artigos desportivos** (bras **esportivos**) Sportgeschäft n; **~ de conveniência** bras (*bis in die Nacht geöffnetes*) Geschäft, Convenience Store *m*; **~ de desconto** Discounter *m*; **~ de ferragens** Eisenwarenhandlung *f*; **~ de produtos naturais** Reformhaus *n*; **~ franca** Duty-free-Shop *m* **lojista** [lu'ʒiʃtɐ] F/M Ladeninhaber(in) *m*(*f*); Einzelhändler(in) *m*(*f*)

lomba ['lõbɐ] F Bergrücken *m*; Abhang *m*; **em ~** abschüssig **lombada** [lõ'badɐ] F GEOG Höhenzug *m*; *livro*: Buchrücken *m*; AUTO Bodenschwelle *f* (*auf Straßen*)

lombar [lõ'bar] Rücken...; Lenden...

lombo ['lõbu] M Lende *f* (*tb* GASTR); (Berg-, Buch)Rücken *m*; **~ assado** Rückenbraten *m*; **ter bons ~s** *port fam fig* breite Schultern haben

lombriga [lõ'brigɐ] F MED Spulwurm *m*

lona ['lonɐ] A F Segeltuch *n*, Plane *f*; *fam* Flunkerei *f* B F/M Tollpatsch *m*

Londres ['lõdriʃ] SEM ART London *n* **londrino** [lõ'drinu] A ADJ Londoner B M, **-a** F Londoner(in) *m*(*f*)

longa-metragem [lõgɐmiˈtraʒẽj] F ⟨*pl* longas-metragens⟩ TV Spielfilm *m*

longanimidade [lõgɐnimiˈdadi] F Langmut *f* **longânimo** [lõˈgɐnimu] langmütig

longarina [lõgɐˈrinɐ] F Holm *m*

longe ['lõʒi] A ADJ fern; **~s terras** *fpl* ferne Länder *npl* B ADV weit; **(ao) ~ in** der (*ou* die) Ferne; **de ~** von weitem; *fig* bei weitem; **~ de** weit (*ou* fern) von (*tb fig*); **de ~ em ~** dann und wann; **~ disso!** weit gefehlt!; **~ da vista** (*bras* **dos olhos**), **~ do coração** aus den Augen, aus dem Sinn C **~s** MPL vergangene Zeiten *fpl*; PINT Hintergrund *m*; *fig* entfernte Ähnlichkeit *f*; Spuren *fpl*

longevidade [lõʒiviˈdadi] F Langlebigkeit *f* **longevo** [lõˈʒevu] langlebig

longínquo [lõˈʒĩkwu] fern **longitude** [lõʒiˈtudi] F GEOG Länge *f* **longitudinal** [lõʒitudiˈnaɫ] Längen..., Längs...

longo ['lõgu] lang(wierig); weitläufig; weit; **ao ~ de** entlang (*gen*); während (*gen*) **lonjura** [lõˈʒurɐ] F Weite *f*, Ferne *f*

lontra ['lõtrɐ] F ZOOL Fischotter *m*

loquacidade [lukwɐsiˈdadi] F Geschwätzigkeit *f* **loquaz** [luˈkwaʃ] geschwätzig; zungenfertig

loquete [luˈketi] M Vorhängeschloss *n*

lorde ['lɔrdi] M Lord *m*; **câmara f dos ~s** POL Oberhaus *n*

Lorena [luˈrenɐ] F GEOG **a ~** Lothringen (*n*)

lorota [loˈrɔtɐ] F *bras* Geschwätz *n*; *fig* Ente *f* **lorotagem** [loroˈtaʒẽj] F *bras* Ammenmärchen *npl* **loroteiro** [loroˈteru] *bras* A ADJ verlogen B M, **-a** F Lügner(in) *m*(*f*)

lorpa ['lɔrpɐ] A ADJ naiv B F/M Einfaltspinsel *m* **lorpice** [lurˈpisi] F Einfältigkeit *f*

los [luʃ] PRON MPL sie; Sie

losango [luˈzɐ̃gu] M Raute *f*

lota ['lɔtɐ] F Fischmarkt *m*; ZOOL Quappe *f*; **vender à ~** *port* lose verkaufen

lotação [lutɐˈsɐ̃w̃] A F (*cálculo*) Schätzung *f*; *capacidade*: Belegung *f*; Auslastung *f*; *vinho*: Verschneiden *n*; NÁUT Lastigkeit *f*; **(com a) ~ esgotada →** lotado B M *bras* Kleinbus *m* **lotado** [luˈtadu] *sala, avião* voll besetzt; *espe*(*c*)*táculo* ausverkauft **lotar** [luˈtar] ⟨1e⟩ *número* (ab)schätzen; *vinho* verschneiden **lotaria** [lutɐˈriɐ] F *port* Lotterie *f*

lote ['lɔti] M (Lotterie)Los *n*; (*quinhão*) Anteil *m*; (*sorte*) Schicksal *m*; COM Posten *m*; *terreno*: Parzelle *f*; *endereço*: Hausnummer *f*; MIL Trupp *m*; NÁUT Lastigkeit *f* **loteamento** [lutjɐˈmẽtu] M Parzellierung *f* **loto** ['lɔtu] M Lotto *n*

louça ['losɐ] F → **loiça**

louco ['loku] wahnsinnig; **ser ~ por** verrückt sein nach; **doença f das vacas ~s** *fam* BSE *n* **loucura** [loˈkurɐ] F Wahnsinn *m*

loureiro [loˈrɐjru] M BOT Lorbeer *m*

louro[1] ['loru] M BOT Lorbeer *m*; **folha f de ~** Lorbeerblatt *n*; *fig* **~s** *pl* Triumph *m*, Sieg *m*

louro[2] ['loru] ADJ *cabelo* blond; GASTR assado *port* goldbraun

louro[3] ['loru] M *pop* (*papagaio*) Papagei *m*

lousa ['lozɐ] F Schiefer *m*; Schiefertafel *f*; Steinplatte *f*; *sepultura*: Grabstein *m*

louva-a-deus [lovaˈdewʃ] M ⟨*pl inv*⟩ ZOOL Gottesanbeterin *f* **louvado** [loˈvadu] M Sachverständige(r) *m*; DESP Schiedsrichter *m* **louvar** [loˈvar] ⟨1a⟩ loben; rühmen (**alg** j-n); schätzen (**em a**c) **louvável** [loˈvavɛɫ] lobenswert **louvor** [loˈvor] M Lob *n*; Lobrede *f*; Belobigung *f*

LP [ɛtʃi'pe] M̄ ABR LP f
LSD [ɛtʃɛsi'de] M̄ ABR *droga:* LSD n
lt. ABR (lote) **1** COM (Waren)Posten m **2** ARQUIT Parz. (Parzelle)
lua ['tua] F̄ Mond m; **~ cheia/nova** Voll-/Neumond m; **ser de ~s** launisch sein
lua-de-mel [tuaʒi'mɛɫ] F̄ Flitterwochen fpl
Luanda ['lwɐ̃da] SEM ART GEOG Luanda n (*Hauptstadt Angolas*) **luandense** [lwɐ̃'dẽsi] **A** ADJ aus Luanda, luandisch **B** M̄/F̄ Luander(in) m(f)
luar [lwar] M̄ Mondschein m, Mondlicht n; **está ~** der Mond scheint **luarento** [lwa'rẽtu] mondhell
lubricidade [tubrisi'dadʒi] F̄ Schlüpfrigkeit f; Lüsternheit f
lúbrico ['lubriku] schlüpfrig; lüstern
lubrificação [tubrifika'sɐ̃ũ] F̄ TECN Schmieren n **lubrificante** [tubrifi'kɐ̃tʃi] **A** ADJ Schmier...; **massa f ~** Schmierfett n **B** M̄ Schmiermittel n, -öl n; *corporal* Gleitmittel n **lubrificar** [tubrifi'kar] ⟨1n⟩ schmieren
lucarna [tu'karna] F̄ Dachfenster n
lúcia-lima [lusja'lima] F̄ BOT Zitronenverbene f, Zitronenstrauch m
lucidez [lusi'def] F̄ (geistige) Klarheit f
lúcido ['lusidu] klar; (*brilhante*) leuchtend; **intervalos** mpl **~s** lichte Augenblicke mpl
lucífugo [lu'sifugu] lichtscheu
lúcio ['lusju] M̄ Hecht m
lucrar [lu'krar] ⟨1a⟩ **A** V/T Gewinn einbringen; gewinnen (**com** bei) **B** V/I **~ com** Nutzen ziehen aus **lucrativo** [tukra'tʃivu] einträglich; lukrativ **lucro** ['tukru] M̄ Gewinn m; Ertrag m; **gerar ~** Profit erzeugen, Gewinn bringen
ludibriar [tudibri'ar] ⟨1g⟩ (*zombar*) verhöhnen; sich lustig machen über (*ac*); (*enganar*) betrügen (**em** bei) **ludíbrio** [tu'dibriu] M̄ (*zomba*) Hohn m; (*engano*) Betrug m; **tornar-se o ~** zum Gespött werden (**de** von) **ludibrioso** [tudibri'ozu] höhnisch
lúdico ['tudiku] spielerisch, Spiel...
lufa¹ ['tufa] F̄ **1** BOT Luffa f
lufa² ['tufa] F̄ Eile f; Hektik f; NÁUT Windsegel n
lufada [tu'fada] F̄ Windstoß m; **~ de ar fresco** frische Brise f; **às ~s** böig **lufa-lufa** [tufa'tufa] F̄ *pop* Hetze f; **andar nu-**

LUSC

ma ~ sich (ab)hetzen; **à ~** hastig **lufar** [tu'far] ⟨1a⟩ brausen, sausen
lugar [tu'gar] M̄ Ort m, Platz m, Stelle f; (*posição*) Stellung f; GEOG Ortschaft f; **de pé** Stehplatz m; *fam* **~ do morto** Beifahrersitz m; **~ sentado** Sitzplatz m; **um quatro ~es** AUTO ein Viersitzer m; **em ~ de** anstelle von; **em primeiro ~** erstens; zuerst; **um ~ ao sol** ein Platz an der Sonne; **dar ~ a** fig Anlass geben zu; **estar no seu ~** am Platz sein; im Recht sein; **ter ~** stattfinden **lugar-comum** [tugarku'mũ] M̄ ⟨*pl* lugares-comuns⟩ *fig* Gemeinplatz m **lugarejo** [tugaˈrɐiʒu] M̄ kleines Nest n, Ortschaft f **lugar-tenente** [tugartʃi'nẽtʃi] M̄ ⟨*pl* lugar-tenentes⟩ Stellvertreter m; Statthalter m
lugre [tu'gri] M̄ ZOOL Zeisig m
lúgubre [tu'gubri] schauerlich; düster
lula ['lula] F̄ Tintenfisch m; Kalmar m; GASTR **~s** pl **de caldeirada** Tintenfischeintopf mit Kartoffeln, Tomaten u. Weißwein
lumbago [lũ'bagu] M̄ Hexenschuss m
lume ['lumi] M̄ Feuer n; (*luz*) Licht n; **~ de água** Wasser(ober)fläche f; **~ de espelho** Spiegelfläche f; **pedir ~ a alg** j-n um Feuer bitten; **pôr ao ~** aufsetzen (*Topf*); **vir a ~** ans Licht kommen; **ter ~ de** Kenntnis haben von
lumieira [tu'mjeira] F̄, **lumieiro** [tu'mjeiru] M̄ Licht n; Lichtschein m; *velas:* Leuchter m
luminária [tumi'narja] F̄ Beleuchtung f; **~s** pl öffentliche Beleuchtung f; *fig* **As m luminescência** [tuminiʃ'sẽsja] F̄ FÍS Lumineszenz f, Leuchtkraft f **luminescente** [tuminiʃ'sẽtʃi] leuchtend **luminosidade** [tuminuzi'dadʒi] F̄ Helligkeit f; Leuchtkraft f **luminoso** [tumi'nozu] leuchtend; hell; Licht...
lunação [tuna'sɐ̃ũ] F̄ Mondumlauf m **lunar** [tu'nar] **A** ADJ Mond... **B** M̄ Muttermal n **lunático** [tu'natiku] mondsüchtig; wunderlich
luneta [tu'neta] F̄ Fernglas n, -rohr n; ARQUIT Rundfenster n
lupa ['tupa] F̄ Lupe f
lupanar [tupa'nar] M̄ Bordell n
lúpulo ['tupulu] M̄ BOT Hopfen m
lura ['tura] F̄ Kaninchenhöhle f
lusco-fusco [tuʃku'fuʃku] M̄ Dämmerung f

Lusitânia [ɫuziˈtɐnjɐ] *F̄* hist a ~ Lusitanien (n) **lusitano** [ɫuziˈtanu] hist **A** ADJ lusitanisch **B** *M̄* Lusitanier *m*
luso [ˈɫuzu] portugiesisch **luso-...** [ɫuzɔ-] EM COMP portugiesisch-... **luso-africano** [ɫuzɔɐfriˈkanu] portugiesisch-afrikanisch **luso-alemão** [ɫuzɔɐliˈmɐ̃ũ] ‹pl -ães› deutsch-portugiesisch **luso-brasileiro** [ɫuzɔbrɐziˈtʒɐiru] ‹pl ~s› portugiesisch-brasilianisch **lusodescendente** [ɫuzɔdiʃseˈdẽti] **A** ADJ portugiesischstämmig **B** *MF̄* Portugiesischstämmige(r) *m/f* **lusófilo** [ɫuˈzɔfiɫu] lusophil, portugalfreundlich **lusofonia** [ɫuzɔfuˈniɐ] *F̄* portugiesischer Sprachraum *m* **lusófono** [ɫuˈzɔfunu] portugiesischsprachig

▶ **luso = portugiesisch**

Der Name der alten römischen Provinz für das heutige Portugal war Lusitania. Die damals dort gesprochene, nur bruchstückhaft überlieferte Sprache nennt man Lusitanisch.
Das lateinische Wort **lusitani** (Lusitanier) ist vermutlich keltischen Ursprungs. In der antiken Mythologie galten Lusus und seine Schwester Lisa als Stammeltern der Lusitanier. Der berühmte portugiesische Dichter Luís Vaz de Camões hat in seinem Werk Os Lusíadas (Die Lusiaden) die Ruhmestaten der Lusitanier verewigt.
Auch heute noch wird die Wissenschaft, die sich mit der portugiesischen Sprache und Literatur beschäftigt, gern als Lusitanistik bezeichnet.
Die Gesamtheit der portugiesischsprachigen Länder wird unter dem Begriff **lusofonia** zusammengefasst. ◀

lustra-móveis [ɫuʃtrɐˈmɔvɐiʃ] *M̄* bras Möbelpolitur *f* **lustrar** [ɫuʃˈtrar] ‹1a› **A** VT blank putzen; *móvel* polieren; *soalho* bohnern; *fig* erleuchten **B** VI glänzen **lustre** [ˈɫuʃtri] *M̄* Glanz *m*; (*fama*) Ruhm *m*; (*candeeiro*) Kronleuchter *m* **lustro** [ˈɫuʃtru] *M̄* **1** Jahrfünft *n* **2** → lustre **lustroso** [ɫuʃˈtrozu] glänzend
luta [ˈɫutɐ] *F̄* Kampf *m*, Streit *m*; DESP Ringkampf *m*; *fig* Ringen *n*; ~ **de tra(c)ção** Tauziehen *n*; **entrar em** ~ in Streit geraten **lutador(a)** [ɫutɐˈdor(ɐ)] *M̄* Kämpfer(in) *m(f)*; DESP Ringer(in) *m(f)* **lutagem** [ɫuˈtaʒɐ̃ĩ] *F̄* TECN Kitten *n*; Abdichten *n* **lutar** [ɫuˈtar] ‹1a› **1** kämpfen (**por** für, **contra** gegen); streiten; sich herumschlagen (**com** mit); DESP ringen **2** TECN abdichten
luterano [ɫutiˈranu] **A** ADJ lutherisch **B** *M̄* Lutheraner *m*
luto [ˈɫutu] *M̄* **1** Trauer(kleidung) *f* (**deitar** *ou* **tomar** anlegen); ~ **aliviado** Halbtrauer *f*; ~ **pesado** (*ou* **fechado**) tiefe Trauer *f*; ~ **nacional** Staatstrauer *f*; **estar de** ~ trauern (**por um**) **2** TECN Kitt *m*
luva [ˈɫuvɐ] *F̄* Handschuh *m*; TECN Lasche *f*; Muffe *f*; Manschette *f*; *pop* Schmiergeld *n*; **assentar como uma** ~ wie angegossen sitzen; *fig* ~**s** *pl* Schmiergeld *n*; **dar/receber** ~**s** Schmiergeld zahlen/erhalten **luvaria** [ɫuvɐˈriɐ] *F̄* Handschuhgeschäft
luxação [ɫuʃɐˈsɐ̃ũ] *F̄* MED Verrenkung *f* **luxar** [ɫuˈʃar] ‹1a› **A** VT MED verrenken, auskugeln **B** VI sich kurieren lassen **Luxemburgo** [ɫuʃẽˈburɡu] *M̄* GEOG **o** ~ Luxemburg (*n*) **luxemburguês** [ɫuʃẽburˈɡeʃ] **A** ADJ luxemburgisch **B** *M̄*, **luxemburguesa** [ɫuʃẽburˈɡezɐ] *F̄* Luxemburger(in) *m(f)*
luxo [ˈɫuʃu] *M̄* Luxus *m*, Aufwand *m*; **dar-se ao** ~ **de** (*inf*) sich (*dat*) den Luxus leisten zu **luxuoso** [ɫuˈʃwozu] luxuriös, kostspielig **luxúria** [ɫuˈʃurjɐ] *F̄* BOT Üppigkeit *f*; *fig* Geilheit *f* **luxurioso** [ɫuʃuˈrjozu] üppig; *pessoa* geil; schamlos
luz [ɫuʃ] *F̄* Licht *n*; Augenlicht *n*; ~ **de marcha-atrás** AUTO Rückfahrscheinwerfer *m*; ~ **de projectores** Flutlicht *n*; ~ **de travagem** AUTO Bremslicht *n*; ~ **intermitente** Blinklicht *n*; ~**es de prevenção** AUTO Warnblinkanlage *f*; **meia** ~ Halbdunkel *n*; **acender/apagar a** ~ das Licht anschalten/ausschalten; **dar à** ~ gebären; **sair** (*ou* **vir**) **à** ~ herauskommen **B** *F̄* ~**es** PL Kenntnisse *fpl*; Bildung *f*; *hist* **século o das** ~**es** (Zeitalter *n* der) Aufklärung *f*
luzeiro [ɫuˈzɐiru] *M̄* Licht *n*; Lichtschein *m* **luzente** [ɫuˈzẽti] leuchtend
luzerna [ɫuˈzɛrnɐ] *F̄* BOT Luzerne *f*
luzidio [ɫuziˈdiu] leuchtend, schimmernd **luzir** [ɫuˈzir] ‹3m› leuchten; glänzen; strahlen; *fig* sich entwickeln
Lx.ª ABR AERO (Lisboa) Lissabon

M

M, m ['ɛmi, me] M, m *n*
m ABR (metro) m (Meter)
m. ABR (mês) Mt. (Monat); (minuto) min. (Minute), (morto) gest. (gestorben)
m ABR (meu, minha) mein(e)
ma [ma] CONTR de *me e a*
má [ma] ADJ F → mau
maca ['maka] F Tragbahre f; NÁUT Koje f; Transportwagen m
maça¹ ['masɐ] F Keule f; Ramme f
maça² ['masɐ] F *Angola* Mais m
maçã [mɐ'sɐ̃] F **1** Apfel m **2** *espada*: Degenknauf m; **~ do rosto** Backenknochen m
macabro [mɐ'kabru] schaurig, makaber; **dança f -a** Totentanz m
macaca [mɐ'kakɐ] F Affenweibchen n; *fig fam* hässliche Ziege f; ZOOL *Art* Seezunge f; **macacão** [mɐkɐ'kɐ̃w] M *pop* Schlitzohr n; *fato*: Overall m, Blaumann m **macaco** [mɐ'kaku] A ADJ gerissen; schlau B M ZOOL Affe m; TECN Hebebock m; Wagenheber m; *fam* Popel m; **~s me mordam se ...** *fam* der Schlag soll mich treffen, wenn ...; **tirar ~s** *port* popeln **macacoa** [mɐkɐ'koɐ] F *pop* Unpässlichkeit f
maçada [mɐ'sadɐ] F *fig* Scherereif *pl*; **dar ~s** *fam* Ärger geben, Schereieien machen; **que ~!** wie ärgerlich!
maçã-de-adão [mɐsɐ̃d(j)ɐ'dɐ̃w] M ⟨*pl* maçãs-de-adão⟩ ANAT Adamsapfel m
maçador [mɐsɐ'dor] A ADJ lästig; langweilig B M, **-a** [mɐsɐ'dorɐ] F Nervensäge f
macaense [mɐkɐ'ẽsi] A ADJ aus Macau B M/F Einwohner(in) *m(f)* von Macau
maçal [mɐ'saɫ] F Molke f
macambúzio [mɐkɐ̃'buzju] griesgrämig, mürrisch
maçaneta [mɐsɐ'netɐ] F Knauf m; Knopf m; Türdrücker m
mação [mɐ'sɐ̃w] M Freimaurer m
Macapá [makɐ'pa] *bras* Hauptstadt von *Amapá*
maçapão [mɐsɐ'pɐ̃w] M ⟨*pl* -ães⟩ Marzipan n

macaquear [mɐkɐ'kjar] ⟨1l⟩ nachäffen
macaquice [mɐkɐ'kisi] F Nachäfferei f; Affigkeit f **macaquinho** [mɐkɐ'kiɲu] M **ter ~s no sótão** *fam* e-n Vogel haben
maçar [mɐ'sar] ⟨1p; *Stv* 1b⟩ zerstampfen; zerreiben; *fig* langweilen; *(irritar)* ärgern; **~-se** de öde finden
maçarico [mɐsɐ'riku] M **1** TECN Lötlampe f; Schweißbrenner m **2** ZOOL Brachvogel m; **~-bastardo** M Wasserläufer m
maçaroca [mɐsɐ'rɔkɐ] F Spindel f; BOT (Mais)Kolben m; *cabelo*: Dutt m
macarrão [mɐkɐ'ʁɐ̃w] M Makkaroni *pl*; *bras* Nudeln *pl* **macarrónico (*ô)** [mɐkɐ'ʁɔniku] ADJ Makkaroni...; *fig* Kauderwelsch...; **latim m ~** Küchenlatein n
Macau [mɐ'kaw] M GEOG Macau n
macedónia (*ô) [mɐsi'dɔnjɐ] F GASTR Obstsalat m; **~ de legumes** Gemüseplatte f
Macedónia (*ô) [mɐsi'dɔnjɐ] F Mazedonien n **macedónio (*ô)** [mɐsi'dɔnju] A ADJ mazedonisch B M, **-a** [-jɐ] F Mazedonier(in) *m(f)*
Maceió [mase'jɔ] *Hauptstadt von Alagoas*
maceração [masirɐ'sɐ̃w] F Kräuterauszug m; *fig* Kasteiung f **macerar** [mɐsi'rar] ⟨1c⟩ e-n Auszug herstellen von; GASTR einlegen; *fig* quälen
maceta [mɐ'setɐ] F Schlegel m (*tb* MÚS)
macete [mɐ'seti] M Fäustel m; Holzhammer m
machada [mɐ'ʃadɐ] F Beil n **machadada** [maʃɐ'dadɐ] F Beilhieb m **machadar** [maʃɐ'dar] ⟨1b⟩ hacken **machadinha** [maʃɐ'diɲɐ] F kleines Beil n **machado** [mɐ'ʃadu] M Axt f
macha-fêmea [maʃɐ'femjɐ] F Scharnier n
machão [mɐ'ʃɐ̃w] M *bras pop* Macho m; Aufreißertyp m **machear** [mɐ'ʃjar] ⟨1l⟩ fälteln; TECN verzapfen; *animais* paaren **machete** [mɐ'ʃetɐ] F Buschmesser n **machimbombo** [maʃĩ'bõbu] M *Angola, Moçambique* Autobus m **machismo** [mɐ'ʃiʒmu] M Männlichkeitswahn m, Machismo m **machista** [mɐ'ʃiʃtɐ] A ADJ *fam* machomäßig B M *fam* Macho m
macho [mɐ'ʃu] A ADJ männlich B M ZOOL Männchen n; (*mulo*) Maulesel m; *colchete*: Haken m; ELECT Stecker m; *tor-*

MACH | 434

neira: Spindel *f*; TECN Gewindebohrer *m*
machucar [maʃuˈkar] ⟨1n⟩ zerdrücken, zerquetschen; *geralm tb*: verletzen
maciço [maˈsisu] **A** ADJ massiv; festgefügt; (*compacto*) dicht (gedrängt); (*importante*) gewichtig **B** M GEOG Massiv *n*
macieira [maˈsjɐjra] F Apfelbaum *m*
maciez [maˈsjeʃ], **macieza** [maˈsjezɐ] F Weichheit *f*
macilência [masiˈlẽsjɐ] F Abgezehrtheit *f* **macilento** [masiˈlẽtu] verhärmt; (*pálido*) bleich
macio [maˈsiu] weich; (*liso*) glatt, geschmeidig; *fig* sanft **maciota** [maˈsjɔtɐ] F *bras fam* **na ~** in aller Ruhe; locker
maço [ˈmasu] M Vorschlaghammer *m*; *papel*: Stapel *m*, Stoß *m*; *cigarros*: Päckchen *n*; Schachtel *f*
maçonaria [masunɐˈriɐ] F Freimaurerei *f*
maconha [maˈkõɲɐ] F *bras, Moçambique* Marihuana *f*
maçónico (*ô*) [maˈsɔniku] Freimaurer...
macota [maˈkɔte] *bras* **A** ADJ groß (-mächtig); (einfluß)reich; großartig **B** M Lokalmatador *m*
má-criação [makriaˈsɐ̃u] F Ungezogenheit *f*; Unverschämtheit *f*
macro [ˈmakru] F INFORM Makro *n* **macróbio** [maˈkrɔbju] **A** ADJ langlebig **B** M Greis *m* **macrobiótica** [makrɔˈbjɔtikɐ] F Makrobiotik *f* **macrocefalia** [makrɔsifɐˈliɐ] F Makrozephalie *f* **macroeconomia** [makrɔikɔnuˈmiɐ] F Volkswirtschaft *f*
maçudo [maˈsudu] *fig* langweilig, ermüdend
mácula [ˈmakulɐ] F Fleck *m*; Makel *m* **macular** [mɐkuˈlar] ⟨1a⟩ beflecken **maculatura** [mɐkulɐˈturɐ] F Makulatur *f*
macumba [maˈkũbɐ] F *bras* REL Macumba *m afrobras* Kult
Madagáscar [mɐdɐˈɡaʃkar] M Madagaskar *n*
madeira¹ [mɐˈdɐjrɐ] F Holz *n*; **~ de lei** Hartholz *n*; **pijama** *m* **de ~** *irón* Kiste *f* (*Sarg*)
madeira² [mɐˈdɐjrɐ] M Madeira(wein) *m*
Madeira [mɐˈdɐjrɐ] F GEOG Madeira *f*; **na ~** auf Madeira
madeiramento [mɐdɐjrɐˈmẽtu] M Holzkonstruktion *f*; *telhado*: Gebälk *n*; (Dach) Gestühl *n* **madeirar** [mɐdɐjˈrar] ⟨1a⟩ mit

e-r Holzkonstruktion versehen **madeireira** [mɐdɐjˈrɐjrɐ] F *bras* Holzhandel *m*
madeireiro [mɐdɐjˈrɐjru] **A** ADJ Holz... **B** M Holzhändler *m*
madeirense [mɐdɐjˈrẽsi] aus Madeira
madeiro [mɐˈdɐjru] M Balken *m*; Klotz *m* (*tb fig*)
madeixa [mɐˈdɐjʃɐ] F Strähne *f*; **~s** *pl* *cabeleireiro*: Strähnchen *n/pl*
madraçar [mɐdrɐˈsar] ⟨1p; Stv 1b⟩ faulenzen **madracice** [mɐdrɐˈsisi] F Faulenzerleben *n* **madraço** [mɐˈdrasu] **A** ADJ faul **B** M, **-a** F Faulpelz *m*
madrasta [mɐˈdraʃtɐ] **A** ADJ stiefmütterlich **B** F Stiefmutter *f*
madre [ˈmadri] F Nonne *f*; *tratamento*: Mutter *f*; ANAT Gebärmutter *f* **madrepérola** [madriˈpɛrulɐ] F Perlmutt *n*; Perlmutter *f* **madressilva** [madriˈsiɫvɐ] F BOT Geißblatt *n*
Madrid [mɐˈdri] SEM ART Madrid *n*
madrinha [mɐˈdriɲɐ] F *de baptismo*: Patin *f*, Patentante *f*; *de casamento*: Trauzeugin *f*
madrugada [mɐdruˈɡadɐ] F Tagesanbruch *m*, früher Morgen *m*; **de ~** im Morgengrauen; sehr früh **madrugador(a)** [mɐdruɡɐˈdor(ɐ)] M|F Frühaufsteher(in) *m(f)* **madrugar** [mɐdruˈɡar] ⟨1o⟩ sehr früh aufstehen; *fig* der Erste sein
madurar [mɐduˈrar] ⟨1a⟩ reifen **madurez** [mɐduˈreʃ] F, **madureza** [mɐduˈrezɐ] F Reife *f*; Überlegung *f*; *pop* Blödsinn *m*; (*mania*) Macke *f* **maduro** [mɐˈduru] reif; *pessoa* verständig; *relexão* reiflich; *port pop* blödsinnig
mãe [mɐ̃j] **A** F ⟨*pl* **mães**⟩ Mutter *f*; *fig* Ursprung *m*; **~ hospedeira** (*ou* **portadora**), **~ de aluguer** (*bras* **aluguel**) Leihmutter *f*; **~ de criação** Pflegemutter *f* **B** ADJ Ur..., Grund...; *bras fam* deftig, gewaltig **mãe-d'água** [mɐ̃jˈdaɡwɐ] F ⟨*pl* **mães-d'água**⟩ Quelle *f*; Wasserbecken *n* **mãe-de-santo** [mɐ̃jdʒiˈsɛtu] F *afrobras* REL Priesterin *f* **mãe-pátria** [mɐ̃jˈpatrjɐ] F ⟨*sem pl*⟩ Heimat *f*
maestrina [mɐɛʃˈtrinɐ] F MÚS Dirigentin *f* **maestro** [mɐˈɛʃtru] M MÚS Dirigent *m*; Maestro *m*
mãezinha [mɐ̃jˈziɲɐ] F *fam* Mutti *f*, Mama *f*
mafarrico [mɐfɐˈʀiku] *pop* M Teufel *m*
má-fé [maˈfɛ] F ⟨*pl* **más-fés**⟩ Falschheit *f*

mafiar [ma'fjar] ⟨1g⟩ *Moçambique* lügen
mafioso [ma'fjozu] **A** ADJ mafios, mafiös **B** M Mafioso *m*; *fam* Mafiosi *m*
maganão [magɐ'nɐ̃ũ] **A** ADJ toll; witzig **B** M, **maganona** [magɐ'nonɐ] F Schelm(in) *m(f)*; Schurke *m*, Schurkin *f*
maganice [magɐ'nisɨ] F Schelmenstreich *m*; Gerissenheit *f* **magano** [mɐ'ganu] **A** ADJ verschmitzt; durchtrieben **B** M, **-a** F toller Typ *m*; *(patife)* Schuft *m*
magarefe [magɐ'rɛfɨ] M Schlächter *m*
magazine [magɐ'zinɨ] M Magazin *n*
magia [mɐ'ʒiɐ] F Magie *f*; **~ negra** schwarze Magie *f*; **fazer ~** zaubern
mágica ['maʒikɐ] F Zauberkunststück *n*
magicar [mɐʒi'kar] ⟨1n⟩ grübeln
mágico ['maʒiku] **A** ADJ magisch; *fig* zauberhaft; **varinha** *f* **-a** Zauberstab *m* **B** M Magier *m*
magistério [mɐʒiʃ'tɛrju] M Lehramt *n*; Lehrerschaft *f*
magistrado [mɐʒiʃ'tradu] M *(juiz)* Richter *m*; *(procurador)* Staatsanwalt *m*; Magistrat *m* **magistral** [mɐʒiʃ'trał] ADJ meisterhaft; Meister... **magistratura** [mɐʒiʃtrɐ'turɐ] F Amtszeit *f*; Richteramt *n*
magnanimidade [magnɐnimi'dadɨ] F Großherzigkeit *f*, Großmut *f*; Milde *f* **magnânimo** [mɐ'gnɐnimu] gütig; großherzig
magnata [mɐ'gnatɐ], **magnate** [mɐ'gnatɨ] M Magnat *m*
magnésia [mɐ'gnɛzjɐ] F Magnesia *f*, Bittererde *f* **magnésio** [mɐ'gnɛzju] M Magnesium *n* **magnesite** [magni'ziti] F Bitterspat *m* **magnete** [mɐ'gnɛti] M Magnet *m* **magnético** [mɐ'gnɛtiku] magnetisch; **agulha** *f* **-a** Magnetnadel *f* **magnetismo** [magni'tiʒmu] M Magnetismus *m* **magnetite** [magni'titi] F Magnet(eisen)stein *m* **magnetizar** [magniti'zar] ⟨1a⟩ magnetisieren
magnificência [magnifi'sẽsjɐ] F Pracht *f*, Pomp *m*; Stolz *m* **magnificente** [magnifi'sẽtɨ] großartig; großzügig
magnífico [mɐ'gnifiku] herrlich, großartig; großzügig
magnitude [magni'tudɨ] F Größe(nordnung) *f*; *sismo:* Stärke *f* **magno** ['magnu] groß; **Carlos Magno** Karl der Große
magnólia [mɐ'gnɔłjɐ] F BOT Magnolie *f*
mago ['magu] **A** ADJ zauberhaft **B** M Magier *m*; **os Reis Magos** die Heiligen Drei Könige

mágoa ['magwɐ] F *fig* Schmerz *m*, Leid *n*
magoado [mɐ'gwadu] schmerzerfüllt
magoar [mɐ'gwar] ⟨1f⟩ wehtun; schmerzen; *(ofender)* kränken; **~-se** *port* sich verletzen
magote [mɐ'gɔti] M *fam* Trupp *m*; Haufen *m*
magreza [mɐ'grezɐ] F Magerkeit *f* **magricela(s)** [magri'sɛłɐ(ʃ)] M/F, **magrizela** [magri'zɛłɐ] M/F *fam* dürres Gestell *n*
magro ['magru] mager; **dia** *m* **de ~** Fasttag *m*
magusto [mɐ'guʃtu] M *fogueira*: Glut *f* zum Kastanienrösten; *castanhas*: Portion *f* Röstkastanien; *festa*: Sankt Martins Fest *n*
MAI ABR *port* (Ministério da Administração Pública *ou* Interna) Innenministerium *n*
maillot [ma'jo] M Gymnastikanzug *m*
mainato [mai'natu] M, **-a** F *Moçambique* Hausangestellte(r) *m(f/n)*
Maio ['maju] M Mai *m*
maiô [ma'jo] M *bras* Badeanzug *m*
maionese [majɔ'nɛzi] F Mayonnaise *f*
maior [mɐ'jɔr] **A** ADJ **1** *comp* → **grande** größer; *idade* älter; **o segundo ~** ... der zweitgrößte ... **2** *sup* → **grande o/a ~** der größte; ADV am größten **3** Haupt...; Ober...; **~ (de idade)** volljährig; **tom m ~** Durtonart *f*; **dó/ré/lá ~** C-/D-/A-Dur *n*; **a ~ parte de** der (die, das) meiste; die meisten; **a ~ parte das vezes** meistens; **sem problemas de ~, sem ~es problemas** *bras* ohne größere Probleme **B** M Volljährige(r) *m*; **ser o ~** *fig* der Größte sein; **~es** *pl* Vorfahren *mpl*
maioral [maju'rał] M Chef *m*; (Ober)-Haupt *n*; *carneiro*: Leittier *n*; **os maiorais** die Honoratioren *mpl*
Maiorca [mɐ'jɔrkɐ] SEM ART Mallorca (*n*)
maioria [maju'riɐ] F Mehrheit *f*; **em ~**, *bras* **na ~** in der Mehrzahl; **por ~** durch Stimmenmehrheit **maioridade** [majuri'dadɨ] F Volljährigkeit *f* **maioritário** [majuri'tarju] Mehrheits...
mais [majʃ] **A** ADV **1** mehr (**de** als); *(de resto)* außerdem; *preferência* lieber; *enumeração* und; **~ a/c/alg** noch etw/jemand; **a ~** überzählig; zu viel; **a ~ de** außer; **até ~ não** (*inf*) *fam* bis zum

Gehtnichtmehr; **cada vez ~** immer mehr; **cada vez ~ bonito** immer schöner; **~ dia menos dia** früher oder später; **~ e** immer mehr; **~ nada/ninguém** sonst nichts/niemand; **nada de ~** nichts Ungewöhnliches; **não ~ de** nicht mehr als; **nem ~, nem menos** genauso; **nem ~ nem menos** nicht mehr und nicht weniger; **para ~** zudem, überdies; **por de ~** übermäßig; **por ~ que** conj so sehr auch; **por ~ difícil que seja** so schwer es auch ist (ou sein mag); **(pouco) ~ ou menos** mehr oder minder; **que/quem ~?** was/wer noch?; **sem ~ aquela, sem ~, nem menos** mir nichts, dir nichts **2** COMP: **é ~ alto (do) que tu** er ist größer als du; **o ~ velho dos dois** der ältere von beiden; SUP: **é a ~ velha** sie ist am ältesten (ou die Älteste) **B** ADJ **os ~ navios** die übrigen Schiffe **C** M̄ **o ~** das Übrige; **tudo o ~** alles Übrige; **os ~** die meisten

Maisena® [mai'zenɐ] F̄ GASTR Maizena® n (Speisestärke)

mais-que-perfeito [maiʃkipɨr'fɐitu] M̄ Plusquamperfekt n **mais-que-tudo** [maiʃki'tudu] M̄/F̄ fam Herzallerliebste(r) m/f **mais-valia** [maiʒvɐ'liɐ] F̄ ⟨pl ~s⟩ COM Mehrwert m

maiúscula [ma'juʃkulɐ] F̄ Großbuchstabe m **maiúsculo** [ma'juʃkulu] groß

majestade [mɐʒɨʃ'tadi] F̄ Majestät f; Hoheit f **majestoso** [mɐʒɨʃ'tozu] majestätisch

major [mɐ'ʒɔr] M̄ Major m

majoração [mɐʒurɐ'sɐ̃u] F̄ salário, preço: Erhöhung f, Anhebung f **majorar** [mɐʒu'rar] ⟨1e⟩ salário, preço erhöhen, anheben **majoritário** [mɐʒori'tarju] bras Mehrheits...

mal [mat] **A** ADV schlecht; schlimm; (erradamente) falsch; (quase não) kaum; **menos ~** ganz gut; **~ e porcamente** fam mehr schlecht als recht; **acabar em ~** schlecht ausgehen; **dar-se ~ com alg** fam mit j-m nicht gut können; **estar (de) ~ com alg** j-m böse sein; **ficar ~** schlecht abschneiden; **ficar ~ a alg** vestuário: j-m nicht stehen; atitude: sich für j-n nicht gehören; **ir de ~ a pior** immer schlimmer werden; **regular ~** fam nicht ganz richtig im Kopf sein; **estou ~ es** geht mir schlecht **B** CJ kaum, dass; sobald **C** M̄ ⟨pl males⟩ Übel n; Böse n; (dano) Schaden m; (infelicidade) Unglück n; MED Leiden n; Krankheit f; **~ de amor** Liebeskummer m; **~ necessário** notwendiges Übel n; **o ~ menor, bras o menor dos ~es** das kleinere Übel; **a ~** im Bösen; ungern; **por ~ de** zur Strafe für; **por meu ~** zu meinem Unglück; **por bem ou por ~** so oder so; **deitar para o ~** port als Beleidigung auffassen; **dizer ~ de** herziehen über (ac); **fazer ~ a alg** j-m schaden; j-m schlecht bekommen; **levar (ou tomar) a ~** übel nehmen; **querer ~ a alg** j-m Übel wollen; **que ~ há nisso?** was ist dabei?

mala ['malɐ] F̄ Koffer m; AUTO Kofferraum m; **~ port de trazer ao ombro** Umhängetasche f; **~ diplomática** Diplomatengepäck n; **~ térmica** port Kühltasche f; **carrinho m das** (ou **de**) **~s** Kofferkuli® m; **fazer/desfazer a(s) ~(s)** packen/auspacken; **estar de ~s aviadas** auf gepackten Koffern sitzen

malabarismo [mɐlɐbɐ'riʒmu] M̄ Jonglieren n; **fazer ~** jonglieren **malabarista** [mɐlɐbɐ'riʃtɐ] M̄/F̄ Jongleur(in) m(f)

mal-acabado [mataka'badu] schlecht gemacht; fam gepfuscht

malacafento [malakɐ'fẽtu] bras leidend

mal-afamado [mataɐ'madu] berüchtigt

mal-afortunado [matafurtu'nadu] unglücklich **mal-agradecido** [matagrɐdi'sidu] undankbar

malagueta [mata'getɐ] F̄ kleine, sehr scharfe Chilischote

malaiko [ma'taiku] Angola pop schlecht; **estou ~** es geht mir nicht gut, ich fühle mich schlecht

malaio [ma'taju] **A** ADJ malaiisch **B** M̄, **-a** F̄ Malaie m, Malaiin f

mal-ajeitado [matɐʒɐi'tadu], **mal-a-manhado** [matɐmɐ'nadu] unordentlich; ungeschickt

malandragem [matɐ̃'draʒɐ̃i] F̄ pessoas: Gaunerpack n; acto: Gaunerstück n **malandrete** [matɐ̃'dreti] M̄ kleiner Gauner m **malandrice** [matɐ̃'drisi] F̄ Gaunerei f **malandro** [ma'tɐ̃dru] M̄ Strolch m

malaquite [mata'kiti] F̄, bras **malaquita** [mala'kitɐ] F̄ Malachit m

malar [ma'tar] ADJ/M ANAT (osso M̄) **~ M̄** Jochbein n

malária [ma'tarjɐ] F̄ Malaria f

mal-arrumado [mauaxu'madu] bras

quarto unordentlich, unaufgeräumt; *pessoa* schlampig angezogen
mal-asado [maɫƺ'azadu] ungeschickt **malas-artes** [maɫƺ'zartiʃ] FPL Pfusch *m*, Pfuscherei *f*; List und Tücke *f*
Malásia [mɜ'laƺja] F̄ GEOG **a ~** Malaysia (*n*)
mal-assombrado [maɫasõ'bradu] verhext **mal-aventurado** [maɫavẽtu'radu] unselig **mal-avindo** [maɫɜ'vĩdu] unverträglich **mal-avisado** [maɫavi'zadu] unklug
mal-azado [maɫƺ'azadu] ungünstig **malbaratamento** [maɫbaraƺ'mẽtu] M̄ Verschwendung *f* **malbaratar** [maɫbɜrɜ'tar] ⟨1b⟩, *bras* **malbaratear** [maubɜrɜ'tʃjax] ⟨1l⟩ verschleudern; vergeuden, verschwenden; *conselho* missachten **malbarato** [maɫbɜ'ratu] M̄ Vergeudung *f*; *conselho*: Missachtung *f*
malcasado [maɫkɜ'zadu] unglücklich verheiratet **malcheiroso** [maɫʃ[i'rozu] übel riechend **malcomportado** [maɫkõpor'tadu] ungezogen; frech **malcriado** [maɫkri'adu] A̲ ADJ ungezogen, flegelhaft B̲ M̄ Flegel *m* **malcuidado** [maɫkui'dadu] ungepflegt
maldade [maɫ'dadi] F̄ Bosheit *f*; Gemeinheit *f*; *criança*: Unart *f* **maldição** [maɫdi'sɜ̃ũ] F̄ Fluch *m* **maldisposto** [maɫdiʃ'poʃtu] ADJ ⟨*fsg*, *m/fpl* [-'po-]⟩ schlecht aufgelegt; MED unwohl **maldito** [maɫ'ditu] PP *irr* → **maldizer**; vertrackt **maldizente** [maɫdi'zẽti] A̲ ADJ lästernd; **pessoa** *f* ~ Lästermaul *n* B̲ M̄/F̄ Lästermaul *n* **maldizer** [maɫdi'zer] ⟨2t⟩ A̲ V̲T̲ verfluchen B̲ V̲I̲ fluchen (**de** über *ac*); lästern (**de** über *ac*) **maldoso** [maɫ'dozu] böse; boshaft
maleabilidade [mɜljabili'dadi] F̄ Geschmeidigkeit *f*; TECN Verformbarkeit *f*; *fig* Gefügigkeit *f* **malear** [mɜ'tʃar] ⟨1l⟩ *metal* hämmern; schmieden; *fig* gefügig machen; formen **maleável** [mɜ'tʃavɛɫ] A̲ ADJ geschmeidig; schmiedbar; *fig* gefügig
maledicência [mɜlidi'sẽsjɜ] F̄ üble Nachrede *f*; böse Zunge *f*
mal-educado [maɫidu'kadu] ungezogen **maleficência** [mɜlifi'sẽsjɜ] F̄ Boshaftigkeit *f* **maleficiar** [mɜlifi'sjar] ⟨1g⟩ schaden (*dat*); verwünschen **malefício** [mɜ-ti'fisju] M̄ Bosheit *f*; Hexerei *f* **maléfico** [mɜ'lɛfiku] bösartig; *influência* schädlich

maleita [mɜ'ʈɜitɜ] F̄ *fam* Wehwehchen *n*
mal-empregado [maɫẽpri'gadu] verschwendet; (*vão*) vergeblich **mal-encarado** [maɫẽkɜ'radu] (*sinistro*) verdächtig aussehend; (*mal disposto*) grimmig; (*doente*) krank aussehend **mal-ensinado** [maɫẽsi'nadu] ungezogen **mal-entendido** [maɫẽtẽ'didu] A̲ ADJ missverstanden B̲ M̄ Missverständnis *n* **mal-estar** [maɫiʃ'tar] M̄ *físico*: Unwohlsein *n*; *psíquico*: Unbehagen *n*
maleta [mɜ'letɜ] F̄ Köfferchen *n*; Tasche *f* (*in Kofferformat*)
malevolência [mɜlivu'lẽsjɜ] F̄ Abneigung *f*, Aversion *f* **malevolente** [mɜlivu'lẽti], **malévolo** [mɜ'lɛvulu] böswillig
malfadado [maɫfɜ'dadu] unselig; vom Unglück verfolgt **malfadar** [maɫfɜ'dar] ⟨1b⟩ Unglück verheißen (*ou* bringen) (*dat*); ins Unglück stürzen **malfazejo** [maɫfɜ'zɜiʒu] bösartig; schädlich **malfazer** [maɫfɜ'zer] ⟨2v⟩ schaden (*dat*); Böses tun **malfeito** [maɫ'fɜitu] schlecht (*gearbeitet*); *fam* gepfuscht; (*disforme*) unförmig; (*mau*) böse **malfeitor** [maɫfɜi'tor] M̄ Übeltäter *m*; Bösewicht *m* **malferido** [maɫfi'ridu] tödlich verwundet **malformação** [maɫfurmɜ'sɜ̃ũ] F̄ Missbildung *f* (*espec* MED)
malga ['maɫgɜ] F̄ *fam* Suppenschüssel *f*
mal-gastar [maɫgɜʃ'tar] ⟨1b⟩ verschleudern, verschwenden
malgaxe [maɫ'gaʃi] A̲ ADJ madagassisch B̲ M̄/F̄ Madagasse *m*, Madagassin *f*
malgovernar [maɫguvir'nar] ⟨1c⟩ Misswirtschaft treiben
mal-grado [maɫ'gradu] trotz; **~ meu** wider meinen Willen
malha ['maʎɜ] F̄ 1 Masche *f*; *fig* Netz *n*; **boa ~** *fig* gute Seele *f*; **~ caída** Laufmasche *f*; **~s** *pl* Strickwaren *fpl*; **fazer ~** stricken 2 Tracht *f* Prügel 3 ZOOL Fleck *m* (*im Fell*) **malhada** [mɜ'ʎadɜ] F̄ 1 Verwicklung *f*, Verwirrung *f* 2 AGR Dreschen *n* 3 Schafstall *m* **malhadeiro** [mɜʎɜ-'dɜiru] M̄ Dreschflegel *m*; *fig* Prügelknabe *m* **malhado** [mɜ'ʎadu] gefleckt; getigert **malhador** [mɜʎɜ'dor] M̄ Schläger *m*; Unruhestifter *m* **malhar** [mɜ'ʎar] ⟨1b⟩ A̲ V̲T̲ dreschen; schmieden; *bras pop* sich trimmen B̲ V̲I̲ **~ em** eindreschen auf (*ac*); *fig* herumhacken auf (*dat*) **malho** ['maʎu] M̄ Schmiede-, Vorschlaghammer

m; Schlegel m; Ramme f
mal-humorado [maɫumuˈradu] schlecht gelaunt; verdrossen
malícia [mɐˈɫisjɐ] F Bosheit f **malicioso** [mɐɫiˈsjozu] verschlagen
maligna [mɐˈɫignɐ] F fam port Typhus m; bras Malaria f **malignidade** [mɐɫigniˈdadi] F Bösartigkeit f (tb MED) **maligno** [mɐˈɫignu] bösartig (espec MED); böse
má-língua [maˈɫigwɐ] F ‹pl más-línguas› böse Zunge f
mal-intencionado [maɫĩtẽsjuˈnadu] böse gesinnt; heimtückisch **maljeitoso** [maɫʒajˈtozu] ungeschickt, tölpelhaft
malmequer [maɫmiˈkɛr] M Ringelblume f
malnascido [maɫnɐʃˈsidu] vom Unglück verfolgt **malnutrição** [maɫnutriˈsɐ̃ũ] F Unterernährung f
malograr [mɐɫuˈgrar] ‹1e› zerstören; plano vereiteln; **~-se** scheitern; misslingen **malogro** [mɐˈɫogru] M Fehlschlag m; Misserfolg m; Scheitern n
malote [mɐˈɫɔti] M kleiner Koffer m; bras Kurierpost f
malparado [maɫpɐˈradu] A ADJ gefährdet; unsicher B M FIN, COM Wertberichtigung f (Kreditwesen)
malquerença [maɫkɨˈrẽsɐ] F Abneigung f **malquerente** [maɫkɨˈrẽti] feindselig **malquerer** [maɫkɨˈrer] ‹2s› übelwollen (dat); hassen
malsão [maɫˈsɐ̃ũ] ADJ ‹mpl ~s›, F **malsã** [maɫˈsɐ̃] clima ungesund; pessoa kränklich; (convalescente) kaum genesen
malsoante [maɫˈswɐ̃ti] übel klingend; misstönend; fig anstößig **malsofrido** [maɫsuˈfridu] ungehalten, ungeduldig
malta [ˈmaɫtɐ] F (ralé) Gesindel n; trabalhadores: Wanderarbeiter; fam Bande f, Haufen m; **a ~** fam wir; meen
Malta [ˈmaɫtɐ] F GEOG **(a ilha de) ~** Malta (n)
malte [ˈmaɫti] M Malz n
maltrapilho [maɫtrɐˈpiʎu] A ADJ zerlumpt B M Lump m **maltratar** [maɫtrɐˈtar] ‹1b› misshandeln; schlecht behandeln
maluco [mɐˈɫuku] A ADJ verrückt B M Spinner m **maluqueira** [mɐɫuˈkajrɐ] F Verrücktheit f **maluquice** [mɐɫuˈkisi] F Unsinn m
malva [ˈmaɫvɐ] F BOT Malve f; **ir às ~s**

fam ins Gras beißen
malvadez [maɫvɐˈdeʃ] F Tücke f; Bosheit f **malvado** [maɫˈvadu] A ADJ böse; (criminoso) verbrecherisch B M Bösewicht m
malvaísco [maɫvɐˈiʃku] M Eibisch m **malva-rosa** [maɫvɐˈrɔzɐ] F Stockrose f
malversar [maɫvɨrˈsar] ‹1c› veruntreuen
malvisto [maɫˈviʃtu] unbeliebt
mama [ˈmamɐ] F 1 mulher: Brust f; animal: Euter n; Zitze f; (leite materno) Muttermilch f; **cancro** m (bras **câncer** m) **de ~** Brustkrebs m; **criança** f **de ~** port Säugling m; **~s** pl fam Busen m 2 Stillzeit f
mamã [mɐˈmɐ̃] F Mama f **mamadeira** [mɐmɐˈdajrɐ] F (Mutter)Milchpumpe f; bras Babyflasche f **mamãe** [mɐˈmɐ̃j̃] F bras Mama f, Mutti f **mamão** [mɐˈmɐ̃ũ] A ADJ saugend, Milch... B M 1 port Säugling m 2 BOT Papaya f **mamar** [mɐˈmar] ‹1a› saugen; stillen; säugen; fig lucro einstreichen; **~-se** fam hereinlegen; **~ alg** j-n abspenstig machen; **dar de ~ a bébé** stillen; **~ o** (ou **no**) **dedo** port am Finger lutschen **mamário** [mɐˈmarju] Brust...; Milch...
mamarracho [mɐmɐˈʀaʃu] M pej (quadro) Schinken m; (pintor) Farbkleckser m; (casa) Klotz m
mamata [mɐˈmatɐ] F bras Schiebung f
mambo [ˈmɐ̃bu] M Angola fam Dings(da) n
mamelão [mɐmiˈlɐ̃ũ] M Hügel m **mameluco** [mameˈluku] M bras Mestize m **mamífero** [mɐˈmifɨru] M Säugetier n **mamilar** [mɐmiˈlar] Brust... **mamilo** [mɐˈmilu] M pessoa: Brustwarze f; animal: Zitze f
mamoeiro [mɐˈmwajru] M Papayastaude f
mamona [mɐˈmonɐ] F Papaya f **mamute** [mɐˈmuti] M Mammut n
mana [ˈmanɐ] F fam Schwester f
manada [mɐˈnadɐ] F Herde f
manancial [mɐnɐ̃ˈsjaɫ] A ADJ unversiegbar B M Quelle f; fig Flut f
manápula [mɐˈnapulɐ] F Pranke f
manar [mɐˈnar] ‹1a› VT líquido aus-, vergießen; pensamentos hervorbringen B VI quellen, strömen; **~ de** entströmen, -springen (dat); herkommen von; hervorgehen aus
manata [mɐˈnatɐ] M pop Bonze m

manatim [mɐnɐˈti] M̄ ZOOL Manati n
Manaus [maˈnauʃ] Hauptstadt von Amazonas

 Manaus

Manaus ist die Hauptstadt des Bundesstaates Amazonas, liegt aber am **Rio Negro**, elf Kilometer vor dessen Mündung in den Amazonas. In der Zeit zwischen 1870 und 1910 wurde die Stadt durch den Kautschuk reich und weltbekannt, da die Region lange Zeit der einzige Lieferant von Rohgummi war. Heute kennt man Manaus eher wegen des historischen Opernhauses **Teatro Amazonas** sowie als touristischen Ausgangspunkt für Ausflüge in den nahe gelegenen, artenreichen tropischen Urwald. Das prächtige Teatro Amazonas wurde nach 15 Jahren Bauzeit am 31. Dezember 1896 auf dem Höhepunkt des Kautschukbooms eröffnet.

mancada [mẽˈkade] F̱ bras fam Ausrutscher m; Blödsinn m; **dar uma ~** sich e-n Schnitzer leisten
mancal [mɐ̃ˈkał] M̄ TECN (Achs)Lager n
mancar [mɐ̃ˈkar] ⟨1n⟩ pop hinken
mancarra [mɐ̃ˈkaʁɐ] F̱ Guiné, Cabo Verde Erdnuss f
mancar-se [mẽˈkaʁsi] bras fam es raffen, es (endlich) kapieren
manceba [mɐ̃ˈseba] F̱ hist Mätresse f; Konkubine f **mancebia** [mɐ̃siˈbiɐ] F̱ hist wilde Ehe f; lockeres Leben n **mancebo** [mɐ̃ˈsebu] A ADJ jung B M̄ lit Jüngling m; fig stummer Diener m
mancha [ˈmɐ̃ʃɐ] F̱ Fleck m; (defeito) Makel m **Mancha** [ˈmɐ̃ʃɐ] F̱ GEOG **a ~** der Ärmelkanal m **manchado** [mɐ̃ˈʃadu] fleckig **manchar** [mɐ̃ˈʃar] ⟨1a⟩ A V/T beflecken (tb fig); schmutzig machen B V/I schmutzig werden; **~-se** de sich beklekkern mit
manchete [mɐ̃ˈʃeti] F̱ Schlagzeile f
manchil [mɐ̃ˈʃił] M̄ Hackmesser n
manco [ˈmɐ̃ku] A ADJ hinkend B M̄, **-a** F̱ hinkende(r) Mann(Frau) m(f); **estar ~** hinken
mancomunação [mɐ̃kumunɐˈsɐ̃u] F̱ gemeinsames Vorgehen n; POL Verschwörung f; abgekartete Sache f **mancomunar** [mɐ̃kumuˈnar] ⟨1a⟩ verabreden; **mancomunar-se** sich verschwören
manda [ˈmɐ̃dɐ] F̱ LIT Verweis m **manda-chuva** [mɐ̃dɐˈʃuvɐ] M̄ bras fam hohes Tier n; Boss m **mandado** [mɐ̃ˈdadu] M̄ 1 Bote m; Abgesandter m 2 Auftrag m; (despacho) Befehl m; **~ de busca (domiciliar)** (Haus)Durchsuchungsbefehl m; **~ de cobrança** Einziehungsauftrag m; **~ de segurança** einstweilige Verfügung f
mandamento [mɐ̃dɐˈmẽtu] M̄ Gebot n (tb REL); MIL Kommando n **mandante** [mɐ̃ˈdɐ̃ti] M/F DIR Mandant(in) m(f); **roda** f **~** Triebrad n **mandão** [mɐ̃ˈdɐ̃ũ] M̄ herrschsüchtiger Mensch m; fig Machthaber m
mandar [mɐ̃ˈdar] ⟨1a⟩ **~ alg** j-m befehlen; espec j-n beauftragen(**a fazer a/c** mit etw); **~ a/c** etw anordnen; etw schicken; **~ em alg** j-n herumkommandieren; **~ embora** wegschicken; **~ por** suchen lassen nach; **~ à estampa** in Druck geben; **~ à fava, ~ bugiar** fam zum Teufel schicken; **~ para outra vida** ins Jenseits befördern; **~ fazer** etw tun lassen; veranlassen; vestido nähen lassen; móvel etc herstellen lassen; **~ uma carta/um fax** e-n Brief/ein Fax senden; **~ um recado** Bescheid geben, etwas ausrichten lassen; bras fam **~ brasa** loslegen; **~ vir a/c** etw bestellen; **~ vir** fam auf den Putz hauen; sich aufspielen
mandarete [mɐ̃dɐˈreti] M̄ Laufbursche m; Bote(njunge) m
mandarim [mɐ̃dɐˈri] M̄ Mandarin m
mandatário [mɐ̃dɐˈtarju] M̄ Mandatar m; Beauftragte(r) m **mandato** [mɐ̃ˈdatu] M̄ Mandat n; **~ de captura** (ou **prisão**) Haftbefehl m; **~ de soltura** DIR Entlassungsbescheid m
mandíbula [mɐ̃ˈdibulɐ] F̱ ANAT Kinnlade f; Unterkiefer m; ZOOL Geweih n; insecto: Zange f; TECN Greifer m
mandioca [mɐ̃ˈdjɔkɐ] F̱ Maniok m
mando [ˈmɐ̃du] M̄ Befehl(sgewalt) m(f)
mandolim [mɐ̃duˈłĩ] M̄ Mandoline f
mandona [mɐ̃ˈdonɐ] F̱ herrschsüchtige Frau f
mândria [ˈmɐ̃drjɐ] F̱ Faulheit f
mandrião [mɐ̃driˈɐ̃ũ] A ADJ faul B M̄ Faulpelz m, Faulenzer m, Tagedieb m
mandriar [mɐ̃driˈar] ⟨1g⟩ faulenzen

mandriice [mɐ̃dri'isi] *F* → mândria
mandril [mɐ̃'dril] *M* **1** TECN Bohrkopf *m*; Dorn *m* **2** ZOOL *macaco*: Mandrill *m*
mandrilagem [mɐ̃dri'łaʒɐ̃j] *F* Ausbohren *n*
mandriona [mɐ̃dri'ona] *F* Faulenzerin *f*
manducar [mɐ̃du'kar] ⟨1n⟩ *fam* essen, kauen **manduco** [mɐ̃'duku] *M fam* Broterwerb *m*
maneabilidade [mɐnjɐbiɬi'dadi] *F* Handhabbarkeit *f*
maneio [mɐ'nɐju] *M* Handhabung *f*; (*direcção*) Lenkung *f*, Steuerung *f*; **fundo de ~** Rücklage *f*; Reserve *f*
maneira [mɐ'nɐjrɐ] *F* Art *f* (und Weise *f*); (*possibilidade*) Möglichkeit *f*; **~s** *pl* Benehmen *n*; **~ de falar** (*ou* **dizer**) Ausdrucksweise *f*; **~ de pensar** Denkweise *f*; **à ~ de** nach Art (*gen*); **à ~ portuguesa** auf portugiesische Art; **de ~ nenhuma** (*ou* **alguma**) keineswegs; **de qualquer ~** irgendwie; jedenfalls; **de a** (*inf*) **de ~ que** *ind* (*ou conj*) so (*ou* dergestalt), dass; **fazer de ~ que** es so einrichten, dass; **não há ~ de** (*inf*) es ist völlig unmöglich zu **maneirinho** [mɐnɐj'riɲu] handlich; leicht **maneirismo** [mɐnɐj'riʒmu] *M* Manierismus *m* **maneiro** [mɐ'nɐjru] handlich; bequem; manierlich
manejar [mɐni'ʒar] ⟨1d⟩ handhaben; betätigen; *ferramenta, arma* führen; *leme, alg* lenken; *língua* beherrschen **manejável** [mɐni'ʒavɛɬ] handhabbar; *pessoa* lenkbar; beherrschbar **manejo** [mɐ'nɐjʒu] *M* Handhabung *f*; *máquina*: Bedienung *f*; Behandlung *f* (*direcção*) Führung *f*; *cavalo*: Dressur *f*; *recinto*: Reitschule *f*; **~s** *pl fig* Machenschaften *fpl*; Kniffe *mpl*
manequim [mɐni'ki] *M profissão, mulher*: Modell *n*; Mannequin *f*; *boneca*: Schaufenster-, Schneiderpuppe *f*; *port fam* Modepuppe *f*
maneta [mɐ'nɐta] **A** *ADJ* einarmig **B** *M* Teufel *m*
manga ['mɐ̃gɐ] *F* **1** Ärmel *m*; (Lampen)Zylinder *m*; TECN Stutzen *m*, Muffe *f*; **~ de água** Wasserhose *f*; **dar ~s a alg** j-m Gelegenheit geben; **não ter pano para ~s** *fam* keine großen Sprünge machen können; **de ~ comprida/curta** lang-/kurzärmelig; **em ~s (de camisa)** in Hemdsärmeln; **arregaçar as ~s** die Ärmel hochkrempeln **2** BOT Mango(frucht) *f* **3** *bras* Koppel *f*
mangação [mɐ̃gɐ'sɐ̃ʊ̃] *F* Spott *m*
manganês [mɐ̃gɐ'neʃ] *M* Mangan *n*
mangar [mɐ̃'gar] ⟨1o⟩ spaßen; witzeln
mangolé [mɐ̃go'łɛ], **mangolê** [mɐ̃go'łɛ] → mwangolé
mangonha [mɐ̃'goɲa] *F* Angola pop Faulheit *f*; Getrödel *n*
manguara [mɐ̃'gware] *F bras* Stock *m*
mangue [mɐ̃gi] *M* BOT Mangrove *f*; GEOG Mangrovenküste *f*; *bras pop* Straßenstrich *m*
mangueira¹ [mɐ̃'gɐjrɐ] *F* BOT Mangobaum *m*
mangueira² [mɐ̃'gɐjrɐ] *F* (Wasser-)Schlauch *m*
mangueiro [mɐ̃'geru] *bras* halsstarrig
manguito [mɐ̃'gitu] *M pop* obszöne Geste der Verachtung (geballte Faust mit erhobenem Unterarm); ≈ Stinkefinger *m*
mangusto [mɐ̃'guʃtu] *M* ZOOL Manguste *f*, Mungo *m*
manha ['mɐɲa] *F* Trick *m*; Tücke *f*; **~s** *pl* Schliche *mpl*; **fazer ~** *bras fam* quengeln, Theater machen; **ter ~s** verschlagen sein; Mucken haben
manhã [mɐ'ɲɐ̃] *F* Morgen *m*; Vormittag *m*; **de ~, pela ~** morgens; vormittags; **esta ~** heute Morgen; **amanhã de ~** morgen früh (*ou* Vormittag); **de ~ cedo** frühmorgens; **ao romper da ~** im Morgengrauen **manhãzinha** [mɐɲɐ̃'ziɲa] *F* früher Morgen *m*
manheiro [mɐ̃'ɲeru] *bras* launisch; störrisch **manhoso** [mɐ'ɲozu] gerissen, verschlagen; tückisch, (*delicado*) heikel; *bras* quengelig
mania [mɐ'niɐ] *F* Manie *f*; *fig* Marotte *f*, Schrulle *f*; fixe Idee *f*; **estar com a ~** *fam* s-n Rappel haben; **~ da** (*bras* **de**) **perseguição** Verfolgungswahn *m*; **~ das grandezas** (*bras* **de grandeza**) Größenwahn *m*
maníaco [mɐ'niakʊ] manisch; *fig* besessen; **~ por** versessen auf (*ac*)
maniatar [mɐnjɐ'tar] ⟨1b⟩ Fesseln anlegen; *fig* knebeln
manicómio (*ô) [mɐni'kɔmju] *M* Irrenhaus *n*
manicura [mɐni'kurɐ] *F*, **manicure** [mɐni'kuri] Maniküre *f*, Nageldesignerin *f*
manifestação [mɐnifɨʃtɐ'sɐ̃ʊ̃] *F* Äußerung *f*; Demonstration *f*; Anzeichen *n*;

POL Kundgebung f **manifestante** [mɐnifiʃ'tɐ̃ti] M/F Demonstrant(in) m(f) **manifestar** [mɐnifiʃ'tar] ⟨1c⟩ zeigen; zum Ausdruck bringen (a gegenüber); **~-se** a/c ausbrechen; sich zeigen; alg sich aussprechen (**contra** gegen, **por** für) **manifesto** [mɐni'fɛʃtu] **A** ADJ offenkundig; eindeutig **B** M Manifest n; **dar ao ~** mercadoria deklarieren; **dar o corpo ao ~** sich exponieren

manilha [mɐ'niʎɐ] F **1** braço: Armreif m; pé: Fußring m; algemas: Handschelle f; canalização: Kanalisationsrohr n; elo: (Ketten)Glied n **2** Manila-Zigarre f **3** Joker m

maningue [mɐ'nĩgi] Moçambique viel; sehr

manipanso [mɐni'pɐ̃su] M Götze m; Fetisch m; fam fig Fettwanst m **manipresto** [mɐni'prɛʃtu] fingerfertig

manipulação [mɐnipuɫɐ'sɐ̃u] F Manipulation f tb fig; Handhabung f; Handgriff m

manipular [mɐnipu'ɫar] ⟨1a⟩ manipulieren tb fig; handhaben; FARM Arznei herstellen **manipulável** [mɐnipu'ɫavɛɫ] manipulierbar

manípulo [mɐ'nipuɫu] M **1** Büschel n **2** TECN Handgriff m; Hebel m

manivela [mɐni'vɛɫɐ] F Kurbel f; **~ de comando** Schalt-, Steuerhebel m; **dar à ~** die Kurbel drehen; (an)kurbeln

manjar [mɐ̃'ʒar] **A** M Speise f; fig Leckerbissen m **B** ⟨1a⟩ essen, speisen **manjedoura** [mɐ̃ʒi'dorɐ] F (Futter)Krippe f

manjericão [mɐ̃ʒiri'kɐ̃u] M, **manjerico** [mɐ̃ʒi'riku] M Basilikum n **manjerona** [mɐ̃ʒi'ronɐ] F Majoran m

mano [mɐnu] M fam Bruder m

manobra [mɐ'nɔbrɐ] F Manöver n; FERROV Rangieren n; fig Machenschaft f; TECN Steuerung f; **a ~ de abrir/fechar** das Öffnen/Schließen; **~s** pl NÁUT Tauwerk n; **fazer ~s** manövrieren; MIL Manöver abhalten; FERROV rangieren **manobrabilidade** [mɐnubrɐbiɫi'dadi] F Manövrierfähigkeit f; Handhabbarkeit f **manobrar** [mɐnu'brar] ⟨1e⟩ **A** VI/T handhaben; steuern; fam fig schaukeln **B** VI manövrieren; rangieren

manómetro (*ô) [mɐ'nɔmitru] M Druckmesser m, Manometer n; **~ de pressão de óleo** Öldruckanzeige f

manquejar [mɐ̃ki'ʒar] ⟨1d⟩ hinken

mansão [mɐ̃'sɐ̃u] F luxuriöse Wohnung f; Villa f **mansarda** [mɐ̃'sardɐ] F Mansarde f

mansidão [mɐ̃si'dɐ̃u] F Sanftheit f; Milde f; animal: Zahmheit f **mansinho** [mɐ̃'siɲu] ADV **de ~** ganz leise **manso** ['mɐ̃su] sanft; vento mild; animal zahm; planta edel; (sem ruído) still; leise; (devagar) sacht

manta¹ ['mɐ̃tɐ] F Decke f; (capa) Hals-, Kopftuch n; AGR Beet n; (camada) Schicht f; **~ de retalhos** port Flickenteppich m; fig Flickwerk n

manta² ['mɐ̃tɐ] F ZOOL (Teufels)Rochen m

manteiga [mɐ̃'tɐiɡɐ] F Butter f; **dar ~ a alg** port pop j-m Honig ums Maul schmieren; **ser pão com ~** fam kinderleicht sein **manteigoso** [mɐ̃tɐi'ɡozu] butterhaltig, Butter...; butterig **manteigueira** [mɐ̃tɐi'ɡɐirɐ] F Butterdose f

mantença [mɐ̃'tẽsɐ] F Unterhalt m **manter** [mɐ̃'ter] ⟨2xa⟩ família unterhalten; ordem (ein)halten; opinião beibehalten; calma bewahren; **~ de** (ou **em**) **pé** aufrecht halten; fig aufrechterhalten, beibehalten; **~-se** sich er(halten); bleiben (**em** bei); **~-se ao corrente** sich auf dem Laufenden halten

mantilha [mɐ̃'tiʎɐ] F Mantille f

mantimento [mɐ̃ti'mẽtu] M (alimento) Nahrung f; (manutenção) Erhaltung f; Unterhalt m; **~s** pl Verpflegung f, Nahrungsmittel npl

manto ['mɐ̃tu] M Umhang m, Überwurf m; fig Mantel m

manual [mɐ'nwaɫ] **A** ADJ Hand...; handgearbeitet; **habilidade f ~** Geschicklichkeit f **B** M Handbuch n

manuelino [mɐnwɛ'ɫinu] ADJ port hist manuelinisch; **estilo m ~** port. Kunststil des 15. - 16. Jahrhunderts

manufa(c)tor [mɐnufɐ'tor] **A** ADJ Gewerbe...; **indústria f ~** Handwerk n; Gewerbe n **B** M Hersteller m; Fabrikant m **manufa(c)tura** [mɐnufɐ'turɐ] F **1** Fabrik f **2** actividade: Handarbeit f; (produção) Herstellung f; produto: Erzeugnis n; Fabrikat n; Fabrikware f **manufa(c)turado** [mɐnufɐtu'radu] ADJ **artigos** MPL **~s** Industrieerzeugnisse npl **manufa(c)turar** [mɐnufɐtu'rar] ⟨1a⟩ herstellen **manufa(c)tureiro** [mɐnufɐtu'rɐiru] ge-

werbetreibend; Fabrik...
manuscrito [mɐnuʃˈkritu] **A** _ADJ_ handschriftlich **B** M̄ Manuskript n
manusear [mɐnuˈzjar] V̄ī handhaben
manuseio [mɐnuˈzaju] M̄ Handhabung f; **de fácil ~** benutzerfreundlich
manutenção [mɐnutẽˈsɐ̃ũ] F̄ Aufrechterhaltung f; (serviço) Unterhalt m; (gestão) Verwaltung f; TECN Wartung f
mão [mɐ̃ũ] F̄ ⟨pl **mãos**⟩ ANAT Hand f; medida: Hand f voll; pata: Vorderpfote f; ave: (Vogel)Klaue f; TECN Stößel m, Stampfer m; Griff m; tinta: Anstrich m, Schicht f; (apoio) Beistand m; Vorhand f; (direcção) Fahrtrichtung f; **~ única** bras Einbahnstraße f; **boas ~s** pl geschickte Hände fpl; **à ~** mit der (ou von) Hand; (perto) zur (ou bei der) Hand; **à ~ direita/esquerda** rechter/linker Hand; **às ~s cheias** fig mit vollen Händen; **contra ~** entgegen der Fahrtrichtung; **da ~ à boca** unversehens; **de ~ beijada** gratis; **de em ~** von Hand zu Hand; **de boa ~** aus sicherer Quelle; **de ~s dadas** Hand in Hand; **de ~s postas** mit gefalteten Händen; **debaixo** (ou **por baixo**) **de ~** unter der Hand; **do pé para a ~** im Handumdrehen; **em primeira/segunda ~** aus erster/zweiter Hand; **fora de ~** abgelegen; nicht greifbar; **limpo de ~s** fig sauber; integer; **por ~ própria, por suas ~s** eigenhändig, selbst(ständig); **~s à obra!** an die Arbeit!; **abrir** (ou **largar**) **~ de** alg loslassen; a/c verzichten auf; **andar nas** (ou **em**) **~s de** alg in j-s Händen sein; durch j-s Hände gehen; **apertar a ~ a** (bras **de**) alg j-m die Hand drücken; **correr a ~ por** mit der Hand streichen über (ac); **dar a ~ a** alg j-m helfen; **dar a última ~ a** letzte Hand anlegen an (ac); **dar de ~ aufgeben**; im Stich lassen; **deitar a(s) ~(s) a** (an)packen; zu Hilfe eilen (dat); **esfregar as ~s de contente** sich vor Vergnügen die Hände reiben; **estar na ~ de** alg in j-s Hand liegen; **estar nas ~s de** alg in j-s Hand sein; **fazer ~ baixa de** pop klauen; **ir à ~ de** alg j-m in den Arm fallen; **lançar ~ de** zurückgreifen auf (ac), sich bedienen (gen); **levar (ou meter) a ~ a** die Hand legen auf (ou an) (ac); **meter os pés pelas ~s** den Kopf verlieren; **meter as ~s pl no fogo por alg** für j-n die Hand ins Feuer legen; **meter** (ou

pôr) **~s à obra** ans Werk gehen; **passar para as ~s de** weitergegeben werden an j-n; **ter ~ de** (ou **em**) in der Hand haben; **não ter ~s a medir** alle Hände voll zu tun haben; **vir às ~s** handgreiflich werden; **viver de suas ~s** von s-r Hände Arbeit leben
mão-aberta [mɐ̃ũˈbɛrtɐ] M/F ⟨pl **mãos-abertas**⟩ großzügiger Mensch m
mão-cheia [mɐ̃ũˈʃɐjɐ] F̄ ⟨pl **mãos-cheias**⟩ Hand f voll **mão-de-obra** [mɐ̃ũˈd(j)ɔbrɐ] F̄ ⟨pl **mãos-de-obra**⟩ Arbeitskraft f, -kräfte fpl
maometano [maumiˈtɐnu] **A** _ADJ_ neg! mohammedanisch **B** M̄, **-a** F̄ neg! Mohammedaner(in) m(f)
mão-pelada [mɐ̃ũpɨˈladɐ] M̄ ⟨pl **mãos-peladas**⟩ bras ZOOL Art Waschbär **mão-zada** [mɐ̃ũˈzadɐ] F̄ fam Handvoll f; fam Händedruck m **mãozinha** [mɐ̃ũˈziɲɐ] F̄ fam Händchen n; **dar uma ~ a alg** j-m zur Hand gehen
mapa [ˈmapɐ] M̄ (Land)Karte f; FIN Übersicht f; Liste f **mapa-múndi** [mapɐˈmũdi] M̄ ⟨pl **mapas-mundi**⟩ Weltkarte f
maple [ˈmɐjpli] M̄ Sessel m
maquete [maˈkɛti], **maqueta** [maˈkɛtɐ] F̄ Modell n
maquia [mɐˈkiɐ] F̄ Geld n
maquiadora [makjaˈdorɐ] F̄ bras, **maquiladora** [makilaˈdorɐ] F̄ Kosmetikerin f **maquiagem** [maˈkjaʒẽj] F̄ bras, **maquilagem** [makiˈlaʒẽj] F̄ Make-up n **maquiar** [mɐˈkjar] ⟨1g⟩ bras, **maquilar** [mɐkiˈlar] ⟨1a⟩ schminken
maquiavélico [mɐkjɐˈvɛliku] machiavellistisch (tb fig) **maquiavelismo** [mɐkjɐviˈtiʒmu] M̄ Machiavellismus (tb fig)
maquiladora [mɐkilɐˈdorɐ] F̄ Kosmetikerin f **maquilhagem** [mɐkiˈʎɑʒĩ] F̄ Make-up n **maquilhar** [mɐkiˈʎar] ⟨1a⟩ schminken
máquina [ˈmakinɐ] F̄ Maschine f; Apparat m; (locomotiva) Lokomotive f; (Riesen)Bau m; fam Fahrrad n; **~ de barbear** port Rasierapparat m; **~ de cozinha** Küchenmaschine f; **~ de costura** Nähmaschine f; **~ de escrever** Schreibmaschine f; **~ de filmar** Filmkamera f; **~ ferramenta** Werkzeugmaschine f; **~ fotográfica** Fotoapparat m; **~ de lavar loiça/louça** Spülmaschine f; **~ de lavar roupa** Waschmaschine f; **à ~** maschinell; **taxa f**

de ocupação das ~ *port* Maschinenlaufzeit *f*

maquinação [məkinɐˈsɐ̃ũ] F̄ Machenschaft *f*, Intrige *f* **maquinador** [məkinɐˈdor] M̄ Urheber *m*; *pej* Ränkeschmied *m* **maquinal** [məkiˈnaɫ] Maschinen...; mechanisch **maquinar** [məkiˈnar] ⟨1a⟩ *intriga* anstiften; *plano* ersinnen; hinarbeiten auf (*ac*); ~ **contra** bekämpfen **maquinaria** [məkinɐˈriɐ] F̄, *bras* **maquinário** [məkiˈnarju] M̄ Maschinenpark *m*; Maschinerie *f* **maquineta** [məkiˈnetɐ] F̄ Vorrichtung *f*, Apparat *m*; REL Schrein *m* **maquinismo** [məkiˈniʒmu] M̄ Mechanismus *m*; Apparat *m*; TEAT Maschinerie *f* **maquinista** [məkiˈniʃtɐ] M̄F̄ Maschinenbauer *m*; Maschinist *m*; Lokführer *m*

mar [mar] M̄ Meer *n*, See *f*; ~ **alto** Hochsee *f*, hohe See *f*; **viver num ~ de rosas** *fig* auf Rosen gebettet sein; **por ~** auf dem Seeweg; **fazer-se ao ~** in See stechen; **Mar m Árctico** Polarmeer *n*

maracotão [mɐrɐkuˈtɐ̃ũ] M̄ Herzpfirsich *m* **maracujá** [mɐrɐkuˈʒa] M̄ Maracuja *f* **Maranhão** [mɐrɐˈɲɐ̃ũ] M̄ GEOG **o** ~ *bras*. Bundesstaat **maranhense** [mɐrɐˈɲẽsi] *bras* 1 ADJ aus Maranhão 2 M̄/F̄ Einwohner(in) des Bundesstaats Maranhão **maranhoso** [mɐrɐˈɲozu] verlogen; intrigant

marasmo [mɐˈraʒmu] M̄ MED Hinfälligkeit *f*; *fig* Stagnation *f*

maratona [mɐrɐˈtonɐ] F̄ Marathonlauf *m* **maratonista** [mɐrɐtuˈniʃtɐ] M̄/F̄ Marathonläufer(in) *m(f)*

marau [mɐˈrau] M̄ Halunke *m*

maravalhas [mɐrɐˈvaʎɐʃ] F̄PL Hobelspäne *mpl*; Splitter *mpl*; *fig* Nichtigkeiten *fpl*

maravilha [mɐrɐˈviʎɐ] F̄ Wunder *n*; **que ~!** herrlich!; **às mil ~s** ausgezeichnet; **fazer ~s** Wunder vollbringen **maravilhar** [mɐrɐviˈʎar] ⟨1a⟩ in Erstaunen versetzen; **~-se com** erstaunt sein über (*ac*) **maravilhoso** [mɐrɐviˈʎozu] wunderbar

marca [ˈmarkɐ] F̄ Zeichen *n*, Marke *f*; (*sinal*) Markierung *f*; (*carimbo*) Stempel *m*; (*rubrica*) Namenszug *m*; (*marca*) Warenzeichen *n*; *gado*: (Brand)Mal *n*; (*cicatriz*) Narbe *f*; (*vestígio*) Spur *f*; **imagem f de ~** Markenimage *n*; ~ **de tabulação** Tabulatormarke *f*; ~ **registada** (*bras* **registrada**) eingetragenes Warenzeichen *n*; **de ~** ersten Ranges; **fora das ~s** außergewöhnlich; **passar das ~s** zu weit gehen **marcação** [mɐrkɐˈsɐ̃ũ] F̄ Markierung *f*; NÁUT Peilung *f*; ~ **da margem** INFORM Randmarkierung *f*; **fazer ~ de** (sich) vormerken lassen (*Termin*) **marcador** [mɐrkɐˈdor] M̄ (*caneta*) Marker *m*; DESP Punktrichter *m*; Anzeigetafel *f*; ~ **electrónico** INFORM Display *n*; ~ **fluorescente** Leuchtmarker *m*

marcante [mɐrˈkɐ̃ti] markant

marca-passo [markɐˈpasu] M̄ *bras* ~ **cardíaco** MED Herzschrittmacher *m*

marcar [mɐrˈkar] ⟨1n; *Stv* 1b⟩ markieren; kennzeichnen; (*reservar*) vorbestellen; TEL wählen; *prazo*, *itinerário* festlegen; *hora* angeben; aufschreiben; *golo* schießen; *tacto* schlagen; NÁUT anpeilen; ~ **a**, ~ **de** mit (Farbe) markieren; ~ **com alg** mit j-m e-n Termin vereinbaren; ~ **em** hervorragen in (*dat*); ~ (**o**) **passo** auf der Stelle treten

marcenaria [mɐrsenɐˈriɐ] F̄ Möbeltischlerei *f*, Schreinerei *f* **marceneiro** [mɐrsiˈnɐiru] M̄, **-a** F̄ (Möbel)Schreiner(in) *m(f)*, (Möbel)Tischler(in) *m(f)*

marcha [ˈmarʃɐ] F̄ Gang *m* (tb *fig*); TECN Lauf *m*; Marsch *m*; Fahrt(geschwindigkeit) *f*; (Fest)Zug *m*; *fig* Verlauf *m*; Fortgang *m*; ~ **acelerada** Eilmarsch *m*; ~ **forçada** Gewaltmarsch *m*; ~ **fúnebre** Trauermarsch *m*; ~ **silenciosa** Schweigemarsch *m*; ~ **atrás**, *bras* ~ **a ré** Rückwärtsgang *m*; **fazer ~ atrás**; *bras* **dar ~ a ré** rückwärts fahren; *fig* e-n Rückzieher machen; **estar em ~** im Gange sein; laufen; fahren; **pôr em ~** in Gang bringen; anlaufen lassen; *veículo* anlassen; **pôr-se em ~** in Gang kommen; sich in Bewegung setzen

marchante [mɐrˈʃɐ̃ti] M̄ (Schlacht)Viehhändler *m*

marchar [mɐrˈʃar] ⟨1b⟩ marschieren; gehen; *máquina* laufen; *veículo* fahren; sich bewegen; *fig* fortschreiten

marchetado [mɐrʃiˈtadu] M̄ Intarsie *f*, Einlegearbeit *f* **marchetar** [mɐrʃiˈtar] ⟨1c⟩ Intarsien einlegen **marchetaria** [mɐrʃitɐˈriɐ] F̄ Kunsttischlerei *f*; Einlegearbeit *f* **marcheteiro** [mɐrʃiˈtɐiru] M̄ Kunsttischler *m*

marcial [mɐrˈsjaɫ] kriegerisch; Kriegs...;

artes fpl **-ais** Kampfsportarten fpl; **lei f ~** Standrecht n

marciano [mar'sjanu] M̄ Marsmensch m

marco ['marku] M̄ **1** Kilometerstein m; Grenzpfahl m; **~ do correio** port öffentlicher Briefkasten m **2** Meilenstein m **3** FIN hist Mark f; **~ alemão** Deutsche Mark f

Março ['marsu] M̄ März m; **em ~** im März

maré [ma'rɛ] F̄ Ebbe f und Flut f; **as ~s** pl die Gezeiten fpl; **~ alta** (ou **cheia**) Flut f; Hochwasser n; **~ baixa** (ou **vazante**) Ebbe f; **~ enchente** Flut f; **~ de azar** fig Pechsträhne f; **~ negra** Ölpest f; **~ viva** Springflut f; **a ~ enche/vaza** die Flut/Ebbe kommt herein; **remar** (ou **andar**) **contra a ~** fig gegen den Strom schwimmen

mareagem [ma'rʒaʒãĩ] F̄ Takelung f; Kurs m; Seefahrt f **mareante** [ma'rʒjãti] A ADJ See... B M̄ Seefahrer m **marear** [ma'rjar] ⟨1l⟩ A VT barco führen; seebedienen; (enjoar) seekrank machen; brilho trüben; fig mürbe machen B V/I zur See fahren; (enjoar) seekrank werden; metal anlaufen; (apagar) verblassen; **agulha f de ~** Kompass(nadel) m(f)

marechal [mari'ʃal] M̄ Marschall m; **~ de campo** Feldmarschall m

marégrafo [ma'rɛgrafu] M̄ Flutmesser m

marejar [marɛ'ʒar] ⟨1d⟩ vento vom Meer her wehen; recipiente durchlässig sein; líquido durchsickern **maremoto** [marɛ'mɔtu] M̄ Seebeben n

marfim [mar'fĩ] M̄ Elfenbein n; **torre f de ~** Elfenbeinturm m

marga ['marga] F̄ GEOL Mergel m

margarida [marga'rida] F̄ BOT Margerite f; **~ anual; ~ do campo** Gänseblümchen n **margarina** [marga'rina] F̄ Margarine f **margarita** [marga'rita] F̄ Perlmuschel f; Perle f; → margarida

margear [mar'ʒjar] ⟨1l⟩ estrada entlanggehen, -fahren; alg begleiten; canteiro etc einfassen **margem** ['marʒãĩ] F̄ página: Rand m; (costa) Küste f; rio: Ufer n; AGR (Feld)Rain m; fig Spielraum m; **Margem Ocidental** GEOG Westbank f; **à ~** am Rande; **à ~ de** neben (dat); außerhalb (gen); **deitar** (ou **lançar**) **à ~** beiseite schieben; übergehen

marginal [marʒi'nal] A ADJ Ufer...; Rand...; marginal B M/F Außenseiter(in) m(f); **os -ais** pl die (sozialen) Randgruppen fpl **marginalidade** [marʒinali'dadɨ] F̄ Randexistenz f; Marginalität f **marginalização** [marʒinaliza'sãũ] F̄ Marginalisierung f **marginalizado** [marʒinali'zadu] M̄ Außenseiter m; Marginalisierte(r) m **marginalizar** [marʒinali'zar] ⟨1a⟩ ins Abseits drängen

marginar [marʒi'nar] ⟨1a⟩ den Seitenrand einstellen an (dat); texto mit Randbemerkungen versehen

marialva [ma'rjalva] A ADJ machohaft B M̄ pej Macho m; Playboy m

mariano [ma'rjanu] REL Marien...

maricão [mari'kãũ], **maricas** [ma'rikaʃ] A ADJ feig B M̄ ⟨pl inv⟩ Schwule(r) m; fig Feigling m

marido [ma'ridu] M̄ (Ehe)Mann m

marijuana [mari'ʒwana] F̄ Marihuana n

marimacho [mari'maʃu] M̄ Mannweib n **marimba** [ma'rĩba] F̄ MÚS Marimba f; bras **~** (piano) Klimperkasten m **marimbar-se** [marĩ'barsi] ⟨1a⟩ **~ para** pfeifen auf (ac ou alg)

marimbondo [marĩ'bõdu] M̄ bras Wespe f

marina [ma'rina] F̄ Jachthafen m; **~s** pl Meeresvegetation f **marinar** [mari'nar] ⟨1a⟩ marinieren, einlegen

marinha [ma'riɲa] F̄ **1** Marine f; Flotte f **2** Saline f

marinhagem [mari'ɲaʒãĩ] F̄ gente: Seeleute pl; actividade: Seefahrt f **marinhar** [mari'ɲar] ⟨1a⟩ A V/T barco steuern B V/I Seemann sein **marinheiresco** [mariɲaj'reʃku], **marinhesco** [mari'ɲeʃku] seemännisch **marinheiro** [mari'ɲajru] A ADJ Seemanns...; See... B M̄ Seemann m; Matrose m; **~ de água doce** Landratte f **marinho** [ma'riɲu], **marino** [ma'rinu] Meer..., See...

mariola [ma'rjɔla] A ADJ schamlos; gemein B M̄ Laufbursche m; pej Halunke m

marioneta [marju'neta] F̄, bras **marionete** [marjo'nɛtʃi] F̄ Marionette f (tb POL)

mariposa [mari'pɔza] F̄ port Schmetterling m (tb natação); bras Nachtfalter m

mariquinhas [mari'kiɲaʃ] M̄ ⟨pl inv⟩ fam Schwule(r) m; (medricas) Angsthase m

marisco [ma'riʃku] M̄ ZOOL Meeresfrüchte fpl **marisqueira** [mariʃ'kajra] F̄ Meeresfrüchterestaurant n

marítimo [mɐˈritimu] **A** _ADJ_ See...; Hafen... **B** _M_ Seemann m

marketing [ˈmarkitiŋ] _M_ Marketing n

marmelada [marmiˈɫaðɐ] _F_ Quittenmarmelade f; _port fam_ Geknutsche n; **estar na ~** _port fam_ rumfummeln **marmeleiro** [marmiˈɫɐiru] _M_ Quittenbaum m **marmelo** [marˈmɛɫu] _M_ Quitte f; _pop_ **~s** Titten fpl

marmita [marˈmitɐ] _F_ Henkelmann m; Kessel m (_tb_ GEOG)

mármore [ˈmarmuri] _M_ Marmor m **marmorear** [marmuˈrjar] ⟨1l⟩, **marmorizar** [marmuriˈzar] ⟨1a⟩ marmorieren **marmóreo** [marˈmɔrju] marmorn, Marmor...

marmota [marˈmɔtɐ] _F_ Murmeltier n **marnota** [marˈnɔtɐ] _F_ Salzgarten m **marnotagem** [marnuˈtaʒɐ̃i] _F_ Salzgewinnung f

maroma [mɐˈromɐ] _F_ Seil n; **andar na ~** auf dem Seil tanzen; _fig_ schwer zu schaffen haben **maromba** [maˈrõbɐ] _F_ Balancierstange f; _fig_ unhaltbarer Zustand m

marosca [mɐˈrɔʃkɐ] _F_ pop Schwindel m

maroto [mɐˈrotu] **A** _ADJ_ verschlagen **B** _M_ Schuft m

marquês [marˈkeʃ] _M_ Marquis m **marquesa** [marˈkezɐ] _F_ Marquise f; MED Untersuchungsliege f; FERROV Bahnsteigdach n **marquise** [marˈkizi] _F_ Vordach n; Wintergarten m

marra [ˈmaʁɐ] _F_ AGR Jäthacke f; _estrada_: Straßengraben m; _bras fam_ **na ~** mit Gewalt

marrã [mɐˈʁɐ̃] _F_ Jungsau f **marrada** [mɐˈʁadɐ] _F_ Schlag m; Stoß m (_mit den Hörnern oder dem Kopf_) **marrão** [mɐˈʁɐ̃u] _M_ ZOOL Jungschwein n; _fam fig_ Streber m **marrar** [mɐˈʁar] ⟨1b⟩ (zusammen)stoßen; _fam_ büffeln

marreco¹ [mɐˈʁɛku] _ADJ port_ buckelig

marreco² [mɐˈʁɛku] _M_ ZOOL Knäkente f

Marrocos [mɐˈʁɔkuʃ] _MPL_ Marokko n

marrom [maˈʁõ] _bras_ braun

marroquim [mɐwuˈki] _M_ Saffian m, -leder n **marroquinaria** [mɐʁukinɐˈria] _F_ Lederhandel m **marroquino** [mɐwuˈkinu] **A** _ADJ_ marokkanisch **B** _M_, **-a** _F_ Marokkaner(in) m(f)

Marselha [marˈsɐ(ʎ)ʎɐ] _F_ Marseille n

marsupial [marsuˈpjał] _M_ Beuteltier n

marta [ˈmartɐ] _F_ ZOOL Marder m

Marte [ˈmarti] _M_ Mars m

martelada [martɨˈɫadɐ] _F_ Hammerschlag m **martelagem** [martɨˈɫaʒɐ̃i] _F_ Hämmern n **martelar** [martɨˈɫar] ⟨1c⟩ hämmern; _fig alg_ bearbeiten; herumreiten auf (_dat_); **~ em ferro frio** _fig_ etw vergebens tun **martelo** [marˈtɛɫu] _M_ Hammer m; **~ de forjar** Schmiedehammer m; **~ pneumático** Presslufthammer m; **a ~** _fig_ mit dem Holzhammer

mártir [ˈmartir] _M/F_ Märtyrer(in) m(f)

martírio [marˈtirju] _M_ Martyrium n, Märtyrertod m; _fig_ Marter f **martirizar** [martiriˈzar] ⟨1a⟩ martern, quälen

marujo [maˈruʒu] _M_ Matrose m

marulhada [mɐruˈʎadɐ] _F_ Brandung f; Seegang m; _fig_ Tumult m **marulhado** [maruˈʎaðu] überflutet **marulhar** [mɐruˈʎar] ⟨1a⟩ brausen (_See_) **marulho** [mɐˈruʎu] _M_ → marulhada

marxismo [marˈksiʒmu] _M_ Marxismus m **marxista** [marˈksiʃtɐ] **A** _ADJ_ marxistisch **B** _M/F_ Marxist(in) m(f)

mas [mɐʃ] _CJ_ aber; _após negação_: sondern

mascar [mɐʃˈkar] ⟨1n; _Stv_ 1b⟩ **A** _VT_ kauen **B** _VI_ brummeln; (_planejar_) e-n Plan aushecken

máscara [ˈmaʃkɐrɐ] _F_ Maske f; _bras fam_ Aufschneiderei f; **tirar a ~ a** j-n entlarven

mascarada [mɐʃkɐˈradɐ] _F_ Maskerade f **mascarado** [mɐʃkɐˈradu] **1** _ADJ_ maskiert; _pessoa_ falsch **2** _M_, **-a** _F_ Maskierte(r) m/f(m) **mascarar** [mɐʃkɐˈrar] ⟨1b⟩ maskieren; verkleiden (**de** als); (_esconder_) verbergen **mascarilha** [mɐʃkɐˈriʎɐ] _F_ (Gesichts)Larve f

mascarra [mɐʃˈkaʁɐ] _F_ Rußfleck m; Klecks m; Schmutz m; _fig_ Schandfleck m **mascarrar** [mɐʃkɐˈʁar] ⟨1b⟩ **A** _VT_ bekleckern **B** _VI_ kleckern

mascate [mɐʃˈkatʃi] _M_ _bras_ fliegender Händler m

mascavado [mɐʃkɐˈvadu] _ADJ_: **açúcar ~** Braunzucker

mascote [mɐʃˈkɔti] _F_ Maskottchen n

masculino [mɐʃkuˈɫinu] GRAM männlich

másculo [ˈmaʃkuɫu] männlich

masmorra [mɐʒˈmoʁɐ] _M_ Kerker m

masoquismo [mɐzuˈkiʒmu] _M_ Masochismus m **masoquista** [mɐzuˈkiʃtɐ] _M/F_ Masochist(in) m(f)

massa [ˈmasɐ] _F_ Masse f (_tb fig_); _gente_:

Menge f; TECN Kitt m; Abdichtmasse f; (plasticina) Knete f; GASTR Teig m; (macarrão etc) Nudeln fpl; fam Moneten pl; ~ **cinzenta** (o) graue(n) Zellen fpl, Köpfchen n; ~ **de betume** Kitt m; ~ **folhada** Blätterteig m; ~ **monetária** FIN Geldmenge f; ~s pl (Volks)Massen fpl; ~s pl **alimentícias** GASTR Teigwaren fpl; **em** ~ massenhaft; **pôr as mãos na** ~ sich an die Arbeit machen; ~-**peso** Volumengewicht n

massacrar [mɐsɐˈkrar] ⟨1b⟩ massakrieren **massacre** [mɐˈsakri] M̄ Massaker n; Blutbad n

massagear [masaˈʒjax] ⟨1l⟩ bras massieren **massagem** [mɐˈsaʒɐ̃ĩ] F̄ Massage f; **dar uma** ~ **a alg** (bras **em**) j-n massieren **massagista** [mɐsɐˈʒiʃtɐ] M/F̄ Masseur(in) m/f

massame [mɐˈsɐmi] M̄ Mauerwerk n
massapão [mɐsɐˈpɐ̃ũ] M̄ → maçapão
massapê [masaˈpe] M̄ bras GEOL schwarze Tonerde f
massaroca [mɐsɐˈɾɔkɐ] F̄ fam Geld n; Knete f **massaroco** [mɐsɐˈɾoku] M̄ Sauerteig m
masseira [mɐˈsɐjɾɐ] F̄ Backtrog m
massificação [mɐsifikɐˈsɐ̃ũ] F̄ Vermassung f
massilha [mɐˈsiʎɐ] F̄ Pappmaché n; Fensterkitt m **massinha** [mɐˈsiɲɐ] F̄ Suppennudeln fpl
massivo [mɐˈsivu] massiv
massudo [mɐˈsudu] aspecto teigig; edifício massig; (grosso) plump
mastectomia [mɐʃtɛktuˈmiɐ] F̄ MED Brustamputation f, Brustentfernung f, Mastektomie f
mástica [ˈmaʃtikɐ] F̄ Mastix m
mastigação [mɐʃtigɐˈsɐ̃ũ] F̄ Kauen n
mastigar [mɐʃtiˈgar] ⟨1o⟩ kauen; fig durchdenken; palavras murmeln
mastim [mɐʃˈtĩ] M̄ Schäferhund m; pej Köter m; Spürhund m (tb fig)
mástique [ˈmaʃtiki] M̄ Mastix m; ~ **para juntas** (Silikon)Fugenfüller m
mastreação [mɐʃtrjɐˈsɐ̃ũ] F̄ Bemastung f
mastrear [mɐʃtɾiˈar] ⟨1l⟩ bemasten
mastro [ˈmaʃtɾu] M̄ Mast m; ~ **do traquete**, ~ **da proa** Fock-, Vormast m; ~ **da mezena** Besanmast m; **a meio** ~ NÁUT halbmast
mastruço [mɐʃˈtɾusu] M̄ Kresse f

masturbação [mɐʃturbɐˈsɐ̃ũ] F̄ Selbstbefriedigung f, Masturbation f **masturbar-se** [mɐʃturˈbarsi] ⟨1a⟩ masturbieren
mata [ˈmatɐ] F̄ Wald m; ~ **nacional** Staatsforst f; ~ **pluvial** Regenwald m; ~ **virgem** Urwald m
mata-bichar [matɐbiˈʃar] ⟨1a⟩ frühstücken **mata-bicho** [matɐˈbiʃu] M̄ ⟨~s⟩ Frühstück n; (pinga) Schluck m Schnaps vor dem Frühstück; bras Schnaps m; Moçambique Trinkgeld n **mata-bois** [matɐˈbojʃ] M̄ ⟨pl inv⟩ BOT Roter Fliegenpilz m **mata-borrão** [matɐbuˈʀɐ̃ũ] M̄ ⟨pl -ões⟩ Löschpapier n; fam fig Schluckspecht m **matador** [mɐtɐˈdor] M̄ Matador m **matadouro** [mɐtɐˈdoɾu] M̄ Schlachthof m; fig Blutbad m
matagal [mɐtɐˈgaɫ] M̄ Dickicht n
mata-mouros [matɐˈmoɾuʃ] M̄ ⟨pl inv⟩ fam Maulheld m
matança [mɐˈtɐ̃sɐ] F̄ Tötung f; porco etc: Schlachtung f; (carnificina) Massenmord m; Gemetzel n; fam Schinderei f **matar** [mɐˈtar] ⟨1b; pp morto⟩ töten (a mit); porco, etc schlachten; caça erlegen; tempo totschlagen; fome, sede stillen; **a** ~ fam passend; gelegen; **ficar a** ~ **a alg** fam vestuário etc j-m wunderbar stehen; ~ **o bicho** port fam frühstücken; (beber) sich einen genehmigen; ~-**se** fig sich umbringen (**por** für); umkommen (**por** vor); ~-**se a** (bras **de**) **trabalhar** sich zu Tode arbeiten
mata-ratos [matɐˈʀatuʃ] M̄ ⟨pl inv⟩ Rattengift n
match [matʃ] M̄ Wettkampf m; ténis Match n
mate [ˈmati] A̲ M̄ A̲D̲J̲ matt (tb Schach), glanzlos B̲ M̄ 1̲ xadrez: Matt n 2̲ chá: Mate(tee) m
mateiro [mɐˈtɐjɾu] A̲ A̲D̲J̲ Wald... B̲ M̄ Forstaufseher m; bras Holzfäller m
matemática(s) [mɐtiˈmatikɐ(ʃ)] F̄P̲L̲ Mathematik f **matemático** [mɐtiˈmatiku] A̲ A̲D̲J̲ mathematisch B̲ M̄ Mathematiker m
matéria [mɐˈtɛɾjɐ] F̄ Materie f, Stoff m; (tema) Gegenstand m, Thema n; (coisa) Sache f; escola: Lehrstoff m; ~ **colectável** port zu versteuerndes Einkommen n; ~ **incendiária** port brennbares Material n; **entrar em** (ou **na**) ~ zur Sache kommen
material [mɐtiˈɾjaɫ] A̲ A̲D̲J̲ stofflich, kör-

perlich; *bens* materiell (*tb fig*); sachlich; *espírito* geistlos **B** M̄ Material *n*; Stoff *m*; **~ físsil** FIS spaltbares Material *n*; **~ reciclável** recyclingfähiges Material *n* **materialismo** [mɐtɨrjɐˈłiʒmu] M̄ Materialismus *m* **materialização** [mɐtɨrjɐłizɐˈsɐ̃ũ] F̄ Verkörperung *f*; Materialisierung *f*

matéria-prima [mɐtɛrjɐˈprimɐ] F̄ ⟨*pl* matérias-primas⟩ Rohstoff *m*

maternal [mɐtɨrˈnał] mütterlich, Mutter...; mütterlicherseits **maternidade** [mɐtɨrniˈdadɨ] F̄ Mutterschaft *f*; Entbindungsklinik *f* **materno** [mɐˈtɛrnu] → maternal

matilha [mɐˈtiʎɐ] F̄ Meute *f*

matina [mɐˈtinɐ] F̄ *fam* früher Morgen *m* **matinal** [mɐtiˈnał] morgendlich, Morgen... **matinar** [mɐtiˈnar] ⟨1a⟩ **A** V̄T frühzeitig wecken; *fig* einpauken **B** V̄I früh aufstehen **matinas** [mɐˈtinɐʃ] F̄PL REL Mette *f* **matiné** (*ê*) [mɐtiˈnɛ] F̄ Nachmittagsvorstellung *f*

matiz [mɐˈtiʃ] M̄ Farbgebung *f*; Tönung *f*, Schattierung *f*; (Farb)Ton *m* **matizado** [mɐtiˈzadu] bunt; schillernd **matizar** [mɐtiˈzar] ⟨1a⟩ *cor* abstufen; (*colorir*) tönen, färben

mato [ˈmatu] M̄ Busch *m*; Gestrüpp **Mato Grosso** [ˈmatuˈgrosu] M̄ GEOG **o ~** *bras* Bundesstaat; **o ~ do Sul** *bras* Bundesstaat

matoso [mɐˈtozu] buschig, Busch...

matraca [mɐˈtrakɐ] F̄ Klapper *f*; *fig* Stichelei *f*

matraquilhos [mɐtrɐˈkiʎuʃ] M̄PL Tischfußball *m*

matreiro [mɐˈtrɐiru] durchtrieben

matriarcado [mɐtriɐrˈkadu] M̄ Matriarchat *n*

matrícula [mɐˈtrikułɐ] F̄ Matrikel *f*; Register *n*, Verzeichnis *n*; UNIV Immatrikulations-, Einschreibgebühr *f*; AUTO Kennzeichen *n* **matricular** [mɐtrikuˈłar] ⟨1a⟩ einschreiben; anmelden; UNIV immatrikulieren

matrimonial [mɐtrimuˈnjał] ehelich; Ehe... **matrimónio** (*ô*) [mɐtriˈmɔnju] M̄ Ehe *f*

matriz [mɐˈtriʃ] **A** ADJ Stamm...; Haupt...; Ur... **B** F̄ Matrix *f*; Zentrale *f*; Hauptstelle *f*; ANAT Gebärmutter *f*; TIPO Matrize *f*; *poét* Quell *m*; **~ predial** Grundbuch *n*

matrona [mɐˈtrɔnɐ] F̄ Matrone *f*

matula [mɐˈtułɐ] **A** F̄ Pack *n*, Gesindel *n*; *bras* Proviantasche *f* **B** M̄ Penner *m* **matulagem** [mɐtuˈłaʒɐ̃ĩ] F̄ Gesindel *n* **matulão** [mɐtuˈłɐ̃ũ] M̄ Halbstarke(r) *m*

matumbo [mɐˈtũbu] M̄, **-a** F̄ *bras* Idiot(in) *m(f)*

maturação [mɐturɐˈsɐ̃ũ] F̄ Reife *f* **maturar** [mɐtuˈrar] ⟨1a⟩ (heran)reifen (lassen) **maturescência** [mɐturɨˈsẽsjɐ] F̄ Reife *f*, Reifezustand *m* **maturidade** [mɐturiˈdadɨ] F̄ Reife *f*

matutar [mɐtuˈtar] ⟨1a⟩ *fam* grübeln **matutino** [mɐtuˈtinu] **A** ADJ Morgen...; früh **B** M̄ Morgenzeitung *f*

matuto [mɐˈtutu] *bras* **A** ADJ bäurisch **B** M̄ Hinterwäldler *m*

mau [mau] **A** ADJ (F̄ **má** [ma]) schlecht; (*grave*) schlimm; übel; (*desagradável*) unangenehm; *resultado* falsch; böse; *criança* unartig; **~ de contentar/roer** schwer zu befriedigen/verkraften; **às más** im Bösen; mit Gewalt; **menos ~** erträglich; **estar ~** nicht in Ordnung sein; **ser ~** schlimm (*ou* übel) sein; **não é ~!** nicht übel! **B** M̄ Böse(s) *n*; Bösewicht *m*; **o ~ da fita** *port* der Bösewicht

mausoléu [mauzuˈłɛu] M̄ Mausoleum *n*

mavioso [mɐˈvjozu] liebevoll; zart; *música* lieblich

maxila [mɐˈksiłɐ] F̄ Kiefer *m* **maxilar** [mɐksiˈłar] **A** ADJ Kiefer... **B** M̄ Kiefer *m*; **~ inferior/superior** Unter-/Oberkiefer *m*

máxima [ˈmasimɐ] F̄ Grundsatz *m*; Maxime *f*

maximizar [mɐksimiˈzar] ⟨1a⟩ maximieren

máximo [ˈmasimu] **A** ADJ größte, höchste; Maximal..., Höchst... **B** M̄ Maximum *n*; Höchste(s) *n*; **ao ~** äußerst; bestens; **no ~** höchstens; **~s** *pl port* AUTO Fernlicht *n*

mazela [mɐˈzɛłɐ] F̄ Wunde *f*; *fig* Makel *m*

mazombo [mɐˈzõbu] *bras* **A** ADJ finster, verschlossen **B** M̄ *pej* hergelaufene(r) Kerl *m*

m/c ABR (**minha carta**) mein Schreiben

me [mɨ] PRON mir; mich

meã [mjɐ̃] ADJ F̄ → meão

meada [ˈmjadɐ] F̄ *fio:* Strang *m*; *fig* Intrige *f*; **retomar o fio à ~** den Gesprächsfaden wieder aufnehmen

MEAD | 448

meado ['mjadu] A ADJ halbiert; **pão** m ~ *port reg* Mischbrot n B MPL ~**s** Mitte f; **em ~s de Junho** *etc* Mitte Juni *etc*; **até ~s do século XV** bis (zur) Mitte des 15. Jahrhunderts

mealha ['mjaʎɐ] F Kleinigkeit f; ein bisschen; → migalha **mealheiro** [mjɐ'ʎɐiru] A ADJ Pfennig...; Klein... B M Sparbüchse f, -schwein m

meandro ['mjãdru] M Windung f; GEOG Mäander m; *fig* Winkelzug m

meão [mjɐ̃ũ] ⟨*mpl* ~s⟩ A ADJ mittlere; Mittel... B M Griff m; TECN Radnabe f

mear [mjar] ⟨1l⟩ halbieren

mecânica [mi'kɐniƐ] F **1** Mechanik f; Mechanismus m; **~ de precisão** Feinmechanik f **2** (*profissão*) Mechanikerin f

mecânico [mi'kɐniku] A ADJ mechanisch; Maschinen... B M Mechaniker m; Monteur m

mecanismo [mikɐ'niʒmu] M Mechanismus m; Vorrichtung f; Maschinerie f

mecanizar [mikɐni'zar] ⟨1a⟩ mechanisieren **mecanográfico** [mikɐnu'grafiku] maschinenschriftlich

mecenas [mi'senɐʃ] M ⟨*pl inv*⟩ Mäzen m **mecenato** [misi'natu] M Mäzenatentum n

mecha [mɛʃɐ] F *vela*: Docht m; (*rastilho*) Lunte f; *cabelo*: Haarsträhne f; TECN Zapfen m; MED Gaze f; *fam* Hast f; **na ~** *fig* sehr schnell **mechar** [mɛ'ʃar] ⟨1b⟩ *pipa* ausschwefeln; *madeira* ineinanderfügen

Meclemburgo [mɛklẽ'burgu] M GEOG o ~ Mecklenburg n **Meclemburgo-Pomerânia-Ocidental** [mɛklẽ'burgupumirɐnjɔsidẽ'tał] M POL Mecklenburg-Vorpommern

méd. ABR (*médico*) Arzt m

meda ['mɛdɐ] F Heumiete f; Haufen m

medalha [mi'daʎɐ] F Orden m; Medaille f; *comemorativa*: Gedenkmünze f; **~ de ouro/prata/bronze** Gold-/Silber-/Bronzemedaille f; **o reverso da ~** *fig* die Kehrseite der Medaille **medalhão** [midɐ-'ʎɐ̃ũ] M Medaillon n

media ['mɛdjɐ] MPL Medien *npl*

média ['mɛdjɐ] F **1** Mittel n, Mittelwert m; Durchschnitt m; *velocidade*: Durchschnittsgeschwindigkeit f, *potência*: Durchschnittsleistung f, *nota*: Durchschnittsnote f; *lucro*: durchschnittlicher Umsatz m; **na ~** im Durchschnitt **2** *bras fam* große Tasse Milchkaffee m

mediação [midjɐ'sɐ̃ũ] F Vermittlung f **mediador** [midjɐ'dor] A ADJ vermittelnd B M, **-a** [midjɐ'dorɐ] F Vermittler(in) m(f); Mediator(in) m(f) **medial** [mi'djał] mittlere; Mittel... **mediana** [mi'djɐnɐ] F Mittellinie f; *estatística*: Mittelwert m **medianeiro** [midjɐ'nɐiru] → mediador **mediania** [midjɐ'niɐ] F Mittelmaß n; (*mediocridade*) Mittelmäßigkeit f; (*meio*) Mitte f **mediano** [mi'djɐnu] mittelmäßig, mittlere; Mittel... **mediante** [mi'djɐ̃ti] A ADJ vermittelnd B PREP mittels (*gen*); durch (*ac*); dank (*dat*) C M Zwischenzeit f **mediar** [mi'djar] ⟨1h⟩ A VIT *quantia* halbieren; *acordo* vermitteln; *numa disputa*: einschreiten B VI **~ entre ... e ...** zwischen ... und ... liegen **mediático** [mi'djatiku] Medien...; medienwirksam **mediato** [mi'djatu] mittelbar

medicação [midikɐ'sɐ̃ũ] F MED Medikation f **medical** [midi'kał] ärztlich **medicamento** [midikɐ'mẽtu] M (Arznei-) Mittel n **medicamentoso** [midikɐmẽ-'tozu] medikamentös

medição [midi'sɐ̃ũ] F Messung f

medicar [midi'kar] ⟨1n⟩ verordnen; behandeln **medicina** [midi'sinɐ] F Medizin f; **~ legal** Gerichtsmedizin f **medicinal** [midisi'nał] heilkräftig **medicinar** [midisi'nar] ⟨1a⟩ → medicar

médico ['mɛdiku] A ADJ ärztlich; medizinisch; Heil... B M, **-a** [mɛdikɐ] F Arzt m, Ärztin f; Mediziner(in) m(f); **~ da Caixa** *port* Kassenarzt m; **~ de clínica geral** praktischer Arzt m; **Ordem f dos Médicos** Ärztekammer f; **consultar um ~** e-n Arzt konsultieren

médico-chefe [mɛdiku'ʃɛfi] M ⟨*pl* médicos-chefes⟩ Chefarzt m **médico-chefe-especialista** [mɛdikuʃpisjɐ'liʃtɐ] M ⟨*pl* médicos-especialistas⟩ Facharzt m

medida [mi'didɐ] F Maß n (*tb fig*); Maßstab m (*tb fig*); (*medição*) Messung f; Berechnung f; LIT Versmaß n; MÚS Takt m; Ausmaß n; **~ de capacidade** Hohlmaß n; **~ para líquidos** Flüssigkeitsmaß n; **~ para secos** Trockenmaß n; **~ de comprimento** Längenmaß n; **~ de superfície** Flächenmaß n; **à ~, sob ~** nach Maß; **à ~ de** gemäß (*dat*); **à ~ que, na ~ em que** in dem Maße wie; soweit, sofern;

em boa ~ weitgehend; **por** ~ nach Maß (*espec fig*); **sem** ~ maß-, zahllos; **meias ~s** *pl* halbe Sachen *fpl*; **passar das ~s** das Maß überschreiten; **tirar** (*ou* **tomar**) **a(s) ~(s)** Maß nehmen; **tomar uma** ~ e-e Maßnahme ergreifen; **tomar ~s** Vorkehrungen treffen **medidor** [midiˈdor] M Messgerät *n* **medieval** [midjeˈvaɫ], **medievo** [miˈdjevu] mittelalterlich **médio** [ˈmɛdju] A ADJ Mittel...; (*mediocre*) durchschnittlich; **classe f -a** Mittelschicht *f*; **termo** *m* ~ Vergleichswert *m* B M ANAT Mittelfinger *m*; *pessoa*: Medium *n*; **~-centro** *m futebol*: Mittelfeldspieler *m*; **~s** *pl* AUTO Abblendlicht *n* **mediocre** [miˈdjukri] mittelmäßig **mediocridade** [midjukriˈdadʒi] F Mittelmäßigkeit *f* **medir** [miˈdir] ⟨3r⟩ (ab)messen; *consequências* ermessen, (ab)schätzen; *prós e contras* ab-, erwägen **meditabundo** [miditaˈbũdu] → meditativo **meditação** [miditaˈsɐ̃ũ] F Betrachtung *f*; REL, *ioga* Meditation *f*; **meditações** *pl* REL, FILOS Betrachtungen *fpl* **meditar** [midiˈtar] ⟨1a⟩ A VI nachdenken über (*ac*); planen B VI nachdenken; meditieren **meditativo** [miditaˈtivu] nachdenklich; (*sonhador*) versonnen **Mediterrâneo** [meditiˈʁɐnju] M GEOG **o (mar)** ~ das Mittelmeer **mediterrâneo** [miditiˈʁɐnju], **mediterrânico** [miditiˈʁɐniku] mediterran, Mittelmeer... **médium** [ˈmɛdjũ] M Medium *n* **medível** [miˈdivɛɫ] messbar **medo** [ˈmedu] M Angst *f* (**de** vor *dat*); **a** ~ ängstlich; **com** ~ aus Angst; **de meter** ~ beängstigend; **estar com/sem** ~ ängstlich/nicht ängstlich sein; Angst/keine Angst haben; **meter ~ a** (*bras* **em**) alg j-m Angst einjagen **medonho** [miˈdoɲu] fürchterlich; beängstigend **medrar** [miˈdrar] ⟨1c⟩ A VI zum Wachsen bringen; *fig* fördern B VI wachsen; gedeihen, *fig* vorwärts kommen **medricas** [miˈdrikɐʃ] *fam* 1 ADJ ängstlich 2 M Angstsase *m* **medronheiro** [midruˈɲɐiru] M Erdbeerbaum *m* **medronho** [miˈdroɲu] M Baumerdbeere *f*; *aguardente*: Medronho-Schnaps *m* **medroso** [miˈdrozu] ängstlich

medula [miˈduɫɐ] F Mark *n*; *fig* Kern *m*; **espinal** ~, *bras* **espinhal** Rückenmark *n* **medular** [miduˈɫar] Rückenmarks...; Mark... **meduloso** [miduˈɫozu] Mark...; *fig* geschmeidig, weich
medusa [miˈduzɐ] F ZOOL Qualle *f*
megabit [mɛgaˈbit] M INFORM Megabit *m*
megabyte [mɛgaˈbai̯ti] M INFORM Megabyte *m*
megafone [mɛgaˈfɔni] M Megafon *n*
megalomania [mɛgalɔmaˈnia] F Größenwahn *m* **megalómano** (**ô*) [mɛgaˈlɔmanu] größenwahnsinnig
megera [miˈʒɛrɐ] F bösartige Frau *f*, Hexe *f*
meia [ˈmɐiɐ] F 1 Strumpf *m*; ~ **curta** *bras* Socke *f* 2 **a** ~ die Hälfte; **não ligar** ~ völlig ignorieren 3 *bras* sechs, halbes Dutzend *n*; *tb* TEL sechs (*statt „seis" zur Unterscheidung von "três"*) 4 **~s** *pl* Halbpartgeschäft *n*, -vertrag *m*; **a ~s, de ~s** zu gleichen Teilen
meia-água [mɐiɐˈagwɐ] F ⟨*pl* meias-águas⟩ ARQUIT Pultdach *n* **meia-calça** [mɐiɐˈkaɫsɐ] F ⟨*pl* meias-calças⟩ Strumpfhose *f* **meia-cana** [mɐiɐˈkɐnɐ] F ⟨*pl* meias-canas⟩ Hohleisen *n*, -feile *f*; **de** ~ kanneliert **meia-estação** [mɐiɐʃtaˈsɐ̃ũ] F ⟨*pl* meias-estações⟩ Frühling *m* und Herbst *m*; **de** ~ *vestuário* Übergangs... **meia-final** [mɐiɐfiˈnaɫ] F ⟨*pl* meias-finais⟩ *port* Halbfinale *n* **meia-idade** [mɐiɐiˈdadʒi] F ⟨*pl* meias-idades⟩ mittleres Alter *n* **meia-irmã** [mɐiɐirˈmɐ̃] F ⟨*pl* meias-irmãs⟩ Halbschwester *f* **meia-laranja** [mɐiɐlɐˈrɐ̃ʒɐ] F ⟨*pl* meias-laranjas⟩ Halbrund *n*; Halbkreis *m* **meia-lua** [mɐiɐˈluɐ] F ⟨*pl* meias-luas⟩ Halbmond *m* **meia-luz** [mɐiɐˈɫuʃ] F ⟨*pl* meias-luzes⟩ Dämmerlicht *n* **meia-noite** [mɐiɐˈnoi̯tɨ] F ⟨*pl* meias-noites⟩ Mitternacht *f* **meia-tinta** [mɐiɐˈtĩtɐ] F ⟨*pl* meias-tintas⟩ Halbschatten *m* **meia-vida** [mɐiɐˈvidɐ] F ⟨*pl* meias-vidas⟩ ~ **radio(a)ctiva** FIS Halbwertzeit *f* **meia-volta** [mɐiɐˈvɔɫtɐ] F ⟨*pl* meias-voltas⟩ Kehrtwendung *f*; **dar** ~ kehrtmachen
meigo [ˈmɐi̯gu] zärtlich; zutraulich **meiguice** [mɐiˈgisi] F Zärtlichkeit *f*
meio [ˈmɐju] A ADJ halb; **um e** ~, **uma e -a** anderthalb; **dois/três e** ~, **duas/três e -a** zwei-/dreieinhalb; **-a hora** *f* eine halbe

Stunde *f*; **duas/três horas** *fpl* **e -a halb** drei/vier Uhr *f*; **duração dois/dreieinhalb Stunden** *fpl*; **~ litro** *m* ein halber Liter *m*; **-as palavras** *fpl* Andeutungen *fpl* **B** ADV halb, zur Hälfte **C** M **1** Mitte *f*; Hälfte *f*; **em ~ de** mitten unter (*dat*); **no ~ de** inmitten (*gen*); **deixar/ficar em ~** liegen lassen/bleiben; **estar em ~** halb fertig sein **2** *de auxílio*: (Hilfs)Mittel *n*; (*ferramenta*) Werkzeug *n*; **~ de transporte (público)** (öffentliches) Transportmittel *n*; **o justo ~** der goldene Mittelweg; **~s pl de comunicação social** (*bras* **de massa**) Massenmedien *npl*; **por ~ de** mittels (*gen*) **3** *sociedade*: Umwelt *f*; Milieu *n*; FÍS Medium *n*; **~ ambiente** Umwelt *f* **4** FIN **~s** *pl* (Geld)Mittel *npl*; **~s pl de fomento** POL Fördermittel *npl*; **Lei f de Meios** *port* POL Etat *m*

meio-bilhete [mjubi'ʎeti] M ⟨*pl* meios-bilhetes⟩ Kinderfahrkarte *f* **meio-campo** [mju'kãpu] M ⟨*pl* meios-campos⟩ DESP Mittelfeld *n*; *bras tb* Mittelfeldspieler *m* **meio-dia** [maju'dia] M Mittag *m*; GEOG Süden *m*; **ao ~** um 12 Uhr (mittags); **é ~** es ist (12 Uhr) Mittag **meio-fio** [maju'fiu] M ⟨*pl* meios-fios⟩ Bordkante *f*, -stein *m*; TECN Falz *f* **meio-fundista** [majufu'diʃta] M/F ⟨*pl* meios-fundistas⟩ Mittelstreckenläufer(in) *m/f* **meio-fundo** [maju'fūdu] M DESP Mittelstrecke *f* **meio-irmão** [majuir'mãũ] M ⟨*pl* meios-irmãos⟩ Halbbruder *m* **meio-pesado** [majupi'zadu] M ⟨*pl* meios-pesados⟩ DESP Mittelgewicht *n* **meio-soprano** [majusu'pranu] M ⟨*pl* meios-sopranos⟩ MÚS Mezzosopran *m* **meio-termo** [maju'termu] M ⟨*pl* meios-termos⟩ Mittelweg *m* **meio-tom** [maju'tõ] M ⟨*pl* meios-tons⟩ MÚS Halbton *m*

mel [mɛł] M Honig *m*; **doce como o ~** honigsüß; **dar ~ pelos beiços a alg** *port fam fig* j-m Honig ums Maul schmieren **melaço** [mi'łasu] M Melasse *f* **melado** [mi'ładu] **A** ADJ mit Honig gesüßt; *cor* honigfarben; *voz* zuckersüß; *bras* übermäßig süß **B** M Zuckersirup *m*

melancia [miłã'sia] F Wassermelone *f* **melancolia** [miłãku'łia] F Schwermut *f*; Melancholie *f* **melancólico** [miłã'kɔłiku] schwermütig; melancholisch **melanoma** [miłə'nɔma] M MED Melanom *n* **melão** [mi'łãũ] M (Honig)Melone *f* **melena** [mi'łena] F (Haar)Schopf *m* **melga** ['mɛłga] F Stechmücke *f*; *fig* lästige (*ou* aufdringliche) Person *f*

melhor [mi'ʎɔr] **A** ADJ **1** COMP ⟨*de bom*⟩ besser; **levar a ~** siegen; **para dizer ~** besser gesagt **2** SUP *atributivo* beste; **o/a ~** der/die Beste; *predicativo* am besten **B** ADV *comp* besser; SUP am besten **C** M Beste(s) *n*; **o ~ possível** so gut wie möglich **D** INT **(tanto) ~!** umso besser!

melhora [mi'ʎɔra] F Besserung *f*; **as ~s!** *fam* gute Besserung! **melhoramento** [miʎura'mẽtu] M Verbesserung *f* **melhorar** [miʎu'rar] ⟨1e⟩ **A** V/T verbessern **B** V/I sich (ver)bessern (**em** um); (*aperfeiçoar-se*) besser werden (**com** durch); *doente* gesund werden; sich erholen (**de** von); (*progredir*) vorwärts kommen **melhoria** [miʎu'ria] F *doença*: Besserung *f*; *desempenho*: Verbesserung *f*; **ter ~** sich verbessern, eine Besserung erfahren **melífluo** [mi'łifłwu] *fig* honigsüß, lieblich

melindrar [miłĩ'drar] (1) verletzen, kränken; **~-se** sich verletzt fühlen (**com** durch); gekränkt sein (**por wegen**) **melindre** [mi'łĩdri] M Empfindlichkeit *f*; Zimperlichkeit *f*; *bras* GASTR Honigkuchen *m* **melindroso** [miłĩ'drozu] *carácter* empfindlich; *saúde* zart; *assunto* heikel

melissa [mi'łisa] F Melisse *f* **meloa** [mi'łoa] F Galiamelone *f*; **abóbora f ~** Melonenkürbis *m*

melodia [miłu'dia] F Melodie *f* **melódico** [mi'łɔdiku] melodisch **melodioso** [miłu'djozu] wohlklingend; harmonisch **melodrama** [mɛłɔ'drama] M Melodrama *n* **melodramático** [mɛłɔdra'matiku] melodramatisch

melro ['mełru] M ZOOL Amsel *f*

membrana [mẽ'brana] F Häutchen *n*, Membran(e) *f*

membro ['mẽbru] M Glied *n* (*tb* ANAT); Mitglied *n*; **~s** *pl* Gliedmaßen *fpl* **membrudo** [mẽ'brudu] stämmig

memorando [mimu'rãdu] **A** ADJ denkwürdig **B** M Denkschrift *f*; POL Memorandum *n*; COM Ankündigung *f* **memorar** [mimu'rar] ⟨1e⟩ erinnern an (*ac*); gedenken (*gen*) **memorável** [mimu'ravεł]

denkwürdig
memória [miˈmɔrjɐ] F Gedächtnis n; (recordação) Andenken n (**de** an ac); Erinnerung f (**de** an ac); (nota) Aufzeichnung f; (relato) Bericht m; UNIV Denkschrift f; **~ cache** INFORM Cache-Speicher m; **~ central** Mainframe n; **~ de massa** Massenspeicher m; **~ intermédia** Zwischenspeicher m; **~ livre** INFORM freie Speicherkapazität f; **~ tampão** INFORM Puffer m; **de ~** auswendig; **digno de ~** denkwürdig; **em ~ de** zum Andenken an (ac); **ter ~ de grilo** (bras de galo) fig ein Gedächtnis wie ein Sieb haben; **~s** pl Memoiren pl
memorial [mimuˈrjaɫ] M agenda: Merkbuch n; Eingabe f; LIT Aufzeichnung f
memoriar [mimuˈrjar] ⟨1g⟩ recordações aufzeichnen **memorizar** [mimuriˈzar] ⟨1a⟩ im Gedächtnis bewahren; INFORM speichern
menção [mẽˈsɐ̃ʊ̃] F Erwähnung f; Absicht f; **fazer ~ de** erwähnen; fam die Absicht haben zu **mencionar** [mẽsjuˈnar] ⟨1f⟩ erwähnen
mendicante [mẽdiˈkɐ̃ti] A ADJ Bettel...
B M → mendigo **mendicidade** [mẽdisiˈdadi] F Bettelei f **mendigar** [mẽdiˈgar] ⟨1o⟩ betteln **mendigo** [mẽˈdigu] M Bettler m
menear [miˈnjar] ⟨1l⟩ schwenken, schütteln; (manusear) handhaben; **~ a cabeça** mit dem Kopf nicken; **~ a cauda** mit dem Schwanz wedeln; **~-se** schwanken **meneável** [miˈnjavɛɫ] beweglich; handlich; biegsam **meneio** [miˈnɐju] M Geste f; Wink m; (gesto) Bewegung f; (manuseio) Handhabung f
menina [miˈninɐ] F Mädchen n; tratamento: (junge) Frau f; **~ dos olhos** fig Augenstern m, Liebling m **meninada** [miniˈnadɐ] F Kinder npl, Kids npl fam **menina-do-olho** [mininɐˈdwoʎu] F ⟨pl meninas-do-olho⟩ ANAT Pupille f **menineiro** [miniˈnɐjru] kindlich; (que gosta de crianças) kinderlieb
meninge [miˈnĩʒi] F ANAT Hirnhaut f **meningite** [minĩˈʒiti] F MED Hirnhautentzündung f, Meningitis f
meninice [miniˈnisi] F período: Kindheit f; qualidade: Kindlichkeit f; (criancice) Kinderei f
menino [miˈninu] M (kleiner) Junge m;

tratamento: (junger) Herr m
menisco [miˈniʃku] M ANAT Meniskus m
Meno [ˈmenu] M Main m
menopausa [menɔˈpauzɐ] F Wechseljahre npl, Menopause f
menor [miˈnɔr] A ADJ comp von pequeno kleiner; geringer; jünger; dar minderjährig; posição nieder; **águas** fpl **~es** port MED Fruchtwasser n; **tom m ~** Molltonart f; **dó/ré/lá ~** c-/d-/ , a-Moll n B M/F Minderjährige(r) m/f(m) **menoridade** [minuriˈdadi] F Minderjährigkeit f; fig kleinerer Teil m
menos [ˈmenuʃ] A PRON weniger; geringer B ADV comp weniger; minder; MAT minus; **a ~, de ~** zu wenig; **a ~ que** conj es sei denn, dass; falls... nicht; **nem mais nem ~** nicht mehr und nicht weniger; **quando ~** zumindest C PREP außer (dat); abzüglich (gen); **tudo, ~ isso** nur das nicht D M Wenigste n; **ao ~, pelo ~** wenigstens, mindestens; **nem ao ~** nicht einmal
menosprezar [minuʃpriˈzar] ⟨1c⟩ verachten **menosprezo** [minuʃˈprezu] M Geringschätzung f

mensageiro [mẽsaˈʒɐjru] A ADJ verkündend; Boten... B M, **-a** F Bote m; Botin f; REL Verkünder m **mensagem** [mẽˈsaʒɐ̃j] F Nachricht f; Botschaft f; **deixar uma ~ a alg** j-m e-e Nachricht hinterlassen
mensal [mẽˈsaɫ] monatlich; Monats...
mensalidade [mẽsaɫiˈdadi] F Monatsbeitrag m, -zahlung f **mensário** [mẽˈsarju] M Monatsschrift f
menstruação [mẽʃtruaˈsɐ̃ʊ̃] F Menstruation f; fam Regel f, Periode f
mensurabilidade [mẽsurɐbiliˈdadi] F Messbarkeit f **mensurar** [mẽsuˈrar] ⟨1a⟩ messen
menta [ˈmẽtɐ] F BOT Minze f
mental [mẽˈtaɫ] geistig, Geistes...; gedanklich; oração still; **cálculo m ~** Kopfrechnen m **mentalidade** [mẽtɐliˈdadi] F Mentalität f **mentalizar** [mẽtɐliˈzar] ⟨1a⟩ sich vorstellen; **~-se para** sich einstellen auf (ac) **mentalmente** [mẽtaɫˈmẽti] ADV im Geiste
mente [ˈmẽti] F Geist m; Sinn m; Absicht f; **de boa/má ~** gern/ungern; in guter/ böser Absicht; **em ~** mentalmente; **ter a/c em ~** fam fig etw im Hinterkopf

haben **mentecapto** [mẽti'kaptu] ADJ schwachsinnig; töricht

mentir [mẽ'tir] ⟨3c⟩ lügen; *aparências* trügen; **~ a alg** j-n belügen; (*trair*) verraten **mentira** [mẽ'tira] F Lüge f; Schwindel m; **~ oficiosa** Notlüge f; **detector m de ~s** Lügendetektor m; **parece ~!** unglaublich! **mentiroso** [mẽti'rozu] A ADJ verlogen; (*que engana*) trügerisch B M, **-a** [mẽti'rɔza] M/F Lügner(in) m(f)

mento ['mẽtu] M Kinn m **mentol** [mẽ'tɔɫ] M Menthol n **mentolado** [mẽtu'ɫadu] Menthol... **mentor(a)** [mẽ'tor(3)] M/F Mentor(in) m(f)

menu [mε'nu] M Speisekarte f; INFORM Menü n; **~ de atalho** Pulldownmenü n; **~ pop-up** Pop-up-Menü n; **painel m de ~** Menüleiste f

meramente [mεra'mẽti] ADV lediglich
merc. ABR (*mercadoria*) Ware
merca ['mεrka] F *port fam* Einkauf m
mercadinho [mexka'dʒĩju] M *bras* kleiner Laden m **mercado** [mir'kadu] M Markt m; COM *tb* Absatzgebiet n; **Mercado Comum** Gemeinsamer Markt m; **~ consumidor** Verbrauchermarkt m; **~ de capitais** Kapitalmarkt m; **~ de emprego** Arbeitsmarkt m; **~ financeiro** Finanzmarkt m; **~ interno** Binnenmarkt m; **~ de livre concorrência** freie Marktwirtschaft f; **~ monetário** Geldmarkt m; **~ negro** Schwarzmarkt m; *bras* **~ de pulgas** Flohmarkt m; **~ único** Europäischer Binnenmarkt m **mercador** [mirka'dor] M Händler m **mercadoria** [mirkadu'ria] F Ware f

mercante [mir'kãti] Handels... **mercantil** [mirkã'tiɫ] kaufmännisch; Handels...; *pej* Krämer...; geschäftstüchtig **mercantilismo** [mirkãti'liʒmu] M Merkantilismus m; *pej* Krämergeist m

mercar [mir'kar] ⟨1n, *Stv* 1c⟩ aufkaufen; *bras* anpreisen

mercê [mir'se] F (*paga*) Lohn m; (*graça*) Gunst f; Gnade f; (*favor*) Gefallen m; **à ~ de** nach dem Willen (*gen*); **estar** (*ou* **ficar**) **à ~ de** ein Spielball ... (*gen*) sein **mercearia** [mirsja'ria] F Lebensmittelgeschäft n; *fam* Tante-Emma-Laden m **merceeiro** [mir'sjairu] M Lebensmittelhändler m

mercenário [mirsi'narju] A ADJ Lohn...; *fig* käuflich B M Söldner m

mercúrico [mir'kuriku] Quecksilber...
mercúrio [mir'kurju] M Quecksilber n
merda ['mεrda] F *vulg* Scheiße f; **na ~** im Arsch; **mandar à ~** zum Teufel jagen **merdas** ['mεrdaʃ] M ⟨*pl inv*⟩ *vulg* Scheißkerl m

merecedor [mirisi'dor] würdig (**de** *gen*); **ser ~ de a/c** (sich *dat*) etw verdient haben **merecer** [miri'ser] ⟨2g⟩ verdienen; **bem ~** sich verdient gemacht haben um (*ac*) **merecidamente** [mirisida'mẽti] ADV verdientermaßen; zu Recht **merecido** [miri'sidu] gerecht; **bem ~** wohlverdient **merecimento** [mirisi'mẽtu] M Verdienst n

merenda [mi'rẽda] F Imbiss m; *escola:* Pausenbrot n **merendar** [mirẽ'dar] ⟨1a⟩ nachmittags etwas essen; eine Zwischenmahlzeit einnehmen **merendeiro** [mirẽ'dairu] M Picknick n; *cesto:* Picknickkorb m

merengue [mi'rẽgi] M GASTR Baiser m
meretriz [miri'triʃ] F Hure f
mergulhador [mirguʎa'dor] M Taucher m **mergulhão** [mirgu'ʎɐ̃u] M AGR Senker m; Ableger m; ZOOL Taucher m; **~-de-crista** m Haubentaucher m **mergulhar** [mirgu'ʎar] ⟨1a⟩ A VT ein-, untertauchen; AGR absenken B VI tauchen; versinken **mergulhia** [mirgu'ʎia] F Vermehrung f; Absenken n **mergulho** [mir'guʎu] M DESP Tauchen n; *salto:* Kopfsprung m; AERO Sturzflug m; **de ~** kopfüber

meridiano [miri'djanu] A ADJ Mittags... B M Meridian m **meridional** [miridju'naɫ] A ADJ südlich; Süd... B M/F Südländer(in) m(f)

merifela [miri'fεɫa] F ZOOL Blaumerle f
merino [mi'rinu] M Merinoschaf n; *lã:* Merinowolle f

meritíssimo [miri'tisimu] A ADJ hochverdient; hochachtbar B M *bras* DIR Richter m

mérito ['mεritu] M Verdienst n; Wert m; **sócio m de ~** *port* Ehrenmitglied n
meritório [miri'tɔrju] verdienstvoll
mero ['mεru] A ADJ rein, bloß B M ZOOL Zackenbarsch m

mérula ['mεruɫa] F Amsel f
mês [meʃ] M Monat m; *ordenado, renda:* Monatsgehalt n, -miete f; **ao ~** monatlich

mesa ['mezɐ] F̲ Tisch m; POL Ausschuss m; Präsidium n; jogo: Einsatz m; **~ de jantar** Esstisch m; **~ de montagem** CINE Schneidetisch m; **à ~** bei (ou zu) Tisch; **por baixo da ~** fig heimlich; unter dem Tisch; **levantar** (bras **tirar**)/**pôr a ~** den Tisch abdecken/decken; **servir à ~** bedienen

mesada [mi'zadɐ] F̲ Taschengeld n

mesa-de-cabeceira [mezɐdikɐbɐ'sɐjrɐ] F̲ ⟨pl mesas-de-cabeceira⟩ Nachttisch m **mesa-redonda** [mezɐʀɨ'dõdɐ] F̲ ⟨pl mesas-redondas⟩ POL runder Tisch m; TV Diskussionsrunde f

mescla ['mɛʃklɐ] F̲ Mischung f; TÊX gemusterter Stoff m; **~ de lã** Wollgemisch n **mesclado** [mɛʃ'kladu] TÊX Misch...; tecido gemustert; bunt **mesclar** [mɛʃ'klar] ⟨1a⟩ (ver)mischen; **~ a/c a** (ou **com**) etw beimischen (dat); etw hinzufügen (dat)

mesma ['meʒmɐ] F̲ **na ~** unverändert; weiterhin; (a pesar de) trotzdem; **sempre na ~** wie immer; **ficar** (ou **estar, continuar**) **na ~** beim Alten bleiben, so wie immer sein **mesmíssimo** [miʒ'misimu] genau (ou ganz) der-, die-, dasselbe **mesmo** ['meʒmu] A ADJ selbe, gleich; **ele ~/ela mesma** er/sie selbst B ADV genau; temporal: gerade, eben; local: direkt, dicht (neben etc); (até) selbst, sogar; **aqui ~** genau hier; **assim ~** genauso; **assim ~** trotzdem; immerhin; **nem ~** nicht einmal; **hoje ~** heute noch; **de mim ~** von mir selbst; **~ que** conj selbst wenn; **vou ~** ich gehe wirklich C ADV **o ~** dasselbe (**que** wie); (**vir a**) **dar no ~** auf dasselbe hinauslaufen

mesquinharia [miʃkiɲɐ'riɐ] F̲, **mesquinhez** [miʃki'ɲeʃ] F̲ Knauserei f; Kleinlichkeit f; (mediocridade) Armseligkeit f **mesquinho** [miʃ'kiɲu] (avarento) knauserig; (acanhado) kleinlich; (inferior) schäbig; (pobre) dürftig

mesquita [miʃ'kitɐ] F̲ Moschee f

messe ['mɛsi] F̲ 1 (Offiziers)Messe f 2 (ceifa) Mähen n, Ernte f

mester [miʃ'ter] M̲ Handwerk n

mestiço [miʃ'tisu] M̲, **-a** F̲ Mestize m, Mestizin f; Mischling m

mestra ['mɛʃtrɐ] A ADJ **abelha** F̲ **-~** Bienenkönigin f; **chave** f **-~** Hauptschlüssel m B F̲ Lehrerin f; (perita) Meisterin f **mestrado** [mɛʃ'tradu] M̲ UNIV ≈ Master m

mestre ['mɛʃtri] A ADJ meisterhaft; Meister...; Haupt... B M̲ 1 Meister m; (professor) Lehrer m; fig (primeiro) Erste(r) m (s-s Faches); **por mão de ~** aus Meisterhand 2 port UNIV ≈ Master m 3 NÁUT Bootsführer m **mestre-de-obras** [mɛʃtri'd(j)ɔbrɐʃ] M̲ ⟨pl mestres-de-obra⟩ ARQUIT Bauleiter m; Bauunternehmer m

mestria [mɛʃ'triɐ] F̲ Meisterschaft f; Können n

mesura [mi'zurɐ] F̲ Verbeugung f **mesurado** [mizu'radu] gemessen; gesetzt; (comedido) gemäßigt **mesureiro** [mizu'rɐjru] übertrieben höflich

meta ['mɛtɐ] F̲ Ziel n (tb fig); DESP Schranke f; **alcançar a** (ou **chegar à**) **~** das ou sein Ziel erreichen, ans Ziel kommen

metabolismo [mitɐbu'liʒmu] M̲ Stoffwechsel m

metade [mi'tadi] F̲ Hälfte f; **a cara ~** fam die bessere Hälfte; **fazer as coisas pela ~** alles nur halb machen

metafísica [mɛtɐ'fizikɐ] F̲ Metaphysik f

metáfora [mi'tafurɐ] F̲ bildlicher Ausdruck m, Metapher f **metafórico** [mitɐ'fɔriku] bildlich; metaphorisch

metal [mi'tał] M̲ Metall n; **~ (sonante)** klingende Münze f **metálico** [mi'taliku] metallisch **metalífero** [mitɐ'lifiru] metallhaltig

metalinguagem [mɛtɐłĩ'gwaʒɐ̃j] F̲ Metasprache f

metalóide [mitɐ'łɔjdi] M̲ Metalloid n **metalomecânica** [mitɐłomi'kɐnikɐ] F̲ Metall verarbeitende Industrie f **metalurgia** [mitɐłur'ʒiɐ] F̲ Hüttenwesen n, Metallurgie f **metalúrgico** [mitɐ'łurʒiku] A ADJ Metall..., metallurgisch B M̲ Metallurg m **metalurgista** [mitɐłur'ʒiʃtɐ] M̲ Metallurg m, Metallarbeiter m

metamorfose [mitɐmur'fɔzi] F̲ Verwandlung f **metamorfosear(-se)** [mitɐmurfuzi'ɐr(si)] ⟨1l⟩ (sich) verwandeln

metano [mi'tɐnu] M̲ Methan n **metanol** [mitɐ'nɔł] M̲ Methanol n

metástase [mi'taʃtɐzi] F̲ MED Metastase f

metediço [miti'disu] neugierig; aufdringlich

meteórico [mi'tjɔriku] Meteor... **me-**

teorito [mitju'ritu] M̄ Meteorit m **meteoro** [mi'tjɔru] M̄ Meteor m (tb fig) **meteorologia** [mitjurulu'ʒia] F̄ Meteorologie f **meteorológico** [mitjuru'lɔʒiku] meteorologisch; Wetter... **meteorologista** [mitjurulu'ʒiʃta] M̄F̄ Meteorologe m, Meteorologin f

meter [mi'ter] ⟨2c⟩ A V̄T̄ verticalmente: in etw (hinein)stecken; horizontalmente: (hinein)legen, fam -tun, -setzen; medo einjagen; dinheiro, esforço investieren; dificuldades bringen (em ac.); segredo hineinziehen (em in ac.); (contratar) einstellen; ~ a ferros einsperren; ~ água por port lecken (Boot); fig Unsinn reden; ~ a pata na poça e-n Fauxpas begehen; ~ o nariz sich einmischen in; ~ em danças port in Teufels Küche bringen; ~ na escola port einschulen B V̄Ī hinaus- (ou hinein)lagen; ~-se darangehen (a etw zu tun); sich anlegen (com mit); ~-se em sich begeben nach (ou in ou ac, auf ou ac); absteigen in (dat); (enfiar-se) sich verkriechen in (dat); (intrometer-se) sich einmischen in (ac); aventura etc sich einlassen auf (ac); (atirar-se) sich stürzen in (ou auf ac); ~-se consigo port sich um s-e eigenen Angelegenheiten kümmern; ~-se em meio, ~-se de permeio dazwischenkommen; ~-se em meio dazwischentreten; ~-se onde não é chamado sich um Dinge kümmern, die e-n nichts angehen

metical [miti'kał] M̄ Metical m (mosambikanische Währung)

meticulosidade [mitikulozi'dadʒi] F̄ Gewissenhaftigkeit f; exagerada: Pedanterie f **meticuloso** [mitiku'łozu] gewissenhaft; genau

metido [mi'tidu] A P̄P̄ → meter; estar ~ stecken (em in dat), liegen (em in dat) B ĀDJ̄ fig vorwitzig; ~ com port eng befreundet mit (dat); ~ consigo port mit sich selbst beschäftigt; zurückhaltend; ~ em port especialidade bewandert in (dat); (interessado) interessiert an (dat)

metileno [miti'łenu] M̄ Methylen m **metilo** [mi'titu] M̄ Methyl n

metódico [mi'tɔdʒiku] methodisch

método ['mɛtudu] M̄ Methode f; (processo) Verfahren n, Vorgehen n; fig Planmäßigkeit f; Zielstrebigkeit f

metodologia [mitudulu'ʒia] F̄ Methodologie f

metonímia [mitu'nimjɜ] F̄ Metonymie f **metragem** [mi'traʒẽ] F̄ Meterzahl f, Länge f (in Metern)

metralhada [mitra'ʎada] F̄ Kugelhagel m **metralhadora** [mitraʎa'dora] F̄ Maschinengewehr n

métrica ['mɛtrika] F̄ Verslehre f, Metrik f

métrico ['mɛtriku] metrisch; **fita** f -a Maßband n

metro¹ ['mɛtru] M̄ 1 LIT Versmaß n 2 Meter m (ou n); ~ **carpinteiro**, ~ **dobradiço** Zollstock m; ~ **corrido** laufender Meter n; ~ **quadrado/cúbico** Quadrat-/Kubikmeter m; **ao** ~ meterweise

metro² ['mɛtru] M̄, bras **metrô** [me'tro] M̄ U-Bahn f, Metro f

metrónomo (*ô) [mi'trɔnumu] M̄ Metronom n

metrópole [mi'trɔputi] F̄ Metropole f; REL erzbischöflicher Sitz m; port hist Mutterland n; fig Sitz m **metropolita** [mitrupu'lita] B ĀDJ̄ erzbischöflich; hist des Mutterlandes B REL católico: Erzbischof m; ortodoxo: Metropolit m **metropolitano** [mitrupuli'tɜnu] M̄ FERROV U-Bahn f

metroviário [metro'vjarju] bras A ĀDJ̄ U-Bahn... B M̄ U-Bahn-Angestellte(r) m

meu [mew], **minha** ['miɲa] A ĀDJ̄ mein(e); **um amigo** ~ ein Freund von mir; **este** ~ **amigo** mein Freund hier B P̄R̄ON̄ meiner, meine, meines; **ele é muito** ~ port er ist mir sehr zugetan C M̄F̄ **o** ~, **a minha** der, die, das Mein(ig)e; **os ~s** die Mein(ig)en D ĪN̄T̄ ~! fam etwa Alter!

mexediço [meʃi'diʃu] rührig; zappelig **mexer** [mi'ʃer] ⟨2c⟩ A V̄T̄ parte do corpo bewegen; objecto fortbewegen; sopa etc umrühren; (ababar) schütteln; (remexer) durchstöbern; durcheinanderbringen B V̄Ī sich regen; GASTR rühren; **não** ~! nicht berühren!; ~ **com** fig berühren; umgehen mit; ~-**se** sich (fort)bewegen

mexerica [meʃe'rika] F̄ bras Mandarine f **mexericar** [miʃiri'kar] ⟨1n⟩ A V̄T̄ klatschen über (ac) B V̄Ī tratscheln (**sobre** über ac) **mexerico** [miʃi'riku] M̄ Klatscherei f; ~**s** pl Klatsch m **mexeriqueiro** [miʃiri'kajru] A ĀDJ̄ Klatsch... B M̄, -**a** F̄ Klatschbase f, -maul n

mexicano [miʃi'kɜnu] A ĀDJ̄ mexikanisch B M̄, -**a** F̄ Mexikaner(in) m/f) **México** ['mɛʃiku] M̄ GEOG **o** ~ Mexiko (n)

mexida [miˈʃidɐ] F̲ Wirrwarr m; (discórdia) Uneinigkeit f **mexido** [miˈʃidu] rührig; *ovos* mpl **~s** Rührei(er) n(pl)

mexilhão [miʃiˈʎɐ̃ũ] M̲ ZOOL Miesmuschel f

mezena [miˈzenɐ] F̲ NÁUT Fock f

mezinha [mɐˈziɲɐ] F̲ MED Einlauf m; fam Hausmittel n

mi [mi] M̲ MÚS E n; E-Saite f

mialgia [mjaɫˈʒiɐ] F̲ MED Muskelschmerzen mpl; fam Muskelkater m

miar [mjar] ⟨1g⟩ miauen

mica [ˈmikɐ] F̲ ❶ GEOL Glimmer m ❷ Krümel m **micáceo** [miˈkasju] Glimmer...

micção [mikˈsɐ̃ũ] F̲ Urinieren n

mico [ˈmiku] M̲ bras ❶ kleine Affenart ❷ peinliche Situation f; *pagar o ~* sich (dat) eine Blöße geben

micro [ˈmikrɔ] M̲ ❶ fam TECN Mikro n ❷ medida: Mikron n, My n **micro...** [mikrɔ-, mikru-] EM COMP mikro...

microbicida [mikrɔbiˈsidɐ] M̲ Desinfektionsmittel n, Bakterizid n **micróbio** [miˈkrɔbju] M̲ Mikrobe f

microbiologia [mikrɔbjuɫuˈʒiɐ] F̲ Mikrobiologie f **microchip** [mikrɔˈʃip] F̲ Mikrochip m **microcirurgia** [mikrɔsirurˈʒiɐ] F̲ Mikrochirurgie f **microclima** [mikrɔˈklimɐ] M̲ Mikroklima n **microcosmo** [mikrɔˈkɔʒmu] M̲ Mikrokosmos m **microele(c)trónica** [mikrɔiɫɛˈtrɔnikɐ] F̲ Mikroelektronik f **microfibra** [mikrɔˈfibrɐ] F̲ Mikrofaser f **microfilme** [mikrɔˈfiɫmi] M̲ Mikrofilm m **microfísica** [mikrɔˈfizikɐ] F̲ Mikrophysik f **microfone** [mikrɔˈfɔni] M̲ Mikrofon n **micro-onda** [mikrɔˈõdɐ] F̲ ⟨pl ~s⟩ Mikrowelle f **micro-ondas** [mikrɔˈõdɐʃ] M̲ ⟨pl inv⟩ Mikrowellenherd m; fam Mikrowelle f **microônibus** [mikroˈõnibuʃ] M̲ bras Kleinbus m **microprocessador** [mikrɔprusisaˈdor] M̲ INFORM Mikroprozessor m **microrganismo** [mikrɔrgɐˈniʒmu] M̲ Mikroorganismus m **microscópico** [mikruʃˈkɔpiku] mikroskopisch m **microscópio** [mikruʃˈkɔpju] M̲ Mikroskop n

mictar [mikˈtar] ⟨1a⟩ urinieren **mictório** [mikˈtɔrju] A̲ ADJ harntreibend B̲ M̲ Pissoir n

miga [ˈmigɐ] F̲ Brocken m, Bröckchen n; **~s** pl GASTR in Brühe eingeweichtes Brot

mígala [ˈmigɐɫɐ] F̲ Vogelspinne f

migalha [miˈgaʎɐ] F̲ Krümel m **migalhar** [migɐˈʎar] ⟨1b⟩ → esmigalhar **migar** [miˈgar] ⟨1o⟩ zerkrümeln

migração [migrɐˈsɐ̃ũ] F̲ Migration f; ZOOL (Vogel)Zug m **migrante** [miˈgrɐ̃ti] M/F Migrant(in) m(f) **migratório** [migrɐˈtɔrju] wandernd; Wander...; Zug...

mija [ˈmiʒɐ] F̲, **mijada** [miˈʒadɐ] F̲ pop Pinkeln n; *dar uma ~* pinkeln **mijadeiro** [miʒɐˈdɐiru] M̲ pop, **mijadouro** [miʒaˈdoru] M̲ pop Klo n **mijadela** [miʒɐˈdɛɫɐ] F̲ pop Pinkelstrahl m **mija-mansinho** [miʒɐmɐ̃ˈsiɲu] M̲ ⟨pl ~s⟩ pop Leisetreter m **mijar** [miˈʒar] ⟨1a⟩ pop pinkeln **mijinha** [miˈʒiɲɐ] F̲ pop Pinkeln n; fig Winzigkeit f **mijo** [ˈmiʒu] M̲ pop Pisse f

mil [miɫ] NUM tausend

milagre [miˈɫagri] M̲ Wunder n; *fazer ~s* Wunder vollbringen; *não faço ~s!* ich kann doch nicht hexen!; *por um ~* wie durch ein Wunder **milagreiro** [miɫɐˈgrɐiru] A̲ ADJ wundertätig B̲ M̲, **-a** [miɫɐˈgrɐzɐ] F̲ Wundertäter(in) m(f) **milagroso** [miɫɐˈgrozu] wunderbar; → milagreiro

milanês [miɫɐˈneʃ] A̲ ADJ mailändisch B̲ M̲, **milanesa** [miɫɐˈnezɐ] F̲ Mailänder(in) m(f); *bife m à ~* ≈ Wiener Schnitzel n

Milão [miˈɫɐ̃ũ] SEM ART Mailand n

milavo [miˈɫavu] M̲ Tausendstel n

milefólio [miɫiˈfɔɫju] M̲, **mil-em-rama** [miɫɐ̃ĩˈʁamɐ] F̲ ⟨pl inv⟩ BOT Schafgarbe f **milenário** [miɫiˈnarju] A̲ ADJ tausendjährig B̲ M̲ Jahrtausendfeier f **milénio (*ê)** [miˈɫenju] M̲ Jahrtausend n **milésimo** [miˈɫɛzimu] A̲ ADJ tausendste B̲ M̲ Tausendstel n; Tausender(in)

mil-folhas [miɫˈfoʎɐʃ] M̲ ⟨pl inv⟩ gefülltes Blätterteiggebäck

milha¹ [ˈmiʎɐ] F̲ (englische) Meile f; **~ marítima** Seemeile f

milha² [ˈmiʎɐ] ADJ port farinha F̲ **~** Maismehl n **milhaça** [miˈʎasɐ] F̲ port Maismehl n

milhão [miˈʎɐ̃ũ] M̲ Million f; **-ões** pl Milliarde f **milhar** [miˈʎar] M̲ Tausend n; **~es** pl **de** tausende (ou Tausende npl) von **milheira** [miˈʎɐirɐ] F̲ ZOOL Girlitz m **milheiro** [miˈʎɐiru] M̲ ❶ Tausend n, Tausender m ❷ BOT Maispflanze f **milhentos** [miˈʎẽtuʃ] fam zigtausend

milho ['miʎu] M Mais m; fam fig (dinheiro) Kies m; **~ miúdo** port Hirse f; **farinha f de ~** bras Maismehl n
mili... [mili-] EM COMP Milli...
milícia [mi'lisjɐ] F Miliz f; temporária: Reserve f **miliciano** [mili'sjɐnu] A ADJ Miliz...; temporária: Reserve... B M Milizsoldat m
miligrama [mili'grɐmɐ] M Milligramm n
mililitro [mili'litru] M Milliliter m **milimétrico** [mili'mɛtriku] ADJ **papel** M **~** Millimeterpapier n **milímetro** [mi'limitru] M Millimeter m
milionário [miljuˈnarju] A ADJ steinreich B M, **-a** F Millionär(in) m(f) **milionésimo** [miljuˈnɛzimu] A ADJ millionste B M Millionste(r) m; Millionstel n
milípede [mi'lipidi] M Tausendfüßler m
militância [mili'tɐ̃sjɐ] F Einsatz m; kämpferische Haltung f; Militanz f **militante** [mili'tɐ̃ti] A ADJ militant, streitbar; aktiv B M/F POL aktives (Partei-)Mitglied n **militar** [mili'tar] A ADJ militärisch; Militär...; Soldaten... B M Militär m; Soldat m C V/I ⟨1a⟩ kämpfen (**por** für), streiten (**por** für) **militarismo** [militɐ'riʒmu] M Militarismus m **militarista** [militɐ'riʃtɐ] A ADJ militaristisch B M/F Militarist(in) m(f)

milonga [mi'lõgɐ] M/F pop Kanaille f; Betrüger(in) m(f); **~s** pl Intrigen fpl; dança: Milonga f
mil-réis [miu'xɐjʃ] M ⟨pl inv⟩ bras hist Milreis n (= 1 Escudo)
mim [mĩ] PRON após prep: mir (dat); mich (ac); **de ~** von mir; über mich; **cá por ~** fam meinetwegen; von mir aus
mimado [mi'madu] ADJ→ mimalho
mimalho [mi'maʎu] verwöhnt **mimar** [mi'mar] ⟨1a⟩ 1 verwöhnen 2 expressar durch Mimik darstellen; (imitar) nachahmen **mimetismo** [mimi'tiʒmu] M ZOOL Mimikry f
mímica ['mimikɐ] F Gebärdensprache f, Mimik f **mímico** ['mimiku] mimisch
miminho [mi'miɲu] M port Schmollen n
mimo ['mimu] F BOT Mimose f **mimosear** [mimu'zjar] ⟨1l⟩ verzärteln **mimoso** [mi'mozu] A ADJ empfindlich; pej verhätschelt B M Liebling m
mina ['minɐ] F Bergwerk n, Grube f; Mine f (tb MIL, lápis); Stollen m; fonte: (unterirdische) Quelle f; fig Goldgrube f; **engenheiro** m **de ~s** Bergbauingenieur m **minar** [mi'nar] ⟨1a⟩ A V/T MIN graben; terra aufwühlen; MIL verminen; fig untergraben B V/I um sich greifen; fig sich durchsetzen
Minas Gerais ['minɐʒɡɛ'rajʃ] M bras Bundesstaat

▶ Minas Gerais

Gold und Diamanten brachten im 18. Jahrhundert den Reichtum, heute bestimmen andere Erze und Mineralien das wirtschaftliche Leben im brasilianischen Bundesstaat Minas Gerais. Alte Goldgräberstädte wie die frühere Hauptstadt **Ouro Preto** (wörtlich ‚schwarzes Gold') zeugen durch die reiche Barockarchitektur noch heute von vergangener Größe. In ganz Brasilien bekannt und beliebt ist auch der **queijo minas** oder **queijo mineiro**, ein halbfester, mild schmeckender Schnittkäse. ◀

mindinho [mĩ'diɲu] M fam A ADJ **dedo** M **~** kleiner Finger m B M kleiner Finger m
mineiro [mi'nɐjru] A ADJ 1 Bergbau..., Bergwerks...; **indústria** f **-a** Bergbau m 2 bras aus Minas Gerais; **queijo** m **~** halbfester Schnittkäse aus Minas Gerais B M Bergmann m
mineração [minɨrɐ'sɐ̃u̯] F Abbau m; Erzgewinnung f; Aufbereitung f **mineral** [mini'raɫ] A ADJ mineralisch; Mineral...; **água** f **~** Mineralwasser n B M Mineral n **mineralogia** [minɨrɐɫuˈʒiɐ] F Mineralogie f **mineralógico** [minɨrɐ'lɔʒiku] mineralogisch **mineralogista** [minɨrɐɫu'ʒiʃtɐ] M/F Mineraloge m, Mineralogin f **minério** [mi'nɛrju] M Erz n; **~ de ferro** Eisenerz n
minerva [mi'nɛrvɐ] F MED Zervikalstütze f; Halskrawatte f
mingau [mĩ'ɡau̯] M bras GASTR Brei m
míngua ['mĩɡwɐ] F (falta) Mangel m; (escassez) Knappheit f; **à ~** im Elend; **à ~ de** aus Mangel an (dat); **não fazer ~**

reichlich vorhanden sein
minguado [mĩˈgwadu] arm (**de** an *dat*); (*limitado*) dürftig; (*escasso*) knapp; *dia kurz* **minguante** [mĩˈgwãti] **A** ADJ/M **quarto** M ~ abnehmender Mond m **B** M *fig* Rückgang m **minguar** [mĩˈgwar] ⟨1ma⟩ abnehmen; zurückgehen; (*faltar*) mangeln (**em** an *dat*), fehlen (**em** an *dat*)
minha [ˈmiɲɐ] → meu
Minho [ˈmiɲu] M *hist port* Provinz
minhoca [miˈɲɔkɐ] F Regenwurm m
minhoto [miˈɲotu] aus dem Gebiet des Minho
miniatura [minjɐˈturɐ] F Miniatur f; TIPO Initiale f
mini-autocarro [miniautoˈkaʀu] M, **mini-bus** [miniˈbɔs] M Kleinbus m **mini-calculadora** [minikaukulɐˈdɔrɐ] F *bras* Taschenrechner m
mínima [ˈminimɐ] F MÚS halbe Note f
minimamente [minimɐˈmẽti] ADV im Geringsten
minimercado [minimirˈkadu] M kleiner Supermarkt m
minimizar [minimiˈzar] ⟨1a⟩ minimieren; klein (*ou* gering) halten
mínimo [ˈminimu] **A** ADJ kleinste, sehr klein; minimal **B** M Minimum n; ANAT kleiner Finger m; **~ de subsistência** (*ou* **vital**) Existenzminimum n; **~s** *pl* AUTO Standlicht n; **no ~** zumindest
minissaia [miniˈsajɐ] F Minirock m
ministerial [miniʃtiˈrjał] ministeriell; Minister...; Ministerial... **ministério** [miniʃˈtɛrju] M POL Ministerium n; *período*: Amtszeit f (*e-s Ministers*); *cargo*: (Minister)Amt n; *bras tb* grémio: Ministerrat m; **Ministério da Educação e Investigação Científica** *port* Erziehungs- und Forschungs-, **Ministério do Emprego e Segurança Social** *port* Arbeits- und Sozial-, **Ministério das Finanças** (*bras* **Ministério da Fazenda**) Finanz-; **Ministério dos Negócios Estrangeiros** (*bras* **Ministério das Relações Exteriores**) Außenministerium n; **~ público** Staatsanwaltschaft f
ministra [miˈniʃtrɐ] F Ministerin f; **Ministra** *port* **da Condição Feminina** Frauenministerin f **ministrante** [miniʃˈtrãti] **A** ADJ Hilfs... **B** M/F Gehilfe m, Gehilfin f; REL Messdiener m **ministrar** [miniʃˈtrar] ⟨1a⟩ liefern; *remédio* (verab)reichen; REL ministrieren

457 ‖ MIRA

ministro [miˈniʃtru] M POL Minister m; ADMIN Amtsträger m; *bras* Titel des Bundesrichter; **~ federal** Bundesminister m; **Primeiro Ministro** Premierminister m; **Ministro do Ambiente** Umweltminister m; **~ sem pasta** Minister m ohne Geschäftsbereich
Min.º ABR (**Ministro**) Min. (Minister)
minoração [minurɐˈsɐ̃ũ] F Verminderung f; MED Linderung f **minorar** [minuˈrar] ⟨1e⟩ (ver)mindern; *dor* lindern; erleichtern; *consequências* entschärfen **minoria** [minuˈriɐ] F Minderheit f; **~ de bloqueio** POL Sperrminorität f **minoritariamente** [minuritarjɐˈmẽti] ADV als Minderheit **minoritário** [minuriˈtarju] Minderheits...
minúcia [miˈnusjɐ] F Kleinigkeit f **minuciosidade** [minusjuziˈdadi] F Genauigkeit f, Gewissenhaftigkeit f **minucioso** [minuˈsjozu] gewissenhaft; (*detalhado*) ausführlich; eingehend
minuete [miˈnweti] M, *bras* **minueto** [miˈnwetu] M MÚS Menuett n
minúscula [miˈnuʃkuɫɐ] F Kleinbuchstabe m **minúsculo** [miˈnuʃkuɫu] winzig
minuta [miˈnutɐ] F Entwurf m; Skizze f **minutar** [minuˈtar] ⟨1a⟩ entwerfen
minuto [miˈnutu] **A** ADJ *duração* kurz; *dimensão* klein, kleinste **B** M Minute f
miocárdio [mjɔˈkardju] M Herzmuskel m; **enfarte m do ~** Herzinfarkt m
miolo [ˈmjoɫu] M ⟨*pl* [ˈmjɔ-]⟩ **1** (Brot)Krume f, Weiche(s) n (*im Brot*) **2** *fruta*: (Frucht)Mark n; *noz*: (Nuss)Kern m; *fig* Kern m **3** **~(s)** (*pl*) Hirn n; *fam fig* Grips m; **cabeça f sem ~(s)** Hohlkopf m
míope [ˈmiupi] kurzsichtig (*tb fig*)
miopia [mjuˈpiɐ] F Kurzsichtigkeit f
miosótis [mjɔˈzɔtiʃ] F Vergissmeinnicht n
mira [ˈmirɐ] F Mess-, Nivellierlatte f; *espingarda*: Korn n; *fig* Blick m; (*fito*) Absicht f; Ziel n; **cruz f de ~** Fadenkreuz n; **linha f de ~** Visierlinie f; **ponto m de ~** Korn n; **à ~** auf der Lauer; **ter a ~ em a/c, ter a/c em ~** etw im Auge behalten
miraculoso [mirɐkuˈɫozu] → milagroso
miradouro [mirɐˈdoru] M Aussichtspunkt m **miragem** [miˈraʒẽj] F Luftspiegelung f; Fata Morgana f **mira-mar** [mirɐˈmar] ⟨*pl* ~**es**⟩ Aussichtspunkt m

mit Meeresblick m **mirante** [mi'rɐ̃ti] M
→ miradouro **mirar** [mi'rar] ⟨1a⟩ **A**
VIT ansehen, betrachten; (*observar*) beobachten; (*ver*) **a/c a alg** port j-m auf etw (*ac*)
schauen **B** VI **~ a** (ab)zielen auf (*ac*);
schauen auf (*ac*); **~ para** port liegen (*ou* gehen) nach; **~-se** sich betrachten
miríade [mi'riadi] F Myriade f
mirim [mi'rĩ] bras winzig, klein; **táxi-~** m Kleintaxi m
mirone [mi'rɔni] M/F Beobachter(in) m(f); pop pej Spanner m; Gaffer m
mirra ['miʁɐ] **A** 1 BOT Myrrhe f **2** M/F fam (*magro,-a*) Gerippe n; (*avarento*) Geizhals m **mirrar** [mi'ʁar] ⟨1a⟩ **A** VIT ausdörren; austrocknen **B** VI verdorren; (*emagrecer*) abmagern
mirto ['mirtu] M BOT Myrte f
misantropia [mizɐ̃tru'piɐ] F Menschenscheu f **misantrópico** [mizɐ̃'trɔpiku] menschenscheu; misanthropisch **misantropo** [mizɐ̃'tropu] M Menschenfeind m
míscaro ['miʃkɐru] M BOT Steinpilz m
miscelânea [miʃsɨ'lɐnjɐ] F Vermischte(s) n; Miszellen pl
miscigenação [miʃsiʒinɐ'sɐ̃w] F (Rassen)Mischung f **miscigenado** [miʃsiʒi'nadu] gemischt **miscível** [miʃ'sivɛɫ] mischbar
miserável [mizɨ'ravɛɫ] elend; erbärmlich
miséria [mi'zɛrjɐ] F (*pobreza*) Elend n, Not f; (*sofrimento*) Leid n, Jammer m; (*lástima*) Erbärmlichkeit f; (*ninharia*) Kleinigkeit f; fam Dreck m; **cair na ~** in Not geraten; **salário de ~** Hungerlohn m
misericórdia [mizɨri'kɔrdjɐ] F Barmherzigkeit f, Erbarmen f; Fürsorge f; **golpe de ~** Gnadenstoß m **misericordioso** [mizɨrikur'djozu] barmherzig
mísero ['mizɨru] elend, unglücklich
missa ['misɐ] F Messe f; **~ cantada solene** Hochamt n; **~ de alva** (bras das almas) Frühgottesdienst m; **~ do galo** Mitternachtsmette f; **fato m** (bras **terno** m) **de ir à ~** Sonntagsanzug m; **não ir à ~ com alg** j-n nicht ausstehen können
missal [mi'saɫ] M Messbuch n
missanga [mi'sɐ̃gɐ] F Glasperle f, Glasperlenschmuck m; **~s** pl Kleinkram m; **bordado m a ~** Perlenstickerei f
missão [mi'sɐ̃w] F Mission f; Auftrag m; **~ de paz** Friedensmission f, Friedenseinsatz m; **ter por ~** (*inf*) die Aufgabe haben zu
míssil ['misiɫ] M Rakete f; **~ cruzeiro** Marschflugkörper m; **~ de alcance intermédio** Mittelstreckenrakete f; **~ submarino** Unterwasserrakete f; **~ aéreo** Luftrakete f; **~ terrestre** Bodenrakete f
missionar [misju'nar] ⟨1f⟩ bekehren
missionário [misju'narju] M, **-a** F Missionar(in) m(f)
missiva [mi'sivɐ] F Schreiben n
mistela [miʃ'tɛɫɐ] F pop pej Gebräu n; Gemisch n
mister [miʃ'tɛr] M Beruf m; Aufgabe f; Arbeit f; (*necessidade*) Notwendigkeit f; **haver ~**, **ser ~**, **fazer-se ~** nötig sein
mistério [miʃ'tɛrju] M Geheimnis n (**desvendar** lüften); Mysterium n **misterioso** [miʃtɨ'rjozu] geheimnisvoll
mística ['miʃtikɐ] F 1 Mystik f 2 Mystikerin f **misticismo** [miʃti'siʒmu] M Mystizismus m **místico** ['miʃtiku] **A** ADJ mystisch; (*misterioso*) geheimnisvoll **B** M Mystiker m
mistificação [miʃtifikɐ'sɐ̃w] F Mystifikation f **mistificar** [miʃtifi'kar] ⟨1n⟩ mystifizieren; (*enganar*) irreführen, täuschen
mistura [miʃ'turɐ] F Mischung f; QUÍM Gemisch n; **~ de legumes** Mischgemüse f; **à ~** gemischt; (*desordenado*) durcheinander **misturada** [miʃtu'radɐ] F Mischmasch m **misturador** [miʃtura'dor] **A** ADJ Misch... **B** M *aparelho*: Mischmaschine f; Mixer m; bras torneira: Mischbatterie f; bras **~ monocomando** Einhebelmischbatterie f; **~ de som** MÚS Soundmixer m **misturadora** [miʃtura'dorɐ] F port GASTR Pürierstab m; (*betoneira*) Betonmischer m; torneira: Mischbatterie f; bras **~ monocomando** Einhebelmischbatterie f
misturar [miʃtu'rar] ⟨1a⟩ (ver)mischen, mixen; **~-se em** sich einmischen in (*ac*)
mísula ['mizulɐ] F Konsole f, Bord n
mítico ['mitiku] mythisch
mitigar [miti'gar] ⟨1o⟩ dor lindern; disputa beschwichtigen; sede löschen, fig mäßigen
mito ['mitu] M Mythos m **mitologia** [mitulu'ʒiɐ] F Mythologie f **mitómano** [mi'tɔmɐnu] M, **-a** F pathologischer Lügner m, pathologische Lügnerin f
mitra ['mitrɐ] F REL Mitra f
miuça ['mjusɐ] F, **miuçalha** [mju'saʎɐ]

F Splitter *m*; (Bruch)Stück *n*
miudagem [mjuˈdaʒɐ̃ĩ] **F** *fam* Rangen *fpl*; Kids *npl* **miudamente** [mjudɜˈmẽti] ADV stückweise; einzeln **miudeza** [mjuˈdezɐ] **F** Kleinheit *f*; (*delicadeza*) Zartheit *f*; (*exactidão*) Genauigkeit *f*; **~s** *pl* Kleinigkeiten *fpl*; **~s** *pl* **de galinha** GASTR Hühnerklein *n* **miúdo** [ˈmjudu] **A** ADJ klein; (*delicado*) zart; (*frequente*) häufig; *fig* genau; (*mesquinho*) kleinlich; **a ~** häufig; **por ~** im Einzelnen; genau; **venda** *f* **a ~** *port* Einzelhandel *m* **B M**, **-a F** *port* Kleine(r) *m(f)n*; kleiner Junge *m*, kleines Mädchen *n* **C M ~s PL** Kleingeld *n*; GASTR Innereien *pl*
mixórdia [miˈʃɔrdjɐ] **F** *pej* Mischmasch *m*
MNE M ABR *port* (Ministério dos Negócios Estrangeiros) Außenministerium *n*
mo [mu] CONTR *de* me *e* o
mó [mɔ] **F 1** Mühlstein *m*; Schleifstein *m*; **~ de esmeril** Schleifscheibe *f* **2** Menge *f*; Schar *f*
m.º ABR (mesmo) selbst; derselbe
moagem [ˈmwaʒɐ̃ĩ] **F** *acção:* Mahlen *n*; *produto:* Mahlgut *n*; **fábrica** *f* **de ~** Mühle *f*
móbil [ˈmɔbil] **A** ADJ → móvel **B M** *fig* Triebfeder *f*; Motiv *n*
mobilar [mubiˈlar] ⟨1a⟩ möblieren **mobília** [muˈbilja] **F** Mobiliar *n*; Inneneinrichtung *f* **mobiliar** [mobiˈljar] ⟨1g⟩ *bras* → mobilar **mobiliário** [mubiˈljarju] **A** ADJ beweglich; Möbel... **B M** Mobiliar *n* **mobilidade** [mubiliˈdadi] **F** Beweglichkeit *f*; Mobilität *f* **mobilização** [mubilizɐˈsɐ̃ũ] **F** MIL Mobilmachung *f*; *fig* Mobilisierung *f*; Einsatz *m* **mobilizar** [mubiliˈzar] ⟨1a⟩ mobilisieren **mobilizável** [mubiliˈzavɛl] einsatzfähig
moca [ˈmɔkɐ] **A F 1** Keule *f*; *pop* (*cabeça*) Rübe *f* **2** *bras* Scherz *m*; Flunkerei *f* **B M** GASTR Mokka *m*
moça [ˈmosɐ] **F** Mädchen *n*; *port* (*empregada*) Hausmädchen *n*; (*namorada*) Freundin *f*
mocada [mɔˈkadɐ] **F** Schlag *m*; **~s** *pl* Prügel *pl*
moçambicano [musɐ̃biˈkɐnu] **A** ADJ mosambikanisch **B M**, **-a F** Mosambikaner(in) *m(f)* **Moçambique** [musɐ̃ˈbiki] M GEOG **o ~** Mosambik (*n*)
mocambo [moˈkɐ̃bu] M *bras hist* Strohhütte *f*

moção [muˈsɐ̃ũ] **F** Bewegung *f*; POL Antrag *m*; **~ de censura** POL Misstrauensvotum *n*; **~ de confiança** POL Vertrauensfrage *f*
moçárabe [muˈsarɐbi] *hist* **A** ADJ mozarabisch **B** M/F Mozaraber(in) *m(f)*
mocassim [mɔkɐˈsĩ] **M** Mokassin *m*
mocetão [musiˈtɐ̃ũ] **M** (strammer) Bursche *m* **mocetona** [musiˈtonɐ] **F** stattliches Mädchen *n*
mochila [muˈʃilɐ] **F** Rucksack *m*
mocho¹ [ˈmoʃu] **A** ADJ *gado* verstümmelt; *árvore* gekappt **B M** Hocker *m*
mocho² [ˈmoʃu] M ZOOL **~ galego** Steinkauz *m*
mocidade [musiˈdadi] **F** Jugend *f*
mocinha [muˈsiɲɐ] **F** junges Mädchen *n*
moço [ˈmosu] **A** ADJ jung **B M** junger Mann *m*; (*ajudante*) Gehilfe *m*; AGR Knecht *m*; TECN Schraubzwinge *f*; **~ de cozinha** Küchenjunge *m*; **~ de fretes**, **~ de recados** Laufbursche *m*
moda [ˈmɔdɐ] **F** Mode *f*; MÚS Liedchen *n*; **canção** *f* **da ~** *port* Schlager *m*; **desfile** *m* **de ~** Modenschau *f*; **à ~** modisch; **à ~ de** *fig nach* ART von; **à sua ~** auf seine Art); **estar na ~** (in) Mode sein; **fora de ~** altmodisch; **passar de ~** aus der Mode kommen
modal [muˈdal] modal **modalidade** [mudɐliˈdadi] **F** Modalität *f*; Art und Weise *f*, Form *f*; DESP Disziplin *f*
modelar [mudiˈlar] **A** ADJ mustergültig; modellhaft **B** VT ⟨1c⟩ modellieren; *plano* umreißen; (*dar forma*) gestalten; **~-se por** zum Vorbild nehmen
modelo [muˈdelu] **A** M Modell *n*; Vorlage *f*; *fig* Vorbild *n*; **~ fim-de-série** Auslaufmodell *n*; **passar ~s** Modelle vorführen **B F** Model *n*
modem [ˈmɔdɛm] **M** INFORM Modem *n*
moderação [mudirɐˈsɐ̃ũ] **F** Mäßigung *f*; Zurückhaltung *f*; (*modéstia*) Bescheidenheit *f*; TV, INTERNET, *debate:* Moderation *f* **moderado** [mudiˈradu] mäßig **moderador(a)** [mudirɐˈdor(a)] **M** TV, *tb* INTERNET Moderator(in) *m(f)* **moderar** [mudiˈrar] ⟨1c⟩ mäßigen; verlangsamen; mildern; TV, INTERNET moderieren; **~-se** nachlassen; sich mäßigen **moderativo** [mudirɐˈtivu] mäßigend
modernamente [mudɛrnɐˈmẽti] ADV in neuerer Zeit **modernice** [mudirˈnisi] **F**

Neuerungssucht f; Zeiterscheinung f; fig Eintagsfliege f **modernidade** [mudirniˈdadi] F̄ Modernität f; Moderne f **modernismo** [mudirˈniʒmu] M̄ Modernismus m **modernista** [mudirˈniʃtɐ] A ADJ modernistisch B M/F Modernist(in) m(f) **modernizar** [mudirniˈzar] ⟨1a⟩ modernisieren **moderno** [muˈdɛrnu] modern; neu; à -a modern
modéstia [muˈdɛʃtjɐ] F̄ Bescheidenheit f
modesto [muˈdɛʃtu] bescheiden; anspruchslos
módico [ˈmɔdiku] preço mäßig; quantidade spärlich
modificação [mudifikaˈsɐ̃ũ] F̄ (Ab-, Ver-)Änderung f **modificar** [mudifiˈkar] ⟨1n⟩ (ab-, um-, ver)ändern
modinha [mɔˈdiɲɐ] F̄ Schlager m; bras trauriger Gesang m **modista** [muˈdiʃtɐ] F̄ Schneiderin f; Modistin f
modo [ˈmɔdu] M̄ Art f, Weise f; (processo) Verfahren n; LING Modus m; MÚS Tonart f; ~ **conjuntivo** Konjunktiv m; ~ **de falar** Ausdrucksweise f; Redensart f; ~ **de pensar** Denkweise f; ~ **de ser** Eigenart f; ~ **de vida** Lebensweise f; ~ **gráfico** INFORM Grafikmodus m; **a seu** ~ auf seine Weise; **ao** ~ **de** nach Art (gen); wie; **de** ~ **a** (inf) um ... zu (inf); **de** ~ **que** sodass; **de certo** ~ in gewisser Weise; **deste** ~, **por este** ~ auf diese Weise; **de** ~ **algum** (ou **nenhum**) keineswegs; **de mau** ~ unfreundlich; widerwillig; **de outro** ~ andernfalls; **de qualquer** ~ irgendwie; auf jeden Fall; **de tal** ~ **que** derart, dass; **pelo(s)** ~(**s**) augenscheinlich; ~**s** pl Umgangsformen fpl
modorra [muˈdoʀɐ] F̄ Schläfrigkeit f **modorrento** [muduˈʀẽtu], **modorro** [muˈdoʀu] schlaftrunken
modulação [muduɫɐˈsɐ̃ũ] F̄ MÚS Modulation f **modular** [muduˈɫar] A V/T ⟨1a⟩ MÚS modulieren B ADJ modular
módulo [ˈmɔduɫu] M̄ Modul m (ou n); AERO Raumkapsel f; peça (Fahrschein).Abschnitt m; **bilhete m de um** ~ port Fahrschein m für eine Zone
moeda [ˈmwedɐ] F̄ Münze f; Geldstück n; Hartgeld n; FIN Währung f; ~ **falsa** Falschgeld n; ~ **ouro** Goldwährung f; ~ **única** europäische Einheitswährung f; (**Casa f da**) **Moeda** Münze f; **pagar na mesma** ~ es j-m mit gleicher Münze heimzahlen **moedeiro** [mweˈdɐiru] M̄ Münzer m; ~ **falso** Falschmünzer m, Geldfälscher m
moedor [mweˈdor] M̄ ~ **de carne** bras Fleischwolf m
moela [ˈmwɛlɐ] F̄ (Geflügel)Magen m
moenda [ˈmwẽdɐ] F̄ operação: Mahlgang m; (mó) Mahlstein m **moer** [mwer] ⟨2f⟩ (zer)mahlen, zerkleinern; fig problema wälzen; fam hist corpo rädern; a cabeça belästigen; (bater) verprügeln; ~**-se** sich (ab)plagen
mofa [ˈmɔfɐ] F̄ Spott m
mofar¹ [muˈfar] ⟨1e⟩ spotten (**de** über ac)
mofar² [muˈfar] V/I ⟨1e⟩ (ver)schimmeln; fig schlechte Laune haben **mofento** [muˈfẽtu] **1** muffig; schimmelig **2** fig verhängnisvoll
mofina [muˈfinɐ] F̄ Unglück n; fam Pech n; fig Knauserei f; bras Hetzartikel m **mofino** [muˈfinu] A ADJ unglücklich; (avarento) knauserig B M̄, **-a** F̄ Unglücksmensch m; (avarento) Geizhals m
mofo [ˈmofu] M̄ Schimmel m; **cheirar a** ~ muffig riechen; fam muffeln; **criar** ~ (ver)schimmeln **mofoso** [muˈfozu] muffig; schimmelig
mogno [ˈmɔgnu] M̄ Mahagoni n; árvore: Mahagonibaum m
moído [ˈmwidu] A PP irr → **moer** B ADJ abgespannt; fam durchgedreht
moinha [ˈmwiɲɐ] F̄ Spreu f; Staub m
moinho [ˈmwiɲu] M̄ Mühle f; ~ **de pimenta** Pfeffermühle f; ~ **de vento** Windmühle f; fig Luftschloss n; **levar a água ao seu** ~ die eigenen Interessen durchsetzen
moita [ˈmoitɐ] A F̄ Busch m; **na** ~ versteckt B INT ~(**-carrasco**) port Ausruf der Verärgerung, weil man keine Antwort bekommt
mola [ˈmɔlɐ] F̄ **1** Feder f; roupa: Wäscheklammer f; fig Triebfeder f; ~ **helicoidal** TECN Schraubenfeder f; ~ **real** fig Haupttriebfeder f; **botão m de** ~ port Druckknopf m; ~**s** pl Federung f; **ter (boas) ~s** federn **2** Moçambique Geld n, Knete f
molambo [moˈlɐ̃bu] M̄ bras Lumpen m; fig Lump m
molar [muˈlar] A ADJ Mahl...; Mühl...; fig weich, mürbe; **dente** m ~ Backenzahn m B M̄ Backenzahn m
moldação [moɫdɐˈsɐ̃ũ] F̄ Abdruck m,

Abguss m **moldado** [moɫˈdadu] M ARQUIT Schnitz-, Stuckwerk n **moldador** [moɫdɐˈdor] M Schnitzwerkzeug n **moldagem** [moɫˈdaʒɐ̃ĩ] F Bildgießerei f; Abdruck m; ~ **em gesso** Gipsabdruck m; → moldação **moldar** [moɫˈdar] ⟨1e⟩ e-n Abdruck (ou Abguss) machen von; *chumbo etc* gießen; *fig* modellieren; formen; gestalten; **~-se** sich abzeichnen; sich abdrücken

Moldávia [moɫˈdavjɐ] F Moldawien n, Moldau f

molde [ˈmɔɫdi] M (Guss)Form f, Modell n; Abdruck m; *costura:* Schnittmuster n; *fig* Muster n; *bras* ARQUIT Schalung f; **carpinteiro** m **de ~s** Modelltischler m; **de ~** passend, nach Maß; *fig* gelegen, wie gerufen; **nos ~s de** im Rahmen (gen); **ir de ~, vir de ~ a** passen zu **moldura** [moɫˈdurɐ] F Rahmen m; ARQUIT Gesims n, Fries m **moldurar** [moɫduˈrar] ⟨1a⟩ (ein)rahmen

mole [ˈmɔli] A ADJ weich; schlaff; (*que cede*) nachgiebig; PINT farblos; *fig* teilnahmslos; (*sem energia*) träge; *fam* schlapp B M Masse f; Menge f

moleca [moˈlɛkɐ] F *bras* kleines (farbiges) Mädchen n

molécula [muˈlɛkulɐ] F Molekül n **molecular** [mulɛkuˈlar] molekular

moleira [muˈlɐjrɐ] F **1** Müllerin f **2** ANAT Fontanelle f; **ser duro da ~** *pop* begriffsstutzig sein **moleiro** [muˈlɐjru] M Müller m; ZOOL Raubmöwe f

molenga [muˈlɛŋgɐ] A ADJ weichlich; schlaff; (*preguiçoso*) träge B M Weichling m; Schlappschwanz m

moleque [moˈlɛki] *bras* A ADJ scherzhaft; schelmisch B M Bengel m; Gassenjunge m

molestar [mulɨʃˈtar] ⟨1c⟩ belästigen, plagen; ärgern; (*maltratar*) misshandeln **moléstia** [muˈlɛʃtjɐ] F Last f, Mühe f; Plage f; *doença:* (körperliche) Beschwerde f **molesto** [muˈlɛʃtu] *pessoa* lästig; *vestuário etc* unbequem; *tarefa* beschwerlich

moleta [muˈlɛtɐ] F Mahlstein m **molete** [muˈlɛti] M *reg* (Milch)Brötchen n **moleza** [muˈlezɐ] F Weichheit f; (*preguiça*) Trägheit f

molhada [mɔˈʎadɐ] F großes Bündel n **molhadela** [muʎaˈdɛlɐ] F kurzes Eintauchen n; schnelle Dusche f, Bad n;

apanhar uma **~** nass werden; eine Dusche abbekommen **molhado** [muˈʎadu] A ADJ nass B M nasse Stelle f; **~s** *pl bras* Getränke *npl*; Öle *npl*; **loja** f **de secos e ~s** → mercearia f **molhagem** [muˈʎaʒɐ̃ĩ] F Maische f **molhar** [muˈʎar] ⟨1e⟩ nass machen; *pincel* einweichen; *pão* eintunken; **~-se** nass werden

molhe [ˈmɔʎi] M Mole f

molheira [muˈʎɐjrɐ] F Sauciere f

molho¹ [ˈmɔʎu] M *chaves:* Bund m; *cabelos:* Büschel n; *espigas:* Bündel n; **~ de chaves** Schlüsselbund m; **~ de nervos** *port* Nervenbündel n; **~ de tripas** *port pop pessoa:* Gespenst n; **aos ~s** *fam* haufenweise; **em ~s** gebündelt

molho² [ˈmoʎu] M GASTR Soße f; **~ branco** Mehlschwitze f; **~ de manteiga** Buttersoße f; **~ de pimenta** (scharfe) Pfeffersoße f; **~ tártaro** Sauce f Tartare; **pôr de ~** GASTR einweichen; wässern; *fig fam* **estar/ficar de ~** krank sein

molibdénio [mulibˈdɛnju] M Molybdän n

moliço [muˈlisu] M *adubo:* Tang m; (*colmo*) Reet n, Schilfrohr n

molinete [muliˈnɛti] M Drehkreuz n; Haspel f; *pesca:* (Angel)Rolle f; *fig* Pirouette f

molusco [muˈluʃku] M ZOOL Weichtier n

momentaneamente [mumẽtɐnjɐˈmẽti] ADV im Augenblick **momentâneo** [mumẽˈtɐnju] momentan, augenblicklich; (*passageiro*) vorübergehend **momento** [muˈmẽtu] M Moment m; *fig* Bedeutung f; FIS Moment n; **a cada ~** jeden Augenblick; **de ~** momentan; **num ~** im Nu; **num dado ~** zu e-m bestimmten Zeitpunkt; **por ~s** e-n Augenblick lang; **um ~, por favor!** e-n Moment bitte!

momice [muˈmisi] F Grimasse f; *fam* Fratze f; **~s** *pl fig* Blendwerk n

mona [ˈmonɐ] F Affenweibchen n; *fam* Stoffpuppe f; (*bebedeira*) Rausch m; (*bolha*) Brummigkeit f; *pop* (*cabeça*) Birne f

monarca [muˈnarkɐ] M Monarch m **monarquia** [munarˈkiɐ] F Monarchie f; **~ constitucional** konstitutionelle Monarchie f **monárquico** [muˈnarkiku] A ADJ monarchisch B M, **-a** F Monarchist(in) m(f) **monarquista** [munarˈkiʃtɐ] MF Monarchist(in) m(f)

monástico [muˈnaʃtiku] klösterlich

monção [mõ'sɐ̃ũ] F Monsun m; Passat m; fig (günstige) Gelegenheit f
monco ['mõku] M fam Rotz m
monda ['mõdɐ] F Jäten n **mondador** [mõdɐ'dor] A M, -a [mõdɐ'dorɐ] F Jäter(in) m(f) B M Jäthacke f **mondar** [mõ'dar] ⟨1a⟩ jäten; árvore ausputzen; nabos, cenouras verziehen; fig säubern; mal ausmerzen
Mondego [mõ'degu] M port Fluss
monegasco [muni'gaʃku] ADJ aus Monaco, monegassisch
monetário [muni'tarju] Münz...; Geld...; Währungs...; **circulação** f/**inflação** f -a Geldumlauf m/-entwertung f; **corre(c)ção** f -a Geldwertkorrektur f; **política** f -a Währungspolitik f
monge ['mõʒɨ] M Mönch m
mongol [mõ'gɔɫ] A M, -a F Mongole m, Mongolin f B M Mongolisch n
Mongólia [mõ'gɔɫjɐ] F GEOG **a ~** die Mongolei f **mongólico** [mõ'gɔɫiku] **mongolóide** [mõguˈɫɔjdi] ADJ MED mongoloid, mit Down-Syndrom
monhé [mõ'ɲɛ] M Moçambique pej Mischling m
monho ['moɲu] M Haarknoten m, Dutt m; postiço: Haarteil n
monitor [muni'tor] M INFORM Monitor m
monitor(a) [muni'tor(ɐ)] A M/F Betreuer(in) m(f); Ausbilder(in) m(f); (instrutor,-a) Kursleiter(in) m(f); DESP Trainer(in) m(f) **monitorizar** [munituri'zar] ⟨1a⟩ überwachen
monja ['mõʒɐ] F Nonne f
mono ['monu] A ADJ Affen...; fam fig griesgrämig B M Affe m; fam Griesgram m; pop Mist m; Ladenhüter m; **ferrar** (ou **pregar**) **um ~ a alg** pop j-m e-n Bären aufbinden
monocromático [mɔnɔkrɔ'matiku] einfarbig, monochrom
monóculo [mu'nɔkuɫu] A ADJ einäugig B M Monokel n
monocultura [mɔnɔkuɫ'turɐ] F Monokultur f **monofásico** [mɔnɔ'faziku] ELECT einphasig, Einphasen... **monogamia** [mɔnɔgɐ'mia] F Monogamie f **monógamo** [mɔ'nɔgɐmu] monogam **monografar** [munugrɐ'far] ⟨1b⟩ eine Monografie schreiben über (ac) **monografia** [munugrɐ'fiɐ] F Monografie f
monograma [mɔnɔ'grɐmɐ] M Monogramm n
monolingue [mɔnɔ'lĩgi] einsprachig **monólito** [mɔ'nɔlitu] M Monolith m **monólogo** [mu'nɔlugu] M Monolog m; Selbstgespräch n
monomotor [mɔnɔmu'tor] einmotorig **monoparental** [mɔnɔpɐrẽ'taɫ] ADJ família Ein-Eltern-...
monopólio [munu'pɔɫju] M Monopol n **monopolista** [munupu'liʃtɐ] M/F Monopolist(in) m(f) **monopolizar** [munupuli'zar] ⟨1a⟩ monopolisieren
monoposto [mɔnɔ'poʃtu] M ⟨pl [-'pɔ-]⟩ Einzelplatz m (IT-Anlage) **monossilábico** [mɔnɔsi'ɫabiku] einsilbig **monossilabismo** [mɔnɔsiɫɐ'biʒmu] M Einsilbigkeit f (tb fig) **monossílabo** [mɔnɔ'siɫɐbu] M einsilbiges Wort n
monotonia [munutu'niɐ] F Monotonie f; Eintönigkeit f **monótono** [mu'nɔtunu] monoton; eintönig **monovalente** [mɔnɔvɐ'ɫẽti] QUIM einwertig **monóxido** [mɔ'nɔksidu] M Monoxid n; **~ de carbono** Kohlenmonoxid m
monstro ['mõʃtru] M Monster n; Ungeheuer n **monstruosidade** [mõʃ'trwuzi'dadi] F Ungeheuerlichkeit f; Scheußlichkeit f **monstruoso** [mõʃtru'ozu] monströs
monta ['mõtɐ] F Summe f; Betrag m; (valor) Wert m **monta-cargas** [mõtɐ'kargɐʃ] ⟨pl inv⟩ M Lastenaufzug m
montada [mõ'tadɐ] F acção: Aufsitzen n; (cavalo) Reitpferd n **montado** [mõ'tadu] A ADJ rittlings sitzend B M Eichenwald m (im Alentejo); **engorda** f **de ~ port** Eichelmast f **montador** [mõtɐ'dor], **-a** [mõtɐ'dorɐ] F TECN Monteur(in) m(f); (cavaleiro) Reiter(in) m(f)
montagem [mõ'taʒɐ̃j] F Montage f, Zusammenbau m; cozinha, móvel: Einbau m; CINE Schnitt m
montanha [mõ'tɐɲɐ] F Gebirge n; (hoher) Berg m **montanha-russa** [mõtɐɲɐ'ʁusɐ] F ⟨pl montanhas-russas⟩ Achterbahn f **montanheiro** [mõtɐ'ɲɐjru] A ADJ Berg... B M Gebirgsbewohner m; Bergführer m **montanhês** [mõtɐ'ɲeʃ] A ADJ Berg... B M Gebirgler m **montanhismo** [mõtɐ'ɲiʒmu] M Bergsteigen n **montanhista** [mõtɐ'ɲiʃtɐ] M/F Bergsteiger(in) m(f) **montanhoso**

[mõtɨˈpozu] bergig; gebirgig
montante [mõˈtɐ̃ti] **A** ADJ *maré* steigend **B** M̄ Höhe *f*, Betrag *m* **montão** [mõˈtɐ̃u] M̄ Haufen *m*, Menge *f*; **em ~ alle** (alles) durcheinander; **aos montões** haufenweise **montar** [mõˈtar] ⟨1a⟩ **A** V/T **1** *cavalo, bicicleta* steigen auf (*ac*); reiten (auf *dat*) **2** *cozinha* montieren; *encastrar* einbauen; *estante* zusammenbauen; *negócio* aufstellen; *escritório, consultório* einrichten; *tenda, andaime* aufschlagen; (*organizar*) organisieren; TEAT inszenieren; *armadilha* stellen **B** V/I *cavalo* aufsitzen; *cavalo* reiten (**em** auf *dat*); *quantia* sich belaufen (**a** auf *ac*)
montaria [mõtɨˈriɐ] F (*coutada*) Wildbahn *f*; (*caça*) Treibjagd *f*
monte [ˈmõti] M̄ Berg *m*; *reg* (*terreno inculto*) Wildnis *f*; *reg* (*propriedade*) Landgut *n*; *fig* Haufen *m*; DIR Erbschaftsmasse *f*; *jogo*: (Spiel)Kasse *f*; **~ de vénus** (*bras* vênus) Venushügel *m*; **~s** *pl* Gebirge *n*; **a ~** verwildert; *fig* blindlings; **aos ~s** haufenweise; **por ~s e vales** durch Berg und Tal
monteada [mõˈtjadɐ] F (Treib)Jagd *f*
monteador [mõtjɐˈdor] M̄ → **monteiro**
montear [mõˈtjar] ⟨1l⟩ **1** jagen **2** ARQUIT einen Aufriss machen von
monteia [mõˈtɐjɐ] F ARQUIT Aufriss *m*; (*superfície*) Grundfläche *f*
monteiro [mõˈtɐjru] **A** ADJ Jagd... **B** M̄ Jäger *m*; (*couteiro*) Förster *m*
montepio [mõtiˈpiu] M̄ Renten-, Sterbekasse *f*
montês [mõˈteʃ] wild, Wild...; Berg...; Gebirgs...; **cabra** *f* **-esa** Gämse *f*; **cabrito** *m* **~** Steinbock *m*
montículo [mõˈtikulu] M̄ Hügel *m*, Hügelchen *n*; *fig* Häufchen *n*
montra [ˈmõtrɐ] F Schaufenster *n*
monumental [munumẽˈtał] großartig, monumental **monumento** [munuˈmẽtu] M̄ Sehenswürdigkeit *f*; (*sepultura*) Grabmal *n*; **um ~ a** ein Denkmal für
moquear [moˈkjar] ⟨1l⟩ *bras* dörren
moqueca [moˈkɛkɐ] F *bras* Eintopf *aus Fisch, Tomaten u. Zwiebeln*
m. or ABR (*morador*) wohnh. (wohnhaft)
mor[1] [mɔr] Haupt..., Ober...; **capela-~** *f* Hauptaltar *m*; **monteiro-~** *m* Oberförster *m*
mor[2] [mor] M̄ **por ~ de** wegen (*gen*)
mora [ˈmɔrɐ] F Verzögerung *f*; Aufschub

m; ZOOL Art Dorsch *m*; **estar constituído em ~** DIR im Verzug sein, im Rückstand sein
morada [muˈradɐ] F Wohnung *f*; Wohnsitz *m*; (*endereço*) Adresse *f*; *fig* Aufenthalt *m* **moradia** [murɐˈdiɐ] F Wohnhaus *n*; **→ morada**; **~ (unifamiliar)** Einfamilienhaus *n* **morador** [murɐˈdor] **A** ADJ wohnhaft **B** M̄, **moradora** [murɐˈdorɐ] F Bewohner(in) *m(f)*; (*inquilino*) Mieter(in) *m(f)*; Anlieger(in) *m(f)*; (*habitante*) Einwohner(in) *m(f)*
moral [muˈrał] **A** ADJ moralisch **B** F Moral **C** M̄ (*ânimo*) Stimmung *f*; Moral *f* **moralidade** [murɐliˈdadi] F Moral *f* **moralista** [murɐˈliʃtɐ] M/F Moralist(in) *m(f)* **moralizador** [murɐlizɐˈdor] **A** ADJ erzieherisch **B** M̄ Moralprediger *m*
morango [muˈrɐ̃gu] M̄ Erdbeere *f*
morar [muˈrar] ⟨1e⟩ wohnen; **ir ~ para** (*bras* **em**) ziehen nach
moratória [murɐˈtɔrjɐ] F Zahlungsaufschub *m*; Moratorium *n*
morbidade [murbiˈdadi] F Zahl *f* der Krankheitsfälle, Morbidität *f* **morbidez** [murbiˈdeʃ] F Schwäche *f*; Anfälligkeit *f* **mórbido** [ˈmɔrbidu] MED kränklich

morcão [murˈkɐ̃u] M̄ *port reg* Gewürm *n*; *pop* Versager *m*
morcego [murˈsegu] M̄ Fledermaus *f*; *fig* Nachtschwärmer *m*
morcela [murˈsɛlɐ] F, *bras* **morcilha** [morˈsiʎɐ] F Blutwurst *f*
mordaça [murˈdasɐ] F Knebel *m*; TECN Backe *f* (*e-r Zange*); *fig* Einschränkung *f* der Meinungsfreiheit **mordaz** [murˈdaʃ] beißend; bissig; scharf **mordedela** [murdiˈdɛlɐ] F, **mordedura** [murdiˈdurɐ] F Biss *m*, (*ferida*) Bisswunde *f*; *insecto*: Stich *m* **mordente** [murˈdẽti] **A** ADJ beißend; *tom* durchdringend; QUÍM ätzend **B** M̄ Beize *f*; FOTO Fixativ *n*; TECN (Klemm)Backe *f* **morder** [murˈder] ⟨2d⟩ **A** V/T (an-, zer)beißen; *mosquito* stechen; QUÍM ätzen; *os lábios/a língua* sich auf die Lippen/die Zunge beißen; **o pó, ~ a poeira** *pop* ins Gras beißen **B** V/I beißen; brennen; *picadela* jucken; **~-se** *fam fig* schäumen (**de** vor *dat*) **mordicar** [murdiˈkar] ⟨1n⟩ (an)knabbern; (*roer*) (zer)beißen **mordimento** [murdiˈmẽtu] M̄ *fig* Gewissensbiss *m* **mordiscar** [murdiʃˈkar] ⟨1n⟩ → **mordicar**

mordomia [murdu'mia] F Vergünstigungen fpl; Wohlstand m
mordomo [mɔr'domu] M (administrador) Verwalter m; (criado) Butler m; hist Haushofmeister m
moreia¹ (*é) [mu'rɐjɐ] F ZOOL Muräne f
moreia² (*é) [mu'rɐjɐ] F GEOL Moräne f
morena¹ [mu'renɐ] F Brünette f, Dunkelhaarige f
morena² [mu'renɐ] F GEOL → moreia²
moreno [mu'renu] ADJ brünett, dunkelhaarig
morfar [mɔr'far] ⟨1a⟩ pop mampfen
morfema [mur'femɐ] M Morphem n
morfina [mur'finɐ] F Morphium n **morfinómano** (*ó) [murfi'nɔmɐnu] M, **-a** F Morphiumsüchtige(r) m/f(m)
morfologia [murfulu'ʒiɐ] F Formenlehre f, Morphologie f
morgue [ˈmɔrgi] F Leichenschauhaus n
moribundo [muri'būdu] pessoa sterbend; luz verlöschend
mormacento [murmɐ'sētu] feuchtwarm
mormaço [mur'masu] M feuchte Wärme f
mormente [mɔr'mēti] ADV hauptsächlich
morno ['mornu] ADJ ⟨fsg, m/fpl ['mɔ-]⟩ lau(warm); **de água -a** fig unbedeutend, wertlos
morosidade [muruzi'dadi] F Langwierigkeit f **moroso** [mu'rozu] säumig
morra ['mɔʁɐ] INT ~ ...! nieder (mit) ...!
morrão [mu'ʁɐ̃u] M Lunte f; vela: Docht m
morrediço [muʁɛ'disu] sterbend; verlöschend **morredouro** [muʁɛ'doru] kurzlebig; todbringend; pessoa dem Tode geweiht
morrer [mu'ʁer] ⟨2d; pp morto⟩ sterben (**de** an dat); umkommen; (extinguir-se) absterben; fig enden; dia, luz verlöschen; som, música verklingen; **~ à** (bras **de) fome/de sede/de frio** verhungern/verdursten/erfrieren; **~ às mãos de alg** durch j-s Händen sterben; **de ~ a** (bras **de) rir** zum Totlachen; **~ por alg** irón unsterblich verliebt in j-n sein; **~ em graça** in Frieden sterben; **~(-se) por** für sein Leben gern haben; **lindo de ~** zum Sterben schön, wunderschön
morrinha [mu'ʁiɲɐ] F Räude f; bras übler Körpergeruch m; (chuva) Sprühregen m **morrinhento** [muʁi'ɲētu] räudig; (chuvoso) regnerisch
morro ['moʁu] M Hügel m
morsa ['mɔrsɐ] F Walross n
mortadela [murtɐ'dɛlɐ] F GASTR Mortadella f **mortagem** [mur'taʒɐ̃i] F Zapfenloch n **mortal** [mur'tał] condição sterblich; (letal) tödlich; (efémero) kurzlebig; **pecado m ~** Todsünde f **mortalha** [mur'taʎɐ] F **1** Totenhemd n **2** Zigarettenpapier n **mortalidade** [murtɐłi'dadi] F Sterblichkeit f; **~ infantil** Kindersterblichkeit f; **taxa f de ~** Sterblichkeitsrate f **mortandade** [murtɐ̃'dadi] F Sterben n; (carnificina) Gemetzel n; → mortalidade
morte ['mɔrti] F Tod m; espec Todesfall m; **~ aparente** Scheintod m; **pena f de ~** Todesstrafe f; **perigo m de ~** Lebensgefahr f; futebol Golden Goal n; **de ~** tödlich; Todes...; **de má ~** böswillig; **para a vida e para a ~** auf Leben und Tod; **ver a ~ diante dos olhos** den Tod vor Augen sehen; **ser de ~** fam (cómico) sehr komisch sein; (insuportável) unerträglich sein **morte-em-pé** [mɔrtɐ̃j̃'pɛ] F lebender Leichnam m
morteiro [mur'tɐjru] M MIL Mörser m; foguete: Böller m
morticínio [murti'sinju] M Blutbad n **mortiço** [mur'tisu] sterbend; luz verlöschend; (pálido) blass; olhos leblos **mortífero** [mur'tifiru] todbringend; tödlich **mortificação** [murtifikɐ'sɐ̃u] F Abtötung f; REL Kasteiung f; fig Kränkung f **mortificar** [murtifi'kar] ⟨1n⟩ abtöten; REL kasteien; (atormentar) quälen
morto ['mortu] ⟨fsg, m/fpl ['mɔ-]⟩ **A** ADJ tot; gestorben (zu morrer); membro abgestorben; olhar leblos; água stehend; **~ de** halbtot vor (dat); **estar ~ por** (inf) fig darauf brennen zu **B** M, **-a** F Tote(r) m/f(m)
mortuário [mur'twarju] Leichen...; Sterbe...
morubixaba [morubi'ʃabɐ] M bras Häuptling m
mosaico [mu'zajku] M Mosaik n
mosca ['moʃkɐ] F Fliege f; fig pessoa: Klette f; costura: Knopflochstich m; **andar às ~s, apanhar ~s** herumlungern; **estar às ~s** leer sein; **estar com a ~** fam kribbelig sein; **papar ~s** fam Maul-

affen feilhalten; **não fazer mal a uma ~** keiner Fliege etwas zuleide tun; **vai encher-te de ~s!** *port* geh zum Teufel!; **~-de-fruta** f Obstfliege f

moscada [muʃˈkadɐ] F **(noz** F**) ~** Muskat m, Muskatnuss f **moscadeira** [muʃkɐˈdɐjrɐ] F Muskatbaum m **moscadeiro** [muʃkɐˈdɐjru] M Fliegenklatsche f **moscado** [muʃˈkadu] würzig

mosca-morta [mɔʃkɐˈmɔrtɐ] M/F Duckmäuser(in) m(f) **moscão** [muʃˈkɐ̃u] M Schmeißfliege f **moscardo** [muʃˈkardu] M ZOOL Bremse f

moscatel [muʃkɐˈtɛl] ADJ Muskateller...; **uva** f **~** Muskatellertraube; **vinho** m **~** Muskateller(wein) m

mosco [ˈmoʃku] M Mücke f

moscovita [muʃkuˈvitɐ] A ADJ aus Moskau; Moskau... B M/F Moskauer(in) m(f) **Moscovo** [muʃˈkovu], *bras* **Moscou** [moʃˈkou] Moskau n

moslém [muʒˈlɐ̃j], **mosleme** [muʒˈlɛmi] A ADJ muslimisch, Muslim... B M/F Moslem(in) m(f), Muslim(a) m(f) **moslémico** (*-ê*) [muʒˈlɛmiku] muslimisch

mosqueado [muʃˈkjadu] gefleckt, scheckig **mosquear** [muʃˈkjar] ⟨1l⟩ A V/T sprenkeln; besprtizen B V/I *bras* mit dem Schwanz schlagen **mosqueiro** [muʃˈkɐjru] M Fliegenschrank m, -klappe f

mosquetão [muʃkiˈtɐ̃u] M Karabinerhaken m **mosquete** [muʃˈketi] M *hist* Muskete f; *fam* Backpfeife f **mosqueteiro** [muʃkiˈtɐjru] M *hist* Musketier m

mosquitada [muʃkiˈtadɐ] F Mückenschwarm m **mosquiteiro** [muʃkiˈtɐjru] M Moskitonetz n **mosquito** [muʃˈkitu] M Stechmücke f, Moskito m

mossa [ˈmɔsɐ] F *metal*: Beule f; *porcelana*: Kerbe f; **não fazer ~** keinen Eindruck machen

mostarda [muʃˈtardɐ] F Senf m **mostardeiro** [muʃtarˈdɐjru] M Senftöpfchen n

mosteiro [muʃˈtɐjru] M Kloster n

mosto [ˈmoʃtu] M Most m

mostra [ˈmɔʃtrɐ] F Vorführung f; (*sinal*) Zeichen n; (*prova*) Beweis m; **cão m de ~** Vorstehhund m; **~s** pl Ausdruck m; (*aparências*) Anschein m; **à ~** offensichtlich; (*visível*) sichtbar; **dar ~s de** zu sein scheinen; MED Symptome (*gen*) zeigen; *capacidade* unter Beweis stellen; **fazer ~ de** zur Schau tragen

mostrador [muʃtrɐˈdor] M Ladentisch m; *relógio*: Zifferblatt n; *balança*: Skala f; *electrónico*: Display m; **~ de cristal líquido** INFORM Flüssigkristallanzeige f **mostrar** [muʃˈtrar] ⟨1e⟩ zeigen; *modelo* vorführen

mostrengo [muʃˈtrɐ̃gu] M *fam* hässlicher Mensch m

mostruário [muʃtruˈarju] M Musterkollektion f; (*livro*) Musterbuch n, -koffer m; (*montra*) Vitrine f, Schaukasten m

mota [ˈmɔtɐ] F ❶ Deich m; Erdaufschüttung f ❷ *port fam* Motorrad n; **~ de esqui aquático** *port* Jetski m ❸ *bras* Trinkgeld n

mote [ˈmɔti] M Motto n

motejar [mutiˈʒar] ⟨1d⟩ A V/T verspotten B V/I spotten (**com, de** über *ac*) **motejo** [muˈtɐjʒu] M Spott m

motel [mɔˈtɛl] M Motel n; *bras tb* Stundenhotel n

motete [muˈteti] M MÚS Motette f

motim [muˈtĩ] M Unruhe f; (*revolta*) Meuterei f

motivação [mutivɐˈsɐ̃u] F Begründung f; (*estímulo*) Motivation f **motivar** [mutiˈvar] ⟨1a⟩ begründen; (*estimular*) motivieren (**a** zu); (*convencer*) bewegen (**para** zu)

motivo [muˈtivu] M Grund m; Motiv n; **~ condutor** Leitmotiv n; **por ~(s) de** anlässlich (*gen*)

moto[1] [ˈmɔtɔ] F *fam* motocicleta; Motorrad n

moto[2] [ˈmɔtu] M (Dreh)Bewegung f; Drehung f; **de ~ próprio** aus freien Stücken

moto[3] [ˈmɔtu] M Motto n, Devise f

motoca [mɔˈtɔkɐ] F *bras fam* Motorrad n **motocicleta** [mɔtɔsiˈklɛtɐ] F Motorrad n **motociclismo** [mɔtɔsiˈklizmu] M Motorradsport m **motociclista** [mɔtɔsiˈklɪʃtɐ] M/F Motorradfahrer(in) m(f) **motociclo** [mɔtɔˈsiklu] M → motocicleta **motocross** [mɔtɔˈkrɔs] M Motocross n **motonáutica** [mɔtɔˈnautikɐ] F Motorbootsport m **motoneta** [motoˈnetɐ] F *bras* Motorroller m **moto-quatro** [mɔtɔˈkwatru] F Quad n **motoqueiro** [mɔtɔˈkɐjru] M, **-a** *fam* Motorradfahrer(in) m(f)

motor [muˈtor] A M Motor m; *fig* Antrieb m, treibende Kraft f; **~ a** (ou **de**) **quatro tempos** Viertaktmotor m; **~ à re-**

taguarda Heckmotor *m*; **~ de arranque** Anlassermotor *m*; INTERNET **motor** *m* **de ~** Suchmaschine *f*; **~ de combustão** Verbrennungsmotor *m*; **~ de quatro cilindros** Vierzylindermotor *m*; **~ de recâmbio** Austauschmotor *m*; **~ elé(c)trico** Elektromotor *m*; **fora de borda**, **bras de popa** Außenbordmotor *m* B ADJ (an)treibend; motorisch; **força** *f* **-a** Triebkraft *f*

motoreta [mutu'reta] F̄ Motorroller *m*
motorista [mutu'riʃtɐ] M/F Autofahrer(in) *m(f)*; Fahrer(in) *m(f)*; Chauffeur(in) *m(f)*; **carteira** *f* **de ~** *bras* Führerschein *m* **motorização** [muturiz'sɐ̃ũ] F̄ Motorisierung *f* **motorizada** [muturi'zadɐ] F̄ Moped *n*; Mofa *n* **motorizar** [muturi-'zar] ⟨1a⟩ motorisieren **motorneiro** [motox'neru] M̄ *bras* Wagenführer *m* (*e-r Straßenbahn*)

motosserra [mɔtɔ'sɛʀɐ] F̄ Motorsäge *f*
motricidade [mutrisi'dadʒi] F̄ Drehfreudigkeit *f* (*e-s Motors*); **motriz** [mu'triʃ] ADJ **força** F̄ **~** Triebkraft *f*
mouco ['moku] *fam* taub
mouraria [mora'riɐ] F̄ Maurenviertel *n*
mourejar [more'ʒar] ⟨1d⟩ sich plagen, sich schinden **mourisco** [mo'riʃku] maurisch; Mauren... **mouro** ['moru] A ADJ maurisch B M̄, **-a** F̄ Maure *m*, Maurin *f*
mouta ['motɐ] F̄ → moita
movediço [muvi'disu] beweglich; *terra* locker; *pessoa* unstet; **areia** *f* **-a** Treibsand *m*
móvel ['mɔvɛɫ] A ADJ beweglich; (*motor*) fahrbar; Dreh... B M̄ ➊ Möbel(stück) *n*; **-eis** *de* **Möbel** *npl*; **-eis** *pl* **estofados** Polstermöbel *npl*, ➋ Beweggrund *m*, Anlass *m*; (*primeiro*) treibende Kraft *f*
mover [mu'ver] ⟨2d⟩ bewegen (*tb fig*); antreiben; *fig* verursachen; *discórdia* stiften; **~ a** veranlassen zu; **~ a lágrimas** zu Tränen rühren; **~-se** sich (fort)bewegen (**a, por meio de** per)
movimentação [muvimẽta'sɐ̃ũ] F̄ Bewegung *f*, (*mudança*) Abwechslung *f*, (*trânsito*) Verkehr *m*; COM Transaktion *f*; *mercadoria*: Warenumsatz *m*; **-ações** *pl* Geschäftigkeit *f* **movimentado** [muvimẽ'tadu] *rua* belebt; *trânsito* lebhaft **movimentar** [muvimẽ'tar] ⟨1a⟩ bewegen; *atenção* lenken (**a auf** *ac*); COM umsetzen;

~-se sich bewegen; sich drehen
movimento [muvi'mẽtu] M̄ Bewegung *f*; (*trânsito*) (Straßen)Verkehr *m*; COM Umsatz *m*; *fig* Veränderung *f*; (*agitação*) Bewegtheit *f*; **pôr em ~** in Bewegung setzen; *máquina* anlaufen lassen; *tb processo* in Gang setzen; **pôr-se em ~** anfahren; in Gang kommen
MP ABR (**Ministério Público**) Staatsanwaltschaft *f*
MP3 [emipe'trɛʃ] M̄ (**leitor** M̄) **~** MP3-Player *m*
mto ABR (**muito**) sehr
muamba ['mwɐ̃bɐ] F̄ ➊ *bras* Schmuggel *m* ➋ *Angola* (Fleisch- *ou* Fisch-)Soße *f*; **~ de ginguba** Erdnusssoße **muambeiro** [mwɐ̃'beru] *bras* Schwarzhändler *m*
muangolé [mwɐ̃ɡɔ'ɫɛ], **muangolê** [mwɐ̃ɡɔ'ɫe] **~** mwangolé
muco ['muku] M̄ (Nasen)Schleim *m* **mucosa** [mu'kɔzɐ] F̄ Schleimhaut *f* **mucosidade** [mukuzi'dadʒi] F̄ Schleim *m* **mucoso** [mu'kozu] schleimig, Schleim...
muçulmano [musuɫ'mɐnu] A ADJ moslemisch, muslimisch B M̄, **-a** F̄ Moslem(in) *m(f)*, Muslim(in) *m(f)*
muda ['mudɐ] F̄ Wechsel *m*; ZOOL *aves*: Mauser *f*; *cobra*: Häutung *f*; AGR Setzling *m*
mudança [mu'dɐ̃sɐ] F̄ Änderung *f*; (*transformação*) Verwandlung *f*; METEO (Witterungs)Wechsel *m*; *doente, prisioneiro*: Verlegung *f*; *profissional*: Versetzung *f*; *residência*: Umzug *m*; *comboio*: Umsteigen *n*; *fig* Abwechslung *f*, (*inconstância*) Unbeständigkeit *f*; (**caixa** *f* **de**) **~** *port* AUTO Gangschaltung *f*; **~ de hora** Zeitumstellung *f* (*Winter-, Sommerzeit*); **~ de óleo** AUTO Ölwechsel *m*; **~ de voz** Stimmbruch *m* **mudar** [mu'dar] ⟨1a⟩ A V/T (ver)ändern; (*substituir*) (aus)wechseln; (*transformar*) verwandeln (**em** in *ac*); **~ a** veranlassen zu; *a/c* legen (ou stellen) an (*ac*) (ou in *ac*, auf *ac*); verlegen nach; **~ de** wechseln; ändern B V/I sich ändern; *tempo* umschlagen; *de transporte* umsteigen; *de residência* umziehen (**para** nach); **~ a voz** in den Stimmbruch kommen; **~ de casa** aus-, umziehen; **~ de propósito** von *opinião, ideia*) es sich anders überlegen; **~ de roupa** sich umziehen; **~-se** umziehen (**para** nach)

mudez [mu'deʃ] F̄ Stummheit f; fig Schweigen n **mudo** ['mudu] A ADJ stumm; fig schweigsam B M̄, **-a** F̄ Stumme(r) m/f(m)

muflo ['muflu] M̄ ZOOL Mufflon n

mugido [mu'ʒidu] M̄ Gebrüll n **mugir** [mu'ʒir] ⟨3n⟩ *gado* brüllen, muhen

muito ['mũjtu] A ADV sehr; viel; *(demasiado)* zu (sehr) B ADJ & PRON viel(es); *(demais)* zu viel; *duração:* lange; **há** *(ou* **havia) ~ (que)** vor langer Zeit; *duração:* seit langer Zeit, seit langem; **quando ~!** höchstens!; wenn überhaupt!; **por ~ que** *conj* so sehr auch

mula ['mułɐ] F̄ Maultier n, -eselin f; **teimoso como uma ~** *fam* störrisch wie ein Esel; **picar a ~** *fam* aufbrechen

mulato [mu'łatu] M̄ Mulatte m

muleta [mu'łetɐ] F̄ Krücke f; *tourada:* Muleta f

mulher [mu'ʎɛr] F̄ Frau f; **~ a dias** *neg!* Putzfrau f, Aufwartefrau f; **~ de acção** *(ou* **de armas)** mutige *(ou* entschlossene) Frau f; **~ de negócios** Geschäftsfrau f; **~ da vida** *(ou* bras **zona)** pop Hure f **mulheraça** [muʎi'rasɐ] F̄, **mulherão** [muʎi'rãw] M̄ *fam* Prachtweib n **mulher-carteiro** [muʎɛrkɐr'tɐjru] F̄ ⟨pl **mulheres-carteiros**⟩ Briefträgerin f **mulherengo** [muʎi'rẽgu] A ADJ *(amaricado)* weibisch; *(femeeiro)* weibstoll B M̄ *(amaricado)* weibischer Typ m; *(femeeiro)* Weiberheld m; Schürzenjäger m **mulher-homem** [muʎɛ'rɔmɐ̃j] F̄ ⟨pl **mulheres-homens**⟩ Mannweib n **mulheril** [muʎi'ril] weiblich, feminin

multa ['muɫtɐ] F̄ Geldstrafe f; Bußgeld n **apanhar/receber uma ~** e-e Geldstrafe erhalten

multibanco [muɫti'bɐ̃ku] M̄ Bank-, Geldautomat m **multicolor** [muɫtiku'łor], **multicolorido** [muɫtikułu'ridu] (viel-) farbig; bunt **multicultural** [muɫtikuɫtu'ral] multikulturell **multidão** [muɫti'dɐ̃w] F̄ (Menschen)Menge f **multifacetado** [muɫtifɐsi'tadu] vielseitig, facettenreich **multilateral** [muɫtiłɐtɨ'ral] multilateral; vielseitig **multilingue** [muɫti'łĩgi] mehrsprachig **multimédia** [muɫti'mɛdjɐ], *bras* **multimídia** [moutʃi'midʒje] 1 ADJ Multimedia... 2 M̄ *ou* F̄ Multimedia n **multimilionário** [muɫtimiłju'narju] M̄ Multimillionär m **multinacional** [muɫtinɐsju'nal] A ADJ multinational B F̄ multinationaler Konzern m; *fam* Multi m **multipartidarismo** [muɫtipɐrtidɐ'riʒmu] M̄ Mehrparteiensystem n

multiplicação [muɫtiplikɐ'sɐ̃w] F̄ Multiplikation f; *fig,* BOT Vermehrung f **multiplicador** [muɫtiplikɐ'dor] M̄ Multiplikator m **multiplicar** [muɫtipli'kar] ⟨1n⟩ multiplizieren; TIPO vervielfältigen; *fig,* BOT vermehren

multíplice [muɫ'tiplisi] vielfältig; mannigfach **multiplicidade** [muɫtiplisi'dadi] F̄ Vielfalt f

múltiplo ['muɫtiplu] vielfach

multiracial [muɫtirɐ'sjat] ADJ Völker...

multitarefa [muɫtitɐ'rɛfɐ] INFORM Multitasking...

multiusos [muɫti'uzuʃ] ADJ Universal...; multifunktional; **ferramenta** f ~ Universalwerkzeug n

múmia ['mumjɐ] F̄ Mumie f

mumificar [mumifi'kar] ⟨1n⟩ mumifizieren; einbalsamieren

mundana [mũ'dɐnɐ] F̄ Halbweltdame f **mundanidade** [mũdɐni'dadi] F̄ Weltlichkeit f; *carácter:* mondäner Charakter m **mundanismo** [mũdɐ'niʒmu] M̄ weltmännisches *(ou* mondänes) Auftreten n **mundano** [mũ'dɐnu] A ADJ mondän B M̄ Weltmann m

mundéu [mũ'dɛu] M̄ *bras* endlose Weite f; *fig* Riesenmenge f, Haufen m **mundéu** [mũ'dɛu] M̄ *bras* große Menge f; *(armadilha)* Falle f, Gefahr f **mundial** [mũ'djal] Welt...; weltweit; **campeonato** m ~ Weltmeisterschaft f; **~mente conhecido** weltbekannt

mundo ['mũdu] M̄ Welt f; *bras fig* Überfluss m, Menge f; **meio ~** *fig* die halbe Welt; **o outro ~** das Jenseits; **terceiro ~** Dritte Welt f; **todo o ~** alle *(ou* die ganze) Welt

mungir [mũ'ʒir] ⟨3n⟩ melken

munição [muni'sɐ̃w] F̄ Verpflegung f; MIL Munition f; **-ções** *pl* **de boca** Mundvorrat m

municipal [munisi'pal] Gemeinde..., Stadt...; städtisch; *bras* Bezirks...; *bras* **serviços** *mpl* **municipais** städische Betriebe *mpl,* Stadtwerke *npl;* **câmara** f ~ Rathaus n **municipalidade** [munisipɐ-

MUNI | 468

ti'dadi] f̄ port Stadt-, Gemeindeverwaltung f **municipalizado** [munisipɐ+i'zadu] ADJ serviços MPL ~s port städtischer Betrieb m; Stadtwerke npl **municipalizar** [munisipɐ+i'zar] ⟨1a⟩ in städtische Verantwortung legen

município [muni'sipju] M̄ Stadtgemeinde f; Kreis m

munificência [munifi'sẽsjɐ] f̄ Großmut f **munificente** [munifi'sẽti] freigebig

Munique [mu'niki] SEM ART GEOG München n

munir [mu'nir] ⟨3a⟩ versorgen (**com, de** mit), versehen (**com, de** mit)

muque ['muki] M̄ bras fam Muskeln mpl, Kraft f; **a ~** gewaltsam **muquirana** [muki'rẽnɐ] bras A f̄ ZOOL Laus f B M/F 1 aufdringliche Person f 2 Geizhals m

mural [mu'ra+] Wand...; Mauer... **muralha** [mu'raʎɐ] f̄ (Stadt)Mauer f **murar** [mu'rar] ⟨1a⟩ ummauern (**a, com** mit)

murchar [mur'ʃar] ⟨1n⟩ A v̄T zum Welken bringen B v̄T verwelken; (desaparecer) verblassen; (perder o vigor) erschlaffen; (morrer) absterben **murchidão** [murʃi'dɐ̃ũ] f̄ Welkheit f; (palidez) Blässe f; fig Unlust f **murcho** ['murʃu] welk; schlaff

murmulhar [muxmu'ʎar] ⟨1a⟩ bras forlhas rauschen; ondas plätschern **murmulho** [mux'muʎu] M̄ bras Rauschen n **murmuração** [murmurɐ'sɐ̃ũ] f̄ Gemurmel n **murmurar** [murmu'rar] ⟨1a⟩ A v̄T murmeln; zuflüstern B v̄T mar rauschen; vento säuseln; (protestar) murren; (dizer mal) lästern (**de** über ac)

murmúrio [mur'murju] M̄ voz: Murmeln n; mar: Rauschen n; vento: Säuseln n; protesto: Murren n; (boato) Gerücht n

muro ['muru] M̄ Mauer f; Wand f; **~ das lamentações** Klagemauer f; **o ~ de Berlim** hist die Berliner Mauer

murro ['muxu] M̄ Faustschlag m

murta ['murtɐ] f̄ BOT Myrte f

murundu [murũ'du] M̄ bras Haufen m

musa ['muzɐ] f̄ Muse f, Dichtkunst f

musaranho [muzɐ'rɐɲu] M̄ Spitzmaus f

musculação [muʃkutɐ'sɐ̃ũ] f̄ Muskeltraining n; Bodybuilding n **musculado** [muʃku'+adu] muskulös **muscular** [muʃku'+ar] A ADJ Muskel... B v̄T (fortalecer) stärken **musculatura** [muʃku+ɐ'turɐ] f̄ Muskulatur f

músculo ['muʃkutu] M̄ Muskel m; fam Kraft f; **ter ~** stark sein

musculoso [muʃku'+ozu] muskulös

museu [mu'zeu] M̄ Museum n

musgo ['muʒgu] M̄ Moos n **musgoso** [muʒ'gozu] moosig; Moos...

música ['muzikɐ] f̄ Musik f; peça Musikstück n; (notas) Noten fpl; **~ clássica/erudita/ligeira** klassische/ernste/leichte Musik f; **~ instrumental** Instrumentalmusik f; **~ rock** Rockmusik f; **~ sinfónica (*ô)** Orchestermusik f

musical [muzi'ka+] musikalisch **musicar** [muzi'kar] ⟨1n⟩ A v̄T vertonen B v̄T musizieren **musicata** [muzi'katɐ] f̄ fam Musikgruppe f; execução: musikalische Darbietung f; pej Gedudel f **musicista** [muzi'siʃtɐ] M/F bras Musiker(in) m(f); Musikliebhaber(in) m(f)

músico ['muziku] A ADJ musikalisch B M̄, -a f̄ Musiker(in) m(f)

musicólogo [muzi'kɔ+ugu] M̄ Musikwissenschaftler m **musicómano (*ô)** [muzi'kɔmɐnu] M̄ Musikliebhaber m

muslim [muʒ'+i] ADJ → muçulmano

musselina [muʃi'+inɐ] f̄ Musselin m

musseque [mu'sɛki] M̄ Angola Armenviertel am Stadtrand

mutabilidade [mutɐbi+i'dadi] f̄ Veränderlichkeit f **mutação** [mutɐ'sɐ̃ũ] f̄ Veränderung f, Wechsel m; TEAT Szenenwechsel m; BIOL Mutation f; **~ social** soziale Veränderung f **mutante** [mu'tɐ̃ti] A ADJ mutierend B M̄ BIOL Mutant m

mutilação [muti+ɐ'sɐ̃ũ] f̄ Verstümmelung f **mutilado** [muti'+adu] M̄ Krüppel m **mutilar** [muti'+ar] ⟨1a⟩ verstümmeln

mutirão [mutʃi'rɐ̃ũ] M̄ bras Gemeinschaftsprojekt n; gemeinschaftliche Initiative f

mutismo [mu'tiʒmu] f̄ Stummheit f; Schweigsamkeit f

mutualidade [mutwɐ+i'dadi] f̄ Gegenseitigkeit f; (troca) Austausch m **mutualismo** [mutwɐ'+iʒmu] M̄ Symbiose f **mutuamente** [mutwɐ'mẽti] ADV gegen-, wechselseitig **mutuar** [mu'twar] ⟨1g⟩ austauschen; (emprestar) (ent-, ver)leihen **mutuário** [mu'twarju] M̄ Darlehensempfänger m; Kreditnehmer m

mutuca [mu'tukɐ] f̄ bras ZOOL Bremse f

mútuo ['mutwu] gegenseitig

mwangolé [mwãgɔˈtɛ], **mwangolê** [mwãgɔˈte] *Angola* **A** ADJ aus Angola, angolanisch **B** M/F Angolaner(in) *m(f)*

N, n [ˈɛni, ne] N̄ *Buchstabe*: N, n *n*
N ABR (nota) Anm. (Anmerkung)
n. ABR **1** (nascido) geb. (geboren) **2** (nome) Name *m*
na [na] **A** CONTR *de* em *e* a (*art e pron f*) **B** PRON F sie (ihn, es); Sie
nabal [naˈbat] M̄ Rübenfeld *n* **nabiça** [naˈbisa] F̄ Raps *m* **nabo** [ˈnabu] M̄ (Kohl)Rübe *f*; *pop fig* taube Nuss *f*, Flasche *f*; **comprar** ~**s em saco** *fig* die Katze im Sack kaufen
nac. ABR (nacional) nat. (national)
nação [naˈsɐ̃ũ] F̄ Nation *f*; (*povo*) Volk *n*; **Nações** *pl* **Unidas** Vereinte Nationen *fpl*
nácar [ˈnakar] M̄ Perlmutter *f*
nacarado [nakaˈradu] perlmuttfarben
nacional [nɐsjuˈnat] **A** ADJ national, Landes... **B** M/F Bewohner(in) *m(f)*; (*cidadão*) Staatsangehörige(r) *m/f(m)* **nacionalidade** [nɐsjunɐliˈdadi] F̄ Staatsangehörigkeit *f* **nacionalismo** [nɐsjunɐˈliʒmu] M̄ Nationalismus *m* **nacionalista** [nɐsjunɐˈlifta] **A** ADJ national(istisch); (*patriota*) patriotisch **B** M/F Nationalist(in) *m(f)* **nacionalização** [nɐsjunɐlizɐˈsɐ̃ũ] F̄ Verstaatlichung *f* **nacionalizar** [nɐsjunɐliˈzar] ⟨1a⟩ *empresa* verstaatlichen; *pessoa* einbürgern
naco [ˈnaku] M̄ Stück *n*
nada [ˈnada] **A** ADV (überhaupt) nicht; **não é** ~ **mau** das ist gar nicht schlecht **B** PRON nichts; **antes de mais** ~ vor allen Dingen; **de** ~! nichts zu danken!; **daí a** ~ gleich darauf; ~ **faz, não faz** ~ er (*ou* sie) tut nichts; **nunca faz** ~ er (*ou* sie) tut nie etwas; **não é** ~ das hat nichts zu bedeuten; ~ **de novo** nichts Neues; ~ **senão** nichts als; **não é** ~ **disso!** das ist ganz verkehrt! **C** M̄ Nichts *n*; (*ninharia*) Nichtigkeit *f*; **uma coisa de** ~ eine Kleinigkeit; **pequenos** ~**s** *pl* Nichtigkeiten *fpl*; **num** ~ im Nu; **por (tudo e por)** ~ für nichts und wieder nichts; **por** ~ **neste mundo** nicht um alles in der Welt; **dar em** ~ scheitern; **estimar** (*ou* **ter**) **em** ~ verachten; **partir do** ~ bei Null beginnen; **reduzir a** ~ vernichten **D** INT ~! nichts da!; Unsinn!; ~ **de** (*inf*) keinesfalls (soll man) (*inf*); ~ **de** *m/f* kein ...!; ~ **disso!** nichts da!
nadador [nadaˈdor] **A** ADJ Schwimm... **B** M̄, **nadadora** [nadaˈdɔra] F̄ Schwimmer(in) *m(f)* **nadador-salvador** [nɐdɐdorsatvɐˈdor] M̄ ⟨*pl* **nadadores-salvadores**⟩ *port* Rettungsschwimmer *m* **nadar** [naˈdar] ⟨1b⟩ schwimmen; **ficar a** ~ *fig* schwimmen
nádega [ˈnadigɐ] F̄ Gesäßbacke *f*; *fam* Pobacke *f*; ~**s** *pl* Gesäß *n*, Hintern *m*
nadinha [naˈdiɲa] PRON *fam* nichts; **um** ~ ein ganz klein wenig; überhaupt nichts
nado[1] [ˈnadu] M̄ ~ **borboleta** Schmetterlingsschwimmen *n*; ~ **de bruços** (*bras* **de peito**) Brustschwimmen *n*; ~ **de costas** Rückenschwimmen *n*; ~ **livre** Freistilschwimmen *n*; **a** ~ schwimmend
nado[2] [ˈnadu] ADJ geboren
nafta [ˈnafta] F̄ *fam* Erdöl *n* **naftalina** [nafta'lina] F̄ Naphtalin *n*
naifa [ˈnajfɐ] F̄ *port pop* Messer *n*; Klinge *f* **naifada** [najˈfada] F̄ *port pop* Messerstich *m*
naipe [ˈnajpi] M̄ *cartas*: Farbe *f*; MÚS Singstimme *f* (*Tenor, Alt*)
nalga [ˈnatga] F̄ → nádega
nalgum [naˈtgũ], **nalguma** [naˈtgumɐ] CONTR *de* em *e* algum(a)
namorada [nɐmuˈrada] F̄ (feste) Freundin *f*; *hist tb* Geliebte *f* **namoradeiro** [nɐmurɐˈdajru] ADJ **ser** ~ gern flirten **namorado** [nɐmuˈradu] **A** ADJ verliebt **B** M̄ (fester) Freund *m*; *hist tb* Geliebter *m* **namorar** [nɐmuˈrar] ⟨1e⟩ **A** VT ~ **alg** in j-n verliebt sein; mit j-m gehen **B** V/I verliebt sein (**com** in *ac*); fest gehen (**com** mit); ~-**se** sich verlieben in (*ac*) **namori(s)car** [nɐmuri(ʃ)ˈkar] ⟨1n⟩ flirten mit **namori(s)co** [nɐmuˈri(ʃ)ku] M̄ Flirt *m* **namoro** [naˈmoru] M̄ (Liebes)Verhältnis *n*
nanar [naˈnar] ⟨1a⟩ *ling inf* Heia machen
nanismo [naˈniʒmu] M̄ Zwergwuchs *m*
não [nɐ̃ũ] **A** ADV **1** nein; **dizer que** ~ nein sagen **2** nicht; ~ **dorme** er schläft

nicht; **~ mais!** genug!; **~ que** *conj* nicht dass; **já ~** nicht mehr; **já ~ há** das gibt's nicht mehr; **a ~ ser que** *conj* es sei denn, dass **3** kein; **~ conheço ...** ich kenne kein(e, -en) ... **B** M̄ Nein *n*; **pelo sim e pelo ~** *fam* für alle Fälle

não-alinhado [nɐ̃ũaliˈnadu] ADJ POL blockfrei **não-alinhamento** [nɐ̃ũaliɲɐˈmẽtu] M̄ Nichtpaktgebundenheit *f*

não-cumprimento [nɐ̃ũkũpriˈmẽtu] M̄ Nichterfüllung *f* **não-fumador(a)** [nɐ̃ũfumaˈdor(ɐ)], *bras* **não-fumante** [nɐ̃ũfuˈmɐ̃tʃi] M̄F Nichtraucher(in) *m(f)*

não-intervenção [nɐ̃ũĩtirvẽˈsɐ̃ũ] F̄ Nichteinmischung *f* **não-obje(c)ção** [nɐ̃ũɔbʒeˈsɐ̃ũ] F̄ Unbedenklichkeit *f* **não-poluente** [nɐ̃ũpuˈlwẽti] umweltverträglich **não-sei-quê** [nɐ̃ũsajˈke] M̄ Unbestimmte(s) *n*; **um ~ de ...** ein gewisser, eine gewisse, ein gewisses ... **não-verbal** [nɐ̃ũvirˈbaɫ] nonverbal **não-violência** [nɐ̃ũvjuˈlẽsjɐ] F̄ Gewaltfreiheit *f*

napa [ˈnapɐ] F̄ Nappaleder *n*; *sintética:* Kunstleder *n*

Nápoles [ˈnapuliʃ] SEM ART GEOG Neapel *n*

naquela [nɐˈkɛlɐ] F̄, **naquele** [nɐˈkelɨ] M̄ CONTR de em e aquela, aquele **naquilo** [nɐˈkilu] M̄ CONTR de em e aquilo

narcisismo [narsiˈziʒmu] M̄ Narzissmus *m* **narciso** [narˈsizu] M̄ BOT Narzisse *f*; *fig* Narziss *m*

narco [ˈnarku] M̄ *bras pop* Drogenhändler *m* **narcodólares** [narkɔˈdɔlarɨʃ] MPL Drogengeld *n* **narcomaníaco** [narkɔmɐˈniaku] M̄, **-a** F̄; Drogenabhängige(r) *m(f)* **narcose** [narˈkɔzi] F̄ Narkose *f* **narcótico** [narˈkɔtiku] M̄ Betäubungsmittel *n* **narcotizar** [narkutiˈzar] ⟨1a⟩ betäuben **narcotraficante** [narkɔtrɐfiˈkɐ̃ti] M̄F Drogenhändler(in) *m(f)* **narcotráfico** [narkɔˈtrafiku] M̄ Drogenhandel *m*

nardo [ˈnardu] M̄ BOT Narde *f*

narigão [nɐriˈɡɐ̃ũ] M̄ Riesennase *f*, *fam* Zinken *m* **narigudo** [nɐriˈɡudu] großnasig **narina** [nɐˈrinɐ] F̄ Nasenloch *n*

nariz [nɐˈriʃ] M̄ ANAT Nase *f*; *de chave:* Bart *m*; **~ adunco**, **~ aquilino**, **~ de papagaio** Hakennase *f*; **~ torcido** *fam* Muffel *m*; **cair de ~**, **bater** (*ou* **cair, dar**) **com os ~es no chão** auf die Nase fallen; **levar pelo ~** *port* an der Nase herumführen; **meter o ~ onde não é chamado** *fam* die Nase in Dinge stecken, die e-n nichts angehen; **torcer o ~** *fig* die Nase rümpfen

narração [nɐʀɐˈsɐ̃ũ] F̄ Erzählung *f* **narrador(a)** [nɐʀɐˈdor(ɐ)] M̄F Erzähler(in) *m(f)* **narrar** [nɐˈʀar] ⟨1b⟩ erzählen **narrativa** [nɐʀɐˈtivɐ] F̄ Erzählung *f*, Geschichte *f* **narrativo** [nɐʀɐˈtivu] erzählend

nas [nɐʃ] PL → **na**

nasal [nɐˈzaɫ] **A** ADJ Nasal...; nasal **B** F̄ LING Nasal(laut) *m* **nasalar** [nɐzɐˈlar] ⟨1b⟩ nasalieren

nascença [nɐʃˈsẽsɐ] F̄ → **nascimento**; *fig* Anfang *m*; **de ~** angeboren; **à ~** *port fig* von Beginn an; **morrer à ~** *port fig* im Keim ersticken **nascente** [nɐʃˈsẽti] **A** ADJ entstehend; *sol, estrela etc* aufgehend **B** M̄ Osten *m* **C** F̄ Quelle *f* **nascer** [nɐʃˈser] **A** VI ⟨2g⟩ geboren werden; *av* schlüpfen; *planta* sprießen; *rio etc* entspringen; *dia* anbrechen; *sol* aufgehen; *fig* entstehen; stammen (**de** von, aus *dat*); erwachen; erscheinen; **~ optimista** als Optimist(in) geboren werden; **fazer ~** hervorrufen **B** M̄ Entstehung *f*; **ao ~ do sol** bei Sonnenaufgang **nascida** [nɐʃˈsidɐ] F̄ *pop* Furunkel *m*; (*tumor*) Tumor *m* **nascido** [nɐʃˈsidu] geboren **nascimento** [nɐʃsiˈmẽtu] M̄ Geburt *f*; Entstehung *f*; Herkunft *f*; **de ~** von Geburt aus; **alemão de ~** gebürtiger Deutscher

nassa [ˈnasɐ] F̄ Reuse *f*

nastro [ˈnaʃtru] M̄ schmales Band *n*

nata [ˈnatɐ] F̄ Rahm *m*, Sahne *f*; GASTR (*sobremesa*) Creme *f*; *fig* Auslese *f*; **~ batida** Schlagsahne *f*; **~s** *pl* (süße *ou* saure) Sahne *f*

natação [nɐtɐˈsɐ̃ũ] F̄ Schwimmen *n*

natal [nɐˈtaɫ] ADJ heimatlich; Geburts..., Heimat...

Natal[1] [nɐˈtaɫ] M̄ Weihnachten *n*; **noite** *f* **de ~** Heiligabend *m*; **Feliz ~!** Frohe Weihnachten!

Natal[2] [nɐˈtau] Hauptstadt von Rio Grande do Norte

natalício [nɐtɐˈlisju] Geburts... **natalidade** [nɐtɐliˈdadi] F̄ Geburtenziffer *f*, -rate *f*

natatório [nɐtɐˈtɔrju] Schwimm...

natividade [nɐtiviˈdadi] F̄ Geburt *f*; **a**

Natividade de Nosso Senhor/Nossa Senhora Christi/Mariä Geburt
nativo [nɐ'tivu] **A** ADJ angeboren; (ein)heimisch; gebürtig; Quell...; **português/brasileiro/alemão** m ~ gebürtiger Portugiese/Brasilianer/Deutscher m **B** M̱, **-a** F̱ Einheimische(r) m/f(m)
nato [ˈnatu] geboren; (natural) natürlich
natural [nɐtuˈrał] **A** ADJ **1** natürlich; Natur...; **ao** ~ GASTR natur, t/t nature **2** *pessoa* ~ **de** geboren in (dat); **ser** ~ **de** stammen aus **3** é ~ **(que** conj) es ist anzunehmen(, dass) **B** M̱ Natürliche(s) n; (carácter) Naturell n; GASTR **ao** ~ ohne Zusätze; **fora do** ~ außergewöhnlich **C** M̱/F̱ **naturalidade** [nɐturɐliˈdadɨ] F̱ Natürlichkeit f; (origem) Herkunft f; **direito m de** ~ Heimatrecht n **naturalismo** [nɐturɐˈliʒmu] M̱ Naturalismus m **naturalista** [nɐturɐˈliʃtɐ] **A** ADJ naturalistisch **B** M̱/F̱ Naturforscher(in) m/f; Naturalist(in) m/f **naturalização** [nɐturɐlizɐˈsɐ̃u] F̱ POL Einbürgerung f **naturalizar** [nɐturɐliˈzar] ⟨1a⟩ einbürgern; naturalisieren
natureza [nɐtuˈrezɐ] F̱ Natur f; (tipo) Art f; ~ **morta** PINT Stillleben n
nau [nau] F̱ hist Schiff n
naufragar [naufrɐˈgar] ⟨1o; Stv 1b⟩ Schiffbruch erleiden (tb fig) **naufrágio** [nauˈfraʒju] M̱ Schiffbruch m
náufrago [ˈnaufrɐgu] ADJ schiffbrüchig; fig gescheitert **B** M̱, **-a** F̱ Schiffbrüchige(r) m/f(m)
naupatia [naupɐˈtiɐ] F̱ MED Seekrankheit f
náusea(s) [ˈnauzjɐ(ʃ)] F̱(PL) Übelkeit f (asco) Ekel m
nauseabundo [nauzjɐˈbudu] Übelkeit (ou Ekel) erregend **nauseado** [nauˈzjadu] unwohl **nausear** [nauˈzjar] ⟨1l⟩ → enjoar; fig anekeln
náutica [ˈnautikɐ] F̱ Nautik f, Schifffahrt f **náutico** [ˈnautiku] nautisch
naval [nɐˈvał] See..., Schiffs...; Marine...; **batalha** f ~ Seeschlacht f; jogo: Schiffeversenken n
navalha [nɐˈvaʎɐ] F̱ Klappmesser n; *espec* Rasiermesser n; ZOOL Scheidenmuschel f; fig Lästerzunge f; **~s** pl Hauer mpl (Wildschweins); **no fio da** ~ fig auf des Messers Schneide **navalhada** [nɐvɐˈʎadɐ] F̱ Messerschnitt m, -stich m **nava-**

lheira [nɐvɐˈʎɐirɐ] F̱ ZOOL Schwimmkrabbe f
nave [ˈnavi] F̱ ARQUIT (Kirchen)Schiff n; ~ **espacial** AERO Raumschiff n
navegação [nɐvɨgɐˈsɐ̃u] F̱ Schifffahrt f; (See)Fahrt f; ~ **aérea** Luftfahrt f; ~ **fluvial** Binnen-, Flussschifffahrt f; ; INTERNET, AUTO Navigation f; AUTO **sistema** m **de** ~ Navigationssystem n **navegador** [nɐvɨgɐˈdor] M̱ Seefahrer m; bras INFORM Browser m **navegante** [nɐvɨˈgɐ̃ti] M̱ Seefahrer m **navegar** [nɐvɨˈgar] ⟨1o; Stv 1c⟩ V/T zur See fahren; segeln, fahren (**para** nach); (dirigir) steuern; AERO fliegen; INFORM surfen **navegável** [nɐvɨˈgavɛł] schiffbar
navio [nɐˈviu] M̱ Schiff n; ~ **de carga** Frachter m; ~ **de pesca** (ou **pesqueiro**) Fischfangschiff n; **ficar a ver** ~**s** leer ausgehen; in die Röhre gucken (reg tb schauen) **navio-aeródromo** [nɐviuɐɛˈrɔdrumu] M̱ bras ⟨pl navios-aeródromo⟩ Flugzeugträger m **navio-escola** [nɐviuʃˈkɔłɐ] M̱ ⟨pl navios-escola⟩ Schulschiff n **navio-fábrica** [nɐviuˈfabrikɐ] M̱ ⟨pl navios-fábrica⟩ Fabrikschiff n **navio-hospital** [nɐviuʒpiˈtał] M̱ ⟨pl navios-hospital⟩ Lazarettschiff n **navio-tanque** [nɐviuˈtɐ̃ki] M̱ ⟨pl navios-tanque⟩ Tanker m
Nazaré [nɐzɐˈrɛ] F̱ **1** Bíblia: Nazareth n **2** Ort in Portugal
nazi [nɐˈzi] **A** ADJ nazistisch, Nazi... **B** M̱ Nazi m **nazismo** [nɐˈziʒmu] M̱ Nazismus m
N. B. ABR (nota bem) merke!
n/c ABR (nossa carta) unser Schreiben; (nossa casa) unsere Firma
ndengue [ˈndẽgi] M̱/F̱ Angola fam Junge m, Mädchen n
NE ABR (Nordeste) NO (Nordosten)
neblina [nɨˈblinɐ] F̱ (Boden)Nebel m; bras tb Nieselregen m; **farol** m **de** ~ AUTO Nebelleuchte f **nébula** [ˈnɛbułɐ] F̱ ASTRON Nebel m, Galaxie f **nebulizador** [nɨbułizɐˈdor] M̱ Zerstäuber m **nebulosa** [nɨbuˈłɔzɐ] F̱ ASTRON Nebelfleck m **nebulosidade** [nɨbułoziˈdadɨ] F̱ Nebel m; fig Verschwommenheit f **nebuloso** [nɨbuˈłozu] METEO diesig; nebulös; fig undurchsichtig
necas [ˈnɛkɐʃ] bras fam nix
necessário [nisiˈsarju] notwendig; erfor-

derlich **necessidade** [nisisi'dadi] F̲ Notwendigkeit f; *(aflição)* Not f; *(falta)* Bedürfnis n; **artigo** m **de (primeira) ~** (Grund)Bedarfsartikel m; **por ~** notwendigerweise; aus Not; **fazer as suas ~s** *fam* s-e Notdurft verrichten; **ter ~ de a/c** etw (dringend) brauchen **necessitado** [nisisi'tadu] notleidend; (hilfs)bedürftig **necessitar** [nisisi'tar] ⟨1a⟩ A̲ V̲T̲ brauchen B̲ V̲I̲ Not leiden; **~ (de) a/c** etw nötig haben; *(ter de)* müssen *(inf)* **necrologia** [nikrulu'ʒia] F̲ Sterberegister n; *jornal:* Todesanzeigen fpl **necrológico** [nikru'lɔʒiku] Toten... **necrológio** [nikru'lɔʒju] M̲ Nachruf m **necromancia** [nikrumɐ̃'sia] F̲ schwarze Kunst f **necromante** [nikru'mɐ̃ti] M̲ Schwarzkünstler m **necrópole** [ni'krɔpuli] F̲ Friedhof m **necrose** [ni'krɔzi] F̲ M̲E̲D̲ Nekrose f **necrotério** [nikru'terju] M̲ Leichenschauhaus n

néctar ['nɛktar] M̲ Nektar m **nectarina** [nɛktɐ'rinɐ] F̲ Nektarine f **nédio** ['nedju] (fett)glänzend; *(gordo)* dick **neerlandês** [nerɫɐ̃'deʃ] A̲ A̲D̲J̲ niederländisch B̲ M̲, **neerlandesa** [nerɫɐ̃'dezɐ] F̲ Niederländer(in) m(f)

nefasto [ni'faʃtu] unheilvoll **nefrite** [ni'fritɨ] F̲ Nierenentzündung f **nega** ['nɛgɐ] F̲ *(recusa)* Ablehnung f; *(falha)* Versagen n *(espec sexuell)* **negaça** [ni'gasɐ] F̲ Lockmittel n, -vogel m; **fazer ~s a alg** j-n (an)locken **negação** [niga'sɐ̃u] F̲ Verneinung f; *(recusa)* Ablehnung f; FILOS, GRAM Negation f; **ser a ~ de a/c** das genaue Gegenteil von etw sein; **ser uma ~** keine Begabung haben (para für) **negacear** [niga'sjar] ⟨1l⟩ (an)locken; *(meter-se com)* sich anlegen (com mit) **negador(a)** [niga'dor(ɐ)] M̲ Neinsager(in) m(f)

negar [ni'gar] ⟨1o; Stv 1c⟩ verneinen; *ação* bestreiten; *pessoa, crença* (ver)leugnen; *(recusar)* ablehnen; GRAM negieren; **~ a/c a alg** j-m etw verweigern; **~ alg de** j-n nicht anerkennen als; **~-se** sich verleugnen lassen; *(recusar-se)* sich weigern ⟨a zu⟩ **negativa** [niga'tivɐ] F̲ Absage f; *frase:* verneinter Satz m; *palavra:* Negation f; *port nota:* unzureichende Punktzahl f **negatividade** [nigativi'dadi] F̲ Negativität f **negativo** [niga'tivu] verneinend; ablehnend; negativ; **pólo m ~** Minuspol m

negligência [nigli'ʒẽsjɐ] F̲ Nachlässigkeit f **negligenciar** [nigliʒẽ'sjar] ⟨1g⟩ vernachlässigen **negligenciável** [nigliʒẽ'sjavɛɫ] unwichtig; **não ~** wichtig **negligente** [nigli'ʒẽti] nachlässig **negociação** [nigusja'sɐ̃u] F̲ Verhandlung f *(espec pl)*; Handel m; Verkauf m; **-ões** pl **de paz** Friedensverhandlungen fpl; **fazer ~ de** handeln *(ou* Geschäfte machen) mit; **entrar em ~ações** in Verhandlungen treten **negociador** [nigusja'dor] M̲ Unterhändler m **negociante** [nigu'sjɐ̃ti] M̲/F̲ Kaufmann m, -frau f; (Groß)Händler(in) m(f); Geschäftsmann m, -frau f **negociar** [nigu'sjar] ⟨1g e 1h⟩ A̲ V̲T̲ COM *mercadoria* handeln mit; verkaufen; *compromisso* aushandeln; POL verhandeln über *(ac)* B̲ V̲I̲ COM Handel treiben **(com, em** mit); POL verhandeln **(com** mit) **negociarrão** [nigusja'ʁɐ̃u] M̲ Bombengeschäft n **negociata** [nigu'sjatɐ] F̲ dunkles Geschäft n **negociável** [nigu'sjavɛɫ] verkäuflich; umsetzbar; **não ser ~** kein Verhandlungsgegenstand sein

negócio [ni'gɔsju] M̲ Handel m; Geschäft n; *fig* Angelegenheit f; **~ da China** sehr lukratives Geschäft; **~ de ocasião** Gelegenheitsgeschäft n; **fazer ~s** Handel treiben, Geschäfte machen; **fechar ~** ein Geschäft abschließen; **casa** f **de ~s** Handelshaus n; **homem** m **de ~s** Geschäftsmann m; **homem** m **para ~s** geschäftstüchtiger Mann m

negreiro [ni'grɐiru] M̲ *hist* Sklavenhändler m; *barco:* Sklavenschiff n **negrejante** [nigrɨ'ʒɐ̃ti] schwärzlich **negrejar** [nigri'ʒar] ⟨1d⟩ schwarz *(ou* dunkel) sein; *fig* trüb aussehen **negridão** [nigri'dɐ̃u] F̲ Schwärze f; *(escuridão)* Finsternis f **negrito** [ni'gritu] M̲ TIPO Fettdruck m **negro** ['negru] A̲ A̲D̲J̲ schwarz; **~ retinto** pechschwarz; **ver tudo ~** *fig* (alles) schwarz sehen B̲ M̲, **-a** F̲ Schwarze(r) m/f **negróide** [ni'grɔidɨ] negroid **negror** [ni'gror], **negrume** [ni'grumɨ] M̲ Schwärze f **negrura** [ni'grurɐ] F̲ → *negror; fig tb* Ruchlosigkeit f

nela ['nɛlɐ], **nele** ['neli] C̲O̲N̲T̲R̲ *de* em *e* ela, ele

nem [nɐ̃j] A̲D̲V̲ nicht einmal; und nicht *(ou* kein); **~ eu** ich auch nicht; **~ um (só)** kein Einziger; **~ todos** nicht alle; **não ..., ~ ...**

~ weder ... noch; ~ **um** ~ **outro** keiner von beiden; ~ **mesmo** (und) auch nicht; ~ **que** *conj* selbst wenn; **que** ~ wie (nicht einmal); ~ **por isso** trotzdem nicht

nené [nɛ'nɛ] M̄ *fam*, **nenê** [ne'ne] M̄ *bras*, **neném** [ne'nẽĩ] M̄ *bras* Baby n

nenhum [ni'ɲũ], **nenhuma** [ni'ɲumɐ] PRON kein **nenhures** [ni'ɲuriʃ] ADV nirgendwo

nenúfar [ni'nufar] M̄ Seerose f

neocolonialismo [nɛɔkulunjaˈtiʒmu] M̄ Neokolonialismus m

neófito ['nɔfitu] M̄, **-a** F̄ Neubekehrte(r) m/f(m); Neuling m

neoliberalismo [nɛɔtibirɐˈtiʒmu] M̄ Neoliberalismus m **neolítico** [nɛɔˈtitiku] M̄ Jungsteinzeit f **neologismo** [nju+uˈʒiʒmu] M̄ Neologismus m **neonato** [nɛɔˈnatu] M̄ MED Neugeborene(s) n

neonatologia [nɛɔnɔtuluˈʒia] F̄ MED Neugeborenenmedizin f, Neonatologie f **neonazi** [nɛɔnɐˈzi] A ADJ neonazi B M/F Neonazi m/f

neopreno [nɛɔˈprenu] M̄ Neopren n

neorealismo [nɛɔrjɐˈtiʒmu] M̄ Neorealismus m

neozelandês [nɛɔzitãˈdeʃ] A ADJ neuseeländisch B M̄, **neozelandesa** [nɛɔzitãˈdezɐ] F̄ Neuseeländer(in) m/f)

Nepal [niˈpał] M̄ GEOG o ~ Nepal (n)

nepalês [nipɐˈteʃ] A ADJ nepalesisch B M̄, **nepalesa** [nipɐˈtezɐ] F̄ Nepalese m, Nepalesin f

nepotismo [nipuˈtiʒmu] M̄ Vetternwirtschaft f, Nepotismus m

nervação [nirvɐˈsɐ̃ũ] F̄ BOT Aderung f **nervado** [nirˈvadu] geädert; gerippt **nervo** ['nɛrvu] M̄ Nerv m; *fam* Sehne f; BOT, ARQUIT Rippe f; *fig* Kraft f; Schwung m; **de** ~ nervig; **dar cabo dos ~s a alg** *fam*; *bras* **dar nos ~s de alg** j-m auf die Nerven gehen; **ser** (*ou* **estar**) **uma pilha de ~s** *fam* ein Nervenbündel sein

nervosidade [nirvuziˈdadi] F̄, **nervosismo** [nirvuˈziʒmu] M̄ Nervosität f **nervoso** [nirˈvozu] Nerven...; nervös; **sistema** m ~ Nervensystem n **nervudo** [nirˈvudu] muskulös **nervura** [nirˈvurɐ] F̄ BOT (Blatt)Nerv m, Ader f; ARQUIT (Gewölbe)Rippe f

néscio ['nɛʃsju] dumm, töricht

nesga ['neʒgɐ] F̄ Zwickel m; *fig* Stückchen n

n-ésimo [ɛˈnɛzimu] *fam* x-te

nêspera ['neʃpirɐ] F̄, **nêspero** ['neʃpiru] M̄ Mispel f

nessa ['nesɐ], **nesse** [nesi] CONTR *de* em *e* essa, esse; **não cair -a** *fam* nicht darauf reinfallen

nesta ['nɛʃtɐ], **neste** ['neʃti] CONTR *de* em *e* esta, este

neto ['nɛtu] M̄, **-a** F̄ Enkel(in) m(f); **os ~s** die Enkel, die Enkelkinder

neura ['newrɐ] F̄ *fam* Depression f **neuralgia** [newrałˈʒiɐ] F̄ Nervenschmerz m **neurálgico** [newˈrałʒiku] Nerven...

neurastenia [newrɐʃtiˈniɐ] F̄ Neurasthenie f **neurologia** [newruluˈʒiɐ] F̄ Nervenheilkunde f **neurologista** [newruˈtuˈʒiʃtɐ] M/F Neurologe m, Neurologin f **neurose** [newˈrɔzi] F̄ Neurose f

neutral [newˈtrał] unparteiisch, neutral **neutralidade** [newtrɐliˈdadi] F̄ Unparteilichkeit f; Neutralität f **neutralizar** [newtrɐtiˈzar] ⟨1a⟩ neutralisieren

neutrão [newˈtrɐ̃ũ] M̄ Neutron n

neutro ['newtru] A ADJ neutral (*tb* GRAM); geschlechtslos B M̄ GRAM Neutrum n

nêutron ['newtrõ] M̄ *bras* → neutrão

neutrónico (*ô) [newˈtrɔniku] Neutronen...

nevada [niˈvadɐ] F̄ Schneefall m, *tb* Schnee m **nevado** [niˈvadu] A ADJ (schnee)weiß; (*gélido*) eiskalt B M̄ Firnschnee m **nevão** [niˈvɐ̃ũ] M̄ Schneegestöber n **nevar** [niˈvar] ⟨1c⟩ A V/T mit Schnee bedecken; (*arrefecer*) kühlen B V/I schneien; *fig* eiskalt werden; (*tornar-se branco*) weiß werden **nevasca** [niˈvaʃkɐ] F̄ Schneesturm m

neve ['nɛvi] F̄ Schnee m; ~ **carbónica** Trockenschnee m; ~ **solta** Pulverschnee m; **bola f de** ~ Schneeball m; **boneco m de** ~ Schneemann m; **Branca f de Neve** Schneewittchen n; **floco m de** ~ Schneeflocke f; **frio m de** ~ Eiseskälte f; **lençol m de** ~ Schneedecke f

nevo ['nɛvu] M̄ Muttermal n

névoa ['nɛvwɐ] F̄ Dunst m; Nebel(-schleier) m; MED Schleier m

nevoaça [niˈvwasɐ] F̄, **nevoeiro** [niˈvwajru] M̄ (dichter) Nebel m

nevr... → neuralgia *etc*

nexo ['nɛksu] M̄ Verknüpfung f; Nexus m; ~ **de causalidade** Kausalzusammen-

hang *m*
ngana ['ŋgɐnɐ] M/F *Angola* ≈ Herr, Frau (*Anrede*)
NIB [nib] M ABR (Número de Identificação Bancária) BIC *m* (Banc Identifier Code)
nica ['nikɐ] F *fam* (*mania*) Macke f; (*ninharia*) Nichtigkeit f; **por uma ~** für nichts und wieder nichts **nicar** [ni'kar] ⟨1n⟩ hacken; kratzen; *vulg* (*copular*) stoßen
Nicarágua [nikɐ'ragwɐ] F GEOG **a ~** Nicaragua (*n*) **nicaraguano** [nikɐrɐ'gwɐnu], **nicaraguense** [nikɐrɐ'gwẽsi] A ADJ nicaraguanisch B M, **-a** F Nicaraguaner(in) *m(f)*
nicho ['niʃu] M Nische *f* (*tb fig*); (Schrank)Fach *n*; *fam* Reibach *m*; **~ de mercado** COM Marktnische *f*
nicles ['niklɨʃ] ADV *fam* null Komma nichts
nicotina [niku'tinɐ] F Nikotin *n*
nidificação [nidifikɐ'sɐ̃ũ] F Nisten *n*, Nestbau *m*
Nigéria [ni'ʒɛrjɐ] F GEOG **a ~** Nigeria (*n*) **nigeriano** [niʒi'rjɐnu] A ADJ nigerianisch B M, **-a** F Nigerianer(in) *m(f)*
nígua ['nigwɐ] F Sandfloh *m*
niilismo [nji'liʒmu] M Nihilismus *m* **niilista** [nji'tiʃtɐ] A ADJ nihilistisch B M/F Nihilist(in) *m(f)*
nimbo ['nĩbu] M Nimbus *m*; (*coroa*) Heiligenschein *m*; METEO Regenwolke *f*
ninar [ni'nar] ⟨1a⟩ *bebé* einlullen
ninfa ['nĩfɐ] F Nymphe *f*; ZOOL Puppe *f* **ninfomania** [nĩfɔmɐ'niɐ] F Nymphomanie *f*
ninguém [nĩ'gɐ̃j] PRON niemand
ninhada [ni'ɲadɐ] F Brut *f* (*tb fig*); *nido*: Gelege *n*; *cães etc*: Wurf *m* **ninharia** [niɲɐ'riɐ] F Lappalie *f*; Kinderei *f* **ninho** ['niɲu] M Nest *n*; *fig* Zuflucht *f*; **sair do ~** flügge werden
NIP ABR (número de identificação pessoal) PIN *f* (persönliche Identifikationsnummer)
niple ['niplɨ] M TECN Nippel *m*
nipónico (*ô) [ni'pɔniku] japanisch
níquel ['nikɛɫ] M Nickel *n*
niquento [ni'kẽtu] kleinlich **niquice** [ni'kisi] F Kleinigkeit *f*
níscaro ['niʃkɐru] M → míscaro
nissei [ni'sei] M/F *bras* Brasilianer(in) *m(f)* japanischer Herkunft
nisso ['nisu], **nisto** [niʃtu] CONTR *de* em *e* isso, isto
nitidez [niti'deʃ] F Klarheit *f*; Deutlichkeit *f*; FOTO Schärfe *f*
nítido ['nitidu] klar; FOTO scharf
nitrato [ni'tratu] M Nitrat *n* **nitreira** [ni'trɐirɐ] F AGR Jauchegrube *f*
nítrico ['nitriku] Salpeter...
nitrito [ni'tritu] M Nitrit *n* **nitrogénio** (*ê) [nitrɔ'ʒenju] M Stickstoff *m*
nível ['nivɛɫ] M **1** TECN Wasserwaage *f*; Nivelliergerät *n* **2** Niveau *n*; *água etc*: (Wasser)Stand *m*; *mar*: (Meeres)Spiegel *m*; *fig* Ebene *f*; **~ da miséria** Armutsgrenze *f*; **~ de água** (*bras* **de bolha**) Wasserwaage *f*; **~ de vida** Lebensstandard *m*; **~ do Mar** Meeresspiegel *m*; AUTO **~ de óleo** Ölstand *m*; **a ~** waagerecht; **ao ~ de** auf der Höhe (*gen*); **sem ~** FERROV unbeschrankt; *fig* niveaulos
nivelador [nivɨɫɐ'dor] nivellierend; *fig* gleichmacherisch **niveladora** [nivɨɫɐ'dorɐ] F ARQUIT Straßenwalze *f* **nivelamento** [nivɨɫɐ'mẽtu] M Nivellierung *f*; *fig* Ausgleich *m*; (*aplanamento*) Verflachung *f* **nivelar** [nivɨ'ɫar] ⟨1c⟩ (ein)ebnen; nivellieren; *fig* ausgleichen
níveo ['nivju] schneeweiß
no [nu] CONTR *de* em *e o* **o** PRON M ihn (es, sie); Sie
NO ABR (Noroeste) NW (Nordwesten)
n.º ABR (número) Nr. (Nummer)
nó [nɔ] M Knoten *m*; ANAT (Finger)Knöchel *m*; *fig* Kern *m*; (*problema*) Verwicklung *f*; *amizade*: (Freundschafts)Band *n*; **~ cego** Doppelknoten *m*; *fig* schwer zu lösendes Problem *n*; **~ ferroviário** Eisenbahnknotenpunkt *m*; **~ na garganta** *fig* Kloß *m* im Hals; **dar o ~** *fam* heiraten; **dar um ~** e-n Knoten machen; **desatar um ~** e-n Knoten auflösen (*tb fig*); **estar ao ~** *fam* goldrichtig sein
nobiliário [nubi'ɫjarju] M Adelsbuch *n* **nobilitar** [nubiɫi'tar] ⟨1a⟩ adeln (*tb fig*) **nobre** ['nɔbrɨ] A ADJ adlig; *fig* nobel; edel; **salão** *m* **~** Festsaal *m* B M/F Adlige(r) *m(f)/m* **nobreza** [nu'brezɐ] F Adel *m*; *fig* Edelmut *m*
noção [nu'sɐ̃ũ] F Begriff *m*; **ter uma ~ de** eine Ahnung haben von
nocaute [no'kautʃi] M *bras* Knock-out *m*, K.o. *m*

nocividade [nusivi'dadɨ] F̲ Schädlichkeit f **nocivo** [nu'sivu] schädlich; ~ **ao ambiente** umweltschädlich

noctâmbulo [nɔk'tãbulu] M̲ Nachtwandler m **nocturno** [nɔ'turnu] **A** ADJ nächtlich; Nacht...; **curso** m ~ Abendkurs m; **guarda** m ~ Nachtwächter m **B** M̲ MÚS Notturno n **C** M̲ ~**s** PL ZOOL Nachtvögel mpl

nodal [nu'daɫ] Knoten...; fig Kern...; Haupt... **nodo** ['nɔdu] M̲ (Gicht)Knoten m

nódoa ['nɔdwɐ] F̲ Fleck m; fig Makel m; ~ **negra** blauer Fleck m

nodoso [nu'dozu] knotig, knorrig

nódulo ['nɔdulu] M̲ Knötchen n

nogueira [nu'gɐiɾɐ] F̲ Nussbaum m

noitada [noi'tadɐ] F̲ Nacht f; durchwachte Nacht f; **fazer** ~ die Nacht durchmachen

noite ['noitɨ] F̲ Nacht f; Abend m; (escuridão) Dunkelheit f; ~ **cerrada** dunkle Nacht f; **à** ~ **alta, alta** ~ tiefe Nacht f; **à** ~ am Abend, abends; **a altas horas da** ~ spät in der Nacht; **à coberta da** ~ im Schutze der Nacht; **ontem à** ~ gestern Abend; **de** ~ nachts; **em plena** ~ mitten in der Nacht; **pela** ~ **fora** bis tief in die Nacht hinein; **uma** ~ e-s Abends; e-s Nachts; **fazer-se** ~, **cair a** ~ Abend (ou Nacht, dunkel) werden; **ao cair da** ~ bei Einbruch der Dunkelheit; **fazer da** ~ **dia** die Nacht zum Tage machen; **boa(s)** ~(**s**)**!** guten Abend!; gute Nacht!

noitibó [noiti'bɔ] M̲ Ziegenmelker m; fig Nachtschwärmer m

noitinha [noi'tiɲɐ] F̲ Spätnachmittag m **noiva** ['noivɐ] F̲ Braut f; Verlobte f **noivado** [noi'vadu] M̲ Verlobung f **noivar** [noi'var] ⟨1a⟩ sich verloben **noivo** ['noivu] M̲ Bräutigam m; ~**s** pl Brautpaar n

nojento [nu'ʒẽtu] ADJ **1** Ekel m; **causar** (ou **fazer**, **meter**) ~ **a alg** j-m widerlich sein, j-n anekeln; **ter** ~ **de** sich ekeln vor (dat) **2** Trauer f; **licença** f **de** ~ Freistellung f wegen e-s Trauerfalles; **estar de** ~ in Trauer sein

no-la [nuɫɐ], **no-lo** [nuɫu] CONTR de nos e a, o

nómada ['nɔmɐdɐ], **nómade** ['nɔmɐdɨ] (*ô) **A** ADJ wandernd; fig unstet; Nomaden... **B** M/F Nomade m, Nomadin f

nomadismo [nɔmɐ'diʒmu] M̲ Nomadentum n

nome ['nomɨ] M̲ Name m; GRAM Nomen n; Substantiv n; ~ **de ba(p)tismo** Vorname m, Taufname m; INFORM ~ **de utilizador** Benutzername m; ~ **civil** bürgerlicher Name m; ~ **feio** Schimpfwort n; ~ **próprio** Eigen-, Taufname m; BOT, ZOOL Gattungsname m; **de** ~ namens; conhecer etc dem Namen nach; (famoso) berühmt; **em** ~ **de** im Namen (gen); **pelo** ~ **de** bekannt unter dem Namen; fig um ... (gen) willen; **chamar** ~**s a alg** j-n beschimpfen; **dar pelo** ~ **de** auf den Namen ... hören; **dar o (seu)** ~ s-n Namen angeben; **prestar** (ou **dar**) **o seu** ~ s-n Namen hergeben

nomeação [numjɐ'sɐ̃ũ] F̲ Ernennung f **nomeada** [nu'mjadɐ] F̲ Ruf m **nomeadamente** [numjadɐ'mẽti] ADV insbesondere; namentlich **nomear** [nu-'mjar] ⟨1l⟩ (be-, er)nennen; rufen

nomenclatura [numẽkɫɐ'turɐ] F̲ Nomenklatur f

nominação [numinɐ'sɐ̃ũ] F̲ Nennung f **nominal** [numi'naɫ] Namen...; nominell; **valor** m ~ Nennwert m **nominativo** [numinɐ'tivu] M̲ GRAM Nominativ m

nonagenário [nɔnɐʒi'narju] neunzigjährig **nonagésimo** [nɔnɐ'ʒɛzimu] neunzigst

nongentésimo [nõʒẽ'tɛzimu], **nonigentésimo** [noniʒẽ'tɛzimu] neunhundertst

nono ['nonu] neunte

nónuplo (*ô) ['nɔnuplu] neunfach

nor-... [nɔr-] EM COMP Nord...

nora ['nɔɾɐ] F̲ **1** Schwiegertochter f **2** Schöpfrad n, -brunnen m; TECN Becher-, Paternosterwerk n; **à** ~ ratlos; hilflos

nordeste [nɔr'dɛʃti] M̲ Nordosten m **nordestino** [noɾdeʃ'tʃinu] bras **A** ADJ nordostbrasilianisch **B** M̲, **-a** F̲ Nordostbrasilianer(in) m(f)

nórdico ['nɔɾdiku] **A** ADJ nordisch **B** M̲, **-a** F̲ Nordländer(in) m(f)

norma ['nɔɾmɐ] F̲ Norm f; (regra) Regel f; (directiva) Richtlinie f; Vorschrift f; ~ **antipoluição** Schadstofflimit n; ~ **de conduta** Verhaltensnorm f

normal [nɔr'maɫ] **A** ADJ normal; üblich; (exemplar) Muster... **B** F̲ MAT Normale f **normalidade** [nɔɾmɐɫi'dadɨ] F̲ Normalzustand m; Regel f **normalização**

[norməˈtizɐˈsɐ̃ũ] F Normalisierung f; POL Entspannung f **normalizar** [nɔrməliˈzar] ⟨1a⟩ normalisieren; (uniformizar) norm(ier)en **normalmente** [nɔrmalˈmẽti] ADV normalerweise
normativo [nɔrmaˈtivu] normativ
noroeste [nɔˈrwɛʃti] M Nordwesten m
nortada [nɔrˈtadɐ] F Nordwind m
norte [ˈnɔrti] A ADJ nördlich, Nord... B M Norden m; **sem ~** orientierungslos **norte-americano** [nɔrtɐmiriˈkɐnu] A ADJ nordamerikanisch B M ⟨pl norte-americanos⟩, **-a** F (Nord)Amerikaner(in) m(f) **nortear** [nɔrˈtjar] ⟨1l⟩ leiten; steuern; **~-se** sich richten (**por** nach) **nortenho** [nɔrˈtɐɲu] A ADJ nordportugiesisch B M Nordportugiese m **nortista** [nɔxˈtʃiʃtɐ] bras A ADJ nordbrasilianisch B M/F Nordbrasilianer(in) m(f)
Noruega [nɔˈrwɛgɐ] F GEOG a **~** Norwegen (n) **norueguês** [nɔrweˈgeʃ] A ADJ norwegisch B M, **norueguesa** [nɔrweˈgezɐ] F Norweger(in) m(f)
nos[1] [nuʃ] CONTR *de* em *e* os
nos[2] [nuʃ] PRON uns
nós [nɔʃ] PRON 1 *sujeito:* wir 2 *após prep:* uns

nosso [ˈnɔsu], **nossa** [ˈnɔsɐ] A ADJ unser B PRON unsere(r, -s) C M/F **o ~**, **a nossa** der, die, das Unsrige (*ou* Unsere); **à -a!** auf uns!, zum Wohl!; D INT **-a!, Nossa Senhora!** um Himmels Willen!, o je!
nostalgia [nuʃtaˈʒiɐ] F Heimweh n; Nostalgie f **nostálgico** [nuʃˈtaɫʒiku] sehnsüchtig; nostalgisch
nota [ˈnɔtɐ] F (*apontamento*) Aufzeichnung f; Notiz f; (*observação*) Anmerkung f; COM Rechnung f; *dinheiro:* Geldschein m; MÚS, *escola:* Note f; **livro** m **de ~s** Notizbuch n; **~ marginal** Randbemerkung f; **digno de ~** bemerkenswert; **de ~** von Bedeutung; **de boa ~** wohl bekannt; **dar má ~** e-n schlechten Eindruck hinterlassen; **tomar ~ de a/c** sich (*dat*) etw aufschreiben; **tomar (bem) ~ de a/c** sich (*dat*) etw vormerken; **~ de pé de página** (*ou* **de rodapé**) Fußnote f; **~ fiscal** *bras* Rechnung f
notabilidade [nutɐbiliˈdadʒi] F Ansehen n; (*significado*) Bedeutung f; **~s** pl Honoratioren pl **notabilíssimo** [nutɐbiˈlisimu] *sup* → **notável notabilizar** [nutɐbiliˈzar] ⟨1a⟩ berühmt machen; **~-se** berühmt werden; sich hervortun
notação [nutaˈsɐ̃ũ] F Notierung f; (*símbolo*) Symbol n; Zeichen n; MÚS Notenschrift f **notar** [nuˈtar] ⟨1e⟩ (*apontar*) vermerken; (*observar*) anmerken; (*reparar*) bemerken; (*dar atenção*) beachten; **note-se que** es ist zu beachten, dass **notariado** [nutɐˈrjadu] M Notariat n **notarial** [nutɐˈrjaɫ] notariell **notário** [nuˈtarju] M, **-a** F Notar(in) m(f) **notável** [nuˈtavɛɫ] bemerkenswert; *feito* hervorragend; *quantia* ansehnlich; (*respeitado*) angesehen **notícia** [nuˈtisjɐ] F Nachricht f; (*nota*) Notiz f; (*indicação*) Hinweis m
noticiar [nutiˈsjar] ⟨1g⟩ berichten; (*participar*) mitteilen **noticiário** [nutiˈsjarju] M Nachrichten(sendung) f **noticioso** [nutiˈsjozu] Nachrichten...; **agência** f **-a** Nachrichtenagentur f; **resumo** m **~** port Kurznachrichten fpl
notificação [nutifikɐˈsɐ̃ũ] F Mitteilung f; *oficial:* Benachrichtigung f **notificar** [nutifiˈkar] ⟨1n⟩ **~ alg de a/c** j-m etw bekannt geben; j-n von etw benachrichtigen
notoriedade [nuturjeˈdadʒi] F (*fama*) Bekannt-, Berühmtheit f; (*conhecimento público*) Offenkundigkeit f; **de ~** bekannt; **ter ~** bekannt sein
notório [nuˈtɔrju] bekannt; offenkundig; **é ~ que** bekanntlich
noutro [ˈnotru], **noutra** [ˈnotrɐ] CONTR *de* em *e* outro, -a
nova [ˈnɔvɐ] F Nachricht f; Neuigkeit f; **a boa ~** die frohe Botschaft
Nova Iorque [ˈnɔvɐˈjɔrki] New York n
novamente [nɔvɐˈmẽti] ADV wieder
novato [nuˈvatu] M, **-a** F Anfänger(in) m(f)
Nova Zelândia [ˈnɔvɐziˈɫɐ̃dʒɐ] F Neuseeland n
nove [ˈnɔvi] NUM A ADJ neun B M Neun f **novecentos** [nɔviˈsẽtuʃ] NUM neunhundert
novel [nuˈvɛɫ] unerfahren **novela** [nuˈvɛɫɐ] F Novelle f; TV Fernsehserie f; *fam* Soap f; (*invenção*) Lügengeschichte f **novelesco** [nuviˈɫeʃku] novellenhaft **novelista** [nuviˈɫiʃtɐ] M/F Erzähler(in) m(f)
novelo [nuˈveɫu] M Knäuel n; *cabelos:* Büschel n; BOT Schneeball m

Novembro [nu'vẽbru] M November m
novena [nu'vɐna] F **uma ~ de** (etwa) neun
noventa [nu'vẽtɐ] NUM neunzig
noviciado [nuvi'sjadu] M Noviziat n; Probezeit f
noviço [nu'visu] M Novize m; Neuling m
novidade [nuvi'dadɨ] F ❶ Neuheit f; Neuigkeit f; **não haverá ~!** port kein Problem!; **sem ~** port reibungslos ❷ junges Obst n
novilha [nu'viʎɐ] F Färse f
novilhada [nuvi'ʎadɐ] F tourada: Stierkampf m (mit Jungstieren); gado: Jungvieh n
novilho [nu'viʎu] M Jungstier m
novilúnio [nɔvi'lunju] M Neumond m
novo ['novu] ADJ ⟨fsg, m/fpl ['nɔ-]⟩ neu; jung; fresc. (inexperiente) unerfahren; **de ~** von neuem; wieder; erneut; **em ~** als junger Mensch; **em estado de ~** wie neu; **o que há de ~?** was gibt's Neues?
novo-rico [novu'ʁiku] ⟨mpl novos-ricos; fsg, m/fpl ['nɔ-]⟩ A ADJ neureich B M, **nova-rica** F Neureiche(r) m/f(m)
novo-riquismo [nɔvuʁi'kiʒmu] M Neureichtum m; Protzerei f
noz [nɔʃ] F (Wal)Nuss f **noz-moscada** [nɔʒmuʃ'kadɐ] F Muskatnuss f
NP ABR (Norma Portuguesa) Portugiesische Norm f
nu [nu] A ADJ nackt; olho bloß; árvore kahl; decoração nüchtern; arma blank; **a olho ~** mit bloßem Auge; **verdade f -a e crua** nackte Wahrheit f; **pôr a ~** aufdecken B M PINT Akt m **nuamente** [nuɐ'mẽti] ADV fig unverhohlen
nuança ['nwɐ̃sɐ] F, **nuance** f ['nwɐ̃si] F Nuance f
núbil ['nubit] heiratsfähig
nublado [nu'bladu] bewölkt, wolkig; fig düster **nublar** [nu'blar] ⟨1a⟩ bewölken; fig verdüstern
nuca ['nukɐ] F Genick n, Nacken m
nuclear [nukli'ar] ADJ Nuklear..., Atom...; **combustível m ~** Kernbrennstoff; **energia f ~** Atomkraft f, Kernkraft f
núcleo ['nukliu] M Kern m; fig Mittel-, Sammelpunkt m; **~ habitacional** Wohnsiedlung f, Wohnviertel n
nudez [nu'deʃ], **nudeza** [nu'dezɐ] F Nacktheit f; Blöße f; fig Kahlheit f; Nüchternheit f **nudismo** [nu'diʒmu] M Freikörperkultur f, FKK m **nudista** [nu'diʃtɐ] M/F Nudist(in) m(f), FKK-Fan m
nulidade [nuli'dadɨ] F Nichtigkeit f; (incapacidade) Unfähigkeit f; DIR Unwirksamkeit f; fig Niete f **nulificar** [nulifi'kar] ⟨1n⟩ für null und nichtig erklären; aufheben **nulo** ['nulu] nichtig; ungültig
num [nũ], **numa** ['numɐ] CONTR **de** em e um, uma
numeração [numirɐ'sɐ̃ũ] F Nummerierung f; (enumeração) Aufzählung f **numerador** [numirɐ'dor] M MAT fracção: Zähler m; carimbo: Nummernstempel m
numeral [numi'rat] A ADJ Zahl... B M Zahlwort n **numerar** [numi'rar] ⟨1c⟩ nummerieren; nach Nummern ordnen; (enumerar) (auf)zählen **numerário** [numi'rarju] A ADJ Geld... B M (Hart)Geld n **numerável** [numi'ravɨt] (auf)zählbar; danos bezifferbar
numérico [nu'mɛriku] numerisch
número ['numiru] M Zahl f; Nummer f; GRAM Numerus m; **~ cardinal** Kardinalzahl f; **~ fraccionário** Bruchzahl f; **~ par/ímpar** gerade/ungerade Zahl f; **~ de contribuinte** Steuernummer f; **~ de telefone** Telefonnummer f; **grande ~ de** eine Menge (gen); **o maior ~ de** die Mehrzahl (gen); **o ~ um** fig die Nummer eins; **um sem ~ (de)** eine Unzahl; **fazer ~** fam präsent sein
numeroso [numi'rozu] zahlreich; família kinderreich
numismática [numiʒ'matikɐ] F Münzkunde f
nunca ['nũkɐ] ADV nie(mals); **~ mais** nie wieder; **dia m de São Nunca** Sankt-Nimmerleins-Tag m
núncio ['nũsju] M Nuntius m
nupcial [nu'psjat] Hochzeits...
núpcias [nu'psjaʃ] FPL Hochzeit f; **viagem f de ~** Hochzeitsreise f; **em segundas ~** in zweiter Ehe
Nuremberga [nurẽ'bɛrgɐ] Nürnberg n
nutrição [nutri'sɐ̃ũ] F Ernährung f; Nahrungsaufnahme f **nutricionista** [nutrisju'niʃtɐ] A ADJ Ernährungs... B M/F Ernährungswissenschaftler(in) m(f) **nutrido** [nu'tridu] wohlgenährt; beleibt **nutrir** [nu'trir] ⟨3a⟩ (er)nähren; esperança hegen **nutritivo** [nutri'tivu] nahrhaft; Nähr..., Ernährungs...; **valor m ~** Nährwert m
nuvem ['nuvɐ̃ĩ] F Wolke f; fig Schatten m; MED Trübung f; **estar nas nuvens** fig

in den Wolken schweben; **ir pelas nuvens** *fig* in die Luft gehen

Nzambi [ˈnzɐ̃bi] M/F *Angola* Gott *m*

O

O¹, o [ɔ] M O, o *n*

o [u] ART M der (das, die); **~ menino** o Junge; **~ carro** das Auto; **~ leite** die Milch B PRON 1 *pessoa:* ihn; *dat* ihm; **o (Senhor)** Sie; *dat* Ihnen; **conheço-~** ich kenne ihn (*ou* Sie); **ajudo-~** ich helfe ihm (*ou* Ihnen) 2 *objectos:* ihn, es, sie 3 *relativo:* der-, das-, diejenige

O² ABR (Oeste) W (West, Westen)

ó [ɔ] INT **~ ...!** he!; Du...! (*bleibt vor Namen meist unübersetzt*)

o/ ABR (ordem) Auftr. (Auftrag)

oásis [ɔˈazif] M Oase *f*

obcecação [ɔbsikaˈsɐ̃ũ] F Verblendung *f*

obcecado [ɔbsiˈkadu] verblendet **obcecar** [ɔbsiˈkar] ⟨1n; *Stv* 1c⟩ verblenden

obedecer [obidiˈser] ⟨2g⟩ *alg* gehorchen; (*submeter-se*) sich unterwerfen; **~ a** *regra* befolgen; DIR unterliegen (*dat*); **fazer-se ~** sich (*dat*) Gehorsam verschaffen **obediência** [obiˈdjẽsjɐ] F Gehorsam *m*; *animal, criança:* Folgsamkeit *f*; **em ~ a** in Befolgung (*gen*) **obediente** [obiˈdjẽti] gehorsam

obelisco [ɔbiˈliʃku] M Obelisk *m*

obesidade [obiziˈdadi] F Fettleibigkeit *f*

obeso [oˈbezu] fettleibig, feist

obg.° ABR (obrigado) danke

óbice [ˈɔbisi] M Hindernis *n*

óbito [ˈɔbitu] M Tod *m*; Sterbefall *m*; **certidão f de ~** Totenschein *m*

obje(c)ção [ɔbʒɛˈsɐ̃ũ] F Einwand *m* (**pôr** erheben) **obje(c)tar** [ɔbʒɛˈtar] ⟨1a⟩ einwenden (**a** gegen) **obje(c)tiva** [ɔbʒɛˈtivɐ] F FOTO Objektiv *n* **obje(c)tivar** [ɔbʒɛtiˈvar] ⟨1a⟩ objektivieren; bezwecken **obje(c)tividade** [ɔbʒɛtiviˈdadi] F Objektivität *f*; Sachlichkeit *f* **obje(c)tivo** [ɔbʒɛˈtivu] A ADJ sachlich; objektiv B M Ziel *n* **obje(c)to** [ɔˈbʒɛtu] M Gegenstand *m*; Objekt *n*

obje(c)tor [ɔbʒɛˈtor] M Verweigerer *m*; **~ de consciência** *port* Wehrdienstverweigerer *m*

oblíqua [ɔˈblikwɐ] F schräge Linie *f*

obliquângulo [ɔbliˈkwɐ̃gulu] schiefwinklig **obliquar** [ɔbliˈkwar] ⟨1m⟩ schräg verlaufen **obliquidade** (*üˈ*) [ɔblikwiˈdadi] F Schräge *f*

oblíquo [ɔˈblikwu] schräg; schief (stehend); krumm; **dirigir um olhar ~ a** *alg* j-n schief ansehen

obliteração [ɔblitirɐˈsɐ̃ũ] F Auslöschung *f*; MED Verstopfung *f*; FIN Tilgung *f* **obliterador** [ɔblitirɐˈdor] M *port* (Fahrschein)Entwerter *m* **obliterar** [ɔblitiˈrar] ⟨1c⟩ auslöschen; MED verstopfen; *bilhete* entwerten; **~-se** erlöschen

oblongo [ɔˈblõgu] länglich

oboé [oˈbwɛ] M Oboe *f* **oboísta** [oˈbwiʃtɐ] M/F Oboist(in) *m(f)*

óbolo [ˈɔbulu] M Obulus *m*

obra [ˈɔbrɐ] F Werk *n*; (*trabalho*) Arbeit *f*; (*acto*) Tat *f*; (*efeito*) Wirkung *f*; ARQUIT Bau *m*; TECN Verarbeitungsprodukt *n*; **~s** *pl* Bauarbeiten *fpl*; *de recuperação:* Instandsetzung *f*, Instandsetzungsarbeiten *fpl*; *de remodelação:* Umbau *m*; **~ de arte** Kunstwerk *n*; **bico** *m* **de ~** *port* harte Nuss *f*; **~ de fancaria** verteufelt schwierige Sache *f*; **~** *port* Schund *m*; **~s** *pl* **públicas** öffentliche (Bau)Arbeiten *fpl*; **por ~ de** (*realisiert*) durch; **estar em ~s** in (Um)Bau sein, umgebaut werden; **pôr em ~** ausführen; **ser pau para toda ~** *fam* Mädchen für alles sein; **isso é ~!** das ist kein Kinderspiel!

obra-mestra [ˈɔbrɐˈmɛʃtrɐ] F ⟨*pl* obras-mestras⟩ Meisterstück *n*

obra-prima [ˈɔbrɐˈprimɐ] F ⟨*pl* obras-primas⟩ Meisterwerk *n* **obrar** [ɔˈbrar] ⟨1a⟩ A VIT bewirken; (*levar a cabo*) vollbringen; (*executar*) ausführen; (*produzir*) herstellen; machen B VIt handeln; *medicamento* wirken; *fam* s-e Notdurft verrichten

obreira [ɔˈbrɐirɐ] F Arbeiterin *f*; ZOOL Arbeitsbiene *f* **obreiro** [ɔˈbrɐiru] M Arbeiter *m*; *fig* Schöpfer(geist) *m*

obrigação [ɔbrigɐˈsɐ̃ũ] F Verpflichtung *f*; (*constrangimento*) Zwang *m*; (*dever*) Pflicht *f*; FIN Obligation *f*; **estar na ~** (*bras tb* **ter**) **~ para com alg** j-m gegenüber Verpflichtungen haben **obrigadi-**

nho [obrigaˈdiɲu] INT vielen Dank! **obrigadíssimo** [obrigaˈdisimu] INT vielen, vielen Dank! **obrigado** [obriˈgadu] zu Dank verpflichtet; dankbar; **ser ~ a** (inf) müssen (inf); **~!, f -a!** danke!; **muito ~!, muito -a!** vielen Dank! **obrigar** [obriˈgar] ⟨1o⟩ zwingen (**a** zu), nötigen (**a** zu); DIR verpflichten; **~-se** sich verpflichten zu **obrigatoriedade** [obrigaturjeˈdadʒi] F Verpflichtung f; Verbindlichkeit f **obrigatório** [obrigaˈtɔrju] Zwangs...; obligatorisch; **serviço** m **militar ~** Wehrpflicht f

obscenidade [obsiniˈdadʒi] F Obszönität f; Schamlosigkeit f; (anedota) Zote f (**dizer** reißen) **obsceno** [obsˈsenu] obszön

obscurecer [obskuriˈser] ⟨2g⟩ verdunkeln; fig verschleiern; **~-se** sich verfinstern; luz verlöschen **obscurecimento** [obskurisiˈmẽtu] M Verdunkelung f **obscuridade** [obskuriˈdadʒi] F Finsternis f; fig Dunkel n **obscuro** [obsˈkuru] dunkel; (escondido) verborgen; obskur

obsedar [obiseˈdax] ⟨1c⟩ bras, **obsediar** [obiseˈdʒjax] ⟨1g⟩ bras keine Ruhe lassen

obsequiador [obzikjaˈdor] zuvorkommend **obsequiar** [obziˈkjar] ⟨1n⟩ zuvorkommend behandeln; **~ com** j-n gewinnen durch; j-n bedenken mit **obséquio** [obˈzɛkju] M Gefälligkeit f; (atenção) Aufmerksamkeit f; (favor) Gefallen m; **por ~** bitte **obsequiosidade** [obzikjuziˈdadʒi] F Zuvorkommenheit f **obsequioso** [obziˈkjozu] zuvorkommend; gefällig

observação [obsirvaˈsãũ] F Beobachtung f; regras: Befolgung f; (comentário) Bemerkung f **observador** [obsirvaˈdor] M, **-a** [obsirvaˈdora] F Beobachter(in) m(f) **observância** [obsirˈvãsja] F regras: Einhaltung f **observando** [obsirˈvãdu] M MED Intensivpatient m **observar** [obsirˈvar] ⟨1c⟩ beobachten; (examinar) untersuchen; (cumprir) befolgen; prazo einhalten; (comentar) bemerken; **~ a alg que** j-n darauf hinweisen, dass **observatório** [obsirvaˈtɔrju] M Observatorium n; Beobachtungsposten m; ASTRON Sternwarte f

obsessão [obsiˈsãũ] F Besessenheit f **obsesso** [obˈsɛsu] besessen **obsessor** [obsiˈsor] lästig

obsoleto [obsuˈlɛtu] ungebräuchlich, veraltet

obstáculo [obsˈtakulu] M Hindernis n (tb DESP); Barriere f **obstante** [obsˈtãtʃi] ADV **não ~** ① trotzdem ② trotz (dat, gen) **obstar** [obsˈtar] ⟨1a⟩ entgegenstehen (a dat); a/c verhindern, alg hindern (**a** an dat) **obstetra** [obsˈtɛtra] M/F Geburtshelfer(in) m(f) **obstetrícia** [obste'trisja] F Geburtshilfe f, Obstetrik f

obstinação [obstinaˈsãũ] F Hartnäckigkeit f; Verstocktheit f **obstinado** [obstiˈnadu] hartnäckig; (casmurro) starrköpfig **obstinar** [obstiˈnar] ⟨1a⟩ verstockt machen; **~-se** verstockt werden; sich versteifen (**em** auf ac)

obstipação [obstʃipaˈsãũ] F MED Darmträgheit f, Obstipation f

obstrução [obstruˈsãũ] F MED Verstopfung f; **fazer ~ a** zu hindern suchen; Schwierigkeiten machen **obstrucionismo** [obstrusjuˈnizmu] M POL Obstruktionspolitik f **obstrucionista** [obstrusjuˈnista] M/F Quertreiber(in) m(f) **obstruir** [obstruˈir] ⟨3i⟩ verstopfen; caminho versperren; planos verhindern

obtemperar [obtẽpiˈrar] ⟨1c⟩ erwidern; (submeter-se) sich fügen

obtenção [obtẽˈsãũ] F Erlangung f; **~ de benefícios** Vorteilsnahme f **obter** [obˈter] ⟨2xa⟩ erlangen; erreichen; bekommen; erzielen

obturação [obturaˈsãũ] F Verschluss m; Plombieren n; dente: (Zahn)Füllung f **obturador** [obturaˈdor] A ADJ Schließ... B M Verschluss m (especFOTO) **obturar** [obtuˈrar] ⟨1a⟩ verschließen; verstopfen; dente plombieren

obtusângulo [obtuˈzãgulu] stumpfwinklig **obtuso** [obˈtuzu] stumpf

obus [ɔˈbuʃ] M MIL Haubitze f

obviar [obˈvjar] ⟨1g⟩ A V/T abwenden B V/I **~ a** abhelfen (dat); vorbeugen (dat) **óbvio** [ˈɔbvju] einleuchtend

ocasião [okaˈzjãũ] F Gelegenheit f; Anlass m; **de ~** Gelegenheits...; gelegentlich, zufällig; **por ~ de** anlässlich (gen); **a ~ faz o ladrão** Gelegenheit macht Diebe **ocasional** [okazjuˈnaɫ] gelegentlich; Gelegenheits...; zufällig **ocasionar** [okazjuˈnar] ⟨1f⟩ auslösen; veranlassen; verschaffen

ocaso [o'kazu] M Untergang m (tb fig); Westen m; fig Niedergang m
occipício [ɔksi'pisju] M ANAT Hinterkopf m; **occipital** [ɔksipi'tał] M Hinterhauptbein n
oceanário [osjɐ'narju] M Ozeanarium n
oceanauta [osjɐ'nawtɐ] M/F Tiefseeforscher(in) m(f)
Oceânia [o'sjɐnjɐ] F GEOG **a** ~ Ozeanien (n)
oceânico [o'sjɐniku] ozeanisch **oceano** [o'sjɐnu] M Ozean m **oceanografia** [osjɐnugrɐ'fiɐ] F Meereskunde f **oceanográfico** [osjɐnu'grafiku] meereskundlich **oceanógrafo** [osjɐ'nɔgrɐfu] M, **-a** F Meeresforscher(in) m(f)
ocidental [ɔsidẽ'tał] westlich, West...; *cultura* abendländisch **ocidente** [ɔsi'dẽti] M Westen m; *cultural tb:* Abendland n
ócio [ˈɔsju] M Muße f; Müßiggang m; *pej* Faulheit f; **~s** pl Freizeit f
ociosidade [ɔsjuzi'dadi] F Müßiggang m **ocioso** [o'sjozu] **A** ADJ müßig; (*supérfluo*) überflüssig; (*improdutivo*) ungenutzt **B** M, **-a** [o'sjɔzɐ] F Müßiggänger(in) m(f)
oclusão [ɔklu'zɐ̃w̃] F Verschluss m **oclusiva** [ɔklu'zivɐ] F LING Verschlusslaut m, Plosiv m **oclusivo** [ɔklu'zivu] okklusiv; LING Verschluss..., plosiv
oco [ˈoku] hohl; *fig* leer; nichtig
ocorrência [oku'ʋẽsjɐ] F Vorfall m; (*acaso*) Zufall m; (*oportunidade*) Gelegenheit f; (*ideia*) Einfall m; **registo** m (ou **boletim** m) **de ~** (Polizei)Protokoll n **ocorrente** [oku'ʋẽti] etwaig; (*ocasional*) gelegentlich **ocorrer** [oku'ʋer] ⟨2d⟩ *acontecimento* sich ereignen; *caso* eintreten; **~ a alg** j-m einfallen, j-m in den Sinn kommen
ocre [ˈɔkri] M Ocker m
octanagem [ɔktɐ'naʒɐ̃ỹ] F Oktanzahl f **octano** [ɔk'tɐnu] M Oktan n
octingentésimo [ɔktĩʒẽ'tɛzimu] achthundertste **octogenário** [ɔktɔʒi'narju] achtzigjährig **octogésimo** [ɔktɔ'ʒɛzimu] achtzigste **octogonal** [ɔktɔgu'nał] achteckig **octógono** [ɔk'tɔgunu] M Achteck n
octópode [ɔk'tɔpudi] M ZOOL Krake m
óctuplo [ˈɔktuplu] achtfach
oculação [ɔkuɫɐ'sɐ̃w̃] F AGR Okulation f **ocular** [ɔku'łar] **A** ADJ Augen...; **B** M Okular n; **testemunha** f **~** Augenzeuge m, -zeugin f **oculista** [ɔku'łiʃtɐ] M/F Optiker(in) m(f)

óculo [ˈɔkułu] M Fernglas n; ARQUIT Rundfenster n; **~ de inspecção** (Tür)Spion m; **~ traseiro** port AUTO Heckscheibe f
óculos [ˈɔkułuʃ] MPL Brille f; **~ de leitura** Lesebrille f; **~ de mergulhador** Taucherbrille f; **~ escuros** Sonnenbrille f
ocultação [ɔkułtɐ'sɐ̃w̃] F Verheimlichung f; *impostos:* (Steuer)Hinterziehung f **ocultar** [ɔkuł'tar] ⟨1a⟩ verbergen; verheimlichen; *impostos* hinterziehen **ocultas** [o'kułtɐʃ] FPL **às ~** heimlich; im Verborgenen; hinter j-s Rücken **ocultismo** [ɔkuł'tiʒmu] M Okkultismus m **oculto** [o'kułtu] versteckt; verborgen
ocupação [ɔkupɐ'sɐ̃w̃] F Beschäftigung f; (*posse*) Inanspruchnahme f; MIL Besetzung f; Besatzung f; *habitação:* Bewohnen n; **-ações** pl Geschäfte npl, Verpflichtungen fpl **ocupacional** [ɔkupɐsju'nał] Beschäftigungs...; Arbeits... **ocupante** [oku'pɐ̃ti] **A** ADJ MIL Besatzungs... **B** M/F Insasse m, Insassin f; MIL Besatzer m; **~ selvagem** *port* Hausbesetzer m; **~s** mpl MIL Besatzung f **ocupar** [oku'par] ⟨1a⟩ beschäftigen; (*apoderar-se*) in Anspruch nehmen; besetzen (*tb* MIL); in Besitz nehmen; *espaço* einnehmen; ausfüllen; *cargo* bekleiden; *habitação* bewohnen; **~-se de** (*ou* **com**) *alg* sich kümmern um; *a/c* sich beschäftigen mit; **estar ocupado com** beschäftigt sein mit
ode [ˈɔdi] F Ode f
odiar [o'djar] ⟨1h⟩ hassen **odiento** [o'djẽtu] hasserfüllt, gehässig
ódio [ˈɔdju] M Hass m
odioso [o'djozu] hassenswert
odisseia [ɔdi'sajɐ] F Irrfahrt f; Odyssee f
odontalgia [ɔdõtał'ʒiɐ] F Zahnschmerz m **odontite** [ɔdõ'titi] F Zahnfleischentzündung f **odontologia** [ɔdõtułu'ʒiɐ] F Zahnheilkunde f
odor [o'dor] M Geruch m; (*perfume*) Duft m **odorante** [odu'rɐ̃ti], **odorífero** [odu'riferu], **odoroso** [odu'rozu] duftend
odre [ˈɔdri] M (Wein)Schlauch m; **ser um ~** *port pop* ein Schluckspecht sein
OE M ABR (Orçamento do Estado) Staatshaushalt m
oés-noroeste [ɔɛʒnɔ'rwɛʃti] M Westnordwest m **oés-sudoeste** [ɔɛʃsu'dwɛʃti] M Westsüdwest m

oeste [ɔˈɛʃti] M Westen m
ofegante [ofiˈgɐ̃ti] atemlos **ofegar** [ofiˈgar] ⟨1o; Stv 1c⟩ keuchen
ofender [ofẽˈder] ⟨2a⟩ beleidigen; verletzen; nome schädigen; **~-se com** übel nehmen **ofensa** [oˈfẽsɐ] F Beleidigung f; corporal: (Körper)Verletzung f; **sem ~ de** ohne Verstoß gegen; ohne Schaden für **ofensiva** [ofẽˈsivɐ] F Offensive f, Angriff m **ofensivo** [ofẽˈsivu] Angriffs-...; offensiv; beleidigend; MED schädlich **ofensor** [ofẽˈsor] M Beleidiger m; MIL Angreifer m
oferecer [ofiriˈser] ⟨2g⟩ anbieten; comida e bebida tb reichen; espec schenken; sacrifício darbringen; **~ à venda** zum Verkauf anbieten; **~-se** sich bieten (**para** für); einfallen **oferecimento** [ofirisiˈmẽtu] M Darbietung f **oferenda** [ofiˈrẽdɐ] F Spende f; (Opfer)Gabe f **oferendar** [ofirẽˈdar] ⟨1a⟩ spenden; sacrifício darbringen **oferta** [oˈfɛrtɐ] F Angebot n (tb COM); (prenda) Geschenk n; (esmola) Spende f; **~ (especial)** Sonderangebot n; **~ de emprego** Stellenangebot n; **e procura** Angebot n und Nachfrage f **ofertante** [ofirˈtɐ̃ti] MF Geber(in) m(f); COM Anbieter(in) m/f **ofertar** [ofirˈtar] ⟨1c⟩ COM anbieten
oficial [ofiˈsjał] A ADJ offiziell; amtlich B M Offizier m; **~ de diligências** Gerichtsvollzieher m; **~ de justiça** Gerichtsdiener m; **~ miliciano** Offiziersanwärter m **oficialato** [ofisjaˈłatu] M Offiziersstand m **oficialidade** [ofisjałiˈdadi] F Offizierskorps n **oficializar** [ofisjałiˈzar] ⟨1a⟩ amtlich bestätigen
oficina [ofiˈsinɐ] F Werkstatt f; **~ autorizada** Vertragswerkstatt f
ofício [oˈfisju] M Handwerk n; (profissão) Beruf m; (dever) Pflicht f; (cargo) Amt n; (serviço) Dienst m; espec amtliches Schreiben n; (documento) Erlass m; **~ (divino)** REL Gottesdienst m; **~s** pl Dienste mpl; **bons ~s** pl Hilfe f, Hilfeleistung f; **por ~** von Amts wegen; **fazer o seu ~** sein Amt ausüben; s-e Pflicht tun; **ser do ~** vom Fach sein; **ter por ~** den Zweck haben zu
oficioso [ofiˈsjozu] dienstfertig; espec halbamtlich, offiziös; **defensor m ~** Pflichtverteidiger m
ofídios [oˈfidjuʃ] MPL ZOOL Schlangen fpl

oftalmia [ɔftałˈmiɐ] F Augenentzündung f **oftalmologia** [ɔftałmułuˈʒiɐ] F Augenheilkunde f **oftalmologista** [ɔftałmułuˈʒiʃtɐ] MF Augenarzt m, -ärztin f
ofuscação [ofuʃkɐˈsɐ̃u] F Verdunkelung f; fig Verblendung f **ofuscar** [ofuʃˈkar] ⟨1n⟩ verdunkeln (tb fig); verbergen; fig blenden (**com** mit)
ogiva [ɔˈʒivɐ] F ARQUIT Spitzbogen m; MIL Sprengkopf m; **~ nuclear** Atomsprengkopf m; **~ de carga múltipla** Mehrfachsprengkopf m
oh [ɔ] INT **~!** oh!; ach!
oiça [ˈoisɐ], **oiço** [ˈoisu] → ouvir
oiro [ˈoiru] etc → ouro etc
oitava [oiˈtavɐ] F Achtel n; MÚS Oktave f **oitavado** [oitɐˈvadu] achteckig **oitavo** [oiˈtavu] A ADJ achte B M Achtel n; **em ~ TIPO** Oktavformat n C M **~s** PL port DESP Achtelfinale n
oiteiro [oiˈtɐiru] M → outeiro
oitenta [oiˈtẽtɐ] NUM achtzig **oitentão** [oitẽˈtɐ̃u] M fam Achtzigjährige(r) m
oito [ˈoitu] NUM A ADJ acht B M Acht f
oitocentos [oituˈsẽtuʃ] NUM achthundert
olá [ɔˈła] INT **~!** hallo!
olaria [ołɐˈriɐ] F Töpferei f
olé [ɔˈłɛ] INT **~!** recht so!; bravo!
oleáceo [ɔˈłjasju] Öl... **oleado** [ɔˈłjadu] M Wachstuch n **oleagíneo** [ɔˈłjaˈʒinju] Öl... **oleaginoso** [ɔłjaʒiˈnozu] planta ölhaltig **olear** [ɔˈłjar] ⟨1l⟩ ölen **oleicultura** [ɔłɐikułˈturɐ] F Olivenplantage f; (Oliven)Ölindustrie f
oleiro [oˈłɐiru] M Töpfer m
óleo [ˈɔłju] M Öl n; **~ de linhaça** Leinöl n; **~ vegetal** Pflanzenöl n; **~ (de sementes) de girassol** Sonnenblumenkernöl n; **~ mineral** Mineralöl n; **~ para aquecimento** Heizöl n; **~ pesado** Schweröl n; **~s** pl **usados** Altöl n; **~ diesel** bras Diesel m; **~s** pl **essenciais** ätherische Öle npl; **os Santos Óleos** pl die letzte Ölung f; **a ~** PINT in Öl
oleoduto [ɔłjoˈdutu] M Ölpipeline f
oleoso [ɔˈłjozu] ölig; fettig
olfa(c)to [ɔłˈfatu] M Geruch(ssinn) m
olhada [oˈʎadɐ], **olhadela** [oʎɐˈdɛłɐ] F (Seiten)Blick m; **dar uma ~ (a)** e-n raschen Blick werfen (auf ac) **olhado** [oˈʎadu] A ADJ **bem/mal ~** beliebt/verhasst B M **(mau) ~** böser Blick m

olhal [oˈʎaɫ] M Öse f; (Nadel)Öhr n
olhar [oˈʎar] A VT ⟨1d⟩ anschauen; betrachten; wachen über (ac); **~ de esguelha** verstohlen anblicken B VI ⟨1d⟩ schauen (**para** auf ac, nach); **~ por** sehen nach; **~ que** darauf achten, dass; **~ sobre** hinwegsehen über (ac); **olha!/olhe!** hör mal!/hören Sie mal!; pass auf/passen Sie auf!; **~ como boi para palácio** port fam dumm aus der Wäsche gucken C M Blick m **olheiras** [oˈʎɐirɐʃ] FPL Augenringe mpl **olhinho** [oˈʎiɲu] M ⟨pl ⟨ɔˈɲ-⟩⟩ fam **fazer ~s** j-m (schöne) Augen machen
olho [ˈoʎu] M ⟨pl [ˈɔ-]⟩ Auge n; agulha: (Nadel)Öhr n; queijo, pão: Loch n; pipa: Spundloch n; salada: Herz n; ARQUIT Rundfenster n; **~ do cu** vulg Arschloch n; **a ~ nach Augenmaß; a ~ nu** mit bloßem Auge; **a ~s vistos** zusehends; **com bons/maus ~s** gern/ungern; **com os ~s fechados** blindlings; **num abrir e fechar de ~s** fam im Nu; **pelos seus próprios ~s** mit eigenen Augen; **fazer uns grandes ~s** große Augen machen; **abrir os ~s ao dia** (ou **à luz**) das Licht der Welt erblicken; **dar com os ~s em** erblicken; **estar com o ~ aberto** (ou **alerta**) die Augen offen halten; **fazer ~s redondos** große Augen machen; **fechar os ~s** fig ein Auge zudrücken; **lançar** (ou **deitar**) **os ~s para** ein Auge werfen auf (ac); **passar os ~s por** überfliegen; **pôr diante dos ~s** vor Augen führen; **não pregar ~** kein Auge zutun; **saltar aos ~s** ins Auge springen; **ser todo ~s** aufmerksam hinschauen; **ter ~** Augenmaß haben; **ter** (ou **trazer**) **o(s) ~(s) em** im Auge behalten; **tirar diante dos ~s** aus den Augen schaffen; **ter peneira nos ~s** fam Tomaten auf den Augen haben
olho-d'água [oʎuˈdagwɐ] M ⟨pl olhos--d'água⟩ Quelle f **olho-de-boi** [oʎudiˈboi] M ⟨pl olhos-de-boi⟩ ARQUIT Rundfenster n; NÁUT Bullauge n **olho-de--falcão** [oʎudifaɫˈkɐ̃ŋ] M ⟨pl olhos-de-falcão⟩ fig Adlerauge n
olhômetro [oˈʎõmetru] M bras fam Augenmaß n
oligarquia [ɔligarˈkiɐ] F Oligarchie f
oligárquico [ɔtiˈgarkiku] oligarchisch
oligoelemento [ɔtigɔiˈmẽtu] M Spurenelement n
olimpíada [otĩˈpiadɐ] F Olympiade f

olímpico [oˈtĩpiku] olympisch; **Jogos** mpl **Olímpicos** Olympische Spiele npl
olisiponense [ɔtisipuˈnɛsi] lit A ADJ Lissabonner B M/F Lissabonner(in) m(f)
oliva [oˈtivɐ] ADJ oliv(farben), olivgrün
olival [otiˈvaɫ] M Olivenhain m **oliveira** [otiˈvɐirɐ] F Olivenbaum m **olivicultor** [otivikuɫˈtor] M Olivenpflanzer m **olivicultura** [otivikuɫˈturɐ] F Olivenanbau m
olmo [ˈoɫmu] M Ulme f
olvidar [oɫviˈdar] ⟨1a⟩ vergessen **olvido** [oɫˈvidu] M Vergessenheit f
ombrear [õbriˈar] ⟨1l⟩ **~ com** fig wetteifern mit **ombreira** [õˈbrɐirɐ] F vestuário: Schulterpartie f; bras Schulterpolster n; ARQUIT Türpfosten m; fig Schwelle f
ombro [ˈõbru] M Schulter f; **~ com ~** Schulter an Schulter; **por cima do ~** fig von oben herab; **encolher os ~s** die Achseln zucken; **pôr** (ou **deitar**) **~s a** port in Angriff nehmen; **não ter ~s para** nicht den Mut haben zu
omeleta [ɔmiˈletɐ] F, **omelete** [ɔmiˈlɛti] F Omelett n
ominoso [ɔmiˈnozu] unheil-, verhängnisvoll; ominös
omissão [omiˈsɐ̃w] F Unterlassung f; Auslassung f; (falha) Lücke f **omisso** [oˈmisu] A ADJ lückenhaft; (negligente) nachlässig B PP irr → omitir **omitir** [omiˈtir] ⟨3a⟩ acção unterlassen; parte aus-, weglassen
omnipotência [ɔmnipuˈtẽsjɐ] F Allmacht f **omnipotente** [ɔmnipuˈtẽti] allmächtig **omnipresente** [ɔmnipriˈzẽti] allgegenwärtig **omnisciente** [ɔmnisˈsjẽti] allwissend
omnívoro [ɔmˈnivuru] M Allesfresser m
omoplata [ɔmɔˈplatɐ] F Schulterblatt n
o.m.q. (**o mesmo que**) ABR dasselbe wie
onanismo [ɔnaˈniʒmu] M Onanie f
onça [ˈõsɐ] F ❶ Unze f ❷ bras Jaguar m; **amigo m da ~** falscher Freund m; **ficar uma ~** (od **virar**) **uma ~** fig wütend werden
oncologia [õkuluˈʒiɐ] F Onkologie f **oncológico** [õkuˈlɔʒiku] ADJ onkologisch; krebs..., Krebs... **oncologista** [õkuluˈʒiʃtɐ] M/F Onkologe m, -login f
onda [ˈõdɐ] F Welle f (tb FIS); fig Strom m; **~ sonora** Schallwelle f; **~ ultracurta** Ultrakurzwelle f; **na mesma ~** fam auf derselben

selben Wellenlänge; **fazer ~s** *fig a/c* Wellen schlagen; *alg* Unruhe stiften
onde ['õdi] wo; wohin; **de ~** woher; **de ~ em ~** hier und da; **para ~** wohin; **por ~** wodurch; **~ quer que** *conj* wo auch immer
ondeado [õ'djadu] *cabelo* wellig **ondear** [õ'djar] ⟨1l⟩ **A** V/T wellen **B** V/I *onda* wogen; *ao vento*: flattern; *estrada* sich schlängeln
ondulação [õdulɐ'sɐ̃ũ] F *movimento*: Wellenbewegung *f*; *maré*: Wellengang *m*; *ao vento*: Flattern *n*; *estrada*: Windung *f* **ondulado** [õdu'ɫadu] *cabelo* wellig; *terreno* hügelig **ondulante** [õdu'ɫɐ̃ti] auf- und absteigend **ondular** [õdu'ɫar] **A** V/I ⟨1a⟩ → ondear **B** V/T ⟨1a⟩ ondulieren **C** ADJ Wellen... **ondulatório** [õdulɐ'tɔrju] Wellen...
onerar [oni'rar] ⟨1c⟩ belasten; FIN besteuern **oneroso** [oni'rozu] lastend, drückend; (*caro*) kostspielig; FIN abgabepflichtig
ONG [ɔ̃ni'ʒe], *bras* ['õgi] F ABR (organização não-governamental) NGO *f*, NRO *f*, Nichtregierungsorganisation *f*, nichtstaatliche Organisation *f*
oni... *bras* [oni-] → omnipotência *etc*
ônibus ['onibuʃ] M *bras* Omnibus *m*
onírico [ɔ'niriku] Schlaf...; *fig* Traum..., traumhaft
onomástica [ɔnu'maʃtika] F Namenskunde *f* **onomatopaico** [ɔnɔmɐtu'pajku] lautmalerisch **onomatopeia** [ɔnɔmɐtu'pajɐ] F Lautmalerei *f*
ontem ['õtɐ̃j] gestern; **antes de ~** vorgestern; **de ~** gestrig
ONU [ɔ'nu] F ABR (Organização das Nações Unidas) UNO *f*, Vereinte Nationen *fpl*
ónus (*ô) ['ɔnuʃ] M Last *f*; (*imposto*) Abgabe *f*
onze ['õzi] **A** NUM elf **B** M Elf *f*
óó ['ɔ'ɔ] M **fazer ~** *ling inf* heia machen
opa ['ɔpa] F Überwurf *m*, Poncho *m*
OPA ['ɔpa] F ABR (oferta pública de aquisição) öffentliches Übernahmeangebot *n*
opacidade [opasi'dadi] F Undurchsichtigkeit *f*; Dunkel *n* **opaco** [o'paku] undurchsichtig; trübe; matt
opalescente [ɔpɐlɨʃ'sẽti], **opalino** [ɔpɐ'ɫinu] schillernd
ópalo ['ɔpɐɫu] M Opal *m*

opção [ɔ'psɐ̃ũ] F Wahl *f*; Entscheidung *f*; POL Option *f* **opcional** [ɔpsju'naɫ] optional; Wahl...; wahlweise; **cadeira** *f* **~** UNIV Wahlpflichtfach *n*
ópera ['ɔpirɐ] F Oper *f*
operação [opirɐ'sɐ̃ũ] F Operation *f*; (*funcionamento*) (Organ)Tätigkeit *f*; MED Eingriff *m*; COM Geschäft *n*; TECN Arbeitsgang *m*; **~ plástica** MED kosmetische Operation *f*; **entrada** *f* **em ~** Inbetriebnahme *f*; **~ stop** Verkehrskontrolle *f*; **~ tartaruga** *bras* Bummelstreik *m* **operacional** [opirɐsju'naɫ] operativ; einsatzbereit, funktionsfähig **operacionalidade** [opirɐsjunɐɫi'dadi] F Einsatzbereitschaft *f*; Funktionsfähigkeit *f* **operador(a)** [opirɐ'dor(ɐ)] M(F) Techniker(in) *m(f)*; Betreiber(in) *m(f)*; MED Operateur(in) *m(f)*; *só m* MAT Operator *m*; CINE Kameramann *m*, -frau *f*; **~ turístico** Reiseveranstalter *m*; **~es** *pl tb* Bedienungspersonal *n* **operando** [opi'rɐ̃du] M Operationspatient *m*; INFORM Operand *m*
operante [opi'rɐ̃ti] wirkend **operar** [opi'rar] ⟨1e⟩ **A** V/I bewirken; durchführen; operieren (**a an** *dat*) **B** V/I wirken; handeln; **~-se** sich vollziehen **operária** [opi'rarjɐ] F Arbeiterin *f*; ZOOL Arbeitsbiene *f* **operariado** [opirɐ'rjadu] M Arbeiterschaft *f* **operário** [opi'rarju] **A** ADJ Arbeiter... **B** M, **-a** F Arbeiter(in) *m(f)*; Handwerker(in) *m(f)*; **~ especializado** Facharbeiter *m*; **~ não especializado** ungelernter Arbeiter *m* **operatividade** [opirɐtivi'dadi] F Einsatzfähigkeit *f* **operativo** [opirɐ'tivu] wirksam; tätig; → operacional **operatório** [opirɐ'tɔrju] Operations...; operativ; **bloco** *m* **~** MED OP *m*, Operationssaal *m*
opereta [ɔpi'retɐ] F Operette *f*
operoso [opi'rozu] schwierig; aufwändig
opilação [ɔpiɫɐ'sɐ̃ũ] F MED Verstopfung *f*
opilar [ɔpi'ɫar] ⟨1a⟩ verstopfen
opinante [opi'nɐ̃ti] urteilsfähig; sich äußernd **opinar** [opi'nar] ⟨1a⟩ meinen; vorschlagen; **~ sobre** sich äußern zu; beurteilen **opinativo** [opinɐ'tivu] persönlich; Ansichts...; diskutabel **opinião** [opi'njɐ̃ũ] F Meinung *f*; **a ~ pública** die öffentliche Meinung; **sondagem** *f* **de ~** Meinungsumfrage *f*; **na minha ~** meines Erachtens; **mudar de ~** s-e Meinung ändern; **ser de** (*ou* **da**) **~ que** der Meinung

sein, dass **opinioso** [opi'njozu] rechthaberisch

ópio ['ɔpju] M Opium n

opíparo [o'piparu] üppig, prächtig

oponente [o'pwēti], **oponente** [opu'nēti] A ADJ gegnerisch B M/F Gegner(in) m(f) **opor** [o'por] ⟨2z⟩ entgegensetzen, -stellen (**a** dat); argumento einwenden; resistência leisten; **~-se** sich widersetzen (dat); sich bewerben um

oportunamente [opurtuna'mēti] ADV bei (passender) Gelegenheit; rechtzeitig **oportunidade** [opurtuni'dadʒi] F Gelegenheit f; (sorte) Glück n, Glücksfall m; **perder a ~ de** die Gelegenheit verpassen zu; **de ~** Zufalls... **oportunismo** [opurtu'niʒmu] M Opportunismus m **oportunista** [opurtu'niʃta] A ADJ opportunistisch B M/F Opportunist(in) m(f) **oportuno** [opur'tunu] gelegen; günstig; (apropriado) angebracht; (certo) richtig

oposição [opuzi'sãʊ] F Widerspruch m, -stand m; Gegensatz m; DIR Einspruch m; POL Opposition f; **fazer ~** Widerstand leisten; POL opponieren **oposicionismo** [opuzisju'niʒmu] M oppositionelle Haltung f **oposicionista** [opuzisju'niʃta] A ADJ Oppositions... B M/F Oppositionelle(r) m(f)/m **opositivo** [opuzi'tivu] gegensätzlich; BOT gegenständig **opositor** [opuzi'tor] M Gegner m

oposto [o'poʃtu] ⟨fsg, m/fpl [-'pɔ-]⟩ A PP irr → **opor** B ADJ entgegengesetzt; local: gegenüberliegend C M Gegenteil n

opressão [opri'sãʊ] F Unterdrückung f, Druck m **opressivo** [opri'sivu] be-, unterdrückend **opresso** [o'prɛsu] PP irr → **oprimir opressor** [opri'sor] M Unterdrücker m

oprimido [opri'midu] ADJ unterdrückt; fig bedrückt **oprimir** [opri'mir] ⟨3a⟩ bedrücken; POL unterdrücken; (angustiar) beklemmen

opróbrio [o'prɔbriu] M Schande f **oprobrioso** [oprubri'ozu] schmachvoll; schimpflich

optar [ɔp'tar] ⟨1a⟩ optieren; sich entscheiden (**por** für); wählen **optativo** [ɔpta'tivu] Wunsch...; optativ

ó(p)tica ['ɔtika] F Optik f **ó(p)tico** ['ɔtiku] A ADJ optisch; Seh... B M, **-a** F Optiker(in) m(f)

o(p)timismo [ɔti'miʒmu] M Optimismus f **o(p)timista** [ɔti'miʃta] A ADJ zuversichtlich B M/F Optimist(in) m(f) **o(p)timização** [ɔtimiza'sãʊ] F Optimierung f **o(p)timizar** [ɔtimi'zar] ⟨1a⟩ optimieren

ó(p)timo ['ɔtimu] hervorragend

opulência [opu'lẽsja] F Reichtum m; (fartura) Üppigkeit f **opulento** [opu'lẽtu] opulent

opúsculo [o'puʃkulu] M kleines Werk n, Abhandlung f

ora ['ɔra] A ADV nun, jetzt; **de ~ avante** von nun an; zukünftig; **por ~** vorläufig; **~ ... ~** bald ... bald; **~ bem** nun (gut); fam na schön B INT nun!; also!; na!; **~ bolas!** pop verdammt!; **~ essa!** (na) so was!; keine Ursache!; **~ vamos!** na, wird's bald!, los!; **~ viva!** hallo!, grüß dich! **oração** [ora'sãʊ] F ❶ REL Gebet n; Rede f; **fazer uma ~** ein Gebet sprechen ❷ GRAM Satz m; **~ principal/subordinada** Haupt-/Nebensatz m

oráculo [o'rakulu] M REL Orakel n **orador(a)** [ora'dor(a)] M/F Redner(in) m(f) **oral** [o'ral] LIT, exame mündlich; PSICOL oral; higiene Mund...

orangotango [orãgu'tãgu] M Orang-Utan m

orar [o'rar] ⟨1e⟩ REL beten (**a** zu; **por** für); bitten um (**a** j-n)

oratória [ora'tɔrja] F Redekunst f **oratório** [ora'tɔrju] A ADJ rednerisch; Rede... B M REL Hausaltar m; MÚS Oratorium n

orbe ['ɔrbi] M Kugel f; Kreis m; **~ terrestre** Erdkreis m

órbita ['ɔrbita] F ASTRON Umlaufbahn f; ANAT Augenhöhle f; fig Einflusssphäre f; **~ terrestre** Erdumlaufbahn f **orbital** [ɔrbi'tał] Umlauf...; **estação ~** Raumstation f

orca ['ɔrka] F ZOOL Schwertwal m

orçamental [ɔrsamē'tał], **orçamentário** [ɔrsamē'tarju] Haushalts... **orçamentar** [ɔrsamē'tar] ⟨1a⟩ veranschlagen (**em** auf ac); sich belaufen (**por** auf ac) **orçamento** [ɔrsa'mētu] M Kostenvoranschlag m; **~ do Estado** Staatshaushalt m; **~ suplementar** Nachtragshaushalt m **orçar** [ɔr'sar] ⟨1p⟩ → orçamentar

ordeiro [or'dejru] ordnungsliebend

ordem ['ɔrdẽj] F Ordnung f; (sequência) Reihenfolge f; (hierarquia) Rangordnung *f;* Rang *m;* (*posição*) Stand *m;* REL Orden *m;* MIL Befehl *m;* (*regra*) Vorschrift *f;* Gebot *n;* COM Auftrag *m;* Order *f;* **ordens** *pl* REL die Weihen *fpl;* **~ de entrega** Lieferschein *m;* **~ de pagamento** Zahlungsanweisung *f;* **~ dos advogados** (Anwalts-)Kammer *f;* **~ do dia** Tagesordnung *f;* **~ dos médicos** Ärztebund *m;* **palavra** *f* **de ~** Parole *f;* **~ de transferência permanente** Dauerauftrag *m;* **assegurar** (*ou* **garantir**) **a ~** für Ordnung sorgen; **chamar à ~** zur Ordnung rufen; **dar uma ~** e-n Befehl erteilen; COM e-n Auftrag erteilen; **dar ~ de prisão a alg** Haftbefehl erlassen gegen j-n; **pôr em ~** in Ordnung bringen; **tomar ordens** REL zum Priester geweiht werden; **à ~** COM auf Abruf; **à ~** (*ou* **às ordens**) **de alg** zu j-s Verfügung; **em ~ a** im Hinblick auf (*ac*); **de primeira ~** ersten Ranges; **em boa ~** friedlich; **em devida ~** ordnungsgemäß; **fora de ~** durcheinander; **por ~** der Reihe nach; **por ~ de alg** in j-s Auftrag; **sempre às suas -ns!** stets zu Ihren Diensten!

ordenação [ordinɐˈsɐ̃u] F̲ Anordnung *f;* POL Verfügung *f;* Gebot *n;* REL Priesterweihe *f* **ordenada** [ordiˈnadɐ] F̲ MAT Ordinate *f* **ordenadamente** [ordinadɐˈmẽti] A̲D̲V̲ ordnungsgemäß **ordenado** [ordiˈnadu] A̲ A̲D̲J̲ geordnet; (*metódico*) methodisch B̲ M̲ Gehalt *n;* **~ base** Basislohn *m;* **~ mínimo** Mindestlohn *m* **ordenamento** [ordinɐˈmẽtu] M̲ Ordnung *f* **ordenança** [ordiˈnɐ̃sɐ] F̲ Ordonnanz *f* **ordenar** [ordiˈnar] ⟨1d⟩ (an)ordnen; (*arrumar*) einrichten; MIL befehlen; MED verordnen; REL weihen

ordenhadora [ordiɲɐˈdorɐ] F̲ Melkmaschine *f;* *mulher:* Melkerin *f* **ordenhar** [ordiˈɲar] ⟨1d⟩ melken

ordinal [ordiˈnaɫ] A̲ A̲D̲J̲ Ordnungs... B̲ M̲ **-ais** P̲L̲ MAT Ordnungszahlen *fpl* **ordinante** [ordiˈnɐ̃ti] A̲D̲J̲ bispo *m* **~** Weihbischof *m* **ordinarice** [ordinɐˈrisɨ] F̲ ordinäres Benehmen *n* **ordinário** [ordiˈnarju] A̲ A̲D̲J̲ gewöhnlich; *fig* ordinär B̲ M̲ **o ~** das Übliche

orégão [ɔˈrɛgɐ̃u] M̲ ⟨*pl* **~s**⟩ Oregano *m* **orelha** [oˈrɐ(i)ʎɐ] F̲ Ohr *n;* TECN Lasche *f;* BOT Lappen *m;* **de ~** vom Hörensagen; **de trás da ~** *fam* toll, klasse, spitze, spitzenmäßig; *comida* lecker; **de ~ fita** mit gespitzten Ohren; **dar um puxão de ~ a** (*bras*) **elg** *fig* j-m die Ohren lang ziehen; **prestar ~s** ganz Ohr sein; **torcer as ~s** *pop fig* sich (*dat*) in den Hintern beißen **orelhão** [oreˈʎɐ̃u] M̲ *bras* offene Telefonkabine *f* **orelheira** [oriˈʎɐirɐ] F̲ 1 Schweinsohr *n* 2 Ohrenklappe *f* (*an Mützen*) **orelhudo** [oriˈʎudu] A̲ A̲D̲J̲ langohrig; *fig* dickköpfig B̲ M̲ ZOOL Langohrfledermaus *f; fam* Esel *m*

orfanato [ɔrfɐˈnatu] M̲ Waisenhaus *n* **orfandade** [ɔrfɐ̃ˈdadɨ] F̲ Waisenstand *m* **órfão** [ˈɔrfɐ̃u] ⟨*npl* **~s**⟩ A̲ A̲D̲J̲ verwaist; **~ de mãe/pai** Halbwaise *f;* **ficar ~** verwaisen B̲ M̲, **órfã** [ˈɔrfɐ̃] F̲ Waise *f*, Waisenkind *n*

orgânica [ɔrˈgɐnikɐ] F̲ Aufbau *m*, Struktur *f* **orgânico** [ɔrˈgɐniku] A̲D̲J̲ organisch; **alimentos** *mpl* **~s** Bio-Lebensmittel *npl*

organigrama [ɔrgɐniˈgrɐmɐ] M̲ Organigramm *n* **organismo** [ɔrgɐˈnizmu] M̲ BIOL Organismus *m;* (*associação*) Körperschaft *f; público:* Behörde *f* **organista** [ɔrgɐˈnistɐ] M̲/F̲ Organist(in) *m(f)* **organização** [ɔrgɐnizɐˈsɐ̃u] F̲ Organisation *f;* Aufbau *m;* (*associação*) Einrichtung *f;* **Organização das Nações Unidas** Organisation *f* der Vereinten Nationen; **~ de ajuda** Hilfsorganisation *f;* **~ sócio-profissional** Berufsverband *m* **organizacional** [ɔrgɐnizɐsjuˈnaɫ] organisatorisch **organizador** [ɔrgɐnizɐˈdor] A̲ A̲D̲J̲ gestaltend; organisatorisch B̲ M̲, **-a** [ɔrgɐnizɐˈdorɐ] F̲ Organisator(in) *m(f);* Veranstalter(in) *m(f)* **organizar** [ɔrgɐniˈzar] ⟨1a⟩ organisieren; (*estruturar*) gliedern; *festa etc* veranstalten; **~-se** zurechtkommen **organizativo** [ɔrgɐnizɐˈtivu] → organizacional

órgão [ˈɔrgɐ̃u] M̲ ⟨*pl* **~s**⟩ Organ *n; fig* Werkzeug *n;* MÚS Orgel *f;* **~s de comunicação social** Massenmedien *npl*

orgasmo [ɔrˈgazmu] M̲ Orgasmus *m* **orgia** [ɔrˈʒiɐ] F̲ Gelage *n*, Orgie *f* **orgiástico** [ɔrˈʒjastiku] orgiastisch

orgulhar [orguˈʎar] ⟨1a⟩ stolz machen; **~-se de** (*ou* **por**) stolz sein auf (*ac*) **orgulho** [orˈguʎu] M̲ Stolz *m;* (*arrogância*) Hochmut *m;* **ter ~ em** (*bras* **de**) stolz sein auf (*ac*) **orgulhoso** [orguˈʎozu] stolz

orientação [orjẽtɐˈsɐ̃u] F̲ Orientierung *f; fig* Richtung *f;* (*conselho*) Anleitung *f;*

sentido *m* **de ~** Orientierungssinn *m*; **~ profissional** Berufsberatung *f*; **debaixo de** (*ou* **sob a**) **~ de** unter der Leitung (*gen*) **orientador** [orjẽta'dor] **A** *ADJ* wegweisend; leitend **B** *M*, **-a** [orjẽta'dorɐ] *F* Berater(in) *m(f)*; Leiter(in) *m(f)* **C** *M* Wegweiser *m* **oriental** [orjẽ'tał] östlich; orientalisch **orientalista** [orjẽta'lista] *MF* Orientalist(in) *m(f)* **orientar** [orjẽ'tar] ⟨1a⟩ orientieren; ausrichten (**para** nach); *fig* (an)leiten (*aconselhar*) beraten; **~-se** sich zurechtfinden (**em** in *dat*); sich richten (**por** nach)
oriente [o'rjẽti] *M* Osten *m*; **Oriente** Morgenland *n*; Orient *m*; **Próximo/Médio/Extremo Oriente** Naher/Mittlerer/ Ferner Osten *m*
orifício [ori'fisju] *M* Öffnung *f*
origem [o'riʒẽj] *F* Ursprung *m*; (*genealogia*) Abstammung *f*; (*causa*) Herkunft *f*, Ursache *f*; **país m de ~** Herkunftsland *n*; **na (sua) ~** ursprünglich; **dar ~ a** → originar
original [oriʒi'nał] **A** *ADJ* ursprünglich; Ur...; Original...; (*singular*) originell; **pecado m ~** Erbsünde *f* **B** *M* Original *n*; Urfassung *f*; *fig* Sonderling *m* **originalidade** [oriʒinali'dadi] *F* Ursprünglichkeit *f*; Originalität *f* **originar** [oriʒi'nar] ⟨1a⟩ hervorrufen; verursachen; **~-se** entstehen; (*advir*) herrühren (**de** von) **originário** [oriʒi'narju] ursprünglich; gebürtig; *t/t* originär; **ser ~ de** abstammen von
oriundo [o'rjũdu] *ADJ* **~ de** aus ... kommend
orixá [ori'ʃa] *M afrobras* Gottheit
orla ['ɔrɫɐ] *F* Saum *m*; Umrandung *f* **orlar** [ɔr'lar] ⟨1a⟩ einfassen
ornamentação [ornɐmẽta'sɐ̃ũ] *F* Ausschmückung *f*; **-ções** *pl* Schmuck *m* **ornamental** [ornɐmẽ'tał] schmückend; Zier... **ornamentar** [ornɐmẽ'tar] ⟨1a⟩ (aus)schmücken; verzieren **ornamento** [ornɐ'mẽtu] *M* Verzierung *f*; Ornament *n*; *fig* Zierde *f*
ornar [or'nar] ⟨1e⟩ (aus)schmücken **ornato** [or'natu] *M* Schmuck *m*
ornear [ɔr'njar] ⟨1l⟩, **ornejar** [ɔrni'ʒar] ⟨1d⟩ *burro* schreien, iahen
ornitologia [ɔrnitulu'ʒiɐ] *F* Vogelkunde *f*, Ornithologie *f* **ornitorrinco** [ɔrnitu-'riku] *M* ZOOL Schnabeltier *n*

orquestra [ɔr'kɛʃtrɐ] *F* Orchester *n*; **~ câmara** Kammerorchester *n* **orquestração** [ɔrkiʃtra'sɐ̃ũ] *F* Orchestrierung *f* **orquestral** [ɔrkiʃ'trał] Orchester... **orquestrar** [ɔrkiʃ'trar] ⟨1c⟩ orchestrieren
orquídea [ɔr'kidjɐ] *F* Orchidee *f*
ortodontia [ɔrtɔdõ'tiɐ] *F* Kieferorthopädie *f* **ortodontista** [ɔrtɔdõ'tiʃtɐ] *MF* Kieferorthopäde *m*, -pädin *f* **ortodoxia** [ɔrtɔdɔ'ksiɐ] *F* Orthodoxie *f* **ortodoxo** [ɔrtɔ'dɔksu] orthodox **ortografia** [ɔrtugra'fiɐ] *F* Rechtschreibung *f* **ortográfico** [ɔrtu'grafiku] orthographisch; **reforma f -a** Rechtschreibreform *f* **ortopedia** [ɔrtɔpi'diɐ] *F* Orthopädie *f* **ortopedista** [ɔrtɔpi'diʃtɐ] *MF* Orthopäde *m*, Orthopädin *f*
orvalhar [orva'ʎar] ⟨1b⟩ tauen **orvalho** [or'vaʎu] *M* (Morgen)Tau *m*
os [uʃ] ART & PRON MPL → **o**
oscilação [oʃsila'sɐ̃ũ] *F* Schwingung *f*; METEO, FIN Schwankung *f* **oscilante** [oʃsi'łãti] Schwing(ungs)...; METEO, FIN schwankend **oscilar** [oʃsi'lar] ⟨1a⟩ schwingen; METEO, FIN schwanken **oscilatório** [oʃsila'tɔrju] schwingend; Pendel...; **~ oscilante oscilográfico** [oʃsi-tɔ'lɔpju] *M* FIS Oszillograf *m*
oscular [ɔʃku'lar] ⟨1a⟩ *poét* küssen **ósculo** ['ɔʃkulu] *M poét* Kuss *m*; leichte Berührung *f*
osga ['ɔʒgɐ] *F* ZOOL Mauergecko *m*
ossada [ɔ'sadɐ] *F* Gebeine *npl*; Skelett *n* **ossamenta** [ɔsɐ'mẽtɐ] *F* Gerippe *n* **ossário** [ɔ'sarju] *M* REL Beinhaus *n* **ossatura** [ɔsɐ'turɐ] *F* Gerippe *n*
ósseo ['ɔsju] knochig; Knochen...
ossificação [ɔsifika'sɐ̃ũ] *F* Knochenbildung *f* **ossificar-se** [ɔsifi'karsi] ⟨1n⟩ verknöchern
osso ['osu] *M* ⟨*pl* ['ɔ-]⟩ Knochen *m*; **~s** *pl* Gebeine *npl*; **em ~** fam splitternackt; **pele e ~** *fam* Haut und Knochen; **~ duro de roer** *fam* harte Nuss *f*
ossudo [ɔ'sudu] knochig
ostensível [ɔʃtẽ'sivɛł], **ostensivo** [ɔʃtẽ'sivu] offensichtlich; deutlich; auffallend **ostentação** [ɔʃtẽta'sɐ̃ũ] *F* Zurschaustellung *f*; Aufwand *m*; Prahlerei *f* **ostentar** [ɔʃtẽ'tar] ⟨1a⟩ zur Schau stellen; prahlen mit **ostentativo** [ɔʃtẽta'tivu] ostentativ **ostentoso** [ɔʃtẽ'tozu] aufwändig; protzig

ostra ['ɔʃtrɐ] F ZOOL Auster f **ostraceiro** [oʃtrɐ'sɐiru] M ZOOL Austernfischer m **ostreicultura** [oʃtrɐikuɫ'turɐ] F Austernzucht f **ostreira** [oʃ'trɐirɐ] F Austernbank f **ostreiro** [oʃ'trɐiru] M Austernhändler m

OTAN [ɔ'tɐ̃] F ABR (Organização do Tratado do Atlântico Norte) NATO f (North Atlantic Treaty Organization)

otária [ɔ'tarjɐ] F ZOOL Ohrenrobbe f

oti..., óti... bras → óptica etc

ótico ['ɔtiku] Ohren... **otite** [ɔ'titi] F Ohrenentzündung f, Otitis f; **~ média** Mittelohrentzündung f

otomano [ɔtɔ'mɐnu] hist osmanisch

otorrino [ɔtɔ'ʀinu] M/F fam HNO-Arzt m, -Ärztin f **otorrinolaringologista** [ɔtɔʀinulɐrigulɔ'ʒiʃtɐ] M/F Hals-Nasen-Ohrenarzt m, -ärztin f

ou [o] CJ oder; **~ ... ~** entweder ... oder

ouça ['osɐ], **ouço** ['osu] → **ouvir**

ourama [o'rɐmɐ] F Goldmünze f, -stück f; Geld n **ourejar** [ori'ʒar] ⟨1d⟩ golden glänzen **ourela** [o'rɛɫɐ] F

ouriçado [ori'sadu] stachelig, borstig **ouriçar** [ori'sar] ⟨1p⟩ sich sträuben **ouriço** [o'risu] M ZOOL Igel m; MIL Panzersperre f **ouriço-do-mar** [orisudu'mar] M ⟨pl ouriços-do-mar⟩ Seeigel m

ourives [o'riviʃ] M/F ⟨pl inv⟩ Goldschmied(in) m(f) **ourivesaria** [orivizɐ'riɐ] F Juweliergeschäft n

ouro ['oru] M Gold n; **~s** pl naipe: ≈ Karo n; **de ~** golden; **cor de ~** goldfarben, golden; **~ de lei** Karatgold n; **~ em pó** Goldstaub n; **~ fino** Blattgold n **ouropel** [oru'pɛɫ] M Flitter m

ousadia [ozɐ'diɐ] F Wagemut m; Wagnis n **ousado** [o'zadu] alg kühn; a/c gewagt **ousar** [o'zar] ⟨1a⟩ wagen

outeiro [o'tɐiru] M Anhöhe f

outo ['otu] M Spreu f

outonada [otu'nadɐ] F Herbstzeit f **outonal** [otu'naɫ] herbstlich, Herbst... **Outono** [o'tonu] M Herbst m

outorga [o'tɔrgɐ] F Bewilligung f; schriftliche Erklärung f **outorgante** [otur'gɐ̃ti] A ADJ bewilligend; zustimmend B M/F de um documento: Endunterzeichnete(r) m/f; tb cheque: Aussteller(in) m(f) **outorgar** [otur'gar] ⟨1o, Stv 1e⟩ A M gewähren; por escrito: erklären B VI einwilligen

outrem [o'trɐ̃j] PRON andere(n) pl; jemand anderes; **de ~** anderer Leute; **por conta de ~** nichtselbstständig; auf fremde Rechnung

outro ['otru] PRON ein anderer; (mais um) noch ein; **o ~** der andere; **um e ~** e-r wie der andere; beide; **uma ou -a vez** das eine oder andere Mal; **um ao ~, uns aos ~s** (zu)einander, gegenseitig; **~ dia** ein andermal; neulich; **tal das Gleiche; ~ tanto** noch einmal (so viel); **de -a maneira** (ou **forma**) anders; (senão) sonst; **noutra parte** anderswo; (**ou**) **por -a** das heißt; **por ~ lado** auf der anderen Seite

outrora [o'trɔrɐ] ADV einst, früher

Outubro [o'tubru] M Oktober m; **em ~** im Oktober

ouvido [o'vidu] A M Gehör n; ANAT Ohr n; **~ médio** Mittelohr n; **dor f de ~** Ohrenschmerzen mpl; **de ~** vom Hörensagen; nach dem Gehör; **aplicar o ~ a** fig aufmerksam hören auf (ac); **apurar o ~** die Ohren spitzen; **chegar aos ~s** zu Ohren kommen; **dar** (ou **prestar**) **~(s) a** Gehör schenken (dat); **ser todo ~s** fam ganz Ohr sein B PP → **ouvir**; **ser ~** fig Gehör finden

ouvidor [ovi'dor] M DIR Beisitzer m; Auditor m **ouvinte** [o'vĩti] M/F Zuhörer(in) m(f); UNIV Gasthörer(in) m(f) **ouvir** [o'vir] ⟨3u⟩ (an)hören; (escutar) zuhören (dat); (assentir) erhören; (acreditar) hören auf (ac); **após ~** nach Anhörung; **~ dizer** (ou **falar**) sagen hören; **por ~ dizer** vom Hörensagen; **ouve lá!** fam hör mal!

ova ['ɔvɐ] F (Fisch)Laich m; salmão: Rogen m

ovação [ovɐ'sɐ̃u] F Beifallssturm m **ovacionar** [ovɐsjuˈnar] ⟨1f⟩ j-m zujubeln

oval [ɔ'vaɫ] eiförmig, oval **ovar** [ɔ'var] ⟨1a⟩ Eier legen; peixe laichen **ovário** [ɔ'varju] M ANAT Eierstock m; BOT Fruchtknoten m **oveiro** [ɔ'vɐiru] M Eierbecher m

ovelha [o'vɐ(i)ʎɐ] F Schaf n; **~ negra** fig schwarzes Schaf n

oviduto [ɔvi'dutu] M ANAT Eileiter m

ovino [o'vinu] Schafs...

ovíparo [ɔ'viparu] eier legend

OVNI ['ɔvni] M ABR (objecto voador não identificado) UFO n (Unbekanntes Flugobjekt)

ovo ['ovu] M ⟨pl [ˈɔ-]⟩ ZOOL, GASTR Ei

n; ~ **cozido** (hart) gekochtes Ei n; ~ **escalfado** (*bras* **poché**) pochiertes Ei n; ~ **quente** weiches Ei n; ~**s pó em** pó Eipulver n; **pôr** ~**s** Eier legen ❷ GASTR ~**s de estrelados** Spiegeleier n(pl); ~**s pl mexidos** Rührei(er) n(pl); *port* ~**s pl moles** Süßspeise aus Eigelb und Zucker f ❸ *fig* **fazer** ~ geheim halten; **pisar** ~**s** bummeln, Zeit schinden

ovovivíparo [ɔvɔvi'vipəru] ADJ eierlegend

ovulação [ɔvulɐ'sɐ̃ũ] F̲ MED Eisprung m

óvulo ['ɔvulu] M̲ Ei n Eizelle f

oxalá [oʒɐ'ɫa] ❶ INT ~ (**que**)! CJ hoffentlich! ❷ M̲ *afrobras* REL Gott m der Reinheit

oxidação [ɔksidɐ'sɐ̃ũ] F̲ Oxidation f **oxidar** [ɔksi'dar] ⟨1a⟩ oxidieren **óxido** ['ɔksidu] M̲ Oxid n; ~ **de nitrogénio** (***ê**) Stickoxid n

oxigenar [ɔksiʒe'nar] ⟨1d⟩ mit Sauerstoff sättigen; *cabelo* blondieren **oxigénio** (***ê**) [ɔksi'ʒɛnju] M̲ Sauerstoff m

oximoro [ɔksi'mɔru], M̲ **oxímoro** [ɔ'ksimuru] M̲ Oxymoron n **oxítono** [ɔ'ksitunu] ADJ LING auf der letzten Silbe betont

ozonizado [ɔzoni'zadu] ozonhaltig **ozono** [ɔ'zonu] M̲, *bras* **ozónio** [o'zõnju] M̲ Ozon n; **buraco m de** ~ Ozonloch n; **camada f de** ~ Ozonschicht f **ozonosfera** [ɔzonɔʃ'fɛra] F̲ Ozonschicht f

P

P, p [pe] M̲ P, p n
p. ABR ❶ (**página**) S. (Seite) ❷ (**para**) f. (für); n. (nach); (**por**) f. (für)
P. ABR ❶ (**Praça**) Pl. (Platz) ❷ (**Padre**) Pf., Pfr. (Pfarrer)
pá[1] [pa] F̲ Schaufel f; Spaten m; TECN *rotor etc*: Blatt n; *port* GASTR Schulter f; Schulterstück n; ~ **carregadora** AUTO Frontlader m; ~ **de lixo** Kehrschaufel f; ~ **mecânica** Radlader m; ~ **virada** m *bras fam* Draufgänger m; **da** ~ **virada** hitzig
pá[2] [pa] INT *port fam* (**ó**) ~! Mensch!

paca ['pake] F̲ *bras* ❶ *pop* wie verrückt; in rauen Mengen ❷ ZOOL Alpaka n

pacatez [pɐkɐ'teʃ] F̲ Friedfertigkeit f **pacato** [pɐ'katu] friedfertig; still

pacemaker [pɛis'mɛikɐr] M̲ *port* Herzschrittmacher m

pachola [pɐ'ʃɔlɐ] M/F̲ *fam* Geduldsmensch m; phlegmatische Person f **pacholice** [pɐʃu'tisi] F̲ Trägheit f

pachorra [pɐ'ʃoʀɐ] F̲ Geduld f **pachorrento** [pɐʃu'ʀẽtu] geduldig

paciência [pɐ'sjẽsjɐ] F̲ Geduld f; Geduldsspiel n; *cartas*: Patience f; **fazer perder a** ~ **a alg** j-n aufbringen; **ter** ~ sich gedulden; (**tenha**) ~! Geduld!; nur keine Aufregung! **paciente** [pɐ'sjẽti] ❶ ADJ geduldig; MED leidend ❷ M/F̲ Geduldsmensch m; MED Patient(in) m(f)

pacificação [pɐsifikɐ'sɐ̃ũ] F̲ Befriedung f **pacificador(a)** [pɐsifikɐ'dor(ɐ)] M/F̲ Friedensstifter(in) m(f) **pacificar** [pɐsifi'kar] ⟨1n⟩ befrieden

pacífico [pɐ'sifiku] friedfertig; friedlich; (*sossegado*) ruhig; still

Pacífico [pɐ'sifiku] M̲ GEOG **o** (**Oceano**) ~ der Pazifische Ozean, der Pazifik

pacifismo [pɐsi'fiʒmu] M̲ Pazifismus m **pacifista** [pɐsi'fiʃtɐ] ❶ ADJ pazifistisch ❷ M/F̲ Pazifist(in) m(f)

paço ['pasu] M̲ *hist* Palast m; (*corte*) Hof m; *rei, bispo*: Residenz f

paçoca [pɐ'sɔkɐ] F̲ *bras* GASTR *gestampfter Fleischeintopf mit Maniok- oder Maismehl*; *doce*: *Süßigkeit aus Erdnüssen und Rohrzucker*

pacote [pɐ'kɔti] M̲ Paket n (*tb* POL); (*embalagem*) Packung f; **batatas fpl fritas de** ~ Chips fpl; **sopa f de** ~ Tütensuppe f

pacóvio [pɐ'kɔvju] *fam* ❶ ADJ dusslig ❷ M̲ Dussel m

pacto ['paktu] M̲ Pakt m; (*contrato*) Vertrag m; ~ **de não-agressão** Nichtangriffspakt m; ~ **de sangue** Blutsbrüderschaft f; ~ **social** Sozialpakt m **pactuação** [pɐktwɐ'sɐ̃ũ] F̲ *fig* Kuhhandel m **pactuante** [pɐk'twɐ̃ti] ❶ ADJ paktierend; verbündet ❷ M̲ → pactuário **pactuar** [pɐk'twar] ⟨1g⟩ *contrato* schließen; *condição* aushandeln; paktieren (**com** mit) **pactuário** [pɐk'twarju] M̲ Vertragspartner m

padaria [padɐ'riɐ] F̲ Bäckerei f

padecer [pɐdi'ser] ⟨2g⟩ ❶ V/T̲ zu erdulden haben; *injustiça* erleiden 🅱 Ⅵ ~ **de** leiden an (*dat*) **padecimento** [pɐdɨsi-'mẽtu] M Leiden *n*

padeiro [pɐ'dɐiru] M, **-a** F Bäcker(in) *m(f)*

padiola [pɐ'djɔłɐ] F Trage *f*; Bahre *f* **padioleiro** [pɐdju'łɐiru] M Bahrenträger *m*

padrão [pɐ'drɐ̃ũ] M ❶ Standard *m*, Norm *f*; (*medida*) Eichmaß *n*; (*molde*) Schablone *f*; *Dessin n; fig* Muster *m*, Vorbild *n*; Richtschnur *f*; ~ **de qualidade** Qualitätsstandard *m*; ~ **de vida** Lebensstandard *m*; ~ **ouro** Goldwährung *f*; **metro-~** *m* Urmeter *n* ❷ *hist* Gedenkstein *m*

padrasto [pɐ'draʃtu] M Stiefvater *m*

padre ['padrɨ] M Priester *m*; Pater *m* (*Anrede*); **os** (*santos*) **~s** *pl* die Kirchenväter *mpl*

padreação [pɐdrjɐ'sɐ̃ũ] F Fortpflanzung *f*; ZOOL (Pferde)Zucht *f* **padreador** [pɐ-drjɐ'dor] 🅰 ADJ Zucht... 🅱 M Beschäler *m* **padrear** [pɐdrj'ar] ⟨1l⟩ sich paaren (*Pferde*)

padre-nosso [padrɨ'nɔsu] M ⟨*pl* ~s⟩ Vaterunser *n* **padre-santo** [padrɨ'sɐ̃tu] M Heiliger Vater *m*

padrinho [pɐ'driɲu] M *baptismo*: (Tauf)-Pate *m*; *casamento*: Trauzeuge *m*; UNIV Doktorvater *m*; *fig* Schutzpatron *m*

padroeiro [pɐdru'ɐiru] M, **-a** F Schutzherr(in) *m(f)*; REL Schutzheilige(r) *m/f*

padronização [pɐdroniza'sɐ̃ũ] F Normierung *f*, Standardisierung *f* **padronizar** [pɐdroni'zar] ⟨1a⟩ normen, normieren

pág. ABR (**página**) S. (Seite)

paga ['pagɐ] F Zahlung *f*; (*salário*) Lohn *m*; **em ~ de** *fig* zum Lohn für

pagador(a) [pɐgɐ'dor(ɐ)] M/F Zahler(in) *m(f)* **pagamento** [pɐgɐ'mẽtu] M (Aus-, Be)Zahlung *f*; (*prestação*) Abschlagszahlung *f*; ~ **adiantado** Vorauszahlung *f*; ~ **a prestações** Ratenzahlung *f*; ~ **a pronto** (*bras* **à vista**) Sofortzahlung *f*

paganismo [pɐgɐ'nizmu] M Heidentum *n* **pagão** [pɐ'gɐ̃ũ] 🅰 M ⟨*pl* ~s⟩, **pagã** [pɐ'gɐ̃] F ⟨*pl* ~s⟩ 🅱 ADJ heidnisch 🅱 M Heide *m*, Heidin *f*

pagar [pɐ'gar] ⟨1o; *Stv* 1b⟩ (aus-, be)zahlen (**por** für); REL büßen (**por** für); *a/c* vergelten; *alg* belohnen; *visita* erwidern; ~ **adiantado** im Voraus zahlen; ~ **as favas** *fig* ausbaden (müssen); ~ **de sinal** anzahlen; ~ **em mão** auf die Hand (be)zahlen

pagável [pɐ'gavɛł] zahlbar

página ['paʒinɐ] F Seite *f*; INFORM ~ **de entrada** *ou* **principal** Startseite *f*; ~ **em branco** *fig* unbeschriebenes Blatt *n*; **~s** *pl* **amarelas** Gelbe Seiten *fpl*; **virar a ~** umblättern

paginação [pɐʒinɐ'sɐ̃ũ] F Paginierung *f* **paginar** [pɐʒi'nar] ⟨1a⟩ paginieren

pago ['pagu] PP *irr* → **pagar**; **estamos ~s** *port fam* wir sind quitt

pagode [pɐ'gɔdɨ] M ARQUIT Pagode *f*; *fam fig* (*multidão*) Rummel *m*; (*divertimento*) ausgelassene Feier *f*; *bras* Samba-Stil *m* **pagodeiro** [pɐgo'dɐiru] M, **-a** F *bras* Pagode-Sänger(in) *m(f)* *ou* -Komponist(in) *m(f)*

pag.to ABR (**pagamento**) Zahlung *f*

paguro [pɐ'guru] M ZOOL Einsiedlerkrebs *m*

pai [pai] M Vater *m*; **os ~s** *pl* die Eltern *pl*; **o Pai Natal** der Weihnachtsmann; **ser o ~ cortado**, *bras* **ser o pai cuspido e escarrado** *fam* dem Vater wie aus dem Gesicht geschnitten sein **pai-de-santo** [paidʒi-'sɐ̃tu] M ⟨*pl* pais-de-santo⟩ *afrobras* Priester *m* **pai-de-todos** [paidi'toduʃ] M ⟨*pl* pais-de-todos⟩ *fam* Mittelfinger *m* **painço** [pɐ'ĩsu] M Hirse *f*

painel [pɐi'nɛł] M ❶ Platte *f*, Tafel *f* ❷ *revestimento*: Paneel *n*; **painéis** *pl* Täfelung *f* ❸ PINT Gemälde *n* ❹ AUTO Armaturenbrett *n*; TECN Instrumententafel *f*; ~ **de matriz** ELECT Display *n*; ~ **solar** Solaranlage *f*, Sonnenkollektor *m*

pai-nosso [pai'nɔsu] M ⟨*pl* pai(s)--nossos⟩ Vaterunser *n*

paio ['paju] M geräucherte Lendenwurst aus Schweinefleisch, Knoblauch, Weißwein *u.* Paprika

pairar [pɐi'rar] ⟨1a⟩ schweben; NÁUT treiben; *fig* schwanken (**entre** zwischen *dat*); ~ **sobre** hängen über (*dat*); bevorstehen (*dat*)

país [pɐ'iʃ] M Land *n*; ~ **de estada** Aufenthaltsland *n*; ~ **de origem** Herkunftsland *n*; ~ **em desenvolvimento** Entwicklungsland *n*; ; UE: ~ **em fase de adesão** Beitrittsland *n*; ~ **limiar** (*bras* **emergente**) Schwellenland *n*; ~ **limítrofe** Anrainerstaat *m*; **País Membro (da UE)** (EU-)Mitgliedsland *n*; ~ **natal** Heimatland *n*; ~ **produtor** Erzeugerland *n*

paisagem [pɐi'zaʒɐ̃ĩ] F Landschaft *f*; ~

cultural Kulturlandschaft f; **~ lunar** Mondlandschaft f **paisagista** [pajzɜ'ʒiʃtɜ] M/F Landschaftsmaler(in) m(f), -architekt(in) m(f)

paisano [pai'zɐnu] M, **-a** F Zivilist(in) m(f); fig **a -a** in Zivil; Zivil...

Países Baixos [pɜ'iziʃ'bajʃuʃ] MPL GEOG **os ~** die Niederlande pl

paixão [pai'ʃɐ̃u] F Leidenschaft f; **semana f da Paixão** Karwoche f; **sexta-feira f da Paixão** Karfreitag m

paixoneta [paiʃu'netɜ] F kurze Verliebtheit f, Schwärmerei f

pajem ['paʒɐ̃i] F Page m

pala ['palɜ] F boné: (Mützen)Schirm m; jóia: (Edelstein)Fassung f; sapato: Schuhlasche f; olho: Augenklappe f; AUTO Sonnenblende f

palacete [pɜlɜ'seti] M Palais n; Schlösschen n; fig Villa f **palaciano** [pɜlɜ'sjɐnu] **A** ADJ höfisch; Palast...; **revolta f -a** Palastrevolte f **B** M Höfling m

palácio [pɜ'lasju] M Palast m; Schloss n

paladar [pɜlɜ'dar] M ANAT Gaumen m; fig Geschmack m; Zunge f

paladim [pɜlɜ'dĩ] M, **paladino** [pɜlɜ'dinu] M hist Paladin m; fig Vorkämpfer m

palafita [pɜlɜ'fitɜ] F Pfahl m

pálamo ['palɜmu] M Schwimmhaut f

palanque [pɜ'lɐ̃ki] M Tribüne f **palanquim** [pɜlɜ'kĩ] M Sänfte f

palatal [pɜlɜ'tał] **A** ADJ Gaumen... **B** F Gaumenlaut m

Palatinado [pɜlɜti'nadu] M GEOG **o ~** die Pfalz f

palatino [pɜlɜ'tinu] **A** ADJ pfalzgräflich; Pfalz... **B** M **1** Pfalzgraf m **2** ANAT Gaumenbein n

palato [pɜ'latu] M ANAT Gaumen m

palavra [pɜ'lavrɜ] F Wort n; **~ de acesso** port INFORM Passwort n; **~ de honra** Ehrenwort n; **~ de ordem** Parole f, Devise f; **falta f de ~** port Wortbruch m; **~s pl cruzadas** Kreuzworträtsel n; **de poucas ~s** wortkarg; **de ~** mündlich; **com meias ~s** andeutungsweise; **numa ~** mit e-m Wort; **pela ~** wörtlich; **por** (bras **em**) **outras ~s** mit anderen Worten; **comer as ~s** Worte verschlucken; **dar a ~ a alg** das Wort erteilen; **faltar à ~** nicht Wort halten; **pegar em alg pela ~** j-n beim Wort nehmen; **ter o dom da ~** wortgewandt sein; **tomar a ~, usar da ~** das Wort ergreifen; **trocar ~s com alg** mit j-m einige Worte wechseln; **~ puxa ~** port ein Wort gibt das andere

palavra-chave [pɜlavrɜ'ʃavi] F (pl palavras-chave) Stichwort n; Schlagwort n; Schlüsselwort n **palavrão** [pɜlɜ'vrɐ̃u] M Schimpfwort n **palavra-passe** [pɜlavrɜ'pasi] F (pl palavras-passe) port Passwort n **palavreado** [pɜlɜvri'adu] M Geschwätz n; Wortschwall m **palavrear** [pɜlɜvri'ar] ⟨1l⟩ schwätzen **palavreiro** [pɜlɜ'vrɐiru] **A** ADJ geschwätzig **B** M Schwätzer m **palavrinha** [pɜlɜ'vriɲɜ] F kurzer Meinungsaustausch m **palavrório** [pɜlɜ'vrɔrju] → palavreado **palavroso** [pɜlɜ'vrozu] wortreich

palco ['pałku] M Bühne f (giratório Dreh); **aparecer em ~** auftreten

paleio [pɜ'łaju] M Schwatz m; **ter muito ~** die anderen zu nehmen wissen

paleolítico [pałɛɔ'łitiku] **A** ADJ altsteinzeitlich **B** M **Paleolítico** Altsteinzeit f, Paläolithikum n

palerma [pɜ'łɛrmɜ] **A** ADJ dämlich **B** M/F Dummkopf m **palermice** [pɜłer'misi] F Dämlichkeit f

Palestina [pɜłiʃ'tinɜ] F GEOG **a ~** Palästina (n) **palestiniano** [pɜłiʃti'njɐnu], **palestino** [pɜłiʃ'tinu] **A** ADJ palästinensisch **B** M, **-a** F Palästinenser(in) m(f)

palestra [pɜ'łɛʃtrɜ] F Ansprache f; Vortrag m; informal: Plauderei f **palestrar** [pɜłiʃ'trar] ⟨1c⟩, **palestrear** [pɜłiʃtri'ar] ⟨1l⟩ plaudern; (expor) vortragen

paleta [pɜ'łetɜ] F PINT Palette f; Modellierholz n; bras tb Schulter(partie) f (espec carne de vaca)

palete [pɜ'łɛti] F COM Palette f **paletização** [pɜłɛtizɜ'sɐ̃u] F Verladung f auf Paletten

paletó [pałe'tɔ] M bras Jackett n, Jacke f

palha ['paʎɜ] F material: Stroh n; haste: Strohhalm m; tb Flechtrohr n; fig leeres Stroh n; **~ de aço** Stahlwolle f; **~ de madeira** Holzwolle f; **fumo m de ~** fig Strohfeuer m; **dar ~ a alg** j-n reinlegen; **não mexer uma ~** fam keinen Finger krumm machen; **puxar uma ~** bras schlafen

palhaçada [pɜʎɜ'sadɜ] F Clownerie f; Posse f **palhaço** [pɜ'ʎasu] M Clown m; **~ de corda** Hampelmann m

palhada [pɜ'ʎadɜ] F Häcksel n/m; fig leeres Stroh n **palheireiro** [pɐʎɐi'ʀɐiru] M Rohr-, Stuhlflechter m **palheiro** [pɐ'ʎɐiru] M Heuschober m **palheta** [pɐ'ʎetɐ] F *instrumentos de sopro*: Zunge f; MÚS Plektrum n; *madeira*: Modellierholz n; *metal*: Metallplättchen n; TECN (Turbinen)Schaufel f; (Lüfter)Flügel m **palhetão** [pɐʎɐ'tɐ̃u] M (Schlüssel)Bart m **palhete** [pɐ'ʎete] M blassrot **palhiço** [pɐ'ʎisu] **A** ADJ Stroh... **B** M Häcksel n/m; Rohr n **palhinha** [pɐ'ʎiɲɐ] F Strohhalm m; Flechtrohr n **palhoça** [pɐ'ʎɔsɐ] F, **palhota** [pɐ'ʎɔtɐ] F (Stroh)Hütte f

paliar [pɐ'ljar] ⟨1g⟩ *falta* vorübergehend beheben; *dor* lindern; *fim* hinauszögern; *a/c* beschönigen **paliativo** [pɐljɐ'tivu] **A** ADJ Verzögerungs...; beschönigend; MED Linderungs... **B** M MED Linderungsmittel n; *t/t* Palliativ n

paliçada [pɐli'sadɐ] F Palisade f; (*liça*) Kampfplatz m

palidez [pɐli'deʃ] F Blässe f

pálido ['palidu] blass, bleich

pálio ['palju] M Baldachin m

palitar [pɐli'tar] ⟨1a⟩ stochern (*tb fig*); ~ **os dentes** in den Zähnen stochern **paliteiro** [pɐli'tɐiru] M Zahnstocherdöschen n **palito** [pɐ'litu] M Zahnstocher m; GASTR Salz-, Käsestange f; *fam* Glimmstängel m; *fig pessoa*: Strich m, Hänfling m

palma ['palmɐ] F Palme f; Palmwedel m; ~ **da mão** Handfläche f; ~**s** *pl* Beifall m; **dar a** ~ **a alg** j-m den Sieg zusprechen; *fam* j-m gratulieren; **bater** ~**s** Beifall klatschen

palmada [pal'madɐ] F Klaps m; ZOOL Schwimmfuß m; ~**s** *pl* Beifall m

palmar[1] [pal'mar] F Palmenhain m

palmar[2] [pal'mar] ADJ ANAT Mittelhand...; *fig* handgreiflich

palmar[3] [pal'mar] ⟨1a⟩ *fam* klauen, mitgehen lassen

palmatoada [palmɐ'twadɐ] F Schlag m auf die Hand **palmatória** [palmɐ'tɔrjɐ] F Handleuchter m **palmear** [pal'mjar] ⟨1l⟩ **A** VT beklatschen; *caminho* abschreiten; *pop* klauen **B** VI klatschen **palmeira** [pal'mɐirɐ] F Palme f **palmeta** [pal'metɐ] F Spachtel m **palmier** [pal'mjer] M *bolo*: Schweineohr n; Schweinsohr m **palmilha** [pal-

'miʎɐ] F Einlegesohle f; *meia*: Strumpfsohle f; **em** ~**s** *port* in Strümpfen **palmilhar** [palmi'ʎar] ⟨1a⟩ *caminho* abschreiten; (*entlang*) wandern **palmípedes** [pal'mipideʃ] MPL Schwimmvögel mpl **palmito** [pal'mitu] M Zwergpalme f; GASTR Palmherzen npl **palmo** [pal'mu] M Spanne f; Handbreit f; **homem m de** ~ **e meio** Dreikäsehoch m; ~ **a** ~ Stück für Stück; **a** ~**s** zusehends; ganz genau

PALOP [pa'lɔp] PL ABR (Países Africanos de Língua Oficial Portuguesa) Afrikanische Länder *npl* mit Portugiesisch als Amtssprache

palpável [pal'pavɛɫ] greifbar

pálpebra ['palpibrɐ] F Lid n

palpitação [palpitɐ'sɐ̃u] F Zuckung f; Herzklopfen n **palpitante** [palpi'tɐ̃ti] *questão* brennend **palpitar** [palpi'tar] ⟨1a⟩ (zusammen)zucken; *coração* klopfen; (*apostar*) setzen (**em** auf *ac*); ~ **a alg** *fam* j-m vorkommen, als ob **palpite** [pal'piti] M Vorahnung f; Tipp m

palpo ['palpu] M Taster f; Fühler m

palra ['palʀɐ] F Schwatz m; Geschwätzigkeit f **palrador** [palʀɐ'dor] M Plappermaul n **palrar** [pal'ʀar] ⟨1a⟩ stammeln; *fig* plappern, schwatzen **palratório** [palʀɐ'tɔrju] M Plauderei f **palreiro** [pal'ʀɐiru] schwatzhaft **palrice** [pal'ʀisi] F Geschwätzigkeit f

paludismo [pɐlu'diʒmu] M MED Malaria f **palustre** [pɐ'luʃtri] Sumpf...

pamonha [pɐ'moɲɐ] F *bras* Art Mais-, Maniokkuchen; *fig* Schlappschwanz m

pampa ['pɐ̃pɐ] F Pampa f

pâmpano ['pɐ̃pɐnu] M junger Trieb m der Weinranke

pampilho [pɐ̃'piʎu] M Spieß m

panada [pɐ'nadɐ] F Bündel n; Stoffhülle f; *fam* Hieb m, Stoß m

Panamá [pɐnɐ'ma] M GEOG **o** ~ Panama (n) **panamenho** [pɐnɐ'meɲu] *bras* **A** ADJ panamaisch **B** M, **-a** F Panamaer(in) m/(f) **panamense** [pɐnɐ'mẽsi] *port* **A** ADJ panamaisch **B** M/F Panamaer(in) m/(f)

pan-americanismo [pɐnɐmirikɐ'niʒmu] M Panamerikanismus m

panar [pɐ'nar] ⟨1a⟩ GASTR panieren

panasca [pɐ'naʃkɐ] F *port pop pej* Schwuchtel f

panasco [pɐ'naʃku] M Grünfutterpflanze f

pança ['pãsɐ] F Pansen m; *irón* Wanst m
pançada [pã'sadɐ] F Völlerei f; **apanhar uma ~** *fam* sich (*dat*) den Bauch vollschlagen
pancada [pã'kadɐ] F Schlag m; Stoß m; *fam* Hang m, Vorliebe f; **~ de água** Platzregen m; **às três ~s** *fam* unordentlich; schief; **andar à ~** sich (herum)prügeln; **dar/levar ~** verprügeln/Prügel kriegen; *bras* **ter ser meio ~** e-e weiche Birne haben; **ter (uma grande) ~** nicht richtig ticken **pancadaria** [pãkadɐ'riɐ] F Schlägerei f; *fam* Schlagzeug n
pâncreas ['pãkriɐʃ] M *ANAT* Bauchspeicheldrüse f
pançudo [pã'sudu] dickbäuchig
panda ['pãdɐ] F *ZOOL* Panda(bär) m
pândega ['pãdigɐ] F *fam* Riesenfete f; ausgelassene Feier f; **andar na ~** sich amüsieren; *pop* einen draufmachen
pândego ['pãdigu] A ADJ lustig; draufgängerisch B M Draufgänger m; Spaßvogel m; Partylöwe m
pandeireta [pãdɐj'retɐ] F kleine Rahmentrommel f, Tamburin n
pandeiro [pã'dɐjru] M Rahmentrommel f (*Art Tamburin*)
pandemia [pãdi'miɐ] M Pandemie f
pandemónio [pãdi'mɔnju] Pandemonium n; *fig* Chaos n; Durcheinander n
pandorca [pã'dɔrkɐ] F, **pandorga** [pã'dɔrgɐ] F *fam* Katzenmusik f *bras* (Papier)Drache(n) m
pane ['pani] F Panne f
panegírico [pani'ʒiriku] A ADJ lobend B M Lobrede f
paneiro [pɐ'nɐjru] 1 *reg* M, **-a** F Gelegenheitsarbeiter(in) m(f) 2 M Henkelkorb m
panela [pɐ'nɛlɐ] F hoher Kochtopf m; Kessel m (*tb fig*); *AUTO* Auspufftopf m; **~ de pressão** Schnellkochtopf m **panelada** [pani'ładɐ] F Topf m voll; *pop* Röcheln n **paneleiro** [pani'łɐjru] M, **panelas** [pɐ'nɛlɐʃ] M ‹*pl inv*› *pop pej* Schwuchtel f **panelinha** [pani'tiɲɐ] F Töpfchen n; *fam fig* Klüngel m
panema [pɐ'neme] M/F *bras* Trampel m, Pechvogel m
panfletista [pãfli'tiʃtɐ] M/F Pamphletverfasser(in) m(f) **panfleto** [pã'fłɛtu] M Schmähschrift f
pango ['pẽgu] M *bras* → liamba

pangolim [pɐgu'łĩ] M Schuppentier n
pânico ['paniku] A ADJ panisch B M Panik f; **entrar em ~** in Panik geraten
panícula [pɐ'nikułɐ] F Rispe f
panificação [pɐnifikɐ'sɐ̃u] F Brotherstellung f; **empresa f de ~** Brotfabrik f; **indústria f de ~** Bäckereigewerbe n **panificadora** [pɐnifikɐ'dorɐ] F (Groß)Bäckerei f
pano ['pɐnu] M Tuch n; *a metro*: Stoff (-bahn) m(f); *de limpar*: (Putz)Lappen m; *MED* (Haut)Flecken mpl; *NÁUT* Segel npl; **~ (de boca)** *TEAT* Vorhang m; **~ de fundo** Hintergrund m; *TEAT* Prospekt m; **~ de tenda** Zeltplane f; **~s pl quentes** *fam* Samthandschuhe mpl; **a todo o ~** *fig* mit vollen Segeln; **por (de)baixo do ~** *fig* heimlich; **passar o ~** putzen **pano-cru** [pɐnu'kru] M *port* Naturbaumwollstoff m
panorama [pɐnu'rɐmɐ] M Panorama n; *fig* Überblick m **panorâmico** [pɐnu'rɐmiku] Panorama...; **vista f -a** Rundblick m; *fig* Überblick m; **tela f -a** *bras* Breitwand f
panqueca [pã'kɛkɐ] F Eier-, Pfannkuchen m
pantanal [pãtɐ'nał] M Moor n **Pantanal** [pɐtɐ'nau] *GEOG* großes Sumpf- und Naturschutzgebiet in Brasilien
pântano ['pãtɐnu] M Sumpf m
pantanoso [pãtɐ'nozu] sumpfig
panteão [pã'tjɐ̃u] M Pantheon n
pantera [pã'tɛrɐ] F Panther m
pantógrafo [pã'tɔgrɐfu] M Storchschnabel m (*Zeichengerät*)
pantomima [pɐtu'mimɐ] F Pantomime f **pantomimeiro** [pɐtumi'mɐjru] M Pantomime m **pantomímico** [pɐtu'mimiku] pantomimisch
pantufa [pã'tufɐ] F (Filz)Pantoffel m; *pop fig* grobe, überladene Frau f **pantufo** [pã'tufu] M (Filz)Pantoffel m; *pop* Fettwanst m
pão [pɐ̃u] M ‹*pl* pães› Brot n; *fam* Korn n; *fig* Nahrung f, Speise f; **~ ázimo** ungesäuertes Brot n, Matze f; **~ de açúcar** Zuckerhut m; **~ de centeio** Roggenbrot n; **~ de forma** Kastenbrot n; **~ de mistura** Mischbrot m; *bras* **~ de queijo** Brötchen n (*aus Maniokmehl, Mineiro-Käse und Eiern*); **~ de milho** Maisbrot; **~ de segunda** Bauernbrot n; **~ integral** Vollkornbrot n;

~ ralado *port* Semmelbrösel *mpl*; ~ **sueco** Knäckebrot *n*; ~, ~, **queijo, queijo!** geradeheraus!; **vender-se como ~ quente** *fig* weggehen wie warme Semmeln

▶ **pão de queijo**

Das **pão de queijo** ist eine der beliebtesten gastronomischen Köstlichkeiten Brasiliens. Das leichte Brötchen kommt ursprünglich aus Minas Gerais, zum traditionellen Rezept gehören Milch, Eier, geriebener Minas-Käse und als Hauptbestandteil **polvilho azedo** (eine Art feines Maniokmehl).
Man bekommt die vielen verschiedenen Sorten der **pães de queijo** in Bäckereien, Cafés oder an Imbissständen. Auch beim **cafezinho** (einem kleinen Kaffee) am Nachmittag darf das leckere Gebäck nicht fehlen. Es gibt sogar eine bekannte Restaurantkette, die **Casa do Pão de Queijo** heißt. Neben den Käsebällchen wird hier auch anderes typisch brasilianisches Gebäck serviert, z. B. **rissóis**, gefüllte Teigtaschen, oder **empadinhas**, kleine Pastetchen. ◀

Pão de Açúcar [pẽũdʒjaˈsukɛks] M̄ GEOG Zuckerhut *m* (*Berg vor Rio de Janeiro*) **pão-de-ló** [pãũdiˈlɔ] M̄ ⟨*pl* pães-de-ló⟩ Biskuitkuchen *m* **pão-duro** [pẽũˈduru] M̄ ⟨*pl* pães-duros⟩ *bras fam* Geizkragen *m* **pão-e-queijo** [pãũiˈkajʒu] M̄ ⟨*sem pl*⟩ BOT Schlüsselblume *f* **pãozinho** [pãũˈzinu] M̄ ⟨*pl* pãezinhos⟩ Brötchen *n*; *fig* Taugenichts *m*
papa¹ [ˈpapɐ] M̄ Papst *m*
papa² [ˈpapɐ] F̄ dicker Wollstoff *m*
papá [paˈpa] M̄ *ling inf* Papa *m*
papa-abelhas [papaˈbɐ(i)ʎɐʃ] M̄ ⟨*pl inv*⟩ (Fliegen)Schnäpper *m* **papa-açorda** [papaˈsordɐ] M̄/F̄ ⟨*pl* ~s⟩ *port fam* Schlappschwanz *m* **papa-amoras** [papaˈmɔrɐʃ] M̄ ⟨*pl inv*⟩ Grasmücke *f* **papa-arroz** [papaˈxojʃ] M̄ ⟨*pl* ~es⟩, **papa-capim** [papekɐˈpĩ] M̄ ⟨*pl* papa-capins⟩ Pfäffchen *m* (*bras* Finkenarten) **papada** [paˈpadɐ] F̄ Doppelkinn *n*; Wamme *f* **papado** [paˈpadu] M̄ Papsttum *n* **papa-figos** [papaˈfiguʃ] M̄ ⟨*pl inv*⟩ ZOOL Pirol *m* **papa-formigas** [papafurˈmigɐʃ] M̄ ⟨*pl inv*⟩ ZOOL Ameisenbär *m*
papagaio [papɐˈgaju] M̄ ZOOL Papagei *m*; *de papel*: (Papier)Drache(n) *m*; *fig* Schwätzer *m*; ARQUIT Trennwand *f*; *bras* (*portaria*) Dienstanweisung *f* **papaguear** [papɐˈgjar] ⟨1l⟩ daherplappern
papa-hóstias [papɐˈɔʃtjɐʃ] M̄ ⟨*pl inv*⟩ *fam* Betbruder *m*
papai [paˈpaj] M̄ *bras* Papa *m*
papaia [paˈpajɐ] F̄ BOT Papaya *f*
papa-jantares [papɐʒɐ̃ˈtariʃ] M̄/F̄ ⟨*pl inv*⟩ *fam* Schmarotzer(in) *m*(*f*)
papal [paˈpal] päpstlich, Papst...
papalvo [paˈpalvu] M̄ Einfaltspinsel *m*
papa-moscas [papɐˈmoʃkɐʃ] M̄ ⟨*pl inv*⟩ *ave*: (Fliegen)Schnäpper *m*; *aranha*: Sprungspinne *f*; *fig* Trottel *m*
papão [paˈpɐ̃ũ] M̄ *ling inf* **o ~** der schwarze Mann *m*
papar [paˈpar] ⟨1b⟩ *ling inf* essen
paparicar [paparɪˈkar] ⟨1n⟩ knabbern, naschen **paparicos** [papɐˈrikuʃ] MPL liebevolle Pflege *f*; GASTR Leckerbissen *m*
papas² [ˈpapɐʃ] FPL (Baby)Brei *m*; *de milho*: Maisbrei *m*; **não ter ~s na língua** nicht auf den Mund gefallen sein
papeira [paˈpɐjrɐ] F̄ MED Mumps *m*
papel [paˈpɛl] M̄ ❶ Papier *n*; *pequeno*: Zettel *m*; ~ **contínuo** Endlospapier *n*; ~ **de filtro** Filterpapier *n*; ~ **de imprensa** Zeitungspapier *n*; ~ **de lustro** Hochglanzpapier *n*; ~ **de parede** Tapete *f*; ~ **ecológico** Umweltpapier *n*; ~ **higiénico** (*ê*) Toilettenpapier *n*; ~ **mata-borrão** Löschpapier *n*; ~ **pardo** (*de bras* **embalagem/embrulho**) Packpapier *n*; ~ **pautado** Notenpapier *n*; liniertes Papier *n*; ~ **reciclado** Umweltpapier *n*; ~ **selado** Stempelpapier *n*; ~ **vegetal** Pergamentpapier *n*; **forrar a ~** tapezieren ❷ TEAT, *fig* Rolle *f*; **estar no seu ~** im Recht sein; **fazer um ~** eine Rolle spielen
papelada [papɪˈladɐ] F̄ Papierkram *m*; Papiere *npl* **papelão** [papɪˈlɐ̃ũ] M̄ Pappe *f*; ~ **betuminado** Dachpappe *f*; **fazer um ~** *bras fam* sich schlecht benehmen **papelaria** [papɪlɐˈria] F̄ Schreibwarenhandlung *f* **papeleira** [papɪˈlɐjrɐ] F̄ Schreibpult *n* **papeleiro** [papɪˈlɐjru] A ADJ Papier... B M̄ Papierhändler *m* **papeleta** [papɪˈlɛtɐ] F̄ Aushang *m*; Zettel *m*; MED Krankenblatt *n* **papelinho** [papɪˈliɲu] M̄ Zettel *m*; **~s, papeizinhos** *pl* Konfetti

n **papel-moeda** [papeɫˈmwɛdɐ] M ⟨pl papéis-moeda⟩ Papiergeld n **papelote** [pɐpiˈɫɔti] M Lockenwickler m **papelucho** [pɐpiˈɫuʃu] M Wisch m **papelzinho** [pɐpeɫˈzipu] M Zettel m; **papeizinhos** pl Konfetti m

papila [pɐˈpiɫɐ] F (Zungen)Bläschen n, Papille f; mama: Brustwarze f

papilionáceas [pɐpiljuˈnasjɐʃ] FPL BOT Schmetterlingsblütler mpl

papiro [pɐˈpiru] M BOT Papyrus m

papismo [pɐˈpiʒmu] M Papsttum n **papista** [pɐˈpiʃtɐ] päpstlich

papo [ˈpapu] M ave: Kropf m; macaco: Backentasche f; fam Pansen m; fig Hochnäsigkeit f; ~ **furado** leeres Versprechen n; Luftschlösser npl; **de ~ feito** fam absichtlich; **bater um ~** bras fam e-n Schwatz halten; **estar no ~** fam sicher (pop im Sack) seinen; **falar de ~** sich aufspielen

papoila [pɐˈpojɫɐ] F, **papoula** [pɐˈpoɫɐ] F Mohn m

papo-seco [papuˈseku] M ⟨pl papos-secos⟩ fam Brötchen n; homem: Dandy m **papudo** [pɐˈpudu] pausbäckig

paquera [paˈkɛrɐ] F bras fam Flirt m **paquerar** [pakeˈrax] ⟨1c⟩ bras fam flirten

paquete [paˈketi] M NÁUT Handels-, Passagierschiff n; fig Laufjunge m

paquiderme [pakiˈdɛrmi] M ZOOL Dickhäuter m; fig träger Riese m

paquistanês [pɐkiʃtɐˈneʃ] **A** ADJ pakistanisch **B** M, **paquistanesa** [pɐkiʃtɐˈnezɐ] F Pakistani m, Pakistanerin f **Paquistão** [pɐkiʃˈtɐ̃w] M GEOG o ~ Pakistan (n)

par [par] **A** ADJ número gerade; (igual) gleich, ähnlich **B** M Paar n; (casal) Pärchen n; dança: (Tanz)Partner m; **~es pl** DESP Doppel n; **~ amoroso** Liebespaar n; **~es pl senhoras** Damendoppel n; **os meus/teus ~es** pl meinesgleichen/deinesgleichen; **~ a ~ com** (zusammen) mit; gleichzeitig mit; **a ~ de** neben; gleichzeitig mit; **aos ~es** paarweise; **de ~ em ~** ganz und gar; porta sperrangelweit (de) (offen); **sem ~** ohnegleichen; **pôr a ~ (de)** ins Bild setzen über (ac); **não ter ~** nicht seinesgleichen haben

para [ˈpɐrɐ] **A** PREP **1** local: nach (dat); zu (dat) (Person); an (ac); auf (ac); **(dá) ~ cá!** her damit!; **~ trás** zurück, rückwärts **2** temporal: für (ac); **~ já** vorerst; **~ sempre** für immer; ein für alle Mal; **~ o ano** nächstes Jahr **3** objectivo: für (ac); **~ além de** abgesehen davon, dass; **~ quê?**, **~ quê?** wozu?; **~ isso** dazu, dafür; **~ tal** zu diesem Zweck **4** im Verhältnis zu; für (ac), angesichts (gen); **~ (com)** zu, gegen **5** ~ (inf) um ... zu (inf); zum m/f; **estar ~** Lust haben zu; im Begriff sein zu **B** CJ ~ **que** conj damit

Pará [paˈra] M GEOG o ~ bras Bundesstaat

pára-arranca [paraˈʁɐ̃kɐ] M Stop-and--go-Verkehr m

parabenizar [parabeniˈzax] ⟨1a⟩ bras beglückwünschen **parabéns** [pɐrɐˈbɐ̃jʃ] MPL Glückwünsche mpl; **(os meus) ~!** herzlichen Glückwunsch!; **dar os ~ a** j-n beglückwünschen

parábola [pɐˈrabuɫɐ] F Gleichnis n; MAT Parabel f

parabólica [pɐrɐˈbɔɫikɐ] F (antena F) ~ Parabolantenne f; fam Satellitenschüssel f

pára-brisas [parɐˈbrizɐʃ] M ⟨pl inv⟩ Windschutzscheibe f; **limpador m de ~** bras Scheibenwischer m **pára-choque(s)** [parɐˈʃɔkiʃ] M ⟨pl inv⟩ AUTO Stoßstange f; FERROV Prellbock m

parada [pɐˈradɐ] F Stillstand m, Halt m; (estadia) Aufenthalt m; bras Haltestelle f; MIL Parade f; jogo: Einsatz m; **sinal m de ~** Haltesignal n; bras **~ cardíaca** Herzstillstand m; bras **~ proibida** Halteverbot n **paradeiro** [pɐrɐˈdɐjru] M Aufenthalt (-sort) m

paradigma [pɐrɐˈdigmɐ] M Muster n; Paradigma n

paradisíaco [pɐrɐdiˈzjaku] paradiesisch, himmlisch

parado [pɐˈradu] trânsito stillstehend; máquina außer Betrieb; pessoa untätig; **mal ~** unsicher; verfahren; **ficar ~** stehen bleiben; **estar ~** stehen

paradoxal [pɐrɐdɔˈksaɫ] widersinnig, paradox **paradoxo** [pɐrɐˈdɔksu] **A** ADJ → paradoxal **B** M Paradox n

parafina [pɐrɐˈfinɐ] F Paraffin n

paráfrase [pɐˈrafrɐzi] F Umschreibung f, Paraphrase f

parafrasear [pɐrɐfrɐˈzjar] ⟨1l⟩ umschreiben, paraphrasieren

parafusar [pɐrɐfuˈzar] ⟨1a⟩ an-, auf-, festschrauben

parafuso [pɐɾɐˈfuzu] M Schraube f; **~ autoperfurante** selbstschneidende Schraube f; **~ com arreigada** Schlossschraube f; **~ com cabeça cilíndrica** Zylinderkopfschraube f; **~ com cabeça freza** Senkkopfschraube f; **~ sextavado** Maschinenschraube f; **chave f de ~s** Schraubenzieher m

paragem [pɐˈɾaʒɐ̃j] F Halt m; Stillstand m; Aufenthalt(sort) m; autocarro etc: (Bus)Haltestelle f; **~ cardíaca** Herzstillstand m; **~ proibida** Halteverbot n

parágrafo [pɐˈɾagɾɐfu] M Absatz m; Paragraf m; Paragrafenzeichen n; **~ justificado** INFORM Blocksatz m

Paraguai [pɐɾɐˈgwaj] M GEOG **o ~** Paraguay n **paraguaio** [pɐɾɐˈgwaju] A ADJ paraguayisch B M, **-a** F Paraguayer(in) m(f)

Paraíba [pɐɾɐˈibɐ] F GEOG **a ~** bras Bundesstaat

paraíso [pɐɾɐˈizu] M Paradies n

pára-lamas [paɾɐˈlamɐʃ] M ⟨pl inv⟩ Kotflügel m

paralela [pɐɾɐˈlɛlɐ] F Parallele f; **~s pl** DESP Barren m **paralelepípedo** [pɐɾɐlɛliˈpipidu] M Quader m; espec Pflasterstein m **paralelismo** [pɐɾɐliˈtiʒmu] M Parallelität f; fig Übereinstimmung f **paralelo** [pɐɾɐˈlɛlu] A ADJ parallel; fig gleichartig; **ser ~ a** entsprechen (dat); direcção parallel verlaufen zu etw B M GEOG Breitengrad m; fam Pflasterstein m; fig Vergleich m; **em ~ com** parallel zu; **sem ~** beispiellos; **pôr em ~** gegenüberstellen **paralelograma** [pɐɾɐlɛluˈgɾamɐ] M, **paralelogramo** [pɐɾɐlɛluˈgɾamu] M Parallelogramm n

paralisação [pɐɾɐlizɐˈsɐ̃w] F movimento, trânsito: Stockung f; actividade: Einstellung f; (greve) (Arbeits)Niederlegung f **paralisar** [pɐɾɐliˈzaɾ] ⟨1a⟩ A VT frio lähmen; funcionamento zum Stehen bringen; lahmlegen; trabalho niederlegen B VI stehen bleiben; (cessar) aufhören **paralisia** [pɐɾɐliˈziɐ] F Lähmung f

paralítico [pɐɾɐˈlitiku] A ADJ gelähmt; lahm B M, **-a** F MED Gelähmte(r) m/f(m), t/t Paralytiker(in) m(f)

parâmetro [pɐˈɾɐmitɾu] M Parameter m; fig Maßstab m

paramilitar [pɐɾɐmiliˈtaɾ] paramilitärisch

Paraná [paɾaˈna] M GEOG **o ~ bras** Bundesstaat; (rio m) **~** Paraná m (bras Fluss)

paranaense [paɾanaˈẽsi] aus Paraná

paranóia [pɐɾɐˈnɔjɐ] F PSICOL Paranoia f; Größenwahn m **paranóico** [pɐɾɐˈnɔjku] paranoid

parapeito [pɐɾɐˈpɐjtu] M Brüstung f, Geländer n; da janela: Fensterbank f

parapente [pɐɾɐˈpẽti] M Paragliding n **parapentista** [paɾapẽˈtiʃtɐ] M/F Paragleiter(in) m(f)

paraplégico [pɐɾɐˈplɛʒiku] A ADJ querschnittsgelähmt B M, **-a** F Gelähmte(r) m/f(m)

pára-quedas [paɾɐˈkɛdɐʃ] M ⟨pl inv⟩ Fallschirm m **pára-quedismo** [paɾɐkiˈdiʒmu] M Fallschirmspringen n **pára-quedista** [paɾɐkiˈdiʃtɐ] M/F ⟨pl ~s⟩ Fallschirmspringer(in) m(f)

parar [pɐˈɾaɾ] ⟨1b; 2ª pessoa presente do indicativo **pára**⟩ A VT anhalten; máquina abstellen; golpe auffangen; dinheiro (ein)setzen; olhos richten (**em at** ac); **fazer ~** aufhalten B VI halten; pessoa innehalten; trânsito, movimento stocken; **~ com** aufhören mit; **~ de** aufhören zu; **~ em** enden mit; **sem ~** ohne Unterlass; **ir ~ a** (bras **em**) enden in (dat); **(v)ir ~ a** geraten nach (ou in ac); **~ em mal** schlecht enden; **sem ~** unaufhörlich; unverzüglich; sinal de trânsito: **pare** Stopp

pára-raios [paɾɐˈʁajuʃ] M ⟨pl inv⟩ Blitzableiter m

parasita [pɐɾɐˈzitɐ] A M/F Parasit m B M rádio: Störgeräusch n **parasitar** [pɐɾɐziˈtaɾ] ⟨1a⟩ schmarotzen **parasitário** [pɐɾɐziˈtaɾju] schmarotzerhaft **parasitismo** [pɐɾɐziˈtiʒmu] M Schmarotzertum n

parasito [pɐɾɐˈzitu] M **bras** → parasita

pára-sol [paɾɐˈsɔɫ] M ⟨pl pára-sóis⟩ Sonnenschirm m; FOTO Sonnenblende f

parceiro [pɐɾˈsɐjɾu] M, **-a** F Partner(in) m(f); COM Teilhaber m; DESP, jogo: Mitspieler m; **~ social** Sozialpartner m **parcela** [pɐɾˈsɛlɐ] F Parzelle f; Stück n; factura: (Rechnungs)Posten m; COM Partie f **parcelamento** [pɐɾsɛlɐˈmẽtu] M Parzellierung f; geralm: Aufteilung f **parcelar** [pɐɾsiˈlaɾ] A VT ⟨1c⟩ parzellieren; aufteilen B ADJ parzelliert **parceria** [pɐɾsiˈɾiɐ] F Partnerschaft f; ECON Konsortium n; **~ civil registada** eingetragene Lebenspartnerschaft f **parcial** [pɐɾˈsjaɫ]

teilweise; *(sectário)* parteiisch **parcialidade** [parsjaɫi'dadi] F̲ Parteilichkeit f
parcimónia (*ô) [parsi'mɔnjɐ] F̲ Sparsamkeit f; *(moderação)* Genügsamkeit f; Zurückhaltung f **parcimonioso** [parsimu'njozu] sparsam; *(moderado)* bescheiden
parco ['parku] sparsam; *(escasso)* spärlich
parcómetro [par'kɔmitru] M̲ port Parkuhr f
pardal [par'daɫ] M̲ Spatz m
pardo ['pardu] A̲ ADJ grau; dunkel (-farbig) B̲ M̲, **-a** F̲ Mulatte m, -in f
páreas ['parjɐʃ] FPL Nachgeburt f
parecença [pari'sẽsɐ] F̲ Ähnlichkeit f
parecer [pari'ser] A̲ VI̲ ⟨2g⟩ (zu sein) scheinen; aussehen; *a alg* j-m vorkommen; **~ mal** *fig* sich nicht gehören; **parece que** anscheinend; **parece-me** es scheint mir, mir scheint; **ao que parece** wie es scheint; **que lhe parece?** was meinen Sie dazu? B̲ V/R̲ **~-se com** Ähnlichkeit haben mit C̲ M̲ Anschein m; *(aspecto)* Aussehen m; DIR Gutachten n; *(opinião)* Ansicht f; **formar ~** sich ein Urteil bilden **parecido** [pari'sidu] ADJ **~ com** ähnlich (*dat*)
paredão [pare'dãũ] M̲ dicke Mauer f; bras Felswand f; *(margem)* Steilufer n
parede [pa'redi] F̲ *interior:* (Zimmer-)Wand f; *exterior* (Haus)Mauer f; *fig* Streik m; **~ abdominal** Bauchdecke f; DESP **~ de alpinismo** Kletterwand f; **~ mestra** tragende Wand f; Brandmauer f; **~ não portante** nicht tragende Wand f; **entre quatro ~s** in den eigenen vier Wänden; **fazer ~** streiken; **subir pelas ~s** *fig* die Wände hochgehen **paredista** [pari'diʃtɐ] MF̲ Streikende(r) m/f
parelha [pa'rɐ(i)ʎɐ] F̲ Pferdegespann n; *fig* Paar n; **sem ~** ohnegleichen; **fazer ~** zueinanderpassen **parelheiro** [pare'ʎeru] M̲ bras Rennpferd n **parelho** [pa'rɐ(i)ʎu] gleich(artig)
parenta [pa'rẽtɐ] F̲ Verwandte f **parente** [pa'rẽti] A̲ ADJ verwandt B̲ MF̲ Verwandte(r) m/f(m); **os ~s** pl **mais chegados** die nächsten Verwandten mpl **parentela** [parẽ'tɛlɐ] F̲ Verwandtschaft f **parentesco** [parẽ'teʃku] M̲ Verwandtschaft f; Verwandtschaftsgrad m
parêntese [pa'rẽtizi] M̲ Einschub m; *espec* Klammer f; *(observação)* beiläufige Bemerkung f; **~s** pl **re(c)tos** (*ou* **quadrados**) eckige Klammern fpl; **entre ~s** in Klammern; *fig* beiläufig; **abrir/fechar o ~** Klammer auf/zu; **pôr em ~(s)** einklammern
pargo ['pargu] M̲ *peixe:* Gemeine Meerbrasse f
parição [pari'sãũ] F̲ ZOOL Werfen n; Wurf m
paridade [pari'dadi] F̲ Gleichheit f
parir [pa'rir] ⟨3y⟩ gebären; werfen
Paris [pa'riʃ] SEM ART GEOG Paris n **parisiense** [pari'zjẽsi] Pariser
parlamentar [parɫɐmẽ'tar] A̲ ADJ parlamentarisch B̲ MF̲ Parlamentarier(in) m(f) C̲ VI̲ ⟨1a⟩ verhandeln **parlamentário** [parɫɐmẽ'tarju] M̲ Unterhändler m **parlamentarismo** [parɫɐmẽtɐ'riʒmu] M̲ Parlamentarismus m **parlamentear** [parɫɐmẽ'tjar] ⟨1l⟩ unterhandeln **parlamento** [parɫɐ'mẽtu] M̲ Parlament n; **Parlamento Europeu** Europäisches Parlament n
parlapatão [parɫɐpɐ'tãũ] M̲ *pej* Aufschneider m **parlapatice** [parɫɐpɐ'tisi] F̲ Aufschneiderei f
parlatório [parɫɐ'tɔrju] M̲ *convento etc:* Sprechzimmer n; *fig* langes, lebhaftes Gespräch n **parlenga** [par'ɫẽgɐ] F̲ Auseinandersetzung f
parmesão [parmi'zãũ] M̲ Parmesankäse m
pároco ['paruku] M̲ Pfarrer m
paródia [pa'rɔdjɐ] F̲ Parodie f **parodiar** [paru'djar] ⟨1g⟩ parodieren
parola [pa'rɔlɐ] F̲ Gewäsch n **parolagem** [paru'ɫaʒɐĩ] F̲ Gequassel n **parolar** [paru'ɫar] ⟨1e⟩ quasseln **paroleiro** [pɐru'ɫɐiru] M̲ *fam* Quatschkopf m **parolice** [pɐru'ɫisi] F̲ Quasselei f **parolo** [pa'rolu] M̲ port *fam* Hinterwäldler m
paróquia [pa'rɔkjɐ] F̲ Pfarrei f **paroquial** [pɐru'kjaɫ] Pfarr... **paroquialismo** [pɐrukjɐ'ɫiʒmu] M̲ *fig* Kleingeist m **paroquiano** [pɐru'kjɐnu] A̲ ADJ Pfarr... B̲ M̲, **-a** F̲ Pfarrkind n
parotidite [pɐrɔti'diti] F̲ MED Mumps m
paroxítono [pɐrɔ'ksitunu] ADJ LING auf der vorletzten Silbe betont
parque ['parki] M̲ Park m; **~ automóvel** port Wagenpark m; **~ de campismo** port Campingplatz m; **~ de diversões** Vergnügungspark m; **~ de estacionamento** port

Parkplatz *m*; **~ de estacionamento subterrâneo** Tiefgarage *f*; **~ infantil** Kinderspielplatz *m*; **~ nacional** Nationalpark *m* **parqueamento** [parkjɐˈmẽtu] M Parken *n*
parquete [parˈketi] M Parkett *n*
parquímetro [parˈkimitru] M Parkuhr *f*
parra [ˈpaʀɐ] F Weinblatt *n*; Weinlaub *n*
parreira [pɐˈʀɐjɾɐ] F Weinspalier *n*
part. ABR (*particular*) priv. (privat)
parte [ˈparti] F **1** Teil *m*; Anteil *m*; **~ integrante** (fester) Bestandteil *m*; **a maior ~ de** der größte Teil; die meisten; **a maior ~ das vezes** meistens; **em (grande) ~** zum (großen) Teil; **pela** (*ou* **na**) **maior ~** größtenteils; **fazer ~ de** gehören zu; **ter ~ em** Anteil haben an (*dat*); teilnehmen an (*dat*); **tomar ~ em** teilnehmen an (*dat*) **2** *local*: Seite *f*; Ort *m*; **da ~ de** von (seiten gen); **da ~ da frente** (von) vorn; **da ~ (do) sul** von Süden; **de ~** beiseite; abseits; **em alguma** (*ou* **qualquer**) **~** irgendwo; **em ~ alguma** (*ou* **nenhuma**) nirgends; **em toda a ~** überall; **noutra ~** anderswo; **pôr** (*ou* **deixar**) **de ~** beiseite legen (*ou* lassen); aussondern **3** DIR Partei *f*; **~ contratante** vertragschließende Seite *f*; **de ~ a ~** gegenseitig; durch und durch; **por** (*ou* **pela**) **minha ~** meinerseits; **por outra ~** andererseits **4** (*comunicação*) schriftliche Mitteilung *f*; Meldung *f*; **dar ~ de alg** *ou* **a/c** etw *ou* j-n melden; **dar ~ do doente** sich krankmelden **5** TEAT Rolle *f* **6** **à ~** *adv* gesondert; vertraulich; PREP außer (*dat*); abgesehen von (*dat*); **por ~s** Punkt für Punkt; **tomar a/c à boa/má ~** etw gut aufnehmen/übel nehmen
parteira [parˈtɐjɾɐ] F Hebamme *f* **parteiro** [parˈtɐjɾu] M Geburtshelfer *m*
participação [partisipɐˈsɐ̃ũ] F (*comunicado*) Mitteilung *f*; Teilnahme *f* (**em** an *dat*); POL Mitbestimmung *f*; ECON Beteiligung *f* **participante** [partisiˈpɐ̃ti] A ADJ teilnehmend B M/F Teilnehmer(in) *m(f)* **participar** [partisiˈpar] ⟨1a⟩ A V/T mitteilen B V/I **~ em** (*ou espec bras* **de**) teilnehmen an (*dat*); teilhaben an (*dat*); POL mitbestimmen bei **participativo** [partisipɐˈtivu] Beteiligungs...
particípio [partiˈsipju] M Partizip *n*
partícula [parˈtikulɐ] F Partikel *f*
particular [partikuˈlar] A ADJ besonder; (*peculiar*) eigentümlich; (*pessoal*) persönlich; Privat...; **em ~** unter vier Augen; → particularmente B M Privatperson *f* C M **~es** PL Einzelheiten *fpl* **particularidade** [partikulɐɾiˈdadi] F Besonderheit *f*; (*peculiaridade*) Eigenheit *f* **particularismo** [partikulɐˈɾiʒmu] M Absonderung *f*; Eigenbrötelei *f*; POL Partikularismus *m* **particularizar** [partikulɐɾiˈzar] ⟨1a⟩ detailliert darstellen; **~-se** (*diferenciar-se*) sich unterscheiden; (*afastar-se*) eigene Wege gehen **particularmente** [partikuˈlarmẽti] ADV besonders; insbesondere
partida [parˈtidɐ] F **1** Abreise *f*; Aufbruch *m*; *veículo*: Abfahrt *f*; AERO Abflug *m*; DESP Start *m*; **ponto** *m* **de ~** Ausgangspunkt *m*; **à ~** beim Start; *fig* von vornherein; **dar ~ para** den Startschuss geben zu **2** DESP Start(linie) *m(f)*; (*jogo*) Spiel *n*, Partie *f* **3** *fam* Streich *m*; **pregar uma ~ a alg** j-m e-n Streich spielen **4** COM **escrituração** *f* **por ~s dobradas/ /simples** doppelte/einfache Buchführung *f*
partidário [partiˈdarju] A ADJ Partei...; parteilich B M Anhänger *m*; POL (Partei)Mitglied *n* **partidarismo** [partidɐˈɾiʒmu] M Parteiwesen *n* **partidarista** [partidɐˈɾiʃtɐ] M/F Parteianhänger(in) *m(f)*
partido [parˈtidu] M POL Partei *f*; *casamento*: Partie *f*; *jogo* Vorgabe *f*; *fig* Nutzen *m*; (*saída*) Ausweg *m*; **fazer-se do ~ de** sich auf j-s Seite schlagen; **ser um bom ~** eine gute Partie sein; **tirar ~ de** Nutzen ziehen aus; **tomar (o) ~ de alg** j-s Partei ergreifen
partilha [parˈtiʎɐ] F *espec* (Erb)Teilung *f*; (*parte*) Anteil *m*; **~ de bens** DIR Gütertrennung *f*; **~ de tempo** Timesharing *n* **partilhar** [partiˈʎar] ⟨1a⟩ (auf-, ver)teilen; *fig* Anteil nehmen
partimento [partiˈmẽtu] M Teilung *f*; Trennung *f* **partir** [parˈtir] ⟨3b⟩ A V/T (*dividir*) (zer)teilen; (*quebrar*) zerbrechen; **pão** brechen, schneiden; (*distribuir*) verteilen; **~ ao** (*ou* **pelo**) **meio** durchbrechen; halbieren B V/I **1** (zer)brechen; (*estragar-se*) kaputtgehen **2** abreisen; aufbrechen; abfahren; weggehen; *fig* ausgehen; anfangen; **a ~ de** von ... an; ab ...
partitivo [partiˈtivu] GRAM Teilungs...
partitura [partiˈtuɾɐ] F MÚS Partitur *f*

partível [pɐr'tivɛɫ] teilbar
parto ['partu] M Geburt f, Entbindung f; fig Erzeugnis n; **~ prematuro** Frühgeburt f
part-time [part'taim] M Teilzeit f; **emprego m em ~** Teilzeitjob m
parturiente [partu'rjẽti] F Gebärende f
parvalhão [pɐrvɐ'ʎɐ̃u̯] M pop Blödmann m **parvo** ['parvu] pop A ADJ kindisch, blöd; **armar em ~** port sich blöd stellen B M Idiot m; **à -a port pop wie verrückt; fazer cara de ~** port dumm aus der Wäsche gucken **parvoíce** [pɐr'vwisi] F Blödsinn m
pascal [pɐʃ'kaɫ] A ADJ österlich, Oster... B M FIS Pascal n
pascer [pɐʃ'ser] ⟨2g; Stv 2b⟩ (ab)weiden; **~(-se) em** fig (sich) weiden an (dat)
Páscoa ['paʃkwɐ] F Ostern n; **cara f de ~** Festtagsgesicht n; **boa ~!** Frohe Ostern!
pascoal [pɐʃ'kwaɫ] österlich, Oster...
pascoela [pɐʃ'kwɛlɐ] F Weißer Sonntag m
pasmado [pɐʒ'madu] erstaunt; verblüfft; (chocado) entsetzt **pasmar** [pɐʒ'mar] ⟨1b⟩ A VT verblüffen; (chocar) entsetzen; **~ a vista em** anstarren B VI erstarren; starr sein (**de** vor dat) **pasmo** ['paʒmu] M Verblüffung f; Staunen n **pasmoso** [pɐʒ'mozu] verblüffend
pasquim [pɐʃ'kĩ] M Satireblatt n; pej Hetzblatt n
passa ['pasɐ] F GASTR Rosine f; fam Zug m (beim Rauchen)
passada [pɐ'sadɐ] F Schritt m; Satz m; **~s** pl fig Beispiel n, Weg m
passadeira [pɐsɐ'dɐi̯rɐ] F (tapete) Läufer m; port na rua: Zebrastreifen m; na praia: Steg m; costura: Durchziehring m; **~ rolante** Laufband n **passadiço** [pɐsɐ'disu] A ADJ vorübergehend B M Durchgang m; (prancha) Laufsteg m
passado [pɐ'sadu] A ADJ vergangen; (anterior) vorig; früher; frutos getrocknet; behandelt (**com** mit); pop pessoa verrückt **particípio ~** Partizip n Perfekt; fig **~ de frio** etc starr vor Kälte etc; **~s três dias** drei Tage später; **bem/mal ~** port durchgebraten/halb durchgebraten; **são águas -as** das ist Schnee von gestern B M Vergangenheit f; **~s pl** Vorfahren mpl
passador [pɐsɐ'dor] M GASTR leite: Sieb n; legumes: Püriermühle f; fig Schmuggler m; Hehler m; de pessoas: Schlepper m
passageiro [pɐsɐ'ʒɐi̯ru] A ADJ vorübergehend; (insignificante) unbedeutend; rua belebt B M Reisende(r) m, Fahrgast m; bras Fährmann m **passagem** [pɐ'saʒɐ̃i̯] F Passage f; Durchgang m, -fahrt f, -reise f; (desfile) Durchmarsch m; NÁUT Überfahrt f; Übertritt m; FERROV Fahrkarte f; AERO Flugticket n; Wildwechsel m; (Fußgänger)Überweg m; vestuário: gestopfte Stelle f; **~ de nível** FERROV Bahnübergang m; **~ inferior/superior** Bahnunter-/überführung f; **~ de linha** NÁUT Überquerung f des Äquators; **dar ~ a** vorbeilassen; **dar ~ a, ceder a ~ a** alg j-m die Vorfahrt lassen; **de ~** im Vorübergehen; auf der Durchreise; fig nebenbei
passajar [pɐsɐ'ʒar] ⟨1b⟩ vestuário stopfen **passamento** [pɐsɐ'mẽtu] M Hinscheiden n **passante** [pɐ'sɐ̃ti] A MF Passant(in) m(f) B ADJ **~ de** hinausgehend über (ac); **~ dos 60** über 60 Jahre alt **passaporte** [pɐsɐ'pɔrti] M (Reise-)Pass m
passar [pɐ'sar] ⟨1b⟩ A VT überschreiten; überqueren; gehen (ou fahren) über (ac); hinausgehen über (ac); (ultrapassar) übertreffen; durchqueren; (furar) durchbohren; (penetrar) durchdringen; GASTR passieren; líquido filtern; informação weitergeben (**a an** ac); (dar) (hinüber-, über)reichen; pancada versetzen; documento ausstellen; negócio übertragen; dever, tarefa aufgeben; mercadoria an den Mann bringen; participação zukommen lassen; schmuggeln; penas durchmachen; vida führen; tempo verbringen; carne braten; **~ a/c a** alg j-m etw (hinüber)reichen; fig j-m etw durchgehen lassen; **~ um mau pedaço** eine schwierige Phase durchmachen; **~ (a ferro)** bügeln; **~ a limpo** ins Reine schreiben; **~ para bote** übersetzen nach; befördern nach; funcionário versetzen nach (ou in ac); **~ por** ziehen ou stecken durch B VI 1 dor, doença vorübergehen; comboio verpasst werden; tempo vergehen; (repassar) durchsickern; jogo: passen; droga handeln mit, schieben; **~ a** alg j-m entfallen; **~ à história** passé sein; **~ pelas brasas** schlummern; **~ (de moda)** aus der Mode kommen; **isto não pode ~ assim** so geht das nicht; **como passou (ou tem passado)?** wie geht

es Ihnen?, wie ist es Ihnen ergangen?; **~ bem com** gut auskommen mit; (*poder*) **~ sem a/c** etw entbehren können; **ter com que ~** sein Auskommen haben; **deixar ~** vorbeilassen 🔁 *com prep*: **~ a, ~ para** hinübergehen, -fahren nach (*ou* zu); übergehen zu; verziehen (MIL verlegt werden) nach; **~ a fazer a/c** dazu übergehen, etw zu tun; **~ a ser** werden; **~ de** hinausgehen über (*ac*); mehr sein als; *horas* später sein als; **~ dos 60** über 60 Jahre alt sein; **não ~ de** nicht mehr sein als; **~ de ... em ...** von ... zu ... gehen; **~ em** *exame* durchkommen in (*dat*); **~ por, ~ junto de** *local*: vorbeikommen (*ou* vorbeigehen) an (*dat*); kommen durch (*ou* über *ac*); *fig* hindurchgehen durch; durchmachen; *cabeça* durch den Kopf gehen; **~ por, ~ por cima de** fahren durch (*ou* über *ac*); *cabeça* streichen über; *fig* hinweggehen (*ou* sich hinwegsetzen) über (*ac*); **~ por** (*bras* **pela**) **casa de alg** bei j-m vorbeigehen, -schauen; **~ por, ~ como** gelten als (*nom*); **fazer-se ~ por** sich ausgeben als 🆑 *V/R* **~-se** *fam* los sein; passieren; (*acabar*) vergehen; *inimigo* überlaufen (a zu)

passarada [pasɐˈraðɐ] *F* Vogelschwarm *m*; Vögel *mpl* **passarão** [pasɐˈrɐ̃w] *M fam* Schlitzohr *n* **passareiro** [pasɐˈrɐiru] *M* Vogelhändler *m*

passarela [pasɐˈrɛlɐ] *F*, **passerelle** [pasiˈrɛli] *F* Laufsteg *m* (*tb moda*); Fußgängerbrücke *f*

pássaro [ˈpasɐru] *M* (Sing)Vogel *m*
passatempo [pasɐˈtẽpu] *M* Zeitvertreib *m*, Unterhaltung *f*

passe [ˈpasi] *M* Erlaubnis *f*, Erlaubnisschein *m*; Passierschein *m*; *espec* Dauerkarte *f*, Abonnement *n*; *futebol* Pass *m*; **~ combinado, ~ multimodal** *port* Netzkarte *f*; **~ mensal** Monatskarte *f* **passeante** [pasiˈɐ̃ti] *M/F* Spaziergänger(in) *m(f)*; *pej* Herumtreiber(in) *m(f)* **passear** [pasiˈar] ⟨1I⟩ 🅰 *V/T* *cão* ausführen; durchfahren; *fig* schweifen lassen 🅱 *V/I* spazieren gehen (*ou* fahren); (*vaguear*) umherschweifen; **mandar ~** zum Teufel schicken; **vai ~!** geh zum Kuckuck!; **~-se** sich die Beine vertreten **passeata** [pasiˈatɐ] *F* Bummel *m*; *bras* Demonstration *f* **passeio** [pasˈɐiu] *M* Spaziergang *m*, -fahrt *f*; (*excursão*) Ausflug *m*; (*calçada*) Bürgersteig *m*; **~ de bicicleta** Radtour *f*; **~ a cavalo** Ausritt *m*; **~ público** Promenade *f*; **dar um ~** → passear

passional [pasjuˈnał] leidenschaftlich; **crime** *m* **~** Verbrechen *n* aus Leidenschaft

passiva [pɐˈsivɐ] *F* GRAM Passiv *n*
passível [pɐˈsivɛɫ] **~ de pagamento de coima** *port* bußgeldpflichtig; **~ de direitos** zollpflichtig; **ser ~ de** unterliegen (*dat*)

passividade [pɐsiviˈdaði] *F* Untätigkeit *f*
passivo [pɐˈsivu] 🅰 *ADJ* passiv; untätig; **voz** *f* **-a** Passiv *n* 🅱 *M* COM Passiva *pl*
passo¹ [ˈpasu] *M* 🔢 Schritt *m*; *dança*: Tanzschritt *m*; **ceder o ~** den Vortritt lassen; **dar um ~** e-n Schritt tun; **dar um ~ em falso** e-n Fehltritt machen; **a cada ~** auf Schritt und Tritt; **a ~s contados, ~ a ~** Schritt für Schritt; **a ~s largos** mit langen Schritten; **a ~s lentos** langsam; **a dois ~s** ganz in der Nähe; **a poucos ~s de** *fig temporal*: kurz nach; *local*: nicht weit von 🔁 *andar*: Schritt *m*; **~ de corrida** Laufschritt *m*; **a ~** im Schritt; **acertar o ~ com** Schritt halten mit; **apertar** (*ou* **dobrar**) **o ~** schneller gehen; **marcar ~** auf der Stelle treten (*tb fig*); **travar o ~** langsamer gehen 🔢 Durchgang *m*; GEOG *montanha*: Bergpass *m*; *mar*: Meerenge *f*; *bras* Furt *f* 🔢 *fig* (*trecho*) Abschnitt *f* (in einem Buch); REL (Kreuzweg)Station *f* 🔢 TECN Steighöhe *f*; (*divisão*) Teilung *f*; (*distância*) Abstand *m* 🔢 *fig* **ao ~ que** *cj* während; wo(hin)gegen; **de ~** beiläufig; **neste ~** an dieser Stelle; **tomar o ~ a** (*a alg*) (j-m) vorangehen; j-m zuvorkommen

passo² [ˈpasu] *ADJ* getrocknet; **uva** *f* **-a** Rosine *f*

pasta [ˈpaʃtɐ] *F* 🔢 Paste *f*; Masse *f*; *fam* (*dinheiro*) Knete *f*; **~ dentifrícia** (*ou* **de dentes**) Zahnpasta *f* 🔁 Mappe *f*; Aktentasche *f*; POL Geschäftsbereich *m*; Amt *n*
pastagem [pɐʃˈtaʒɐ̃j] *F* AGR Weide *f*
pastar [pɐʃˈtar] ⟨1b⟩ 🅰 *V/T* abweiden; (ab)fressen 🅱 *V/I* weiden; *fig* sich weiden (**de** *an dat*) **pastel** [pɐʃˈtɛɫ] *M* GASTR kleine Pastete *f*; *doce*: Törtchen *n*; *salgado*: kleine Frikadelle *ou* frittiertes Bällchen; TIPO Zwiebelfisch *m*; PINT Pastell *n*; **~ de bacalhau** GASTR Stockfischbällchen *n*; GASTR **~ de nata** (*ou* **de Belém**) *port*

Pastetchen aus Blätterteig mit süßer Eiermilchfüllung **pastelão** [paʃti'tɜ̃ũ] M̄ Pastete f **pastelaria** [paʃtitɜ'riɐ] F̄ Konditorei f, Bäckerei f **pasteleiro** [paʃti-'tɜiru] M̄ Konditor m **pasteurizar** [paʃ-tɜuri'zar] ⟨1a⟩ pasteurisieren

▶ **pastel de nata**

Die **pastéis de nata** – auch **pastéis de Belém** genannt – sind typische portugiesische Puddingtörtchen. Am besten schmecken sie noch warm und mit einer Prise Zimt. Sie finden diese Köstlichkeiten in den meisten Konditoreien (**pastelarias**) und Cafés (**cafés**). Guten Appetit! ◀

pastilha [paʃ'tiʎɐ] F̄ Lutschtablette f; INFORM Chip m; *pop* Backpfeife f; **~ contra dores de garganta** Halstablette f; **~ dos travões** (*bras* **de freio**) AUTO Bremsbelag f; **~ elástica** *port* Kaugummi m **pasto** ['paʃtu] M̄ *erva*: Viehfutter n; *terreno*: Weide f; *fig* Nahrung f; (Augen-, Ohren)Schmaus m **pastor** [paʃ'tor] Ā M̄, **pastora** F̄ Hirte m, Hirtin f; REL Seelsorger(in) m(f); Pfarrer(in) m(f); Pastor(in) m(f) B̄ M̄ *zoo* **~ alemão** (Deutscher) Schäferhund m **pastoral** [paʃtu'raɫ] Ā ADJ Hirten... B̄ F̄ REL Hirtenbrief m; LIT Hirtengedicht n **pastorear** [paʃtu'rjar] ⟨1l⟩ *gado* weiden, hüten; *fig* geistlich betreuen; lenken **pastoreio** [paʃtu'raju] M̄ Weiden n; **~ excessivo** Überweidung f **pastorela** [paʃtu'rɛ-tɐ] F̄ LIT Hirtenlied n **pastoril** [paʃtu'riɫ] Schäfer...; *fig* idyllisch **pastoso** [paʃ'tozu] teigig; *voz* schleppend **pata** ['patɐ] F̄ ❶ ZOOL Ente f ❷ *cão, gato*: Pfote f; *tigre, leão*: Tatze f; *cavalo*: Huf m; **à ~** *fam* per pedes; **debaixo da ~ de alg** unter j-s Fuchtel **pataco** [pɐ'taku] M̄ *hist port* Münze f; *fig* Schafskopf m; **não valer um ~** keinen Pfifferling wert sein; **~s** *pl fam* (*dinheiro*) Kröten *fpl*. **patada** [pɐ'tadɐ] F̄ Hieb m; (*pontapé*) Fußtritt m; *fig* grober Fehltritt m **patamar** [pɐtɐ'mar] M̄ (Treppen)Absatz m **patavina** [pɐtɐ'vinɐ] ADV **não perceber/ /entender ~** überhaupt nichts verstehen

pataz [pɐ'taʃ] M̄ ZOOL Meerkatze f **pateada** [pɐ'tjadɐ] F̄ Stampfen n; Trampeln n; **dar ~** ausbuhen **patear** [pɐ'tjar] ⟨1l⟩ Ā V̄T TEAT *etc* auspfeifen, ausbuhen B̄ V̄I trampeln

patego [pɐ'tɛgu] einfältig; primitiv **patela** [pɐ'tɛlɐ] F̄ ANAT Kniescheibe f; ZOOL Napfschnecke f **patença** [pɐ'tẽsɐ] F̄ Scholle f (*Fisch*) **patente** [pɐ'tẽti] Ā ADJ offen; (*claro*) offenbar; (*aberto*) geöffnet (**a**, **para** für); **estar** (*ou* **encontrar-se**) **~** ausliegen B̄ F̄ Patent n; (*diploma*) Diplom n; *identificação*: Ausweis m; MIL Dienstgrad m; **de alta ~** hochrangig; **as altas ~s** die höheren Ränge (*tb fig*) **patentear** [pɐtẽ'tjar] ⟨1l⟩ öffnen; (*descobrir*) aufdecken; (*demonstrar*) zeigen; *interesse* bekunden; *invenção* patentieren

paternal [pɐtir'naɫ] väterlich, Vater... **paternalismo** [pɐtirnɐ'liʒmu] M̄ Paternalismus m **paternidade** [pɐtirniʃ'dadi] F̄ Vaterschaft f **paterno** [pɐ'tɛrnu] väterlich(erseits)

pateta [pɐ'tɛtɐ] M̄F̄ *fam* Blödmann m **patetice** [pɐti'tisi] F̄ Blödsinn m **patético** [pɐ'tɛtiku] Ā ADJ pathetisch B̄ M̄ Pathos n

patibular [pɐtibu'lar] ADJ *cara* F̄ ≃ Gaunervisage f **patíbulo** [pɐ'tibutu] M̄ Galgen m, Schafott n

patifaria [pɐtifɐ'riɐ] F̄ Schurkenstreich m; (*maldade*) Gemeinheit f **patife** [pɐ'tifi] Ā ADJ gemein B̄ M̄ Schuft m; *irón* Schlingel m

patilha [pɐ'tiʎɐ] F̄ *port* Koteletten *pl*; TECN Lasche f

patim [pɐ'tĩ] M̄ ⟨*pl* **patins**⟩ Schlittschuh m; TECN Schlitten m; Kufe f; Gleiter m; **~ de rodas** Rollschuh m; **patins** *pl* **em linha** (*bras tb* **patins** *pl* **in line**) Inlineskates *mpl*; **hóquei m em** (*bras* **sobre**) **patins** Eishockey n; **ir de patins** *fam* rausgeworfen werden

pátina ['patinɐ] F̄ Patina f **patinação** [pɐtinɐ'sɜ̃ũ] F̄ *bras* → **patinagem**; **~ artística** Eiskunstlauf m; **~ no** (*ou* **sobre**) **gelo** Eislauf f **patinador(a)** [pɐtinɐ'dor(ɐ)] M̄F̄ Schlitt- (*ou* Roll)schuhläufer(in) m(f) **patinagem** [pɐti'naʒɜ̃ĩ] F̄ Schlitt- (*ou* Roll)schuhlauf m; AUTO Schleudern n; **~ artística** Eiskunstlauf m; **~ no** (*ou* **sobre**) **gelo** Eislauf f **pati-**

nar [pɐtiˈnar] ⟨1a⟩ Schlittschuh (ou Rollschuh)laufen; AUTO schleudern **patinete** [pɐtʃiˈnɛtʃi] F bras Skateboard n

patinhar [pɐtiˈɲar] ⟨1a⟩ planschen; AUTO durchdrehen

patinho [pɐˈtiɲu] M Entenküken n, Entchen n

pátio [ˈpatju] M Innenhof m; **~ das traseiras** (bras **dos fundos**) Hinterhof m; **~ interior** Innenhof m

pato [ˈpatu] M ZOOL Ente f; macho: Erpel m; fam fig Tropf m; **pé m de ~** (Taucher-)Flosse f; **~-negro** m Trauerente f; **~-real** m Stockente f; bras fam **pagar o ~** etwas ausbaden müssen

patogénico (*ê*) [pɐtɔˈʒɛniku] ADJ mikróbio M Krankheitserreger m **patologia** [pɐtuluˈʒiɐ] F Pathologie f **patologista** [pɐtuluˈʒiʃtɐ] M/F Pathologe m, Pathologin f

patorra [pɐˈtoʀɐ] F **1** große Pfote f; fam Riesenfuß m **2** ZOOL Lerche f

patranha [pɐˈtrɐɲɐ] F (Lügen)Märchen n

patrão [pɐˈtrɐ̃u] M Chef m; Unternehmer m, Arbeitgeber m; restaurante: Wirt m; (dono de casa) Hausherr m **patrão-mor** [pɐtrɐ̃uˈmɔr] M ⟨pl -ões-mores⟩ (Abteilungs)Leiter m (Staatsdienst)

pátria [ˈpatrjɐ] F Vaterland n; Heimat f

patriarca [pɐtriˈarkɐ] M Patriarch m **patriarcado** [pɐtriarˈkadu] M Patriarchat n **patriarcal** [pɐtriarˈkał] patriarchalisch

patrício [pɐˈtrisju] A ADJ vornehm; B M hist Patrizier m; Landsmann m

patrimonial [pɐtrimuˈnjał] Vermögens... **património** (*ô*) [pɐtriˈmɔnju] M Eigentum n; cultural: Erbe n; fig Vorrecht n; **Património do Estado** Staatseigentum n; **~ genético** Erbgut n

pátrio [ˈpatrju] **1** vaterländisch; Heimat... **2** väterlich

patriota [pɐtriˈɔtɐ] M/F Patriot(in) m(f) **patriótico** [pɐtriˈɔtiku] patriotisch **patriotismo** [pɐtriuˈtiʒmu] M Patriotismus m

patroa [pɐˈtroɐ] F Dame f des Hauses; (dona) Besitzerin f; restaurante: Wirtin f

patrocinador(a) [pɐtrusinɐˈdor(ɐ)] M/F Schirmherr(in) m(f); Sponsor(in) m(f) **patrocinar** [pɐtrusiˈnar] ⟨1a⟩ fördern; sponsern **patrocínio** [pɐtruˈsinju] M Förderung f; **sob o ~ de** unter Schirmherrschaft (gen)

patronado [pɐtruˈnadu] M → patronato
patronal [pɐtruˈnał] Arbeitgeber...; **entidade f ~** Arbeitgeberverband m **patronato** [pɐtruˈnatu] M hist Patronat m; ECON Arbeitgeber mpl **patrono** [pɐˈtronu] M Schirmherr m; DIR Rechtsbeistand n

patruça [pɐˈtrusɐ] F Art Scholle (Fisch)

patrulha [pɐˈtruʎɐ] F Streife f; Patrouille f; Trupp m **patrulhamento** [pɐtruʎɐˈmẽtu] M Streife f; Patrouillieren n **patrulhar** [pɐtruˈʎar] ⟨1a⟩ A VT streifen durch; ablaufen; bewachen B VI Streife fahren; patrouillieren

patuscada [pɐtuʃˈkadɐ] F GASTR Schlemmerei f; Gaudi n **patuscar** [pɐtuʃˈkar] ⟨1n⟩ GASTR schlemmen; lustig sein **patusco** [pɐˈtuʃku] A ADJ lustig; komisch B M Spaßvogel m

pau [pau] A ADJ bras lästig; langweilig B M ⟨Stück n⟩ Holz n; Stock m; baunilha etc: Stange f; fam fig 1 Escudo; pop Schwanz m (Penis); **~ f** de ZOOL Geweih n; naipe: Kreuz n, Eichel f; **cabeça f de ~** fam Holzkopf m; **carga f de ~** Tracht f Prügel; **~ de incenso** Räucherstäbchen n; **pé m de ~** Stelze f; **~ para toda a obra** fig Mädchen n für alles; **a dar com um ~** fam in rauen Mengen; **jogar com um ~ de dois bicos** mit doppelter Zunge reden; **levar ~** bras fam exame durchfallen; fam **cara de ~** unverschämt; **pôr-se a ~** sich in Acht nehmen; **quebrar o ~** bras fam heftig streiten

pau-a-pique [pauɐˈpiki] M bras **casa f de ~** Lehmhütte f

pau-brasil [paubrɐˈził] M ⟨pl paus-brasil⟩ BOT Brasilholz n

paul [pɐˈuł] M Pfuhl m; Sumpf m

paulada [pauˈładɐ] F Stockschlag m; **~s** pl Prügel pl

paulificar [paulifiˈkax] ⟨1n⟩ bras ärgern; belästigen

paulista [pauˈliʃtɐ] bras aus (dem Staat) São Paulo **paulistano** [pauliʃˈtɐnu] bras aus (der Stadt) São Paulo

pauperismo [paupɨˈriʒmu] M (Massen-) Elend n; Verarmung f **paupérrimo** [pauˈpɛʀimu] bettelarm

pau-preto [pauˈpretu] M ⟨pl paus-pretos⟩ Ebenholz n **paurosa** [pauˈrɔzɐ] F ⟨pl paus-rosas⟩ Rosenholz n

pausa [ˈpauzɐ] F Pause f **pausado**

[pau'zadu] langsam, gemessen
pau-santo [pau'sãtu] M ⟨pl paus-santos⟩ Pockbaum m; Pockholz n
pausar [pau'zar] ⟨1a⟩ **A** VT zurückhalten; unterbrechen **B** VI pausieren; ruhen
pauta ['pauta] F escrita: Linienblatt n; (lista) Liste f; escola: Notenliste f; MÚS Notenpapier n; alfândega: Zollliste f; bras (ordem do dia) Tagesordnung f; fig Maßstab m **pautado** [pau'tadu] papel liniert; (regulamentado) regelrecht; desenrolar planmäßig; (comedido) maßvoll; **papel m ~** Linienpapier n; MÚS Notenpapier n
pautar [pau'tar] ⟨1a⟩ papel linieren; em lista: eintragen; despesas reduzieren; fig regeln (por nach); bezeichnen (de als)
pautear [pau'tʃjax] ⟨1l⟩ bras fam plaudern
pauzinho [pau'ziɲu] M Hölzchen n, Stöckchen n; caracol: Fühler m; **~s** pl Machenschaften fpl; **mexer os ~s** Ränke spinnen
pavão [pa'vãũ] M Pfau m; **enfeitar-se com penas de ~** fig sich mit fremden Federn schmücken
pávido ['pavidu] entsetzt
pavilhão [pavi'ʎãũ] M caça, desporto, exposição: Pavillon m; anexo à vivenda: Gartenhaus n; fábrica: (Fabrik-, Ausstellungs)Halle f; ANAT Ohrmuschel f; NÁUT Flagge f; hist MÚS Schalltrichter m; **~ de cama** Betthimmel m; **~ gimnodesportivo** port Sporthalle f
pavimentar [pavimẽ'tar] ⟨1a⟩ Fußboden legen; pflastern
pavimento [pavi'mẽtu] M Fußboden(-belag) m; **~ de asfalto** Asphaltdecke f; **~ de cimento** Estrich m
pavio [pa'viu] M Docht m
pavonear [pavu'njar] ⟨1l⟩ herausputzen; zur Schau stellen (ou tragen); **~-se** stolzieren; fig sich brüsten
pavor [pa'vor] M Entsetzen n; (susto) Schreck m **pavoroso** [pavu'rozu] entsetzlich, schrecklich
paxá [pa'ʃa] M Pascha m
paz [paʃ] F Friede(n) m; (sossego) Ruhe f; **deixar em ~** in Frieden lassen; **estar em ~ com** in Frieden leben mit; **fazer as ~es** Frieden schließen; sich versöhnen
pazada [pa'zada] F Schaufel f voll; (pancada) Schlag m; (remada) Ruderschlag m; **~ de água** Regenguss m

paz-de-alma [paʒ'd(j)alma] M/F ⟨pl pazes-de-alma⟩ Gemütsmensch m
p/c ABR (por conta) auf Rechnung
PE M ABR (Parlamento Europeu) EP n (Europäisches Parlament)
pé [pɛ] M **1** ANAT Fuß m (tb TECN e medida); ZOOL Pfote f; GASTR porco: Schweinsfuß m; **~ chato** ANAT Plattfuß m; **peito m do ~** Fußrücken m; **a ~** zu Fuß; **andar a ~** (herum)laufen **2** ARQUIT Sockel m; FOTO Stativ n; **~s pl cama**: Fußende n **3** BOT Stiel m; alface: (Salat)Kopf m; alho: Knolle f; geralm: Stück m **4** fig Anlass m; Vorwand m; cartas: Hinterhand f **5** fig **a ~ firme** standhaft; **ao ~ de** an (ac, dat), bei, neben (ac, dat); **aos ~s de** zu Füßen (gen); **a ~s juntos** hartnäckig; **~ ante ~** vorsichtig; **de ~, em ~** aufrecht; stehend; cabelo gesträubt; **de ~ enxuto** trockenen Fußes; **dos (ou desde os) ~s (até) à cabeça** von Kopf bis Fuß; **em ~ de guerra** auf Kriegsfuß; **na(s) ponta(s) dos ~s** auf Zehenspitzen; **sem ~s nem cabeça** ohne Hand und Fuß; **entrar/começar a/c com o ~ direito/esquerdo** mit etw gut/schlecht anfangen; **bater o ~** aufstampfen; fig trotzen; **cair em ~** auf die Füße fallen; **estar a ~ port** auf sein; **estar de (ou em) ~** stehen; **estar com o ~ no ar** (bras na porta) auf dem Sprung sein; **estar no mesmo ~** unverändert sein; **em que ~ está ...?** wie steht ...?; **ficar a ~ port** aufbleiben; **ficar de (ou em) ~** (be)stehen bleiben; **ganhar ~** Boden unter den Füßen bekommen; **manter de ~** aufrechterhalten; **meter (ou pôr) debaixo dos ~s** unterwerfen; besiegen; **meter os ~s pelas mãos** sich verhaspeln; **pôr de (ou em) ~** aufrichten; errichten; fig auf die Beine stellen; **pôr os ~s em** sich begeben nach; **pôr-se de (ou em) ~** (wieder) aufstehen; cabelo sich sträuben; **ter ~** Boden unter den Füßen haben; fig e-n Vorwand haben (para für); **ter os ~s (bem assentes) na terra**, bras **ter os ~s no chão** mit beiden Füßen auf dem Boden stehen, bodenständig sein; **tomar ~** Fuß fassen; (ir ou vir ao ~ de) herantreten an (ac); **não chegar aos ~s de alg** j-m nicht das Wasser reichen können
pê [pe] M Name des Buchstabens p
peanha ['pjaɲa] F Sockel m (Denkmal)
peão [pjãũ] M Fußgänger m; xadrez: Bau-

er m; bras Landarbeiter m; (vaqueiro) Cowboy m

peça ['pɛsɐ] **A** → pedir **B** F̲ Stück n; damas: Stein m; xadrez: Figur f; (parte) Teil m; DIR Aktendokument n; teatro: Theaterstück n; (móvel) Möbelstück n; (divisão) Zimmer n; MIL Geschütz n; part Streich m; **~ de desgaste** TECN Verschleißteil n; **má ~** fam freches Stück n; **~ radiofónica (*ô)** Hörspiel n; **~ sobressalente** (ou **de reposiçaço**) TECN Ersatzteil n; **de uma só ~** aus e-m Stück; **em ~** am Stück

pecado [pi'kadu] M̲ REL Sünde f; geram Vergehen n; **~ mortal** Todsünde f; **~ original** Erbsünde f; **~s** pl **velhos** port fam alte Geschichten pl **pecador** [pikɐ'dor] **A** ADJ sündig **B** M̲, **-a** F̲ Sünder(in) m(f) **pecaminoso** [pikɐmi'nozu] sündhaft **pecar** [pi'kar] ⟨1n; Stv 1c⟩ REL sündigen; verstoßen (**contra** gegen); **~ em** leiden an (dat)

pechincha [pi'ʃiʃɐ] F̲ fam Schnäppchen n; guter Fang m **pechinchar** [piʃi'ʃar] ⟨1a⟩ ergattern; bras feilschen;**~ a/c a alg** j-m etw abhandeln

pechisbeque [piʃiʒ'bɛki] M̲ Talmi n; fig (pedra preciosa) Klunker m

peço ['pesu] → pedir

peçonha [pi'sɔɲɐ] F̲ Gift n **peçonhento** [pisu'ɲẽtu] giftig

pécora ['pɛkurɐ] F̲ gado: Stück n Vieh; pop Prostituierte f

pé-coxinho [pɛku'ʃiɲu] M̲ port Hopsespiel n; **andar ao ~** hüpfen, hopsen

pectina [pɛk'tinɐ] F̲ Pektin n

pecuária [pi'kwarjɐ] F̲ Viehzucht f; Vieh n **pecuário** [pi'kwarju] **A** ADJ Vieh... **B** M̲ Viehzüchter m

peculato [piku'latu] M̲ Veruntreuung f öffentlicher Gelder

peculiar [piku'tjar] eigen(tümlich); besonder **pecúlio** [pi'kulju] M̲ Ersparnisse fpl; fig Sammlung f

pecúnia [pi'kunjɐ] F̲ pop Kohle f (Geld) **pecuniário** [piku'njarju] Geld...; **bens** mpl **~s** Barvermögen n

pedaço [pi'dasu] M̲ Stück n; de tempo: Weile f; **fazer em ~s** in Stücke reißen (ou schlagen); zerreißen; fig kein gutes Haar lassen an (dat); **fazer-se em ~s** auseinanderfallen; **feito em ~s** zerschlagen; fam kaputt

pedágio [pe'daʒju] M̲ bras Maut f, Autobahngebühr f

pedagogia [pidɐgu'ʒiɐ] F̲ Pädagogik f **pedagógico** [pidɐ'gɔʒiku] pädagogisch **pedagogo** [pidɐ'gogu] M̲, **-a** F̲ Pädagoge m; Pädagogin f

pé-d'água [pɛ'dagwe] M̲ ⟨pl **pés-d'água**⟩ bras Platzregen m

pedal [pi'daɬ] M̲ Pedal n **pedalar** [pidɐ'lar] ⟨1b⟩ treten; radeln

pedantaria [pidɐtɐ'riɐ] F̲ Dünkel m; Wichtigtuerei f; Pedanterie f **pedante** [pi'dɐ̃ti] **A** ADJ eingebildet; pedantisch; hochtrabend **B** M/F Pedant(in) m(f); Wichtigtuer(in) m(f)

pé-de-boi [pɛdi'boi] M̲ ⟨pl **pés-de-boi**⟩ altmodischer Mensch m; bras fig Arbeitstier n **pé-de-cabra** [pɛdi'kabrɐ] M̲ ⟨pl **pés-de-cabra**⟩ Brecheisen n **pé-de-galinha** [pedigɐ'liɲɐ] M̲ ⟨pl **pés-de-galinha**⟩ Krähenfüße mpl **pé-de-galo** [pedʒi'galu] M̲ ⟨pl **pés-de-galo**⟩ bras Hopfen m **pé-de-meia** [pɛdi'majɐ] M̲ ⟨pl **pés-de-meia**⟩ Sparstrumpf m, Sparbüchse f; **fazer (o) ~** etwas zurücklegen **pé-de-moleque** [pedʒimo'lɛki] M̲ ⟨pl **pés-de-moleque**⟩ bras Art Erdnuss-Süßigkeit; bras reg Maiskuchen m **pé-de-pato** [pedʒi'patu] M̲ ⟨pl **pés-de-pato**⟩ bras fam Schwimmflosse f

pederasta [pidi'raʃtɐ] M̲ Päderast m **pederastia** [pidiraʃ'tiɐ] F̲ Päderastie f

pedernal [pidir'naɬ] **A** ADJ steinern, Stein... **B** M̲ nackter Fels m **pederneira** [pidir'najrɐ] F̲ Feuerstein m

pé-descalço [pedʒi'dkaɬsu] M̲ ⟨pl **pés-descalços**⟩ fam armer Schlucker m; **turista** m/f **~** Rucksacktourist(in) m(f)

pedestal [pidiʃ'taɬ] M̲ Sockel m; Fuß m **pedestre** [pi'dɛʃtri] **A** ADJ Fuß..., Fußgänger...; fig alltäglich, trivial; langweilig, ideenlos; **estátua** f **~** Standbild n **B** M/F bras Fußgänger(in) m(f) **pedestrianismo** [pidiʃtriɐ'niʒmu] M̲ Wandersport m; DESP Gehen n **pedestrianista** [pidiʃtriɐ'niʃtɐ] M/F Wandersportler(in) m(f); DESP Geher(in) m(f)

pé-de-vento [pɛdi'vẽtu] M̲ ⟨pl **pés-de-vento**⟩ Orkan m; **armar um grande ~** fam fig ein großes Trara um etw machen **pediatra** [pi'djatrɐ] M/F Kinderarzt m, -ärztin f **pediatria** [pidjɐ'triɐ] F̲ Kinderheilkunde f

pedículo [pi'dikuɬu] M̲ BOT Stiel m

pedicura [pɨdiˈkuɾɐ] F, **pedicure** [pɛdiˈkuɾi] F Pediküre f **pedicuro** [pɛdiˈkuɾu] M Fußpfleger m

pedido [piˈdidu] A ADJ erbeten, erwünscht B M Bitte f; Gesuch n; Anfrage f; *casamento:* (Heirats)Antrag m; COM Bestellung f; **~ de asilo** Asylantrag m; **a ~** auf Wunsch; **fazer um ~ de** bestellen, eine Bestellung aufgeben für; *oficial* e-n Antrag stellen auf *(ac)*

pedilúvio [pidiˈɫuvju] M Fußbad n

pedinchão [pidiˈʃɐ̃w] M, **pedinchona** [pidiˈʃonɐ] F *pej* Bettler(in) m(f) **pedinchar** [pidiˈʃaɾ] ⟨1a⟩ (herum)betteln **pedinchice** [pidiˈʃisi] F *pej* Bettelei f

pedinte [piˈdĩti] M/F 1 *administração:* Bittsteller(in) m(f). 2 *(mendigo,-a)* Bettler(in) m(f)

pedir [piˈdiɾ] ⟨3r⟩ A VT erbitten; verlangen; *no restaurante:* bestellen; *tempo, esforço* erfordern; **~ a/c a alg** j-n um etw bitten; *(exigir)* von j-m fordern, verlangen; *(encomendar)* etw bei j-m bestellen B VI Geld sammeln (**para** für); betteln; REL beten; **~ a mão de alg** um j-s Hand anhalten; **~ contas a alg** von j-m Rechenschaft verlangen

pé-direito [pɛdiˈɾɐjtu] M ARQUIT (lichte) Höhe f

peditório [pidiˈtɔɾju] M Kollekte f; *(súplica)* dringendes Gesuch n

pedofilia [pidɔfiˈɫiɐ] F Pädophilie f

pedómetro (*ô) [piˈdɔmitɾu] M Schrittmesser m

pedonal [pidoˈnaɫ] *port* Fußgänger...; **zona ~** *port* Fußgängerzone f

pedopsiquiatra [pɛdɔpsiˈkjatɾɐ] M/F Kinderpsychiater(in) m(f) **pedopsiquiatria** [pɛdɔpsikjaˈtɾiɐ] F Kinderpsychiatrie f

pedra [ˈpedɾɐ] F Stein m; METEO Hagelkorn m, Hagel m; MED Zahnstein m; *sal etc* Korn m; *sabão, açúcar etc* Stück n; *jogo:* Stein f, Figur f; *tumular:* Grabstein m; *fam* Edelstein m; **~ angular** ARQUIT Eckstein m; **~ filosofal** Stein m der Weisen; **primeira ~** Grundstein m; **de fazer rir/ /chorar as ~s** *port* zum Totlachen/Steinerweichen; **cair ~, chover ~** hageln; **estar de ~ e cal** *fam* wie Pech und Schwefel zusammenhalten; **ser uma ~** *fam* stockdumm sein

pedrada [piˈdɾadɐ] F Steinwurf m; *fig* Schimpf m; *port pop álcool:* Suff m; *droga:* Trip m; **estar com uma ~** *álcool:* besoffen sein; *droga:* high sein

pedra-de-afiar [pɛdɾɐd(j)ɐˈfjaɾ] F ⟨*pl* pedras-de-afiar⟩ Schleifstein m **pedra-de-toque** [pɛdɾɐdiˈtɔki] F ⟨*pl* pedras-de-toque⟩ *port fig* Maßstab m **pedra-pomes** [pedɾɐˈpɔmiʃ] M ⟨*pl* pedras-pomes⟩ Bimsstein m **pedraria** [pidɾɐˈɾiɐ] F Mauersteine mpl; *preciosas:* Edelsteine mpl

pedregal [pidɾiˈgaɫ] M Steinwüste f **pedregoso** [pidɾiˈgozu] steinig **pedregulho** [pidɾiˈguʎu] M *grande:* Felsblock m; *miúdo:* Geröll m; Schotter m

pedreira [piˈdɾɐjɾɐ] F Steinbruch m **pedreiro** [piˈdɾɐjɾu] M Maurer m; Steinmetz m; ZOOL Uferschwalbe f **pedreiro-livre** [pidɾɐjɾuˈɫivɾi] M ⟨*pl* pedreiros-livres⟩ Freimaurer m

pedrês [piˈdɾeʃ] schwarzweiß gesprenkelt

pedrisco [piˈdɾiʃku] M Steinchen n; Splitt m; METEO Hagel m

pedúnculo [piˈdũkuɫu] M (Blumen)Stiel m

pé-firme [pɛˈfiɾmi] M ⟨*sem pl*⟩ **de ~** hartnäckig, beharrlich

pega¹ [ˈpɛgɐ] F ZOOL Elster f; *fig* Klatschtante f; *vulg* Nutte f

pega² [ˈpɛgɐ] F 1 *(cabo)* Griff m 2 *(pano)* Topflappen m 3 *(briga)* Streit m; *bras* Handgemenge n 4 *corrida de touros:* Angriff *auf den Stier ohne Waffen* **pegada** [pɛˈgadɐ] F *pé:* Fußstapfen m; *roda:* Radspur f; *animal:* Fährte f; *fig* Spur f

pegadiço [piɡɐˈdisu] klebrig; *pessoa* aufdringlich; *enfermidade* ansteckend **pegado** [piˈgadu] ADJ **~ a** hängend (*ou* klebend) an *(dat)*; anstoßend an *(ac)*; dicht an (*ou* bei, neben) *(dat)*; fig befreundet mit; **estar ~** kleben; anhaften; *fig* nahe stehen; **casa f -a** Nebenhaus n; **chuva f -a** *port* Dauerregen m **pegador** [pigɐˈdoɾ] M Stierbändiger m; **brincar de ~** *bras* Fangen spielen **pegajoso** [pigɐˈʒozu] → pegadiço **pegamassa** [pɛgɐˈmasɐ] F BOT Klette f **pegamasso** [pɛgɐˈmasu] M Kleister m; Spritzer m; *fig* lästiger Typ m

pegão [pɛˈgɐ̃w] M (Brücken)Pfeiler m; METEO Windhose f

pega-pega [pɛgɐˈpɛgɐ] F; **brincar de ~** *bras* Fangen spielen

pegar [piˈgaɾ] ⟨1o; *Stv* 1c⟩ A VT *(colar)*

an-, aufkleben; zusammenkleben; leimen; (apanhar) fangen; doença sich anstecken mit, bekommen; **~ em** ergreifen; aufgreifen; fig übernehmen; **~ a/c a alg** j-n mit etw anstecken B V/T (colar) haften bleiben; kleben; (segurar) halten; doença anstecken (a j-n) moda sich durchsetzen; publicidade wirken; motor anspringen; cozinhado anbrennen; **~ a** fam beginnen zu; **~ com** área grenzen an (ac), stoßen an (ac); proposta fam anbeißen; (brigar) aneinandergeraten mit; **~ bem** Geschäft gut gehen; gut ankommen; **~ com trapo quente** fig e-n Stein ins Rollen gebracht haben; **isso não pega!** fam das zieht nicht!; **~ fogo** Feuer fangen C V/R **~-se** hängen bleiben (a an dat); doença anstecke(n sein); cozinhado anbrennen; sich festsetzen; cavalo störrisch sein; (agarrar-se) sich klammern (a an ac)

pego ['pɛgu] M tiefste Stelle f; fig Abgrund m; no mar: Strudel m

peguilhar [pigi'ʎar] ⟨1a⟩ sinnlosen Streit vom Zaun brechen **peguilhento** [pigi-'ʎẽtu] zänkisch **peguilho** [pi'giʎu] M Hindernis n; (desculpa) Vorwand m

peia ['pɐjɐ] F (Fuß)Fessel f; bras Peitsche f

peidar [pɐj'dar] ⟨1a⟩ fam furzen **peido** ['pɐjdu] M fam Furz m

peita ['pɐjtɐ] F Bestechungsgeld n, -versuch m **peitar** [pɐj'tar] ⟨1a⟩ bestechen

peitilho [pɐj'tiʎu] M (Blusen-, Hemd)Einsatz m

peito ['pɐjtu] M Brust f; poét Busen m; fig Herz n; (ânimo) Seele f; (coragem) Mut m; **~ do pé** Spann m; **criança f de ~** Säugling m; **a ~ descoberto** fig offenherzig; unerschrocken; **do ~** von Herzen; **abrir o ~** sein Herz ausschütten; **tomar a ~** ernst nehmen; **~ para fora, barriga para dentro!** Brust raus, Bauch rein!

peito-largo [pɐjtu'laxgu] M ⟨pl peitos--largos⟩ bras Ganove m **peitoral** [pɐjtu-'ral] A ADJ Brust... B M cavalo: Brustblatt n (Pferdegeschirr); MED Brustmittel n **peitoril** [pɐjtu'ril] M Brüstung f; Geländer n; **~ da janela** Fensterbank f

peitudo [pɐj'tudu] vollbusig; bras mutig

peixada [pe'ʃadɐ] F bras Fischgericht n **peixaria** [pɐjʃɐ'riɐ] F Fischgeschäft n **peixe** ['pɐjʃi] M Fisch m; **~ graúdo** fig hohes Tier n; **~ podre** fig Taugenichts m; **~ seco** Trockenfisch m; **estar como ~ na água** sich wie ein Fisch im Wasser fühlen; **pregar aos ~s** port tauben Ohren predigen; **não ser carne nem ~** port weder Fisch noch Fleisch sein **peixe-de-prata** [pɐjʃidi'pratɐ] M ⟨pl peixes-de-prata⟩ Silberfischchen n **peixe-espada** [pɐjʃif-'padɐ] M ⟨pl peixes-espadas⟩ Degenfisch m

peixeira [pɐj'ʃɐjrɐ] F Fischfrau f; bras Fischmesser n **peixeiro** [pɐj'ʃɐjru] M, **-a** F Fischhändler(in) m(f)

peixe-lua [pɐjʃi'luɐ] M ⟨pl peixes-lua⟩ Mondfisch m **peixe-serra** [pɐjʃi'sɛʁɐ] M ⟨pl peixes-serra⟩ Sägefisch m **peixe-voador** [pɐjʃivwa'dor] M ⟨pl peixes--voadores⟩ fliegender Fisch m

pejada [pi'ʒadɐ] ADJ F pop schwanger; trächtig **pejado** [pi'ʒadu] voll; fig verlegen **pejar** [pi'ʒar] ⟨1d⟩ A V/T voll stopfen (**de** mit); be-, überladen; desenvolvimento hemmen B V/T schwanger werden; bras stehen bleiben (Mühle) **pejar-se** [pi'ʒarsi] V/R fig verlegen werden; (envergonhar-se) sich schämen (**de** über ac); (recear) zurückschrecken (**de** vor dat) **pejo** ['pɐjʒu] M (vergonha) Scham f; Scheu f; (embaraço) Verlegenheit f; **ter ~** verlegen werden; sich schämen (**de** über ac) **pejorativo** [piʒura'tivu] abschätzig; LING pejorativ

pela ['pɨlɐ, 'pɛlɐ] CONTR de por e a

péla ['pɛlɐ] F **1** (Gummi)Ball m **2** AGR Korkschicht f; Korkschälen n

pelada [pe'ladɐ] F bras kurzes Fußballspiel n

pelado [pi'ladu] kahl; nackt **peladura** [pilɐ'durɐ] F Häuten n **pelagem** [pi'lɐ-ʒɐ̃j] F ZOOL Haarkleid n

pélago ['pɛlɐgu] M hohe See f, Tiefsee f; fig Abgrund m

pelame [pi'lɐmi] M Behaarung f; Fell n; Pelz m **pelar** [pi'lar] ⟨1c; 1ª - 3ª pessoa sg pres pélo, pélas, péla⟩ A V/T animal (ab)häuten; alg enthaaren; fruto schälen; fig rupfen B V/R sich schälen; (arder) brennen; **~-se por** versessen sein auf (ac) **pelaria** [pilɐ'riɐ] F Pelzgeschäft n; Pelzwaren fpl

pele ['pɛli] F pessoa: Haut f; animal: Fell n, Balg m; vestuário: Pelz m; couro: Leder n; **casaco m/loja f de ~s** Pelzmantel m/Pelzgeschäft n; **defender a sua ~** sich s-r Haut wehren; **estar na ~ de alg** in j-s

Haut (dat) stecken; **ir à ~ de alg** pop j-m am Zeug flicken; **não caber na ~** aus allen Nähten platzen; **salvar a ~** s-e Haut retten; **tirar a ~ a alg** fig j-m das Fell über die Ohren ziehen **pelego** [pe'legu] M̄ bras Schaffell n; pop pej Knecht m **peleiro** [pi'ɫɜiru] M̄ Kürschner m

peleja [pi'ɫɜiʒɐ] F̄ Kampf m; Rauferei f; **pelejar** [piɫi'ʒar] ⟨1d⟩ sich schlagen; raufen

peleteiro [pele'tɐiru] M̄ bras Kürschner m

pé-leve [pɛ'lɛvi] M̄ ⟨pés-leves⟩ bras Landstreicher m

pele-vermelha [pɛlivir'mɐ(i)ʎɐ] M̄/F̄ ⟨pl peles-vermelhas⟩ neg! Rothaut f (Indianer)

pelica [pi'likɐ] F̄ Handschuhleder n; **luva f de ~** Glacéhandschuh m **peliça** [pi'tisɐ] F̄ pelzgefütterte Kleidung f

pelicano [piɫi'kanu] M̄ Pelikan m

película [pi'likuɫɐ] F̄ pele Häutchen n; óleo etc: Schicht f; FOTO, CINE Film m

pelintra [pi'ɫitrɐ] **A** ADJ ärmlich, schäbig **B** M̄ armer Schlucker m

pelo ['pelu, 'peɫu] CONTR de por e o

pêlo [pe'ɫu] M̄ Haar n; do corpo: Behaarung f; (penugem) Flaum m; **em ~ fam** im Adamskostüm, splitternackt; **ir ao ~ a alg** port pop j-m das Fell gerben; **largar o ~** haaren

pelota [pi'ɫɔtɐ] F̄ **1** (Schnee)Ball m; (Metall)Kugel f; jogo: Pelota f; bras Fußball m; **em ~** splitternackt **2** bras Fährboot n

pelotão [piɫu'tɐ̃ũ] M̄ MIL Abteilung f, Zug m; de execução: (Exekutions)Kommando n

pelourinho [piɫo'riɲu] M̄ Pranger m; **pôr no ~** fig an den Pranger stellen **pelouro** [pi'ɫoru] M̄ städtisches Amt n; Geschäftsbereich m

peluche [pi'ɫuʃi] F̄, **pelúcia** [pi'ɫusjɐ] F̄ Plüsch m; **ursinho m de ~** Plüschbär m

peludo [pi'ɫudu] haarig; behaart; fig scheu; mimosenhaft **pelugem** [pi'ɫuʒɐ̃ĩ] F̄ Flaum m

pelve [pɛɫvi] F̄ ANAT Becken n **pelviforme** [pɛɫvi'fɔrmi] beckenförmig

pena¹ ['penɐ] F̄ **1** DIR Strafe f; **~ capital, ~ última** Todesstrafe f; **~ máxima** Höchststrafe f; **~ suspensa** Bewährungsstrafe f; **sob ~ de** bei Strafe von; **cumprir uma ~** eine Strafe verbüßen **2** (infelicidade) Kummer m; (sofrimento) Leid n; (dó) Erbarmen n; (tortura) Qual f; **meter (ou dar) ~** traurig stimmen; Mitleid hervorrufen; **é uma ~** es ist schade; **faz-me ~, tenho ~** es tut mir Leid; **valer a ~** sich lohnen, die Mühe wert sein; **que ~!** (wie) schade!

pena² ['penɐ] F̄ ZOOL Feder f

penacho [pi'naʃu] M̄ ZOOL Federbusch m; galo: (Hahnen)Kamm m; fig Ruhm m; Stolz m; **fazer ~ de** stolz sein auf (ac)

penal [pi'naɫ] Straf(rechts)... **penalidade** [pinɐɫi'dadi] F̄ Strafbarkeit f; Bestrafung f; DESP Strafpunkt m; futebol: Freistoß m; **grande ~, bras ~ máxima** Elfmeter m, Strafstoß m **penalista** [pinɐ'ɫiʃtɐ] M̄/F̄ Strafrechtler(in) m(f) **penalização** [pinɐɫizɐ'sɐ̃ũ] F̄ Bestrafung f **penalizar** [pinɐɫi'zar] ⟨1a⟩ betrüben; Leid tun (dat); DIR bestrafen; verurteilen

penálti [pɛ'naɫti] M̄ futebol: (Straf)Elfmeter m; **cometer ~ sobre** ein Foul begehen an (dat)

penar [pi'nar] ⟨1d⟩ büßen (für)

penca ['pẽkɐ] F̄ BOT fleischiges Blatt n; pop nariz: Zinken m; bras Büschel n; chaves: Schlüsselbund m; (quantidade) Menge f; **em ~** bras massenhaft

pendão [pẽ'dɐ̃ũ] M̄ Banner n; Fahne f; fig Wahrzeichen n; Zeichen n **pendência** [pẽ'dẽsjɐ] F̄ DIR Streit m; (tendência) Neigung f; **na ~ da causa** DIR solange das Verfahren schwebt **pendente** [pẽ-'dẽti] **A** ADJ (über)hängend; fruta ungepflückt; (dependente) abhängig (**de** von); fig unerledigt **B** M̄ (Ohr)Gehänge n **pender** [pẽ'der] ⟨2a⟩ (herab)hängen (**de** von); (sich zu)neigen (**a, para** zu) **pendor** [pẽ'dor] M̄ Abhang m; Neigung f (tb fig)

pêndulo ['pẽduɫu] M̄ Pendel n

pendurado [pẽdu'radu] hängend; **estar ~** hängen **pendurar** [pẽdu'rar] ⟨1a⟩ aufhängen (**por** an dat); **~ em, ~ de** hängen an (ac); **~-se** (ou **em**) sich hängen an (ac)

penedia [pini'diɐ] F̄ Felsen mpl **penedo** [pi'nedu] M̄ Fels(en) m

peneira [pi'nɐirɐ] **A** F̄ Sieb n; fig Sprühregen m; **~s** pl Allüren fpl **B** M̄ port pop Habenichts m **peneirar** [pinɐi'rar] ⟨1a⟩ **A** V̄/T̄ (durch)sieben **B** V̄/Ī̄ nieseln; **~-se**

fig sich spreizen **peneireiro** [pɨnɐjˈrɐiru] M̲ ZOOL Turmfalke *m* **peneiro** [pɨˈnɐiru] M̲ großes Sieb *n*

penetra [pɨˈnɛtrɐ] M̲/F̲ *bras* **1** arroganter, unverschämter Mensch *m* **2** ungebetener Gast *m* **penetração** [pɨnitraˈsɐ̃u] F̲ Durchdringung *f*; Eindringen *n*; *fig* Scharfsinn *m*; **força f de ~** Durchschlagskraft *f* **penetrante** [pini'trɐ̃ti] durchdringend; (*aguçado*) scharf, spitz; *fig* penetrant; *cheiro, ironia* beißend; *sentimento* tief; *som* schrill; *espírito* scharfsinnig **penetrar** [pini'trar] ⟨1c⟩ A̲ V̲/T̲ durchdringen; eindringen in (*ac*) *assunto* begreifen B̲ V̲/I̲ einleuchten; eindringen (**em** in *ac*) **penetrável** [pini'travɛɫ] *fig* durchschaubar; verständlich

penha [ˈpɐɲɐ] F̲ Fels(en) *m* **penhasco** [pɨˈɲaʃku] M̲ (hoher) Felsen *m* **penhoar** [pɨˈɲwar] M̲ *bras* Negligé *n* **penhor** [pɨˈɲor] F̲ Pfand *n*; *estabelecimento*: Pfandhaus *n*; **dar em ~** verpfänden **penhora** [pɨˈɲɔrɐ] F̲ Pfändung *f* **penhorado** [pɨɲuˈradu] gepfändet; *fig* dankbar **penhorar** [pɨɲuˈrar] ⟨1e⟩ (ver)pfänden; (*prometer*) versprechen; *fig* zu Dank verpflichten **penhorável** [pɨɲuˈravɛɫ] pfändbar **penhorista** [pɨɲuˈriʃtɐ] M̲/F̲ Pfandleiher(in) *m(f)*

penicilina [pinisiˈɫinɐ] F̲ Penizillin *n* **penico** [piˈniku] M̲ *pop* Nachttopf *m* **península** [piˈnĩsuɫɐ] F̲ Halbinsel *f* **peninsular** [pinĩsuˈɫar] A̲ ADJ der Halbinsel B̲ M̲/F̲ Halbinselbewohner(in) *m(f)*; **~es** *pl espec* Portugiesen *pl* und Spanier *pl* **pénis (*ê)** [ˈpɛniʃ] M̲ Penis *m* **penitência** [piniˈtẽsjɐ] F̲ Buße *f*; Reue *f*; **tribunal m da ~** Beichtstuhl *m*; **~s** *pl* REL Bußübungen *f/pl* **penitenciar** [pinitẽˈsjar] ⟨1g⟩ bestrafen; **~ alg** j-m eine Buße auferlegen; **~-se** Buße tun **penitenciária** [pinitẽˈsjarjɐ] F̲ DIR Straf(vollzugs)anstalt *f* **penitenciário** [pinitẽˈsjarju] A̲ ADJ REL Buß...; DIR Straf... B̲ M̲ DIR Strafgefangene(r) *m*; REL Beichtvater *m* **penitente** [piniˈtẽti] A̲ ADJ reuig B̲ M̲/F̲ Büßer(in) *m(f)*

penoso [piˈnozu] schmerzlich; (*difícil*) beschwerlich; (*incómodo*) lästig

pensado [pẽˈsadu] ADJ **bem/mal ~** wohl überlegt/unüberlegt; **de caso ~** absichtlich; vorsätzlich **pensador(a)** [pẽsɐˈdor(ɐ)] M̲/F̲ Denker(in) *m(f)* **pensamento** [pẽsɐˈmẽtu] M̲ (*ideia*) Gedanke *m*; Denken *n*; (*intenção*) Absicht *f*; **vir ao ~ a alg** j-m einfallen, j-m in den Sinn kommen **pensante** [pẽˈsɐ̃ti] denkend; **bem ~** wohl gemeint

pensão [pẽˈsɐ̃u] F̲ Pension *f*; *bras* Hinterbliebenenrente *f*; **~ de sobrevivência** Hinterbliebenenrente *f*; **~ completa** Vollpension *f*; **meia ~** Halbpension *f*

pensar [pẽˈsar] ⟨1a⟩ A̲ V̲/T̲ **1** **~ a/c** (*sich dat*) etw denken; (*reflectir*) etw durchdenken **2** pflegen; wachen über (*ac*); *ferida* verbinden B̲ V̲/I̲ denken (**em** an *ac*); (*opiniar*) meinen; (*reflectir*) nachdenken (**sobre** über *ac*); (*considerar*) halten (**de** von); **~ (em)** gedenken zu; **~ bem/mal** richtig/falsch denken (*ou fam fig* liegen); **sem ~** unwillkürlich; gedankenlos; **maneira f (ou modo m) de ~** Denkweise *f*; **dar que ~** zu denken geben; **nem ~ (nisso)!** von wegen! C̲ M̲ **no meu ~** meiner Ansicht nach **pensativo** [pẽsɐˈtivu] nachdenklich

pênsil [ˈpẽsiɫ] hängend; Hänge...

pensionário [pẽsjuˈnarju] A̲ ADJ Pensions... B̲ M̲, **-a** F̲, **pensionista** [pẽsjuˈniʃtɐ] M̲/F̲ Pensionär(in) *m(f)*; Rentner(in) *m(f)*

penso [ˈpẽsu] A̲ ADJ (über)hängend; schief B̲ M̲ **1** MED Verband *m*; **~ higiénico** *port* Monatsbinde *f*; **~ rápido** *port* Pflaster *m* **2** AGR Futter *n*; Futterration *f*

pentagonal [pẽtɐguˈnaɫ] fünfeckig **pentágono** [pẽˈtagunu] M̲ Fünfeck *n* **pentatlo** [pẽˈtatɫu] M̲ DESP Fünfkampf *m*

pente [ˈpẽti] M̲ Kamm *m*; ZOOL Kammmuschel *f*; *bras* Patronengurt *m*; **passar a ~ fino** durchkämmen, gründlich durchsuchen **penteado** [pẽˈtjadu] M̲ Frisur *f* **penteador** [pẽtjɐˈdor] M̲ Frisierumhang *m* **pentear** [pẽˈtjar] ⟨1l⟩ kämmen; frisieren

Pentecostes [pẽtiˈkɔʃtiʃ] M̲ Pfingsten *n*, Pfingstfest *n*

pent(e)eiro [pẽˈt(i)ɐiru] M̲ Kammmacher *m*

penudo [piˈnudu] gefiedert **penugem** [piˈnuʒɐ̃j] F̲ Flaum *m* **penugento** [pinuˈʒẽtu], **penujoso** [pinuˈʒozu] flaumig **penúltimo** [piˈnuɫtimu] vorletzte **penumbra** [piˈnũbrɐ] F̲ Halbdunkel *n*, -schatten *m*

penúria [piˈnurjɐ] F̲ Mangel m, Not f
peónia (*ô) [ˈpjɔnjɐ] F̲ Pfingstrose f
pepino [piˈpinu] M̲ Gurke f; **~ em vinagre** saure Gurke f
pepita [piˈpitɐ] F̲ *ouro:* (Gold)Korn n, Nugget n
pequenez [piki'neʃ] F̲, **pequeneza** [piki'nezɐ] F̲ Kleinheit f; *fig* Bedeutungslosigkeit f **pequenino** [piki'ninu], **pequenito** [piki'nitu] A̲ ADJ winzig (klein) B̲ M̲, **-a** F̲ Knirps m
pequeno [piˈkenu] klein; *fig* gering (-fügig); bedeutungslos; **de ~** von klein auf; **em ~** als Kind; **~ de alma** (*ou* **coração**) kleinlich; **~ de inteligência** beschränkt **pequeno-almoço** [pɛˈkenwatˈmosu] M̲ ⟨*pl* pequenos-almoços [-ˈmɔ-]⟩ *port* Frühstück n; **tomar o ~** *port* frühstücken **pequeno-burguês** [pikɛnɔburˈgeʃ] ⟨*mpl* -eses⟩ A̲ ADJ kleinbürgerlich B̲ M̲, **-esa** [pikɛnɔburˈgezɐ] F̲ Kleinbürger(in) m(f)
pé-quente [pɛˈkẽtʃi] M̲ ⟨*pl* pés-quentes⟩ *bras pop* Goldfinger m; *fam* condutor: Bleifuß m
pequerrucho [pikiˈʁuʃu] A̲ ADJ winzig B̲ M̲ Winzling m, Knirps m
Pequim [piˈki] SEM ART GEOG Peking n
pêra [ˈperɐ] F̲ Birne f; (*barba*) Spitzbart m; ELECT Lampenschalter m
peralta [piˈraltɐ], **peralvilho** [piratˈviʎu] A̲ ADJ dandyhaft B̲ M̲ Dandy m
perante [piˈrɐ̃ti] PREP vor; (*na presença de*) in Gegenwart (*gen*); *situação:* angesichts (*gen*)
pé-rapado [pɛxaˈpadu] M̲ ⟨*pl* pés-rapados⟩ *bras fam* armer Schlucker m
perca[1] [ˈpɛrkɐ] → **perder**
perca[2] [ˈpɛrkɐ] F̲ ZOOL Barsch m
percalço [pirˈkalsu] M̲ Nebenverdienst m; *fam* Missgeschick n
percebe [pirˈsebi] M̲ ZOOL Entenmuschel f
perceber [pirsi'ber] ⟨2c⟩ wahrnehmen; (*notar*) bemerken; (*ouvir*) hören; verstehen; (*reconhecer*) erkennen; *ordenado* bekommen; **~ (de)** Ahnung haben von; **deixar ~** durchblicken lassen
percentagem [pirsẽ'taʒɐ̃j] F̲ Prozentsatz m; (*quinhão*) Anteil m **percentual** [pirsẽ'twal] prozentual, Prozent...
perce(p)ção [pirseˈsɐ̃ũ] F̲ Wahrnehmung f; Auffassung f; *ordenado:* Erhalt m

perce(p)tibilidade [pirsetibitiˈdadʒi] F̲ Wahrnehmbarkeit f **perce(p)tível** [pirseˈtivetʃ] wahrnehmbar; vernehmlich; *quantia* eintreibbar, -ziehbar
perceve [pirˈsevi] M̲ Entenmuschel f
percevejo [pirsiˈvɐiʒu] M̲ Wanze f; *fig* Reißzwecke f
percha [ˈpɛrʃɐ] F̲ (Turn)Stange f
perco [ˈpɛrku] → **perder**
percorrer [pirkuˈʁer] ⟨2d⟩ (*viajar*) bereisen; *de automóvel:* fahren durch *a pé:* gehen durch; *rio* fließen durch, durchfließen; *distância* zurücklegen; *o mar* befahren; *fig* durchforschen; **~ com a vista** mustern; überfliegen
percurso [pirˈkursu] M̲ Strecke f; *rio* (Fluss)Lauf m; (*caminho*) Weg m; Route f; *de automóvel:* Fahrt f; (*caminhada*) Marsch m; *fig* Entwicklungsrichtung f; **~ pedonal** *port* Fußgängerzone f
percussão [pirkuˈsɐ̃ũ] F̲ Stoß m; Schlag m; MÚS Percussion f, Schlagzeug n; MED Abklopfen n; Hämmern n; **instrumento m de ~** MÚS Perkussionsinstrument n **percussionista** [pirkusjuˈniʃtɐ] M/F Schlagzeuger(in) m(f), Perkussionist(in) m(f) **percussor** [pirkuˈsor] M̲ Schlagbolzen m **percutir** [pirkuˈtir] ⟨3a⟩ stoßen; schlagen (auf *ac,* gegen); *tom* anschlagen; MED abklopfen
perda [ˈperdɐ] F̲ Verlust m; *mão de obra:* Ausfall m; (*desaparecer*) Verschwinden n; *fig* Verderben n
perdão [pirˈdɐ̃ũ] M̲ Verzeihung f; DIR Begnadigung f; REL Vergebung f
perdedor(a) [pirdi'dor(ɐ)] M/F Verlierer(in) m(f)
perder [pirˈder] ⟨2o⟩ verlieren; *transporte* verpassen; *festa etc* sich entgehen lassen; *chance* vertun; (*aniquilar*) zugrunde richten; **~ alg** *ou* **deitar a ~ alg** j-n ins Verderben stürzen; (*arruinar*) ruinieren; **~ na opinião de alg** in j-s Achtung sinken; **~ o fio à** (*ou* **da**) **meada** den Faden verlieren; **~ os sentidos** in Ohnmacht fallen; **~-se** verloren gehen; zugrunde gehen; sich ins Verderben stürzen; *orientação* sich verirren; AUTO sich verfahren; *alg, a/c* vernarrt sein (**por** in *ac*); versessen sein (**por** auf *ac*)
perdição [pirdiˈsɐ̃ũ] F̲ Verderben n; (*infelicidade*) Unheil n; REL Verdammnis f
perdidamente [pirdidɐˈmẽti] ADV

maßlos; hoffnungslos **perdidinho** [pirdi'dinu] *fam* verrückt (**por** nach) **perdido** [pir'didu] **A** ADJ ~ **de** außer sich vor (*dat*); **andar ~** sich verirrt haben; **ser ~ por a/c** verrückt nach etw sein **B** M̄, ~s *pl* e **achados** *mpl*, *bras* **achados** *mpl* e ~**s** Fundsachen *fpl*; Fundbüro *n*

perdigão [pirdi'gãũ] M̄ männliches Rothuhn *n* **perdigoto** [pirdi'gotu] M̄ *fam* **deitar ~s** e-e feuchte Aussprache haben **perdigueiro** [pirdi'gɐiru] ADJ (**cão ~** M̄ Hühnerhund *m* **perdiz** [pir'diʃ] F̄ Rothuhn *n* **perdiz-cinzenta** [pirdiʃsĩ'zɛtɐ] F̄ Rebhuhn *n* **perdiz-comum** [pirdiʃku'mũ] F̄, **perdiz-vermelha** [pirdiʒvir'mɐʎɐ] F̄ → perdiz

perdoar [pir'dwar] ⟨1f⟩ verzeihen; entschuldigen (**alg por a/c** j-n wegen, für etw); *pena* erlassen; *alg* begnadigen **perdoável** [pir'dwavɛɫ] verzeihlich

perdulário [pirdu'ɫarju] **A** ADJ verschwenderisch; (*leviano*) leichtsinnig **B** M̄, **-a** F̄ Verschwender(in) *m(f)* **perduração** [pirduraˈsãũ] F̄ Fortdauer *f* **perdurar** [pirdu'rar] ⟨1a⟩ (lange) (fort)dauern; (*resistir*) überstehen **perdurável** [pirdu'ravɛɫ] dauerhaft; (*eterno*) ewig **perecer** [piri'ser] ⟨2g⟩ (*ter fim*) vergehen, untergehen; (*morrer*) umkommen; sterben **perecimento** [pirisi'mẽtu] M̄ Untergang *m*; Dahinscheiden *n* **perecível** [piri'sivɛɫ] vergänglich

peregrinação [pirigrinɐˈsãũ] F̄ REL Wallfahrt *f*; Pilgerfahrt *f*; *fig* Reise *f* **peregrinar** [pirigri'nar] ⟨1a⟩ REL pilgern; wandern; (*viajar*) reisen **peregrino** [piri'grinu] **A** ADJ fremd; (*exótico*) seltsam; (*extraordinário*) außergewöhnlich; (*raro*) selten **B** M̄, **-a** F̄ REL Pilger(in) *m(f)* **C** M̄ ZOOL Wanderfalke *m*

pereira [pi'rɐira] F̄ Birnbaum *m*

perem(p)ção [pirẽ'sãũ] F̄ DIR Verjährung *f* **perem(p)to** [pi'rẽtu] verjährt **perem(p)tório** [pirẽ'tɔrju] nachdrücklich **perene** [pi'rɛni] ADJ langlebig; BOT immergrün **pereneidade** [pirini'dadi] F̄ Bestand *m*; Langlebigkeit *f*

perfazer [pirfɐ'zer] ⟨2v⟩ *anos* vollenden; *condição* erfüllen; *soma* ausmachen **perfeccionismo** [pirfɛ(k)sjuˈniʒmu] M̄ Perfektionismus *m* **perfeccionista** [pirfɛ(k)sjuˈniʃtɐ] M̄/F̄ Perfektionist(in) *m(f)* **perfeição** [pirfɐiˈsãũ] F̄ Vollkommenheit

f; Vollendung *f* **perfeitamente** [pirfɐitɐ'mẽti] ADV ganz und gar; **~!** ganz recht! **perfeito** [pir'fɐitu] perfekt; vollkommen **perfídia** [pir'fidjɐ] F̄ Falschheit *f* **pérfido** ['pɛrfidu] treulos; niederträchtig; falsch

perfil [pir'fiɫ] M̄ Profil *n*; (*silhueta*) Umriss *m*; Seitenansicht *f*; *fig* Charakterbild *n*; **de ~** im Profil; **~ de sombra** Scherenschnitt *m* **perfilar** [pirfi'lar] ⟨1a⟩ im Profil zeichnen (*ou* darstellen); ausrichten; **~-se** eine Richtung nehmen; MIL Haltung annehmen **perfilhar** [pirfi'ʎar] ⟨1a⟩ adoptieren; *fig* sich zu eigen machen

performance [pɛr'fɔrmɐsi] F̄ TECN Leistung(sfähigkeit) *f*; SCHEIT *f* **perfumado** [pirfu'madu] duftend **perfumador** [pirfumɐ'dor] M̄ Räuchergefäß *n* **perfumar** [pirfu'mar] ⟨1a⟩ parfümieren **perfumaria** [pirfumɐ'riɐ] F̄ Parfümerie *f* **perfume** [pir'fumi] M̄ Parfüm *n*; Duft *m* (*tb fig*)

perfuração [pirfurɐ'sãũ] F̄ *papel*: Lochung *f*; *tiro, broca*: (Durch)Bohrung *f*; *muro, parede*: Durchbruch *m*; Perforation *f* (*espec* MED); **torre** *f* **de ~** Bohrturm *m* **perfurador** [pirfurɐ'dor] **A** M̄ Locher *m*; Lochzange **B** ADJ Loch...; Bohr...; → perfurante **perfuradora** [pirfurɐ'dorɐ] F̄ Bohrer *m*; Bohrmaschine *f*; **~ pneumática** Pressluftbohrer *m* **perfurante** [pirfu'rãti] spitz; (durch)bohrend **perfurar** [pirfu'rar] ⟨1a⟩ lochen; perforieren; durchlöchern

perfusão [pirfu'zãũ] F̄ MED Infusion *f*

pergaminho [pirgɐ'miɲu] M̄ Pergament *n*; *bras* UNIV (Abschluss)Schein *m*; **~ vegetal** Pergamentpapier ~

pérgula ['pɛrgulɐ] F̄ Pergola *f*

pergunta [pir'gũtɐ] F̄ Frage *f*; (*interrogatório*) Befragung *f*; **fazer ~s** Fragen stellen **perguntar** [pirgũ'tar] ⟨1a⟩ (be)fragen (**a alg** j-n); **~ por** fragen nach **perícia** [pi'risjɐ] F̄ (Sach)Kenntnis *f* **periclitante** [pirikli'tãti] unsicher; prekär; labil **periclitar** [pirikli'tar] ⟨1a⟩ gefährdet sein; (*hesitar*) schwanken **periculosidade** [pirikuɫuzi'dadi] F̄ Gefährlichkeit *f*; DIR *delinquente*: Rückfallgefahr *f*

periferia [pirifi'riɐ] F̄ Peripherie *f*; (*margem*) Rand *m*; (*lado exterior*) Außenseite

periférico [piri'fɛriku] **A** ADJ peripher **B** M INFORM Peripheriegerät n
perífrase [pi'rifrɐzi] F Umschreibung f, Periphrase f **perifrástico** [piri'fraʃtiku] umschreibend
perigo [pi'rigu] M Gefahr f; **~ de morte** Lebensgefahr f; **pôr em ~** gefährden; **ficar em ~ de vida** in Lebensgefahr schweben **perigoso** [piri'gozu] gefährlich
perímetro [pi'rimitru] M Umfang m; **~ urbano** Stadtgebiet n
perimir [piri'mir] ⟨3a⟩ DIR *processo* niederschlagen; *pena* verjähren
periodicidade [pirjudisi'dadi] F regelmäßiges Erscheinen n (*Zeitschrift*) **periódico** [pi'rjɔdiku] **A** ADJ periodisch; (*regular*) regelmäßig; *imprensa f -a* Tagespresse f **B** M Zeitung f **período** [pi'rjudu] M Periode f; (*tempo*) Zeit f; Zeitabschnitt m; ASTRON Umlaufzeit f; GRAM Satzgefüge n
periósteo [pi'rjɔʃtju] M Knochenhaut f
peripécia [piri'pɛsjɐ] F Wendepunkt m; *fam* Überraschung f
periquito [piri'kitu] M ZOOL Sittich m
periscópio [piriʃ'kɔpju] M Sehrohr n, Periskop n **peristálise** [piriʃ'taɫizi] F ANAT Peristaltik f
peritagem [piri'taʒɐ̃ĩ] F Gutachten n; *actividade*: Gutachtertätigkeit f; **~ médica** ärztliche Begutachtung f **perito** [pi'ritu] **A** ADJ fachmännisch **B** M, **-a** F Sachverständige(r) m/f(m)
peritoneu [pritu'neu] M, **peritónio** (*ô) [piri'tɔnju] M ANAT Bauchfell n
perjurar [pirʒu'rar] ⟨1a⟩ **A** VT abschwören (*dat*) **B** VI s-n Eid brechen; e-n Meineid schwören **perjúrio** [pir'ʒurju] M Eidbruch m; Meineid m **perjuro** [pir'ʒuru] meineidig
permanecer [pirmɐni'ser] ⟨2g⟩ bleiben; verharren; verweilen; (*perdurar*) fortdauern **permanência** [pirmɐ'nẽsjɐ] F Fortdauer f; Verweilen n; (*estadia*) Aufenthalt m; **estar** (*ou* **declarar-se**) **em ~** ohne Unterbrechung tagen; **visto m de ~** Aufenthaltserlaubnis f **permanente** [pirmɐ'nẽti] **A** ADJ bleibend; ständig; Dauer...; *abertura* f durchgehend **B** F Dauerwelle f
permeabilidade [pirmjɐbili'dadi] F Durchlässigkeit f **permeabilizar** [pirmjɐbili'zar] ⟨1a⟩ durchlässig machen **permear** [pir'mjar] ⟨1l⟩ **A** VT durchsetzen; durchqueren **B** VI dazwischenliegen; (*atravessar*) hindurchgehen; *pensamento* sich durchziehen **permeável** [pir'mjavɛɫ] durchlässig
permeio [pir'maju] ADV **de ~** dazwischen; (*entretanto*) inzwischen; **meter-se de ~** sich dazwischenschieben; dazwischenkommen; sich einmischen
permilagem [pirmi'laʒɐ̃ĩ] F Promillesatz m
permissão [pirmi'sɐ̃ũ] F Erlaubnis f; *oficial*: Genehmigung f **permissível** [pirmi'sivɛɫ] zulässig, statthaft **permissividade** [pirmisivi'dadi] F Freizügigkeit f **permissivo** [pirmi'sivu] Erlaubnis...; (*tolerante*) locker
permitir [pirmi'tir] ⟨3a⟩ erlauben
permuta [pir'mutɐ] F Aus-, Umtausch m **permutador** [pirmuts'dor] M Austauschstoff m; **~ de calor** Wärme(aus)tauscher m **permutar** [pirmu'tar] ⟨1a⟩ tauschen
perna ['pɛrnɐ] F Bein n; GASTR Keule f; ANAT *tb* Unterschenkel m; *círculo*: (Zirkel)Schenkel m; **~ de ataque** DESP Schwungbein n; **~ de galinha** Hähnchenschenkel m; **~ de pau** Holzbein n; ; **~ de vitela** Kalbshaxe f; **de ~s para o ar** auf dem Kopf (stehend); **dar à ~** tanzen; *bras* rennen; **dar às ~s** Reißaus nehmen; **passar a ~ a** (*ou* **em**) **alg** *fig* j-m ein Bein stellen; **traçar a ~** das Bein überschlagen
pernada [pir'nadɐ] F langer Schritt m; Tritt m; BOT Ast m; *rio*: Flussarm m; *bras* Fußmarsch m **pernaltas** [pir'naɫtʃ] FPL ZOOL Stelzvögel mpl **pernalto** [pir'naɫtu] langbeinig
Pernambuco [pɛrnɐ̃'buku] M *bras* Bundesstaat
pernear [pir'njar] ⟨1l⟩ *bébé* strampeln; springen
pernicioso [pirni'sjozu] *alimento* verderblich; (*nocivo*) schädlich; (*maléfico*) bösartig
pernil [pir'niɫ] M Schinkenknochen m; *bras* GASTR Schweinshaxe f; **esticar o ~** *pop* den Löffel abgeben **pernilongo** [pirni'lõgu] **A** ADJ langbeinig **B** M Stelzenläufer m (*Vogel*)
perno ['pɛrnu] M TECN Bolzen m; Zapfen m
pernoita [pir'nɔitɐ] F, **pernoitamento** [pirnoitɐ'mẽtu] M Übernachtung f

pernoitar [pɐrnoi'tar] ⟨1a⟩ übernachten
pêro ['peru] M̄ BOT Spitzapfel m; **são como um ~** port fig kerngesund
pêro-botelho [perubo'teʎu] M̄ bras reg pop Deibel m, Teufel m
pérola ['pɛrulɐ] F̄ Perle f (tb fig); **deitar ~s a porcos** pop Perlen vor die Säue werfen
perolado [piru'ɫadu] ADJ perlmutterfarben
peroleira [piru'ɫɐjrɐ] F̄ Oliventopf m; ZOOL Perlmuschel f **perolífero** [piru'ɫifiru] Perl...
perónio (*ô) [pi'rɔnju] M̄ ANAT Wadenbein n
perpassado [pirpɐ'sadu] ADJ **~ de** durchdrungen von **perpassar** [pirpɐ'sar] ⟨1b⟩ vergehen; **~ por** vorbeigehen an (dat)
perpendicular [pirpẽdiku'ɫar] A ADJ senkrecht B F̄ Senkrechte f, Lot n (**tirar**) fällen) **perpendículo** [pirpẽ'dikuɫu] M̄ Senkblei n, Lot n
perpetração [pirpitrɐ'sɐ̃ũ] F̄ Durchsetzung f **perpetrar** [pirpi'trar] ⟨1c⟩ crime begehen, verüben; tarefa, resultado zustande bringen
perpétua [pir'pɛtwɐ] F̄ Strohblume f
perpetuação [pirpetwɐ'sɐ̃ũ] F̄ Verewigung f; Verlängerung f; (conservação) Erhaltung f **perpetuar** [pirpe'twar] ⟨1g⟩ verewigen; (prolongar) verlängern; tradição sich erhalten **perpetuidade** [pirpetwi'dadi] F̄ Fortdauer f
perpétuo [pir'pɛtwu] beständig; (ilimitado) unbefristet; (eterno) ewig; (vitalício) lebenslänglich
perplexidade [pirpɫɛksi'dadi] F̄ Bestürzung f; (desconcerto) Ratlosigkeit f **perplexo** [pir'pɫɛksu] ratlos; **ficar ~** stutzen
perrengue [pe'xẽgi] bras feige; ängstlich; widerborstig **perrice** [pi'xisi] F̄ Dickköpfigkeit f **perro** ['peʀu] ADJ bockig; **estar ~** klemmen
persa ['pɛrsɐ] A ADJ persisch B M/F Perser(in) m(f) C M̄ Perser(teppich) m
perscrutação [pirskrutɐ'sɐ̃ũ] F̄ Erforschung f **perscrutador** [pirskrutɐ'dor] forschend, durchdringend (Blick) **perscrutar** [pirskru'tar] ⟨1a⟩ erforschen; durchschauen; eindringen in (ac)
perseguição [pirsigi'sɐ̃ũ] F̄ Verfolgung f **perseguidor(a)** [pirsigi'dor(ɐ)] M/F Verfolger(in) m(f) **perseguir** [pirsi'gir] ⟨3o; Stv 3c⟩ verfolgen; bedrängen
perseverança [pirsivi'rɐ̃sɐ] F̄ Beharrlichkeit f **perseverante** [pirsivi'rɐ̃ti] beharrlich **perseverar** [pirsivi'rar] ⟨1c⟩ **~ em** beharren auf (dat)
persiana [pir'sjɐnɐ] F̄ Rollladen m
pérsico ['pɛrsiku], **pérsio** ['pɛrsju] persisch
persignar-se [pirsi'gnarsi] ⟨1a⟩ sich bekreuzigen
persistência [pirsiʃ'tẽsjɐ] F̄ Ausdauer f **persistente** [pirsiʃ'tẽti] andauernd; (regular) beständig **persistir** [pirsiʃ'tir] ⟨3a⟩ (fort)dauern; **~ em** bestehen auf (dat); verharren in (dat)
personagem [pirsu'naʒɐ̃i] A F̄ Persönlichkeit f B M/F Figur f (tb romance); TEAT tb Darsteller m **personagem-título** [pirsunaʒɐ̃i'titulu] M/F ⟨pl personagens-título⟩ Titelheld(in) m(f) **personalidade** [pirsunɐɫi'dadi] F̄ Persönlichkeit f **personalismo** [pirsunɐ'ɫiʒmu] M̄ Ichbezogenheit f **personalização** [pirsunɐɫizɐ'sɐ̃ũ] F̄ Verkörperung f **personalizar** [pirsunɐɫi'zar] ⟨1a⟩ A Ⅵ persönlich werden B V/T persönlich nennen; (adaptar) personalisieren; (representar) personifizieren **personificar** [pirsunifi'kar] ⟨1n⟩ personifizieren
perspe(c)tiva [pirʃpɛ'tivɐ] F̄ Perspektive f; Aussicht f; fig Richtung f **perspe(c)tivar** [pirʃpɛti'var] ⟨1a⟩ perspektivisch darstellen; fig ins Auge fassen **perspe(c)tivo** [pirʃpɛ'tivu] Perspektiv...
perspicácia [pirʃpi'kasjɐ] F̄ Scharfsinn m; Weitblick m **perspicaz** [pirʃpi'kaʃ] scharfsichtig; weitblickend; **ser ~** ein scharfes Auge haben **perspicuidade** [pirʃpikwi'dadi] F̄ Klarheit f, Deutlichkeit f; (razão) Verstand m **perspícuo** [pirʃ'pikwu] klar; messerscharf
persuadir [pirswɐ'dir] ⟨3b⟩ überzeugen (**de** von); überreden (**a** zu) **persuasão** [pirswɐ'zɐ̃ũ] F̄ Überzeugung f **persuasiva** [pirswɐ'zivɐ] F̄ Überredungskunst f **persuasivo** [pirswɐ'zivu] überzeugend
pertença [pir'tẽsɐ] F̄ port Eigentum (-srecht) n (**de** an dat); Befugnis f; **~s** pl port Zubehör n (**com suas em** mit allem)
pertence [pir'tẽsi] M̄ DIR Überschreibung f; → pertença **pertencente** [pirtẽ'sẽti] ADJ **~ a a/c** zu etw gehörig; **~ a alg**

j-m gehörend; (*relativo*) j-n betreffend **pertencer** [pirtẽ'ser] ⟨2g; *Stv* 2a⟩ ~ a alg j-m gehören; zu j-m gehören; *direito, vez* j-m zustehen **pertinácia** [pirti'nasja] F̲ Hartnäckigkeit f; Trotz m **pertinaz** [pirti'naʃ] hartnäckig; trotzig **pertinência** [pirti'nẽsja] F̲ Zugehörigkeit f **pertinente** [pirti'nẽti] dazugehörig; angemessen; (zu)treffend; *t/t* relevant; ser ~ zur Sache gehören **perto** ['pεrtu] A̲ ADV nahe; aqui ~ hier in der Nähe; vir ~ nahe sein B̲ PREP ~ de *local:* nahe bei; in der Nähe (*gen*); *fig* annähernd; nahezu; ~ daqui nicht weit von hier; ~ das três gegen drei Uhr; ~ de três horas nahezu drei Stunden; estar ~ de (*inf*) nahe daran sein zu (*inf*) C̲ M̲ ao ~, de ~ aus (ou in) der Nähe **perturbação** [pirturba'sɐ̃ũ] F̲ Störung f; (*confusão*) Verwirrung f; (*balbúrdia*) Unruhe f **perturbado** [pirtur'badu] durcheinander; (*irrequieto*) unruhig; (*embaraçado*) verlegen **perturbador** [pirturba'dor] M̲ Störenfried m; Unruhestifter m **perturbar** [pirtur'bar] ⟨1a⟩ stören; *harmonia* trüben; *pessoa* beunruhigen; (*confundir*) verwirren; ~-se in Verwirrung geraten **peru** [pi'ru] M̲ ZOOL Truthahn m; *bras fig* schmachtender Liebhaber m; ao copa: Kiebitz m **Peru** [pi'ru] M̲ GEOG o ~ Peru (*n*) **perua** [pi'rua] F̲ ZOOL Truthenne f; AGR, GASTR Pute f; *fam fig* dumme Pute f; *bras* AUTO Kombi m; Kleintransporter m; estar com a ~ *pop* blau sein **peruano** [pi'rwanu] A̲ ADJ peruanisch B̲ M̲, -a F̲ Peruaner(in) m(f) **peruar** [pi'rwar] ⟨1g⟩ *bras fam ao jogo*: (während e-s Spiels) Kommentare abgeben; *fam* kiebitzen **peruca** [pi'ruka] F̲ Perücke f **perversão** [pirvir'sɐ̃ũ] F̲ Perversion f **perversidade** [pirvirsi'dadi] F̲ Perversität f **perverso** [pir'versu] pervers **perverter** [pirvir'ter] ⟨2c⟩ sittlich verderben; *verdade* verdrehen; ~-se verkommen **pesa-cartas** [pεza'kartaʃ] M̲ ⟨*pl inv*⟩ Briefwaage f **pesadão** [piza'dɐ̃ũ] schwer wie Blei; schwerfällig **pesadelo** [piza'delu] M̲ Albtraum m **pesado** [pi'zadu] A̲ ADJ schwer; *trabalho* hart; *dever* lästig; *pessoa*

schwerfällig, plump; (*grave*) schwer wiegend; ser ~ a (ou para) alg j-m zur Last fallen B̲ M̲ DESP Schwergewicht n **pesadote** [piza'dɔti] schwer; plump **pesagem** [pi'zaʒɐ̃ĩ] F̲ Wiegen n **pêsames** ['pezamiʃ] MPL Beileidsbezeigung f; sentidos ~!; meus ~! herzliches Beileid!; dar os ~ a alg j-m sein Beileid aussprechen **pesa-papéis** [pεzapa'pεiʃ] M̲ ⟨*pl inv*⟩ Briefbeschwerer m **pesar** [pi'zar] A̲ V/T ⟨1c⟩ (ab)wiegen; *fig* abwägen B̲ V/I wiegen; ~ a alg *fig* j-n bedrücken; j-m leid tun; ~ em belasten; ~ na balança de alg bei j-m ins Gewicht fallen; ~ sobre lasten auf (*dat*) C̲ M̲ Kummer m; (*pena*) Bedauern n; a meu ~ zu meinem Bedauern; (*contra minha vontade*) gegen meinen Willen **pesaroso** [piza'rozu] niedergeschlagen; (*arrependido*) reuig **pesca** ['pεʃka] F̲ Fischerei f, Fischen n; Angeln n; *profissional:* Fischfang m, Fischereiwesen n; ~ desportiva Sportangeln n, Angelsport m; ~ à linha *port* Angeln n; andar à ~ angeln; *fig* auf der Jagd sein; ir à ~ angeln (gehen) **pescada** [piʃ'kada] F̲ Seehecht m; ~-marlonga f Merlan m (*Fischart*) **pescadinha** [piʃkɐ'dinɐ] F̲ Kleiner Seehecht m **pescador** [piʃkɐ'dor] A̲ ADJ Fischer... B̲ M̲ Fischer m; *com anzol:* Angler m; ~ de águas turvas *fig* Hochstapler m **pescanço** [piʃ'kɐ̃su] M̲ fazer ~ in die Karten gucken **pescar** [piʃ'kar] ⟨1n; *Stv* 1c⟩ fischen; *fig* aufschnappen; *segredo* herauskriegen; *fam* (*perceber*) kapieren; ~ em águas turvas im Trüben fischen; *fam* não ~ nada nichts kapieren **pescaria** [piʃkɐ'ria] F̲ → pesca **pescoço** [piʃ'kosu] M̲ ⟨*pl* [-'kɔ-]⟩ Hals m; (*nuca*) Nacken m; até ao ~ bis zum Hals; pôr ao ~ um den Hals binden **peso** ['pezu] M̲ *pessoa:* (Körper)Gewicht n; *força:* Schwere f; *fig* Last f; Druck m; (*ênfase*) Nachdruck m; (*importância*) Bedeutung f; a (ou por) ~ nach Gewicht; de ~ gewichtig; schwerwiegend; em ~ voll und ganz; alle; ~ de abate Schlachtgewicht n; ~ escorrido Abtropfgewicht n; ~ líquido Nettogewicht n; ~ morto Ballast m; *fig* Klotz m am Bein; comprar a ~ de ouro mit Gold aufwiegen; tomar

o ~ a a/c das Gewicht e-r Sache (gen) feststellen; fig etw abschätzen; DESP **~galo** m Bantamgewicht n; **~mosca** m Fliegengewicht n; **~pena** m, **~pluma** m Federgewicht n; **~pesado** m Schwergewicht n

pespegar [piʃpiˈgar] ⟨1o; Stv 1c⟩ fam pancada versetzen; ferida zufügen; **~ se** sich festsetzen **pespego** [piʃˈpegu] M̄ Störung f; Hindernis n

pespontar [piʃpõˈtar] ⟨1a⟩ steppen (nähen) **pesponto** [piʃˈpõtu] M̄ Steppstich m

pesqueira [piʃˈkajrɜ] F̄ (viveiro) Fischzucht f; (utensilios) Fischereigeräte mpl **pesqueiro** [piʃˈkajru] A ADJ Fischerei...; Fisch(er)... B M̄ (fio) Angelschnur f; (viveiro) Fischteich m

pesquisa [piʃˈkizɜ] F̄ Nachforschung f; Recherche f; Untersuchung f; cientifica: Forschung f; GEOL Schürfung f; petroleira: Bohrung f; ~ de opinião Meinungsumfrage f; **fazer ~s** Nachforschungen anstellen **pesquisador(a)** [piʃkizɜˈdor(ɜ)] M̄ Forscher(in) m(f) **pesquisar** [piʃkiˈzar] ⟨1a⟩ A V̄T̄ forschen nach; (examinar) untersuchen; jornalista recherchieren; policia ermitteln; MIN schürfen nach B V̄Ī forschen

pessário [piˈsarju] M̄ Pessar n

pessegada [pisiˈgadɜ] F̄ ◘ GASTR Pfirsichkompott n ◘ port fam (fracasso) Reinfall m ◘ port fam (divertimento) Spaß m; reg Gaudi f

pêssego [ˈpesigu] A M̄ Pfirsich m; **~ careca** port Nektarine f B M̄, **-a** F̄ hübsche, attraktive Person f

pessegueiro [pisiˈgajru] M̄ Pfirsichbaum m

pessimismo [pɛsiˈmiʒmu] M̄ Schwarzseherei f; Pessimismus m **pessimista** [pɛsiˈmiʃtɜ] A ADJ pessimistisch B M̄/F̄ Pessimist(in) m(f)

péssimo [ˈpɛsimu] sehr schlecht

pessoa [piˈsoɜ] F̄ Person f; (ser humano) Mensch m; **boa ~** netter Mensch; **~ estranha** Unbefugte(r) m/f; Fremde(r) m/f; **~ jurídica** juristische Person f; **uma ~** jemand; man; **muitas ~s** pl viele Leute pl; **em ~** persönlich **pessoal** [piˈswaɫ] A ADJ persönlich B M̄ Personal n; **~ executivo** Führungskräfte mpl; **o ~** fam man; wir; die Leute pl

▶ **pessoa und Pessoa**

Das portugiesische Wort **pessoa** bedeutet im heutigen Sprachgebrauch ‚Person, Mensch'. Es ist ableitbar von lateinisch **persona**, das sowohl die ‚Person' als auch die ‚Maske des Schauspielers' bezeichnete. Für Deutschsprachige überraschend ist übrigens die Aussprache des Wortes, bei der das **e** der ersten Silbe kaum zu hören ist.

Der wichtigste portugiesische Dichter des 20. Jahrhunderts, **Fernando Pessoa** (1888–1935), führt dieses Wort als Eigennamen. Ist der Name in diesem Fall ein Zeichen? „Dichter haben keine Biografie. Ihr Lebenswerk ist ihre Biografie", heißt es bei ihm. Tatsächlich hat sich Pessoa für seine schriftstellerische Tätigkeit hinter allerlei erfundenen literarischen Persönlichkeiten verborgen (u. a. Ricardo Reis, Alberto Caeiro, Álvaro de Campos). Sein bekanntes Werk **Livro do desassossego** (dt. „Buch der Unruhe") hat z. B. angeblich der „Hilfsbuchhalter Bernardo Soares" verfasst. ◀

pestana [piʃˈtanɜ] F̄ Wimper f; **João Pestana** m Sandmann m; Sandmännchen n **pestanear** [piʃtɜˈnjar] ⟨1l⟩, **pestanejar** [piʃtɜniˈʒar] ⟨1d⟩ zwinkern; blinken; **sem ~** ohne mit der Wimper zu zucken **pestanejo** [piʃtɜˈnajʒu] M̄ Zucken n der Lider; Zwinkern n

peste [ˈpɛʃti] F̄ Pest f; (epidemia) Seuche f; (pestilência) Gestank m; fig Plage f; **~ suína** Schweinepest f **pesticida** [pɛʃtiˈsidɜ] M̄ Pestizid m **pestífero** [piʃˈtifiru] A ADJ Pest...; pestkrank B M̄ Pestkranke(r) m

pestilência [piʃtiˈɫẽsjɜ] F̄ Pestilenz f; (contágio) Ansteckung f **pestilencial** [piʃtiɫẽˈsjaɫ] pestartig **pestilento** [piʃtiˈɫẽtu] verpestet

peta [ˈpɛtɜ] F̄ fam Schwindel m; Finte f; **dizer ~s** lügen; **pregar uma ~ a alg** j-m e-n Bären aufbinden

pétala [ˈpɛtaɫɜ] F̄ Blütenblatt n

petardo [piˈtardu] M̄ MIL Sprengkörper m; fogo de artificio: Knallfrosch m

peteleco [peteˈlɛku] M̄ bras Fingerschnipsen an e-m Ohr

petição [piti'sɐ̃ʊ] F Bittschrift f; Gesuch n **peticionário** [pitisju'narju] A ADJ Bitt... B M Bittsteller m

petinga [pi'tĩga] F ZOOL Sprotte f

petiscar [pitiʃ'kar] ⟨1n⟩ kosten; naschen; fig conhecimentos aufschnappen **petisco** [pi'tiʃku] M Leckerbissen m; Appetithappen m; (pequena refeição) Imbiss m; fam fig Laffe m **petisqueira** [pitiʃ'kɐira] F fam Häppchen n; bras Snackteller m

petitório [piti'tɔrju] Bitt...; **a(c)ção** f -a DIR Forderungsklage f

petiz [pi'tiʃ] A ADJ klein B M fam Knirps m **petizada** [piti'zadɐ] F Kinder pl; grupo: Kinderschar f

peto ['petu] M ZOOL Specht m

petrechos [pi'trɛiʃuʃ] MPL → apetrechos

pétreo ['pɛtriu] steinern; steinhart

petrificação [pitrifikɐ'sɐ̃ʊ] F Versteinerung f **petrificar** [pitrifi'kar] ⟨1n⟩ versteinern; fig zutiefst erschüttern, entsetzen; **~-se** versteinern

petrodólar [pɛtrɔ'dɔɫar] M Petrodollar m **petroleiro** [pitru'ɫɐiru] M NÁUT Tanker m **petróleo** [pi'trɔɫju] M Erdöl n; Petroleum n; **~ em rama** Rohöl n **petrolífero** [pitru'ɫifiru] Erdöl produzierend **petroquímica** [pɛtrɔ'kimikɐ] F Petrochemie f

petulância [pitu'ɫɐ̃sjɐ] F Anmaßung f; Unverschämtheit f **petulante** [pitu'ɫɐ̃ti] anmaßend; frech

peúga ['pjugɐ] F Socke f

peugada [peu'gadɐ] F Spur f

peva [pɛvɐ] F fam nichts; **não perceber ~** fam nur Bahnhof verstehen

pevide [pi'vidi] F abóbora: Kürbiskern m; melão Melonenkern m; MED Sprachfehler m

p.ex. ABR (por exemplo) z. B. (zum Beispiel)

p. ext. ABR (por extenso) i. W. (in Worten)

pez [peʃ] M Harz n; Pech n

pezinho [pɛ'ziɲu] M **com ~s de lã** auf Samtpfoten (gehend)

p.f. ABR (por favor) bitte

p.f.v. ABR (por favor, volte) b. w. (bitte wenden)

pg. ABR (pago) bez. (bezahlt)

pia ['piɐ] F (Spül)Becken n; **~ ba(p)tismal** Taufbecken n

piaçaba [pjɐ'sabɐ] F BOT Piassave-Palme f; (vassoura) Piassavabesen m; retrete: Klobürste f

piada ['pjadɐ] F fam Witz m; **achar ~** (es) lustig finden (**que** conj, dass); **ter ~** witzig sein

piadeira [pjɐ'dɐirɐ] F ZOOL Pfeifente f

piançar [pjɐ̃'sax] ⟨1p⟩ **~ por** bras lechzen nach, brennen auf (ac)

pianista [pjɐ'niʃtɐ] M/F Klavierspieler(in) m(f), Pianist(in) m(f) **piano** ['pjanu] A M Klavier n; **~ de (meia) cauda** (Stutz-)Flügel m; **~ vertical** Klavier n; **ao ~** am Klavier B ADV leise **pianola** [pjɐ'nɔɫɐ] F Pianola n, elektrisches Klavier n

pião [pjɐ̃ʊ] M Kreisel m; **fazer ~** AUTO sich um die eigene Achse drehen

piar [pjar] ⟨1g⟩ piep(s)en

Piauí [pia'wi] M GEOG **o ~** bras Bundesstaat

PIB [pib] M ABR (Produto Interno Bruto) BIP n (Bruttoinlandsprodukt)

pica ['pikɐ] F fam Pieks m (e-r Spritze); (camisola) grober Wollpullover m; fam (Fahr)Kartenkontrolleur m; bras pej Schwanz m **picada** [pi'kadɐ] F Stich m (tb fig); Biss m; MED stechender Schmerz m; **~s** pl Seitenstechen n **picadeira** [pikɐ'dɐirɐ] F Hämmerchen n **picadeiro** [pikɐ'dɐiru] M Reitschule f; Reithalle f; bras tb Manege f **picadela** [pikɐ'dɛɫɐ] F (Insekten)Stich m **picadinho** [pikɐ'dʒiɲu] M bras GASTR Geschnetzelte(s) n **picado** [pi'kadu] A ADJ gesprenkelt; mar bewegt; fig fam pikiert; gereizt; carne f -a port Hackfleisch m; **voo ~** Sturzflug m B M GASTR Gehackte(s) n; TECN Hieb m; MÚS Pizzicato n **picador** [pikɐ'dor] M Kunstreiter m; (professor) Reitlehrer m; tourada: Pikador m **picanço** [pi'kɐ̃su] M ZOOL Würger m; fam Büffeln n **picante** [pi'kɐ̃ti] GASTR scharf; prickelnd; fig anzüglich **picão** [pi'kɐ̃ʊ] M Spitzhacke f; Pickel m

pica-pau [pikɐ'pau] M ⟨pl **~s**⟩ ZOOL Specht m **pica-peixe** [pikɐ'pɐiʃi] M ⟨pl **~s**⟩ ZOOL Eisvogel m

picar [pi'kar] ⟨1n⟩ A VT stechen; (an)picken; zerlöchern; bilhete kontrollieren; cavalo spornen; GASTR hacken; zerkleinern; terra aufrauen; pedra zerschlagen; NÁUT Tau kappen; fig anbeißen; piesacken; sticheln; stechen; fam büffeln B VI peixe anbeißen; camisola kratzen; **~-se** sich ste-

chen (**com** mit, **em** an *dat*)
picardia [pikɐrˈdiɐ] *F* Streich *m*; Gerissenheit *f* **picaresco** [pikɐˈreʃku] pikaresk; lustig; **romance** *m* ~ Schelmenroman *m* **picareta** [pikɐˈretɐ] *F* (Spitz)Hacke *f* **picaria** [pikɐˈriɐ] *F* Reitkunst *f*, -bahn *f*
pícaro [ˈpikɐru] gerissen; schlau
piçarra [piˈsaʁɐ] *F* GEOL Schiefer *m*
pícea-europeia [pisjɐˌeuruˈpɐjɐ] *F* Fichte *f*
pichação [piʃɐˈsɐ̃ũ] *F* bras Losung *f*; *parede*: Graffiti *n* **pichar** [piˈʃar] ⟨1a⟩ *bras* teeren; *parede*: besprühen, bemalen **piche** [ˈpiʃi] *M* bras Teer *m*
pichel [piˈʃɛɫ] *M* (Zinn)Krug *m*
pichota [piˈʃɔtɐ] *F* ling inf (Penis) Schniepel *m*
pico [ˈpiku] *M* Spitze *f*; BOT Dorn *m*; Stachel *m*; GEOG Bergspitze *f*; Gipfel *m*; (*dente*) Zacke *f*; *fig* Schärfe *f*; (*graça*) Witz *m*; ~ **de tensão** ELECT Spannungsspitze *f*; **ter** ~ prickeln; **mil e** ~ *fam* tausend und ein paar Zerquetschte
picolé [pikoˈlɛ] *M* bras Eis *n* am Stiel
picotado [pikuˈtadu] perforiert **picotar** [piku'tar] ⟨1e⟩ perforieren; *bilhete* knipsen **picote** [piˈkɔti] *M* Zahnung *f* (*Briefmarke*)
pictograma [piktɔˈgrɐmɐ] *M* Piktogramm *n*
picuinha [piˈkwiɲɐ] *F* Kleinigkeit *f*; Spitzfindigkeit *f* **picuinhas** [piˈkwiɲɐʃ] *ADJ* spitzfindig; pingelig
PIDE [ˈpidi] F ABR *port hist* (Polícia Internacional de Defesa de Estado) Staatspolizei unter der Salazar-Diktatur
piedade [pjeˈdadi] *F* REL Frömmigkeit *f*; (*dó*) Mitleid *n*; (*respeito*)(Ehrfurcht *f*; ~ **de si mesmo** Selbstmitleid *n*; **sem** ~ erbarmungslos **piedoso** [pjeˈdozu] REL fromm; mitleidig
piegas [ˈpjɛgɐʃ] **A** *ADJ* weinerlich **B** *M/F* ⟨*pl inv*⟩ Angsthase *m* **pieguice** [pjeˈgisi] *F* Gefühlsduselei *f*
piela [ˈpjɛlɐ] *F* *fam* **estar com a** ~ einen sitzen haben; **apanhar uma** ~ sich betrinken
piercing [ˈpirsīg] *M* Piercing *n*
pífano [ˈpifɐnu] *M*, **pífaro** [ˈpifɐru] *M* MÚS Querpfeife *f*
pifar [piˈfar] ⟨1a⟩ *fam* klauen; *plano* sich zerschlagen; AUTO, *máquina* kaputtgehen
pifo [ˈpifu] *M* → **piela**
pigargo [piˈgargu] *M* Seeadler *m*
pigarrear [pigɐˈʁjar] ⟨1l⟩ sich räuspern **pigarro** [piˈgaʁu] *M* Hustenreiz *m*; Kratzen *n* (im Hals)
pigmento [piˈgmẽtu] *M* Pigment *n*
pigmeu [piˈgmeu] **A** *ADJ* zwergenhaft **B** *M*, **pigmeia** [piˈgmɐjɐ] *F* Pygmäe *m*, Pygmäin *f*
pijama [piˈʒɐmɐ] *M* Schlafanzug *m*
pila [ˈpilɐ] *F* ling inf Schniepel *m*
pilão [piˈlɐ̃ũ] *M* **1** Stößel *m*; Stampfer *m*; *balança*: Laufgewicht *n*; GASTR (Holz)Mörser *m* **2** ARQUIT Pylone *f* **pilar** [piˈlar] **A** √ʇ ⟨1a⟩ stampfen; zerstoßen; *castanhas etc* schälen **B** *M* Pfeiler *m*; Säule *f*
pilastra [piˈlaʃtrɐ] *F* Wandpfeiler *m*
pildra [ˈpiɫdrɐ] *F* *fam* Kittchen *n*, Knast *m*
pilé [piˈlɛ] *ADJ* **açúcar** ~ **port** Kristallzucker *m*
pileca [piˈlɛkɐ] *F* altes, mageres Pferd *n*, Mähre *f*
pileque [piˈlɛki] *M* **1** Gummiring *m* **2** (Alkohol)Rausch *m* **pilequinho** [pileˈkiɲu] *M* bras Schwips *m*
pilha [ˈpiʎɐ] **A** *F* **1** Haufen *m*; *papel*: Stoß *m*; *livros*: Stapel *m* (*tb* INFORM); ELECT Batterie *f*; *port fam* Taschenlampe *f*; ~ **atómica** (*⋆ô*) Atomreaktor *m*; ~ **de nervos** *fam* Nervenbündel *n*; ~ **seca** ELECT Trockenzelle *f*; **às ~s** haufenweise; **mit großer Heftigkeit**; **em** ~ aufgehäuft **2** Raub *m* **B** *M* *ladrão*: Ganove *m* **C** *M/F* *repórter*: Skandalreporter(in) *m*(*f*) **pilhagem** [piˈʎaʒɐ̃j] *F* Plünderung *f*; Raub *m* **pilhar** [piˈʎar] ⟨1a⟩ plündern; stehlen; (*apanhar*) erwischen; *fam* ergattern; schnappen
pilhéria [piˈʎɛrjɐ] *F* Witz *m*, Scherz *m*
pilim [piˈlĩ] *M* *fam* Moos *n* (*Geld*)
pilinha [piˈliɲɐ] *F* *port fam* Schniepel *m* (*Penis*)
piloro [piˈlɔru] *M* ANAT Magenausgang *m*
pilotagem [pilu'taʒɐ̃j] *F* NÁUT Lotsen *n*; AERO Fliegen *n* **pilotar** [pilu'tar] ⟨1e⟩ NÁUT lotsen; AUTO, AERO steuern; lenken **piloto** [piˈlotu] *M* AERO Pilot *m*; DESP Rennfahrer *m*; NÁUT Lotse *m*; ZOOL Lotsenfisch *m*; **instalação** ~ Pilotanlage *f*; ~ **automático** Autopilot *m*; ~ **de provas** Testpilot *m*
pílula [ˈpilulɐ] *F* Pille *f* (*tb fig*); ~ **contra-**

ceptiva Anti-Baby-Pille f
pimba ['pĩbɐ] ADJ port **música** f **~** vulgäre Form der Volksmusik mit sexuellen Anspielungen
pimenta [pi'mẽtɐ] F Pfeffer m; **~-do-reino** bras schwarzer Pfeffer m **pimentão** [pimẽ'tɐ̃ũ] M **1** especiaria: Paprika m, Paprikapulver n; **~ doce** edelsüßer Paprika m **2** bras (Gemüse)Paprika m **pimenteira** [pimẽ'tɐjrɐ] F Pfefferstrauch m **pimento** [pi'mẽtu] M Paprika(schote) m(f)
pimpão [pĩ'pɐ̃ũ] **A** ADJ forsch **B** M Wichtigtuer m **pimpar** [pĩ'par] ⟨1a⟩ forsch auftreten; großtun
pimpolho [pĩ'poʎu] M BOT Schössling m; fig Bengel m
pina ['pinɐ] F Radfelge f
pináculo [pi'nakulu] M ARQUIT Giebel m; monte: Gipfel m (tb fig)
pinázio [pi'nazju] M (Fenster)Sprosse f
pinça ['pĩsɐ] F Pinzette f; MED Wundklammer f; ZOOL Krebsschere f
pincaro ['pĩkaru] M Gipfel m; **pôr alg nos ~s (da lua)** j-n in den Himmel loben
pincel [pĩ'sɛɫ] M Pinsel m **pincelada** [pĩsi'ɫadɐ] F Pinselstrich m **pincelar** [pĩsi'ɫar] ⟨1c⟩ pinseln
pinchar [pĩ'ʃar] ⟨1a⟩ hüpfen **pincho** ['pĩʃu] M Sprung m; Hopser m
pindaíba [pĩdɐ'ibɐ] F bras Kokosstrauch m; fam fig Ebbe f in der Kasse; **andar/estar na ~** fam einen sitzen haben **B** M armer Schlucker m **pingadeira** [pĩgɐ'dɐjrɐ] F Tropf-, Auffangschale f; Tropfvorrichtung f; fam einträgliche Sache f; laufende Ausgabe f
pingar [pĩ'gar] ⟨1o⟩ **A** VT beträufeln **B** VI tröpfeln; negócio einträglich sein; torneira tropfen
pingente [pĩ'ʒẽti] M (Ohr)Anhänger m; bras Trittbrettfahrer m
pingo ['pĩgu] M **1** (banha) Schweineschmalz n **2** (gota) Tropfen m; do nariz: Nasenschleim m; GASTR kleiner Milchkaffee m; **~s** pl MED Tropfen mpl
pinguço [pĩ'gusu] M bras pop Schnapsdrossel f
pingue ['pĩgi] fett; dick; negócio einträglich **2** Schweineschmalz n
pingue-pongue [pĩgi'põgi] M ⟨pl ~s⟩ Tischtennis n, Pingpong n
pinguim (*ü) [pĩ'gwĩ] M Pinguin m
pinha ['pinɐ] F **1** BOT Pinien-, Tannenzapfen m; fruta: Zimtapfel m; fig Haufen m; fam (cabeça) Birne f; **estar à ~** brechend voll sein; **não estar bom/boa da ~** fam nicht richtig ticken
pinhal [pi'naɫ] M Kiefernwald m; Pinienhain m **pinhão** [pi'ɲɐ̃ũ] M Pinienkern m; TECN Ritzel n **pinheiral** [piɲɐj'raɫ] M → pinhal **pinheiro** [pi'ɲɐjru] M Kiefer f; Pinie f **pinheiro-brasileiro** [piɲɐjrubrɐzi'ɫɐjru] M, bras **pinheiro-do-Paraná** [piɲerudupara'na] M Araukarie f **pinheiro-bravo** [piɲɐjru'bravu] M Strandkiefer f **pinheiro-larício** [piɲɐjruɫa'risju] M Schwarzkiefer f **pinheiro-manso** [piɲɐjru'mɐ̃su] M Pinie f **pinheiro-silvestre** [piɲɐjrusiɫ'vɛʃtri] M Waldkiefer f, Föhre f
pinho ['piɲu] M Kiefern-, Fichten-, Tannenholz n; **~ de flandres** Kiefer f; bras fam akustische Gitarre; **chorar no ~** Gitarre spielen
pino ['pinu] M TECN Stift m; Zapfen m; ELECT Stecker m; fig Gipfel m, Höhepunkt m; DESP Handstand m; **~ batente** Türstopper m; **~ de engate** TECN Kupplungsbolzen m; **~ do verão** fig Hochsommer m; **a ~** senkrecht; aufrecht; **no ~ de** mitten in (dat)
pinoca [pi'nɔkɐ] **A** port ADJ modisch, elegant **B** M/F Modenarr m, Modepuppe f **pinocada** [pinɔ'kadɐ] F port pop Nummer f (Koitus); **dar uma ~** pop eine Nummer schieben
pinote [pi'nɔti] M Satz m; gado: Ausschlagen n; **dar o ~** pop abhauen; (escapar-se) ausbrechen **pinotear** [pinu'tʃar] ⟨1l⟩ (umher)springen; gado ausschlagen
pinta ['pĩtɐ] **A** F **1** Fleck m, Tupfen m; fig Äußere(s) n; **pela ~** äußerlich; **ter Ansehen; ter boa ~** gut aussehen; **ter ~ de** aussehen wie **2** Hühnchen n **3** Angola pop Freundin f, Mädchen n **4** hist medida: Pinte f **B** M/F Subjekt n, Person f; fig Hauch m
pintada [pĩ'tadɐ] F ZOOL Perlhuhn n
pinta-d'água [pĩtɐ'dagwɐ] F ⟨pl pintas-d'água⟩ Wasserralle f **pintadela** [pĩtɐ'dɛɫɐ] F Anstrich m; **dar uma ~ a**

(ou em) überstreichen **pintado** [pĩˈtadu] farbig; *animal* gefleckt; *fig* vollkommen; (*esperto*) klug; **~ de fresco** frisch gestrichen; **ficar ~** *fig* leer ausgehen; **nem ~** überhaupt nicht; **que nem ~** wie gemalt; wie gerufen

pintainho [pĩtɐˈiɲu] M, **-a** F Küken *n*
pintalegrete [pĩtɐliˈgreti] M Geck *m*
pintalgar [pĩtaɫˈgar] ⟨1o⟩ bunt färben
pintar [pĩˈtar] ⟨1a⟩ VT malen; *parede* (an)streichen; *cabelo* färben; *rosto* schminken; *unhas* lackieren; *fig* schildern; *fam* anschmieren; **a ~** *fig* genau im richtigen Augenblick; **~ a óleo** in Öl malen B VI Farbe bekommen; sich (ver)färben; **~-se** sich schminken; *fig* sich abzeichnen
pintarroxa [pĩtɐˈʁoʒɐ] F ZOOL Katzenhai *m* **pintarroxo** [pĩtɐˈʁoʒu] M ZOOL Hänfling *m* **pintassilgo** [pĩtɐˈsiɫgu] M ZOOL Distelfink *m*, Stieglitz *m*
pintinha [pĩˈtiɲɐ] F Tupfen *m*, Pünktchen *m*; **às ~s** getüpfelt
pintinho [pĩˈtiɲu] M *bras* Küken *n* **pinto** [ˈpĩtu] M Küken *n*; *bras pej* Penis *m*; **estar/ficar como um ~** durch und durch nass sein/werden; **ser ~** kinderleicht sein; **fazer ~** *fam* stibitzen
pintor(a) [pĩˈtor(ɐ)] M(F) Maler(in) *m(f)*
pintura [pĩˈturɐ] F Malerei *f*; Bild *n*; TECN Anstrich *m*; *fig* Schilderung *f*; **~ metalizada** Metallic-Anstrich *m*; **ser uma ~** bildschön sein **pinturesco** [pĩtuˈreʃku] → **pitoresco**
pio¹ [ˈpiu] A ADJ fromm; gutherzig; **casa** *f* **-a** Waisenhaus *n*
pio² [ˈpiu] M Pieps *m*; *coruja etc*: Schrei *m*; *bras* Lockpfeife *f*; **nem (um) ~!** keinen Mucks!
piô [pjo] M(F) Angola Kind *n*; Junge *m*, Mädchen *n*
piolhento [pjuˈʎẽtu] verlaust **piolho** [ˈpjoʎu] M Laus *f*; **~ ladro** Filzlaus *f*
pioneirismo [pjunɐiˈriʒmu] M Pioniergeist *m* **pioneiro** [pjuˈnɐiru] M, **-a** F Vorkämpfer(in) *m(f)*, Pionier(in) *m(f)*
pior [pjɔr] COMP *e* SUP → **mau, mal**; **de mal a ~** immer schlimmer; **ir de mal a ~** vom Regen in die Traufe kommen; **(tanto) ~!** umso schlimmer!; **o ~ é das** Schlimme daran ist **piora** [ˈpjɔrɐ] F Verschlimmerung *f* **piorar** [pjuˈrar] ⟨1e⟩ A VT *dor etc* verschlimmern; *tempo, estado* verschlechtern B VI sich verschlimmern;

ela piorou (de saúde) ihr (Gesundheits)-Zustand hat sich verschlechtert **pioria** [pjuˈriɐ] F Verschlechterung *f* **piorio** [pjuˈriu] M *bras* das Letzte sein
piorno [ˈpjornu] M BOT Ginster *m*
pipa [ˈpipɐ] F Fass *n*; *bras fig* (Flug)Drachen *m*
piparote [pipɐˈrɔti] M Schnipser *m*
pipeline [paiˈpɫain] F Pipeline *f*
pipeta [piˈpetɐ] F Pipette *f*
pipi¹ [piˈpi] A 1 ling *inf* Piepmatz *m* 2 *port fam* GASTR **~s** *pl* (*miúdos*) (gebratenes) Geflügelklein *n*; (*passarinhos*) gebratene Wachteln *fpl* B INT **~!** piep!
pipi² [piˈpi] M *bras ling inf* Pipi *n*
Pipi [piˈpi] F **Pipi das Meias Altas**, *bras* **Pippi Meialonga** Pippi Langstrumpf *f*
pipiar [piˈpjar] ⟨1g⟩, **pipilar** [pipiˈɫar] ⟨1a⟩ piep(s)en
pipito [piˈpitu] M Angola *fam*, **pipiu** [piˈpiu] M *bras ling inf* (*pénis*) Schniedel *m*, Schniepel *m*
pipoca [piˈpɔkɐ] F Popcorn *m* **pipocar** [pipoˈkax] ⟨1n; *Stv* 1e⟩ *bras* krachen; puffen **pipoco** [piˈpoku] M *bras* Puff *m*, Krach *m*
pique [ˈpiki] M *hist* MIL Pike *f*; GASTR scharfer Geschmack *m*; **a ~** senkrecht; (*íngreme*) steil; *fig* in Gefahr; **ir a ~** untergehen; *fig* zugrunde gehen; **meter** (*ou* **pôr**) **a ~** versenken **piquenique** [pikiˈniki] M Picknick *n*
piqueta [piˈketɐ] F Absteckpfahl *m* **piquetagem** [pikiˈtaʒɐĩ] F Abstecken *n* (*Gelände*) **piquetar** [pikiˈtar] ⟨1c⟩ abstecken **piquete** [piˈketi] M Bereitschaftsdienst *m*; MIL Abteilung *f* (in Bereitschaft); Trupp *m*; **de greve**: Streikposten *m*; **estar de ~** Bereitschaft (*ou* Schicht, Dienst) haben; **fazer ~** *bras* auf Streikposten stehen
piracema [piraˈsẽmɐ] F *bras* (*desova*) Laichzeit *f*; (*cardume*) Fischschwarm *m*
piramidal [pirɐmiˈdaɫ] pyramidenförmig; *fig* kolossal **pirâmide** [piˈrɐmidi] F Pyramide *f*; **~ etária** Alterspyramide *f*
piranha [piˈraɲɐ] F ZOOL Piranha *m*
pirão [piˈrɐ̃u] M *bras* Maniokbrei *m*; *bras fam* hübsche, junge Frau *f*
pirar-se [piˈrarsi] ⟨1a⟩ *fam* abhauen
pirata [piˈratɐ] M Pirat *m*; Seeräuber *m*; *fig* Gauner *m*; **~ do ar** Luftpirat *m*; **~ in-**

Piranhas und Pirarucus

Im Amazonas und seinen Nebenflüssen leben mehr als 3.000 Fischarten. Am bekanntesten ist der Piranha. Sein schlechter Ruf wird ihm allerdings nicht gerecht, denn die Schwärme der etwa 20 cm großen rundlichen Fische sind wesentlich weniger aggressiv als allgemein angenommen. Die meisten der etwa 20 Piranha-Arten ernähren sich vegetarisch, und auch der Rote Piranha (Serrasalmus nattereri) sollte nur gemieden werden, wenn der Wasserspiegel niedrig und das Nahrungsangebot knapp ist.

Eine weitere beeindruckende Fischart des Amazonas ist der pirarucu (Arapaima gigas), der 150 kg schwer und bis zu 3 m lang werden kann. Vorwiegend in Seen zu finden, ist er eine wichtige Proteinquelle für die Amazonasanwohner. Im Amazonas lebt außerdem der graue oder hellrosafarbene boto, eine Süßwasserdelfinart.

---

formático (ou **virtual**) Hacker m **piratagem** [pirɐ'taʒĩĩ] F (Produkt)Piraterie f **pirataria** [pirɐtɐ'riɐ] F Piraterie f; fig Gaunerei f **piratear** [pirɐ'tjar] ⟨1l⟩ plündern; INFORM, produtos raubkopieren
pirenaico [piri'najku] pyrenäisch, Pyrenäen... **Pirenéus** [piri'nɛuʃ] MPL, bras **Pirineus** [piri'neuʃ] MPL GEOG **os** ~ die Pyrenäen pl
pires ['piriʃ] ⟨pl inv⟩ A ADJ fam miserabel; kitschig B M Untertasse f
pirete [pi'reti] M pop Stinkefinger m
pirex® [pi'rɛks] M Pyrex®; fam feuerfeste Glasform f
pireza [pi'rezɐ] F **pôr-se na** ~ fam abhauen, die Flatter machen
pirilampo [piri'łɐ̃pu] M ZOOL Glühwürmchen n; fam AUTO Warnblinkanlage f
pirilau [piri'łau] M ling inf (Penis) Schniepel m
piripíri [piri'piri] M GASTR Piripíri n, Spanischer Pfeffer m **piririca** [piri'rikɐ] bras rau, kratzig; fig kratzbürstig
pirisca [pi'riʃkɐ] F fam Kippe f
pirite [pi'riti] F Pyrit m, Schwefelkies m; ~ **de ferro** Eisenkies m
piroga [pi'rɔgɐ] F Piroge f; Einbaum m
pirómano (*ô) [pi'rɔmɐnu] M Pyromane m
piropo [pi'ropu] M port Kompliment n
pirose [pi'rɔzi] F Sodbrennen n
piroseira [piru'zajrɐ] F, **pirosice** [piru'zisi] F fam Kitsch m **piroso** [pi'rozu] kitschig
pirotecnia [pirɔtɛ'knia] F Feuerwerkskunst f **pirotécnico** [pirɔ'tɛkniku] A ADJ pyrotechnisch B M, **-a** F Feuerwerker(in) m(f)

pirraça [pi'ʁasɐ] F (übler) Streich m **pirralho** [pi'ʁaʎu] M Knirps m
pirueta [pi'rwetɐ] F DESP Pirouette f; Sprung m **piruetar** [pirwe'tar] ⟨1c⟩ eine Pirouette machen; springen
pirulito [piru'litu] M bras Lutscher m; fam Lolli m
pisa ['pizɐ] F uva: Treten n; Keltern n; fig Tracht f Prügel **pisada** [pi'zadɐ] F Fußstapfen m; (Fuß)Tritt m **pisadela** [pizɐ'dɛłɐ] F leichter Tritt m; → pisadura **pisador** [pizɐ'dor] M Kelter f **pisadura** [pizɐ'durɐ] F Quetschung f; blauer Fleck m **pisa-mansinho** [pizɐmɐ̃'siɲu] M ⟨pl ~s⟩ fig Leisetreter m **pisão** [pi'zɐ̃u] M Walke f **pisar** [pi'zar] ⟨1a⟩ A VIT treten auf (ac); (calcar) festtreten; (espezinhar) zertreten; (entrar) betreten; (esmagar) (zer)quetschen; GASTR zerstampfen; uva keltern; fig besiegen; kränken; ~ **aos pés** port mit Füßen treten; (humilhar) erniedrigen B VI gehen
pisca-alerta [piʃkɐ'lɛxtɐ] M bras Warnblinkanlage f **piscadela** [piʃkɐ'dɛłɐ] F Augenzwinkern n **pisca-pisca** [piʃkɐ'piʃkɐ] M ⟨pl ~s⟩ AUTO Blinker m
piscar [piʃ'kar] ⟨1n⟩ AUTO blinken; ~ **os olhos** blinzeln; zwinkern; ~ **(o olho) a** (bras para) **alg** j-m zuzwinkern; ~ **(o olho) a a/c** mit etw liebäugeln
piscatório [piʃkɐ'tɔrju] Fischerei... **piscícola** [piʃ'sikułɐ] Fisch... **piscicultor** [piʃsikuł'tor] M Fischzüchter m **piscicultura** [piʃsikuł'turɐ] F Fischzucht f **piscina** [piʃ'sinɐ] F (viveiro) Fischweiher m; REL Taufbecken n; ~ **com ondas** Wellenbad n; ~ **infantil**

Planschbecken n; fazer uma ~/duas ~s eine Bahn/zwei Bahnen schwimmen

pisco¹ [ˈpiʃku] ADJ blinzelnd; olho halb geschlossen

pisco² [ˈpiʃku] M ZOOL ~ (**comum**) Rotkehlchen n **pisco-azul** [piʃkwaˈzuł] M ⟨pl piscos-azuis⟩, **pisco-de-peito-azul** [piʃkudipaitwaˈzuł] M ⟨pl piscos-de-peito-azul⟩ Blaukehlchen n

pisgar-se [piʒˈgarsi] ⟨1o; Stv 1e⟩ sich verziehen, abhauen

piso [ˈpizu] M Boden m; ARQUIT Geschoss n; Stock m, Stockwerk n; ~ **do pneu** Lauffläche f (des Reifens)

pisotear [pizoˈtʃjax] ⟨1l⟩ bras zertreten; fig erniedrigen

pista [ˈpiʃta] F Fährte f; AUTO Fahrbahn f; DESP Reit-, Rennbahn f; circo: Manege f; caça, inform Spur f; ~ **de aterragem** (bras **aterrissagem**) AERO Landebahn f; ~ **de corridas** Rennbahn f; ~ **de de(s)colagem** AERO Startbahn f; ~ **de rolagem** AERO Rollbahn f; **andar/estar na ~ de alg** j-m auf der Spur sein

pistache [piʃˈtaʃi] M, **pistacho** [piʃˈtaʃu] M Pistazie f **pistácia** [piʃˈtasja] F BOT Pistazienbaum m **pistácio** [piʃˈtasju] M → pistache

pistão [piʃˈtɐ̃ũ] M TECN Kolben m

pistilo [piʃˈtilu] M BOT Stempel m

pistola [piʃˈtɔla] F Pistole f; ~ **de pintar** (ou **de pintura**) Spritzpistole f; ~ **de soldar** Lötpistole f; **pintar à** (bras **de**) ~ spritzen **pistola-metralhadora** [piʃtɔlamitraʎaˈdora] F ⟨pl pistolas-metralhadoras⟩ Maschinenpistole f **pistolão** [piʃtuˈlɐ̃ũ] M ◨ große Pistole f ◨ bras Empfehlung f; gute Beziehung f **pistoleiro** [piʃtuˈłɐiru] M Bandit m

pitada [piˈtada] F Prise f; Messerspitze f (voll)

pitanga [piˈtɐ̃ge] F bras Surinamkirsche f

pitão [piˈtɐ̃ũ] M Ringschraube f

pitar [piˈtax] ⟨1a⟩ bras rauchen; Angola essen

piteira [piˈtɐira] F ◨ amerikanische Agave f; pop (Feigen)Schnaps m; Rausch m ◨ bras Zigarettenspitze f

pitéu [piˈtɛu] M fam Leckerbissen m

pitinga [piˈtʃĩge] bras weiß; hell

pito [ˈpitu] M fig Teenager m; bras Pfeife f; Zigarette f; Zigarre f

pitoresco [pituˈreʃku] malerisch; romantisch

pitosga [piˈtɔʒge] fam ◨ ADJ kurzsichtig; blinzelnd ◨ M/F Kurzsichtige(r) m/f

pitu¹ [piˈtu] M bras ZOOL Flusskrebs m

pitu®² [piˈtu] F bras (Zuckerrohr)Schnaps m

pivete [piˈveti] M (incenso) Räucherkerze f; pop Gestank m; fam Bengel m

pivô [piˈvo], **pivot** [piˈvo] ◨ M TECN Zapfen m; Stift m; Stiftzahn m ◨ M/F Nachrichtenmoderator(in) m(f); Anchorman m, Anchorwoman f

pixaim [piʃaˈĩ] M bras Kraushaar n

piz(z)a [ˈpizɐ] F Pizza f **piz(z)aria** [pizɐˈria] F Pizzeria f

PJ [peˈʒɔtɐ] F ABR (Polícia Judiciária) Kripo f (Kriminalpolizei)

P.L. ABR (peso líquido) Nettogew. (Nettogewicht)

placa [ˈpłakɐ] F ◨ Platte f; ~ **de gesso** ARQUIT Montage-, Gipsplatte f; ~ **giratória** Drehscheibe f; ~ **tectónica** (*ô) GEOL tektonische Platte f ◨ AUTO Nummernschild n; firma: Firmenschild n; comemorativa: (Gedenk)Tafel f, Plakette f ◨ INFORM ~ **de som** Soundkarte f; ~ **de vídeo** ou ~ **gráfica** Grafikkarte f; ~ **principal** Hauptplatine f ◨ MED Plaque f **placa-mãe** [płakaˈmɐ̃ĩ] F ⟨pl placas-mães⟩ INFORM Motherboard n

placar [płaˈkar] M, **placard** [płaˈkar] M Plakat n, Anschlag m

placebo [płaˈsebu] M Placebo n

placenta [płaˈsẽta] F ANAT Mutterkuchen m, Plazenta f

placidez [płasiˈdeʃ] F Gelassenheit f

plácido [ˈpłasidu] ruhig; gelassen

plagiar [płaˈʒjar] ⟨1g⟩ plagiieren **plagiário** [płaˈʒjarju] M Plagiator m **plagiato** [płaˈʒjatu] M → plágio

plágio [ˈpłaʒju] M Plagiat n

plaina [ˈpłainɐ] F ◨ Hobel m **plaino** [ˈpłainu] ◨ ADJ → plano ◨ M Ebene f

plana [ˈpłanɐ] F Rang m; **de primeira ~** ersten Ranges

planado [płaˈnadu] ADJ voo M ~ Gleitflug m **planador** [płanaˈdor] M Segelflugzeug n **planalto** [płaˈnałtu] M Hochebene f; bras **o Planalto** Sitz des bras Präsidenten **planar** [płaˈnar] ⟨1a⟩ avião segeln

plâncton [ˈpłɐ̃ktɔn] M BIOL Plankton n

planeador(a) [płanjaˈdor(ɐ)] M Planer(in) m(f); ~ **de rotas** Routenplaner m **plane-**

amento [pɐ'tənjɐ'mẽtu] M Planung f; ~ **familiar** Familienplanung f **planear** [plɐ'njar] ⟨1l⟩ planen; ARQUIT entwerfen **planejador** [planeʒa'dox] M, **planejadora** [planeʒa'dore] F bras etc → planeador(a) etc
planeta [plɐ'netɐ] M Planet m **planetário** [plɐni'tarju] A ADJ Planeten...; planetar(isch) B M Planetarium n
plangente [plɐ'ʒẽti] klagend
planície [plɐ'nisi] F Ebene f
planificação [plɐnifikɐ'sɐ̃u] F Planung f **planificar** [plɐnifi'kar] ⟨1n⟩ planen
planisfério [plɐnij'fɛrju] M Weltkarte f
plano ['plɐnu] A ADJ eben; flach; platt; fig leicht verständlich; ungekünstelt B M Fläche f; Ebene f (tb fig); Plan m; ~ **de sustentação** AERO Tragfläche f; ~ **inclinado** schiefe Ebene f; bras ARQUIT tb Aufzug m; ~ **ocupacional para emprego de curta duração** port Arbeitsbeschaffungsmaßnahme f; ~ **poupança-reforma** port private Rentenversicherung f; ~ **primeiro** ~ Vordergrund m; ~ **remoto** Hintergrund m; **arquite(c)tar** ~**s** fig Pläne schmieden; **passar para o segundo** ~ in den Hintergrund treten
planta ['plɐ̃tɐ] F BOT Pflanze f; pé: Sohle f; ARQUIT (Grund)Riss m; cidade: Stadtplan m; ~ **de interior** Zimmerpflanze f; ~ **do pé** Fußsohle f **plantação** [plɐ̃tɐ'sɐ̃u] F Pflanzung f; (cultivo) Anbau m **plantadeira** [plɐ̃tɐ'dajrɐ] F Setzmaschine f **plantador(a)** [plɐ̃tɐ'dor(ɐ)] M(F) Pflanzer(in) m(f); AGR Setz-, Pflanzholz n **plantão** [plɐ̃'tɐ̃u] M Bereitschaftsdienst m; **de** ~ Dienst tuend; in Bereitschaft **plantar** [plɐ̃'tar] A V/T ⟨1a⟩ pflanzen, (cultivar) anbauen; bepflanzen; bandeira aufpflanzen; estaca einschlagen; fig säen; ~-**se** sich (auf)stellen B ADJ Fußsohlen... **plantel** [plɐ̃'tɛɫ] M Team n **plantio** [plɐ̃'tiu] M (An)Pflanzung f; **área f de** ~ Anbaufläche f
planura [plɐ'nurɐ] F (Hoch)Ebene f
plaqué [plɐ'kɛ] M (Gold)Dublee n
plasma ['plaʒmɐ] M Plasma n; ~ **sanguíneo** Blutplasma n; **televisor m** ~ Plasmafernseher m **plasmar** [plɐʒ'mar] ⟨1b⟩ modellieren; gestalten
plastia [plɐʃ'tiɐ] F MED Operation f an e-m Organ **plástica** ['plaʃtikɐ] F Plastik f; **fazer uma** ~ eine plastische Operation

machen lassen **plasticidade** [plɐʃtisi'dadi] F Bildhaftigkeit f; Plastizität f
plasticina [plɐʃti'sinɐ] F Plastilin n (Knetmasse)
plástico ['plaʃtiku] A ADJ plastisch; fig tb bildhaft, anschaulich; **substância** f -**a** Kunststoff m B M Plastik n, Kunststoff m; **saco m de** ~ Plastiktüte f
plastificação [plɐʃtifikɐ'sɐ̃u] F Laminierung f **plastificar** [plɐʃtifi'kar] ⟨1n⟩ livro, cartão laminieren; mercadoria in Plastik einschweißen
plataforma [plɐtɐ'fɔrmɐ] F Plattform f; FERROV Drehscheibe f; Rampe f; (cais) Bahnsteig m; fig (Arbeits)Grundlage f; ~ **continental** Kontinentalsockel m; ~ **de lançamento** Startrampe f; ~ **de serviço** TECN Hebebühne f
plátano ['platɐnu] M Platane f
plateia (*é) [plɐ'tajɐ] F TEAT Parkett n; fig Publikum n; die Zuschauer mpl
platina [plɐ'tinɐ] F Platin n **platinado** [plɐti'nadu] platiniert; cabelo hellblond
platónico (*ó) [plɐ'tɔniku] platonisch
plausibilidade [plauzibili'dadi] F Plausibilität f, Glaubwürdigkeit f **plausível** [plau'zivɛɫ] plausibel
plebe ['plɛbi] F Volk n; pej Pöbel m **plebeu** [plɨ'beu] A ADJ 1 bürgerlich 2 ungebildet; pöbelhaft; fig gemein B M, **plebeia** [plɨ'bajɐ] F, bras **plebéia** [ple'bɛjɐ] F Bürgerliche(r) m/f(m) **plebiscitário** [plɨbiʃsi'tarju] plebiszitär; **votação** f -**a** Volksabstimmung f **plebiscito** [plɨbiʃ'situ] M Volksabstimmung f
plêiada ['plɐjadɐ] F, **plêiade** ['plɐjadi] F Schar f, Kreis m; ASTRON ~**s** pl Plejaden fpl
pleitear [plɐi'tjar] ⟨1l⟩ A V/T DIR verklagen; (tentar obter) erstreben; (candidatar--se) sich bewerben um; (contestar) absprechen B V/I DIR prozessieren; streiten **pleito** ['plɐitu] M DIR Klage f; Streit m
plenamente [plɐnɐ'mẽti] ADV durchaus; völlig **plenário** [plɨ'narju] A ADJ voll; ständig; Plenar...; **sessão** f -**a** Plenarsitzung f; Vollversammlung f B M Plenarsitzung f; Plenum n; Vollversammlung f; DIR Hauptverhandlung f **plenilúnio** [plɨni'lunju] M Vollmond m **plenipotenciário** [plɨnipute'sjarju] bevollmächtigt **plenitude** [plɨni'tudi] F Fülle f; (totalidade) Gesamtheit f

pleno ['plenu] voll; vollständig; ganz; vollkommen; **a ~** in Gänze; **em ~ verão** mitten im Sommer; **de ~** voller; **~-emprego** m Vollbeschäftigung f

pleura ['plewra] F ANAT Rippenfell n

pleurisia [plewri'zia] F Rippenfellentzündung f

plinto ['plĩtu] M ARQUIT Plinthe f; Fußleiste f; DESP Bock m

plissado [pli'sadu] **saia** F **~-a** Faltenrock m **plissar** [pli'sar] ⟨1a⟩ plissieren

plugar [plu'gaʁ] ⟨1o⟩ bras ELECT anschließen **plugue** ['plugi] M bras ELECT Stecker m

pluma ['pluma] F (Vogel-, Schreib)Feder f; **algodão** m **em ~** bras Rohbaumwolle f **plumagem** [plu'maʒɐ̃ĩ] F Gefieder n

plural [plu'ral] M Mehrzahl f; LING Plural m **pluralidade** [plurɐli'dadʒi] F Mehrheit f; (diversidade) Vielheit f; **à ~ (de votos)** mit Stimmenmehrheit **pluralismo** [plurɐ'liʒmu] M Pluralismus m **pluralista** [plurɐ'liʃtɐ] pluralistisch **pluri...** [pluri-] EM COMP Mehr...; **plurianual** [pluriɐ'nwal] mehrjährig

plutónio (*ô) [plu'tɔnju] M Plutonium n

pluvial [plu'vjal] ADJ Regen...; **pluviómetro** (*ô) [plu'vjɔmitru] M Niederschlagsmesser m **pluviosidade** [pluvjuzi'dadʒi] F METEO Niederschlagsmenge f **pluvioso** [plu'vjozu] regnerisch

PM ABR (Primeiro Ministro) Premierminister m

PME [pɛ'mjɛ] FPL ABR (Pequenas e Médias Empresas) Mittelstand m, kleine und mittelständische Betriebe mpl

PMP ABR (por mão própria) durch Boten

pneu [pneu] M Reifen m; **~ de cinta de aço** Stahlgürtelreifen m; **~ sobressalente** Ersatzrad n; **~s** pl Bereifung f; **pôr ~s** bereifen

pneumático [pneu'matiku] A ADJ pneumatisch; **correio** m **~** Rohrpost f; **máquina** f **-a** Vakuumpumpe f; **martelo** m **~** Presslufthammer m B M Reifen m

pneumonia [pneumu'nia] F Lungenentzündung f

p.o. ABR (por ordem) i. A. (im Auftrag)

pó [pɔ] M (poeira) Staub m; FARM Pulver n; **~(s)** (pl) Puder m; **~ de talco** port Körperpuder m; **açúcar** m **em ~** Puderzucker m; **café** m **em ~** löslicher Kaffee m; **leite** m **em ~** Milchpulver n; **fazer em ~** zermalmen; **pôr** (ou usar) **~** (sich) pudern; **reduzir a ~** zerreiben; mahlen; zermalmen; **limpar o** (bras tirar) **~** abstauben

pobre ['pɔbri] A ADJ arm; ärmlich; fig armselig; **~ de mim!** ich Ärmster! B M/F Arme(r) m/f; Bettler(in) m(f) **pobretão** [pubri'tɐ̃ũ] M, **pobretona** [pubri'tɔna] F armer Schlucker m; armer Kerl m; INT **~!** der Arme!; du Armer!; INT **-ona!** die Arme!; du Arme! **pobreza** [pu'breza] F Armut f; Armseligkeit f

poça¹ ['pɔsa] F Pfütze f; Lache f

poça² ['pɔsa(ɲ)] INT **~!** fam na so was!

poção [pu'sɐ̃ũ] F (Arznei)Trank m; **~ mágica** Zaubertrank m

poceiro [po'sajru] M Brunnenbauer m

pocema [po'sema] F Gebrüll n

pocilga [pu'silga] F Schweinestall m

poço ['posu] M ⟨pl [-'pɔ-]⟩ Brunnen m, (Wasser)Loch n; MIN Schacht m; **~ de ar** AERO Luftloch n; **~ absorvente** águas residuais: Sickergrube f, Sickerbrunnen m

poda ['pɔda] F Beschneiden (Bäume); **~ de sebes** Heckenschnitt m; **saber da ~** port fam s-e Sache verstehen **podadeira** [pudɐ'dajrɐ] F Baum-, Garten-, Heckenschere f

podão [pu'dɐ̃ũ] M Rebmesser n **podar** [pu'dar] ⟨1e⟩ beschneiden

pó-de-arroz [pɔdʒi(j)ɐˈʁoʃ] M (Gesichts)Puder m

poder [pu'der] A VT ⟨2l⟩ können; capacidade vermögen; autorização dürfen; possibilidade mögen; **~ com** zurechtkommen mit; **não ~ senão** nichts anderes tun können als; **até mais não ~** bis zum Gehtnichtmehr; **pode ser** kann sein B M (autoridade) Gewalt f; (influência) Macht f; (força) Kraft f; DIR Berechtigung f; POL der Staat m; **~ abusivo** Machtmissbrauch m; **~ aquisitivo** (ou **de compra**) Kaufkraft f; **~ calórico** (ou **calorífico**) Heizwert m; **~ discricionário** uneingeschränkte Macht f; **~ executivo** Exekutive f; **~ judiciário** Judikative f; **~ legislativo** Legislative f; bras **~es** pl **constituídos** Legislative f, Exekutive f und Judikative f; **plenos ~es** pl Vollmacht(en) f(pl); **a ~** de kraft (gen); dank (dat); **cair em ~ de alg** in die Hände fallen; **chegar ao ~** an die

Macht kommen
poderio [pudiˈriu] M Macht f; Gewalt f; DIR Zuständigkeit f **poderoso** [pudeˈrozu] mächtig
pódio [ˈpɔdju] M Podium n; DESP Siegerpodest n
podre [ˈpodri] faul; verdorben; **~ de rico** steinreich **podridão** [pudriˈdɐ̃u] F Fäulnis f; fig Verderbnis f
põe [põi] → pôr
poedeira [pwiˈdɐirɐ] ADJ **galinha** F **~** Legehenne f
poeira [ˈpwɐirɐ] F Staub m; fig Dünkel m; fam blauer Dunst m; **~s** pl **radioa(c)tivas** radioaktiver Staub m; **atirar ~ aos/para os olhos de alg**, **deitar ~ nos olhos de alg**, bras **jogar ~ nos olhos de alg** j-m Sand in die Augen streuen; **levantar ~** Staub aufwirbeln; **morder a ~** pop fig ins Gras beißen **poeirada** [pwɐiˈradɐ] F Staubwolke f **poeirento** [pwɐiˈrẽtu] staubig
poema [ˈpwemɐ] M Gedicht n
poente [ˈpwẽti] M Westen m; **sol m ~** untergehende Sonne f
poesia [pwiˈziɐ] F Dichtkunst f, Dichtung; tb fig Poesie f f; (poema) Gedicht n **poeta** [ˈpwetɐ] M/F Dichter(in) m(f)
poética [ˈpwetikɐ] F Poetik f **poético** [ˈpwetiku] poetisch; **arte f -a** Dichtkunst f
poetisa [pweˈtizɐ] F Dichterin f
pogrom [pɔˈgrɔm] M hist Pogrom n
pois [poiʃ] A ADV also; nun; denn; **~!** eben!; na ja!; **~ é!** ganz recht!; aber ja!; **~ bem!** nun gut!; **~ não?** oder (doch)?; **~ não!** recusa: ausgeschlossen!; assentimento: bitte schön!; selbstverständlich!; **~ sim!** port genauso ist es! B Cj da; **~ (que)** denn
polaco [puˈlaku] A ADJ polnisch B M, **-a** F Pole m, Polin f
polaina [puˈlainɐ] F Gamasche f
polar [puˈlar] GEOG Polar...
polarização [pulɐrizɐˈsɐ̃u] F Polarisierung f **polarizador** [pulɐrizɐˈdor] ADJ **aparelho** M **~** Polarisator m **polarizar** [pulɐriˈzar] ⟨1a⟩ polarisieren; ELECT tb polen; fig anregen; stimulieren
poldra [ˈpoldrɐ] F → **poldro**
poldro [ˈpoldru] M 1 BOT Wurzelschössling m; Trieb m 2 ZOOL Stutenfüllen n
polegada [puliˈgadɐ] F Zoll m (Längenmaß) **polegar** [puliˈgar] M Daumen m; **do pé**: große Zehe f
poleiro [puˈlɐiru] M (Hühner)Stange f; Hühnerleiter f; fam TEAT Olymp m
polémica (*ê) [puˈlɛmikɐ] F Kontroverse f; Streit m; Auseinandersetzung f **polémico** (*ê) [puˈlɛmiku] kontrovers; umstritten **polemizar** [pulɨmiˈzar] ⟨1a⟩ streiten; debattieren
pólen [ˈpɔlɛn] M ⟨pl **polens**⟩ Blütenstaub m, Pollen m
polenta [puˈlẽtɐ] F GASTR Polenta f
polia [puˈliɐ] F TECN (Riemen)Scheibe f; (lose) Rolle f
polichinelo [pɔliʃiˈnɛlu] M Kasper m
polícia [puˈlisjɐ] A F Polizei f; **~ internacional** Ausländerpolizei f; **~ de choque** (ou **intervenção**) Einsatzkräfte fpl; **~ de segurança pública** (bras civil) Schutzpolizei f; **~ de trânsito** (ou **viação**) Verkehrspolizei f; **~ judiciária** Kriminalpolizei f; **comissariado** m **de ~** Kommissariat n; **esquadra f de ~** Polizeidienststelle f B M/F Polizist(in) m(f); **~ de giro** port Streifenpolizist(in) m(f)
policial [puliˈsjal] polizeilich, Polizei...; **filme/romance m ~** Kriminalfilm m/Kriminalroman m **policiamento** [pulisjɐˈmẽtu] M polizeiliche Überwachung f, Polizeiaufsicht f **policiar** [puliˈsjar] ⟨1g⟩ polizeilich überwachen
policlínica [pɔliˈklinikɐ] F Poliklinik f
policromático [pɔlikroˈmatiku] mehrfarbig, polychrom **policromo** [pɔliˈkromu] bunt **policultura** [pɔlikulˈturɐ] F Mischkultur f
polidez [puliˈdeʃ] F Höflichkeit f **polido** [puˈlidu] poliert; glänzend; fig höflich **polidor** [puliˈdor] M Polierer m; Schleifer m **polidura** [puliˈdurɐ] F Politur f; Glanz m
polietileno [pɔljetiˈlɛnu] M Polyethylen n
polifacetado [pɔlifɐsɨˈtadu] vielschichtig **polifónico** (*ô) [pɔliˈfɔniku] mehrstimmig **poligamia** [pɔligɐˈmiɐ] F Polygamie f **poliglota** [pɔliˈglɔta] A ADJ mehrsprachig B M/F mehrsprachige Person f **poligonal** [puligoˈnał] vieleckig **polígono** [puˈligunu] M Vieleck n; **~ industrial** Gewerbegebiet n
polimento [puliˈmẽtu] M Politur f; Glanz m; fig Glätte f; Schliff m
polimerização [pulimirizɐˈsɐ̃u] F QUÍM

Polimerisierung f **polímero** [pu'timiru] M Polymer n

polínico [pu'tiniku] Pollen..., Blütenstaub...; **boletim** ~ Pollenflugbericht m; Pollenflugvorhersage f **polinização** [puliniza'sɐ̃u] F Bestäubung f **polinizar** [pulini'zar] V/T BOT bestäuben

poliomielite [pɔljɔmje'liti] F MED Poliomyelitis f, Kinderlähmung f

pólipo ['pɔlipu] M ZOOL Polyp m (tb MED)

polir [pu'tir] ⟨3g⟩ polieren; abschleifen; *corda* glätten, ausfeilen

polissilábico [pɔlisi'labiku] mehrsilbig

politécnico [puli'tɛkniku] polytechnisch; **academia** f -a ou **escola** f -a Polytechnikum n **politeísmo** [pɔlite'iʒmu] M Polytheismus m

política [pu'titika] F Politik f; *fig* Berechnung f; ~ **ambiental** Umweltpolitik f; ~ **comunitária** EU-Politik f; ~ **financeira** Finanzpolitik f; ~ **monetária** Währungspolitik f

politicagem [puliti'kaʒɐ̃] F Klüngel m **politicante** [puliti'kɐ̃ti] politisierend **politicão** [puliti'kɐ̃u] M großer Politiker m **politicar** [puliti'kar] ⟨1n⟩ politisieren

político [pu'titiku] A ADJ politisch; *fig* gewandt; *pej* aalglatt; (*calculista*) berechnend B M Politiker m **político-partidário** [pulitikɔparti'darju] parteipolitisch **político-social** [pulitikɔsu'sjat] sozialpolitisch

politiqueiro [puliti'kairu] M *pej* Politikaster m **politiquice** [puliti'kisi] F *pej* Stammtischpolitik f **politizar** [puliti'zar] ⟨1a⟩ politisieren

politólogo [puli'tɔlugu] M, -a F Politologe m, Politologin f

poliuretano [pɔliuri'tɐnu] M Polyurethan n **polivalente** [pɔliva'lẽti] Mehrzweck...

polme ['pɔtmi] M GASTR Panadeteig m

pólo ['pɔtu] M ▮ Pol m (tb GEOG); ~ **económico** Wirtschaftszentrum n; ~ **magnético** Magnetpol m; ~ **norte** Nordpol m; ~ **oposto** Gegenpol m; ~ **sul** Südpol m ▮ DESP Polo n; ~ **aquático** Wasserball m

polonês [polo'neiʃ] *bras* → polaco **Polónia** [pu'tɔnja] F GEOG **a** ~ Polen (n)

polpa ['pɔtpa] F ANAT mão, *pé*: (Hand-, Fuß)Ballen m; *dedo*: Fingerkuppe f; BOT Fruchtfleisch m; *fig* Gewicht n; Format n

polposo [pɔt'pozu], **polpudo** [pɔt'pudu] fleischig; *fig* dick

poltrão [pɔt'trɐ̃u] A ADJ ängstlich; feige B M, **poltrona** [pɔt'trona] F Angsthase m; Feigling m **poltrão** [pɔt'trɔnɐ] F Sessel m; ~ **giratória** Drehstuhl m, Drehsessel m **poltronear-se** [pɔttru'njarsi] ⟨1l⟩ sich rekeln

poluição [pulu'isɐ̃u] F Samenerguss m **poluente** [pu'twẽti] A ADJ (umwelt)verschmutzend; **não** ~ umweltverträglich, umweltfreundlich; **pouco** ~ AUTO abgasarm B M Schadstoff m **poluição** [pulwi'sɐ̃u] F Verschmutzung f; *mais forte*: Verseuchung f; ~ **atmosférica** Luftverschmutzung f; ~ **do meio ambiente** Umweltverschmutzung f; ~ **sonora** Lärmbelästigung f **poluidor** [pulwi'dor] A ADJ umweltschädigend B M/F (Umwelt)Verschmutzer(in) m(f); **-es** *pl* Schmutzpartikel *npl*; **princípio m ~-pagador** Verursacherprinzip n **poluir** [pu'twir] ⟨3i⟩ verschmutzen

polvilhar [pɔtvi'ʎar] ⟨1a⟩ *pó* verstäuben; bestäuben; *açúcar* (be)streuen **polvilho** [pɔt'viʎu] M feines Pulver n, Puder m; GASTR (feines) Maniokmehl m

polvo ['pɔtvu] M ⟨*pl* ['pɔ-]⟩ Krake m, Oktopus m

pólvora ['pɔtvura] F Schießpulver n

polvorosa [pɔtvu'rɔza] F *fam* Durcheinander n; **andar em** ~ Hochbetrieb haben; **pôr os pés em** ~ sich aus dem Staub machen

pomáceas [pu'masjaʃ] FPL Kernobstgewächse *npl*

pomada [pu'mada] F MED Salbe f; *cabelo*: Pomade f; *sapatos*: Schuhcreme f; *bras fig* Aufschneiderei f **pomadista** [poma'dʒiʃte] M/F *bras fam* Großtuer(in) m(f)

pomar [pu'mar] M Obstgarten m

pomba ['põba] F ▮ (weibliche) Taube f; FIG Unschuldslamm n ▮ Sirupkessel m **pombal** [põ'bat] M Taubenschlag m **pombeiro** [põ'beru] M *bras* Geflügelhändler m **pombo** ['põbu] M ZOOL Taube f; *macho*: Täuber m **pombo-correio** [põbuku'rʁeju] M Brieftaube f

Pomerânia [pumi'rɐnja] F GEOG **a** ~ **Ocidental** Vorpommern (n)

pomicultura [pumikut'tura] F Kernobstzucht f

pomo ['pomu] M Apfel m (*espec fig*); ~, *tb*

pl ~s Kernobst *n*; ~ **de discórdia** *fig* Zankapfel *m* **pomo-de-adão** [pomudɨ(j)ɐˈdɐ̃ũ] M̄ ⟨*pl* pomos-de-adão⟩ ANAT Adamsapfel *m*
pompa [ˈpõpɐ] F̄ Pomp *m*, Pracht *f*
pompear [põˈpjar] ⟨1l⟩ A V̄T zur Schau stellen B V̄I sich brüsten **pomposo** [põˈpozu] prächtig; pompös
ponche [ˈpõʃi] M̄ Punsch *m* **poncheira** [põˈʃɐjrɐ] F̄ Bowlengefäß *n*
poncho [ˈpõʃu] M̄ Poncho *m*
ponderação [põdɨrɐˈsɐ̃ũ] F̄ Erwägung *f*; (*sensatez*) Klugheit *f*; (*importância*) Wichtigkeit *f* **ponderado** [põdɨˈradu] ernst; überlegt; klug **ponderar** [põdɨˈrar] ⟨1c⟩ A V̄T abwägen; bedenken B V̄I nachdenken (**sobre** über *ac*) **ponderável** [põdɨˈravɛɫ] erwägenswert **ponderoso** [põdɨˈrozu] gewichtig; schwerwiegend
pónei [ˈpɔnɐj] M̄ Pony *n*
pongo [ˈpõgu] M̄ *bras* GEOG Schlucht *f*, Klamm *f*
ponho [ˈpoɲu] → pôr
ponta [ˈpõtɐ] F̄ (*bico*) Spitze *f*; (*fim*) Ende *n*; (*canto*) Ecke *f*; (*bainha*) (Stoff)Zipfel *m*; *cigarro*: (Zigaretten)Stummel *m*; *bras* Stromschnelle *f*; ~ **de ar** Luftzug *m*; ~ **do dia** Tagesanbruch *m*; ~ **de febre** *port* erhöhte Temperatur *f*; ~ **de lança** *futebol*: Sturmspitze *f*; ~ **de terra** Landzunge *f*; ~ **de vinho** *fam* Schwips *m*; **hora** *f* **de** ~ Stoßzeit *f*; ~ **direita/esquerda** *futebol*: rechts-/Linksaußen *m*; **de** ~ TECN Spitzen...; **até à** ~ **dos cabelos** bis obenhin; **de** ~ **a** ~ von A bis Z; **estar na** ~ hoch im Kurs stehen; **na** ~ **dos dedos** wie am Schnürchen; **ter olhos nas** ~**s dos dedos** Fingerspitzengefühl haben
pontada [põˈtadɐ] F̄ Stich *m*; Seitenstechen *n* **pontal** [põˈtaɫ] M̄ GEOG Landzunge *f* **pontalete** [põtɐˈletɨ] M̄ Stützbalken *m*; ~*s pl* Sägebock *m* **pontão** [põˈtɐ̃ũ] M̄ ❶ Stütze *f* ❷ Ponton(brücke) *m*(*f*) **pontapé** [põtɐˈpɛ] M̄ Fußtritt *m*; *futebol*: Schuss *m*; ~ **de baliza** Torschuss *m*; ~ **de saída**, **primeiro** ~ Anstoß *m* (*tb fig*); ~ **livre** Freistoß *m*; ~ **raso** Flachschuss *m* **pontaria** [põtɐˈriɐ] F̄ Zielen *n*; *capacidade*: Treffsicherheit *f*; *fig* Ziel *n*; **sistema** *m* **de** ~ Zielvorrichtung *f*; **fazer** ~ zielen; **ter boa** ~ gut schießen **pontas** [ˈpõtɐʃ] F̄PL Gehörn *n*; Geweih *n*; *bras* Quellflüsse *mpl*

ponte [ˈpõtɨ] F̄ Brücke *f*; NÁUT Deck *n*; *fig* Brückentag *m* (*zwischen zwei Feiertagen*); ~ **de comando** Kommandobrücke *f*; MED ~ **de safena** Bypass *m*; ~ **rolante** Laufkran *m*; ~ **suspensa** Hängebrücke *f*; ~ **telescópica** AERO Fluggastbrücke *f*; **fazer (a)** ~ frei haben
pontear [põˈtjar] ⟨1l⟩ punktieren; tüpfeln; heften; *buraco* stopfen; MÚS *cordas* drücken; *bras* zupfen
ponteira [põˈtɐjrɐ] F̄ (Stock-, Schirm-, Zigaretten)Spitze *f*
ponteiro [põˈtɐjru] A ADJ *cão* ungehorsam; *espingarda* ungenau; **vento** *m* ~ Gegenwind *m* B M̄ Zeigestock *m*; *relógio*: (Uhr)Zeiger *m*; MÚS Plektron *n*; INFORM Cursor *m*; TECN Körner *m*; *bras* Punktrichter *m*; **no sentido dos** ~**s** im Uhrzeigersinn
pontiagudo [põtjɐˈgudu] spitz
pontificado [põtifiˈkadu] M̄ Pontifikat *n*; Papstwürde *f* **pontifical** [põtifiˈkaɫ] päpstlich; pontifikal **pontífice** [põˈtifisɨ] M̄ Pontifex *m*; **Sumo Pontífice** Papst *m* **pontifício** [põtiˈfisju] päpstlich
pontilha [põˈtiʎɐ] F̄ scharfe Spitze *f*; Spitzenborte *f* **pontilhão** [põtiˈʎɐ̃ũ] M̄ (Lauf)Steg *m* **pontilhar** [põtiˈʎar] ⟨1a⟩ punktieren; sprenkeln; *fig* unterbrechen **pontilho** [põˈtiʎu] M̄ *tourada*: kurzer Dolch *m*; *fig* Gnadenstoß *m* **pontilhoso** [põtiˈʎozu] zutreffend
pontinha [põˈtiɲɐ] F̄ **uma** ~ **ein** bisschen; **nas** ~**s wie aus dem Ei gepellt
pontinho [põˈtiɲu] M̄ Pünktchen *n*; ~**s** *pl* GRAM Auslassungspünktchen *npl*
ponto [ˈpõtu] M̄ ❶ *local*: Punkt *m*; (*sítio*) Ort *m*; INFORM Pixel *n*; *escala*: Teilstrich *m*; *dado*: Auge *n*; ~ **de inversão** Wendestelle *f*; ~ **de viragem** *fig* Wendepunkt *m*; **os** ~**s** *pl* **cardeais** die vier Himmelsrichtungen; **em** ~ **grande/pequeno** im vergrößerten/verkleinerten Maßstab; **ganhar (ou vencer) aos** ~**s** nach Punkten siegen ❷ *temporal*: Zeitpunkt *m*; ~ **final** (Schluss)Punkt *m*; ~ ~ **rechtzeitig**; **gelegen**; **punktgenau**; **a** ~ **de** (*inf*) im Begriff zu (*inf*); **em** ~ pünktlich; **às três em** ~ Punkt drei Uhr; **pôr** ~ **em** Schluss machen mit ❸ *pontuação*: Punkt *m*; ~ **e vírgula** Semikolon *m*; **dois** ~**s** *pl* Doppelpunkt *m* ❹ *fig* Gegenstand *m*; Frage *f*; ~ **de ataque** Ansatzpunkt *m*; ~ **fraco**

fig Schwachpunkt *m*; ~ **nevrálgico** *fig* neuralgischer Punkt *m*; ~ **de vista** Standpunkt *m* **5** TEAT Souffleur *m*, Souffleuse *f* **6** *costura*: Nähstich *m*; ~ **atrás** Steppstich *m*; ~ **corrido** Laufmasche *f* **7** *escola*: (Prüfungs)Arbeit *f*; **livro** *m* **de** ~ ≈ Klassenbuch *n*; **tomar o** ~ die Anwesenheit feststellen; **marcar o** ~ sich eintragen **8** *bras* Verkaufsstand *m* **9** ~ **negro** *fam* Miesser *m* **10** *fig* **a (tal)** ~ **que, a ~(s) de** (*inf*) so (sehr,) dass; derart, dass; **até certo** ~ bis zu e-m gewissen Grad; **estar no seu** ~ *fam* in Form sein; **ir ao** ~ **de** (*inf*) so weit gehen zu (*inf*); **sair fora do** ~ abschweifen; **subir de** ~ zunehmen; steigen **11** GASTR ~ **de caramelo** Karamellisierungspunkt *m*

pontuação [põtwa'sɐ̃ũ] F̲ Zeichensetzung *f*; (*avaliação*) Punktbewertung *f* **pontual** [põ'twał] pünktlich; *fig* gewissenhaft; MAT punktuell **pontualidade** [põtwəłi'dadɨ] F̲ Pünktlichkeit *f* **pontuar** [põ'twar] ⟨1a⟩ LING interpunktieren; markieren **pontudo** [põ'tudu] spitz

popa ['pɔpɐ] F̲ Heck *n*; **vento** *m* **em** ~ Rückenwind *m*; **ir** (*ou* **navegar**) **de vento em** ~ vor dem Wind segeln

popó [pɔ'pɔ] M̲ *ling inf* Töfftöff *n*

populaça [pupu'łasɐ] F̲ einfaches Volk *n*; *pej* Mob *m* **população** [pupułɐ'sɐ̃ũ] F̲ Bevölkerung *f*; Ein-, Bewohner *mpl*; Population *f* **populacho** [pupu'łaʃu] M̲ → populaça **populacional** [pupułɐsju'nał] Bevölkerungs... **popular** [pupu'łar] A ADJ Volks...; (*estimado*) populär; **dança** *f* ~ Volkstanz *m* B M̲ Bürger *m*; Einwohner *n*; einfacher Mann *m* **popularidade** [pupułɐri'dadɨ] F̲ Volkstümlichkeit *f*; (*estima*) Popularität *f* **popularizar** [pupułɐri'zar] ⟨1a⟩ beliebt machen; **~-se** volkstümlich werden; Gemeingut werden **populismo** [pupu'łiʒmu] M̲ Populismus *m* **populista** [pupu'łiʃtɐ] A ADJ populistisch B MF Populist(in) *m(f)* **populoso** [pupu'łozu] bevölkerungsreich

póquer ['pɔkɛr] M̲, *bras* **pôquer** ['pokɛʃ] M̲ Poker *m/n*

por [pur] PREP **1** *local*: in ... herum, in (der Gegend von); durch (... hindurch); *lugar, casa etc* über, vorbei an (*dat*); *rio, estrada etc* entlang (*ac*); ~ **aí/aqui/lá** da/hier/dort herum; ~ **cima** de über (... hinweg); ~ **mar** zur See **2** *temporal*: gegen, um (... herum); für; ~ **três dias** drei Tage lang; **pela manhã/tarde** am Morgen/Nachmittag **3** *relação*: für; *hora, pessoa* pro; zu; nach, gemäß; ~ **hoje** für heute; **uma vez** ~ **mês** einmal im Monat; **um** ~ **um** einzeln, e-r nach dem anderen; ~ **partes iguais** zu gleichen Teilen; **pelo que diz** nach seinen/ihren Worten; **pelo seu aspecto** seinem/ihrem Aussehen nach **4** *divisão*: (geteilt) durch **5** *motivo*: wegen; aus; ~ **medo** aus Angst; ~ **isso,** ~ **isto** darum, deshalb; ~ (*inf*) weil (*ou* da) **6** *passivo*: von; durch **7** *meio, ferramenta*: durch; mit; ~ **escrito** schriftlich; ~ **mar** auf dem Seeweg **8** *consideração*: um ... willen, wegen; ~ **mim** meinetwegen; von mir aus **9** *objectivo, fim*: nach; um ... zu (*inf*); zu j-s Gunsten, für; ~ **fazer** noch nicht angefangen **10** *representação, troca*: für; statt, anstelle; gegen; *preço*: für; **tomar** ~ halten für; **ter** ~ ansehen als **11** *concessivo*: ~ **pouco que seja** so wenig es auch sein mag **12** ~ **quê?** *bras* warum?

pôr [por] ⟨2z⟩ A VT̲ setzen; legen; stellen; auf-, hinstellen; (*assentar*) (auf)schreiben; *lei* erlassen; *pena* verhängen; *argumento* vorbringen; *problema* aufwerfen; *exemplo* bringen; *vestuário* tragen; *chapéu, óculos* aufsetzen; *jóias, luto, rédeas* anlegen; *pó, compressa* auflegen; *nome* geben; *mesa* decken; ~ **a** (*inf*) dazu bringen zu (*inf*); ~ **ao corrente** auf den Stand der Dinge bringen; ~ **à prova** auf die Probe stellen; ~ **a salvo** in Sicherheit bringen; ~ **de** *m/f* setzen auf (*ac*); ~ **de lado** beiseite legen; ~ **de molho** GASTR einlegen; ~ **no chão** auf den Boden stellen (*ou* legen); ~ **em movimento** in Bewegung setzen; ~ **em questão** infrage stellen; ~ **a/c em** etw anbringen an (*dat*); etw hinzufügen (*dat*); *força* etw einsetzen für; *capital* etw anlegen in; ~ **para cima** hinaufbringen, -stellen; ~ **sobre a mesa** auf den Tisch stellen; ~ **fora** fortschaffen; hinauswerfen; ~ **com** *adj*: machen; ~ **louco** verrückt machen; ~ **na rua** auf die Straße setzen; (*despedir*) entlassen; *fam* rausschmeißen B VR̲ **~-se** werden; *sol etc* untergehen; **~-se a** in Angriff nehmen (*ac*); **~-se de luto** Trauer anlegen; **~-se em fuga/marcha** fliehen/ aufbrechen; **~-se bem com alg** sich mit j-m gut stellen; **~ do sol** Sonnenuntergang m

porão [pu'rɜ̃ũ] M NÁUT Laderaum m; bras Keller m; fam Gesäßtasche f

porca ['pɔrkɐ] F Sau f (tb fig); TECN (Schrauben)Mutter f; **~ borboleta** Flügelmutter f; **~ com batente** Hutmutter f

porcalhão [purkɐ'ʎɜ̃ũ] A ADJ fam dreckig, schmuddelig B M, **porcalhona** [purkɐ'ʎonɐ] F Schmutzfink m

porção [pur'sɜ̃ũ] F (dose) Portion f; (parte) Teil m; (unidade) Stück n; (quantidade) Anzahl f

porcaria [purkɐ'riɐ] F Schweinerei f

porcelana [pursi'ɫɐnɐ] F, tb PL **~s** Porzellan n

porcentagem [poxsẽ'taʒẽĩ] F bras → percentagem **porcento** [pur'sẽtu] M Prozent n; juros: Prozente npl

porcino [pur'sinu] Schweine...

porco ['porku] ⟨fsg, m/fpl ['pɔ-]⟩ A ADJ schweinisch; dreckig B M Schwein n (tb fig); macho: Eber m; GASTR Schweinefleisch n **porco-bravo** [porku'bravu] M ⟨pl porcos-bravos⟩ Wildschwein n **porco-espim** [porku[']pĩ] M ⟨pl porcos-espins⟩, **porco-espinho** [porkuʃ'piɲu] M ⟨pl porcos-espinhos⟩ Stachelschwein n **porco-montês** [porkumõ'teʃ] M ⟨pl porcos-monteses⟩ Wildschwein n

porém [pu'rẽĩ] CJ jedoch, aber

porfia [pur'fiɐ] F Auseinandersetzung f; (perseverança) Ausdauer f; **à ~** um die Wette **porfiado** [pur'fjadu] hartnäckig; (disputado) heftig umstritten **porfiar** [pur'fjar] ⟨1g⟩ trotzen; (brigar) (sich) streiten; **~ com** wetteifern mit; **~ em** bestehen auf (dat); sich bemühen zu (inf); **~ por** sich streiten um **porfioso** [pur'fjozu] trotzig; → porfiado

pórfiro ['pɔrfiru] M Porphyr m

pormenor [purmi'nɔr] M Einzelheit f; besonderer Umstand m; **em ~** im Einzelnen; **entrar em ~es** ins Einzelne eingehen **pormenorizadamente** [purminurizadɐ'mẽti] ADV im Einzelnen; detailliert **pormenorizado** [purminuri'zadu] detailliert; eingehend **pormenorizar** [purminuri'zar] ⟨1a⟩ im Einzelnen ausführen, aufzählen; näher erklären

pornografia [purnugrɐ'fiɐ] F Pornografie f **pornográfico** [purnu'grafiku] pornografisch, Porno...

poro ['pɔru] M Pore f

pororoca [poro'rɔke] F bras Gezeitenwelle f

▶ **Pororoca**

Man hört sie schon, noch bevor man sie zu Gesicht bekommt. Der Name der Riesenwelle, die im Amazonas und in einigen seiner Nebenflüsse auftritt, bedeutet soviel wie „zerstörerischer Lärm". Zweimal am Tag treiben die durch Gezeitenströmungen verursachten, drei bis sechs Meter hohen Wellen Hunderte Kilometer flussaufwärts. Vor etwa zehn Jahren wurde die Pororoca von den Surfern entdeckt, seitdem zieht das beeindruckende Naturschauspiel immer mehr Wagemutige an, die den bis zu 30 Minuten dauernden Wellenritt ausprobieren möchten. Das ist natürlich alles andere als ungefährlich, denn die Monsterwelle führt tonnenweise Schlamm und ganze Bäume mit sich, lässt Boote kentern oder katapultiert sie in den Wald. Von Alligatoren, Anakondas und Piranhas ganz zu schweigen! ◂

poroso [pu'rozu] durchlässig, porös

porquanto [pur'kwãtu] CONJ da ja, weil

porque ['purki] CONJ weil; warum **porquê** [pur'ke] M A ADV warum B M Warum n, Grund m, Ursache f, Hintergrund m

porqueiro [pur'kɐiru] M Schweinehirt m

porquinho [pur'kiɲu] M Ferkel n **porquinho-da-Índia** [purkiɲudɐ'ĩdjɐ] M Meerschweinchen n

porra ['poʁɐ] INT **~!** vulg verdammt!, Scheiße! **porrada** [pu'ʁadɐ] F fam Prügel m; fam **uma ~ de** ein Haufen

porreiro [pu'ʁɐiru] fam toll, stark

port. ABR (português) port. (portugiesisch)

porta ['pɔrtɐ] F Tür f; (portão) Tor n; (portaria) Pforte f; fig Eingang m; (saída) Ausweg m; INFORM Schnittstelle f; **~ dianteira** AUTO Vordertür f; **~ da mala** (bras **do bagageiro**) AUTO Kofferraumklappe f; **~ de correr**, **~ deslizante** Schiebetür f; **~ de embarque** Gate n, Flugsteig m;

PORT

~ de série INFORM serieller Anschluss m; ~ de serviço Lieferanteneingang m; ~ em harmónio Scherengittertür f; ~ lateral Seiteneingang m; ~ traseira Hintereingang m; ~s pl travessas (ou secretas) fig Schliche mpl; à ~ fechada hinter verschlossener Tür; ~ com ~ Tür an Tür; fora de ~s vor den Toren (der Stadt); bater à ~ an die Tür klopfen

porta-aviões [pɔrtɐ'vjõīʃ] M ⟨pl inv⟩ Flugzeugträger m **porta-bagagens** [pɔrtɐbɐ'gaʒɐ̃ĩʃ] M ⟨pl inv⟩ bicicleta: Gepäckträger m ~ **de tejadilho** port AUTO Dachgepäckträger m **porta-bandeira** [pɔrtɐbɐ̃'dɐjrɐ] M/F ⟨pl ~s⟩ Bannerträger(in) m(f); Fahnenträger(in) m(f) **porta-bebés** [pɔrtɐbɛ'bɛʃ] M ⟨pl inv⟩ ~ (para carros) (Auto)Kindersitz m **porta-chaves** [pɔrtɐ'ʃavɨʃ] M ⟨pl inv⟩ Schlüsselbund m, -anhänger m **porta-contentores** [pɔrtɐkõte'toriʃ] M ⟨pl inv⟩ camião, navio: Containertransporter m; camião, navio: Container-Lkw m; navio: Containerschiff n

portada [pur'tadɐ] F Portal n; Fensterladen m **portador** [purtɐ'dor] A ADJ ~ de tragend B M, -a [purtɐ'dɔrɐ] F Träger(in) m(f); FIN de um cheque: Überbringer(in) m(f); de acções: Inhaber(in) m(f) **portageiro** [purtɐ'ʒɐjru] M Mautkassierer m **portagem** [pur'taʒɐ̃ĩ] F Autobahngebühr f; Maut F

porta-jóias [pɔrtɐ'ʒɔjɐʃ] M ⟨pl inv⟩ Schmuckkästchen n

portal [pur'tał] M Portal n; ~ (de Internet) Internetportal n

porta-lápis [pɔrtɐ'łapiʃ] M ⟨pl inv⟩ Drehbleistift m

Portalegre [purtɐ'łɛgri] port Distrikt (-hauptstadt)

portaló [purtɐ'łɔ] M NÁUT Fallreep n **porta-luvas** [pɔrtɐ'łuvɐʃ] M ⟨pl inv⟩ Handschuhfach n (com chave abschließbares) **porta-malas** [pɔrtɐ'małɐʃ] M ⟨pl inv⟩ M AUTO Kofferraum m **porta-moedas** [pɔrtɐ'mwedɐʃ] M ⟨pl inv⟩, bras **porta-níqueis** [pɔxtɛ'nikejʃ] M ⟨pl inv⟩ Geldbörse f

portanto [pur'tẽtu] CJ also, folglich **portão** [pur'tɐ̃ũ] M Tor n; bras ~ de embarque Gate n, Flugsteig m

porta-obje(c)to [pɔrtɐ'bʒɛtu] M ⟨pl ~s⟩ Objektträger m (Mikroskop)

portar [pur'tar] ⟨1e⟩ tragen; (transportar) transportieren; ~-se sich benehmen **portaria** [purtɐ'riɐ] F Portal n; (entrada) Einfahrt f; (vestíbulo) Vorhalle f; POL Erlass m; bras tb Rezeption f

porta-rolos [pɔrtɐ'ʀołuʃ] M ⟨pl inv⟩ Toilettenpapierhalter m **portátil** [pur'tatił] A ADJ tragbar; mesa klappbar B M INFORM Laptop m **porta-voz** [pɔrtɐ'vɔʃ] ⟨pl ~es⟩ A M aparelho: Sprachrohr n B M/F Sprecher(in) m(f)

porte ['pɔrti] M (transporte) Beförderung f; (frete) Fracht f; arma: Tragen n; (quantia) Zustellgebühr f; Porto n; NÁUT Lastigkeit f; fig Haltung f; Benehmen n; (importância) Ansehen n; voz: Tragfähigkeit f; **licença f de uso e ~ de arma** Waffenschein m; **de grande ~** groß **portear** [pur'tjar] ⟨1l⟩ frankieren

porteira [pur'tɐjrɐ] F Pförtnerin f **porteiro** [pur'tɐjru] M Pförtner m; Portier m **portela** [pur'tɛłɐ] F Wegbiegung f; Engpass m

portento [pur'tẽtu] M Wunder n **portentoso** [purtẽ'tozu] wunderbar

portfolio [pɔr'tfɔłju] M, **portefólio** [pɔrti'fɔłju] M Portfolio n

pórtico ['pɔrtiku] M Säulenhalle f; Vorhalle f; Einfahrt f

portinhola [purti'ɲɔłɐ] F (Wagen)Schlag m; Taschenklappe f; fam (braguilha) Hosenschlitz m

porto ['portu] M ⟨pl '-pɔ-⟩ Hafen m; ~ **de mar** Seehafen m; ~ **fluvial** Binnenhafen m; ~ **de abrigo** Schutzhafen m; **tomar** ~ e-n Hafen anlaufen

Porto ['portu] M GEOG o ~ cidade: Porto (n); distrito: port Distrikt

Porto Alegre ['pɔxtwa'łɛgri] M bras Hauptstadt von Rio Grande do Sul **porto-alegrense** [pɔxtwałe'grẽsi] ⟨pl ~s⟩ bras aus Porto Alegre

porto-franco [portu'frɐ̃ku] M ⟨pl portos-francos [pɔ-]⟩ Freihafen m

Porto Nacional ['pɔxtunasjo'nał] M bras Hauptstadt von Tocantins

Porto Rico [portu'ʀiku] M GEOG o ~ Puerto Rico (n) **porto-riquenho** [portuʀi'kɐɲu] ⟨pl ~s⟩ A ADJ puertoricanisch B M, -a F Puertoricaner(in) m(f)

Porto Velho ['pɔxtu'vɛʎu] M bras Hauptstadt von Rondônia

portuário [purtu'twarju] Hafen... **portuense** [pur'twẽsi] A ADJ aus Porto B

PORT

Porto und der Portwein

Porto im Norden ist mit 200.000 Einwohnern die zweitgrößte Stadt Portugals und ein bedeutendes Handelszentrum. Ein altes Sprichwort lautet: „In Porto wird gearbeitet, in Lissabon regiert, in Braga gebetet."
Für Reisende ist nicht nur ein Spaziergang durch die zum Weltkulturerbe der UNESCO gehörende wunderschöne Altstadt und eine Schifffahrt auf dem Douro ein Muss, sondern auch eine Besichtigung mit Weinprobe in einer der zahlreichen Kellereien in Porto oder im gegenüberliegenden Vila Nova de Gaia.

Die Wiege des Portweins, dem die Stadt ihren Namen gab, liegt entlang des Rio Douro und seiner Nebenflüsse. Die Bezeichnung **vinho do Porto** ist geschützt und stammt aus dem 17. Jahrhundert. In früheren Zeiten wurden die **pipas** (Fässer) mit kleinen Booten, den **barcos rabelo**, bis zu den Kellereien in Porto und Vila Nova de Gaia gebracht und von dort aus in alle Welt verschifft. Portwein kann rot oder weiß sein und hat einen Alkoholgehalt zwischen 19 und 22 % Vol.-%. Dadurch ist er lange lagerfähig. Der Port ist ein Dessertwein, den man entspannt genießen sollte. Wohl bekomm's!

M/F Einwohner(in) m(f) von Porto
portuga [poxˈtuge] M/F bras pop Portugiese m, Portugiesin f **Portugal** [purtuˈgaɫ] M Portugal n **português** [purtuˈgeʃ] A ADJ portugiesisch B M, **portuguesa** [purtuˈgezɐ] F Portugiese m, Portugiesin f **portuguesismo** [purtugiˈziʒmu] M portugiesischer Ausdruck m ou Brauch m
porventura [purvẽˈtura] ADV zufällig; (talvez) vielleicht; doch; denn
porvindouro [purvĩˈdoru] kommend; künftig **porvir** [purˈvir] M Zukunft f
pós¹ [pɔʃ] PREP nach
pós² [pɔʃ] PL → pó
pós-... vor stimmlosem Konsonanten: [poʃ-], vor stimmhaftem Konsonanten: [pɔʒ-], vor Vokal: [pɔz-] EM COMP Post..., Nach...
posar [puˈzar] ⟨1e⟩ posieren
pós-cirúrgico [pɔʃsiˈrurʒiku] MED postoperativ **pós-data** [pɔʒˈdatɐ] F ⟨pl ~s⟩ Nachdatierung f **pós-datar** [pɔʒdɐˈtar] ⟨1b⟩ nachdatieren
pose [ˈpɔzi] F Pose f; FOTO (Zeit)Aufnahme f; Belichtungsdauer f; fam Masche f
pós-escrito [pɔzɪʃˈkritu] M ⟨pl ~s⟩ Nachschrift f **posfácio** [pɔʃˈfasju] M Nachwort n **pós-graduação** [pɔʒgrɐdwɐˈsɐ̃ũ] F UNIV Graduiertenstudium n; tb master m **pós-guerra** [pɔʒˈgɛʀɐ] M ⟨pl ~s⟩ Nachkriegszeit f
posição [puziˈsɐ̃ũ] F Lage f; (atitude) Haltung f **posicionamento** [puzisjunɐˈmẽtu] M Position f; fig Positionierung f **posicionar** [puzisjuˈnar] ⟨1f⟩ positionieren; **~-se** Stellung beziehen
positivamente [puzitivɐˈmẽti] ADV in der Tat; bejahend; positiv **positivar** [puzitiˈvar] ⟨1a⟩ verdeutlichen **positivismo** [puzitiˈviʒmu] M FILOS, LIT Positivismus m **positivo** [puziˈtivu] positiv; fest(stehend) A M Gewissheit f; FOTO Positiv n
poslúdio [pɔʒˈludju] M Nachspiel n
pós-moderno [pɔʒmuˈdɛrnu] postmodern
posologia [puzuluˈʒiɐ] F MED Dosierung f **pospelo** [puʃˈpelu] M a ~ gegen den Strich; fig mit Gewalt
pospor [puʃˈpor] ⟨2z⟩ nachstellen **posposição** [puʃpuziˈsɐ̃ũ] F GRAM Nachstellung f **pospositivo** [puʃpuziˈtivu] GRAM nachgestellt **posposto** [puʃˈpoʃtu] ⟨fsg, m/fpl [-ˈpɔʃ-]⟩ PP irr → pospor
possa [ˈpɔsɐ] → poder
possança [puˈsɐ̃sɐ] F Mächtigkeit f; Macht f **possante** [puˈsɐ̃ti] mächtig
posse [ˈpɔsi] F Besitz m; Inbesitznahme f; **de ~s** begütert; **dar a ~ a alg** j-n in ein Amt einführen; **tomar ~ de** Besitz ergreifen von; **tomar a ~** die Macht übernehmen; ein Amt antreten; **~s** pl Vermögen n **possessão** [pusɨˈsɐ̃ũ] F Besitzung f; Besitztum n **possessivo** [pusɨˈsivu] A ADJ besitzergreifend; GRAM besitzanzeigend B M GRAM Possessivpronomen n

possesso [pu'sɛsu] besessen **possessor** [pusi'sor] M̄ Besitzer m
possibilidade [pusibili'dadi] F̄ Möglichkeit f **possibilitar** [pusibili'tar] ⟨1a⟩ ermöglichen
possidonice [pusidu'nisi] F̄ pop Grobheit f **possidónio** (*ô) [pusi'dɔnju] pop A ADJ kitschig B M̄ Naivling m
possível [pu'sivɛł] möglich; **tão ... quanto ~** so viel wie möglich; **tanto quanto ~** so viel (ou sehr, schnell) wie möglich; **o mais depressa ~** so schnell wie möglich; **o melhor ~** der (die, das) Bestmögliche; **na medida do ~** im Rahmen des Möglichen; **fazer os -íveis** sein Möglichstes tun
posso ['pɔsu] → poder
possuído [pu'swidu] ADJ besessen (por von); **~ de** durchdrungen von **possuidor** [puswi'dor] A ADJ **~ de** im Besitz (gen) B M̄, **possuidora** [puswi'dɔra] F̄ Besitzer(in) m(f) **possuir** [pu'swir] ⟨3i⟩ besitzen; innehaben; (dispor) verfügen über (ac); (dominar) beherrschen; **~-se de** sich überzeugen von
posta ['pɔʃta] F̄ Stück n; **boa ~** fam Bombenjob m
postal [puʃ'taɫ] A ADJ Post...; **bilhete m ~**, bras **cartão m ~** Postkarte f B M̄ Postkarte f; **~ ilustrado** Ansichtskarte f; **mandar um ~** eine Postkarte schicken
postar [puʃ'tar] ⟨1e⟩ aufstellen, postieren; bras carta einwerfen
posta-restante [pɔʃtaʀiʃ'tãti] F̄ postlagernd
poste ['pɔʃti] M̄ Pfosten m; ELECT Mast m; Pfahl m; **~ de iluminação** bras Straßenlaterne f
posteiro [poʃ'teru] M̄ bras Wächter m, Posten m
poster ['pɔʃtɛr] M̄, **póster** ['pɔʃtɛr] M̄, bras **pôster** ['poʃtex] M̄ ⟨pl ~es⟩ Poster n
postergar [puʃtɛr'gar] ⟨1o; Stv 1c⟩ zurücklassen; temporal: zurücksetzen; übergehen; lei übertreten
posteridade [puʃtɛri'dadi] F̄ Nachwelt f; Nachruhm m; **passar à ~** in die Geschichte eingehen **posterior** [puʃti'rjor] A ADJ nachfolgend; später (a als); hinter B M̄ fam Hintern m C M̄ ~es PL Nachkommen mpl
póstero ['pɔʃtiru] künftig
postiço [puʃ'tisu] künstlich; abnehmbar; **cabelo m ~** Haarteil n
postigo [puʃ'tigu] M̄ Luke f
posto ['poʃtu] ⟨pl [-'pɔ-]⟩ A PP irr → pôr B ADJ **bem ~** gut aussehend; gut gekleidet C M̄ Posten m (Person); local: Platz m; Stelle f; Amt n; Dienstrang m; polícia: (Polizei)Wache f; METEO (Wetter)Warte f; **~ avançado** Vorposten m; **~ de câmbios** Wechselstelle f; **~ de gasolina** Tankstelle f; **~ de pronto socorro** Unfallstation f; **~ de saúde** bras Art mobiles Gesundheitszentrum n; **~ de trabalho** Arbeitsplatz m; **~ de venda** Verkaufsstand m; **estar a ~s** auf s-m Posten sein; **subir de ~** carreira aufsteigen D C̄j **~ (que** conj) wenn auch, obgleich
postular [puʃtu'ɫar] ⟨1a⟩ nachsuchen um, fordern; t/t postulieren
póstumo ['pɔʃtumu] nachgeboren; obra nachgelassen, postum
postura [puʃ'tura] F̄ Stellung f; Haltung f; Aussehen n; Legeleistung f; DIR Verordnung f
pota ['pɔta] ZOOL Art Tintenfisch m
potassa [pu'tasa] F̄ Pottasche f **potássio** [pu'tasju] M̄ Kalium f
potável [pu'tavɛɫ] trinkbar; **água f ~** Trinkwasser n
pote ['pɔti] M̄ (irdener) Topf m; fam Nachttopf m; fam pessoa: Tonne f; **chover a ~s** in Strömen regnen
potência [pu'tẽsja] F̄ (poder) Macht f; sexual Potenz f; (força) Kraft f; (energia) Energie f; FIS Leistung f; **~ de penetração** Durchschlagskraft f; **grande ~** POL Großmacht f; **~ máxima** Höchstleistung f; **de grande ~** leistungsstark; **em ~** potentiell
potencial [putē'sjaɫ] A ADJ potentiell; möglich B M̄ Potential n (tb fig) **potencialidade** [putēsjali'dadi] F̄ Leistungsfähigkeit f; Möglichkeit f; **~ de consumo** Kaufkraft f **potencializar** [putēsjali'zar] ⟨1a⟩ potenzieren **potenciómetro** (*ô) [putē'sjɔmitru] M̄ FIS Potentiometer n
potentado [putē'tadu] M̄ Machthaber m, Potentat m **potente** [pu'tēti] potent; (poderoso) mächtig; (enorme) gewaltig; (forte) stark
potoca [po'tɔke] F̄ bras Schwindel m **potoqueiro** [poto'keru] M̄ bras, **potoquista** [poto'kiʃte] M̄/F̄ bras Schwind-

ler(in) *m(f)*
potra ['pɔtra] *F* MED Bruch *m*; BOT Knoten *m*; ZOOL Stutenfüllen *n*; *bras reg* Glück *n*, Glückssträhne *f*
potranca [po'trɐ̃ka] *F bras* Stutenfohlen *n* **potranco** [po'trɐ̃ku] *M bras* Fohlen *n*
potreiro [pu'trajru] *M* 🔟 Pferdehändler *m*; 🔟 (*prado*) Weide *f* **potril** [pu'trił] *M* Reithalle *f* **potro** ['pɔtru] *M* Fohlen *n*
pouca-vergonha [poka'vir'gɔɲa] *F* ⟨*sem pl*⟩ Schamlosigkeit *f*; Schande *f*
pouco ['poku] 🔼 *ADJ quantidade* wenig; *intensidade* gering(fügig); *duração* kurz; **um ~ de** ein bisschen; **de -as palavras** wortkarg 🅱 *ADV* wenig; langsam; **~ a ~, a ~ e ~, aos ~s** nach und nach, allmählich; **~ mais ou menos** so ungefähr; **daqui a ~, dentro em ~** in Kürze; **nem tanto nem tão ~** *fam* nicht zu viel und nicht zu wenig; **por ~, por ~ que**, beinahe; **faltar ~ para** *fam* kurz bevorstehen
poupa ['popa] *F* Federbusch *m*; Schopf *m*; ZOOL Wiedehopf *m*
poupado [po'padu] sparsam **poupança** [po'pɐ̃sa] *F* Sparsamkeit *f*; Ersparnis *f*; *bras* Sparkonto *n*; **caderneta f de ~** Sparbuch *n*; **de ~ de custos** Kosteneinsparung *f* **poupar** [po'par] ⟨1a⟩ haushalten mit; (*guardar*) zurückbehalten; *forças* schonen; *dinheiro* sparen; *alg* verschonen mit; **~-se** sich drücken vor (*dat*); **não se ~ a** sich nicht scheuen vor (*dat*)
pouquinho [po'kiɲu] *PRON* **um ~** ein bisschen **pouquíssimo** [po'kisimu] äußerst wenig
pousada [po'zada] *F* Rasthaus *n*; Unterkunft *f*; *port* staatliches Hotel in historischem Gebäude; **~ de** (ou **da**) **juventude** Jugendherberge *f*; **dar ~ a alg** j-n aufnehmen **pousar** [po'zar] ⟨1a⟩ 🔼 *V/T* legen (**em, sobre** auf *ac*); (*colocar*) setzen, stellen (**em, sobre** auf *ac*); ab-, hinlegen; *olhos* heften (**sobre** auf *ac*); **~ o pé em** *fig* sich stützen auf (*ac*) 🅱 *V/I* sich niederlassen; (*descansar*) (sich) aus)ruhen; MIL Quartier nehmen; *ave, avião* aufsetzen, landen; wohnen **pousio** [po'ziu] 🔼 *ADJ* Brach... 🅱 *M* Brache *f*, Brachland *n*
pouso ['pozu] *M* Sitz *m*; Platz *m*; NÁUT Ankerplatz *m*; AERO Landeplatz *m*; *ge-ral* Ruheplatz *m*
povaréu [puva'rɛu] *M pop* Pöbel *m* **povinho** [pu'viɲu] *M* Völkchen *n*; **o ~ das** einfache Volk **povo** ['povu] *M* ⟨*pl* ['pɔ-]⟩ 🔟 Volk *n* 🔟 *lugar*: Weiler *m*
póvoa ['pɔvwa] *F* Dörfchen *n*
povoação [puvwa'sɐ̃u] *F* 🔟 Bevölkerung *f* 🔟 Ortschaft *f*; *bras* Gummiplantage *f* **povoado** [pu'vwadu] 🔼 *ADJ* bevölkert; **~ de árvores** bewaldet 🅱 *M* Ansiedlung *f* **povoador** [puvwa'dor] *M* Siedler *m* **povoamento** [puvwa'mẽtu] *M* Besiedlung *f*; **~ florestal** Aufforstung *f* **povoar** [pu'vwar] ⟨1f⟩ bevölkern; besiedeln; *alg* ansiedeln; **~ de árvores** aufforsten **povoléu** [puvu'ɫɛu] *M* → povaréu
pp *ABR* (**por poder**) i. A. (im Auftrag)
Pq. *ABR* (**Parque**) Park *m*
PR *abr* (**Presidente da República**) MP *m* (Ministerpräsident)
pra [pra] *fam* → **para prà(s)** [pra(ʃ)] *fam* CONTR de **para e a(s)**
praça¹ ['prasa] *F* 🔟 Platz *m*; (*mercado*) Marktplatz *m*; (*espaço*) Raum *m*; NÁUT Laderaum *m*; MIL Festung *f*; **~ de armas** Exerzierplatz *m*; **~ do comércio** Handelsbörse *f*; **~ financeira** Finanzplatz *m*; **~ de peixe** Fischmarkt *m*; **~ de táxis** *port* Taxistand *m*; **~ de touros** *port* Stierkampfarena *f*; **desta/dessa ~** hier/dort am Platz; **pôr em ~, levar à ~** versteigern; **sair à ~** bekannt werden
praça² ['prasa] *M* MIL (einfacher) Soldat *m*; **~ de reserva** Reservist *m*; **assentar ~** Soldat werden
praça-forte [prasa'fɔrti] *F* ⟨*pl* praças--fortes⟩ MIL Festung *f*
praceta [pra'seta] *F* kleiner Platz *m* **pracista** [pra'siʃta] *MF* COM Mitarbeiter(in) *m(f)* im Außendienst; *bras* Stadtmensch *m*
pradaria [prada'ria] *F* Wiesenland *n* **prado** ['pradu] *M* Wiese *f*; *bras tb* Reit-, Rennbahn *f*
praga ['praga] *F* Plage *f*; AGR Schädling *m*; *fig* Fluch *m*; **rogar ~s a alg** Flüche ausstoßen gegen j-n
Praga ['praga] SEM ART GEOG Prag *n*
pragmática [prɐ'gmatika] *F* Zeremoniell *n*, Vorschrift *f*; t/t Pragmatik *f* **pragmático** [prɐ'gmatiku] sachlich, nüchtern; pragmatisch **pragmatismo** [prɐgma'tiʒmu] *M* Pragmatismus *m*
praguejar [pragi'ʒar] ⟨1d⟩ 🔼 *V/I* fluchen; **~ contra** verfluchen 🅱 *V/T* verfluchen
praia ['praja] *F* Strand *m*, Seebad *m*; (*litoral*) Küste *f*; **ir à ~** an den Strand gehen;

ans Meer (*ou* an die See) fahren **praia-mar** [prajaˈmar] F → preia-mar **praiano** [praˈjɐnu] M *bras* Küstenbewohner *m*; Badegast *m*
pralina [praˈlinɐ] F GASTR gezuckerte Mandel *f*
prancha [ˈprɐ̃ʃɐ] F Planke *f*; DESP Board *n*, Brett *n*; *de salto*: Sprungbrett *n*; **~ de skate/surf** Skate-/Surfboard *n*; **~ à vela** Windsurfen *n* **pranchão** [prɐ̃ˈʃɐ̃u] M Bohle *f*; Laufplanke *f* **pranchear** [prɐ̃ʃiˈar] ⟨1l⟩ stürzen **prancheta** [prɐ̃ˈʃetɐ] F Latte *f*; Messtisch *m*
prantear [prɐ̃tiˈar] ⟨1l⟩ A V/T beweinen B V/I weinen; (weh)klagen **pranto** [ˈprɐ̃tu] M Wehklage *f*, Weinen *n*; *fig* Leid *n*; **~s** *pl* Tränen *fpl*
prata [ˈpratɐ] F Silber *n*; *moedas*: Silbergeld *n*; **de ~** silbern
prataria [prataˈriɐ] F Silbergeschirr *n*
prateado [pratiˈadu] versilbert; *cor* silbern **pratear** [pratiˈar] ⟨1l⟩ versilbern **prateira** [pratiˈajrɐ] F Schrank *m* für Silbergeschirr **pratejar** [pratiˈʒar] ⟨1d⟩ silbern glänzen **prateleira** [pratiˈlajrɐ] F Bord *n*; *de estante*: Regal(brett) *n*; Konsole *f*
prática [ˈpratikɐ] F Übung *f*; Praxis *f*; (*experiência*) Erfahrung *f*; (*execução*) Durchführung *f*; (*costume*) Brauch *m*; (*truque*) Kniff *m*; (*actividade*) praktische Tätigkeit *f*; **na ~** in der Praxis; **pôr em ~** durchführen; umsetzen
praticabilidade [pratikabiliˈdadi] F Umsetzbarkeit *f* **praticante** [pratiˈkɐ̃ti] A ADJ praktizierend; praktisch tätig B M/F Praktikant(in) *m(f)*; **~ de escritório** Bürohilfskraft *f*; **~ desportivo, -a** Aktive(r) *m/f(m)*, Sportler(in) *m(f)* **praticar** [pratiˈkar] ⟨1n⟩ A V/T praktisch anwenden; *desporto* treiben; *crime* verüben; *caridade* tun B V/I *língua* sprechen; (*conviver*) Umgang pflegen (**com** mit); *profissão* als Praktikant tätig sein **praticável** [pratiˈkavɛɫ] durchführbar; COM marktfähig
prático [ˈpratiku] A ADJ praktisch B M, **-a** F Praktiker(in) *m(f)*; NÁUT Lotse *m*, Lotsin *f*
pratinho [praˈtiɲu] M *fig* **ser um ~** sehr komisch sein; **servir de ~** zum Gespött werden
prato [ˈpratu] M **1** Teller *m*; (*travessa*) (Fleisch-, Fisch)Platte *f*; **~ da balança** Waagschale *f*; **~ de sopa**, **~ fundo** Suppenteller *m* **~ raso** flacher Teller *m*; **~s** *pl* MÚS Becken *n* **2** GASTR Gericht *n*; Gang *m*; **~ do dia** Tagesgericht *n*; **~ combinado** Tagesmenü *n*; *bras* **~ feito** (*ou* **comercial**) ≈ gemischter Teller *m* (meist mit Reis, Bohnen, Fleisch und Ei) **~ principal** Hauptgang *m*; **~ rápido** Schnellgericht *n*; *fig* **ser o ~ do dia** an der Tagesordnung *ou* alltäglich sein **3** *fig port* **~ forte** starke Seite *f*; **pôr a/c em ~s limpos** etw klarstellen
praxe [ˈpraʃi] F (*costume*) Brauch *m*; (*norma*) Vorschrift *f*; (*etiqueta*) Etikette *f*; (*regras*) Praxis *f*; *espec* UNIV Aufnahmeritual *n*; **da** (*ou* **de**) **~** üblich; **respeitar a ~** die (vorgeschriebenen) Formen beachten
prazenteiro [prazẽˈtɐjru] vergnüglich, heiter; (*afável*) nett, gefällig **prazer** [praˈzer] A M Vergnügen *n*; Freude *f*; *espec* Genuss *m*; (*vontade*) Belieben *n*; **~!** angenehm!; **a seu ~** wie es Ihnen beliebt; **com** (**muito**) **~** (sehr) gern; **ter o ~ de** sich freuen zu; **ter ~ em fazer a/c** etw gern tun; **muito ~ em conhecê-lo!** sehr erfreut, Sie kennenzulernen! B V/I ⟨2y⟩ gefallen (**a alg** j-m)
prazo [ˈprazu] M Frist *f*; Zeit *f*; **contrato a ~** Zeitvertrag *m*; **pagamento m a ~** Ratenzahlung *f*; **~ de envio** Einsendeschluss *m*; **a ~** in Raten; **a breve** (*ou* **curto**) **~** kurzfristig; **a longo ~** langfristig; **dar ~** (Zahlungs)Aufschub gewähren; **pôr ~ a alg** j-m e-e Frist setzen
preamar [preaˈmaʃ] F *bras* (Hoch)Flut *f*
preambular [priɐ̃buˈlar] A ADJ einleitend B V/T ⟨1a⟩ einleiten **preâmbulo** [priˈɐ̃bulu] M Vorrede *f*; (*introdução*) Einleitung *f*, Präambel *f*
pré-aquecer [prɛakɛˈser] ⟨2g; *Stv* 2c⟩ vorheizen **pré-aviso** [prɛaˈvizu] M ⟨*pl* **~s**⟩ Vorbescheid *m*
precariedade [prikarjɛˈdadi] F Unsicherheit *f* **precário** [priˈkarju] ADJ (*incerto*) unsicher; gefährdet; *situação* prekär; (*efémero*) kurzlebig; (*escasso*) arm, eng; DIR **a título ~** widerruflich; **emprego ~** prekäres Arbeitsverhältnis *n*
preçário [priˈsarju] M *port* Preisliste *f*
precatado [prikaˈtadu] vorsichtig **precatar** [prikaˈtar] ⟨1b⟩ warnen; **~-se** sich vorsehen **precatório** [prikaˈtɔrju] M

DIR Bittgesuch n
precaução [prikau'sɐ̃u] F Vorsicht f; *medida* Vorsichtsmaßnahme f **precaucionar** [prikausju'nar] ⟨1f⟩, **precautelar** [prikauti'tar] ⟨1c⟩, **precaver** [priks'ver] ⟨2b⟩ *uma infelicidade* vorbeugen; verhüten; **~ de** warnen vor (*dat*); aufmerksam machen auf (*ac*); **~-se contra** sich vorsehen (*ou* hüten) vor (*dat*) **precavido** [prika'vidu] vorsichtig
prece ['prɛsi] F Gebet n; (*pedido*) Bitte f
precedência [prisi'dẽsja] F *ordem*: Vorrang m; *lugar*: Vortritt m **precedente** [prisi'dẽti] A ADJ vorhergehend; vorig B M Präzedenzfall m; **sem ~** beispiellos **preceder** [prisi'der] ⟨2c⟩ **~ a alg** j-m vorangehen; vor j-m kommen; vor j-m (her)gehen; **~ de** voranstellen B VI vorgehen **precedido** [prisi'didu] ADJ **~ de** geführt von; angekündigt (*ou* eingeleitet) durch
preceito [pri'sɐitu] M Vorschrift f; Regel f; **~ facultativo** Kannbestimmung f; **a ~** vorschriftsmäßig; (*com cuidado*) sorgfältig **preceituar** [prisɐi'twar] ⟨1g⟩ festlegen; (*instruir*) instruieren **preceituário** [prisɐi'twarju] M Vorschriften *fpl*
preciosidade [prisjuzi'dadi] F Kostbarkeit f **precioso** [pri'sjozu] kostbar; wertvoll; *metal, pedra* Edel...
precipício [prisi'pisju] M Schlucht f, Abgrund m **precipitação** [prisipita'sɐ̃u] F Übereilung f; Hast f; QUÍM Ausfällung f; **~ (pluvial)** METEO Niederschlag m; **com ~** hastig, überstürzt **precipitado** [prisipi'tadu] A ADJ hastig; (*irreflectido*) vorschnell B M QUÍM Niederschlag m **precipitar** [prisipi'tar] ⟨1a⟩ A VT (*herab-, hinab*)stürzen; *temporal*: überstürzen; *decisão* gewaltsam herbeiführen; QUÍM ausfällen B VI QUÍM sich abscheiden; *sedimento* sich absetzen, sich ablagern C VR **~-se** (davon)stürzen; *coisa* sich überstürzen; **~-se no solo** AERO abstürzen
precisado [prisi'zadu] ADJ **andar** (*ou* **estar**) **~ de** arm sein an (*dat*) **precisamente** [prisiza'mẽti] ADV genau; **~!** richtig!; das ist er! **precisão** [prisi'zɐ̃u] F 1 Bedürfnis n; Mangel m; **fazer ~** nötig sein 2 Genauigkeit f; TECN Präzision f; **com ~** genau; präzis; **ter ~ de** brauchen; arm sein an (*dat*) **precisar** [prisi'zar] ⟨1a⟩ A VT präzisieren; definieren B VI

Mangel leiden; **~ de** brauchen; **~ de** (*inf*) müssen (*inf*); **precisa-se** gesucht **preciso** [pri'sizu] 1 nötig; **é ~** (*inf*) man muss; **é ~ não** (*inf*) man darf nicht 2 genau; bestimmt; **neste ~ momento** in ebendiesem Augenblick
preço ['presu] M Preis m; (*valor*) Wert m; **~ corrente**, **~ do mercado** Markt- (*ou* Tages)Preis m; **~ de compra/venda** Einkaufs-/Verkaufspreis m; **~ de custo** Selbstkostenpreis m; **~ de tabela** Tarifpreis m; **~ fixo** Festpreis m; **~ único** Einheitspreis m; **~ por inteiro**, **~ global** Pauschalangebot n, -preis m; **a todo o ~** um jeden Preis; **a ~ zero** zum Nulltarif; **de ~** wertvoll; **descer/subir de ~** im Preis fallen/steigen; **pôr ~ a** (ab-, ein)schätzen; den Preis festsetzen für; **ser muito a ~** *port* sehr preiswert sein; **a ~ de banana** *bras* sehr günstig; **não ter ~** unbezahlbar sein
precoce [pri'kɔsi] vorzeitig; *criança* frühreif **precocidade** [prikusi'dadi] F *criança* Frühreife f; Vorzeitigkeit f
preconceber [prɛkõsi'ber] ⟨2c⟩ sich (*dat*) ein Bild in nuce *ou* eine Vorstellung machen von **preconcebido** [prɛkõsi'bidu] vorgefasst **preconceito** [prɛkõ'sɐitu] M Vorurteil n; **sem ~s** vorurteilsfrei
preconizar [prɛkuni'zar] ⟨1a⟩ anpreisen; (*anunciar*) verkünden; (*ser adepto*) eintreten für; (*recomendar*) empfehlen
pré-cozido [prɛku'zidu] ADJ vorgekocht **pré-cozinhado** [prɛkuzi'nadu] M ⟨*pl* ~s⟩ *port* Fertiggericht n
precursor [prikur'sor] M Vorläufer m **predador** [prida'dor] M Plünderer m; BIOL Räuber m **predatório** [prida'tɔrju] BIOL räuberisch
predecessor(a) [pridisi'sor(a)] M(F) Vorgänger(in) m(f)
predestinação [pridiʃtina'sɐ̃u] F Vorherbestimmung f **predestinado** [pridiʃti'nadu] geschaffen (**para** für); vorherbestimmt; REL auserwählt **predestinar** [pridiʃti'nar] ⟨1a⟩ vorausbestimmen
predial [pri'djaɫ] Grund- und Gebäude...; **contribuição** f **~** Grundsteuer f; **registo** m **~** Grundbuchamt n
predicado [pridi'kadu] M Eigenschaft f; *fig*, GRAM Prädikat n
predição [pridi'sɐ̃u] F Vorhersage f
predicativo [pridika'tivu] GRAM prädika-

tiv; **nome** m ~ Prädikatsnomen n
predile(c)ção [pridiɫɛˈsɐ̃ũ] F Vorliebe f; **da ~ de alg** bevorzugt von j-m
predile(c)to [pridiˈɫɛtu] Lieblings...
prédio [ˈprɛdju] M (terreno) Grundstück n; (edifício) Gebäude n; Haus n; **~ de gaveto** port Eckhaus n
predispor [pridiʃˈpor] ⟨2z⟩ ~ **alg** j-m Lust machen, j-s Interesse wecken; ~ **para** acontecimento vorbereiten; ideia empfänglich machen für; **~-se** a sich durchringen zu; gefasst sein auf (ac) **predisposição** [pridiʃpuziˈsɐ̃ũ] F (aptidão) Anlage f; Veranlagung f (tb PSICOL); MED Anfälligkeit f **predisposto** [pridiʃˈpoʃtu] ADJ ⟨fsg, m/fpl [-ˈpɔ-]⟩ **~ a** veranlagt zu; MED anfällig für
predizer [prediˈzer] ⟨2t⟩ voraussagen, vorhersagen
predominar [pridumiˈnar] ⟨1a⟩ vorherrschen, überwiegen **predomínio** [priduˈminju] M Vorherrschaft f
pré-embalado [prɛɛ̃baˈɫadu] mercadoria, víveres abgepackt
preeminência [priemiˈnẽsjɐ] F Vorzug m; (supremacia) Überlegenheit f **preeminente** [priemiˈnẽti] hervorragend
preempção [pri.ẽˈpsɐ̃ũ] F **direito** M **de ~** Vorkaufsrecht n
preencher [priẽˈʃer] ⟨2a⟩ formulário ausfüllen; dever erfüllen; cargo (neu) besetzen; vácuo füllen **preenchimento** [priẽʃiˈmẽtu] M fomulário: Ausfüllen n; dever: (Pflicht)Erfüllung f; cargo: (Neu)Besetzung f
pré-escolar [prɛʃkuˈɫar] Vorschul...
preestabelecer [prɛʃtɐbiɫeˈser] ⟨2g⟩ im Voraus bestimmen
pré-fabricado [prɛfabriˈkadu] vorgefertigt; **casa** f-a Fertighaus n
prefaciar [prɨfaˈsjar] ⟨1g⟩ einleiten **prefácio** [priˈfasju] M Vorwort n
prefeito [priˈfɐitu] M, **-a** F Präfekt(in) m(f); bras Bürgermeister(in) m(f) **prefeitura** [prɨfɐiˈtura] F Präfektur f; bras Rathaus n
preferência [prifiˈrẽsjɐ] F Vorzug m; Vorliebe f; Vorrang m; (favoritismo) Bevorzugung f; DIR Vorkaufsrecht n; bras AUTO Vorfahrt f; **com ~** vorzugsweise; **de ~** am liebsten; **dar à ~ a alg** j-m den Vorzug geben; bras AUTO die Vorfahrt lassen; **dê a ~!** bras Vorfahrt beachten! **preferencial** [prifirẽˈsjaɫ] ADJ bevorzugt; vorzuziehend; Vorzugs... B F bras Vorfahrtstraße f **preferido** [prifiˈridu] Lieblings... **preferir** [prifiˈrir] ⟨3c⟩ vorziehen (a vor dat); bevorzugen; **prefiro** ich habe ... lieber **preferível** [prifiˈrivɛɫ] vorzuziehen; (melhor) besser
prefixar [prifikˈsar] ⟨1a⟩ (vorher) festsetzen; (impor) vorschreiben; (colocar à frente) voranstellen **prefixo** [priˈfiksu] A ADJ vorgeschrieben B M GRAM Präfix n; bras TEL Vorwahl f; TV Vorspann m; Erkennungsmelodie f
prega [ˈprɛgɐ] F vestuário: Falte f; Bügelfalte f; GEOG Bodenwelle f
pregação [prɛgaˈsɐ̃ũ] F Predigt f; fam Gardinenpredigt f
pregadeira [prigaˈdɐirɐ] F Nadelkissen n
pregado [priˈgadu] M ZOOL Steinbutt m
pregador[1] [prigaˈdor] M Spange f; Klammer f
pregador[2] [prɛgaˈdor] M Prediger m
pregão [priˈgɐ̃ũ] M Aufruf m; (anúncio) Ankündigung f; **-ões** pl Aufgebot n
pregar[1] [prɛˈgar] ⟨1o⟩ REL predigen; (anunciar) verkünden; (öffentlich) ausrufen; fam ausposaunen; **~ à parede, ~ no deserto** fig tauben Ohren predigen
pregar[2] [priˈgar] ⟨1o; Stv 1c⟩ A VT annageln; prego einschlagen; pregador anstecken; papel zusammenheften; botão annähen; olhos heften (**em** auf ac); **não ~ olho** kein Auge zutun; **~ uma partida a alg**, bras **~ uma peça em alg** j-m e-n Streich spielen B V/I **~ port com a/c no chão** etw zu Boden werfen
prego [ˈprɛgu] M Nagel m; (alfinete) Hutnadel f; fam fig Pfandhaus n; bras Müdigkeit f; **~ no pão** port GASTR Bratensandwich m; **~ torcido** Schraubnagel m; **pôr no ~** verpfänden; **dormir como um ~** port fam wie ein Murmeltier schlafen
pregoar [priˈgwar] ⟨1f⟩ → apregoar; ausrufen; preisen **pregoeiro** [priˈgwɐiru] M Auktionator m; Ausrufer m
preguear [priˈgjar] ⟨1l⟩ fälteln; bras fam schlappmachen
preguiça [priˈgisɐ] F Faulheit f; (indolência) Trägheit f; ZOOL Faultier n
preguiçar [prigiˈsar] ⟨1p⟩ faulenzen **preguiceira** [prigiˈsɐirɐ] F Faulenzerdasein n; Lehnstuhl m **preguiceiro** [pri-

gi'sajru] ⓐ ⓜ **1**, **-a** ⓕ *pessoa*: Faulenzer(in) *m(f)* **2** (*banco*) *port* Lehnstuhl *m* ⓑ ADJ bequem; Ruhe... **preguiçoso** [prigi'sozu] ⓐ ADJ faul; träge ⓑ ⓜ Faulpelz *m*

pré-história [prɛʃ'tɔrjɐ] ⓕ Vorgeschichte *f* **pré-histórico** [prɛʃ'tɔriku] prähistorisch

preia-mar [prajɐ'mar] ⓕ Hochflut *f*

pré-inquérito [prɛĩ'kɛritu] ⓜ Voruntersuchung *f*

prejudicar [prizudi'kar] ⟨1n⟩ schaden (*dat*); schädigen **prejudicial** [prizudi'sjaɫ] schädlich; (*desvantajoso*) nachteilig

prejuízo [pri'ʒwizu] ⓜ Schaden *m*; (*perda*) Verlust *m*; (*desvantagem*) Nachteil *m*; **em ~ de** zulasten von; **causar a** → *prejudicar*; **sem ~** unbeschadet (*gen*)

prelado [pri'ɫadu] ⓜ Prälat *m*

pré-lavado [prɛɫa'vadu] vorgewaschen

pré-lavagem [prɛɫa'vaʒĩ] ⓕ Vorwäsche *f*; **programa de ~** Vorwäscheprogramm *n*

prele(c)ção [priɫɛ'sɐ̃ũ] ⓕ (belehrender) Vortrag *m*

preliminar [pritimi'nar] ⓐ ADJ Vor...; einleitend ⓑ ⓜ Einleitung *f*; (*condição*) Vorbedingung *f*; **~es** *pl* Vorverhandlungen *fpl* ⓒ ⓕ DESP Ausscheidungskampf *m*

prélio ['prɛɫju] ⓜ Kampf *m*; Ringen *n*

prelo ['prɛɫu] ⓜ Druckerpresse *f*; **estar no ~** im Druck sein

preludiar [priɫu'djar] ⟨1g⟩ einleiten; (*anunciar*) ankündigen; MÚS präludieren

prelúdio [pri'ɫudju] ⓜ MÚS Vorspiel *n*, Präludium *n*; (*introdução*) Einleitung *f*; (*sinal*) Vorzeichen *n*

prematuridade [primɐturi'dadi] ⓕ *pessoa*: Frühreife *f*; *acontecimento*: Vorzeitigkeit *f* **prematuro** [prima'turu] (*precoce*) frühreif; *acontecimento* verfrüht, vorzeitig; **parto m ~** Frühgeburt *f*

premeditação [primiditɐ'sɐ̃ũ] ⓕ Vorsätzlichkeit *f*; **com ~** mit Vorbedacht **premeditado** [primidi'tadu] vorsätzlich **premeditar** [primidi'tar] ⟨1a⟩ planen

premência [pri'mẽsjɐ] ⓕ Dringlichkeit *f* **premente** [pri'mẽti] ADJ drückend; dringend **premer** [pri'mer] ⟨2c⟩ → *premir*

premiado [pri'mjadu] ⓐ ADJ preisgekrönt; **números** *mpl* **~s** Gewinnzahlen *fpl* ⓑ ⓜ Preisträger *m* **premiar** [pri'mjar]

⟨1g e 1h⟩ auszeichnen

prémio (***ê**) ['prɛmju] ⓜ Preis *m*; (*recompensa*) Belohnung *f*; *seguro*: Prämie *f*; *lotaria*: (Lotterie)Gewinn *m*; **~ de consolação** Trostpreis *m*; **~ de risco** Risikoprämie *f*; **receber um ~** einen Preis (eine Belohnung *etc*) bekommen

premir [pri'mir] ⟨3d⟩ *tecla, botão* drücken

premissa [pri'misɐ] ⓕ Prämisse *f*

pré-moldado [prɛmoɫ'dadu] *bras* ⓐ ADJ vorgefertigt ⓑ ⓜ Betonstein *m*

premonição [primuni'sɐ̃ũ] ⓕ (*presságio*) Vorgeschmack *m*; (*pressentimento*) Vorahnung *f*

premunir [primu'nir] ⟨3a⟩ (*evitar*) verhüten; (*antecipar*) zuvorkommen (*dat*); (*preservar*) bewahren vor (*dat*); **~-se contra** sich vorsehen vor (*dat*)

pré-natal [prɛnɐ'taɫ] pränatal, vorgeburtlich

prenda ['prẽdɐ] ⓕ Gabe *f*; Geschenk *n*; (*dom*) Talent *n*; **~s domésticas** *bras* Hausfrau (*als Berufsangabe*); **jogo** *m* **de ~s** Pfänderspiel *n* **prendado** [prẽ'dadu] begabt **prendar** [prẽ'dar] ⟨1a⟩ beschenken

prender [prẽ'der] ⟨2a; *pp* preso⟩ ⓐ V/T (*fixar*) befestigen; (*segurar*) festhalten (**por** an *dat*); (*atar*) an-, festbinden; (*capturar*) festnehmen; gefangen nehmen; (*abraçar*) in die Arme nehmen; *fig* binden (**a** an *ac*); ins Haus stecken; *fig* fesseln ⓑ V/I haften; (*enraizar*) Fuß fassen; *janela etc* klemmen; **~-se** hängen bleiben; (*depender*) zusammenhängen (**com** mit); (*perder tempo*) sich aufhalten (**por** mit, wegen)

prenhe ['prɛɲi] *animal* trächtig; *mulher* schwanger; *fig* **~ de** voll (*gen ou* von); **~ de consequências** folgenschwer **prenhez** [pri'ɲeʃ] ⓕ *animal*: Trächtigkeit *f*; *mulher*: Schwangerschaft *f*

prenome [pri'nomi] ⓜ Vorname *m*

prensa ['prẽsɐ] ⓕ Presse *f*; FOTO Kopierrahmen *m*; TIPO Druckerpresse *f*; AGR Kelter *f*; **~ hidráulica** Hydraulikpresse *f* **prensagem** [prẽ'saʒĩ] ⓕ Pressung *f* **prensar** [prẽ'sar] ⟨1a⟩ pressen

prenunciar [prinũ'sjar] ⟨1g⟩ ankündigen **prenúncio** [pri'nũsju] ⓜ Ankündigung *f*; (*sinal*) Anzeichen *n*

pré-nupcial [prɛnup'sjaɫ] vorehelich

preocupação [priokupɐ'sɐ̃ũ] ⓕ Besorgnis f, Sorge f **preocupado** [prioku'padu] besorgt; **estar ~ com** sich (dat) Sorgen machen um **preocupante** [prioku'pɐ̃ti] besorgniserregend **preocupar** [prioku'par] ⟨1a⟩ beschäftigen; beunruhigen; **~-se** sich (dat) Gedanken (ou Sorgen) machen (**com** über ac, um)

pré-operacional [prɛopirɐsju'naɫ] Anlauf... (espec TECN)

preopinante [priopi'nɐ̃ti] M/F POL Vorredner(in) m(f)

pré-pagamento [prɛpagɐ'mẽtu] M Vorauszahlung f

pré-pago [prɛ'pagu] ADJ vorausbezahlt; **cartão m ~** Prepaidkarte f, Guthabenkarte f

preparação [priparɐ'sɐ̃ũ] F Vorbereitung f; GASTR Zubereitung f; TECN Behandlung f; QUÍM Darstellung f; **(não) ter ~ para** (keine) Vorbildung haben für **preparado** [pripa'radu] M Präparat n **preparador** [pripara'dor] M, **-a** [pripara'dora] F Präparator(in) m(f); QUÍM, FÍS Laborant(in) m(f); **~ físico** bras DESP (Fitness)Trainer m **preparar** [pripa'rar] ⟨1b⟩ vorbereiten (**para** auf ac); GASTR zubereiten; caminho bereiten; alg ausbilden (**para** für); TECN material behandeln; QUÍM darstellen; präparieren; terra bestellen; **~-se** para sich anschicken zu **preparativo** [pripara'tivu] M Vorbereitung f; **~s** pl Vorkehrungen fpl **preparatório** [pripara'tɔrju] A ADJ vorbereitend B M, PL Vorbereitungskurs n

preparo [pri'paru] M Vorbereitung f; DIR (Prozesskosten)Anzahlung m; bras Bildung f

preponderância [pripõdi'rɐ̃sjɐ] F Überlegenheit f; Übergewicht n **preponderante** [pripõdi'rɐ̃ti] vorwiegend; (decisivo) entscheidend; **papel m ~** führende Rolle f **preponderar** [pripõdi'rar] ⟨1c⟩ überwiegen

prepor [pri'por] ⟨2z⟩ voranstellen; fig vorziehen **preposição** [pripuzi'sɐ̃ũ] F GRAM Präposition f

prepotência [pripu'tẽsjɐ] F Gewalt f; (usurpação) Übergriff m **prepotente** [pripu'tẽti] übermächtig; fig eigenmächtig

prepúcio [pri'pusju] M ANAT Vorhaut f

pré-reforma [prɛʁi'fɔrmɐ] F port Vorruhestand m

prerrogativa [prɛʁugɐ'tivɐ] F Vorrecht n

presa ['prezɐ] F ❶ Wegnahme f; (prisão) Gefangennahme f ❷ Beute f; NÁUT Prise f; **fazer ~ de** sich bemächtigen (gen) ❸ ZOOL (dente) Fang(zahn) m; (garra) Klaue f ❹ de betão: (Ab)Binden n; **fazer ~** abbinden

presbita [priʒ'bitɐ] MED weitsichtig

presbitério [priʒbi'tɛrju] M Pfarrhaus n; (igreja) Pfarrkirche f **presbítero** [priʒ'bitiru] M Priester m; Pfarrer m

presbitia [priʒbi'tiɐ] F, **presbitismo** [priʒbi'tiʒmu] M MED Weitsichtigkeit f

prescindir [priʃsĩ'dir] ⟨3a⟩ **~ de** verzichten auf (ac), absehen von **prescindível** [priʃsĩ'divɛɫ] entbehrlich

prescrever [priʃkri'ver] ⟨2c; pp prescrito⟩ A V/T vorschreiben; MED verordnen B V/I verfallen; prazo ablaufen; DIR verjähren **prescrição** [priʃkri'sɐ̃ũ] F Vorschrift f; Verfall m; DIR Verjährung f; **mediante** (bras sob) **~ médica** verschreibungspflichtig

presença [pri'zẽsɐ] F ❶ Gegenwart f; Anwesenheit f ❷ Aussehen n; (aparência) Gestalt f; **~ de espírito** (ou **ânimo**) Geistesgegenwart f; **à ~ de** angesichts (gen); vor; **em ~ de** angesichts (gen)

presencial [prizẽ'sjaɫ] anwesend **presenciar** [prizẽ'sjar] ⟨1g e 1h⟩ zugegen sein

presentâneo [prizẽ'tɐnju] sofortig

presente [pri'zẽti] A ADJ ❶ fisicamente: anwesend; existente vorhanden; vorliegend; em documento: vor- (ou nach)stehend; **estar ~** anwesend sein; **fazer ~** mitteilen; **ser ~** beistehen; **ter ~** sich erinnern an (ac), in Erinnerung haben ❷ temporal: gegenwärtig; jetzig; **tempo m ~** Gegenwart f B M ❶ Gegenwart f; GRAM Präsens n; **ao ~**, **de ~** gegenwärtig ❷ Geschenk n; **dar de ~** (ver)schenken C M/F Anwesende(r) m/f(m) D F Schreiben n; **pela ~**, **serve a ~** mittels dieses Schreibens **presentear** [prizẽ'tjar] ⟨1l⟩ beschenken; fig verwöhnen **presentemente** [prizẽti'mẽti] ADV gegenwärtig

presépio [pri'zɛpju] M Stall m; espec (Weihnachts)Krippe f

preservação [prizirvɐ'sɐ̃ũ] F Bewahrung f; (protecção) Schutz m; **~ do meio ambiente** Umweltschutz m; **~ hídrica** Gewässerschutz m **preservar** [prizir'var] ⟨1c⟩ bewahren, (be)schützen (**de** vor dat) **preservativo** [prizirvɐ'tivu] A ADJ

presidência [prizi'dēsjɐ] F Präsidentschaft f; Präsidium n; associação, partido Vorsitz m **presidencial** [prizidē'sjaɫ] ADJ Präsident(schafts)... A ADJ F **-ais** PL POL Präsidentschaftswahlen fpl **presidencialismo** [prizidēsjɐ'ɫiʒmu] M Präsidialsystem n **presidente** [prizi'dēti] A ADJ präsidierend B M/F, bras **presidenta** [prezi'dēte] F Präsident(in) m(f); associação, partido Vorsitzende(r) m/f; ~ **da câmara** Bürgermeister(in) m(f); ~ **da junta** Gemeindevorsteher(in) m(f)
presidiário [prizi'djarju] A ADJ Straf...; Sträflings... B M Sträfling m **presídio** [pri'zidju] M Zuchthaus n **presidir** [prizi'dir] ⟨3a⟩ ~ **a a/c** bei etw den Vorsitz führen; etw leiten; e-r Sache (dat) vorstehen
presilha [pri'ziʎɐ] F Schlinge f; bras tb Haarklammer f, Haarspange f
pré-sinalização [prɛsinɐɫizɐ'sɐ̃u] F **triângulo** M **de** ~ AUTO Warndreieck n
preso ['prezu] A PP irr → prender; **estar ~ a** gebunden sein (kleben) an (dat); **ficar ~ a** hängen bleiben an (dat) B M/F Häftling m
pressa ['prɛsɐ] F Eile f; (rapidez) Geschwindigkeit f; (precipitação) Hast f; (urgência) (Not)Fall m; (apuro) Bedrängnis f; **à** ~ eilig; hastig; **de** ~ eilig; **andar** (ou **ir**) **com** ~ eilen; schnell gehen (ou fahren); **dar** ~ **a** beschleunigen; **dar-se** ~ sich beeilen; **estar com** ~ in Eile sein; **feito à** ~ gepfuscht; **ter** ~ **em** es eilig haben zu
pressagiar [prisa'ʒjar] ⟨1g⟩ vorhersagen; (anunciar) ankündigen **presságio** [pri'saʒju] M Vorhersage f; (sinal) An-, Vorzeichen n; (sentimento) Vorgefühl n
pressão [pri'sɐ̃u] F FIS Druck m; (botão) Druckknopf m; **alta/baixa** ~ METEO Hoch-/Tiefdruck m; ~ **arterial** (alta/baixa) MED (hoher/niedriger) Blutdruck m; ~ **atmosférica** Luftdruck m; **zona** f **de alta/baixa** ~ METEO Hoch n/Tief n, Hoch-/Tiefdruckgebiet n
pressentido [prisē'tidu] hellhörig; (desconfiado) misstrauisch **pressentimento** [prisēti'mētu] M Ahnung f; (suspeita) Verdacht m **pressentir** [prisē'tir] ⟨3e⟩ ahnen; (prever) voraussehen; (notar) merken
pressionar [prisju'nar] ⟨1f⟩ Druck ausüben auf (ac); (carregar) drücken
pressupor [prisu'por] ⟨2z⟩ (implicar) voraussetzen; (presumir) annehmen; (conjecturar) vermuten **pressuposto** [prisu'poʃtu] M ⟨pl [-'po-]⟩ (implicação) Voraussetzung f; (conjectura) Annahme f; (designio) Absicht f; (desculpa) Vorwand m
pressurizar [prisuri'zar] ⟨1a⟩ Druckausgleich herstellen in (dat) **pressuroso** [prisu'rozu] eilig; eifrig; (irrequieto) unruhig
prestação [priʃta'sɐ̃u] F geralm Leistung f; FIN Rate f; ~ **mensal** Monatsrate f; **pagamento m em -ões** Teilzahlung f; **a -ões** auf Raten; ~ **de contas** Abrechnung f; ~ **de serviços** Dienstleistung f **prestador** [priʃta'dor] a/c brauchbar; alg gefällig **prestamista** [priʃta'miʃta] M/F Geldverleiher(in) m(f); penhores: Pfandleiher(in) m(f) **prestância** [priʃ'tɐ̃sjɐ] F Tauglichkeit f; (excelência) Vortrefflichkeit f **prestante** [priʃ'tɐ̃ti] tauglich; (excelente) vortrefflich **prestar** [priʃ'tar] ⟨1c⟩ A V/T (ver)leihen; auxílio, jurmento leisten; informação erteilen; honra erweisen; explicação abgeben; ouvidos schenken; contas ablegen B V/I taugen; brauchbar sein; ~ **atenção** aufpassen; **não ~ para nada** (zu) nichts taugen; **que lhe preste!** port irón wohl bekomm's!; **~-se a** sich eignen für (ou zu) **prestativo** [priʃta'tivu] hilfsbereit **prestável** [priʃ'taveɫ] a/c brauchbar; alg diensteifrig **prestes** ['prɛʃtiʃ] ADJ bereit; (imediato) unverzüglich; ~ **a** bereit zu **presteza** [priʃ'tezɐ] F Schnelligkeit f; **com** ~ rasch; unverzüglich
prestidigitação [prɛʃtidiʒita'sɐ̃u] F Fingerfertigkeit f; **artifício m de** ~ Zauberkunststück n **prestidigitador** [prɛʃtidiʒita'dor] M Zauberkünstler m, Taschenspieler m
prestigiar [priʃti'ʒjar] ⟨1g⟩ berühmt machen; **~-se com** sich (dat) Ansehen verschaffen mit **prestígio** [priʃ'tiʒju] M Zauber m; fig Ansehen n; (influência) Einfluss m; **ter** ~ angesehen sein **prestigioso** [priʃti'ʒjozu] wunderbar; einflussreich
préstimo ['prɛʃtimu] M a/c Brauchbarkeit f; alg Gefälligkeit f; **sem** ~ unbrauchbar **prestimoso** [priʃti'mozu] brauchbar; gefällig

préstito ['prɛʃtitu] M Zug m; Gefolge n; REL Prozession f; **~ fúnebre** Leichenzug m

presto ['prɛʃtu] schnell, rasch

presumido [prizu'midu] eingebildet

presumir [prizu'mir] ⟨3a⟩ **A** V/T annehmen, vermuten **B** V/I ~ **de ...** sich ... geben **presumível** [prizu'mivɛɫ] vermutlich

presunção [prizũ'sɐ̃ũ] F Vermutung f; (vaidade) Dünkel m **presunçoso** [prizũ'sozu] eingebildet **presuntivo** [prizũ'tivu] mutmaßlich; vermeintlich

presunto [pri'zũtu] M roher Schinken m

pré-temporada [prɛtẽpu'radɐ] F Vorsaison f

pretendente [pritẽ'dẽti] M/F posição: Bewerber(in) m(f); trono: Anwärter(in) m(f)

pretender [pritẽ'der] ⟨2a⟩ **A** V/T beanspruchen; (exigir) verlangen; (aspirar) streben nach; (tencionar) beabsichtigen; (afirmar) behaupten, alg werben um **B** V/I ~ **de** sich bemühen zu; **pretende-se ... port** anúncio: suche ... **pretendida** [pritẽ'didɐ] F (Aus)Erwählte f; (noiva) Verlobte f **pretendido** [pritẽ'didu] umworben

pretensão [pritẽ'sɐ̃ũ] F Anspruch m; (exigência) Forderung f; (candidatura) Bewerbung f; (aspiração) Bestrebung f; (desejo) Wunsch m; (pedido) Bitte f; (peneira) Geltungsbedürfnis n; (orgulho) Überheblichkeit f; **com ~ões** anspruchsvoll; (ambicioso) ehrgeizig; (orgulhoso) überheblich; **sem ~ões** anspruchslos; **ter ~ões** beanspruchen; fig hoch hinauswollen; fam Flausen im Kopf haben **pretensioso** [pritẽ'sjozu] (orgulhoso) anmaßend, überheblich; (convencido) eingebildet; (artificial) geziert **pretenso** [pri'tẽsu] (suposto) vermeintlich; (falso) angeblich

preterir [priti'rir] ⟨3c⟩ übergehen

pretérito [pri'tɛritu] **A** ADJ vergangen **B** M GRAM Vergangenheit f, Präteritum n; **~ imperfeito/perfeito** Imperfekt n/Perfekt n

pretexto [pri'tɐjʃtu] M Vorwand m, Ausrede f; (ocasião) Anlass m; **a ~ de, sob o ~ de** unter dem Vorwand zu (inf)

pretidão [priti'dɐ̃ũ] F Schwärze f **preto** ['prɛtu] ADJ schwarz

pré-tratamento [prɛtrɐtɐ'mẽtu] M Vorbehandlung f

prevalecer [privɐti'ser] ⟨2g⟩ überwiegen; (determinar) den Ausschlag geben; **~ sobre** sich durchsetzen gegen; **~-se de** a/c sich (dat) etw zunutze machen **prevalência** [privɐ'lẽsjɐ] F Überlegenheit f

prevaricação [privɐrikɐ'sɐ̃ũ] F Pflichtverletzung f, -vergessenheit f **prevaricador** [privɐrikɐ'dor] pflichtvergessen **prevaricar** [privɐri'kar] ⟨1n⟩ s-e Pflicht verletzen

prevenção [privẽ'sɐ̃ũ] F MED Vorsorge f; Vorbeugung f; (aviso) Warnung f; **de um crime**: Verhütung f; **de ~** vorsichtshalber; **estar de ~** MIL in Alarmbereitschaft sein; fig auf der Hut sein (**com** vor dat) **prevenido** [privi'nidu] vorsichtig; (desconfiado) misstrauisch **prevenir** [privi'nir] ⟨3d⟩ Vorsorge treffen für; crime verhüten; **~ alg de** j-n warnen vor (dat); (notificar) benachrichtigen von; **~ em favor de/contra** einnehmen für/gegen; **~-se** sich vorsehen **preventivo** [privẽ'tivu] **A** ADJ vorbeugend; präventiv; Schutz...; **prisão** f **-a** Untersuchungshaft f **B** M vorbeugendes Mittel n

prever [pri'ver] ⟨2m⟩ vor(her)sehen; vorsorgen für; **prevê-se que** conj es wird davon ausgegangen, dass

previamente [prevjɐ'mẽti] ADV zuvor; (adiantado) im Voraus; (de início) von vornherein

previdência [privi'dẽsjɐ] F Voraussicht f; Weitblick m; (precaução) Vorsorge f; (cautela) Vorsicht f; **caixa** f **de ~** Versorgungskasse f; tb Sozialversicherung f; **~ (social)** Sozialfürsorge f **providente** [privi'dẽti] vorausschauend; (cuidadoso) vorsichtig

prévio ['prɛvju] vorherig; Vor...

previsão [privi'zɐ̃ũ] F Voraussicht f; METEO Vorhersage f **previsível** [privi'zivɛɫ] (presumível) voraussichtlich; (calculável) vorhersehbar **previsor** [previ'zor] bras ~ **previdente** **previsto** [pri'viʃtu] PP irr → **prever**, vorgesehen

prezado [pri'zadu] geschätzt **prezar** [pri'zar] ⟨1c⟩ schätzen; (respeitar) achten; (honrar) ehren (**com** mit); (amar) lieben; **~-se** auf sich (ac) halten; (vangloriar-se) sich rühmen (**de** inf zu)

prima¹ ['primɐ] F parente: Kusine f

prima² ['primɐ] F MÚS Prime f; violino:

PRIM

E-Saite f **primado** [pri'maðu] M Primat n ou m **primar** [pri'mar] ⟨1a⟩ den Vorrang haben; (*distinguir-se*) sich auszeichnen (**em** in *dat*, **por** durch) **primária** [pri'marjɐ] F (**escola** F) ≈ Grundschule f; (**eleições** fpl) **~s** pl Vorwahlen fpl **primário** [pri'marju] anfänglich; primär; (*básico*) Grund...; **ensino n ~** Grundschulwesen n, -bildung f **primata** [pri'matɐ] M ZOOL Primat m **primavera** [primɐ'vɛrɐ] F BOT Primel f; **Primavera** Frühling m **primaveril** [primɐvi'riɫ] Frühlings...

primaz [pri'maʃ] **A** ADJ Haupt... **B** M REL Primas m **primazia** [primɐ'ziɐ] F Vorrang m; Primat m ou n

primeira [pri'mɐjrɐ] F **à ~** (**vista**) auf den ersten Blick; auf Anhieb; zunächst; **da** (*ou* **de**) **~** erstklassig **primeiramente** [primɐjrɐ'mẽti] ADV erstens; zunächst

primeiro [pri'mɐjru] **A** ADJ erste; **em ~ lugar** vor allem; zunächst **B** ADV erstens, zuerst; (*sobretudo*) vor allem; **~ que** eher als; früher als; **~ que tudo** zuallererst; **~-...** em comp Ober... **primeiro-ministro** [primɐjrumi'niʃtru] M ⟨pl **primeiros-ministros**⟩ Premierminister m, Ministerpräsident m

primevo [pri'mɛvu] Früh...; Ur... **primícias** [pri'misjɐʃ] FPL Erstlinge mpl; fig Anfänge mpl

primitividade [primitivi'daði] F Ursprünglichkeit f **primitivismo** [primiti'viʒmu] M Urzustand m; Primitivität f **primitivo** [primi'tivu] ursprünglich; Ur...; pej primitiv; **povos** mpl **~s** Naturvölker npl

primo¹ ['primu] M Cousin m; reg Vetter m

primo² ['primu] ADJ erste; **número** m **~** Primzahl f **primogénito** (*ê) [primɔ'ʒɛnitu] erstgeboren

primor [pri'mor] M Vollkommenheit f; (*beleza*) Schönheit f; (*obra de arte*) Meisterwerk n; **a ~** ganz vorzüglich **primordial** [primur'djaɫ] erstrangig; Haupt...; (*inicial*) ursprünglich **primórdio** [pri'mɔrdju] M **~s** PL Ursprünge mpl **primoroso** [primu'rozu] vorzüglich; (*faustoso*) prachtvoll

prímula ['primutɐ] F BOT Primel f **princesa** [prĩ'sezɐ] F Prinzessin f **principado** [prĩsi'paðu] M Fürstentum n; título: Fürstentitel m **principal** [prĩsi'paɫ] **A** ADJ Haupt... **B** M Hauptsache f; REL Prior m; fig Magnat m **principalmente** [prĩsipaɫ'mẽti] ADV hauptsächlich

príncipe ['prĩsipi] M Prinz m; **~ herdeiro** Erb-, Kronprinz m

principesco [prĩsi'peʃku] fürstlich **principiante** [prĩsi'pjɐ̃ti] MF Anfänger(in) m(f) **principiar** [prĩsi'pjar] ⟨1g⟩ anfangen (**a** zu, **em** bei); **~ por** damit beginnen zu

princípio [prĩ'sipju] M Anfang m; (*preceito*) Prinzip n; (*base*) Grundlage f; **a ~** anfangs; **ao ~**, **no ~** am Anfang; **de ~** prinzipiell; **em ~** im Prinzip; **em ~s de** data Anfang ...; **por ~** aus Prinzip; (*por regra*) grundsätzlich; **~s** pl Anfänge mpl; Anfangsgründe mpl; **pôr a ~** in Angriff nehmen; beginnen (lassen)

prior [pri'or] M, **prioresa** [priu'rezɐ] F REL Prior(in) m(f) **prioridade** [priuri'daði] F Vorrang m; port AUTO Vorfahrt f; **ceder ~ a alg** port j-m die Vorfahrt lassen; **ceda a ~!** port Vorfahrt beachten! **prioritário** [priuri'tarju] vordringlich **prisão** [pri'zɐ̃w̃] F **1** acto: Verhaftung f; estado: Haft f; edifício: Gefängnis n; **ordem f de ~** Haftbefehl m; **~ perpétua** lebenslänglich n; **~ preventiva** Untersuchungshaft f **2 ~ de ventre** MED Verstopfung f **prisional** [prizju'naɫ] **estabelecimento** M **~** port Haftanstalt f, Justizvollzugsanstalt f **prisioneiro** [prizju'nɐjru] M, **-a** F Gefangene(r) m/f(m); Häftling m

prisma ['priʒmɐ] M Prisma n; fig Gesichts-, Standpunkt m **prismático** [priʒ'matiku] prismatisch

privação [privɐ'sɐ̃w̃] F droga: Entzug m; material Entbehrung f **privacidade** [privasi'daði] F Privatsphäre f; Intimität f; INFORM (Schutz m der) Privatsphäre f **privada** [pri'vaðɐ] F Abort m; **~ pública** öffentliches WC n **privado** [pri'vaðu] privat; (*pessoal*) persönlich; fig beraubt (**de** gen); (*sem*) ohne; **vida** f **-a** Privatleben n **privança** [pri'vɐ̃sɐ] F Vertraulichkeit f **privar** [pri'var] ⟨1a⟩ **~ com** Umgang haben mit; **~ alg de a/c** j-m etw entziehen; j-n von etw abhalten; **~-se de** verzichten auf (*ac*) **privativo** [privɐ'tivu] DIR ausschließlich; persönlich; **~ de** vorbehalten (*dat*); **uso** m **~** private Nutzung f **priva-**

tização [privatizaˈsɐ̃ũ] F Privatisierung f
privatizar [privatiˈzar] ⟨1a⟩ privatisieren
privilegiado [priviliˈʒjadu] privilegiert; *(único)* einzigartig **privilegiar** [priviliˈʒjar] ⟨1g⟩ privilegieren; *(preferir)* bevorzugen **privilégio** [priviˈlɛʒju] M Vorrecht n; Privileg n; ~ **de venda** Alleinverkaufsrecht n

pró(s) [prɔ] A ADV dafür B M Vorteil m; **medir os** ~s *pl* **e contras** Pro und Contra n **medir os** ~**s e os contras** das Für und Wider abwägen C EM COMP pro...

prò(s) [prɔ(ʃ)], *bras* **pro(s)** [pruʃ] *fam* CONTR *de* **para e o(s)**

proa [ˈprɔa] F NÁUT Bug m; *(parte dianteira)* Vorderteil m; *fig* Anmaßung f; *(arrogância)* Dünkel m; **de** ~ frontal; **pela** ~ von vorn

probabilidade [prubabiliˈdadi] F Wahrscheinlichkeit f; *(perspectiva)* Aussicht f
probante [pruˈbɐ̃ti] *prova* schlagend; *(fidedigno)* glaubwürdig **probatório** [prubaˈtɔrju] beweisend, Beweis...
probidade [prubiˈdadi] F Rechtschaffenheit f
probo [ˈprɔbu] rechtschaffen
problema [pruˈblɛmɐ] M Problem n; *(dificuldade)* Schwierigkeit f; *escola:* (Rechen)Aufgabe f **problemática** [prubliˈmatikɐ] F Problematik f **problemático** [prubliˈmatiku] problematisch
procedência [pruseˈdẽsjɐ] F Herkunft f; *(origem)* Ursprung m; *(lógica)* Logik f **procedente** [pruseˈdẽti] folgerichtig; ~ **de** *(stammend)* von, aus **proceder** [pruseˈder] ⟨2c⟩ A VI fortschreiten; *(decorrer)* verlaufen; *(ser lógico)* schlüssig sein; *(comportar-se)* sich verhalten; *(agir)* handeln; ~ **a a/c** zu etw schreiten; sich *(dat)* etw vornehmen; ~ **contra** vorgehen gegen; DIR verklagen; ~ **de** stammen aus; *(resultar)* hervorgehen aus B M Verfahren n **procedimento** [prusidiˈmẽtu] M *(comportamento)* Verhalten n; *(processo)* Verfahren n; *(modo de agir)* Vorgehen n; Vorgehensweise f

procela [pruˈsɛla] F Orkan m, Sturm m **procelária** [pruseˈlarjɐ] F ZOOL Sturmvogel m **proceloso** [pruseˈlozu] sturmgepeitscht; aufgewühlt *(tb fig)*

processador [prusisaˈdor] M INFORM Prozessor m; ~ **de texto** Textverarbeitungsprogramm n **processamento**

[prusisɐˈmẽtu] M Be-, Verarbeitung f; ~ **de dados/de textos** INFORM Daten-/Textverarbeitung f **processar** [pruseˈsar] ⟨1c⟩ DIR ~ **alg** j-n verklagen, j-m den Prozess machen; *fig* ~ **a/c** etw nachprüfen; INFORM etw verarbeiten; ~-**se** ablaufen
processional [prusisjuˈnal] REL Prozessions...
processo [pruˈsɛsu] M 1 DIR Prozess m; ~ **arbitral** Schiedsgerichtsverfahren n; ~ **civil** Zivilverfahren f 2 TECN Prozess m; Verfahren n; FÍS, QUÍM *tb* Vorgang m
processual [pruseˈswal] DIR Prozess...; Verfahrens...
procissão [pruseˈsɐ̃ũ] F REL Prozession f; Umzug m
proclama [pruˈklɐmɐ] M (Ehe)Aufgebot n; **correr os** ~**s** das Aufgebot bestellen **proclamação** [pruklɐmaˈsɐ̃ũ] F Verkündigung f; Ausrufung f; POL Proklamation f **proclamar** [pruklaˈmar] ⟨1a⟩ verkündigen; POL proklamieren; erklären für; ~-**se** sich erklären zu
PROCON [proˈkõ] M ABR (Procuradoria de Proteção e Defesa do Consumidor) *bras* Verbraucherschutzstiftung f
procrastinar [prukraʃtiˈnar] ⟨1a⟩ aufschieben; hinauszögern
procriação [prukriaˈsɐ̃ũ] F Fortpflanzung f **procriador** [prukriaˈdor] M Erzeuger m **procriar** [prukriˈar] ⟨1g⟩ A VT erzeugen B VI sich fortpflanzen
procura [prɔˈkura] F Suche f; COM Nachfrage f; ~ **externa/interna** Auslands-/Inlandsnachfrage f; **à** ~ **de** auf der Suche nach **procuração** [prɔkuraˈsɐ̃ũ] F Vollmacht f **procurador** [prɔkuraˈdor] M Bevollmächtigter m; Prokurator m; COM Prokurist m; ~ **da República** Staatsanwalt m **procurador-geral** [prɔkuradorʒiˈral] M ⟨*pl* procuradores-gerais⟩ Generalstaatsanwalt m **procuradoria** [prɔkuraduˈria] F Staatsanwaltschaft f **procurar** [prɔkuˈrar] ⟨1a⟩ suchen (**por** nach); ~ **alg** j-n aufsuchen; ~ **(fazer) a/c** etw versuchen
prodigalidade [prudigaliˈdadi] F Verschwendung f **prodigalizar** [prudigaliˈzar] ⟨1a⟩, **prodigar** [prudiˈgar] ⟨1o⟩ verschwenden
prodígio [pruˈdiʒju] M Wunder n; **menino** ~ Wunderkind n **prodigioso** [prudiˈʒjozu] wunderbar

pródigo ['prɔdigu] A ADJ verschwenderisch; **o filho ~** der verlorene Sohn B M Verschwender m

produção [produ'sɐ̃ũ] F Erzeugung f, Herstellung f, Produktion f; LIT Schöpfung f; (produto) Erzeugnis n; (desempenho) Leistung f; **~ ajustada** schlanke Produktion f; **~ em massa** Massenproduktion f; **~ em série** Serienproduktion f

producente [produ'sẽti] schlüssig; → produtor **produtividade** [produtivi-'dadi] F Leistungsfähigkeit f; Produktivität f; Ergiebigkeit f **produtivo** [produ'tivu] leistungsfähig; produktiv; ergiebig; ARTE, LIT schöpferisch

produto [pru'dutu] M Produkt n; Erzeugnis n; Ertrag m; **~ de fissão** FIS Spaltprodukt n; **~ de primeira necessidade** Grundbedarfsprodukt n; **~ descartável** Einwegprodukt n; **~ interno bruto** ECON Bruttoinlandsprodukt n; **~ semi-acabado** Halbfabrikat n **produtor** [produ'tor] A ADJ erzeugend; produzierend; Hersteller...; Produktions... B M, **produtora** [produ'tora] F ECON Produzent(in) m(f); (autor) Urheber(in) m(f) **produzir** [produ'zir] ⟨3m⟩ ECON erzeugen; schaffen; hervorrufen (**em** bei); (resultar) zum Ergebnis haben; lucro abwerfen; motivos vorbringen; frutos tragen; **~-se** sich ereignen

proeminência [proemi'nẽsjɐ] F Vorsprung m; Anhöhe f; MED Auswuchs m **proeminente** [proemi'nẽti] vorspringend; erhöht; fig prominent

proeza [pru'eza] F Mut m; Heldentat f

prof. ABR (professor) Lehrer(in) m(f); UNIV Professor(in) m(f)

profanação [profana'sɐ̃ũ] F Entweihung f; Profanierung f **profanar** [profa'nar] ⟨1a⟩ REL entweihen; (rebaixar) herabwürdigen **profano** [pru'fanu] profan

profecia [profi'sia] F Prophezeiung f

proferir [profi'rir] ⟨3c⟩ aussprechen; äußern; sentença sprechen; discurso halten; lei verkünden

professar [profi'sar] ⟨1c⟩ doutrina verkündigen; religião sich bekennen zu; (ensinar) lehren; (praticar) ausüben; (dedicar-se a) sich widmen; (afirmar) bekunden; admiração zollen; amizade schenken **professor(a)** [profi'sor(ɐ)] M(F) Lehrer(in) m(f); UNIV Dozent(in) m(f); Professor(in) m(f); **~ catedrático** Lehrstuhlinhaber m; **~ convidado** Gastprofessor m; **~ do magistério primário** Grundschullehrer m; **~ de liceu** Studienrat m; **~ efe(c)tivo** beamteter Lehrer m; **~ provisório** angestellter Lehrer m

professorado [profiso'radu] M Lehramt n; UNIV Professur f; Hochschullehrer mpl **professoral** [profisu'rat] Lehramts...; Professoren... **professorando** [profisu'rɐ̃du] M, **-a** F Lehramtskandidat(in) m(f)

profeta [pru'fɛta] M Prophet m **profético** [pru'fɛtiku] prophetisch **profetisa** [profi'tiza] F Prophetin f **profetizar** [profiti'zar] ⟨1a⟩ prophezeien

proficiência [profi'sjẽsjɐ] F geralm Tüchtigkeit f; espec (Sach)Kompetenz f **proficiente** [profi'sjẽti] tüchtig; kompetent

proficuidade [profikwi'dadi] F Nutzen m **profícuo** [pru'fikwu] nützlich

profilá(c)tico [profi'łatiku] vorbeugend; prophylaktisch **profilaxia** [profiła'ksia] F Prophylaxe f

profissão [profi'sɐ̃ũ] F Beruf m; (fé) Bekenntnis n; fig Berufung f; **~ liberal** freier Beruf m **profissional** [profisju'nat] A ADJ beruflich; professionell; Berufs...; COM Gewerbe...; **ensino ~** m Berufsschulbildung f; **escola** f **~** Berufsschule f; **orientador(a)** m(f) **~** Berufsberater(in) m(f) B MF Fachmann m, -frau f; fam Profi m; **~ liberal** Freiberufler(in) m(f) **profissionalismo** [profisjuna'łiʒmu] M Professionalität f **profissionalizar** [profisjunałi'zar] ⟨1a⟩ professionalisieren

prófugo ['prɔfugu] flüchtig; unstet

profundeza [profũ'deza] F, **profundidade** [profũdi'dadi] F Tiefe f; fig Größe f; **a dois metros de ~** in zwei Meter Tiefe **profundo** [pru'fũdu] tief (tb fig); pensamento etc tiefgründig; ódio abgrundtief

profusão [profu'zɐ̃ũ] F Verschwendung f; Überfluss m **profuso** [pru'fuzu] verschwenderisch; reichlich

progénie (*ê) [pru'ʒeni] F Geschlecht n; (origem) Abstammung f **progenitor** [pruʒini'tor] M (Stamm)Vater m; fig Schöpfer m; **~es** pl Vorfahren mpl

prognose [prɔ'gnɔzi] F MED Prognose f **prognosticar** [prɔgnuʃti'kar] ⟨1n⟩ A VT vorhersagen; prognostizieren B VI ei-

ne Prognose stellen prognóstico [prɔɡ'nɔʃtiku] M Vorhersage f; Prognose f; (sinal) Anzeichen n

programa [pru'ɡrɐmɐ] M Programm n; de estudos: Lehrplan m; TV Sendung f; ~ **antivírus** INFORM Antivirenprogramm n; **~ de aplicação** INFORM Anwenderprogramm n; **~ delicado** Schongang m; **~ de domínio público** INFORM Public-Domain-Programm n; **~ de entretenimento** TV Unterhaltungssendung f **programação** [pruɡrɐmɐ'sɐ̃ũ] F Programmierung f; TV Programmvorschau f **programador(a)** [pruɡrɐmɐ'dor(ɐ)] M(F) Programmierer(in) m(f) **programar** [pruɡrɐ'mar] ⟨1a⟩ planen; INFORM programmieren; **estar programado** TV auf dem Programm stehen; INFORM programmiert sein **programático** [pruɡrɐ'matiku] programmatisch

progredir [pruɡri'dir] ⟨3d⟩ fortschreiten; (continuar) weitergehen **progressão** [pruɡri'sɐ̃ũ] F Progression f; Fortschreiten n; Fortgang m **progressista** [pruɡri'siʃtɐ] A ADJ fortschrittlich B M/F fortschrittlicher Mensch m **progressivo** [pruɡri'sivu] fortschreitend; progressiv **progresso** [pru'ɡresu] M Fortschritt m

proibição [pruibi'sɐ̃ũ] F Verbot n **proibido** [prui'bidu] verboten **proibir** [prui'bir] ⟨3s⟩ verbieten (**alg de** inf) j-m zu inf) **proibitivo** [pruibi'tivu], **proibitório** [pruibi'tɔrju] Verbots...; preço unerschwinglich; COM prohibitiv

proje(c)ção [pruʒɛ'sɐ̃ũ] F Wurf m; espec Projektion f; ARQUIT perspektivischer Entwurf m; fig Bedeutung f; (efeito) Wirkung f; **~ vertical** Aufriss m **proje(c)cionista** [pruʒɛsju'niʃtɐ] M/F Filmvorführer(in) m(f) **proje(c)tar** [pruʒɛ'tar] ⟨1a⟩ schleudern; sombra werfen; PSICOL, FOTO projizieren; fig planen; **~-se** sich erstrecken; (delinear-se) sich abzeichnen; sombra fallen

proje(c)til [pruʒɛ'tiɫ] M Geschoss n; Projektil n; **chuva f de -eis** Geschosshagel m; **~ oblíquo** Querschläger m

proje(c)tista [pruʒɛ'tiʃtɐ] M/F Planer(in) m(f) **proje(c)to** [pru'ʒɛtu] M Projekt n; **~ de lei** Gesetzentwurf m **proje(c)tor** [pruʒɛ'tor] M (holofote) Scheinwerfer m; CINE Projektor m **proje(c)t-piloto** [pruʒɛtupi'lotu] M ⟨projectos-pilotos⟩ Pi-

lotprojekt n

prol [prɔɫ] M **de ~** herausragend; **em ~ de** zugunsten (gen ou von); für

prolapso [pru'ɫapsu] M MED Vorfall m

prole ['prɔɫi] F Nachkommenschaft f

proletariado [pruɫitɐ'rjadu] M Proletariat n **proletário** [pruɫi'tarju] A ADJ proletarisch B M Proletarier m

proliferação [pruɫifirɐ'sɐ̃ũ] F Vermehrung f; Verbreitung f **proliferar** [pruɫifi'rar] ⟨1c⟩ sich vermehren; planta wuchern **prolificação** [pruɫifikɐ'sɐ̃ũ] F Vermehrung f; BOT Durchwachsung f **prolificar** [pruɫifi'kar] ⟨1n⟩ → **proliferar**

prolífico [pru'ɫifiku] fruchtbar; família reich an Nachkommen

prolixo [pru'ɫiksu] weitschweifig; (monótono) langatmig; (minucioso) umständlich

prólogo ['prɔɫuɡu] M Prolog m

prolonga [pru'ɫõɡɐ] F Verzögerung f; (adiamento) Aufschub m **prolongação** [pruɫõɡɐ'sɐ̃ũ] F, **prolongamento** [pruɫõɡɐ'mẽtu] M (adiamento) Verlängerung f; (demora) Verzögerung f **prolongado** [pruɫõ'ɡadu] lang (anhaltend); **fim-de-semana** m **~ langes** Wochenende n **prolongar** [pruɫõ'ɡar] ⟨1o⟩ verlängern; (aus)dehnen; **~-se** sich hinziehen; dauern

promessa [pru'mɛsɐ] F Versprechen n; (juramento) Gelübde n; REL Verheißung f; **faltar à ~** sein Versprechen nicht (ein)halten; **fazer ~** ein Versprechen geben; (jurar) ein Gelübde ablegen

prometedor [prumiti'dor] viel versprechend; aussichtsreich **prometer** [prumi'ter] ⟨2c⟩ A V/T versprechen; REL geloben; verheißen B V/I **~ muito/pouco** gut/schlecht stehen; **~-se a/c** (sich dat) etw erwarten (**de von**) **prometido** [prumi'tidu] A ADJ verlobt; versprochen B M, **-a** F Verlobte(r) m/f(m) **prometimento** [prumiti'mẽtu] M Versprechen n, Zusage f

promiscuidade [prumiʃkwi'dadi] F (confusão) Durcheinander n, Mischung f; sexual: Promiskuität f; (convivência) Zusammenleben n, -wohnen n; **em ~ com** zusammen mit **promiscuir-se** [prumiʃ'kwirsi] ⟨3i⟩ sich vermischen; sich einmischen **promíscuo** [pru'miʃkwu] gemischt; undeutlich; comportamento sexual promiskuitiv

promissão [prumi'sɐ̃ũ] F Verheißung f; **Terra** f **da Promissão** das Gelobte Land
promissor [prumi'sor] verheißungsvoll; tb → prometedor **promissória** [prumi'sɔrjɐ] F Schuldverschreibung f **promissório** [prumi'sɔrju] Schuld...
promoção [prumu'sɐ̃ũ] F 1 a um cargo: Beförderung f; DIR Antrag m 2 COM Werbung f; Promotion f; (oferta) Sonderangebot n; (acontecimento) Veranstaltung f **promocional** [prumusju'naɫ] förderlich; COM werbewirksam; **campanha** f ~ Werbekampagne f
promontório [prumõ'tɔrju] M Vorgebirge n
promotor [prumu'tor] M Förderer m; (autor) Urheber m; DIR Anklagevertreter m; ~ **público** bras Staatsanwalt m **promover** [prumu'ver] ⟨2d⟩ (apoiar) fördern; acontecimento veranstalten; festa veranstalten; funcionário befördern (a zu); DIR beantragen
promulgação [prumuɫgɐ'sɐ̃ũ] F Bekanntgabe f **promulgar** [prumuɫ'gar] ⟨1o⟩ lei erlassen; (anunciar) bekannt geben
pronome [pru'nɔmi] M GRAM Pronomen f, Fürwort n
prontamente [prõtɐ'mẽti] ADV bereitwillig; (sem demora) unverzüglich **prontidão** [prõti'dɐ̃ũ] F Schnelligkeit f; Bereitschaft f; **estar de** ~ **stehen** zur Verfügung stehen **prontificar** [prõtifi'kar] ⟨1n⟩ fertig machen; ~**se** a bereit sein zu **pronto** ['prõtu] ADV temporal: rasch; (imediato) sofortig; umgehend; (solícito) bereitwillig, eifrig; fam fix; (desembaraçado) schlagfertig; (disposto) bereit; **a** ~ gegen bar; **de** (ou **num**) ~ im Nu; **a habitar** bezugsfertig **pronto-a-comer** [prõtwaku'mer] M ⟨pl prontos-a-comer⟩ port Schnellimbiss m **pronto-a-vestir** [prõtwɐvʃ'tir] M ⟨pl prontos-a-vestir⟩ 1 Konfektion f 2 loja: Bekleidungsgeschäft n **pronto-socorro** [prõtusu'koʁu] M ⟨pl prontos-socorros [-'kɔ-]⟩ Erste Hilfe f; port Rettungswagen m; instituição: Notaufnahme f; Notfallambulanz f; port AUTO Abschleppdienst m
prontuário [prõ'twarju] M Handbuch n; bras Krankenakte f; DIR Strafregister n (e-r Person)
pronúncia [pru'nũsjɐ] F LING Aussprache f; DIR Anklage(erhebung) f; **não** ~ Aufhebung f der Anklage
pronunciação [prunũsjɐ'sɐ̃ũ] F Aussprache f **pronunciado** [prunũ'sjadu] ausgeprägt; DIR unter Anklage stehend **pronunciamento** [prunũsjɐ'mẽtu] M Aufstand m **pronunciar** [prunũ'sjar] ⟨1g⟩ aussprechen; hervorheben; discurso halten; sentença sprechen; DIR unter Anklage stellen; ~**se** sich äußern (**sobre** zu); putschen (**contra** gegen)
propagação [prupɐgɐ'sɐ̃ũ] F Verbreitung f; BIOL Fortpflanzung f **propagador** [prupɐgɐ'dor] A ADJ ~ **de** verbreitend B M Verbreiter m; (anunciador) Verkünder m **propaganda** [prupɐ'gãdɐ] F Propaganda f; Werbung f (**a** für) **propagandear** [prupɐgɐ̃'djar] ⟨1l⟩ Propaganda machen für; werben für; propagieren **propagandista** [prupɐgɐ̃'diʃtɐ] M/F Propagandist(in) m(f); profissão Werbefachmann m, -frau f **propagandístico** [prupɐgɐ̃'diʃtiku] propagandistisch **propagar** [prupɐ'gar] ⟨1o; Stv 1b⟩ BIOL fortpflanzen; verbreiten; ~**se** um sich greifen; luz, som sich ausbreiten
propalar [prupɐ'ɫar] ⟨1b⟩ verbreiten
propano [pru'pɐnu] M Propan n
propedêutico [prɔpi'dewtiku] A ADJ vorbereitend B M Propädeutikum n, Vorbereitungsjahr n
propelente [prupi'ɫẽti] M Treibmittel n, -stoff m
propender [prupẽ'der] ⟨2a⟩ geneigt sein; neigen (**a** zu) **propensão** [prupẽ'sɐ̃ũ] F Neigung f; Hang m **propenso** [pru'pẽsu] geneigt; **ser** ~ **a** neigen zu
propiciar [prupi'sjar] ⟨1g⟩ geben, schenken **propício** [pru'pisju] günstig; (benévolo) gnädig
propina [pru'pinɐ] F UNIV (Aufnahme-, Studien)Gebühr f; escola: Schulgeld n; (gorjeta) Trinkgeld n
propínquo [pru'pĩkwu] A ADJ nahe B M ~**s** PL Verwandte(n) pl
proponente [prupu'nẽti] M/F Antragsteller(in) m(f) **propor** [pru'por] ⟨2z⟩ vorschlagen; beantragen; tarefa stellen; candidatos aufstellen; ~**se a/c** sich (dat) etw vornehmen; ~**se a** sich anbieten zu
proporção [prupur'sɐ̃ũ] F Proportion f; -ões pl Ausmaße npl; **à** ~ proportional;

fig angemessen; **à** (*ou* **em**) **~ de** entsprechend (*dat*); **à ~ que** in dem Maße wie **proporcionado** [prupurʃju'nadu] angemessen; **bem/mal ~** gut/schlecht proportioniert **proporcional** [prupurʃju-'naɫ] verhältnismäßig; proportional **proporcionar** [prupursju'nar] ⟨1f⟩ verschaffen; (*possibilitar*) ermöglichen; (*conceder*) gewähren; **~-se** gelegen kommen; **~-se com** passen zu

proposição [prupuzi'sɐ̃ũ] F Vorschlag *m*; *formal*: Antrag *m*; GRAM Satz *m* **propositado** [prupuzi'tadu] absichtlich

proposta [pru'pɔʃta] F Vorschlag *m*; (*pedido*) Antrag *m*; (*esboço*) Entwurf *m*

propriamente [prɔpriɐ'mẽti] ADV eigentlich; selbst; **~ dito** wirklich

propriedade [pruprie'dadi] F Eigentum *n*; (*terras*) Grundbesitz *m*; (*imóvel*) Grundstück *n*; Anwesen *n*; *fig* Eigenart *f*; (*exactidão*) Genauigkeit *f*; **~ horizontal** Eigentumswohnung *f*; **~ particular** Privatbesitz *m* **proprietário** [pruprie'tarju] M, **-a** F Eigentümer(in) *m(f)*; *de bem imóvel*: Haus-, Grundbesitzer(in) *m(f)*

próprio ['prɔpriu] (ur)eigen; eigentlich; (*adequado*) geeignet (**para** für *ou* zu); **eu ~/nós ~s** ich/wir selbst; **o ~ chefe** der Chef selbst; **amor ~** Eigenliebe *f*; **nome ~** Eigenname *m*; **a palavra -a** das treffende Wort; **ser ~ de** typisch sein für **propulsão** [prupuɫ'sɐ̃ũ] F TECN Antrieb *m*; **~ por jacto** Düsenantrieb *m* **propulsar** [prupuɫ'sar] ⟨1a⟩, **propulsionar** [prupuɫsju'nar] ⟨1f⟩ antreiben **propulsivo** [prupuɫ'sivu] ADJ → propulsor A **propulsor** [prupuɫ'sor] A ADJ treibend; TECN Trieb-... B M Antrieb *m*; Treibsatz *m*

prorrogação [pruʁugɐ'sɐ̃ũ] F Verlängerung *f*; DESP Nachspielzeit *f*; **~ do prazo** Stundung *f*, Aufschub *m* **prorrogar** [pruʁu'gar] ⟨1o; *Stv* 1e⟩ verlängern **prorrogável** [pruʁu'gavɛɫ] verlängerbar

prosa ['prɔza] F Prosa *f*; *fam* Geschwätz *n*; (*verbosidade*) Geschwätzigkeit *f* **prosador** [pruza'dor] M Prosaschriftsteller *m* **prosaico** [pru'zaiku] prosaisch; (*trivial*) alltäglich, nüchtern

prosápia [pru'zapja] F Herkunft *f*; Abstammung *f*; (*orgulho*) Hochmut *m*

proscrever [pruʃkri'ver] ⟨2c; *pp* proscrito⟩ ächten; (*expulsar*) verbannen; ausstoßen **proscrição** [pruʃkri'sɐ̃ũ] F Ächtung *f*

prosear [pro'zjax] ⟨1l⟩ *bras* schwatzen **prosista** [pru'ziʃta] M/F Prosaschriftsteller(in) *m(f)*; *bras* Schwätzer(in) *m(f)*

prospe(c)ção [pruʃpɛ'sɐ̃ũ] F Erkundung *f*; *fig* Einsicht *f* **prospe(c)tar** [pruʃpɛ'tar] ⟨1a⟩ MIN, ECON erkunden **prospe(c)tivo** [pruʃpɛ'tivu] vorausschauend **prospe(c)to** [pruʃ'pɛtu] M Prospekt *m*

prosperar [pruʃpi'rar] ⟨1c⟩ gedeihen, blühen; florieren; Erfolg haben (**em** bei) **prosperidade** [pruʃpiri'dadi] F Gedeihen *n*; ECON Aufschwung *m*; (*riqueza*) Wohlstand *m*; Blüte *f*

próspero ['prɔʃpiru] *situação* günstig; *economia* blühend; (*feliz*) glücklich

prossecução [prusiku'sɐ̃ũ] F Fortsetzung *f*; Fortgang *m*; *de um objectivo*: Verfolgung *f* **prosseguimento** [prusigi-'mẽtu] M *de um objectivo*: Verfolgung *f*; (*continuação*) Fortgang *m* **prosseguir** [prusi'gir] ⟨3o; *Stv* 3c⟩ A V/T *intenção*, *acontecimento* verfolgen; *actividade* fortsetzen B V/I fortfahren (**em** mit); (*manter-se*) verharren

próstata ['prɔʃtata] F ANAT Prostata *f*

prosternar [pruʃter'nar] ⟨1c⟩ niederwerfen; zu Boden werfen; *fig* (*abater*) mitnehmen; **~-se** sich zu Boden werfen; (*curvar-se*) sich beugen

prostíbulo [pruʃ'tibuɫu] M Bordell *n* **prostituição** [pruʃtitwi'sɐ̃ũ] F Prostitution *f* **prostituir** [pruʃti'twir] ⟨3i⟩ prostituieren; *fig* schänden; **~-se** sich prostituieren **prostituta** [pruʃti'tuta] F Prostituierte *f*

prostração [pruʃtra'sɐ̃ũ] F Kniefall *m*; (*abatimento*) Niedergeschlagenheit *f*; MED Schwäche *f* **prostrar** [pruʃ'trar] ⟨1e⟩ *adversário*, *vento* niederwerfen; (*abater*) deprimieren, niederschlagen; MED schwächen; **~-se** niederfallen; **~ aos**

pés de alg j-m zu Füßen fallen
protagonista [prutəgu'niʃtɐ] M/F Protagonist(in) *m(f)*; Hauptdarsteller(in) *m(f)*
protagonizar [prutəguni'zar] ⟨1a⟩ die Hauptrolle spielen
protão [prɔ'tɐ̃ũ] M Proton *n*
prote(c)ção [prutɛ'sɐ̃ũ] F Schutz *m*; Protektion *f*; **~ ambiental** Umweltschutz *m*; **~ climática** Klimaschutz *m*; **~ costeira** Küstenschutz *m*; **~ ao consumidor** Verbraucherschutz *m*; **~ das espécies** Artenschutz *m*; **~ de qualidade** Qualitätssicherung *f* **prote(c)cionismo** [prutɛsju'niʒmu] M Protektionismus *m* **prote(c)cionista** [prutɛsju'niʃtɐ] protektionistisch
prote(c)tor [prutɛ'tor] A ADJ Schutz... B M, **-a** [prutɛ'torɐ] F Beschützer(in) *m(f)*; Schirmherr(in) *m(f)*; Gönner(in) *m(f)* C M **~ de ecrã** (*bras de tela*) INFORM Bildschirmschoner *m*; **~ (solar)** bras Sonnenschutzcreme *f* **prote(c)torado** [prutɛtu'radu] M Schirmherrschaft *f*; POL Protektorat *n*
proteger [pruti'ʒer] ⟨2h; Stv 2c⟩ (be)schützen (**de**, **contra** vor *dat*); (*favorecer*) begünstigen **protegido** [pruti'ʒidu] M, **-a** F Schützling *m*; Günstling *m*
proteico (*é) [prɔ'tɐiku] Protein... **proteína** [prɔtɐ'inɐ] F Protein *n*
protelação [prutɨlɐ'sɐ̃ũ] F Verzögerung *f*; *reunião*: Vertagung *f*; *prazo*: Aufschub *m* **protelar** [prutɨ'lar] ⟨1c⟩ verzögern; *reunião* vertagen; *prazo* aufschieben
prótese ['prɔtɨzɛ] F MED Prothese *f*; **~ dentária** Zahnprothese *f*; *tb* Gebiss *n*; **~ fixa** Implantat *n*; (*coroa*) Krone *f*; (*ponte*) Brücke *f*
protestação [prutɨʃtɐ'sɐ̃ũ] F (*declaração*) Beteuerung *f*; (*reclamação*) Protest *m* **protestante** [prutɨʃ'tɐ̃ti] M/F Protestant(in) *m(f)* **protestantismo** [prutɨʃtɐ̃'tiʒmu] M REL Protestantismus *m* **protestar** [prutɨʃ'tar] ⟨1c⟩ A VT (*afirmar*) beteuern; (*feierlich*) versprechen; *fidelidade* schwören B VI (*contradizer*) widersprechen; protestieren (**contra** gegen, **com** bei) **protesto** [pru'tɛʃtu] M Einspruch *m*, Protest *m*; (*declaração*) Beteuerung *f*
protocolar [prɔtɔku'lar] A ADJ protokollarisch; (*formal*) förmlich B VT ⟨1e⟩ protokollieren **protocolo** [prɔtɔ'kɔlu] M Protokoll *n*
próton ['prɔtɔ̃] M bras → **protão** **protótipo** [prɔ'tɔtipu] M Prototyp *m* **protozoário** [prɔtɔ'zwarju] M BIOL Einzeller *m*
protuberância [prutubi'rɐ̃sjɐ] F ANAT, ASTR Protuberanz *f*; ANAT *tb* Auswuchs *m*, Höcker *m* **protuberante** [prutubi'rɐ̃ti] vorspringend
prova ['prɔvɐ] F ▌ Probe *f*; (*tentativa*) Versuch *m*; *de vestuário*: Anprobe *f*; **~ de amostra** Stichprobe *f*; **~ oral** mündliche Prüfung *f*; *de vinhos*: Verkostung *f*; **pôr à ~** auf die Probe stellen ▐ DIR Beweis *m*; **~ do contrário** DIR Gegenbeweis *m*; **dar ~s de** Zeugnis ablegen von ▐ FOTO Abzug *m*; TIPO Korrekturabzug *m*; **tirar ~s** Abzüge machen ▐ UNIV *etc* Prüfung *f*; DESP Wettkampf *m*; Spiel *n*; **~ de acesso** (*ou* **admissão**) UNIV Aufnahmeprüfung *f*; **~ de repescagem** (*bras recuperação*) UNIV Nachprüfung *f*; **~ eliminatória** DESP Ausscheidungswettkampf *m*; **~ oral** mündliche Prüfung *f*; **prestar ~s** Prüfungen ablegen ▐ **à ~ de** gefeit gegen; gewachsen (*dat*); **à ~ de água/ /de ar** wasserdicht/luftdicht; **à ~ de ruídos** schalldicht; **à ~ de** bewährt; **acima de toda a ~** über jeden Zweifel erhaben
provação [pruvɐ'sɐ̃ũ] F Prüfung *f* **provadamente** [pruvadɐ'mẽti] ADV zweifellos **provado** [pru'vadu] erprobt **provador** [pruvɐ'dor] M *vinhos*: Weinprüfer *m* **provadura** [pruvɐ'durɐ] F Kostprobe *f* **provar** [pru'var] ⟨1e⟩ beweisen (**a** alg j-m); (*examinar*) prüfen; *alimento* kosten; *vestuário* anprobieren **provável** [pru'vavɛł] ADJ wahrscheinlich **provavelmente** [pruvavɛł'mẽti] ADV wahrscheinlich
provecto [pru'vɛktu] fortgeschritten (*tb idade*); *profissional*: eminent
provedor [pruvi'dor] A M Lieferant(in) *m(f)*; INFORM Provider *m* B M, **provedora** [pruvi'dorɐ] F; **~ de Justiça** Ombudsmann *m*, -frau *f*; Bürgerbeauftragte(r) *m/f(m)*
proveito [pru'vɐitu] M Nutzen *m*; **em ~ de** zugunsten (*gen*); **dar ~**, **fazer ~** nützen; gut tun; **tirar ~ de** Nutzen ziehen aus; **bom ~!** guten Appetit! **proveitoso** [pruvɐi'tozu] nützlich; vorteilhaft
proveniência [pruvi'njẽsjɐ] F Herkunft *f*; Ursprung *m*; (*fonte*) Quelle *f* **proveniente** [pruvi'njẽti] herkommend; her-

rührend; ~ **de** (gebürtig) aus
provento [pruˈvẽtu] M Ertrag m; (lucro) Gewinn m; ~**s** pl Honorar n
prover [pruˈver] ⟨2m; pp provido⟩ A V/T (vor)sorgen für; versorgen (**de** mit) B V/I ~ **a** sorgen für; abhelfen (dat); ~**-se de** (ou **com**) sich ausrüsten mit
proverbial [pruvirˈbjał] sprichwörtlich
provérbio [pruˈvɛrbju] M Sprichwort n
proveta [pruˈveta] F Reagenzglas n; Retorte f; **bebé** m ~, bras **bebê** m ~ Retortenbaby n
providência [pruviˈdẽsja] F Vorkehrung f; (Vorsichts)Maßnahme f; REL Vorsehung f; fig glückliche Fügung f; **dar** (ou **tomar**) ~**s** Vorkehrungen treffen **providencial** [pruviděˈsjał] REL von der Vorsehung gesandt; glücklich **providenciar** [pruviděˈsjar] ⟨1g e 1h⟩ Vorkehrungen treffen für; bras tb besorgen **providente** [pruviˈdẽti] vorsorglich; umsichtig
provimento [pruviˈmẽtu] M Versorgung f; (equipamento) Ausrüstung f; (pedido) Antrag m; (nomeação) Ernennung f; **dar** ~ **a** DIR stattgeben
província [pruˈvĩsja] F Provinz f (tb pej); Landschaft f; fig Gebiet n
provincial [pruvĩˈsjał] provinziell **provincialismo** [pruvĩsjaˈłiʒmu] M, **provincianismo** [pruvĩsjaˈniʒmu] M costume: Brauch m aus der Provinz; LING Mundartausdruck m; mentalidade: Provinzialität f **provinciano** [pruvĩˈsjanu] A ADJ provinzlerisch B M Provinzler m
provindo [pruˈvĩdu] PP irr → provir; **ser** ~ **de** herkommen aus, abstammen von
provir [pruˈvir] ⟨3wa⟩ herkommen; abstammen; (resultar) herrühren
provisão [pruviˈzɐ̃ũ] F Vorrat m; (abastecimento) Versorgung f; POL Verfügung f; COM Provision f; FIN Deckung f; **sem** ~ ungedeckt; ~**ões** pl Proviant m
provisional [pruvizjuˈnał] einstweilig
provisório [pruviˈzɔrju] vorläufig; provisorisch
provocação [pruvukaˈsɐ̃ũ] F Provokation f **provocador** [pruvukaˈdor] A ADJ anstiftend; provokatorisch; mulher aufreizend B M, **provoca** [pruvukaˈdɔra] F Provokateur(in) m(f) **provocante** [pruvuˈkɐ̃ti] reizend, provozierend **provocar** [pruvuˈkar] ⟨1n; Stv 1e⟩ provozieren, verursachen; adversário herausfordern; (causar) verursachen; distúrbio erregen **provocativo** [pruvukaˈtivu], **provocatório** [pruvukaˈtɔrju] → provocante

próx. ABR (próximo) nächste
proxeneta [prɔʃiˈneta] M Zuhälter m **proxenetismo** [prɔʃineˈtiʒmu] M Zuhälterei f
proximamente [prɔsimaˈmẽti] ADV bald, in Kürze **proximidade** [prɔsimiˈdadi] F Nähe f; (parentesco) nahe Verwandtschaft f; ~**s** pl Nachbarschaft f; (região) Umgebung f
próximo [ˈprɔsimu] A ADJ 1 lugar nahe gelegen 2 temporal: nah; nächste; **na** ~ **a semana** in der nächsten Woche B PREP ~ **de**, ~ **a** nahe (dat) C M Nächster m, Mitmensch m
prudência [pruˈdẽsja] F (Lebens)Klugheit f, Vorsicht f **prudente** [pruˈdẽti] klug; bedächtig
prumada [pruˈmada] F Lotrechte f **prumagem** [pruˈmaʒɐ̃ĩ] F Lotung f **prumo** [ˈprumu] M Lot n; fig Klugheit f; (atitude) Haltung f; **a** ~ lot-, senkrecht
prurido [pruˈridu] M Juckreiz m; fig Kitzel m **prurir** [pruˈrir] ⟨3a⟩ jucken
prussiano [pruˈsjanu] A ADJ preußisch B M, -**a** F Preuße m, Preußin f
PSD [peesiˈde] ABR (Partido Social Democrata) port sozialdemokratische Partei
pseudo... [pseudɔ-] EM COMP Pseudo...
pseudónimo (*ô) [pseuˈdɔnimu] A ADJ pseudonym B M Pseudonym n
PSI 20® [psiˈviti] ABR (Portuguese Stock Index) port Aktienindex; BRD: ≈ DAX® m (Deutscher Aktienindex)

psicadélico [psikaˈdɛłiku] psychedelisch **psicanálise** [psikaˈnałizi] F Psychoanalyse f **psicanalista** [psikanaˈłiʃta] M/F Psychoanalytiker(in) m(f)
psico... [psikɔ, psiku-] EM COMP Psycho...
psicofármaco [psikoˈfarmɐku] M Psychopharmakon n **psicograma** [psikɔˈgrama] M Psychogramm n **psicologia** [psikułuˈʒia] F Psychologie f **psicológico** [psikuˈłɔʒiku] psychologisch; seelisch **psicólogo** [psiˈkɔługu] M, -**a** F Psychologe m, Psychologin f **psicopata** [psikɔˈpata] M/F Psychopath(in) m(f) **psicopatia** [psikɔpaˈtia] F Geisteskrankheit f **psicopático** [psikɔˈpatiku] psychopathisch **psicose** [psiˈkɔzi] F Psychose f **psicossomático** [psikɔsɔˈmatiku] psychosoma-

tisch **psicoterapia** [psikɔtirɐˈpiɐ] F̄ Psychotherapie f
psiquiatra [psiˈkjatrɐ] M̄/F̄ Psychiater(in) m(f) **psiquiatria** [psikjɐˈtriɐ] F̄ Psychiatrie f **psiquiátrico** [psiˈkjatriku] psychiatrisch
psíquico [ˈpsikiku] psychisch
psiu [psiu] ĪNT ~! pst!
psoríase [psuˈriazɨ] F̄ MED Psoriasis f
PSP [peɛsiˈpe] F̄ ABR (Polícia de Segurança Pública) port (Ordnungs)Polizei F̄
PT [peˈte] F̄ ABR (Portugal Telecom) port Telekom f
pua [ˈpuɐ] F̄ Stachel m; pente: (Kamm)Zacke f; TECN Bohrer m; **arco m de ~** Drillbohrer m
pube [ˈpubi] M̄ ANAT Schambein n **puberdade** [pubɨrˈdadɨ] F̄ Pubertät f **púbere** [ˈpubiri] pubertär
púbis [ˈpubiʃ] M̄ ⟨pl inv⟩ → pube
publicação [publikɐˈsɐ̃u] F̄ Veröffentlichung f, Publikation f
pública-forma [publikɐˈfɔrmɐ] F̄ ⟨pl públicas-formas⟩ beglaubigte Abschrift f
publicar [publiˈkar] ⟨1n⟩ bekannt machen; veröffentlichen **publicidade** [publisiˈdadɨ] F̄ (público) Öffentlichkeit f; COM Reklame f, Werbung f; Publicity f; **dar ~ a** Reklame machen für; **ter larga ~** groß angekündigt werden **publicismo** [publiˈsiʒmu] M̄ Publizistik f **publicista** [publiˈsiʃtɐ] M̄/F̄ Publizist(in) m(f) **publicitário** [publisiˈtarju] A ADJ Werbe...; werbewirksam B M̄, **-a** F̄ Werbefachmann m, -frau f
público [ˈpubliku] A ADJ publik; conhecimento, domínio offenkundig; jardim, opinião öffentlich; escola staatlich; interesse allgemein; **pôr em ~, tornar ~, trazer a ~** öffentlich machen; **tornar-se ~** bekannt werden B M̄ Publikum n; rádio: Zuhörer mpl; TV, TEAT Zuschauer mpl; **o grande ~** die Öffentlichkeit; **em ~** öffentlich
púcaro [ˈpukɐru] M̄ (Ton)Krug m
pude [ˈpudi] → poder
pudendo [puˈdẽdu] Scham...; schamhaft
pudente [puˈdẽti] → pudico
pudera [puˈdɛrɐ] A → poder B ĪNT ~! kein Wunder!; (claro) und ob!
pudibundo [pudiˈbũdu] schamhaft; verschämt **pudicícia** [pudiˈsisjɐ] F̄ Schamhaftigkeit f **pudico** [puˈdiku] schamhaft

pudim [puˈdĩ] M̄ Pudding m; **~ flã** Pudding m mit Karamell(soße
pudor [puˈdor] M̄ Scham f, Schamgefühl n; **atentado m ao ~** Sittlichkeitsverbrechen n; **sem ~** schamlos
puerícia [pweˈrisjɐ] F̄ Kindesalter n; Kindheit f **puericultora** [pwerikuˈtorɐ] F̄ port Erzieherin f **puericultura** [pwerikuˈturɐ] F̄ Kindererziehung f **pueril** [pweˈril] kindlich **puerilidade** [pwerɨliˈdadɨ] F̄ Kinderei f
puerperal [pwɛrpiˈral] ADJ **depressão F̄ ~** postnatale Depression f; **febre f ~** MED Kindbettfieber m **puerpério** [pwɛrˈpɛrjul] M̄ Wochenbett n
puf [puf] ĪNT ~! uff!
pugilato [puʒiˈlatu] M̄ Faustkampf m **pugilismo** [puʒiˈliʒmu] M̄ Boxsport m, Boxen n **pugilista** [puʒiˈliʃtɐ] M̄/F̄ Boxer(in) m(f)
pugna [ˈpugnɐ] F̄ Kampf m **pugnar** [puˈgnar] ⟨1a⟩ kämpfen; (brigar) streiten
puideira [pwiˈdɐirɐ] F̄ Schleifmittel n **puído** [ˈpwidu] vestuário fadenscheinig, abgewetzt **puir** [pwir] ⟨3i⟩ abschleifen; polieren; fig abnutzen
pujança [puˈʒɐ̃sɐ] F̄ Macht(fülle) f; (força) (strotzende) Kraft f; Mächtigkeit f **pujante** [puˈʒɐ̃ti] mächtig; gewaltig **pujar** [puˈʒar] ⟨1a⟩ sich anstrengen
pular [puˈlar] ⟨1a⟩ hüpfen, (hoch)springen
pulga [ˈpulgɐ] F̄ Floh m; Sandfloh m; **a um salto de ~** e-n Sprung von hier; **num salto de ~** im Nu; **mercado m de ~s** bras Flohmarkt m **pulgão** [pulˈgɐ̃u] M̄ (Blatt)Laus f
pulha [ˈpuʎɐ] A ADJ schäbig; (desmazelado) verlottert B F̄ Witz m; derber Streich m; (anedota) Zote f C M̄/F̄ Lump m **pulhice** [puˈʎisɨ] F̄ Lumperei f; (infâmia) Niederträchtigkeit f
pulmão [pulˈmɐ̃u] M̄ Lunge f; Lungenflügel m; **~ de aço** MED eiserne Lunge f; **-ões** pl Lunge f **pulmonar** [pulmuˈnar] Lungen...
pulo [ˈpulu] M̄ Sprung m; Satz m; **aos ~s** hüpfend, springend; **de um ~, num ~** mit e-m Satz; **dar ~s** → pular
pulôver [puˈlovɛr] M̄ Pullover m
púlpito [ˈpulpitu] M̄ Kanzel f
pulsação [pulsaˈsɐ̃u] F̄ Pulsschlag m; FÍS Schwingung f **pulsão** [pulˈsɐ̃u] F̄ (An)-

PUTR

Trieb *m*; **~ sexual** Sexualtrieb *m* **pulsar** [pul'sar] ⟨1a⟩ **A** *VIT* (vor)antreiben; MÚS *cordas* schlagen **B** *VII* pulsieren; wogen; *coração* schlagen **pulsear** [pul'sjar] ⟨1l⟩ den Arm drücken **pulseira** [pul'sajrɐ] *F* Armband *n* **pulsional** [pulsju'nał] Trieb...

pulso ['pułsu] *M* MED Puls *m*; Handgelenk *n*; *fig* Kraft *f*; **tomar o ~ a alg** j-m den Puls fühlen; **~ livre** *fig* freie Hand *f*; **a ~** mit Gewalt; **de ~** *fig* stark

pululância [pulu'łɐ̃sjɐ] *F* Üppigkeit *f* **pulular** [pułu'łar] ⟨1a⟩ *plantas* wuchern; *animais*: wimmeln (**de** vor)

puré (*ê) [pu'rɛ] *M* Püree *n*, Brei *m*; **~ de batata** Kartoffelbrei *m*; **~ de legumes** pürierte Gemüsesuppe *f*

pureza [pu'rezɐ] *F* Reinheit *f*; Makellosigkeit *f*; (*inocência*) Unschuld *f*

purga ['purgɐ] *F*, **purgante** [pur'gɐ̃ti] *M* Abführmittel *n*; TECN *de óleo etc*: Ablassen *n* **purgar** [pur'gar] ⟨1o; *Stv* 1b⟩ abführen; TECN ablassen; entlüften **purgatório** [purgɐ'tɔrju] *M* REL Fegefeuer *n*

purificar [purifi'kar] ⟨1n⟩ reinigen, läutern (*tb fig*); klären

purismo [pu'riʒmu] *M* Purismus *m* **purista** [pu'riʃtɐ] **A** *ADJ* puristisch **B** *M/F* Purist(in) *m(f)*

puro ['puru] rein; (*inadulterado*) unverfälscht; (*simples*) bloß, einfach; *fam* sang- und klanglos; **-a mentira** glatte Lüge **puro-sangue** [puru'sɐ̃gi] *M* ⟨*pl* puros-sangues⟩ *espec cavalo*: Vollblut *n*

púrpura ['purpurɐ] *F* Purpur *m* **purpúreo** [pur'purju] purpurn

purulento [puru'tɛ̃tu] eitrig

pus¹ [puʃ] *M* Eiter *m*

pus² [puʃ] → pôr

pusilânime [puzi'łɐnimi] kleinmütig; (*cobarde*) feige **pusilanimidade** [puziłɐnimi'dadi] *F* Kleinmut *m*; (*medo*) Ängstlichkeit *f*

pústula ['puʃtułɐ] *F* MED Pustel *f* **pustulento** [puʃtu'tɛ̃tu], **pustuloso** [puʃtu'łozu] voller Pusteln; pustulös; *erupção f* **-a** Pustelausschlag *m*

puta ['putɐ] *F pop* Nutte *f*

putativo [putɐ'tivu] angeblich

puto [putu] *M port fam* Knirps *m*, (kleiner) Junge *m*; *bras* Schwuler *m*; **~ de** überhaupt kein(e)

putrefa(c)ção [putrifɐ'sɐ̃ũ] *F* Verwesung *f*; Fäulnis *f* **putrefacto** [putri'faktu],

---

ca etc: Griff *m*; TECN Manschette *f*; **~ de comando** *port* Steuerknüppel *m*, Joystick *m*

punibilidade [punibili'dadi] *F* Strafbarkeit *f*

punição [puni'sɐ̃ũ] *F* Bestrafung *f* **punir** [pu'nir] ⟨3a⟩ (be)strafen **punível** [pu'nivɛł] strafbar

pupila [pu'pitɐ] *F* Zögling *m*; ANAT Pupille *f* **pupilo** [pu'pitu] *M* Mündel *n*

pura ['purɐ] *ADV* **~ e simplesmente** schlicht und ergreifend (*ou* einfach) **puramente** [purɐ'mẽti] *ADV* nur, bloß

P

bras **putrefato** [putre'fatu] *corpo* verwest; *fruta* verfault; *alimentos* verdorben
putrefazer [putrifa'zer] ⟨2v⟩ verderben (*tb fig*); **~-se** (ver)faulen
putrescência [putrif'sẽsja] F̅ Verwesungszustand *m* **putrescente** [putrif-'sẽti] verwesend **putrescível** [putrif'si-vɛɫ] faulend
pútrido ['putridu] verfault; faulig
puxa ['puʃɐ] INT *bras* **~**! wow!
puxada [pu'ʃada] F̅ 1 angespielte Karte *f*; **fazer uma ~** anspielen 2 *fig* Ruck *m*; *bras no cigarro*: Zug *m* 3 *bras* ARQUIT Anbau *m* 4 *bras* lange Reise *f* **puxadeira** [puʃa'dajrɐ] F̅ Griff *m*, Henkel *m* **puxadinho** [puʃa'diɲu] A ADJ geschniegelt; *vestuário etc*: ziemlich teuer B M̅ Modenarr *m* **puxado** [pu'ʃadu] A ADJ *fam* geschniegelt; erstklassig; *bebida* gehaltvoll; GASTR zu konzentriert; *preço* überteuert; *exame* schwer; *trabalho* mühevoll; **três horas** *fpl* **bem -as** drei gute Stunden *fpl* B M̅ *bras* ARQUIT Anbau *m* **puxador** [puʃa'dor] M̅ *porta* (Tür)Drücker *m*; *gaveta* Griff *m*; Knebel *m* **puxão** [pu'ʃɐ̃ŋ] M̅ Zug *m*, Ruck *m*; **-ões** *pl* Gezerre *n*; **dar um ~** ziehen, zerren (**a** an *dat*) **puxar** [pu'ʃar] ⟨1a⟩ A VT ziehen; zerren; *penas, cabelo* zupfen; *(arrancar)* (heraus-, ent)reißen; *fio* spannen; *pancada* versetzen; *carta* ausspielen; *fig* nach sich ziehen; (mit sich) bringen; *(obrigar)* zwingen zu; *(incitar)* ansporren; *(insistir)* drängen; **~ o lustre**, **~ o brilho** polieren B V̅i *planta* ausschlagen, austreiben; *(crescer)* wachsen; *fam* drücken; *fam* sich herausputzen; **~ para** neigen zu; **~ a alg** j-m ähneln, j-m wie aus dem Gesicht geschnitten sein; **~ por** (*ou* **de**) ziehen (*ou* zerren) an (*dat*); greifen nach; *bolso*: greifen; alles herausholen aus; **~ alg** j-n ansporren; j-m zusetzen; **~ por si**, *fam* **~ por quantas tem** *port* sich mächtig ins Zeug legen; **~ pela cabeça** angestrengt nachdenken; **~ pela língua de alg** j-m Informationen entlocken
p.v. ABR (*preço variável*) variabler Preis *m*

Q, q [ke] M̅ Q, q *n*
q.b. ABR (*quanto baste*) *ingredientes* genügend; nach Belieben
QI [ke'i] M̅ ABR (*quociente de inteligência*) IQ *m* (Intelligenzquotient)
quadra ['kwadrɐ] F̅ 1 Raum *m*; (*quarto*) Zimmer *n* 2 (*época*) Jahreszeit *f* 3 (*fila*) Viererreihe *f*; LIT Vierzeiler *m*; *jogo*: Viererpasch *m* 4 *bras* Häuserblock *m* 5 *bras* DESP Spielfeld *n*, Platz *m*; **~ de tênis** Tennisplatz *m*
quadradinho [kwadra'diɲu] M̅ kleines Quadrat *n*; **história** *f* **aos ~s** *port* Comic *m* **quadrado** [kwa'dradu] A ADJ quadratisch; viereckig; *fig* vierschrötig B M̅ MAT Quadrat *m*, Quadratzahl *f*; ARQUIT Karree *n*; **aos ~s** kariert
quadragésimo [kwadra'ʒɛzimu] NUM vierzigste
quadrangulado [kwadrɐ̃gu'ɫadu], **quadrangular** [kwadrɐ̃gu'ɫar] viereckig **quadrângulo** [kwa'drɐ̃gulu] M̅ Viereck *n*
quadrante [kwa'drɐ̃ti] M̅ Quadrant *m*; (*mostrador*) Zifferblatt *n* **quadrar** [kwa'drar] ⟨1b⟩ A V̅T MAT zum Quadrat erheben, quadrieren B V̅i passen (**a**, **com** zu); (*condizer*) übereinstimmen **quadrático** [kwa'dratiku] quadratisch **quadratura** [kwadra'turɐ] F̅ Quadratur *f*
quadrícula [kwa'drikuɫa] F̅ Kästchen *n* **quadriculado** [kwadriku'ɫadu] kariert
quadrienal [kwadrie'naɫ] vierjährig
quadril [kwa'driɫ] M̅ *animal* Hüfte *f*
quadrilátero [kwadri'ɫatiru] A ADJ vierseitig B M̅ Viereck *n* **quadrilha** [kwa'driʎa] F̅ MÚS Quadrille *f*; *de ladrões*: (Diebes)Bande *f*; *bras tb* (Hunde)Meute *f*
quadrilongo [kwadri'ɫõgu] rechteckig
quadrimestre [kwadri'mɛʃtri] M̅ vier Monate *mpl* **quadrimotor** [kwadrimu-'tor] viermotorig **quadringentésimo** [kwadrĩʒẽ'tɛzimu] vierhundertste
quadrinhos [kwa'driɲuʃ] MPL *bras* Comic *m*, Bildergeschichte *f*; **revista** *f* **em ~** Comicheft *n*

quadripartido [kwɐdripɐrˈtidu] POL Vierparteien... **quadrissílabo** [kwɐdriˈsitɐbu] viersilbig

quadro [ˈkwadru] M **1** ARTE Gemälde n **2** (sinopse) Übersicht f; (lista) Aufstellung f; ELECT Schalttafel f; **~ de afixação**, (bras **de avisos**) Anschlagtafel f; **~ de parede** Wandtafel f; **~ sinóptico** Übersicht(-stabelle) f; **~ preto**, bras **~-negro** (Schul)Tafel f **3** (funcionários, empregados: Belegschaft f; DESP Kader m; **~s** pl Führungskräfte fpl; **do ~** planmäßig; **pessoal m do ~** Stammpersonal n **4** bicicleta: (Fahrrad)Rahmen m

quadrúpede [kwɐˈdrupidɨ] A ADJ vierfüßig B M ZOOL Vierfüß(l)er m **quadruplicar** [kwɐdrupliˈkar] ⟨1n⟩ vervierfachen **quádruplo** [ˈkwadruplu] vierfach

quaisquer [kwajʃˈkɛr] PRON → qualquer

qual [kwal] A PRON **1** interrogativo welche(r, -s) **2** relativo: **o ~**, **a ~**, **os quais**, **as quais** welche(r, s); **do ~**, **da ~**, **dos quais**, **das quais** dessen, deren B CJ wie (ein, eine); so wie; **tal e ~** ganz genau so C INT **~!** recusa: was?!; surpresa: na, so was!

qualidade [kwaliˈdadɨ] F Eigenschaft f; (grau) Qualität f; (valor) Wert m; (ordem) Rang m; **de primeira ~** erstklassig; **~ de vida** Lebensqualität f; **~ carta** INFORM Briefqualität f; **~ rascunho** INFORM Entwurfsqualität f; **na ~ de** als

qualificação [kwalifikɐˈsɐ̃u] F (avaliação) Einschätzung f; (idoneidade) Eignung f, Qualifikation f; Kennzeichnung f **qualificado** [kwalifiˈkadu] qualifiziert; (experiente) erprobt; (idóneo) geeignet **qualificar** [kwalifiˈkar] ⟨1n⟩ bezeichnen (de als); qualifizieren; (identificar) näher bestimmen; **~ de** nennen **qualificativo** [kwalifikɐˈtivu] bezeichnend; qualifizierend **qualificável** [kwalifiˈkavɛɫ] qualifizierbar

qualitativo [kwalitɐˈtivu] qualitativ

qualquer [kwalˈkɛr] PRON (PL **quaisquer**) irgendein; jede(r, s); após negação: kein (-erlei); **em (ou a) ~ altura** irgendwann; **em (de; a, para) ~ parte** irgendwo(her; -hin); **~ pessoa** irgendwer; **~ coisa**, **uma coisa ~** irgendetwas; **~ dia** eines Tages

quando [ˈkwɐ̃du] A ADV interrogativo: wann B ADV **de ~ em ~**, **de vez em ~** dann und wann; **~ menos** wenigstens; **~ muito** höchstens; bestenfalls C CJ **1** temporal: wann; momento: als; (immer) wenn; **~ menos se espera** ganz unverhofft **2** condição: wenn D PREP **~ de** anlässlich (gen)

quant. ABR (quantidade) Menge f

quantia [kwɐ̃ˈtiɐ] F Summe f, Betrag m; **~ fixa** Pauschale f **quantidade** [kwɐ̃tiˈdadɨ] F Menge f; (número) Anzahl f; Quantität f; MAT Größe f; **em grande ~** in großen Mengen; massenhaft **quantificação** [kwɐ̃tifikɐˈsɐ̃u] F Quantifizierung f **quantitativo** [kwɐ̃titɐˈtivu] A ADJ quantitativ; mengenmäßig B M Menge(nangabe) f; (montante) Betrag m

quanto [ˈkwɐ̃tu] A ADV wie viel; **tanto ~** so viel wie; **~s** relativo alle, die; **(tudo) ~** alles, was; **a ~s estamos?** den Wievielten haben wir heute?; preço: **~ é?** wie viel macht das?; **não saber o -as anda** port fam nicht wissen, wo einem der Kopf steht B ADV wie sehr; so viel, so sehr; **~ baste** port GASTR nach Geschmack; **tanto ~** → tanto; **não ... tanto ~** nicht so sehr (ou viel) wie; **~ mais ... (tanto)** comp je comp ... desto; **~ mais** umso mehr; após negação umso weniger; **~ a** hinsichtlich (gen); **~ antes** möglichst bald, umgehend C M port FIS Quantum n

quão [kwɐ̃u] ADV wie

quarenta [kwɐˈrɐ̃tɐ] NUM vierzig **quarentão** [kwɐrɐ̃ˈtɐ̃u] A ADJ vierzigjährig B M, **quarentona** [kwɐrɐ̃ˈtonɐ] F Vierzigjährige(r) m/f(m) **quarentena** [kwɐrɐ̃ˈtenɐ] F Quarantäne f

Quaresma [kwɐˈrɛʒmɐ] F REL Fastenzeit f **quaresmal** [kwɐrɨʒˈmaɫ] REL Fasten... **quaresmar** [kwɐriʒˈmar] ⟨1c⟩ REL fasten

quarta [ˈkwartɐ] F MAT Viertel n; MÚS Quarte f; fam Mittwoch m; tb **~ quarta-feira quarta-de-final** [kwaxtedʒifiˈnau̯] F ⟨pl **quartas-de-final**⟩ bras DESP Viertelfinale n **quarta-feira** [kwartɐˈfɐirɐ] F ⟨pl **quartas-feiras**⟩ Mittwoch m; **na ~** am Mittwoch; **às ~s** mittwochs; **Quarta-feira de Cinzas** Aschermittwoch m

quartanista [kwartɐˈniʃtɐ] M/F UNIV Student(in) m/f(m) im vierten Jahr; Schüler(in) m/f(m) im vierten Jahrgangs **quartear** [kwɐrˈtjar] ⟨1l⟩ vierteilen **quarteirão** [kwɐrtɐiˈrɐ̃u] M Viertel n; Karree n; Häu-

serblock m
quartel [kwar'tɛɫ] M **1** MIL Kaserne f; Quartier n **2** Viertel(jahrhundert) n **3** sem ~ port erbarmungslos **quartel-general** [kwartɛɫʒini'raɫ] M ⟨pl quartéis-generais⟩ MIL Hauptquartier n
quarteto [kwar'tetu] M Quartett n
quarto¹ ['kwartu] A ADJ vierte B M Viertel n; TIPO Quart n; ~ **de hora** Viertelstunde f; **às três e/menos um** ~ (um) Viertel nach/vor drei (Uhr) C F, **-a** F Viertel(r) m/f(m)
quarto² ['kwartu] M **1** casa: (Schlaf)Zimmer n; ~ **de aluguer** ⟨bras → mobiliado⟩ möbliertes Zimmer n; ~ **de arrumos**, bras **de despejo** Abstellkammer f; ~ **de casal** Doppelzimmer n; ~ **individual** Einzelzimmer n; ~ **interior** Hinterzimmer n; ~**-e-sala** bras Zweizimmerwohnung f **2** MIL Wache f
quartos-de-final [kwartuʒdifi'naɫ] MPL port DESP Viertelfinale n
quartzífero [kwar't'zifiru] quarzhaltig
quartzo ['kwartzu] M Quarz m **quartzoso** [kwar't'zozu] ADJ **areia** F **-a** Quarzsand m
quase ['kwazi] ADV fast, beinahe, nahezu; ~ **que** sozusagen; quasi
quaternário [kwatir'narju] vierteilig, -seitig; MÚS Vierviertel...; **era** f **-a** GEOL Quartär n
quati [kwa'tʃi] M bras Nasenbär m
quatorze [ka'tɔrzi] bras vierzehn
quatro ['kwatru] NUM A ADJ vier B M Vier f; jogo de cartas: ~ **de espadas** Pik-Vier f; **andar de** ~ auf allen vieren kriechen **quatrocentos** [kwatru'sẽtuʃ] NUM vierhundert

que [ki] A PRON **1** relativo der, die, das; welche(r, -s); was **2** interr was für (ein, einen); welch; welche(r, -s); **em** ~ worin; **de** ~ wovon; **com** ~ womit; **por** ~, **razão** aus welchem Grunde B C **1** dass; **acho** ~ ich glaube, dass; **não** ~ conj nicht, dass **2** após comp als; **mais** ~ mehr als **3** causal: denn, da, weil; ~ **não** aber nicht doch; **é** ~ denn; es ist nämlich so, dass; **pelo** ~ weshalb; bras **por** ~? warum? **4** como expressão de desejo: ~ **entre!** er soll hereinkommen! **5** como reforço: **corre** ~ **corre** er läuft, was er kann; **no** ~ indem; temporal: sowie, sobald; **muito** ~ **fazer** viel zu tun C ADV wie,
was für ein; ~ **bonito!** wie schön!; ~ **disparate!** was für ein Unsinn!
quê [ke] A PRON interrogativo: was; **o** ~? was?, wie?; **ele disse o** ~? er hat WAS gesagt? B M **1** (irgend)etwas; fam Haken m; **não tem de** ~ nichts zu danken; keine Ursache; **por** ~? bras warum?; **um que sei** ~ ein gewisses Etwas n **2** nome da letra q

quebra ['kɛbra] F Bruch m; (interrupção) Unterbrechung f; Riss m; (vinco) Knick m, Kniff m; **de peso**: (Gewichts)Verlust m; ECON Bankrott m; bras tb Börsenkrach m; **de produção**: Produktionsausfall m; GEOL → quebrada; ~ **de página** INFORM Seitenumbruch m; **sem** ~ ununterbrochen; **dar a** ~ unterbrechen; **dar** ~, **sofrer** ~ verlieren; intensidade nachlassen; ECON Bankrott machen **quebra-cabeça** [kɛbraka'besa] M ⟨pl ~s⟩ **quebra-cabeças** [kɛbraka'besaʃ] M ⟨pl inv⟩ Denkaufgabe f; (adivinha) Rätsel n; fig harte Nuss f; (puzzle) Puzzle n
quebrada [ki'brada] F (Ab)Hang m; GEOL Spalte f **quebradeira** [kibra'dajrɐ] F Schlaffheit f; fig Geldmangel m; → quebra-cabeça **quebradiço** [kibra'disu] brüchig; porcelana etc zerbrechlich **quebrado** [ki'bradu] A ADJ (falido) bankrott; porcelana etc zerbrochen; bras tb kaputt; **cor** matt B M port MAT Bruch m; ~**s** pl Kleingeld n **quebradura** [kibra'dura] F MED Bruch m; (fissura) Riss m
quebra-esquinas [kɛbraʃ'kinaʃ] M ⟨pl inv⟩ fam Eckensteher m **quebra-galho** [kɛbrɐ'gaʎu] M/F ⟨pl ~s⟩ bras fam Notnagel m **quebra-gelo** [kɛbrɐ'ʒɛɫu] M ⟨pl ~s⟩ Eisbrecher m **quebra-luz** [kɛbrɐ'ɫuʃ] M ⟨pl ~es⟩ Lampenschirm m **quebra-mar** [kɛbrɐ'mar] M ⟨pl ~es⟩ Wellenbrecher m **quebramento** [kibrɐ'mẽtu] M Bruch m; fig Niedergeschlagenheit f **quebra-nozes** [kɛbrɐ'nɔziʃ] M ⟨pl inv⟩ Nussknacker m
quebrantamento [kibrɐ̃tɐ'mẽtu] M Bruch m; lei: (Gesetzes)Übertretung f; (traição) Verrat m; (fraqueza) Schwäche f; → quebranto **quebrantar** [kibrɐ̃'tar] ⟨1a⟩ zerbrechen; zerschmettern; fig zermürben; niederdrücken; (ab)schwächen; lei übertreten; palavra brechen; ~**-se** ermatten; vento etc abflauen; (enfraquecer) schwach werden **quebranto** [ki'brɐ̃tu]

QUEM

M̄ Gebrochenheit f; Mattigkeit f; **dar ~ a alg** j-n behexen **quebra-osso** [kɛbrɐˈosu] M̄ ⟨pl ~s [-ˈɔ-]⟩, **quebra-ossos** [kɛbrɐˈɔsuʃ] M̄ ⟨pl inv⟩ ZOOL Bartgeier m **quebra-pau** [kɛbrɐˈpau̯] M̄ bras fam Zoff m **quebra-quebra** [kɛbrɐˈkɛbrɐ] M̄ ⟨pl ~s⟩ bras Ausschreitungen fpl **quebrar** [kiˈbrar] ⟨1c⟩ **A** V/T brechen; *porcelana etc* zerbrechen, zerschlagen; *(interromper)* abbrechen; *fig* → quebrantar **B** V/I (zer)brechen; *continuidade* (ab-, zer)reißen; *fig* einknicken; *estrada* e-n Knick machen; *onda* branden; ECON Bankrott machen; *peso* (an Gewicht) verlieren; *cabelo* sich spalten; **~ com** fig brechen mit; **~ pelo meio** mittendurch brechen; **~ um galho a alg** bras pop j-m e-n Gefallen tun; fam j-m e-n Stein in den Garten werfen **quebra-vento** [kɛbrɐˈvẽtu] M̄ ⟨pl ~s⟩ bras AUTO Ausstellfenster n **quebreira** [kiˈbrai̯rɐ] F̄ fam Abgekämpftheit f; *(fraqueza)* Schwäche f **quebro** [ˈkebru] M̄ **1** Biegung f; Biegsamkeit f; *tourada:* Ausweichbewegung f **2** Tonfall m

queda [ˈkɛdɐ] F̄ Fall m; Sturz m; *terreno:* Gefälle n; *cabelo:* (Haar)Ausfall m; AERO Absturz m; *fig* Verfall m; *(propensão)* Hang m (**para** zu); **~ da produção** Absinken n der Produktion; **~ de (ou d')água** Wasserfall m; **~ eleitoral** Wahlniederlage f; **dar uma ~** *port* fallen; stürzen; *(afundar-se)* (ab)sinken; **~ de barreira** bras Erdrutsch m (*auf e-r Straße*) **queda-de-braço** [kɛdɛdʒiˈbrasu] F̄ bras Fingerhakeln n; *fig* Kräftemessen n **quedar(-se)** [kiˈdar(si)] ⟨1c⟩ *(ficar)* (still)stehen; *(parar)* (stehen) bleiben **quedo** [ˈkedu] still; **a pé ~** stehenden Fußes **queijada** [kaɪˈʒadɐ] F̄, **queijadinha** [kaɪʒɐˈdiɲɐ] F̄ GASTR Törtchen mit e-r Füllung aus Frischkäse **queijaria** [kaɪʒɐˈriɐ] F̄ Käserei f **queijeira** [kaɪˈʒai̯rɐ] F̄ Käseglocke f **queijeiro** [kaɪˈʒai̯ru] M̄, **-a** F̄ *fabricante:* Käsehersteller m, -a f; *vendedor(a):* Käsehändler(in) m(f) **queijo** [ˈkai̯ʒu] M̄ Käse m; **~ amanteigado** Rahmkäse m; **~ com ervas aromáticas** Kräuterkäse m; **~ de cabra** Ziegenkäse m; **~ flamengo**, bras **~ do reino** ≈ Edamer m; **~ fresco (ou saloio)** Frischkäse m; **~ fundido** Schmelzkäse m; **~ mineiro** halbfester Schnittkäse aus Minas Gerais; **~ Parmesão** Parmesan m; **~ ralado** geriebener Käse m; **~ da Serra** cremiger Schafskäse aus der Serra da Estrela

queima [ˈkai̯mɐ] F̄ Verbrennung f; *(fogo)* Brand m; *bras* Ausverkauf m; **~ limpa** schadstoffarme Verbrennung f **queimação** [kai̯mɐˈsɐ̃u̯] F̄ bras Brennen n, brennendes Gefühl n **queimada** [kai̯ˈmadɐ] F̄ *actividade* Brandrodung f; *local* Brandstelle f; AGR Kalkerde f **queimadela** [kai̯mɐˈdɛlɐ] F̄ Brandwunde f **queimado** [kai̯ˈmadu] **A** ADJ glühend heiß; verbrannt; *comida* angebrannt; *(seco)* ausgedörrt; *fig* gescheitert; *fam pele* braun gebrannt; *bras* böse (**em auf** *ac*) **B** M̄ Brandgeruch m; GASTR Angebrannte(s) n; **cheirar a ~** angebrannt riechen **queimadura** [kai̯mɐˈdurɐ] F̄ Brandwunde f; (Haut)Verbrennung f; **~ de sol** Sonnenbrand m **queimar** [kai̯ˈmar] ⟨1a⟩ **A** V/T verbrennen; ansengen; *dinheiro* verschleudern **B** V/I brennen; brennend heiß sein; **~-se** (sich) verbrennen; ELECT durchbrennen; *(arruinar-se)* sich ruinieren; *(bronzear-se)* sich bräunen; *bras* beleidigt sein **queima-roupa** [kai̯mɐˈʁopɐ] **à ~** aus nächster Nähe

queira [ˈkai̯rɐ] → querer

queixa [ˈkai̯ʃɐ] F̄ Klage f; Beschwerde f; **fazer ~ de alg** Anzeige erstatten gegen j-n; **apresentar ~ contra alg** j-n verklagen **queixa-crime** [kai̯ʃɐˈkrimi] F̄ ⟨pl **queixas-crime**⟩ Anzeige f (**contra incertos** gegen Unbekannt)

queixada [kai̯ˈʃadɐ] F̄ Kinnlade f **queixal** [kai̯ˈʃaɫ] ADJ (**dente** M̄) **~** Backenzahn m **queixar-se** [kai̯ˈʃarsi] ⟨1a⟩ sich beklagen (**a** bei, **de** über *ac*); *(lamentar-se)* jammern; klagen (*tb* DIR)

queixeira [kai̯ˈʃai̯rɐ] F̄ Kinnschutz m

queixo [ˈkai̯ʃu] M̄ Kinn n; **~ duplo** Doppelkinn n; **bater o ~ com** den Zähnen klappern

queixoso [kai̯ˈʃozu] **A** ADJ klagend (*tb* DIR); kläglich; **~ de** sich beklagend über (*ac*) **B** M̄, **-a** [kai̯ˈʃɔzɐ] F̄ DIR Kläger(in) m(f) **queixume** [kai̯ˈʃumi] M̄ Klage f

quem [kɐ̃i̯] **A** PRON *interrogativo:* wer; **a ~** wem; an wen; zu wem; **de ~** wessen; von wem **B** *pronome relativo* der, die, das; welche(r, -s); **a ~** dem (ou der, denen); **de ~** dessen (ou deren); **fui eu ~ o disse!**

ICH hab's gesagt **C** *pronome indefinido* jemand, der; wer; man; derjenige (der), diejenige(n) (die); **há ~ diga** es heißt, es wird gesagt; **como ~ diz** wie man zu sagen pflegt; **não há ~ conj** niemand...; **~ me dera** ... wäre (ich) doch ...; **por ~ é!** ich beschwöre Sie!; um Himmels willen!

Quénia (*ê) ['kɛnjɐ] M̲ GEOG o ~ Kenia (n) **queniano** [kɛ'njɐnu] A̲ ADJ kenianisch B̲ M̲, -a F̲ Kenianer(in) m(f)

quentão [kē'tɐ̃ũ] M̲ bras heißer, mit Ingwer und Zimt gewürzter Zuckerrohrschnaps **quente** ['kẽti] warm (tb cor); heiß; sabor scharf; temperamento lebhaft **quentura** [kē'turɐ] F̲ (wohlige) Wärme f; Hitze f

quépi ['kɛpi], bras **quepe** ['kɛpi] M̲ Käppi n

queque ['kɛki] A̲ ADJ port fam geschniegelt B̲ M̲ = Muffin m

querela [ki'rɛlɐ] F̲ DIR Rechtsstreit m; Strafsache f; fig Querele f); **dar ~ contra** → **querelar querelado** [kiri'ladu] M̲, -a F̲ Beklagte(r) m/f(m) **querelante** [kiri'lɐ̃ti] M/F Kläger(in) m(f) **querelar** [kiri'lar] ⟨1c⟩ klagen; sich im Rechtsstreit befinden (**com** mit); **~-se de** klagen über (ac)

querença [ki'rẽsɐ] F̲ 1 Zuneigung f; Wohlwollen n 2 Wildwechsel m **querência** [ke'rẽsjɐ] F̲ bras Stall-, Nesttrieb m; fig Heimstätte f

querer [ki'rer] ⟨2s⟩ 1 wollen, mögen; (exigir) verlangen; **antes ~ a/c** etw lieber wollen; **por ~** gewollt; absichtlich; **sem ~** ungewollt; aus Versehen; **que quer que eu faça?** was soll ich tun?; pedido **queira** (inf) wollen Sie bitte (inf); **Deus queira!** gebe Gott!; **eu queria** ich hätte gern; **como quiser** wie Sie möchten; **querias!** das hättest du wohl gerne! 2 (amar) **~ a alg** j-n lieben; gern haben; mögen; **~ bem//mal a alg** j-n lieben/hassen 3 fig **~ dizer** heißen, bedeuten 4 CONJ **quer ... quer** ... sowohl ... als auch; sei es (dass) ... oder (dass); **como quer que** wie auch immer; **como quer que seja** wie dem auch sein mag, wie auch immer; **quem/o que quer que** conj wer/was auch immer; **onde quer que** conj wo auch immer; überall wo

queridinho [kiri'diɲu] fam ganz lieb; ganz süß **querido** [ki'ridu] A̲ ADJ lieb B̲ M̲, -a F̲ Geliebte(r) m/f(m); fam Schatz m

quermesse [kɛr'mɛsi] F̲ Kirmes f
querosene [kirɔ'zɛni] M̲ Petroleum n; AERO Kerosin n
quesito [ki'zitu] M̲ (Streit)Frage f; bras tb Anforderung f

questão [kiʃ'tɐ̃ũ] F̲ Frage f; (problema) Problem n; DIR (Rechts)Sache f; **~ pendente** offene Frage f; **em ~** fraglich; **fazer ~ de** Wert legen auf (ac); (exigir) bestehen auf (ac); **entrar em ~** Frage kommen; **estar/pôr em ~** zur Debatte stehen/stellen; **pôr uma ~** eine Frage stellen; **pôr fora de ~** (völlig) ausschließen; **ser ~ de** eine Sache von ... sein **questionamento** [kiʃtjuns'mẽtu] M̲ Fragestellung f; (interrogatório) Befragung f **questionar** [kiʃtju'nar] ⟨1f⟩ 1 V̲/T̲ (be)fragen; erörtern; (negar) bestreiten; (duvidar) in Frage stellen 2 V̲/I̲ streiten **questionário** [kiʃtju'narju] M̲ Fragebogen m **questionável** [kiʃtju'navɛl] fraglich **questiúncula** [kiʃ'tjũkulɐ] F̲ unerhebliche Frage f

quezilento [kizi'lẽtu] port zänkisch **quezília** [ki'ziljɐ] F̲ port Zank m, Streit m

quiabo ['kjabu] M̲ GASTR Okra f
quibebe [ki'bɛbi] M̲ bras GASTR Kürbismus n
quiçá [ki'sa] ADV vielleicht, etwa
quiçaça [ki'sase] F̲ bras Ödland n
quietação [kjetɐ'sɐ̃ũ] F̲ Beruhigung f; Ruhe f **quietar** [kje'tar] ⟨1a⟩ beruhigen **quieto** ['kjetu] still; friedlich **quietude** [kje'tudi] F̲ Ruhe f

quilatação [kilɐtɐ'sɐ̃ũ] F̲ ouro: Bestimmung f des Feingehaltes; geralm Prüfung f **quilatar** [kilɐ'tar] ⟨1b⟩ das Karatgewicht bestimmen **quilate** [ki'lati] M̲ diamante: Karat n; ouro: Feingehalt m; fig Wert n; Rang m

quilha ['kiʎɐ] F̲ NÁUT Kiel m **quilhar** [ki'ʎar] ⟨1a⟩ NÁUT Kiel setzen; pop betrügen; Schaden zufügen

quilo ['kilu] M̲ 1 Kilo n 2 Milchsaft m **quilocaloria** [kilɔkɐlu'rie] F̲ Kilokalorie f **quilograma** [kilu'grɐmɐ] M̲ Kilogramm n **quilohertz** [kilɔ'ɛrtz] M̲ Kilohertz n **quilojoule** [kilɔ'ʒuʎl] M̲ Kilojoule n **quilometragem** [kilumi'tra-

3ʒĩ] F̄ Kilometerzahl f **quilométrico** [kilu'mεtriku] in Kilometern
quilómetro (*ô) [ki'lɔmitru] M̄ Kilometer m; **~ horário** Stundenkilometer m
quilovolt [kilɔ'vɔɫt] M̄ Kilovolt n **quilowatt** [kilɔ'wɔt] M̄ Kilowatt n
quimbanda [kĩ'bɐ̃dɐ] F̄ Angola Medizinmann m, Schamane m **quimbandeiro** [kĩbɐ̃'dɐjru] M̄ Angola → quimbanda; fig, tb bras Zauberer m, Hexer m
quimbundo [kĩ'būdu] M̄ língua: Kimbundu n
quimera [ki'mεrɐ] F̄ Schimäre f **quimérico** [ki'mεriku] fantastisch; fig unmöglich
química ['kimikɐ] F̄ Chemie f **químico** ['kimiku] A ADJ chemisch B M̄, -a F̄ Chemiker(in) m(f) C M̄ **~s** PL Chemikalien fpl
quimioterapia [kimjɔtirɐ'piɐ] F̄ Chemotherapie f
quimono [ki'monu] M̄ Kimono m
quina ['kinɐ] F̄ 1 Schild m mit Wappen; jogo: Fünferpasch m 2 Ecke f 3 BOT Chinarinde f **quinado** [ki'nadu] 1 fünfgeteilt 2 Chinin...
quinau [ki'nau] M̄ Verbesserung f; (correcção) roter Strich m (in Schülerarbeiten); **apanhar um ~** port gerügt werden
quindim [kĩ'dʒĩ] M̄ bras GASTR Kokos-Eier-Süßspeise
quingentésimo [kwĩʒẽ'tεzimu] NUM fünfhundertste
quinhão [ki'ɲɐ̃u] M̄ Anteil m
quinhentista [kiɲẽ'tiʃtɐ] des 16. Jahrhunderts **quinhentos** [ki'ɲẽtuʃ] NUM, **quinhentas** [ki'ɲẽtɐʃ] F̄ fünfhundert
quinhoeiro [ki'ɲwɐjru] M̄, **-a** F̄ Beteiligte(r) m/f(m); Teilhaber(in) m(f)
quinina [ki'ninɐ] F̄, bras **quinino** [ki'ninu] M̄ Chinin n
quinquagenário [kwĩkwɐʒɨ'narju] A ADJ fünfzigjährig B M̄, -a F̄ Fünfzigjährige(r) m/f(m) **quinquagésimo** [kwĩkwɐ'ʒεzimu] fünfzigste
quinquenal (*ü) [kĩki'naɫ] Fünfjahres...
quinquénio (*ê) [kĩ'kεnju] M̄ Jahrfünft n
quinquilharias [kĩkiʎɐ'riɐʃ] FPL Krimskrams m; (brinquedo) Spielzeug n; (bijuteria) Tand m **quinquilheiro** [kĩki'ʎɐjru] M̄ Trödler m

553 QUIT

quinta ['kĩtɐ] F̄ 1 port (Land)Gut n, Landbesitz m 2 MÚS Quinte f; fam Donnerstag m; **estar nas suas sete ~s** port fam sich im siebten Himmel fühlen **quinta-essência** [kĩtɐɨ'sẽsjɐ] F̄ ⟨pl quintas-essências⟩ Quintessenz f **quinta-feira** [kĩtɐ'fɐjrɐ] F̄ ⟨pl quintas-feiras⟩ Donnerstag m; **na ~** am Donnerstag; **às ~s** donnerstags
quintal [kĩ'taɫ] M̄ 1 Garten m; bras Hinterhof m (oft mit Garten) 2 **~ métrico** Doppelzentner m **quintanista** [kĩtɐ'niʃtɐ] M/F Student(in) m(f) ou Schüler(in) m(f) im 5. Jahr **quintar** [kĩ'tar] ⟨1a⟩ durch fünf teilen **quintarola** [kĩtɐ'rɔɫɐ] F̄ port Gütchen n **quinteiro** [kĩ'tɐjru] M̄ port Gutsverwalter m **quinteto** [kĩ'tetu] M̄ MÚS Quintett n
quinto ['kĩtu] NUM A ADJ fünfte B M̄ Fünfte(r) m; Fünftel n **quintuplicar** [kĩtupɫi'kar] ⟨1n⟩ verfünffachen
quíntuplo ['kĩtupɫu] fünffach
quinze ['kĩzi] NUM fünfzehn; **~ dias** mpl vierzehn Tage mpl **quinzena** [kĩ'zenɐ] F̄ vierzehn Tage mpl; **uma ~ de** etwa fünfzehn Tage **quinzenal** [kĩzi'naɫ] vierzehntägig
quiosque ['kjɔʃki] M̄ Kiosk m
Quirguistão [kirgiʃ'tɐ̃u] M̄ GEOG **o ~** Kirgisien (n) **quirguiz** [kir'giʃ] kirgisisch
quiromancia [kirumɐ̃'siɐ] F̄ Handlesen n **quiromante** [kiru'mɐ̃ti] M/F Handleser(in) m(f)
quiropodia [kirɔpu'diɐ] F̄ Fußpflege f **quiropodista** [kirɔpu'diʃtɐ] M/F Fußpfleger(in) m(f)
quis [kiʃ] → querer
quisto ['kiʃtu] M̄ → cisto
quitação [kitɐ'sɐ̃u] F̄, **quitamento** [kitɐ'mẽtu] M̄ Befreiung f; pena: Erlass m; (recibo) Empfangsbestätigung f **quitanda** [ki'tɐ̃dɐ] F̄ 1 Verkaufsstand m 2 bras Gemüseladen m **quitandeiro** [kitɐ̃'dɐjru] M̄, **-a** F̄ fliegender Händler m; bras Gemüsehändler(in) m(f) **quitanga** [ki'tɐ̃gɐ] F̄ kleiner Laden m; Verkaufsbude f
quitar [ki'tar] ⟨1a⟩ FIN entschulden; dívida begleichen; (evitar) vermeiden; (tirar) wegnehmen; plano aufgeben; **~ alg de** j-n befreien von
quite ['kiti] COM quitt; frei (**de** von)
quitina [ki'tinɐ] F̄ ZOOL Chitin n
quitute [ki'tutʃi] M̄ bras Leckerbissen m

quivi [ki'vi] M BOT Kiwi f
quizila [ki'zile] F bras **1** Abneigung f **2** Streitigkeit f; **ter ~ a** j-n nicht mögen
quociente [kwɔ'sjẽtɨ] M Quotient m, Teiler m **quórum** ['kwɔrũ] M Quorum n
quota ['kɔte] F Quote f; Anteil m; Rate f; Kontingent n; tb → cota; **~ de mercado** ECON Marktanteil m; **regime m por ~s** Quotenregelung f **quota-parte** [kɔte'partɨ] F (pl quotas-partes) (percentagem) Anteil m; (contribuição) (Mitglieds)Beitrag m; tb → cota-parte
quotidiano [kwɔti'djenu] (all)täglich; Tages...; **o ~** der Alltag m
quotização [kutize'sɐ̃ũ] F (Börsen)Notierung f; **classe de impostos**: Einstufung f **quotizar** [kuti'zar] ⟨1a⟩ curso notieren; → cotizar
q.v. ABR (queira ver) siehe

R

R, r ['ɛʁɨ, ʁɛ] M R, r n
R. ABR **1** (reprovado) nicht zugelassen; abgelehnt **2** (rua) Straße f
rã [ʁɐ̃] F Frosch m
rabada [ʁa'bade] F Zopf m; → tb rabedela **rabadela** [ʁabɐ'dɛɫɐ] F, **rabadilha** [ʁabɐ'diʎɐ] F animal: Schwanz m **rabado** [ʁa'badu] geschwänzt, mit e-m Schwanz
rabanada [ʁabɐ'nade] F Schlag m mit dem Schwanz; METEO Bö f; GASTR arme Ritter mpl
rabanete [ʁabɐ'netɨ] M Radieschen n
rábano ['ʁabenu], **rábão** [ʁa'bɐ̃ũ] M ⟨pl ~s⟩ Rettich m **rábano-bastardo** [ʁabɐnubaʃ'tardu] M ⟨pl rábanos-bastardos⟩, **rábano-rústico** [ʁabɐnu'ʁuʃtiku] M ⟨pl rábanos-rústicos⟩ Meerrettich m
rabear [ʁa'bjar] ⟨1l⟩ mit dem Schwanz wedeln; (adular) schmeicheln; fam anbandeln
rabeca [ʁa'bɛke] F Fiedel f; **tocar ~** fiedeln; pop fig über j-n herziehen **rabecada** [ʁabɨ'kade] F passar uma ~ a alg j-n zusammenstauchen **rabecão** [ʁabɨ'kɐ̃ũ] M Bassgeige f; **~ pequeno** Kniegeige f

rabejar [ʁabɨ'ʒar] ⟨1d⟩ **A** V/T touro beim Schwanz packen **B** V/I vestido die Schleppe tragen
rabelo [ʁa'bɛɫu] M (barco M) ~ Douroschiff für Portweintransport
rabequista [ʁabɨ'kiʃte] M Fiedler m
rabiar [ʁa'bjar] ⟨1g⟩ fam wüten, toben
rabiça [ʁa'bise] F (Pflug)Sterz m **rabicho** [ʁa'biʃu] M (kurzer) Zopf m; port pop Schwule(r) m
rábico ['ʁabiku] Tollwut... **rábido** ['ʁabidu] wütend, rasend
rabino¹ [ʁa'binu] ADJ criança unruhig, ungezogen
rabino² [ʁa'binu] M REL Rabbiner m
rabiosque [ʁa'bjɔʃkɨ] M pop Hintern m, Popo m **rabirruivo** [ʁabi'ʁujvu] M ZOOL Rotschwanz m
rabisca [ʁa'biʃke] F Kringel m; **~s** pl Gekritzel n **rabiscar** [ʁabiʃ'kar] ⟨1n⟩ (be)kritzeln **rabisco** [ʁa'biʃku] → rabisca
rabo ['ʁabu] M animal: Schwanz m; (cabo) Griff m; pop Hintern m; **com o ~ dos olhos** pop verstohlen; **de ~ alçado** fig mit eingezogenem Schwanz, kleinlaut; **dar ao ~** mit dem Schwanz wedeln; fig mit dem Hintern wackeln; **aqui é que a porca torce o ~** da liegt der Hase im Pfeffer; **~ de saia** pop pej Weibsbild n
rabona [ʁa'bone] F (kurze) Jacke f
rabote [ʁa'bɔtɨ] M TECN Raubank f
rabudo [ʁa'budu] langschwänzig; (teimoso) stur
rabuge [ʁa'buʒi] F, **rabugem** [ʁa'buʒɐ̃ĩ] F Räude f; fig Kratzbürstigkeit f; schlechte Laune f; criança: Quengeln n; bras tb knorriges Holz n **rabugento** [ʁabu'ʒẽtu] räudig; fig kratzbürstig; mürrisch; criança quengelig **rabugice** [ʁabu'ʒisi] F Kratzbürstigkeit f; schlechte Laune f **rabujar** [ʁabu'ʒar] ⟨1a⟩ nörgeln; criança quengeln
rábula ['ʁabuɫe] **A** M fam Rechtsverdreher m **B** F TEAT Nebenrolle f **rabulice** [ʁabu'ɫisi] F fam Rechtsverdreherei f
raça ['ʁase] F Rasse f; (povo) Volk n; Stamm m; (estirpe) Geschlecht n; bras Entschlossenheit f; (coragem) Mut m; **de má ~** böse; schlecht
ração [ʁa'sɐ̃ũ] F Ration f; GASTR Portion f; animais: (Tier)Futter n; **~ de combate** eiserne Ration f

racemo [ʁɜ'semu] M → racimo

rachada [ʁɜ'ʃadɜ] F, **rachadela** [ʁɜʃɜ'dɛlɜ] F Riss m; (fenda) Splitter m **rachar** [ʁɜ'ʃar] <1b> VT spalten; lenha hacken; (destruir) sprengen; (quebrar) aufreißen; bras fam despesas teilen; **~ a cabeça a alg** port pop j-m eins über die Rübe geben B VI bersten; **de ~** calor zum Umkommen; vento, frio schneidend

racial [ʁɜ'sjał] Rassen...; **integração** f ~ Rassenintegration f; **segregação** f ~ Rassentrennung f

racimo [ʁɜ'simu] M (Wein)Traube f; BOT tb (Blüten)Traube

raciocinar [ʁɜsjusi'nar] <1a> (nach)denken; (deduzir) folgern **raciocínio** [ʁɜsju'sinju] M Denkfähigkeit f; (razão) Vernunft f; (reflexão) Überlegung f; (dedução) Folgerung f

racional [ʁɜsju'nał] vernünftig; rational; rationell; **animal** m ~ vernunftbegabtes Wesen n **racionalidade** [ʁɜsjunɜłi'dadi] F Vernünftigkeit f; (utilidade) Zweckmäßigkeit f **racionalismo** [ʁɜsjunɜ'łiʒmu] M Rationalismus m **racionalista** [ʁɜsjunɜ'liʃtɜ] ADJ verstandesmäßig, rational B M/F Rationalist(in) m(f) **racionalizar** [ʁɜsjunɜłi'zar] <1a> ECON rationalisieren; questão durchdenken

racionamento [ʁɜsjunɜ'mẽtu] M Rationierung f **racionar** [ʁɜsju'nar] <1f> rationieren

racismo [ʁɜ'siʒmu] M Rassismus m **racista** [ʁɜ'siʃtɜ] A ADJ Rassen...; rassistisch B M/F Rassist(in) m(f)

radão [ʁɜ'dɜ̃ũ] M QUÍM Radon n

radar [ʁɜ'dar] M Radar n/m

radiação [ʁɜdjɜ'sɜ̃ũ] F (Aus)Strahlung f; **~ beta** Beta-Strahlung f **radia(c)tividade** [ʁɜdjativi'dadi] F Radioaktivität f **radiactivo** [ʁɜdja'tivu] radioaktiv **radiado** [ʁɜ'djadu] strahlenförmig; Strahlen... **radiador** [ʁɜdja'dor] M Heizkörper m; AUTO Kühler m **radial** [ʁɜ'djał] radial **radiante** [ʁɜ'djɜ̃ti] strahlend; FIS Strahlungs... **radiar** [ʁɜ'djar] <1g> VT ausstrahlen B VI strahlen

radical [ʁɜdi'kał] A ADJ radikal, grundlegend; MAT Wurzel...; GRAM Stamm... B M GRAM Stamm m; QUÍM Radikal n; MAT Wurzelzeichen n; **radicais** pl **livres** QUÍM freie Radikale mpl C M/F POL Radikale(r) m/f(m); **~ de esquerda/direita** Links-/Rechtsradikale(r) m/f(m) **radicalismo** [ʁɜdikɜ'łiʒmu] M Radikalismus m **radicar** [ʁɜdi'kar] <1n> A VT verwurzeln B VI verwurzelt sein; sich festsetzen

radícula [ʁɜ'dikułɜ] F Wurzelfaser f

rádio[1] ['ʁadju] A F Radio n; Hörfunk m B M aparelho: Radio n/m, Radioapparat m; **~ leitor de cassetes** port Radiorekorder m

rádio[2] ['ʁadju] M ANAT Speiche f

rádio[3] ['ʁadju] M QUÍM Radium n

radioa(c)tivo [ʁadjua'tivu] radioaktiv

rádio-despertador [ʁadjudiʃpirtɜ'dor] M Radiowecker m

radiodifundido [ʁadjudifũ'didu] Rundfunk... **radiodifusão** [ʁadjudifu'zɜ̃ũ] F Rundfunkübertragung f; Rundfunk m **radiofónico** (*ô) [ʁadju'fɔniku] Rundfunk...

radiografar [ʁadjugrɜ'far] <1b> röntgen **radiografia** [ʁadjugrɜ'fiɜ] F Röntgenaufnahme f

radiograma [ʁadju'grɜmɜ] M Funkspruch m **radiogravador** [ʁadjugrɜvɜ'dor] M Radiorekorder m **radiojornal** [ʁadjuʒur'nał] M Radionachrichten fpl **radiologia** [ʁadjułu'ʒiɜ] F Radiologie f **radiológico** [ʁadju'łɔʒiku] Röntgen...; radiologisch **radiologista** [ʁadjułu'ʒiʃtɜ] M/F Radiologe m, Radiologin f

radiopatrulha [ʁadʒjupa'trulje] F bras Funkstreife f; Streifenwagen m

radioscopia [ʁadjɔʃku'piɜ] F Röntgenuntersuchung f **radioscópico** [ʁadjɔʃ'kɔpiku] ADJ **exame ~** M → radioscopia

radioso [ʁɜ'djozu] strahlend

radiossonda [ʁadju'sõdɜ] F METEO Radiosonde f **radiotáxi** [ʁadju'taksi] M Funktaxi n **radioteatro** [ʁadʒju'tjatru] M bras Hörspiel n

radiotelefone [ʁadjuteɫe'fɔni] M Funktelefon n **radiotelegrafia** [ʁadjutiłigrɜ'fiɜ] F Funk m **radiotelegrafista** [ʁadjutiłigrɜ'fiʃtɜ] M/F Funker(in) m(f)

radioterapia [ʁadjɔtirɜ'piɜ] F Strahlentherapie f

radiouvinte [ʁadjo'vĩti] M/F Rundfunkhörer(in) m(f)

rafado [ʁɜ'fadu] schäbig; tecido abgenutzt **rafadoar** [ʁɜ'far] <1b> abnutzen **rafadoeiro** [ʁɜ'fajru] M Hütehund m; Mischling m, fam Promenadenmischung f; fig Schleimer m; **~ do Alentejo** port

RÁFI

Hunderasse

ráfia [ˈʁafjɐ] F̲ Raphia f, Raphiabast m
ragu [ʁaˈgu] M̲ GASTR Ragout n
raia [ˈʁajɐ] F̲ **1** Linie f; ANAT Handlinie f; *tecido*: Streifen m; *(risco)* Strich m; *(sulco)* Rille f; *(fronteira)* (Landes)Grenze f; **dar ~ e-n** Fehler begehen; **fechar a ~** der Letzte sein; **passar as ~s** zu weit gehen; **tocar as ~s de** grenzen an *(ac)*; **fugir da ~** *bras fam* sich drücken **2** ZOOL Rochen m
raiano [ʁaˈjɐnu] angrenzend; Grenz…
raiar [ʁaˈjar] ⟨1b⟩ **A** V̲T̲ streifen; **~ pelos 20 anos** etwa 20 Jahre alt sein **B** V̲I̲ strahlen; *sol* aufgehen; *dia* anbrechen; *lugar* angrenzen (**por** an *ac*)
raineta [ʁajˈnetɐ] F̲ *maçã*: Renette f; ZOOL Laubfrosch m
rainha [ʁaˈiɲɐ] F̲ Königin f; *xadrez*: Dame f **rainha-cláudia** [ʁaiɲɐˈklawdjɐ] F̲ ⟨*pl* rainhas-cláudias⟩ BOT Reineclaude f, Reneklode f
rainúnculo [ʁajˈnũkulu] M̲ Ranunkel f
raio [ˈʁaju] M̲ Strahl m *(tb fig)*; MAT Radius m; *(perímetro)* Umkreis m; TECN (Rad)Speiche f; METEO Blitz m *(tb fig)*; *fig* Schimmer m; **~ de a(c)ção** Aktionsradius m; **~ de viragem** AUTO Wendekreis m; **~ visual** Sichtkreis m; **~s p** X Röntgenstrahlen *mpl*; **como um ~** wie der Blitz; **com mil ~s!** *pop* zum Kuckuck!
raiva [ˈʁajvɐ] F̲ ZOOL Tollwut f; *fig* Wut f; **estar com ~ a** (*ou* **de**), **ter ~ a** wütend sein auf *(ac)*; **ficar com ~** wütend werden; **morder-se de ~** schäumen vor Wut **raivar** [ʁajˈvar] ⟨1a⟩ wüten **raivoso** [ʁajˈvozu] tollwütig; *fig* wütend; wild
raiz [ʁaˈiʃ] F̲ MAT, ANAT, BOT, LING Wurzel f; **~ de cabelo** Haarwurzel f; **cortar pela ~** *fig* bei der Wurzel packen; **criar** *ou* **lançar raízes** Wurzeln schlagen; **pôr a raízes ao sol a a/c** *port* etw ausreißen; **saber de ~** ganz genau wissen; **até à ~ dos cabelos** bis über beide Ohren …
rajada [ʁaˈʒadɐ] F̲ Windstoß m; Bö f; *fig raiva*: Anstoß m; *(balanço)* Schwung m; MIL Feuerstoß m, Salve f
ralação [ʁalɐˈsɐ̃w] F̲ GASTR Reiben n, Raspeln n; *fig* Ärger m; Plage f **ralado** [ʁaˈladu] besorgt; **pão m ~** port Semmelbrösel *pl* **ralador** [ʁalɐˈdor] M̲ Reibe f **raladura** [ʁalɐˈdurɐ] F̲ Geriebene(s) n; *fig* Sorge f **ralar** [ʁaˈlar] ⟨1b⟩ (zer)reiben; zerkleinern; *fam fig* j-m Sorgen machen;

~-se com sich ärgern über *(ac)*; *(preocupar-se)* sich Sorgen machen über
ralé [ʁaˈlɛ] F̲ Abschaum m
ralear [ʁaˈljar] ⟨1l⟩ *sopa* verdünnen; *cabelo* dünner werden
ralenti [ʁalɐ̃ˈti] M̲ *port* AUTO Leerlauf m
ralhar [ʁaˈʎar] ⟨1b⟩ schimpfen, schelten
ralho [ˈʁaʎu] M̲ Schelte f
rali [ʁaˈli] M̲ Rallye f
ralo¹ [ˈʁalu] A̲D̲J̲ spärlich
ralo² [ˈʁalu] M̲ *(raspador)* Reibe f; *(passador)* Sieb n; *pia*: Abfluss m; *duche* Brausekopf m; *(filtro)* (Metall)Filter n; *porta, janela*: Guckloch n; **~ de cima** Überlauf m
ralo³ [ˈʁalu] M̲ Rasseln n; Röcheln n
ralo⁴ [ˈʁalu] M̲ ZOOL Maulwurfsgrille f
rama [ˈʁɐmɐ] F̲ BOT Blattwerk n; **em ~** roh; **pela ~** oberflächlich
ramada [ʁɐˈmadɐ] F̲ BOT Laub(werk) n; ARQUIT Laube f, Laubengang m; *(cobertura)* Laubdach n **ramado** [ʁɐˈmadu] belaubt **ramagem** [ʁɐˈmaʒɐ̃j] F̲ BOT Astwerk n; *padrão*: Blumenmuster n; **de ~** geblümt
ramal [ʁɐˈmal] M̲ Strang m; *(cordel)* Schnur f; Troddel f; *(desvio)* Abzweigung f; FERROV Nebenstrecke f; MIN Nebenstollen m; *bras* TEL (Neben)Apparat m; Durchwahl f
ramalhar [ʁɐmɐˈʎar] ⟨1b⟩ *folhagem* rauschen **ramalhete** [ʁɐmɐˈʎete] M̲ (Blumen)Strauß m **ramalho** [ʁɐˈmaʎu] M̲ (abgehauener) Ast m **ramalhudo** [ʁɐmɐˈʎudu] BOT dicht belaubt
ramela [ʁɐˈmɛlɐ] F̲ Schlaf(sand) m
ramerrame [ʁɐmeˈʁɐme], **ramerrão** [ʁɐmeˈʁɐ̃w] M̲, *(ruído)* eintöniges Geräusch n; *fig* Eintönigkeit f; *(rotina)* Alltag m; *(monotonia)* Schlendrian m
ramificação [ʁɐmifikɐˈsɐ̃w] F̲ Verzweigung f, Verästelung f; *estrada*: Abzweigung f **ramificar** [ʁɐmifiˈkar] ⟨1n⟩ abzweigen; *grupo* (ab-, auf)spalten; (auf)teilen; **~-se** *estrada* sich verzweigen; *(espalhar-se)* sich verbreiten
ramo [ˈʁɐmu] M̲ Zweig m *(tb fig)*; Ast m; *de flores*: (Blumen)Strauß m; *estrada*: Abzweigung f; Verzweigung f; *negócio*: Abteilung f; UNIV (Wissens)Gebiet n; *profissional* (Berufs)Fach n; ECON Branche f; *leilão*: Posten m *(e-r Versteigerung)*; MED (Krankheits)Anfall m; *rio*: (Fluss)Arm m;

REL Palmzweig m; **do ~** vom Fach; **Domingo** m **de Ramos** REL Palmsonntag m; **não pôr pé em ~ verde** auf keinen grünen Zweig kommen; **não pisar em ~ verde** bras vorsichtig sein **ramoso** [ʁɐ-'mozu] VERB verästelt; (frondoso) belaubt

rampa ['ʁɐ̃pɐ] F Auffahrt f; Rampe f; MAT schiefe Ebene f; **~ de lançamento** Abschussrampe f

rançar [ʁɐ̃'sar] ⟨1p⟩ ranzig werden

rancharia [ʁɐ̃ʃa'riɐ] F bras (Hütten-) Siedlung f **rancheiro** [ʁɐ̃'ʃɐjru] M MIL Koch m; bras Siedler m

rancho ['ʁɐ̃ʃu] M **1** port Schar f; folclórico: (Folklore)Gruppe f; **de ~** gemeinschaftlich; **num ~** zusammenturn; **um ~ de** fig e-e große Menge **2** soldados, prisioneiros etc: Kantinenessen n **3** bras Farm f

ranço ['ʁɐ̃su] M ranziger Geruch m; fig Abgedroschenheit f; **cheirar a ~** ranzig riechen; **ter ~** ranzig sein; fig abgedroschen (ou altmodisch) sein

rancor [ʁɐ̃'kor] M Groll m; Gehässigkeit f

rancoroso [ʁɐ̃ku'rozu] grollend, nachtragend

rançoso [ʁɐ̃'sozu] ranzig; fig abgestanden; fig abgedroschen

ranger [ʁɐ̃'ʒer] ⟨2h⟩ knarren A VT ~ **os dentes** mit den Zähnen knirschen

rango ['ʁɐ̃gu] M bras pop Essen n

ranho ['ʁɐɲu] M pop Rotz m **ranhoso** [ʁɐ'ɲozu] pop rotzig; fig rüpelhaft

ranhura [ʁɐ'ɲurɐ] F Fuge f; (erhöhter) Rand m; (fenda) Schlitz m (an Automaten)

ranúnculo [ʁɐ'nũkulu] M Ranunkel f

ranzinza [ʁɐ̃'zĩzɐ] bras griesgrämig, störrisch; aufsässig

rap [ʁɛp] M MÚS Rap m; **cantar ~** rappen

rapace [ʁa'pasi] räuberisch; Raub... **rapacidade** [ʁapasi'dadi] F Raubgier f

rapadeira [ʁapa'dɐjrɐ] F Kratzer m; Schaber m **rapadela** [ʁapa'dɛlɐ] F **dar uma ~ a** → rapar **rapado** [ʁa'padu] (barbeado) glatt rasiert; (calvo) (kahl) geschoren **rapadura** [ʁapa'durɐ] F Abgeschabte(s) n; bras Vollrohrzucker m (tb am Stück)

rapagão [ʁapa'gɐ̃w] M kräftiger (ou stämmiger) Junge m

rapa-pé [ʁapa'pɛ] M Kratzfuß m

rapar [ʁa'par] ⟨1b⟩ tacho (aus)kratzen, schaben; casca schälen; queijo reiben; ovelha scheren; barba (ab)rasieren; cabelo kurz schneiden; pop fig abluchsen; roubar beklauen; doença dahinraffen; **~ fome, frio** port pop hungern, frieren

rapariga [ʁapa'rigɐ] F Mädchen n; bras tb leichtes Mädchen n

rapa-tachos [ʁapa'taʃuʃ] M/F ⟨pl inv⟩ Nimmersatt m

rapaz [ʁa'paʃ] M Junge m; (jovem) junger Mann m; **bom ~** guter Kerl m **rapaziada** [ʁapa'zjadɐ] F fam Jungs mpl; (leviandade) Lausbubenstreich m **rapazinho** [ʁapa'ziɲu] M fam Jüngelchen n **rapazio** [ʁapa'ziu] die jungen Kerle mpl **rapazola** [ʁapa'zɔlɐ] M fam Grünschnabel m **rapazote** [ʁapa'zɔti] M Bürschlein n

rapé [ʁa'pɛ] M Schnupftabak m; **tomar ~** schnupfen

rapidez [ʁapi'deʃ] F Schnelligkeit f; **com ~** rasch, schnell **rápido** ['ʁapidu] A ADJ schnell; corrente reißend; (passageiro) flüchtig B M Stromschnelle f; FERROV Schnellzug m

rapina [ʁa'pinɐ] F Raub(zug) m; **ave f de ~** Raubvogel m **rapinar** [ʁapi'nar] V/T fam klauen, stibitzen

raposa [ʁa'pozɐ] F ZOOL Fuchs m (tb fig); fêmea: Füchsin f; **apanhar/pregar uma ~** port fam escola: durchfallen/durchfallen lassen **raposeira** [ʁapu'zɐjrɐ] F ZOOL Fuchsbau m; fig wohlige Wärme f; fam Rausch m **raposeiro** [ʁapu'zɐjru] gerissen, schlau **raposinho** [ʁapu'ziɲu] Fuchs... **raposo** [ʁa'pozu] F (Fuchs-) Rüde m; fig Fuchs m

rapsódia [ʁap'sɔdjɐ] F Rhapsodie f

raptar [ʁap'tar] ⟨1b⟩ entführen; (roubar) rauben **rapto** ['ʁaptu] M Entführung f; (roubo) Raub m; fig Verzückung f **raptor** [ʁap'tor] M Entführer m

raqueta [ʁa'kɛtɐ] F, **raquete** [ʁa'kɛti] F (Tennis)Schläger m

raquítico [ʁa'kitiku] rachitisch; fig schmächtig; planta verkümmert **raquitismo** [ʁaki'tiʒmu] M Rachitis f

raramente [ʁara'mẽti] ADV selten **rarear** [ʁa'rjar] ⟨1l⟩ sich lichten; selten werden (ou sein)

rarefa(c)ção [ʁarifa'sɐ̃w] F Versiegen n; gás: Ausdünnung f **rarefazer** [ʁarifa'zer] ⟨2v⟩ gás ausdünnen; lichten; (deixar extinguir) versiegen lassen **rarefeito** [ʁari-'fɐjtu] A PP irr → rarefazer B ADJ gás dünn; licht **raridade** [ʁaɾi'dadi] F̄ Seltenheit f, Rarität f **raro** ['ʁaɾu] ADJ selten; vereinzelt; *(rarefeito)* spärlich; *(invulgar)* außergewöhnlich

rasca ['ʁaʃkɐ] A ADJ *pop gosto* geschmacklos; *qualidade* saumäßig B F̄ NÁUT *(rede)* Schleppnetz n; *(barco)* Fischerboot n; **estar** *(ou* **ver-se)** **à ~** nicht zurechtkommen **rascadeira** [ʁaʃkɐ'deɾɐ] F̄ *bras* Striegel m; **limpar com ~** striegeln **rascador** [ʁaʃkɐ'doɾ] M̄ Schaber m **rascadura** [ʁaʃkɐ'duɾɐ] F̄ Schramme f; Kratzer m **rascante** [ʁaʃ'kɐ̃ti] scharf, kratzend; herb **rascar** [ʁaʃ'kaɾ] ⟨1n; Stv 1b⟩ (ab)kratzen **rascunhar** [ʁaʃku'ɲaɾ] ⟨1a⟩ skizzieren; entwerfen **rascunho** [ʁaʃ'kuɲu] M̄ Entwurf m; Skizze f; *(plano)* Konzept n; **papel n de ~** fam Schmierpapier n **rasgadela** [ʁɐʒgɐ'dɛlɐ] F̄ → rasgadura **rasgado** [ʁɐʒ'gadu] breit; weit; *tecido* zerrissen; *(generoso)* großzügig; *(corajoso)* gewagt **rasgadura** [ʁɐʒgɐ'duɾɐ] F̄, **rasgamento** [ʁɐʒgɐ'mẽtu] M̄, **rasgão** [ʁɐʒ'gɐ̃w] M̄ *vestuário* Riss m; *(madeira, metal)* Schramme f; *fig* Großzügigkeit f; *(amplidão)* Weitläufigkeit f **rasgar** [ʁɐʒ'gaɾ] ⟨Stv 1b⟩ A V/T *papel, tecido* ein-, zerreißen; *metal, madeira* zerkratzen; *(arrancar)* wegreißen; *caminho* bahnen; *(durch)*brechen B V/I (& V/R) **~(-se)** zerreißen; *ferida* sich spalten **rasgo** ['ʁɐʒgu] M̄ PINT (Pinsel)Strich m; *de carácter*: (Charakter)Zug m; *(entusiasmo)* Schwung m; *de génio*: (Geistes)Blitz m; **~ de valor** Heldentat f; **de um ~** ein für alle Mal; **um ~ de ar** einen Hauch von **raso** ['ʁazu] A ADJ *salto* flach; *(plano)* eben; *(liso)* glatt; *medida* gestrichen voll; *pelo* kurz geschoren; *ângulo* gestreckt; *soldado* gewöhnlich; **campo m ~** freies Feld n; **~ de port** voller; **ir tudo ~ port** *pop* den Bach runtergehen B M̄ Flachland n; *bras tb* Flachwasser n **rasoura** [ʁɐ'zoɾɐ] F̄ TECN Polierstahl m; *carpinteiro*: Schaber m **raspa** ['ʁaʃpɐ] F̄ (Hobel)Span m; GASTR Raspel f; **~s** *pl* Späne *mpl* **raspadeira** [ʁaʃpɐ'dɐjɾɐ] F̄ Schaber m; Radiermesser n **raspadela** [ʁaʃpɐ'dɛlɐ] F̄ → raspagem **raspadura** [ʁaʃpɐ'duɾɐ] F̄ Raspelspäne *mpl*; Abgekratzte(s) n; *acção*: → raspa-

gem **raspagem** [ʁaʃ'paʒɐ̃j] F̄ Abkratzen n; (Ab)Raspeln n; Radieren n; Schaben n **raspanete** [ʁaʃpɐ'nɛti] M̄ *fam* Abreibung f; **pregar um ~ a alg** j-m e-e Abreibung verpassen **raspão** [ʁaʃ'pɐ̃w] M̄ Schramme f; **de ~** haarscharf (vorbei); **passar de ~** schrammen **raspar** [ʁaʃ'paɾ] ⟨1b⟩ abschaben; *(apagar)* (aus)radieren; *(riscar)* schrammen; *fig* austilgen; **~-se** *fam* abhauen **raspa-vidros** [ʁaʃpɐ'vidɾuʃ] M̄ ⟨*pl* inv⟩ Eiskratzer m **rastear** [ʁaʃ'tjaɾ] ⟨1l⟩ → rastejar **rasteira** [ʁaʃ'tɐjɾɐ] F̄ Fußangel f; *(arrastadeira)* Bettpfanne f; **passar uma ~ a alg** j-m ein Bein stellen **rasteiro** [ʁaʃ'tɐjɾu] Kriech...; *(tb* BOT*)* kriechend; schleppend; *fig* armselig; *(servil)* kriecherisch; **cão m ~** Spürhund m **rastejar** [ʁaʃtɨ'ʒaɾ] ⟨1d⟩ A V/T nachspüren *(dat)*; auf-, ausspüren B V/I kriechen; *tempo* sich hinschleppen **rastejo** [ʁaʃ'tɐʒu] M̄ Kriechen n **rastilho** [ʁaʃ'tiʎu] M̄ Zündschnur f **rasto** ['ʁaʃtu] M̄ Spur F̄; *caça*: Fährte f; *ski*: (Ski)Loipe f; **andar de ~s** (dahin)kriechen; sich schleppen; **apagar o ~ de alg** j-s Spuren verwischen; **ficar de ~s fig** am Boden zerstört sein; **seguir o ~ de alg** in j-s Fußstapfen treten; j-m folgen; **ir no ~ de alg** j-m folgen **rastrear** [ʁaʃtɾi'aɾ] ⟨1l⟩ *assunto* erforschen; MED e-n Abstrich machen; *bras tb* harken; **~ alg** j-s Spuren folgen **rastro** ['ʁaʃtɾu] M̄ *espec bras* → rasto **rasura** [ʁɐ'zuɾɐ] F̄ radierte Stelle f; *(aparas)* Späne *mpl* **rasurar** [ʁɐzu'ɾaɾ] ⟨1a⟩ schaben; *(apagar)* radieren **rata** ['ʁatɐ] F̄ Maus f *(weibliches Tier)*; *bras fig* Blamage f; **cometer** *(ou* **dar) uma ~** *bras* sich blamieren **ratão** [ʁɐ'tɐ̃w] A ADJ ulkig B M̄, **ratona** [ʁɐ'tonɐ] F̄ *fig* Spaßvogel m **ratazana** [ʁɐtɐ'zɐnɐ] F̄ Ratte f; *fam fig* ulkiges Huhn m; **~ de esgoto** Kanalratte f **ratear** [ʁɐ'tjaɾ] ⟨1l⟩ *custos* umlegen **rateio** [ʁɐ'tɐju] M̄ Umlage f **rateira** [ʁɐ'tɐjɾɐ] F̄ Maulwurfshügel m **raticida** [ʁɐti'sidɐ] M̄ Rattengift n **ratificação** [ʁɐtifikɐ'sɐ̃w] F̄ Bestätigung f; POL Ratifikation f **ratificar** [ʁɐtifi'kaɾ] ⟨1n⟩ bestätigen; POL ratifizieren **ratinho** [ʁɐ'tiɲu] M̄ ZOOL Mäuschen n; Hausmaus f; ANAT Milchzahn m; *fam* Kohldampf m

Ratisbona [ʁatiƷ'bɔnɐ] Regensburg n
rato ['ʁatu] **A** ADJ cor mausgrau **B** **M** Maus f (tb INFORM); **~ de água** Wasserratte f; **~ de biblioteca** Bücherwurm m; **fome f de ~** Mordshunger m; **calado como um ~** fam mucksmäuschenstill; **com um clique do ~** mit e-m Mausklick **ratoeira** [ʁɐ'twɐjrɐ] F Mausefalle f; fig Falle f; **armar uma ~ a alg** pop j-n hereinlegen **ratona** [ʁɐ'tonɐ] F → **ratonear**
ratonear [ʁɐtu'njar] ⟨1l⟩ mausen **ratoneiro** [ʁɐtu'nɐjru] M Gauner m **ratonice** [ʁɐtu'nisi] F Diebereif; Diebesgut n
ravina [ʁɐ'vinɐ] F Schlucht f
razão [ʁɐ'zɐ̃u] **A** F **1** (juízo) Vernunft f; **chamar (ou trazer) à ~** zur Vernunft bringen **perder a ~** den Verstand verlieren **2** (motivo) (Beweg)Grund m; (explicação) Erklärung f **3** (legitimidade) Recht n; (justificação) Rechenschaft f; **~ de Estado** Staatsräson f; **~ de ser** Daseinsberechtigung f; **ter ~** Recht haben; **com toda a ~** mit vollem Recht; **em ~ de** wegen (gen); **sem ~** grundlos; **dar ~ a alg** j-m Recht geben; **estar fora da ~** Unrecht haben **4** MAT etc Verhältnis n; **~ de** zum Zinssatz von; zu (je); fig in dem Maße wie; **estar na ~ dire(c)ta/inversa de** MAT im direkten/umgekehrten Verhältnis stehen zu **5** ⊕ **social** Firmenname m **B** M COM Hauptbuch n
razia [ʁɐ'ziɐ] F Zerstörung f; Vandalismus m
razoável [ʁɐ'zwavɛɫ] vernünftig; tamanho, qualidade ziemlich (groß ou gut); preço angemessen
r/c. ABR (rés-do-chão) EG m (Erdgeschoss)
re... [ʁi-], vor Vokal [ʁj-] EM COMP wieder...; re...; zurück...
ré¹ [ʁɛ] F DIR Angeklagte f
ré² [ʁɛ] F NÁUT Heck n; bras AUTO Rückwärtsgang m
ré³ [ʁɛ] M MÚS D n
reabastecer [ʁjɐbɐʃti'ser] ⟨2g; Stv 2c⟩ (erneut) versorgen (**de** mit); Stv auftanken **reabastecimento** [ʁjɐbɐʃtisi'mẽtu] M Nachschub m; AERO Auftanken n
reabertura [ʁjɐbir'turɐ] F Wiedereröffnung f
reabilitação [ʁjɐbilitɐ'sɐ̃u] F penal: Rehabilitation f; social: Ehrenrettung f; **clínica f de ~** Rehaklinik f **reabilitar** [ʁjɐbili'tar] ⟨1a⟩ rehabilitieren; **~-se de** sich erholen von

rea(c)ção [ʁjɐ'sɐ̃u] F Reaktion f; **~ em cadeia** FÍS, fig Kettenreaktion f **rea(c)cional** [ʁjasju'naɫ] Reaktions... **rea(c)cionário** [ʁjasju'narju] reaktionär **rea(c)tivar** [ʁjati'var] ⟨1a⟩ reaktivieren **rea(c)tivo** [ʁja'tivu] Reaktions...; reaktiv **rea(c)tor** [ʁja'tor] M Reaktor m; AERO Triebwerk n; **~ de rápido enriquecimento**, **~ rápido** schneller Brüter m; **~ nuclear** Kernreaktor m
readaptação [ʁjɐdɐptɐ'sɐ̃u] F Wiedereingliederung f (**a** in ac); **~ profissional** Umschulung f **readmissão** [ʁjɐdmi'sɐ̃u] F Wiederaufnahme f
reafirmar [ʁjɐfir'mar] ⟨1a⟩ von Neuem bestätigen, versichern
reagente [ʁjɐ'ʒẽti] M Reagens n **reagir** [ʁjɐ'ʒir] ⟨3n⟩ reagieren (**a**, **contra** auf ac); (opor-se) sich widersetzen (**a** dat)
reagrupamento [ʁjɐgrupɐ'mẽtu] M Umgruppierung f; **~ familiar** Familienzusammenführung f
reajustamento [ʁjɐʒuʃtɐ'mẽtu] M → **reajuste** **reajustar** [ʁjɐʒuʃ'tar] ⟨1a⟩ angleichen (**a an** ac) **reajuste** [ʁja'ʒuʃti] M Angleichung f; espec Lohnanpassung f
real¹ [ʁjaɫ] ADJ **1** wirklich; tatsächlich; real; DIR Sach(en)...; **encargos mpl reais** Realsteuern fpl; **valor m ~** Sachwert m
real² [xjau] M **1** bras ⟨pl reais⟩ moeda: Real m **2** port ⟨pl réis⟩ [ʁjaɫ] hist Münze

▶ **Real**

Die heutige, sehr stabile brasilianische Währung ist der **Real** (seit 1994). Auch von 1690 bis 1942 trug die brasilianische Währung schon diesen Namen. In der 2. Hälfte des 20. Jahrhunderts gab es in Brasilien immer wieder Inflationsphasen, zuletzt 1999. Mehrfach wechselte die Währung ihren Namen zwischen **cruzeiro** und **cruzado**.
◀

real³ [ʁjaɫ] ADJ königlich
realçar [ʁjaɫ'sar] ⟨1p⟩ hervorheben; (louvar) rühmen; **~-se** sich abheben; hervortreten **realce** ['ʁjaɫsi] M Hervorhebung f; (acentuar) Betonung f; (brilho) Glanz m; **partícula f de ~** LING Füllwort n; **dar ~ a** hervorheben

realejo [ʁjɐˈlɐiʒu] M Leierkasten m, Drehorgel f

realeza [ʁjɐˈlezɐ] F Königswürde f; *(casa real)* Königshaus n; *fig* Prunk m

realidade [ʁjɐtiˈdadi] F Wirklichkeit f; **virtual** virtuelle Realität f; **na ~ in** Wirklichkeit

realinhamento [ʁjɐliɲɐˈmẽtu] M (Wieder)Anpassung f *(espec* FIN*)*

realismo [ʁjɐˈliʒmu] M Realismus m; *(veracidade)* Wirklichkeitstreue f

realista[1] [ʁjɐˈliʃtɐ] **A** ADJ realistisch **B** M/F Realist(in) m(f)

realista[2] [ʁjɐˈliʃtɐ] **A** ADJ königstreu, royalistisch **B** *port* Royalist(in) m(f)

realização [ʁjɐlizɐˈsɐ̃u] F Verwirklichung f; *(satisfação)* Erfüllung f; *projecto*: Aus-, Durchführung f; COM Ab-, Umsatz m; CINE Regie f; TEAT Inszenierung f; **espírito m de ~** Unternehmungsgeist m; **~ pessoal** Selbstverwirklichung f **realizador(a)** [ʁjɐlizɐˈdor(ɐ)] M/F Ausführende(r) m/f(m); *(organizador)* Veranstalter(in) m(f); CINE Regisseur(in) m(f) **realizar** [ʁjɐliˈzar] ⟨1a⟩ verwirklichen; *(levar a cabo)* durchführen; veranstalten; TEAT inszenieren; CINE drehen; *fig* begreifen; *desejo* erfüllen; *mercadoria* absetzen; *capital* flüssig machen; **~-se** stattfinden; *profecia* sich verwirklichen; *desejo* in Erfüllung gehen **realizável** [ʁjɐliˈzavɛɫ] durchführbar; *desejo* erfüllbar

realmente [ʁjɐɫˈmẽti] ADV wirklich; tatsächlich, in der Tat

realojamento [ʁjɐɫuʒɐˈmẽtu] M Umsiedlung f

reanimação [ʁjɐnimɐˈsɐ̃u] F Wiederbelebung f **reanimar** [ʁjɐniˈmar] ⟨1a⟩ wieder beleben; reanimieren; **~-se** wieder Mut fassen

reaproveitamento [ʁjɐpruvɐitɐˈmẽtu] M Wiederverwertung f **reaproveitar** [ʁjɐpruvɐiˈtar] ⟨1a⟩ wiederverwerten

rearmamento [ʁjarmɐˈmẽtu] M Wiederbewaffnung f; POL (Wieder)Aufrüstung f

reatar [ʁjɐˈtar] ⟨1b⟩ wieder anknüpfen; wieder aufgreifen

reaver [ʁjɐˈver] ⟨2n⟩ wiedererlangen

reavivar [ʁjɐviˈvar] ⟨1a⟩ auffrischen; beleben; INFORM *ficheiro* wiederherstellen; **~-se** aufleben

rebaixa [ʁiˈbɐiʃɐ] F Rückgang m; *preços*: Preisnachlass m **rebaixamento** [ʁibɐiʃɐˈmẽtu] M Senkung f; Vertiefung f; *fig* Herabwürdigung f; Würdelosigkeit f; **~ do nível de água** (Grund)Wasserabsenkung f **rebaixar** [ʁibɐiˈʃar] ⟨1a⟩ (ab)senken; abhobeln; herabsetzen; TECN aussparen; *fig* entwürdigen; **~-se** sich erniedrigen; herunterkommen **rebaixo** [ʁiˈbɐiʃu] M Senkung f; Vertiefung f; TECN Aussparung f; Verschlag m

rebanho [ʁiˈbɐɲu] M Herde f

rebarba [ʁiˈbarbɐ] F (Mauer)Vorsprung m; TECN Gussnaht f; *jóias*: Einfassung f; TIPO Zeilenabstand m **rebarbadora** [ʁibɐrbɐˈdorɐ] F Trenn-, Winkelschleifer m **rebarbar** [ʁibɐrˈbar] ⟨1b⟩ abschleifen **rebarbativo** [ʁibɐrbɐˈtivu] feist; *(desagradável)* abstoßend; *(grosseiro)* grob

rebate [ʁiˈbati] M 1 Alarm m; *sinal*: Alarmzeichen n, Warnung f; *fig* Ahnung f; **~ de consciência** *port* Gewissensbisse mpl; **tocar a ~** Alarm schlagen 2 COM Rabatt m; Abzug m **rebater** [ʁibɐˈter] ⟨2b⟩ zurückschlagen; *(condenar)* verurteilen; *prego* umklopfen; COM diskontieren; rabattieren **rebatível** [ʁibɐˈtivɛɫ] um-, zurückklappbar **rebato** [ʁiˈbatu] M Türschwelle f

rebelde [ʁiˈbɛɫdi] **A** ADJ POL rebellisch; widerspenstig; *fig* störrisch **B** M/F Rebell(in) m(f) **rebeldia** [ʁibɛɫˈdiɐ] F Widerspenstigkeit f; Aufruhrertum n **rebelião** [ʁibɛˈljɐ̃u] F Aufstand m, Rebellion f

rebenque [xeˈbẽki] M *bras* Reitpeitsche f

rebentação [ʁibẽtɐˈsɐ̃u] F Brandung f; BOT Knospen n **rebentamento** [ʁibẽtɐˈmẽtu] M Explosion f; *costura etc* (Auf)Platzen n **rebentão** [ʁibẽˈtɐ̃u] M BOT Wurzelschössling m; *fam fig* Sprössling m **rebentar** [ʁibẽˈtar] ⟨1a⟩ **A** VI/T auf-, zerbrechen; *(deitar a baixo)* niederreißen **B** VI *balão, alg* platzen, bersten (**de** vor *dat*); *onda* sich brechen; *tempestade* ausbrechen; hereinbrechen *planta* sprießen; *nascente* hervorquellen; **~ com** entzweimachen; **~ de** *dat* umkommen vor (*dat*) **rebentina** [ʁibẽˈtinɐ] F Wut f; *ataque*: Wutanfall m

rebento [ʁiˈbẽtu] M Trieb m; Keim m; Schössling m; *fig* Sprössling m; **~ de soja** Sojakeim m

rebitagem [ʁibiˈtaʒɐ̃ĩ] F (Ver)Nieten n **rebitar** [ʁibiˈtar] ⟨1a⟩ vernieten **rebite**

[ʁi'biti] M Niete f

reboar [ʁi'bwar] ⟨1f⟩ widerhallen

rebobinagem [ʁibɔbi'naʒẽĩ] F *cassette*: Zurückspulen n **rebobinar** [ʁibɔbi'nar] ⟨1a⟩ zurückspulen

rebocador [ʁibuka'dor] A ADJ Schlepp… B M NÁUT Schlepper m C ARQUIT Verputzer m **rebocar** [ʁibu'kar] ⟨1n; *Stv* 1e⟩ **1** (ab)schleppen; ziehen **2** verputzen **rebocável** [ʁibu'kavɛł] ADJ fahrbar **reboco** [ʁi'bɔku] M (Ver)Putz m; ~ **crespo** Rauputz m; ~ **projectado** Spritzputz m

rebojo [xe'boʒu] M *bras* Windbö f; *água*: Strudel m

rebolão [ʁibu'lɐ̃ũ] A ADJ dick B M *bras* Angeber m **rebolar** [ʁibu'łar] ⟨1e⟩ wälzen; drehen; *ao andar, dançar*: die Hüften schwingen lassen; **~-se** (sich) rollen; *ao andar* schaukeln, sich wiegen **rebolear** [xebo'ljar] ⟨1l⟩ *bras corda* schwingen; **~-se** sich wiegen; *(dançar)* tanzen **reboleira** [ʁibu'łʒira] F Dickicht n **reboliço** [ʁibu'łisu] rund; *(que vira)* sich drehend; *(irrequieto)* unruhig **rebolo** [ʁi'botu] M Schleifstein m; *fam* Walze f; **aos ~s, de** ~ sich wälzend **rebolona** [ʁibu'łona] A ADJ → rebolão B F *fam* Matrone f

reboque [ʁi'bɔki] M (Ab)Schleppen n; Schlepptau n; AUTO (An)Hänger m; **(carro m de)** ~ Abschleppwagen m; NÁUT Schlepper m; **levar a** ~ (ab)schleppen; **pôr a** ~ ins Schlepptau nehmen

rebordagem [ʁibur'daʒẽĩ] F NÁUT Kollisionsschaden m, -entschädigung f **rebordão** [ʁibur'dɐ̃ũ] M Hecke f; Einfriedung f **rebordar** [ʁibur'dar] ⟨1e⟩ abkanten; Kanten glätten

rebordo [ʁi'bordu] M (Teller- etc)Rand m; TECN Falz m; ~ **de roda** AUTO Spurkranz m **rebordosa** [xebox'dɔze] F *bras* Tadel m; MED schwere Krankheit f

rebotalho [ʁibu'taʎu] M Ausschuss m

rebrilhar [ʁibri'ʎar] ⟨1a⟩ erglänzen

rebuçado [ʁibu'sadu] M *port* Bonbon n; ~ **para a tosse** *port* Hustenbonbon n **rebuçar** [ʁibu'sar] ⟨1p⟩ verhüllen **rebuço** [ʁi'busu] M Verhüllung f; *(máscara)* Maske f; *fig* Verstellung f; **sem ~s** unumwunden

rebulício [ʁibu'łisju] M, **reboliço** [ʁibu'łisu] M Auflauf m; *(alvoroço)* Getümmel n **rebulir** [ʁibu'łir] ⟨3h⟩ A VT *texto* überarbeiten B VI in Eile sein, (umher)hasten

rebusca [ʁi'buʃka] F Nachlese f; *fig* Nachforschung f **rebuscado** [ʁibuʃ'kadu] *estilo* ausgesucht **rebuscar** [ʁibuʃ'kar] ⟨1n⟩ sammeln; *estilo* feilen **rebusco** [ʁi'buʃku] M → rebusca

recado [ʁi'kadu] M Besorgung f; *(aviso)* Bescheid m; *(incumbência)* Auftrag m; **dar um** ~ etwas ausrichten; **deixar um** ~ e-e Nachricht hinterlassen (**a alg** j-m); **fazer um** ~ e-n Auftrag erledigen; **mandar ~s a alg** j-m Grüße übermitteln; **moço m de ~s** Botenjunge m, Laufbursche m; *fam* **(não) dar conta do** ~ es (nicht) schaffen; der Arbeit (nicht) gewachsen sein

recaída [ʁika'ida] F Rückfall m; ~ **económica** Abschwung m, Konjunkturrückgang m **recair** [ʁika'ir] ⟨3l⟩ zurückfallen (**em** in ac); *droga, álcool*: rückfällig werden; MED e-n Rückfall bekommen; ~ **sobre** fallen auf *(ac)*; ~ **sobre alg** j-m zufallen

recalcado [ʁikał'kadu] ADJ *cão* compacto; *tema* wiederholt; PSICOL gehemmt, unfrei **recalcamento** [ʁikałka'mẽtu] M PSICOL Verdrängung f; Hemmung f; *bras* MED Verstauchung f **recalcar** [ʁikał'kar] ⟨1n⟩ *(repetir)* wiederholen; *sentimentos* verdrängen; *bras pé* verstauchen

recalcitrante [ʁikałsi'trɐ̃ti] widerspenstig **recalcitrar** [ʁikałsi'trar] ⟨1a⟩ bocken; sich sträuben

recalque [ʁi'kałki] M → recalcamento

recamar [ʁika'mar] ⟨1a⟩ *(bordar)* besticken; *(enfeitar)* schmücken; *(cobrir)* bedecken

recambiar [ʁikɐ̃'bjar] ⟨1g⟩ zurückschicken, -geben; *mercadoria* umtauschen; COM retournieren

recâmbio [ʁi'kɐ̃bju] M Rückgabe f; *(troca)* Aus-, Umtausch m; *(despesas)* Rückspesen *pl*; **conta f de** ~ Retourrechnung f; **letra f de** ~ Rückwechsel m; **bolsa f de** ~ Nachfüllbeutel m; **motor m de** ~ Austauschmotor m

recanto [ʁi'kɐ̃tu] M Winkel m

recapitulação [ʁikɐpitułɐ'sɐ̃ũ] F (zusammenfassende) Wiederholung f **recapitular** [ʁikɐpitu'łar] ⟨1a⟩ rekapitulieren, zusammenfassen

recarga [ʁi'karga] F *geralm* Nachfüllpackung f; *lapiseira*: Ersatzmine f; MIL erneuter Angriff m

recarregar [ʁikaʁi'gar] ⟨1o; Stv 1e⟩ pilha wieder aufladen **recarregável** [ʁikaʁi'gavɛɫ] wieder aufladbar

recatar [ʁikɐ'tar] ⟨1b⟩ aufbewahren; (esconder) verstecken; segredo verheimlichen; **~-se** sich zurückhalten

recauchutagem [ʁikauʃu'taʒɐ̃ĩ] F̄ pneu: Runderneuerung f **recauchutar** [ʁikauʃu'tar] ⟨1a⟩ runderneuern

recear [ʁisi'ar] ⟨1l⟩ V/T (be)fürchten B V/I sich fürchten (**de** vor dat)

recebedor(a) [ʁisibi'dor(a)] M(F) Empfänger(in) m(f); de finanças: Finanzbeamter(in) m(f) **recebedoria** [ʁisibidu'ria] F̄ Finanzamt n **receber** [ʁisi'ber] ⟨2c⟩ hóspede empfangen; correio, prémio erhalten; lucro einnehmen; **~ em casamento** heiraten **recebimento** [ʁisibi'mẽtu] M̄ Empfang m, Erhalt m; **após ~** nach Eingang

receio [ʁi'sɐju] M̄ Furcht f; Befürchtung f; **sem ~** unbedenklich

receita [ʁi'sɐĩta] F̄ 1 Einnahme f 2 MED, GASTR Rezept n (aviar einlösen); **só com ~** nur auf Rezept **receitar** [ʁisɐĩ'tar] ⟨1a⟩ verschreiben; verordnen **receituário** [ʁisɐĩ'twarju] M̄ Rezeptformular n

recém-... [ʁi'sɐ̃ĩ-] EM COMP neu...; kürzlich; **recém-casado** [ʁisɐ̃ĩka'zadu] frisch verheiratet **recém-chegado** [ʁisɐ̃ĩʃi'gadu] A ADJ soeben eingetroffen B -a F̄ Neuankömmling m **recém-fabricado** [ʁisɐ̃ĩfɐbri'kadu] fabrikneu **recém-falecido** [ʁisɐ̃ĩfɐli'sidu] kürzlich verstorben **recém-nascido** [ʁisɐ̃ĩnaʃ'sidu] A ADJ neugeboren B M̄, -a F̄ Neugeborene(s) f

recender [ʁisẽ'der] ⟨2a⟩ A V/T perfume verströmen B V/I (stark) duften

recenseamento [ʁisẽsja'mẽtu] M̄ (Volks)Zählung f; Erfassung f; **~ dos eleitores** Aufstellung f der Wählerlisten **recensear** [ʁisẽ'sjar] ⟨1l⟩ in Listen eintragen; auszählen; **~ a população** eine Volkszählung durchführen

recente [ʁi'sẽti] neu; jüngste **recentemente** [ʁisẽti'mẽti] ADV vor kurzem

receoso [ʁi'sjozu] ängstlich

recepção [ʁisɛ'sɐ̃õ] F̄ Empfang m; Aufnahme f **recepcionista** [ʁisɛsjuˈniʃtɐ] M(F) Empfangschef(in) m(f) **receptação** [ʁisɛtɐ'sɐ̃õ] F̄ Hehlerei f; Mitwisserschaft f **receptáculo** [ʁisɛ'takulu] M̄ Behälter m; Sammelbecken n (tb fig) **receptador** [ʁisɛtɐ'dor] M̄, **-a** [ʁisɛtɐ'dora] F̄ Hehler(in) m(f) **receptar** [ʁisɛ'tar] ⟨1a⟩ bens roubados verbergen; roubo begünstigen **receptibilidade** [ʁisɛtibiɫi'dadi] F̄ Aufnahmebereitschaft f; Empfänglichkeit f **receptivo** [ʁisɛ'tivu] empfänglich (a für) **receptor** [ʁisɛ'tor] A ADJ Empfangs... B M̄ rádio etc: Empfangsgerät n; TEL Hörer m C M̄, **-a** [ʁisɛ'tora] F̄ Empfänger(in) m(f)

recessão [ʁisɛ'sɐ̃õ] F̄ Rezession f; **~ económica mundial** Weltwirtschaftskrise f

recesso [ʁi'sɛsu] M̄ Schlupfwinkel m

rechaçar [ʁiʃɐ'sar] ⟨1p; Stv 1b⟩ MIL zurückschlagen; (enxotar) verjagen; (rejeitar) verstoßen; zurückweisen **rechaço** [ʁi'ʃasu] M̄ Zurückweisung f

rechapagem [ʁiʃɐ'paʒɐ̃ĩ] F̄ → recauchutagem

recheado [ʁi'ʃjadu] GASTR gefüllt **rechear** [ʁi'ʃjar] ⟨1l⟩ füllen

rechego [ʁi'ʃegu] M̄ caça: Anstand m

recheio [ʁi'ʃɐju] M̄ Füllung f (tb GASTR); GASTR Farce f; casa: Ausstattung f; Inventar n; **~ de casa** port Hausrat m

rechonchudo [ʁiʃõ'ʃudu] rundlich; pausbacky

recibo [ʁi'sibu] M̄ Quittung f; **~ de pagamento** Einzahlungsbeleg m; **passar ~** Quittung ausstellen

recicladora [ʁisikɫɐ'dora] F̄ TECN Wiederaufbereitungsanlage f; empresa: Recyclingunternehmen n **reciclagem** [ʁisi'kɫaʒɐ̃ĩ] F̄ Recycling n; **curso m de ~** port Fortbildungskurs m **reciclar** [ʁisi'kɫar] ⟨1c⟩ recyceln **reciclável** [ʁisi'kɫavɛɫ] wieder verwertbar; **material m ~** tb Wertstoff m

recidiva [ʁisi'divɐ] F̄ Rückfall m **recidivar** [ʁisidi'var] ⟨1a⟩ MED e-n Rückfall erleiden **recidivo** [ʁisi'divu] rückfällig

recife [ʁi'sifi] M̄ Riff n

Recife [xe'sifi] M̄ GEOG (o) ~ Hauptstadt v. Pernambuco

recinto [ʁi'sĩtu] M̄ Bereich m; (divisão) Raum m; desportivo: Halle f; aberto: Gelände n

recipiente [ʁisi'pjẽti] A M̄ Gefäß n, Behälter m; **~ de pressão do rea(c)tor** FIS Reaktordruckgefäß n B M(F) LIT Rezipient(in) m(f)

reciprocar [ʁisipru'kar] ⟨1n; Stv 1e⟩ cumprimentos austauschen; umkehren; **~-se** einander entsprechen; *(revezar-se)* sich abwechseln **reciprocidade** [ʁisiprusi-'dadɪ] F̲ Gegenseitigkeit f

recíproco [ʁi'sipruku] wechselseitig; Gegen-...; Wechsel-...; reziprok

récita ['ʁɛsita] F̲ Vortragsabend m; *(ópera)* Opernabend m

recitação [ʁisita'sɐ̃ʊ̃] F̲ Rezitation f **recitador** [ʁisita'dor] M̲ Rezitator m **recital** [ʁisi'taɫ] M̲ Vortragsabend m; *(concerto)* (Solo)Konzert n **recitar** [ʁisi'tar] ⟨1a⟩ rezitieren **recitativo** [ʁisita'tivu] M̲ Rezitativ n

reclamação [ʁiklɐmɐ'sɐ̃ʊ̃] F̲ Beschwerde f; DIR Einspruch m; Rückforderung f; Forderung f; COM Reklamation f; **~ de perdas e danos** Schadenersatzforderung f; **livro m de ~-ões** Beschwerdebuch n; **apresentar ~ão** Einspruch erheben gegen; sich beschweren über *(ac)*; **fazer ~ de a/c** etw reklamieren **reclamar** [ʁiklɐ'mar] ⟨1a⟩ A̲ V̲T̲ (zurück)fordern; reklamieren B̲ V̲I̲; **~ a/c a alg** j-n um etw bitten; *(queixar-se)* sich beschweren über *(ac)*; **~ contra** Einspruch erheben gegen; **~ por a/c** etw fordern **reclame** [ʁɛ'klɐmɪ] M̲, **reclamo** [ʁɛ'klɐmu] M̲ Reklame f *(a für)*; TEAT Stichwort n

reclinar [ʁikli'nar] ⟨1a⟩ (an)lehnen; legen; *cadeira* umklappen

reclusão [ʁiklu'zɐ̃ʊ̃] F̲ Einschließung f; DIR Haft f; *fig* Abgeschlossenheit f **recluso** [ʁi'kluzu] A̲ A̲DJ̲ eingeschlossen; inhaftiert B̲ M̲ Häftling m

recobrar [ʁiku'brar] ⟨1e⟩ A̲ V̲T̲ *forças* wiedererlangen; *distância* aufholen, nachholen B̲ V̲I̲ (G V̲R̲) **~(-se)** sich erholen *(de von)*; wieder zu Kräften kommen

recolha [ʁi'koʎa] F̲ (Ein)Sammeln n; Sammlung f; *colheita:* Einbringen n; Einholen n; *impostos:* Einziehung f; **~ de dados** *port* INFORM Datenerfassung f; **~ do lixo** *port* Müllabfuhr f; **~ selectiva** *port* Mülltrennung f

recolher [ʁiku'ʎer] ⟨2d⟩ A̲ V̲T̲ (ein)sammeln; *colheita* einbringen; (ab)ernten; *(guardar)* aufbewahren; *a/c* aufnehmen; *(abrigar)* unterbringen, unterstellen; *fig* folgern B̲ V̲I̲ eingeliefert werden *(a in ac)*; *(regressar)* zurückkehren; **~-se** sich zurückziehen; *(fugir)* sich flüchten *(de vor dat)*; **~-se dentro de si** in sich *(ac)* gehen; *inchaço* zurückgehen; **tocar a ~** den Zapfenstreich blasen **recolhida** [ʁiku-'ʎida] F̲ Rückzug m; *fig* Zurückgezogenheit f **recolhido** [ʁiku'ʎidu] zurückgezogen; *(comedido)* zurückhaltend; **estar ~** (schon) zur Ruhe gegangen sein **recolhimento** [ʁikuʎi'mẽtu] M̲ Zurückgezogenheit f; REL Andacht f, Sammlung f

recomeçar [ʁikumɨ'sar] ⟨1p; *Stv* 1c⟩ wieder aufnehmen **recomeço** [ʁiku'mesu] M̲ Wiederaufnahme f; Neubeginn m

recomendação [ʁikumẽda'sɐ̃ʊ̃] F̲ Empfehlung f; *(aviso)* Ermahnung f; **carta f de ~** Empfehlungsschreiben n; **fazer a ~ de** empfehlen **recomendar** [ʁikumẽ'dar] ⟨1a⟩ empfehlen; *(confiar)* anvertrauen *(a alg j-m)*; *(encarregar)* auftragen **recomendável** [ʁikumẽ'davɛɫ] empfehlenswert; *(aconselhável)* ratsam

recompensa [ʁikõ'pẽsa] F̲ Belohnung f; *por danos:* Entschädigung f; Ausgleich m **recompensar** [ʁikõpẽ'sar] ⟨1a⟩ belohnen, entschädigen *(de für)*

recompor [ʁikõ'por] ⟨2z⟩ umbilden; **~-se** sich erholen **recomposição** [ʁikõpuzi'sɐ̃ʊ̃] F̲ (Regierungs)Umbildung f

recôncavo [ʁi'kõkavu] M̲ *(enseada)* Bucht f; *(gruta)* Grotte f, Höhle f

reconcentrar [ʁikõsẽ'trar] ⟨1a⟩ sammeln; *tropas* zusammenziehen

reconciliação [ʁikõsilja'sɐ̃ʊ̃] F̲ Versöhnung f **reconciliar** [ʁiku'ʎjar] V̲T̲ (G V̲R̲) ⟨1g⟩ **~(-se)** (sich) versöhnen **reconciliatório** [ʁikõsilja'tɔrju] versöhnlich

recondicionamento [ʁekõdɨsjona-'mẽtu] M̲ *bras* TECN Erneuerung f; Überholung f

recôndito [ʁi'kõditu] A̲ A̲DJ̲ verborgen B̲ M̲ Versteck n

recondução [ʁikõdu'sɐ̃ʊ̃] F̲ Rückführung f; *prazo:* Fristverlängerung f; POL Mandatsverlängerung f; *candidato:* Wiederernennung f, -wahl f **reconduzir** [ʁikõdu'zir] ⟨3m⟩ zurückbringen; wieder ernennen; *prazo, mandato* verlängern

reconfortante [ʁikõfur'tãtɪ] A̲ A̲DJ̲ tröstlich B̲ M̲ Stärkungsmittel n **reconfortar** [ʁikõfur'tar] ⟨1e⟩ *(alimentar)* stärken; *(consolar)* trösten

reconhecer [ʁikuɲɨ'ser] ⟨2g⟩ (wieder)erkennen **(por, em** an *dat)*; einsehen; *autoridade etc* anerkennen; *(confessar)* zugeben; *caminho* erkunden; *(agradecer)* sich erkenntlich zeigen für; DIR beglaubigen; **~-se** sich bekennen (als) **reconhecido** [ʁikuɲi'sidu] dankbar; (*legitimado*) anerkannt (a bei) **reconhecimento** [ʁikuɲisi'mẽtu] M (Wieder)Erkennen n; (*legitimação*) Anerkennung f; DIR Beglaubigung f; (*gratidão*) Dankbarkeit f; MIL Erkundung f; **~ de caracteres/escrita** INFORM Zeichen-/Schrifterkennung f; **~ de paternidade** Anerkennung f der Vaterschaft; **sinais** mpl **de ~** Erkennungszeichen npl; **merecer ~** Anerkennung verdienen **reconhecível** [ʁikuɲi'sivɛɫ] anerkennbar

reconquista [ʁikõ'kiʃtɐ] F Rückeroberung f **reconquistar** [ʁikõkiʃ'tar] ⟨1a⟩ wiedererobern; zurückgewinnen

reconsiderar [ʁikõsidi'rar] ⟨1c⟩ **A** V/T nochmals überprüfen, -denken **B** V/I es sich (*dat*) anders überlegen; (*reflectir*) nachdenken (**em** über ac); (*arrepender-se*) Reue fühlen

reconstituição [ʁikõʃtitwi'sɐ̃u] F Wiederherstellung f; Rekonstruktion f **reconstituinte** [ʁikõʃti'twĩti] M Kräftigungsmittel n **reconstituir** [ʁikõʃti'twir] ⟨3i⟩ wiederherstellen; wieder einsetzen; *governo* neu bilden

reconstrução [ʁikõʃtru'sɐ̃u] F Wiederaufbau m; Rekonstruktion f **reconstruir** [ʁikõʃtru'ir] ⟨3k⟩ wieder aufbauen; *fig* wiederherstellen; *acontecimentos* rekonstruieren

reconvalescença [ʁikõvɐlɨ'sẽsɐ] F Genesung f, Rekonvaleszenz f **reconvalescente** [ʁikõvɐlɨ'sẽti] M/F Rekonvaleszent(in) m(f)

reconversão [ʁikõvir'sɐ̃u] F Umstellung f; ECON Umstrukturierung f; AGR Flächenstilllegung f; **~ profissional** Umschulung f

recopilação [ʁikupilɐ'sɐ̃u] F Auszug m; LIT Textesammlung f; DIR Gesetzessammlung f **recopilar** [ʁikupi'lar] ⟨1a⟩ zusammenstellen

recordação [ʁikurdɐ'sɐ̃u] F Erinnerung f; *fig* Andenken n **recordar** [ʁikur'dar] ⟨1e⟩ erinnern an (ac); **~-se** sich erinnern an (ac)

recorde [ʁɛ'kɔrdi] M Rekord m; DESP tb Best-, Höchstleistung f; **~ mundial** Weltrekord m; **bater/estabelecer/manter um ~** e-n Rekord brechen/aufstellen/halten

recordista [ʁɛkur'diʃtɐ] M/F Rekordhalter(in) m(f)

recorrente [ʁiku'ʁẽti] M/F DIR Berufungskläger(in) m(f) **recorrer** [ʁiku'ʁer] ⟨2d⟩ **A** V/T (*percorrer*) durchlaufen; (*investigar*) durchsuchen **B** V/I **~ a** alg sich wenden an (ac); meios zurückgreifen auf (ac); medidas greifen zu; anwenden; **~ de** anfechten; DIR Berufung einlegen gegen; **~ aos tribunais** den Rechtsweg beschreiten **recorrível** [ʁiku'ʁivɛɫ] anfechtbar

recortar [ʁikur'tar] ⟨1e⟩ ausschneiden; **~ de** durchsetzen mit; **~-se** sich abzeichnen **recorte** [ʁi'kɔrti] M de jornal: (Zeitungs)Ausschnitt m; lavores: Ausschneidearbeit f; árvore: (Baum)Beschnitt m; (silhueta) Umriss m

recostar [ʁikuʃ'tar] ⟨1e⟩ (an)lehnen; legen; neigen; **~-se** sich zurücklehnen, sich anlehnen (**a** an ac)

recovagem [ʁiku'vaʒɐ̃i] F (*transporte*) Spedition f; Beförderung f; (*preço*) Frachtpreis m **recovar** [ʁiku'var] ⟨1e⟩ transportieren **recoveiro** [ʁiku'vɐiru] M Spediteur m

recozer [ʁiku'zer] ⟨2d⟩ gut durchkochen; de mais zerkochen lassen; TECN (aus)glühen; (*cogitar*) brüten

recreação [ʁikriɐ'sɐ̃u] F Unterhaltung f; Zeitvertreib m

recrear [ʁikri'ar] ⟨1l⟩ amüsieren, unterhalten; erfrischen; **~-se** sich erholen (**com** bei) **recreativo** [ʁikriɐ'tivu] Unterhaltungs...; fam amüsant; erholsam **recreio** [ʁi'krɐju] M (*distracção*) Unterhaltung f; (*descanso*) Erholung f; escola: Schulpause f; escola: Schulhof f; **viagem f de ~** port Vergnügungsreise f

recriar [ʁikri'ar] ⟨1g⟩ nachspielen; cena do crime nachstellen

recriminação [ʁikriminɐ'sɐ̃u] F Vorwurf m **recriminador(a)** [ʁikriminɐ'dor(ɐ)] M/F Klageführende(r) m/f(m) **recriminar** [ʁikrimi'nar] ⟨1a⟩ Gegenbeschuldigungen erheben; **~-se** sich gegenseitig beschuldigen

recrudescência [ʁikrudɨ'sẽsjɐ] F doença: Verschlimmerung f; crise: Verschärfung f; MIL Wiederaufflackern n **recrudescer** [ʁikrudɨ'ser] ⟨2g⟩ wieder aufflackern; doença wieder ausbrechen; perigo ansteigen; crise sich verschlimmern

recruta [ʁi'krutɐ] **A** M/F Rekrut(in) m(f)

B F̲ Rekrutenzeit f **recrutamento** [ʁɨkrutɐ'mẽtu] M̲ Stellenvermittlung f; *de pessoal*: Einstellung f; MIL Aushebung f; *de sócios*: (An)Werbung f **recrutar** [ʁɨkru'tar] ⟨1a⟩ *pessoal* einstellen; *sócios* anwerben

re(c)ta ['ʁɛtɐ] F̲ Gerade f (*espec* MAT); DESP → **final** Zielgerade f

re(c)tal [ʁɛ'tal] F̲ Mastdarm..., rektal

re(c)tangular [ʁɛtɐ̃gu'tar] rechteckig

re(c)tângulo [ʁɛ'tɐ̃gulu] **A** ADJ *triângulo* rechtwinklig **B** M̲ Rechteck n

re(c)tidão [ʁɛti'dɐ̃w] F̲ Geradheit f; Rechtschaffenheit f

re(c)tificação [ʁɛtifikɐ'sɐ̃w] F̲ (*alinhamento*) Begradigung f; (*emenda*) Richtigstellung f; QUÍM Rektifizierung f **re(c)tificador** [ʁɛtifikɐ'dor] M̲ ELECT Gleichrichter m **re(c)tificar** [ʁɛtifi'kar] ⟨1n⟩ (*alinhar*) begradigen; (*emendar*) berichtigen; QUÍM rektifizieren; ELECT gleichrichten

re(c)tilíneo [ʁɛti'linju] geradlinig **re(c)to** ['ʁɛtu] **A** ADJ *linha* gerade; *objecto* aufrecht; *fig* redlich; **ângulo** m **~** rechter Winkel m; **escritura** f **-a** Steilschrift f **B** M̲ ANAT Rektum n **re(c)toscopia** [ʁɛtɔʃku'piɐ] F̲ Darmspiegelung f

récua ['ʁɛkwɐ] F̲ Koppel f; *fig pej* Bande f

recuada [ʁi'kwadɐ] F̲ Zurückweichen n; MIL Rückzug m; DESP Anlauf m; → recuo; **às ~s** rückwärts **recuado** [ʁi'kwadu] M̲ TIPO Einzug m (**à direita/esquerda** rechts/links) **recuar** [ʁi'kwar] ⟨1g⟩ **A** VI zurücksetzen **B** VII zurückgehen; (*ceder*) zurückweichen; (*embater*) zurückprallen; (*desistir*) zurückschrecken **recuo** [ʁi'kuu] M̲ (*movimento*) Zurücktreten n (*diminuição*) Rückgang m; MIL Rückzug m; (*embate*) Rückstoß m; → recuado

recuperação [ʁɨkupɨrɐ'sɐ̃w] F̲ *direito, faculdade*: Wiedererlangung f; (*reconstrução*) Wiederaufbau m; MED Genesung f, Erholung f; *lixo*: Verwertung f; INFORM Wiederherstellung f; *bras* Nachholen n; *bras* UNIV Nachprüfung f; **~ do passado** Vergangenheitsbewältigung f; **~ urbana** Stadtsanierung f **recuperar** [ʁɨkupɨ'rar] ⟨1c⟩ *direito, faculdade* wiedererlangen; (*pôr a salvo*) sicherstellen; *história* aufarbeiten; *tempo* nachholen; (*reutilizar*) wieder verwenden; (*salvar*) bergen; *quadro, prédio* wiederherstellen; **~-se** sich erholen (**de von**) **recuperável** [ʁɨkupɨ'ravɛɫ] wieder verwendbar; *pagamento* rückforderbar

recurso [ʁɨ'kursu] M̲ (Hilfs)Mittel n; (*possibilidade*) Möglichkeit f; (*saída*) Ausweg m; (*refúgio*) Zuflucht f; (*apelo*) Inanspruchnahme f; DIR Berufung f; Rekurs m; INFORM Zugriff m (**a** auf *ac*); **~s** pl (Geld)Mittel npl; *humanos, naturais* Ressourcen fpl; Reserven fpl; **~s** pl **renováveis** erneuerbare Rohstoffe mpl; **sem ~s** mittellos; **em último ~** äußerstenfalls; **interpor ~** DIR Berufung einlegen

recurvado [ʁɨkur'vadu] gebogen, krumm **recurvar** [ʁɨkur'var] ⟨1a⟩ biegen; krümmen **recurvo** [ʁɨ'kurvu] krumm

recusa [ʁɨ'kuzɐ] F̲ (*rejeição*) Ablehnung f; (*negação*) Weigerung f; (*resposta negativa*) abschlägige Antwort f **recusar** [ʁɨku'zar] ⟨1a⟩ (*rejeitar*) ablehnen; *pedido* ausschlagen; (*recusar*) verweigern (**a** *dat*); **~** (*inf*): **~-se** sich weigern zu; es ablehnen zu

reda(c)ção [ʁɨda'sɐ̃w] F̲ Redaktion f; Niederschrift f; *escola*: Aufsatz m **reda(c)tor(a)** [ʁɨda'to(r)] M̲(F̲) Redakteur(in) m(f); **~ técnico** technischer Redakteur m **reda(c)tor(a)-chefe** [ʁɨda to(r)'ʃɛfɨ] M̲(F̲) ⟨mpl redactores-chefes⟩ Chefredakteur(in) m(f) **reda(c)torial** [ʁɨdɐtu'rjaɫ] redaktionell

redarguir (*ü) [ʁɨdɐr'gir] ⟨3p⟩ erwidern

rede ['ʁedɨ] F̲ *de pesca, cabelo etc*: Netz n; **~ de arrasto** Schleppnetz n; **cair na ~** ins Netz gehen **2** TEL Netz n; INFORM Netz(werk) n; **a ~** tb *das* Internet n; **~ de dados** Datennetz n; TEL **~ fixa** Festnetz n; **~ móvel** Mobilfunknetz n; **~ de telefonia, telefónica (*ó)** Telefonnetz n; **ligar à ~** ELECT, INFORM ans Netz gehen; **estar ligado à ~** Zugang zum Internet (*ou* Netz) haben; vernetzt sein; **navegar na ~** im Internet surfen **3** *trânsito*: **~ ferroviária** Eisenbahnnetz n; **~ rodoviária** Straßennetz n **4** *de vedação*: Maschendraht m **5** *de descanço*: Hängematte f

rédea ['ʁɛdjɐ] F̲ Zügel m; **dar ~s** (**largas**) freien Lauf lassen; **soltar a ~** die Zügel schießen lassen; **tomar as ~s** *fig* die Leitung übernehmen; **à ~ solta** *fig* zügellos; ungezügelt

redemoinho [ʁɨdi'mwiɲu] → remoinho **redenção** [ʁɨdẽ'sɐ̃w] F̲ (Er)Rettung f; REL Erlösung f; *hist* Loskauf m; **sem ~** rettungslos **redentor** [ʁidē'tor] M Retter m; **Redentor** REL Erlöser m; **Cristo** m **Redentor** Erlöser-Statue in Rio de Janeiro

redigir [ʁidi'ʒir] ⟨3n⟩ ab-, verfassen; niederschreiben; artigo redigieren

redil [ʁi'diɫ] M (Schaf)Stall m; fig Gemeinschaft f; poét Schoß m

redimir [ʁidi'mir] ⟨3a⟩ → remir

redistribuição [ʁidiʃtribwi'sɐ̃u̯] F Neu-, Umverteilung f **redistribuir** [ʁidiʃtri'bwir] ⟨3i⟩ neu verteilen, umverteilen

rédito [ˈʁɛditu] M Ertrag m; ~s pl Gewinn m; Zinsen mpl

redobramento [ʁidubrɐ'mētu] M Verdoppelung f; (aumento) Zunahme f **redobrar** [ʁidu'brar] ⟨1e⟩ A VT verdoppeln; quantia erhöhen; (repetir) immerzu wiederholen B VI ansteigen; (ressoar) nachklingen

redoma [ʁi'doma] F Glasglocke f

redondamente [ʁidõdɐ'mētɨ] ADV rundweg; **cair** ~ der Länge nach hinfallen **redondel** [ʁidõ'dɛɫ] M Rund n; tourada: (Stierkampf)Arena f **redondeza** [ʁidõ'deza] F Rundung f; Kugelform f; ~s pl Umgebung f; **em toda a** ~ ringsumher **redondo** [ʁi'dõdu] A ADJ rund; fig rundlich; **em** ~ in der Runde B ADV → redondamente

redor [ʁi'dor] M Umkreis m; **em** ~, **de** ~, **ao** ~ ringsumher; **em** (ou **ao**) ~ **de um ... herum**; (aproximadamente) ungefähr

redução [ʁidu'sɐ̃u̯] F Reduzierung f, Verringerung f; preço: Ermäßigung f; pessoal: (Personal)Abbau m; MED Einrenkung f; FOTO Verkleinerung f; ~ **à miséria** Verelendung f; ~ **do trânsito** Verkehrsberuhigung f

redundância [ʁidũ'dɐ̃sjɐ] F Übermaß n; Redundanz f **redundante** [ʁidũ'dɐ̃tɨ] redundant; (verboso) wortreich **redundar** [ʁidũ'dar] ⟨1a⟩ überlaufen; überreichlich vorhanden sein; (sobrar) überflüssig sein; ~ **em** zur Folge haben

reduplicar [ʁidupli'kar] ⟨1n⟩ verdoppeln; acção wiederholen

redutível [ʁidu'tivɛɫ] reduzierbar; equação kürzbar **reduto** [ʁi'dutu] M Bollwerk n

reduzir [ʁidu'zir] ⟨3m⟩ reduzieren; vermindern; (levar) zurückführen (a auf ac); preço senken (**a, para** auf ac; **abaixo de** unter ac); ermäßigen; direitos einschränken; pessoal abbauen; tamanho: verkleinern; (sujeitar) unterwerfen; bändigen; MED einrenken; MAT equação, POL orçamento kürzen; ~ **a** versetzen in (ac); bringen auf (ac); (transformar) umwandeln in (ac); verarbeiten zu; **~-se** sich auf beschränken (**a** auf ac); (diminuir) zurückgehen; **~-se a nada** sich in nichts auflösen **reduzível** [ʁidu'zivɛɫ] → redutível

reedição [ʁjidi'sɐ̃u̯] F Neuauflage f

reedificação [ʁjidifikɐ'sɐ̃u̯] F Wiederaufbau m **reedificar** [ʁjidifi'kar] ⟨1n⟩ wieder aufbauen; neu bauen; wieder herstellen; fig erneuern

reeditar [ʁjidi'tar] ⟨1a⟩ neu auflegen

reeducação [ʁjiduka'sɐ̃u̯] F Umerziehung f **reeducar** [ʁjidu'kar] ⟨1n⟩ umerziehen

reeleger [ʁjiɫɨ'ʒer] ⟨2h⟩ wieder wählen **reeleição** [ʁjiɫɨi'sɐ̃u̯] F Wiederwahl f

reembolsar [ʁjēboɫ'sar] ⟨1e⟩ zurückzahlen; despesas erstatten; ~ **alg** s-e Schulden abbezahlen bei j-m; j-n auszahlen; **~-se** sein Geld zurückerhalten **reembolso** [ʁjē'boɫsu] M Rückzahlung f; Einlösung f; ~ **postal** Nachnahme f

reencher [ʁjē'ʃer] ⟨2a⟩ auffüllen

reencontro [ʁjē'kõtru] M Wiedersehen n

reentrada [ʁjē'tradɐ] F Wiedereintritt m; ~ **no mercado** Wiedereinführung f (e-s Produkts) **reentrância** [ʁjē'trɐ̃sjɐ] F Einbuchtung f

reescalonamento [ʁjiʃkɐluna'mētu] M FIN Umschuldung f **reescalonar** [ʁjiʃkɐtu'nar] ⟨1f⟩ umschulden

reestruturação [ʁjiʃtrutura'sɐ̃u̯] F Umstrukturierung f **reestruturar** [ʁjiʃtrutu'rar] ⟨1a⟩ umstrukturieren

reexpedir [ʁjɐiʃpi'dir] ⟨3r⟩ weiterbefördern; correio nachsenden **reexportação** [ʁjɐiʃpurtɐ'sɐ̃u̯] F Reexport m

ref. ABR ❶ (referência) Betr. (Betreff) ❷ (reformado) außer Dienst

refazer [ʁifɐ'zer] ⟨2v⟩ noch einmal (ou neu) machen; (alterar) umarbeiten; (reconstituir) wiederherstellen; (emendar) ausbessern; (reorganizar) reorganisieren; estoque auffüllen; perda wettmachen; ~ **de** (wieder) versehen mit; (recompensar) entschädigen für; **~-se** sich erholen **refazimento** [ʁifɐzi'mētu] M (alteração) Umarbeitung f; (restauro) Wiederherstel-

lung *f*; (*melhoramento*) Ausbesserung *f*; (*reorganização*) Neuordnung *f*; (*recompensa*) Entschädigung *f*; *de forças*: Erholung *f*
refego [ʁi'fegu] M̄ *pele*: Speckfalte *f*; *vestuário*: Falte *f*
refeição [ʁifɐj'sɐ̃ũ] F̄ Mahlzeit *f*; *pequena*: Imbiss *m*; **derradeira** ~ Henkersmahlzeit *f* **refeito** [ʁi'fɐjtu] A PP irr → refazer B ADJ gestärkt **refeitório** [ʁifɐj'tɔrju] M̄ Speisesaal *m*; Kantine *f*; UNIV Mensa *f*
refém [ʁi'fɐ̃j] M̄ Geisel *f*; **tomada** *f* **de** ~**s** Geiselnahme *f*
referência [ʁifi'rẽsjɐ] F̄ (*relatório*) Bericht *m*; (*assunto*) Bezug *m*, Betreff *m*; (*menção*) Erwähnung *f*; *fig* Anspielung *f*; **Sua Referência:** ... Ihr Schreiben:...; **com** ~ **a** bezüglich (*gen*); **fazer** ~ **a** Bezug nehmen auf (*ac*) **referenciar** [ʁifirẽ-'sjar] ⟨1g⟩ erwähnen; *situação* bestimmen **referendar** [ʁifirẽ'dar] ⟨1a⟩ gegenzeichnen; (*durch Referendum*) abstimmen lassen **referendo** [ʁifi'rẽdu] M̄ Referendum *n* **referente** [ʁifi'rẽti] ADJ ~ **a** betreffs (*gen*); bezüglich (*gen*) **referido** [ʁifi'ridu] betreffend **referir** [ʁifi'rir] ⟨3c⟩ berichten; (*mencionar*) erwähnen; ~ **a** beziehen auf (*ac*); zuschreiben (*dat*); ~**-se a** betreffen; anspielen auf (*ac*); (*mencionar*) erwähnen; **no que se refere a** in Bezug auf (*ac*)
refestelar-se [ʁifiʃti'larsi] ⟨1c⟩ sich (her-um)räkeln; *fig* sich gütlich tun
refilanço [ʁifi'lɐ̃su] M̄ Widerrede *f*; *fam* Meckern *n* **refilão** [ʁifi'lɐ̃ũ] A ADJ widersetzlich; *espec criança* trotzig B M̄ *fam* Trotzkopf *m* **refilar** [ʁifi'lar] ⟨1a⟩ widersprechen; *fam* meckern; *fig* die Zähne zeigen
refilmagem [ʁifil'maʒɐ̃j] F̄ Neuverfilmung *f*
refinação [ʁifinɐ'sɐ̃ũ] F̄ TECN Veredelung *f*; QUÍM Läuterung *f*; *de açúcar*: Zuckersiederei *f*; *fig* Raffinesse *f* **refinado** [ʁifi'nadu] ADJ rein; *fig* gewählt; kultiviert; raffiniert; **açúcar** *m* ~ raffinierter Zucker *m* **refinamento** [ʁifinɐ'mẽtu] M̄ Raffinesse *f* **refinar** [ʁifi'nar] ⟨1a⟩ QUÍM raffinieren; *açúcar* sieden, raffinieren; *fig* verfeinern; ~**-se** raffinierter (*ou* feiner) werden **refinaria** [ʁifinɐ'riɐ] F̄ Raffinerie *f*
reflectido [ʁiflɛ'tidu] überlegt **reflectir** [ʁiflɛ'tir] ⟨3c⟩ A V̄T reflektieren; *fig* zeigen B V̄I 1 zurückstrahlen; zurück-

prallen; *fig* zurückfallen (**em, sobre** auf *ac*) 2 überlegen; (*cogitar*) nachdenken (**em** über *ac*); ~**-se em** zurückwirken auf (*ac*); *raio* sich widerspiegeln in (*dat*) **reflector** [ʁiflɛ'tor] M̄ Reflektor *m*; AUTO Scheinwerfer *m*
reflexão [ʁiflɛ'(k)sɐ̃ũ] F̄ 1 Reflexion *f*; (*pensamento*) Überlegung *f*; Betrachtung *f*; (*observação*) Bemerkung *f*; **fazer -ões** nachdenken; **não admitir -ões** keine Widerrede dulden 2 *movimento*: Rückprall *m* **reflexionar** [ʁiflɛ(k)sju'nar] ⟨1f⟩ 1 nachdenken 2 sich widersetzen **reflexivo** [ʁiflɛ'ksivu] zurückwirkend; (*prudente*) bedächtig; GRAM reflexiv; *luz* reflektierend **reflexo** [ʁi'flɛksu] A ADJ reflexartig; PSICOL unbewusst; (*instintivo*) instinktiv B M̄ Reflex *m* (*espec* MED); *raio*: Widerschein *m*; (*efeito*) (Rück)Wirkung *f*; ~ **condicionado** bedingter Reflex *m*
reflorestamento [ʁifluriʃtɐ'mẽtu] M̄ Aufforstung *f* **reflorestar** [ʁifluriʃ'tar] ⟨1a⟩ aufforsten
refluir [ʁiflu'ir] ⟨3i⟩ zurückfließen **refluxo** [ʁi'fluksu] M̄ Rückfluss *m*; *maré*: Ebbe *f*; **fluxo e** ~ *fig* Auf und Ab *n*
refogado [ʁifu'gadu] M̄ *in Olivenöl gedünstete Zwiebeln* **refogar** [ʁifu'gar] ⟨1o; *Stv* 1e⟩ anbraten; schmoren
reforçar [ʁifur'sar] ⟨1p; *Stv* 1e⟩ verstärken **reforço** [ʁi'forsu] M̄ ⟨*pl* [-'fɔ-]⟩ Verstärkung *f*
reforma [ʁi'fɔrmɐ] F̄ 1 Reform *f*; (*alteração*) Umgestaltung *f*; (*melhoramento*) Verbesserung *f* 2 *acção* de aposentar: Versetzung *f* in den Ruhestand; (*aposentação*) Ruhestand *m*; Pension *f*; Rente *f*; ~ **antecipada** Vorruhestand *m*; ~ **compulsiva** Versetzung *f* in den vorzeitigen Ruhestand 3 *hist* **Reforma** Reformation *f* **reformação** [ʁifurmɐ'sɐ̃ũ] F̄ Verbesserung *f*; Umgestaltung *f* **reformado** [ʁifur'madu] A ADJ pensioniert; REL reformiert B M̄, -**a** F̄ Rentner(in) *m(f)* **reformar** [ʁifur'mar] ⟨1e⟩ reformieren; (*melhorar*) verbessern; *alg* verabschieden; *empregado* pensionieren; ~**-se** sich bessern; (*aposentar-se*) pensioniert werden **reformatório** [ʁifurmɐ'tɔrju] A ADJ reformatorisch B M̄ 1 Reformvorschrift *f* 2 *establecimento*: Erziehungsheim *n* **reformável** [ʁifur'mavɛł] verbesserungsfähig **reformista** [ʁifur'miʃtɐ] A ADJ reformis-

tisch **B** M̄F̄ Reformer(in) m(f); Reformist(in) m(f)

reformulação [ʁifurmuɫa'sɜ̃u] F̄ Umgestaltung f **reformular** [ʁifurmu'ɫar] ⟨1a⟩ *texto* umformulieren; umgestalten

refra(c)ção [ʁifra'sɜ̃u] F̄ Brechung f

refra(c)tar [ʁifra'tar] ⟨1a⟩ *luz* brechen

refra(c)tário [ʁifra'tarju] **A** ADJ widerspenstig; *ao fogo* feuerfest; **tijolo** m ~ Klinker m; **barro** m ~ Schamotte f; ~ **a** ... beständig; **ser** ~ **a** *alg* j-m widerstreben **B** M̄ MIL Rekrut, *der nicht zum Wehrdienst erscheint* **refra(c)tivo** [ʁifra'tivu] Brechungs... **refra(c)to** [ʁi'fratu] gebrochen

refranger [ʁifrɜ̃'ʒer] ⟨2h⟩ *luz* brechen **refrangibilidade** [ʁifrɜ̃ʒibili'dadi] F̄ Brechbarkeit f

refrão [ʁi'frɜ̃u] M̄ ⟨*pl* ~s, -ães⟩ LIT Kehrreim m; MÚS Refrain m; (*adágio*) Sprichwort n; Schlagwort n

refrear [ʁifri'ar] ⟨1l⟩ zügeln

refrega [ʁi'frɛga] F̄ Kampf m; *fig* Mühe f, Mühsal f

refrescante [ʁifriʃ'kɜ̃ti] erfrischend; frisch **refrescar** [ʁifriʃ'kar] ⟨1n; 1c⟩ **A** V̄T̄ erfrischen; (*arrefecer*) (ab)kühlen; *conhecimentos* auffrischen **B** V̄Ī kühl werden; *a/c* auffrischen; *alg* erfrischen; *mantimentos* Vorräte erneuern **refresco** [ʁi'freʃku] M̄ Erfrischung f; *bebida*: Erfrischungsgetränk n, Softdrink m; METEO Frische f; (*arrefecimento*) Auffrischung f

refrigeração [ʁifriʒira'sɜ̃u] F̄ Abkühlung f; Kühlung f; TECN Wärmeentzug m; **água** f **de** ~ Kühlwasser n **refrigerador** [xefriʒera'dox] M̄ *bras* Kühlschrank m **refrigerante** [ʁifriʒi'rɜ̃ti] **A** ADJ Kühl...; kühlend **B** M̄ TECN Kühlvorrichtung f; *líquido* Kühlflüssigkeit f; GASTR Erfrischungsgetränk n; Erfrischung f **refrigerar** [ʁifriʒi'rar] ⟨1c⟩ (ab)kühlen; *alg* erfrischen

refugado [ʁifu'gadu] wertlos; nicht zustellbar **refugar** [ʁifu'gar] ⟨1o⟩ **A** V̄T̄ aussortieren; (*recusar*) zurückweisen; *alg* absondern **B** V̄Ī *bras* entwischen; *cavalo* scheuen, DESP verweigern

refugiado [ʁifu'ʒjadu] **A** ADJ flüchtig **B** M̄, **-a** F̄ POL Flüchtling m **refugiar-se** [ʁifu'ʒjarsi] ⟨1g⟩ Zuflucht suchen (**em** *in dat*); fliehen

refúgio [ʁi'fuʒju] M̄ Zufluchtsort m, Zuflucht f; (*saída*) Ausweg m (*in Notsituation*)

refugo [ʁi'fugu] M̄ Abfall m; (*mercadoria*) Ausschuss m; (*sobras*) (Über)Rest m; **de** ~ *correios* nicht zustellbar; (*de segunda*) zweite Wahl

refulgência [ʁifuɫ'ʒẽsjɐ] F̄ Glanz m; Schimmer m **refulgir** [ʁifuɫ'ʒir] ⟨3n⟩ glänzen

refundição [ʁifũdi'sɜ̃u] F̄ Umschmelzung f; Neuguss m **refundir** [ʁifũ'dir] ⟨3a⟩ *texto* neu formulieren

refutação [ʁifuta'sɜ̃u] F̄ Widerlegung f; (*recusa*) Ablehnung f **refutar** [ʁifu'tar] ⟨1a⟩ ablehnen; *argumento* widerlegen

rega ['ʁɛga] F̄ Bewässerung f; Berieselung f; *fam* (Regen)Guss m

regaço [ʁi'gasu] M̄ Schoß m (*tb fig*)

regadio [ʁiga'diu] **A** ADJ bewässert **B** M̄ Bewässerung f; **meter em** ~ bewässern **regador** [ʁiga'dor] M̄ Gießkanne f

regadura [ʁiga'dura] F̄ → rega

regalada [ʁiga'ɫada] F̄ **à** ~ nach Herzenslust **regaladamente** [ʁigaɫada'mẽti] ADV nach Herzenslust **regalado** [ʁiga'ɫadu] GASTR satt; behaglich **regalão** [ʁiga'ɫɜ̃u] **A** ADJ verwöhnt **B** M̄ feine Sache f; **foi um** ~ *port* es war herrlich **C** M̄ Genießer(in) m(f) **regalar** [ʁiga'ɫar] ⟨1b⟩ erfreuen; *prenda* beschenken; GASTR bewirten; (*mimar*) verwöhnen; **~-se** sich gütlich tun (**com** an *dat*) **regalia** [ʁiga'ɫiɐ] F̄ Vorrecht n; Vergünstigung f **regalo** [ʁi'gaɫu] M̄ Vergnügen n; (*atenção*) Aufmerksamkeit f; (*bem-estar*) Behaglichkeit f; *para as mãos*: Muff m

regar [ʁi'gar] ⟨1o; Stv 1c⟩ bewässern; *flores* gießen; *relva* sprengen

regata [ʁi'gata] F̄ Regatta f

regat(e)ar [ʁiga'tʃ(j)ar] ⟨1b, 1l⟩ **A** V̄T̄ feilschen um; (*negociar*) handeln mit; *mérito* herabsetzen **B** V̄Ī keifen **regateio** [ʁiga'taju] M̄ *fig* Kuhhandel m **regateira** [ʁiga'tɐjra] F̄ Marktweib n **regateiro** [xega'tejru] *bras* eitel

regato [ʁi'gatu] M̄ Bach m

regelado [ʁiʒi'ɫadu] er-, gefroren; starr **regelante** [ʁiʒi'ɫɜ̃ti] eisig **regelo** [ʁi'ʒeɫu] M̄ Überfrieren n; Glatteis n

regência [ʁi'ʒẽsjɐ] F̄ Regentschaft f; GRAM Rektion f

regenerabilidade [ʁiʒinirɜbili'dadi] F̄

Regenerierbarkeit f **regeneração** [ʁiʒinirɐˈsɐ̃ũ] F̲ Erneuerung f; (reconstituição) Wiederherstellung f; BIOL Regeneration f **regenerador** [ʁiʒinirɐˈdor] A̲ A̲D̲J̲ erneuernd B̲ M̲ Erneuerer m; TECN Regenerator m **regenerar** [ʁiʒiniˈrar] ⟨1c⟩ erneuern; TECN regenerieren; **~-se** sich erholen von

regente [ʁiˈʒẽti] M̲/F̲ POL Regent(in) m(f); MÚS Dirigent(in) m(f) **reger** [ʁiˈʒer] ⟨2h; Stv 2c⟩ regieren (tb GRAM); leiten; dirigieren; **~-se por** sich richten nach

reggae [ˈʁɛgɐi] M̲ MÚS Reggae m

região [ʁiˈʒjɐ̃ũ] F̲ Gegend f; (paisagem) Landschaft f; (área) Gebiet n; Region f

regime [ʁiˈʒimi] M̲ 1 geralm: Regelung f; **~ sanitário** Gesundheitswesen n; **em ~ contínuo** fam am laufenden Band; **em ~ de «time-sharing»** Teilzeit... 2 POL geralm Regierung(sform) f pej Regime n 3 **de vida etc**: Lebens-, Arbeitsweise f; MED Diät f; **~ alimentar** Ernährungsweise f; **~ contributivo** Beitragssystem n; **fazer ~** Diät halten 4 GRAM Rektion f 5 DIR **~ de comunhão/separação de bens** Gütergemeinschaft f/Gütertrennung f; **~ de comunhão de adquiridos** Zugewinngemeinschaft f

regimental [ʁiʒimẽˈtał] Regiments... **regimentar** [ʁiʒimẽˈtar] A̲ A̲D̲J̲ behördlich B̲ V̲T̲ ⟨1a⟩ verordnen; behördlich regeln **regimento** [ʁiʒiˈmẽtu] M̲ Regiment n; (regulamento) Vorschrift f; (administração) Verwaltung f; **~ (interno)** Geschäftsordnung f

regional [ʁiʒjuˈnał] regional; Heimat... **regionalismo** [ʁiʒjunɐˈliʒmu] M̲ LING Regionalismus m, Mundartausdruck m **regionalizar** [ʁiʒjunɐliˈzar] ⟨1a⟩ regionalisieren; (descentralizar) dezentralisieren

registado [ʁiʒiʃˈtadu] port COM eingetragen; patente, marca tb geschützt; **carta -a** Einschreibebrief m; **marca f -a** eingetragene Marke f **registador** [ʁiʒiʃtɐˈdor] port A̲ A̲D̲J̲ Registrier...; Kontroll... B̲ M̲ Registriergerät n; **~ de dados de voo** AERO Flugschreiber m **registar** [ʁiʒiʃˈtar] port ⟨1a⟩ registrieren; dados pessoais aufnehmen; (gravar) aufzeichnen; (controlar) kontrollieren; AUTO anmelden; carta per Einschreiben schicken; **~-se** sich eintragen; (verificar-se) sich ereignen

569 ‖ REGU

registo [ʁiˈʒiʃtu] M̲ port Register n; (lista) Verzeichnis n; (apontamento) Eintrag(ung) m(f); alfandegário: (Zoll-, Hafen)Kontrolle f; TECN Schieber m; (mostrador) Anzeige f (an Messgeräten); MÚS Register n; **de voz**: Stimmlage f; **~ civil** Standesamt n; **~ obrigatório** Meldepflicht f; **~ predial** Grundbuch(amt) n; **~ certificado m do ~ criminal** polizeiliches Führungszeugnis n; **digno de ~** denkwürdig

registrado [xeʒiʃˈtradu] bras etc → registado etc

rego [ˈʁegu] M̲ Rinne f; Furche f; ANAT Falte f; cabelo: Scheitel m

reg.º A̲B̲R̲ 1 (registado) eingetragen 2 (regulamento) Vorschrift f

regougar [ʁiɣoˈɣar] ⟨1o⟩ Fuchs kläffen; fig knurren, brummen

regozijar [ʁiɣuziˈʒar] ⟨1a⟩ erfreuen; **~-se** sich freuen (**com, por** über ac) **regozijo** [ʁiɣuˈziʒu] M̲ Freude f

regra [ˈʁɛgrɐ] F̲ Regel f; MÚS (Noten)Linie f; de escrita: (Schrift)Zeile f; MAT (Grund)Rechenart f; **~ geral** im Allgemeinen; **com ~** vorschriftsmäßig; **em ~, por via de ~** in der Regel; **fugir à ~** von der Regel abweichen

regrado [ʁiˈgradu] liniert; vida etc geregelt; vernünftig **regrar** [ʁiˈgrar] ⟨1c⟩ regeln; papel linieren; (comedir) mäßigen; **~-se** sich verhalten; sich leiten lassen (**por** von)

regredir [ʁiɣreˈdir] ⟨3d⟩ rückläufig sein; doença sich (ver)bessern

regressão [ʁiɣriˈsɐ̃ũ] F̲ Rückbildung f; BIOL Regression f **regressar** [ʁiɣriˈsar] ⟨1c⟩ zurückkehren (**a** nach); zurückgehen (tb fig); de automóvel etc zurückfahren **regressivo** [ʁiɣriˈsivu] imposto regressiv; conjuntura etc rückläufig; (retroactivo) rückwirkend; DIR Regress... **regresso** [ʁiˈɣresu] M̲ Rück-, Wiederkehr f; (diminuição) Rückgang m; DIR Regress m

régua [ˈʁɛgwɐ] F̲ Lineal n **régua-tê** [ʁɛgwɐˈte] F̲ ⟨pl réguas-tê⟩ Reißschiene f

regueira [ʁiˈɣajrɐ] F̲, **regueiro** [ʁiˈɣajru] M̲ Rinnsal n; (rego) Wassergraben m

reguila [ʁiˈɣiłɐ], **reguilas** [ʁiˈɣiłɐʃ] M̲/F̲ ⟨pl inv⟩ aufsässig

regulação [ʁiɣułɐˈsɐ̃ũ] F̲ (regulamentação) Regulierung f; (sintonização) Einstellung f; DIR Regelung f **regulador** [ʁiɣułɐˈdor] A̲ A̲D̲J̲ Regulier... B̲ M̲ Regler

m; **~ de intensidade** ELECT Dimmer *m* **regulagem** [xegu'laʒẽȷ̃] F̄ *bras* Regulieren *n* **regulamentação** [ʁegulɐmẽtɐ'sɐ̃ʊ̃] F̄ Regelung *f*; (*estatuto*) Ordnung *f*; Reglement *n* **regulamentar** [ʁɐgulɐmẽ'tar] A̲ ADJ vorschriftsmäßig; (*de serviço*) dienstlich; (*oficial*) behördlich B̲ VT ⟨1a⟩ reglementieren; (behördlich) regeln; (*ordenar*) ordnen **regulamento** [ʁɐgulɐ'mẽtu] M̲ Regelung *f*; *oficial*: gesetzliche Vorschrift *f*; *de uma instituição, empresa*: Geschäfts-, Hausordnung *f*; *de serviço*: Dienstvorschrift *f*; *de exportação etc* (Ausführungs)Bestimmungen *fpl*; POL Satzung *f*; **~ da UE** EU-Verordnung *f*
regular [ʁɐgu'ɫar] A̲ ADJ regelmäßig; (*correcto*) ordnungsgemäß; DIM gesetzmäßig; regulär; *fig estado* leidlich B̲ VT ⟨1a⟩ regeln; (*ordenar*) ordnen; TECN regulieren C̲ VI ⟨1a⟩ funktionieren; **~ por** *quantia* etwa kosten; *comportamento* sich richten nach **regularidade** [ʁɐgulɐri'dadɨ] F̄ Regelmäßigkeit *f*; DIR Gesetzmäßigkeit *f*; (*ordem*) Ordnung *f* **regularização** [ʁɐgulɐrizɐ'sɐ̃ʊ̃] F̄ Regulierung *f* **regularizar** [ʁɐgulɐri'zar] ⟨1a⟩ regulieren; regeln; ordnen
regurgitar [ʁɐgurʒi'tar] ⟨1a⟩ A̲ VT ausstoßen; (*vomitar*) erbrechen B̲ VI comida wieder hochkommen; *líquido* überlaufen
rei [ʁɐj] M̲ König *m*; **dia** *m* **de Reis** Dreikönigstag *m*
reimpressão [ʁɐjpri'sɐ̃ʊ̃] F̄ Neu-, Nachdruck *m* **reimprimir** [ʁɐjpri'mir] ⟨3a⟩ nachdrucken
reinado [ʁɐj'nadu] M̲ Regierung(szeit) *f*; Herrschaft *f* **reinar** [ʁɐj'nar] ⟨1a⟩ regieren; *fig* herrschen
reincidência [ʁɐjisi'dẽsjɐ] F̄ *doença*: Rückfall *m*; *hábito*: Rückfälligkeit *f* **reincidente** [ʁɐjisi'dẽtɨ] A̲ ADJ rückfällig B̲ M̲/F̲ Wiederholungstäter(in) *m(f)* **reincidir** [ʁɐjisi'dir] ⟨3a⟩ rückfällig werden
reineta [ʁɐj'netɐ] F̄ → raineta
reinicializar [ʁɐjinisjɐli'zar] ⟨1a⟩ INFORM booten
reino ['ʁɐjnu] M̲ Reich *n*; POL Königreich *n*
reinserção [ʁɐjisir'sɐ̃ʊ̃] F̄ Wiedereingliederung *f* (**social** soziale) **reinserir** [ʁɐjisi'rir] ⟨3c⟩ wieder eingliedern
reintegração [ʁɐjitɨgrɐ'sɐ̃ʊ̃] F̄ Wiedereinsetzung *f*; Reintegration *f* **reintegrar** [ʁɐjitɨ'grar] ⟨1c⟩ wieder einsetzen *ou* einstellen; wieder eingliedern; **~-se** sich wieder eingliedern
reiterado [ʁɐjtɨ'radu] mehrfach **reiterar** [ʁɐjtɨ'rar] ⟨1c⟩ wiederholen; (*renovar*) erneuern
reitor(a) [ʁɐj'tor(ɐ)] M/F Rektor(in) *m(f)*
reitorado [ʁɐjtu'radu] M̲ Rektorat *n*
reitoria [ʁɐjtu'riɐ] F̄ *Amt*: Rektorat *n*
reivindicação [ʁɐjvĩdikɐ'sɐ̃ʊ̃] F̄ (Zurück-) Forderung *f* **reivindicar** [ʁɐjvĩdi'kar] ⟨1n⟩ (zurück)fordern; verlangen; **~-se de** sich berufen auf (*ac*) **reivindicativo** [ʁɐjvĩdikɐ'tivu] Forderungen...; **movimento** *m* **~** Protestbewegung *f*
rejeição [ʁɨʒɐj'sɐ̃ʊ̃] F̄ Ablehnung *f*; MED Abstoßung *f* **rejeitar** [ʁɨʒɐj'tar] ⟨1a⟩ (*lançar*) (zurück)werfen; *fig* ablehnen; ab-, zurückweisen; MED abstoßen **rejeitável** [ʁɨʒɐj'tavɛɫ] unannehmbar
rejubilar [ʁɨʒubi'ɫar] ⟨1a⟩ A̲ VT (er)freuen B̲ VI (& V/R) **~(-se)** jubeln
rejúbilo [ʁɨ'ʒubiɫu] M̲ Jubel *m*
rejuvenescer [ʁɨʒuvɨniʃ'ser] ⟨2g⟩ (sich) verjüngen
rela ['ʁɛɫɐ] F̄ ZOOL Laubfrosch *m*; (*matraca*) Vogelscheuche *f*
relação [ʁɨlɐ'sɐ̃ʊ̃] F̄ 1 Beziehung *f*; Verhältnis *n*; (*coerência*) Zusammenhang *m*; **~ custo-eficácia**, *bras* **~ custo-benefício** Preis-Leistungs-Verhältnis *n*; **em ~ a** im Verhältnis zu; **em** *ou* **com ~ a** hinsichtlich (*gen*) 2 *escrita*: Bericht *m*; (*descrição*) Beschreibung *f*; (*lista*) Aufstellung *f*; TECN Übersetzung *f* 3 **-ões** *pl* **públicas** PR *pl*, Public Relations *pl*, Pressearbeit *f*; UNIV PR-Studiengang *m* 4 **(Tribunal** *m* **da) Relação** *port* Landgericht *n*
relacionação [ʁɨlɐsjunɐ'sɐ̃ʊ̃] F̄ *port* Verknüpfung *f* **relacionado** [ʁɨlɐsju'nadu] ADJ **bem ~** mit guten Beziehungen; **estar ~ com** in Beziehung stehen zu; *fig* kennen **relacionamento** [ʁɨlɐsjunɐ'mẽtu] M̲ Verhältnis *n* (**com** zu *dat*); Beziehungen *fpl*; **~ a dois** Zweierbeziehung *f* **relacionar** [ʁɨlɐsju'nar] ⟨1f⟩ berichten; (*pôr em lista*) auflisten; **~ com** verknüpfen mit; *fig* beziehen auf (*ac*); **~-se** zusammenhängen; *com alg*: Bekanntschaft schließen
relâmpago [ʁɨ'ɫɐ̃pɐgu] M̲ Blitz *m* **relampaguear** [ʁɨlɐ̃pɐ'gjar] ⟨1l⟩, **relam-**

pear [ʁɨʃˈpjar] ⟨1l⟩, **relampejar** [ʁɨlɐ̃pɨˈʒar] ⟨1d⟩ (auf)blitzen; wetterleuchten

relançamento [ʁɨlɐ̃sɐˈmẽtu] M (Wieder)Belebung f; Neuauflage f; **~ da economia** tb Aufschwung m

relance [ʁɨˈlɐ̃si] M **~ de olhos, ~ de vista** (rascher) Blick m; **de ~** flüchtig; im Nu

relancear [ʁɨlɐ̃ˈsjar] A V/T ⟨1l⟩ **~ os olhos, ~ a vista** e-n raschen Blick werfen (a auf ac) B M Blick m

relapso [ʁɨˈlapsu] criminoso rückfällig; pecador verstockt

relatar [ʁɨlɐˈtar] ⟨1b⟩ berichten; referieren **relativamente** [ʁɨlɐtivɐˈmẽti] ADV relativ; **~ a** hinsichtlich (gen) **relatividade** [ʁɨlɐtiviˈdadɨ] F Relativität f **relativizar** [ʁɨlɐtiviˈzar] ⟨1a⟩ relativieren **relativo** [ʁɨlɐˈtivu] relativ **relato** [ʁɨˈlatu] M Bericht m; (listagem) Aufstellung f; TV, RÁDIO Reportage f **relator** [ʁɨlɐˈtor] M Referent m; Berichterstatter m **relatório** [ʁɨlɐˈtɔrju] M Bericht m; Referat n

relaxação [ʁɨlɐʃɐˈsɐ̃w̃] F muscular Erschlaffung f; (descontracção) Entspannung f; (descuido) Nachlässigkeit f **relaxado** [ʁɨlɐˈʃadu] schlaff; locker; entspannt; fig nachlässig; (desmazelado) schlampig **relaxamento** [ʁɨlɐʃɐˈmẽtu] M **~** relaxação **relaxar** [ʁɨlɐˈʃar] ⟨1a⟩ A V/T lockern; (descuidar) vernachlässigen B V/I entspannen; **~-se** erschlaffen; (diminuir) nachlassen **relaxe** [ʁɨˈlaʃɨ] M Entspannung f; DIR Zwangseintreibung f

relé [ʁɨˈlɛ] M ELECT Relais n

relegar [ʁɨlɨˈgar] ⟨1o; Stv 1c⟩ (afastar) entfernen; ausschließen; (expatriar) verbannen; **~ a responsabilidade em alg** j-m die Verantwortung übertragen

relembrar [ʁɨlẽˈbrar] ⟨1a⟩ (wieder) ins Gedächtnis rufen; erinnern an

relento [ʁɨˈlẽtu] M Tau m; **ao ~** im Freien, unter freiem Himmel

reler [ʁɨˈler] ⟨2k⟩ wieder lesen

reles [ˈʁɛliʃ] pop ordinär; (barato) schäbig

relevação [ʁɨlɨvɐˈsɐ̃w̃] F (perdão) Vergebung f; (realce) Hervorhebung f **relevado** [ʁɨlɨˈvadu] erhaben **relevância** [ʁɨlɨˈvɐ̃sjɐ] F Relevanz f **relevante** [ʁɨlɨˈvɐ̃tɨ] relevant **relevar** [ʁɨlɨˈvar] ⟨1c⟩ A V/T hervortreten lassen; (realçar) hervorheben; alg auszeichnen; erro vergeben B V/I passend sein; **~ de** herrühren von; releva ...(inf) man muss ...; **~-se** sich hervortun

relevo [ʁɨˈlevu] M Relief n; fig Bedeutung f; AUTO Reifenprofil n; **profundidade f do ~** Profiltiefe f; **de ~** herausragend; **dar ~ a** (die Bedeutung) unterstreichen; **pôr em ~** hervortreten lassen; fig betonen

relha [ˈʁɐ(i)ʎɐ] F AGR Pflugschar f; carro de bois: Radreifen m **relho** [ˈʁɐ(i)ʎu] M Lederpeitsche f

relicário [ʁɨliˈkarju] M Reliquienschrein m

religião [ʁɨliˈʒjɐ̃w̃] F Religion f **religiosa** [ʁɨliˈʒjɔzɐ] F Nonne f **religiosidade** [ʁɨliʒjuziˈdadɨ] F Frömmigkeit f **religioso** [ʁɨliˈʒjozu] A ADJ fromm; religiös; feriado kirchlich; fig gewissenhaft; andächtig B M Mönch m

relinchar [ʁɨliˈʃar] ⟨1a⟩ wiehern **relincho** [ʁɨˈliʃu] M Wiehern n

relíquia [ʁɨˈlikjɐ] F Reliquie f; **~s** pl Überreste mpl

relógio [ʁɨˈlɔʒju] M Uhr f; **~ de caixa alta** Standuhr f; **~ de ponto** Stechuhr f; **~ de quartzo** Quarzuhr f; **~ de pulso**, bras tb **~-pulseira** m Armbanduhr f **relojoaria** [ʁɨluʒwɐˈriɐ] F Uhrengeschäft n; TECN Uhrwerk n **relojoeiro** [ʁɨluˈʒwɐiru] M Uhrmacher m

relutância [ʁɨluˈtɐ̃sjɐ] F Widerstreben n; (oposição) Widerstand m **relutante** [ʁɨluˈtɐ̃tɨ] widerwillig

reluzir [ʁɨluˈzir] ⟨3m⟩ glänzen

relva [ˈʁɛlvɐ] F Rasen m **relvado** [ʁɛlˈvadu] M Rasen m; piscina: (Liege)Wiese f; DESP Spielfeld n

Rem. ABR (remetente) M Abs. (Absender)

remada [ʁɨˈmadɐ] F Ruderschlag m **remador(a)** [ʁɨmɐˈdor(ɐ)] M/F Ruderer m, Ruderin f

remanescência [ʁɨmɐnɨʃˈsẽsjɐ] F Überbleibsel n **remanescente** [ʁɨmɐnɨʃˈsẽtɨ] übrig **remanescer** [ʁɨmɐnɨʃˈser] ⟨2g⟩ übrig bleiben

remar [ʁɨˈmar] ⟨1d⟩ rudern; **~ contra a maré** fig gegen den Strom schwimmen

rematado [ʁɨmɐˈtadu] port vollendet **rematador** [ʁɨmɐtɐˈdor] port DESP A ADJ schießend; jogador(a) schussfreudig B M, **rematadora** [ʁɨmɐtɐˈdorɐ] F Schütze m, Schützin f; **ser (um) bom ~** einen guten Schuss haben **rematar** [ʁɨmɐˈtar]

⟨1b⟩ **A** *v/t* beenden; abschließen; *jogo* entscheiden; *costura*: säumen **B** *v/i* enden; DESP schießen, abschließen

remate [ʁi'mati] *M* (Ab)Schluss *m*; Krönung *f*; DESP Schuss *m*; **dar** (*ou* **pôr**) ~ **em** (*ou* **a**) → rematar; **em** ~ zum Schluss; als Abschluss

remedeio [ʁimi'dɐju] *M* Abhilfe *f*; (*saída*) Ausweg *m*; (*meio*) Mittel *n* **remediado** [ʁimi'djadu] gut verdienend; **estar** ~ sein Auskommen haben **remediar** [ʁimi'djar] ⟨1h⟩ helfen (*dat*); *alg* hinweghelfen über (*ac*); *situação* abhelfen; *dano* beheben; MED heilen; **para** ~ zur Abhilfe; ~**-se** durchkommen; sich (*dat*) zu helfen wissen **remediável** [ʁimi'djavɛɫ] abstellbar; *erro* behebbar **remédio** [ʁi'mɛdju] *M* MED Arznei *f*, Medikament *n*; (Heil)Mittel *n*; *fig* (Ab)Hilfe *f*; Ausweg *m*; **não ter outro** ~ **senão** nichts anderes tun können als; **não há** ~, **isso não tem** ~ da kann man nichts machen; das ist aussichtslos

rememorar [ʁimimo'rar] ⟨1e⟩ ins Gedächtnis zurückrufen; (*fazer lembrar*) erinnern an (*ac*); (*pensar*) gedenken (*gen*)

remendão [ʁimẽ'dɐ̃w] **A** ADJ stümperhaft **B** *M*, **remendona** [ʁimẽ'dona] *F* Flickschuster(in) *m(f)*; *fig* Stümper(in) *m(f)* **remendar** [ʁimẽ'dar] ⟨1a⟩ *espec* flicken; *geralm* ausbessern; *palavra* einflicken; *Satz* zusammenflicken **remendo** [ʁi'mẽdu] *M* Flicken *m*; geflickte Stelle *f*; *fig* Zusatz *m*

remessa [ʁi'mɛsɐ] *F* *dinheiro, mercadoria* (Geld-, Waren)Sendung *f*; Lieferung *f*

remetente [ʁime'tẽti] *M/F* Absender(in) *m(f)*; FIN (Wechsel)Remittent(in) *m(f)* **remeter** [ʁime'ter] ⟨2c⟩ (zu)senden; zustellen; *segredo* anvertrauen; (*adiar*) verschieben (**para** auf *ac*); verweisen; *doente* überweisen (**a**, **para** an *ac*); ~**-se a a/c** sich e-r Sache widmen

remexer [ʁime'ʃer] ⟨2c⟩ **A** *v/t* durchwühlen; (*agitar*) umrühren; (*agitar*) schütteln **B** *v/i* wühlen (**em** in *dat*); ~**-se** sich rühren; sich (hin und her) bewegen

remição [ʁimi'sɐ̃w] *F* Ab-, Aus-, Einlösung *f*; Wiedergutmachung *f*

remigração [ʁimigra'sɐ̃w] *F* Rückwanderung *f*; Rückkehr *f*

reminiscência [ʁiminiʃ'sẽsjɐ] *F* Erinnerung *f*; Reminiszenz *f*

remir [ʁi'mir] ⟨3a⟩ → redimir

remissão [ʁimi'sɐ̃w] *F* *pena*: Erlass *m*; (*perdão*) Vergebung *f*; *preço*: Nachlass *m*; (*interrupção*) Unterbrechung *f*; **sem** ~ unerbittlich; *temporal*: unaufschiebbar

remissível [ʁimi'sivɛɫ] verzeihlich; *encomenda* verschickbar **remissivo** [ʁimi'sivu] verweisend; **índice** *m* ~ Sachregister *n*; **nota** *f* ~**a** Verweis *m*

remitência [ʁimi'tẽsjɐ] *F* MED Abklingen *n*; Nachlassen *n* **remitente** [ʁimi'tẽti] MED abklingend; zeitweilig nachlassend **remitir** [ʁimi'tir] ⟨3a⟩ *v/t pena* erlassen; (*perdoar*) vergeben; *quantia* zurückerstatten; (*aliviar*) mildern **B** *v/i intensidade* nachlassen; (*parar*) aussetzen

remível [ʁi'mivɛɫ] ab-, einlösbar

remo ['ʁemu] *M* Ruder *n*

remoção [ʁimu'sɐ̃w] *F* Entfernung *f*; Beseitigung *f*; *de cargo*: (Amts)Versetzung *f*; ~ **das instalações da obra** Baustellenräumung *f*; ~ **de entulhos** Schutt-, Sperrmüllabfuhr *f*; ~ **do lixo** Abfallbeseitigung *f*

remoçar [ʁimu'sar] ⟨1p; *Stv* 1e⟩ verjüngen

remodelação [ʁimudɛlɐ'sɐ̃w] *F* POL (Regierungs)Umbildung *f*; ARQUIT Umbau *m*; Sanierung *f* **remodelar** [ʁimudi'lar] ⟨1c⟩ umgestalten; POL umbilden; ARQUIT sanieren

remoer [ʁi'mwer] ⟨2f⟩ nochmals mahlen; *uvas* nachpressen; *vaca* wiederkäuen; *fig* immer wieder zurückkommen auf (*ac*)

remoinhar [ʁimwi'ɲar] ⟨1q⟩ (umher)wirbeln **remoinho** [ʁi'mwiɲu] *M* Wirbel (-wind) *m*; *de água*: Strudel *m*

remolhar [ʁimu'ʎar] ⟨1e⟩ durchtränken; *bacalhau* wässern **remolho** [ʁi'moʎu] *M* Einweichen *n*; *bacalhau* Wässern *n*

remontar [ʁimõ'tar] ⟨1a⟩ **A** *v/t* höher stellen; hochheben; (*reconstruir*) flicken; (*espantar*) fortscheuchen; ~ **o voo** höher fliegen **B** *v/i* (G *v/r*) ~(**-se**) aufsteigen; *zeitl* zurückgehen (**a** auf *ou* bis in *ac*); ~ **a tempos remotos** weit (*ou* lange) zurückliegen

remoque [ʁi'mɔki] *M* Stichelei *f*; (*malícia*) Anzüglichkeit *f* **remoquear** [ʁimu'kjar] ⟨1l⟩ **A** *v/t* verletzen; (*zombar*) sich lustig machen über (*ac*) **B** *v/i* sticheln

remorder [ʁimur'der] ⟨2d⟩ **A** *v/t fig* peinigen **B** *v/i* ~ **em** herumreiten auf (*dat*);

(*cogitar*) grübeln über (*ac*); **~-se** außer sich (*dat*) sein (**de** vor *dat*) **remorso(s)** [ʁiˈmɔrsu(ʃ)] M|PL Gewissensbisse *mpl*

remoto [ʁiˈmɔtu] *lugar* entfernt; entlegen, fern; *tempo* weit zurückliegend

removedor [ʁemoveˈdox] M *bras* Entferner *m*; **~ de manchas** Fleckenentferner *m*; **~ de esmalte** Nagellackentferner *m*

remover [ʁimuˈver] ⟨2d⟩ (*deslocar*) verschieben; (*extrair*) entfernen *por longe*: wegschaffen; *dúvidas* verscheuchen; *de um cargo*: absetzen **removível** [ʁimuˈvivɛɫ] entfernbar; *pessoa* versetzbar; (*eliminável*) abstellbar

remuneração [ʁimunirɜˈsɐ̃ũ] F Vergütung *f*; (*recompensa*) Belohnung *f* **remunerador** [ʁimunirɜˈdor] lohnend **remunerar** [ʁimuniˈrar] ⟨1c⟩ vergüten; (*recompensar*) belohnen; (*pagar*) bezahlen **remunerativo** [ʁimunirɜˈtivu], **remuneratório** [ʁimunirɜˈtɔrju] Lohn...; Entschädigungs...

rena [ˈʁenɐ] F ZOOL Ren *n*

renal [ʁiˈnaɫ] Nieren...

Renânia [ʁiˈnɐnjɐ] F GEOG **a ~** das Rheinland *n*; **a ~ do Norte-Vestefália** Nordrhein-Westfalen (*n*); **~ Palatinado** *m* Rheinland -Pfalz *n* **renano** [ʁiˈnɐnu] A ADJ rheinisch B M, **-a** F Rheinländer(in) *m(f)*

renascença [ʁinɐʃˈsẽsɐ] F Wiedergeburt *f*; Wiederaufleben *n*; *hist* **Renascença** F Renaissance *f* **renascentista** [ʁinɐʃsẽˈtiʃtɐ] Renaissance... **renascer** [ʁinɐʃˈser] ⟨2g; *Stv* 2b⟩ wieder geboren werden; *fig* wieder aufleben; **fazer ~** wieder zum Leben erwecken **renascimento** [ʁinɐʃsiˈmẽtu] M **~** renascença

renda[1] [ˈʁẽdɐ] F ECON Ertrag *m*; Einkünfte *pl*; *de casa*: Miete *f*; Pacht *f*; **~ comercial** Gewerbemiete *f*; (**regime** *m* **de**) **~ condicionada** Mietpreisbindung *f*

renda[2] [ˈʁẽdɐ] F TÊXT Spitze *f*; Häkelarbeit *f* **rendado** [ʁẽˈdadu] A ADJ spitzenbesetzt; durchbrochen B M Spitzen *fpl*; Spitzenbesatz *m*

rendeiro[1] [ʁẽˈdajru] M, **-a** F Pächter(in) *m(f)*

rendeiro[2] [ʁẽˈdajru] M, **-a** F Spitzenklöppler(in) *m(f)*

render [ʁẽˈder] ⟨2a⟩ V|T bezwingen; (*cansar*) ermüden; (*causar*) mit sich bringen; *prisioneiros* ausliefern; *custos* zurückerstatten; *honra* erweisen; *armas* strecken; übergeben; *guarda* ablösen; *lucro* abwerfen; sich belaufen auf (*ac*) B V|I (*ceder*) nachgeben; (*ser produtivo*) ergiebig sein; *fig* sich lohnen; TECN Leistung bringen; **~-se a alg** j-m nachgeben; MIL sich j-m ergeben; POL sich j-m unterwerfen

rendibilidade [ʁẽdibiliˈdadi] F Rentabilität *f* **rendibilizar** [ʁẽdibiliˈzar] ⟨1a⟩ rentabel machen

rendição [ʁẽdiˈsɐ̃ũ] F Unterwerfung *f*; Nachgeben *n*; *guarda*: Wachablösung *f*; MIL Kapitulation *f* **rendido** [ʁẽˈdidu] unterwürfig; (*desanimado*) niedergeschlagen **rendilha** [ʁẽˈdiʎɐ] F feine Spitze *f*; Zacke *f* **rendilhado** [ʁẽdiˈʎadu] A ADJ spitzenbesetzt; durchbrochen B M Spitzenbesatz *m* **rendimento** [ʁẽdiˈmẽtu] M Einkommen *n*; ECON Ertrag *m*; Rendite *f*; TECN Leistung(sfähigkeit) *f*; (*fecundidade*) Ergiebigkeit *f*; Wirtschaftlichkeit *f*; MED Verrenkung *f*; **~ cole(c)tável** zu versteuerndes Einkommen *n*; **~ escolar** schulische Leistung *f*; **~s** *pl* Einkünfte *fpl* **rendível** [ʁẽˈdivɛɫ] rentabel; einträglich **rendoso** [ʁẽˈdozu] einträglich; *fig* lohnend

renegado [ʁiniˈgadu] A ADJ abtrünnig B M, **-a** F Renegat(in) *m(f)* **renegar** [ʁiniˈgar] ⟨1o; *Stv* 1c⟩ abtrünnig werden; **~ de** sich lossagen von (*tb* REL); schimpfen auf (*ac*)

renegociação [ʁinigusjɐˈsɐ̃ũ] F Neuverhandlung *f*; **~ da dívida** Umschuldungsverhandlung *f* **renegociar** [ʁinigu'sjar] ⟨1g, 1h⟩ neu verhandeln

renhido [ʁiˈɲidu] *discussão* heiß; *luta* blutig **renhir** [ʁiˈɲir] ⟨3c⟩ V|T (*lutar*) streiten um; (*combater*) bekämpfen; *combate* schlagen; **~ a/c a alg** j-m etw streitig machen B V|I streiten

renitência [ʁiniˈtẽsjɐ] F (*obstinação*) Widerspenstigkeit *f*; (*oposição*) Widerstand *m* **renitente** [ʁiniˈtẽti] widerspenstig; renitent

Reno [ˈʁenu] M GEOG Rhein *m*

renome [ʁiˈnomi] M Ruf *m*; Ruhm *m*; **de ~** namhaft; berühmt **renomear** [ʁinuˈmjar] ⟨1l⟩ berühmt machen; INFORM *ficheiro* umbenennen

renovação [ʁinuvɜˈsɐ̃ũ] F Erneuerung *f*; Auffrischung *f* **renovador** [ʁinuvɐˈdor]

A ADJ erneuernd **B** M (Er)Neuerer m **renovar** [ʁinu'var] ⟨1e⟩ **A** V/T erneuern; auffrischen; ARQUIT renovieren; *oferta etc* wiederholen; *visto, passaporte* verlängern **B** V/I wiederkehren; *planta* (wieder) austreiben **renovável** [ʁinu'vavɛł] erneuerbar; *energias* f *renováveis* erneuerbare Energien fpl **renovo** [ʁi'novu] M ⟨pl [-'nɔ-]⟩ BOT Trieb m; *fig* Abkömmling m

renque ['ʁẽki] M Reihe f; *de gente*: (Menschen)Schlange f

rentabilidade [ʁẽtɐbili'dadi] F Rentabilität f **rentabilizar** [ʁẽtɐbili'zar] ⟨1a⟩ rentabel machen **rentável** [ʁẽ'tavɛł] rentabel

rente ['ʁẽti] **A** ADJ *cabelo, pelo* kahl geschoren; *unhas* sehr kurz **B** ADV glatt **C** PREP **~ a, ~ de, ~ com** dicht (*ou* fam hart) an (dat)

renúncia [ʁi'nũsjɐ] F Verzicht m; (*desistência*) Aufgabe f; POL Amtsniederlegung f

renunciar [ʁinũ'sjar] ⟨1g⟩ **~ a** verzichten auf (ac); (*recusar*) ablehnen; *cargo* niederlegen; aufgeben

reordenação [ʁjorden ɐ'sɐ̃ũ] F, **reordenamento** [ʁjorden ɐ'mẽtu] M Neuordnung f **reordenar** [ʁjorde'nar] ⟨1d⟩ neu ordnen

reorganização [ʁjorganiza'sɐ̃ũ] F Umgestaltung f; Reorganisation f **reorganizar** [ʁjorgani'zar] ⟨1a⟩ umgestalten

reorientação [ʁjorjẽtɐ'sɐ̃ũ] F Umorientierung f

Rep. ABR (*repartição*) Abt. (Abteilung); *pública*: Amt; Dienststelle

repa ['ʁepɐ] F Haarsträhne f

reparação [ʁipɐrɐ'sɐ̃ũ] F (*restauro*) Reparatur f; *máquina*: Instandsetzung f; (*compensação*) Wiedergutmachung f; (*indemnização*) (Schaden)Ersatz m; POL Reparation f **reparador** [ʁipɐrɐ'dor] kräftigend; *sono* erholsam

reparar¹ [ʁipɐ'rar] V/T ⟨1b⟩ reparieren; (*compensar*) wieder gutmachen; (*restaurar*) wiederherstellen; (*absolver*) freisprechen (**de** von); *perda* ersetzen; *forças* stärken

reparar² [ʁipɐ'rar] V/I ⟨1b⟩ schauen (**para** auf ac); Acht geben (**por** auf ac); **~ em** (be)merken; achten auf (ac)

reparável [ʁipɐ'ravɛł] reparabel

reparo [ʁi'paru] M Beobachtung f; Bemerkung f; (*objecção*) Einwand m; (*advertência*) Ermahnung f; → **reparação**; **fazer ~ em** (be)merken; achten auf (ac); **levantar ~s** Einwände machen

repartição [ʁipɐrti'sɐ̃ũ] F Auf-, Verteilung f; *pública*: Dienststelle f; Abteilung f, Amt n; **~ federal** Bundesbehörde f; **~ de finanças** Finanzamt n; **~ de registo** port Einwohnermeldeamt n; **~ pública** Behörde f **repartir** [ʁipɐr'tir] ⟨3b⟩ (auf)teilen; aus-, verteilen (**por** unter dat); zuteilen; zerteilen (**em** in ac) **repartível** [ʁipɐr'tivɛł] (ver)teilbar

repassar [ʁipɐ'sar] ⟨1b⟩ durchdringen; (*reler*) nochmals lesen

repastar [ʁipɐʃ'tar] ⟨1b⟩ *gado* weiden; *alg* bewirten; **~-se** sich voll schlagen **repasto** [ʁi'paʃtu] M Schmaus m

repatriação [ʁipɐtrjɐ'sɐ̃ũ] F, **repatriamento** [ʁipɐtrjɐ'mẽtu] M Repatriierung f **repatriar** [ʁipɐtri'ar] ⟨1g⟩ repatriieren; **~-se** zurückkehren

repelão [ʁipi'lɐ̃ũ] M Ruck m; Stoß m; **aos -ões** ruckweise; **de ~** heftig; (*à força*) mit Gewalt

repelente [ʁipi'lẽti] **A** ADJ abstoßend **B** M Insektenabwehrmittel n, Repellent n **repelir** [ʁipi'tir] ⟨3c⟩ ab-, zurückweisen; zurückstoßen

repelo [ʁi'pelu] M **a ~** gewaltsam; ungestüm

repenicado [ʁipini'kadu] schrill **repenicar** [ʁipini'kar] ⟨1n⟩ gellen, schrillen

repensar [ʁipẽ'sar] ⟨1a⟩ überdenken

repente [ʁi'pẽti] M (*movimento*) plötzliche Bewegung f; (*ideia*) plötzlicher Einfall m; (*precipitação*) unüberlegte Handlung f; (*ataque*) Anfall m; **num ~** im Nu; **ter ~s** aufbrausend sein; **ter bons ~s** geistreich sein; **de ~** plötzlich **repentinamente** [ʁipetinɐ'mẽti] ADV plötzlich **repentino** [ʁipẽ'tinu] plötzlich

repercussão [ʁipirku'sɐ̃ũ] F Rückstoß m, Rückprall m; (*eco*) Widerhall m (tb fig); *fig* Wirkung f; **-ões** pl Auswirkungen fpl **repercutir** [ʁipirku'tir] ⟨3a⟩ **A** V/T zurückwerfen; *som* widerhallen lassen **B** V/I zurückprallen; *som* widerhallen; (*agir*) wirken; **~-se em** *fig* sich niederschlagen in (dat)

repertório [ʁipir'tɔrju] M Sachregister n; (*compêndio*) Nachschlagewerk n; TEAT,

MÚS Repertoire n, Spielplan m
repetente [ʁipiˈtẽti] **A** ADJ durchgefallen; sitzen geblieben **B** M/F Sitzenbleiber(in) m(f) **repetição** [ʁipitiˈsɐ̃ũ] F Wiederholung f **repetidamente** [ʁipitidɐˈmẽti] ADV wiederholt **repetir** [ʁipiˈtir] ⟨3c⟩ wiederholen **repetitivo** [ʁipitiˈtivu] sich wiederholend; (monótono) eintönig
repimpar [ʁipĩˈpar] ⟨1a⟩ sich voll schlagen mit; alg j-n mästen; **~-se** sich voll fressen; (instalar-se) sich breit machen
repinchar [ʁipĩˈʃar] ⟨1a⟩ aufspringen
repintar [ʁipĩˈtar] ⟨1a⟩ abmalen, übermalen; fig hervorheben; beleben; **~-se** abfärben
repique [ʁiˈpiki] M Läuten n; festivo (Fest)Geläut n; de alarme Sturmläuten n, Alarm m; bilhar: Zusammenstoß m
repisa [ʁiˈpizɐ] F Nachkeltern n; **vinho m de ~** Tresterwein m **repisar** [ʁipiˈzar] ⟨1a⟩ nochmals keltern; fig wiederholen; herumreiten auf (dat)
repleto [ʁiˈplɛtu] überfüllt; (sobrecarregado) überladen; (saciado) übersättigt
réplica [ˈʁɛplikɐ] F Entgegnung f, Replik f; obra de arte: Kopie f, Abguss m; **~s** pl Nachbeben n
replicar [ʁipliˈkar] ⟨1n⟩ erwidern; (objectar) entgegenhalten; **~ a alg** j-m widersprechen
repolho [ʁiˈpoʎu] M (Weiß)Kohl m; **~ roxo** Rotkohl m **repolhudo** [ʁipuˈʎudu] rundlich, dick
repoltrear-se [ʁipoɫtriˈarsi] ⟨1l⟩ sich breit machen; sich rekeln
repontão [ʁipõˈtɐ̃ũ] **A** ADJ bockig; widerspenstig **B** M, **repontona** [ʁipõˈtonɐ] F Querkopf m **repontar** [ʁipõˈtar] ⟨1a⟩ (wieder) auftreten; dia anbrechen; (contestar) erwidern; (refilar) dreist widersprechen
repor [ʁiˈpor] ⟨2z⟩ wieder hinlegen, -stellen; (devolver) zurückgeben; (substituir) ersetzen; (reconstituir) wiederherstellen; **~-se** sich erholen
reportagem [ʁipurˈtaʒɐ̃ĩ] F Reportage f
reportar [ʁipurˈtar] ⟨1e⟩ (moderar) zurückhalten; mäßigen; **~-se a** sich beziehen auf (ac); zurückgehen auf (ac); (referir-se a) anknüpfen an (ac)
repórter [ʁiˈpɔrter] M/F ⟨pl **~es**⟩ Reporter(in) m(f)

reposição [ʁipuziˈsɐ̃ũ] F Rückgabe f; de custos: (Kosten)Erstattung f; de um estado: Wiederherstellung f; (descanso) Erholung f; TEAT Neuinszenierung f; CINE Wiederholung f **repositório** [ʁipuziˈtɔrju] M Sammlung f; (arquivo) Archiv n; Depot n
repostada [ʁipuʃˈtadɐ] F freche Antwort f **repostar** [ʁipuʃˈtar] ⟨1e⟩ frech antworten; dreiste Antworten geben
reposteiro [ʁipuʃˈtɐiru] M (Tür-, Dusch-)Vorhang m
reposto [ʁiˈpoʃtu] PP irr ⟨fsg, m/fpl [-ˈpɔ-]⟩ → repor
repousado [ʁipoˈzadu] (sereno) ruhig; (descançado) erholt **repousante** [ʁipoˈzɐ̃ti] erholsam **repousar** [ʁipoˈzar] ⟨1a⟩ **A** VT ruhen lassen; (sossegar) beruhigen **B** VI ausruhen; ruhen; líquido sich setzen; terreno brachliegen; fig beruhen (**sobre** auf dat) **repouso** [ʁiˈpozu] M Ruhe(pause) f; Ruhestätte f; **casa f de ~** Seniorenheim n; **em ~** AGR brach(-liegend)
repreender [ʁipriẽˈder] ⟨2a⟩ tadeln (**por** wegen); (castigar) (be)strafen (**com** mit) **repreensão** [ʁipriẽˈsɐ̃ũ] F Tadel m, Verweis m **repreensível** [ʁipriẽˈsivɛɫ] tadelnswert **repreensivo** [ʁipriẽˈsivu] tadelnd
represa [ʁiˈprezɐ] F Staudamm m; fig Zurückdrängung f; (defesa) Abwehr f; (repressão) Unterdrückung f; **~ de ódio** aufgestauter Hass m **represado** [ʁipriˈzadu] aufgestaut **represália** [ʁipriˈzaljɐ] F Repressalie f **represamento** [ʁiprizɐˈmẽtu] M Stauung f; Eindämmung f **represar** [ʁipriˈzar] ⟨1c⟩ (an)stauen; rio eindämmen; sentimento zurückhalten
representação [ʁiprizẽtɐˈsɐ̃ũ] F Vorstellung f (tb TEAT); bildliche Darstellung f; comercial etc: Vertretung f; Repräsentation f; **despesas fpl de ~** Aufwandsentschädigung f, Spesen pl; **homem m de ~** repräsentative Persönlichkeit f **representante** [ʁiprizẽˈtɐ̃ti] M/F Vertreter(in) m(f), Repräsentant(in) m(f) **representar** [ʁiprizẽˈtar] ⟨1a⟩ **A** VT vorstellen; darstellen; papel spielen; drama aufführen; POL, DIR vertreten **B** VI auftreten (**de** als); repräsentieren; TEAT Theater spielen **representatividade** [ʁiprizẽtɐtiviˈdadi] F Repräsentativität f; Vertretungsanspruch m; **possuir ~** repräsenta-

repressão [ʁipri'sɐ̃ũ] F *geralm* Unterdrückung f; POL tb Repression f, *de crime, de violência etc*: Bekämpfung f; *(perseguição)* Verfolgung f **repressivo** [ʁipri'sivu] repressiv; DIR Straf...; **~ de** zum Schutz gegen

reprimenda [ʁipri'mẽda] F scharfer Verweis m, Tadel m **reprimir** [ʁipri'mir] ⟨3a⟩ unterdrücken; *crime* bekämpfen; *revolta* niederschlagen; **~-se** sich zurückhalten

reprivatização [ʁiprivɐtiza'sɐ̃ũ] F Reprivatisierung f **reprivatizar** [ʁiprivɐti'zar] ⟨1a⟩ reprivatisieren

réprobo ['ʁɛprubu] verworfen

reprocessamento [ʁiprusisa'mẽtu] M (Wieder)Aufbereitung f; Wiederverwertung f

reprodução [ʁiprudu'sɐ̃ũ] F Reproduktion f; BIOL Fortpflanzung f; Neubildung f; ARTE Nachbildung f; TIPO Nachdruck m **reprodutível** [ʁiprudu'tivɛł] → reproduzível **reprodutivo** [ʁiprudu'tivu] Fortpflanzungs...; reproduktiv **reprodutor** [ʁiprudu'tor] A ADJ Fortpflanzungs...; *animal* Zucht...; B M *cavalo*: Zuchthengst m, *touro*: Zuchtstier m **reprodutora** [ʁiprudu'tora] F Zuchtanlage f ⟨3m⟩ **reproduzir** [ʁiprudu'zir] ⟨3m⟩ reproduzieren; TIPO nachdrucken; wiedergeben; vervielfältigen; **~-se** BIOL sich fortpflanzen; *acontecimento* sich wiederholen **reproduzível** [ʁiprudu'zivɛł] reproduzierbar; TIPO nachdruckbar; zu vervielfältigen

reprovação [ʁipruva'sɐ̃ũ] F Ablehnung f; *hist* Verdammung f; *exame*: Nichtbestehen n; *(fracasso)* Misserfolg m **reprovado** [ʁipru'vadu] ADJ **ser ~** durchfallen in **reprovador** [ʁipruva'dor] ablehnend **reprovar** [ʁipru'var] ⟨1e⟩ missbilligen; verwerfen; *aluno* durchfallen lassen **reprovável** [ʁipru'vavɛł] verwerflich

reptar¹ [ʁɛp'tar] ⟨1a⟩ herausfordern
reptar² [ʁɛp'tar] ⟨1a⟩ ZOOL kriechen
réptil ['ʁɛptił] A ADJ reptilartig B M Reptil n

repto ['ʁɛptu] Herausforderung f

república [ʁɛ'publika] F POL Republik f; UNIV (Studenten)Wohngemeinschaft f; BIOL *formigas etc*: Staat m; **República Checa** Tschechische Republik f **republicano** [ʁɛpubɫi'kɐnu] A ADJ republikanisch B M, **-a** F Republikaner(in) m(f)

repudiar [ʁipu'djar] ⟨1g⟩ verstoßen; zurückweisen; *(reprovar)* missbilligen **repúdio** [ʁi'pudju] M Verstoßung f; *(reprovação)* Ablehnung f; Missbilligung f

repugnância [ʁipu'gnɐ̃sjɐ] F Widerwille(n) m; *(asco)* Abscheu m; Ekel m **repugnante** [ʁipu'gnɐ̃ti] abstoßend; widerlich; ekelhaft **repugnar** [ʁipu'gnar] ⟨1a⟩ abstoßend sein; **~ a a/c** etw ablehnen; **~ a alg** j-n abstoßen, j-n anekeln; j-m zuwider sein

repulsa [ʁi'pułsa] F, **repulsão** [ʁipuł'sɐ̃ũ] F Zurückweisung f; Widerwille(n) m; **causar ~ a alg** j-n abstoßen **repulsar** [ʁipuł'sar] ⟨1a⟩ ab-, zurückstoßen; zurückweisen; abwenden **repulsivo** [ʁipuł'sivu] abstoßend

reputação [ʁiputa'sɐ̃ũ] F Ruf m; Name m **reputado** [ʁipu'tadu] beleumundet; **bem ~** angesehen **reputar** [ʁipu'tar] ⟨1a⟩ halten für; **~ de** nennen

repuxão [ʁipu'ʃɐ̃ũ] M Ruck m **repuxar** [ʁipu'ʃar] ⟨1a⟩ A VT *(prender)* zurückziehen; *(puxar)* zerren an *(dat)*; *metal* treiben B VI (hervor)sprudeln **repuxo** [ʁi'puʃu] M Fontäne f; ARQUIT Widerlager n; **aguentar o ~** *fam* sich nicht unterkriegen lassen

requebrado [ʁiki'bradu] schmachtend; gefühlvoll; *(apaixonado)* verliebt **requebrar** [ʁiki'brar] ⟨1c⟩ schöntun *(dat)*; **~ o canto** gefühlvoll singen; **~ os quadris** die Hüften schwingen **requebro** [ʁi'kɛbru] M Geziere n; Schmachten n

requeijão [ʁikɐj'ʒɐ̃ũ] M Streichkäse m, Frischkäse m

requeimado [ʁiki'madu] schwärzlich; *do sol* von der Sonne verbrannt **requeimar** [ʁikɐj'mar] ⟨1a⟩ A VT rösten; *ao sol* dörren B VI brennen *(tb im Mund)* **requeime** [ʁi'kɐjmi] M Brennen n

requentar [ʁikẽ'tar] ⟨1a⟩ aufwärmen
requerente [ʁiki'rẽti] MF Antragsteller(in) m(f); **~ de asilo** Asylbewerber(in) m(f) **requerer** [ʁiki'rer] ⟨2sa⟩ beantragen; verlangen; begehren; **~ um advogado** nach e-m Anwalt verlangen **requerimento** [ʁikiri'mẽtu] M Antrag m; Gesuch n

requestador [ʀikiʃta'dor] M Bewerber m
requestar [ʀikiʃ'tar] ⟨1c⟩ j-n ersuchen; a/c erflehen; (*conquistar*) werben um etw, j-n
réquiem ['ʀɛkjɛm] M Requiem n; **missa f de ~** Totenmesse f
requintado [ʀiki'tadu] erlesen; ausgesucht; (*fino*) vornehm **requintar** [ʀiki'tar] ⟨1a⟩ verfeinern, veredeln **requinte** [ʀi'kiti] F Feinheit f; Gewähltheit f
requisição [ʀikizi'sɐ̃ũ] F Anforderung f; Erfordernis n; DIR Beschlagnahme f; MED Überweisung f **requisitar** [ʀikizi'tar] ⟨1a⟩ anfordern; beantragen; *livros* ausleihen; (*confiscar*) beschlagnahmen; MIL requirieren **requisito** [ʀiki'zitu] M Erfordernis n; **~s** pl COM Eckdaten pl
rés [ʀɛʃ] glatt(weg); (ao) **~ de** dicht (*ou* fam hart) an (*dat*)
rês [ʀeʃ] F (Schlacht)Vieh n
rescaldar [ʀiʃkał'dar] ⟨1a⟩ überbrühen; (*queimar*) verbrühen **rescaldeiro** [ʀiʃkał'dɐjru] M Wärmeplatte f **rescaldo** [ʀiʃ'kałdu] M Glut(hitze) f; glühende Asche f; *fig* Nachwehen *fpl*
rescender [ʀiʃsẽ'der] ⟨2a⟩ → recender
rescindir [ʀiʃsĩ'dir] ⟨3a⟩ aufheben; Abstand nehmen (**de** von); *contrato* kündigen **rescindível** [ʀiʃsĩ'divɛł] aufhebbar
rescisão [ʀiʃsi'zɐ̃ũ] F Aufhebung f; (*quebra*) Abbruch m; **~ dum contrato** Kündigung f e-s Vertrages
rescrever [ʀiʃkri'ver] ⟨2c; *pp* rescrito⟩ wieder (*ou* neu) schreiben **rescrição** [ʀiʃkri'sɐ̃ũ] F Zahlungsanweisung f
rés-do-chão [ʀɛʒdu'ʃɐ̃ũ] M ⟨*pl inv*⟩ *port* Erdgeschoss n
reserva [ʀi'zɛrva] A F ❶ Reserve f; *dinheiro*: Rücklage f; *mercadoria*: Vorrat m; DESP Ersatzmannschaft f; **de ~** als Reserve ❷ DIR Vorbehalt m; **à ~ de** vorbehaltlich (*gen*); (*excepto*) mit Ausnahme (*gen*) ❸ Zurückhaltung f, Reserviertheit f; **de ~** reserviert; *fig* zurückhaltend; **ficar de ~** *fig* sich zurückhalten; **sem ~** rückhaltlos ❹ COM Reservierung f; FERROV Platzkarte f; **fazer ~ de** (sich) vormerken lassen ❺ ECOL Naturschutzgebiet n; **~ florestal** *tb* Forst m B M/F DESP Ersatzspieler(in) *m(f)*; **de ~** DESP als Ersatz(-mann) f
reservado [ʀizɛr'vadu] zurückhaltend; (*oculto*) heimlich; reserviert **reservar** [ʀizɛr'var] ⟨1c⟩ reservieren; zurückbehalten; bereithalten; (*guardar*) zurücklegen; *bilhete* vorbestellen; **~ para si** für sich behalten; **~-se** sich zurückhalten; **~-se o direito de** sich (*dat*) das Recht vorbehalten zu **reservatório** [ʀizɛrva'tɔrju] M (*recipiente*) Behälter m; (*depósito*) Speicher m; AUTO Tank m **reservista** [ʀizɛr'viʃta] M/F MIL Reservist(in) *m(f)*; DESP Reservespieler(in) *m(f)*
resfolegar [ʀiʃfulɨ'gar] ⟨1o; *Stv* 1c⟩, **resfolgar** [ʀiʃfoł'gar] ⟨1o; *Stv* 1a⟩ schnaufen; *fig* verschnaufen **resfôlego** [ʀiʃ'folɨgu] M, **resfolgo** [ʀiʃ'fołgu] M Schnaufen n
resfriado [ʀiʃfri'adu] A ADJ (ab)gekühlt; *fig* verschnupft B M *bras* Erkältung f; **pegar um ~** sich erkälten **resfriador** [ʀiʃfri'dor] A ADJ Kühl... B M Kühlgefäß n **resfriadouro** [ʀiʃfria'doru] M Kühlraum m **resfriamento** [ʀiʃfria'mẽtu] M (Ab)Kühlung f; MED Erfrierung f **resfriar** [ʀiʃfri'ar] ⟨1g⟩ A V/T abkühlen B V/I & V/R **~-se** erkalten; *fig* den Mut verlieren; *bras* sich erkälten
resgatar [ʀiʒga'tar] ⟨1b⟩ befreien; *prisioneiro*: loskaufen; *dívida* aus-, einlösen; *pecados* büßen; *liberdade* erkaufen (**com** durch); **~-se** *fig* sich lösen von **resgate** [ʀiʒ'gati] M Loskauf m; (*dinheiro*) Lösegeld n; *prisioneiro* Befreiung f; *dívida* Einlösung f
resguardar [ʀiʒgwar'dar] ⟨1b⟩ schützen; (*guardar*) ver-, bewahren; (*poupar*) j-n verschonen; (*observar*) beobachten; **~-se** sich hüten; (*poupar-se*) sich schonen **resguardo** [ʀiʒ'gwardu] M *medida*: Schutzmaßnahme f; *instrumento*: Schutzvorrichtung f; (*grade*) Brüstung f; *colchão*: Matratzenschoner m; *bras* fam Wochenbett n; **de ~** zum Schutz; als Reserve
residência [ʀizi'dẽsja] F Wohnsitz m; Wohnung f; Residenz f; **~ universitária** *port* Studentenwohnheim n; **~ oficial** Dienstwohnung f **residencial** [ʀizidẽ'sjał] Wohn... **residente** [ʀizi'dẽti] A ADJ wohnhaft; ansässig (**em** in *dat*) B M/F POL Resident(in) *m(f)*; Gesandte(r) *m(f/n)* **residir** [ʀizi'dir] ⟨3a⟩ wohnen, ansässig sein; residieren; **~ em** *fig* s-n Sitz haben in (*dat*); *fig* beruhen auf (*dat*); stecken in (*dat*)
residual [ʀizi'dwał] restlich, übrig; **águas** *fpl* **-ais** Abwässer *npl* **resíduo** [ʀi'zidwu]

M QUIM Rest m; Rückstand m; **~s** pl Abfälle mpl; tb Abfall m, Müll m; **~s** pl **separados** sortierter Abfall m; **~s** pl **sólidos** Feststoffe mpl (im Abfall); **~s** pl **tóxicos** Giftmüll m; **~s** pl **verdes** Biomüll m

resignação [ʁiziɡnɐˈsɐ̃ũ] F Verzicht m; POL Amtsniederlegung f; Resignation f
resignado [ʁiziɡˈnadu] gefasst, ergeben (**com** in ac) **resignar** [ʁiziɡˈnar] ⟨1a⟩ **~ de** verzichten auf (ac); direito abtreten; cargo niederlegen; **~-se a** sich abfinden mit
resina [ʁiˈzinɐ] F Harz n **resinagem** [ʁiziˈnaʒɐ̃ĩ] F Harzgewinnung f **resinar** [ʁiziˈnar] ⟨1a⟩ árvore anzapfen; (aplicar resina) mit Harz bestreichen **resineiro** [ʁiziˈnɐiru] Harz... **resinoso** [ʁiziˈnozu] harzig
resistência [ʁiziʃˈtẽsjɐ] F Widerstand m; física: Widerstandskraft f; Ausdauer f; (durabilidade) Haltbarkeit f; TECN, ELECT Widerstand m; **~ em rolamento** AUTO Rollwiderstand m **resistente** [ʁiziʃˈtẽti] ADJ zäh; (durável) haltbar; (resistente) widerstandsfähig **resistir** [ʁiziʃˈtir] ⟨3a⟩ sich halten, dauern; **~ a** widerstehen (dat) **resistível** [ʁiziʃˈtivɛɫ] auszuhalten
resma [ˈʁɛʒmɐ] F Stapel m Papier
resmungão [ʁiʒmũˈɡɐ̃ũ] A ADJ knurrig, brummig B M Griesgram m **resmungar** [ʁiʒmũˈɡar] ⟨1o⟩ nuscheln; brummen; (protestar) schimpfen; fam meckern
resolução [ʁizuluˈsɐ̃ũ] F espec Entschluss m; geralm Entschlossenheit f; (solução) Lösung f; écran: Auflösung f **resoluto** [ʁizuˈɫutu] resolut **resolver** [ʁizoɫˈver] ⟨2c⟩ problema (auf)lösen; tarefa erledigen; dúvida ausräumen; decisão treffen; **~ consigo** mit sich selbst ausmachen; **~-se a** sich entschließen zu
respaldar [ʁiʃpaɫˈdar] ⟨1a⟩ ebnen; (glatt) walzen; (apoiar) stützen
respectivamente [ʁiʃpɛtivɐˈmẽti] beziehungsweise; (conforme) je (nachdem); jeweils; **às 3 e 4 horas ~** um 3, beziehungsweise 4 Uhr **respectivo** [ʁiʃpɛˈtivu] betreffend; jeweilig; entsprechend
respeitado [ʁiʃpɐiˈtadu] angesehen; **fazer-se ~** sich (dat) Achtung verschaffen **respeitante** [ʁiʃpɐiˈtɐ̃ti] ADJ **~ a** bezüglich (gen) **respeitar** [ʁiʃpɐiˈtar] ⟨1a⟩ A VT respektieren; (considerar) berücksichtigen; alg (ver)ehren B VT **~ a** angehen, betreffen; **no** (ou **pelo**) **que respeita a was ...** (an)betrifft **respeitável** [ʁiʃpɐiˈtavɛɫ] achtbar; fig ansehnlich
respeito [ʁiʃˈpɐitu] M 1 Achtung f; (deferência) Ehrfurcht f; (consideração) Rücksicht f; fig Furcht f; **falta f de ~** Respektlosigkeit f; **~s** pl Empfehlungen fpl; **de ~** achtbar; ansehnlich 2 Hinsicht f; **a ~ de, com ~ a, no que diz ~ a was ...** (an)betrifft; im Hinblick auf (ac); **a este ~** in dieser Beziehung; darüber; **a meu ~** was mich betrifft; **de meter ~** Furcht einflößend; **ter ~ por** Respekt haben vor **respeitoso** [ʁiʃpɐiˈtozu] respektvoll; ehrerbietig; (deferente) ehrfürchtig
respiga [ʁiʃˈpiɡɐ] F Nachlese f **respigar** [ʁiʃpiˈɡar] ⟨1o⟩ A VT sammeln B VT Ähren lesen
respingão [ʁiʃpĩˈɡɐ̃ũ] mürrisch; störrisch; bissig **respingar** [ʁiʃpĩˈɡar] ⟨1o⟩ 1 aufbegehren; frech antworten; fam meckern; cavalo ausschlagen 2 líquido sprühen; fogo prasseln **respingo** [ʁiʃˈpĩɡu] M 1 freche Antwort f 2 líquido Spritzer m; fogo Funke m
respiração [ʁiʃpirɐˈsɐ̃ũ] F Atmung f; Atem m; **~ boca-a-boca** Mund-zu-Mund-Beatmung f; **fazer perder a ~ a alg** j-m den Atem verschlagen **respirador** [ʁiʃpirɐˈdor] M MED Beatmungsgerät n **respiradouro** [ʁiʃpirɐˈdoru] M Lüftungsloch n **respirar** [ʁiʃpiˈrar] ⟨1a⟩ A VT (ein-, aus)atmen; in sich (ac) aufnehmen; cheiro verströmen B VT (auf)atmen; fam verschnaufen; **~ fundo** tief einatmen
respiratório [ʁiʃpirɐˈtɔrju] Atmungs... **respiro** [ʁiʃˈpiru] M Atemzug m; fig Atempause f; forno: (Rauch)Abzug m
resplandecência [ʁiʃpɫɐ̃dɐiˈsẽsjɐ] F Glanz m **resplandecer** [ʁiʃpɫɐ̃dɐiˈser] ⟨2g⟩ glänzen, strahlen; fig hervorstechen **resplendor** [ʁiʃpɫẽˈdor] M Glanz m; fig Ruhm m; REL Heiligenschein m
respondão [ʁiʃpõˈdɐ̃ũ] patzig **responder** [ʁiʃpõˈder] ⟨2a⟩ erwidern; **~ a** beantworten; fig entsprechen (dat); **~ por** bürgen (ou haften) für
responsabilidade [ʁiʃpõsɐbiliˈdadi] F Verantwortung f; Verantwortlichkeit f; DIR Haftung f; **~ civil** Haftpflicht f; **~ comum** Mitverantwortung f; **~ limitada** ECON beschränkte Haftung f; **~ penal**

Strafmündigkeit *f*; **sem ~** ohne Gewähr; **pedir ~s a alg** j-n zur Verantwortung ziehen **responsabilizar** [ʁiʃpõsɐbiɫi'zar] ⟨1a⟩ verantwortlich machen; **~-se por** einstehen (haften) für **responsável** [ʁiʃpõ'savɛɫ] verantwortlich; DIR haftbar **resposta** [ʁiʃ'pɔʃtɐ] F Antwort *f*; Erwiderung *f*; **~ afirmativa** Zusage *f*; **~ com porte pago** (mit) Rückantwort *f*; **~ pronta** Schlagfertigkeit *f*; **dar ~ a** antworten auf (*ac*)

ressabiado [ʁisa'bjadu] mit e-m Beigeschmack; Nachgeschmack; (*ressentido*) beleidigt; *cavalo* scheu **ressabiar** [ʁisa'bjar] ⟨1g⟩ e-n Beigeschmack bekommen; **~ de a/c** etw übel nehmen

ressaca [ʁi'sakɐ] F Brandung *f*; Sog *m*; *fig* Auf und Ab *n*; *pop* (Alkohol)Kater *m* **ressacar** [ʁisa'kar] ⟨1n; *Stv* 1b⟩ zurückfluten

ressaibo [ʁi'sajbu] M Beigeschmack *m*; *fig* Spur *f*; (*ressentimento*) Groll *m*; **conservar ~ de** nachtragen; **tomar ~ de a/c** den Geschmack von etw annehmen; *fig* etw übel nehmen

ressair [ʁisa'ir] ⟨3l⟩ vorspringen; hervortreten; herausragen

ressaltar [ʁisaɫ'tar] ⟨1a⟩ **A** V/T hervorheben **B** V/I auffallen; ARQUIT vorspringen; *fig* hervorgehen (**de** aus) **ressalte** [ʁi'saɫti] M, **ressalto** [ʁi'saɫtu] M Abprall *m*; (*salto*) Sprung *m*; *no muro:* (Mauer)Absatz *m*

ressalva [ʁi'saɫvɐ] F Richtigstellung *f*; (*reserva*) Vorbehalt *m*; *hist* Schutzbrief *m*; MIL Befreiungsschein *m*, Befreiung *f* **ressalvar** [ʁisaɫ'var] ⟨1a⟩ richtig stellen; (*limitar*) einschränken; (*assegurar*) sichern; *do serviço militar* befreien, freistellen; **ressalvando** vorbehaltlich (*gen*); **~-se** sich drücken vor (*dat*)

ressaque [ʁi'saki] F FIN Rückwechsel *m* **ressarcimento** [ʁisarsi'mẽtu] M Schadenersatz *m*; Vergütung *f* **ressarcir** [ʁisar'sir] ⟨3q; *Stv* 3b⟩ *alg* entschädigen für; ersetzen; **~-se** sich schadlos halten; sich aufrappeln

ressecado [ʁisi'kadu] ausgetrocknet, *cabelo* spröde; trocken **ressecar** [ʁisi'kar] ⟨1n; *Stv* 1c⟩ austrocknen; *fruta* dörren **resseguro** [ʁisi'guru] M Rückversicherung *f*

ressentido [ʁisẽ'tidu] gekränkt; empfindlich **ressentimento** [ʁisẽti'mẽtu] M Groll *m*; Empfindlichkeit *f*; Ressentiment *n*; **guardar ~** nachtragend sein **ressentir** [ʁisẽ'tir] ⟨3e⟩ lebhaft empfinden; **~-se de a/c** unter etw (*ac*) leiden; (*ofender-se*) gekränkt sein über etw (*ac*); (*levar a mal*) etw übel nehmen; **ressente-se disso** man merkt ihm das an

ressequido [ʁisi'kidu] dürr **ressequimento** [ʁisiki'mẽtu] M Austrocknung *f* **ressequir** [ʁisi'kir] ⟨3o⟩ austrocknen

ressoar [ʁi'swar] ⟨1f⟩ **A** V/T erklingen lassen **B** V/I widerhallen; (*ertönen*) **ressonância** [ʁisu'nɐ̃sjɐ] F Resonanz *f*; Nach-, Widerhall *m*; **caixa *f* de ~** Resonanzboden *m*; **ter ~** Widerhall finden **ressonante** [ʁisu'nɐ̃ti] (nach-, wider)hallend; schallend; klingend **ressonar** [ʁisu'nar] ⟨1f⟩ schnarchen

ressudar [ʁisu'dar] ⟨1a⟩ **A** V/T ausschwitzen; ausdünsten; ab-, ausscheiden **B** V/I schwitzen

ressurgimento [ʁisurʒi'mẽtu] M Wieder(auf)erstehen *n*, -aufleben *n* **ressurgir** [ʁisur'ʒir] ⟨3n⟩ wieder auferstehen; wieder aufleben; (*reaparecer*) wieder erscheinen

ressurrecto [ʁisu'ʁɛtu] auferstanden **ressurreição** [ʁisuʁɐj'sɐ̃u̯] F REL Auferstehung *f*

ressurtir [ʁisur'tir] ⟨3a⟩ hochspringen; (*aparecer*) auftauchen

ressuscitação [ʁisusitɐ'sɐ̃u̯] F Wiedererweckung *f*; REL Auferstehung *f* **ressuscitar** [ʁisusi'tar] ⟨1a⟩ **A** V/T REL (vom Tode) auferwecken; MED, *fig* wiederbeleben **B** V/I auferstehen

restabelecer [ʁiʃtɐbɨlɨ'ser] ⟨2g⟩ wiederherstellen; **~-se** genesen **restabelecimento** [ʁiʃtɐbɨlisi'mẽtu] M Wiederherstellung *f*; MED Genesung *f*

restante [ʁiʃ'tɐ̃ti] übrig; restlich **restar** [ʁiʃ'tar] ⟨1c⟩ (übrig) bleiben

restauração [ʁiʃtau̯rɐ'sɐ̃u̯] F Wiederherstellung *f*; ARQUIT Instandsetzung *f*; POL Restauration *f* **restaurador** [ʁiʃtau̯rɐ'dor] **A** ADJ stärkend **B** M Neubegründer *m* **restaurante** [ʁiʃtau̯'rɐ̃ti] M Restaurant *n* **restaurar** [ʁiʃtau̯'rar] ⟨1a⟩ *forças*, *saúde* wiederherstellen; *poder*, *lei* wieder einsetzen; *móvel* restaurieren; **~-se** sich stärken **restaurativo** [ʁiʃtau̯rɐ'tivu] POL restaurativ **restauro** [ʁiʃ'tau̯ru] M Res-

taurierung f
réstia ['vɛʃtjɐ] F ❶ Strohseil n; (Zwiebel)Zopf m ❷ Lichtstrahl m
restinga [vɐʃ'tĩgɐ] F Riff n; (*banco de areia*) Sandbank f; *bras* (Ufer)Dickicht m
restituição [vɐʃtitwi'sɐ̃ũ] F Rückerstattung f; Rückgabe f; (*indemnização*) Schadenersatz m; *poder*: Wiedereinsetzung f; DIR Restitution f **restituir** [vɐʃti'twir] ⟨3i⟩ *quantia* zurückerstatten; (*devolver*) zurückgeben; (*substituir*) ersetzen; *poder* wieder einsetzen; DIR restituieren
resto ['vɛʃtu] M Rest m; Überrest m; (*sobras*) Überbleibsel n; **~s** *pl* **mortais** sterbliche Überreste *mpl*; **de ~** im Übrigen; **tratar de ~** *pop* wie den letzten Dreck behandeln
restolhal [vɐʃtu'ʎaɫ] M Stoppelfeld n
restolho [vɐʃ'toʎu] M ❶ Stoppel f ❷ Lärm m
restrição [vɐʃtri'sɐ̃ũ] F Einschränkung f; Beschränkung f; Restriktion f; **~ mental** Hintergedanke m; **-ões** *pl* **ao comércio** Handelsschranken *fpl* **restringir** [vɐʃtrĩ'ʒir] ⟨3n⟩ ein-, beschränken **restritivo** [vɐʃtri'tivu] restriktiv **restrito** [vɐʃ'tritu] Ⓐ PP *irr* → restringir Ⓑ ADJ begrenzt; klein
restruturação [vɐʃtrutura'sɐ̃ũ] F Umstrukturierung f, Neugestaltung f **restruturar** [vɐʃtrutu'rar] ⟨1a⟩ umstrukturieren
resultado [vɨzuɫ'tadu] M Ergebnis n; (*consequência*) Folge f; (*êxito*) Erfolg m; MED Befund m; **dar em ~** zur Folge haben; **não dar ~** keinen Zweck haben; **dar bom ~** sich bewähren **resultante** [vɨzuɫ'tɐ̃tɨ] Ⓐ ADJ **~ de** sich ergebend aus Ⓑ Ⓔ FÍS Resultante f **resultar** [vɨzuɫ'tar] ⟨1a⟩ sich erweisen als; **não ~** schief gehen; zu nichts führen; **~ de** sich ergeben aus; folgen aus; herrühren von; **~ em** ergeben; führen zu; **~ em pleno** vollen Erfolg haben; **resulta que** demnach, folglich
resumido [vɨzu'midu] gedrängt; kurz (gefasst) **resumir** [vɨzu'mir] ⟨3a⟩ resümieren; **~-se** sich kurz fassen; (*limitar-se*) sich beschränken (**a** auf *ac*) **resumo** [vɨ'zumu] M Resümee n; Überblick m; Abriss m; **~ de notícias** Kurznachrichten *fpl*; **em ~** im Abriss; kurz, in einem Wort
resvaladiço [vɨʒvɐɫɐ'disu] abschüssig;

(*escorregadio*) rutschig, schlüpfrig **resvaladouro** [vɨʒvɐɫɐ'doru] M Abhang m **resvaladura** [vɨʒvɐɫɐ'durɐ] F Schlitterspur f **resvalar** [vɨʒvɐ'ɫar] ⟨1b⟩ (ab-, aus)rutschen (*tb fig*); entgleiten
resvés [vɐʒ'vɛʃ] Ⓐ ADJ *pop* glatt; ratzekahl Ⓑ ADV beinahe
ret... *bras* → **recta** *etc*
retábulo [vi'tabuɫu] M Altaraufsatz m
retaguarda [vɛtɐ'gwardɐ] F MIL Nachhut f; AUTO Heck n; **motor m à ~** *port* Heckmotor m; **ficar para a** (*ou* **na**) **~** zurückbleiben; **à ~** Rück...; Heck...; **pela ~** von hinten
retalhar [vitɐ'ʎar] ⟨1b⟩ zerschneiden, zerteilen; *pele* aufreißen; (*ferir*) verletzen; COM einzeln verkaufen **retalhista** [vitɐ'ʎiʃtɐ] M/F Einzelhändler(in) m(f)
retalho [vi'taʎu] M Stück n; *papel*: Fetzen m; *tecido*: (Stoff)Rest m; **a ~** im Kleinen; **venda f a ~** Einzelhandel m
retaliação [vitɐʎjɐ'sɐ̃ũ] F Vergeltung (-smaßnahme) f **retaliar** [vitɐ'ʎjar] ⟨1g⟩ Vergeltung üben für **retaliatório** [vitɐʎjɐ'tɔrju] Vergeltungs...
retardação [vitɐrdɐ'sɐ̃ũ] F Verzögerung f; *prazo*: Aufschub m **retardado** [vitɐr'dadu] verspätet; PSICOL entwicklungsverzögert **retardador** [vitɐrdɐ'dor] M QUÍM Verzögerer m **retardamento** [vitɐrdɐ'mẽtu] M → retardação **retardar** [vitɐr'dar] ⟨1b⟩ Ⓐ VT verzögern; *velocidade* verlangsamen; *alg* aufhalten; (*adiar*) verschieben Ⓑ VI sich verspäten; langsam(er) gehen **retardatário** [vitɐrdɐ'tarju] Ⓐ ADJ unpünktlich Ⓑ M, -a F Nachzügler(in) m(f); *pagador*(a): säumiger Zahler m, säumige Zahlerin f
retém [vi'tɐ̃ĩ] M Vorrat m; (*substituto*) Ersatz m; (*apoio*) Halt m, Stütze f
retenção [vitẽ'sɐ̃ũ] F Zurückhaltung f; *quantia*: Einbehaltung f, *fig* Festhalten n; DIR Haft f; MED (Harn)Verhaltung f; **~ na fonte** Quellenbesteuerung f **retentor** [vitẽ'tor] M Halter m, Besitzer m **reter** [vi'ter] ⟨2xa⟩ festhalten (**por an** *dat*); (be)halten; zurückhalten; *respiração*) anhalten; DIR in Haft nehmen; MED *urina* verhalten; **~-se** innehalten
retesado [viti'zadu] stramm; (*esticado*) straff; (*duro*) steif; *fig* hölzern **retesar** [viti'zar] ⟨1c⟩ (*esticar*) straffen; (an)spannen, verschärfen

reti... *bras* → *rectificação etc*
reticência [ʁiti'sẽsjɐ] F̱ Verschweigung f; (*omissão*) Auslassung f; (*pausa*) (Rede)Pause f; **~s** pl Andeutungen fpl; GRAM (Auslassungs)Pünktchen npl; **sem ~s** anstandslos
reticulado [ʁitiku'ɫadu], **reticular** [ʁitiku'ɫar] netzförmig; Netz... **retículo** [ʁi'tikuɫu] M̱ Fadenkreuz n; ÓPT Raster m
retido [ʁi'tidu] A PP irr → **reter** B ADJ **encontrar-se ~, estar ~** zurückgehalten werden; DIR sich in Haft befinden; bleiben müssen (**em** in dat)
retina [ʁi'tinɐ] F̱ ANAT Netzhaut f
retingir [ʁiti'ʒir] ⟨3n⟩ nachfärben
retinir [ʁiti'nir] ⟨3a⟩ klirren; (nach)klingen; ertönen **retintim** [ʁiti'tĩ] M̱ Klirren n; Geklingel n
retinto [ʁi'tĩtu] nachgefärbt; **cor** tief schwarz, blau *etc*
retirada [ʁiti'radɐ] F̱ MIL, *fig* Rückzug m; (*partida*) Aufbruch m; **~ do sal (em águas marinhas)** (Meerwasser)Entsalzung f; **bater em ~** den Rückzug antreten **retirado** [ʁiti'radu] entlegen **retirar** [ʁiti'rar] ⟨1a⟩ A VI̱T **queixa** etc zurückziehen; *afirmação* zurücknehmen; *dinheiro* abheben; (*weg*)nehmen; (*afastar*) entfernen; (*salvar*) retten; (*ganhar*) herausbekommen aus; verdienen (**de** bei); **~ a/c a alg** j-m etw entziehen B VI̱ (& V/R) **~(-se)** fortgehen; sich zurückziehen **retiro** [ʁi'tiru] M̱ Zurückgezogenheit f; (*solidão*) Einsamkeit f; *local*: Ruhesitz m; REL Exerzitien npl
reto ['ʁɛtu] *bras* → **recto**
retocar [ʁito'kar] ⟨1n; Stv 1e⟩ überarbeiten; FOTO retuschieren
retoma [ʁi'tomɐ] F̱ Wiederaufnahme f (*e-r Tätigkeit*); ECON Aufschwung m **retomar** [ʁitu'mar] ⟨1e⟩ wieder aufnehmen; *lugar* wieder einnehmen
retoque [ʁi'tɔkɨ] M̱ Überarbeitung f; (*emenda*) Ausbesserung f; FOTO Retusche f; **~ de imagens** INFORM Bildbearbeitung f; **último ~** *fig* letzter Schliff m
retorcedeira [ʁitursi'dajrɐ] F̱ Zwirnmaschine f **retorcer** [ʁitur'ser] ⟨2g; Stv 2d⟩ verdrehen (*tb fig*); *arame* (ver)biegen; (*retornar*) umkehren; **~-se** *fig* sich winden
retorcido [ʁitur'sidu] gewunden; (*torto*) krumm
retórica [ʁɛ'tɔrikɐ] F̱ Redekunst f, Rhetorik f **retórico** [ʁɛ'tɔriku] rhetorisch

retornado [ʁitur'nadu] M̱ *port* Heimkehrer m, (*Afrika*)Flüchtling m **retornar** [ʁitur'nar] ⟨1e⟩ A VI̱T zurückgeben; (*responder*) entgegnen B VI̱ zurückkehren
retorno [ʁi'tornu] M̱ (*regresso*) Rückkehr f; (*devolução*) Rückgabe f; *encomenda*: Rücksendung f; COM Tauschware f; *prenda*: Gegengeschenk n; *favor*: Gegendienst m; *bras* AUTO Wendestelle f; INFORM Return m
reto-romano [ʁɛtɔʁu'mɐnu] A ADJ rätoromanisch B M̱ Rätoromane m
retorquir [ʁitur'kir] ⟨3o⟩ A VI̱T entgegen-, vorhalten; erwidern B VI̱ widersprechen
retorsão [ʁitur'sɐ̃w̃] F̱ 1 Verdrehung f; Krümmung f 2 Entgegnung f; (*vingança*) Vergeltung f; DIR Retorsion f
retorta [ʁi'tɔrtɐ] F̱ QUÍM Retorte f
retouça [ʁi'tosɐ] F̱ Schaukel f **retouçar** [ʁito'sar] ⟨1p⟩ herumtollen; (*baloiçar*) schaukeln
retra(c)ção [ʁitra'sɐ̃w̃] F̱ Zug m; Zusammen-, Zurückziehung f; (*diminuição*) Schwund m; MED Verkürzung f
retra(c)tação [ʁitratɐ'sɐ̃w̃] F̱ *afirmação*: Widerruf m; *acusação*: Zurücknahme f **retra(c)tar** [ʁitra'tar] VI̱T & V/R ⟨1b⟩ **~(-se) de** widerrufen; zurücknehmen
retrá(c)til [ʁi'tra(k)tiɫ], **retra(c)tivo** [ʁitra'tivu] einziehbar; Zug...
retraído [ʁitra'idu] schüchtern; (*solitário*) zurückgezogen **retraimento** [ʁitrai'mẽtu] M̱ Verschlossenheit f; (*solidão*) Einsamkeit f; *fig* Zurückhaltung f; FÍS Zusammenziehung f; Schrumpfung f **retrair** [ʁitra'ir] ⟨3l⟩ zurückziehen; (*tirar*) entreißen; zurückhalten; (*esconder*) verbergen; (*assustar*) abschrecken; (*encolher*) einziehen; **~-se** (sich) flüchten; FÍS sich zusammenziehen
retranca [ʁi'trɐ̃kɐ] A F̱ *fam* Verschlossenheit f; (*solidão*) Zurückgezogenheit f B M̱ *port* Sonderling m
retratar [ʁitra'tar] ⟨1b⟩ porträtieren; (*fotografar*) fotografieren; (*desenhar*) abbilden; *fig* schildern **retratista** [ʁitra'tiʃtɐ] M̱/F̱ Porträtmaler(in) m(f), Porträtfotograf(in) m(f)
retrato [ʁi'tratu] M̱ Porträt n, Bildnis n; FOTO Passbild n; *geralm*: Abbild n; **~ robot**, *bras* **~ falado** Phantombild n; **ser o ~ vivo de alg** das lebende Abbild von

j-m sein; **tirar o ~** sich malen (ou fotografieren) lassen; **tirar o ~ a alg** j-n porträtieren; j-n fotografieren

retreta [xe'trete] F bras Straßenkonzert n; MIL Appell m **retrete** [ʁi'treti] F ~ **(pública)** öffentliche) Toilette f

retribuição [ʁitribwi'sɐ̃ũ] F Vergütung f; (recompensa) Belohnung f; sentimentos: Erwiderung f **retribuir** [ʁitri'bwir] ⟨3i⟩ vergüten; (recompensar) belohnen; sentimentos erwidern; fig sich revanchieren für; **~ a/c a alg** j-m etw vergelten

retroa(c)ção [ʁetroa'sɐ̃ũ] F Rückkopplung f **retroa(c)tivo** [ʁetroa'tivu] rückwirkend **retroceder** [ʁɨtrusi'der] ⟨2c⟩ MIL zurückweichen; (desistir) sich zurückziehen; (recuar) rückwärtsgehen; (regredir) sich rückwärts entwickeln; **~ em** verzichten auf (ac) **retrocessão** [ʁɨtrusi'sɐ̃ũ] F MIL Zurückweichen n; (diminuição) Rückgang m; DIR Wiederabtretung f; (devolução) Rückgabe f **retrocesso** [ʁɨtru'sesu] M Zurückweichen n; (diminuição) Rückgang m; fig Rückschlag m; **tecla f de ~** Rücktaste f **retrodatar** [ʁɨtrɔda'tar] ⟨1b⟩ rückdatieren

retrógrado [ʁi'trɔgrɐdu] Rückwärts...; tendência rückläufig; fig rückständig; mentalidade rückwärtsgewandt

retroproje(c)tor [ʁɨtroprɔʒɛ'tor] M Overheadprojektor m

retrós [ʁi'trɔʃ] M (Seiden)Zwirn m **retrosaria** [ʁɨtruza'riɐ] F Kurzwarenhandlung f

retrospecção [ʁɨtrɔʃpɛ'sɐ̃ũ] F Rückblick m; Retrospektive f **retrospectiva** [ʁɨtrɔʃpɛ'tivɐ] F Retrospektive f **retrospectivo** [ʁɨtrɔʃpɛ'tivu] rückschauend; nachträglich

retroversão [ʁɨtrɔvir'sɐ̃ũ] F Rückübersetzung f **retroverter** [ʁɨtrɔvir'ter] ⟨2c⟩ rückübertragen; texto rückübersetzen

retrovírus [ʁɨtrɔ'viruʃ] M MED Retrovirus n

retrovisor [ʁɨtrɔvi'zor] M AUTO Rückspiegel m

retrucar [ʁɨtru'kar] ⟨1n⟩ einwenden; → retorquir

retumbante [ʁɨtũ'bɐ̃ti] dröhnend; êxito durchschlagend **retumbar** [ʁɨtũ'bar] ⟨1a⟩ weit widerhallen lassen; som zurückwerfen B V/I widerhallen

réu [ʁɛu] M Angeklagter m

reumático [ʁeu'matiku] A ADJ rheumatisch B M Rheumatiker m **reumatismo** [ʁeumɐ'tiʒmu] M Rheuma n, Rheumatismus m

reunião [ʁju'njɐ̃ũ] F Versammlung f; (associação) Vereinigung f; (encontro) Treffen n; de trabalho Sitzung f; Besprechung f; **~ de cúpula** Gipfeltreffen n; **~-almoço** f Arbeitsessen n **reunificação** [ʁjunifikɐ'sɐ̃ũ] F Wiedervereinigung f **reunir** [ʁju'nir] ⟨3t⟩ A V/T (ver)sammeln; (unir) zusammenlegen; sócios, família zusammenrufen; gado zusammentreiben; (unificar) vereinigen; (juntar) verbinden (a mit) B V/I (& V/R) **~(-se)** sich treffen; zusammentreten; sich zusammenschließen (com mit)

reutilização [ʁjutiliza'sɐ̃ũ] F Wiederverwertung f **reutilizar** [ʁjutili'zar] ⟨1a⟩ wieder verwenden, wiederverwerten

revalidar [ʁɨvɐli'dar] ⟨1a⟩ documento erneuern; (confirmar) bestätigen; (apoiar) (be)stärken **revalorização** [ʁɨvɐloriza'sɐ̃ũ] F Neubewertung f; Aufwertung f **revalorizar** [ʁɨvɐlori'zar] ⟨1a⟩ aufwerten

revelação [ʁɨvɨlɐ'sɐ̃ũ] F Enthüllung f; REL Offenbarung f; FOTO Entwicklung f **revelador** [ʁɨvɨlɐ'dor] A ADJ aufschlussreich; FOTO **banho m ~** Entwicklerbad n B M FOTO Entwickler m **revelar** [ʁɨvɨ'lar] ⟨1c⟩ enthüllen; offenbaren; FOTO entwickeln

revelia [ʁɨvɨ'liɐ] F Nichterscheinen n vor Gericht; **à ~** in Abwesenheit; fig unter Ausschluss, unter Umgehung; **deixar correr à ~** vernachlässigen

revenda [ʁɨ'vẽdɐ] F Weiterverkauf m **revendedor** [ʁɨvẽdɨ'dor] M Wiederverkäufer m; **~ autorizado** (autorisierter) Fachhändler m **revender** [ʁɨvẽ'der] ⟨2a⟩ wieder verkaufen, weiterverkaufen

rever [ʁɨ'ver] ⟨2m⟩ A V/T alg wiedersehen; (examinar) in Abwesenheit; (verificar) überprüfen; opinião revidieren; **~ provas tipográficas** Fahnenkorrektur lesen B V/I durchsickern

reverberação [ʁɨvɨrbɨrɐ'sɐ̃ũ] F Nachhall m **reverberar** [ʁɨvɨrbɨ'rar] ⟨1c⟩ nachhallen

revérbero [ʁɨ'vɛrbɨru] M Abglanz m; (espelho) Reflektor m

reverdecer [ʁɨvɨrdɨ'ser] ⟨2g⟩ A V/T wie-

der grün machen **B** V/I wieder grün werden; *fig* sich erneuern
reverência [ʁivɨˈrẽsjɐ] F̲ Ehrfurcht f; Ehrerbietung f; (*vénia*) Verbeugung f **reverenciar** [ʁivɨrẽˈsjar] ⟨1g⟩ (ver)ehren; sich verbeugen vor (*dat*) **reverencioso** [ʁivɨrẽˈsjozu] ehrfürchtig; ehrerbietig **reverendíssima** [ʁivɨrẽˈdisimɐ] F̲ Vossa Reverendíssima Euer Hochwürden **reverendo** [ʁivɨˈrẽdu] **A** ADJ hochwürdig **B** M̲ Hochwürden (*sem art*) **reverente** [ʁivɨˈrẽti] ehrerbietig
reversão [ʁivɨrˈsɐ̃ũ] F̲ Um-, Rückkehr f; (*devolução*) Rückgabe f **reversibilidade** [ʁivɨrsibiliˈdadi] F̲ Umkehrbarkeit f **reversível** [ʁivɨrˈsivɛł], **reversivo** [ʁivɨrˈsivu] wiederkehrend; *espec* umkehrbar **reverso** [ʁiˈvɛrsu] **A** ADJ umgekehrt; (*errado*) verkehrt; (*torto*) verdreht (*tb fig*); bösartig **B** M̲ Rückseite f; **o ~ da medalha** die Kehrseite der Medaille **reverter** [ʁivɨrˈter] ⟨2c⟩ zurückkehren (a nach, zu, in *ac*); (zurück)fallen (a an j-n); **~ em proveito** (*ou* **a favor**) **de, ~ para** zugute kommen (*dat*) **revertível** [ʁivɨrˈtivɛł] → reversível
revés [ʁiˈvɛʃ] M̲ Rückschlag m, Missgeschick n; *ténis:* Rückhandschlag m; → reverso; **ao ~**, **às avessas:** im Gegensatz (**de** zu); **de ~** von der Seite; (*torto*) schief **revesso** [ʁiˈvɛsu] umgekehrt; (*errado*) verkehrt; (*torto*) verdreht; (*complicado*) verwickelt; *criança* ungezogen
revestimento [ʁivɨʃtiˈmẽtu] M̲ *parede:* (Wand)Verkleidung f; *pavimento:* (Boden)Belag m; (*cobertura*) Überzug m; (Schutz)Schicht f; NÁUT Beplankung f **revestir** [ʁivɨʃˈtir] ⟨3c⟩ (*cobrir*) (be)kleiden; (*enfeitar*) verkleiden; *pavimento* belegen; **com tinta** überstreichen; *fig* annehmen; (*demonstrar*) zeigen; ausstatten (**de** mit); **~-se** de anlegen; *fig* sich wappnen mit; annehmen
revezadamente [ʁivɨzadɐˈmẽti] ADV abwechselnd **revezado** [ʁiviˈzadu] wiederholt **revezamento** [ʁivɨzɐˈmẽtu] M̲ Ablösung f; (*substituição*) Auswechslung f; *turno:* Schichtwechsel m; DESP Staffellauf m, -schwimmen n **revezar** [ʁiviˈzar] ⟨1e⟩ **A** V/T ablösen; (*substituir*) auswechseln **B** V/I (G V/R) **~(-se)** (einander) abwechseln
revigoramento [ʁivigurɐˈmẽtu] M̲ Wiederbelebung f; Stärkung f **revigorar** [ʁivigu'rar] ⟨1e⟩ kräftigen; **~-se** wieder zu Kräften kommen

reviralho [ʁivi'raʎu] M̲ *port* POL Wende f **revirar** [ʁivi'rar] ⟨1a⟩ **A** V/T (wieder) umdrehen; *vestuário* wenden; (*rebuscar*) durchwühlen; *olhos* rollen; **~ o caminho** (*ou* **os passos**) umkehren **B** V/I (G V/R) **~(-se)** umkehren; (*regressar*) zurückkehren; herfallen (**sobre** über *ac*); **~ contra** sich wenden gegen **reviravolta** [ʁivirɐ'vɔłtɐ] F̲ Wendung f; *fig* Umschwung m; POL Wende f
revisão [ʁivi'zɐ̃ũ] F̲ Revision f; (*verificação*) Überprüfung f; *para um exame:* Wiederholung f; *texto:* Durchsicht f; Überarbeitung f; AUTO Inspektion f; **~ de provas** Korrektur f **revisar** [ʁivi'zar] ⟨1a⟩ kontrollieren, nachprüfen; *para um exame:* wiederholen
revisionismo [ʁivizju'niʒmu] M̲ Revisionismus m **revisionista** [ʁivizju'niʃtɐ] **A** ADJ revisionistisch **B** M/F Revisionist(in) m(f)
revisor(a) [ʁivi'zor(ɐ)] **A** ADJ Kontroll..., Prüfungs... **B** M/F Kontrolleur(in) m(f); Schaffner(in) m(f); TIPO Korrektor(in) m(f)
revista [ʁi'viʃtɐ] F̲ Inspektion f; Kontrolle f; *bagagem etc* Durchsuchung f; LIT Zeitschrift f; TEAT Revue f; **~ de especialidade**, *bras* **~ técnica** Fachzeitschrift f; **~ de mexericos** *pej* Klatschblatt n; **~ pessoal** Leibesvisitation f; **passar ~ a** durchsuchen **revistar** [ʁiviʃ'tar] ⟨1a⟩ *bagagem etc* durchsuchen; überprüfen
revitalizar [ʁivitɐli'zar] ⟨1a⟩ wieder beleben; wieder aufleben lassen
reviver [ʁivi'ver] ⟨2a⟩ wieder aufleben **reviviscência** [ʁivivi'sẽsjɐ] F̲ Wiederaufleben n; Wiederbelebung f **revivificar** [ʁivivifi'kar] ⟨1n⟩ wieder aufleben
revoada [ʁi'vwadɐ] F̲ Vogelschwarm m; **às ~s** in hellen Scharen
revocação [ʁivukɐ'sɐ̃ũ] F̲ (*anular*) Aufhebung f; *de um cargo:* Abberufung f **revocar** [ʁivu'kar] ⟨1n; Stv 1e⟩ zurückrufen; (*anular*) annullieren; *de um cargo:* abberufen **revocatória** [ʁivukɐ'tɔrjɐ] F̲ Aberufungsschreiben n **revogação** [ʁivugɐ'sɐ̃ũ] F̲ Widerruf m; (*invalidação*) Aufhebung f; DIR Außerkraftsetzung f **revogar** [ʁivu'gar] ⟨1o; Stv 1e⟩ widerrufen; (*invalidar*) aufheben; *encomenda* abbestellen; *encontro* absagen; DIR außer Kraft

setzen **revogatório** [ʁivugɐˈtɔrju] Widerrufs...**revogável** [ʁivuˈgavɛɫ] widerruflich
revolta [ʁiˈvɔɫtɐ] F Aufruhr m; ~ **palaciana** Palastrevolte f
revoltado [ʁivoɫˈtadu] aufständisch; POL rebellisch; fig empört **revoltante** [ʁivoɫˈtɐ̃ti] empörend **revoltar** [ʁivoɫˈtar] ⟨1e⟩ aufwiegeln; fig entrüsten; **~-se** sich erheben (**contra** gegen); sich erregen (**com** über ac) **revolto** [ʁiˈvoɫtu] A PP irr → **revolver** B ADJ unruhig; (*desordenado*) chaotisch; rauh (*Meer*) **revoltoso** [ʁivoɫˈtozu] aufrührerisch; aufständisch
revolução [ʁivuluˈsɐ̃u] F TECN Umdrehung f; Drehung f; ASTRON Umlaufzeit f; POL Revolution f; **Revolução dos Cravos** *port* Nelkenrevolution f **revolucionar** [ʁivulusjuˈnar] ⟨1f⟩ umgestalten; POL revolutionieren; *povo* aufwiegeln; **~-se** sich empören **revolucionário** [ʁivulusjuˈnarju] revolutionär
revolver [ʁivoɫˈver] ⟨2e⟩ (um)drehen; (*revirar*) (um)wälzen; (*vascular*) durchwühlen; *terra* aufwühlen (*tb fig*); *olhos* rollen; **~-se** sich wälzen; sich drehen
revólver [ʁiˈvɔɫver] M ⟨pl ~es⟩ Revolver m; ~ **de brinquedo** Spielzeugpistole f
reza [ˈʁezɐ] F Gebet n **rezar** [ʁiˈzar] ⟨1c⟩ beten; *missa* lesen; fig lauten; (*tratar*) handeln (**de** von)
rezingão [ʁiziˈɡɐ̃u] *pop* A ADJ zänkisch B M, **rezingona** [ʁiziˈɡonɐ] F Nervensäge f; Nörgler(in) m(f) **rezingar** [ʁiziˈɡar] ⟨1o⟩ meckern **rezingueiro** [ʁiziˈɡɐiru] → rezingão
ria [ˈʁiɐ] F Meeresbucht f (*Art Fjord*) **riacho** [ˈʁjaʃu] M Bach m, Flüsschen n
riba [ˈʁibɐ] F Steilufer n; (*elevação*) Anhöhe f; **em ~** *pop* oben
ribaldaria [ʁibaɫdɐˈriɐ] F Gaunerei f **ribaldo** [ʁiˈbaɫdu] M Halunke m
ribalta [ʁiˈbaɫtɐ] F Rampenlicht n
ribanceira [ʁibɐ̃ˈsɐirɐ] F (Ufer)Böschung f; Steilufer n; (*precipício*) Abhang m
Ribatejo [ʁibɐˈtɐʒu] M *port* GEOG **o ~** *hist* Provinz
ribeira [ʁiˈbɐirɐ] F Flussufer n; *poét* Aue f; (*ribeiro*) Flüsschen n
ribeirada [ʁibɐiˈradɐ] F Schwall m; fig Strom m **ribeirinha** [ʁibɐiˈriɲɐ] F ZOOL Strandläufer m **ribeirinho** [ʁibɐiˈriɲu]

Ufer... **ribeiro** [ʁiˈbɐiru] M Bach m
ribombante [ʁibõˈbɐ̃ti] fig hochtrabend **ribombar** [ʁibõˈbar] ⟨1a⟩ dröhnen **ribombo** [ʁiˈbõbu] M Dröhnen n
ricaço [ʁiˈkasu] A ADJ steinreich B M, **-a** F Neureiche(r) m/f(n); reicher Protz m
riçar [ʁiˈsar] ⟨1p⟩ kräuseln; (*encaracolar*) locken
rícino [ˈʁisinu] M Rizinus m
rico [ˈʁiku] A ADJ 1 reich; vermögend; *coisa tb* prächtig 2 reichhaltig; fruchtbar; **~ em** reich an (*dat*) 3 *comida* lecker 4 *port fam* lieb B M, **-a** F Reiche(r) m/f(n); fig Schatz m; **novo ~** *pej* Neureiche(r) m/f(n)
riço [ˈʁisu] A ADJ kraus B M (Haar)Locke f; *tecido*: Wollplüsch m
ricochete [ʁikoˈʃeti] M Abprall m; fig Anspielung f; **tiro ~ de** Querschläger m; **de ~** indirekt; **mandar uma de ~** j-n abblitzen lassen **ricochetear** [ʁikoʃiˈtjar] ⟨1l⟩ abprallen
ricto [ˈʁiktu] M (*riso*) verkrampftes Lachen n; (*contracção*) Gesichtszucken n
ridente [ʁiˈdẽti] lachend; lächelnd
ridicularia [ʁidikuɫɐˈriɐ] F Lächerlichkeit f; (*insignificância*) Nichtigkeit f **ridicularizar** [ʁidikuɫɐriˈzar] ⟨1a⟩ **ridiculizar** [ʁidikuɫiˈzar] ⟨1a⟩ lächerlich machen
ridículo [ʁiˈdikuɫu] lächerlich; **cair no ~** sich lächerlich machen; **meter a ~** lächerlich machen
rifa [ˈʁifɐ] F Verlosung f; (*sorte*) Los n **rifão** [ʁiˈfɐ̃u] M ⟨pl -ães, -ões⟩ Sprichwort n; **andar em ~** in aller Munde sein **rifar** [ʁiˈfar] ⟨1a⟩ aus-, verlosen
rifle [ˈʁifɫi] M Gewehr n, Büchse f
rigidez [ʁiʒiˈdeʃ] F Festigkeit f; fig Härte f; MED (Muskel)Verhärtung f
rígido [ˈʁiʒidu] starr; fig hart, streng; **disco ~** INFORM Festplatte f
rigor [ʁiˈgor] M Härte f; Strenge f; *espec* Genauigkeit f; **a ~** vorschriftsmäßig; **de ~** unerlässlich; **em ~** streng genommen; **no ~ de** mitten in (*dat*); **no ~ da palavra** im eigentlichen Sinn des Wortes **rigorismo** [ʁiguˈriʒmu] M übertriebene Strenge **frigorista** [ʁiguˈriʃtɐ] A ADJ (sehr) unerbittlich; (*exacto*) peinlich genau B M/F strenge(r) Wächter(in) m/f; Pedant(in) m/f **rigorosamente** [ʁiguɾozɐˈmẽti] ADV streng genommen; rigoros **rigoroso** [ʁiguˈrozu] streng; (*duro*) hart; (*exacto*)

genau; rigoros

rijeza [ʁiˈʒɛzɐ] F Härte f; (força) Kraft f; (dureza) Strenge f; → rigidez **rijo** [ˈʁiʒu] hart; (resistente) zäh; (forte) stark; (teso) straff; fig streng; **estar ~** kerngesund sein

rilhar [ʁiˈʎar] ⟨1a⟩ nagen an (dat); knabbern; *dentes* knirschen

rim [ʁĩ] M ANAT Niere f; **rins** pl fam ANAT Kreuz n

rima [ˈʁimɐ] F **1** LIT Reim m **2** Spalt m **3** Stapel m, Stoß m **rimar** [ʁiˈmar] ⟨1a⟩ **A** V/T reimen **B** V/I (sich) reimen; fig zusammenpassen

rímel [ˈʁiməɫ] M Wimperntusche f

rimoso [ʁiˈmozu] rissig

rincão [ʁĩˈkɐ̃u] M Ecke f, Winkel m

rinchada [ʁĩˈʃadɐ] F Gewieher n; fig wieherndes Gelächter n **rinchar** [ʁĩˈʃar] ⟨1a⟩ wiehern **rincho** [ˈʁĩʃu] M Wiehern n

ringue [ˈʁĩgi] M DESP *de boxe*: Boxring m; *de patinagem*: Eisbahn f; *de dança*: Tanzfläche f

rinha [ˈʁĩɲɐ] F bras Hahnenkampf m

rinite [ʁiˈniti] F MED Rhinitis f **rinoceronte** [ʁinɔsɪˈrõti] M ZOOL Nashorn n, Rhinozeros n

rio [ˈʁiu] M Fluss m; Strom m (tb fig); **~ acima** flussaufwärts; **~ abaixo** flussabwärts

Rio [ʁiu] M GEOG **o ~ Branco** bras Hauptstadt v. Acre; **o ~ Grande do Norte/Sul** bras Bundesstaaten; **o ~ de Janeiro** bras Bundesstaat und dessen Hauptstadt **rio-grandense** [ʁiugrẽˈdẽsi] ADJ ⟨pl ~s⟩ aus Rio-Grande

▶ **Rio de Janeiro**

Rio de Janeiro ist die Hauptstadt des gleichnamigen Bundesstaates und mit ca. 6 Millionen Einwohnern die zweitgrößte Stadt Brasiliens nach São Paulo. Bis 1960 war sie auch die Hauptstadt des ganzen Landes. Der Name bedeutet ‚Januarfluss', denn im Januar 1502 erreichten die ersten Portugiesen die malerische Landschaft mit Buchten, Inseln und steilen Bergen. Zahlreiche geschäftige Stadtviertel mit eigenem Charakter, markante Berggipfel (**Zuckerhut** und **Corcovado**) und Strände inmitten der Stadt (**Copacabana** und Ipanema) geben der ältesten Großstadt Brasiliens ihr unverwechselbares Gesicht. Die Einwohner der Stadt nennt man **cariocas**. Das Wort stammt ursprünglich aus dem Tupi-Guaraní und bedeutet „Haus der Weißen". Der Karneval in Rio gehört zu den größten und bekanntesten Straßenfesten der Welt (→ Info bei **Karneval**). ◀

ripa [ˈʁipɐ] F Latte f **ripado** [ʁiˈpadu] M Spalier n

ripanço [ʁiˈpɐ̃su] M AGR Harke f; fig Trägheit f; **estar de ~** port faulenzen

ripar [ʁiˈpar] ⟨1a⟩ **1** mit Latten beschlagen; *madeira* zu Latten schneiden **2** *folhas* harken; *linho* hecheln; *cabelo* toupieren

ripostar [ʁipuʃˈtar] ⟨1e⟩ *esgrima*: parieren; (contra-atacar) zurückschlagen; fig schlagfertig antworten

riquexó [ʁikiˈʃɔ] M Rikscha f

riqueza [ʁiˈkezɐ] F Reichtum m

rir [ʁir] ⟨3v⟩ (tb ~-se) lachen; **~ com, ~ de** lachen über (ac), auslachen; **~ para** anlachen; **a ~** lachend; **para ~** zum Spaß; **~ às gargalhadas/casquinadas** laut/höhnisch lachen; **morrer de ~** sich totlachen; **~ a bandeiras despregadas** port sich halb totlachen; **~ na cara de alg** j-m ins Gesicht lachen

risada [ʁiˈzadɐ] F Gelächter n

risca [ˈʁiʃkɐ] F Strich m; (faixa) Streifen m; *cabelo* Scheitel m; **~ ao meio** Mittelscheitel m; **à ~** genau; sorgfältig; **às ~s** gestreift **riscado** [ʁiʃˈkadu] **A** ADJ gestreift; *papel* liniert **B** M gestreifter Stoff m **riscar** [ʁiʃˈkar] ⟨1n⟩ linieren; (anular) (durch)streichen; (eliminar) ausschließen; (provocar) bezeichnen; *figura* zeichnen; **~-se** ausscheiden **risco** [ˈʁiʃku] M **1** Strich m; Skizze f; (fenda) Riss m; **~ contínuo** AUTO durchgezogener Mittelstreifen m; **~ descontínuo** AUTO Mittelstreifen m **2** Risiko n; **a todo o ~** auf jede Gefahr; **correr ~** Gefahr laufen (**de** zu); **estar em ~** gefährdet sein; **pôr em ~** riskieren; **seguro m contra todos os ~s** Vollkaskoversicherung f

risível [ʁiˈzivɛɫ] lachhaft

riso [ˈʁizu] M Lachen n; **~ amarelo** gequältes Lächeln n; **causar ~, fazer ~** zum Lachen sein; **ser (coisa de) ~** lach-

haft sein **risonho** [ʁiˈzoɲu] lächelnd; *tempo* strahlend **risota** [ʁiˈzɔtɐ] F Gelächter n
risoto [ʁiˈzotu] M GASTR Risotto m
rispidez [ʁiʃpiˈdeʃ] F Rauheit f; *(severidade)* Strenge f **ríspido** [ˈʁiʃpidu] rau; spröde; *(severo)* streng
rissol [ʁiˈsɔl] M ⟨*pl* rissóis⟩ GASTR gefüllte Teigtasche f
riste [ˈʁiʃtɨ] M **em ~** (hoch) erhoben; angriffsbereit; *espingarda:* im Anschlag
rítmico [ˈʁitmiku] rhythmisch
ritmo [ˈʁitmu] M Rhythmus m; MÚS Takt m; Tempo n; LIT Versmaß n
rito [ˈʁitu] M Ritus m **ritual** [ʁiˈtwaɫ] A ADJ rituell B M Ritual n
rival [ʁiˈvaɫ] A ADJ rivalisierend; *(ciumento)* eifersüchtig B M/F Rivale m, Rivalin f **rivalidade** [ʁivaliˈdadɨ] F Rivalität f; *(concorrência)* Wettbewerb m; *(ciúme)* Eifersucht f **rivalizar** [ʁivaliˈzar] ⟨1a⟩ rivalisieren (**com** mit); *(concorrer)* wetteifern (**em um**)
rixa [ˈʁiʃɐ] F Streit m; **estalar** (ou **rebentar**) **~** Streit anfangen [ʁiʃaˈdor] A ADJ streitsüchtig B M Raufbold m **rixar** [ʁiˈʃar] ⟨1a⟩ sich streiten **rixoso** [ʁiˈʃozu] → rixador
rizoma [ʁiˈzomɐ] M Wurzelstock m
roaz [ʁwaʃ] M ZOOL Schwertwal m
robalo [ʁuˈbalu] M Wolfsbarsch m
roble [ˈʁɔblɨ] M Eiche f
robô [ʁɔˈbo] M → robot
roborar [ʁubuˈrar] ⟨1e⟩ stärken; bekräftigen **roborativo** [ʁuburɐˈtivu] stärkend **roborizar** [ʁuburiˈzar] ⟨1a⟩ → roborar
robot [ʁɔˈbo] M Roboter m **robótica** [ʁuˈbɔtikɐ] F Robotertechnik f
robustecer [ʁubuʃtɨˈser] ⟨2g⟩ stärken; **~-se** stark werden **robustez** [ʁubuʃˈteʃ] F Kraft f; *(resistência)* Widerstandsfähigkeit f **robusto** [ʁuˈbuʃtu] robust, widerstandsfähig
roca [ˈʁɔkɐ] F **1** (Spinn)Rocken m **2** Fels m
roça [ˈʁɔsɐ] F Rodung f; *bras* Land n; Acker m, Feld n; *(quinta)* Landgut n **roçada** [ʁuˈsadɐ] F *bras* Rodung f **roçadeira** [ʁusɐˈdajrɐ] F Rodehacke f **roçado** [ʁuˈsadu] M Kahlschlag m **roçadoura** [ʁusaˈdorɐ] F → roçadeira
roçar [ʁuˈkar] ⟨1n; *Stv* 1e⟩ Schach: rochieren

roçar [ʁuˈsar] ⟨1p; *Stv* 1e⟩ A VT mata roden; *material:* durchscheuern; *vestuário* abtragen; *(tocar)* (leicht) berühren; gleiten über *(ac)* B M VI sich durchscheuern; *(passar perto)* nahe vorbeigehen (ou -fahren) an; **~ por** streifen; vorbeikommen an *(dat)*; fig grenzen an *(ac)*
rocha [ˈʁɔʃɐ] F Fels m; **firme como uma ~** fig felsenfest **rochedo** [ʁuˈʃedu] M Felsen m; Klippe f **rochoso** [ʁuˈʃozu] felsig
rociar [ʁuˈsjar] ⟨1g⟩ Tau fallen, tauen
rocim [ʁuˈsĩ] M Gaul m; Klepper m
rocio [ʁuˈsiu] M Tau m
roço [ˈʁosu] M ARQUIT Schlitz m
rococó [ʁɔkɔˈkɔ] M Rokoko n
roda [ˈʁɔdɐ] F **1** AUTO, TECN Rad n; **~ dentada** Zahnrad n; **~ da fortuna** *port* Rad n des Schicksals; **~ livre** Freilaufrad n; **~ sobresselente** ou **~ sobressalente** Ersatzrad n; **~ traseira** Hinterrad n; **a quinta ~ dum carro** fig das fünfte Rad am Wagen; **untar as ~s a alg** *port pop* j-n bestechen **2** *(círculo)* Kreis m; **dança f de ~** Ringelreihen m; **à** (ou **de, em**) **~** ringsumher; in der Runde; **fazer ~** e-n Kreis bilden **3** *(grupo)* Runde f; *de amigos:* Bekanntenkreis m; **a alta ~** die besseren Kreise *mpl* **4** fig Drehung f; *(giro)* (Um)Lauf m; **andar à ~** sich drehen **5** *de limão etc:* Scheibe f **6** *saia:* (Rock)Weite f **7** fig **uma ~ de** eine Menge f *(gen)*; **à ~ de** ungefähr
rodada [ʁuˈdadɐ] F Runde f; **~ geral** Saalrunde f; **dar uma ~** e-e Runde ausgeben **rodado** [ʁuˈdadu] A ADJ auf Rädern; fahrbar; *saia* weit; *cavalo* m **~ bras** Apfelschimmel m B M TECN Fahrgestell n; *saia:* (Rock)Weite f **rodagem** [ʁuˈdaʒɐ̃j] F **1** Räderwerk n **2** AUTO Einfahren n; **faixa f de ~** Fahrbahn f; **estrada f de ~** *bras* Autobahn f; **fazer a ~ (de)** *port* einfahren **3** CINE Dreharbeiten *fpl*
Ródano [ˈʁɔdɐnu] M GEOG Rhone f
rodante [ʁuˈdɐ̃tɨ] rollend, Roll... **rodapé** [ʁɔdɐˈpɛ] M Fußleiste f; INFORM Fußzeile f; **no ~** unter dem Strich; **nota f de ~** Fußnote f **rodar** [ʁuˈdar] ⟨1e⟩ A VT rollen; drehen *(tb Film)*; *jornal* drucken; *disco* auflegen; *alg* herumgehen; *(viajar)* bereisen; fig rädern B VI kreisen; *roda* rollen; *veículo* fahren; *tempo* vergehen; INFORM laufen (**em** auf *dat*); MIL

schwenken (à direita nach rechts); **~ em falso** nicht rund laufen (tb fig) **roda-viva** [ʁɔdɐˈvivɐ] F ⟨pl **rodas-vivas**⟩ Trubel m; Hektik f; **andar numa ~** sich abhetzen **rodear** [ʁuˈdjar] ⟨1l⟩ (cingir) umgeben (cercar) umringen; ASTRON umkreisen; (evitar) umgehen; **~ com os olhos** (ou **a vista**) mustern; **~-se de** sich umgeben mit **rodeio** [ʁuˈdɐju] M Umweg m; fig Ausflucht f; bras Rodeo m/n; **sem ~s** ohne Umschweife
rodeira [ʁuˈdɐirɐ] F Fahrweg m **rodeiro** [ʁuˈdɐiru] M Radachse f **rodela** [ʁuˈdɛlɐ] F GASTR Scheibe f; cebola: (Zwiebel)Ring m; jogo: Stein m; fig Schwindel; **às ~s** in Scheiben; **contar ~s** bras Quatsch erzählen
rodilha [ʁuˈdiʎɐ] F Putzlappen m; (rodoiça) Tragpolster m (für Kopflasten) **rodilhão** [ʁudiˈʎɐ̃u] M Scheuerlappen m **rodilho** [ʁuˈdiʎu] M → rodilha
rodízio [ʁuˈdizju] M 1 Rolle f (an Möbeln); moinho: Mühlrad m 2 bras Ablösung f; (variedade) Abwechslung f; bras voleibol: Rotation f 3 bras GASTR (All-you-can-eat-)Restaurant m
rodo [ˈʁɔdu] M Schieber m; Harke f (des Croupiers); **a ~s** massenhaft
rodopelo [ʁuduˈpelu] M Wirbel m (im Fell) **rodopiar** [ʁuduˈpjar] ⟨1g⟩ wirbeln; kreisen **rodopio** [ʁuduˈpiu] M (remoinho) Wirbel m; (volta) Kreisen m
rodovalho [ʁuduˈvaʎu] M Glattbutt m **rodovia** [ʁɔdɔˈvia] F Autostraße f **rodoviária** [xodoˈvjarje] F bras (estação) F ≈ Busbahnhof m; **empresa f ~** Transportunternehmen n **rodoviário** [ʁɔdɔˈvjarju] Straßen...
roedor [ʁwiˈdor] M Nagetier n, Nager m **roedura** [ʁwiˈdurɐ] F MED Schürfung f **roer** [ʁwer] ⟨2f⟩ A VT (ab-, zer)nagen; (corroer) anfressen; (mordiscar) nagen an (dat) (tb fig); fig zermürben; **~ a corda** fam kneifen; **dar um osso a ~** fig e-e Nuss zu knacken geben B VI **~ em** knabbern an (dat); problema wälzen; (dizer mal) herziehen über
rogado [ʁuˈgadu] ADJ **fazer-se ~** sich bitten lassen **rogador** [ʁugɐˈdor] M Bittsteller m **rogar** [ʁuˈgar] ⟨1o; Stv 1e⟩ A VT ≈ **a/c a alg** j-n um etw bitten B VI **~** beten (a zu, por um, für) **rogo** [ˈʁogu] M ⟨pl [ˈʁɔ-]⟩ Bitte f; **a ~** auf Verlangen

587 ‖ ROMA

rojão [xoˈʒɐ̃u] M bras Rakete f, Raketengeschoss n; fig Gewaltmarsch m; (Arbeits)Rhythmus m; Vorgehen n; Haltung f; **aguentar o ~** fam eine schwierige Situation durchstehen
rojar [ʁuˈʒar] ⟨1e⟩ A VT (fort)schleppen; (atirar) werfen B VI kriechen **rojo** [ˈʁɔʒu] M Kriechen n; **andar de ~** kriechen
rojões [ʁuˈʒõiʃ] MPL GASTR in Schmalz gebackenes Schweinefleisch
rol [ʁɔl] F Liste f; Zettel m
rola [ˈʁolɐ] F ZOOL Turteltaube f
rolador [ʁulɐˈdor] M ELECT Stromabnehmer m **rolagem** [ʁuˈlaʒɐ̃i] F INFORM Rollen n (des Bildschirms) **rolamento** [ʁulɐˈmetu] M Rollen n; TECN Lager n; **~ de esferas** Kugellager n **rolante** [ʁuˈlɐ̃ti] rollend; Roll...; **escada f ~** Rolltreppe f **rolão** [ʁuˈlɐ̃u] M 1 Kleie f 2 Rolle f **rolar** [ʁuˈlar] ⟨1e⟩ 1 rollen (tb INFORM) 2 gurren
roldana [ʁɔlˈdɐnɐ] F Flaschenzug m; janela: (lose) Rolle f **roldão** [ʁɔlˈdɐ̃u] M Trubel m; (confusão) Durcheinander n; **de ~** ungestüm, Hals über Kopf
roleta [ʁuˈletɐ] F Roulett(e) n; fam fig Ente f; bras Drehkreuz n; **~ russa** russisches Roulett(e) n **rolete** [ʁuˈleti] M Röllchen n
rolha [ˈʁoʎɐ] F (Flaschen)Kork m, Pfropfen m; geralm Verschluss m; fig Knebel m; fam gemeiner Kerl m; **(ficar em) Cascos de Rolha** (am) Ende n der Welt (liegen); **meter uma ~ na boca de alg** j-m den Mund stopfen
roliço [ʁuˈlisu] rund(lich); dick
rolo [ˈʁolu] M Rolle f; Walze f; GASTR Nudelholz m; CINE (Film)Spule f; cabelo: Lockenwickler m; penteado: Dutt m; mar: (Meeres)Woge f; fumo: Rauchwolke f; bras Auflauf m; Rauferei f; GASTR **~ de carne picada** Hackbraten m
Roma [ˈʁomɐ] F GEOG Rom n
romã [ʁuˈmɐ̃] F Granatapfel m
romagem [ʁuˈmaʒɐ̃i] F Wallfahrt f
romana [ʁuˈmɐnɐ] F Schnellwaage f
romança [ʁuˈmɐ̃sɐ] F Romanze f **romance** [ʁuˈmɐ̃si] M Roman m; **~ policial** Kriminalroman m **romancear** [ʁumɐ̃ˈsjar] ⟨1l⟩ acontecimento aufbauschen **romancista** [ʁumɐ̃ˈsiʃtɐ] M/F Romanschriftsteller(in) m(f) **romanesco** [ʁu-

maˈneʃku] romanhaft
românicas [ʁuˈmɐnikɐʃ] FPL Romanistik f, romanische Sprachen und Literaturen fpl **românico** [ʁuˈmɐniku] romanisch **romanista** [ʁumɐˈniʃtɐ] MF Romanist(in) m(f) **romano** [ʁuˈmɐnu] A ADJ römisch B M, -A F Römer(in) m(f)
romanticismo [ʁumɐ̃tiˈsiʒmu] M romantische Schwärmerei f **romântico** [ʁuˈmɐ̃tiku] A ADJ romantisch B M, -A F Romantiker(in) m(f) **romantismo** [ʁumɐ̃ˈtiʒmu] M Romantik f
romaria [ʁumɐˈriɐ] F REL Wallfahrt f; Kirchweih f; fig Gedränge n
romãzeira [ʁumɐ̃ˈzɐirɐ] F Granatapfelbaum m
rombo [ˈʁõbu] A ADJ stumpf(sinnig) B M 1 MAT Raute f 2 NÁUT Leck n
romeiro [ʁuˈmɐiru] M Pilger m
Roménia (*ê) [ʁuˈmɛnjɐ] F GEOG a ~ Rumänien (n) **romeno** [ʁuˈmenu] A ADJ rumänisch B M, -A F Rumäne m, Rumänin f
rompante [ʁõˈpɐ̃ti] A ADJ heftig; anmaßend B M Heftigkeit f; (fúria) (Zornes)Ausbruch m; (impulso) Auch f; **de ~** urplötzlich **romper** [ʁõˈper] ⟨2a⟩ A V/T (quebrar) zerbrechen; (interromper) abbrechen; (rasgar) zerreißen; (silêncio) brechen; (luz) durchdringen; (atravessar) durchqueren; conflito eröffnen B V/I aus-, losbrechen; beginnen; (dia) anbrechen; (surgir) auftauchen; losstürmen (**contra** auf ac); (cortar) brechen (**com** mit, **por** durch); sorrisos ausbrechen (**em** in ac); **~ a** (inf) anfangen zu C V/I (G V/R) **~(-se)** zerbrechen; entzweigehen; (rebentar) platzen D M **ao ~ do dia/do sol** bei Tagesanbruch/Sonnenaufgang **rompimento** [ʁõpiˈmẽtu] M Auf-, Zerbrechen n; (começo) Durchbruch m; vala: Dammbruch m; (fenda) Riss m; fig (Vertrags)Bruch m; relações: Abbruch m
ronca [ˈʁõkɐ] F (ressonar) Schnarchen n; Grunzen n; mar: Brausen n; fig Prahlerei f; NÁUT Nebelhorn n **roncar** [ʁõˈkar] ⟨1n⟩ (ressonar) schnarchen; grunzen; brummen; mar brausen; (trovão) rollen; fig sich aufspielen
roncear [ʁõˈsjar] ⟨1l⟩ bummeln, trödeln; (dahin)schlendern **ronceirice** [ʁõsɐiˈrisi] F, **ronceirismo** [ʁõsɐiˈriʒmu] M Trödelei f; Gemächlichkeit f; (malandrice)

Schlendrian m **ronceiro** [ʁõˈsɐiru] langsam; träge; gemächlich
ronco [ˈʁõku] M → ronca
ronda [ˈʁõdɐ] F Runde f, Rundgang m; nocturna: Nachtwache f; polícia: (Polizei-) Streife f; dança: Rundtanz m; **~ de negociações** Verhandlungsrunde f; **de ~** oficial wachhabend; **andar de ~** die Runde machen **rondar** [ʁõˈdar] ⟨1a⟩ die Runde machen; (vigiar) bewachen; umkreisen; (espiar) (herum)schleichen um; fig sich in etwa belaufen auf (ac) **rondó** [ʁõˈdɔ] M MÚS Rondo f
Rondônia [ʁõˈdonjɐ] SEM ART GEOG bras Bundesstaat
ronha [ˈʁoɲɐ] F Räude f; pop fig Durchtriebenheit f; **ter ~** gerissen sein **ronhento** [ʁuˈɲetu], **ronhoso** [ʁuˈɲozu] animal räudig; fig hinterfotzig; **ovelha ~ -a** fig schwarzes Schaf n
ronqueira [ʁõˈkɐirɐ] F Rasseln n; Röcheln n **ronquejar** [ʁõkiˈʒar] ⟨1d⟩ respiração rasseln; pessoa röcheln **ronquidão** [ʁõkiˈdɐ̃w] F Heiserkeit f
ronrom [ʁõˈʁõ] M gato: Schnurren n **ronronar** [ʁõwuˈnar] ⟨1f⟩ schnurren
roque [ˈʁɔki] M (música F) **~ Rock** m, Rockmusik f; **cantor(a)** m(f) **(de música) ~ Rocksänger(in)** m(f)
roqueiro¹ [ʁuˈkɐiru] ADJ **castelo** M **~ Bergschloss** n
roqueiro² [ʁuˈkɐiru] A ADJ Rock... B M, -A F Rockmusiker(in) m(f), Rocker(in) m(f); Rockfan m
roquete [ʁuˈketi] M 1 REL Chorhemd n 2 TECN Bohrwinde f
ror [ʁor] M pop Haufen m, Masse f; **um ~ de e-e** Unmenge
Roraima [xoˈraime] SEM ART GEOG bras Bundesstaat
rosa [ˈʁɔzɐ] A ADJ rosa B F BOT Rose f; ARQUIT Rosette f; **maré f de ~s** port fig Glückssträhne f C M cor: Rosa n; **~ velho** Altrosa n
rosácea [ʁuˈzasjɐ] A F ARQUIT Rosette f B **~s** FPL BOT Rosenblütler mpl **rosáceo** [ʁuˈzasju] Rosen... **rosado** [ʁuˈzadu] rosig; BOT Rosen... **rosa-dos-ventos** [ʁɔzɐduʒˈvẽtuʃ] F ⟨pl rosas-dos-ventos⟩ Windrose f **rosal** [ʁuˈzal] M → roseiral
rosário [ʁuˈzarju] M 1 REL Rosenkranz m; TECN Paternosterwerk n
rosbife [ʁɔʒˈbifi] M Roastbeef n

rosca¹ [ˈʀoʃkɐ] F Windung f; Gewinde n; *parafuso:* Flügelmutter f; GASTR Kringel m; (Hefe)Zopf m

rosca² [ˈʀoʃkɐ] M/F Schlauberger(in) m(f)

roscar [ʀuʃˈkar] ⟨1n; *Stv* 1e⟩ anschrauben, einschrauben

roseira [ʀuˈzɐjrɐ] F Rosenstock m **roseiral** [ʀuzɐjˈrał] M Rosengarten m

róseo [ˈʀɔzju] rosafarben; Rosen...

roseta [ʀuˈzetɐ] F Rosette f

rosmaninho [ʀuʒmɐˈninu] M Schopflavendel m

rosnar [ʀuʒˈnar] ⟨1e⟩ knurren; *fig* murmeln; murren

rosquilha [ʀuʃˈkiʎɐ] F, **rosquinha** [ʀuʃˈkiɲɐ] F Kringel m, Brezel f

rossio [ʀuˈsiu] M großer Platz m

rosto [ˈʀoʃtu] M Gesicht n; Angesicht n; *moeda:* Bildseite f; *livro etc:* Titelblatt n; *geralm* Vorderseite f; **(de) ~ a ~** von Angesicht zu Angesicht; **no ~ de** in Gegenwart von; **dar de ~ com alg** j-m plötzlich gegenüberstehen; **lançar a/c em ~ a alg** j-m etw ins Gesicht sagen; **dar no ~** *vento* ins Gesicht blasen; *sol* ins Gesicht scheinen; **fazer ~ a alg** j-m die Stirn bieten; **virar o ~ a alg** das Gesicht abwenden **rostral** [ʀuʃˈtrał] M Titelseite f; Buchdeckel m **rostro** [ˈʀoʃtru] M Schnabel m; NÁUT Bugspriet n ou m; BOT Sporn m; ZOOL *insecto:* Saugrüssel m

rota [ˈʀɔtɐ] F Route f; Kurs m; **de (ou em) ~ batida** Hals über Kopf

rotação [ʀutɐˈsɐ̃ũ] F TECN Umdrehung f; *fig* Wechsel m; *(retorno)* Wiederkehr f; **~ de culturas** AGR Wechselwirtschaft f **rotar** [ʀuˈtar] ⟨1e⟩ rotieren **rotário** [ʀuˈtarju] M Rotarier m **rotativa** [ʀutɐˈtivɐ] F TIPO Rotationsmaschine f **rotatividade** [ʀutɐtiviˈdadɨ] F Abwechslung f; *(substituição)* Ablösung f; POL Rotation f; **regime de ~** Rotationsprinzip n **rotativo** [ʀutɐˈtivu] TECN rotierend; Dreh... **rotatória** [ʀotɐˈtɔrjɐ] F *bras* Kreisverkehr m **rotatório** [ʀutɐˈtɔrju] Rotations...

rotear [ʀuˈtjar] ⟨1l⟩ *barco* steuern; *terreno* urbar machen **roteirista** [ʀutɐjˈriʃtɐ] M/F Verfasser(in) m(f) von Reiseführern **roteiro** [ʀuˈtɐjru] M Reiseführer m; *bras* Drehbuch n; **~ digital** Routenplaner m

rotíferos [ʀuˈtifɨruʃ] MPL ZOOL Rädertierchen npl

rotina [ʀuˈtinɐ] F Fertigkeit f; Routine f; **~ de triagem** INFORM Sortierlauf m **rotineiro** [ʀutiˈnɐjru] A ADJ routiniert; eingefahren; *fig* konservativ B M Gewohnheitsmensch m; Könner m

roto [ˈʀotu] A PP *irr* → **romper** B ADJ zerlumpt; löcherig; *(partido)* entzwei

rotor [ʀuˈtor] M Rotor m

rótula [ˈʀɔtulɐ] F ANAT Kniescheibe f; *bras tb* Kreisverkehr m

rotulado [ʀutuˈladu] ADJ **ser ~ de** *fig* abgestempelt werden als **rotuladora** [ʀutułɐˈdorɐ] F Etikettiermaschine f **rotulagem** [ʀutuˈłaʒɐ̃ĩ] F Etikettierung f; Beschriftung f **rotular** [ʀutuˈłar] ⟨1a⟩ auszeichnen; etikettieren; *a/c* beschriften; *alg* bezeichnen **(de als)**

rótulo [ˈʀɔtulu] M Etikett n, Schild n; **~ ecológico** Ökolabel n

rotunda [ʀuˈtũdɐ] F Rotunde f; runder Platz m; *trânsito:* Kreisverkehr m

rotura [ʀuˈturɐ] F Bruch m (*tb* MED); Unterbrechung f

roubalheira [ʀobɐˈʎɐjrɐ] F Raubüberfallserie f; *(saque)* Plünderung f; *compras:* Betrug m; *pop* Wucherpreis m **roubar** [ʀoˈbar] ⟨1a⟩ rauben; stehlen; **~ alg** j-n berauben; *(raptar)* j-n entführen

roubo [ˈʀobu] M Raub m; Diebstahl m; **~ à mão armada** bewaffneter Überfall m; **~ por arrastão** Handtaschendiebstahl m; **à prova de ~** diebstahlsicher

rouco [ˈʀoku] heiser

roufenho [ʀoˈfɐɲu] näselnd

roulotte [ʀuˈłɔti] F Wohnwagen m

roupa [ˈʀopɐ] F Kleidung f; Wäsche f; **~ branca** Weißwäsche f; **~ da cama** Bettwäsche f; **~ interior**, **~s pl menores**, *bras* **~ de baixo** Unterwäsche f; **~ de marca** Markenkleidung f; **estender a ~** (die) Wäsche aufhängen **roupagem** [ʀoˈpaʒɐ̃ĩ] F Kleidung f; Gewand n; *fig* Drapierung f **roupão** [ʀoˈpɐ̃ũ] M Morgenrock m; **~ turco** Bademantel m **roupa-velha** [ʀopɐˈvɐʎɐ] F ⟨*pl* **roupas-velhas**⟩ Resteessen n **roupeiro** [ʀoˈpɐjru] M eingebauter Wäscheschrank m

rouquejar [ʀokɨˈʒar] ⟨1d⟩ krächzen; *fig* dröhnen **rouquenho** [ʀoˈkɐɲu] heiser **rouquidão** [ʀokiˈdɐ̃ũ] F Heiserkeit f

rouxinol [ʀoʃiˈnɔł] M Nachtigall f

roxear [ʀoˈʃjar] ⟨1l⟩ ins Violette spielen **roxidão** [ʀuʃiˈdɐ̃ũ] F Violett n **roxo**

['ʁo[u] violett; *bras fam* heftig; (*duro*) hart; (*ávido*) begierig; **couve f -a**, *bras* repolho m ~ Rotkohl m

RS M ABR (**Real**) brasilianische Währung

RU ABR (**Reino Unido**) Vereinigtes Königreich n

rua ['ʁuɐ] F̲ Straße f; (*caminho*) Weg m; **~ de sentido único** Einbahnstraße f; **~ lateral** Seitenstraße f; **mulher f da ~** Straßenmädchen n; **deitar à ~** *port fig* zum Fenster hinauswerfen; **ir para a ~** *fam* (raus)fliegen; **pôr na ~** auf die Straße setzen; **~! raus!**

rubéola [ʁu'bɛulɐ] F̲ MED Röteln *pl*

rubescente [ʁubiʃ'sẽti] rot(glühend)

rubi [ʁu'bi] M̲ Rubin m **rubicundo** [ʁubi'kũdu] *pele* gerötet; *pessoa* rotbackig **rubificar** [ʁubifi'kaʁ] ⟨1n⟩ röten **rubim** [ʁu'bĩ] M̲ → **rubi**

rublo ['ʁublu] M̲ Rubel m

rubor [ʁu'boʁ] M̲ (Scham)Röte f; (*pudor*) Scham f, Schamgefühl n **ruborescer** [ʁuburiʃ'seʁ] ⟨2g⟩ sich röten **ruborizar** [ʁuburi'zaʁ] ⟨1a⟩ röten; **~-se** erröten

rubrica [ʁu'brikɐ] F̲ Rubrik f; *texto*: Überschrift f; (*assinatura*) Namenszug m **rubricar** [ʁubri'kaʁ] ⟨1n⟩ abzeichnen; POL *tb* paraphieren

rubro ['ʁubru] (blut-, hoch)rot; **pôr ao ~** rot glühend machen

ruçar-se [ʁu'saʁsi] ⟨1p⟩ **1** ergrauen **2** sich freuen (**com** *ac*)

rucilho [ʁu'siʎu] ADJ **cavalo** M̲ ~ Fuchs m **ruço** ['ʁusu] grau(meliert); (*desbotado*) verfärbt; *cabelo* flachsblond

rúcula ['ʁukulɐ] F̲ Rucola m, Rauke f; **salada f de ~** Rucolasalat m

rude ['ʁudi] rau; (*duro*) hart; (*grosseiro*) grob, plump; roh **rudeza** [ʁu'dezɐ] F̲ Rohheit f; **~ primitiva** Urwüchsigkeit f

rudimentar [ʁudimẽ'taʁ] rudimentär; verkümmert; *fam* kümmerlich **rudimento** [ʁudi'mẽtu] M̲ Rest m, Rudiment n

ruela ['ʁwɛlɐ] F̲ Gasse f

rufar [ʁu'faʁ] ⟨1a⟩ **A** VT **1** *tambor* schlagen **2** *vestuário* rüschen **B** VI Trommelwirbel schlagen, trommeln

rufia [ʁu'fiɐ] M̲, **rufião** [ʁu'fjɐ̃ũ] M̲ Zuhälter m

rufo ['ʁufu] M̲ **1** MÚS Trommelwirbel m; **num ~** im Nu **2** *tecido*: Rüsche f

ruga ['ʁugɐ] F̲ Falte f

rugido [ʁu'ʒidu] M̲ *leão*: Brüllen n; *mar*: Tosen n **rugir** [ʁu'ʒiʁ] ⟨3n⟩ *leão* brüllen; *mar* tosen; rauschen

rugoso [ʁu'gozu] faltig; *rosto* gefurcht

ruibarbo [ʁui'baʁbu] M̲ Rhabarber m

ruído ['ʁwidu] M̲ *espec* Geräusch n; *geralm* Lärm m; *fig* Gerücht n; *rádio*: Störung f; **fazer ~** *fig* Aufsehen erregen **ruidoso** [ʁwi'dozu] laut; *fig acontecimento* aufsehenerregend

ruim [ʁwĩ] schlecht; (*putrefacto*) verdorben; *pessoa*: bösartig; *fam* mies

ruína ['ʁwinɐ] F̲ Einsturz m; Ruin m (*tb* ECON); (*edifício*) Ruine f; **ameaçar ~** einzufallen drohen; **levar à ~** ruinieren; **~s** *pl* Ruinen *fpl* **ruindade** [ʁwĩ'dadi] F̲ Bösartigkeit f **ruinoso** [ʁwi'nozu] baufällig; zerfallen; (*nocivo*) schädlich; ECON ruinös

ruir [ʁwiʁ] ⟨3i⟩ (ein)stürzen; zusammenbrechen

ruiva ['ʁujvɐ] F̲ BOT Färberröte f **ruivo¹** ['ʁujvu] ADJ (fuchs)rot; rotblond; rothaarig

ruivo² ['ʁujvu] M̲ *peixe*: Knurrhahn m

rum [ʁũ] M̲ Rum m

rumar [ʁu'maʁ] ⟨1a⟩ NÁUT auf Kurs bringen; *porto etc* ansteuern (**para** *ac*)

rumba ['ʁũbɐ] F̲ *dança*: Rumba f

rume ['ʁumi] M̲, **rúmen** ['ʁumen] M̲ Pansen m **ruminação** [ʁuminɐ'sɐ̃ũ] F̲ Wiederkäuen n; *fig* Grübeln n **ruminadouro** [ʁuminɐ'doru] M̲ Wiederkäuermagen m **ruminante** [ʁumi'nɐ̃ti] M̲ ZOOL Wiederkäuer m **ruminar** [ʁumi'naʁ] ⟨1a⟩ wiederkäuen; *fig* durchdenken

rumo ['ʁumu] M̲ *vento, céu*: Wind-, Himmelsrichtung f; NÁUT Fahrtrichtung f; Kurs m; *fig* Richtung f; *de vida*: Ziel n; (*orientação*) Wendung f; **~ a** in Richtung auf (*ac*); **sem ~** ziellos; **meter** (*ou* **pôr**) **a ~** *fig* auf den rechten Weg bringen; **mudar de ~** den Kurs ändern; **seguir ~ a** Kurs nehmen auf (*ac*); **seguir mau ~** auf die schiefe Bahn kommen; **tomar ~** e-n Beruf ergreifen; *fig* Vernunft annehmen; **tomar ~ para** Kurs nehmen auf (*ac*)

rumor [ʁu'moʁ] M̲ Lärm m; *mar*: Rauschen n; *vozes*: Stimmengewirr n; *fig* Gerücht n; **andam ~es** es gehen Gerüchte um **rumorejar** [ʁumuri'ʒaʁ] ⟨1d⟩ rauschen; rumoren; *fig* munkeln; **rumoreja-se** es geht das Gerücht **rumorejo** [ʁu-

mu'raizu) M Summen n; fig Gemunkel n
rumoroso [ʀumu'rozu] polternd; laut; mar rauschend
runa ['ʀuna] F hist Rune f
rupestre [ʀu'pɛʃtri] Fels(en)...; pintura f ~ Felsen-, Höhlenmalerei f
ruptura [ʀup'tura] F Bruch m, Ruptur f (tb MED); fig Abbruch m; **ponto** m (ou **limite** m) **de ~** Bruch-, Zerreißgrenze f; **~ por fadiga** TECN Ermüdungsbruch m
rural [ʀu'ʀal] ländlich, Land...; landwirtschaftlich; **guarda** m **~** Feldhüter m; **turismo** m **~** Urlaub m auf dem Land
rusga ['ʀuʒga] F port Razzia f; (desordem) Aufruhr m **rusgar** [ʀuʒ'gar] port eine Razzia machen
Rússia ['ʀusja] F GEOG **a ~** Russland n
russo ['ʀusu] A ADJ russisch B M, **-a** F Russe m, Russin f C M língua: Russisch n
rusticidade [ʀuʃtisi'dadʒi] F Ländlichkeit f; (rudeza) Grobschlächtigkeit f; BOT Robustheit f
rústico ['ʀuʃtiku] A ADJ ländlich, Land...; (campesino) Bauern...; rustikal; fig bäurisch, roh B M Bauer m; fig ungebildeter Mensch m
rutilante [ʀuti'łātʃi] funkelnd; (rötlich) leuchtend **rutilar** [ʀuti'łar] ⟨1a⟩ funkeln, schimmern

S

S, s ['ɛsi] M S, s n
S. ABR (São) St. (Sankt); (Sul) S (Süden)
s/ ABR 1 (sem) o. (ohne) 2 (seu, sua) Ihr(e)
S.A. ABR (Sociedade Anónima) AG f (Aktiengesellschaft)
sã [sɐ̃] ADJ F → **são**
Saara ['saara] M GEOG Sahara f
sábado ['sabadu] M Sonnabend m, Samstag m; **no ~** am Sonnabend, am Samstag; **aos ~s** sonnabends, samstags
sabão [sa'bɐ̃ũ] M (Stück n) Seife f; para a roupa: Kernseife f; fam Rüffel m; **~ em pó** Seifenpulver n

sabático [sa'batiku] ADJ ano M **~** UNIV Forschungsjahr n
sabatina [saba'tʃina] F Rekapitulation f; fig Debatte f; pop Abreibung f
sabedor [sabi'dor] gelehrt; **~ de** beschlagen in (dat) **sabedoria** [sabidu'ria] F Weisheit f; (conhecimentos) Wissen n
saber [sa'ber] ⟨2r⟩ A V/T wissen; capacidade verstehen, können; (vir a) **~** erfahren; **a ~** nämlich; das heißt; **dar a ~, fazer ~** bekannt machen; mitteilen (a/c a alg j-m etw); **ficar a ~** (ou **sabendo**) erfahren; lernen; **fique sabendo** Sie müssen wissen; merken Sie sich; **sei lá** (ou **cá**) was weiß ich; **sabe-se lá** wer weiß; **sabe que mais?** wissen Sie was?; **(não) que eu saiba** soviel ich weiß (nicht dass ich wüsste) B V/I **~ de** sich auskennen in (dat), etwas verstehen von; wissen von; **~ bem/mal** gut/schlecht schmecken; **~ a** schmecken nach C M Wissen n; Kenntnis f; Können n
sabiá [sa'bja] M bras Singdrossel f; **~ laranjeira** Rotbauchdrossel f
sabiamente [sabja'mētʃi] ADV wohlweislich; vorsorglich
sabichão [sabi'ʃɐ̃ũ] A ADJ hochgelehrt; irón oberschlau B M, **-ona** [sabi'ʃɔna] F Besserwisser(in m(f))
sabido [sa'bidu] a/c bekannt; alg schlau
sábio ['sabju] A ADJ weise, gelehrt B M Weise(r) m, Gelehrte(r) m
saboaria [sabwa'ria] F Seifensiederei f
saboeiro [sa'bwairu] M Seifenkraut n
sabonetada [saboni'tada] F fam Rüffel m **sabonete** [sabu'netʃi] M (Stück n) Seife f; port fam Taschenuhr f; fam Rüffel m **saboneteira** [saboni'taira] F Seifenschale f
sabor [sa'bor] M Geschmack m (a nach); **ao ~ de** je nach; gemäß (dat) **saborear** [sabu'rjar] ⟨1⟩ comida kosten; fig genießen **saboroso** [sabu'rozu] schmackhaft
sabotador(a) [sabuta'dor(a)] M(F) Saboteur(in) m(f) **sabotagem** [sabu'taʒɐ̃ĩ] F Sabotage f **sabotar** [sabu'tar] ⟨1e⟩ sabotieren
sabre ['sabri] M Säbel m
sabugo [sa'bugu] M (Holunder)Mark n; ANAT Nagelwurzel f; ZOOL Bürzel m; BOT (Mais)Kolben m **sabugueiro** [sabu-'gairu] M Holunder(strauch) m
sabujar [sabu'ʒar] ⟨1a⟩ lobhudeln; **~-se a**

alg sich bei j-m einschmeicheln sabujice [sabuˈʒisɐ] F̲ Lobhudelei f **sabujo** [saˈbuʒu] M̲ Spürhund m; fig Speichellecker m
saburra [saˈbuʀɐ] F̲ Zungenbelag m **saburrento** [sabuˈʀẽtu], **saburroso** [sabuˈʀozu] belegt
saca [ˈsakɐ] F̲ **1** Sack m; Tasche f **2** Entnahme f
sacada [saˈkadɐ] F̲ ARQUIT Erker m; (varanda) Balkon m; NÁUT (Schlepp)Seil n; movimento: Ruck m **sacadela** [sakɐˈdɛlɐ] F̲ Ruck m
sacado [saˈkadu] M̲ FIN Trassat m, Wechselnehmer m **sacador** [sakɐˈdor] M̲ FIN Trassant m, Wechselaussteller m
sacana [saˈkanɐ] M̲ pop verfluchtes Schwein n **sacanagem** [sakɐˈnaʒɐ̃ĩ] F̲ bras, **sacanice** [sakɐˈnisɨ] F̲ pop Sauerei f
sacão [saˈkɐ̃ũ] M̲ cavalo: Bockspring m; movimento: Ruck m; empurrão: Stoß m; **aos -ões** ruckweise
saca-pregos [sakɐˈprɛguʃ] M̲ ⟨pl inv⟩ Nageleisen n
sacar [saˈkar] ⟨1n; Stv 1b⟩ (heraus-, hervor)ziehen; fig proveito ziehen; lucro erzielen; cheque ausstellen; dinheiro abheben; FIN letra de câmbio ziehen; pop kapieren; **~ de** hervorziehen, herausreißen aus
saca-rabos [sakɐˈʀabuʃ] M̲ ⟨pl inv⟩ Ichneumon m/n, Manguste f
sacarina [sakɐˈrinɐ] F̲ Saccharin n **sacarino** [sakɐˈrinu] F̲ Zucker...
saca-rolhas [sakɐˈʀoʎɐʃ] M̲ ⟨pl inv⟩ Korkenzieher m
sacarose [sakɐˈrɔzɨ] F̲ BIOL, QUÍM Saccharose f, Kristallzucker m
sacerdócio [sasɨrˈdɔsju] M̲ Priesteramt n **sacerdotal** [sasɨrduˈtaɫ] priesterlich **sacerdote** [sasɨrˈdɔti] M̲, **sacerdotisa** [sasɨrduˈtizɐ] F̲ Priester(in) m(f)
sacha [ˈsaʃɐ], **sachada** [saˈʃadɐ] F̲, **sachadura** [saʃɐˈduɾɐ] F̲ Jäten n **sachar** [saˈʃar] ⟨1b⟩ jäten
sachê [saˈʃe] M̲ bras Duftkissen n
sacho [ˈsaʃu] M̲ Jätehacke f **sachola** [saˈʃɔlɐ] F̲ Breithacke f
saciado [saˈsjadu] satt **saciar** [saˈsjar] ⟨1g⟩ sättigen (tb QUÍM); (contentar) befriedigen **saciedade** [sasjɨˈdadi] F̲ (Über)Sättigung f; fig Überdruss m
saco [ˈsaku] M̲ **de batatas:** Sack m; **de chá:** Beutel m; **de plástico:** Tüte f; **~ de areia** Sandsack m; **~ de dormir** Schlafsack m; **~ de ferramentas** port Werkzeugtasche f; **~ lacrimal** port ANAT Tränensack m; **~ de viagem** port Reisetasche f; **despejar o ~** port fam (alles sagen) auspacken; **encher o ~ a alg** pop j-m auf den Sack gehen; **estar/ficar de ~ cheio** pop die Schnauze voll haben; **ser ~** bras pop ätzend sein
saco-cama [sakuˈkɐmɐ] M̲ ⟨pl sacos-camas⟩ port Schlafsack m **sacola** [saˈkɔlɐ] F̲ (Einkaufs)Tasche f **saco-roto** [sakuˈʀotu] M̲ ⟨pl sacos-rotos⟩ fam Plaudertasche f
sacral [saˈkraɫ] heilig, sakral **sacralizar** [sakraliˈzar] ⟨1a⟩ heiligen
sacramental [sakrɐmẽˈtaɫ] feierlich **sacramentar** [sakrɐmẽˈtar] ⟨1a⟩ weihen; **~ alg** j-m die Sakramente reichen; **~-se** die Sakramente empfangen **sacramento** [sakrɐˈmẽtu] M̲ Sakrament n; **últimos ~s** pl Sterbesakramente npl
sacrário [saˈkrarju] M̲ Tabernakel n; fig Allerheiligste(s) n; Heiligtum n
sacrifical [sakrifiˈkaɫ] Opfer... **sacrificar** [sakrifiˈkar] ⟨1n⟩ opfern; **~-se por** sich (auf)opfern für **sacrifício** [sakriˈfisju] M̲ Opfer n; **fazer ~s** Opfer bringen
sacrilégio [sakriˈlɛʒju] M̲ Frevel m **sacrílego** [saˈkrilɨgu] frevelhaft
sacristão [sakriʃˈtɐ̃ũ] M̲ ⟨pl ~s, -ães⟩ Küster m **sacristia** [sakriʃˈtiɐ] F̲ Sakristei f
sacro [ˈsakru] sakral; **música f -a** Kirchenmusik f **sacrossanto** [sakrɔˈsɐ̃tu] sakrosankt
sacudidela [sakudiˈdɛlɐ] F̲ Ruck m; Stoß m; leichte Erschütterung f; **dar uma ~** → sacudir **sacudido** [sakuˈdidu] keck **sacudir** [sakuˈdir] ⟨3h⟩ (aus)schütteln; rütteln an (dat); fig erschüttern
sádico [ˈsadiku] A̲ ADJ sadistisch B̲ M̲, **-a** F̲ Sadist(in) m(f)
sadio [saˈdiu] gesund
sadismo [saˈdiʒmu] M̲ Sadismus m **sadista** [saˈdiʃtɐ] M̲/F̲ Sadist(in) m(f)
sadomasoquismo [sadomazuˈkiʒmu] M̲ Sadomasochismus m **sadomasoquista** [sadomazuˈkiʃtɐ] M̲/F̲ Sadomasochist(in) m(f)
safa [ˈsafɐ] INT ~! pfui!
safadeza [safɐˈdezɐ] F̲ Gemeinheit f **safado** [saˈfadu] A̲ ADJ abgegriffen; fam fig schamlos; ausgekocht; bras tb unan-

ständig, pervers **B** M̄ Schurke m; *bras fam tb* Perverse(r) m **safanão** [safɐˈnɐ̃ũ] M̄ Ruck m; Puff m **safar** [sɐˈfar] ⟨1b⟩ heraus-, wegziehen; (*gastar*) abnutzen; (*roubar*) stehlen; (*exterminar*) ausmerzen; *barco* klarmachen; (*livrar*) bewahren (**de** vor); **~-se** sich aus der Affäre ziehen; (*fugir*) entwischen (**de** aus)

sáfaro [ˈsafɐru] unwirtlich; *lugar* fern; (*estranho*) fremd

safio [sɐˈfiu] M̄ ZOOL Seeaal m

safira [sɐˈfirɐ] F̄ Saphir m

safismo [sɐˈfiʒmu] M̄ lesbische Liebe f

safo [ˈsafu] entwischt; *de perigo* außer Gefahr; *barco* flott

safra [ˈsafrɐ] F̄ **1** Ernte f; *fig* Ertrag m; *bras* (Verkaufs)Saison f (für Vieh) **2** einhorniger Amboss m **safradeira** [safrɐˈdɐjrɐ] F̄ Locheisen n

sagacidade [sɐgɐsiˈdadi] F̄ Scharfsinn m

sagaz [sɐˈgaʃ] scharfsinnig; (*esperto*) schlau

sagital [sɐʒiˈtat] pfeilförmig, Pfeil... **Sagitário** [sɐʒiˈtarju] M̄ ASTRON Schütze m

sagrado [sɐˈgradu] heilig; ehrwürdig **sagrar** [sɐˈgrar] ⟨1b⟩ weihen

sagu [sɐˈgu] M̄ Sago m

saguão [sɐˈgwɐ̃ũ] M̄ Licht-, Luftschacht m; *bras* Innenhof m

sagueiro [sɐˈgwɐjru] M̄ Sagopalme f

saia [ˈsajɐ] F̄ Rock m; **~ e casaco** Kostüm n; *negócio m* **de ~s** *pej* Weiberangelegenheiten *fpl*; **~ plissada** Plisseerock m; **agarrar-se às ~s** *fig* am Rockzipfel hängen **saia-calça** [sajɐˈkatsɐ] F̄ ⟨*pl* saias-calças⟩ Hosenrock m

saiba [ˈsajbɐ] → *saber*

saibreira [sajˈbrɐjrɐ] F̄ Kiesgrube f **saibro** [ˈsajbru] M̄ (Lehm)Kies m **saibroso** [sajˈbrozu] kiesig

saída [sɐˈidɐ] F̄ **1** Ausgang m (*tb fig*); *garagem etc* Ausfahrt f; *auto-estrada*: (Autobahn)Abfahrt f; **~ de emergência** Notausgang m **2** (*partida*) Abmarsch m; *do país*: Ausreise f; *de partido etc*: Austritt m; MIL Ausfall m; TEAT Abgang m; **de ~** zu(aller)erst **3** COM Absatz m; FIN *de divisas*: (Geld)Abfluss m; **de grande ~** COM gut gehend **4** *fig* Ausweg m; (*desculpa*) Ausrede f; **dar ~** e-n Ausweg finden; **ter boas ~s** schlagfertig sein **5** (*piada*) witzige Bemerkung f; **ter muita ~** sich gut verkaufen

saído [sɐˈidu] *dente* vorstehend; **andar muito ~** nie zu Hause sein

saimento [sajˈmẽtu] M̄ (Leichen)Zug m

saiote [sɐˈjɔti] M̄ Unterrock m

sair [sɐˈir] ⟨3l⟩ **A** V/I **1** aus-, hinaus-, weggehen; abmarschieren; *mancha* herausgehen; COM *mercadoria* abgehen; **~ com** ausgehen mit; **~ de** gehen (*ou* kommen) aus; NÁUT auslaufen aus; FERROV (ab)fahren von; AERO starten von; *país* ausreisen aus; *tema* abschweifen von, entrinnen (*dat*); *partido etc* austreten aus; *consequência* herrühren von; **~ fora de si** außer sich geraten; **~ além** (*ou* **fora**) **de** überschreiten **2** ARQUIT vorspringen **3** (*aparecer*) *estrela* aufgehen; *livro etc* erscheinen; **à luz** ans Licht kommen; **~ com a sua** Weisheiten zum Besten geben; **~ por**, **~ em defesa de** eintreten für **4** *fig* werden; **~ bem/mal** glücken/missglücken; gut/schlecht ausgehen; **~ caro** teuer werden; **~ em** werden zu; sich verwandeln in (*ac*); (*resultar*) hinauslaufen auf (*ac*) **5 ~ a alg** nach j-m kommen; *tarefa* j-m zufallen; bekannt werden **B** V/R **~-se com a/c** etw erreichen; *fig* mit etw herauskommen; etw zum Besten geben; **~-se de** herauskommen aus; *acordo* sich nicht halten an (*ac*); **~-se bem/mal de** gut/schlecht abschneiden bei

sal [sat] M̄ Salz n; *fig* Witz m; (*interesse*) Reiz m

sala [ˈsatɐ] F̄ Saal m; (Wohn)Zimmer n; **~ de conversa** *ou* **chat** Chatroom m; **~ de estar** Wohnzimmer n; **~ de espera** Wartezimmer n; **~ de jantar** Esszimmer n; Speisesaal m; **~ de musculação** Kraft-, Fitnessraum m; **fazer ~** Besuch empfangen; **~ de chat**, *bras* **~ de bate-papo** Chatroom m

salada [sɐˈladɐ] F̄ Salat m (*tb fig*); **~ de frutas** Obstsalat m; **~ mista** gemischter Salat m; **~ de pimentos assados** Salat aus gebratenen Paprikaschoten; **~ russa** Salat aus gekochtem Gemüse mit Mayonnaise und Ei **saladeira** [sɐtɐˈdɐjrɐ] F̄ Salatschüssel f

salamaleque [sɐtɐmɐˈlɛki] M̄ (tiefe) Verbeugung f

salamandra [sɐtɐˈmɐ̃drɐ] F̄ **1** ZOOL Salamander m **2** *port* transportables Öfchen m

salame [sɐˈtɐmi] M̄ Salami f

salão [sa'ʧõ] M Saal m; Salon m; **~ de cabeleireiro** Friseursalon m; **~ de chá** Teestube f; **~ de jogos** Spielhalle f; **~ nobre** Festsaal m; *escola*: Aula f; **dança** f **de ~** Gesellschaftstanz m; **futebol** m **de ~** Hallenfußball m

salariado [sala'rjadu] M Arbeitsverhältnis n; *grupo*: Arbeitnehmer mpl **salarial** [sala'rjat] Lohn...

salário [sa'larju] M Lohn m; **~ mínimo** Mindestlohn m; **~ por ajuste** Akkordlohn m; **~ por peça** Stücklohn m **salário-base** [salarju'bazi] M ⟨pl salários-base⟩ Basislohn m **salário-família** [salarjufa'milje] M ⟨pl salários-família⟩ *bras* Kindergeld n

salaz [sa'laʃ] schamlos, geil

saldar [sat'dar] ⟨1a⟩ *dívida* begleichen; *conta* auflösen; *mercadoria* (aus)verkaufen; **~ contas** abrechnen (*tb fig*) **saldo** ['satdu] A ADJ beglichen B M Saldo m; *mercadoria*: (Waren)Rest m; *promoção*: Schlussverkauf m; *(contabilidade)* Abrechnung f (*tb fig*); **~ a favor** Restforderung f; **~ positivo** Überschuss m; **~ negativo** Fehlbetrag m

saleira [sa'lajra] F Salzschiff n **saleiro** [sa'lajru] A ADJ Salz... B M Salzstreuer m

saleta [sa'leta] F kleiner Saal m

salga ['satga] F, **salgação** [satga'sãũ] F Einsalzen n; *fig* Hexerei f **salgadeira** [satga'dajra] F Pökelfass n **salgadinhos** [satga'diɲuʃ] MPL salzige Snacks mpl, (gefülltes) Salzgebäck n **salgado** [sat'gadu] A ADJ salzig; *fig* witzig; *Preis* gepfeffert; *Sache* teuer bezahlt B M salzhaltiger Boden m; **~s** *pl* GASTR Fisch- ou Fleischpastetchen fpl **salgalhada** [satga'ʎada] F *pop* Chaos n **salgar** [sat'gar] ⟨1o⟩ einsalzen; versalzen

sal-gema [sat'ʒema] M Steinsalz n

salgueiral [satgaj'rat] M Weidengebüsch n **salgueiro** [sat'gajru] M BOT Weide f

salicílico [sali'siliku] ADJ *ácido* M **~** Salizylsäure f **salicultura** [salikut'tura] F Salzgewinnung f

saliência [sa'ljẽsje] F Vorsprung m; ARQUIT Sims m **salientar** [satjẽ'tar] ⟨1a⟩ klarstellen; etw deutlich werden; auffallen (por mit); hervorragen; sich hervortun (em in *dat*) **saliente** [sa'ljẽti] hervorste-

hend; *fig* herausragend; **tornar-se →** salientar-se

salificar [salifi'kar] ⟨1n⟩ in Salz verwandeln; Salz gewinnen aus

salina [sa'lina] F Saline f **salinação** [salina'sãũ] F, **salinagem** [sali'naʒĩ] F Salzbildung f **salinar** [sali'nar] ⟨1a⟩ Salz kristallisieren **salineiro** [sali'najru] A ADJ Salz... B M Salzproduzent m; Salinenarbeiter m **salinidade** [salini'dadi] F Salzgehalt m **salino** [sa'linu] salzhaltig; QUÍM Salz...

salitre [sa'litri] M Salpeter m **salitroso** [sali'trozu] salpeterhaltig; salpetrig

saliva [sa'liva] F Speichel m; **engolir a ~** *fig* kein Wort sagen; **gastar muita ~** *fam fig* sich (*dat*) den Mund fusselig reden **salivação** [saliva'sãũ] F Speichelbildung f **salival** [sali'vat] A ADJ ⟨1a⟩ geifern; spucken B ADJ Speichel... **salivoso** [sali'vozu] verschleimt; voller Speichel; speichelartig

salmão [sat'mãũ] M ZOOL Lachs m **salmear** [sat'mjar] ⟨1D⟩ A VI herunterleiern B VI psalmodieren **salmista** [sat'miʃta] M Psalmist m **salmo** ['satmu] M Psalm m **salmodia** [satmu'dia] F Singsang m; *fam* Geleier n **salmodiar** [satmu'djar] ⟨1g⟩ → salmear

salmoeira [sat'mwajra] F (Salz)Lake f **salmoeiro** [sat'mwajru] M Pökelfass n **salmoira** [sat'mojra], **salmoirar** [satmoj'rar] → salmoura, salmourar

salmonete [satmu'neti] M ZOOL Meerbarbe f

salmoura [sat'mora] F (Salz)Lake f; Pökelfass n **salmourar** [satmo'rar] ⟨1a⟩ einpökeln

salo ['salu] M *Angola fam* Arbeit f; **no ~** auf der Arbeit

salobre [sa'lobri], **salobro** [sa'lobru] brackig, Brack...

saloio [sa'loju] A ADJ Bauern...; *fig* bauernschlau B M Bauer m (*bes um Lissabon*); *fig* Schlaufuchs m

salomónico (*ô) [salu'mɔniku] salomonisch

salpicão [satpi'kãũ] M Bauernwurst f; *bras* GASTR Fleischsalat m (*mit Huhn und Schinken*) **salpicar** [satpi'kar] ⟨1n⟩ (ein)salzen; (mit Salzwasser) besprengen; *fig* besudeln, verunglimpfen **salpico** [sat'piku] M Spritzer m; Fleck m; Tupfen m

SALV

salpimenta [saɫpi'mẽtɐ] F Pfeffer und Salz n **salpimentar** [saɫpimẽ'tar] ⟨1a⟩ pfeffern und salzen; *fig* schelten

salsa¹ ['saɫsɐ] F BOT, GASTR Petersilie f

salsa² ['saɫsɐ] F (**música** F) ~ Salsa(-musik) f

salsão [saɫ'sẽũ] M *bras* Sellerie m

salsicha [saɫ'siʃɐ] F Würstchen n; **~ de fumada** geräuchertes Würstchen n; **~ de Frankfurt** Frankfurter Würstchen n; **~ fresca** Bratwurst f

salsichão [saɫsi'ʃẽũ] M grobe Wurst f

salsicharia [saɫsiʃɐ'riɐ] F Wurstfabrik f; Feinkostgeschäft n **salsicheiro** [saɫsi'ʃɐiru] M Feinkosthändler m

saltada [saɫ'tadɐ] F Sprung m, Satz m; Stippvisite f; *fig* Überfall m; **dar uma ~ a** (*ou* **até**) auf e-n Sprung gehen zu **saltado** [saɫ'tadu] vorspringend; *Textstelle* übersprungen **saltador** [saɫtɐ'dor] A ADJ Sprung... B M DESP Springer m **saltão** [saɫ'tẽũ] A ADJ springend; Spring... B M ZOOL Grashüpfer m **saltar** [saɫ'tar] ⟨1a⟩ VT übersprungen; (*fazer*) ~ (in die Luft) sprengen B VI springen; hüpfen; aufspringen; *Wind* umspringen; **~ aos olhos**; **~ à vista** ins Auge springen; auffallen

salteado [saɫ'tjadu] ADJ **de cor e ~** in- und auswendig; **vento** m **~** Bö f **salteador** [saɫtjɐ'dor] M Straßenräuber m **salteamento** [saɫtjɐ'mẽtu] M Raubüberfall m; Straßenraub m **saltear** [saɫ'tjar] ⟨1l⟩ GASTR sautieren, kurz in der Pfanne anbraten; **~-se** erschrecken

saltimbanco [saɫtĩ'bɐ̃ku] F Gaukler m

saltitar [saɫti'tar] ⟨1a⟩ (herum)hüpfen; (herum)springen; *fig* sprunghaft sein

salto ['saɫtu] M Sprung m; Absturz m; (Wasser)Fall m; (Schuh)Absatz m; Überfall m; **~ alto** Stöckelabsatz m; **~ de esqui** Skisprüngen m; **~ com vara** Stab(hoch)sprung m; **~ de cabeça** Kopfsprung m; **~ em comprimento** (*bras* **em distância**) Weitsprung m; **~ em altura** Hochsprung m; **~ ornamental** Kunstsprüngen m; **~ mortal** Salto mortale m; **~ raso** (*bras* **baixo**) flacher Absatz m; **~ triplo** ~ Dreisprung m; **~s** *pl* Springreiten m; **aos ~s** springend; *fig* sprunghaft; **de ~** plötzlich; **dar ~s** → **saltar**

salubre [sɐ'lubri] A ADJ gesund B M TECN Krempel f **salubridade** [sɐlubri-'dadi] F gute Verträglichkeit f; Zuträglichkeit f **salubrificar** [sɐlubrifi'kar] ⟨1n⟩ hygienisch verbessern

salutar [sɐlu'tar] heilsam

salva ['saɫvɐ] F **1** Salve f; *fig* Vorbehalt m; **~ de palmas** Beifallssturm m **2** Tablett n **3** BOT Salbei m

salvação [saɫvɐ'sẽũ] F Rettung f; Erlösung f; REL (Seelen)Heil n; **colete** m **de ~** Schwimmweste f; **exército** m **de ~** Heilsarmee f **salvador** [saɫvɐ'dor] A ADJ rettend B M Retter m; Erlöser m; REL Heiland m

Salvador¹ [saɫvɐ'dox] *bras Hauptstadt v. Bahia*

Salvador² [saɫvɐ'dor] M *Estado:* El Salvador n; **São ~** *cidade:* San Salvador n **salvadorenho** [saɫvɐdu'rɐɲu] A ADJ salvadorianisch B M, **-a** F Salvadorianer(in) m(f)

salvados [saɫ'vaduʃ] MPL gerettetes Gut n **salvaguarda** [saɫvɐ'gwardɐ] F MIL Schutzwache f; (*salvo-conduto*) Geleitbrief m; (*protecção*) Schutz m; **~ dos postos de trabalho** Rettung f der Arbeitsplätze **salvaguardar** [saɫvɐgwar'dar] ⟨1b⟩ j-n (be)schützen; (*assegurar*) sicherstellen; (*manter*) wahren, wahrnehmen

salvar¹ [saɫ'var] ⟨1a⟩ A VT retten; erlösen (*tb* REL); (*proteger*) schützen (**de** vor *dat*); *obstáculo* überspringen; **~ as aparências** den Schein wahren B V/R **~-se** sich retten

salvar² [saɫ'var] VI ⟨1a⟩ MIL eine Salve abfeuern

salva-vidas [saɫvɐ'vidɐʃ] M ⟨*pl inv*⟩ NÁUT Rettungsboot n; (*colete*) Rettungsweste f; *bras* Rettungsschwimmer m

salve-rainha [saɫvɐʁɐ'iɲɐ] F ⟨*pl ~s*⟩ REL Ave-Maria n

sálvia ['saɫvjɐ] F Salbei m

salvo¹ ['saɫvu] A PP *irr* → **salvar** B ADJ heil; (*intacto*) unbehelligt; **a ~**, **em ~** außer Gefahr; **são e ~** wohlbehalten; **pôr-se a ~** sich in Sicherheit bringen; **~ seja!** Gott bewahre!

salvo² ['saɫvu] PREP außer (*dat*); vorbehaltlich (*gen*); **~ erro** wenn ich nicht irre; **~ erro** (*ou* **omissão**) Irrtum (und Auslassung) vorbehalten; **~ se** *conj* es sei denn, dass

salvo-conduto [saɫvukõ'dutu] M Geleitbrief m; Freibrief m

samambaia [samẽ'baje] *F bras* BOT Farnkraut *n*

samaritano [samɐri'tɐnu] *M* **(o bom) ~** (der barmherzige) Samariter *m*

samba ['sãba] *M* Samba *f* **sambar** [sã'bar] ⟨1a⟩ Samba tanzen **sambista** [sã'bifta] *M/F* Sambatänzer(in) *m(f)* **sambódromo** [sẽ'bɔdrumu] *M bras* Tribünenstraße *f* (für den Umzug der Sambaschulen)

▶ **samba**

Die brasilianische Samba (portugiesisch übrigens männlich: **o samba**) ist ein Musik- und Tanzstil, aber auch eine Art Lebensgefühl und heute ein brasilianisches Nationalsymbol. Samba steht für vieles zugleich: Trostspende, Freudenfest, Flucht aus der Wirklichkeit, Freiheitsgefühl. Die stark rhythmusbetonte populäre Sambamusik ist in ganz Brasilien verbreitet und geht auf afrikanische Einflüsse zurück. Erst zu Beginn des 20. Jahrhunderts bildete sich die heute verbreitete, zumeist urbane Samba heraus. Aus dem Karneval sind die bunt geschmückten **escolas de samba** (Sambavereine) nicht wegzudenken. ◀

sanar [sa'nar] ⟨1a⟩ *ferida* heilen; *medicamento* wieder gesund machen; *problema* beheben **sanatório** [sana'tɔrju] *M* Sanatorium *n* **sanável** [sa'navɛɫ] MED heilbar; ARQUIT sanierbar

sanção [sã'sãg] *F* Bestätigung *f* (*e-s Gesetzes*); DIR Sanktionierung *f*; (*reconhecimento*) Anerkennung *f*; (*autorização*) Genehmigung *f*; POL Sanktion *f*; **receber ~** bestätigt werden

sancionar [sãsju'nar] ⟨1f⟩ bestätigen; anerkennen; DIR sanktionieren

sandália [sã'dalja] *F* Sandale *f*
sândalo ['sãdaɫu] *M* Sandelholz *n*
sande(s) ['sãdɨ(ʃ)] *F* Sandwich *n*
sandeu [sã'dew] A *ADJ* närrisch B *M*, **sandia** [sã'dia] *F* Narr *m*, Närrin *f* **sandice** [sã'disi] *F* Dummheit *f*; **~s** *pl* Unsinn *m*

sanduíche [sã'dwiʃɨ] *F* Sandwich *n*
saneamento [sanjɐ'mẽtu] *M* ARQUIT Sanierung *f*; AGR Urbarmachung *f*; *disputa*: Beilegung *f*; *público*: Kanalisation *f*; POL Säuberung(saktion) *f*; *de um cargo*: Amtsenthebung *f* **sanear** [sa'njar] ⟨1l⟩ sanieren; *habitação* bewohnbar machen; *canalização* kanalisieren; → **sanar**; POL säubern; (*despedir*) j-n entlassen (**de aus**) **saneável** [sa'njavɛɫ] → sanável

sanefa [sa'nɛfa] *F* Querleiste *f*
sanfona [sã'fona] *F* Drehleier *f*; *bras* Ziehharmonika *f*

sangradouro [sãgrɐ'doru] *M* Entwässerungsgraben *m* **sangradura** [sãgrɐ'dura] *F* Aderlass *m* **sangrar** [sã'grar] ⟨1a⟩ A *VT* zur Ader lassen; Blut abnehmen (*dat*); *animal* ausbluten lassen; *árvore* anzapfen; (*desviar*) abzweigen; ablassen; *fig* verletzen; schröpfen B *VI* bluten; *fig* tropfen; **~-se** verbluten **sangrento** [sã'grẽtu] blutig; *fig* blutrünstig **sangria** [sã'gria] *F* Aderlass *m* (*tb fig*); Ableitung *f*; GASTR Sangria *f*; **~ desatada** *pop* höchste Eisenbahn

sangue ['sãgɨ] *M* Blut *n*; *fig* Geschlecht *n*; Saft *m*; **tributo** *m* **de ~** Blutzoll *m*; **de ~** *animal* reinrassig; **cor de ~ vivo** blutrot; **dar ~, doar ~** Blut spenden; **deitar** *port* **~** bluten; **ter ~ quente** heißblütig sein **sangue-frio** [sãgɨ'friu] *M* Kaltblütigkeit *f*; **a ~** kaltblütig **sangueira** [sã'gajrɐ] *F* Blutlache *f* **sanguento** (**ü*) [sã'gwẽtu] blutig; *fig* blutrünstig **sanguessuga** [sãgɨ'suga] *F* ZOOL Blutegel *m*; *fig* Blutsauger *m*

sanguinário (**ü*) [sãgwi'narju] blutrünstig **sanguíneo** (**ü*) [sã'gwinju] Blut...; blutrot; PSICOL sanguinisch; **glóbulo** *m* **~** Blutkörperchen *n* **sanguinho** (**ü*) [sã'gwiɲu] *M* REL Kelchtuch *n* **sanguino** (**ü*) [sã'gwinu] *M* Blutrot *n*

sanha ['saɲa] *F* Wut *f* **sanhoso** [sa'ɲozu], **sanhudo** [sa'ɲudu] wütend
sanidade [sani'dadɨ] *F* Gesundheit *f*; *estado*: Gesundheitszustand *m*; POL Gesundheitswesen *n* **sanificar** [sanifi'kar] ⟨1n⟩ reinigen, desinfizieren **saníssimo** [sa'nisimu] SUP = são; kerngesund **sanita** [sa'nita] *F port* Toilette *f* **sanitário** [sani'tarju] A *ADJ* sanitär B *M bras* Toilette *f*

santa ['sãta] *F* Heilige *f*
Santa Catarina ['sẽtɨkata'rinɐ] SEM ART *bras* Bundesstaat
santantoninho [sãtẽtu'niɲu] *M fam fig*

Mimose f, Rührmichnichtan n
santão [sã'tɐ̃ũ], **santarrão** [sãtɐ'ʁɐ̃ũ] scheinheilig
Santarém [sãtɐ'ʁɐ̃j] port Distrikt (-hauptstadt); bras Stadt
santeiro [sã'tɐiɾu] **A** ADJ fromm **B** M Heiligenbildmaler m **santelmo** [sã'tɛɫmu] M fogo **de ~** Elsmsfeuer m **santiámen** [sã'tjɐmɛn] M num **~** im Nu **santidade** [sãti'dadɨ] F Heiligkeit f **santificar** [sãtifi'kaɾ] ⟨1n⟩ heilig sprechen **santimónia** (*ô) [sãti'mɔnjɐ] F Scheinheiligkeit f **santinho** [sã'tiɲu] M (imagem) Heiligenbild m; Heilige(r) m **B** INT **~**! Gesundheit! **santíssimo** [sã'tisimu] **A** ADJ hochheilig **B** M Allerheiligste(s) n
santo ['sɐ̃tu] **A** ADJ REL heilig, fromm; (bondoso) gütig; fam meios todsicher; **dia ~** kirchlicher Feiertag m; **todo o ~ dia** den lieben langen Tag **B** M Heilige(r) m; fam Heiligenbild m; **Todos os Santos** Allerheiligen n **santo-e-senha** [sãtwi'sɐɲɐ] M ⟨pl santos-e-senhas⟩ Losung f (espec MIL)
santola [sɐ̃'tɔɫɐ] F ZOOL Seespinne f
santuário [sã'twaɾju] M Heiligtum n
são[1] [sɐ̃ũ] → ser
são[2] [sɐ̃ũ] ADJ ⟨mpl **~s**⟩, F **sã** [sɐ̃] gesund; (ileso) heil; (inteiro) ganz; ferida, doente geheilt; fruta unverdorben; mente ausgeglichen, klar; **~ e salvo** unversehrt; fam gesund und munter
São [sɐ̃ũ] ADJ Heilige(r); **~ João** Heiliger Johannes m **são-bernardo** [sɐ̃ũbɨɾ'naɾdu] M ZOOL Bernhardiner m **São Luís** [sɐ̃ũ'lwiʃ] bras Hauptstadt v. Maranhão **São Paulo** [sɐ̃ũ'pauɫu] bras Bundesstaat u. Hauptstadt
São Tomé e Príncipe [sɐ̃ũtu'mɛi'pɾĩsipɨ] GEOG westafrikanischer Inselstaat **são-tomense** [sɐ̃ũtu'mẽsɨ] ADJ aus São Tomé
sapa ['sapɐ] F **1** Schaufel f; fig Wühltätigkeit f **2** Kröte f **sapador** [sapɐ'doɾ] M MIL Pionier m
sapal [sɐ'paɫ] M Sumpf m
sapar [sɐ'paɾ] ⟨1b⟩ schaufeln; fig wühlen
sapata [sɐ'patɐ] F Lederpantoffel m; TECN Hemmschuh m, Bremsklotz m; AUTO Bremsbacke f; MÚS Polster n; ARQUIT Kragstein m; geralm Unterlage f **sapatada** [sapɐ'tadɐ] F Aufstampfen n;

(pontapé) Fußtritt m
sapatão [sapɐ'tɐ̃ũ] M bras pop Lesbe f
sapataria [sapɐtɐ'ɾiɐ] F Schuhgeschäft n
sapateada [sapɐ'tjadɐ] F Getrampel n; Klappern n (der Absätze) **sapateado** [sapɐ'tjadu] M Stepptanz m **sapatear** [sapɐ'tjaɾ] ⟨1l⟩ aufstampfen; dança steppen **sapateira** [sapɐ'tɐiɾɐ] F **1** Schuhschrank m **2** ZOOL Taschenkrebs m **sapateiro** [sapɐ'tɐiɾu] M, -**a** F Schuster(in) m(f) **sapatilha** [sapɐ'tiʎɐ] F Stoffschuh m; DESP Turnschuh m; **~ com pitons** Laufschuh m (mit Spikes); **~ de ténis** port Tennisschuh m
sapato [sɐ'patu] M Schuh m; **~ de atacadores**, bras **de cadarços** Schnürschuh m; **~ de salto alto** Schuh m mit hohem Absatz; **~ de verniz** Lackschuh m; **~ raso** (bras **baixo**) flacher Schuh m; **saber onde aperta o ~** fig wissen, wo der Schuh drückt
sapé [sa'pɛ] M bras Art Gras
sapear [sa'pjaɾ] ⟨1l⟩ bras lauern; (espiar) herumschnüffeln
sapeca [sɐ'pɛkɐ] **A** ADJ bras criança unartig, ungezogen **B** F bras Dörren n
sapiência [sɐ'pjẽsjɐ] F Weisheit f; **oração f de ~** UNIV Eröffnungsrede f (des Studienjahres) **sapiente** [sɐ'pjẽtɨ] weise
sapinhos [sɐ'piɲuʃ] MPL MED Mundfäule f
sapo ['sapu] M ZOOL Kröte f; **~ parteiro** Geburtshelferkröte f; **engolir ~s** fig die Kröte schlucken
saponáceo [sapu'nasju] Seifen... **saponária** [sapu'naɾjɐ] F BOT Seifenkraut n
saponário [sapu'naɾju] seifig **saponificação** [sɐpunifikɐ'sɐ̃ũ] F Seifenherstellung f; QUÍM Verseifung f **saponificar** [sapunifi'kaɾ] ⟨1n⟩ zu Seife verarbeiten; **~-se** QUÍM verseifen
saporífero [sapu'ɾifiɾu] Geschmacks...
sapudo [sɐ'pudu] klein und dick; (grosseiro) grobschlächtig
saque ['sakɨ] M **1** FIN gezogener Wechsel m **2** Plünderung f; **meter** (ou **pôr**) **a ~** plündern
saqueador [sakjɐ'doɾ] M Plünderer m
saquear [sɐ'kjaɾ] ⟨1l⟩ plündern **saqueio** [sɐ'kaju] M Plünderung f **saquinho** [sɐ'kiɲu] M Tütchen n; Säckchen n
saquitel [sɐki'tɛɫ] M Beutel m
sarabanda [saɾɐ'bɐ̃dɐ] F dança: Saraband f; fam Standpauke f

sarabatana [saraba'tɐne] F̲ *bras* Blasrohr n

sarabulhento [sarabu'ʎẽtu] uneben, rau; *pop* pickelig **sarabulho** [sara'buʎu] M̲ Unebenheit f; *pop* Pickel m

saracotear [sɐrɐku'tjar] ⟨1l⟩ A̲ V̲T̲ ~ os quadris sich in den Hüften wiegen B̲ V̲I̲ umherziehen; ~-se sich wiegen; (dançar) tänzeln **saracoteio** [sɐrɐku'tɐju] M̲ Wiegen n; wiegende Bewegung f

sarado [sa'radu] *bras fam* durchtrainiert

saraiva [sɐ'raivɐ] F̲ *fenómeno*: Hagel m; *pedra*: Hagelkorn n **saraivada** [sɐrai'vadɐ] F̲ Hagel(schlag) m **saraivar** [sɐrai'var] ⟨1a⟩ hageln

sarampo [sɐ'rɐ̃pu] M̲ Masern *pl*; ~ alemão *bras* Röteln *pl*

sarandear [sɐrɐ̃'dʒjar] ⟨1l⟩ *bras* sich wiegen; tänzeln

sarapatel [sɐrɐpɐ'tɛł] M̲ *GASTR Art Gulasch*; *fig* Durcheinander n

sarapintar [sɐrɐpĩ'tar] ⟨1a⟩ farbig tüpfeln; sprenkeln

sarar [sɐ'rar] ⟨1b⟩ A̲ V̲T̲ heilen B̲ V̲I̲ gesund werden

sarau [sɐ'rau] M̲ bunter Abend m; (festa) rauschendes Fest n; (baile) Tanzabend m; ~ **musical** musikalischer Abend m; ~ **de gala** Galaabend m

sarça [sarsɐ] F̲ Dornbusch m; Dorngestrüpp n **sarçal** [sɐr'sał] M̲ Dornengestrüpp n

sarcasmo [sɐr'kaʒmu] M̲ Sarkasmus m; (observação) bissige Bemerkung f **sarcástico** [sɐr'kaʃtiku] bissig; sarkastisch

sarcófago [sɐr'kɔfɐgu] M̲ Sarkophag m

sarda ['sardɐ] F̲ ❶ Sommersprosse f ❷ ZOOL Makrele f **sardanisca** [sardɐ'niʃkɐ] F̲ Eidechse f **sardento** [sɐr'dẽtu] sommersprossig

sardinha [sɐr'diɲɐ] F̲ Sardine f; ~ **de conserva ou ~ em lata** Ölsardine f; **como ~ em lata** *fig* wie (die) Ölsardinen **sardinhada** [sɐrdi'ɲadɐ] F̲ dichtes Gedränge n; *GASTR* gegrillte Sardinen *fpl* **sardinheira** [sɐrdi'ɲɐirɐ] F̲ ❶ Sardinennetz n, -fang m ❷ BOT Geranie f **sardinheiro** [sɐrdi'ɲɐiru] A̲ A̲D̲J̲ Sardinen... B̲ M̲, -a F̲ Sardinenhändler(in) m(f)

sardónico (*ô) [sɐr'dɔniku] A̲D̲J̲ riso M̲ ~ hämisches Gelächter n

sargaço [sɐr'gasu] F̲ Braunalge f; *geralm* Seetang m; **Mar** m **dos Sargaços** Sargassosee f

sargento [sɐr'ʒẽtu] M̲ MIL Unteroffizier m; **primeiro ~** Feldwebel m **sargento-mor** [sɐrʒẽtu'mɔr] M̲ ⟨pl sargentos-mores⟩ Hauptfeldwebel m

sarigüê [sari'gwe] F̲ *bras*, **sarigueia** [sɐri'g(w)ɐjɐ] F̲ ZOOL Beutelratte f

sarilho [sɐ'riʎu] M̲ Haspel f; TECN Winde f; Drehung f; DESP Umschwung m; *fig* (briga) Krach m; (problemas) Ärger m; **fazer ~ com** kreisen lassen; **que ~!** *fam* so ein Ärger!; **andar num ~** sich abhetzen; **armar um ~** *pop* Stunk machen

sarja ['sarʒa] F̲ ❶ Serge f ❷ MED Einschnitt m **sarjar** [sɐr'ʒar] ⟨1b⟩ auf-, einschneiden **sarjeta** [sɐr'ʒetɐ] F̲ Gully m; (Abwasser)Rinne f

S.A.R.L. [esjaɛ'ɛłɛ] A̲B̲R̲ *port* (Sociedade Anónima de Responsabilidade Limitada) GmbH f (Gesellschaft mit beschränkter Haftung)

sarmento [sɐr'mẽtu] M̲ (Wein)Ranke f; (lenha) Rebholz n

sarna ['sarnɐ] F̲ MED Krätze f; ZOOL Räude f **sarnento** [sɐr'nẽtu], **sarnoso** [sɐr'nozu] MED krätzig; ZOOL räudig

sarrabulho [sɐɐ'buʎu] M̲ Schweineblut n; *GASTR* Gericht aus Schweineblut und Innereien; *fig* Durcheinander n

sarrafo [sɐ'ɐfu] M̲ (Holz)Latte f

Sarre ['saɐi] M̲ GEOG **o ~** das Saarland; die Saar

sarrento [sɐ'ɐ̃ẽtu] verschmutzt; *língua* belegt; *dente* gelb **sarro** ['saɐu] M̲ *geralm* Belag m; MED Zahnstein m; *língua*: Zungenbelag m; *no vinho*: Weinstein m

satanás [sɐtɐ'naʃ] M̲ Satan m

satânico [sɐ'tɐniku] satanisch

satélite [sɐ'tɛłiti] M̲ Satellit m; POL Satellitenstaat m; **~ de comunicações** Nachrichtensatellit f; **~ estacionário** stationärer Satellit m; **cidade** f **~** Trabantenstadt f; **transmissão** f **via ~** Satellitenübertragung f

sátira ['satirɐ] F̲ Satire f

satírico [sɐ'tiriku] A̲ A̲D̲J̲ satirisch; spöttisch B̲ M̲ Satiriker m; Spötter m **satirizar** [sɐtiri'zar] ⟨1a⟩ verspotten

sátiro ['satiru] M̲ MITOL Satyr m

satisfação [sɐtiʃfɐ'sɐ̃u] F̲ Befriedigung f; (contentamento) Zufriedenheit f; (vingança) Genugtuung f; (cumprimento) Erfüllung f (e-r Pflicht); (indemnização) Entschä-

digung f; **dar ~ sich** rechtfertigen (**por** für); **pedir ~** Rechenschaft fordern; **tomar ~** sich (dat) Genugtuung verschaffen; **à ~** zur Zufriedenheit **satisfatório** [satiʃfa'tɔrju] zufrieden stellend **satisfazer** [satiʃfa'zer] ⟨2v⟩ geralm **a** befriedigen; zufrieden stellen; genügen (dat); dividida zahlen; condição erfüllen; sede stillen; **~ a todas as exigências** allen Anforderungen gerecht werden; **~ inteiramente** vollauf zufriedenstellen; **~-se** sich sättigen; (contentar-se) sich zufrieden geben (**com** mit); sich (dat) Genugtuung verschaffen **satisfeito** [satiʃ'fajtu] A PP irr → satisfazer B ADJ zufrieden; satt
saturação [satura'sɐ̃ũ] F Sättigung f (espec QUÍM) **saturar** [satu'rar] ⟨1a⟩ sättigen; QUÍM saturieren; **~-se de a/c** etw satt haben; fam die Nase voll von etw haben
saturnal [satur'nał] A F Orgie f B ADJ, **saturnino** [satur'ninu] ASTRON saturnisch; cor bleifarben; **saturnismo** [satur'niʒmu] M MED Bleivergiftung f
Saturno [sa'turnu] M ASTRON Saturn m
saudação [sɐuda'sɐ̃ũ] F Begrüßung f; Gruß m **saudade** [sɐu'dadi] F Sehnsucht f; wehmütige Erinnerung f; **~s** pl liebe Grüße mpl; **ter** (ou **sentir**) **~s de** sich sehnen nach; **causar** (ou **fazer**) **~s** wehmütig stimmen **saudar** [sɐu'dar] ⟨1q⟩ (be)grüßen; (felicitar) beglückwünschen **saudável** [sɐu'davɛł] gesund; **pouco ~** ungesund

▶ **saudade**

Übersetzt heißt **saudade** so viel wie Sehnsucht. Sie ist ein Lebensgefühl, das bei den Portugiesen im 16. Jahrhundert entstanden sein soll, da die portugiesischen Seefahrer und Entdecker die ferne Heimat vermissten. Seitdem, so will es der Mythos, ist der Portugiese melancholisch (**saudadoso**). Die **saudade** ist ebenfalls die Grundstimmung des Fado, einer berühmten portugiesischen Gesangsform (→ Info bei **fado**). ◀

saúde [sa'udi] F 1 Gesundheit f; **casa f de ~** Krankenhaus n; **direcção f** (bras secretaria f) **de ~** Gesundheitsamt n; **junta f de ~ port** Gesundheitspolizei f; **à sua ~!** auf Ihr Wohl!, prost!; **de ~ delicada** anfällig; **beber à ~ de** auf j-s Wohl trinken; **estar de (boa) ~** gesund sein; **vender ~** wie das blühende Leben aussehen 2 Trinkspruch m
saudosismo [sɐudu'ziʒmu] M nostalgische Erinnerung f; (idealização) Verherrlichung f (der Geschichte) **saudosista** [sɐudu'ziʃta] A ADJ nostalgisch; rückwärtsgewandt B M/F Nostalgiker(in) m(f) **saudoso** [sɐu'dozu] sehnsuchtsvoll; (inesquecível) unvergesslich
sauna ['sauna] F Sauna f
sáurio ['saurju] M Saurier m
saúva [sa'uve] F bras Blattschneiderameise f
savana [sa'vana] F Savanne f
saveiro [sa'vɐiru] M 1 Fähre f; Fischerboot n; bras Lastensegler m 2 Fährmann m; Bootsführer m
sável ['savɛł] M ZOOL Maifisch m
saxão [sa'ksɐ̃ũ] A ADJ sächsisch B M ⟨pl -ões⟩, **saxã** [sa'ksɐ̃] F Sachse m, Sächsin f
saxofone [sakso'fɔni] M Saxofon n **saxofonista** [saksofu'niʃta] M/F Saxofonist(in) m(f)
Saxónia (*ô) [sa'ksɔnja] F GEOG **a ~** Sachsen (n) **Saxónia-Anhalt** [saksɔnja-'nałt] F Sachsen-Anhalt (n)
sazão [sa'zɐ̃ũ] F Saison f, Jahreszeit f; fig rechte Zeit f; **da ~** jüngste **sazonado** [sazu'nadu] reif; fig erfahren; wohl durchdacht **sazonal** [sazu'nał] saisonbedingt, saisonal; Saison... **sazonalidade** [sazunali'dadi] F Saisonbedingtheit f **sazonar** [sazu'nar] ⟨1f⟩ A V/T reifen lassen; GASTR würzen (tb fig) B V/I & V/R **~(-se)** reifen

S/c. ABR (**sua carta**) Ihr Schreiben; (**sua conta**) Ihre Rechnung
S.C. ABR (**sentidas condolências**) herzliches Beileid n
scooter ['skutɛr] F Motorroller m
screensaver [skrin'sɐivɐr] M Bildschirmschoner m
s.d. ABR (**sem data**) o. J. (ohne Jahresangabe)
se[1] [si] PRON sich; impessoal: man
se[2] [si] CJ 1 wenn, falls; **~ é que** wenn ... wirklich; **~ assim for** wenn dem so ist; **~**

bem que *conj* obgleich 🔳 **ob;** ~ **o conheço?** ob ich ihn kenne?
SE ᴀʙʀ (Sueste) SO (Südosten)
sé [sɛ] F̄ (catedral) Kathedrale f; (bispado) Bistum n; **a Santa Sé** der Heilige Stuhl
sê [se] → ser
S.e. ᴀʙʀ (salvo erro) Irrtum vorbehalten
S.E. ᴀʙʀ (Sua Eminência) Eure Eminenz
seara ['sjaɾɐ] F̄ Saat f; (campo) Feld n
seareiro [sja'ɾajɾu] M̄ Kleinbauer m
seba ['sɛbɐ] F̄ Algen fpl, -dünger m
sebáceo [si'basju] Talg...; talgig; schmierig; **glândula** f **-a** Talgdrüse f **sebácico** [si'basiku] ᴀᴅᴊ **ácido** ~ Fettsäure f
sebe ['sɛbi] F̄ (Latten)Zaun m; ~ **viva** Hecke f
sebenta [si'bẽtɐ] F̄ (Unterrichts)Mitschrift f **sebento** [si'bẽtu] fig dreckig
sebo ['sebu] M̄ Talg m; bras tb Antiquariat n; pop Liebesverhältnis n **seborreia** [sibu'ʁɐjɐ] F̄ MED Seborrhöe f **seboso** [si'bozu] talgig; schmierig
séc. ᴀʙʀ (século) Jh. (Jahrhundert)
seca¹ ['sɛkɐ] F̄ Dürre f, Trockenheit f; Trocknen n; carne, fruta: Dörren n
seca² ['sɛkɐ] A F̄ Plackerei f, Generve n; **apanhar uma** ~ pop sich gewaltig langweilen; **ser uma** ~ pop öde sein 🔳 ᴍ/ꜰ Quälgeist m; Nervensäge f
secador [sikɐ'doɾ] A ᴀᴅᴊ Trocken... 🔳 M̄ Trockenapparat m; roupa, cabelo: (Wäsche-, Haar)Trockner m; ᴀɢʀ Darre f **secadouro** [sikɐ'doɾu] M̄ Trockengestell n; ᴛᴇᴄɴ Trockenanlage f; (estendal) Wäscheständer m **secagem** [si'kaʒɐ̃j] F̄ **malte:** Trocknen und Dörren n **secante** [si'kɐ̃ti] A ᴀᴅᴊ 🔳 Trocken... 🔳 lästig; aufdringlich 🔳 ᴍ/ꜰ aufdringliche Person f 🔳 M̄ ǫᴜɪᴍ Sikkativ n 🔳 F̄ ᴍᴀᴛ Sekante f
secar [si'kaɾ] ⟨1g; ᴛʀᴠ 1c⟩ A ᴠᴛ 🔳 abtrocknen; pântano trockenlegen; carne, fruta dörren 🔳 pop belästigen 🔳 ᴠɪ 🔳 trocknen; caneta eintrocknen; planta vertrocknen; fonte versiegen 🔳 pop sich langweilen; **ficar a** ~ eine Ewigkeit warten **secativo** [sikɐ'tivu] Trocken...; ǫᴜɪᴍ Sikkativ...
se(c)ção [sɛ'ksɐ̃ũ] F̄ (departamento) Abteilung f, Sektion f; (parte) Teil m; (fracção) Abschnitt m; (divisão) Teilung f; ᴀʀǫᴜɪᴛ (Quer)Schnitt m; ᴍɪʟ Zug m; ~ **de voto** Wahllokal n; ~ **plana** Längsschnitt m **se(c)cional** [sɛksju'naɫ] Abteilungs...

se(c)cionar [sɛksju'naɾ] ⟨1f⟩ (ein)teilen
secessão [sisi'sɐ̃ũ] F̄ Sezession f
sécia ['sɛsjɐ] F̄ ʙᴏᴛ Aster f; fig pej (mulher) Modepuppe f **sécio** ['sɛsju] A ᴀᴅᴊ geziert; eingebildet 🔳 M̄ Geck m
seco ['seku] A ᴘᴘ irr → secar 🔳 ᴀᴅᴊ trocken; getrocknet; fruta, carne Dörr...; constituição hager; fig frostig; **às -as** trocken; **em** ~ auf dem Trocknen; **engolir em** ~ hinunterschlucken; **nadar em** ~ sich abstrampeln 🔳 F̄ Sandbank f
secreção [sikri'sɐ̃ũ] F̄ Absonderung f **secreta** [si'krɛtɐ] A F̄ Geheimpolizei f; bras pop Örtchen n 🔳 M̄ Geheimpolizist m
secretaria [sikrɨtɐ'ɾiɐ] F̄ Sekretariat n **Secretaria de Estado** Staatssekretariat n
secretária [sikri'taɾjɐ] F̄ 🔳 Sekretärin f; ~ **eletrônica** bras Anrufbeantworter m 🔳 Schreibtisch m **secretariado** [sikrɨtɐ'ɾjadu] M̄ Sekretariat n **secretariar** [sikrɨtɐ'ɾjaɾ] ⟨1g⟩ das Protokoll führen bei
secretário [sikri'taɾju] M̄ Sekretär m; **Secretário de Estado** Staatssekretär m; **~-geral** m ᴘᴏʟ Generalsekretär m **secretismo** [sikri'tiʒmu] M̄ Geheimhaltung f **secreto** [si'kɾetu] geheim; verborgen
sectário [sɛk'taɾju] M̄ Sektierer m; fig Anhänger m **sectarismo** [sɛktɐ'ɾiʒmu] M̄ Sektierertum n
se(c)tor [sɛ'toɾ] M̄ Sektor m; (fracção) Abschnitt m; Ausschnitt m; (zona) Bereich m; ᴇᴄᴏɴ Branche f; ~ **médio** futebol: Mittelfeld n; ~ **terciário** Dienstleistungssektor m **se(c)torial** [sɛtu'ɾjaɫ] teil-, abschnittsweise; ᴇᴄᴏɴ branchenbezogen
secular [siku'laɾ] A ᴀᴅᴊ ʀᴇʟ weltlich; Laien...; temo hundertjährig; jahrhundertealt 🔳 M̄ ʀᴇʟ Laie m **secularidade** [sikulɐɾi'dadi] F̄ Weltlichkeit f **secularizar** [sikulɐɾi'zaɾ] ⟨1a⟩ säkularisieren
século ['sɛkulu] M̄ Jahrhundert n; (época) Zeitalter n; fam Ewigkeit f; **o ~ vinte** das zwanzigste Jahrhundert; **há ~s** vor (ou seit) Ewigkeiten
secundar [sikũ'daɾ] ⟨1a⟩ 🔳 unterstützen; (acompanhar) beistehen (dat); bras tb antworten (dat) 🔳 wiederholen; (repetir) zum zweiten Mal machen **secundário** [sikũ'daɾju] nebensächlich, untergeordnet; sekundär; temporal: nachträglich; **ensino** m ~ Sekundarstufe f; **escola** f **-a** Gymnasi-

SEGU

um *n* **secundinas** [sikũˈdinɐʃ] FPL Nachgeburt *f* **secundogénito (*ê)** [sikũdɔ-ˈʒɛnitu] Ⓐ ADJ zweitgeboren Ⓑ M̄, -**a** F̄ Zweitgeborene(r) *m/f(m)*

secura [siˈkuɾɐ] F̄ Trockenheit *f*; *fig* Frostigkeit *f*

seda [ˈsedɐ] F̄ ❶ Seide *f*; *fam* Seidenwaren *fpl*; **~ artificial** Kunstseide *f*; **~ crua**, **~ em rama** Rohseide *f* ❷ BOT Granne *f*; ZOOL **~s** *pl* Borsten *fpl* **sedaço** [siˈdasu] M̄ Sieb *n*

sedar [siˈdar] ⟨1c⟩ beruhigen **sedativo** [sidɐˈtivu] Ⓐ ADJ beruhigend Ⓑ M̄ MED Beruhigungsmittel *n*

sede¹ [ˈsedi] F̄ Durst *m*; *fig* Geldgier *f*; **estar com ~**, **ter ~** durstig sein; *fig* lechzen (**de** nach); **matar a ~** s-n Durst löschen

sede² [ˈsɛdi] F̄ Sitz *m* (*tb fig*); REL Bischofssitz *m*; Bistum *n*; **a Sede Apostólica** der Heilige Stuhl *m*

sedeiro [siˈdɐiɾu] M̄ AGR Hechel *f*

sedentariedade [sidẽtɐɾjɛˈdadi] F̄ Sesshaftigkeit *f* **sedentário** [sidẽˈtaɾju] ADJ sesshaft; (*caseiro*) häuslich; *fig* unbeweglich

sedento [siˈdẽtu] durstig; **~ de** begierig auf (*ac*); **~ de vingança** rachsüchtig

sediado [siˈdjadu] ADJ **~ em** mit Sitz in

sedição [sidiˈsɐ̃u] F̄ Aufruhr *m*; Meuterei *f* **sedicioso** [sidiˈsjozu] Ⓐ ADJ aufrührerisch; aufständisch Ⓑ M̄ Aufrührer *m*; Meuterer *m*

sedimentação [sidimẽtɐˈsɐ̃u] F̄ Ablagerung *f*; Niederschlag *m*; GEOL Sedimentation *f* **sedimentar** [sidimẽˈtar] V̄/I ⟨1a⟩ e-n Niederschlag bilden; sich ablagern Ⓑ ADJ, **sedimentário** [sidimẽˈtaɾju] abgelagert; sedimentär **sedimento** [sidiˈmẽtu] M̄ Ablagerung *f*; (*borra*) Bodensatz *m*; GEOL Sediment *n*

sedoso [siˈdozu] seidig

sedução [siduˈsɐ̃u] F̄ Verführung *f*; (*tentação*) Versuchung *f*; (*encanto*) Zauber *m* **sedutor(a)** [siduˈtoɾ(ɐ)] Ⓐ ADJ verführerisch; (*encantador*) bezaubernd Ⓑ M(F) Verführer(in) *m(f)* **seduzir** [siduˈzir] ⟨3m⟩ verführen; (*subornar*) bestechen; (*encantar*) bezaubern

seg. ABR (*seguinte*) f. (folgende)

sega [ˈsegɐ] F̄ AGR Schnitt *m*; Ernte(zeit) *f* **segada** [siˈgadɐ] F̄ Mähen *n* **segador** [sigɐˈdor] M̄ Ernteabeiter *m* **segadouro** [sigɐˈdoɾu] *trigo* schnittreif **segar** [siˈgar] ⟨1o; *Stv* 1c⟩ mähen

segmentação [sɛgmẽtɐˈsɐ̃u] F̄ Unterteilung *f* **segmentar** [sɛgmẽˈtar] unterteilen **segmento** [sɛˈgmẽtu] M̄ (Kreis-, Kugel)Abschnitt *m*, Segment *n*

segredar [sigɾiˈdar] ⟨1c⟩ Ⓐ V̄/T anvertrauen; zuflüstern Ⓑ V̄/I Geheimnisse austauschen; tuscheln **segredo** [siˈgɾedu] M̄ Geheimnis *n*; (*esconderijo*) Versteck *n*; **~ de Estado** Staatsgeheimnis *n*; **em ~** vertraulich; **guardar um ~** ein Geheimnis hüten; **ter em ~** geheim halten

segregação [sigɾigɐˈsɐ̃u] F̄ Absonderung *f*; **~ racial** Rassentrennung *f* **segregar** [sigɾiˈgar] ⟨1o; *Stv* 1c⟩ absondern; (*expelir*) ausscheiden

seguida [siˈgidɐ] F̄ **de ~**, **em ~** anschließend; danach, dann **seguidamente** [sigidɐˈmẽti] ADV anschließend; danach, dann **seguido** [siˈgidu] aufeinanderfolgend; (*contínuo*) ununterbrochen; **três horas -as** drei Stunden hintereinander (*ou* lang) **seguidor(a)** [sigiˈdor(ɐ)] M(F) Anhänger(in) *m(f)* **seguimento** [sigiˈmẽtu] M̄ *objectivo*: Verfolgung *f*; *regra*: Befolgung *f*; *série* Fortsetzung *f*; (*partida*) (Fort)Gang *m*; (*continuação*) Folge *f*; **no ~ de** als Folge (*gen*); **dar ~ a** weiterleiten; fortsetzen; **ir em ~ de** folgen (*dat*); *objectivo* verfolgen; **ter ~** weitergehen

seguinte [siˈgĩti] folgend; (*próximo*) nächste **seguintemente** [sigĩtiˈmẽti] ADV folglich; *temporal:* anschließend

seguir [siˈgir] ⟨3c; *Stv* 3c⟩ Ⓐ V̄/T ❶ folgen; *temporal:* folgen auf (*ac*) ❷ *directiva* befolgen; *objectivo* verfolgen; *caminho* einschlagen; *curso* besuchen; **~ medicina** Arzt (*ou* Ärztin) werden wollen Ⓑ V̄/I ❶ fortfahren; (weiter)gehen, (weiter)fahren (**para** nach); **fazer ~** *a/c* weiterbefördern; *alg* weiterfahren lassen; **~ a direito/em frente**; *braç* **~ reto** geradeaus gehen (*ou* fahren); **~ à direita** (nach) rechts gehen (*ou* fahren) ❷ **~ fazendo** *a/c* etw weiter tun ❸ **a ~** anschließend; *filme:* demnächst; **a ~ a**, **a ~ a** Ⓒ V̄/R **~-se** (einander) folgen, aufeinanderfolgen; (*acontecer*) erfolgen

segunda [siˈgũdɐ] F̄ MÚS Sekunde *f*; *fam* Montag *m*; **pão m de ~** *port* Mischbrot *n*; **bilhete m de ~** *port* Fahrkarte *f* zweiter Klasse **segunda-feira** [sigũdɐˈfɐiɾɐ] F̄ ⟨*pl* segundas-feiras⟩ Montag *m*; **na ~**

am Montag; **às ~s** montags
segundo¹ [si'gũdu] ADJ zweite; Neben...; **sem ~** port ohnegleichen; **não ter ~** nicht seinesgleichen haben; **em** (bras **de**) **-a mão** gebraucht, aus zweiter Hand B ADV zweitens
segundo² [si'gũdu] M unidade de tempo: Sekunde f
segundo³ [si'gũdu] PREP gemäß (dat); laut (gen); **~ o costume** wie üblich
segurado [sigu'radu] M, **-a** F Versicherungsnehmer(in) m(f) **segurador** [sigu-ra'dor] A ADJ Versicherungs-... B M Versicherer m **seguradora** [sigura'dora] F Versicherungsgesellschaft f **segurança** [sigu'rɐ̃sa] A F Sicherheit f; Gewähr f; (protecção) Schutz m; **no trabalho** Arbeitsschutz m; **com ~** sicher; **em ~** in Sicherheit; **para ~** zur Sicherheit; **dar em ~** als Sicherheit hinterlegen B M Wachmann m **segurar** [sigu'rar] ⟨1a⟩ **1** sichern; (fixar) festmachen; halten; (amparar) stützen; alg bestärken **2** versichern **segurelha** [sigu'rɐʎa] F Bohnenkraut n
seguro [si'guru] A ADJ sicher; (certo) fest; fonte zuverlässig; **pouco ~** fig wackelig B ADV sicher; gewiss C M Versicherung f; (protecção) Schutz m; Schutzvorrichtung f; (segurança) Sicherheit f; **~ de doença** m, bras **de saúde** Krankenversicherung f; **~ contra todos os riscos** Vollkaskoversicherung f; **~ de vida** Lebensversicherung f; **~-desemprego** Arbeitslosenversicherung f; **~ de passageiros** Insassenunfallversicherung f; **~ obrigatório de responsabilidade civil** Haftpflichtversicherung f; **~ social** Sozialversicherung f; **ao ~** zweifellos; **em ~** ohne Gefahr; **contratar um ~** eine Versicherung abschließen; **ir pelo ~** fam auf Nummer Sicher gehen; **pôr no ~** a/c versichern
sei [sɐj] → saber
seio ['sɐju] M Krümmung f; Windung f; (enseada) Bucht f; da vela: Schwellung f; do laço (Lasso)Schlinge f; ANAT Brust f; fig Busen m; Schoß m; **~ aéreo** ANAT Nebenhöhle f; **~ frontal** Stirnhöhle f; **~ maxilar** Kiefernhöhle f
seira ['sɐjra] F Strohtasche f, -korb m
seis [sɐjʃ] NUM A ADJ sechs B M Sechs f
seiscentésimo [sɐjʃsẽ'tɛzimu] NUM sechshundertste **seiscentista** [sɐjʃsẽ'tiʃta] F Sekte f des 17. Jahrhunderts **seiscentos** [sɐjʃ'sẽtuʃ] NUM sechshundert
seita ['sɐjta] F Sekte f
seiva ['sajva] F (Pflanzen)Saft m; fig Lebenssaft m **seivoso** [sɐj'vozu] saftig
seixo ['sɐjʃu] M Kiesel(stein) m **seixoso** [sɐj'ʃozu] Kies...; steinig
seja ['sɐjʒa] → ser
sela ['sɛla] F (Reit)Sattel m
selada [si'lada] F GEOG Bergsattel m **seladura** [silɐ'dura] F Satteln n **selagem** [si'laʒɐ̃j] F Stempeln n; com chumbo: Plombierung f; com lacre: Siegelung f **selar** [si'lar] ⟨1c⟩ **1** satteln **2** versiegeln; (carimbar) (ab)stempeln; carta frankieren **selaria** [silɐ'ria] F loja: Sattlerei f; Sattelzeug n
sele(c)ção [silɛ'sɐ̃w] F Auswahl f; **~ (nacional)** Nationalmannschaft f; futebol Nationalelf f; **fazer ~** wählerisch sein; (escolher) auswählen **sele(c)cionar** [silɛsju'nar] ⟨1f⟩ auswählen **sele(c)ta** [si'lɛta] F Auswahl f; LIT Lesebuch n; Sammelband m **sele(c)tividade** [silɛtivi'dadi] F RÁDIO Trennschärfe f **sele(c)tivo** [silɛ'tivu] selektiv **sele(c)to** [si'lɛtu] ausgewählt; (distinto) auserlesen **sele(c)tor** [silɛ'tor] M ELECT Wechselschalter m
seleiro [si'lɐjru] M Sattler m
selénio [si'lɛnju] M QUÍM Selen n
selet... bras → selecta etc
selha ['sa(i)ʎa] F Holzkübel m
selim [si'lĩ] M Fahrradsattel m
selo ['sɛlu] M Siegel n; (carimbo) Stempel m; de chumbo: Plombe f; postal: Briefmarke f; de imposto: Steuermarke f; fig Gepräge n
selva ['sɛɫva] F (Ur)Wald m; fig Wildnis f **selvagem** [sɛɫ'vaʒɐ̃j] A ADJ animal, planta wild; (descontrolado) wüst; (brutal) roh B M/F Wilde(r) m/f(m) **selvajaria** [sɛɫvaʒɐ'ria] F Wildheit f; (brutalidade) Rohheit f **selvático** [sɛɫ'vatiku] wild; BOT Hb Wald...; (rude) rau
sem [sɐ̃j] PREP ohne (ac); (inf) ohne zu; **~ que** conj ohne dass; **~ mais nada** ohne weiteres; **~ mais nem menos** fam ohne nichts, dir nichts; **~ tirar nem pôr** genauso **sem-abrigo** [sɐ̃ja'brigu] M ⟨pl ~s⟩ Obdachlose(r) m
semáforo [si'mafuru] M Verkehrsampel f; (telégrafo) Signalmast m

semana [si'mɐnɐ] F̄ Woche f; **Semana Santa** Karwoche f; **à ~** in der Woche; wöchentlich; **fim** m **de ~** Wochenende n **semanada** [simɐ'nadɐ] F̄ Wochenlohn m **semanal** [simɐ'nał] wöchentlich **semanário** [simɐ'narju] A ADJ wöchentlich B M̄ Wochenzeitung f
semântica [si'mɐ̃tikɐ] F̄ Semantik f **semântico** [si'mɐ̃tiku] Bedeutungs...; semantisch
semblante [sẽ'blɐ̃ti] M̄ Antlitz n, Gesicht n; (aspecto) Aussehen n
sem-cerimónia (*ô) [sɐ̃jsiri'mɔnjɐ] F̄ Ungezwungenheit f **sem-cerimonioso** [sɐ̃jsirimu'njozu] ungezwungen
sêmea ['semjɐ] F̄ Kleie f
semeação [simjɐ'sɐ̃ũ] F̄ (Aus)Saat f **semeada** [si'mjadɐ] F̄ (terreno) Saatfeld n; Saat f; Saatgut n **semeador** [simjɐ'dor] A ADJ Sä... B M̄ Sämaschine f **semeadura** [simjɐ'durɐ] F̄ Säen n; → semeação
semear [si'mjar] ⟨1⟩ AGR (aus)säen; (espalhar) ausstreuen; boato verbreiten
semelhança [simi'ʎɐ̃sɐ] F̄ Ähnlichkeit f; **à ~ de** ähnlich (dat); (gleich) wie **semelhante** [simi'ʎɐ̃ti] A ADJ ähnlich; solch (ou so) ein(e) ...; **~s** pl solche B M̄ Mitmensch m; **o** (ou **um**) **meu ~, meus ~s** meinesgleichen **semelhar** [simi'ʎar] ⟨1d⟩ ähneln (dat); aussehen wie; **~-se** einander ähneln
sémen (*ê) ['sɛmɛn] M̄ ⟨pl sémenes⟩ Samen m
semental [simẽ'tał] Saat...; Samen...; Zucht... **semente** [si'mẽti] F̄ Samen m, Samenkorn n; fig Keim m **sementeira** [simẽ'tɐjrɐ] F̄ Saatgut n; (canteiro) Saatbeet n; Saat f; fig Keim m, Keimzelle f; fig Ursprung m **sementeiro** [simẽ'tɐjru] A ADJ Saat... B M̄ Sack m für Saatgut
semestral [simiʃ'trał] halbjährlich; Halbjahres...; UNIV Semester... **semestre** [si'mɛʃtri] M̄ Halbjahr n; UNIV Semester n
sem-fim [sɐ̃j'fĩ] M̄ Unmenge f; TECN Schnecke f
semi... [simi-] EM COMP Halb..., halb...
semiaberto [simiɐ'bɛrtu] halb offen **semiamargo** [simiɐ'margu] halbbitter **semicírculo** [simi'sirkułu] M̄ Halbkreis m **semicondutor** [simikõdu'tor] M̄ ELECT Halbleiter m **semicúpio** [simi'kupju] M̄ Sitzbad n **semieixo** [simi'ɐjʃu] M̄ TECN Halbachse f **semiesfera** [simiʃ'fɛrɐ] F̄ Halbkugel f **semifinal** [simifi'nał] M̄ DESP Halbfinale n **semilunar** [simitu'nar] halbmondförmig
seminação [siminɐ'sɐ̃ũ] F̄ AGR Aussaat f; ZOOL Besamung f **seminal** [simi'nał] Samen... **seminário** [simi'narju] M̄ BOT Baumschule f; UNIV, REL Seminar n **seminarista** [siminɐ'riʃtɐ] M̄ Seminarist m
seminu [simi'nu] halb nackt
semiótica [si'mjɔtikɐ] F̄ Semiotik f
semipermeável [simipir'mjavɛł] halb durchlässig **semi-reboque** [simirɨ'bɔki] M̄ (LKW-)Anhänger m
semita [si'mitɐ] M/F̄ Semit(in) m(f) **semítico** [si'mitiku] semitisch
semivogal [simivu'gał] F̄ Halbvokal m **sem-justiça** [sɐ̃jʒuʃ'tisɐ] F̄ ⟨pl **~s**⟩ Ungerechtigkeit f **sem-nome** [sɐ̃j'nomi] A ADJ namenlos B M/F̄ ⟨pl **~s**⟩ Namenlose(r) m/f(m) **sem-número** [sɐ̃j'numiru] M̄ ⟨sem pl⟩ Unzahl f
sêmola [semułɐ] F̄ Grieß m; **~ dura** Hartweizengrieß m
semolina [simu'linɐ] F̄ Grießmehl n
sem-par [sɐ̃j'par] unvergleichlich; ohnegleichen
sempiterno [sẽpi'tɛrnu] ewig
sempre ['sẽpri] immer; fortwährend; **até ~!** stets zu Ihren Diensten!; **desde ~** von jeher; **para** (**todo o**) **~** für immer; **o de ~** das- (ou de)selbe; **~ que** immer wenn; sooft; **~-verde** f Immergrün n; **~-viva** f Hauswurz m
sem-razão [sɐ̃jʁɐ'zɐ̃ũ] F̄ ⟨pl sem-razões⟩ Unrecht n; (disparate) Unsinn m **sem-sal** [sɐ̃j'sał] GASTR salzlos; fade (tb fig) **sem-terra** [sɐ̃j'tɛʁɐ] ⟨pl inv⟩ A bras landlos B M/F̄ bras Landlose(r) m/f(m) **sem-teto** [sɐ̃j'tetu] ⟨pl inv⟩ A ADJ bras obdachlos B M/F̄ bras Obdachlose(r) m/f(m) **sem-vergonha** [sɐ̃jvir'goɲɐ] ⟨pl inv⟩ A ADJ unverschämt B F̄ Unverschämtheit f C M/F̄ schamloser Mensch m

sena ['senɐ] F̄ carta, dado: Sechs f
senado [si'nadu] M̄ Senat m **senador(a)** [sinɐ'dor(ɐ)] M/F̄ Senator(in) m(f)
senão [si'nɐ̃ũ] A Cj sonst; sondern; **~ que** vielmehr; **~ quando** plötzlich B PREP außer (dat); **não ... ~** nur, bloß; detras de comp: als C M̄ ⟨pl senões⟩ Aber

n; *fam* Haken *m*
senatorial [sinstu'rjał], **senatório** [sinɐ'tɔrju] Senats...
senda ['sẽdɐ] F Fußweg *m*; Pfad *m* **sendeiro** [sẽ'dɐiru] M Klepper *m*; *cavalo*: Lastengaul *m*; *fig* Taugenichts *m*
sene ['sɛni] M BOT Kassia *f*; **folhas** *fpl* **de ~** Sennesblätter *npl*
senha ['sɐɲɐ] F Zeichen *n*; (*palavra*) Losungswort *n*; IT Passwort *n*; COM Quittung *f*; Kontrollabschnitt *m*; (*cautela*) (Los)Nummer *f*; **~ de entrega** Quittung *f*
senhor [si'ɲor] M Herr *m* (*tb Anrede*); (*proprietário*) Besitzer *m*; *tratamento*: Sie; **o que disse o ~?** was haben Sie gesagt?
senhora [si'ɲorɐ] F Dame *f*; Herrin *f*; Besitzerin *f*; *tratamento*: Sie; *com nome*: Frau ...; **~ dona ...** Frau ...; **o que disse a ~?** was haben Sie gesagt?; **minha ~** gnädige Frau; **Nossa Senhora!** bras um Gottes willen!
senhoria [siɲu'riɐ] F Herrschaft *f*; (*dona*) Eigentümerin *f*; *que aluga*: Hauswirtin *f* **senhorial** [siɲu'rjał] herrschaftlich **senhoril** [siɲu'rił] vornehm; würdevoll **senhorinha** [sɐɲo'riɲɐ] F *bras* Fräulein *n* **senhorio** [siɲu'riu] M Herrschaft *f*; *direito*: Besitzrecht *n*; *dono* (*espec Haus*)Eigentümer *m*; *que aluga*: Vermieter *m*, Hauswirt *m* **senhorita** [sɐɲo'ritɐ] F *bras* Fräulein *n*
senil [si'nił] senil **senilidade** [siniłi'dadi] F Altersschwäche *f*
sénior (*ê) ['sɛnjɔr] ⟨*pl* **seniores** [sɛ'njɔriʃ]⟩ A ADJ älter; senior B M DESP Senior *m*
seno ['senu] M Sinus *m*
sensabor [sẽsa'bor] A ADJ GASTR geschmacklos; (*aborrecido*) langweilig B M → **sensaboria** **sensaborão** [sẽsɐbu'rɐ̃u] M, **sensaborona** [sẽsɐbu'ronɐ] F fader Mensch *m* **sensaboria** [sẽsɐbu'riɐ] F GASTR Geschmacklosigkeit *f*; (*aborrecimento*) Langeweile *f*
sensação [sẽsɐ'sɐ̃u] F Sensation *f*; *física*: Sinneswahrnehmung *f*; (*sentimento*) Gefühl *n*; **de ~** Aufsehen erregend; **fazer ~** Aufsehen erregen **sensacional** [sẽssju'nał] sensationell **sensacionalismo** [sẽsɐsjunɐ'łiʒmu] M Sensationsgier *f* **sensacionalista** [sẽsɐsjunɐ'łiʃtɐ] sensationslüstern
sensatez [sẽsɐ'teʃ] F Besonnenheit *f* **sensato** [sẽ'satu] besonnen; vernünftig
sensibilidade [sẽsibiłi'dadi] F Sensibilität *f*; Empfindungsvermögen *n* **sensibilizar** [sẽsibiłi'zar] ⟨1a⟩ sensibilisieren; (*impressionar*) beeindrucken; (*comover*) rühren; **~-se** beeindruckt werden **sensitiva** [sẽsi'tivɐ] F BOT, *fig* Mimose *f* **sensitivo** [sẽsi'tivu] sinnlich; Empfindungs...; (*delicado*) empfindlich **sensível** [sẽ'sivɛł] sensibel; sinnlich; *fig* empfänglich (**a** für)
senso ['sẽsu] M Verstand *m*; (*sentir*) Empfinden *n*; **bom ~** gesunder Menschenverstand *m*; **~ comum** Konsens *m*; **falta** *f* **de ~** Instinktlosigkeit *f*; **~ prático** Sinn *m* für das Praktische; **~ de humor** *bras* Sinn für Humor **sensorial** [sẽsu'rjał] sinnlich, Sinnes...
sensual [sẽ'swał] sinnlich; (*lascivo*) lüstern **sensualidade** [sẽswɐłi'dadi] F Sinnlichkeit *f* **sensualista** [sẽswɐ'łiʃtɐ] M/F Sinnenmensch *m*
sentado [sẽ'tadu] sitzend; **estar ~** sitzen; **ficar ~** sitzen bleiben **sentar** [sẽ'tar] ⟨1a⟩ (hin)setzen; **~-se** sich (hin)setzen
sentença [sẽ'tẽsɐ] F Spruch *m*; (*frase*) Satz *m*, Sentenz *f*; DIR Urteil *n*, Urteilsspruch *m*; **proferir/proclamar a ~** das Urteil sprechen/verkünden; **dar ~** *fam* s-e Meinung herausposaunen **sentenciar** [sẽtẽ'sjar] ⟨1g⟩ A V/T aburteilen; verurteilen (**a** zu) B V/I urteilen (**sobre** über *ac*)
sentido [sẽ'tidu] A ADJ empfindlich; (*sofrido*) tief empfunden; *perda* schmerzlich; *fig* angeschlagen; *fruta* angefault; **estar ~ de** (ou **com**) betrübt sein über (*ac*); **ficar ~ de a/c** etw übel nehmen B M Sinn *m*; (*significado*) Bedeutung *f*; (*objectivo*) Zweck *m*; (*direcção*) Richtung *f*; (*perspectiva*) Gesichtspunkt *m*; **~ de audição** Gehörsinn *m*; **rua** *f* **de ~ único** Einbahnstraße *f*; **~ dos ponteiros** Uhrzeigersinn *m*; **~ lato** *fig* weiterer Sinn *m*; **~ longitudinal** Längsrichtung *f*; **~ proibido** Einfahrtverbot *n* (*in Straße*); **segundo ~** Doppeldeutigkeit *f*; *fig* Hintergedanke *m*; **sexto ~** *fig* sechster Sinn *m*; **em ~!** MIL stillgestanden!; **em ~ figurado** in übertragenem Sinn; **neste ~** in diesem Sinne; **no ~ de** (*inf*) mit dem Ziel zu; **estar com o ~ em** sich konzentrieren auf (*ac*); **fazer ~** sinnvoll sein; **ficar sem ~s**,

perder os ~s das Bewusstsein verlieren; **tomar ~ em** achten auf (ac)
sentimental [sẽtimẽˈtaɫ] empfindsam
sentimentalidade [sẽtimẽtɐłiˈdadɨ] F Empfindsamkeit f **sentimentalismo** [sẽtimẽtɐłˈtiʒmu] M Sentimentalität f **sentimentalista** [sẽtimẽtɐłˈtiʃtɐ] A ADJ sentimental B M/F Gefühlsmensch m
sentimento [sẽtiˈmẽtu] M Gefühl n, Empfindung f; **~ s de dever** Pflichtgefühl n; **sem ~** gesinnungslos
sentinela [sẽtiˈnɛłɐ] F MIL Schildwache f; (guarda) Wächter m; **estar de ~** Posten stehen
sentir [sẽˈtir] ⟨3e⟩ A V/T fühlen; spüren; (ouvir) hören; (cheirar) riechen; (lamentar) bedauern; (levar a mal) übel nehmen; **fazer-se ~** sich bemerkbar machen; **~ a falta de** vermissen; **dar a** (ou **fazer**) **~** zu verstehen geben; **sinto muito** es tut mir sehr Leid B V/R **~-se** sich (dat) vorkommen (wie); (ofender-se) gekränkt sein (**de** über ac); **~-se em baixo** sich mies fühlen C M Gefühl n; Ansicht f
senzala [sẽˈzałɐ] F África: Eingeborenendorf n; bras Sklavensiedlung f, -hütte f
S.E.O. ABR (**salvo erro ou omissão**) Irrtum oder Auslassung vorbehalten
separação [sɨpɐrɐˈsɐ̃u] F Trennung f (**de pessoas e bens** von Tisch und Bett); (segregação) Absonderung f; (desligamento) Loslösung f; **~ de bens** Gütertrennung f; **~ do lixo** Mülltrennung f **separadamente** [sɨpɐradɐˈmẽtɨ] ADV extra; (especialmente) besonders; lugar abseits; correio mit getrennter Post **separado** [sɨpɐˈradu] einzeln; Extra...; **em ~** → separadamente; getrennt (**de** von) **separador** [sɨpɐrɐˈdor] A M TECN Abscheider m B ADJ Trenn...; Scheide...; **máquina** f **-a** Sortierer m **separadora** [sɨpɐrɐˈdorɐ] F Sortierer m **separar** [sɨpɐˈrar] ⟨1b⟩ trennen; (escolher) aussortieren; **~-se** (desligar-se) sich loslösen; **de alg, a/c** sich trennen **separata** [sɨpɐˈratɐ] F Sonderdruck m; (Sonder)Beilage f **separatismo** [sɨpɐrɐˈtiʒmu] M Separatismus m **separatista** [sɨpɐrɐˈtiʃtɐ] A ADJ separatistisch B M/F Separatist(in) m(f) **separável** [sɨpɐˈravɛɫ] trennbar
sépia [ˈsɛpjɐ] F ZOOL Sepia f
sepsia [ˈsɛpsjɐ] F MED Sepsis f

septeto [sɛpˈtetu] M MÚS Septett n
septicémia [sɛptiˈsɛmjɐ] F (***ê**) F MED Blutvergiftung f **sé(p)tico** [ˈsɛ(p)tiku] MED septisch
se(p)tingentésimo [sɛptĩʒẽˈtɛzimu] NUM siebenhundertste **se(p)tuagenário** [sɛptwɐʒɨˈnarju] A ADJ siebzigjährig B M, **-a** F Siebzigjährige(r) m/f(m) **se(p)tuagésimo** [sɛptwɐˈʒɛzimu] NUM siebzigste **se(p)tuplo** [ˈsɛptupłu] siebenfach
sepulcral [sɨpułˈkraɫ] Grab...; Toten...
sepulcro [sɨˈpułkru] M Grab n **sepultar** [sɨpułˈtar] ⟨1a⟩ begraben; alg bestatten **sepulto** [sɨˈpułtu] PP irr → sepultar
sepultura [sɨpułˈturɐ] F (cerimónia) Bestattung f; (túmulo) Grab n
sequaz [sɨˈkwaʃ] M/F Anhänger(in) m(f)
sequeiro [sɨˈkɐjru] A ADJ unbewässert; wasserlos B M trockenes Land n
sequela [sɨˈkwɛłɐ] F fam Gefolgschaft f; Sippschaft f **sequência** [sɨˈkwẽsjɐ] F Folge f; (continuação) Fortsetzung f; MÚS Sequenz f; jogo de cartas: Straße f; **na ~ de** infolge (gen); nach; auf Grund (gen) **sequente** [sɨˈkwẽtɨ] (daraus) folgend
sequer [sɨˈkɛr] ADV wenigstens; **nem ~** nicht einmal
sequestrador(a) [sikiʃtrɐˈdor(ɐ)] M(F) Entführer(in) m(f) **sequestrar** [sikiʃˈtrar] ⟨1c⟩ beschlagnahmen; DIR widerrechtlich verhaften; (raptar) entführen; doente isolieren **sequestro** [sɨˈkɛʃtru] M DIR Beschlagnahme f; bens: Einziehung f; (captura) widerrechtliche Verhaftung f; (rapto) Entführung f
sequioso [sɨˈkjozu] pessoa durstig; trocken; → sedento
séquito [ˈsɛkitu] M Gefolge n
ser [sɛr] A V/I ⟨2w⟩ sein; passivo: werden; **~ a** kosten; **~ com alg** fig j-n etwas angehen; **~ de** gehören (zu); sein (ou bestehen) aus; **vir a ~** werden; **é de** (inf) es ist zu (inf); **~ para** (bestimmt) sein für; geeignet sein für; **como há de ~?** wie das möglich?; **como havia de ~?** wie sollte es anders sein?; **é!** ja!, genau!; **é que** denn, nämlich; **o que é/foi dele?** was ist/war mit ihm los? **isto é** das heißt; nämlich; **é isso mesmo!** genau das ist es!; **a ~** (ou **sendo**) **assim** wenn das so ist; **a não ~ que** conj es sei denn, dass;

quanto é? wie viel kostet es?; **seja!** meinetwegen!; **ou seja** das heißt; vielmehr; **seja o que for** was auch geschehen mag; **seja como for** wie dem auch sei; **seja qual for** wer (ou was) auch immer; **seja ... (ou) seja** sowohl ... als auch; ob ... (oder) ob; **ainda que fosse assim** selbst wenn das so wäre ▣ M̄ Sein n; (Lebe)Wesen n; **~ vivo** Lebewesen n

seráfico [si'rafiku] engelhaft

serão [si'rɐ̃ũ] M̄ (turno) Nachtarbeit f, -schicht f; geralm Überstunden fpl; social: (geselliger) Abend m; → **sarau**

serapilheira [sirɐpi'ʎɐira] F̄ Sackleinen n

sereia [si'rɐjɐ] F̄ 1 Meerjungfrau f, Sirene f 2 Sirene f; NÁUT Nebelhorn n

serenar [siri'nar] ⟨1d⟩ (sich) tempo aufheitern; pessoa sich beruhigen; bras sich (im Tanz) wiegen **serenata** [siri'nata] F̄ Serenade f; Ständchen n **serenidade** [sirini'dadɨ] F̄ Heiterkeit f; (calma) Gelassenheit f; mar Ruhe f **sereno** [si'renu] ▣ ADJ heiter; (calmo) gelassen; mar ruhig; céu wolkenlos ▣ M̄ Nachttau m

Sergipe [sex'ʒipi] M̄ GEOG bras Bundesstaat

seriação [sirjɐ'sɐ̃ũ] F̄ Zusammenstellung f; (sequência) Reihung f **seriado** [si'rjadu] ▣ ADJ Serien...; seriell ▣ M̄ bras Fernsehserie f **serial** [si'rjaɫ] Serien...

seriamente [sɛrjɐ'mẽti] ADV ernstlich

seriar [si'rjar] ⟨1g⟩ aneinanderreihen; zusammenstellen **seriário** [si'rjarju] serienmäßig, Serien...

série ['sɛri] F̄ Reihe f; Folge f; TV Serie f; selos: Satz m; bras Klasse f, Klassenstufe f; **de ~** Serien...; **em ~** serienmäßig; TECN, fig am laufenden Band; **fora de ~** außergewöhnlich; fam toll

seriedade [sirje'dadɨ] F̄ Ernst(haftigkeit) m(f); **uma aura f de ~** ein Hauch m von Seriosität

seringa [si'rĩgɐ] F̄ Spritze f; **~ descartável** Einwegspritze f; **~ para lavagem** Klistierspritze f; pop fig Nervensäge f **seringação** [sirĩgɐ'sɐ̃ũ] F̄ (Be)Spritzen n; pop fig Schererei f **seringada** [sirĩ'gadɐ] F̄ Spritze f **seringal** [serĩ'gaɫ] M̄ bras Kautschukplantage f **seringar** [sirĩ'gar] ⟨1o⟩ (ein)spritzen; pop lästig fallen **seringueira** [serĩ'gera] F̄ bras Gummibaum m **seringueiro** [serĩ'geru] M̄ bras Kautschukarbeiter

sério ['sɛrju] ▣ ADJ (grave) ernst(haft); (honesto) seriös; (cumpridor) zuverlässig; COM reell; **pôr-se ~** ernst werden ▣ ADV ernstlich ▣ M̄ Ernst m, Ernsthaftigkeit f; **a ~** im Ernst; **levar** (ou **tomar**) **a ~ a/c** etw ernst nehmen

sermão [sir'mɐ̃ũ] M̄ Predigt f

seródio [si'rodju] spätreif; spät, verspätet; anachronistisch

serologia [siruɫu'ʒiɐ] F̄ Serologie f **seronegativo** [seroniga'tivu] HIV-negativ **seropositivo** [serupuzi'tivu] HIV-positiv **seroso** [si'rozu] MED serös

serpão [sir'pɐ̃ũ] M̄ BOT Sandthymian m **serpentária** [sirpẽ'tarjɐ] F̄ BOT Drachenwurz m **serpentário** [sexpẽ'tarju] M̄ bras Schlangenfarm f **serpente** [sir'pẽti] F̄ ZOOL (Gift)Schlange f **serpentear** [sirpẽ'tjar] ⟨1l⟩ sich schlängeln **serpentina** [sirpẽ'tinɐ] F̄ mehrarmiger Leuchter m; de papel: Luftschlange f; GEOL Serpentin m **serpentino** [sirpẽ'tinu] schlangenförmig

serra ['sɛʁɐ] F̄ 1 GEOG Gebirge n; **Serra da Estrela** höchste Gebirgskette Portugals 2 Säge f; **~ circular** Kreissäge f; **~ contínua** Bandsäge f; **~ de recorte** Laubsäge f; **~ universal** Fuchsschwanz m; **~ vertical** Stichsäge f **serração** [siʁɐ'sɐ̃ũ] F̄ Sägen n; fábrica: Sägewerk n **serradura** [siʁɐ'durɐ] F̄ Sägemehl n

serralharia [siʁɐʎɐ'riɐ] F̄ Schlosserei f **serralheiro** [siʁɐ'ʎɐiru] M̄ Schlosser m **serralho** [si'ʁaʎu] M̄ Serail n **serrania** [siʁɐ'niɐ] F̄ Gebirgskette f **serrano** [si'ʁɐnu] ▣ ADJ Gebirgs... ▣ M̄, -a F̄ Bergbewohner(in) m(f)

serrar [si'ʁar] ⟨1c⟩ (ab-, zer)sägen **serraria** [sexa'riɐ] F̄ bras Sägewerk n; armação: Sägebock m **serreado** [si'ʁjadu] gezackt **serrilha** [si'ʁiʎɐ] F̄ Zackenrand m; moeda: Münzrand m; faca: Säge f (am Messer) **serrim** [si'ʁĩ] M̄ BOT Ackerdistel f **serrotar** [siʁu'tar] ⟨1c⟩ (ab-, zer)sägen **serrote** [si'ʁɔti] M̄ Fuchsschwanz m

sertã [sir'tɐ̃] F̄ port Bratpfanne f

sertanejo [sextɐ'neʒu] bras ▣ ADJ aus dem Landesinnern ▣ M̄ Bewohner m des Hinterlandes **sertanista** [sextɐ'niʃtɨ] M̄/F̄ bras Abenteurer(in) m(f) **sertão** [sex'tɐ̃ũ] M̄ Landesinnere n; Wildnis f; bras Buschsteppengebiet bes im nordöst-

lichen Landesinneren

servente [sir'vẽti] **A** M,F Gehilfe *m*, -in *f*; (*criado*) Diener(in) *m(f)* **serventia** [sirvẽ'tiɐ] F Brauchbarkeit *f*; *lugar:* Durchgang *m*, Durchfahrt *f*; **~ de cozinha** Küchenbenutzung *f*; **dar ~ (para a/c)** Zugang gewähren (zu etw); (*pôr à disposição*) (etw) zur Verfügung stellen **serventuário** [sirvẽ'twarju] M, **-a** F Gehilfe *m*, Gehilfin *f*; (*funcionário*) Beamte(r) *m*, Beamtin *f*; *bras* Justizbeamte(r) *m*, -beamtin *f*

Sérvia ['sɛrvjɐ] F GEOG **a ~** Serbien (*n*)

serviçal [sirvi'sal] **A** ADJ dienstfertig **B** M/F Hausangestellte(r) *m/f(m)*

serviço [sir'visu] M **1** Dienst *m*, Dienstleistung *f*; Service *m* ['sœrvɪs], Bedienung *f*; **~ incluído** Bedienung inbegriffen; **~ cívico** Zivildienst *m*; **~ doméstico** Hausarbeit *f*; **~ das dívidas** FIN Schuldendienst *m*; **~ militar obrigatório** Wehrpflicht *f*; **~ público** öffentlicher Dienst *m*; **~ secreto** Geheimdienst *m*; **~ de segurança** Sicherheitsdienst *m*; **~ de urgência**, *bras* **emergência** Notdienst *m*; **Serviço de Prote(c)ção Civil** Zivilschutz *m*; **ao ~ de** im Dienst (*gen*); zum Nutzen (*ou* Wohl) (*gen*) **2** (*departamento etc*) Abteilung *f*; **~ pós-venda** Kundendienst *m*; **~ auto-espresso** *port* FERROV Autoreisezug *m*; **~ de reboque** Abschleppdienst *m* **3** *ténis:* Aufschlag *m* **4** *de louça:* Service *n* [sɛr'viːs] **5** ADMIN, MIL Dienst *m*; **de ~** Dienst habend; **entrar de ~** s-n Dienst antreten; **estar de ~** Dienst haben **6** TECN Betrieb *m*; **fora de ~** außer Betrieb

servidão [sirvi'dɐ̃ũ] F Knechtschaft *f*; DIR Dienstbarkeit *f* **servido** [sir'vidu] gebraucht; (*gasto*) abgenutzt; (*encetado*) angebrochen; **~ de** ausgestattet mit; **é ~?** wollen Sie nicht mitessen? **servidor** [sirvi'dor] **A** ADJ diensteifrig **B** M, **servidora** [sirvi'dorɐ] **1** *hist* Bedienstete(r) *m/f(m)*; **~ público**, **~a pública** öffentliche(r) Bedienstete *m/f(m)* **2** INFORM Server *m* **servil** [sir'vit] unterwürfig **servilismo** [sirvi'lizmu] M Unterwürfigkeit *f*

sérvio ['sɛrvju] **A** ADJ serbisch **B** M, **-a** F Serbe *m*, Serbin *f*

servir [sir'vir] ⟨3c⟩ **A** V/T *alg* j-n bedienen; (*ajudar*) helfen (*dat*); *bebida* einschenken; *serviço* versehen **B** V/I dienen (*tb* MIL); Dienste leisten; (*ser útil*) nützen; passen; (*ser adequado*) sich eignen (**para** für); *tempo* günstig sein; **~ de** *ou* **para** dienen als, taugen zu; **não ~ para nada** nichts taugen; **~-se de** sich bedienen (*gen*); *aparelho* benutzen; *comida* nehmen von **servível** [sir'vivɫ] brauchbar

servo ['sɛrvu] **A** ADJ *hist* leibeigen **B** M, **-a** F Diener(in) *m(f)*; AGR Knecht *m*, Magd *f*; *hist* Sklave *m*, Sklavin *f* **servo-assistência** [sɛrvoɐsis'tẽsjɐ] F ⟨*pl* ~s⟩ **à direcção** *port* AUTO Servolenkung *f*

servo-croata [sɛrvokru'atɐ] ⟨*pl* ~s⟩ *hist* **A** ADJ serbokroatisch **B** M Serbokroatisch *n*

servo-freio [sɛrvo'fraju] M ⟨*pl* ~s⟩ Servobremse *f*

sésamo ['sɛzɐmu] M Sesam *m*; **óleo** *m* **de ~** Sesamöl *n*

sessão [si'sɐ̃ũ] F Sitzung *f*; (*negociação*) Verhandlung *f*; CINE (Film)Vorführung *f*; **~ plenária** Plenarsitzung *f*

sessar [se'sax] ⟨1c⟩ *bras* sieben

sessenta [si'sẽtɐ] NUM sechzig **sessentão** [sisẽ'tɐ̃ũ] **A** ADJ sechzigjährig **B** M, **sessentona** [sisẽ'tonɐ] F Sechzigjährige(r) *m/f(m)*

sesta ['sɛʃtɐ] F Mittagsruhe *f*; **dormir a ~** Siesta halten, e-n Mittagsschlaf machen

sestro ['sɛʃtru] **A** ADJ link; *fig* unheilvoll; **a ~** linker Hand **B** M Schicksal *n*; (*mania*) schlechte Angewohnheit *f*

set... *bras* → *septeto etc*

seta ['sɛta] F Pfeil *m* (*tb* INFORM); **~ de rolamento** INFORM Bildlaufpfeil *m* **setada** [se'tadɐ] F Pfeilschuss *m*

sete ['sɛti] NUM sieben **B** M Sieben *f*

setecentista [sɛtisẽ'tiʃtɐ] des 18. Jahrhunderts **setecentos** [sɛti'sẽtuʃ] NUM siebenhundert

seteira [si'tajrɐ] F *hist* Schießscharte *f* **setembrino** [sɛtẽ'brinu] September... **Setembro** [si'tẽbru] M September *m*; **em ~** im September

sete-mês [sɛti'meʃ] M, **sete-mesinho** [sɛtimi'ziɲu] M *bebé:* Siebenmonatskind *n*

setenta [si'tẽtɐ] NUM siebzig

setentrional [sitẽtriu'naɫ] **A** ADJ nördlich, Nord... **B** M/F Nordländer(in) *m(f)*

sétima ['sɛtimɐ] F MÚS Septime *f* **séti-**

mo ['setimu] NUM **A** ADJ siebte **B** M Siebtel n

setor [se'tox] M *bras* → sector

Setúbal [si'tubaɫ] SEM ART GEOG *port* Distrikt(hauptstadt)

seu[1] [seu], **sua** ['sua] sein(e), ihr(e); Ihr(e); **o seu carro** sein (*ou* ihr, Ihr) Auto; **a sua filha** seine (*ou* ihre, Ihre) Tochter; **seu burro!** Sie (*ou* du) Esel!; (*tb* → **meu, minha**)

seu[2] [seu] M *bras fam tratamento:* Herr m (*mit dem Vornamen*)

seva ['sevɐ] F *bras* Trockenleine f

severidade [siviri'dadi] F Strenge f; (*dureza*) Härte f **severo** [si'veru] streng; (*preciso*) genau

sevícia [si'visjɐ] F Misshandlung f **seviciar** [sivi'sjar] ⟨1g⟩ misshandeln

sexagenário [sɛksɐʒi'narju] **A** ADJ sechzigjährig **B** M, **-a** F Sechzigjährige(r) m/f(m) **sexagésimo** [sɛksɐ'ʒɛzimu] NUM sechzigste

sexismo [se'ksiʒmu] M Sexismus m **sexista** [se'ksiʃtɐ] M/F Sexist(in) m(f) **sexo** ['sɛksu] M ANAT Geschlecht n; (*acto sexual*) Sex m

sexta-feira [sɐjʃtɐ'fɐjrɐ] F ⟨sextas-feiras⟩, *fam* **sexta** ['sɐjʃtɐ] F Freitag m; **na ~** am Freitag; **Sexta-Feira Santa** Karfreitag m

sextanista [sɐjʃtɐ'niʃtɐ] M/F Schüler(in) m(f) der sechsten Klasse **sextante** [sɐjʃ'tɐ̃ti] M Sextant m **sexteto** [sɐjʃ'tetu] M Sextett n **sexto** ['sɐjʃtu] **A** ADJ sechste **B** M Sechstel n **sêxtuplo** ['sɐjʃtuplu] sechsfach

sexual [se'kswaɫ] geschlechtlich, sexuell; Geschlechts... **sexualidade** [sekswɐli'dadi] F Sexualität f

sezão [si'zɐ̃ũ] F (Fieber)Anfall m; **-ões** *pl* Wechselfieber n **sezonismo** [sizu'niʒmu] M Sumpffieber n, Malaria f

s/f ABR (**seu favor**) Ihr Schreiben

s.f.f. ABR (**se faz favor**) bitte

si[1] [si] PRON *após prep:* sich; Sie, Ihnen; **de ~, para ~** bei (*ou* zu) sich selbst; **de per ~** (an und) für sich; von sich aus; **em ~** an sich; **fora de ~** außer sich; **por ~** von selbst; für sich; **cair em ~** *fig* in sich (*ac*) gehen

si[2] [si] M MÚS H n

siamês [sjɐ'meʃ] siamesisch

Sibéria [si'bɛrjɐ] F GEOG **a ~** Sibirien (n) **siberiano** [sibi'rjɐnu] sibirisch

sibilante [sibi'ɫɐ̃ti] **A** ADJ zischend; *vento* pfeifend **B** F Zischlaut m **sibilar** [sibi'ɫar] ⟨1a⟩ zischen; *vento* pfeifen

sicativo [sikɐ'tivu] **A** ADJ (aus)trocknend **B** M MED Wundheilsalbe f

Sicília [si'siɫjɐ] F GEOG **a ~** Sizilien (n) **siciliano** [sisi'ɫjɐnu] sizilianisch

sicose [si'kɔzi] F MED Bartflechte f

sicrano [si'krɐnu] M Dingsda m/f; *tb* → **fulano**

SIDA ['sidɐ] F ABR (**síndrome da imunodeficiência adquirida**) *port* MED Aids n; **teste m da ~** Aidstest m

siderado [sidi'radu] verblüfft; (*petrificado*) versteinert

sideral [sidi'raɫ], **sidéreo** [si'dɛrju] Stern(en)...; Himmels... **sidérico** [si'dɛriku] Eisen... **siderurgia** [sidirur'ʒiɐ] F Eisen- und Stahlindustrie f **siderúrgico** [sidi'rurʒiku] Eisen- und Stahl...; **fundição** f (*bras* usina f) **-a** Hüttenwerk n

sidra ['sidrɐ] F Apfelwein m; Cidre m

sifão [si'fɐ̃ũ] M Heber m; Siphon m

sífilis ['sifiɫiʃ] F MED Syphilis f

sifilítico [sifi'ɫitiku] syphilitisch

sigilo [si'ʒiɫu] M Verschwiegenheit f; (*discrição*) Verschwiegenheit f; **~ bancário** Bankgeheimnis n; **~ de confissão** Beichtgeheimnis n; **~ profissional** Berufsgeheimnis n; **guarda-se ~** Diskretion zugesichert **sigiloso** [siʒi'ɫozu] geheim

sigla [siglɐ] F Sigel n; Kürzel n

signatário [signɐ'tarju] **A** ADJ Signatur... **B** M, **-a** F Unterzeichner(in) m(f)

significação [signifikɐ'sɐ̃ũ] F, **significado** [signifi'kadu] M Bedeutung f; (*sentido*) Sinn m; **tirar ~s** Wörter nachschlagen **significância** [signifi'kɐ̃sjɐ] F Signifikanz f **significar** [signifi'kar] ⟨1n⟩ bedeuten; (*insinuar*) andeuten **significativo** [signifikɐ'tivu] bedeutsam

signo ['signu] M Zeichen n (*tb fig*); ASTRON Sternbild n; Sternzeichen n

sílaba ['siɫɐbɐ] F Silbe f

silábico [si'ɫabiku] Silben...

silenciador [siɫẽsjɐ'dor] M Schalldämpfer m **silenciar** [siɫẽ'sjar] ⟨1g⟩ **A** V/T verschweigen; *alg* zum Schweigen bringen **B** V/I schweigen **silêncio** [si'ɫẽsju] M Schweigen n; (*sossego*) Stille f; **~ sepulcral** *fig* Totenstille f; **em ~, com ~** stillschweigend; leise; **deixar** (*ou* **passar**) **em ~** stillschweigend übergehen; **guar-**

dar ~ schweigen (können); **impor (o) ~** Schweigen gebieten; **quebrar o ~** das Schweigen brechen; **fez-se ~** es wurde still; **~!** Ruhe! **silencioso** [silẽˈsjozu] **A** ADJ schweigend; ruhig; geräuschlos **B** M AUTO Auspufftopf m
sílex [ˈsilɛks] M ⟨pl inv⟩ Feuerstein m
sílfide [ˈsilfidi] F Elfe f, **silfo** [ˈsilfu] M Elf m
silhueta [siˈʎweta] F Silhouette f
sílica [ˈsilika] F GEOL Kieselgur f
silicato [siliˈkatu] M Silikat n **silício** [siˈlisju] M Silizium n **silicone** [siliˈkɔni] M Silikon n
silo [ˈsilu] M Silo n **silo-auto** [siluˈawtu] M port Parkhaus n
silva [ˈsilva] F Brombeerstrauch m; *geralm* Dorn(strauch) m; LIT Vermischte(s) n **silvado** [silˈvadu] M Brombeerhecke f **silvar** [silˈvar] ⟨1a⟩ zische(l)n; (*assobiar*) pfeifen
silveira [silˈvajra] F Dornengestrüpp n **silvestre** [silˈvɛʃtri] wild (wachsend); **maçã f ~** BOT Holzapfel m **silvicultura** [silvikulˈtura] F Forstwirtschaft f
silvo [ˈsilvu] M Zischen n; (*assobio*) Pfiff m
silvopastoril [silvupaʃtuˈril] Waldweide...
sim [sĩ] **A** ADV ja; jawohl; doch; **pelo ~, pelo não** im Zweifelsfall; für alle Fälle; **pois ~!** ach ja!; aber ja!; **dia ~ dia não** alle zwei Tage; **ou ~ ou sopas?** port *pop* ja oder nein?; **dizer que ~** ja sagen; **fazer que ~** nicken **B** M Ja(wort) n; **dar o ~** zustimmen
simbiose [sĩˈbjɔzi] F BIOL Symbiose f
simbiótico [sĩˈbjɔtiku] symbiotisch
simbólico [sĩˈbɔliku] symbolisch **simbolizar** [sĩbuliˈzar] ⟨1a⟩ symbolisieren
símbolo [ˈsĩbutu] M Sinnbild n; (*sinal*) Zeichen n; Symbol n
simbologia [sĩbuluˈʒia] F Symbolik f
simetria [simeˈtria] F Symmetrie f **simétrico** [siˈmɛtriku] symmetrisch
simiano [siˈmjanu] affenartig; Affen...
similar [simiˈlar] gleichartig; (*parecido*) ähnlich **símile** [ˈsimili] ähnlich **similitude** [similiˈtudi] F Ähnlichkeit f
símio [ˈsimju] M ZOOL Affe m
simpatia [sĩpaˈtia] F Sympathie f; (*afecto*) Zuneigung f **simpático** [sĩˈpatiku] sympathisch (*tb* Nervensystem); (*amável*) nett **simpatizante** [sĩpatiˈzãti] M/F Sympathisant(in) m(f) **simpatizar** [sĩpatiˈzar] ⟨1a⟩ **~ com** sympathisieren mit; *alg* nett finden
simples [ˈsĩpliʃ] ADJ ⟨pl inv⟩ einfach; *curiosidade* rein; (*modesto*) schlicht; (*tolo*) einfältig **simplesmente** [sĩpliʒˈmẽti] ADV **pura e ~** schlicht und ergreifend
simplicidade [sĩplisiˈdadi] F Einfachheit f; (*singeleza*) Schlichtheit f; *de espírito* Einfalt f; (*ingenuidade*) Naivität f **simplicíssimo** [sĩpliˈsisimu] SUP → simples
simplificação [sĩplifikaˈsãu] F Vereinfachung f; MAT Kürzen n **simplificar** [sĩplifiˈkar] ⟨1n⟩ vereinfachen; *fracção* kürzen **simplismo** [sĩˈpriʒmu] M Vereinfachung f **simplório** [sĩˈprɔrju] **A** ADJ einfältig; (*limitado*) beschränkt **B** M Einfaltspinsel m
simpósio [sĩˈpɔzju] M Symposium n
sim-senhor [sĩsiˈɲor] M *fam* Allerwerteste(r) m, Hinterteil n
simulação [simulaˈsãu] F Simulation f; (*fingimento*) Verstellung f; **~ em computador** Computersimulation f **simulacro** [simuˈlakru] M (*imagem*) Trugbild n; (*engano*) Vortäuschung f; (*imitação*) Nachahmung f; **~ de ...** Schein... **simulado** [simuˈladu] Schein... **simulador** [simulaˈdor] M Simulant m; TECN Simulator m **simular** [simuˈlar] ⟨1a⟩ simulieren **simulatório** [simulaˈtɔrju] Schein...
simultaneidade [simultanajˈdadi] F Gleichzeitigkeit f **simultâneo** [simulˈtanju] gleichzeitig; **em ~** zugleich
sina [ˈsina] F Schicksal n, Los n; **má ~** Unstern m; **ler a ~ a alg** port j-m wahrsagen
sinagoga [sinaˈgɔga] F Synagoge f
sinal [siˈnal] **A** M (*aceno*) Zeichen n; *acústico, sonoro*: Signal n; (*característica*) Merkmal n; MED Mal n; (*emblema*) Logo n; COM, FIN Anzahlung f; *notarielle* Beglaubigung f; *geralm* Unterschrift f; **~ de comando** INFORM Steuerzeichen n; **~ de impedido** TEL Besetztzeichen n; **~ de livre** TEL Freizeichen n, Wählton m; **~ luminoso** Lichtzeichen n; **~ de luzes** AUTO Lichthupe f; **~ de trânsito** Verkehrszeichen n; **em ~ de** zum (*ou* als) Zeichen (*gen*); **por ~** übrigens; **abrir ~** s-e Unterschrift hinterlegen; **dar o ~** das Zeichen geben (**de** zu); klingeln; COM eine Anzahlung machen;

dar ~ de si ein Lebenszeichen von sich geben; **dar ~ de vida** von sich hören lassen; **fazer ~ a alg** j-m zuwinken (dat) B M **sinais** PL (Gesichts)Züge mpl; ~ **particulares** besondere Kennzeichen npl
sinaleiro [sinɐˈlɐjru] A ADJ Signal...; Verkehrs... B M Verkehrspolizist m; NÁUT Winker m; FERROV Bahnwärter m
sinalização [sinɐliza'sɐ̃w] F Ausschilderung f; ~ **de trilhos** Wegmarkierung f; **placa f de ~** Verkehrsschild n **sinalizar** [sinɐliˈzar] ⟨1a⟩ A VT signalisieren; (anunciar) ankündigen; com tabuletas: ausschildern B VI den Verkehr regeln
sinapismo [sinɐˈpiʒmu] M MED Senfpflaster n
sincelo [sĩˈsɛlu] M Eiszapfen m
sinceridade [sĩseriˈdadi] F Aufrichtigkeit f **sincero** [sĩˈsɛru] ehrlich
sincopado [sĩkuˈpadu] zeitversetzt; MÚS synkopiert
síncope [ˈsĩkupi] F LING, MÚS Synkope f; MED Herzversagen n
sincrónico (*ô) [sĩˈkrɔniku] gleichzeitig **sincronização** [sĩkruniza'sɐ̃w] F Synchronisierung f **sincronizar** [sĩkruniˈzar] ⟨1a⟩ gleichlaufen lassen; synchronisieren (tb CINE)
síncrono [ˈsĩkrunu] synchron, Synchron...
sindical [sĩdiˈkał] gewerkschaftlich **sindicalismo** [sĩdikaˈliʒmu] M Gewerkschaftsbewegung f **sindicalista** [sĩdikaˈlista] A ADJ gewerkschaftlich B M/F Gewerkschaftler(in) m(f) **sindicalizar** [sĩdikaliˈzar] ⟨1a⟩ gewerkschaftlich organisieren
sindicância [sĩdiˈkɐ̃sjɐ] F Untersuchung f **sindicar** [sĩdiˈkar] ⟨1n⟩ A VT untersuchen B VI ~ Ermittlungen anstellen **sindicato** [sĩdiˈkatu] M Syndikat n; Gewerkschaft f
síndico [ˈsĩdiku] M DIR Syndikus m; ~ **de falência** Konkursverwalter m
síndroma [ˈsĩdrumɐ] F, **síndrome** [ˈsĩdrumi] F Syndrom n; ~ **da imunodeficiência adquirida** Aids n; erworbenes Immunschwäche syndrom n; ~ **da vaca louca** fam Rinderwahnsinn m
sinecura [sineˈkurɐ] F Pfründe f
sineira [siˈnɐjrɐ] A ADJ Glocken... B M Glockengießer m; Glöckner m

sinergia [sinirˈʒiɐ] F Synergie f
sineta [siˈnetɐ] F Glöckchen n
sinfonia [sĩfuˈniɐ] F Sinfonie f **sinfónico** (*ô) [sĩˈfɔniku] sinfonisch, Sinfonie...
sinforina [sĩfuˈrinɐ] F BOT Geißblatt n
singeleza [sĩʒiˈłɛzɐ] F Schlichtheit f; Natürlichkeit f **singelo** [sĩˈʒɛłu] schlicht
singrar [sĩˈgrar] ⟨1a⟩ segeln; ~ **na vida** s-n Weg machen; es zu etw bringen
singular [sĩguˈłar] A ADJ Einzel...; einmalig; (único) einzigartig; **número m ~** Einzahl f B M GRAM Einzahl f, Singular m C E ténis: Einzel n; ~ **homens** Herreneinzel n **singularidade** [sĩgułɐriˈdadi] F Einmaligkeit f; (particularidade) Eigenart f **singularizar** [sĩgułɐriˈzar] ⟨1a⟩ auszeichnen; (especificar) spezifizieren
sinhá [sĩˈja] F bras fam Frau f (Anrede); → senhora **sinhazinha** [sĩjaˈziɲɐ] F bras fam tratamento: junge Frau f, Fräulein n
sinhô [sĩˈjo] M bras fam tratamento: Herr m; → senhor
sinistra [siˈniʃtrɐ] F mão: Linke f **sinistrado** [siniʃˈtradu] A ADJ verunglückt; (danificado) beschädigt; geschädigt B M acidente: Verunglückte(r) m; danos: Geschädigte(r) m **sinistralidade** [siniʃtrɐliˈdadi] F Unfallhäufigkeit f **sinistrar** [siniʃˈtrar] ⟨1a⟩ pessoa verunglücken; coisa Schaden (er)leiden **sinistro** [siˈniʃtru] A ADJ unheilvoll; expressão finster B M Unglücksfall m, Unglück n
sino [ˈsinu] M Glocke f
sínodo [ˈsinudu] M Synode f
sinologia [sinułuˈʒiɐ] F Sinologie f
sinónimo (*ô) [siˈnɔnimu] A ADJ synonym B M Synonym n
sinopse [siˈnɔpsi] F kurzer Überblick m; (resumo) Resümee n, Zusammenfassung f **sinóptico** [siˈnɔptiku] zusammenfassend
sinóvia [siˈnɔvjɐ] F MED Gelenkwasser n
sinta [ˈsĩtɐ] → sentir
sintáctico [sĩˈtatiku] syntaktisch **sintaxe** [sĩˈta(k)si] F Satzlehre f, Syntax f
síntese [ˈsĩtizi] F Synthese f; (apanhado) Zusammenfassung f, Überblick m
sintético [sĩˈtɛtiku] synthetisch; Kunst..., künstlich (espec QUÍM) **sintetizador** [sĩtitizaˈdor] M MÚS Synthesizer m **sintetizar** [sĩtitiˈzar] ⟨1a⟩ zusammenfassen; (ligar) verbinden
sinto [ˈsĩtu] → sentir

sintoma [sĩ'tomɐ] M Zeichen n, Anzeichen n; Symptom n (tb MED) **sintomático** [sĩtu'matiku] symptomatisch
sintonia [sĩtu'niɐ] F ELECT, fig Abstimmung f; **em ~ com** in Übereinstimmung mit **sintonização** [sĩtunizɐ'sɐ̃ũ] F Feineinstellung f, Abstimmung f **sintonizador** [sĩtunizɐ'dor] M ELECT Tuner m **sintonizar** [sĩtuni'zar] ⟨1a⟩ abstimmen; einstellen (em auf a)
Sintra ['sĩtrɐ] SEM ART Stadt in Portugal
sinuosidade [sinwuzi'dadɨ] F Krümmung f; Ausbuchtung f **sinuoso** [si-'nwozu] gekrümmt
sinusite [sinu'zitɨ] F MED Nebenhöhlenentzündung f
sionismo [sju'niʒmu] M Zionismus m **sionista** [sju'niʃtɐ] M/F Zionist(in) m(f)
sirene [si'rɛnɨ] F MITOL, bombeiros: Sirene f; **~ de polícia** bras Martinshorn m
sirga ['sirgɐ] F hist Treideln n
sirgo ['sirgu] M ZOOL Seidenraupe f
Síria ['sirjɐ] F GEOG a **~ Syrien** (n) **sírio** ['sirju] A ADJ syrisch B M, **-a** Syrer(in) m(f)
Sírio ['sirju] M ASTRON Sirius m
siroco [si'roku] M Schirokko m
sisa ['sizɐ] F port Grunderwerbsteuer f
sisal [si'zaɫ] M Sisal(hanf) m
sismal [siʒ'maɫ], **sísmico** ['siʒmiku] Erdbeben..., seismisch
sismo [siʒmu] M Erdbeben n **sismógrafo** [siʒ'mɔgrɐfu] M Seismograf m **sismologia** [siʒmulu'ʒiɐ] F Erdbebenkunde f, Seismologie f
siso ['sizu] M (gesunder Menschen)Verstand m; (dente m do) **~** Weisheitszahn m; **de ~** vernünftig; **perder o ~** den Verstand verlieren
sistema [siʃ'temɐ] M **1** System n; Ordnung f; **~ decimal** Dezimalsystem n; **~ monetário europeu** europäisches Währungssystem n; **por ~** mit System; absichtlich **2** AUTO, TECN, INFORM System n; **~ antibloqueio**, **de travagem anti-bloqueio** Antiblockiersystem n; **~ antifurto (por imobilização)** Wegfahrsperre f; **~ operacional** (ou **operativo**) Betriebssystem n; **~ sem fios** Wireless-System n **3** BIOL System n; **~ circulatório** Kreislaufsystem n; **~ imunológico** Immunsystem n; **~ nervoso** Nervensystem n **4** **~ de som** port Martinshorn n

sistemática [siʃti'matikɐ] F Systematik f **sistemático** [siʃti'matiku] systematisch; planmäßig **sistematizar** [siʃtimɐti'zar] ⟨1a⟩ systematisieren
sisudez [sizu'deʃ] F Verständigkeit f **sisudo** [si'zudu] verständig, klug; ernst
site ['sajtɨ] M Webseite f, Website f
sitiante [si'tjãtɨ] M/F Belagerer m; bras Kleinbauer m **sitiar** [si'tjar] ⟨1g⟩ belagern **sítio** ['sitju] M Ort m; Platz m; Stelle f; bras Landgut n; INFORM Website f; MIL Belagerung; **estado m de ~** MIL Ausnahmezustand m
sito ['situ] gelegen
situação [sitwɐ'sɐ̃ũ] F Situation f; Lage f; soziale Stellung f; Zustand m; POL Regierungskurs m; **enfrentar uma ~** eine Situation meistern; **~-limite** f Grenzsituation f **situacionismo** [sitwɐsju'niʒmu] M Regierungskurs m **situacionista** [sitwɐsju'niʃtɐ] M/F Regierungstreue(r) m/f(m) **situado** [si'twadu] gelegen; **estar ~** sich befinden, liegen **situar** [si'twar] ⟨1g⟩ an e-n Ort: setzen, legen, stellen **situável** [si'twavɛɫ] lokalisierbar
skate ['skajti] M Skateboard n; **praticar ~** skaten; **prancha f de ~** Skateboard n **Skater** ['skajtɐr] M/F Skater(in) m(f)
skinhead [ski'nɛd] M/F Skinhead m
skypar® [iʃkaj'par] ⟨1a⟩ bras skypen® **skype®** [skajp, iʃ'kajpi] M falar no **~** skypen® (com mit)
s.l. ABR (**sem local**) o. O. (ohne Ortsangabe)
slalom [sɫa'lɔm] M Slalom m
slide [sɫajdɨ] M Dia(positiv) n
slogan ['sɫɔgɐn] M Losung f, Slogan m
SME ABR (**Sistema Monetário Europeu**) EWS n (Europäisches Währungssystem)
SMO ABR (**Serviço Militar Obrigatório**) Wehrdienst m
smoking ['smɔkiŋ] M Frack m
SMS [ɛsɛ'mɛsi] M ABR (**Short Message Service**) SMS f; **enviar/mandar um ~ a alg** j-m e-e SMS schicken
snifada [sni'fadɐ] F fam droga: Line f **snifar** [sni'far] droga sniffen, schnupfen
SO ABR (**Sudoeste**) SW (Südwesten)
só [sɔ] A ADJ allein; (solitário) einsam; **a ~s** allein B ADV nur; temporal: erst
sô [so] pop bras → **senhor**
soada [swadɐ] F Klingen n; (tom) Klang m; (ruído) Lärm m; Geräusch n; fig Ge-

rücht n **soadu** ['swadu] berühmt
soalha ['swaʎa] F *pandeiro*: Schelle f
soalheira [swa'ʎɐjrɐ] F Sonnenglut f; Sonnenseite f **soalheiro** [swa'ʎɐjru] A ADJ sonnig B M sonniger Platz m
soalho ['swaʎu] M Holzfußboden m; Parkett n
soante ['swɐ̃ti] klingend; **mal ~** misstönend; **bem ~** wohlklingend **soar** [swar] ⟨1f⟩ A Vi *sino, telefone* läuten; MÚS erklingen lassen B Vi klingen; ertönen; *sino, telefone* läuten; *campainha* klingeln; *hora* schlagen; *fig* verlauten; **~ a** klingen nach; **~ aos** (*ou* **nos**) **ouvidos de alg** *fig* j-m zu Ohren kommen
sob ['sɔb] PREP unter (*ac ou dat*); **~ pena** bei Strafe; **~ emenda** Änderung vorbehalten
soba ['sɔba] M *Angola* Häuptling m
sobe ['sɔbi] → *subir*
sobejamente [subɐʒɐ'mẽti] ADV mehr als genug; (*demasiado*) bis zum Überdruss
sobejar [subi'ʒar] ⟨1d⟩ übrig bleiben; (*ser supérfluo*) überflüssig sein
sobejo [su'bɐjʒu] A ADJ überflüssig; (*restante*) übrig; (*inúmero*) unzählig; (*enorme*) riesig B ADV → *sobejamente* C M **de ~** im Überfluss; **~s** *pl* Überbleibsel *npl*
soberania [subɐrɐ'niɐ] F Souveränität f, Staatsgewalt f; Hoheitsrechte *npl*; (*independência*) (nationale) Unabhängigkeit f; *fig* Überlegenheit f; **órgão m de ~** Hoheitsträger m **soberano** [subi'rɐnu] A ADJ oberste, höchste; souverän; *fig* überlegen B M POL Souverän m
soberba [su'bɐrba] F Erhabenheit f; *fig* Hochmut m; Stolz m; *pop* Gier f **soberbo** [su'bɐrbu] hochmütig; *pop* kleinlich
sobra ['sɔbrɐ] F Rest m; Überschuss m; (*fartura*) Überfluss m; **de ~** mehr als genug
sobraçado [subrɐ'sadu] (*de braço dado*) Arm in Arm **sobraçar** [subrɐ'sar] ⟨1p; *Stv* 1b⟩ unter dem Arm tragen; *alg* unterfassen
sobrado¹ [su'bradu] ADJ übermäßig; übrig; **~ de** überreich an (*dat*)
sobrado² [su'bradu] M (Dielen)Fußboden m; (*piso*) Stockwerk n; *bras* Stadthaus n
sobral [su'braɬ] M Korkeichenhain m
sobrancear [subrɐ̃'sjar] ⟨1l⟩ überragen
sobranceiro [subrɐ̃'sɐjru] A ADJ überragend (*tb fig*); beherrschend; *lugar* hoch gelegen; *fig* überlegen B ADV von oben (herab) **sobrancelha** [subrɐ̃'sɐ(i)ʎa] F Augenbraue f; **carregar** (*ou* **franzir**) **as ~s** die Stirn runzeln **sobranceria** [subrɐ̃si'riɐ] F Hochmut m
sobrar [su'brar] ⟨1e⟩ (über)reichlich vorhanden sein; übrig bleiben; **basta e sobra** das ist mehr als genug
sobre ['sobri] PREP *lugar*: auf (*ac u dat*); über (*ac e dat*); *temporal*: gegen (*ac*); abgesehen von (*dat*), außer (*dat*); (*a respeito de*) bezüglich (*gen*); **~ incapazes, são corruptos** *port* sie sind nicht nur unfähig, sondern auch bestechlich; **voltar ~ os seus passos** umkehren
sobreaquecimento [sobrɐkɛsi'mẽtu] F Überhitzung f **sobreaviso** [sobrɐ'vizu] M Vorsicht f; Warnung f; **estar** (*ou* **ficar**) **de ~** auf der Hut sein
sobrecapa [sobri'kapɐ] F Schutzumschlag m **sobrecapacidade** [sobrikɐpɐsi'dadi] F Überkapazität f **sobrecarga** [sobri'karga] F Überladung f; *trabalho*: Überlastung f (*tb* ELECT); *peso*: Übergewicht n; (*cilha*) Packriemen m **sobrecarregar** [sobrikɐʁi'gar] ⟨1o; *Stv* 1c⟩ überladen (**de** mit); überlasten (**com** mit); *fig* bedrücken **sobrecenho** [sobri'sɐɲu] M Stirnrunzeln n **sobredito** [sobri'ditu] (oben) erwähnt **sobredotado** [sobridu'tadu] hochbegabt **sobreexcitação** [sobriiʃsitɐ'sɐ̃u] F Überreizung f **sobrefa(c)turar** [sobrifatu'rar] ⟨1a⟩ zu hoch veranschlagen **sobre-humano** [sobru'mɐnu] übermenschlich
sobreiral [subrɐi'raɬ] M → *sobral* **sobreiro** [su'brɐjru] M Korkeiche f
sobrelanço [sobri'lɐ̃su] M Überbietung f **sobrelevar** [sobriɬi'var] ⟨1c⟩ *em altura* überragen; *em qualidade etc* übertreffen; **~-se** hervorstechen (**em** durch) **sobreloja** [sobri'lɔʒa] F Hochparterre n **sobrelotação** [sobriɬutɐ'sɐ̃u] F Überfüllung f hochbegabt **sobremaneira** [sobrimɐ'nɐjra] überaus **sobremesa** [sobri'mezɐ] F GASTR Nachtisch m **sobremodo** [sobri'mɔdu] ADV überaus, äußerst **sobrenatural** [sobrinɐtu'raɬ] übernatürlich **sobrenome** [sobri'nɔmi] M Bei-, Spitzname m; (*apelido*) Nachname m **sobrenomeado** [sobrinu'mjadu] mit dem Spitznamen ... **sobreocupação** [sobroku-

pɔ'sɐ̃u̯] F̲ Überbelegung f

sobreparto [sobri'partu] A M̲ Kindbettfieber m B ADV **morrer ~** im Kindbett sterben **sobrepastorícia** [sobripɐ∫tu'risjɐ] F̲ AGR Überweidung f **sobrepeso** [sobri'pezu] M̲ Übergewicht n

sobrepor [sobri'por] ⟨2z⟩ **~ a** legen (ou stapeln) auf (ac); fig stellen über (ac); **~-se a** fig überlagern; opinião sich hinwegsetzen über (ac) **sobreposição** [sobripuzi'sɐ̃u̯] F̲ Überlagerung f **sobreposto** [sobri'po∫tu]⟨fsg, m/pl [-'pɔ-]⟩ A PP irr → sobrepor B ADJ aufgesetzt C M̲ Besatz m

sobrepovoado [sobripu'vwadu] über(be)völkert **sobrepujante** [sobripu'ʒɐ̃ti] überlegen; (excessivo) übermäßig **sobrepujar** [sobripu'ʒar] ⟨1a⟩ alg übertreffen (em an dat); dificuldade überwinden

sobrescrever [sobri∫kri'ver] ⟨2c⟩ überschreiben **sobrescrito** [sobri∫'kritu] A PP irr → sobrescrever B ADJ letra, símbolo hochgestellt C M̲ Briefumschlag m; (morada) Adresse f

sobressair [sobrisa'ir] ⟨3l⟩ hervortreten; lugar: hervorragen; de um grupo: sich abheben (**de** von); bemerkbar sein; qualidade auffallen (**em** durch) **sobressalente** [sobrisa'lẽti] A ADJ überzählig; Ersatz...; **peça f ~** Ersatzteil n B M̲ Überschuss m; AUTO Ersatzrad n **sobressaltar** [sobrisał'tar] ⟨1a⟩ (assustar) erschrecken; (surpreender) überraschen; (omitir) überspringen; **~-se** erschrecken **sobressalto** [sobri'sałtu] M̲ Schreck m; (excitação) Aufregung f; **de ~** überraschend; plötzlich; **em ~** beunruhigt **sobressaturar** [sobrisatu'rar] ⟨1a⟩ übersättigen **sobresselente** [sobrisi'lẽti] → sobressalente

sobrestimação [sobri∫tima'sɐ̃u̯] F̲ Überschätzung f **sobrestimar** [sobri∫ti'mar] ⟨1a⟩ überschätzen

sobretaxa [sobri'ta∫a] F̲ Zuschlag m; correio Nachporto n **sobretensão** [sobritẽ'sɐ̃u̯] F̲ ELECT Überspannung f **sobretoalha** [sobri'twaʎa] F̲ Schondecke f; Tischläufer m **sobretudo** [sobri'tudu] A M̲ (Winter)Mantel m B ADV vor allem; (especialmente) besonders

sobrevalorização [sobrivaluriza'sɐ̃u̯] F̲ Überbewertung f **sobrevalorizar** [sobrivaluri'zar] ⟨1a⟩ überbewerten

sobrevento [sobri'vẽtu] M̲ Bö f; fig unangenehme Überraschung f **sobrevir** [sobri'vir] ⟨3wa⟩ dazukommen

sobrevivência [sobrivi'vẽsjɐ] F̲ Überleben n **sobrevivente** [sobrivi'vẽti] A ADJ überlebend B M̲F Überlebende(r) m/f(m) **sobreviver** [sobrivi'ver] ⟨2a⟩ **~ a** überleben; fig überstehen

sobrevoar [sobri'vwar] ⟨1f⟩ überfliegen **sobrevoo** (*ô) [sobri'vou̯] M̲ Überflug m

sobriedade [subrie'dadi] F̲ Mäßigung f; estilo: Nüchternheit f

sobrinha [su'briɲa] F̲ Nichte f **sobrinho** [su'briɲu] M̲ Neffe m; **~s** pl Neffen mpl und Nichten fpl

sóbrio ['sɔbriu] genügsam; (moderado) mäßig; (oposto a ébrio) nüchtern; (poupado) sparsam, karg

sobrolho [su'broʎu] M̲ ⟨pl [-'brɔ-]⟩ → sobrancelha

Soc. ABR (Sociedade) Ges. (Gesellschaft)

soca ['sɔka] F̲ Holzschuh m

socalco [su'kałku] M̲ AGR Terrasse f; **em ~** terrassenförmig

socapa [su'kapa] F̲ **à ~, de ~, pela ~** heimlich, verstohlen

socar [su'kar] ⟨1n; Stv 1e⟩ A V/T prügeln; (amassar) kneten; (esmagar) zerstoßen; nó festziehen B V/I bras ausschlagen

socava [su'kava] F̲ unterirdische Höhle f; (cave) Keller m **socavão** [suka'vɐ̃u̯] M̲ Stollen m; große Höhle f **socavar** [suka'var] ⟨1b⟩ unterhöhlen

sociabilidade [susjabili'dadi] F̲ Geselligkeit f **sociabilizar** [susjabili'zar] ⟨1a⟩ zur Geselligkeit erziehen

social [su'sjał] sozial; gesellschaftlich; **firma f ~** Geschäftsname m **social-democracia** [susjałdimukra'sia] F̲ Sozialdemokratie f **social-democrata** [susjałdimu'krata] ⟨pl sociais-democratas⟩ A ADJ sozialdemokratisch B M̲F Sozialdemokrat(in) m/f(m) **social-democrático** [susjałdimu'kratiku] sozialdemokratisch **socialismo** [susjɐ'liʒmu] M̲ Sozialismus m **socialista** [susjɐ'li∫ta] A ADJ sozialistisch B M̲F Sozialist(in) m/f(m) **socialização** [susjɐliza'sɐ̃u̯] F̲ Sozialisierung f; ECON Vergesellschaftung f **socializar** [susjɐli'zar] ⟨1a⟩ sozialisieren; ECON vergesellschaften

sociável [suˈsjavɛɫ] gesellig; umgänglich; (*amável*) höflich

sociedade [susjeˈdadi] F̲ Gesellschaft f; (*trato*) Umgang m; (*associação*) Gemeinschaft f; (*cooperativa*) Genossenschaft f; **~ de abundância** Überflussgesellschaft f; **~ por acções** Aktiengesellschaft f; **~ anónima** (*ô) ECON Aktiengesellschaft f; **~ de capital de risco** ECON Risikokapitalgesellschaft f; **~ conjugal** eheliche Gemeinschaft f; **~ de consumo** Konsumgesellschaft f; **~ de desperdício** Wegwerfgesellschaft f; **~ de facto** eheähnliche Gemeinschaft; **~ fiduciária** Treuhandgesellschaft f; **~ de leasing** Leasingfirma f; **~ (recreativa)** Verein m; **~ de responsabilidade limitada** ECON Gesellschaft f mit beschränkter Haftung; **~ secreta** Geheimbund m

societário [susjeˈtarju] M̲, **-a** F̲ Gesellschafter(in) m(f)

sócio [ˈsɔsju] M̲, **-a** F̲ *associação*: Mitglied n; ECON Teilhaber(in) m(f); DIR Mittäter(in) m(f); **~ efectivo** ordentliches Mitglied n

sociocultural [sɔsjɔkuɫtuˈraɫ] soziokulturell **socio-económico** (*ô) [sɔsjɔi̯kuˈnɔmiku] sozioökonomisch

sociologia [susjuɫuˈʒia] F̲ Soziologie f
sociológico [susjuˈɫɔʒiku] soziologisch
sociólogo [suˈsjɔɫugu] M̲ Soziologe m
socio-político [sɔsjɔpuˈɫitiku] sozialpolitisch

soco¹ [ˈsɔku] M̲ ARQUIT Sockel m
soco² [ˈsɔku] M̲ Holzschuh m
soco³ [ˈsoku] A M̲ Faustschlag m

soçobrar [susuˈbrar] ⟨1e⟩ A V/I umkehren; *barco* versenken; *plano* verderben B V/I scheitern; *barco* sinken; erlahmen

soçobro [suˈsobru] M̲ Scheitern n; (*aflição*) Not f; (*agitação*) Aufregung f

socorrer [sukuˈʁer] ⟨2d⟩ helfen (*dat*); zu Hilfe kommen (*dat*); **~ alg em** j-n unterstützen bei; **~-se a** sich halten an (*ac*); **~-se de** sich (be)helfen mit; sich stützen auf (*ac*) **socorrista** [sukuˈʁiʃtɐ] M/F Sanitäter(in) m(f)

socorro [suˈkoʁu] A M̲ ⟨*pl* -[ˈkɔ-]⟩ Hilfe f; (*apoio*) Unterstützung f (**em** zur, bei); **primeiros ~s** *pl* erste Hilfe f; **fazer primeiros ~** erste Hilfe leisten; **ir em ~ de alg** j-m zu Hilfe eilen; **pedir ~, clamar por ~** um Hilfe rufen B INT **~!** Hilfe!

soda [ˈsɔdɐ] F̲ Soda(wasser) n; **~ cáustica** Ätznatron n

sódico [ˈsɔdiku] Soda... **sódio** [ˈsɔdju] M̲ Natrium n

soerguer [swerˈger] ⟨2i⟩ anheben; **~-se** sich halb aufrichten

sofá [suˈfa] M̲ Sofa n **sofá-cama** [sufaˈkɐmɐ] M̲ ⟨*pl* sofás-camas⟩ Bett-, Schlafcouch f

sofisma [suˈfiʒmɐ] M̲ Trugschluss m, Sophisma n **sofismar** [sufiʒˈmar] ⟨1a⟩ *factos* verdrehen; (*adulterar*) (ver)fälschen; *fig* einwickeln **sofisticação** [sufiʃtikaˈsɐ̃ũ] F̲ Spitzfindigkeit f; (*perfeição*) Perfektionierung f; **~ técnica** technische Neuentwicklung f **sofisticado** [sufiʃtiˈkadu] *plano* ausgereift; TECN hoch entwickelt **sofisticar** [sufiʃtiˈkar] ⟨1n⟩ tarnen; *factos* verdrehen; *alg* betrügen; TECN weiterentwickeln

sofrear [sufriˈar] ⟨1l⟩ zügeln
sôfrego [ˈsofrigu] gierig; (*impaciente*) ungeduldig **sofreguidão** [sufrigiˈdɐ̃ũ] F̲ Gier f; (*impaciência*) Ungeduld f; (*desejo*) Begierde f

sofrer [suˈfrer] ⟨2d⟩ A V/I erleiden; (er)dulden; (*suportar*) ertragen B V/I leiden (**de** an *dat*; **com, de** unter *dat*) **sofrido** [suˈfridu] ADJ leidgeprüft; (*mal*) ~ *port* (un)geduldig **sofrimento** [sufriˈmẽtu] M̲ Leiden n; (*paciência*) Geduld f **sofrível** [suˈfrivɛɫ] erträglich; *nota escolar*: ausreichend

software [sɔfˈtwɛr] M̲ Software f
soga [ˈsogɐ] F̲ Strick m; Seil n
sogro [ˈsogru] M̲, **-a** [ˈsɔgrɐ] F̲ Schwiegervater m, Schwiegermutter f **sogros** [ˈsogruʃ] MPL Schwiegereltern *pl*
soirée [swaˈʁe] F̲ Abendgesellschaft f
soja [ˈsɔʒɐ] F̲ Soja(bohne) f; **molho m de ~** Sojasoße f; **rebentos** *mpl* **de ~** Sojasprossen *fpl*

sol¹ [sɔɫ] F̲ Sonne f; *raios*: Sonnenschein m; **está ~, faz ~** die Sonne scheint; es ist sonnig; **apanhar ~, tomar o ~** sich sonnen; **pôr ao ~** *verdade etc* an den Tag bringen

sol² [sɔɫ] M̲ MÚS G n

sola [ˈsɔɫɐ] F̲ (Schuh)Sohle f; **dar à ~** *port fam* ausreißen, abhauen; **romper ~s** *port pop* sich (*dat*) die Hacken ablaufen

solama [soˈlɐmɐ] F̲ *bras* Sonnenhitze f; (*luz*) grelles Licht n

solanáceas [suɫɐˈnasjɐʃ] FPL BOT Nachtschattengewächse npl
solapa [suˈɫapɐ] F (Fall)Grube f; fig Falle f; **à ~** pop klammheimlich **solapado** [suɫɐˈpadu] fig heimlich; (ardiloso) hinterlistig **solapar** [suɫɐˈpar] ⟨1b⟩ unterhöhlen; aushöhlen; fig untergraben; (esconder) verbergen
solar¹ [suˈɫar] ADJ Sonnen...; solar; **célula** f ~ Solarzelle f; **colector** m ~ Sonnenkollektor m; **energia** f ~ Sonnenenergie f; **painel** m ~ Sonnenkollektor m
solar² [suˈɫar] V/T ⟨1e⟩ besohlen
solar³ [suˈɫar] M Herrensitz m **solarengo** [suɫɐˈrẽgu] herrschaftlich
solário [suˈɫarju] M Solarium f
solavanco [suɫɐˈvɐ̃ku] M Stoß m; **aos ~s** mit Geholper
solda [ˈsɔɫdɐ] F Löt-, Schweißmittel n
soldado [soɫˈdadu] M Soldat m
soldador [soɫdɐˈdor] M **1** Schweißer m **2** Lötkolben m; Schweißapparat m **soldadura** [soɫdɐˈdurɐ] F acção: Löten n; Schweißen n; resultado: Lötstelle f, Schweißstelle f; junção: Naht f; MED Verwachsung f; ~ **eléctrica** Elektroschweißen n; ~ **por pontos** Punktschweißen n **soldagem** [soɫˈdaʒɐ̃j] F Lötung f; Schweißen n; fig Verschmelzung f **soldar** [soɫˈdar] ⟨1e⟩ löten, schweißen; **~-se** verwachsen
soldo [ˈsoɫdu] M Sold m; NÁUT Heuer f
soleira [suˈɫɐjrɐ] F (Tür)Schwelle f
solene [suˈɫɛni] feierlich; (formal) förmlich **solenidade** [suɫeniˈdadi] F Feierlichkeit f **solenizar** [suɫeniˈzar] ⟨1a⟩ feierlich begehen
soleta [suˈɫetɐ] F Einlegesohle f; dünne Sohle f
soletrar [suɫeˈtrar] ⟨1c⟩ buchstabieren
solevantar [suɫevɐ̃ˈtar] ⟨1a⟩, **solevar** [suɫeˈvar] ⟨1c⟩ anheben; halb aufrichten
solfejar [soɫfeˈʒar] ⟨1d⟩ Noten lesen; vom Blatt singen
solferino [soɫfeˈrinu] M bras cor: Scharlach m
solha [ˈsoʎɐ] F ZOOL Butt f; **~-de-pedra** f Flunder f; **dar uma ~ a alg** pop j-m eine Backpfeife geben **solho** [ˈsoʎu] M, **solho-rei** [soʎuˈʀɐj] M ⟨pl solhos-reis⟩ Stör m
solicitação [sulisitɐˈsɐ̃w̃] F Gesuch n; Antrag m (**de** auf ac); (pedido) Bitte f; (candidatura) Bewerbung f; (convite) Aufforderung f; TECN (Material)Beanspruchung f; **-ões** pl com Nachfrage f **solicitador(a)** [sulisitɐˈdor(ɐ)] M(F) Antragsteller(in) m(f); (candidato) Bewerber(in) m(f); DIR Rechtsbeistand m **solicitar** [sulisiˈtar] ⟨1a⟩ alg antreiben (**a** zu); (convidar) auffordern; (pedir) beantragen; TECN beanspruchen; **~ a alg** j-n bitten um; **estar** (ou **ser**) **solicitado** begehrt sein **solícito** [suˈɫisitu] eifrig; (prestável) hilfsbereit; (atento) besorgt **solicitude** [suɫisiˈtudi] F Eifer m; Hilfsbereitschaft f
solidão [suliˈdɐ̃w̃] F Einsamkeit f
solidariedade [sulidɐrjeˈdadi] F Solidarität f (**para com** mit) **solidário** [suliˈdarju] solidarisch; (responsável) mitverantwortlich **solidarizar** [sulidɐriˈzar] ⟨1a⟩ zusammenschließen; **~-se** sich solidarisieren (**com** mit)
solidez [suliˈdeʃ] F FIS Festigkeit f; pessoa: Zuverlässigkeit f; COM Solidität f **solidificar** [sulidifiˈkar] ⟨1n⟩ verdichten; (gelar) zum Gefrieren bringen; fig festigen; **~-se** gefrieren; erstarren **sólido** [ˈsɔɫidu] A ADJ geralm fest; COM solide; (luxuoso) gediegen; (seguro) sicher; argumento stichhaltig; alimento nahrhaft; (duradouro) dauerhaft B M (fester) Körper m; fig feste Grundlage f; Kern m
solilóquio [suliˈɫɔkju] M Selbstgespräch n
solimão [suliˈmɐ̃w̃] M pop Gifttrank m
sólio [ˈsɔlju] M Thron m
solípede [suˈɫipidi] M ZOOL Einhufer m
solista [suˈɫiʃtɐ] M(F) Solist(in) m(f)
solitária [suliˈtarjɐ] F Bandwurm m **solitário** [suliˈtarju] A ADJ einsam B M Einsiedler m
solo [ˈsɔɫu] M **1** (Erd)Boden m; Grund m **2** MÚS Solo n
sol-posto [sɔɫˈpoʃtu] M ⟨sem pl⟩ Sonnenuntergang m **solstício** [soɫʃˈtisju] M Sonnenwende f
solta [ˈsoɫtɐ] F animais: Freilassen n; bras (Winter)Weide f; **~s** pl Vorspann m; **à ~** frei; zügellos; **andar à ~** frei herumlaufen **soltar** [soɫˈtar] ⟨1e⟩ A V/T losmachen; (afrouxar) lockern; (largar) loslassen; (desatar) lösen; locker lassen; (libertar) freilassen; tom, etc von sich geben; opinião äußern; suspiro ausstoßen; gargalhada ausbrechen in (ac); faísca sprühen; divida

erlassen B VI aufbrechen; ~ em ausbrechen in (ac); ~-se sich lösen
solteirão [soltʒi'rɐ̃ũ] M, **solteirona** [soltʒi'rona] F eingefleischter Junggeselle m, Junggesellin f; pej alte Jungfer f **solteiro** [sol'tɐiru] A ADJ ledig, unverheiratet B M, **-a** F Junggeselle m, Single m
solto ['soltu] A PP irr → soltar B ADJ los (-gelöst); prisioneiro frei; nó lose; cabelo offen; língua, vida locker; pessoa ungebunden; arroz körnig; poema reimlos; folha f -a Flugblatt n; **dormir a sono ~** fest schlafen **soltura** [sol'tura] F Freilassung f; regras: Lockerung f; modos: Lockerheit f; (atrevimento) Dreistigkeit f; (desregramento) Zügellosigkeit f; **~ de ventre** MED Durchfall m
solubilidade [sulubili'dadʒi] F QUÍM Löslichkeit f; problema: Lösbarkeit f **solução** [sulu'sɐ̃ũ] F exercício: Lösung f; dívida: Ablösung f (e-r Schuld)
soluçar [sulu'sar] ⟨1p⟩ schluchzen; Schluckauf haben
solucionar [sulusju'nar] ⟨1f⟩ problema lösen **solucionável** [sulusju'navɛl] lösbar
soluço [su'lusu] M Schluchzer m; **aos ~s** fig stückweise; **ter ~s** Schluckauf haben
solutivo [sulu'tʃivu] lösend; MED abführend **soluto** [su'lutu] M QUÍM Lösung f
solúvel [su'luvɛl] lösbar; QUÍM löslich
solvência [sol'vẽsja] F Zahlungsfähigkeit f; Bonität f; Solvenz f **solvente** [sol'vẽtʃi] A ADJ solvent B M Lösungsmittel n **solver** [sol'ver] ⟨2e⟩ pena bezahlen **solvível** [sol'vivɛl] begleichbar; bezahlbar; → solvente
som [sõ] M Ton m; Klang m; Laut m; FIS Schall m; **~ quadrifónico (*ô)** Quadrofonie f; **barreira f do ~** Schallmauer f; **volume m de ~** Lautstärke f; Klangfülle f; **ao ~ do piano** mit Klavierbegleitung; **alto e bom ~** laut und deutlich
soma ['soma] F Summe f; MAT Addition f; fig Zusammenfassung f; Wesentliche(s) n; **grande ~ de** viel; **ascender à ~ de** sich belaufen auf (ac)
somali [suma'ti] A ADJ somalisch, aus Somalia B M/F Somalier(in) m(f) **Somália** [su'matʃa] F Somalia f
somar [su'mar] ⟨1f⟩ A VT addieren; hinzuzählen (a zu); fig zusammenfassen B VI **~ em** betragen; **~-se** sich summieren;

hinzukommen **somatório** [suma'tɔrju] M Gesamtsumme f; fig Gesamtheit f; **por ~** im Großen und Ganzen
sombra ['sõbrɐ] F Schatten m; (escuro) Dunkel n; (aparência) (An)Schein m; (vestígio) Spur f; (traço) Schimmer m; maquilhagem: Lidschatten m; fig Schutz m; pop Knast m; **à ~** im Schatten; **à ~ de** fig im Schutz (gen); **de boa/má ~** sympathisch/unsympathisch; **nem por ~s, nem ~ de** pop keine Spur; **fazer ~ a alg** fig j-n in den Schatten stellen **sombral** [sõ'braɫ] M schattiger Ort m
sombreado [sõbri'adu] M PINT Schattierung f **sombrear** [sõbri'ar] ⟨1l⟩ beschatten; (escurecer) verdunkeln; PINT schattieren **sombreira** [sõ'brɐirɐ] F Lampenschirm m **sombreiro** [sõ'brɐiru] A ADJ schattig B M Sonnenschirm m, -hut m
sombrinha [sõ'brinɐ] F Sonnenschirm m; **~s** pl Schattenspiel n **sombrio** [sõ'briu] schattig; fig düster
somente [sɔ'mẽtʃi] ADV nur; temporal: erst; **tão ~** lediglich
somítico [su'mitʃiku] knauserig
sonâmbulo [su'nɐ̃bulu] A ADJ mondsüchtig; schlafwandlerisch; fig schläfrig B M, **-a** F Schlafwandler(in) m(f)
sonância [su'nɐ̃sja] F Klang m **sonante** [su'nɐ̃tʃi] A ADJ klingend; metal **m ~** Hartgeld n B M Hartgeld n; poét klingende Münze f **sonata** [su'natɐ] F Sonate f
sonave [su'navi] F (Haupt)Balken m
sonda ['sõdɐ] F Sonde f; NÁUT Lot n; **~ acústica** Echolot n **sondagem** [sõ'daʒɐ̃ĩ] F Sondierung f; Lotung f; fig Erhebung f; **~ de opinião** Meinungsforschung f; **~ do mercado** Marktforschung f; **~-inquérito** f Umfrage f **sondar** [sõ'dar] ⟨1a⟩ sondieren; loten; fig ausforschen, untersuchen
soneca [su'nɛkɐ] F Schläfchen n; **fazer/dormir uma** (bras tirar) **~** ein Nickerchen machen
sonegação [sunigɐ'sɐ̃ũ] F de informação: Unterschlagung f; de impostos: (Steuer)Hinterziehung f **sonegadamente** [sunigadɐ'mẽtʃi] ADV insgeheim **sonegador(a)** [sunigɐ'dor(ɐ)] M(F) (Steuer)Hinterzieher(in) m(f) **sonegar** [suni'gar] ⟨1o; Stv 1c⟩ informação unterschlagen; impostos hinterziehen; **~-se** sich drücken
soneto [su'netu] M Sonett n

sonhador [suɲɐˈdor] **A** ADJ träumerisch **B** M, **sonhadora** [suɲɐˈdorɐ] F Träumer(in) m(f) **sonhar** [suˈɲar] ⟨1f⟩ **A** VT träumen; fig ahnen **B** VI träumen (**com** von) **sonho** [ˈsoɲu] M Traum m; GASTR Windbeutel m
sonido [suˈnidu] M Laut m; (som) Klang m; (ruído) Geräusch n; (barulho) Getöse n
sonífero [suˈnifiru] **1** Schlaf...; einschläfernd **2** M Schlafmittel n
sono [ˈsonu] M Schlaf m; (sonolência) Schläfrigkeit f; **~ dos justos** Schlaf m der Gerechten; **~ hibernal** Winterschlaf m; **cair** (ou **pegar**) **no ~** einschlafen; **cair de ~** vor Müdigkeit umfallen; **dormir dum ~** durchschlafen; **estar com ~, ter ~** müde (ou schläfrig) sein; **tonto de ~** schlaftrunken
sonolência [sunuˈlẽsjɐ] F Schläfrigkeit f
sonolento [sunuˈlẽtu] schlaftrunken; schläfrig
sonoplasta [sɔnɔˈplaʃtɐ] M/F Tontechniker(in) m(f) **sonoplastia** [sɔnɔplɐʃˈtiɐ] F Tontechnik f
sonoridade [sunuriˈdadi] F Klang m; (acústica) Klangfülle f **sonorizar** [sunuriˈzar] ⟨1a⟩ CINE vertonen; mit einer Tonanlage ausstatten; LING stimmhaft aussprechen **sonoro** [suˈnɔru] voz klangvoll, wohlklingend; voll; (barulhento) (laut)stark; LING stimmhaft; sala mit guter Akustik; **filme** ~ Tonfilm m
sonsice [sõˈsisi] F Verschlagenheit f; Hinterhältigkeit f; Schläue f **sonso** [ˈsõsu] verschlagen
sopa [ˈsopɐ] F Suppe f **~ do dia** Tagessuppe f; **~ de legumes** Gemüsesuppe f; **~ de pacote** Tütensuppe f; **~ dos pobres** Armenküche f; **é ~** bras pop es ist einfach; **molhado como uma ~** port bis auf die Haut durchnässt; **cair como a ~ no mel** pop wie gerufen kommen; **(não) dar ~ para** bras fam (keine) Gelegenheit geben zu; **estar feito numa ~** port platschnass sein; **molhar a ~** port pop sich einmischen; **ou sim ou ~s** port ja oder nein
sopapo [suˈpapu] M Kinnhaken m; leve: Klaps m; **de ~** pop urplötzlich
sopé [suˈpɛ] M Fuß m (e-s Berges)
sopeira [suˈpajrɐ] F Suppenschüssel f; port pej Küchenhilfe f; Hausangestellte f **sopeiro** [suˈpajru] **A** ADJ Suppen...

B M Schmarotzer m
sopesar [supiˈzar] ⟨1c⟩ (in der Hand) wiegen; (sustentar) tragen; (distribuir) zumessen
sopitado [supiˈtadu] schläfrig **sopitar** [supiˈtar] ⟨1a⟩ ruído einschläfern
sopor [suˈpor] M Schläfrigkeit f; Benommenheit f; Tiefschlaf m **soporativo** [supurɐˈtivu], **soporífero** [supuˈrifiru], **soporífico** [supuˈrifiku] **A** ADJ Schlaf...; einschläfernd **B** M Schlafmittel n
sopranista [suprɐˈniʃtɐ] F Sopranistin f **soprano** [suˈprɐnu] M Sopran m
soprar [suˈprar] ⟨1e⟩ **A** VT anblasen; fam pusten; instrumento spielen; vela ausblasen; balão aufblasen; fumo wegblasen; segredo zu-, einflüstern; paixão schüren **B** VI blasen, wehen
sopro [ˈsopru] M Hauch m; Atem m; **de vento** Wehen m; METEO Wind m; MÚS Ton m; **~s** pl Blasinstrumente npl
soqueira [suˈkajrɐ] F Schlagring m
soquete¹ [suˈketi] M leichter Faustschlag m
soquete² [suˈketi] M TECN, ELECT Anschluss m; ELECT Fassung f
soquete³ [sɔˈketi] F/M Söckchen n
sor [sor] M, **sora** [ˈsɔrɐ] F pop → senhor, senhora
sordície [surˈdisjɐ] F, **sordície** [surˈdisi] F, **sordidez** [surdiˈdeʃ] F Schmutz m; (baixeza) Niedertracht f; (avareza) Geiz m **sórdido** [ˈsɔrdidu] schmutzig; (repugnante) widerlich; (torpe) niederträchtig; (avarento) geizig
sorna [ˈsɔrnɐ] **A** ADJ langsam; (indolente) träge **B** F Trägheit f; (sonolência) Schläfrigkeit f; **bater uma ~** port fam ein kurzes Nickerchen machen **C** M/F Schlafmütze f **sornar** [surˈnar] ⟨1e⟩ trödeln; schlafen
soro [ˈsoru] M Molke f; MED Serum n; MED Infusionslösung f **soronegativo** [sorɔnegɐˈtʃivu] ADJ bras HIV-negativ **soropositivo** [sorɔpoziˈtʃivu] ADJ bras MED HIV-positiv
sóror [ˈsɔrɔr] F REL Schwester f
sorrateiro [suʀɐˈtajru] heimlich; tückisch
sorrelfa [soˈʀɛlfɐ] **A** ADJ durchtrieben **B** F Durchtriebenheit f; (dissimulação) Verstellung f; **à ~** hinterrücks; heimlich **C** M/F fig Fuchs m
sorridente [suʀiˈdẽti] lächelnd; (alegre) heiter **sorrir** [suˈʀir] ⟨3v⟩ lächeln; fig be-

gehrenswert erscheinen; **~-se** anlächeln (**para** j-n); lachen (**de** über *ac*) **sorriso** [su'ʁizu] M Lächeln *n*; **~ amarelo** gezwungenes Lächeln *n*; **desfazer-se em** (*ou* **num**) **~** übers ganze Gesicht strahlen

sorte ['sɔrti] F (*fado*) Schicksal *n*; Los *n*; (*fortuna*) Glück *n*; (*acaso*) Zufall *m*; (*risco*) Wagnis *n*; *lotaria:* Gewinn *m*, Anteil *m*; (*situação*) (Lebens)Lage *f*, (Vermögens)Verhältnisse *npl*; (*espécie*) Art *f*, Sorte *f*; *tourada:* Gang *m*; Wendung *f* (*des Stiers*); **boa ~!** viel Glück!, alles Gute!; **~ grande** Hauptgewinn *m*; **pouca ~** Pech *n*; **à ~** auf gut Glück; (*por sorteio*) durch Los; **desta ~** auf diese Weise; **de ~ que** sodass; **por ~ (que)** glücklicherweise; **estar com** (*ou* **ter**) **~** Glück haben; **lançar** (*ou* **deitar**) **~s** losen (**de** um); **tirar à ~** auslosen

sorteado [sur'tjadu] ausgelost; MIL tauglich **sortear** [sur'tjar] ⟨1l⟩ verlosen; *quinhão* zuteilen; *escolher* auswählen **sorteio** [sur'taju] M Verlosung *f*; Ziehung *f*; **~ final** Endauslosung *f* **sortido** [sur-'tidu] **A** ADJ *armazém* assortiert; sortiert; *mercadoria* gemischt; **bem ~** reichhaltig **B** M Sortiment *n* **sortilégio** [surti'lɛʒju] M Hexerei *f*; *fig* Kunststück *n* **sortimento** [soxtʃi'mẽtu] M *bras* = sortido **sortir** [sur'tir] ⟨3g⟩ *armazém* assortieren; (*misturar*) zusammenstellen; ausstatten (**com, de** mit)

sortudo [sur'tudu] M *fam* Glückspilz *m*

soruma [su'ruma] F *África:* Hanf *m*; *droga:* Haschisch *n*

sorumbático [surũ'batiku] finster

sorva ['sɔrva] F BOT Vogelbeere *f* **sorvado** [sur'vadu] überreif; (*podre*) angefault **sorvedouro** [survi'doru] M Strudel *m* (*Wirbel*); *fig* Abgrund *m*

sorveira [sur'vajra] F BOT Eberesche *f*

sorver [sur'ver] ⟨2d⟩ *bebida* schlürfen; **~ a/c** *terra, pano* aufsaugen

sorvete [sur'vetʃi] M *bras* (Speise)Eis *n* **sorveteira** [survi'tajra] F Eismaschine *f*; Eistruhe *f* **sorveteria** [soxvete'rie] F *bras* Eisdiele *f*

sorvo ['sorvu] M Schluck *m*

sósia ['sɔzja] MF Doppelgänger(in) *m(f)*

soslaio [suʒ'laju] M **de ~** schief

sossegado [susi'gadu] ruhig **sossegar** [susi'gar] ⟨1o; *Stv* 1c⟩ sich beruhigen **sossego** [su'segu] M Ruhe *f*; **pôr em ~** beruhigen

sota ['sɔta] **A** F *jogo de cartas:* Dame *f*; *fig* Atempause *f* **B** M Kutscher *m*

sotaina [su'tajna] F Soutane *f*

sótão ['sɔtɐ̃ũ] M ⟨*pl* ~s⟩ (Dach)Boden *m*; *apartamento* Dachgeschosswohnung *f*; **ter macaquinhos no ~** *pop* e-n Vogel haben

sotaque [su'taki] M Stichelei *f*; LING Akzent *m*, Tonfall *m*

sotavento [sɔta'vẽtu] M NÁUT Lee *f*, Leeseite *f*; **Sotavento (Algarvio)** Ostalgarve *f*

soterrar [suti'ʁar] ⟨1c⟩ ver-, begraben

sotopor [sutu'por] ⟨2z⟩ unterstellen, -schieben

soturno [su'turnu] finster; (*triste*) schwermütig; (*pessimista*) pessimistisch

sou [so] → ser

soube ['sobi] → saber

soufflé [su'fle] M GASTR Soufflé *n*

soutien [su'tʃɛ̃] M *port* BH *m*, Büstenhalter *m*

souto ['sotu] M Gehölz *n*

sova ['sɔva] F Tracht *f* Prügel; **dar uma ~ a alg** j-n verprügeln

sovaco [su'vaku] M ANAT Achselhöhle *f*

sovaquinho [suva'kiɲu] M Achsel-, Schweißgeruch *m*

sovar [su'var] ⟨1e⟩ *massa* (durch)kneten; *uva* pressen, stampfen; *alg* verprügeln

sovela [su'vɛla] F Ahle *f*, Pfriem *m*

sovina [su'vina] **A** ADJ geizig, knauserig **B** F Pflock *m*; Stechfeile *f* **C** MF Geizhals *m* **sovinice** [suvi'nisi] F Geiz *m*

sozinho [sɔ'ziɲu] ADV allein

SP ABR (São Paulo) *bras* Stadt und Bundesstaat

S.P. ABR **1** (sentidos pêsames) herzliches Beileid **2** (Serviço Público) Ö.D. (Öffentlicher Dienst)

spa [spa] M Wellnesszentrum *n*

spam [spɐm] M INFORM (*correio electrónico não solicitado*) Spam *n*

speed [spid] M *droga:* Speed *n*

spinnaker ['spinɐkɐr] M NÁUT Spinnaker *m*

Sporting ['spɔrtʃig] M Lissabonner Fußballklub **sportinguista** [spɔrtʃi'giʃta] **1** ADJ Sporting Lissabon betreffend **2** MF Spieler(in) *m(f) ou* Anhänger(in) *m(f)* von Sporting Lissabon

squash [skwɔʃ] M DESP Squash *n*

Sr. ABR (Senhor) Hr. (Herr)
Sr.ª, PL **Sr.ᵃˢ** ABR (Senhora, Senhoras) Fr.
Srs. ABR (Senhores) Herren
ss ABR (seguintes) ff. (folgende)
S.ᵗᵃ ABR (Santa) hl. (Heilige)
stand [stãd] M (Messe)Stand m; **~ de automóveis** Autohaus n
standardização [stãdardiza'sɐ̃ũ] F Standardisierung f **standardizar** [stãdardi'zar] ⟨1a⟩ vereinheitlichen, standardisieren
stande ['stãdi] M → stand
S.ᵗᵒ ABR (Santo) hl. (Heiliger)
stock [stɔk] M port Lagerbestand m
stockagem [stɔ'kaʒɐ̃ĩ] F Lagerhaltung f
stress [strɛs], **stresse** [(r)'stresi] M Stress m
stressado [stre'sadu] gestresst **stressante** [stre'sɐ̃ti] ADJ stressig
stretch [stretʃ] M Stretch m/n; **calças** fpl ~ Stretchhose f
sua ['sua] PRON F » seu; **uma das ~s** typisch für ihn (ou sie); **na ~** in seiner (ou ihrer) bekannten Art; **dizer das ~s** s-e üblichen Witze machen; **bras fam estar** (ou **ficar**) **na ~** sich nicht stören lassen
suaçu [swa'su] M bras Hirsch m; Rotwild n
suado ['swadu] verschwitzt; fig sauer verdient **suadouro** [swɐ'doru] M Schwitzbad n; cavalo: Widerrist m; (xairel) Sattelkissen n
suão [swɐ̃ũ] ADJ/M (**vento** M) ~ heißer Südwind m
suar [swar] ⟨1g⟩ **A** VT ausschwitzen **B** VI schwitzen; tbj sich abplagen (**para** für); **fazer ~** zum Schwitzen bringen
suarento [swɐ'rẽtu] schweißbedeckt
suave ['swavi] (ameno) sanft, mild; (macio) weich; (tenro) zart **suavidade** [swɐvi'dadi] F Sanftheit f; Milde f; Zartheit f
suavizar [swɐvi'zar] ⟨1a⟩ (atenuar) mildern; carácter besänftigen; dor lindern; fardo erleichtern
subagudo [suba'gudu] MED verschleppt **subalimentação** [subalimẽta'sɐ̃ũ] F Unterernährung f **subalimentado** [subalimẽ'tadu] unterernährt **subalterno** [subaɫ'ternu] untergeordnet, subaltern **subalugar** [subalu'gar] ⟨1o⟩ untervermieten **subaquático** [subɐ'kwatiku] Unterwasser... **subarrendamento** [subɐʀẽda'mẽtu] M Untervermietung f **subarrendatário** [subɐʀẽda'tarju] M, **-a**

F Untermieter(in) m(f)
subchefe [sub'ʃɛfi] M MIL Unterbefehlshaber m; geralm rechte Hand f (e-s Chefs)
subcomissão [subkumi'sɐ̃ũ] F Unterausschuss m **subconsciente** [subkõʃ'sjẽti] M Unterbewusstsein n **subcontratação** [subkõtrata'sɐ̃ũ] F Vergabe f an Subunternehmer; Outsourcing n **subcontratar** [subkõtra'tar] VT ⟨1b⟩ outsourcen, an Subunternehmer vergeben **subcutâneo** [subku'tɐnju] subkutan, unter der Haut
subdelegação [subditiga'sɐ̃ũ] F Abordnung f; (sucursal) Nebenstelle f **subdelegado** [subditi'gadu] M, **-a** F Beigeordnete(r) m/f(m)
subdesenvolvido [subdizẽvoɫ'vidu] unterentwickelt
subdirectório [subdirɛ'tɔrju] M INFORM Unterverzeichnis n
súbdito ['subditu] M, **-a** F Untertan(in) m(f)
subdividir [subdivi'dir] ⟨3a⟩ unterteilen **subdivisão** [subdivi'zɐ̃ũ] F Unterteilung f; empresa: Unterabteilung f **subdivisível** [subdivi'zivɛɫ] unterteilbar
subemprego [subẽ'pregu] M Unterbeschäftigung f **subentender** [subẽtẽ'der] ⟨2a⟩ annehmen; erahnen; **~-se** sich von selbst verstehen **subespécie** [subiʃ'pɛsi] F Unterart f **subgrupo** [sub'grupu] M Untergruppe f
subida [su'bida] F Steigen n; Aufstieg m; (encosta) Steigung f; Ansteigen n; preço etc Steigerung f **subido** [su'bidu] hoch; fig erhaben **subimento** [subi'mẽtu] M Erhöhung f; (aumento) Zuwachs m
subinspector [subiʃpɛ'tor] M Unterinspektor m **subintendência** [subitẽ'dẽsjɐ] F Verwaltungsstelle f
subir [su'bir] ⟨3h⟩ **A** VI hinaufsteigen, hinauffahren, hinaufgehen; árvore: hinaufklettern; (ascender) steigen (**para, a** auf; **em** in ac); (ir para cima) nach oben gehen **B** VT **1** montanha: besteigen, hinaufsteigen; de carro etc: hinauffahren **2** (trazer) herauf-, hinaufbringen; (levantar) hochschieben; hochtragen; preço, muro etc erhöhen; **~ à manivela** hochkurbeln; **~ ao poder** an die Macht kommen; **~ de posto** aufrücken; **~ de preço** sich verteuern
súbito ['subitu] ADV plötzlich; (inesperado)

unerwartet; (*rápido*) jäh, rasch; **de ~ auf einmal**, plötzlich

subjacente [subʒɐˈsẽti] darunterliegend; *fig* zugrundeliegend

subjectivar [subʒɛtiˈvar] ⟨1a⟩ subjektivieren **subjectividade** [subʒɛtiviˈdadi] *F* Subjektivität *f* **subjectivismo** [subʒɛtiˈviʒmu] *M* Subjektivismus *m* **subjectivo** [subʒɛˈtivu] subjektiv; persönlich

subjugar [subʒuˈgar] ⟨1o⟩ unterjochen; bezwingen; (*domesticar*) zähmen

subjuntivo [subʒũˈtivu] *F* Konjunktiv *m*

sublevação [sublevaˈsɐ̃u] *F* Aufstand *m* **sublevar** [subleˈvar] ⟨1c⟩ aufwiegeln; **~-se** sich erheben

sublimado [subliˈmadu] *M* QUÍM Sublimat *n* **sublimar** [subliˈmar] ⟨1a⟩ sublimieren; *fig* erheben; veredeln **sublime** [suˈblimi] erhaben; edel **sublimidade** [sublimiˈdadi] *F* Erhabenheit *f*

sublinhar [subliˈɲar] ⟨1a⟩ unterstreichen; *fig* hervorheben

sublocação [subluˈkɐsɐ̃u] *F* Untermiete *f* **sublocar** [subluˈkar] ⟨1n; Stv 1e⟩ unter-, weitervermieten **sublocatário** [subluˈkatarju] *M*, **-a** *F* Untermieter(in) *m(f)*

submarino [submɐˈrinu] **A** *ADJ* unterseeisch **B** *M* U-Boot *n*

submergir [submerˈʒir] ⟨3n; Stv 2c⟩ untertauchen; *à força* unter Wasser drücken; (*inundar*) überschwemmen (*tb fig*); **~-se** tauchen; *barco, civilização* untergehen **submergível** [submerˈʒivɛł] → submersível **submersão** [submerˈsɐ̃u] *F* Untertauchen *n*; (*inundação*) Überschwemmung *f* **submersível** [submerˈsivɛł] *M* Tauchboot *n* **submerso** [subˈmɛrsu] **A** *PP irr* → submergir **B** *ADJ* Unterwasser...

submeter [submeˈter] ⟨2c⟩ unterwerfen; *a tratamento etc* unterziehen (**a** *dat*) **submissão** [submiˈsɐ̃u] *F* Unterwerfung *f*; (*servilismo*) Unterwürfigkeit *f* **submisso** [subˈmisu] (*obediente*) gehorsam; (*servil*) unterwürfig

subordinação [suburdinɐˈsɐ̃u] *F* Unterordnung *f*; (*obediência*) Gehorsam *m* **subordinada** [suburdiˈnadɐ] *F* GRAM Nebensatz *m* **subordinado** [suburdiˈnadu] **A** *ADJ* untergeordnet; (*secundário*) zweitrangig; (*submisso*) untergeben; (*dependente*) abhängig **B** *M*, **-a** *F* Untergebene(r) *m/f(m)* **subordinar** [suburdiˈnar] ⟨1a⟩ unterordnen

subornar [suburˈnar] ⟨1e⟩ bestechen **subornável** [suburˈnavɛł] bestechlich **suborno** [suˈbornu] *M* Bestechung *f*

subproduto [subpruˈdutu] *M* Neben-, Abfallprodukt *n*

subscrever [subʃkreˈver] ⟨2c⟩ **A** *VT* unterschreiben; *jornal* abonnieren; subskribieren; *empréstimo* zeichnen **B** *VI* zustimmen (**a** zu); **~ para** abonnieren; (*doar*) spenden; **~-se** unterschreiben **subscrição** [subʃkriˈsɐ̃u] *F* Unterzeichnung *f*; Subskription *f*; (*colecta*) Sammlung *f* **subscrito** [subʃˈkritu] **A** *PP irr* → subscrever **B** *ADJ* TIPO tiefgestellt **subscritor(a)** [subʃkriˈtor(ɐ)] *M(F)* Subskribent(in) *m(f)*; Unterzeichner(in) *m(f)*

subsecretário [subsikriˈtarju] *M*, **-a** *F* (Unter)Staatssekretär(in) *m(f)* **subsequente** (**ü*) [subsiˈkwẽti] nachfolgend

subserviência [subsirˈvjẽsjɐ] *F* Unterwürfigkeit *f* **subserviente** [subsirˈvjẽti] unterwürfig, hörig; kriecherisch

subsidiado [subsiˈdjadu] **A** *ADJ* subventioniert **B** *M*, **-a** *F* Empfänger(in) *m(f)* staatlicher Zuschüsse **subsidiar** [subsiˈdjar] ⟨1g⟩ subventionieren **subsidiariedade** [subsidjarjeˈdadi] *F* Subsidiarität *f* **subsidiário** [subsiˈdjarju] Subventions...

subsídio [subˈsidju] *M* POL Subvention *f*; *público*: Beihilfe *f*; **~ de deslocação**, (*bras* **deslocamento**) Trennungsgeld *n*; **~ de desemprego** Arbeitslosenhilfe *f*; **~ fiscal** Steuervergünstigung *f*; **~ de renda** Wohngeld *n*

subsistência [subsiʃˈtẽsjɐ] *F* Subsistenz *f*; Bestand *m*; (*manutenção*) (Lebens)Unterhalt *m* **subsistente** [subsiʃˈtẽti] fortbestehend **subsistir** [subsiʃˈtir] ⟨3a⟩ (fort)bestehen

subsolo [subˈsɔłu] *M* Untergrund *m*; **~ marítimo** GEOL Kontinentalsockel *m*; **no ~ unter der Erde**; MIN unter Tage; **riquezas** *fpl* **do ~** Bodenschätze *mpl*

substabelecer [subʃtɐbiłeˈser] ⟨2g⟩ vertretungsweise einsetzen; *poder* übertragen

substância [subʃˈtɐ̃sjɐ] *F* Substanz *f*; (*matéria*) Stoff *m*; (*carácter*) Wesen *n*; (*substância*) Gehalt *m*; **em ~** im Wesentlichen

SUDÁ

substancial [subʃtãˈsjał] substantiell; (*essencial*) wesentlich; (*nutritivo*) gehaltvoll; (*eficaz*) wirksam **substancializar** [subʃtãsjałiˈzar] ⟨1a⟩ verstofflichen **substanciar** [subʃtãˈsjar] ⟨1g⟩ (*ordentlich*) ernähren; stärken; *fig* zusammenfassen **substancioso** [subʃtãˈsjozu] substantiell; gehaltvoll

substantivo [subʃtãˈtivu] M Hauptwort n, Substantiv n

substituição [subʃtitwiˈsɐ̃ũ] F *cargo*: (Stell)Vertretung f; *peça*: Ersetzung f; *geralm* Ersatz m; **em ~ de** in Vertretung von **substituinte** [subʃtiˈtwĩti] A ADJ Ersatz... B M Vertreter m; Ersatzmann m **substituir** [subʃtiˈtwir] ⟨3i⟩ *alg* vertreten; *peça* ersetzen; (*render*) einspringen für **substituível** [subʃtiˈtwivɛł] ersetzbar **substituto** [subʃtiˈtutu] A ADJ stellvertretend; Ersatz... B M Vertreter m; Ersatzmann m

substrato [subʃˈtratu] M Grundlage f, Substrat n; **~ de enraizamento** AGR Pflanzsubstrat n

subterfúgio [subtirˈfuʒju] M Ausflucht f, Ausrede f

subterrâneo [subtiˈʀɐnju] A ADJ unterirdisch; **água** f **-a** Grundwasser n B M Keller m; (*caverna*) Höhle f **subtérreo** [subˈtɛʀju] unterirdisch

subtil [subˈtił] fein; (*ténue*) zart; (*silencioso*) leise; (*perspicaz*) scharfsinnig; (*engenhoso*) subtil **subtileza** [subtiˈłeza] F, **subtilidade** [subtiłiˈdadi] F Feinheit f; Zartheit f; Scharfsinn m; Spitzfindigkeit f **subtilizar** [subtiłiˈzar] ⟨1a⟩ A VT verfeinern; ausklügeln B VI Spitzfindigkeiten sagen

subtítulo [subˈtitułu] M Untertitel m **subtra(c)ção** [subtraˈsɐ̃ũ] F MAT Subtraktion f; *bras tb* Unterschlagung f **subtrair** [subtraˈir] ⟨3l⟩ subtrahieren (*a* von); *fig* unterschlagen

subtropical [subtropiˈkał] subtropisch **suburbano** [suburˈbanu] vorstädtisch **subúrbio** [suˈburbju] M Vorort m **subvalorizar** [subvaturiˈzar] ⟨1a⟩ unterbewerten

subvenção [subvẽˈsɐ̃ũ] F (staatliche) Unterstützung f; Zuschuss m; Subvention f **subvencional** [subvẽsjuˈnał] Subventions... **subvencionar** [subvẽsjuˈnar] ⟨1f⟩ subventionieren

subversão [subvirˈsɐ̃ũ] F Umsturz m **subversivo** [subvirˈsivu] subversiv; **guerra** f **-a** Guerillakrieg m **subversor** [subvirˈsor] A ADJ Umsturz... B M Umstürzer m **subverter** [subvirˈter] ⟨2c⟩ umstürzen; **~-se** durcheinandergeraten

sucata [suˈkata] F Schrott m; **reduzir a ~** verschrotten **sucateiro** [sukaˈtɐiru] M Schrotthändler m, -firma f

sucção [sukˈsɐ̃ũ] F (An)Saugen n; *fig* Anziehungskraft f

sucedâneo [susiˈdɐnju] M Ersatzstoff m; Surrogat n

suceder [susiˈder] ⟨2c⟩ *temporal*: folgen (**a** *dat*, auf *ac*); (*dar-se*) erfolgen; geschehen; zustoßen (**a alg** *j-m*) **sucedido** [susiˈdidu] A ADJ **ser bem/mal ~** Erfolg/keinen Erfolg haben B M Ereignis n

sucessão [suseˈsɐ̃ũ] F (Aufeinander)Folge f; DIR Erbfolge f; *geralm* Nachfolge f; (*herdeiros*) Erben *mpl*; **~ do reino** Thronfolge f; **imposto** m **sobre -ões** Erbschaftssteuer f **sucessivamente** [susesiˈvaˈmẽti] ADV nacheinander; (*a pouco e pouco*) nach und nach; **e assim ~** und so weiter **sucessivo** [suseˈsivu] (aufeinander)folgend; (*a pouco e pouco*) allmählich; (*ininterrupto*) ununterbrochen **sucesso** [suˈsesu] M Ereignis n; (*decorrer*) Verlauf m; (*desenlace*) Ausgang m; Erfolg m; **fazer ~** Erfolg haben **sucessor(a)** [suseˈsor(a)] M(F) Nachfolger(in) m(f); (*herdeiro*) gesetzlicher Erbe m, gesetzliche Erbin f **sucessorial** [susesoˈrjał] *bras* Nachfolge..., Erb... **sucessório** [suseˈsɔrju] Nachfolgschafts...

súcia [ˈsusja] F *pop* Clique f; Bande f **sucinto** [suˈsĩtu] kurz; gedrängt **súcio** [ˈsusju] M *pop* Dreckskerl m **suco** [ˈsuku] M Saft m; Mark n; **~ digestivo** Verdauungssaft m **suculento** [sukuˈłẽtu] saftig; (*polpudo*) fleischig

sucumbir [sukũˈbir] ⟨3a⟩ unterliegen; (*perecer*) sterben; **a peso, doença** zusammenbrechen

sucuri [sukuˈri] F *bras* Anakonda f **sucursal** [sukurˈsał] ADJ Zweig...; (**casa** f) **~** f Zweigstelle f

sudação [sudaˈsɐ̃ũ] F Schwitzen n; Schwitzbad n

sudanês [sudaˈneʃ] sudanesisch **Sudão** [suˈdɐ̃ũ] M GEOG **o ~** (der) Sudan m **sudário** [suˈdarju] M Schweißtuch n;

(*mortalha*) Leichentuch *n*; *fig* Sündenregister *n*
sudeste [su'dɛʃti] M̄ Südosten *m* **sudoeste** [su'dwɛʃti] M̄ Südwesten *m*
sudorífero [sudu'rifiru], **sudorífico** [sudu'rifiku] A ADJ schweißtreibend B M̄ schweißtreibendes Mittel *n*
Suécia ['swɛsjɐ] F̄ GEOG **a ~** Schweden (*n*)
sueco ['swɛku] A ADJ schwedisch B M̄, **-a** F̄ Schwede *m*, Schwedin *f*
sueste ['swɛʃti] M̄ Südosten *m*
suéter ['swɛtɛx] M̄ *bras* Pullover *m*
suficiência [sufi'sjẽsjɐ] F̄ Hinlänglichkeit *f*; *de víveres etc*; ausreichende Versorgung *f*; **ar** *m* **de ~** Selbstgefälligkeit *f*; **à ~** zur Genüge **suficiente** [sufi'sjẽti] A ADJ genügend; *nota*: befriedigend; **ser ~** reichen B M̄ **o ~** das Nötig(st)e
sufixal [sufi'ksaɫ] Suffix... **sufixo** [su'fiksu] M̄ Suffix *n*
sufocação [sufuka'sɐ̃ũ] F̄ Erstickung *f*; MED Atemnot *f*; *fig* Unterdrückung *f* **sufocar** [sufu'kar] ⟨1n; *Stv* 1e⟩ A V/T ersticken; (*oprimir*) unterdrücken B V/I (& V/R) **~(-se)** ersticken
sufragâneo [sufrɐ'gɐnju] REL (*bispo m*) **~** *m* Weihbischof *m* **sufragar** [sufrɐ'gar] ⟨1o; *Stv* 1b⟩ (ab)stimmen für; (*rezar*) beten für
sufrágio [su'fraʒju] M̄ (*voto*) (Wahl)-Stimme *f*; (*eleição*) Abstimmung *f*; *direito*: Wahlrecht *n*; REL Totenmesse *f*; **~ proporcional** Verhältniswahl *f*, Verhältniswahlrecht *n*; **~ universal** allgemeines Wahlrecht *n*
sugação [sugɐ'sɐ̃ũ] F̄ Aussaugung *f* **sugadouro** [sugɐ'doru] M̄ ZOOL Saugrüssel *m* **sugar** [su'gar] ⟨1o⟩ (ein)saugen; aussaugen (*tb fig*)
sugerir [suʒi'rir] ⟨3c⟩ **~ a/c** etw vorschlagen (**a alg** j-m); etw anregen **sugestão** [suʒiʃ'tɐ̃ũ] F̄ Vorschlag *m*; (*ideia*) Einfall *m*, PSICOL Suggestion *f* **sugestionar** [suʒiʃtju'nar] ⟨1f⟩ *a/c* suggerieren; *alg* beeinflussen; (*encantar*) betören **sugestivo** [suʒiʃ'tivu] anregend; verführerisch; suggestiv
Suíça ['swisɐ] F̄ GEOG **a ~** die Schweiz *f*
suíças ['swisɐʃ] FPL Koteletten *pl*
suicida [swi'sidɐ] A ADJ selbstmörderisch; Selbstmord... B M̄F Selbstmörder(in) *m(f)* **suicidar-se** [swisi'darsi] ⟨1a⟩ Selbstmord begehen **suicídio** [swi-'sidju] M̄ Selbstmord *m*
suíço ['swisu] A ADJ schweizerisch B M̄, **-a** F̄ Schweizer(in) *m(f)*
suinicultura [swiniku³'turɐ] F̄ Schweinezucht *f* **suíno** ['swinu] A ADJ Schweine... B M̄ Schwein *n*
sujar [su'ʒar] ⟨1a⟩ A V/T beschmutzen, schmutzig machen; *fig* beflecken B V/I Schmutz verursachen
sujeição [suʒei'sɐ̃ũ] F̄ Unterwerfung *f*; (*dependência*) Abhängigkeit *f*
sujeira [su'ʒeirɐ] F̄ Schmutz *m*; *fig* Schund *m*
sujeitar [suʒei'tar] ⟨1a⟩ unterwerfen; *animal* bändigen; *a um perigo* aussetzen; **~-se a** *fig* sich abfinden mit
sujeito [su'ʒeitu] A ADJ unterworfen; *fig* ergeben; **~ a** gebunden an (*ac*); *dever* verpflichtet zu; (*ligado*) verbunden mit; *a crítica* ausgesetzt (*dat*); **~ a direitos** zollpflichtig, zu verzollen; **~ a impostos** steuerpflichtig; **estar ~ a** unterliegen (*dat*); unterstehen (*dat*) B M̄ 1 *pessoa*: Mensch *m* 2 LIT Thema *n* 3 GRAM Subjekt *n*
sujidade [suʒi'dadi] F̄ Schmutz *m*; *fam* Dreck *m* **sujo** ['suʒu] schmutzig (*tb fig*)
sul [suɫ] M̄ Süden *m*; METEO Südwind *m* **sul-americano** [suɫɐmiri'kɐnu] A ADJ südamerikanisch B M̄, **-a** F̄ Südamerikaner(in) *m(f)*
sulcar [suɫ'kar] ⟨1n⟩ zerfurchen; *mar* befahren **sulco** ['suɫku] M̄ Furche *f*; NÁUT Kielwasser *n*
sulfatagem [suɫfɐ'taʒɐ̃ĩ] F̄ AGR Spritzen *n* (*Obst, Reben*) **sulfatar** [suɫfɐ'tar] ⟨1b⟩ AGR (mit Kupfervitriol) spritzen **sulfato** [suɫ'fatu] M̄ Sulfat *n*
sulfuração [suɫfurɐ'sɐ̃ũ] F̄ Schwefelung *f* **sulfurar** [suɫfu'rar] ⟨1a⟩ schwefeln **sulfúreo** [suɫ'furju], **sulfúrico** [suɫ'furiku] schweflig; *cor* schwefelgelb
sulista [su'liʃte] *bras* A ADJ südbrasilianisch B M̄F Südbrasilianer(in) *m(f)*
sultana [suɫ'tɐnɐ] F̄ Sultanine *f* **sultão** [suɫ'tɐ̃ũ] M̄ Sultan *m*
suma ['sumɐ] F̄ Summe *f*; (*âmago*) Kern *m*; (*esboço*) Abriss *m*; **em ~** kurz, mit einem Wort **sumamente** [sumɐ'mẽti] ADV höchst
sumarento [sumɐ'rẽtu] saftig
sumariamente [sumarjɐ'mẽti] ADV summarisch; in gedrängter Form **sumariar**

sumarjar ⟨1g⟩ zusammenfassen; (*encurtar*) abkürzen **sumário** [suˈmarju] **A** ADJ kurz; gedrängt **B** M Zusammenfassung f; Inhaltsübersicht f

sumaúma [sumaˈumɐ] F BOT Kapok m; Naturpolsterwolle f

sumição [sumiˈsɐ̃u] F, **sumiço** [suˈmisu] M Verschwinden n; **levar ~** verschwinden, verloren gehen

sumidade [sumiˈdadi] F höchster Punkt m; Gipfel m; *fig* herausragender Mensch m

sumidiço [sumiˈdisu] schwindend; flüchtig **sumido** [suˈmidu] kaum wahrnehmbar; (*pálido*) verblasst; (*chupado*) eingesunken; *olhos* tief liegend; *rosto* eingefallen **sumidouro** [sumiˈdoru] M Abzug m; *esgoto*: Sickergrube f, Senkgrube f; *fig* Grab n

sumir [suˈmir] ⟨3h⟩ **A** V/T verschwinden lassen; (*esconder*) verbergen; (*gastar*) verbrauchen; *letra* auslöschen **B** V/I (& V/R) **~(-se)** verschwinden; (*apagar-se*) erlöschen

sumo¹ [ˈsumu] ADJ höchste; größte; oberste

sumo² [ˈsumu] M (Frucht)Saft m; **~ de laranja** Orangensaft m

sumptuário [sũpˈtwarju] → sumptuoso; **imposto** M **~** Luxussteuer f **sumptuosidade** [sũptwuziˈdadi] F Verschwendung f, Luxus m **sumptuoso** [sũpˈtwozu] verschwenderisch; luxuriös

súmula [ˈsumulɐ] F kurzer Abriss m

sunga [ˈsũgɐ] F *bras* (Bade)Hose f **sungar** [sũˈgar] ⟨1o⟩ *bras* hochziehen

sunt... [sũt] *bras* → sumptuário *etc*

suor [swɔr] M Schweiß m; **com o ~ do rosto** im Schweiße seines Angesichts

super [ˈsupɛr] F *fam* Super(benzin) n

superabundância [superɐbũˈdɐ̃sjɐ] F Überfülle f **superabundante** [superɐbũˈdɐ̃ti] überreichlich **superabundar** [superɐbũˈdar] ⟨1a⟩ im Überfluss vorhanden sein **superalimentação** [superɐlimẽtɐˈsɐ̃u] F Überernährung f

superar [supeˈrar] ⟨1c⟩ *medo etc* überwinden; (*ultrapassar*) hinausgehen über (*ac*); *alg* übertreffen **superável** [supiˈravɛɫ] überwindbar **superávit** [supeˈravit] M COM Überschuss m

superconductividade [superkõdutiviˈdadi] F FIS Supraleitfähigkeit f **superdose** [supɛrˈdɔzi] F *bras* Überdosis f **superdotado** [supɛrdoˈtadu] *bras* hochbegabt **supereminente** [supɛremiˈnẽti] herausragend; vorzüglich **superestrutura** [supɛrʃtruˈturɐ] F → superstrutura **superexcitação** [supɛraiʃsitɐˈsɐ̃u] F große Erregung f

superficial [supɪrfiˈsjaɫ] oberirdisch; *aplicação* äußerlich; *pessoa* oberflächlich **superficialidade** [supɪrfisjɐliˈdadi] F Äußerlichkeit f; *fig* Oberflächlichkeit f **superfície** [supɪrˈfisi] F Oberfläche f; **pessoal n da ~** MIN Übertagepersonal n **superfino** [supɛrˈfinu] extrafein

supérfluo [suˈpɛrfɫwu] überflüssig

super-homem [supɛrˈɔmɐ̃i] M Supermann m; FILOS Übermensch m **superintendente** [superĩtẽˈdẽti] M Oberaufseher m; Superintendent m

superior [supiˈrjor] **A** ADJ *comp* höher (a als), größer (a als); SUP höchste, größte; ADV am höchsten (ou größten); Ober...; *fig* überlegen (a *dat*; *excelente*) vortrefflich; **~ em 4 vezes a** viermal höher (ou größer) als; **instituto** M **~** (ou **escola** f) **~** Hochschule f; **de qualidade ~** erstklassiger Qualität; **ser ~ a** überlegen sein (*dat*); hinausgehen über (*ac*) **B** M, **-a** [supiˈrjorɐ] F Vorgesetzte(r) m/f(m); Vorsteher(in) m(f) **superioridade** [supɪrjoriˈdadi] F Überlegenheit f; Vorrang m; *fig* Vortrefflichkeit f

superlativo [supɪrɫɐˈtivu] **A** ADJ superlativisch; höchste, äußerste **B** ADJ/M (**grau** M) **~** M Superlativ m

superlotado [supɛrɫoˈtadu] überfüllt; *veículo* überladen **supermercado** [supɛrmɛrˈkadu] M Supermarkt m

superno [suˈpɛrnu] hoch; vortrefflich

superpopulação [supɛrpupulɐˈsɐ̃u] F Überbevölkerung f **superpotência** [supɛrpuˈtẽsjɐ] F Supermacht f **superpovoado** [supɛrpuˈvwadu] überbevölkert **superprodução** [supɛrproduˈsɐ̃u] F ECON Überproduktion f; CINE Blockbuster m; Monumentalfilm m **supersensível** [supɛrsẽˈsivɛɫ] überempfindlich **supersónico** (*ô*) [supɛrˈsɔniku] Überschall...

superstição [supɪrʃtiˈsɐ̃u] F Aberglaube m **supersticioso** [supɪrʃtiˈsjozu] abergläubisch

superstrutura [supɛrʃtruˈturɐ] F Aufbauten *pl*; FILOS Überbau *m* **Supertaça** [supɨr'tasɐ] F̱ Super-Cup *m* **supervalorizar** [supɨrvɐɫuri'zar] ⟨1a⟩ überbewerten **supervisão** [supɨrvi'zɐ̃ũ] F̱ Überwachung *f*; (*direcção*) /Leitung *f* **supervisionar** [supɨrvizju'nar] ⟨1f⟩ überwachen; (*dirigir*) leiten **supervisor(a)** [supɨrvi'zor(ɐ)] M̱/F̱ Leiter(in) *m(f)*; (*controlador*) Kontrolleur(in) *m(f)*

supetão [supi'tɐ̃ũ] M̱ **de ~** auf einmal; urplötzlich

supimpa [su'pĩpɐ] ADJ *bras fam* super

supino [su'pinu] **1** hoch(gradig) **2** auf dem Rücken liegend

supl. ABR (**suplemento**) Nachtr. (Nachtrag); Beil. (Beilage)

suplantar [supɫɐ̃'tar] ⟨1a⟩ *pessoa* ersetzen; (*reprimir*) verdrängen; (*ultrapassar*) überwinden

suplementação [supɫɨmẽtɐ'sɐ̃ũ] F̱ Ergänzung *f*; Anreicherung *f* **suplementar** [supɫɨmẽ'tar] A ADJ Zusatz...; Extra... B V̄/T ⟨1a⟩ ergänzen; erweitern **suplemento** [supɫɨ'mẽtu] M̱ Nachtrag *m*; *jornal*: Beilage *f*; *ordenado*: Zulage *f*

suplente [su'pɫẽti] A ADJ stellvertretend; Ersatz...; (*auxiliar*) Hilfs... B M̱/F̱ Stellvertreter(in) *m(f)*; *port* DESP Ersatzmann *m*, -frau *f*

súplica ['supɫikɐ] F̱ inständige Bitte *f*, Flehen *n* **suplicar** [supɫi'kar] ⟨1n⟩ anflehen; inständig bitten um

supliciar [supɫi'sjar] ⟨1g⟩ hinrichten; (*torturar*) foltern; quälen **suplício** [su'pɫisju] M̱ (*Prügel*)Strafe *f*; (*tortura*) Folter *f*; (*execução*) Hinrichtung *f*; *fig* Qual *f*; **~ de tântalo** Tantalusqualen *fpl*; **~s** *pl* Geißel *f*

supor [su'por] ⟨2z⟩ **1** voraussetzen **2** annehmen, vermuten; **não é de ~** das ist nicht anzunehmen

suportar [supur'tar] ⟨1e⟩ ertragen; **~ (com)** *carga* tragen **suportável** [supur'taveɫ] erträglich

suporte [su'pɔrti] M̱ Gestell *n*; Stütze *f*; (*base*) Träger *m*; TECN Lager *n*; ELECT Fassung *f*; *fig* Grundlage *f*; **~ de dados** INFORM Datenträger *m*; **~ de quadros** Bilderhaken *m*; **~ para papel higiénico** Toilettenpapierhalter *m*; **~ lombar** Rückenstütze *f*

suposição [supuzi'sɐ̃ũ] F̱ **1** Voraussetzung *f* **2** Annahme *f*; (*suspeita*) Vermutung *f*; Unterstellung *f*; **fazer suposições** Vermutungen anstellen

supositório [supuzi'tɔrju] M̱ MED Zäpfchen *n*

suposto [su'poʃtu] ⟨*fsg, m/fpl* [-'pɔʃ-]⟩ A PP *irr* → **supor** B ADJ vermeintlich; angeblich; **~ isto** unter dieser Voraussetzung; **~ que** *conj* vorausgesetzt, dass C M̱ Voraussetzung *f*; Annahme *f*

supra... [suprɐ-] EM COMP Ober...; Über... **supracitado** [suprɐsi'tadu] oben erwähnt **supranacional** [suprɐnɐsju'naɫ] übernational **supranumerário** [suprɐnumi'rarju] A ADJ überflüssig; zusätzlich B M̱ nächster Anwärter *m*

supremacia [suprɨmɐ'sia] F̱ Überlegenheit *f*; (*domínio*) Vorherrschaft *f* **supremo** [su'prɨmu] höchste; oberste; (*último*) letzte; **Supremo Tribunal** Oberstes Gericht *n*

supressão [supri'sɐ̃ũ] F̱ Unterdrückung *f*; (*proibição*) Verbot *n*; (*eliminação*) Abschaffung *f*; *de lugares de trabalho*: Abbau *m*; **~ de ruídos** ELECT Rauschunterdrückung *f* **supressivo** [supri'sivu] Unterdrückungs... **supressor** [supri'sor] M̱ ELECT Sperre *f* **supressório** [supri'sɔrju] → **supressivo**

suprimento [supri'mẽtu] M̱ Ergänzung *f*; Ausgleich *m*; (*auxílio*) Hilfe *f*; (*empréstimo*) Darlehen *n*; *bras* Nachschub *m*

suprimir [supri'mir] ⟨3a⟩ unterdrücken; (*eliminar*) abschaffen; *de uma lista* streichen; (*omitir*) nicht erwähnen; (*afastar*) beseitigen; INFORM löschen

suprir [su'prir] ⟨3a⟩ A V̄/T ergänzen; *parte* ersetzen; (*fornecer*) liefern; (*abastecer*) versorgen; *necessidade* befriedigen; *alg* vertreten B V̄/I (aus)helfen; (*substituir*) als Ersatz dienen; einspringen

supuração [supurɐ'sɐ̃ũ] F̱ Eiterung *f* **supurante** [supu'rɐ̃ti] eitrig **supurar** [supu'rar] ⟨1a⟩ eitern **supurativo** [supurɐ'tivu] eiternd

surdez [sur'deʃ] F̱ Taubheit *f* **surdimutismo** [surdimu'tiʒmu] M̱ Taubstummheit *f* **surdina** [sur'dinɐ] F̱ MÚS Dämpfer *m*; *pop* Backpfeife *f*; **à ~, pela ~** heimlich, leise; *secretamente*) insgeheim; **em ~** gedämpft

surdo ['surdu] A ADJ taub; schwerhörig; *tom* dumpf; geräuschlos; heimlich; *cor* stumpf; LING stimmlos; **~ como uma porta** stocktaub B M, **-a** F Taube(r) m/f(m); Schwerhörige(r) m/f(m) **surdo-mudo** [surdu'mudu] A ADJ taubstumm B M ⟨pl surdos-mudos⟩, **surda-muda** [surdɐ'mudɐ] F Taubstumme(r) m/f(m)

surf [sɐrf] M Surfen n; **prancha** f **de ~** Surfbrett n; **praticar ~** surfen **surfada** [sɐr'fadɐ] F Surfen n **surfar** [sɐr'far] ⟨1a⟩ surfen; tb INFORM surfen **surfista** [sɐr'fiʃtɐ] M/F Surfer(in) m(f)

surgidouro [surʒi'doru] M Ankerplatz m **surgimento** [surʒi'mẽtu] M Entstehen n; (aparição) Erscheinen n; (entrada) Auftreten n **surgir** [sur'ʒir] ⟨3n⟩ auftauchen; (formar-se) entstehen; em cena auftreten; a alg vorkommen (como als); AGR sprießen; **fazer ~** hervorbringen

surpreendente [surprĩ'ẽdẽtɨ] überraschend; erstaunlich **surpreender** [surprĩ'ẽ'der] ⟨2a⟩ überraschen; em flagrante ertappen; (apanhar desprevenido) überrumpeln; sentimento überkommen; **~se com** erstaunt sein über (ac) **surpresa** [sur'prezɐ] F Überraschung f; Überrumpelung f; **de ~** unerwartet **surpreso** [sur'prezu] überrascht

surra ['suʀɐ] F pop Tracht f Prügel **surrado** [su'ʀadu] fadenscheinig; schäbig; fam abgedroschen **surrar** [su'ʀar] ⟨1a⟩ couro gerben; vestuário abtragen, strapazieren; fig j-m das Fell gerben

surrealismo [suʀjɐ'liʒmu] M Surrealismus m **surrealista** [suʀjɐ'liʃtɐ] A ADJ surrealistisch B M/F Surrealist(in) m(f)

surribar [suʀi'bar] ⟨1a⟩ terra auflockern, aufhacken

surripiar [suʀi'pjar] ⟨1g⟩ pop klauen **surro** ['suʀu] M Schweißfleck m; Schmutz (-schicht) m(f)

surtida [sur'tidɐ] F MIL Ausfall m **surtir** [sur'tir] ⟨3a⟩ A VT bewirken; **~ efeito** s-e Wirkung tun B VI ausgehen; resultado Erfolg haben (**com** mit)

surto ['surtu] A ADJ verankert B M Aufschwung m; FIS Auftrieb m (durch Thermik); geralm Anstoß m; MED Ausbruch m; **~ inflacionário** ECON Inflationsschub m

suruma [su'rumɐ] F → soruma

sus [suʃ] INT **~!** nur Mut!, auf, auf!

susce(p)tibilidade [suʃsɨtibili'dadɨ] F (afinidade) Empfänglichkeit f; Empfindlichkeit f **susce(p)tibilizar** [suʃsɨtibili'zar] ⟨1a⟩ kränken; **~se** gekränkt sein (**de**, **com** über ac) **susce(p)tível** [suʃsɨ'tivɛɫ] A ADJ empfindlich; **~ de** empfänglich für; anfällig für B M/F empfindliche Person f

suscitar [suʃsi'tar] ⟨1a⟩ hervorrufen; dó etc wecken, erregen

suspeição [suʃpɐi'sɐ̃ũ] F Verdächtigung f; Argwohn m **suspeita** [suʃ'pɐitɐ] F Verdacht m; (desconfiança) Misstrauen n; espec Vermutung f; **afastar ~s** jeden Argwohn zerstreuen; **lançar ~s sobre alg** j-n verdächtigen **suspeitar** [suʃpɐi'tar] ⟨1a⟩ A VT argwöhnen; de alg verdächtigen B VI **~ de** im Verdacht haben **suspeito** [suʃ'pɐitu] A ADJ verdächtig, suspekt B M, **-a** F Verdächtige(r) m/f(m) **suspeitoso** [suʃpɐi'tozu] verdächtig; (desconfiado) argwöhnisch

suspender [suʃpẽ'der] ⟨2a⟩ (auf)hängen; (protelar) aufschieben; reunião unterbrechen; actividade (vorläufig) einstellen; lei (zeitweilig) außer Kraft setzen; funcionário suspendieren; **~se** hängen (bleiben); innehalten **suspensão** [suʃpẽ'sɐ̃ũ] F Aufhängung f; prazo: Aufschub m; (interrupção) Unterbrechung f; Pause f; (cessar) Einstellung f; lei: (zeitweilige) Aufhebung f; funcionário: Suspension f; AUTO Federung f; Aufhängung f; MÚS Fermate f; DESP Sperre f; **~ condicional (da pena)** (Straf)Aussetzung f; **candeeiro m de ~** Kronleuchter m; **~ dianteira** AUTO Vorderradaufhängung f; **~ independente** Einzelradaufhängung f

suspense [suʃ'pɐ̃sɨ] LIT, CINE Spannung f; **filme m de ~, livro m de ~** Thriller m **suspensivo** [suʃpẽ'sivu] aufschiebend; DIR aussetzend **suspenso** [suʃ'pẽsu] A PP irr → suspender B ADJ hängend; assunto schwebend; fig unschlüssig; (incompleto) unvollendet; **em ~** offen; unvollendet; **estar ~** hängen; assunto schwebend; DESP gesperrt sein; **ficar ~** innehalten **suspensório** [suʃpẽ'sɔrju] M **~s** PL Hosenträger mpl

suspicácia [suʃpi'kasjɐ] F Argwohn m **suspicaz** [suʃpi'kaʃ] argwöhnisch

suspirado [suʃpi'radu] ersehnt **suspirar** [suʃpi'rar] ⟨1a⟩ A VT beklagen; herbeisehnen B VI seufzen; vento säuseln;

~ **por** sich sehnen nach (dat) **suspiro** [suʃ'piru] M Seufzer m; GASTR Schaumgebäck n; Baiser n; BOT Skabiose f
sussurrar [susu'ʀar] ⟨1a⟩ A V/T flüstern B V/I vento säuseln; pessoa murmeln; água rauschen; summen
sussurro [su'suʀu] M vento: Säuseln n; Murmeln n; água: Rauschen n; Summen n; pessoa: Flüstern n
sustância [suʃ'tɐ̃sje] F bras pop Kraft f; Energie f **sustar** [suʃ'tar] ⟨1a⟩ an-, aufhalten; processo etc einstellen
sustenido [suʃti'nidu] A ADJ MÚS erhöht; **dó m** ~ Cis n B M MÚS Kreuz n
sustentabilidade [suʃtẽtɐbiɫi'dadi] F ECOL Nachhaltigkeit f **sustentação** [suʃtẽtɐ'sɐ̃ũ] F Unterhalt m; (apoio) Stütze f; TECN Tragkraft f; Auftrieb m **sustentáculo** [suʃtẽ'takuɫu] M Stütze f **sustentado** [suʃtẽ'tadu] ADJ nachhaltig **sustentar** [suʃtẽ'tar] ⟨1a⟩ tragen; (ab)stützen; alg unterhalten (**a**, **com** mit); (apoiar) unterstützen; nota, pressão aushalten; (insistir) bestehen; (proteger) (be)schützen; (defender) verteidigen; (afirmar) behaupten; (manter) aufrechterhalten; ~-**se** sich (er)halten; (alimentar-se) sich ernähren **sustentável** [suʃtẽ'tavɛɫ] haltbar; (aceitável) annehmbar; tragbar; ECON, ECOL nachhaltig
sustento [suʃ'tẽtu] M espec Nahrung f; geralm (Lebens)Unterhalt m; fig Stütze f **suster** [suʃ'ter] ⟨2xa⟩ stützen; alg aushalten; (deter) an-, auf-, zurückhalten; Einhalt gebieten (dat); ~-**se** sich (aufrecht) halten; (parar) anhalten, innehalten
susto ['suʃtu] M Schreck(en) m; **pregar/ /apanhar um susto** e-n Schrecken einjagen/kriegen
sutiã [su'tjɐ̃] M → soutien
sutil [su'tʃiu] bras → subtil
sutura [su'tura] F Naht f; acção: Nähen n
suturar [sutu'rar] ⟨1a⟩ ferida nähen

T

T, t [te] M T, t n
t. ABR 1 (tomo) Bd. (Band) 2 (tonelada) t (Tonne)
tá [ta] fam abr de **está** → **estar**; ~ **bom?** okay?; ~! okay!
tabaca [ta'bake] F bras pop Möse f
tabacal [tɐbɐ'kaɫ] M Tabakplantage f **tabacaria** [tɐbɐkɐ'rie] F Tabakladen m **tabaco** [tɐ'baku] M Tabak m; fam Zigaretten fpl **tabagismo** [tɐbɐ'ʒiʒmu] M Tabakmissbrauch m; ~ **passivo** Passivrauchen n
tabanca [tɐ'bɐ̃kɐ] F Guiné-Bissau: Dorf n
tabaqueira [tɐbɐ'kɐirɐ] F Tabaksdose f, -beutel m **tabaqueiro** [tɐbɐ'kɐiru] Tabak...
tabefe [tɐ'bɛfi] M fam Ohrfeige f
tabela [tɐ'bɛɫɐ] F Verzeichnis n; Tabelle f; bilhar: Bande f; ~ **de câmbios** Wechselkurstabelle f; ~ **de preços** Preisliste f; **preço m da** (ou **de**) ~ Listenpreis m; **à** ~ fahrplanmäßig
tabelado [tɐbi'ɫadu] amtlich festgesetzt; preço preisgebunden **tabelamento** [tɐbiɫɐ'mẽtu] M Preisbindung f (**de** für) **tabelar** [tɐbi'ɫar] A V/T ⟨1c⟩ Preis(e) festsetzen für B ADJ tabellarisch **tabelião** [tɐbi'ɫjɐ̃ũ] M, **-ioa** [tɐbi'ɫjoɐ] F ⟨pl -ães, -oas⟩ Notar(in) m(f)
taberna [tɐ'bɛrnɐ] F Taverne f; Wirtshaus n
tabernáculo [tɐbir'nakuɫu] M Tabernakel n; **festa f dos** ~**s** REL Laubhüttenfest n
tabernal [tɐbir'naɫ], **tabernário** [tɐbir'narju] Wirtshaus...; fig schmutzig **taberneiro** [tɐbir'nɐiru] M, **taberneira** [tɐbir'nɐirɐ] F Wirt(in) m(f)
tabique [tɐ'biki] M Zwischenwand f; ~ **ripado** Lattenverschlag m
tablado [tɐ'bɫadu] M TEAT Bühne f; (estrado) Podest n **tablete** [tɐ'bɫɛti] M Tafel f (Schokolade); Riegel m; Stück n **tablier** [tabɫi'e] M port Armaturenbrett n
taboca [tɐ'bɔkɐ] F bras 1 BOT Bambus m 2 pop Kaschemme f; (vigarice) Betrug m; Täuschung f

tabu [ta'bu] A ADJ tabu B M̄ Tabu n
tabua [tɐ'buɐ] F̄ BOT Rohrkolben m
tábua ['tabwɐ] F̄ Brett n; Planke f; *de mármore:* (Marmor)Platte f; Tafel f; MAT Logarithmentabelle f; *de jogo:* (Spiel-)Tisch m; GEOG Karte f; **~ de comutação** Umrechnungstabelle f; **~ de engomar**, *bras* **~ de passar roupa** Bügelbrett n; **~ de salvação** *fig* Rettungsanker m; **fazer ~ rasa de** *fig* Tabula rasa machen mit
tabuada [tɐ'bwadɐ] F̄ Register n (*e-s Buches*); MAT Rechenbuch n; **~ de multiplicar** Einmaleins n **tabuado** [tɐ'bwadu] M̄ Stapel m Bretter; *revestimento:* Bretterwand f; *chão:* (Bretter)Boden m **tabuão** [tɐ'bwɐ̃w̃] M̄ Bohle f **tabuinha** [tɐ'bwiɲɐ] F̄ Latte f; **~s** *pl* Jalousie f
tábula ['tabulɐ] F̄ *jogo:* Stein m
tabulado [tɐbu'ɫadu] M̄ Bretterzaun m; Verschlag m; *chão:* (Bretter)Boden m **tabulador** [tɐbuɫɐ'dor] M̄ Tabulator m **tabular** [tɐbu'ɫar] Tafel...; Tabellen... **tabuleiro** [tɐbu'ɫɐjru] M̄; *de servir:* Platte f; *de jogo:* (Spiel)Brett n; *de forno:* Blech n; *(canteiro)* Beet n; *escadas:* (Treppen)Absatz m; *bras* Plateau n **tabuleta** [tɐbu'ɫetɐ] F̄ (Laden)Schild n; *(mostrador)* Schaukasten m
taca [take] F̄ *bras* (Stock)Hieb m
taça ['tasɐ] F̄ *espumante:* (Sekt)Glas n; *sobremesa:* Schale f; *gelado:* Becher m; DESP Pokal m; Cup m; **~ das ~s** Europapokal m der Pokalsieger; **~ de sorvete** Eisbecher m
tacada [tɐ'kadɐ] F̄ *bilhar:* Stoß m; **de uma ~ bras** ~ auf einmal
tacanhez [tɐkɐ'ɲeʃ], **tacanhice** [tɐkɐ'ɲisi] F̄ Knauserei f; *de espírito:* Beschränktheit f **tacanho** [tɐ'kɐnu] knauserig; *(limitado)* beschränkt
tacão [tɐ'kɐ̃w̃] M̄ Absatz m
tacha ['taʃɐ] F̄ ➊ Reißzwecke f; kurzer Nagel m ➋ Fehler m; *(mácula)* Makel m **tachada** [tɐ'ʃadɐ] F̄ Topf m voll; *pop* Rausch m **tachar** [tɐ'ʃar] ⟨1b⟩ beanstanden; tadeln; *Moçambique* essen; **~ alg de** j-n bezeichnen als
tachinha [tɐ'ʃiɲɐ] F̄ Reißzwecke f, Reißnagel m
tacho ['taʃu] M̄ flacher Kochtopf m; *fam fig* tolle Job m
tácito ['tasitu] stillschweigend
taciturno [tɐsi'turnu] schweigsam, einsilbig; *(sombrio)* trübsinnig
taco ['taku] M̄ ➊ *bilhar:* Queue n; *golfe, hóquei:* Schläger m ➋ ARQUIT Riemchen n; Stab m; *para prego:* Dübel m; **chão de ~s** Stabparkett n; **~ de partida** Startblock m
tacógrafo (*ô) [tɐ'kɔgrɐfu] M̄ Fahrtenschreiber m **tacómetro (*ô)** [tɐ'kɔmitru] M̄ Tachometer m ou n
ta(c)tear [tɐ'tjar] ⟨1l⟩ A VT (be)fühlen; betasten B V/I tasten
tá(c)tica ['tatikɐ] F̄ Taktik f **tá(c)tico** ['tatiku] A ADJ taktisch B M̄, **-a** F̄ Taktiker(in) *m(f)*
ta(c)to ['tatu] M̄ Tastsinn m; *fig* Takt m, Taktgefühl n; **pelo ~** durch Berührung; **ser ... ao ~** sich ... anfühlen; **falta f de ~** Taktlosigkeit f
tafetá [tɐfi'ta] M̄ Taft m
tagarela [tɐgɐ'rɛɫɐ] A ADJ geschwätzig B M/F Schwätzer(in) *m(f)* C F̄ Geschwätz n; *(gritaria)* Geschrei n D M̄ ZOOL Seidenschwanz m **tagarelar** [tɐgɐri'ɫar] ⟨1c⟩ schwätzen **tagarelice** [tɐgɐri'ɫisi] F̄ *qualidade:* Schwatzhaftigkeit f; Geschwätz n
tailandês [tajɫɐ̃'deʃ] A ADJ thailändisch B M̄, **tailandesa** [tajɫɐ̃'dezɐ] F̄ Thai *m/f*, Thailänder(in) *m(f)* **Tailândia** [taj'ɫɐ̃dʒɐ] F̄ GEOG **a ~** Thailand (n)
tainha [tɐ'iɲɐ] F̄ *peixe:* Meeräsche f
taipa ['tajpɐ] F̄ Lehmwand f; *de madeira* Bretterzaun m **taipal** [taj'paɫ] M̄ Fachwerk n; *janela:* Fensterladen m; Rollladen m **taipar** [taj'par] ⟨1a⟩ mit Lehm ausfüllen; *parede* Wände einziehen; *(tapar)* zumauern
Tajiquistão [tɐʒikiʃ'tɐ̃w̃] M̄ GEOG **o ~** Tadschikistan (n)
tal [taɫ] PRON so (*ou* solch) ein(e), ein solcher, ein solches, eine solche; so etwas; **o (*ou* a) ~** besagte; **um(a) ~** ein gewisser, eine gewisse; **como ~** als solche; **e ~** *fam* und so (weiter); **20 e ~** etw mehr als 20; **~ qual**, **~ como** so wie; **~ (e) qual** genau(so); **~ qual o pai** ganz der Vater; **~ ..., ~ ...** wie ..., so ...; **~ pai, ~ filho** wie der Vater, so der Sohn; **~ que** so sehr (groß *etc*), dass; **outro ~** noch so einer; **para ~** dafür; **(então) que ~?** nun, wie war's?; **~ vez**, **~ como**, **~ ~** wie geht's?; **que ~ (acha)?** wie finden Sie das?
tala ['taɫɐ] F̄ MED Schiene f; TECN Lasche

f; ~ **magnética** Magnetstreifen m
talagarça [taɫaˈgarsɐ] F Stramin m
tálamo [ˈtaɫamu] M Ehebett n; fig Hochzeit f; BOT Fruchtboden m
talão [taˈɫɐ̃ũ] M Ferse f; COM Talon m; (recibo) (Kontroll)Abschnitt m; TECN Wulst f; ~ **de cheques** bras Scheckbuch n
talar¹ [taˈɫar] VT ⟨1b⟩ pflügen; árvore fällen; onda durchschneiden; fig verwüsten
talar² [taˈɫar] ADJ bis zum Boden reichend; **hábito** m ~ Talar m; Ornat m
talassoterapia [taɫasɔtiraˈpiɐ] F Thalassotherapie f
talco [ˈtaɫku] M Talk m, Talkum n; cosmética: Körperpuder m
talento [taˈɫẽtu] M Talent n (tb fig); Begabung f **talentoso** [taɫẽˈtozu] begabt
talha [ˈtaʎɐ] F 1 corte (Be-, Zu)Schneiden n; em madeira: Schnitzen f; obra: Schnitzerei f; em metal: Stechen m; TECN Flaschenzug m; NÁUT Steuertau f; ~ **estomacal/intestinal** MED Magen-/Darmschnitt m 2 (Wasser)Krug m
talhada [taˈʎada] F pão,: Scheibe f; queijo, melancia Stück n **talhadeira** [taʎɐˈdɐjrɐ] F Meißel m; Beitel m **talhadiço** [taʎɐˈdisu] trigo schnittreif; madeira einschlagbereit **talhado** [taˈʎadu] A ADJ bestimmt (**para** für); **bem** ~ wohlgeformt; vestuário gut sitzend; ~ **a pique** steil abfallend B M bras Klamm f **talhador** [taʎɐˈdor] M 1 pessoa: Metzgergeselle m 2 faca: Tranchiermesser m; travessa: Tranchierplatte f **talha-mar** [taʎɐˈmar] M ⟨pl ~es⟩ Wellenbrecher m **talhante** [taˈʎɐ̃tɨ] M Schlachter m **talhão** [taˈʎɐ̃ũ] M Streifen m Land; Feld n **talhar** [taˈʎar] ⟨1b⟩ abschneiden; zerschneiden; zuschneiden; pedra (be)hauen; madeira schnitzen; metal stechen; carne zerlegen; a/c a alg j-m etw zuteilen; dano zufügen; preço festsetzen (**em** auf ac); ~ **para** anpassen an (ac); **~-se** betten; leite gerinnen **talharia** [taʎɐˈriɐ] F Zuschneiderei f **talharim** [taʎɐˈrĩ] M Bandnudel f
talhe [ˈtaʎɨ] M (corte) Schnitt m; (estatura) (Körper)Wuchs m; geralm Form f, Gestalt f; costura: Schnittmuster m **talher** [taˈʎɛr] M (Ess)Besteck n; lugar: Gedeck n
talho [ˈtaʎu] M 1 Schnitt m; carne: Zerlegen n; árvores: Beschneiden n; fig Hackklotz m; **a** ~ gelegen, wie gerufen 2 loja:

Metzgerei f, Fleischerei f; **homem** m **do** ~ port Fleischer m
talião [taˈʎɐ̃ũ] M espec REL Vergeltung f
talibã [taɫiˈbɐ̃] A ADJ Taliban... B M Taliban m
talinga [taˈɫĩgɐ] F NÁUT Tau n **talingar** [taɫĩˈgar] ⟨1o⟩ vertäuen
talisca [taˈɫiʃkɐ] F Spalte f; (lasca) Splitter m
talismã [taɫiʒˈmɐ̃] M Talisman m
talo [ˈtaɫu] M BOT Stängel m; Stiel m; couve: Strunk m **taloso** [taˈɫozu] gestielt
tal-qualmente [taɫkwaɫˈmẽtɨ] ADV ganz genau so; ebenso
taluda [taˈɫuda] F Hauptgewinn m
talude [taˈɫudɨ] M Böschung f
taludo [taˈɫudu] dickstängelig; fig hochgeschossen; kräftig
talvez [taɫˈveʃ] vielleicht
tamanca [taˈmɐ̃kɐ] F Holzschuh m; bras Bremsklotz m **tamanco** [taˈmɐ̃ku] M Holzschuh m
tamanduá [tamɐ̃ˈdwa] M bras 1 ZOOL Ameisenbär m 2 Gewissensfrage f
tamanho [taˈmɐɲu] A ADJ so groß; so hoch B M Größe f; fig Ausmaß n
tamanqueiro [tamɐ̃ˈkɐjru] M Holzschuhmacher m **tamanquinhas** [tamɐ̃ˈkiɲɐʃ] FPL port fam **ficar nas suas** ~ bei s-n Leisten bleiben
tâmara [ˈtɐmɐrɐ] F Dattel f **tamareira** [tɐmɐˈrɐjrɐ] F Dattelpalme f
tamariz [tɐmɐˈriʃ] M Tamariske f
também [tɐ̃ˈbɐ̃ĩ] ADV auch, ebenfalls
tambo [ˈtẽbu] M bras Hütte f; ~ **(de leite)** Molkerei f
tambor [tɐ̃ˈbor] M Trommel f (tb TECN); pessoa Trommler m; ANAT Trommelfell n; **rolar o** ~ Trommelwirbel schlagen **tamborete** [tɐ̃buˈreti] M Klavierhocker m
tamboril [tɐ̃buˈriɫ] M ZOOL Seeteufel m; → tamborim **tamborilada** [tɐ̃buriˈɫadɐ] F Trommelwirbel m **tamborilar** [tɐ̃buriˈɫar] ⟨1a⟩ trommeln **tamborim** [tɐ̃buˈrĩ] M Tamburin n
tambor-mor [tɐ̃borˈmɔr] M ⟨pl tambores-mores⟩ Tambourmajor m
tamiça [taˈmisɐ] F Hanfschnur f
tamis [taˈmiʃ] M Sieb
Tamisa [taˈmizɐ] F GEOG Themse f
tamisar [tɐmiˈzar] ⟨1a⟩ fein sieben
tampa [ˈtɐ̃pɐ] F tacho, sanita: Deckel m;

frasco: Verschluss m; (portinhola) Klappe f; (rolha) Stöpsel m; pop fig Rüffel m; **~ amovível** abnehmbare Abdeckhaube f; **~ de rosca** Schraubverschluss m; **levar ~** eine Abfuhr erhalten **tampão** [tɐ̃'pɐ̃ũ] M Spund m; Stöpsel m; higiénico: Tampon m; port AUTO Radkappe f; **~ de gasolina com chave** verschließbarer Tankdeckel m; **zona ~** Pufferzone f

tampo ['tɐ̃pu] M Fassboden m; sanita: Toilettendeckel m; (base) (Glas)Untersetzer m; MÚS Resonanzboden m **tamponar** [tɐ̃pu'nar] ⟨1e⟩ verstöpseln; verschließen

tampouco [tẽ'poku] bras → tão-pouco

tanado [tɐ'nadu] kastanienbraun **tanchagem** [tɐ̃'ʃaʒɐ̃ĩ] F BOT Wegerich m **tanchão** [tɐ̃'ʃɐ̃ũ] M BOT Steckling m **tanchar** [tɐ̃'ʃar] ⟨1a⟩ einpflanzen

tandem ['tɐ̃dɛm] M Tandem n

tanga ['tɐ̃ɡɐ] F moda: Tanga m

tangedor [tɐ̃ʒi'dor] M Spieler m (e-s Saiteninstruments)

tangência [tɐ̃'ʒẽsjɐ] F Berührung f; MAT Tangens m **tangencial** [tɐ̃ʒẽ'sjat] MAT tangential; fig knapp **tangente** [tɐ̃'ʒẽti] A ADJ berührend; MAT Tangential... B F MAT Tangente f; MÚS Plektrum n; fam fig Rettung f, Rettungsanker m; **na ~ com** dicht an (dat); escapar pela **~** mit e-m blauen Auge davonkommen; **à ~** knapp, gerade so; **passar à ~** pop gerade so durchkommen; exame die Prüfung ganz knapp schaffen

tanger [tɐ̃'ʒer] ⟨2h⟩ A VT spielen; cordas (an)schlagen; sino läuten; animal antreiben B VI läuten; klingen; spielen; **~ a** betreffen; gehören zu C M Klang m; MÚS Spiel n

tangerina [tɐ̃ʒi'rinɐ] F Mandarine f **tangerineira** [tɐ̃ʒiri'nɐjɾɐ] F Mandarinenbaum m

tangível [tɐ̃'ʒivɛɫ] greifbar; fühlbar

tânico ['tɐniku] ADJ ácido M **~** Gerbsäure f **tanino** [tɐ'ninu] M Gerbsäure f; Tannin n

tanoaria [tɐnwɐ'riɐ] F Böttcherei f **tanoeiro** [tɐ'nwɐjɾu] M Küfer m

tanque ['tɐ̃ki] M Tank m; (recipiente) Behälter m; (lago) Teich m; da roupa Waschtrog m; MIL Panzer m

tantã [tɐ̃'tɐ̃] A ADJ bras plemplem, bescheuert B M MÚS Gong m, Tamtam n

tantalizar [tɐ̃tɐli'zar] ⟨1a⟩ quälen

tanto ['tɐ̃tu] A ADJ quantidade so viel; tamanho so groß; soundsoviel; **-as vezes** fpl so oft; **mil e ~s** über tausend; **a ~s do mês** am Soundsovielten (des Monats); **às -as** auf einmal; (finalmente) schließlich B PRON solch; **não ir a ~** fig nicht so weit gehen; **não é para ~** so schlimm ist es nicht; **por ~** dafür; → portanto C M (quantidade)(bestimmte) Menge f; **(alg)um ~** ein wenig; **outro ~** ein ebenso; **três ~s de** dreimal so viel wie D ADV so (sehr); ebenso sehr; so viel; temporal: so lange; so schnell; **~ mais** umso mehr; **~ melhor/pior** umso besser/schlimmer; **~ quanto** so viel wie; **~ ... quanto** (ou **como**) sowohl ... als auch; **fazer ~ que** es so weit treiben, dass; **se ~** wenn überhaupt, höchstens E CJ **~ que** sobald; **~ assim que** und deshalb; **~ mais que** (ou **quanto**) umso mehr (após negação: umso weniger) als

Tanzânia [tɐ̃'zɐnjɐ] F GEOG **a ~** Tansania (n)

tão¹ [tɐ̃ũ] ADV so; so sehr; ebenso; **~ simplesmente** schlicht und ergreifend

tão² [tɐ̃ũ] fam abr de **estão** → estar

tão-pouco [tɐ̃ũ'poku] ADV port ebenso wenig; (nem) auch nicht **tão-só** [tɐ̃ũ'sɔ] ADV, **tão-somente** [tɐ̃ũsɔ'mẽti] ADV bloß, lediglich

tapa ['tapɐ] M bras fam Schlag m

tapada [tɐ'padɐ] F (Wild)Park m; Einfriedung f **tapado** [tɐ'padu] A ADJ zugedeckt; fig beschränkt B M Zaun m **tapadura** [tɐpɐ'durɐ] F Zaun m

tapar [tɐ'par] ⟨1b⟩ panela zudecken; garrafa (zu)stopfen; frasco verschließen; (cobrir) verdecken; (fechar) zuhalten; olhos verbinden; com tapume einzäunen; **tapa essa boca!** halt den Mund!

tapeação [tapjɐ'sɐ̃ũ] F bras Täuschung f; Streich m **tapear** [ta'pjax] ⟨1l⟩ bras täuschen; alg hereinlegen

tapeçaria [tɐpisɐ'riɐ] F Gobelin m; (Wand)Teppich m; BOT Rasenteppich m **tapeceiro** [tɐpi'sɐjɾu] M Teppichknüpfer m; negociante: Teppichhändler m

tapera [tɐ'pɛrɐ] bras A ADJ einäugig; fam nicht richtig im Kopf B F AGR Brachland n; (plantação) verwilderte Plantage f; (casa) verfallenes Haus n

tapete [tɐ'peti] M Teppich m;

TAPE

(passadeira) Läufer m; DESP Matte f; ~ **para banheira** Badewanneneinlage f; ~ **para rato** port INFORM Mouse-Pad n; ~ **rolante** port Transportband n; ~ **de verdura** (bras de grama) Rasenteppich m; ~ **voador** fliegender Teppich m **tapeteiro** [tɐpiˈtɐjru] M̄ Teppichhändler m
tapicuri [tɐpikuˈri] M̄ bras Maniokwein m
tapi [tɐˈpiʃe] M̄ bras fam Klaps m
tapioca [tɐˈpjɔke] F̄ bras Tapioka f, Maniokmehl n
tapir [tɐˈpir] M̄ ZOOL Tapir m
tapona [tɐˈpɔnɐ] F̄ Tracht f Prügel
tapulho [tɐˈpuʎu] M̄ Pfropf(en) m **tapume** [tɐˈpumi] M̄ (Bau)Zaun m
taquara [tɐˈkware] F̄ bras Bambus m
taquigrafar [tɐkigrɐˈfar] ⟨1b⟩ stenografieren **taquigrafia** [tɐkigrɐˈfiɐ] F̄ Kurzschrift f; Stenografie f **taquígrafo** [tɐˈkigrɐfu] M̄ Stenograf m; AUTO Fahrtenschreiber m **taquímetro** [tɐˈkimitru] M̄ Tachometer m
tara [ˈtarɐ] F̄ COM Tara f, Leergewicht n; fig Fehler m; MED Erbkrankheit f; krankhafte Veranlagung f **tarado** [tɐˈradu] MED erblich belastet; pop völlig verrückt
taralhão [tɐrɐˈʎɐ̃ũ] M̄ ZOOL Bohrmuschel f; ave: Schnäpper m Β̄ M̄F pop Schwatzmaul m
tarambola [tɐrɐ̃ˈbɔlɐ] F̄ ZOOL Regenpfeifer m
taramela [tɐrɐˈmɛlɐ] Ā F̄ Klinke f; pop fig Gewäsch n Β̄ M̄F pop Quasselstrippe f **taramelar** [tɐrɐmiˈlar] ⟨1c⟩ quasseln
taramelice [tɐrɐmiˈlisi] F̄ → tagarelice
tarântula [tɐˈrɐ̃tulɐ] F̄ Tarantel f
tarar [tɐˈrar] ⟨1b⟩ (aus)tarieren
tardança [tɐrˈdɐ̃sɐ] F̄ Verzögerung f; (atraso) Verspätung f; (ausência) Ausbleiben n; **sem ~** unverzüglich **tardar** [tɐrˈdar] ⟨1b⟩ Ā V̄T aufschieben; hinauszögern Β̄ V̄I sich verzögern; (lange) dauern; sich (dat) Zeit lassen; (hesitar) zögern (**em** zu); **não ~ bald kommen; não tarda quem vem** spät kommt er, aber er kommt; **não ~ em** (ou **a**) **fazer a/c** bald etw tun; **o mais ~** spätestens
tarde[1] [ˈtardi] Ā ĀDV spät; **~ ou cedo, mais cedo ou mais ~,** port **mais ~ ou mais cedo** früher oder später; **é ~ (para)** es ist zu spät (zu); **faz-se ~, fica ~** es wird spät; **é höchste Zeit; mais vale** (ou **antes**) **~ do que nunca** besser spät als nie Β̄ M̄ Zukunft f; **no ~** verspätet
tarde[2] [ˈtardi] F̄ Nachmittag m; **à ~, de ~** am Nachmittag, nachmittags; **boa(s) ~(s)!** guten Tag!; **ao** (ou **no**) **fim da ~** gegen Abend **tardeza** [tɐrˈdezɐ] F̄ Trägheit f **tardezinha** [tɐrdiˈziɲɐ] F̄ bras **de ~** am frühen Abend **tardígrado** [tɐrˈdigrɐdu] M̄ ZOOL Bärtierchen n **tardinha** [tɐrˈdiɲɐ] F̄ Spätnachmittag m **tardio** [tɐrˈdiu] spät; verspätet
tardo [ˈtardu] verspätet; (*póstumo*) nachträglich; (*lento*) schwerfällig; **ser ~ em fazer a/c** nur langsam etw tun **tardo-medieval** [tardɔmidʒjɛˈvaɫ] port spätmittelalterlich
tareco [tɐˈrɛku] Ā ĀDJ übermütig Β̄ M̄ Nichtsnutz m; fam (gato) Mieze(katze) f; **~s** pl Plunder m
tarefa [tɐˈrɛfɐ] F̄ (empreitada) (Akkord-)Arbeit f; (empreendimento) Aufgabe f; diária: Pensum n; **~ rotineira** Routineaufgabe f **tarefeiro** [tɐrɛˈfɐjru] M̄ Akkordarbeiter m
tareia [tɐˈrɐjɐ] F̄ Tracht f Prügel; **dar uma valente ~ a alg** j-n tüchtig verprügeln; **levar uma ~** Prügel kriegen
tarifa [tɐˈrifɐ] F̄ Tarif m; (preço) Gebühr f; **~ base** Grundgebühr f; **~ escalonada** Staffeltarif m; **~ plana** TEL, INTERNET Flatrate f **tarifação** [tɐrifɐˈsɐ̃ũ] F̄ Tarifordnung f; Tarife mpl **tarifar** [tɐriˈfar] ⟨1a⟩ den Tarif festsetzen für **tarifário** [tɐriˈfarju] M̄ Tarifübersicht f
tarimba [tɐˈrĩbɐ] F̄ Pritsche f; pop MIL (Dienst m bei der) Truppe f; fig fam Erfahrung f **tarimbar** [tɐrĩˈbar] ⟨1a⟩ pop MIL beim Militär sein; RFA: ≈ beim Bund sein
tarimbeiro [tɐrĩˈbɐjru] M̄ Grobian m
tarja [ˈtarʒɐ] F̄ Umrandung f; **de luto**: Trauerrand m **tarjado** [tɐrˈʒadu] ĀDJ **(de preto)** schwarz umrandet **tarjeta** [tɐrˈʒɛtɐ] F̄ Kärtchen n
taró [tɐˈrɔ] M̄ pop Hundekälte f
tarouco [tɐˈroku] dumm **tarouquice** [tɐroˈkisi] F̄ Dummheit f
tarraxa [tɐˈʁaʃɐ] F̄ (Gewinde)Kluppe f; (parafuso) Schraube f; (cavilha) Bolzen m; (cunha) Keil m
tarro [ˈtaʁu] M̄ Melkeimer m
tartamudear [tɐrtɐmuˈdʒjar] ⟨1l⟩ stottern, stammeln **tartamudo** [tɐrtɐˈmudu] M̄ Stotterer m
tartárico [tɐrˈtariku] Weinstein...

tártaro¹ ['tartɐru] **A** ADJ tatarisch **B** M Tatar m

tártaro² ['tartɐru] M Weinstein m; MED Zahnstein m

tártaro³ ['tartɐru] poét Unterwelt f

tartaruga [tɐrtɐ'ruɣɐ] F ZOOL Schildkröte f; material: Schildpatt n; **operação f ~-bras** Bummelstreik m

tarte ['tartɨ] F GASTR Kuchen m; Torte f

tarugo [tɐ'ruɣu] M (Holz)Dübel m

tas [tɐʃ] CONTR de te e as

tás [taʃ] ABR fam de **estás** → **estar**

tasca ['taʃkɐ] F Kneipe f **tascar** [tɐʃ'kar] ⟨1n; Stv 1b⟩ linho brechen; (morder) beißen; fletschen **tasco** ['taʃku] M **1** → **tasca 2** Werg n

tasquinha [tɐʃ'kiɲɐ] F **1** AGR Flachsbreche f **2** fam Kneipchen n; pessoa: schlechte(r) Esser(in) m(f) **tasquinhar** [tɐʃki'ɲar] ⟨1a⟩ M **1** → **tascar 2** eine Kleinigkeit essen; (mordiscar) knabbern

tatalar [tata'lar] ⟨1a⟩ bras klappern; rasseln

tatame [ta'tɐmi] M bras Reisstrohmatte f

tataranha [tatɐ'rɐɲɐ] unbeholfen **tataranhar** [tatɐrɐ'ɲar] ⟨1a⟩ stammeln

tatear [tɐ'tʃjar] bras → **tactear**

tatu [tɐ'tu] M ZOOL Gürteltier m

tatuagem [tɐ'twaʒẽj] F Tätowierung f **tatuar** [tɐ'twar] ⟨1g⟩ tätowieren

tau [tau] INT patsch!; schwapp!

tauismo [tɐ'wiʒmu] M Taoismus m **tauista** [tɐ'wiʃtɐ] M/F Taoist(in) m(f)

taurino [tau'rinu] Stier... **tauro** [ˈtauru] M ASTRON Stier m

tauromaquia [taurumɐ'kia] F Stierkampf m

tautologia [tautulu'ʒia] F Tautologie f

tavão [tɐ'vɐ̃w] M ZOOL Bremse f

taverna [tɐ'vɛrnɐ] F, **taverneiro** [tɐvɨr'nɐjru] M (u) taberna, taberneiro

taxa ['taʃɐ] F Gebühr f; (contribuição) Abgabe f; FIN (Inflations)Rate f; (imposto) (Luxus)Steuer f; bras Strafporto n; **~ de admissão** Aufnahmegebühr f; **~ de audiência** port TV Einschaltquote f; **~ de frete** Frachtgebühr f; **~ de juro** Zinssatz m; **~ de ocupação** ARQUIT ≈ Grundflächenzahl f; **~ radiofónica** port Rundfunkgebühr f; **~ turística** Kurtaxe f

taxação [taʃɐ'sɐ̃w] F imposto: (Steuer)Schätzung f; preço (Preis)Festsetzung f

taxador [taʃɐ'dor] M Taxator m **taxar** [tɐ'ʃar] ⟨1b⟩ taxieren; schätzen (**em** auf ac); festsetzen; despesas beschränken; **~ de** fig betrachten als; abstempeln als **taxativo** [tɐʃɐ'tivu] taxierend; einschränkend

táxi ['taksi] M Taxi n; **~ aéreo** bras Flugtaxi n

taxímetro [tɐ'ksimitru] M Taxameter m

taxista [tɐ'ksiʃtɐ] M/F Taxifahrer(in) m(f)

TC ABR **1** (Tribunal Constitucional) Verfassungsgericht n **2** (Tribunal de Contas) Rechnungshof m

tchilar [tʃi'lar] ⟨1a⟩ fam chillen, abhängen

tchuçar [tʃu'sar] ⟨1p⟩ Moçambique bedrohen

TDAH [tede'a] M ABR (Transtorno do Déficit de Atenção (com hiperatividade)) PSICOL AD(H)S n (Aufmerksamkeitsdefizit-(Hyperaktivitäts-)Syndrom

te [ti] dir (dat); dich (ac); **vejo-~** ich sehe dich; **ajudo-~** ich helfe dir

tê [te] nome da letra **t**

teagem ['tjaʒẽj] F Gewebe n **tear** [tjar] M Webstuhl m; relógio: Uhrwerk n; TIPO Heftmaschine f

teatral [tjɐ'trał] theatralisch; Theater...

teatro ['tjatru] M Theater n; (espectáculo) Schauspiel n; fig Schauplatz m; **~ anatómico** port Seziersaal m; **~ de fantoches** Marionettentheater n; **~-dança** m Tanztheater n

tecedor [tisi'dor] M, **tecedeira** [tisi'dɐjrɐ] F Weber(in) m(f); fig Urheber(in) m(f) **tecelagem** [tisi'laʒẽj] F Weben n **tecer** [ti'ser] ⟨2g⟩ weben; fig ersinnen; einfädeln **tecido** [ti'sidu] M Gewebe n (tb ANAT); Stoff m; **~ ósseo** Knochengewebe n

tecla ['tɛklɐ] F Taste f; **~ de chamada** TEL Ruftaste f; **~ de comando** Steuerungstaste f; **~ de escape** Escapetaste f; **~ de enter** Entertaste f; **~ de função** Funktionstaste f; **~ do rato** Maustaste f; **~ de retrocesso** Rückstelltaste f; **~ de stop** Stopptaste f **teclado** [tɛ'kładu] M Tastatur f; MÚS Klaviatur f; **~s** pl MÚS Keyboard n; **instrumento m de ~** Tasteninstrument n **teclar** [tɛ'kłar] ⟨1a⟩ eintippen; dados eingeben

técnica ['tɛknikɐ] F Technik f; (processo) Verfahren n; **~ laser** Lasertechnik f; **~**

TÉCN

> **Tejo und Douro**

Die Flüsse Tejo und Douro teilen Portugal in drei Teile: Nord-, Mittel- und Südportugal. Spanien und Portugal nutzen die Wasserläufe gemeinsam, daher kommt es immer wieder zu Konflikten.

Der **Tejo** (spanisch **Tajo**) ist mit einem Lauf von über 1.000 km der längste Fluss der Iberischen Halbinsel. Er entspringt in der spanischen Provinz Teruel und mündet bei Lissabon in den Atlantik. Die größte Brücke über den Fluss ist die Vasco-da-Gama-Brücke in Lissabon mit einer Gesamtlänge von 17 km. Sie ist auch die längste Brücke Europas. Zur Energiegewinnung wurde der Tejo an mehreren Stellen (z. B. Alcántara-Stausee und Valdecañas-Stausee) aufgestaut.

Der **Douro** (spanisch **Duero**) ist etwa 900 km lang und durchquert Nordwestspanien und Nordportugal. Er entspringt im spanischen Gebirge Sierra de Urbión und mündet bei Porto in den Atlantik. An seinen Hängen entfaltet sich das Anbaugebiet des Portweins.

---

nuclear Nukleartechnik f, Kerntechnik f
técnico ['tɛkniku] **A** ADJ technisch **B** M̱, -a F̱ Techniker(in) m(f); Facharbeiter(in) m(f); (*especialista*) Fachmann m, Fachfrau f
tecno ['tɛknɔ] ADJ/M (*música* F̱) ~ Techno m
tecnocrata [tɛknɔˈkrata] M/F Technokrat(in) m(f) **tecnocrático** [tɛknɔˈkratiku] technokratisch **tecnologia** [tɛknuɫuˈʒia] F̱ Technologie f; ~ **do ambiente** (*ou* **ambiental**) Umwelttechnologie f; ~ **de ponta** Spitzentechnologie f; ~ **residual** Entsorgungstechnik f
te(c)to ['tɛtu] M̱ (Zimmer)Decke f; *fig* Dach n; *fam* Verstand m; ~ **de abrir** (*bras* ~ **solar**) AUTO Schiebedach n
tectónica (**ô*) [tɛkˈtɔnika] F̱ Tektonik f
tectónico [tɛkˈtɔniku] tektonisch
tédio ['tɛdju] M̱ (*fartura*) Überdruss m; (*aversão*) Widerwille m; (*monotonia*) Langeweile f **tedioso** [tiˈdjozu] verdrießlich; (*monótono*) langweilig; (*cansativo*) ermüdend

Teerao [tjɛˈrãu] M̱ GEOG Teheran n
tegumento [tiguˈmẽtu] M̱ *animal*: Haut f; BOT Hülle f
teia ['tɐja] F̱ Gewebe n; Netz n; ~ **alimentar** Nahrungskette f; ~ **de aranha** Spinnennetz n
teimar [tɐjˈmar] ⟨1a⟩ beharren (**em** *auf dat*); ~ **com** einreden auf j-n **teimosia** [tɐjmuˈzia] F̱ Eigensinn m **teimoso** [tɐjˈmozu] eigensinnig; stur
teixo ['tɐjʃu] M̱ BOT Eibe f

tejadilho [tɨʒɐˈdiʎu] M̱ Verdeck n; AUTO Dach n; ~ **de abrir** *port* Schiebedach n; ~ **dobradiço** Faltdach n
Tejo ['tɛʒu] M̱ *portugiesischer Fluss*
tel. ABR (**telefone**) Tel. (Telefon)
tela ['tɛlɐ] F̱ CINE Leinwand f; (*tecido*) Gewebe n; ELECT, INFORM Bildschirm m; ~ **de arame** Maschendraht m
telecadeira [tɛlɛkɐˈdɐjrɐ] F̱ Sessellift m
telecomando [tɛlɛkuˈmãdu] M̱ ELECT Fernbedienung f **telecompra** [tɛlɛˈkõprɐ] F̱ Internetkauf m **telecomunicação** [tɛlɛkumunikɐˈsãu] F̱ Telekommunikation f; **empresa f de telecomunicações** *port* Telekommunikationsfirma f; *tb* Telefongesellschaft f **teleconferência** [tɛlɛkõfɨˈrẽsjɐ] F̱ Telekonferenz f **telecópia** [tɛlɛˈkɔpjɐ] F̱ Fax n **telecopiador** [tɛlɛkupjɐˈdor] M̱ Faxgerät n **teledisco** [tɛlɛˈdiʃku] M̱ Videoclip m **telefax** [tɛlɛˈfaks] M̱ Telefax n; **enviar por** ~ faxen **teleférico** [tɨliˈfɛriku] M̱ Drahtseilbahn f; Skilift m
telefonadela [tɨlifunɐˈdɛlɐ] F̱ rasches Telefonat n; **dar** (*ou* **fazer**) **uma** ~ **a alg** j-n kurz anrufen **telefonar** [tɨlifuˈnar] ⟨1f⟩ telefonieren (**a**, **para mit**)
telefone [tɨliˈfɔni] M̱ Telefon n; ~ **de urgência** Notrufsäule f; ~ **móvel** (*bras* **celular**) Mobiltelefon n; ~ **sem fio** schnurloses Telefon n; **atender o** ~ ans Telefon gehen; **contactar alg por** ~ j-n anrufen **telefonema** [tɨlifuˈnemɐ] M̱ Telefongespräch n; **fazer** (*bras* **dar**) **um** ~ ein Telefongespräch führen; ~ **a pagar pelo des-**

TEMP

tinatário R-Gespräch n **telefonia** [tilifu'nia] F Radio(gerät) n; Telefonie f; **empresa** f **de ~ bras** Telefonanbieter m **telefonicamente** [tilifɔnikɐ'mẽti] ADV telefonisch
telefonista [tilifu'niʃtɐ] M/F Telefonist(in) m(f) **telegrafar** [tiligrɐ'far] ⟨1b⟩ telegrafieren **telegrafia** [tiligrɐ'fiɐ] F Telegrafie f **telegráfico** [tili'grafiku] telegrafisch **telegrama** [tili'grɐmɐ] N Telegramm n; **expedir** ou **mandar um ~** ein Telegramm aufgeben **teleguiado** [tɨlɨ'gjadu] ferngelenkt **telejornal** [tɨlɨʒur'nat] M TV Nachrichtensendung f
telémetro (*ê) [tiˈlɛmitru] M Entfernungsmesser m
telemóvel [tɛlɛ'mɔvɛł] M port Mobiltelefon n **telenovela** [tɛlɛnu'vɛłɐ] F Fernsehserie f; pej Seifenoper f

▶ **telenovela**

Die täglich ausgestrahlten Seifenopern, in Brasilien oft nur **novelas** genannt, sind der bekannteste Exportartikel des brasilianischen Fernsehens. Schon seit den 50er-Jahren des 20. Jahrhunderts verfolgen Millionen Brasilianer mit Leidenschaft die Schicksale z. B. der Sklavin Isaura (**A escrava Isaura**, 1976), der Tochter des Sklavenhalters (**Sinhá Moça**, 1986), des Antenor Cavalcanti (**Paraíso tropical**, 2007) oder zahlreicher anderer Protagonisten der oft verwickelten Handlungsstränge. Nach Lateinamerika eroberten die Telenovelas Mitte der 80er-Jahre auch Europa und sind heute aus dem deutschen Fernsehalltag nicht mehr wegzudenken. In Brasilien dauern sie im Schnitt übrigens nur etwa drei Monate. ◀

teleobje(c)tiva [tɛlɛɔbʒɛ'tivɐ] F Teleobjektiv n **telepatia** [tɨlɨpɐ'tiɐ] F Telepathie f **teleprocessamento** [tɛlɛprusisa'mẽtu] M Datenfernübertragung f **telescópio** [tiliʃ'kɔpju] M Teleskop n **telespectador(a)** [tilɛʃpɛtɐ'dor(a)] M(F) Fernsehzuschauer(in) m(f) **telesqui** [tɛlɛʃ'ki] M Skilift m **teletexto** [tɛlɛ'tajʃtu] M Videotext m
televisão [tilivi'zɐ̃ũ] F Fernsehen n; **~ por** (bras) **a) cabo** Kabelfernsehen n; **~**

via satélite Satellitenfernsehen n **televisivo** [tilivi'zivu] Fernseh... **televisor** [tilivi'zor] M Fernseher m; **~ a cores** Farbfernseher m
telex [tɛ'lɛks] M Telex n
telha ['tɐ(i)ʎɐ] F Dachziegel m; fam Macke f; **ter uma ~ a menos** pop eine Schraube locker haben
telhado [ti'ʎadu] M Dach n; **água f de ~** Dachfläche f; **~ de duas águas** Satteldach n **telhador** [tiʎɐ'dor] M profissão: Dachdecker m; Deckel m **telhão** [ti'ʎɐ̃ũ] M Firstziegel m **telhar** [ti'ʎar] ⟨1d⟩ mit Ziegeln decken **telheira** [ti'ʎɐjrɐ] F Ziegelei f **telheiro** [ti'ʎɐjru] M **1** Ziegelbrenner m **2** Schuppen m; (telhado) Überdach n **telho** ['tɐ(i)ʎu] M Deckel m **telhudo** [ti'ʎudu] fam verschroben
telinha [tɛ'liɲɐ] F bras fam Glotze f
telúrico [ti'turiku] tellurisch, Erd...; **águas** fpl **-as** Grundwasser n
tema ['tɛmɐ] M Thema n; LING (Wort)Stamm m; escola: (Übersetzungs-)Aufgabe f **temática** [ti'matikɐ] F Thematik f **temático** [ti'matiku] thematisch; GRAM Stamm...
temente [ti'mẽti] ADJ **~ a Deus** gottesfürchtig **temer** [ti'mer] ⟨2c⟩ fürchten (por um); **fazer-se ~** gefürchtet werden; **~-se de** sich fürchten vor **temerário** [timi'rarju] tollkühn **temeridade** [timiri'dadi] F Verwegenheit f **temeroso** [timi'rozu] fürchterlich; (medroso) furchtsam **temido** [ti'midu] gefürchtet; furchtbar **temível** [ti'mivɛł] furchtbar **temor** [ti'mor] M Furcht f
têmpera ['tɐ̃pirɐ] F (Metall)Härtung f; fig Art f; (caráter) Charakter m; **pintura f a ~** Temperamalerei f
temperado [tẽpi'radu] gemäßigt; maßvoll; GASTR gewürzt; MÚS temperiert **temperamento** [tẽpirɐ'mẽtu] M Temperament n; fig Mäßigung f **temperança** [tẽpi'rɐ̃sɐ] F Mäßigung f; **ter ~** Maß halten **temperante** [tẽpi'rɐ̃ti] mäßig; beruhigend **temperar** [tẽpi'rar] ⟨1c⟩ **A** VT metal härten; GASTR würzen; vinho verdünnen; fig stählen; besänftigen; (suavizar) mildern; MÚS stimmen **B** VI **~ com** übereinstimmen mit; **~ com sal** (port tb **de sal**) salzen **temperatura** [tẽpirɐ'turɐ] F Temperatur f; METEO Witterung f; fig Lage f; **~ ambiente** Raumtem-

peratur *f*; **~ corpórea** Körpertemperatur *f*

tempero [tẽ'peru] M GASTR Gewürz *n*; *fig* Mittel *n*; Würze *f*

tempestade [tẽpiʃ'tadi] F Unwetter *n*; Sturm *m* **tempestear** [tẽpiʃ'tjar] ⟨1l⟩ A V/T aufwühlen (*tb fig*) B V/I toben **tempestivo** [tẽpiʃ'tivu] gelegen **tempestuoso** [tẽpiʃ'twozu] *pessoa, tempo* stürmisch; *mar* aufgewühlt; *chuva* heftig **templo** [tẽplu] M Tempel *m*; (*igreja*) Kirche *f*

tempo ['tẽpu] M Zeit *f*; METEO Wetter *n*; MÚS Tempo *n*; Takt *m*; GRAM Zeitform *f*; Tempus *n*; **~ antecedente** Vorlaufzeit *f*; **~ de acesso** INFORM Zugriffszeit *f*; **~ de adaptação** Einarbeitungszeit *f*; **~ de antena** Sendezeit *f*; **~ morto** *fam* Sauregurkenzeit *f*; **~s** *pl livres* Freizeit *f*; **~ real** INFORM Echtzeit *f*; **compasso a dois/três/quatro ~s** MÚS Zwei-/Drei-/Viervierteltakt *m*; **meio ~** DESP Halbzeit *f*; **primeiro ~** erste Halbzeit *f*; **a ~** rechtzeitig; **ao ~ de** zu Zeiten (*gen*); **a seu ~** zu gegebener Zeit; **a um ~, ao mesmo ~** gleichzeitig; **a ~ integral/parcial** *trabalho*: Vollzeit…/Teilzeit…; **antes do ~** vor der Zeit; **com ~** in (aller) Ruhe; **de ~(s) a ~(s)** von Zeit zu Zeit; **em ~s** seinerzeit; **em ~ oportuno** zu gegebener Zeit; **fora de ~** zur Unzeit; **há ~(s)** vor einiger Zeit; **há quanto ~?** seit wann?; **nesse meio ~** mittlerweile; **(por) largo** (*ou* **longo, muito**) **~** (für) lange Zeit; **dar a ~ a alg** j-m Zeit lassen; **matar o ~ de** (*ou* **de**) die Zeit totschlagen; **roubar o ~ a** (*ou* **de**) **alg** j-m die Zeit stehlen; **ser ~ de** (*inf*) Zeit sein zu; **vir a ~** rechtzeitig kommen; **ter concluído o seu ~** *prisioneiro* s-e Zeit abgesessen haben; *alc* ausgedient haben; **nos ~s que correm** in der heutigen Zeit; **quanto ~!** soviel Zeit ist vergangen!, wie lange ist das schon her?

têmpora ['tẽpurɜ] F ANAT Schläfe *f*
temporada [tẽpu'radɜ] F Zeitraum *m*; Saison *f*; TEAT Spielzeit *f*
temporal[1] [tẽpu'raɫ] ADJ zeitlich; weltlich; GRAM temporal
temporal[2] [tẽpu'raɫ] M METEO Sturm *m*
temporal[3] [tẽpu'raɫ] M ANAT Schläfenbein *n*

temporalidade [tẽpurɜli'dadi] F Vorläufigkeit *f*; (*duração*) begrenzte Dauer *f*; REL Weltlichkeit *f* **temporão** [tẽpu'rɐ̃ũ] *fruta* frühreif; *chuva etc* frühzeitig; verfrüht; AGR Früh… **temporário** [tẽpu'rarju] vorübergehend; zeitweilig
temporização [tẽpurizɜ'sɐ̃ũ] F Zögern *n*; (*transigência*) Nachgiebigkeit *f* **temporizador** [tẽpurizɜ'dor] M Zeitschaltuhr *f*; AUTO Intervallschalter *m* **temporizar** [tẽpuri'zar] ⟨1a⟩ A V/T *a/c* hinauszögern; *alg* hinhalten B V/I abwarten; (*hesitar*) zaudern

tenacidade [tinɜsi'dadi] F Zähigkeit *f*; (*teimosia*) Starrsinn *m* **tenaz** [ti'naʃ] A ADJ zäh; (*teimoso*) hartnäckig; *vontade* eisern; unlösbar B F, *geralm pl* **~es** (Beiß)Zange *f*
tenca ['tẽkɜ] F *peixe*: Schleie *f*
tença ['tẽsɜ] F Ruhegehalt *n*
tenção [tẽ'sɐ̃ũ] F Absicht *f*; (*divisa*) Wahlspruch *m*; **fazer ~ de** beabsichtigen **tencionar** [tẽsju'nar] ⟨1f⟩ beabsichtigen
tenda ['tẽdɜ] F *campismo*: Zelt *n*; *comercial*: Stand *m*; Bauchladen *m*; **~ de oxigénio** Sauerstoffzelt *n*; **pano m de ~** Zeltplane *f*
tendal [tẽ'daɫ] M Trockenplatz *m*; *bras* Darre *f* **tendão** [tẽ'dɐ̃ũ] M ANAT Sehne *f*; **~ de aquiles** Achillessehne *f* **tendeiro** [tẽ'dɐiru] M, **-a** F Standinhaber(in) *m(f)*
tendência [tẽ'dẽsjɜ] F Neigung *f*; Hang *m*; (*aspiração*) Streben *n*; Tendenz *f*; **~ para subir/descer** steigende/fallende Tendenz *f* **tendencial** [tẽdẽ'sjaɫ] tendenziell **tendencioso** [tẽdẽ'sjozu] tendenziös **tendente** [tẽ'dẽti] ADJ **~ a** abzielend auf (*ac*) **tender** [tẽ'der] ⟨2a⟩ A V/T → estender B V/I **~ a, ~ para** neigen zu; (*pretender*) streben nach; (*visar*) bezwecken; tendieren zu (*ou* gegen)
tenebrião [tinibri'ɐ̃ũ] M ZOOL Schwarzkäfer *m* **tenebroso** [tini'brozu] finster; *fig* mysteriös; (*horrível*) furchtbar
tenência [te'nẽsjɜ] F *bras* Festigkeit *f*; Tatkraft *f*; **tomar ~** zur Kenntnis nehmen **tenente** [ti'nẽti] M MIL Leutnant *m* **tenente-coronel** [tinẽtikuru'nɛɫ] M ⟨*pl* tenentes-coronéis⟩ Oberstleutnant *m*
tenesmo [ti'neʒmu] M MED Stuhlzwang *m*; **~ vesical** Harnzwang *m*
tenha ['tɐɲɜ] → **ter**
tenho ['tɐɲu] → **ter**

ténia ['tɛnjɐ] F̲ Bandwurm m
ténis (*ê*) ['tɛniʃ] A̲ M̲ Tennis n; **~-de--mesa** Tischtennis n B̲ MPL Turnschuhe mpl; Sneaker mpl
tenista [ti'niʃtɐ] M̲/F̲ Tennisspieler(in) m(f)
tenor [ti'nor] M̲ MÚS Tenor m
tenro ['tẽru] zart; (*macio*) mürbe; (*jovem*) jung
tensão [tẽ'sɐ̃u] F̲ Spannung f (*tb* ELECT); Spannkraft f; **alta ~** Hochspannung f; **~ arterial** Blutdruck m; **~ muscular** Muskelverspannung f **tenso** ['tẽsu] gespannt, straff **tensor** [tẽ'sor] A̲ ADJ (*músculo*) Spannmuskel m B̲ M̲ **~ de cinto** AUTO Gurtstraffer m
tenta ['tẽtɐ] F̲ MED Sonde f; (*tourada*) Stierkampf m (*mit Jungstieren*) **tentação** [tẽtɐ'sɐ̃u] F̲ Versuchung f
tentacular [tẽtɐku'tar] Tentakel... **tentáculo** [tẽ'takutu] M̲ ZOOL Fangarm m; *polvo*: Tentakel m; *insecto*: Fühler m
tentadiço [tẽtɐ'disu] schnell e-r Versuchung erliegend **tentado** [tẽ'tadu] **~ com** angetan von **tentador** [tẽtɐ'dor] A̲ ADJ verführerisch B̲ M̲ Verführer m **tentame** [tẽ'tɐmi] M̲, **tentâmen** [tẽ-'tɐmen] M̲ Versuch m **tentar** [tẽ'tar] ⟨1a⟩ versuchen; (*ousar*) wagen; (*experimentar*) ausprobieren; auf die Probe stellen; (*seduzir*) verführen **tentativa** [tẽtɐ-'tivɐ] F̲ Versuch m; (*experiência*) Probe f
tentear [tẽ'tjar] ⟨1l⟩ 1 betasten; (*examinar*) prüfen; (*experimentar*) versuchen 2 genau berechnen; anrechnen
tentilhão-comum [tẽtiʎɐ̃u̯'mũ] M̲, **tentilhão-comum** [tẽtiʎɐ̃u̯ku'mũ] M̲ ZOOL Buchfink m **tentilhão-montês** [tẽtiʎɐ̃u̯mõ'teʃ] M̲ ZOOL Bergfink m
tento ['tẽtu] M̲ 1 Behutsamkeit f; (*cautela*) Vorsicht f; **sem ~** unüberlegt; **dar ~ a** aufmerksam werden; **tomar ~ em** aufpassen auf (*ac*) 2 Spielmarke f; (*ponto*) (Gewinn)Punkt m
ténue (*ê*) ['tɛnwi] dünn; (*delicado*) zart; (*fino*) fein **tenuidade** [tɨnwi'dadɨ] F̲ Dünne f; (*delicadeza*) Zartheit f; (*fraqueza*) Schwäche f
teologia [tjutu'ʒiɐ] F̲ Theologie f **teológico** [tju'tɔʒiku] theologisch **teólogo** ['tjɔtugu] M̲, **-a** F̲ Theologe m, Theologin f
teor [tjor] M̲ Wortlaut m, Inhalt m; (*tipo*)

Art f; (*norma*) Norm f; *espec* Gehalt m; **~ em ferro** Eisengehalt m
teorema [tju'remɐ] M̲ Lehrsatz m **teoria** [tju'riɐ] F̲ Theorie f
teórico ['tjɔriku] A̲ ADJ theoretisch B̲ M̲ Theoretiker m
teorizar [tjuri'zar] ⟨1a⟩ A̲ V/T theoretisch begründen (*ou* untermauern) B̲ V/I theoretisieren
tepidez [tipi'deʃ] F̲ Lauheit f (*tb fig*)
tépido ['tɛpidu] lau(warm)
ter [ter] ⟨2x⟩ A̲ *verbo auxiliar*: haben, sein B̲ V/T haben; besitzen; *receber, bébé* bekommen; halten; innehaben; (*conter*) enthalten; **~ a/c a fazer** etw zu tun haben; **~ a/c (a ver) com** etw zu tun haben mit; **~ consigo** *a/c* bei sich haben; *fig* an sich (*dat*) haben; **~ com quê**, **~ de seu** Vermögen haben; **~ em si** umfassen; **~ em muito/pouco/nada** hoch/gering/gar nicht schätzen; **~ como**, **~ por** halten für; **~ por si** auf s-r Seite haben; **~ por uso** sich (*dat*) zur Gewohnheit gemacht haben; **~ que** müssen; **~ que ver com** zu tun haben mit; **que tem (isso)?** was ist denn dabei?; **tem** *bras* es gibt; **não tem de quê!** keine Ursache! C̲ V/I **~ de** (*ou* **que**) (*inf*) müssen; **não ~ de fazer** nicht zu tun brauchen; **ir a** führen zu; **ir ou vir ~ com** j-n aufsuchen D̲ V/R **~-se** sich halten (**a** an *ac*, **por** für); durchhalten; **~-se com** es aufnehmen mit; **~-se em** bleiben
terapeuta [tirɐ'peu̯tɐ] M̲/F̲ Therapeut(in) m(f) **terapêutica** [tirɐ'peu̯tikɐ] F̲ Therapeutik f; (*terapia*) Therapie f **terapêutico** [tirɐ'peu̯tiku] therapeutisch **terapia** [tirɐ'piɐ] F̲ Therapie f; **~ genética** Gentherapie f; **~ de grupo** Gruppentherapie f; **~ laser** Lasertherapie f; **~ ocupacional** Beschäftigungstherapie f
terça ['tersɐ] A̲ ADJ dritte; **a ~ parte** der dritte Teil m B̲ F̲ 1 Drittel n 2 MÚS, *esgrima*: Terz f 3 *fam* Dienstag f
terçã [tir'sɐ̃] ADJ **febre ~** Wechselfieber n
terça-feira [tersɐ'fɐi̯rɐ] F̲ ⟨*pl* terças-feiras⟩ Dienstag m; **na ~ am** Dienstag; **às ~s** dienstags **terçar** [tir'sar] ⟨1p; *Stv* 1c⟩ A̲ V/T dritteln; (*misturar*) mischen; **~ armas** sich schlagen B̲ V/I **~ por** eintreten für, kämpfen für
terceira [tir'sɐi̯rɐ] F̲ MÚS Terz f **tercei-**

ranista [tirsᴣirɐˈniʃtɐ] M/F Student(in) m(f) im dritten Jahr **terceiro** [tirˈsᴣirũ] A dritte; **o Terceiro Mundo** die Dritte Welt f B M DIR Dritte(r) m **terceiro-mundista** [tirsᴣirumũˈdiʃtɐ] ⟨pl ~s⟩ Dritte-Welt-...

terceto [tirˈsetu] M MÚS Terzett n **terciário** [tirˈsjarju] ADJ era F -a Tertiär f; **se(c)tor** m ~ ECON tertiärer Sektor m, Dienstleistungssektor m **terço** [ˈtersu] M 1 Drittel n 2 REL ein Drittel des Rosenkranzes; **rezar o** ~ den Rosenkranz beten

terçol [tirˈsɔł] M MED Gerstenkorn n
terebintina [tiribĩˈtinɐ] F Terpentin n
terebrante [tiriˈbrɐ̃ti] ADJ bohrend **terebrar** [tiriˈbrar] ⟨1c⟩ durchbohren
teres [ˈteriʃ] MPL ~ **e haveres** Hab und Gut n; Vermögen n
Teresina [tereˈzinɐ] SEM ART Hauptstadt v. Piauí
termal [tirˈmał] ADJ Thermal... **termas** [ˈtermɐʃ] FPL Therme(n) (f)pl; Thermalbad n; (caldas) Kurort m; **hotel** m **das** ~ Kurhotel n; **ir a** ~ eine Heilkur machen **termelétrica** [tεxmeˈlεtrikɐ] F bras (usina F) ~ Wärmekraftwerk n

térmico [ˈtεrmiku] thermisch; **garrafa** f ~ **-a** Thermosflasche® f, Thermoskanne® f
terminação [tirminɐˈsɐ̃ũ] F Beendigung f; Ende n; GRAM Endung f **terminado** [tirmiˈnadu] beendet, fertig **terminal** [tirmiˈnał] A ADJ End...; **estação** f ~ Endstation f; **doente** m/f ~ unheilbar Kranke(r) m(f)m B M Terminal m ou n **terminante** [tirmiˈnɐ̃ti] ausdrücklich **terminar** [tirmiˈnar] ⟨1a⟩ A VT beenden; (concluir) abschließen B VI aufhören; GRAM enden (**em** auf ac); (fechar) schließen; ~ **com** enden mit; ~ **por fazer** a/c schließlich etw tun

término [ˈtεrminu] M autocarro etc: Endstation f; (limite) Ende n
terminologia [tirminuluˈᴣiɐ] F Terminologie f
térmite [ˈtεrmiti] F ZOOL Termite f **termiteira** [tirmiˈtɐirɐ] F Termitenhügel m
termo[1] [ˈtermu] M 1 (fim) Schluss m, Grenze f; (marco) Grenzstein m; (objectivo) Ziel n; (prazo) Termin m, Frist f; **ao** ~ **de** am Ende (gen); **sem** ~ ohne Ende 2 LING Terminus m, Begriff m; (palavra) Wort n; DIR Erklärung f; ~ **técnico** Fachausdruck m; **meios** ~**s** pl Andeutungen fpl; Ausflüchte fpl; **em** ~**s vorschriftsmäßig; **em** ~**s de** hinsichtlich (gen); **em breves** ~**s** kurz und bündig; **em** ~**s hábeis** in geschickter Weise; **nos** ~**s de** im Sinne (gen) 3 MAT Glied n (e-r Gleichung); ~ **de comparação** Vergleichspunkt m; ~ **médio, meio** ~ Mittel n, Mittelwert m; fig Mittelweg m 4 bras Bezirk m

termo[2] [ˈtermu] M Warmhalteflasche f
termo... [tεrmɔ-] EM COMP Thermo...
termoacumulador [tεrmɔɐkumulɐˈdor] M Heißwasserspeicher m **termodinâmica** [tεrmɔdiˈnɐmikɐ] F FÍS Wärmelehre f **termoelé(c)trico** [tεrmɔiˈłεtriku] thermoelektrisch; **central** f -**a** Heizkraftwerk n

termómetro (*ô) [tirˈmɔmitru] M Thermometer m; ~ **clínico** Fieberthermometer n

termonuclear [tεrmɔnukliˈar] thermonuklear **termorresistente** [tεrmɔxizi∫ˈtẽti] hitzebeständig **termostato** [tεrmɔʃˈtatu] M, **termóstato (*o)** [tirˈmɔʃtatu] M Thermostat m **termoterapia** [tεrmɔtirɐˈpiɐ] F Wärmetherapie f **termoventilador** [tεrmɔvẽtilɐˈdor] M Heizlüfter m

ternário [tirˈnarju] dreifach
terneiro [texˈneru] M bras Kälbchen n
terno[1] [ˈternu] A ADJ zärtlich; zart
terno[2] [ˈtεxnu] bras Anzug m
terno[3] [ˈternu] M dado: Drei f
ternura [tirˈnurɐ] F Zärtlichkeit f
terra [ˈtεxɐ] F Erde f; (solo) Boden m; GEOG Land n; (povoação) Ort(schaft) m(f); fig Heimat f; (área) Gebiet n; (pó) Staub m; (barro) Ton m; ELECT Erdung f; ~**s** pl Ländereien fpl; **Terra** f **do Fogo** Feuerland n; ~ **firme** Festland n; ~ **natal** Geburtsort m, Heimatland n; ~ **a** ~ fig alltäglich, platt; **da** ~ einheimisch; **de fora da** ~ auswärtig; **fora da** ~ auswärts; **por** ~ auf dem Landwege; **chegar a** ~ landen; **correr** ~**s** herumreisen; **dar em** ~ einstürzen; scheitern; **deitar** (ou **lançar, pôr) por** ~ auf den Boden werfen; zunichte machen; **ficar em** ~ fig zurückbleiben; **ir a** ~ scheitern; **ligar à** ~ ELECT erden; **pôr pé** (ou **os pés) em** ~ an Land gehen; aussteigen; **sair** (ou **saltar) em** ~ aussteigen; landen

terraço [tiˈɐasu] M (Dach)Terrasse f; (telhado) flaches Dach n **terracota** [tɛɐ̃ˈkɔta] F Terrakotta f

terral [tiˈɐal] ADJ/M (vento m) ~ M Landwind m **terramoto** [tiɐɐˈmɔtu] M Erdbeben n

terra-nova [tɛɐɐˈnɔva] M ⟨pl terras-novas⟩ cão: Neufundländer m **Terra Nova** [ˈtɛɐɐˈnɔva] F a ~ Neufundland (n)

terraplenagem [tɛɐɐpliˈnaʒɐ̃ĩ] F Planierung f; Einebnung f **terraplenar** [tɛɐɐpliˈnar] ⟨1d⟩ (mit Erde) auffüllen; planieren **terrapleno** [tɛɐɐˈplenu] M geralm Erdaufschüttung f; espec (Bahn)Damm m

terrário [tiˈɐarju] M Terrarium n

terreiro [tiˈɐɐiru] M (pátio) Gelände n; (praça) Platz m; REL afrobras Kultstätte f; **chamar a ~** herausfordern; **descer a ~** eingreifen

terremoto [tiɐiˈmɔtu] M → terramoto **terreno** [tiˈɐenu] A ADJ irdisch; weltlich; cor erdfarben B M GEOL Boden m, Grund m; (recinto) Gelände n; (área) Gebiet n; (lote) Grundstück n; **~ de jogo** Spielfeld n; **características fpl do ~** Bodenbeschaffenheit f; **para construir** Baugrund m; **ganhar ~** vorwärtskommen

térreo [ˈtɛrju] A ADJ Erd...; ebenerdig; REL irdisch; **andar ~** Erdgeschoss n B M bras Erdgeschoss n

terrestre [tiˈɐɛʃtri] Erd...; irdisch

terrição [tiˈɐisu] M Humus m; (Natur)Dünger m

terrificante [tiɐifiˈkɐ̃ti] → terrífico **terrificar** [tiɐifiˈkar] ⟨1n⟩ erschrecken **terrífico** [tiˈɐifiku] Schrecken erregend

terrina [tiˈɐinɐ] F Terrine f **terrinha** [tiˈɐiɲɐ] F, **terriola** [tiɐiˈɔlɐ] F kleiner Ort m

territorial [tiɐituˈrjal] territorial; Gebiets...; **águas fpl ~-ais** POL Hoheitsgewässer npl **território** [tiɐiˈtɔrju] M Gebiet n, Territorium n; ZOOL Revier n

terrível [tiˈɐivɛl] schrecklich; furchtbar

terror [tiˈɐor] M Schrecken m; Terror m; **filme m de ~** Horrorfilm m **terrorismo** [tiɐuˈriʒmu] M Terrorismus m **terrorista** [tiɐuˈriʃtɐ] A ADJ terroristisch, Terror... B M/F Terrorist(in) m(f); **~ suicida** Selbstmordattentäter(in) m(f) **terrorizar** [tiɐuriˈzar] ⟨1a⟩ → aterrorizar

terroso [tiˈɐozu] erdig; cor erdfarben

terso [ˈtɛrsu] sauber, rein; (blitz)blank; trabalho fehlerfrei

tertúlia [tirˈtulja] F (literarischer) Stammtisch m; Gesellschaft f

terylene [tɛriˈlɛni] M Terylen® n (Polyesterfaser)

tesão [tiˈzɐ̃ũ] A M Unbeugsamkeit f; Heftigkeit f; Strenge f B F pop Ständer m; Geilheit f; **ficar com ~** einen Steifen (ou Ständer) haben; fig scharf sein C M/F bras pop geiler Bock m

tese [ˈtɛzi] F These f; UNIV geralm Abschlussarbeit f; de doutoramento: Dissertation f; **em ~** im Prinzip

teso [ˈtezu] A ADJ steif; starr; straff; stramm; fig unbeugsam; port pop pleite; Angola pop **ficar ~** e-n Steifen (ou Ständer) haben B ADV streng C M Felsklippe f; steiler Gipfel m; bras Insel f

tesoura [tiˈzora] F Schere f, fig Lästerzunge f; ZOOL Milan m; **~ de poda** Gartenschere f **tesourada** [tizoˈrada] F Schnitt m; fig (Seiten)Hieb m

tesouraria [tizorɐˈria] F Schatzamt n; (caixa) Kassenraum m; (contabilidade) Buchhaltung f; **~ da Fazenda Pública** Finanzkasse f **tesoureiro** [tizoˈrɐiru] M, **-a** F Schatzmeister(in) m(f); Kassenwart(in) m(f)

tesouro [tiˈzoru] M Schatz m; LIT Sammlung f, Thesaurus m; **~ público** Staatskasse f, Fiskus m

tessitura [tɛsiˈtura] F MÚS Lage f; fig Aufbau m, Struktur f

test. ABR (testemunha) Zeuge m, Zeugin f

testa [ˈtɛʃtɐ] F Stirn f; fig Kopf m; (ponta) Spitze f; **~ coroada** gekröntes Haupt n; **~ de ponte** Brückenkopf m **testada** [tiʃˈtada] F vorgelagerter Straßenabschnitt m; bras Unsinn m

testa-de-ferro [tɛʃtadiˈfɛru] M ⟨pl testas-de-ferro⟩ fig Strohmann m

testador(a) [tiʃtɐˈdor(ɐ)] F Erblasser(in) m(f)

testamentaria [tiʃtɐmẽtɐˈria] F Testamentsvollstreckung f **testamentário** [tiʃtɐmẽˈtarju] testamentarisch **testamenteiro** [tiʃtɐmẽˈtɐiru] M Testamentsvollstrecker m **testamento** [tiʃtɐˈmẽtu] M Testament n; REL **Novo Testamento** Neues Testament n; **~ vital** Patientenverfügung f

testar¹ [tiʃ'tar] ⟨1c⟩ hinterlassen; j-n als Erben einsetzen; DIR bezeugen

testar² [tiʃ'tar] ⟨1a⟩ testen; (*verificar*) überprüfen

teste ['tɛʃti] M Test m; Probe f; **~ comparativo** Vergleichstest m; **~ de alcoolemia** Blutalkoholtest m; **~ de aptidão** Eignungsprüfung f; **~ de emissões de tubo de escape** AUTO Abgasuntersuchung f; **~ da sida** (*bras* aids) Aids-Test m; FIN **~ de stress** (*ou* estresse) Stresstest m; **~ de visão** *port* Sehtest m

testeira [tiʃ'tajrɐ] F Vorderseite f

testemunha [tiʃti'muɲa] F Zeuge m, Zeugin f; **~s** *pl* Marksteine *mpl*; **~ de defesa/acusação** DIR Entlastungs-/Belastungszeuge m; **~ ocular** Augenzeuge m; **~ presencial** Tatzeuge m **testemunhal** [tiʃtimu'ɲaɫ] Zeugen... **testemunhar** [tiʃtimu'par] ⟨1a⟩ A bezeugen; bekunden; DIR Zeuge sein B VI DIR aussagen (**contra** gegen) **testemunho** [tiʃti'muɲu] M DIR Zeugnis n; Zeugenaussage f; TECN Kontrollleuchte f; Stab m (*beim Staffellauf*); **prestar ~** eine Aussage machen

testículo [tiʃ'tikulu] M ANAT Hode f, Hoden m; *t/t* Testikel m

testificar [tiʃtifi'kar] ⟨1n⟩ bezeugen; (*assegurar*) versichern; (*provar*) beweisen

testilho [tiʃ'tiʎu] M Stirnseite f

testo ['tɛʃtu] M (Topf)Deckel m; *pop* Schädel m

testudo [tiʃ'tudu] *fam* dickköpfig

tesura [ti'zura] F Steifheit f; Starre f; **andar na ~** *port* knapp bei Kasse sein

teta ['tɛta] F ZOOL Zitze f; *vaca:* Euter n; *pop* Titte f

tétano ['tɛtanu] M Tetanus m

tetina [ti'tina] F Sauger m; Nuckel m

teto ['tetu] M *bras* → **tecto**

tetra... [tɛtra-] EM COMP Vier... **tetraedro** [tɛtra'ɛdru] M Tetraeder n

tétrico ['tɛtriku] trübselig; (*sinistro*) finster

teu [teu], **tua** ['tua] PRON dein(e); *tb* → **meu, minha**

teutónico (**ô*) [teu'tɔniku] teutonisch

teve ['tevi] → **ter**

tevê [te've] F *bras* Fernsehen m **tevente** [te'vẽtʃi] MF *bras* Fernsehzuschauer(in) *m(f)*

têxtil ['tajʃtiɫ] Textil...

texto ['tajʃtu] M Text m; REL Bibelstelle f

textual [tajʃ'twaɫ] textgetreu; **palavras** *fpl* **-ais** Wortlaut m **textura** [tajʃ'tura] F Gewebe n; Struktur f

texugo [ti'ʃugu] M Dachs m; *fig* Fettwanst m

tez [teʃ] F (*cútis*) (Gesichts)Haut f; Teint m

ti¹ [ti] PRON *após* PREP dir; dich; **falam de ~** sie sprechen von dir (*ou* über dich); **ela olha para ~** sie schaut dich an

ti² [ti] MF *fam tratamento:* Väterchen n, Mütterchen n

TI F *abr* (*tecnologia informática*) IT f (Informationstechnologie)

tia ['tia] F Tante f (*bras tb* Anrede für Kindergärtnerin); **casa f de ~s** Bordell n; **ficar para ~** unverheiratet bleiben; **estar com a ~-maria** *port pop* die Periode haben **tia-avó** [tia'vɔ] F ⟨*pl* tias-avós⟩ Großtante f

tiara ['tjara] F REL Tiara f

tibado [ti'badu] *Angola fam* betrunken **tibar** [ti'bar] ⟨1a⟩ *Angola fam* trinken **tibeiro** [ti'bajru] M, **tibeira** [ti'bajra] F *Angola fam* Säufer(in) *m(f)*

tíbia ['tibja] F ANAT Schienbein n; MÚS (Hirten)Flöte f

tibieza [ti'bjeza] F Schwäche f

tíbio ['tibju] *luz, entusiasmo* schwach; *pessoa* apathisch

tibo ['tibu] M *Angola* Getränk n; *espec* Bier m

tiborna [ti'bɔrna] F *pop* Mischmasch m

tição [ti'sɐ̃w̃] M Glut f

tico ['tʃiku] M *bras* **um ~ de ...** ein (kleines) bisschen ...

tiçoeiro [ti'swajru] M Schüreisen n

ticotico [tʃiku'tʃiku] M *bras fam* Piepmatz m

tido ['tidu] PP *irr* → **ter**; **ser ~ como** gelten als

tifo ['tifu] M MED Typhus m **tifóide** [ti'fɔjdi] typhös, Typhus...

tigela [ti'ʒɛɫɐ] F Schüssel f; *animal:* Napf m; **de meia ~** mittelmäßig **tigelada** [tiʒi'ɫada] F GASTR Süßspeise aus Eiern und Milch

tigrado [ti'gradu] getigert **tigre** ['tigri] M Tiger m; **~-fêmea** f Tigerin f **tigrino** [ti'grinu] Tiger...; *fig* blutrünstig

tijoleiro [tiʒu'ɫajru] M Ziegelbrenner m **tijolo** [ti'ʒoɫu] ⟨*pl* [-'ʒɔ-]⟩ Ziegel (-stein) m; **~ furado** Hohllochziegel m

tijuca [tiˈʒukɐ] F bras, **tijucal** [tiʒuˈkaɫ] M bras, **tijuco** [tiˈʒuku] M bras Sumpf m; Schlamm m
tijupá [tiʒuˈpa] M bras Hütte f
til [tiɫ] M Tilde f
tília [ˈtiɫjɐ] F Linde f
tilintar [tiɫĩˈtar] ⟨1a⟩ klingen, klingeln
timão [tiˈmɐ̃w̃] M Deichsel f; (leme) Ruder n; fig Führung f
timbale [tĩˈbaɫi] M (Kessel)Pauke f **timbaleiro** [tĩbɐˈɫajru] M Pauker m
timbó [tʃĩˈbɔ] M bras BOT Timbo m; **bater o ~** pop abkratzen
timbrado [tĩˈbradu] mit Wasserzeichen; mit Firmenaufdruck; **escudo** m **~** Wappenschild m; **papel** m **~** Geschäftspapier n; **bem ~** wohlklingend **timbrar** [tĩˈbrar] ⟨1a⟩ A V/T s-n (Firmen)Namen drucken lassen auf (dat); **~ de** fig abstempeln als B V/I **~ de** sich aufspielen als
timbre [ˈtĩbri] M **1** COM aufgedruckter (Firmen)Name m; em papel: (Wasser)Zeichen n; (carimbo) Stempel m **2** MÚS Klang(farbe) m(f), Timbre n **3** fig (acção) Tat f
time [ˈtʃimi] M bras Team n
timidez [timiˈdeʃ] F Schüchternheit f
tímido [ˈtimidu] schüchtern, scheu
timo [ˈtimu] M → tomilho
timoneiro [timuˈnajru] M Steuermann m (tb fig)
timorato [timuˈratu] (über)ängstlich
timorense [timuˈrẽsi] A ADJ aus Timor, timor(es)isch B M/F Timorese m, Timoresin f, Timorer(in) m(f) **Timor-Leste** [timorˈɫɛʃtɨ] M GEOG Osttimor n, POL Timor-Leste m
tímpano [ˈtĩpɐnu] M ARQUIT Tympanon n; MÚS Pauke f; ANAT Paukenhöhle f, Tympanum n; **(membrana f do) ~** ANAT Trommelfell n; **~s** pl fam Ohren npl
tina [ˈtinɐ] F Wanne f; Bottich m
tingir [tĩˈʒir] ⟨3n⟩ färben; **~ ligeiramente** tönen
tinha¹ [ˈtiɲɐ] A → ter
tinha² [ˈtiɲɐ] F Grind m; ZOOL Räude f **tinhoso** [tiˈɲozu] A ADJ räudig B M **o ~** der Leibhaftige
tinido [tiˈnidu] M Klirren n **tinir** [tiˈnir] ⟨3a⟩ virdo klirren; sino, ouvidos klingen; (estremecer) zittern; **andar (ou estar, ficar) a ~** fam pleite sein
tino [ˈtinu] M gesunder Menschenverstand m; (intuição) Einfühlungsvermögen n; (tacto) Takt m; (diplomacia) Fingerspitzengefühl n; (sentido de orientação) Ortssinn m; **a ~** nach Augenmaß; **sem ~** ohne Sinn und Verstand; **dar ~ de a/c** etw merken; **perder o ~** den Kopf verlieren
tinta [ˈtĩtɐ] F Tinte f; geralm Farbe f; (tom) Farbton m; fig Anflug m; **~ aerossol** Sprühlack m; **~ a óleo** Ölfarbe f; **~ de água** (bras **solúvel em água**) wasserlösliche Farbe f; **~ nanquim** Tusche f; **~ de corre(c)ção** Korrekturflüssigkeit f; **~ de impressão** Druckerschwärze f; **~ fosforescente** Leuchtfarbe f; **meia ~** Halbschatten m; **estou-me nas ~s** pop das ist mir Wurs(ch)t **tinteiro** [tĩˈtajru] M Tintenfass n; INFORM Druckerpatrone f; **deixar no ~** pop unter den Tisch fallen lassen
tintim [tĩˈtĩ] M **~ por ~** haarklein; bras int **~!** prost! **tintinar** [tĩtiˈnar] ⟨1a⟩ klingeln
tinto [ˈtĩtu] gefärbt; (manchado) befleckt, beschmutzt; **vinho** m **~** Rotwein m **tintorial** [tĩtuˈrjaɫ] Färbe...
tintura [tĩˈturɐ] F acção: Färben n; FARM Tinktur f; (tinta) Farblösung f **tinturaria** [tĩturɐˈriɐ] F Färberei f; bras (chemische) Reinigung f (Geschäft) **tintureira** [tĩtuˈrajrɐ] F Färberin f; bras Inhaberin f e-r (chemischen) Reinigung; ZOOL Tigerhai m **tintureiro** [tĩtuˈrajru] M ADJ Färbe...; Färber(ei)... B M Färber m bras Inhaber m e-r (chemischen) Reinigung; bras pop Grüne Minna f
tio [ˈtiu] M Onkel m; **tio-avô** [tiuɐˈvo] M ⟨pl tios-avôs⟩ Großonkel m
tipa [ˈtipɐ] F pop, pej Weibsbild n, Alte f
típico [ˈtipiku] typisch (de für); (exemplar) Muster... **tipificação** [tipifikɐˈsɐ̃w̃] F Typisierung f **tipificar** [tipifiˈkar] ⟨1n⟩ typisieren
tipiti [tʃipiˈtʃi] M bras Maniokpresse f (der Ureinwohner) **tipitinga** [tʃipiˈtʃiɡɐ] bras água lehmig
tipo [ˈtipu] M Urbild n; (espécie) Typ(us) m; (amostra) Muster n; COM (Waren)Sorte f; TIPO Type f; fig Original n; pop Typ m
tipografia [tipuɡrɐˈfiɐ] F Buchdruckerkunst f; estabelecimento: Druckerei f **tipográfico** [tipuˈɡrafiku] Druck... **tipógrafo** [tiˈpɔɡrɐfu] M, **-a** F Buchdru-

cker(in) m(f)
tipóia [ti'pɔjɐ] F Art Sänfte; bras MED Armschlinge f; pop Klapperkiste f; port pop Schlampe f
tique ['tiki] M Tick m; MED Gesichtszucken n; **um** (ou **o seu**) **~ de** bras ein bisschen, etwas
tiquetaque [tiki'taki] M Klappern n; relógio: Ticktack n; coração: Klopfen n; **fazer ~** ticken; klappern; coração: Klopfen n
tiquinho [tʃi'kiɲu] ADJ **um ~ (de)** bras ein bisschen
tira ['tirɐ] A F Streifen m; tecido: Schlaufe f; **à ~** pop hastig; **fazer em ~s** zerfetzen B M bras pop (polícia) Bulle m
tira-cápsulas [tirɐ'kapsulɐʃ] M ⟨pl inv⟩ Flaschenöffner m
tiracolo [tirɐ'kɔłu] M Schulterriemen m; **a ~** über die Schulter (gehängt) **tirada** [ti'radɐ] F langer Weg m; Strecke f; duração: eine Zeit lang; fig Tirade f; **de uma ~** in e-m Zuge **tiradeira** [tirɐ'dɐjrɐ] F → tirante **tira-dentes** [tirɐ'dẽtiʃ] M ⟨pl inv⟩ Zahnarzt m, pop pej Zahnklempner m **tirado** [ti'radu] ADJ **~ de** aus **tiragem** [ti'raʒẽj] F chaminé: Zug m; correio: (Briefkasten)Leerung f; TECN Drahtziehen n; TIPO Druck m; chaminé: Abzug m; jornal: Auflage f
tirania [tirɐ'niɐ] F Tyrannei f **tiranicida** [tirɐni'sidɐ] M/F Tyrannenmörder(in) m(f) **tiranicídio** [tirɐni'sidju] M Tyrannenmord m
tirânico [ti'rɐniku] tyrannisch **tiranizar** [tirɐni'zar] ⟨1a⟩ tyrannisieren **tirano** [ti'rɐnu] M Tyrann m
tira-nódoas [tirɐ'nɔdwɐʃ] M ⟨pl inv⟩ Fleckentferner m
tirante [ti'rɐ̃ti] A ADJ ausgenommen; abgesehen von; (semelhante) ähnlich; **~ a verde/vermelho** grünlich/rötlich B M Zugriemen m; Tragestange f; TECN Pleuelstange f; AUTO Spurstange f
tirar [ti'rar] ⟨1a⟩ A V/T (heraus)ziehen; (heraus)nehmen; wegnehmen; da parede: abnehmen; (arrancar) (heraus)reißen (**de** aus); correio leeren; nódoa entfernen; preso befreien (**de** von, aus); entreißen (**a** alg j-m); hábito abgewöhnen (**a** alg j-m); da ideia abbringen (**de** von); olhar losreißen (**de** von); vestuário ausziehen; chapéu, óculos abnehmen; língua herausstrecken; palavra streichen; lucro erzielen (**de** bei); carta de condução machen; licença erwerben; passaporte ausstellen lassen; coragem schöpfen; (deduzir) folgern; quantia abziehen; UNIV disciplina studieren; curso absolvieren; TIPO drucken; fotocópia machen; bilhete lösen; documento ausstellen (lassen); **~ a limpo** überprüfen; **~ da cabeça** sich (dat) etw aus dem Kopf schlagen; **~ da cabeça de alg** j-m etw ausreden; **~ tirando** abzüglich; ausgenommen; außer (dat) B V/I ziehen; schießen; **~ a es** abgesehen haben auf (ac); streben nach; **~ por** ziehen an (dat); sich wenden nach; **~ de** (sacar) (Messer etc) ziehen; **sem ~ nem pôr** ganz genau (so); **~ à sorte** (aus)losen; **~ partido de** Nutzen ziehen aus; **tira que tira** unablässig
tir(e)óide [ti'r(j)ɔjdi] F ANAT Schilddrüse f
tiririca¹ [tʃiri'rike] bras fam ADJ wütend, böse
tiririca² [tʃiri'rike] bras F BOT Zyperngras n
tiritar [tiri'tar] ⟨1a⟩ zittern (**de** vor dat)
tiro ['tiru] M (disparo) Schuss m; (estampido) Knall m; DESP Schießen n; lança, bala: Wurf m; (alusão) Hieb m; fam Schnorrer m; **~ ao alvo** Scheibenschießen n; **~ aos pratos** Tontaubenschießen n; **~ de pistola** Pistolenschuss m; **~ com arco** Bogenschießen n; **animal m de ~** Zugtier n; **carreira f de ~** Schießstand m; **~ de misericórdia** Gnadenschuss m; **~ de partida** Startschuss m; **~ sensacional** Bombenerfolg m; **abater a ~** erschießen; **dar um ~** e-n Schuss abgeben; fig Geld borgen; **levar um ~** angeschossen werden; **ser tiro e queda** fam immer/sofort wirken
tiroteio [tiru'tɐju] M Schießerei f
tisana [ti'zɐnɐ] F Kräutertee m
tísica ['tizikɐ] F Schwindsucht f **tísico** ['tiziku] A ADJ schwindsüchtig B M, **-a** F Schwindsüchtige(r) m(f/n)
tisna ['tiznɐ] F Schwärze f **tisnado** [tiʒ'nadu] schwärzlich; (queimado) angebrannt; (bronzeado) braungebrannt **tisnar** [tiʒ'nar] ⟨1a⟩ schwärzen; fig anschwärzen; comida anbrennen lassen; pele bräunen **tisnar-se** [tiʒ'narsi] schwarz werden; pele braun werden **tisne** ['tiʒni] M Schwärze f; Ruß m; pele:

Bräune f
titã [ti'tɐ̃] M Titan m **titânico** [ti'tɐniku] titanisch, riesenhaft
títere ['titiri] M Marionette f; teatro m de ~s Puppentheater n
titereiro [titi'rajru] M Puppenspieler m
titi [ti'ti] F ling inf Tante f, Tantchen n
titica [ti'tʃikɐ] F bras (Vogel)Dreck m; ~! Mist!; ~ **de gente** pop Knirps m, Hänfling m
titilar [titi'lar] ⟨1a⟩ A VT kitzeln; fig schmeicheln (dat) B VI beben
titio [ti'tiu] M ling inf Onkel m; Onkelchen n
titubear [titu'bjar] ⟨1l⟩ 1 schwanken, wanken 2 stammeln
titulação [titulɐ'sɐ̃u] F Anrede f; texto: Überschrift f **titular** [titu'lar] A VT ⟨1a⟩ titulieren (de als) B ADJ titelführend C MF Titular(in) m(f); (dono) Inhaber(in) m(f); ~ **da pasta da Justiça** Justizminister(in) m(f)
título ['titulu] M 1 livro, jornal etc: Titel m; texto: Überschrift f; (rótulo) Benennung f 2 (documento) Urkunde f; Schein m; ~ **de eleitor** bras POL Wahlschein m 3 FIN Wertpapier n; **de dívida**: (Schuld)Verschreibung f 4 DIR Rechtsspruch m; fig Grund m; (direito) Anspruch m (a auf ac); a ~ de, in Form von; a ~ **pessoal/provisório** persönlich/vorläufig; **a ~ especial** ausnahmsweise; **a justo ~** mit vollem Recht 5 Feingehalt m (e-r Münze)
tive ['tivi] → ter
TJE M ABR (Tribunal de Justiça Europeu) EuGH m (Europäischer Gerichtshof)
to [tu] CONTR de te e o
toa ['toɐ] F Schlepptau n; **à ~** aufs Geratewohl; drauflos; **estar à ~** pop völlig aus dem Gleis geraten sein
toada ['twadɐ] F Ton m; (som) Klang m; MÚS Weise f; fig Gerücht n **toadilha** [twa'diʎɐ] F Volksweise f
toalete [twa'letʃi] F bras Toilette f
toalha ['twaʎɐ] F Tisch-, Hand-, Küchentuch n; REL Altartuch n; ~ **de água** Wasserspiegel m; ~ **de felpa**, ~ **turca** Frotteehandtuch n; ~ **de banho** Badetuch n; ~ **de oleado**, ~ **laminada** Wachstuch n **toalheiro** [twa'ʎajru] M Handtuchhalter m **toalhete** [twa'ʎeti] M Erfrischungstuch n; (Feucht)Tuch n

toante ['twɐ̃tʃi] tönend **toar** [twar] ⟨1f⟩ klingen (a nach); fig passen
tobogã [tɔbɔ'gɐ̃] M Bob(schlitten) m
toca ['tɔkɐ] F Höhle f, Bau m
toca-discos [tɔke'dʒiʃkuʃ] M ⟨pl inv⟩ bras Plattenspieler m **tocado** [tu'kadu] betroffen; fruta angefault; fam angeheitert **tocador** [tuka'dor] M MÚS Spieler m; bras Lasttiertreiber m **toca-fitas** [tɔke-'fitɐʃ] M ⟨pl inv⟩ bras (Kassetten)Rekorder m
tocaia [to'kajɐ] F bras Hinterhalt m; Versteck n **tocaiar** [tokaj'jar] ⟨1a⟩ bras lauern **tocaio** [to'kaju] A ADJ gleichen Namens B M Namensvetter m
tocante [tu'kɐ̃tʃi] local: angrenzend; fig rührend; **~ a** bezüglich (gen); **no ~ a** hinsichtlich (gen)
Tocantins [tokɐ̃'tʃĩʃ] M GEOG **o ~** bras Bundesstaat
tocar [tu'kar] ⟨1n; Stv 1e⟩ A VT 1 berühren (tb fig); esgrima treffen; meta erreichen; limite: grenzen an (ac); fig erschüttern 2 instrumento spielen; tambor schlagen; sino läuten B VI 1 klingeln; ~ **a** (inf) zu etw läuten; **toca a comer!** port das Essen ist fertig!; ~ **à campainha** die Glocke läuten; klingeln 2 ~ **a alg** j-n betreffen; fallen auf (ac); **toca a … …** ist an der Reihe 3 bras (los-, weiter)gehen, losfahren, weiterfahren 4 ~ **com** (an)grenzen an (ac); ~ **em** berühren; rühren an (ac); limite: grenzen an (ac); porto anlaufen; **pelo que me toca** was mich angeht C VR **~-se** sich ähneln; fruta etc zu faulen beginnen; bras fam (be)merken, kapieren
tocha ['tɔʃɐ] F Fackel f; fig Licht n; ~ **olímpica** olympische Fackel f
toco ['toku] M (Baum)Stumpf m
todavia [todɐ'viɐ] (je)doch; dennoch
todo ['todu] A ADJ 1 ganz ⟨pl alle⟩; **~s quantos** alle die(jenigen) 2 jede(r, -s); **~s os dias** jeden Tag; **-as ao vezes** jedes Mal 3 all; **com -a a força** mit aller Kraft; **em** (ou **por**) **-a a parte** überall; **o ~ mundo** fig alle Welt, jedermann B M Ganze(s) n; **ao ~** im Ganzen; **de ~ em ~** ganz und gar **todo-o-terreno** [toduti'ʀenu] querfeldein; AUTO geländegängig **todo-poderoso** [todupudi'rozu] ⟨pl **~s**⟩ allmächtig
tofo ['tofu] M Tuff(stein) m; MED Kalkab-

lagerung f
tojo ['toʒu] M ⟨pl ['tɔ-]⟩ BOT Stechginster m, Stechginsterstrauch m
tolda ['tołdɐ] F NÁUT Oberdeck n **toldado** [tot'dadu] trüb; fig benommen **toldar** [tot'dar] ⟨1e⟩ überspannen; (cobrir) bedecken (de mit); fig trüben **toldo** ['tołdu] M Markise f; Sonnensegel n
toleima [tu'łajmɐ] F → tolice **toleirão** [tułaj'rɐ̃w] A ADJ strohdumm B M, **toleirona** [tułaj'ronɐ] F fam Rindvieh n, dumme Kuh f
tolerada [tole'radɐ] F bras registrierte Prostituierte f **tolerância** [tułi'rɐ̃sjɐ] F Toleranz f (tb TECN); Nachsicht f; MED Verträglichkeit f **tolerante** [tułi'rɐ̃ti] nachsichtig; tolerant **tolerar** [tułi'rar] ⟨1c⟩ dulden; (permitir) zulassen; tolerieren; MED vertragen **tolerável** [tułi'ravɛł] erträglich; MED verträglich; TECN zulässig
tolher [tu'ʎer] ⟨2d⟩ verhindern; (proibir) untersagen; desenvolvimento hemmen; (imobilizar) lähmen; respiração verschlagen; fala rauben; olhar trüben; ~ a/c de alg j-m etw nehmen (ou vorenthalten); ~-se erlahmen; (petrificar) erstarren (de vor dat) **tolhido** [tu'ʎidu] lahm; starr; MED gelähmt
tolice [tu'lisi] F Dummheit f **tolo** ['tołu] A ADJ dumm; (pateta) töricht B M Dummkopf m; Narr m
tom [tõ] M Ton m; MÚS Tonart f; Tonfall m; MED Tonus m; telemóvel: **~ de toque** Klingelton m; **~ pastel** Pastellton m; **de bom ~** zum guten Ton gehörend; **dar o ~** fig den Ton angeben; **mudar de ~** e-n anderen Ton anschlagen
tomada [tu'madɐ] F Einnahme f; prisioneiro Gefangennahme f; de posse Inbesitznahme f; POL Übernahme f; ELECT Steckdose f; **~ de posição** Stellungnahme f; **~ de preços** Preisvergleich m **tomado** [tu'madu] ADJ benommen; MED angegriffen; voz belegt; **~ de sono** schlaftrunken; **~ de medo** angsterfüllt **tomar** [tu'mar] ⟨1f⟩ A VT nehmen; (aceitar) annehmen; alg ergreifen; criminoso fangen; café trinken; comida zu sich nehmen; medicamento einnehmen; peso feststellen; medidas ergreifen; coragem fassen; contacto aufnehmen; espaço einnehmen, beanspruchen; **~ a/c a alg** j-m etw wegnehmen; **~ ar** Luft schöpfen, an die (frische) Luft gehen; **~ amor** (ou **afeições**) a lieb gewinnen; **~ a dianteira** vorangehen; **~ as medidas** (a) messen; **~ a/c à letra** etw wörtlich nehmen; **~ a mal** übel nehmen; **~ a sério** ernst nehmen; **~ como** auffassen als; **~ por** halten für; **toma lá!** da!; **tomara que assim fosse!** wenn es doch so wäre!; **tomara eu saber** wüsste ich nur B VR **~-se de a/c** sich (dat) etw zu Herzen nehmen; von etw ergriffen werden
tomara [to'marɐ] ADV bras **tomara que …** hoffentlich …
tomatada [tumɐ'tadɐ] F GASTR Tomatenmark n; fam sopa: Tomatensuppe f; molho: Tomatensoße f **tomate** [tu'mati] M Tomate f; **~s** pl pop (Hoden) Eier npl **tomateiro** [tumɐ'tɐjru] M Tomatenstrauch m
tombadilho [tõbɐ'diʎu] M NÁUT Oberdeck n **tombador** [tõbɐ'dox] M bras Schlucht f
tombamento [tõbɐ'mẽtu] M bras Denkmalschutz m
tombar [tõ'bar] ⟨1a⟩ A VI ① (deitar abaixo) umwerfen; (atirar ao chão) niederwerfen; (derrubar) (um-, herunter)stürzen ② katalogisieren ③ bras unter Denkmalschutz stellen B VR umfallen; (rebolar) herunterrollen; hinunterpurzeln (de von); **~-se** sich überschlagen; (cair) umkippen
tombo ['tõbu] M ① Fall m; Sturz m; **aos ~s** völlig durcheinander; **andar aos ~** wanken; **dar** (ou **levar**) **um ~** stürzen; fig (sozial) abstürzen ② Grundbuch n; (arquivo) Archiv n
tômbola ['tõbułɐ] F Tombola f
tomilho [tu'miʎu] M BOT Thymian m
tomo ['tomu] M Band m; Buch n; fig Abschnitt m; (significado) Bedeutung f
tomografia [tumugrɐ'fiɐ] F Tomografie f; **~ computadorizada** Computertomografie f
tona ['tonɐ] F (dünne) Schicht f, Haut f; fig Oberfläche f; **vir à ~** sich zeigen; PSICOL zutage treten
tonal [tu'nał] tonal; Ton… **tonalidade** [tunałi'dadi] F MÚS Tonart f; Tonalität f; fig Nuance f; **~ maior** Durtonart f; **~ menor** Molltonart f
tonante [tu'nɐ̃ti] donnernd

tonel [tu'nɛł] M̄ Tonne f, Fass n **tonelada** [tuni'ładɐ] F̄ (1000 kg) Tonne f; **bruta regist(r)ada** Bruttoregistertonne f **tonelagem** [tuni'łaʒẽj] F̄ Tonnage f
toner ['tɔnɐr] M̄ Toner m, Druckerfarbe f
tónica (*ô) ['tɔnikɐ] F̄ ❶ MÚS Grundton m; *fig* Hauptakzent m ❷ GASTR Tonic (-water) n
tonicidade [tunisi'dadʒi] F̄ Spannungszustand m; LING Wortakzent m
tónico (*ô) ['tɔniku] A ADJ ❶ MÚS Ton...; **nota f -a** Grundton m; **acento m ~** LING Wortakzent m, Hauptton m ❷ MED tonisch, stärkend B M̄ MED Tonikum n
tonificar [tunifi'kar] ⟨1n⟩ stärken
toninha [tu'niɲɐ] F̄ ZOOL Delphin m **toninho** [tu'niɲu] M̄ junger Thunfisch m
tonitruante [tunitru'ɐ̃tʃi] *voz* donnernd, dröhnend; *palavras* hochtrabend
tono ['tonu] M̄ Ton(fall) m; MED Tonus m
tonsilite [tõsi'łitʃi] F̄ MED Mandelentzündung f
tonsura [tõ'surɐ] F̄ REL Tonsur f **tonsurado** [tõsu'radu] A ADJ geschoren B M̄ **~s** PL Klerus m
tonta ['tõtɐ] F̄ **às ~s** *pop* unbedacht; (*desordenado*) durcheinander; (*imenso*) wie verrückt **tontear** [tõ'tʃjar] ⟨1l⟩ albern; (*palrar*) faseln; (*ele*) **tonteia nha** (ele) **tontice** [tõ'tʃisi] F̄ Albernheit f; Dummheit f
tonto ['tõtu] A ADJ ❶ schwindlig; **~ de sono** schlaftrunken ❷ albern; kindisch B M̄ Narr m **tontura** [tõ'turɐ] F̄ Schwindel(anfall) m
topa-a-tudo [tɔpɐ'tudu] M̄, **topa-tudo** [tɔpɐ'tudu] M̄ ⟨*pl inv*⟩ *pop* Schlauberger m, Besserwisser m **topar** [tu'par] ⟨1e⟩ A VT entdecken; *pop* kapieren; *bras fam convite, proposta* zusagen, akzeptieren; **não ~ a/c** etw nicht kapieren; **fam não ~ alg ou a/c** j-n ou etw nicht ausstehen können B VI stoßen (**em** *ac*, gegen); **~ com** stoßen auf (*ac*)
topázio [tu'pazju] M̄ Topas m
tope ['tɔpi] M̄ Zusammenprall m, -stoß m; (*encontro*) Zusammentreffen n; NÁUT Topp m; (*ponta*) Spitze f; (*gume*) Gipfel m (*tb fig*)
topetada [tupi'tadɐ] F̄ Stoß m (*mit dem Kopf*); **dar uma ~** (an)stoßen (**em** *ac*)
topetar [tupi'tar] ⟨1c⟩ A VT (an)stoßen an (*ac*) B VI **~ com, ~ em** stoßen an (*ac*) (*ou* gegen) **topete** [tu'petʃi] M̄ (*poupa*) Haartolle f; *cavalo*: Busch m; *aves*: Büschel n; *fig* Frechheit f **topetudo** [tope'tudu] *bras* dreist, frech
tópico ['tɔpiku] A ADJ örtlich; zutreffend; MED topisch B M̄ Hauptpunkt m; *bras jornal*: Kommentar m
topinambo [tupi'nɐ̃bu] M̄ → tupinambo
topo ['topu] M̄ Spitze f; **~ de gama** Spitzenmodell n; **de ~** Spitzen...
topografia [tupugrɐ'fiɐ] F̄ Topografie f
topográfico [tupu'grafiku] topografisch; **levantamento m ~** Geländevermessung f
toque ['tɔki] M̄ ❶ Berührung f; *de mão*: (Hände)Druck m; *de pincel*: Pinselstrich m; *fig* Spur f, *fam* Touch m; (*aparência*) Anschein m; *pedra f* **de ~** Prüfstein m; **um ~ especial** *fig* ein gewisses Etwas ❷ Trommelschlag m; *de campainha*: Klingelzeichen n; *de sinos*: Geläut n; TEL Klingeln n; Klingelton m (Handy); MIL (Horn)Signal n; **~ de recolher** Zapfenstreich m
Tóquio ['tɔkju] SEM ART GEOG Tokio n
toranja [tu'rɐ̃ʒɐ] F̄ Pampelmuse f
tórax ['tɔraks] M̄ ANAT Brustkorb m
torçal [tur'sał] M̄ Knopflochseide f; (*fio*) Seidenschnur f **torção** [tur'sɐ̃w] F̄ Drehung f; Torsion f; MED Kolik f
torcedela [tursi'dɛłɐ] F̄ → torcedura
torcedor [toxse'dox] M̄, **torcedora** [toxse'dore] f *bras* DESP Fan m, Anhänger(in) *m(f)* **torcedura** [tursi'durɐ] F̄ Drehung f; MED Verstauchung f; *fig* Verrenkung f; (*sofisma*) Wortklauberei f **torcer** [tur'ser] ⟨2g; Stv 2d⟩ A VT drehen; krümmen; *arame* biegen; *fio* zwirnen; *pé* verstauchen; *do caminho* abbringen; *direcção* ändern; *pano* auswringen; *nariz* rümpfen; *mãos* ringen; *olhos* verdrehen; *pescoço* umdrehen; *fig* bezwingen; knebeln; *sentido* verdrehen; *lei* beugen; **~ o passo** umkehren; **aí a porca torce o rabo** *fig* da liegt der Hund begraben B VI **~ por** eintreten für; *equipe* Anhänger sein von **torcer-se** [tur'sersi] V/R sich winden; (*ceder*) nachgeben **torcicolo** [tursi'kɔłu] M̄ Windung f; MED steifer Hals m; ZOOL Wendehals m; *fig* Ausflucht f **torcida** [tur'sidɐ] F̄ Docht m; *bras* Fans mpl; Anhängerschaft f **torcido** [tur'sidu]

krumm; schief; *fig* falsch
tordeia [tur'dɐjɐ] F̄ ZOOL Misteldrossel f
tordo ['tordu] M̄ ⟨*pl* ['to-]⟩ ZOOL (Sing-)Drossel f
toré [to'rɛ] M̄ *bras* tütenförmige Rohrflöte f; *dança*: Kriegstanz m
torga ['tɔrgɐ] F̄ BOT Heidekraut n
tormenta [tur'mẽtɐ] F̄ Sturm m; NÁUT Seenot f **tormento** [tur'mẽtu] M̄ Folter f; Qual f; Not f **tormentoso** [turmẽ'tozu] stürmisch; *fig* quälend
torna ['tɔrnɐ] F̄ Ausgleich m
tornada [tur'nadɐ] F̄ Rückkehr f **tornado** [tur'nadu] M̄ Tornado m **tornar** [tur'nar] ⟨1e⟩ A̲ VT̄ (um)wenden; umdrehen; (*devolver*) zurückgeben; ~ **em** machen zu; (*transformar*) umwandeln in (*ac*); ~ **feliz** glücklich machen B̲ VĪ umkehren; (*responder*) erwidern; ~ **a** *fig* zurückkommen auf (*ac*); ~ **a fazer a/c** etw wieder tun; **~-se** werden; sich wenden (**a** an *ac*); *meios* zurückgreifen (**a** auf *ac*); **~-se** werden zu; sich verwandeln in (*ac*)
tornassol [tɔrnɐ'sɔɫ] M̄ QUÍM Lackmus n; BOT Sonnenblume f; **papel** m **de** ~ Lackmuspapier n **torna-viagem** [tɔrnɐ'vjaʒɐ̃j] F̄ ⟨*pl* -ens⟩ Heimkehr f
torneado [tur'njadu] M̄ Drechselarbeit f **torneador** [turnjɐ'dor] M̄ *de madeira*: Drechsler m; *de metal*: Dreher m **tornear** [tur'njar] ⟨1b⟩ drechseln; drehen; runden; *fig* umgeben; *rio* umfließen; gehen (**ou** fahren) um **tornearia** [turnjɐ'riɐ] F̄ Drechslerei f
tornedó [turni'dɔ] M̄ GASTR Tournedo m
torneio [tur'nɐju] M̄ ❶ Rundung f; *fig* Formvollendung f ❷ Turnier n
torneira [tur'nɐjrɐ] F̄ (Wasser)Hahn m; **água f de** ~ Leitungswasser n; **abrir/fechar a** ~ den Wasserhahn aufdrehen/zudrehen
torneiro [tur'nɐjru] M̄ Dreher m **tornejar** [turni'ʒar] ⟨1d⟩ krümmen; runden; ~ **a/c** um etw (herum)gehen; *automóvel* etw umfahren **tornel** [tur'nɛɫ] M̄ Wirbel m; *movimento*: Handgriff m (*der Spannsäge*) **tornilho** [tur'niʎu] M̄ (Schraub-) Zwinge f **torninho** [tur'niɲu] M̄ Schraubstock m
torniquete [turni'ketɨ] M̄ Drehkreuz n; MED Pressverband m; **apertar o** ~ **a alg** *fig* j-m die Daumenschrauben anlegen
torno ['tornu] M̄ ⟨*pl* ['tɔ-]⟩ Drehbank f;

(Holz)Pflock m; (*cavilha*) Zapfen m; **feito ao** ~ gedrechselt; **em** ~ rings umher; **em** ~ **a** (*ou* **de**) um ... (herum) **tornozelo** [turnu'zelu] M̄ ANAT (Fuß)Knöchel m
toro ['tɔru] M̄ Holzklotz m; BOT Fruchtknoten m
toronja [tu'rõʒɐ] F̄ Grapefruit f, Pampelmuse f
torpe¹ ['tɔrpi] schändlich; (*repugnante*) abstoßend; (*sujo*) schmutzig; (*libidinoso*) unzüchtig
torpe² ['tɔrpi] starr; (*dormente*) benommen
torpedeiro [turpi'dɐjru] M̄ Torpedoboot n
torpedo [tur'pedu] M̄ ❶ MIL Torpedo m ❷ TEL *bras* SMS f; **enviar um** ~ **a alg** j-m e-e SMS schicken ❸ ZOOL Zitterrochen m
torpeza [tur'pezɐ] F̄ (*vergonha*) Schändlichkeit f; (*porcaria*) Widerlichkeit f; (*obscenidade*) Unanständigkeit f
tórpido ['tɔrpidu] erstarrt; (*dormente*) betäubt
torpor [tur'por] M̄ Starre f; Erstarrung f; (*dormência*) Benommenheit f
torque ['tɔrki] M̄ FÍS Drehmoment n **torquês** [tox'keʃ] F̄ *bras* Kneifzange f
torrada [tu'ʁadɐ] F̄ (Scheibe f) Toast m **torradeira** [tuʁa'dɐjrɐ] F̄ Toaster m **torrado** [tu'ʁadu] Röst...; *cor* schwarzbraun; GASTR geröstet; *planta* welk; GEOG *zona* heiß
torrão [tu'ʁɐ̃ũ] M̄ Scholle f; *fig* Erde f; (*pedaço*) Stück n; **-ões** *pl* Landbesitz m **torrar** [tu'ʁar] ⟨1e⟩ rösten; (*queimar*) versengen; *fig dinheiro, herança* verschleudern
torre ['toʁɨ] F̄ Turm m; Hochhaus n; ~ **de televisão** Fernsehturm m **torreão** [tu'ʁjɐ̃ũ] M̄ *espec* (Festungs)Turm m; *geralm* Erker m
torrefa(c)ção [tuʁɨfa'sɐ̃ũ] F̄ Röstung f; (**fábrica** f **de**) ~ Rösterei f **torrefacto** [tuʁi'faktu], *bras* **torrefato** [toxe'fatu] geröstet, Röst...
torreira [tu'ʁɐjrɐ] F̄ Gluthitze f
torrencial [tuʁɛ̃'sjaɫ] *chuva* strömend; *corrente* reißend **torrencialmente** [tuʁɛ̃sjaɫ'mẽti] ADV in Strömen **torrente** [tu'ʁɛ̃ti] F̄ Sturzbach m; *fig* Flut f; *de palavras* (Wort)Schwall m
torresmo [tu'ʁeʒmu] M̄ (Fett)Griebe f

tórrido ['tɔʀidu] heiß (espec GEOG)
torrificar [tuʀifi'kaɾ] ⟨1n⟩ rösten
torta ['tɔʀtɐ] F GASTR port ≈ Biskuitrolle f; bras Torte f **torteira** [tuɾ'tɐjɾɐ] F Kuchenform f
torto ['toɾtu] A ADJ ⟨fsg, m/fpl ['tɔ-]⟩ krumm; (às avessas) verkehrt; (errado) falsch; (malcriado) unhöflich; **~ dos olhos, da vista** schielend; **~ das pernas** krummbeinig; **andar** (ou **dar**) **para o ~ torto** gehen; **falar ~** fam großspurig daherreden; **quebrar o ~** bras pop e-n Appetithappen nehmen B ADV verkehrt; **a ~ e a direito** kreuz und quer
tortuosidade [tuɾtwuzi'dadɨ] F Krümmung f; (sinuosidade) Gewundenheit f
tortuoso [tuɾ'twozu] krumm; (inclinado) schief
tortura [tuɾ'tuɾɐ] F Folter f; Qual f **torturar** [tuɾtu'ɾaɾ] ⟨1a⟩ foltern; quälen
torvação [tuɾvɐ'sɐ̃ũ] F, **torvamento** [tuɾvɐ'mẽtu] M Bestürzung f; (confusão) Verwirrung f; (desassossego) Unruhe f
torvar [tuɾ'vaɾ] ⟨1e⟩ bestürzen; (confundir) verwirren; **~ de medo** ängstigen; **~ de susto** erschrecken **torvelinho** [tuɾvɨ'tiɲu] M Wirbel m; fig Gewimmel n **torvo** ['toɾvu] furchterregend
tosa ['tɔzɐ] F 🚹 (Schaf)Schur f 🚺 pop Tracht f Prügel **tosão** [tu'zɐ̃ũ] M Vlies n; **o Tosão de Ouro** das Goldene Vlies n **tosar** [tu'zaɾ] ⟨1e⟩ scheren; (pastar) abweiden; pop prügeln
tosco ['tofku] A ADJ unbearbeitet; pedra unbehauen; pessoa ungehobelt B M **~s** PL ARQUIT Rohbau m
tosquia [tuʃ'kiɐ] F (Schaf)Schur f; fig Maßregelung f **tosquiadela** [tuʃkjɐ'dɛtɐ] F Maßregelung f **tosquiar** [tuʃ'kjaɾ] ⟨1g⟩ scheren; plantas beschneiden; fig schröpfen
tosse ['tɔsɨ] F Husten m; **~ convulsa** (bras **~ comprida**) Keuchhusten m **tossicar** [tusi'kaɾ] ⟨1n⟩ hüsteln **tossidela** [tusi'dɛtɐ] F Husten n **tossido** [tu'sidu] M Räuspern n **tossir** [tu'siɾ] ⟨3f⟩ husten
tosta ['tɔʃtɐ] F Toast m; **~ mista** port Schinken-Käse-Toast m
tostão [tuʃ'tɐ̃ũ] M Groschen m; **não valer um ~** fig keinen Pfifferling wert sein
tostar [tuʃ'taɾ] ⟨1e⟩ pão toasten, rösten; no forno bräunen
toste ['tɔʃti] M Toast m (Trinkspruch)

total [tu'taɫ] A ADJ total; völlig; (todos) Gesamt... B M Gesamtbetrag m; Gesamtheit f **totalidade** [tutɐli'dadɨ] F Gesamtheit f; **na ~** insgesamt; im Ganzen **totalista** [tutɐ'liʃtɐ] M/F Hauptgewinner(in) m(f) **totalitário** [tutɐli'taɾju] totalitär **totalitarismo** [tutɐlitɐ'ɾiʒmu] M Totalitarismus m **totalizador** [tutɐlizɐ'doɾ] M **~ parcial de quilómetros** (*ô) AUTO Tageskilometerzähler m **totalizar** [tutɐli'zaɾ] ⟨1a⟩ zusammenzählen; zusammenfassen; im Ganzen (aus)machen; (realizar) ganz verwirklichen **totalmente** [tutaɫ'mẽtɨ] ADV ganz und gar
totó [tɔ'tɔ] M 🚹 fam Hündchen n, Fiffi m 🚺 Zopf m
totobola [tɔtɔ'bɔlɐ] F port Fußballtoto n **totoloto** [tɔtɔ'lotu] M port Lotto n
tou [to] fam abr de **estou** → **estar**
touca ['tokɐ] F Haube f; de banho: Badekappe f; pop Rausch m; **dormir de ~** fig eine gute Gelegenheit verschlafen **toucado** [to'kadu] M Frisur f **toucador** [tokɐ'doɾ] M Frisiertisch m; **objectos pl de ~** Toilettenartikel mpl **toucar** [to'kaɾ] ⟨1n⟩ frisieren; (adornar) schmücken; (coroar) krönen
toucinho [to'siɲu] M Speck m; **~ entremeado** durchwachsener Speck m; **~ defumado** Räucherspeck m; **~ do céu** Gebäck aus Marzipan, Zucker und Eiern
toupeira [to'pɐjɾɐ] F ZOOL Maulwurf m; bras fam indivíduo: Trottel m
tourada [to'ɾadɐ] F Stierkampf m; (manada) Stierherde f **tourão** [to'ɾɐ̃ũ] M ZOOL Wiesel n **toureador** [toɾjɐ'doɾ] M Stierkämpfer m **tourear** [to'ɾjaɾ] ⟨1l⟩ mit e-m Stier kämpfen; fig quälen; verfolgen; bras mulheres nachstellen **toureio** [to'ɾaju] M Stierkampf m **toureiro** [to-'ɾɐjɾu] A ADJ Stier... B M Stierkämpfer m **touril** [to'ɾiɫ] M Rinderstall m; espec Stierzwinger m **tourinha** [to'ɾiɲɐ] F Amateurstierkampf m
tournée [tuɾ'ne] F Tournee f
touro ['toɾu] M Stier m (tb ASTRON); Bulle m (tb fig); **corrida f de ~s** Stierkampf m; **correr ~s** Stierkämpfe abhalten
toutiço [to'tisu] M Hinterkopf m; (nuca) Nacken m
toxemia [tɔksi'miɐ] F Blutvergiftung f
tóxico ['tɔksiku] A ADJ giftig B M Gift n, Giftstoff m **tóxicodependência**

[tɔksikɔdipēˈdēsjɐ] F̲ Drogenabhängigkeit f **toxicodependente** [tɔksikɔdipēˈdẽti] M̲/F̲ Drogenabhängige(r) m/f(m)
toxicologista [tɔksikuɫuˈʒiʃtɐ] M̲/F̲ Toxikologe m, Toxikologin f **toxicomania** [tɔksikɔmɐˈniɐ] F̲ Drogenabhängigkeit f
toxicómano (*ô) [tɔksiˈkɔmɐnu] M̲, **-a** F̲ Drogenabhängige(r) m/f(m)
toxina [tɔˈksinɐ] F̲ MED Giftstoff m; t/t Toxin n
trabalhado [trɐbɐˈʎadu] objecto sorgfältig (gearbeitet); pessoa abgearbeitet **trabalhador** [trɐbɐʎɐˈdor] A̲ ADJ werktätig; arbeitsam B̲ M̲, **trabalhadora** [trɐbɐʎɐˈdorɐ] F̲ Arbeiter(in) m(f); espec Landarbeiter(in) m(f); ~ **assalariado** Lohnarbeiter m; ~(a) **estudante** Werkstudent(in) m(f); ~ **autónomo (*ô), ~ por conta própria, ~ independente** Selbstständige(r) m; Freiberufler m; ~(a) **por conta de outrem** abhängig Beschäftigte(r) m/f(m) **trabalhão** [trɐbɐˈʎɐ̃u] M̲ fam Heidenarbeit f **trabalhar** [trɐbɐˈʎar] ⟨1b⟩ A̲ V/I terra, alg bearbeiten; plano ausarbeiten; produto verarbeiten; (suportar) zu schaffen machen (dat); (afligir) plagen; cavalo zureiten; pôr a ~ TECN in Gang setzen; anlassen B̲ V/I arbeiten (em an dat; para für; à hora stunden-, ao dia tageweise); funktionieren; ~ **por** sich bemühen zu **trabalheira** [trɐbɐˈʎɐirɐ] F̲ Plackerei f **trabalhismo** [trɐbɐˈʎiʒmu] M̲ POL Labourbewegung f **trabalhista** [trɐbɐˈʎiʃtɐ] M̲/F̲ Anhänger(in) m(f) des ~ trabalhismo
trabalho [trɐˈbaʎu] M̲ Arbeit f (dar machen); (actividade) Tätigkeit f; BIOL Vorgang m; fig Mühe f; (dificuldade) Schwierigkeit f; ~ **de casa** Heimarbeit f; ~ **doméstico** Hausarbeit f; ~ **dependente** nichtselbstständige Arbeit f; ~ **em tempo parcial** (ou **part-time**) Teilzeitarbeit f; ~ **por empreitada** Akkordarbeit f; ~ **precário** prekäres Beschäftigungsverhältnis n; ~ **sazonal** Saisonarbeit f; ~**s** pl **forçados** Zwangsarbeit f; ~ **clandestino** Schwarzarbeit f; ~**s** pl **manuais** Handarbeit f; dar-se ao ~ **de** sich (dat) die Mühe machen zu; **dar** ~ viel Arbeit (ou Mühe) machen **trabalhoso** [trɐbɐˈʎozu] mühsam
trabucador [trɐbukɐˈdor] M̲ pop Malocher m **trabucar** [trɐbuˈkar] ⟨1n⟩ pop malochen, schuften
traça [ˈtrasɐ] F̲ 1 ARQUIT Grundriss m; Plan m; fig Kniff m; bras Aussehen n 2 ZOOL Motte f; Silberfischchen n
traçado [trɐˈsadu] M̲ Linienführung f; grafisches Bild n; (esboço) Vorzeichnung f; Entwurf m; ARQUIT Trasse f **traçador** [trɐsɐˈdor] M̲ (Plan)Zeichner m; Planer m; ~ **de gráficos** INFORM Plotter m **traçamento** [trɐsɐˈmẽtu] M̲ Zeichnung f; (plano) Planung f; (esboço) Entwurf m **traçar** [trɐˈsar] ⟨1p; Stv 1b⟩ (auf)zeichnen; linha ziehen; círculo beschreiben; caminho abstecken; linhas Linien ziehen auf (dat); (esboçar) entwerfen; fig planen; ersinnen; execução anordnen
tra(c)ção [trɐˈsɐ̃u] F̲ Ziehen n; força: Zugkraft f; AUTO Antrieb m; ~ **à frente** Vorderradantrieb m; ~ **às** (bras **nas**) **quatro rodas** Allradantrieb m; ~ **elé(c)trica** Elektrotrieb m; **prova f de** ~ Zerreißprobe f; **resistência f à** ~ Reißfestigkeit f; **animal** m **de** ~ Zugtier n
tracejado [trɐsiˈʒadu] M̲ Strichellinie f **tracejar** [trɐsiˈʒar] ⟨1d⟩ skizzieren
traço [ˈtrasu] M̲ Strich m; fig Charakterzug m; (característica) Merkmal n; (vestigio) Spur f; texto: Stelle f (aus e-m Buch); ~**s** mpl Gesichtszüge mpl; ~ **de união** Bindestrich m; **a** ~**s largos** in groben Zügen
tra(c)to [ˈtratu] M̲ Gebiet n; de tempo: Abschnitt m; de estrada: Strecke f
tra(c)tor [trɐˈtor] M̲ Traktor m, Trecker m; ~ **de lagartas** Raupenschlepper m **tra(c)torista** [trɐtuˈriʃtɐ] M̲/F̲ Traktorfahrer(in) m(f)
tradição [trɐdiˈsɐ̃u] F̲ Tradition f; Überlieferung f **tradicional** [trɐdisjuˈnaɫ] traditionell **tradicionalismo** [trɐdisjunɐˈɫiʒmu] M̲ Traditionalismus m **tradicionalista** [trɐdisjunɐˈliʃtɐ] A̲ ADJ traditionsbewusst B̲ M̲/F̲ Traditionalist(in) m(f) **tradicionalmente** [trɐdisjunaɫˈmẽti] ADV traditionell
tradução [trɐduˈsɐ̃u] F̲ Übersetzung f; fig Wiedergabe f; (expressão) Ausdruck m; ~ **técnica** Fachübersetzung f **tradutor(a)** [trɐduˈtor(ɐ)] M̲/F̲ Übersetzer(in) m(f); ~(**a)juramentado** vereidigter Übersetzer m **traduzir** [trɐduˈzir] ⟨3m⟩ übersetzen; wiedergeben; sentimentos ausdrücken; ~ **em fa(c)tos** (ou **obras**) in die Tat

umsetzen; **~-se em** zum Ausdruck kommen in (dat) **traduzível** [tɾɐduˈzivɛɫ] übersetzbar

trafegar [tɾɐfiˈgar] ⟨1o; Stv 1c⟩ COM Handel treiben; tätig sein; (esforçar-se) sich plagen **tráfego** [ˈtɾafigu] M Verkehr m; COM Handel m; **~ de mercadorias** Güterverkehr m; Warenumschlag m; **~ aéreo** Luftverkehr m

traficância [tɾɐfiˈkɐ̃sjɐ] F pop Schiebung f; Kuhhandel m **traficante** [tɾɐfiˈkɐ̃ti] M/F Schieber(in) m(f); **~ de drogas** Drogenhändler(in) m(f) **traficar** [tɾɐfiˈkar] ⟨1n⟩ illegal Handel treiben

tráfico [ˈtɾafiku] M illegaler Handel m; **~ de drogas** Drogenhandel m; **~ de mulheres** Frauen-, Mädchenhandel m; **~ humano** Menschenhandel m

trafulha [tɾɐˈfuʎɐ] M/F Gauner(in) m(f) **trafulhice** [tɾɐfuˈʎisi] F Schwindel m

traga [ˈtɾagɐ] → trazer

tragada [tɾɐˈgadɐ] F bras (Zigaretten)Zug m **tragadeiro** [tɾɐgɐˈdɐjɾu] M pop, **tragadouro** [tɾɐgɐˈdoɾu] M Schlund m; fig Abgrund m **tragar** [tɾɐˈgar] ⟨1o; Stv 1b⟩ verschlingen; (ver)schlucken; bebida hinunterstürzen; fig geduldig ertragen; fam einstecken, schlucken; fumo einziehen

tragédia [tɾɐˈʒɛdjɐ] F LIT Tragödie f **tragicamente** [tɾɐʒikɐˈmẽti] ADV auf tragische (ou erschütternde) Weise **trágico** [ˈtɾaʒiku] A ADJ tragisch; erschütternd; (horrível) schrecklich B M, **-a** F Tragödiendichter(in) m(f) **tragicomédia** [tɾɐʒikuˈmɛdjɐ] F Tragikomödie f

trago[1] [ˈtɾagu] → trazer

trago[2] [ˈtɾagu] M Schluck m; cigarro: Zug m; fig Schicksalsschlag m; fam bittere Pille f; **de um ~** in e-m Zug; auf einmal

traição [tɾɐjˈsɐ̃w̃] F Verrat m; **alta ~** Hochverrat m; **à ~** hinterrücks **traiçoeiramente** [tɾɐjswɐjɾɐˈmẽti] ADV hinterrücks **traiçoeiro** [tɾɐjˈswɐjɾu] verräterisch; (falso) falsch; (perigoso) (heim)tückisch; (enganador) irreführend **traidor** [tɾɐjˈdor] A ADJ verräterisch; (desleal) treulos; (perigoso) tückisch B M, **-a** [tɾɐjˈdoɾɐ] F Verräter(in) m(f)

traína[1] [ˈtɾajnɐ] F Schleppnetz n **traineira** [tɾɐjˈnajɾɐ] F Fischerboot n; peixe m **da ~** Frischfisch m

trair [tɾɐˈir] ⟨3I⟩ verraten; cônjuge untreu werden (dat); (negar) verleugnen; (falsificar) (ver)fälschen

trajar [tɾɐˈʒar] ⟨1b⟩ A V/T tragen B V/I sich kleiden; **~ de festa** sich festlich kleiden C M Tracht f **traje** [ˈtɾaʒi] M geralm Kleidung f; espec Tracht f, Kostüm n; de senhores tb: Anzug m; de senhoras tb: Kleid n; **~ de cerimónia (*ô)**, **~ de** (bras **a) rigor** senhores: Abendanzug m; senhoras: Abendkleid n; **~ social** formelle Kleidung f; **~ típico** bras Tracht f; **~(s)** (pl) **menor(es)** port Unterwäsche f

traje(c)to [tɾɐˈʒɛtu] M Strecke f; (travessia) (Über)Fahrt f; (caminho) Weg m; fig Verlauf m **traje(c)tória** [tɾɐʒɛˈtɔɾjɐ] F Flugbahn f; fig Bahn f, Weg m; (desenrolar) Entwicklung f

trajo [ˈtɾaʒu] M → traje

tralha [ˈtɾaʎɐ] F Netz n; pop Kram m, Plunder m **tralhas-malhas** [tɾaʎɐʒˈmaʎɐʃ] FPL **por ~** port pop hinterlistig

trama [ˈtɾamɐ] F Schuss(faden) m; Gewebe n; fig Intrige f; Verwicklung f; bras CINE: Handlungsfaden m, Plot m; (acordo) Abmachung f; (negócio) Geschäft n; **urdir uma ~** e-e Intrige spinnen

tramar [tɾɐˈmar] ⟨1a⟩ fio einschießen; fig anzetteln; aushecken; pop alg anschmieren

trambolhão [tɾɐbuˈʎɐ̃w̃] M Sturz m; (cambalhota) Purzelbaum m; fig Reinfall m; (ruína) Ruin m; **dar um ~** hinschlagen; fig sozial abstürzen; **andar aos -ões** durcheinanderpurzeln **trambolho** [tɾɐˈboʎu] M Fußfessel f; fig Klotz m am Bein; (obstáculo) Hindernis n

tramitação [tɾɐmitɐˈsɐ̃w̃] F Prozedere n; reclamação: Bearbeitung f

trâmite [ˈtɾɐmiti] M Weg m; (direcção) Richtung f; **~s** pl Dienstweg m; (Geschäfts)Gang m; (instância) Instanz f

tramóia [tɾɐˈmɔjɐ] F fam List f; (armadilha) Falle f

tramontana [tɾɐmõˈtɐnɐ] F ASTRON Polarstern m; METEO Nordwind m; **perder a ~** fig nicht wissen, wo einem der Kopf steht

trampa [ˈtɾɐ̃pɐ] F pop Scheiße f; Mist m; Dreck m (tb fig)

trampolim [tɾɐ̃puˈlĩ] M Sprungbrett n **trampolina** [tɾɐ̃puˈlinɐ] F pop Purzelbaum m; fig Schwindel m **trampolinar** [tɾɐ̃puliˈnar] ⟨1a⟩ schwindeln **trampolineiro** [tɾɐ̃puliˈnɐjɾu] M Schwindler

Transamazônica

So nennt man in Brasilien die große Autobahn bzw. Überlandstraße, die sich über 4.000 km von Cabedelo an der östlichsten Atlantikküste bis Lábrea im westlichsten Bundesstaat Amazonas erstreckt. Der Bau dieser großen Amazonasquerung wurde Anfang der 70er-Jahre unter größten Strapazen der Bauarbeiter durchgeführt, die oft wochenlang von der Außenwelt abgeschnitten waren. Noch 2010 sind weite Strecken der **Rodovía Transamazônica** im Landesinneren nur eine Lehmpiste und in der Regenzeit unpassierbar.

Bis heute ist die Straße umstritten. Für die einen ist sie die segensreiche Verbindung zu Moderne und Fortschritt, für die anderen der Fluch der ‚Zivilisation': Zahlreiche Indianerstämme entlang der Trasse wurden ausgerottet oder starben durch eingeschleppte Krankheiten, riesige Waldflächen wurden gerodet und die Böden danach durch unsachgemäße Bewirtschaftung ausgelaugt.

---

m **trampolinice** [trɐ̃puti'nisi] F → trampolina

tranca ['trɐ̃kɐ] F Riegel *m*; Sperrbalken *m*; *fig* Knüppel *m*; (*obstáculo*) Hindernis *n*; ~ **central das portas** AUTO Zentralverriegelung *f*; **dar às** ~ *fam* ausreißen

trança [trɐ̃'sɐ] F (geflochtener) Zopf *m*

trancafiado [trɐ̃kɐ'fjadu] *bras* hinter Schloss und Riegel

trancar [trɐ̃'kar] 〈1n〉 versperren; abschließen; verriegeln; *fig* ein Ende machen (*dat*); *queixa* abweisen; **~-se em** sich verbarrikadieren in (*dat*)

trançar [trɐ̃'sar] 〈1p〉 flechten **trancelim** [trɐ̃si'lĩ] M Goldschnur *f* **trancinha** [trɐ̃'siɲɐ] F Litze *f*; *fig* Intrige *f*

tranco ['trɐ̃ku] M Kapriole *f*; (*salto*) Sprung *m*; **a ~s e barrancos** über Stock und Stein; **aos ~s** *fig* holterdiepolter

tranqueira [trɐ̃'kɐjrɐ] F Verschanzung *f*; *fig* Deckung *f*; *bras fam* Gerümpel *n*; **levantar ~** sich verschanzen; **sair da ~** *port fig* sich aus der Reserve locken lassen

tranqueiro [trɐ̃'kɐjru] M (Säge)Bock *m*

tranqueta [trɐ̃'ketɐ] F Riegel *m*; TECN Sperrfeder *f*

tranquilha [trɐ̃'kiʎɐ] F *fig* Fallstrick *m*; **por ~s** hintenherum

tranquilidade (*ü) [trɐ̃kwili'dadi] F Ruhe *f*; (*silêncio*) Stille *f* **tranquilizante** [trɐ̃kwili'zɐ̃ti] M Beruhigungsmittel *n* **tranquilizar** [trɐ̃kwili'zar] 〈1a〉 beruhigen **tranquilo** [trɐ̃'kwilu] ruhig

trans... [trɐ̃ʃ-,trɐ̃ʒ-,trɐ̃z-] EM COMP Über...; Trans...; über... hinaus

transa(c)ção [trɐ̃zɐ'sɐ̃w] F COM, FIN Transaktion *f*; COM *tb* Abwicklung *f* *e-s* Geschäfts; **ter -ões com** in Geschäftsverbindung stehen mit **transa(c)cionar** [trɐ̃zasju'nar] 〈1f〉 verhandeln; übereinkommen; COM Geschäfte machen **transa(c)to** [trɐ̃'zatu] vergangen

Transamazônica (*ô) [trɐ̃zɐmɐ'zɔnikɐ] Transamazonika *f* (*quer durch das Amazonasgebiet führende Schnellstraße*)

transatlântico [trɐ̃zɐt'lɐ̃tiku] A ADJ überseeisch; transatlantisch B M Überseedampfer *m*

transbordador [trɐ̃ʒburdɐ'dor] M Umladekran *m* **transbordante** [trɐ̃ʒbur'dɐ̃ti], **transbordar** [trɐ̃ʒbur'dar], **transbordo** [trɐ̃ʒ'bordu] → trasbordante *etc*

transcendência [trɐ̃ʃsẽ'dẽsjɐ] F Überlegenheit *f*; (*significado*) Bedeutung *f*; (*alcance*) Tragweite *f*; FILOS Transzendenz *f* **transcendente** [trɐ̃ʃsẽ'dẽti] überragend; (*extraordinário*) außergewöhnlich; (*importante*) bedeutend; *alcance*: weitreichend; FILOS transzendent **transcender** [trɐ̃ʃsẽ'der] 〈2a〉 A V/T überschreiten; (*exceder*) übertreffen B V/I sich auszeichnen; hinausgehen (**de** über *ac*)

transcorrer [trɐ̃ʃku'ʁer] 〈2d〉 *temporal*: verstreichen; *local*: überschreiten

transcrever [trɐ̃ʃkri'ver] 〈2c; *pp* transcrito〉 abschreiben; übertragen; MÚS bearbeiten (**para** für) **transcrição** [trɐ̃ʃkri'sɐ̃w] F Wiedergabe *f*; Transkription *f*; MÚS Bearbeitung *f*; **~ fonética** Lautschrift *f* **transcurso** [trɐ̃ʃ'kursu] M Verlauf *m*

transe ['trɐ̃zi] M kritischer Augenblick *m*; (*aflição*) Not *f*; (*perigo*) Gefahr *f*; Trance *f*; **~ de morte** Todeskampf *m*; **a todo o ~**

koste es, was es wolle
transepto [trɐ̃ˈzɛptu] M̄ Querschiff n
transeunte [trɐ̃ˈzjũti] M̄/F̄ Passant(in) m(f), Fußgänger(in) m(f)
transferência [trɐ̃ʃfiˈrẽsjɐ] F̄ Übertragung f; *bancária*: Überweisung f (tb COM); *empregado*: Versetzung f; *sede*: Verlegung f; Transfer m; **~ de tecnologia** Technologietransfer m **transferidor** [trɐ̃ʃfiriˈdor] M̄ MAT Winkelmesser m **transferir** [trɐ̃ʃfiˈrir] ⟨3c⟩ übertragen; *quantia* überweisen; *empregado* versetzen; *sede* verlegen **transferível** [trɐ̃ʃfiˈrivɛɫ] übertragbar
transfiguração [trɐ̃ʃfiguraˈsɐ̃u] F̄ Verwandlung f; **Transfiguração** REL Verklärung f **transfigurar** [trɐ̃ʃfiguˈrar] ⟨1a⟩ verwandeln; *(desfigurar)* entstellen; REL verklären **transformação** [trɐ̃ʃfurmɐˈsɐ̃u] F̄ Um-, Verwandlung f; Transformation f; *(modificação)* Veränderung f; TECN Verarbeitung f **transformador** [trɐ̃ʃfurmɐˈdor] M̄ ELECT Transformator m **transformar** [trɐ̃ʃfurˈmar] ⟨1e⟩ um-, verwandeln, transformieren; *(restruturar)* umbilden; *material* verarbeiten (em zu); **~-se** sich verändern; werden (em zu)
trânsfuga [ˈtrɐ̃ʃfugɐ] M̄/F̄ Überläufer(in) m(f); Renegat(in) m(f)
transfusão [trɐ̃ʃfuˈzɐ̃u] F̄ MED **~ de sangue** (Blut)Transfusion f **transgénico (*ê)** [trɐ̃ˈʒɛniku] ADJ genmanipuliert, transgen
transgredir [trɐ̃ʒgriˈdir] ⟨3d⟩ überschreiten; *(infringir)* übertreten; *lei* verstoßen gegen; *dever* verletzen **transgressão** [trɐ̃ʒgrɨˈsɐ̃u] F̄ Übertretung f; DIR Verstoß m; *dever*: Pflichtverletzung f **transgressor(a)** [trɐ̃ʒgrɨˈsor(ɐ)] M̄/F̄ (Gesetzes)Übertreter(in) m(f)
transição [trɐ̃ziˈsɐ̃u] F̄ Übergang m **transido** [trɐ̃ˈzidu] ADJ **~ de ...** ...erfüllt; *frio, medo* erstarrt vor *(dat)* **transigência** [trɐ̃ziˈʒẽsjɐ] F̄ Nachgiebigkeit f **transigente** [trɐ̃ziˈʒẽti] nachgiebig **transigir** [trɐ̃ziˈʒir] ⟨3n⟩ **~ com** nachgeben; sich verständigen (em über ac) **transir** [trɐ̃ˈzir] Ⓐ V/T durchdringen; *(encher)* erfüllen Ⓑ V/I **~ de frio** völlig durchgefroren sein **transístor** [trɐ̃ˈziʃtɔr] M̄ Transistor m **transitado** [trɐ̃ziˈtadu] befahren **transitar** [trɐ̃ziˈtar] ⟨1a⟩ verkehren; **~ em**, **~ por** gehen *(ou* fahren*)* durch; **~ para** übergehen zu **transitável** [trɐ̃ziˈtavɛɫ] gangbar; *estrada* befahrbar **transitivo** [trɐ̃ziˈtivu] GRAM transitiv
trânsito [ˈtrɐ̃zitu] M̄ *geralm* Verkehr m; *por uma região*: Durchfahrt f, *(passagem)* Durchreise f; COM Transit m; *fig* Tod m; **~ citadino** Stadtverkehr m; **em ~** auf (der) Durchreise; *passageiro* m, -a f **em ~** Transitreisende(r) m(f)/m
transitório [trɐ̃ziˈtɔrju] vorübergehend; Übergangs... **governo ~** Übergangsregierung f
translação [trɐ̃ʒlaˈsɐ̃u] F̄ *corpo*: Überführung f; Verlagerung f; Versetzung f; **movimento m de ~** ASTRON Umlaufbewegung f **transladar** [trɐ̃ʒlaˈdar] ⟨1b⟩ überführen; *local*: versetzen; verlegen **translúcido** [trɐ̃ʒˈlusidu] durchscheinend **transluzir** [trɐ̃ʒluˈzir] ⟨3m⟩ durchscheinen **transmigração** [trɐ̃ʒmigrɐˈsɐ̃u] F̄ Umsiedlung f; *voluntária*: Abwanderung f; **~ das almas** Seelenwanderung f
transmissão [trɐ̃ʒmiˈsɐ̃u] F̄ Übertragung f; Übermittlung f; **~ de dados** Datenübertragung f; **~ diferida** TV Aufzeichnung f; **~ em directo** (bras ao vivo) TV Live-Sendung f; **~ hereditária** Vererbung f; **linha f de ~** Überlandleitung f; **~ televisiva** Fernsehsendung f **transmissibilidade** [trɐ̃ʒmisibiliˈdadi] F̄ Übertragbarkeit f **transmissível** [trɐ̃ʒmiˈsivɛɫ] übertragbar **transmissor** [trɐ̃ʒmiˈsor] Ⓐ ADJ **agente** M̄, **meio** M̄ **~** Sender m Ⓑ M̄ ELECT Sender m; Übermittler m **transmitir** [trɐ̃ʒmiˈtir] ⟨3a⟩ übertragen **(por** über ac); *mensagem* weitergeben **(a** an ac); **~-se** FIS sich fortpflanzen; *doença* sich ausbreiten
transmudar [trɐ̃ʒmuˈdar] ⟨1a⟩ *(converter)* umwandeln; *(transferir)* überführen, verlegen **(a** nach); *(transformar)* verwandeln **transmutação** [trɐ̃ʒmutɐˈsɐ̃u] F̄ *(transformação)* Umwandlung f; *(transferência)* Verlegung f
transnacional [trɐ̃ʒnɐsjuˈnaɫ] länderübergreifend **transoceânico** [trɐ̃zoˈsjɐniku] überseeisch
transparecer [trɐ̃ʃpɐriˈser] ⟨2g⟩ (durch)schimmern; *(delinear-se)* sich abzeichnen **transparência** [trɐ̃ʃpɐˈrẽsjɐ] F̄ Transparenz f; *folha*: (Klarsicht)Folie f **transpa-**

rente [trɐ̃ʃpɐˈrẽtɪ] **A** ADJ durchsichtig (tb fig) **B** M Transparent n **transpiração** [trɐ̃ʃpiraˈsɐ̃ʊ̯] F Ausdünstung f; (suor) Schweiß m **transpirar** [trɐ̃ʃpiˈrar] ⟨1a⟩ schwitzen; fig durchsickern
transplantação [trɐ̃ʃplɐ̃taˈsɐ̃ʊ̯] F MED Transplantation f; BOT Umpflanzen n **transplantar** [trɐ̃ʃplɐ̃ˈtar] ⟨1a⟩ verpflanzen; BOT umpflanzen; MED transplantieren **transplante** [trɐ̃ʃˈplɐ̃tɪ] M MED Transplantation f, Verpflanzung f
transpor [trɐ̃ʃˈpor] ⟨2z⟩ versetzen; local tb: verschieben; limite überschreiten; MÚS transponieren **transportador** [trɐ̃ʃpurtɐˈdor] **A** ADJ Förder...; **cinta** (bras **esteira**) f **-a** Förderband n; **companhia** f **-a** Verkehrsbetrieb m **B** M TECN Fördereinrichtung f, Förderer m **transportadora** [trɐ̃ʃpurtɐˈdɔra] F Transportunternehmen n; de aves: Durchzug m **transportar** [trɐ̃ʃpurˈtar] ⟨1e⟩ transportieren (a per; **para** nach); fortschaffen; fig übertragen; **~-se** außer sich (dat) geraten; sich versetzen (a in ac) **transportável** [trɐ̃ʃpurˈtavɛɫ] transportfähig; (com rodas) fahrbar; (móvel) beweglich **transporte** [trɐ̃ʃˈpɔrtɪ] M Transport m; (meio de transporte) Transportmittel n; fig Übertragung f; COM (Rechnungs)Übertrag m; fig Begeisterung f; (ataque) Wutausbruch m; **~s** pl, **meios** pl **de ~**, Verkehrsmittel npl; **~** pl **interurbanos** Fernverkehr m; **~s** pl **públicos** öffentliche Verkehrsmittel npl; **Ministério** m **dos Transportes** Verkehrsministerium n; **com ~s próximos** verkehrsgünstig **transposição** [trɐ̃ʃpuziˈsɐ̃ʊ̯] F Versetzung f; Umstellung f (tb MAT Gleichung) **transtornar** [trɐ̃ʃturˈnar] ⟨1e⟩ a/c durcheinanderbringen; (confundir) verwirren; (deitar a baixo) umstürzen; (entornar) umwerfen; expressão entstellen; **~-se** die Fassung verlieren **transtorno** [trɐ̃ʃˈtornu] M Umkehrung f; (queda) Umsturz m; (confusão) Verwirrung f; (surpresa) Fassungslosigkeit f; espec Störung f; **~ da razão** geistige Verwirrung f; **causar ~ a alg** j-m Unannehmlichkeiten bereiten **transudação** [trɐ̃suðaˈsɐ̃ʊ̯] F espec Schweiß m; geralm Ausscheidung f **transumância** [trɐ̃zuˈmɐ̃sjɐ] F Viehtrieb m, Weidewanderung f, Transhumanz f; **~ ascendente** Auftrieb m; **~ descenden-**

te Abtrieb m
transvasar [trɐ̃zvɐˈzar] ⟨1b⟩ líquido umfüllen; objecto umladen **transvazar** [trɐ̃zvɐˈzar] ⟨1b⟩ ausgießen; (entornar) umwerfen; fig leeren; **~-se** ausfließen **transversal** [trɐ̃zvirˈsaɫ] schräg; (lateral) seitlich; Quer...; **linha** f **~** Seitenlinie f; **rua** f **~** Quer-, Seitenstraße f **transviar** [trɐ̃zˈvjar] ⟨1g⟩ irreführen; abbringen (**de** von); **~-se** sich verirren **transvio** [trɐ̃zˈviu] M Irrweg m; (confusão) Verwirrung f; → extravio **transvôo** [trɐ̃zˈvou] M de aves: Durchzug m
tranvia [trɐˈvia] F → trâmuei
trapaça [trɐˈpasɐ] F, **trapaçaria** [trɐpɐsɐˈria] F Betrug m; Schwindel m; **fazer ~** mogeln **trapacear** [trɐpɐˈsjar] ⟨1l⟩ mogeln **trapaceiro** [trɐpɐˈsɐiru] M Schwindler m
trapalhada [trɐpɐˈʎaðɐ] F Verwirrung f, Durcheinander m; fam nette Bescherung f **trapalhão** [trɐpɐˈʎɐ̃ʊ̯] M, **trapalhona** [trɐpɐˈʎɔnɐ] F Tollpatsch m **trapalhice** [trɐpɐˈʎisɪ] F → trapalhada
trapeira [trɐˈpɐira] F ARQUIT Dachluke f; Falle f **trapeiro** [trɐˈpɐiru] M, **-a** F Lumpensammler(in) m(f)
trapézio [trɐˈpɛzju] M Trapez n **trapezista** [trɐpiˈzistɐ] M/F Luftakrobat(in) m(f) **trapezoidal** [trɐpizɔiˈðaɫ] trapezförmig
trapiche [trɐˈpiʃɪ] M Schuppen m
trapo [ˈtrapu] M (farrapo) Lumpen m; de cozinha etc: Lappen m; vestuário: Fetzen m; **estar um ~ bras** völlig kaputt sein (körperlich)
traque [ˈtrakɪ] M pop Furz m; **dar um ~** pop furzen
traqueal [trɐˈkjaɫ] ANAT Luftröhren...
traqueia [trɐˈkɐjɐ] F ANAT Luftröhre f
traquejar [trɐkiˈʒar] ⟨1d⟩ **1** trainieren; üben lassen **2** verfolgen **traquejo** [trɐˈkɐiʒu] M Erfahrung f, Übung f, Können n
traquete [trɐˈketɪ] M NÁUT Fock f
traquina [trɐˈkinɐ] ausgelassen; criança quirlig **traquinada** [trɐkiˈnaðɐ] F Heidenlärm m; de criança: Kinderstreich m **traquinar** [trɐkiˈnar] ⟨1a⟩ herumtollen; lärmen **traquinas** [trɐˈkinɐʃ] → traquina **traquinice** [trɐkiˈnisɪ] F Ausgelassenheit f; criança: Streich f
trará [trɐˈra] → trazer
trás¹ [traʃ] **A** PREP local: hinter (ac ou dat); local e temporal: nach (dat); **ano ~ ano**

Jahr für Jahr B ADV hinten; **de ~** → detrás; **por ~** fig heimlich; hinter j-s Rücken; **passar para ~** zurückfallen; überholt werden

trás² [traʃ] INT **~!** klatsch!

tras... [traʃ-, traʒ-, traz-] EM COMP → trans... etc **trasbordante** [traʒbur'dɐ̃ti] überschäumend; fig mitreißend **trasbordar** [traʒbur'dar] ⟨1e⟩ A VIT rio treten über (ac); umladen; passageiros umsteigen lassen B V/I überfließen (tb fig); ausfließen; über die Ufer treten; fig überschäumen (**de** vor dat); FERROV umsteigen; **a ~** zum Überlaufen (voll) **trasbordo** [traʒ'bordu] M Umladung f; de passageiros: Umsteigen n; **fazer ~ em** umsteigen in (dat)

traseira(s) [trɐ'zairɐ(ʃ)] F(PL) Rückseite f; hinterer Teil m; prédio Hinterhof m; **~ inclinada** AUTO Schrägheck n **traseiro** [trɐ'zairu] A ADJ hinter; parte rückwärtig B M Hintere(r) m; GASTR Keule f; fam Hintern m

trasfegar [traʃfi'gar] ⟨1o; Stv 1c⟩ umfüllen **trasfoliar** [traʃfu'ljar] ⟨1g⟩ durchpausen **trasladação** [traʒɫɐdɐ'sɐ̃ũ] F fúnebre: Überführung f; funcionário etc: Versetzung f; tarefa: Übertragung f **trasladar** [traʒɫɐ'dar] ⟨1b⟩ überführen; corpo umbetten; funcionário etc versetzen; religeben; **~-se** local: umziehen; übergehen (**a, para** auf ac) **traslado** [traʒ'ɫadu] M Abschrift f; Abbild n; (Schreib)Vorlage f; PINT Kopie f; fig Vorbild n

trasmontano [traʒmõ'tɐnu] aus Trás-os-Montes **Trás-os-Montes** [trazuʒ'mõtiʃ] M hist port Provinz

traspass... bras → trespassar etc **traste** ['traʃti] M 1 (móvel) Möbel n; (aparelho) Gerät n; **~s pl** Hausrat m; **~s pl velhos** pop alte Klamotten fpl 2 pop fig Gauner m

tratadista [trɐtɐ'diʃtɐ] M/F Verfasser(in) m(f) e-r Abhandlung **tratado** [trɐ'tadu] M Abhandlung f; POL Vertrag m; **Tratado da União Europeia** EU-Vertrag m **tratamento** [trɐtɐ'mẽtu] M Behandlung f (tb MED); TECN Verarbeitung f; **por tu** etc: Anrede(form) f; (modos) Umgang m; Umgangsformen fpl; (título) Titel m; cabelo etc: Kur f; **de ~** vornehm; **estação f de ~** Kläranlage f; **~ de roupa** Wäscheservice m (im Hotel); **~ de textos** port INFORM Textverarbeitung f; **fazer um ~ MED** sich in Behandlung begeben **tratante** [trɐ'tɐ̃ti] M/F Gauner(in) m(f) **tratar** [trɐ'tar] ⟨1b⟩ A VIT MED behandeln (**a** mit); (processar) verarbeiten; alg pflegen; (negociar) verhandeln über (ac); **alg por** (ou **de**) j-n anreden mit; **~ por tu/você** duzen/siezen; **~ mal de palavras** port schimpfen B V/I de (ou acerca de, sobre) handeln von; (falar) sprechen über (ac); (ocupar-se) sich beschäftigen mit; (cuidar) behandeln; (tentar) versuchen zu; **~ com** verhandeln mit; fig verkehren mit; **~-se de** sich handeln um **tratável** [trɐ'tavɛɫ] umgänglich

trato ['tratu] M Umgang m; Verkehr m; (modos) Benehmen n; **maus ~s pl (às crianças)** (Kindes)Misshandlung f; **dar ~s a alg** j-n quälen

trator [tra'tox] etc bras → tractor etc **traumático** [trau'matiku] traumatisch; **choque ~** Nervenschock m; **febre f ~a** Wundfieber n **traumatismo** [trauma'tiʒmu] M Trauma n **traumatizar** [traumati'zar] ⟨1a⟩ PSICOL traumatisieren

trautear [trau'tjar] ⟨1l⟩ trällern; pop belästigen; (enganar) übers Ohr hauen

Trav. ABR (Travessa) Gasse

trava ['travɐ] F Bremsung f; (fecho) Verriegelung f; Sperre f; **para cavalos** Fessel f

travação [travɐ'sɐ̃ũ] F ARQUIT Gebälkbindung f; bras Bremsung f **travadeira** [travɐ'dɐirɐ] F Schrankeisen n **travado** [trɐ'vadu] gebremst; (bloqueado) gehemmt; língua schwer; sprachbehindert; (renhido) hitzig; (unido) innig **travagem** [trɐ'vaʒɐ̃ĩ] F crédito: Sperrung f; AUTO Bremsung f; **~ brusca** Vollbremsung f **trava-língua** [travɐ'ɫĩgwɐ] M ⟨pl inv⟩ Zungenbrecher m **travamento** [travɐ'mẽtu] M → travação; Rückschlag m (e-r Waffe) **travanca** [trɐ'vɐ̃kɐ] F bras Hindernis n **travão** [trɐ'vɐ̃ũ] M port Bremse f; **~ de disco** Scheibenbremse f; **~ de estacionamento** Handbremse f; **~ de serviço** Fußbremse f; **~ de tambor** Trommelbremse f **travar** [trɐ'var] ⟨1b⟩ A VIT 1 (ab)bremsen; ímpeto etc zügeln; geralm hemmen, blockieren; despertador abstellen; INFORM sperren 2 zusammenfügen; fios verschlingen; espadas kreuzen; conversa anknüpfen; **~ amizade**

com sich anfreunden mit B VI bitter schmecken; port AUTO bremsen; ~ de greifen nach C V/R ~-se aneinandergeraten; *amizade* sich entspinnen **trave** ['travɨ] F *futebol*: Torbalken *m*, Latte *f* **travejamento** [trɐvɨʒɐ'mẽtu] M Balkenwerk *n* **travejar** [trɐvi'ʒar] ⟨1d⟩ *casa* richten **través** [trɐ'vɛʃ] M **de ~** schief; (*de lado*) von der Seite **travessa** [trɐ'vɛsɐ] F ❶ ARQUIT Querbalken *m*; FERROV Schwelle *f*; **~ de reforço** Verstärkungsstrebe *f* ❷ (*viela*) Gasse *f* ❸ GASTR Servierplatte *f* ❹ (*pente*) Einsteckkamm *m* **travessão** [trɐvi'sɐ̃u̯] A ADJ quer; widrig B M METEO starker Gegenwind *m*; *para cabelo*: (Haar)Spange *f*; MÚS Taktstrich *m*; GRAM Gedankenstrich *m* **travesseira** [trɐvi'sɐi̯rɐ] F kleines Kopfkissen *n* **travesseiro** [trɐvi'sɐi̯ru] M Nackenrolle *f*; *bras* Kopfkissen *n*; (*fronha*) Kissenbezug *m*; GASTR *Blätterteiggebäck mit Eifüllung*; **consultar o ~** etwas überschlafen **travessia** [trɐvi'siɐ] F Über-, Durchquerung *f*; *oceano*: Überfahrt *f*; (*passagem*) Durchreise *f*; **~ de pedestres** *bras* Fußgängerüberweg *m*; **fazer a ~ de** über-, durchqueren; (*passar por*) fahren (*ou* reisen) durch **travesso**[1] [trɐ'vesu] quer; (*inclinado*) schräg; *circunstância* widrig; **mão** *f* -**a** Handbreite *f* **travesso**[2] [trɐ'vesu] boshaft; (*traquinas*) ausgelassen; (*irrequieto*) quirlig **travessoura** [trɐvi'sura] F Lausbubenstreich *m*; (*maldade*) Bosheit *f* **travesti** [travɛʃ'ti] M Transvestit *m* **travestismo** [travɛʃ'tiʒmu] M Transvestismus *m* **travo** ['travu] M Nachgeschmack *m* **trazer** [trɐ'zer] ⟨2u⟩ (her-, herbei-, mit)bringen; *intenção* haben; *vestido* tragen; *negócio* betreiben; *texto* anführen; *consequência* zur Folge haben; **~ à memória** erinnern an (*ac*); **~ às costas** auf dem Rücken tragen; *fig* sich abplagen; **~ consigo** mit sich bringen; **~ na mente** im Gedächtnis behalten **trecentésimo** [trisẽ'tɛzimu] A ADJ dreihundertste B M Dreihundertstel *n* **trecho** ['trɐi̯ʃu] M Strecke *f*; MÚS, LIT (Text-, Musik)Stück *n*; (*pedaço*) Abschnitt *m*; **a ~(s)** zeitweilig; **a pouco ~**, demnächst; **~ por ~** abschnitt(s)weise

trêfego ['trefigu] (*ardiloso*) listig, clever; (*irrequieto*) wild **trégua(s)** ['trɛgwɐʃ] F/PL Kampfpause *f*; MIL Waffenstillstand *m*; *fig* Pause *f*; (*paz*) Ruhe *f*; **não dar ~s** keine Ruhe lassen; **sem ~s** erbittert **treinador(a)** [trɐi̯nɐ'dor(ɐ)] M/F Trainer(in) *m*(*f*) **treinar** [trɐi̯'nar] ⟨1a⟩ trainieren; MIL ausbilden; *pessoal* schulen; **~-se** sich üben (**a** in *dat*) **treino** ['trɐi̯nu] M *profissional*: Ausbildung *f*; (*curso*) Schulung *f*; *animal*: Dressur *f*; DESP Training *n*; **~ de adaptação** Einarbeitung *f* **trejeito** [tri'ʒɐi̯tu] M Grimasse *f*; *movimento*: Gebärde *f*; **fazer ~s** Grimassen schneiden **trela** ['trɛlɐ] F (Hunde)Leine *f*; **soltar a ~ a loskoppeln**; **largar a ~ a** freilassen; **dar ~** die Zügel schießen lassen; *bras tb* flirten **treliça** [tre'lisɐ] F *bras* Fachwerk *n* **trem**[1] [trɐ̃i̯] M *bras* Zug *m*; **~-fantasma** *m* Geisterbahn *f* **trem**[2] [trɐ̃i̯] M ❶ AERO **~ de aterragem** (*bras* **aterrissagem**) Fahrwerk *n* ❷ Gepäck *n*; **~ de cozinha** *port* Topf- und Pfannenset *n* ❸ MIL Tross *m* ❹ *fig* **~ de vida** Lebensführung *f*, Lebensweise *f* **trema** ['tremɐ] M Trema *n* **tremado** [tri'madu] mit Trema (versehen) **tremelicar** [trimɨli'kar] ⟨1n⟩ zittern **tremelique** [trimɨ'likɨ] M Erschaudern *n*; (*susto*) Schreck *m* **tremeluzir** [trimɨlu'zir] ⟨3m⟩ flimmern; glitzern **tremendo** [tri'mẽdu] fürchterlich; (*formidável*) außergewöhnlich; *fam* toll **tremer** [tri'mer] ⟨2c⟩ A V/T fürchten; erzittern lassen B V/I zittern (**como varas verdes** wie Espenlaub); beben (**de** vor *dat*); *luz* flimmern **tremido** [tri'midu] A ADJ zittrig; FOTO verwackelt; *fam* riskant; AGR überreif; *fig* zweifelhaft B M krumme Linie *f* **tremoceiro** [trimu'sɐi̯ru] M Lupine *f* **tremoço** [tri'mosu] M ⟨*pl* [-'mɔ-]⟩ Lupinenkern *m* **tremor** [tri'mor] M Zittern *n*; (*contracção*) Zuckung *f*; **~ de terra** Erdbeben *n* **trempe** ['trẽpɨ] F Dreifuß *m*; *fam fig* Kleeblatt *n*, Dreigespann *n* **tremular** [trimu'lar] ⟨1a⟩ V/T schwingen; (*abanar*) schütteln B V/I flattern; (*hesitar*) schwanken; (*cintilar*) flackern; MÚS tremulieren **trémulo** (*ê) ['trɛmu-

†u] A ADJ zitternd, bebend; (hesitante) zaghaft; luz glitzernd B M̄ MÜS Tremolo n

trena ['trenɐ] F̄ Haarband n; pião: (Kreisel)Schnur f; (fita métrica) Messband n

trenó [tri'nɔ] M̄ Schlitten m; ~ **dirigível** Bob m, Lenkschlitten m

trepada [tre'padɐ] F̄ bras vulg Nummer f (Koitus) **trepadeira** [tripɐ'dɐirɐ] F̄ 1 BOT (**planta** F̄) ~ Kletterpflanze f 2 ZOOL (**ave** f) ~ Klettervogel m **trepadeira-azul** [tripɐdɐirɐ'zuɫ] F̄ ⟨pl trepadeiras-azuis⟩ Kleiber m **trepadeira-comum** [tripɐdɐirɐku'mũ] F̄ ⟨pl trepadeiras-comuns⟩ Gartenbaumläufer m **trepador** [tripɐ'dor] A ADJ zu Kopf steigend B M̄ ciclista: Bergspezialist m; bras Lästermaul n **trepadora** [tripɐ'dorɐ] F̄ BOT Kletterpflanze f

trepanar [tripɐ'nar] ⟨1a⟩ MED crânio aufmeißeln, aufbohren, trepanieren

trepar [tri'par] ⟨1c⟩ erklettern; hinaufklettern in ⟨dat⟩; bras vulg bumsen **trepidação** [tripidɐ'sɐ̃ũ] F̄ Beben n **trepidar** [tripi'dar] ⟨1a⟩ beben; (oscilar) schwanken

trépido ['trɛpidu] bebend

três [treʃ] NUM A ADJ drei B M̄ Drei f

tresandar [trizɐ̃'dar] ⟨1a⟩ A V/T zurückdrängen; relógio zurückdrehen; verändern; durcheinanderbringen; verpesten B M̄ stinken ⟨a nach⟩

tresloucar [triʒlo'kar] ⟨1n⟩ A V/T verrückt machen B V/I verrückt werden

tresmalhar [triʒmɐ'ʎar] ⟨1b⟩ A V/T Maschen fallen lassen; fig entwischen lassen; (dispersar) verscheuchen B V/I (G V/R) **~-se** entwischen; (perder-se) sich verflüchtigen **tresnoitado** [triʒnoi'tadu] übernächtigt **tresnoitar** [triʒnoi'tar] ⟨1a⟩ die Nacht durchwachen

trespassar [triʃpɐ'sar] ⟨1b⟩ (atravessar) überschreiten; (molhar) durchdringen (tb fig); lei übertreten; negócio auf j-n übertragen; ~-se durchdrungen werden ⟨**de** von⟩; «**trespassa-se**» "zu verpachten" **trespasse** [triʃ'pasi] M̄ Geschäftsaufgabe f; direitos: Übertragung f; fig Tod m

treta ['tretɐ] F̄ esgrima: Finte f; fig Ausrede f; **~s** pl Geschwätz n; (mentiras) Lügengeschichten fpl; **deixa-te de ~s** erzähl (mir) keine Storys!

trevas ['trevɐʃ] FPL Finsternis f, Dunkel n; fig Unwissenheit f

trevo ['trevu] M̄ BOT Klee m

treze ['trezi] NUM A ADJ dreizehn B M̄ Dreizehn f **trezentos** [tri'zẽtuʃ] NUM dreihundert

triagem [tri'aʒɐ̃ĩ] F̄ Sortierung f; Klassierung f; INFORM Sortierlauf m

triangular [triɐ̃gu'ɫar] dreieckig

triângulo [tri'ɐ̃gulu] M̄ Dreieck n; MÜS Triangel m; **~ amoroso** Dreiecksgeschichte f; **~ de pré-sinalização** AUTO Warndreieck n

triatlo [tri'atɫu] M̄ Triathlon m ou n

tribal [tri'baɫ] Stammes... **tribo** ['tribu] F̄ Stamm m

tribulação [tribuɫɐ'sɐ̃ũ] F̄ Drangsal f

tribuna [tri'bunɐ] F̄ Tribüne f

tribunal [tribu'naɫ] M̄ Gericht n; Gerichtshof m; **~ arbitral** Schiedsgericht n; **~ de comarca** Amtsgericht n; **Tribunal de Contas Europeu** Europäischer Rechnungshof m; **Tribunal de Justiça Europeu** Europäischer Gerichtshof m; **~ da Relação** Landgericht n; **Supremo Tribunal** Oberster Gerichtshof m

tribuno [tri'bunu] M̄ Tribun m

tributação [tributɐ'sɐ̃ũ] F̄ Besteuerung f

tributar [tribu'tar] ⟨1a⟩ besteuern; fig elogios zollen; honra erweisen **tributário** [tribu'tarju] A ADJ steuerpflichtig B M̄ Steuerzahler m **tributo** [tri'butu] M̄ Tribut m; (imposto) Steuer f; fig Zoll m

trica ['trikɐ] F̄ Trick m

tricampeão [trikɐ̃'pjɐ̃ũ] M̄, **-ã** [trikɐ̃'pjɐ̃] F̄ dreifache(r) Meister(in) m(f) **tricentenário** [trisẽte'narju] M̄ Dreihundertjahrfeier f **triciclo** [tri'sikɫu] M̄ Dreirad m

tricô [tri'ko] M̄ → tricot

tricolor [triku'ɫor] dreifarbig **tricorne** [tri'kɔrni] ADJ chapéu M̄ ~ Dreispitz m **tricórnio** [tri'kɔrnju] M̄ Dreispitz m **tricot** [tri'ko] M̄ Strickarbeit f; **agulha** f **de ~** Stricknadel f; **artigos** mpl **de ~** Strickwaren fpl; **fazer ~** stricken **tricotadeira** [trikutɐ'dɐirɐ] F̄ Strickerin f **tricotar** [triku'tar] ⟨1e⟩ stricken **tridente** [tri'dẽti] M̄ Dreizack m

trienal [trie'naɫ] dreijährig **triénio** (*ê) [tri'ɛnju] M̄ Zeitraum m von drei Jahren; cargo: dreijährige Amtszeit f

trifásico [tri'faziku] ADJ **corrente** F̄ **-a** Dreiphasen-, Drehstrom m **trifólio** [tri-

'fɔtju] M̄ Kleeblatt n
trigal [tri'gaɫ] M̄ Weizenfeld n
trigémeos (*ê) [tri'ʒɛmjuʃ] MPL Drillinge mpl **trigésimo** [tri'ʒɛzimu] A ADJ dreißigste B N̄ Dreißigstel n
trigo ['trigu] A ADJ Weizen... B M̄ Weizen m; *geralm* Korn n; **~ de grão duro, ~ rijo** Hartweizen m; **~ sarraceno** Buchweizen m; **distinguir o ~ do joio,** *bras* **separar o joio do ~** *fig* die Spreu vom Weizen trennen
trigonometria [trigunumi'tria] F̄ Trigonometrie f
trigueiro [tri'gɐiru] dunkel; braun
trilar [tri'ɫar] ⟨1a⟩ trillern
trilátero [tri'ɫatiru] dreiseitig
trilha [triʎɐʃ] F̄ AGR Drusch m; *fig* Pfad m; *(pista)* Spur f; **~ sonora** Soundtrack m; **seguir a ~ de** *fig* j-s Beispiel folgen
trilhado [tri'ʎadu] *degrau* ausgetreten; *tema* abgearbeitet; *método* erprobt; *fig* abgedroschen
trilhão [tri'ʎɐ̃ũ] M̄ *bras* Billion f
trilhar [tri'ʎar] ⟨1a⟩ 1. AGR dreschen; (zer)stampfen; *trigo* zermahlen 2. betreten, befahren
trilho [triʎu] M̄ 1 AGR Dreschflegel m 2 *fig* Pfad m; Weg m; *bras* Schiene f; **andar fora dos ~s** *fig* aus dem Rahmen fallen
trilião [tri'ʎɐ̃ũ] M̄ *port* Trillion f
trilingue [tri'ɫigi], **trilíngüe** [tri'ɫigwi] dreisprachig
trilo [trilu] M̄ MÚS Triller m
trimestral [trimiʃ'traɫ] vierteljährlich
trimestre [tri'mɛʃtri] M̄ Vierteljahr n; COM, MED Quartal n
trinado [tri'nadu] M̄ Gezwitscher n; MÚS Triller m **trinar** [tri'nar] ⟨1a⟩ zwitschern; MÚS trillern
trinca [trikɐ] F̄ Dreier(gruppe) m/f **trinca-espinhas** [trikɐʃ'pinɐʃ] M̄F̄ ⟨pl inv⟩ *pop pessoa*: Bohnenstange f **trinca-nozes** [trikɐ'nɔziʃ] M̄, **trinca-pinhas** [trikɐ'pinɐʃ] M̄ ZOOL Kreuzschnabel m
trincar [tri'kar] ⟨1n⟩ abbeißen; *(quebrar)* (auf)knacken; *(debicar)* knabbern an *(dat)*; NÁUT festmachen; **~-se** sich *(dat)* (vor Wut) auf die Zunge beißen
trincha [trĩʃɐ] F̄ Flachpinsel m; *de carpinteiro* Nagelheber m; *(posta)* Stück n, Scheibe f **trinchante** [trĩ'ʃɐ̃ti] F̄ Tranchiermesser n **trinchar** [trĩ'ʃar] ⟨1a⟩ tranchieren **trincheira** [trĩ'ʃɐirɐ] F̄ MIL Schützengraben m; *tourada*: *(barreira)* Schutzwand f; *lugar*: Parterre(plätze mpl) n **trinchete** [trĩ'ʃɛti] M̄ Kneif m **trincho** ['triʃu] M̄ Tranchierbrett n; *acção*: Tranchieren n; *fig* Ausweg m
trinco [trĩku] M̄ 1 Klinke f; *(fechadura)* Riegel m 2 Schnipsen n; **dar ~s** (mit den Fingern) schnipsen
trindade [trĩ'dadi] F̄ REL Dreifaltigkeit f, Trinität f; *fig* Dreiergruppe f
trino¹ [trinu] ADJ dreifach
trino² [trinu] M̄ *pássaros*: Gezwitscher n
trinque [trĩki] M̄ Kleiderbügel m; *fig* Eleganz f; **de ~** elegant; **andar no ~** sich herausputzen
trinta [trĩtɐ] dreißig **trinta-e-um** [trĩtɐjũ] M̄ *em Kartenspiel*; **armar um ~** *pop* Stunk machen **trintão** [trĩ'tɐ̃ũ] M̄ → trintenário **trintena** [trĩ'tenɐ] F̄ etwa dreißig; *(trigésimo)* Dreißigstel m **trintenário** [trĩti'narju] A ADJ dreißigjährig B M̄, **-a** F̄ Dreißigjährige(r) m/f(m)
trio ['triu] M̄ *espec* MÚS Trio n
tríodo [triudu] M̄ ELECT Triode f
tripa ['tripɐ] F̄ Darm m; **~s** pl GASTR Kutteln fpl; **fazer das ~s coração** sich *(dat)* ein Herz fassen; **vomitar as ~s** *pop* sich *(dat)* die Seele aus dem Leib kotzen **tripa-forra** [tripɐ'fɔrɐ] F̄ **à ~** *pop* was das Zeug hält
tripartido [tripɐr'tidu] *(triateral)* dreiseitig; dreigeteilt; POL Dreiparteien... **tripartir** [tripɐr'tir] ⟨3b⟩ dreiteilen **tripé** [tri'pɛ] M̄ Dreifuß m; FOTO Stativ n **tripeça** [tri'pɛsɐ] F̄ Schemel m
tripeiro [tri'pɐiru] M̄ *irón* Portuenser m (*Einwohner v. Porto*)
triplicado [tripɫi'kadu] ADJ **em ~** in dreifacher Ausfertigung **triplicar** [tripɫi'kar] ⟨1n⟩ (sich) verdreifachen
tríplice ['tripɫisi], **triplo** ['tripɫu] dreifach; Drei...
tríptico [triptiku] M̄ Triptychon n
tripulação [tripuɫɐ'sɐ̃ũ] F̄ Besatzung f; *avião*: Crew f **tripulante** [tripu'ɫɐ̃ti] M̄F̄ Besatzungsmitglied n; **os ~s** pl → tripulação **tripular** [tripu'ɫar] ⟨1a⟩ mit e-r Besatzung versehen
triquina [tri'kinɐ] F̄ MED Trichine f
trisavô [trizɐ'vo] M̄, **trisavó** [trizɐ'vɔ] F̄ Ururgroßvater m, -mutter f **trissílabo** [tri'siɫɐbu] M̄ dreisilbiges Wort n
triste [triʃti] traurig **tristeza** [triʃ'tezɐ] F̄

Traurigkeit f; (luto) Trauer f; **~s** pl Sorgen fpl; **sofrer ~s** Kummer haben **tristonho** [triʃ'topu] trübselig
tritão [tri'tɐ̃ũ] M̄ ZOOL batráquio: Molch m; molusco: Tritonshorn n; MITOL Triton m
tritongo [tri'tõgu] M̄ LING Triphthong m
triturador [tritura'dor] M̄ Zerkleinerer m; GASTR Rührstab m; TECN Steinbrecher m; para pimenta: (Pulver)Mühle f **trituradora** [tritura'dora] F̄ **~ de documentos** Reißwolf m **triturar** [tritu'rar] ⟨1a⟩ (moer) zerkleinern; (pulverizar) zermahlen; (pisar) zerreiben
triunfador [triũfa'dor] A ADJ siegreich; triumphierend B M̄ Sieger m **triunfal** [triũ'fał] triumphal **triunfalista** [triũfa'liʃta] siegessicher **triunfante** [triũ'fɐ̃ti] siegreich **triunfar** [triũ'far] ⟨1a⟩ triumphieren (**de** über *ac*) **triunfo** [tri'ũfu] M̄ Triumph m; (victória) Sieg m
trivial [tri'vjał] trivial **trivialidade** [trivjałi'dadi] F̄ Trivialität f
triz [triʃ] M̄ **por um ~** um ein Haar; **estar por um ~** an e-m Faden hängen; **escapar por um ~** gerade so davonkommen
troar [tru'ar] ⟨1f⟩ METEO donnern
troca ['trɔka] F̄ Tausch m; (intercâmbio) Austausch m; (muda) Wechsel m; **~ de estudantes** Schüleraustausch m, **~ de opiniões** Meinungsaustausch m; **~ térmica** Wärmeaustausch m; **em ~** dafür; als Gegenleistung; **em ~ de** für
troça ['trɔsa] F̄ Spott m, Spötterei f
trocadilho [truka'diʎu] M̄ Wortspiel n
trocar [tru'kar] ⟨1n; Stv 1e⟩ (ein)tauschen (**por** für); (substituir) vertauschen; *palavras* verdrehen; **~ em miúdos** in Kleingeld wechseln; **~ os olhos, ~ a vista** port schielen; **~ dinheiro** bras Geld wechseln; **~ de roupa** bras sich umziehen
troçar [tru'sar] ⟨1p; Stv 1e⟩ A V/T verspotten, hänseln B V/I **~ de** spotten über (*ac*)
troca-tintas [trɔka'tĩtaʃ] M/F ⟨pl inv⟩ Gauner(in) m(f)
trocista [tru'siʃta] A ADJ spöttisch B M/F Spötter(in) m(f)
troco ['trɔku] M̄ ⟨pl ['trɔ-]⟩ Kleingeld n; (demasia) Wechselgeld n; **dar ~** Wechselgeld herausgeben; **dar o ~ a alg** fam es j-m heimzahlen
troço ['trɔsu] M̄ ⟨pl ['trɔ-]⟩ **1** de pau: Klotz m; geralm Teil m; de estrada etc: Abschnitt m **2** bras pop tb Ding n; Plunder m; bras pop MED (unklares) Unwohlsein n
troféu [tru'fɛu] M̄ Trophäe f, fig Sieg m
troglodita [trɔglɔ'dita] M/F Höhlenbewohner(in) m(f); fig, pej Primitivling m
trolaró [trɔla'rɔ] M̄ Idiot m
trole ['trɔli] M̄ bras MIN Lore f **trólebus** ['trɔlebuʃ] M̄ bras → troleibus **trólei** ['trɔlɐj] M̄ ELECT Stromabnehmer m **troleibus** ['trɔlejbuʃ] M̄ bras Trolleybus m
trolha ['trɔʎa] A F̄ Maurerkelle f; pop Kinnhaken m B M̄ Maurer(gehilfe) m
trololó [trɔlɔ'lɔ] M̄ Tralala n
tromba ['trõba] F̄ Rüssel m; pop (boca) Schnauze f; **~s** pl pop Visage f; **~ de água** Wasserhose f; **fazer ~, ficar de ~s** pop ein langes Gesicht machen
trombeta [trõ'beta] F̄ Trompete f **trombetão** [trõbe'tɐ̃ũ] M̄ Trompetenblume f **trombetear** [trõbi'tjar] ⟨1l⟩ trompeten **trombeteiro** [trõbi'tɐjru] M̄ Trompeter m **trombone** [trõ'bɔni] M̄ Posaune f; Posaunist m
trombose [trõ'bɔzi] F̄ MED Thrombose f
trombudo [trõ'budu] Rüssel...; rüsselartig; pop stinksauer
trompa ['trõpa] F̄ **1** MÚS Horn n; QUÍM Saugröhrchen n **2** ANAT **~s** pl (**de Falópio**) Eileiter mpl; **ligadura f** (*ou* **laqueadura f**) **de ~s** Durchtrennung f der Eileiter
trompar [trõ'pax] ⟨1a⟩ bras zusammenstoßen
trompete [trõ'peti] M̄ Trompete f
tronchar [trõ'ʃar] ⟨1a⟩ abschneiden, stutzen; verstümmeln **troncho** ['trõʃu] M̄ ANAT Stumpf m **tronchudo** [trõ'ʃudu] dickstängelig; fig stämmig
tronco ['trõku] M̄ BOT Stamm m, Klotz m (tb fig); ANAT Rumpf m; de nervos: (Nerven)Strang m; de coluna: (Säulen)Stumpf m; de família: Stammbaum m
troncudo [trõ'kudu] stämmig
trono ['tronu] M̄ Thron m (**subir a** besteigen)
tropa ['trɔpa] A F̄ Haufen m, Trupp m; MIL Truppe f; bras tb Herde f; **~ de choque** bras Bereitschaftspolizei f; **~ fandanga** port pop Sauhaufen m B M̄ pop Soldat m
tropeada [tru'pjada] F̄ Getrappel n **tropear** [tru'pjar] ⟨1l⟩ trappeln

tropeção [trupi'sɐ̃ũ] F Stolpern n; fig Fehltritt m; **aos -ões** voreilig **tropeçar** [trupi'sar] ⟨1p; Stv 1c⟩ **em, ~ com** stolpern über (ac); (chocar) stoßen auf (ac); fig strauchen; alg treffen (**com** auf ac)
tropeço [tru'pesu] M Hindernis n; **pedra** f **de ~** Stein m des Anstoßes
trôpego [tropigu] schwerfällig; lahm
tropeiro [tro'peru] M bras Viehtreiber m; (negociante) Viehhändler m **tropel** [tru'pɛł] M Trappeln n; fig Haufen m; (confusão) Durcheinander n; **de ~, em ~** holterdiepolter **tropelia** [trupi'tiɐ] F Ausschreitung f
tropical [trupi'kał] tropisch **trópico** ['trɔpiku] M Wendekreis m; **~s** pl Tropen pl; **Trópico de Câncer/Capricórnio** ASTRON nördlicher/südlicher Wendekreis m
troque ['trɔki] → trocar
trotão [tru'tɐ̃ũ] M Traber m **trotar** [tru'tar] ⟨1e⟩ traben **trote** ['trɔti] M Trab m; **trote de calouros** bras UNIV Mutprobe f (für Erstsemester) **trotear** [tru'tjar] ⟨1l⟩ → trotar
trotinete [trɔti'nɛti] F (Tret)Roller m
trouxa ['trofɐ] A F Bündel n; **fazer a ~** fam s-e Sachen packen B M fam Dussel m C ADJ dusslig **trouxe-mouxe** [trofi'mofi] M **a ~** drunter und drüber
trova ['trɔvɐ] F Liedchen n **trovador** [truvɐ'dor] M hist Troubadour m
trovão [tru'vɐ̃ũ] M Donner(schlag) m; fig Hagel m **trovejante** [truvi'ʒɐ̃ti] donnernd (tb fig) **trovejar** [truvi'ʒar] ⟨1d⟩ donnern; gewittern; fig weitern **troviscar** [truviʃ'kar] ⟨1n⟩ trovoada grummeln **trovisco** [tru'viʃku] M 1 Grummeln n 2 BOT Seidelbast m **trovoada** [tru'vwadɐ] F Gewitter n
truanice [trwɐ'nisi] F Possen m, Narretei f **truão** [tru'ɐ̃ũ] M Narr m
trucidar [trusi'dar] ⟨1a⟩ niedermetzeln
truculento [truku'łɛ̃tu] grausam
trufa [trufɐ] F BOT Trüffel f
truncar [trũ'kar] ⟨1n⟩ abschneiden
trunfa ['trũfɐ] F Schopf m **trunfar** [trũ'far] ⟨1a⟩ Trumpf spielen; fig auftrumpfen **trunfo** ['trũfu] M Trumpf m
trupe ['trupi] F TEAT (Künstler)Truppe f
truque ['truki] M 1 Kegelbillard n; fig Trick m 2 Gepäckkarren m
truta ['trutɐ] A F ZOOL Forelle f B M/F fam Ass n, Spezi m
tu [tu] du; **tratar por ~** duzen
tua ['tuɐ] → teu
tuba ['tubɐ] F Tuba f
tubagem [tu'baʒɐ̃ĩ] F Rohrleitung f
tubarão [tubɐ'rɐ̃ũ] M ZOOL Hai m (tb fig)
túbera ['tubirɐ] F BOT Trüffel f
tubérculo [tu'bɛrkułu] M AGR Knolle f (-nfrucht); MED Tuberkel m
tuberculose [tubɛrku'tɔzi] F MED Tuberkulose f **tuberculoso** [tubɛrku'tɔzu] tuberkulös
tuberosidade [tubiruzi'dadi] F MED Höcker m **tuberoso** [tubi'rozu] Knollen...
tubo ['tubu] M Rohr n, Röhre f; QUÍM Röhrchen n; ANAT Kanal m; urinífero etc: Leiter m; **~ de ensaio** Reagenzröhrchen n; **~ roto** Rohrbruch m
tubulação [tubułɐ'sɐ̃ũ] F Rohrsystem n; **entrar pela ~** pop nach hinten losgehen **tubular** [tubu'łar] Röhren...
tucano [tu'kɐnu] M ZOOL Tukan m
tudo ['tudu] alles; **~ o que, ~ quanto** alles, was; **antes (ou acima) de ~** vor allem; **o seu ~** sein Ein und Alles; **~ o mais** alles andere; **~ menos ...** alles, nur nicht ...; **em ~ e por ~** unter allen Umständen; **estar por ~** mit allem einverstanden sein
tudo-nada [tudu'nadɐ] M **um ~** ein ganz klein wenig
tufão [tu'fɐ̃ũ] M Taifun m
tufar [tu'far] ⟨1a⟩ bauschen; blähen; **~-se** massa aufgehen; pessoa eitel sein, sich aufblasen **tufo** ['tufu] M 1 Büschel n; Bausch m 2 GEOL Tuffstein m
tugir [tu'ʒir] ⟨3n⟩ flüstern; tuscheln; **sem ~ nem mugir** ohne e-n Mucks
tuitar® [twi'tar] ⟨1a⟩ twittern®
tule [tułi] M Tüll m
tulha ['tuʎɐ] F AGR Speicher m, (armazém) Vorratsraum m
tulipa [tu'lipɐ] F, **túlipa** ['tulipɐ] F 1 BOT Tulpe f 2 Lampenschirm m
tumba¹ ['tũbɐ] A F Grab n, Grabstein m; (maca) Bahre f B M/F Pechvogel m
tumba² ['tũbɐ] INT **~!** bums!; klatsch!
tumefa(c)ção [tumifɐ'sɐ̃ũ] F MED Schwellung f **tumefacto** [tumi'faktu] geschwollen **tumefazer** [tumifɐ'zer] ⟨2v⟩ (an)schwellen lassen **tumeficar** [tumifi'kar] ⟨1n⟩ → tumefazer
tumidez [tumi'deʃ] F Schwellung f
túmido ['tumidu] geschwollen (tb fig)

tumor [tu'mor] _M_ MED Tumor m
tumular [tumu'ɫar] Grab-
túmulo ['tumuɫu] _M_ Grab(mal) n; **ser um ~** _fig_ schweigen wie ein Grab
tumulto [tu'muɫtu] _M_ Tumult m; (_barulho_) Lärm m; (_excitação_) Aufruhr m
tumultuar [tumuɫ'twar] ⟨1g⟩ in Aufruhr versetzen **tumultuário** [tumuɫ'twarju], **tumultuoso** [tumuɫ'twozu] lärmend; POL aufrührerisch
tuna ['tunɐ] _F_ Faulenzerdasein n; UNIV Studentenkapelle f; **andar** (_ou_ **ir**) **à ~** ein Lotterleben führen
tunda ['tũdɐ] _F_ Tracht f Prügel
tundá [tũ'da] _M_ bras pop Hintern m
túnel ['tuneɫ] _M_ Tunnel m
tungsténio (*ê) [tũgʃ'tɛnju] _M_ Wolfram n
túnica ['tunikɐ] _F_ Tunika f
Tunísia [tu'nizjɐ] _F_ GEOG **a ~** Tunesien (n)
tupi [tu'pi] _M_ bras. Indianerstamm **tupi-guarani** [tupigwara'ni] _M_ Gruppe von Indianersprachen
tupinambo [tupi'nɐbu] _M_ Topinambur m
turba ['turbɐ] _F_ Menschenschwarm m; Menge f; **em ~** in hellen Scharen **turbação** [turbɐ'sɐ̃ũ] _F_ Aufregung f
turbante [tur'bɐ̃ti] _M_ Turban m
túrbido ['turbidu] verwirrend; _céu_ trüb
turbilhão [turbi'ʎɐ̃ũ] _M_ Wirbelwind m; Strudel m (_tb fig_)
turbina [tur'binɐ] _F_ Turbine f
turbocompressor [turbɔkõpri'sor] _M_ Turbokompressor m **turbodiesel** [turbɔ'dizɛɫ] _M_ Turbodiesel m **turboreactor** [turbɔrja'tor] _M_ Turboreaktor m
turbulência [turbu'lẽsjɐ] _F_ Turbulenz f; Aufregung f **turbulento** [turbu'ɫẽtu] turbulent; _impetuoso_ ungestüm; (_barulhento_) lärmend
turco ['turku] A _ADJ_ türkisch B _M_, **-a** _F_ Türke m, Türkin f C _M_ _língua_: Türkisch n
turfa ['turfɐ] _F_ Torf m **turfeira** [tur'fɐjrɐ] _F_ Torfmoor n
turíbulo [tu'ributu] _M_ Weihrauchbehälter m
Turíngia [tu'rĩʒjɐ] _F_ GEOG **a ~** Thüringen (n)
turismo [tu'riʒmu] _M_ Tourismus m, Fremdenverkehr m; **~ da natureza** Naturtourismus m; **~ de habitação** Urlaub m auf einem ehemaligen portugiesischen Herrensitz; **~ (no espaço) rural** Urlaub m auf dem Bauernhof; **~ ecológico** Ökotourismus m, sanfter Tourismus m; **agência f de ~** Reisebüro n; **Junta f de ~** Verkehrsverein m, Touristeninformation f
turista [tu'riʃtɐ] _M/F_ Tourist(in) m(f); **~ pé-descalço** Rucksacktourist(in) m(f)
turístico [tu'riʃtiku] touristisch
turma ['turmɐ] _F_ Gruppe f; _escola_: (Schul)Klasse f; (_divisão_) Abteilung f
turno ['turnu] _M_ **1** Abteilung f, Gruppe f **2** POL Lesung f; **segundo ~** bras POL zweiter Wahlgang m **3** _indústria_: Schicht f; (_operário_) Arbeiter mpl (e-r Schicht); **mudança f de ~** Schichtwechsel m; **trabalho m por ~s** Schichtbetrieb m; **por ~s** schichtweise; (_alternado_) abwechselnd; **por seu ~** _fig_ seinerseits
turquemenistanês [turkiminiʃtɐ'neʃ] A _ADJ_ turkmenisch B _M_, **-esa** [turkiminiʃtɐ'nezɐ] _F_ Turkmene m, Turkmenin f **Turquemenistão** [turkiminiʃ'tɐ̃ũ] _M_ GEOG Turkmenistan m
turquês [tur'keʃ] A _F_ Kneifzange f B _ADJ_ _cor_: türkisblau **turquesa** [tur'kezɐ] _F_ GEOL Türkis m
Turquia [tur'kiɐ] _F_ GEOG **a ~** die Türkei
turra ['turɐ] A _F_ Kopfstoß m; _fig_ Zank m, Streit m; **andar às ~s** pop sich (herum)zanken (**com** mit) B _M/F_ _pej_ Terrorist(in) m(f)
turturinar [tuxturi'nax] ⟨1a⟩ bras gurren
turvação [turvɐ'sɐ̃ũ] _F_ Trübung f; _fig_ Bestürzung f **turvar** [tur'var] ⟨1a⟩ trüben
turvo ['turvu] trüb; (_confuso_) wirr
tussilagem [tusi'ɫaʒɐ̃j] _F_ Huflattich m
tuta-e-meia [tutɐi'majɐ] _F_ Bagatelle f
tutano [tu'tɐnu] _M_ (Knochen)Mark n; _fig_ Kern m
tutear [tu'tjar] ⟨1l⟩ duzen
tutela [tu'tɛɫɐ] _F_ Vormundschaft f; _fig_ Schutz m **tutelado** [tuti'ɫadu] _M_ Mündel n **tutelar** [tuti'ɫar] A _ADJ_ Vormundschafts...; _fig_ Schutz... B _VT_ ⟨1c⟩ (als Vormund) sorgen für; beschützen; _pej_ bevormunden
tutor(a) [tu'tor(ɐ)] _M/F_ DIR Vormund m; UNIV Tutor(in) m(f) **tutoria** [tutu'riɐ] _F_ Vormundschaft f; _tribunal:_ Vormundschaftsgericht n
tutu [tu'tu] _M_ _ling inf_ Popo m; bras Buhmann m; _fig_ großes Tier n; GASTR Boh-

nenbrei *m*; *pop* (*dinheiro*) Knete *f*
TV [te've] F ABR (**televisão**) TV *n*, Fernsehen *n*

U

U, u [u] M U, u *n*
uariquina [wari'kine] F *bras* roter Pfeffer *m*
ubá [u'ba] F *bras* Einbaum *m*
úbere ['ubiri] A ADJ fruchtbar; *vegetação* üppig B M Euter *n*
ubiquidade (*ü) [ubikwi'dadʒi] F Allgegenwart *f* **ubíquo** [u'bikwu] allgegenwärtig
Ucrânia [u'krɐnjɐ] F GEOG **a ~** die Ukraine **ucraniano** [ukrɐ'njɐnu] A ADJ ukrainisch B M, **-a** F Ukrainer(in) *m(f)*
UE ABR (**União Europeia**) EU *f* (Europäische Union)
uê [we] INT **~!** *bras* nanu!
ufa ['ufa] A INT **~!** uff! B F **à ~** reichlich
ufanar [ufa'nar] ⟨1a⟩ schmeicheln (*dat*); (*alegrar*) erfreuen; **~-se de** stolz sein auf (*ac*) **ufania** [ufa'niɐ] F Stolz *m*; (*preconceito*) Dünkel *m* **ufano** [u'fɐnu] stolz (**com, de** auf *ac*); (*vaidoso*) eitel
ui [uj] INT **~!** hui!; au!
uísque ['wiʃki] M Whisky *m*
uivar [ui'var] ⟨1a⟩ heulen; *animal* jaulen; **~ de raiva** vor Wut aufheulen **uivo** ['uivu] M Geheul *n*; Gejaule *n*
uja ['uʒa] F ZOOL Stechrochen *m*
úlcera ['ulsira] F Geschwür *n*, **ulceração** [ulsira'sɐ̃u] F Geschwürbildung *f* **ulcerado** [ulsi'radu] *fig* MED ulzeriert **ulcerar(-se)** [ulsi'rar(si)] ⟨1c⟩ MED ulzerieren; (*atormentar*) quälen; (*corromper*) korrumpieren **ulceroso** [ulsi-'rozu] schwärend; Geschwür...
ulmeiro [ul'majru] M, **ulmo** ['ulmu] M BOT Ulme *f*
ulterior [ulti'rjor] spätere; jüngste, letzte; GEOG jenseitige; Hinter... **ulteriormente** [ultirjor'mẽtʃi] ADV weiterhin; letzthin

ultimação [ultimɐ'sɐ̃u] F Fertigstellung *f*; *negócio*: Abschluss *m* **ultimado** [ulti'madu] fertig **ultimamente** [ultimɐ'mẽtʃi] ADV zuletzt; (*recentemente*) in letzter Zeit **ultimar** [ulti'mar] ⟨1a⟩ fertig stellen; *negócio* abschließen
últimas ['ultimaʃ] FPL äußerste Not *f*; *poét* letztes Stündlein *n*; **estar nas ~** *pop* im Sterben liegen; *fig* auf dem letzten Loch pfeifen
ultimato [ulti'matu] M Ultimatum *n*
último ['ultimu] 1 *temporal*: letzte; **até à -a** bis zuletzt; **por ~** letztendlich 2 *local*: äußerste; (*inferior*) unterste; (*posterior*) hinterste **ultimogénito** (*ê) [ultimɔ-'ʒɛnitu] letztgeboren
ultra... [ultrɐ-] EM COMP Ultra...
ultracongelado [ultrɐkõʒi'ladu] tiefgefroren **ultracurto** [ultrɐ'kurtu] ultrakurz
ultrajar [ultrɐ'ʒar] ⟨1b⟩ beschimpfen; (*ofender*) beleidigen **ultraje** [ul'traʒi] M Beleidigung *f*
ultraligeiro [ultrɐliˈʒajru] sehr leicht
ultramar [ultrɐ'mar] M 1 GEOG Übersee 2 Ultramarin *n* **ultramarino** [ultrɐmɐ'rinu] 1 GEOG überseeisch 2 ultramarin **ultramoderno** [ultrɐmu'dɛrnu] hochmodern **ultrapassagem** [ultrɐpɐ-'saʒɐ̃j] F Überholen *n* (*espec* AUTO); *fig* Überwindung *f* **ultrapassar** [ultrɐpɐ-'sar] ⟨1b⟩ überschreiten; *fig* übertreffen (**a** bei; **em** an *ac*); AUTO überholen **ultra-som** [ultrɐ'sõ] M ⟨*pl* -ns⟩ Ultraschall *m* **ultravioleta** [ultrɐvju'lɛtɐ] ultraviolett; **raios** *mpl* **~** UV-Strahlen *mpl*
ulular [ulu'lar] ⟨1a⟩ *animal* heulen
um [ũ], F **uma** ['umɐ] A ART ein(e); à **~a** erstens; **~a assim so** etwas; **é ~a das suas** das sieht ihm/ihr (*pl* Ihnen) ähnlich B PRON eine(r, -s); **a ~ e ~, ~ a ~, por ~** e-r nach dem anderen; jeder für sich; **~ ao outro** einander; **~ atrás do outro** e-r nach dem anderen; **cada ~** (ein) jeder; jeder Einzelne; **uns, -as** *pl* einige; etliche; **uns cinco** etwa fünf C M **um** Eins *f*
umbanda [ũ'bɐ̃dɐ] F *afrobras* Kult; → candomblé
umbigo [ũ'bigu] M ANAT Nabel *m* **umbilical** [ũbiliˈkał] Nabel...; **cordão** *m* **~** Nabelschnur *f*
umbral [ũ'brał] M Schwelle *f*
umbroso [ũ'brozu] schattig

umedecer [umede'seʃ] → humedecer

úmero ['umiru] M̄ ANAT Oberarmknochen m

umidade [umi'dadʒi], **úmido** ['ũmidu] → humidade, húmido

unânime [u'nɐnimi] einmütig **unanimidade** [unɐnimi'dadʒi] F̄ Einmütigkeit f; **por ~** einstimmig

unção [ũ'sɐ̃ũ] F̄ Salbung f; fig Inbrunst f; **extrema ~** letzte Ölung f; **com ~** salbungsvoll

undécimo [ũ'dεsimu] elfte **undécuplo** [ũ'dεkuptu] elffach

ungir [ũ'ʒir] ⟨3n⟩ salben

unguento [ũ'gwẽtu] M̄ Salbe f

ungulados [ũgu'taduʃ] MPL Huftiere npl

unha ['uɲa] F̄ ANAT (Fuß-, Finger)Nagel m; animal: (Tier)Kralle f, Klaue f (tb TECN); (casco) Huf m; TECN Spitze f; **~s pl roídas** abgeknabberte Fingernägel mpl; **por uma ~ negra** um Haaresbreite; **com carne e ~** ein Herz und eine Seele; **com ~s e dentes** mit Händen und Füßen; **dar à ~** die Ärmel hochkrempeln; **à ~!** los!; ran!

unhada [u'nada] F̄ Kratzer m; (ferida) Kratzwunde f **unhar** [u'nar] ⟨1a⟩ (zer)kratzen; âncora festhaken; bras pop klauen **unhas-de-fome** [uɲaʒdʒi'fɔmi] M̄F̄ ⟨pl inv⟩ Geizhals m

união [u'njɐ̃ũ] F̄ Vereinigung f; (harmonia) Einigkeit f; (ligação) Verbindung f; (associação) Verband m; Union f; **~ de facto** DIR (eheähnliche) Lebensgemeinschaft f; **traço de ~** Bindestrich m

unicidade [unisi'dadʒi] F̄ Einzigkeit f

único ['uniku] einmalig, einzig(artig); Einzel...; preço Einheits...

unidade [uni'dadʒi] F̄ Einheit f; MAT Einer m; TECN Anlage f; INFORM Laufwerk n; **~ central de processamento** INFORM Zentraleinheit f; **~ de disquete** INFORM Diskettenlaufwerk n; **~ de cuidados intensivos** MED Intensivstation f

unido [u'nidu] vereinigt; (de acordo) einig; **~ com** zusammen mit

unificação [unifika'sɐ̃ũ] F̄ Vereinheitlichung f; (associação) Vereinigung f; Zusammenschluss m **unificador** [unifika-'dor] einigend **unificar** [unifi'kar] ⟨1n⟩ vereinheitlichen; (harmonizar) (ver)einen; (juntar) zusammenlegen

uniforme [uni'fɔrmi] A ADJ uniform; (invariável) gleichförmig; gleichmäßig; (homogéneo) einheitlich B M̄ Uniform f **uniformidade** [unifurmi'dadʒi] F̄ Ein-, Gleichförmigkeit f; (homogeneidade) Einheitlichkeit f **uniformização** [unifurmiza'sɐ̃ũ] F̄ Vereinheitlichung f; pej Gleichmacherei f **uniformizar** [unifurmi'zar] ⟨1a⟩ vereinheitlichen; (igualar) gleichmachen

unigénito (*ê*) [uni'ʒεnitu] einzig; REL eingeboren **unilateral** [unitɐ'ral] einseitig; (partidário) parteiisch

unir [u'nir] ⟨3a⟩ A V̄T vereinigen; (ligar) verbinden; (fusionar) zusammenlegen, -fügen (**com** mit); fig binden (**a** an ac) B V̄T eine Verbindung eingehen

unissexo [uni'sεksu] Damen- und Herren...; **cabeleireiro m ~** Damen- und Herrenfriseur m **uníssono** [u'nisunu] A ADJ einstimmig B M̄ MÚS Unisono n; **em ~** einstimmig C ADV MÚS unisono

unitário [uni'tarju] Einheits... (Universität)

Univ. ABR (universidade) Univ. (Universität)

universal [univir'sat] universal; (all)umfassend; (geral) allgemein **universalidade** [univirsali'dadʒi] F̄ Universalität f; (totalidade) Gesamtheit f **universalismo** [univirsa'liʒmu] M̄ Weltgeltung f **universalista** [univirsa'liʃtɐ] allumfassend; weltumspannend **universalizar** [univirsali'zar] ⟨1a⟩ verallgemeinern; (divulgar) verbreiten

universidade [univirsi'dadʒi] F̄ Universität f **universitário** [univirsi'tarju] A ADJ Universitäts... B M̄, **-a** f Universitätsangehörige(r) m/f(m); Dozent(in) m(f)

universo [uni'vεrsu] M̄ Universum n

unívoco [u'nivuku] eindeutig

uno ['unu] NUM eins; einzig; (indivisível) unteilbar

untar [ũ'tar] ⟨1a⟩ (be-, ein)schmieren; (massagear) einreiben; TECN fetten; **~ as mãos** (ou **unhas**) **a alg** fig j-n schmieren

unto ['ũtu] M̄ GASTR Bratenfett n; TECN Schmiere f **untuoso** [ũ'twozu] schmierig; fettig; fig salbungsvoll **untura** [ũ'turɐ] F̄ Fettung f; Einreibemittel n

upa ['upɐ] ĪNT **~!** hopp, hopp!

urânio [u'rɐnju] M̄ Uran n

urbanidade [urbɐni'dadʒi] F̄ Höflichkeit f; Wohlerzogenheit f **urbanismo** [urbɐ'niʒmu] M̄ Städtebau m; Urbanität f **ur-

banístico [urbɐˈniʃtiku] städtebaulich **urbanização** [urbɐnizaˈsɐ̃u] F Verstädterung f; (construção) Bebauung f; espec Wohnanlage f **urbanizar** [urbɐniˈzar] ⟨1a⟩ urbanisieren, verstädtern; (construir) bebauen **urbano** [urˈbɐnu] städtisch; Stadt...; fig höflich

urbe [ˈurbi] F (Welt)Stadt f
urdidor [urdiˈdor] M Urheber m **urdidura** [urdiˈdurɐ] F fig Machenschaft f **urdir** [urˈdir] ⟨3a⟩ fig anzetteln; aushecken
ureia [uˈrɐjɐ] F Harnstoff m **uréter** [uˈrɛter] M, bras **ureter** [ureˈtɛr] M ANAT Harnleiter m **uretra** [uˈrɛtrɐ] F ANAT Harnröhre f
urgência [urˈʒẽsjɐ] F Dringlichkeit f; **caso m de ~** Notfall m; (estação f de) ~ Unfallstation f; **serviços** mpl **de ~** MED Notdienst m; **de ~** dringend **urgente** [urˈʒẽti] dringend; eilig **urgir** [urˈʒir] ⟨3n⟩ A VT bedrängen B VI dringend (erforderlich) sein; tempo drängen
urina [uˈrinɐ] F Harn m, Urin m **urinar** [uriˈnar] ⟨1a⟩ A VT ausscheiden B VI urinieren **urinário** [uriˈnarju] Harn... **urinol** [uriˈnɔł] M Pissoir m
urna [ˈurnɐ] F Urne f (tb Wahl); **ida f às ~s** POL Urnengang m
urologia [uruluˈʒiɐ] F Urologie f **urologista** [uruluˈʒiʃtɐ] M/F Urologe m, Urologin f
urradela [uʁɐˈdɛlɐ] usw. → vezeiro
urrador [uʁɐˈdor] M Brüll... **urrar** [uˈʁar] ⟨1a⟩ brüllen (espec Baby) **urro(s)** [ˈuʁu(ʃ)] M(PL) Gebrüll n
ursa [ˈursɐ] F Bärin f; **Ursa Maior/Menor** ASTRON der Große/Kleine Bär m (ou Wagen m)
urso [ˈursu] M Bär m; fam Streber m **urso-formigueiro** [ursufurmiˈgɐjru] M ⟨pl ursos-formigueiros⟩ Ameisenbär m **urso-pardo** [ursuˈpardu] M ⟨pl ursos-pardos⟩ Braunbär m **urso-polar** [ursupuˈłar] M ⟨pl ursos-polares⟩ Eisbär m
urticáceas [urtiˈkasjɐʃ] FPL BOT Nesselgewächse npl **urticária** [urtiˈkarjɐ] F MED Nesselsucht f **urtiga** [urˈtigɐ] F Brennnessel f
urubu [uruˈbu] M ZOOL (Neuwelt)Geier m **urubu-rei** [urubuˈʁɐj] m bras Königsgeier m
Uruguai [uruˈgwaj] M GEOG **o ~** Uruguay (n) **uruguaio** [uruˈgwaju] A ADJ uruguayisch B M, **-a** F Uruguayer(in) m(f)

urze [ˈurzi] F Heide f, Heidekraut n; espec Baumheide f
usado [uˈzadu] gebräuchlich; **muito ~** abgenutzt **usança** [uˈzɐ̃sɐ] F Brauch m; Sitte f; COM Usance f **usar** [uˈzar] ⟨1a⟩ A VT (ge)brauchen; (aplicar) anwenden; vestuário tragen; (gastar) verschleißen; **antes de ~** vor Gebrauch B VI **~ de a/c** von etw Gebrauch machen; sich (dat) etw zunutze machen; **~-se** in Gebrauch (ou Mode) sein; gebräuchlich sein; (gastar-se) sich abnutzen
USB [uɛsiˈbe] ABR **conexão** F USB USB-Anschluss m; **memória** f USB USB-Stick m
usbeque [uʒˈbɛki], **usbequistanês** [uʒbikiʃtɐˈneʃ] A ADJ usbekisch B M, **-esa** F Usbeke m, Usbekin f **Usbequistão** [uʒbikiʃˈtɐ̃u] M GEOG **o ~** Usbekistan (n)
useiro [uˈzɐjru] → vezeiro
usina [uˈzinɐ] F bras Fabrik f; Werk n; **~ elétrica** Kraftwerk n; **~ nuclear** Kernkraftwerk n **usinagem** [uziˈnaʒɐ̃j] F bras TECN Verarbeitung f **usineiro** [uziˈnɐjru] bras A ADJ Fabrik... B M Fabrikbesitzer m
uso [ˈuzu] M Gebrauch m; (utilização) Benutzung f; (aplicação) Anwendung f; (gasto) Abnutzung f; TECN Verschleiß m; (tradição) Brauch m; (hábito) Gewohnheit f; **~ doméstico** Hausgebrauch m; **mau ~** Missbrauch m; **ao ~ de** (zum Gebrauch) für; **fazer ~ de** gebrauchen; palavra ergreifen; **perder o ~ da razão** den Verstand verlieren
usual [uˈzwał] gewöhnlich **usuário** [uˈzwarju] M Nutznießer m; bras Benutzer m **usucapião** [uzukɐˈpjɐ̃u] M DIR Eigentumserwerb m **usufruir** [uzufruˈir] ⟨3i⟩; (possuir) besitzen; DIR nutzen; (gozar) genießen **usufruto** [uzuˈfrutu] M Nutzungsrecht n; Nutznießung f **usufrutuário** [uzufruˈtwarju] M Nutznießer m
usura [uˈzurɐ] F Wucher(zins) m **usurário** [uzuˈrarju] A ADJ wucherisch; Wucher... B M Wucherer m
usurpação [uzurpɐˈsɐ̃u] F widerrechtliche Besitzergreifung f **usurpador** [uzurpɐˈdor] M Usurpator m **usurpar** [uzurˈpar] ⟨1a⟩ an sich (ac) reißen
utensílio [utẽˈsiłju] M (aparelho) Gerät n; (ferramenta) Werkzeug n; **~s** pl Utensilien npl; **~s de barbear** Rasierzeug n

utente [u'tēti] M/F Nutzer(in) m(f), User(in) m(f) (espec INFORM); (consumidor,-a) Verbraucher(in) m(f)

uterino [uti'rinu] ANAT Gebärmutter...; **irmão** m ~ Halbbruder m **útero** ['utiru] M ANAT Gebärmutter f

útil ['utił] nützlich; brauchbar; **dia** m ~ Werktag m; **juntar o ~ ao agradável** das Angenehme mit dem Nützlichen verbinden

utilidade [utiłi'dadi] F Nützlichkeit f; Nutzen m; Brauchbarkeit f; **~s** pl Gebrauchsgegenstände mpl, Hausrat m **utilitário** [utiłi'tarju] A ADJ Gebrauchs... B M INFORM Hilfsprogramm n; bras Nutzfahrzeug n **utilitarismo** [utiłita'riʒmu] M Utilitarismus m **utilização** [utiłiza'sɐ̃ũ] F Benutzung f; de dados: Verwertung f; **~ abusiva de dados** Datenmissbrauch m **utilizador(a)** [utiłiza'dor(a)] M/F Benutzer(in) m(f) **utilizar** [utiłi'zar] ⟨1a⟩ benutzen; dados verwerten; (aplicar) anwenden; **~-se de sich bedienen** (gen) **utilizável** [utiłi'zavɛł] benutzbar; dados verwertbar

utopia [utu'pia] F Utopie f **utópico** [u'tɔpiku] utopisch

uva ['uvɐ] F (Wein)Traube f; **~ moscatel** Muskatellertraube f; **~ passa** Rosine f **uva-espim** [uvɐ̞'pī] F ⟨pl uvas-espins⟩ fam Stachelbeere f

úvula ['uvuła] F ANAT Zäpfchen n **uvular** [uvu'łar] Zäpfchen..., uvular

uzb..., **Uzb...** → Usbequistão etc

V

V, v [ve] M V, v n
v. ABR (ver, veja) s. (siehe)
v/ ABR (vosso, -a) Ihr(e)
V.¹ ABR (Você) Sie; bras du
V.² ABR (visto) gesehen
V.ª ABR (Viúva) Wwe. (Witwe)
vá [va] → ir
vã [vɐ̃] ADJ F → vão
vaca ['vakɐ] F Kuh f; **~ leiteira** Milchkuh f; **~ sagrada** fig heilige Kuh f; **carne** f **de**

661 VAGA

~ Rindfleisch n; **doença** f **das ~s loucas** Rinderwahn(sinn) m **vacada** [vɐ'kadɐ] F Kuhherde f; corrida: Art Kuhrennen n **vaca-fria** [vakɐ'fria] F: **voltar à ~** auf das alte Thema zurückkommen **vaca-loura** [vakɐ'łora] F ⟨vacas-louras⟩ port ZOOL Hirschkäfer m

vacância [vɐ'kɐ̃sjɐ] F offene Stelle f; Vakanz f **vacante** [vɐ'kɐ̃ti] unbesetzt
vacaria [vakɐ'ria] F Kuhstall m; Molkerei f; ZOOL Rindvieh n
vacatura [vakɐ'turɐ] F Vakanz f
vacilação [vɐsiła'sɐ̃ũ] F Schwankung f; fig Unentschlossenheit f **vacilante** [vɐsi'łɐ̃ti] unentschlossen; unbeständig **vacilar** [vɐsi'łar] ⟨1a⟩ schwanken; zögern
vacina [vɐ'sinɐ] F substância: Impfstoff m; acto: Impfung f; **~ antigripal** Grippeschutzimpfung f **vacinação** [vɐsinɐ'sɐ̃ũ] F (Schutz)Impfung f **vacinar** [vɐsi'nar] ⟨1a⟩ impfen
vacuidade [vɐkwi'dadi] F Leere f
vácuo ['vakwu] A ADJ leer B M Vakuum n; fig Leere f
vadear [vɐ'djar] ⟨1l⟩ durchwaten
vadiagem [vɐ'djaʒɐ̃ĩ] F Landstreicherei f **vadiar** [vɐ'djar] ⟨1g⟩ (herum)bummeln, vagabundieren **vadio** [vɐ'diu] A ADJ müßig(gängerisch); cão herrenlos B M Müßiggänger m; pej Gammler m

vaga ['vagɐ] F 1 Welle f; **~ de frio** port Kältewelle f; **~ de greves** port Streikwelle f 2 freie Stelle f; AUTO Parklücke f, Parkplatz m
vagabundear [vɐgɐbũ'djar] ⟨1l⟩ vagabundieren, sich herumtreiben **vagabundo** [vagɐ'bũdu] A ADJ wandernd; unstet B M Landstreicher m
vagalhão [vagɐ'ʎɐ̃ũ] M Sturzwelle f
vaga-lume [vagɐ'łumi] M ⟨pl ~s⟩ ZOOL Glühwürmchen n; bras Platzanweiser m
vagamund... → vagabundear etc
vagão [vɐ'gɐ̃ũ] M Eisenbahnwagen m; **~ frigorífico** Kühlwagen m; **~ de mercadorias** Güterwaggon m **vagão-cama** [vɐgɐ̃ũ'kamɐ] M port Schlafwagen m **vagão-cisterna** [vɐgɐ̃ũsiʃ'tɛrnɐ] M ⟨pl vagões-cisterna⟩ Tankwagen m **vagão-leito** [vɐgɐ̃ũ'łejtu] M ⟨pl vagões-leito⟩ bras Schlafwagen m **vagão-restaurante** [vɐgɐ̃ũiʃtau'rɐ̃ti] M ⟨pl vagões-restaurante⟩ Speisewagen m
vagar [vɐ'gar] A VI ⟨1o; Stv 1b⟩ 1 vakant

VAGA

sein; (*faltar*) fehlen; (*übrig*) bleiben; sich kümmern (**a um**) ▣ umherirren; (*boiar*) treiben; *fig* sich ausbreiten ▣ M̄ Muße *f*; (*tempo*) Zeit *f*; (*lentidão*) Langsamkeit *f*; **com ~** ohne Hast **vagarento** [vagɐˈrẽtu], **vagaroso** [vagɐˈrozu] langsam; (*moroso*) langwierig; *fig* ernst
vagem [ˈvaʒɐ̃ĩ] F̄ Schote *f*; Hülse *f*; GASTR grüne Bohnen *fpl*
vagido [vaˈʒidu] M̄ Wimmern *n*
vagina [vɐˈʒinɐ] F̄ ANAT Scheide *f* **vaginal** [vaʒiˈnał] Scheiden...
vagir [vaˈʒir] ⟨3n; *Stv* 3b⟩ wimmern
vago [ˈvagu] ▣ unbesetzt; frei ▣ unstet; *dor* wandernd; unbestimmt; vage
vagoneta [vaguˈnetɐ] F̄ Kippwagen *m*; MIN Lore *f*
vaguear [vaˈgjar] ⟨1l⟩ ▣ (umher)wandern (**por** durch); bummeln; ab-, umherschweifen ▣ wogen; (*boiar*) (dahin)treiben **vaguejar** [vagiˈʒar] ⟨1d⟩ → vaguear a) **vagueza** [vaˈgezɐ] F̄ Vagheit *f*
vai [vai] → **ir**
vaia(s) [ˈvajɐ(ʃ)] F̄PL Hohn *m*; (*assobios*) Pfiffe *mpl*; **levar ~** ausgepfiffen werden; **dar ~** auspfeifen **vaiar** [vaˈjar] ⟨1b⟩ auspfeifen
vaidade [vaiˈdadi] F̄ Eitelkeit *f* **vaidoso** [vaiˈdozu] eitel
vai-não-vai [vainɐ̃ũˈvai] ▣ M̄ Moment *m* ▣ ADV um ein Haar **vaivém** [vaiˈvɐ̃ĩ] M̄ Hin und Her *n*; (*Pendel*)Verkehr *m*; TECN Fähre *f*; **~ espacial** Raumfähre *f*
vala [ˈvalɐ] F̄ (Wasser)Graben *m*; **~ comum** Massengrab *n* **valado** [vaˈladu] M̄ Wall(graben) *m* **valar** [vaˈlar] ⟨1b⟩ befestigen
valdevinos [vałdiˈvinuʃ] M̄ ⟨*pl inv*⟩ Tagedieb *m*; Gauner *m*
vale [ˈvali] M̄ ▣ Gutschein *m*; **~ do correio** (*bras* **~ postal**) Postanweisung *f* ▣ GEOG Tal *n*;; **~ de lágrimas** *fig* Tal *n* der Tränen
valência [vaˈlẽsjɐ] F̄ Wertigkeit *f*; LING Valenz *f*
valentão [vɐlẽˈtɐ̃ũ] M̄, **valentona** [vɐlẽˈtonɐ] F̄ Wichtigtuer(in) *m(f)*; **à -ona** gewaltsam **valente** [vaˈlẽti] tapfer; (*forte*) kräftig; (*capaz*) tüchtig **valentia** [vɐlẽˈtiɐ] F̄ Tapferkeit *f*
valer [vaˈler] ⟨2p⟩ ▣ V̄T *a/c* wert sein; *a/c a alg* einbringen; **~-se de** sich bedienen (*gen*); *meios* greifen zu; zurückgreifen auf (*ac*) ▣ V̄I (*ser válido*) gelten; wert sein; **a ~** tüchtig; *fam* toll; **~ em** taugen für; nützen bei; **trabalhar a ~** ernsthaft arbeiten; **fazer ~** geltend machen; herausstreichen; **fazer-se ~** sich durchsetzen; **tanto vale** das kommt auf dasselbe heraus; **ou coisa que o valha** oder etwas Ähnliches; **valha-me Deus!** Gott steh mir bei!; **mais vale** (*inf*) es ist besser zu
valeriana [vɐłiˈrjanɐ] F̄ Baldrian *m*
valeta [vaˈletɐ] F̄ Straßengraben *m*
valete [vɐˈłeti] M̄ *cartas*: Bube *m*
valha [ˈvaʎɐ] → **valer**
valia [vaˈliɐ] F̄ Wert *m*; Verdienst *n*
validação [vɐlidɐˈsɐ̃ũ] F̄ Bestätigung *f*; DIR Wirksamkeitserklärung *f*; **~ de bilhete** Fahrscheinentwertung *f*
validade [vɐłiˈdadi] F̄ Gültigkeit *f*; (*entrada em vigor*) Rechtskraft *f* **validar** [vɐłiˈdar] ⟨1a⟩ gültig (*ou* rechtskräftig) machen; **validez** [vɐłiˈdeʃ] → **validade** **valido** [vɐˈlidu] ▣ ADJ Lieblings... ▣ M̄ Favorit *m*
válido [ˈvalidu] gültig; (*em vigor*) rechtskräftig; wirksam; **não ~** ungültig
valimento [vɐłiˈmetu] M̄ Wert *m*; (*validade*) Geltung *f*; (*influência*) Ansehen *n*; (*favor*) Gunst *f* **valioso** [vaˈljozu] wertvoll; (*importante*) bedeutend
valor [vaˈłor] M̄ Wert *m*; Tauglichkeit *f*; (*valentia*) Tapferkeit *f*; (*merecimento*) Verdienst *n*; MŪS (Noten)Dauer *f*; FIN Valuta *f*; Wertpapier *n*; **~ máximo admissível** zulässiger Höchstwert *m*; **~ nominal** Nennwert *m*; **~ real** Realwert *m*; **de ~** wertvoll; **~es** *pl* Wertsachen *fpl*; *port no exame*: Note *f*; **12 ~es** *port nota escolar*: ausreichend
valorização [vɐłuɾizɐˈsɐ̃ũ] F̄ Bewertung *f*; (*avaliação*) Auswertung *f*; FIN Wertsteigerung *f* **valorizar** [vɐłuɾiˈzar] ⟨1a⟩ bewerten; (*melhorar*) aufwerten; *fig* auswerten; **~-se** im Wert steigen **valoroso** [vɐłuˈrozu] tapfer; (*forte*) kräftig; wertvoll
valsa [ˈvałsɐ] F̄ Walzer *m* **valsar** [vałˈsar] ⟨1a⟩ (Walzer) tanzen
valva [ˈvałvɐ] F̄ BOT Fruchtklappe *f*; ZOOL (Muschel)Schale *f*
válvula [ˈvałvulɐ] F̄ ANAT (Herz)Klappe *f*; TECN Düse *f*; Ventil *n*; ELECT Röhre *f*; *bras tb* (Toiletten)Spülung *f*; **~ de segurança** Sicherheitsventil *n*; **~ de escape** Ablassventil *n*

vamos ['vɐmuʃ] → ir
vampiro [vɐ'piru] M Vampir m
vandalismo [vɐ̃daˈliʒmu] M Vandalismus m **vândalo** ['vɐ̃dalu] M Vandale m
vanglória [vɐ̃ˈglɔrjɐ] F Ruhmsucht f; (vaidade) Eitelkeit f **vangloriar** [vɐ̃gluˈrjar] ⟨1g⟩ schmeicheln (dat); **~-se** prahlen (**de** mit) **vanglorioso** [vɐ̃gluˈrjozu] eitel
vanguarda [vɐ̃ˈgwardɐ] F Avantgarde f; **ir na ~** an der Spitze liegen **vanguardista** [vɐ̃gwɐrˈdiʃtɐ] A ADJ avantgardistisch B M/F Vorkämpfer(in) m(f)
vaidade [vajˈdadɨ] F Vergänglichkeit f; pessoa: Eitelkeit f
vantagem [vɐ̃ˈtaʒɐ̃j] F Vorteil m; Vorsprung m; **~ de localização** ECON Standortvorteil m; **~ tributária** Steuervergünstigung f; **tirar ~ de** e-n Vorteil erzielen aus **vantajoso** [vɐ̃tɐˈʒozu] vorteilhaft
vante ['vɐ̃tɨ] F NAUT Vorderschiff n
vão¹ [vɐ̃w] → ir
vão² [vɐ̃w] (mpl **~s**) A ADJ pessoa eitel; lugar leer; (oco) hohl, fig grundlos; (inútil) vergeblich; **em ~** vergebens, umsonst B M Hohlraum m; ARQUIT Fach n; Schacht m; portão: Toreinfahrt f
vapor [vɐ'por] M Dampf m, Dunst m; NÁUT Dampfer m; **a ~** dampfgetrieben; fig schleunigst; **a todo o ~** mit Volldampf; **cozer ao, bras cozinhar no ~** dämpfen; **~es** pl Nebel mpl; fig Neid m **vaporar** [vapuˈrar] ⟨1e⟩ dampfen **vaporização** [vapuriza'sɐ̃w] F Verdampfung f; (pulverização) Zerstäubung f **vaporizador** [vapuriza'dor] M Zerstäuber m **vaporizar** [vapuri'zar] ⟨1a⟩ A VT zum Verdampfen bringen; (pulverizar) zerstäuben B VI verdampfen **vaporoso** [vapu'rozu] dampfend; dunstig; fig leicht; luftig
vaqueiro [vɐˈkɐjru] A ADJ Rind(er)... B M Rinderhirt m; Cowboy m **vaqueta** [vɐˈketɐ] F 1 Rind(s)leder n 2 Schirmstab m
vara ['varɐ] F Rute f; Gerte f; sólida: Stange f; Stock m; DIR Richteramt n; circunscrição: Bezirk m; hist Elle f (1,10 m); **à ~ larga** fig locker
varado [vɐ'radu] angelandet; gestrandet; **ficar ~** fig verblüfft sein **varadouro** [vɐra'doru] M NÁUT Werft f; Bootshaus n; fig Treffpunkt m **varal** [vɐ'ral] M Deichselstange f; Schlittenkufe f; bras Wäscheleine f; **sair dos -ais** fig aus dem Rahmen fallen
varanda [vɐ'rɐ̃dɐ] F Balkon m; Veranda f; **~s** pl TEAT Galerie f **varandim** [vɐrɐ̃'dĩ] M kleiner Balkon m; (gradeamento) Vorbau m
varão [vɐ'rɐ̃w] M 1 männliches Wesen n; Mann m; animal: Männchen n; (**filho m**) **~** Stammhalter m, Sohn m 2 (Gardinen-) Stange f; de construção Baustahl m
varapau [vɐrɐ'paw] M (lange) Stange f
varar [vɐ'rar] ⟨1b⟩ A VT verprügeln; (expulsar) (ver)jagen; (perfurar) durchbohren; barco aufs Trockene setzen; fig verblüffen B VI stranden
vareja [vɐ'rɐjʒɐ] F Schmeißfliege f; **pôr ~ em alg** j-m übel nachreden **varejar** [vɐriˈʒar] ⟨1d⟩ azeitona abschlagen; tapete ausklopfen; quarto etc durchsuchen; posição angreifen; tempestade peitschen; bras (weg)werfen **varejeira** [vɐri'ʒɐjrɐ] F Schmeißfliege f **varejista** [varɐ'ʒiʃtɐ] bras A ADJ Einzel(handels)... B M/F Einzelhändler(in) m(f) **varejo** [vɐ'rɐjʒu] M azeitonas: Abschlagen n; (inspecção) Kontrolle f; espec Steuerprüfung f; fig Rüffel m; bras ECON Einzelhandel m
vareta [vɐ'retɐ] F Stäbchen n; métrica: (Mess)Stab m; MAT de compasso: Schenkel m; **pega-~s** bras Mikado m
vargem [varʒɐ̃j] F → várzea
variabilidade [varjabili'dadɨ] F Veränderlichkeit f; Unbeständigkeit f **variação** [varja'sɐ̃w] F Veränderung f; Wechsel m; MÚS Variation f **variado** [vɐ'rjadu] abwechslungsreich; (colorido) bunt; (volúvel) unbeständig **variante** [vɐ'rjɐ̃tɨ] F Variante f; **de um padrão:** Abweichung f; (modificação) Abänderung f; texto: Lesart f **variar** [vɐ'rjar] ⟨1g⟩ A VT (ab-, ver)ändern; wechseln; MÚS variieren B VI wechseln; (modificar-se) sich (ver)ändern; (diferir) verschieden sein; abweichen; **para ~** zur Abwechslung; **isso varia** je nachdem; (das) kommt darauf an **variável** [vɐ'rjavɛl] veränderlich; variabel
varicela [vɐri'sɛlɐ] F Windpocken fpl
variedade [varje'dadɨ] F Vielfalt f; Verschiedenartigkeit f; (mudança) Wechsel m; fruta: (Obst)Sorte f; LING Varietät f; **~ de** Auswahl f an (dat); **teatro m de ~s** Varieté n **variegado** [varje'gadu]

bunt; gesprenkelt; *fig* vielgestaltig **variegar** [varje'gar] ⟨1o; *Stv* 1e⟩ tönen; (*colorir*) bunt färben; sprenkeln; → variar
varina [va'rinɐ] F̄ Fischverkäuferin f
varinha [vɐ'riɲɐ] F̄ Stäbchen n; **~ de condão**, **~ mágica** Zauberstab m; *port fig* Pürierstab m
vário ['varju] verschieden(artig); (*colorido*) bunt; (*volúvel*) unbeständig; *humor* launisch; (*hesitante*) schwankend; **~s** *pl* mehrere; (*variegado*) allerlei
varíola [vɐ'riulɐ] F̄ MED Pocken fpl
variz [vɐ'rif] F̄ ⟨*pl* -es⟩ MED Krampfader f
varonia [vɐru'niɐ] F̄ Mannestum n; *descendência*: männliche Geschlechtslinie f
varonil [vɐru'nil] männlich; mannhaft
varredeira [vɐʀɨ'dajrɐ] F̄ NÁUT Beisegel n **varredor** [vɐʀɨ'dor] M̄ Straßenkehrer m **varredoura** [vɐʀɨ'dorɐ] F̄ Kehrmaschine f; **rede f ~** Schleppnetz n **varredura** [vɐʀɨ'durɐ] F̄ Kehren n; **~(s)** (*pl*) Zusammengekehrtes n **varrer** [vɐ'ʀer] ⟨2b⟩ zusammenkehren; *fig* wegfegen; MIL beschießen **varrição** [vɐxi'sẽũ] F̄ *bras* Kehren n **varrido** [vɐ'ʀidu] A ADJ *fig* ausgemacht, Erz...; total; **doido ~** völlig verrückt B M̄ Kehricht m
Varsóvia [vɐr'sɔvjɐ] SEM ART Warschau n
várzea ['varzjɐ] F̄ (*Fluss*)Niederung f; (*planície*) Flur f; (*arrozal*) Reisfeld n
vasa ['vazɐ] F̄ Schlick m, Schlamm m
vasco ['vaʃku] A ADJ baskisch B M̄, **-a** F̄ Baske m, Baskin f

▶ **Vasco da Gama**

Der portugiesische Seefahrer Vasco da Gama (1469-1524) ist der prominenteste Vertreter der Seefahrernation Portugal. Im Auftrag des portugiesischen Königs Manuel I umsegelte er 1497-98 das Kap der Guten Hoffnung und gelangte als erster Europäer auf dem lange gesuchten Seeweg nach Indien. Portugal stieg in der Folge zur führenden Kolonialmacht auf und schickte Seefahrer bis nach China und Brasilien. Nach dem Entdecker da Gama wurde 1998 die längste Brücke Europas, die **Ponte Vasco da Gama** über den Fluss Tejo bei Lissabon, benannt. ◀

vascular [vɐʃku'lar] ANAT Gefäß...

vasculhar [vɐʃku'ʎar] ⟨1a⟩ fegen; *fig* durchstöbern; durchkämmen **vasculho** [vɐʃ'kuʎu] M̄ Reisigbesen m
vaselina [vɐzɨ'linɐ] F̄ Vaseline f
vasilha [vɐ'ziʎɐ] F̄ Gefäß n; (*pipa*) Fass n
vasilhame [vɐzi'ʎɐmɨ] M̄ Gefäße npl; (*garrafas*) Flaschen fpl; (*pipas*) Fässer npl; *geralm* Leergut n
vaso ['vazu] M̄ ❶ Gefäß n; *para flores*: (Blumen)Topf m; **~ catalítico** AUTO Katalysator m; **~ sanitário** Toilettenbecken n ❷ ANAT Gefäß n; **~ sanguíneo** ANAT Blutgefäß n ❸ NÁUT Schiff n; **~ de guerra** Kriegsschiff n **vasodilatador** [vazɔdi'ɫɐtɐ'dor] MED gefäßerweiternd
vassalagem [vɐsɐ'ɫaʒẽĩ] F̄ *hist* Lehnspflicht f; POL Unterwerfung f; Hörigkeit f **vassalo** [vɐ'saɫu] M̄ *hist* Lehnsmann m; Vasall m (*tb fig*)
vassoura [vɐ'sorɐ] F̄ Besen m; **~ para folha** Laubharke f; **~ metálica** MÚS Stahlbesen m; **~ de pelo** Haarbesen m; **~ de piaçaba** Strohbesen m; **pau m de ~** *port fig* Bohnenstange f **vassourinha** [vɐso'riɲɐ] F̄ Handfeger m
vastidão [vɐʃti'dɐ̃ũ] F̄ Weite f; (*dimensão*) Umfang m; *fig* Bedeutung f **vasto** ['vaʃtu] weit; umfangreich; *fig* bedeutend
vatapá [vata'pa] M̄ *bras* GASTR Fisch--Krabben-Gericht mit Palmöl
Vaticano [vɐti'kɐnu] M̄ GEOG Vatikan m
vaticinar [vɐtisi'nar] ⟨1a⟩ prophezeien
vaticínio [vɐti'sinju] M̄ Voraussage f
vau [vau] M̄ Furt f; (*ocasião*) günstige Gelegenheit f; **passar a ~** durchwaten
vaza ['vazɐ] F̄ *jogo de cartas*: Stich m **vaza-barris** [vazabɐ'ʀiʃ] M̄ ⟨*pl inv*⟩ gefährliche Küste f; **dar em ~** *fig* scheitern
vazador [vazɐ'dor] M̄ Locheisen n **vazadouro** [vazɐ'doru] M̄ Ausguss m; Kloake f **vazadura** [vazɐ'durɐ] F̄ Entleerung f; (*esgoto*) Abwasser n **vazamento** [vazɐ'mẽtu] M̄ (Metall)Guss m; *bras* Leck n, Leckstelle f **vazante** [vɐ'zɐ̃tɨ] A ADJ **maré F̄ ~** Ebbe f, auslaufende Flut f B F̄ Ebbe f **vazão** [vɐ'zɐ̃ũ] F̄ Abfluss m; COM Absatz m; **dar ~ a** abfließen, ausströmen lassen; *fig* freien Lauf lassen (*dat*); *trabalho etc* bewältigen **vazar** [vɐ'zar] ⟨1b⟩ A VT (ent)leeren; *líquido* aus-, umgießen; *sólido* aushöhlen; *metal* gießen B VI *líquido* ausfließen; *recipiente* lecken, undicht sein; *maré* zurückgehen

VELO

vazio [vɐ'ziu] **A** ADJ leer; *moradia* unbewohnt; *conversa* albern **B** M **1** Leere *f*; *(falha)* Lücke *f*; **~ de segurança** *port* Sicherheitslücke *f*; **marcha f em ~** *port* Leerlauf *m* **2** **~s** *pl* Weiche *f* *(e-s Tieres)*

v/c *port* ABR **1** (vossa carta) Ihr Schreiben *n* **2** (vossa casa) Ihr Haus *n* **3** (vossa conta) Ihre Rechnung *f*

vê¹ [ve] **A** → **ver**

vê² [ve] M *nome da letra* v; **~ dobrado** (*ou* **duplo**) *nome da letra* w

veação [vjɐ'sɐ̃ũ] F Wildbret *n* **veado** ['vjadu] M Hirsch *m*

vector [vɛ'tor] M Vektor *m* **vectorial** [vɛtu'rjat] Vektor...

veda ['vɛdɐ] F Schonzeit *f* **vedação** [vidɐ'sɐ̃ũ] F Absperrung *f*; Zaun *m*; Einzäunung *f* **vedado** [vi'dadu] M eingezäuntes Gelände *n* **vedar** [vi'dar] ⟨1c⟩ **A** VT *(proibir)* verbieten; *passagem* (ab-, ver)sperren; *tapar* einzäunen; *sangue* stauen; TECN abdichten **B** VI versiegen; stocken

vedeta [vi'dɛtɐ] F, *bras* **vedete** [ve'dɛtʃi] F MIL Vorposten *m*; NÁUT Schnellboot *n*; TEAT Star *m* **vedetismo** [vidi'tiʒmu] M Starkult *m*

vedor [vɛ'dor] M **1** Inspektor *m* **2** Wünschelrutengänger *m*; **varinha de ~** Wünschelrute *f*

veemência [vje'mẽsjɐ] F Heftigkeit *f* **veemente** [vje'mẽti] heftig; vehement

vegan ['vɛgɐn], **vegano** [vi'gɐnu] **1** ADJ vegan, Vegan... **2** M,F Veganer(in) *m(f)*

vegetação [viʒitɐ'sɐ̃ũ] F Vegetation *f*; MED Wucherung *f* **vegetal** [viʒi'taɫ] **A** ADJ pflanzlich; **papel** *m* **~** Pergamentpapier *n* **B** M Pflanze *f* **vegetar** [viʒi'tar] ⟨1c⟩ wachsen; wuchern; *fig* vegetieren

vegetariano [viʒitɐ'rjɐnu] **A** ADJ vegetarisch **B** M, **-a** F Vegetarier(in) *m(f)* **vegetativo** [viʒitɐ'tivu] vegetativ; pflanzlich; **sistema** *m* **nervoso ~** vegetative Nervensystem *n*

veia ['vɐjɐ] F BIOL, GEOL Ader *f*; ANAT Vene *f*; *fig* Anlage *f*, Talent *n* (**para** für)

veicular [vɐiku'tar] **A** ADJ Fahrzeug...; Verkehrs... **B** VT ⟨1a⟩ befördern; *dinheiro etc* in Umlauf bringen

veículo [vɐ'ikutu] M Fahrzeug *n*; *fig* (Über)Träger *m*; **~ todo-o-terreno** Geländewagen *m*; **ser ~ de** *doença* übertragen

veiga ['vɐjgɐ] F Flur *f*, Gefilde *n*

veio¹ ['vɐju] → **vir**

veio² ['vɐju] M **1** GEOL (Erz)Gang *m*; (Erz-) Ader *f*; *fig* Kern *m*; **~ de água** Rinnsal *n* **2** *port* TECN Welle *f* **3** PL **~s madeira**: Maserung *f*

veja ['vɐʒɐ] siehe; **~ acima/abaixo** siehe oben/unten; → **ver vejo** ['vɐʒu] → **ver**

vela¹ ['vɛɫɐ] F Segel *n*; *fig* Schiff *n*; **andar à ~** segeln; **ir-se à ~** *port pop* verschwinden; *fig* den Bach runtergehen

vela² ['vɛɫɐ] F Kerze *f*; **~ perfumada** Duftkerze *f*; AUTO **~ de ignição** Zündkerze *f*; **à ~** entblößt, (fast) nackt

vela³ ['vɛɫɐ] F **1** Wachen *n*; *(sentinela)* (Nacht)Wache *f*; **estar de ~** Wache haben; **ter ~** Protektion genießen

velacho [vi'ɫaʃu] M NÁUT Vorsegel *n* **velador** [viɫɐ'dor] **A** ADJ wachsam **B** M **1** Wächter *m* **2** *(candelabro)* (Kerzen)Leuchter *m* **velame** [vi'ɫɐmi] M Segelwerk *n*; *fig* Hülle *f* **velar** [vi'ɫar] ⟨1c⟩ **A** VT **1** bewachen; *(proteger)* behüten; achten auf *(ac)*; *(fazer vigília)* durchwachen **2** verschleiern; *(esconder)* verdunkeln; PINT übermalen **B** VI wachen (**por** über *ac*); *luz* brennen

velcro® ['vɛɫkru] M Klettverschluss *m*

veleidade [vitɐi'dadi] F Anwandlung *f*; Laune *f*; *(vontade)* Gelüst *n*

veleiro [vi'ɫɐiru] **A** ADJ Segel...; *(rápido)* hurtig **B** M Segelmacher *m*; Segelboot *n* **velejar** [viɫe'ʒar] ⟨1d⟩ segeln

veleta [vi'ɫɐtɐ] F → **cata-vento**

velha ['vɛʎɐ] F alte Frau *f*, *fam* Alte *f* **velhacaria** [viʎɐkɐ'riɐ] F *(maldade)* Niedertracht *f*; Gerissenheit *f* **velhaco** [vi'ʎaku] **A** ADJ durchtrieben; *(malvado)* niederträchtig; *(manhoso)* tückisch **B** M Halunke *m*

velhice [vɛ'ʎisi] F Alter *n* **velhinho** [vɛ'ʎiɲu] **A** ADJ ältlich **B** M, **-a** F altes Männlein *n*, altes Mütterchen *n* **velho** ['vɛʎu] **A** ADJ alt; **chegar a ~** alt werden **B** M, **-a** F Alte(r) *m/f(m)* **velho** [vɛ'ʎɔti] M, **-a** [vɛ'ʎɔtɐ] F *fam* Alte(r) *m/f(m)*

velo ['vɛɫu] M *(Schaf)Fell *n*; *(lã)* Wolle *f*

velocidade [viɫusi'dadi] F Geschwindigkeit *f*; **~ da luz** Lichtgeschwindigkeit *f*; **~ directriz** Richtgeschwindigkeit *f*; **alavanca** *f* **de ~s** Ganghebel *m*; **caixa** *f* **de ~s** Gangschaltung *f*; **primeira ~** erster Gang *m*; **a ~ máxima** mit Höchstgeschwindigkeit; **a toda a ~** mit Vollgas; **meter a ~**

den Gang einlegen **velocímetro** [vilu-'simitru] M̄ Geschwindigkeitsmesser m **velocista** [velo'si∫te] M̄/F bras Sprinter(in) m(f)
velódromo [vi'lɔdrumu] M̄ Radrennbahn f
velório [vi'lɔrju] M̄ Totenwache f
veloso [vi'lozu] haarig; (lanoso) wollig
veloz [vi'lɔʃ] schnell, rasch; (ligeiro) flink
veludilho [vilu'diʎu] M̄ Velours m **veludo** [vi'ludu] M̄ Samt m; ~ **cotelê** Kord(-samt) m
vem [vɐ̃j] → vir
venado [vi'nadu] geädert, gemasert
venal [vi'naɫ] käuflich **venalidade** [vinɐli'dadi] F̄ Bestechlichkeit f **venalizar** [vinɐli'zar] ⟨1a⟩ bestechen
venatório [vinɐ'tɔrju] Jagd...
vencedor [vẽsi'dor] A ADJ siegreich B M̄, **-a** [vẽsi'dorɐ] F̄ Sieger(in) m(f) **vencer** [vẽ'ser] ⟨2g; Stv 2a⟩ A VT besiegen; gewinnen; (dominar) meistern; (ultrapassar) überwinden; (exceder) übertreffen; ordenado beziehen B VI siegen; prazo fällig werden; **~-se** sich beherrschen; prazo ablaufen; validade verfallen; pagamento fällig werden; ~ **aos pontos** nach Punkten siegen; ~ **por uma bola** um e-n Punkt gewinnen **vencida** [vẽ'sidɐ] F̄ **ir de ~** besiegt werden; **levar de ~** besiegen **vencido** [vẽ'sidu] besiegt; FIN fällig; **dar-se por ~** sich geschlagen geben **vencilho** [vẽ'siʎu] M̄ Strohseil n **vencimento** [vẽsi'mẽtu] M̄ Sieg m; FIN Fälligkeit f; prazo: Ablauf m; **~s** pl Bezüge mpl; **folha f de ~s** Lohnabrechnung f; **dar ~ a** ~s beenden
venda[1] ['vẽdɐ] F̄ Verkauf m; (loja) Laden m; (taberna) Ausschank m; COM Vertrieb m; ~ **antecipada** Vorverkauf m; ~ **de porta em porta** Haustürgeschäft n; **à distância**, bras ~ **por catálogo** Versandhandel m; **de fácil ~** COM gängig; **~s** pl COM Umsatz m; departamento: Vertrieb m; **à ~ em** erhältlich bei; **pôr à ~** auf den Markt bringen

venda[2] ['vẽdɐ] F̄ (Augen)Binde f **vendar** [vẽ'dar] ⟨1a⟩ verbinden; fig blenden
vendaval [vẽdɐ'vaɫ] M̄ Sturm m
vendável [vẽ'davɛɫ] (gut) verkäuflich **vendedor** [vẽdi'dor] A ADJ Verkaufs... B M̄, **vendedora** [vẽdi'dorɐ] F̄, **vendedeira** [vẽdi'dɐjrɐ] F̄ Verkäufer(in) m(f) **vendedouro** [vẽdi'doru] M̄ Verkaufsstelle f **vendeiro** [vẽ'dɐjru] M̄ Schankwirt m **vender** [vẽ'der] ⟨2a⟩ verkaufen; fig verraten; ~ **saúde** fig vor Gesundheit strotzen **vendido** [vẽ'didu] (aus)verkauft; **estar ~** fig verraten und verkauft sein; **ficar ~** sprachlos sein **vendilhão** [vẽdi'ʎɐ̃ũ] M̄ (Straßen)Händler m; fig Schacherer m **vendível** [vẽ'divɛɫ] → vendável
veneno [vi'nenu] M̄ Gift n; fig boshafter Mensch m **venenoso** [vini'nozu] giftig
veneração [vinirɐ'sɐ̃ũ] F̄ Verehrung f **venerador(a)** [vinirɐ'dor(ɐ)] M̄/F̄ Verehrer(in) m(f) **venerar** [vini'rar] ⟨1c⟩ (ver)ehren **venerável** [vini'ravɛɫ] ehrwürdig
venéreo [vi'nɛrju] MED Geschlechts...
veneta [vi'netɐ] F̄ Einfall m, Laune f; MED Wahnsinnsanfall m
Veneza [vi'nezɐ] F̄ GEOG Venedig n **veneziana** [vini'zjanɐ] F̄ Jalousie f
Venezuela [vini'zwɛlɐ] F̄ GEOG **a ~** Venezuela (n) **venezuelano** [vinizwɛ'lɐnu] A ADJ venezolanisch B M̄, **-a** F̄ Venezolaner(in) m(f)
venho ['vɐɲu] → vir
vénia (***ê**) ['vɛnjɐ] F̄ Erlaubnis f; (cortesia) Höflichkeit f; gesto (Kopf)Nicken n (als Gruß); (reverência) Verbeugung f
venial [vi'njaɫ] verzeihlich; REL **pecado ~** lässliche Sünde f
venta ['vẽtɐ] F̄ fam Nasenloch n; **~s** pl Nase f; pej (cara) Schnauze f; **andar, estar de ~** pop beleidigt sein; **nas ~s de alg** pop j-m ins Gesicht (schreien)
ventania [vẽtɐ'niɐ] F̄ ständiger Wind m **ventar** [vẽ'tar] ⟨1a⟩ windig sein; (soprar) wehen; fig sich zeigen
ventilação [vẽtilɐ'sɐ̃ũ] F̄ Lüftung f **ventilador** [vẽtilɐ'dor] M̄ Ventilator m; ~ **de ar quente** Heizlüfter m **ventilar** [vẽti'lar] ⟨1a⟩ (aus)lüften; fig erörtern
vento ['vẽtu] M̄ Wind m; ~ **em popa** Rückenwind m (tb fig); **cabeça f de ~** Hitzkopf m; **pé m de ~** Wirbelsturm m; **aos quatro ~s** in alle Winde; **andar com todos os ~s** sein Mäntelchen nach dem Winde hängen; **estar** (ou **fazer**) ~ windig sein; **furtar o ~** den Wind aus den Segeln nehmen; **o ~ está de feição** der Wind steht günstig **ventoinha** [vẽ-'twiɲɐ] F̄ Windrad n; (cata-vento) Wetter-

fahne f; (ventilador) Ventilator m
ventosa [vẽ'tɔzɐ] F̲ Saugnapf m (tb ZOOL); MED Schröpfkopf m **ventosidade** [vẽtuzi'dadʒi] F̲ Blähung f **ventoso** [vẽ'tozu] windig; (flatulento) blähend; fig eitel
ventral [vẽ'tral] Bauch... **ventre** ['vẽtri] M̲ ANAT Bauch m; (útero) Schoß m; fig Innere(s) n; **prisão** f **de ~** MED Verstopfung f **ventrículo** [vẽ'trikulu] M̲ ANAT Herzkammer f **ventriloquista** [vẽtrilu'kiʃtɐ] M̲/F̲, **ventríloquo** [vẽ'trilukwu] M̲ Bauchredner m **ventrudo** [vẽ'trudu] dickbäuchig
ventura [vẽ'turɐ] F̲ Glück n; (destino) Schicksal n; (risco) Wagnis n; **à ~** aufs Geratewohl; **por ~** vielleicht, etwa **venturoso** [vẽtu'rozu] glücklich
Vénus ['vɛnuʃ] F̲, bras **Vênus** ['vẽnuʃ] F̲ Venus f
ver [ver] A V̲T̲ ⟨2m⟩ sehen; (fitar) ansehen; **~ de** ersehen aus; **~ se** (zu)sehen, dass; **deixar ~** erkennen lassen; **fazer ~** zeigen; fig klarmachen; **ir ~** nachsehen; alg besuchen; **vir ~** alg besuchen kommen; **ter que ~** zu tun haben (com mit); **ser de ~** sehenswert sein; **até ~** bis auf weiteres; **maneira** f **de ~** Standpunkt m; **(vamos) a ~** fam mal sehen; **a ~, vamos!** wir werden ja sehen!; **veremos!** abwarten!; **veja lá!** sieh (ou sehen Sie) mal an!; **já se vê!** versteht sich!; selbstverständlich; **estou a ~** ich verstehe; **não ~ um boi** fam nichts kapieren B̲ **~-se** V̲R̲ sich treffen; sich befinden; (sentir-se) sich fühlen; **~-se doido** nicht mehr wissen, wo e-m den Kopf steht; **~-se em sitzen** (ou stecken) in (dat) C̲ M̲ **a meu ~** meines Erachtens
veracidade [virɐsi'dadʒi] F̲ Wahrhaftigkeit f; (credibilidade) Glaubwürdigkeit f
veraneante [virɐ'njɐ̃tʃi] M̲/F̲ Sommerurlauber(in) m(f) **veranear** [virɐ'njar] ⟨1l⟩ den Sommer verbringen **veraneio** [virɐ'naju] M̲ Sommerfrische f; **de ~** bras (Sommer)Ferien... **veranista** [virɐ'niʃtɐ] M̲/F̲ Sommerurlauber(in) m(f)
Verão [vi'rɐ̃ũ] M̲ Sommer m; **no ~** im Sommer; **~ de São Martinho** Altweibersommer m
veraz [vi'raʃ] wahrheitsliebend
verba ['vɛrbɐ] F̲ contrato: (Vertrags)Punkt m, Klausel f; (parcela) Sparte f; (quantia) (Geld)Betrag m; **~s** pl Haushaltsmittel npl
verbal [vir'bal] mündlich; GRAM verbal **verbalizar** [virbɐli'zar] ⟨1a⟩ in Worte fassen
verbena [vir'benɐ] F̲ 1 BOT Eisenkraut n 2 Volksfest n
verberar [virbi'rar] ⟨1c⟩ geißeln
verbete [vir'betʃi] M̲ Aufzeichnung f; (folha) Notizblatt n; (ficha) Karteikarte f; dicionário: Eintrag m, Stichwort n
verbo ['vɛrbu] M̲ Wort n; GRAM Verb n; **~ de encher** Füllwort n
verborreia [virbu'ʁɐjɐ] F̲ Redseligkeit f; espec Wortschwall m **verbosidade** [virbuzi'dadʒi] F̲ Geschwätz n **verboso** [vir'bozu] wortreich; redselig
verdade [vir'dadʒi] F̲ Wahrheit f (**nua nackte, pura reine**); **em ~, na ~** wahrhaftig; **a dizer** (bras falar) **~** eigentlich; **para dizer** (bras falar) **a ~** offen gestanden; **ser ~ stimmen**; **(não é) ~?** nicht wahr? **verdadeiro** [virdɐ'dɐjru] wahr(haftig); echt
verdasca [vir'daʃkɐ] F̲ Reitgerte f; Rute f **verdasco** [vir'daʃku] vinho sauer
verde ['verdʒi] A̲ A̲D̲J̲ grün; fruta unreif; (viçoso) frisch; (jovem) jung; (tenro) zart; **~ de inveja** blass vor Neid; **anos** mpl **~s** junge(n) Jahre npl; **idade** f **~** zartes Alter n; **moço** m **~** Grünschnabel m B̲ M̲ Grün n; AGR Grünfutter n; **os ~s** pl POL die Grünen pl **verdeal** [virˈdʒal] grünlich **verde-claro** [verdʒi'klaru] hellgrün **verde-escuro** [verdʒiʃ'kuru] dunkelgrün **verde-gaio** [verdʒi'gaju] blassgrün **verdejar** [virdʒi'ʒar] ⟨1d⟩ ins Grüne spielen; BOT grünen **verdelhão** [virdɨˈʎɐ̃ũ] M̲ Grünling m **verde-mar** [verdʒi'mar] meergrün **verde-montanha** [verdʒimõ'tɐɲɐ] blaugrün **verdete** [vir'detʃi] M̲ Grünspan m **verdoengo** [vir'dwẽgu] grünlich; fruta unreif **verdor** [vir'dor] M̲ Grün n; fig Jugendkraft f
verdugo [vir'dugu] M̲ Henker m
verdura [vir'durɐ] F̲ Grün n; BOT Pflanze f; GASTR Gemüse n; fig Unreife f; **~s** pl **da mocidade** Jugendsünden fpl **verdureiro** [vexdu'reru] M̲, **-a** f bras Gemüsehändler(in) m(f)
vereação [verjɐ'sɐ̃ũ] F̲ (Tätigkeit f von) Stadt-, Gemeinderat m **vereador** [verjɐ'dor] M̲ Stadtrat m, -verordnete(r) m; das finanças: Kämmerer m **vereança** [ve'rjẽsɐ] f bras → vereação

vereda [viˈreda] F̲ Fußpfad m
veredicto [viriˈdi(k)tu] M̲ (Urteils)Spruch m
verga [ˈvɛrga] F̲ Gerte f; (barra) (Eisen)Stange f; (travessa) (Tür)Sturz m; **cadeira** f **de ~** Rohrstuhl m
vergalhão [vɪrgaˈʎãũ] M̲ Vierkanteisen n
vergão [virˈgãũ] M̲ Strieme f; ARQUIT Monireisen n **vergar** [virˈgar] ⟨1o; Stv 1c⟩ A̲ V̲T̲ biegen; fig beugen B̲ V̲I̲ sich biegen; fig sich beugen **vergasta** [virˈgaʃta] F̲ Peitsche f; **vergastada** [virgaʃˈtada] F̲ Peitschenhieb m **vergastar** [virgaʃˈtar] ⟨1b⟩ peitschen
vergonha [virˈgoɲa] F̲ Schande f; (pudor) Scham f, Schamgefühl n; **pouca ~** Schamlosigkeit f; **~s** pl Schamteile npl; **ter ~** sich schämen **vergonhoso** [virguˈɲozu] (envergonhado) schamhaft; schändlich
vergôntea [virˈgõtja] F̲ Sprössling m
verídico [viˈridiku] wahr
verificação [virifikaˈsãũ] F̲ Feststellung f (der Richtigkeit); (controle) Nachprüfung f; profecia: Erfüllung f; **~ de valor limite** Grenzwertbestimmung f **verificador** [virifikaˈdor] M̲ Zollprüfer m; **~ de ortografia** INFORM Rechtschreibprogramm n **verificar** [virifiˈkar] ⟨1n⟩ correcção feststellen; verdade herausfinden; (controlar) nachprüfen, überprüfen; **~-se** sich herausstellen (als); profecia sich erfüllen **verificável** [virifiˈkavɛł] feststellbar
veris... → verossímil etc
verme [ˈvɛrmi] M̲ Wurm m
vermelhão [virmɨˈʎãũ] M̲ Zinnoberrot n; Mennige f **vermelhidão** [virmɨʎiˈdãũ] F̲ (Scham)Röte f **vermelho** [virˈmɐʎu] A̲ A̲D̲J̲ rot B̲ M̲ Rot n; das faces: Röte f; POL Rote(r) m; **vermelhusco** [virmɨˈʎuʃku] rötlich
vermicida [vɛrmiˈsida] M̲ Wurmmittel n
vermicular [virmikuˈlar] wurmförmig, wurmartig **vermículo** [virˈmikułu] M̲ Würmchen n **vermífugo** [virˈmifugu] M̲ → vermicida
vermute [vɛrˈmuti] M̲ Wermut m
vernaculidade [vɨrnakułiˈdadi] F̲ Echtheit f; LING Sprachreinheit f **vernaculista** [vɨrnakuˈłiʃta] M̲/F̲ (Sprach)Purist(in) m(f) **vernáculo** [vɨrˈnakułu] A̲ A̲D̲J̲ landestypisch B̲ M̲ Volkssprache f
verniz [vɛrˈniʃ] M̲ (Klar)Lack m; Firnis m; para unhas: Nagellack m
vero [ˈvɛru] wahr, echt
verosímil [vɛruˈzimił] wahrscheinlich; glaubwürdig **verosimilhança** [vɛruziˈmiˈʎãsa] F̲ Wahrscheinlichkeit f
verossímil [vɛroˈsimiu] bras → verosímil
verruga [vɛˈʁuga] F̲ Warze f; **~ plantar** Dornwarze f **verrugoso** [vɛʁuˈgozu], **verruguento** [vɛʁuˈgẽtu] warzig
verruma [vɛˈʁuma] F̲ (Nagel)Bohrer m **verrumar** [vɛʁuˈmar] ⟨1a⟩ an-, durchbohren; fig grübeln über (ac)
versado [virˈsadu] versiert (**em** in dat)
versal [virˈsał] A̲D̲J̲/F̲ (letra f) **~** Großbuchstabe m, Versalie f **versalete** [virsaˈłɛti] M̲ TIPO Kapitälchen n
versão [virˈsãũ] F̲ Version f; (tradução) Übersetzung f **versar** [virˈsar] ⟨1c⟩ A̲ V̲T̲ handhaben; wälzen; disciplina studieren; tema behandeln B̲ V̲I̲ **~ sobre** sich drehen um; (tratar de) handeln von; (falar sobre) sprechen über (ac) **versátil** [virˈsatił] (volúvel) wetterwendisch; vielseitig (anwendbar) **versatilidade** [virsatiłiˈdadi] F̲ (volubilidade) Wankelmut m; Versiertheit f; **~ de uso** große Anwendungsbreite f
versículo [virˈsikułu] M̲ REL (Bibel)Vers m; (parágrafo) Absatz m **verso** [ˈvɛrsu] M̲ 1̲ LIT Vers m; **em ~** in Versform 2̲ moeda etc: Rückseite f
vértebra [ˈvɛrtibra] F̲ Wirbel m
vertebrado [virtiˈbradu] M̲ ZOOL Wirbeltier n **vertebral** [virtiˈbrał] Wirbel...; **coluna** f **~** Wirbelsäule f
vertedouro [virtiˈdoru] M̲ (Sicker)Grube f; NÁUT Schöpfkelle f **vertedura** [virtiˈdura] F̲ Ab-, Überlauf m **vertente** [virˈtẽti] A̲ A̲D̲J̲ abschüssig; DIR anhängig; (aberto) offen B̲ F̲ Abhang m; telhado: Dachfläche f; fig Seite f (e-s Problems) **verter** [virˈter] ⟨2c⟩ A̲ V̲T̲ gießen; eingießen (**em** in ac); (esvaziar) ausgießen; (entornar) verschütten; vergießen; (despejar) ablassen; ausleeren; (traduzir) übersetzen (**para** in ac) B̲ V̲I̲ (brotar) sich ergießen; (transbordar) überlaufen
vertical [virtiˈkał] senkrecht
vértice [ˈvɛrtisi] M̲ Scheitel(punkt) m
vertigem [virˈtiʒɐ̃j] F̲ Schwindel m; fig Taumel m; Rausch m **vertiginoso** [virtiʒiˈnozu] Schwindel erregend
verve [ˈvɛrvi] F̲ Schwung m

vesgo ['veʒgu] schielend; **ser ~** schielen
vesícula [vi'zikuɫɐ] F Bläschen n; ZOOL Schwimmblase f; **~ (biliar)** ANAT Gallenblase f
vespa ['vɛʃpɐ] F ZOOL Wespe f; fig Kratzbürste f **vespão** [viʃ'pɐ̃ũ] M ZOOL Hornisse f **vespeiro** [viʃ'pɐjru] M Wespennest n
véspera ['vɛʃpirɐ] F Vorabend m; **~ de Natal** Heiligabend m; **Véspera de Ano Novo** Silvester n; **em ~s de** am Vorabend (gen); **estar em ~s de** davor stehen zu
vesperal [viʃpi'raɫ] A M bras Nachmittagsvorstellung f B ADJ, **vespertino** [viʃpir'tinu] Nachmittags... **vespertino** [viʃpir'tinu] M Abendblatt n
veste ['vɛʃti] F REL (Priester)Gewand n
Vestefália [vɛʃti'faljɐ] F GEOG a ~ Westfalen (n)
vestiário [viʃ'tjarju] M Umkleidekabine f; TEAT Garderobe f
vestibular [veʃtʃibu'lax] M bras UNIV Aufnahmeprüfung f
vestíbulo [viʃ'tibuɫu] M (átrio) Vorhalle f; Diele f; hotel: Foyer n; ANAT Vorhof m
vestido [viʃ'tidu] M Kleid n
vestígio [viʃ'tiʒju] M Spur f
vestimenta [viʃti'mẽtɐ] F Kleidung f; **~s** pl Messgewand n **vestir** [viʃ'tir] ⟨3c⟩ A V/T (be)kleiden; fig bedecken; vestuário tragen B V/I (& V/R) (-se) geralm sich kleiden; espec sich anziehen **vestuário** [viʃ'twarju] M Kleidung f; Anzug m
vetar [ve'tar] ⟨1a⟩ stimmen gegen; (proibir) verbieten; lei: Veto einlegen
veterano [viti'rɐnu] A ADJ altgedient B M, **-a** F Veteran(in) m(f)
veterinária [vitiri'narjɐ] F Tiermedizin f, Tierheilkunde f **veterinário** [vitiri'narju] A ADJ Tierheil... B M, **-a** F Tierarzt m, -ärztin f
veto ['vetu] M Einspruch m, Veto n
vetusto [vi'tuʃtu] uralt
véu [vɛu] M Schleier m
V. Ex.ᵃ ABR **(Vossa Excelência)** Eure Exzellenz; tratamento: Sie
vexação [vɛʃɐ'sɐ̃ũ] F Belästigung f, Quälerei f; (vergonha) Schande f **vexame** [ve'ʃɐmi] M Plage f, Verdruss m; (vergonha) Schmach f **vexante** [ve'ʃɐ̃ti] quälend; schändlich; (vergonhoso) peinlich **vexar** [ve'ʃar] ⟨1a⟩ belästigen; (atormentar) quälen; (envergonhar) be-
schämen **vexativo** [vɛʃɐ'tivu], **vexatório** [vɛʃɐ'tɔrju] → vexante
vez [veʃ] F Mal n; **uma ~** einmal; **duas ~es** zweimal; **uma ~ por outra** hin und wieder; **às ~es, por ~es** manchmal; **cada ~** jedes Mal; jeweils; **cada ~ mais** immer mehr; **três ~es mais/maior** dreimal so viel/so groß; **desta ~** diesmal; **de ~** auf einmal; endgültig; **de uma ~ para sempre** (ou **por todas**) ein für alle Mal; **de ~ em quando** bisweilen; dann und wann; **em ~ de** anstatt (gen); **outra ~** ein andermal; noch einmal; **da outra ~** das letzte Mal, neulich; **a maior parte** (ou **as mais**) **das ~es** meistens; **muita ~, muitas ~es** oft; **raras ~es** selten; **pela primeira/última ~** zum ersten/letzten Mal; **por sua ~** seinerseits; **uma ~ que** da (nun einmal), weil; **é** (ou **chegou**) **a minha ~** ich bin an der Reihe; **dar a ~ a alg** j-n vorlassen; **fazer as ~es de alg** port j-n vertreten; **perder a ~** die Gelegenheit verpassen; **ter ~** drankommen
vezeiro [vi'zɐjru] ADJ Gewohnheits...; **useiro e ~ em** gewöhnt an (ac)
vi [vi] → ver
via ['viɐ] F 1 Weg m; Straße f; AUTO Spurweite f; FERROV Gleis n; **~ de acesso** Zufahrtsstraße f; **~ circular** Umgehungsstraße f; **Via Láctea** ASTRON Milchstraße f; **~ pedonal** Gehweg m, Bürgersteig m; **~ permanente** Bahnkörper m; **~ rápida** Schnellstraße f; **~s** pl **respiratórias** ANAT Atemwege mpl; **de ~ única** einspurig; **pôr em ~** in Gang bringen 2 fig Weg m, Mittel n; **~ competente** Dienstweg m; **(por) ~ aérea/marítima/terrestre** (auf dem) Luft-/See-/Landweg m; **~ satélite** über Satellit; **em ~(s) de** auf dem Weg zu; **por ~ de** mittels (gen) 3 (cópia) Ausfertigung f
viabilidade [vjɐbiɫi'dadi] F Befahrbarkeit f; COM Marktfähigkeit f; fig Realisierbarkeit f; Aussichten fpl; feto: Lebensfähigkeit f **viabilizar** [vjɐbiɫi'zar] ⟨1a⟩ ermöglichen; (preparar) in die Wege leiten
viação [vjɐ'sɐ̃ũ] F Straßen(fern)verkehr m; rede: Straßennetz n; Verkehrsmittel npl; **acidente m de ~** Verkehrsunfall m; **empresa f de ~** Busunternehmen n **viaduto** [vjɐ'dutu] M Viadukt m
viagem ['vjaʒɐ̃ĩ] F Reise f; Fahrt f; **~ com tudo incluído** Pauschalreise f; **~**

de ida e volta Hin- und Rückreise f; **~ de núpcias** Hochzeitsreise f; **estar de ~** verreisen wollen; verreist sein; **em ~** unterwegs; **estar em ~** verreist sein

viajado [vjaˈʒadu] ADJ muito = weitgereist **viajante** [vjaˈʒɐ̃ti] M/F Reisende(r) m/f(m) **viajar** [vjaˈʒar] ⟨1b⟩ A VI, VT bereisen B VI reisen (**para** nach)

Viana do Castelo [ˈvjɐnəduka∫ˈtɛłu] port Distrikt(hauptstadt)

vianda [ˈvjãdə] F Fleisch(gericht) n
viandante [vjãˈdɐ̃ti] M/F Reisende(r) m/f(m); Wanderer m, Wanderin f
viário [ˈvjarju] Straßen...; Wege... **viático** [ˈvjatiku] M Reisegeld n; (*mantimento*) Wegzehrung f; REL Viatikum n
viatura [vjaˈtura] F Fahrzeug n; **~ de serviço** Dienstwagen m; **~ de incêndios** Feuerwehrfahrzeug n

viável [ˈvjavɛł] gangbar; *via* (be)fahrbar; *plano* durchführbar; COM marktfähig

víbora [ˈvibura] F ZOOL Viper f
vibração [vibraˈsãu] F Vibration f; (*tremor*) Beben n; Erschütterung f; TECN Rütteln n; *fig* Erregung f **vibrador** [vibraˈdor] M TECN Vibrator m; **~ para massagens** Massagegerät n **vibrante** [viˈbrãti] vibrierend; *fig* schwungvoll; (*contagiante*) mitreißend **vibrar** [viˈbrar] ⟨1a⟩ A VI, VT schwingen; (*trepidar*) schleudern; *cordas* anschlagen; *terra* erschüttern; **fazer ~** *fig* mitreißen B VI schwingen; *som* tönen; hallen; *fig* sich begeistern (**por** für); **vibrátil** [viˈbratił] erregbar **vibratório** [vibraˈtɔrju] schwingend

viçar [viˈsar] ⟨1p⟩ → *vicejar*
vicariato [vikaˈrjatu] M Vikariat n
vice... [visi-] EM COMP Vize...
vicejar [visiˈʒar] ⟨1d⟩ A VT hervortreiben; bewirken B VI *planta* wuchern; (*brilhar*) sich herausputzen
vice-reitor [visɐiˈtor] M ⟨*pl* ~es⟩ Prorektor m **vice-versa** [visiˈvɛrsə] ADV (und) umgekehrt

viciação [visiəˈsãu] F (Ver)Fälschung f; *droga etc*: Süchtigwerden n **viciado** [viˈsjadu] A ADJ angesteckt; (*adulterado*) fehlerhaft; *alg* (drogen)süchtig; **~ em** süchtig nach B M, F Drogensüchtige(r) m/f(m) **viciar** [viˈsjar] ⟨1g⟩ süchtig machen; (*adulterar*) verderben; (*falsificar*) fälschen; **~-se** verderben; *alg* süchtig werden (**em** nach); (*adulterar-se*) verdor-

ben werden (**com, por** durch)
vício [ˈvisju] M Laster n; (*erro*) Fehler m; (*dependência*) Sucht f; **por ~** ohne besonderen Grund; **ter ~** wuchern **vicioso** [viˈsjozu] lasterhaft; **círculo ~** Teufelskreis m

vicissitude [visisiˈtudi] F Wechsel m; (*acaso*) Zufall m; *fig* Missgeschick m; **~s** *pl* Schicksalsschläge mpl

viço [ˈvisu] M (strotzende) Kraft f; (*seiva*) Saft m; (*exuberância*) Üppigkeit f; *fig* Feuer n; **sem ~** kraftlos **viçoso** [viˈsozu] kräftig; strotzend; (*exuberante*) üppig

vida [ˈvidə] F Leben n; (*vivacidade*) Lebhaftigkeit f; (*sustento*) Lebensunterhalt m; **~ a dois** Leben n zu zweit; **~ alheia** anderer Leute Angelegenheiten; **~ em comum** Lebensgemeinschaft f; **~ em comunidade** Wohngemeinschaft f; **~ profissional** Berufsleben n; **~ útil** TECN Lebensdauer f; **mulher f da ~** Prostituierte f; **à boa ~** müßig; **com ~, em ~** lebendig; **em ~** bei Lebzeiten; **andar na ~** *pop* auf den Strich gehen; **dar ~ a** beleben; **dar a ~** sein Leben hingeben (**por** für); **fazer ~ com** zusammenleben mit; **fazer ~ de** leben wie; **ganhar a ~** s-n Lebensunterhalt verdienen; **tratar da sua ~** sich um s-e Angelegenheiten kümmern; **viver ~ folgada** es sich (dat) gut gehen lassen; **ter ~** leben; *fig* lebhaft sein **vidão** [viˈdɐ̃u] M **levar um ~** *bras fam* sich ein schönes Leben machen

vide [ˈvidi] M Rebe f **videira** [viˈdajrə] F Weinstock m

vidente [viˈdɐ̃ti] M/F Seher(in) m(f)
vídeo [ˈvidju] M 1 Video n, Videofilm m 2 *bras* Bildschirm m

videocassete [vidjɐkaˈsɛti] F 1 Videokassette f 2 → *videogravador* **videoclip** [vidjɐˈklip] M Videoclip m **videoconferência** [vidjɐkõfiˈrẽsjə] F Videokonferenz f **videogravador** [vidjɐgrɐvaˈdor] M Videorekorder m **videojogo** [vidjɐˈʒogu] M ⟨*pl* [-ˈʒɔ-]⟩ Videospiel n **videoteca** [vidjɐˈtɛkə] F Videothek f **videotexto** [vidjɐˈtajʃtu] M Bildschirmtext m **videovigilância** [vidjɐviʒiˈłɐ̃sjə] F Videoüberwachung f

vidoeiro [viˈdwajru] M BOT Birke f
vidraça [viˈdrasə] F Fensterscheibe f; (*janela*) Fenster n **vidraceiro** [vidrɐˈsɐjru] M Glaser m; **betume m de ~** Fenster-

kitt m **vidrado** [vi'dradu] ADJ glasig; M Glasur f **vidragem** [vi'draʒɐ̃ĩ] F Glasierung f **vidrão** [vi'drɐ̃ũ] M Altglascontainer m **vidrar** [vi'drar] ⟨1a⟩ VT glasieren; *olhar* trüben; VI sich eintrüben; *olhar* glasig werden; *bras pop* abfahren (*por auf ac*) **vidraria** [vidrɐ'ria] F Glaserei f **vidreiro** [vi'drɐiru] ADJ Glas...; (*operário* m) ~ m Glasbläser m **vidrilho** [vi'driʎu] M Glasröhrchen n; *Art* Strass **vidro** ['vidru] M *geralm* Glas n; *especial* Glasscheibe f; AUTO Fenster n; ~ **atérmico** wärmeisolierendes Glas n; ~ **eléctrico** AUTO elektrischer Fensterheber m; ~ **fumado** AUTO getönte Scheibe f; **~s** pl Glaswaren fpl
vieira ['vjɐira] F ZOOL Kammmuschel f
viela ['vjɛla] F Gässchen n
viemos ['vjemuʃ] → vir
Viena ['vjena] SEM ART Wien n **vienense** [vje'nẽsi] A ADJ wienerisch B M/F Wiener(in) m(f)
vieram ['vjerɐ̃ũ] → vir
viés [vjɛʃ] M Schrägstreifen m; *posição*: Schräge f; **ao ~, de ~** schräg; schief
viesse ['vjɛsi] → vir
Vietname [vje'tnami] M GEOG Vietnam n **Vietnamita** [vjetnɐ'mita] A ADJ vietnamesisch B M/F Vietnamese m, Vietnamesin f
viga ['viga] F Balken m; (*suporte*) Träger m; ~ **mestra** Hauptträger m; *de telhado*: Dachbalken m **vigamento** [viga'mẽtu] M Balkenwerk n
vigarice [viga'risi] F Betrug m
vigário [vi'garju] M 1 Stellvertreter m; REL Vikar m; **conto m do ~** *fig* Schwindel m, Betrug m
vigarista [viga'riʃta] M/F Betrüger(in) m(f)
vigarizar [vigari'zar] ⟨1a⟩ betrügen; *fam* reinlegen
vigência [vi'ʒẽsja] F DIR (Rechts)Gültigkeit f; Bestehen n **vigente** [vi'ʒẽti] gültig; in Kraft; geltend
vigésimo [vi'ʒɛzimu] A ADJ zwanzigste B M Zwanzigstel n
vigia [vi'ʒia] A F Wache f; Guckloch n; NÁUT Bullauge n; *avião*: (Flugzeug)Fenster n B M Wächter m **vigiar** [vi'ʒjar] ⟨1g⟩ A VT bewachen; (*observar*) beobachten B VI wachen (em über *ac*)
vigilância [viʒi'lɐ̃sja] F Wachsamkeit f; (*cuidado*) Fürsorge f; (*supervisão*) Aufsicht

f **vigilante** [viʒi'lɐ̃ti] A ADJ wachsam; (*atento*) fürsorglich; (*cuidadoso*) vorsichtig B M/F Aufsichtsperson f **vigilar** [viʒi'lar] ⟨1a⟩ → vigiar
vigília [vi'ʒilja] F Nachtwache f
vigor [vi'gor] M Kraft f; DIR Gültigkeit f; **com ~** nachdrücklich; **estar/entrar/pôr em ~** in Kraft sein/treten/setzen **vigorar** [vigu'rar] ⟨1e⟩ A VT kräftigen; stärken B VI DIR in Kraft sein, gelten; **começar a/deixar de ~** in/außer Kraft treten **vigorizar** [viguri'zar] VT ⟨1a⟩ → vigorar
vigoroso [vigu'rozu] kräftig; (*insistente*) nachdrücklich
vil [vil] A ADJ niedrig; niederträchtig B M/F niederträchtige Person f
vilania [vilɐ'nia] F Niedertracht f **vilão** [vi'lɐ̃ũ] ⟨mpl ~s, -ães, -ões⟩ A ADJ 1 kleinstädtisch; ländlich; *fig* ungehobelt 2 gemein; schäbig B M, **vilã** [vi'lɐ̃] F Kleinstädter(in) m(f); *fig pej* niederträchtige Person f **vilar** [vi'lar] → vilarejo
Vila Real [vila'ʀjal] *port* Distrikt u. -hauptstadt
vilarejo [vila'rɐiʒu] M, **vilarinho** [vila'ʀiɲu] M Nest n, Flecken m
vileza [vi'leza] F Niedertracht f
vilipendiar [vilipẽ'djar] ⟨1g⟩ verachten **vilipêndio** [vili'pẽdju] M Verachtung f; Verunglimpfung f **vilipendioso** [vilipẽ'djozu] verächtlich
vim [vĩ] → vir
vime ['vimi] M (Weiden)Rute f; **cesto m de ~** Weidenkorb m **vimeiro** [vi'mɐiru] M BOT Weide f
vimos ['vimuʃ] → ver; vir
vinagre [vi'nagri] M Essig m; *fig* Griesgram m **vinagreira** [vina'grɐira] F Essigflasche f **vinagreta** [vina'grɐta] F, *bras* **vinagrete** [vina'grɛtʃi] M GASTR Vinaigrette f
vinário [vi'narju] Wein...
vincar [vĩ'kar] ⟨1n⟩ falten; TECN falzen; *roupa* mit Bügelfalten versehen; *fig* hervorheben **vinco** ['vĩku] M Falte f; TECN Falz m; Knick m; (*sulco*) Furche f
vinculado [vĩku'ladu] verknüpft (a mit); *bens* unveräußerlich; **conta f -a** Sperrkonto n **vincular** [vĩku'lar] ⟨1a⟩ ~ a verbinden mit; knüpfen an (*ac*); (*determinar*) festlegen auf (*ac*); (*obrigar*) verpflichten

Vinhos de Portugal

Der Weinanbau ist ein traditionsreicher Wirtschaftszweig in Portugal. Landesweit gibt es über 40 Weinanbaugebiete. Jährlich werden ca. 7 Millionen Hektoliter Wein in Portugal produziert. Davon sind etwa 30 % Weißweine und 70 % Rot- und Roséweine. Fast 15 % der portugiesischen Bevölkerung lebt vom Weinanbau. Das Angebot ist sehr vielfältig und reicht von schweren, tanninreichen Rotweinen über Muskateller bis zum Portwein und Madeira. Auf den kargen Granitböden im regenreichen Norden wächst der sogenannte ‚grüne' Wein, der **vinho verde**. Dieser junge, spritzige Weißwein ist mit einem Alkoholgehalt von 8,5 bis 11 % ein sehr leichter Wein und der ideale Durstlöscher für einen heißen Sommerabend.
Apropos – wussten Sie, dass Portugal weltweit der führende Korken-Hersteller ist?

---

zu; **~-se por** sich festlegen durch **vínculo** ['vĩkuɫu] M̄ Band n; **bens:** unveräußerliches Gut n
vinda ['vĩdɐ] F̄ Kommen n; (chegada) Ankunft f; **na ~** auf dem Herweg
vindicação [vĩdikɐ'sɐ̃ũ] F̄ legal: Rechtsanspruch m; (exigência) Einforderung f
vindicar [vĩdi'kar] ⟨1a⟩ em tribunal einklagen; direito s-n Anspruch geltend machen auf (ac); (exigir) (zurück)fordern
vindicativo [vĩdikɐ'tivu] zustehend; rechtfertigend; (vingativo) rachsüchtig
vindicta [vĩ'dikta] F̄ Sühne f; (vingança) Rache f
vindima [vĩ'dimɐ] F̄ Weinlese f
vindimador [vĩdimɐ'dor] M̄, **vindimadeira** [vĩdimɐ'dɐirɐ] F̄ Weinleser(in) m(f)
vindimar [vĩdi'mar] ⟨1a⟩ A V/T uvas lesen, ernten; fig dahinraffen B V/I Weinlese machen
vindo ['vĩdu] A PP irr→ **vir** B ADJ **bem ~** willkommen **vindouro** [vĩ'doru] A ADJ künftig B M̄ bras Neuankömmling m; **~s** pl Nachwelt f
vingança [vĩ'gɐ̃sɐ] F̄ Rache f; **remoer ~s** Rachegelüste schüren **vingar** [vĩ'gar] ⟨1o⟩ A V/T rächen; (defender) verteidigen; prisioneiro befreien; objectivo erreichen B V/I gelingen; Erfolg haben; (medrar) gedeihen; **~-se de** sich rächen für **vingativo** [vĩgɐ'tivu] rachsüchtig
vinha¹ ['viɲɐ] → **vir**
vinha² ['viɲɐ] F̄ Weinberg m **vinhaço** [vi'ɲasu] M̄ Trester m **vinhateiro** [viɲɐ'tɐiru] A ADJ Wein(bau)... B M̄, **-a** F̄ Winzer(in) m(f) **vinhedo** [vi'ɲedu] M̄ Weinberg m
vinheta [vi'ɲetɐ] F̄ Vignette f
vinho ['viɲu] M̄ Wein m; **~ branco** Weiß-

wein m; **~ da casa** Hauswein m; **~ de garrafeira** port Qualitätswein m; **~ de mesa** Tafel-, Tischwein m; **~ espumante** Sekt m; **~ do Porto** Portwein m; **~ generoso** Dessertwein m; **~ licoroso** Süßwein m; **~ moscatel** süßer Muskatwein m; **~ tinto** Rotwein m; **~ verde** junger, leicht moussierender meist weißer Wein; **lista f dos ~s** Weinkarte f
vínico ['viniku] Wein...
vinícola [vi'nikuɫɐ] Wein(anbau)... **vinicultor(a)** [vinikuɫ'tor(ɐ)] M̄ Winzer(in) m(f) **vinicultura** [vinikuɫ'turɐ] F̄ Weinbau m **vinificação** [vinifikɐ'sɐ̃ũ] F̄ Weinbereitung f
vinil [vi'niɫ] M̄ Vinyl n **vinílico** [vi'niɫiku] M̄ Kunststoff-Bodenbelag m
vinoso [vi'nozu] Wein...; cor weinrot
vintavo [vĩ'tavu] M̄ Zwanzigstel n **vinte** ['vĩti] NUM A ADJ zwanzig B M̄ Zwanzig f; **dar no ~** treffen **vintém** [vĩ'tɐ̃ĩ] M̄ Zwanziger m; **não ter ~** fig keinen Heller haben **vintena** [vĩ'tenɐ] F̄ **uma ~** etwa zwanzig
viola ['vjɔɫɐ] F̄ klassische Gitarre f; **~ (de arco)** Bratsche f; **meter a ~ no saco** fig den Mund halten; (ceder) klein beigeben
violação [vjuɫɐ'sɐ̃ũ] F̄ **~ de contrato:** Verletzung f; (estupro) Vergewaltigung f; fig, REL Schändung f **violador** [vjuɫɐ'dor] M̄ geralm Verletzender m; espec Vergewaltiger m
violão [vju'ɫɐ̃ũ] M̄ Gitarre f
violar [vju'ɫar] ⟨1e⟩ contrato verletzen; (estuprar) vergewaltigen; fig schänden; REL tb entweihen **violência** [vju'ɫẽsjɐ] F̄ Gewalt f; Heftigkeit f; DIR Nötigung f
violentar [vjuɫẽ'tar] ⟨1a⟩ Gewalt antun (dat); alg vergewaltigen; porta aufspren-

gen **violento** [vju'tɛtu] *tempestade, críticas* heftig; *confronto, morte* gewaltsam; *pessoa, filme* gewalttätig

violeta [vju'leta] F **1** BOT Veilchen n; **cor de ~** violett **2** MÚS Viola f

violinista [vjuliˈniʃtɐ] M/F Geiger(in) m(f)

violino [vjuˈlinu] M Violine f, Geige f; **tocar ~** geigen **violoncelista** [vjulõsi-'liʃtɐ] M/F Cellist(in) m(f) **violoncelo** [vjulõˈsɛlu] M Cello n **violoncelista** [vjulõˈniʃtɐ] M/F Gitarrenspieler(in) m(f)

viperino [vipiˈrinu] *fig* giftig; bösartig

vir [vir] ⟨3w⟩ VI **1** *geralm:* kommen; *(originar)* herkommen; **ir e ~** hin- und hergehen; **~ a** kommen nach; gelangen zu; *fig* hinauslaufen auf *(ac)*; **~ abaixo** zusammenstürzen; **ser coisa (ou estar) para ~** erst noch kommen; **que vem** *ano, mês etc* kommend; **não me venhas com isso!** komm mir nicht damit! **2** *com adj:* **bem/mal a alg** j-m gut/nicht gut stehen **3** **~ em** *jornal* stehen in *(dat)*; TV, RÁDIO kommen in *(dat)* **4** **~ fazendo a/c** etw allmählich tun; **~ a fazer** (schließlich) etw tun; **~ a calhar** *(ou* a propósito) gelegen kommen; **~ a ser** (schließlich) werden; **~ a ser o mesmo** auf dasselbe hinauslaufen; **~ ter com alg** j-n aufsuchen **5** *fam* **mandar ~** herummaulen B VR **~-se** *pop* kommen, e-n Orgasmus haben

viração [viraˈsɐ̃u] F Brise f; *fig* Eingebung f **vira-casaca** [virɐkɐˈzakɐ] M/F ⟨pl ~s⟩ Opportunist(in) m(f); POL Wendehals m

virada [viˈradɐ] F Wendung f; *rua:* (Straßen)Kehre f; POL Wende f **viradeira** [viraˈdɐirɐ] F *port* GASTR Pfannenwender m **viradinho** [viraˈdʒiɲu] M *bras*, **virado** [viˈradu] M **~ (-de-feijão)** *bras* GASTR Bohneneintopf m

viragem [viˈraʒɐ̃ĩ] F POL Wende f; AUTO Wenden n; **~ à direita/esquerda** POL Rechts-/Linksruck m; **ponto m de ~** Wendepunkt m

virago [viˈragu] F *pej* Mannweib n

vira-lata [virɐˈlatɐ] M ⟨pl ~s⟩ *bras* (Straßen)Köter m

viram [viˈrɐ̃u] → ver, virar

virar [viˈrar] ⟨1a⟩ A VT *(inverter)* umdrehen; *(voltar)* umwerfen; *página* umblättern; *cara* abwenden; *costas* kehren; *bras* werden; **~ do avesso** umkrempeln; **~ a casaca** *fig* sein Fähnchen nach dem Wind hängen B VI wenden; kehrtmachen; *(regressar)* umdrehen; *(virar)* drehen (a nach); **~ à (ou para) direita/esquerda** nach rechts/links abbiegen **virar-se** [viˈrarsi] VR sich umdrehen; *(entornar-se)* umkippen; *carro* sich überschlagen; *barco* kentern; *fig* sich wenden (**contra, a** gegen) **viravolta** [virɐˈvɔltɐ] F (Kehrt)Wendung f; Umkehr f; POL, ECON Umschwung m; DESP Überschlag m; **dar uma ~** kehrtmachen; → virar-se

virgem ['virʒɐ̃ĩ] A ADJ jungfräulich; *fig* unberührt; rein; **floresta f ~** Urwald m; **terra f ~** Neuland n B F Jungfrau f C M ASTRON Virgem Jungfrau f **virginal** [virʒiˈnał] jungfräulich **virgindade** [virʒĩˈdadʒi] F Jungfräulichkeit f **virgíneo** [virˈʒinju] → virginal

Virgo ['virgu] M ASTRON Jungfrau f

vírgula ['virgulɐ] F Komma n

viril [viˈrił] männlich; *fig* mannhaft; **idade f ~** Mannesalter n

virilha [viˈriʎɐ] F ANAT Leiste f

virilidade [virili'dadʒi] F Männlichkeit f

virola [viˈrɔlɐ] F Zwinge f

virose [viˈrɔzi] F Viruserkrankung f

virtual [vir'twał] virtuell; **realidade f ~** virtuelle Realität f; **loja f ~** Onlineshop m **virtualidade** [virtwɐliˈdadʒi] F Virtualität f

virtude [virˈtudʒi] F Tugend f; MED Heilkraft f; *(força)* Kraft f; **em ~ de** dank *(gen)*; aufgrund *(gen)* **virtuosidade** [virtwuziˈdadʒi] F Virtuosität f **virtuoso** [virˈtwozu] A ADJ tugendhaft; *(corajoso)* mutig; *(forte)* kräftig; *artista* virtuos B M, -a [virˈtwɔzɐ] F Virtuose m, Virtuosin f

virulência [viruˈlẽsjɐ] F Ansteckungsgefahr f; *(força)* Heftigkeit f **virulento** [viruˈlẽtu] ansteckungsfähig; *fig* giftig

vírus [ˈviruʃ] M ⟨pl inv⟩ Virus n

visão [viˈzɐ̃u] F Sehen n; *faculdade:* Sehfähigkeit f; *(aparição)* Vision f; *fig* Blick m; Anblick m; **~ do mundo** Weltanschauung f; **campo m de ~** Gesichtsfeld n; **erro m de ~** Augentäuschung f; **barrar a ~ de** den Blick verstellen für

visar [viˈzar] ⟨1a⟩ A VT anvisieren; (ab)zielen auf *(ac)* B VI **~ a** abzielen auf *(ac)*; *(tencionar)* beabsichtigen zu *(inf)*

víscera [ˈviʃsirɐ] F inneres Organ n; **~s** *pl* Eingeweide *npl*

visceral [viʃsiˈrał] Eingeweide...

visco [ˈviʃku] M BOT Mistel f

viscose [viʃˈkɔzi] F Viskose f **viscosidade** [viʃkuziˈdadʒi] F Zähflüssigkeit f; TECN Viskosität f **viscoso** [viʃˈkozu] zähflüssig; (pegajoso) klebrig

viseira [viˈziɾa] F (Mützen)Schirm m; capacete: Visier n; fig Maske f

Viseu [viˈzew] SEM ART port Distrikthauptstadt

visibilidade [vizibiliˈdadʒi] F Sichtbarkeit f; METEO Sicht f; **de má ~ curva** unübersichtlich

visigodos [viziˈgoduʃ] MPL hist Westgoten mpl

visionar [vizjuˈnar] ⟨1f⟩ A VT erblicken; (prever) vorhersehen B VI Visionen haben **visionário** [vizjuˈnarju] A ADJ seherisch; (fantástico) fantastisch B M, **-a** F (vidente) Visionär(in) m(f)

visita [viˈzita] F Besuch m (**a** bei, in dat; **de** von); monumento: Besichtigung f; (inspecção) Inspektion f; **~ guiada** Führung f (**a** durch); **~ relâmpago** fam fig Blitzbesuch m; **estar com** (ou **ter**) **~s** Besuch haben; **estar de ~** zu Besuch sein; **pagar** (ou **retribuir**) **uma ~** e-n Gegenbesuch machen **visitação** [vizitɐˈsɐ̃w] F hist Heimsuchung f; bras tb Besuch m **visitador** [vizitɐˈdor] M Inspektor m **visitadora** [vizitɐˈdoɾa] F Sozialarbeiterin f **visitante** [viziˈtɐ̃tʃi] MF Besucher(in) m(f) **visitar** [viziˈtar] ⟨1a⟩ alg besuchen; monumento besichtigen; (inspeccionar) inspizieren; fig heimsuchen

visível [viˈzivɛɫ] sichtbar; fig offenkundig, ersichtlich

vislumbrar [viʒɫũˈbɾar] ⟨1a⟩ A VT matt erleuchten; (ver) schwach erkennen; fig ahnen B VI glimmen; (durch)schimmern **vislumbre** [viʒˈɫũbɾi] M Schimmer m; fig Ahnung f

viso [ˈvizu] M Berg(gipfel) m; **~s** pl Anschein m; Ahnung f

visor [viˈzor] M FOTO Sucher m

visse [ˈvisi] → ver

vista [ˈviʃta] A F Sicht f; (cena) (An)Blick m; (paisagem) Aussicht f; (perspectiva) Ansicht f; do olho: Sehkraft f; fig Absicht f; **~ cansada** MED Weitsichtigkeit f; **~ curta** MED Kurzsichtigkeit f; **exame** m **de ~** bras Sehtest m; **~ de olhos** Blick m (**dar** ou **passar a** werfen auf ac); **ponto** m **de ~** Gesichtspunkt m; (opinião) Ansicht f; **à ~** COM auf Sicht; pagamento gegen bar; **à ~ desarmada** mit bloßem Auge; **a ~ de, em ~ de** angesichts (gen); in Anbetracht (gen); verglichen mit; **à primeira ~** auf den ersten Blick; **até à ~!** auf Wiedersehen!; **com ~ a** im Hinblick auf (ac); **de ~** vom Sehen; **estar à ~** in Sicht sein; fig auf der Hand liegen; **abarcar com a ~** überblicken; **dar na(s) ~(s)** auffallen; Aufsehen erregen; **fazer ~** nach etwas aussehen; **fazer ~ grossa** ein Auge zudrücken; **perder de ~** aus den Augen verlieren; **a perder de ~** so weit das Auge reicht; **pôr à ~** aufdecken; **ter debaixo de ~** im Auge haben B F **~s** FPL Absichten fpl; TEAT (Bühnen)Prospekt m

visto [ˈviʃtu] A ADJ PP irr→ ver B ADJ **bem/mal ~** beliebt/unbeliebt; **a olhos ~s** zusehends; **estar ~** fam klar sein; **~ que** da, weil; **pelo(s) ~(s)** offenbar C M Visum n **vistoria** [viʃtuˈɾia] F Inspektion f; ARQUIT Bauabnahme f **vistoriar** [viʃtuˈrjar] ⟨1g⟩ besichtigen; inspizieren **vistoso** [viʃˈtozu] ansehnlich; auffällig

visual [viˈzwaɫ] A ADJ Gesichts...; Seh... B M Aussehen n **visualização** [vizwaɫizɐˈsɐ̃w] F bildliche Darstellung f; Sichtbarmachung f; INFORM Anzeige f **visualizar** [vizwaɫiˈzar] ⟨1a⟩ bildlich darstellen; sichtbar machen; INFORM anzeigen

vital [viˈtaɫ] vital; Lebens...; (importante) lebenswichtig; **ponto** m **~** springender Punkt m **vitalício** [vitaˈɫisju] Stelle, Posten auf Lebenszeit **vitalidade** [vitaɫiˈdadʒi] F Lebenskraft f, Vitalität f **vitalizar** [vitaɫiˈzar] ⟨1a⟩ (wieder) beleben

vitamina [vitɐˈminɐ] F Vitamin n; bras bebida: Vitaminshake m (Mixgetränk aus frischen Früchten, oft auch mit Milch, Joghurt etc) **vitaminar** [vitɐmiˈnar] ⟨1a⟩ mit Vitaminen anreichern **vitamínico** [vitɐˈminiku] Vitamin...

vitela [viˈtɛɫɐ] F Kalb n; GASTR Kalbfleisch n **vitelo** [viˈtɛɫu] M Kalb n

vitícola [viˈtikuɫɐ] Wein.. **viticultor** [vitikuɫˈtor] M Winzer m **viticultura** [vitikuɫˈtuɾa] F Weinbau m

vítima [ˈvitimɐ] F Opfer n; **ser ~ de** zum Opfer fallen (dat); Opfer sein **vitimar** [vitiˈmar] ⟨1a⟩ verletzen; (liquidar) töten; fig schädigen

vitivinícola [vitiviˈnikuɫɐ] Weinbau und -herstellung betreffend

vitória [vi'tɔrjɐ] f̄ Sieg m

Vitória [vi'tɔrjɐ] Hauptstadt des bras Bundesstaates Espírito Santo

vitoriar [vitu'rjar] ⟨1g⟩ zujubeln (dat) **vitorioso** [vitu'rjozu] siegreich

vitral [vi'traɫ] M̄ de igreja farbiges (Kirchen)Fenster n; Bleiverglasung f

vítreo ['vitriu] gläsern, Glas...

vitrificador [vitrifikɐ'dor] M̄ Klarlack m **vitrificar** [vitrifi'kar] ⟨1n⟩ verglasen

vitrina [vi'trinɐ] F̄, **vitrine** [vi'trini] F̄ Schaufenster n; (armário) Schaukasten m; Glasschrank m

vitualhas [vi'twaʎɐʃ] FPL Lebensmittel npl; (provisões) Proviant m

vituperar [vitupɨ'rar] ⟨1c⟩ scharf tadeln **vituperável** [vitupɨ'raveɫ] tadelnswert **vitupério** [vitu'pɛrju] M̄ scharfer Tadel m; (injúria) Beschimpfung f; (vileza) Schandtat f

viuvez [vju'veʃ] F̄ Witwenstand m

viúvo ['vjuvu] A̱ ADJ verwitwet; fig verlassen B̲ M̄, **-a** F̄ Witwer m, Witwe f

viva ['vivɐ] A̱ INT ~! hoch!; brinde es lebe...!; (ora) ~! sei gegrüßt!, hallo! B̲ M̄ Hoch m, Hochruf m; **dar ~s a alg** j-n hochleben lassen

vivacidade [vivɐsi'dadi] F̄ Lebhaftigkeit f **vivalma** [vi'vaɫmɐ] F̄ **nem (uma) ~** keine Menschenseele **vivamente** [vivɐ-'mẽti] ADV nachdrücklich **viva-voz** [vive'vɔʒ] M̄ bras TEL (dispositivo m ou sistema m) **~** Freisprechanlage f **vivaz** [vi'vaʃ] lebhaft; (robusto) widerstandsfähig **vivedouro** [vive'doru] langlebig **viveiro** [vi'vairu] M̄ BOT Baumschule f; de peixe: Fischweiher m; fig Brutstätte f **vivência** [vi'vẽsjɐ] F̄ Erlebnis n **vivenciar** [vivẽ'sjar] ⟨1g⟩ erleben **vivenda** [vi'vẽdɐ] F̄ Haus n; (domicílio) Wohnung f **vivente** [vi'vẽti] ADJ ser M̄ = Lebewesen n

viver [vi'ver] ⟨2a⟩ A̱ V̄T erleben; TEAT verkörpern B̲ V̄I leben (de von); (residir) wohnen (em in dat); (estar) zusammenleben mit; **~ com** zusammenleben mit; **~ à custa de alg** auf j-s Kosten leben; **~ à grande** port auf großem Fuße leben; **ir vivendo** zurechtkommen; **ir ~ para ...** port emigrare nach ... gehen (ou auswandern)

víveres ['vivɨrɨʃ] MPL Lebensmittel npl

viveza [vi'vezɐ] F̄ Lebhaftigkeit f

vivido [vi'vidu] lebenserfahren; experiência f **-a** eigene (Lebens)Erfahrung f

vívido ['vividu] lebhaft; feurig; cor grell

vivificante [vivifi'kɐ̃ti] belebend **vivificar** [vivifi'kar] ⟨1n⟩ beleben; (apoiar) anfeuern

vivíparo [vi'vipɐru] lebend gebärend

vivo ['vivu] A̱ ADJ lebend; lebendig; fig lebhaft; pessoa tb aufgeweckt; cor lebhaft, kräftig; **água** f **-a** Quellwasser n; **peso** m **~** Lebendgewicht n; **rocha** f **-a** nackter Fels m; **à ~a força** gewaltsam; **à -a voz** mündlich; (pessoalmente) persönlich B̲ M̄ Lebende(r) m; Lebewesen n; fig Innere(s) n; (âmago) Kern m; **ao ~** naturgetreu; TV, RÁDIO live

vivório [vi'vɔrju] M̄ Hurra n

vizinhança [vizi'ɲɐ̃sɐ] F̄ Nachbarschaft f; (roximidade) Nähe f; fig Verwandtschaft f **vizinho** [vi'ziɲu] A̱ ADJ benachbart; (limítrofe) angrenzend; (semelhante) verwandt B̲ M̄, **-a** F̄ Nachbar(in) m(f)

v.º ABR (verso) Rücks. (Rückseite)

voador [vwa'dor] A̱ ADJ fliegend; fig flüchtig B̲ M̄ **~ de asa-delta** Drachenflieger m **voadouros** [vwa'dorɔʃ] MPL ZOOL Schwungfedern fpl **voar** [vwar] ⟨1f⟩ fliegen; fig eilen; notícia sich wie im Flug(e) verbreiten; **~/fazer ~ pelos ares** in die Luft fliegen/jagen; **ir, sair voando** bras eilen

vocabulário [vukɐbu'larju] M̄ Vokabular n, Wortschatz m **vocábulo** [vu'kabuɫu] M̄ Wort n, Vokabel f

vocação [vukɐ'sɐ̃ũ] F̄ REL Berufung f; (profissão) Beruf m; (queda) Neigung f **vocacional** [vukɐsju'naɫ] ADJ carácter M̄ **~** Bestimmung f **vocacionar** [vukɐsju'nar] ⟨1f⟩ berufen sein für

vocal [vu'kaɫ] MÚS Stimm...; Gesangs..., Vokal...; (oral) mündlich; **cordas** fpl **vocais** Stimmbänder npl **vocalismo** [vukɐ'tiʒmu] M̄ Vokalismus f **vocalista** [vukɐ'liʃtɐ] M̄/F̄ Sänger(in) m(f)

você [vɔ'se] Anredeform zwischen du und Sie, zwischen Gleichen oder zu Untergebenen; bras du; **~s** pl Sie; bras e port ihr

▶ **você: du oder Sie?**

Während **você** in Portugal nicht nur dem deutschen ‚ihr', sondern auch dem höflichen ‚Sie' entspricht, hat es in Brasilien längst auch das **tu** ersetzt. Es ist also

▶▶

keineswegs unhöflich, zu jemandem **você** (bzw. im Plural **vocês**) zu sagen, den man nicht kennt.
Das sehr höfliche **o senhor / a senhora** wird wie in Portugal vor allem noch bei älteren Leuten oder bei Respektspersonen benutzt. Manche jüngeren Brasilianer könnten sich geradezu beleidigt fühlen, würden sie so förmlich angesprochen. ◁

vociferação [vusifɨrɐ'sɐ̃ū] F lautes Schelten n **vociferar** [vusifɨ'rar] ⟨1c⟩ A̲ V̲/̲T̲ schreien B̲ V̲/̲I̲ keifen
voçoroca [voso'rɔkɐ] F bras Erdrutsch m; Unterspülung f
voejar [vwe'ʒar] ⟨1d⟩ flattern
voga [ˈvɔgɐ] F Ruderschlag m; fig Ruf m; (divulgação) Verbreitung f; **em ~** fam in Mode
vogal [vu'gaɫ] A̲ F̲ LING Vokal m, Selbstlaut m B̲ M̲ POL stimmfähiges Mitglied m; júri: Beisitzer(in) m(f)
vogar [vu'gar] ⟨1o; Stv 1e⟩ (flutuar) treiben; (circular) in Mode sein
vol. A̲B̲R̲ (volume) Bd. (Band)
volante [vu'lɐ̃ti] A̲ A̲D̲J̲ fliegend; fig flüchtig; (nómada) unstet; (móvel) beweglich B̲ M̲ tecido: Voile m, DESP Federball m; TECN Schwungrad n; AUTO Lenkrad n C̲ M̲/̲F̲ Rennfahrer(in) m(f)
volátil [vu'łatiɫ] A̲D̲J̲ QUÍM flüchtig; fig flatterhaft B̲ M̲ Geflügel n **volatilidade** [vułɐtiłi'dadi] F Flüchtigkeit f **volatilizar** [vułɐtili'zar] ⟨1a⟩ sich verflüchtigen
vôlei ['volei] M̲ bras, **voleibol** [vɔłɐi'bɔɫ] M̲ Volleyball m; **~ de praia** Beachvolleyball m **vôleibolista** [vɔłɐibu'łiʃtɐ] M̲/̲F̲ Volleyballer(in) m(f)
volfrâmio [voł'frɐmju] M̲ Wolfram n
vols. A̲B̲R̲ (volumes) Bde. (Bände)
volt [vɔɫt] M̲ ELECT Volt n
volta [ˈvɔłtɐ] F 1 TECN etc Drehung f (tb FÍS); (reviramento) Wendung f; (reviravolta) Umschwung m; (retorno) Umkehr f; **as ~s pl da sorte** die Unbeständigkeit f des Glücks; **meia ~** Kehrtwendung f; **dar meia ~** kehrtmachen; **dar ~ às** sich drehen; fig sich herumplagen; **dar ~ a a/c** etw umdrehen; fam fig etw hinkriegen 2 (regresso) Rückkehr f; (desvio) Umweg m; **à ~, na ~** bei der Rückkehr; **na ~ do correio** postwendend; **estar de ~** zu-

rück sein; **receber de ~** zurückbekommen; mercadoria zurücknehmen 3 Rundgang m; espec DESP Runde f; (viagem) Rundreise f; AERO Schleife f; **~ ao mundo** Weltreise f; **Volta a França** DESP Tour f de France; **~ de honra** Ehrenrunde f; **ir dar uma ~** e-n Spaziergang machen 4 POL Wahlgang m; **segunda ~** port POL zweiter Wahlgang m 5 **~s pl** Besorgungen fpl fig **à** (ou **por**) **~ de** ungefähr, etwa; gegen; **de ~ com** zusammen mit; **em ~ de um** ... herum; **~ e meia** andauernd; ab und zu; **andar às ~s com** sich herumschlagen mit; **dar a ~ a alg** fam j-n umstimmen; **não há ~ a dar-lhe** port da ist nichts zu machen; **dar ~ ao miolo** port verrückt machen; **dar de ~** zurückgeben; **trocar as ~s** ausweichen; fig ein Schnippchen schlagen
volta-face [vɔɫte'fasi] M̲ bras → **volte-face**
voltagem [vɔɫ'taʒɐ̃ɪ̃] F ELECT Spannung f
voltaico [vɔɫ'taiku] A̲D̲J̲ **arco** M̲ **~** Lichtbogen m
voltar [vɔɫ'tar] ⟨1a⟩ A̲ V̲/̲T̲ (um)wenden; (um)drehen; **~ a esquina** um die Ecke biegen; **~ a cabeça a alg** j-m den Kopf verdrehen; **~ as costas a** sich abwenden B̲ V̲/̲I̲ zurückkehren (**de** von; **para** nach), wiederkommen (**de** von; **para** nach); (girar) sich drehen; fig zurückkommen (**a** auf ac); **~ atrás** umkehren; **~ a fazer a/c** etw wieder tun; **~ a si** (wieder) zu sich kommen; **~-se** sich umdrehen; veículo sich überschlagen; umkippen; barco kentern; sich wenden (**contra** gegen); **~-se a** (ou **para**) sich zuwenden (dat)
voltear [vɔɫ'tjar] ⟨1l⟩ A̲ V̲/̲T̲ herumgehen, -fahren um; (contornar) umkreisen; (fazer girar) kreisen lassen; (alçar) schwingen B̲ V̲/̲I̲ wirbeln; (rodopiar) kreisen; (esvoaçar) (herum)flattern
volte-face [vɔɫti'fasi] M̲ ⟨pl ~s⟩ Kehrtwendung f; **dar um ~** e-e Kehrtwendung machen
volteio [vɔɫ'taju] M̲ dança: Drehung f; acrobacia: Luftsprung m; DESP Welle f
voltímetro [vɔɫ'timitru] M̲ Voltmeter n
volubilidade [vułubili'dadi] F Flatterhaftigkeit f; Unbeständigkeit f
volume [vu'łumi] M̲ Umfang m; MAT Rauminhalt m; livro: Band m; (encomenda) Paket n; bagagem: Gepäck-

VOZE

stück n; cigarros: Stange f; som: Lautstärke f; (massa) Fülle f; **~ de vendas** Verkaufsvolumen n **volumoso** [vulu'mozu] livro etc umfangreich, dick

voluntário [vulũ'tarju] **A** ADJ freiwillig; (intencional) gewollt; fig eigenwillig **B** M, **-a** F Volontär(in) m(f); Freiwillige(r) m/f(m) **voluntarioso** [vulũtʃ'rjozu] eigenwillig

volúpia [vu'lupjɐ] F Wollust f **voluptuosidade** [vuluptwuzi'dadʒi] F Wollust f **voluptuoso** [vulup'twozu] wollüstig

voluta [vu'lutɐ] F Rauchspirale f; ARQUIT Volute f; Schnecke f

volúvel [vu'luvɛł] flatterhaft; BOT rankend; **haste ~** Ranke f

volver [voł'ver] **A** VT ⟨2e⟩ wälzen; (remexer) umrühren; (revolver) umwälzen; → **tornar, voltar B** VI ⟨2e⟩ (replicar) erwidern; (decorrer) vergehen; prazo ablaufen; → **tornar, voltar C** M Verlauf m; (desenvolvimento) Entwicklung f; **um ~ de olhos** ein rascher Blick m

volvo ['voɫvu] M, **vólvulo** ['vɔłvulu] M MED Darmverschlingung f

vómer (*ô) ['vɔmer] M Nasenbein n

vómica (*ô) ['vɔmikɐ] **A** ADJ BOT **noz** F **~** Brechnuss f **B** F MED Vereiterung f; eitriger Auswurf m **vomitar** [vumi'tar] ⟨1a⟩ **A** VT aus-, erbrechen; fig (aus)speien; ausstoßen **B** VI sich erbrechen; **isto faz ~** das ist ekelhaft **vómito** (*ô) ['vɔmitu] M Erbrechen n; Erbrochene(s) n **vómito-negro** [vɔmitu'negru] M Gelbfieber n **vomitório** [vumi'tɔrju] **A** ADJ Brech... **B** M Brechmittel n

vontade [võ'tadʒi] F Wille m; (prazer) Belieben n; (desejo) Wunsch m; (vontade) Lust f; **~ de ferro** eiserner Wille m; **má ~** Unlust f; **nula ~** fam null Bock m; **à ~** nach Belieben; ungezwungen; → à-vontade; **com ~** mit Lust (**de** zu); **de (boa) ~** gern; **contra ~** widerwillig; **por minha ~** meinetwegen; **estar à ~** sich wie zu Hause fühlen; **não estar à ~** sich unbehaglich fühlen; befangen sein; **estar com ~ de** Lust haben zu; **fazer a ~ a alg** j-m den Gefallen tun

voo ['vou] M, **vôo** ['vou] M Flug m; fig (Auf)schwung m; **~ cego** Blindflug m; **~ charter** Charterflug m; **~ de carreira** Linienflug m; **~ doméstico** Inlandflug m; **~ de ida/volta** Hin-/Rückflug m; **~ inicial**

Jungfernflug m; **~ picado** Sturzflug m; **~ planado** Segelflug m; **~ rasante** Tiefflug m; **~s pl altos** fig Höhenflug m; **levantar ~** auffliegen; AERO abheben

voracidade [vurɐsi'dadʒi] F Gefräßigkeit f **voragem** [vu'raʒɐ̃j] F Strudel m; Schlund m **voraginoso** [vurɐʒi'nozu] abismo gähnend **voraz** [vu'raʃ] gefräßig, gierig

vórtice ['vɔrtisi] M Wirbel m

vos [vuʃ] PRON euch; Ihnen pl

vós [vɔʃ] PRON sujeito: ihr; Sie pl

vosso, vossa ['vɔsu, 'vɔsɐ] PRON Ihr(e); euer, eure; (tb → **meu, minha**)

votação [vutɐ'sɐ̃ũ] F Abstimmung f; **proceder à ~ zur Wahl schreiten **votado** [vu'tadu] ADJ **ser muito/o mais ~** viele/die meisten Stimmen erhalten **votar** [vu'tar] ⟨1e⟩ **A** VT **1** POL abstimmen über (ac); alg wählen **2** fig geloben; REL weihen; verleihen **B** VI wählen (**em** j-n); abstimmen; **~ a favor/contra** dafür/dagegen stimmen; **~ por (que** conj**)** dafür sein (, dass) **C** VR **~-se** sich widmen (dat)

votivo [vu'tivu] REL Votiv...

voto ['vɔtu] M **1** Gelübde n; fig Wunsch m; **com ~s de** mit den besten Wünschen für; **fazer ~ de** geloben zu; **fazer ~s por (que** conj**)** wünschen, hoffen (, dass) **2** POL Stimme f; Votum n; **~ de confiança** Vertrauensvotum n; **~ de protesto** Protestwahl f; **~ maioritário** Mehrheitsstimmrecht n; **direito de ~** Wahlrecht n; **lançar o seu ~** seine Stimme abgeben; **ter ~** Stimmrecht haben

vou [vo] → ir

vovô [vo'vo] M ling inf Opa m **vovó** [vo'vɔ] F ling inf Oma f

voz [vɔʃ] F Stimme f; (fala) Sprache f; (palavra) Wort n; (tom) Ton m; (grito) Schrei m; Ruf m; (boato) Gerücht n (**correr** umgehen); **~ a(c)tiva/passiva** GRAM Aktiv n/Passiv n; **~ comum** Volksmeinung f; **a (ou de) uma ~** einstimmig; **a meia ~** halblaut; **a ~es** lautstark; **ao alcance da ~** in Rufweite; **de viva ~** mit lauter Stimme; **em ~ alta** laut; **tomar a ~ por alg** j-s Partei ergreifen

vozeador [vuzjɐ'dor] M Schreier m **vozear** [vu'zjar] ⟨1l⟩ **A** VT heraus-, zuschreien **B** VI schreien **vozearia** [vuzjɐ'riɐ] F Geschrei n, Gezeter n **vozeirão** [vuzɐi'rɐ̃ũ] M laute Stimme f; fig Organ n

V.S.ª ABR (Vossa Senhoria) Sie (sehr höfliche Anrede)

v.s.f.f. ABR (volte, se faz favor) b.w. (bitte wenden)

vulcânico [vuɫˈkɐniku] vulkanisch; fig heftig **vulcanizar** [vuɫkɐniˈzar] ⟨1a⟩ vulkanisieren **vulcão** [vuɫˈkɐ̃ũ] M Vulkan m

vulgar [vuɫˈgar] gewöhnlich; (usual) üblich; (ordinário) vulgär; (popular) Volks...; **nome m ~** volkstümlicher Ausdruck m

vulgaridade [vuɫgariˈdadʒi] F Gewöhnlichkeit f; pej Plattheit f; **~s** pl plattes Zeug n **vulgarismo** [vuɫgɐˈriʒmu] M pöbelhafter Ausdruck m; Pöbelhaftigkeit f **vulgarização** [vuɫgɐrizaˈsɐ̃ũ] F Verbreitung f **vulgarmente** [vuɫgarˈmẽtʃi] ADV für gewöhnlich

vulgo [ˈvuɫgu] M gemeines Volk n

vulnerabilidade [vuɫnirɐbiɫiˈdadʒi] F Verletzlichkeit f; fig wunder Punkt m **vulnerar** [vuɫniˈrar] ⟨1c⟩ verletzen **vulnerável** [vuɫniˈravɛɫ] verletzlich

vulpino [vuɫˈpinu] Fuchs...; fig verschlagen

vulto [ˈvuɫtu] M (rosto) Gesicht n; (corpo) Gestalt f; (volume) Umfang m, Ausmaß n; (significado) Bedeutung f; **de ~** bedeutend; **dar ~ a** Gestalt verleihen (dat); (dar importância) Bedeutung beimessen (dat); fig aufbauschen; **tomar ~** Gestalt annehmen; fig Bedeutung gewinnen **vultoso** [vuɫˈtozu] umfangreich; (importante) bedeutsam

vulva [ˈvuɫvɐ] F ANAT Vulva f; Scham f

W

W, w [ˈdabɫju, dupɫuˈve] M W, w n
W ABR ❶ (watt) FÍS W (Watt) ❷ QUÍM (tungsténio) W (Wolfram)
watt [wɔt] M Watt n **watt-hora** [wɔˈtɔra] M ⟨pl ~s-hora⟩ Wattstunde f
Web [web] F Internet n, Web n **webcam** [webˈkɐm] F Webcam f
webmaster [webˈmastɐr] M INTERNET Webmaster m
wellness [ˈwɛɫnəs] F Wellness f; **centro**

m **~** Wellnesszentrum n
windsurf [wĩdˈsɜrf] M Windsurfen n

X

X, x [ʃiʃ] M X, x n; **raios** mpl **X** Röntgenstrahlen mpl
xá [ʃa] M Schah m
xadrez [ʃaˈdreʃ] M Schach(spiel) n; (tabuleiro) Schachbrett n; bras fam Gefängnis n; **(em) ~** kariert **xadrezista** [ʃadriˈziʃtɐ] M/F Schachspieler(in) m/f(m)
xaile [ˈʃaiɫi], **xale** [ˈʃaɫi] M Schultertuch n; Schal m
xamã [ʃaˈmɐ̃] M, **xamane** [ʃaˈmɐni] M Schamane m
xampu [ʃẽˈpu] M bras Shampoo n
Xangô [ʃẽˈgo] M afrobras Gott des Donners und des Feuers
xará [ʃaˈra] bras A ADJ gleichnamig B M/F Namensvetter(in) m/f(m)
xarife [ʃaˈrifi] M → xerife
xaropada [ʃaruˈpada] F (Dosis) Hustensaft m; bras fam Blödsinn m **xarope** [ʃaˈrɔpi] A ADJ bras fam langweilig B M Sirup m; espec Hustensaft m
xarroco [ʃaˈroku] M Seeteufel m
xelim [ʃiˈɫĩ] M hist Schilling m
xelindró [ʃiɫĩˈdrɔ] M port pop Knast m
xenofobia [ʃinɔfuˈbia] F Fremdenhass m, Ausländerfeindlichkeit f **xenófobo** [ʃiˈnɔfubu] ausländerfeindlich
xepa [ˈʃepɐ] F bras fam Ramsch m; fam Altpapier n
xeque [ˈʃɛki] M ❶ Scheich m ❷ xadrez: Schach n (König im Schach); **pôr em ~** Schach bieten; fig in die Enge treiben **xeque-mate** [ʃɛkiˈmatʃi] A ADJ schachmatt B M Schachmatt n
xereta [ʃeˈretɐ] M/F bras fam Schnüffler(in) m(f)
xerez [ʃiˈreʃ] M Sherry m
xerga [ˈʃɛrgɐ] F bras Sattelunterlage f
xerife [ʃiˈrifi] M Sheriff m
xeta [ˈʃetɐ] F bras reg Kusshändchen n
xexé [ʃeˈʃɛ] A ADJ vertrottelt, senil; fam gaga B M/F trottelige(r) Alte(r) m/f(m)

C M̄ Karnevalsmaske f
xícara [ˈʃikɐrɐ] F̄ bras Tasse f **xicrinha** [ʃiˈkriɲɐ] F̄ bras Mokkatasse f
xiita [ʃiˈitɐ] M/F REL Schiite m, Schiitin f
xilindró [ʃiliˈdrɔ] M̄ bras pop Knast m
xilo... [ʃilɔ-] EM COMP Holz... **xilofone** [ʃilɔˈfɔni] M̄ Xylofon n **xilografia** [ʃilɔgrɐˈfiɐ] F̄, **xilogravura** [ʃilɔgrɐˈvurɐ] F̄ Holzschnitt m
xingação [ʃĩgaˈsɐ̃ũ] F̄ bras, **xingamento** [ʃĩgɐˈmẽtu] M̄ bras Beschimpfung f; (troça) Hohn m **xingar** [ʃĩˈgax] ⟨1o⟩ bras A V/T verhöhnen B V/I schimpfen
xingo [ˈʃĩgu] M̄ bras → xingação
xinxim [ʃĩˈʃĩ] M̄ bras GASTR Eintopf mit Hühner- oder anderem Fleisch
xiró [ʃiˈrɔ] M̄ bras GASTR Reissuppe f
xis [ʃiʃ] M̄ nome da letra **x**
xisto [ˈʃiʃtu] M̄ GEOL Schiefer m **xistoso** [ʃiʃˈtozu] schieferig
xixi [ʃiˈʃi] M̄ fam Pipi n; **fazer ~** Pipi machen
xixica [ʃiˈʃikɐ] F̄ bras fam Trinkgeld n
xodó [ʃoˈdɔ] M̄ bras Schwäche f (**por** für); (afecto) Zuneigung f (**por** zu, für)
xucro [ˈʃukru] bras ungezähmt; unbedarft
xurumbambo(s) [ʃurũˈbẽbu(ʃ)] M̄|PL bras Plunder m, Trödel m

Y

Y, y [ˈipsitɔn, iˈgregu] M̄ Y, y n
yuppie [ˈjɐpi] M̄ Yuppie m

Z

Z, z [ze] M̄ Z, z n
zabumba [zaˈbũbɐ] F̄ bras große Trommel f; (banda) kleine (Musik)Kapelle f **zabumbar** [zabũˈbax] ⟨1a⟩ bras trommeln
zagal [zɐˈgaɫ] M̄ Hirtenjunge m
zagueiro [zɐˈgeru] M̄ bras futebol: Innenverteidiger m
zambo [ˈzẽbu] M̄ bras Zambo m Mensch mit einem schwarzen und einem indianischen Elternteil
zamboa [zẽˈboɐ] F̄ bras Art Grapefruit
zambro [ˈzẽbru] krummbeinig
zambujeiro [zẽbuˈʒairu] M̄ BOT wilder Ölbaum m
zampar [zɐ̃ˈpar] ⟨1a⟩ A V/T verschlingen B V/I sich vollfressen
zanga [ˈzɐ̃gɐ] F̄ Ärger m; (ira) Zorn m; (briga) Krach m **zangado** [zɐ̃ˈgadu] ärgerlich; **estar ~ com alg** wütend auf j-n sein
zangalhão [zɐ̃gɐˈʎɐ̃ũ] M̄, **zangalho** [zɐ̃ˈgaʎu] M̄ fam Bohnenstange f
zangão [zɐ̃ˈgɐ̃ũ] ⟨pl ~s, -ões⟩ A ADJ streitsüchtig; jähzornig B M̄ Streithammel m; bras → zângão **zângão** [ˈzɐ̃gɐ̃ũ] M̄ ⟨pl ~s⟩ ZOOL Drohne f
zangar [zɐ̃ˈgar] ⟨1o⟩ (ver)ärgern; **~-se** sich ärgern; sich zerstreiten (**com** mit)
zanguizarra [zɐ̃giˈzaʀɐ] F̄ MÚS Geklimper n; Lärm m **zangurriana** [zɐ̃guˈʀjɐnɐ] F̄ Geleier n; port pop Besäufnis n
zanzar [zɐ̃ˈzar] ⟨1a⟩ (ziellos) herumlaufen
zapping [ˈzɐpĩg] M̄ TV **fazer ~** zappen
zarabatana [zɐrɐbɐˈtɐnɐ] F̄ Blasrohr n
zaragata [zɐrɐˈgatɐ] F̄ Lärm m; (pancadaria) Rauferei f, Randale f; **armar ~** Randale machen **zaragateiro** [zɐrɐgɐˈtɐiru] A ADJ streitsüchtig B M̄ Unruhestifter m
zaragatoa [zɐrɐgɐˈtoɐ] F̄ MED Tupfer m, Pinselchen n; Tinktur f; **~ bocal** ≈ Speichelprobe f
zarcão [zɐrˈkɐ̃ũ] M̄ Mennige f
zarco [ˈzarku] blauäugig
zarolho [zɐˈroʎu] schielend; einäugig
zarpar [zɐrˈpar] ⟨1b⟩ A V/T **âncora** lichten B V/I ablegen, -segeln
zê [ze] M̄ nome da letra **z**
zebra [ˈzebrɐ] F̄ Zebra n; bras pop Knallkopf m **zebrado** [ziˈbradu] A M̄ port Zebrastreifen m B ADJ gestreift
zéfiro [ˈzɛfiru] M̄ Zephir m, milder Wind m
zelador [zitɐˈdor] M̄ Wächter m; bras Hausmeister m **zelar** [ziˈtar] ⟨1c⟩ A V/T sich einsetzen für; (vigiar) wachen über (ac) B V/I eifersüchtig sein (**de auf** ac); **~ por** sorgen für

zelo ['zelu] M Elan m, Eifer m; **excesso m de ~** Übereifer m; **greve f de ~** Dienst m nach Vorschrift; **~s** pl Eifersucht f **zeloso** [zi'łozu] eifrig; (ciumento) eifersüchtig; (cuidadoso) sorgfältig

zé-ninguém [zɛniˈgɐ̃j] M Nichts n, armer Schlucker m

zénite (*ê*) ['zɛniti] M Zenit m; fig Gipfel m

zé-povinho [zɛpuˈviɲu] M pop einfaches Volk n

zero ['zɛru] M Null f; **ser um ~ à esquerda** fam eine absolute Null sein **zero-quilômetro** [zɛrukiˈlometru] ADJ bras fam veículo fabrikneu

zibelina [zibiˈłinɐ] F ZOOL (**marta f**) ~ Zobel m

zigoma [ziˈgomɐ] M Jochbein n

ziguezague [zigiˈzagi] M Zickzack m; **andar aos ~s** taumeln, torkeln **ziguezaguear** [zigizaˈgjar] ⟨1l⟩ pessoa hin und her taumeln, torkeln; estrada, caminho sich schlängeln; veículo Schlangenlinien fahren

ziguizira [zigiˈzire] F bras pop (maleita) Zipperlein n

zimbório [ziˈbɔrju] M ARQUIT Kuppel(-spitze) f

zimbrar [zĩˈbrar] ⟨1a⟩ **A** VT peitschen **B** VI NÁUT stampfen

zimbro ['zĩbru] M **1** Wacholder m **2** Tau m; (chuva) Nieselregen m

zímico [ˈzimiku] **ácido** M ~ Milchsäure f

zina ['zinɐ] F Höhepunkt m

zincagem [zĩˈkaʒɐ̃j] F Verzinken n **zincar** [zĩˈkar] ⟨1n⟩ verzinken **zinco** ['zĩku] M Zink n

zinga ['zĩgɐ] F bras Stake f, Staken m

zingar [zĩˈgar] ⟨1o⟩ bras staken

zingrar [zĩˈgrar] ⟨1a⟩ (ver)spotten

zínia ['zinjɐ] F BOT Zinnie f

zinir [ziˈnir] ⟨3a⟩ → zunir

zíper ['zipex] M bras Reißverschluss m

Zodíaco [zuˈdiaku] M Tierkreis m

zombador [zõbɐˈdor] **A** ADJ spöttisch **B** M, **zombadeira** [zõbɐˈdajrɐ] F Spötter(in) m(f) **zombar** [zõˈbar] ⟨1a⟩ **~ de** spotten (ou scherzen) über (ac) **zombaria** [zõbɐˈriɐ] F Spott m; Neckerei f

zona ['zonɐ] F Zone f; Gegend f; METEO (Klima)Zone f; bras pop Rotlichtviertel n; **~ ambiental** Umweltzone f; **~ cinzenta** Grauzone f; **~ de deformação** AUTO Knautschzone f; **~ euro** Eurozone f; **~ de estacionamento limitado** Kurzparkzone f; **~ franca** Freihandelszone f; **~ pedonal**, bras **para pedestres** Fußgängerzone f; **~ proibida** POL Bannmeile f; **~ de sombra** port AUTO toter Winkel m; **~ temperada** GEOG gemäßigte Klimazone f; **~ de pouco trânsito** verkehrsberuhigte Zone f; **~ verde** Grünanlage f; **fazer a ~** bras pop auf den Strich gehen

zoneamento [zonjaˈmẽtu] M bras Zoneneinteilung f

zonzear [zõˈzjar] ⟨1l⟩ schwindlig werden **zonzo** ['zõzu] schwindlig

zoo (*ô*) [zuu] M Zoo m **zoologia** [zwulɔˈʒiɐ] F Zoologie f **zoológico** [zwuˈłɔʒiku] zoologisch; **jardim m ~** zoologischer Garten m, Zoo m **zoólogo** ['zwɔługu] M, **-a** F Zoologe m, -login f

zoom [zum] M port FOTO Zoom m

zorra ['zoxɐ] F **1** Rollkarren m; AUTO Tieflader m **2** alte Füchsin f **3** bras fam Durcheinander n

zorreiro [zuˈxɐjru] **A** ADJ langsam, träge **B** M Zauderer m; (mandrião) Faulpelz m

zorrilho [zoˈxiʎu] M bras ZOOL Stinktier n

zorro ['zoxu] ADJ bras durchtrieben

zóster ['zɔʃter] M MED Gürtelrose f

zuca ['zukɐ] port pop besoffen, blau; (maluco) verrückt

zum [zũ] M bras FOTO Zoom m

zumba ['zũbɐ] **A** INT **~!** bums! **B** F Schlag m

zumbido [zũˈbidu] M Summen n; nos ouvidos: (Ohren)Sausen n **zumbir** [zũˈbir] ⟨3a⟩ insecto summen; vento brausen

zunideira [zuniˈdɐjrɐ] F Polierstein m **zunido** [zuˈnidu] M Pfeifen n; Sausen n; Summen n **zunir** [zuˈnir] ⟨3a⟩ pfeifen; sausen; brausen; summen

zunzum [zũˈzũ] M Surren n; fig Gerücht n; **espalhar zunzuns** Gerüchte verbreiten **zunzunar** [zũzuˈnar] ⟨1a⟩ surren; rascheln; fig tuscheln

Zurique [zuˈriki] SEM ART GEOG Zürich n

zurrapa [zuˈxapɐ] F pop Gesöff n

zurrar [zuˈxar] ⟨1a⟩ iahen **zurro** ['zuxu] M Iah n; **~s** pl Eselsgeschrei n

zurzidela [zurziˈdɛłɐ] F Tracht f Prügel

zurzir [zurˈzir] ⟨3a⟩ (aus)peitschen

Deutsch – Portugiesisch

A, a [a:] N ⟨-; -⟩ A, a m; MUS lá m; **das A und O** o alfa e o ómega; **von A bis Z** de fio a pavio, de ponta a ponta
Aal [a:l] M ⟨-s; -e⟩ enguia f **'aalen** V/R **sich ~** estiraçar-se **'aalglatt** fig pej habilíssimo; fino
Aar [a:r] M ⟨-(e)s; -e⟩ poet águia f
Aas [a:s] N ⟨-es; -e, Äser⟩ **1** carne f morta; cadáver m em decomposição **2** Schimpfwort; sl canalha m, malandro m, patife m **'aasen** ['a:zən] ⟨-t⟩ umg **mit etw ~** desperdiçar a/c **'Aasgeier** M abutre m
ab [ap] PRÄP ⟨dat⟩ örtlich: de, desde; BAHN partida f (de); THEAT sai; zeitlich: desde, a partir de, de ... em diante; **~ und zu** de vez em quando; HANDEL (abzüglich) menos; HANDEL **Preis ~ Fabrik/Lager** preço m de fábrica/estoque
AB [a:'be:] M ABK ⟨-(s), -s⟩ → Anrufbeantworter
'abändern ⟨-re⟩ alterar, mudar; (berichtigen) corrigir, emendar **Abänderung** F alteração f, modificação f
'Abart F variedade f, subespécie f; unechte: espécie f bastarda, (Spielart) forma f **abartig** anormal; perverso
'Abbau M ⟨-(e)s; o. pl⟩ **1** BERGB exploração f; extra(c)ção f **2** ARCH demolição f **3** TECH desmontagem f, desmantelamento m **4** CHEM decomposição f **5** MED reabsorção f, catabolismo m; dissolução f **6** fig v. Ausgaben: restrição f, limitação f; v. Löhnen: redução f; v. Personal a.: demissão f; Preise: baixa f **abbaubar** ADJ biologisch **~** biodegradável **abbauen** A V/T **1** BERGB explorar; extrair **2** (entlassen) despedir; (herabsetzen) reduzir, baixar **3** ARCH demolir **4** Zelt u. TECH desmontar **5** CHEM decompor **B**

V/I fig enfraquecer; ir abaixo
'abbeißen trincar, morder **abbeizen** ⟨-t⟩ tirar (com cáustico); MED cauterizar; TECH decapar, desoxidar **abbekommen** ⟨-⟩ **1** receber, ter a sua parte (od o seu quinhão) de **2** Schläge apanhar
'abberufen ⟨-⟩ destituir **Abberufung** F destituição f
'abbestellen ⟨-⟩ HANDEL Auftrag anular **Abbestellung** F anulação f, contra-ordem f
'abbezahlen ⟨-⟩ pagar em prestações; amortizar **abbiegen** A V/T torcer, desviar B V/I ⟨s.⟩ **nach links ~** virar od cortar à (od Weg seguir pela) esquerda
'Abbild N ⟨-(e)s; -er⟩ imagem f; j-s: retrato m **abbilden** ⟨-e-⟩ reproduzir, copiar; (darstellen) representar **Abbildung** F (Bild) gravura f, ilustração f; estampa f; (Bildnis) retrato m; (Darstellung) representação f; MATH diagrama m, gráfico m; **mit ~en versehen** ilustrar
'abbinden **1** (losbinden) desatar, tirar, desamarrar **2** MED ligar, Säugling cortar o cordão umbilical
'Abbitte F pedido m formal de desculpa (od de perdão); **~ tun** od **leisten** pedir desculpa
'abblasen **1** soprar **2** TECH Dampf descarregar **3** MIL tocar a retirar; dar contra-ordem **4** fig umg anular
'abblättern ⟨-re⟩ A V/T (d)esfolhar, tirar as folhas a B V/I desfolhar-se, perder as folhas; esfoliar-se **abblenden** ⟨-e-⟩ FOTO diafragmar; Auto: baixar as luzes; bras baixar os faróis **Abblendlicht** N ⟨-(e)s; o. pl⟩ luzes fpl médias, médios mpl; bras luz f baixa **abblitzen** ⟨-t⟩ umg j-n **~ lassen** mandar alg passear
'abbrausen¹ ⟨-t⟩ A V/T dar um duche B V/R **sich ~** tomar um duche; bras tomar um chuveiro
'abbrausen² ⟨-t⟩ V/I umg (schnell wegfahren) partir a toda velocidade
'abbrechen A V/T **1** romper, quebrar, partir **2** ARCH demolir; deitar abaixo **3** Rede interromper; Verhandlungen suspen-

der; *Beziehungen* cortar; *Belagerung* levantar; *Streik* terminar; **seine Zelte ~** *fig* ir-se embora, partir; fazer as malas **B** V/I ⟨s.⟩ partir; *fig* (*aufhören*) parar; não continuar; *j-d* interromper-se

'**abbremsen** ⟨-t⟩ **1** travar **2** PHYS retardar **abbrennen A** V/T queimar **B** V/I ⟨s.⟩ ficar reduzido a cinzas; **schnell ~** deflagrar; *a.* → abgebrannt **abbringen** (*baten*) dissuadir; **sich von etw nicht ~ lassen** não se deixar dissuadir de fazer a/c **abbröckeln** V/I ⟨-le; s.⟩ **1** esmigalhar-se; desfazer-se, desmoronar-se **2** FIN *Kurse* ir baixando

'**Abbruch** M ⟨-(e)s; =e⟩ **1** demolição *f* **2** GEOL desprendimento *m* **3** *fig v. Beziehungen*: corte *m*; *v. Verhandlungen*: interrupção *f*, suspensão *f*; **e-r Sache** (*dat*) **~ tun** prejudicar a/c

'**abbrühen** escaldar; *a.* → abgebrüht '**abbuchen** debitar '**abbürsten** ⟨-e⟩ escovar '**abbüßen** ⟨-t⟩ expiar; JUR cumprir

Ab'c [aːbeːˈtseː] N ⟨-; -⟩ alfabeto *m* **Abc-Buch** N ⟨-(e)s; =er⟩ abecedário *m*, cartilha *f* **Abc-Schütze** M ⟨-n⟩ menino *m* das primeiras letras

'**Abdampf** M vapor *m* de escape **abdampfen** evaporar, volatilizar; *umg* partir

'**abdämpfen** amortecer; *Licht, Ton a.* abafar

'**abdanken** V/I abdicar, renunciar ao trono (**zugunsten** *gen od* **von** em favor de); (*zurücktreten*) demitir-se **Abdankung** F abdicação *f*, renúncia *f* ao trono; demissão *f*

'**abdecken 1** abrir, desta(m)par, tirar a tampa; descobrir **2** *Haus* destelhar **3** *Tier* esfolar **4** *Tisch* levantar **5** TECH resguardar **Abdecker** M esfolador *m*, magarefe *m* **Abdeckung** F **1** HANDEL amortização *f*, liquidação *f* **2** TECH cobertura *f*

'**abdichten** ⟨-e⟩ **1** vedar; calafetar (*a.* SCHIFF), abetumar **2** ELEK isolar (*a.* TECH) **Abdichtung** F vedação *f*; calafetagem *f*; isolação *f* '**abdrehen A** V/T **1** destorcer **2** *Gas, Wasser* fechar **3** TECH *a.* forçar **B** V/I SCHIFF, FLUG mudar de rumo; afastar-se; retirar

'**Abdrift** F **1** FLUG deriva *f* **2** SCHIFF *a.* abatimento *m*

'**Abdruck** M ⟨-(e)s; =e⟩ impressão *f*; (*Abguss*) molde *m*; (*Abzug*) cópia *f*; (*Nachdruck*) reimpressão *f*, reprodução *f*; (*Probeabdruck*) prova *f* **abdrucken** imprimir, publicar; **wieder ~** reproduzir, reimprimir

'**abdrücken 1** (*abformen*) moldar **2** MIL disparar **abdunkeln** ⟨-le⟩ escurecer; *Farben* carregar

'**Abend** ['aːbənt] M ⟨-s; -e⟩ (*Spätnachmittag*) tarde *f*; *bei Dunkelwerden*: tardinha *f*; *nach Dunkelwerden*: noite *f*; **am ~ de** (*od* à) tarde *etc*; **gegen ~** pela parte da tarde, à tardinha; *bras a.* de tardezinha; **am ~ vor(her)** na véspera; **gestern ~** ontem à tarde *etc*; **heute ~** esta tarde, esta noite; **guten ~!** boa tarde!; boa noite!; **~ werden** anoitecer; **zu ~ essen** jantar

'**Abendandacht** F ofício *m* da tarde, vésperas *fpl* **Abendanzug** M traje *m* de cerimónia; *bras* traje a rigor **Abendbrot** N ⟨-(e)s; *o. pl*⟩, **Abendessen** N jantar *m* **Abenddämmerung** F crepúsculo *m* **abendfüllend** *Programm etc* que preenche o serão *m* **Abendgesellschaft** F serão *m* **Abendkasse** F bilheteira *f*; *bras* bilheteria *f* **Abendkleid** N ⟨-(e)s; -er⟩ vestido *m* de baile **Abendkurs** M ⟨-es; -e⟩ curso *m* no(c)turno **Abendland** N ⟨-(e)s; *o. pl*⟩ Ocidente *m* **abendländisch** ['aːvsləndɪʃ] ocidental **abendlich** no(c)turno **Abendmahl** N ⟨-(e)s; *o. pl*⟩ **1** ceia *f* **2** REL Eucaristia *f*, comunhão *f*; **das heilige ~** a Ceia do Senhor; *bras* a Santa Ceia; **das ~ nehmen** receber a comunhão **Abendrot** N ⟨-(e)s; *o. pl*⟩, **Abendröte** F ⟨-; *o. pl*⟩ arrebol *m* **abends** ADV de (*od* à) tarde, de (*od* à) noite; *später*: de (*od* à) noite **Abendschule** F curso(s) *m*(*pl*) no(c)turno(s) **Abendsonne** F ⟨*o. pl*⟩ sol *m* poente **Abendstern** M ⟨-(e)s; *o. pl*⟩ estrela *f* da noite **Abendveranstaltung** F sarau *m* **Abendzeitung** F jornal *m* da noite

'**Abenteuer** ['aːbəntɔyər] N aventura *f*: **ein ~ erleben** ter uma aventura **abenteuerlich** aventuroso; arriscado; fora do vulgar '**Abenteurer(in)** ['aːbəntɔyrər(ɪn)] M(F) aventureiro *m*, -a *f*

'**aber** ['aːbər] KONJ mas, porém; **~ nein!** mas não!; **~ sicher!** claro que sim!; **oder**

~ ou então

'**Aber** N̄ mas m **Aberglaube** M̄ ⟨-ns; o. pl⟩ superstição f **abergläubisch** ['aːbɐrɡlɔʏbɪʃ] supersticioso

'**aberkennen** ⟨-⟩ j-m etw ~ negar a/c a alg; JUR abjudicar a/c a alg; desapossar (od privar) alg de a/c **Aberkennung** F̄ 1 negação f 2 JUR abjudicação f; privação f

'**abermalig** ['aːbarmaːlɪç] novo, repetido, reiterado **abermals** de novo, outra vez, novamente

'**abernten** [apʔɛrntən] ⟨-e-⟩ colher

'**abfahren** A V̄T 1 Last levar, acarretar 2 Strecke percorrer 3 (abnutzen) gastar B V̄I ⟨s.⟩ partir, sair; SCHIFF a. levantar ferro

'**Abfahrt** F̄ partida f (**nach** para); Skisport: descida f **abfahrt(s)bereit** pronto para a partida (od para partir) **Abfahrtslauf** M̄ Skisport: descida f **Abfahrt(s)zeit** F̄ hora f de partida

'**Abfall**[1] M̄ ⟨-(e)s; ≃e⟩ (Müll) lixo m; (Rest) restos mpl; (Schrott) sucata f; (Schutt) entulho m; **Abfälle** pl restos mpl; (Stücke) aparas fpl

'**Abfall**[2] M̄ ⟨-(e)s; o. pl⟩ 1 descida f; (Böschung) declive m 2 (Verrat) traição f 3 MIL deserção f 4 REL abjuração f; apostasia f

'**Abfallbeseitigung** F̄ ⟨o. pl⟩ remoção f do lixo **Abfalleimer** M̄ caixote m (od balde m) do lixo; bras lata f de lixo

abfallen V̄I ⟨s.⟩ 1 cair 2 (abnehmen) diminuir, descair 3 Gelände descer 4 (verlassen) abandonar, deixar; renegar 5 Gewinn render 6 (übrig sein) sobejar; **dabei fällt nichts ab** não se lucra nada com isto **abfallend** Gelände em declive

'**abfällig** inclinado; Urteil desfavorável, depreciativo, negativo **Abfallprodukt** N̄ ⟨-(e)s; -e⟩ resíduo m; refugo

'**abfangen** 1 apanhar, j-n a. surpreender alg 2 Brief, Flugzeug etc interceptar; MIL a. deter 3 Stoß amortecer, atenuar **Abfangjäger** M̄ MIL FLUG caça m de interce(p)ção **abfärben** 1 largar tinta, desbotar 2 fig ~ **auf** (akk) influenciar

'**abfassen** ⟨-t-⟩ 1 apanhar 2 Text redigir, compor **Abfassung** F̄ reda(c)ção f

'**abfertigen** ['apfɛrtɪɡən] despachar (a. fig umg); Kunden atender, aviar; (abweisen) mandar embora **Abfertigung** (-sstelle) F̄ despacho m, expedição f

'**abfeuern** ⟨-re⟩ disparar; MIL a. descarregar

'**abfinden** j-n pagar; inde(m)nizar; **sich ~ (mit)** conformar-se (com), resignar-se (a) **Abfindung(ssumme)** F̄ inde(m)nização f

'**abflachen** ['apflaxən] apla(i)nar, nivelar; TECH achatar **Abflachung** F̄ nivelamento m, apla(i)namento m; TECH achatamento m

'**abflauen** ['apflauən] diminuir **abfliegen** A V̄I ⟨s.⟩ voar, levantar voo (bras vôo); FLUG a. partir (de avião); descolar B V̄T ⟨s.⟩ voar sobre **abfließen** ⟨s.⟩ escorrer, escoar-se **Abflug** M̄ partida f (do avião), descolagem f **Abfluss** M̄ 1 escoamento m 2 a. MED derramamento m, descarga f 3 (Gosse) sarjeta f **Abflussrohr** N̄ cano m de esgoto; bueiro m **abfragen** perguntar, ouvir, interrogar; im Unterricht: chamar **Abfuhr** ['apfuːr] F̄ 1 transporte m; carretagem f 2 SPORT derrota f; j-m e-e ~ **erteilen** SPORT derrotar alg 3 fig mandar alg passear

'**abführen** A V̄T transportar; levar; acarretar; Geld pagar, entregar; Häftling prender; vom Thema, vom Wege: afastar, desviar B V̄I MED evacuar, obrar, purgar **abführend** MED purgativo **Abführmittel** N̄ purgante m, laxativo m

'**abfüllen** tirar; in Fässer: envasilhar; in Flaschen: engarrafar **Abfüllung** F̄ engarrafamento m, engarrafagem f

'**abfüttern** ⟨-re⟩ umg dar de comer a

'**Abgabe** F̄ entrega f; (Steuer) imposto m; direito m; contribuição f; taxa f; (Tribut) tributo m; (Verkauf) venda f **abgabenfrei** isento de impostos **abgabenpflichtig** sujeito a impostos etc, cativo de impostos

'**Abgang** M̄ saída f; (Abfahrt) a. partida f; POL a. demissão f; (Abnahme) diminuição f, míngua f; (Ausschuss) aparas fpl; (Verbrauch) consumo m; (Verkauf) venda f; (Verlust) perda f; (Versand) despacho m **Abgangsprüfung** F̄ exame m final **Abgangszeugnis** N̄ diploma m (do curso), certificado m

'**Abgas** N̄ gases mpl de escape **abgasarm** pouco poluente **Abgastest** M̄,

Abgasuntersuchung F teste m (de emissões) do tubo de escape
'**abgeben** entregar; dar; (*abtreten*) ceder; renunciar a; (*dienen als*) dar, ser; (*loswerden*) largar; (*zurückgeben*) restituir; *Erklärung* fazer; *Gepäck* depositar; *Laden, Raum* trespassar; *Meinung* dizer; *Schuss* disparar; *Visitenkarte* deixar; SPORT *Ball* ceder; e-n guten Arzt etc abgeben (vir a) ser ...; **eine Stimme ~** votar (für em); **sich ~ mit** ocupar-se de, dedicar-se a, tratar de; (*verkehren mit*) dar-se com; **sich nicht ~ wollen mit** não querer saber de
'**abgebrannt** ['apgabrant] *fig* **~ sein** estar liso (*od* teso, *od* sem vintém) **abgebrüht** ['apgabry:t] *fig* sabido **abgedroschen** ['apgadrɔʃən] *fig* trivial, banal **abgegriffen** ['apgagrɪfən] gasto; *fig* → abgedroschen **abgehackt** ['apgahakt] *fig* entrecortado **abgehärtet** ['apgahertət] **1** robusto; endurecido **2** *fig* calejado, experimentado; **~ sein (gegen)** ser resistente (a), ser insensível (a)
'**abgehen** ⟨s.⟩ **1** ir-se (embora), sair (*a.* THEAT); (*abfahren*) partir; (*verschickt werden*) seguir; (*sich loslösen*) cair, sair **2** (*fehlen*) faltar; **sich nichts ~ lassen** aproveitar tudo; *Genuss:* não deixar passar nada **3** von e-r Meinung ~ mudar de opinião (*od* de ideias) **4** *jugendspr* **was geht ab?** (*was ist los?*) qual é a tua?; *bras* e aí, como é que é?; **die Party ging voll ab** foi uma festa de arromba
'**abgekämpft** ['apgakɛmpft] esgotado, cansado **abgekartet** ADJ **ein ~es Spiel** uma maquinação **abgeklärt** ['apgaklɛːrt] sereno; sábio **abgelaufen** ADJ *Pass, Fahrschein etc* caduco, que já não é válido **abgelegen** afastado, distante, longe
'**abgelten** pagar
'**abgemessen** comedido, moderado; **genau ~** certo, exa(c)to, preciso
'**abgeneigt** ['apgənaikt] pouco inclinado, desfavorável, avesso; **e-r Sache** (*dat*) **nicht ~ sein** não hostilizar, não ser desfavorável a **Abgeneigtheit** F ⟨*o. pl*⟩ aversão f, antipatia f
'**abgenutzt** ['apgənʊtst] gasto; puído
'**Abgeordnete(r)** M/F(M) ['apgəʔɔrdnəta(r)] deputado m, -a f; (*Vertreter*) delegado m, -a f **Abgeordnetenhaus** N Câmara f dos Deputados; Assembleia f Nacional
'**abgepackt** pré-embalado, de pacote; *bras* na embalagem
'**abgerissen** ADJ **1** (*zerlumpt*) roto, esfarrapado **2** *fig* incoerente; abrupto
'**Abgesandte(r)** M/F(M) delegado m, -a f, emissário m, -a f
'**abgeschieden** ['apgaʃiːdən] ADJ recolhido; longínquo; saudoso **Abgeschiedenheit** F solidão f; refúgio m; isolamento m
'**abgeschlossen** **1** (*fertig, beendet*) pronto, findo, (**in sich** *dat*) **~** acabado **2** (*vollständig*) completo, perfeito **3** (*allein, zurückgezogen*) isolado, recolhido **4** *fig* **~ haben mit** não se importar mais com; já não fazer caso de
'**abgeschmackt** ['apgaʃmakt] insípido; (*alltäglich*) banal; (*geschmacklos*) de mau gosto; **Abgeschmacktheit** F ⟨*o. pl*⟩ sensaboria f; *fig* falta f de gosto; despropósito m, banalidade f
'**abgesehen** ['apgɛzeːən] **1 ~ von** excepto; abstraindo de **2 es auf** (*akk*) **~ haben** ter em mira, visar
'**abgespannt** cansado, fatigado, exausto **Abgespanntheit** F ⟨*o. pl*⟩ cansaço m, fadiga f
'**abgestanden** ['apgaʃtandən] choco; insípido **abgestumpft** chato, embotado; *fig* **~ (gegen)** insensível (a) **abgewinnen** ganhar; **e-r Sache** (*dat*) **etw ~ (können)** achar graça a a/c, ver a vantagem de a/c **abgewirtschaftet** ['apgavɪrtʃaftət] arruinado **abgewöhnen** ⟨-⟩ **j-m etw ~** desacostumar (*od* desabituar) alg de a/c; fazer perder o costume (*od* o hábito) de a/c a alg; **sich** (*dat*) **etw ~** deixar (de fazer) a/c; **sich das Rauchen ~** deixar de fumar **abgezehrt** ['apgatseːrt] emagrecido, consumido; magro
'**abgießen** **1** tirar, deitar fora **2** *Gemüse* escorrer **3** CHEM decantar **4** TECH fundir **5** *in Gips etc:* moldar
'**Abglanz** M ⟨-es; *o. pl*⟩ reflexo m
'**abgleiten** ⟨s.⟩ **1** escorregar (para baixo); *Auto* resvalar; *Riemen* separar-se, cair **2** FIN *Kurse etc* descer, baixar **3** *fig* **ins Lächerliche** (*od* **Geschmacklose**) **~** cair no ridículo
'**Abgott** M ídolo m **abgöttisch** ['apgœtɪʃ] idólatra, idolátrico; **~ lieben** adorar

'**abgraben** cavar; sangrar; *Wasser* desviar; *fig* j-m das Wasser ~ minar o terreno a alg **abgrasen** V/T ⟨-t⟩ *Vieh* pastar, pascer; *fig* explorar **abgrenzen** ⟨-t⟩ delimitar, demarcar; *fig* determinar, *Begriff* definir **Abgrenzung** ['apgrɛntsʊŋ] F delimitação f, demarcação f; *begriffliche:* definição f

'**Abgrund** M abismo m (a. fig); *steiler:* precipício m; *fig* **am Rande des ~ stehen** estar à beira da ruína **abgründig** ['apgrʏndɪç], **abgrundtief** abismal, insondável **abgucken** V/T (G V/R) *umg* ⟨sich *dat*⟩ ~ copiar, imitar **Abguss** M 1 (*Ausguss*) esgoto m 2 *Figur:* moldagem f 3 TECH fundição f, cópia f 4 (*Gipsabguss*) gesso m 5 CHEM decantação f

'**abhacken** cortar **abhaken** desenganchar, soltar; *fig* marcar

'**abhalten** reter, deter; (*hindern*) impedir; *Kind* pôr a urinar; *umg* pôr a fazer chichi; *fig Feier* celebrar; *Prüfung, Sitzung* ter; *Versammlung* realizar; **abgehalten werden** realizar-se, ter lugar

abhandeln ⟨-le⟩ (*behandeln, erörtern*) tratar de, discursar sobre; *vom Preis ~* regatear; **3% von etw ~** arranjar (*od* pedir) um desconto de 3% sobre a/c **abhandenkommen** [apˈhandənkɔmən] ⟨*dat*⟩ perder-se, desaparecer **Abhandlung** F 1 tratado m 2 LIT *a.* ensaio m 3 UNIV dissertação f, tese f

'**Abhang** M encosta f, declive m, vertente f, talude m; (*Weg*) ladeira f; **steiler ~** escarpa f, precipício m

'**abhängen**[1] V/T 1 (*losmachen*) tirar; *Wagen* desatrelar; BAHN desajoujar 2 *umg fig Verfolger* deixar para trás

ab'hängen[2] V/I 1 *fig ~ von* depender de 2 *jugendspr* (*herumhängen*) tchilar

'**abhängig** dependente; *Satz* subordinado **Abhängigkeit** F ⟨*o. pl*⟩ dependência f; **gegenseitige ~** interdependência f

'**abhärten** ⟨-e-⟩ robustecer, enrijar, tornar resistente, dar resistência a; imunizar **Abhärtung** F ⟨*o. pl*⟩ enrijamento m

'**abhauen** A V/T cortar, abater B V/I ⟨s.⟩ *umg* safar-se, abalar **abhäuten** *Tier* esfolar **abheben** levantar (*a. Geld*); tirar; *Karten* partir; cortar (no naipe); ⟨sich⟩ ~ realçar(-se); distinguir(-se), ressaltar, (fazer) sobressair; (*vom Boden*) ➔ FLUG descolar **abheften** classificar **abheilen** V/I ⟨s.⟩ sarar **abhelfen** (*dat*) remediar; **dem ist nicht abzuhelfen** não tem remédio; paciência! **abhetzen** ⟨-t⟩ cansar; ⟨sich⟩ ~ maçar(-se), estafar(-se), afadigar(-se)

'**Abhilfe** F ⟨*o. pl*⟩ remédio m; **~ schaffen** remediar

'**abhobeln** ⟨-le⟩ aplainar, acepilhar **abholen** (v)ir buscar; **~ lassen** mandar buscar **abholzen** ⟨-t⟩ roçar, arrotear, desmoitar, desarborizar **abhorchen** 1 escutar; interceptar 2 MED auscultar **abhören** *Ferngespräche, Funksendungen* ouvir, interceptar; (*estar a* escutar; (*überwachen*) fiscalizar; (*abfragen*) interrogar; **j-n ~, j-m etw ~** ouvir a/c a alg

Abi'tur [abi'tuːr] N ⟨-s; -e⟩ exame m final (do liceu); **das ~ machen** tirar o curso liceal **Abituri'ent(in)** [abituˈri̯ɛnt(ɪn)] M(F) ⟨-en⟩ finalista m/f (do liceu)

'**abjagen** ['apjaːɡən] **j-m etw ~** arrebatar a/c a alg **abkanzeln** ['apkantsəln] ⟨-le⟩ *umg* censurar, repreender; *umg* dar uma ensaboadela a **abkapseln** V/R sich ~ *fig* pôr-se à parte; ensimesmar-se **abkarten** ⟨-e-⟩ combinar, tramar **abkaufen** comprar

'**Abkehr** ['apkeːr] F ⟨*o. pl*⟩ ~ (**von**) abandono m (de), renegação f (de), renúncia f (a) **abkehren** V/R sich ~ **von** afastar-se de; voltar (*od* virar) as costas a; *fig a.* renegar; (*aufgeben, verzichten auf*) abandonar; renunciar a

'**abklären** 1 clarificar 2 CHEM filtrar, decantar 3 *fig* esclarecer **Abklärung** F ⟨*o. pl*⟩ 1 clarificação f 2 CHEM filtração f, decantação f 3 *fig* esclarecimento m

'**Abklatsch** M ⟨-(e)s; -e⟩ (*Abdruck*) decalque m, cópia f (*a. fig*); (*Nachahmung*) imitação f; decalque m

'**abklemmen** ELEK separar por pressão; escachar

'**abklingen** ⟨s.⟩ diminuir, acabar; extinguir-se **abklopfen** 1 bater 2 *Staub* sacudir 3 MUS interromper 4 (*beklopfen*) apalpar 5 MED auscultar 6 *umg* procurar sistematicamente **abknabbern** ⟨-re⟩ roer **abknallen** *umg* (*erschießen*) abater **abknapsen** ['apknapsən] ⟨-t⟩ *umg* cortar; arrancar; sich ⟨*dat*⟩ etw ~ fazer sacrifício de a/c **abknicken** quebrar, arrancar; (*verbiegen*) torcer, dobrar

'abknipsen ⟨-t⟩ *umg Draht* cortar **abknöpfen** desabotoar; *fig umg j-m etw ~* extorquir a/c a alg **abknutschen** *umg* beijocar; *bras* dar beijocas a **abkochen** A *V/T* cozer, escaldar; *Milch, Wasser*, CHEM ferver B *V/I* cozer; MIL preparar o rancho **abkommandieren** ⟨-⟩ MIL destacar; transferir

'abkommen *V/I* ⟨s.⟩ ◼ afastar-se, apartar-se; *vom Weg* ~ perder o caminho; *bes fig* desviar-se (do bom caminho); *von e-r Absicht* ~ desistir de uma intenção; mudar de ideias; *vom Thema* ~ desviar (*od* afastar)-se do assunto ◼ MIL (*zielen*) apontar, acertar

'Abkommen N convénio m, convenção f, acordo m, pa(c)to m

'abkömmlich ['apkœmlɪç] disponível; *nicht ~ sein* não ter tempo, não estar livre **Abkömmling** M ⟨-s; -e⟩ ◼ descendente m ◼ CHEM derivado m

'abkoppeln ⟨-le⟩ desengatar, desligar; *Pferd* desatrelar **abkratzen** ⟨-t⟩ A *V/T* raspar; limpar B *V/I sl* (*sterben*) esticar a perna **abkriegen** *umg* → abbekommen

'Abkühl... IN ZSSGN resfriador, refrigerativo, refrigeratório, de refrigeração **abkühlen** A arrefecer B PHYS refrigerar; refrescar; resfriar **Abkühlung** F ⟨o. pl⟩ ◼ resfriamento m (*a. fig*); arrefecimento m ◼ TECH refrigeração f

'Abkunft F ⟨-; *o. pl*⟩ *geh* ascendência f; linhagem f; *deutscher etc ~* de origem alemã *etc*

abkuppeln ⟨-ele-⟩ AUTO, BAHN desengatar

'abkürzen ⟨-t⟩ cortar; encurtar; MATH reduzir; *Weg, Wort, Verhandlung* abreviar **Abkürzung** F abreviação f; *Wort*, TYPO abreviatura f

'abladen descarregar

'Ablage F depósito m; (*Aktenablage*) arquivo m; (*Kleiderablage*) vestuário m

'ablagern ⟨-re⟩ A *V/T* depositar B *V/I Wein* repousar C *V/R sich* ~ GEOL sedimentar **Ablagerung** F depósito m (*a. CHEM*), GEOL sedimento m; CHEM *Prozess*, MED sedimentação f

'ablassen A *V/T* largar, soltar; TECH *Dampf, Luft* deixar escapar (*od* sair); MED sangrar; *Wasser* deixar escorrer; *Preis* descontar; fazer um desconto (*od* abatimento) B *V/I* **von etw** ~ desistir de a/c; *von j-m* ~ deixar alg (em paz)

'Ablauf M ⟨-(e)s; ⸚e⟩ ◼ decurso m, decorrer m; evolução f; (*Abfluss*) esgoto m; (*Ausgang*) fim m; *Frist*: cabo m, expiração f; FIN *Kredit*: vencimento m; SPORT partida f; *nach ~ von* ao cabo de; *vor ~ (gen)* antes do fim (de)

'ablaufen A *V/I* ⟨s.⟩ ◼ decorrer ◼ SPORT partir ◼ *Uhr* parar; **abgelaufen sein** não ter corda ◼ *Wasser* (es)correr ◼ *fig* (*enden*) acabar; *Frist a.* vencer, caducar (*a. Pass*); terminar; expirar B *V/T Gegend* correr; percorrer; *Schuhe* gastar; *fig j-m den Rang* ~ vencer alg, exceder alg; *umg sich* (*dat*) *nach etw die Beine* (*od Hacken*) ~ esfalfar-se atrás de a/c

'Ablaut M GRAM apofonia f **ablauten** ⟨-e-⟩ sofrer apofonia

'Ableben N morte f, falecimento m

'ablecken lamber

'ablegen depor; *Akten, Briefe* arquivar; *Kleider* tirar, despir; já não vestir; *fig Bekenntnis, Geständnis, Prüfung* fazer, *Schwur a.* prestar (*a. Rechenschaft*); *Gewohnheit* perder; *Probe, Zeugnis* prestar; **abgelegte Kleidung** f roupa usada

'Ableger M BOT estaca f, tanchão m

'ablehnen recusar; *Einladung* declinar; *Erbschaft* renunciar a; *Antrag* indeferir; *Verantwortung* não tomar; *Vorschlag* rejeitar **ablehnend** negativo; **~ gegenüberstehen** (*dat*) desaprovar, não simpatizar com **Ablehnung** F recusa f; negação f; *Einladung*: declinação f (*gen a*); *Antrag*: indeferimento m; *Vorschlag*: rejeição f

'ableisten ⟨-e-⟩ MIL cumprir

'ableiten ⟨-e-⟩ ◼ *Fluss* desviar ◼ *Wasser* desaguar ◼ *fig*, MATH, GRAM derivar; deduzir **Ableitung** F desvio m; derivação f; dedução f; desaguamento m; GRAM derivação f; MATH derivada f, quociente m diferencial **Ableitungs...** IN ZSSGN GRAM derivativo m

'ablenken desviar, apartar; *a.* MIL *u. fig* distrair; **von etw** ~ desviar a atenção de a/c **Ablenkung** F desvio m; diversão f; PHYS difra(c)ção f; ELEK difusão f; (*Unterhaltung*) distra(c)ção f **Ablenkungs...** IN ZSSGN de diversão *etc*

'ablesen ler; *j-m e-n Wunsch von den Augen* ~ adivinhar os desejos de alg

Ablesung F ⟨o. pl⟩ leitura f
'ableugnen ⟨-e-⟩ negar, desmentir
Ableugnung F ⟨o. pl⟩ negação f; desmentido m
'abliefern ⟨-re⟩ entregar **Ablieferung** F entrega f
'ablösbar separável; JUR redimível
'ablösen ⟨-t⟩ desligar, descolar, tirar; JUR, FIN re(di)mir; MIL render; j-n substituir; *sich* ~ *Farbe etc* descolar-se, despegar-se; *einander* ~ alternar-se, revezar-se **Ablösung** F desligamento m; *im Amt:* substituição f; MIL render m (da guarda); JUR, FIN remissão f; **gegenseitige** ~ revezamento m
'Abluft F ⟨o. pl⟩ ar m evacuado
'ablutschen *umg* chupar
ABM [a:be:'ɛm] F ABR (Arbeitsbeschaffungsmaßnahme) POC m (plano m ocupacional para emprego de curta duração)
'abmachen ⟨*lösen*⟩ tirar; ⟨*verabreden*⟩ combinar, arranjar, entender-se; *Arbeit, Preis* ajustar; *vertraglich:* estipular, determinar; **abgemacht!** está dito!, está combinado!, está entendido! **Abmachung** F arranjo m; ⟨*Vertrag*⟩ acordo m; POL *a.* pacto m; ⟨*Klausel*⟩ estipulação f; convênio m, convenção f; **e-e ~ treffen** fazer um acordo
'abmagern ⟨-re; s.⟩ emagrecer; abater **Abmagerung** F ⟨o. pl⟩ emagrecimento m **Abmagerungskur** F cura f de emagrecimento
'abmähen ceifar **abmalen** pintar; copiar; *j-n* retratar
'Abmarsch M partida f **abmarschbereit** pronto para a partida **abmarschieren** ⟨-; s.⟩ marchar, partir, sair; pôr-se em marcha
'abmelden ⟨-e-⟩ riscar alg da matrícula ⟨*od* do registo⟩; **j-n (bei j-m) ~** avisar ⟨alg⟩ da saída de alg; participar a partida de alg (a alg); *sich ~* despedir-se **Abmeldung** F despedida f; *polizeilich:* participação f de saída
'abmessen medir (*a. fig*); TECH regular; *fig* ⟨*abschätzen, beurteilen*⟩ julgar; calcular; *a.* → abgemessen **Abmessung** F medição f; TECH dimensão f; regulamento m; **~en** pl dimensões fpl
'abmildern atenuar; temperar **abmontieren** ⟨-⟩ desmontar **abmühen** V/R *sich ~* dar-se muito trabalho

abmustern ⟨-re⟩ MIL, SCHIFF licenciar; despedir(-se) **abnagen** roer **abnähen** fazer uma pinça (*bras* pence) **Abnäher** ['apnɛːɐ] M pinça f; *bras* pence f
'Abnahme F ⟨o. pl⟩ HANDEL ⟨*Annahme*⟩ aceitação f; ⟨*Kauf*⟩ compra f; ⟨*Verkauf*⟩ venda f; MED amputação f; *Verband:* tirar m da ligadura; ⟨*technische Prüfung*⟩ vistoria f; ⟨*Verminderung*⟩ diminuição f, perda f; ~ **e-r Prüfung** exame m
'abnehmbar ['apneːmbaːr] desmontável
'abnehmen A V/T **1** tirar; *Hörer* levantar; *Karten* cortar (o naipe); MED *Glied* amputar; **j-m Blut** ~ tirar sangue a (*bras* de) alg; **j-m etw** ~ ⟨*helfen*⟩ ajudar alg em ⟨*od* a fazer⟩ a/c; *umg* ⟨*glauben*⟩ acreditar a/c a alg **2** TECH ⟨*prüfen*⟩ vistoriar **3** HANDEL receber; ⟨*kaufen*⟩ comprar **4** MIL *Parade* passar em revista **5** **j-m e-n Eid** ~ ajuramentar alg; **e-e Prüfung** ~ examinar B V/I diminuir; *a. Tage* decrescer; *an Gewicht:* emagrecer; *Temperatur, Wasser a.* descer; *Mond* minguar; *fig* ir abaixo, decair
'Abnehmer M comprador m, freguês m
'Abneigung F aversão f, antipatia f
ab'norm [ap'nɔrm] anormal; irregular **Abnormi'tät** [apnɔrmi'tɛːt] F anormalidade f, anomalia f; monstruosidade f
'abnötigen extorquir; arrancar; *Bewunderung* causar
'abnutzen ⟨-t⟩, **'abnützen** ⟨-t⟩ gastar, usar; deteriorar; **abgenutzt** usado; gasto **Abnutzung** F uso m, gasto m, desgaste m (*a. fig*); ⟨*Wertverminderung*⟩ deterioração f, detrimento m; *a.* MED usura f, abrasão f
Abo ['abo] *umg* N ⟨-s; -s⟩ → Abonnement
Abonne'ment [abɔnə'mãŋ] N ⟨-s; -s⟩ assinatura f (*a.* THEAT); *Verkehr:* passe m **Abon'nent(in)** [abɔ'nɛnt(ɪn)] M|F ⟨-en⟩ assinante m/f **abon'nieren** ⟨-⟩ assinar; subscrever
abordnen ⟨-e-⟩ delegar, deputar **Abordnung** F delegação f, deputação f; MIL missão f
A'bort[1] M ⟨-(e)s; -e⟩ retrete f
A'bort[2] [a'bɔrt] M ⟨-(e)s; -e⟩ MED aborto m
'abpacken tirar, descarregar; embalar **abpassen** ⟨-t⟩ *Gelegenheit* aguardar, *a. j-n* esperar (por), espreitar; **j-m ~** ⟨*j-m auf-*

lauern) estar à coca de alg **abpfeifen** V/T & V/I (**das Spiel**) ~ apitar para interromper (*od* terminar) o jogo **Abpfiff** M SPORT apito m de interrupção; apito m final **abpflücken** colher **abplacken, abplagen** V/R sich ~ cansar-se, maçar-se; esfalfar-se

'**Abprall** M ⟨-(e)s; -e⟩ ressalto m; *Geschoss*: ricochete m **abprallen** V/I ⟨⟨s.⟩⟩ ressaltar, recuar; ricochetear; *fig* deixar impassível, não atingir

'**abputzen** ⟨-t⟩ limpar

'**abquälen** V/R sich ~ maçar-se; *seelisch*: atormentar-se **abrackern** ['aprakərn] *umg* ⟨-re⟩ V/R sich ~ maçar-se; esfalfar-se **abrasieren** ⟨-⟩ rapar; *umg* arrasar **abraten** desaconselhar; **j-m ~ von** dissuadir alg de (*inf*) **Abraum** M ⟨-(e)s; *o. pl*⟩ BERGB (des)entulho m; escombros mpl; desaterro m **abräumen** arrumar; tirar; *Tisch* levantar; **den Schutt ~ von** desentulhar

'**abreagieren** ⟨-⟩ V/R sich ~ desafogar-se, aliviar-se

'**abrechnen** ⟨-e-⟩ A V/T (*abziehen*) deduzir, descontar; subtrair; FIN *Konto* saldar; liquidar B V/I fazer (as) contas, *a. fig* ajustar contas (**mit j-m** com alg) **Abrechnung** F (*Abzug*) desconto m; *Konto*: liquidação f, balanço m, *a. fig* ajuste m de contas **Abrechnungsverkehr** M ⟨-s; *o. pl*⟩ clearing m **Abrechnungszeitraum** M período m de apuramento de contas

'**Abrede** F acordo m; *geh* **in ~ stellen** negar, desmentir

'**abreiben** esfregar; (*reinigen*) *a*. limpar; MED *a*. fri(c)cionar **Abreibung** F esfregadura f; fri(c)ção f; *fig* descompostura f, ensaboadela f

'**Abreise** F partida f **abreisen** ⟨-t; s.⟩ partir

'**Abreißblock** M bloco m (de escrever) **abreißen** A V/T arrancar, tirar; ARCH deitar abaixo, demolir, derribar B V/I ⟨⟨s.⟩⟩ *Faden* partir(-se); *fig* (*enden*) **nicht ~** não ter fim; nunca mais acabar; *a.* → abgerissen **Abreißkalender** M calendário m

'**abrichten** ⟨-e-⟩ adestrar; TECH re(c)tificar, aplanar **Abrichtung** F adestramento m; TECH re(c)tificação f; aplanamento m

'**abriegeln** ⟨-le⟩ trancar, aferrolhar; *a. fig* bloquear; *polizeilich*: cercar; *Verkehr* vedar; MIL *Graben* cortar

'**abringen** *j-m etw* arrancar; extorquir

'**Abriss** M ⟨-es; -e⟩ esboço m; *schematischer*: diagrama m; *fig* resumo m; *Buch*: compêndio m; ARCH demolição f

'**abrollen** A V/T desenrolar; (*befördern*) levar, transportar B V/I desenrolar-se **abrücken** A V/T afastar, remover, tirar B V/I ⟨⟨s.⟩⟩ MIL partir, retirar; *fig* ~ **von** distanciar-se de **Abruf** M ⟨-(e)s; -e⟩ revocação f; **auf ~** às ordens *fpl*, à disposição f **abrufbereit** pronto a ser chamado; à disposição f **abrufen** chamar; WIRTSCH *Kapital, Ware* levantar; BAHN anunciar a partida de **abrunden** ⟨-e-⟩ (ar)redondar (**nach oben/unten** por excesso/defeito) **abrupfen** depenar; arrancar **abrüsten** ⟨-e-⟩ desarmar **Abrüstung** F ⟨*o. pl*⟩ desarmamento m

abrutschen escorregar

Abs. ABK ❶ (Absender) Rem. (Remetente) ❷ (Abschnitt) al. (alínea); par (parágrafo)

ABS [a:be:'ʔɛs] N ABK ⟨-⟩ (Antiblockiersystem) ABS m (sistema de travagem antibloqueio)

'**absacken** ['apzakən] ⟨⟨s.⟩⟩ cair, baixar (-se); (*nachgeben*) ceder; ARCH descer; SCHIFF afundar-se, ir a pique; AUTO ir-se abaixo

'**Absage** F recusa f; (*Absagebrief*) resposta f negativa **absagen** A V/T *Einladung* declinar; não aceitar, recusar; *Veranstaltung* cancelar; (*widerrufen*) anular B V/I **j-m ~** declinar (*od* não aceitar) o convite de alg

'**absägen** serrar; *umg fig* **j-n ~** correr com alg **absahnen** *umg fig* meter (a melhor *od* maior parte) ao bolso, tirar o proveito de **absatteln** ⟨-le⟩ tirar a sela, tirar a albarda

'**Absatz** M ⟨-es; ⸚e⟩ ❶ (*Abschnitt*) parágrafo m, alínea f; *Rede*: período m ❷ ARCH ressalto m ❸ (*Schuhabsatz*) salto m, tacão m ❹ (*Treppenabsatz*) patamar m ❺ (*Unterbrechung*) intervalo m, pausa f ❻ (*Verkauf*) venda f **absatzfähig** ADJ **~ sein** HANDEL ter venda **Absatzgebiet** N mercado m **Absatzmarkt** M WIRTSCH mercado m de **Absatzsteigerung** F aumento m do volume de vendas

'absaugen aspirar, chupar **Absaugpumpe** F̲ bomba f aspirante
'abschaben ra(s)par; *(abnutzen)* gastar; *Stoff a.* puir
'abschaffen abolir, *Einrichtung a.* suprimir; *Gesetz a.* revogar, anular **Abschaffung** F̲ supressão f, abolição f, revogação f, anulação f
'abschälen descascar; tirar a pele
'abschalten A̲ V̅T̅ ELEK desligar B̲ V̅I̅ *umg fig* relaxar
'abschätzen ⟨-t⟩ avaliar, estimar, apreciar; taxar **abschätzig** depreciativo **Abschätzung** F̲ avaliação f; taxação f
'Abschaum M̲ ⟨-(e)s; *o. pl*⟩ espuma f; escuma f; *Metall:* escória f; *fig* ralé f
'abscheiden V̅T̅ separar; MED, CHEM segregar
'Abscheu M̲ ⟨-(e)s; *o. pl*⟩ **~ (vor** *dat)* horror m (de), aversão f (contra)
'abscheuern ⟨-re⟩ esfregar; limpar; *(abnutzen)* (des)gastar
ab'scheulich [apˈʃɔʏlɪç] abominável, detestável, horrível, abje(c)to **Abscheulichkeit** F̲ ⟨o. pl⟩ horror m; monstruosidade f, *(Untat)* atrocidade f
'abschicken enviar, mandar, remeter, despachar, expedir **abschieben** V̅T̅ afastar, remover; empurrar; *fig Ausländer* expulsar **Abschiebung** F̲ expulsão f
'Abschied [ˈapʃiːt] M̲ ⟨-(e)s; *o. pl*⟩ despedida f; *(Entlassung)* demissão f, MIL *a.* reforma f; baixa f; **~ nehmen** despedir-se; **s-n ~ nehmen** *(od einreichen)* demitir-se; MIL *a.* pedir a reforma
'Abschieds... ̅I̅N̅ ̅Z̅S̅S̅G̅N̅ de despedida **Abschiedsbesuch** M̲ ⟨-(e)s; -e⟩ despedida f; **s-n ~ machen** apresentar cumprimentos de despedida
'abschießen V̅T̅ disparar; descarregar; *Pfeil* atirar; *Rakete, Torpedo* lançar; *Flugzeug* abater *(a. Tier)*, derrubar; *Panzer* destruir, aniquilar
'abschinden V̅R̅ *umg* **sich ~** esfalfar-se, maçar-se
'abschirmen proteger; resguardar *(a. fig)*; cobrir; MIL, TECH blindar
'abschirren desarrear, tirar os arreios (a)
'abschlachten ⟨-e-⟩ *Vieh* abater; *fig (grausam töten)* chacinar, assassinar
'Abschlag M̲ *Preis:* desconto m; **auf ~** a prestações fpl **abschlagen** ▋ cortar,

derrubar, abater ▐ AGR *a.* desbastar ▐ MIL, SPORT, *Angriff, Stoß* repelir ▐ *fig Bitte* declinar, recusar, negar **abschlägig** [ˈapʃlɛːgɪç] negativo **Abschlagszahlung** F̲ pagamento m a prazo; prestação f
'abschleifen V̅T̅ TECH amolar; afiar; polir; limpar; *(abnutzen)* desgastar **Abschleifen** N̲ ⟨o. pl⟩ ARCH *(Abnutzung)* desgaste m
'Abschleppdienst M̲ serviço m de reboque **abschleppen** levar a reboque, rebocar; **sich mit etw ~** arrastar a/c, maçar-se com a/c **Abschleppwagen** M̲ carro m de reboque
'abschließen A̲ V̅T̅ fechar à chave; *(abdichten, absondern)* isolar; *(beenden)* terminar; *Anleihe* negociar, contrair; *Handel* fechar; *Kauf* efe(c)tuar; *Rechnung* ajustar, liquidar; *Vertrag* concluir B̲ V̅I̅ acabar C̲ **sich ~** isolar-se; *innerlich:* ensimesmar-se **abschließend** A̲ A̲D̲J̲ definitivo, final B̲ A̲D̲V̅ *a.* terminando
'Abschluss M̲ ⟨-es; *o. pl*⟩ ▋ *(Beendigung)* conclusão f; *(Ende)* fim m, termo m ▐ ⟨*pl* ⸚e⟩ *e-s Geschäfts:* transa(c)ção f; *e-s Vertrags:* conclusão f, assinatura f; *(Rechnungsabschluss)* saldo m, balanço m; **zum ~ bringen** levar a cabo; terminar **Abschlussprüfung** F̲ UNIV *etc* exame m final
'abschmecken provar **abschmieren** V̅T̅ TECH lubrificar; untar; *umg fig* copiar **abschminken** remover o make-up; descaracterizar; **sich** *(dat)* **etw ~** *umg fig* tirar a/c da cabeça **abschmirgeln** ⟨-le⟩ esmerilar **abschnallen** desafivelar, tirar **abschneiden** A̲ V̅T̅ cortar *(a. fig)*; MIL *a.* isolar; *Möglichkeit* privar alg de B̲ V̅I̅ **gut/schlecht ~** sair-se bem/mal; fazer boa/má figura
'Abschnitt M̲ ⟨-(e)s; -e⟩ ▋ secção f; parte f, trecho m; MATH sector m ▐ *(Zeitabschnitt)* época f, fase f, período m ▐ *Rechnung, Schein:* senha f; *Scheckbuch:* talão m ▐ *Text:* parágrafo m, alinea f; passo m, trecho m
'abschnüren desligar; *Blut, Kehle* estrangular; MED *a.* ligar; *fig u.* MIL isolar; cortar as comunicações a **abschöpfen** escumar; tirar de cima *(dum liquido)*; *Fett/Rahm* **~ von** desengordurar/desna-

tar **abschrägen** ['apʃrɛːɡən] enviesar; TECH a. chanfrar **abschrauben** desaparafusar, desatarraxar
'**abschrecken** VT ◼ intimidar; escarmentar, (fazer) desanimar; desalentar ◼ GASTR *Ei etc* passar por água fria; TECH temperar ◼ *fig* **sich ~ lassen von** recuar diante de **abschreckend** desanimador; assustador; *Strafe a.* exemplar; **~es Beispiel** lição *f*, escarmento *m* **Abschreckung** F ⟨o. pl⟩ intimidação *f*; escarmento *m*
'**abschreiben** ◼ VT copiar, transcrever; *betrügerisch:* plagiar, cometer plágio, *(abrechnen)* deduzir, descontar; *Wert* depreciar; *auf Konto:* abonar; *(tilgen)* amortizar ◼ V/i ◼ *Schule:* copiar, cabular ◼ *(absagen)* dar uma resposta negativa (**j-m** alg) **Abschreibung** F HANDEL amortização *f*
'**Abschrift** F cópia *f*; *(Doppel)* duplicado *m*; traslado *m*; **beglaubigte ~** pública-forma *f* **abschriftlich** por cópia, copiado; em duplicado
'**abschuften** *umg* **sich ~** matar-se a trabalhar **abschuppen** ◼ VT escamar ◼ V/i *Haut* cair
'**abschürfen** (**sich** *dat*) **etw ~** escoriar a/c **Abschürfung** F escoriação *f*
'**Abschuss** M tiro *m*; *Rakete, Torpedo:* lançamento *m*; FLUG derrubamento *m*, abatimento *m*; *Panzer:* destruição *f*
'**abschüssig** ['apʃysɪç] íngreme; escarpado **Abschüssigkeit** F ⟨o. pl⟩ declive *m*
'**Abschussrampe** F plataforma *f* de lançamento
'**abschütteln** ⟨-le⟩ sacudir; deitar fora; *fig* livrar-se de **abschwächen** abrandar, diminuir, moderar; *Ausdruck, Schuld* atenuar; *Schall* abafar; *Stoß* amortecer
'**abschweifen** ⟨s.⟩ desviar-se, afastar-se; **vom Thema ~** perder-se em divagações **Abschweifung** F divagação *f*, digressão *f*
'**abschwellen** ⟨s.⟩ diminuir; MED desinchar **abschwenken** V/i ⟨s.⟩ mudar de rumo; **~ (nach)** virar (para) **abschwören** abjurar
'**absegnen** abençoar
'**absehbar** ['apzeːbaːr] determinável; **in ~er Zeit** em tempo determinado; *(bald)* em breve; **nicht ~** não de prever **absehen** ◼ V/T abranger com a vista; *(vorausehen)* prever; **es ist kein Ende abzusehen** parece não ter fim; ninguém sabe quanto isso durará; **j-m etw ~** copiar a/c de alg; **es abgesehen haben auf** *(akk)* ter em mira, ter em vista, ambicionar; **es auf j-n abgesehen haben** *umg* tomar alg de ponta ◼ V/i **von etw ~** abstrair de a/c; *Plan* desistir de; *(unbeachtet lassen)* não ter em conta; **abgesehen von** *fig* abstraindo de, a não ser (que *subj*), não contando com
'**abseilen** ['apzailən] (**sich**) **~** *(losbinden)* desatar(-se); *(herunterklettern)* descer pela corda; *umg fig (verschwinden)* desaparecer; dar o fora
'**abseits** ADV fora de mão; desviado, afastado; SPORT fora de jogo; *fig* **ins Abseits drängen** isolar
'**absenden** mandar, enviar, despachar **Absender(in)** M(F) remetente *m/f* **Absendung** F envio *m*, despacho *m*, remessa *f*, expedição *f*
'**absengen** chamuscar
'**absenken** TECH afundar, rebaixar; AGR mergulhar, enterrar; BOT *Reben* abacelar **Absenker** M BOT mergulhão *m*, estaca *f*, tanchão *m* **Absenkung** F TECH abaixamento *m*
'**absetzbar** ADJ **~ sein** *v. der Steuer:* dedutível; HANDEL *Ware* ter venda, vender-se **absetzen** ⟨-t-⟩ ◼ V/T pôr no chão; *(entlassen)* depor, demitir; *(entthronen)* destituir, destronar; *(lassen)* deixar, desembarcar; *(unterscheiden)* fazer contrastar (**gegen** com); *(streichen)* riscar; dar baixa a; HANDEL *(verkaufen)* vender; TYPO, *Wort* separar; **von der Steuer ~** deduzir do imposto ◼ V/i fazer uma pausa, interromper-se ◼ V/R **sich ~** ◼ **ins Ausland:** escapar-se ◼ *(sich ablagern)* depositar, formar um depósito **Absetzung** F deposição *f*, demissão *f*; destituição *f*
'**absichern** assegurar, proteger
'**Absicht** F intenção *f*, intuito *m*; *(Plan)* designio *m*, intento *m*; *(Ziel)* fim *m*; obje(c)tivo *m*; *(Zweck)* propósito *m*; **mit ~** de propósito **absichtlich** ◼ ADJ propositado, intencional, deliberado ◼ ADV de propósito, intencionalmente
'**absinken** descer; ir(-se) abaixo
'**absitzen** ◼ V/T e-e Strafe **~** expiar uma pena na cadeia ◼ V/i ⟨s.⟩ *vom Pferd:*

apear-se, desmontar

abso'lut [apzo'lu:t] absoluto; **~ nicht** de maneira nenhuma **Absoluti'on** [apzolutsi'o:n] F absolvição f; **j-m die ~ erteilen** absolver alg **Absolu'tismus** [apzolu'tɪsmʊs] M ⟨-; o. pl⟩ absolutismo m

Absol'vent(in) [apzɔl'vɛnt(ɪn)] MF ⟨-en⟩ aluno m, -a f que acabou (od está a acabar) um curso **absol'vieren** ⟨-⟩ absolver; (abschließen) acabar, terminar; Schule frequentar, Studium tirar

ab'sonderlich extravagante, estranho, esquisito **'absondern** ⟨-re⟩ separar; desagregar; MED segregar; **(sich) ~** isolar(-se) **Absonderung** F separação f; incomunicabilidade f

absor'bieren [apzɔr'biːran] ⟨-⟩ absorver **'abspalten** ⟨-e-⟩ separar; CHEM cindir (a. fig) **Abspaltung** F separação f; CHEM cisão f (a. fig)

'abspannen desatrelar, soltar; (Spannung vermindern) diminuir a força (od a tensão) de; **~** abgespannt **Abspannung** F fig cansaço m, abatimento m

'abspeisen ⟨-t⟩ dar de comer a; fig contentar, alimentar; **j-n mit leeren Worten ~** despachar alg com palavras ocas

'abspenstig ['apʃpɛnstɪç] **~ machen** alienar, tirar; **~ werden** abandonar

'absperren (abriegeln) fechar, trancar; (blockieren) bloquear; (isolieren) isolar; Zugang fechar (od vedar) ao trânsito; Zuleitung cortar; TECH travar **Absperrhahn** M torneira f de vedação **Absperrung** F encerramento m; barricada f; bloqueio m; polizeiliche: cordão m; Zugang: interdição f; Zuleitung: corte m; TECH vedação f

'abspielen A VT Tonband, Platte (fazer) tocar; Film (fazer) passar; Ball passar B VR **sich ~** passar-se

'absplittern ⟨-re⟩ lascar

'Absprache F acordo m, ajuste m **'absprechen** A VT 1 negar, disputar 2 JUR abjudicar; **j-m etw ~** desapossar (od privar) alg de alg c/ 3 (vereinbaren) combinar, ajustar B VR **sich ~ (mit)** combinar (com), ajustar-se (com)

'abspringen ⟨s.⟩ saltar; partir-se; (sich ablösen) despegar-se; (abprallen) ricochetear; FLUG descer em pára-quedas; fig Interessenten retirar-se; abandonar **(von etw a/c) abspritzen** ⟨-t⟩ lavar à (od com a) mangueira; BOT pulverizar **'Ab-**

sprung M salto m; descida f (FLUG em pára-quedas)

'abspulen Faden desenrolar; Film, Tonband desbobinar (a. fig); Programm correr

abspülen lavar, enxaguar

'abstammen descender; proceder; GRAM, CHEM derivar **Abstammung** F origem f; ascendência f; filiação f; GRAM derivação f; etimologia f

'Abstand M ⟨-(e)s; ⸚e⟩ distância f; intervalo m; (Spielraum) margem f; fig diferença f; Zahlung: inde(m)nização f; **~ halten** od **wahren** guardar distância; geh **~ nehmen von** desistir de, renunciar a, desinteressar-se de

'abstatten ['apʃtatən] ⟨-e-⟩ s-n Dank apresentar; **j-m e-n Besuch ~** fazer uma visita a alg

'abstauben desempo(eir)ar, tirar o pó a, limpar o pó; bras espanar; umg fig fanar, gamar

'abstechen A VT cortar; Tier matar; TECH Hochofen abrir B VI **~ gegen, ~ von** contrastar com, destacar-se de **Abstecher** M (Ausflug) saltada f; **e-n ~ machen (nach)** passar (por), dar um salto (a)

'abstecken marcar; delimitar; Kleid acertar (com alfinetes)

'abstehen distar, estar distante; Flüssigkeit estragar-se; perder o sabor; fig **~ von** (aufgeben) desistir de **abstehend** ADJ **~e Ohren haben** ter as orelhas muito despegadas; bras ter as orelhas de abano

'absteigen VI ⟨s.⟩ descer; apear-se; im Gasthof: hospedar-se; pernoitar **Absteiger** M SPORT equipa f despromovida; bras equipe f rebaixada

'abstellen deixar; pousar; Auto estacionar; Licht, Wasser cortar; Motor, Radio desligar; fig acabar com; MIL destacar **Abstellgleis** N via f de resguardo **Abstellraum** M arrecadação f

'abstempeln ⟨-le⟩ 1 carimbar 2 fig marcar; **j-n ~ als** classificar alg de **absteppen** pespontar **absterben** ⟨s.⟩ morrer; MED atrofiar; BOT murchar; fig esmorecer, extinguir-se

'Abstieg M ⟨-(e)s; -e⟩ descida f; fig decadência f

'abstimmen A VT (aufeinander) **~** sintonizar; fig conjugar, conciliar; coordenar; zeitlich: sincronizar B VI **~ über**

(akk) votar; sich ~ (mit) combinar (com); concertar-se (com) **Abstimmung** f (Wahl) voto m, votação f; (Volksabstimmung) plebiscito m; Radio: sintonização f; fig coordenação f; zeitlich: sincronização f

absti'nent [apsti'nɛnt] abstinente **Abstinenz** f ⟨o. pl⟩ abstinência f **Abstinenzler** m abstémio m (bras abstêmio m)

'**abstoppen** (fazer) parar; SPORT cronometrar

Abstoß m SPORT lance m; jogada f **abstoßen** A v/t empurrar; repelir; MUS cortar; Besitz largar, desfazer-se de; Waren vender; Stein chanfrar; (abnutzen) desgastar; fig repugnar; MED rejeitar B v/i SCHIFF fazer-se ao largo; Ball dar um pontapé de baliza **abstoßend** repugnante, repulsivo **Abstoßung** f repulsa f

abstra'hieren [apstra'hiːrən] ⟨-⟩ abstrair **ab'strakt** [ap'strakt] abstra(c)to **Abstrakti'on** [apstraktsi'oːn] f abstra(c)ção f

'**abstreichen** tirar; (abziehen) deduzir, subtrair; (ausstreichen) riscar, dar baixa a; (säubern) limpar; Maß arrasar; Messer amolar **abstreifen** tirar; sacudir; Kleider despir; Handschuhe descalçar; Gegend percorrer; fig deixar; desfazer-se de **abstreiten** negar; disputar; contestar; (leugnen) desmentir

'**Abstrich** m desconto m; (Kürzung) corte m; MED colheita f; ~e machen fig cortar, suprimir

'**abstufen** ['apʃtuːfən] graduar; Farben matizar (a. fig); Ton modular **Abstufung** f grad(u)ação f; matiz m; MUS modulação f

'**abstumpfen** ['apʃtʊmpfən] embotar (-se); despontar; (stutzen) truncar; fig tornar-se insensível

'**Absturz** m queda f; despenho m, despenhamento m **abstürzen** ⟨-t⟩ cair, precipitar-se; Bergsport, Flugzeug despenhar-se **abstützen** ⟨-t⟩ escorar, apoiar

absuchen Futter busca a; revistar; Gelände a. percorrer

ab'surd [ap'zʊrt] absurdo; disparatado **Absurdi'tät** [ap'zʊrdi'tɛːt] f absurdo m; disparate m

Abs'zess [aps'tsɛs] m ⟨-es; -e⟩ acesso m

Abt [apt] m ⟨-(e)s; ⸚e⟩ abade m; prior m

Abt. ABK → Abteilung

'**abtakeln** ⟨-le⟩ SCHIFF desarmar

'**abtasten** ⟨-e-⟩ tatear, apalpar

'**abtauen** descongelar

Ab'tei [apˈtaɪ] f abadia f

Ab'teil n ⟨-(e)s; -e⟩ compartimento m

'**abteilen** ['aptaɪlən] dividir, repartir; (absondern) separar

'**Abteilung**[1] f divisão f; separação f; repartição f

Ab'teilung[2] f sec(c)ção f (für de); repartição f (für de); serviços mpl (für de); (Truppe) destacamento m; MIL a. pelotão m **Abteilungsleiter(in)** m(f) chefe m/f de sec(c)ção etc

'**abtippen** umg passar à máquina, da(c)tilografar

Äb'tissin [ɛp'tɪsɪn] f abadessa f

'**abtönen** matizar **Abtönung** f matiz m

'**abtöten** ⟨-e-⟩ matar; fig mortificar; Gefühl matar, suprimir

'**abtragen** levar, tirar; Berg abaixar; Erde escavar; GEOL desgastar; Gebäude demolir, derrubar; Kleidung gastar; Schuld pagar; Tisch levantar **abträglich** ['aptrɛːklɪç] prejudicial, nocivo; Kritik desfavorável

'**Abtransport** m ⟨-(e)s; -e⟩ transporte m, transferência f **abtransportieren** ⟨-⟩ transportar, transferir, levar

'**abtreiben** A v/t desviar, afastar; SCHIFF abater; MED abortar; TECH separar, refinar B v/i FLUG, SCHIFF derivar, abater **abtreibend** MED abortivo **Abtreibung** f MED aborto m

abtrennen separar (a. TECH); Genähtes descoser; Scheine cortar; TECH truncar **Abtrennung** f separação f, TECH a. truncamento m

'**abtreten** A v/t (abnutzen) gastar; (reinigen) sich (dat) die Schuhe ~ limpar os sapatos; fig (überlassen) ceder; passar; Geschäft trespassar B v/i partir, sair (a. THEAT); (zurücktreten) demitir-se; ir-se, retirar-se **Abtretung** f cessão f, cedência f; trespasse m

'**Abtritt** m ⟨-(e)s; -e⟩ saída f (a. THEAT), partida f; (Rücktritt) a. demissão f **abtrocknen** ⟨-e-⟩ secar, enxugar **abtropfen** ⟨s.⟩ gotejar, pingar, escorrer 'ab**trünnig** ['aptrʏnɪç] rebelde; renegado; REL a. apóstata; **~ werden** (dat) abandonar, desertar (de), atraiçoar, renegar **Abtrünnige(r)** M/F(M) ⟨-n⟩ rebelde m/f; renegado m, -a f; REL a. apóstata m/f

'**abtun** (abnehmen) tirar; (erledigen) despachar; (töten) matar; Gewohnheit acabar com, deixar; não se importar com; (geringschätzen) menosprezar

'**abtupfen** limpar (od secar) com um algodão

'**aburteilen** julgar, sentenciar; a. fig condenar **Aburteilung** F julgamento m

'**abverlangen** ⟨-⟩ pedir, exigir **abwägen** pesar; fig ponderar, considerar **abwälzen** ⟨-t⟩ rolar, levantar, tirar; fig **auf j-n ~** Arbeit, Kosten, Verantwortung descarregar em alg; Schuld atribuir a alg; **von sich ~** livrar-se de; **die Schuld von sich ~** desculpar-se; defender-se, justificar-se

'**abwandeln** ⟨-le⟩ variar; GRAM declinar, conjugar **Abwanderung** F (e)migração f; êxodo m (a. FIN Kapital) **Abwandlung** F variação f; variante f

'**Abwärme** F TECH calor m perdido

'**abwarten** ⟨-e-⟩ aguardar, esperar (por); **e-e Zeitlang ~** a. temporizar **abwartend** temporizador; **sich ~ verhalten** ficar na espectativa

'**abwärts** ['apvɛrts] ADV para baixo; abaixo **Abwärtsbewegung** F descida f

'**Abwasch** ['apvaʃ] A M ⟨-s; o. pl⟩ (schmutziges Geschirr) louça f B F österr (Spüle) pia f **abwaschbar** lavável **abwaschen** lavar **Abwaschwasser** N ⟨-s; ⸚⟩ lavadura f

'**Abwasser** N ⟨-s; ⸚⟩ água f de esgoto; despejos mpl; **Abwässer** pl a. águas fpl residuais

'**abwechseln** ⟨-le⟩ alternar, mudar, variar; **sich ~** bei revezar-se a **abwechselnd** alterno; alternativo; variado; periódico **Abwechslung** F mudança f; alternação f; variedade f; variação f; (Zerstreuung) distra(c)ção f; **zur ~** para variar **abwechslungsreich** variado

'**Abweg** M ⟨-(e)s; -e⟩ desvio m; (Irrweg) caminho m errado; **auf ~e führen/geraten** desencaminhar/desencaminhar-se; afastar/afastar-se do bom caminho **ab-wegig** ['apveːgɪç] errado; despropositado, inoportuno

'**Abwehr** F ⟨o. pl⟩ defesa f **abwehren** repelir; defender-se (de); (verscheuchen) afugentar; fig rejeitar **abwehrend** defensivo **Abwehrkräfte** FPL defesas fpl imuniárias (od do organismo) **Abwehrreaktion** F rea(c)ção f defensiva **Abwehrspieler** M SPORT defesa f **Abwehrstoff** M anticorpo m

'**abweichen** ⟨s.⟩ VII desviar-se, afastar-se; a. fig divergir; (anders sein) diferir; PHYS aberrar; declinar **abweichend** divergente, diferente; a. GRAM irregular; BOT, GEOL, PHYS aberrante **Abweichung** F desvio m; divergência f; diferença f; PHYS aberração f; declinação f; v. e-r Regel: anomalia f, excepção f

'**abweisen** recusar; rejeitar; não aceitar; Angriff repelir; Antrag indeferir; **j-n ~** não receber alg; (fortschicken) mandar alg embora **abweisend** frio, reservado, pouco amável **Abweisung** F recusa f; rejeição f; indeferimento m

'**abwenden** ⟨-e-⟩ desviar, fig Gefahr afastar; Nachteil evitar; **von j-m ~** Unheil etc proteger (od defender) alg contra; **sich von j-m ~** virar as costas a alg; fig a. abandonar alg **Abwendung** F desvio m, afastamento f; evitação f; abandono m; alienação f

'**abwerfen** atirar; deixar cair; FLUG Bomben lançar; Reiter deitar abaixo; SCHIFF Tau desamarrar; HANDEL Gewinn render, dar; fig Joch etc sacudir

'**abwerten** ⟨-e-⟩ depreciar, desvalorizar **Abwertung** F depreciação f, desvalorização f

'**abwesend** ausente; fig distraído **Abwesenheit** F ausência f; JUR contumácia f

'**abwickeln** ⟨-le⟩ Garn desdobrar; desnovelar; Geschäft fazer; Zahlungen liquidar; (durchführen) efe(c)tuar; **sich ~** desenvolver-se, desenrolar-se **Abwicklung** F desenvolvimento f; transa(c)ção f, execução f; e-r Zahlung: liquidação f

'**abwiegen** pesar **abwimmeln** ⟨-le⟩ umg livrar-se de; j-n a. mandar passear **abwinken** fazer sinal (fig dar a entender) que não; mus interromper **abwirtschaften** arruinar **abwischen** limpar; enxugar **abwracken** ['apvrakən] desmantelar a carcassa (od o casco) **Abwurf** M lançamento m (a. SPORT) **abwürgen** estrangular **abzahlen** pagar por conta, pagar em prestações; **vollständig ~** liquidar **abzählen** contar (**an den Fingern** pelos dedos); (abziehen) descontar; MIL, SPORT numerar **Abzahlung** F pagamento m em prestações; liquidação f; **auf ~ a** prestações **abzapfen** tirar; vasar; trasfegar; pungir; **j-m Blut ~** sangrar alg

'**abzäunen** ['aptsɔynən] cercar com estacada **Abzäunung** F estacada f

'**Abzeichen** N emblema m, distintivo m (a. MIL); e-r Würde: insígnia f **abzeichnen** ⟨-e-⟩ copiar, desenhar; Plan, Skizze etc tirar; Schriftstück rubricar; **sich ~** distinguir-se, sobressair, ressaltar; Entwicklung, Gefahr aproximar-se

Abziehbild ['aptsi:bɪlt] N decalcomania f **abziehen** A VT tirar; MATH subtrair; Betrag deduzir, descontar; Aufmerksamkeit distrair; FOTO, TYPO tirar uma prova (de); (vervielfältigen) tirar cópias (de); Messer afiar; Kapital, MIL Truppen retirar; (abdrücken) disparar B VI ⟨s.⟩ ir-se embora, retirar(-se); sair; abalar; Gewitter afastar-se; Rauch dispersar-se

'**abzielen** VI **~ auf** (akk) ter em vista; **mit Worten**: aludir a; referir-se a

Abzocke F ⟨-⟩ sl burla f, engano m, intrujice m, roubalheira f **abzocken** VT sl j-n enganar, burlar, vigarizar alg

Abzug M ⟨-(e)s; ¨e⟩ am Gewehr: gatilho m; FIN Betrag: dedução f, desconto m; FOTO cópia f, prova f (a. TYPO); TECH saída f, descarga f; MIL Truppen: partida f, retirada f; HANDEL in ~ bringen descontar, deduzir '**abzüglich** ['aptsy:klɪç] menos; descontando; **~ der Unkosten** despesas a descontar

'**abzwacken** ['aptsvakən] fig extorquir

'**abzweigen** ['aptsvaɪɡən] A VT separar; ramificar; Geld transferir B VI Weg, Straße sair, partir, ramificar-se **Abzweigung** F bifurcação f; Strecke: ramal m; ELEK derivação f

'**abzwicken** umg cortar (od partir) com uma pinça (od um alicate)

Ace'ton [atse'to:n] N ⟨-s; o. pl⟩ CHEM acetona f **Acety'len** [atsety'le:n] N ⟨-s; o. pl⟩ CHEM acetileno m

ach [ax] INT **~!** ah!, Klage: ai (de mim)!; Erstaunen: parece impossível!, será verdade?; **~ ja!** (pois) é verdade!; **~ je!** ai Jesus!; **~ so?** ah, é isso?; **~ so!** ah, já percebo; **~ was!**, **~ wo!** nada disso!; **mit Ach und Krach** por um triz, a custo

A'chat [a'xa:t] M ⟨-(e)s; -e⟩ ágata f

'**Achse** ['aksə] F árvore f

'**Achsel** ['aksəl] F ⟨-; -n⟩ ombro m; espádua f; **die ~n zucken** encolher os ombros **Achselhöhle** F axila f, cava f **Achselshirt** ['aksəlʃœrt] N ⟨-s; -s⟩ Mode: camisola sem mangas; t-shirt m de mangas cavadas **Achselzucken** N **mit e-m ~** com um encolher de ombros

acht [axt] NUM oito; **in ~ Tagen** dentro de oito dias; bras em oito dias; **heute in ~ Tagen** de hoje a oito dias

Acht[1] F ⟨-; -en⟩ Zahl: oito m

Acht[2] F ⟨-; o. pl⟩ (Aufmerksamkeit) atenção f; cuidado m; **außer ~ lassen** descuidar de, não tomar em conta; **sich in ~ nehmen (vor)** ter cautela (com), ter cuidado (com)

Acht[3] F ⟨-; o. pl⟩ hist (Bann) expulsão f, desterro m, exílio m; **in ~ und Bann tun** proscrever

'**achtbar** respeitável; de respeito, honrado '**Achtbarkeit** F ⟨o. pl⟩ respeito m, honra f; respeitabilidade f; honorabilidade f

'**achte** ['axtə] NUM oitavo; **am** (od **den**) **~n Mai** no dia (od em) oito de Maio **Achteck** N ⟨-(e)s; -e⟩ octógono m **achteckig** octógono, octogonal **Achtel** N oitavo m, oitava parte f **Achtel...** IN ZSSGN MUS de colcheia **Achtelnote** F colcheia f

'**achten** ['axtən] ⟨-e-⟩ estimar; considerar; Gesetz respeitar; **auf etw** (akk) **~** reparar em a/c

'**ächten** ['ɛçtən] ⟨-e-⟩ proscrever; (verbannen) desterrar

'**achtens** ['axtəns] ADV (em) oitavo (lugar)

'**Achter** ['axtɐ] M SCHIFF barco m de oito remos **Achter...** IN ZSSGN SCHIFF da popa **Achterbahn** F montanha f russa **Achterdeck** N SCHIFF castelo m de popa

'**achtfach** óctuplo, oito vezes tanto **achtgeben acht** (**auf** akk) reparar (em), atender (a), cuidar (de) **achthundert** oitocentos **achtjährig** ['axtjɛ:rɪç] de oito anos (de idade) **achtlos** ⟨-este⟩

descuidado, desatento, distraído **Acht-losigkeit** ['axtloːzɪçkaɪt] F ⟨o. pl⟩ falta f de atenção, distra(c)ção f; descuido m **achtmal(ig)** oito vezes (repetido) **achtsam** atento, cuidadoso **Achtsamkeit** F ⟨o. pl⟩ atenção f, cuidado m; vigilância f **Achtstundentag** M dia m de oito horas de trabalho **achtstündig** ['axt∫tʏndɪç] de oito horas **achttägig** ['axttɛːgɪç] de oito dias, semanal **achttausend** NUM oito mil **'Achtung** ['axtʊŋ] F ⟨o. pl⟩ (Hochachtung) estima(ção) f, consideração f, respeito m; (Vorsicht) atenção f, cautela f; **alle ~!** (os meus) parabéns!; (dat) ⇒ **einflößen, ~ gebieten** impor respeito; **~ gebietend** imponente, impressionante; **sich ~ verschaffen** fazer-se respeitar; impor-se ao respeito

Ächtung ['ɛçtʊŋ] F proscrição f
Achtungserfolg M êxito m razoável
achtungsvoll respeitoso, atencioso, com respeito
'achtzehn ['axtseːn] NUM dezoito **achtzehnte(r)** NUM décimo oitavo **Achtzehntel** N décimo oitavo m
'achtzig ['axtsɪç] NUM oitenta; **in den ~er Jahren** nos anos oitenta **Achtziger** PL; **in den ~n (sein)** (andar) na casa dos oitenta **Achtziger(in)** ['axtsɪɡər(ɪn)] M/F o(c)togenário m, -a f **achtzigjährig** ['axtsɪçjɛːrɪç] de oitenta anos, o(c)togenário **achtzigste(r)** NUM o(c)togésimo **Achtzigstel** N o(c)togésimo m

ächzen ['ɛçtsən] VI ⟨-t⟩ gemer; **Räder etc** ranger, chiar (**vor** com, de) **Ächzen** N gemido m; rangido m, chiar m
Acker ['akər] M ⟨-s; ⸚⟩ campo m; Maß: acre m ⟨o. pl⟩ **Ackerbau** M ⟨-(e)s; o. pl⟩ agricultura f; lavoura f **Ackerboden** M terra f lavradia, terreno m arável **Ackergerät** N instrumentos mpl (od utensílios mpl) de lavoura **Ackerland** N ⟨-(e)s; o. pl⟩ → **Ackerboden**; **'ackern** ⟨-re⟩ lavrar, arar; fig trabalhar duramente

a. D. ABK (außer Dienst) ref. (reformado)
'Adamsapfel ['aːdamsʔapfəl] M nó m da garganta, maçã f de Adão **Adamskostüm** ⟨nackt⟩ **im ~** em pêlo
A'dapter [a'daptər] M adaptador m
ad'dieren [a'diːrən] ⟨-t⟩ somar, adicionar
Addi'tion [adɪtsi'oːn] F adição f **additiv** [adi'tiːf] N ⟨-s; -e⟩ aditivo m
a'de [a'deː] INT poet, reg **~!** adeus!
'Adel ['aːdəl] M ⟨-s; o. pl⟩ nobreza f, fidalguia f; aristocracia f **adelig** aristocrático; nobre **Adelige(r)** M/F(M) nobre m/f, fidalgo m, -a f, aristocrata m/f **adeln** ⟨-le⟩ enobrecer; conceder título de nobreza a **Adelsstand** M → **Adel**; **in den ~ erheben** conceder título de nobreza a **Adelstitel** M título m nobiliárquico **Adelung** F enobrecimento m
'Ader ['aːdər] F ⟨-; -n⟩ veia f; (Schlagader) artéria f; GEOL filão m; BOT nervura f **Aderhaut** F MED túnica f **Aderlass** ['aːdərlas] M ⟨-es; ⸚e⟩ sangria f (a. fig)

ädern ['ɛːdərn] ⟨-re⟩ veiar, marmorar
ADHS [aːdeːhaː'?ɛs] N ABK (Aufmerksamkeits-Hyperaktivitätssyndrom) TDAH m (transtorno de déficit de atenção e hipera(c)tividade)
a'dieu [a'djøː] geh, poet adeus; **j-m Adieu sagen** a. despedir-se de alg
'Adjektiv ['atjɛktiːf] N ⟨-s; -e⟩ adje(c)tivo m **adjektivisch** ['atjɛktiːvɪʃ] A ADJ adje(c)tivo B ADV como adje(c)tivo
Adju'tant [atju'tant] M ⟨-en⟩ MIL ajudante m de campo
'Adler ['aːdlər] M águia f **Adlerauge** N olho m aquilino **Adlerhorst** M ninho m de águia **Adlernase** F nariz m aquilino
Administrati'on [atmɪnɪstratsi'oːn] F administração f
Admi'ral [atmi'raːl] M ⟨-s; -e⟩ almirante m **Admirali'tät** [atmirali'tɛːt] F almirantado m
adop'tieren [adɔp'tiːrən] ⟨-⟩ ado(p)tar, perfilhar **Adopti'on** [adɔptsi'oːn] F ado(p)ção f, perfilhação f **adoptiv...** IN ZSSGN ado(p)tivo
Adres'sat(in) [adrɛ'saːt(ɪn)] M/F ⟨-en⟩ destinatário m, -a f **Adressbuch** [a-'drɛsbuːx] N anuário m comercial **Adresse** [a'drɛsə] F ⟨-; -n⟩ endereço m, dire(c)ção f, destino m; feierliche: mensagem f; fig **an die falsche ~ kommen** enganar-se **adres'sieren** ⟨-⟩ endereçar, dirigir
Ad'vent [at'vɛnt] M ⟨-(e)s; -e⟩, **Adventszeit** F advento m
Ad'verb [at'vɛrp] N ⟨-s; -ien⟩ advérbio m **adverbi'al** [atvɛr'biːal] adverbial
Advo'kat [atvo'kaːt] M ⟨-en⟩ geh → **An-**

walt

Aerodynamik [aerody'namık] F ⟨o. pl⟩ aerodinâmica f **aerodynamisch** aerodinâmico **Aerosol** [aero'zo:l] N ⟨-s; -e⟩ aerossol n **Aerostat** [aero'sta:t] M ⟨-(e)s; -e⟩ aeróstato m

Affäre [a'fɛ:ra] F assunto m, caso m; escândalo m; **sich aus der ~ ziehen** safar-se; **mit j-m e-e ~ haben** ter uma ligação amorosa com a

Affe ['afə] M ⟨-n⟩ macaco m; mono m; umg j-d: pantomimeiro m, ridículo m; umg (Rausch) **e-n ~n haben** estar bêbedo (od borracho, bras bêbado)

Affekt [a'fɛkt] M ⟨-(e)s; -e⟩ afe(c)to m; afeição f; paixão f **Affekthandlung** F a(c)to m passional **affektiert** [afɛk-'ti:rt] afe(c)tado **Affektiertheit** F ⟨o. pl⟩ afe(c)tação f, presunção f

affenartig simiesco; umg **mit ~er Geschwindigkeit** com toda a velocidade **Affenliebe** F ⟨o. pl⟩ amor m cego **Affenschande** F ⟨o. pl⟩ umg grande vergonha f **Affentheater** N umg farsa f; macaquice f

affig ['afıç] umg afe(c)tado, ridículo

Afghane [af'ga:nə] M, **Afghanin** F afegã m/f **afghanisch** afegã **Afghanistan** [af'ga:nısta:n] N GEOG Afeganistão m

Afrika ['afrika] N GEOG África f **Afrikaner(in)** [afri'ka:nɐr(ın)] M(F) africano m, -a f **afrikanisch** africano, da África **afrobrasilianisch** ['afrobrasilia:nıʃ] afro-brasileiro **afrodeutsch** afro-alemão

After ['aftɐr] M geh re(c)to m, ânus m

AG [a:'ge:] F ABK ⟨-s; -s⟩ → Aktiengesellschaft; Arbeitsgemeinschaft

Ägäis [ɛ'gɛ:ıs] F GEOG **die ~** o Egeu **ägäisch** egeu, do Egeu

Agent(in) [a'gɛnt(ın)] M(F) ⟨-en⟩ agente m/f **Agentur** [agɛn'tu:r] F agência f

Aggregat [agre'ga:t] N ⟨-(e)s; -e⟩ TECH grupo m; ELEK grupo m electrogéneo (bras *ê) **Aggregatzustand** M estado m de agregação

aggressiv [agrɛ'si:f] combativo; agressivo **Aggressivität** [agrɛsivi'tɛ:t] F combatividade f; agressividade f

agieren [a'gi:rən] ⟨-⟩ agir

Agio [a:ʒio] N ⟨-s; o. pl⟩ ágio m

Agitation [agitatsi'o:n] F agitação f, propaganda f **Agitator** [agi'ta:to:r] M ⟨-s; -en [agi'to:rən]⟩ propagandista m, agitador m **agitatorisch** [agita'to:rıʃ] demagógico; subversivo

A'grar... IN ZSSGN meist agrícola, POL agrário **Agrarmarkt** M mercado m agrário **Agrarpreise** MPL preços mpl de produtos agrícolas **Agrarreform** F reforma f agrária **Agrarstaat** M estado m agrícola

Ägypten [ɛ'gyptən] N Egipto m **Ägypter(in)** [ɛ'gyptɐr(ın)] M(F) egípcio m, -a f **ägyptisch** egípcio; do Egi(p)to

ahnden ['a:ndən] ⟨-e-⟩ castigar; (rächen) vingar

ähneln ['ɛ:nəln] ⟨-le⟩ **e-r Sache ~** parecer-se com; **einander ~** assemelhar-se

ahnen ['a:nən] pressentir; prever; suspeitar

Ahnen MPL antepassados mpl **Ahnenforschung** F, **Ahnenreihe** F genealogia f **Ahnentafel** F árvore f genealógica

ähnlich ['ɛ:nlıç] parecido (com); semelhante (a); análogo (a); (dat) ~ **sehen** parecer-se com **Ähnlichkeit** F semelhança f; fig a. analogia f **ähnlichsehen** fig **das sieht ihm/ihr ~!** é típico dele/dela!

Ahnung ['a:nuŋ] F pressentimento m; (Argwohn) suspeita f; (Vorstellung) ideia (bras ideia) f, noção f; **(keine) ~ haben (von)** não saber (od entender) nada (de); umg **keine ~!** não tenho a mínima ideia! **ahnungslos** ⟨-este⟩ ignorante

Ahorn ['a:hɔrn] M ⟨-s; -e⟩ ácer m, bordo m

Ähre ['ɛ:rə] F espiga f

Aids [eɪdz] N ⟨-; o. pl⟩ SIDA f **Aidskranke(r)** M/F(M) aidético m, -a f **Aidstest** M teste m da SIDA

Airbag ['ɛ:rbɛk] M ⟨-s; -s⟩ airbag m **Airbus®** ['ɛ:rbʊs] M FLUG airbus m

ais ['a:ɪs] N ⟨-; -⟩ MUS lá m sustenido

Akademie [akade'mi:] F academia f **Akademiker(in)** [aka'de:mıkɐr] M(F) académico m, -a f **akademisch** académico

Akazie [a'ka:tsiə] F acácia f

akklimatisieren [aklimati'zi:rən] ⟨-⟩ aclimat(iz)ar **Akklimatisierung** F aclima(tiza)ção f

Akkord [a'kɔrt] M ⟨-(e)s; -e⟩ MUS acorde m; **(im) ~ arbeiten** trabalhar de empreitada **Akkordarbeit** F trabalho m de empreitada **Akkordarbeiter(in)** M(F) trabalhador(a) m(f) de empreitada **Akkordlohn** M salário m por ajuste
akkredi'tieren [akredi'tiːrən] ⟨-⟩ acreditar **Akkredi'tiv** [akredi'tiːf] N ⟨-s; -e⟩ carta f credencial (od de crédito); credenciais fpl
'Akku ['aku] umg M ⟨-s; -s⟩, **Akkumu'lator** [akumu'laːtɔr] M ⟨-s; -toren [-'toːrən]⟩ acumulador m; **den ~ laden** recarregar o acumulador
akku'rat [aku'raːt] exa(c)to; cuidadoso; ordenado **Akkura'tesse** [akura'tɛsə] F ⟨o. pl⟩ exa(c)tidão f
'Akkusativ ['akuzatiːf] M ⟨-s; -e⟩ acusativo m **Akkusativobjekt** N complemento m dire(c)to
'Akne ['aknə] F ⟨-; -n⟩ acne f
A'kontozahlung [a'kɔntozaːluŋ] F pagamento m a prazo
Akquise F HANDEL v. Aufträgen: aquisição f
Akri'bie [akri'biː] F ⟨o. pl⟩ minuciosidade f, perfeição f **akribisch** [a'kriːbɪʃ] minucioso; perfeito
Akro'bat(in) [akro'baːt(ɪn)] M(F) ⟨-en⟩ acrobata m/f **Akrobatik** F ⟨o. pl⟩ acrobatismo m **akrobatisch** acrobático
Akt [akt] M ⟨-(e)s; -e⟩ a(c)to m; a(c)ção f; KUNST nu m
'Akte ['aktə] F a(c)ta f, documento m, auto m; **~n** pl a. processo msg; **e-e ~ anlegen** lavrar, redigir um documento; **zu den ~n legen** arquivar; juntar ao processo
'Aktendeckel M pasta f **Aktenkoffer** M pasta f, mala f **Aktennotiz** F apontamento m **Aktenordner** M classificador m **Aktenschrank** M arquivo m **Aktentasche** F → Aktenmappe **Aktenzeichen** N número m de registo (bras registro)
'Aktie ['aktsiə] F a(c)ção f, título m; fig **seine ~n sind gestiegen** a sua situação melhorou
'Aktienbesitz M posse f de a(c)ções **Aktiengesellschaft** F sociedade f anónima, sociedade f por a(c)ções **Aktienkapital** N ⟨-s; -e a. -ien⟩ FIN capital m em a(c)ções
Akti'on [aktsi'oːn] F a(c)ção f n
Aktion'är(in) [aktio'nɛːr(ɪn)] M(F) ⟨-s; -e⟩ a(c)cionista m/f
Akti'onsbereich M, **Aktionsradius** M ⟨-; -radien⟩ raio m (od âmbito m) de a(c)ção
ak'tiv [ak'tiːf] a(c)tivo (a. CHEM) **Aktiva** NPL FIN a(c)tivo m **Aktivbestand** M a(c)tivo m, fundos mpl
akti'vieren ⟨-⟩ a(c)tivar **Akti'vist(in)** M(F) ⟨-en⟩ a(c)tivista m/f **Aktivi'tät** [aktivi'tɛːt] F ⟨o. pl⟩ a(c)tividade f; eficiência f
Ak'tivsaldo M ⟨-s; -den od -di⟩ FIN saldo m a(c)tivo
aktuali'sieren [aktuali'ziːrən] ⟨-⟩ a(c)tualizar **Aktuali'tät** F a(c)tualidade f
aktu'ell [aktu'ɛl] a(c)tual, de (grande) a(c)tualidade
Akupunk'tur [akupʊŋk'tuːr] F acupun(c)tura f
A'kustik [a'kʊstɪk] F ⟨o. pl⟩ acústica f **akustisch** acústico
a'kut [a'kuːt] MED, LING agudo; fig urgente
AKW [aːkaːˈveː] N ABK ⟨-(s); -s⟩ → Atomkraftwerk
Ak'zent [ak'tsɛnt] M ⟨-(e)s; -e⟩ acento m
akzentu'ieren ⟨-⟩ acentuar
akzep'tabel [aktsɛpˈtaːbəl] aceitável **Akzeptanz** [aktsɛpˈtants] F ⟨-; o. pl⟩ POL etc aceitação f **akzep'tieren** ⟨-⟩ aceitar; honrar
Ala'baster [ala'bastɐ] M ⟨-s; o. pl⟩ alabastro m
A'larm [a'larm] M ⟨-(e)s; -e⟩ alarme m; rebate m; **blinder ~** alarme m falso; **~ schlagen** dar o sinal de alarme **Alarmanlage** F instalação f de segurança; alarme m **alarmbereit** em estado de alerta **Alarmbereitschaft** F estado m de alerta; **in ~ versetzen** pôr de prevenção **alar'mieren** [[alar'miːrən] ⟨-⟩ alertar, alarmar **Alarmsignal** N sinal m de alarme **Alarmzustand** M estado m de alarme
'Alb [alp] M ⟨-(e)s; -e⟩, **Albdruck** M ⟨-s; selten -e⟩ MED pesadelo m
Al'banien [al'baːniən] N Albânia f
'albern ['albɐn] parvo, tolo, ridículo **Albernheit** F tolice f, parvoíce f
Al'bino [al'biːno] M ⟨-s; -s⟩ albino m

'Albtraum M̄ *a. fig* pesadelo *m*
'Album ['album] N̄ ⟨-s; Alben⟩ álbum *m*
Alchi'mie [alçi'miː] F̄ ⟨o. pl⟩ alquimia *f*
Al'garve [al'garvə] F̄ GEOG Algarve *m*

▶ **Algarve**

Die Algarve (auf Portugiesisch übrigens männlich: **o Algarve!**) ist die südlichste Region Portugals und erstreckt sich über ca. 5.000 qkm. Sie ist ein beliebtes Urlaubsziel vor allem wegen ihrer langen Sandstrände, der romantischen Buchten und imposanten Steilküsten und nicht zuletzt wegen der malerischen Städtchen. Größte Stadt der Region und Hauptflughafen ist Faro. Der Tourismus ist die wichtigste Einnahmequelle der Algarve. Die eher felsige Westalgarve heißt auf Portugiesisch **Barlavento** (**Algarvio**), die Ostalgarve mit langen Sandstränden **Sotavento** (**Algarvio**). ◀

ALG N̄ ABK ⟨-⟩ → **Arbeitslosengeld**
'Alge ['algə] F̄ alga *f*
'Algebra ['algəbra:] F̄ ⟨o. pl⟩ álgebra *f*
algebraisch [alga'braːɪʃ] algébrico
Al'gerien [al'geːriən] N̄ GEOG Argélia *f*
algerisch [al'geːrɪʃ] argelino **Algier** N̄ GEOG Argel (*o. art*)
'Alibi ['aːlibi] N̄ ⟨-s; -s⟩ álibi *m*
Ali'mente [ali'mɛntə] NPL *umg* alimentos *mpl*
Al'kali [al'kaːli] N̄ ⟨-s; -en⟩ álcali *m* **alkalisch** alcalino, alcálico
'Alkohol ['alkohoːl] M̄ ⟨-s; -e⟩ álcool *m*; ⟨o. pl⟩ (*Getränk*) bebida *f* alcoólica **alkoholfrei** sem álcool, não alcoólico **Alkoholgehalt** M̄ ⟨-(e)s; -e⟩ graduação *f* alcoólica, percentagem *f* de álcool **alkoholhaltig** ['alkoho:lhaltɪç] alcoólico **Alkoholiker(in)** [alko'hoːlɪkar(ɪn)] M̄/F̄ alcoólico *m*, -a *f* **alkoholisch** [alko'hoː-lɪʃ] alcoólico **Alkoholtest** M̄ teste *m* de alcoolemia **Alkoholverbot** N̄ proibição *f* (do álcool) **Alkoholvergiftung** F̄ intoxicação *f* pelo álcool
all [al] PRON → **alle**
All [al] N̄ ⟨-s; *o. pl*⟩ universo *m*
all'abendlich todas as tardes (*od* noites) **'allbekannt** conhecido; notório; famoso

'alle[1] ['alə] PRON todo, toda; todos, todas; **~ beide** os dois, as duas; ambos, ambas; **~ Länder** todos os países; **~ Leute** todo o mundo, toda a gente; **~ 2 Tage** dia sim, dia não, de dois em dois dias; **~ 3 Tage** de três em três dias; **~ möglichen ...** toda a espécie de ..., todos os ... imagináveis; **auf ~e Fälle** em todo o caso
'alle[2] ['alə] *umg* ADJ **~ sein** *etw* ter-se acabado; *Person* (*erschöpft*) **ganz ~ sein** estar estafado; **~ werden** acabar
Al'lee [a'leː] F̄ avenida *f*, alameda *f*
Allego'rie [alego'riː] F̄ ⟨-; -n⟩ alegoria *f*
al'lein[1] [a'laɪn] **A** ADJ só, sozinho **B** ADV **1** (*nur*) *a.* somente, apenas **2** (*einsam*) solitário **3** (*einzeln*) desacompanhado, isolado **4** **schon ~ der Gedanke** só a ideia (*bras* idéia) em si
al'lein[2] [a'laɪn] KONJ mas, porém, contudo, todavia, no entanto
Al'leinbesitz M̄ ⟨-es; *o. pl*⟩ posse *f* exclusiva **Alleinerbe** M̄ herdeiro *m* único **Alleinerziehende(r)** M̄/F̄(M) pai *m* solteiro, mãe *f* solteira **Alleingang** M̄ **im ~** só, sozinho **Alleinherrschaft** F̄ monarquia *f* **Alleinhersteller** M̄ fabricante *m* exclusivo **alleinig** único, exclusivo **Alleinsein** N̄ ⟨-s; *o. pl*⟩ solidão *f* **alleinstehend** (*ledig*) solteiro; **er/sie ist ~** *a.* não é casado/casada **Alleinverkauf** M̄ monopólio *m* **Alleinvertreter** M̄ representante *m* (*od* distribuidor *m*) exclusivo **Alleinvertrieb** M̄ distribuição *f* exclusiva (**für** de)
'allemal ADV todas as vezes, sempre; → **Mal**
allenfalls ADV (*höchstens*) quando muito; (*notfalls*) se preciso for; (*vielleicht*) talvez
'allerbeste melhor de todos; **am ~n, aufs Allerbeste** da melhor maneira **allerdings** ADV *zustimmend*: pois!, com certeza!, sem dúvida!; *einschränkend*: na verdade, certamente, no entanto, porém, contudo **allererste** primeiro (de todos); → **zuallererst**
Aller'gen [alɛr'geːn] N̄ ⟨-s; -e⟩ alérgeno *m*, alergénio *m* **Aller'gie** [alɛr'giː] F̄ alergia *f* **Allergiker(in)** [a'lɛrgɪkar(ɪn)] M̄/F̄ alérgico *m*, -a *f* **allergisch** alérgico (**gegen** a)
'aller'hand vários, muitos; *umg* **das ist ja ~!** parece impossível!; não há direito!

Aller'heiligen(fest) N̄ (festa f de) Todos os Santos mpl **aller'heiligste** santíssimo; **das Allerheiligste** o Santuário **allerhöchste** altíssimo; supremo **allerhöchstens** ADV ao máximo **allerlei** uma data (bras porção) de ... **Aller-'lei** N̄ ⟨-s; -s⟩ mistura f **aller'letzte** último (de todos), derradeiro; → zuallerletzt **aller'liebst** ADV primorosamente **aller'liebste** preferido; lindo, engraçad(íssim)o, encantador **aller-'meiste** máximo; **das ~** a. a maior parte; **am ~n** (o) mais **aller'nächste** mais próximo; **in ~r Zeit** num futuro muito próximo **aller'neu(e)ste** o mais moderno (od recente); **das Allerneu(e)ste** Nachricht: últimas notícias **Aller'seelen** N̄ dia dos finados (od defuntos) **aller'seits** ADV de (od por) toda a parte, de (od por) todos os lados, umg a todos **aller'wenigste** mínimo; **am ~n** menos

'alles ['aləs] A ADJ todo o; **~ Gute!** felicidades!; **~ Mögliche** o possível e imaginável B PRON tudo; **Mädchen** n **für ~** criada f para todo o serviço; **~ in allem** em resumo; **bei allem** em tudo; **trotz allem** apesar de tudo; **vor allem** antes de mais nada, sobretudo; **~ was** tudo quanto; **da hört doch ~ auf!** parece impossível!

'allesamt ADV todos juntos; F todas juntas

Alleskleber M̄ cola-tudo f

allezeit ADV sempre

'Allgegenwart F̄ ⟨o. pl⟩ o(m)nipresença f, ubiquidade f **allgegenwärtig** o(m)nipresente

allge'mein geral, genérico, universal; **~verständlich** ao alcance de todos, compreensível para todos; simples, popular; **im Allgemeinen** em geral **Allgemeinbefinden** N̄ ⟨-s; o. pl⟩ estado m geral **Allgemeinbildung** F̄ ⟨o. pl⟩ cultura f geral **allgemeingültig** universal, absoluto; sem excepção **Allgemeinheit** F̄ ⟨o. pl⟩ generalidade f, universalidade f; público m **Allgemeinmediziner** M̄ médico m de clínica geral

All'heilmittel N̄ remédio m universal **Alli'anz** [ali'ants] F̄ aliança f **Alli'ierte(r)** [ali'i:rtə(r)] M̄ aliado m **'all'jährlich** anual; todos os anos **All-macht** F̄ ⟨o. pl⟩ o(m)nipotência f **all-'mächtig** o(m)nipotente; todo poderoso; **der Allmächtige** a. Nosso Senhor **all-'mählich** [al'mɛːlɪç] A ADJ gradual; sucessivo; pouco a pouco B ADV pouco a pouco **all'monatlich** A ADJ mensal B ADV todos os meses

'Allradantrieb M̄ AUTO tra(c)ção f a todas as rodas (bras nas quatro rodas) **'allseitig** ['alzaɪtɪç] universal **All-strom...** IN ZSSGN para todas as correntes **Alltag** M̄ dia-a-dia m **all'täglich** cotidiano, quotidiano, diário, de todos os dias; fig trivial **Alltags...** IN ZSSGN de todos os dias **allumfassend** universal **'allwissend** o(m)nisciente **'Allwissenheit** F̄ ⟨o. pl⟩ o(m)nisciência f **allzeit** ADV sempre **allzu** ADV **~ (sehr)** demasiado, demais; **~ viel** demasiado, demais; **~ wenig** pouco, de menos

Alm [alm] F̄ pastagem f (alpina)

'Almanach ['almanax] M̄ ⟨-s; -e⟩ almanaque m

'Almosen ['almoːzən] N̄ esmola f

Alp [alp] M̄ → Alb

Alp(e) [alp(ə)] F̄ pastagem f (alpina)

'Alpen ['alpən] FPL GEOG **die ~** os Alpes **Alpen...** IN ZSSGN dos Alpes, alpino; BOT alpestre **Alpenglühen** N̄ arrebol m alpino **Alpenrose** F̄ rododendro m (dos Alpes) **Alpenveilchen** N̄ ciclame m, pão-de-porco m **Alpenverein** M̄ clube m alpino

Alpha'bet [alfa'beːt] N̄ ⟨-(e)s; -e⟩ alfabeto m **alpha'betisch** A ADJ alfabético B ADV por ordem alfabética; **~ ordnen** alfabetar

al'pin [al'piːn] alpino; Wandern etc alpinista **Alpinismus** [alpi'nɪsmʊs] M̄ alpinismo m

'Alptraum M̄ → Albtraum

als [als] KONJ (wie) como; na sua qualidade de; zeitlich: quando; ao (inf); **~ Ausländer** como estrangeiro m; **schon ~ Kind** já em criança; **~ ob, ~ wenn** como se; **sowohl ... ~ auch** tanto ... como também; **nichts ~** só **als'bald** ADV imediatamente, logo a seguir **als'dann** ADV (de)pois, então, a seguir

'also ['alzoː] KONJ portanto, pois, por conseguinte

alt ADJ ⟨älter; älteste⟩ velho; j-d a. idoso, ancião, (ehemalig) antigo, ex-...; (abge-

nutzt) gasto; (*gebraucht*) usado; **Brot** duro, rijo; **wie ~ ist er?** quantos anos tem?, que idade tem?; **~ werden** envelhecer; **ich bin 20 Jahre ~** tenho 20 anos, estou com 20 anos; **ein ~er Bekannter von mir** um meu conhecido de há muito; **alles beim Alten lassen** deixar tudo na mesma; **Alt und Jung** velhos e novos (*bras* moços)

Alt M̄ ⟨-(e)s; -e⟩ MUS contralto *m*

Alt... IN ZSSGN *meist* ex-..., antigo

Al'tar [al'taːr] M̄ ⟨-s; ≃e⟩ altar *m*; ara *f*

Altarbild N̄ retábulo *m*

'altbacken duro, *fig* antiquado **Altbau** ⟨-(e)s; -ten⟩ construção *f* antiga **altbekannt** já há muito conhecido **altbewährt** provado

'Alte(r) ['altə(r)] M̄/F̄/M̄ velho *m*, -a *f*, ancião *m*, anciã *f*, velhote *m*, -a *f*

'Alteisen N̄ ⟨-s; *o. pl*⟩ ferros-velhos *mpl*; *bras a.* ferro-velho *m*; sucata *f*

'Altenheim ['altənhaɪm] N̄ ⟨-s; -e⟩ lar *m* para a (*od* de) terceira idade; asilo *m* de velhos **Altenpfleger(in)** M̄/F̄ gerocultor(a) *m(f)*

'Alter ['altər] N̄ idade *f*; (*Dienstalter*) *u. hist* antiguidade *f*; (*Greisenalter*) velhice *f*; **im ~ von 5 Jahren** com (*od* aos) cinco anos de idade; **von alters her** desde sempre

'älter ['ɛltər] ⟨*kompar v.* alt⟩ mais velho; *Haus etc* mais antigo; **2 Jahre ~ sein als ...** ter mais dois anos do que ...; *bras* ser dois anos mais velho do que ...; **ein ~er Herr, e-e ~e Frau** um senhor, uma senhora de idade

'altern ['altərn] V̄I ⟨-re; *s.*⟩ envelhecer

alterna'tiv [altɛrnaˈtiːf] alternativo **Alternativbewegung** F̄ movimento *m* alternativo **Alternative** [altɛrna'tiː-və] F̄ alternativa *f*

'Alterserscheinung F̄ e-e ~ **sein** ser da idade (avançada) **Altersgenosse** M̄, **Altersgenossin** F̄ contemporâneo *m*, -a *f*, da mesma idade **Altersgrenze** F̄ limite *m* de idade **Altersheim** F̄ → Altenheim **Altersklasse** F̄ geração *f*; MIL ano *m* das classes **Altersrente** F̄ pensão *f*, reforma *f* **altersschwach** ⟨*o. pl*⟩ decrépito, senil **Altersschwäche** F̄ ⟨*o. pl*⟩ senilidade *f*, caducidade *f* **Alterssitz** M̄ residência *f* de velhice **Altersstufe** F̄ idade *f* **Altersteilzeit** F̄ regime *m* de trabalho a tempo parcial para funcionários em final de vida profissional **Altersversicherung** F̄ seguro *m* contra a velhice **Altersversorgung** F̄ pensão *f* vitalícia; reforma *f*

Altertum N̄ ⟨-s; ≃er⟩ antiguidade *f* **altertümlich** ['altərtyːmlɪç] antigo; arcaico

'älteste ['ɛltəstə] ⟨*sup v.* alt⟩ o mais velho; mais antigo; **Sohn, Tochter** primogénito (*bras* *ê) **Älteste(r)** M̄/F̄/M̄ decano *m*, -a *f*; *Sohn*: filho *m* mais velho; *Tochter*: filha *f* mais velha

'alt'hergebracht ['alt'heːrɡəbraxt] tradicional **althochdeutsch** antigo alto-alemão

Al'tistin F̄ ⟨-; -nen⟩ MUS contralto *f*

'altklug precoce

'ältlich ['ɛltlɪç] de idade, idoso; avelhado

'Altmaterial N̄ ⟨-s; *o. pl*⟩ sucata *f* **Altmeister** M̄ decano *m*; SPORT ex-campião *m* **Altmetall** N̄ sucata *f* **altmodisch** fora da moda **Altöl** N̄ óleo *m* usado **Altpapier** N̄ ⟨-s; *o. pl*⟩ papéis *mpl* velhos **Altphilologe** M̄ filólogo *m* clássico **Altstadt** F̄ parte *f* antiga da cidade, bairro *m* antigo; *bras* cidade *f* velha **Altstimme** F̄ contralto *m* **altväterlich** patriarcal **Altwarenhändler** M̄ antiquário *m*; ferro-velho *m* **Alt'weibersommer** M̄ verão *m* de São Martinho

'Alufolie ['aːlufoːliə] F̄ ⟨-; -n⟩ folha *f* de alumínio **Alu'minium** [aluˈmiːniʊm] N̄ ⟨-s; *o. pl*⟩ alumínio *m*

am [am] PRÄP & ART (an dem) → an; **~ besten** o melhor

Amal'gam [amalˈɡaːm] N̄ ⟨-s; -e⟩ *a. fig* amálgama *m* **amalga'mieren** [amalɡa'miːrən] ⟨-⟩ amalgamar

Ama'teur(in) [ama'tøːr(ɪn)] M̄/F̄ ⟨-s; -e⟩ amador(a) *m(f)*

Ama'zonas [amaˈtsoːnas] M̄ ⟨-; *o. pl*⟩ **der ~** o Amazonas **Amazonasdelta** N̄ Delta *m* do Amazonas **Ama'zone** [amaˈtsoːnə] F̄ amazona *f*

'Amber ['ambər] M̄ ⟨-s; -n⟩ âmbar *m*

'Amboss ['ambɔs] M̄ ⟨-es; -e⟩ bigorna *f*

ambu'lant [ambuˈlant] ambulante, ambulatório **Ambu'lanz** F̄ (*Klinik*) banco *m*; (*Krankenwagen*) ambulância *f*

'Ameise ['aːmaɪzə] F̄ formiga *f*; **fliegende ~** formiga *f* de asas **Ameisenbär**

M̄ papa-formigas **Ameisenhaufen** M̄ formigueiro m **Ameisensäure** F̄ ⟨o. pl⟩ ácido m fórmico

A'merika [aˈmeːrika] N̄ GEOG América f **Ameri'kaner(in)** [ameriˈkaːnɐr(ɪn)] M̄(F̄) americano m, -a f **ameri'kanisch** americano, da América

'Amme [ˈamə] F̄ ama f (de leite); aia f **Ammenmärchen** N̄ história f da carochinha

'Ammer [ˈamɐr] F̄ ⟨-; -n⟩ verdelha f, verdelhão m

Ammoni'ak [amoniˈak] N̄ ⟨-s; o. pl⟩ amoníaco m **ammoniakhaltig** [amoniˈakhaltɪç] amoniacal

Amne'stie [amnɛsˈtiː] F̄ a(m)nistia f **amnestieren** ⟨-⟩ a(m)nistiar

A'möbe [aˈmøːbə] F̄ amiba f, ameba f

'Amok [ˈamɔk] NUR IN **~ laufen** perder o controle, perder as estribeiras; ter uma crise de loucura homicida **Amokläufer** M̄ louco m homicida **Amokschütze** M̄ ⟨-n; -n⟩ atirador m suicida

a-'Moll [aˈmɔl] N̄ ⟨-s; o. pl⟩ MUS lá m menor

a'morph [aˈmɔrf] amorfo

Amortisati'on [amɔrtizatsiˈoːn] F̄ amortização f **amorti'sierbar** [amɔrtiˈziːran] amortizável **amortisieren** ⟨-⟩ amortizar

'Ampel [ˈampəl] F̄ ⟨-; -n⟩ lanterna f, lampião m; (Verkehrsampel) semáforo m

Am'pere [amˈpɛːr] N̄ ampere m **Amperemeter** N̄ amperómetro m (bras *ô), amperímetro m **Amperestunde** F̄ ampere-hora m **Amperezahl** F̄ amperagem f

'Ampfer [ˈampfɐr] M̄ ⟨-s; o. pl⟩ azedas fpl; bras azeda-miúda f

Am'phibie [amˈfiːbiə] F̄ anfíbio m **Amphibienfahrzeug** N̄ veículo m anfíbio **amphibisch** anfíbio

Am'phitheater [amfiˈteːatɐr] N̄ anfiteatro m

Am'pulle [amˈpʊlə] F̄ ampola f

Amputati'on [amputatsiˈoːn] F̄ amputação f **ampu'tieren** ⟨-⟩ amputar

'Amsel [ˈamzəl] F̄ melro m

Amt [amt] N̄ ⟨-(e)s; ⁼er⟩ **1** (Stellung) ofício m, cargo m; (Aufgabe) função f, missão f; (Posten, Tätigkeit) emprego m; **ein ~ antreten** tomar posse; **j-n in ein ~ einführen** dar posse a alg; **von ~s wegen** de ofício, ex ofício **2** (Behörde) serviços mpl; repartição f; Instituto m (**für** de); POL BRD: **Auswärtiges ~** Ministério m dos Negócios Estrangeiros (bras das Relações Exteriores)

am'tieren ⟨-⟩ **~ als** exercer o ofício de, exercer (od desempenhar) a função de **am'tierend** em exercício **'amtlich** oficial; **~e Mitteilung** f ofício m

'Amtsantritt F̄ (tomada f de) posse f **Amtsarzt** M̄ delegado m de saúde **Amtsbefugnis** F̄ autoridade f, competência f, atribuições fpl **Amtsbereich** M̄ fig competência f, incumbência f **Amtsbezirk** M̄ distrito m; JUR jurisdição f, vara f **Amtsblatt** N̄ diário m do governo **Amtsdauer** F̄ ⟨o. pl⟩ período m do mandato **Amtsdiener** M̄ contínuo m **Amtseid** M̄ ⟨-(e)s; o. pl⟩ juramento m **Amtsenthebung** F̄ deposição f, exoneração f; vorläufige: suspensão f **Amtsgeheimnis** N̄ segredo m oficial **Amtsgericht** N̄ tribunal m de comarca **Amtsgeschäfte** NPL funções fpl, despacho msg **Amtsgewalt** F̄ ⟨o. pl⟩ autoridade f, jurisdição f, competência f, poder m **Amtshandlung** F̄ desempenho m de uma função; a(c)to m oficial **Amtsmiene** F̄ ar m grave; **e-e ~ aufsetzen** dar-se ares de autoridade **Amtsmissbrauch** M̄ abuso m de autoridade **Amtsrichter** M̄ juiz m de comarca **Amtsschimmel** umg M̄ ⟨-s; o. pl⟩ burocracia f **Amtssprache** F̄ linguagem f burocrática **Amtstracht** F̄ hábito m talar; JUR toga f **Amtsvorgänger** M̄ antecessor m **Amtsvorsteher** M̄ chefe m de serviço **Amtsweg** M̄ via oficial; **auf dem ~** por via oficial **Amtszeit** F̄ ⟨o. pl⟩ → Amtsdauer

Amu'lett [amuˈlɛt] N̄ ⟨-(e)s; -e⟩ amuleto m

amü'sant [amyˈzant] divertido; **~ sein** ter graça **amüsieren** ⟨-⟩ divertir

an **A** PRÄP **1** örtlich, Lage: ⟨dat⟩ em; (neben) ao pé de, junto a; (nahe bei) perto de; **am** Rhein, Main etc no, sobre o; **~ Bord** a bordo; **am Tisch/Schalter** à mesa/ao guiché; **~ der Wand** na parede; **am Meer** à beira-mar; **~ der Hand** etc **fassen** tomar etc pela mão **2** örtlich, Richtung: ⟨akk⟩ a; **bis ~** até a **3** **leiden/**

sterben ~ (*Ursache*) sofrer/morrer de; **~ und für sich** em princípio, a rigor [4] *zeitlich:* (*wann?*) *dat* **am Abend** à (*od* de *od* pela) tarde; **am Abend** (*gen*) na tarde de; **am Tag** (*tags*) de dia; **am 2. Mai** no dia (*od* em *od* a) 2 de Maio [5] (*ungefähr*) *akk* ~ **(die)** 100 Mark coisa de ...; ir lá para os ..., por volta de ... *bras* cerca de [6] *vor sup*(*dat*) **am schnellsten** o mais rápido [B] ADV BAHN chegada a; **von** ... ~ desde; **de** ... em diante; a partir de ; **~ sein** *umg Licht* estar aceso; ELEK estar ligado; **~ – aus** (*Schalter*) ligado – desligado, aberto – apagado

Anachro'nismus [anakro'nɪsmʊs] M ⟨-; -men⟩ anacronismo m **anachronistisch** anacrónico (*bras* *ô)

ana'log [ana'loːk] análogo **Analo'gie** [analoˈgiː] F ⟨-; -en⟩ analogia f

Analpha'bet(in) M(F) ⟨-en⟩ analfabeto m, -a f **Analphabetentum** N ⟨-s; *o. pl*⟩ analfabetismo m

Ana'lyse [anaˈlyːzə] F análise f **analy'sieren** ⟨-⟩ analisar **Analytiker(in)** M(F) analisador(a) m(f), analista m/f **ana'lytisch** analítico

'Ananas ['ananas] F ⟨-; -(se)⟩ ananás m; *bras* abacaxi m

Anar'chie [anarˈçiː] F anarquia f **Anar'chist(in)** M(F) ⟨-en⟩ anarquista m/f **an'archistisch** anarquista

Anästhe'sie [anɛstɛˈziː] F anestesia f **anästhe'sieren** ⟨-⟩ anestesiar **Anästhe'sist(in)** M(F) ⟨-en⟩ MED anestesista m/f

Ana'tom(in) [anaˈtoːm(ɪn)] M(F) ⟨-en⟩ anatomista m/f **Anato'mie** [anatoˈmiː] F ⟨*o. pl*⟩ anatomia f **ana'tomisch** anatómico (*bras* *ô)

anbahnen preparar, abrir; iniciar; **sich ~** ir-se preparando **Anbahnung** F preparação f

'anbändeln ['anbɛndəln] ⟨-le⟩ **mit j-m ~** namoricar alg, fazer namoro a alg; *bras* namorar (com) alguém

'Anbau M ⟨-(e)s; *o. pl*⟩ [1] AGR cultura f, cultivo m; **ökologischer ~** produção f biológica [2] ⟨*pl* -ten⟩ ARCH anexo m **anbauen** AGR cultivar; ARCH anexar (**an** *akk* a); construir um anexo **anbaufähig** cultivável, arável **Anbaufläche** F área f de cultivo

'anbehalten ⟨-⟩ guardar; ficar com; *Kleidung* não despir **anbei** ADV junto, anexo, incluso **anbeißen** [A] V/T trincar um bocado, mordiscar; **zum Anbeißen sein** *fig* (*niedlich, hübsch*) ser um amor; *bras a.* ser fofo [B] V/I *Fisch* morder o anzol; *a. fig* morder a isca, deixar-se apanhar

'anbelangen ⟨-⟩ **was ...** (*akk*) **anbelangt** quanto a ..., no que diz respeito a ...; **was mich anbelangt** cá por mim, no que me toca (*bras a.* tange)

'anbellen ladrar a; *bras a.* latir para; *fig* berrar a **anberaumen** ['anbərauman] ⟨-⟩ *Termin* fixar, marcar; *Sitzung* convocar **anbeten** ⟨-e-⟩ adorar **Anbetracht** NUR IN: **in ~** (*gen*) considerando (a); **in ~ dessen, dass** visto que **anbetreffen** → anbelangen **anbetteln** V/T ⟨-le⟩ pedir esmola a, pedinchar a

'Anbetung ['anbeˑtʊŋ] F ⟨*o. pl*⟩ adoração f **anbetungswürdig** adorável

'anbiedern ⟨-re⟩ V/R **sich bei j-m ~** insinuar-se na intimidade de alg; *umg* dar graxa a alg

'anbieten oferecer **anbinden** V/T atar, ligar; **fest ~** amarrar (**an** *akk*)

'Anblick M vista f; (*Aussehen*) aspecto m; (*Betrachtung*) contemplação f; (*Bild*) espectáculo m **anblicken** olhar, mirar, contemplar; (*mustern*) observar, examinar

'anblinzeln V/T ⟨-le⟩ piscar o olho a **anbohren** V/T furar (*a. Zahn*); brocar; *Fass* espichar; espetar **anbraten** aloirar **anbrechen** [A] V/T partir; *Brot* partir, encetar; *Flasche* abrir [B] V/I ⟨s.⟩ *Tag, Nacht* romper, despontar; *Epoche* começar, surgir, iniciar-se **anbrennen** [A] V/T acender; *umg* **sie lässt nichts ~** não perde ocasião (*bras* nenhuma oportunidade) [B] V/I ⟨s.⟩ pegar fogo; *Essen* queimar-se **anbringen** (*heranbringen*) trazer; (*befestigen, unterbringen*) colocar; ARCH construir; *Antrag, Gründe, Klage* apresentar; *Verbesserung* introduzir; *Wort* dizer; *a.* → angebracht

'Anbruch M princípio m, começo m, início m; **~ des Tages** amanhecer m; despontar m (*od* romper m) do dia; **(bei) der Nacht** (ao) anoitecer m

'anbrüllen V/T gritar com, berrar com

'Andacht ['andaxt] F devoção f; *kirchliche:* serviço m religioso; (*Gebet*) oração f

andächtig ['andɛçtɪç] devoto, pio; *fig* atento
'**andauern** ⟨-re⟩ continuar, (per)durar; persistir **andauernd** contínuo, permanente; persistente
'**Andenken** N̄ memória f; (*Gegenstand*) recordação f, lembrança f; **zum ~** em, como lembrança (**an** *akk* de)
'**andere** ['andərə] PRON outro; diferente; **ein ~r** (um) outro (als do que); **ein ~s Hemd anziehen** mudar de camisa; **am ~n Tag** no dia seguinte; **e-n Tag um den ~n** dia sim dia não; **einer nach dem ~n** *od* **andern** um após o outro; um de cada vez; **alles ~** todo o resto; **alles ~ als** tudo menos; **etw (ganz) ~s** outra coisa (completamente diferente); **nichts ~s** nada mais; **nichts ~s sein als** não ser senão; **unter ~m** entre outras coisas
'**andererseits** ['andərərzaɪts] ADV por outro lado, em contrapartida '**andermal** ADV **ein ~** outra vez
'**ändern** ['ɛndərn] ⟨-re⟩ mudar, alterar; *teilweise*: modificar; (*berichtigen*) emendar; **sich ~** mudar, modificar-se; **seine Meinung ~** mudar de parecer (de ideias); **nicht zu ~ sein** não ter remédio
'**andernfalls** ADV do contrário
'**anders** ADV de outra forma, de maneira (*od* modo) diferente; **jemand ~** outrem, outra pessoa; **niemand ~ als er** ele mesmo; **~ denken** divergir (**als** de); ter uma forma de pensar diferente; **~ werden** mudar; **nicht ~ können** não poder deixar de (**als** de); **es geht nicht ~** não há outra possibilidade
'**andersartig** diferente **andersdenkend** de opinião diferente (*od* divergente); de mentalidade diferente (*od* divergente) **andersfarbig** de outra cor **andersgläubig** de outra religião; heterodoxo **andersherum** ADV na outra direc(c)ção; pelo outro lado; *umg fig* homosexual **anderswo** ADV noutra parte; *bras* em outra parte, em outro lugar **anderswoher** ADV de outra parte; *bras* de outro lugar **anderswohin** ADV para outra parte, para outro sítio (*bras* lugar)
'**andert'halb** ['andərt'halp] um ... e meio; **~ Meter** (um) metro e meio **anderthalbjährig** ['andərt'halpjɛːrɪç] de ano e meio

'**Änderung** ['ɛndərʊŋ] F̄ mudança f; modificação f; alteração f (*a*. HANDEL *der Preise*) **Änderungsvorschlag** M̄ emenda f; proposta f de alteração
'**anderwärts** ['andərvɛrts] ADV noutra parte **anderweitig** ['andərvaɪtɪç] ⓐ ADJ outro ⓑ ADV de outra forma, de outro modo; *örtlich*: noutra parte
'**andeuten** ⟨-e-⟩ indicar; (*anspielen*) aludir a; (*zu bedenken geben*) sugerir, insinuar; (*zu verstehen geben*) dar a entender; (*skizzieren*) esboçar **Andeutung** F̄ indício m; insinuação f, alusão f, sugestão f **andeutungsweise** ADV vagamente
'**Andrang** M̄ afluência f; (*Menge*) aglomeração f; (*Zulauf*) a. concorrência f; HANDEL procura f (**nach** de); MED (*Blutandrang*) congestão f
'**andre** → **andere**
'**andrehen** ligar; ELEK *Licht a*. acender; *Motor a*. pôr a trabalhar; *Wasser* abrir; *Schraube* aparafusar; *fig* **j-m etw ~** impingir a/c a alg
'**androhen** V̄T **j-m etw ~** ameaçar alg de (*od* com) a/c; JUR *durch Gesetz*: cominar **Androhung** F̄ ameaça f; **unter ~ von** (*od gen*) sob pena de
'**anecken** ['anɛkən] *umg fig* chocar
'**aneignen** ⟨-e-⟩ V̄R **sich** (*dat*) **etw ~** apropriar-se de a/c; *Gedanken* ado(p)tar a/c; *Wissen* adquirir a/c; *widerrechtlich*: usurpar a/c
anei'nander ADV juntos (*od* anexos, pegados) um ao outro; **dicht ~** muito juntos, pegados **aneinanderfügen** juntar **aneinandergeraten** abalroar; **mit j-m ~** pegar-se com alg **aneinandergrenzen** confinar **aneinandergrenzend** contíguo; *Land* limítrofe **aneinanderreihen** enfi(leir)ar, alinhar **aneinanderstoßen** embater, chocar; (*aneinandergrenzen*) confinar
Anek'dote [anɛk'doːtə] F̄ anedota f **anekdotenhaft** anedótico
'**anekeln** V̄T ⟨-le⟩ desgostar, repugnar; meter (*od* dar) nojo a; *bras a*. enojar
Ane'mone [ane'moːnə] F̄ anémona f (*bras* anêmona f)
'**anempfehlen** ⟨-; s.⟩ recomendar
'**Anerbieten** N̄ oferta f, proposta f
'**anerkannt** ⓐ PP v. → anerkennen ⓑ ADJ reconhecido; indiscutível; **staatlich ~** oficializado; *j-d* diplomado, encartado

anerkanntermaßen ADV como é geralmente aceite; indiscutivelmente
'anerkennen ⟨s.⟩ reconhecer; (gelten lassen) aceitar; (zulassen) admitir; (billigen) aprovar; (loben) apreciar; **nicht ~** a. desaprovar; repudiar **anerkennend** reconhecido; elogioso **anerkennenswert** louvável, apreciável **Anerkennung** F reconhecimento m; (Lob) elogio m, louvor m; JUR Kind: legitimação f; Urkunde: legalização f
'anerziehen ⟨-⟩ inculcar **anfachen** ['anfaxən] VT atiçar **anfahren** VT ⟨h.⟩ ■ (herbringen) trazer; acarretar ■ (rammen) atropelar; j-n a. colher; SCHIFF Hafen fazer escala em ■ fig (schimpfen) descompor ■ VI ⟨s.⟩ Auto arrancar; Zug partir **Anfahrt** F chegada f; entrada f; (Zufahrt) rampa f, cais m
'Anfall M ⟨-(e)s, ⸚e⟩ ■ ataque m; MED a. acesso m ■ ⟨o. pl⟩ (Ertrag) rendimento m; Gewinn: lucro m; (Häufung) acumulação f **anfallen** ■ VT ⟨h.⟩ atacar, agredir, acometer; (a. fig) assaltar ■ VI ⟨s.⟩ Arbeit etc haver
'anfällig fraco, de delicada saúde; **~ für** susceptível de
'Anfang M ⟨-(e)s; ⸚e⟩ princípio m, começo m; **am ~, zu ~** ao princípio, ao começo; **von ~ an** desde o (od logo no) princípio; **~ Januar** no princípio de Janeiro **anfangen** principiar, começar (zu inf a; por; mit por); **(plötzlich) ~ zu** inf desatar a; (einleiten) iniciar; fazer; **mit ... ist nichts anzufangen** ... não serve (od presta) para nada
'Anfänger(in) ['anfɛŋər(ɪn)] M(F) principiante m|f; Streit: autor(a) m|f **anfänglich** ■ ADJ inicial ■ ADV → **anfangs**
'anfangs ['anfaŋs] ADV primeiro, de princípio; começar por (inf)
'Anfangs... IN ZSSGN oft inicial **Anfangsbuchstabe** M inicial f **Anfangsgehalt** N ordenado m inicial **Anfangsgründe** MPL elementos mpl; rudimentos mpl **Anfangsstadium** N estado m (od fase f) inicial
'anfassen ⟨-t⟩ ■ VT pegar em; (berühren) a. tocar em; (packen) a. agarrar; fig j-n (zu) hart ~ tratar alg com (demasiada) dureza ■ VI mit ~ ajudar
anfechtbar ['anfɛçtbaːr] discutível; contestável; JUR improcedente **anfechten** Meinung etc combater; JUR impugnar; Geltung contestar; Urteil protestar contra, recorrer de; j-n incomodar, acometer; REL tentar **Anfechtung** F contestação f; protesto m; JUR impugnação f; apelação f; recurso m; REL tentação f
'anfeinden ['anfaɪndən] VT ⟨-e-⟩ hostilizar, perseguir; **(stark) angefeindet werden der** (muitos) inimigos **Anfeindung** F inimizade f, ódio m (gen contra)
'anfertigen ['anfɛrtɪɡən] fazer, fabricar, produzir; (abfassen) redigir **Anfertigung** F ⟨o. pl⟩ fabricação f, fabrico m, produção f; Kleidung: confe(c)ção f; Schriftstück: reda(c)ção f
'anfeuchten ['anfɔyçtən] ⟨-e-⟩ (h)umedecer; molhar **anfeuern** ⟨-re⟩ acender, fig animar, exortar **anflehen** implorar, suplicar **(j-n um etw** a|c a alg) **anfliegen** ■ VT fazer escala em ■ VI ⟨s.⟩ **angeflogen kommen** ir a voar; bras chegar voando
'Anflug M chegada f; aterragem f; bras aterissagem f fig acesso m; laivo m; (Beigeschmack) ressaibo m
'anfordern ⟨-re⟩ pedir, requerer, exigir **Anforderung** F exigência f; pedido m; **hohe ~en stellen** ser muito exigente
'Anfrage F pergunta f, pedido m de informação f; POL a. interpelação f **anfragen** perguntar (bei a); **bei j-m um etw ~** pedir a alg informações sobre a|c
'anfressen roer; CHEM corroer, carcomer **anfreunden** ['anfrɔʏndən] ⟨-e-⟩ VR **sich ~ mit** ficar (od tornar-se) amigo de; fig **mit etw** familiarizar-se com **anfrieren** ⟨s.⟩ gelar **anfügen** juntar; acrescentar **anfühlen** tocar, apalpar; **sich hart ~** ser duro ao ta(c)to
'anführen dirigir, conduzir, chefiar; (erwähnen) citar, mencionar, referir-se a; Beweis alegar; **einzeln ~** especificar; (täuschen) enganar, intrujar **Anführer(in)** M(F) chefe m|f; MIL comandante m|f; (Rädelsführer) cabecilha m|f **Anführungsstriche** MPL, **Anführungszeichen** NPL aspas fpl, comas fpl
'anfüllen encher (**mit** de)
'Angabe F indicação f; (Aussage) declaração f (a. Zoll); informação f; depoimento m; (Anweisung) instrução f; (Anzeige) denúncia f; (Beschreibung) descrição f; v. Einzelheiten: especificação f; umg

(Prahlerei) gabarolice f **Angaben** FPL dados mpl, elementos mpl; **genauere ~, nähere ~** pormenores mpl; **falsche ~ machen** prestar falsas declarações; **ohne ~ von Gründen** sem apresentar motivos

'**angaffen** umg fitar embasbacado **angängig** possível, admissível **angeben** A VT indicar; Namen a. dizer; Ton dar; (aussagen), Wert declarar; (behaupten) alegar; (melden) denunciar; (vorgeben) pretender B VI Spiel, SPORT: servir; umg (prahlen) exagerar, gabar-se **Angeber(in)** ['ange:bar(in)] M(F) umg (Großtuer,-in) gabarola m/f; bras fanfarrão m, -ona f **Angebe'rei** [ange:bə'rai] F (Prahlerei) gabarolice f

'**angeblich** ['anga:plɪç] A ADJ pretenso; Wert nominal B ADV segundo se diz **angeboren** inato; natural; MED congénito (bras *ô)

'**Angebot** N oferta f; Auktion: primeiro lanço m; (Preisangebot) proposta f (od oferta f) de preço

'**angebracht** ['angabraxt] A PP v. → anbringen B ADJ oportuno; indicado **(nicht) ~ sein** (não) ser oportuno (od indicado) **angebunden** PP v. → anbinden; **kurz ~** brusco; de poucas palavras **angedeihen** ⟨-⟩ geh **~ lassen** dispensar; conceder; outorgar **angegossen** ['angəgɔsən] **wie ~ sitzen** assentar como uma luva **angeheiratet** ['angahairatət] por casamento **angeheitert** [angahaitart] alegre; umg (angetrunken) tocado; **~ sein** umg ter um grão na asa

'**angehen** A VT 1 (angreifen) atacar, assaltar 2 (betreffen) dizer respeito a, interessar, ser com; **was ... angeht** quanto a; **was geht ... dich an?** o que tens tu com ...?; **das geht mich nichts an** não tenho nada a ver com isso B VI ⟨s.⟩ começar, principiar; Feuer u. AGR pegar C V/UNPERS **nicht ~ können** não dever ser, não ser permissível; **es kann nicht ~, dass** não é permissível que **angehend** Person: principiante; (künftig) futuro

'**angehören** ⟨-⟩ dat pertencer a, als Mitglied a. ser sócio de, fazer parte de; e-r Partei: estar filiado em **Angehörige(r)** ['angəhø:rɪgə(r)] M/F(M) membro m; (Verwandter) familiar m/f, parente m/f; pl a. família f

'**Angeklagte(r)** ['angəkla:ktə(r)] M/F(M) réu m, ré f; acusado m, -a f; (**schuldlos**) **~** (falso) culpado m

'**Angel**[1] ['aŋəl] F ⟨-; -n⟩ (Türangel) gonzos mpl; **aus den ~n heben** desengonçar; fig modificar fundamentalmente

'**Angel**[2] ['aŋəl] F ⟨-; -n⟩ Fischerei: anzol m

'**Angelegenheit** ['angale:gənhait] F assunto m, questão f; **das ist seine ~** isto é com ele

'**Angelhaken** ['aŋəlha:kən] M anzol m '**angeln** ['aŋəln] VT & VI 1 pescar à linha (od ao anzol) 2 fig umg **~ nach, sich** (dat) **etw ~** apanhar a/c, arranjar a/c, conseguir a/c '**Angeln** N ⟨o. pl⟩ pesca f

'**Angelpunkt** M eixo m; fig ponto m crucial **Angelrute** F cana f de pesca, vara f **Angelsachse** M anglo-saxónio m (bras *ô) **angelsächsisch** anglo-saxão, anglo-saxónico (bras *ô) **Angelschnur** F ⟨-; ¨e⟩ linha f de pesca

'**angemeldet** ['angəmɛldət] **~ sein** Arzt, Behörde ter hora marcada **angemessen** ADJ apropriado, adequado; conveniente; correspondente; Preis módico **angenehm** agradável; simpático; Vorstellung: **~!** prazer! **angenommen** ['angənɔmən] A PP v. → annehmen B ADJ (eingebildet) fictício; (gedacht) considerado; (unnatürlich) afe(c)tado C KONJ **~, dass ...** supondo que ..., admitindo que ...

'**Anger** ['aŋər] M devesa f, prado m '**angeregt** ['angərɛ:kt] A ADJ a. vivo, animado B ADV **sich ~ unterhalten** conversar animadamente

'**angesagt** ADJ **~ sein** (Mode sein) estar na berra (bras na moda); **jetzt ist Sparen ~** estamos em tempos de poupança '**angeschlossen** PP v. → anschließen '**angesehen** ['angaze:ən] ADJ a. (geachtet) estimado; ilustre

'**Angesicht** N ⟨-(e)s; -e⟩ poet cara f, rosto m; **von ~ zu ~** cara a cara **angesichts** PRÄP ⟨gen⟩ perante; em presença de, em vista de

'**angespannt** ADJ (in)tenso, concentrado **angestammt** ['angəʃtamt] natural; nacional, tradicional; Herrscher a. legítimo; (angeboren) inato, hereditário; Besitz ancestral

'**Angestellte(r)** ['angəʃtɛltə(r)] M/F(M) empregado m, -a f; **leitende ~(r)** executivo m, -a f **Angestelltenverhältnis** N ⟨-ses; o. pl⟩ **im ~** contratado **Angestelltenversicherung** F seguro m social

'angestrengt ['angəʃtrɛŋt] ADV intensamente

'angetan ['angəta:n] A PP v. → **angetan** B ADJ; **~ sein von** ficar impressionado com; **wenig ~ sein von** gostar pouco de

'angetrunken ['angətrʊŋkən] ébrio; umg tocado

'angewiesen ['angəvi:sən] A PP v. → **anweisen** B ADJ; **~ sein auf** (akk) precisar de, não poder prescindir de; depender de; **ganz auf sich selbst ~ sein** contar apenas com si próprio

'angewöhnen ⟨-⟩ **j-m etw ~** acostumar (od habituar) alg a a/c; **sich** (dat) **etw ~** habituar-se a a/c **Angewohnheit** F costume m, hábito m; **schlechte ~** vício m; **aus ~** por hábito

'angewurzelt ['angəvʊrtsəlt] fig **wie ~ (dastehen)** (ficar) imóvel

'angezeigt ['angətsaɪkt] ADJ a. oportuno

An'gina [aŋ'gi:na] F ⟨-; Anginen⟩ angina f; **~ pectoris** angina f de peito

'angleichen assimilar; adaptar; TECH ajustar; **einander ~** abarbar **Angleichung** F adaptação f; TECH ajustamento m, ajuste m

'Angler ['aŋlər] M pescador m (à linha, bras de anzol)

'angliedern ['angli:dərn] ⟨-re⟩ juntar (a), reunir com, associar (a); agregar (a) **Angliederung** F ~ (an akk) reunião f (com), associação f (a), incorporação f (em)

'anglotzen ['aŋglɔtsən] VT ⟨-t⟩ umg arregalar os olhos a, fitar embasbacado

An'gola [aŋ'go:la] N GEOG Angola f **Angolaner(in)** [aŋgo'la:nar(ɪn)] m (f) angolano m, -a f **angolanisch** angolano

▶ Angola

Angola ist ein Staat in Südwestafrika. Die Hauptstadt Luanda liegt am Meer. Bis 1975 war das Land eine portugiesische Kolonie. Danach folgte ein fast dreißigjähriger Bürgerkrieg, an dessen Folgen das Land noch heute leidet. Angola ist reich an Bodenschätzen (v. a. Erdöl und Diamanten) und erstreckt sich über eine Fläche, die fast viermal so groß ist wie Deutschland.

Das Portugiesische ist Amts- und Alltagssprache. Rund ein Drittel der 12 Millionen Angolaner sprechen keine oder kaum eine afrikanische Sprache mehr. Einige einheimische Wörter, besonders aus den Bantusprachen Kimbundu und Ovimbundu, haben aber Eingang ins angolanische Portugiesisch gefunden, z. B. **a banda** ‚Angola', **bué** ‚viel', **Nzambi** ‚Gott', **funje** ‚Maniokbrei'.

◀

An'gorawolle [aŋ'go:ravɔlə] F lã f de angora (bras angorá)

'angreifbar atacável; fig discutível; vulnerável **angreifen** (anfassen) pegar (em); Gegner atacar (a. CHEM), MIL a. agredir, assaltar; (abnutzen) gastar; Gesundheit prejudicar; MED Organe afe(c)tar; enfraquecer; cansar; Kapital, Vorrat tocar em **angreifend** MIL ofensivo; agressivo; MED abalador; fatigante; CHEM corrosivo **Angreifer** M agressor m

'angrenzen ⟨-t⟩ **~ an** (akk) confinar com **angrenzend** ADJ adjacente, Land a. vizinho; Raum contíguo

'Angriff M ataque m; MIL (Sturmangriff) assalto m; strategisch: ofensiva f; (tätlicher) **~** agressão f; **in ~ nehmen** fig começar, empreender; **zum ~ übergehen** tomar a (od passar à) ofensiva **Angriffs...** IN ZSSGN ofensivo; POL de agressão **angriffslustig** agressivo

angst ADJ **mir ist ~ (und bange)** tenho medo (vor dat de)

Angst [aŋst] F ⟨-; ⸚e⟩ medo m, receio m; (Schreck) pavor m; (Sorge) ansiedade f; **voller ~** cheio de medo; **j-m ~ machen** assustar alg, meter medo a alg (vor dat de) **'angsterfüllt** ['aŋstɛrfʏlt] cheio de medo **'Angstgeschrei** N gritos mpl de pavor **'Angsthase** M umg medrica(s) m; bras medroso m

'ängstigen ['ɛŋstɪɡən] inquietar, assustar, meter medo a; **sich ~** (vor dat) recear **ängstlich** (beunruhigt) inquieto, nervoso; (furchtsam) medroso, receoso; (schüchtern) tímido **Ängstlichkeit** F ⟨o. pl⟩ pusilanimidade f; falta f de coragem

'Angstschweiß M suor(es) m(pl) frio(s)

angstvoll cheio de medo **Angstzustände** MPL angústia f, ansiedade f
'**angucken** umg olhar, mirar; **sich** (dat) **etw ~** ir ver a/c
'**angurten** V/R **sich ~** pôr (od apertar) o cinto
'**anhaben** Kleidung trazer, vestir, usar; fig **j-m nichts ~ können** não poder fazer mal algum (od imputar a/c a alg (bras a ninguém)
'**anhaften** ⟨-e-⟩ (dat) aderir (a), estar pegado (a); fig **etw haftet j-m an alg** tem a/c
'**Anhalt** M (Anzeichen) indício m; (Stütze) apoio m; base f, fundamento m **anhalten** A V/T fazer parar, a. polizeilich: deter; Atem, Ton suspender; Feuer conservar; Verkehr interromper; (ermahnen) exortar; (erziehen zu) habituar B V/I **1** parar, deter-se; (dauern) continuar; persistir **2 um j-n ~, um j-s Hand ~** geh pedir alg em casamento **anhaltend** contínuo, continuado; persistente; Beifall prolongado **Anhalter** M **per ~** à boleia; bras de carona **Anhaltspunkt** M fundamento m; ponto m de referência; fig prova f; indício m
anhand PRÄP ⟨gen⟩, ADV **~ von** baseado em, com base em
'**Anhang** M **1** (Beilage, Nachtrag) apêndice m, anexo m, suplemento m **2** (Gefolge) séquito m; (Gefolgschaft) sequazes mpl; (Verwandtschaft) família f
'**anhängen** A V/T pendurar, suspender (**an** akk em); enganchar; (hinzufügen) juntar; BAHN, AUTO atrelar; fig **j-m etw ~** difamar alg; imputar a/c a alg; **j-m e-n Prozess ~** envolver alg num processo B V/I e-r Partei, Sekte ser partidário; Ruf etc **j-m ~** alg tem fama de etc a '**Anhänger** ['anhɛŋər] M **1** Fahrzeug: carro m atrelado (od de reboque), (carro-)reboque m **2** Schmuck: pingente m **Anhänger(in)** ['anhɛŋər(ɪn)] M(F) (Parteigänger) partidário m, -a f (Verfechter) discípulo m, -a f **Anhängerkupplung** F AUTO acoplamento m de reboque **Anhängerschaft** F ⟨o. pl⟩ sequazes mpl, partidários mpl; fiéis mpl
'**anhängig** ADJ JUR **~ sein** estar pendente; **e-e Klage ~ machen** intentar um processo
'**anhänglich** Tier fiel; Kind meigo; **~ an** (akk) afeiçoado a **Anhänglichkeit** F ⟨o. pl⟩ afeição f, lealdade f **Anhängsel** N apêndice m; (Schild) rótulo m
'**anhauchen** (as)soprar; bafejar; **rosig angehaucht** roseado; **poetisch angehaucht sein** ter veia poética
'**anhäufen** acumular, juntar; **sich ~** PHYS agregar; F **Anhäufung** F acumulação f; PHYS agregação f
'**anheben** levantar um pouco; alçar; (anfangen) começar; MUS entoar **anheften** ⟨-e-⟩ p(r)egar; (nähen) alinhavar; (beifügen) juntar
'**anheimelnd** aconchegado, lembrando o próprio lar
an'heimfallen ⟨s.⟩ caber a; reverter para; **der Vergessenheit ~** cair em esquecimento **anheimstellen** V/T **j-m etw ~** deixar a/c com (od ao parecer de) alg
'**anheizen** V/T ⟨-t⟩ acender, aquecer **anheuern** ['anhɔyɐrn] V/T ⟨-re⟩ SCHIFF alistar; fretar **Anhieb** M ⟨-(e)s; o. pl⟩ **auf ~** de um golpe, logo à primeira **anhimmeln** ⟨-le⟩ adorar, idolatrar **Anhöhe** F alto m, outeiro m **anhören** ouvir; aufmerksam: escutar; **sich gut ~** soar bem; **man hört ihr an, dass sie Französin ist** nota-se que é francesa
Ani'lin [ani'liːn] N ⟨-s; o. pl⟩, **Anilinfarbstoff** M anilina f
Ani'mierdame [ani'miːɐdaːmə] F mulher f que trabalha num bar, animadora f **animieren** [ani'miːrən] ⟨-⟩ animar; incitar
A'nis [a'niːs] M ⟨-es; -e⟩ BOT, GASTR anis m, aniseira f
'**ankämpfen** V/I **~ gegen** lutar contra; combater; resistir a
'**Ankauf** M compra f, aquisição f **ankaufen** comprar, adquirir
'**Anker** ['aŋkɐr] M SCHIFF, TECH âncora f, ferro m; ELEK induzido m; armadura f; Uhr: escapo m; **vor ~ gehen** ancorar; fundear; **vor ~ liegen** estar ancorado; **die ~ lichten** levantar ferro **Ankerboje** F baliza f; bóia f **Ankergrund** M ancoradouro m **Ankerkette** F corrente f da âncora, amarra f **ankern** ⟨-re⟩ ancorar, lançar ferro, fundear **Ankerplatz** M ancoradouro m **Ankertau** N amarra f **Ankerwinde** F cabrestante m

'**anketten** ['aŋkɛtən] ⟨e-⟩ ~ (**an** akk) encadear (em); acorrentar (em); Hund prender (em); SCHIFF amarrar (a)

'**Anklage** F̲ acusação f; ~ **erheben** fazer queixa; instaurar processo; **unter ~ stehen** ser acusado; **unter ~ stellen** pronunciar; autuar, arguir **Anklagebank** F̲ ⟨-; ⸚e⟩ banco m dos acusados (od dos réus) **anklagen** acusar (gen od **wegen** de) **anklagend** acusatório **Anklagepunkt** M̲ ponto m de acusação

'**Ankläger(in)** M̲/F̲ queixoso m, -a f; JUR öffentlicher: delegado m, -a f do procurador da República

'**Anklagerede** F̲ requisitório m **Anklageschrift** F̲ libelo m

'**anklammern** ⟨-re-⟩ engatar (**an** akk em); prender com gancho (od Wäsche com molas); **sich ~** agarrar-se (**an** akk a)

'**Anklang** M̲ ⟨-(e)s; ⸚e⟩ ressonância f; eco m; fig sabor m; (Ähnlichkeit) reminiscência f (**an** akk de); ~ **finden bei** agradar a; ser bem acolhido por

'**ankleben** V̲/T̲ colar, pegar (**an** akk em)

'**ankleiden** ⟨-e-⟩ vestir **Ankleideraum** M̲, **Ankleidezimmer** N̲ quarto m de vestir; bras vestiário m

anklicken V̲/T̲ IT clicar

'**anklingen** ~ **an** (akk) (fazer) lembrar; ~ **lassen** recordar; evocar **anklopfen** bater (à porta) **anknipsen** ⟨-t-⟩ ELEK ligar; Licht acender **anknöpfen** V̲/T̲ ~ (**an** akk) abotoar /a

'**anknüpfen** A V̲/T̲ ligar, atar; fig prosseguir; Beziehungen ~ **mit** (od **zu**) entrar em (od travar) relações com; **wieder** ~ reatar B V̲/I̲ ~ **an** (akk) partir de; Rede referir-se a; Tradition continuar **Anknüpfungspunkt** M̲ fig ponto m de partida (od de contacto od de referência)

'**ankommen** A V̲/I̲ ⟨s.⟩ chegar (**in** dat a); fig **gut** ~ ser bem recebido (od acolhido); umg (verstanden werden) pegar B V̲/UNPERS ~ **auf** (akk) fig depender de; umg **das kommt drauf an** depende!, conforme!; (**nicht**) **darauf** ~ (não) interessar; **es kommt darauf an, ob** trata-se de saber se; **es** ~ **lassen auf** (akk) arriscar; ~ **gegen** impor-se

'**Ankömmling** ['aŋkœmlɪŋ] M̲ ⟨-s; -e⟩ recém-chegado m

'**ankoppeln** ⟨-le⟩ atrelar; BAHN engatar **ankreiden** ['aŋkraɪdən] ⟨-e-⟩ marcar (com giz); umg **j-m etw** ~ levar a/c mal a alg, não se esquecer de a/c de alg **ankreuzen** ⟨-t-⟩ marcar (por uma cruz)

'**ankündigen** V̲/T̲ (**j-m etw**) ~ anunciar (a/c a alg), avisar (alg de a/c); notificar (a/c a alg) **Ankündigung** F̲ anúncio m, aviso m

'**Ankunft** F̲ ⟨o. pl⟩ chegada f (**in, an** dat a) **Ankunfts...** IN ZSSGN de (od da) chegada

'**ankurbeln** ⟨-le⟩ dar à manivela; fig fomentar, estimular **Ankurbelung** F̲ fig fomento m

'**anlächeln** V̲/T̲ ⟨-le⟩ sorrir(-se) par/a **anlachen** V̲/T̲ rir-se para

'**Anlage** F̲ 1 disposição f; (Bau) construção f; ARCH (Plan) plano m; (Einrichtung) instalação f; e-r Liste, Sammlung: organização f; fig estruturação f; (Verwendung) aplicação f, colocação f 2 AGR (Pflanzung) plantação f; (Grünfläche) parque m, jardim m (od passeio m) público 3 FIN investimento m; (Kapitalanlage) fundos mpl investidos (od aplicados) 4 (Beilage) anexo m; **in der** ~ junto 5 TECH aparelhagem f; equipamento m 6 fig (Fähigkeit) jeito m; (Neigung) tendência f; a. MED predisposição f **Anlageberater(in)** M̲/F̲ FIN consultor(a) m(f) de investimentos **Anlagekapital** N̲ capital m investido

'**anlangen** A V̲/UNPERS (betreffen) respeitar a, dizer respeito a B V̲/I̲ reg (ankommen) chegar

'**Anlass** M̲ ⟨-es; ⸚e⟩ motivo m, ocasião f; oportunidade f; ensejo m; **aus** ~ (gen) por ocasião de; ~ **geben zu** dar lugar a, dar pretexto para

'**anlassen** Kleidung deixar ficar, não tirar; (brennen lassen) deixar aceso; (eingeschaltet lassen) deixar ligado; TECH (anstellen) AUTO pôr a trabalhar; fig **sich gut** ~ a. prometer

'**Anlasser** M̲ AUTO (motor m de) arranque m

'**anlässlich** ['anlɛslɪç] P̲R̲Ä̲P̲ ⟨gen⟩ por motivo de, por ocasião de

'**Anlauf** M̲ arranque m (a. TECH); SPORT (**e-n**) ~ **nehmen** tomar balanço (bras impulso); MIL assalto m **anlaufen** A V̲/T̲ SCHIFF fazer escala em B V̲/I̲ ⟨s.⟩ começar a correr (od TECH a. trabalhar); Glas embaciar(-se); ~ **gegen** chocar com;

abalroar; MIL atacar; **~ lassen** pôr em marcha, pôr a trabalhar; **angelaufen kommen** vir a correr; *bras* vir (*od* chegar) correndo; **rot ~** corar

'Anlaufhafen M̄ porto *m* de escala **Anlaufstelle** F̄ serviço *m* de apoio (a jovens, pessoas necessitadas *etc*) **Anlaufzeit** F̄ período *m* inicial

'Anlaut M̄ som *m* inicial; início *m* (da palavra) **Anlaut...** IN ZSSGN inicial **anlautend** inicial

Anlegebrücke ['anle:gəbrʏkə] F̄ cais *m* de embarque **Anlegegebühr** F̄ ancoragem *f*

'anlegen A V̄T *Fesseln usw* pôr; *Kleidung* vestir; *Geld* colocar, investir; *Kartei, Liste* organizar; *Konto* abrir; *Maßstab* do(p)tar; TECH instalar, montar; ARCH construir; AGR *Garten* plantar; MED *Verband* aplicar; **Hand ~ an** (*akk*) ajudar; **das Gewehr ~ auf** apontar (**auf** *akk* para); **es darauf ~ zu** (*inf*) pretender (*inf*), fazer a/c de propósito para (*inf*) B V̄I MIL apontar (**auf** *akk* para); SCHIFF acostar; atracar; fazer escala C V̄R **sich mit j-m ~** meter-se (*od* brigar) com alg

'Anlegeplatz M̄, **Anlegestelle** F̄ SCHIFF embarcadouro *m*, cais *m* de embarque

'Anleger M̄ FIN investidor *m*

'anlehnen V̄T **~ an** (*akk*) encostar a; **sich ~ an** (*akk*) apoiar-se em; *fig* seguir; imitar; orientar-se por **Anlehnung** F̄ ⟨*o. pl*⟩ apoio *m*; *fig* imitação *f*; **in ~ an** (*akk*) apoiando-se em; imitando (*akk*)

'Anleihe ['anlaiə] F̄ empréstimo *m*; **e-e ~ aufnehmen** fazer, contrair um empréstimo; **e-e ~ machen bei** pedir um empréstimo a

'anleimen grudar (**an** *akk* em)

'anleiten ⟨-e-⟩ ensinar; instruir, orientar; iniciar (**zu em**) **Anleitung** F̄ instrução *f*; (*Lehrbuch*) método *m*

'anlernen ensinar; **sich** (*dat*) **etw ~** aprender a/c

'anliegen V̄I (*angrenzen*) confinar (**an** *dat* com); *Kleid* estar justo; **zu eng ~** estar apertado

'Anliegen N̄ ⟨-s; -⟩ desejo *m*; (*Bitte*) pedido *m*; (*Ziel*) obje(c)tivo *m*; *inneres* preocupação *f*; interesse *m*; **ein ~ an j-n haben** (vir) pedir um favor a alg

'anliegend ADJ adjacente, contíguo; *Kleid* justo; apertado; *Brief*: junto **'Anlieger(in)** F̄ ['anli:gər(ɪn)] M̄/F̄ ADMIN morador(a) *m(f)*; vizinho *m*, -a *f*

'anlocken atrair; (*ködern*) engodar; (*werben*) angariar **anlöten** ⟨-e-⟩ soldar **anlügen** enganar, intrujar; mentir a

'Anmache F̄ *umg pej* engate *m*; *bras* cantada *f*

'anmachen (*befestigen*) pôr; *Feuer* acender; *Salat* temperar; **j-n ~** *umg* (*provozieren*) meter-se com alg; *sexuell*: engatar; *Sache* (*reizen*, *verlocken*) atrair **anmailen** V̄T *jn ~* mandar (um) email a alg **anmalen** pintar; **bunt ~** colorir

'Anmarsch M̄ ⟨-(e)s; o. *pl*⟩ MIL chegada *f*; marcha *f*; (*Strecke*) caminho *m*; **im ~ sein** (**auf** *akk*) estar a caminho (de), avançar (sobre) **anmarschieren** ⟨-; s.⟩ aproximar-se, avançar

'anmaßen ⟨-ßt⟩ V̄R **sich** (*dat*) **etw ~** arrogar-se a/c; *mit Gewalt*: usurpar a/c; **sich** (*dat*) **~ zu** (*inf*) atrever-se a; pretender **anmaßend** arrogante; petulante; presunçoso, presumido **Anmaßung** F̄ arrogância *f*; presunção *f*; petulância *f*; usurpação *f*

'Anmeldeformular N̄ boletim *m* (*od* formulário *m*) de inscrição **Anmeldefrist** F̄ prazo *m* de inscrição **Anmeldegebühr** F̄ propina *f*; *bras* taxa *f* de inscrição

'anmelden V̄T ⟨-e-⟩ anunciar; *Devisen, Zoll* declarar; *Berufung* interpor; *Forderung, Kandidatur* apresentar; *Konkurs* abrir; *Patent* fazer registar; *bras* registrar; *Schüler* inscrever; *Sendung* avisar; *s-n Wohnsitz* registar; **sich ~** inscrever-se; **sich polizeilich ~** participar a chegada à polícia; **sich zum Besuch ~** anunciar a sua visita

'Anmeldung F̄ participação *f*; *Devisen*: declaração *f*; *Patent*: registo *m*; *bras* registro *m*; *Schüler*: inscrição *f*; (*Büro*) recepção *f*; **polizeiliche ~** registo *m* de morada

'anmerken (*notieren*) apontar; (*sagen*) observar; fazer um comentário; *als Fußnote*: anotar; fazer uma anotação; **man merkt es ihm an** nota-se (*od* vê-se) a alg; **sich nichts ~ lassen** não deixar transparecer nada **Anmerkung** F̄ anotação *f*, nota *f*; **mit ~en versehen** fazer anotações em; ADJ anotado

709 ‖ ANME

'anmessen adaptar; j-m etw ~ tomar a medida de a/c a alg; → angemessen
'Anmut F ⟨o. pl⟩ graça f; garbo m, encanto m; gentileza f anmuten VT ⟨-e-⟩ dar a impressão de (j-n a alg) anmutig gracioso, gentil
'annageln ⟨-le⟩ pregar annagen corroer annähen coser, pregar (an akk a)
'annähern ⟨-re⟩ aproximar annähernd aproximadamente; adv aproximadamente; nicht ~ nem de longe 'Annäherung ['anne:əruŋ] F aproximação f Annäherungsversuche MPL tentativas fpl de aproximação Annäherungswert M valor m aproximativo
'Annahme ['anna:mə] F aceitação f; recebimento m, recepção f; Antrag: aprovação f; Kind, Plan: ado(p)ção f; (Zulassung) admissão f; (Vermutung) suposição f, hipótese f; in der ~, dass a. supondo que Annahmestelle F recepção f
An'nalen [a'na:lən] PL anais mpl
'annehmbar ['anne:mba:r] PL aceitável; (zulässig) admissível; Bedingung razoável; Preis a. módico; (leidlich) passar; ~ sein ser aceitável annehmen VT aceitar; Glauben abraçar; Vorschlag aprovar; Kind, Titel ado(p)tar; Gestalt, Gewohnheit, Haltung, Vernunft tomar; (vermuten) supor; (zulassen) admitir; sich j-s ~ interessar-se por alg, intervir a favor de alg, cuidar de alg; sich e-r Sache ~ encarregar-se de a/c, tratar de a/c Annehmlichkeit F agrado m; comodidade f; (Vorteil) vantagem f
annek'tieren [anɛk'ti:rən] ⟨-⟩ anexar Annekti'on [anɛktsi'o:n] F anexação f
'anno ... em, no ano de; ~ dazumal em tempos antigos
An'nonce [a'nɔ̃sə] F anúncio m; e-e ~ aufgeben pôr um anúncio annon'cieren ⟨-⟩ anunciar
annul'lieren [anu'li:rən] ⟨-⟩ anular; cancelar Annullierung F anulação f, cancelamento m
A'node [a'no:də] F anódio m, ânodo m Anoden... IN ZSSGN de ânodo, de placa
'anöden ['anʔø:dən] VT ⟨-e-⟩ umg aborrecer, maçar
'anomal ['anoma:l] anómalo (bras *ô)
Anoma'lie [anoma'li:] F anomalia f
ano'nym [ano'ny:m] anónimo (bras *ô)
Anonymi'tät [anonymi'tɛ:t] F ⟨o. pl⟩ anonimato m, anonímia f
'Anorak ['anorak] M ⟨-s; -s⟩ blusão m; anorak m; bras abrigo m
'anordnen ⟨-e-⟩ ordenar, dar ordens para; (a. TECH) dispor, arranjar Anordnung F arranjo m; (a. Befehl) ordem f, prescrição f; (a. Maßnahme) disposição f; ~en treffen tomar disposições
'anorganisch anorgânico, inorgânico
'anpacken apanhar; fig atacar; (anfangen) começar; j-n hart ~ apertar alg muito; mit ~ ajudar
'anpassen ⟨-t⟩ ajustar; adaptar (a. fig); sich ~ a. acomodar-se, avir-se
'Anpassung F ⟨o. pl⟩ adaptação f; acomodação f, acomodamento m anpassungsfähig adaptável; acomodável; j-d acomodadiço, acomodatício; ~ sein adaptar-se (facilmente) Anpassungsfähigkeit F ⟨o. pl⟩ faculdade f de adaptação
'anpeilen SCHIFF navegar com rumo a; (Rundfunk) localizar
'anpfeifen SPORT das Spiel ~ dar o sinal para começar; bras apitar o início; fig umg j-n descompor Anpfiff M SPORT sinal m (para começar); bras apito m; umg fig descompostura f anpflanzen ⟨-t⟩ plantar; cultivar, criar Anpflanzung F plantação f; cultura f; plantio m anpöbeln ⟨-le⟩ insultar
'Anprall M ⟨-(e)s; -e⟩ choque m, embate m anprallen ⟨s.⟩ dar (an akk contra); embater (gegen em)
'anprangern ⟨-re⟩ fig denunciar em público Anprangerung F denunciação f
'anpreisen recomendar; laut: apregoar; öffentlich: fazer a propaganda de Anpreisung F recomendação f; elogio m; propaganda f
'Anprobe F prova f anprobieren ⟨-⟩ provar
'anpumpen umg j-n ~ cravar alg
'anraten VT aconselhar, recomendar; auf Anraten (gen) seguindo o conselho de
'anrechnen VT ⟨-e-⟩ pôr em (od Schuld na) conta; (abziehen) deduzir, descontar; (gutschreiben) abonar, creditar; hoch ~ estimar muito; sich (dat) zur Ehre ~ considerar uma honra Anrechnung F ⟨o. pl⟩ in ~ bringen → anrechnen; unter ~

(gen) (des)contando (akk)
'**Anrecht** N̄ direito m; título m (**auf** akk a)
'**Anrede** F̄ tratamento m (**mit** por); título m; (Ansprache) alocução f **anreden** V̄T̄ ⟨-e-⟩ dirigir a palavra a; **mit du ~** tratar por tu (bras você); **mit Sie ~** tratar por você (bras o Senhor, a Senhora)
'**anregen** (anspornen) incitar; (a. MED) estimular; Appetit abrir; (beleben) animar; (vorschlagen) sugerir (**bei** a) **anregend** animador; MED estimulante; geistig: sugestivo **Anregung** F̄ estímulo m; (Vorschlag) (**auf j-s**) ~ (por) sugestão (od iniciativa) de alg
'**anreichern** ['anraiçɐn] ⟨-re⟩ CHEM enriquecer; (sättigen) concentrar; **hoch ~** fortemente enriquecido **Anreicherung** F̄ enriquecimento m, concentração f (**an** dat de)
'**anreißen** rasgar; encetar; ARCH, TECH traçar **Anreiz** M̄ estímulo m **anreizen** ⟨-t-⟩ estimular, incitar **anrempeln** ['anrɛmpəln] V̄T̄ ⟨-le⟩ empeçar em; fig meter-se com, implicar com **anrennen** V̄Ī ⟨s.⟩ **~ gegen** dar (od bater od correr) contra; MIL assaltar (akk); **angerannt kommen** vir a correr; bras chegar (od vir) correndo
'**Anrichte** ['anrɪçtə] F̄ aparador m; (Raum) copa f **anrichten** ⟨-e-⟩ preparar; (auftragen) servir; **es ist angerichtet** está servido; (verursachen) causar, fazer, provocar; **da hast du was Schönes angerichtet!** arranjaste-a boa!
'**anrollen** V̄T̄ trazer; V̄Ī ⟨s.⟩ chegar rebolando (od rolando); BAHN entrar em movimento; partir; fig começar **anrosten** ⟨-e-⟩ criar ferrugem **anrüchig** ['anryçɪç] suspeito **anrücken** V̄Ī ⟨s.⟩ aproximar-se; MIL a. avançar
'**Anruf** M̄ chamada f; **der ~ ist für dich!** a chamada é para ti **Anrufbeantworter** M̄ respondedor m automático de chamadas; **j-m auf den ~ sprechen** deixar (uma) mensagem no respondedor automático **anrufen** (**j-n, bei j-m** a **j-m**) chamar; TEL telefonar (**j-n, bei j-m** a alg); REL Gott invocar; JUR Gericht apelar para **Anrufung** F̄ REL invocação f; JUR a. apelo m (gen a)
'**anrühren** V̄T̄ tocar (em), mexer em; apalpar; (mischen) misturar; Farben temperar; Teig fazer

ans [ans] PRÄP & ART (**an das**) → **an**
'**Ansage** F̄ anúncio m; notificação f; participação f **ansagen** anunciar; notificar; participar; Karten declarar; **j-m den Kampf ~** desafiar alg **Ansager(in)** M(F) locutor(a) m(f); TV apresentador(a) m(f)
'**ansammeln** ⟨-le-⟩ Sachen a. acumular, amontoar; MIL Truppen concentrar; **sich ~** Menschen reunir-se **Ansammlung** F̄ cole(c)ção f; acumulação f, monte m; v. Menschen: aglomeração f, multidão f, grupos mpl
'**ansässig** ['anzɛsɪç] residente; domiciliado, morador; (sesshaft) estabelecido
'**Ansatz** M̄ (Anfang) começo m, princípio m (**zu** de); ANAT inserção f; GEOL, CHEM depósito m; MATH indicação f; ZOOL u. fig rudimento m; (Ergänzung) peça f anexa; (Mundstück) embocadura f; **in ~ bringen** pôr em conta **Ansatzpunkt** M̄ ponto m de partida **Ansatzstück** N̄ MUS embocadura f; TECH peça f adicional
'**ansaugen** aspirar
'**anschaffen** V̄R̄ **sich** (dat) **~** comprar, adquirir; arranjar **Anschaffung** F̄ compra f; aquisição f
'**anschalten** ⟨-e-⟩ ligar
'**anschauen** contemplar, olhar **anschaulich** explícito; claro; plástico; concreto
'**Anschauung** ['anʃaʊʊŋ] F̄ contemplação f; (Auffassung) concepção f; (Meinung) opinião f, parecer m; (Vorstellung) conceito m, ideia f, noção f; visão f **Anschauungsmaterial** N̄ material m ilustrativo **Anschauungsunterricht** M̄ ⟨-(e)s; o. pl⟩ ensino m visual **Anschauungsweise** F̄ modo m de ver; mentalidade f
'**Anschein** M̄ ⟨-(e)s; o. pl⟩ aparência f; (Wahrscheinlichkeit) probabilidade f; **allem ~ nach** aparentemente; **den ~ haben, als ob** parecer que; **sich** (dat) **den ~** (gen) **geben** dar-se ares mpl (de)
'**anscheinend** ADV aparentemente; ao que parece, pelo visto
'**anschicken** V̄R̄ **sich ~ zu** preparar-se para, dispor-se a
'**anschirren** ['anʃɪrən] aparelhar, arrear
'**Anschlag** M̄ ❶ (Anprall) embate m; TECH espera f; Schreibmaschine: marginador m; toque m (a. MUS) ❷ (Attentat)

atentado m (auf akk contra); e-n ~ verüben auf (akk) atentar contra; (Komplott) conjura f **3** (Bekanntmachung) edital m; (Plakat) cartaz m **4** Gewehr: im ~ pronto para disparar **5** (Kostenvoranschlag) orçamento m; in ~ bringen avaliar (mit em), ter em conta

'anschlagen **A** VT bater; Geschirr partir; Masche montar; Plakat pôr, afixar; Saite, Taste tocar; Ton dar; (schätzen) avaliar, apreciar; hoch ~ avaliar muito; e-n anderen Ton ~ mudar de tom **B** VI ⟨a. s.⟩ dar contra; (bellen) ladrar; (wirken) dar (bom) resultado

'Anschlagsäule F coluna f Morris

'anschleichen VR sich ~ aproximar-se cautelosamente; aproximar-se disfarçadamente

'anschließen **A** VT ligar (an akk a); encadear; (anfügen) juntar, anexar; (angliedern) a. associar; Beispiel seguir; Urteil concordar (com) **B** VI (folgen) seguir(-se) **C** VR sich (j-m od an akk) ~ juntar-se (com), acompanhar; associar-se (a); aderir (a); sich j-s Meinung ~ aderir à opinião de alg anschließend **A** ADJ contíguo; adjacente; vizinho; zeitlich: subsequente **B** ADV a(c)to contínuo, logo a seguir

'Anschluss M conta(c)to m; ELEK, BAHN ligação f; TEL a. comunicação f; an e-e Gruppe etc: adesão f, afiliação f; POL anexação f, integração f; ~ finden/suchen encontrar/procurar companhia; BAHN den ~ verpassen perder a ligação; im ~ an (akk) a seguir a

'anschmiegen ajustar, adaptar; (a)conchegar; sich ~ estar com mimo; bras aconchegar-se anschmiegsam insinuante, meigo

'anschmieren (beschmieren) untar; umg (betrügen) enganar, intrujar

'anschnallen VT (a)fivelar; am Fuß: calçar; Degen cingir; a. v/r (sich) ~ FLUG, AUTO pôr o cinto (de segurança)

'anschnauzen ⟨-t⟩ umg j-n ~ berrar com alg; descompor alg Anschnauzer M umg descompostura f

'anschneiden encetar; TECH entalhar; fig e-e Frage ~ abordar um assunto

'Anschnitt M primeiro corte m; TECH entalha f

'anschrauben (a)parafusar, atarraxar; Schraube a. apertar, segurar anschreiben escrever; anotar, tomar nota; Schuld pôr na conta; ~ lassen a. comprar a crédito; fig bei j-m gut angeschrieben sein ser persona grata de alg; bras ser benquisto (od estimado) por alg

'anschreien VT j-n ~ gritar com alg; berrar com alg

'Anschrift F endereço m, dire(c)ção f

'anschuldigen ['anʃʊldɪɡən] acusar Anschuldigung F acusação f

'anschwärzen ⟨-t⟩ denegrir; fig a. difamar (bei diante de), denunciar (bei a)

'anschweißen ⟨-t⟩ soldar (an akk com)

'anschwellen VI ⟨s.⟩ inchar; Fluss: a. crescer (a. fig) Anschwellung F inchação f, inchaço m; Fluss: enchente f; MED tumor m; tumefa(c)ção f; fig incremento m

'anschwemmen arrojar à terra; Land depositar

'ansehen VT ver, olhar, mirar; bras a. enxergar; aufmerksam: observar; sich (dat) etw mit ~ assistir a; bras assistir a/c; (ertragen) aguentar a/c; j-m etw ~ notar a/c a alg; man sieht ihm sein Alter nicht an não parece ter a idade que tem; ~ für, ~ als considerar (como); fälschlich: tomar por; confundir com; (behandeln) tratar como; a. → angesehen

'Ansehen N ⟨-s; o. pl⟩ (Achtung) consideração f; (Ansehein) aparência f; (Geltung) autoridade f, prestígio m; (Ruf) reputação f; in hohem ~ stehen ser muito considerado; ohne ~ der Person sem considerações pessoais, com imparcialidade

'ansehnlich considerável; Gestalt vistoso anseilen ['anzaɪlən] atar à corda ansengen chamuscar ansetzen ⟨-t⟩ **A** VT (anfügen) juntar; meter, colocar; Becher levar aos lábios; (annähen) coser; (berechnen) contar; (schätzen) avaliar; Preis cotar; Termin marcar; GASTR preparar, fazer; Fett ~ engordar; Rost/Schimmel ~ criar ferrugem/bolor **B** VI zu etw ~ querer começar a, preparar-se para; (versuchen) tentar **C** VR sich ~ CHEM formar depósito; GEOL cristalizar

'Ansicht F (Blick) vista f, aspe(c)to m; (Meinung) opinião f, parecer m, ver m; TECH proje(c)ção f; planta f; HANDEL zur ~ de amostra Ansichts(post)-

karte F (bilhete m) postal m ilustrado **'Ansichtssache** F questão f de opinião

'ansiedeln ⟨-le⟩ domiciliar, estabelecer; fig localizar **Ansiedler** M colono m **Ansiedlung** F colónia f (bras *ô) colonização f

'Ansinnen N exigência f; (Zumutung) impertinência f; **j-m ein ~ stellen** propor a/c a alg; unberechtigt: abusar de alg

'anspannen (dehnen) estirar, a. Muskel esticar; Pferd atrelar; fig intensificar (os esforços); utilizar, empregar; **angespannt** fig (in)tenso **Anspannung** F fig esforço m; tensão f; intensidade f

'anspielen A VT Karte jogar; **j-n** ~ SPORT passar a bola a alg B VI começar; Kartenspiel: ter a mão; fig ~ **auf** (akk) aludir a **Anspielung** F alusão f

'anspinnen fig urdir, tramar; Gespräch começar; **sich ~** preparar-se, estar a surgir

'anspitzen ⟨-t⟩ afiar, aguçar

'Ansporn M ⟨-(e)s; o. pl⟩ estímulo m **anspornen** espor(e)ar; fig estimular

'Ansprache F alocução f; palestra f; **e-e ~ halten** fazer, proferir um discurso

'ansprechbar acessível **ansprechen** A VT/I fig (gefallen) agradar a; **j-n auf etw** (akk) ~ falar de a/c a alg B VI agradar; ~ **auf** (akk) responder a; reagir a **ansprechend** etw atra(c)tivo; j-d simpático; Leistung impressionante

'anspringen A VI Hund saltar para; atacar B ⟨s.⟩ TECH começar a trabalhar; AUTO pegar **Anspringen** N TECH arranque m **anspritzen** ⟨-t⟩ salpicar

'Anspruch M ~ **auf** (akk) direito m a, título m a; (Forderung) pretensão f a, reivindicação f de; **(hohe) Ansprüche stellen an** (akk) ser (muito) exigente para com; exigir (muito) de; **auf** (akk) ~ **erheben** exigir, pretender (para si); **in ~ nehmen** recorrer a; Kraft: exigir; absorver; Zeit: levar; **j-s Geduld in ~ nehmen** incomodar alg; **ganz für sich in ~ nehmen** monopolizar **anspruchslos** ⟨-este⟩ modesto, sem pretensões, despretensioso **Anspruchslosigkeit** ['anʃpruxslo:zıçkaıt] F ⟨o. pl⟩ modéstia f **anspruchsvoll** exigente

'anspucken VT cuspir a **anspülen** arrojar à terra **anstacheln** ⟨-le⟩ aguilhoar; espicaçar; incitar, instigar

'Anstalt ['anʃtalt] F instituto m, instituição f, estabelecimento .m; (Heilanstalt) sanatório m; (Heim) asilo m

Anstalten PL (Vorbereitungen) medidas fpl; ~ **machen zu** (inf) preparar-se para; **keine ~ machen zu** (inf) não fazer menção de

'Anstand M ⟨-(e)s; o. pl⟩ (Benehmen) boas maneiras fpl; (Haltung) decoro m; dignidade f; (Schicklichkeit) decência f; Jagd: espera f **anständig** decente, decoroso; honesto; (genügend) suficiente; (tüchtig) a valer **Anständigkeit** F ⟨o. pl⟩ decência f; honestidade f

'Anstandsbesuch M visita f de cerimónia (bras *ô) **Anstandsdame** F dama f de companhia **Anstandsgefühl** N delicadeza f; ta(c)to m **anstandshalber** por delicadeza, por conveniência; para ser amável **anstandslos** ⟨-este⟩ sem hesitação; (frei) livremente

'anstarren olhar fixamente para, fitar, fixar a vista em

an'statt A PRÄP ⟨gen⟩ em vez de; em lugar de, em substituição de B KONJ ~ **dass, ~ zu** em vez de (inf)

'anstaunen admirar, olhar pasmado para

anstechen picar; furar; abrir furo em; Fass espichar

'anstecken A VT pôr, meter; (anzünden) acender; deitar (od pôr) fogo a; MED contagiar; a. fig contaminar B VI MED ~ ser contagioso C VR **sich mit Grippe** etc ~ apanhar (uma) gripe etc **ansteckend** contagioso **Anstecknadel** F alfinete m **Ansteckung** F contágio m, contaminação f **Ansteckungsgefahr** F MED perigo m de contágio

anstehen ⟨h., a. s.⟩ (warten) fazer (od estar na) bicha (bras fila); Gestein aflorar; Schuld acumular-se; **nicht ~ zu** (inf) não ter dúvidas de; ~ **lassen** Arbeit deixar para outra oportunidade; Zahlung pagar mais tarde

'ansteigen ⟨s.⟩ subir; Preise aumentar **'anstellen** VT (anlehnen) encostar; (arbeiten lassen) j-n empregar, a. TECH pôr a trabalhar; (einstellen) j-n contratar; (einschalten) TECH pôr a funcionar; Heizung abrir; ELEK ligar; Versuch etc, (tun) fazer;

sich ~ ser melindroso; *in e-r Reihe*: pôr-se na bicha; *bras* fazer fila; *als ob*: fingir *inf*; **sich (un)geschickt ~** (não) ter jeito **anstellig** hábil, destro, jeitoso; dócil **Anstellung** F emprego m, colocação f **Anstellungsvertrag** M contrato m de trabalho (*od* emprego)

'**ansteuern** VT ⟨-re⟩ tomar o rumo de; SCHIFF *a.* demandar, arrumar, abordar

'**Anstieg** [ˈanʃtiːk] M ⟨-(e)s; -e⟩ *der Preise etc*: subida f; aumento m; *fig a.* progresso m

'**anstieren** VT olhar fixamente para, fitar

'**anstiften** ⟨-e-⟩ *etw* causar, provocar; *j-n* instigar, incitar **Anstifter** M autor m; instigador m; JUR subornador m; (*Rädelsführer*) cabecilha m **Anstiftung** F instigação f, incitamento m; JUR suborno m

'**anstimmen** entoar; dar o tom

'**Anstoß** M (*Anprall*) embate m, choque m; (*Fußball*) primeiro pontapé m; bola f de saída; *fig* (*Antrieb*) impulso m; ímpeto m; (*Ärgernis*) escândalo m; **~ geben, ~ erregen** causar escândalo, **~ nehmen** ofender-se, escandalizar-se (**an** *dat* com)

'**anstoßen** A VT empurrar; (*beschädigen*) estragar B VI (em)bater, esbarrar; *Fußball*: dar o primeiro pontapé (*bras* chute *od* arremesso); **~ an** (*akk*) dar contra; **auf** (*akk*) **~** brindar por; **mit der Zunge ~** cecear; *fig* causar escândalo; escandalizar **anstoßend** (*benachbart*) contíguo

'**anstößig** [ˈanʃtøːsɪç] escandaloso, indecente

'**anstreben** VT aspirar a, ambicionar

'**anstreichen** pintar; ARCH caiar; (*markieren*) marcar **Anstreicher** M caiador m, pintor m

'**anstrengen** [ˈanʃtrɛŋən] (*ermüden*) cansar, fatigar; *Kräfte* empregar; *Prozess* intentar; **sich ~** esforçar-se (**um zu** por) **anstrengend** fatigante, cansativo; **~ sein** *a.* cansar **Anstrengung** F esforço m; (*Erschöpfung*) cansaço m

'**Anstrich** M ❶ pintura f; (*Farbe*) tintura f; ARCH caiadura f; (*Überzug*) demão f; camada f ❷ ⟨*o. pl*⟩ *fig* aspe(c)to m, aparência f

'**Ansturm** M assalto m; (*Andrang*) afluência f **anstürmen** ⟨s.⟩ **~ gegen, ~ auf** (*akk*) assaltar; atacar, arremeter

Ansuchen N pedido m, requerimento m (**um** de)

Ant'arktis [antˈarktɪs] F Antárctico m **antasten** ⟨-e-⟩ tocar em (*a. fig*); apalpar; *Ehre* ofender; *Leben etc* atentar contra; (*verletzen*) violar

'**Anteil** M ❶ parte f; quota f, cota f; (*Gewinnanteil*) participação f; interesse m (*a. fig*); (*Summe*) quota-parte f, cota-parte f ❷ ⟨*o. pl*⟩ (*Mitgefühl*) simpatia f; **~ haben an** (*dat*) ter quinhão em; **~ nehmen an** (*dat*) participar em; interessar-se por; simpatizar com **anteilmäßig** ADV por quotas (*od* cotas) **Anteilnahme** [ˈantaɪlnaːmə] F ⟨*o. pl*⟩ interesse m (**für** por); simpatia f (**für** por)

An'tenne [anˈtɛnə] F antena f

Anthra'zit [antraˈtsiːt] M ⟨-s; -e⟩ BERGB antracite f

Anthropo'loge [antropoˈloːgə] M ⟨-n⟩, **Anthropo'login** F antropólogo m, -a f **Anthropolo'gie** F antropologia f

Antialko'holiker M abstémio m; *bras* abstêmio m **Anti'babypille** F pílula f anticonceptiva (*bras* anticoncepcional)

Antibi'otikum N ⟨-s; Antibiotika⟩ antibiótico m **Anti'blockiersystem** N AUTO sistema m antibloqueio **Antifa'schismus** M ⟨-; *o. pl*⟩ antifaschismo m **Anti'gen** [antiˈɡeːn] N ⟨-s; -e⟩ MED antigene m

an'tik [anˈtiːk] antigo **Antike** [anˈtiːkə] F ❶ ⟨*o. pl*⟩ antiguidade f ❷ OFT PL ⟨*pl* -n⟩ (*Kunstobjekt*) peça f antiga

'**Antikörper** M MED anticorpo m

An'tillen [anˈtɪlən] FPL GEOG Antilhas fpl

Anti'lope [antiˈloːpə] F antílope f

Anti'mon [antiˈmoːn] N ⟨-s; *o. pl*⟩ antimónio m; *bras* antimônio m

Antipa'thie [antipaˈtiː] F ⟨-; -n⟩ antipatia f (**gegen** a) **Anti'pode** [antiˈpoːdə] M ⟨-n⟩ antípoda m

An'tiqua [anˈtiːkva] F ⟨*o. pl*⟩ *Schrift*: letra f romana

Anti'quar [antiˈkvaːr] M ⟨-s; -e⟩ antiquário m; (*Buchhändler*) alfarrabista m **Antiquari'at** [antikvariˈaːt] N ⟨-(e)s; -e⟩ alfarrabista m; *bras* sebo m **antiquarisch** A ADJ antigo B ADV em segunda mão **Antiqui'täten** [antikviˈtɛːtən] FPL antiguidades fpl; velharias fpl **Antiquitätenhändler(in)** M(F) antiquário,-a m,f

Antise'mit(in) M(F) ⟨-en⟩ anti-semita

m/f **antisemitisch** anti-semita m/f
Antisemi'tismus M ⟨-; o. pl⟩ anti-semitismo m
anti'septisch [anti'zɛptɪʃ] MED anti-séptico **anti'statisch** [anti'sta:tɪʃ] TECH antiestático
Anti'these F antítese f **antithetisch** antitético
'Antlitz ['antlɪts] N ⟨-es; -e⟩ rosto m, cara f; semblante m, fisionomia f
'antörnen ['antœrnən] V/T umg j-n ~ excitar alg
'Antrag ['antra:k] M ⟨-(e)s, ¨-e⟩ proposta f; ADMIN requerimento m; (Heiratsantrag) pedido m de casamento; POL moção f; (Abänderungsantrag) proposta f de alteração; **e-n ~ stellen** apresentar um requerimento **antragen** propor, requerer **Antragsteller(in)** ['antra:kʃtɛlɐr(ɪn)] M(F) requerente m/f; POL proponente m/f
'antreffen encontrar (em casa)
'antreiben impelir; estimular, incitar (a. fig); TECH a(c)cionar; AUTO propulsionar; ans Land: arrojar à terra
'antreten A V/T Reise partir para, sair para; Beweis dar, apresentar; Erbe entrar na posse; **ein Amt ~** tomar posse; **den Rückzug ~** retirar(-se); Strafe começar a cumprir B V/I ⟨s.⟩ Wettkampf: competir; MIL alinhar; **gegeneinander ~** enfrentar-se
'Antrieb M FLUG, SCHIFF propulsão f; PHYS ímpeto m; TECH a(c)cionamento m; impulso m; comando m; fig impulso m; motivo m; **aus eigenem ~** motu-próprio; por vontade própria **Antriebs...** IN ZSSGN oft propulsor; motor (f motriz); a(c)cionador; de comando
'antrinken V/R sich (dat) **e-n (Rausch) ~** apanhar uma bebedeira, umg emborrachar-se; bras embriagar-se; **sich** (dat) **Mut ~** beber para ganhar coragem; → angetrunken
'Antritt M (Amtsantritt) posse f; (Beginn) começo m, início m; ~ **e-r Erbschaft** sucessão f **Antrittsbesuch** M ⟨-(e)s; -e⟩ primeira visita f **Antrittsrede** F discurso m inaugural (bei Aufnahme: de recepção) **Antrittsvorlesung** F UNIV lição f inaugural
'antun j-d etw fazer; Ehre prestar; **Gewalt ~** violar, fazer violência a; Leid causar; **sich** (dat) **etw ~** suicidar-se; matar-se;

sich (dat) **(keinen) Zwang ~** (não) fazer cerimónia (bras *ô); **tu mir das nicht an!** umg não me faças isso!
Ant'werpen [ant'vɛrpən] N Antuérpia f
'Antwort F resposta f; (Gegenantwort) réplica f (**auf** akk a); fig a. rea(c)ção f, eco m; **um ~ wird gebeten** roga-se o favor de responder; bras aguarda-se resposta **antworten** ⟨-e-⟩ responder; replicar (**auf** akk a); reagir **Antwortkarte** F bilhete m postal com resposta paga **Antwortschreiben** N resposta f
'anvertrauen ⟨-⟩ confiar; sich (dat) **j-m ~** abrir-se com alg **anverwandt** parente; aparentado
'anwachsen ⟨s.⟩ pegar; lançar raízes, arraigar, fig aumentar; crescer; Betrag **~ auf** (akk) montar a **Anwachsen** N incremento m, aumento m
'Anwalt ['anvalt] M ⟨-(e)s, ¨-e⟩, **Anwältin** ['anvɛltɪn] F advogado m, -a f; (Sachwalter) procurador(a) m(f), solicitador(a) m(f); **sich als ~ niederlassen** abrir banca de advogado; bras abrir escritório de advocacia **Anwaltschaft** F advocacia f **Anwaltskammer** F ordem f dos advogados
'Anwandlung F capricho m; veleidade f; impulso m; a. MED acesso m, ataque m
'anwärmen (pôr a) aquecer, esquentar
'Anwärter(in) ['anvɛrtɐr(ɪn)] M(F) aspirante m/f, candidato m, -a f, pretendente m/f (**auf** akk a) **Anwartschaft** ['anvartʃaft] F candidatura f; (Recht) direito m (**auf** akk a)
'anweisen (anleiten) ensinar; instruir, a. (beauftragen) encarregar; Geld mandar; Platz indicar; fig → **angewiesen Anweisung** F instrução f, ordem f; (Gutschein) bónus m; bras bônus m; FIN ordem f de pagamento; a. brieflich: vale m
'anwendbar ['anvɛntba:r] aplicável (**auf** akk a); (brauchbar) útil, utilizável; **allgemein ~** de aplicação f, universal **Anwendbarkeit** F ⟨o. pl⟩ aplicação f, aplicabilidade f
'anwenden ⟨-e-⟩ empregar; usar; **falsch ~** empregar mal; **~ auf** (akk) aplicar a; Gewalt, Mittel recorrer a; **sich ~ lassen** aplicar-se **Anwend|er(in)** ['anvɛndɐr(ɪn)] M(F) IT usuário m, -a f **Anwenderprogramm** N IT programa m de aplicação **Anwendung** F aplicação f

(a. IT); emprego m, uso m, utilização f; **zur ~ kommen** chegar a ser empregado **Anwendungsbeispiel** N exemplo m (de modo) de aplicação **Anwendungsbereich** M campo m de aplicação

'anwerben MIL, SCHIFF alistar, aliciar, angariar; recrutar; **sich ~ lassen** alistar-se, assentar praça **Anwerbung** F aliciamento m, angariação f, alistamento m, leva f, recrutamento m

'anwerfen TECH pôr a trabalhar

'Anwesen N propriedade f, prédio m; AGR terreno m; fazenda f **anwesend** presente (**bei** em); **die Anwesenden** pl a. os assistentes, a assistência fsg **Anwesenheit** F ⟨o. pl⟩ presença f; assistência f (**in** dat em, com) **Anwesenheitsliste** F lista f de presença; Arbeiter: ponto m

'anwidern ['anviːdɐrn] ⟨-re⟩ repugnar

'Anwohner(in) M(F) vizinho m, -a f; e-r Straße: morador(a) m/f

'Anwurf M fig (Vorwurf) acusação f, imputação f

'anwurzeln ⟨-le; s.⟩ arraigar, enraizar, lançar raízes; a. → angewurzelt

'Anzahl F ⟨o. pl⟩ número m, quantidade f; **e-e ~ a.** alguns **anzahlen** pagar sinal, dar à conta (bras a. de entrada) **Anzahlung** F sinal m, pagamento m à conta; (Vorschuss) adiantamento m

'anzapfen Fass furar, espichar; Baum resinar; Telefon pôr sob escuta; fig umg sangrar

'Anzeichen N sinal m, indício m; MED sintoma m; (Vorbedeutung) presságio m

'anzeichnen ⟨-e-⟩ marcar, anotar; desenhar

'Anzeige ['antsaɪɡə] F **1** Zeitung: anúncio m, aviso m; (Familienanzeige) participação f; notificação f; **e-e ~ aufgeben** pôr um anúncio **2** JUR denúncia f; **~ erstatten** fazer uma denúncia **3** TECH indicação f, marcação f **anzeigen** VIT indicar; (mitteilen) anunciar (a. in der Zeitung); participar, dar parte de; notificar, avisar; **j-n bei der Polizei ~** denunciar alg à polícia **Anzeigenannahme** F, **Anzeigenbüro** N agência f de publicidade **Anzeigenteil** M anúncios mpl **Anzeigepflicht** F declaração f (od participação f) obrigatória **anzeigepflich-** **tig** sujeito a declaração (od participação) obrigatória **Anzeiger** M TECH indicador m; (Zeitung) diário m **Anzeigetafel** F SPORT quadro m ele(c)trónico (bras *ô)

'anzetteln ['antsɛtəln] ⟨-le⟩ urdir; fig tramar

'anziehen A VIT puxar; Kleid vestir; Fußbekleidung, Handschuh calçar; Schraube apertar; fig atrair B VII Brettspiel: jogar primeiro; ser mão; Motor arrancar; Pferd puxar; Preise subir C VIR **sich ~** vestir-se; **sich warm ~** agasalhar-se; fig (sich auf etw Unerfreuliches einstellen) preparar-se **anziehend** atra(c)tivo; interessante

'Anziehung F atra(c)ção f **Anziehungskraft** F atra(c)ção f; PHYS magnetismo m; der Erde: gravitação f; fig encanto m

'Anzug¹ M ⟨-(e)s; ⸚e⟩ fato m; bras terno m; (Tracht) traje m

'Anzug² M **im ~ sein** estar iminente, estar a chegar; Gewitter a.: estar a aproximar-se

'anzüglich ['antsyːklɪç] alusivo; insinuador; (persönlich) atrevido; malicioso **Anzüglichkeit** F alusão f; remoque m; bras indire(c)ta f

'anzünden ⟨-e-⟩ acender; Haus etc incendiar, deitar (od pegar od pôr) fogo a **Anzünder** M acendedor m, isqueiro m

'anzweifeln ⟨-le⟩ pôr em dúvida

a'part [a'part] singular; invulgar; original

A'partment [a'paːrtmənt] N (kleine Wohnung) apartamento m

Apa'thie [apaˈtiː] F apatia f **apathisch** [a'paːtɪʃ] apático

'Apfel ['apfəl] M ⟨-s; ⸚⟩ maçã f **Apfelbaum** M macieira f **Apfelmost** M ⟨-(e)s; o. pl⟩ sumo m de maçã; reg a. sidra f, cidra f **Apfelmus** N ⟨-es; o. pl⟩ puré m de maçãs **Apfelschimmel** M cavalo m ruço-rodado

Apfel'sine [apfəlˈziːnə] F laranja f **Apfelsinenbaum** M laranjeira f

'Apfelwein M sidra f, cidra f

Apho'rismus [afoˈrɪsmʊs] M ⟨-; Aphorismen⟩ aforismo m

Apoka'lypse [apokaˈlʏpsə] F ⟨-⟩ REL, fig Apocalipse f

A'postel [a'pɔstəl] M apóstolo m **Apostelgeschichte** F ⟨o. pl⟩ A(c)tos mpl

dos Apóstolos
Apo'stroph [apo'strɔːf] M ⟨-s; -e⟩ apóstrofo m **apostro'phieren** [apostroˈfiːrən] ⟨-⟩ apostrofar

Apo'theke [apo'teːkə] F farmácia f; umg botica f **Apotheker(in)** M/F farmacêutico m, -a f; umg boticário m

App [ɛp] F ⟨-; -s⟩ TEL, IT app f, aplicação f

Appa'rat [apa'raːt] M ⟨-(e)s; -e⟩ aparelho m; (Aufwand) aparato m; máquina f (a. FOTO); TEL telefone m; **wer ist am ~?** quem fala?; **am ~ bleiben** não desligar **Appara'tur** [apara'tuːr] F aparelhagem f, equipamento m

Apparte'ment [apart(ə)'mãː] N ⟨-s; -s⟩ apartamento m

Ap'pell [a'pɛl] M ⟨-s; -e⟩ MIL chamada f; revista f; fig apelo m, proclamação f **appel'lieren** ⟨-⟩ apelar, recorrer

Appe'tit [ape'tiːt] M ⟨-(e)s; o. pl⟩ apetite m, vontade f de comer; **~ machen** abrir o appetite, dar vontade de comer; **guten ~!** bom proveito! **appetitlich** apetitoso **Appetitlosigkeit** [ape'tiːtloːzıçkaıt] F ⟨o. pl⟩ falta f de apetite **Appetitzügler** M redutor m de apetite

applau'dieren [aplau'diːrən] ⟨-⟩ (dat) aplaudir, dar palmas (a)

Ap'plaus [a'plaʊs] M ⟨-es; -e⟩ aplauso m

appor'tieren [apɔr'tiːrən] ⟨-⟩ trazer à mão

Appre'tur [apre'tuːr] F apresto m, acabamento m

Apri'kose [apri'koːzə] F damasco m, alperce m **Aprikosenbaum** M damasqueiro m, alperceiro m

A'pril [a'prıl] M ⟨-(s); -e⟩ Abril m; j-n **in den ~ schicken** intrujar **Aprilscherz** M partida f do dia um de Abril **Aprilwetter** N umg tempo m instável

'Apsis ['apzıs] F ⟨-; Apsiden⟩ ARCH absíde f, ábsis f

Aqua'planing [akva'plaːnıŋ] N ⟨-s; o. pl⟩ AUTO aquaplanagem f, hidroplanagem f

Aqua'rell [akva'rɛl] N ⟨-s; -e⟩, **Aquarellbild** N aguarela f **Aquarellmaler(in)** M/F aguarelista m/f

A'quarium [a'kvaːrium] N ⟨-s; -rien⟩ aquário m

Ä'quator [ɛ'kvaːtɔːr] M ⟨-s; -e⟩ equador m

Ar [aːr] N ⟨-s; -e; aber 3 -⟩⟩ ar m
Ära ['ɛːra] F ⟨-; Ären⟩ era f, época f
'Araber(in) ['aːrabɐ(ın)] M/F árabe m/f
Ara'beske [ara'bɛskə] F arabesco m
a'rabisch [a'raːbıʃ] árabe

'Arbeit ['arbaıt] F trabalho m; häusliche a.: afazeres mpl; (Aufgabe) tarefa f; (Feldarbeit) lavoura f; (Schularbeit) dever m; schwere: labor m, labuta f; (Werk) obra f; fabrico m; **an die ~ gehen** pôr-se ao trabalho; bras dar as mãos à obra; **die ~ einstellen** suspender o trabalho; (streiken) declarar-se em greve; **(viel) ~ machen** ser trabalhoso; **keine ~ haben** estar desempregado; não ter que fazer

'arbeiten ⟨-e-⟩ trabalhar (an dat em); TECH Maschine a. operar, funcionar; **das Kapital ~ lassen** fazer render o capital **arbeitend** trabalhador

'Arbeiter(in) M/F operário m, -a f; **gelernter ~** operário m qualificado, especializado **Arbeiterklasse** F ⟨o. pl⟩ classe f operária **Arbeitermangel** M ⟨-s; o. pl⟩ falta f de mão de obra **Arbeiterpartei** F partido m trabalhista **Arbeiterschaft** F ⟨o. pl⟩ operariado m **Arbeiterviertel** N bairro m operário

'Arbeitgeber(in) M/F empregador(a) m(f); patrão m, patroa f **Arbeitgeberanteil** M quota f da entidade patronal **Arbeitgeberverband** M sindicato m patronal

'Arbeitnehmer(in) ['arbaıtneːmɐ(ın)] M/F trabalhador(a) m(f) **Arbeitnehmerschaft** F ⟨o. pl⟩ trabalhadores mpl **Arbeitnehmerverband** M sindicato m de trabalhadores

'Arbeitsagentur F BRD: agência f de emprego; bras Agência f do trabalho

'arbeitsam trabalhador

'Arbeitsamt N BRD: agência f de emprego; port Instituto m do Emprego e Formação Profissional; bras Agência f do trabalho (od do trabalhador) **Arbeitsanzug** M fato m (bras roupa f od uniforme m) de trabalho **Arbeitsbedingungen** FPL condições fpl de trabalho **Arbeitsbeschaffung** F ⟨o. pl⟩ emprego m, colocação f; fomento m; → ABM **Arbeitsbescheinigung** F certificado m (od atestado m) de trabalho **Arbeitsbuch** N carteira f profissional **Ar-**

beitsdienst M ⟨-es; o. pl⟩ serviço m de trabalho **Arbeitseinsatz** M emprego m **Arbeitseinstellung** F suspensão f do trabalho, greve f **Arbeitserlaubnis** F ⟨o. pl⟩ autorização f de trabalho **Arbeitsessen** N almoço m (od jantar m) de trabalho **arbeitsfähig** válido **Arbeitsgang** M processo m; operação f **Arbeitsgebiet** N campo m de a(c)ção **Arbeitsgemeinschaft** F centro m de estudos; grémio m; bras grêmio m **Arbeitsgericht** N tribunal m de trabalho **Arbeitsgruppe** F grupo m de trabalho **Arbeitskraft** F energia f; Person **e-e gute ~ sein** ter boas capacidades fpl de trabalho **Arbeitskräfte** FPL (Arbeiter) mão-de-obra fsg **Arbeitsleistung** F rendimento m, capacidade f **Arbeitslohn** M salário m **arbeitslos** desempregado **Arbeitslose(r)** M/F(M) desempregado m, -a f **'Arbeitslosengeld** N subsídio m de desemprego **Arbeitslosenrate** F taxa f de desemprego **Arbeitslosenunterstützung** F ⟨o. pl⟩ → Arbeitslosengeld **Arbeitslosenversicherung** F seguro m de desemprego **'Arbeitslosigkeit** F ⟨o. pl⟩ desemprego m **Arbeitsmarkt** M ofertas fpl e pedidos mpl de emprego, mercado m do trabalho **Arbeitsminister(in)** M/F Ministro m, -a f do Trabalho **Arbeitsministerium** N Ministério m do Trabalho **Arbeitsniederlegung** F suspensão f do trabalho, greve f **Arbeitsplatz** M lugar m de trabalho; emprego m **Arbeitsraum** M → Arbeitsstätte, Arbeitszimmer **Arbeitsrecht** N ⟨-(e)s; o. pl⟩ direito m do trabalho **arbeitsscheu** preguiçoso **Arbeitsschutz** M ⟨-es; o. pl⟩ prote(c)ção f no trabalho **Arbeitsstätte** F oficina f; lugar m de trabalho **Arbeitssuche** F ⟨o. pl⟩ procura f de (od de emprego) **Arbeitstag** M dia m útil, dia m de trabalho **Arbeitsteilung** F ⟨o. pl⟩ divisão f do trabalho **Arbeitstier** N uma besta f de trabalho **arbeitsunfähig** inválido **Arbeitsunfall** M acidente m do trabalho **Arbeitsvermittlung** F agência f de emprego **Arbeitsweise** F método m de trabalho **Arbeitszeit** F horas fpl (od horário m od tempo m) de trabalho **Arbeitszimmer** N gabinete m, escritório m

Archäo'loge [arçεo'lo:gə] M ⟨-n⟩, **Archäologin** F arqueólogo m, -a f **Archäolo'gie** [arçεolo'gi:] F ⟨o. pl⟩ arqueologia f

Archi'pel [arçi'pe:l] M ⟨-s; -e⟩ arquipélago m

Archi'tekt(in) [arçi'tεkt(ɪn)] M/F ⟨-en⟩ arquite(c)to m, -a f **Architek'tur** [arçitεk'tuːr] F arquite(c)tura f

Ar'chiv [ar'çi:f] N ⟨-s; -e⟩ arquivo m **Archi'var(in)** [arçi'vaːr(ɪn)] M/F ⟨-s; -e⟩ arquivista m/f

Arena [a're:na] F ⟨-; Arenen⟩ arena f

arg [ark] ⟨-er; -ste⟩ A ADJ mau; (bösartig) malvado, ruim, maligno; Lärm etc grande, terrível; Fehler grave; **im Argen liegen** ir de mal em pior; **sein ärgster Feind** o seu pior inimigo B ADV mal; **es zu ~ treiben (mit)** abusar

Argen'tinien [argεn'tiːniən] N Argentina f **Argentinier(in)** [argεn'tiːniər(ɪn)] M/F argentino m, -a f **argentinisch** argentino, da Argentina

Ärger ['εrgər] M ⟨-s; o. pl⟩ desgosto m, aborrecimento m, dissabor m, arrelia f **ärgerlich** aborrecido; j-d a. zangado **(auf, über** akk com)

ärgern ⟨-re⟩ aborrecer, irritar, zangar; **sich ~** a. ter um desgosto **(über** akk com) **Ärgernis** F ⟨-ses; -se⟩ escândalo m; **~ erregen bei** escandalizar

'Arglist ['arklɪst] F ⟨o. pl⟩ astúcia f, malícia f, manha f **arglistig** malicioso, manhoso, astuto **arglos** ⟨-este⟩ ingênuo (bras *ê) sem desconfiar; (ohne böse Absicht) sem malícia **Arglosigkeit** ['arkloːzɪçkaɪt] F ⟨o. pl⟩ ingenuidade f

Argu'ment [argu'mεnt] N ⟨-(e)s; -e⟩ argumento m **argumen'tieren** ⟨-⟩ argumentar

'Argwohn ['arkvoːn] M ⟨-(e)s; o. pl⟩ suspeita f **(gegen** de); **~ hegen** desconfiar **argwöhnen** ['arkvøːnən] desconfiar **argwöhnisch** ['arkvøːnɪʃ] desconfiado

'Arie ['aːriə] F ária f

Aristo'krat(in) [arɪsto'kraːt(ɪn)] M/F ⟨-en⟩ aristocrata m/f **Aristokra'tie** [arɪstokra'tiː] F aristocracia f **aristo'kratisch** aristocrático

Arith'metik [arɪt'meːtɪk] F ⟨o. pl⟩ aritmética f **arithmetisch** aritmético

'Arktis ['arktɪs] F ⟨-s⟩ GEOG Ár(c)tico m
'arktisch ['arktɪʃ] ár(c)tico
arm ⟨¨er; ¨ste⟩ pobre; **~ werden** empobrecer
Arm M ⟨-(e)s; -e⟩ braço m; **~ in ~** de braços dados; **j-m den ~ reichen** dar o braço a alg; **auf den ~ nehmen** tomar ao (bras pegar no) colo; fig umg pregar uma partida (j-n a alg); **in den ~ nehmen, in die ~e schließen** abraçar; **j-m unter die ~e greifen** umg ajudar alg
Arma'tur [arma'tuːr] F TECH armatura f **Armaturenbrett** N AUTO tablier m, quadro m (bras painel m) de instrumentos
'Armband N pulseira f **Armbanduhr** F relógio m de pulso; bras relógio-pulseira m **Armbinde** F braçadeira f; MED ligadura f **Armbrust** F balestra f, besta f
Ar'mee [ar'meː] F exército m
'Ärmel ['ɛrmal] M manga f; **etw aus dem ~ schütteln** improvisar **Ärmelaufschlag** M canhão m **Ärmelkanal** M canal m da Mancha **ärmellos** sem mangas
'Armenhaus N casa f dos pobres; asilo m de mendicidade (bras mendigos)
'ärmer ['ɛrmar] ⟨comp v. arm⟩ mais pobre
'Armlehne F encosto m de braços **Armleuchter** M candelabro m; fig umg parvo m, idiota m, pateta m
'ärmlich ['ɛrmlɪç] pobre
armmachen empobrecer
'Armreif M ⟨-(e)s; -e⟩, **Armen** M ⟨-s; -⟩ pulseira f **Armschiene** F braçal m **armselig** mesquinho, miserável **Armsessel** M, **Armstuhl** M poltrona f; cadeira f de braços
Ärmste(r) M(F)M ⟨-n⟩ o/a mais pobre; **du ~r!, du ~!**: coitado!, coitada!
'Armut ['armuːt] F ⟨o. pl⟩ pobreza f; miséria f, indigência f **Armutszeugnis** N fig (**sich** dat) **ein ~ ausstellen** provar a sua incapacidade
A'roma [a'roːma] N ⟨-s; Aromen⟩ aroma m **aro'matisch** [aro'maːtɪʃ] aromático
'Arrak ['arak] M ⟨-s; o. pl⟩ araca f
Arrange'ment [arãʒə'mãː] N ⟨-s; -s⟩ arranjo m; (Übereinkunft) acordo m **arran'gieren** ⟨-⟩ organizar; arranjar; chegar a acordo

Ar'rest [a'rɛst] M ⟨-(e)s; -e⟩ detenção f, prisão f; JUR embargo m **Arrestzelle** F calabouço m
arre'tieren [are'tiːran] ⟨-⟩ prender
arro'gant [aro'gant] arrogante, petulante **Arroganz** [aro'gants] F ⟨o. pl⟩ arrogância f, petulância f
Arsch [arʃ] M ⟨-(e)s; ¨e⟩ vulg cu m, bunda f, traseiro m **'Arschloch** N vulg olho m traseiro; bras olho m do cu; fig besta f; filho m da mãe
Ar'sen [ar'zeːn] N ⟨-s; o. pl⟩ CHEM arsénio m; bras arsênio m
Arse'nal [arze'naːl] N ⟨-s; -e⟩ arsenal m
Art F **1** (Art und Weise) modo m; maneira f; **nach ~, in der ~ (von** od gen**)** à maneira de; **auf die ~ (von** od gen**)** da maneira de; ARCH **in, nach der ~ (**gen**)** nos moldes de, à laia de **2** (Eigenart) índole f; particularidade f **3** BIOL (Gattung) espécie f; género m; (Sorte) qualidade f; **aus der ~ schlagen** não sair aos seus **'Artenschutz** M ⟨-es; o. pl⟩ prote(c)ção f das espécies **Artenvielfalt** F ÖKOL biodiversidade f
Ar'terie [ar'teːria] F artéria f **Arterienverkalkung** F ⟨o. pl⟩ umg arteriosclerose f
'artfremd exótico
Ar'thritis [ar'triːtɪs] F ⟨-; o. pl⟩ artrite f **Arthrose** [ar'troːza] F ⟨-; -n⟩ artrose f
'artig ['artɪç] gentil, cortês; Kind bem comportado, quieto **Artigkeit** F gentileza f, graça f; amabilidade f
Ar'tikel [ar'tiːkal] M artigo m (a. GRAM); HANDEL **e-n ~ führen** ter, vender um artigo **artiku'lieren** [artiku'liːran] ⟨-⟩ articular; expressar, exprimir
Artille'rie [artɪlə'riː] F artilharia f **Artillerist** M ⟨-en⟩ artilheiro m
Arti'schocke [arti'ʃɔka] F alcachofra f
Ar'tist(in) M(F) ⟨-en⟩ acrobata m/f, artista m/f de circo **artistisch** acrobático; fig virtuoso
Arz(e)'nei [arts(a)'naɪ] F remédio m **Arz(e)neikunde** F farmacologia f **Arz(e)neimittel** N medicamento m
Arzt [artst] M ⟨-(e)s; ¨e⟩ médico m, doutor m
'Ärztekammer ['ɛrtstakamər] F ordem f dos médicos **Ärzteschaft** F ⟨o. pl⟩ corpo m médico, classe f médica
'Arzthelferin F empregada f (bras auxi-

liar f) de consultório
'Ärztin ['ɛrtstɪn] F̱ médica f, doutora f
ärztlich médico
as N̄ ⟨-; -⟩ MUS lá-bemol m
As N̄ Spielkarte: → Ass
As'best [as'bɛst] M̱ ⟨-(e)s; o. pl⟩ amianto m, asbesto m
'aschblond ['aʃblɔnt] loiro acinzentado
Asche F̱ cinza(s) f(pl); **in ~ legen** reduzir a cinzas **Asch(en)becher** M̱ cinzeiro m **Aschenbrödel** ['aʃənbrøːdəl] N̄ gata f borralheira **Aschenplatz** M̱ cinzeiro m **Aschenputtel** ['aʃənpʊtəl] N̄ → Aschenbrödel **Ascher'mittwoch** M̱ ⟨-s; o. pl⟩ quarta-feira f de cinzas **aschfahl, aschfarben, aschgrau** acinzentado
'äsen ['ɛːzən] ⟨-t⟩ pascer, pastar
Asi'at(in) [azi'aːt(ɪn)] M(F) ⟨-en⟩ asiático m, -a f **asiatisch** asiático
'Asien ['aːziən] N̄ GEOG Ásia f
As'kese [as'keːza] F̱ ⟨o. pl⟩ ascese f, ascetismo m **Asket(in)** M(F) ⟨-en⟩ asceta m **asketisch** ascético
'asozial ['azotsjaːl] marginal **Asoziale(r)** M(F(M) ⟨-n⟩ pej indivíduo m marginal
As'pekt [as'pɛkt] M̱ ⟨-(e)s; -e⟩ aspe(c)to m
As'phalt [as'falt] M̱ ⟨-(e)s; -e⟩ asfalto m; **asphal'tieren** ⟨-⟩ asfaltar
Aspi'rin® [aspi'riːn] N̄ aspirina f
'Ass N̄ ⟨-es; -e⟩ Spielkarte: ás m (a. fig SPORT, IT)
'Assel ['asəl] F̱ ⟨-; -n⟩ bicho-de-conta m
Assis'tent(in) [asɪs'tɛnt(ɪn)] M(F) ⟨-en⟩ assistente m/f **Assis'tenz** [asɪs'tɛnts] F̱ ⟨-; -en⟩ assistência f **Assis'tenzarzt** M̱ ⟨-es; -e⟩ médico m assistente; MIL tenente-médico m **assis'tieren** ⟨-⟩ assistir
Assoziati'on [asotsiatsi'oːn] F̱ associação f **assozi'ieren** ⟨-⟩ (**sich**) ~ associar (-se); unir(-se); **etw mit etw ~** associar a/c a a/c
Ast M̱ ⟨-(e)s; ⸚e⟩ ramo m; im Holz: nó m; umg **sich e-n ~ lachen** fartar-se de rir; **auf dem absteigenden ~** a decair, em decadência
'Aster ['astər] F̱ ⟨-; -n⟩ BOT sécia f
Äs'thetik [ɛ'steːtɪk] F̱ ⟨o. pl⟩ estética f **ästhetisch** estético
'Asthma ['astma] N̄ ⟨-s; o. pl⟩ asma f **asthm'atisch** [ast'maːtɪʃ] asmático
'Astloch N̄ buraco m de nó (de uma árvore)
'astrein nicht ganz ~ sein fig umg ser suspeito, inspirar desconfiança
Astro'loge [astro'loːgə] M̱ ⟨-n⟩, **Astrologin** F̱ astrólogo m, -a f **Astrolo'gie** [astrolo'giː] F̱ ⟨o. pl⟩ astrologia f
Astro'naut(in) [astro'naʊt(ɪn)] M(F) ⟨-en⟩ astronauta m/f **Astro'nom** [astro'noːm] M̱ ⟨-en⟩ astrónomo m, bras astrónomo m **Astrono'mie** [astrono'miː] F̱ ⟨o. pl⟩ astronomia f **astro'nomisch** astronómico (bras *ô) **'Astrophysik** ['astrofyzik, -fy'ziːk] F̱ ⟨o. pl⟩ astrofísica f
ASU ['aːzu] F̱ ABK (Abgassonderuntersuchung) → AU
A'syl [a'zyːl] N̄ ⟨-s; -e⟩ asilo m; fig refúgio m **Asyl'ant(in)** [azy'lant(ɪn)] M(F) ⟨-en⟩ oft neg! asilado m, -a f **Asylbewerber(in)** M(F) requerente m/f de asilo **Asylrecht** N̄ ⟨-(e)s; o. pl⟩ direito m de asilo
Asymme'trie [azyme'triː] F̱ assimetria f **'asymmetrisch** ['azyme:trɪʃ] assimétrico
Ate'lier [atel'jeː] N̄ ⟨-s; -s⟩ estúdio m
'Atem ['aːtəm] M̱ ⟨-s; o. pl⟩ hálito m, sopro m; (Atemzug) fôlego m; (Atmung) respiração f; **~ holen, ~ schöpfen** respirar; **außer ~** ofegante; **j-n in ~ halten** dar que fazer a alg **atemberaubend** sensacional, empolgante **Atembeschwerden** FPL dificuldade fsg em respirar **Atemholen** N̄ ⟨-s; o. pl⟩ respiração f **atemlos** ⟨-este⟩ sem fôlego; fig Spannung febril **Atemnot** F̱ ⟨o. pl⟩ dispneia f, apneia f **Atempause** F̱ (momento m de) folga f **Atemübung** F̱ exercício m respiratório **Atemzug** M̱ aspiração f, fôlego m; **in e-m ~** de um fôlego
Athe'ismus [ate'ɪsmʊs] M̱ ⟨-; o. pl⟩ ateísmo m **Athe'ist(in)** M(F) ⟨-en⟩ ateu m, ateia f **athe'istisch** ateu, ateísta, ateístico
A'then [a'teːn] N̄ GEOG Atenas (o. art)
'Äther ['ɛːtər] M̱ ⟨-s; o. pl⟩ éter m
ä'therisch [ɛ'teːrɪʃ] etéreo
Äthi'opien [ɛti'oːpiən] N̄ Etiópia f
Ath'let(in) [at'leːt(ɪn)] M(F) ⟨-en⟩ atleta m/f **Athletik** F̱ ⟨o. pl⟩ atletismo m **athletisch** atlético
At'lantik [at'lantɪk] M̱ ⟨o. pl⟩ (do) Atlântico m **atlantisch** atlântico

'Atlas[1] ['atlas] M 1 ‹-(ses); -e od Atlanten› (Landkarte) atlas m 2 ‹-; o. pl›Gebirge: Atlante m, Atlas m
'Atlas[2] ['atlas] M ‹-(ses); -se› (Stoff) cetim m
'atmen ['a:tmən] ‹-e-› V/I & V/T respirar
'Atmen ['a:tmən] N respiração f
Atmo'sphäre [atmo'sfɛ:rə] F atmosfera f; fig ambiente m **atmosphärisch** atmosférico
'Atmung ['a:tmʊŋ] F respiração f **Atmungs...** IN ZSSGN respiratório, de respiração **Atmungsorgane** NPL órgãos mpl respiratorios, aparelho m respiratório
A'tom [a'to:m] N ‹-s; -e› átomo m **Atom...** IN ZSSGN atómico (bras *ô); nuclear **Atomantrieb** M ‹-(e)s; -e› propulsão f atómica **Atombombe** F bomba f atómica (bras *ô) **Atombunker** M abrigo m nuclear, bunker m atómico (bras *ô) **Atomenergie** F energia f atómica (bras *ô) **Atomforschung** F ‹o. pl› investigação f nuclear **Atomgewicht** N peso m atómico (bras *ô) **Atomkern** M núcleo m atómico (bras *ô) **Atomkraft** F ‹o. pl› → Atomenergie **Atomkraftwerk** N central f (bras usina f) nuclear **Atomkrieg** M guerra atómica (bras *ô) **Atommeiler** M rea(c)tor m de energia nuclear **Atommüll** M ‹o. pl›lixo m atómico (bras *ô) **Atomphysik** F ‹o. pl›física f nuclear **Atomreaktor** M rea(c)tor m atómico (bras *ô) (od nuclear) **Atomsperrvertrag** M contrato m de proibição de armas atómicas (bras *ô) **Atomsprengkopf** M ogiva f nuclear **Atomversuch** M experiência f atómica (bras *ô) **Atomwaffe** F arma f nuclear **atomwaffenfrei** desnuclearizado **Atomzeitalter** N era f atómica (bras *ô) **Atomzerfall** M ‹-(e)s; o. pl› desintegração f atómica (bras *ô)

Atta'ché [ata'ʃe:] M ‹-s; -s› adido m
Attachment [a'tɛtʃmɛnt] N ‹-s; -s› INTERNET anexo m, apêndice m
Atten'tat [atan'ta:t] N ‹-(e)s; -e› atentado m **Atten'täter(in)** M(F) autor(a) m(f) de um atentado
At'test [a'tɛst] N ‹-es; -e› (ärztliches) ~ atestado m (médico) **attes'tieren** ‹-› atestar; **j-m etw** ~ atestar a/c a alg
Attrakti'on [atraktsi'o:n] F atra(c)ção f **attrak'tiv** atra(c)tivo
At'trappe [a'trapə] F imitação f, simulacro m
Attri'but [atri'bu:t] N ‹-(e)s; -e› atributo m
'ätzen ['ɛtsən] ‹-t›corroer; *Platte* gravar a água forte; MED cauterizar **ätzend** corrosivo, cáustico; *umg* chato **Ätzmittel** N corrosivo m, cáustico m **Ätzung** F gravura f à água-forte; MED cauterização f

au [au] INT ~! ai!
AU [ʔa:'ʔu:] F ABK (Abgasuntersuchung) teste m de emissões do tubo de escape
Auber'gine [obɛr'ʒi:nə] F beringela f
auch [aux] ADV também; (dazu) ainda, além disso; (ebenso) do mesmo modo; **~ nicht** (+ adj) (nem ...) tão-pouco; (nicht einmal) nem (sequer); **das ~ noch** mais isso, mais isto; **oder ~** ou seja; **sowohl ... als ~** tanto ... como; *bras a.* tanto ... quanto; **wenn ~** se bem que, ainda que, embora (subj); **wer, wo(hin), wie ~ (immer)** ... quer que (subj); **wie dem ~ sei** seja como for, como quer que seja
Audi'enz [audi'ɛnts] F audiência f; **e-e ~ erteilen/erhalten** dar/obter uma audiência
audiovisu'ell [audiovizu'ɛl] audiovisual
Audi'torium [audi'to:riʊm] N ‹-s; Auditorien› auditório m
'Aue ['auə] F campina f, veiga f, várzea f; (Wiese) prado m
'Auerhahn ['auərha:n] M galo m silvestre **Auerochse** M auroque m
auf [auf] A PRÄP 1 *örtlich, Lage*: ‹dat› sobre, em cima de; *a. em: Richtung*: ‹akk› sobre; a; para; *unbestimmt*: por; **~ dem Boden** no chão; **~ dem Tisch** na mesa; **~ dem Land** no campo; **~ der Straße** na rua; **~ dieser Seite** deste lado, por este lado; **in Bezug ~** com respeito a 2 *Art, (gemäß)* ‹dat› **~ Bitte/Befehl von** a pedido/por ordem de; **~ Besuch (sein)** (estar) de visita; **~ Deutsch** em alemão 3 *zeitlich*: ‹akk› durante B ADV 1 **~ sein** *Tür etc* estar aberto; *(aufgestanden) j-d* estar levantado, estar em pé 2 **~ und ab, ~ und nieder** de cima para baixo; **(hin und her)** de um lado para o outro, de cá para lá; **~ und davon sein** ter-se safado C INT **~ (gehts)!** vamos!; **~!** *(steh auf!)*

levanta-te!; (steht auf!) levantem-se! **'aufarbeiten** ⟨-e-⟩ acabar, despachar; a(c)tualizar, pôr em dia; *Kleidung* renovar **aufatmen** ⟨-e-⟩ respirar a fundo; *fig* sentir-se aliviado **aufbahren** ['aufba:-rən] amortalhar; pôr no ataúde **'Aufbau** M̄ ⟨-(e)s⟩ ❶ ⟨*o. pl*⟩ construção f; TECH montagem f; (*Gliederung*) disposição f; *fig* organização f; MED estrutura f; CHEM, GEOL formação f ❷ ⟨*pl* -ten⟩ **~ten** ARCH, SCHIFF acastelamento m, superestrutura f; AUTO carroçaria f **aufbauen** construir; (*errichten*) erguer; TECH montar; *fig* organizar **aufbauend** construtivo (*a. fig*); MED reconstituinte, anabólico **aufbäumen** ['aufbɔymən] *sich ~* empinar-se; *fig* revoltar-se **aufbauschen** exagerar **aufbegehren** protestar, revoltar-se **aufbehalten** ⟨-⟩ guardar; *Augen etc* ter aberto; **den Hut ~** ficar de chapéu **aufbekommen** ⟨-⟩ *Tür* conseguir abrir; *Aufgabe* ter de fazer **'aufbereiten** ⟨-e-; -⟩ TECH tratar; BERGB preparar **Aufbereitung** F̄ preparação f; tratamento m **'aufbessern** ⟨-re⟩ melhorar; *Gehalt* aumentar **Aufbesserung** F̄ melhoramento m; (*Gehaltsaufbesserung*) aumento m **'aufbewahren** ⟨-⟩ guardar; *für später a.*: reservar; conservar **Aufbewahrung** F̄ ⟨*o. pl*⟩ arrecadação f **Aufbewahrungsort** M̄ depósito m; arrecadação f; *Essen*: dispensa f **'aufbieten** *Personen* reunir; **alle Kräfte ~, um zu** (*inf*) empregar todos os meios para, tentar tudo para **aufbinden** ligar, atar; (*lösen*) desligar, desatar; *fig umg* **j-m e-n Bären ~** intrujar alg, enganar alg **aufblähen** (*a. sich*) inchar; *fig* envaidecer-se, convencer-se; abalofar-se **aufblasen** soprar, inflar; *sich ~ fig* abalofar-se; *a. →* aufgeblasen **aufblättern** ⟨-re⟩ folhear **aufbleiben** ⟨s.⟩ (*offen bleiben*) ficar aberto; (*wachen*) ficar levantado; *nachts a.*: fazer serão **aufblenden** ⟨-e-⟩ *Lichter* ligar os máximos (*bras* a luz alta) **aufblicken** levantar os olhos; *fig* admirar (**zu** *akk*) **aufblitzen** ⟨-t; *a. s.*⟩ relampejar; *Reflex* cintilar **aufblühen** ⟨s.⟩ abrir-se, desabrochar; *fig* prosperar; *j-d* animar-se **aufbocken** AUTO pôr sobre cavaletes **aufbohren** furar; MED trepanar **aufbraten** fritar de novo; aquecer (**na sertã** *od* **no forno**) **aufbrauchen** gastar, consumir **'aufbrausen** ⟨-t;h., s.⟩ ferver, efervescer; borbulhar; *fig* irritar-se, encolerizar-se **aufbrausend** *Person* arrebatado, irascível, impetuoso, colérico **'aufbrechen** A V̄T abrir; *gewaltsam:* arrombar B V̄I ⟨s.⟩ ❶ (*sich öffnen*) abrir, BOT *a.* rebentar ❷ (*fortgehen*) partir, ir embora **aufbringen** *Geld* conseguir, obter; *Gerücht* inventar; *Kosten* cobrar; MIL *Truppen* levantar; *Schiff* apresar; (*einführen*) introduzir; criar; implantar; *j-n* irritar **Aufbruch** M̄ partida f; abalada f; *fig* advento m, levantamento m **'aufbrühen** V̄T *Tee ~* fazer chá **aufbügeln** ⟨-le⟩ passar a ferro **aufbürden** ['aufbʏrdən] ⟨-e-⟩ **j-m etw ~** carregar alg com a/c; *Schuld* imputar a/c a alg **aufdecken** destapar, descobrir (*a. fig*); *Tischtuch etc* pôr **aufdrängen j-m etw ~** impingir a/c a alg; importunar alg com a/c; *sich ~ etw* impor-se, *j-d* importunar **aufdrehen** *Wasser-, Gashahn* abrir; *Gewinde* desatarraxar, desaparafusar

'aufdringlich importuno; maçador **'Aufdruck** M̄ ⟨-(e)s; -e⟩ título m, letreiro m; *Marke*: sobrecarga f; **als ~ haben** levar impresso **aufdrucken** imprimir, estampar **'aufdrücken** imprimir; *Siegel* pôr; (*öffnen*) abrir (apertando) **aufein'ander** ADV um sobre o outro; (*hintereinander*) um atrás do outro **Aufeinanderfolge** F̄ ⟨*o. pl*⟩ ordem f, sucessão f; sequência f **aufeinanderfolgen** seguir-se um ao outro **aufeinanderfolgend** consecutivo; sucessivo, seguido **aufeinanderhäufen** acumular, amontoar **aufeinanderlegen** juntar um em cima do outro **aufeinanderprallen, aufeinanderstoßen** embater um no outro, entrechocar-se

'Aufenthalt ['aufʔɛnthalt] M̄ ⟨-(e)s; -e⟩ estância f, estadia f; (*Unterbrechung*) demora f; BAHN *a.* paragem f; (*Wohnung*) morada f, *ständiger*: domicílio m; *vorübergehender:* residência f **Aufenthaltser-**

laubnis f ⟨o. pl⟩, **Aufenthaltsgenehmigung** f autorização f de residência **Aufenthaltsort** m paradeiro m; (Wohnort) domicílio m **Aufenthaltsrecht** n ⟨-(e)s; o. pl⟩ direito m de residência

'auferlegen ⟨-⟩ impor, Strafe a. infligir

'auferstehen ⟨-; s.⟩ ressuscitar, ressurgir **Auferstehung** f ⟨o. pl⟩ ressureição f, ressurgimento m **auferwecken** ⟨-⟩ ressuscitar **Auferweckung** f ressureição f

'aufessen ⟨pp aufgegessen⟩ comer tudo **auffädeln** ['aʊffɛːdəln] ⟨-le⟩ Perlen etc enfiar

'auffahren A vīr MIL pôr em posição; umg Essen servir; ~ **lassen** mandar vir B vīr ⟨s.⟩ (hinauffahren) subir; (vorfahren) chegar; entrar; (zusammenprallen) embater; SCHIFF (auflaufen) encalhar; fig (wütend werden), encolerizar-se; **aus dem Schlaf ~** acordar sobressaltado **Auffahrt** f (Rampe) rampa f; (Autobahnauffahrt) acesso m rodoviário; **in die Höhe**: subida f, ascensão f; feierliche: desfile m, entrada f solene **Auffahrunfall** m acidente m (bras trombada f) provocado, -a por choque de viaturas

'auffallen ⟨s.⟩ sobressair; dar na(s) vista(s) (j-m de alg); **das ist mir nicht aufgefallen** não reparei, não dei por isto **auffallend** adj, **auffällig** adj saliente, acentuado; que dá na(s) vista(s); (befremdlich) estranho

'auffangen apanhar; Flüssigkeit receber, Gruppen a. acolher; Sendung, Signal captar; Stoß amortecer; Hieb aparar; Strahlen absorver **Auffanglager** n centro m de acolhimento

'auffärben retingir

'auffassen ⟨-t⟩ compreender; conceber; entender, considerar **Auffassung** f concepção f; (Deutung) interpretação f; (Meinung) opinião f **Auffassungsgabe** f, **Auffassungsvermögen** n inteligência f, compreensão f; **leichte ~** facilidade f de compreensão

'auffinden descobrir; encontrar, achar **auffischen** pescar; fig apanhar **aufflackern** ⟨-re; s.⟩, **aufflammen** ⟨s.⟩ arder; **wieder ~** fig Krankheit, Streit etc recrudescer **auffliegen** ⟨s.⟩ levantar voo (bras *ô); subir (a voar); Tür etc abrir-se de repente; fig ser descoberto; ~ **lassen** expor, denunciar

'auffordern ⟨-re⟩ ~ **(zu)** convidar (para; a inf); stärker: intimar (a inf); (ermahnen) exortar (a); **zum Kampf**: desafiar (para) **Aufforderung** f convite m; amtliche: intimação f, contrafé f; (Ermahnung) exortação f; (Herausforderung) desafio m

'aufforsten ⟨-e-⟩ arborizar, repovoar; bras reflorestar **Aufforstung** f arborização f, repovoamento m florestal; bras reflorestamento m

'auffressen devorar (a. umg fig)

'auffrischen refrescar; Anstrich renovar; Kenntnisse reavivar

'aufführen (nennen) citar, alegar; einzeln: especificar; HANDEL pôr (na conta); Zahlen enumerar; Zeugen apresentar; MUS executar; THEAT representar; ARCH construir; **sich ~** comportar-se **Aufführung** f MUS audição f; récita f; bras recital m; apresentação f (a. JUR Zeugen); THEAT a. representação f; (Benehmen) conduta f

'auffüllen ⟨vīr⟩ ~ **(mit)** encher (de); abastecer (de); MIL completar (por)

'Aufgabe f ① tarefa f, dever m; Schule: lição f, exercício m; MATH problema m ② e-r Sendung envio m; expedição f; v. Gepäck: despacho m ③ (Verzicht) (gen) renúncia f (a); abandono m (de); e-s Geschäfts: liquidação f

'aufgabeln ⟨-le⟩ umg apanhar, pescar **Aufgabenbereich** m funções fpl

'Aufgang m ⟨-(e)s; ⁼e⟩ subida f; (Treppe) escada f; Sterne etc: nascer m, levantar m

'aufgeben Anzeige pôr, inserir; Arbeit dar, Schularbeit a. marcar; Brief etc mandar; Gepäck despachar; Geschäft liquidar; MED Kranke não ter esperanças; Rätsel propor; (verzichten) renunciar (a); Plan, Spiel, MIL Stellung abandonar; Recht abdicar; **es ~** desistir; **den Geist ~** entregar a alma a Deus

'aufgeblasen ['aʊfgəblaːzən] adj fig presunçoso

'Aufgebot n Ehe: banhos mpl; MIL leva f; recrutamento m; Kräfte: emprego m

'aufgebracht ['aʊfgəbraxt] A PP v. → aufbringen B adj (verärgert) furioso (**über** akk com) **aufgedonnert** ['aʊfgədənart] *umg* espampanante, espaventoso; *bras* ostentoso, luxuoso **aufgedreht** ['aʊfɡadreːt] *Wasser, Licht* aberto; *Uhr* com corda; *fig* animado, excitado **aufgedunsen** ['aʊfɡadʊnzən] inchado; tufado

'**aufgehen** ⟨s.⟩ (*sich öffnen*) abrir(-se); *Geschwür* rebentar; *Sterne etc* nascer, levantar-se; *Naht* descoser-se; *Haar, Knoten* desfazer-se; *Teig* levedar; *Vorhang* subir; MATH não deixar resto; bater certo (*a. fig*); **~ in** (*dat*) ficar absorvido por; **in Flammen ~** ser consumido pelas chamas

'**aufgehoben** ADJ **gut ~ sein** estar em boas mãos **aufgeklärt** ['aʊfɡakleːrt] ADJ *fig* sem preconceitos **aufgekratzt** ['aʊfɡakratst] ADJ *umg fig* alegre; excitado **Aufgeld** N ágio *m*; (*Anzahlung*) sinal *m*; (*Zuschlag*) suplemento *m* **aufgelegt** ['aʊfɡaleːkt] ADJ com vontade (**zu** de); *Schwindel* evidente **aufgeräumt** ['aʊfɡarɔʏmt] ADJ bem arrumado; *fig* de bom humor, alegre

'**aufgeregt** ['aʊfɡəreːkt] ADJ nervoso **Aufgeregtheit** F ⟨*o. pl*⟩ excitação *f*, nervosismo *m*

'**aufgeschlossen** aberto (*a. fig*); *fig* a. comunicativo **aufgeschmissen** *umg* em situação desesperada

'**aufgeweckt** ['aʊfɡavɛkt] ADJ *fig* esperto, vivo **aufgeworfen** ['aʊfɡavɔrfən] A PP v. **~ aufwerfen** B ADJ *Lippe* grosso **aufgießen** deitar; *Tee* fazer **aufgliedern** ⟨-re⟩ dividir; classificar **aufgreifen** apanhar, *Dieb a.* prender; *Gedanken* aproveitar; **etw wieder ~** voltar a a/c **aufgrund** PRÄP ⟨*gen*⟩ ADV **~ von** na base de, com base em; (*kraft*) em virtude de '**Aufguss** M infusão *f* **Aufgussbeutel** M saco *m* (*bras* saquinho *m*) para infusão

'**aufhaben** *Hut* ter na cabeça; (*offen haben*) estar aberto; *Aufgaben* ter de fazer (*od* estudar) **aufhacken** abrir com picareta; AGR ablaquear **aufhaken** desacolchetar; abrir **aufhalsen** ['aʊfhalzən] ⟨-t⟩ **j-m etw ~** impingir (*od* impor) a/c a alg

'**aufhalten** (*offen halten*) ter aberto, segurar; *Hand* estender; (*hemmen*) parar, *j-n* deter; (*verzögern*) atrasar; **sich ~** deter-se; *länger*: demorar-se; **sich über** (*akk*) **~** queixar-se de; fazer troça de; *dito* zer (*bras* falar) mal de

'**aufhängen** pendurar (**an** *dat* em); *Wäsche* estender; *am Galgen* enforcar; **sich ~** enforcar-se **Aufhänger** M presilha *f* **Aufhängung** ['aʊfhɛŋʊŋ] F TECH suspensão *f*

'**aufhäufen** amontoar, acumular

'**aufheben** levantar (*a. fig Tafel, Sitzung, Belagerung*); *vom Boden*: apanhar; (*abschaffen*) abolir, suprimir, *Gesetz a.* revogar (*a. Urteil*); *Vertrag* anular; (*aufbewahren*) guardar; *a.* → **aufgehoben**; **sich ~** compensar-se **Aufheben** N ⟨-s⟩ **viel ~s machen von** fazer um grande barulho (*od* alarido) por causa de **Aufhebung** F (*Abschaffung*) abolição *f*, anulação *f*, supressão *f*; *Sitzung*: encerramento *m*; *Belagerung, Tafel*: levantamento *m*

'**aufheitern** ⟨-re⟩ animar, alegrar; **sich ~** (*Himmel*) desanuviar-se **aufhelfen** ajudar a levantar; *fig* auxiliar (*j-m* alg) **aufhellen** ['aʊfhɛlən] A V/R aclarar; esclarecer B V/R **sich ~** *Himmel* clarear **aufhetzen** ⟨-t⟩ incitar, instigar; *Menge* sublevar, amotinar **aufheulen** AUTO ruído *m* de aceleração do motor **aufholen** A V/T SCHIFF içar B V/I recuperar **aufhorchen** escutar **aufhören** terminar, acabar; **~ zu** (*inf*) cessar de, deixar de; **da hört (sich) doch alles auf!** *umg* parece impossível!; não há direito!; *bras* não está direito (*od* certo) **aufjauchzen** ⟨-t⟩ (re)jubilar

'**Aufkauf** M compra *f*; (*Hortung*) açambarcamento *m* **aufkaufen** comprar; açambarcar **Aufkäufer** M comprador *m*; açambarcador *m*; monopolista *m*

'**aufklappbar** articulado, de abrir; *Verdeck* descapotável; *bras* conversível; **~ sein** abrir **aufklappen** abrir

'**aufklären** aclarar; *Irrtum, Zweifel* esclarecer, *j-n a.* elucidar; (*bilden*) instruir **Aufklärung** F esclarecimento *m*; (*Aufklärungsbewegung*) Iluminismo *m*; *Epoche*: século *m* das Luzes; MIL reconhecimento *m*; **sexuelle ~** iniciação *f* na vida sexual; educação *f* sexual; *Verbrechen*: descobrimento *m*; *bras* esclarecimento *m* **Aufklärungsflugzeug** N ⟨-(e)s, -e⟩ avião *m* de reconhecimento **Aufklärungssatellit** M ⟨-en⟩ satélite *m* de reconhecimento

'**aufkleben** colar '**Aufkleber** M autocolante m **aufknacken** quebrar; *umg* arrombar **aufknöpfen** desabotoar **aufknoten** ⟨-e-⟩ desatar, desligar **aufkochen** V/T deixar levantar fervura; V/I ⟨s.⟩ ferver; ~ **lassen** fazer ferver

'**aufkommen** ⟨s.⟩ levantar-se, surgir; (*entstehen*) a. nascer; (*sich verbreiten*) divulgar-se, estar em voga; SCHIFF aproximar-se; *Kranker* restabelecer-se; *Steuern* receber-se; ~ **für** responsabilizar-se por; ~ **gegen** concorrer com; ~ **lassen** tolerar

'**Aufkommen** N ⟨-s; *o. pl*⟩ **1** (*Entstehung*) advento m **2** *Steuern*: receitas *fpl*

'**aufkratzen** ⟨-t⟩ arranhar; *Wolle* cardar **aufkrempeln** ⟨-le⟩ arregaçar **aufkreuzen** ⟨s.⟩ *umg* aparecer; surgir **aufkriegen** *umg* conseguir abrir

'**aufkündigen** *Vertrag* rescindir; denunciar; **j-m (den Dienst)** ~ despedir alg **Aufkündigung** F denúncia *f*; recisão *f*; (*Stellung*) despedida *f*

'**auflachen** V/I (**laut**) ~ dar uma gargalhada, desatar a rir

'**aufladen** carregar '**Auflader** M carregador m

'**Auflage** F (*Steuer*) imposto m; taxa *f*; direito m; (*Erhebung*) imposição *f*; TYPO tiragem *f*; edição *f* **Auflagenhöhe** F, **Auflagenziffer** F tiragem *f*

'**auflassen** (*offen lassen*) deixar aberto; JUR *Grundstück* transferir **Auflassung** F JUR transferência *f*

'**auflauern** ⟨-re⟩ **j-m** ~ esperar alg; espiar alg; estar à espreita de alg

'**Auflauf** M ajuntamento m; *mit Lärm*: motim m, tumulto m; GASTR empadão m, soufflé m **auflaufen** ⟨s.⟩ SCHIFF encalhar, acumular-se

'**aufleben** ⟨s.⟩ **wieder** ~ reviver; *fig* renascer, revigorar

'**auflegen** pôr (*auf akk* em), colocar, meter; MED aplicar; TEL desligar; *Hörer* pousar; *Anleihe* emitir; *Buch* imprimir, publicar; **neu** ~ reimprimir; SCHIFF começar a construção de; → aufgelegt

'**auflehnen** V/R **sich** ~ sublevar-se, insurgir-se (*gegen*); (*aufstützen*) apoiar-se **Auflehnung** F rebelião *f*, insurreição *f*, sublevação *f*

'**auflesen** (re)colher; *Ähren* respigar **aufleuchten** ⟨-e-⟩ reluzir; brilhar **aufliegen** ⟨s.⟩ ARCH descansar; *Buch*, *Liste* estar aberto; MED **sich** ~ escoriar-se, esfolar-se **auflisten** alistar, pôr em (*od* na) lista; *bras* fazer um rol **auflockern** ⟨-re⟩ afofar; revolver, sacudir; *Erde* cavar, surribar **Auflockerung** F relaxação *f*; distensão *f*; *Erde*: escavação *f*

auflodern ⟨-re; s.⟩ chamejar, deitar chamas; *Flamme* levantar-se; *fig* arder

'**auflösbar** (dis)solúvel; MATH resolúvel **auflösen** *Knoten etc* desligar, soltar, desfazer; MATH *Bruch* reduzir; *Gleichung*, *Rätsel* resolver; *Ehe*, *Versammlung*, CHEM dissolver, *Flüssigkeit a.* diluir; PHYS desagregar; *Geschäft* liquidar; **sich in Wohlgefallen** ~ acabar bem para todos **Auflösung** F desenlace m (*a. fig*); (dis)solução *f*; de(s)composição *f*; MATH *Bruch*: redução *f*; *e-r Gleichung*, *e-s Rätsels*: solução *f*; HANDEL liquidação *f* **Auflösungszeichen** N MUS bequadro m

'**aufmachen** (*eröffnen*) abrir; *Knoten* desfazer, desatar, desligar; (*darbieten*) apresentar; **sich** ~ partir, abalar (**nach para**) **Aufmachung** F apresentação *f*; **in großer** ~ em grande estilo, com grande pompa

'**Aufmarsch** M MIL desfile m; concentração *f* **aufmarschieren** ⟨-; s.⟩ desfilar; concentrar-se

'**aufmerken** V/I ~ **auf** (*akk*) reparar em; → aufpassen **aufmerksam** atento (**auf** *akk* a); (*höflich*) atencioso (**gegen** j-n para com alg); **j-n auf** (*akk*) ~ **machen** chamar a atenção de alg para; ~ **sein** prestar atenção **Aufmerksamkeit** F atenção *f*; deferência *f*; **kleine** ~ *fig* pequena atenção *f*; **j-m** ~ **erweisen** prestar atenção a alg; **j-s** ~ **lenken auf** (*akk*) chamar a atenção de alg para **Aufmerksamkeitsdefizit- und Hyperaktivitätssyndrom** N ⟨-s⟩ PSYCH transtorno m de déficit de atenção e hiperatividade, TDAH m

'**aufmucken** *umg* protestar; refilar '**aufmuntern** ⟨-re⟩ animar **Aufmunterung** F animação *f*

'**aufmüpfig** ['aʊfmʏpfɪç] insubordinado; refilão

'**Aufnahme** ['aʊfnaːmə] F recepção *f*; acolhimento m; (*Eintragung*) registo m; (*Zulassung*) admissão *f*; *Anleihe*: emissão *f*; topográfico: levantamento m; FOTO fotografia *f*, (*Filmaufnahme*) filmagem *f*; (*Röntgenaufnahme*) radiografia *f*; (*Tonauf-*

nahme) gravação f; PHYS absorção f; (*Wiederaufnahme*) readmissão f, *Arbeit*: retomada f, regresso m a; **e-e ~ machen** tirar uma fotografia **aufnahmefähig** admissível; *Geist* inteligente; sensível (**für** a); **~ sein** WIRTSCH *Markt* ter capacidade consumidora (*od* de absorção) **Aufnahmefähigkeit** F ⟨*o. pl*⟩ capacidade f; HANDEL capacidade f consumidora; *geistige*: inteligência f **Aufnahmegebühr** F propina f, quota f de admissão; *bras* taxa f **Aufnahmegerät** N *Film*: máquina f cinematográfica; *Ton*: gravador m de som **Aufnahmeprüfung** F exame m de admissão **Aufnahmestudio** N estúdio m de gravação
'**aufnehmen** V/T (*aufheben*) apanhar; (*empfangen*) receber, acolher, *Gast a.* hospedar; (*eintragen*) registar, incluir; (*fassen*) compreender (*a. fig*); (*zulassen*) *Gesellschaft* admitir; *Anleihe* fazer, contrair; *Arbeit* começar; *Gedanken* retomar; *Gelände* levantar; *Geld* tomar de empréstimo; *Hypothek* aceitar; FOTO, *Film* tirar; *Protokoll* lavrar; *Ton* gravar; *Verbindung* estabelecer; *Waren* consumir; absorver; **den Kampf ~ (gegen)** iniciar a luta (contra); **gut/übel ~** a. levar (*od* tomar) a bem/a mal; (des)aprovar; **es ~ können mit** poder concorrer com; não ser inferior a; **in sich ~** absorver; *Krankenhaus*: **aufgenommen werden in** (*akk*) dar entrada em
'**aufnötigen** impingir
'**aufopfern** ⟨-re-⟩ sacrificar **aufopfernd** ADJ abnegado **Aufopferung** F sacrifício m; abnegação f
'**aufpassen** V/I ⟨-⟩ prestar atenção; (*vorsichtig sein*) ter cuidado; tomar conta (**auf** *akk* de); **aufgepasst!** cuidado!, atenção! **Aufpasser(in)** M(F) guarda m/f; *verächtlich*: espia m/f
'**aufpeitschen** *fig* excitar, instigar **aufpfropfen** enxertar (**auf** *akk* sobre) **aufplatzen** ⟨-t-; s.⟩ rebentar; romper **aufplustern** [ˈaʊfpluːstɐn] ⟨-re⟩ abalofar; *bras* afofar; **sich ~** emproar-se **aufpolieren** ⟨-⟩ dar novo lustro a
'**Aufprall** M ⟨-(e)s; -e⟩ embate m, choque m; *bras a.* colisão f, AUTO trombada f, batida f **aufprallen** ⟨s.⟩ embater; **~ auf** (*akk*) dar contra; *bras* dar batida em (*od* contra)

'**aufpumpen** dar à bomba; encher com ar **aufputschen** excitar **Aufputschmittel** N estimulante m
aufputzen ⟨-t-⟩ **sich ~** arranjar-se; embonecar-se
'**aufquellen** ⟨s.⟩ inchar, brotar **aufraffen** levantar; **sich ~** levantar-se; *fig* cobrar ânimo
'**aufrauen** TECH frisar; cardar; tornar áspero
'**aufräumen** arrumar, pôr em ordem, limpar, arranjar; **mit etw ~** acabar com a/c; → aufgeräumt **Aufräumen** N, **Aufräumung** F arranjo m, arrumo m; limpeza f; desaterro m, desentulho m **Aufräumungsarbeiten** PL trabalhos mpl de desaterro; obras fpl de limpeza (*od* de desentulho)
'**aufrechnen** ⟨-e-⟩ contar; **~ gegen** compensar com **Aufrechnung** F compensação f; HANDEL balanço m
'**aufrecht** direito, ao alto, em pé; ere(c)to; *Haltung* aprumado; *fig* honesto, sincero, íntegro **aufrechterhalten** manter **Aufrechterhaltung** F ⟨*o. pl*⟩ manutenção f
'**aufregen** agitar, excitar, afligir; **sich ~** *a.* irritar-se (**über** *akk* com) **aufregend** ADJ emocionante **Aufregung** F agitação f, excitação f, aflição f; *freudige*: alvoroço m
'**aufreiben** *Wunde* escoriar; *bras* esfolar; *Kräfte* gastar, cansar; MIL destruir, aniquilar; **sich ~** consumir-se, extenuar-se **aufreibend** ADJ extenuante
'**aufreihen** enfiar; ensartar **aufreißen** A V/T ⟨*öffnen*⟩ abrir com violência; *weit* ~ escancarar; *Augen* arregalar; *Boden* abarrancar; *Haut, Kleid* rasgar; *Pflaster, Schienen* arrancar; *Plan* traçar; **j-n aufreißen** *umg* engatar alg B V/I ⟨s.⟩ *Naht* descoser-se; fender; abrir **aufreizen** ⟨-t-⟩ provocar, incitar; irritar **aufreizend** ADJ provocante; irritante
'**aufrichten** ⟨-e-⟩ (*gerade machen*) endireitar; ARCH elevar, erigir, levantar; (*trösten*) consolar, animar; *fig* (**sich**) ~ erguer(-se) **aufrichtig** sincero, leal, franco **Aufrichtigkeit** F ⟨*o. pl*⟩ sinceridade f, franqueza f **Aufrichtung** F ere(c)ção f
'**aufriegeln** ⟨-le⟩ desaferrolhar, destrancar

'Aufriss M̄ ARCH alçado m; proje(c)ção f
'aufritzen ⟨-t⟩ arranhar **aufrollen** (des)enrolar; *Frage* pôr, levantar; MIL *Front* desorganizar **aufrücken** MIL ⟨s.⟩ cerrar filas; **~ zu** ascender a, ser promovido a
'Aufruf M̄ (*Namensaufruf*) chamada f; *öffentlicher:* manifesto m, proclamação f; **~ zu** apelo m a, exortação f a **aufrufen** chamar; *Streit* excitar **Aufrührer(in)** M̄/F rebelde m/f, revoltoso m, -a f **aufrührerisch** rebelde, revoltoso
'Aufruhr ['aufruːr] M̄ ⟨-(e)s; -e⟩ tumulto m; motim m; (*Aufstand*) revolta f, insurreição f
'aufrühren revolver, agitar (*a. fig*) *Volk* revolucionar; amotinar; *Leidenschaften* atiçar; *Streit* excitar **Aufrührer(in)** M̄/F rebelde m/f, revoltoso m, -a f **aufrührerisch** rebelde, revoltoso
'aufrunden ⟨-e-⟩ arredondar por excesso **aufrüsten** ⟨-e-⟩ armar **Aufrüstung** F (re)armamento m **aufrütteln** ⟨-le⟩ sacudir; *fig* despertar, animar
aufs [aufs] PRÄP & ART (*auf das*) → **auf**
'aufsagen recitar, dizer; → **aufkündigen aufsammeln** apanhar; juntar; colher; reunir
'aufsässig ['aufzɛsɪç] rebelde **Aufsässigkeit** F rebeldia f, insubordinação f
'Aufsatz M̄ (*Möbel*) moldura f; parte f superior; MIL alça f; (*Schulaufsatz*) reda(c)ção f; (*Zeitungsaufsatz*) artigo m; LIT estudo m, ensaio m
'aufsaugen chupar; absorver (*a. fig*) **aufschauen** levantar os olhos **aufscheuchen** espantar; afugentar **aufschichten** ⟨-e-⟩ empilhar **aufschieben** adiar **aufschießen** ⟨s.⟩ brotar, desabrochar, espigar; crescer rapidamente; *Strahl* jorrar
'Aufschlag M̄ golpe m; *Wasser* queda m; (*Geschoss*) ricochete m; (*Bombe*) impacto m; SPORT serviço m; (*Ärmelaufschlag*) canhão m; *Tasche:* pala f; (*Zuschlag*) suplemento m, excesso m; (*Preisaufschlag*) aumento m; (*Steueraufschlag*) direito m adicional; levantamento m; *Auktion:* lanço m; *bras* lance m **aufschlagen** A V̄T abrir; *stärker:* arrombar; *Augen* levantar; *Bett* armar; *Decke* tirar; *Lager* assentar, estabelecer; *Wohnsitz* fixar; *Karte* virar; *Zelt* erguer, armar; **auf e-n Preis ~** aumentar um preço por B̄ V̄I ⟨s.⟩ 1 dar (**auf** *akk* contra); embater; *bras* dar batida 2 SPORT servir
'aufschließen A V̄T abrir (com chave) B̄ V̄I 1 cerrar filas 2 (*vorrücken*) avançar; SPORT **zu j-m ~** juntar-se a alg
'aufschlitzen ⟨-t⟩ rasgar; fender; abrir
'Aufschluss M̄ explicação f; esclarecimento m; GEOL afloração f
'aufschlüsseln decifrar; repartir
'aufschlussreich instrutivo, elucidativo
'aufschnappen apanhar; *fig a.* ouvir dizer
'aufschneiden A V̄T cortar, talhar; *Wurst* partir B̄ V̄I *fig* exagerar; gabar-se, dizer petas **Aufschneider** M̄ fanfarrão m, gabarola m **Aufschneide'rei** F fanfarronice f, gabarolice f; peta f
'Aufschnitt M̄ ⟨-(e)s; *o. pl*⟩ MED incisão f; **kalter ~** carnes fpl frias; *bras* frios mpl
'aufschnüren (*befestigen*) atar; (*öffnen*) desatar, desligar; desenlaçar **aufschrauben** (*befestigen*) aparafusar; (*öffnen*) desaparafusar, desataraxar; (*lockern*) soltar **aufschrecken** V̄T ⟨h.⟩, V̄I ⟨s.⟩ assustar(-se), sobressaltar(-se) **Aufschrei** M̄ grito m **aufschreiben** escrever; assentar; **sich** (*dat*) **~** notar, tomar nota (*od* apontamento) de; **j-n ~** (*polizeilich*) autuar **aufschreien** soltar um grito **Aufschrift** F sobrescrito m; título m; letreiro m; dístico m; (*Briefaufschrift*) endereço m, dire(c)ção f; (*Etikett*) rótulo m; *bras a.* etiqueta f; *Stein:* inscrição f, epígrafe f **Aufschub** M̄ prorrogação f, adiamento m, dilação f; **ohne ~** sem delongas fpl **aufschürfen** escoriar **aufschütteln** ⟨-le⟩ sacudir
'aufschütten ⟨-e-⟩ deitar (**auf** *akk* em); (*anhäufen*) amontoar, armazenar; *Damm* levantar **Aufschüttung** F aterro m
'aufschwatzen ⟨-t⟩ umg impingir; **sich** (*dat*) **etw ~ lassen** *a.* deixar-se intruiar (*od* enganar, *od bras* explorar) **aufschwemmen** inchar **aufschwingen** V̄R **sich ~** levantar voo (*bras* *ô); subir, *a. fig* elevar-se (**zu** *a*); **zu e-r Tat:** resolver-se a **Aufschwung** M̄ *fig* desenvolvimento m; prosperidade f; WIRTSCH conjuntura f; *a. Turnübung:* elevação f; **e-n ~ nehmen** prosperar
'aufsehen V̄I levantar os olhos; olhar

para cima **'Aufsehen** N ~ **erregen** causar sensação (od unliebsames barulho) **aufsehenerregend** sensacional **'Aufseher(in)** M(F) Gefängnis: guarda m/f; Personal: apontador(a) m(f) **'aufsetzen** ⟨-t⟩ pôr; schriftlich: redigir; escrever; Miene fazer; **sich ~** endireitar-se **'Aufsicht** F ⟨o. pl⟩ inspe(c)ção f; supervisão f; fiscalização f; **~ führen** ter a supervisão **Aufsichtsamt** N, **Aufsichtsbehörde** F departamento (od serviço) de inspe(c)ção f **Aufsichtsrat** M WIRTSCH conselho m fiscal **'aufsitzen** ⟨s.⟩ montar (a cavalo); TECH sobressair; **j-m ~** ser ludibriado (od enganado) por; **j-n ~ lassen** faltar a encontro (od compromisso) com alg **aufsitzend** sobressaliente **aufspalten** ⟨-e-⟩ fender; CHEM PHYS cindir **aufspannen** estender; Schirm abrir **aufsparen** guardar, poupar
'aufspeichern ⟨-re⟩ armazenar; fig acumular **Aufspeicherung** F armazenagem f; acumulação f
'aufsperren escancarar; abrir de par em par; **Mund und Nase ~** umg ficar embasbacado **aufspielen** MUS tocar; **sich ~** umg dar-se importância; **sich ~ als** arvorar-se em **aufspießen** espetar **aufsplittern** ⟨-re⟩ estilhaçar **aufspringen** ⟨s.⟩ saltar; levantar-se num pulo; (sich öffnen) abrir(-se); (platzen) rebentar; Haut gretar **aufspulen** dobar, (en)sarilhar **aufspüren** V/T descobrir; seguir a pista (od o rasto) de, Hund a. farejar **aufstacheln** ⟨-le-⟩ aguilhoar; incitar, instigar **aufstampfen** bater com o(s) pé(s) **'Aufstand** M tumulto m; (Empörung) insurreição f, rebelião f, revolta f **aufständisch** insurre(c)to, sedicioso
'aufstapeln ⟨-le-⟩ amontoar, empilhar; HANDEL armazenar **aufstechen** picar; furar; a. MED abrir **aufstecken** A V/T segurar (bras prender) com alfinete; (Haare) apanhar; bras prender B V/I fig desistir **aufstehen** ⟨s.⟩ levantar-se; fig a. surgir; gegen j-n a.: sublevar-se, insurgir-se; (offen sein) estar aberto
'aufsteigen ⟨s.⟩ subir (a. beruflich), elevar-se; fig a. ascender; FLUG descolar; Strahl jorrar **aufsteigend** ADJ ascendente **Aufsteiger** M (Mannschaft) equipa f ascendente

'aufstellen colocar, pôr; TECH montar; MIL **(sich) ~** formar; Sport, Mannschaft a. compor; Denkmal erguer; Grundsatz, Rekord estabelecer; Falle armar; Liste organizar; Behauptung, Rechnung fazer; Kandidaten apresentar; Zeugen a. produzir **Aufstellung** F colocação f; TECH montagem f; MIL formação f, disposição f; apresentação f; (Darstellung) exposição f; relação f; (Übersicht) lista f, mapa m, quadro m; bras a. rol m; **~ der Kosten** orçamento m
'aufstemmen (aufbrechen) arrombar; (aufstützen) apoiar (**auf** dat em)
'Aufstieg ['aʊfʃtiːk] M ⟨-(e)s; -e⟩ subida f; ascensão f; fig progresso m; elevação f; WIRTSCH prosperidade f
'aufstöbern ⟨-re⟩ Tier desaninhar; fig descobrir **aufstocken** ARCH construir mais um (od vários) andar(es), sobreedificar; WIRTSCH, FIN aumentar o estoque (od capital) **aufstören** espavorir; enxotar; espantar **aufstoßen** A V/T arrombar B V/I 1 ⟨s.⟩ dar contra 2 (rülpsen) arrotar 3 fig umg (auffallen) **j-m unangenehm ~** parecer mal a alg
'aufstreben erguer-se; **~ zu** aspirar a, ambicionar **aufstrebend** ADJ ascendente, progressivo; ambicioso **aufstreichen** Butter pôr, barrar; Farbe aplicar **aufstreuen** deitar, espalhar **aufstülpen** ['aʊfʃtʏlpən] armar; tapar; Hut pôr **aufstützen** ⟨-t⟩ apoiar (**auf** akk em); **die Ellenbogen ~** apoiar os cotovelos **aufsuchen** procurar; **j-n ~** ir ter com alg **auftakeln** ⟨-le-⟩ SCHIFF aparelhar; fig umg **(sich) ~** vestir(-se) espaventosamente (bras espalhafatosamente)
'Auftakt M MUS ársis f; (Zeichen) sinal m; fig prelúdio m, princípio m
'auftanken reabastecer-se de combustível; **Kräfte ~** ganhar novas forças **auftauchen** ⟨s.⟩ surgir, emergir, aflorar; aparecer, assomar **auftauen** V/T derreter B V/I ⟨s.⟩ a. descongelar; fig j-d começar a sentir-se mais à vontade
'aufteilen repartir; distribuir; AGR parcelar **Aufteilung** F repartição f, AGR a. parcelamento m; distribuição f
'auftischen servir; pôr na mesa; fig Geschichte contar; mentir
'Auftrag ['aʊftraːk] M ⟨-(e)s; ≃e⟩ encargo

AUFZ

m; HANDEL ordem f, encomenda f; pedido m (**auf** *akk* de); (*Aufgabe*) missão f, tarefa f; comissão f; *Farbe:* demão f; **im ~ von** por incumbência f de; da parte de; HANDEL por poder; *j-s:* por ordem de; por, pelo, pela **auftragen** *Essen* servir, trazer; *Farbe* aplicar; **dick, stark ~** carregar; (*befehlen*) dar ordem (**zu** de); *fig* exagerar

'**Auftraggeber** M̄ JUR comitente m; HANDEL cliente m **Auftragnehmer** ['aʊftraˌkneːmɐ] M̄ mandatário m **Auftragsbestand** M̄ carteira f de encomendas **Auftragsbestätigung** F̄ confirmação f de encomenda **auftragsgemäß** conforme ao seu pedido *etc*

'**auftreiben** (*aufwirbeln*) levantar; (*aufblähen*) inchar; *umg* (*finden*) descobrir, encontrar; *Geld* arranjar **auftrennen** V̄T descoser, desmanchar, desfazer **auftreten** A V̄T (*öffnen*) arrombar com os pés B V̄T (*Benehmen*) pôr o pé no chão; *fig* ⟨s.⟩ (*sich benehmen*) comportar-se, proceder; (*erscheinen*) apresentar-se; aparecer; MED *a.* surgir, declarar-se, produzir-se; THEAT representar; (*auf die Bühne kommen*) entrar (em cena); **~ als** fazer o papel de **Auftreten** N̄ (*Benehmen*) comportamento m; maneiras *fpl*, conduta f; (*Erscheinen*) aparição f; THEAT entrada f (em cena); THEAT procedimento m **Auftritt** M̄ cena f; *j-s:* entrada f (em cena) **auftrumpfen** teimar; querer impor-se **auftun** abrir; *Essen* servir; *umg* (*finden*) encontrar, arranjar **aufwachen** ⟨s.⟩ acordar, despertar **aufwachsen** ⟨s.⟩ crescer, criar-se

'**aufwallen** ⟨s.⟩ ferve(sce)r, borbulhar; *fig* exaltar-se **Aufwallen** N̄, **Aufwallung** F̄ ebulição f; *fig* exaltação f; impulso m

'**Aufwand** M̄ ⟨-(e)s; *o. pl*⟩ (*Kosten*) despesas *fpl*; (*Luxus*) luxo m; (*Verbrauch*) gasto m; **~ an Kraft** esforço m; **großen ~ treiben** gastar muito, levar uma vida dispendiosa **Aufwandsentschädigung** F̄ verba f destinada para despesas '**aufwärmen** (*tornar a*) aquecer; (**wieder**) **~** *fig umg* voltar a falar de '**aufwarten** ⟨-e-⟩ *j-m* servir; **mit etw ~ können** saber fazer *a/c*, ter *a/c*

'**aufwärts** ['aʊfvɛrts] ADV para cima **Aufwärtsbewegung** F̄ movimento m ascensional; subida f; *Börse a.:* alta f

'**Aufwartung** F̄ serviço m; **j-m seine ~ machen** *geh* apresentar os seus cumprimentos a alg

'**Aufwasch** ['aʊfvaʃ] M̄ ⟨-(e)s; *o. pl*⟩ *umg* louça f suja; **etw in e-m ~ machen** fazer *a/c* de seguida, fazer de uma vez **aufwaschen** lavar

'**aufwecken** despertar, acordar; *a.* → aufgeweckt **aufweichen** ⟨h.⟩, V̄T ⟨s.⟩ amolecer; diluir(-se); *Weg* encharcar **aufweisen** V̄T mostrar, acusar; HANDEL *Saldo* apresentar

'**aufwenden** ⟨-e-⟩ gastar; empregar **Aufwendung** F̄ gasto m; dispêndio m, emprego m; *pl a.* despesas *fpl*

'**aufwerfen** levantar; *Graben* cavar; *Frage* fazer; **sich ~ zu, sich ~ als** arvorar-se em; *a.* → aufgeworfen

'**aufwerten** ⟨-e-⟩ revalorizar **Aufwertung** F̄ revalorização f; deflação f

'**aufwickeln** ⟨-le-⟩ enrolar; enovelar, dobar

'**aufwiegeln** ['aʊfviːɡəln] ⟨-le-⟩ sublevar, amotinar **Aufwieg(e)lung** F̄ amotinação f

'**aufwiegen** contrapesar; *fig* compensar; **mit Gold ~** pagar a peso de ouro; **nicht mit Gold aufzuwiegen** impagável; *bras* não ter preço **Aufwiegler** M̄ sedicioso m, agitador m, subversivo m **aufwieglerisch** sedicioso, agitador, subversivo

'**Aufwind** M̄ vento m ascendente **aufwinden** retorcer, destorcer; (*hochwinden*) guindar **aufwirbeln** ⟨-le-⟩ A V̄T levantar; *fig Staub* **~** causar sensação B V̄T ⟨s.⟩ levantar-se, remoinhar **aufwischen** limpar; (*trocknen*) enxugar **aufwühlen** revolver, remexer; *fig* comover **aufwühlend** *fig* comovente

'**aufzählen** ⟨-e-⟩ *Geld* contar; **im Einzelnen ~** especificar **Aufzählung** F̄ enumeração f; contagem f

'**aufzäumen** enfrear **aufzehren** consumir

'**aufzeichnen** ⟨-e-⟩ desenhar, esboçar; (*notieren*) anotar, apontar **Aufzeichnung** F̄ desenho m; nota f, apontamento m; memorial m; TV transmissão f dife-

rida
'**aufzeigen** indicar; apresentar
'**aufziehen** A VT 1 puxar para cima; *Vorhang* correr; *im Theater:* levantar; *Perlen* enfiar; *Schublade* abrir; *Segel, Flagge* içar; *Uhr* dar corda a; *Saiten* pôr; **andere** (*od* **stärkere**) **Saiten ~** mudar de tom 2 *Kinder* criar (*a. Vieh*), educar 3 *fig etw ~* organizar 4 (*verspotten*) entrar com, fazer troça de B VI ⟨s.⟩ *Gewitter* levantar-se
'**Aufzucht** F ⟨*o. pl*⟩ criação f; BOT cultura f **Aufzug** M (*Aufmarsch*) desfile m; (*Festzug*) cortejo m, REL procissão f; THEAT a(c)to m; (*Fahrstuhl*) elevador m; (*Lastenaufzug*) monta-cargas m; (*Drahtseilbahn*) teleférico m; (*Kleidung*) traje m
aufzwingen impor; impingir
'**Augapfel** ['aʊkapfəl] M globo m do olho; *bras* globo m ocular
'**Auge** ['aʊgə] N ⟨-s; -n⟩ olho m; (*Sicht*) vista f; BOT gomo m; *Würfel:* ponto m; *fig* **blaues ~** olho m negro; **mit bloßem ~** a olho nu; **~ in ~** cara a cara; **ein ~ auf** (*akk*) **haben** trazer debaixo de olho; (*bewachen*) olhar por; não perder da vista; **ein ~ werfen auf** (*akk*) dar uma olhadela (*bras* olhadinha) a; *fig* interessar-se por; **ein ~ für etw haben** ter jeito (*od* sensibilidade) para a/c; ter o (a/c) em mira (*a. fig*) **ein ~ zudrücken** desculpar; fazer vista grossa a; *bras* fechar um olho; **aus den ~n verlieren** perder de vista; **nicht aus den ~n lassen** não tirar os olhos de; não perder de vista; **aus den ~n, aus dem Sinn** longe da vista, longe do coração; **im ~ behalten** não perder de vista; **ins ~ fallen** dar na vista; **fest ins ~ sehen** fitar (j-m alg) nos olhos; *e-r Gefahr:* enfrentar, encarar; **ins ~ springen** saltar à vista; **kein ~ zutun, zumachen** não pregar olho; **mit e-m blauen ~ davonkommen** escapar por uma unha negra (*bras* um triz); **das passt wie die Faust aufs ~** falo em alhos e tu responderes em bugalhos; **große ~n machen** arregalar os olhos; **j-m die ~n öffnen** abrir os olhos a alg; **j-m Sand in die ~n streuen** deitar poeira nos olhos de alg; **unter vier ~n** a sós; **nicht die Hand vor ~n sehen** não ver um palmo diante do nariz; **j-m wird schwarz vor ~n** alg perde os sentidos, alg tonteia
'**Augenarzt** M, **Augenärztin** F oftalmologista m/f **Augenblick** M ⟨-(e)s; -e⟩ momento m, instante m; **im ~** neste momento; (*schnell*) num instante; (*sofort*) já; **jeden ~** de um momento para outro, a qualquer momento **augenblicklich** A ADJ momentâneo, instantâneo; (*gegenwärtig*) a(c)tual B ADV num instante **Augenbraue** F sobrancelha f **Augenbrauenstift** M lápis m para sobrancelha **Augenentzündung** F inflamação f dos olhos, oftalmia f **augenfällig** evidente, manifesto **Augenglas** N *österr* (*Brille*) óculos mpl **Augenheilkunde** F ⟨*o. pl*⟩ oftalmologia f **Augenhöhle** F órbita f do olho **Augenklappen** FPL (*Pferd*) ant(e)olhos mpl **Augenklinik** F clínica f oftalmológica **Augenlicht** N ⟨-(e)s; *o. pl*⟩ vista f **Augenlid** N pálpebra f **Augenmaß** N ⟨-es; *o. pl*⟩ medida f ocular; **nach ~** a olho; **gutes ~ haben** ter a vista acertada **Augenmerk** N ⟨-(e)s; *o. pl*⟩ atenção f; **sein ~ auf** (*akk*) **richten** alvejar (a/c); ter (a/c) em mira (*a. fig*) **Augennerv** M nervo m ó(p)tico **Augenringe** MPL olheiras fpl **Augenschein** M ⟨-(e)s; *o. pl*⟩ aparência f, vista f; **in ~ nehmen** observar, *näher:* examinar **augenscheinlich** A ADJ evidente B ADV aparentemente; pelos vistos **Augenspiegel** M oftalmoscópio m **Augentäuschung** F ilusão f ó(p)tica **Augentropfen** MPL gotas f oftálmicas **Augenwasser** N ⟨-s; *o. pl*⟩ MED soluto m oftálmico; colírio m líquido **Augenweide** F deleite m para dos olhos **Augenwimper** F pestana f **Augenwinkel** M canto m do olho **Augenzeuge** M testemunha f ocular **Augenzwinkern** N ⟨-; *o. pl*⟩ piscar m de olhos
Au'gust [aʊˈɡʊst] M ⟨-(s); -e⟩ Agosto m; **im ~** em Agosto **Augus'tiner** [aʊɡʊsˈtiːnər] M (*Mönch*) agostinho m
Aukti'on [aʊktsɪ̯oːn] F leilão m **Aukti'onator** [aʊktsɪ̯onaˈtoːr] M ⟨-s; -'toren⟩ leiloeiro m
'**Aula** ['aʊla] F ⟨-; Aulen *u.* -s⟩ sala f de a(c)tos, salão m nobre
aus [aʊs] A PRÄP ⟨*dat*⟩ 1 *örtlich, zeitlich, Herkunft:* de; *Stoff:* feito de, feito com; em; (*hinaus*) por; *Anzahl:* **~ ...** (**heraus** de) **entre ...**; **~ e-m Abstand von** a uma distância de; **~ e-m Glas trinken** beber pelo mesmo copo 2 *Grund:* por; **~**

Furcht de (*od* por) medo ③ *Mittel, Art*: a; **~ allen Kräften, ~ vollem Halse** a toda a força ⑧ ADV ① **von ... ~** de, desde ② **~ sein** (*zu Ende sein*) ter (*od estar*) terminado, ter (*od estar*) acabado; **es ist (alles) ~** acabou-se (tudo); **es ist ~ mit ihm** está perdido (*od* acabado) ③ *fig* **auf etw** (*akk*) **~ sein** ter a/c em vista

Aus N̄ ⟨-; *o. pl*⟩ SPORT saída f em falso; *bras* fora *m*

'**ausarbeiten** ⟨-e-⟩ elaborar; *Schriftstück a.* redigir; (*vervollkommnen*) aperfeiçoar **Ausarbeitung** F̄ elaboração f; reda(c)ção f; aperfeiçoamento *m*

'**ausarten** ⟨-e-; s.⟩ degenerar, acabar (**zu** em)

'**ausatmen** ⟨-e-⟩ expirar; *Duft* exalar **Ausatmen** N̄, **Ausatmung** F̄ expiração f

'**ausbaden** ⟨-e-⟩ *fig umg* pagar as favas

'**ausbaggern** ⟨-re⟩ escavar; *nass*: dragar, desassorear

'**Ausbau** M̄ ⟨-(e)s; -ten⟩ ARCH acabamento *m* (*od* amplificação f) de uma construção; (*Erweiterung*) extensão f; alargamento; (*Nutzung*) exploração f; *fig Beziehungen*: intensificação f

'**ausbauen** V̄T completar; (*erweitern*) alargar, ampli(fic)ar; (*nutzen*) explorar; *fig* estender; desenvolver; intensificar **ausbaufähig** explorável

'**ausbessern** ⟨-re⟩ reparar, consertar, compor; *bras* arrumar; *Bild* restaurar; (*flicken*) remendar **Ausbesserung** F̄ conserto *m*, reparação f, emenda f; *Bild*: restauração f

'**ausbeulen** desamolgar; abaular

'**Ausbeute** F̄ produto *m*; rendimento f *a.* HANDEL lucro *m* **ausbeuten** ⟨-e-⟩ explorar; *fig. a. umg* depenar **Ausbeuter** M̄ explorador *m* **Ausbeutung** F̄ exploração f

'**ausbezahlen** ⟨-⟩ pagar **Ausbezahlung** F̄ pagamento *m*

'**ausbilden** ⟨-e-⟩ preparar, instruir; (**sich**) **~** formar(-se) (**zu** *akk*; **in** *dat* em); *Fähigkeit* desenvolver **Ausbilder(in)** M̄|F̄ instrutor(a) *m*(f)

'**Ausbildung** F̄ preparação f, instrução f, *besondere*: especialização f **Ausbildungslager** N̄ campo *m* de instrução **Ausbildungslehrgang** M̄ curso *m* de formação

'**ausbitten** V̄R **sich** (*dat*) **etw von j-m ~** pedir a/c a alg; exigir **ausblasen** soprar, apagar; extinguir **ausbleiben** V̄I ⟨s.⟩ não vir, deixar de vir; faltar; *lange a.*: tardar a vir, demorar(-se) **Ausbleiben** N̄ falta f, não comparência f, ausência f; demora f **Ausblick** M̄ vista f, panorama *m*; *a. fig* perspectiva f (**auf, in** *akk* de) **ausbluten** (*aufhören zu bluten*) deixar de perder sangue; (*leer bluten*) perder todo o sangue, morrer sangrando; *fig* perder todos os bens, ficar sem nada **ausbohren** furar, esburacar, brocar, escarear **ausbooten** ['ausbo:tən] ⟨-e-⟩ desembarcar; *fig* afastar; eliminar **ausborgen** pedir emprestado

'**ausbrechen** Ⓐ V̄T arrancar; quebrar; *Essen* vomitar; **sich** (*dat*) **e-n Zahn ~** quebrar um dente Ⓑ V̄I ⟨s.⟩ ❶ (*fliehen*) evadir-se (**aus** de); *Feuer, Krankheit* declarar-se; *bras* surgir; *Krieg* rebentar; *Vulkan* entrar em a(c)tividade; **~ in** (*akk*) romper em; **in Gelächter/Tränen ~** desatar a rir/chorar

'**ausbreiten** ⟨-e-⟩ estender, propagar; *fig a.* divulgar, espalhar, propagar **Ausbreitung** F̄ ⟨*o. pl*⟩ extensão f, divulgação f, propagação f, difusão f

'**ausbrennen** Ⓐ V̄T consumir pelo fogo; MED cauterizar Ⓑ V̄I ⟨s.⟩ ❶ *Feuer* extinguir-se, apagar-se ❷ *Gebäude* ficar com o interior destruído (*od* consumido) pelo fogo

'**Ausbruch** M̄ erupção f; (*Flucht*) evasão f; *Gefühl*: ímpeto *m*, arrebatamento *m*, transporte *m*; *Krankheit*: princípio *m*; *Krieg*: eclosão f; **zum ~ kommen** explodir; eclodir; rebentar

'**ausbrüten** ⟨-e-⟩ chocar; *fig* planear **Ausbuchtung** ['ausbʊxtʊŋ] F̄ baía f; sinuosidade f **ausbügeln** ⟨-le⟩ passar a ferro; *Naht* abrir; *fig umg* arranjar **Ausbund** M̄ **ein ~ an ... sein** ser de um(a) ... exemplar

'**ausbürgern** V̄T ⟨-re⟩ expatriar; exilar **Ausbürgerung** F̄ expulsão f; perda f da nacionalidade

'**ausbürsten** ⟨-e-⟩ escovar

'**auschecken** ['aʊstʃɛkən] V̄I FLUG desembarcar '**Auschecken** ['aʊstʃɛkən] N̄ ⟨*o. pl*⟩ FLUG desembarque *m*

'**Ausdauer** F̄ ⟨*o. pl*⟩ resistência f; *geistige*: perseverança f **ausdauernd** ADJ resistente; perseverante; *a.* BOT persistente, perene

'ausdehnbar elástico; PHYS dilatável; *fig* ~ **auf** (*akk*) extensível a **ausdehnen** dilatar; *fig* estender; (*weiten*) alargar; *a.* → ausgedehnt **Ausdehnung** F (*Ausmaß*) extensão *f*; dimensão *f*, tamanho *m*; PHYS dilatação *f*; POL expansão *f*

Ausdehnungs... IN ZSSGN expansivo

'ausdenken idear; **sich** ~ (*dat*) ~ imaginar; inventar; **sich** ~ **können** calcular, fazer ideia (*bras* *é); **nicht auszudenken!** nem pensar nisso! **ausdeuten** ⟨-e-⟩interpretar, explicar **ausdörren** (des)secar **ausdrehen** *Licht* apagar **ausdreschen** *Getreide* de(s)bulhar

'Ausdruck[1] M ⟨-(e)s; ⸚e⟩ expressão *f*; (*Wort*) *a.* termo *m*; (*Satz*) frase *f*; (*Sprechweise*) di(c)ção *f*; *etw* **zum** ~ **bringen**, e-r **Sache** (*dat*) ~ **geben** exprimir a/c, manifestar a/c

'Ausdruck[2] M ⟨-(e)s; -e⟩ IT impressão *f* **ausdrucken** IT imprimir

'ausdrücken espremer; *fig* exprimir, manifestar **ausdrücklich** A ADJ expresso; (*ernst*) formal B ADV expressamente; (*deutlich*) claramente

'Ausdruckskraft F ⟨o. *pl*⟩ poder *m* de expressão; expressividade *f* **ausdruckslos** ⟨-este⟩ sem expressão **ausdrucksvoll** expressivo **Ausdrucksweise** F estilo *m*; modo *m* de exprimir-se

'ausdünsten ⟨-e-⟩ evaporar; exalar; *Haut* transpirar; ~ **lassen** pôr ao ar, ventilar **Ausdünstung** F exalação *f*, transpiração *f*

ausei'nander ADJ & ADV separados, *f* -as **auseinanderbringen** (conseguir) separar; *Personen a.* desunir **auseinanderfallen** despedaçar-se; cair em pedaços; desfazer-se **auseinanderfalten** desfraldar; desdobrar; (*explodieren*) ir pelos ares **auseinandergehen** *etw* desmanchar-se; *Linien, Personen* separar-se, *a. Meinungen* divergir **auseinanderhalten** manter separados; *fig* distinguir, não confundir **auseinanderlaufen** dispersar(-se); PHYS divergir **auseinanderleben** V/R **sich** ~ afastar-se; distanciar-se **auseinandernehmen** desfazer, descompor, desmanchar; TECH desmontar **auseinan-**

derreißen rasgar **auseinanderrücken** separar(-se) *od* afastar(-se) um do outro

ausei'nandersetzen ⟨-t-⟩ (*trennen*) separar; (*erklären*) explicar; **sich** ~ **mit** discutir com; ocupar-se com (*od* de) **Auseinandersetzung** F 1 (*Streit*) discussão *f*; disputa *f*; *bewaffnete*: conflito *m*, guerra *f*, 2 (*Erklärung*) explicação *f*; (*Beschäftigung*) estudo *m*

ausei'nanderziehen esticar, estirar **'auserkoren** ['aʊsˈʔɛrkoːrən], **auserlesen** escolhido, eleito; (*ausgezeichnet*) sele(c)to, excelente; primoroso **ausersehen** ⟨-⟩; **auserwählen** ⟨-⟩ escolher, eleger; destinar (**zu** para)

'ausfahren A V/T 1 *Krallen* mostrar; FLUG *Fahrgestell* baixar 2 *j-n* levar para um passeio (de carro) 3 *Kurve* seguir na (*od* pela sua) mão, seguir na curva B V/I ⟨s.⟩ (*spazieren fahren*) levar a dar um passeio (de carro); SCHIFF largar; BERGG ascender **'Ausfahrt** F saída *f*; (*Spazierfahrt*) passeio *m* (de carro)

'Ausfall M queda *f*; *Motor*: paragem *f*; avaria *f*; (*Angriff*) invectiva *f*; MIL surtida *f*; (*Ausbleiben*) falta *f*; (*Verlust*) perda *f*; FIN défice *m*; MIL baixa *f*; (*Ergebnis*) resultado *m*; (*Nichtstattfinden*) não-realização *f*, *des Unterrichts*: feriado *m* **ausfallen** ⟨s.⟩ *Haare* cair; *gut, schlecht*: sair; (*wegfallen*) faltar; não entrar; (*nicht stattfinden*) *f*; não se realizar; ~ **lassen** *Stunde* não dar; BAHN não circular; *vorübergehend*: (*a. Dienst*) ficar suspenso; MIL baixar uma surtida; *Fechtkunst*: cair a fundo; *a.* → ausgefallen **ausfallend** ADJ *fig* agressivo; injurioso

'ausfällig insolente; inve(c)tivo; **gegen j-n** ~ **werden** insultar alg

'Ausfallstraße F, **Ausfalltor** N saída *f* **Ausfallwinkel** M ângulo *m* de reflexão

'ausfasern V/T (& V/I) ⟨-re⟩ desfiar(-se); esgarçar **ausfechten** V/T decidir pelas armas; *fig* conseguir; discutir **ausfegen** varrer **ausfeilen** limar; *fig a.* dar o último retoque em

'ausfertigen lavrar, exarar; *Quittung* passar **Ausfertigung** F reda(c)ção *f*, exaração *f*; despacho *m*; **in doppelter** ~ em duplicado

'ausfindig ~ **machen** descobrir; averiguar **ausfliegen** ⟨s.⟩ levantar voo (bras *ô); sair do ninho; voar; *fig umg* sair **ausfließen** ⟨s.⟩ sair, escorrer; emanar **Ausflucht** F ⟨-; ≠e⟩ pretexto m, subterfúgio m **Ausflug** M excursão f, passeio m **Ausflügler** ['ausfly:glɐr] M excursionista m; turista m **Ausfluss** M escoadouro m; (*Abfluss*) esgoto m; (*Mündung*) embocadura f; MED segregação f, fluxo m; corrimento m; PHYS emanação f; *fig* a. resultado m, produto m **ausforschen** *etw* indagar; *j-n* sondar **ausfragen** interrogar **ausfransen** ['ausfranzən] ⟨-t⟩ desfiar **ausfräsen** ⟨-t⟩ fresar **ausfressen** comer tudo; *umg fig etw* ~ fazer (das suas)

'**Ausfuhr** ['ausfu:r] F exportação f **Ausfuhr...** IN ZSSGN meist de exportação; (*exportierend*) exportador

'**ausführbar** ['ausfy:rba:r] realizável, exeqüível; *schwer etc*: de realizar, de executar; HANDEL executável **ausführen** *j-n* levar para um passeio; HANDEL *Waren* exportar; *Auftrag* executar; *Plan* realizar; (*darlegen*) expor; falar sobre

'**ausführlich** ['ausfy:rlıç, aus'fy:rlıç] pormenorizado, minucioso **Ausführlichkeit** [aus'fy:rlıçkaıt] F ⟨*o. pl*⟩ minuciosidade f

'**Ausfuhrort** M lugar m de origem
'**Ausführung** F *Auftrag*: execução f; *Bau*: construção f; *Plan*: realização f; *Ware*: exportação f; (*Darlegung*) exposição f; (*Aufmachung*) apresentação f

'**Ausfuhrverbot** N proibição f de exportação

'**ausfüllen** (pre)encher; *Amt* desempenhar; *Lücke* suprir; *Stelle, Zeit* ocupar

'**Ausgabe** F *Geld*: despesa f; (*Aushändigung*) entrega f; *Aktien, Banknoten, Marken*: emissão f; *Briefe, Lebensmittel*: distribuição f; *Bücher, Zeitungen*: edição f; **die neueste ~** a última edição **Ausgabeschalter** M, **Ausgabestelle** F entrega f, despacho m

'**Ausgang** M ⟨-(e)s; ≠e⟩ saída f; *fig* desenlace m, fim m, desfecho m; (*Erfolg*) resultado m, êxito m **Ausgangspunkt** M ponto m de partida **Ausgangssperre** F proibição f de saída **Ausgangsstellung** F posição f inicial

'**ausgeben** gastar; (*aushändigen*) entregar; (*verteilen*) distribuir; *Aktien, Banknoten, Marken* emitir; *Fahrkarten* vender; **sich ~** esgotar-se; **sich für ... ~** fazer-se passar por, pretender ser

'**ausgebeult** ['ausgəbɔʏlt] amolgado, deformado; *bras* amassado

'**ausgebombt** ['ausgəbɔmpt] ~ **sein** ter perdido os haveres num bombardeamento (*bras* bombardeio) **ausgebucht** ['ausgəbu:xt] cheio **Ausgeburt** F ~ **der Hölle** coisa f infernal, coisa f diabólica **ausgedehnt** ['ausgəde:nt] ADJ *fig* extenso **ausgedient** ['ausgədi:nt] gasto; MIL inválido, veterano, *Offizier* reformado **ausgefahren** ADJ *Wegspur* gasto **ausgefallen** ADJ extravagante **ausgefeilt** elaborado; *fig* refinado **ausgefranst** ['ausgəfranst] desfiado **ausgleichen** ['ausgəglıçən] A PP v. → ausgleichen B ADJ equilibrado

'**ausgehen** Vi ⟨s.⟩ sair (*a. fig gut etc*); (*alle werden*) esgotar-se, acabar-se; *Atem, Kräfte* faltar; *Farbe* desbotar; AUTO desmaiar; *Feuer, Licht* apagar-se; *Haar* cair; **leer ~** ficar sem nada; **~ von** *fig* partir de

'**ausgehungert** esfomeado **ausgekocht** ['ausgəkɔxt] *fig* sabido, finório, malandro; *bras* matreiro **ausgelassen** ADJ *Kind* endiabrado; *Stimmung* divertido, animado **Ausgelassenheit** F alegria f, animação f **ausgeleiert** ['ausgəlaıɐrt] gasto **ausgemacht** ['ausgəmaxt] ADJ (*sicher*) certo; manifesto; *Schwindler etc* notório, consumado; ~**e Sache** f coisa f decidida **ausgemergelt** ['ausgəmɛrgəlt] *fig* extenuado **ausgenommen** ['ausgənɔmən] A PP v. → ausnehmen B PRÄP exce(p)to, menos, salvo C KONJ ~, **dass** a não ser que (*subj*) **ausgeprägt** ['ausgəprɛ:kt] ADJ marcado; cara(c)terístico **ausgerechnet** ['ausgərɛçnət] *umg* ADV precisamente **ausgeschlossen** ['ausgəʃlɔsən] A PP v. → ausschließen B INT ~! de modo algum!, de maneira nenhuma!, nunca!; ~ **sein** ser impossível **ausgesprochen** ['ausgəʃprɔxən] A PP v. → aussprechen B ADJ declarado; pronunciado C ADV realmente **ausgesucht** ['ausgəzu:çt] ADJ *a*. sele(c)to **ausgewachsen** ['ausgəvaksən] ADJ *j-d* adulto, feito; ZOOL, BOT desenvolvido **ausgewogen** ADJ equilibrado; harmonioso **ausgezeichnet** ['ausgətsaıçnət]

ADJ excelente, distinto, assinalado, insigne; *etw a.* primoroso **ausgiebig** ['aʊsgiːbɪç] abundante

'**ausgießen** verter, deitar; *bras* entornar; *Gefäß* vazar, esvaziar

'**Ausgleich** M ⟨-(e)s; -e⟩ compensação *f*; (*Einigung*) compromisso *m*, acordo *m*; FIN saldo *m*; *Budget:* equilíbrio *m*; SPORT empate *m* **ausgleichen** compensar, equilibrar, ajustar; (*ebnen*) aplanar, nivelar; FIN saldar, liquidar **Ausgleichsgetriebe** N diferencial *m* **Ausgleichssport** M ⟨-(e)s; *o. pl*⟩ desporto *m* corre(c)tivo **Ausgleichstor** N golo *m* de empate **Ausgleichsventil** N válvula *f* de transferência

'**ausgleiten** ⟨s.⟩ escorregar

'**ausgliedern** ⟨-re⟩ separar; eliminar **Ausgliederung** F separação *f*; eliminação *f*

'**ausgraben** desenterrar, *Leiche a.* exumar; *Ruinen* escavar **Ausgrabung** F escavação *f*; *Leiche:* exumação *f*

'**Ausguck** M ⟨-(e)s; -e⟩ mirante *m*; SCHIFF gávea *f*

'**Ausguss** M *Kanne:* bico *m*; (*Abfluss*) cano *m*, *Küche a.:* pia *f*

'**aushaken** desenganchar; desabrochar

'**aushalten** A VT resistir a; (*ertragen*) suportar, aguentar, aturar; (*erleiden*) sofrer; (*bezahlen für*) suster, sustentar, manter B VR perseverar, resistir; **nicht auszuhalten** insuportável

'**aushändigen** ['aʊshɛndɪɡən] entregar **Aushändigung** F entrega *f*

'**Aushang** M edital *m*; cartaz *m*; *Standesamt:* banhos *mpl*; *bras* proclamas *mpl*

'**aushängen** A VT expor; TECH desengonçar B VI estar exposto, estar pendurado; (*aufgeboten sein*) estar nos banhos (*bras* nos proclamas) **Aushängeschild** N tabuleta *f*; *Ware:* rótulo *m*

'**ausharren** perseverar, resistir

'**ausheben** tirar; *Graben* cavar; *Tür* desengonçar; *Verbrecher* prender **Aushebung** F cavação *f*; *polizeiliche:* prisão *f*

'**aushecken** chocar; *fig a.* tramar **ausheilen** ⟨s.⟩ curar; *Wunde* sarar **aushelfen** (*dat*) ajudar; socorrer

'**Aushilfe** F auxílio *m*; *Person:* auxiliar *m* **aushilfsweise** ADV provisoriamente

'**aushöhlen** ['aʊshøːlən] (es)cavar

'**ausholen** VI **zum Schlag ~** levantar o braço para bater; **weit ~** *fig* começar ab-ovo **aushorchen** sondar, examinar; MED auscultar **auskämmen** pentear; *Wolle* cardar; (*reinigen*) limpar (*a. fig*) **auskehlen** ['aʊskeːlən] TECH acanelar, encanelar **Auskehlung** F estria *f* **auskehren** varrer **auskennen** VR **sich in** (*dat*) **~** conhecer bem, ser versado em **ausklammern** (*fig*) excluir **Ausklang** M fim *m*, final *m*, desfecho *m*

'**auskleiden** ⟨-e-⟩ despir; ARCH **~ mit** forrar de, revestir de

'**ausklingen** ⟨s.⟩ perder-se, extinguir-se; *fig* **~ in** (*akk*) terminar em

'**ausklopfen** bater **Ausklopfer** M batedor *m*

'**ausklügeln** ⟨-le⟩ imaginar; planear; **sich** (*dat*) **etw ~** inventar a/c **auskneifen** *umg* ⟨s.⟩ safar-se **ausknipsen** *umg* apagar, desligar **ausknobeln** ⟨-le⟩ *umg* VT tirar à sorte; *fig* descobrir **auskochen** extrair por cozedura; ferver; *a.* → **ausgekocht auskommen** ⟨s.⟩ **mit etw ~** ter bastante de a/c, poder viver com a/c; **mit j-m ~** entender-se com alg, dar-se bem com alg **Auskommen** N meios *mpl*; **sein ~ haben** *a.* ter o suficiente **auskömmlich** ['aʊskœmlɪç] suficiente; *Gehalt a.* que dá para viver; *Leben* cómodo (*bras* *ô*) **auskosten** ⟨-e-⟩ *fig* gozar; saborear **auskramen** tirar; desenterrar, desentulhar; *fig a.* desabafar **auskratzen** ⟨-t-⟩ VT ra(s)par; *Augen* arranhar; MED raspar **auskriechen** ⟨s.⟩ sair do ovo **auskugeln** ⟨-le⟩ MED deslocar(-se); luxar **auskundschaften** ⟨-e-⟩ espiar, procurar saber; *Land* explorar; MIL reconhecer

'**Auskunft** F ⟨-; ⸚e⟩ informação *f*; **j-m e-e ~ erteilen** dar uma informação a alg **Auskunftsbüro** N → **Auskunftsstelle Auskunftspflicht** F dever *m* de informação **Auskunftsstelle** F (agência *f* de) informações *fpl*

'**auskuppeln** ⟨-le⟩ desengatar; AUTO desembraiar

'**auskurieren** ⟨-⟩ curar (por completo) '**auslachen** rir-se de; *bras a.* zombar de

'**ausladen** VT descarregar; SCHIFF *a.* desembarcar; *umg Gast* desconvidar **ausladend** ❶ ARCH majestoso ❷ *fig* Bewe-

gung expansivo **Ausladeplatz** M, **Ausladestelle** F descarregadouro m

'**Auslage** F *Waren*: exposição f (na montra); (*Schaufenster*) mostrador m; *Fechtkunst*: guarda f; HANDEL *meist pl* (*Unkosten*) despesas fpl

'**Ausland** N ⟨-(e)s; *o. pl*⟩ estrangeiro m; *bras a.* exterior m

'**Ausländer(in)** ['auslɛndɐ(rɪn)] M(F) estrangeiro m, -a f **ausländerfeindlich** xenófobo **ausländisch** estrangeiro; BOT exótico

'**Auslands...** IN ZSSGN *oft* (do) estrangeiro (*bras* exterior); no estrangeiro (*bras* exterior); para o estrangeiro (*bras* exterior) **Auslandsaufenthalt** M estadia f no estrangeiro (*bras* exterior) **Auslandsgespräch** N chamada f (*od* telefonema m) internacional **Auslandsreise** F viagem f ao estrangeiro (*bras* exterior) **Auslandsverschuldung** F dívida f externa

'**auslassen** (*weglassen*) omitir; deixar (em branco); (*schmelzen*) derreter; *Kleid* alargar, ensanchar; *Ärger* desabafar, desafogar (**an** *dat* com, contra); *Freude* dar largas a; **sich** ~ manifestar-se (**über** *akk* sobre); estender-se **Auslassung** F omissão f; GRAM *a.* elisão f; *amtliche*: nota f oficiosa; (*Äußerung*) declaração f; exteriorização f **Auslassungszeichen** N apóstrofo m

'**Auslauf** M saída f; *Kinder, Tiere*: liberdade f de movimentos (*od* de a[c]ção); SPORT *a.* carreira f de aterragem **auslaufen** ⟨s.⟩ sair; SCHIFF *a.* partir; *Farben* desbotar, alastrar; (*lecken*) vazar; (*enden*) acabar (**in** *akk* em), *Linien* vir a morrer, perder-se

'**Ausläufer** M BOT estolho m; ramificação f; *Gebirge*: prolongamento m

'**auslaugen** VIT CHEM lixiviar; meter na barrela

'**Auslaut** M som m final; **im** ~ no fim (da palavra) **auslauten** ⟨-e-⟩ ~ **auf** (*akk*) terminar em

'**ausleben** VR **sich** ~ gozar bem a vida; esgotar-se **auslecken** VIT lamber

'**ausleeren** vazar, esvaziar

'**auslegen** expor; *Geld* emprestar; pagar; *Minen* colocar; *Text* interpretar; ~ **mit** guarnecer; **etw mit Folie** ~ revestir a/c **Ausleger** M SCHIFF guiga f; TECH bra-

ço m; *Kran*: lança f **Auslegung** F interpretação f; exegese f **Auslegware** ['auslə:kva:rə] F alcatifa f

'**ausleiern** ⟨-re⟩ TECH gastar

'**ausleihen** emprestar; *aus e-r Bibliothek*: requisitar; **sich** (*dat*) **etw von j-m** ~ pedir a/c emprestado a alg

'**auslernen** terminar a sua preparação (profissional); **man lernt nie aus** está-se sempre a aprender

'**Auslese** F escolha f; sele(c)ta f; *edle a.* escol m **auslesen** escolher, sele(c)cionar; (*zu Ende lesen*) terminar (a leitura de); ler até ao fim

'**ausliefern** ⟨-re⟩ entregar; JUR extraditar **Auslieferung** F entrega f; JUR extradição f **Auslieferungs...** IN ZSSGN HANDEL de fornecimento, de entrega; JUR de extradição

'**ausliegen** estar exposto (à venda); estar na montra **auslöffeln** ⟨-le-⟩ comer com a colher; *umg fig* **die Suppe** ~ pagar as favas **ausloggen** ['auslɔgən] VR **sich** ~ desconec(c)tar-se **auslöschen** extinguir; apagar; *Wörter a.* riscar **auslosen** ⟨-t-⟩ tirar à sorte; sortear; rifar

'**auslösen** ⟨-t-⟩ desatar, soltar; *Gefangene* resgatar; *Pfand* desempenhar; *Schuss* disparar; *Wirkung* provocar **Auslöser** M FOTO disparador m, ELEK *a.* propulsor m; TECH alavanca f de desengate; *fig* o que desencadeia a/c; motivo m

'**Auslosung** F sorteio m; rifa f **Auslösung** F resgate m; FOTO, *Schuss*: disparo m; TECH desengate m; *Wirkung*: provocação f **auslüften** ⟨-e-⟩ arejar, ventilar **ausmachen** (*betragen*) ser; (*bilden*) formar; constituir; (*entdecken*) descobrir; (*löschen*) apagar; ELEK fechar, desligar; (*vereinbaren*) combinar; ajustar; **nichts** ~ não ter importância; *a.* → ausgemacht **ausmalen** pintar, colorir, ilustrar; *fig* **sich** (*dat*) ~ imaginar **Ausmarsch** M saída f **ausmarschieren** ⟨-⟩ marchar, sair **Ausmaß** N ⟨-es; -e⟩ extensão f; (*Format*) tamanho m; **in großem** ~ em grande escala **ausmerzen** ['ausmɛrtsən] ⟨-t-⟩ exterminar, eliminar **ausmessen** medir; mensurar **ausmisten** VIT ⟨-e-⟩ tirar o esterco (de); *a. umg fig* limpar **ausmustern** ⟨-re⟩ eliminar; MIL dispensar; reformar

'**Ausnahme** ['ausna:mə] F exce(p)ção f;

e-e ~ machen abrir uma exce(p)ção; **mit ~ von** a. exce(p)to **Ausnahme...** IN ZSSGN meist exce(p)cional **Ausnahmezustand** M POL a. estado m de emergência (bras de sítio) **ausnahmslos** sem exce(p)ção **ausnahmsweise** ADV por exce(p)ção, exce(p)cionalmente
'**ausnehmen** Eingeweide tirar, amanhar, (d)estripar; (ausschließen) exce(p)tuar; **sich gut/schlecht ~** ficar o/d apresentar-se bem/mal; a. → ausgenommen **ausnehmend** ADV particularmente
'**ausnutzen, 'ausnützen** ⟨-t⟩ aproveitar(-se de); stärker: explorar **Ausnutzung** F ⟨o. pl⟩ aproveitamento m; exploração f
'**auspacken** desempacotar, desembrulhar; Koffer desfazer; fig umg desabafar; confessar **auspeitschen** chicotear; fustigar **auspfeifen** apupar, assobiar **ausplaudern** ⟨-re⟩ divulgar, revelar **ausplündern** ⟨-re⟩ saquear, pilhar, despojar; fig roubar **auspolstern** ⟨-re⟩ estofar, acolchoar **ausposaunen** ⟨-⟩ divulgar, contar a toda a gente **ausprägen** cunhar, estampar; **sich ~** exprimir-se, manifestar-se; a. → ausgeprägt **auspressen** ⟨-t⟩ espremer; fig extorquir, roubar **ausprobieren** ⟨-⟩ provar; experimentar
'**Auspuff** M ⟨-(e)s; -e⟩ AUTO escape m; bras escapamento m **Auspuffgas** N gás m de escape **Auspuffrohr** N tubo m de escape **Auspufftopf** M AUTO silenciador m; silencioso m; Dampfmaschine: caixa f de escape
'**auspumpen** tirar com a bomba **auspunkten** ⟨-e-⟩ SPORT bater aos pontos, ganhar por pontos (contra alg) **auspusten** ⟨-e-⟩ apagar (soprando) **ausputzen** ⟨-t⟩ limpar; Bäume podar; (schmücken) ornamentar, enfeitar **ausquartieren** ['ausk̯vartiːrən] ⟨-⟩ desalojar **ausquetschen** espremer (a. fig) **ausradieren** ⟨-⟩ eliminar; MIL reformar **ausrangieren** ⟨-⟩ eliminar; MIL reformar **ausrasieren** ⟨-⟩ cortar, rapar **ausrauben** despojar, roubar **ausräuchern** ⟨-re⟩ (de)fumar; mit Pech: empezar; mit Schwefel: enxofrar; MED fumigar **ausräumen** despejar; tirar (as coisas de); arrumar; Wohnung etc desocupar
'**ausrechnen** ⟨-ne⟩ (**sich** dat) ~ calcu-lar, fazer o cálculo; computar; a. → ausgerechnet
'**Ausrede** F desculpa f, escusa f, pretexto m **ausreden** ⟨-e-⟩ A VIT **j-m etw ~** dissuadir alg de a/c B VII dizer tudo, terminar; **j-n (nicht) ~ lassen** (não) deixar alg falar
'**ausreichen** bastar, chegar **ausreichend** bastante, suficiente
'**ausreifen** ⟨s.⟩ amadurecer; maturar
'**Ausreise** F saída f **Ausreiseerlaubnis** F autorização f de saída **ausreisen** ⟨-t⟩ sair, partir **Ausreisevisum** N visto m de saída
'**ausreißen** A VIT arrancar B VII ⟨s.⟩ 1 Naht etc rasgar-se 2 umg (weglaufen) safar-se; aus Gefängnis: evadir-se **Ausreißer(in)** M(F) fugitivo m, -a f; evadido m, -a f; Jugendliche: jovem m/f que foge de casa
'**ausreiten** ⟨-e-⟩ sair a cavalo; bras fazer (od dar) uma cavalgada **ausrenken** ['ausrɛŋkən] deslocar; sich ⟨dat⟩ **die Schulter** etc ~ deslocar o ombro etc
'**ausrichten** ⟨-e-⟩ Auftrag executar; Botschaft dar; Grüße transmitir; Reihe acertar; MIL alinhar; (aufrichten) endireitar; (erreichen) conseguir; **~ auf** ⟨akk⟩, **~ nach** ⟨dat⟩ orientar por **Ausrichtung** F ⟨o. pl⟩ (Ausführung) execução f; (Übermittlung) transmissão f; MIL alinhamento m; fig orientação f
'**Austritt** M passeio m a cavalo **ausrollen** desenrolar; Teig estender; FLUG rolar (depois da ater(lss)agem) **ausrotten** ['ausrɔtən] ⟨-e-⟩ exterminar **Ausrottung** F exterminação f, extermínio m **ausrücken** A VIT TECH desengatar B VII ⟨s.⟩ MIL sair; umg (weglaufen) safar-se
'**Ausruf** M exclamação f; Straßenhandel: pregão f **ausrufen** exclamar; apregoar; Staatsform, j-n proclamar (**zum** a/c) **Ausrufer** M apregoador m; pregoeiro m; v. Zeitungen: ardina m **Ausrufezeichen** N ponto m de exclamação **Ausrufung** F proclamação f, aclamação f
'**ausruhen** VII & VIR (**sich**) ~ descansar
'**ausrupfen** Unkraut sachar, mondar; arrancar; ⟨dat⟩ **Federn** ~ depenar
'**ausrüsten** ⟨-e-⟩ fornecer; SCHIFF, MIL equipar, armar; SCHIFF (bemannen) tripular; TECH apetrechar; fig dotar **Ausrüstung** F armamento m; equipamento m;

apetrechamento m; fig preparação f **'ausrutschen** ⟨s.⟩ escorregar; Auto derrapar **Ausrutscher** M̄ umg escorregadela f; fig descuido m; **e-n ~ haben** pôr a pata na poça; ter um descuido
'Aussaat F̄ sementeira f
'aussäen semear
'Aussage F̄ declaração f, afirmação f; depoimento m; JUR a. testemunho m; GRAM predicado m; **die ~ verweigern** recusar-se a prestar declarações **aussagen** declarar, afirmar, depor **Aussagesatz** M̄ oração f afirmativa
'Aussatz M̄ ⟨-es; o. pl⟩ MED lepra f **aussätzig** ['auszɛtsɪç] leproso
'aussaugen chupar; fig explorar
'Ausschabung F̄ MED raspagem f
'ausschachten ['ausʃaxtən] ⟨-e-⟩ escavar; BERGB abrir **Ausschachtung** F̄ escavação f
'ausschalten ⟨-e-⟩ ELEK interromper, desligar (a. TECH); Licht apagar, fechar; desligar; MATH u. fig eliminar **Ausschaltung** F̄ ELEK interrupção f; fig eliminação f
'Ausschank M̄ ⟨-(e)s; ¨e⟩ venda f de bebidas (a retalho); taberna f
'Ausschau F̄ ⟨o. pl⟩ **~ halten nach** procurar (com os olhos) **ausschauen** [1] **~ nach** procurar (com os olhos); MIL espreitar [2] reg → aussehen
'ausscheiden A V̄T separar; MED, CHEM segregar; MAT, SPORT eliminar B V̄I ⟨s.⟩ retirar-se; sair; ser eliminado **Ausscheidung** F̄ BIOL, MED secreção f **Ausscheidungs...** IN ZSSGN SPORT eliminatório
'ausschelten V̄T censurar; ralhar com **ausschenken** deitar, verter; (verkaufen) vender bebidas (a retalho) **ausscheren** guinar; bras dar uma guinada **ausschicken** enviar; **nach j-m ~** mandar procurar alg
'ausschiffen (sich) ~ desembarcar **Ausschiffung** F̄ desembarque m
'ausschimpfen ralhar com **ausschlachten** ⟨-e-⟩ preparar, talhar; fig explorar **ausschlafen** dormir até tarde; **seinen Rausch ~** cozer a mona, curtir a bebedeira
'Ausschlag M̄ MED eczema f, erupção f (cutânea); PHYS oscilação f, Waage: elongação f; **den ~ geben** (bei od in dat) decidir (de) **ausschlagen** A V̄T partir; Teppich sacudir; (ablehnen) recusar; (verkleiden) revestir (**mit** de) B V̄I rebentar; Pferd dar um coice; Pendel oscilar, Waage **~ nach** inclinar-se para **ausschlaggebend** decisivo
'ausschließen V̄T fechar a porta a; fig excluir, j-n a. expulsar, SPORT desqualificar; **sich ~ von** não tomar parte em; a. → ausgeschlossen **ausschließlich** A ADJ exclusivo B PRÄP ⟨gen⟩ com exce(p)ção de, com exclusão de; ⟨nachgestellt⟩ exclusivo
'ausschlüpfen ⟨s.⟩ sair do ovo
'Ausschluss M̄ exclusão f, j-s a.: expulsão f, SPORT desqualificação f; **unter ~ der Öffentlichkeit** à porta f fechada
'ausschmücken enfeitar, adornar; ARCH decorar **Ausschmückung** F̄ enfeite m, adorno m; decoração f
'ausschneiden (re)cortar; (en)talhar; Kleid decotar; **tief ~** decotar muito **Ausschnitt** M̄ corte m; Kleid: decote m; MATH sector m; (Zeitungsausschnitt) recorte m; fig aspe(c)to m **ausschöpfen** tirar água; esgotar (a. fig)
'ausschreiben (vollständig schreiben) transcrever por extenso; Stelle, Wettbewerb abrir concurso para; Preis instituir; Wahlen anunciar; Steuern impor; HANDEL, FIN Rechnung, Scheck passar **Ausschreibung** F̄ concurso m aberto (bras público); Wahlen: anunciação f
'ausschreien clamar; apregoar
'ausschreiten V̄I caminhar a passos largos; acelerar o passo; fig **~ gegen** agredir **Ausschreitungen** FPL desordem f, tumulto m
'Ausschuss ['ausʃus] M̄ [1] ⟨-es; ¨e⟩ (Gremium) comissão f, junta f; (Prüfungsausschuss) júri m [2] ⟨o. pl⟩ HANDEL rebotalho m, refugo m **Ausschussware** F̄ rebotalho m, refugo m
'ausschütteln ⟨-le⟩ sacudir **ausschütten** ⟨-e-⟩ despejar; Gewinne distribuir; fig **j-m sein Herz ~** desabafar com alg; **sich vor Lachen ~** fartar-se (bras morrer) de rir **ausschwärmen** ⟨s.⟩ Bienen enxamear; MIL desdobrar-se **Ausschweifung** F̄ (Abschwifung) digressão f; moralisch: desordem f; excesso m **ausschweigen** V̄R sich **~** não dizer nada; ficar calado **ausschwitzen** ⟨-t-⟩

transpirar, exsudar

'aussehen ⟨VI⟩ ~ **wie**, ~ **nach** parecer (+ *adj od nom*; **als ob** que); **es sieht nach Regen aus** parece que vai chover; **gut** ~ ter boa cara (*od* aparência); **er sieht jünger aus, als er ist** parece mais novo do que é; *umg* **so sieht er aus!** tem mesmo cara disso!

'Aussehen ⟨N⟩ ⟨-s; *o. pl*⟩ aspe(c)to *m*, aparência *f*; (*Gesicht a.*) ar *m*, semblante *m*; **dem** ~ **nach** segundo as aparências

'außen ['aʊsən] ⟨ADV⟩ fora; **von** ~ (*gesehen*) de fora, por fora; **nach** ~ para fora **Außenaufnahmen** ⟨FPL⟩ filmagens *fpl* exteriores **Außenbezirk** ⟨M⟩ subúrbio *m* **Außenbordmotor** ⟨M⟩ motor *m* fora de bordo

'aussenden ⟨-e-⟩ enviar; *Strahlen* emitir; **nach j-m** ~ mandar por alg

'Außendienst ⟨M⟩ serviço *m* exterior (*od* de fora) **Außenhandel** ⟨M⟩ comércio *m* externo **Außenminister(in)** ⟨M(F)⟩ Ministro *m*, -a *f* dos Negócios Estrangeiros (*od bras* das Relações Exteriores) **Außenministerium** ⟨N⟩ Ministério *m* dos Negócios Estrangeiros (*od bras* das Relações Exteriores) **Außenpolitik** ⟨F⟩ ⟨*o. pl*⟩ política *f* externa **Außenseite** ⟨F⟩ exterior *m*, fachada *f*; *Kleid*: direito *m* **Außenseiter** ['aʊsənzaɪtər] ⟨M⟩ estranho *m*; individualista *m*; independente *m*; SPORT outsider *m* **Außenspiegel** ⟨M⟩ espelho *m* retrovisor exterior **Außenstände** ['aʊsənʃtɛndə] ⟨PL⟩ HANDEL créditos *mpl*, dinheiro *m* a receber **Außenstelle** ⟨F⟩ filial *f*, dependência *f* **Außenstürmer** ⟨M⟩ SPORT extremo *m*, ponta *f* **Außenwelt** ⟨F⟩ ⟨*o. pl*⟩ mundo *m* (exterior) **Außenwinkel** ⟨M⟩ ângulo *m* externo

'außer ['aʊsər] ⟨A⟩ PRÄP ⟨*dat*⟩ fora (de); (*neben*) além de; à parte (*akk*); (*ohne*) menos, exce(p)to; salvo; **niemand** ~ senão; ~ **Dienst** jubilado, aposentado, *bes* MIL reformado; ~ **Atem** ofegante; ~ **sich sein** estar fora de si ⟨B⟩ KONJ ~, **dass**, ~ **wenn** a não ser que (*subj*) **außeramtlich** não-oficial; particular **außer'dem** além disso; de mais a mais **außerdienstlich** fora (das horas) do serviço **Außerdienststellung** ⟨F⟩ ⟨*o. pl*⟩ desligação *f* do serviço

'äußere ['ɔʏsərə] exterior *m*; ~**r Schein** *m*

aparências *fpl* **Äußere(s)** ⟨N⟩ exterior *m*; (*Aussehen*) aparência *f*, físico *m*; POL negócios *mpl* estrangeiros; *bras* relações *fpl* exteriores

'außerehelich extramatrimonial; *Kind* ilegítimo, natural **außergerichtlich** extrajudicial **außergewöhnlich** extraordinário, excepcional **außerhalb** ⟨A⟩ PRÄP ⟨*gen*⟩ fora de ⟨B⟩ ADV (por) fora **außerirdisch** extraterrestre

'äußerlich ['ɔʏsərlɪç] ⟨A⟩ ADJ exterior, MED externo; *fig* superficial ⟨B⟩ ADV a. por fora; **zur** ~**en Anwendung** *Medikament* para uso externo **Äußerlichkeit** ⟨F⟩ formalidade *f*

'äußern ['ɔʏsərn] ⟨-re-⟩ (**sich**) ~ manifestar(-se) (**in** *dat* por); (*sagen*) a. dizer, exprimir; **sich** ~ **über** (*akk*) pronunciar-se sobre

'außerordentlich extraordinário **außerparlamentarisch** extraparlamentar **außerplanmäßig** além do quadro

'äußerst ['ɔʏsərst] ⟨ADV⟩ extremamente, muitíssimo

außer'stande [aʊsərˈʃtandə] ⟨ADV⟩ incapaz (**zu** de)

'äußerste ['ɔʏsərstə] ⟨A⟩ ADJ extremo; sumo; *Preis* último; mínimo; **im** ~**n Fall** em último caso ⟨B⟩ ⟨N⟩ **Äußerste** extremo *m*; **sein Äußerstes tun** fazer os possíveis (*bras* o possível); **auf das Äußerste gefasst sein** estar preparado para o pior; **es bis zum Äußersten treiben** levar ao extremo

'Äußerung ⟨F⟩ expressão *f*; declaração *f*; exteriorização *f*; ~**en** *fpl* palavras *fpl*

'aussetzen ⟨-t-⟩ ⟨A⟩ VT expor; SCHIFF *Boot* lançar à água, *Fahrgäste* desembarcar; *Kind* enjeitar; *Belohnung* prometer; *Preis* instituir; *Rente* pagar; (*unterbrechen*) interromper, suspender; (*tadeln*) (**an** *dat*) obje(c)tar (a), criticar (em); **etw auszusetzen haben** *a*. criticar, pôr defeitos (**an etw** *od* **j-n** a a/c *od* alg); (*vermachen*) legar ⟨B⟩ VI interromper-se; TECH parar; *Puls* **manchmal** ~ estar intermitente, ter intercadências

'Aussicht ⟨F⟩ vista *f*; panorama *m*; *fig* perspe(c)tiva *f*, esperança *f* (**auf** *akk* de); **in** ~ **stehen** estar iminente; **in** ~ **stellen** prometer **aussichtslos** ⟨-este⟩ inútil; desesperado **Aussichtslosigkeit**

['aʊsɪçtslo:zɪçkaɪt] F ⟨o. pl⟩ inutilidade f **Aussichtspunkt** M, **Aussichtsturm** M miradouro m **aussichtsreich**, **aussichtsvoll** prometedor, auspicioso

'**aussieben** coar, peneirar; *fig* sele(c)cionar **aussiedeln** evacuar **Aussiedler(in)** M(F) evacuado m, -a f

'**aussöhnen** ['aʊszø:nən] (re)conciliar **Aussöhnung** F (re)conciliação f

'**aussondern** ⟨-re⟩ apartar, sele(c)cionar; eliminar; MIL destacar; (*absondern*) segregar **aussortieren** ⟨-⟩ escolher; sele(c)cionar; eliminar **ausspähen** ~ **nach** olhar por, espiar, espreitar **ausspannen** A V/T estirar; *Pferd* desatrelar; *Ochsen* descangar; *umg* (*wegnehmen*) tirar B V/I *fig* (*ausruhen*) descansar **aussparen** deixar livre **ausspeien** cuspir; *Lava, Essen* vomitar **aussperren** V/T j-n fechar a porta a; não deixar entrar; *Streikende* suspender **Aussperrung** F exclusão **ausspielen** A V/T jogar, *Karte a.* ser mão; *Preis* disputar-se; *fig Gegner* ~ **gegen** aproveitar(-se de) a rivalidade entre ... B V/I MUS tocar até ao fim; **ausgespielt haben** ter terminado; ter perdido todo o seu prestígio, *umg* estar arranjado **ausspionieren** ⟨-⟩ espiar

'**Aussprache** F pronúncia f; (*Gespräch*) discussão f; explicação f '**aussprechen** A V/T *Laut, Urteil* pronunciar; *Wort a.* proferir; (*ausdrücken*) pronunciar; exprimir, manifestar B V/I terminar, acabar de falar C V/R **sich mit j-m über etw** (*akk*) ~ ter uma explicação com alg sobre a/c, discutir a/c com alg; esclarecer a/c com alg; **sich** ~ **für** declarar-se por; **sich offen** ~ falar com franqueza; desabafar; *a.* → **ausgesprochen**

'**ausspritzen** ⟨-t⟩ V/T espargir; *bras* borrifar; lançar; (*löschen*) apagar (à bomba), extinguir **Ausspruch** M palavra f, dito m; *feierlicher:* sentença f **ausspucken** cuspir; escarrar; vomitar **ausspülen** lavar; MED *a.* irrigar **Ausspülung** F lavagem f; MED *a.* irrigação f

'**ausstaffieren** ['aʊsʃtafiːrən] ⟨-⟩ equipar; *Kleid, Raum* guarnecer (**mit** com, de); *umg* j-n endomingar

'**Ausstand** M greve f; **in den** ~ **treten** declarar-se em greve

'**ausständig** HANDEL *Gelder etc* devido, atrasado

'**ausstatten** ['aʊsʃtatən] ⟨-e-⟩ equipar; fornecer; ARCH, THEAT decorar; *Tochter* dotar, dar enxoval a **Ausstattung** F TECH equipamento m; (*Brautausstattung*) enxoval m; ARCH, THEAT decoração f; (*Aufmachung*) apresentação f **Ausstattungsstück** N peça f aparatosa; revista f

'**ausstechen** abrir; (*gravieren*) gravar; *Augen* cavar, arrancar; *Rasen, Teig* cortar; *fig j-n* suplantar, *umg* desbancar **ausstehen** A V/T aturar; (*erleiden*) *a.* sofrer, *Schmerzen, Schreck a.* passar; **nicht** ~ **können** *a.* não poder com, não suportar B V/I (*fehlen*) **noch** ~ *Person* ainda não ter chegado, faltar; *Zahlung* ficar por pagar **ausstehend** HANDEL *Gelder etc* devido, atrasado; *Vereinbarung etc* pendente **aussteigen** ⟨s.⟩ apear-se, descer, sair; *fig* desistir; deixar de participar; SCHIFF, FLUG desembarcar

'**ausstellen** expor; *Quittung, Schein* passar; *Urkunde a.* exarar, lavrar; *Wechsel* sacar (**auf** *akk* sobre); *Motor, Radio etc* desligar **Aussteller(in)** M(F) expositor(a) m(f); FIN *e-s Schecks etc:* emissor(a) m(f) **Ausstellung** F exposição f; *e-r Urkunde:* passagem f, exaração f; FIN *e-s Schecks etc:* emissão f **Ausstellungsgelände** N recinto m de exposição **Ausstellungsraum** M sala f (*od* salão m) de exposição

'**aussterben** ⟨s.⟩ extinguir-se, desaparecer; *Land* despovoar-se

'**Aussteuer** F enxoval m; *hist* (*Mitgift*) dote m **aussteuern** ⟨-re⟩ → ausstatten; *Radio* modular

'**ausstopfen** encher (**mit** de); *Tier* empalhar

'**Ausstoß** M HANDEL produção f; *Schadstoffe:* emissão f **ausstoßen** deitar fora; *Auge* cavar; *Dampf* expelir; *Schadstoffe* emitir; *Schrei* soltar; *Worte* proferir; *j-n* expulsar **Ausstoßung** F expulsão f

'**ausstrahlen** irradiar, emitir **Ausstrahlung** F irradiação f, difusão f

'**ausstrecken** estender (*a. Hand*); estirar, esticar **ausstreichen** riscar; apagar; TECH *Fugen* betumar, encher; (*einfetten*) untar; (*glätten*) alisar **ausstreuen** disseminar, espargir; lançar; *a. fig* espalhar **ausströmen** A V/T *Duft* exalar; di-

fundir B V/I ⟨s.⟩ sair; *Gas* fugir; *bras* escapar **Ausströmen** N̄ escoamento *m*; difusão *f*; *Dampf:* saída *f*; *Duft:* exalação *f*; *Gas:* fuga *f*; *bras* escape *m* **aussuchen** escolher; *a.* → ausgesucht
'Austausch M̄ ⟨-(e)s; *o. pl*⟩ intercâmbio *m*; *Noten, Gedanken, Gefangene:* troca *f*; *Publikation a.:* permuta *f* **austauschbar** substituível; (inter)cambiável **Austauschdienst** M̄ serviço *m* de intercâmbio (*od* Bücher de trocas *od* de permuta) **austauschen** trocar; permutar; *bras* barganhar **Austauschmotor** M̄ motor *m* de recâmbio **Austauschschüler(in)** M̄/F̄ aluno *m*, -a *f* de intercâmbio **Austauschstudent(in)** M̄/F̄ ⟨-en⟩ bolseiro *m*, -a *f*
'austeilen distribuir; *Befehle* dar, emitir; *Essen* servir; *Sakrament* administrar **Austeilung** F̄ distribuição *f*; administração *f*

'Auster ['aʊstɐ] F̄ ⟨-; -n⟩ ostra *f* **Austernbank** F̄ ⟨-; ≃e⟩ ostreira *f* **Austernpilz** M̄ cogumelo *m* repolga; *bras umg* cogumelo-ostra *m*, hiratake *m* **Austernzucht** F̄ ⟨*o. pl*⟩ ostr(e)icultura *f*

'austilgen riscar; (*ausrotten*) exterminar **austoben** V/I **sich ~** desabafar (*an dat* com); *Kind* gastar energias supérfluas; *Jugend* gozar; *Sturm* **(sich) ausgetobt haben** amainar **Austrag** ['aʊstraːk] M̄ ⟨-(e)s; *o. pl*⟩ ajuste *m*; (*Ausgang*) fim *m*; (*Lösung*) solução *f* **austragen** *Streit* resolver, decidir; *Briefe, Waren etc* levar (*od* entregar) ao domicílio; distribuir; MED *Kind* continuar a gravidez **Austräger** M̄ portador *m*; distribuidor *m* **Aus'tralien** [aʊsˈtraːliən] N̄ Austrália *f* **Australier(in)** M̄/F̄ australiano *m*, -a *f* **australisch** australiano

'austreiben expulsar; *Vieh* levar ao pasto; *fig Geister* exorcismar, exorcizar; **j-m ein Laster ~** fazer perder o vício a alg; *bras* livrar alg de um vício **Austreibung** F̄ expulsão *f*; exorcismo *m*

'austreten A V/I pisar, acalcanhar, calcar; *Schuh* gastar; *Weg* trilhar B V/I ⟨s.⟩ sair, retirar-se (*a.* POL, HANDEL); *Flüssigkeit* sair; *umg* (*Wasser lassen*) fazer as suas necessidades **austrinken** beber tudo, esvaziar o copo **Austritt** M̄ saída *f* (*a.* POL); *Fluss:* tra(n)sbordo *m* **austrock-**

nen ⟨-e-⟩ (des)secar; enxugar; *Land a.* desaguar **austrommeln** ⟨-le⟩, **austrompeten** ⟨-e-; -⟩ *fig umg* chocalhar **austüfteln** ⟨-le⟩ *umg* descobrir (*od* inventar) por meio de subtilezas; *bras* bolar **ausüben** exercer, *Amt a.* desempenhar **Ausübung** F̄ ⟨*o. pl*⟩ exercício *m*; desempenho *m*; prática *f*

'ausufern ⟨-re⟩ *Fluss* tra(n)sbordar, sair do leito; *fig* passar das marcas

'Ausverkauf M̄ liquidação *f*, saldo *m* **ausverkauft** esgotado, vendido **'auswachsen** V/R **sich ~ zu** *fig* redundar em; *a.* → ausgewachsen **Auswahl** F̄ escolha *f*, sele(c)ção *f*; LIT antologia *f*; *v. Waren:* sortimento *m*; **e-e ~ treffen** fazer uma escolha; **zur ~** à escolha; de amostra **auswählen** escolher **Auswahlmannschaft** F̄ SPORT equipa *f*, *bras* equipe *f* de sele(c)ção; *Fußball:* onze *m* de sele(c)ção **Auswahlsendung** F̄ HANDEL amostra *f*, sortido *m* **auswalzen** ⟨-t-⟩ TECH laminar; cilindrar

'Auswanderer M̄ emigrante *m*; POL *a.* emigrado *m* **auswandern** ⟨-re; *s.*⟩ emigrar **Auswanderung** F̄ emigração *f*

'auswärtig ['aʊsvɛrtɪç] forasteiro; estranho; POL *a.* estrangeiro; *bras* exterior; *BRD:* **Auswärtiges Amt** *n* Ministério *m* dos Negócios Estrangeiros (*bras* das Relações Exteriores) **auswärts** ['aʊsvɛrts] ADV fora **Auswärtsspiel** N̄ jogo *m* fora de casa; jogo *m* no campo da equipa adversária (*bras* da equipe do adversário)

auswaschen lavar **Auswaschung** F̄ lavagem *f*; GEOL erosão *f*

'auswechselbar móvel, substituível; *bras* descartável; **~ sein** *a.* ser substituível **Auswechseln** ⟨-le⟩ mudar, trocar (*a. Gefangene*), substituir (**gegen** por) **Auswechs(e)lung** F̄ troca *f*; *bras a.* substituição *f*

'Ausweg M̄ remédio *m*, alternativa *f* **ausweglos** ⟨-este⟩ sem saída, sem remédio

'ausweichen ⟨*s.*⟩ (*dat*) afastar-se de; deixar passar; **rechts ~!** desviar pela direita!; *fig* esquivar-se de; evitar **ausweichend** evasivo **Ausweichgleis** N̄, **Ausweichstelle** F̄, **Ausweichstraße** F̄ desvio *m*

'ausweiden ⟨-e-⟩ *Wild* (d)estripar

'**ausweinen** V/R sich (dat) **die Augen ~** desfazer-se em lágrimas
'**Ausweis** [ˈaʊsvaɪs] M legitimação f; (Personalausweis) bilhete m (od cartão m, bras carteira f) de identidade **ausweisen** ⟨-t⟩ expulsar, desterrar; **sich ~** identificar-se (**als** como) **Ausweiskontrolle** F controle m de identidade **Ausweisung** F expulsão f, desterro m
'**ausweiten** ⟨-e-⟩ alargar, estender; **sich ~** alastrar **Ausweitung** F extensão f; alargamento m; alastramento m
'**auswendig** de cor; **~ lernen** decorar
auswerfen lançar; deitar (fora); MED expectorar; *Graben* cavar, abrir; *Summe* despender, gastar **auswerten** ⟨-e-⟩ valorizar; analisar interpretar **Auswertung** F valorização f; exploração f; (*Bewertung*) avaliação f; interpretação f
auswickeln ⟨-le⟩ desembrulhar; desenrolar; desenvolver **auswirken** V/R **sich ~** agir, a(c)tuar (**auf** *akk* sobre), ter efeito **Auswirkung** F consequência f, efeito m **auswischen** limpar; *Schrift* apagar; **j-m eins ~** *umg* fazer uma partida a alg; *bras* pregar uma peça em alg **auswringen** *nasses Tuch etc* torcer **Auswuchs** M ⟨-es; ≃e⟩ excrescência f; (*Buckel*) corcova f, corcunda f; MED, BOT tumor m; protuberância f; *fig* abuso m **auswuchten** ⟨-e-⟩ calibrar, equilibrar **Auswurf** M MED expectoração f; *fig* ralé f, escória f **auszacken** dentear, chanfrar **auszahlbar** pagável **auszahlen** pagar; (*bar*) pagar a dinheiro **auszählen** contar, fazer a conta **Auszahlung** F pagamento m **Auszählung** F contagem f **auszanken** V/T ralhar com
'**auszehren** MED consumir **Auszehrung** F consumpção f; *bras* consumação f; tuberculose f
'**auszeichnen** ⟨-e-⟩ marcar; *j-n* distinguir, *mit Orden:* condecorar, agraciar; HANDEL rotular; **sich ~** distinguir-se (**vor** *dat* entre; **durch** por, através de); *a.* → ausgezeichnet **Auszeichnung** F distinção f; (*Orden*) condecoração f; HANDEL rótulo m
'**Auszeit** F pausa f; SPORT, *beruflich:* **e-e ~ nehmen** fazer uma pausa profissional
'**ausziehbar** extensível **ausziehen** A V/T tirar; extrair; *j-n, Kleid* despir; *Hand-*
schuh, Schuh, Strumpf descalçar; (*dehnen*) distender B V/I ⟨s.⟩ mudar (*od* sair) de casa C V/R **sich ~** despir-se **Ausziehtisch** M mesa f elástica (*od* de abrir)
'**auszischen** assobiar, apupar
'**Auszubildende(r)** M/F(M) [ˈaʊstsubɪldəndə(r)] aprendiz(a) m(f)
'**Auszug** M extra(c)to m; resumo m; excerto m; (*Ausmarsch*) saída f, partida f; êxodo m; (*Umzug*) mudança f (de casa) **auszugsweise** ADV por extra(c)to; resumido; epitomado
'**auszupfen** arrancar
au'tark [aʊˈtark] autárquico **Autar'kie** [aʊtarˈkiː] F autarquia f
au'thentisch [aʊˈtɛntɪʃ] autêntico
'**Auto** [ˈaʊto] N ⟨-s; -s⟩ automóvel m, carro m; **~ fahren** guiar (*od* conduzir) um automóvel; **im ~ fahren nach** ir de automóvel a
'**Autobahn** F auto-estrada f; *bras* rodovia f **Autobahnausfahrt** F saída f **Autobahndreieck** N, **Autobahnkreuz** N cruzamento m de auto-estrada (*bras* de rodovia); *bras a.* trevo m **Autobahngebühr** F portagem f; *bras* pedágio m **Autobahnzubringer** M acesso m rodoviário
'**Autobiografie** F autobiografia f **autobiografisch** autobiográfico
'**Autobus** M *Stadt:* autocarro m; *bras* ônibus m; (*Überlandbus*) camioneta f **Autodach** F tejadilho m
'**Autodi'dakt(in)** M(F) ⟨-en⟩ autodida(c)ta m/f
'**Autofähre** F ferryboat m **Autofahrer** M motorista m, automobilista m; *bras* chofer m **Autofriedhof** M cemitério m de automóveis
auto'gen [aʊtoˈgeːn] autogéneo; *bras* autógeno; **~es Training** n treino m autogéneo **Auto'gramm** N ⟨-s; -e⟩ autógrafo m
'**Autoindustrie** F indústria f de automóveis **Autokarte** F mapa m de estradas; *bras* mapa m de estradas e rodagens **Autokino** N autocinema m; *bras* drive-in m **Autokolonne** F cortejo m (*od* fila f) de automóveis
Auto'krat [aʊtoˈkraːt] M ⟨-en⟩ autocrata m **Autokra'tie** [aʊtokraˈtiː] F autocracia f
Auto'mat [aʊtoˈmaːt] M ⟨-en⟩ autómato

AUTO

m (bras *ô); (Fahrscheinautomat, Zigarettenautomat) distribuidora *f* automática
Automaten... IN ZSSGN automático
Automati'on [automatsi'o:n] F̄, **Automati'sierung** [automati'zi:rʊŋ] F̄ automatização *f* **automatisch** [auto'ma:tɪʃ] automático
Automo'bil [automo'bi:l] N̄ ⟨-s; -e⟩ automóvel *m* **Automobilindustrie** F̄ indústria *f* automóvel (bras automobilística od automotiva)
auto'nom [auto'no:m] autónomo (bras *ô) **Autono'mie** [autono'mi:] F̄ autonomia *f*
'**Autonummer** F̄ matrícula *f*
'**Autor** ['autɔr] M̄ ⟨-s; -en⟩ autor *m*
'**Autoradio** N̄ rádio *m* para automóvel
Autoreifen M̄ pneu *m* **Autoreisezug** N̄ auto-expresso *m* **Autorennen** N̄ corrida *f* de automóveis, bras de carros **Autoreparaturwerkstatt** F̄ oficina *f* de automóveis
Au'torin [au'to:rɪn] F̄ autora *f*
autori'tär [autori'tɛ:r] autoritário
Autori'tät [autori'tɛ:t] F̄ autoridade *f*
'**Autoschlosser** M̄ mecânico *m* **Autoskooter** ['autosku:tɐ] M̄ carrinho *m* de choque (bras de trombada) **Autosport** M̄ automobilismo *m* **Autounfall** M̄ acidente *m* de automóvel **Autoverleih** M̄, **Autovermietung** F̄ aluguer *m* (bras locadora *f* de carros **Autowaschanlage** F̄ lavagem *f* automática de carros
Avant'garde [avã'gard(ə)] F̄ vanguarda *f* **avantgar'distisch** de vanguarda
Avo'cado [avo'ka:do] M̄ abacate *m*
Axt [akst] F̄ ⟨-; ⸚e⟩ machado *m*
A'zoren [a'tso:rən] PL Açores *mpl* **a'zorisch** açoriano

▶ **Azoren**

Die Inselgruppe der Azoren liegt westlich vom portugiesischen Festland im Atlantik. Sie erstreckt sich über eine Fläche von ca. 2.330 qkm und besteht aus neun Inseln, von denen acht vulkanischen Ursprungs sind: São Miguel, Santa Maria, Terceira, Graciosa, São Jorge, Pico, Faial, Flores und Corvo.
Die Wirtschaftsgrundlage der insgesamt 250.000 açorianos (Azorer) sind Viehzucht und Milchwirtschaft. Auch der Tourismus gewinnt zunehmend an Bedeutung. Übrigens beruht der Name **Ilhas dos Açores** auf einem Irrtum: Die ersten Entdecker hielten die Bussarde des Archipels für Habichte (portugiesisch **açor**). Und bei der Bezeichnung ‚Habichtsinseln' ist es bis heute geblieben. ◀

A'zubi [a'tsu:bi] *a.* ['a:tsubi] M̄/F̄ ⟨-s; -s⟩ *umg* aprendiz(a) *m(f)*

B

B, b [be:] N̄ ⟨-; -⟩ B, b *m*; MUS si-bemol *m*; *(Vorzeichen)* bemol *m*
'**Baby** ['be:bi:] N̄ ⟨-s; -s⟩ bebé *m*, bras bebê *m*; bras *a.* nenê *m* **Babyausstattung** F̄ enxoval *m* para bebé (bras bebê)
Babyfon® N̄ intercomunicador *m* **Babypause** F̄ *umg* pausa *f* voluntária entre dois bebés **Babysitter(in)** ['be:bizɪtɐ(ɪn)] M̄/F̄ babysitter *m/f*; bras babá *f*, ama-seca *f*, pajem *f*
Bach [bax] M̄ ⟨-(e)s; ⸚e⟩ ribeiro *m*, regato *m*, arroio *m*, riacho *m*; bras córrego *m*, ribeirão *m*
'**Bache** ['baxə] F̄ ZOOL javalina *f*
'**Bachelor** ['bɛtʃelɔr] M̄ UNIV bacharelato *m*
'**Bachstelze** ['baxʃtɛltsə] F̄ lavandisca *f*, alvéloa *f*; bras lavandeira *f*
'**Backblech** ['bakblɛç] N̄ tabuleiro *m* do forno **Backbord** N̄ ⟨-(e)s; -e⟩ SCHIFF bombordo *m*
'**Backe** ['bakə] F̄ face *f*, bochecha *f*
'**backen** ['bakən] A V/T cozer (no forno), assar; *Kuchen* fazer; *umg* **etw/nichts gebacken kriegen** não conseguir fazer/terminar a/c/nada B V/I cozer; *in der Pfanne:* fritar
'**Backenbart** M̄ suíças *fpl* **Backenknochen** M̄ maçã *f* do rosto **Backenzahn** M̄ (dente *m*) molar *m*, queixal *m*
'**Bäcker(in)** ['bɛkɐ(ɪn)] M̄/F̄ padeiro *m*, -a *f* **Bäcker'ei** F̄, **Bäckerladen** M̄ padaria *f*

'Backfisch ['bakfɪʃ] M̄ peixe m frito, peixe m para fritar; *fig* raparigota f; adolescente f; *bras* brotinho m, menina-moça f **Backform** F̄ forma f **Backhähnchen** N̄ frango m assado **Backobst** N̄ fruta f seca (*od* assada no forno) **Backofen** M̄ forno m **Backpflaume** F̄ ameixa f seca **Backpulver** N̄ fermento m em pó **Backstein** M̄ tijolo m, ladrilho m **Backstube** F̄ amassaria f **Backtrog** M̄ masseira f **Backwaren** PL bolos mpl

Bad [baːt] N̄ ⟨-(e)s; ⸚er⟩ banho m; *Raum:* casa f de banho; (*Schwimmbad*) piscina f; **ein ~ nehmen** tomar um banho; → d. Badeanstalt, Badeort

'Badeanstalt ['baːdəanʃtalt] F̄ balneário m; banhos mpl **Badeanzug** M̄ fato m de banho; *bras* maiô m **Badearzt** M̄ médico m balneário (*od* das termas) **Badegast** M̄ banhista m **Badehose** F̄ calção m de banho **Badekappe** F̄ touca f de banho **Badekur** F̄ cura f de águas **Bademantel** M̄ roupão m **Bademeister** M̄ banheiro m; *bras* salva-vidas m

'baden ['baːdən] ⟨-e-⟩ **A** V/T banhar; dar banho a **B** V/I **(kalt) ~** tomar banho(s frios); **~ gehen** *ins Schwimmbad, ans Meer etc*: ir tomar banho; *umg fig* (*scheitern*) fracassar **C** V/R **sich ~** banhar-se

'Baden-'Württemberg ['baːdənˈvʏrtəmbɛrk] N̄ Bade-Vurtemberga (*o. art*)

'Badeofen M̄ esquentador m; *bras* aquecedor m **Badeort** M̄ caldas fpl, estação f termal; (*Seebadeort*) praia f **Badesachen** PL artigos mpl de banho **Badesaison** F̄ época f (*od* quadra f) balnear **Badeschuhe** MPL chinelos mpl de banho **Badestrand** M̄ praia f **Badetuch** N̄ lençol m de banho, toalha f turca; *bras* toalha f de banho **Badewanne** F̄ banheira f **Badezeug** N̄ artigos mpl de banho **Badezimmer** N̄ casa f (*od* quarto m) de banho; *bras* banheiro m

baff [baf] *umg* **~ (sein)** (ficar) pasmado, abanonado

Baga'telle [baga'tɛlə] F̄ bagatela f **bagatelli'sieren** minimizar

'Bagger ['bagər] M̄ escavadeira f, escavador m; (*Schwimmbagger*) draga f **baggern** ⟨-re⟩ dragar, escavar

Bahn [baːn] F̄ **1** (*Strecke*) via f (*a. fig*), caminho m; SPORT pista f; (*Eisbahn, Rollschuhbahn*) ringue m de patinagem (*bras* de patinação); **sich** (*dat*) **~ brechen** abrir caminho; **freie ~ haben** ter o caminho livre; ter toda a liberdade **2** (*Eisenbahn*) caminho m (*bras* estrada f) de ferro; (*Straßenbahn*) ELEK (carro m) eléctrico m, *bras* bonde m; **mit der ~ fahren** andar de combóio/eléctrico; *bras* andar de trem/ /de bonde **3** (*Flugbahn*) traje(c)tória f; ASTRON órbita f **4** *Stoff:* pano m

'Bahnangestellte(r) M/F(M) empregado m, -a f dos caminhos de ferro; *bras* ferroviário m, -a f **Bahnanschluss** M̄ ligação f ferroviária **Bahnarbeiter** M̄ operário m dos caminhos de ferro; *bras* ferroviário m **bahnbrechend** revolucionário **Bahndamm** M̄ via f em aterro **bahnen** abrir; preparar, facilitar **Bahnhof** M̄ estação f (de caminho de ferro); *bras* estação f ferroviária; (*Omnibusbahnhof*) estação f rodoviária **Bahnhofsvorsteher** M̄ chefe m de estação **Bahnlinie** F̄ linha f férrea **Bahnpolizei** F̄ ⟨*o. pl*⟩ polícia f ferroviária **Bahnschranke** F̄ barreira f **Bahnsteig** M̄ ⟨-(e)s; -e⟩ (plataforma f da) gare f **Bahnübergang** M̄ passagem f de nível **Bahnverbindung** F̄ ligação f ferroviária **Bahnwärter** M̄ guarda m de passagem de nível; *bras* guarda m ferroviário

'Bahre ['baːrə] F̄ (*Tragbahre*) padiola f; MED maca f

Bai [baɪ] F̄ baía f

Bai'ser [bɛ'zeː] N̄ ⟨-s; -s⟩ suspiro m

'Baisse ['bɛːs(ə)] F̄ *Börse:* baixa f **Baissespekulation** F̄ especulação f baixista

Bajo'nett [bajo'nɛt] N̄ ⟨-(e)s; -e⟩ baioneta f

'Bake ['baːkə] F̄ SCHIFF baliza f; bóia f

Bak'terie [bak'teːriə] F̄ batéria f; micróbio m **Bakterio'loge** [bakterio'loːgə] M̄ ⟨-n⟩ bacteriólogo m **Bakteriolo'gie** [bakterio'giː] F̄ ⟨*o. pl*⟩ bacteriologia f **bakterio'logisch** [bakterio'loːgɪʃ] bacteriológico

Ba'lance [ba'lãsə] F̄ equilíbrio m, balanço m; **die ~ halten** manter o equilíbrio **balan'cieren** ⟨-⟩ balançar; equilibrar **Balan'cierstange** F̄ maromba f; MIL balanceiro m

bald [balt] ADV logo, (dentro) em breve; (fast) quase; **möglichst ~** quanto antes; **~ darauf** pouco depois; **~ ..., ~ ...** ora ..., ora ...

'Baldachin ['baldaxi:n] M ⟨-s; -e⟩ baldaquim m, dossel m, pálio m

'baldig ['baldɪç] próximo; iminente; **auf ~es Wiedersehen!** até breve! **baldigst** ADV quanto antes

'baldmöglichst ADV quanto antes; o mais breve possível

Baldrian ['baldria:n] M ⟨-s; -e⟩ BOT valeriana f **Baldriantropfen** PL tintura f valeriânica

Balg¹ [balk] M ⟨-(e)s; ⸚e⟩ pele f; despojo m; (Blasebalg) fole m

Balg² [balk] M od N ⟨-(e)s; ⸚er⟩ (Kind) umg traquinas m/f **'balgen** ['balgən] V/R **sich ~** brigar **Balge'rei** [balgəˈraɪ] F briga f, rixa f

'Balkan ['balka:n] M ⟨-s⟩ GEOG Balcãs mpl

'Balken ['balkən] M trave f, viga f; (Schwebebalken) trave f olímpica; MUS travessão m **Balkenwaage** F balança f romana

Bal'kon [balˈkõ:, balˈko:n] M ⟨-s; -s, -e⟩ balcão m (a. THEAT); varanda f

Ball¹ M ⟨-(e)s; ⸚e⟩ (Spielball) bola f; (Gummiball) a. péla f; **~ spielen** jogar (à) bola

Ball² M ⟨-(e)s; ⸚e⟩ (Tanzfest) baile m; **auf dem/den ~** no/ao baile

Bal'lade [baˈla:də] F balada f; port a. romance m

'Ballast ['balast] M ⟨-(e)s; -e⟩ lastro m; peso m morto; fig bagagem f (od peso m) inútil **Ballaststoffe** ['balastʃtɔfə] MPL MED fibras fpl, matérias fpl fibrosas

'ballen ['balən] Faust cerrar; **sich ~** aglomerar-se, concentrar-se; Wolken acastelar-se; bras acumular-se

'Ballen M bala f, fardo m; Stoff: peça f; (Handballen) tenar m; bras tênar m; (Fußballen) joanete m

'ballern ⟨-re⟩ umg (schießen) dar tiros à toa; (schlagen) bater

Bal'lett [baˈlɛt] N ⟨-(e)s; -e⟩ bailado m, balé m **Ballettmeister** M coreógrafo m **Ballettänzer(in)** M(F) bailarino m, -a f

'Balljunge M ⟨-n⟩ apanhador m de bolas

'Ballkleid N vestido m de baile

Bal'lon [baˈlɔŋ, baˈlo:n] M ⟨-s; -s, -e⟩ balão m; FLUG aeróstato m; (Korbflasche) garrafão m, bomba f

'Ballsaal M sala f de baile **Ballspiel** N jogo m da bola (od péla)

'Ballungsgebiet N, **'Ballungsraum** M zona f (od centro m) industrial

'Balsaholz ['balzahɔlts] N ⟨-es; o. pl⟩ madeira f de balsa

'Balsam ['balza:m] M ⟨-s; -e⟩ bálsamo m **Balsamessig** M vinagre m balsâmico

'Balte ['baltə] M ⟨-n⟩ **Baltin** F báltico m, -a f **Baltikum** N ⟨-s; o. pl A⟩ Báltico m **baltisch** báltico

Balus'trade [balusˈtra:də] F balaustrada f

Balz F ⟨o. pl⟩ época f de acasalamento de certas aves

'Bambus ['bambus] M ⟨-ses; -se⟩ bambu m **Bambusrohr** N cana-da-índia f

'Bammel ['baməl] umg M ⟨-s; o. pl⟩ **~ haben** estar com medo (vor de)

ba'nal [baˈna:l] banal, trivial **Banali'tät** [banaliˈtɛ:t] F banalidade f; trivialidade f

Ba'nane [baˈna:nə] F banana f **Bananenstecker** M ELEK ficha f de banana

Ba'nause [baˈnaʊzə] M ⟨-n⟩ pessoa f ignorante (od trivial)

Banco'mat® [baŋkoˈma:t] M ⟨-s; -e⟩ schweiz caixa m automático

Band¹ [bant] M ⟨-(e)s; ⸚e⟩ (Buch) tomo m, volume m

Band² [bant] N **1** ⟨-(e)s; ⸚er⟩ fita f; (Schnur) corda f; (Fassband) arco m; **breites ~** faixa f; ANAT ligamento m; **am laufenden ~** a fio; TECH em série; **auf ~ aufnehmen** gravar **2** ⟨-(e)s; -e⟩ fig laço m, vínculo m

Band³ [bɛnt] F ⟨-; -s⟩ MUS banda f, conjunto m

Ban'dage [banˈda:ʒə] F ligadura f; bras atadura f, gaze f **banda'gieren** [bandaˈʒi:rən] ⟨-⟩ fazer uma ligadura (j-n a alg, **etw** a a/c); bras pôr uma atadura (j-n a a/g, **etw** a a/c)

'Bande¹ ['bandə] **1** F banda f, bando m, quadrilha f; (Pack) canalha f **2** NPL fig laços mpl, vínculos mpl

'Bande² ['bandə] F SPORT placa f de campo

Bande'role [bandəˈro:lə] F cinta f; bras bandeirola f, tira f

'Bänderriss ['bɛndɐrɪs] M ⟨-es; -e⟩ ro-

BANK

▶ Bank und Geld

Die Banken in Portugal haben knappe Öffnungszeiten: Sie sind montags bis freitags von 8.30 bis 15.00 Uhr geöffnet. Seit dem 1. 1. 2002 ist in Portugal der Euro (gesprochen e-uro) die neue Währung. Der Eurocent heißt **céntimo** (**de euro**). Die alte Währung hieß **escudo**. Seit 1994 ist die brasilianische Währung der **real** (Plural **reais**). Auch in Brasilien kann man übrigens mit der EC-Karte Geld abheben.

Nützliche Ausdrücke für einen Bankbesuch in Portugal oder Brasilien sind:

Banknote, Geldschein	a nota bancária
Betrag, Summe	a quantia
EC-Karte	o cartão de eurocheques
Geheimzahl	o número secreto
Geld (vom Konto) abheben	levantar dinheiro (da conta)
Geldautomat	o caixa automático; *umg* o multibanco
Kleingeld, Wechselgeld	o troco
Kontonummer	o número da conta
Kreditkarte	o cartão de crédito
Münze	a moeda
Überweisung	a transferência bancária

tura *f* (*od* ruptura) dos ligamentos '**bändigen** ['bɛndɪgən] domar; reprimir **Bändigung** F̄ domesticação *f*; sujeição *f*
Ban'dit [banˈdiːt] M̄ ⟨-en⟩ bandido *m*
Bandmaß N̄ ⟨-es; -e⟩ fita *f* métrica
Bandnudeln F̄PL talharim *m* **Bandsäge** F̄ serra *f* de fita **Bandscheibe** F̄ disco *m* vertebral **Bandscheibenschaden** M̄ MED lesão *f* (do disco) vertebral **Bandscheibenvorfall** M̄ MED deslocamento *m* do disco vertebral **Bandwurm** M̄ ténia *f*; *umg* bicha *f* solitária
'**bange** ['baŋə] ADJ receoso, medroso, inquieto; **mir ist ~ vor** (*dat*) tenho (*od* estou com) medo de; **mir ist ~ um** temo por
'**Bange** F̄ j-m Angst und ~ **machen** assustar alg, meter medo a alg **bangen** V/I(V/R) (**sich**) ~ **um** estar inquieto por causa de, afligir-se com **Bangigkeit** F̄ angústia *f*, receio *m*, medo *m*
Bank[1] [baŋk] F̄ ⟨-; ⁻e⟩ banco *m*; BAHN assento *m*; (*Schulbank*) carteira *f*; *fig* **auf die lange ~ schieben** adiar; *umg* **durch die ~** sem distinção
Bank[2] F̄ ⟨-; -en⟩ banco *m*; (*Spielbank*) banca *f*; **die ~ sprengen** levar a banca à glória; *bras* estourar a banca '**Bankangestellte(r)** M̄/F(M) empregado *m* bancário, empregada *f* bancária '**Bankanweisung** F̄ cheque *m* '**Bankenkrise** F̄ crise *f* bancária
Ban'kett [banˈkɛt] N̄ ⟨-(e)s; -e⟩ banquete *m*, festim *m*
'**Bankgeheimnis** N̄ segredo *m* bancário **Bankgeschäfte** N̄PL operações *fpl* bancárias **Bankguthaben** N̄ crédito *m* bancário, conta-depósito *f* **Bankhalter** M̄ banqueiro *m* **Bankhaus** N̄ banco *m*, casa *f* bancária, estabelecimento *m* bancário
Banki'er [baŋkiˈeː] M̄ ⟨-s; -s⟩ banqueiro *m*
'**Bankkonto** N̄ conta *f* bancária, conta *f* corrente, conta *f* aberta **Bankleitzahl** F̄ zona *f* interbancária; *bras* código *m* bancário **Banknote** F̄ nota *f* (bancária) **Banknotenumlauf** M̄ ⟨-(e)s; ⁻e⟩ circulação *f* fiduciária
Banko'mat® [baŋkoˈmaːt] M̄ ⟨-s; -e⟩ *österr* caixa *m* automático
'**Bankräuber** M̄ assaltante *m* de banco **bank'rott** insolvente; ~ **sein** estar ar-

ruinado
Bank'rott [baŋk'rɔt] M ‹-(e)s; -e› bancarrota f, quebra f, falência f **betrügerischer ~** falência f fraudulenta; **~ machen** falir
'**Banküberfall** M assalto m ao banco
Bankverbindung F relação f bancária
Bann M ‹-(e)s; -e› proscrição f; REL excomunhão f; (Zauber) encanto m; **im ~** (gen) encantado de, fascinado por; **den ~ brechen** exorcisar; tirar o encantamento to '**bannen** proscrever, desterrar; REL excomungar; anatemizar; Geister exorcismar; Gefahr conjurar; fig encantar, cativar, fascinar '**Banner** N bandeira f, estandarte m; pendão m '**Bannfluch** M anátema m '**Bannmeile** F arredores mpl; termo m da cidade; bras a. arrebaldes mpl; POL zona f proibida
bar [baːr] Geld decontado, efe(c)tivo; fig (wirklich) puro, verdadeiro; mit gen: (ohne) sem, destituído de; **gegen ~, in ~** a dinheiro; em dinheiro; fig **für ~e Münze nehmen** tomar a sério
Bar F ‹-; -s› bar m
Bär [bɛːa] M ‹-en› urso m; ASTRON **der Große/Kleine ~** a Ursa Maior/Menor; **j-m e-n ~ aufbinden** fig intrujar alg; bras enganar alg, explorar alg
Ba'racke [ba'rakə] F barraca f
Bar'bar [bar'baːr] M ‹-en› bárbaro m **Barba'rei** [barba'rai] F barbaridade f **bar'barisch** bárbaro
'**Barbe** ['barbə] F ZOOL barbo m
'**bärbeißig** ['bɛːrbaisɪç] rabugento
'**Barbestand** M efe(c)tivos mpl; fundos mpl
'**Bardame** F empregada f (od menina f) de bar; bras garçonete f
'**Bärendienst** ['bɛːrəndiːnst] M **j-m e-n ~ erweisen** prestar a alg um mau serviço com boa intenção **Bärenhunger** M fig umg fome f canina **Bärenklau** M ‹o. pl› BOT acanto m
Ba'rett [ba'rɛt] N ‹-(e)s; -e› barrete m
'**barfuß** ['baːrfuːs] ADV descalço **barfüßig** ['baːrfyːsɪç] ADJ descalço
'**Bargeld** N ‹-(e)s; o. pl› dinheiro m contado, moeda f corrente; efe(c)tivo m **Bargeldautomat** M ‹-en› (máquina f) multi-banco m **bargeldlos** por cheque

'**Bärin** ['bɛːrɪn] F ursa f
Bariton ['baːritɔn] M ‹-s; -e› barítono m
Bar'kasse [bar'kasə] F SCHIFF lancha f; barcaça f
'**Barkauf** ['baːrkauf] M compra f a dinheiro
'**Barke** ['barkə] F barca f; barco m
'**Barkeeper** ['baːrkiːpər] M, **Barmann** M barman m
barm'herzig [barm'hɛrtsɪç] caritativo, misericordioso **Barmherzigkeit** F ‹o. pl› caridade f, misericórdia f
'**Barmittel** ['baːrmɪtəl] NPL fundos mpl líquidos
'**Barmixer** ['baːrmɪksər] M barman m
ba'rock [ba'rɔk] ADJ barroco **Ba'rock** [ba'rɔk] N od M ‹-s; o. pl› (do) barroco m, (no) estilo m barroco **Barockkirche** F igreja f barroca
Baro'meter [baro'meːtar] N barómetro m (bras *ô) **Barometerstand** M situação f barométrica
Ba'ron(in) [ba'roːn(ɪn)] M(F) ‹-s; -e› barão m, baronesa f
'**Barren** ['barən] M barra f; Gold etc: lingote m; SPORT paralelas fpl
Barri'ere [bari'ɛːrə] F barreira f **barrierefrei** sem barreiras
Barri'kade [bari'kaːdə] F barricada f
barsch brusco, rude
Barsch [barʃ] M ‹-(e)s; -e› perca f
'**Barscheck** M cheque m aberto
Bart [baːrt] M ‹-(e)s; ⸚e› barba(s) f(pl); (Schnurrbart) bigode m; (Schlüsselbart) palhetão m; **j-m um den ~ gehen** lisonjear alg; bras a. adular alg; umg dar manteiga a alg; **in den ~ murmeln** resmungar entre dentes
'**bärtig** ['bɛːrtɪç] barbudo
'**bartlos** sem barba; (jung) imberbe
'**Barzahlung** F pagamento m à vista; **gegen ~** a pronto, a dinheiro
Ba'salt [ba'zalt] M ‹-(e)s; -e› basalto m
Ba'sar [ba'zaːr] M ‹-s; -e› bazar m
Base[1] ['baːzə] F CHEM base f
Base[2] ['baːzə] F (Cousine) prima f
'**Baseball** ['beːsbɔːl] M ‹-s; o. pl› basebol m **Baseballspieler(in)** M(F) jogador(a) m(f) de basebol
'**Basel** ['baːzəl] N GEOG Basileia (o. art)
ba'sieren [ba'ziːrən] V/T (& V/I) ‹-› basear (-se) (**auf** dat em)
Ba'silika [ba'ziːlika] F ‹-; -ken› ARCH ba-

sílica f **Basilikum** [ba'ziːlikʊm] N̄ ⟨-s⟩ BOT manjerico m

'**Basis** ['baːzɪs] F̄ ⟨-; Basen⟩ base f, fundamento m; *bes* POL **an der ~** na base

'**basisch** CHEM alcalino, básico

'**Baske** ['baska] M̄ ⟨-n⟩, **Baskin** F̄ basco m, -a f

Basketball ['ba(ː)skətbal] M̄ basquetebol m **Basketballspieler(in)** M(F) jogador(a) m(f) de basquetebol

baskisch ['baskɪʃ] basco, vascão **Baskisch** N̄ ⟨-s; *o. pl*⟩ *Sprache*: vasconço m

'**Basrelief** ['bareliːf] N̄ ⟨-s; -s⟩ baixo-relevo m

Bass [bas] M̄ ⟨-es; ⸚e⟩ MUS baixo m

'**Basset** ['bɛsɛt] M̄ ⟨-s; -s⟩ *Hunderasse*: basset m; *bras* bassê m

'**Bassgeige** F̄ contrabaixo m '**Bassgitarre** F̄ guitarra f baixa

Bas'sin [ba'sɛ̃ː] N̄ ⟨-s; -s⟩ tanque m; (*Schwimmbassin*) piscina f

Bas'sist [ba'sɪst] M̄ ⟨-en⟩ MUS (*Sänger*) baixo m; (*Instrumentalist*) contra-baixo m

'**Bassschlüssel** M̄ clave f de fá '**Bassstimme** F̄ (voz f de) baixo m

Bast [bast] M̄ ⟨-(e)s; -e⟩ ráfia f; líber m, entrecasca f

'**Bastard** ['bastart] N̄ ⟨-(e)s; -e⟩ bastardo m; ZOOL híbrido m

'**basteln** ⟨-le⟩ construir, fazer '**Bastler(in)** M(F) engenhocas m/f

Batai'llon [bata'ljoːn] N̄ ⟨-s; -e⟩ batalhão m

'**Batik** ['baːtɪk] M̄ ⟨-s; -en⟩ *od* F̄ ⟨-; -en⟩ processo m de tingir papel e tecidos

Ba'tist [ba'tɪst] M̄ ⟨-(e)s; -e⟩ cambraia f

Batte'rie [bata'riː] F̄ bateria f, ELEK a. pilha f; **aufladbare ~** bateria f recarregável

Bau [bau] M̄ ⟨**1** ⟨-(e)s; *o. pl*⟩ (*das Bauen*) construção f; *umg* (*Baustelle*) obras fpl; **im ~ (sein)** a. (estar) em obras; **vom ~ sein** fig ser versado (em ...) **2** (*Struktur*) estrutura f; (*Körperbau*) estatura f **3** ⟨-(e)s; *pl* -ten⟩ (*Gebäude*) edifício m; construção f **4** ⟨*pl* -e⟩ (*Tierhöhle*) covil m, toca f

'**Bauarbeiten** FPL obras fpl; *Verkehr*: trabalhos mpl (*bras* obras fpl) na estrada '**Bauarbeiter** M̄ operário m da construção '**Bauart** F̄ estilo m; estrutura f; FLUG tipo m

Bauch [baux] M̄ ⟨-(e)s; ⸚e⟩ ventre m; barriga f; ANAT abdome m, abdómen m

'**Bauchbinde** F̄ faixa f '**Bauchfell** N̄ peritónio m (*bras* *ô), peritoneu m '**Bauchfellentzündung** F̄ peritonite f '**bauchfrei** ADJ **~es T-Shirt** n t-shirt m de barriga a mostra '**Bauchhöhle** F̄ cavidade f abdominal **bauchig** barrigudo; *etw a.* abaulado '**Bauchlandung** F̄ FLUG aterragem f de barriga '**Bauchmuskel** M̄ músculo m abdominal '**Bauchnabel** M̄ umbigo m '**Bauchredner** M̄ ventríloquo m '**Bauchschmerzen** MPL dores fpl de barriga '**Bauchspeicheldrüse** F̄ pâncreas m **Bauchtanz** M̄ dança f do ventre '**Bauchweh** N̄ ⟨-s; *o. pl*⟩ dores fpl de barriga

'**bauen** ['bauən] A V/T construir; ARCH a. edificar; AGR cultivar B V/I **~ auf** (*akk*) fig contar com, confiar em

'**Bauer**[1] ['bauər] M̄ ⟨-n⟩ **1** AGR camponês m; (*a. Besitzer*) lavrador m **2** *Schach*: peão m; *Spielkarte a.* valete m

'**Bauer**[2] ['bauər] N̄ (*Vogelkäfig*) gaiola f

'**Bäuerin** ['bɔyərɪn] F̄ camponesa f; mulher f do lavrador **bäuerlich** rústico, aldeão, campestre

'**Bauernfänger** ['bauərnfɛŋər] M̄ trapaceiro m, batoteiro m, intrujão m **Bauernhaus** N̄ casa f rural **Bauernhochzeit** F̄ bodas fpl de aldeia **Bauernhof** M̄ quinta f; monte m; *bras* síto m **Bauernmädchen** N̄ moça f aldeã **Bauernmöbel** NPL móveis mpl rústicos (*bras* coloniais) **bauernschlau** esperto; saloio; manhoso **Bauernstand** M̄ (classe f dos) lavradores mpl

'**Baufach** N̄ arquite(c)tura f; engenharia f civil **baufällig** ruinoso; caduco **Baufirma** F̄ empresa f de construção civil **Bauführer** M̄ mestre m de obras **Baugelände** N̄ terreno m para construção **Baugenehmigung** F̄ autorização f de construção **Baugerüst** N̄ andaime m **Baugeschäft** N̄ empresa f de construção civil **Baugewerbe** N̄ (indústria f de) construção f civil **Bauherr** M̄ patrão m **Bauholz** N̄ ⟨-es; *o. pl*⟩ madeira f de construção **Bauhütte** F̄ oficina f; *fig* loja f maçónica (*bras* *ô) **Bauingenieur** M̄ engenheiro m civil **Baukasten** M̄ caixa f de construções; mecânico m **Baukunst** F̄ ⟨*o. pl*⟩ arquite(c)tura f **Bauland** N̄ ⟨-(e)s; *o. pl*⟩ terreno m para

construção **Bauleitung** F̲ dire(c)ção f das obras
'baulich ['baʊlɪç] arquite(c)tónico (bras *ô)
Baum [baʊm] M̲ ⟨-(e)s; ⸚e⟩ árvore f
'Baumarkt M̲ loja f de materiais de bricolage(m)
'Baumbestand M̲ arvoredo m; vegetação f arbórea **'Baumblüte** F̲ florescência f
'Baumeister M̲ construtor m civil, arquite(c)to m; mestre m de obras
'baumeln ['baʊməln] umg ⟨-le⟩ bambolear
'Baumgrenze F̲ limite m de altitude a que crescem árvores
'Bauminister(in) M̲F̲ Ministro m, -a f das Obras Públicas **Bauministerium** N̲ Ministério m das Obras Públicas; bras Ministério m do Planejamento e Gestão
'Baumkrone F̲ copa f da árvore
'baumlang fig muito alto **baumlos** sem árvores; desarborizado **Baumrinde** F̲ casca f; Korkeiche: cortiça f **Baumschule** F̲ tanchoal m, viveiro m de plantas **Baumstamm** M̲ tronco m **baumstark** robusto **Baumstumpf** M̲ cepo m
'Baumwolle F̲ algodão m **baumwollen** de algodão **Baumwollhändler** M̲ algodoeiro m **Baumwollindustrie** F̲ indústria f algodoeira **Baumwollpflanzer** M̲, **Baumwollstaude** F̲ algodoeiro m
'Baumwuchs M̲ ⟨-es; o. pl⟩ vegetação f arbórea **Baumzucht** F̲ ⟨o. pl⟩ arboricultura f
'Bauordnung F̲ regulamento m de construções **Bauplan** M̲ planta f (a. TECH) **Bauplatz** M̲ terreno m de construção **Baupolizei** F̲ ⟨o. pl⟩ inspe(c)ção f de obras públicas
Bausch [baʊʃ] M̲ ⟨-es; ⸚e⟩ trufo m; **in ~ und Bogen** em globo, totalmente, por completo **'bauschen** A V̲T̲ inchar B V̲I̲ Kleidung **sich ~** afofar **'bauschig** fofo
'Bauschlosser M̲ serralheiro m de construções **Bauschutt** M̲ ⟨-(e)s; o. pl⟩ entulho m **Bausparen** N̲ ⟨-s⟩ conta f poupança-habitação **Bausparkasse** F̲ crédito m predial **Baustein** M̲ pedra f de construção; fig elemento m (constru-

tivo) **Baustelle** F̲ → Bauplatz **Baustil** M̲ estilo m arquite(c)tónico (bras *ô)
Baustoff M̲ matéria f (od material m) de construção **Bautätigkeit** F̲ (realização f de) obras fpl; städtische: urbanização f **Bauten** M̲P̲L̲ Theater, Film: cenários mpl **Bauunternehmen** N̲ companhia f construtora **Bauunternehmer** M̲ empreiteiro m; mestre m de obras **Bauvorhaben** N̲ proje(c)to m de construção (od öffentliches de obras públicas) **Bauwerk** N̲ edifício m, construção f; obra(s) f(pl) **Bauwesen** N̲ ⟨-s; o. pl⟩ arquite(c)tura f; obras fpl públicas
'Bayer(in) ['baɪɐr(ɪn)] M̲F̲ ⟨-n⟩ bávaro m, -a f **bayerisch** bávaro **Bayern** N̲ GEOG Baviera f
Ba'zillus [ba'tsɪlʊs] M̲ ⟨-; Bazillen⟩ bacilo m
Bd. A̲B̲K̲ (Band) vol. (volume), t. (tomo)
be'absichtigen [bə'ʔapzɪçtɪɡən] ⟨-⟩ tencionar; propor-se
be'achten V̲T̲ ⟨-e-; -⟩ atender; dar por, reparar em; observar; (berücksichtigen) ter em conta, considerar; atentar a **beachtenswert**, **beachtlich** considerável, notável **Beachtung** F̲ ⟨o. pl⟩ (gen) atenção f a, consideração f; reparo m; observação f; **~ finden** ser considerado, ser observado; **~ schenken** (dat) → beachten
'Beachvolleyball ['biːtʃvɔlibal] M̲ volei (-bol) m (bras vôlei m) de praia
Be'amte(r) [bə'amtə(r)] M̲ ⟨-en⟩ funcionário m (público) **Beamtenschaft** F̲ ⟨o. pl⟩ quadro m dos funcionários **Beamtin** F̲ funcionária f
be'ängstigend alarmante, inquietante
be'anspruchen [bə'anʃpruxən] ⟨-⟩ exigir, pretender, reclamar; alte Rechte reivindicar; fig Zeit levar; TECH (des)gastar **Beanspruchung** F̲ exigência f; pretensão f; reivindicação f; TECH desgaste m
be'anstanden [bə'anʃtandən] V̲T̲ ⟨-e-; -⟩ fazer reparo(s); reclamar contra **Beanstandung** F̲ (gen) obje(c)ção f (de), reclamação f (contra)
be'antragen ⟨-⟩ propor; ADMIN requerer, solicitar **Beantragung** F̲ pedido m (von de)
be'antworten V̲T̲ ⟨-e-; -⟩ responder a **Beantwortung** F̲ **in ~** (gen) em res-

BEDI

posta a
be'arbeiten _VT_ ⟨-e-; -⟩ trabalhar; ARCH *Steine* aparelhar; AGR cultivar, lavrar; MUS arranjar; *Buch* refundir; fazer uma nova edição de; *Text* redigir; *für den Film etc*: adaptar a; *Thema* tratar, versar sobre; *j-n ~ umg* procurar persuadir alg **Bearbeiter** _M_ organizador *m*; *Text*: reda(c)tor *m* **Bearbeitung** _F_ tratamento *m*; ARCH aparelhamento *m*; AGR cultivo *m*; MUS arranjo *m*; *Buch*: refundição *f*, reedição *f*; *Text*: reda(c)ção *f*; **in ~** em preparação **Bearbeitungsgebühr** _F_ emolumento *m*
Be'atmung _F_ **(künstliche) ~** respiração *f* artificial
be'aufsichtigen [bəˈaʊfzɪçtɪɡən] ⟨-⟩ vigiar, fiscalizar
be'auftragen ⟨-⟩ encarregar, incumbir **(mit** de) **Beauftragte(r)** _M/F/M_ encarregado *m*, -a *f*, delegado *m*, -a *f* JUR mandatário *m*, -a *f*
be'bauen ⟨-⟩ construir edifício(s) em; fazer obras em; *Stadtgelände* urbanizar; AGR cultivar **Bebauung** _F_ urbanização *f*; AGR cultura *f* **Bebauungsplan** _M_ plano *m* de urbanização
'beben [ˈbeːbən] _VT_ tremer, estremecer **'Beben** _N_ ⟨-s; -⟩ tremor *m*
be'bildern [bəˈbɪldɐn] ⟨-e-; -⟩ ilustrar
'Becher [ˈbɛçɐ] _M_ copo *m*, taça *f*; BOT cálice *m*; TECH alcatruz *m* **bechern** ⟨-re⟩ *umg* beber muito
'Becken [ˈbɛkən] _N_ bacia *f*; ANAT *a.* pelve *f*; (*Waschbecken*) *a.* alguidar *m*; lavatório *m*; (*Brunnenbecken, Taufbecken*) pia *f*; MUS **~** *pl* pratos *mpl* **Becken...** _IN ZSSGN_ ANAT ilíaco **Beckenknochen** _M a._ osso *m* ilíaco
be'dacht [bəˈdaxt] _PP v._ → bedenken; _ADJ_ ponderado; **~ sein auf** (*akk*) pensar em; **auf seinen Vorteil ~** interesseiro
Be'dacht [bəˈdaxt] _M_ ⟨-(e)s; *o. pl*⟩ cuidado *m*; ponderação *f*; **mit ~** com cuidado, ponderadamente
be'dächtig [bəˈdɛçtɪç] prudente, circunspe(c)to, ponderado, cauteloso, pensativo; (*langsam*) vagaroso
Be'dachung [bəˈdaxʊŋ] _F_ telhado *m*; telheiro *m*; toldo *m*; alpendre *m*
be'danken ⟨-⟩ _VR_ **sich bei j-m für etw ~** agradecer a/c a alg
Be'darf [bəˈdarf] _M_ ⟨-(e)s; *o. pl*⟩ necessidade *f*; falta *f* (**an** de, em); **bei ~** em caso de necessidade; **(keinen) ~ haben an** (não) ter falta de **Bedarfsartikel** _MPL_ utilidades *fpl* **Bedarfshaltestelle** _F_ paragem *f* (*bras* parada *f*) facultativa
be'dauerlich [bəˈdaʊɐlɪç] lamentável, deplorável **bedauern** ⟨-re; -⟩ lamentar; *j-n ~ a.* ter pena de alg; *etw ~ a.* sentir a/c **Bedauern** _N_ ⟨-s; *o. pl*⟩ pesar *m*, pena *f*; **zu meinem ~** a meu pesar, com pena minha **bedauernswert** digno de compaixão, desgraçado; *etw* lastimável
be'decken ⟨-⟩ cobrir (**mit** de), *Öffnung a.* tapar; *Wand a.* revestir; **sich ~** *a.* abafar-se, *Himmel a.* anuviar-se **Bedeckung** _F_ cobertura *f*; MIL escolta *f*
be'denken _VT_ ⟨-⟩ considerar, pensar em, refle(c)tir sobre; **vorher ~** premeditar; *j-n* **mit etw ~** contemplar (*od* beneficiar) alg com a/c; legar a/c a alg; **sich ~** deliberar, refle(c)tir, ponderar; (*schwanken*) hesitar
Be'denken _NPL_ dúvidas *fpl*, escrúpulos *mpl*; **ohne ~** sem reparo, sem escrúpulos, sem hesitar **bedenkenlos** ⟨-este⟩ sem hesitação; sem escrúpulos **bedenklich** crítico; grave; duvidoso **Bedenkzeit** _F_ tempo *m* (*od* prazo *m*) para deliberar
be'deuten ⟨-e-; -⟩ significar, querer dizer; *j-m ~* (*sagen*) dar a entender a alg; *j-m ~* **zu ~ haben** (não) importar **bedeutend** importante, considerável **bedeutsam** significativo
Be'deutung _F_ significado *m*, significação *f*; (*Sinn*) *a.* sentido *m*; (*Wichtigkeit*) importância *f*; *weittragende*: transcendência *f*; **von ~** de grande alcance **bedeutungslos** ⟨-este⟩ sem importância, insignificante **bedeutungsvoll** significativo; importante
be'dienen ⟨-⟩ servir; HANDEL *a.* atender, aviar; *fin Kredit* pagar os juros; MIL, TECH manejar, tratar de; **sich ~** (*gen*) servir-se (de) **Bedienstete(r)** _M/F/M_ criado *m*, -a *f*, servente *m/f* **Bedienung** _F_ serviço *m*; (*Personal*) pessoal *m*, *häusliche a.*: criadagem *f*; MIL, TECH manejo *m* **Bedienungsanleitung** _F_ instruções *fpl* (de serviço); modo *m* de emprego
be'dingen ⟨-⟩ condicionar; (*erfordern*)

exigir, reclamar, requerer **bedingt** ADJ condicional, limitado; **~ werden, ~ sein durch** depender de, ser devido a
Be'dingung [bəˈdɪŋʊŋ] F condição f (**unter** dat com, sob); **unter der ~, dass** contanto que; **unter keiner ~** de modo algum **bedingungslos** incondicional, sem condições
be'drängen ⟨-⟩ importunar; (verfolgen) acossar; (bekümmern) afligir **Bedrängnis** F ⟨-; -se⟩ dificuldade(s) f(pl); aflição f; aperto m, apuros mpl
be'drohen ⟨-⟩ ameaçar **bedrohlich** ameaçador; crítico **Bedrohung** F ameaça f
be'drucken ⟨-⟩ imprimir, estampar **be'drücken** ⟨-⟩ oprimir; afligir **bedrückend** opressivo, aflitivo; acabrunhante **bedrückt** deprimido, aflito, triste **Bedrückung** F opressão f
Bedu'ine [beduˈiːnə] M ⟨-n⟩ beduíno f
be'dürfen ⟨-⟩ (gen) precisar (de); carecer (de); necessitar **Bedürfnis** N ⟨-ses; -se⟩ necessidade f; bras banheiro m público **bedürfnislos** ⟨-este⟩ modesto, simples **bedürftig** necessitado, precisado, carecido; indigente, pobre **Bedürftigkeit** F necessidade f, indigência f, pobreza f, penúria f
'**Beefsteak** [ˈbiːfsteːk] N bife m
be'ehren ⟨-⟩ honrar (**mit** com), distinguir
be'eid(ig)en [bəˈʔaɪd(ɪɡ)ən] ⟨-e-; -⟩ (fazer) jurar; ajuramentar; (bezeugen) afirmar por juramento
be'eilen VR sich ~ apressar-se
be'eindrucken ⟨-⟩ impressionar **be'einflussen** [bəˈʔaɪnflʊsən] VT ⟨-t; -⟩ influenciar, exercer influência sobre **Be'einflussung** F (gen) influência f (sobre, em); influenciação f (de), a(c)tuação f (sobre) **beeinträchtigen** [bəˈʔaɪntrɛçtɪɡən] ⟨-⟩ afe(c)tar; (schaden) a. prejudicar; (stören) a. estorvar **Beeinträchtigung** F prejuízo m, dano m; estorvo m; lesão f
be'end(ig)en ⟨-e-; -⟩ acabar; terminar **Beend(ig)ung** F fim m; acabamento m
be'engen [bəˈʔɛŋən] ⟨-⟩ apertar **Be'engtheit** F estreiteza f, aperto m
be'erben VT ⟨-⟩ j-n herdar de, ser herdeiro de

be'erdigen [bəˈʔeːrdɪɡən] ⟨-⟩ enterrar, sepultar **Beerdigung** F enterro m **Be'erdigungsinstitut** N agência f funerária
'**Beere** [ˈbeːrə] F baga f, bago m
Beet [beːt] N ⟨-(e)s; -e⟩ canteiro m, alegrete m
be'fähigen [bəˈfɛːɪɡən] ⟨-⟩ habilitar **befähigt** ADJ ~ (**zu**) capaz (de), habilitado (para), qualificado (para); (begabt) talentoso, de talento **Befähigung** F (Eigenschaft) capacidade f, aptidão f; habilitações fpl; (Handlung) qualificação f **Befähigungsnachweis** M certificado m de aptidão
be'fahrbar [bəˈfaːrbaːr] transitável; SCHIFF navegável **befahren** A VT ⟨-⟩ passar por; SCHIFF navegar em, navegar por; BERG descer a B ADJ Weg trilhado; Gewässer navegado; **stark ~ Straße** com muito trânsito
be'fallen A ⟨-⟩ VT acometer; colher; MED atacar B ADJ cheio (**von** de)
be'fangen (scheu) acanhado, tímido; (verwirrt) atrapalhado, perturbado, confuso; (voreingenommen) suspeito, parcial **Befangenheit** F acanhamento m, timidez f; parcialidade f
be'fassen ⟨-t; -⟩ VR sich ~ **mit** ocupar-se, tratar de; debruçar-se sobre
be'fehden [bəˈfeːdən] VR ⟨-e-; -⟩ sich ~ geh, iron estar sempre à briga
Be'fehl [bəˈfeːl] M ⟨-(e)s; -e⟩ ordem f; (Befehlsgewalt) (co)mando m; IT comando m, instrução f; **zu ~!** às ordens! **befehlen** ⟨-⟩ ordenar, mandar **befehligen** [bəˈfeːlɪɡən] ⟨-⟩ comandar, chefiar, dirigir **Be'fehlsform** F imperativo m **Be'fehlsgewalt** F ⟨o. pl⟩ poder m de comando **Befehlshaber** [bəˈfeːlshaːbər] M comandante m **befehlshaberisch** imperioso **Befehlsverweigerung** F insubordinação f
be'festigen ⟨-⟩ segurar, fixar, pôr, prender; MIL fortificar; SCHIFF amarrar; fig consolidar, estreitar **Befestigung** F fixação f MIL fortificação f; SCHIFF amarração f
be'feuchten [bəˈfɔʏçtən] ⟨-e-; -⟩ (h)umidificar, (h)umedecer
Be'feuerung F SCHIFF, FLUG sinalização f luminosa
be'finden ⟨-⟩ A VT **für gut ~** julgar

bem, haver por bem; aprovar **B** _VR_ **sich ~** estar, ficar, achar-se, encontrar-se **C** _VII_ (entscheiden) **~ über** (akk) decidir **Be'finden** _N_ **1** (Ansicht) parecer m, entender m, opinião f **2** (Gesundheit) (estado m de) saúde f **befindlich** situado (**in** dat em)

be'flaggen ⟨-⟩ embandeirar, abandeirar

be'flecken ⟨-⟩ manchar, sujar; _fig_ desonrar

be'flissen [bəˈflɪsən] dado a; assíduo, estudioso; obsequioso **Beflissenheit** _F_ aplicação f; zelo m; assiduidade f; solicitude f

be'flügeln [bəˈflyːɡəln] _VII_ ⟨-le; -⟩ _fig_ dar asas a; _Schritt_ acelerar **beflügelt** _ADJ_ alado

be'folgen _VII_ ⟨-⟩ seguir; _Befehl, Gesetz_ obedecer a, cumprir; _Regel_ observar **Befolgung** _F_ ⟨_o. pl_⟩ cumprimento m, execução f; observância f

be'fördern ⟨-re; -⟩ transportar; despachar; _im Rang_: promover **Beförderung** _F_ transporte m; despacho m; expedição f; _j-s_ promoção f **Beförderungsmittel** _N_ meio m de transporte

be'frachten [bəˈfraxtən] ⟨-e; -⟩ fretar; (beladen) carregar (a. fig) **Befrachter** _M_ fretador m **Befrachtung** _F_ fretamento m, carga f

be'frackt [bəˈfrakt] de casaca

be'fragen _VII_ ⟨-⟩ interrogar, perguntar (**j-n** alg od a alg; **wegen** por) **Befragung** _F_ ⟨_o. pl_⟩ inquérito m; inquisição f; (Verhör) interrogatório m

be'freien _VII_ ⟨-⟩ (**sich**) livrar(-se), libertar(-se), dar liberdade a; emancipar (-se); v. Hemmnissen: desembaraçar(-se); v. Abgaben: isentar; vom Dienst: dispensar **Befreier** _M_ libertador m **Befreiung** _F_ ⟨_o. pl_⟩ libertação f; emancipação f; v. Abgaben: isenção f; dispensação f **Befreiungskrieg** _M_ guerra f de independência (od libertação)

be'fremden [bəˈfrɛmdən] ⟨-e; -⟩ causar admiração; surpreender **Befremden** _N_ m admiração f; estranheza f, espanto m **befremdend, befremdlich** estranho

be'freunden [bəˈfrɔʏndən] ⟨-e; -⟩ _VR_ **sich ~** estreitar amizade; _a._ mit etw familiarizar-se **befreundet** amigo (**mit** de)

be'frieden [bəˈfriːdən] ⟨-e; -⟩ pacificar, apaziguar **befriedigen** [bəˈfriːdɪɡən] ⟨-⟩ satisfazer (a. Nachfrage u. fig), contentar **befriedigend** satisfatório **befriedigt** [bəˈfriːdɪçt] satisfeito, contente **Befriedigung** _F_ satisfação f, contentamento m

be'fristen _VII_ ⟨-e; -⟩ limitar, estabelecer prazo a **befristet** limitado, a prazo

be'fruchten _VII_ ⟨-e; -⟩ fecundar, fertilizar **Befruchtung** _F_ fecundação f; MED inseminação f; **künstliche ~** inseminação artificial

Be'fugnis [bəˈfuːknɪs] _F_ ⟨-; -se⟩ autorização f; competência f **befugt** autorizado

be'fühlen ⟨-⟩ apalpar

Be'fund _M_ ⟨-(e)s; -e⟩ (Ergebnis) resultado m; (Feststellung) averiguação f; MED diagnóstico m

be'fürchten ⟨-e; -⟩ recear, temer **Befürchtung** _F_ receio m

be'fürworten _VII_ ⟨-e; -⟩ recomendar, apoiar, deferir **Befürwortung** _F_ recomendação f; apoio m; deferimento m

be'gabt [bəˈɡaːpt] inteligente; talentoso, de talento; **~ mit** dotado de; **~ sein für** ter jeito para **Begabung** [bəˈɡaːbʊŋ] _F_ talento m, vocação f; inteligência f

be'gaffen ⟨-⟩ olhar embasbacado

be'gatten ⟨-e; -⟩ _VR_ **sich ~** acasalar-se; _bras_ copular **Begattung** _F_ cópula f; coito m

be'geben ⟨-⟩ _VR_ **sich ~ nach** deslocar--se (par)a, dirigir-se (par)a; **sich ~ zu** ir ter com; **sich ~** auf eine Reise **~** partir (**nach** para); in Gefahr: expor-se a; in j-s Schutz: pôr-se sob; (sich ereignen) acontecer, suceder, passar-se **Begebenheit** _F_ acontecimento m

be'gegnen [bəˈɡeːɡnən] ⟨-e; -; s.⟩ (dat) **j-m ~** encontrar alg; Wagen cruzar-se com; (zustoßen) acontecer, ocorrer; höflich etc tratar; (sich entgegenstellen) opor-se; combater; (vorbeugen) prevenir; (vorkommen) encontrar-se **Begegnung** _F_ encontro m

be'gehen ⟨-⟩ percorrer; Fehler cometer, Verbrechen a. praticar, perpetrar; Fest festejar, celebrar

be'gehren [bəˈɡeːrən] ⟨-⟩ desejar; cobiçar, ambicionar; (verlangen) pretender; HANDEL **sehr begehrt sein** ser muito procurado, ter muita procura **Begeh-**

Begeisterung

So können Sie Ihre Begeisterung ausdrücken:

Es gefällt mir hier sehr gut.	**Gosto muito do sítio.**
Die Altstadt / die Musik hat mir sehr gefallen.	**Gostei muito do centro da cidade / da música.**
Das ist wunderbar!	**É maravilhoso!**
... ist ein Traum!	**... é de sonho!**
Das ist (voll) cool! (*Jugendsprache*)	**Fixe!, Porreiro!** *bras:* **Muito legal!,** *auch:* **Beleza!**

ren N̄ desejo m **begehrenswert** desejável **begehrlich** cobiçoso **Begehrlichkeit** F̄ cobiça f, avidez f **be'geistern** [bəˈgaɪstɐn] ⟨-re; -⟩ entusiasmar (**für** por) **begeistert** ADJ entusiástico **Begeisterung** F̄ ⟨o. pl⟩ entusiasmo m **Be'gier** F̄ ⟨-; o. pl⟩, **Begierde** [bəˈgiːrdə] F̄ apetite m; desejo m; cobiça f, avidez f; *geistig:* ânsia f **begierig** ávido, cobiçoso; ansioso (**nach, auf** akk de) **be'gießen** ⟨-⟩ regar **Be'ginn** [bəˈgɪn] M̄ ⟨-(e)s; o. pl⟩ começo m, princípio m, início m; **bei ~, zu ~** ao começo, ao princípio **beginnen** ⟨-⟩ começar, principiar, iniciar **be'glaubigen** [bəˈglaʊbɪɡən] ⟨-⟩ atestar; certificar; JUR legalizar, autenticar, reconhecer, abonar; *Diplomaten* acreditar; **beglaubigte Abschrift** f pública-forma f **Beglaubigung** F̄ atestado m, certificado m; reconhecimento m, legalização f; autorização f; certificado m **Beglaubigungsschreiben** N̄ credenciais fpl **be'gleichen** ⟨-⟩ pagar **Begleichung** F̄ pagamento m **be'gleiten** ⟨-e-; -⟩ acompanhar; SCHIFF, MIL escoltar **Begleiter(in)** M̄/F̄ companheiro m, -a f; MUS acompanhador(a) m(f) **Begleiterscheinung** F̄ fenómeno m (*bras* *ô) (*od* sintoma m) concomitante; consequência f **Begleitmannschaft** F̄ MIL escolta f **Begleitpapiere** NPL HANDEL guia f de remessa **Begleitschein** M̄ guia f **Begleitschiff** N̄ navio m de escolta **Begleitschreiben** N̄ aviso m **Begleitung** F̄ acompanhamento m (*a.* MUS); **in j-s ~** em companhia de, acompanhado por; (*Gefolge*) comitiva f; MIL escolta f **be'glücken** ⟨-⟩ tornar feliz; **~ mit** agraciar com; *umg* visitar **beglückwünschen** VT̄ ⟨-⟩ felicitar; dar os parabéns a; congratular (**zu, wegen** por); *bras* parabenizar; **zu ~ sein** estar de parabéns **be'gnadet** [bəˈgnaːdət] inspirado; dotado **be'gnadigen** [bəˈgnaːdɪɡən] ⟨-⟩ indultar, perdoar; POL a(m)nistiar **Begnadigung** F̄ indulto m, perdão m **be'gnügen** [bəˈgnyːɡən] ⟨-⟩ V̄R̄ **sich ~** contentar-se (**mit** de) **be'graben** ⟨-⟩ enterrar, sepultar **Be'gräbnis** [bəˈgrɛːpnɪs] N̄ ⟨-ses; -se⟩ enterro m, funeral m, sepultura f **Begräbnisfeier** F̄ ⟨-; -lichkeiten⟩ funerais mpl; REL exéquias fpl **be'gradigen** [bəˈgraːdɪɡən] ⟨-⟩ re(c)tificar **Begradigung** F̄ re(c)tificação f **be'greifen** ⟨-⟩ compreender; (*verstehen*) *a.* perceber, entender, conceber; **in sich ~** conter **begreiflich** compreensível; **~ machen** fazer compreender **begreiflicherweise** ADV como era de supor, naturalmente **be'grenzen** ⟨-t; -⟩ limitar; confinar; *fig a.* reduzir, restringir (**auf** akk a) **Begrenzung** F̄ limitação f; restrição f; (*Grenzen*) limites mpl, confins mpl **Be'griff** M̄ ⟨-(e)s; -e⟩ ideia f, noção f, conceito m; **im ~ sein zu, im ~ stehen zu** estar para, estar a ponto de; ir (*inf*); **sich e-n ~ machen** fazer ideia (*bras* *é); **schwer von ~ sein** ser de compreensão lenta **begriffen** PP v. → begreifen; **im Gehen ~ sein** estar para sair **begrifflich** abstra(c)to; abstra(c)tivo **Be'griffsbestimmung** F̄ definição f

begriffsstutzig de compreensão lenta **Begriffsverwirrung** F confusão f de ideias (bras *é)

be'gründen ⟨-e-; -⟩ fundar, estabelecer; (beweisen) dar as suas razões (para); Antrag defender; motivar (**mit** por); Tat justificar **Begründung** F (Erklärung) razão f, motivação f; justificação f; fundamento m; (Gründung) estabelecimento m, instituição f, fundação f

be'grüßen ⟨-ßt; -⟩ j-n cumprimentar, saudar, dar as boas-vindas a; etw aclamar; receber bem, acolher bem, apoiar **Begrüßung** F cumprimento m, saudação f; acolhimento m **Begrüßungsansprache** F saudação f; alocução f

▶ **Begrüßung**

Hallo!	Olá!
Guten Morgen!	**Bom dia!**
Guten Tag!	**Bom dia!**
nach dem Mittagessen:	**Boa tarde!**
Gute Nacht!	**Boa noite!**
Wie geht es Ihnen?	**Como está?**
Wie geht's (dir)?	**Como estás?**
in Brasilien:	**Tudo bom?**

Unter Bekannten küsst man sich bei der Begrüßung und beim Abschied auf beide Wangen. Männer klopfen sich oft auf die Schulter oder schütteln sich die Hand. ◁

be'günstigen [bəˈɡʏnstɪɡən] ⟨-⟩ favorecer; proteger; JUR encobrir **Begünstigung** F prote(c)ção f; HANDEL bonificação f; JUR encobrimento m

be'gutachten VT ⟨-e-; -⟩ apreciar; pronunciar-se (od dar a sua opinião) sobre; (prüfen) examinar

be'gütert [bəˈɡyːtart] abastado, rico; ~ **sein** a. ter propriedades

be'haart peludo, cabeludo **Behaarung** F pêlo m, pelugem f; Tier: pelagem f

be'häbig [bəˈhɛːbɪç] A ADJ cómodo (bras *ô), lento, pacato B ADV com à-vontade

be'haftet [bəˈhaftət] ~ **sein mit** estar com, estar cheio de; possuir

be'hagen [bəˈhaːɡən] VI ⟨-⟩ agradar **Behagen** N agrado m, satisfação f, prazer m; → Behaglichkeit **behaglich** (angenehm) agradável; (bequem) confortável, cómodo (bras *ô); (gemütlich) aconchegado, cómodo (bras *ô); Leben sossegado, pacato **Behaglichkeit** F comodidade f; conforto m, bem-estar m

be'halten ⟨-⟩ guardar, ficar com; (**im Kopf**) ~ fixar; **im Auge** ~ não perder de vista

Be'hälter [bəˈhɛltar] M recipiente m; großer: depósito m **Behältnis** N ⟨-ses; -se⟩ receptáculo m

be'hände [bəˈhɛndə] ágil, ligeiro, hábil

be'handeln ⟨-le; -⟩ tratar (a. MED); Thema a. versar sobre; (handhaben) manejar **Behändigkeit** F ⟨o. pl⟩ ligeireza f, agilidade f

Be'handlung F tratamento m (a. MED); manejo m

Be'hang M ⟨-(e)s; ⸚e⟩ Stoff: colgadura f

be'hängen ⟨-⟩ colgar; guarnecer

be'harren ⟨-⟩ perseverar, persistir, insistir, teimar (**bei, auf** dat em) **beharrlich** pertinaz; assíduo; teimoso; persistente **Beharrlichkeit** F ⟨o. pl⟩ perseverança f, persistência f, constância f **Beharrung** F, **Beharrungsvermögen** N PHYS inércia f

be'hauen ⟨-⟩ talhar; Stein aparelhar

be'haupten [bəˈhauptən] ⟨-e-; -⟩ (sagen) afirmar, asseverar; Stellung defender, manter; **sich ~** a. vingar, impor-se **Behauptung** F (Äußerung) firmação f; alegação f; asserção f; (Verteidigung) manutenção f; defesa f

Be'hausung [bəˈhauzʊŋ] F morada f, alojamento m

be'heben ⟨-⟩ remediar; arranjar

be'heimatet [bəˈhaɪmaːtət] ~ **in** (dat) natural de; (ansässig) domiciliado em

Be'helf [bəˈhɛlf] M ⟨-(e)s; -e⟩ recurso m, auxílio m; expediente m **behelfen** ⟨-⟩ VR sich ~ arranjar-se; **sich ~ mit** a. contentar-se com **Behelfs...** IN ZSSGN, **behelfsmäßig** ADJ provisório

be'helligen [bəˈhɛlɪɡən] ⟨-⟩ importunar, incomodar; bras a. apoquentar **Behelligung** F importunação f; bras importunância f, aborrecimento m

be'hend(e) → **behände Behendig-**

keit → Behändigkeit
be'herbergen [bəˈhɛrbərɡən] ⟨-⟩ hospedar, alojar **Beherbergung** F hospedagem f, alojamento m
be'herrschen ⟨-⟩ dominar (a. fig); *Wissen* saber a fundo, ser versado em; **sich ~** dominar-se **Beherrschung** F ⟨o. pl⟩ domínio m; **die ~ verlieren** perder o auto-domínio
be'herzigen [bəˈhɛrtsɪɡən] ⟨-⟩ tomar a peito **be'herzt** [bəˈhɛrtst] corajoso; resoluto **Beherztheit** F ⟨o. pl⟩ coragem f
be'hexen ⟨-t; -⟩ enfeitiçar
be'hilflich [bəˈhɪlflɪç] útil; prestimoso; **j-m ~ sein** ajudar alg
be'hindern ⟨-re; -⟩ (*stören*) estorvar; incomodar; *Weg, Zugang* obstruir; *fig* dificultar **behindert** ADJ oft neg! körperlich **~** incapacitado; deficiente; geistig **~** alienado (m) **Behinderte(r)** M/F(M) oft neg! incapacitado m, -a f; deficiente m/f **behindertengerecht** ada(p)-tado a deficientes **Behinderung** F impedimento m; MED deficiência f
Be'hörde [bəˈhøːrdə] F serviços mpl públicos; *bras* repartição f pública; *städtische*: serviços mpl municipais; **~ für** repartição de, serviço m de, departamento m de **behördlich** oficial; da parte das autoridades (od dos serviços públicos)
be'hüten ⟨-e-; -⟩ (**vor** dat) guardar (de), preservar (de), proteger (contra); **Gott behüte!** *umg* Deus me livre!
be'hutsam [bəˈhuːtzaːm] cuidadoso, cauteloso, prudente **Behutsamkeit** F ⟨o. pl⟩ cuidado m, cautela f, precaução f
bei [baɪ] PRÄP ⟨dat⟩ **1** *örtlich*: (*neben*) ao lado de, ao pé de, junto de; (*nahe bei*) perto de; **~ j-m** com alg; em casa de alg; **~ mir/dir/sich** comigo/contigo/consigo (*bras* com você); **~ uns/euch** con[n]osco/convosco, *bras* com vocês/eles; **~ mir/ihr (zu Hause)** em minha/na sua casa; **~ den Schweizern** na Suíça; **~ Goethe** *Zitat*: em Goethe **2** *zeitlich*: (*während*) durante; *Zeitpunkt*: quando do *bzw* da; **~ seiner Abreise** quando estava de partida; **~ jedem Schritt** a cada passo; **beim** (*inf od subst*) ao; **~ Tage/Nacht** de dia/noite; **~ der Arbeit sein** estar a trabalhar; *bras* estar trabalhando **3** *fig* **~ seinem Charakter** (*trotz*) atendendo ao seu carácter; **~ offenem Fenster** de/com a janela aberta; **~ Gefahr, ~ Regen** em caso de perigo, em caso de chuva; **~ dieser Gelegenheit** a propósito; **~ Gott!** por Deus!; **nicht ganz ~ sich sein** *umg* não regular bem
'beibehalten ⟨-⟩ guardar, conservar; manter **Beiblatt** N suplemento m **Beiboot** N bote m **beibringen** dar; *Beweise* trazer, apresentar; *Gründe a.* alegar, aduzir; (*lehren*) ensinar; *Wunde* causar; **j-m e-e Niederlage ~** derrotar alg
'Beichte [ˈbaɪçtə] F confissão f; **zur ~ gehen** ir confessar-se; **j-m die ~ abnehmen** confessar alg **'beichten** VIT (& V/R) ⟨-e-⟩ confessar(-se) (**j-m** com alg) **Beichtgeheimnis** N segredo m de confissão **Beichtstuhl** M confessionário m **Beichtvater** M confessor m
'beide [ˈbaɪdə] PRON PL (**alle ~**) ambos, um e outro; **die ~n (anderen)** os dois (outros); **keiner von ~n** nem um nem outro; **wir ~** nós os dois; *bras* nós dois **'beiderlei** [ˈbaɪdɐlaɪ] PRON ⟨gen⟩ das duas maneiras **beiderseitig** [ˈbaɪtsaɪ-tɪç] ADJ dos dois (od de ambos os) lados; (*gegenseitig*) mútuo, recíproco **beiderseits** ADV dos dois (od de ambos os) lados; de uma parte e de outra
'beides [ˈbaɪdəs] PRON as duas coisas, uma coisa e outra
'beidrehen V/I SCHIFF pôr à capa, meter de capa **beiein'ander** ADV juntos; um com outro, um ao pé de outro
'Beifahrer(in) M(F) passageiro m, -a f sentado, -a ao lado do condutor (*bras* do motorista); SPORT co-piloto m, co-pilota f
'Beifall M ⟨-(e)s; o. pl⟩ aplauso m; (*Billigung*) aprovação f; **~ klatschen** aplaudir, aclamar; **~ finden** ser aplaudido; *etw a.* ser bem recebido **beifällig** [ˈbaɪfɛlɪç] aprobativo, aprobatório **Beifallsklatschen** N aplauso(s) m(pl), palmas fpl **Beifallsruf** M aclamação f **Beifallssturm** M aplausos mpl frenéticos
'beifügen juntar; *e-m Schreiben a.*: fazer acompanhar por **Beifügung** F anexo m, suplemento m; GRAM atributo m; **unter ~** ⟨gen⟩ juntando (akk)
'Beigabe F suplemento m **beigeben** (a)juntar, dar; associar, agregar; **klein ~** desistir, ceder **Beigeordnete(r)** [ˈbaɪ-

BEIS

gəɔrdnətə(r)] M/F(M) adjunto m, -a f, vogal m **Beigeschmack** M ‹-(e)s; o. pl› ressaibo m, sabor m **beiheften** ‹-e-› juntar **Beihilfe** F subsídio m; (bes Staatsbeihilfe) subvenção f; (bes Studienbeihilfe) bolsa f; JUR cumplicidade f; auxílio m **beikommen** ‹s.›: (dat) apanhar; (bewältigen) vencer; j-m a. competir com **Beil** [baɪl] N ‹-(e)s; -e› machado m; (Handbeil) machada f; hist Waffe: acha f '**Beilage** F suplemento m; Brief: anexo m; GASTR conduto m; **mit ~** com acompanhamento **beiläufig** A ADJ acidental, acessório B ADV etw **~ erwähnen** mencionar a/c de passagem

'**beilegen** juntar; Bedeutung, (zuschreiben) atribuir; Namen dar; (schlichten) apaziguar, conciliar; SCHIFF capear, estar de capa **Beilegung** F e-s Konflikts solução f; apaziguamento f

bei'leibe [baɪ'laɪbə] ADV **~ nicht!** de modo algum!

'**Beileid** N ‹-(e)s; o. pl› condolência f; pêsames mpl; **sein ~ aussprechen** dar os pêsames; (**mein**) **herzliches ~!** (os meus) sentidos pêsames **Beileidsbezeigung** F pêsames mpl

'**beiliegen** ir junto, estar junto **beiliegend** ADJ anexo

beim [baɪm] PRÄP & ART (bei dem) → bei

'**beimengen** → beimischen **beimessen** VT e-r Sache (dat) etw **~** atribuir a/c a a/c; Glaube, Wert dar a/c a a/c; Schuld imputar a/c a a/c **beimischen** VT (dat) etw **~** misturar a/c (com), juntar a/c (a), acrescentar a/c (a)

Bein [baɪn] N ‹-(e)s; -e› perna f; (Tischbein) pé m; (Knochen) osso m; **auf die ~e bringen/kommen** pôr/pôr-se em pé; **sich auf die ~e machen** pôr-se a caminho; j-m **~e machen** dar pressa a alg; **ein ~ stellen** armar um cambapé (od fig uma armadilha); bras passar uma rasteira; **die ~e in die Hand nehmen** umg pôr-se a correr, safar-se; bras sair correndo; **den ganzen Tag auf den ~en sein** estar todo o dia de pé; **sich die ~e vertreten** umg passear-se; **auf eigenen ~en stehen** ser independente; **sich** (dat) **kein ~ ausreißen** umg fig não se matar

'**beinah(e)** ADV quase; bei Zahlen a.: cerca de; bei Verben: por um triz, falta(va) pouco para ...

'**Beiname** M ‹-ns; -n› apelido m, sobrenome m, cognome m; (Spitzname) alcunha f

'**Beinarbeit** F ‹o. pl› SPORT jogo m de pernas **Beinbruch** M fra(c)tura f de uma perna

be'inhalten [bə'ʔɪnhaltən] ‹-e-; -› conter

'**beiordnen** ‹-e-› (a)juntar, agregar; bes GRAM coordinar; a. → Beigeordnete(r) **Beipackzettel** M folheto m, instruções fpl **beipflichten** ['baɪpflɪçtən] ‹-e-› (dat) aplaudir, aprovar; consentir a **Beiprogramm** N documentários mpl **Beirat** M junta f consultiva; j-d: vogal m

be'irren ‹-› desconcertar; **sich nicht ~ lassen** não hesitar, não perder a segurança

bei'sammen [baɪ'zamən] junto(s), reunido(s) **Beisammensein** N ‹-s; o. pl› reunião f

'**Beisatz** M adição f; GRAM aposto m **Beischlaf** M coito m, cópula f **Beisein** N presença f; **im ~ von** na presença de

bei'seite ADV à parte **beiseitebringen** salva(guarda)r; (entfernen) eliminar; (stehlen) roubar; (töten) matar **beiseitegehen** afastar-se **beiseitelassen** deixar, pôr de parte **beiseiteschaffen** → beiseitebringen; HANDEL desfalcar **beiseiteschieben** afastar; fig pôr de parte

'**beisetzen** VT ‹-t› enterrar, sepultar; SCHIFF Segel dar pano **Beisetzung** F enterro m, funeral m

'**Beisitzer(in)** M(F) vogal m/f; JUR juiz m adjunto, juíza f adjunta

'**Beispiel** N ‹-(e)s; -e› exemplo m; **zum ~** por exemplo; **mit gutem ~ vorangehen** dar o (bras bom) exemplo **beispielhaft** exemplar, modelar **beispiellos** ‹-este› inaudito; bras inédito; sem exemplo, sem igual **beispielsweise** ADV por exemplo

'**beispringen** ‹s.› (dat) socorrer, vir ao socorro de

'**beißen** ['baɪsən] morder; Insekten, Pfeffer picar; fig **ins Gras ~** morder o pó; bras esticar as canelas; **in den sauren Apfel ~** fazer da necessidade virtude **beißend** ADJ mordaz; fig j-d a. sarcástico; cáustico (a. Stil) **Beißzange** F turquês f, alicate m

'**Beistand** M ⟨-(e)s⟩ [1] ⟨o. pl⟩ assistência f; auxílio m; **~ leisten** (dat) socorrer alg [2] ⟨pl ⁼e⟩ JUR advogado m **beistehen** V/I socorrer, ajudar, auxiliar (**j-m** alg)
'**beisteuern** ⟨-re⟩ contribuir (**mit etw zu** com a/c para)
'**beistimmen** concordar, estar de acordo (dat com), aprovar
'**Beistrich** M ⟨-(e)s; -e⟩ GRAM vírgula f
'**Beitrag** ['baitraːk] M ⟨-(e)s; ⁼e⟩ contribuição f; (Anteil) quota-parte f; Zeitung: artigo m; colaboração f; **~ zahlen** pagar contribuição (od quota) **beitragen** ⟨-⟩ **~ zu** contribuir para, colaborar em
'**beitreiben** cobrar; exigir **Beitreibung** F cobrança f
'**beitreten** ⟨s.⟩ (dat) aderir (a); entrar (em); alistar-se, inscrever-se em; associar-se (a) **Beitritt** M adesão f (**zu a**); entrada f (**zu em**); ingresso m (**zu em**) **Beitrittsland** N país m em fase de adesão
'**Beiwagen** M Motorrad: carro m lateral; Straßenbahn: carro m atrelado; bras reboque m **Beiwerk** N ⟨-(e)s; o. pl⟩ obra f acessória; ornamento m **beiwohnen** e-r Sache assistir a; presenciar **Beiwort** N ⟨-(e)s; ⁼er⟩ epíteto m; GRAM adje(c)tivo m
'**Beize** ['baitsə] F CHEM cáustico m; (Färbemittel) preparação f; mordente m; (Marinade) marinada f; bras vinha-d'alho; Jagd: altanaria f
bei'zeiten ADV (rechtzeitig) a tempo, (frühzeitig) a boa hora, em boa hora
'**beizen** ['baitsən] ⟨-t⟩ mordentar; Holz macerar; (ätzen) corroer; TECH decapar; MED cauterizar; Jagd: caçar com falcão; Möbel dar infusão a
be'jahen [bə'jaːən] ⟨-⟩ dizer que sim; Frage responder afirmativamente (od pela afirmativa) **bejahend** ADJ afirmativo
be'jahrt [bə'jaːrt] idoso, velho
Be'jahung [bə'jaːʊŋ] F afirmação f; resposta f afirmativa
be'jammern ⟨-re; -⟩ lastimar, deplorar, lamentar **bejammernswert, bejammernswürdig** lastimoso, deplorável, lamentável
be'jubeln ⟨-le; -⟩ receber com júbilo
be'kämpfen ⟨-⟩ combater; lutar contra
be'kannt [bə'kant] A PP v. **~ bekennen** B ADJ **j-m** conhecido de; etw a. sabido; **allgemein ~** notório, público; **~ geben**, **~ machen** publicar, anunciar; dar publicidade a; **~ sein mit** conhecer; **~ werden mit** chegar a conhecer; **j-n mit etw ~ machen** familiarizar com, **mit** j-m apresentar a; **mir ist ~ (, dass)** conheço od sei (que); **das kommt mir ~ vor** já ouvi (od vi) isto em qualquer lado (bras algum lugar); isso não me é desconhecido (bras estranho) **Be'kannte(r)** [bə'kantə(r)] M/F(M) conhecido m, -a f; pessoa f amiga; **ein ~r von mir** um conhecido meu **Bekanntenkreis** M ⟨-es; -e⟩ relações fpl **Bekanntgabe** → Bekanntmachung **bekanntlich** como se sabe **Bekanntmachung** [bə'kantmaxʊŋ] F publicação f, proclamação f; anúncio m, aviso m, edital m **Bekanntschaft** F conhecimento m; (Bekannte) relações fpl; **j-s ~ machen** (chegar a) conhecer alg
be'kehren ⟨-⟩ converter (**zu** a) **bekehrt** convertido (a. subst) **Bekehrung** F conversão f
be'kennen ⟨-⟩ confessar; REL professar; **sich ~ zu** declarar-se partidário de; **sich schuldig ~** confessar-se culpado; **Farbe ~** fig definir a sua posição **Bekenntnis** N ⟨-ses; -se⟩ confissão f; (Glaubensbekenntnis) credo m, profissão f de fé
be'klagen ⟨-⟩ lastimar, lamentar; **sich bei j-m über** (akk) **~** queixar-se a alg de **beklagenswert** lastimável, deplorável **Beklagte(r)** M/F(M) acusado m, -a f; réu m, ré f; arguido (bras *ü) m, -a f
be'klatschen V/T ⟨-⟩ aplaudir; j-n a. bater palmas a **be'kleben** ⟨-⟩ (**mit etw**) **~** colar od pôr (a/c em) **be'kleckern** ⟨-re; -⟩ V/T manchar, sujar; umg sich (**nicht gerade**) **mit Ruhm ~** fazer má figura
be'kleiden ⟨-e-; -⟩ **~** (**mit**) vestir (de), cobrir (de); Wand forrar (de), revestir (de); fig Amt exercer, desempenhar **Bekleidung** F vestuário m, roupa f **Bekleidungsindustrie** F indústria f de vestuário
be'klemmen ⟨-⟩ apertar; afligir, oprimir **Beklemmung** F angústia f, ânsia(s) f(pl); opressão f
be'klommen [bə'klɔmən] angustiado, aflito, opresso **Beklommenheit** F ⟨o. pl⟩ opressão f, angústia f
be'klopfen ⟨-⟩ apalpar; MED auscultar, percutir

be'kloppt [bəˈklɔpt] *umg* parvo, tolo, tonto

be'kommen ⟨-⟩ **A** V/T receber; (*erlangen*) obter, arranjar; (*a. fertigbekommen*) conseguir (acabar); *Durst, Krankheit* ter (*a. Kind*), ficar com, apanhar (*a. Zug*); *das Kind* **bekommt Zähne** nascem dentes a; **wie viel ~ Sie?** quanto lhe devo?; **zu ~ sein** (*käuflich*) vender-se **B** V/I **gut ~** fazer bem; **etw bekommt j-m** alg dá-se bem com a/c; **wohl bekomms!** bom proveito!

be'kömmlich [bəˈkœmlɪç] bom, MED *a.* leve; **schwer ~** indigesto; **leicht ~** leve

be'köstigen ⟨-⟩ alimentar, sustentar **Beköstigung** F comida f; sustento m, alimentação f

be'kräftigen ⟨-⟩ confirmar; corroborar

be'kränzen [bəˈkrɛntsən] ⟨-t; -⟩ coroar (**mit** de) **be'kreuzigen** ⟨-t; -⟩ V/R **sich ~** benzer-se; fazer o sinal da cruz; persignar-se **be'kriegen** V/T ⟨-⟩ guerrear, fazer guerra a, combater **be'kritteln** ⟨-le; -⟩ criticar **be'kritzeln** ⟨-le; -⟩ cobrir de rabiscos

be'kümmern ⟨-re; -⟩ afligir; **etw bekümmert j-n** alg aflije-se com a/c; a/c preocupa alg **bekümmert** ADJ aflito, preocupado

be'kunden [bəˈkʊndən] ⟨-e-; -⟩ *Interesse eetc* manifestar, exprimir

be'lächeln V/T ⟨-le; -⟩ sorrir-se de **be'lachen** V/T ⟨-le; -⟩ rir-se de

be'laden ⟨-⟩ carregar (**mit** de)

Be'lag [bəˈlaːk] M ⟨-(e)s; ⸚e⟩ coberta f; TECH revestimento m; (*Brotbelag*) carne fria; *bras* frios *mpl*; MED saburra f (*Zahnbelag*) sarro m

Be'lagerer [bəˈlaːɡərər] M sitiador m **belagern** ⟨-re; -⟩ sitiar, cercar; bloquear; *a. fig* assediar **Belagerung** F cerco m, sítio m; bloqueio m **Belagerungszustand** M ⟨-(e)s; *o. pl*⟩ estado m de sítio; **den ~ verhängen/aufheben** proclamar (*bras* declarar)/levantar o estado de sítio

Be'lang [bəˈlaŋ] M ⟨-(e)s; -e⟩ importância f, interesse m; **nicht von ~ sein** não ter importância **belangen** ⟨-⟩ acusar, arguir; autuar; intimar, citar **belanglos** ⟨-este⟩ insignificante **Belanglosigkeit** [bəˈlaŋloːzɪçkaɪt] F insignificância f, bagatela f

be'lassen ⟨-⟩ **j-m etw ~** deixar alg ficar com a/c

be'lasten V/T ⟨-e-; -⟩ carregar (**mit** de); (*lasten auf*) *a.* pesar sobre; JUR culpar, incriminar (**mit** de); HANDEL debitar **belastend** ADJ agravante

be'lästigen [bəˈlɛstɪɡən] ⟨-⟩ incomodar, importunar, molestar, *umg* maçar **Belästigung** F importunação f; aborrecimento m; moléstia f; *umg* maçada f

Be'lastung [bəˈlastʊŋ] F carga f; TECH peso m; *Steuer*: encargo m; JUR incriminação f; HANDEL débito m; *Haus etc*: hipoteca f, erfliche ~ tara f hereditária **Belastungsprobe** F prova f de resistência; *fig* prova(ção) f **Belastungszeuge** M ⟨-n⟩ testemunha f da acusação

be'laubt ADJ frondoso

be'laufen ⟨-⟩ V/R **sich ~ auf** (*akk*) importar em, montar a, elevar-se a, somar em; *insgesamt*: totalizar; **sich etwa ~ auf** regular por

be'lauschen ⟨-⟩ espreitar; escutar

be'leben ⟨-⟩ animar, vivificar; movimentar; a(c)tivar; *fig* intensificar **belebend** ADJ animador; vivificante **belebt** ADJ animado; *Ort* movimentado, frequentado **Belebung** F ⟨*o. pl*⟩ animação f

be'lecken ⟨-⟩ lamber

Be'leg [bəˈleːk] M ⟨-(e)s; -e⟩ prova f, documento m; recibo m **belegen** ⟨-⟩ cobrir (**mit** com, de); *Ausgabe*, (*beweisen*) provar, justificar; documentar; *Brot* pôr fiambre (queijo *etc*) em; TEL *Leitung* ocupar; *Platz* marcar, reservar; *Kurs* inscrever-se em; *Vorlesungen* matricular-se em; **~ mit** *Abgaben etc* impor a; **mit Beschlag ~** sequestar; **j-n mit e-r Strafe ~** infligir uma pena a alg

Be'legexemplar N exemplar m justificativo **Belegschaft** F pessoal m **Belegstelle** F referência f **belegt** ADJ (*besetzt*) ocupado; reservado; MED saburroso; **~es Brot** n sanduíche m, *umg* sande m

be'lehren ⟨-⟩ instruir; informar; ensinar; dar uma lição a; **j-n e-s Besseren ~** abrir os olhos a alg **belehrend** ADJ instrutivo **Belehrung** F instrução f; lição f

be'leibt [bəˈlaɪpt] gordo, obeso, corpulento **Beleibtheit** F ⟨*o. pl*⟩ corpulência f; obesidade f

be'leidigen [bəˈlaɪdɪɡən] ⟨-⟩ ofender, insultar, injuriar **beleidigend** ADJ ofensivo, injurioso, insultuoso, afrontoso **Beleidiger** M ofensor m **beleidigt** ofendido **Beleidigung** F insulto m, ofensa f

be'leihen ⟨-⟩ etw mit e-r Summe ~ emprestar dinheiro sobre a/c

be'lesen lido; versado; erudito **Belesenheit** F ⟨o. pl⟩ erudição f

be'leuchten ⟨-e-; -⟩ alumiar; iluminar; *fig* elucidar; focar **Beleuchter** M THEAT técnico m de luzes (*od* de iluminação) **Beleuchtung** F luz f; iluminação f; *fig* elucidação f; esame m

Be'leuchtungskörper M candeeiro m; lâmpada f; *bras* luminária **Beleuchtungstechnik** F ⟨o. pl⟩ técnica f de iluminação

'Belgien ['bɛlɡiən] N Bélgica f **Belgier(in)** ['bɛlɡiɐ(ɪn)] M(F) belga m/f **belgisch** belga

be'lichten VT ⟨-e-; -⟩ iluminar; FOTO expor (à luz); **zu lange ~** dar demasiada exposição a **Belichtung** F FOTO exposição f

Be'lichtungsmesser M fotómetro m (*bras* *ô) **Belichtungszeit** F tempo m de exposição

be'lieben ⟨-⟩ j-m agradar; **wenn's beliebt** se quiser; **wie es beliebt** como quiser **Belieben** N ⟨o. pl⟩ prazer m, vontade f, agrado m, gosto m; **nach ~** à vontade; à discrição **beliebig** qualquer **beliebt** ADJ querido; popular; em voga; **sich ~ machen** tornar-se popular (*od* simpático) **Beliebtheit** F ⟨o. pl⟩ popularidade f; voga f

be'liefern ⟨-re; -⟩ j-n mit etw ~ fornecer a/c a a/g **Belieferung** F ~ (*gen*) **mit** fornecimento m de a/c (para)

'bellen ['bɛlən] ladrar, latir

Belle'tristik [bɛlə'trɪstɪk] F ⟨o. pl⟩ belas--letras fpl

be'lohnen ⟨-⟩ recompensar; gratificar, remunerar **Belohnung** F recompensa f; gratificação f, remuneração f

Be'lüftung [bə'lʏftʊŋ] F ⟨o. pl⟩ ventilação f

be'lügen ⟨-⟩ j-n ~ mentir a alg

be'lustigen [bə'lʊstɪɡən] ⟨-⟩ divertir, distrair, entreter **belustigend** ADJ divertido, alegre **Belustigung** F divertimento m, distra(c)ção f; recreio m

be'mächtigen [bə'mɛçtɪɡən] ⟨-⟩ VR **sich** (*gen*) **~** apoderar-se (de) **be'mäkeln** ⟨-le; -⟩ criticar, censurar **be'malen** ⟨-⟩ pintar **be'mängeln** [bə'mɛŋɡəln] ⟨-le; -⟩ censurar; pôr defeitos a

be'mannen [bə'manən] ⟨-⟩ tripular **Bemannung** F tripulação f

be'mänteln [bə'mɛntəln] ⟨-le; -⟩ *fig* encobrir, procurar ocultar; disfarçar; paliar **be'merkbar** [bə'mɛrkbaːr] perceptível; visível; **sich ~ machen** fazer-se notar, etw a. manifestar-se **bemerken** ⟨-⟩ dar por, reparar (em); (a. sagen) notar, observar; (*feststellen*) assinalar **bemerkenswert** notável **Bemerkung** F observação f; reparo m; nota f

be'messen ⟨-⟩ avaliar; dose(d)ar; medir; **kurz ~ sein** ser limitado (*od* restrito)

be'mitleiden VT ⟨-e-; -⟩ compadecer(-se de); ter pena de **bemitleidenswert** digno de compaixão; deplorável

be'mittelt [bə'mɪtəlt] abastado, rico **be'mogeln** ⟨-le; -⟩ *umg* enganar, intrujar

be'moost [bə'moːst] musgoso

be'mühen ⟨-⟩ (*belästigen*) incomodar, **sich ~** a. esforçar-se, fazer esforços (**um** por, para conseguir); **sich ~ etw zu tun** dar-se ao trabalho de fazer a/c; ~ **Sie sich nicht!** não se incomode; **sich um etw ~** solicitar a/c; tentar obter a/c **bemüht um etw ~ sein** fazer esforços para conseguir a/c; **um j-n ~ sein** cuidar de alg; procurar convencer alg **Bemühung** F trabalho m, esforço m, empenho m

be'müßigt [bə'myːsɪçt] VR **sich ~ fühlen, etw zu tun** julgar oportuno fazer a/c **be'muttern** VT ⟨-re; -⟩ *umg* cuidar com carinho de; apaparicar **be'nachbart** vizinho (**de** *od* a)

be'nachrichtigen [bə'naːxrɪçtɪɡən] ⟨-⟩ avisar, informar; **j-n von etw ~** participar a/c a alg; notificar alg de a/c; *im Voraus:* prevenir **Benachrichtigung** F informação f, aviso m, comunicação f, participação f

be'nachteiligen [bə'naːxtaɪlɪɡən] ⟨-⟩ prejudicar **Benachteiligung** F prejuízo m (**unter** *dat* com)

be'nagen ⟨-⟩ roer

be'nebeln ⟨-le; -⟩ enevoar; *fig* ofuscar; *umg* **sich ~** emborrachar-se

Benediktiner(in) [benedɪk'tiːnər(ɪn)] M/F beneditino m, -a f
be'nehmen VR ⟨-⟩ sich ~ comportar-se **Be'nehmen** N conduta f, comportamento m; **das ist doch kein ~!** que maneiras são essas?
be'neiden ⟨-e-; -⟩ **j-n um etw ~** invejar a/c a alg **beneidenswert** invejável
be'nennen VT ⟨-⟩ denominar, designar, dar nome a **Benennung** F denominação f, nome m, designação f
be'netzen ⟨-t; -⟩ molhar, regar, rociar
ben'galisch [bɛŋˈɡaːlɪʃ] bengali, de Bengala; **bras** bengalês
'Bengel [ˈbɛŋəl] M garoto m; **bras** a. menino m, guri m
be'nommen [bəˈnɔmən] A PP v. → benehmen B ADJ perturbado, tonto **Benommenheit** F ⟨o. pl⟩ atordoamento m, tontura f
be'nötigen VT ⟨-⟩ precisar de
be'nutzbar utilizável, aproveitável; Weg transitável **benutzen** ⟨-t; -⟩ usar, utilizar, empregar
Be'nutzer(in) M/F utente m/f, usuário m, -a f; bes IT utilizador(a) m(f) **benutzerfreundlich** IT de fácil manejo **Benutzerhandbuch** N manual m do utilizador **Benutzeroberfläche** F interface f do utilizador **Benutzung** F ⟨o. pl⟩ utilização f, emprego m, uso m, aproveitamento f; e-s Buches: consulta f; e-r Bibliothek: leitura f (gen em)
Ben'zin [bɛnˈtsiːn] N ⟨-s; -e⟩ (Waschbenzin) benzina f; AUTO gasolina f **Benzingutschein** M cupão m (od vale m) de gasolina **Benzinkanister** M bidão m de gasolina **Benzinpumpe** F bomba f de gasolina **Benzintank** M depósito m de gasolina **Benzinuhr** F indicador m de nível de gasolina **Benzinverbrauch** M ⟨-s; o. pl⟩ consumo m de gasolina
Ben'zol [bɛnˈtsoːl] N ⟨-s; -e⟩ benzol m
be'obachten [bəˈʔoːbaxtən] ⟨-e-; -⟩ observar, schweigend a.: guardar **Beobachter(in)** M/F observador(a) m(f) **Beobachtung** F observação f **Beobachtungsstation** F observatório m
be'ordern [bəˈʔɔrdərn] ⟨-re; -⟩ mandar; **j-n zu sich ~** (mandar) chamar alg **be-'packen** ⟨-⟩ carregar (**mit** de)

'pflanzen ⟨-t; -⟩ plantar; **mit Bäumen ~** arborizar **Be'pflanzung** F plantação f; **~ mit Bäumen** arborização f
be'quem [bəˈkveːm] cómodo (bras *ô); confortável; (leicht) fácil; (träge) comodista; **es sich ~ machen** estar à vontade **bequemen** ⟨-⟩ VR sich ~ zu resolver-se a; (geruhen) dignar-se (de) **Bequemlichkeit** F comodidade f, conforto m; (Faulheit) comodismo m
be'raten ⟨-⟩ A VT aconselhar B VR conferenciar, deliberar, estar em reunião, estar em conferência C VR **sich** ⟨-⟩ **j-m ~** consultar alg, conferenciar com alg **beratend** ADJ consultivo **Berater(in)** M/F conselheiro m, -a f; (Fachberater) perito m, -a f; consultor(a) m(f) **Beratung** F conselho m; (Versammlung) conferência f, deliberação f reunião f **Beratungsstelle** F consultório m, MED dispensário m
be'rauben ⟨-⟩ **(j-n** gen**) ~** roubar (a/c a alg); despojar (alg de a/c); fig privar (alg de a/c)
be'rauschen ⟨-⟩ embriagar; fig extasiar **berauschend** ADJ embriagador, embriagante; fig arrebatador **berauscht** ADJ ébrio, bêbedo; fig extático
'Berber(in) [ˈbɛrbər(ɪn)] M/F bérbere m/f **berberisch** bérbere
be'rechnen ⟨-e-; -⟩ calcular, contar, computar; HANDEL pôr na conta; (veranschlagen) avaliar **berechnend** ADJ interesseiro; calculista **Berechnung** F cálculo m; cômputo m; avaliação f
be'rechtigen [bəˈrɛçtɪɡən] ⟨-⟩ ~ **zu** autorizar para; dar direito a **berechtigt** ADJ etw legítimo, justo; **j-d ~ zu** com direito a; autorizado a **Berechtigung** F autorização f; direito m **Berechtigungsschein** M licença f
be'reden VT ⟨-e-; -⟩ discutir **Beredsamkeit** F ⟨o. pl⟩ eloquência f **beredt** eloquente
Be'reich M ⟨-(e)s; -e⟩ örtlich: zona f, região f; (Sachgebiet) campo m, domínio m; (Reichweite) âmbito m, alcance m; **das gehört nicht zu meinem ~** não é da minha competência
be'reichern ⟨-re; -⟩ **(sich) ~** enriquecer (-se) (**an** dat com) **Bereicherung** [bəˈraɪçərʊŋ] F enriquecimento m
be'reifen VT ⟨-⟩ AUTO pôr pneus (em);

Fass arcar **Bereifung** F̲ AUTO pneus mpl
be'reinigen ⟨-⟩ liquidar **Bereinigung** F̲ liquidação f; WIRTSCH *des Markts:* compensação f de mercado
be'reisen V̲T̲ ⟨-t; -⟩ viajar em; percorrer, visitar; HANDEL *Ort* fazer praça em
be'reit [bəˈraɪt] ADV pronto; disposto (**zu** a); **~ machen** preparar; **~ sein** a. estar a postos
be'reiten ⟨-e-; -⟩ (*zubereiten*) preparar; *Freude* causar, dar
bereithalten A V̲T̲ ter à disposição B V̲R̲ **sich** ~ estar preparado, estar à disposição **bereitlegen** V̲T̲ preparar
be'reits ADV já
Be'reitschaft F̲ disposição f; *Polizei:* estado m de prevenção; **(sich) in ~ halten** → bereithalten **Bereitschaftsdienst** M̲ **~ haben** estar de serviço **Bereitschaftspolizei** F̲ polícia f de choque
be'reitstellen preparar; pôr à disposição (j-m de alg) **Bereitung** F̲ preparação f **bereitwillig** A ADJ pronto; solícito B ADV de boa vontade **Bereitwilligkeit** F̲ ⟨o. pl⟩ solicitude f, boa vontade f
be'reuen V̲T̲ ⟨-⟩ arrepender-se de
Berg [bɛrk] M̲ ⟨-(e)s; -e⟩ montanha f; *einzelner mit Namen:* monte m; **mit etw hinter dem ~ halten** esconder a/c; **über alle ~e sein** ter fugido; ter-se safado; **über den ~ sein** ter passado as dificuldades (*od* o perigo); **zu ~e stehen** *Haare* arrepiar-se
berg'ab descendo, monte abaixo
'Bergakademie F̲ academia f mineira, escola f superior de engenharia mineira **Bergarbeiter** M̲ mineiro m
berg'auf subindo, monte acima; **fig es geht ~** está a melhorar; vai indo
'Bergbahn F̲ teleférico m **Bergbau** M̲ ⟨-(e)s; o. pl⟩ indústria f mineira; exploração f de minas **Bergbauindustrie** F̲ indústria f mineira **Bergbewohner** M̲ montanhês m, serrano m
'bergen [ˈbɛrɡən] salvar; abrigar; *etw* recolher, pôr a salvo; **in sich ~** encerrar, conter; abranger
'Bergführer M̲ guia m **Berghütte** F̲ cabana f de abrigo na montanha **bergig** [ˈbɛrɡɪç] montanhoso, acidentado

Bergkamm M̲ cumeada f **Bergkette** F̲ serra f **Bergkristall** M̲ ⟨-(e)s; o. pl⟩ cristal m de rocha **Bergland** N̲ ⟨-(e)s; o. pl⟩ país m montanhoso **Bergmann** M̲ ⟨-(e)s; -leute⟩ mineiro m **Bergpredigt** F̲ sermão m da Montanha **Bergrücken** M̲ cumeada f **Bergrutsch** M̲ ⟨-(e)s; -e⟩ derrocada f, desabamento m **Bergspitze** F̲ pico m **Bergsteigen** N̲ ⟨o. pl⟩ alpinismo m, montanhismo m **Bergsteiger(in)** M/F alpinista m/f, montanhista m/f **Bergstiefel** MPL botas fpl de alpinista **Bergung** [ˈbɛrɡʊŋ] F̲ salvamento m; recolhimento m **Bergungsmannschaft** F̲ equipa f de salvamento **Bergwacht** F̲ organização f de salvamento nas montanhas **Bergwerk** N̲ mina f
Be'richt [bəˈrɪçt] M̲ ⟨-(e)s; -e⟩ relatório m, relação f; *amtlicher:* boletim m; (*Zeitungsbericht*) reportagem f; (*Erzählung*) relato m; **laut ~** segundo aviso; **~ erstatten** relatar, informar **berichten** ⟨-e-; -⟩ (j-m etw akk, über etw akk) informar (alg de a/c); referir (a/c a alg), relatar (a/c a alg) **Berichterstatter(in)** [bəˈrɪçtʔɛrʃtatər(ɪn)] M/F relator(a) m(f), informador(a) m(f); (*Zeitungsberichterstatter*) repórter m/f, *auswärtige(r):* correspondente m/f **Berichterstattung** F̲ informação f; (*Zeitungsberichterstattung*) reportagem f **berichtigen** [bəˈrɪçtɪɡən] ⟨-⟩ corrigir; re(c)tificar **Berichtigung** [bəˈrɪçtɪɡʊŋ] F̲ corre(c)ção f re(c)tificação f
be'riechen ⟨-⟩ cheirar; farejar
be'rieseln ⟨-le; -⟩ regar, irrigar
be'ritten montado (a cavalo)
Ber'lin [bɛrˈliːn] N̲ GEOG Berlim (o. art) **Berliner(in)** [bɛrˈliːnər(ɪn)] M/F berlinense m/f, berlinês m, -esa f **Berliner** ADJ, **berlin(er)isch** ADJ berlinense, berlinês, de Berlim
Ber'mudas [bɛrˈmuːdas] PL, **Bermudashorts** PL bermudas f
Bern [bɛrn] N̲ Berna f
Bernhar'diner [bɛrnharˈdiːnər] M̲ (*Mönch*) monge m da ordem de São Bernardo **Bernhardinerhund** M̲ (cão m de) São Bernardo m
'Bernstein [ˈbɛrnʃtaɪn] M̲ ⟨-(e)s; o. pl⟩ âmbar m
'bersten [ˈbɛrstən] ⟨s.⟩ rebentar; estalar,

rachar
be'rüchtigt [bəˈrʏçtɪçt] mal-afamado
be'rückend ADJ encantador; sedutor
be'rücksichtigen [bəˈrʏksɪçtɪgən] ⟨-⟩ considerar, tomar em consideração; atender **Berücksichtigung** F consideração f
Be'ruf M ⟨-(e)s; -e⟩ profissão f; emprego m, ofício m; **von ~** de profissão, de ofício; **was sind Sie von ~?** qual é a sua profissão?
be'rufen[1] [bəˈruːfən] ⟨-⟩ **A** VT chamar; **zu e-m Amt ~** nomear para um cargo; **auf e-n Lehrstuhl ~** convidar para reger uma cadeira **B** VR **sich ~ auf** (akk) referir-se a, reportar-se a, invocar; a. JUR recorrer (par)a
be'rufen[2] ADJ destinado, categorizado, competente, indigitado (**zu** para)
be'ruflich profissional
Be'rufsanfänger M recém-formado m; pessoa f que inicia a vida profissional **Berufsausbildung** F formação f profissional **Berufsaussichten** FPL perspe(c)tivas fpl de emprego **Berufsberatung** F orientação f profissional **Berufsberatungsstelle** F centro m de orientação profissional **Berufserfahrung** F experiência f profissional **Berufsgenossenschaft** F corporação f profissional; der Arbeiter: sindicato m **Berufsleben** N vida f profissional **berufsmäßig** profissional **Berufsschule** F escola f profissional **Berufssoldat** M ⟨-en⟩ militar m de carreira **Berufsspieler(in)** M(F) SPORT profissional m/f **berufstätig ~ sein** exercer uma profissão
Be'rufung [bəˈruːfʊŋ] F (Ernennung) nomeação f; innere: vocação f; JUR apelação f; **~ einlegen** interpor recurso; recorrer, apelar (**bei** a; **gegen** de); protestar **Berufungsinstanz** F tribunal m de relação **Berufungsverfahren** N revisão f do processo
be'ruhen ⟨-⟩ **~ auf** (dat) depender de, basear-se em; partir de; **auf sich ~ lassen** (akk) deixar
be'ruhigen [bəˈruːɪɡən] ⟨-⟩ tranquilizar; acalmar, aquietar; (a. **sich ~**) sossegar; serenar **Beruhigung** F sossego m; **zu Ihrer ~** para seu descanso **Beruhigungsmittel** N MED calmante m

be'rühmt [bəˈryːmt] célebre, famoso, afamado, ilustre; **~ werden** tornar-se célebre; adquirir fama **Berühmtheit** F celebridade f
be'rühren VT ⟨-⟩ tocar (a. fig); im Gespräch: aludir a, referir-se a; Gemüt: afe(c)tar, comover **Berührung** F conta(c)to m; **in ~ kommen mit** entrar em contacto com **Berührungs...** IN ZSSGN de conta(c)to
bes. ABK (besonders) especialmente
be'säen ⟨-⟩ semear; **~ mit** fig salpicar de
be'sagen ⟨-⟩ (querer) dizer, significar; (lauten) rezar **besagt** ADJ der **~e**, **~er** o mencionado, o referido, o tal ...
be'saitet [bəˈzaɪtət] ADJ **zart ~** sensível
Be'samung [bəˈzaːmʊŋ] F (künstliche) inseminação f artificial
be'sänftigen [bəˈzɛnftɪɡən] ⟨-⟩ aplacar, apaziguar; (lindern) mitigar, atenuar **Besänftigung** F quietação f; bras calma f
Be'satz M ⟨-es; ÷e⟩ guarnição f; fímbria f, debrum m **Besatzung** F MIL guarnição f (militar), fremde: tropas fpl de ocupação; SCHIFF, FLUG tripulação f **Besatzungsmacht** F potência f ocupante
be'saufen sl ⟨-⟩ VR **sich ~** embriagar-se
be'schädigen ⟨-⟩ danificar; estragar; SCHIFF, TECH, FLUG avariar **Beschädigung** F dano m, danificação f; estrago m; avaria f
be'schaffen[1] [bəˈʃafən] ⟨-⟩ arranjar; (liefern) fornecer
be'schaffen[2] [bəˈʃafən] ADJ **gut ~** em bom estado, em boas condições **Beschaffenheit** F ⟨o. pl⟩ qualidade f, natureza f, condição f **Beschaffung** F ⟨o. pl⟩ fornecimento m; aquisição f
be'schäftigen [bəˈʃɛftɪɡən] ⟨-⟩ ocupar; empregar; **sich ~** ocupar-se (**mit** a. de, em) **beschäftigt** ocupado; empregado; **~ bei** empregado em; **damit ~ sein**, **etw zu tun** andar a fazer a/c **Beschäftigung** F ocupação f; emprego m; afazeres mpl **beschäftigungslos** desempregado **Beschäftigungstherapie** F terapia f (od terapêutica f) ocupacional
be'schämen ⟨-⟩ envergonhar; (übertreffen) exceder; (verwirren) confundir **beschämend** ADJ vergonhoso **Beschämung** F vergonha f; humilhação f;

confusão f
be'schatten <u>VT</u> ⟨-e-; -⟩ dar sombra a; sombrear a. fig; (verfolgen) seguir
be'schauen ⟨-⟩ contemplar; (prüfen) examinar **Beschauer** <u>M</u> (Zuschauer) espe(c)tador m **beschaulich** contemplativo; tranquilo
Be'scheid [bə'ʃaɪt] <u>M</u> ⟨-(e)s; -e⟩ (Antwort) resposta f; (Auskunft) informação f; (Entscheidung) decisão f; ordem f; **~ geben** participar; **~ sagen** informar; **j-m (tüchtig) ~ sagen** dizer a sua opinião a alg; **~ wissen** saber, estar informado
be'scheiden¹ <u>A</u> <u>VT</u> ⟨-⟩ ADMIN **abschlägig ~** indeferir <u>B</u> <u>VR</u> **sich ~ (mit)** resignar-se (a), conformar-se (com)
be'scheiden² <u>ADJ</u> modesto **Bescheidenheit** <u>F</u> ⟨o. pl⟩ modéstia f
be'scheinen ⟨-⟩ iluminar **bescheinigen** [bə'ʃaɪnɪɡən] ⟨-⟩ atestar, certificar; Empfang acusar **Bescheinigung** <u>F</u> atestado m, certificado m; (Empfangsbescheinigung) recibo m, aviso m de rece(p)ção
be'schenken ⟨-⟩ presentear, contemplar
be'scheren ⟨-⟩ **j-m etw ~** presentear alg com a/c; fig arranjar **Bescherung** <u>F</u> distribuição f de presentes no Natal; fig **e-e schöne ~!** lindo serviço!; bras bela coisa!; **da haben wir die ~!** estamos arranjados!
be'schicken <u>VT</u> ⟨-⟩ TECH alimentar, carregar; Hochofen encher **Beschickung** <u>F</u> alimentação f; Hochofen: carga f
be'schießen ⟨-⟩ disparar contra; metralhar; bombardear **Beschießung** <u>F</u> bombardeamento m
be'schildern ⟨-re; -⟩ sinalizar **Beschilderung** <u>F</u> sinalização f
be'schimpfen ⟨-⟩ insultar, injuriar **Beschimpfung** <u>F</u> insulto m, afronta f
be'schlafen ⟨-⟩ umg **j-n ~** dormir com alg; **fig etw ~** pensar sobre a/c
Be'schlag <u>M</u> ⟨-(e)s; ⸚e⟩ ferradura f; guarnição f; (Hauch) bafo m; **mit ~ belegen, in ~ nehmen** apreender; embargar; fig querer só para si **beschlagen** ⟨-⟩ <u>A</u> <u>VT</u> ferrar, guarnecer; Rad calçar <u>B</u> <u>VI</u> embaciar(-se); bras embaçar(-se) <u>C</u> <u>ADJ</u> **1** Scheibe baço; embaciado; bras embaçado **2** (erfahren) versado **Be'schlagnahme** [bə'ʃla:kna:mə] <u>F</u> ⟨o. pl⟩ apreensão f; embargo m; sequestro m; confiscação f **Beschlagnahmen** ⟨-⟩ apreender; sequestrar; confiscar
be'schleichen ⟨-⟩ espiar, surpreender; fig (überkommen) apoderar-se de
be'schleunigen [bə'ʃlɔʏnɪɡən] ⟨-⟩ acelerar, apressar **Beschleunigung** <u>F</u> aceleração f
be'schließen ⟨-⟩ terminar, concluir, acabar; (entscheiden) resolver, decidir, deliberar; gemeinsam: acordar
Be'schluss <u>M</u> ⟨-es; ⸚e⟩ conclusão f; resolução f, decisão f; **e-n ~ fassen** tomar uma resolução; **den ~ fassen zu** (inf) resolver (inf) **beschlussfähig** em número (para votar) **Beschlussfähigkeit** <u>F</u> ⟨o. pl⟩ quórum f
be'schmieren ⟨-⟩ (bes)untar; borrar
be'schmutzen ⟨-t; -⟩ sujar
be'schneiden ⟨-⟩ cortar; BOT a. podar, decotar; (schmälern) reduzir; MED circuncisar **Beschneidung** <u>F</u> BOT poda f; MED circuncisão f; fig redução f
be'schnüffeln ⟨-le; -⟩, **be'schnuppern** ⟨-re; -⟩ afocinhar, farejar; fig **alles ~** meter o nariz em tudo
be'schönigen [bə'ʃø:nɪɡən] ⟨-⟩ embelezar; paliar, atenuar; **nichts ~** não pintar nada de cor de rosa **Beschönigung** <u>F</u> paliação f
be'schränken [bə'ʃrɛŋkən] ⟨-⟩ limitar, restringir; reduzir; Verbrauch a. racionar; **sich ~ auf** (akk) limitar-se a **beschränkt** <u>ADJ</u> limitado; restrito; Zeit escasso; fig j-d tapado, limitado **Beschränktheit** <u>F</u> ⟨o. pl⟩ escassez f; fig pouca inteligência f **Beschränkung** <u>F</u> limitação f, restrição f, redução f; racionamento m
be'schreiben <u>VT</u> ⟨-⟩ descrever; Blatt escrever em; MATH traçar **Beschreibung** <u>F</u> descrição f; e-r Person: (indicação f dos) sinais mpl
be'schriften [bə'ʃrɪftən] <u>VT</u> ⟨-e-; -⟩ pôr títulos a (od em), pôr legendas em; rotular **Beschriftung** <u>F</u> legenda f, inscrição f; HANDEL letreiro m; rótulo m
be'schuldigen [bə'ʃʊldɪɡən] ⟨-⟩ **j-n** (e-r Sache gen) **~** acusar alg (de a/c); imputar (a/c a alg); **j-n e-s Verbrechens ~** incriminar alg **Beschuldigte(r)** <u>M/F(M)</u> ⟨-n⟩ JUR réu m, ré f, acusado m, -a f **Be-**

be'schuldigung f̄ acusação f; incriminação f

be'schummeln umg ⟨-le; -⟩ enganar, burlar; (Spiel) fazer batota

be'schützen ⟨-t; -⟩ proteger, amparar (**vor** dat de) **Beschützer(in)** M/F protec(t)or(a) m/f, defensor(a) m/f

be'schwatzen umg ⟨-t; -⟩ j-n seduzir; persuadir

Be'schwerde [bə'ʃveːrdə] F̄ **1** (Mühe, Last) fadiga f, trabalho m; pl MED dores fpl; (Gebrechen) achaques mpl **2** a. JUR (Klage) queixa f, reclamação f; ~ **einreichen**, ~ **führen** fazer queixa **Beschwerdebuch** N̄ livro m de reclamações **Beschwerdeführer(in)** M/F queixoso m, -a f, reclamante m/f

be'schweren [bə'ʃveːrən] **A** V̄/T̄ ~ carregar, pesar em; (belästigen) incomodar **B** V̄/R̄ **sich über** (akk) ~ queixar-se de, fazer queixa de (**bei** j-m a alg, junto de alg)

beschwerlich penoso; incómodo (bras *ô); fatigante **Beschwerlichkeit** F̄ incómodo m (bras *ô), fadiga f, dificuldade f

be'schwichtigen [bə'ʃvɪçtɪɡən] ⟨-t; -⟩ sossegar; acalmar **be'schwindeln** ⟨-le; -⟩ umg intrujar **be'schwingt** [bə'ʃvɪŋt] fig alado, vivo **be'schwipst** [bə'ʃvɪpst] tocado; a. alegre

be'schwören ⟨-t; -⟩ jurar; (bitten) suplicar, implorar; (Geister) evocar; (austreiben) exorcismar; Unheil conjurar **Beschwörung** F̄ juramento m; súplica f; evocação f; exorcismo m; conjuração f

be'seelen [bə'zeːlən] ⟨-t; -⟩ animar

be'sehen ⟨-t; -⟩ contemplar; **sich** (dat) **etw/j-n** ~ examinar a/c/alg, ver a/c/alg

be'seitigen [bə'zaɪtɪɡən] ⟨-t; -⟩ remover; eliminar; j-n afastar; assassinar **Beseitigung** F̄ eliminação f, remoção f

'Besen ['beːzən] M̄ vassoura f; espanador m **Besenbinder** M̄ vassoureiro m **Besenstiel** M̄ cabo m de (od da) vassoura

be'sessen [bə'zɛsən] **A** P̄P̄ v. **besitzen B** A̅D̅J̅ possesso **Besessene(r)** M/F(M) ⟨-n⟩ possesso m, -a f, energúmeno m, -a f **Besessenheit** F̄ ⟨o. pl⟩ obsessão f

be'setzen ⟨-t; -⟩ (schmücken) guarnecer (**mit** de); Amt, Stelle, Platz, MIL ocupar; SCHIFF tripular; THEAT Rollen distribuir **besetzt** A̅D̅J̅ **1** (verziert) coberto (**mit** de) **2** Sitzplatz, Toilette ocupado; **voll** ~ (belegt) completo; TEL **es ist** ~ a. estão a falar **Besetztzeichen** N̄ sinal m de impedido **Besetzung** F̄ Amt, Posten: provimento m; MIL ocupação f; THEAT distribuição f; SPORT equipe f; bras equipa f

be'sichtigen [bə'zɪçtɪɡən] ⟨-t; -⟩ visitar; inspe(c)cionar; MIL passar revista a **Besichtigung** F̄ visita(ção) f, inspe(c)ção f, vistoria f; revista f

be'siedeln ⟨-le; -⟩ povoar **Besied(e)lung** F̄ povoação f, colonização f

be'siegeln ⟨-le; -⟩ selar; fig a. confirmar; Schicksal decidir

be'siegen ⟨-t; -⟩ vencer; triunfar de

be'singen ⟨-t; -⟩ cantar; fig a. celebrar

be'sinnen ⟨-t; -⟩ **sich** ~ lembrar-se, recordar-se (**auf** akk de); refle(c)tir (sobre); (zu sich kommen) voltar a si; (zögern) hesitar; **sich anders** ~, **sich e-s Besseren** ~ mudar de opinião (od de ideias) **besinnlich** pensativo **Besinnung** F̄ ⟨o. pl⟩ sentidos mpl; consciência f; **wieder zur** ~ **kommen** recuperar sentidos, a. fig voltar a si **besinnungslos** sem sentidos

Be'sitz M̄ ⟨-es; o. pl⟩ posse(s) f(pl); bens mpl, haveres mpl; propriedade f; **im** ~ **sein von** estar de posse de; ~ **ergreifen von** tomar posse de **Besitzanzeigend** possessivo **besitzen** ⟨-⟩ possuir, ter **Besitzer(in)** M/F possuidor(a) m/f; Geschäft: dono, -a f; (bes Grundbesitzer) proprietário m, -a f **Besitzergreifung** [bə'zɪtsʔɛrɡraɪfʊŋ] F̄, **Besitznahme** [bə'zɪtsnaːmə] f a(c)to m de tomar posse; widerrechtliche: usurpação f **Besitztum** N̄ ⟨-s; =er⟩: **Besitzung** F̄ propriedade f

be'soffen [bə'zɔfən] s/ **A** P̄P̄ v. → besaufen **B** A̅D̅J̅ bêbedo; bras bêbado

be'sohlen [bə'zoːlən] V̄/T̄ ⟨-⟩ pôr solas em, solar

be'solden [bə'zɔldən] ⟨-e-; -⟩ pagar o salário a, pagar o soldo a; assalariar **Besoldung** F̄ soldo m, salário m

be'sondere [bə'zɔndərə] particular, peculiar, especial; (seltsam, ausgezeichnet) singular; **im Besonderen** particularmente, especialmente; **nichts Besonderes** nada de especial **Besonderheit** F̄ particularidade f

be'sonders A̅D̅V̅ particularmente, em particular, especialmente; sobretudo; **nicht** ~ umg assim assim; regular; +A̅D̅J̅ pouco

be'sonnen A PP v. → besinnen B ADJ refle(c)tido, prudente **Besonnenheit** F ⟨o. pl⟩ reflexão f, circunspe(c)ção f, prudência f

be'sorgen VT ⟨-⟩ arranjar; (erledigen) a. cuidar de, tratar de; (kaufen) comprar **Besorgnis** F ⟨-; -se⟩ receio m, apreensão f, cuidado m **besorgniserregend** inquietador, alarmante; que inspira cuidados; ADJ inquieto, apreensivo, preocupado **Besorgung** F compra f, aquisição f; (Auftrag) recado m; (Erledigung) execução f

be'spannen ⟨-⟩ **mit Pferden ~** atrelar; **mit Saiten ~** pôr cordas em; **mit Stoff ~** forrar, revestir **Bespannung** F forro m, revestimento m; (Gespann) parelha f

be'spielen ⟨-⟩ Tonband gravar

be'spitzeln [bəˈʃpɪtsəln] ⟨-le; -⟩ vigiar, espiar

be'spötteln VT ⟨-le; -⟩ troçar de, fazer troça de

be'sprechen VT ⟨-⟩ falar de, discutir; tratar de; LIT criticar, fazer a crítica de; recensear; (beschwören) conjurar; Krankheiten ensalmar; Tonband etc gravar; **sich ~** conferenciar (**über** akk sobre) **Besprechung** F entrevista f, conferência f; discussão f; LIT resenha f, crítica f, recensão f; **in e-r ~ sein** estar numa reunião

be'sprengen ⟨-⟩ regar; borrifar

be'springen ⟨-⟩ ZOOL acavalar

be'spritzen ⟨-t; -⟩ regar; **mit Schmutz ~** manchar, salpicar

be'spucken ⟨-⟩ cuspir

be'spülen ⟨-⟩ banhar

'besser [ˈbɛsər] ⟨kompar v. gut, wohl⟩ melhor; **desto ~, umso ~** tanto melhor; **es wäre ~** seria melhor; **etw Besseres** a/c melhor, a/c de superior; **~ werden** melhorar **bessern** ⟨-re⟩ etw melhorar, reformar; **sich ~** j-d emendar-se, corrigir-se; melhorar (a. etw) **Besserung** F ⟨o. pl⟩ melhoramento m; MED melhoras fpl; **j-m gute ~ wünschen** estimar as melhoras de alg; **gute ~!** as melhoras!; bras boas melhoras! **Besserwisser(in)** [ˈbɛsərvɪsər(ɪn)] M(F) sabichão m, -ona f

Bestand M ⟨-(e)s; ⸚e⟩ **1** HANDEL A. PL **Bestände** existência(s) f(pl) (**an** dat de); efe(c)tivo m; estoque m; MIL efe(c)tivos mpl; Wald: revestimento m **2** (Dauer) duração f, estabilidade f, constância f; **~ haben** ser duradouro; **von ~** estável, constante, seguro **bestanden** [bəˈʃtandən] A PP v. → bestehen B ADJ revestido (**mit** de)

be'ständig constante; estável; contínuo; seguro, duradouro **Beständigkeit** F ⟨o. pl⟩ estabilidade f, constância f

Be'standsaufnahme F inventário m, inventariação f **Bestandsbuch** N, **Bestandsliste** F rol m, inventário m **Be'standteil** M elemento m, parte f integrante, componente f; CHEM ingrediente m

be'stärken ⟨-⟩ confirmar, corroborar

be'stätigen [bəˈʃtɛːtɪɡən] ⟨-⟩ confirmar; Empfang acusar; Urkunde autenticar; Vertrag ratificar **Bestätigung** F confirmação f, autenticação f; ratificação f; (Empfangsbestätigung) aviso m de recepção; (Quittung) recibo m

be'statten [bəˈʃtatən] ⟨-e-; -⟩ sepultar, enterrar **Bestattung** F enterro m **Bestattungsinstitut** N agência f funerária

be'stäuben ⟨-⟩ cobrir de pó, empoeirar; BOT polinizar **Bestäubung** F BOT polinização f

beste [ˈbɛstə] ⟨sup v. gut, wohl⟩ ADJ melhor; **der erste Beste** qualquer; **am ~n** o melhor; **aufs Beste** da melhor maneira, o melhor possível; pelo melhor; **beim ~n Willen** com a melhor das vontades; **etw zum Besten geben** entreter os outros com, Geschichte contar, Lied cantar; **j-n zum Besten haben** fazer troça (od pouco) de alg **Beste(r)** M/F(M) ⟨-n⟩ melhor m/f **Beste(s)** N ⟨-n; o. pl⟩ melhor m; **sein ~s tun** fazer o melhor possível; **zu j-s ~n** para o bem de alg

be'stechen ⟨-⟩ subornar; corromper; fig **~, ~d sein** ser sugestivo, ser sedutor **bestechlich** corru(p)to, venal **Bestechlichkeit** F ⟨o. pl⟩ corru(p)ção f, venalidade f **Bestechung** F corru(p)ção f, suborno m **Bestechungsgelder** NPL verbas fpl de suborno

Be'steck [bəˈʃtɛk] N ⟨-(e)s; -e⟩ (Tischbesteck) talher m; MED estojo m; SCHIFF ponto m

be'stehen ⟨-⟩ A VT Gefahr sair vitorioso de; Prüfung fazer, passar em; **nicht ~** ficar reprovado (akk em), umg ficar chumbado (akk em); bras levar pau m (od bomba f) (em) **B** V/I existir, haver; (fortbestehen) (per)durar, continuar; (leben) subsistir; **~ aus**, **~ in** (dat) consistir em; compor-se de; ser constituído por; **~ auf** (dat) insistir em **Be'stehen** N existência f; e-r Prüfung: aprovação f; **seit seinem/ihrem ~** desde a sua fundação **bestehend** ADJ existente; **(noch) ~** subsistente; **~ aus** composto de

be'steigen V/T ⟨-⟩ subir a; Pferd montar **Be'steigung** F escalada f, subida f; ascensão f (gen a)

be'stellen ⟨-⟩ Auftrag dar; AGR cultivar; lavrar; Grüße dizer; Platz marcar; Ware encomendar, mandar vir; Zeitung assinar; (ernennen) nomear (**zum**, **zur** akk); **bei j-m etw ~** encomendar a/c a alg; **j-m etw ~** fig dar (od transmitir) a/c a alg **Be'steller(in)** M|F (Käufer) comprador(a) m(f), cliente m|f; Bibliothek: requisitante m|f **Bestell'schein** M (boletim m de) requisição f; impresso m de (pedido de) encomenda **Bestel'lung** F encomenda f; pedido m; AGR cultura f **Bestell'zettel** M → Bestellschein

'bestenfalls no melhor dos casos; quando muito **bestens** ADV o melhor possível; pelo melhor; **~ Bescheid wissen** estar bem informado; **danke ~!** muitíssimo obrigado

be'steuern ⟨-re; -⟩ lançar impostos sobre, estabelecer taxas sobre **Besteue'rung** F imposto m; tributação f

besti'alisch [besti'a:lɪʃ] bestial, feroz **'Bestie** ['bɛstiə] F fera f

be'stimmbar [bə'ʃtɪmbaːr] determinável **bestimmen** ⟨-⟩ determinar; destinar (**zu** a), Datum a. fixar, marcar; Begriff definir; BOT classificar; vertraglich: estipular; (anordnen) dispor; **~ über** (akk) dispor de **bestimmt** A ADJ determinado, certo, categórico; GRAM definido; **~ für** destinado para; relativo a B ADV com certeza **Bestimmtheit** F ⟨o. pl⟩ certeza f **Bestim'mung** F determinação f, GRAM **adverbiale ~** complemento m invariável **Bestim'mungsort** M (lugar m de) destino m

'Bestleistung F melhor resultado m; TECH rendimento m máximo **bestmöglich** o melhor possível

be'strafen ⟨-⟩ castigar; mit Geldstrafe: multar **Bestra'fung** F castigo m, pena f

be'strahlen ⟨-⟩ irradiar, iluminar; MED (a. **sich ~ lassen**) fazer um tratamento radioterapêutico (od de raios) **Bestrah'lung** F irradiação f; radioterapia f

be'streben ⟨-⟩ V/R **sich ~**, **bestrebt sein zu** (inf) esforçar-se por; pretender **Be'strebungen** FPL esforços mpl

be'streichen ⟨-⟩ mit Farbe etc: untar; Brot barrar

be'streiten ⟨-⟩ contestar; negar; impugnar; **die Kosten** (gen) **~** custear, pagar os custos (de)

be'streuen V/T ⟨-⟩ deitar sobre, polvilhar; **~ mit** juncar de

'Bestseller ['bɛstsɛlar] M bestseller m

be'stücken [bə'ʃtʏkən] ⟨-⟩ armar; MIL artilhar **Bestü'ckung** F MIL artilhamento m

be'stürmen ⟨-⟩ assaltar; fig assediar

be'stürzt consternado; atónito (bras *ô) **Bestür'zung** F ⟨o. pl⟩ sobressalto m, alteração f, consternação f

Be'such [bə'zuːx] M ⟨-(e)s; -e⟩ 1 allg visita f; (Benutzung, Besucherzahl) frequência f; e-r Schule etc a.: frequentação f; **j-m e-n ~ abstatten** fazer uma visita a alg, visitar a alg; **auf od zu ~ sein** estar de visita 2 (Gäste) visitas fpl; **~ haben** ter visitas **besuchen** V/T ⟨-⟩ visitar, ir ver; Schule ir a; Versammlung assistir a; zahlreich: concorrer a; **(häufig) ~** frequentar **Besucher(in)** M|F visitante m|f, visita f; THEAT espe(c)tador(a) m(f); **~ pl** público m, assistência f **Besuchs'zeit** F horas fpl de visita **besucht** ADJ **gut/schwach ~** muito/pouco concorrido

be'sudeln [bə'zuːdəln] ⟨-le; -⟩ manchar, sujar; **mit Blut ~** ensanguentar

be'tagt [bə'taːkt] idoso, de idade

be'tasten ⟨-e-; -⟩ apalpar

be'tätigen [bə'tɛːtɪɡən] ⟨-⟩ realizar; TECH manejar, a(c)cionar; **sich ~** ser a(c)tivo; **sich ~ als** fazer de, trabalhar como; a(c)tuar de **Betä'tigung** F a(c)tividade f; (Teilnahme) participação f; TECH manejo m, a(c)cionamento m **Betä'tigungsfeld** N campo m de a(c)ção

be'täuben [bə'tɔʏbən] ⟨-⟩ atordoar; MED anestesiar **betäubend** ADJ Lärm atordoante; MED anestésico, narcótico **Be-

täubung f atordoamento m; MED anestesia f, narcose f; insensibilidade f
Betäubungsmittel n narcótico m, anestésico m; (Rauschgift) estupefaciente m **Betäubungsmittelgesetz** n legislação f de psicotrópicos e estupefacientes; fam lei f da droga
'**Bete** ['be:tə] f BOT **Rote ~** beterraba f
be'teiligen [bə'taɪlɪgən] ⟨-⟩ **A** VT j-n fazer participar (**an** dat, **bei** em) **B** VR **sich ~** (**an** dat) tomar parte (em), participar (em, de); FIN, HANDEL estar interessado (em) **beteiligt** ADJ participante; bes HANDEL interessado; bes JUR implicado, envolvido (**an** dat em) **Beteiligung** f participação f; (Mitwirkung) concorrência f, colaboração f; FIN interesses mpl
'**beten** ['be:tən] ⟨-e-⟩ orar, fazer preces, rezar
be'teuern [bə'tɔʏɐn] ⟨-re; -⟩ (re-)afirmar, reiterar **Beteuerung** f protesto m; afirmação f
be'titeln [bə'ti:tə ln] ⟨-le; -⟩ intitular; j-n **als ~** (akk) tratar alg de, dar o título de ... a alg
Be'ton [be'tɔŋ] m ⟨-s; -s⟩ betão m, cimento m (bras a. concreto m) armado
be'tonen [be'to:nən] VT ⟨-⟩ acentuar; carregar em; fig insistir em, sublinhar; frisar, realçar
beto'nieren [beto'ni:rən] VT ⟨-⟩ betonar, concretar, cimentar
Be'tonmischer [be'tɔnmɪʃɐ] m, **Betonmischmaschine** f betoneira f
Be'tonung [be'to:nʊŋ] f acentuação f
be'tören [bə'tø:rən] ⟨-⟩ seduzir; enganar; engodar
betr. ABK (betreffend, betrifft, betreffs) ref.te a (referente a), com respeito a
Be'tracht [bə'traxt] m ⟨-(e)s; o. pl⟩ **in ~ kommen** interessar; **in ~ ziehen** tomar em consideração, ter em conta; **außer ~ lassen** prescindir de **betrachten** ⟨-e-; -⟩ contemplar, mirar; encarar; fig considerar (**als** como od unübersetzt) **Betrachter** m observador m
be'trächtlich [bə'trɛçtlɪç] considerável; de certa monta
Be'trachtung [bə'traxtʊŋ] f observação f; contemplação f, consideração f; pl reflexões fpl; **~en anstellen über** (akk) pôr-se a refle(c)tir sobre
Be'trag [bə'tra:k] m ⟨-(e)s; ⸚e⟩ importância f, quantia f; verba f; (Gesamtbetrag) montante m; **~ erhalten** recebi, recebemos
be'tragen VT ⟨-⟩ importar em, montar a, ser; **sich ~** comportar-se
Be'tragen n conduta f, comportamento m
be'trauen ⟨-⟩ j-n **mit etw ~** confiar a/c a alg **betrauern** VT ⟨-re; -⟩ chorar; estar de luto por
Be'treff m Brief: assunto m **betreffen** VT ⟨-⟩ dizer respeito a; atingir; afe(c)tar; Verlust sofrer; **was ~ betrifft** quanto a **betreffend** (akk) relativo a; ⸺ respe(c)tivo, em questão, em causa **betreffs** PRÄP ⟨gen⟩ com respeito a, em relação a; relativo a, quanto a
be'treiben VT ⟨-⟩ Gewerbe exercer; Studien fazer; BERGB explorar; MIL a(c)cionar (**mit** a); Angelegenheit tratar de; (fördern) a(c)tivar, intensificar; **auf Betreiben von** por iniciativa de
be'treten¹ VT ⟨-⟩ Land, Zimmer entrar em, pôr o pé em; Boden andar sobre, trilhar, pisar
be'treten² ADJ fig (verlegen) perplexo, confuso, embaraçado
be'treuen [bə'trɔʏən] VT ⟨-⟩ cuidar de; tomar à sua guarda; j-n a. acompanhar **Betreuer(in)** m/f(m) assistente m/f **Betreuung** f cuidado m; acompanhamento m, companhia f
Be'trieb m ⟨-(e)s; -e⟩ serviço m; (Fabrik) estabelecimento m, empresa f; fábrica f; BERGB exploração f; (Arbeiten) e-r Anlage etc: funcionamento m; fig viel **~** grande movimento m; **in ~ sein** estar em funcionamento; trabalhar, estar a funcionar, estar em serviço, BERGB estar em exploração; **außer ~ sein** não funcionar, não estar em serviço; **in ~ setzen** pôr em marcha, pôr a trabalhar, pôr a andar; **den ~ einstellen** suspender o serviço (od a exploração) **betrieblich** interno (da empresa) **betriebsam** a(c)tivo, mexido **Betriebsamkeit** f ⟨o. pl⟩ a(c)tividade f
Be'triebsangehörige(r) m/f(m) ⟨-en⟩ empregado m, -a f; pl pessoal m **Betriebsanleitung** f instruções fpl **Betriebsausflug** m passeio m (od excursão) de empresa **betriebsfertig** em condições (de funcionar) **Betriebsfüh-**

rung F ⟨o. pl⟩ gerência f **Betriebskapital** N ⟨-s; o. pl⟩ capital m de exploração **Betriebsklima** N ⟨-s; o. pl⟩ ambiente m de trabalho **Betriebskosten** PL despesas fpl de serviço **Betriebsleiter(in)** M(F) dire(c)tor(a) m(f) técnico, -a; gerente m/f **Betriebsleitung** F dire(c)ção f, gerência f **Betriebsrat** M conselho m (Person conselheiro m) técnico; der Arbeitnehmer: (membro m do) conselho m dos empregados **Betriebssicherheit** F ⟨o. pl⟩ segurança f no trabalho **Betriebsspannung** F tensão f de serviço **Betriebsstörung** F perturbação f de serviço; avaria f **Betriebssystem** N IT sistema m operacional **Betriebsunfall** M acidente m de trabalho **Betriebsvereinbarung** F convenção f da empresa **Betriebsversammlung** F reunião f do pessoal **Betriebswirtschaft(slehre)** F ⟨o. pl⟩ (ciência f da) economia f industrial **be'trinken** ⟨-⟩ VR sich ~ emborrachar-se, embriagar-se

be'troffen [bəˈtrɔfən] A PP v. → betreffen B ADJ (verlegen) confuso, perplexo; (erstaunt) surpreendido, admirado **Betroffenheit** F ⟨o. pl⟩ consternação f; perturbação f; perplexidade f

be'trüben ⟨-⟩ afligir; tief ~ desolar **betrüblich** triste; aflitivo **Betrübnis** F ⟨-; -se⟩ tristeza f, aflição f **betrübt** ADJ triste, aflito

Be'trug M ⟨-(e)s; o. pl⟩ engano m, intrujice f; JUR fraude f; Spiel: batota f; bras tramóia f

be'trügen ⟨-⟩ enganar, intrujar, lograr, burlar; Spiel: fazer batota (bras tramóia); j-n um etw ~ defraudar a/c a alg **Betrüger(in)** M(F) impostor(a) m(f), embusteiro m, -a f, intrujão m, intrujona f; batoteiro m, -a f **Betrüge'rei** F intrujice f **betrügerisch** fraudulento

be'trunken [bəˈtrʊŋkən] A PP v. → betrinken B ADJ bêbado, bêbedo, ébrio **Betrunkenheit** F ⟨o. pl⟩ embriaguez f, bebedeira f; borracheira f

Bett [bɛt] N ⟨-(e)s; -en⟩ cama f; (a. Flussbett) leito m; im ~ (liegen) (estar) na cama; ins od zu ~ bringen deitar, levar para a cama; ins od zu ~ gehen ir para a cama; sich ins od ~ legen ir deitar-se; das ~ hüten müssen estar de cama

'Bettcouch F ⟨-; -(e)s⟩ sofá-cama m, cama-divã f **Bettdecke** F coberta f **'bettelarm** [ˈbɛtəlʔarm] ⟨o. pl⟩ pobríssimo; bras paupérrimo **Bettel'ei** [bɛtəˈlaɪ] F mendicidade f; bras mendicância f; lästige: pedinchice f **Bettelmönch** M frade m mendigo, frade m mendicante **betteln** ⟨-le⟩ mendigar, (andar a) pedir **Bettelorden** M ordem f mendicante **Bettelstab** M ⟨-(e)s; o. pl⟩ bastão m de mendigo; geh an den ~ bringen fig reduzir à miséria

'betten [ˈbɛtən] ⟨-e-⟩ acamar; deitar **'bettlägerig** [ˈbɛtlɛːɡərɪç] ~ sein estar de cama **Bettlaken** N lençol m **Bettlektüre** F leitura f de cabeceira

'Bettler [ˈbɛtlər] M mendigo m, pobre m; zum ~ machen reduzir à miséria **Bettlerin** F mendiga f; pobre f

'Bettnässen N ⟨-s; o. pl⟩ MED enurese f **Bettruhe** F ⟨o. pl⟩ descanso m na cama **Betttuch** N lençol m **Bettvorleger** M tapete m de cama **Bettwäsche** F ⟨o. pl⟩, **Bettzeug** N ⟨-(e)s; o. pl⟩ roupa f de cama

be'tucht [bəˈtuːxt] gut ~ sein umg ser rico, ser abastado

be'tupfen ⟨-⟩ tocar ligeiramente; mit Punkten: salpicar

'beugen [ˈbɔʏɡən] dobrar; curvar; flectir; flexionar (a. GRAM); fig humilhar; Recht violar; sich ~ a. abaixar-se **Beugung** F flexão f

'Beule [ˈbɔʏlə] F mossa f, amolgadura f; (Schwellung) inchaço m; bossa f, abaulamento m; Stirn: galo m; eitrige: bubão m **Beulenpest** F ⟨o. pl⟩ peste f bubónica (bras *ô)

be'unruhigen [bəˈʔʊnruːɪɡən] ⟨-⟩ inquietar, perturbar, preocupar **beunruhigend** ADJ inquietador, inquietante **Beunruhigung** F inquietação f, perturbação f, preocupação f

be'urkunden [bəˈʔuːrkʊndən] ⟨-e-; -⟩ documentar; Unterschrift reconhecer, legalizar, abonar

be'urlauben [bəˈʔuːrlaʊbən] V/T ⟨-⟩ dar licença a; MIL licenciar; (suspendieren) suspender; (sich) ~ despedir(-se) **Beurlaubung** F licença f, licenciamento m **be'urteilen** ⟨-⟩ julgar; apreciar; LIT criticar **Beurteilung** F juízo m, apreciação f; LIT crítica f

'**Beute** ['bɔʏtə] F ⟨o. pl⟩ presa f; despojo m; *Jagdbeute* caçada f; *fig* vítima f
'**Beutel** ['bɔʏtəl] M bolsa f, saca f; saco m **Beutelratte** F didelfo m **Beuteltier** N ⟨-(e)s; -e⟩ canguru m; marsupial m

be'**völkern** [bə'fœlkərn] ⟨re; -⟩ povoar **Bevölkerung** F população f; povoação f

Bevölkerungsdichte F ⟨o. pl⟩ densidade f populacional **Bevölkerungsexplosion** F explosão f populacional **Bevölkerungszunahme** F acréscimo m populacional, evolução f demográfica

be'**vollmächtigen** [bə'fɔlmɛçtɪgən] VT ⟨-⟩ autorizar; dar plenos poderes a; JUR *j-n ~* constituir alg seu procurador **Bevollmächtigte(r)** M/F(M) POL plenipotenciário m, -a f; JUR mandatário m, -a f; *a.* HANDEL procurador(a) m(f) **Bevollmächtigung** F autorização f; procuração f

be'**vor** [bə'foːr] KONJ antes (de) que (*subj*); antes de (*inf*) **bevormunden** [bə'foːrmʊndən] ⟨-e-; -⟩ tutelar **Bevormundung** [bə'foːrmʊndʊŋ] F ⟨-e-; -⟩ tutela f **bevorrechten** ⟨-e-; -⟩ privilegiar **bevorstehen** ser iminente **bevorstehend** iminente **bevorzugen** [bə'foːrtsuːɡən] ⟨-⟩ preferir; (*begünstigen*) favorecer **bevorzugt** [bə'foːrtsuːkt] ADJ privilegiado; predile(c)to **Bevorzugung** [bə'foːrtsuːɡʊŋ] F preferência f (*gen* dada a)

be'**wachen** ⟨-⟩ vigiar; guardar
be'**wachsen** ADJ *~ mit* coberto de; *mit Bäumen ~* arborizado
Bewachung F guarda f, vigilância f; (*Haft*) detenção f
be'**waffnen** ⟨-e-; -⟩ armar **bewaffnet** armado; à mão armada **Bewaffnung** F armamento m
be'**wahren** ⟨-⟩ guardar; conservar; *~ vor* (*dat*) livrar de, preservar de
be'**währen** ⟨-⟩ VR *sich ~* afirmar-se, satisfazer; dar bom resultado; *a.* → **bewährt**
be'**wahrheiten** [bə'vaːrhaɪtən] ⟨-e-; -⟩ VR *sich ~* confirmar-se
be'**währt** [bə'vɛːrt] ADJ comprovado; experimentado **Bewährung** F prova f **Bewährungsfrist** F tempo m de prova; **Strafe f mit ~** pena f condicional
be'**waldet** [bə'valdət] ADJ revestido de árvores; arborizado
be'**wältigen** [bə'vɛltɪgən] ⟨-⟩ vencer, dominar; *Arbeit* levar a cabo **Bewältigung** F domínio m; realização f
be'**wandert** [bə'vandərt] versado
Bewandtnis [bə'vantnɪs] F ⟨-; -se⟩ condição f; **damit hat es e-e eigene** *od* **besondere ~** é um caso particular
be'**wässern** ⟨-re; -⟩ regar; irrigar **Bewässerung** F rega f; irrigação f; regadio m **Bewässerungsanlage** F obras fpl de rega, instalação f de irrigação **Bewässerungsgraben** M rego m

be'**wegen** [bə'veːɡən] ⟨-⟩ mover, *hin und her:* agitar, mexer; *Gemüt* comover, abalar; impressionar; (*veranlassen*) induzir, determinar, levar **Beweggrund** M motivo m **beweglich** móvel; ágil; vivaz **Beweglichkeit** F ⟨o. pl⟩ mobilidade f; agilidade f; elasticidade f **Bewegung** F movimento m; agitação f; (*Drehbewegung*) rotação f; *körperliche:* exercício m; (*Rührung*) emoção f, comoção f

Bewegungsfreiheit F ⟨o. pl⟩ liberdade f de movimentos (*od* de acção) **bewegungslos** ⟨-este⟩ imóvel **Bewegungslosigkeit** [bə'veːɡʊŋsloːzɪçkaɪt] F ⟨o. pl⟩ imobilidade f
be'**weinen** ⟨-⟩ chorar, deplorar
Be'weis [bə'vaɪs] M ⟨-es; -e⟩ prova f; documentação f; argumento m; MATH demonstração f; **den ~ antreten, dass** provar que; **unter ~ stellen** provar; demonstrar **Beweisaufnahme** F JUR provas fpl **beweisbar** demonstrável
be'**weisen** ⟨-⟩ provar; evidenciar; MATH demonstrar; (*feststellen*) comprovar; *Mut etc* dar provas de, manifestar
Beweisführung F demonstração f; argumentação f **Beweisgrund** M argumento m **Beweiskraft** F ⟨o. pl⟩ força f comprobatória **Beweislast** F ⟨o. pl⟩ ônus m da prova **Beweismittel** N prova f **Beweisstück** N prova f, documento m
be'**wenden** VT *es dabei ~ lassen* dar-se por satisfeito; não insistir mais
be'**werben** ⟨-⟩ VR *sich ~ um* candidatar-se a; concorrer para **Bewerber(in)**

Be'werbung F̄ concurso m; candidatura f; pedido m de mão **Bewerbungsgespräch** N̄ entrevista f de candidatura a um emprego **Bewerbungsschreiben** N̄ carta f de candidatura
be'werfen ⟨-⟩ **mit etw** ~ atirar a/c a; ARCH *mit Kalk*: rebocar com
be'werkstelligen [bəˈvɛrk(ʃ)telɪɡən] ⟨-⟩ realizar, efe(c)tuar; **es** ~, **dass** a. conseguir que
be'werten ⟨-e-; -⟩ avaliar, valorizar **Bewertung** F̄ valorização f, avaliação f
be'willigen [bəˈvɪlɪɡən] ⟨-⟩ conceder; outorgar; *durch Mehrheitsbeschluss*: votar **Bewilligung** F̄ concessão f
be'wirken ⟨-⟩ efe(c)tuar; realizar; (*erregen*) causar; (*erreichen*) conseguir
be'wirten [bəˈvɪrtən] V/T ⟨-e-; -⟩ receber, hospedar; *mit Essen*: servir, tratar
be'wirtschaften ⟨-e-; -⟩ administrar; explorar; racionar **Bewirtschaftung** F̄ administração f; exploração f; racionamento m
Be'wirtung [bəˈvɪrtʊŋ] F̄ hospedagem f; *mit Essen*: trato m, serviço m
be'wohnbar [bəˈvoːnbaːr] habitável **bewohnen** ⟨-⟩ habitar **Bewohner(in)** M(F) habitante m/f
be'wölken [bəˈvœlkən] ⟨-⟩ anuviar **Bewölkung** F̄ ⟨o. pl⟩ nuvens fpl
Be'wund(e)rer(in) [bəˈvʊnd(ə)rər(ɪn)] M(F) admirador(a) m(f) **bewundern** ⟨-re; -⟩ admirar **bewundernswert, bewundernswürdig** admirável **Bewunderung** F̄ admiração f
Be'wurf M̄ ⟨-(e)s; ⸚e⟩ reboco m
be'wusst [bəˈvʊst] consciente; cônscio; (*willentlich*) intencional; (*bekannt*) **der ~e** ... o conhecido, o tal ...; **sich ~ sein, sich ~ werden** (*gen*) ter a consciência de **bewusstlos** sem sentidos **Bewusstlosigkeit** [bəˈvʊstloːsɪçkaɪt] F̄ ⟨o. pl⟩ desmaio m **Bewusstsein** N̄ ⟨-s; o. pl⟩ consciência f (**bei** em); **das ~ verlieren** perder os sentidos; **wieder zu ~ kommen** recuperar os sentidos **Bewusstseinsspaltung** F̄ desdobramento m de personalidade
be'zahlen ⟨-⟩ pagar; remunerar; **sich bezahlt machen** fig valer a pena **Bezahlung** F̄ pagamento m; remuneração f

be'zähmen ⟨-⟩ domar; fig (**sich**) ~ dominar(-se)
be'zaubern ⟨-re; -⟩ encantar, enfeitiçar **bezaubernd** ADJ encantador
be'zeichnen ⟨-e-; -⟩ (*markieren*) marcar; (*benennen*) designar; indicar; (*bedeuten*) significar; ~ **als** qualificar de **bezeichnend** ADJ característico; significativo; ~ **für** a. típico de **Bezeichnung** F̄ designação f; marca f; nome m; classificação f
be'zeugen ⟨-⟩ atestar; testemunhar **Bezeugung** F̄ testemunho m
be'zichtigen [bəˈtsɪçtɪɡən] ⟨-⟩ acusar, incriminar (**j-n** *gen* alg de a/c)
be'ziehen ⟨-⟩ A V/T 1 (*überziehen*) cobrir (**mit** de); *Bett* a. pôr roupa limpa em; **mit Saiten** ~ pôr cordas em 2 *Wohnung* ir habitar 3 *Stellung* ir ocupar; MIL **Quartier** ~ aquartelar-se; alojar-se 4 *Waren* receber; comprar (**aus** em); *Zeitung* assinar; *Gehalt, Leistungen* receber; HANDEL **zu** ~ **durch** à venda em (casa de) 5 A. V/R ~ **auf** (*akk*) aplicar a, relacionar com; **sich** ~ **auf** (*akk*) dizer respeito a; relacionar-se com; referir-se a B V/R **sich** *Himmel* anuviar-se **Bezieher(in)** M(F) assinante m/f; HANDEL *e-r Ware*: comprador(a) m(f); (*Kunde, Kundin*) cliente m/f
Be'ziehung F̄ 1 relação f; (*Liebesbeziehung*) relação f amorosa; **in** ~ **setzen zu** relacionar com; **in** ~ **stehen zu** ter relações com; **e-e** ~ **haben mit** ter uma relação amorosa com 2 (*Hinsicht*) respeito m; **in** ~ **auf** (*akk*) com respeito a; **in jeder** ~ sob todos os aspe(c)tos **beziehungsweise** ADV respe(c)tivamente; ou seja
be'ziffern [bəˈtsɪfərn] ⟨-re; -⟩ numerar, cifrar; ~ **auf** (*akk*) calcular em; **sich** ~ **auf** (*akk*) montar a
Be'zirk [bəˈtsɪrk] M̄ ⟨-(e)s; -e⟩ distrito m; circunscrição f; termo m; JUR comarca f; (*Stadtbezirk*) bairro m; freguesia f; área f
be'zirzen [bəˈtsɪrtsən] ⟨-⟩ umg enfeitiçar; encantar
Be'zug M̄ ⟨-(e)s; ⸚e⟩ 1 (*Überzug*) cobert(ur)a f; (*Kissenbezug*) fronha f 2 v. *Waren*: compra f; *e-r Zeitung*: assinatura f 3 PL **Bezüge** (*Gehalt*) vencimentos mpl 4 ~ **nehmen auf** (*akk*) referir-se a; **in** ~ **auf** (*akk*), **mit** ~ **auf** (*akk*) com respeito a,

com referência a **be'züglich** [bə'tsy:-klıç] ADV ⟨gen⟩ relativo a, com respeito a
Be'zugnahme [bə'tsu:kna:mə] F̲ ADMIN **unter ~ auf** ⟨akk⟩ com referência a
Be'zugsbedingungen F̲P̲L̲ HANDEL condições fpl (de fornecimento od de compra) **bezugsfertig** Wohnung pronto a ser habitado **Bezugsquelle** F̲ casa f fornecedora
be'zwecken [bə'tsvɛkən] ⟨-⟩ visar a, ter em vista, ter em mira, ter por fim; pretender (conseguir)
be'zweifeln V̲/T̲ ⟨-le; -⟩ duvidar de, pôr em dúvida
be'zwingen ⟨-⟩ dominar (a. fig), subjugar; Festung tomar; Tier domar
BH [be:'ha:] M̲ A̲B̲K̲ → Büstenhalter
Bhf A̲B̲K̲ (Bahnhof) est. (estação)
'Bibel [ˈbi:bəl] F̲ ⟨-; -n⟩ Bíblia f **bibelfest** que conhece bem a Bíblia **Bibelspruch** M̲ versículo m **Bibelstelle** F̲ passagem f ⟨od trecho m⟩ da Bíblia
'Biber [ˈbi:bər] M̲ castor m **Biberbau** M̲ ⟨-(e)s; -e⟩ toca f de castor
Bibliogra'fie [bibliogra'fi:] F̲ bibliografia f **Biblio'thek** [biblio'te:k] F̲ biblioteca f **Biblio'the'kar(in)** [biblio'te:'ka:r(ın)] M̲(F̲) ⟨-s; -e⟩ bibliotecário m, -a f
'biblisch [ˈbi:blıʃ] bíblico
Bi'det [bi'de:] N̲ ⟨-s; -s⟩ bidé m
'bieder [ˈbi:dər] LIT leal, probo, honesto; (pequeno) burguês **Biederkeit** F̲ ⟨o. pl⟩ LIT probidade f, re(c)tidão f **Biedermann** M̲ (pequeno) burguês m **Biedermeier** [ˈbi:dərmaıər] N̲ ⟨-s; o. pl⟩ estilo burguês da primeira metade do século XIX
'biegen [ˈbi:gən] A V̲/T̲ dobrar, torcer, curvar; **auf Biegen oder Brechen** a todo o transe; ou vai ou racha B V̲/I̲ ⟨s.⟩ **um die Ecke ~** dobrar a esquina C V̲/R̲ **sich ~** curvar-se; dobrar-se **biegsam** flexível, elástico **Biegung** F̲ curva f; TECH flexão f
'Biene [ˈbi:nə] F̲ abelha f
'Bienenhaus N̲ colmeal m **Bienenkönigin** F̲ abelha-mestra f **Bienenkorb** M̲ colmeia f, cortiço m f; bobina f em ninho de abelha **Bienenschwarm** M̲ abelhal m; bras enxame m **Bienenstich** F̲ MED ferroada f **Bienenstock** M̲ colmeia f **Bienenzucht** F̲ ⟨o. pl⟩

apicultura f **Bienenzüchter** M̲ apicultor m, colmeiro m, abelheiro m
Bier [bi:r] N̲ ⟨-(e)s; -e⟩ cerveja f; **dunkles/helles ~** cerveja f preta/branca **'Bierbrauer** M̲ cervejeiro m, fabricante m de cerveja **'Bierbrauerei** F̲ cervejaria f, fábrica f de cerveja **'Bierdeckel** M̲ base f (para canecas de cerveja) **'Bierglas** N̲ imperial m, caneca f **'Bierkasten** M̲ grade f
'Biese [ˈbi:zə] F̲ nervura f
Biest [bi:st] N̲ ⟨-(e)s; -er⟩ sl fera f
'bieten oferecer (dat a); Hand estender; **sich** ⟨dat⟩ **etw ~ lassen** tolerar a/c, admitir a/c
Biga'mie [biga'mi:] F̲ bigamia f
bi'gott [bi'gɔt] beato
Bi'kini [bi'ki:ni] M̲ ⟨-s; -s⟩ biquíni m
Bi'lanz [bi'lants] F̲ balanço m; saldo m; **~ ziehen** fazer ⟨o⟩ balanço
bilate'ral [ˈbi:latera:l] bilateral
Bild [bılt] N̲ ⟨-(e)s; -er⟩ imagem f; figura f; (Gemälde) quadro m, pintura f; (Abbildung) gravura f; estampa f; j-s retrato m; (Lichtbild) fotografia f; auf Münzen: efígie f; fig ideia f, noção f, imagem f; (Sinnbild) símbolo m; **im ~e sein** estar informado, estar ao corrente (**über** akk de); **sich ein ~ machen von** fazer uma ideia de a/c **'Bildbericht** M̲ reportagem f (foto)gráfica **'Bildberichterstatter(in)** M̲(F̲) repórter m/f fotográfico, -a
'bilden [ˈbıldən] ⟨-e-⟩ formar; geistig a.: instruir; civilizar; (zusammensetzen) constituir **bildend** A̲D̲J̲ instrutivo; (in)formativo; civilizador; Kunst, Künstler plástico
'Bilderbuch N̲ livro m ilustrado ⟨od com estampas, com gravuras⟩ **Bildergalerie** F̲ galeria f ⟨od museu m⟩ de pintura **Bilderrahmen** M̲ moldura f, caixilho m **Bilderrätsel** N̲ enigma m figurado **Bilderstürmer** M̲ hist, fig iconoclasta m
'Bildfläche F̲ tela f; fig **auf der ~ erscheinen** aparecer, surgir; **von der ~ verschwinden** desaparecer **'Bildfunk** M̲ ⟨-(e)s; o. pl⟩ radiofotografia f, telefotografia f; (Fernsehen) televisão f **'bildhaft** gráfico; fig plástico **'Bildhauer(in)** M̲(F̲) escultor(a) m(f) **'Bildhauerei** F̲ ⟨o. pl⟩ escultura f **'bild-**

'**hübsch** ⟨o. pl⟩ umg formoso, formosíssimo '**bildlich** figurado, metafórico '**Bildnis** N̄ ⟨-ses; -se⟩ retrato m; Münze: efígie f '**Bildplatte** F̄ vídeo-disco m '**Bildqualität** F̄ qualidade f de imagem '**Bildreportage** F̄ → Bildbericht '**Bildreporter(in)** M(F) repórter m/f fotográfico, -a '**Bildröhre** F̄ lâmpada f catódica; cinescópio m '**Bildschärfe** F̄ nitidez f de imagem '**Bildschirm** M̄ tela f '**Bildschirmschoner** M̄ fundo m de tela '**Bildschirmtext** M̄ ⟨-es; -e⟩ videotexto m '**bild'schön** lindo, muito bonito '**Bildseite** F̄ anverso m '**Bildung** ['bɪldʊŋ] F̄ **1** ⟨o. pl⟩ (Schulbildung etc) formação f, educação f; instrução f; geistige: cultura f (intelectual) m **2** ⟨pl -en⟩ constituição f; (Gestalt) forma f '**Bildungsfernsehen** N̄ ⟨o. pl⟩ telescola f **Bildungsgrad** M̄ grau m de instrução (od cultura) **Bildungslücke** F̄ falha f na cultura geral **Bildungsurlaub** M̄ férias fpl de formação **Bildungswesen** N̄ ⟨o. pl⟩ educação f, ensino m

'**Billard** ['bɪljart] N̄ ⟨-s; -e⟩ bilhar m **Billardstock** M̄ taco m

Bil'lett [bi'ljɛt] N̄ ⟨-(e)s; -e od -s⟩ schweiz bilhete m; (Eintritt) passagem f

'**billig** ['bɪlɪç] barato (a. fig); Preis a. módico; fig recht und ~ justo **billigen** ['bɪlɪgən] aprovar **Billigflug** M̄ voo m de baixo custo **Billiglohnland** N̄ país m com salários baixos **Billigung** ['bɪlɪgʊŋ] F̄ aprovação f **Billigware** F̄ mercadoria f barata; quinquilharia f

Bil'lion [bɪ'li:o:n] F̄ bilião m, bilhão m; e-e ~ um milhão m de milhões, um bilhão

'**bimmeln** ⟨-le⟩ umg tocar; repicar '**Bimmeln** N̄ repique m

'**Bimsstein** M̄ ⟨-(e)s; -e⟩ pedra-pomes f

'**Binde** ['bɪndə] F̄ MED ligadura f; (a. Stirnbinde, Augenbinde) venda f; (Damenbinde) penso m higiénico; (Armbinde) braçadeira f **Bindegewebe** N̄ tecido m conjuntivo **Bindeglied** N̄ vínculo m; elo m; conjunção f **Bindehaut** F̄ ⟨o. pl⟩ conjuntiva f **Bindehautentzündung** F̄ conjuntivite f **Bindemittel** N̄ conglutinante m; (Mörtel) argamassa f; (Zement) cimento m

'**binden** atar; (a. MUS u. fig) ligar; (kleben) pegar; Besen fazer; Buch encadernar; empastar; **sich ~** fig comprometer-se; **nicht gebunden sein** ser livre; não ter compromisso(s); fig **j-m etw auf die Nase ~** fazer acreditar a/c a alg

'**Binden** N̄ Buch: encadernação f; empaste m; Fass: guarnição f com arcas **bindend** ADJ fig obrigatório

'**Bindestrich** M̄ traço m de união, hífen m **Bindewort** N̄ conjunção f

'**Bindfaden** ['bɪntfa:dən] M̄ guita f, cordel m, fio m

'**Bindung** ['bɪndʊŋ] F̄ (a. MUS) ligação f; CHEM a. liga f; (Skibindung) fixação f; combinação f; (Verpflichtung) compromisso m; **e-e ~ eingehen** comprometer-se; CHEM ligar

'**binnen** ['bɪnən] PRÄP ⟨gen od dat⟩ dentro de; no prazo de

'**Binnen...** IN ZSSGN meist interior, interno **Binnenfischerei** F̄ ⟨o. pl⟩ pesca f em águas doces **Binnengewässer** NPL águas fpl continentais **Binnenhafen** M̄ porto m fluvial **Binnenhandel** M̄ ⟨o. pl⟩ comércio m interno **Binnenklima** N̄ ⟨-s; o. pl⟩ clima m continental **Binnenland** N̄ interior m **Binnenmarkt** M̄ mercado m interno **Binnenschifffahrt** F̄ ⟨o. pl⟩ navegação f fluvial

'**Binse** ['bɪnzə] F̄ junco m; **in die ~n gehen** umg perder-se; estragar-se; cair **Binsenwahrheit, Binsenweisheit** umg F̄ lugar m comum; trivialidade f

'**Bio...** IN ZSSGN bio..., biológico '**Biobrot** ['bi:obro:t] N̄ pão m biológico **Bioche'mie** F̄ ⟨o. pl⟩ bioquímica f **bio'chemisch** bioquímico

'**Biogas** N̄ biogás m '**Biogemüse** N̄ legumes mpl biológicos

Biogra'fie [biogra'fi:] F̄, **Biogra'phie** F̄ biografia f

'**Bioladen** M̄ loja f de produtos (alimentares) isentos de química

Bio'loge [bio'lo:gə] M̄ ⟨-n⟩ biólogo m, biologista m **Biolo'gie** [biolo'gi:] F̄ ⟨o. pl⟩ biologia f **Bio'login** [bio'lo:gɪn] F̄ biologista f, bióloga f **bio'logisch** biológico

'**Biomasse** F̄ ⟨o. pl⟩ biomassa f **bio'metrisch** biométrico

'**Biomüll** M̄ ⟨-s; o. pl⟩ lixo m biológico

Bitten und danken

Bitte, ...	Por favor, ...
Darf ich ...?	Posso ...?
Gern geschehen!	Com muito gosto!
Vielen Dank!	Muito obrigado (*Frauen*: obrigada)!
Nein, danke.	Não, obrigado (*Frauen*: obrigada).
Keine Ursache!	De nada!

'Bio**physik** F biofísica f 'Bio**produkt** N produto m biológico
Biop'sie F MED biópsia f **Bio'sphäre** F biosfera f
'Bio**sprit** M bio-combustível m 'Bio**technologie** F biotecnologia f
'Bio**top** [bio'to:p] N/M ‹-s; -e› biótopo m
'Birke ['bɪrkə] F bétula f, vido(eiro) m
'Birken**holz** N madeira f de bétula
'Birk**hahn** M GEOG galo m silvestre
'Birma ['bɪrma] N GEOG Birmânia f
'Birn**baum** ['bɪrnbaum] M ‹-(e)s; ¨e› pereira f **Birne** F pêra f; ELEK lâmpada f eléc(t)rica; TECH convertedor m
bis [bɪs] A PRÄP ‹zu, nach; auf, in *akk*› até; ~ **auf** *akk* (*außer*) salvo, excepto B KONJ ~ (**dass**) até que (*subj*)
'Bischof ['bɪʃɔf] M ‹-s; ¨e› bispo m **Bischöfin** F *evangelische*: bispa f **bischöflich** ['bɪʃœflɪç] episcopal
'Bischofs... IN ZSSGN *meist* episcopal **Bischofs**amt N episcopado m **Bischofs**stab M báculo m
bis'her ADV até agora **bisherig** que + *Perfekt*: até agora
Bis'kuit [bɪs'kvi:t] M ‹-(e)s; -e› biscoito m
'Bison ['bi:zɔn] M ‹-s; -s› bisonte m
Biss [bɪs] M ‹-es; -e› mordedura f; dentada f **'bisschen** ['bɪsçən] pouco, bocadinho; *umg* **ein ~** um bocadinho; *bras* **um pouquinho; ein ~ Salz** uma pitada de sal; **ein ~** + *adj* demasiado; um bocadinho
'Bissen ['bɪsən] M bocado m **bissig** que morde; mordaz (*a. fig*) **Bisswunde** F mordedura f
'Bistum ['bɪstu:m] N ‹-s; ¨er› bispado m
bis'weilen ADV às vezes, de vez em quando
Bit [bɪt] N ‹-(s); -(s)› bit m
'bitte ['bɪtə] por favor, *Sie*: faça favor, *du*: faz favor; *sehr höflich*: tenha a bondade, *nachgestellt*: se faz favor; com licença!; (**wie**) ~? como?, perdão?; ~ (**sehr**)! (*Antwort auf Dank*) não há de quê, não tem de quê; de nada!; (*einladend*) faça favor
'Bitte F pedido m; (*Gesuch*) requerimento m; **e-e ~ an j-n haben** pedir um favor a alg
'bitten pedir, rogar (**j-n um etw** a/c a alg); (*ersuchen*) solicitar (**um etw** a/c); **zu sich ~, zu Tisch ~** convidar; **~ zu** (*inf*), **~, dass** rogar que (*subj*); **aber ich bitte Sie!** mas por (*bras* pelo) amor de Deus!; **por quem é!**; **ich lasse ~!** que entre!; **wenn ich ~ darf** faz favor, faça-me o favor (*od* o obséquio); tenha a bondade; *nachgestellt*: se faz favor
'bitter ['bɪtər] amargo, *fig a.* duro; **~er Ernst sein** ser muito sério; ser fora de brincadeira **bitterböse** ‹o. *pl*› muito zangado; furioso **bitterkalt** ‹o *pl*› ~ **sein** estar frio a valer **Bitterkeit** F amargor m; fig amargura f, azedume m **bitterlich** amargamente
Bi'tumen [bi'tu:mən] N betume m
'Biwak ['bi:vak] N ‹-s; -s *od*-e› bivaque m **biwa'kieren** ‹-› [biva'ki:rən] bivacar
bi'zarr [bi'tsar] esquisito, excêntrico
'Bizeps ['bi:tsɛps] M ‹-es; -e› bíceps m, bicípete m
Bl. ABK (**Blatt**) fl. (folha), *pl* fls., fols. (folhas)
'blähen ['blɛ:ən] inchar; MED causar flatos (*bras* flatulência *od* gases); **sich ~** *fig* inchar; pavonear-se **Blähung** F MED flato m, flatulência f, ventosidade f; *bras a.* gases
Bla'mage [bla'ma:ʒə] F situação f ridícula; vergonha f **blamieren** ‹-› ridicularizar; desacreditar; colocar mal; **sich ~** fazer má figura; ficar mal colocado

blank [blaŋk] liso, brilhante; *Waffe* branco; *umg* (*abgebrannt*) liso, teso **'Blankoscheck** ['blaŋkoʃɛk] M ‹-s; -s› cheque m em branco **Blankovollmacht** F carta f branca

'Bläschen ['blɛːsçən] N borbulha f, empola f

'Blase ['blaːzə] F (*Wasserblase*) bolha f, empola f (*a. Hautblase*); ANAT (*Harnblase*) bexiga f; (*Gallenblase*) vesícula f; CHEM abóbora f; alambique m, cucúrbita f; GEOL geode m; *pl* ~n **werfen** borbulhar **'Blasebalg** M ‹-(e)s; ⸚e› fole m

'blasen ['blaːzən] soprar; MUS (*a.* **auf** *dat*) tocar **Blasenentzündung** F cistite f **Blasenstein** M cálculo m vesical

'Bläser ['blɛːzɐr] M soprador m; MUS tocador m (de um instrumento de sopro); MUS sopro m

bla'siert [bla'ziːrt] esnobe, snob **Blasiertheit** F ‹o. pl› esnobismo m

'blasig ['blaːzɪç] bolhoso

'Blasinstrument ['blaːsɪnstrumɛnt] N instrumento m de sopro **Blasmusik** F música f para instrumentos de sopro **Blasrohr** N zarabatena f, maçarico m

blass [blas] pálido; ~ **werden** empalidecer

'Blässe ['blɛsə] F ‹o. pl› palidez f

Blatt N ‹-(e)s; ⸚er; *als Maß*: 3 -› folha f; (*Zeitung*) jornal m, periódico m; (*Ruderblatt*) leme f; MUS **vom ~ singen/spielen** cantar/tocar à primeira vista; *fig* **kein ~ vor den Mund nehmen** não ter papas na língua; **das ~ hat sich gewendet** as coisas mudaram; **auf e-m anderen ~ stehen** ser outra coisa

'blättern ['blɛtərn] ‹-re› folhear (**in** *etw dat* a/c)

'Blätterteig M massa f folhada

'Blattgold N ouro m em folhas **Blattgrün** N clorofila f **Blattlaus** F pulgão m **Blattpflanze** F planta f **Blattstiel** M pé m, pecíolo m

blau [blaʊ] ADJ azul; *Auge* (*geschwollen*) negro; *umg* (*betrunken*) borracho; **~er Fleck** m nódoa f (*bras* mancha f) negra; **~ gefroren** roxo de frio; **mit e-m ~en Auge davonkommen** escapar por um triz; **j-m ~en Dunst vormachen** pregar uma peça a alg (*bras* uma peça em alg) **Blau** [blaʊ] N ‹-s; *o. pl*› azul m; **ins ~e hinein** à toa; **das ~e vom Himmel he**runterlügen mentir que é uma beleza **'blauäugig** ['blaʊʔɔʏɡɪç] zarco, de olhos azuis; *fig* ingénuo (*bras* *ê*) **'Blaubeere** F mirtilo m **'blaugrau** azul acinzentado **'Blauhelm** M capacete m azul **'bläulich** ['blɔʏlɪç] azulado; MED lívido

'Blaulicht N ‹-(e)s; *o. pl*› AUTO luz f rotativa azul **blaumachen** faltar no trabalho (por não ter vontade) **Blaumeise** F chapim m azul **Blaupause** F cianotipia f **Blausäure** F ‹o. pl› ácido m prússico **Blaustift** M lápis m azul

Blech [blɛç] N ‹-(e)s; -e› lata f; chapa f de ferro; (*Weißblech*) folha-de-flandres f; *fig* asneira(s) m(pl) **Blechbläser** M, **'Blechblasinstrument** N instrumento m de metal **Blechbüchse** F, **'Blechdose** F lata f

'blechen *umg* pagar o pato (*od* a patente) **'blechern** de lata; **~ klingen** ter um som metálico

'Blechmusik F ‹o. pl› charanga f **'Blechschaden** M dano m de carroçaria (*bras* carroceria) **Blechschere** F tesoura f para chapa

'blecken ['blɛkən] mostrar dentes **Blei**[1] [blaɪ] N ‹-(e)s; -e› chumbo m **Blei**[2] M ‹-(e)s; -e› ZOOL brema f **'Bleibe** ['blaɪbə] *umg* F alojamento m **'bleiben** VII ‹s.› ficar; (*a. übrig bleiben*) restar; (*sich aufhalten, ausbleiben*) demorar(-se); (*weiterbleiben*) permanecer, continuar; (*beharren*) insistir (**bei** em; **dabei, dass** em que); **~ bei** *der Sache, der Wahrheit* não se afastar de; **am Leben ~** sobreviver; **j-m vom Hals(e) ~** deixar alg em paz; **etw ~ lassen** deixar a/c; não fazer a/c; **es bleibt dabei** fica combinado, fica assente, ficamos nisso; **wo ~ Sie denn so lange?** então, nunca mais vem?, porque não vem? **bleibend** ADJ permanente, constante, duradouro

bleich [blaɪç] pálido **'Bleiche** F (*Prozess*) cora f **'bleichen** V/T ‹h.›, V/I ‹s.› (des)corar, branquear; *Farben* desbotar; *Haare* aclarar, embranquecer **'Bleichmittel** N corante m **'Bleichsucht** F ‹o. pl› anemia f, clorose f **'bleichsüchtig** anémico (*bras* *ê*)

'bleiern de chumbo **bleifrei** sem chumbo **Bleigießer** M chumbeiro m **Bleiglanz** M ‹-es; *o. pl*› GEOL galema *f* **bleihaltig** ['blaɪhaltɪç] plumífero **Bleistift** M lápis *m* **Bleistiftspitzer** M apara-lápis *m*; *bras* apontador *m* de lápis **Bleivergiftung** F saturnismo *m* **Bleiweiß** N ⟨-; *o. pl*⟩ alvaiade *m*, cerusa *f*

'Blende ['blɛndə] F mira *f*; BERGB blenda *f*; FOTO diafragma *m* **blenden** ⟨-e-⟩ cegar; *vorübergehend*: encandear; assombrar; ofuscar; deslumbrar; *fig a.* dar poeira nos olhos dos outros **blendend** ADJ brilhante, deslumbrante **Blender** M *fig* vigarista *m*; intrujão *m* **Blendschutz** M prote(c)ção *f* contra encandeamento; prote(c)tor *m* de vista **Blendung** F privação *f* da vista; deslumbramento *m* (*a. fig*) **Blendwerk** N ilusão *f*, fantasmagoria *f*; poeira *f* (deitada aos olhos dos outros)

Blick M olhar *m*; (*Aussicht*) vista *f*; **auf den ersten ~** à primeira vista; **e-n ~ werfen auf** (*akk*) deitar uma vista de olhos a; *bras* dar uma olhada em **'blicken** olhar; mirar; **sich ~ lassen** aparecer; **tief ~ lassen** dar muito que pensar; **zu Boden ~** pôr os olhos no chão **'Blickfeld** N ⟨-(e)s; *o. pl*⟩ campo *m* visual **'Blickpunkt** M ⟨-(e)s; -e⟩ ponto *m* de mira

blind [blɪnt] cego (**auf** *dat* de); *Glas* baço; (*schmutzig*) sujo; ARCH postiço; *Alarm* falso; *Passagier* clandestino; **~er Fleck** *m* im Auge: ponto *m* cego; **~ geboren** cego de nascença

'Blinddarm M apêndice *m* **Blinddarmentzündung** F apendicite *f* **'Blinde(r)** M/F/M ⟨-n⟩ cego *m*, -a *f* **Blindekuh** F, **Blindekuhspiel** N ⟨*o. pl*⟩ jogo *m* da cabra cega **'Blindenhund** M ⟨-(e)s; -e⟩ cão *m* de cego **Blindenschrift** F ⟨*o. pl*⟩ escrita *f* em relevo, escrita *f* „Braille" **'Blindflug** M voo *m* (*bras* *ô) sem visibilidade, voo *m* (*bras* *ô) às cegas **Blindgänger** ['blɪntɡɛŋɐ] M MIL bomba *f* não deflagrada **Blindheit** F ⟨*o. pl*⟩ cegueira *f*; **wie mit ~ geschlagen sein** *fig* deslumbrado; às cegas **Blindlings** ['blɪntlɪŋks] às cegas **Blindschleiche** ['blɪntʃlaɪçə] F cobrelo *m*, licranço *m* **blindschreiben** escrever ao ta(c)to; *bras* bater sem olhar no teclado **'blinken** ['blɪŋkən] reluzir; cintilar; fazer sinais luminosos; AUTO piscar **Blinker** M pisca-pisca *m* **Blinkfeuer** N fogos *mpl* falsos; farol *m* de luz intermitente **Blinklicht** N luz *f* intermitente; AUTO *a.* pisca-pisca *m* **Blinkzeichen** N sinal *m* luminoso

'blinzeln ['blɪntsəln] ⟨-le⟩ pestanejar; piscar os olhos

Blitz [blɪts] M ⟨-es; -e⟩ relâmpago *m*; (*Blitzstrahl*) raio *m* **'Blitzableiter** M pára-raios *m* **'blitzartig** fulminante; como um raio **'blitzblank** ⟨*o. pl*⟩ resplandecente; (*sauber*) muito limpo **'blitzen** ⟨-t⟩ relampejar; *fig* fulminar; AUTO **er ist geblitzt worden** foi apanhado pelo radar **'Blitzgespräch** N TEL chamada-relâmpago *f* **'Blitzkrieg** M guerra-relâmpago *f* **'Blitzlicht** N flash *m* **'Blitzlichtaufnahme** F flash *m* **'Blitzschlag** M raio *m* **'blitzschnell** ⟨*o. pl*⟩ como um raio **'Blitzschutz** M pára-raios *m* **'Blitzstrahl** M raio *m*

Block [blɔk] M ⟨-(e)s; ̈e *u*. -s⟩ bloco *m*; (*Holzblock*) cepo *m*; (*Häuserblock*) bairro *m*; quarteirão *m*; (*Strafblock*) canga *f* **Block'ade** [blɔˈkaːdə] F bloqueio *m* **'Blockflöte** F flauta *f* de bisel **'blockfrei** POL neutral **'Blockhaus** N casa *f* de madeira **blo'ckieren** [blɔˈkiːrən] ⟨-⟩ bloquear **'Blockschrift** F letras *fpl* maiúsculas; *bras* letra *f* de forma

'blöd(e) ['bløː(d)ə] imbecil, estúpido **Blödheit** F estupidez *f* **Blödmann** *umg* M imbecil *m*; estúpido *m* **Blödsinn** M ⟨-s; *o. pl*⟩ idiotice *f*; estupidez *f*; imbecilidade *f*; *umg* disparate(s) *m(pl)* **blödsinnig** *pej* idiota, imbecil, parvo; *umg* disparatado

Blog [blɔk] M INTERNET blog(ue) *m* **'bloggen** ['blɔgən] V/I INTERNET bloguear **'Blogger(in)** ['blɔgɐ(rɪn)] M(F) INTERNET bloguer *m/f*

'blöken ['bløːkən] V/I *Kalb* berrar; *Rind* mugir; *Schaf* balar

blond [blɔnt] louro, loiro **blon'dieren** [blɔnˈdiːrən] ⟨-⟩ oxigenar; aloirar **Blon'dine** [blɔnˈdiːnə] F loira *f*

bloß [bloːs] A ADJ ⟨*o. pl*⟩ nu, despido; (*alleinig*) mero; **~ legen** descobrir; **~ liegen** estar descoberto; **mit ~em Auge** a olho nu, à vista desarmada; **mit ~en Füßen**

descalço; **auf ~en Verdacht hin** por mera suspeita ❸ _ADV_ ❶ _umg_ (nur) meramente, somente; apenas ❷ _verstärkend:_ é que
'**Blöße** ['blø:sə] _F_ nudez _f; fig_ ponto _m_ fraco; **sich e-e ~ geben** descobrir-se; **sich keine ~ geben** não dar o braço a torcer
'**bloßstellen** _fig_ expor; comprometer
Blou'son [blu'zɔ̃:] _N_ ⟨-s; -s⟩ blusão _m_
Bluff [blœf] _M_ ⟨-s; -s⟩ atoarda _f;_ logro _m;_ _bras_ blefe _m_ '**bluffen** _V/T_ intrujar, lograr; _bras_ a. blefar
'**blühen** ['bly:ən] _V/I_ ❶ estar em flor, florescer; _fig_ a. prosperar ❷ _umg_ (_bevorstehen_) ter à sua espera '**Blühen** _N_ florescência _f;_ prosperidade _f_ '**blühend** _ADJ_ florescente, próspero; em flor
'**Blume** ['blu:mə] _F_ flor _f; Wein:_ aroma _m; Bier:_ espuma _f;_ **fig durch die ~** discretamente, veladamente
'**Blumenbeet** _N_ canteiro _m_ **Blumenerde** _F_ terra _f_ para flores **Blumengeschäft** _N_ florista _m/f_ **Blumenhändler(in)** _M/F_ florista _m/f_ **Blumenkasten** _M_ floreira _f_ **Blumenkohl** _M_ ⟨-(e)s; _o. pl_⟩ couve-flor _f_ **Blumenständer** _M_ jardineira _f_ **Blumenstrauß** _M_ ramalhete _m;_ ramo _m_ (_bras_ maço _m_) de flores **Blumentopf** _M_ vaso _m_ para flores **Blumenvase** _F_ jarra _f_ **Blumenzucht** _F_ ⟨_o. pl_⟩ floricultura _f_ **Blumenzüchter(in)** _M/F_ floricultor(a) _m(f)_ **Blumenzwiebel** _F_ bolbo _m_
'**blumig** ['blu:mɪç] florido; _Wein_ aromático
'**Bluse** ['blu:zə] _F_ blusa _f_
Blut [blu:t] _N_ ⟨-(e)s; _o. pl_⟩ sangue _m;_ **böses ~ machen** causar desavenças; **~ spucken** deitar sangue '**Blutalkohol** ⟨-s; _o. pl_⟩ percentagem _f_ de álcool no sangue '**Blutandrang** _M_ ⟨-(e)s; _o. pl_⟩ congestão _f_ '**blutarm** ⟨_o. pl_⟩ anémico (_bras_ *ê); _fig_ pobríssimo; _bras_ paupérrimo '**Blutarmut** _F_ ⟨_o. pl_⟩ anemia _f_ '**Blutbad** _N_ ⟨-(e)s; _o. pl_⟩ carnificina _f,_ matança _f;_ **ein ~ anrichten** causar _od_ originar um massacre '**Blutbahn** _F_ circulação _f_ do sangue '**blutbefleckt** ['blu:tbəflɛkt] ensanguentado '**Blutbild** _N_ fórmula _f_ do sangue '**Blutdruck** _M_ ⟨-(e)s; _o. pl_⟩ tensão _f_ (_bras_ pressão _f_) arterial '**blutdürstig** ['blu:tdʏrstɪç] sanguinário, feroz
'**Blüte** ['bly:tə] _F_ flor(escência) _f;_ **in (voller) ~ stehen** estar em flor(escência)
'**Blutegel** _M_ sanguessuga _f; bras_ bicha _f_
'**bluten** ['blu:tən] ⟨-e-⟩ deitar sangue; sangrar
'**Blütenblatt** _N_ pétala _f_ **Blütenknospe** _F_ gomo _m_ floral, botão _m_ **Blütenstand** _M_ inflorescência _f_ **Blütenstaub** _M_ ⟨-(e)s; _o. pl_⟩ pólen _m_
'**Bluter** ['blu:tər] _M_ hemofílico _m_ **Bluterguss** _M_ hemorragia _f;_ efusão _f_ de sangue **Bluterkrankheit** _F_ ⟨_o. pl_⟩ hemofilia _f_
'**Blütezeit** _F_ florescência _f; fig_ apogeu _m;_ século _m_ de ouro
'**Blutfleck** _M_ ⟨-s; -e⟩ mancha _f_ de sangue **Blutgefäß** _N_ vaso _m_ sanguíneo **Blutgerinnsel** _N_ embolia _f_ **Blutgerinnung** _F_ ⟨_o. pl_⟩ coagulação _f_ de sangue **Blutgruppe** _F_ grupo _m_ sanguíneo **Bluthund** _M_ braco _m_ **blutig** sangrento; ensanguentado **blutjung** ⟨_o. pl_⟩ novíssimo **Blutkonserve** _F_ conserva _f_ de sangue **Blutkörperchen** ['blu:tkœrpərçən] _N_ glóbulo _m_ de sangue; **rotes ~** hemoglobina _f;_ **weißes ~** leucócito _m_ **Blutkreislauf** _M_ ⟨-(e)s; _o. pl_⟩ circulação _f_ do sangue **blutleer** exangue **Blutleere** _F_ ⟨_o. pl_⟩, **Blutmangel** _M_ ⟨-s; _o. pl_⟩ anemia _f_ **Blutorange** _F_ laranja _f_ de sangue **Blutplasma** ['blu:tplasma] _N_ ⟨-s; -en⟩ plasma _m_ sanguíneo **Blutprobe** _F_ análise _f_ de sangue; _JUR_ prova _f_ de sangue **Blutrache** _F_ ⟨_o. pl_⟩ vingança _f_ de morte **blutreinigend** _MED_ depurativo; **~es Mittel** _n_ depurativo _m,_ **blutrot** ⟨_o. pl_⟩ vermelho **blutrünstig** ['blu:trʏnstɪç] sangrento; _fig_ sanguinário **Blutsauger** _M_ sanguessuga _f; fig_ vampiro _m_ **Blutsenkung** _F_ sedimentação _f_ do sangue **Blutspender** _M_ dador _m_ (_od_ doador _m_) de sangue **blutstillend** hemostático; **~es Mittel** _n_ hemostático _m_ **Blutsturz** _M_ ⟨-(e)s; _o. pl_⟩ hemorragia _f,_ hemoptise _f_
'**blutsverwandt** consanguíneo **Blutsverwandtschaft** _F_ consanguineidade _f_
'**Bluttat** _F_ assassínio _m_ **Bluttransfusion** _F_ transfusão _f_ de sangue **Blutung** _F_ perda _f_ de sangue; hemorragia

f **blutunterlaufen** equimosado, roxo **Blutvergießen** N ⟨o. pl⟩ derramamento *m* de sangue **Blutvergiftung** F septicemia *f* **Blutverlust** M perda *f* de sangue **Blutwäsche** F hemodiálise *f* **Blutwurst** F morcela *f* **Blutzucker** M glicemia *f* **Blutzuckermessgerät** N aparelho *m* para medir a glicemia (*od.* o açúcar) no sangue; *bras* glicosímetro *m*

BLZ F ABK → Bankleitzahl

BMI M ABK → Body Mass Index

b-'Moll N ⟨-; o. pl⟩ si *m* bemol minor

Bö [bøː] F rajada *f*, golpe *m* de vento

'Boa ['boːa] F ⟨-; -s⟩ boa *f*

Bob [bɔp] M ⟨-s, -s⟩, **'Bobschlitten** M tobogã *m*, tobogan *m*

Bock [bɔk] M ⟨-(e)s, ⁼e⟩ ❶ (*Ziegenbock*) bode *m*; (*Schafbock*) carneiro *m*; (*Rehbock*) corço *m* ❷ (*Gestell*) cavalete *m*; (*Kutschbock*) boleia *f* ❸ *fig* (*Fehler*) estenderete *m*; **e-n ~ schießen** fazer uma asneira, espetar-se; *umg* **null** *od* **keinen ~ haben auf** (*akk*) não ter (*od* estar com) ganas (nenhumas) de **'bockbeinig** teimoso **'Bocken** ZOOL estar com o cio; *fig* ser teimoso **'bockig** teimoso **'Bockshorn** N **ins ~ jagen** intimidar; meter medo a **Bockshornklee** M BOT, GASTR feno *m* grego **'Bockspringen** N (jogo *m* do) eixo *m* **'Bocksprung** M cabriola *f*, pulo *m*; *Turnen:* (salto *m* do) eixo *m* **'Bockwurst** F salsicha *f*

'Boden ['boːdən] M ⟨-s; ⁼⟩ solo *m*, terra *f*; chão *m*; (*Fußboden*) a. soalho *m*, sobrado *m*; (*Bodenart*) terreno *m*; (*Dachboden*) sótão *m*, desvão *m*; águas-furtadas *fpl*; (*Grund*) fundo *m*; ARCH pavimento *m*; (*Grundlage*) base *f*; **auf den ~ fallen** cair no chão; **zu ~ gehen** ir ao chão; **zu ~ werfen** deitar abaixo, derrubar; **(den) ~ (unter den Füßen) verlieren** perder pé, perder terreno; **(an) ~ gewinnen** ganhar terreno; **in Grund und ~** *fig* radicalmente **'Bodenbeschaffenheit** F ⟨o. pl⟩ natureza *f* do solo **Bodenerhebung** F elevação *f* do terreno; eminência *f* **Bodenertrag** M produção *f* agrícola; rendimento *m* da terra **Bodenfenster** N trapeira *f* **Bodenkammer** F sótão *m*, desvão *m* **bodenlos** ⟨-este⟩ sem fundo; (*tief*) *a.* insondável; *fig* espantoso **Boden-'Luft-Rakete** F MIL míssil *m* terra-ar **Bodennebel** M neblina *f* rasteira **Bodenpersonal** N ⟨-s; o. pl⟩ pessoal *m* de terra **Bodenreform** F reforma *f* agrária **Bodensatz** M ⟨-es; o. pl⟩ borra *f*, pé *m* **Bodenschätze** ['boːdənʃɛtsə] MPL riquezas *fpl* do solo (*od* naturais) **Bodensee** M Lago *m* de Constança **Bodenspekulation** F especulação *f* com terrenos **bodenständig** autóctone; popular; arraigado **Bodenstation** F estação *f* terrestre **Bodenturnen** N ⟨-s; o. pl⟩ ginástica *f* de solo

'Body ['bɔdi] M ⟨-s; -s⟩ MODE body *m* **Bodybuilding** ['bɔdibildiŋ] N ⟨-s; o. pl⟩ body-building *m* **Bodyguard** [bɔdi'gaːt] M ⟨-s; -s⟩ *port* guarda-costas *m*; *bras a.* espoleta *f*

Bogen ['boːgən] M ⟨-s; - *od* ⁼⟩ arco *m*; (*Biegung*) curva *f*; (*Krümmung*) contorno *m*; (*Brückenbogen*) vão *m*; (*Papierbogen*) folha *f*; (*Spitzbogen*) ogiva *f*; (*Sattelbogen*) arção *m* **Bogenfenster** N janela *f* arqueada **bogenförmig** arqueado; abobadado; (*spitzbogenförmig*) ogival **Bogengang** M arcada *f*; *im Ohr:* conduto *m* auditivo **Bogenlampe** F lâmpada *f* de arco **Bogenschießen** N tiro *m* ao arco **Bogenschütze** M ⟨-n⟩ archeiro *m*

'Bohle ['boːlə] F pranchão *m*, madeiro *m* **Böhme** ['bøːmə] M ⟨-n⟩ boémio *m*, *bras* boêmio *m* **Böhmen** N Boémia *f*, *bras* Boêmia *f* **Böhmin** F boémia *f*, *bras* boêmia *f* **böhmisch** da Boémia (*bras* Boêmia), boémio, *bras* boêmio; *fig* **das sind ~e Dörfer für ihn** para ele é grego

'Bohne ['boːnə] F feijão *m*; **grüne ~n** *pl* feijão *m* verde; *bras* vagem *f*; (*Kaffeebohne*) grão *m*; (*Pferdebohne, Saubohne*) fava *f*; **blaue ~n** (*Kugeln*) balas *fpl* **Bohnenkaffee** M ⟨-s; o. pl⟩ café *m* de grão **Bohnenkraut** N ⟨-(e)s; o. pl⟩ segurelha *f* **Bohnenstange** F vara *f*, rama *f*; *fig* trangalhadanças *m*/*f*; trinca-espinhas *m*/*f*; *bras* varapau *m*

'bohnern ['boːnɐrn] ⟨-re⟩ encerar **Bohnerwachs** N cera *f*

'bohren ['boːrən] furar, brocar; BERGB sondar; **~ in** (*akk*) cravar em **Bohrer** M verruma *f*, broca *f*; (*Arbeiter*) furador *m* **Bohrinsel** F plataforma *f* de perfuração; *Erdöl*: plataforma f petrolífera **Bohrloch** N̄ furo m, buraco m; BERGB barreno m; *Petroleum*: poço m petrolífero **Bohrmaschine** F̄ máquina f de furar (*od zum Ausbohren* de escarear; *zum Durchbohren*: de perfurar); perfuradora f **Bohrturm** M̄ torre f de perfuração; poço m petrolífero **Bohrung** F̄ furagem f; brocagem f; perfuração f; (*Erdbohrung*) sondagem f

'böig [ˈbøːɪç] às rajadas, violento
'Boiler [ˈbɔʏlɐr] M̄ esquentador m; termoacumulador m
'Boje [ˈboːjə] F̄ bóia f, baliza f
Bo'livien [boˈliːviən] N̄ Bolívia f
'Böller [ˈbœlɐr] M̄ morteiro m
'Bollwerk [ˈbɔlvɛrk] N̄ baluarte m, bastião m
Bolsche'wismus [bɔlʃəˈvɪsmʊs] M̄ ⟨-; *o. pl*⟩ bolchevismo m **Bolschewist(in)** M̄(F̄)⟨-en⟩ bolchevista m/f **bolschewistisch** bolchevista
'Bolzen [ˈbɔltsən] M̄ flecha f; dardo m; perno m, pino m; cavilha f; seta f
Bombarde'ment [bɔmbardəˈmãː] N̄ ⟨-s; -s⟩ bombardeamento m, bombardeiro m **bombar'dieren** ⟨-⟩ bombardear
bom'bastisch [bɔmˈbastɪʃ] bombástico
'Bombe [ˈbɔmbə] F̄ bomba f; **~n abwerfen** lançar bombas; **wie e-e ~ einschlagen** *fig* rebentar como uma bomba **Bombenabwurf** M̄ ⟨-(e)s; ≈e⟩ lançamento m de bombas **Bombenanschlag** M̄, **Bombenattentat** N̄ ⟨-(e)s; -e⟩ atentado m bombista **Bombenerfolg** *umg* M̄ ⟨-(e)s; -e⟩ êxito m retumbante **Bombenflugzeug** N̄ → Bomber **bombensicher** ⟨*o. pl*⟩ à prova de bomba; *umg adv* de certeza absoluta
'Bomber [ˈbɔmbɐr] M̄ bombardeiro m, avião m de bombardeamento (*od* bombardeio)
Bon [bɔŋ] M̄ ⟨-s; -s⟩ bónus m; (*Kassenzettel*) talão m de caixa
Bon'bon [bɔŋˈbɔŋ] N̄/M̄ ⟨-s; -s⟩ rebuçado m; *bras* bala f
Bonn [bɔn] N̄ Bona f
'Bonus [ˈboːnʊs] M̄ ⟨-; -se⟩ bónus m
'Bonze [ˈbɔntsə] M̄ ⟨-n⟩ bonzo m
Boom [buːm] M̄ conjuntura f favorável; surto m económico **'boomen** [ˈbuːmən] *Wirtschaft etc* prosperar, florescer

Boot [boːt] N̄ ⟨-(e)s; -e⟩ barco m; embarcação f; batel m; (*Motorboot*) barco m a gasolina; **im gleichen ~ sitzen** *fig* estar na mesma situação
Boots [buːts] MPL MODE botas fpl de meio cano
'Bootsanhänger M̄ reboque m para transportar barcos **Bootshaus** N̄ barraca f para guardar barcos **Bootsrennen** N̄ regata f **Bootsverleih** M̄ aluguer m (*bras* aluguel m) de barcos
Bor [boːr] N̄ ⟨-s; *o. pl*⟩ boro m
'Borax [ˈboːraks] M̄ ⟨-es; *o. pl*⟩ borato m de sódio, bórax m
Bord[1] [bɔrt] M̄ ⟨-(e)s; -e⟩ SCHIFF bordo m; (*Reling*) balaustrada f; **an ~** a bordo; **an ~ gehen** embarcar; **von ~ gehen** desembarcar; **Mann über ~!** homem à água!; **über ~ werfen** *fig* desembaraçar-se de
Bord[2] N̄ ⟨-(e)s; -e⟩ (*Bücherbrett*) estante f; (*Küchenbrett*) prateleira f
'Bordcomputer M̄ computador m de bordo **Bordelektronik** F̄ ⟨*o. pl*⟩ electrónica f (*bras* *ô) de bordo
Bor'dell [bɔrˈdɛl] N̄ ⟨-s; -e⟩ bordel m, lupanar m; *bras* casa f de tolerância
'Bordfunker M̄ (radio)telegrafista m **Bordkarte** F̄ cartão m de embarque **Bordrestaurant** N̄ *im Zug*: carruagem f restaurante **Bordstein** M̄ borda f do passeio **Bordwand** F̄ costado m
Borg [bɔrk] M̄ ⟨-(e)s; *o. pl*⟩ **auf ~** a crédito; emprestado m **'borgen** [ˈbɔrɡən] emprestar (j-m a alg); **sich** (*dat*) **etw ~** pedir a/c emprestada a
'Borke [ˈbɔrkə] F̄ cortiça f, casca f
bor'niert [bɔrˈniːrt] tapado **Borniertheit** F̄ ⟨*o. pl*⟩ pouca inteligência f
'Borretsch [ˈbɔrɛtʃ] M̄ ⟨-es; *o. pl*⟩ borragem f
'Borsalbe [ˈboːrzalbə] F̄ ⟨*o. pl*⟩ pomada f bórica **Borsäure** F̄ ⟨*o. pl*⟩ ácido m bórico
'Börse [ˈbœrzə] F̄ bolsa f **Börsen...** IN ZSSGN *meist* de bolsa, da bolsa **Börsenbericht** M̄ boletim m da Bolsa; notícias fpl financeiras **börsenfähig**, **börsengängig** cotizável **Börsengeschäft** N̄ operação f de bolsa **Börsenkrise** F̄ crise f financeira (*od* bolsista) **Börsenkurs** M̄ cotação f da bolsa **Börsenmakler** M̄ agente m de câm-

bio **Börsenspekulant** M ⟨-en⟩ agiota m; especulador m da bolsa

'**Borste** ['bɔrstə] F cerda f **Borstenpinsel** M brocha f **borstig** cerdoso, hirsuto, eriçado; fig arisco

Borte ['bɔrtə] F debrum m; (Tresse) galão m; (Franse) franja f

'**bösartig** ['bøːsartɪç] maligno (a. MED), mau **Bösartigkeit** F maldade f, malignidade f (a. MED)

'**Böschung** ['bœʃʊŋ] F declive m; steile: talude m; escarpa f

'**böse** ['bøːzə] **A** ADJ mau, ruim; (ärgerlich) zangado (**auf** akk com); **~ werden** zangar-se **B** ADV mal; **ich habe es nicht ~ gemeint** não foi por mal **Bösewicht** M ⟨-(e)s; -e(r)⟩ malvado m

'**boshaft** ['boːshaft] malévolo; mau; bras a. maldoso **Boshaftigkeit** F, **Bosheit** F maldade f; malvadez f; bras a. malvadeza f

'**Bosnien** ['bɔsniən] N Bósnia f

'**böswillig** ['bøːsvɪlɪç] malévolo **Böswilligkeit** F má fé f, perfídia f; bras a. malvadeza f

Bo'tanik [boˈtaːnɪk] F ⟨o. pl⟩ botânica f **Botaniker(in)** M(F) botânico m, -a f **botanisch** botânico

Bote ['boːtə] M ⟨-n⟩ mensageiro m, emissário m; für Gänge: moço m de recados, recadista m; **durch ~n** por portador **Botengang** M recado m **Botenlohn** M ⟨-(e)s; o. pl⟩ gratificação f recadeira f

Botschaft F mensagem f; recado m; Diplomatie: embaixada f; **deutsche ~** embaixada f da Alemanha **Botschafter(in)** M(F) mensageiro m, -a f (Diplomat, -in) embaixador m, embaixatriz f **Botschafts...** IN ZSSGN de embaixada

'**Bottich** ['bɔtɪç] M ⟨-(e)s; -e⟩ cuba f, tina f

Bouil'lon [bʊlˈjɔŋ] F ⟨-; -s⟩ caldo m

'**Bowle** ['boːlə] F cup m; bras ponche m

'**Bowling** ['boːlɪŋ] N ⟨-s; -s⟩ bowling m

Box [bɔks] F compartimento m; boxe m (a. in Garagen); (Lautsprecherbox) coluna f

'**boxen** ['bɔksən] V/I ⟨-t⟩ jogar o boxe; bras boxear **Boxen** N boxe m; pugilismo m **Boxer** M pugilista m; bras box(e)ador m **Boxershorts** PL boxers mpl; bras camelô m **Boxhandschuh** M luva f de boxe **Boxkampf** M pugilato m **Boxsport** M ⟨-(e)s; o. pl⟩ boxe m; pugilismo m

'**Boygroup** ['bɔygruːp] F boy group m (grupo de música pop composto só por rapazes) **Boy'kott** [bɔyˈkɔt] M ⟨-(e)s; -s, -e⟩ boicotagem f; bras boicote m **boykot'tieren** ⟨-⟩ boicotar

brach [braːx] inculto, baldio '**Brache** ['braːxə] F, '**Brachfeld** N, '**Brachland** N ⟨-(e)s; o. pl⟩ (terreno m) baldio m, terra f de alqueive, pousio m '**brachliegen** alqueivar, barbechar; dauernd estar ermo; a. fig ficar improdutivo

'**brackig** ['brakɪç] salobre **Brackwasser** N água f salobre

'**Bramsegel** ['braːmzeːgal] N vela f de joanete

'**Branche** ['brãːʃə] F ramo m

'**Branchenverzeichnis** N lista f classificada

Brand [brant] M ⟨-(e)s; ⁻e⟩ incêndio m; MED gangrena f; BOT alforra f, mela f, mangra f; umg (Durst) sede f ardente; **in ~ geraten** incendiar-se; **in ~ stecken** incendiar, deitar (od pôr, bras a. botar) fogo a '**Brandblase** F empola f (de queimadura); bras a. bolha f (de queimadura) '**Brandbombe** F bomba f incendiária **branden** ['brandən] ⟨-e-⟩ bater contra, quebrar-se

'**Brandenburg** ['brandənburk] N GEOG Brandeburgo (o. art)

'**Brandgefahr** F ⟨o. pl⟩ perigo m de incêndio '**Brandgeruch** M chamusco m '**Brandherd** M foco m de incêndio '**brandig** ['brandɪç] BOT mangrado; MED gangrenoso '**Brandmal** N ⟨-(e)s; -e od ⁻er⟩ queimadura f; a. fig estigma m; ferrete m '**Brandmalerei** F pirogravura f '**brandmarken** estigmatizar, Vieh marcar '**Brandmauer** F parede f mestra '**brand'neu** novinho em folha '**Brandrodung** F queimada f '**Brandsalbe** F pomada f para queimaduras '**Brandschaden** M prejuízo m causado por incêndio '**brandschatzen** ['brantʃatsən] ⟨-t⟩ impor contribuições a; (plündern) saquear '**Brandschutz** M ⟨-es; o. pl⟩ protecção f contra incêndios '**Brandsohle** F sobressola f '**Brandstätte** F lugar m do incêndio

'Brandstifter M incendiário m; *krankhafter*: pirómano m **'Brandstiftung** F fogo m posto **'Brandung** ['brandʊŋ] F rebentação f **'Brandwache** F guarda f de bombeiros **'Brandwunde** F queimadura f

'Branntwein ['brantvaɪn] M aguardente f; *bras* cachaça f **Branntweinbrennerei** F destilaria f de aguardente **Brasili'aner(in)** [brazili'a:nər(ɪn)] M(F) brasileiro m, -a f **brasilianisch** brasileiro, do Brasil

'Bratapfel ['bra:tapfəl] M maçã f assada **braten** ['bra:tən] V/T *im Ofen*: assar; *in der Pfanne*: fritar; *auf dem Rost*: grelhar **Braten** M assado m **Brathuhn** N frango m assado **Bratkartoffeln** FPL batatas fpl assadas **Bratofen** M forno m **Bratpfanne** F sertã f, frigideira f **Bratrost** M ⟨-(e)s; -e⟩ grelha f **Bratsche** ['bra:tʃə] F viola f **Bratspieß** M espeto m **Bratwurst** F salsicha f fresca

Brauch [braʊx] M ⟨-(e)s; ⸚e⟩ costume m, uso m; prática f **'brauchbar** útil; ~ **sein** a. servir **'Brauchbarkeit** F ⟨o. pl⟩ utilidade f

'brauchen V/T (*a. gebrauchen*) (*nötig haben*) precisar de; necessitar de; carecer de; **man braucht nur zu** (inf) basta (inf *od* que *subj*), é só (inf) **'Brauchtum** N ⟨-s; ⸚er⟩ costumes mpl (populares), tradições fpl

'Braue ['braʊə] F sobrancelha f **brauen** *Bier* fabricar, fazer; *Nebel* formar-se **Brauer** M fabricante m de cerveja **Braue'rei** [braʊə'raɪ] F, **Brauhaus** N cervejaria f **Braumeister** M mestre m cervejeiro

braun [braʊn] M ⟨-(e)s; -e⟩ castanho; *Butter* derretida; *Haut* moreno; **~ gebrannt** queimado; *Pferd* baio **'braunäugig** ['braʊnʔɔʏɡɪç] de olhos castanhos

'Bräune ['brɔʏnə] F ⟨o. pl⟩ cor f queimada, cor f castanha; (*Haut*) bronzeado m; bronzeamento m **bräunen** torrar; *in der Sonne*: queimar; bronzear; *Kuchen etc leicht* ~ aloirar; crestar; tostar

'Braunkohle F ⟨o. pl⟩ lignite f

'bräunlich ['brɔʏnlɪç] acastanhado; moreno

'Braunschweig ['braʊnʃvaɪk] N GEOG Brunsvique (o. art)

'Bräunungscreme F creme m bronzeante **Bräunungsstudio** N solário, estúdio m solar; *bras* centro m de bronzeamento artificial

'Brause ['braʊzə] F (*Dusche*) chuveiro m; *Getränk*: gasosa f **Brauselimonade** F gasosa f **brausen** V/I ⟨-t⟩ *Wind* soprar; *Meer, Sturm* bramar, rugir; (*sausen*) correr (com alta velocidade) **Brausen** N rugido m, bramido m, zunido m **Brausepulver** N magnésia f efervescente

Braut [braʊt] F ⟨-; ⸚e⟩ noiva f **'Brautausstattung** F enxoval m de noiva **'Brautbett** N leito m nupcial, tálamo m **'Brautführer** M paraninfo m; *bras* padrinho m

'Bräutigam ['brɔʏtɪɡam] M ⟨-s; -e⟩ noivo m

'Brautjungfer F dama f de honor (*bras* honra) **Brautkleid** N vestido m de noiva **Brautkranz** M grinalda f, coroa f nupcial **Brautleute** PL, **Brautpaar** N noivos mpl **Brautschau** F ⟨o. pl⟩ **auf ~ gehen** andar à procura de uma noiva **Brautschleier** M véu m de noivado (*bras* noiva) **Brautstand** M ⟨-(e)s; o. pl⟩ noivado m **Brautwerbung** F pedido m de casamento

brav [bra:f] (*artig*) bom; (*bieder*) honesto **bravo** ['bra:vo] INT ~! bravo! **Bra'vour** [bra'vuːr] F ⟨o. pl⟩ brio m

'Brechbohne ['brɛçbo:nə] F feijão m verde; *bras* vagem f **Brechdurchfall** M colerina f **Brecheisen** N alavanca f; pé-de-cabra m

'brechen ['brɛçən] **A** V/T romper, quebrar; MED fra(c)turar; *Gesetz* violar, infringir; *Herz* destroçar; *Licht* refle(c)tir, refra(c)tar; *Vertrag, Wort* faltar a; *Widerstand* vencer; **sich** (*dat*) **etw** ~ partir a/c; **die Ehe** ~ cometer adultério **B** V/I ⟨s.⟩ partir; romper-se; *Stimme* a. mudar; *Herz* destroçar-se; **mit j-m** ~ cortar relações com alg, romper com alg; (*sich erbrechen*) vomitar **C** V/R ⟨h.⟩ **sich** ~ *Licht, Strahlen* refle(c)tir, refra(c)tar; *Wellen* quebrar-se

'brechend ADV ~ **voll** à cunha

'Brecher ['brɛçər] M (*Sturzwelle*) vagalhão m; TECH britador m **Brechmittel** N vomitivo m, vomitório m **Brechreiz** M ⟨-es; o. pl⟩ enjoo m (*bras* *ô), náusea f **Brechstange** F alavanca f **Bre-**

chung F̄ FOTO refra(c)ção f
Brei [braɪ] M̄ ⟨-(e)s; -e⟩ papa(s) f(pl); bras a. mingau m; Gemüse: puré m
breit [braɪt] M̄ largo, amplo; Nase chato; **drei Meter ~** com três metros de largura; **~ schlagen** Nagel achatar; **~ treten** pisar
'breitbeinig ['braɪtbaɪnɪç] com as pernas abertas **'Breite** ['braɪtə] F̄ largura f, largo m; amplitude f; GEOG latitude f
'Breitengrad M̄ ⟨-(e)s; -e⟩ latitude f
'breitmachen V̄r sich ~ estender-se; fig a. divulgar-se **'breitschlagen** fig persuadir **'breitschult(e)rig** ['braɪtʃʊlt(ə)rɪç] de ombros largos **'Breitseite** F̄ ⟨o. pl⟩ SCHIFF costado m **'breitspurig** ['braɪtʃpu:rɪç] BAHN de via larga **'breittreten** fig não largar **'Breitwandfilm** M̄ filme m para ecran panorâmico (bras tela panorâmica)
'Bremen ['bre:mən] N̄ Brema m/f
'Bremsbelag ['brɛmsbəla:k] M̄ calço m (de travão, bras de freio)
'Bremse[1] ['brɛmzə] F̄ travão m; bras freio m
'Bremse[2] ['brɛmzə] F̄ ZOOL moscardo m
'bremsen ⟨-t⟩ travar; bras frear **Bremser** M̄ guarda-freio m **Bremsklotz** M̄ calço m de travão (bras de freio od breque) **Bremslicht** N̄ luz f de travão (bras de freio) **Bremspedal** N̄ pedal m do travão (bras do freio) **Bremsspur** F̄ rastos mpl de travagem (bras de freada od brecada) **Bremstrommel** F̄ tambor m do travão (bras freio od breque) **Bremsweg** M̄ percurso m de travagem (bras de freio od breque)
'brennbar ['brɛnba:r] combustível; inflamável
Brennelement N̄ barra f de combustível
'brennen ['brɛnən] A V̄t queimar; Branntwein destilar; CD gravar; **schwarz ~** esturrar; Kalk, Ziegel cozer; Kohlen fazer, carbonizar B V̄i (estar a) arder; (a. heizen) estar a queimar; pegar fogo; Licht estar aceso; Essen picar; fig **darauf ~ zu** (inf) estar morto por **'Brennen** ['brɛnən] N̄ ⟨-s⟩ ardor m; Porzellan: cozedura f
'brennend A ADJ ardente; fig a. palpitante B ADV **das interessiert mich ~** isso interessa-me muito
'Brenner M̄ CD, DVD: gravador m; Gas: bico m; Branntwein: destilador m

Brenne'rei [brɛnəˈraɪ] F̄ destilação f
Brennglas N̄ lente f ustória **Brennholz** N̄ ⟨-es; o. pl⟩ lenha f **Brennmaterial** N̄ combustível m, combustíveis mpl **Brennnessel** F̄ urtiga f **Brennpunkt** M̄ foco m **Brennspiritus** M̄ ⟨-; o. pl⟩ álcool m desnaturado **Brennstab** M̄ Kernenergie: barra f de combustível **Brennstoff** M̄ combustível m **Brennweite** F̄ FOTO distância f focal
'brenzlig ['brɛntslɪç] fig melindroso; perigoso; umg bicudo
'Bresche ['brɛʃə] F̄ MIL abertura f, brecha f; **e-e ~ schlagen** fazer od abrir uma brecha
Brett [brɛt] N̄ ⟨-(e)s; -er⟩ tábua f, prancha f; im Schrank: prateleira f; (Schachbrett) tabuleiro m; (Tablett) bandeja f; **Schwarzes ~** quadro m; **ein ~ vor dem Kopf haben** ser tapado, ser parvo **'Bretter** NPL Skisport: esquis mpl; THEAT palco m **'Bretterbude** F̄ barraca f de madeira **'Brettergerüst** N̄ andaime m **'Bretterwand** F̄ paliçada f; tabique m **'Brettspiel** N̄ jogo m de tabuleiro
Bre'vier [breˈviːr] N̄ ⟨-s; -e⟩ breviário m
'Breze(l) ['bre:tsə(l)] F̄ ⟨-; -n⟩, **Brezen** F̄ reg rosquilha f salgada
Brief [bri:f] M̄ ⟨-(e)s; -e⟩ carta f; epístola f; Börse: (Angebot) papel m; **'Briefbeschwerer** ['bri:fbəʃveːrər] M̄ pesa-papel m; bras peso m para papel **'Briefblock** M̄ ⟨-(e)s; ⁼e⟩ bloco m de papel de carta **'Briefbogen** M̄ ⟨-s; ⁼⟩ folha f (de papel de carta) **'Briefbombe** F̄ carta-bomba f
briefen V̄t fazer um briefing
'Briefgeheimnis N̄ segredo m postal **'Briefkasten** M̄ marco m (postal); privat: receptáculo m postal **'Briefkopf** M̄ timbre m **'brieflich** por carta **'Briefmarke** F̄ selo m postal; estampilha f **'Briefmarkensammler** M̄ filatelista m **'Brieföffner** ['bri:fˀœfnər] M̄ corta-papel m **'Briefpapier** N̄ ⟨-s; o. pl⟩ papel m de carta **'Briefpartner(in)** M̄(F̄) correspondente m/f **'Briefporto** N̄ ⟨-s; -s a. -ti⟩ franquia f **'Briefpost** F̄ ⟨o. pl⟩ correio m **'Briefschreiber(in)** M̄(F̄) autor(a) m(f) da carta; remetente m/f **'Brieftasche** F̄ carteira f **'Brieftaube** F̄ pombo-correio m **'Briefträger** M̄ carteiro m **'Brief-

umschlag M sobrescrito m, envelope m **'Briefverkehr** M correspondência f **'Briefwaage** F pesa-cartas m **'Briefwahl** F eleição f por carta; voto m por correspondência **'Briefwechsel** M correspondência f; **in ~ stehen mit** corresponder-se com

Bri'gade [bri'ga:də] F brigada f

Brigg [brɪk] F ⟨-; -s⟩ SCHIFF brigue m

Bri'kett [bri'kɛt] N ⟨-(e)s; -s od -e⟩ briquete m

bril'lant [brɪl'jant] ADJ brilhante **Brill'lant** [brɪl'jant] M ⟨-en⟩ brilhante m

'Brille [ˈbrɪlə] F óculos mpl

'Brillenfutteral N estojo m (od caixa f) de óculos **Brillengestell** N armações fpl **Brillenglas** N vidro m (od lente f) de óculos **Brillenschlange** F cobra f (de) capelo, naja f; fig caixa f de óculos **Brillenträger** M **~ sein** usar óculos

'bringen [ˈbrɪŋən] (herbringen) trazer; (hinbringen, wegbringen) levar; (begleiten) acompanhar; (einbringen) render, dar; (hervorbringen) produzir; *Opfer* fazer; (fertigbringen) conseguir; **es weit ~** chegar longe; **j-n dahin (od dazu) ~, dass (od zu** inf) conseguir que alg (subj); abalançar alg a; levar alg a; obrigar alg a; **j-n auf etw** (akk) **~** sugerir a/c a alg; **auf die Seite ~** desviar, pôr de lado; **es ~ auf** *70 Jahre* chegar à idade de ...; **in Erfahrung ~** conseguir saber; bras descobrir, ficar sabendo; **in Gang ~** pôr a trabalhar; **in Ordnung ~** arranjar; **mit sich ~** trazer consigo; fig a. implicar; **über sich ~** fig resolver-se; **j-n um etw ~** fazer perder a/c a alg; privar alg de a/c; **von der Stelle ~** (re)mover; fig adiantar; **j-n zum Lachen ~** fazer rir alg; **es zu etw ~** fazer fortuna, fazer carreira; chegar a ser alg

bri'sant [bri'zant] altamente explosivo (a. fig) **Bri'sanz** [bri'zants] F poder m explosivo (a. fig)

'Brise [ˈbriːzə] F brisa f, viração f

'Brite [ˈbriːtə] M ⟨-n⟩, **Britin** F britânico m, -a f **britisch** britânico

'bröck(e)lig [ˈbrœk(ə)lɪç] inconsistente; *Mauer* desmoronadiço; *Gestein* friável **bröckeln** ⟨-le⟩ desmoronar-se

'Brocken [ˈbrɔkən] M pedaço m; bocado m; (Krume) migalha f; naco m

'brodeln [ˈbroːdəln] VR ⟨-le⟩ borbulhar; fervilhar

'Brodeln [ˈbroːdəln] N efervescência f

Bro'kat [bro'kaːt] M ⟨-(e)s; -e⟩ brocado m

'Brokkoli [ˈbrɔkoli] M brócolos mpl

Brom [broːm] N ⟨-s; o. pl⟩ bromo m

'Brombeere [ˈbrɔmbeːrə] F amora f silvestre **Brombeerstrauch** M silveira f; amoreira

'Bromsäure [ˈbroːmzɔʏrə] F ⟨o. pl⟩ ácido m brómico (bras *ô)

Bronchi'alkatarrh [brɔnçi'aːlkatar] M bronquite f **'Bronchien** [ˈbrɔnçiən] FPL brônquios mpl **Bron'chitis** [brɔn'çiːtɪs] F ⟨-; -i'tiden⟩ bronquite f

'Bronze [ˈbrɔ̃ːsə] F bronze m **bronzefarben** bronzeado **'Bronzemedaille** F medalha f de bronze **bron'zieren** ⟨-⟩ bronzear

'Brosame [ˈbroːzaːmə] F migalha f

'Brosche [ˈbrɔʃə] F broche m **bro'schieren** ⟨-⟩ brochar **Bro'schüre** [bro'ʃyːrə] F brochura f; folheto m

Brot [broːt] N ⟨-(e)s; -e⟩ pão m; **sein ~ verdienen** ganhar a sua vida **'Brotaufstrich** M ⟨-(e)s; -e⟩ conduto m **'Brotbeutel** M saco m para o pão **'Brötchen** [ˈbrøːtçən] N pãozinho m; **belegtes ~** sanduíche f, sande f

'Broteinheit F teor m em glícidos; bras glicídios mpl **Broterwerb** M ⟨-(e)s; o. pl⟩ ganha-pão m **Brotfabrik** F panificação f **Brotfrucht** F; MATH fra(c)ção f ⟨-este⟩ sem pão; fig desempregado; *Kunst* improdutivo **Brotneid** M inveja f professional **Brotrinde** F côdea f (bras casca f) de pão **Brotschneidemaschine** F máquina f para cortar pão **Brotschnitte** F fatia f de pão **Brotteig** M massa f de pão **Brotzeit** F reg lanche m

'Browser [ˈbraʊzər] M IT navegador m

Bruch[1] [brux] M ⟨-(e)s; ⸚e⟩ rotura f; avaria f; GEOL fra(c)tura f; MED (Knochenbruch) fra(c)tura f; (Unterleibsbruch) hérnia f; *Papier*: dobra f; MATH fra(c)ção f; fig ruptura f; corte m; *e-s Vertrags*: violação f; (Steinbruch) canteira f, pedreira f; **in die Brüche gehen** fig partir-se; desfazer-se

Bruch[2] M/N ⟨-(e)s; ⸚e⟩ (Sumpf) sapal m

'Bruchband N ⟨-(e)s; ⸚er⟩ cinto m para hérnias; bragueiro m **'Bruchbude** F umg edifício m em ruínas; casa f imunda

'bruchfest inquebrável
'brüchig ['brʏçɪç] frágil, quebradiço
'Bruchrechnung F̲ cálculo m de fra(c)ções 'bruchsicher à prova de ruptura Bruchstück N̲ fragmento m Bruchteil M̲ fra(c)ção f; im ~ e-r Sekunde em menos de um segundo Bruchzahl F̲ fra(c)ção f
'Brücke ['brʏkə] F̲ ponte f; (Teppich) carpete m; e-e ~ schlagen lançar uma ponte
'Brückengeländer N̲ peitoril m, parapeito m Brückenkopf M̲ testa f de ponte Brückenwaage F̲ báscula f Brückenzoll M̲ portagem f; bras pedágio m
'Bruder ['bru:dər] M̲ ⟨-s; ⸚⟩ irmão m; umg mano m; (Klosterbruder) frade m; fig confrade m Bruderkrieg M̲ guerra f civil (od fratricida)
'brüderlich ['bry:dərlɪç] fraternal Brüderlichkeit F̲ ⟨o. pl⟩ fraternidade f
'Brudermord M̲ fratricídio m
'Brüderschaft ['bry:dərʃaft] F̲ irmandade f; REL a. congregação f, confraria f; ~ trinken confraternizar
'Brudervolk N̲ povo m irmão
'Brühe ['bry:ə] F̲ caldo m brühen escaldar brühwarm ⟨o. pl⟩ fig j-m etw ~ weitererzählen ir logo contar a/c a alg Brühwürfel M̲ cubo m de caldo
'brüllen ['brʏlən] V/I gritar; bramir; Kalb berrar, Kind a. chorar; Löwe rugir; Rind mugir; Stier bramar; fig a. berrar, vociferar
'Brummbär M̲ ⟨-en⟩, Brummbart M̲ resmungão m Brummbass M̲ bordão m, contrabaixo m brummeln ⟨-le⟩ murmurar entre (os) dentes brummen zunir; zumbir; zumbar; fig resmungar; umg (im Gefängnis sein) estar preso; in den Bart ~ murmurar entre (os) dentes Brummer M̲ ZOOL moscão m, vareja f; bras mosca f, varejeira f brummig resmungão
Brunch [branʃ] M̲ ⟨-(e)s, -s⟩ brunch m
brü'nett [bry'nɛt] moreno Brünette [bry'nɛtə] F̲ morena f
'Brunft F̲ ⟨-; ⸚e⟩, 'Brunftzeit F̲ brama f; cio m 'brunften ⟨-e-⟩ estar no cio
'Brunnen ['brʊnən] M̲ poço m; fonte f; MED termas fpl, águas fpl (medicinais); (Springbrunnen) repuxo m Brunnenbauer M̲ poceiro m Brunnenkresse F̲ agrião m Brunnenkur F̲ cura f de águas Brunnenwasser N̲ água f de pé (od de fonte)
Brunst F̲ ⟨-; ⸚e⟩ → Brunft
brüsk [brʏsk] brusco
'Brüssel ['brʏsəl] N̲ GEOG Bruxelas (o. art)
Brust [brʊst] F̲ ⟨-; ⸚e⟩ peito m; weiblich a.: seio(s) m(pl); fig alma f, coração m; die ~ geben (dat) dar o peito a, dar de mamar a; sich in die ~ werfen ufanar-se 'Brustbein N̲ ⟨-(e)s; o. pl⟩ esterno m 'Brustbild N̲ meio-corpo m; busto m 'Brustdrüse F̲ glândula f mamária
'brüsten ['brʏstən] ⟨-e-⟩ V/R sich ~ ufanar-se, vangloriar-se (mit de)
'Brustfell N̲ pleura f Brusthöhle F̲ cavidade f torácica, cavidade f do peito Brustkasten M̲, Brustkorb M̲ tórax m Brustkrebs M̲ ⟨-es; o. pl⟩ cancro m (bras câncer m) do seio Brustschwimmen N̲ ⟨-s; o. pl⟩ natação f de bruços; bras nado m de peito Bruststück N̲ peito m Brusttasche F̲ bolso m interior (od äußere sobre o peito) Brustumfang ⟨-(e)s; o. pl⟩ medida f do peito; MED perímetro m torácico
'Brüstung ['brʏstʊŋ] F̲ parapeito m
'Brustwarze F̲ bico m do peito; mamilo m Brustwehr F̲ MIL parapeito m Brustweite F̲ ⟨o. pl⟩ → medida f do peito
Brut [bru:t] F̲ ninhada f; Insekten, Würmer: sementes mpl; fig raça f; (Brüten) incubação f, choco m
bru'tal [bru'ta:l] brutal Brutali'tät [brutali'tɛ:t] F̲ brutalidade f; violência f
'brüten ['bry:tən] ⟨-e-⟩ (estar a) chocar; fig meditar, (andar a) cogitar (über dat em), cismar
'Brüter M̲ PHYS Schneller ~ rea(c)tor m de rápido enriquecimento
'Bruthenne F̲ galinha f choca Bruthitze F̲ ⟨o. pl⟩ calor m infernal Brutkasten M̲ MED incubadora f Brutreaktor M̲ rea(c)tor m sobre-regenerador Brutstätte F̲ lugar m para chocar; MED u. fig foco m
'brutto ['brʊto] bruto Bruttoeinkommen N̲ receitas fpl brutas, rendimento m bruto; (Gehalt) salário m bruto Bruttogewicht N̲ peso m bruto

Bruttoinlandsprodukt N produto m interno bruto **Bruttoregistertonne** F tonelada f de registo (bras registro) bruto **Bruttoverdienst** M ordenado m bruto

'**Brutzeit** F (tempo m de) incubação f

BSE [beː'ɛsˈʔeː] N ABK (bovine spongiforme Enzephalopathie) MED EEB f (encefalopatia espongiforme bovina)

Bub [buːp] M ⟨-n⟩ rapaz m, menino m; garoto m, maroto m '**Bube** [ˈbuːbə] M ⟨-n⟩ Spielkarte: valete m '**Bubenstreich** M velhacaria f, patifaria f

'**Bubikopf** [ˈbuːbikɔpf] M cabelo m cortado à pagem

Buch [buːx] N ⟨-(e)s, ¨er⟩ livro m; ~ **führen über** (akk) registar (bras registrar), escriturar; **wie ein ~ reden** falar como um livro aberto, falar que nem um missal '**Buchbinder** [ˈbuːxbɪndər] M encadernador m **Buchbinde'rei** [buːxbɪndəˈraɪ] F encadernação f '**Buchdeckel** M capa f

'**Buchdruck** M ⟨-(e)s; o. pl⟩ impressão f; tipografia f **Buchdrucker** M impressor m, tipógrafo m **Buchdrucke'rei** F imprensa f, tipografia f **Buchdruckerkunst** F ⟨o. pl⟩ arte f de imprimir, arte f da impressão

'**Buche** [ˈbuːxə] F faia f **Buchecker** [ˈbuːxʔɛkɐr] F ⟨-; -n⟩ fruto m da faia

'**Bucheinband** M encadernação f

'**buchen**[1] [ˈbuːxən] V/T assentar, registar; escriturar; lançar, fazer lançamento; Hotel, Reisen marcar; reservar

'**buchen**[2] adj de faia **Buchenwald** M faial m

'**Bücherbrett** N prateleira f **Bücherei** [byːçəˈraɪ] F biblioteca f **Bücherfreund** M bibliófilo m **Büchernarr** M ⟨-en⟩ bibliomaníaco m, bibliómano m (bras *ô) **Bücherregal** N estante f **Bücherschrank** M estante f **Bücherwand** F estante f **Bücherwurm** M traça f, fig bibliómano m (bras *ô)

'**Buchfink** M ⟨-en; -en⟩ tentilhão m: **Buchhalter(in)** M(F) guarda-livros m/f; contabilista m/f **Buchführung** F, **Buchhaltung** F contabilidade f, escrituração f mercantil; **einfache/doppelte ~** contabilidade f por partidas simples/dobradas **Buchhandel** M ⟨-s; o.

pl⟩ comércio m de livros **Buchhändler(in)** M(F) livreiro,-a m,f **Buchhandlung** F, **Buchladen** M livraria f '**Buchklub** M clube m do livro **Buchmesse** F feira f do livro **Buchprüfer** M verificador m de contabilidade **Buchrücken** M lombada f

'**Buchs** [bʊks] M ⟨-(e)s; -e⟩, '**Buchsbaum** M buxo m

'**Buchse** [ˈbʊksə] F TECH bucha f; ELEK conector m; tomada f

'**Büchse** [ˈbʏksə] F caixa f; (Blechbüchse) lata f; hist (Gewehr) espingarda f **Büchsen...** IN ZSSGN → Dosenfleisch etc

'**Buchstabe** [ˈbuːxʃtaːbə] M ⟨-n(s); -n⟩ letra f, cará(c)ter m; tipo m; **großer ~** maiúscula f, **kleiner ~** minúscula f **buchsta'bieren** [buːxʃtaˈbiːrən] ⟨-⟩ soletrar '**buchstäblich** [ˈbuːxʃtɛːplɪç] A ADJ literal B ADV à letra '**Buchstütze** F segura-livros m, suporte m para livros

Bucht [bʊxt] F baía f, golfo m; enseio m; bras enseada f

'**Buchumschlag** M capa f **Buchung** F escrituração f, registo m; bras registro m; Konto: lançamento m; Reise, Hotel: reserva(ção) f, marcação f **Buchweizen** M ⟨-s; o. pl⟩ trigo m sarraceno

'**Buckel** [ˈbʊkəl] M corcunda f, corcova f **buck(e)lig** corcovado

'**bücken** [ˈbʏkən] V/R **sich** ~ curvar-se, inclinar-se; abaixar-se **Bückling** M ⟨-s; -e⟩ **1** (Verbeugung) vénia f, cortesia f, mesura f; bras agachado m **2** ZOOL arenque m (de)fumado

'**Budapest** [ˈbuːdapɛst] N GEOG Budapeste (o. art)

'**buddeln** [ˈbʊdəln] umg ⟨-le⟩ cavar; Kinder brincar na areia

'**Bude** [ˈbuːdə] F quiosque m; (Marktbude) barraca f, tenda f; umg (Studentenbude) quarto m

Bu'dget [byˈdʒeː] N ⟨-s; -s⟩ orçamento m

Bü'fett [bʏˈfɛt, byˈfeː] N ⟨-(e)s; -e⟩ aparador m, bufete m; bras bufê m; **kaltes ~** buffet f frio

'**Büffel** [ˈbʏfəl] M búfalo m **Büffe'lei** [bʏfəˈlaɪ] umg F trabalho m estúpido '**büffeln** umg ⟨-le⟩ meter na cabeça, marrar

Bug [buːk] M ⟨-(e)s; -e⟩ SCHIFF proa f

'**Bügel** [ˈbyːɡəl] M arco m; asa f; (Brillen-

bügel) haste f; (Kleiderbügel) cruzeta f, cabide m; TECH braçadeira f; (Gewehrbügel) guarda-mato m; (Steigbügel) estribo m **Bügelbrett** N tábua f de engomar; bras tábua f de passar roupa **Bügeleisen** N ferro m (de engomar); bras ferro m de passar roupa **Bügelfalte** F dobra f **bügelfrei** que não precisa de ser engomado; bras sanforizado

'**bügeln** ⟨-le⟩ engomar; passar a ferro

bug'sieren [bug'zi:rən] V/T ⟨-⟩ SCHIFF rebocar; umg levar

'**Buhmann** ['bu:man] M espantalho m; estafermo m

'**Buhne** ['bu:nə] F SCHIFF quebra-mar m

'**Bühne** ['by:nə] F palco m, cena f; a. allg: teatro m; **über die ~ gehen** fig subir à cena (bras no palco); **auf die ~ bringen** pôr em cena

'**Bühnenanweisung** F rubrica f, nota f cénica (bras *ê) **Bühnenarbeiter** M operário m do palco **Bühnenbearbeitung** f ada(p)tação f cénica (bras *ê) **Bühnenbild** N cenário m, cena f **Bühnenbildner** M cenógrafo m **Bühnenmaler** M cenógrafo m **bühnenreif** espectacular, perfeito **Bühnenstück** N peça f de teatro **bühnenwirksam** de efeito cénico (bras *ê)

'**Buhrufe** ['bu:ru:fə] MPL assobios mpl; bras vaia f

Bukarest ['bukarɛst] N GEOG Bucareste (o. art)

Bu'kett [bu'kɛt] N ⟨-(e)s, -s, -e⟩ Blumen: ramalhete m; bras a. buquê m; Wein: aroma m

Bu'lette [bu'lɛtə] F umg almôndega f

Bul'gare [bʊl'gaːrə] M ⟨-n⟩ búlgaro m **Bulgarien** [bʊl'gaːrjən] N GEOG Bulgária f **Bulgarin** [bʊl'gaːrɪn] F búlgara f **bulgarisch** búlgaro, -a f, da Bulgária

Bulimie [buli'miː] F ⟨-; o. pl⟩ MED bolimia f

'**Bullauge** ['bʊlaugə] N ⟨-s; -n⟩ SCHIFF vigia f **Bulldogge** F buldogue m **Bulldozer** ['buldo:zər] M buldózer m

'**Bulle**[1] ['bʊlə] M ⟨-n⟩ ZOOL touro m; sl fig (Polizist) chui m

'**Bulle**[2] F REL bula f

'**Bummel** ['bʊməl] umg M passeio m **Bummelei** [bʊmə'lai] F vadiagem f; falta f de cuidado (od de pontualidade); demora f **bummelig** lento; demorado **bummeln** ⟨-le⟩ andar na pândega; atrasar-se; umg passear **Bummelstreik** M greve m do zelo **Bummelzug** M comboio m (bras trem m) misto, ónibus m (bras *ô)

'**Bummler** ['bʊmlər] M vadio m; (Straßenbummler) quebra-esquinas m; bras a. andarilho m

'**bumsen** ['bʊmzən] 1 umg (klopfen, prallen) chocar, bater (**gegen** contra) 2 vulg foder; bras a. trepar

Bund[1] [bʊnt] M/N ⟨-(e)s; -e⟩ 1 (Schlüsselbund) molho f m; bras maço m 2 Gemüse: molho m, feixe m

Bund[2] [bʊnt] M 1 (Vereinigung) POL união f; (co)liga(çã)o f; federação f; → Bundesstaat; **im ~e mit** aliado com, aliado de 2 umg BRD: (Bundeswehr) Exército m Federal; **er/sie ist beim ~** (macht seinen Wehrdienst) ele/ela está a cumprir o serviço militar; (arbeitet bei der Bundeswehr) ele/ela está na tropa

Bund[3] [bʊnt] M (Hosenbund, Rockbund) cinta f; bras a. cós m

'**Bündchen** ['byntçən] N am Ärmel: punho m

'**Bündel** ['bʏndəl] N feixe m; trouxa f; embrulho m; Banknoten: maço m; **sein ~ schnüren** fig fazer a trouxa **bündeln** ⟨-le⟩ embrulhar

'**Bundesarbeitsgericht** ['bʊndəsarbaitsgərɪçt] N ⟨-(e)s; o. pl⟩ Tribunal m Federal de Trabalho **Bundesbank** F ⟨o. pl⟩ Banco m Federal **Bundesbehörde** F autoridade f federal **Bundesgebiet** N ⟨-(e)s; o. pl⟩ território m federal **Bundesgenosse** M ⟨-n⟩ aliado m **Bundesgesetzblatt** N diário m do governo federal **Bundeskanzler(in)** M(F) chanceler(a) m(f) federal **Bundeskanzleramt** N ⟨-(e)s; o. pl⟩ chancelaria f federal **Bundeslade** F ⟨o. pl⟩ REL Arca f da Aliança **Bundesland** N ⟨-(e)s; ⸚er⟩ Estado m federado **Bundesliga** F ⟨-; -gen⟩ SPORT divisão f federal; primeira divisão; bras seleção f nacional **Bundesminister(in)** M(F) ministro m, -a f federal **Bundesministerium** N ⟨-s; -rien⟩ ministério m federal **Bundespräsident(in)** M(F) ⟨-en⟩ Presidente m, -a f da República Federal **Bundesrat** M ⟨-(e)s; o. pl⟩ conselho m federal **Bundesregierung** F governo m federal **Bundesrepublik** F̲ ~ **Deutschland** República f Federal da Alemanha **Bundesstaat** M̲ ⟨-(e)s; -en⟩ confederação f, Estado m confederado **Bundestag** M̲ ⟨-(e)s; o. pl⟩ Parlamento m Federal; Dieta f Federal; Congresso m **Bundesverfassungsgericht** N̲ ⟨-(e)s; o. pl⟩ Tribunal m Constitucional da República Federal **Bundeswehr** F̲ ⟨o. pl⟩ Exército m Federal; **zur ~ gehen** ir para a tropa

'**Bundfaltenhose** F̲ calças fpl de pregas

'**bündig** ['bʏndɪç] terminante, concludente; (knapp) conciso; **kurz und ~** sem rodeios **Bündigkeit** F̲ ⟨o. pl⟩ concisão f

'**Bündnis** ['bʏntnɪs] N̲ ⟨-ses; -se⟩ aliança f, liga f; pacto m **Bündnis 90/Die Grünen** BRD: Coligação de 90/Os Verdes (partido ecológico alemão)

'**Bungalow** ['bʊŋɡalo:] M̲ ⟨-s; -s⟩ bungalow m; bras bangaló m

'**Bungee-Jumping** ['bandʒidʒampɪŋ] N̲ ⟨-s⟩, **Bungeespringen** N̲ ⟨-s⟩ bungee jumping m

'**Bunker** ['bʊŋkɐ] M̲ MIL fortim m; **zum Schutz**: abrigo m **bunkern** ⟨-re⟩ carregar carvão

'**Bunsenbrenner** ['bʊnzənbrɛnɐ] M̲ bico m de Bunsen

bunt variegado; multicolor, policromo; garrido; **~er Abend** m sarau m; **~es Durcheinander** n grande confusão f; **das wird mir zu ~** é demais

'**Buntdruck** M̲ ⟨-(e)s; -e⟩ cromotipografia f, impressão f em várias cores, ofset m **Buntmetall** N̲ metal m não ferroso **Buntsandstein** M̲ arenito m variegado **Buntstift** M̲ lápis m de cor

'**Bürde** ['bʏrdə] F̲ carga f, fardo m

Burg [bʊrk] F̲ castelo m

'**Bürge** ['bʏrɡə] M̲ ⟨-n⟩ fiador m; abonador m; garante m **bürgen** responder, responsabilizar-se (**für** por); abonar; afiançar

'**Bürger** ['bʏrɡɐ] M̲ burguês m; POL cidadão m **Bürgerin** F̲ burguesa f; POL cidadã f **Bürgerinitiative** F̲ a(c)ção f (od movimento m) popular **Bürgerkrieg** M̲ guerra f civil **bürgerlich** civil (a. JUR); burguês **Bürgermeister(in)** M̲(F̲) BRD: burgomestre m, -a f;

presidente m, -a f do município (od da Câmara Municipal); bras prefeito m, -a f **Bürgerrecht** N̲ direito m do cidadão; bras cidadania f; **das ~ verleihen/erwerben** naturalizar/naturalizar-se **Bürgerschaft** F̲ município m, municipalidade f **Bürgersteig** M̲ ⟨-(e)s; -e⟩ passeio m; bras calçada f **Bürgertum** N̲ ⟨-(e)s; o. pl⟩ burguesia f; classe f média **Bürgerwehr** F̲ milícia f; guarda f nacional

'**Burgfriede** M̲ ⟨-ns; o. pl⟩ trégua f **Burggraben** M̲ fosso m **Burgherr** M̲ senhor m do castelo, castelão m **Burgherrin** F̲ castelã f

'**Bürgschaft** ['bʏrkʃaft] F̲ fiança f, garantia f (**für** por); **e-e ~ leisten** dar, prestar garantia (od fiança)

Bur'gunder [bʊr'ɡʊndɐ] M̲ Wein: borgonha m **burgundisch** borgonhês, de Borgonha

bur'lesk [bʊr'lɛsk] burlesco **Burleske** [bʊr'lɛska] F̲ farsa f, burleta f

'**Burma** ['bʊrma] N̲ GEOG Birmânia f

Bü'ro [by'ro:] N̲ ⟨-s; -s⟩ escritório m **Büroangestellte(r)** M̲/F̲(M̲) empregado m, -a f de escritório **Bürobedarf** M̲ ⟨-(e)s; o. pl⟩ artigos mpl de escritório **Bürokauffrau** F̲, **Bürokaufmann** M̲ empregada f, -o m de escritório **Büroklammer** F̲ gancho m; clipe m

Büro'krat(in) [byro'kra:t(ɪn)] M̲(F̲) ⟨-en⟩ burocrata m/f **Bürokra'tie** [byrokra'tiː] F̲ burocracia f **büro'kratisch** burocrático

Bü'rostunden F̲P̲L̲ horas fpl de serviço

'**Bursche** ['bʊrʃə] M̲ ⟨-n⟩ rapaz m, moço m **Burschenschaft** F̲ hist liga f patriótica dos estudantes alemães **Burschenschaftler** M̲ membro m duma liga patriótica de estudantes alemães **burschi'kos** [bʊrʃi'koːs] arrapazado

'**Bürste** ['bʏrstə] F̲ escova f

'**bürsten** ⟨-e-⟩ escovar

'**Bürzel** ['bʏrtsəl] M̲ ZOOL rabadilha f

Bus [bʊs] M̲ ⟨-ses; -se⟩ autocarro m, camioneta f; bras ônibus m

Busch [bʊʃ] M̲ ⟨-(e)s; ⸚e⟩ arbusto m; (Gebüsch) bosque m, moita f; (Gestrüpp) brenha(s) f(pl); (Urwald) selva f; **auf den ~ klopfen** fig tentar o vau, examinar, estudar o terreno

'**Büschel** ['bʏʃəl] N̲ crista f, tufo m; pe-

> **Unterwegs mit dem Bus**

Eine beliebte Alternative zu Bahn und Auto in Portugal und Brasilien sind die Überlandbusse. In Portugal verbinden sie täglich Porto, Lissabon und Faro und fahren zudem zahlreiche Großstädte in Europa an.
Fragen Sie nach dem Busbahnhof, **Estação de Autocarros** bzw. in Brasilien nach der **Estação Rodoviária**, und reservieren Sie Ihren Platz möglichst im Voraus, denn dieses Verkehrsmittel ist zuverlässig und wird gerne und viel von den Einheimischen in Anspruch genommen.

nacho m, molho m; *bras a.* punhado m
'buschig ['buʃɪç] espesso; *Haar* tufado
'Buschmesser N̄ machete m **'Buschwerk** N̄ ⟨-(e)s; *o. pl*⟩ moita f
'Busen ['buːzən] M̄ peito m; colo m; *poet* seio m; *fig* coração f **Busenfreund** M̄ amigo m íntimo; *bras* amigo m do peito
'Bushaltestelle ['bʊshaltəʃtɛlə] F̄ paragem f de autocarro; *bras* parada f (*od* ponto m) de ônibus
'Businessclass ['bɪznɪsklaːs] F̄ ⟨-⟩ FLUG business class f
'Bussard ['bʊsart] M̄ ⟨-(e)s; -e⟩ busardo m
'Buße ['buːsə] F̄ REL penitência f; JUR (*Geldbuße*) multa f
'büßen ['byːsən] ⟨-ßt⟩ (**für**) *etw* ~ expiar a/c, ser castigado por a/c; REL fazer penitência de a/c; **das soll er mir ~!** há-de pagar-mas; *bras* ele há de me pagar **Büßer(in)** M̄/F̄ penitente m/f
'bußfertig ['buːsfɛrtɪç] REL penitente, arrependido **Bußgeld** N̄ multa f **Bußund 'Bettag** [buːs?ʊnt'beːtaːk] M̄ REL dia m da penitência
'Büste ['bʏstə] F̄ busto m **Büstenhalter** ['bʏstənhaltɐ] M̄ soutien m; *bras* sutiã m
Bustier [bʏs'tjeː] N̄ ⟨-s; -s⟩ bustier m
'Busverbindung F̄ ligação f rodoviária
'Büttenpapier ['bʏtənpapiːr] N̄ papel m farpado
'Butter ['bʊtɐ] F̄ ⟨*o. pl*⟩ manteiga f; **alles in ~** *umg* vai tudo pelo melhor, vai tudo de vento em popa **Butterblume** F̄ taraxo m; dente-de-leão m **Butterbrot** N̄ pão m com manteiga **Butterbrotpapier** N̄ papel m vegetal **Butterdose** F̄ manteigueira f **Butterfass** N̄ batedeira f **Butterkäse** M̄ queijo m amanteigado **Buttermilch** F̄ ⟨*o. pl*⟩ soro m de manteiga
'Button ['bʌtən] M̄ ⟨-s; -s⟩ botão m
'Butzenscheibe ['bʊtsənʃaɪbə] F̄ vidro m redondo com caixilho de chumbo
b.w. ABK (*bitte wenden*) p.f.v. (*por favor volte*)
'Bypass ['baɪpas] M̄ ⟨-; ¨-e⟩ MED curto-circuito m, by-pass m
Byte [baɪt] N̄ ⟨-s; -s⟩ byte m
BZ'Ö [beːtsɛt'?øː] N̄ ABK ⟨-⟩ (*Bündnis Zukunft Österreich*) *österr Partei:* Coligação f Futuro da Áustria (*partido político austríaco*)
bzw. ABK (*beziehungsweise*) respectivamente, ou então

C

C, c [tseː] N̄ *inv* C, c m; MUS dó m; **hohes ~** C agudo; *am Wortanfang a.* k..., K..., z..., Z...
ca. ABK (*circa, zirka*) cerca de, aproximadamente
'Cabrio ['kaːbrio] N̄ ⟨-s; -s⟩, **Cabrio'let** [kabrioˈleː] N̄ ⟨-s; -s⟩ cabriolé m; *bras* automóvel m conversível
Ca'fé [kaˈfeː] N̄ ⟨-s; -s⟩ (*Lokal*) café m **Cafe'teria** [kafeteˈriːa] F̄ ⟨-; -s⟩ (*Lokal*) cafetaria f
'Call-by-Call N̄, **Call-Abrechnung** F̄ TEL factura f call-by-call **'Callcenter** ['kɔːlsɛntɐ] N̄ ⟨-s; -⟩ call center m; serviço m de atendimento telefónico **'Callgirl** N̄ call girl f
'campen ['kɛmpən] acampar; fazer campismo **Camper(in)** M̄/F̄ campista m/f
'Camping ['kɛmpɪŋ] N̄ ⟨-s; *o. pl*⟩ campismo m; *bras* camping m, acampamento m **Campingbus** M̄ (auto)caravana f **Campingplatz** M̄ parque m de campismo; *bras* acampamento

'cancelnn ['kɛnsəln] _VT_ ⟨-ele⟩ (absagen, nicht stattfinden lassen) cancelar; anular

'Candle-Light-'Dinner ['kɛndləlaıt'dınər] _N_ ⟨-s; -⟩ jantar _m_ à luz das velas

'Can'nabis [ka'nabıs] _N_ ⟨-; o. pl⟩ Pflanze, Droge: canábis _f_

Cape [ke:p] _N_ ⟨-s; -s⟩ capa _f_

Cappuc'cino [kapu'tʃi:no] _M_ ⟨-s; -s⟩ cappuccino _m_

'**Capri'hose** ['ka:priho:zə] _F_ calças _fpl_ capri

Cara'van [kara'va:n, 'ka:ravan] _M_ ⟨-s; -s⟩ caravana _f_; (Kombiwagen) carrinha _f_ mista; bras caminhonete _f_; (Wohnwagen) roulotte _f_; bras trailer _m_

'**Cargo** ['kargo] _N_ ⟨-s; -s⟩ carga _f_

'**Carport** ['ka:rpo:rt] _M_ ⟨-s; -s⟩ carport _m_

Car'toon [kar'tu:n] _M_ ⟨-s; -s⟩ in e-r Zeitung: caricatura _f_; Gattung: banda _f_ desenhada; bras cartune _m_, cartum _m_

'**Carvingski** ['karvıŋʃi:] _M_ ⟨-s; -s⟩ ski _m_ carving

Cash [kɛʃ] _N_ umg (Bargeld) cash _m_, dinheiro _m_; **~ bezahlen** pagar a dinheiro

'**Cashewnuss** ['kaʃunʊs] _F_ castanha _f_ de caju

'**Cäsium** ['tse:zıʊm] _N_ ⟨-s; o. pl⟩ césio _m_

'**Casting** ['ka:stıŋ] _N_ ⟨-s; -s⟩ casting _m_; audição _f_, selecção _f_ **Castingagentur** _F_ agência _f_ de modelos (od de casting) **Castingshow** _F_ programa _m_ de casting

'**Catering** [ke:tərıŋ] _N_ ⟨-s; -s⟩ catering _m_ **Cateringservice** _M_ serviço _m_ de catering

C'D [tse:'de:] _F ABK_ ⟨-; -s⟩ CD _m_ **CD-Brenner** _M_ gravador _m_ de CD **CD-Laufwerk** _N_ unidade _f_ de CD **CD-Player** [tse:'de:pleːər] _M_ ⟨-s; -⟩ leitor _m_ de CD **CD-Regal** _N_ estante _f_ para CDs **CD-ROM** [tse:de:'rɔm] _F_ ⟨-; -s⟩ CD-Rom _m_; **auf ~** em CD-Rom **CD-Spieler** _M_ leitor _m_ de CD-Rom

CD'U [tse:de:'ʔu:] _F ABK_ ⟨-⟩ (Christlich-Demokratische Union) União _f_ Democrata Cristã

C-Dur _N_ ⟨-; o. pl⟩ dó _m_ maior

C'D-Wechsler _M_ leitor _m_ múltiplo de CDs

Cel'list(in) [tʃɛ'lıst(ın)] _M(F)_ ⟨-en⟩ violoncelista _m/f_ '**Cello** ['tʃɛlo] _N_ ⟨-s; -s od Celli⟩ violoncelo _m_

Cellophan® [tsɛlo'fa:n] _N_ ⟨-s; o. pl⟩ celofane _m_

Cellulite [tsɛlu'li:tə] _F_ ⟨-; o. pl⟩, **Cellulitis** [tsɛlu'li:tıs] _F_ ⟨-; o. pl⟩ celulite _f_

'**Celsius** ['tsɛlzıʊs] _N_ **Grad** _M_ **~ grau** _m_ centígrado

'**Cembalo** ['tʃɛmbalo] _N_ ⟨-s; -s⟩ cravo _m_

Cent [(t)sɛnt] _M_ ⟨-(s); -(s)⟩ (Eurocent) cêntimo _m_

Center ['sɛntər] _N_ ⟨-s; -⟩ centro _m_

Cere'alien [tsere'a:liən] _FPL_ cereais _fpl_ **ces** [tsɛs] _N_ MUS inv dó-bemol _m_

CH [tse:'ha:] _F ABK_ ⟨-⟩ (Confoederatio Helvetica) Confederação _f_ Helvética

Cha'mäleon [ka'mɛ:leɔn] _N_ ⟨-s; -s⟩ camaleão _m_

Cham'pagner [ʃam'panjər] _M_ champanhe _m_

'**Champignon** ['ʃampınjɔn] _M_ ⟨-s; -s⟩ champignon _m_; cogumelo _m_

'**Champion** ['tʃɛmpian] _M_ ⟨-s; -s⟩ SPORT campeão '**Champions League** ['tʃɛmpiənsli:k] _F_ ⟨-⟩ Fußball: Liga _f_ dos Campeões

Chance ['ʃã:sə, 'ʃãs(ə)] _F_ oportunidade _f_; possibilidade _f_; **keine Chance haben** não ter possibilidade; **bei j-m ~n haben** agradar a alg **Chancengleichheit** _F_ igualdade _f_ de oportunidades (od possibilidades)

'**Chanson** [ʃã'sõ:] _N_ ⟨-s; -s⟩ canção _f_

'**Chaos** ['ka:ɔs] _N_ ⟨-; o. pl⟩ caos _m_ **Cha'ot(in)** [ka'o:t(ın)] _M(F)_ ⟨-en; -en⟩ pessoa _f_ caótica **cha'otisch** [ka'o:tıʃ] caótico

Cha'rakter [ka'raktar] _M_ ⟨-s; -e [-'te:rə]⟩ cará(c)ter _m_, índole _f_; (Rang) categoria _f_ **Charakterbild** _N_ retrato _m_ moral, perfil _m_ moral **Charaktereigenschaft** _F_ traço _m_ de cará(c)ter **charakterfest** íntegro **Charakterfestigkeit** _F_ ⟨o. pl⟩ integridade _f_ (moral) **charakteri'sieren** [çarakteri'zi:rən] cara(c)terizar **charakte'ristisch** cara(c)terístico

cha'rakterlos ⟨-este⟩ sem cará(c)ter **Charakterlosigkeit** [ka'raktarlo:zıçkaıt] _F_ ⟨o. pl⟩ falta _f_ de cará(c)ter **Charakterschwäche** _F_ fraqueza _f_ de cará(c)ter **Charakterstärke** _F_ firmeza _f_ de cará(c)ter **Charakterzug** _M_ feição _f_, feitio _m_

'**Charisma** ['ça:rısma] _N_ ⟨-s; o. pl⟩ carisma _m_

char'mant [ʃar'mant] que tem charme;

encantador; *bras a.* charmoso
'**Charme** [ʃarm] M ⟨-s; *o. pl*⟩ charme *m*; encanto *m*; **~ haben** ter charme
'**Charterflug** ['tʃartɐfluːk] M voo *m* (*bras* *ô) charter **Chartermaschine** F avião *m* charter '**chartern** ['tʃartɐn] ⟨-re⟩ fretar
Charts [tʃaːrts] PL MUS charts *mpl*; lista *f* de hits
'**Chassis** [ʃa'si] F ⟨-; -⟩ chassi *m*
Chat [tʃɛt] M ⟨-s; -s⟩ INTERNET chat *m*; conversa *f* **Chatroom** ['tʃɛtruːm] M sala *f* de conversa *od* chat **chatten** VI conversar (*numa sala de chat*)
Chauffeur [ʃɔ'føːr] M ⟨-s; -e⟩ motorista *m*; *bras* chofer *m*
Chaussee [ʃɔ'seː] F estrada *f*
'**Chauvi** ['ʃoːvi] M *umg* → Chauvinist
Chauvinismus [ʃoviˈnɪsmʊs] M ⟨-; -nismen⟩ chauvinismo *m* **Chauvinist** M ⟨-en⟩ chauvinista *m*; (*Sexist*) machista *m* **chauvinistisch** chauvinista; (*sexistisch*) machista
Check [tʃɛk] M ⟨-s; -s⟩ (*Überprüfung*) *bes* MED exame *m* **checken** V/T (*kontrollieren*) MED examinar; controlar; *umg* (*begreifen*) pescar **Check-in** ['tʃɛkʔɪn] N ⟨-s; -s⟩ FLUG check in *m* '**Checkliste** ['tʃɛkˌlɪstə] F check list *f*; FLUG lista *f* de passageiros: '**Check-up** ['tʃɛkʔap] M ⟨-s; -s⟩ MED exame *m* de rotina
Chef [ʃɛf] M ⟨-s; -s⟩, '**Chefin** F chefe *m*/*f*; dire(c)tor(a) *m*(*f*); patrão *m*, -oa *f* '**Chefarzt** M, **Chefärztin** F médico *m* chefe '**Chefin** F → Chef '**Chefredakteur(in)** M(F) reda(c)tor(a)-chefe *m*(*f*), chefe *m*/*f* da reda(c)ção '**Chefsache** F **das ist ~** isso é assunto a ser decidido pela dire(c)ção; **etw zur ~ erklären** dar prioridade máxima a a/c '**Chefsekretärin** F secretária *f* de dire(c)ção '**Chefsessel** M posição *f* (*od* cargo *m*) de chefia
Chemie [çeˈmiː] F ⟨-; *o. pl*⟩ química *f* **Chemiefaser** F fibra *f* sintética **Chemieindustrie** F industria *f* química
Chemikalien [çemiˈkaːliən] FPL produtos *mpl* químicos
'**Chemiker(in)** ['çeːmikɐ(ɪn)] M(F) químico *m*, -a *f* **chemisch** químico; **~e Fabrik** *f* fábrica *f* de produtos químicos; **~e Reinigung** *f* limpeza *f* a seco; **etw ~ untersuchen** fazer a análise química de a/c

Chemotherapie [çemotera'piː] F ⟨*o. pl*⟩ MED quimioterapia *f*
'**Chicorée** ['ʃikore] M/F ⟨-s; -s⟩ chicória *f*; endiva *f*, endívia *f*
'**Chiffre** ['ʃɪfrə] F cifra *f* **Chiffreanzeige** F anúncio *m* com resposta a apartado **chiffrieren** ⟨-⟩ cifrar **chiffriert** ADJ em código
'**Chile** ['tʃiːlə] N GEOG Chile *m* **Chilene** [tʃi'leːnə] M ⟨-n⟩, **Chilenin** F chileno *m*, -a *f* **chi'lenisch** chileno, do Chile
'**chillen** *jugendspr* (*herumhängen*) tchilar
'**China** ['çiːna] N GEOG China *f* **Chinese** [çi'neːzə] M ⟨-n⟩, **Chinesin** F chinês *m*, -esa *f* **chi'nesisch** chinês, da China
Chi'nin [çi'niːn] N ⟨-s; *o. pl*⟩ MED quinina *f*; *bras* quinino *m*
Chi'rurg [çi'rʊrk] M ⟨-en⟩ cirurgião *m* **Chirurgie** [çirʊr'giː] F ⟨*o. pl*⟩ cirurgia *f*; **plastische ~** cirurgia *f* estética **Chi'rurgin** [çi'rʊrgɪn] F cirurgia *f* **chi'rurgisch** cirúrgico; de cirurgia
Chlor [kloːr] N ⟨-s; *o. pl*⟩ cloro *m* **chloren** clorar **chlorfrei** sem cloro **Chlorgas** N gás *m* cloro **Chlorid** N ⟨-s, -e⟩ cloreto *m* **chlo'rieren** ⟨-⟩ clorar
Chloroform [kloro'fɔrm] N ⟨-s; *o. pl*⟩ clorofórmio *m* **Chlorophyll** [kloro'fyl] N ⟨-s; *o. pl*⟩ clorofila *f*
Choke [tʃoːk] M ⟨-s; -s⟩ AUTO reactor *m*
'**Cholera** ['koːlara] F ⟨*o. pl*⟩ cólera *f* **cholerakrank** ⟨*o. pl*⟩ com cólera
Cho'leriker(in) [ko'leːrɪkɐ(ɪn)] M(F) colérico *m*, -a *f* **cho'lerisch** colérico
Choleste'rin [kolɛstɛ'riːn] N ⟨-s; *o. pl*⟩ MED colesterina *f*, colesterol *m* **cholesterinfrei** ADJ sem colesterol **Cholesterinspiegel** M percentagem *f* de colesterina
Chor [koːr] M ⟨-(e)s, ⁝e⟩ coro *m* **Cho'ral** [koˈraːl] M ⟨-s; ⁝e⟩ canto *m*, coral *m* **Choreografie** [koreogra'fiː] F coreografia *f*
'**Chorgestühl** N ⟨-s; -e⟩ cadeiras *fpl* de coro **Cho'rist(in)** M(F) ⟨-en⟩, '**Chor-**

sänger(in) M/F corista m/f
Christ [krɪst] M ⟨-en⟩ 1 REL cristão m 2 → Christus **'Christbaum** M árvore f de Natal **'Christenheit** F ⟨o. pl⟩ Cristandade f **'Christentum** N ⟨-(e)s; o. pl⟩ cristianismo m **'Christfest** N ⟨-(e)s; o. pl⟩ (festa f de) Natal m **christiani'sieren** [krɪstiani'ziːrən] ⟨-⟩ cristianizar **Christin** F cristã f **'Christkind** N ⟨-(e)s; o. pl⟩ menino m Jesus **'christlich** cristão m **Christmette** F missa f do galo
'Christus ['krɪstʊs] M ⟨-; o. pl⟩ Cristo m **Christusfigur** F estátua f (od figura f) de Cristo
Chrom [kroːm] N ⟨-s; o. pl⟩ cromo m, crómio m (bras *ô)
chro'matisch [kro'maːtɪʃ] cromático
Chromo'som [kromo'zoːm] N ⟨-s; -en⟩ cromosoma m
'Chronik ['kroːnɪk] F crónica f (bras *ô)
'chronisch crónico (bras *ô) **Chro'nist(in)** [kro'nɪst(ɪn)] M/F ⟨-en⟩ cronista m/f **Chronolo'gie** [kronolo'giː] F cronologia f **chrono'logisch** cronológico **Chrono'meter** N cronómetro m (bras *ô)
Chrysan'theme [krysan'teːmə] F crisântemo m
'circa ['tsɪrka] ADV aprox. (aproximadamente), cerca de
cis [tsɪs] N MUS inv dó m sostenido
'City ['sɪti] F ⟨-; -s⟩ (centro m da) cidade
cl ABK (Zentiliter) cl (centilitro)
clean [kliːn] ADJ ⟨inv⟩ umg clean
'Clementine [klemɛn'tiːnə] F ⟨-; -n⟩ clementina f
'clever ['klɛvɐ] ADJ umg espertalhão
Cliché N → Klischee
'Client ['klaɪənt] M IT cliente m
Clip [klɪp] M ⟨-s; -s⟩ (Videoclip) clip m; (Ohrring) brinco m de mola (bras de pressão)
'Clique ['klɪkə] F grupo m; malta f; cambada f; bras turma f **Cliquenwirtschaft** F compadrio m; nepotismo m
Clogs [klɔks] MPL (Holzschuhe) socos mpl, tamancos mpl
Clou [kluː] M ponto m principal; coroação f; atra(c)ção f principal; bras clou m
Clown [klaʊn] M ⟨-s; -s⟩ palhaço m
Club [klʊp] M ⟨-s; -s⟩ SPORT etc clube m, associação f

cm ABK (Zentimeter) cm (centímetro)
c-'Moll N ⟨-; o. pl⟩ dó m minor
Co. ABK (Compagnie, Kompanie) Cia. (companhia)
Coach [koːtʃ] M SPORT treinador m, -a f pessoal; Arbeitswelt: coach m/f, consultor m, -a f **'Coaching** ['koːtʃɪŋ] N coaching m
'Cockpit ['kɔkpɪt] N ⟨-s; -s⟩ carlinga f
Cocktail ['kɔktɛl] M ⟨-s; -s⟩ coquetel m **Cocktailparty** F cocktail m, beberete m **Cocktailtomate** F tomate m cereja
Code [koːt] M ⟨-s; -s⟩ código m; chave f
'Cognac® ['kɔnjak] M ⟨-s; -s⟩ conhaque m
'Cola ['koːla] F ⟨-; -s⟩, N ⟨-s; -s⟩ (coca) cola f
Collage [ko'laːʒə] F colagem f
'Come-back ['kambɛk] N ⟨-s; -s⟩ retorno m
'Comic ['kɔmɪk] M ⟨-s; -s⟩ banda f desenhada; bras história f em quadrinhos
'Coming-out ['kamɪŋaʊt] N ⟨-s; -s⟩ coming-out m
Compact Disk [kɔm'pɛkt'dɪsk] F ⟨-; -s⟩ disco m compacto, CD m
Com'puter [kɔm'pjuːtɐ] M ⟨-s; -⟩ computador m; **am ~ arbeiten** trabalhar ao computador **Computeranimation** F animação f computadorizada **Computerarbeitsplatz** M posto m de trabalho ao computador **Computerbranche** F ramo m informático **Computerfehler** M erro m informático **computergesteuert** controlado (od comandado) por computador **computergestützt** assistido em computador **Computergrafik** F gráfica f para computador
computeri'sieren ⟨-⟩ computadorizar **Com'puterkriminalität** F criminalidade f informática **Computerprogramm** N programa m de computador **Computerspiel** N jogo m de computador **Computertisch** M mesa f de computador **Computertomografie** F tomografia f computadorizada **computerunterstützt** assistido em computador **Computervirus** M vírus m informático
Consulting'firma [kɔn'saltɪŋfɪrma] F

empresa f de consultadoria
Con'tainer [kɔn'teːnar] M ⟨-s; -⟩ contentor m; bras container m **Containerbahnhof** M estação f de mercadorias **Containerhafen** M porto m comercial **Containerschiff** N navio m porta-contentores **Containerterminal** N terminal m de contentores
Controller [kɔnt'roːlər] M ⟨-s; -⟩, **Con'trollerin** F ⟨-; -nen⟩ controller m/f (contabilista e supervisor financeiro de uma empresa) **Controlling** N ⟨-s; -s⟩ WIRTSCH controlling m (contabilidade e supervisão financeira de uma empresa)
cool [kuːl] ADJ & ADV umg (super, lässig) port baril, porreiro, fixe; bras legal
'Copilot(in) M(F) ⟨-en⟩ co-piloto m, -a f
'Copyright ['kɔpirait] N ⟨-s; -s⟩ direitos mpl de autor **Copyshop** ['kɔpiʃɔp] M ⟨-s; -s⟩ loja f de fotocópias; bras (foto)copiadora f
Cord [kɔrt] M ⟨-(e)s; -e a. -s⟩ veludo m cotelê
Cornflakes ['kɔrnfleːks] PL corn flakes mpl
Costa Rica [kɔsta'riːka] N GEOG Costa Rica f **Costa-Ricaner(in)** M(F) costa-riquenho(a) m(f) **costa-ricanisch** costa-riquenho
Couch [kautʃ] F ⟨-; -s, a. -en⟩ sofa m, divã m; (Schlafcouch) sofá-cama m **'Couchgarnitur** F jogo m de um sofá e duas poltronas; bras jogo m de estofados **Couchtisch** M mesa f baixa, mesa f de sofá
'Count'down [kaunt'daun] M od N ⟨-s; -s⟩ retrocontagem f
Coup [kuː] M ⟨-s; -s⟩ golpe m
Cou'pé [ku'peː] N ⟨-s; -s⟩ compartimento m; AUTO cupé m
Cou'pon [ku'põː] M ⟨-s; -s⟩ recibo m; talão m; senha f, cupão m
Cou'rage [ku'raːʒə] F ⟨-; o. pl⟩ coragem f; intrepidez f; bravura f
Court [kɔːrt] M ⟨-s; -s⟩ Tennis: court m; campo m
Courtage [kur'taːʒə] F corretagem f
Cou'sin [ku'zɛ̃ː] M ⟨-s; -s⟩ primo m **Cou'sine** [ku'ziːnə] F prima f
'Cover ['kavər] N ⟨-s; -s⟩ e-r CD, Zeitschrift: capa f; Artikel, Nachricht: manchete m

'Cowboy ['kaubɔy] M ⟨-s; -s⟩ vaqueiro m; cowboy m
Crack[1] [krɛk] M ⟨-s; -s⟩ umg SPORT, IT às m/f; bras craque m
Crack[2] [krɛk] N ⟨-s; o. pl⟩ Droge: crack m
Crash [krɛʃ] M ⟨-s; -s⟩ crache m **Crashkurs** M curso m intensivo **Crashtest** M teste m de impacto
Creme [krɛːm] F ⟨-; -s⟩ GASTR, (Salbe) creme m **'cremefarben** creme **'Cremetorte** F torta f de creme; torta de natas **'cremig** cremoso
Crêpe[1] [krɛp] M ⟨-s; -s⟩ Stoff → Krepp
Crêpe[2] [krɛp] F ⟨-; -s⟩ GASTR crepe m
Crew [kruː] F ⟨-; -s⟩ e-s Flugzeugs, Schiffs: tripulação f
Croissant [krwa'sã] N ⟨-s; -s⟩ croissant m
CS'U [tseː?ɛsˀʔuː] F ABK ⟨-⟩ (Christlich-Soziale Union) União f Social Cristã
c. t. [tseːˈteː] ABK (cum tempore) UNIV e um quarto
Cup [kap] M ⟨-s; -s⟩ SPORT taça f; BH: copa f
Curry ['kœri] M ⟨-s; -s⟩ caril m **Currysoße** F molho m de caril **Currywurst** F salsicha com ketchup e caril em pó
Cursor ['kœrsɔr] M ⟨-s; -s⟩ IT cursor m **Cursortaste** F tecla f do cursor
'Cutter(in) ['katər(ɪn)] M(F) FILM montador(a) m(f)
CVP [tseː faʊˈpeː] F ABK ⟨-⟩ (Christlichdemokratische Volkspartei) schweiz Partei: Partido m Cristão Democrático do Povo
Cyberspace ['saɪbərspeːs] M ⟨-⟩ ciberespaço m

D

da [daː] **A** ADV **1** örtlich: (dort) lá, ali, acolá; (hier) aí, aqui; cá; (dabei) neste caso; ~ **bin ich** aqui estou, cá estou, eis-me (aqui); ~ **haben wir's!** lá está!; bras é isso que dá!; **hier und** ~ cá e lá; ~ **sein** estar (presente); ter vindo; (bestehen) existir; (vorhanden sein) haver **2** zeitlich: então **3** Füllwort: (oft unübersetzt) **nichts** ~! na-

DAME

da disso! **B** KONJ *(da ja, weil)* como, visto que, já que, porque, porquanto, pois que, que

da'bei [da'baɪ], *hinweisend:* ['da:baɪ] ADV **1** *(anwesend)* presente; **(nahe)** ~ perto; junto; ~ **sein** estar presente; assistir **(bei** a) **2** ~ **sein, etw zu tun** estar a fazer a/c; **es ist nichts** ~ não há inconveniente, não faz *(od* não tem) mal (nenhum) **3** *(währenddessen)* entretanto **4** *(trotzdem)* apesar disso; *(außerdem)* de mais a mais **5** *(in diesem Fall)* neste caso **dabeibleiben** ⟨s.⟩ *(anwesend)* ficar; persistir **(zu em);** continuar **(zu** a); **es bleibt dabei** ficamos nisso

'dableiben ⟨s.⟩ ficar

Dach [dax] N ⟨-(e)s; =er⟩ telhado *m*, te(c)to *m*; **j-m aufs** ~ **steigen** *fig umg* dizer das suas a alg; **unter** ~ **und Fach** são e salvo; **unter** ~ **und Fach bringen** pôr em lugar seguro; *(abschließen)* concluir **'Dachboden** M sótão *m*; desvão *m* **'Dachdecker** M telhador *m* **'Dachfenster** N trapeira *f* **'Dachfirst** M ⟨-(e)s; -e⟩ cume *m* **'Dachgarten** M terraço *m* ajardinado **'Dachgepäckträger** M porta-bagagens *m* de tejadilho; *bras* bagageiro *m* **'Dachkammer** F águas-furtadas *fpl* **'Dachpappe** F cartão *m* alcatroado **'Dachrinne** F caleira *f*, goteira *f*, algeroz *m*

Dachs [daks] M ⟨-es; -e⟩ te(i)xugo *m* **'Dachsbau** M ⟨-(e)s; -e⟩ toca *f* de te(i)xugo

'Dachsparren M caibro *m* **Dachstein** M telha *f* **'Dachstuhl** M armação *f* do telhado **Dachverband** M ⟨-(e)s; =e⟩ organização *f* de cúpula **Dachziegel** M telha *f*

'Dackel [dakəl] M teckel *m*; *umg* cão *m* salsicha

da'durch¹ ['da:dʊrç] ADV por isso, assim, com isto; ~, **dass** por *(inf perf)*

da'durch² [da'dʊrç] ADV por ali, através daquilo; por esse motivo

da'für¹ ['da:fy:r] ADV para isso, para isto; em compensação, em contrapartida, em troca; ~, **dass** *Zweck:* para que *(subj);* *Grund:* por *(inf);* se se considera que; *bras* considerando que

da'für² [da'fy:r] ADV ~ **sein** aprovar, estar conforme; **ich kann (doch) nichts** ~ que culpa tenho eu?; a culpa não é minha

da'gegen¹ [da'ge:gən] **A** ADV ~ **sein** ser contra; ser de opinião contrária; **nichts** ~ **haben** estar de acordo; não ter nada que dizer *(od* que obje(c)tar) **B** KONJ ao *(od* pelo) contrário; em contrapartida; por outro lado

'dagegen² ['da:ge:gən] ADV contra isso *(od* isto); *im Vergleich:* em comparação com isso *(od* isto)

da'gegenhalten *(vergleichen)* comparar *(dat* com), opor *(dat* a); *(einwenden)* obje(c)tar

da'heim ADV *reg* em casa; *Heimat:* na (minha *etc)* terra **Da'heim** N ⟨-s; o. *pl*⟩ *reg* casa *f*, lar *m*; terra *f*, pátria *f*

da'her¹ [da'he:r] ADV *örtlich:* daí, dali, de lá

da'her² ['da:hər] ADV *(deshalb)* por isso; assim; por conseguinte; eis porque

da'hin¹['da:hɪn, da'hɪn] ADV (para) ali, (até) ali; *zeitlich:* então; **bis** ~ até lá, até então

da'hin² [da'hɪn] ADJ ~ **sein** estar perdido; *(vergangen)* ter passado; *etw* **ist** ~ *a.* perdeu-se, foi-se; passou-se; *(tot)* morreu

da'hineilen ⟨s.⟩ correr, fugir; ir de abalada **dahingestellt** [da'hɪŋəʃtɛlt] ~ **sein lassen** deixar em suspenso, deixar indeciso **dahinleben** vegetar **dahinraffen** *Krankheit j-n* arrebatar **dahinschwinden** ⟨s.⟩ desvanecer(-se) **dahinsiechen** definhar-se, languescer

da'hinten ADV lá atrás

da'hinter ADV atrás, detrás; ~ **steckt etwas** aí há coisa **dahinterkommen** descobrir

'Dahlie ['da:liə] F dália *f*

'dalassen deixar **daliegen** estar estendido; estar aí

'damalig [da:ma:lɪç] ADJ de então; **der/die** ~**e** + *subst* o/a então ... **damals** ADV então; naquele tempo, naquela altura

Da'mast [da'mast] M ⟨-(e)s; -e⟩ damasco *m*

Dame ['da:mə] F senhora *f*; *bes (Ehrendame)* dama *f (a.* Karte), *Spiel:* damas *fpl;* ~ **spielen** jogar às damas **Damebrett** N tabuleiro *m* de damas

'Damenbinde F penso *m* higiénico *(bras* *ê)* **Damendoppel** N SPORT pares *mpl* senhoras **Damenfriseur** M cabeleireiro *m* de senhoras **Damen-**

mode F̱ moda f para senhoras **Damenschneider(in)** M̱F̱ costureiro m, -a f **Damenslip** ['da:mɛnslɪp] M̱ calcinhas fpl **Damentoilette** F̱ casa f de banho para senhoras
'**Damespiel** Ṉ jogo m das damas **Damestein** M̱ peão m
'**Damhirsch** ['damhɪrʃ] M̱ gamo m
da·'**mit**[1] [da'mɪt] KONJ (um zu) para que, afim que, para (+ inf), afim de
da·'**mit**[2] ['da:mɪt] ADV com isso, com isto
'**dämlich** ['dɛ:mlɪç] parvo; tonto, tolo
Damm M̱ ⟨-(e)s; ⸚e⟩ dique m, barreira f (a. fig); mota f; (Fahrdamm) calçada f; (Hafendamm) molhe m, cais m; MED perineo m; **auf dem ~ sein** fig sentir-se bem
'**Dammbruch** M̱ rotura f de um dique
'**dämm(e)rig** ['dɛmərɪç] crepuscular
'**Dämmerlicht** Ṉ ⟨-(e)s; o. pl⟩ meia-luz f '**dämmern** V̲/U̲N̲P̲E̲R̲S̲ ⟨-re⟩ morgens: amanhecer; alvorecer; abends: anoitecer; **es dämmert mir** fig começo a compreender **Dämmerung** F̱ crepúsculo m; (Abenddämmerung) a. noitinha f, entardecer m; (Morgendämmerung) alvorada f; **in der ~** abends: ao anoitecer; morgens: ao amanhecer **Dämmerzustand** M̱ MED perda f de consciência f
'**Dämon** ['dɛ:mɔn] M̱ ⟨-s; -en⟩ demónio m (bras *ô) **dämonisch** [dɛ'mo:nɪʃ] demoníaco; fig sobrenatural, fatídico
Dampf M̱ ⟨-(e)s; ⸚e⟩ vapor m; (Rauch) fumo m; (Dunst) bafo m; **unter ~** SCHIFF sob pressão '**Dampfbad** Ṉ banho m turco '**Dampfbügeleisen** Ṉ ferro m a vapor '**Dampfdruck** M̱ ⟨-(e)s; o. pl⟩ pressão f do vapor '**dampfen** fumegar, evaporar(-se)
dämpfen ['dɛmpfən] reprimir, amortecer; fig a. abater; Fleisch estufar; Schall abafar; Stimme baixar; Ton a. abemolar
'**Dampfer** ['dampfər] M̱ SCHIFF vapor m
'**Dämpfer** ['dɛmpfər] M̱ amortecedor m; abafador m; (Schalldämpfer)a surdina f; (Stoßdämpfer) pára-choque m; umg fig abafarete m; **j-m e-n ~ versetzen** fig reprimir alg
'**Dampfhammer** M̱ martinete m; martelo-pilão m a vapor '**Dampfheizung** F̱ aquecimento m a vapor '**Dampfkessel** M̱ caldeira f '**Dampfkochtopf** M̱ panela f de pressão **Dampfkraft** F̱ ⟨o. pl⟩ **mit ~** a vapor **Dampfmaschi**-**ne** F̱ máquina f a vapor **Dampfschiff** Ṉ ⟨-(e)s; -e⟩ vapor m **Dampfschifffahrt** F̱ ⟨o. pl⟩ navegação f a vapor **Dampfturbine** F̱ turbina f a vapor
'**Dämpfung** ['dɛmpfʊŋ] F̱ amortecimento m, abafamento m, abafação f, abafadela f, repressão f; FLUG estabilização f
Dämpfungs... IN ZSSGN FLUG, RADIO amortecedor
'**Dampfwalze** F̱ cilindro m a vapor
'**Damwild** ['da:mvɪlt] Ṉ caça f grossa
da·'**nach**[1] [da'na:x] ADV 1 zeitlich: depois (disto); logo 2 örtlich: atrás (disto)
da·'**nach**[2] ['da:nax] ADV (demnach) segundo isto; conforme isso
'**Däne** ['dɛ:nə] M̱ ⟨-n⟩ dinamarquês m
da·'**neben** ADV ao lado, junto; (außerdem) além disso, demais a mais **danebengehen** umg ⟨s.⟩ falhar **danebenhauen** umg falhar
'**Dänemark** ['dɛ:namark] Ṉ GEOG Dinamarca f **Dänin** ['dɛ:nɪn] F̱ dinamarquesa f **dänisch** ['dɛ:nɪʃ] dinamarquês, da Dinamarca
dank PRÄP ⟨gen od dat⟩ graças a, devido a
Dank [daŋk] M̱ ⟨-(e)s; o. pl⟩ agradecimento m (**für** por); REL graças fpl; **besten ~!, vielen ~!** muito obrigado, -a (**für** por); **Gott sei ~!** graças a Deus!; **j-m für etw ~ sagen** (od **wissen**) agradecer a/c a alg; bras agradecer a alg por a/c
'**dankbar** ADJ agradecido, grato; **ich wäre Ihnen ~, wenn ...** ficar-lhe-ia grato, -a, se ... '**Dankbarkeit** F̱ ⟨o. pl⟩ gratidão f '**danke** INT **~!** obrigado, -a; **~ (schön)!, ~ (sehr)!** (muito) obrigado, -a '**danken** A V̲I̲ **j-m für etw ~** agradecer a/c a alg (bras a alg por a/c) B V̲T̲ 1 **j-m etw ~** agradecer a/c a alg 2 (verdanken) dever '**dankend** brief: **~ erhalten** acuso e agradeço a recepção '**dankenswert** louvável '**Dankgebet** Ṉ ⟨-(e)s; -e⟩ oração f de graças '**Dankgottesdienst** M̱ ⟨-es; -e⟩ a(c)ção f de graças '**Danksagung** ['daŋkza:gʊŋ] F̱, '**Dankschreiben** Ṉ agradecimento m
dann [dan] KONJ zeitlich: então, depois, em seguida; **~ und wann** de vez em quando
'**daran**[1] [da:ran] ADV a isto, a isso; nisto, nisso
da·'**ran**[2] [da'ran] ADV **nahe ~** muito perto (zu de); **es ist etw ~** há aí qualquer coisa (de verdade); **es ist nichts ~** não é verda-

de; *a.* → dran

da'rangehen ⟨s.⟩ pôr mãos à obra, meter-se ao trabalho, meter-se (**zu** *a* inf)

daranmachen VR **sich ~ zu** (inf) meter-se a **daransetzen** ⟨-t⟩ **alles ~ zu** (inf) gastar, arriscar, sacrificar tudo para

da'rauf [da'rauf, *a.* 'darauf] ADV **1** zeitlich: depois (disso od disto); (**gleich**) ~ em seguida, seguidamente; logo; **ein Jahr ~** um ano depois; **am Tag ~** no dia seguinte **2** örtlich: em cima (disto od disso) **3** (*auf diese Sache*) sobre isso; **~ bin ich stolz** tenho orgulho disso; **ich gebe nichts ~** não dou nada por isso

da'rauffolgend [da'rauffɔlgənd] ADJ *etc* seguinte; **am ~en Tag** no dia seguinte

darauf'hin ADV então; por conseguinte, em consequência disto (od disso)

'daraus ['da:raus, *a.* 'daraus] ADV **1** räumlich: daqui, dali, daí **2** (*aus dieser Sache*) disto, disso; **~ folgt** segue-se (**dass** que); **ich mache mir nichts ~** não faço caso disso

'darbieten ['da:rbi:tən] *geh* oferecer; apresentar; THEAT representar **Darbietung** F apresentação f; representação f; **~en** pl *a.* programa msg

'darbringen *geh* oferecer

da'rin ['da:rɪn] ADV nisto; lá dentro

'darlegen expor; *fig a.* mostrar, demonstar **Darlegung(en)** F(PL) exposição fsg

'Darlehen ['da:rle:ən] N ⟨-s; -⟩ empréstimo *m* **Darlehensgeber** M prestamista *m* **Darlehenskasse** F caixa f de empréstimo **Darlehensnehmer** M mutuário *m* **Darlehenssumme** F montante *m* do empréstimo

Darm [darm] M ⟨-(e)s; ⸚e⟩ intestino *m* (*a.* MED); tripa f **Darm...** IN ZSSGN MED *meist* intestinal **'Darmentzündung** F Dünndarm: enterite f; Dickdarm: colite f **'Darmgrippe** F, **'Darmkatarrh** M (gastro)enterite f **'Darmkrebs** M cancro *m* do intestino; *bras* câncer *m* de intestino **'Darmsaite** F corda f (de tripa) **Darmspiegelung** F colonoscopia f **'Darmverschlingung** F íleo *m*, vólvulo *m* **'Darmverschluss** M ⟨-es; *o. pl*⟩ oclusão f intestinal, volvo *m*

'darreichen apresentar, oferecer

'darstellen representar (*a.* THEAT); constituir; (*beschreiben*) descrever; CHEM preparar; obter **Darsteller(in)** M(F) a(c)tor *m*, a(c)triz f **Darstellung** F THEAT *u. fig* representação f; *e-r Rolle*: interpretação f; cara(c)terização f; (*Beschreibung*) descrição f, exposição f; **grafische ~** gráfico *m*

da'rüber [da:'ry:bar, dary:bar] ADV **1** örtlich: em cima, por cima, acima (disto od disso); **~ hinaus, ~ hinweg** para além **2** zeitlich: entretanto; com isso; **10 Jahre und ~** e mais **3** *Thema*: a esse respeito, sobre isto; **ich freue mich ~** estou (od fiquei) contente por isso; **~ lässt sich streiten** as opiniões divergem sobre esse assunto

da'rüberstehen ⟨s.⟩ estar por cima

darum [da:'rʊm, 'da:rʊm] ADV **1** örtlich: **~ (herum)** em volta **2** (*um diese Sache*) **~ geht es nicht!** não se trata disso!; **ich würde alles ~ geben, wenn ...** daria tudo para que ... **3** *Grund*: por (causa d)isso, por (causa d)isto; eis porque **da'runter** ['da:'rʊntar] ADV (*unterhalb*) debaixo; por baixo de; (*weiter unten*) mais abaixo; *Preis*: a um preço mais baixo; *in der Menge*: entre, no meio de; **10 Jahre und ~** e menos

das [das] N **A** PRON (dies) isto, isso, aquilo; **~, was** aquilo que, o que **B** ART, PRON N → der

'Dasein N ⟨-s; *o. pl*⟩ existência f, vida f; **Kampf ums ~** luta f pela vida **Daseinsberechtigung** F razão f de ser

'dasitzen ⟨-t⟩ estar (sentado) ali

'dasjenige ['dasje:nɪgə] PRON → derjenige

dass [das] KONJ que; **ich glaube, dass** penso que (subj)

das'selbe [das'zɛlbə] PRON o mesmo

'dastehen ['da:ʃte:ən] estar ali; *fig* **gut ~** prosperar; ficar bem; fazer boa figura; **schlecht ~** não ficar bem; fazer má figura; **mit leeren Händen ~** ficar de (od com as) mãos a abanar (*bras* abanando)

Da'tei [da'taɪ] F ⟨-; -en⟩ BES IT ficheiro *m* **Dateiname** M nome *m* do ficheiro

'Daten ['da:tən] NPL (*Gegebenheiten*) dados *mpl*; elementos *mpl*; (*Angaben*) indicações fpl; **~ eingeben** od **erfassen** recolher dados **Datenbank** F banco *m* de dados **Datenbestand** M banco *m* de dados **Datendiebstahl** M roubo *m* de dados **Datenerfassung** F ⟨*o. pl*⟩

recolha f de dados **Datennetz** N rede f de dados **Datenschutz** M ‹-es; o. pl› prote(c)ção f de dados **Datenträger** M suporte m de dados **Datenübertragung** F transmissão f de dados **Datenverarbeitung** F processamento m de dados

da'tieren [da'tiːrən] ‹-› datar; pôr a data (etw em a/c) **Datierung** F datação f

'Dativ ['daːtiːf] M ‹-s; -e› dativo m **Dativobjekt** N complemento m indire(c)to

'Dattel ['datəl] F ‹-; -n› tâmara f **Dattelpalme** F tamareira f

'Datum ['daːtʊm] N ‹-s; Daten› data f **Datumsstempel** M datador m

'Dauer ['daʊɐ] F ‹o. pl› duração f, continuidade f; **von kurzer ~ sein** durar pouco; **auf die ~** a longo prazo **Dauerauftrag** M ordem f permanente de transferência **dauerhaft** ‹-este› duradouro, durável, resistente **Dauerhaftigkeit** F ‹o. pl› resistência f; estabilidade f; duração f, durabilidade f **Dauerkarte** F passe m **Dauerlauf** M corrida f de resistência

'dauern VI ‹-re› (per)durar; (andauern) prolongar-se; (Zeit brauchen) levar; **lange ~** durar (od demorar) muito; **kurze Zeit ~** durar (od demorar) pouco

'dauernd A ADJ contínuo, permanente; perpétuo B ADV (ständig) permanentemente; (immer wieder) constantemente

Dauerstellung F emprego m fixo **Dauerwelle** F permanente f **Dauerwurst** F salchicha f defumada **Dauerzustand** M estado m contínuo (od permanente)

'Daumen ['daʊmən] M polegar m; **j-m die ~ halten** umg desejar boa sorte a alg **Daumenschraube** F torniquete m

'Däumling ['dɔʏmlɪŋ] M ‹-s; -e› dedeira f; (Märchenfigur) anão m, João m Pequeno

'Daune ['daʊnə] F frouxel m; penugem f; bras a. pluma f **Daunenbett** N, **Daunendecke** F edredão m **Daunenjacke** F blusão m de penas

da'von ['daːfɔn, da'fɔn] ADV disso, disto, daí; **lass die Finger ~!** não te metas nisso; bras a. não se envolva com isso!; **auf und ~ sein** ter-se fugido; **nichts ~ haben** não ganhar nada com isso; **das kommt ~, dass** é porque

da'voneilen ‹s.›, **davonfliegen** ‹s.› ir-se (od partir) a toda a pressa; ir de abalada **davonkommen** ‹s.› escapar; **mit dem Schrecken ~** apanhar um grande susto; **wir sind noch einmal davongekommen** livrá-mo-nos de boa **davonlaufen** ‹s.› fugir; bras a. ir correndo **davonmachen, davonschleichen, davonstehlen** V/R sich **~** esquivar-se; esgueirar-se **davontragen** levar; Sieg ganhar

da'vor ['daːfɔr, da'foːr] ADV **1** örtlich: diante, em frente **2** zeitlich: antes; primciro

DAX® M ABK ‹-; o. pl› (Deutscher Aktienindex) DAX m; Portugal: ≈ PSI 20 m (Portuguese Stock Index)

'dazu ['daːtsu, da'tsuː] ADV (hinzu) a isso, a isto; (außerdem) além disso, além disto; Zweck: com (od para) esse fim; para isso, para isto; **(noch) ~** de mais a mais; tanto mais que

da'zugehören ‹-› pertencer (**zu etw** a a/c), fazer parte (**zu etw** de a/c); (nötig sein) ser preciso **dazugehörig** correspondente, respe(c)tivo **dazukommen** ‹s.› sobrevir, juntar-se (**zu** a), acrescer; **nicht ~** (+ inf) não ter tempo de **dazutun** V/T juntar, acrescentar

da'zwischen ADV entre; (darunter) a. no meio de **dazwischenkommen** ‹s.› intervir, imiscuir-se **dazwischenliegen** V/I ficar entre **dazwischenliegend** ADJ intermédio, intermediário **dazwischenreden** ‹-e-› interromper **dazwischentreten** ‹s.› intrometer-se, intervir **Dazwischentreten** N intervenção f

DB [deː'beː] F ABK ‹-› (Deutsche Bahn) Caminhos de Ferro Alemães; ≈ CP mpl (Caminhos de Ferro Portugueses)

DDR [deːdeː'ʔɛr] F ABK ‹-› (Deutsche Demokratische Republik) hist **die ~** a RDA (República Democrática Alemã)

'D-Dur ['deːduːr] N ‹-; o. pl› ré m maior

'Dealer ['diːlɐ] M narcotraficante m

De'batte [de'batə] F debate m; discussão f; disputa f; **zur ~ stellen** levar à discussão **debat'tieren** [deba'tiːrən] ‹-› discutir

'Debet ['deːbət] N ‹-s; -s› HANDEL deve

DEKO

m; débito m **Debetsaldo** M̄ saldo m devedor **debi'tieren** [debi'ti:rən] ⟨-⟩ FIN debitar

De'büt [de'by:] N̄ ⟨-s; -s⟩ início m; estreia (bras *é) f **Debü'tant(in)** [deby'tant(in)] M̄F̄ ⟨-en⟩ debutante m/f **debü'tieren** [deby'ti:rən] ⟨-⟩ debutar

dechif'frieren [deʃif'ri:rən] ⟨-⟩ decifrar

Deck [dɛk] N̄ ⟨-(e)s; -s od -e⟩ SCHIFF convés m; ponte f **'Deckadresse** F̄ dire(c)ção f fingida **'Deckbett** N̄ edredão m; (Decke) colcha f **'Deckblatt** N̄ capa f; BOT bráctea f

'Decke F̄ cobertor m; manta f; (Bettdecke) colcha f; (Belag) revestimento m; (Hülle) envólucro m; (Tischdecke) toalha f; (Zimmerdecke) te(c)to m; **mit j-m unter e-r ~ stecken** fig ser cúmplice de alg

'Deckel M̄ tampa f; (Buchdeckel) capa f; (Eisendeckel, Tondeckel) testo m; **eins auf den ~ kriegen** umg apanhar uma descasca; bras levar um pito

'decken cobrir (a. Bedarf, Kosten, BERGB, Tiere); Tisch pôr; **j-n ~** defender alg, proteger alg; **sich ~** corresponder; MATH ser congruente; ser idêntico

'Deckfarbe F̄ cor f opaca **Deckmantel** M̄ ⟨-s; o. pl⟩ fig pretexto m **'Deckname** M̄ pseudónimo m (bras *ô) **Deckplatte** F̄ plataforma f

'Deckung F̄ ① cobertura f; HANDEL fundos mpl, garantia f; segurança f; v. Auslagen: reembolso m; **ohne ~** a descoberto; **zur ~** (gen) para cobrir ② MIL abrigo m; escolta f; **~ nehmen, in ~ gehen** abrigar-se **Deckungskarte** F̄ cartão m de segurado **Deckungszusage** F̄ confirmação f de cobertura

De'coder [de'ko:dər] M̄ TV de(s)codificador m

de'fekt [de'fɛkt] ADJ avariado, defeituoso **De'fekt** [de'fɛkt] M̄ ⟨-(e)s; -e⟩ defeito m, falha f

defen'siv [defɛn'zi:v] defensivo

Defibrillator [defibrilaˈtor] M̄ ⟨-s; -en⟩ MED desfibrilador m

defi'nieren [defi'ni:rən] ⟨-⟩ definir **Definiti'on** [definitsi'oːn] F̄ definição f

'Defizit ['de:fitsit] N̄ ⟨-s; -e⟩ défice m **defizi'tär** [defitsi'tɛ:r] deficitário

Deflati'on [deflatsi'o:n] F̄ deflação f

'Degen ['de:gən] M̄ espada f

Degenerati'on [degeneratsi'o:n] F̄ degeneração f **degene'rieren** [degene'ri:rən] ⟨-; s.⟩ degenerar

'Degenstoß M̄ estocada f

degra'dieren [degra'di:rən] ⟨-⟩ degradar

'dehnbar ['de:nba:r] elástico; Metall dúctil; flexível (a. fig) **dehnen** estender; dilatar; esticar; MUS alongar **Dehnung** F̄ dilatação f; distensão f; extensão f, prolongação f (a. zeitlich); bras prolongamento m

Deich [daiç] M̄ ⟨-(e)s; -e⟩ dique m; mota f **Deichbruch** M̄ rebentar m do dique **'Deichsel** ['daɪksəl] ⟨-; -n⟩ lança f; timão m **deichseln** ⟨-le⟩ sl **etw ~** dar um jeito a a/c; conseguir arranjar (od obter) a/c

dein [daɪn] PRON (o) teu; (a) tua; bras o seu, a sua; in Briefen: **Dein, Deine** (o) teu, (a) tua; bras o seu, a sua **'deine** PRON A (a) tua, (o) teu; bras a sua, o seu; PL (as) tuas, (os) teus; bras as suas, os seus **'deiner** PRON A ⟨gen v. du⟩ de ti B poss FSG de tua, de teu; bras da sua, do seu; PL de teus, de tuas; bras dos seus, das suas **'deinerseits** ['daɪnərzaɪts] ADV por teu lado, por tua parte; bras de sua parte **'deinesgleichen** ADV teu (f tua) igual; PL teus (f tuas) iguais; bras os/as iguais a você(s) **'deinetwegen** ADV por tua (bras sua) causa; por amor de ti (bras a você) **'deinetwillen** ADV **um ~** → deinetwegen **'deinige** ['daɪnɪgə] PRON **der ~, das ~** o teu; bras o seu; **die ~** a tua; bras a sua

De'kade [de'ka:də] F̄ década f **deka'dent** [deka'dɛnt] decadente **Deka'denz** [deka'dɛnts] F̄ ⟨o⟩ decadência f

De'kan [de'ka:n] M̄ ⟨-s; -e⟩ dire(c)tor m; (Ältester, Geistlicher) decano m

dekla'mieren [dekla'mi:rən] ⟨-⟩ declamar; (vortragen) recitar **Deklarati'on** [deklaratsi'o:n] F̄ declaração f **dekla'rieren** [dekla'ri:rən] ⟨-⟩ declarar

Deklinati'on [deklinatsi'o:n] F̄ declinação f **dekli'nieren** [dekli'ni:rən] ⟨-⟩ declinar

Dekolleté [dekɔl(ə)'te:] N̄ ⟨-s; -s⟩, **Dekolletee** N̄ decote m **dekolle'tiert** [dekɔl'ti:rt] decotado

De'kor [de'ko:r] M̄ ⟨-s; -s⟩ decoração f **Dekora'teur** [dekora'tø:r] M̄ ⟨-s; -e⟩

decorador m **Dekorati̇on** [dekoratsi-'o:n] F̲ decoração f; THEAT cena f **Dekorati̇onsmaler** M̲ decorador m; THEAT cenógrafo m **dekora'tiv** [dekora'ti:f] decorativo **deko'rieren** [deko'ri:rən] ⟨-⟩ decorar

De'kret [de'kre:t] N̲ ⟨-(e)s; -e⟩ decreto m

Delegati̇on [delegatsi'o:n] F̲ delegação f **dele'gieren** [dele'gi:rən] ⟨-⟩ delegar **Dele'gierte(r)** M̲/F(M) delegado m, -a f

Del'fin [dɛl'fi:n] N̲ ⟨-s; -e⟩ toninha f, golfinho m

deli'kat [deli'ka:t] ⟨-este⟩ delicado; Essen delicioso **Delika'tesse** [delika'tɛsə] F̲ delicadeza f; Essen petisco m **Delika'tessengeschäft** N̲ charcutaria f; mercearia f fina

De'likt [de'lɪkt] N̲ ⟨-(e)s; -e⟩ delito m

Delin'quent [delɪŋ'kvɛnt] M̲ ⟨-en⟩, **Delin'quentin** F̲ JUR delinquente m/f **deli'rieren** [deli'ri:rən] delirar **De'liri̇um** [de'li:riʊm] N̲ ⟨-s; Delirien⟩ delírio m

Del'phin M̲ → Delfin

'Delta ['dɛlta] N̲ ⟨-s; -s a. -ten⟩ delta m

dem [de:m] ⟨dat sg v. der⟩; **wie ~ auch sei** seja como for; **wenn ~ so ist** se assim é; *bras a.* assim sendo

Dema'goge [dema'go:gə] M̲ ⟨-n⟩ demagogo m **Demago'gie** [demago'gi:] F̲ demagogia f **dema'gogisch** demagógico

demas'kieren [demas'ki:rən] ⟨-⟩ desmascarar

De'menti [de'mɛnti] N̲ ⟨-s; -s⟩ desmentido m **demen'tieren** [demen'ti:rən] ⟨-⟩ desmentir

'dementsprechend ['de:m?ɛnt∫prɛçənt] ADV, **demgemäß** ADV em conformidade com isto, em consequência disso

De'menz [de'mɛnts] F̲ ⟨-; ⟩ MED demência f **Demenzkranke(r)** M̲/F(M) demente m/f

'demnach ADV logo, assim, portanto

'demnächst ADV logo, brevemente, em breve

'Demo ['de:mo] F̲ ⟨-; -s⟩ *umg* manifestação f

demobili'sieren [demobili'zi:rən] ⟨-⟩ desmobilizar

Demo'krat [demo'kra:t] M̲ ⟨-en⟩, **Demo'kratin** F̲ democrata m/f **Demokra'tie** [demokra'ti:] F̲ democracia f **demo'kratisch** democrático **demokrati'sieren** ⟨-⟩ democratizar

demo'lieren [demo'li:rən] V̲/T ⟨-⟩ demolir

Demonst'rant(in) M̲(F̲) ⟨-en⟩ [demɔn-'strant] manifestante m/f **Demonstrati̇on** [demɔnstratsi'o:n] F̲ demonstração f (a. MED); POL manifestação f **demonst'rativ** [demɔnstra'ti:f] demonstrativo **demonst'rieren** [demɔns'tri:rən] ⟨-⟩ demonstrar; manifestar

Demon'tage [demɔn'ta:ʒə] F̲ desmontagem f **demon'tieren** [demɔn'ti:rən] desmontar

demorali'sieren [demorali'zi:rən] ⟨-⟩ desmoralizar

'Demut ['de:mu:t] F̲ ⟨-; o. pl⟩ humildade f **'demütig** ['de:my:tɪç] humilde **demütigen** ['de:my:tɪɡən] humilhar **Demütigung** ['de:my:tɪɡʊŋ] F̲ humilhação f

'demzufolge ['de:mtsufɔlɡə] ADV por conseguinte; em consequência disso

denatu'rieren [denatu'ri:rən] ⟨-⟩ desnaturar

Den 'Haag [de:n'ha:k] M̲ Haia f

'Denkart ['dɛŋk?art] F̲ mentalidade f, maneira f de pensar **denkbar** imaginável

'denken V̲/I pensar (**an** *akk* em; **bei sich** *dat* para consigo); **zu geben** dar que pensar; **sich** (*dat*) **etw ~** imaginar a/c; **ich denke nicht daran!** nem por sonhos!; **das hast du dir (so) gedacht!** *umg* querias!

'Denken N̲ ⟨o. pl⟩ pensamento m, raciocínio m **'Denker** M̲ pensador m **Denkmal** N̲ ⟨-(e)s; ⁻er od -e⟩ monumento m **Denkschrift** F̲ memorial m **Denkspruch** M̲ sentença f **Denkweise** F̲ modo m de pensar **denkwürdig** memorável **Denkzettel** M̲ lembrete m; *fig a.* lição f

denn [dɛn] KONJ pois (que); (por)que; **wo ist er ~?** onde é que está?; (*als*) do que, de; **mehr ~ je** mais do que nunca; **es sei ~, dass** a não ser que

'dennoch ['dɛnɔx] KONJ contudo, todavia, não obstante; sempre

Denunzi'ant [denʊntsi'ant] M̲ ⟨-en⟩ denunciante m **denun'zieren** [denʊn-'tsi:rən] ⟨-⟩ denunciar

'Deo ['de:o] N̲ ⟨-s; -s⟩, **Deodo'rant** [deodo'rant] N̲ ⟨-s; -s a. -e⟩ desodorizante m; *bras* desodorante m **'Deospray**

['de:oʃpreː] N̄ spray m desodor(iz)ante
deplatziert [depla'tsiːrt] deslocado
Deponie [depo'niː] F depósito **deponieren** [depo'niːrən] ⟨-⟩ depositar
Depositenbank [depoˈziːtənbaŋk] F FIN banco m de depósitos **Depositenkonto** N̄ conta-depósito f **Depot** [deˈpoː] N̄ ⟨-s; -s⟩ depósito m
Depression [deprɛsiˈoːn] F PSYCH depressão f (a. WIRTSCH) **depressiv** [deprɛˈsiːf] depressivo
Deputat [depuˈtaːt] N̄ ⟨-s; -e⟩ pagamento m em géneros (bras *ê) **Deputierte(r)** [depuˈtiːrtə(r)] M̄/F(M) deputado m, -a f
der [deːr] M̄, **die** [diː] F, **das** [das] N̄ A ART o m, a f B PRON 1 relativ: que m/f; o/a qual m/f 2 demonstrativ: aquele m, -a f, este m, -a f
'**derart** [ˈdeːrʔart] ADV de tal maneira **derartig** A ADJ tal; **etw Derartiges** a/c semelhante, a/c neste género B ADV de tal maneira, em tal medida
derb [dɛrp] (grob) rude, grosseiro; (hart) duro; (kräftig) forte; Stoff resistente **Derbheit** F rudeza f, grossaria f; bras a. grosseira f, grossura f
dereinst [deːrˈʔaɪnst] ADV geh um dia
'**deren** [ˈdeːrən] PRON 1 relativ: cujos mpl, cuja/s f(pl), nachgestellt: de quem, da qual f, dos/das quais m/fpl 2 hinweisend: (nachgestellt) destes mpl, daqueles mpl, desta/s f(pl), daquela(s) f(pl)
'**dere(n)twegen** [ˈdeːrə(n)tveːgən] PRON 1 hinweisend: MPL por eles; FSG por ela; FPL por elas; por causa deles/dela/delas 2 relativ: por causa de quem, por causa da qual f, pela qual; M/FPL por causa dos/das quais, pelos/pelas quais
'**derentwillen** PRON (um) ~ → dere(n)twegen **dergestalt** [ˈdeːrɡəʃtalt] ADV de tal maneira; ~, **dass** a. de jeito que '**dergleichen** PRON tal; (coisa) semelhante; **nichts** ~ nada disto
Derivat [deriˈvaːt] N̄ ⟨-(e)s; -e⟩ FIN, CHEM derivado m
'**derjenige** [ˈdeːrjeːnɪɡə] M̄, '**dasjenige** [ˈdasjeːnɪɡə] N̄, '**diejenige** [ˈdiːjeːnɪɡə] F aquele m, -a f; o m, a f
'**dermaßen** [ˈdeːrmaːsən] ADV tanto; bei adj u. adv: tão
derselbe [deːrˈzɛlbə] M̄, **dasselbe** [dasˈzɛlbə] N̄, **dieselbe** [diːˈzɛlbə] F PRON o mesmo, a mesma (**wie** que)
'**derzeitig** ADJ a(c)tual
des [dɛs] ⟨gen v. der⟩ do
Des N̄ inv MUS ré-bemol m
Deserteur [dezɛrˈtøːr] M̄ ⟨-s; -e⟩ desertor m **desertieren** [dezɛrˈtiːrən] ⟨-⟩ desertar
desgleichen ADV & KONJ igualmente, também
'**deshalb** KONJ por isso; ~, **weil** porque
Design [diˈzaɪn] N̄ ⟨-s; -s⟩ design m **Designer(in)** [diˈzaɪnər(ɪn)] M̄/F(M) TECH desenhador(a) m(f); Mode designer m/f; estilista m/f **Designermöbel** NPL móveis mpl de design **Designermode** F alta costura f
Desinfektion [dɛsʔɪnfɛktsiˈoːn] F desinfe(c)ção f **Desinfektionsmittel** N̄ desinfe(c)tante m **desinfizieren** [dɛsʔɪnfiˈtsiːrən] ⟨-⟩ desinfe(c)tar
Despot [dɛsˈpoːt] M̄ ⟨-en⟩ déspota m **despotisch** despótico
'**dessen** [ˈdɛsən] PRON relativ: cujo; nachgestellt: de quem, do qual; hinweisend, nachgestellt: daquele; ~ **ungeachtet** todavia, ainda assim
Dessert [dɛˈseːr] N̄ ⟨-s; -s⟩ sobremesa f **Dessertwein** M̄ vinho m de sobremesa
Destabilisierung [deʃtabiliˈziːrʊŋ] F desestabilização f
Destillation [dɛstɪlatsiˈoːn] F destilação f **destillieren** [dɛstɪˈliːrən] ⟨-⟩ destilar
'**desto** [ˈdɛsto] ADV tanto; **je mehr, ~ besser** quanto mais, melhor
'**deswegen** KONJ por isso; ~, **weil** porque
Detail [deˈtaɪ] N̄ ⟨-s; -s⟩ pormenor m; **im** ~ em pormenor; HANDEL a retalho **detailliert** [detaˈjiːrt] detalhado; pormenorizado; especificado
Detektiv [detɛkˈtiːf] M̄ ⟨-s; -e⟩ dete(c)tive m **Detektivroman** M̄ romance m policial
Detonation [detonatsiˈoːn] F detonação f **Detonationswelle** F onda f de detonação **detonieren** [detoˈniːrən] ⟨-; s.⟩ detonar
'**deuteln** [ˈdɔʏtəln] ⟨-le⟩ sofismar
'**deuten** ⟨-e-⟩ A V̄T interpretar B V̄I ~ **auf** (akk) indicar; fig a. deixar prever; pressagiar '**deutlich** distinto, claro, nítido '**Deutlichkeit** F nitidez f, clareza

f

deutsch [dɔytʃ] alemão m, alemã f; da Alemanha; germânico m, -a f; **auf Deutsch** em alemão; **~ mit j-m reden** fig falar sem rodeios **'deutsch-brasilianisch** teuto-brasileiro **'deutschfeindlich** germanófobo; anti-alemão **'deutschfreundlich** germanófilo **'Deutschland** ['dɔytʃlant] N Alemanha f **'deutsch-portugiesisch** luso-alemão **'Deutschtum** N ⟨-(e)s; o. pl⟩ nacionalidade f alemã; germanismo m

'Deutung ['dɔytʊŋ] F interpretação f; REL exegese f

De'vise [de'vi:zə] F divisa f **Devisenhandel** M ⟨-s; o. pl⟩ comércio m de divisas **Devisenmarkt** M mercado m de divisas **Devisenschmuggel** M contrabando m de divisas

de'vot [de'voːt] ⟨-este⟩ submisso; (fromm) devoto

De'zember [de'tsɛmbar] M dezembro m; **im ~** em Dezembro

de'zent [de'tsɛnt] discreto

dezentrali'sieren [detsɛntrali'ziːrən] ⟨-⟩ descentralizar

Dezer'nat [detsɛr'naːt] N ⟨-(e)s; -e⟩ secção f, repartição f

'Dezi'mal... [detsi'maːl-] IN ZSSGN decimal **Dezi'meter** M od N decímetro m **dezi'mieren** [detsi'miːrən] ⟨-⟩ dizimar

d. h. ABK (das heißt) quer dizer, isto é

'Dia ['diːa] N ⟨-s; -s⟩ Kurzwort für → Diapositiv

Dia'betes [dia'beːtɛs] M INV MED diabetes m/f **Diabetiker(in)** M(F) diabético m, -a f

Dia'dem [dia'deːm] N ⟨-s; -e⟩ diadema m

Dia'gnose [dia'gnoːzə] F diagnóstico m **diago'nal** [diago'naːl] diagonal

Dia'gramm N diagrama m; gráfico m

Dia'kon [dia'koːn] M ⟨-s; -e⟩ diácono m **Diako'nisse** [diako'nɪsə] F diaconisa f

Dia'lekt [dia'lɛkt] M ⟨-(e)s; -e⟩ diale(c)to m

Dia'log [dia'loːk] M ⟨-(e)s; -e⟩ diálogo m

Dia'lyse [dia'lyːzə] F diálise f

Dia'mant [dia'mant] M ⟨-en⟩ diamante m **diamantino** diamantino

'Diaposi'tiv ['diːapoziˌtiːf] N ⟨-s; -e⟩ diapositivo m; bras eslaide m

Di'ät [diˈɛːt] F MED dieta f, regime m; **~ halten** fazer dieta, fazer regime **Diäten** FPL bes POL gratificações fpl

'Diavortrag M palestra f acompanhada por diapositivos

dich [dɪç] PRON ⟨akk v. du⟩ te, a ti

dicht [dɪçt] ⟨-este⟩ denso; espesso; cerrado; (undurchlässig) impermeável, TECH a. estanque B ADV **~ bei** perto de; junto de (od a), cerca de **'Dichte** F ⟨o. pl⟩ densidade f; PHYS massa f específica

'dichten¹ ⟨-e-⟩ TECH Rohr empancar; Ritze etc calafetar, calafatear

'dichten² ⟨-e-⟩ A VT Ode, Lied etc compor B VT fazer, compor versos

'Dichten N ⟨-s⟩ composição f (de versos) **'Dichter(in)** M(F) poeta m, poetisa f **'dichterisch** poético **'Dichterlesung** F leitura f de textos literários

'dichthalten umg (schweigen) calar-se

'Dichtigkeit F ⟨o. pl⟩ densidade f

'Dichtkunst F ⟨o. pl⟩ arte f poética; poesia f

'Dichtung¹ F TECH calafetagem f; Rohr: empanque m

'Dichtung² F (Lyrik) poesia f; poema m; versos mpl

dick [dɪk] grosso; j-d gordo, forte; umg gorducho; MED (geschwollen) inchado; fig Freund muito íntimo; umg **~e Luft** f fig umg ambiente m tenso; **~ werden** j-d engordar; MED inchar; Milch coalhar; **etw ~e haben** umg estar farto de a/c **'dickbäuchig** ['dɪkbɔyçɪç] barrigudo, ventrudo **'Dickdarm** M intestino m grosso **'Dicke** F ⟨o. pl⟩ grossura f; gordura f **'dickflüssig** consistente, pastoso **'Dickhäuter** ['dɪkhɔytər] M paquiderme m **'Dickicht** ['dɪkɪçt] N ⟨-(e)s; -e⟩ espessura f (de um bosque), mata f espessa **'Dickkopf** M cabeçudo m, -a f; fig teimoso m, -a f **'dickköpfig** ['dɪkkœpfɪç] cabeçudo; fig teimoso **'Dickköpfigkeit** F ⟨o. pl⟩ teimosia f **'dickleibig** ['dɪklaɪbɪç] gordo, obeso **'Dickleibigkeit** F ⟨o. pl⟩ obesidade f **Dickmilch** F leite m coalhado **Dickwanst** M umg barrigudo m, pançudo m

die [diː] ART, PRON → der

Dieb [diːp] M ⟨-(e)s; -e⟩ ladrão m; gatuno m

'Diebesbande ['diːbəsbandə] F quadrilha f (od bando m) de ladrões **Diebin**

diejenige ['di:je:nɪɡə] PRON → derjenige

Diele ['di:lə] F **1** (*Brett*) tábua f; pranchão m; **~** pl (*Fußboden*) soalho m, chão m **2** (*Vorraum*) vestíbulo m; bras a. hall m de entrada

dienen ['di:nən] VI servir (**als** de; **zu** para); **womit kann ich ~?** HANDEL em que posso servi-lo/la? **Diener** A M, **Dienerin** F criado, -a f B M hist (*Verbeugung*) reverência f, vénia f (bras *e) **Dienerschaft** F criadagem f; pessoal m

dienlich útil; oportuno

Dienst [di:nst] M ⟨-(e)s; -e⟩ serviço m; (*Gefälligkeit*) a. favor m; **öffentlicher ~** função f pública, serviços mpl públicos; **~ haben** estar de serviço; **j-m einen (schlechten) ~ erweisen** prestar um (mau) serviço a alg; **außer ~** na ina(c)tividade, aposentado; *bes* MIL reformado

Dienstag ['di:nsta:k] M ⟨-(e)s; -e⟩ terça-feira f; **am ~** na terça-feira **dienstags** às terças-feiras

Dienstalter N ⟨-s; o. pl⟩ antiguidade f; tempo m de serviço **Dienstälteste(r)** M decano m **Dienstantritt** M ⟨-(e)s; -e⟩ entrada f em serviço (*od* em funções) **Dienstanweisung** F regulamento m **dienstbeflissen** serviçal, solícito **Dienstbote** M ⟨-n⟩ criado m **Diensteifer** M ⟨-s; o. pl⟩ solicitude f, zelo m **diensteifrig** solícito **dienstfrei** feriado **Dienstgrad** M ⟨-(e)s; -e⟩ grau m; posto m **diensthabend, diensttuend** de serviço

Dienstleistung F prestação f de serviços **Dienstleistungsbetrieb** M empresa f de prestação de serviços

dienstlich oficial, de ofício

Dienstmädchen N empregada f (*a. bras*), criada f **Dienstordnung** F regulamento m **Dienstpflicht** F dever m, ofício m; MIL serviço m militar obrigatório **Dienstreise** F viagem f de serviço; viagem f de (*bras* a) trabalho **Dienstsache** F correspondência f oficial; assunto m oficial **Dienststelle** F repartição f; (*Büro*) escritório m **Dienststunden** FPL horas fpl de serviço

diensttauglich válido; *bras* apto, capaz **dienstunfähig, dienstuntauglich** inválido; incapaz (de prestar serviço)

Dienstwagen M carro m de serviço (*bras* oficial) **Dienstweg** M via f oficial; trâmites mpl **Dienstwohnung** F residência f oficial **Dienstzeit** F horas fpl de serviço

dies [di:s] PRON → dieser **diesbezüglich** A ADJ respe(c)tivo B ADV com respeito a isto

diese ['di:zə] PRON F → dieser

Diesel ['di:zəl] M gasóleo m; (*Dieselmotor*) motor m Diesel

dieselbe PRON F → derselbe

Dieselkraftstoff M gasóleo m **Dieselmotor** M motor m Diesel **Dieselöl** N ⟨-s; o. pl⟩ gasóleo m

dieser ['di:zər] PRON M, **diese** F, **dies(es)** N esse m, essa f; M/F este m, esta f; *am 5. etc*: **dieses Monats** HANDEL do corrente

diesig ['di:zɪç] fusco; enevoado

diesjährig deste ano **diesmal** ADV esta vez **diesseitig** ['di:szaɪtɪç] deste lado; do lado de cá; citerior **diesseits** ['di:szaɪts] A ADV aquém B PRÄP ⟨gen⟩ aquém de **Diesseits** N ⟨-; o. pl⟩ este mundo m

Dietrich ['di:trɪç] M ⟨-(e)s; -e⟩ gazua f; chave f falsa

Differential N → Differenzial

Differenz [dɪfə'rɛnts] F diferença f **Differenzial** [dɪfərɛntsi'a:l] N ⟨-s; -e⟩ diferencial f **Differenzial...** IN ZSSGN diferencial **Differenzial(getriebe)** N TECH engrenagem f diferencial **differenzieren** [dɪfərɛn'tsi:rən] ⟨-⟩ diferenciar

digital [dɪgi'ta:l] digital **Digitalanzeige** F mostrador m digital **digitalisieren** [dɪgitali'zi:rən] digitalizar **Digitalkamera** F câmara f digital **Digitaluhr** F relógio m digital

Diktat [dɪk'ta:t] N ⟨-(e)s; -e⟩ ditado m; **nach ~ schreiben** ao ditado **Diktator** [dɪk'ta:tɔr] M ⟨-s; -en [dɪkta'to:rən]⟩ ditador m **diktatorisch** [dɪkta'to:rɪʃ] ditatorial **Diktatur** [dɪkta'tu:r] F ditadura f **diktieren** [dɪk'ti:rən] ⟨-⟩ ditar **Diktiergerät** N di(c)tafone m

Di'lemma [di'lɛma] N ⟨-s; -s a.-ta⟩ dilema m

Dilet'tant [dilɛ'tant] M ⟨-en⟩, **Dilettantin** [dilɛ'tantɪn] F diletante m/f; (Angelegenheit) amador m **dilettantisch** diletante, superficial

Dill M ⟨-(e)s; -e⟩ BOT aneto m

Dimensi'on [dimɛnzi'o:n] F dimensão f

'Dimmer ['dɪmɐ] M dimmer m

DIN® [di:n] ABK (Deutsche Industrienorm) Portugal:≈ NP (Norma Portuguesa)

DIN-A'4-Papier N papel m A4

Ding [dɪŋ] N ⟨-(e)s; -e⟩ coisa f; obje(c)to m; (Angelegenheit) assunto m; **guter ~** bem disposto; optimista; **vor allen ~en** sobretudo, antes de mais nada; **das geht nicht mit rechten ~en zu não é natural; ali há coisa; ein ~ der Unmöglichkeit** impossível; **ein ~ drehen** sl dar um golpe **'dingfest** ADJ **~ machen** prender **'dinglich** real, efe(c)tivo; concreto **'Dings(bums)** ⟨-; -⟩ 1 N umg coisa f, coiso m 2 M/F Person: fulano m, -a f

'Dinkel ['dɪŋkəl] M ⟨-s; o. pl⟩ espelta f, trigo m espelta

Diö'zese [diø'tse:zə] F diocese f

Diphthe'rie [dɪfta'ri:] F ⟨o. pl⟩ difteria f

Diph'thong [dɪf'tɔŋ] M ⟨-(e)s; -e⟩ ditongo m

Dipl.-Ing. ABK (Diplomingenieur) Eng. (engenheiro)

Di'plom [di'plo:m] N ⟨-(e)s; -e⟩ diploma m **Diplom...** IN ZSSGN oft diplomado (od licenciado) em ...

Diplo'mat [diplo'ma:t] M ⟨-en⟩ diplomata m/f **Diploma'tie** [diploma'ti:] F ⟨o. pl⟩ diplomacia f **diplo'matisch** diplomático; j-d diplomata

Di'plomforstwirt M engenheiro m silvicultor **Diplomingenieur** M engenheiro m **Diplomlandwirt** M engenheiro m agrónomo (bras *ô)

dir [di:ɐ] PRON ⟨dat v. du⟩ (para) ti; unbetont: te; **mit ~** contigo

di'rekt [di'rɛkt] A ADJ dire(c)to B ADV a. direito **Direkti'on** [dirɛktsi'o:n] F dire(c)ção f **Direktmandat** N POL mandato m dire(c)to

Di'rektor [di'rɛktɔr] M ⟨-s; -en [-'to:rən]⟩, **Direk'torin** [dirɛk'to:rɪn] F dire(c)tor/a m(f); HANDEL a. gerente m/f; Schule a.: reitor(a) m(f) **Direk'torium** [dirɛk'to:rium] N ⟨-s; Direktorien⟩ dire(c)ção f; junta f; POL dire(c)tório m

Di'rektübertragung F transmissão f dire(c)ta

Diri'gent(in) [diri'gɛnt] M(F) ⟨-en⟩ MUS regente m/f, chefe m de orquestra **diri'gieren** [diri'gi:rən] ⟨-⟩ reger, dirigir

'Dirne ['dɪrna] F prostituta f; umg puta f

dis [dɪs] N ⟨-; -⟩ MUS ré-sustenido m

'Discjockey ['dɪskdʒɔki] M ⟨-s; -s⟩ disco-jóquei m

'Disco ['dɪsko:] F ⟨-; -s⟩, **Disco'thek** [dɪsko'te:k] F discoteca f

'Disharmonie ['dɪsharmoni] F desarmonia f; dissonância f **dishar'monisch** desarmónico (bras *ô), desarmonioso; dissonante **Dis'kant** [dɪs'kant] M ⟨-(e)s; -e⟩ MUS tiple m

Dis'kette [dɪs'kɛtə] F IT disquete f; bras disquete m **Diskettenlaufwerk** N IT unidade f de disquetes, drive m de disquetes

'Diskjockey M → Discjockey

Dis'kont [dɪs'kɔnt] M ⟨-(e)s; -e⟩ desconto m **diskon'tieren** [dɪskɔn'ti:rən] ⟨-⟩ descontar **Diskontsatz** M taxa f de desconto

dis'kret [dɪs'kre:t] discreto **Diskreti'on** [dɪskretsi'o:n] F ⟨o. pl⟩ discrição f

diskrimi'nieren [dɪskrimi'ni:rən] ⟨-⟩ discriminar **Diskriminierung** F discriminação f

'Diskus ['dɪskus] M ⟨-; Disken od -se⟩ disco m

Diskussi'on [dɪskusi'o:n] F discussão f **Diskussionsleiter(in)** M(F) moderador(a) m(f)

'Diskuswerfen N lançamento m de disco **Diskuswerfer(in)** M(F) discóbolo m, -a f

disku'tieren [dɪsku'ti:rən] ⟨-⟩ discutir

Dis'pens [dɪs'pɛns] M, a. F ⟨-es; -e⟩ dispensa f **dispen'sieren** [dɪspɛn'zi:rən] ⟨-⟩ dispensar, eximir

Dis'play [dɪs'plɛ:] N ⟨-s, -s⟩ IT, TEL ecrã m, display m

dispo'nieren [dɪspo'ni:rən] ⟨-⟩ dispor (**über** akk de) **Dispositi'on** [dɪspozitsi'o:n] F disposição f **Dispositi'onskredit** M FIN linha f de crédito

Dis'put [dɪs'pu:t] M ⟨-(e)s; -e⟩ disputa f

disqualifi'zieren [dɪskvalifi'tsi:rən] ⟨-⟩ desqualificar

Dissertati'on [dɪsɛrtatsi'o:n] F UNIV tese f; dissertação f

Dissi'dent(in) [dɪsiˈdɛnt(ɪn)] M/F ⟨-en⟩ dissidente m/f
Disso'nanz [dɪsoˈnants] F dissonância f
Di'stanz [dɪˈstants] F distância f **distan'zieren** [dɪstanˈtsiːrən] ⟨-⟩ V/R **sich ~** afastar-se (**von** de)
¹**Distel** [ˈdɪstəl] F ⟨-; -n⟩ cardo m **Distelfink** M ⟨-(e)s; -e⟩ pintassilgo m
Di'strikt [dɪsˈtrɪkt] M ⟨-(e)s; -e⟩ distrito m
Diszi'plin [dɪstsiˈpliːn] F disciplina f (a. SPORT); (Fachrichtung) a. ramo m **diszipli'nar...** [dɪstsipliˈnaːr-] IN ZSSGN, **disziplinarisch** disciplinar **Diszipli'narstrafe** F pena f disciplinar **diszipli'niert** [dɪstsipliˈniːrt] disciplinado
¹**Diva** [ˈdiːva] F ⟨-; -s od Diven⟩ estrela f
Divi'dend [diviˈdɛnt] MATH M ⟨-en⟩ dividendo m **Divi'dende** F FIN dividendo m **divi'dieren** [diviˈdiːrən] ⟨-⟩ dividir; repartir **Divisi'on** [diviziˈoːn] F divisão f
¹**Diwan** [ˈdiːvaːn] M ⟨-s; -e⟩ divã m
DJ [diːˈdʒeː] M ABK ⟨-s; -s⟩ (Diskjockey) D.J. m (disc-jokey)
DM ABK (Deutsche Mark) hist marco alemão
d. M. ABK (dieses Monats) c.te (do mês corrente)
doch [dɔx] ADV **1** betont: sempre; Antwort auf verneinte Fragen: **~!** (pois) sim! (mit Wiederholung des Verbs); isso é que **2** unbetont: (aber) porém; nach Aufforderungen: então; porque (é que) não ...? (subj); Wunsch: oxalá (bras tomara) que (subj); **'ja ~!** sim!; tenha paciência!; bras claro que sim!; **'nicht ~!** não!; por favor, não!; **Sie wissen ~, dass ...** sabe muito bem que...; então não sabe que ...?
Docht [dɔxt] M ⟨-(e)s; -e⟩ torcida f, mecha f; bras pavio m
¹**Dock** [dɔk] N ⟨-(e)s; -s od -e⟩ doca f, estaleiro m
Dogge [ˈdɔɡə] F cão m de fila; dogue m
Dogma [ˈdɔɡma] N ⟨-s; Dogmen⟩ dogma m **dogm'atisch** [dɔɡˈmaːtɪʃ] dogmático
¹**Dohle** [ˈdoːlə] F gralha f, gralho m
¹**Doktor** [ˈdɔktɔr] M ⟨-s; -en [-ˈtoːrən]⟩ **1** UNIV doutor m; **seinen ~ machen** doutorar-se **2** (Arzt) médico m **Doktorarbeit** F UNIV tese f de doutoramento **Doktorwürde** F grau m de doutor
Doku'ment [dokuˈmɛnt] N ⟨-(e)s; -e⟩ documento m; (Bescheinigung) certificado m; **~e** pl a. documentação fsg **Dokumen'tarfilm** [dokumɛnˈtaːrfɪlm] M (filme m) documentário m **dokumen'tarisch** documental **dokumen'tieren** [dokumɛnˈtiːrən] ⟨-⟩ documentar
Dolch [dɔlç] M ⟨-(e)s; -e⟩ punhal m ¹**Dolchstoß** M, ¹**Dolchstich** M punhalada f

¹**Dolde** [ˈdɔldə] F umbela f
¹**Dollar** [ˈdɔlar] M ⟨-(s); -s, nach Zahlen -⟩ dólar m **Dollarzeichen** N símbolo m de dólar
¹**dolmetschen** [ˈdɔlmɛtʃən] V/T interpretar; traduzir; V/I servir de intérprete **Dolmetscher(in)** M/F intérprete m/f
Dom [doːm] M ⟨-(e)s; -e⟩ catedral f, sé f
Do'mäne [doˈmɛːna] F domínio m; senhorio m real **domi'nieren** [domiˈniːrən] ⟨-⟩ dominar; prevalecer
¹**Domino** [ˈdoːmino] N ⟨-s; -s⟩, M ⟨-s; -s⟩ dominó m ¹**Dominostein** M pedra f de dominó
¹**Dompfaff** M ⟨-en o -s; -en⟩ ZOOL dom-fafe m
¹**Donau** [ˈdoːnau] F ⟨-⟩ GEOG Danúbio m
¹**Donner** [ˈdɔnər] M trovão m **donnern** ⟨-re⟩ trovejar **Donnerschlag** M detonação f
¹**Donnerstag** [ˈdɔnərstaːk] M quinta-feira f **donnerstags** às quintas-feiras
¹**Donnerwetter** N trovoada f; fig sarilho m; **(zum) ~!** com mil raios!; bras raios me partam!
doof [doːf] umg pateta; parvalhão; bras a. bobo
¹**dopen** [ˈdoːpən] V/R **sich ~** dopar-se; **gedopt sein** estar dopado
¹**Doping** [ˈdoːpɪŋ] N ⟨-s; -s⟩ doping m **Dopingkontrolle** F controlo m anti-doping **Dopingsünder(in)** M/F culpado m, -a f de doping **Dopingtest** M teste m de doping
¹**Doppel** [ˈdɔpəl] N duplicado m; SPORT pares mpl; Tennis: double m
¹**Doppel...** IN ZSSGN **mit ~a** com dois aa (bras a. as) **Doppelbett** N ⟨-(e)s; -en⟩ cama f de casal **Doppel-CD** F CD m duplo **Doppeldecker** M biplano m **doppeldeutig** ambíguo, equívoco **Doppelehe** F bigamia f **Doppelfehler** M SPORT falta f dupla **Doppelfenster** N janela f dupla **Doppelgänger(in)** [ˈdɔpəlɡɛŋər(ɪn)] M/F sósia

m/f **Doppelkinn** N̄ papada f **doppelklicken** V/i **~ auf** (ac) fazer duplo clique em **Doppelkonsonant** M̄ ‹-en› consoante f dupla **Doppelmoral** F̄ ‹o. pl› moral f dupla **Doppelname** M̄ nome m duplo **Doppelpunkt** M̄ dois pontos mpl **doppelseitig** ['dɔpalzaɪtɪç] **A** ADJ duplo; bilateral **B** ADV a. por ambos os lados **Doppelsinn** M̄ ‹-(e)s; o. pl› duplo sentido m, ambiguidade f **doppelsinnig** ambíguo, equívoco **Doppelstecker** M̄ ELEK ficha f dupla **doppelt** dobro, duplo; *Buchführung* por partidas dobradas; **etw ~ haben** ter a/c repetido; **ein ~es Spiel spielen** fig fazer jogo duplo; **~ so viel, das Doppelte** o dobro, o duplo **doppelkohlensauer** ADJ CHEM **doppelkohlensaures Natrium** N̄ bicarbonato m de sódio **Doppelverdienst** M̄ ordenado m duplo **Doppelzimmer** N̄ quarto m de casal; *(Zweibettzimmer)* quarto m com duas camas **doppelzüngig** ['dɔpaltsʏnɪç] falso, ambíguo

Dorf [dɔrf] N̄ ‹-(e)s; ̈-er› aldeia f; *größeres*: povoação f **Dorfbewohner(in)** M/F(m) aldeão m, aldeã f **Dorfgemeinde** F̄ freguesia f; paróquia f

Dorn [dɔrn] M̄ ‹-(e)s, -en, TECH -e› espinho m; TECH espigão m; **j-m ein ~ im Auge sein** fig ser antipático a alg **Dornbusch** M̄ sarça(l) f(m), espinheiro m **'dornig** espinhoso **Dornröschen** ['dɔrnrøːsçən] N̄ Bela Adormecida f **Dornwarze** F̄ verruga f plantar

'dörren ['dœrən] secar, torrar **Dörrobst** N̄ fruta f seca

Dorsch [dɔrʃ] M̄ ‹-(e)s, -e› (a)badejo m

dort [dɔrt] ADV ali, (aco)lá; *beim Angeredeten*: aí **'dorther** ADV (von) ~ dali, de lá **'dorthin** ADV (para) lá **'dortig** ADJ dali

'Dose ['doːzə] F̄ caixa f; *(Blechdose)* lata f; *(Tabakdose)* tabaqueira f

'dösen ['døːzən] ‹-t› dormitar

'Dosenfleisch N̄ carne f de conserva; *bras* carne f enlatada **Dosenmilch** F̄ ‹o. pl› leite m condensado **Dosenöffner** ['doːzənœfnar] M̄ ‹-s; -› abre-latas m; *bras* abridor m de latas

do'sieren [do'ziːrən] ‹-› dos(e)ar, dosificar **'Dosis** ['doːzɪs] F̄ ‹-; Dosen› dose f

'Dotter ['dɔtar] M̄/N̄ gema f (de ovo)

'Download ['daʊnloːt] N̄ ‹-s; -s› download m, descarregamento m **downloaden** ['daʊnloːdən] V/T fazer um download, descarregar dados

'Down-Syndrom ['daʊnzyndroːm] N̄ ‹-s; o. pl› síndrome m (od sindroma f) de Down; **mit ~** com síndrome m (od sindroma m) de Down

Do'zent(in) [do'tsɛnt(ɪn)] M/F ‹-en› docente m/f; professor m agregado, professora f agregada **do'zieren** [do'tsiːrən] ‹-› ensinar

Dr. ABK (Doktor) Doutor(a) (med. em medicina; jur. em direito; phil. em letras)

'Drache ['draxə] M̄ ‹-ns; -n› dragão m

'Drachen ['draxən] M̄ ‹-s; -› **1** *(Papierdrachen)* papagaio m **2** SPORT asa f delta **3** fig *(zänkische Frau)* fúria f **Drachenfliegen** N̄ ‹-s; o. pl› voo m *(bras* vôo m) de asa delta

Dra'gee [dra'ʒeː] N̄ ‹-s; -s› drageia f; *bras* drágea f

Draht [draːt] M̄ ‹-(e)s; ̈-e› arame m; fio m metálico; *(Eisendraht)* fio m de ferro; ELEK *(Leitungsdraht)* fio m elé(c)trico; **auf ~ sein** umg fig estar esplêndido; **e-n direkten ~ zu j-m haben** estar em conta(c)to directo com alg **'Drahtbürste** F̄ escova f de arame; *bras* escova f de aço **'Drahtgeflecht** N̄, **'Drahtgitter** N̄ rede f *(bras* tela f) de arame **'drahtlos** sem fios **'Drahtschere** F̄ tesoura f corta-arame **'Drahtseil** N̄ cabo m de arame **'Drahtseilbahn** F̄ teleférico m **'Drahtverhau** N̄ arame m farpado **'Drahtzange** F̄ alicate m **'Drahtzaun** M̄ rede f *(od cerca f)* de arame **'Drahtzieher** ['draːttsiːar] M̄ fig tramador m; maquinador m

dra'konisch [dra'koːnɪʃ] draconiano

drall [dral] ADJ *Person* rijo e cheio

Drall [dral] M̄ ‹-(e)s; -e› TECH estria f; torcedura f; *e-s Balls etc*: desvio m

'Drama ['draːma] N̄ ‹-s; Dramen› drama m **Dramatiker** [dra'maːtɪkar] M̄ dramaturgo m; autor m dramático **dramatisch** [dra'maːtɪʃ] dramático **dramati'sieren** [dramati'ziːrən] ‹-› dramatizar **Drama'turg** [drama'tʊrk] M̄ ‹-en›, **Drama'turgin** F̄ dire(c)tor(a) m(f) artístico, -a

dran ADV umg → **daran** **'dranbleiben** umg an e-r Sache: continuar a tratar de

a/c
Drang [draŋ] M ⟨-(e)s; o. pl⟩ (Trieb) impulso m, ímpeto m; MED puxo m; (Bedrängnis) aperto m; pressão f; a. → Sturm 3
'drängeln ['drɛŋəln] ⟨-le⟩ umg empurrar
'drängen ['drɛŋən] A VT empurrar; fig impelir, estimular; **zur Eile** ~ urgir B VI urgir; ~ **auf** (akk) insistir em C V/R **sich** ~ *Volk* aglomerar-se; *Ereignisse* precipitar-se; **sich durch** ... ~ romper por entre ...
'Drängen N impulso m; (Bitte) instâncias fpl; **auf** ~ **von** a pedido insistente de
drangsa'lieren [draŋza'liːrən] ⟨-⟩ vexar, atormentar
drä'nieren [drɛ'niːrən] ⟨-⟩ drenar, escoar
drankommen ⟨s.⟩ umg chegar à sua vez
dra'pieren [dra'piːrən] ⟨-⟩ drapear
'drastisch ['drastɪʃ] drástico; forte, enérgico
drauf [drauf] ADV umg → darauf; ~ **und dran sein zu** (inf) estar para (od a ponto de); **gut** ~ **sein** estar numa boa
'Draufgänger ['draufgɛŋɐr] M valente m; homem m corajoso **'draufgehen** ⟨s.⟩ umg gastar-se; sl (sterben) morrer
drauf'los ADV umg à toa **drauflosgehen** ⟨s.⟩ ir dire(c)tamente (**auf** akk para)
'draußen ['drausən] ADV fora; (im Freien) ao ar livre; **nach** ~ **gehen** sair, ir para fora
'Drechselbank ['drɛksəlbaŋk] F torno m
drechseln ⟨-le⟩ tornear **'Drechsler** ['drɛkslɐr] M torneiro m **Drechsle'rei** [drɛkslə'raɪ] F tornearia f
Dreck [drɛk] M ⟨-(e)s; o. pl⟩ porcaria f; bras sujeira f; (Müll) lixo m; (Schlamm) lama f; (Schmutz), a. fig imundícia f; vulg merda f **'dreckig** umg sujo (a. fig)
Dreh [dreː] M ⟨-(e)s; -e od -s⟩ sl jeito m; **den** ~ **heraushaben** (bei etw) conhecer o segredo (de a/c) **'Dreharbeiten** FPL FILM filmagens fpl **'Drehbank** F torno m **'drehbar** giratório **'Drehbleistift** M lapiseira f **'Drehbuch** N FILM argumento m **'Drehbuchautor(in)** M(F) ⟨-s; -en⟩ argumentista m/f **'Drehbühne** F palco m giratório
'drehen ['dreːən] ⟨h.⟩ A VT & VI virar; voltar (a rodar); TECH dar volta a; torcer; *Film* realizar; rodar (a. *Knopf*); ~ **und wenden** virar e revirar B V/R **sich** ~ girar (**um** em volta de); **sich** ~ **um** fig a. tratar-se de; *Unterhaltung* versar sobre; **alles dreht sich um ihn** ele é o centro
'Dreher M torneiro m **'Drehkreuz** N ⟨-es; -e⟩ torniquete m, molinete m; bras borboleta f **'Drehmoment** N ⟨-(e)s; o. pl⟩ PHYS momento m de rotação **'Drehorgel** F realejo m **'Drehpunkt** M centro m de rotação **'Drehscheibe** F torno m; falca f; BAHN placa f giratória **'Drehstrom** M ⟨-(e)s; o. pl⟩ ELEK corrente f trifásica **'Drehstuhl** M cadeira f giratória **'Drehtür** F porta f giratória; umg parasita m **'Drehung** F volta f (a. MIL); TECH rotação f **'Drehzahl** F número m de rotações **'Drehzahlmesser** M taquímetro m

drei [draɪ] NUM três; ~ **Viertel** três quartos
Drei F três m; *Karte*: terno m **'Dreiakter** ['draɪʔaktɐr] M peça f em três a(c)tos **'Dreieck** N ⟨-(e)s; -e⟩ triângulo m **'dreieckig** triangular **Drei'einigkeit** F ⟨o. pl⟩ Trindade f **'dreierlei** ['draɪɐrlaɪ] ADJ ⟨inv⟩ de três espécies; três ... diferentes **'dreifach** triplo, tríplice **Drei'faltigkeit** F ⟨o. pl⟩ Trindade f **'dreifarbig** tricolor **'Dreifuß** M tripeça f, tripé m; trípode f
'dreihundert NUM trezentos **'Dreihundert'jahrfeier** F tricentenário m **'dreihundertste(r)** M(F/M) trecentésimo m, -a f **'Dreihundertstel** N trecentésimo m
'dreijährig ['draɪjɛːrɪç] de três anos, trienal **'dreikantig** de três cantos; triangular **'Dreiklang** M trítono m **Drei'königstag** M ⟨-(e)s; o. pl⟩ Dia m dos (bras de) Reis **'dreimal** ADV três vezes **'dreimalig** três vezes repetido **'dreimonatig** trimestral **'dreimonatlich** ADV de três em três meses **'dreimotorig** trimotor
'dreinreden ⟨-e-⟩ umg intrometer-se na conversa; **j-m** ~ tentar influenciar alg **Dreirad** N triciclo m **Dreisatz** M ⟨-es; o. pl⟩ MATH regra f de três **dreiseitig** MATH trilateral, trilato **dreisprachig** ['draɪʃpraːxɪç] trilíngue **Dreisprung** M triplo-salto m
'dreißig ['draɪsɪç] NUM trinta **Dreißiger(in)** ['draɪsɪgɐr(ɪn)] M(F) homem m, mulher f de trinta anos; **in den ~n** (sein)

(andar) na casa dos trinta **dreißigjährig** ['draɪsɪçjɛːrɪç] de trinta anos **dreißigste(r)** ['draɪsɪçstə(r)] M/F(M) trigésimo m, -a f **Dreißigstel** ['draɪsɪçstəl] N trigésimo m

dreist [draɪst] atrevido; ousado

'dreistellig ['draɪʃtɛlɪç] de três algarismos

'Dreistigkeit [draɪstɪçkaɪt] F atrevimento m, ousadia f

'dreistimmig ['draɪʃtɪmɪç] A ADJ de três vozes B ADV a três vozes **dreistöckig** ['draɪʃtœkɪç] de três andares (od pisos) **dreistündig** ['draɪʃtʏndɪç] de três horas **dreitägig** ['draɪtɛːɡɪç] de três dias **dreitausend** NUM três mil **Dreiteiler** M TV série f em três episódios; *Kleidung*: fato m (od conjunto m) de três peças **dreiteilig** ['draɪtaɪlɪç] de três partes, tripartido **Dreiteilung** F tripartição f; divisão f em três partes **Drei'vierteltakt** M ⟨-(e)s; o. pl⟩ compasso m ternário, compasso m de valsa **Dreizack** ['draɪtsak] M ⟨-(e)s; -e⟩ tridente m **dreizehn** NUM treze **dreizehnte(r)** NUM décimo terceiro **Dreizehntel** N décima terceira parte f

'Dresche ['drɛʃə] *umg* F ⟨o. pl; od art⟩ pancada f, surra f **dreschen** VT/I malhar **Dreschen** N malhada f **Drescher** M malhador m **Dreschmaschine** F debulhadora f

'Dresden [ˈdreːsdən] GEOG Dresde (o. art)

dres'sieren [drɛˈsiːrən] ⟨-⟩ adestrar

Dressing ['drɛsɪŋ] N ⟨-s; -s⟩ GASTR molho m para saladas

Dres'sur [drɛsuːɐ] F adestramento m

'dribbeln ['drɪbəln] ⟨-le⟩ SPORT driblar

Drift [drɪft] F ⟨-; -en⟩ SCHIFF corrente f

Drill M ⟨-(e)s; o. pl⟩ MIL exercício m, disciplina f **'Drillbohrer** M TECH berbequim m, broca f **'drillen** fazer girar, verrumar; adestrar; MIL a. disciplinar

'Drillich M ⟨-(e)s; -e⟩ trespano m

Drilling ['drɪlɪŋ] M ⟨-s; -e⟩ trigémeo (*bras* trigêmeo) m; TECH carrete m, rodinha f; **~e pl** três gémeos (*bras* gêmeos) m

Drillings... IN ZSSGN de três..., triplo, tri...

drin ADV *umg* → darin, drinnen

'dringen[1] ['drɪŋən] ⟨s.⟩ **~ aus** sair de; **~ durch** trespassar; (com)penetrar; **~ in** (*akk*) penetrar em; **~ bis zu** chegar até **'dringen**[2] ⟨h.⟩ (*drängen*) urgir; **auf** (*akk*) **~** insistir em; **in j-n ~** instar com alg, solicitar de alg; **gedrungen** *Wuchs* baixo(te) **dringend** ADJ, **dringlich** A ADJ urgente; *Gefahr* iminente B ADV *bitten* com insistência; **~e Bitte** instância f **Dringlichkeit** F ⟨o. pl⟩ urgência f **Dringlichkeitsstufe** F grau m de urgência

'drinnen ['drɪnən] ADV por dentro, lá dentro, no interior

dritt ADV **zu ~** aos três **'dritte(r)** ADJ terceiro **Drittel** N terço m **'dritteln** ⟨-le⟩ dividir em três partes, tripartir **'drittens** ADV (em) terceiro (lugar)

'Droge ['droːɡə] F droga f; **harte/weiche ~** droga pesada/leve **drogenabhängig** toxicómano (*bras* -ô), tóxico-dependente **Drogenberatungsstelle** F centro m de apoio a tóxico-dependentes **Drogenhandel** M ⟨-s; o. pl⟩ negócio m de drogas **Drogenhändler** M vendedor m (od negociante) de drogas **Drogensucht** F toxicomania f **drogensüchtig** toxicómano (*bras* *ô) **Drogensüchtige(r)** M/F(M) ⟨-n⟩ toxicómano m, -a f (*bras* *ô)

Droge'rie [droɡaˈriː] F drogaria f **Drogist(in)** M(F) ⟨-en⟩ droguista m/f

'Drohbrief ['droːbriːf] M carta f de ameaça **drohen** (*dat*) ameaçar; *Unheil* a. estar iminente **drohend** ADJ ameaçador; iminente

'Drohne ['droːnə] F abelhão m, zangão m

'dröhnen ['drøːnən] ribombar, a. *fig* retumbar

'Drohung ['droːʊŋ] F ameaça f

'drollig ['drɔlɪç] engraçado

Drome'dar [dromeˈdaːɐ] N ⟨-s; -e⟩ dromedário m

'Droschke ['drɔʃkə] F coche m; fiacre m **'Drossel** ['drɔsəl] F ⟨-; -n⟩ tordo m; (*Schwarzdrossel*) melro m **Drosselklappe** F válvula f estranguladora (od estrangulação) **drosseln** ⟨-le⟩ estrangular **Drosselspule** F bobina f de choque **Drosselung** F estrangulação f, estrangulamento m

'drüben ['dryːbən] ADV além; acolá; no outro lado; (*a. von ~*) do outro lado, da outra banda; **nach ~** para o outro lado

'drüber ADV umg → darüber, drunter
Druck [drʊk] M ⟨-(e)s; ⸚e⟩ pressão f (a. fig); (Last) peso m; MED (u. Bedrückung) opressão f; TYPO ⟨pl -e⟩ impressão f, edição f; (Bild) estampa f; **unter ~**, umg **im ~** no prelo, em impressão, a imprimir-se; fig **unter ~**, umg **im ~** sob pressão; sob stress **'Druckbogen** M folha f; prova f **'Druckbuchstabe** M ⟨-n⟩ tipo, m de imprensa
'Drückeberger ['drʏkəbɛrɡər] M umg cobarde m; bras covarde m, poltrão m
'druckempfindlich sensível a pressão
'drucken ['drʊkən] TYPO imprimir; *Exemplar* tirar; TECH estampar; **lügen wie gedruckt** mentir como um livro
'drücken ['drʏkən] apertar; *Hand* a. estender; *Knopf, Schalter* carregar; (schieben) empurrar; *Preise* (fazer) baixar; (zusammendrücken) comprimir; **~ auf** (akk) oprimir; (lasten) pesar sobre; fig deprimir; **sich ~ (vor** dat) esquivar-se (a), subtrair-se (a); safar-se (de); → gedrückt fig **drückend** ADJ pesado; *Luft* abafado(r), abafante; *Hitze* sufocante
'Drucker ['drʊkər] M *Person*: impressor m, tipógrafo m; IT *Gerät*: impressora f
'Drücker ['drʏkər] M **1** (Türdrücker) tranqueta f; puxador m **2** *Gewehr*: gatilho m; disparador m
Drucke'rei [drʊkəˈraɪ] F tipografia f
'Druckerpresse F prelo m **'Druckerschwärze** F⟨o. pl⟩ tinta f
'Druckfahne F granel m **Druckfehler** M errata f, gralha f **'druckfertig** pronto a imprimir **'Druckkabine** câmara f de pressão **Druckkessel** M autoclave f **Druckknopf** M (botão m de) mola f; TECH botão m de pressão; bras a. pulsador m
'Drucklegung ['drʊklegʊŋ] F impressão f **Druckluft** F⟨o. pl⟩ ar m comprimido **Druckluftbremse** F travão m (bras freio m) pneumático **Druckmesser** M TECH manómetro m (bras *-ô*)
Druckmittel N fig meio m coercivo
Druckpumpe F bomba f de pressão
Drucksache F impresso m **Druckschrift** F impresso m; **in ~** em cara(c)teres de imprensa **Druckstelle** F marca f; mancha f **Druckwelle** F onda f de pressão; TECH veio m de impulso
drum ADV umg → darum; **Drum und Dran** N pormenores mpl; **mit allem Drum und Dran** a. com todos os pertences

'drunten ['drʊntən] ADV **(da) ~** (lá) em baixo **'drunter** → darunter; **~ und drüber gehen** estar numa grande confusão
'Drüse ['dry:zə] F glândula f **Drüsenentzündung** F adenite f
'Dschungel ['dʒʊŋəl] M selva f
'Dschunke ['dʒʊŋkə] F junco m
du [du:] PRON tu; **~ +** subst seu, sua ...; **auf Du und Du stehen** dar-se por tu; ser muito íntimo; **mit Du anreden** tratar por tu
'Dübel ['dy:bəl] M bucha f
Du'blee [duˈbleː] N ⟨-s; -s⟩ plaqué m, casquinha f
Du'blette [duˈblɛtə] F peça f dupla; (Fälschung) imitação f
'ducken ['dʊkən] (a)baixar (a proa), fig a. humilhar; **sich ~** abaixar-se, rojar-se (a. fig) **Duckmäuser** ['dʊkmɔʏzər] M umg rojador m; bras palerma m
'dudeln ['du:dəln] ⟨-le⟩ sanfoninar **Dudelsack** M gaita f (de foles) **Dudelsackpfeifer** M gaiteiro m; bras tocador m de gaita de foles
Du'ell [duˈɛl] N ⟨-s; -e⟩ duelo m **Duel'lant** [duˈɛlant] M ⟨-en⟩ duelista m **duel'lieren** [duɛˈliːrən] ⟨-⟩ V/R **sich ~** bater-se (em duelo)
Du'ett [duˈɛt] N ⟨-(e)s; -e⟩ MUS duo m, dueto m
Duft M ⟨-(e)s; ⸚e⟩ perfume m, cheiro m, aroma m, odor m **'duften** ⟨-e-⟩ cheirar **(nach a) 'duftend** ADJ aromático, vaporoso; **stark ~** re(s)cendente; *poet* oloroso
'duftig perfumado; vaporoso; (leicht) airoso **Duftkerze** F vela f perfumada
'dulden ['dʊldən] ⟨-e-⟩ (ertragen) sofrer, padecer, aguentar; (gestatten) tolerar; **geduldet sein** JUR ter uma autorização excepcional de estadia **duldsam** tolerante **Duldung** F JUR autorização f excepcional de estadia
dumm [dʊm] ⟨⸚er; ⸚ste⟩ parvo, tolo; bras a. bobo; ignorante; **~e Geschichte** f fig coisa f aborrecida; bras a. história f chata; situação f desagradável; **~e Sache** f → Dummheit; **~es Zeug** n disparate(s) m(pl); bras bobagem f; **sich ~ stellen** fazer-se parvo (bras de bobo); **der/die Dumme sein** ficar a perder; bras fazer pa-

pel de bobo **'dummdreist** impertinente **'Dummheit** F̲ parvoíce f; tolice f; bras bobagem f **'Dummkopf** M̲ imbecil m/f; umg parvo m, -a f
dumpf [dumpf] Klang surdo, abafado, a. Luft pesado; Raum (h)úmido; (gefühllos) embrutecido; apático **'Dumpfbacke** F̲ Schimpfwort: bronco m, -a f; tosco m, -a f
'Dumpingpreis ['dampɪŋpraɪs] M̲ HANDEL preço m de dumping
'Düne ['dy:nə] F̲ duna f
Dung [duŋ] M̲ ⟨-(e)s; o. pl⟩ estrume m, sterco m
'Düngemittel ['dyŋəmɪtəl] N̲ adubo m **düngen** adubar, estrumar **Dünger** M̲ estrume m
'Dunggrube F̲, **Dunghaufen** M̲ esterqueira f, estrumeira f
'Düngung ['dyŋuŋ] F̲ adubação f, adubamento m, estrumação f
'dunkel ['duŋkəl] A̲D̲J̲ ⟨-kl-⟩ escuro; sombrio; obscuro; (geheim) oculto; misterioso; (undurchsichtig) nebuloso; ~ **werden** escurecer(-se), abends: anoitecer **'Dunkel** ['duŋkəl] N̲ ⟨-s; o. pl⟩ escuridão f; **im ~n** às escuras
'Dünkel ['dyŋkəl] M̲ ⟨-s; o. pl⟩ presunção f; petulância f
'dunkelbraun castanho escuro; moreno **dunkelgrün** verde-escuro
'dunkelhäutig ['duŋkəlhɔʏtɪç] de pele escura, moreno **Dunkelheit** F̲ escuridão f; obscuridade f; **bei einbrechender ~** ao anoitecer **Dunkelkammer** F̲ FOTO câmara f escura **dunkeln** V̲/̲U̲N̲P̲E̲R̲S̲ ⟨-le-⟩ escurecer(-se); abends: anoitecer **dunkelrot** encarnado
dünn [dyn] A̲D̲J̲ delgado; magro; Kaffee fraco; Haar raro **'Dünndarm** M̲ intestino m delgado **'Dünndruckpapier** M̲ papel m da Índia, papel m Oxford (od bíblia) **'dünnflüssig** fluido **dünnmachen** V̲/̲R̲ umg **sich ~**, a. **sich dünnemachen** safar-se, pôr-se ao largo
Dunst [dunst] M̲ ⟨-es; ⸚e⟩ vapor m; fig fumo m; **keinen (blassen) ~ haben** umg não ter a mínima ideia (bras ideia); não saber patavina **(von de)**; **sich keinen blauen ~ vormachen lassen** umg não se deixar intrujar (od enganar) **'Dunstabzug** M̲ Küche: exaustor m de cheiros; bras coifa f

'dünsten ['dynstən] ⟨-e-⟩ estufar
'Dunstglocke F̲ campânula f de bruma; capacete **dunstig** vaporoso, húmido; bras úmido **Dunstkreis** M̲ atmosfera f
'Dünung ['dy:nuŋ] F̲ SCHIFF ressaca f, movimento m das ondas
Duo ['du:o] N̲ ⟨-s; -s⟩ MUS duo m, dueto m
Dupli'kat [dupli'ka:t] N̲ ⟨-(e)s; -e⟩ duplicado m
Dur [du:r] N̲ ⟨-⟩ MUS (tom m) maior m
durch [durç] A̲ P̲R̲Ä̲P̲ ⟨akk⟩ por (meio de), mediante, através de (a. **quer ~**); (geteilt) dividido por; **~ vieles + inf** devido a ... B̲ A̲D̲V̲ **~ und ~** completamente; de cima para baixo; **die Nacht ~** pela noite fora; **~ sein** ter passado; Examen a.: ter sido aprovado; MED estar fora do perigo; etw estar partido
'durcharbeiten ⟨-e-⟩ A̲ V̲/̲T̲ estudar; elaborar; Teig amassar B̲ V̲/̲I̲ não interromper o trabalho **~ nicht** (não ...) de modo nenhum; **~ nicht leicht** nada fácil **'durchbeißen** partir com os dentes, trincar; **sich ~** fig desembaraçar-se, vencer as dificuldades **'durchblasen** insuflar **'durchblättern** ⟨-re-⟩ folhear **'Durchblick** M̲ ⟨-(e)s; -e⟩ vista f **'durchblicken** V̲/̲I̲ ver; umg fig perceber, entender; **~ lassen** fig deixar entrever, dar a entender, dar a perceber **Durch'blutung** F̲ circulação f do sangue
'durchbohren[1] V̲/̲T̲ Wand, Brett etc perfurar
durch'bohren[2] V̲/̲T̲ fig mit Blicken: trespassar, fulminar
'durchbrechen[1] A̲ V̲/̲T̲ quebrar, abrir, romper; perfurar; **in der Mitte ~** partir em dois B̲ V̲/̲I̲ ⟨s.⟩ (ir) romper (a. MIL)
durch'brechen[2] V̲/̲T̲ ⟨-⟩ (zerbrechen) romper; fig Regel quebrar
'durchbrennen V̲/̲I̲ ⟨s.⟩ 1 ELEK fundir-se; ir(-se) abaixo, vir abaixo; Sicherung (ar)rebentar 2 umg (fliehen) fugir, evadir-se **'durchbringen** A̲ V̲/̲T̲ örtlich: Kandidaten, Gesetz fazer passar; Kranke conseguir salvar; Geld dissipar B̲ V̲/̲T̲ **sich ~** ganhar a sua vida **durch'brochen** [durç'brɔxən] A̲ P̲P̲ v. ~ durch'brechen B̲ A̲D̲J̲ aberto; **~e Arbeit** bordado m a cri-

vo **'Durchbruch** M ⟨-(e)s; ⸚e⟩ ru(p)tura f, rompimento m (a. MIL, MED); Wasserdurchbruch: trasbordamento m; perfuração f; abertura f, brecha f; **zum ~ kommen** manifestar-se **durch'denken** (akk) meditar sobre; pensar em; examinar a fundo **'durchdrängen** romper (**durch** por); **sich ~** abrir caminho (**durch** por) **'durchdrehen** A V/T Fleisch picar; passar B V/I **1** Räder etc girar M em falso **2** umg Person perder a cabeça; desatinar

durch'dringen¹ [dʊrçˈdrɪŋən] V/T ⟨-⟩ (com)penetrar

'durchdringen² [ˈdʊrçdrɪŋən] V/I ⟨s.⟩ penetrar; fig prevalecer, acabar por impor-se; **zu j-m ~** (j-n erreichen) conseguir alcançar alg **durchdringend** ADJ penetrante **Durch'dringung** [dʊrçˈdrɪŋʊŋ] F ⟨o. pl⟩ (com)penetração f; **wechselseitige ~** interpenetração f **'durchdrücken** romper; Knie tender; fig conseguir **durch'eilen** ⟨-⟩ percorrer

durchei'nander [dʊrçʔaɪˈnandər] ADV confundido, misturado; sem distinção; **~ bringen, ~ mengen, ~ werfen** confundir, misturar; atrapalhar, barafundar **'Durcheinander** [ˈdʊrçʔaɪnandər, -ˈnandər] N ⟨-s; -⟩ confusão f, trapalhada f; bras afobação f, bagunça f

durch'fahren¹ [dʊrçˈfaːrən] V/T ⟨-⟩ transitar, atravessar, passar por

'durchfahren² [ˈdʊrçfaːrən] V/I ⟨s.⟩ (ohne Halt) não parar; **~ durch** passar por **'Durchfahrt** F passagem f; SCHIFF a. travessia f **Durchfall** M MED diarreia (bras *é) f, soltura f; THEAT fracasso m **durchfallen** ⟨s.⟩ cair mal, fracassar; Prüfung ficar mal (od reprovado), umg chumbar; **j-n ~ lassen** reprovar alg **durchfechten** defender (até vencer) **durchfinden** V/I (& V/R) (**sich**) **~** orientar-se

durch'fliegen¹ [dʊrçˈfliːɡən] V/T ⟨-⟩ voar por; FLUG atravessar; fig folhear

'durchfliegen² [ˈdʊrçfliːɡən] V/I ⟨s.⟩ passar; FLUG não fazer escala; umg → durchfallen

durch'fließen¹ [dʊrçˈfliːsən] V/T ⟨-⟩ atravessar, correr por

'durchfließen² [ˈdʊrçfliːsən] V/I ⟨-ßt⟩ passar (sem obstáculos)

'durchforschen ⟨-⟩ investigar; Land explorar **'durchfragen** V/R **sich ~** perguntar até encontrar o caminho **durch-'froren** [ˈdʊrçfroːrən] ADJ gelado de frio **'durchführbar** [ˈdʊrçfyːrbaːr] realizável; exequível **durchführen** (begleiten) conduzir; fig realizar; levar a efeito; efe(c)tuar **Durchführung** F realização f, execução f; efe(c)tivação f; TECH travessia f **Durchführungsbestimmungen** FPL decreto msg (od modalidades fpl) de execução (od de aplicação) **durch'furchen** [dʊrçˈfʊrçən] ⟨-⟩ sulcar **'durchfüttern** ⟨-re⟩ sustentar; bras alimentar **'Durchgang** M ⟨-s; ⸚gänge⟩ passagem f; abertura f; Zug: corredor m; Verkehr: trânsito m **'durchgängig** A ADJ geral, universal; corrente B ADV sem exce(p)ção

'Durchgangsbahnhof M estação f de trânsito **Durchgangsverkehr** M ⟨-s; o. pl⟩ trânsito m

'durchgeben Nachricht transmitir **'durchgebraten** ADJ bem passado **'durchgefroren** ADJ gelado de frio **'durchgehen** A V/I ⟨s.⟩ passar; atravessar; (weglaufen) evadir-se; Pferd tomar o freio nos dentes B V/T ⟨h. u. s.⟩ **noch einmal etw ~** rever; **j-m etw ~ lassen** deixar passar a/c a alg **'durchgehend** ADJ contínuo; BAHN dire(c)to; HANDEL de trânsito; (allgemein) geralmente, sem exce(p)ção; de ponta a ponta

'durchgeknallt ADJ sl maluco; louco; **völlig ~ sein** estar completamente louco **'durchgreifen** fig impor-se; **(hart) ~** tomar medidas eficientes **'durchgreifend** ADJ radical; enérgico **'durchhalten** resistir, manter-se firme; aguentar; **nicht ~** ir(-se) abaixo, vir abaixo **'Durchhaltevermögen** N força f de resistência **'durchhauen** partir, cortar; (prügeln) espancar **'durchhecheln** ⟨-le⟩ TECH cardar, rastelar; fig falar mal de **'durchhelfen** tirar duma dificuldade; **sich ~** ir-se vivendo

'durchkämmen¹ [ˈdʊrçkɛmən] V/T Haare pentear

durch'kämmen² [dʊrçˈkɛmən] V/T ⟨-⟩ (durchsuchen) passar a pente fino **'durchkämpfen** V/I (& V/R) (**sich**) **~** lutar (até vencer) **'durchkauen** mastigar bem; umg fig repetir, repassar **'durchkneten** ⟨-e-⟩ amassar bem **'durch-

kommen ⟨s.⟩ passar; *Prüfung a.* ficar aprovado; MED ser (*bras* estar) curado
'durchkönnen poder passar
durch'kreuzen [dʊrçˈkrɔytsən] V̄T ⟨-⟩ (*durchfahren*) cruzar; *fig Pläne* (*vereiteln*) contrariar
'Durchlass M̄ ⟨-es; ⸚e⟩ abertura *f*, passagem *f* **'durchlassen** deixar passar
'durchlässig permeável, poroso
'durchlaufen¹ A V̄I ⟨s.⟩ *Wasser* repassar B V̄T *Sohlen* gastar; **sich** (*dat*) **die Füße ~** ficar com os pés a doer (*bras* doendo)
durch'laufen² V̄T ⟨-⟩ *Gebiet* percorrer; *Schule, Ausbildung* completar
'Durchlauferhitzer M̄ esquentador *m* de água; *bras* aquecedor *m* **durch'leben** ⟨-⟩ passar (por), atravessar **'durchlesen** percorrer; (*acabar de*) ler **'durchleuchten** ⟨-e-; -⟩ MED fazer uma radioscopia (**etw** de a/c) **Durch-'leuchtung** [dʊrçˈlɔyçtʊŋ] F̄ MED radioscopia *f* **durch'löchern** [dʊrçˈlœçɐrn] ⟨-re; -⟩ perfurar; esburacar **'durchlüften** ⟨-e-⟩ arejar **'durchmachen** V̄T passar por; (*dulden*) aguentar, sofrer; *umg* **die Nacht ~** fazer noitada
'Durchmarsch M̄ passagem *f*
'Durchmesser M̄ diâmetro *m*
durch'nässen ⟨-t; -⟩ molhar, encharcar **'durchnehmen** ensinar; dar **'durchpausen** ⟨-t⟩ calcar **'durchprobieren** ⟨-⟩ provar um atrás do outro **durch'queren** [dʊrçˈkveːrən] ⟨-⟩ atravessar **Durch'querung** F̄ travessia *f* **'durchrasseln** ⟨-le; s.⟩ *umg Prüfung* ficar chumbado; *bras* levar pau **'durchrechnen** V̄T ⟨-e-⟩ calcular; **noch einmal ~** rever **'durchregnen** ⟨-e-⟩ chover para dentro **'Durchreiche** F̄ guiché *m*, *bras* guichê *m* **'Durchreise** [ˈdʊrçraɪzə] F̄ passagem *f*; **auf der ~** (**sein**) (estar) de passagem **'durch'reisen** ⟨-t; s.⟩ V̄T passar, atravessar
'durchreißen V̄T ⟨h.⟩, V̄I ⟨s.⟩ romper (-se); *Papier etc* rasgar(-se) **'durchringen** V̄R **sich zu etw ~** conseguir a/c
'durchrühren passar (pelo passador)
durchs [dʊrçs] PRÄP & ART (durch das) → durch
'Durchsage F̄ aviso *m*; mensagem *f*
durchsagen TEL telefonar; anunciar; transmitir
'durchschauen¹ [ˈdʊrçʃaʊən] V̄I ver; *Text* ler
durch'schauen² [dʊrçˈʃaʊən] V̄T ⟨-⟩ *fig* (*erkennen*) descobrir; (*verstehen*) perceber; *umg* topar
'durchscheinen transparecer, transluzir, passar **'durchscheinend** ADJ transparente **'durchscheuern** ⟨-re⟩ MED **sich die Haut ~** escoriar-se **'durchschimmern** ⟨-re⟩ → durchscheinen **'durchschlafen** dormir (sem despertar)
'Durchschlag M̄ *Schreibmaschine*: cópia *f*; (*Sieb*) passador *m*, coador *m* **'durchschlagen¹** A V̄T passar; copiar; *Band* percutir, atravessar; *Sicherung* fundir B V̄I (*Erfolg haben*) ter êxito, ser eficaz C V̄R **sich ~** ir(-se) vivendo; MIL abrir caminho (**durch** por), conseguir atravessar
durch'schlagen² V̄T ⟨-⟩ atravessar, percutir; romper
'durchschlagend ADJ *Erfolg* completo; retumbante **'Durchschlagpapier** N̄ ⟨-s; *o. pl*⟩ papel *m* para cópias **'Durchschlagkraft** F̄ ⟨*o. pl*⟩ (força *f* de) penetração *f* (*od* [de] percussão *f*); efeito *m*
'durchschlängeln V̄R **sich ~** serpentear; *fig* furar **'durchschleusen** ⟨-t⟩ fazer passar (por uma represa) **'durchschmuggeln** ⟨-le⟩ passar (de) contrabando
'durchschneiden¹ [ˈdʊrçʃnaɪdən] (*in zwei Teile schneiden*) *Brot etc* cortar ao meio, partir em dois
durch'schneiden² [dʊrçˈʃnaɪdən] ⟨-⟩ V̄T *Säge, Messer* separar, cortar
'Durchschnitt M̄ MAT, ARCH corte *m*; (*Mittelwert*) média *f*; **über dem ~** acima da craveira **durchschnittlich** A ADJ médio; (*mittelmäßig*) mediocre B ADV em média
'Durchschnitts... IN ZSSGN → durchschnittlich **Durchschnittsbürger** M̄ cidadão *m* comum **Durchschnittseinkommen** N̄ rendimento *m* (*od* salário *m*) médio
'durchschnüffeln ⟨-le⟩ espiar **'Durchschrift** F̄ cópia *f* **'Durchschuss** M̄ TECH trama *m*; TYPO entrelinha *f*

'durch·schwimmen¹ ['dʊrçʃvɪmən] _VI_ ⟨s.⟩ nadar sem interrupção

durch'schwimmen² [dʊrç'ʃvɪmən] _VT_ ⟨-; h.⟩ *Fluss, See* atravessar a nado (*od* a nado)

'durch·schwitzen ⟨-t⟩ transpirar, suar
'durch·sehen examinar, ler, rever
'durch·seihen passar, coar

'durch·setzen¹ ['dʊrçzɛtsən] **A** _VT_ ⟨-t⟩ *etw* impor; (*erreichen*) conseguir **B** _VR_ **sich** ~ impor-se

durch'setzen² [dʊrç'zɛtsən] _VT_ ⟨-⟩ entremear; encher **durch'setzt** ~ **mit** coberto de, cheio de

'Durch·sicht _F_ golpe *m* de vista; leitura *f*, revisão *f*

durch·sichtig transparente, diáfano
Durch·sichtigkeit _F_ ⟨*o. pl*⟩ transparência *f*; translucidez *f*

'durch·sickern ⟨-re; s.⟩ passar; *a. fig* ressumar; *bras* transpirar 'durch·sieben coar, crivar, passar 'durch·sprechen discutir; debater; _TEL_ telefonar

durch'stechen ⟨-⟩ cortar, perfurar
'durch·stecken passar 'durch·stehen aguentar 'Durchstich _M_ abertura *f*, furo *m* 'durch·stöbern ⟨-re⟩ (ver e) rever, revistar 'durch·stoßen perfurar; penetrar; _MIL_ avançar 'durch·streichen riscar durch·streifen ⟨-⟩ percorrer, _MIL_ reconhecer

'durch·suchen ⟨-⟩ revistar, rebuscar
Durch'suchung [dʊrç'zuːxʊŋ] _F_ busca *f*

'durchtrainiert ['dʊrçtrɛniːrt] exercitado, musculoso; *bras umg a.* malhado (*od* sarado)

durch'tränken ⟨-⟩ impregnar durch·'trennen separar; cortar durch·'trieben [dʊrç'triːbən] manhoso; astucioso

durch'wachen ⟨-⟩ **die Nacht** ~ passar a noite em branco durch·'wachsen _ADJ_ *Speck* entremeado

'Durch·wahl _F_ _TEL_ ligação *f* dire(c)ta
'durch·wählen _TEL_ ligar dire(c)tamente 'Durchwahlnummer _F_ número *m* dire(c)to

durch'wandern ⟨-re; -⟩ atravessar a pé 'durch·wärmen aquecer bem

durch'weg _ADV_ geralmente, sem exceção, (quase) sempre

durch'weicht _ADJ_ ⟨-⟩ repassado; ensopado

durch'wühlen ⟨-⟩ revolver 'durch·wursteln ['dʊrçvʊrstəln] ⟨-le⟩ _VR_ **sich** ~ *umg* amanhar-se; arranjar-se; desembaraçar-se 'durch·zählen contar durch'zechen ⟨-⟩ **(die Nacht)** ~ passar (a noite) a beber

'durch·ziehen¹ ['dʊrçtsiːən] **A** _VI_ *durch eine Gegend*: atravessar, passar **B** _VT_ **1** *Schnur etc* enfiar **2** *umg Projekt etc* levar a cabo, concluir

durch'ziehen² [dʊrç'tsiːən] _VT_ ⟨-⟩ atravessar, (per)passar

durch'zucken ⟨-⟩ fazer estremecer; *Schmerz* sacudir 'Durchzug _M_ passagem *f*; *Luft*: corrente *f* (de ar) 'durch·zwängen fazer passar com força; passar com força; **sich** ~ passar a custo

'dürfen ['dvrfən] _HILFSVERB_ poder; ter licença (de); **darf ich?** posso?; dá (*od pl* dão) licença que?; com licença!; **darf ich Sie um das Glas bitten?** fazia-me o favor de (*od* por favor, pode) me passar o copo?; **nicht** ~ não dever (*od* poder); **das dürfte nicht sein** não devia ser

'dürftig ['dvrftɪç] escasso; pobre; mesquinho **Dürftigkeit** _F_ ⟨*o. pl*⟩ escassez *f*; pobreza *f*; mesquinhez *f*

dürr [dvr] árido; seco; (*mager*) magríssimo 'Dürre _F_ aridez *f*; sec(ur)a *f*

Durst [dʊrst] _M_ ⟨-(e)s; *o. pl*⟩ sede *f* (*a. fig*); **nach** de) 'dursten ⟨-e-⟩, **dürsten** ['dvrstən] ⟨-e-⟩ ~ **nach** ter sede de 'durstig _ADJ_ ~ **sein** ter sede 'Durst·strecke _F_ *fig* período *m* de escassez (*od* dificuldades); tempo *m* das vacas magras

'Dusche ['dʊʃə] _F_ duche *m*; chuveiro *m*; *bras* ducha *f*; (*Regen*) molha(dela) *f*; *bras a.* molhada *f* **duschen** tomar um duche (*bras* uma ducha)

'Düse ['dyːzə] _F_ bico *m*; tubeira *f*; bras bocal *m*

'Dusel ['duːzəl] _M_ ⟨-s; *o. pl*⟩ *umg* (*Glück*) sorte *f* **duselig** borracho, tonto; *bras* de pileque, embriagado; (*schläfrig*) quase a dormir; sonolento

'düsen _VI_ (*schnell fahren*) *umg* ir na (*od* a toda a) mecha **'Düsenantrieb** _M_ propulsão *f* a ja(c)to **Düsenflugzeug** _N_ avião *m* a ja(c)to

'Dussel ['dʊsəl] *umg* _M_, parvo *m*, tonto *m*

'Düsseldorf ['dvsəldɔrf] _N_ _GEOG_ Dusseldórfia (*o. art*)

'duss(e)lig *umg* parvo, tonto

'düster ['dy:stɐr] sombrio, escuro

'Dutzend ['dʊtsənt] N ⟨-s; -e⟩ dúzia *f*

'Dutzendware F mercadoria *f* ordinária **'dutzendweise** ADV às dúzias

'duzen ['du:tsən] V/T ⟨-t⟩ tratar por tu; *bras* chamar de você

DV [de:'faʊ] F ABK → Datenverarbeitung

DV'D [de:vaʊ'de:] F ABK **DVD-Brenner** M gravador *m* de DVD **DVD-Laufwerk** N unidade *f* de DVD **DVD-Player** M leitor *m* de DVD **DVD-Rekorder** M gravador *m* de DVD

Dy'namik [dy'na:mɪk] F ⟨*o. pl*⟩ dinâmica *f*; *fig* dinamismo *m* **dynamisch** dinâmico **Dyna'mit** [dyna'mi:t] N ⟨-(e)s; *o. pl*⟩ dinamite *f* **Dy'namo** M ⟨-s; -s⟩ dínamo *m*

Dyna'stie [dynas'ti:] F dinastia *f*

'D-Zug ['de:tsu:k] M rápido *m*

E

E, e [e:] N ⟨-; -⟩ E, e *m*; MUS mi *m*

'Ebbe ['ɛba] F baixa-mar *f*, maré *f* vazia; refluxo *m*, vazante *f*; **~ und Flut** maré *f*

'eben[1] ['e:bən] ADJ plano; chão; (*glatt*) liso; **zu ~er Erde** no rés-do-chão

'eben[2] ['e:bən] ADV **1** *zeitlich*: agora mesmo; justamente; **er ist ~ angekommen** acaba de chegar **2** (*Zustimmung*) justamente, precisamente **Ebenbild** N retrato *m*; imagem *f* (**Gottes** de Deus) **ebenbürtig** ['e:bənbʏrtɪç] igual (*par nascimento*); **~ sein** *fig* ter o mesmo valor **eben'da** ADV ali mesmo **eben'daher** ADV dali mesmo **ebenda'hin** ADV lá mesmo **ebendasselbe, ebenderselbe** PRON o mesmo **eben'deshalb** ADV por isso mesmo **ebendieselbe** PRON a mesma

'Ebene ['e:bənə] F planície *f*; MATH plano *m*; *fig a.* nível *m* **'ebenerdig** térreo **'ebenfalls** ADV também, igualmente **'Ebenholz** N ⟨-es; *o. pl*⟩ ébano *m* **Ebenmaß** N ⟨-es; *o. pl*⟩ simetria *f*; harmonia *f* **ebenmäßig** simétrico; bem proporcionado

'ebenso ADV do mesmo modo; (bem) assim; **~ groß/gut (wie)** tão grande/bom (como); **~ sehr** tanto; **~ viel** outro tanto; **~ wenig** tão pouco; **~ wie** assim como; **~ ... wie** tão ... como

'Eber ['e:bɐr] M varrão *m*; porco *m* **Ebereschen** F BOT sorveira *f*

'ebnen ['e:bnən] ⟨-e-⟩ aplanar, nivelar

EC® [e'tse:] M ABK (Eurocity) BAHN EC *m* (Eurocity)

'Echo ['ɛço] N ⟨-s; -s⟩ eco *m* **Echolot** N ⟨-(e)s; -e⟩ sonda *f* acústica; ecómetro *m* (*bras* *ô)

echt [ɛçt] autêntico (*a. Dokument*); puro, genuíno; *Gold, Silber* de lei **'Echtheit** F ⟨*o. pl*⟩ autenticidade *f*; genuinidade *f* **'Echtzeit** F IT tempo *m* real

'Eck... ['ɛk-] IN ZSSGN ARCH de gaveto

EC-Karte [e:'tse:kartə] F ⟨-s; -n⟩ cartão *m* multibanco

'Eckball M canto *m*; *bras* córner *m* **Eckdaten** PL dados *mpl* de referência; requisitos *mpl*

'Ecke ['ɛka] F *äußere*: esquina *f*; *innere*: canto *m*; (*Ende*) ponta *f*; **an allen ~n und Enden** por toda a parte; **um die ~ biegen** dobrar a esquina; **(hier) gleich um die ~** aqui perto; ali na esquina; **um die ~ bringen** *fig umg* matar; *bras* agarrar

'Eckhaus N casa *f* de esquina; prédio *m* de gaveto **eckig** angular, esquinado; *fig* rude; **~e Klammer** *f* re(c)ta *f* **Ecklohn** M salário *m* de referência **Eckpfeiler** M pilastra *f* angular; *Brücke*: estribo *m*; *fig* garante *m* **Eckplatz** M (lugar *m* de) canto *m* **Eckschrank** M armário *m* de canto **Eckstein** M pedra *f* angular **Eckzahn** M (dente *m*) canino *m*

'E-Commerce ['i:kɔmœːs] M comércio *m* electrónico

E'conomyclass [i'kɔnəmiklaːs] F economy class *f*

Ecua'dor [ekua'dɔr] N GEOG Equador *m* **Ecuadori'aner** [ekuadori'anar] M ⟨-s; -⟩, **Ecuadori'anerin** F equadorenho *m*; -a *f* **ecuadori'anisch** equadorenho

'edel ['e:dəl] fidalgo, nobre; *fig a. Wein* generoso; *Stein* precioso **Edelgas** N gás m raro **Edelholz** N̄ madeira f nobre **Edelmetall** N̄ metal m precioso **Edelmut** M̄ ⟨-(e)s; o. pl⟩ geh generosidade f; nobreza f (moral) **edelmütig** ['e:dəlmy:tɪç] geh nobre, generoso **Edelstahl** M̄ aço m fino **Edelstein** M̄ pedra f preciosa **Edeltanne** F̄ abeto m branco **Edelweiß** N̄ ⟨-es; -e⟩ BOT pé-de-leão m

E'dikt [e'dɪkt] N̄ ⟨-(e)s; -e⟩ hist edito m; edital m

'**Efeu** ['e:fɔy] M̄ ⟨-s; o. pl⟩ hera f

Ef'fekt [ɛ'fɛkt] M̄ ⟨-(e)s; -e⟩ efeito m, resultado m

Ef'fekten PL efe(c)tivo msg; FIN valores mpl; títulos mpl de crédito **Effektenbörse** F̄ FIN bolsa f de valores **Effektenhandel** M̄ ⟨-s; o. pl⟩ FIN comércio m de valores

Ef'fekthasche'rei [ɛfɛkthaʃəˈraɪ] F̄ caça f ao efeito; sensacionalismo m

effek'tiv efe(c)tivo **ef'fektvoll** que faz efeito **effi'zient** [ɛfɪˈtsiɛnt] eficiente

EG[1] [e:'ge:] N̄ ABK (Erdgeschoss) r/c (rés-do-chão)

EG[2] [e:'ge:] F̄ ABK (Europäische Gemeinschaft) CE f; a. → EU etc

e'gal [e'ɡaːl] ADV umg (gleichgültig) indiferente; **das ist ~** tanto faz; **das ist mir ~** é-me indiferente; tanto se me dá

'**Egel** ['e:ɡəl] M̄ ⟨-s; -⟩ sanguessuga f

'**Egge** ['ɛɡa] F̄ AGR grade f (de desterroar), rastelo m **eggen** gradar, (d)esterroar

Ego'ismus [eɡo'ɪsmʊs] M̄ ⟨-; o. pl⟩ egoísmo m **Ego'ist(in)** M(F) ⟨-en⟩ egoísta m/f **ego'istisch** egoísta m/f **ego'zentrisch** [eɡo'tsɛntrɪʃ] egocêntrico

'**ehe** ['e:ə] KONJ antes de (inf), antes (de) que (subj), primeiro que (subj)

'**Ehe** ['e:ə] F̄ matrimónio m (bras *ô); Kind aus erster ~ do primeiro casamento; **wilde ~** concubinato m; **zweite ~** segundas núpcias fpl; **e-e ~ eingehen** consorciar-se; **die ~ schließen** a. casar

Ehe... IN ZSSGN oft matrimonial; conjugal **eheähnlich** marital **Ehebett** N̄ cama f de casal **Ehebrecher(in)** [ˈe:əbrɛçər(ɪn)] M(F) adúltero m, -a f **ehebrecherisch** adúltero **Ehebruch** M̄ adultério m

'**ehedem** ADV antigamente, outrora

'**Ehefrau** F̄ esposa f, mulher f **Ehegatte** M̄ ⟨-n⟩ marido m; consorte m **Ehegattin** F̄ esposa f; consorte f **Eheleute** PL cônjuges mpl; **junge ~** recém-casados mpl **ehelich** conjugal; Kind legítimo **Ehelosigkeit** ['e:aloːzɪçkaɪt] F̄ ⟨o. pl⟩ celibato m

'**ehemalig** ['e:əma:lɪç] ADJ antigo; ex-... **ehemals** ADV antigamente, outrora

'**Ehemann** M̄ marido m, esposo m **Ehepaar** N̄ casal m **Ehepartner(in)** M(F) cônjuge m/f

'**eher** ['e:ər] ADV **~ (als)** antes (de); mais cedo (do que); (schneller) mais depressa (do que); (lieber) antes; **je ~, desto besser** quanto antes melhor

'**Eherecht** N̄ ⟨-(e)s; o. pl⟩ direito m matrimonial **Ehering** M̄ aliança f **Ehescheidung** F̄ divórcio m **Eheschließung** F̄ casamento m; geh consórcio m; (Trauung) enlace m matrimonial **Ehestand** M̄ ⟨-(e)s; o. pl⟩ matrimónio m (bras *ô); **in den ~ treten** casar

'**eheste** ['e:əsta] ADJ mais cedo; **am ~n** o mais facilmente; (am frühesten) o mais cedo

'**Eheversprechen** N̄ promessa f de casamento **Ehevertrag** M̄ convenção f antenupcial; bras contrato m de casamento

'**ehrbar** ['e:rbaːr] honesto, probo

'**Ehre** ['e:rə] F̄ honra f; **j-m ~ machen** fazer honra a alg; **j-m die ~ erweisen zu** (inf) prestar as honras a alg; **j-m die letzte ~ erweisen** prestar as honras fúnebres a alg; **in ~n halten** honrar, respeitar; **zu j-s ~n** em honra de alg

'**ehren** honrar, respeitar; konkrete Ehrung: prestar homenagem a, homenagear; **sehr geehrter Herr!** im Brief: Excelentíssimo Senhor; bras Ilustríssimo Senhor

'**Ehrenamt** N̄ ⟨-(e)s; ⸚er⟩ cargo m honorífico **ehrenamtlich** honorário **Ehrenbezeigung** F̄ MIL continência f; honras fpl **Ehrenbürger(in)** M(F) cidadão m honorário, cidadã f honorária **Ehrendame** F̄ dama f de honor; reabilitação f **Ehrengast** M̄ convidado m de honra **Ehrengeleit** N̄ ⟨-(e)s; o. pl⟩ escolta f (de honra); cortejo m; **j-m das ~ geben** escoltar alg, acompanhar alg **ehrenhaft** honroso **Ehrenhaftigkeit** F̄ ⟨o. pl⟩ honestidade f, honradez f **eh-**

renhalber ADV por honra; honoris causa **Ehrenmal** N ⟨-(e)s; -e⟩ monumento m comemorativo **Ehrenmann** M homem m de bem **Ehrenmitglied** N sócio m honorário **Ehrenplatz** M lugar m de honra **Ehrenpreis** M BOT verónica f (bras *ô) **Ehrenrechte** NPL bürgerliche ~ direitos mpl cívicos (e políticos) **Ehrenrettung** F reabilitação f **ehrenrührig** desonroso, infamante **Ehrenrunde** F SPORT volta f de honra **Ehrensache** F questão f de honra **Ehrentitel** M título m honorífico **ehrenvoll** honroso, decoroso; glorioso **ehrenwert** honesto; digno **Ehrenwort** N ⟨-(e)s; -e⟩ palavra f de honra **Ehrenzeichen** N insígnia f; (Orden) condecoração f
'**ehrerbietig** ['eːrʔɛrbiːtɪç] respeitoso **Ehrerbietung** F respeito m
'**Ehrfurcht** F ⟨o. pl⟩ ~ (**vor** dat) veneração f (por, perante); respeito m (de); ~ **gebietend** imponente; Person venerável **ehrfürchtig** ['eːrfʏrçtɪç], **ehrfurchtsvoll** respeitoso
'**Ehrgefühl** N ⟨-(e)s; o. pl⟩ sentimento m de honra **Ehrgeiz** M ⟨-es; o. pl⟩ ambição f **ehrgeizig** ambicioso **ehrlich** honesto, sincero, leal; ~ **gesagt** para ser sincero **Ehrlichkeit** F ⟨o. pl⟩ honradez f, honestidade f, sinceridade f, lealdade f **ehrlos** ⟨-este⟩ desonrado; a. etw infame **Ehrlosigkeit** ['eːrloːzɪçkaɪt] F ⟨o. pl⟩ desonra f; infâmia f **Ehrung** F ⟨-(e)s; -e⟩ homenagem f (j-s a) **ehrwürdig** venerável; REL Anrede: reverendo
Ei [aɪ] N ⟨-(e)s; -er⟩ ovo m; **hartes** ~ ovo cozido; **weiches** ~ ovo quente
'**Eibe** ['aɪbə] F teixo m **Eibisch** M ⟨-(e)s; -e⟩ malva f silvestre
'**Eichamt** ['aɪçamt] N posto m de aferição
'**Eiche** F carvalho m **Eichel** F ⟨-; -n⟩ bolota f; ANAT glande f
eichen[1] ['aɪçən] ADJ de carvalho
'**eichen**[2] ['aɪçən] V/T TECH aferir
'**Eichenholz** N carvalho m **Eichenlaub** N ⟨-(e)s; o. pl⟩ folhas fpl de carvalho **Eichenwald** M carvalhal m
'**Eichhörnchen** N, **Eichkätzchen** N, **Eichkatze** F esquilo m
'**Eichmaß** N padrão m **Eichung** F TECH aferição f

Eid [aɪt] M ⟨-(e)s; -e⟩ juramento m; **e-n ~ leisten, schwören** prestar juramento; **j-m einen ~ abnehmen** fazer alg jurar; **den ~ brechen** quebrar o juramento; **unter ~ (aussagen)** (depor) sob juramento; **an ~es statt** a título de juramento; pela sua honra '**Eidbruch** M geh quebra f de juramento, perjúrio m
'**Eidechse** ['aɪdɛksə] F lagartixa f
'**Eiderdaune(n)** ['aɪdɐdaʊnə] F(PL) edredão m
'**Eidesformel** ['aɪdəsfɔrməl] F ⟨-; -n⟩ fórmula f de juramento **eidesstattlich** sob palavra de honra
'**Eidgenosse** M confederado m **Eidgenossenschaft** F confederação f; (Schweiz) Confederação f Suíça
'**eidlich** JUR sob juramento
'**Eidotter** M gema f de ovo
'**Eierbecher** M oveiro m **Eierfrucht** F ⟨-; ≃e⟩ beringela f **Eierkuchen** M crepe m; bras a. panqueca f **Eierlikör** M ⟨-s; -e⟩ licor m de ovo **Eierschale** F casca f (do ovo) **Eierstock** M ANAT ovário m
'**Eifer** ['aɪfɐ] M ⟨-s; o. pl⟩ zelo m; fervor m **Eifersucht** F ⟨o. pl⟩ ciúme m; inveja f **eifersüchtig** ciumento; invejoso (**auf** akk de)
'**eiförmig** ['aɪfœrmɪç] oval
'**eifrig** ['aɪfrɪç] solícito; zeloso
'**Eigelb** N ⟨-(e)s; -e⟩ gema f do ovo
'**eigen** ['aɪɡən] ADJ próprio; (individuell) particular; especial; (seltsam) singular; estranho; **sein ~er Herr sein** ser senhor de si, ser independente; **auf ~e Faust, auf ~e Rechnung** por conta própria; **sich** (dat) **etw zu Eigen machen** apropriar-se de a/c; fig fazer seu a/c, adoptar a/c
'**Eigenart** F particularidade f **eigenartig** particular, singular; (seltsam) a. estranho
'**Eigenbedarf** M ⟨-(e)s; o. pl⟩ consumo m próprio; necessidades fpl pessoais (od e-s Volkes nacionais) **Eigenbrötler(in)** ['aɪɡənbrøːtlɐr(ɪn)] M(F) original m/f, excêntrico m, -a f **Eigenfinanzierung** F financiamento m próprio; auto-financiamento m **eigenhändig** ['aɪɡənhɛndɪç] ADV do (meu, seu etc) próprio punho; ~ (**geschrieben**) autógrafo **Eigenheim** N casa f particular; moradia f **Eigenheit** F particularidade f, singularidade

EINB

f **Eigenkapital** N ⟨-s; o. pl⟩ capital m próprio **Eigenleben** N ⟨-s; o. pl⟩ vida f particular (od própria); fig vida f independente **Eigenliebe** F ⟨o. pl⟩ amor m próprio **Eigenlob** N ⟨-(e)s; o. pl⟩ jactância f **eigenmächtig** arbitrário **Eigenname** M nome m próprio **Eigennutz** M ⟨-es; o. pl⟩ interesse m pessoal, egoísmo m **eigennützig** ['aɪɡənnʏtsɪç] interesseiro, egoísta

'**eigens** ADV expressamente, de propósito

'**Eigenschaft** F qualidade f; característica f; *wirksame*: virtude f; **in seiner ~ als** na qualidade de **Eigenschaftswort** N ⟨-(e)s; ⁓er⟩ adje(c)tivo m

'**Eigensinn** M ⟨-(e)s; o. pl⟩ teimosia f **eigensinnig** teimoso

'**eigentlich** ['aɪɡəntlɪç] **A** ADJ verdadeiro, próprio **B** ADV a. no fundo, a dizer a verdade; com efeito; praticamente

'**Eigentor** N SPORT autogolo m; bras gol m contra; **ein ~ schießen** (a. fig) sair a alg o tiro da culatra **Eigentum** N ⟨-s; o. pl⟩ propriedade f; pertença f **Eigentümer(in)** ['aɪɡəntyːmɐr(ɪn)] M(F) proprietário m, -a f; dono m, -a f **eigentümlich** ['aɪɡəntyːmlɪç] particular, cara(c)terístico; singular **Eigentümlichkeit** F particularidade f, cara(c)terística f; singularidade f **Eigentumsdelikt** N JUR crime m contra a propriedade **Eigentumswohnung** F propriedade f horizontal **Eigenwille** M ⟨-ns, o. pl⟩ teimosia f **eigenwillig** teimoso

'**eignen** ['aɪɡnən] ⟨-e-⟩ V/R **sich ~ zu** prestar-se a, prestar para **Eignung** F ⟨o. pl⟩ aptidão f **Eignungsprüfung** F exame m de aptidão

'**Eilbote** ['aɪlboːtə] M ⟨-n⟩ correio m expresso; **durch ~n** por expresso **Eilbrief** M carta f expressa

'**Eile** ['aɪlə] F ⟨o. pl⟩ pressa f; **in aller ~ a** toda a pressa; **~ haben** *etw* ter pressa; **in ~ sein** estar com pressa; **es hat keine ~** não tem pressa

'**Eileiter** M ANAT trompa f (de Falópio *od* uterina); salpinge m; *Vögel*: oviduto m

'**eilen** ['aɪlən] **A** V/T ⟨s.⟩ correr **B** V/UN PERS ⟨h.⟩ urgir; **es eilt** é urgente; *Stempel*: **eilt!** urgente! **eilends** ADV depressa, apressadamente **eilfer-** **tig** apressado; solícito **Eilfertigkeit** F pressa f; solicitude f **Eilfracht** F, **Eilgut** N ⟨-(e)s; o. pl⟩ **als ~** por grande velocidade; por expresso **eilig** apressado; (*dringlich*) urgente; **es ~ haben** estar com pressa **Eilmarsch** M marcha f forçada **Eilzug** M (comboio m) semi-dire(c)to m

'**Eimer** ['aɪmɐ] M balde m; *umg* **es ist alles im ~** vai tudo por água abaixo **eimerweise** ADV *umg* a cântaros (*a. fig*)

ein [aɪn] ART **A** *unbestimmt*: um; uma; **~ jeder**, **~e jede** cada um; cada uma **B** NUM um, uma; **~ Uhr** uma hora; **um ~ Uhr** à uma (hora); **~ für alle Mal** de vez, de uma vez para sempre; **in ~em fort** continuamente, sem interrupção; **~ und derselbe** o mesmo (mesmíssimo) **C** ADV *Gerät etc*: estar ligado; **weder** (*od* **nicht**) **~ noch aus wissen** não saber que fazer

'**Einakter** ['aɪnʔaktɐr] M peça f de um só a(c)to

ei'nander ADV um ao outro; uns aos outros; uma(s) à(s) outra(s); mutuamente; reciprocamente

'**einarbeiten** ⟨-e-⟩ (**in** *akk*) iniciar (em); familiarizar (com) **Einarbeitung** F familiarização f com o trabalho

'**einarmig** ['aɪnʔarmɪç] manco

'**einäschern** ['aɪnʔɛʃɐrn] ⟨-re-⟩ reduzir a cinzas; incinerar; *Leiche* cremar **Einäscherung** F incineração f; cremação f

'**einatmen** ⟨-e-⟩ aspirar; MED inalar

'**einäugig** ['aɪnʔɔyɡɪç] cego de um olho; zarolho '**Einbahnstraße** F (rua f de) sentido m único; bras mão f única

einbalsamieren ['aɪnbalzamiːrən] ⟨-⟩ embalsamar **Einbalsamierung** F embalsamento m

'**Einband** M ⟨-(e)s; ⁓e⟩ encadernação f

'**einbändig** ['aɪnbɛndɪç] num só volume

'**Einbau** M ⟨-(e)s; o. pl⟩ TECH encaixe m, encaixamento m; instalação f, montagem f; *fig* integração f, incorporação f **einbauen** TECH encaixar; instalar, montar; *fig* integrar, incorporar **Einbauküche** F cozinha f encastrada

'**Einbaum** M (*Boot*) piroga f

'**Einbauschrank** M armário m embutido **einbegriffen** ADV inclusive **einbehalten** ⟨-⟩ reter

'**einberufen** ⟨-⟩ convocar; MIL chamar

Einberufung f̄ convocação f, schriftliche: convocatória f; MIL alistamento m **Einberufungsbefehl** M̄ MIL chamada f às fileiras (MIL a. ordem f de mobilização)

'**einbetten** ⟨-e-⟩ meter; deitar; *in Erde*: enterrar; TECH inserir, incorporar

'**Einbettkabine** f̄ cabine f individual '**Einbettzimmer** N̄ quarto m individual

'**einbeziehen** ⟨-⟩ incluir; abranger, compreender **einbiegen** A V̄T dobrar B V̄I ⟨s.⟩ ~ **in** (akk) entrar em, tomar; **nach rechts** ~ cortar à direita

'**einbilden** ⟨-e-⟩ V̄R **sich** (dat) ~ imaginar(-se); fazer ideia (bras *é); **sich** (dat) **etw** ~ **auf** (akk) gabar-se de **Einbildung** f̄ imaginação f; ilusão f; *eitle*: presunção f **Einbildungskraft** f̄ fantasia f; faculdade f imaginativa

'**einbinden** *Buch* encadernar; empastar; *fig in e-e Struktur*: inserir, incorporar **einbläuen** ['aɪnblɔyən] *fig* inculcar

'**Einblick** M̄ olhadela f, lance m de olhos; *fig* conhecimento m; ideia (*bras* *é) f; ~ **haben** estar informado; ~ **gewähren/gewinnen** informar/informar-se (**in** akk sobre, de)

'**einbrechen** A V̄T ⟨h.⟩ *Tür etc* arrombar; *Wand* derrocar B V̄I 1 ⟨s.⟩ (*einstürzen*) desabar, desmoronar-se; **auf dem Eis** ~ cair na água 2 ⟨h.⟩ *gewaltsam*: ~ **in** (akk) arrombar 3 ⟨s.⟩ **in ein Land** ~ invadir, penetrar em 4 ⟨s.⟩ *plötzlich, Nacht* romper, cair **Einbrecher** M̄ ladrão m, gatuno m

'**einbrennen** *Zeichen* queimar **einbringen** *Ernte* recolher; *Nutzen* render, produzir, dar; *Geld* trazer; *Idee* propor; **e-n Antrag** ~ propor *od* apresentar uma proposta (*od* uma moção); *Verlust* **wieder** ~ reparar, recuperar; *bras a.* resgatar **einbrocken** ensopar; *fig* **j-m etwas** ~ meter alg em dificuldades

'**Einbruch** M̄ ⟨-(e)s; ⸚e⟩ 1 (*Diebstahl*) roubo m, arrombamento m 2 FIN, *der Kurse etc*: queda f 3 *Deich*: rompimento m 4 **bei ~ der Nacht** ao cair da noite **Einbruchsdiebstahl** M̄ furto m, roubo m **Einbruchsversicherung** f̄ seguro m contra roubos

'**Einbuchtung** ['aɪnbʊxtʊŋ] f̄ sinuosidade f; recorte m

'**einbürgern** ⟨-re⟩ A V̄T *Person* naturalizar B V̄R **sich** ~ *fig Wort, Sitte* introduzir-se, ser ado(p)tado **Einbürgerung** f̄ POL naturalização f

'**Einbuße** f̄ perda f, míngua f; **~n erleiden** perder **einbüßen** ⟨-ßt⟩ perder

'**einchecken** ['aɪntʃɛkən] V̄I FLUG fazer o check-in; *im Hotel*: registar-se **Einchecken** N̄ registo m; FLUG check-in m

'**eincremen** V̄T pôr creme em; aplicar pomada em; **sich** ~ (**mit**) aplicar, pôr

'**eindämmen** ['aɪndɛman] construir um dique para; *fig* reprimir, represar **eindecken** V̄R **sich** ~ **mit** abastecer-se de

'**eindeutig** ['aɪndɔytɪç] inequívoco

'**eindeutschen** ['aɪndɔytʃən] germanizar

'**eindicken** GASTR engrossar

'**eindringen** ⟨s.⟩ introduzir-se; penetrar; infiltrar-se; ~ **in** *ein Land* invadir; *Wald, Dickicht* embrenhar-se em **eindringlich** A ADJ penetrante; (*drängend*) insistente; (*ergreifend*) comovente, emocionante B ADV (*drängend*) com insistência **Eindringling** M̄ ⟨-s; -e⟩ intruso m; MIL invasor m

'**Eindruck** M̄ ⟨-(e)s; ⸚e⟩ impressão f; **auf j-n ~ machen** a. impressionar alg **eindrucken** imprimir; estampar **eindrücken** meter para dentro; romper; *Tür* arrombar **eindrucksvoll** impressionante

'**eine** ['aɪnə] ART, NUM uma; → *a.* **ein**

'**einebnen** ⟨-e-⟩ aplanar; nivelar

'**eineiig** ['aɪnaɪɪç] ADJ **~e Zwillinge** MPL gêmeos mpl homozigóticos

'**einen** unir

'**einengen** ['aɪnɛŋən] apertar; estreitar; *fig* coa(c)tar

'**einer** ['aɪnər] PRON 1 M̄ um; **nur ~** só um 2 F GEN de uma, *dat*: a uma 3 (*man*) a gente, se '**Einer** ['aɪnər] M̄ MATH unidade f; SPORT barco m de um só remador '**einerlei** ADJ ⟨*inv*⟩ o mesmo, igual; indiferente '**Einerlei** N̄ ⟨-s; *o. pl*⟩ monotonia f

'**einerseits** ['aɪnərzaɪts] ADV, '**einesteils** ADV por um lado; por uma parte

'**einfach** simples; (*leicht*) fácil; **~e Fahrt** f ida f (só) **Einfachheit** f̄ ⟨*o. pl*⟩ simplicidade f; **der ~ halber** para simplificar as coisas

'**einfädeln** ['aɪnfɛːdəln] ⟨-le-⟩ enfiar; *fig* tramar; entabular

'einfahren △ *VT* fazer entrar; levar para dentro; *Getreide* acarretar; recolher; *Auto* **eingefahren werden** estar em rodagem ᴮ *VI* ⟨s.⟩ ~ **in** (*akk*) entrar em; BERGB descer a

'Einfahrt F entrada f; BERGB descida f; SCHIFF (*Hafeneinfahrt*) barra f **Einfahrtverbot** N sentido m proibido

'Einfall M ⟨-(e)s; ⸚e⟩ **1** (*Einsturz*) queda f, desabamento m; e-r *Mauer* a.: desmoronamento m **2** MIL invasão f (**in** *akk* de) **3** PHYS v. *Licht*:: incidência f **4** *fig* ideia (*bras* *é) f (*Laune*) capricho m, mania f; **auf den** ~ **kommen zu** (*inf*) ter a ideia (*bras* *é) de **einfallen** ⟨s.⟩ **1** (*einstürzen*) cair, desmoronar-se; (*abmagern*) emagrecer m **2** MUS entrar; ~ **in** (*akk*) MIL invadir **3** *fig* j-m ocorrer; vir à mente; **j-m fällt etw ein** a. alg lembra-se de a/c; **sich** ~ **lassen zu** (*inf*) atrever-se a; **was fällt Ihnen ein?** como se atreve!

'einfallslos ⟨-este⟩ sem imaginação **einfallsreich** engenhoso **Einfallswinkel** M ângulo m incidente

'Einfalt F ⟨*o. pl*⟩ simplicidade f; ingenuidade f **einfältig** ['aɪnfɛltɪç] simples; simplório **Einfaltspinsel** M *umg* simplório m **Einfamilienhaus** N casa f para uma só família, moradia f **einfangen** apanhar

'einfarbig unicolor; monocrom(átic)o; *Stoff* liso

'einfassen ⟨-t⟩ *Kleid* guarnecer, debruar; *Stein* engastar; **in e-n Rahmen** ~ encaixilhar; *Zahnrad* ~ **in** (*akk*) encaixar em, engrenar **Einfassung** F guarnição f; debrum m; *Stein*: engaste m; *a.* TECH cercadura f

'einfetten ['aɪnfɛtən] ⟨-e-⟩ untar; engraxar **einfinden** VR **sich** ~ aparecer, vir **einflechten** entretecer (*a. fig*); entrelaçar (**in** *akk* com) **einfließen** ⟨s.⟩ entrar; afluir; ~ **lassen** *fig* insinuar **einflößen** ['aɪnflø:sən] ⟨-ßt⟩ meter (*a. Furcht*); instilar; infundir; *fig* sugerir, inspirar

'Einflugschneise F corredor m de entrada

'Einfluss M **1** (*Wirkung*) ~ **auf** (*akk*) influência f em (*od* sobre); *stärker*: **großen** ~ **haben auf** (*akk*) exercer grande ascendente em; *bras* ter grande ascendência sobre **2** v. *Wasser etc*: influxo m; (*Mündung*) foz; F **einflussreich** influente

Einflusssphäre F esfera f de influência

'einflüstern ⟨-re⟩ *fig* insinuar **Einflüsterung** F insinuação f

'einfordern VT ⟨-re⟩ reclamar

'einförmig ['aɪnfœrmɪç] uniforme **Einförmigkeit** F uniformidade f

'einfrieren ⟨s. u. h.⟩ gelar; congelar; SCHIFF *Schiff* ficar preso no gelo; FIN *Kredite, Konten* congelar

'einfügen △ *VT* inserir; incluir; TECH encaixar ᴮ VR **sich** ~ **in** (*akk*) acomodar-se a, adaptar-se a

'einfühlen VR **sich** ~ **in** (*akk*) tentar compreender, penetrar em; **sich in j-n** ~ saber ver com os olhos de alg **Einfühlungsvermögen** N ⟨-s; *o. pl*⟩ intuição f

'Einfuhr ['aɪnfuːr] F importação f; *am Zoll* a.: entrada f **Einfuhrbeschränkung** F importação f restrita, restrição f de importação

'einführen introduzir; apresentar; HANDEL importar; *Lehrbuch* ado(p)tar; *Sitte, System* implantar; **in e-e Kunst**: iniciar em; **in ein Amt**: empossar

'Einfuhrerlaubnis F, **Einfuhrgenehmigung** F licença f (*od* autorização f) de importação (*od* de importar)

'Einführung F introdução f; HANDEL importação f; *fig* iniciação f; (*Amtseinführung*) empose f; (*Errichtung*) implantação f **Einführungspreis** M preço m de promoção

'Einfuhrverbot N importação f proibida, proibição f de importação **Einfuhrzoll** M direitos *mpl* de entrada

'einfüllen deitar; *in Flaschen etc*: encher

'Eingabe F *offizielle*: petição f; requerimento m; IT v. *Daten*: entrada f

'Eingang M entrada f; ingresso m; v. *Waren*: chegada f; **Eingänge** *pl Briefe etc*: correio m do dia; *Gelder*: entradas *fpl* **eingangs** ADV ao princípio de; de entrada; *acima* **Eingangsbestätigung** F aviso m de rece(p)ção **Eingangsdatum** N data f de entrada

'eingeben dar; *fig* inspirar; IT *Daten* introduzir **eingebildet** ADJ imaginário; *fig Person* presunçoso; *umg* peneirento **eingeboren** indígena; (*angeboren*) inato; REL Unigénito **Eingeborene(r)** F⁽ᴹ⁾ ⟨-n⟩ *neg!* indígena *m/f*, nativo *m*, -a *f*

Eingebung ['aɪngəbʊŋ] F̄ inspiração f
eingedenk ADJ ~ **sein** (gen) recordar-se de; ter presente (dat) ~ **sein** (akk) ter em vista (akk) **eingefallen** ADJ Gesicht cavado **eingefleischt** ['aɪngəflaɪʃt] encarniçado; fig incorrigível, notório; **~er Junggeselle** m solteirão m
'eingehen ⟨s.⟩ A V̄T Ehe, Verpflichtung contrair; e-e Wette ~ apostar B V̄I entrar; Briefe chegar; (aufhören) extinguir-se, deixar de existir; Gesellschaft dissolver-se; ZOOL, BOT morrer; Stoff encolher; fig **auf etw** (akk) ~ consentir em a/c; **näher ~ auf** (akk) aprofundar, pormenorizar; ~ **lassen** acabar com **eingehend** ADJ pormenorizado; ~ **behandeln** aprofundar
'eingekeilt ['aɪngəkaɪlt] encalhado; bras barrado **eingelegt** ['aɪngəle:kt] ADJ embutido; GASTR de conserva, de molho; in Salz de sal; in Zwiebeln u. Essig de escabeche **Eingemachte(s)** ['aɪngəmaxtə(s)] N̄ GASTR conserva f **eingemeinden** ['aɪngəmaɪndən] ⟨-e-; -⟩ Ort incorporar **eingenommen** ['aɪngənɔmən] A PP v. ~ einnehmen B ADJ **von sich** ~ presunçoso; arrogante **eingeschnappt** ['aɪngəʃnapt] ADJ umg fig ofendido **eingesessen** ['aɪngəzɛsən] residente, domiciliado; Bevölkerung do país, indígena
'Eingeständnis N̄ ⟨-ses; -se⟩ confissão f; JUR a. declaração f **eingestehen** confessar; **sich** (dat) **etw** ~ reconhecer a/c
'Eingeweide ['aɪngəvaɪdə] NPL vísceras fpl; entranhas fpl
'eingewöhnen ⟨-⟩ V̄R **sich** ~ habituar-se; aclima(ta)r-se **eingießen** deitar; encher (com líquido); bras entornar, verter **eingipsen** engessar; Nagel etc segurar com gesso
'eingleisig ['aɪnglaɪzɪç] de via única
'eingliedern ⟨-re⟩ incorporar; integrar **Eingliederung** F̄ incorporação f; integração f **eingraben** enterrar; gravar (a. TECH u. fig); **sich** ~ MIL entrincheirar-se **eingravieren** ⟨-⟩ gravar **eingreifen** V̄I ~ **in** (akk) engrenar; Person intervir em **Eingreifen** N̄ intervenção f **Eingriff** M̄ TECH engrenagem f; in Rechte: violação f (**in** akk de); MED operação f, intervenção f cirúrgica **einhaken** enganchar

'Einhalt M̄ ⟨-(e)s; o. pl⟩ e-r Sache (dat) ~ **gebieten** pôr termo a a/c **einhalten** A V̄T Frist respeitar; Regeln observar B V̄I deter-se
'einhämmern ⟨-re⟩ cravar; martelar; fig gravar na memória
'einhandeln ⟨-le⟩ ~ **gegen** trocar por
'einhändig ['aɪnhɛndɪç] A ADJ manco B ADV só com uma mão
'einhängen enganchar; TECH, BAHN engatar **einheften** ⟨-e-⟩ (nähen) alinhavar; coser; Seiten brochar **einheimisch** nacional, natural, da terra **Einheimische(r)** ['aɪnhaɪmɪʃə(r)] M̄/F(M) nativo m; -a f **einheimsen** ['aɪnhaɪmzən] ⟨-t⟩ recolher; fig embolsar; ficar com **einheiraten** ⟨-e-⟩ ~ **in** (akk) afiliar-se por casamento com; adquirir por casamento
'Einheit ['aɪnhaɪt] F̄ unidade f; (Ganzes) conjunto m; (Zusammenhang) coesão f; continuidade f **einheitlich** uniforme; homogéneo (bras *ê); Vorgehen comum **Einheitlichkeit** F̄ ⟨o. pl⟩ unidade f; homogeneidade f; uniformidade f **Einheits...** IN ZSSGN unitário, único **Einheitspreis** M̄ preço m único (od unitário)
'einheizen ⟨-t⟩ aquecer; fig **j-m** ~ dar uma boa ensaboadela a alg; bras passar o sabão em alg
'einhellig ['aɪnhɛlɪç] unânime **Einhelligkeit** F̄ ⟨o. pl⟩ unanimidade f
ein'hergehen ⟨s.⟩ ~ **mit** fig ser acompanhado de; implicar **einherstolzieren** ⟨-; s.⟩ pavonear-se
'einholen V̄T Anweisungen pedir; Auskünfte, FLUG Ballon etc recolher; Fahne, Segel arrear; (erreichen) alcançar, umg apanhar; Zeit recuperar; umg (kaufen) comprar; ir às (od fazer) compras
'Einhorn N̄ ⟨-(e)s; ⸚er⟩ unicórnio m, licorne m **Einhufer** ['aɪnhu:fər] M̄ solípede m, equídeo (bras *ü) m **einhufig** solípede, equídeo (bras *ü)
'einhüllen embrulhar; (**warm**) ~ abafar
'einhundert NUM cem; ~(**und**)... cento e ...
'einig ['aɪnɪç] de acordo; (geeint) unido; **sich** ~ **sein** estar de acordo **'einige** ['aɪnɪgə] PRON (alg)uns, (alg)umas; ~ **Zeit** algum tempo **einigen** unir; unificar; **sich** ~ **über** (akk) chegar a acordo sobre, acor-

dar em **einigermaßen** ['aɪnɪgɐrmaːsən] ADV em certa medida; razoavelmente; *umg* bastante **einiges** PRON NSG algo (de)

'**Einigkeit** F ⟨o. pl⟩ unidade f; concórdia f **Einigung** ['aɪnɪgʊŋ] F acordo m

'**einimpfen** inocular; *fig a*. inculcar **einjagen** VT j-m e-n Schrecken ~ pregar um susto a alg **einjährig** ['aɪnjɛːrɪç] de um ano; anual **einkalkulieren** ⟨-⟩ pôr (*bras* levar) em conta, contar com

'**einkapseln** ⟨-le⟩ VR **sich** ~ MED enquistar; *fig* isolar-se

'**einkassieren** ⟨-⟩ cobrar **Einkassierung** F cobrança f

'**Einkauf** M compra f **einkaufen** comprar, fazer compras '**Einkäufer** M comprador m

'**Einkaufsbummel** M *umg* volta f de compras **Einkaufsmeile** F zona f de compras **Einkaufspassage** F galeria f comercial **Einkaufspreis** F preço m de compra; custo m **Einkaufswagen** M carrinho m de compras **Einkaufszentrum** N centro m comercial

'**einkehren** entrar (num restaurante *od* numa pousada); hospedar-se '**einkeilen** encravar; entravar '**einkellern** pôr na adega, adegar '**einkerben** entalhar

'**einkerkern** ⟨-re⟩ encarcerar **Einkerkerung** F encarceramento m

'**einkesseln** ⟨-le⟩ cercar **einklagen** reclamar em justiça (o pagamento de) **einklammern** ⟨-re⟩ pôr entre parênteses

'**Einklang** M MUS unissonância f; acordo m; *fig a*. harmonia f; **im ~ mit** de harmonia com; *fig* consentâneo com; de acordo com; **in ~ bringen** pôr de acordo

'**einkleben** colar **einkleiden** ⟨-e⟩ (re)vestir **Einkleidung** F investidura f; *poet* expressão f **einklemmen** entalar; apertar **einknicken** dobrar; partir **einkochen** VT ⟨h.⟩, VI ⟨s.⟩ reduzir(-se); *Obst* fazer conserva de

'**Einkommen** N rendimento m **Einkommensteuer** F imposto m complementar (*bras* de renda)

'**einkreisen** ⟨-t⟩ MIL envolver, cercar; POL isolar **Einkreisung** F MIL cerco m; POL isolamento m

'**Einkünfte** ['aɪnkʏnftə] PL rendimentos mpl; *bras* renda f

'**einladen** *etw* carregar; *j-n* convidar (**zu** para) **einladend** ADJ convidativo; sedutor **Einladung** F convite m

'**Einlage** F *Brief*: anexo m, carta f inclusa; *Geld*: depósito m; entrada f; fundos mpl; *Kleidung*: entretela f; *Möbel*: incrustação f; *Schuh*: palmilha f; THEAT intermédio m; *a*. MUS fora m do programa **einlagern** ⟨-re⟩ armazenar **Einlass** M ⟨-(e)s; ⸗e⟩ entrada f; admissão f; **j-m ~ gewähren** deixar alg entrar (**in** em) **einlassen** deixar entrar; admitir; TECH encaixar; ARCH embeber; **sich ~ auf** (*akk*), **sich ~ in** (*akk*) meter-se em; **sich mit j-m ~** travar relações com alg; **sich mit j-m in ein Gespräch ~** travar conversa com alg

'**Einlauf** M ⟨-(e)s; ⸗e⟩ SPORT finish m; *(Reihenfolge)* sequência f final; *Briefe*: correio m (do dia); MED clister m, lavagem f (intestinal) **einlaufen** ⟨s.⟩ SPORT, SCHIFF chegar, entrar; *Stoff* encolher

'**einläuten** ⟨-e-⟩ anunciar (*od* iniciar) por repiques; *bras* lançar os proclamas '**einleben** VR **sich ~** (**in** *akk*) acostumar-se (a); aclima(ta)r-se (a)

'**Einlegearbeit** F embutido m; incrustação f

'**einlegen** VT GASTR pôr (de sal, de conserva, de escabeche, de molho); *(beifügen)* incluir, juntar; AUTO *Gang* meter; *Film* colocar; *Geld* depositar; *Holz* embutir; **ein gutes Wort ~ für** intervir em favor de **Einleger** M FIN depositante m **Einlegesohle** F palmilha f

'**einleiten** ⟨-e-⟩ introduzir; iniciar; *Verhandlungen* entabular; *Prozess* instruir **einleitend** ADJ preliminar **Einleitung** F introdução f; JUR instrução f; *(Vorbereitung)* preparação f; MUS prelúdio m

'**einlenken** *fig* transigir **einlesen** VR **sich ~ in** (*akk*) familiarizar-se com **einleuchten** ⟨-e-⟩ parecer evidente **einleuchtend** óbvio, evidente **einliefern** ⟨-re⟩ entregar; MED hospitalizar **Einlieferung** F entrega f **Einlieferungsschein** M senha f da entrega; recibo m **einliegend** HANDEL incluso, junto **einlochen** *umg* engaiolar; meter na cadeia **einloggen** ['aɪnlɔgŋ] VR **sich ~** conectar-se

Einladung

Ein paar nützliche Wendungen, wenn man jemanden einladen möchte oder selbst eingeladen wird:

Ich gehe an den Strand. Haben Sie Lust mitzukommen?	Vou à praia. Quer ir comigo?
Ich komme gerne mit.	Vou com todo o gosto.
Super Idee! *umg.*	Fixe!, *bras.* Legal!
Ich bin leider schon verplant. Vielleicht an einem anderen Tag?	Lamento, mas já tenho um compromisso. Talvez outro dia?
Nein, das interessiert mich wirklich nicht.	Não, isto não me interessa para nada.

Wenn man zum Essen eingeladen wird oder jemanden einladen möchte:

Darf ich Sie zu einem Kaffee / ins Restaurant einladen?	Posso convidá-lo/-la a um café / ao restaurante?
Vielen Dank für die Einladung! Gerne!	Obrigado pelo convite! Com todo o gosto!
Greifen Sie zu!	Sirva-se à vontade!
Mit Vergnügen!	Com muito gosto!
Nein, danke, ich bin satt.	Não, obrigado, estou satisfeito.
Das hat ausgezeichnet geschmeckt!	Estava excelente.
Vielen Dank für den netten Abend!	Muito obrigado (*Frauen:* obrigada) pela noite tão agradável.

'einlösbar FIN conversível, convertível **einlösen** ⟨-t⟩ desempenhar; pagar; remir; resgatar; *Scheck* cobrar; *Wertpapier* converter; *Versprechen* cumprir **Einlösung** F̅ pagamento *m*; desempenho *m*; resgate *m*; *Wertpapier* conversão *f*
'einmachen pôr de conserva **Einmachglas** N̅ frasco *m* para conservas
'einmal ADV uma vez, *Zeit a.:* um dia; (*einst*) antes, outrora; **auf ~** de vez; (*plötzlich*) de repente; **noch ~** outra vez; **nicht ~** nem sequer **Einmal'eins** N̅ ⟨*inv*⟩ tabuada *f* **einmalig** único
'Einmarsch M̅ ⟨-es; ⸚e⟩ entrada *f*; MIL invasão *f* **einmarschieren** ⟨-; s.⟩ entrar; MIL invadir, ocupar
'einmauern ⟨-re⟩ emparedar; enclausurar **einmeißeln** ⟨-le⟩ cinzelar, gravar **einmengen** → einmischen **einmieten** ⟨-e-⟩ V̅/R̅ **sich ~** alugar uma habitação, alojar-se
'einmischen misturar; **sich ~** interferir; imiscuir-se **Einmischung** F̅ ingerên-

cia *f*, interferência *f*
'einmotorig ['aɪnmotoriç] de um só motor, monomotor **einmumme(l)n** ['aɪnmuma(l)n] ⟨-le⟩ *umg* V̅/R̅ **sich ~** agasalhar-se bem **einmünden** ⟨-e-⟩ desembocar
'einmütig ['aɪnmy:tiç] unânime **Einmütigkeit** F̅ ⟨*o. pl*⟩ unanimidade *f*
'einnähen coser
'Einnahme ['aɪna:ma] F̅ **1** *Geld:* **~n** PL entradas *fpl*, receitas *fpl*, rendimento *m* **2** *v. Steuern:* cobrança *f* **3** MIL tomada *f*, ocupação *f* **4** MED ingestão *f* **Einnahmequelle** F̅ fonte *f* de receitas (*bras* renda)
'einnebeln ⟨aɪnne:baln⟩ ⟨-le⟩ enevoar
'einnehmen **1** *allg* tomar (*a.* MIL); MED *a.* ingerir; *Platz* abranger; *Raum, Stelle a.* ocupar **2** FIN, HANDEL cobrar, receber **3** *fig* **~ für** ganhar, fazer simpatizar com; **~ gegen** fazer antipatizar com; (**j-n**) **für/gegen sich ~** captar a simpatia/antipatia (de alg); → eingenommen **einnehmend** ADJ *fig* simpático; insi-

nuante

'einnicken ⟨s.⟩ adormecer **einnisten** ⟨-e-⟩ V/R sich ~ (**in** *dat*) aninhar-se (em); *fig* estabelecer-se (em); instalar-se (em) **Einöde** F deserto *m*, solidão *f*; ermo *m* **einölen** lubrificar; engraxar **einordnen** ⟨-e-⟩ registar; classificar; **sich ~** enquadrar-se; AUTO **sich rechts ~** seguir pela faixa da direita **einpacken** A V/T (*verpacken*) embalar, embrulhar; *in Kisten:* encaix(ot)ar; *in Koffer:* emalar B V/I (*Koffer packen*) fazer a(s) mala(s); emalar **einparken** parquear, arrumar (o carro) **einpassen** ⟨-t⟩ ajustar, adaptar **einpauken** *umg* inculcar **einpendeln** ⟨-le⟩ V/R sich ~ *fig* equilibrar-se **einpferchen** amalhar; meter no aprisco; *bras* levar para o curral **einpflanzen** ⟨-t⟩ (im)plantar
'einphasig ['ainfa:zɪç] monofásico
'einplanen plane(j)ar; *Verspätung* calcular com **einpökeln** ⟨-le⟩ pôr em salmoura
'einpolig ['ainpo:liç] unipolar
'einprägen A V/T gravar B V/R sich ~ (*dat*) fixar, reter (na memória) **einprogrammieren** ⟨-⟩ programar
'einquartieren ⟨-⟩ alojar; aquartelar; **sich ~ bei, in** (*dat*) hospedar-se em **Einquartierung** F alojamento *m*; MIL aquartelamento *m*
'einrahmen encaixilhar, emoldurar **einrammen** fincar; (*zertrümmern*) arrombar **einräumen** *Sachen* arrumar; *Wohnung* mobilar, instalar; *bras* mobiliar; *fig Rechte etc* (con)ceder (**j-m** a alg) **einrechnen** ⟨-e-⟩ **~ in** (*akk*) pôr em conta (em); incluir (em)
'einreden ⟨-e-⟩ A V/T **j-m etw ~** fazer crer a/c a alg, insinuar a/c a alg; meter a/c na cabeça de alg B V/I **auf j-n ~** tentar convencer alg
'einreiben fri(c)cionar; esfregar; *mit Fett:* untar; MED aplicar uma emulsão **Einreibung** F fri(c)ção *f*; MED *Mittel:* linimento *m*
'einreichen *Antrag* apresentar; **die Scheidung ~** meter os papéis (*od* o processo) de divórcio; *bras* dar entrada no (*od* nos papéis do) divórcio
'einreihen V/T (G V/R) (**sich**) ~ **in** (*akk*) incorporar(-se) a; MIL pôr(-se) em fila; alistar(-se) em **einreihig** de uma só fila

EINS

'Einreise F entrada *f*; **bei der ~** à entrada **einreisen** ⟨-t; s.⟩ entrar **Einreisevisum** N visto *m* de entrada
'einreißen A V/T rasgar; lacerar; ARCH demolir B V/I ⟨s.⟩ rasgar-se; *fig Sitte* vulgarizar-se **einrenken** ['aɪnrɛŋkən] destorcer; encaixar; *a. fig* endireitar **einrennen** *Tür* arrombar
'einrichten ⟨-e-⟩ dispor; organizar; arranjar; (*errichten*) instituir; *Wohnung* mobilar; *bras* mobiliar; **sich ~** pôr casa; instalar-se; *fig* arranjar-se; **sich ~ auf** (*akk*) preparar-se para **Einrichtung** F organização *f*; disposição *f*; (*Institution*) instituição *f*; (*Wohnungseinrichtung*) mobília *f*
'einritzen ⟨-t⟩ gravar **einrollen** enrolar **einrosten** ⟨-e-⟩ V/I enferrujar-se; *bras* enferrujar **einrücken** V/T inserir; TYPO abrir parágrafo; V/I ⟨s.⟩ MIL entrar
eins [aɪns] NUM um(a); uma coisa; **um ~** à uma (hora)
Eins [aɪns] F ⟨-; -en⟩ um *m*; *Zeugnis:* nota *f* de muito bom
'einsacken ['aɪnzakən] ensacar; *umg Geld, Gewinn* abotoar-se com **einsalzen** ⟨-t⟩ salgar; pôr em sal
'einsam solitário; só **Einsamkeit** F ⟨o. *pl*⟩ solidão *f*
'einsammeln ⟨-le⟩ recolher; *Geld a.* cobrar **einsargen** ['aɪnzargən] amortalhar; meter no ataúde; *bras* botar no caixão
'Einsatz M ⟨-es; ⸚e⟩ ❶ (*Einsatzteil*) peça *f* intercalada ❷ *Geld:* abonos *mpl*; *beim Spiel:* entrada *f des Lebens:* risco *m*; sacrifício *m*; *der Kräfte:* emprego *m*; mobilização *f* ❸ (*Beginn*) MUS entrada *f* ❹ (*Spitzeneinsatz*) entremeio *m* ❺ MIL a(c)ção *f*; **im ~** MIL em a(c)ção **einsatzbereit** disposto a entrar em a(c)ção; *fig* arrojado **Einsatzbereitschaft** F prontidão *f*; arrojo *m* **Einsatzgruppe** F, MIL **Einsatzkommando** N comando *m* de intervenção (*od* operação *od* a[c]ção) **Einsatzwagen** M carro *m* de reserva; *Polizei:* carro *m* especial da polícia
'einsäumen abainhar; fazer a bainha
'einscannen ['aɪnskɛnən] V/T digitalizar; *bras* (e)scanear
'einschalten ⟨-e-⟩ intercalar; ELEK ligar; AUTO *Gang* meter; *bras* engatar; *Kupplung* embraiar; *bras* embrear; *fig* **sich**

EINS | 820

~ intervir **Einschalten** N, **Einschaltung** F intercalação f; ELEK ligação f; (Kupplung) embraiagem f; bras embreagem f; fig intervenção f **Einschaltquote** F TV índice m de audiência
'**einschärfen** inculcar **einschätzen** ⟨-t⟩ calcular; avaliar; taxar; **richtig ~** apreciar bem **Einschätzung** F taxação f; avaliação f **einschenken** deitar; Getränke a. servir **einschicken** mandar; enviar **einschieben** intercalar, inserir
'**einschiffen** VT (& V/R) (sich) ~ embarcar **Einschiffung** F embarque m
'**einschlafen** ⟨s.⟩ adormecer; Arm, Fuß etc entorpecer '**einschläfern** ⟨-re⟩ ['aɪnʃlɛ:fərn] adormentar; Tier abater **einschläfernd** ADJ sonolento
'**Einschlag** M empa(c)to m; Blitz: queda f **einschlagen** A VT 1 Nagel pregar, cravar; (zerstören) partir; Tür arrombar 2 Paket embrulhar; Stoff refegar; bras enrugar 3 Weg seguir, tomar B V/I 1 ⟨h.⟩ Blitz cair; Schuss acertar; **es hat eingeschlagen** Blitz caíu um raio; Schuss acertou 2 ⟨h.⟩ (annehmen) aceitar com um aperto de mão 3 ⟨s.⟩ fig (**gut**) **~** dar bom resultado, ter bom êxito; Ware ter boa venda
'**einschlägig** ['aɪnʃlɛːgɪç] correspondente, respe(c)tivo
einschleichen V/R **sich ~** introduzir-se furtivamente, insinuar-se **einschleppen** SCHIFF rebocar; MED importar, trazer **einschleusen** ⟨-t⟩ fazer entrar clandestinamente
einschließen fechar (à chave); encerrar; MIL cercar; (beifügen) incluir; fig conter, compreender **einschließlich** (gen) ADV inclusive, inclusivamente; incluído, compreendido
'**einschlummern** V/I ⟨-re; s.⟩ adormecer, adormentar **Einschluss** M inclusão f **einschmeicheln** ⟨-le⟩ V/R **sich ~** insinuar-se; **sich bei j-m ~** cativar as simpatias de alg **einschmeichelnd** ADJ insinuante **einschmelzen** fundir, derreter **einschmieren** untar, engraxar; umg sujar; lambuzar **einschmuggeln** ⟨-le⟩ introduzir por contrabando; contrabandear; **sich ~** infiltrar-se **einschnappen** V/I 1 ⟨h.⟩ (einrasten) engatar; bras encaixar 2 fig ⟨s.⟩ melindrar-se,

ofender-se (**über** akk com); → **eingeschnappt**
'**einschneiden** cortar, (en)talhar; incisar **einschneidend** ADJ incisivo; fig a. radical; decisivo
'**einschneien** ⟨s.⟩ ficar por baixo da neve; **eingeschneit sein** (nicht wegkönnen) ser detido pela neve
'**Einschnitt** M incisão f (a. Vers u. MED); corte m; (Kerbe) entalho m
'**einschnüren** apertar (od atar) com uma corda; fig estrangular **Einschnürung** F aperto m; atadura f
'**einschränken** ['aɪnʃrɛŋkən] A VT limitar, reduzir, restringir B V/R **sich ~** limitar-se; poupar **Einschränkung** F restrição f
'**einschrauben** aparafusar
'**Einschreibebrief** ['aɪnʃraɪbəbriːf] M carta f registada (bras registrada) **Einschreibegebühr** Postwesen: taxa f de registo (bras de registrados); UNIV etc: matrícula f, propina f **einschreiben** VT registar; bras registrar; (sich) ~ (**lassen**) inscrever(-se); UNIV etc matricular (-se) **Einschreiben** N registo m; bras registado m
'**einschreiten** V/I ⟨s.⟩ intervir '**Einschreiten** N intervenção f
'**einschrumpfen** ⟨s.⟩ encolher; enrugar
'**Einschub** M ⟨-(e)s, -schübe⟩ inserção f; intercalação f; ARCH piso m (od tecto) falso; ELEK módulo m
'**einschüchtern** ⟨-re⟩ intimidar **einschulen** matricular (numa escola)
'**Einschuss** M ⟨-es, ⁻e⟩ orifício m provocado por uma bala; MIL entrada f; TECH trama f
'**einschweißen** VT ⟨-t⟩ Ware embalar hermeticamente; Ausweis etc plastificar
'**einsegnen** ⟨-e-⟩ abençoar; Kind comungar **Einsegnung** F (primeira) comunhão f; confirmação f; bênção f
'**einsehen** VT (begreifen) compreender; Irrtum reconhecer; Akten etc consultar
'**Einsehen** N **ein ~ haben** ter juízo, ser razoável
'**einseifen** ensaboar
'**einseitig** ['aɪnzaɪtɪç] A ADJ unilateral, parcial (a. Urteil); MED simples B ADV einseitig bedrucken de um lado só **Einseitigkeit** F unilateralidade f; parcialida-

'einsenden remeter, enviar **Einsender(in)** M(F) remetente m/f **Einsendeschluss** M ⟨-es; o. pl⟩ termo m do prazo de envio **Einsendung** F envio m; (Brief) carta f

'einsetzen ⟨-t⟩ **A** V/T **1** pôr, colocar; (errichten) instituir, estabelecer; AGR plantar; MATH substituir; HANDEL (buchen) assentar; ~ in ein Amt investir de; MIL im Kampf ~ pôr em combate, levar ao combate **2** fig pôr em jogo; Kraft empregar; Leben arriscar **B** V/I (beginnen) começar; MUS entrar **C** V/R sich ~ für Sache: lutar por, defender; Person: intervir a favor de **Einsetzung** F TYPO, TECH inserção f; MATH substituição f; (Ernennung) nomeação f; v. Erben, e-s Gremiums etc: instituição f; v. Kraft: emprego m; Leben: sacrifício m; in ein Amt: instalação f

'Einsicht F **1** in Akten: consultação f; (Kenntnis) conhecimento m; ~ nehmen in (akk) examinar; ver **2** (Vernunft) razão f, compreensão f; zur ~ kommen cair em si; reconhecer **einsichtig, einsichtsvoll** inteligente; compreensivo

'einsickern ⟨-re; s.⟩ infiltrar-se

'Einsiede'lei ['aɪnziːdəˈlaɪ] F ermida f, ermo m **Einsiedler** M ermitão m, eremita m **Einsiedlerkrebs** M caranguejo m eremita

'einsilbig ['aɪnzɪlbɪç] monossílabo, monossilábico; figPerson taciturno, lacónico

'einsinken ⟨s.⟩ enterrar-se; afundar-se

'Einsitzer ['aɪnzɪtsɐ] M veículo m de um lugar só

'einspannen Pferd atrelar; aparelhar; TECH engatar; fixar; fig j-n fazer trabalhar; empregar

'einsparen economizar; poupar; Kosten ~ reduzir **Einsparung** F economia f

'einsperren encarcerar, prender; Kind fechar **einspielen** **A** V/T **1** Geld gerar lucro **2** MUS Stück ensaiar **3** TV (senden) transmitir **B** V/R sich ~ fig harmonizar-se; Waage equilibrar-se; MUS fazer alguns exercícios; SPORT treinar **einspringen** ⟨s.⟩ für j-n ~ substituir alg

'einspritzen ⟨-t⟩ MED, TECH inje(c)tar **Einspritzmotor** M ⟨-s; -en⟩ motor m a inje(c)ção **Einspritzpumpe** F bomba f de inje(c)ção **Einspritzung** F MED, TECH inje(c)ção f

'Einspruch M reclamação f; protesto m; veto m; ~ **erheben** protestar (**gegen** contra)

'einspurig [ˈaɪnʃpuːrɪç] de faixa única; BAHN de via única

einst [aɪnst] ADV geh um dia; Vergangenheit a.: (von) ~ (de) outrora

'einstampfen calcar; Papier amassar **Einstand** M entrada f em função **einstauben** ⟨s.⟩ cobrir-se de pó **einstechen** furar **einstecken** pôr (od meter) dentro; meter no bolso, Geld a. arrecadar; Brief pôr no correio; Schwert embainhar; umg fig (behalten) ficar com; Beleidigung etc engolir **einstehen** V/I ~ für responder por

'einsteigen ⟨s.⟩ ~ in (akk) subir para, entrar em **Einsteigerkurs** M curso m de iniciação

'einstellen **A** V/T **1** meter (**in** akk em), colocar (**in** akk em) **2** Personal contratar; MIL alistar, incorporar **3** TECH regular, ajustar, graduar; FOTO focar; Radio afinar, sintonizar; in e-e Richtung: orientar; scharf/unscharf ~ focar bem/mal **4** (beenden) Arbeit, Kampf suspender; JUR Prozess arquivar **B** V/R sich ~ (kommen) comparecer; aparecer; Schmerzen a. fazer-se sentir; sich ~ auf (akk) preparar-se para, contar com; **eingestellt gegen** contra; oposto a

'einstellig dígito, simples **Einstellung** F **1** v. Arbeitskräften: colocação f; MIL alistamento m **2** POL opinião f, credo m; (Haltung) atitude f política **3** (Ende) Arbeit, Kampf: suspensão f; JUR arquivo m **4** FOTO focagem f; Radio: sintonização f, afinação f; TECH acerto m **Einstellungsgespräch** N entrevista f de contratação

'Einstich M picadela f; perfuração f

'Einstieg ['aɪnʃtiːk] M ⟨-(e)s; -e⟩ BAHN etc entrada f; fig acesso m

'einstig [ˈaɪnstɪç] antigo

'einstimmen acompanhar; ~ **in** (akk) juntar a sua voz a **einstimmig A** ADJ unânime **B** ADV por unanimidade; MUS a uma só voz; uníssono **Einstimmigkeit** F ⟨o. pl⟩ unanimidade f; MUS unissonância f

'einstöckig ['aɪnʃtœkɪç] de um andar (od piso) só

'einstoßen romper, derribar, derrubar

einstreichen Geld ficar com **einstreuen** entremeter, entremear **einströmen** ⟨s.⟩ afluir **einstudieren** ⟨-⟩ ensinar; THEAT ensaiar **einstufen** classificar **Einstufung** F̲ classificação f
'**einstündig** ['aɪnʃtʏndɪç] de uma hora
'**einstürmen** V̲/I̲ ~ **auf** (akk) arrojar-se (od abalançar-se) contra; precipitar-se sobre; fig assaltar **Einsturz** M̲ queda f; ARCH a. desabamento m; derrocada f; desmoronamento m **einstürzen** ⟨-t; s.⟩ cair; desabar, ir-se (od vir) abaixo; desmoronar-se **Einsturzgefahr** F̲ ⟨o. pl⟩ perigo m de desmoronamento
'**einst'weilen** ADV por enquanto; entretanto **einstweilig** interino, provisório
'**eintägig** [aɪntɛːɡɪç] de um só dia; fig efémero **Eintagsfliege** F̲ efémera f (bras *ê) **eintauchen** V̲/T̲ ⟨h.⟩, V̲/I̲ ⟨s.⟩ molhar, mergulhar; submergir **eintauschen** trocar (**gegen** por)
'**einteilen** dividir (**in** akk em); distribuir, repartir; classificar (por) **Einteilung** F̲ divisão f, distribuição f; classificação f
'**eintönig** ['aɪntøːnɪç] monótono **Eintönigkeit** F̲ ⟨o. pl⟩ monotonia
'**Eintopf** M̲ ⟨-(e)s; -töpfe⟩, **Eintopfgericht** N̲ guisado m; ensopado m
'**Eintracht** F̲ ⟨o. pl⟩ concórdia f; união f **einträchtig** de acordo; unânime
'**Eintrag** ['aɪntraːk] M̲ ⟨-(e)s; ¨e⟩ registo m; bras registro m **eintragen** inscrever, registar (bras registrar); averbar; HANDEL assentar; escriturar; (verursachen) causar; Nutzen render, produzir **einträglich** ['aɪntrɛːklɪç] lucrativo, rendoso **Eintragung** ['aɪntraːɡʊŋ] F̲ inscrição f; registo m; bras registro m; HANDEL lançamento m
'**einträufeln** ⟨-le⟩ instilar **eintreffen** V̲/I̲ ⟨s.⟩ chegar (**in** dat a); (geschehen) acontecer **Eintreffen** N̲ chegada f **eintreiben** Nagel cravar; Geld, Vieh recolher **eintreten** A V̲/T̲ Tür etc arrombar (por pontapés) B V̲/I̲ ⟨s.⟩ ❶ entrar (**in** akk em) ❷ (geschehen) suceder, realizar-se ❸ fig ~ **für** intervir a favor de, defender **eintrichtern** ['aɪntrɪçtɐn] ⟨-le⟩ umg inculcar
'**Eintritt** M̲ ⟨-(e)s; -e⟩ (Eintrittsgeld) entrada f; (Beitritt) adesão f (**in** akk a). **Eintrittskarte** F̲ (bilhete m de) entrada f; bras ingresso m

'**eintrocknen** ⟨-e-; s.⟩ secar; enxugar **eintunken** ['aɪntʊŋkən] molhar, ensopar **einüben** ensaiar; estudar; treinar
'**einverleiben** ['aɪnfɛɐlaɪbən] ⟨-⟩ incorporar (dat a em); **sich** (dat) **etw** ~ apoderar-se de a/c **Einverleibung** F̲ incorporação f, anexação f
'**Einvernehmen** N̲ ⟨-s; o. pl⟩ acordo m; **im** ~ (**mit**) de acordo (com) **einverstanden** ['aɪnfɛɐʃtandən] ADJ ~ (**sein**) (estar) de acordo **Einverständnis** N̲ acordo m; consentimento m '**einwachsen** ⟨s.⟩ penetrar; criar raízes; **eingewachsen** Nagel etc encravado
'**Einwand** M̲ ⟨-(e)s; ¨e⟩ obje(c)ção f '**Einwanderer** M̲, **Einwanderin** F̲ imigrante m/f **einwandern** ⟨-re; s.⟩ imigrar **Einwanderung** F̲ imigração f '**einwandfrei** corre(c)to, inta(c)to; incontestável **einwärts** ['aɪnvɛrts] ADV para dentro **einwechseln** ⟨-le⟩ trocar; HANDEL, FIN a. cambiar (**gegen** por) **einwecken** GASTR **etw** ~ fazer conserva de a/c
'**Einwegflasche** F̲ garrafa f sem depósito (bras sem casco) **Einwegverpackung** F̲ embalagem f descartável '**einweichen** pôr de molho (a. GASTR) '**einweihen** inaugurar; consagrar; umg estrear; fig ~ **in** (akk) iniciar em; **j-n in ein Geheimnis** ~ confiar um segredo a alg; **eingeweiht sein** a. estar dentro do segredo; bras estar a par, umg estar por dentro **Einweihung** F̲ inauguração f; bes REL consagração f
'**einweisen** V̲/T̲ **j-n** ~ **in** Tätigkeit: conferir posse a alg; **ins Krankenhaus:** internar alg **Einweisung** F̲ posse f; iniciação f; **in ein Krankenhaus** etc: internamento m
'**einwenden** obje(c)tar, retorquir **Einwendung** F̲ → Einwand
'**einwerfen** romper, partir; Brief, Münze pôr; fig obje(c)tar **einwickeln** ⟨-le⟩ embrulhar; enrolar (a. fig)
'**einwilligen** ['aɪnvɪlɪɡən] consentir (**in** akk em, com) **Einwilligung** F̲ consentimento m
'**einwirken** a(c)tuar, operar (**auf** akk em), a. geistig: influir (sobre) **Einwirkung** F̲ a(c)ção f, a(c)tuação f; influência f
'**Einwohner(in)** ['aɪnvoːnɐr(ɪn)] M/F habitante m/f, morador(a) m(f) Einwoh-

ner'meldeamt N repartição f de registo de moradores (od habitantes); bras registro m de domicilio **Einwohnerschaft** F⟨o. pl⟩ população f; habitantes mpl

'Einwurf M v. Briefen: acto de deitar na caixa do correio; SPORT lançamento m lateral; fig obje(c)ção f; réplica f

'Einzahl F GRAM singular m

'einzahlen pagar; auf ein Konto: depositar **Einzahler(in)** M(F) depositante m/f **Einzahlung** F pagamento m; depósito m; ~en pl (Eingänge) entradas fpl **Einzahlungsbeleg** M recibo m de pagamento

'einzäunen ['aıntsɔʏnən] cercar; vedar **Einzäunung** F Zaun: vedação f; Gebiet: cercado m, tapada f

'einzeichnen ⟨-e-⟩ marcar **Einzeichnung** F inscrição f

'Einzel ['aıntsəl] N ⟨-s; -⟩ Tennis: single m **Einzelausgabe** F edição f avulsa **Einzelfall** M caso m isolado **Einzelhaft** F⟨o. pl⟩ incomunicabilidade f **Einzelhandel** M ⟨-s; o. pl⟩ comércio m a retalho; bras comércio m varejista (od a varejo) **Einzelhändler** M retalhista m; bras varejista m **Einzelhaus** N moradia f **Einzelheit** F pormenor m; besondere: particularidade f **Einzelkind** N ⟨-(e)s; -er⟩ filho m, -a f único, -a **Einzeller** M BIOL organismo m unicelular **einzellerig** ['aıntsləriç] unicelular

'einzeln A ADJ só; isolado; singular; (nacheinander) um trás o outro; **jeder Einzelne** cada um por si; **im Einzelnen** nos seus pormenores; verkaufen: a retalho, por miúdo; avulso B ADV um a um

'Einzelperson F pessoa f só **Einzelstück** N, **Einzelteil** N peça f única (bras avulsa) **Einzelunterricht** M aula f individual (od particular) **Einzelzimmer** N quarto m individual

'einziehbar ['aıntsi:ba:r] ZOOL retrá(c)til (a. FLUG), retra(c)tivo **einziehen** V/T ⟨h.⟩ **1** retrair; SCHIFF Segel arrear (a. Flagge); amainar; Ruder u. FLUG (Fahrgestell) recolher; Luft aspirar **2** MIL chamar às fileiras, mobilizar **3** FIN Geld retirar da circulação, recolher; Steuern cobrar; bras arrecadar; JUR confiscar **4** Erkundigungen colher B V/I ⟨s.⟩ entrar; ~ in e-e Wohnung mudar(-se) para, ir instalar-se em **Einziehung** F FIN cobrança f; JUR confiscação f

'einzig ['aıntsıç] A ADJ único B ADV ~ **(und allein)** unicamente **einzigartig** a. singular, sem par **einzige** ['aıntsɡə] único; **kein Einziger, keine Einzige** nem um, nem uma

'Einzug M ⟨-(e)s; ⸚e⟩ ~ **in** (akk) entrada f em, ingresso m em; Wohnung: mudança f para **Einzugsbereich** M ⟨-(e)s; -e⟩ área f (od zona f) de entrada

'einzwängen apertar; fazer entrar à força

'Eipulver N ovos mpl em pó

Eis [aıs] N ⟨-es; o. pl⟩ gelo m; (Fruchteis, Speiseeis) gelado m; bes bras sorvete m; **auf ~ legen** fig deixar por tratar; protelar

'Eis... IN ZSSGN meist de gelo **Eisbahn** F pista f de patinagem **Eisbär** M ⟨-en⟩ urso m branco **Eisbecher** M taça f de gelado; bras copo m de sorvete **Eisbein** N GASTR mão f de porco (em salmoura); chispe m **Eisberg** M icebergue m **Eisbrecher** ['aısbrɛxər] M (navio m) quebra-gelo m **Eiscafé** N geladaria f; bes bras sorveteria f **Eiscreme** F ⟨-; -s⟩ gelado m, sorvete m **Eisdecke** F camada f de gelo **Eisdiele** F geladaria f; bras sorveteria f

'Eisen ['aızən] N ferro m (a. Bügeleisen); (Hufeisen) ferradura f

'Eisenbahn F caminho m (bras estrada f) de ferro **Eisenbahn...** IN ZSSGN oft ferroviário; a. → Bahn etc **Eisenbahner** M ferroviário m **Eisenbahnfahrt** F viagem f de comboio (bras trem) **Eisenbahnknotenpunkt** M entroncamento m **Eisenbahnlinie** F via f férrea **Eisenbahnnetz** N ⟨-es; -e⟩ rede f ferroviária **Eisenbahnschiene** F carril m; bras trilho m **Eisenbahnunglück** N desastre m ferroviário **Eisenbahnverbindung** F ligação f ferroviária; bras conexão f de trens **Eisenbahnwagen** M carruagem f; bras vagão m

'Eisenbergwerk N mina f de ferro **Eisenbeschlag** M ferragem f **Eisenblech** N ferro m em folha; chapa f de ferro **Eisenerz** N minério m de ferro **Eisengießerei** F, **Eisenguss** M ⟨-es; o. pl⟩ fundição f de ferro **eisenhaltig** ['aızənhaltıç] ferruginoso **Eisen-**

hut M̱ BOT acónito m **Eisenhütte** F̱ fábrica f (bras usina f) siderúrgica **Eisenindustrie** F̱ indústria f siderúrgica; siderurgia f **Eisenkraut** Ṉ ⟨-(e)s; o. pl⟩ BOT verbena f **Eisenverhüttung** F̱ ⟨o. pl⟩ tratamento m siderúrgico **Eisenwaren** FPL ferragens fpl **Eisenwarengeschäft** Ṉ loja f de ferragens **Eisenzeit** F̱ ⟨o. pl⟩ idade f de ferro

'**eisern** ['aɪzɐn] de ferro; férreo; fig inalterável; duro; **~e Lunge** f MED pulmão m de aço; **~e Ration** f MIL ração f de reserva; **Eiserner Vorhang** m hist POL cortina f de ferro

'**Eisfläche** F̱ superfície f de gelo **eisfrei** desembaraçado de gelo **eisgekühlt** ['aɪsɡəkyːlt] gelado **eisgrau** encanecido **Eishockey** Ṉ ⟨-s; o. pl⟩ hóquei m (od hóquei m) sobre o gelo

'**eisig** ['aɪzɪç] **A** ADJ gelado; glacial; fig impassível **B** ADV **~ kalt** (um) frio de gelar

'**Eiskunstlauf** M̱ patinagem f artística; bras patinação f (no gelo) **Eislaufen** Ṉ praticar patinagem artística **Eisläufer(in)** M(F) patinador(a) m(f) artístico(a)

'**Eismaschine** F̱ sorveteira f **Eismeer** Ṉ mar m glacial; **Nördliches ~** Árctico m; **Südliches ~** Antárctico m **Eispickel** M̱ picareta f de alpinismo **Eisrevue** ['aɪsrəvyː] F̱ revista f no gelo **Eisschnelllauf** M̱ ⟨-(e)s; o. pl⟩ patinagem f de velocidade sobre o gelo **Eisscholle** F̱ pedaço m de gelo **Eisschrank** M̱ frigorífico m, frigorífero m; bras geladeira f **Eisstadion** Ṉ estádio m de patinagem sobre o gelo **Eistanz** M̱ ⟨-es; o. pl⟩ dança f artística sobre o gelo **Eistee** M̱ ice tea m **Eistorte** F̱ tarte f (bras torta f) gelada **Eistüte** F̱ cone m **Eisvogel** M̱ alcião m **Eiswaffel** F̱ barquilha f **Eiswürfel** M̱ cubo m de gelo **Eiszapfen** M̱ sincelo m **Eiszeit** F̱ época f glaciária; período m glaciário

'**eitel** ['aɪtl] ⟨-tl-⟩ Person vaidoso; (nur) ⟨oft inv⟩ mero, puro **Eitelkeit** F̱ vaidade f

'**Eiter** [aɪtɐ] M̱ ⟨-s; o. pl⟩ pus m **Eiterbeule** F̱ abcesso m **Eiterherd** M̱ foco m purulento **eiterig** purulento **eitern** ⟨-rn-⟩ criar pus, supurar; ab(s)ceder **Eiterpustel** F̱ pústula f **Eiterung** F̱ supuração f

'**Eiweiß** ['aɪvaɪs] Ṉ ⟨-es; -e⟩ clara f do ovo; BIOL albumina f; allg a. proteína f **eiweißhaltig** ['aɪvaɪshaltɪç] que contém albumina (od proteína)

'**Ekel**¹ ['eːkal] M̱ asco m; mit Übelkeit: nojo m, náusea f; (Widerwille) repugnância f (vor dat de)

'**Ekel**² Ṉ umg tipo m antipático (od nojento) **ekelhaft, ekelig** ⟨-kl-⟩ nojento, repugnante **ekeln j-n ~, j-m ~** causar (od dar) nojo (od repugnância) a alg; repugnar a alg; **sich ~ vor** ter nojo (od asco) de

ekla'tant [ekla'tant] retumbante; evidente

'**eklig** → ekelig

Ek'stase [ɛk'staːza] F̱ êxtase m **ekstatisch** extático

Ek'zem [ɛk'tseːm] Ṉ ⟨-s; -e⟩ MED eczema m

E'lan [e'laːn] M̱ ⟨-s; o. pl⟩ zelo m

e'lastisch [e'lastɪʃ] elástico **Elastizität** [elastitsi'tɛːt] F̱ elasticidade f

Elch [ɛlç] M̱ ⟨-(e)s; -e⟩ alce m

Ele'fant [ele'fant] M̱ ⟨-en⟩ elefante m **ele'gant** [ele'ɡant] elegante **Eleganz** [ele'ɡants] F̱ ⟨o. pl⟩ elegância f

Ele'gie [ele'ɡiː] F̱ elegia f **e'legisch** [e'leːɡɪʃ] elegíaco

elektrifi'zieren [elɛktrifi'tsiːrən] ⟨-⟩ ele(c)trificar **Elektrifizierung** F̱ ele(c)trificação f

E'lektriker [e'lɛktrikɐ] M̱ ele(c)tricista m **elektrisch** ele(c)trico **elektri'sieren** [elɛktri'ziːrən] ⟨-⟩ ele(c)trizar

Elektrizi'tät [elɛktritsi'tɛːt] F̱ ele(c)tricidade f, energia f (elé(c)trica) **Elektrizitätswerk** Ṉ central f elé(c)trica

Elek'trode [elɛk'troːdə] F̱ elé(c)trodo m, ele(c)trodo m

Elektrody'namik [e'lɛktrodyna'mɪk] F̱ ⟨o. pl⟩ ele(c)trodinâmica f **Elektrogerät** Ṉ aparelho m elé(c)trico, ele(c)trodoméstico m **Elektrogeschäft** Ṉ loja f de ele(c)trodomésticos **Elektroherd** M̱ fogão m elé(c)trico **Elektrokardio'gramm** [e'lɛktrokardio'ɡram] Ṉ ⟨-s; -e⟩ MED ele(c)trocardiograma m **Elektro'lyse** [e'lɛktro'lyːzə] F̱ ele(c)trólise f **Elektroma'gnet** M̱ ⟨-en⟩ electroíman m; bras electroímã **Elektromotor** M̱ ele(c)tromotor m

Elek'tron [elɛk'troːn] Ṉ ⟨-s; -en⟩ elé(c)-

trão m **Elektronenblitz** M̄ flash m ele(c)trónico (bras *ô) **Elektronenmikroskop** N̄ microscópio m ele(c)trónico (bras *ô) **Elektronenrechner** M̄ calculadora f ele(c)trónica (bras *ô)

Elek'tronik [elɛk'troːnɪk] F̄ ele(c)trónica f (bras *ô) **elektronisch** ele(c)trónico (bras *ô)

Elektro'technik F̄ ⟨o. pl⟩ ele(c)trotécnica f **Elektrotechniker** M̄ ele(c)tricista m **elektrotechnisch** ele(c)trotécnico

Ele'ment [ele'mɛnt] N̄ ⟨-(e)s; -e⟩ elemento m; **in seinem ~ sein** fig estar no seu elemento **elemen'tar** [elemɛn'taːr] ADJ, **elemen_** IN ZSSGN elementar

'**elend** [ˈeːlant] ADJ mísero, miserável, desgraçado, desditoso; (kränklich) muito fraco; fig mesquinho; **~ aussehen** ter mau aspe(c)to

'**Elend** [ˈeːlant] N̄ ⟨-(e)s; o. pl⟩ miséria f; (Unglück) desgraça f, desdita f

elf [ɛlf] NUM onze

'**Elfe** [ˈɛlfə] F̄ sílfide f '**Elfenbein** N̄ ⟨-(e)s; o. pl⟩ marfim m

'**elffach** ADV onze vezes **Elf'meter** M̄ SPORT penálti m; bras pênalti m **Elfte** NUM undécimo, décimo primeiro; Datum, Titel: **der ~** o (dia) onze '**Elftel** N̄ undécimo m **elftens** ADV undécimo, em décimo primeiro lugar

E'lite [e'liːtə] F̄ escol m, elite f **Elite...** IN ZSSGN sele(c)to, de sele(c)ção, de elite

'**Elle** [ˈɛlə] F̄ hist Maß: vara f, côvado m; ANAT cúbito m **Ell(en)bogen** M̄ cotovelo m

El'lipse [eˈlɪpsə] F̄ elipse f **elliptisch** [e-ˈlɪptɪʃ] elíptico

'**Elsass** [ˈɛlzas] N̄ ⟨-⟩ GEOG Alsácia f '**Elsässer(in)** [ˈɛlzɛsər(ɪn)] M(F) Alsaciano m, -a f '**elsässisch** alsaciano, da Alsácia

'**Elster** [ˈɛlstər] F̄ ⟨-; -n⟩ pega f

'**elterlich** [ˈɛltərlɪç] dos pais; paterno e materno

'**Eltern** [ˈɛltərn] PL pais mpl **Elternhaus** N̄ casa f paterna **Elternliebe** F̄ ⟨o. pl⟩ amor m paterno **elternlos** órfão (de pai e mãe) **Elternzeit** F̄ licença f parental

'**E-Mail** [ˈiːmeːl] F/N ⟨-; -s⟩ correio m ele(c)trónico, e-mail m; **per ~** por e-mail; **j-m e-e ~ schicken** mandar um e-mail a alg

E'mail [eˈmai̯] N̄ ⟨-s; -s⟩, **Emaille** [eˈmalj̯ə] F̄ esmalte m **email'lieren** [ema(l)'jiːrən] ⟨-⟩ esmaltar

Emanzipati'on [emantsipatsi'oːn] F̄ emancipação f **emanzi'pieren** [emantsi'piːrən] ⟨-⟩ emancipar; **sich ~** emancipar-se **emanzi'piert** emancipado

Em'bargo [ɛm'bargo] N̄ ⟨-s; -s⟩ embargo m; **ein ~ verhängen über** (akk) decretar um embargo sobre; embargar

Embo'lie [ɛmbo'liː] F̄ MED embolia f

'**Embryo** [ˈɛmbryo] M̄ ⟨-s; -s⟩ embrião m

emeri'tiert [emeri'tiːrt] aposentado, jubilado

Emi'grant(in) [emiˈgrant(ɪn)] M(F) ⟨-en⟩ emigrado m, -a f, emigrante m/f **emiˈgrieren** [emiˈgriːrən] ⟨-; s.⟩ emigrar

Emissi'on [emisi'oːn] F̄ emissão f **Emissionswerte** PL valores mpl de emissões, valores efluentes

emotio'nal [emotsio'naːl], **emotio'nell** emocional

Em'pfang [ɛm'pfaŋ] M̄ ⟨-(e)s; ⁼e⟩ recepção f; a. (Aufnahme) acolhimento m; **in ~ nehmen** receber; aceitar; **den ~ bestätigen** acusar a recepção (bras o recebimento) **empfangen** ⟨-⟩ receber; acolher; Kind conceber

Em'pfänger [ɛm'pfɛŋər] M̄ RADIO, TV receptor m **Empfänger(in)** M(F) e-r Sendung: destinatário m, -a f; HANDEL consignatário m, -a f **empfänglich** ADJ **~ für** susceptível de; predisposto para; Gemüt sensível a **Empfänglichkeit** F̄ susceptibilidade f; sensibilidade f; MED predisposição f

Em'pfängnis [ɛm'pfɛŋnɪs] F̄ ⟨-; -se⟩ BIOL concepção f; REL conceição f **empfängnisverhütend** anticonce(p)cional; **~es Mittel** n contrace(p)tivo m **Empfängnisverhütung** F̄ anticonce(p)ção f; bras controle m de natalidade **Empfängnisverhütungsmittel** N̄ anticonce(p)tivo m

Em'pfangsbescheinigung F̄ recibo m **Empfangsbestätigung** F̄ aviso m de recepção (bras de recebimento) **Empfangschef(in)** M(F) recepcionista m/f **Empfangsstation** F̄ estação f receptora **Empfangszimmer** N̄ sala f

(de recepção); salão m (nobre)
em'pfehlen [ɛmˈpfeːlən] ⟨-⟩ recomendar; *etw a.* aconselhar; **sich ~** (*sich verabschieden*) despedir-se; *Briefschluss*: apresentar cumprimentos; (*ratsam sein*) convir **empfehlenswert** recomendável, de recomendar; aconselhável **Empfehlung** f̲ recomendação f; **~en** pl (*Grüße*) cumprimentos mpl
em'pfinden [ɛmˈpfɪndən] V̲T̲ ⟨-⟩ sentir **empfindlich** sensível; (*fein*) delicado; (*reizbar*) irritável; (*leicht kränkbar*) susceptível **Empfindlichkeit** f̲ sensibilidade f; delicadeza f **empfindsam** sensível, emocionável **Empfindsamkeit** f̲ sensibilidade f **Empfindung** f̲ sentimento m, sensação f **empfindungslos** ⟨-este⟩ insensível
Em'phase [ɛmˈfaːzə] f̲ ênfase f
Em'pire [ɛˈpiːr] N̲ ⟨-s; o. pl⟩, **Empirestil** M̲ ⟨-(e)s; o. pl⟩ estilo m Império
em'por [ɛmˈpoːr] A̲D̲V̲ (para) acima, para o ar **emporarbeiten** ⟨-e-⟩ V̲R̲ **sich ~** *fig* vencer pelo seu trabalho **emporblicken** levantar os olhos **Em'pore** [ɛmˈpoːrə] f̲ ARCH tribuna f, coro m
em'pören [ɛmˈpøːrən] ⟨-⟩ indignar, revoltar; **sich ~ über** (akk) indignar-se com **empörend** revoltante, escandaloso, chocante
em'porkommen ⟨s.⟩ subir, prosperar **Emporkömmling** [ɛmˈpoːrkœmlɪŋ] M̲ ⟨-s; -e⟩ *pej* novo rico m; arrivista m **emporragen** sobressair; **über** (akk) sobressair; erguer-se por cima de; dominar **emporschwingen** V̲R̲ *geh* **sich ~** levantar voo (*bras* *ô) **emporsteigen** ⟨s.⟩ *geh* subir; ascender
Em'pörung [ɛmˈpøːrʊŋ] f̲ (*Entrüstung*) indignação f; (*Revolte*) sublevação f, insurreição f
'emsig [ˈɛmzɪç] a(c)tivo; zeloso; trabalhador **Emsigkeit** f̲ zelo m; a(c)tividade f; diligência f
'Ende [ˈɛndə] N̲ ⟨-s; -n⟩ 1 ⟨o. pl⟩ *zeitlich*: fim m; termo m; (*letzter Teil*) final m; cabo m; **ein ~ machen mit** pôr cobro (*bras* fim) a; **e-r Sache** (dat) **ein ~ machen** a. pôr cabo a a/c; **ein ~ nehmen** acabar(-se); **am ~** por fim; (*vielleicht*) porventura; **am** *od* **gegen ~** ... em fins de ...; **~ des Monats/Mai** *etc* em fins de/de Maio;

von Anfang bis ~ do princípio ao fim; **zu ~ führen** levar a cabo; **zu ~ gehen** estar a acabar, estar a findar; aproximar-se do seu fim; **zu ~ lesen** *etc* terminar a leitura de; **letzten ~s** afinal de contas; *umg* **das dicke ~ kommt noch (nach)** ainda não acabou; aquilo traz água no bico; *bras* mas (isso) não é tudo 2 *örtlich*: cabo m; topo m; *äußerstes*: extremo m, extremidade f; **von e-m ~ zum anderen** de lés a lés; *bras* de um extremo ao outro
'enden V̲T̲ & V̲I̲ ⟨-e-⟩ acabar(-se) (**mit** por, *akk* em); (*a. aufhören*) terminar; *Frist* expirar **'Endergebnis** N̲ ⟨-ses; -se⟩ resultado m final **endgültig** A̲ A̲D̲J̲ definitivo B̲ A̲D̲V̲ a. de vez
En'divie [ɛnˈdiːvjə] f̲ endívia f, escarola f, chicarola f
'Endkampf [ˈɛntkampf] M̲ SPORT (encontro m) final m **Endlager** N̲ (*nukleares Endlager*) cemetério m nuclear (*od* de resíduos nucleares) **endlich** A̲ A̲D̲J̲ finito B̲ A̲D̲V̲; MATH finito B̲ A̲D̲V̲ finalmente, enfim, por fim; **~ etw tun** acabar por fazer a/c; **na ~!** até que enfim! **endlos** ⟨-este⟩ A̲ A̲D̲J̲ ilimitado; sem fim; infinito B̲ A̲D̲V̲ sem fim **Endprodukt** N̲ produto m final **Endpunkt** M̲ termo m; extremo m **Endsilbe** f̲ sílaba f final **Endspiel** N̲ SPORT final f **Endspurt** M̲ ⟨-s; -s⟩ arranque m (*od* etapa f) final **Endstation** f̲ estação-términus f; terminal m/f **Endsumme** f̲ total m **Endung** [ˈɛndʊŋ] f̲ GRAM desinência f, terminação f **Endziel** N̲, **Endzweck** M̲ ⟨-(e)s; o. pl⟩ fim m, finalidade f
Ener'gie [enɛrˈgiː] f̲ energia f; **~ sparen** poupar energia **energiebewusst** atento ao consumo de energia **energielos** sem energia **Energiepolitik** f̲ política f energética **Energiequelle** f̲ fonte f de energia **Energiesparlampe** f̲ lâmpada f de baixo consumo **Energieverbrauch** ⟨o. pl⟩ consumo m de energia **Energieversorgung** f̲ ⟨o. pl⟩ abastecimento m de energia **Energiewirtschaft** f̲ economia f energética
e'nergisch [eˈnɛrɡɪʃ] enérgico
eng [ɛŋ] A̲ A̲D̲J̲ estreito; apertado; *Gewebe* tapado; *Kleidung* justo; travado; *Freundschaft* íntimo; **~ere Wahl** f sele(c)ção f; **~er machen** apertar B̲ A̲D̲V̲ **~ anliegend**

estreito; *Kleid* (muito) justo; apertado **Engage'ment** [ãgaʒə'mã:] N ⟨-s; -s⟩ compromisso *m*; contrato *m*; (*Einsatz*) afinco *m*; dedicação *f* **enga'gieren** [ãga'ʒi:rən] ⟨-⟩ contratar; **sich ~** dedicar-se

Enge ['ɛŋə] F estreiteza *f*, aperto *m*; **in die ~ treiben** apertar muito

'Engel ['ɛŋəl] M anjo *m*

'engherzig mesquinho **Engherzigkeit** F ⟨o. pl⟩ mesquinhice *f*; falta *f* de generosidade

'England ['ɛŋlant] N GEOG Inglaterra *f* **'Engländer** ['ɛŋlɛndər] M inglês *m*; TECH chave *f* inglesa **Engländerin** F inglesa *f* **englisch** ['ɛŋliʃ] inglês; *Kirche* anglicano; **auf Englisch** em inglês; **(kein) Englisch können** *od* **verstehen** não saber inglês, não perceber inglês

'engmaschig ['ɛŋmaʃiç] com malhas espessas **Engpass** M GEOG desfiladeiro *m*, garganta *f*; passagem *f* estreita; *umg* aperto *m*; situação *f* difícil

en 'gros [ã'gro:] ADJ, **En'gros...** N ZSSGN em grosso, por atacado, por junto **'engstirnig** ['ɛŋʃtɪrnɪç] de vistas *fpl* curtas; tapado

'Enkel(in) ['ɛŋkəl(ɪn)] M(F), **Enkelkind** N neto *m*, neta *f* **Enkelsohn** M neto *m* **Enkeltochter** F neta *f*

e'norm [e'nɔrm] enorme; imenso; *umg* ó(p)timo

En'semble [ã'sãbəl] N ⟨-s; -s⟩ elenco *m*, conjunto *m*

ent'arten [ɛnt'artən] ⟨-e-; -; s.⟩ hist, bes Nationalsozialismus: degenerar; abastardar-se

ent'behren [ɛnt'be:rən] VT ⟨-⟩ passar sem; carecer de; sentir a falta de; **(nicht) ~ können** (não) poder passar sem **entbehrlich** dispensável; prescindível **Entbehrung** F privação *f*

ent'binden ⟨-⟩ **A** VT **1 ~ von** *Verpflichtungen*: dispensar de; desempenhar de; *e-m Amt*: exonerar de; *e-m Eid*: desligar de **2** MED *j-n* partejar **B** VI MED dar à luz **Entbindung** F (*Befreiung*) exoneração *f*; MED parto *m* **Entbindungsklinik** F, **Entbindungsstation** F maternidade *f*

ent'blättern ⟨-re; -⟩ desfolhar **ent'blößen** [ɛnt'blø:sən] ⟨-t; -⟩ desnudar; *fig* despojar **Ent'blößung** [ɛnt'blø:sʊŋ]

F desnudação *f*, desnudamento *m* **ent'brennen** ⟨-; s.⟩ *geh* inflamar-se; *Kampf* travar-se; *fig* **in Liebe ~ zu** apaixonar-se por; **von Neuem ~** reacender-se

ent'decken ⟨-⟩ descobrir; (*enthüllen*) revelar **Entdeck'er** [ɛnt'dɛkər] M descobridor *m* **Entdeck'ung** F descobrimento *m*; descoberta *f*

'Ente ['ɛntə] F pato *m*, pata *f*; *fig* peta *f*; (*Zeitungsente*) aboarda *f*

ent'ehren [ɛnt'e:rən] ⟨-⟩ desonrar, difamar **entehrend** ADJ desonroso, difamante **Entehrung** F desonra *f*; difamação *f*

ent'eignen ⟨-e-; -⟩ expropriar; *bras* desapropriar **Enteignung** F expropriação *f*; *bras* desapropriação *f*

ent'eisen [ɛnt'aɪzən] ⟨-t; -⟩ descongelar; degelar; tirar o gelo de

ent'erben [ɛnt'?ɛrbən] ⟨-⟩ deserdar **Enterbung** F deserdação *f*

'Enterhaken ['ɛntarha:kən] M SCHIFF (a)balroa *f*; arpão *m* (de abordagem)

'Enterich M ⟨-s; -e⟩ pato *m* macho **'entern** ⟨-re⟩ SCHIFF abalroar, abordar **Entern** N ⟨o. pl⟩ SCHIFF abalroação *f* **'Entertaste** ['ɛntərtastə] F tecla *f* de enter

ent'fachen [ɛnt'faxən] ⟨-⟩ atiçar **ent'fahren** ⟨-; s.⟩ *Wort* escapar **ent'fallen** ⟨-; s.⟩ (*herausfallen*) cair de; (*wegfallen*) ser anulado; deixar de existir; *dem Gedächtnis:* passar (da memória); *Wort* escapar; **j-m entfällt etw** alg esquece a/c; **~ auf** (*akk*) recair em **ent'falten** ⟨-e-; -⟩ desdobrar; *Fahne* despregar; (*zeigen*) ostentar; (*entwickeln*) desenvolver **Ent'faltung** F desdobramento *m*; ostentação *f*; (*Entwicklung*) desenvolvimento *m*

ent'färben ⟨-⟩ descorar

ent'fernen ⟨-⟩ afastar; tirar; arrancar; MED extirpar; **sich ~** deslocar-se, afastar-se **entfernt** ADJ distante, remoto; *Verwandter* afastado; **10 km ~ von** a dez km de; **nicht im Entferntesten** nem por sombras **Entfernung** F distância *f*; *durch Eingriff:* afastamento *m*; MED ablação *f*, extirpação *f*; **in e-r ~ von** a uma distância de **Entfernungsmesser** M telémetro *m* (*bras *-ê*)

ent'fesseln [ɛnt'fɛsəln] ⟨-le; -⟩ desatar; *fig a.* desencadear **ent'fetten** ⟨-e-; -⟩

desengordurar **ent'flammen** VT ⟨h.⟩, VI ⟨s.⟩ inflamar(-se); *fig geh* entusiasmar(-se) **ent'fliehen** ⟨-⟩ fugir, escapar **ent'fremden** ⟨-e-; -⟩ alhear, desviar; tornar estranho **Ent'fremdung** [ɛntˈfrɛmdʊŋ] F alheamento *m*; afastamento *m*; alienação *f* **ent'führen** ⟨-⟩ raptar, sequestrar; arrebatar **Entführer** M raptor *m*, sequestrador *m* **Entführung** F rapto *m*, sequestro *m*

ent'gegen [ɛntˈgeːgan] PRÄP ⟨dat⟩ ao encontro de; *Gegensatz*: contra, contrário a; ao contrário ⟨dat de⟩ **entgegenarbeiten** ⟨-e-⟩ ⟨dat⟩ contrariar **entgegenbringen** ⟨dat⟩ *fig* manifestar **entgegengehen** ⟨s.⟩ ⟨dat⟩ ir ao encontro de; **seiner Vollendung ~** estar a terminar **entgegengesetzt** oposto; inverso; *a.* contrário **entgegenhalten** opor, confrontar; ⟨einwenden⟩ obje(c)tar; ⟨reichen⟩ estender **entgegenkommen** VI ⟨s.⟩ (v)ir ao encontro de; *fig* j-m ~ ceder a alg; mostrar boa vontade a alg **Entgegenkommen** N ⟨o. pl⟩ amabilidade *f*, boa vontade *f* **Entgegennahme** [ɛntˈgeːgannaːmə] F ⟨o. pl⟩ recepção *f* **entgegennehmen** receber; aceitar **entgegensehen** ⟨dat⟩ esperar, aguardar **entgegensetzen** ⟨-t⟩, **entgegenstellen** opor **entgegenstehen** ⟨h. o. s.⟩ ⟨dat⟩ opor-se a, ser contrário a **entgegenstrecken** estender **entgegentreten** ⟨s.⟩ ⟨dat⟩ *fig* opor-se a, fazer frente a **entgegenwirken** ⟨dat⟩ reagir contra

ent'gegnen [ɛntˈgeːgnan] ⟨-e-; -⟩ ⟨dat⟩ responder, replicar **Entgegnung** F resposta *f*, réplica *f*

ent'gehen [ɛntˈgeːan] ⟨s.⟩ ⟨dat⟩ escapar a; **sich ⟨dat⟩ etw ~ lassen** não aproveitar a/c; deixar escapar a/c

ent'geistert [ɛntˈgaɪstɐt] pasmado **Ent'gelt** [ɛntˈgɛlt] N ⟨-(e)s; o. pl⟩ remuneração *f*; **ohne ~** de graça; gratuitamente **ent'gelten** ⟨-⟩ pagar; remunerar **ent'giften** [ɛntˈgɪftən] VT ⟨-e-; -⟩ desintoxicar **Entgiftung** F desintoxicação *f* **ent'gleisen** [ɛntˈglaɪzən] ⟨-t; -⟩ descarrilar; *bras* descarrilhar; *fig* disparatar **Ent'gleisung** F descarrilamento *m*; *bras* descarrilhamento *m*; *fig* disparate *m* **ent'gleiten** [ɛntˈglaɪtən] ⟨s.⟩ j-m escapar, fugir a (*od* de)

ent'haaren ⟨-⟩ pelar; MED depilar **Ent'haarungsmittel** N depilatório *m* **ent'halten** ⟨-⟩ conter; **sich ~** abster-se ⟨gen⟩ de **enthaltsam** sóbrio; abstinente; *v. Alkohol:* abstémio (*bras* *é); *sexuell:* continente; *bras* casto **Enthaltsamkeit** F ⟨o. pl⟩ sobriedade *f*; abstinência *f*; temperança *f*; *sexuell:* continência *f*; *bras* castidade *f* **Enthaltung** F abstenção *f* (*a.* POL)

ent'härten ⟨-e-;⟩ *Wasser* descalcificar **ent'haupten** [ɛntˈhaʊptən] ⟨-e-; -⟩ decapitar, degolar **Ent'hauptung** [ɛntˈhaʊptʊŋ] F decapitação *f*, degolação *f* **ent'heben** ⟨-⟩ dispensar; desobrigar ⟨gen de⟩; *j-n des Amtes:* exonerar ⟨gen de⟩ **ent'heiligen** ⟨-⟩ profanar **ent'hemmen** ⟨-⟩ desinibir **ent'hüllen** ⟨-⟩ descobrir; *fig a.* revelar; *Denkmal* inaugurar **Ent'hüllung** [ɛntˈhʏlʊŋ] F descoberta *f*; revelação *f*; ⟨Einweihung⟩ inauguração *f* **ent'hülsen** [ɛntˈhʏlzən] ⟨-t; -⟩ descascar

Enthusi'asmus [ɛntuziˈasmʊs] M ⟨-; -men⟩ entusiasmo *m* **enthusi'astisch** entusiástico

ent'jungfern ⟨-re; -⟩ de(s)florar

ent'kalken ⟨-⟩ tirar a cal de **ent'keimen** [ɛntˈkaɪmən] ⟨-⟩ esterilizar **ent'kernen** [ɛntˈkɛrnən] ⟨-⟩ descaroçar, tirar o(s) caroço(s) **a. ent'kleiden** ⟨-e-; -⟩ despir **ent'koffeiniert** [ɛntkɔfeiˈniːrt] descafeinado

ent'kommen ⟨-; -⟩ escapar(-se), salvar-se **Ent'kommen** N ⟨-s; o. pl⟩ saída *f*; evasão *f*

ent'korken ⟨-⟩ des(ar)rolhar; destapar **ent'kräften** [ɛntˈkrɛftən] ⟨-e-; -⟩ enfraquecer; *fig* invalidar **Ent'kräftung** [ɛntˈkrɛftʊŋ] F ⟨o. pl⟩ enfraquecimento *m*, extenuação *f*; *fig*, JUR invalidação *f* **ent'laden** ⟨-⟩ descarregar **Ent'ladung** F descarga *f*

ent'lang ADV & PRÄP ⟨akk, nachgestellt⟩, **~ an** ⟨dat⟩ ao longo de; **hier ~** por aqui **ent'larven** [ɛntˈlarfən] ⟨-⟩ desmascarar **ent'lassen** ⟨-⟩ despedir, demitir; **aus dem Gefängnis ~** pôr em liberdade; **aus dem Krankenhaus ~** dar alta a; **als geheilt ~ werden** MED sair curado **Ent'lassung** [ɛntˈlasʊŋ] F despedimento *m*, demissão *f*; *Gefängnis:* libertação *f*; MED alta *f*

ent'lasten ⟨-e-; -⟩ aliviar; descarregar; *v. Pflichten*: dispensar, exonerar **Entlastung** [ɛntˈlastʊŋ] f̲ descarga f; fig descargo m **Entlastungszeuge** m̲ ⟨-n⟩ testemunha f de defesa

ent'lauben [ɛntˈlaubən] ⟨-⟩ desfolhar

ent'laufen ⟨-; s.⟩ fugir, evadir-se (*dat* de); MIL desertar **ent'lausen** ⟨-t; -⟩ despiolhar **ent'ledigen** [ɛntˈleːdɪɡən] ⟨-⟩ V/R **sich ~** libertar-se (*gen* de); **sich e-r Sache** (*gen*) **~** desempenhar-se de a/c

ent'leeren ⟨-⟩ esvaziar; *Darm* **~** evacuar; MED **die Blase ~** urinar **Entleerung** f̲ despejo m, esvaziamento m; *des Briefkastens*: tiragem f; TECH, MED evacuação f

ent'legen remoto; afastado

ent'lehnen ⟨-⟩ → entleihen; *fig* plagiar **Ent'lehnung** [ɛntˈleːnʊŋ] f̲ (*Zitat*) citação f; plágio m **ent'leihen** ⟨-⟩ pedir emprestado; *aus Bibliothek*: requisitar **Entleiher(in)** m̲/f̲ requisitante m/f

ent'locken ⟨-⟩ tirar com manha; *Töne* tirar; **j-m ~** *Geheimnis, Wahrheit* arrancar a alg

ent'lohnen ⟨-⟩ remunerar; pagar **Ent'lohnung** [ɛntˈloːnʊŋ] f̲ remuneração f; pagamento m

ent'lüften ⟨-e-; -⟩ ventilar; arejar **Ent'lüftung** f̲ ventilação f

ent'machten [ɛntˈmaxtən] ⟨-e-; -⟩ desapossar, desempossar **Entmachtung** f̲ desapossamento m **ent'mannen** [ɛntˈmanən] ⟨-⟩ *geh* castrar; *fig* enfraquecer, desarmar **ent'menscht** [ɛntˈmɛnʃt] desumano, bárbaro

entmilitari'sieren [ɛntmilitariziːrən] ⟨-⟩ desmilitarizar **Entmilitarisierung** f̲ desmilitarização f

ent'mündigen [ɛntˈmʏndɪɡən] ⟨-⟩ pôr sob tutela **Entmündigung** [ɛntˈmʏndɪɡʊŋ] f̲ interdição f

ent'mutigen [ɛntˈmuːtɪɡən] ⟨-⟩ desanimar; descoroçoar; desencorajar **Entmutigung** [ɛntˈmuːtɪɡʊŋ] f̲ ⟨*o. pl*⟩ desânimo m; desanimação f

Ent'nahme [ɛntˈnaːmə] f̲ tiragem f; MED colheita f; HANDEL compra f; livrança f; **bei ~ von** ao comprar **Ent'nehmen** ⟨-⟩ (re)tirar; *fig* deduzir (*dat* de)

ent'nerven [ɛntˈnɛrfən] ⟨-⟩ enervar **entnervend** ADJ enervante **ent'nervt** enervado

ent'puppen [ɛntˈpʊpən] ⟨-⟩ V/R **sich ~** sair do casulo; *fig* **sich ~ als** revelar-se (*nom*) **ent'rahmen** ⟨-⟩ desnatar **ent'rätseln** [ɛntˈrɛːtsəln] ⟨-le; -⟩ decifrar **ent'rechtet** privado dos seus direitos; desapossado **ent'reißen** ⟨-⟩ arrancar **ent'richten** ⟨-e-; -⟩ pagar; contribuir **ent'rinnen** ⟨-; *dat*⟩ escapar a **ent'rollen** ⟨-⟩ desenrolar; *fig* desenvolver **ent'rosten** ⟨-e-; -⟩ desenferrujar **ent'rümpeln** [ɛntˈrʏmpəln] ⟨-le; -⟩ arrumar **Ent'rümpelung** [ɛntˈrʏmpəlʊŋ] f̲ arrumação f

ent'rüsten ⟨-e-; -⟩ V/R **sich ~** indignar-se **Ent'rüstung** f̲ ⟨*o. pl*⟩ indignação f

Ent'safter m̲ espremedor m de sumos (*bras* sucos)

ent'sagen ⟨-⟩ *geh* renunciar (*dat* a); desistir (*dat* de); resignar **Ent'sagung** [ɛntˈzaːɡʊŋ] f̲ renúncia f; resignação f, abnegação f

ent'salzen ⟨-⟩ dessalinizar **Entsalzungsanlage** f̲ instalação f de dessalinização

ent'schädigen ⟨-⟩ inde(m)nizar **Ent'schädigung** f̲ inde(m)nização f; (*Ausgleich*) compensação f; **finanzielle ~** inde(m)nização f

ent'schärfen ⟨-⟩ *Bombe* desarmar

Ent'scheid [ɛntˈʃait] m̲ ⟨-(e)s; -e⟩ decisão f **entscheiden** ⟨-⟩ decidir (**über** *akk* sobre; **für** por); resolver; determinar; JUR julgar; **sich für etw** escolher, decidir-se por; **sich ~ etw zu tun** decidir-se a fazer a/c **entscheidend** decisivo; crucial; final **Entscheidung** f̲ decisão f, resolução f; JUR sentença f, juízo m; SPORT momento m decisivo; jogo m decisivo

ent'schieden [ɛntˈʃiːdən] A PP → entscheiden B ADJ *a.* resoluto, firme; decidido **Ent'schiedenheit** f̲ ⟨*o. pl*⟩ decisão f; firmeza f

ent'schlafen ⟨-; s.⟩ *geh* falecer

ent'schleiern [ɛntˈʃlaiɐn] V/T ⟨-re; -⟩ tirar o véu a; desvelar (*a. fig*)

ent'schließen ⟨-⟩ V/R **sich ~ zu** decidir-se a, resolver-se a, resolver **Ent'schließung** f̲ resolução f

ent'schlossen [ɛntˈʃlɔsən] A PP → entschließen B ADJ resoluto, determinado **Ent'schlossenheit** f̲ ⟨*o. pl*⟩ determinação f, firmeza f

ent'schlüpfen ⟨-; s.⟩ escapar; sair

Ent'schluss M ⟨-es; ⸚e⟩ resolução f; decisão f; (*Entschlossenheit*) determinação f; **e-n ~ fassen** tomar uma decisão **Entschlusskraft** F ⟨-; o. pl⟩ poder m de decisão; determinação f

ent'schuldbar desculpável **ent'schulden** ⟨-e-; -⟩ desendividar, desobrigar **entschuldigen** [ɛnt'ʃʊldɪɡən] ⟨-⟩ *Vergehen* perdoar; **(sich) ~** desculpar (-se), escusar(-se); **sich bei j-m ~** pedir desculpa a alg (**für** por); **nicht zu ~ sein** não ter desculpa **Entschuldigung** [ɛnt'ʃʊldɪɡʊŋ] F desculpa f; perdão m; **~!** desculpe!, perdão! **Entschuldung** F desobrigação f; desoneração f

▶ Entschuldigung!

Entschuldigung!	Perdão!
Entschuldige!	Desculpa!
Entschuldigen Sie!	Desculpe!
Es tut mir sehr leid!	Sinto muito!
Und als Antwort eventuell:	
Das macht nichts!	Não faz mal!

ent'schwefeln [ɛnt'ʃveːfəln] ⟨-le; -⟩ dessulfurar

ent'senden ⟨-⟩ *geh* enviar; *j-n a.* delegar

ent'setzen VT ⟨-t; -⟩ **(sich) ~** espantar (-se), horrorizar(-se) (**über** *akk* com) **Entsetzen** N ⟨-s; o. pl⟩ horror m, espanto m **entsetzlich** [ɛnt'zɛtslɪç] horrível, terrível

ent'seuchen [ɛnt'zɔyçən] ⟨-⟩ desinfe(c)tar; sanear **ent'sichern** VT ⟨-re; -⟩ MIL *Schusswaffe* engatilhar **ent'siegeln** ⟨-le; -⟩ abrir, desselar

ent'sinnen ⟨-⟩ VR *geh* **sich ~** recordar-se (*gen* de)

ent'sorgen eliminar resíduos **Entsorgung** F ⟨o. pl⟩ eliminação f de resíduos

ent'spannen ⟨-⟩ afrouxar; *fig* **(sich) ~** descansar; descontrair-se; POL *Beziehungen* normalizar(-se) **Entspannung** F descanso m; descontra(c)ção f; POL normalização f; desanuviamento m

ent'sprechen ⟨-⟩ corresponder (*dat* a) **entsprechend** ADJ correspondente, respe(c)tivo; equivalente **Entsprechung** F correspondência f; equivalência f

ent'springen ⟨-; s.⟩ *Fluss* nascer **ent'stammen** ⟨-; s.⟩ (*dat*) provir de; *Person* descender de

ent'stehen ⟨-; s.⟩ nascer; *fig a.* resultar (**aus de**) **Entstehung** [ɛnt'ʃteːʊŋ] F nascimento m, formação f; origem f, génese f; *bras* gênese f

ent'stellen ⟨-⟩ desfigurar; (*hässlich machen*) afear; *Text* deturpar **Ent'stellung** F desfiguração f; deturpação f

ent'stören ⟨-⟩ ELEK eliminar interferências fpl **Ent'störung** F RADIO antibloqueio m; ELEK blindagem f

ent'strömen ⟨-; s.⟩ (*dat*) sair de **ent'tarnen** ⟨-⟩ desmascarar **ent'täuschen** ⟨-⟩ desenganar, desiludir; desapontar; *Hoffnung* frustrar **Ent'täuschung** F desengano m; decepção f; desapontamento m (**über** *akk* com) **ent'thronen** ⟨-⟩ destron(iz)ar **ent'völkern** [ɛnt'fœlkərn] ⟨-re; -⟩ despovoar **Ent'völkerung** [ɛnt'fœlkərʊŋ] F despovoamento m **ent'waffnen** ⟨-e-; -⟩ desarmar **Ent'waffnung** [ɛnt'vafnʊŋ] F desarmamento m **Ent'warnung** F MIL fim m de alerta

ent'wässern ⟨-re; -⟩ enxugar; drenar **Entwässerung** [ɛnt'vɛsərʊŋ] F drenagem f; enxugamento m **Entwässerungsanlage** F sistema m de drenagem **Entwässerungsgraben** M vala f de drenagem

'ent'weder ['ɛntveːdar, ɛnt'veːdər] KONJ **~ ... oder** ou ... ou; quer ... quer; seja ... ou seja

ent'weichen VI ⟨-; s.⟩ *Person* evadir-se; *a. etw* escapar (**j-m** a alg); sair (**aus** de) **Ent'weichen** N fuga f, evasão f; *v. Gas etc*: escape m

ent'weihen ⟨-⟩ profanar **Ent'weihung** [ɛnt'vaɪʊŋ] F profanação f **ent'wenden** ⟨-e-; -⟩ *geh* extraviar, furtar, roubar **ent'werfen** ⟨-⟩ traçar, esboçar; (*planen*) proje(c)tar; *fig* delinear

ent'werten ⟨-e-; -⟩ FIN depreciar; desvalorizar; *Briefmarken* inutilizar; *Fahrscheine* obliterar **Entwerter** M *Fahrschein*: obliterador m **Entwertung** F depreciação f, desvalorização f; *v. Fahrscheinen*: obliteração f

ent'wickeln ⟨-le; -⟩ desenvolver; FOTO

revelar; MIL desdobrar; *Geschwindigkeit* alcançar; **sich ~** desenvolver-se; evoluir **Entwickler** [ɛnt'vɪklɐr] M̲ FOTO revelador m **Entwicklung** [ɛnt'vɪklʊŋ] F̲ desenvolvimento m, evolução f; MIL desdobramento m; FOTO revelação f **Entwicklungshilfe** F̲ assistência f a países subdesenvolvidos **Entwicklungsland** N̲ país m subdesenvolvido **entwicklungsverzögert** PSYCH de desenvolvimento retardado

ent'winden ⟨-⟩ j-m etw ~ arrancar a/c a alg (od às mãos de alg) **ent'wirren** [ɛnt'vɪrən] ⟨-⟩ desenredar; destrinçar; des(e)maranhar **Ent'wirrung** [ɛnt'vɪrʊŋ] F̲ desenredo m; destrinça f; LIT desfecho m; desenlace m **ent'wischen** ⟨-⟩ escapar-se; esgueirar-se

ent'wöhnen [ɛnt'vø:nən] ⟨-⟩ desacostumar; desabituar; *Kind* desmamar **Ent'wöhnung** F̲ *Kind*: desmame m; v. *Drogen etc*: desintoxicação f (de drogas etc) **ent'würdigen** ⟨-⟩ aviltar, degradar **entwürdigend** ADJ degradante, humilhante

Ent'wurf M̲ ⟨-(e)s; ≠e⟩ proje(c)to m; esboço m; (*Konzept*) rascunho m; minuta f **ent'wurzeln** ⟨-le; -⟩ desenraizar; desarraigar **ent'zaubern** ⟨-re⟩ desencantar **ent'zerren** [ɛnt'tsɛrən] V/T equilibrar, rectificar

ent'ziehen ⟨-⟩ subtrair; *Vertrauen, Wort* retirar; **j-m etw ~** privar alg de a/c; **sich ~** (*dat*) esquivar-se, subtrair-se **Entziehung** F̲ subtra(c)ção f; privação f **Entziehungskur** F̲ cura f de desintoxicação

ent'ziffern ⟨-re; -⟩ decifrar **Ent'zifferung** [ɛnt'tsɪfərʊŋ] F̲ decifração f **ent'zücken** V/T encantar **Ent'zücken** N̲ ⟨-s; o. pl⟩ encanto m **ent'zückend** ADJ encantador

Ent'zug M̲ ⟨-(e)s; o. pl⟩ subtra(c)ção f; privação f; v. *Drogen*: desintoxicação f **Entzugserscheinungen** fpl sintomas mpl de desintoxicação

ent'zündbar [ɛnt'tsʏntba:r] inflamável **entzünden** ⟨-e; -⟩ inflamar; **sich ~** acender-se; a. MED inflamar-se **Entzündung** F̲ inflamação f

ent'zwei roto, partido, quebrado **entzweibrechen** V/T ⟨h.⟩, V/I ⟨s.⟩ romper (-se); partir(-se) em dois **entzweien** [ɛnt'tsvaɪən] ⟨-⟩ V/R **geh sich ~** desavir-se; cortar (relações) **entzweigehen** ⟨s.⟩ partir-se **Entzweiung** [ɛnt'tsvaɪʊŋ] F̲ geh desavença f; desunião f; corte m de relações

'Enzian ['ɛntsia:n] M̲ ⟨-s; -e⟩ genciana f **Enzyklopä'die** [ɛntsyklopɛ'di:] F̲ enciclopédia f **enzyklo'pädisch** [ɛntsyklo'pɛ:dɪʃ] enciclopédico

En'zym [ɛn'tsy:m] N̲ ⟨-s; -e⟩ enzima f **Epide'mie** [epide'mi:] F̲ epidemia f **epi'demisch** [epi'de:mɪʃ] epidémico (*bras* *epidêmico*)

Epi'gramm [epi'gram] N̲ ⟨-s; -e⟩ epigrama m

'Epik ['e:pɪk] F̲ ⟨o. pl⟩ (poesia f) épica f **Epiker** M̲ (poeta m) épico m

Epilep'sie [epilɛp'si:] F̲ ⟨o. pl⟩ epilepsia f **Epi'leptiker(in)** [epi'lɛptɪkɐ(rɪn)] M(F) epiléptico m, -a f **epi'leptisch** epiléptico

Epi'log [epi'lo:k] M̲ ⟨-s; -e⟩ epílogo m **'episch** ['e:pɪʃ] épico

Epi'sode [epi'zo:də] F̲ episódio m

E'pistel [e'pɪstəl] F̲ ⟨-; -n⟩ REL epístola f

E'poche [e'pɔxə] F̲ época f; **~ machen** marcar uma época

'Epos ['e:pɔs] N̲ ⟨-; Epen⟩ epopeia (*bras* *epopéia*) f, poema m épico

'Equalizer ['i:kwəlaɪzə] M̲ TECH equalizador m

er [e:r] PRON ele; **da ist ~!** ei-lo!; *bras umg* olha ele ali!

er'achten [ɛr'?axtən] ⟨-e-; -⟩ V/T julgar, considerar; **meines Erachtens** ao meu parecer, a meu ver, a meu entender

er'arbeiten ⟨-e-; -⟩ V/R **sich** (*dat*) **etw ~** alcançar (od conseguir) a/c pelo seu trabalho

'Erbanlage ['ɛrp?anla:gə] F̲ predisposição f hereditária **Erbanspruch** M̲ pretensão f à herança (POL ao trono) **Erbanteil** M̲ parte f da herança

er'barmen [ɛr'barmən] ⟨-⟩ V/R **sich j-s ~** compadecer-se de alg **Erbarmen** N̲ compaixão f; misericórdia f; **zum ~** lastimável **erbarmenswert, erbarmenswürdig** lastimável; **~ sein** ser uma desgraça, ser uma miséria **er'bärmlich** [ɛr'bɛrmlɪç] deplorável; (*armselig*) mesquinho **erbarmungslos** ⟨-este⟩ [ɛr'barmʊŋslo:s] A ADJ despiedado B ADV sem piedade, sem remissão er'bauen [ɛrˈbaʊən] ⟨-⟩ construir, levantar, erguer; *geh fig* (**sich**) **~** edificar(-se) (**an** *dat* com) **Er'bauer** M̄ construtor *m*, arquite(c)to *m* **er'baulich** *fig* edificante **Er'bauung** F̄ construção *f*; *geh fig* edificação *f*

'**erbbedingt** hereditário **Erbbegräbnis** N̄ jazigo *m* de família **erbberechtigt** legítimo; com direitos legítimos à sucessão; **~ sein** ter direitos legítimos à sucessão

'**Erbe¹** [ˈɛrbə] N̄ ⟨-s; *o. pl*⟩ herança *f*; *kulturelles*: património *m*; **das ~ antreten** suceder na herança

'**Erbe²** [ˈɛrbə] M̄ ⟨-n; -n⟩ (*Person*) herdeiro *m*, -a *f*

er'beben ⟨-⟩ tremer; *Person a.* estremecer

'**erben** [ˈɛrbən] V/T herdar

er'betteln ⟨-le; -⟩ pedinchar; mendigar

er'beuten [ɛrˈbɔʏtən] ⟨-e-; -⟩ capturar, apreender; ganhar

'**Erbfall** M̄ sucessão *f* **Erbfehler** M̄ defeito *m* hereditário **Erbfeind** M̄ inimigo *m* hereditário **Erbfolge** F̄ sucessão *f* **Erbgut** N̄ ⟨-(e)s; *o. pl*⟩ património *m* (*bras* *ô)

er'bieten ⟨-⟩ V/R **sich ~ zu** oferecer-se para

'**Erbin** [ˈɛrbɪn] F̄ herdeira *f*

er'bitten ⟨-⟩ (**sich** *dat*) **etw ~** solicitar a/c

er'bittern ⟨-re; -⟩ irritar, exasperar, azedar **erbittert** ADJ encarniçado; assanhado **Erbitterung** F̄ irritação *f*, exasperação *f*; (*Wut*) sanha *f*

'**Erbkrankheit** [ˈɛrpkraŋkhaɪt] F̄ doença *f* hereditária

er'blassen [ɛrˈblasən] ⟨-t; -; *s.*⟩ empalidecer

'**Erblasser(in)** [ˈɛrplasər(ɪn)] M(F) ⟨-s; -⟩ testador(a) *m(f)*

er'bleichen ⟨-; *s.*⟩ empalidecer

'**erblich** [ˈɛrplɪç] hereditário; **~ belastet sein** ter uma tara hereditária **Erblichkeit** F̄ ⟨*o. pl*⟩ hereditariedade *f*

er'blicken ⟨-⟩ avistar, ver; **das Licht der Welt ~** vir à luz **er'blinden** [ɛrˈblɪndən] ⟨-e-; -; *s.*⟩ cegar **Er'blindung** [ɛrˈblɪndʊŋ] F̄ perda *f* da vista; cegueira *f* **er-**'**blühen** ⟨-⟩ abrir-se, desabrochar, florescer

'**Erbmasse** [ˈɛrpmasə] F̄ herança *f*; MED

carga *f* hereditária, hereditariedade *f*

'**Erbpacht** F̄ ⟨*o. pl*⟩ enfiteuse *f*; *bras a.* aforamento *m* **Erbprinz** M̄ ⟨-en⟩ príncipe *m* herdeiro

er'brechen A V/T ⟨-⟩ (*öffnen*) arrombar B V/I (& V/R) (**sich**) **~** MED vomitar **Er'brechen** N̄ MED vómito(s) *m(pl)* (*bras* *ô)

'**Erbrecht** N̄ ⟨-(e)s; *o. pl*⟩ direito *m* hereditário (*od* de sucessão)

er'bringen ⟨-⟩ *geh Beweise* apresentar, alegar

'**Erbschaft** [ˈɛrpʃaft] F̄ herança *f*; sucessão *f* **Erbschaftssteuer** F̄ imposto *m* de transmissão

'**Erbschleicher(in)** M(F) captador(a) *m(f)*; *bras* aproveitador(a) *m(f)* **Erbschleiche'rei** [ɛrpʃlaɪçəˈraɪ] F̄ captação *f*

'**Erbse** [ˈɛrpsə] F̄ ervilha *f*

'**Erbstück** N̄ peça *f* herdada **Erbsünde** F̄ ⟨*o. pl*⟩ pecado *m* original **Erbteil** N̄ herança *f*, legado *m*; quinhão *m* **Erbteilung** F̄ partilha *f* **Erbvertrag** M̄ pacto *m* de sucessão

'**Erdachse** [ˈeːrtʔaksə] F̄ ⟨*o. pl*⟩ eixo *m* da Terra **Erdanschluss** M̄ RADIO ligação *f* à terra **Erdarbeiten** FPL obras *fpl* de aterro **Erdbahn** F̄ ⟨*o. pl*⟩ órbita *f* da Terra **Erdball** M̄ ⟨-(e)s; *o. pl*⟩ globo *m* terrestre

'**Erdbeben** N̄ terramoto (*bras* terremoto) *m*; tremor *m* (*od* abalo *m*) de terra; sismo *m* **Erdbebenmesser** M̄ sismógrafo *m* **Erdbebenwarnung** F̄ aviso *m* de terramoto

'**Erdbeere** F̄ morango *m* **Erdboden** M̄ ⟨-s; *o. pl*⟩ solo *m*, terra *f*; **dem ~ gleichmachen** arrasar

'**Erde** [ˈeːrdə] F̄ ❶ terra *f*; (*Boden*) solo *m*, chão *m*; **zu ebener ~** no rés-do-chão ❷ (*Welt*) Terra *f*; **auf ~n** na Terra ❸ ELEK tomada *f* (de) terra *f* '**erden** ⟨-e-⟩ ELEK, RADIO ligar à terra

er'denken ⟨-⟩ *geh* imaginar **erdenklich** imaginável

'**Erderwärmung** F̄ aquecimento *m* global **Erdgas** N̄ ⟨-es; *o. pl*⟩ gás *m* natural **Erdgasleitung** F̄ canalização *f* de gás **Erdgeschoss** N̄ ⟨-es; -e⟩ ARCH rés-do-chão *m*; piso *m* térreo; *bras* térreo *m* **Erdhalbkugel** F̄ hemisfério *m*

er'dichten ⟨-e-; -⟩ *geh* imaginar, fingir,

inventar erdichtet <u>ADJ</u> *a.* fictício
'erdig ['eːrdɪç] terroso
'Erdinnere <u>N</u> ⟨-n; *o. pl*⟩ interior *m* da Terra **Erdkabel** <u>N</u> cabo *m* subterrâneo **Erdkarte** <u>F</u> mapa *m* (mundi); planisfério *m* **Erdkugel** <u>F</u> ⟨-; *o. pl*⟩ globo *m* (terrestre) **Erdkunde** <u>F</u> ⟨*o. pl*⟩ geografia *f* **Erdleitung** <u>F</u> ELEK fio *m* de terra **Erdnuss** <u>F</u> amendoim *m* **Erdoberfläche** <u>F</u> ⟨*o. pl*⟩ superfície *f* da Terra **Erdöl** <u>N</u> ⟨-(e)s; *o. pl*⟩ petróleo *m*
er'dolchen [ɛrˈdɔlçən] ⟨-⟩ apunhalar
'Erdölgesellschaft <u>F</u> companhia *f* petrolífera **Erdölleitung** <u>F</u> oleoduto *m* **Erdölprodukt** <u>N</u> produto *m* petrolífero **Erdölvorkommen** <u>N</u> jazigo(s) *m(pl)* petrolífero(s)
'Erdreich <u>N</u> ⟨-(e)s; *o. pl*⟩ terra *f*; subsolo *m*
er'dreisten [ɛrˈdraɪstən] ⟨-e-; -⟩ <u>V/R</u> *geh* **sich ~ zu** atrever-se a
'Erdrinde <u>F</u> ⟨*o. pl*⟩ crosta *f* da Terra **er'dröhnen** ⟨-⟩ retumbar **er'drosseln** ⟨-le; -⟩ estrangular **er'drücken** ⟨-⟩ esmagar **er'drückend** <u>ADJ</u> esmagador, *Beweis* concludente
'Erdrutsch <u>M</u> ⟨-(e)s; -e⟩ desabamento *m* de terra **Erdschicht** <u>F</u> camada *f* **Erdscholle** <u>F</u> leiva *f* **Erdstoß** <u>M</u> abalo *m*, desabamento *m* de terra **Erdteil** <u>M</u> continente *m*
er'dulden ⟨-e-; -⟩ sofrer, passar, padecer
'Erdumfang <u>M</u> ⟨-(e)s; *o. pl*⟩ circunferência *f* da Terra **Erdung** ['eːrdʊŋ] <u>F</u> ELEK ligação *f* à terra **Erdwall** <u>M</u> aterro *m*; trincheira *f* **Erdzeitalter** <u>N</u> época *f* geológica
er'eifern ⟨-re; -⟩ <u>V/R</u> **sich ~** entusiasmar-se; exaltar-se
er'eignen ⟨-e-; -⟩ <u>V/R</u> **sich ~** suceder, acontecer; dar-se **Ereignis** <u>N</u> ⟨-ses; -se⟩ acontecimento *m* **ereignisreich** cheio de acontecimentos, movimentado
Ere'mit [ere'miːt] <u>M</u> ⟨-en⟩ eremita *m*
er'fahren <u>A</u> <u>V/T</u> ⟨-⟩ (chegar a) saber; *Leid* sofrer <u>B</u> <u>ADJ</u> versado; experto; experimentado **Erfahrung** <u>F</u> experiência *f*; **aus ~ haben** *a.* ter sorte; **in ~ bringen** saber; averiguar **Erfahrungs...** <u>IN ZSSGN</u> empírico **erfahrungsgemäß** <u>ADV</u> como a experiência ensina; por experiência
er'fassbar apreensível **er'fassen** ⟨-t; -⟩ agarrar; atingir; *Daten* (re)colher; (*ins System eingeben*) inserir; *fig* compreender, abranger, alcançar **Er'fassung** <u>F</u> ⟨*o. pl*⟩ compreensão *f*; recolha *f*; v. *Daten*: regist(r)o *m*; *Eingabe*: inserção *f*
er'finden ⟨-⟩ inventar **Erfinder(in)** <u>M(F)</u> inventor(a) *m(f)* **erfinderisch** engenhoso **Erfindung** <u>F</u> invenção *f* **Erfindungsgabe** <u>F</u> ⟨*o. pl*⟩ génio *m* (*bras* gênio *m*) inventivo; engenho *m* **erfindungsreich** engenhoso
er'flehen ⟨-⟩ *geh* implorar
Er'folg [ɛrˈfɔlk] <u>M</u> ⟨-(e)s; -e⟩ êxito *m*; resultado *m*; **~ haben** *a.* ter sorte; **~ versprechend** prometedor; **viel ~ (bei ...)!** boa sorte (com...)! **erfolgen** [ɛrˈfɔlɡən] ⟨-; *s.*⟩ resultar, suceder; realizar-se **erfolglos** ⟨-este⟩ ineficaz, infrutífero, frustrado, sem resultado **erfolgreich** <u>A</u> <u>ADJ</u> eficaz; coroado de êxito; *Person* feliz; **~ sein** *a.* ser bem sucedido <u>B</u> <u>ADV</u> com êxito **Erfolgserlebnis** <u>N</u> sucesso *m*
er'forderlich [ɛrˈfɔrdərlɪç] preciso, necessário **erforderlichenfalls** <u>ADV</u> se for preciso, em caso de necessidade **er'fordern** ⟨-re-; -⟩ requerer, exigir **Erfordernis** <u>N</u> ⟨-ses; -se⟩ necessidade *f*; exigência *f*
er'forschen ⟨-⟩ investigar, estudar; *genau*: perscrutar; *Land* explorar; **j-s Absichten ~** sondar alg **Erforscher** <u>M</u> explorador *m*; investigador *m* **Erforschung** <u>F</u> exploração *f*; investigação *f*; estudo *m*; sondagem *f*
er'fragen ⟨-⟩ **etw bei j-m ~** perguntar a/c a alg
er'freuen ⟨-⟩ alegrar, regozijar; **sich ~** (*gen od* **an** *dat*) regozijar(-se) (com), gozar (de); **sehr erfreut!** muito prazer! **erfreulich** [ɛrˈfrɔʏlɪç] agradável, satisfatório **erfreulicherweise** <u>ADV</u> felizmente **erfreut** [ɛrˈfrɔʏt] contente, satisfeito (**über** *akk* com); **sehr ~, Sie kennenzulernen** muito prazer em conhecê-lo (*m*), conhecê-la (*f*)
er'frieren ⟨-; *s.*⟩ gelar, morrer de frio **Erfrierung** <u>F</u> congelação *f*; MED ulceração *f* provocada pelo frio
er'frischen ⟨-⟩ <u>V/T</u> (& <u>V/R</u>) **(sich) ~** refrescar(se) **erfrischend** <u>ADJ</u> refrescante **Erfrischung** <u>F</u> refresco *m* **Erfrischungsgetränk** <u>N</u> ⟨-s; -e⟩ refri-

gerante m; bras refresco m
er'füllen ⟨-⟩ cumprir; desempenhar; *Zweck a.* satisfazer; **sich ~, erfüllt werden** realizar-se, cumprir-se **Erfüllung** f̄ cumprimento m; realização f; **in ~ gehen** *Wunsch, Traum* realizar-se, cumprir-se **Erfüllungsort** M̄ HANDEL lugar m de pagamento

er'gänzen [ɛrˈɡɛntsən] ⟨-t; -⟩ completar, acrescentar **ergänzend** ADJ complementar, suplementar **Ergänzung** f̄ complemento m, suplemento m

er'gattern [ɛrˈɡatərn] ⟨-re; -⟩ vmg apanhar; abichar; *bras* abocanhar **er'gaunern** [ɛrˈɡaʊnərn] ⟨-re; -⟩ vmg surripiar

er'geben[1] [ɛrˈɡeːbən] **A** V/T ⟨-⟩ *Summe etc* dar (MATH como resultado); *Nutzen* render, produzir **B** V/R **sich ~** *Folge*: resultar (**aus** *dat* de); MIL render-se, capitular; *e-m Laster* dar-se a, entregar-se a; abandonar-se a; (*sich fügen*) resignar-se (**in** *akk* com)

er'geben[2] [ɛrˈɡeːbən] ADJ dedicado; *Brief, geh* **Ihr Ergebener** ... com a expressão da minha mais alta consideração ... **Ergebenheit** f̄ devoção f, dedicação f

Er'gebnis N̄ ⟨-ses; -se⟩ resultado m **ergebnislos** sem resultado, infrutífero

Er'gebung f̄ ⟨o. pl⟩ submissão f, resignação f; MIL rendição f

er'gehen ⟨-; s.⟩ **A** V/I *Urteil* ser pronunciado; *Erlass* publicar-se; **über sich ~ lassen** sofrer; aguentar, suportar **B** V/UNPERS *j-m* estar, passar; **wie ist es Ihnen ergangen?** como tem passado? **C** V/R **sich ~** passear; **sich ~ in** (*dat*) *Erklärungen* deter-se em; *Beleidigungen* desatar a

er'giebig [ɛrˈɡiːbɪç] abundante; produtivo; WIRTSCH rendoso, lucrativo **Ergiebigkeit** f̄ ⟨o. pl⟩ rendimento m; produtividade f

er'gießen V/R ⟨-⟩ **sich ~** derramar-se; (*münden*) desembocar, desaguar (**in** *em*)

er'glühen ⟨-; s.⟩ abrasar; *fig* exaltar-se, entusiasmar-se, apaixonar-se; (*erröten*) corar

Ergono'mie [ɛrɡonoˈmiː] f̄ ergonomia f

er'götzen [ɛrˈɡœtsən] ⟨-t; -⟩ V/R **sich ~** deleitar-se (**an** *dat* com)

er'grauen ⟨-; s.⟩ encanecer; *Person a.* envelhecer

er'greifen V/T ⟨-⟩ apanhar, agarrar; *bras* agaturrar; *Waffe* pegar em; (*festnehmen*)

prender; capturar; *Beruf* escolher; *Gelegenheit* aproveitar; *Gemüt* comover; **die Flucht ~** pôr-se em fuga, fugir; **Partei ergreifen (für)** tomar o partido (de); **das Wort ~** tomar a palavra **er'greifend** ADJ comovedor, emocionante **Er'griffenheit** [ɛrˈɡrɪfənhaɪt] f̄ ⟨o. pl⟩ comoção f, emoção f

'ergründen ⟨-e; -⟩ saber; indagar; sondar; penetrar

Er'guss M̄ ⟨-es; ⸚e⟩ derramamento m; derrame m; (*Bluterguss*) hemorragia f; (*Gefühlserguss*) efusão f

er'haben elevado; alto; *fig a.* sublime; augusto; TECH saliente; em relevo; **~ über** (*akk*) superior a; acima de **Erhabenheit** f̄ ⟨o. pl⟩ elevação f; (*Würde*) grandeza f; sublimidade f

Er'halt M̄ ⟨-(e)s; o. pl⟩ *e-s Briefs, e-r Ware*: recepção f; **bei ~** ao receber **er'halten** ⟨-⟩ (*bekommen*) receber; (*erreichen*) obter, conseguir; (*bewahren*) conservar, guardar; manter; *geh* (*ernähren*) suster; **dankend ~** HANDEL recebi **er'hältlich** [ɛrˈhɛltlɪç] ADJ **~ sein** estar à venda; vender-se **Er'haltung** f̄ ⟨o. pl⟩ conservação f; manutenção f

er'hängen ⟨-⟩ V/T (& V/R) (sich) **~** enforcar(-se) **er'härten** ⟨-e-; -⟩ **A** V/I endurecer **B** V/T corroborar, provar(-se), justificar(-se); **sich ~** *Verdacht* ganhar consistência **er'haschen** ⟨-⟩ apanhar

er'heben ⟨-⟩ **A** V/T levantar; alçar; *meist fig* elevar (*a.* MATH) **1** *Beitrag* recolher; *Steuern* impor; arrecadar **2** *Klage* instaurar; **Anspruch ~ auf** (*akk*) reclamar (o) direito a **B** V/R **sich ~** levantar-se; (*sich empören*) *a.* sublevar-se; *über andere*: elevar-se; destacar-se; *Schwierigkeiten* surgir **er'hebend** ADJ sublime **er'heblich** considerável; grave; sério **Er'hebung** f̄ **1** *räumlich*: saliência f; *a. fig* elevação f **2** (*Revolte*) revolta f; insurreição f **3** (*Untersuchung*) investigação f; *v. Steuern*: imposição f

er'heitern [ɛrˈhaɪtərn] ⟨-re; -⟩ divertir **Er'heiterung** f̄ distra(c)ção f; entretenimento m **er'hellen** [ɛrˈhɛlən] V/T ⟨-⟩ aclarar, iluminar **er'hitzen** [ɛrˈhɪtsən] ⟨-t; -⟩ aquecer; **sich ~** *fig* exaltar-se **er'hoffen** ⟨-⟩ (sich *dat*) **etw ~** esperar por a/c; contar com a/c **er'höhen** [ɛrˈhøːən] ⟨-⟩ levantar; (*steigern*) elevar, aumentar (um por) **Er'höhung** [ɛrˈhøːʊŋ] F elevação f, GEOG a. montículo m; HANDEL aumento m **Er'höhungszeichen** N sustenido m

er'holen ⟨-⟩ VR sich ~ restabelecer-se; refazer-se (a WIRTSCH) **erholsam** recreativo **Erholung** [ɛrˈhoːlʊŋ] F repouso m; recreio m; descanso m **erholungsbedürftig** cansado **Erholungsgebiet** N região f de descanso **Erholungspause** F intervalo m para descanso **Erholungsurlaub** M férias fpl de repouso (od descanso)

'Erika [ˈeːrika] F ⟨-; -s, a. -ken⟩ BOT urze f, mongariça f

er'innerlich [ɛrˈʔɪnɐrlɪç] ADJ etw ist mir ~ recordo(-me de) a/c **erinnern** ⟨-re; -⟩ **A** VT ~ **an** (akk) recordar, lembrar **B** VT j-n ~ **(an j-n/etw)** fazer lembrar (alg/a/c) a alg **C** VR **sich ~ an** (akk) lembrar-se de, recordar-se de **Erinnerung** F recordação f, lembrança f; (Gedächtnis) memória f; (Mahnung) advertência f; **zur ~ an** (akk) em memória de **Erinnerungsvermögen** N memória f

er'kalten [ɛrˈkaltən] ⟨-e-; -; s.⟩ arrefecer; esfriar; fig a. afrouxar **er'kälten** [ɛrˈkɛltən] ⟨-e-; -⟩ VR **sich ~** constipar-se; bras pegar um resfriado **Er'kältung** [ɛrˈkɛltʊŋ] F resfriamento m; constipação f; bras resfriado m

er'kämpfen ⟨-⟩ VR **sich** (dat) **~** lutar por **er'kannt** [ɛrˈkant] PP → erkennen **er'kaufen** ⟨-⟩ fig (**sich** dat) **~** adquirir, ganhar

er'kennbar [ɛrˈkɛnbaːr] ADJ **~ sein** distinguir-se, conhecer-se (**an** dat por) **er'kennen** ⟨-⟩ (re)conhecer (**an** dat por); MED diagnosticar; JUR sentenciar; **~ lassen, zu ~ geben** dar a perceber; **sich zu ~ geben** dar-se a reconhecer **er'kenntlich** → erkennbar; fig reconhecido; **sich ~ zeigen** mostrar-se reconhecido **Erkenntlichkeit** F reconhecimento m **Erkenntnis** F ⟨-; -se⟩ inteligência f; conhecimento m; cognição f; **zu der ~ kommen** od **gelangen, dass** reconhecer que **Erkenntnisvermögen** N inteligência f

Er'kennung [ɛrˈkɛnʊŋ] F reconhecimento m **Erkennungsdienst** M ⟨-(e)s; o. pl⟩ serviço m de identificação **Erkennungsmarke** F chapa f de identidade **Erkennungszeichen** N (sinal m) distintivo m

'Erker [ˈɛrkɐr] M sacada f (de janela) **er'klärbar** [ɛrˈklɛːrbaːr] explicável; **~ sein** explicar-se **erklären** ⟨-⟩ explicar; interpretar; (sagen) declarar (a. Krieg); **~ für** qualificar de; **sich für besiegt** etc **~** dar-se por ... **erklärend** ADJ explicativo **erklärlich** → erklärbar **Erklärung** F explicação f; declaração f; (Deutung) interpretação f; **e-e ~ abgeben** dar uma explicação; fazer uma declaração **er'klecklich** [ɛrˈklɛklɪç] considerável

er'klettern VT ⟨-re; -⟩, **er'klimmen** VT ⟨-⟩ galgar, trepar a, subir a

er'klingen ⟨-; s.⟩ (res)soar

er'kranken ⟨-; s.⟩ adoecer (**an** dat de, com) **Er'krankung** [ɛrˈkraŋkʊŋ] F doença f (súbita)

er'kunden [ɛrˈkʊndən] ⟨-e-; -⟩ reconhecer, sondar **erkundigen** [ɛrˈkʊndɪɡən] ⟨-⟩ VR **sich ~** informar-se (**nach** de; **über** akk sobre) **Erkundigung** [ɛrˈkʊndɪɡʊŋ] F informação f; **~en einziehen** recolher informações **Erkundung** F reconhecimento m; prospecção f **Erkundungs...** in Zssgn de reconhecimento

er'lahmen ⟨-; s.⟩ enfraquecer, afrouxar; tolher-se **er'langen** ⟨-⟩ geh obter; conseguir

Er'lass [ɛrˈlas] M ⟨-es; ⁼e⟩ **1** POL decreto m; edital m; e-s Gesetzes: promulgação f; (Runderlass) circular f **2** v. Steuer, Dienst: isenção f; e-r Strafe: dispensa f; e-r Schuld: diminuição f **er'lassen** VT ⟨-⟩ **1** dispensar de, isentar de; Strafe a. perdoar; **j-m etw ~** dispensar alg de a/c **2** Befehl dar; Gesetz promulgar; decretar

er'lauben [ɛrˈlaubən] ⟨-⟩ permitir, dar licença **Erlaubnis** [ɛrˈlaupnɪs] F ⟨o. pl⟩ licença f; autorização f **erlaubt** [ɛrˈlaupt] ADJ lícito; permitido

er'läutern [ɛrˈlɔytɐrn] ⟨-re; -⟩ esclarecer, explicar, comentar **Erläuterung** F esclarecimento m, explicação f, comentário m

'Erle [ˈɛrlə] F amieiro m; (Schwarzerle) choupo m

er'leben ⟨-⟩ viver; presenciar; (dabei sein) assistir a; (erfahren) experimentar, sofrer; bras vivenciar; **noch etw ~ können** ir ter ainda surpresas **Erlebnis** [ɛrˈleːpnɪs] N ⟨-ses; -se⟩ aventura f; experiência f; *inneres* emoção f (*gen* causada por), vivência f

er'ledigen [ɛrˈleːdɪɡən] ⟨-⟩ despachar; *Auftrag* executar **erledigt** [ɛrˈleːdɪçt] (*fertig*) pronto; *umg* (*erschöpft*) moído; estafado; exausto **Erledigung** F despacho m; execução f

er'legen ⟨-⟩ *Wild* abater

er'leichtern [ɛrˈlaɪçtɐrn] ⟨-re; -⟩ aliviar (*a. MED*); alijar; *fig a.* facilitar **Erleichterung** F alívio m; *fig* facilitação f; **~en** pl facilidades fpl

er'leiden ⟨-⟩ sofrer, padecer **er'lernen** ⟨-⟩ aprender **er'lesen** ADJ sele(c)to

er'leuchten ⟨-e-; -⟩ iluminar; *fig a.* inspirar **Erleuchtung** F iluminação f; *fig* inspiração f; revelação f

er'liegen ⟨-⟩ sucumbir

er'lischt [ɛrˈlɪʃt] → erlöschen

er'logen [ɛrˈloːɡən] falso, mentiroso

Er'lös [ɛrˈløːs] M ⟨-es; -e⟩ produto m; rendimento m; (*Gewinn*) lucro m

er'löschen ⟨-; s.⟩ apagar-se; *a. fig* extinguir-se; *Vollmacht etc* caducar

er'lösen ⟨-t; -⟩ salvar; REL *a.* redimir; (*befreien*) libertar **Erlöser** M REL Redentor m, Salvador m **Erlösung** F redenção f, salvação f

er'mächtigen [ɛrˈmɛçtɪɡən] ⟨-⟩ autorizar **Ermächtigung** F autorização f; procuração f

er'mahnen ⟨-⟩ advertir; **j-n ~ zu etw** exortar alg a (fazer) a/c **Ermahnung** F advertência f; exortação f

er'mangeln ⟨-le; -⟩ (*gen*) carecer de **Ermangelung** F falta f, carência f; **in ~** (*gen od* **von**) por falta (*od* carência) de

er'mäßigen ⟨-⟩ reduzir **Ermäßigung** F redução f, desconto m

er'matten [ɛrˈmatən] ⟨-e-; -⟩ VT ⟨h.⟩, VI ⟨s.⟩ cansar; esmorecer **Ermattung** F ⟨o. pl⟩ cansaço m, extenuação f, fadiga f

er'messen VT ⟨-⟩ julgar, avaliar; (*erwägen*) considerar **Er'messen** N discrição f, parecer m; **nach freiem ~** à discrição

er'mitteln ⟨-le; -⟩ averiguar, verificar; (*nachforschen*) indagar **Ermittlung** F averiguação f, pesquisa f; indagação f; **~en anstellen** fazer pesquisas **Ermittlungsverfahren** N JUR instrução f criminal

er'möglichen [ɛrˈmøːklɪçən] ⟨-⟩ facilitar, possibilitar; proporcionar

er'morden [ɛrˈmɔrdən] ⟨-e-; -⟩ assassinar **Ermordung** F assassínio m

er'müden [ɛrˈmyːdən] ⟨-e-; -⟩ cansar; fatigar(-se) **ermüdend** ADJ fatigante, cansativo **Ermüdung** F cansaço m, fadiga f (*a.* TECH)

er'muntern ⟨-re; -⟩ animar; estimular **Ermunterung** F animação f; estímulo m

er'mutigen [ɛrˈmuːtɪɡən] ⟨-⟩ instigar, encorajar **ermutigend** ADJ animador **Ermutigung** F instigação f, estímulo m

er'nähren ⟨-⟩ alimentar, (*erhalten*) sustentar, suster **Ernährer** M quem sustenta **Ernährung** F alimentação f, nutrição f; sustento m; **gesunde ~** alimentação f saudável **Ernährungsweise** F modo m de alimentação

er'nennen ⟨-⟩ **~ (zu)** nomear **Ernennung** F nomeação f (**zu** para)

er'neuern [ɛrˈnɔʏɐ(r)n] ⟨-re; -⟩ renovar; *Wunsch etc* reiterar **Erneuerung** F renovação f; (*Wiederholung*) reiteração f **erneut** A ADJ repetido B ADV de novo

er'niedrigen [ɛrˈniːdrɪɡən] ⟨-⟩ rebaixar; *fig a.* humilhar, degradar **Erniedrigung** F baixa f, redução f, abate m; *fig* humilhação f, degradação f **Erniedrigungszeichen** N MUS bemol m

ernst [ɛrnst] A ADJ sério; grave B ADV deveras, a sério; **etw ~ nehmen** levar a/c a sério

Ernst [ɛrnst] M ⟨-es; *o. pl*⟩ seriedade f; (*Schwere*) gravidade f; **im ~** a sério; **das ist mein ~** falo sério; **allen ~es** seriamente; **mit etw ~ machen** começar a/c a sério **'Ernstfall** M **im ~** em caso de emergência (*od* necessidade) **'ernsthaft** sério; grave **'ernstlich** A ADJ → ernst B ADV deveras

'Ernte [ˈɛrntə] F colheita f; *Getreide*: ceifa f; *Wein*: vindima f **Erntearbeiter(in)** M(F) ceifeiro,-a m,f **Erntedankfest** N festa f da colheita **ernten** ⟨-⟩ A VT colher; recolher (*a. fig*); *Getreide* ceifar B VI fazer a colheita **Erntezeit** F ceifa f

er'nüchtern ⟨-re; -⟩ tornar sóbrio; moderar; entibiar; *fig a.* desiludir **ernüchternd** dece(p)cionante **Ernüchte-**

rung F moderação f; desengano m; desilusão f

Er'oberer [ɛr'o:bərər] M conquistador m **erobern** ⟨-re; -⟩ conquistar; *Stadt* tomar **Eroberung** F conquista f; tomada f

er'öffnen ⟨-e-; -⟩ **1** abrir; *feierlich*: inaugurar; *Feindseligkeiten* romper; (*beginnen*) iniciar **2** (*mitteilen*) fazer saber, participar **Eröffnung** F abertura f; inauguração f; (*Beginn*) início m; (*Mitteilung*) participação f

er'örtern [ɛr'œrtərn] ⟨-re; -⟩ discutir **Erörterung** F discussão f

Erosi'on [erozi'o:n] F erosão f

E'rotik [e'ro:tɪk] F ⟨o. pl⟩ erotismo m **erotisch** erótico

'Erpel ['ɛrpəl] M pato m macho

er'picht [ɛr'pɪçt] **auf etw** (akk) ~ **sein** estar ansioso por a/c

er'pressen ⟨-t; -⟩ extorquir; fazer chantagem (a) **Erpresser(in)** M(F) chantagista m/f; extorsionário m, -a f **Erpressung** F extorsão f; chantagem f **Erpressungsversuch** M tentativa f de chantagem

er'proben ⟨-⟩ provar, experimentar **Erprobung** F prova f, teste m

er'raten ⟨-⟩ adivinhar, acertar; **es** ~ *umg* dar no vinte **er'rechnen** ⟨-e-; -⟩ calcular

er'regbar [ɛr'reːkbaːr] excitável, irritável; susceptível **Erregbarkeit** F ⟨o. pl⟩ irritabilidade f; susceptibilidade f **erregen** ⟨-⟩ excitar, agitar; *Gemüt a.* comover; (*reizen*) irritar; (*verursachen*) suscitar, causar; *Streit* provocar **Erreger** M bacilo m; agente m patológico; micróbio m patogénico (*bras* *ê) **Erregung** F excitação f, agitação f

er'reichbar [ɛr'raɪçbaːr] acessível; (*umsetzbar*) realizável; **j-m** ~ ao alcance de alg **erreichen** VT ⟨-⟩ alcançar, apanhar; *fig a.* conseguir; *Ort a.* chegar a

er'retten ⟨-e-; -⟩ salvar **Errettung** F ⟨o. pl⟩ salvação f

er'richten ⟨-e-; -⟩ erguer, levantar, construir; (*gründen*) fundar, estabelecer, instituir **Errichtung** F levantamento m, construção f, ARCH a. elevação f; (*Gründung*) estabelecimento m, instituição f

er'ringen ⟨-⟩ ganhar, conquistar **er'röten** VII ⟨-e-; -; s.⟩ corar **Er'röten** N rubor m **Er'rungenschaft** [ɛr'rʊŋənʃaft] F aquisição f; *fig* progresso m; realização f

Er'satz M ⟨-es; o. pl⟩ substituto m; substituição f; *der Kosten*: compensação f; (*Schadenersatz*) inde(m)nização f; ~ **leisten** compensar, inde(m)nizar **Ersatzanspruch** M direito m a inde(m)nização **Ersatzbefriedigung** F PSYCH satisfação f compensatória **Ersatzdienst** M ⟨-(e)s; -e⟩ serviço m cívico **Ersatzrad** N roda f de reserva (*od* sobressalente) **Ersatzreifen** M pneu m de reserva (*od* sobressalente) **Ersatzspieler** M suplente m **Ersatzstoff** M substituto m **Ersatzteil** N peça f sobressalente

er'saufen ⟨-⟩ *umg* afogar-se **er'säufen** [ɛr'zɔʏfən] ⟨-⟩ *umg* afogar

er'schaffen ⟨-⟩ criar **Erschaffung** F ⟨o. pl⟩ criação f **er'schallen** ⟨-; s.⟩ (res)soar; *Gelächter* romper

er'scheinen VII ⟨-; s.⟩ aparecer, *Buch a.* publicar-se, sair; (*kommen*) vir, apresentar-se; *offiziell*: comparecer; (*scheinen*) parecer; ~ **lassen** *Buch etc* publicar **Erscheinen** N aparecimento m, publicação f; *j-s*: presença f; comparecimento m **Erscheinung** F aparição f; visão f; MED sintoma m; (*Auftreten*) manifestação f, aparecimento m, (*Aussehen*) aspecto m **Erscheinungsform** F manifestação f

er'schießen ⟨-⟩ fuzilar; matar com um tiro; **sich** ~ matar-se com um tiro **Erschießung** F fuzilamento m

er'schlaffen ⟨-; s.⟩ afrouxar; *fig a.* relaxar-se

er'schlagen ⟨-⟩ abater; assassinar; *Blitz* **j-n** ~ fulminar alg

er'schleichen ⟨-⟩ captar **Erschleichung** F captação f

er'schließen ⟨-⟩ abrir; *Baugelände* urbanizar; *fig* deduzir (**aus** de) **Erschließung** F exploração f; *e-s Gebiets*: urbanização f **Erschließungskosten** FPL custos mpl de exploração

er'schöpfen ⟨-⟩ esgotar **erschöpfend** A ADJ extenuante; (*vollkommen*) completo B ADV completamente, a fundo **Erschöpfung** F esgotamento m

er'schrecken A VT ⟨-⟩ assustar, meter medo a; espantar; espavorecer B VII (G

V/R ⟨-; s.⟩ (**sich**) ~ assustar-se (**vor** *dat* de); atemorizar-se **er'schreckend** ADJ assustador **er'schrocken** [ɛrˈʃrɔkən] PP → erschrecken

er'schüttern [ɛrˈʃʏtərn] ⟨-re; -⟩ abalar, sacudir; *fig a.* comover **erschütternd** ADJ comovente **Erschütterung** F abalo *m*; *fig* comoção *f*

er'schweren [ɛrˈʃveːrən] ⟨-⟩ dificultar; (*verschlimmern*) agravar **erschwerend** ADJ agravante **Erschwernis** F ⟨-; -se⟩ complicação *f*

er'schwindeln ⟨-le; -⟩ V/R **sich** ~ captar, conseguir por intrujices; *bras* conseguir por meio de trapaças, fazer jogo sujo

er'schwinglich acessível; ~ **sein** vender-se a um preço razoável

er'sehen ⟨-⟩ *geh* deduzir, concluir (**aus** *de*)

er'sehnen ⟨-⟩ *geh* ansiar

er'setzbar [ɛrˈzɛtsbaːr] reparável; substituível; ~ **sein** ser substituível **ersetzen** ⟨-t; -⟩ substituir, suprir; *Verlust* reparar, restituir; **j-m e-n Schaden** ~ inde(m)nizar alg; **j-m seine Kosten** ~ reembolsar alg

er'sichtlich evidente, manifesto; ~ **sein** *a.* depreender-se (**aus** *de*) **er'spähen** ⟨-⟩ avistar; lobrigar

er'sparen ⟨-⟩ economizar; *a. fig* poupar **Ersparnis** F ⟨-; -se⟩ poupança *f*; economia(s) *f(pl)*

erst [eːrst] ADV primeiro; (*einstweilen*) por agora, por enquanto; ~ **morgen** *etc* só, somente; **eben** ~, **jetzt** ~ só agora, agora mesmo; ~ **recht** com maior razão; ~ **recht nicht** muito menos ainda; **jetzt** ~ **recht nicht!** menos do que nunca!

er'starken [ɛrˈʃtarkən] ⟨-; s.⟩ *geh* robustecer; ganhar forças

er'starren ⟨-; s.⟩ entorpecer, inteiriçar; *Flüssigkeit* coalhar; CHEM coagular; PHYS solidificar-se; *durch Kälte u. fig:* (con)gelar; *fig* paralizar **Erstarrung** F ⟨*o. pl*⟩ entorpecimento *m*; PHYS solidificação *f*; CHEM coagulação *f*; congelação *f*; *fig* espanto *m*; assombro *m*

er'statten ⟨-e-; -⟩ restituir, devolver; *Kosten* reembolsar; **Bericht** ~ fazer um relatório; relatar, informar (**über** *akk* sobre); **Anzeige** ~ (**gegen**) apresentar uma denúncia (contra) **Erstattung** F *e-s Berichts:* apresentação *f*; ~ **e-r Anzeige** denúncia *f*; ~ **der Unkosten** reembolso *m*; devolução *f*

'Erstaufführung F estreia *f*

er'staunen [ɛrˈʃtaʊnən] V/I ⟨-; s.⟩ admirar-se, ficar pasmado (**über** *akk* de) **Er'staunen** N assombro *m*; admiração *f*, espanto *m*; **in** ~ **setzen** assombrar; estranhar; **zu meinem großen** ~ para minha grande surpresa **erstaunlich** assombroso, admirável

'Erstausgabe F primeira edição *f*; *älteste:* edição *f* princeps **'erstbeste** PRON **der/die/das** ~ + *subst* qualquer

'erste [ˈeːrstə] NUM primeiro; **der/die/das** ~ **Beste** qualquer; **am** ~**n Mai** no dia 1 de Maio; **an** ~**r Stelle** em primeiro lugar; **zum** ~**n Mal** pela primeira vez

'Erste M/F primeiro *m*, -a *f*; **fürs** ~ primeiro; (*einstweilen*) por enquanto; **als** ~**r ankommen** ser o primeiro a chegar; **Karl der** ~ Carlos Primeiro

er'stechen ⟨-⟩ apunhalar, esfaquear **er'stehen**¹ ⟨-; s.⟩ V/I renascer; ressurgir **er'stehen**² V/T (*kaufen*) adquirir, comprar **er'steigen** V/T ⟨-⟩ subir a; montar **er'steigern** ⟨-⟩ comprar em leilão

'erstens [ˈeːrstəns] ADV (em) primeiro (lugar); primeiramente

'erstere [ˈeːrstarə] ADJ **der** *od* **das/die Erstere** o primeiro/a primeira; aquele/aquela

'erstgeboren primogénito (*bras* *ê) **Erstgeburt** F, **Erstgeburtsrecht** N ⟨-(e)s, *o. pl*⟩ primogenitura *f* **erstgenannt** [ˈeːrstgənant] primeiro citado

er'sticken V/T ⟨-; h.⟩, V/I ⟨s.⟩ sufocar (*a. fig*); asfixiar **Ersticken** N → Erstickung **erstickend** ADJ asfixiante; *Hitze* sufocante, abafador **Erstickung** F ⟨*o. pl*⟩ sufocação *f*; asfixia *f* **Erstickungsgefahr** F perigo *m* de asfixia

'erstklassig [ˈeːrstklasɪç] de primeira ordem (*bras* classe); primoroso **erstmalig** primeiro **erstmals** ADV pela primeira vez

er'streben V/T ⟨-⟩ aspirar a, pretender; *stärker:* ambicionar **er'strebenswert** desejável; ambicionável **er'strecken** ⟨-⟩ V/R **sich** ~ estender-se (**auf** *akk* a); **sich** ~ **über ...** (*akk*) ter ... de extensão **er'stürmen** ⟨-⟩ tomar de assalto **er'suchen** V/T ⟨-⟩ **j-n um etw** ~ solicitar de (*od* a) alg, pedir a/c a alg **Er'suchen**

N solicitação f **er'tappen** ⟨-⟩ apanhar, surpreender **er'teilen** VT ⟨-⟩ dar; *Vollmacht* conferir; *Segen* lançar; *Auftrag, Befehl* dar; **j-m Unterricht ~** dar aulas a alg **er'tönen** ⟨-⟩ ressoar; *Glocke* repicar **Er'trag** [ɛr'traːk] M ⟨-(e)s; ⁻e⟩ rendimento m, produto m, receita f; *e-s Baums*: carga f **ertragen** ⟨-⟩ suportar, aguentar **ertragfähig** produtivo **er'träglich** [ɛr'trɛːklɪç] suportável; *(leidlich)* sofrível, tolerável **er'tränken** ⟨-⟩ afogar **er'träumen** VT ⟨-⟩ (**sich** *dat*) ~ imaginar; sonhar (para si) **er'trinken** ⟨-; s.⟩ afogar-se **er'trunken** afogado

Er'tüchtigung F ⟨o. pl⟩ *hist* körperliche ~ exercício(s) m(pl) físico(s), treino m **er'übrigen** [ɛr'ʔyːbrɪɡn] ⟨-⟩ economizar; dispensar; **sich ~** já não ser preciso; ser escusado

er'wachen ⟨-; s.⟩ despertar, acordar **Er'wachen** N despertar m, acordar m **er'wachsen**[1] VI ⟨-; s.⟩ resultar (**aus** de) **er'wachsen**[2] ADJ adulto m, -a f **Er'wachsene(r)** M/F(M) adulto m, -a f **er'wägen** ⟨-⟩ considerar, ponderar **Er'wägung** [ɛr'vɛːɡʊŋ] F consideração f; **in ~ ziehen** tomar em consideração **er'wähnen** ⟨-⟩ mencionar, citar **er'wähnenswert** digno de ser mencionado **Erwähnung** F menção f; citação f

er'wärmen ⟨-⟩ aquec er; *fig* (**sich**) ~ entusiasmar(-se) (**für** por)

er'warten ⟨-e-; -⟩ aguardar, esperar; **es steht zu ~, dass** é de esperar que; prever; **wider (alles) Erwarten** contra todas as previsões **Erwartung** F espera f; expe(c)tativa f; *(Hoffnung)* esperança f **erwartungsvoll** ADV ansioso, impaciente

er'wecken ⟨-⟩ despertar; *fig* provocar; **vom Tode ~** ressuscitar **er'wehren** ⟨-⟩ VR *geh* **sich ~** defender-se (*gen* de); conter **er'weichen** VT ⟨-; h.⟩, VI ⟨s.⟩ abrandar; amolecer; *fig* enternecer(-se), comover(-se); **sich ~ lassen** (acabar por) ceder

er'weisen ⟨-⟩ provar, dar provas de; *Dienst, Ehre* prestar; *Gerechtigkeit* fazer; *Dankbarkeit* manifestar; **j-m Wohltaten ~** fazer bem a alg; **sich ~ als** mostrar-se; **sich würdig ~** (*gen*) saber corresponder a

er'weitern [ɛr'vaɪtɐn] ⟨-re; -⟩ alargar; estender; ampliar; *bes* MED dilatar **Er'weiterung** F alargamento m, extensão f; MED dilatação f; IT expansão f **Er'werb** [ɛr'vɛrp] M ⟨-(e)s; -e⟩ *(Kauf)* aquisição f; *(Gewinn)* lucro m, ganho m; *(Beruf)* ganha-vida m, ganha-pão m **erwerben** [ɛr'vɛrbən] ⟨-⟩ (**sich** *dat*) **~** adquirir; *durch Arbeit*: ganhar; **sich** (*dat*) **Verdienste ~** merecer bem (**um** de)

er'werbsfähig válido **erwerbslos** desempregado **Erwerbslosigkeit** F desemprego m **Erwerbsquelle** F recurso(s) m(pl) **erwerbstätig ~ sein** exercer uma a(c)tividade remunerada; **~e Bevölkerung** f população f a(c)tiva **Erwerbstätige(r)** M/F(M) ⟨-en⟩ empregado m, -a f, pessoa f que trabalha **erwerbsunfähig** inválido **Erwerbszweig** M ramo m de indústria **Er'werbung** F aquisição f

er'widern [ɛr'viːdɐn] VT ⟨-re; -⟩ responder, replicar; *(vergelten)* (cor)responder a; *Besuch, Glückwunsch* retribuir **Erwiderung** F réplica f, resposta f

er'wirken ⟨-⟩ *geh* obter, conseguir **er'wischen** ⟨-⟩ *umg* apanhar **er'wünscht** [ɛr'vʏnʃt] desejado; oportuno; **~ sein** vir a propósito **er'würgen** ⟨-⟩ estrangular

Erz [ɛrts] N ⟨-es; -e⟩ minério m; metal m; *poet* bronze m **Erzader** F filão m

er'zählen ⟨-⟩ contar **erzählend** ADJ narrativo **Erzähler(in)** M/F(M) narrador(a) m(f); contista m/f; LIT a. novelista m/f **Erzählung** F narrativa f; narração f; LIT conto m; novela f

'Erzbischof M arcebispo m **erzbischöflich** arcebispal **Erzengel** M arcanjo m

er'zeugen ⟨-⟩ gerar; *(hervorbringen)* produzir; *(hervorrufen)* provocar **Erzeuger** M HANDEL produtor m; *(Vater)* procriador m, pai m **Erzeugerland** N país m produtor **Erzeugnis** N ⟨-ses; -se⟩ produto m **Erzeugung** F produção f; fabricação f

'erz'faul ⟨o. pl⟩ muito preguiçoso **Erzfeind** M inimigo m mortal, êmulo m **Erzgang** M filão m **'Erz'gauner** M grande malandro m **erzhaltig** ['ɛrtshaltɪç] metalífero **Erzherzog(in)** M/F(M) ar-

quiduque(sa) *m(f)*
er'ziehen ‹-› educar; *(aufziehen)* criar **Erzieher(in)** M(F) pedagogo *m*, -a *f*; mestre *m*, -a *f*; professor(a) *m(f)*; prece(p)tor(a) *m(f)* **Erziehung** F ‹o. *pl*› educação *f*
Er'ziehungs... IN ZSSGN meist pedagógico, educativo **Erziehungsanstalt** F *hist* casa *f* de corre(c)ção **Erziehungseinrichtung** F instituição *f* correccional **Erziehungsminister(in)** M(F) Ministro *m*, -a *f* da Educação **Erziehungsministerium** N ‹-s; -rien› Ministério *m* da Educação **Erziehungswesen** N ‹-s; o. *pl*› ensino *m*, instrução *f* pública, educação *f*
er'zielen ‹-› conseguir, obter
er'zittern ‹-re; -; s.› estremecer; tremer
'erzkonservativ muito conservador; rea(c)cionário *m* **Erzpriester** M arcipreste *m*
er'zürnen ‹-› irritar, zangar
er'zwingen ‹-› forçar
es [ɛs] *pron* N ele *m*, ela *f*; *unbetonter akk*: o, a; *unpers, als Subjekt oft nicht übersetzt*: **ich bin ~** sou eu; **~ regnet** chove; **~ fertigbringen zu** *(inf)* conseguir
Es N ‹-› MUS mi-bemol *m*
Es'capetaste [ɪs'ke:ptastə] F tecla *f* de escape
'Esche ['ɛʃə] F freixo *m*
'Esel ['e:zəl] M burro *m* (a. *fig*); jumento *m*; *bes fig* asno *m* **Esel'ei** [e:zə'laɪ] F asneira *f*; *bras a.* burrice *f* **Eselin** F burra *f*; asna *f* **Eselsbrücke** F *umg* mnemónica (ô) *f* **Eselsohr** N *fig* dobra *f*; *bras a.* orelha *f*
Eskalati'on [ɛskalatsi'oːn] F escalada *f*, escalamento *m* **eska'lieren** [ɛska'liːrən] ‹-; s.› recrudescer; exacerbar-se
Eska'pade [ɛska'paːdə] F escapadela *f*
'Eskimo ['ɛskimo] M ‹-s; -s› esquimó *m*
Es'korte [ɛs'kɔrtə] F escolta *f* **eskor'tieren** [ɛskɔr'tiːrən] ‹-› escoltar
'Espe ['ɛspə] F álamo *m*
Es'presso [ɛs'prɛso] M ‹-s; -ssi› *Kaffee*: *umg* bica *f*; *bras* cafezinho *m* **Espressotasse** F chávena *f* de café
Es'say [ɛ'se:] M od F ‹-s; -s› ensaio *m* **Essay'ist(in)** M(F) ‹-en› ensaísta *m/f*
'essbar [ɛs:bar] comestível; **~ sein** *a.* comer-se **Essbesteck** N talher *m*
'Esse ['ɛsə] F forja *f*; chaminé *f*; *(Feuerstelle)* fogão *m*
'essen ['ɛsən] comer; **zu Abend ~** jantar; **zu Mittag ~** almoçar **'Essen** N comida *f*, refeição *f*; *(Abendessen)* jantar *m*; *(Mittagessen)* almoço *m* **'Essenszeit** F hora *f* das refeições
Es'senz [ɛ'sɛnts] F essência *f*
'Esser(in) M(F) comedor(a) *m(f)*; **er ist ein schlechter ~** come pouco (*od* mal); **er ist ein starker ~** ele é um bom garfo *m*
'Essig ['ɛsɪç] M ‹-s; -e› vinagre *m* **Essigflasche** F vinagreira *f* **Essiggurke** F pepino *m* em vinagre **Essigsäure** F ‹o. *pl*› ácido *m* acético
'Esslöffel M colher *f* de sopa **Esslust** F ‹o. *pl*› apetite *m*, vontade *f* de comer **Essstäbchen** N pauzinho *m* **Esstisch** M mesa *f* **Esswaren** FPL comestíveis *mpl*, géneros *mpl* (*bras* *ê) alimentícios **Esszimmer** N sala *f* de jantar
'Este ['ɛstə] M ‹-n›, **Estin** ['eːstɪn] F estónio *m*, -a *f* (*bras* *ô) **Estland** N GEOG Estónia *f* **estländisch** ['eːstlɛndɪʃ], **estnisch** ['eːstnɪʃ] estónio (*bras* *ô), estoniano, da Estónia (*bras* *ô)
'Estragon ['ɛstragɔn] M ‹-s; *o. pl*› BOT estragão *m*
eta'blieren [eta'bliːrən] ‹-› **(sich) ~** estabelecer(-se)
E'tage [e'taːʒə] F andar *m*, piso *m* **Etagenheizung** F aquecimento *m* por andar **Etagenwohnung** F andar *m*
E'tappe [e'tapə] F fase *f*; etapa *f*; MIL (zona *f* da) retaguarda *f*; **in ~n** sucessivamente, por etapas
E'tat [e'ta] M ‹-s; -s› orçamento *m*; verba *f* **etatmäßig** *Ausgabe* ordinário
'Ethik ['eːtɪk] F ‹o. *pl*› ética *f* **Ethiker(in)** M(F) ético *m*, -a *f* **ethisch** ético
Ethno'loge [ɛtno'loːgə] M ‹-n›, **Ethno'login** [ɛtno'loːgɪn] F etnólogo *m*, -a *f* **Ethnolo'gie** [ɛtnolo'giː] F ‹o. *pl*› etnologia *f*
Eti'kett [eti'kɛt] N ‹-(e)s; -e(n)› rótulo *m* **Etikette** F protocolo *m*, ceremonial *m* **etiket'tieren** [etikɛ'tiːrən] ‹-› etiquetar
'etliche ['ɛtlɪçə] PRON PL (alg)uns *mpl*; (alg)umas *fpl*
E'tüde [e'tyːdə] F MUS estudo *m* (musical)
E'tui [ɛt'viː] N ‹-s; -s› estojo *m*
'etwa ['ɛtva] ADV aproximadamente, cerca de; **~ hundert/tausend** uns cem/mil

etwaig eventual
etwas ▣ PRON alguma coisa ▣ ADV a. um pouco; algo (de); **~ Großes** etc alguma coisa de, algo de; **~ anderes** outra coisa; **so ~** tal coisa; **ein gewisses Etwas** um não sei quê
Etymolo'gie [etymolo'giː] F̄ etimologia f
E'U [eːˈʔuː] F̄ abk ‹-› (Europäische Union) UE f (União Europeia) **EU-Beitritt** M̄ adesão f **EU-Bestimmung** F̄ condição f de adesão
euch [ɔʏç] ‹dat u. akk v. ihr pl› vos, a vós; bras vocês, a vocês
'euer [ˈɔʏɐr] PRON ▮ de vós; bras de vocês ▯ **~, der, die, das Eure** o vosso (a vossa); bras o seu, a sua; **eure Leute** a vossa gente
Euka'lyptus [ɔʏkaˈlʏptʊs] M̄ ‹-ten odo. pl› BOT eucalipto m
E'U-Kommissar(in) M(F) comissário m, -a f da UE **EU-Land** N̄ País m (od Estado m) Membro da UE
'Eule [ˈɔʏlə] F̄ coruja f; mocho m
'Eulenspiegel M̄ maganão m; bras pândego m, brincalhão m **Eulenspiege'lei** F̄ travessura f
E'U-Mitglied N̄ membro m da UE **EU-Norm** F̄ norma europeia
Eu'nuch [ɔʏˈnuːx] M̄ ‹-en› eunuco m
Eupho'rie [ɔʏfoˈriː] F̄ inv euforia f **eu'phorisch** [ɔʏˈfoːrɪʃ] eufórico
EUR ABK → Euro
'eure [ˈɔʏrə] PRON (o) vosso (bras seu), (a) vossa (bras sua), (os) vossos (bras seus), (as) vossas (bras suas) **eurer** da(s) vossa(s), dos vossos; bras de você(s) **eurerseits** [ˈɔʏrɐrzaɪts] ADV por vossa (bras seu) lado, da vossa parte; bras de sua parte **euresgleichen** PRON vosso (bras seu) igual **euretwegen** ADV, **eurethalben** ADV por vossa (bras sua) causa **eurewillen** ADV **um ~** por vossa (bras sua) causa
E'U-Richtlinie F̄ directiva f da UE
'eurige [ˈɔʏrɪɡə] → eure
'Euro[1] [ˈɔʏro] M̄ ‹-s; -› Währung: euro m
'Euro[2] M̄ ‹-, -s› umg (Europameisterschaft) euro m
'Eurocent M̄ cêntimo m de euro **'Eurocheque** M̄ → Euroscheck **Euronorm** F̄ norma f europeia
Eu'ropa [ɔʏˈroːpa] N̄ ‹-s; o. pl› Europa f

Europaabgeordnete(r) M/F(M) deputado m europeu, -a f europeia **Europacup** M̄ SPORT taça f europeia
Euro'päer(in) [ɔʏroˈpɛːɐr(ɪn)] M(F europeu m, europeia (bras *é) f
euro'päisch europeu, f europeia (bras *é); da Europa; **Europäischer Gerichtshof** m Tribunal m de Justiça Europeu; **Europäische Kommission** f Comissão f Europeia; **Europäisches Parlament** n Parlamento m Europeu; **Europäische Union** f União f Europeia (bras *é)
Eu'ropameister(in) M(F) campeão m europeu, campeã f europeia **Europameisterschaft** F̄ SPORT campeonato m da Europa **Europaparlament** N̄ ‹-s; o. pl› Parlamento m Europeu **Europapolitik** F̄ política f europeia **Europarat** M̄ ‹-es; o. pl› Conselho m Europeu **Europastraße** F̄ estrada f europeia **europaweit** ADV em toda a Europa
'Europol [ˈɔʏropɔl] F̄ ‹-; o. pl› Europol f **Euroscheck** [ˈɔʏroʃɛk] M̄ eurocheque m **Euroscheckkarte** F̄ cartão m de eurocheques **Eurotunnel** M̄ eurotúnel m **Eurovisi'on** F̄ eurovisão f **Eurowährung** F̄ ‹-; o. pl› unidade f monetária europeia **Eurozone** F̄ ‹-; o. pl› zona f euro
'Euter [ˈɔʏtɐr] N̄ úbere m, teta f
E'U-Vertrag M̄ Tratado m da União Europeia
e. V. [eːˈfaʊ] ABK (eingetragener Verein) associação f registada
evakuieren [evakuˈiːrən] ‹-› evacuar **Evakuierung** F̄ evacuação f
evan'gelisch [evanˈɡeːlɪʃ] evangélico; protestante **Evangelium** [evanˈɡeːliʊm] N̄ ‹-s; -lien› evangelho m
E'vent [iˈvɛnt] M̄ ‹-s; -s› evento m
eventu'ell [evɛntuˈɛl] ▣ ADJ eventual ▣ ADV talvez
evtl. ABK (eventuell) eventualmente
EWI [eːveːˈʔiː] N̄ ABK ‹-› (Europäisches Währungsinstitut) IME m (Instituto Monetário Europeu)
'ewig [ˈeːvɪç] eterno, perpétuo **'Ewigkeit** F̄ eternidade f **ewiglich** eternamente
EWR [eːveːˈʔɛr] M̄ ABK ‹-› (Europäischer Wirtschaftsraum) EEE m (Espaço Económico Europeu)

EWS [eːveːˈʔɛs] N̄ ABK ⟨-⟩ (Europäisches Währungssystem) SME *m* (Sistema Monetário Europeu)

Ex M̄/F̄ ⟨-; -⟩ *umg* (Exmann, Exfrau) ex *m/f*

e'xakt [ɛˈksakt] exa(c)to **Exaktheit** F̄ exa(c)tidão *f*

E'xamen [ɛˈksaːmən] N̄ ⟨-s; Examina⟩ exame *m* **exami'nieren** [ɛksamiˈniːrən] ⟨-⟩ examinar

exeku'tieren [ɛksekuˈtiːrən] ⟨-⟩ executar **Exekuti'on** [ɛksekutsiˈoːn] F̄ execução *f* **Exeku'tive** [ɛksekuˈtiːvə] F̄ POL poder *m* executivo

E'xempel [ɛˈksɛmpəl] N̄ (*Beispiel*) exemplo *m*; **ein ~ statuieren** estabelecer um exemplo **Exem'plar** [ɛksɛmˈplaːr] N̄ ⟨-s; -e⟩ exemplar *m* **exem'plarisch** exemplar

exer'zieren [ɛksɛrˈtsiːrən] ⟨-⟩ MIL exercer, exercitar, fazer exercícios **Exerzierplatz** M̄ ⟨-es; ⁼e⟩ campo *m* de manobras

Exfrau F̄ *umg* ex-mulher *f*

E'xil [ɛˈksiːl] N̄ ⟨-s; -e⟩ desterro *m*, exílio *m*; **ins ~ gehen** exilar-se

Exis'tenz [ɛksisˈtɛnts] F̄ existência *f*; HANDEL posição *f*; **e-e ~ gründen** criar uma base de vida **Existenzberechtigung** F̄ ⟨o. pl⟩ direito *m* à existência **Existenzgrundlage** F̄ meio *m* de subsistência **Existenzgründung** F̄ criação *f* de actividade independente **Existenzminimum** N̄ mínimo *m* vital

exis'tieren [ɛksisˈtiːrən] ⟨-⟩ existir

exklu'siv [ɛksklu'ziːf] exclusivo

Exkommunikati'on [ɛkskɔmunikatsiˈoːn] F̄ excomunhão *f* **exkommuni'zieren** [ɛkskɔmuniˈtsiːrən] ⟨-⟩ excomungar

Exmann M̄ ⟨-; -männer⟩ *umg* ex-marido *m*

exmatriku'lieren [ɛksmatrikuˈliːrən] ⟨-⟩ riscar da matrícula; **sich ~ lassen** pedir para ser riscado da matrícula

e'xotisch [ɛˈksoːtɪʃ] exótico

Expansi'on [ɛkspanziˈoːn] F̄ expansão *f* **Expansionspolitik** F̄ política *f* de expansão

Expediti'on [ɛkspeditsiˈoːn] F̄ expedição *f* (*a.* MIL) *f*; HANDEL despacho *m* **Expeditionsteilnehmer** M̄ expedicionário *m*

Experi'ment [ɛksperiˈmɛnt] N̄ ⟨-(e)s; -e⟩ experiência *f* **experimen'tell** [ɛksperimɛnˈtɛl] experimental **experimen'tieren** [ɛksperimɛnˈtiːrən] ⟨-⟩ experimentar

Ex'perte [ɛksˈpɛrtə] M̄ ⟨-n⟩, **Expertin** F̄ perito *m*, -a *f*, experto *m*, -a *f* **Exper'tise** [ɛkspɛrˈtiːzə] F̄ expertise *m*

Expl. ABK (Exemplar) ex. (exemplar)

explo'dieren [ɛksploˈdiːrən] ⟨-; s.⟩ explodir, deflagrar **Explosi'on** [ɛksploziˈoːn] F̄ explosão *f*, deflagração *f* **explo'siv** [ɛksploˈziːf] explosivo **Explo'sivstoff** M̄ explosivo *m*

Expo'nent [ɛkspoˈnɛnt] M̄ ⟨-en⟩ expoente *m*, índice *m*; *fig* representante *m* **expo'nieren** ⟨-⟩ [ɛkspoˈniːrən] expor

Ex'port [ɛksˈpɔrt] M̄ ⟨-(e)s; -e⟩ exportação *f* **Expor'teur** [ɛkspɔrˈtøːr] M̄ ⟨-s; -e⟩ exportador *m* **Exportfirma** F̄ exportadora *f* **Exporthandel** M̄ ⟨-s; *o. pl*⟩ comércio *m* de exportação **expor'tieren** [ɛkspɔrˈtiːrən] ⟨-⟩ exportar **Exportüberschuss** M̄ excedente *m* de exportação

Ex'press [ɛksˈprɛs] M̄ ⟨-es; *o. pl*⟩ expresso *m* **Expressgut** N̄ mercadoria *f* a grande velocidade; *bras* mercadoria *f* expressa

Expressio'nismus [ɛkspresioˈnɪsmʊs] M̄ *inv* expressionismo *m* **expressio'nistisch** expressionista

Ex'presszug M̄ comboio *m* (*bras* trem *m*) expresso *m*

ex'tern [ɛksˈtɛrn] externo

'extra [ˈɛkstra] ADV extra; (*gesondert*) à parte

'Extra N̄ ⟨-s; -s⟩ extra *m* **Extra...** IN ZSSGN especial; (*zusätzlich*) suplementar, acessório **Extrablatt** N̄ edição *f* especial

Ex'trakt [ɛksˈtrakt] M̄ ⟨-(e)s; -e⟩ extra(c)to *m*

extrava'gant [ˈɛkstravaˈgant] extravagante **Extrava'ganz** F̄ extravagância *f*

'Extrawurst F̄ *umg* privilégio *m*; tratamento *m* especial

ex'trem [ɛksˈtreːm] extremo **Extrem** N̄ ⟨-s; -e⟩ extremo *m* **Extre'mismus** M̄ ⟨-; *o. pl*⟩ POL extremismo *m* **Extre'mist(in)** [ɛkstreˈmɪst(ɪn)] M̄/F̄ ⟨-en⟩ extremista *m/f* **Extremi'täten** [ɛkstremiˈtɛːtən] F̄PL extremidades *fpl*

exzel'lent [ɛkstsɛˈlɛnt] excelente **Exzel'lenz** [ɛkstsɛˈlɛnts] F̄ ⟨-; -en⟩ (*Anrede*: Vos-

sa, *bras* Sua) Excelência *f*
ex'zentrisch [ɛk'tsɛntrɪʃ] excêntrico
Ex'zess [ɛks'tsɛs] M̄ ⟨-es; -e⟩ excesso *m*
EZB [eːzɛt'beː] F̄ ABK ⟨-; *o. pl*⟩ (Europäische Zentralbank) BCE *m* (Banco Central Europeu)

F

F, f [ɛf] N̄ *inv* F, f *m*; MUS fá *m*
f. ABK ◻1 (folgende) e sg. (seguinte) ◻2 (für) para
Fa. ABK (Firma) Casa
'Fabel [fa'bal] F̄ ⟨-; -n⟩ fábula *f*; LIT história *f*; argumento *m* **fabelhaft** fabuloso; *fig* estupendo
Fa'brik [fa'briːk] F̄ fábrica *f*; *bras* usina *f*
Fabrik... IN ZSSGN *oft* fabril **Fabri'kant** [fabri'kant] M̄ ⟨-en⟩ fabricante *m*, industrial *m* **Fabrikarbeiter** operário *m* (*od* trabalhador *m*) de fábrica **Fabri'kat** [fabri'kaːt] N̄ ⟨-(e)s; -e⟩ produto *m*; fabrico *m* **Fabrikati'on** [fabrikatsi'oːn] F̄ fabricação *f*; produção *f*; manufactura *f* **Fabrikati'ons...** IN ZSSGN *oft* de fabricação, de produção **Fabrikmarke** F̄ marca *f* da fábrica **fabrikneu** recém-fabricado **Fabrikware** F̄ ⟨*o. pl*⟩ produtos *mpl* da fábrica; artigos *mpl* manufacturados
fabri'zieren [fabri'tsiːrən] V̄T ⟨-⟩ *oft pej* fabricar
Fach [fax] N̄ ⟨-(e)s; ̈-er⟩ divisão *f*; (*Schubfach*) gaveta *f*; (*Lehrfach*) matéria *f*, disciplina *f*; (*Tätigkeit*) ramo *m*; especialidade *f*; profissão *f*; (*Bord*) prateleira *f*; **vom ~** especialista, profissional, especializado **'Facharbeiter** M̄ operário *m* especializado **Facharzt** M̄ (médico *m*) especialista *m* **'Fach(aus)bildung** F̄ preparação *f* profissional **'Fachausdruck** M̄ termo *m* técnico
'fächeln [ˈfɛçəln] ⟨-le⟩ abanar; abanicar
Fächer M̄ leque *m*; abanador *m*, abano *m*
'Fachfrau F̄ especialista *f*, perita *f*
Fachgebiet N̄ especialidade *f*; ramo

m **Fachgelehrte(r)** M/F(M) ⟨-n⟩ especialista *m/f* **Fachhändler** M̄ comerciante *m* especializado **Fachkenntnisse** FPL **~ haben** saber da sua especialidade; ser especializado, ser versado **Fachkraft** F̄ pessoa *f* especializada **fachkundig** perito, competente; versado **Fachleute** PL → Fachmann **fachlich** profissional; especializado; técnico **Fachmann** M̄ ⟨-(e)s; Fachleute, *a.* ̈-er⟩ especialista *m*, perito *m*, técnico *m* **fachmännisch** [ˈfaxmɛnɪʃ] competente; especialista **Fachmesse** F̄ feira *f* especial **Fachschule** F̄ escola *f* profissional (*od* técnica, *od* industrial) **fachsimpeln** [ˈfaxzɪmpəln] ⟨-le⟩ *umg* não falar senão da sua especialidade
'Fachwerk N̄ ARCH enxaimel *m*
'Fachwerkhaus N̄ casa *f* de enxaimel
'Fachzeitschrift F̄ revista *f* de especialidade
'Fackel [ˈfakəl] F̄ ⟨-; -n⟩ archote *m*, facho *m*; *bras* tocha *f* **Fackelzug** M̄ marcha *f* luminosa
'fad(e) [ˈfaːd(ə)] insípido, insosso; desengraçado
'Faden [ˈfaːdən] M̄ ⟨-s; ̈-⟩ fio *m* (*a. fig*); (*Nähfaden*) linha *f*; SCHIFF *Maß*: braça *f*; **Fäden ziehen** *Flüssigkeit* estar em ponto de fio; *Käse* estar derretido; *fig* **an e-m (seidenen) ~ hängen** estar por um fio **fadenförmig** filiforme; em forma de fio **Fadenkreuz** N̄ OPT retículo *m* **Fadennudeln** FPL aletria *fsg* **fadenscheinig** [ˈfaːdənʃaɪnɪç] gasto; puído; *fig* **~ sein** não convencer ninguém
'Fadosänger(in) [ˈfaːduzɛŋər(ɪn)] M(F) fadista *m/f*
Fa'gott [faˈgɔt] N̄ ⟨-(e)s; -e⟩ fagote *m* **Fagottbläser** M̄ fagotista *m*
'fähig [ˈfɛːɪç] capaz; apto; idóneo (*bras* *ô)
Fähigkeit F̄ capacidade *f*; idoneidade *f*; aptidão *f*
fahl [faːl] pálido, descorado, lívido
'fahnden [ˈfaːndən] ⟨-e⟩ **~ nach** (*dat*) procurar, buscar **Fahndung** F̄ pesquisa *f*, busca *f* (**nach** de)
'Fahne [ˈfaːnə] F̄ bandeira *f*; TYPO granel *m*
Fahnenabzug M̄ (prova *f* de) granel *m* **Fahneneid** M̄ juramento *m* da bandeira **Fahnenflucht** F̄ ⟨*o. pl*⟩ deserção *f* **fahnenflüchtig** desertor; **~ werden**

FAHN | 844

desertar **Fahnenmast** M̲, **Fahnenstange** F̲, **Fahnenstock** M̲ pau m de (od da) bandeira, haste f **Fahnenträger** M̲ porta-bandeira m
'**Fähnrich** ['fɛːnrɪç] M̲ ⟨-s; -e⟩ MIL alferes m; ~ **zur See** guarda-marinha m
'**Fahrausweis** ['faːɐ̯?aʊsvaɪs] M̲ → Fahrschein **Fahrbahn** ['faːɐ̯baːn] F̲ rodovia f, pista f **fahrbar** móvel; TECH a. com rodas; Weg transitável, viável **fahrbereit** disposto para sair; pronto para a partida
'**Fahrboot** ['fɛːɐ̯boːt] N̲ → Fähre
'**Fahrdienstleiter** M̲ BAHN chefe m de serviço
'**Fähre** ['fɛːrə] F̲ barco m; ferry-boat m
'**fahren** ['faːrən] A̲ V/T conduzir; Wagen a. guiar; j-n a. levar; Last acarretar; ~ **lassen** largar; abandonar; fig Plan desistir de; Hoffnung perder B̲ V/I ⟨s.⟩ andar od ir (de carro, comboio, barco etc); ~ **durch**, ~ **über** (akk) atravessar, passar por; auf dem Meer: a. cruzar; **rechts/links** ~ conduzir pela direita/esquerda; **fahr zur Hölle!** vai para o diabo (bras inferno)!; **gut** ~ **bei etw** um ganhar com a/c, ficar bem servido com a/c **fahrend** HANDEL ambulante; MIL motorizado; Ritter errante; andante; ~**es Volk** n vagabundos mpl; THEAT comparsaria f ambulante
'**Fahrer(in)** M̲(F̲) condutor(a) m(f); Auto a.: motorista m/f; bras a. volante m/f **Fahrerflucht** F̲ ⟨o. pl⟩ fuga f do motorista (od condutor) **Fahrerhaus** N̲ ⟨-es; ≠er⟩ AUTO habitáculo m
'**Fahrerlaubnis** F̲ licença f de condução; (Führerschein) carta f de condução (bras de motorista) **Fahrgast** M̲ passageiro m; viajante m **Fahrgeld** N̲ preço m do bilhete; SCHIFF passagem f **Fahrgelegenheit** F̲ possibilidade f de transporte; SCHIFF carreira f **Fahrgemeinschaft** F̲ conjunto de pessoas que partilham regularmente uma viatura (p.ex. para ir para o trabalho) **Fahrgeschwindigkeit** F̲ velocidade f; marcha f **Fahrgestell** N̲ AUTO chassi(s) m; FLUG trem m de aterragem
'**fahrig** distraído, descuidado; nervoso
'**Fahrkarte** F̲ bilhete m, SCHIFF passagem f **Fahrkartenausgabe** F̲ → Fahrkartenschalter **Fahrkartenau-** **tomat** M̲ ⟨-en⟩ máquina f distribuidora de bilhetes **Fahrkartenheft** N̲ caderneta f de módulos **Fahrkartenschalter** M̲ bilheteira f
'**fahrlässig** descuidado, desleixado; JUR involuntário; ~**e Tötung** f homicídio m por imprudência **Fahrlässigkeit** F̲ descuido m, desleixo m, imprudência f **Fahrlehrer(in)** M̲(F̲) instrutor(a) m(f) de condução (bras auto-escola)
'**Fährmann** ['fɛːrman] M̲ ⟨-(e)s; -leute, selten -männer⟩ barqueiro m
'**Fahrplan** M̲ horário m **fahrplanmäßig** ordinário; à tabela **Fahrpreis** M̲ preço m do bilhete (bras da passagem) **Fahrpreisermäßigung** F̲ tarifa f reduzida **Fahrprüfung** F̲ exame m de condução (bras habilitação) **Fahrrad** N̲ bicicleta f **Fahrradweg** M̲ pista f de velocípedes; pista f para ciclistas **Fahrrinne** F̲ SCHIFF corredor m **Fahrschein** M̲ bilhete m **Fahrschule** F̲ escola f de condução; bras auto-escola f **Fahrspur** F̲ faixa f; BAHN bitola f **Fahrstraße** F̲ estrada f **Fahrstrecke** F̲ traje(c)to m **Fahrstuhl** M̲ elevador m **Fahrt** ['faːɐ̯t] F̲ 1̲ (Reise) viagem f; (Ausflug) excursão f; (Strecke) caminho m, traje(c)to m; **auf der** ~ **nach** a caminho de; **während der** ~ durante o traje(c)to 2̲ (Geschwindigkeit) velocidade f, marcha f; **halbe** ~ meia força f; meio vapor m; **in** ~ **kommen** começar a andar; fig ficar furioso; aquecer
'**Fährte** ['fɛːɐ̯tə] F̲ pista f, rasto m, trilha f
'**Fahrtenschreiber** M̲ tacógrafo m
'**Fahrtrichtung** F̲ dire(c)ção f; SCHIFF rumo m; **in** ~ na direcção do trânsito; **gegen die** ~ contra a direcção do trânsito
'**fahrtüchtig** Person em estado de poder conduzir; Auto apto a circular
'**Fahrverbot** N̲ proibição f de conduzir (bras guiar) **Fahrwasser** N̲ ⟨-s; -⟩ SCHIFF água f navegável; canal m; fig elemento m **Fahrweg** M̲ → Fahrstrecke **Fahrwerk** N̲ → Fahrgestell **Fahrzeit** F̲ horário m, tabela f; duração f da viagem
'**Fahrzeug** N̲ ⟨-(e)s; -e⟩ veículo m, viatura f; SCHIFF embarcação f **Fahrzeughalter** M̲ possuidor m (bras proprietário m) do veículo **Fahrzeugpapiere** N̲PL̲

papéis mpl do carro **Fahrzeugpark** M̄ parque m automobilístico

fair [fɛːr] leal; corre(c)to; **~er Handel** m comércio m justo; **das ist nicht ~** não é justo

Fä'kalien [fɛˈkaːliən] PL fezes fpl

'Fakir [ˈfaːkɪr] M̄ ⟨-s; -e⟩ REL faquir m

Fak'simile [fakˈziːmile] N̄ ⟨-s; -s⟩ fac-símile m

Fakt [fakt] N̄ od M̄ ⟨-(e)s; -en⟩ → Faktum

'faktisch A ADJ efe(c)tivo B ADV de fa(c)to **'Faktor** M̄ ⟨-s; -en⟩ fa(c)tor m (a. MATH) **'Faktum** N̄ ⟨-s; -en, -a⟩ fa(c)to m

Fakul'tät [fakʊlˈtɛːt] F̄ faculdade f; **juristische/philosophische/theologische ~** faculdade f de Direito/Letras/Teologia; **mathematische/naturwissenschaftliche/medizinische ~** faculdade f de Matemática/Ciências/Medicina

fakulta'tiv [fakʊltaˈtiːf] facultativo

'Falke [ˈfalkə] M̄ falcão m **Falkenjagd** F̄, **Falknerei** F̄ falcoaria f

Fall [fal] M̄ ⟨-(e)s; ̈-e⟩ queda f (a. fig); der Preise: baixa f; JUR (Ereignis) u. GRAM caso m; **auf jeden ~** em todo o caso; a todo o transe; **auf keinen ~** de forma alguma; **für alle Fälle** pelo sim pelo não; **im ~e, dass →** isto é; **gesetzt den ~, dass** suposto que (subj); **von ~ zu Fall** de caso para caso; **zu ~ bringen** fazer cair, derribar; bras derrubar **'Fallbeil** N̄ guilhotina f

'Falle [ˈfalə] F̄ armadilha f; (Hinterhalt) cilada f; (Mausefalle) ratoeira f (a. fig); **e-e ~ stellen** armar uma armadilha etc; fig armar ratoeira; **in die ~ gehen** cair na armadilha etc; fig cair na ratoeira

'fallen V/I ⟨s.⟩ cair; (abnehmen) diminuir, descer; (sinken) baixar (**um** por); Vorhang baixar, cair; Schuss disparar-se; MIL (sterben) morrer em combate; **~ lassen** Sache deixar cair; Vorhaben deixar de, desistir de; **j-n ~ lassen** desinteressar-se de alg; **j-m ins Wort ~** cortar (od atalhar) a palavra a alg; **j-m auf die Nerven ~** enervar; irritar alg

'fällen abater; MATH abaixar; JUR Urteil pronunciar

'Fallgrube F̄ trápola f (a. fig)

fal'lieren ⟨-⟩ schweiz HANDEL falir

'fällig [ˈfɛlɪç] vencível; **~ sein** a. vencer-se, ser pagável **Fälligkeit** F̄ ⟨o. pl⟩ vencimento m **Fälligkeitstermin** M̄ prazo m de vencimento

'Fallobst N̄ ⟨-(e)s; o. pl⟩ fruta f do chão

'Fallreep [ˈfalreːp] N̄ ⟨-(e)s; -e⟩ SCHIFF escada f de portaló

falls KONJ no caso de (inf), caso (subj); se; **~ es so ist** se assim for; **~ (es) nicht ...** a menos que (subj); a não ser que (subj)

'Fallschirm M̄ pára-quedas m **Fallschirmabsprung** M̄ salto m de pára-quedas **Fallschirmjäger** M̄, **Fallschirmspringer** M̄ pára-quedista m **Fallschirmspringen** N̄ pára-quedismo m

'Fallstrick M̄ cilada f, trama f (a. fig)

'Falltür F̄ alçapão m; porta levadiça

falsch [falʃ] ADJ falso; (irrtümlich) errado; Bewegung em falso; **~es Gerücht** n boato m; bras mexerico m; Haar, Gebiss postiço; (treulos) a. desleal, traidor; verstehen: mal; **~ gehen** Uhr andar mal; **~ rechnen** enganar-se; **~ spielen/singen** MUS desafinar

'fälschen [ˈfɛlʃən] falsear, falsificar **Fälscher(in)** M̄/F̄ falsificador(a) m(f), falsário m, -a f

'Falschgeld N̄ dinheiro m falso

'Falschheit F̄ ⟨o. pl⟩ falsidade f; fig a. perfídia f

'fälschlich [ˈfɛlʃlɪç] falso, erróneo **fälschlicherweise** ADV falsamente, erroneamente; por equívoco

'Falschmeldung F̄ notícia f falsa **Falschmünzer** [ˈfalʃmʏntsər] M̄ moedeiro m falso, falsário m (od falsificador m) de moedas **Falschparker** M̄ condutor que parqueia em contravenção **falschspielen** fazer batota (bras trapaça) **Falschspieler(in)** M̄/F̄ batoteiro m, -a f

'Fälschung [ˈfɛlʃʊŋ] F̄ falsificação f

'Faltboot N̄ barco m desmontável **Faltdach** N̄ AUTO tejadilho m dobradiço **Falte** F̄ prega f; Haut: ruga f; **in ~n legen** fazer pregas em; Stirn: franzir **falten** ⟨-e-⟩ dobrar; fazer pregas em; Hände juntar, pôr **Faltenrock** M̄ saia f de pregas **Faltenwurf** M̄ pregueado m **Falter** M̄ ZOOL borboleta f **faltig** amarrotado; Haut enrugado **Falttür** F̄ porta f dobradiça **Faltung** F̄ GEOL dobra f

Falz [falts] M̄ ⟨-es; -e⟩ corrediça f, entalhe m; vinco m **'falzen** dobrar (TYPO as folhas) **famili'är** [famiˈliːr] familiar **Fa'milie** [faˈmiːli̯ə] f família f; **in der ~ bleiben** ficar em família **Fa'milienanschluss** m **~ haben** ser tratado como pessoa de família **Familienbetrieb** m empresa f de família **Familienfeier** f festa f de família **Familienkreis** m família f **Familienleben** n vida f familiar (od doméstica) **Familienmitglied** n ein **~ sein** ser um homem m (od mulher f) de família **Familienname** m apelido m; bras sobrenome m **Familienplanung** f planeamento m (bras planejamento m) familiar **Familiensinn** m espírito m de família **Familienstand** m estado m civil **fa'mos** [faˈmoːs] umg esplêndido, magnífico, iron extraordinário **Fan** [fɛn] m ⟨-s; -s⟩ admirador(a) m(f); partidário m, -a f; SPORT, FILM fã m/f **Fa'natiker(in)** [faˈnaːtikər(in)] m(f) fanático m, -a f **fa'natisch** fanático **Fana'tismus** [fanaˈtɪsmʊs] m ⟨-; o. pl⟩ fanatismo m **Fan'fare** [fanˈfaːrə] f, **Fanfarenstoß** m (toque m de) fanfarra f **Fang** [faŋ] m ⟨-(e)s; ⸚e⟩ **1** captura f; (Fischfang) pesca f; (Beute) presa f **2** (Kralle) garra f **Fangarm** m ⟨-(e)s; -e⟩ tentáculo m **Fangeisen** n armadilha f para caça **'fangen** apanhar; (festnehmen) prender; **Feuer ~** pegar fogo; fig apaixonar-se, entusiasmar-se; **sich ~** a. fig recuperar o equilíbrio; Wind enfunar-se **'Fangfrage** f pergunta f de algibeira **'Fangleine** f SCHIFF boça f **'Fangnetz** n rede f **'Fangzahn** m colmilho m, canino m **Fanta'sie** [fantaˈziː] f fantasia f; fantasma m; imaginação f **fantasielos** ⟨-este⟩ sem imaginação **fantasieren** [fantaˈziːrən] ⟨-⟩ fantasmar; desvairar; MED delirar; MUS improvisar **fantasievoll** fantasista, fantasioso **Fan'tast** [fanˈtast] m ⟨-en⟩ fantasista m; utopista m **fan'tastisch** fantástico (a. fig); fantasmático, fantasmagórico **'Farbabzug** [ˈfarpʔaptsuːk] m f cópia f a cores **Farbband** n fita f (para máquina de escrever) **Farbdrucker** [ˈfarpdrʊkər] m impressora f a cores

'Farbe [ˈfarbə] f cor f; für Anstriche: tinta f; KUNST a. pintura f; (Färbung) colorido m; Kartenspiel: naipe m; **~ bekennen** fig definir a sua posição **'farbecht** [ˈfarpʔɛçt] de cor fixa; que não desbota **'Färbemittel** [ˈfɛrbəmɪtəl] n tinta f; corante m **'färben** tingir; Lebensmittel corar; Haar pintar

'farbenblind daltónico (bras *ô) **Farbenblindheit** f ⟨o. pl⟩ daltonismo m **farbenfreudig, farbenfroh** multicolor, garrido, variegado, vistoso **Farbenlehre** f ⟨o. pl⟩ teoria f das cores **farbenprächtig** garrido **Farbenspiel** n ⟨-(e)s; o. pl⟩ matizes mpl; irisação f; bras reflexos mpl **'Färber** [ˈfɛrbər] m tintureiro m; tintor m **Färber'ei** [fɛrbəˈraɪ] f tinturaria f **'Farbfernsehen** n televisão f a cores **Farbfernseher** m televisor m a cores **Farbfilm** m filme m a cores **Farbfilter** m FOTO filtro m colorido **Farbfoto** n foto f a cores **Farbfotografie** f fotografia f a cores **Farbgebung** [ˈfarpɡeːbʊŋ] f colorido m **'farbig** [ˈfarbɪç] colorido, de cor, a cores **'Farbkopierer** [ˈfarpkopiːrər] m copiadora f a cores **farblos** ⟨-este⟩ sem cor; incolor; descorado **Farbstift** m lápis m de cor **Farbstoff** m tinta f **Farbton** m matiz f; bras a. tom, tonalidade f **'Färbung** [ˈfɛrbʊŋ] f coloração f; tintura f, cor f, colorido m; fig tendência f **'Farce** [ˈfarsə] f THEAT farsa f; GASTR recheio m **Farm** [farm] f quinta f; bras sítio m; bes größere: fazenda f **'Farmer** m fazendeiro m **Farn** [farn] m ⟨-(e)s; -e⟩, **'Farnkraut** n feto m; bras samambaia f **Fa'san** [faˈzaːn] m ⟨-(e)s; -e, -en⟩ faisão m **'Fasching** [ˈfaʃɪŋ] m ⟨-s; -e, -s⟩ reg carnaval m; entrudo m **Fa'schismus** [faˈʃɪsmʊs] m ⟨-; o. pl⟩ fascismo m **Fa'schist(in)** m(f) ⟨-en; -en⟩ fascista m/f **faschistisch** fascista **Fase'lei** [faːzəˈlaɪ] f palavreado m, palavrório m; disparate m **'faseln** [ˈfaːzəln] ⟨-le⟩ umg palavrear, disparatar **'Faser** [ˈfaːzər] f ⟨-; -n⟩ fibra f; filamento m; Stoff: fio m **faserig** fibroso **fasern** ⟨-re⟩ desfiar(-se); esgarçar

Fass [fas] N ⟨-es; ⁓er⟩ (Bierfass, Weinfass) barril m; (Weinfass, Ölfass) pipa f
Fas'sade [fa'saːdə] F fachada f
'**fassbar** palpável, apreensível; fig a. compreensível
'**Fassbier** N ⟨-s; o. pl⟩ cerveja f de barril
'**fassen** ['fasən] ⟨-t⟩ **A** V/T tomar; (zufassen) pegar, agarrar; segurar (**bei** por); j-n (fangen) apanhar, prender **2** (aufnehmen können) comportar; ter lugar para **3** Edelstein engastar **4** fig compreender; Gedanken conceber; Neigung sentir; Entschluss tomar; **Mut** ⁓ cobrar ânimo; **in Worte** ⁓ exprimir por palavras; **es ist nicht zu** ⁓ é incrível **B** V/I TECH ligar; endentar **C** V/R **sich** ⁓ acalmar-se; **sich in Geduld** ⁓ resignar-se, ter paciência **Fassung** F **1** (Einfassung) guarnição f; engaste m; Brille: armação f, aro m; ELEK suporte m **2** schriftliche: reda(c)ção f; (Wortlaut) texto m; deutsche etc, erste etc: versão f **3** seelische: disposição f; (Gelassenheit) calma f; sangue-frio m; **aus der** ⁓ **bringen** desconcertar; **aus der** ⁓ **geraten, die** ⁓ **verlieren** perder a calma; **etw viel** ⁓ **tragen** suportar a/c com aprumo **fassungslos** ⟨-este⟩ desconcertado, perplexo; (untröstlich) desolado **Fassungsvermögen** N ⟨o. pl⟩ capacidade f; SCHIFF tonelagem f; geistiges: compreensão f; inteligência f
fast [fast] ADV quase; (nahe an) cerca de; ⁓ **nur** quase só, quase que apenas
'**fasten** ⟨-e-⟩ jejuar **Fasten** N ⟨-s⟩ jejum m; MED dieta f **Fastenkur** F cura f de jejum (od regime m para) emagrecimento, dieta f '**Fastenzeit** F REL quaresma f
'**Fast Food** ['faːstfuːt] N ⟨-(s); o. pl⟩ pronto-a-comer m
'**Fastnacht** F ⟨o. pl⟩ reg terça-feira f gorda, carnaval m, entrudo m **Fastnachts...** IN ZSSGN carnavalesco, do carnaval **Fasttag** M dia m de jejum
Faszinati'on F fascínio m, fascinação f **faszi'nieren** [fastsi'niːrən] ⟨-⟩ fascinar; deslumbrar; seduzir **faszi'nierend** fascinante
fa'tal [fa'taːl] (unangenehm) desagradável; (unheilvoll) fatídico, funesto **Fata'lismus** [fata'lɪsmʊs] M ⟨-; o. pl⟩ fatalismo m
'**fauchen** ['fauxən] Katze bufar; TECH deitar vapor, deitar fumo

faul [faul] ADJ **1** (faulig) podre; choco; Obst estragado; umg fig Sache, Kunde de pouca confiança; incerto; ⁓**er Witz** m piada f estúpida (bras de mau gosto); **hier ist etw** ⁓ cheira mal; aqui parece que há coisa **2** (träge) preguiçoso; cábula; indolente **3** fig (bedenklich) sein ⁓**er Kompromiss** um pseudo compromisso '**Faulbaum** M frangulinha f; amieiro m preto
'**Fäule** ['fɔylə] F ⟨o. pl⟩ ⁓ Fäulnis
'**faulen** ['faulən] ⟨s. u. h.⟩ apodrecer; estragar-se; ficar choco **faulenzen** ['faulɛntsən] ⟨-t⟩ preguiçar, mandriar **Faulenzer(in)** ['faulɛntsər(ɪn)] M(F) mandrião m, mandriona f; preguiçoso m, -a f **Faulenze'rei** [faulɛntsə'raɪ] F, **Faulheit** F ⟨o. pl⟩ preguiça f, mandriice f; bras a. indolência f **faulig** podre, choco
'**Fäulnis** ['fɔylnɪs] F ⟨o. pl⟩ podridão f; fig corrupção f
'**Faulpelz** umg M cábula m **Faultier** N ZOOL preguiça f; ai m; fig → Faulenzer
Faun [faun] M ⟨-(e)s; -e⟩ fauno m
'**Fauna** F ⟨-; Faunen⟩ fauna f
Faust [faust] F ⟨-; ⁓e⟩ punho m; **auf eigene** ⁓ fig por conta própria
'**Fäustchen** ['fɔystçən] N pequeno punho m; **sich** (dat) (**eins**) **ins** ⁓ **lachen** rir-se para consigo; bras rir consigo mesmo

'**faustdick** umg **es** ⁓ **hinter den Ohren haben** ser finório **Fausthandschuh** M luva f sem dedos **Faustkampf** M pugilato m **Faustpfand** N penhor m **Faustrecht** N ⟨-(e)s; o. pl⟩ direito m do mais forte **Faustregel** F regra f geral **Faustschlag** M punhada f, murro m
Favo'rit(in) [favo'riːt(ɪn)] M(F) ⟨-en⟩ favorito m, -a f
Fax [faks] umg n ⟨-; -, -e⟩ fax m; **per** ⁓ por fax; **j-m ein** ⁓ **schicken** enviar (od mandar) um fax a alg **Faxanschluss** M linha f de fax umg '**faxen** ⟨-t⟩ umg V/T mandar um fax; V/I expedir por fax
'**Faxen** FPL inv macaquices fpl, momices fpl, pantominices fpl; bras a. caretas fpl; **mach keine** ⁓ deixa-te de macaquices etc; bras não faça caretas
'**Faxgerät** ['faksgərɛːt] N aparelho m de fax **Faxnummer** F número m de fax
'**Fazit** ['faːtsɪt] N ⟨-s; -e, -s⟩ resultado m;

FCKW | 848

conclusão f
FCKW [ɛftseka:'ve:] PL ABK (Fluorchlorkohlenwasserstoffe) CFC mpl (clorofluorcarbonetos)
FDP [ɛfde:'pe:] F ABK <-> (Freie Demokratische Partei) Partei, BRD: Partido Liberal Democrático
'F-Dur N <-; o. pl> fá m maior
'Februar ['fe:bruar] M <-s; -e> fevereiro m
'fechten esgrimir; (kämpfen) lutar **Fechter(in)** M(F) esgrimista m/f **Fechtkunst** F esgrima f
'Feder ['fe:dar] F <-; -n> pena f; (Flaum) pluma f; (Uhrfeder) corda f; TECH mola f; **noch in den ~n liegen** umg ainda estar na cama **Federball** M volante m; badminton m; bras peteca f **Federballspiel** N badminton m **Federbett** N cama f de plumas; edredão m **Federbusch** M penacho m; Vogel: poupa f **federführend** representativo **Federgewicht** N SPORT peso-pluma m **Federhalter** M caneta f **Federkernmatratze** F colchão m de molas **Federkleid** N plumagem f **federleicht** muito leve **Federlesen** N **nicht viel ~s machen** não fazer cerimónia(s) (bras *ô), não perder tempo **Federmäppchen** N, **Federmappe** F estojo m (escolar) **Federmesser** N canivete m **federn** <-re> TECH ser elástico; ter (boas) molas **federnd** ADJ TECH elástico **Federstrich** M traço m de pena **Federung** CHEM F elasticidade f; AUTO molas fpl **Federvieh** N aves fpl (de capoeira) **Federwaage** F balança f de molas **Federwolke** F cirro m **Federzeichnung** F desenho m à pena **Federzug** M rabisco m; traço m
Fee [fe:] F fada f **'feenhaft** mágico; encantador
'Fegefeuer ['fe:gəfɔyər] N REL Purgatório m
'fegen ['fe:gən] varrer <a. v/i, s.> limpar
'Fehde ['fe:da] F conflito m, contenda f **Fehdehandschuh** M **j-m den ~ hinwerfen** lançar a luva a alg
fehl [fe:l] ADJ **~ am Platz** despropositado, inoportuno
Fehl M geh **ohne ~ (und Tadel)** impecável
'Fehlanzeige F resposta f negativa; resultado m negativo; TECH indicação f negativa **Fehlbetrag** M défice m, déficit m **Fehlbildung** F deformação f, deformidade f **Fehldiagnose** F MED diagnóstico m errado
'fehlen V/I **~ (an** dat) faltar (nom), etw a. fazer falta (nom); (abwesend sein) a. estar ausente; **was fehlt Ihnen?** (que é) que tem?; **an mir soll es nicht ~** não será culpa minha; **das fehlte gerade noch** iron não faltava mais nada; **es an nichts ~ lassen** fazer todos os possíveis; bras fazer todo o possível; **weit gefehlt** está muito enganado; errado
Fehlen N falta f, ausência f
'Fehlentscheidung F decisão f errada
'Fehler M erro m; falta f; falha f; (Makel) defeito m; moralisch: vício m **'fehlerfrei** sem defeito, perfeito; sem erros, corre(c)to **'fehlerhaft** defeituoso; com erros; errado **'fehlerlos** → fehlerfrei
'Fehlgeburt F aborto m, umg desmancho m **fehlgehen** <s.> geh errar caminho; fig estar enganado **Fehlgewicht** N falta f de peso **fehlgreifen** errar, enganar-se **Fehlgriff** M erro m, engano m **Fehlschlag** M fig malogro m, fracasso m **fehlschlagen** <s.> frustrar-se, fracassar, malograr-se **Fehltritt** M passo m em falso, tropeção m; fig falta f, pecado m **Fehlurteil** N erro m judiciário **Fehlzündung** F AUTO falha f (na ignição)
'Feier [faiər] F <-; -n> festa f; celebração f; cerimónia f (bras *ô) **Feierabend** M fim m do trabalho diário; **~ machen** parar com o trabalho **feierlich** solene **Feierlichkeit** F solenidade f, cerimónia f (bras *ô) **feiern** <-re> A V/T Fest usw celebrar; j-n a. homenagear B V/I festejar; fig descansar, fazer feriado **Feierschicht** F **e-e ~ einlegen** suprimir um turno **Feierstunde** F a(c)to m solene; cerimónia f (bras *ô) **Feiertag** M (dia m) feriado m, dia m de festa; REL dia m santo; **allgemeiner ~** feriado m nacional; **schöne ~e!** boas férias!
'feig(e) [faik, 'faigə] cobarde; bras covarde
'Feige F BOT figo m **Feigenbaum** M figueira f **Feigenblatt** N folha f de fi-

gueira (a. fig) **Feigenkaktus** M̲ nopal m, opúncia f

'**Feigheit** F̲ ⟨o. pl⟩ cobardia f; bras covardia f '**Feigling** M̲ ⟨-s; -e⟩ cobarde m, poltrão m; bras covarde m, patife m

'**Feile** ['faɪlə] F̲ lima f; bras lixa f '**feilen** limar; bras lixar; em Stil: rematar, dar o último retoque em

'**feilschen** ['faɪlʃən] ~ **um** regatear

fein [faɪn] fino (a. fig); (dünn) delgado; (feinsinnig) subtil; (erlesen) delicado; (vornehm) distinto, elegante; Regen etc miúdo; **sich ~ machen** pôr-se bonito; arranjar-se pastelaria f; bras confeitaria f

Feind [faɪnt] M̲ ⟨-(e)s; -e⟩ inimigo m '**Feind(es)...** ['faɪndəs] IN ZSSGN inimigo '**Feindin** [faɪndɪn] F̲ inimiga f '**feindlich** inimigo, hostil; Geschick adverso '**Feindschaft** F̲ inimizade f '**feindselig** hostil '**Feindseligkeit** F̲ hostilidade f

'**Feineinstellung** F̲ TECH ajuste m de precisão; RADIO sintonização f '**feinfühlig** ['faɪnfy:lɪç] delicado, sensível **Feingebäck** N̲ bolos mpl; bras doces mpl; artigos mpl de pastelaria (bras confeitaria) **Feingefühl** N̲ ⟨-(e)s; o. pl⟩ delicadeza f; tacto m **Feingehalt** M̲ título m, toque m; Edelmetall: quilate m, lei f **Feingold** N̲ ⟨-(e)s; o. pl⟩ ouro m de lei **Feinheit** F̲ fineza f; delicadeza f; subtileza f **Feinkostgeschäft** N̲ charcutaria f; mercearia f fina **Feinmechanik** F̲ ⟨o. pl⟩ mecânica f de precisão **Feinmechaniker(in)** M̲F̲ mecânico m, -a f de precisão **Feinschmecker** ['faɪnʃmɛkɐr] M̲ gastrónomo m (bras *ô); gourmet m **feinsinnig** subtil **Feinstaub** M̲ partículas fpl (de poeira); pó m fino **Feinwäsche** F̲ roupa f fina

feist [faɪst] gordo; **~es Gesicht** n cara f de abade

Feld [fɛlt] N̲ campo m; im Spiel: quadrado m; ARCH entrepano m; MIL ⟨o. pl⟩ campanha f, frente f; fig domínio m; **auf freiem ~** ao ar livre; fig **ins ~ führen** argumentar; alegar; **das ~ räumen** ceder; retirar-se

'**Feldarbeit** F̲ lavoura f '**Feldarbeiter(in)** M̲F̲ lavrador(a) m(f) '**Feldbau** M̲ ⟨-(e)s; o. pl⟩ lavoura f, agricultura f '**Feldbett** N̲ cama f de campanha; catre m '**Feldblume** F̲ flor f de campo, flor f silvestre '**Feldflasche** F̲ cantil m **Feldforschung** F̲ pesquisa f em campo '**Feldfrucht** F̲ produto m agrícola '**Feldherr** M̲ general m; großer a.: capitão m '**Feldlager** N̲ acampamento m '**Feldlazarett** N̲ ambulância f '**Feldmarschall** M̲ marechal m (do campo) '**Feldmaus** F̲ ratinho m campestre '**Feldmesser** M̲ agrimensor m, abalizador m '**Feldmessung** F̲ agrimensura f '**Feldsalat** M̲ alface-de-cordeiro f '**Feldspat** M̲ ⟨-(e)s; -e⟩ GEOL feldspato m '**Feldstecher** ['fɛltʃtɛçɐr] M̲ binóculo m '**Feldstein** M̲ marco m '**Feldwebel** ['fɛltve:bəl] M̲ segundo-sargento m '**Feldweg** M̲ atalho m, vereda f '**Feldzug** M̲ campanha f

'**Felge** ['fɛlgə] F̲ jante f; pina f; camba f; bras a. aro m (de roda), cambota f

Fell [fɛl] N̲ ⟨-(e)s; -e⟩ pele f; **j-m das ~ über die Ohren ziehen** fig esfolar alg; **ein dickes ~ haben** umg fig ter as costas largas

Fels [fɛls] M̲ ⟨-en⟩ rochedo m, penedo m; im Meer: escolho m '**Felsblock** M̲ rocha f '**Felsbrocken** M̲ naco m de rocha

'**Felsen** ['fɛlzən] M̲ ⟨-en⟩ → **Fels felsenfest** A̲ ADJ firme como uma rocha; fig inabalável B̲ ADV ~ **glauben, dass** ter a certeza absoluta que **Felsenhöhle** F̲, **Felsenkeller** M̲ caverna f **Felsenklippe** F̲ escolho m **Felsenküste** F̲ costa f rochosa **Felsenriff** N̲ recife m **'felsig** ['fɛlzɪç] rochoso, penhascoso **'Felsmassiv** N̲ maciço m rochoso **Felswand** F̲ penha f escarpada; rochedo m a pique; bras penhasco m

'**Femininum** ['fe:mini:nʊm] N̲ ⟨-s; -na⟩ feminino m **Feminismus** [femi'nɪsmʊs] M̲ ⟨-; o. pl⟩ feminismo m **Feministin** F̲ feminista f **feministisch** [femi'nɪstɪʃ] feminista

'**Fenchel** ['fɛnçəl] M̲ ⟨o. pl⟩ funcho m

'**Fenster** ['fɛnstɐr] N̲ janela f; AUTO vidro m; (Ladenfenster, Schaufenster) montra f, vitrina f; (Kirchenfenster) vitral m; **zum ~ hinauswerfen** fig gastar à toa **Fensterbrett** N̲, **Fensterbrüstung** F̲ peitoril m **Fensterflügel** M̲ batente m da janela **Fensterglas** N̲ ⟨-es; o. pl⟩ vidraça f **Fensterkreuz** N̲ cruzeta f de janela **Fensterladen** M̲ porta f; äußerer:

adufa f; bras veneziana f **Fensterleder** N̄ camurça f para limpar vidro **Fensternische** F̄ vão m de janela **Fensterplatz** M̄ lugar m à janela **Fensterputzer** M̄ limpa-janelas m; bras limpador m de janelas **Fensterrahmen** M̄ caixilho m **Fensterscheibe** F̄ vidro m

'Ferien ['fe:riən] PL férias fpl; ~ **haben** estar de férias; in Zssgn oft: de férias; **die ~ verbringen** (in dat) passar as férias (em, a); **schöne ~!** boas férias! **Feriendorf** N̄ aldeamento m turístico **Ferienhaus** N̄ casa f de férias, chalé m **Ferienjob** M̄ emprego casual para estudantes e alunos durante as férias **Ferienlager** N̄ colónia f (bras *ô) de férias **Ferienort** M̄ local m de férias **Ferienreise** F̄ vilegiatura f, veraneio m **Ferienwohnung** F̄ apartamento m de férias

'Ferkel ['fɛrkəl] N̄ porquinho m, leitão m; fig Person: porcalhão m

Fer'mate [fɛr'ma:tə] F̄ MUS suspensão f

Fer'ment [fɛr'mɛnt] N̄ ⟨-s; -e⟩ fermento m

fern [fɛrn] longe, distante; (**sehr ~**) remoto; **der Ferne Osten** o Extremo Oriente **'Fernbedienung** F̄ telecomando m; bras controle m remoto **'fernbleiben** ⟨s.⟩ abster-se, manter-se afastado **'Fernblick** M̄ panorama m **'Ferne** ['fɛrnə] F̄ distância f; **aus der ~** de longe; **in der ~** ao longe **'ferner** A ADJ ulterior; seguinte B ADV depois, além disso **'fernerhin** ADV para o futuro, de futuro

'Fernfahrer M̄ camionista m; bras caminhoneiro m **'Fernflug** M̄ voo m (bras *ô) a grande distância **'ferngelenkt** teleguiado **'Ferngespräch** N̄ chamada f (od telefonema m) interurbana (**nach** para) **'ferngesteuert** teleguiado **'Fernglas** N̄ binóculo m **'fernhalten** manter afastado **'Fernheizung** F̄ aquecimento m a distância **'Fernkopie** F̄ telecópia f; telefax m **'Fernkopierer** M̄ telecopiador m **'Fernkurs** M̄ curso m por correspondência **'Fernleitung** F̄ ELEK, TEL cabo m de grande distância **'Fernlicht** N̄ AUTO máximos mpl; bras farol m alto

'fernliegen j-m ~ estar longe de alg, ser de pouco interesse para alg **'fernliegend** remoto **'fernmündlich** geh A ADJ telefónico (bras *ô) B ADV a. por telefone

'Fernreise F̄ viagem f de longa distância **'Fernrohr** N̄ telescópio m **'Fernschreiben** N̄ telex m **'Fernschreiber** M̄ teleimpressor m, teletipo m **'Fernsehapparat** M̄ televisor m, aparelho m de televisão **Fernsehdiskussion** F̄ debate m televisivo **fernsehen** ver (a) televisão **Fernsehen** N̄ televisão f; **im ~ kommen** dar na televisão **Fernseher** M̄ umg televisor m **Fernsehfilm** M̄ telefilme m **Fernsehgerät** N̄ → Fernsehapparat **Fernsehsender** M̄ emissora f de televisão **Fernsehsendung** F̄ emissão f de televisão **Fernsehserie** F̄ série f televisiva; bras telenovela f **Fernsehturm** M̄ torre f de televisão **Fernsehzuschauer** M̄ telespe(c)tador m; bras a. televente m

'Fernsicht F̄ ⟨o. pl⟩ panorama m, vista f **'Fernsprech...** IN ZSSGN → Telefon... **Fernsprecher** M̄ ADMIN telefone m **fernstehen** VĪ j-m ~ Person nâo ter relações com alg; **es steht mir fern zu** ⟨inf⟩ não tenho intenção de

'Fernsteuerung F̄ telecomando m **Fernstraße** F̄ estrada f nacional (od principal) **Fernstudium** N̄ ensino m por correspondência **Fernverkehr** M̄ serviços (od transportes mpl od comunicações fpl) interurbanos, -as **Fernweh** N̄ vontade f od nostalgia f de viajar **Fernziel** N̄ obje(c)tivo m final **Fernzug** M̄ expresso m

'Ferse ['fɛrzə] F̄ calcanhar m, talão m; pl j-m auf den ~n sein (od folgen) seguir no encalço de alg; perseguir alg de perto **Fersengeld** N̄ ⟨-(e)s; o. pl⟩ ~ **geben** fig dar aos calcanhares; fugir

'fertig ['fɛrtɪç] pronto; feito; umg estoirado; ~ **machen** acabar, terminar, levar a/c a cabo; **sich ~ machen** preparar-se; aprontar-se; ~ **werden** acabar; **mit etw ~ werden** (**können**) ser capaz de fazer a/c; conseguir fazer a/c; **mit j-m ~ werden** (**können**) saber lidar com alg; ~ **sein** Sache estar acabado; Person ter terminado; umg (erschöpft) estar extenuado (od estafado) **fertigbekommen, fertigbringen** iron ser capaz de **'Fer-**

tiggericht N prato m feito, pré-cozinhado m **'Fertighaus** N casa f pré-fabricada **'Fertigkeit** F habilidade f, jeito m; prática f **fertigmachen** j-n ~ umg (abkanzeln) dar uma ensaboadela a alg; (zusammenschlagen) dar cabo de alg, aniquilar alg **'Fertigprodukt** N produto m pré-fabricado (od pronto) **fertigstellen** acabar; completar; fabricar **'Fertigstellung** F ⟨o. pl⟩ acabamento m **'Fertigung** ['fɛrtɪɡʊŋ] F fabrico m, fabricação f, produção f, manufa(c)tura f **Fertigungsstraße** F linha f de produção **'Fertigware** F produtos mpl pré-fabricados

Fes [fɛs] N ⟨-; o. pl⟩ MUS fá-bemol m

fesch [fɛʃ] chique; umg giro; bras bacana

'Fessel ['fɛsəl] F ⟨-; -n⟩ **1** cadeia f; ferros mpl (a. fig); (Handfessel) algemas fpl; (Fußkette) grilhão m **2** ANAT artelho m **Fesselballon** M ⟨-s; -s, -e⟩ balão m cativo **fesseln** ⟨-le⟩ encadear, atar, an den Füßen: agrilhoar; fig interessar, cativar **fesselnd** interessante

fest [fɛst] **A** ADJ firme (a. Land u. fig); sólido (a. PHYS); Punkt, Preis fixo, constante; MIL forte; Wohnsitz permanente; Schlaf profundo **B** ADV lieben a valer; drücken com força; versprechen a sério; **~ schlafen** dormir profundamente

Fest N ⟨-(e)s; -e⟩ festa f, festividade f; bes MUS festival m; **frohes ~!** boas festas!

'Festakt M a(c)to m festivo **'Festbeleuchtung** F iluminação f (festiva)

'festbinden atar **'festbleiben** ⟨s.⟩ ficar firme

'Festessen N banquete m; festim m; (am Heiligabend) consoada f; bras ceia f

'festfahren ⟨s.⟩ a. fig encalhar

'Festgeld N ⟨-(e)s; o. pl⟩ FIN depósito m a prazo fixo **'festhalten** **A** VT etw segurar; a. j-n não largar **B** V/I fig **an etw** (dat) **~** não desistir de a/c, perseverar em a/c **C** V/R **sich ~ an** (dat) segurar-se em, agarrar-se a

'festigen ['fɛstɪɡən] consolidar, firmar; Gesundheit fortalecer; Währung estabilizar **Festigkeit** ['fɛstɪçkaɪt] F ⟨o. pl⟩ firmeza f, solidez f (a. TECH); estabilidade f; j-s integridade f; inteireza f **Festigung** ['fɛstɪɡʊŋ] F ⟨o. pl⟩ consolidação f; firmeza f

'festklammern ⟨-re⟩ segurar (com gancho); **sich ~** a. fig agarrar-se (**an** dat a) **festkleben** V/T ⟨h.⟩, V/I ⟨s.⟩ pegar **Festland** N continente m, terra f firme **'festlegen** **A** V/T fixar; estipular; schriftlich: assentar; Kapital imobilizar; **j-n ~** comprometer (od obrigar) alg (**auf** akk a inf) **B** V/R **sich ~ auf** (akk) comprometer-se a (inf)

'festlich festivo; solene **Festlichkeit** F festividade f; solenidade f, cerimónia f (bras *ô)

'festliegen estar detido; SCHIFF estar amarrado; HANDEL Kapital ser imóvel; Termin estar determinado **festmachen** **A** V/T segurar; SCHIFF amarrar; Datum, Termin combinar, fixar **B** V/I SCHIFF atracar

'Festmahl N ⟨-(e)s; ⸚er, -e⟩ → Festessen

'Festmeter M estere m; metro m cúbico **festnageln** ⟨-le⟩ pregar; fig j-n → festlegen **Festnahme** ['fɛstnaːmə] F detenção f, prisão f **festnehmen** prender, deter

'Festnetz F TEL rede f fixa **Festnetzanschluss** M linha f de rede fixa **Festnetznummer** F número m de rede fixa **Festnetztelefon** N telefone m de rede fixa

'Festplatte F IT disco m rígido **Festpreis** M preço m fixo

'Festschrift F publicação f comemorativa; UNIV homenagem f (**für** a)

'festsetzen ⟨-t⟩ **A** V/T fixar; estabelecer; Preis tabelar; Stunde marcar; vertraglich: a. estipular; gesetzlich: a. decretar **B** V/R **sich ~** estabelecer-se **Festsetzung** F der Preise: tabelamento m

'festsitzen V/I estar preso; Nagel etc estar encravado; **wir sitzen fest** fig não podemos sair daqui

'Festspiele NPL festival m

'feststampfen (a)pisoar; bras a. esmagar com os pés **'feststehen** estar firme; fig ser certo **'feststehend** ADJ firme, fixo; fig estabelecido

'feststellen ver(ific)ar, averiguar; assinalar; (beweisen) comprovar; (sagen, bemerken) registar, afirmar, observar; j-n identificar; TECH parar; **den Standort** (gen) **~** localizar **Feststellung** F verificação f; identificação f; (Bemerkung) observação f, afirmação f; **e-e ~ machen**

fazer una observação

'Festtag M̄ dia m de festa; (dia m) feriado m

'Festung ['fɛstʊŋ] F̄ fortaleza f; praça f forte **'Festungsanlage** F̄ fortificações fpl **festungshaft** F̄ ⟨o. pl⟩ presídio m; prisão f militar

'festverzinslich a juro fixo

Festvorstellung F̄ representação f (od espectáculo m) de gala **Festzug** M̄ cortejo m

'Fete ['fe:tə] F̄ sl (Party) festarola f

'Fetisch ['fe:tɪʃ] M̄ ⟨-(e)s; -e⟩ fetiche m, feitiço m

fett [fɛt] gordo; MUS viçoso; TYPO negro; **~ machen, ~ werden** engordar

Fett [fɛt] N̄ ⟨-(e)s; -e⟩ gordura f **'fettarm** com pouca gordura; Milch magro, desnatado **'Fettauge** N̄ olho m de gordura **'Fettdruck** M̄ cara(c)teres mpl negros; bras negrito m **'fetten** ⟨-e-⟩ untar; TECH lubrificar **'Fettfleck** M̄ mancha f (de gordura) **'fettig** gorduroso; Haar oleoso **'fettleibig** ['fɛtlaɪbɪç] obeso **'Fettleibigkeit** F̄ ⟨o. pl⟩ obesidade f **'fettlöslich** solúvel em gorduras **'Fettnäpfchen** N̄ ins ~ **treten** meter a pata na poça **'Fettsucht** F̄ ⟨o. pl⟩ MED polisarcia f, hipertrofia f do tecido adiposo **'Fettwanst** M̄ ⟨-(e)s; ⁻e⟩ pej pançudo m

'Fetzen ['fɛtsən] M̄ Papier: pedaço m; Stoff: farrapo m, trapo m; **in ~ reißen** rasgar, despedaçar, dilacerar

feucht [fɔyçt] húmido; bras úmido **'Feuchtbiotop** N̄ biótopo m húmido **'Feuchtigkeit** F̄ ⟨o. pl⟩ humidade f; bras umidade f **'Feuchtigkeitscreme** F̄ creme m hidratante **'Feuchtigkeitsmesser** M̄ higrómetro m (bras *ô) **'feucht'warm** ADJ quente e húmido

feu'dal [fɔy'daːl] feudal; fig umg aparatoso, esplêndido, sumptuoso; bras suntuoso **Feuda'lismus** [fɔyda'lɪsmʊs] M̄ ⟨-; o. pl⟩ feudalismo m **feuda'listisch** [fɔyda'lɪstɪʃ] feudalista

'Feuer ['fɔyɐ] N̄ **1** allg fogo m; (Brand) incêndio m; (Herdfeuer, Zigarrenfeuer) lume m; fig ardor m, brio m; **~ und Flamme sein für** fig entusiasmar-se por; **~ fangen** pegar fogo; fig apaixonar-se; **j-m ~ geben** dar lume a alg **2** MIL fogo m;

heftiges ~ fogo m nutrido; **~ geben** fazer fogo; **das ~ einstellen** cessar o fogo **Feueralarm** M̄ rebate m; bras alarme m **feuerbeständig** → feuerfest **Feuerbestattung** F̄ cremação f, incineração f **Feuereifer** M̄ fervor m **Feuereinstellung** F̄ MIL cessar-fogo m **feuerfest** incombustível; à prova de fogo; refractário (ao fogo) **feuergefährlich** inflamável **Feuerhaken** M̄ atiçador m; esgaravatador m **Feuerherd** N̄ fogão m; lareira f **Feuerholz** N̄ lenha f **Feuerleiter** F̄ escada f de incêndio **Feuerlöscher** M̄ extintor m de incêndios **Feuermelder** M̄ campainha f de incêndios

'feuern ⟨-re-⟩ MIL fazer fogo; **mit** Holz etc **~** aquecer com

'Feuerprobe F̄ prova f de fogo **Feuerqualle** F̄ água-viva-juba-de-leão f **feuerrot** rubro **Feuersbrunst** F̄ ⟨-; ⁻e⟩ incêndio m **Feuerschaden** M̄ prejuízo m causado por incêndio **Feuerschiff** N̄ barco-farol m **Feuerspritze** F̄ fam bomba f de incêndios **Feuerstein** M̄ pederneira f; sílex m pirómaco (bras *ô) **Feuerstelle** F̄ fogão m; lareira f **Feuertaufe** F̄ ba(p)tismo m de fogo **Feuerung** F̄ (das Feuern) acender m; pegar fogo m; (Brennmaterial) combustível m; → Feuerstelle **Feuerversicherung** F̄ seguro m contra incêndios **Feuerwache** F̄ posto m (bras corpo m) de bombeiros; (Brandwache) guarda f de bombeiros **Feuerwaffe** F̄ arma f de fogo

'Feuerwehr F̄ bombeiros mpl **Feuerwehrauto** N̄ carro m de bombeiros **Feuerwehrmann** M̄ ⟨-(e)s; -leute, -männer⟩ bombeiro m

'Feuerwerk N̄ fogo m (bras fogos mpl) de artifício **Feuerwerker** M̄ pirotécnico m **Feuerwerkskörper** M̄ foguete m; artigo m pirotécnico

'Feuerzange F̄ tenaz f **Feuerzeichen** N̄ toque m de fogo **Feuerzeug** N̄ isqueiro m

Feuille'ton [fœj(ə)'tõ] N̄ ⟨-s; -s⟩ folhetim m

'feurig ['fɔyrɪç] ardente; (scharf) picante; fig fogoso

ff. ABK ⟨folgende Seiten⟩ ss. (e páginas seguintes, e seguidas)

Fi'asko [fi'asko] N ⟨-s; -s⟩ fiasco m
'Fibel ['fiːbəl] F ⟨-; -n⟩ cartilha f; (*ABC-Buch*) abecedário m; (*Spange*) fíbula f
'Fiber ['fiːbər] F ⟨-; -n⟩ fibra f
'Fichte ['fɪçtə] F abeto m, pinheiro m **Fichtenholz** N pinho m **Fichtennadel** F agulha f de pinheiro, carum(b)a f **Fichtenwald** M pinhal m
ficken ['fɪkən] *vulg* V/T & V/I foder
fi'del [fi'deːl] alegre; divertido
'Fieber ['fiːbər] N febre f; ~ **haben** ter febre **fieberfrei** sem febre **fieberhaft** A ADJ febril B ADV ~ **suchen** procurar desesperadamente **Fieberkurve** F curva f de febre **Fiebermittel** N febrífugo m; *bras* remédio m contra a febre **fiebern** ⟨-re⟩ ter febre, estar com febre **Fieberthermometer** N termómetro m (*bras* *ô) clínico
'fiebrig [fiːbrɪç] febril
'Fiedel ['fiːdəl] F ⟨-; -n⟩ rabeca f, violino m **fiedeln** ⟨-le⟩ tocar a rabeca
fies [fiːs] *umg* baixo; asqueroso
Fi'gur [fi'guːr] F figura f; vulto m; estátua f; *j-s* a. estatura f; forma f; (*Spielstein*) peça f; **e-e gute** ~ **haben/machen** ter uma/fazer boa figura **figu'rieren** [figu'riːrən] ⟨-⟩ figurar **fi'gürlich** [fi'gyːrlɪç] (em sentido) figurado; figurativo
Fikti'on [fɪktsi'oːn] F ficção f **fik'tiv** [fɪk'tiːf] fictício, imaginário
Fi'let [fi'leː] N ⟨-s; -s⟩ filete m (*a. Fisch*); lombo m **Filetsteak** M bife m de lombo
Fili'ale [fili'aːlə] F filial f, sucursal f **Fili'alleiter** M chefe m de filial
Fili'gran [fili'graːn] N ⟨-s; -e⟩, **Filigranarbeit** F filigrana f
Film M ⟨-(e)s; -e⟩ filme m; FOTO rolo m; (*dünne Schicht*) película f; (*Filmwelt*) cinema m; **e-n** ~ **drehen** fazer *od* rodar um filme; **e-n** ~ **vorführen** passar *od* exibir um filme; **beim** ~ **sein** ser actor(a), realizador(a) m(f) etc **'Filmarchiv** N cinemateca f **'Filmatelier** N estúdio m **'Filmaufnahme** F filmagem f, rodagem f de um filme **'Filmbearbeitung** F adaptação f cinematográfica **'filmen** V/T filmar; V/I a. rodar um filme **'Filmindustrie** F indústria f cinematográfica **'Filmkamera** F máquina f de filmar **'Filmkunst** F ⟨-; *o. pl*⟩ arte f cinematográfica **'Filmregisseur** M realizador m **'Filmschauspieler(in)** M(F) artista m/f de cinema, a(c)tor m (a[c]triz f) de cinema **'Filmstar** M estrela f de cinema **'Filmstreifen** M fita f **'Filmverleih** M distribuição f de filmes **'Filmvorführung** F proje(c)ção f (*od* exibição f) de um filme
'Filter ['fɪltər] N filtro m **Filterkaffee** M café m de saco **filtern** ⟨-re⟩ filtrar **Filterpapier** N papel m de filtro **Filterzigarette** F cigarro m com filtro
fil'trieren [fɪl'triːrən] ⟨-⟩ filtrar
Filz [fɪlts] M ⟨-es; -e⟩ feltro m; *umg* (*Korruption*) panelinha f **'filzen** ⟨-t⟩ *umg* revistar; roubar **'Filzhut** M chapéu m de feltro **'filzig** felpudo, felpado **'Filzlaus** F chato m, ladilha f **'Filzstift** M caneta f de feltro
'Fimmel ['fɪməl] M *umg* mania f; pancada f
Fi'nale [fi'naːlə] F ⟨-s; -ls⟩ SPORT final f
Fi'nanzamt N repartição f de finanças; fazenda f pública; *bras* secretaria f da fazenda **Finanzen** [fi'nantsən] *fpl* finanças *fpl* **Finanzhai** M *umg* tubarão m das finanças
finanzi'ell [finantsi'ɛl] financeiro; pecuniário **Finanz'ier** [finan'tsieː] M ⟨-s; -s⟩ financeiro m **finan'zieren** V/T ⟨-⟩ financiar; **etw** ~ a. dar (o) dinheiro para a/c **Finan'zierung** [finan'tsiːrʊŋ] F financiamento m
Fi'nanzkrise F crise f financeira **Finanzmann** M ⟨-(e)s; -leute⟩ → Finanzier **Finanzminister(in)** M(F) Ministro m, -a f das Finanças **Finanzministerium** N ⟨-s; -rien⟩ Ministério m das Finanças **Finanzwesen** N ⟨-s; *o. pl*⟩, **Finanzwirtschaft** F ⟨*o. pl*⟩ fazenda f pública; finanças *fpl*
'Findelkind N enjeitado m, -a f; criança f exposta
'finden ['fɪndən] achar (*a. meinen*); encontrar; **wie** ~ **Sie** ...? a. que lhe parece ...?; **das wird sich** ~ ver-se-á; veremos; **sich** ~ **in** (*akk*) conformar-se com **Finder(in)** M(F) achador(a) m(f) **Finderlohn** M alvíssaras *fpl*; *bras* recompensa f
'findig engenhoso **Findling** M ⟨-s; -e⟩ (*Stein*) bloco m errático, rocha f errática
'Finger ['fɪŋər] M dedo m; **kleiner** ~ mínimo m; **sich** (*dat*) **etw aus den** ~**n saugen** inventar a/c; **j-m auf die** ~ **sehen** vi-

giar alg; **j-n um den kleinen ~ wickeln (können)** fazer de alg o que se quer; bras fazer o que quer com alg; **keinen ~ rühren** não mexer um dedo; **an den ~n abzählen** contar pelos (bras nos) dedos; **das kann ich mir an den ~n abzählen** é evidente

'Fingerabdruck M̄ impressão f digital **fingerbreit, fingerdick** da largura de um dedo **fingerfertig** ágil, destro; manipresto, prestímano **Fingerfertigkeit** F̄ destreza f, agilidade f; prestidigitação f **Fingerhut** M̄ dedal m; BOT digital m **Fingerling** M̄ ⟨-s; -e⟩ dedeira f **fingern** ⟨-re⟩ umg manejar; dedilhar **Fingernagel** M̄ unha f **Fingerring** M̄ anel m **Fingersatz** M̄ dedilhação f **Fingerspitze** F̄ ponta f do dedo **Fingerspitzengefühl** N̄ ⟨-(e)s; o. pl⟩ ta(c)to m, sensibilidade f **Fingerzeig** ['fıŋɐʦaık] M̄ ⟨-(e)s; -e⟩ indicação f, indício m; aviso m

fin'gieren [fıŋˈgiːrən] ⟨-⟩ fingir **fingiert** ADJ fictício

Fink [fıŋk] M̄ ⟨-en⟩ ZOOL tentilhão m

'Finne¹ ['fınə] M̄ ⟨-n⟩ finlandês m

'Finne² F̄ ZOOL sarna f; (Pustel) pústula f ⟨-en⟩

'Finnin F̄ finlandesa f **finnisch** finlandês, da Finlândia **'Finnland** N̄ Finlândia f

finster ['fınstɐ] escuro; obscuro; tenebroso; fig sombrio, lúgubre; **im Finstern** às escuras **Finsternis** F̄ ⟨-; -se⟩ escuridão f, escuridade f

Finte ['fıntə] F̄ peta f; finta f; truque m

'Firlefanz ['fırləfants] M̄ ⟨-es; o. pl⟩ umg futilidade f

'Firma ['fırma] F̄ ⟨-; Firmen⟩ firma f, empresa f; casa f (comercial); **e-e ~ gründen** fundar uma empresa; **unter der ~** sob a razão de

Firma'ment [fırmaˈmɛnt] N̄ ⟨-(e)s; -e⟩ firmamento m

'firmen ['fırmən] REL crismar, confirmar **'Firmenbezeichnung** F̄ nome m da firma **Firmengründer(in)** M̄F̄ fundador(a) m(f) da empresa **Firmeninhaber(in)** M̄F̄ dono m, -a f da empresa **Firmenname** M̄ nome m da firma **Firmenregister** N̄, **Firmenverzeichnis** N̄ ⟨-ses; -se⟩ anuário m comercial

'Firmung F̄ REL crisma f; confirmação f

Firn M̄ ⟨-(e)s; -e⟩ neve f gelada **'Firnis** M̄ ⟨-ses; -se⟩ verniz m **'firnissen** ['fırnısən] ⟨-t⟩ envernizar

First M̄ ⟨-(e)s; -e⟩ cume m; remate m

Fis N̄ ⟨-; -⟩ MUS fá m sustenido

Fisch [fıʃ] M̄ ⟨-(e)s; -e⟩ peixe m **'Fischbesteck** N̄ talher m para peixe **'Fischbrut** F̄ peixe m miúdo; alevim m **'fischen** pescar **'Fischen** N̄ pesca f **'Fischer** M̄ pescador m **'Fischerboot** N̄ ⟨-(e)s; -e⟩ barco m de pesca **Fi'sche'rei** F̄, **'Fischfang** M̄ ⟨-(e)s; o. pl⟩ pesca f **'Fischgericht** N̄ prato m de peixe **'Fischgräte** F̄ espinha f de peixe **'Fischhändler(in)** M̄F̄ peixeiro m, -a f

'fischig ADJ (Geschmack) que sabe a peixe; (Geruch) que cheira a peixe; **~ schmecken** saber a peixe

'Fischlaich M̄ desova f **'Fischmarkt** M̄ mercado m de peixe **'Fischmehl** N̄ farinha f de peixe **'Fischnetz** N̄ rede f (de pescar); **mit Bleigewichten**: chumbeira f; bras tarrafa f **'Fischotter** M̄ lontra f **'fischreich** abundante em peixe **'Fischreiher** M̄ garça f cinzenta **'Fischrestaurant** N̄ restaurante m especializado em pratos de peixe **'Fischschuppe** F̄ escama f de peixe **'Fischsuppe** F̄ sopa f de peixe **'Fischteich** M̄ viveiro m **'Fischzucht** F̄ ⟨o. pl⟩ piscicultura f **'Fischzug** M̄ pesca f, lanço m

'Fiskus ['fıskʊs] M̄ ⟨-; -ken, -se⟩ fisco m

'Fistel ['fıstəl] F̄ ⟨-; -n⟩ MED fístula f; MUS falsete m **Fistelstimme** F̄ falsete m (**mit de**)

fit [fıt] ADJ em boa forma física, em forma **'Fitness** ['fıtnɛs] F̄ fitness f, manutenção f física **Fitnesscenter** ['fıtnɛssɛntɐ] N̄ ginásio m de body-building **Fitnessraum** M̄ sala f de body-building **Fitnessstudio** N̄ → Fitnesscenter

'Fittich ['fıtıç] M̄ ⟨-(e)s; -e⟩ poet asa f

fix [fıks] A ADJ ágil; **~e Idee** ideia f (bras *é) fixa; **~ und fertig** umg prontinho; pronto e direito; umg (erschöpft) completamente derreado B ADV depressa

fixen [fıksən] V/I sl picar-se, chutar **Fixer(in)** M̄F̄ junkie m/f; bras drogado m, -a f

Fi'xierbad [fıˈksiːɐbaːt] N̄ FOTO banho m

FLAN

▶ Fisch essen in Portugal

Die portugiesische Küche ist sehr abwechslungsreich. Insbesondere Liebhaber von Fisch und Meeresfrüchten kommen stets auf ihre Kosten. Hier einige leckere Highlights, die Sie unbedingt probieren sollten:

Fische

atum	Thunfisch
bacalhau	Stockfisch
carapau	Stichling
dourada	Dorade
linguado	Seezunge
pescada	Seehecht
robalo	Wolfsbarsch
sardinhas	Sardinen

Meeresfrüchte

amêijoa	Venusmuschel
camarões	Krabben
caranguejo	Krebs
chocos	kleine Tintenfische
lulas	Tintenfische
mexilhões	Miesmuscheln
polvo	Oktopus

Nicht verwechseln darf man übrigens den Schwertfisch (**espadarte**) und den Degenfisch (**peixe-espada**)! Beide sind ausgezeichnete Speisefische. ◀

---

fixador **fixieren** ‹-› fixar
'**Fixstern** M̄ estrela f fixa
'**Fixum** N̄ ‹-s; Fixa› quantidade f fixa; (Gehalt) ordenado m fixo
FK'K-Strand [ɛfkaːˈkaːʃtrant] M̄ praia f de nudismo
flach [flax] chato, plano; (seicht) pouco profundo; a. Ufer baixo; Teller, Absatz, Dach, Flugbahn raso; fig trivial, banal; ~**e Hand** f palma f da mão, mão f espalmada '**Flachbildschirm** M̄ ecrã m plano, tela f plana
'**Fläche** [ˈflɛçə] F̄ plano m; (Oberfläche) superfície f; e-s Würfels: face f; → Flächeninhalt **flächenhaft** bidimensional '**Flächeninhalt** M̄ superfície f, área f '**Flächenmaß** N̄ medida f de superfície
'**Flachheit** F̄ fig trivialidade f; banalidade f '**Flachland** N̄ ‹-(e)s; ⸚er› terra f plana; planície f '**Flachrelief** N̄ ‹-s; -e› baixo-relevo m
Flachs [flaks] M̄ ‹-es; o. pl› linho m '**flachsblond** loiro (od louro) como o trigo
'**Flachzange** F̄ alicate m de bico chato
'**flackern** [ˈflakərn] ‹-re› chamejar, bruxulear; vacilar **flackernd** ADJ trémulo (bras *ê)
'**Fladen** [ˈflaːdən] M̄ bola f, bras pão m

árabe; (Kuhfladen) bosta f **Fladenbrot** N̄ pão m redondo e achatado
'**Flagge** [ˈflagə] F̄ bandeira f; SCHIFF a. pavilhão m; **die ~ einziehen/hissen** arrear/içar a bandeira **flaggen** embandeirar **Flaggschiff** N̄ navio-almirante m
Fla'kon [flaˈkõː] N̄ ‹-s; -s› frasco m para perfume
flam'bieren [flamˈbiːrən] ‹-› flamejar
'**Flame** [ˈflaːmə] M̄ ‹-n›, **Flamin** F̄, '**Flämin** [ˈflɛːmin] F̄ flamengo m, -a f
Fla'mingo [flaˈmɪŋgo] M̄ ‹-s; -s› flamingo m
'**flämisch** [ˈflɛːmɪʃ] flamengo, de Flandres
'**Flamme** [ˈflamə] F̄ chama f, labareda f; Brenner: queimador m; fig amor m; **in ~en aufgehen** ser consumido pelas chamas **flammen** (estar a) chamejar, (estar a) arder **flammend** ADJ chamejante; ardente; fig Protest veemente, violento **Flammenwerfer** M̄ lança-chamas m
Fla'nell [flaˈnɛl] M̄ ‹-s; -e› flanela f
fla'nieren [flaˈniːrən] ‹-› flanar; passear
'**Flanke** [ˈflaŋkə] F̄ lado m; costas fpl; (Weiche) ilharga f; MIL flanco m **flan'kieren** ‹-› flanquear; ladear
Flansch M̄ ‹-(e)s; -e› TECH cone(c)tor m;

flange m
'Fläschchen ['flɛʃçən] N frasquinho m; (Babyfläschchen) biberão m
'Flasche ['flaʃə] F garrafa f; frasco m; große: garrafão m; (Babyflasche) biberão m, mamadeira f; **in ~n abfüllen, auf ~n ziehen** engarrafar
'Flaschenbier N <-(e)s; -e> cerveja f engarrafada (od em garrafas) **Flaschenhals** M gargalo m de garrafa **Flaschenkind** N criança f criada no biberão (od mamadeira) **Flaschenkürbis** M BOT cabaça f **Flaschenöffner** M tira-caricas m; abridor m de garrafa; abre-cápsulas m **Flaschenpfand** N <o. pl> depósito m **Flaschenzug** M cadernal m; roldana f
'Flatrate ['flɛtreːt] F TEL, IT flat rate f
'flatterhaft ['flatɐhaft] volúvel **flattern** <-re, h. u.s.> esvoaçar, adejar; Fahne a. flutuar; Vögel etc. a. revolutear
flau [flau] fraco; **mir ist ~ (im Magen)** estou enjoado
Flaum [flaum] M <-(e)s; o. pl> froixel m, penugem f **Flaumbart** M buço m **'Flaumfeder** F penugem f **'flaumig** plumoso, veloso, felpudo
Flausch [flauʃ] M <-(e)s; -e> frisa f, pêlo m **'flauschig** felpudo
'Flausen ['flauzen] FPL nur **~ im Kopf haben** só pensar em brincadeiras
'Flaute ['flautə] F SCHIFF calmaria f; HANDEL época f morta; fig desânimo m
'Flechte ['flɛçtə] F trança f; MED impigem f; BOT líquen m **flechten** entrançar; tecer **Flechtwerk** N <-(e)s; o. pl> entrançadura f; gradeamento m; rede f
Fleck [flɛk] M <-(e)s; -e> [1] (Schmutz-, Farbfleck) mancha f, nódoa f (a. fig); **blauer ~** nódoa f negra; bras mancha f roxa; **~en machen** manchar [2] (Ort) sítio m, lugar m; **nicht vom ~ kommen** fig estar parado, não avançar **'flecken** manchar
'Flecken M povoação f; (Marktflecken) vila f **Fleck(en)entferner** M tira-nódoas m; bras tira-manchas m **'fleckenlos** <-este> sem mancha, imaculado (a. fig) **'Fleckfieber** N febre f exantemática (od tifóide) **'fleckig** manchado, malhado; com manchas; pintado **'Flecktyphus** M <-; o. pl> tifo m exantemático
'Fledermaus ['fleːdɐmaus] F <-; ⸚e>

morcego m
'Flegel ['fleːgəl] M pej malcriado m **Flegel'ei** [fleːgəˈlai] má-criação f **flegelhaft** malcriado **Flegeljahre** NPL mocidade fsg, adolescência fsg
'flehen ['fleːən] V/i suplicar, implorar (**um etw** a/c) **'Flehen** ['fleːən] N súplica f, rogo m **flehend, flehentlich** A ADJ suplicante, fervoroso, instante B ADV a. com instância (od fervor)
Fleisch [flaiʃ] N <-(e)s; o. pl> carne f; BOT polpa f; **in ~ und Blut übergehen** entranhar-se; entrar na massa do sangue **'Fleischbeschauer** M inspe(c)tor m de carnes **'Fleischbrühe** F caldo m **'Fleischer** M carniceiro m, talhante m; bras açougueiro m **Fleische'rei** [flaiʃəˈrai] F, **'Fleischerladen** M talho m; bras açougue m **'fleischfarben** cor de carne **'fleischfressend** carnívoro; carniceiro **'fleischig** carnoso, carnudo **'Fleischklößchen** ['flaiʃkløːsçən] N almôndega f **'Fleischkonserve** F conserva f de carne **'fleischlich** carnal **'fleischlos** sem carne; **~e Kost** f regime m vegetariano **'Fleischvergiftung** F intoxicação f por ingestão de carne **'Fleischwerdung** ['flaiʃveːɐdʊŋ] F <o. pl> REL encarnação f **'Fleischwolf** M máquina f de picar carne; bras moedor m de carne **'Fleischwunde** F ferida f; escoriação f
Fleiß [flais] M <-es; o. pl> aplicação f, diligência f **'fleißig** diligente; assíduo; aplicado; estudioso
'flennen ['flɛnən] umg chorami(n)gar
'fletschen ['flɛtʃən] **die Zähne ~** mostrar os dentes
fle'xibel [flɛkˈsiːbəl] A ADJ flexível; fig complacente B ADV **~ reagieren** reagir de forma flexível **Flexibili'tät** [flɛksibiliˈtɛːt] F flexibilidade f
'flicken ['flɪkən] remendar; consertar **Flicken** M remendo m **Flickwerk** N <-(e)s; o. pl> fig trabalho m mal feito **Flickzeug** N (Nähzeug) (material m de) costura f; TECH estojo m para reparações
'Flieder ['fliːdɐ] M lilás m
'Fliege ['fliːgə] F [1] ZOOL mosca f; **keiner ~ etw zuleide tun (können)** não fazer mal a uma mosca; **zwei ~n mit einer**

Klappe schlagen matar dois coelhos de uma cajadada 2 (*Schleife*) laço *m*, gravata *f*; *bras* borboleta *f*

'**fliegen** ['fli:gən] ⟨s., *a. h.*⟩ voar; *im Flugzeug*: ir de avião; *umg auf die Straße, aus dem Saal etc*: ser posto na rua; **~ lassen** soltar; **in die Höhe ~** elevar-se; levantar voo (*bras* *ô); *bras a.* decolar; **in die Luft ~** explodir; ir pelos ares **fliegend** ADJ volante; *Ameise* de asas; *Händler* ambulante

'**Fliegenfänger** ['fli:gənfɛŋɐ] M apanha-moscas *m* **Fliegenfenster** N rede *f* **Fliegengewicht** N SPORT peso-mosca *m* **Fliegenklappe** F, **Fliegenklatsche** F mata-moscas *m* **Fliegenpilz** M amanita *m*

'**Flieger** ['fli:gɐ] M aviador *m*, piloto *m*; *umg* (*Flugzeug*) avião *m* **Fliegeralarm** M alarme *m* anti-aéreo **Fliegerangriff** M ataque *m* aéreo **Fliegerhorst** M MIL base *f* aérea **Fliegerin** F aviadora *f* **Fliegerschule** F MIL escola *f* de aviação

'**fliehen** ['fli:ən] ⟨s.⟩ fugir (**vor** *dat* de); abalar **fliehend** *Stirn*, *Kinn* recuado **Fliehkraft** F PHYS força *f* centrífuga

'**Fliese** ['fli:zə] F ladrilho *m*, laje *f*; *Wand*: azulejo *m* **fliesen** ⟨-t⟩ *Boden* ladrilhar; *Wand* pôr azulejos **Fliesenleger** M ladrilhador *m*

'**Fließband** N correia *f* contínua; *bras* linha *f* de montagem **Fließbandarbeit** F ⟨*o. pl*⟩ trabalho *m* na correia contínua (*bras* linha *f* de montagem) **fließen** ⟨s.⟩ correr; **~ durch** atravessar; **~ in** (*akk*) desaguar em, desembocar em **fließend** ADJ *Sprache* corrente; *Stil* fluente; *Wasser* corrente, encanada; **~ Deutsch sprechen** falar alemão fluentemente

'**flimmern** ['flɪmɐn] VI ⟨-re-⟩ cintilar; vibrar; **es flimmert mir vor den Augen** foge-me a vista; *bras* estou vendo tudo embaçado '**Flimmern** ['flɪmɐn] N cintilação *f*

flink [flɪŋk] ligeiro, desembaraçado, lesto
'**Flinte** ['flɪntə] F espingarda *f*; **die ~ ins Korn werfen** desanimar, desistir

Flirt [flœrt] M ⟨-(e)s; -s⟩ namorico *m*; *bras* flerte *m* '**flirten** ⟨-e-⟩ namoricar; *bras* flertar

'**Flitter** ['flɪtɐ] M lantejoula *f*; palhetas *fpl* **Flittergold** N ⟨-(e)s; *o. pl*⟩ ouropel

m **Flitterwochen** FPL lua-de-mel *fsg*
'**flitzen** ['flɪtsən] ⟨-t; s.⟩ voar, correr **Flitzer** M *umg* (*schnelles Auto*) máquina *f*
'**Flocke** ['flɔkə] F floco *m* **flockig** flocoso, flocado; *bras* em flocos

Floh [flo:] M ⟨-(e)s; ⸚e⟩ pulga *f* '**Flohmarkt** M feira *f* de velharias & antiguidades, feira *f* da ladra; *bras* mercado *m* de pulgas

Flop [flɔp] *umg* M fracasso *m* '**floppen** VI fracasar

Flor [flo:r] M ⟨-s; -e⟩ *Stoff*: crepe *m*; (*Trauerflor*) crepe de luto; (*Teppichflor*) pêlo *m*
'**Flora** ['flo:ra] F ⟨-; -ren⟩ flora *f*
Flo'rett [flo'rɛt] N ⟨-(e)s; -e⟩ florete *m* **Florettfechter(in)** MF floretista *m/f*
flo'rieren ⟨-⟩ florescer; *fig a.* prosperar
'**Floskel** ['flɔskəl] F ⟨-; -n⟩ flor *f* de retórica

Floß [flo:s] N ⟨-es; ⸚e⟩ jangada *f*; (*Fähre*) balsa *f*
'**Flosse** ['flɔsə] F barbatana *f*; *bras a.* nadadeira *f*
'**flößen** ['flø:sən] ⟨-t⟩ levar em jangada **Flößer** M jangadeiro *m* **Flöße'rei** [flø:sə'raɪ] F transporte *m* por jangadas
'**Flöte** ['flø:tə] F flauta *f*; **~ spielen** tocar flauta **flöten** ⟨-e-⟩ tocar flauta; *umg* **~ gehen** ir-se embora; perder-se **Flötenspieler(in)** MF, **Flö'tist(in)** MF ⟨-en⟩ flautista *m/f*

flott [flɔt] ligeiro; descuidado; desembaraçado; (*schick*) chique, janota; **~ gehen** ir de vento em popa; *umg* HANDEL *Geschäft* andar bem

Flotte ['flɔtə] F frota *f*; marinha *f*; (*Kriegsflotte*) armada *f* **Flottenstützpunkt** M MIL base *f* naval **Flott'ille** F flotilha *f* **flottmachen** SCHIFF pôr a nado, desencalhar, safar

Flöz [flø:ts] N ⟨-es; -e⟩ estrato *m*; camada *f*

Fluch [flu:x] M ⟨-(e)s; ⸚e⟩ maldição *f*, praga *f* '**fluchen** praguejar (**über** *akk*, **auf** *akk* contra)

Flucht[1] [flʊxt] F ⟨*o. pl*⟩ fuga *f*; evasão *f*; abalada *f*; **die ~ ergreifen** pôr-se em fuga; **in die ~ schlagen** pôr em fuga, derrotar; **~ nach vorn** *fig* fuga *f* para a frente; **in wilder ~** em debandada

Flucht[2] (*Reihe*) fila *f*; ARCH alinhamento *m*

'**fluchtartig** A ADJ precipitado B ADV

FLÜC | 858

à pressa; precipitadamente **'flüchten** ['flʏçtən] ⟨-e-; s.⟩ fugir (**vor** *dat* de); **sich ~** refugiar-se (**in** *akk* em) **'flüchtig** **A** ADJ fugitivo; JUR prófugo; CHEM volátil; *fig* (*kurz*) fugaz; passageiro; (*oberflächlich*) ligeiro; descuidado; **~ sein** andar a monte (*bras* a esmo, à toa) **B** ADV à pressa; (*zerstreut*) por alto **'Flüchtigkeit** F̲ descuido *m*; ligeireza *f*; *a.* CHEM volatilidade *f* **'Flüchtigkeitsfehler** M̲ lapso *m*
'Flüchtling M̲ ⟨-s; -e⟩ fugitivo *m*; POL refugiado *m* **Flüchtlingslager** N̲ campo *m* de refugiados
'Fluchtlinie F̲ ARCH alinhamento *m* **Fluchtversuch** M̲ tentativa *f* de evasão
Flug [fluːk] M̲ ⟨-(e)s; ̈-e⟩ voo *m* (*bras* *ô); **im ~e** *fig* de abalada **'Flugabwehr** F̲ ⟨*o. pl*⟩ MIL defesa *f* antiaérea **'Flugbahn** F̲ traje(c)tória *f* **'Flugblatt** N̲ folheto *m*; folha *f* volante **'Flugdienst** M̲ ⟨-(e)s; *o. pl*⟩ serviço *m* aéreo
'Flügel ['flyːɡəl] M̲ asa *f*; (*Fensterflügel*) batente *m*; (*Türflügel*) *a.* meia-porta *f*; MIL ala *f*; MUS piano *m* de cauda **flügellahm** de asas quebradas (*od* fracas) **Flügelmutter** F̲ ⟨-; -n⟩ porca *f* borboleta **Flügelschlag** M̲ adejo *m* **Flügelschraube** F̲ parafuso *m* de orelhas **Flügeltür** F̲ porta *f* de dois batentes
'Fluggast M̲ passageiro *m* (de avião)
'flügge ['flʏɡə] emplumado; *fig* amigo crescido; **~ werden** *a. fig* sair do ninho; tornar-se independente
'Fluggeschwindigkeit F̲ ⟨*o. pl*⟩ velocidade *f* de voo (*bras* *ô) **Fluggesellschaft** F̲ companhia *f* de aviação **Flughafen** M̲ aeroporto *m* **Flugkapitän** M̲ capitão *m* aviador (*od* da aviação); piloto *m* civil **Fluglehrer** M̲ instrutor *m* de pilotagem **Fluglinie** F̲ linha *f* (*od* carreira *f*) aérea **Fluglotse** M̲ ⟨-n⟩, **Fluglotsin** F̲ controlador(a) *m*(*f*) de tráfego aéreo **Flugplan** M̲ horário *m* de voos (*bras* *ô) **Flugplatz** M̲ campo *m* de aviação **Flugreise** F̲ viagem *f* de avião
flugs [fluːks] ADV logo, depressa
'Flugsand M̲ ⟨-(e)s; *o. pl*⟩ areia *f* movediça **Flugschein** M̲ **1** (*Flugticket*) bilhete *m* de avião **2** (*Pilotenschein*) brevet *m* **Flugschreiber** M̲ FLUG registador

m de dados de voo (*bras* *ô), caixa *f* negra **Flugschrift** F̲ panfleto *m*, libelo *m*, folheto *m* **Flugschüler** M̲ aluno *m* da escola de aviação **Flugsicherung** F̲ FLUG controle *m* de voo (*bras* *ô) **Flugstrecke** F̲ carreira *f* aérea **Flugstützpunkt** M̲ base *f* aérea **Flugticket** N̲ bilhete *m* de avião **Flugverkehr** M̲ tráfego *m* aéreo **Flugweite** F̲ FLUG alcance *m* **Flugwesen** N̲ aviação *f* **Flugzeit** F̲ tempo *m* de voo (*bras* *ô)
'Flugzeug N̲ avião *m*; *kleines*: avioneta *f* **Flugzeugbau** M̲ ⟨-(e)s; *o. pl*⟩ construção *f* de aviões **Flugzeugentführer** M̲ raptor *m* aéreo **Flugzeugentführung** F̲ rapto *m* aéreo **Flugzeughalle** F̲ hangar *m* **Flugzeugmodell** N̲ aviominiatura *f*, aeromodelo *m* **Flugzeugrumpf** M̲ fuselagem *f* **Flugzeugträger** M̲ SCHIFF porta-aviões *m*
'Flunder ['flʊndər] F̲ ⟨-; -n⟩ solha *f*; pregado *m*; rodovalho *m*; **platt wie eine ~** achatado; *fig* admirado; (*ratlos*) desconcertado
'flunkern ['flʊŋkərn] *umg* ⟨-re⟩ gabar-se; armar
'Fluor [fluːɔr] N̲ ⟨-s; *o. pl*⟩ flúor *m* **Fluorchlorkohlen'wasserstoff** M̲ ⟨-(e)s; *o. pl*⟩ clorofluorocarboneto *m* **fluores'zieren** [fluɔresˈtsiːrən] ⟨-⟩ fluorescer
Flur[1] [fluːr] M̲ ⟨-(e)s; -e⟩ (*Gang, Diele*) vestíbulo *m*; corredor *m*; entrada *f*
Flur[2] [fluːr] *geh* F̲ campo(s) *m*(*pl*); campina *f* **'Flurbereinigung** F̲ reorganização *f* parcelar **'Flurschaden** M̲ danos (*od* prejuízos) *mpl* causados no campo
Fluss [flʊs] M̲ ⟨-es; ̈-e⟩ rio *m*; (*Fließen*) fluxo *m* (*a.* TECH, MED); **in ~ bringen** pôr em andamento; dar seguimento a **fluss'abwärts** ADV rio abaixo; **~ von** a jusante de **'Flussarm** M̲ braço *m* de um rio **fluss'aufwärts** ADV rio acima; **~ von** a montante de **'Flussbett** N̲ álveo *m*, leito *m* (*bras* cama *f*) do rio **'Flussfisch** M̲ peixe *m* de água doce
'flüssig ['flʏsɪç] líquido; HANDEL *a.* disponível; *Stil* fluente; **~ machen/werden** liquefazer/liquefazer-se **Flüssigkeit** F̲ líquido *m* **flüssigmachen** *Geld* fazer disponível
'Flusslauf M̲ curso *m* do rio **Flussmündung** F̲ foz *f*; estuário *m* **Fluss-**

pferd N hipopótamo m **Flussschifffahrt** F navegação f fluvial
'**Flussspat** M ⟨-(e)s; -e⟩ espatoflúor m
'**Flussstahl** M ⟨-(e)s; o. pl⟩ aço m doce
'**Flussufer** N beira-rio f; bras beira f do rio
'**flüstern** ['flʏstərn] VI ⟨-re⟩ segredar, cochichar; **flüsternd** β-tô **A** ADJ sussurrante **B** ADV em voz baixa
Flut [fluːt] F SCHIFF maré f cheia, preia-mar f; steigende: maré enchente; fig torrente; (Fülle) plenitude f; PL ~en águas fpl, ondas fpl '**fluten** ⟨-e-; s.⟩ (strömen) correr, fluir; fig afluir '**Flutlicht** N ⟨-(e)s; o. pl⟩ luz f (artificial) profusa
'**Flutzeit** F maré f enchente
'**Fockmast** [ˈfɔkmast] M SCHIFF mastro m de (od do) traquete **Focksegel** N SCHIFF traquete m
föde'ral [fœdeˈraːl] federal **Föderalismus** [fœderaˈlɪsmʊs] M ⟨o. pl⟩ federalismo m
'**Fohlen** [ˈfoːlən] N poldro m, potro m
Föhn [føːn] M ⟨-(e)s; -e⟩ **1** Wind: vento m quente das montanhas **2** (Haartrockner) secador m elé(c)trico **föhnen** secar com secador elé(c)trico; **sich ~** secar os cabelos com secador elé(c)trico
'**Föhre** [ˈføːrə] F pinheiro m
'**Folge** [ˈfɔlɡə] F (Reihe) série f; a. MUS sequência f; a. (Nachfolge) sucessão f; (Fortsetzung) continuação f; (Ergebnis) resultado m, consequência f, efeito m; **zur ~ haben** ter como consequência; **e-r Sache** (dat) **~ leisten** obedecer a a/c **Folgeerscheinung** F consequência f
'**folgen** [ˈfɔlɡən] ⟨s.⟩ (dat) seguir; e-r Einladung aceitar; (gehorchen) obedecer; (Nachfolger sein) suceder a; (sich ergeben) resultar; **es folgt** segue-se; **daraus folgt, dass ...** segue-se que... **folgend** ADJ seguinte; **im Folgenden** a seguir, em seguida **folgendermaßen** [ˈfɔlɡəndarmaːsən] ADV da seguinte maneira **folgenreich, folgenschwer** grave; com consequências sérias
'**folgerichtig** consequente, lógico **Folgerichtigkeit** F⟨o. pl⟩ consequência f lógica, lógica f
'**folgern** [ˈfɔlɡərn] ⟨-re⟩ concluir, deduzir **Folgerung** F conclusão f; dedução f
'**Folgesatz** M oração f consecutiva **Folgezeit** F **in der ~** a seguir; depois

'**folglich** [ˈfɔlklɪç] KONJ & ADV por conseguinte; por consequência **folgsam** obediente; dócil **Folgsamkeit** F ⟨o. pl⟩ obediência f; docilidade f
Foli'ant [foliˈant] M ⟨-en⟩ (livro) in-fólio m
'**Folie** [ˈfoːlia] F folha f, folheta f; fig fundo m
Folk'lore [fɔlkˈloːrə] F ⟨o. pl⟩ folclore m
'**Folter** [ˈfɔltɐ] F ⟨-; -n⟩ tortura f (a. fig) **Folterkammer** F câmara f de tortura **foltern** ⟨-re⟩ torturar; atormentar **Folterqual(en)** F(PL) tortura f, tormento m; bras a. suplício m
Fön® [føːn] N → Föhn
Fonds [fõ] M ⟨-; -⟩ FIN fundos mpl; HANDEL a. capital m
'**fönen** [ˈføːnən] → föhnen
'**fono...** etc → phono... etc
Fon'täne [fɔnˈtɛːnə] F (fonte f de) repuxo m
'**foppen** [ˈfɔpən] VT j-n troçar de, fazer troça de, fazer pouco de
for'cieren [fɔrˈsiːrən] ⟨-⟩ (erzwingen) forçar; obrigar; (steigern) reforçar, apressar
'**Förderanlage** [ˈfœrdɐʔanlaːɡə] F BERGB instalação f de extra(c)ção **Förderband** N fita f transportadora **Förderer** M promotor m, benfeitor m, prote(c)tor m **Fördergut** N ⟨-(e)s; o. pl⟩ BERGB produto m de extra(c)ção **Förderkorb** M BERGB gaiola f de extra(c)ção **förderlich** profícuo, útil **Fördermittel** N meios mpl de apoio (od fomento)
'**fordern** [ˈfɔrdɐrn] ⟨-re⟩ exigir, requerer, Recht a. reclamar, reivindicar; (herausfordern) desafiar; **Opfer ~** causar vítimas
'**fördern** [ˈfœrdɐrn] ⟨-re⟩ promover; (fazer) adiantar; fomentar; j-n proteger; BERGB Erz, Kohle extrair; **zutage ~** fig trazer à luz **Förderschacht** M BERGB poço m de extra(c)ção **Förderschule** F escola f de ensino especial **Förderturm** M BERGB torre f de extra(c)ção
'**Forderung** [ˈfɔrdərʊŋ] F exigência f; bes POL reivindicação f; reclamação f; (Herausforderung) desafio m; HANDEL **~en** pl dívidas fpl a(c)tivas; crédito m
'**Förderung** [ˈfœrdərʊŋ] F adiantamento m; promoção f; fomento m; BERGB extra(c)ção f
Fo'relle [foˈrɛlə] F truta f

FORK | 860

'**Forke** ['fɔrkə] F̲ forcado m; forquilha f
Form [fɔrm] F̲ forma f; (Gussform) molde m; (Machart) feitio m; (Umgangsform) maneira f; (**gut**) **in ~ sein** SPORT estar em boa forma; **in aller ~** formalmente
for'mal [fɔr'maːl] formal **Formali'tät** [fɔrmali'tɛːt] F̲ formalidade f
for'mat [fɔr'maːt] N̲ ⟨-(e)s; -e⟩ formato m, tamanho m; **ein Mann/eine Frau von ~** um homen/uma mulher de gabarito **forma'tieren** [fɔrma'tiːrən] ⟨-⟩ IT formatar **Formati'on** [fɔrmatsi'oːn] F̲ GEOL formação f; MIL unidade f
'**formbeständig** indeformável
'**Formblatt** N̲ formulário m
'**Formel** ['fɔrməl] F̲ ⟨-; -n⟩ fórmula f **formelhaft** formalista
for'mell [fɔr'mɛl] **A** ADJ formal, cerimonioso **B** ADV → förmlich B
'**formen** ['fɔrmən] formar, moldar (a. TECH) **Formenlehre** F̲ GRAM morfologia f **Formfehler** M̲ falta f formal; incorre(c)ção f **Formgebung** ['fɔrmgəbʊŋ] F̲ moldagem f
for'mieren [fɔr'miːrən] ⟨-⟩ (**sich ~**) organizar(-se); MIL alinhar(-se)
'**förmlich** ['fœrmlɪç] **A** ADJ formal, cerimonioso; protocolar **B** ADV oficialmente, formalmente **Förmlichkeit** F̲ formalidade f; cerimónia f (bras *ô)
'**formlos** ⟨-este⟩ amorfo, informe; fig Benehmen rude, grosseiro; sem cerimónia (bras *ô) **Formsache** F̲ formalidade f **Formtief** N̲ SPORT baixa f de forma
Formu'lar [fɔrmu'laːr] N̲ ⟨-s; -e⟩ impresso m; formulário m **formu'lieren** ⟨-⟩ formular **Formu'lierung** [fɔrmu'liːrʊŋ] F̲ expressão f; (Abfassung) reda(c)ção f
forsch [fɔrʃ] enérgico
'**forschen** ['fɔrʃən] investigar, pesquisar **Forscher(in)** M̲(F) investigador(a) m(f), pesquisador(a) m(f); reisend: explorador(a) m(f) **Forschung** F̲ investigação f, pesquisa f
'**Forschungsgebiet** N̲ campo m de investigação (od pesquisa) **Forschungsgemeinschaft** F̲, **Forschungsgruppe** F̲ grupo m (bras a. equipe f) de pesquisa **Forschungsreise** F̲ viagem f de estudo; expedição f **Forschungsreisende(r)** M̲/F(M) explorador(a) m(f) **Forschungssatellit** M̲ ⟨-en⟩ satélite m científico **Forschungsschiff** N̲ navio m oceanográfico
Forst [fɔrst] M̲ ⟨-(e)s; -e⟩ floresta f; mata f '**Forstakademie** F̲ escola f florestal '**Forstamt** N̲ unidade f de gestão florestal; bras serviço m florestal '**Forstaufseher** M̲ guarda m florestal '**Forstbeamte(r)** M̲ ⟨-n⟩, **Forstbeamtin** F̲ funcionário m, -a f florestal
'**Förster(in)** ['fœrstər(ɪn)] M̲(F) guarda m/f florestal **Förster'ei** F̲ casa f (do guarda) florestal
'**Forstmeister** M̲ inspe(c)tor m das matas **Forstrevier** N̲ distrito m florestal **Forstwesen** N̲, **Forstwirtschaft** F̲ ⟨o. pl⟩ silvicultura f
fort [fɔrt] ADV (abwesend) ausente; (auswärts) fora; **~ sein** j-d ter-se ido; etw ter-se perdido, ter desaparecido; **~!** vamos!; **~ (damit)!** fora!; **in e-m ~** sem descanso; **und so ~** e assim por diante
Fort [foːr] N̲ ⟨-s; -s⟩ forte m, fortificação f; MIL fortim m
fort'an ADV geh de aqui em diante; desde então '**fortanbegeben** ⟨-⟩ V/R geh **sich ~** ir-se (embora); partir
'**Fortbestand** M̲ ⟨-(e)s; o. pl⟩ continuação f; subsistência f '**fortbestehen** ⟨-⟩ continuar; (per)durar; subsistir
'**fortbewegen** ⟨-⟩ V/R **sich ~** mover-se; andar **Fortbewegung** F̲ movimento m; TECH locomoção f
'**fortbilden** ⟨-e-⟩ V/R **sich ~** aperfeiçoar-se **Fortbildung** F̲ formação f pós-profissional, aperfeiçoamento m profissional **Fortbildungskurs** m curso m pós-profissional, curso m de aperfeiçoamento
'**fortbleiben** ⟨s.⟩ não vir; **lange ~** demorar-se '**fortbringen** levar '**fortdauern** ⟨-re⟩ geh continuar, (per)durar '**fortdauernd** ADJ contínuo
'**fortfahren¹** ⟨s.⟩ (wegfahren) partir
'**fortfahren²** ⟨h.⟩ (weitermachen) continuar, prosseguir
'**fortfallen** ⟨s.⟩ faltar, suprimir-se '**fortführen** continuar; (wegführen) levar **Fortgang** M̲ ⟨-(e)s; o. pl⟩ continuação f; progresso m; j-s : saída f, partida f '**fortgehen** ⟨s.⟩ sair, ir-se (embora); (andauern) continuar '**fortgeschritten** avançado; adiantado '**fortgesetzt** ['fɔrtgəzɛtst] **A** PP v. → fortsetzen

B ADJ contínuo; ininterrupto **'fortjagen** geh despedir; afugentar **'Fortkommen** N ⟨o. pl⟩ geh carreira f; progresso m **'fortlassen** deixar sair; (auslassen) omitir, suprimir **'fortlaufen** ⟨s.⟩ fugir, seguir **fortlaufend** ADJ seguido, contínuo; ininterrupto **'fortleben** geh continuar a viver **'fortnehmen** geh levar

'fortpflanzen ⟨-t⟩ propagar; reproduzir **'Fortpflanzung** F ⟨o. pl⟩ propagação f, reprodução f

'fortreißen arrastar; arrebatar **'Fortsatz** M ANAT apêndice m; Knochen: apófise f **'fortschaffen** tirar; remover **'fortschicken** despedir, mandar embora; etw despachar

'fortschreiten ⟨s.⟩ progredir **fortschreitend** ADJ progressivo **'Fortschritt** M progresso m **fortschrittlich** progressivo **fortschrittsgläubig** que acredita no progresso

'fortsetzen ⟨-t⟩ continuar **'Fortsetzung** F continuação f; ~ folgt continua **'fortwährend** ADJ contínuo; constante **'fortziehen** VI ⟨s.⟩ a. sair, partir, mudar (nach para)

'Forum ['fo:rʊm] N ⟨-s; Foren⟩ fórum m (a. IT); POL a. tribunal m

fos'sil [fɔ'si:l] fóssil

Fos'sil N ⟨-s; -ien⟩ fóssil m

'Foto ['fo:to] umg N ⟨-s; -s⟩ foto f; **ein ~ machen** od **schießen** tirar uma foto **Fotoapparat** M máquina f fotográfica **foto'gen** [foto'ge:n] fotogénico **Foto'graf** [foto'gra:f] M ⟨-en⟩ fotógrafo m

Fotogra'fie [fotogra'fi:] F fotografia f; (Bildnis) retrato m **fotogra'fieren** ⟨-⟩ tirar uma fotografia (de); fotografar **Foto'grafin** F fotógrafa f **foto'grafisch** fotográfico

'Fotohandy ['fo:tohɛndi] N telemóvel m com câmara fotográfica

Fotoko'pie F fotocópia f **fotoko'pieren** ⟨-⟩ fotocopiar, tirar uma fotocópia (de) **Fotoko'piergerät** N máquina f de fotocópias, fotocopiadora f **Fotomon'tage** F fotomontagem f **'Fotosatz** M ⟨-es; o. pl⟩ fotocomposição f **Fotosyn'these** F fotossíntese f **'Fotozelle** F fotocélula f

'Fötus ['fø:tʊs] M ⟨-; Föten⟩ feto m

Foul [faʊl] N ⟨-s; -s⟩ SPORT foul m

Fo'yer [foa'je:] N ⟨-s; -s⟩ foyer m, átrio m

FPÖ [ɛfpe:'ʔø:] F ABK ⟨-⟩ (Freiheitliche Partei Österreichs) österr Partei: Partido m da Liberdade Austríaco

Fracht [fraxt] F transporte m; frete m; SCHIFF carregamento m, carga f; Geld: porte m **'Frachtbrief** M guia f (de mercadoria); SCHIFF conhecimento m **'Frachter** M cargueiro m; navio m de carga **'Frachtflugzeug** N avião m de carga **'Frachtgebühr** F frete m **'Frachtgeschäft** N negócio m (Firma casa f, agência f) de transportes **'Frachtgut** N BAHN, SCHIFF carga f **'Frachtkosten** pl portes mpl **'Frachtschiff** N → Frachter **'Frachtstück** N fardo m, volume m **'Frachttarif** M tarifa f ferroviária; SCHIFF (tarifa f de) frete m **'Frachtverkehr** M transporte m de mercadorias

Frack M ⟨-(e)s; ̈e, -s⟩ casaca f; **im ~** de casaca

'Frage ['fra:gə] F pergunta f; GRAM interrogação f; (Streitfrage, Problem) questão f; problema m; **e-e ~ stellen** fazer uma pergunta; **keine ~ sein** não haver dúvida, não caber dúvida; **noch die ~ sein** ser duvidoso; **in ~ kommen** interessar; **in ~** a. infrage; **ohne ~** sem dúvida **Fragebogen** M ⟨-s; ̈⟩ questionário m **'fragen** VI perguntar; (ausfragen, befragen) interrogar; **j-n etw ~** perguntar a/c a alg; **~ nach** perguntar por; **nicht ~ nach** não se importar com; **es fragt sich, ob** importa saber, é preciso (od a questão é) saber que; **gefragt sein** HANDEL ter procura **fragend** interrogativo

'Fragesatz M oração f interrogativa **Fragesteller(in)** ['fra:gəʃtɛlɐ(rɪn)] M(F) interrogador(a) m(f) **Fragestellung** F posição f do problema, maneira f de pôr o problema **Fragewort** N partícula f interrogativa **Fragezeichen** N ponto m de interrogação

'fraglich ['fra:klɪç] em questão; em causa; (unsicher) duvidoso, incerto **fraglos** indiscutível; sem dúvida

Frag'ment [frag'mɛnt] N ⟨-(e)s; -e⟩ fragmento m **fragmen'tarisch** [fragmɛn'ta:rɪʃ] fragmentário

'**fragwürdig** discutível, duvidoso, problemático
Frakti'on [fraktsi'o:n] ƒ fra(c)ção ƒ; fa(c)ção ƒ; POL grupo m **fraktionslos** independente **Fraktionszwang** M disciplina ƒ (od coa[c]ção ƒ) dentro do grupo parlamentar
Frak'tur [frak'tu:r] ƒ MED fractura ƒ; TYPO letra ƒ gótica; fig ~ **reden** falar sem papas na língua
'**Franke** ['fraŋkə] M ⟨-n⟩ a. hist franco m
'**Franken** M (Schweizer) ~ franco m suíço **Frankfurt** ['fraŋkfʊrt] N GEOG Francoforte (o. art)
fran'kieren ⟨-⟩ pôr (os) selos, franquear **Frankierung** [fraŋ'ki:rʊŋ] ƒ franquia ƒ
'**fränkisch** ['frɛŋkɪʃ] franco, da Francónia
'**franko** ['fraŋko] HANDEL franco
'**Frankreich** ['fraŋkraɪç] N França ƒ; **in** ~ em França; bes bras na França
'**Franse** ['franzə] ƒ franja ƒ
Fran'zose [fran'tso:zə] M ⟨-n⟩ francês m **Fran'zösin** [fran'tsø:zɪn] ƒ francesa ƒ **fran'zösisch** francês, da França
'**Fräse** ['frɛ:zə] ƒ fresa ƒ **fräsen** VT ⟨-t-⟩ fresar **Fräsen** N fresagem ƒ **Fräsmaschine** ƒ fresadora ƒ
Fraß [fra:s] M ⟨-es; -e⟩ umg (schlechtes Essen) porcaria ƒ; bras ruim m
'**Fratze** ['fratsə] ƒ careta ƒ; ~**n schneiden** fazer caretas **fratzenhaft** grotesco
Frau [frau] ƒ mulher ƒ; (Ehefrau) a. esposa ƒ; ~ **X** (a) senhora X, (a) senhora Dona (+ Vorname) X; (Dame) senhora; **gnädige** ~ minha senhora, ƒ ...; Brief: **an** ~ ..., Ex.ᵐᵃ Senhora D. ...; bras Á Sʳᵃ ...; **zur** ~ **nehmen** casar com
'**Frauenarzt** M, **Frauenärztin** ƒ ginecologista m/ƒ **Frauenbewegung** ƒ ⟨o. pl⟩ movimento m feminista **Frauenfeind** M misógino m **Frauenheilkunde** ƒ ⟨o. pl⟩ ginecologia ƒ **Frauenklinik** ƒ clínica ƒ de ginecologia (od ginecológica) **Frauenkrankheit** ƒ, **Frauenleiden** N doença ƒ de senhoras (od de mulheres) **Frauenrechtlerin** ['frauənrɛçtlərɪn] ƒ feminista ƒ, sufragista ƒ **Frauenzimmer** N pej mulher ƒ
'**Fräulein** ['frɔʏlaɪn] N ⟨-s; -(s)⟩ hist od pej menina ƒ; senhora ƒ (solteira); bras senhorita ƒ; **gnädiges** ~ minha senhora, bras minha senhorita
frech [frɛç] atrevido, impertinente; insolente '**Frechdachs** M ⟨-es; -e⟩ umg atrevido m '**Frechheit** ƒ atrevimento m, impertinência ƒ, descaramento m; (**so eine**) ~! que descaramento!
Fre'gatte [fre'gatə] ƒ fragata ƒ
frei [fraɪ] livre; (offen) aberto; Stelle (unbesetzt) vago; (ungehemmt) licencioso; (aufrichtig) franco; (kostenlos) gratuito; ~**er Beruf** m profissão ƒ liberal; ~**er Mitarbeiter** m colaborador m em regime livre od free-lance; ~**er Tag** m feriado m; bras folga ƒ; **morgen ist** ~ amanhã tenho (tens etc) feriado; SCHULE amanhã não tenho etc aula; ~ **halten** Platz deixar livre; **für** j-n reservar; ~ **machen** libertar; **sich** ~ **machen** alijar-se; libertar-se; MED despir-se; **so** ~ **sein zu** (inf) tomar a liberdade de; **ich bin so** ~! com licença!; ~ **stehen** Wohnung não estar ocupado; **es steht j-m** ~ **zu** (inf) alg tem a liberdade de; ~ **werden** Platz etc vagar, ficar livre; HANDEL ~ **Haus** ao domicílio, voluntariamente; ~ **von** isento de; **im Freien** ao ar livre; **auf** ~**em Feld(e)** em campo aberto; **j-m** ~**e Hand lassen** dar carta branca a alg; **aus** ~**en Stücken** espontaneamente
'**Freibad** N piscina ƒ ao ar livre **Freiberufler** M free lancer m, trabalhador m por conta própria **freiberuflich** ~ **tätig sein** ser autónomo (bras *ô); bras ter profissão liberal (od free-lance) **freibleibend** HANDEL sem compromisso **Freibrief** M hist foral m; carta ƒ branca; fig privilégio m **Freidenker** M livre-pensador m '**Freie(r)** M/F(M) ⟨⟩ ƒ Freibe-rufler '**Freie(s)** ['fraɪə(s)] N ⟨-n; o. pl⟩ **im** ~**n** ao ar livre
'**Freier** M hist pretendente m; umg e-r Prostituierten: cliente m
'**Freixemplar** N exemplar m gratuito **Freigabe** ƒ restituição ƒ, entrega ƒ; JUR desembargo m
'**freigeben** j-n libertar, soltar; etw (erlauben) permitir; JUR Waren etc por desembargo a; SCHULE j-m ~ dispensar alg das aulas **freigebig** ['fraɪɡə:bɪç] generoso **Freigebigkeit** ƒ ⟨o. pl⟩ generosidade ƒ
'**Freigepäck** N bagagem ƒ gratuita **Freihafen** M porto-franco m **Freihafenzone** ƒ zona ƒ franca do porto **freihalten** VT j-n ~ pagar por alg **Freihandel** M ⟨-s; o. pl⟩ comércio m livre

Freihandelszone F̄ zona f de comércio livre **freihändig** ['fraɪhɛndɪç] *zeichnen, zielen* à mão livre; HANDEL no mercado livre; em leilão

Freiheit F̄ liberdade f; independência f; autonomia f; *v. Steuern etc*: isenção f **freiheitlich** liberal

Freiheitsberaubung F̄ sequestração f, sequestro m (bras *ü) **Freiheitskrieg** M̄ guerra f da (*od* de) independência **Freiheitsstrafe** F̄ pena f de prisão

freiheraus ADV com franqueza, francamente **Freiherr** M̄ barão m **Freikarte** F̄ bilhete m (*od* entrada f) gratuito, -a *od* de graça **Freikörperkultur** F̄ ⟨o. pl⟩ nudismo m

freilassen soltar; pôr em (*od* restituir à) liberdade **Freilassung** ['fraɪlasʊŋ] F̄ libertação f

Freilauf M̄ TECH roda f livre

freilegen pôr a descoberto; MED a. descobrir; *Weg* abrir; desentulhar

freilich ADV *bekräftigend*: com certeza, decerto; sem dúvida; *einschränkend*: todavia

Freilichtbühne F̄ teatro m ao ar livre **Freilos** N̄ reintegro m; rifa f gratuita **freimachen** *Brief etc* franquear, pôr se los (a)

Freimaurer M̄ pedreiro-livre m, (franco-)maçom m; bras maçom m **Freimaure'rei** F̄ ⟨o. pl⟩ (franco-)maçonaria f **Freimut** M̄ ⟨-(e)s; o. pl⟩ franqueza f **freimütig** ['fraɪmyːtɪç] franco, sincero **freischaffend** autónomo (bras *ô) **Freischärler** ['fraɪʃɛːrlɐr] M̄ *bes hist* guerrilha f; guerrilheiro m **freisinnig** *bes Schweiz*: liberal

freisprechen absolver **Freisprechung** ['fraɪʃprɛçʊŋ] F̄ absolvição f; ilibação f **Freispruch** M̄ absolvição f **Freistaat** M̄ Estado m livre; república f **freistellen** V/T j-m etw ~ deixar a/c com (*od* à) escolha de alg

Freistil M̄ ⟨-(e)s; o. pl⟩ *Ringen*: luta f livre; *Schwimmen*: nado m livre, crawl m **Freistoß** M̄ SPORT (pontapé m) livre m; *bras* falta f, infração f **Freistunde** F̄ hora f de recreio

Freitag M̄ sexta-feira f **freitags** ADV às sextas-feiras **Freitagsgebet** N̄ *Islam*: serviço religioso praticado pelos muçulmanos às sextas-feiras

Freitod M̄ ⟨-(e)s; o. pl⟩ suicídio m **Freitreppe** F̄ escadaria f **Freiübungen** FPL exercícios mpl de ginástica **Freiumschlag** M̄ envelope m selado **Freiwild** N̄ *fig* presa f fácil

freiwillig voluntário **Freiwillige(r)** M(F)M voluntário m, -a f **Freiwilligkeit** F̄ ⟨o. pl⟩ espontaneidade f

Freizeichen N̄ TEL sinal m (de chamada)

Freizeit F̄ ⟨o. pl⟩ tempo m livre, horas fpl vagas; **in meiner ~** no meu tempo livre **Freizeitangebot** N̄ oferta f (*od* possibilidades fpl) de a(c)tividades fpl de tempos livres **Freizeitgestaltung** F̄ ⟨o. pl⟩ organização f do tempo livre **Freizeitpark** M̄ parque m de diversões

freizügig (*großzügig*) generoso; gastador; *Einstellung* aberto; *moralisch*: tolerante **Freizügigkeit** ['fraɪtsyːgɪçkaɪt] F̄ ⟨o. pl⟩ liberdade f de residência; (*Großzügigkeit*) generosidade f

fremd [frɛmt] alheio; (*unbekannt*) desconhecido; (*ortsfremd*) forasteiro; (*ausländisch*) estrangeiro; **das ist mir ~** é contra a minha maneira de ser **fremdartig** heterogéneo; (*seltsam*) estranho; (*exotisch*) exótico **Fremdartigkeit** F̄ ⟨o. pl⟩ heterogeneidade f; (*Seltsamkeit*) estranheza f

Fremde ['frɛmdə] F̄ ⟨o. pl⟩ estrangeiro m; terra f alheia

Fremde(r) M(F)M ⟨-n⟩ estrangeiro m, -a f; (*Ortsfremde*) forasteiro m, -a f; (*Unbekannte(r)*) desconhecido m, -a f

fremdenfeindlich xenófobo **Fremdenfeindlichkeit** F̄ xenofobia f, xenofobismo m

Fremdenführer(in) M(F) guia m/f **Fremdenlegion** F̄ legião f estrangeira **Fremdenverkehr** M̄ ⟨o. pl⟩ turismo m **Fremdenverkehrsamt** N̄ centro m de informação turística **Fremdenzimmer** N̄ quarto m de hóspedes **Fremdfinanzierung** F̄ ⟨o. pl⟩ financiamento m externo **Fremdherrschaft** F̄ domínio m estrangeiro, dominação f estrangeira **Fremdkörper** M̄ corpo m estranho **fremdländisch** ['frɛmtlɛndɪʃ] estrangeiro; (*fremdartig*) exótico

Fremdsprache F̄ língua f estrangeira;

mehrere ~n beherrschen falar várias línguas estrangeiras **Fremdsprachenkorrespondent(in)** M/F ⟨-en⟩ correspondente m/f em línguas estrangeiras **Fremdsprachensekretärin** F̲ secretária f para línguas estrangeiras **fremdsprachig** ['frɛmtʃpraxɪç], **fremdsprachlich** de língua(s) estrangeira(s)
'**Fremdwort** N̲ ⟨-(e)s; ⸚er⟩ palavra f estrangeira
frequen'tieren [frekvɛnˈtiːrən] ⟨-⟩ frequentar **Fre'quenz** [freˈkvɛnts] F̲ frequência f
'**Fresko** ['frɛsko] N̲ ⟨-s; Fresken⟩ fresco m, afresco m **Freskomalerei** F̲ pintura f sobre reboco fresco
'**Fresse** ['frɛsə] sl F̲ boca f, cara f; **in die ~ schlagen** partir na cara **fressen** comer; *Raubtiere a.* devorar; *sl* tragar, engolir; *Rost, Eisen* corroer; *fig* **j-n gefressen haben** ter alg travessado na garganta; **e-n Narren an j-m gefressen haben** estar doido por alg **Fressen** N̲ *e-s Tieres:* comida f; *fig* **das ist ein gefundenes ~ (für j-n)** vem mesmo a calhar (a alg) **Fresser** M̲ comilão m, glutão m **Fressgier** ['frɛsɡiːr] F̲ ⟨o. pl⟩ gula f **Fressnapf** M̲ comedoiro m **Fresssack** *sl* M̲ guloso m **Fresssucht** F̲ ⟨o. pl⟩ bulimia f
'**Frettchen** ['frɛtçən] N̲ ZOOL furão m, doninha f
'**Freude** ['frɔydə] F̲ alegria f; prazer m; regozijo m; *laute:* alvoroço m; *innere: a.* satisfação f; **seine ~ haben an** (dat) gostar de, ter prazer em; **j-s ~ sein** ser o encanto de alg
'**Freudenbotschaft** F̲ boa notícia f **Freudenfest** N̲ festa f; festejo m **Freudenhaus** M̲ (*Puff*) lupanar m **Freudentag** M̲ dia m de festa **Freudentaumel** M̲ transporte m de alegria
'**freudestrahlend** radiante de alegria '**freudig** ['frɔydɪç] alegre, contente, satisfeito **freudlos** ⟨-este⟩ triste
'**freuen** ['frɔyən] V/T alegrar, causar alegria (a); **sich ~** *a.* ficar satisfeito, folgar (**über**, **auf** akk com); **es freut mich**, alegra-me que
'**Freund(in)** [frɔynt (ˈfrɔyndɪn)] M/F ⟨-(e)s; -e⟩ amigo m, -a f; (*Geliebte(r)*) (n)amorado m, -a f '**freundlich** am(ig)ável; cordial; **seien Sie bitte so ~ zu** (*inf*) tenha a bondade de, faça o obséquio (od o favor) de '**Freundlichkeit** F̲ ⟨o. pl⟩ amabilidade f '**Freundschaft** F̲ amizade f; **~ schließen (mit)** ficar amigo (de); *bras a.* fazer amizade (com) '**freundschaftlich** amistoso, amigável, de amigo '**Freundschaftsspiel** N̲ SPORT jogo m amigável
'**Frevel** ['freːfəl] M̲ injúria f; crime m; REL sacrilégio m; **~ gegen** atentado m a **frevelhaft** injurioso, criminoso **freveln** ⟨-le⟩ REL pecar; **~ gegen** atentar contra, violar **Freveltat** F̲ crime m '**Frevler** ['freːflər] M̲ malfeitor m; criminoso m; REL sacrílego m
'**Frieden** ['friːdən] M̲ ⟨-s; o. pl⟩ paz f; **im ~** em tempos de paz; **~ schließen (mit)** fazer as pazes (com); **~ stiften** restabelecer a paz
'**Friedensbewegung** F̲ movimento m pacifista **Friedensbruch** M̲ violação f da paz **Friedenskonferenz** F̲ conferência f de paz **Friedensmission** M̲ missão f da paz **Friedensrichter** M̲ juiz m de paz **Friedensschluss** M̲ conclusão f da paz **Friedensverhandlungen** F̲ negociações fpl de paz **Friedensvertrag** M̲ tratado m de paz **Friedenswille** M̲ ⟨-ns; o. pl⟩ pacifismo m; intenções fpl pacíficas **Friedenszeit** F̲ paz f, tempo(s) m(pl) de paz
'**friedfertig** ['friːtfɛrtɪç] pacífico; tranquilo **Friedfertigkeit** F̲ ⟨o. pl⟩ pacifismo m; j-s: índole f pacífica; tranquilidade f
'**Friedhof** M̲ cemitério m
'**friedlich** pacífico; fig a. tranquilo; *Vergleich* amigável, amistoso **friedliebend** pacífico
'**frieren** ['friːrən] V/I & V/UNPERS gelar; V/I *Person* ter frio; **es friert** está gelando
Fries [friːs] M̲ ⟨-es; -e⟩ ARCH friso m
'**Friese** ['friːzə] M̲ ⟨-n⟩ frísio m **Friesin** F̲ frísia f **friesisch** frísio, da Frísia
Frikas'see [frikaˈseː] N̲ ⟨-s; -s⟩ fricassé m, *bras* fricassê m
frisch [frɪʃ] fresco; (*neu*) novo, recente; *vor pp:* recém-...; (*rein*) limpo; (*gesund*) vivo; (*fröhlich*) alegre, radiante; **~ gestrichen** pintado de fresco; **noch ~** bem conservado; **auf ~er Tat** em flagrante delito

'Frische ['frɪʃə] F̄ ⟨o. pl⟩ frescura f, fresco m; MED vigor m; fig a. brio m; **in alter ~** iron fresco e repousado **Frischfleisch** N̄ carne f fresca **Frischhaltefolie** F̄ folha f aderente **Frischhaltepackung** F̄ embalagem f de conservação fresca (od bras a vácuo) **Frischkäse** M̄ queijo m fresco (od saloio) **Frischling** M̄ ⟨-s; -e⟩ ZOOL javardo m pequeno; bras filhote m de javali **Frischluft** F̄ ⟨o. pl⟩ ar m fresco

Fri'seur [fri'zøːr] M̄ ⟨-s; -e⟩ cabeleireiro m; für Herren: a. barbeiro m **Friseurin** [fri'zøːrɪn] F̄ cabeleireira f **Friseursalon** M̄ salão m de cabeleireiro **Friseuse** F̄ → Friseurin

fri'sieren [fri'ziːrən] ⟨-⟩ pentear; frisar (a. fig); Motor modificar **Frisiersalon** M̄ salão m de cabeleireiro **Frisiertisch** M̄ toucador m; penteadeira f **Frisierumhang** M̄ penteador m; bras bata f

Frist [frɪst] F̄ prazo m; termo m; (Aufschub) moratória f; (Zeitraum) período m, tempo m; **die ~ einhalten/verlängern** cumprir/prolongar o prazo; **nach kurzer ~** pouco depois **Fristablauf** M̄ ⟨-(e)s; o. pl⟩ vencimento m (od expiração f) do prazo **'fristen** ⟨-e-⟩ **sein Leben ~** levar uma vida miserável; ir se vivendo **'fristlos** ADJ & ADV sem (pré)aviso **'Fristverlängerung** F̄ prorrogação f do prazo

Fri'sur [fri'zuːr] F̄ penteado m

'Fritten ['frɪtən] F̄PL umg batatas fpl fritas **Frit'teuse** [frɪˈtøːzə] F̄ fritadeira f **frittieren** [frɪ'tiːrən] ⟨-⟩ fritar

fri'vol [fri'voːl] frívolo

Frl. ABK (Fräulein) hist Menina

froh [froː] (zufrieden) contente, satisfeito (**über** akk de); (fröhlich) alegre; (glücklich) feliz; **~e Ostern!** uma Páscoa feliz!; **~e Weihnachten!** feliz Natal!

'fröhlich ['frøːlɪç] alegre **Fröhlichkeit** F̄ ⟨o. pl⟩ alegria f

froh|'locken ⟨-⟩ jubilar; exultar; **~ über** (akk) regozijar-se com **'Frohsinn** M̄ ⟨-(e)s; o. pl⟩ alegria f; jovialidade f

fromm [frɔm] piedoso; religioso; devoto **Frömme'lei** [frœmə'laɪ] F̄ pej beatice f **'frömmelnd** pej beato **'Frömmigkeit** ['frœmɪçkaɪt] F̄ ⟨o. pl⟩ devoção f; religiosidade f **'Frömmler(in)** M̄(F̄) pej beato m, -a f

Fron [froːn] F̄, **'Fronarbeit** F̄, **'Frondienst** M̄ jeira f; fig escravidão f

'frönen ['frøːnən] geh **e-r Sache** (dat) **~** ser escravo de a/c; entregar-se a a/c

Fron'leichnam M̄ ⟨-(e)s; o. pl⟩ REL Corpo m de Deus **Fronleichnamsfest** N̄ ⟨-(e)s; o. pl⟩ festa f do Corpo de Deus

Front [frɔnt] F̄ bes MIL frente f; ARCH fachada f; frontispício m; **~ machen gegen** fazer frente a

fron'tal [frɔn'taːl] frontal **Frontalzusammenstoß** M̄ colisão f frontal **'Frontantrieb** M̄ AUTO tra(c)ção f dianteira **'Frontkämpfer** M̄ combatente m **'Frontscheibe** F̄ pára-brisas m **'Frontscheinwerfer** M̄ farol m dianteiro

Frosch [frɔʃ] M̄ ⟨-(e)s; ⁻e⟩ ZOOL rã f; umg **e-n ~ im Hals haben** ter um nó na garganta **'Froschlaich** M̄ ovas fpl de rã **'Froschmann** M̄ homem-rã m **'Froschschenkel** M̄ perna f de rã

Frost [frɔst] M̄ ⟨-(e)s; ⁻e⟩ gelo m; geada f; (Kälte) frio m **'Frostbeule** F̄ frieira f **'frösteln** ['frœstəln] ⟨-le⟩ ter frio, ter calafrios **fröstelnd** ADJ friorento

'frostig gelado; a. fig frio **Frostschaden** M̄ prejuízos mpl causados pela geada **Frostschutzmittel** N̄ anticongelante m **Frostwetter** N̄ ⟨-s; o. pl⟩ tempo m de geada

Frot'tee [frɔ'teː] N̄ ⟨-s; -s⟩ felpa f

frot'tieren [frɔ'tiːrən] ⟨-⟩ fri(c)cionar **Frottiertuch** N̄ toalha f de felpa, toalha f turca, pano m turco

Frucht [frʊxt] F̄ ⟨-; ⁻e⟩ fruto m; (Obst) fruta, f; (Ergebnis) fig resultado m **'fruchtbar** fecundo; AGR fértil; Mensch, Tier a. prolífico; **~ machen** fecundar, fertilizar **'Fruchtbarkeit** F̄ ⟨o. pl⟩ fecundidade f; fertilidade f **'Fruchtblase** F̄ bolsa f amniótica **'fruchtbringend** frutífero; frutuoso; fig a. produtivo, proveitoso

'Früchtchen N̄ fig (Junge) maroto m; (Mädchen) menina f fresca; bras moça f brejeira

'Fruchteis N̄ ⟨o. pl⟩ gelado m (od sorvete m) de fruta **'fruchten** ⟨-e-⟩ render; servir (para); **nichts ~** ser em vão **Fruchtfleisch** N̄ ⟨-(e)s; o. pl⟩ polpa f **fruchtig** com cheiro ou sabor a frutos; Wein afrutado **'Fruchtknoten** M̄ ovário m **'fruchtlos** ⟨-este⟩ infrutífero, estéril **'Fruchtlosigkeit** ['froxtloːzɪçkaɪt] F ⟨o. pl⟩ inutilidade f **'Fruchtpresse** F espremedor m de fruta **'Fruchtsaft** M sumo m; bras suco m de fruta **'Fruchtschale** F BOT casca f; (Gefäß) fruteira f **'fruchttragend** frutífero **'Fruchtwasser** N ⟨-s; o. pl⟩ ANAT líquido m amniótico **Fruchtwasseruntersuchung** F MED amniocentese f **'Fruchtwechsel** M afolhamento m **'Fruchtzucker** M frutose f; dextrose f **früh** [fryː] A ADJ temporão, (zu) ~ prematuro; **am ~en Morgen** de manhã cedo, de madrugada; **ein ~er** Dürer etc um ... da primeira fase B ADV cedo; (zu) ~ prematuramente; ~ **am Morgen** de manhã cedo, de madrugada; **heute** ~ esta manhã; **morgen** ~ amanhã de manhã; ~ **aufstehen** madrugar; **so** ~ **wie möglich** o mais cedo possível; **zu** ~ **kommen** chegar adiantado; **von** ~ **bis spät** da manhã até à noite

'Frühaufsteher(in) ['fryː?aʊfʃteːɐr(ɪn)] M(F) madrugador(a) m(f) **Frühbeet** N estufa f **Frühchen** ['fryːçən] N ⟨-s; -⟩ bébé m prematuro **Frühe** ['fryːə] F ⟨o. pl⟩ madrugada f; **in aller** ~ muito de madrugada

'früher A ADJ kompar v. → früh B ADJ (ehemalig) antigo, ex-; (vorhergehend) anterior C ADV mais cedo; (vorher) antes, anteriormente; (einst) outrora; ~ **oder später** mais cedo ou mais tarde

'Früherkennung F ⟨o. pl⟩ MED v. Krebs etc: dete(c)ção f precoce

'früheste A SUP v. → früh B ADJ (erste) primeiro; (älteste) mais antigo **'frühestens** ['fryːəstəns] ADV não (...) antes de **'Frühgeburt** F parto m prematuro **'Frühjahr** N, **Frühling** M ⟨-s; -e⟩ primavera f **Frühlings...** in Zssgn primaveril, de primavera **Frühmesse** F matinas fpl **frühreif** Kind precoce; Obst temporão **Frühreife** F ⟨o. pl⟩ precocidade f **Frührente** F pensão f de velhice antecipada, aposentação f antecipada; **in** ~ **gehen** aposentar-se antecipadamente **Frühschicht** F turno m da manhã; ~ **haben** ter o turno da manhã **Frühstadium** N fase f latente; pródromo m; Krebs **im** ~ em estádio inicial **'Frühstück** N ⟨-(e)s; -e⟩ pequeno almoço m, umg mata-bicho m; bras café m da manhã; **zum** ~ **essen** etc ao pequeno almoço **frühstücken** tomar o pequeno almoço **Frühstückspause** F pausa f para o pequeno almoço, pausa f para o bras café da manhã

'Frühwarnsystem N sistema m de alerta od de aviso antecipado

'frühzeitig cedo; (vorzeitig) prematuro **Frust** [frʊst] M ⟨-(e)s; o. pl⟩ umg dece(p)ção f; malogro m **Frustration** [frʊstratsi'oːn] F frustração f **frust'riert** ⟨-⟩ frustrar **frust'riert** frustrado

Fuchs [fʊks] M ⟨-es; ⸚e⟩ raposa f, zorro m; (Pferd) alazão m, cavalo m baio; **schlauer** ~ fig manhoso m, pássaro m bisnau **'Fuchsbau** M ⟨-(e)s; -e⟩ toca f; covil m **'fuchsen** ⟨-t⟩ umg j-n irritar **'Fuchsie** ['fʊksiə] F fúcsia f

'Fuchsjagd F caça f à raposa **Fuchsschwanz** M rabo m de raposa; TECH serrote m; BOT amaranto m **'fuchs-'teufels'wild** fora de si; fulo **'fuchteln** ['fʊçtəln] ⟨-le-⟩ ~ **mit** agitar

Fug [fuːk] M ⟨-(e)s; o. pl⟩ geh **mit** ~ **und Recht** com toda a razão

'Fuge ['fuːɡə] F junta f; (Rille) ranhura f; MUS fuga f; **aus den ~n gehen** escangalhar-se **'fugen** ensamblar

'fügen ['fyːɡən] juntar; encaixar; geh (bestimmen) dispor; **sich** ~ (**in** akk) submeter-se (a); sujeitar-se (a); **sich gut** ~ fig vir a propósito; bras vir em boa hora **'fügsam** dócil **Fügsamkeit** F ⟨o. pl⟩ docilidade f **Fügung** F coincidência f; (Schicksalsfügung) destino m; Gottes: vontade f; **glückliche** ~ feliz acaso

'fühlbar ['fyːlbaːr] sensível; (greifbar) palpável; **sich** ~ **machen** fazer-se sentir **'fühlen** sentir; (tasten) apalpar; Puls tomar **Fühler** M ZOOL antena f; **die** ~ **ausstrecken** fig sondar (o terreno) **'fühllos** ⟨-este⟩ insensível **Fühlung** F ⟨o. pl⟩ conta(c)to m; ~ (**auf)nehmen mit** fig pôr-se em conta(c)to com

Fuhre ['fuːrə] F carrada f

'führen ['fyːrən] ■ (an e-n Ort bringen) conduzir, levar (**nach**, **zu** a); **bei sich** ~ trazer; **zu weit** ~ levar (muito) longe; **in Versuchung** ~ tentar ■ (an der Spitze stehen) tomar a dianteira; ir à frente (a. SPORT); (lenken) guiar; (leiten) dirigir; FLUG pilotar; Amt exercer, desempenhar

FÜNF

❸ *fig Beweis* apresentar; dar; *Leben* levar; *Waren* vender; ter (à venda); **Aufsicht ~** vigiar, fiscalizar; **Beschwerde ~, Klage ~** apresentar queixa (**über** *akk* de; **bei** a); HANDEL **die Bücher ~** fazer escrituração; **Krieg ~ (mit)** estar em guerra (com); **e-n Prozess ~** pleitear ❹ **sich ~** (com)portar-se **führend** ADJ dirigente; mais importante; representativo

'Führer(in) ['fy:rər(ɪn)] M(F) (*Fremdenführer*) guia m/f; POL líder m/f, dirigente m/f **Führerschein** M carta f de condução; *bras* carteira f de motorista **Führerstand** M BAHN posto m do maquinista

'Fuhrpark M parque m de viaturas

'Führung ['fy:rʊŋ] F (*Benehmen*) a. comportamento m; (*Leitung*) dire(c)ção f, chefia f; (*Geschäftsführung*) gerência f; administração f; MIL, SCHIFF comando f; *e-s Amtes*: exercício m; *im Museum etc*: visita f guiada (**durch** a); TECH guia f; condução f; SPORT *etc* **in ~ liegen/gehen** estar/chegar à frente **Führungsanspruch** M ⟨-(e)s; *o. pl*⟩ **den ~ erheben** (*od* **stellen**) (*akk*) reclamar a chefia (*od* a dire[c]ção) de **Führungszeugnis** N ADMIN certificado m de conduta

'Fuhrunternehmen N empresa f de transportes **Fuhrunternehmer** M dono m de uma empresa de transportes **Fuhrwerk** N veículo m; *für Fracht*: carro m, carroça f

'Fülle ['fʏlə] F ⟨*o. pl*⟩ abundância f; plenitude f **füllen** encher (**mit** de); (*ausfüllen*) preencher; *Geflügel* rechear; *Zahn* chumbar, obturar; **auf** (*od* **in**) **Flaschen ~** engarrafar; **in ein Fass ~** embarricar; **bis an den Rand ~** encher até ao cimo

'Füllen N ZOOL poldro m

'Füller M, **Füllfederhalter** M caneta (-tinteiro) f, caneta f de tinta permanente **Füllhorn** N cornucópia f **Füllung** F enchimento m, recheio m; (*Zahnfüllung*) obturação f, chumbo m; (*Türfüllung*) almofada f (da porta); TECH carga f **Füllwort** N ⟨-(e)s; ⸚er⟩ palavra f expletiva; partícula f de realce

'fummeln ['fʊməln] ⟨-le⟩ *umg* mexer (**an** *etw* a/c); remexer

Fund [fʊnt] M ⟨-(e)s; -e⟩ achado m; descoberta f

Funda'ment [funda'mɛnt] N ⟨-(e)s; -e⟩ ARCH alicerces mpl; fundamento m **fundamen'tal** [fʊndamɛn'ta:l] fundamental **fundamenta'listisch** REL, POL fundamentalista

'Fundbüro N depósito m de obje(c)tos achados; *bras* seção f de achados e perdidos **Fundgegenstand** M obje(c)to m achado **Fundgrube** F *fig* mina f; **~ für** fonte f de

Fundi ['fʊndi] M ⟨-s; -s⟩, F ⟨-; -s⟩ *umg* POL fundamentalista m/f

fun'dieren [fʊn'di:rən] ⟨-⟩ fundamentar; assegurar; **gut fundiert** sólido

'Fundort M lugar m do achado **Fundsache** F (obje[c]to m) achado m **Fundstelle** F → Fundort

fünf [fʏnf] NUM cinco; **~e gerade sein lassen** *umg* não se importar muito; fechar os olhos

Fünf F ⟨-; -en⟩ cinco m **'Fünfeck** N ⟨-(e)s; -e⟩ pentágono m **'fünfeckig** pentágono, pentagonal **'fünferlei** ['fʏnfərlaɪ] ADJ INV cinco espécies de **Fünf'euroschein** M nota f de cinco euros **'fünffach** Ⓐ ADJ quíntuplo Ⓑ ADV cinco vezes **Fünf'frankenstück** N ⟨-(e)s; -e⟩ moeda f de cinco francos **'Fünfganggetriebe** N AUTO caixa f de cinco velocidades

'fünfhundert NUM quinhentos,-as **'fünfhundertste(r,-s)** quingentésimo

Fünf'jahresplan M plano m quinquenal **'fünfjährig** de cinco anos **'fünfjährlich** quinquenal; de cinco em cinco anos

'Fünfkampf M SPORT pentatlo m **'fünfmal** ADV cinco vezes **'fünfmalig** ADJ de cinco vezes **'fünfstellig** ['fʏnfʃtɛlɪç] de cinco cifras **Fünf'tagewoche** F semana f inglesa; semana f de cinco dias **'fünftausend** NUM cinco mil

'fünfte ['fʏnftə] NUM quinto; **der ~ März** (a, em, no dia) cinco (*od* 5) de Março; **am** (*od* **den**) **~n März** (*od* no dia) cinco de Março; *hist* **Karl der Fünfte** Carlos-Quinto **'fünftel** N quinto m **'Fünftens** ADV (em) quinto (lugar)

'fünfzehn NUM quinze; **etwa ~ ...** uma quinzena de ... **'Fünfzehntel** N déci-

FÜNF

mo quinto *m*
'**fünfzig** ['fʏnftsɪç] NUM cinquenta; **in den Fünfzigern sein** andar na casa dos cinquenta '**Fünfziger(in)** M(F) quinquagenário *m*, -a *f* '**fünfzigste** ['fʏnftsɪçstə] NUM quinquagésimo '**fünfzigstel** ['fʏnftsɪçstəl] N quinquagésimo *m*
fun'gieren [fʊŋˈgiːrən] ⟨-⟩ a(c)tuar (**als** como); trabalhar (**als** como)
Fungizid [fʊŋgiˈtsiːt] N ⟨-s; -e⟩ fungicida *m*
Funk [fʊŋk] *umg* M ⟨-s; *o. pl*⟩ telegrafia *f* sem fios; radiotelegráfico *m*; (*RundFunk*) rádio *f*, radiotelefonia *f*; **über ~** por rádio '**Funkamateur** ['fʊŋkʔamatøːr] M ⟨-s; -e⟩ radioamador *m* '**Funkanlage** F instalação *f* radiotelefónica (*bras* *ô); estação *f* de rádio
'**Funke** ['fʊŋkə] M → Funken **funkeln** ⟨-le⟩ cintilar, brilhar '**funkel**'**nagelneu** novinho em folha **funkelnd** ADJ resplandecente (*a. fig*)
'**funken** telegrafar; faiscar; *umg* **es hat gefunkt** percebi (*od* percebeu, perceberam *etc*) finalmente; **es hat zwischen ihnen gefunkt** (*sie haben sich verliebt*) apaixonaram-se
'**Funken** M centelha *f*, faísca *f*, chispa *f*
'**Funker(in)** M(F) (radio)telegrafista *m(f)*
Funkfeuer N FLUG radiofarol *m* **Funkgerät** N aparelho *m* de rádio **Funkhaus** N centro *m* de radiodifusão **Funkortung** F, **Funkpeilung** F marcação *f* por radiogoniometria (*od* por T.S.F.) **Funksprechgerät** N emissor-rece(p)tor *m*; **tragbares ~** walkie-talkie *m* **Funkspruch** M radiograma *m* **Funkstation** F emissora *f*; estação *f* radiofónica (*bras* *ô), posto *m* de rádio **Funkstreife** F, '**Funkstreifenwagen** M carro *m* rádio-patrulha **Funktaxi** N radiotáxi *m* **Funktechnik** F ⟨*o. pl*⟩ radiotécnica *f* **Funktelefon** N telemóvel *m*
Funkti'on [fʊŋktsiˈoːn] F função *f* **funkti'onal** funcional **Funktio'när(in)** [fʊŋktsioˈnɛːr(ɪn)] M(F) ⟨-s; -e⟩ funcionário *m*, -a *f* **funktio'nieren** ⟨-⟩ funcionar **funktionsfähig** operacional **Funktionstaste** F tecla *f* de função
'**Funkturm** M (torre *f*) emissora *f* **Funkverbindung** F comunicação *f* radiofónica (*bras* *ô) **Funkwagen** M carro *m* emissor

für [fyːr] PRÄP ⟨*akk*⟩ *Zweck, Bestimmung*: para, destinado a; *Zeit*: para; *Interesse, Gunst, Stellvertretung*: por; *Preis*: por, a; *Schritt für Schritt, Blatt für Blatt*: a; *Vorteil*: a favor de; **Tag ~ Tag** dia por dia; **~s Erste** por enquanto; por agora; **~ sich** por si; diferente; **es hat etw ~ sich** não parece mal; **ich ~ meine Person** (*od* **meinen Teil**) cá por mim; **sie ist groß für ihr Alter** é alta (*od* grande) para a idade; **was ~ ein(e)** que; **das Für und Wider** o pró e o contra
'**Fürbitte** F intercessão *f*; REL prece *f*
'**Furche** ['fʊrçə] F sulco *m*; (*Runzel*) ruga *f*; ARCH canelura *f* **furchen** sulcar, enrugar **furchig** enrugado
Furcht [fʊrçt] F ⟨*o. pl*⟩ medo *m*, receio *m*; **aus ~** (**vor**) por medo (de); **in ~ versetzen** meter medo a; atemorizar '**furchtbar** A ADJ terrível, formidável, medonho B ADV *umg* **~ langweilig** *etc* muitíssimo aborrecido *etc*
'**fürchten** ['fʏrçtən] ⟨-e-⟩ temer, recear; cuidar; **sich ~** ter medo (**vor** *dat* de) **fürchterlich** terrível, formidável
furchtlos ⟨-este⟩ intrépido **Furchtlosigkeit** ['fʊrçtloːzɪçkaɪt] F ⟨*o. pl*⟩ intrepidez *f*
'**fürei'nander** ADV um para o outro
'**Furie** ['fuːriə] F fúria *f*; *fig* megera *f*
Fur'nier [fʊrˈniːr] N ⟨-s; -e⟩ folheado *m*, contraplacado *m* **furnieren** ⟨-⟩ folhear, contraplacar **Furnierholz** N madeira *f* de folheado; contraplacado *m*
Fu'rore [fuˈroːrə] F **~ machen** causar sensação
fürs [fyːrs] PRÄP & ART (für das) → für
'**Fürsorge** F ⟨*o. pl*⟩ solicitude *f*; cuidado *m*; *soziale*: assistência *f* (**für** a) '**fürsorglich** cuidadoso; solícito **Fürsprache** F intercessão *f*; **~ für j-n einlegen** *umg* interceder a favor de (*od* por) alg **Fürsprecher(in)** M(F) advogado *m*, -a *f*; intercessor(a) *m(f)*
Fürst [fʏrst] M ⟨-en⟩ príncipe *m* '**Fürstenhaus** N dinastia *f* '**Fürstentum** N principado *m* '**Fürstin** F princesa *f* '**fürstlich** principesco
Furt [fʊrt] F vau *m*
Fu'runkel [fuˈrʊŋkəl] M furúnculo *m*
'**Fürwort** N pronome *m*
Furz [fʊrts] M ⟨-es; ⁻e⟩ *sl* traque *m*; *bras*

FUSS

Fußball

Fußball (**futebol**) ist zweifellos Brasiliens Nationalsport. Die brasilianischen Fußballer gelten seit Jahrzehnten als technisch besonders begabt und kreativ, die Nationalmannschaft (**Seleção**) dominierte seit den 1960ern den internationalen Fußball und stand von 1995 bis Januar 2007 mit einer nur einjährigen Unterbrechung an der Spitze der FIFA-Weltrangliste.

Mit fünf Weltmeistertiteln der Männer-Nationalmannschaft (1958, 1962, 1970, 1994 und 2002) ist Brasilien die erfolgreichste Fußballnation der Welt. Der brasilianische Fußball brachte einige der größten Stars des internationalen Fußballs wie Pelé, Zico, Sócrates, Rivaldo, Romário, Ronaldo, Kaká und Ronaldinho hervor. Die bekanntesten brasilianischen Vereine sind **Flamengo** (Rio de Janeiro), **Corinthians** (São Paulo), **Palmeiras** (São Paulo) und der **SPFC** (**São Paulo Futebol Clube**). Die Vereine können oft finanziell nicht mit den großen europäischen Klubs mithalten, sodass Tausende brasilianische Fußballprofis weltweit in anderen Ligen spielen.

---

pum m, peido m

'**Fusel** ['fuːzəl] M̄ pej aguardente f ordinária; bras arrebenta-peito m

Fusi'on [fuzi'oːn] F̄ fusão f **fusio'nieren** [fuzio'niːrən] ⟨-⟩ fusionar

Fuß [fuːs] M̄ ⟨-es; ⸚e⟩ pé m; Tier: a. pata f; Gebirge: sopé m, a. Säule: base f; Denkmal: pedestal m; peanha f (a. TECH); **am ~** ao pé; **zu ~ a. pé**; **gut zu ~ sein** ser bom andarilho; ter boas pernas; andar bem; (festen) **~ fassen** (a. fig) tomar pé; **auf eigenen Füßen stehen** ser independente; **auf gleichem ~e** de igual para igual; **auf großem ~(e) leben** viver à larga (od à grande); (hart) **auf dem ~e** de perto; mesmo a seguir; **auf schwachen** (od **tönernen**) **Füßen stehen** estar assente em pés de barro; **mit geschlossenen Füßen** a pés juntos; **j-m auf den ~ treten** pisar alg; fig magoar alg; **mit Füßen treten** fig dar com os pés; **j-m zu Füßen fallen** a. prostrar-se diante de alg

'**Fußabstreifer** M̄, '**Fußabtreter** M̄ capacho m '**Fußangel** F̄ armadilha f, ratoeira f '**Fußbad** N̄ banho m aos pés

'**Fußball** M̄ futebol m; **~ spielen** jogar futebol **Fußballer(in)** M/F umg futebolista m/f **Fußballmannschaft** F̄ equipa f, onze m; bras time m, equipe f **Fußballplatz** M̄ campo m de futebol **Fußballspieler(in)** M/F futebolista m/f, jogador(a) m(f) de futebol **Fußballtoto** M̄ od N̄ ⟨-s; o. pl⟩ totobola m **Fußballweltmeisterschaft** F̄ campeonato m mundial de futebol

'**Fußbank** F̄ escabelo m; bras banquinho m '**Fußbekleidung** F̄ calçado m '**Fußboden** M̄ chão m, soalho m, sobrado m; **auf dem ~** no chão, etc '**Fußbodenheizung** F̄ aquecimento m de chão '**Fußbremse** F̄ travão m de pé

'**Fussel** ['fʊsəl] F̄ ⟨-; -n⟩ fio m, linha f

'**fußen** ⟨-t⟩ basear-se, fundar-se (**auf** dat em) '**Fußende** N̄ pés mpl; **am ~** aos pés

'**Fußgänger(in)** ['fuːsɡɛŋər(ɪn)] M/F peão m, peã f, transeunte m/f; bras pedestre m/f **Fußgängerampel** F̄ semáforo m para peões (bras pedestres) **Fußgängerbrücke** F̄ passarela f **Fußgängerübergang** M̄, **Fußgängerüberweg** M̄ passadeira f, passagem f para a travessia de peões; bras passagem f para pedestres **Fußgängerzone** F̄ zona f reservada a peões; bras zona f para pedestres

'**fußhoch** da altura de um pé **Fußknöchel** M̄ tornozelo m **fußkrank** doente dos pés

'**Fußleiste** F̄ rodapé m **Fußmarsch** M̄ marcha f **Fußmatte** F̄ capacho m **Fußnote** F̄ nota f de rodapé **Fußpfad** M̄ atalho m **Fußpflege** F̄ ⟨o. pl⟩ quiropodia f; bras pedicure m **Fußpilz** M̄ micose f do pé **Fußraste** F̄ estribo m; descança-pé m **Fußschweiß** M̄ chulé m **Fußsohle** F̄ planta f do pé **Fußspitze** F̄ ponta f do pé **Fußspur** F̄ pegada f, rasto m; bras rastro m **Fußstapfen** PL pegadas fpl; fig **in j-s ~ treten** seguir o exemplo de alg

Fußstütze F apoio m para o pé, apoia-pé m **Fußtritt** M pontapé m **Fußvolk** N ‹-(e)s; o. pl› MIL infantaria f; fig povo m; zé-povinho m **Fußwanderung** F excursão f **Fußweg** M passeio m; atalho m; **es sind 5 Minuten ~** são cinco minutos de caminho

futsch [fʊtʃ] umg (weg) **alles ist ~** foi-se; lá vai!; (kaputt) **das Gerät ist ~** o aparelho está avariado

'Futter[1] ['fʊtɐ] N ‹-s; o. pl› (Grünfutter) pasto m; forragem f; fig (Essen) comida f

'Futter[2] ['fʊtɐ] N Kleidung: forro m

Futte'ral [fʊtəˈraːl] N ‹-s; -e› estojo m

'Futterkrippe F comedoiro m, manjedoura f **Futtermittel** NPL forragem fsg **futtern** ‹-re› umg **A** V/T devorar **B** V/I comer muito

'füttern ['fʏtɐn] V/T ‹-re› **1** alimentar; dar de comer a, dar que comer a **2** Kleidung: forrar (**mit** de)

'Futternapf M manjedoura f; bras tigela f de comida **Futterpflanze** F planta f forrageira **Futterrübe** F beterraba f forraginosa **Futtertrog** M → Futternapf

'Fütterung[1] ['fʏtərʊŋ] F v. Tieren: alimentação f

'Fütterung[2] F Mode: forramento m; forro m

Fu'tur [fuˈtuːɐ̯] N ‹-s; -e› futuro m **Futu'rismus** [futuˈrɪsmʊs] M ‹-; o. pl› futurismo m **Futu'rist(in)** [-ɪn] M(F) ‹-en› futurista m/f **futu'ristisch** futurista **Futuro-lo'gie** [futurologiː] F ‹o. pl› futurologia f

G

G, g [geː] N inv G, g m; MUS sol m

G-8-Staaten MPL POL Grupo m dos Oito

G-20-Gipfel M cimeira f (bras cúpula f) do G-20 **G-20-Staaten** MPL POL G-20 m; Grupo m dos Vinte

'Gabe ['gaːbə] F ‹-; -n› dom m, prenda f (a. fig); (Geschenk) dádiva f; presente m; MED dose f; **milde ~** esmola f

'Gabel ['gaːbəl] F ‹-; -n› garfo m (a. TECH); AGR forcado m; TEL descanso m **gabelförmig** ['gaːbəlfœrmɪç] bifurcado ‹-le› **gabeln** ['gaːbəln] (a)forquilhar; **sich ~** bifurcar-se **Gabelstapler** ['gaːbəlʃtaːplɐ] M empilhadeira f de forquilha **Gabelung** F bifurcação f

Ga'bun [gaˈbuːn] N GEOG Gabão m

'gackern ['gakɐn] ‹-re› cacarejar **'Gackern** N cacarejo m

'gaffen ['gafən] olhar embasbacado, ficar boquiaberto (od pasmado); umg papar moscas **Gaffer** M papa-moscas m

Gag [gɛk] M ‹-s; -s› gag f

'Gage ['gaːʒə] F remuneração f; honorários mpl

ga'lant [gaˈlant] galante; (höflich) cortês **Ga'leere** [gaˈleːrə] F hist galera f, galé f **Galeerensträfling** M galeote m

Gale'rie [galəˈriː] F galeria f; tribuna f; THEAT geral f

'Galgen ['galgən] M forca f; patíbulo m; **an den ~ kommen** ser enforcado **Galgenfrist** F quarto m de hora de graça; (letzte Frist) prazo m imprescrível **Galgenhumor** M ‹-s; o. pl› humor m negro (od macabro) **Galgenstrick** M ‹-(e)s; -e›, **Galgenvogel** M pej pícaro m, patife m

Galicien [gaˈliːtsi̯ən] N GEOG Galiza f **Ga'licier(in)** [gaˈliːtsi̯ɐr(ɪn)] M(F) galego m, -a f **galicisch** galego, da Galiza

> ### ▶ Galicien

Galicien ist zwar eine spanische autonome Region, fühlt sich aber sprachlich und kulturell eng mit Portugal verbunden. Sie liegt nördlich und nordöstlich von Portugal und umfasst die Provinzen **A Coruña**, **Lugo**, **Ourense** und **Pontevedra**. Die Hauptstadt ist der berühmte Wallfahrtsort Santiago de Compostela. In Galicien wird das mit dem Portugiesischen eng verwandte **galego**, das Galicische, gesprochen (von ca. 90 % der Bevölkerung). Zwar haben sich das Galicische ▶▶

und das Portugiesische ab dem ausgehenden Mittelalter relativ unabhängig voneinander entwickelt, dennoch empfindet man viele Gemeinsamkeiten. Seit 1981 ist es in Galicien Amtssprache neben dem Spanischen. Im November 2005 wurde Galicisch sogar als offizielle Landessprache in Spanien anerkannt, ist allerdings nicht Amtssprache in der Europäischen Union. ◄

Gali'onsfigur [gali'o:nsfiguːr] F figura f de proa (a. fig)
'Galle [ˈgalə] F bilis f; fel m; fig **j-m läuft die ~ über** alg exalta-se, alg irrita-se
galle(n)bitter amargo como fel; muito amargo **Gallenblase** F vesícula f biliar **Gallenstein** M cálculo m biliar
Gallert [ˈgalɐt] N ⟨-(e)s; -e⟩ gelatina f; geleia (*bras* *é) f **gallertartig** gelatinoso

'gallig [ˈgalɪç] bilioso, amargo
Ga'lopp [gaˈlɔp] M ⟨-s, -s, -e⟩ galope m, galopada f; **gestreckter ~** galope m largo; **im ~** ao galope **galop'pieren** ⟨-; *s. u. h.*⟩ galopar **galop'pierend** ADJ galopante (*a.* MED)
gal'vanisch [galˈvaːnɪʃ] galvânico **galvani'sieren** [galvaniˈziːrən] ⟨-⟩ galvanizar **Galvano'meter** [galvanoˈmeːtɐ] N ⟨-s; -⟩ galvanómetro m (*bras* *ô)
'Gammelfleisch [ˈgaməlflaɪʃ] N carne f estragada **'gammeln** [ˈgaməln] ⟨-le⟩ vadiar; (*vergammeln*) estragar-se, apodrecer **'Gammler** M *umg pej* vadio m; vagabundo m
'Gämse [ˈgɛmzə] F camurça f
'Gamsleder N ⟨-s; *o. pl*⟩ camurça f
Gang [gaŋ] M ⟨-(e)s; ⁓e⟩ **1** (*Gehen*) passo m; maneira f de andar; (*Bewegung*) andamento m; movimento m; ZOOL → Gangart **2** (*Weg*) caminho m; (*Durchgang*) passeio m; via f; passagem f, travessa f, ARCH corredor m, passadiço m; BERGB galeria f, corredor m; (*Erzader*) veio m, filão m **3** ANAT canal m **4** *geschäftlicher*: comissão f, serviço m; (*Spaziergang*) passeio m; volta f; *der Sterne etc*: curso m **5** *Ereignisse u.* HANDEL marcha f **6** TECH arranque m; AUTO velocidade f; **den ersten ~ einlegen** meter (*bras* engatar) a primeira marcha; **im zweiten ~ fahren** andar em segunda; **im (vollen) ~e sein** estar em (plena) marcha, estar em (pleno) curso; **in ~ bringen, setzen** pôr a andar, pôr em andamento; *fig* a(c)tivar **7** GASTR prato m; **als erster ~** de entrada f **'Gangart** F (*Gehweise*) andamento m
'gangbar praticável, viável; *fig* corrente
'Gängelband [ˈgɛŋəlbant] N **am ~ führen** conduzir em andadeiras **gängeln** ⟨-le⟩ conduzir em andadeiras; *fig* tratar como uma criança
'Ganghebel M AUTO alavanca f das mudanças; *bras* alavanca f de câmbio
'gängig [ˈgɛŋɪç] corrente; HANDEL **~ sein** ter venda
'Gangschaltung F caixa f de velocidades
'Gangster [ˈgɛŋstɐ] M bandido m
Ga'nove [gaˈnoːvə] M ⟨-n⟩ bandido m; vigarista m
Gans [gans] F ⟨-; ⁓e⟩ ganso m; *wilde*: lavanco m; *fig* (**dumme**) **~** parva f; *bras* boba f, tola f
'Gänseblümchen [ˈgɛnzəblyːmçən] N margarida f (*menor*), bonina f **Gänsebraten** M ganso m assado **Gänsefüßchen** [ˈgɛnzəfyːsçən] NPL TYPO aspas fpl; comas fpl **Gänsehaut** F ⟨o. pl⟩ *fig* pele f arrepiada; *umg* pele f de galinha **Gänseklein** N ⟨-s; *o. pl*⟩ cabidela f (*bras* miúdos mpl) de ganso **Gänseleberpastete** F foie-gras m; fígado m de ganso **Gänsemarsch** M ⟨-(e)s; *o. pl*⟩ fila f indiana; **im ~** em fila indiana
Gänserich [ˈgɛnzərɪç] M ⟨-(e)s; -e⟩ ganso m macho **Gänseschmalz** N ⟨-es; *o. pl*⟩ gordura f (*od* enxúndia f) de ganso
ganz [gants] **A** ADJ todo; (*ungeteilt*) inteiro; (*vollständig*) completo; *umg* (*heil*) inta(c)to; **~e Note** MUS semibreve f; **die ~e Stadt** toda a cidade; a cidade inteira; **e-e ~e Woche** uma semana inteira; **im Ganzen** ao total, ao todo; em resumo; em conjunto; **von ~em Herzen** de todo o coração; **wieder ~ machen** reparar, consertar **B** ADV inteiramente, completamente, de todo; *vor adj u. adv*: muito, bem; (*ziemlich*) bastante; **~ und gar** completamente, totalmente; **~ und gar nicht** nada, de modo algum; **nicht ~** não de todo; *bras* não é bem assim; **~ recht** exa(c)tamente
'Ganzaufnahme F retrato m de corpo

inteiro
'Ganze(s) N ⟨-n; o, pl⟩ todo m, conjunto m; (*Summe*) total m; **aufs Ganze gehen** jogar tudo
'Ganzheit F ⟨o. pl⟩ totalidade f **Ganzheitsmethode** F ⟨o. pl⟩ método m global (*od* integral) **ganzjährig** todo o ano, o ano inteiro **Ganzleder** N in ~ em couro
'gänzlich ['gɛntslɪç] A ADJ total, completo B ADV a. inteiramente
'Ganztagsschule F escola f a dia inteiro; *bras* escola f integral
gar [gaːr] A ADJ (*gekocht*) pronto; bem cozido B ADV bem, muito; (*sogar*) até; (*vielleicht*) porventura; **~ nicht** nada; de modo algum; **~ nichts/keiner** absolutamente nada/ninguém; **~ zu (sehr)** demasiado
Ga'rage [ga'raːʒə] F garagem f
Ga'rant [ga'rant] M ⟨-en⟩ garante m **Garan'tie** [garan'tiː] F garantia f **garan'tieren** ⟨-⟩ garantir **Garan'tieschein** M certificado m de garantia
'Garaus M **j-m den ~ machen** acabar com alg; aniquilar alg
'Garbe ['garbə] F feixe m
'Garde ['gardə] F guarda f
Garde'robe [gardə'roːbə] F 1 (*Kleidung*) guarda-roupa m; vestuário m 2 (*Raum, bes* THEAT *etc*) vestiário m; *Möbelstück*: bengaleiro m
Garde'robenfrau F mulher f do vestiário **Garderobenmarke** F ficha f (do vestiário) **Garderobenraum** M vestiário m **Garderobenständer** M bengaleiro m; *bras* chapeleira f
Gar'dine [gar'diːnə] F cortina f; **~n** pl cortinado *msg*; **hinter schwedischen ~n (sitzen)** *umg* (estar) na prisão **Gardinenpredigt** F *fig* sermão m; *umg* esfogalato m **Gardinenstange** F varão m de cortinado
'gären ['gɛːrən] fermentar; *Teig* levedar; *fig Unruhe* ferver
Garn [garn] N ⟨-(e)s; -e⟩ fio m; (*Netz*) rede f; *fig* **j-m ins ~ gehen** deixar-se apanhar por alg
Gar'nele [gar'neːla] F camarão m
gar'nieren [gar'niːrən] ⟨-⟩ guarnecer; (*einfassen*) orlar **Garnierung** F guarnição f; enfeite m
Garni'son [garnɪ'zoːn] F guarnição f

Garni'tur [garnɪ'tuːr] F 1 GASTR → Garnierung 2 *Kleidung, Möbel*: conjunto m (de); *fig umg* **erste ~** primeira classe f
'garstig ['garstɪç] *hist* feio, antipático
'Garten ['gartən] M ⟨-s; ⸚⟩ jardim m; (*Nutzgarten*) quintal m; (*Gemüsegarten*) horta f; (*Obstgarten*) pomar m **Gartenanlagen** FPL parque *msg*; jardim *msg* público **Gartenarbeit** F jardinagem f **Gartenbau** M ⟨-(e)s; o. pl⟩ horticultura f **Gartenerde** F ⟨o. pl⟩ terra f vegetal **Gartenfest** N festa f no jardim (*od* no parque) **Gartengerät** N utensílio m de jardinagem **Gartenhaus** N pavilhão m (de jardim); (*Hinterhaus*) prédio m traseiro (com jardim); *bras* prédio m dos fundos **Gartenhäuschen** N pavilhão m (de jardim); *bras* chalé m **Gartenlaube** F caramanchão m, cabana f **Gartenlokal** N restaurante m ao ar livre **Gartenmöbel** NPL móveis *mpl* de jardim **Gartenschau** F exposição f de jardinagem **Gartenschlauch** M mang(ueir)a f **Gartenstadt** F cidade-jardim f **Gartenzaun** M sebe f; cerca f; vedação f **Gartenzwerg** M pequena figura em forma de anão (*para enfeitar o jardim*)
'Gärtner ['gɛrtnər] M jardineiro m, hortelão m **Gärtner'ei** [gɛrtnə'raɪ] F jardinagem f; horta f; horticultura f; *Geschäft*: loja f de jardinagem **Gärtnerin** F jardineira f
'Gärung ['gɛːruŋ] F fermentação f; *fig* efervescência f; agitação f
Gas [gaːs] N ⟨-es; -e⟩ gás m; AUTO **geben** acelerar; **das ~ wegnehmen** abrandar **'Gasanzünder** M acendedor m de gás **'Gasbehälter** M gasómetro m (*bras* *ô*) **'Gasbrenner** M bico m de gás; queimador m **'Gasdruck** M ⟨-(e)s; o. pl⟩ pressão f do gás **'Gasflamme** F chama f do gás; bico m de gás **'gasförmig** ['gaːsfœrmɪç] gaseiforme **'Gashahn** M torneira f de gás **'Gasheizung** F aquecimento m a gás **'Gasherd** M, **'Gaskocher** M fogão m a (*od* de) gás **'Gaskammer** F *hist* câmara f de gás **'Gaskühlung** F ⟨o. pl⟩ arrefecimento m (*bras* resfriamento m) a gás **'Gasleitung** F canos *mpl* do gás, canalização f do gás **'Gasmann** M empregado m da companhia do gás

'Gasmaske F máscara f anti-gás 'Gaso'meter [gazo'meːtar] M gasómetro m (bras *-ô) 'Gaspedal N AUTO acelerador m

'Gasse ['gasə] F viela f, travessa f, beco m 'Gassenhauer M MUS modinha f 'Gassenjunge M ‹-n› garoto m da rua Gast [gast] M ‹-(e)s; ⸚e› eingeladener convidado m, -a f; (Besuch) visita f; (Tischgenosse) comensal m/f; conviva m/f; (Stammgast) freguês m, -esa f; (Hotelgast) cliente m/f; e-r Pension etc: hóspede m/f; zu ~ sein bei estar (hospedado) em casa de 'Gastarbeiter(in) M(F) neg! emigrante m/f, trabalhador m estrangeiro 'Gästebuch ['gɛstəbuːx] N livro m de honra; Hotel: livro m de hóspedes 'Gästezimmer N quarto m de hóspedes 'gastfrei, 'gastfreundlich hospitaleiro 'Gastfreundschaft F ‹o. pl› hospitalidade f 'Gastgeber(in) M(F) anfitrião m, -iã f; dono m, -a f da casa 'Gasthaus N, 'Gasthof M hospedaria f; pousada f, estalagem f; restaurante m 'Gasthörer M UNIV ouvinte m gas'tieren ‹-› THEAT representar (num outro teatro) 'Gastland N país m anfitrião 'gastlich hospitaleiro 'Gastmahl N geh banquete m, festim m 'Gastrecht N ‹-(e)s; o. pl› direito m de hospitalidade 'Gastritis [gas'triːtis] F ‹-; -'tiden› MED gastrite f

Gastro'nom [gastro'noːm] M ‹-en› gastrónomo m (bras *-ô) Gastrono'mie [gastrono'miː] F gastronomia f gastro'nomisch gastronómico (bras *-ô) 'Gastspiel N representação f (de actor estranho od num outro teatro) 'Gaststätte F restaurante m 'Gaststättengewerbe N indústria f hoteleira 'Gaststube F restaurante m 'Gastwirt M hospedeiro m, hoteleiro m; estalajadeiro m 'Gastwirtschaft F restaurante m 'Gastzimmer N → Gästezimmer, Gaststube

'Gasuhr F contador m (bras medidor) do gás; gasómetro m (bras *-ô) 'Gasvergiftung F intoxicação f por gases 'Gasversorgung F ‹o. pl› abastecimento m de gás 'Gaswerk N companhia f do gás 'Gaszähler M → Gasuhr

'Gatte ['gatə] M ‹-n› marido m; die ~n pl o casal sg 'Gatter N grade f 'Gattin F mulher f, esposa f 'Gattung F ZOOL, BOT espécie f; classe f; género m (bras *-ê) a. LIT 'Gattungsbezeichnung F, 'Gattungsname M nome m genérico

Gau [gau] M ‹-(e)s; -e› hist distrito m; comarca f

GAU [gau] M ABK ‹-s; -s› (Größter anzunehmender Unfall) acidente m máximo previsível

'Gaudi ['gaudi] F ‹-; -s; o. pl› reg umg pândega f; galhofa f

'Gauke'lei [gaukə'laı] F fig ilusão f; charlatanaria f 'Gaukler ['gauklər] M saltimbanco m; fig charlatão m

Gaul [gaul] M ‹-(e)s; ⸚e› umg cavalo m; pej rocim m

'Gaumen ['gaumən] M palato m, palatino m, céu m da boca; paladar m 'Gaumenlaut M fonema m palat(in)al 'Gaumensegel N vela f palatina, véu m palatino

'Gauner ['gaunər] M gatuno m, ladrão m; trapaceiro m, vigarista m 'Gaunerei [gaunə'raı] F vigarice f 'gaunern ‹-re› gatunar 'Gaunersprache F gíria f; calão m

'Gaze ['gaːzə] F gaza f

Ga'zelle [ga'tsɛlə] F gazela f

'G-Dur N sol m maior

ge'ächtet [gə'ɛçtət] bes hist proscrito

Ge'äder [gə'ɛːdər] N ‹-s; o. pl› veias fpl; BOT, BERGB filamento m geädert com veias (od nervuras)

Ge'äst [gə'ɛst] N ‹-(e)s; o. pl› ramada f

geb. ABK ❶ (geboren) n. (nascido); ~ in ❷ (geborene) filha de

Ge'bäck [gə'bɛk] N ‹-(e)s; -e› pastelaria f; doçaria f; biscoitos mpl, bolos mpl

Ge'bälk [gə'bɛlk] N ‹-(e)s; o. pl› vigamento m, travejamento m

Ge'bärde [gə'bɛːrdə] F gesto m; trejeito m; heftige ~n machen gesticular ge'bärden ‹-e-› Ⓐ V/R sich ~ portar-se; dar mostras (wie de); dar-se ares (wie de) Ⓑ V/I (die Gebärdensprache benutzen) utilizar a língua gestual (od de sinais) Ge'bärdenspiel N ‹-(e)s; o. pl› mímica f Ge'bärdensprache F língua f gestual (bras de sinais)

Ge'baren [gə'baːrən] N ‹-s; o. pl› condu-

ta f, procedimento m; porte m
ge'bären [gəˈbɛːrən] ⟨-⟩ VII parir; VIT *Kind a.* dar à luz **gebärfähig** ADJ **im ~en Alter** parideira **Gebärmutter** F ANAT útero m, matriz f **Gebärmutterhals** M ANAT colo m do útero

Ge'bäude [gəˈbɔʏdə] N edifício m; construção f; prédio m

Ge'bein [gəˈbaɪn] N, **Gebeine** NPL ossada fsg, ossos mpl

Ge'bell [gəˈbɛl] N ⟨-(e)s; o. pl⟩ latido m; ladrar m

'geben [ˈgeːbən] A VIT dar; (*reichen a.*) passar; (*übergeben*) entregar; *Rabatt, Kredit* conceder; **auf die Post®** ~ levar ao correio; **in Pension** ~ alojar, hospedar, SCHULE pôr interno; **zu verstehen** ~ dar a entender; **in Verwahrung** ~ depositar; **wenig ~ auf** (*akk*) fazer pouco caso de; ligar pouca importância a; **von sich** ~ proferir; dar; **auf Geben und Nehmen** a compra e venda B VII *Kartenspiel:* distribuir C V/R (*nachlassen*) sich ~ passar; **sich** *freundlich etc* ~ apresentar-se ... D V/UNPERS (*vorhanden sein*) haver; **es gibt** há; **nicht mehr** ~ deixar de haver; **was gibt's?** que se passa?; **es wird Regen** ~ vai chover **Geber(in)** M(F) dador(a) m(f), doador(a) m(f)

Ge'bet [gəˈbeːt] N ⟨-(e)s; -e⟩ oração f; **ins ~ nehmen** *fig* interrogar; apertar **Gebetbuch** N breviário m, livro m de orações

Ge'biet [gəˈbiːt] N ⟨-(e)s; -e⟩ região f; área f; território m; *j-s:* domínio m; *fig* (*Fachgebiet*) ramo m, campo m **gebieten** ⟨-⟩ dar ordens; *j-m* mandar; **~ über** (*akk*) dominar, comandar; *fig* dispor de; **j-m** *Schweigen etc* ~ impor ... a alg **Gebieter(in)** M(F) senhor(a) m(f), soberano m, -a f **gebieterisch** imperioso m; *fig a.* urgente, absoluto **Gebietsabtretung** F cessão f de território **Gebietsanspruch** M reivindicação f territorial

Ge'bilde [gəˈbɪldə] N formação f; composição f; complexo m; (*Erzeugnis*) produto m, criação f

ge'bildet ADJ *fig j-d* culto, instruído

Ge'bimmel [gəˈbɪməl] N ⟨-s; o. pl⟩ repiques mpl

Ge'binde [gəˈbɪndə] N meada f; madeixa f; *Bau:* ligação f; (*Blumengebinde*) grinalda f

Ge'birge [gəˈbɪrgə] N serra f; montanha f **gebirgig** montanhoso **Ge'birgsbewohner(in)** M(F) serrano m, -a f; montanhês m, -esa f **Gebirgskamm** M cumeada f **Gebirgskette** F serra f; cordilheira f **Gebirgspass** M desfiladeiro f **Gebirgspflanze** F planta f serrana (*od* montesina) **Gebirgsstock** M maciço m **Gebirgszug** M cordilheira f

Ge'biss [gəˈbɪs] N ⟨-es; -e⟩ dentadura f; *Pferd:* freio m; **künstliches** ~ dentadura f postiça

Ge'bläse [gəˈblɛːzə] N foles mpl; ventilador m; AUTO arejador m

ge'blümt [gəˈblyːmt] florido, floreado

Ge'blüt [gəˈblyːt] N ⟨-(e)s; o. pl⟩ *poet* sangue m, linhagem f, raça f

ge'bogen [gəˈboːgən] A PP → **biegen** B ADJ arqueado; curvo; *Nase* aquilino

ge'boren [gəˈboːrən] PP → **gebären**; nascido; **~ in** (*dat*) nascido em, natural de; **~ sein, ~ werden** nascer; **blind ~** cego de nascimento; **~e(r)** ... **Deutsche(r)** *etc:* ... de nascimento

ge'borgen [gəˈbɔrgən] A PP → **bergen** B ADJ protegido; em segurança **Geborgenheit** F ⟨o. pl⟩ segurança f; abrigo m; prote(c)ção f

Ge'bot [gəˈboːt] N ⟨-(e)s; -e⟩ 1 mandamento m (*a.* REL), ordem f; **die Zehn ~e** o decálogo; *bras a.* os dez mandamentos 2 HANDEL oferta f; **zu ~e stehen** estar à disposição **geboten** A PP → (**ge**)**bieten** B ADJ (*notwendig*) indicado, necessário; **Eile ist ~** é preciso apressar-se; (*angeboten*) **es war viel ~** foi muito interessante

ge'bracht [gəˈbraxt] PP *v.* → **bringen**

ge'brannt [gəˈbrant] A PP → **brennen** B ADJ *Ton, Keramik* queimado

Ge'bräu [gəˈbrɔʏ] N ⟨-(e)s; ⸚e⟩ *oft pej* bebida f, beberagem f

Ge'brauch [gəˈbraʊx] N ⟨-(e)s; ⸚e⟩ uso m; (*Anwendung*) *a.* emprego m; pl **Gebräuche** REL ritual *msg*; **außer ~** (**kommen**) (cair) em desuso **gebrauchen** VIT ⟨-⟩ usar, empregar, servir-se de; **zu ~ sein für** servir para

ge'bräuchlich [gəˈbrɔʏçlɪç] usual, em uso, de uso; vulgar

Ge'brauchsanleitung F, **Gebrauchsanweisung** F modo m de emprego (od de usar); instruções fpl **Ge'brauchsartikel** M artigo m de consumo **ge'brauchsfertig** pronto a usar **Ge'brauchsgegenstand** M → Gebrauchsartikel **Ge'brauchsgrafik** F ⟨o. pl⟩ gráfica f aplicada **Ge'brauchsgüter** NPL artigos mpl de consumo **Ge'brauchsmuster** N modelo m registado (bras registrado) **Ge'brauchsmusterschutz** M ⟨-es; o. pl⟩ prote(c)ção f legal para modelos registados (bras registrados)

ge'braucht ADJ usado, servido **Ge'brauchtwagen** M carro m usado (od em segunda mão)

Ge'brechen [gəˈbrɛçən] N defeito m; enfermidade f; achaque m **gebrechlich** débil, doente, fraco, achacoso; Greis a. caduco **Gebrechlichkeit** F ⟨o. pl⟩ fragilidade f, fraqueza f; decrepidez f

ge'brochen [gəˈbrɔxən] A PP → brechen B ADJ fig j-d abalado C ADV ~ Deutsch sprechen arranhar alemão

Ge'brüder [gəˈbryːdər] PL irmãos mpl

Ge'brüll [gəˈbrʏl] N ⟨-(e)s; o. pl⟩ urro m; bramido m; Rind: mugido m; Löwe: rugido m; a. fig vozearia f; bras vozerio m

Ge'bühr [gəˈbyːr] F (Abgabe) taxa f, direito m; Brief etc: porte m; (Autobahngebühr) portagem f; bras pedágio m; (Kosten) emolumento m; (Zahlung) propina f; bras tarifa f; **über** ~ mais do que era preciso, sobremaneira; fig de forma exagerada

ge'bühren [gəˈbyːrən] ⟨-⟩ (dat) dever-se, ser devido; **sich** ~ ser justo; convir **ge'bührend** devido, adequado

Ge'bühreneinheit F TEL impulso m **Gebührenerhöhung** F aumento m de direitos mpl (od tarifas fpl etc) **gebührenfrei** isento de impostos (od de direitos od de porte) **Gebührenordnung** F tarifa f, tabela f, pauta f **gebührenpflichtig** [gəˈbyːrənpflɪçtɪç] sujeito a taxas, direitos etc **Gebührenrechnung** F JUR emolumentos mpl

ge'bunden [gəˈbʊndən] A PP → binden B ADJ fig comprometido **Gebundenheit** F ⟨o. pl⟩ vinculação f; falta f de liberdade

Ge'burt [gəˈbʊrt] F nascimento m; (Herkunft) a. origem f; (Entbindung) parto m; **von** ~ **an** de nascimento; **vor/nach Christi** ~ antes/depois de Cristo **Geburtenkontrolle** F, **Geburtenregelung** F controle m da natalidade **Geburtenrate** F (taxa f de) natalidade **Geburtenrückgang** M baixa f da natalidade **Geburtenüberschuss** M excesso m de nascimentos **Geburtenziffer** F natalidade f

ge'bürtig [gəˈbʏrtɪç] natural (**aus** de) **Ge'burtsanzeige** F participação f de nascimento **Geburtsdatum** N ⟨-s; -daten⟩ data f de nascimento **Geburtsfehler** M defeito m de nascença **Geburtshelfer** M médico m parteiro **Geburtshelferin** F parteira f **Geburtshilfe** F ⟨o. pl⟩ obstetrícia f **Geburtsjahr** N ano m de nascimento **Geburtsland** N terra f natal, país m natal **Geburtsort** M lugar m do nascimento **Geburtstag** M dia m de anos, offiziell: aniversário m (natalício); ~ **haben** fazer anos; bras fazer aniversário; **alles Gute zum** ~! Feliz Aniversário! **Geburtstagsfeier** F festa f de aniversário **Geburtsurkunde** F certidão f de nascimento **Geburtszange** F MED fórcipe m, fórceps m

Ge'büsch [gəˈbʏʃ] N ⟨-(e)s; -e⟩ matagal m; moita f; arbustos mpl

Geck [gɛk] M ⟨-en⟩ janota m; peralta m **ge'dacht** [gəˈdaxt] A PP → denken B ADJ imaginário

Ge'dächtnis [gəˈdɛçtnɪs] N ⟨-ses; -se⟩ memória f; **aus** od **nach dem** ~ de, da memória; **zum** ~ **an** (akk) em comemoração f de; **ins** ~ **zurückrufen** recordar, lembrar **Gedächtnisfeier** F comemoração f, festa f comemorativa **Gedächtnislücke** F falha f de memória **Gedächtnisschwund** M ⟨-(e)s; o. pl⟩ MED amnesia f

ge'dämpft [gəˈdɛmpft] A PP → dämpfen B ADJ a. Stimme baixo

Ge'danke [gəˈdaŋkə] M ⟨-ns; -n⟩ pensamento m, ideia f (bras *é) f; **auf den** ~ **kommen (zu** inf) ter a ideia (de), lembrar-se (de); pl **in** ~**n** mentalmente; **in** ~**n sein** estar pensativo; (zerstreut) estar distraído; **in** ~**n versunken** absorto em pensamentos, pensativo; **auf andere** ~**n bringen/kommen** distrair/distrair-se; **sich** ~**n machen über** (akk) preocupar-se com

Ge'dankenarmut F ⟨o. pl⟩ falta f de

ideias (bras *é) **Gedankenaustausch** M ⟨-(e)s; o. pl⟩ troca f de impressões **Gedankenblitz** M ideia f (bras *é) súbita (od repentina) **Gedankenfolge** F, **Gedankengang** M ordem f de ideias (bras *é) **Gedankenfreiheit** F ⟨o. pl⟩ liberdade f de pensamento **Gedankengut** N ⟨-(e)s; o. pl⟩ ideário m **gedankenlos** ⟨-este⟩ distraído; descuidado; irrefle(c)tido **Gedankenlosigkeit** [ɡəˈdaŋkənloːzɪçkaɪt] F descuido m, inadvertência f **Gedankenstrich** M travessão m **Gedankenübertragung** F transmissão f de pensamento **Gedankenverbindung** F associação f de ideias (bras *é) **gedankenvoll** pensativo **Gedankenwelt** F ⟨o. pl⟩ pensamento(s) m(pl)

ge'danklich mental; intelectual
Ge'därm(e) [ɡəˈdɛrm(ə)] N ⟨-(e)s; -e⟩ intestinos mpl; umg tripas fpl
Ge'deck [ɡəˈdɛk] N ⟨-(e)s; -e⟩ talher m
Ge'deih [ɡəˈdaɪ] M inv **auf ~ und Verderb** a todo o risco, para a vida e para a morte **gedeihen** ⟨-; s.⟩ prosperar; BOT medrar, crescer, dar-se; **gut ~** a. atingir grande porte; fig dar bons resultados; **so weit gediehen sein, dass** ter chegado a tal ponto que **Gedeihen** N ⟨o. pl⟩ prosperidade f; BOT medra(nça) f **gedeihlich** próspero, propício

ge'denken [ɡəˈdɛŋkən] ⟨-⟩ ⟨gen od an akk⟩ pensar (em); ⟨sich erinnern⟩ lembrar-se (de), recordar-se (de); ⟨erwähnen⟩ fazer menção (de); feierlich: comemorar; **zu tun ~** ⟨beabsichtigen⟩ tencionar fazer **Gedenken** N ⟨o. pl⟩ memória f; feierliches: comemoração f ⟨an akk de⟩ **Gedenkfeier** F festa f comemorativa; comemoração f **Gedenkstein** M monumento m (comemorativo) **Gedenktafel** F placa f comemorativa **Gedenktag** M aniversário m

Ge'dicht [ɡəˈdɪçt] N ⟨-(e)s; -e⟩ poema m; poesia f **Gedichtsammlung** F cole(c)ção f de poesias, antologia f, crestomatia f

ge'diegen [ɡəˈdiːɡən] sólido; Metall puro
Ge'dränge [ɡəˈdrɛŋə] N ⟨-s; o. pl⟩ aperto m; multidão f; **ins ~ kommen** ver-se em apertos **gedrängt** ADJ apinhado; bras superlotado; fig Stil conciso; **~ voll** à cunha; bras lotado

ge'drückt [ɡəˈdrʏkt] **A** PP → drücken **B** ADJ fig j-d, Stimmung deprimido **Gedrücktheit** F ⟨o. pl⟩ depressão f, tristeza f

ge'drungen [ɡəˈdrʊŋən] ADJ Wuchs entroncado; atarracado; baixote

Ge'duld [ɡəˈdʊlt] F ⟨o. pl⟩ paciência f; **mir reißt die ~** acaba-se-me a paciência; **die ~ verlieren** perder a paciência **gedulden** [ɡəˈdʊldən] ⟨-e-; -⟩ V/R **sich ~** ter paciência **geduldig** paciente **Geduld(s)spiel** N jogo m de paciência, quebra-cabeças m

ge'dungen [ɡəˈdʊŋən] Mörder contratado

ge'dunsen [ɡəˈdʊnzən] inchado; balofo
ge'ehrt [ɡəˈeːrt] **sehr ~er Herr ..., sehr ~e Frau ...** Excelentíssimo Senhor, Excelentíssima Senhora; Prezado Senhor, Prezada Senhora; bras a. Ilustríssimo Senhor, Ilustríssima Senhora

ge'eignet [ɡəˈaɪɡnət] **A** PP → eignen **B** ADJ etw próprio, apropriado; adequado; (passend) conveniente; Zeit oportuno; j-d apto, idóneo (bras *ô)

Geest [ɡeːst] F ⟨-; o. pl⟩, **'Geestland** N ⟨-(e)s; o. pl⟩ terreno m estéril e arenoso

Ge'fahr [ɡəˈfaːr] F perigo m; (Risiko) risco m; **in ~ bringen/schweben** pôr/estar em perigo; **~ laufen zu** (inf) correr perigo (od risco) de; **auf die ~ hin zu** (inf) a (od com o) risco de

ge'fährden [ɡəˈfɛːrdən] ⟨-e-; -⟩ pôr em perigo, arriscar

Ge'fahrenherd M POL fonte f (od foco m) de conflito

ge'fährlich perigoso; (riskant) arriscado; Krankheit grave

ge'fahrlos ⟨-este⟩ seguro, sem perigo
Ge'fährt [ɡəˈfɛːrt] N ⟨-(e)s; -e⟩ veículo m, carruagem f **Gefährte** M ⟨-n⟩, **Gefährtin** F companheiro m, -a f

ge'fahrvoll perigoso
Ge'fälle [ɡəˈfɛlə] N declive m, pendente f; (Niveauunterschied) desnível m; Fluss: queda f; **starkes ~ im Gelände**: declive m acentuado; im Fluss: corrente f rápida; bras correnteza f

ge'fallen¹ [ɡəˈfalən] **A** V/T ⟨-⟩ agradar; **j-m gefällt etw** alg gosta de a/c **B** V/R **sich** (dat) **etw ~ lassen** admitir a/c, tolerar a/c; **sich** (dat) **nichts ~ lassen** não admitir nada; não dar o braço a torcer; **sich** (*dat*) **~ in** (*dat*) comprazer-se em

ge'fallen² [gəˈfalən] A PP → **fallen** B ADJ MIL morto em combate

Ge'fallen¹ [gəˈfalən] M (*Gefälligkeit*) favor *m*; **j-m e-n ~ tun** fazer um favor a alg; **j-m zu ~ sein** para ser agradável a alg, para agradar a alg

Ge'fallen² [gəˈfalən] N gosto *m*, prazer *m*; aprazimento *m*; **~ an etw** (*dat*) **finden** começar a gostar de a/c; **aneinander ~ finden** gostar um do outro

ge'fällig [gəˈfɛlɪç] *etw* agradável; *j-d* amável, obsequioso, solícito; **j-m ~ sein** obsequiar alg **Gefälligkeit** F favor *m*, obséquio *m*; **j-m e-e ~ erweisen** fazer um favor a alg **gefälligst** ADV se faz favor

Ge'fallsucht [gəˈfalzʊxt] F ⟨*o. pl*⟩ desejo *m* de agradar; coquetismo *m* **gefallsüchtig** coquete, vaidoso

ge'fangen [gəˈfaŋən] A PP → **fangen**; **~ halten** deter; **~ nehmen** aprisionar, prender; MIL fazer prisioneiro; **~ setzen** meter na prisão B ADJ JUR preso; (*in Haft*) detido; MIL prisioneiro **Gefangene(r)** M/F(M) JUR preso *m*, -a *f*; *in Haft*: detido *m*, -a *f*; MIL prisioneiro *m*, -a *f* **Gefangenenlager** N campo *m* de prisioneiros **Gefangennahme** [gəˈfaŋənnaːmə] F ⟨*o. pl*⟩ prisão *f*; detenção *f* **Gefangenschaft** F ⟨*o. pl*⟩ prisão *f*; cativeiro *m*; **in ~ geraten** ser feito prisioneiro

Ge'fängnis [gəˈfɛŋnɪs] N ⟨-ses; -se⟩ prisão *f*, cadeia *f*; presídio *m* **Gefängnisinsasse** M ⟨-n⟩, **Gefängnisinsassin** F presidiário *m*, -a *f*; recluso *m*, -a *f* **Gefängnisstrafe** F (*pena f de*) prisão *f* **Gefängniswärter** M carcereiro *m*, guarda *m* de prisão **Gefängniszelle** F cela *f*, calabouço *m*

Ge'fasel [gəˈfaːzəl] N ⟨-s; *o. pl*⟩ *umg* disparates *mpl*; aranzel *m*; *bras* lengalenga *m*

Ge'fäß [gəˈfɛːs] N ⟨-es; -e⟩ MED vaso *m*; (*Behälter*) recipiente *m*

ge'fasst [gəˈfast] A PP → **fassen** B ADJ (*ruhig*) sereno, calmo; senhor de si; **~ sein auf** (*akk*) estar preparado para, contar com; **sich ~ machen auf** (*akk*) preparar-se para

Ge'fecht [gəˈfɛçt] N ⟨-(e)s; -e⟩ combate *m*, luta *f*; **außer ~ setzen** pôr fora de combate

ge'feit [gəˈfaɪt] imune (**gegen** contra)

ge'festigt [gəˈfɛstɪçt] A PP → **festigen** B ADJ (*fest*) firme

Ge'fieder [gəˈfiːdər] N plumagem *f* **gefiedert** emplumado

Ge'filde [gəˈfɪldə] N *poet* campo *m*, campina *f*

Ge'flecht [gəˈflɛçt] N ⟨-(e)s; -e⟩ (*Flechtwerk*) entrançadura *f*, entrançamento *m*; (*Drahtgeflecht*) rede *f*; *bras* tela *f* de arame; ANAT plexo *m*

ge'fleckt [gəˈflɛkt] *Stoff, Leopard etc* malhado

ge'flissentlich [gəˈflɪsəntlɪç] ADV propositadamente, intencionalmente

Ge'flügel [gəˈflyːgəl] N ⟨-s; *o. pl*⟩ criação *f*, aves *fpl* de capoeira (*bras* domésticas) **Geflügelfarm** F aviário *m* **Geflügelhändler(in)** M(F) vendedor(a) *m(f)* de galinhas, galinheiro *m*, -a *f* **Geflügelklein** N ⟨-s; *o. pl*⟩ miúdos *mpl*, abatis *m* **geflügelt** alado (*a. fig*); com asas; **~e Worte** *fig* sentenças *fpl*, ditos *mpl* proverbiais **Geflügelzucht** F ⟨*o. pl*⟩ avicultura *f* **Geflügelzüchter(in)** M(F) avicultor(a) *m(f)*

Ge'flüster [gəˈflʏstər] N ⟨-s; *o. pl*⟩ murmúrio *m*; segredos *mpl*; conversa *f* em voz baixa; *umg* cochicho *m*

Ge'folge [gəˈfɔlgə] N ⟨-s; -⟩ comitiva *f*, séquito *m*; cortejo *m*; **im ~ haben** ter por consequência **Gefolgschaft** F (*Anhänger*) sequazes *mpl*; partidários *mpl*; **j-m ~ leisten** ser fiel partidário de alg

ge'fragt [gəˈfraːkt] ADJ HANDEL procurado; *fig* em voga; **jetzt ist Geduld ~** agora é preciso ter paciência

ge'fräßig [gəˈfrɛːsɪç] voraz, guloso; glutão **Gefräßigkeit** F ⟨*o. pl*⟩ voracidade *f*; gula *f*

Ge'freite(r) [gəˈfraɪtə(r)] M ⟨-en⟩ MIL (segundo) cabo *m*

Ge'frieranlage [gəˈfriːʔanlaːgə] F instalação *f* frigorífera **gefrieren** ⟨-; s.⟩ gelar(-se), congelar(-se) **Gefrierfach** N congelador *m* **Gefrierfleisch** N carne *f* congelada **Gefrierpunkt** M ponto *m* (*od* termo *m*) de congelação; *bras* de congelamento **Gefriertrocknung** F ⟨*o. pl*⟩ liofilização *f* **Gefrier-**

truhe f arca f frigorífica; *bras* freezer m, congelador m **Ge'frorene(s)** [gə'froːrənə(s)] N ⟨o. pl⟩ gelado m; sorvete m **Gefüge** [gə'fyːgə] N estrutura f (a. fig), TECH encaixe m **gefügig** dócil; brando **Ge'fühl** [gə'fyːl] N ⟨-(e)s; -e⟩ sentimento m; (Eindruck) impressão f; (Sinneseindruck) sensação f; ~ **haben für** ser sensível a **gefühllos** ⟨-este⟩ insensível **(für, gegen** a) **Gefühllosigkeit** [gə'fyːlloːzɪçkaɪt] f ⟨o. pl⟩ insensibilidade f, falta f de sensibilidade **Gefühlsduse'lei** *umg* [gəfyːlsduːzə'laɪ] f sentimentalismo m **Gefühlskälte** f ⟨o. pl⟩ frieza f, frialdade f **Gefühlsleben** N vida f sentimental **Gefühlsmensch** M ⟨-en⟩ sentimental m **gefühlvoll** sentimental **ge'füllt** [gə'fʏlt] ADJ GASTR recheado **ge'geben** [gə'geːbən] ADJ MATH dado; **zu ~er Zeit** a seu tempo; oportunamente **gegebenenfalls** ADV em caso afirmativo, dado o caso; eventualmente **Gegebenheit** f dado m; PL **-en** a. realidade f

'gegen ['geːgən] PRÄP ⟨akk⟩ contra; *Richtung, Zeit*: para, a; *Tausch*: contra, em troca de; *Vergleich*: em comparação com; *Uhrzeit*: ~ **3 (Uhr)** pelas três; ~ **Abend** ao anoitecer; (*ungefähr*) cerca de; **gut ~** *Mittel*: bom contra

'Gegenangriff M contra-ataque m **Gegenanzeige** f contra-indicação f **Gegenbefehl** M contra-ordem f **Gegenbesuch** M **e-n ~ machen** retribuir a visita **Gegenbeweis** M contra-prova f

'Gegend ['geːgənt] f região f, zona f; terra f; (*Landschaft*) paisagem f

'Gegendarstellung f desmentido m **Gegendienst** M serviço m (od favor m) recíproco **Gegendruck** M ⟨-(e)s; ⸚e⟩ contra-pressão f; rea(c)ção f **gegeneinander** ADV um contra outro; ~ **antreten** enfrentar-se **Gegenfahrbahn** f faixa f contrária (*bras* oposta), contramão f **Gegengerade** f SPORT re(c)ta f contrária (*bras* oposta) **Gegengewicht** N ⟨-(e)s; -e⟩ contrapeso m; **ein ~ zu etw bilden** contrabalançar a/c, contrapesar a/c **Gegengift** N contra--veneno m, antídoto m **Gegenkandidat(in)** M(F) ⟨-en⟩ oponente m/f; concorrente m/f **Gegenklage** f reconvenção f; **e-e ~ anstrengen, erheben** intentar uma a(c)ção de reconvenção; reconvir **Gegenkurve** f contracurva f **Gegenleistung** f equivalente m, compensação f **Gegenlicht** N ⟨-(e)s; o. pl⟩ contraluz f **Gegenliebe** f ⟨o. pl⟩ amor m correspondido; **(keine) ~ finden, auf (keine) ~ stoßen** (não) ser correspondido no seu amor

'Gegenmaßnahme f contramedida f; represália f **Gegenmittel** N MED antídoto m **Gegenpartei** f oposição f; JUR partido m contrário **Gegenrechnung** f verificação f de contas; contra-prova f **Gegenrede** f réplica f; (*Einwand*) obje(c)ção f **Gegenreformation** f Contra-Reforma f **Gegenrevolution** f contra-revolução f

'Gegensatz M contraste m; oposição f; antagonismo m; **im ~ zu** ao contrário de, em contraposição a; **im ~ dazu** em contrapartida; **im ~ stehen zu** contrastar com **gegensätzlich** ['geːgənzɛtslɪç] oposto, contrário

'Gegenschlag M resposta f **'Gegenseite** f lado m oposto; adversário m, inimigo m; (*Umseite*) reverso m **gegenseitig** ['geːgənzaɪtɪç] mútuo, recíproco **Gegenseitigkeit** f ⟨o. pl⟩ reciprocidade f, mutualismo m; **auf ~ ~** gegenseitig

'Gegenspieler(in) M(F) adversário m, -a f, rival m/f **Gegenspionage** f ⟨o. pl⟩ contra-espionagem f **Gegensprechanlage** f intercomunicador m

'Gegenstand M obje(c)to m; assunto m **gegenständig** BOT oposto **gegenständlich** ['geːgənʃtɛntlɪç] obje(c)tivo, concreto **gegenstandslos** sem fundamento; supérfluo

'Gegenstimme f MUS contrapartida f; POL contravoto m; *bras* voto m contra **Gegenstoß** M rechaço m; ricochete m; MIL **e-n ~ führen** fazer um contra-ataque; responder; reagir **Gegenströmung** f contracorrente f **Gegenstück** N equivalente m, contrapartida f (**zu de**); **ein ~ bilden zu** corresponder a; fazer jogo com

'Gegenteil N contrário m; **(ganz) im ~** (muito) pelo contrário **gegenteilig** → gegensätzlich

gegen'über A ADV em frente; **einander ~** em frente um do outro B PRÄP ⟨dat⟩ em frente de, defronte de; fig perante; *j-m* para com; *(verglichen mit)* em comparação (com) **Gegen'über** N ⟨-s; -⟩ *Person:* vizinho *m*, -a *f* **gegenüberliegend** oposto; (situado) em frente **gegenüberstehen** ⟨*a. s.*⟩ *(dat)* defrontar; estar defronte de, estar em frente de; **einander ~, sich ~** estar face a face **gegenüberstellen** *(dat)* opor a; **einander ~** confrontar; JUR *a.* acarear *(akk; j-m* com) **Gegenüberstellung** F confronto *m*, acareação *f* **gegenübertreten** ⟨*s.*⟩ *(dat)* defrontar; pôr-se defronte de; fig fazer frente a **'Gegenverkehr** M tráfego *m* em sentido oposto **Gegenvorschlag** M contraproposta *f* **Gegenwart** ['ge:gənvart] F ⟨*o. pl*⟩ *j-s:* presença *f*; *(Zeit)* a(c)tualidade *f*, época *f* a(c)tual; GRAM presente *m* **gegenwärtig** ['ge:gənvɛrtıç] A ADJ presente; *Zeit a.* a(c)tual B ADV a(c)tualmente **Gegenwehr** F ⟨*o. pl*⟩ defesa *f*, resistência *f* **Gegenwert** M equivalente *m* **Gegenwind** M vento *m* ponteiro **Gegenwinkel** M ângulo *m* oposto **Gegenwirkung** F rea(c)ção *f* **gegenzeichnen** ⟨-e-⟩ contra-rubricar; *bras a.* contra-assinar **Gegenzeichnung** F contra-rubrica *f*; *bras a.* contra-assinatura *f* **Gegenzug** M **1** *Spiel:* lance *m (od* mudança *f)* do adversário **2** BAHN comboio *m* correspondente **ge'gessen** [gə'gesən] PP → essen **'Gegner(in)** ['ge:gnɐr(ın)] M|F adversário *m*, -a *f*; *Meinung:* antagonista *m*|*f*; MIL *a.* inimigo *m*, -a *f*; *a.* SPORT rival *m*|*f* **gegnerisch** *Mannschaft* adversário, rival; *Meinung* contrário **Gegnerschaft** F inimizade *f*; oposição *f*; antagonismo *m*; rivalidade *f*; *(die Gegner)* adversários *mpl* **Ge'hackte(s)** [gə'haktə(s)] N ⟨-n; *o. pl*⟩ carne *f* picada *(bras* moída) **Ge'halt¹** [gə'halt] N ⟨-(e)s; ̈-er⟩ ordenado *m*; salário *m* **Ge'halt²** [gə'halt] M ⟨-(e)s; -e⟩ conteúdo *m*; substância *f*; CHEM percentagem *f* *(an dat* de); *fig* **(innerer) ~** *(Wert)* valor *m* (intrínseco) **gehaltlos** sem substância; *fig* sem valor; fútil **Ge'haltsabrechnung** F folha *f* de vencimentos; *Beleg:* recibo *m* de salário; ADMIN holerite *m* **Gehaltsempfänger** M assalariado *m*; empregado *m* **Gehaltserhöhung** F aumento *m* do ordenado **Gehaltsgruppe** F grupo *m* salarial **Gehaltszettel** M recibo *m* de salário; *umg* contracheque *m* **Gehaltszulage** F gratificação *f* **ge'haltvoll** ADJ de grande valor; substancioso

Ge'hämmer [gə'hɛmɐr] N ⟨-s; *o. pl*⟩ martelada(s) *f*(*pl*)

Ge'hänge [gə'hɛŋə] N pendente *m*, penduricalho *m*

ge'harnischt [gə'harnıʃt] com arnês; *fig* enérgico

ge'hässig [gə'hɛsıç] hostil; odioso **Gehässigkeit** F hostilidade *f*; ódio *m*

Ge'häuse [gə'hɔyzə] N caixa *f* *(a. Uhrgehäuse)*; cápsula *f*; *(Etui)* estojo *m*; ZOOL concha *f*; BOT casa *f*; *(Kerngehäuse)* coração *m*

'gehbehindert ['ge:bəhındɐrt] ADJ paralítico, deficiente físico

Ge'hege [gə'he:gə] N cerca *f*, recinto *m*; couto *m*; *bras* cercado *m*; **j-m ins ~ kommen** *fig* incomodar alg, molestar alg, estorvar alg, meter-se com alg

ge'heim [gə'haɪm] secreto; *(verborgen)* clandestino; **~ halten** ocultar; guardar segredo sobre **geheimagent** [gə'haɪm?agɛnt] M ⟨-en⟩ agente *m* secreto **Geheimbericht** M relatório *m* confidencial **Geheimdienst** M serviço *m* secreto **Geheimfach** N gaveta *f* secreta **Geheimlehre** F doutrina *f* esotérica *(od* oculta)

Ge'heimnis N ⟨-ses; -se⟩ segredo *m*; mistério *m* **Geheimniskrämer** M segredeiro *m*, segredista *m* **Geheimniskräme'rei** F ⟨*o. pl*⟩ mania *f* dos segredos **geheimnisvoll** misterioso; **~ tun** andar com segredos

Geheimnummer F código *m*; *bras* senha *f* **Geheimpolizei** F ⟨*o. pl*⟩ polícia *f* secreta **Geheimpolizist** M ⟨-en⟩ agente *m* da polícia *f* secreta **Geheimrat** M conselheiro *m* titular **Geheimratsecken** FPL entradas *fpl* **Geheimschrift** F cifra *f*; **in ~** cifrado **geheimtun** fazer segredo (**mit** de) **Geheimzahl** F código *m*

'gehen ['ge:ən] ⟨-; s.⟩ A V/I **1** ir (**nach,**

zu a, para, **zu j-m** à casa de alg); (*sich bewegen*) andar; *Art der Bewegung a.*: marchar; *Gerücht* correr; **zu Fuß** ~ ir (*od* andar) a pé, caminhar **2** (*weggehen*) ir-se (embora); *Zug* partir, sair **3** TECH *a.* funcionar, trabalhar **4** (*möglich sein*) ser possível, poder-se fazer; **das geht nicht** isto não pode ser, não é possível, não dá **5** *gut* ~ *Ware* vender-se bem; **falsch** ~ *Uhr* não estar certo **6** *Teig* levedar **7** *mit präp*: **an die Arbeit** ~ pôr-se a trabalhar, meter mãos à obra; ~ **aus** sair de; ~ **durch** passar por, ~ **in** entrar em; (*hineinpassen*) caber em; *Krankenhaus*: dar entrada em; **ins Theater** ~ ir ao teatro; **in sich** ~ fazer um exame de consciência; ~ **über** (*akk*) atravessar, cruzar, passar por; **über j-s Kräfte** ~ ser superior a alg; **zu weit** ~ *fig* exagerar; abusar **B** V/UNPERS **1** *j-m* **wie geht's?** que tal?; **es geht** (**so**) lá vai indo; assim, assim; *bras* vai se levando; menos mal; **wie geht es Ihnen?** como está?, como vai?; **es geht mir gut** estou bem; **es wird schon** ~ há-de ser possível; **es geht nichts über** (*akk*) não há como, não há nada melhor do que; **es geht um ...** trata-se de ...; ... está em jogo; **es geht** ~ suceder, acontecer; passar-se **C** V/R **sich** ~ **lassen** abandonar-se, descuidar-se

'**Gehen** ['ge:ən] N andar *m*; SPORT pedestrianismo *m*; **das** ~ **fällt ihm schwer** custa-lhe andar; **Kommen** *n* **und** ~ vaivém *m* '**gehen lassen** → **gehen**
'**Geher**(**in**) M(F) SPORT desportista *m/f* que pratica pedestrianismo

ge'**heuer** [gəˈhɔyər] **nicht ganz** ~ suspeito; **da ist es nicht** ~ ali anda coisa; *bras* ali dá para desconfiar

Ge'**heul** [gəˈhɔyl] N ⟨-(e)s; *o. pl*⟩ uivo(s) *m(pl)*; gritaria *f*; choradeira *f*

Ge'**hilfe** [gəˈhɪlfə] M ⟨-n⟩, **Gehilfin** F ajudante *m/f*; assistente *m/f*

Ge'**hirn** [gəˈhɪrn] N ⟨-(e)s; -e⟩ cérebro *m* **Gehirnentzündung** F encefalite *f* **Gehirnerschütterung** F comoção *f* (*od* traumatismo *m*) cerebral **Gehirnhaut** F meninge *f* **Gehirnhautentzündung** F meningite *f* **Gehirnschlag** M apoplexia *f* cerebral **Gehirntätigkeit** F funções *fpl* cerebrais **Gehirntumor** M MED tumor *m* cerebral **Gehirnwäsche** F lavagem *f* ao cérebro; *bras* lavagem *f* cerebral

ge'**hoben** [gəˈhoːbən] **A** PP → **heben** **B** ADJ *fig* elevado, sublime; **in** ~ **er Stimmung** alegre, entusiasmado, animado

Ge'**höft** [gəˈhøːft] N ⟨-(e)s; -e⟩ casal *m*; quinta *f*; *bras* propriedade *f* rural

Ge'**hölz** [gəˈhœlts] N ⟨-es; -e⟩ bosque *m*

Ge'**hör** [gəˈhøːr] N ⟨-(e)s; *o. pl*⟩ ouvido *m*; **absolutes** ~ ouvido *m* absoluto; ~ **schenken** (*dat*) atender; prestar atenção a; ~ **finden** ser escutado, ser atendido; **nach dem** ~ MUS de ouvido

ge'**horchen** [gəˈhɔrçən] ⟨-⟩ (*dat*) obedecer a

ge'**hören** [gəˈhøːrən] ⟨-⟩ **A** V/I *j-m* ~ ser de alg; **zu etw** ~ pertencer a; fazer parte de; **das gehört mir** é meu; *fig* (**nicht**) **hierher** ~ (não) vir a propósito; **nicht hierher** ~ *a.* não ter nada com o assunto **B** V/UNPERS & V/R **sich** ~ ser próprio; fazer-se; (*nötig sein*) ser preciso

Ge'**hörgang** M AN canal *m* auditivo

ge'**hörig** **A** ADJ *j-m*, *zu etw* pertencente a; próprio de, relacionado com; afe(c)to a; (*zukommend*) conveniente, devido **B** ADV (*tüchtig*) a valer; *iron a.* que é uma beleza

ge'**hörlos** surdo **Gehörlosigkeit** F ⟨*o. pl*⟩ surdez *f*

Ge'**hörn** [gəˈhœrn] N ⟨-(e)s; -e⟩ armação *f*; chavelho *m*; pontas *fpl*; chifre *m* **gehörnt** cornudo, *a. fig* veng corneado

ge'**horsam** [gəˈhoːrzaːm] ADJ obediente

Ge'**horsam** [gəˈhoːrzaːm] M ⟨-(e)s; *o. pl*⟩ obediência *f*; **j-m den** ~ **verweigern** desobedecer a alg **gehorsamspflicht** F dever *m* de obediência

Ge'**hörsinn** M ⟨-(e)s; *o. pl*⟩ (sentido *m* do) ouvido *m*

'**Gehrung** F TECH chanfradura *f*

'**Gehsport** [ˈgeːʃpɔrt] M pedestrianismo *m* **Gehsteig** M, **Gehweg** M passeio *m* (lateral da rua); *bras* calçada *f*

Gehwerk N *Uhr*: movimento *m*

'**Geier** [ˈgaɪər] M abutre *m*

'**Geifer** [ˈgaɪfər] M ⟨-s; *o. pl*⟩ baba *f*, escuma *f* **geifern** ⟨-re⟩ babar, escumar; *fig* raivar

'**Geige** [ˈgaɪgə] F violino *m*, rabeca *f*; ~ **spielen** tocar violino **geigen** V/I tocar violino; V/T tocar **Geigenbauer** M violeiro *m*, fabricante *m* de violinos **Gei-**

genspieler(in) M(F), **Geiger(in)** M(F) violinista m/f, rabequista m/f '**Geigerzähler** M̄ contador m Geiger **geil** [gaıl] **1** sl sexuell: lascivo; bras tesudo; umg fig (**echt**) ~ (super) porreiro; bras legal **2** BOT viçoso, exuberante '**Geilheit** F̄ ⟨o. pl⟩ sl viço m; sexuell: luxúria f, lascividade f; bras tesão m '**Geisel** ['gaızəl] F̄ ⟨-; -n⟩ refém m **Geiselnahme** F̄ tomada f de reféns **Geiß** [gaıs] F̄ cabra f '**Geißblatt** N̄ ⟨-(e)s; o. pl⟩ madressilva f '**Geißbock** M̄ bode m '**Geißel** ['gaısəl] F̄ ⟨-; -n⟩ açoite m; flagelo m (a. fig) **geißeln** ⟨-le⟩ açoitar, flagelar; fustigar; fig a. censurar **Geißelung** F̄ flagelação f **Geist** [gaıst] M̄ ⟨-(e)s; -er⟩ espírito m, mente f; (Seele) alma f; (Verstand) inteligência f, intele(c)to m; (Begabung) engenho m; (Genius) génio m (bras gênio m); (Gespenst) fantasma m, espe(c)tro m; e-s Toten a.: aparição f; **im ~e** em mente, mentalmente; **seinen ~ aufgeben** entregar a alma a Deus; fig umg **j-m auf den ~ gehen** chatear alg; bras encher o saco de alg

'**Geisterbahn** F̄ comboio m (bras trem m) fantasma **Geisterbeschwörung** F̄ nigromancia f, conjuro m, espiritismo m **Geisterfahrer(in)** M(F) condutor(a) m/f(a) que circula em dire(c)ção errada **geisterhaft** fantástico '**Geistes...** ['gaıstəs-] IN ZSSGN mental; (Verstandes...) intele(c)tual **geistesabwesend** distraído; abstra(c)to **Geistesabwesenheit** F̄⟨o. pl⟩ distra(c)ção f **Geistesarbeiter** M̄ (trabalhador m) intele(c)tual m **Geistesblitz** M̄ ideia f (bras *é) (od inspiração f) repentina **Geistesgabe** F̄ geh talento m **Geistesgegenwart** F̄ ⟨o. pl⟩ presença f de espírito **Geistesgeschichte** F̄ ⟨o. pl⟩ História f das Ideias (bras *é) **geistesgestört** alienado, demente **Geisteshaltung** F̄ mentalidade f **geisteskrank** alienado, demente **Geisteskrankheit** F̄ doença f mental **Geistesschärfe** F̄ ⟨o. pl⟩ agudeza f de espírito **geistesschwach** imbecil **Geistesschwäche** F̄ ⟨o. pl⟩ imbecilidade f **Geistesverfassung** F̄ ⟨o. pl⟩ estado m de espírito; MIL moral f **geistesverwandt** congenial **Geisteswissenschaften** FPL UNIV Letras fpl, ciências fpl do espírito **Geisteszustand** M̄ ⟨-(e)s; o. pl⟩ estado m de espírito

'**geistig** [ˈgaıstıç] espiritual, intele(c)tual; mental (a. MED); Getränk alcoólico; **~ behindert** mentalmente diminuído; **~ verwirrt** tresloucado; bras amalucado **geistlich** espiritual; (kirchlich) eclesiástico; clerical; Orden religioso; **~e Musik** f música f sacra; **~er Stand** m clero m **Geistliche(r)** M̄ ⟨-en⟩ sacerdote m, padre m; protestantisch: pastor m **Geistlichkeit** F̄ ⟨o. pl⟩ clero m **geistlos** ⟨-este⟩ insípido; estúpido; sem graça **geistreich** espirituoso, engenhoso; brilhante; **~ sein** ter muita graça; bras ter presença de espírito **geisttötend** monótono, maçador; bras maçante, enfadonho **geistvoll** → geistreich

Geiz [gaıts] M̄ ⟨-es; o. pl⟩ avareza f '**geizen** ⟨-t⟩ **~ mit** ser avaro de '**Geizhals** M̄, '**Geizkragen** M̄ avar(ent)o m; agarrado m; bras pão-duro m **geizig** avaro, avarento

Ge'jammer [gəˈjamər] N̄ ⟨-s; o. pl⟩ lamúrias fpl **Ge'johle** [gəˈjoːlə] N̄ ⟨-s; o. pl⟩ gritaria f **Ge'keife** [gəˈkaıfə] N̄ ⟨-s; o. pl⟩ gritos mpl **Ge'kicher** [gəˈkıçər] N̄ ⟨-s; o. pl⟩ risos mpl reprimidos **Ge'kläff(e)** [gəˈklɛf(ə)] N̄ ⟨-(e)s; o. pl⟩ latidos mpl, granido m **Ge'klapper** [gəˈklapər] N̄ ⟨-s; o. pl⟩ estrépido m; retintim m; taramelar m; Zähne: bater m **Ge'klatsche** [gəˈklatʃə] N̄ ⟨-es; o. pl⟩ palmas fpl; fig (Gerede) bisbilhotice f; mexerico m; bras fofoca f **Ge'klimper** [gəˈklımpər] N̄ ⟨-s; o. pl⟩ marteladas fpl; piano m mal tocado **Ge'klingel** [gəˈklıŋəl] N̄ ⟨-s; o. pl⟩ tilintar m **Ge'klirr** [gəˈklır] N̄ ⟨-(e)s; o. pl⟩ tinido m; beim Zerbrechen: estrépido m **Ge'knatter** [gəˈknatər] N̄ ⟨-s; o. pl⟩ estalos mpl **Ge'knister** [gəˈknıstər] N̄ ⟨-s; o. pl⟩ crepitação f; bras crepitar m **Gekrächze** [gəˈkrɛçtsa] N̄ ⟨-s; o. pl⟩ grasnar m, grasnir m **Ge'kreisch(e)** [gəˈkraıʃ(ə)] N̄ ⟨-(e)s; o. pl⟩ gritaria f; gritos mpl agudos **Ge'kritzel** [gəˈkrıtsəl] N̄ ⟨-s; o. pl⟩ gatafunhos mpl, rabiscos mpl, garatujas fpl

gekrümmt [gəˈkrymt] a. MATH curvo **ge'künstelt** [gəˈkʏnstəlt] artificial; Stil a. afe(c)tado

Gel [ɡeːl] N ⟨-s; -e⟩ gel m
Ge'lächter [ɡəˈlɛçtɐ] N risada f; gargalhada f; (*Hohngelächter*) galhofa f; *umg* risota f; **in ~ ausbrechen** desatar a rir
ge'lackmeiert [ɡəˈlakmaɪɐt] *umg* **der/die Gelackmeierte sein** ser o logrado/a lograda
ge'laden [ɡəˈlaːdən] *Gast* convidado; *Gewehr etc* carregado
Ge'lage [ɡəˈlaːɡə] N banquete m, festim m; *umg* patuscada f; *bras* farra f
ge'lähmt [ɡəˈlɛːmt] ADJ entrevado; paralisado; MED paralítico
Ge'lände [ɡəˈlɛndə] N terreno m; *abgeschlossenes,* (*Ausstellungsgelände*) recinto m **Geländefahrzeug** N veículo m para terrenos acidentados **geländegängig** AUTO do tipo (*od* de *od bras* bom para) todo o terreno **Geländegewinn** M conquista f de terreno **Geländelauf** M corta-mato m, pedestrianismo m
Geländer N corrimão m; (*Säulengeländer*) balustrada f
Geländeritt M passeio m a cavalo (através dos campos) **Geländewagen** M (veículo m) todo-o-terreno M
ge'langen [ɡəˈlaŋən] ⟨-; s.⟩ chegar (**zu**, in *akk* a); **zu Reichtum ~** chegar a ser rico; **zum Verkauf ~** ser posto à venda
ge'lassen [ɡəˈlasən] ADJ calmo, sereno, descontraído **Gelassenheit** F ⟨o. pl⟩ calma f, serenidade f, sangue-frio m
Gela'tine [ʒelaˈtiːnə] F ⟨o. pl⟩ gelatina f
ge'läufig [ɡəˈlɔʏfɪç] corrente; (*vertraut*) familiar **Geläufigkeit** F ⟨o. pl⟩ facilidade f, agilidade f; MUS técnica f, virtuosidade f
ge'launt [ɡəˈlaʊnt] disposto; **gut/schlecht** bem/mal disposto
Ge'läut [ɡəˈlɔʏt] N ⟨-(e)s; -e⟩, **Geläute** N toque m de sinos; *bes heftiges*: repique m; (*Glockenspiel*) carrilhão m
gelb [ɡɛlp] amarelo; *Ampel* laranja; TEL **Gelbe Seiten®** fpl páginas fpl amarelas '**Gelbfieber** N febre f amarela '**Gelbfilter** M filtro m amarelo '**Gelbkörper** M MED corpo m amarelo '**gelblich** amarelado '**Gelbsucht** F ⟨o. pl⟩ icterícia f '**gelbsüchtig** ictérico
Geld [ɡɛlt] N ⟨-(e)s; -er⟩ **1** dinheiro m; (*Wechselgeld*) troco m; (*Münze, Währung*) moeda f; **~ umtauschen** cambiar (*bras* trocar) dinheiro; **e-e Menge ~** um dinheirão m; **zu ~ machen** vender; **viel ~ kosten** custar muito caro; **etw für teures ~ pagar** pagar muito caro por a/c **2** PL **~er** fundos mpl
'**Geldangelegenheit** F negócio m financeiro; questão f financeira '**Geldanlage** F colocação f de capitais, investimento m '**Geldanweisung** F vale m postal '**Geldautomat** M ⟨-en⟩ caixa m automático '**Geldbetrag** M quantia f de (*od* em) dinheiro
'**Geldbeutel** M, '**Geldbörse** F porta-moedas m; bolsa f; carteira f
'**Geldbrief** M carta f de valor declarado '**Geldbuße** F multa f '**Geldentwertung** F depreciação f (*od* desvalorização f) da moeda '**Geldforderung** F dívida f a(c)tiva '**Geldgeber(in)** M(F) financiador(a) m/f; capitalista m/f '**Geldgeschäft** N transa(c)ção f financeira '**Geldgeschenk** N donativo m '**Geldgier** F ⟨o. pl⟩ cobiça f '**Geldheirat** F casamento m por dinheiro '**Geldinstitut** N banco m; instituição m monetária '**Geldkarte** F cartão m pré-pago '**Geldknappheit** F ⟨o. pl⟩, '**Geldmangel** M ⟨-s; o. pl⟩ falta f (*od* escassez f) de dinheiro '**Geldmarkt** M mercado m monetário '**Geldmenge** F WIRTSCH massa f monetária '**Geldmittel** NPL meios mpl (de fortuna); recursos mpl
'**Geldnot** F falta (*od* escassez f) de dinheiro; **in ~ sein** andar com falta de dinheiro
'**Geldrolle** F rolo m de dinheiro '**Geldschein** M nota f '**Geldschrank** M cofre m '**Geldstrafe** F multa f '**Geldstück** N peça f, moeda f '**Geldsumme** F quantia f, soma f '**Geldtasche** F bolsa f '**Geldtransporter** M carro-forte m
'**Geldumlauf** M ⟨-(e)s; o. pl⟩, '**Geldumsatz** M circulação f monetária '**Geldumtausch** M câmbio m '**Geldverlegenheit** F apuros mpl '**Geldverschwendung** F esbanjamento m de dinheiro '**Geldwäsche** F *umg* branqueamento m (de capitais) '**Geldwechsel** M câmbio m '**Geldwechsler** M cambista m '**Geldwert** M ⟨-(e)s; -e⟩ valor m em di-

nheiro
Ge'lee [ʒe'leː] N ⟨-s; -s⟩ geleia (bras *é) f
ge'legen [gə'leːgən] A PP → liegen B ADJ örtlich: situado; sito; (passend) oportuno C ADV a propósito; **~ kommen** vir a propósito; **j-m ist ~ an** (dat) alg importa-se com, alg tem empenho em
Ge'legenheit F ocasião f; günstige a. oportunidade f; **bei ~** em ocasião; (gelegentlich) em tempo oportuno; **~ macht Diebe** a ocasião faz o ladrão **Gelegenheitsarbeit** F trabalho m temporário (od de ocasião) **Gelegenheitsdieb** M ladrão m ocasional (bras de ocasião) **Gelegenheitskauf** M compra f ocasional, ocasião f
ge'legentlich A ADJ ocasional, casual B ADV a. em tempo oportuno; acidentalmente; (beiläufig) de passagem C PRÄP ⟨gen⟩ a propósito de, na altura de, aquando de
ge'lehrig [gə'leːrɪç] dócil **Gelehrigkeit** F ⟨o. pl⟩ docilidade f **Gelehrsamkeit** F ⟨o. pl⟩ erudição f **gelehrt** ADJ sábio, erudito **Gelehrte(r)** M/F(M) sábio m, -a f; erudito m, -a f
Ge'leise [gə'laɪzə] N ⟨-s; -⟩ → Gleis
Ge'leit [gə'laɪt] N ⟨-(e)s; -e⟩ escolta f; SCHIFF comboio m; (Trauerzug) acompanhamento m fúnebre; **das ~ geben** → geleiten; **im ~ fahren** SCHIFF ser comboiado; **freies ~** salvo-conduto m **Geleitbrief** M salvo-conduto m **geleiten** ⟨-e-; -⟩ acompanhar; MIL escoltar; SCHIFF a. comboiar **Geleitwort** N ⟨-(e)s; -e⟩ prefácio m; **mit e-m ~ versehen** prefaciar **Geleitzug** M SCHIFF comboio m
Ge'lenk [gə'lɛŋk] N ⟨-(e)s; -e⟩ articulação f **Gelenkentzündung** F artrite f **gelenkig** flexível, elástico; (flink) ágil **Gelenkigkeit** F ⟨o. pl⟩ flexibilidade f, elasticidade f; agilidade f **Gelenkpfanne** F ANAT acetábulo m **Gelenkrheumatismus** M ⟨-; o. pl⟩ artrite f
ge'lernt [gə'lɛrnt] ADJ Beruf qualificado; especializado
Ge'liebte(r) [gə'liːptə(r)] M/F(M) ⟨-en⟩ namorado m, -a f, querido m, -a f; amante m/f
ge'linde [gə'lɪndə] A geh ADJ suave, benigno; moderado B ADV fig com indulgência; **~ gesagt** sem exagerar

GEMA

ge'lingen [gə'lɪŋən] ⟨-; s.⟩ sair bem; dar bom resultado; **es gelingt j-m zu** (inf) alg consegue (inf); **nicht ~** frustrar-se, fracassar **Ge'lingen** [gə'lɪŋən] N ⟨o. pl⟩ êxito m; sucesso m
Ge'lispel [gə'lɪspəl] N ⟨-s; o. pl⟩ cicio m
'gellen ['gɛlən] ressoar, zunir **gellend** ADJ Schrei etc estridente
ge'loben [gə'loːbən] ⟨-⟩ prometer, fazer voto **Ge'löbnis** [gə'løːpnɪs] N ⟨-ses; -se⟩ promessa f; voto m; **ein ~ ablegen** fazer voto
'gelten ['gɛltən] valer; (gültig sein) ser válido; Gesetz estar em vigor; **für etw ~** passar por a/c; **~ von** (dat) poder-se dizer de; **das gilt mir** isto é comigo, isto é para mim; **~ lassen** deixar passar, admitir; **es gilt** (akk od zu inf) trata-se de; está em jogo; **was gilt die Wette?** quer apostar?; **jetzt gilt's!** chegou o momento!; **das gilt nicht** não vale **geltend** ADJ vigente; Gesetz a. em vigor; **~ machen** fazer valer
'Geltung F ⟨o. pl⟩ valor m; (Gültigkeit) validez f, validade f; JUR vigência f; (Ansehen) crédito m; prestígio m; **~ haben** valer; ser válido; Gesetz etc: estar em vigor; **zur ~ bringen** fazer valer; **zur ~ kommen, sich** (dat) **~ verschaffen** impor-se; **e-r Sache** (dat) **~ verschaffen** fazer respeitar a/c
'Geltungsbedürfnis N ⟨-ses; o. pl⟩ ostentação f; necessidade f de brilhar **Geltungsbedürfnisbereich** M domínio m; âmbito m; (e-s Gesetzes: (zona f de) vigência f
Ge'lübde [gə'lʏpdə] N voto m; promessa f
ge'lungen [gə'lʊŋən] A PP → gelingen B ADJ umg (gut) bem feito, bem sucedido; **das ist ~!** é boa!; Witz tem graça!
Ge'lüst [gə'lʏst] N ⟨-(e)s; -e⟩, **Gelüste** ⟨-s; -⟩ N apetite m, desejo m **gelüsten** ⟨-e-; -⟩ **j-n gelüstet (es) nach etw** alg deseja a/c, alg cobiça a/c, a/c apetece a alg
Ge'mach [gə'maːx] N ⟨-(e)s; ⸚er⟩ geh, hist aposento m
ge'mächlich [gə'mɛːçlɪç] A ADJ cómodo (bras *ô); lento; calmo B ADV devagar, lentamente **Gemächlichkeit** F ⟨o. pl⟩ comodidade f; lentidão f
ge'macht [gə'maxt] ADJ **ein ~er Mann sein** ser um homem feito (od realizado)
Ge'mahl(in) [gə'maːl(ɪn)] M(F) ⟨-(e)s; -e

geh esposo *m*, -a *f*; F̄ *a*. senhora *f*

ge'mahnen [gə'maːnən] ‹-› *geh* **j-n an etw** (*akk*) **~** recordar *od* lembrar a/c a alg **Ge'mälde** [gə'mɛːldə] N̄ painel *m*, quadro *m*, pintura *f* **Gemäldeausstellung** F̄ exposição *f* de pintura **Gemäldegalerie** F̄ galeria *f* de pintura

ge'masert [gə'maːzɐt] raiado; com veias

ge'mäß [gə'mɛːs] A PRÄP ‹*dat*› segundo, conforme a; de acordo com B ADJ adequado **gemäßigt** [gə'mɛːsɪçt] moderado; *Klima* temperado

Ge'mäuer [gə'mɔʏɐ] N̄ altes **~** ruínas *fpl*; pardieiro *m*

Ge'mecker [gə'mɛkɐʁ] N̄ ‹-s; *o. pl*› berros *mpl*; (*Nörgelei*) critiquice *f*; *bras* gozação *f*

ge'mein [gə'maɪn] ◪ *allg* comum; (*gewöhnlich*) ordinário; **~er Soldat** *m* soldado raso; **etw ~ haben mit** ter algo em comum com; **sich ~ machen** (**mit**) (re)baixar-se à altura de ◪ (*bösartig*) infame; **du bist ~!** és infame!; *bras* você é muito malvado! ◪ (*niedrig*) baixo, vulgar; (*vulgär*) indecente; **der ~e Mann** o homem na rua; **das ~e Volk** o vulgo, o povo **Ge'meinde** [gə'maɪndə] F̄ ◪ ADMIN comuna *f*, comunidade *f*; freguesia *f*; *städtische a.*: município *m* ◪ (*Pfarrgemeinde*) paróquia *f*; *christliche*: comunidade *f* cristã **Gemeinde...** IN ZSSGN *oft* comunal; (*städtische*) municipal; REL paroquial **Gemeindeamt** N̄ → **Gemeindehaus Gemeindebezirk** M̄ concelho *m* **Gemeindehaus** N̄ ◪ junta *f* da freguesia; *bras* prefeitura *f*; REL casa *f* paroquial **Gemeindemitglied** N̄ paroquiano *m* **Gemeinderat** A M̄ conselho *m* municipal, junta *f* de freguesia; REL paroquial ◪ M̄, **Gemeinderätin** F̄ *Person*: membro *m* do conselho municipal (*od* REL do conselho paroquial) **Gemeinderatswahl(en)** F̄PL eleições *fpl* municipais **Gemeindevorsteher** M̄ presidente *m* da (junta de) freguesia **ge'meingefährlich** ADJ **~ sein** constituir um perigo para o público **Gemeingut** N̄ ‹-(e)s; *o. pl*› bens *mpl* públicos; *fig* património *m* (*bras* *ô) comum **Gemeinheit** F̄ baixeza *f*; vilania *f*; infâmia *f* **gemeinhin** ADV geralmente **Gemeinkosten** PL WIRTSCH despesas *fpl* (gerais)

ge'meinnützig [gə'maɪnnʏtsɪç] de utilidade pública; de interesse geral **Gemeinnützigkeit** F̄ utilidade *f* pública **Gemeinplatz** M̄ *fig* lugar-comum *m*; banalidade *f*

ge'meinsam A ADJ comum; cole(c)tivo; **~e Sache machen** fazer causa comum; mancomunar-se B ADV em comum, em conjunto **Gemeinsamkeit** F̄ interesse *m* comum; coisa *f* em comum; **mit j-m viele/keine ~en haben** ter muitas coisas/não ter nada em comum com alg

Ge'meinschaft F̄ comunidade *f*; cole(c)tividade *f*; sociedade *f*; REL comunhão *f*; **in ~** (**mit**) junto (com) **gemeinschaftlich** em comum **Gemeinschaftsanschluss** M̄ linha *f* comum (*od* cole(c)tiva) **Gemeinschaftsantenne** F̄ antena *f* cole(c)tiva **Gemeinschaftsarbeit** F̄ trabalho *m* cole(c)tivo **Gemeinschaftserziehung** F̄ ‹*o. pl*› coeducação *f* **Gemeinschaftskunde** F̄ ‹*o. pl*› formação *f* cívico-social **Gemeinschaftspraxis** F̄ consultório *m* de médicos (*od* advogados) **Gemeinschaftsproduktion** F̄ produção *f* conjunta **Gemeinschaftsraum** M̄ sala *f* comum **Gemeinsinn** M̄ ‹-(e)s; *o. pl*› solidariedade *f* **gemeinverständlich** ao alcance de todos; popular; **~ machen** vulgarizar **Gemeinwesen** N̄ cole(c)tividade *f*; Estado *m*; república *f* **Gemeinwohl** N̄ ‹-(e)s; *o. pl*› bem *m* público, bem *m* comum

Ge'menge [gə'mɛŋə] N̄ mistura *f*; (*Handgemenge*) desordem *f*; briga *f*

ge'messen [gə'mɛsən] ADJ *Schritt* pausado; (*ernsthaft*) formal; (*ruhig, gemäßigt*) sensato; comedido

Ge'metzel [gə'mɛtsəl] N̄ ‹-s; -› matança *f*; carnificina *f*

Ge'misch [gə'mɪʃ] N̄ ‹-(e)s; -e› mistura *f*

'Gemme ['gɛmə] F̄ camafeu *m*

'Gemse F̄ → **Gämse**

Ge'murmel [gə'mʊrməl] N̄ ‹-s; *o. pl*› murmurinho *m*; murmúrios *mpl*

Ge'müse [gə'myːzə] N̄ ‹-s; -› legumes *mpl*; hortaliça *f* **Gemüse(an)bau** M̄ ‹-(e)s; *o. pl*› horticultura *f* **Gemüsebeet** N̄ talhão *m* (*od* canteiro *m*) de legumes **Gemüsegarten** M̄ horta f **Gemüsegärtner** M̄ hortelão m; bras horteleiro m **Gemüsehändler(in)** M̄(F̄) vendedor(a) m(f) de hortaliças, hortaliceiro m, -a f **Gemüseladen** M̄ loja f de hortaliças

ge'mustert ADJ Stoff estampado
Ge'müt [gə'myːt] N̄ ⟨-(e)s, -er⟩ ânimo m; alma f; a. coração m; **sich** (dat) **etw zu ~ führen** (verzehren) regalar-se com a/c; gozar de a/c; iron ficar sabendo a/c
gemütlich 1 etw aconchegado; confortável, cómodo (bras *ô), agradável; **hier ist es ~** aqui está-se muito bem; bras aqui é bem aconchegante 2 Person jovial; bem disposto; bras bonachão **Gemütlichkeit** F̄ ⟨o. pl⟩ comodidade f, conforto m; des Heims: intimidade f; j-s: jovialidade f
Ge'mütsart F̄ cará(c)ter m, mentalidade f; índole f; temperamento m **Gemütsbewegung** F̄ afe(c)to m; comoção f **gemütskrank** melancólico **Gemütskrankheit** F̄ depressão f; melancolia f **Gemütsmensch** M̄ ⟨-en⟩ homem m sensível; iron ume bruto m **Gemütsruhe** F̄ ⟨o. pl⟩ serenidade f **Gemütsverfassung** F̄, **Gemütszustand** M̄ disposição f mental; estado m de ânimo; humor m
ge'mütvoll afe(c)tuoso, sensível
gen [gɛn] poet em dire(c)ção a
Gen [geːn] N̄ ⟨-s, -e⟩ MED gene m; factor m hereditário
ge'nau [gə'nau] A ADJ exa(c)to; preciso; justo; (sehr sorgfältig) meticuloso, minucioso; (streng) rigoroso, estri(c)to; (pünktlich) pontual; **etw ~ wissen** saber a/c com certeza B ADV Uhrzeit: em ponto; ~ **angeben** especificar; ~ **nehmen** ser meticuloso (com); ~ **genommen** em rigor; ~ **wie** tal qual, tal como; **so ~ wie möglich** o mais exa(c)to possível **Genauigkeit** F̄ ⟨o. pl⟩ exa(c)tidão f, precisão f; justeza f; (Sorgfalt) meticulosidade f; (Strenge) a. rigor m **genauso** ADV do mesmo modo; ~ **groß/gut (wie)** tão grande/bom (como); ~ **sehr/~ viel** tanto quanto; ~ **wenig** tão pouco (quanto, como); ~ **wie** tanto como
'Genbank F̄ ⟨-; -en⟩ banco m genético, banco m de genes
ge'nehm [gə'neːm] ADJ ~ **sein** agradar, convir **genehmigen** [gə'neːmɪɡən] ⟨-⟩ (annehmen) aceitar; (billigen) aprovar; (erlauben) permitir, autorizar; Antrag aprovar; deferir; **sich** (dat) **etw ~** umg (gönnen) dar-se ao luxo de **Genehmigung** [gə'neːmɪɡʊŋ] F̄ aprovação f; beneplácito m; (Erlaubnis) licença f, autorização f; e-s Antrags: deferimento m; **e-e ~ erteilen** conceder uma autorização **genehmigungspflichtig** [gə'neːmɪɡʊŋspflɪçtɪç] sujeito a autorização
ge'neigt [gə'naɪkt] ADJ inclinado; disposto (**zu** a); (zugeneigt) afeiçoado
Gene'ral [ɡenə'raːl] M̄ ⟨-s; -e od ⸚e⟩ general m **Generalagent** M̄ ⟨-en⟩ agente m geral **Generalamnestie** F̄ a(m)nistia f geral **Generalbass** M̄ baixo m contínuo **Generaldirektor** M̄ dire(c)tor m geral **Generali'tät** [ɡenəraliˈtɛːt] F̄ die ~ os generais mpl **Generalkonsul** M̄ cônsul-geral m **Generalprobe** F̄ ensaio m geral **Generalsekretär** M̄ secretário-geral m **Generalstab** M̄ estado-maior m **Generalstreik** M̄ greve f geral **Generalüberholung** F̄ revisão f geral **Generalversammlung** F̄ assembleia f geral (bras *é) **Generalvollmacht** F̄ plenos poderes mpl; HANDEL procuração f geral
Generati'on [ɡeneratsi'oːn] F̄ geração f; **die junge** od **nachwachsende ~** a nova geração **Generationskonflikt** M̄ conflito m de gerações
Gene'rator [ɡenə'raːtɔr] M̄ ⟨-s; -en [ɡenəra'toːrən]⟩ gerador m
gene'rell [ɡenə'rɛl] A ADJ geral B ADV geralmente, em geral
ge'nesen [ɡə'neːzən] ⟨-; s.⟩ geh convalescer, restabelecer-se **Genesung** F̄ convalescença f; restabelecimento m **Genesungsheim** N̄ sanatório m
Ge'netik [ɡe'neːtɪk] F̄ ⟨o. pl⟩ genética f **Genetiker(in)** M̄(F̄) genetista m/f **genetisch** genético; ADV ~ **bedingt** condicionado geneticamente
'Genf [ɡɛnf] F̄ GEOG Genebra (o. art) **Genfer** [ˈɡɛnfər] A ADJ de Genebra; ~ **See** Lago m de Genebra B M̄/F̄ habitante de Genebra
'Genforschung [ˈɡeːnfɔrʃʊŋ] F̄ ⟨o. pl⟩ investigação f (od pesquisa f) genética
geni'al [ɡeni'aːl] genial
Ge'nick [ɡəˈnɪk] N̄ ⟨-(e)s, -e⟩ nuca f; pes-

coço m; colo m; **j-m das ~ brechen** quebrar o pescoço a (bras de) alg; fig arruinar, destruir alg **Genickstarre** F meningite f cérebro-espin(h)al

Ge'nie [ʒeˈniː] N ⟨-s; -s⟩ génio m, bras gênio m

ge'nieren [ʒeˈniːrən] ⟨-⟩ incomodar; **sich ~ ter** vergonha; fazer cerimónia (bras ~ **sein**)

ge'nießbar [gəˈniːsbaːr] comestível; (trinkbar) potável; fig tolerável, suportável; **~ sein** a. poder-se comer, beber etc **genießen** VT ⟨-⟩ saborear; a. comer, beber; fig gozar de **Genießer(in)** M(F) folgazão m, -ã f; **ein ~ sein** a. saber gozar (od desfrutar) **genießerisch** ADJ & ADV com prazer (od gozo); com desfrutação

Geni'talbereich [geniˈtaːlbəraɪç] M zona f (bras área f) genital **Geni'talien** [geniˈtaːliən] NPL órgãos mpl genitais

'Genitiv [ˈgeːnitiːf] M ⟨-s; -e⟩ genitivo m

'Genmais M milho m transgénico (bras *ê) **'Genmanipulation** F modificação (od manipulação) genética **'genmanipuliert** ADJ modificado (od manipulado) geneticamente

Ge'nom [geˈnoːm] N ⟨-s; -e⟩ genoma m

Ge'nosse [gəˈnɔsə] M ⟨n; -n⟩ companheiro m; camarada m (a. POL); HANDEL sócio m; **~n** pl consortes mpl **Genossenschaft** F (sociedade f) cooperativa f; grémio m, bras grêmio m **genossenschaftlich** cooperativo **Genossin** F companheira f, camarada f (a. POL)

'Gentechnik F, **Gentechnologie** [ˈgeːntɛçnoloˌgiː] F tecnologia f genética **gentechnisch** ADV **~ verändert** modificado (od manipulado) geneticamente **Gentest** M teste m genético **Gentherapie** F tratamento m genético

'Genua [ˈgeːnua] N GEOG Génova (a. art)

ge'nug [gəˈnuːk] ADV bastante, suficiente; **~!** basta!; chega!; (kurzum) enfim; **~ zu leben** o suficiente para ...; **~ haben von** fig estar farto de; **nicht ~, dass** não só que

Ge'nüge [gəˈnyːgə] F ⟨o. pl⟩ suficiência f; (Befriedigung) satisfação f; **zur ~** o suficiente; (dat) **~ tun** satisfazer, e-r Pflicht: cumprir **genügen** ⟨-⟩ bastar, chegar; (ausreichen) ser suficiente, satisfazer **genügend** bastante; suficiente; (befriedigend) a. satisfatório **genügsam** modesto; (mäßig) sóbrio, moderado; frugal **Genügsamkeit** F ⟨o. pl⟩ modéstia f; moderação f; sobriedade f

Ge'nugtuung [gəˈnuːktuːʊŋ] F ⟨o. pl⟩ satisfação f; **für e-e Kränkung** a.: desagravo m; **~ geben** (dat) desagravar, desafrontar; **sich** (dat) **~ verschaffen** desagravar-se, desafrontar-se; (sich rächen) vingar-se

'Genus [ˈgeːnʊs] N ⟨-; Genera⟩ GRAM género m (bras *ê); des Verbs: voz F

Ge'nuss [gəˈnʊs] M ⟨-es; ⸚e⟩ gozo m; prazer m; (a. Besitz, Nutzen) usufruto m; **nach ~** von depois de ter comido (od bebido od ingerido) **Genussmittel** N estimulante m **Genusssucht** F ⟨o. pl⟩ sibaritismo m; bras a. luxúria f **genusssüchtig** sibarítico

ge'öffnet [gəˈœfnət] Laden, Post etc aberto

Geo'graf(in) [geoˈgraːf(ɪn)] M(F) ⟨-en⟩ geógrafo,-a m,f **Geogra'fie** [geograˈfiː] F ⟨o. pl⟩ geografia f **geo'grafisch** [geoˈgraːfɪʃ] geográfico

Geo'graph M ⟨-en⟩, **Geographie** F etc → Geograf(in) etc

Geo'loge [geoˈloːgə] M ⟨-n⟩, **Geo'login** F geólogo,-a m,f **Geolo'gie** [geoloˈgiː] F ⟨o. pl⟩ geologia f **geo'logisch** [geoˈloːgɪʃ] geológico

Geometer M agrimensor m, geómetra m (bras *ô) **Geome'trie** [geomeˈtriː] F ⟨o. pl⟩ geometria f **geo'metrisch** geométrico

Geophy'sik F ⟨o. pl⟩ geofísica f **Geopoli'tik** F ⟨o. pl⟩ geopolítica f **Geosphäre** F geosfera f **geothermisch** geotérmico, geotermal

Ge'päck [gəˈpɛk] N ⟨-(e)s; o. pl⟩ bagagem f **Gepäckabfertigung** F despacho m **Gepäckannahme** F recepção f de bagagens **Gepäckaufbewahrung** F depósito m de bagagens **Gepäckaufgabe** F ⟨o. pl⟩ despacho m **Gepäckausgabe** F entrega f (od devolução f) de bagagens **Gepäcknetz** N rede f de bagagem; bras bagageiro m **Gepäckraum** M depósito m; AUTO porta-mala M **Gepäckschalter** M guiché m de bagagem **Gepäckschein** M guia f; senha f; talão m **Gepäckschließfach** N cacife m **Gepäckstück** N volume m; mala f **Gepäck-**

träger M AUTO, *Fahrrad*: porta-bagagem m; (*Dachgepäckträger*) porta-bagagem m; *bras a.* bagageiro m de teto; *Person*: moço m de fretes, carregador m **Gepäckversicherung** F seguro m de bagagens **Gepäckwagen** M furgão m

ge'panzert [gə'pantsərt] *Auto etc* blindado

ge'pfeffert ADJ apimentado; *fig* picante; *Preis* muito elevado

ge'pflegt [gə'pfle:kt] ADJ cuidado, arranjado

Ge'pflogenheit [gə'pflo:gənhaɪt] F costume m, hábito m

ge'pierct [gə'pi:rst] ADJ ~ **sein** ter piercing

Ge'plänkel [gə'plɛŋkəl] N MIL escaramuça f, tiroteio m; *fig* (*Diskussion*) discussão f amigável

ge'plant ADJ planeado; previsto; proposto

Ge'plapper [gə'plapər] N ⟨-s; *o. pl*⟩ tagarelice f **Ge'plärr(e)** [gə'plɛr(ə)] N ⟨-(e)s; *o. pl*⟩ berros mpl, choros mpl **Ge'plätscher** [gə'plɛtʃər] N ⟨-s; *o. pl*⟩ murmurinho m, chapinhada f **Ge'plauder** [gə'plaʊdər] N ⟨-s; *o. pl*⟩ cavaco m; *bras* bate-papo m, crepitação f

ge'prüft [gə'pry:ft] ADJ *staatlich*: diplomado

Ge'quake [gə'kva:kə] N ⟨-s; *o. pl*⟩ grasnar m (das rãs) **Ge'quengel** [gə'kvɛŋəl] N ⟨-s; *o. pl*⟩ quezília f; taramelice f; *bras* tagarelice f

ge'rade [gə'ra:də] A ADJ direito (*a. fig*); re(c)to (*a. fig*) *Zahl* par B ADV 1 direito; (*a. genau*) precisamente; (*soeben*) ~ **etw tun** acabar de fazer a/c; ~ **dabei sein zu** estar a; ~ **wollen** (*inf*) estar para (*inf*)

Ge'rade [gə'ra:də] F (linha f) re(c)ta f

gerade'aus ADV a direita, em frente **geradehe'raus** ADV francamente, com franqueza, redondamente **gerade'so** ADV assim mesmo **geradestehen** *fig* ~ **für** tomar a responsabilidade de **gerade'wegs** [gə'ra:dəve:ks] ADV,

gerade'zu ADV dire(c)tamente; (*unverblümt*) francamente

Ge'radheit [gə'ra:thaɪt] F ⟨*o. pl*⟩ re(c)tidão f; *fig a.* franqueza f, sinceridade f

geradlinig [gə'ra:tli:nɪç] re(c)tilíneo

ge'rammelt [gə'raməlt] ADV ~ **voll** *umg* à cunha; *bras* lotado

Ge'rangel [gə'raŋəl] N ⟨-s; *o. pl*⟩ bulha f; forcejo m; *bras* peleja f, desavença f

Ge'ranie [gə'ra:niə] F gerânio m

Ge'rassel [gə'rasəl] N ⟨-s; *o. pl*⟩ fragor m; estrépito m; crepitação f

Ge'rät [gə'rɛ:t] N ⟨-(e)s; -e⟩ aparelho m (*a. Turngerät, Radiogerät*); (*Werkzeug*) utensílio m; instrumento m

ge'raten¹ [gə'ra:tən] V/I ⟨-; *s.*⟩ ~ **nach** sair a; ir parar a; **gut** ~ sair bem; ~ **in** (*akk*) cair em; **in Brand** ~ pegar fogo; **in Schwierigkeiten** ~ estar em dificuldades, ficar numa situação difícil; ~ **an** (*akk*) encontrar; **in Streit** ~ zangar-se; **in Wut** ~ enraivecer; **außer sich** (*dat*) ~ ficar fora de si (*de*)

ge'raten² [gə'ra:tən] A PP → **raten** B ADJ (*ratsam*) conveniente

Ge'räteturnen [gə'rɛ:təturnən] N ⟨-s; *o. pl*⟩ ginástica f aplicada

Gerate'wohl [gara:tə'vo:l] N *inv* **aufs** ~ ao acaso; a esmo

ge'räuchert [gə'rɔʏçərt] defumado

ge'raum [gə'raʊm] *geh* ~**e Zeit** (por) largo tempo; **vor** ~**er Zeit** há tempos

ge'räumig [gə'rɔʏmɪç] espaçoso; **sehr** ~ vasto

Ge'räusch [gə'rɔʏʃ] N ⟨-(e)s; -e⟩ ruído m, barulho m **geräuschempfindlich** sensível ao ruído (*od* barulho) **Geräuschkulisse** F ruídos mpl de fundo; THEAT, FILM fundo m sonoro **geräuschlos** silencioso, sem ruído **Geräuschpegel** M nível m de ruído; *bras* nível m de som **geräuschvoll** ruidoso; barulhento

'gerben ['gɛrbən] curtir, surrar; *umg fig* **j-m das Fell** ~ chegar a alg

'Gerben ['gɛrbən] N curtimento m **Gerber** M curtidor m **Gerbe'rei** [gɛrbə'raɪ] F (fábrica f de) curtume(s) m **Gerbsäure** ['gɛrpzɔʏrə] F ⟨*o. pl*⟩, **Gerbstoff** ['gɛrpʃtɔf] M tanino m, curtim m

ge'recht [gə'rɛçt] justo; **j-d a.** justiceiro; **j-m** ~ **werden** fazer justiça a alg; **e-r Forderung** ~ **werden** satisfazer uma exigência/reivindicação **ge'rechtfertigt** [gə-'rɛçtfɛrtɪçt] justificado **Ge'rechtigkeit** F ⟨o. pl⟩ justiça f; **j-m/e-r Sache ~ widerfahren lassen** fazer justiça a alg/a alc

Ge'rede [gə're:də] N ⟨-s; o. pl⟩ boato m; rumor m; *leeres*: palavreado m; *dummes*: disparates fpl; **ins ~ bringen** comprometer

ge'reichen [gə'raɪçən] ⟨-⟩ *geh* **zu etw ~** causar a/c; **j-m zum Nutzen ~** ser em proveito de alg; **j-m zur Ehre ~** fazer honra a alg, honrar alg

ge'reizt [gə'raɪtst] ADJ irritado; *a.* nervoso; abespinhado **Gereiztheit** F ⟨o. pl⟩ irritação f

Ge'richt[1] [gə'rɪçt] N ⟨-(e)s; -e⟩ **1** (*Gerichtshof*) tribunal m (de justiça); **vor ~ erscheinen** comparecer perante a justiça; **vor ~ stellen** (*anklagen*) processar, levar a juízo; **vor ~ laden** citar **2** (*Rechtsprechung*) juízo m; julgamento m; *Sitzung*: reunião f do tribunal; **~ halten** julgar; **über j-n zu ~ sitzen** julgar alg, processar alg

Ge'richt[2] [gə'rɪçt] N ⟨-(e)s; -e⟩ *Essen*: prato m

ge'richtlich ADJ judicial, judiciário; ADV **~ belangen** acusar; intimar

Ge'richtsakte F auto m **Gerichtsarzt** M médico m legista **Gerichtsbarkeit** F jurisdição f **Gerichtsbeschluss** M disposição f (*od* decisão f) judicial **Gerichtsbezirk** M vara f; comarca f **Gerichtsdiener** M oficial m de diligências **Gerichtsgebäude** N Palácio m de Justiça

Ge'richtshof M tribunal m; **Europäischer ~** Tribunal de Justiça da União Européia; **Internationaler ~** Tribunal Internacional de Justiça

Ge'richtskosten pl custas fpl (judiciais) **Gerichtsmedizin** F ⟨o. pl⟩ medicina f legal **Gerichtsschreiber** M escrivão m **Gerichtssitzung** F reunião f do tribunal; (*Verhör*) audiência f **Gerichtsstand** M JUR competência f; jurisdição f **Gerichtstag** M dia m de audiência(s); *poet* dia m de juízo **Gerichtsurteil** N sentença f **Gerichtsverfahren** N processo m **Gerichtsverhandlung** F (audiências fpl de um) processo m **Gerichtsvollzieher** [gə'rɪçtsfɔltsi:ɐr] M meirinho m, oficial m de diligências (*bras* justiça) **Gerichtsweg** M **auf dem ~** por via legal **Gerichtswesen** N justiça f; foro m

ge'rieben [gə'ri:bən] A PP → **reiben** B ADJ *fig pej* finório, astuto

ge'ring [gə'rɪŋ] pequeno; diminuto; *Wert, Umfang* pouco; (*niedrig*) baixo; *a.* → geringfügig; **~ schätzen** desprezar, menosprezar; fazer pouco de **geringer** menor; *Qualität* inferior; *fig* **kein Geringerer als ...** o próprio ... **geringfügig** [gə-'rɪŋfy:gɪç] insignificante; de pouca monta **Geringfügigkeit** F insignificância f **geringschätzig** [gə'rɪŋʃɛtsɪç] desdenhoso, depreciativo **Geringschätzung** F ⟨o. pl⟩ desdém m, menosprezo m, desprezo m **geringste** ADJ SUP mínimo; *Qualität* ínfimo; **nicht im Geringsten** de modo nenhum

ge'rinnen [gə'rɪnən] ⟨-; s.⟩ coalhar, coagular-se; *Milch umg* estragar-se **Gerinnsel** N (*Rinnsal*) regueira f, regueiro m; *bras* rego m; (*Blutgerinnsel*) derramamento m; CHEM coágulo m

Ge'rippe [gə'rɪpə] N esqueleto m; TECH, SCHIFF carcaça f, casco m; *bes fig* estrutura f **gerippt** ARCH canelado; estriado; BOT nervado

ge'rissen [gə'rɪsən] A PP → **reißen** B ADJ *fig* sabido, astuto

Ger'mane [gɛr'ma:nə] M ⟨-n⟩, **Germain** F germano m, -a f **germanisch** [gɛr'ma:nɪʃ] germânico **Germa'nist(in)** M(F) ⟨-en⟩ germanista m/f **Germa'nistik** F ⟨o. pl⟩ filologia f germânica

'gern(e) ['gɛrn(ə)] ADV com muito gosto, de boa vontade, de bom grado; **~ mögen, ~ tun** etc gostar de ...; **~ gesehen** bem visto, bem acolhido; *j-d a.* bemquisto; **das glaube ich ~** eu acredito (nisso); **~ geschehen!** de nada

'Gernegroß M ⟨-; -e⟩ vaidoso m, fanfarrão m

'gernhaben *umg* j-n, etw gostar de

Ge'röll [gə'rœl] N ⟨-(e)s; -e⟩ cascalho m; detritos mpl

Gerontologie [gerɔntolo'gi:] F ⟨-⟩ gerontologia f

ge'röstet [gə'rø:stət] torrado, tostado **'Gerste** ['gɛrstə] F ⟨o. pl⟩ cevada f **'Gerstenkorn** N grão m de cevada; MED terçol m

'Gerte ['gɛrtə] F vara f; chibata f; (*Reit-*

gerte) vergasta f

Ge'ruch [gəˈrux] N ⟨-(e)s; ⸚e⟩ cheiro m (**nach** a); **komischer ~** cheiro estranho **geruchlos** inodoro; sem cheiro **Ge'ruchssinn** M ⟨-(e)s; o. pl⟩ olfa(c)to m; faro m **Geruchsverschluss** M sifão m

Ge'rücht [gəˈrʏçt] N ⟨-(e)s; -e⟩ boato m, rumor m; atoarda f; *bras* mexerico m; **es geht das ~, dass ...** corre o boato que ..., dizem que ..., consta que ...

ge'ruhen [gəˈruːən] ⟨-⟩ dignar-se; haver por bem **geruhsam** lento; ADV *a.* pacatamente

Ge'rümpel [gəˈrʏmpəl] N ⟨-s; o. pl⟩ coisas fpl velhas; velharias fpl; tralha f

Ge'rundium [gəˈrʊndiʊm] N ⟨-(e)s; -ien⟩ GRAM gerúndio m

Ge'rüst [gəˈrʏst] N ⟨-(e)s; -e⟩ ARCH andaime m; (*Aufbau*) cadafalso m; *fig* esqueleto m

Ges [gɛs] N ⟨-; -⟩ MUS sol-bemol m

Ges. ABK (**Gesellschaft**) Soc.de (Sociedade), C.ª (Companhia)

ge'salzen ADJ salgado; *fig* → *gepfeffert*
ge'samt [gəˈzamt] global, inteiro, total
Ge'samt... in Zssgn oft total, global, integral **Gesamtansicht** F panorama m; vista f global **Gesamtausgabe** F edição f completa **Gesamtbetrag** M montante m **Gesamtbild** N conjunto m; panorama m **Gesamteindruck** M impressão f geral **Gesamtgewicht** N peso m total **Gesamtheit** F ⟨o. pl⟩ totalidade f, conjunto m **Gesamtkonzept** N concepção f global **Gesamtlänge** F comprimento m total **Gesamtnote** F nota f final **Gesamtschule** F escola f conjunta (*od* integrada)

Ge'sandte(r) [gəˈzantə(r)] M ⟨-n⟩ ministro m (plenipotenciário); enviado m; **päpstlicher ~** núncio m apostólico **Ge'sandtschaft** F (**deutsche, Schweizer** *etc*) **~** legação f (da Alemanha, Suíça *etc*); **päpstliche ~** nunciatura f

Ge'sang [gəˈzaŋ] M ⟨-(e)s; ⸚e⟩ canto m; REL (*Lied*) cântico m, hino m **Gesangbuch** N cancioneiro m **Gesangsstunden** FPL, **Gesangsunterricht** M aulas fpl de canto **Gesangsvortrag** M recital m de canto **Gesangverein** M orfeão m

Ge'säß [gəˈzɛːs] N ⟨-es; -e⟩ assento m; nádega(s) f(pl)

ge'sättigt [gəˈzɛtɪçt] ADJ CHEM saturado **gesch.** ABK (**geschieden**) divorciado **Ge'schäft** [gəˈʃɛft] N ⟨-(e)s; -e⟩ ❶ (*Handel*) comércio m; *einzelnes:* negócio m, HANDEL *a.* transa(c)ção f; FIN operação f; **unsauberes ~** negociata f ❷ (*Laden*) loja f; (*Firma*) casa f comercial ❸ (*Tätigkeit*) ocupação f; **sein ~ verrichten** *umg* fazer as suas necessidades **geschäftig** a(c)tivo; (*eifrig*) solícito; zeloso **Geschäftigkeit** F ⟨o. pl⟩ a(c)tividade f; zelo m **geschäftlich** A ADJ comercial; de negócios B ADV em negócios

Geschäftsabschluss M conclusão f de um negócio; balanço m **Geschäftsanteil** M quota f, cota f **Geschäftsaufgabe** F liquidação f **Geschäftsbereich** M campo m de a(c)ção; competência f; POL pasta f; *Minister:* **ohne ~** sem pasta **Geschäftsbericht** M relatório m (*od* balanço m) de negócios **Geschäftsbrief** M carta f comercial **geschäftsfähig** JUR solvente; capaz **Geschäftsfreund** M correspondente m

ge'schäftsführend dirigente **Ge'schäftsführer(in)** M(F) gerente m/f, administrador(a) m(f); dire(c)tor(a) m(f) **Geschäftsführung** F gerência f; dire(c)ção f

Ge'schäftsgang M marcha f dos negócios **Geschäftsgegend** F bairro m comercial **Geschäftshaus** N casa f comercial, casa f de comércio **Geschäftsinhaber** M patrão m **Geschäftsjahr** N ano m fiscal **Geschäftsleben** N comércio m; negócios mpl **Geschäftsleitung** F dire(c)ção f **Geschäftsleute** pl comerciantes mpl **Geschäftsmann** M ⟨-(e)s; ⸚er *od* -leute⟩ homem m de negócios; comerciante m **geschäftsmäßig** regular **Geschäftsordnung** F regulamento m **Geschäftspapiere** NPL documentos mpl, documentação fsg **Geschäftsraum** M estabelecimento m

Ge'schäftsreise F viagem f de negócios; **auf ~ sein** estar em viagem de negócios **Geschäftsreisende(r)** M ⟨-n⟩ viajante m/f de negócios **Ge'schäftsschluss** M ⟨-es; o. pl⟩ ~

haben, machen fechar; **nach ~** após o encerramento do expediente; *Börse*: após o fechamento **Geschäftsstelle** F filial f **Geschäftsstunden** FPL horas fpl de trabalho (*od* de serviço), horário m de expediente **Geschäftsträger(in)** M(F) POL encarregado m, -a f de negócios; **deutscher ~** encarregado m da Alemanha **geschäftstüchtig** empreendedor; versado em negócios **Geschäftsverbindung** F relação f comercial **Geschäftsverkehr** M relações fpl comerciais **Geschäftsviertel** N bairro m comercial **Geschäftszeit** F horas fpl de expediente (*od* de serviço) **Geschäftszweig** M ramo m do comércio
ge'schehen [gə'ʃeːən] VR ⟨-; s.⟩ acontecer; suceder; dar-se; **es ist um j-n ~** alg está perdido; **~ lassen** deixar fazer; **j-m geschieht recht** alg bem o merece **Geschehen** N ⟨-s; *o. pl*⟩ história f; sucessos mpl, acontecimentos mpl **Geschehnis** N ⟨-ses; -se⟩ acontecimento m, sucesso m; evento m
ge'scheit [gə'ʃaɪt] ⟨-este⟩ inteligente; sensato; **nicht (recht) ~** tolo; pateta
Ge'schenk [gə'ʃɛŋk] N ⟨-(e)s; -e⟩ presente m; prenda f; **j-m ein ~ machen** presentear alg **Geschenkartikel** M artigo m de luxo; lembrança f **Geschenkpackung** F embalagem-presente f **Geschenkpapier** N papel m de presente
Ge'schichte [gə'ʃɪçtə] F história f; (*Erzählung*) a. conto m; **(immer) die alte ~** (sempre) a mesma cantiga; **(das ist) e-e schöne ~!** *iron* bem feito!; estamos arranjados! **geschichtlich** histórico **Geschichtsforscher** M historiador m **Geschichtsforschung** F ⟨*o. pl*⟩ estudos mpl históricos **Geschichtsschreiber** M historiador m, historiógrafo m **Geschichtsschreibung** F ⟨*o. pl*⟩ historiografia f, historiação f **Geschichtswissenschaft** F ⟨*o. pl*⟩ ciências fpl históricas; história f
Ge'schick[1] [gə'ʃɪk] N ⟨-(e)s; -e⟩ destino m, sorte f; (*Schicksal*) fado m
Ge'schick[2] N ⟨-(e)s⟩, **Geschicklichkeit** F ⟨-; -en⟩ habilidade f; jeito m **ge'schickt** ADJ hábil, jeitoso; **sich ~ anstellen bei** ter jeito para
ge'schieden [gə'ʃiːdən] A PP → **scheiden** B ADJ *Ehe, Person* divorciado

Ge'schirr [gə'ʃɪr] N ⟨-(e)s; -e⟩ **1** *Küche*: trem m de cozinha; (*Tischgeschirr*) baixela f; loiça f **2** (*Pferdegeschirr*) arreios mpl **Geschirrschrank** M guarda-loiça m **Geschirrspülmaschine** F máquina f de lavar loiça **Geschirrspülmittel** N detergente m para a loiça **Geschirrtuch** N pano m da loiça
Ge'schlecht [gə'ʃlɛçt] N ⟨-(e)s; -er⟩ sexo m; GRAM género m (*bras* *e); (*Sippe*) família f, estirpe f, linhagem f **geschlechtlich** sexual **Geschlechtlichkeit** F ⟨*o. pl*⟩ sexualidade f
Geschlechtsakt M cópula f, coito m; a(c)to m sexual **geschlechtskrank ~ sein** ter uma doença venérea **Geschlechtskrankheit** F doença f venérea **Geschlechtsleben** N vida f sexual **geschlechtslos** ZOOL neutro; BOT ágamo, assexuado **Geschlechtsmerkmal** N carácter m sexual **Geschlechtsorgan** N órgão m sexual **Geschlechtsreife** F ⟨-⟩ puberdade f **Geschlechtsteile** NPL orgãos mpl genitais (*od* sexuais) **Geschlechtstrieb** M ⟨-(e)s; *o. pl*⟩ instinto m sexual **Geschlechtsverkehr** M cópula f; coito m **Geschlechtswort** N ⟨-(e)s; ⸚er⟩ GRAM artigo m
ge'schlossen [gə'ʃlɔsən] A PP → **schließen** B ADJ **~e Gesellschaft** F reunião f (*od* festa f) particular; **in sich ~** coerente **Geschlossenheit** F ⟨*o. pl*⟩ unidade f; coesão f; coerência f
Ge'schluchze [gə'ʃlʊxtsa] N ⟨-s; *o. pl*⟩ soluços mpl
Ge'schmack [gə'ʃmak] M ⟨-(e)s; ⸚e⟩ sabor m; (*a. Geschmackssinn u. fig*) gosto m; **an etw** (*dat*) **~ finden, e-r Sache** (*dat*) **~ abgewinnen** tomar gosto em a/c **geschmacklos** ⟨-este⟩ insípido, sensabor, sem gosto; *fig* de mau gosto **Geschmacklosigkeit** F ⟨*o. pl*⟩ sensaboria f, falta f de gosto; *fig* mau gosto m **Geschmack(s)sache** F ⟨*o. pl*⟩ questão f de gosto **Geschmackssinn** M ⟨-(e)s; *o. pl*⟩ gosto m **geschmackvoll** de bom gosto
Ge'schmeide [gə'ʃmaɪdə] N ⟨-s; *o. pl*⟩ jóias fpl; adereço m **geschmeidig** flexível; dúctil; *fig* insinuante
Ge'schmeiß [gə'ʃmaɪs] N ⟨-es; *o. pl*⟩ bicharia f; canalha f (*a. fig*)

Ge'schmier(e) [gə'ʃmi:r(ə)] N ⟨-(e)s; o. pl⟩ garatuja f; garafunhos mpl

Ge'schnatter [gə'ʃnatər] N ⟨-s; o. pl⟩ grasnada f; fig palavreado m

ge'schniegelt [gə'ʃni:gəlt] umg janota; aperaltado

Ge'schöpf [gə'ʃœpf] N ⟨-(e)s; -e⟩ criatura f

Ge'schoss [gə'ʃɔs] N ⟨-es; -e⟩, österr **Ge'schoß** [gə'ʃo:s] N ⟨-es; -e⟩ proje(c)til m; bala f; ARCH andar m, piso m **Ge-schossbahn** F traje(c)tória f

ge'schraubt [gə'ʃraupt] A PP → schrauben B ADJ fig afe(c)tado, amaneirado; retorcido

Ge'schrei [gə'ʃrai] N ⟨-(e)s; o. pl⟩ gritos mpl; gritaria f; **ein ~ erheben** (od **machen**) fazer alarido

Ge'schütz [gə'ʃyts] N ⟨-es; -e⟩ canhão m; peça f de artilharia **Geschützfeuer** N fogo m de artilharia

Ge'schwader [gə'ʃva:dər] N SCHIFF, MIL esquadra f; v. kleinen Schiffen: esquadrilha f

Ge'schwätz [gə'ʃvɛts] N ⟨-es; o. pl⟩ palavreado m, palavrório m **geschwätzig** falador, loquaz **Geschwätzigkeit** F ⟨o. pl⟩ verbosidade f; indiscrição f

geschweift [gə'ʃvaift] ADJ curvado; Tier de cauda

ge'schweige [gə'ʃvaigə] KONJ **~ denn** quanto menos, muito menos; para já não falar de

ge'schwind [gə'ʃvint] reg A ADJ veloz; rápido B ADV depressa

Geschwindigkeit [gə'ʃvindıçkait] F velocidade f; rapidez f; **mit einer ~ von** à razão de **Geschwindigkeitsbegrenzung** F limitação f de velocidade **Geschwindigkeitsüberschreitung** F excesso m de velocidade

Ge'schwister [gə'ʃvıstər] PL irmãos mpl, irmãs fpl; irmão msg e irmã fsg **Ge-schwisterchen** N ⟨-s; -⟩ irmão m pequeno, irmã f pequena **geschwisterlich** fraterno, fraternal

geschwollen [gə'ʃvɔlən] A PP → schwellen B ADJ Bein etc inchado; fig pej Stil empolado; presumido

ge'schworen [gə'ʃvo:rən] PP → schwören **Geschworene(r)** M(F)N ⟨-n⟩ jurado m, -a f; PL **~en** jurados msg

Ge'schwulst [gə'ʃvulst] F ⟨-; ⁻e⟩ tumor m; abscesso m **Ge'schwür** [gə'ʃvy:r] N ⟨-(e)s; -e⟩ úlcera f; abscesso m

Ge'selle [gə'zɛlə] M ⟨-n⟩ (Kamerad) companheiro m; (Handwerksgeselle) oficial m **gesellen** ⟨·⟩ VR **sich ~ zu** juntar-se a, associar-se a **Gesellenprüfung** F exame m de oficial de artesanato **gesellig** j-d sociável; bom companheiro; etw social **Geselligkeit** F ⟨o. pl⟩ vida f da (od na) sociedade; j-s: sociabilidade f

Ge'sellschaft F companhia f; sociedade f; (Verband) associação f; Fest: sarau m; banquete m; **feine ~ a.** alta roda f; **~ mit beschränkter Haftung** sociedade f anónima (bras *ô) de responsabilidade limitada; **j-m ~ leisten** fazer companhia a alg **Gesellschafter** M HANDEL sócio m; **guter ~** bom companheiro m **Gesellschafterin** F dama f de companhia; HANDEL sócia f; **gute ~** boa companheira f **gesellschaftlich** social; da sociedade

Gesellschaftsabend M sarau m; bras terno m escuro **Gesellschaftskritik** F crítica f social **Gesellschaftsordnung** F ordem f (od regime m) social **Gesellschaftsreise** F viagem f cole(c)tiva **Gesellschaftsschicht** F camada f (od classe f) social **Gesellschaftsspiel** N jogo m de roda **Gesellschaftsvermögen** N HANDEL capital m social **Gesellschaftsvertrag** M POL contrato m social

Ge'setz [gə'zɛts] N ⟨-es; -e⟩ lei f; (Naturgesetz) a. princípio m; **gegen das ~ verstoßen** agir contra a lei; **nach dem ~** segundo a lei; fig **sich** (dat) **etw zum ~ machen** considerar sempre a/c **Gesetzblatt** N Diário m do Governo **Gesetzbuch** N código m **Gesetzentwurf** M proje(c)to m de lei **Gesetzesbestimmung** F determinação f (od disposição f) legal **Gesetzeskraft** F ⟨o. pl⟩ força f de lei **Gesetzesübertretung** F transgressão f (od violação f) da lei **Gesetzesvorlage** F proje(c)to m de lei

ge'setzgebend legislativo **Gesetzgeber** [gə'zɛtsge:bər] M legislador m **Gesetzgebung** [gə'zɛtsge:buŋ] F legislação f

ge'setzlich legal; legítimo; **~ geschützt** registado; bras registrado **Gesetzlich-**

keit F̲ ⟨o. pl⟩ legalidade f; legitimidade f **gesetzlos** anárquico **Gesetzlosigkeit** [gaˈʦɛtsloːsɪçkaɪt] F̲ ⟨o. pl⟩ anarquia f **gesetzmäßig** → gesetzlich; nos termos da lei; normal; regular **Gesetzmäßigkeit** F̲ **1** in der Natur etc: lei f, princípio m **2** ⟨o. pl⟩ JUR regularidade f; normalidade f

ge'setzt A̲ PP v. → setzen B̲ ADJ fig sério, grave; **~es Wesen** n seriedade f, gravidade f; formalismo m; **~ den Fall, dass** (suposto o) caso que (subj)

ge'setzwidrig ilegal; (unrechtmäßig) ilegítimo **Gesetzwidrigkeit** F̲ ilegalidade f; (Unrechtmäßigkeit) ilegitimidade f

Ge'sicht [gaˈzɪçt] N̲ ⟨-(e)s; -er⟩ cara f; face f; rosto m; **~er schneiden** fazer caretas; **zu ~ bekommen** (chegar a) ver **2** ⟨-(e)s; -e⟩ (Erscheinung) aparição f; **(zweites)** ~ visão f

Ge'sichtsausdruck M̲ expressão f; fisionomia f **Gesichtsfarbe** F̲ cor f; tez f **Gesichtsfeld** N̲ visão f, vista f; **aus dem ~ verschwinden** desaparecer (od sumir) de vista **Gesichtskreis** M̲ horizonte m **Gesichtsmassage** f massagem f facial **Gesichtsmuskel** M̲ músculo m facial **Gesichtspunkt** M̲ ponto m de vista; aspe(c)to m **Gesichtssinn** M̲ ⟨-(e)s; o. pl⟩ (sentido m da) vista f **Gesichtswasser** N̲ ⟨-s; ⸚⟩ loção f facial **Gesichtszug** M̲ feição f

Ge'sims [gaˈzɪms] N̲ ⟨-es; -e⟩ friso m; cornija f; moldura f

Ge'sindel N̲ ⟨-s; o. pl⟩ corja f, canalha f, gentalha f

ge'sinnt [gaˈzɪnt] intencionado; (dat) **freundlich ~ sein** simpatizar com

Ge'sinnung [gaˈzɪnʊŋ] F̲ modo m de pensar; mentalidade f; moralisch: atitude f moral; POL opinião f, atitude f política; **niedrige ~** mesquinhez f **Gesinnungsgenosse** M̲ ⟨-n⟩ correligionário m **Gesinnungswechsel** M̲ mudança f de opinião

ge'sittet [gaˈzɪtət] civilizado; urbano
Ge'söff [gaˈzœf] N̲ ⟨-(e)s; -e⟩ sl beberagem f

gesondert ADV à parte

ge'sonnen [gaˈzɔnən] A̲ PP → sinnen B̲ ADJ → gesinnt; **~ sein zu** (inf) estar disposto a (inf)

Ge'spann [gaˈʃpan] N̲ ⟨-(e)s; -e⟩ Pferde: parelha f (a. fig); Ochsen: junta f **ge'spannt** A̲ ADJ Lage etc tenso, crítico; Aufmerksamkeit vivo; **~ auf** (akk) ansioso por; curioso (od morto) por saber B̲ ADV com interesse **Gespanntheit** F̲ ⟨o. pl⟩ tensão f; (Neugier) curiosidade f

Ge'spenst [gaˈʃpɛnst] N̲ ⟨-(e)s; -er⟩ espe(c)tro m; fantasma m; **~er sehen** (a. fig) ver fantasmas **gespenstisch** fantástico; (unheimlich) sinistro

ge'sperrt ADJ Straße impedido; TYPO espaçado; Konto bloqueado

Ge'spiele [gaˈʃpiːla] M̲ ⟨-n⟩, **Gespielin** F̲ companheiro m, companheira f

Ge'spinst [gaˈʃpɪnst] N̲ ⟨-(e)s; -e⟩ teia f; tecido m

Ge'spött [gaˈʃpœt] N̲ ⟨-(e)s; o. pl⟩ escárnio m, zombaria f; **zum ~ machen/werden** meter a/cair no ridículo

Ge'spräch [gaˈʃprɛːç] N̲ ⟨-(e)s; -e⟩ conversa(ção) f; diálogo m; colóquio m; TEL telefonema m, chamada f; **das ~ auf etw** (akk) **bringen** levar a conversa para a/c, começar a falar de a/c **gesprächig** loquaz; falador; expansivo **Gesprächigkeit** F̲ ⟨o. pl⟩ loquacidade f; expansividade f **Gesprächsform** F̲ **in ~** dialogado, em forma f de diálogo **Gesprächsgegenstand** M̲ assunto m de (od da) conversa **Gesprächspartner(in)** M̲F̲ interlocutor(a) m(f) **Gesprächsstoff** M̲ assunto m de (od da) conversa **gesprächsweise** ADV em conversa

ge'spreizt [gaˈʃpraɪtst] ADJ Beine aberto; Stil afe(c)tado **ge'sprenkelt** [gaˈʃprɛŋkalt] mosqueado; bras malhado, pintado

gest. ABK (gestorben) m. (morto), falecido

Ge'stalt [gaˈʃtalt] F̲ (Aussehen) forma f, feição f; (Figur) figura f; vulto m; LIT, THEAT personagem f; **~ annehmen** tomar forma, tomar corpo; **~ geben** dar forma a **gestalten** ⟨-e-; -⟩ formar; afeiçoar; dar forma a; künstlerisch plasmar; fig realizar; **sich schwierig** etc **~** fig ser difícil etc **gestaltlos** amorfo **Gestaltung** F̲ formação f, realização f, configuração f; künstlerische: plasmação f **Gestaltungskraft** F̲ ⟨o. pl⟩ força f criadora (od de realização)

Ge'stammel [gaˈʃtaməl] N̲ ⟨-s; o. pl⟩ balbuciar m, balbuciações fpl

ge'ständig [gəˈʃtɛndıç] confesso **Geständnis** N ⟨-ses; -se⟩ confissão f; JUR a. declaração f; **ein ~ ablegen** confessar

Ge'stänge [gəˈʃtɛŋə] N hastes fpl

Ge'stank [gəˈʃtaŋk] M ⟨-(e)s; o. pl⟩ fedor m; mau cheiro m; bras aca m

ge'statten [gəˈʃtatən] ⟨-e-; -⟩ permitir, dar licença

'Geste [ˈgɛstə] F gesto m

ge'stehen [gəˈʃteːən] ⟨-⟩ confessar; declarar as próprias culpas; **offen gestanden** francamente, com franqueza **Gestehungskosten** PL custos mpl de produção

Ge'stein [gəˈʃtaɪn] N ⟨-(e)s; -e⟩ pedra(s) f(pl), rocha f; mineral m **Gesteinskunde** F ⟨-; o. pl⟩ petrografia f, mineralogia f

Ge'stell [gəˈʃtɛl] N ⟨-(e)s; -e⟩ cavalete m; (Büchergestell etc) estante f; TECH armação f (a. Brillengestell); (Wagengestell) chassis m

'gestern [ˈgɛstərn] ADV ontem; **~ Abend** ontem à tarde; **~ Morgen** ontem de manhã; **~ Nacht** ontem à noite

ge'stiefelt [gəˈʃtiːfəlt] calçado com botas; fig **~ und gespornt** pronto para sair

ge'stielt [gəˈʃtiːlt] pedunculado, peciolado

gestiku'lieren [gɛstikuˈliːrən] ⟨-⟩ gesticular; fazer gestos

Ge'stirn [gəˈʃtırn] N ⟨-(e)s; -e⟩ astro m; (Sternbild) constelação f

Ge'stöber [gəˈʃtøːbər] N (Schneegestöber) turbilhão m (od tempestade f) de neve

Ge'stöhn(e) [gəˈʃtøːn(ə)] N ⟨-(e)s; o. pl⟩ gemer m, gemidos mpl; fig queixas fpl

Ge'stotter [gəˈʃtɔtər] N ⟨-s; o. pl⟩ gaguejar m; tartamudear m

Ge'sträuch [gəˈʃtrɔʏç] N ⟨-(e)s; -e⟩ arbustos mpl; moita f

ge'streift [gəˈʃtraɪft] ADJ (streifig) riscado, listrado, às riscas

'gestrig [ˈgɛstrıç] de ontem

Ge'strüpp [gəˈʃtrʏp] N ⟨-(e)s; -e⟩ brenha(s) f(pl)

Ge'stühl [gəˈʃtyːl] N ⟨-(e)s; -e⟩ cadeirado m, cadeiral m; ARCH cruzeiro m

Ge'stüt [gəˈʃtyːt] N ⟨-(e)s; -e⟩ coudelaria f

Ge'such [gəˈzuːx] N ⟨-(e)s; -e⟩ geh requerimento m (**um** de)

gesucht ADJ raro; HANDEL a. precisa-se; fig afe(c)tado; rebuscado

ge'sund [gəˈzʊnt] ⟨⸚er, ⸚este⟩ são, de boa saúde; (heilsam) saudável, salubre; sadio; higiénico (bras *ê); **(wieder) ~ machen** curar; restabelecer; **(wieder) ~ werden** curar-se, restabelecer-se **gesunden** [gəˈzʊndən] ⟨-e-; -; s.⟩ geh restabelecer-se, recobrar saúde **Gesundheit** F ⟨o. pl⟩ saúde f; higiene f; (Heilsamkeit) salubridade f; **~!** beim Niesen: umg viva!; santinha!; bras saúde!; **bei guter ~** de boa saúde **gesundheitlich** sanitário, higiénico (bras *ê); **wie geht's Ihnen ~?** como vai essa saúde?

Ge'sundheitsamt N Dire(c)ção f Geral de Saúde **Gesundheitsdienst** M ⟨-(e)s; o. pl⟩ serviço(s) m(pl) higiénico(s) (bras *ê) od sanitário(s) **gesundheitsgefährdend** nocivo; prejudicial à saúde **Gesundheitspflege** F ⟨o. pl⟩ higiene f; öffentliche a.: serviço(s) m(pl) sanitário(s) (od de higiene) **gesundheitsschädlich** nocivo; **~ sein** fazer mal à saúde **Gesundheitswesen** N ⟨-s; o. pl⟩ sanidade f; serviços mpl sanitários od higiénicos (bras *ê) **Gesundheitszeugnis** N atestado m (od certificado m) de saúde **Gesundheitszustand** M estado m de saúde; der Gesamtheit: estado m sanitário

ge'sundschrumpfen umg HANDEL sanear por redução (de dimensão) de custos **Gesundung** [gəˈzʊndʊŋ] F ⟨o. pl⟩ convalescença f, restabelecimento m; (Sanierung) saneamento m

ge'täfelt [gəˈtɛːfəlt] Decke artesoado; Wand apainelado; embutido

Ge'tier [gəˈtiːr] N ⟨-(e)s; o. pl⟩ geh bichos mpl; animais mpl

Ge'töse [gəˈtøːzə] N ⟨-s; o. pl⟩ estrondo m, bulha f

ge'tragen [gəˈtraːgən] Kleidung usado; fig Musik etc solene, majestoso

Ge'trampel [gəˈtrampəl] N ⟨-s; o. pl⟩ pateada f; bras pisoteio m

Ge'tränk [gəˈtrɛŋk] N ⟨-(e)s; -e⟩ bebida f **Getränkeautomat** M ⟨-en⟩ distribuidora f (od máquina f) automática de bebidas **Getränkekarte** F carta f (bras a. cardápio m) de bebidas **Getränkesteuer** F imposto m sobre bebidas

ge'trauen [gəˈtraʊən] ⟨-⟩ V/R **sich ~ zu** (inf) atrever-se a

Ge'treide [gə'traɪdə] N cereais mpl; (Weizen u. allgemein) trigo m **Getreide(an)bau** M ⟨-(e)s; o. pl⟩ cultura f de cereais **Getreidefeld** N seara f, trigal m **Getreidehändler** M negociante m de cereais **Getreidespeicher** M celeiro m

ge'trennt [gə'trɛnt] A ADJ separado B ADV à parte; ~ **leben** viver separado(s); ~ **zahlen** pagar em separado

ge'treu [gə'trɔy], ge'treulich geh A ADJ fiel, leal; verídico B ADV fielmente

Ge'triebe [gə'tri:bə] N ⟨-s; -⟩ TECH mecanismo m, mola f; (Räderwerk) rodas fpl; engrenagem f; AUTO caixa f de velocidades; fig movimento m, agitação f

ge'trieben [gə'tri:bən] PP → treiben

Ge'triebeöl N ⟨-s; -e⟩ óleo m para caixa f de velocidades **Getriebeschaden** M avaria f na caixa de velocidades

ge'trocknet [gə'trɔknət] ADJ seco

ge'trost [gə'tro:st] ADV confiadamente, descansadamente

ge'trunken [gə'truŋkən] PP → trinken

'Getto ['gɛto] N ⟨-s; -s⟩ hist jüdisches: judiaria f; USA: gueto m

Ge'tue [gə'tu:ə] N ⟨-s; o. pl⟩ afe(c)tação f; espalhafato m

ge'übt [gə'y:pt] ADJ hábil, destro **Ge'übtheit** F ⟨o. pl⟩ habilidade f, prática f

Ge'wächs [gə'vɛks] N ⟨-es; -e⟩ planta f; MED excrescência f, tumor m

ge'wachsen [gə'vaksən] ADJ fig **gut ~ sein** Person ter boa estatura; **e-r Sache** (dat) **~ sein** estar à altura de a/c, ser capaz de fazer a/c; **j-m ~ sein** a. poder rivalizar com alg

Ge'wächshaus N estufa f

ge'wagt [gə'va:kt] ADJ arriscado, ousado

ge'wählt [gə'vɛ:lt] ADJ POL eleito; fig selecto; distinto; Sprache culto; stärker: rebuscado

ge'wahr [gə'va:r] geh **~ werden** (gen) avistar; descobrir; (a)perceber(-se de)

Ge'währ [gə'vɛ:r] F ⟨o. pl⟩ garantia f; **ohne ~** a. sem compromisso **gewähren** [gə'vɛ:rən] VT ⟨-⟩ conceder (a. HANDEL), outorgar; Bitte consentir em; (bieten) oferecer; **~ lassen** deixar fazer **gewährleisten** VT ⟨-e-; -⟩ garantir **Ge'währleistung** F garantia f

Ge'wahrsam [gə'va:rza:m] M ⟨-s; o. pl⟩ (Aufbewahrung) custódia f; depósito m;

(Haft) detenção f, prisão f; **in ~** sob custódia; **in ~ nehmen** guardar; deter

Ge'währsmann M ⟨-(e)s; ⸚er od -leute⟩ fiador m; abonador m; (Informant) informador m

Ge'währung [gə'vɛ:rʊŋ] F e-r Bitte: aprovação f; e-r Gunst, e-s Rechts: outorga f; e-s Kredits: concessão f; (Ermächtigung) autorização f

Ge'walt [gə'valt] F ▮ (Macht) poder m; potência f; moralische: autoridade f; POL **ausübende/gesetzgebende ~** poder m executivo/legislativo; **höhere ~** força f maior ▮ (Herrschaft) poder m; domínio m; **die ~ verlieren über** perder o controle sobre; **in seine ~ bringen** apoderar-se de; **in j-s ~ geraten** cair em poder de alg; **in der ~ haben** dominar; ter no seu poder ▮ (Stärke) força f; **brutale: violência** f; **rohe ~** brutalidade f; **~ anwenden** od **gebrauchen** recorrer à força; **j-m ~ antun** usar (od fazer uso) de violência contra alg; **mit ~** à força; **mit aller ~** a toda a força

Ge'waltakt M a(c)to m de violência **Gewaltanwendung** F ⟨o. pl⟩ uso m da força **gewaltbereit** propenso à violência **gewaltfrei** sem (od livre de) violência **Gewaltherrschaft** F despotismo m, tirania f **Gewaltherrscher** M déspota m, tirano m

ge'waltig A ADV poderoso; (stark) forte; (groß) imenso; fig enorme B ADV **~ danebenliegen, sich ~ irren** enganar-se redondamente, completamente

ge'waltlos sem violência **Gewaltlosigkeit** F ⟨o. pl⟩ não-violência f **gewaltsam** A ADJ violento B ADV com violência, à força

Ge'waltstreich M, **Gewalttat** F (a[c]to m de) violência f **gewalttätig** violento, brutal **Gewalttätigkeit** F brutalidade f, violência f **Gewaltverbrecher** M criminoso m violento **Gewaltverzicht** M ⟨-(e)s; o. pl⟩ POL renúncia f à violência

Ge'wand [gə'vant] N geh, reg vestido m, hábito m, roupagem f

ge'wandt ADJ hábil, ágil; Stil elegante **Ge'wandtheit** F ⟨o. pl⟩ habilidade f, agilidade f; Stil: elegância f

ge'wärtig [gə'vɛrtɪç] **e-r Sache** (gen) **~ sein** contar com a/c, estar preparado para a/c

Ge'wäsch [gə'vɛʃ] N̄ ‹-(e)s; o. pl› umg pej (dummes) ~ palavreado m

Ge'wässer [gə'vɛsər] N̄ água f; **stehendes** ~ água f estagnada **Gewässerschutz** M̄ ‹-es; o. pl› prote(c)ção f das águas

Ge'webe [gə've:bə] N̄ tecido m **Gewebeprobe** F̄ MED biópsia f

Ge'wehr [gə've:r] N̄ ‹-(e)s; -e› espingarda f; carabina f **Gewehrfeuer** N̄ fusilaria f **Gewehrkolben** M̄ coronha f **Gewehrlauf** M̄ cano m (de espingarda)

Ge'weih [gə'vaɪ] N̄ ‹-(e)s; -e› armação f; cornadura f

Ge'werbe [gə'vɛrbə] N̄ indústria f; (Handwerk) ofício m; (Geschäft) profissão f, negócio m; **ein** ~ **betreiben** exercer um ofício/uma profissão **Gewerbeaufsicht** F̄ inspe(c)ção f profissional **Gewerbebetrieb** M̄ empresa f industrial **Gewerbegebiet** N̄ polígono m industrial **Gewerbeordnung** F̄ regulamento m de trabalho; código m industrial **Gewerbeschein** M̄ cartão m profissional **Gewerbeschule** F̄ escola f profissional **Gewerbesteuer** F̄ imposto m profissional **gewerbetreibend** industrial, profissional

ge'werblich [gə'vɛrplɪç] industrial; comercial **gewerbsmäßig** profissional, de profissão

Ge'werkschaft [gə'vɛrkʃaft] F̄ sindicato m; BERGB sociedade f de exploração **Gewerkschafter(in)** M/F̄ sindicalista m/f **gewerkschaftlich, Gewerkschafts...** IN ZSSGN sindicalista, sindical **Gewerkschaftsbund** M̄ federação f de sindicatos, associação f sindical **Gewerkschaftsführer(in)** M/F̄ dirigente m/f sindical

Ge'wicht [gə'vɪçt] N̄ ‹-(e)s; -e› peso m; fig autoridade f; importância f; ~ **haben** pesar (a. fig); HANDEL **nach** ~ ao peso; **schwer ins** ~ **fallen** ter grande importância; ~ **legen auf** (akk) dar (od atribuir) importância a **gewichten** ‹-e-; -› atribuir a devida importância **Gewichtheben** N̄ ‹-s; o. pl› SPORT levantamento m de pesos **gewichtig** pesado; de peso; fig importante, grave

Ge'wichtsabnahme F̄ perda f de peso **Gewichtsklasse** F̄ classe f de peso **Gewichtsverlust** M̄ perda f de peso **Gewichtszunahme** F̄ aumento m de peso

ge'wieft [gə'vi:ft] umg arguto; esperto

Ge'wieher [gə'vi:ər] N̄ ‹-s; o. pl› relincho m, rincho m

ge'willt [gə'vɪlt] disposto, resolvido (**zu** a)

Ge'wimmel [gə'vɪməl] N̄ ‹-s; o. pl› bulício m, formigueiro m

Ge'wimmer N̄ ‹-s; o. pl› choradeira f, lamentações fpl, lamúria(s) f(pl)

Ge'winde [gə'vɪndə] N̄ (Schraubengewinde) rosca f, filete m **Gewindebohrer** M̄ (macho m de) tarraxa f, macho m de abrir roscas

Ge'winn [gə'vɪn] M̄ ‹-(e)s; -e› ganho m; HANDEL a. lucro m; rendimento m; (Vorteil) proveito m; (Lotteriegewinn) prémio m (bras *ê); **(e-n)** ~ **machen** obter lucro **Gewinnanteil** M̄ lucro m, dividendo m **Gewinnausschüttung** F̄ distribuição f de lucros **Gewinnbeteiligung** F̄ participação f nos lucros **gewinnbringend** lucrativo, vantajoso **Gewinnchance** F̄ chance f (od possibilidade f) de ganhar

ge'winnen [-] ganhar (**an** dat, **bei** em, com); SPORT a. vencer (**2 zu 0** por 2 a 0); (besser werden) melhorar; BERGB Erz, Kohle extrair; ordem (**aus** de); **j-n für sich** ~ conquistar alg; **die Überzeugung** ~ (chegar a) convencer-se od persuadir-se **gewinnend** ADJ fig simpático

Ge'winner(in) M/F̄ vencedor(a) m(f); Lotto: premiado m, -a f; **der** ~, **die** ~**in** a. o/a m/f que ganha **Gewinnliste** F̄ lista f dos prémios (bras *ê) **Gewinnlos** N̄ número m premiado **Gewinnspanne** F̄ margem f de lucro **Gewinnsucht** F̄ ‹o. pl› cobiça f, ganância f **gewinnsüchtig** cobiçoso, ganancioso **Gewinn-und-Ver'lust-Rechnung** F̄ cálculo m de ganhos e perdas **Gewinnung** F̄ CHEM obtenção f; BERGB extra(c)ção f **Gewinnzahl** F̄ número m premiado

Ge'winsel [gə'vɪnzəl] N̄ ‹-s; o. pl› ganidos mpl

Ge'wirr [gə'vɪr] N̄ ‹-(e)s; o. pl› enredo m, embrulhada f, confusão f ge'wiss [gə'vɪs] **A** ADJ ⟨-er; -este⟩ **1** certo; (*sicher*) a. seguro **2** ein ~er ... um tal ...; ein ~es Etwas um não sei quê **B** ADV com certeza, certamente; ~ nicht certamente que não

Ge'wissen [gə'vɪsən] N ⟨-s; o. pl⟩ consciência f; ein schlechtes ~ haben ter remorsos; j-m ins ~ reden apelar à consciência de alg **gewissenhaft** escrupuloso, consciencioso **Gewissenhaftigkeit** F ⟨o. pl⟩ escrupulosidade f **gewissenlos** ⟨-este⟩ sem escrúpulos **Gewissenlosigkeit** [gə'vɪsənlo:zɪçkaɪt] F ⟨o. pl⟩ falta f de consciência, falta f de escrúpulos

Ge'wissensbiss M remorso m **Gewissensentscheidung** F decisão f moral **Gewissensfrage** F caso m de consciência **Gewissensfreiheit** F ⟨o. pl⟩ liberdade f de consciência **Gewissenskonflikt** M conflito m de consciência **Gewissenszwang** M ⟨-(e)s; o. pl⟩ coa(c)ção f moral

gewisser'maßen [gəvɪsɐ'ma:sən] ADV de certo modo

Ge'wissheit F certeza f; sich ~ verschaffen über (*akk*) certificar-se de

Ge'witter [gə'vɪtɐ] N trovoada f **gewittern** ⟨-⟩ *unpers* trovejar **Gewitterneigung** F ⟨o. pl⟩ ameaça f de tempestade **Gewitterregen** M, **Gewitterschauer** M aguaceiro m **Gewitterschwüle** F ⟨o. pl⟩ ar m abafado, ar m de trovoada **Gewittersturm** M temporal m **Gewitterwolke** F nuvem f de trovoada

ge'witzt [gə'vɪtst] fino, finório

ge'wogen [gə'vo:gən] **1** PP → **wägen**, **wiegen 2** ADJ (*dat*) afei(c)oado, favorável; j-m ~ sein ser amigo de alg **Gewogenheit** F ⟨o. pl⟩ simpatia f, afe(c)to m, interesse m

ge'wöhnen [gə'vø:nən] V/T (G V/R) ⟨-⟩ (sich) ~ (an *akk*) habituar(-se) (a), acostumar(-se) (a); sich ~ bras a. adomar-se

Ge'wohnheit [gə'vo:nhaɪt] F costume m, hábito m; (*Brauch*) uso m, prática f; aus ~ por hábito **gewohnheitsmäßig** habitual; rotineiro **Gewohnheitsmensch** M ⟨-en⟩ homem m de hábitos; rotineiro m **Gewohnheitsrecht** N direito m consuetudinário **Gewohnheitstier** N *umg* pessoa f de hábitos arreigados **Gewohnheitstrinker** M alcoólico m

ge'wöhnlich **A** ADJ ordinário; corrente (*a.* HANDEL); banal; (*üblich*) usual; (*normal*) regular; (*gemein*) vulgar **B** ADV (*für*) ~ em geral, geralmente; wie ~ como sempre, como de costume

ge'wohnt [gə'vo:nt] ADJ habitual; de costume; (*etw*) ~ sein estar acostumado (a a/c); wie ~ como habitualmente, como de costume

Ge'wöhnung [gə'vø:nʊŋ] F ⟨o. pl⟩ habituação f **Gewöhnungssache** F das ist ~ é questão de hábito

Ge'wölbe [gə'vœlbə] N abóbada f; abobadilha f; (*Grabgewölbe*) cova f

Ge'wölk [gə'vœlk] N ⟨-(e)s; o. pl⟩ nuvens fpl

ge'wollt [gə'vɔlt] propositado; intencionado

Ge'wühl [gə'vy:l] N ⟨-(e)s; o. pl⟩ turba f, multidão f, tumulto m

ge'wunden [gə'vʊndən] **A** PP → **winden B** ADJ sinuoso

ge'würfelt [gə'vʏrfəlt] ADJ quadriculado

Ge'würz [gə'vʏrts] N ⟨-es; -e⟩ condimento m; BOT ~e pl especiaria f **Gewürzgurke** F pepino m de conserva **Gewürzhändler** M especieiro m **Gewürznelke** F cravinho m

gez. ABK (gezeichnet) ass. (assinado)

ge'zackt [gə'tsakt], **gezahnt** [gə'tsa:nt], **ge'zähnt** [gə'tsɛ:nt] dentado

Ge'zänk [gə'tsɛŋk] N ⟨-(e)s; o. pl⟩ disputa f, discussão f

Ge'zeiten [gə'tsaɪtən] PL maré *fsg* **Gezeitenkraftwerk** N central f elé(c)trica de aproveitamento das marés

Ge'zeter [gə'tse:tɐ] N ⟨-s; o. pl⟩ berreiro m; ein ~ erheben clamar

ge'ziemen [gə'tsi:mən] ⟨-⟩ sich ~ convir **geziemend** conveniente; decente; (*schuldig*) devido

Ge'ziere [gə'tsi:rə] N ⟨-s; o. pl⟩ afe(c)tação f, cerimónias fpl (*bras* °ô)

ge'ziert **A** PP → **zieren B** ADJ j-d afe(c)tado **Geziertheit** F ⟨o. pl⟩ afe(c)tação f

Ge'zwitscher [gə'tsvɪtʃɐ] N ⟨-s; o. pl⟩ gorjeio m, trinado m

ge'zwungen [gə'tsvʊŋən] **A** PP → **zwingen B** ADJ afe(c)tado; *Lachen* amarelo

gezwungener'maßen [gəˈtsvʊŋənərˈmaːsən] ADV sem querer; coa(c)to; sob pressão
Gicht [gɪçt] F ⟨o. pl⟩ MED gota f **'Gichtknoten** M nodosidade f gotosa **'gichtkrank** gotoso
'Giebel [ˈgiːbəl] M frontão m; empena f **'Giebeldach** N telhado m de duas águas **'Giebelseite** F frontispício m, frente f
Gier [giːr] F ⟨o. pl⟩ cobiça f; avidez f **'gierig** ávido, cobiçoso (**nach** de)
'gießen verter, deitar; TECH fundir; in Form: moldar; AGR regar; **es gießt (in Strömen)** umg chove a cântaros **Gießen** N ⟨-s; o. pl⟩ fundição f; AGR regadia f **Gießer** M fundidor m **Gieße'rei** F fundição f **'Gießform** F molde m **'Gießkanne** F regador m
Gift [gɪft] N ⟨-(e)s; -e⟩ veneno m; tóxico m; peçonha f; fig ~ **und Galle spucken** umg estar danado; **darauf ~ nehmen können, dass** poder ter a certeza absoluta de que **'giften** ⟨-e-⟩ enfurecer **'Giftgas** N ⟨-es; -e⟩ gás m asfixiante, gás m tóxico **'giftig** venenoso; MED tóxico; Hass envenenado **'Giftigkeit** F ⟨o. pl⟩ toxicidade f; MED virulência f; fig ⟨o. pl⟩ malícia f **'Giftmischer** [ˈɡɪftmɪʃər] M envenenador m **'Giftmord** M envenenamento m **'Giftmüll** M lixo m tóxico **'Giftpflanze** F planta f venenosa **'Giftpilz** M cogumelo m venenoso **'Giftschlange** F serpente f venenosa; fig víbora m; peste f **'Giftstoff** M toxina f **'Giftzahn** M dente m venenoso
Gigabyte [ˈɡɪɡabaɪt] N gigabyte m
Gi'gant [giˈɡant] M ⟨-en⟩ gigante m **gi'gantisch** gigantesco
'Gilde [ˈɡɪldə] F corporação f
'Gimpel [ˈɡɪmpəl] M ZOOL dom-fafe m; fig simplório m; tolo m
'Ginster [ˈɡɪnstər] M giesta f; (Stechginster) tojo m
'Gipfel [ˈɡɪpfəl] M alto m; cume m, cimo m, cima f; (höchster Berg, Spitze) pico m, fig cume m, cúmulo m, auge m; POL cimeira f; bras cúpula f; **das ist der ~!** o cúmulo! **Gipfelkonferenz** F conferência f (od reunião f) cimeira (bras cúpula) **gipfeln** ⟨-le⟩ culminar (**in** dat em) **Gipfelpunkt** M ponto m culminante **Gipfeltreffen** N → Gipfelkonferenz

Gips [gɪps] M ⟨-es; -e⟩, **'Gipsabguss** M gesso m **'gipsen** ⟨-t⟩ (en)gessar **'Gipsfigur** F (figura f de) gesso m **'Gipsverband** M (aparelho m de) gesso m
Gi'raffe [giˈrafə] F girafa f
Gir'lande [ɡɪrˈlandə] F grinalda f; bras guirlanda f; ARCH festão m
'Giro [ˈʒiːro] N ⟨-s; -s⟩ FIN giro m, endosso m; transferência f de fundos **Girokonto** N ⟨-s; -konten⟩ conta f corrente **Giroverkehr** M ⟨-s; o. pl⟩ operações fpl de giro
'girren [ˈɡɪrən] arrul(h)ar
Gis [ɡɪs] N ⟨-; -⟩ MUS sol-sustenido m
Gischt [ɡɪʃt] M ⟨-(e)s; -e⟩ espuma f, escuma f
Gi'tarre [ɡiˈtarə] F guitarra f **Gitar'rist(in)** M(F) ⟨-en⟩ guitarrista m/f
'Gitter [ˈɡɪtər] N grade f (a. Elektronik); (Eisengitter) gradeamento m; ELEK grelha f **Gitterfenster** N janela f de grades **Gitterstab** M barra f em treliça **Gittertür** F porta f gradeada **Gitterzaun** M caniçada f
Gla'céhandschuh [ɡlaˈseːhantʃuː] M luva f de pelica
Gladi'ole [ɡladiˈoːla] F gladíolo m
'Glamour [ˈɡlɛmər] M ⟨-s⟩ glamour m **glamou'rös** glamoroso
Glanz [ɡlants] M ⟨-es; o. pl⟩ brilho m, lustre m; fig a. esplendor m; **~ verleihen** (dat) dar lustro a
'glänzen [ˈɡlɛntsən] ⟨-t⟩ brilhar; (a. fig) (re)luzir, resplandecer **glänzend** A ADJ brilhante; reluzente; Leder etc lustroso; fig a. esplêndido B ADV maravilhosamente, admiravelmente
'Glanzleder N ⟨-s; o. pl⟩ pelica f de verniz; bras verniz m **Glanzleistung** F proeza f; a(c)ção f notável (od brilhante) **glanzlos** ⟨-este⟩ sem brilho; mate **Glanzpapier** N papel m de cetim (od acetinado) **Glanzpunkt** M apogeu m; cume m **glanzvoll** brilhante, lustroso, fausto **Glanzzeit** F época f áurea; século m de ouro; j-s: auge m
Glas [ɡlaːs] N ⟨-es; ⸚er; als Maß: 3 -⟩ vidro m; Gefäß: frasco m; (Trinkglas) copo m; cálice m; **zu tief ins ~ gucken** umg fig beber demais **'Glasauge** N olho m de vidro **'Glasbläser** M vidreiro m **'Glasdach** N telhado m de vidro

'Glaser ['glaːzɐr] M vidraceiro m
Glase'rei [glaːzaˈraɪ] F vidra(ça)ria f
'gläsern ['glɛːzɐrn] vítreo
'Glasfaser F fibra f de vidro **Glasfaserkabel** N cabo m de fibra ó(p)tica
Glashaus N estufa f **Glashütte** F fábrica f de vidros
gla'sieren [glaˈziːrən] ⟨-⟩ vidrar; envernizar; *Kuchen* cobrir com calda de açúcar
'glasig ['glaːzɪç] vítreo; vidroso
'Glaskasten M vitrina F **Glaskeramik** F vitrocerâmica f **Glaskeramikkochfeld** N placa f vitrocerâmica **Glaskörper** M ANAT corpo m vítreo **Glasmalerei** F pintura f em vidros **Glasperle** F vidrilho m, missanga f **Glasscheibe** F vidraça f **Glasscherbe** F caco m de vidro **Glasschleifer** ['glaːsʃlaɪfɐr] M talhador m de vidro **Glasschneider** M corta-vidro m **Glasschrank** M vitrina f **Glassplitter** M → Glasscherbe **Glastür** F porta f envidraçada, porta f de vidros
Gla'sur [glaˈzuːr] F verniz m; esmalte m; vidrado m; GASTR cobertura f de açúcar em ponto
'Glaswaren FPL cristais mpl **glasweise** ADV ao(s) copo(s) **Glaswolle** F ⟨o. pl⟩ lã f de vidro
glatt [glat] A ADJ ⟨-er od ̈er; -este od ̈este⟩ liso; (*rutschig*) escorregadiço; (*eben*) plano, livre; (*gewandt*) diplomático; elegante, hábil; *See calmo* B ADV sem dificuldade; (*durchaus*) absolutamente; **~ streichen** alisar; **~ rasiert** de barba rapada; **sem barba nem bigode**
'Glätte ['glɛta] F ⟨o. pl⟩ lisura f, lustro m, polimento m; (*Eisglätte*) regelo m; *fig* elegância f
'Glatteis N ⟨-es; o. pl⟩ regelo m; **j-n aufs ~ führen** *fig* armar um laço (*bras* uma cilada) a alg, lograr alg
'glätten ['glɛtən] ⟨-e-⟩ alisar; raspar; (*ebnen*) apla(i)nar; ARCH, TECH afagar; (*polieren*) polir, brumir
'glattgehen ⟨s.⟩ correr bem; decorrer sem percalços **'glattweg** *umg* ADV redondamente
'Glatze ['glatsə] F, **Glatzkopf** M calva f; careca f; *Person*: careca m; **e-e ~ bekommen** ficar calvo **glatzköpfig** ['glatskœpfɪç] calvo, careca
'Glaube ['glaʊbə] M ⟨-ns; o. pl⟩, **Glauben** ⟨-s; o. pl⟩ crença f; (*a. Vertrauen*) fé f (**an** *akk* em); (*dat*) **~n schenken** dar crédito a; **in gutem ~** de boa fé **glauben** (an *akk* em); **daran ~** acreditar nisso; **daran ~, dass** acreditar que; **dran ~ müssen** *umg* ter de sofrer as consequências; (*sterben*) morrer; **es ist kaum zu ~** parece impossível, parece mentira
'Glaubensbekenntnis N ⟨-ses; -se⟩ credo m (*a.* POL) **Glaubensfreiheit** F ⟨o. pl⟩ liberdade f de cultos **Glaubensgenosse** M ⟨-n⟩ correligionário m **Glaubenslehre** F, **Glaubenssatz** M doutrina f, dogma m
'glaubhaft ['glaʊphaft] crível; fidedigno **Glaubhaftigkeit** F ⟨o. pl⟩ credibilidade f
'gläubig ['glɔʏbɪç] crente **Gläubige(r)** ['glɔʏbɪɡə(r)] M/F(M) ⟨-n⟩ crente m/f; **die Gläubigen** *pl* REL *a.* os fiéis *mpl* **Gläubiger(in)** ['glɔʏbɪɡɐr(ɪn)] M(F) HANDEL credor(a) m(f)
'glaubwürdig fidedigno; digno de confiança **Glaubwürdigkeit** F ⟨o. pl⟩ credibilidade f; confiabilidade f; **j-s ~** confiança f (od crédito f) que alg merece
gleich [glaɪç] A ADJ igual; idêntico; uniforme; **das ist mir ~** é-me indiferente; *bras* (para mim) tanto faz; **sich ~ bleiben** não mudar, não variar; *etw a.* ser indiferente; **der Gleiche** o mesmo; MATH (**ist**) **~** são B ADV 1 *vergleichend*: **~ groß** do mesmo tamanho, de igual volume; **~ hoch** da mesma altura 2 *zeitlich*: já, agora mesmo, logo, em seguida; **ich komme ~!** já, vou! *bras* já estou indo!; **bis ~!** até já; **~ darauf** logo depois, logo a seguir; **~ heute** hoje mesmo; **~ anfangs** desde o princípio 3 **~ gesinnt** correligionário C *Partikel* **wie heißt er doch ~?** qual é mesmo o nome dele?
'gleichaltrig ['glaɪçʔaltrɪç] da mesma idade **'gleichartig** homogéneo (*bras* *ô); igual, conforme **'Gleichartigkeit** F homogeneidade f; igualdade f **'gleichbedeutend** equivalente; sinónimo (*bras* *ô) **'gleichberechtigt** ADJ **~ sein (mit)** ter os mesmos direitos (que) **'Gleichberechtigung** F ⟨o. pl⟩ igualdade f de direitos **'gleichblei-**

bend constante, invariável **'Gleiche(s)** N̄ mesmo m; **~s mit ~m vergelten** pagar na mesma moeda
'gleichen A V̄/̄ (*dat*) parecer-se com; igualar B V̄/R̄ **sich** (*dat*) ~ assemelhar-se, parecer-se
gleichermaßen ['glaiçɐrmaːsən] ADV.
gleichfalls ADV também; igualmente
gleichförmig ['glaiçfœrmiç] uniforme; monótono **Gleichförmigkeit** F̄ ⟨*o. pl*⟩ uniformidade f; monotonia f **gleichgestellt** (de categoria) igual
Gleichgewicht N̄ ⟨-(e)s; *o. pl*⟩ equilíbrio m; balança f; SCHIFF estiva f; **im ~ a.** *fig* equilibrado; **aus dem ~ bringen** desequilibrar; **aus dem ~ geraten** perder o equilíbrio **Gleichgewichtsstörung** F̄ MED perturbação f do equilíbrio
'gleichgültig indiferente **Gleichgültigkeit** F̄ ⟨*o. pl*⟩ indiferença f
'Gleichheit F̄ ⟨*o. pl*⟩ igualdade f; equidade f **Gleichheitszeichen** N̄ MATH igual m
'Gleichklang M̄ acordo m; uníssono m **gleichkommen** ⟨s.⟩ (*dat*) igualar **gleichlaufend** paralelo **gleichlautend** idêntico
'gleichmachen igualar; nivelar **Gleichmache'rei** [glaiçmaxəˈraɪ] F̄ (mania f da) uniformização f
'Gleichmaß N̄ ⟨-es; *o. pl*⟩ simetria f; justa proporção f **gleichmäßig** bem proporcionado; simétrico; uniforme; constante **Gleichmäßigkeit** F̄ ⟨*o. pl*⟩ uniformidade f; simetria f **Gleichmut** M̄ ⟨-(e)s; *o. pl*⟩ serenidade f, equanimidade f; sangue-frio m **gleichmütig** ['glaiçmyːtɪç] sereno, impassível **gleichnamig** ['glaiçnaːmɪç] homónimo (*bras* ·ô); do mesmo nome; MATH do mesmo denominador
'Gleichnis N̄ ⟨-ses; -se⟩ REL parábola f; alegoria f; *fig a.* metáfora f
'Gleichrichter M̄ RADIO re(c)tificador m **gleichsam** geh ADV como que **gleichschalten** ⟨-e-⟩ coordenar; TECH sincronizar **gleichschenk(e)lig** ['glaiçʃɛŋk(ə)lɪç] MATH isósceles **Gleichschritt** M̄ ⟨-(e)s; *o. pl*⟩ passo m militar; **im ~ a passo**
'gleichseitig ['glaiçzaɪtɪç] MATH equilátero **gleichsetzen** ⟨-t-⟩ equiparar **Gleichstand** M̄ ⟨-(e)s; *o. pl*⟩ paridade

f; empate m **gleichstellen** equiparar **Gleichstellung** F̄ paridade f; equiparação f **Gleichstrom** M̄ ELEK corrente f contínua
'gleichtun V̄/̄ **es j-m ~** imitar alg; igualar alg
'Gleichung F̄ equação f
gleich'viel ADJ outro tanto; o mesmo; ADV tanto faz **'gleichwertig** ['glaiçveːrtɪç] equivalente **'gleichwinklig** MATH equiângulo (*bras* *qü) **gleich'wohl** ADV não obstante **'gleichzeitig** A ADJ simultâneo, contemporâneo B ADV *a.* ao mesmo tempo (mit que) **'Gleichzeitigkeit** F̄ ⟨*o. pl*⟩ simultaneidade f
Gleis [glaɪs] N̄ ⟨-es; -e⟩ carril m (*pl carris*); *bras* trilho m; BAHN via f (férrea); **aus dem ~ kommen** descarrilar; *fig a.* sair do bom caminho; **wieder ins ~ bringen** *fig* endireitar, repor **'Gleisanlage** F̄ linha f ferroviária
'Gleitbahn ['glaɪtbaːn] F̄ resvaladouro m **gleiten** ⟨s.⟩ deslizar; (*ausgleiten*) escorregar, resvalar; FLUG pairar **gleitend** ADV resvalante; móvel; variável; *Arbeitszeit* flexível **Gleitflug** M̄ voo m (*bras* vôo m) planado **Gleitklausel** F̄ HANDEL cláusula f de escala móvel **Gleitmittel** N̄ lubrificante m **Gleitschutz** M̄ ⟨-es; *o. pl*⟩ antideslizante m **Gleitzeit** F̄ horário m flexível
'Gletscher ['glɛtʃɐr] M̄ ⟨-(e)s; *o. pl*⟩ glaciar m, geleira f **Gletscherbrand** M̄ ⟨-(e)s; *o. pl*⟩ insolação f **Gletscherspalte** F̄ fenda f de glaciar (*od* geleira)
Glied [gliːt] N̄ ⟨-(e)s; -er⟩ ANAT membro m; articulação f; *Kette:* elo m; MIL fil(eir)a f; *Stammbaum:* geração f **'gliedern** ['gliːdɐrn] ⟨-re-⟩ dividir; classificar; dispor; coordenar; organizar; *a.* ANAT articular
'Gliederpuppe F̄ bonifrate m; títere m, *bes bras* fantoche m; marionete m **'Gliederreißen** N̄ ⟨-s; *o. pl*⟩ dores *fpl* reumáticas **'Gliedertier** N̄ (animal m) articulado m **'Gliederung** F̄ articulação f; estrutura(ção) f; disposição f; classificação f; *Text a.:* sumário m; (*Abteilung*) se(c)ção f; MIL destacamento m **'Gliedmaßen** ['gliːtmaːsən] PL membros *mpl*; extremidades *fpl*
'glimmen ['glɪman] arder (sem chama) **'Glimmer** M̄ GEOL mica f **Glimmerschiefer** M̄ xisto m micáceo

'glimpflich ['glɪmpflɪç] A ADJ *Strafe* leve B ADV *behandeln*: com indulgência; ~ **davonkommen** sair sem grandes prejuízos
'glitschen ['glɪtʃən] ⟨s.⟩ escorregar **glitschig** escorregadiço
'glitzern ['glɪtsɐn] ⟨-re⟩ cintilar **Glitzern** N ⟨-s; *o. pl*⟩ brilho m
glo'bal [glo'baːl] global; conjunto **Globali'sierung** [globali'ziːrʊŋ] F globalização f **Globali'sierungsgegner(in)** M(F) opositor(a) m(f) à globalização
'Globus ['gloːbʊs] M ⟨-ses⟩ Globen *od* -se⟩ globo m
'Glocke ['glɔkə] F sino m; campainha f; (*Glasglocke*) redoma f; (*Kuhglocke*) chocalho m; *a.* TECH campânula f; **die ~n läuten** tocar os sinos; **an die große ~ hängen** *fig* espalhar por toda a parte
'Glockenblume ['glɔkənbluːmə] F campainha f, campânula f **Glockengeläut(e)** N ⟨-(e)s; -e⟩ toque m (*od* repique m) de sinos **Glockengießer** M sineiro m **glockenhell** ⟨*o. pl*⟩ MUS argênteo **Glockenschlag** M badalada f; **auf die ~, mit dem ~** em ponto **Glockenspiel** N carrilhão m **Glockenstuhl** M armação f do sino **Glockenturm** M campanário m
'Glöckner ['glœknɐ] M sineiro m
'Glorie ['gloːriə] F glória f **Glorienschein** M auréola f, nimbo m **glorreich** glorioso
Glos'sar [glɔ'saːr] N ⟨-(e)s; -e⟩ glossário m
'Glosse F glosa f **glos'sieren** V/T ⟨-⟩ glosar, comentar, criticar
'Glotze F *umg* televisão f; (*dauernd*) **vor der ~ hocken** passar (muitas) horas em frente à televisão **glotzen** ⟨-t⟩ arregalar os olhos; *umg* ver (*bras* assistir à) televisão
Glück [glʏk] N ⟨-(e)s; *o. pl*⟩ felicidade f; fortuna f; *zufälliges*: sorte f; **ein ~, dass** ... ainda bem que (*subj*); **auf gut ~** ao acaso; **j-m ~ wünschen** desejar boa sorte a alg; **viel ~!** boa sorte!; **~ haben** ter sorte; **zum ~** felizmente; **sein ~ machen** fazer fortuna; **~ bringen** dar sorte; **~ verheißend** de bom agouro
'Glucke ['glʊkə] F galinha f (choca) **glucken** chocar
'glücken ['glʏkən] ⟨s.⟩ sair bem; ser bem sucedido

'gluckern ['glʊkɐn], **glucksen** ['glʊksən] gorgolhar, gorgolejar; *bras* gargarejar
'glücklich feliz; ditoso; propício **glücklicher'weise** ADV felizmente; afortunadamente **glückselig** bem-aventurado **Glückseligkeit** F ⟨*o. pl*⟩ bem-aventurança f
'Glücksfall M sorte f; feliz acaso m **Glücksgöttin** F Fortuna f **Glückskind** N, **Glückspilz** M felizardo m, felizardo m **Glücksrad** N roda f da fortuna **Glückssache** F ⟨*o. pl*⟩ (questão f de) sorte f **Glücksspiel** N jogo m (de azar) **Glücksstern** M ⟨-(e)s; *o. pl*⟩ boa estrela f; **unter e-m geboren sein** ter nascido sob boa estrela
'Glückwunsch M felicitação f; *pl a.* felicidades fpl; parabéns mpl; **Glückwünsche aussprechen** apresentar (*bras* dar os) parabéns; **herzlichen ~!** parabéns!

▶ Glückwünsche

Herzlichen Glückwunsch!	Felicidades!
Alles Gute zum Geburtstag!	Parabéns!
Schöne Feiertage!	Boas festas!
Frohe Weihnachten!	Feliz Natal!
Ein gutes neues Jahr!	Bom Ano Novo!
Gute Reise!	Boa viagem!
Gute Besserung!	Estimo as melhoras!

'Glühbirne ['glyːbɪrnə] F lâmpada f elé(c)trica **glühen** A V/T pôr em brasa B V/I arder (*a. fig* **vor** *dat* de); estar em brasa **glühend** A ADJ ardente; *fig a.* fervoroso, apaixonado, entusiástico; *Metall* candente B ADV 1 **~ heiß** quente em brasa 2 *fig* **j-n ~ verehren** venerar alg ardentemente **Glühlampe** F lâmpada f incandescente **Glühwein** M vinho m quente; ponche m **Glühwürmchen** ['glyːvʏrmçən] N pirilampo m
Glut [gluːt] F (*Kohlenglut*) brasa f; (*Herd-*

glut, Zigarrenglut) lume m; fig ardor m, fervor m, paixão f **'Gluthitze** F ⟨o. pl⟩ calor m intenso

Glyze'rin [glytsa'ri:n] N ⟨-s; o. pl⟩ glicerina f

G.m.b.H. [ge:?ɛmbe:'ha:] F ABK ⟨-⟩ (Gesellschaft mit beschränkter Haftung) L.da f (Sociedade de Responsabilidade Limitada)

Gnade ['gna:də] F graça f (a. REL); (Barmherzigkeit) misericórdia f; (Gunst) favor m, mercê f; (Milde) clemência f; **um ~ bitten** pedir perdão od clemência; MIL pedir quartel; **~ für od vor Recht ergehen lassen** deixar passar; **auf ~ und Ungnade** à mercê

'Gnadenakt M a(c)to m de graça (od de clemência; bras de misericórdia) **Gnadenfrist** F último prazo m **Gnadengesuch** N pedido m de clemência **gnadenlos** ⟨-este⟩ impiedoso **Gnadenstoß** M golpe m de misericórdia; **j-m den ~ versetzen** dar o golpe de misericórdia a alg

'gnädig ['gnɛ:dɪç] **1** clemente, misericordioso; magnânimo **2** geh Anrede: **~e Frau** minha Senhora, Senhora Dona (+ Vorname); **~er Herr** Senhor

Gneis [gnaɪs] M ⟨-es; -e⟩ GEOL gneisse m

Gnom [gno:m] M ⟨-en od -s; -e⟩ gnomo m

Gnu [gnu:] N ⟨-s; -s⟩ gnu m

Gobe'lin [gobaˈlɛ̃] M ⟨-s; -s⟩ gobelim m

'Gockel ['gɔkəl] M ⟨-s; -⟩ umg galo m

Gold [gɔlt] N ⟨-(e)s; o. pl⟩ ouro m

'Goldader F BERGB filão m de ouro

'Goldbarren M barra f de ouro

'Goldbarsch M perca f **'Goldbestand** M reserva f de ouro **'Goldbrasse** F dourada f **'Golddeckung** F → Goldreseven

'golden ['gɔldən] dourado; de ouro; **~e Hochzeit** bodas fpl de ouro; **Goldener Schnitt** MATH se(c)ção f áurea

'Goldfasan M faisão m dourado **'Goldfisch** M peixe m dourado **'Goldfüllung** F aurificação f; bras obturação f a ouro **'Goldgehalt** M quilate m **'goldgelb** áureo, amarelo, dourado **'Goldgräber** ['gɔltgrɛ:bar] M pesquisador m de ouro; bras garimpeiro m **'Goldgrube** F mina f de ouro; fig manancial m de riquezas **'goldhaltig**

['gɔlthaltɪç] aurífero **'Goldhamster** M hamster m dourado

'goldig ['gɔldɪç] dourado; fig Kind etc amoroso, doce; **~ sein** a. ser um amor **'Goldklumpen** F pepita f de ouro **'Goldkrone** F Zahn: coroa f de ouro **'Goldlack** M BOT goivo m amarelo **'Goldmedaille** F medalha f de ouro **'Goldmünze** F moeda f de ouro **'Goldplombe** F → Goldfüllung **'Goldregen** M BOT codesso-dos-alpes m; cítiso m; bras citiso m **Goldreserven** FPL reservas fpl de ouro **'Goldschmied(in)** M[F] ourives m/f **'Goldschmiedearbeit** F, **'Goldschmiedekunst** F ⟨o. pl⟩ ourivesaria f **'Goldschnitt** M ⟨-(e)s; o. pl⟩ corte m dourado **'Goldstaub** M ⟨-(e)s; o. pl⟩ ouro m em pó **'Goldwaage** F balança f de ouro; **jedes Wort** (od **alles**) **auf die ~ legen** fig pesar todas as palavras **'Goldwährung** F padrão-ouro m **'Goldwert** M ⟨-(e)s; o. pl⟩ valor m em ouro

Golf¹ [gɔlf] M ⟨-(e)s; -e⟩ GEOG golfo m

Golf² [gɔlf] M ⟨-s; o. pl⟩ SPORT golfe m

'Golfer(in) M[F] → Golfspieler(in)

'Golfplatz M campo m de golf(e)

'Golfschläger M taco m de golf(e)

Golfspieler(in) M[F] jogador(a) m(f) de golfe

'Gondel ['gɔndəl] F ⟨-; -n⟩ gôndola f; barca f; FLUG carlinga f; Drahtseilbahn: cabina f; bras cabine f **Gondelbahn** F teleférico m **gondeln** ⟨-le; s.⟩ ir na (od de) gôndola; umg passar, ir

Gong [gɔŋ] M ⟨-s; -s⟩ tantã m, gongo m

'gönnen ['gœnən] VT não invejar; **nicht ~ invejar; ich gönne es dir** desejo-lo; merece-lo; bras você merece; **sich** ⟨dat⟩ **etw ~** permitir-se (od conceder) a/c a si próprio **Gönner(in)** M[F] prote(c)tor(a) m(f) **gönnerhaft** altaneiro **Gönnermiene** F ar m prote(c)tor; **mit ~** de um ar prote(c)tor

googeln® [gu:gəln] ⟨-le⟩ googlar®, guglar®

Gör [gø:r] N ⟨-(e)s; -en⟩, **'Göre** F umg garota f; a. garoto m

Go'rilla [goˈrɪla] M ⟨-s; -s⟩ gorila m

'Gosse ['gɔsə] F cano m de esgoto; (Abfluss) sarjeta f

'Gote ['go:tə] M ⟨-n⟩, **Gotin** F godo m,

-a f **Gotik** F ⟨o. pl⟩ ARCH (estilo m) gótico m **gotisch** hist godo; Sprache, Baustil gótico; ARCH a. ogival

Gott [gɔt] M ⟨-es; "-er⟩ deus m; christlicher etc: Deus m; **um ~es willen!** por (bras pelo) amor de Deus!; **~ bewahre!** Deus me livre!; **~ sei Dank!** graças a Deus!; **so ~ will** se Deus quiser

'Götterdämmerung ['gœtɐdɛmərʊŋ] F ⟨o. pl⟩ crepúsculo m dos deuses

'gottergeben religioso, devoto

'Götterspeise F ambrósia f; GASTR gelatina f

'Gottesdienst M culto m; serviço m religioso; missa f **Gottesfurcht** F ⟨o. pl⟩ temor m de Deus; devoção f **gottesfürchtig** ['gɔtəsfʏrçtɪç] devoto **Gotteshaus** N igreja f; templo m **Gotteslästerer** M blasfemo m **Gotteslästerung** F blasfémia f; bras blasfêmia f **Gottesurteil** N juízo m de Deus

'gottgefällig grato a Deus; leben como Deus manda **Gottheit** F divindade f **'Göttin** ['gœtɪn] F deusa f **göttlich** divino

gott'lob ADV graças a Deus, Deus seja louvado!, **'gottlos** ⟨-este⟩ ateu, ateísta **Gottlosigkeit** ['gɔtlo:zɪçkaɪt] F ateísmo m **'gottverlassen** abandonado por Deus; Ort desolado; longínquo **'Gottvertrauen** N ⟨-s; o. pl⟩ confiança f em Deus

Götze ['gœtsa] M ⟨-n⟩, **Götzenbild** N ídolo m **Götzendiener** M idólatra m **Götzendienst** M idolatria f

Gouver'nante [guvɛr'nantə] F professora f; preceptora f **Gouverneur(in)** [guvɛr'nøːr(ɪn)] M(F) ⟨-s; -e⟩ governador(a) m(f)

Grab [gra:p] N ⟨-(e)s; "-er⟩ túmulo m; sepultura f; bes. offenes cova f; (Grabstätte) jazigo m; **das Heilige ~** o Santo Sepulcro; **zu ~e tragen** sepultar; **verschwiegen sein wie das (ein) ~** ser mudo como um túmulo; **mit e-m Bein im ~ stehen** estar com os pés para a cova; bras estar com um pé na cova

'graben ['gra:bən] (es)cavar; abrir a terra; TECH gravar **Graben** M ⟨-s; "-⟩ fosso m; cova f; a. MIL trincheira f; (Bewässerungsgraben) canal m; (Wassergraben) vala f

'Grabesstimme F voz f sepulcral; **mit ~ de uma voz sepulcral**

'Grabgeläut(e) N toque m a finados **Grabgewölbe** N cripta f **Grabhügel** M túmulo m **Grabinschrift** F epitáfio m **Grabkapelle** F mausoléu m **Grabmal** N ⟨-(e)s; "-er⟩ monumento m sepulcral; cenotáfio m **Grabrede** F oração f fúnebre; necrológio m **Grabschändung** ['gra:pʃɛndʊŋ] F profanação f de sepulcro **Grabstätte** F jazigo m **Grabstein** M pedra f sepulcral; campa f; lousa f **Grabung** F escavação f

Grad [gra:t] M ⟨-(e)s; -e; als Maß: 5 -⟩ **1** grau m; (Dienstgrad) a. categoria f **2 ~ Celsius** grau centígrado; **wir haben 11 ~ (plus)** estamos a 11 graus; **5 ~ unter null** cinco graus negativos **3** fig a. escala f; ordem f; intensidade f; **hoher ~ an** (dat) grande intensidade de; **in solchem ~(e), dass** a tal ponto que

'grade [gra:da] ADJ & ADV etc → gerade etc

'Gradeinteilung F graduação f; escala f **'Gradmesser** M escala f **gradu'ieren** [gradu'i:rən] ⟨-⟩ graduar

Graf [gra:f] M ⟨-en⟩ conde m

Graf'fito [gra'fi:to] N/M ⟨-s; -ti⟩ grafito m

'Grafik ['gra:fɪk] F **1** ⟨o. pl⟩ (artes fpl) gráfica(s) f(pl) **2** ⟨pl -en⟩ (Zeichnung) desenho m; IT gráfico m **'Grafiker(in)** M(F) ⟨-s; -⟩ gravador(a) m(f); ilustrador(a) m(f)

Grafikkarte F IT cartão m gráfico

Gräfin ['grɛ:fɪn] F condessa f

'grafisch ['gra:fɪʃ] gráfico

Gra'fit [gra'fi:t] M ⟨-(e)s; -e⟩ grafite f

'gräflich condal; de conde

Grafo'loge [grafo'lo:gə] M ⟨-n⟩, **Grafologin** F grafólogo,-a m,f **Grafolo'gie** [grafolo'gi:] F ⟨o. pl⟩ grafologia f **grafo'logisch** grafológico

'Grafschaft F condado m

gram [gra:m] ADJ **j-m ~ sein** estar zangado com alg, ter rancor a alg **Gram** [gra:m] M ⟨-(e)s; o. pl⟩ geh desgosto m; tristeza f; aflição f

'grämen ['grɛ:mən] V/R geh **sich ~ (über** akk) afligir-se (com); **sich zu Tode ~** morrer de desgosto **grämlich** rabugento

Gramm [gram] N ⟨-s; -e; als Maß: 5 -⟩ grama m

Gram'matik [gra'matɪk] F gramática f **Grammatiker(in)** M(F) gramático,-a m,f **grammatisch** gramático; grama-

tical, de gramática
Grammo'fon [gramo'fo:n] N ⟨-s; -e⟩ gramofone m
Gra'nat [gra'na:t] M ⟨-(e)s; -e⟩ GEOL granada f **Granatapfel** M romã f **Granatapfelbaum** M romãzeira f **Granate** F MIL (*Handgranate*) granada f; (*Artilleriegranate*) obus m **Granatwerfer** M lança-granadas m
grandi'os [gran'dio:s] grandioso
Gra'nit [gra'ni:t] M ⟨-s; -e⟩ granito m
'Granne ['granə] F AGR aresta f; barba f
Granu'lat [granu'la:t] N ⟨-(e)s; -e⟩ granulado m **granu'lieren** ⟨-⟩ granular
'Grapefruit ['gre:pfru:t] F ⟨-; -s⟩ toranja f; *bras a.* grapefruit m
'Graphik F *etc* → Grafik *etc*
Gras [gra:s] N ⟨-es; ⸚er⟩ erva f; *bras* capim m; BOT **Gräser** pl a. gramíneas fpl; **fig das ~ wachsen hören** ouvir tossir as moscas; ser muito fininho; *bras* ouvir as moscas voando; **ins ~ beißen (müssen)** *fig* morder o pó; morrer 2 *umg* (*Marihuana*) erva f **'grasen** ['gra:zən] ⟨-t⟩ pastar
'grasgrün verde-gaio **'Grashalm** M vergôntea f **'Grashüpfer** ['gra:shypfər] M gafanhoto m **'Grasland** N ⟨-(e)s; o. pl⟩ ervaçal m; *bras* pastagem f, pasto m **'Grasmücke** F t(o)utinegra f **'Grasnarbe** F césped m
gras'sieren [gra'si:rən] ⟨-⟩ reinar, grassar
'grässlich ['grɛslɪç] horrível
Grat [gra:t] M ⟨-(e)s; -e⟩ cumeada f; crista f; espinhaço m; TECH rebarba f
'Gräte ['grɛ:tə] F espinha f
Gratifikati'on [gratifikatsi'o:n] F gratificação f
grati'nieren [grati'ni:rən] ⟨-⟩ gratinar
'gratis ['gra:tɪs] grátis, gratuito, de graça **Gratisexemplar** N exemplar m gratuito
'Grätsche ['grɛ:tʃə] F salto m de pernas afastadas **grätschen** VT **die Beine ~** afastar as pernas
Gratu'lant(in) [gratu'lant(ın)] M(F) ⟨-en⟩ felicitante m/f, congratulante m/f **Gratulati'on** [gratulatsi'o:n] F felicitação f; parabéns mpl **gratu'lieren** [gratu'li:rən] ⟨-⟩ **j-m ~** felicitar alg; **zum Geburtstag** *etc* dar os parabéns a alg; *bras a.* parabenizar alg
'Gratwanderung F *fig* situação f periclitante
grau [grau] ADJ cinzento; *bras* cinza; pardo; *Haar* grisalho; **~ werden, ~e Haare bekommen** encanecer; **~ meliert** grisalho **Grau** N ⟨-s; o. pl⟩ cinzento m; *bras* cinza m **'graublau** azul acinzentado
'Gräuel ['grɔʏəl] M horror m; **ein ~ sein** causar horror **Gräueltat** F atrocidade f
'grauen¹ VI *Tag* amanhecer, alvorecer
'grauen² VR **sich ~** ter medo (**vor** *dat* de)
'Grauen N ⟨-s; o. pl⟩ (*Schreck*) horror m, pavor m **grauenerregend** horrível **grauenhaft, grauenvoll** horrível, medonho, pavoroso
'graugrün cinzento esverdeado **grauhaarig** grisalho
graulen VR **sich ~** ter medo (**vor** *dat* de)
'gräulich ['grɔʏlɪç] 1 *Farbe*: grisalho 2 (*schrecklich*) horrível, atroz
'Graupe ['graupə] F cevadinha f **graupeln** VI/UNPERS granizar **Graupeln** FPL granizo msg
'grausam ['grauza:m] cruel; bárbaro; (*schrecklich*) atroz **Grausamkeit** F crueldade f; barbaridade f; atrocidade f
'grausig ['grauzıç] horrível, espantoso **'Grauzone** F zona f cinzenta
Gra'veur [gra'vø:r] M ⟨-s; -e⟩ gravador m **gra'vieren** ⟨-⟩ gravar; *fig* agravar **gravierend** [gra'vi:rənt] grave, agravante **Gravierung** F gravação f; gravura f
Gravitati'on [gravitatsi'o:n] F ⟨o. pl⟩ gravitação f **gravi'tätisch** [gravi'tɛ:tɪʃ] grave, solene
'Grazie ['gra:tsiə] F ⟨o. pl⟩ graça f, donaire m **grazil** [gra'tsi:l], **graziös** [gratsi'ø:s] ⟨-este⟩ gracioso, donairoso
'greifbar ['graɪfba:r] palpável; *fig a.* concreto, evidente; HANDEL disponível
'greifen VT agarrar, apanhar; pegar em; MUS tocar; **in die Saiten ~** dedilhar; **~ nach** lançar (a) mão a; **in die Tasche ~** meter a mão no bolso; **um sich ~** propagar-se, propalar-se, espalhar-se; **zu e-m Mittel ~** recorrer a; **zu hoch ~** exagerar; **j-m unter die Arme ~** *fig* ajudar alg
'Greifvogel M ave f de rapina
greis [graɪs] ADJ ⟨-este⟩ *geh* velho, encanecido **Greis** M ⟨-es; -e⟩ ancião m
'Greisenalter ['graɪzən?altər] N ⟨-s; o. pl⟩ velhice f **greisenhaft** senil **Grei-**

sin F ancià f

grell [grɛl] *Licht* forte, deslumbrante, cru; *Farbe* vivo, garrido; *Ton* agudo, penetrante

'Gremium ['gre:miʊm] N ⟨-s; -ien⟩ grémio m (*bras* *ê)

Grena'dier [grena'di:r] M ⟨-s; -e⟩ MIL granadeiro m, soldado m da infantaria

'Grenzabfertigung ['grɛntsʔapfɛrtɪgʊŋ] F despacho m da fronteira **Grenzbereich** M zona f limite, *fig* região f (*od* domínio m) limítrofe

'Grenze ['grɛntsə] F limite m (a. *fig*); (*Landesgrenze*) fronteira f, pl ~n a. confins mpl

'grenzen ⟨-t-⟩ ~ **an** (*akk*) confinar com; avizinhar-se de; (**hart**) ~ **an** (*akk*) *fig* chegar a (ser), ser quase, aproximar-se de **grenzenlos** ⟨-este⟩ ilimitado, imenso, infinitivo; *fig* excessivo, exagerado, desmedido

'Grenzfall M caso m limite **Grenzformalitäten** PL formalidades fpl aduaneiras **Grenzgänger** ['grɛntsgɛŋər] M trabalhador m fronteiriço **Grenzgebiet** N região f (*od* zona f) fronteiriça **Grenzkontrolle** F controle m na fronteira **Grenzlinie** F linha f divisória (*od* de demarcação) **Grenzpfahl** M marco m, baliza f **Grenzschutz** M ⟨-es; o. pl⟩ defesa f de fronteira **Grenzsituation** F situação f limite **Grenzsperre** F encerramento m da fronteira **Grenzstadt** F cidade f na fronteira **Grenzstein** M marco m, baliza f **Grenzübergang** M passagem f de fronteira **grenzüberschreitend** ['grɛntsʔy:bərʃraɪtənt] transfronteira **Grenzverkehr** M ⟨-s; o. pl⟩ trânsito m fronteiriço **Grenzverletzung** F violação f da fronteira **Grenzwert** M ⟨-(e)s; -e⟩ valor m limite **grenzwertig** no limite **Grenzzwischenfall** M incidente m na fronteira

'Greuel *etc* → Gräuel

'Griebe ['gri:bə] F torresmo m **Griebenschmalz** ['gri:bənʃmalts] N banha f com torresmo

'Grieche ['gri:çə] M ⟨-n⟩ grego m **'Griechenland** N Grécia f **Griechin** F grega f **griechisch** grego, da Grécia **griechisch-orthodox** greco-ortodoxo **griechisch-'römisch** greco-romano

'Griesgram ['gri:sgra:m] M ⟨-(e)s; -e⟩ rabugice f; *j-d*: rabugento m **griesgrämig** ['gri:sgrɛ:mɪç] rabugento, carrancudo

Grieß [gri:s] M ⟨-es; -e⟩ sêmola f; MED areias fpl **Grießbrei** M papa f (*bras* mingau m) de sêmola

Griff [grɪf] M ⟨-(e)s; -e⟩ **1** *zum Festhalten*: (*Stiel, Koffergriff*) pega f; (*Henkel*) asa f; (*Messergriff, Stockgriff*) cabo m; punho m; *e-r Tür, Schublade*: puxador m; TECH cabo m; (*Drehgriff*) manivela f **2** (*Greifen*) jeito m; MUS (*Töne*) acorde m; **e-n guten ~ tun** *fig* ter sorte; **etw im ~ haben** ter a/c sob controle; **etw in den ~ bekommen** apanhar o jeito a (*bras* de) a/c **'griffbereit** à mão

'Griffel M lápis m (de lousa); TECH buril m; BOT estilete m, pistilo m

'griffig ADJ bom (*od* fácil) de manejar

Grill M ⟨-s; -s⟩ grelha f (a. AUTO); assador m

'Grille ['grɪlə] F ZOOL grilo m

'grillen ['grɪlən] grelhar

Gri'masse [gri'masə] F careta f, trejeito m; **~n schneiden** fazer caretas (*od* trejeitos)

Grimm [grɪm] M ⟨-(e)s; o. pl⟩ geh raiva f; ira f **'grimmig** furioso; irado; feroz; *Kälte* penetrante, de rachar; *Schmerz* agudo

'grinsen ['grɪnzən] ⟨-t-⟩ sorrir-se ironicamente; arreganhar os dentes **Grinsen** N ⟨o. pl⟩ sorriso m irónico (*bras* *ô)

'Grippe ['grɪpə] F gripe f; **die ~ bekommen/haben** pegar uma gripe/estar com gripe **grippekrank** gripado **Grippevirus** MN vírus m da gripe

Grips M ⟨-es; -e⟩ *umg* miolos mpl

grob [gro:p] ⟨⁼er; ⁼ste⟩ grosso; *fig* grosseiro, rude (**gegen** para com); (*in großen Zügen*) rudimentar; *Einstellung* TECH aproximativo; *Fehler* grave; *Lüge* manifesto; **~ werden** ser rude **'Grobheit** F grossaria f; grosseria f; rudez(a) f; brutalidade f **'Grobian** ['gro:bia:n] M ⟨-(e)s; -e⟩ homem m grosseiro; labrego m **'grobkörnig** grosso

'gröblich ['grø:plɪç] ADV grosseiramente; gravemente

'grobschlächtig ['gro:pʃlɛçtɪç] grosseiro; *bras a.* grosso

Grog [grɔk] M ⟨-s; -s⟩ grogue m

'grölen ['grøːlən] *umg* berrar

Groll [grɔl] M ⟨-(e)s; *o. pl*⟩ rancor m

'grollen guardar (*od* ter) rancor (**gegen** a); *Donner* trovejar

'Grönland ['grøːnlant] N Groenlândia f

Gros¹ [groː] N ⟨-; -⟩ grosso m, maioria f

Gros² [grɔs] N ⟨-ses; -se⟩ HANDEL (12 Dutzend) grosa f

'Groschen ['grɔʃən] M *hist* moeda f austríaca; *hist BRD*: moeda f de 10 Pfennigs; *fig* **der ~ ist (bei ihm/ihr) gefallen** *umg* (ele/ela) percebeu finalmente

groß [groːs] ⟨⸚er, ⸚te⟩ grande; (*hochgewachsen*) alto; *Buchstabe* grande, maiúsculo; *Maßstab* largo; (*erwachsen*) adulto; **mein großer Bruder** o meu irmão mais velho; **gleich ~** de igual tamanho (*od* volume); **wie ~?** de que tamanho (*od* volume *od* capacidade)?; **so ~** deste tamanho; **so ~ wie ich** *etc* da minha altura, tão alto como eu; **im Großen und Ganzen** em (*od* no) geral; **~** (*od* **größer**) **werden** crescer, aumentar

'Großabnehmer M comprador m por grosso, comprador m por (*bras* de) atacado **großartig** grandioso; *umg* (*toll*) estupendo **Großaufnahme** F FILM primeiro plano m **Großbetrieb** M exploração f em grande escala; grande fábrica f **'Großbritannien** N GEOG Grã-Bretanha f **Großbuchstabe** M ⟨-n⟩ letra f maiúscula

'Größe [grøːsə] F **1** grandeza f (*a. fig*); (*Großartigkeit*) magnitude f; (*Umfang*) tamanho m; dimensão f; (*Ausdehnung*) extensão f **2** *e-r Person*: estatura f; *Kleidung*: número m **3** MATH quantidade f **4** (*Berühmtheit*) celebridade f

'Großeinkauf M compras fpl em grande quantidade **Großeltern** pl avós mpl **Großenkel(in)** M(F) bisneto m, -a f

'Größenordnung ['grøːsənˌɔrdnʊŋ] F (*Ausmaß*) envergadura f, dimensão f

'großenteils ADV em grande parte

'Größenverhältnis N proporção f **Größenwahn** M ⟨-(e)s; *o. pl*⟩ megalomania f **größenwahnsinnig** megalómano (*bras* *ô)

'größer [grøːsər] ⟨*kompar v.* → **groß**⟩ maior; superior

'Großformat N grande-formato m **großgeschrieben** *Wort* com maiúscula

'Großgrundbesitz M ⟨-es; *o. pl*⟩ grande propriedade f, latifúndio m **Großgrundbesitzer** M grande proprietário m, latifundiário m

'Großhandel M ⟨-s; *o. pl*⟩ comércio m por junto (*od* atacado, grosso) **Großhandelspreis** M preço m no atacado **Großhändler(in)** M(F) negociante m/f por grosso, grossista m/f; *bras* atacadista m/f

'großherzig magnânimo

'Großherzog M grão-duque m **Großherzogin** F grã-duquesa f **Großhirn** N cérebro m **Großindustrie** F grande indústria f **Großindustrielle(r)** M/F(M) grande industrial m/f

Grossist(in) [grɔˈsɪst] M(F) ⟨-en⟩ → Großhändler(in)

'Großküche F cozinha f industrial **Großmacht** F POL grande potência f **Großmama** F *geh* avózinha f; *bras* vovó f

'Großmaul N fanfarrão m; *bras* faroleiro m, garganta m **großmäulig** ['groːsˌmɔʏlɪç] fanfarrão; *bras* contador de vantagens

'Großmut F ⟨*o. pl*⟩ generosidade f **großmütig** ['groːsmyːtɪç] generoso

'Großmutter F avó f **Großneffe** M ⟨-n⟩ sobrinho-neto m **Großnichte** F sobrinha-neta f **Großonkel** M tio-avô m **Großpapa** M *geh* avôzinho m; *bras* vovô m

'Großraumbüro N grande escritório m **Großraumflugzeug** N avião m de grande capacidade

'Großrechner M computador m de grande capacidade **Groß'rein(e)machen** N ⟨*o. pl*⟩ limpeza f geral **Großschreiben** VT *Wort* escrever com letra maiúscula **Großschreibung** F escrita f com letra maiúscula **großspurig** ['groːsˌʃpuːrɪç] de via larga; *fig* jactancioso

'Großstadt F grande cidade f; grande centro m, capital f **Großstädter(in)** M(F) habitante m/f duma grande cidade **großstädtisch** das grandes cidades, urbano

'Großtante F tia-avó f **Großtat** F façanha f

'größtenteils ['grøːstəntaɪls] ADV pela maior parte

'Großtuer ['gro:stu:ar] M valentão m; gabarola m; *bras* faroleiro m **Großtue'rei** F ⟨o. pl⟩ gabarolice f, fanfarronada f; *bras* valentia f **groß tun** gabar-se (**mit de**) **Großunternehmer** M grande industrial m **Großvater** M avô m **Großwildjagd** F caça f maior **großziehen** [gro:stsy:gɪç] criar **großzügig** ['gro:stsy:gɪç] generoso, liberal **Großzügigkeit** F ⟨o. pl⟩ generosidade f, liberalidade f

gro'tesk [gro'tɛsk] grotesco **Groteske** F farsa f

'Grotte ['grɔtə] F gruta f

'Grübchen [ˈgry:pçən] N covinha f

'Grube ['gru:bə] F cova f, fossa f; BERGB mina f

Grübe'lei [gry:bə'laɪ] F reflexão f, meditação f **'grübeln** ⟨-le⟩ cismar, meditar **'Grubenarbeiter** M mineiro m **Grubengas** N grisu m **Grubenlampe** F, **Grubenlicht** N lanterna f de mineiro **Grubenunglück** N desastre m (od acidente m) de mina

'Grübler ['gry:plər] M cismador m **grüblerisch** pensativo

Gruft [grʊft] F ⟨-; ⸚e⟩ jazigo m; *bes Kirche:* cripta f

grün [gry:n] ADJ verde (*a. fig,* POL); **~e Ampel** f sinal m verde; **~er Junge** fedelho m; **~es Licht geben** dar sinal para avançar; **~ werden** verdejar; **j-m nicht ~ sein** não gostar de alg; não poder com alg; **das ist dasselbe in Grün** *umg* isso vem dar ao mesmo; é a mesma coisa **Grün** N ⟨-s; o. pl⟩ (cor f) verde m; (*Pflanzengrün*) verdura f **'Grünanlage** F zona f verde; espaço m arborizado

Grund [grʊnt] M ⟨-(e)s; ⸚e⟩ (*tiefste Stelle*) fundo m; (*Erdboden*) solo m; terreno m; (*Grundlage*) fundamento m, base f; (*Vernunftgrund*) razão f; argumento m; (*Beweggrund*) motivo m; (*Ursache*) causa f; **~ und Boden** terras fpl; bens mpl de raiz; **in ~ und Boden** *fig* a fundo; profundamente; **den ~ verlieren** perder pé; **den ~ legen für** fundamentar; **auf ~** → **aufgrund;** **e-r Sache auf den ~ gehen** examinar a/c a fundo; SCHIFF **auf ~ geraten** encalhar; **im ~ genommen** no fundo; **in den ~ bohren** meter a pique; **von ~ auf** radicalmente; desde o princípio; **zu ~e** → zugrunde

'Grundausbildung F MIL instrução f militar básica **'Grundbedeutung** F sentido m (*od* significado m) primitivo **'Grundbedingung** F condição f fundamental **'Grundbegriff** M noção f (*od* conceito m) fundamental; elemento m **'Grundbesitz** M ⟨-es; o. pl⟩ bens mpl de raiz; *einzelner:* propriedade f, terreno m **'Grundbesitzer(in)** M(F) proprietário m, -a f **'Grundbuch** N cadastro m **grund'ehrlich** ⟨o. pl⟩ absolutamente honesto **'Grundeis** N ⟨-es; o. pl⟩ gelo m de fundo

'gründen ['grʏndən] ⟨-e-⟩ fundar; (*einrichten*) a. estabelecer, instituir; (**sich**) **~ auf** (*akk*) basear(-se) em **Gründer(in)** M(F) fundador(a) m(f)

Grunderwerbsteuer F sisa f; *bras* imposto m de transmissão

'grund'falsch ⟨o. pl⟩ completamente falso (*od* errado) **Grundfarbe** F cor f primitiva, cor f fundamental **Grundfehler** M erro m fundamental **Grundfläche** F base f **Grundform** F forma f primitiva; GRAM *Verb:* infinit(iv)o m; *Substantiv:* nominativo m **Grundgebühr** F tarifa f (*od* taxa f) base **Grundgedanke** M ⟨-ns; -n⟩ ideia f (*bras* *é) fundamental **Grundgehalt** M teor-base m; *bras* teor m básico **Grundgesetz** N lei f básica; estatuto m; (*Verfassung*) constituição f

grun'dieren [grʊn'di:rən] ⟨-⟩ KUNST imprimar **Grundierung** F imprimadura f; camada f de fundo

'Grundkapital N ⟨-s; -ien⟩ capital m nominal **Grundkenntnisse** FPL conhecimentos mpl básicos **Grundkurs** M curso m básico (*od* elementar) **Grundlage** F base f; fundamento m **Grundlagenforschung** F ⟨o. pl⟩ MED, BIOL, CHEM *etc* pesquisa f básica **grundlegend** fundamental

'gründlich ['grʏntlɪç] A ADJ (*tief gehend*) profundo; sólido; metódico; (*eingehend*) pormenorizado; (*erschöpfend*) exaustivo; (*v. Grund aus*) radical B ADV a. bom; a fundo, fundamentalmente; **~ aufräumen** fazer uma arrumação completa **Gründlichkeit** F ⟨o. pl⟩ solidez f; profundidade f; meticulosidade f

'Gründling ['grʏntlɪŋ] M ⟨-s; -e⟩ ZOOL gobião m; *im Fluss:* cadoz m

'Grundlinie F base f, princípio m; linha

f geral; *topografische*: distância *f*; *bras* caminhamento *m* **Grundlohn** M̲ salário *m* base **grundlos** (*tief*) sem fundo; *fig* infundado, sem fundamento, sem razão; (*sinnlos*) gratuito **Grundmauer** F̲ fundamento *m*, alicerce *m*; *bras* baldrame *m* **Grundnahrungsmittel** N̲ alimento *m* base

Grün'donnerstag M̲ REL Quinta-feira *f* Santa

'**Grundpfeiler** M̲ pilar *m* **Grundpreis** M̲ preço *m* base **Grundrecht** N̲ direito *m* fundamental **Grundregel** F̲ regra *f* fundamental **Grundrente** F̲ renda *f*, rendimento *m* de propriedades **Grundriss** M̲ plano *m*; ARCH planta *f*; (*Buch*) compêndio *m*

'**Grundsatz** M̲ princípio *m*; MATH axioma *m* **Grundsatzentscheidung** F̲ JUR acórdão *m* doutrinário **grundsätzlich** ['gruntzɛtslɪç] A A̲D̲J̲ principal B A̲D̲V̲ em (*od* por) princípio **Grundsatzurteil** N̲ JUR acórdão *m* doutrinário

'**Grundschuld** F̲ dívida *f* hipotecária **Grundschule** F̲ escola *f* primária **Grundschullehrer(in)** M̲/F̲ professor(a) *m*(*f*) (de instrução) primária **Grundschulunterricht** M̲ ⟨-(e)s; *o. pl*⟩ ensino *m* primário **Grundstein** M̲ **den ~ legen** lançar (*od* colocar) a primeira pedra **Grundsteinlegung** ['gruntʃtaɪnleːɡʊŋ] F̲ lançamento *m* da primeira pedra **Grundsteuer** F̲ contribuição *f* predial **Grundstock** M̲ ⟨-(e)s; *o. pl*⟩ base *f*

'**Grundstoff** M̲ matéria *f* prima; CHEM corpo *m* simples, elemento *m* **Grundstoffindustrie** F̲ indústria *f* de matérias primas

'**Grundstück** N̲ (lote *m* de) terreno *m*; (*Gebäude*) imóvel *m*, prédio *m* **Grundstücksmakler** M̲ mediador *m* (*od* agente *m*) imobiliário; *bras* corretor *m* de imóveis **Grundstufe** F̲ *Schule*: ensino *m* primário; *allg* nível *m* básico **Grundton** M̲ MUS (nota *f*) tónica *f* (*bras* *ô*) **Grundübel** N̲ mal *m* fundamental, causa *f* **Grundumsatz** M̲ metabolismo *m* basal

'**Gründung** ['grʏndʊŋ] F̲ fundação *f*, estabelecimento *m*, instituição *f*

'**grundver'schieden** A̲D̲J̲ ~ (**von**) essencialmente diferente (de); inconfundível (com)

'**Grundwasser** N̲ ⟨-s; *o. pl*⟩ lençol *m* freático '**Grundwasserspiegel** M̲, '**Grundwasserstand** M̲ nível *m* do lençol *m* freático

'**Grundzahl** F̲ número *m* cardinal **Grundzins** M̲ foro *m*; censo *m* **Grundzug** M̲ rasgo *m* essencial; cara(c)terística *f*; **Grundzüge** *pl Wissenschaft*: elementos *mpl*

'**Grüne(r)** ['ɡryːnə(r)] M̲/F̲(M̲) POL verde *m*/*f*, ecologista *m*/*f* '**Grüne(s)** ['ɡryːna(s)] N̲ ⟨-n; *o. pl*⟩ verde *m*; **im ~n** ao ar livre; **ins ~ fahren** ir ao campo

'**grünen** ['ɡryːnən] V̲/U̲N̲P̲E̲R̲S̲ verdejar; reverdescer **Grünfläche** F̲ espaço *m* verde **Grünfutter** N̲ forragem *f* **Grüngürtel** M̲ cintura *f* (*od* zona *f*) verde **Grünkohl** M̲ ⟨-(e)s; *o. pl*⟩ couve *f* verde (*od* galega) **grünlich** esverdeado, verdoengo **Grünschnabel** *umg* M̲ fedelho *m* **Grünspan** M̲ ⟨-(e)s; *o. pl*⟩ verdete *m* **Grünspecht** M̲ pianço *m* (*od* peto *m*) verde **Grünstreifen** M̲ faixa *f* verde

'**grunzen** ['ɡrʊntsən] ⟨-t⟩ grunhir '**Grunzen** ['ɡrʊntsən] N̲ ⟨-s⟩ grunhido *m*

'**Grünzeug** N̲ ⟨-s; *o. pl*⟩ hortaliças *fpl*, verduras *fpl*; *bras* (*Kräuter*) cheiro *m* verde **Grünzone** F̲ zona *f* verde

'**Gruppe** ['ɡrʊpə] F̲ grupo *m*; conjunto *m* (a. MUS) **Gruppenarbeit** F̲ trabalho *m* de grupo (*od* equipe *f*) **Gruppenaufnahme** F̲, **Gruppenbild** N̲ fotografia *f* de um grupo **Gruppenreise** F̲ viagem *f* em grupo **gruppenweise** A̲D̲V̲ em grupos **Gruppenzwang** M̲ PSYCH pressão *f* de grupo

grup'pieren [ɡrʊ'piːrən] ⟨-⟩ agrupar **Gruppierung** F̲ *bes* POL agrupamento *m*

Grus [ɡruːs] M̲ ⟨-es; -e⟩ GEOL, MED cascalho *m*

'**Gruselfilm** ['ɡruːzəlfɪlm] M̲ ⟨-(e)s; -e⟩ *umg* filme *m* de terror **gruselig** medonho, pavoroso **gruseln** ⟨-(e)-⟩ **j-n** (*od* **j-m**) **gruselt vor etw** (*dat*) tem pavor a a/c

Gruß [ɡruːs] M̲ ⟨-es; ⁻̈e⟩ saudação *f*; cumprimento *m*, MIL continência *f*; **Grüße** *pl bes im Brief*: lembranças *fpl*, saudades *fpl*; **j-m Grüße bestellen** *od* **ausrichten** mandar lembranças a alg; **viele Grü-**

Gummi

Der **seringueira** oder Kautschukbaum (Hevea brasiliensis), bekannter unter der Bezeichnung Gummibaum, wurde von den europäischen Kolonisten zuerst in Bahia entdeckt. Er wächst hauptsächlich im tropischen Amazonasbecken, aber auch in anderen Regionen Brasiliens. Die Indianer kannten und nutzten die Eigenschaften des Gummibaumsafts und nannten den Baum ca-hu-chu ‚weinendes Holz'.
Jahrelang hielt Brasilien das Monopol auf Naturlatex. Erst Ende des 19. Jahrhunderts gelang es einem britischen Naturforscher, Kautschukbaumsamen aus Brasilien herauszuschmuggeln und in anderen tropischen Ländern anzusiedeln.
Noch heute stellen die Kinder der Kautschukplantagen ihre Gummibälle selbst her, indem sie übrig gebliebene Latexfäden von den Bäumen ziehen und zu festen Knäueln wickeln.

ße an ... muitos cumprimentos a ...; *bras* mande (*od* dê) lembranças (minhas/nossas) a ...; **mit freundlichen Grüßen** atenciosamente; **mit herzlichen Grüßen** com os melhores cumprimentos; *bras* abraços cordiais

'grüßen ['gry:sən] V/T ⟨-t⟩ saudar; cumprimentar; **j-n ~ lassen** mandar (dizer) saudades (*od* cumprimentos) a alg; *bras* mandar recomendações a alg

'Grütze ['grʏtsə] F papá f; *bras* mingau m; *fig* **~ im Kopf** miolos mpl, jeito m

'gucken ['gʊkən] *umg* olhar **Guckfenster** N postigo m **Guckloch** N postigo m; ralo m

Gue'rilla [gɛˈrɪl(j)a] F guerrilha f **Guerillakämpfer(in)** M(F) guerrilheiro m, -a f **Guerillakrieg** M guerrilha f

Gui'nea [giˈneːa] N GEOG Guiné f **Guinea-Bissau** N Guiné-Bissau f

'Gulasch ['guːlaʃ] N ⟨-(e)s; o. pl⟩ guisado m (*od* ensopado m) de carne de vaca e de porco **Gulaschkanone** F *umg* cozinha f ambulante **Gulaschsuppe** F sopa f de carne guisada

'Gulden ['gʊldən] M *hist* florim m

'Gully ['gʊli] M ⟨-s; -s⟩ bueiro m, sarjeta f

'gültig ['gʏltɪç] válido; *Gesetz* em vigor, vigente; (*echt*) legítimo; **~ sein** (gelten) ser/estar válido **Gültigkeit** F ⟨o. pl⟩ validade f, vigor m

'Gummi ['gʊmi] N/M ⟨-s; od -s⟩ borracha f; goma f; *umg* (*Kondom*) camisinha f **Gummiball** M bola f de borracha **Gummiband** N elástico m **Gummibärchen** NPL ursinhos mpl de goma **Gummibaum** M árvore f da borracha;

bras seringueira f

gum'mieren [gʊˈmiːrən] ⟨-⟩ engomar; dar cola a

'Gummihandschuh M luva f de borracha **Gummiknüppel** M cacete m, cacheira f **Gummischeibe** F disco m de borracha **Gummischlauch** M tubo m de borracha; AUTO câmara f de ar **Gummischuh** M galocha f **Gummisohle** F sola f de borracha **Gummistiefel** M bota f de borracha **Gummistrumpf** M meia f elástica (*od* de borracha) **Gummizug** M elástico m

Gunst [gʊnst] F ⟨o. pl⟩ favor m; graça f; **in j-s ~ stehen** ser grato a alg; **zu j-s ~en** a favor de alg; → zugunsten

'günstig ['gʏnstɪç] favorável, propício; oportuno; **j-m ~ gesinnt sein** ter simpatias para com alg; ser amigo de alg **Günstling** M ⟨-s; -e⟩ favorito m; *e-s Fürsten a.*: valido m **Günstlingswirtschaft** F ⟨o. pl⟩ favoritismo m

'Gurgel ['gʊrgəl] F ⟨-; -n⟩ garganta f; goela f **gurgeln** ⟨-le⟩ gargarejar **Gurgelwasser** N ⟨-s; =⟩ gargarejo m

'Gurke ['gʊrkə] F pepino m

'gurren ['gʊrən] arrul(h)ar

Gurt [gʊrt] M ⟨-(e)s; -e⟩ cinto m (*a.* FLUG, AUTO); (*Sattelgurt*) cilha f; (*Patronengurt*) cartucheira f **'Gurtband** N precinta f

'Gürtel ['gʏrtəl] M cinto m; cinta f; *fig Gebiet*: zona f **Gürtelreifen** M pneu m radial **Gürtelrose** F MED zona f; cobrelo m **Gürteltier** N armadilho m, tatu m

'gürten ['gʏrtən] ⟨-e-⟩ *geh* cingir; *Pferd* cilhar

'Gurtmuffel ['gʊrtmʊfəl] M pessoa f

que não usa o cinto de segurança **Gurtpflicht** F uso obrigatório do cinto de segurança

Guss [gʊs] M ⟨-es; ⸚e⟩ **1** TECH fusão f; fundição f; **aus e-m ~** fig perfeito **2** Wasser: bátega f de água; (Regenguss) aguaceiro m; bras pancada f de chuva **3** (Zuckerguss etc) cobertura f **'Gusseisen** N ferro m fundido **'Gussform** F molde m **'Gussstahl** M ⟨-(e)s; o. pl⟩ aço m fundido

gut [guːt] ⟨besser; beste⟩ **A** ADJ bom, f boa; **e-e ~e Stunde** mais de uma hora; **gut 2 Monate** pelo menos …; **es ist ~!**, **(schon) ~!** está bem!; **seien Sie so ~** tenha a bondade, faça(-me) o favor od o obséquio **(und de** inf**)**; **zu etw ~ sein** servir para a/c, prestar para a/c; **zu ~er Letzt** por fim, por último **B** ADV bem; **so ~ wie** sicher etc quase; **~ aussehend** com bom aspe(c)to; bonito; **es wird alles ~ gehen** tudo vai correr bem; **es sich ~ gehen lassen** tratar-se bem; **~ gehend** próspero, florescente; **~ gelaunt** bem disposto; **~ gemeint** bem intencionado; **es ~ haben** ter sorte; **mach's ~!** boa sorte!; **es ~ meinen mit** j-m ser amigo de j-m; **es ~ sein lassen** deixar; não insistir; **~ situiert** afortunado

Gut N ⟨-(e)s; ⸚er⟩ bem m; propriedade f; HANDEL mercadoria f; (Landgut) quinta f, herdade f; bras sítio m; fazenda f **'Gutachten** N parecer m, juízo m **'Gutachter(in)** [ˈguːtʔaxtɐr(ɪn)] M(F) perito m, -a f **'gutartig** bom, de boa índole; MED benigno **'Gutdünken** [ˈguːtdyŋkən] ⟨-s; o. pl⟩ critério m, arbítrio m; nach ~ à vontade; a bel-prazer

'Gute(s) N ⟨-n; o. pl⟩ bem m; **~s tun** fazer bem; **des ~n zu viel tun** exagerar; **beim Essen**: comer (od beber) demasiado; **alles ~!** boa sorte!; felicidades!; **im ~n** amigavelmente; em bons termos; → **gutwillig**

'Güte [ˈgyːta] F ⟨o. pl⟩ bondade f; (Beschaffenheit, Wert) qualidade f; **in ~** amigavelmente; **du meine ~!** umg valha-me Deus!; (tenha) paciência! **Güteklasse** F classe f de qualidade **Gütekontrolle** F controle m de qualidade **'Güter** NPL bens mpl; mercadorias fpl **Güterabfertigung** F expedição f de mercadorias (od de volumes); despacho m **Güterbahnhof** M estação f de mercadorias **Gütergemeinschaft** F comunhão f de bens **Gütertrennung** F separação f de bens **Güterverkehr** M tráfego m (de mercadorias, bras de carga) **Güterwagen** M carruagem f de mercadorias; bras vagão m de carga **Güterzug** M comboio m de mercadorias; bras trem m de carga

Güteverhandlung F JUR audiência f de conciliação

'gutgesinnt bem intencionado **gutgläubig** de boa fé **guthaben** V/T **etwas bei j-m ~** alg está me (te, etc) devendo a/c **Guthaben** N haver m; saldo m a(c)tivo; crédito m **gutheißen** aprovar **gutherzig** bondoso, benévolo **gütig** [ˈgyːtɪç] bondoso; (wohlwollend) benévolo **gütlich** A ADJ JUR **~e Einigung** F um acordo m amigável, amistoso B ADV **sich ~ tun** regalar-se (**an** dat com)

'gutmachen remediar, emendar, reparar; **nicht wieder gutzumachen(d)** irreparável, irremediável

gutmütig [ˈguːtmyːtɪç] bondoso, benévolo; bonacheirão; bras bonachão **Gutmütigkeit** F ⟨o. pl⟩ bondade f, benevolência f

'gutsagen V/T **für etw ~** garantir a/c **'Gutsbesitzer** M proprietário m; bras fazendeiro m

'Gutschein M abono m, abonação f **gutschreiben** HANDEL abonar, levar a crédito **Gutschrift** F crédito m **'Gutsherr** M proprietário m; senhor m; bras fazendeiro m **Gutshof** M herdade f; quinta f; fazenda f; bras a. sítio m **Gutsverwalter** M administrador m **'guttun** fazer bem **gutwillig** de boa (od de livre) vontade **Gutwilligkeit** F ⟨o. pl⟩ complacência f; boa vontade f

Gymnasi'albildung [gymnaziˈaːlbɪldʊŋ] F ⟨o. pl⟩ curso m liceal (bras secundário) **Gymnasiallehrer** M professor m de liceu (bras secundário)

Gymnasi'ast(in) [gymnaziˈast(ɪn)] M(F) ⟨-en⟩ liceal m/f, estudante m/f do liceu (bras segundo ciclo do ginásio) **Gymnasium** [gymˈnaːzium] N ⟨-s; Gymnasien⟩ escola f secundária, liceu m; bras ginásio m

Gym'nastik [gymˈnastɪk] F ⟨o. pl⟩ ginástica f **gymnastisch** ginástico **Gynäko'loge** [gynɛkoˈloːgə] M ‹-n›, **Gynäko'login** F ginecólogo m, -a f, ginecologista m/f **Gynäkolo'gie** [gynɛkoloˈgiː] F ‹o. pl› ginecologia f **gynäko-'logisch** ginecológico

H

H, h. [haː] N ‹-; -› H, h. m; MUS si m **Haar** [haːr] N ‹-(e)s; -e› pêlo m; (Kopfhaar) cabelo m; bes langes (kollektiv): cabeleira f; **weißes ~** cãs fpl; (Rosshaar) crina f; **sich die ~e schneiden lassen** cortar o cabelo; **um ein ~** por um cabelo (od tríz); **kein gutes ~ an** (dat) **lassen** dizer cobras e lagartos de; **~ e lassen müssen** ficar depenado; **~e auf den Zähnen haben** ser de pêlo na venta; **sich in die ~e geraten, sich in den ~en liegen** pegar-se, zangar-se; bras a. atracar-se; **an den ~en herbeigezogen** umg forçado; **mir stehen die ~e zu Berge** arrepiam-se-me os cabelos, fico com os cabelos (bras a. de cabelo) em pé **'Haarausfall** M ‹-(e)s; o. pl› queda f dos (bras de cabelos); MED alopecia f **Haarbürste** F escova f de cabelo **Haarbüschel** N madeixa f de cabelo **haaren** V/T (G V/I) pelar(-se), mudar **Haarentferner** M depilatório m **Haarersatz** M cabelo m postiço **Haaresbreite** F **um ~** por um triz **Haarfärbemittel** N tinta f (bras tintura f) para o cabelo **haarfein** delgado como um cabelo, capilar; fig subtil **Haarfestiger** [ˈhaːrfɛstɪɡɐ] M fixador m (para cabelos) **Haargel** N gel m para cabelo **haargenau** exactamente **haarig** cabeludo, peludo; fig umg difícil; delicado **haarklein** ADV com todos os pormenores **Haarknoten** M chinó m, monho m; carapito m; bras coque m **Haarkur** F tratamento m para cabelos **haarlos** calvo **Haarnadel** F gancho m; grampo m **Haarnadel(kurve)** F curva f de gancho m **Haarnetz** N rede f para o cabelo **Haarpflege** F ‹o. pl› tratamento m do cabelo **haarscharf** afiadíssimo; fig muito certo; **~ vorbei an** (dat) passando pertíssimo **Haarschneiden** N corte m de cabelo **Haarschnitt** M corte m de cabelo; (Frisur) penteado m **Haarshampoo** N champô m; bras xampu m **Haarsieb** N tamis m **Haarspalte'rei** [haːrʃpaltəˈrai] F fig subtilezas fpl **Haarspange** F travessão m; bras fivela f, presilha f **Haarspray** N laca f **haarsträubend** horripilante **Haarteil** M partícula f capilar **Haartracht** F penteado m **Haartrockner** M secador m eléc(trico **Haarwaschmittel** → Haarshampoo **Haarwasser** N loção f capilar (od para o cabelo) **Haarwuchs** M ‹-es; o. pl› crescimento m do cabelo (od capilar); (Haar) cabeleira f **Haarwurzel** F ‹-; -n› raiz f do cabelo **Hab** [haːp] N nur in **~ und Gut** haveres mpl; bras pertencentes mpl **Habe** [ˈhaːbə] F ‹o. pl› bens mpl; haveres mpl; bras pertencentes mpl; **bewegliche ~** bens mpl móveis

'**haben** [ˈhaːbən] V/T ter; (besitzen) a. possuir; **wir ~ Winter** estamos no inverno; **etw bei sich ~** levar, trazer; **was ~ wir davon?** que ganhamos com isto?, para que nos serve isto?; **nichts davon ~** não ganhar nada com isto; **da ~ wir's!** ora aí está!; **~ wollen** querer; **haben zu** inf **~ müssen**; **zu ~** (kaufen) **sein** estar à venda; **nicht mehr zu ~ sein** estar esgotado; Mädchen: **noch zu ~** por casar, livre; **nichts auf sich ~, nichts zu sagen ~** não ser nada, não ter importância; **hab dich nicht so!** umg não te faças esquisito!; bras não se faça de difícil!

'**Haben** N HANDEL haver m **'Habenichts** M ‹-es; -e› pobretão m, pobre diabo m **'Habensaldo** M ‹-s; -s, a. -di› HANDEL saldo m credor **Habenseite** F HANDEL haver m; crédito m a(c)tivo **Habenzinsen** pl juros mpl credores **'Habgier** F ‹o. pl› avidez f, cobiça f **habgierig** ávido (**nach** de) **habhaft ~ werden** (gen) (conseguir) apoderar-se de; **j-s ~ werden** apanhar alg **'Habicht** [ˈhaːbɪçt] M ‹-(e)s; -e› açor m; bras ave f de rapina **Habichtsnase** F nariz m aquilino

HAHN

Habilitati|on [habilitatsi'o:n] F doutoramento m; concurso m para professor agregado (bras catedrático) **habili'tieren** <-> V/R **sich ~** doutorar-se, fazer o seu doutoramento; fazer concurso para professor agregado (bras catedrático)
'Habseligkeiten ['ha:pze:lıçkaıtən] FPL haveres mpl, coisas fpl **Habsucht** F <o. pl> → Habgier **habsüchtig** → habgierig
'Hachse ['haksə], **'Haxe** F jarrete m
'Hackbeil ['hakbaıl] N machadinha f
Hackblock M cepo m; talho m **Hackbraten** M assado m de carne picada (bras moída) **Hackbrett** N tábua f de picar (bras moer) carne
'Hacke¹ ['hakə] F AGR enxada f; picareta f; sacho m
'Hacke² F, **Hacken** M (Ferse) calcanhar m; Schuh: tacão m, salto m
'hacken picar; bras moer; Holz partir, rachar; AGR cavar, sachar
'Hacker(in) ['hɛkɐr(ın)] M(F) <-s; -> IT pirata m informático
Hackfleisch N carne f picada (bras moída) **Hackmesser** N talhador m; bras facão m de trinchar **Hackordnung** F umg ordem f de capoeira (od hierárquica)
'Häcksel ['hɛksəl] M/N palhiço m **Häckselmaschine** F talhadeira f
'Hader ['ha:dɐr] M <o. pl> geh contenda f; querela f **hadern** <-re> ~ **mit** estar zangado com; mit j-m a.: querelar (od discutir) com
'Hafen¹ ['ha:fən] M <-s; ⸚> porto m; **in den ~ einlaufen** SCHIFF entrar no porto
'Hafen² M reg (Gefäß) pote m, jarro m
'Hafenanlage F instalação f (bras cais m) do porto **Hafenarbeiter** M estivador m **Hafenbecken** N doca f; dique m **Hafeneinfahrt** F entrada f do porto **Hafengebühr** F taxa f portuária **Hafenpolizei** F polícia f do porto; bras polícia f portuária **Hafenstadt** F cidade f marítima **Hafenviertel** N bairro m portuário
'Hafer ['ha:fɐr] M <-s; -> aveia f **Haferflocke** F floco m de aveia **Haferschleim** M <-(e)s; -e> sopa f (od papa f) de flocos de aveia
Haff [haf] N <-(e)s; -s, -e> albufeira f, laguna f
Haft [haft] F <o. pl> prisão f; (Polizeihaft)

a. detenção f; **in ~ nehmen** prender, deter; **aus der ~ entlassen** pôr em liberdade **'haftbar** responsável **'Haftbefehl** M mandato m de captura; ordem f de prisão **'haften** <-e-> **1** (kleben) ~ **an** (dat) estar pegado (od agarrado) a; fig ficar com **2** (verantwortlich sein) ~ **für** ficar responsável por; responder por **'Haftentlassung** F libertação f; bras soltura f
'Häftling ['hɛftlıŋ] M <-s; -e> preso m, recluso m, detido m
'Haftnotiz ['haftnoti:ts] F post it® m; bras a. recado m (od lembrete m) auto-adesivo
'Haftpflicht F <o. pl> responsabilidade f **haftpflichtig** responsável **Haftpflichtversicherung** F seguro m de responsabilidade civil
'Haftschalen FPL lentes fpl de conta(c)to
'Haftung ['haftʊŋ] F → Haftpflicht
'Hafturlaub M JUR interrupção f da pena de prisão **Haftvermögen** N <o. pl> aderência f
'Hagebutte ['ha:gəbʊtə] F fruto m da roseira brava **Hagebuttentee** M <-s; -s> chá m de (baga de) roseira brava
'Hagel ['ha:gəl] M <-s; o. pl> METEO saraiva f; granizo m; fig granizada f **Hagelkorn** N (grão m de) granizo m; pedrisco m **hageln** granizar **Hagelschaden** M prejuízo m causado pelo granizo **Hagelschauer** M granizada f; saraivada f **Hagelschlag** M granizo m **Hagelversicherung** F seguro m contra o granizo
'hager ['ha:gɐr] magro; seco
'Häher ['hɛ:ɐr] M ZOOL gaio m
Hahn¹ [ha:n] M <-(e)s; ⸚e> galo m; umg ~ **im Korb** fig o menino bonito; bras gostosão m; **es kräht kein ~ danach** fig ninguém se importa com isto
Hahn² [ha:n] M <-(e)s; ⸚e> **1** (Wasserhahn etc) torneira f **2** MIL Gewehr: cão m, gatilho m
'Hähnchen ['hɛ:nçən] N frango m
'Hahnenfuß ['ha:nənfu:s] M <-es; o. pl> BOT ra(i)núnculo m **Hahnenkamm** M crista f de galo **Hahnenkampf** M combate m de galos; bras briga f de galo **Hahnenschrei** M canto m do galo **Hahnentritt** M galadura f

Hai [haɪ] M ‹-(e)s; -e›, **'Haifisch** M tubarão m
Hain [haɪn] M ‹-(e)s; -e› mata f; bosque m **'Hainbuche** F BOT choupo m branco
'Häkchen ['hɛːkçən] N colchete m, ganchinho m; TYPO apóstrofo m
'Häkelarbeit ['hɛːkəlˀarbaɪt] F crochet m, croché m (bras *ê) **häkeln** ‹-le› fazer crochet **Häkelnadel** F agulha f de crochet
'haken ['haːkən] enganchar
'Haken ['haːkən] M gancho m; (Nagel) escápula f; (Kleiderhaken) cabide m; für Öse: colchete m; (Widerhaken) barbela f; **e-n ~ haben** fig ter um defeito; trazer água no bico **Hakenkreuz** N Nationalsozialismus: cruz f suástica **Hakennase** F nariz m aquilino
halb [halp] **A** ADJ meio, metade (de); **ein ~er Apfel** m uma meia maçã f; **~e Fahrt** f SCHIFF meia força f, meio vapor m; **ein ~es Jahr** meio ano, seis meses; **ein ~es Kilo** n meio quilo m; **~e Note** f MUS mínima f; semítono m; **auf ~er Höhe** a meia altura; **zum ~en Preis** por (od pela) metade do preço **B** ADV **1** ~ **gar** mal cozido; ~ **fertig sein** erst faltar ainda metade para acabar; estar ainda por acabar; schon estar semipronto (od meio-acabado); ~ **offen** entreaberto ~ **öffnen** entreabrir; ~ ..., meio ...; ~ ...entre ... e ...; meio ..., meio ...; ~ **tot** meio-morto; ~ **voll** cheio até metade; ~ **und** ~ meio por meio **2** zeitlich: **um** ~ **3** (Uhr) às duas (horas) e meia **3 das ist ~ so schlimm** não é assim tão grave; **nur ~ so viel** só metade; **er ist nicht ~ so fleißig wie** ... não trabalha metade daquilo que ...
'halbamtlich oficioso **'halbautomatisch** semi-automático **'Halbbildung** F ‹o. pl› pseudo-cultura f **'Halbbruder** M meio-irmão m **'Halbdunkel** N ‹-s; o. pl› penumbra f; lusco-fusco m; KUNST claro-escuro m **'Halbedelstein** M pedra f semipreciosa
'halber ['halbər] PRÄP ‹gen; nachgestellt› por (causa de); para (efeitos de); **der Einfachheit ~** para simplificar
'Halbfabrikat N produto m semimanufa(c)turado **halbfett** semidesnatado; meio-gordo **Halbfinale** N SPORT meia-final f; bras semifinal m
halbgebildet pseudo-intele(c)tual **Halbgefrorene(s)** N ‹-n› sorvete m **Halbgeschwister** pl meios-irmãos mpl **Halbgott** M, **'Halbgöttin** F semideus(a) m(f) **Halbheit** F imperfeição f, insuficiência f; medida f insuficiente
hal'bieren [hal'biːrən] ‹-› dividir ao meio (od em duas partes iguais)
'Halbinsel F península f
'Halbjahr N semestre m **'halbjährig** ['halpjɛːrɪç] de seis meses; semestral **'halbjährlich** semestral; ADV a. de seis em seis meses
'Halbkreis M semicírculo m **'Halbkugel** F hemisfério m **'halblaut** ADJ & ADV a meia voz **'Halbleinen** N TYPO meio linho m **'Halbleiter** M ELEK semicondutor **'Halbmast** M nur in **auf ~** a meia haste (od adriça); bras a meio mastro **'halbmonatlich** bimensal, quinzenal **'Halbmond** M meia-lua f **'Halbpension** F meia-pensão f **'halbrund** semicircular **'Halbschatten** M penumbra f; KUNST meia-tinta f **'Halbschlaf** M sonolência f; **im ~** meio dormindo **'Halbschuh** M sapato m **'Halbschwergewicht** N ‹-(e)s; o. pl› SPORT peso m médio **'Halbschwester** F meia-irmã f **'halbseitig** ['halpzaɪtɪç] parcial; A. ADV de um lado **'Halbstarke(r)** M ‹-n› rufia m **'Halbstiefel** M botim m; bras botina f **'halbstündig** ['halpʃtʏndɪç] de meia hora **halbstündlich** de meia em meia hora **Halbtagsarbeit** F ‹o. pl› trabalho m de meio dia (bras meio período)
'Halbton M meio-tom m; semítono m **'halbtrocken** semi-seco **'Halbwaise** F órfão m de pai (od de mãe) **'halbwegs** ['halpveːks] ADV a meio caminho; fig sofrivelmente **'Halbwelt** F ‹o. pl› demimonde m; meio-mundo m **'halbwüchsig** ['halpvyːksɪç] j-d adolescente; M a. imberbe **'Halbzeit** F SPORT meio-tempo m
'Halde ['haldə] F ladeira f, encosta f; BERGB vazadouro m; montão m de minerais; (Schlackenhalde) escorial m
'Hälfte ['hɛlftə] F metade f; **zur ~** por metade, a metade; **bessere ~** umg (Ehefrau) cara metade

'Halfter¹ ['halftər] M/N cabresto m
'Halfter² ['halftər] F ⟨-; -n⟩ od N (Pistolenhalfter) coldre m
'Halle ['halə] F **1** ARCH sala f; (Ausstellungshalle) pavilhão m; (Säulenhalle) pórtico m, galeria f; (Vorhalle) átrio m, hall m; vestíbulo m; (Turnhalle) ginásio m **2** TECH sala f; FLUG hangar m; BAHN recolha f
'hallen ['halən] V/I ressoar, retumbar
'Hallenbad N piscina f coberta **Hallensport** M desporto m (bras esporte m) de salão **Hallentennis** N ténis m em pista coberta; bras tênis m em quadra coberta
hallo [ha'lo:, 'halo] INT ~! olá!; bras oi!; ~? TEL está lá?; bras alô!; empört: ~? cómo? (bras cómo?); ~ **sagen** dar um alô
Hallo [ha'lo:] N ⟨-s; -s⟩ Lärm: gritaria f, alvoroço m
Halluzination [halutsinatsi'oːn] F alucinação f **halluzinieren** [halutsi'niːrən] ⟨-⟩ V/I alucinar
Halm [halm] M ⟨-(e)s; -e⟩ pé m, talo m, cálamo m
halo'gen [halo'ge:n] halógeno, halogéneo; bras halogênio **Halogenlampe** F lâmpada f de halogénio (bras *ê) **Halogenscheinwerfer** M farol m halógeno etc
Hals [hals] M ⟨-es; ⸚e⟩ colo m, pescoço m; (Kehle) garganta f; (Flaschenhals) gargalo m; (Geigenhals) braço m; ~ **über Kopf** precipitadamente; **am ~(e) haben** fig ter às costas; **aus vollem ~(e)** a toda a força; lachen às gargalhadas; **j-m um den ~ fallen** abraçar alg; **es hängt mir zum ~ heraus** umg estou farto até aos cabelos (bras até à raiz dos cabelos); **sich** (dat) **etw vom ~(e) schaffen** desembaraçar-se de a/c
'Halsabschneider M fig usurário m
'Halsausschnitt M decote m **'Halsband** N colar m; (Hundehalsband) coleira f **'halsbrecherisch** ['halsbrɛçərɪʃ] arriscado **'Halsentzündung** F inflamação f da garganta **'Halskette** F colar m **'Halskrause** F gargantilha f; rufo m **'Hals-'Nasen-'Ohren-Arzt** M, **'Hals-'Nasen-'Ohren-'Ärztin** F otorrinolaringologista m/f **'Halsschlagader** F carótida f **'Halsschmerzen** MPL dores fpl (bras dor f)

de garganta **'halsstarrig** ['halsʃtarɪç] teimoso **'Halstuch** N lenço m; cachecol m **'Halsweh** N ⟨-(e)s; o. pl⟩ → Halsschmerzen **'Halsweite** F medida f do colarinho **'Halswirbel** M ANAT vértebra f cervical
halt¹ [halt] INT ~! alto (lá)
halt² [halt] ADV reg umg pois; **da kann man ~ nichts machen!** paciência!
Halt [halt] M ⟨-(e)s; -e⟩ paragem f; bras parada f; MIL alto m; (Stütze) apoio m (innerer Halt) consistência f; força f moral
'haltbar sólido; Stoff resistente; **sein Essen unbegrenzt ~** imputrescível; **sein conservar-se Haltbarkeit** F ⟨o. pl⟩ durabilidade f **Haltbarkeitsdatum** N data f limite de conservação
'halten A V/T **1** (festhalten) segurar; (in der Hand) a. pegar; (zurückhalten) deter; (stützen, aufrechthalten) manter; MIL (verteidigen) defender; Messe dizer; Rede fazer, pronunciar; Versprechen, Wort cumprir; **Takt ~** ir ao compasso; **sein Wort nicht ~** faltar à sua palavra; **sich** (dat) **ein Tier ~** ter um animal; **gut ~** tratar bem; **zu j-m ~** ser fiel a alg **2** ~ **für** crer, julgar, considerar; tomar por; ~ **von** pensar de; **viel von j-m ~, große Stücke auf j-n ~** ter muita consideração por alg; ~ **Sie es, wie Sie wollen** faça como quiser **B** V/I parar; resistir; (dauerhaft sein) durar, continuar; **an sich ~** fig conter-se; ~ **auf** (akk) dar importância a **C** V/R **sich ~** manter-se; Obst conservar-se; MIL resistir; **das Wetter hält sich** o tempo mantém-se; **sich ~ an** (akk) ater-se a; **sich ~ für** julgar-se
'Halter ['haltər] M Gerät: suporte m **Halter(in)** M(F) v. Aktien: a(c)cionista m/f; e-s Tiers etc: dono m, -a f **Haltesignal** N sinal m de parar **Haltestelle** F paragem f; bras parada f **Haltetau** N SCHIFF, FLUG amarra f **Halteverbot** N paragem f proibida
'haltlos ⟨-este⟩ inconsistente fig inconstante; Behauptung infundado **'Haltlosigkeit** ['haltloːzɪçkaɪt] F ⟨o. pl⟩ inconsistência f; fig inconstância f
'haltmachen parar; MIL fazer alto
'Haltung F ⟨o. pl⟩ porte m; atitude f; **aufrechte ~** aprumo m (a. fig); ~ **bewahren** manter-se firme; manter a compostura; **die ~ verlieren** perder a compostu-

ra
Ha'lunke [ha'luŋkə] M ⟨-n⟩ patife m; velhaco m; malandro m
'Hamburg N GEOG Hamburgo (o. art)
Hamburger ['hamburgɐr] A M GASTR hamburger m B ADJ de Hamburgo
Hamburger(in) M(F) hamburguês m, -esa f
'hämisch ['hɛ:mɪʃ] malicioso
'Hammel ['haməl] M ⟨-s; -od ⸚⟩ carneiro m **Hammelbraten** M carneiro m (assado) **Hammelfleisch** N carne f de carneiro **Hammelkeule** F perna f de carneiro **Hammelkotelett** N costeleta f de carneiro
'Hammer ['hamɐr] M ⟨-s; ⸚⟩ martelo m; **unter den ~ kommen** ser posto em leilão, ser arrematado em hasta pública; *umg* **das war der ~!** (*unmöglich, toll*) foi incrível
'hämmern ⟨-re⟩ martelar, bater
Hammerschlag M martelada f **Hammerwerfen** N ⟨-s; o. pl⟩ SPORT lançamento m do martelo **Hammerwerk** N forja f
Hämorrho'iden [hɛmɔro'i:dən] PL, **Hämor'riden** [hɛ:mɔ'ri:dən] PL MED hemorróides fpl (a. hemorrhóidas fpl)
'Hampelmann ['hampəlman] M boneco m de engonços; marionete m; títere m; *fig* manequim m
'Hamster ['hamstɐr] M ZOOL hamster m **hamstern** ⟨-re⟩ *umg* **Waren** a(ca)mbarcar; *bras* monopolizar
Hand [hant] F ⟨-; ⸚e⟩ mão f; (*Handschrift*) letra f; **flache ~** palma f; **~ in ~** de mãos dadas; **an ~ (von)** → *anhand*; **an der ~** debaixo da mão; **aus zweiter ~** em (*od* de) segunda mão; **bei der, zur ~** *haben, sein, führen, nehmen* à mão; **mit der ~ gestickt** etc à mão; **unter der ~** (*ver*)*kaufen* à socapa, às escondidas; **von langer ~** *fig* de há muito; **~ an sich legen** suicidar-se; **weder ~ noch Fuß haben** não ter pés nem cabeça; **j-m freie ~ lassen** dar carta branca a alg; **j-s rechte ~ sein** ser o braço direito de alg; **j-m an die ~ gehen** ajudar alg; **mit ~ anlegen** ajudar; **auf der ~ liegen** *fig* ser evidente; **aus der ~ in den Mund leben** viver ao Deus dará; **aus der ~ geben** largar; **etw geht j-m leicht von der ~** alg tem jeito para a/c; **von der ~ weisen** refutar, não admitir; **nicht die ~ vor (den) Augen sehen** não ver um palmo adiante do nariz, não ver absolutamente nada; **zur ~ gehen** ajudar; *pl* **alle Hände voll zu tun haben** não ter mãos a medir, estar muito ocupado; **die Hände in den Schoß legen** não fazer nada; não reagir; **j-n auf Händen tragen** *fig* trazer alg nas palmas da mão; **mit leeren Händen dastehen** ficar com as (*od* de) mãos a abanar (*bras* abanando); **unter den Händen haben** *fig* ter entre mãos; **Hände hoch!** mãos ao alto!; **zu Händen von** aos cuidados de
'Handarbeit F trabalho m manual; (*Nadelarbeit*) costura f; lavores mpl
'Handball M, **'Handballspiel** N handebol m **'Handbedienung** F ⟨o. pl⟩ comando m manual **'Handbewegung** F gesto m (de mão) **'Handbreit** F ⟨o. pl⟩ palmo m; **e-e ~** a. da largura de uma mão **'Handbremse** F travão m (*bras* freio m) de mão **'Handbuch** N manual m; guia m
'Händedruck ['hɛndədrʊk] M ⟨-(e)s; ⸚e⟩ aperto m de mãos **Händeklatschen** N ⟨-s; o. pl⟩ palmas fpl; aplauso(s) m(pl)
'Handel ['handəl] M ⟨-s; o. pl⟩ 1 HANDEL comércio m (**mit** de); (*Geschäft*) negócio m; (*Verkehr*) movimento m comercial, tráfico m, tráfego m; **~ treiben** → *handeln*; **~ treibend** mercantil 2 (*Vereinbarung*) compromisso m
'Händel ['hɛndəl] MPL *geh, poet* querela fsg; contenda fsg; briga fsg; **~ suchen** andar de brigas
'handeln ['handəln] ⟨-le⟩ comerciar; fazer negócio(s) m(pl); **~ mit** negociar em; (*feilschen*) ajustar; regatear; (*tun*) agir; **~ von** tratar de; **sich ~ um** tratar-se de; **mit sich ~ lassen** ser tratável (*od* flexível)
'Handelsabkommen N acordo m comercial **Handelsbank** F banco m comercial **Handelsbeziehung** F relação f comercial **Handelsbilanz** F balanço m **Handelsflotte** F marinha f mercante **Handelsgesellschaft** F sociedade f comercial; companhia f; **offene ~** sociedade f aberta **Handelsgesetzbuch** N Código m Comercial **Handelskammer** F Câmara f de Comércio **Handelsklasse** F categoria f **Handelskorrespondenz** F corres-

pondência f comercial **Handelsmarine** F̲ → Handelsflotte
'**Handelsminister(in)** M(F) Ministro m, -a f de Comércio **Handelsministerium** N̲ Ministério m do Comércio
'**Handelsniederlassung** F̲ feitoria f; sucursal f **Handelsrecht** N̲ ‹-(e)s; o. pl› direito m comercial **Handelsregister** N̲ registo m (bras registro m) comercial **Handelsreisende(r)** M̲ caixeiro m viajante → Handelsvertreter(in) **Handelsschiff** N̲ navio m mercante **Handelsschule** F̲ escola f comercial **Handelsspanne** F̲ margem f comercial **Handelssperre** F̲ embargo m; bloqueio m **Handelsstadt** F̲ cidade f mercantil **handelsüblich** corrente; **in ~en Mengen** em quantidade usual no comércio **Handelsunternehmen** N̲ empresa f comercial **Handelsverbindungen** FPL, **Handelsverkehr** M̲ comércio m, relações fpl comerciais; tráfico m, tráfego m **Handelsvertrag** M̲ tratado m comercial
'**Handelsvertreter(in)** M(F) agente m/f comercial; representante m de vendas **Handelsvertretung** F̲ agência f (od representação f) comercial **Handelsware** F̲ artigo m de comércio **Handelszweig** M̲ ‹-(e)s; -e› ramo m do comércio
'**händeringend** ['hɛndərɪŋənt] **A** ADJ fig desesperado, suplicando **B** ADV ~ **j-n suchen** procurar alg desesperadamente
'**Handfeger** ['hantfe:gər] M̲ espanador m **Handfertigkeit** F̲ destreza f manual, jeito m manual **Handfessel** F̲ algema f **handfest** robusto **Handfeuerwaffe** F̲ arma f portátil **Handfläche** F̲ palma f (da mão) **Handgeld** N̲ sinal m **Handgelenk** N̲ pulso m **handgemacht** feito à mão **Handgemenge** N̲ peleja f; briga f **Handgepäck** N̲ volumes mpl de mão **Handgranate** F̲ granada f de mão **handgreiflich** ['hantɡraɪflɪç] palpável; evidente; ~ **werden** vir às mãos; passar a vias de fa(c)to **Handgriff** M̲ (Bewegung) manejo m; jeito m; zum Anfassen: cabo m; punho m; asa f **Handhabe** F̲ fig motivo m, pretexto m **handhaben** manejar, manipular; Gesetz etc aplicar **Handhabung** ['hanthabʊŋ] F̲ manejo m; fig administração f; JUR aplicação f
'**Handicap** ['hɛndikɛp] N̲ ‹-s; -s›, **Handikap** N̲ SPORT, fig handicap m
'**Handkarre** F̲ carrinho m de mão **Handkoffer** M̲ mala f de mão **Handkurbel** F̲ manivela f **Handkuss** M̲ beija-mão m **Handlanger** ['hantlaŋər] M̲ ajudante m; pej cúmplice m
'**Händler(in)** ['hɛndlər(ɪn)] M(F) comerciante m/f; negociante m/f; (Verkäufer,-in) vendedor(a) m/f **Händlerpreis** M̲ preço m para revendedores
'**Handlesekunst** F̲ ‹o. pl› quiromancia f
'**handlich** ADJ manejável; portátil
'**Handlung** F̲ **1** (Tat) a(c)ção f; a(c)to m; feito m **2** LIT argumento m **3** (Laden) comércio m; loja f
'**Handlungsfreiheit** F̲ ‹o. pl› liberdade f de a(c)ção **Handlungsreisende(r)** M̲ ‹-n› caixeiro m viajante **Handlungsvollmacht** F̲ procuração f **Handlungsweise** F̲ procedimento m, proceder m
'**Handpflege** F̲ ‹o. pl› manicura f; tratamento m dos mãos **Handpresse** F̲ imprensa f manual **Handreichung** ['hantraɪçʊŋ] F̲ auxílio m; serviço m **Handschelle** F̲ algema f **Handschlag** M̲ ‹-(e)s; o. pl› palmada f; aperto m de mão **Handschreiben** N̲ carta f autógrafa (od manuscrita)
'**Handschrift** F̲ letra f, escrita f; manuscrito m **handschriftlich** manuscrito; por escrito; autógrafo
'**Handschuh** M̲ luva f; **~e anziehen** calçar (od vestir) luvas **Handschuhfach** N̲ porta-luvas m **Handschuhgröße** F̲ número m da luva
'**Handstand** M̲ Turnen: pino m **Handstreich** M̲ golpe m de mão **Handtasche** F̲ malinha f de mão; bolsa f **Handteller** M̲ palma f da mão **Handtuch** N̲ toalha f **Handtuchhalter** M̲ toalheiro m **Handumdrehen** N̲ **im ~** num instante; mão-cheia f **Handvoll eine ~** um punhado (de), uma mão cheia (de) **Handwagen** M̲ carrinho m de mão
'**Handwerk** N̲ ofício m, artesanato m; (Stand) artesãos mpl; **j-m das ~ legen** acabar com os manejos (od as manobras)

de alg; **j-m ins ~ pfuschen** intrometer-se nos negócios de alg **Handwerker(in)** M(F) artífice m/f; artesão m, -ã f **handwerklich** artesanal
'**Handwerksbetrieb** M empresa f artesanal **Handwerksgeselle** M ⟨-n⟩ oficial m **Handwerkskammer** F câmara f de artes e ofícios **Handwerksmeister** M mestre m artesão **Handwerkszeug** N utensílios mpl; *eisernes*: ferramentas fpl
'**Handwörterbuch** N dicionário m portátil **Handwurzel** F carpo m
'**Handy** ['hɛndi] N ⟨-(s); -s⟩ *port* telemóvel m; *bras* (telefone m) celular **Handynummer** F número m de telemóvel (*bras* de celular)
Handzeichen N sinal m com a mão; **Abstimmung f durch ~** votação f por braço levantado **Handzeichnung** F desenho m à mão; debuxo m **Handzettel** M folheto m, talão m
'**hanebüchen** ['haːnəbyːçən] inaudito; espantoso
Hanf [hanf] M ⟨-(e)s; *o. pl*⟩ cânhamo m
'**Hänfling** ['hɛnflɪŋ] M ⟨-(e)s; -e⟩ ZOOL pintarroxo m, milheiro m
Hang [haŋ] M ⟨-(e)s; ⁼e⟩ (*Abhang*) encosta f, declive m, talude m; *fig* inclinação f, tendência f (**zu** a)
'**Hängeboden** ['hɛŋəboːdən] M sótão m **Hängebrücke** F ponte f suspensa (od de suspensão) **Hängebusen** M seios mpl caídos **Hängelampe** F candeeiro m de suspensão **Hängematte** F rede f (de descanso); SCHIFF maca f (de bordo)
'**hängen** ['hɛŋən] A VI pender; estar pendurado (**an** *dat* em); *fig* **an** (*dat*) **~** ser afeiçoado a; **an j-s Lippen ~** estar suspenso das palavras de alg; **~ bleiben** ficar pendurado, *a. fig* ficar preso; **~ lassen** deixar pendurado; esquecer; *umg* **j-n ~ lassen** *fig* deixar alg pendurado B VT pendurar, (sus)pender; (*henken*) enforcar; *fig* **den Kopf ~ lassen** andar cabisbaixo, estar desanimado
'**Hängen** ['hɛŋən] *umg* **mit ~ und Würgen** a muito custo **hängend** ADJ pendente, suspenso
'**Hänger** ['hɛŋɐ] M *umg* AUTO reboque m
Han'nover [ha'noːfɐ] N GEOG Hanôver (*o. art*)

'**Hansa** ['hanza] F, **Hanse** ['hanzə] F ⟨*o. pl*⟩ Hansa f; Liga f hanseática
Hänse'lei [hɛnza'laɪ] F troça f '**hänseln** VT ⟨-le⟩ fazer troça de
'**Hansestadt** F cidade f hanseática
'**Hans'wurst** M ⟨-(e)s; -e⟩ palhaço m; arlequim m
'**Hantel** ['hantəl] F ⟨-; -n⟩ haltere m
han'tieren [han'tiːrən] ⟨-⟩ **~ mit** manejar **Hantieren** N ⟨-s⟩ manejo m (**mit** de)
'**hapern** ['haːpɐn] V/UNPERS ⟨-re⟩ **es hapert an** (*dat*) há falta de; **es hapert mit etw** a/c não corre bem; **da hapert es** é ali que está a dificuldade
'**Happen** ['hapən] M bocado m, *umg* j-d ávido; *etw* forte
'**happig** ['hapɪç] *umg* j-d ávido; *etw* forte
'**Hardware** ['hartvɛːr] F ⟨-; -s⟩ componente m físico, hardware m
'**Harem** ['haːrɛm] M ⟨-s; -s⟩ harém m
'**Harfe** ['harfə] F harpa f **Harfe'nist(in)** M(F) ⟨-en⟩ harpista m/f
'**Harke** ['harkə] F ancinho m; engaço m **harken** engaçar; limpar com o ancinho
'**Harlekin** ['harlekiːn] M ⟨-s; -e⟩ arlequim m
'**harmlos** ⟨-este⟩ ['harmloːs] inofensivo; **j-d** *a.* inocente **Harmlosigkeit** ['harmloːzɪçkaɪt] F ⟨*o. pl*⟩ inocuidade f; *j-s*: inocência f; candura f
Harmo'nie [harmo'niː] F harmonia f **Harmonielehre** F harmonia f **harmonieren** ⟨-⟩ harmonizar; concordar; condizer
Har'monika [har'moːnika] F ⟨-; -ken *od* -s⟩ acordeão m **har'monisch** harmonioso **Harmoni'sierung** [harmoniˈziːrʊŋ] F harmonização f, uniformização f
Harn [harn] M ⟨-(e)s; *o. pl*⟩ urina f '**Harnblase** F bexiga f '**Harndrang** M ⟨-(e)s; *o. pl*⟩ necessidade f de urinar; MED estrangúria f '**harnen** *umg* mijar '**Harngrieß** M ⟨-es; *o. pl*⟩ MED areias fpl '**Harnleiter** M ANAT uréter m '**Harnröhre** F uretra f '**Harnsäure** F ⟨*o. pl*⟩ ácido m úrico '**Harnstein** M MED cálculo m (*od* pedra f) da bexiga '**Harnstoff** M ureia f '**harntreibend** diurético '**Harnuntersuchung** F análise f da(s) urina(s) '**Harnwege** MPL vias fpl urinárias '**Harnzwang** M ⟨-(e)s; *o. pl*⟩ estrangúria f

Har'pune [har'puːnə] F̄ arpão m **harpu'nieren** [harpuˈniːrən] ⟨-⟩ arp(o)ar

'harren ['harən] geh j-s harren, ~ **auf** j-n esperar; etw aguardar

Harsch [harʃ] M̄ ⟨-s; o. pl⟩ neve f gelada **hart** [hart] **A** ADJ duro; (streng) rigoroso; Ei bem cozido; Kampf cerrado; renhido; (abgehärtet) endurecido, insensível; Währung, Drogen forte; ~ **werden** endurecer; PHYS solidificar-se; **e-n ~en Stand haben** estar numa situação difícil **B** ADV duramente; j-n ~ **ankommen** ser muito penoso para alg; j-n ~ **anfassen** ser duro com alg; ~ **gekocht** Ei bem cozido

'Härte ['hɛrtə] F̄ dureza f; Stahl: têmpera f; (Strenge) rigor(ismo) m, severidade f **Härtefall** M̄ caso m extremo **härten** ⟨-e-⟩ endurecer; Stahl temperar **Härtetest** M̄ teste m de dureza

'Hartfaserplatte F̄ placa f de fibra dura **Hartgeld** N̄ ⟨-(e)s; o. pl⟩ moeda f metálica; miúdos mpl; bras trocado m **hartgesotten** ['hartɡəzɔtn] fig duro **Hartgummi** N̄/M̄ ebonite f **hartherzig** ['hartˌhɛrtsɪç] desapiedado, impiedoso **Hartherzigkeit** F̄ ⟨o. pl⟩ dureza f (de coração) **hartnäckig** ['hartnɛkɪç] tenaz, pertinaz, j-d a. obstinado, teimoso; ADV ~ **darauf bestehen zu ...** teimar em **Hartnäckigkeit** F̄ ⟨o. pl⟩ teim(osi)a f, afinco m; obstinação f; tenacidade f **Hartschalenkoffer** M̄ mala f de revestimento duro

Harz [haːrts] N̄ ⟨-es; -e⟩ resina f **'harzig** resinoso

Ha'schee [haˈʃeː] N̄ ⟨-s; -s⟩ picado m de carne

'haschen¹ ['haʃən] geh **A** V̄/T apanhar **B** V̄/I **nach etw** ~ andar atrás de a/c; fig ambicionar a/c

'haschen² ['haʃən] V̄/I umg (Haschisch rauchen) fumar haxixe

'Häscher ['hɛʃɐr] M̄ LIT esbirro m

'Haschisch ['haʃɪʃ] N̄ ⟨-s; sem pl⟩ haxixe m, maconha f

'Hase ['haːzə] M̄ ⟨-n⟩ ZOOL lebre f; männlicher: lebrão m; **ein alter** ~ umg uma raposa matreira; **da liegt der ~ im Pfeffer** aí está o busílis

'Hasel ['haːzəl] F̄ ⟨-; -n⟩ aveleira f **Haselnuss** F̄ avelã f **Haselstrauch** M̄ (varinha f de) aveleira f

'Hasenbraten M̄ lebre f assada **Hasenfuß** M̄ fig medrica(s) m/f, poltrão m **Hasenjagd** F̄ caça f à lebre **Hasenpanier** N̄ ⟨-s; o. pl⟩ **das ~ ergreifen** dar às de vila-diogo; bras bater em retirada **Hasenscharte** F̄ MED lábio m leporino

'Haspel ['haspəl] F̄ ⟨-; -n⟩ dobadoura f **Hass** [has] M̄ ⟨-es; o. pl⟩ ódio m (**gegen** a) **hassen** ⟨-t⟩ odiar **hassenswert** odioso

'hässlich ['hɛslɪç] feio; fig indigno **Hässlichkeit** F̄ ⟨o. pl⟩ fealdade f; (hässliches Benehmen) ⟨pl -en⟩ indignidade f

Hast [hast] F̄ ⟨o. pl⟩ pressa f; stärker: precipitação f; **in der** ~ na pressa **'hasten** ⟨-e-⟩ apressar-se, precipitar-se **'hastig** apressado, precipitado, com precipitação

'hätscheln ['hɛtʃəln] ⟨-le-⟩ acariciar; (verhätscheln) amimar

'Haube ['haʊbə] F̄ touca f; AUTO capota f; **unter die** ~ **bringen/kommen** casar/ /casar-se **Haubenlerche** F̄ cotovia f de poupa

Hauch [haʊx] M̄ ⟨-(e)s; -e⟩ (Atem) hálito m; (Windhauch) sopro m; LING aspiração f **'hauchdünn** (muito) fininho **'hauchen** soprar **'Hauchlaut** M̄ letra f aspirada

'Haudegen ['haʊdeːɡən] M̄ espadão m **Haue** ['haʊə] F̄ AGR picareta m, enxadão m; umg (Schläge) pancada f **hauen** j-n bater; Holz cortar; rachar; Loch fazer; Stein talhar; **um sich** ~ dar golpes; umg j-n übers Ohr ~ lograr alg **Hauer** M̄ ZOOL presa f; BERGB mineiro m

'häufeln ['hɔʏfəln] AGR ⟨-le-⟩ amontoar **'Haufen** ['haʊfən] M̄ montão m, monte m; geschichteter a.: pilha f; (Volk) multidão f, turba f; **ein** ~ ... umg uma data (od um montão od monte) de ...; **über den ~ werfen** (od **rennen**) atropelar; fig deitar abaixo, desfazer; **über den ~ schießen** matar a tiros **'häufen** ['hɔʏfən] V̄/T (G V/R) **(sich)** ~ acumular(-se) **'haufenweise** umg ADV em (od aos) montões; a. Leute: em massa, em bandadas **'Haufenwolke** F̄ cúmulo m

'häufig ['hɔʏfɪç] frequente; ADV amiúde; muitas vezes **'Häufigkeit** F̄ frequência f **'Häufung** F̄ frequência f

Haupt [haʊpt] N̄ ⟨-(e)s; ̈-er⟩ cabeça f; fig a. chefe m **'Hauptaktionär** M̄ FIN a(c)cionista *m* (*bras a.* acionário *m*) principal **'Hauptaltar** M̄ altar-mor *m* **'hauptamtlich** principal, oficial **'Hauptaugenmerk** N̄ **das** (*od* **sein**) ~ **auf** (*akk*) **richten** olhar (*od* interessar-se) principalmente para (*od* por) **'Hauptbahnhof** M̄ estação *f* central **'Hauptbestandteil** M̄ elemento *m* principal **'Hauptbuch** N̄ livro-razão *m*; livro-mestre *m* **'Hauptdarsteller(in)** M/F a(c)tor *m* (a[c]triz *f*) principal; protagonista *m/f* **'Haupteingang** M̄ entrada *f* principal **'Hauptfach** N̄ UNIV cadeira *f* (*od* disciplina *f*) principal (*od* nuclear) **'Hauptgebäude** N̄ edifício *m* principal **'Hauptgericht** N̄ prato *m* principal **'Hauptgeschäft** N̄ (*Zentrale*) sede *f* (principal); (*Hauptumsatz*) negócio *m* principal **'Hauptgeschäftsstunden** FPL, **'Hauptgeschäftszeit** F̄ horas *fpl* de serviço (*od* HANDEL *a.* de comércio) **'Hauptgewinn** M̄ primeiro prémio *m* (*bras *ê*) **'Hauptgewinner(in)** M/F totalista *m/f* **'Haupthaar** N̄ geh cabelo(s) *m(pl)* **'Haupthahn** M̄ torneira *f* principal (*od* de segurança) **'Hauptkasse** F̄ caixa *f* central **'Häuptling** ['hɔyptlɪŋ] M̄ ⟨-s; -e⟩ (*Indianerhäuptling*) cacique *m*; (*Stammeshäuptling*) soba *m*; (*Anführer*) cabecilha *m* **'Hauptmahlzeit** F̄ refeição *f* principal **'Hauptmann** M̄ ⟨-(e)s; -leute⟩ MIL capitão *m* **Hauptmast** M̄ SCHIFF mastro *m* grande **Hauptmerkmal** N̄ cara(c)terística *f* principal **'Hauptperson** F̄ personagem *f* (*od* figura *f*) principal **'Hauptpost** F̄, **Hauptpostamt** N̄ estação *f* central dos correios; *bras* correio *m* central **Hauptquartier** N̄ ⟨-s; -e⟩ quartel *m* general **Hauptrolle** F̄ papel *m* principal; **die ~ spielen** fazer o papel principal **'Hauptsache** F̄ essencial *m*, principal *m* **hauptsächlich** A ADJ principal B ADV principalmente, mormente **'Hauptsaison** F̄ estação *f* alta **Hauptsatz** M̄ oração *f* principal **Hauptschlagader** F̄ aorta *f* **Hauptschlüssel** M̄ chave-mestra *f*; chave *f* principal **Hauptschule** F̄ ≈ escola *f* de ensino secundário de base **Hauptsegel** N̄ vela *f* maior **Hauptsitz** M̄ sede *f* (principal) **Hauptstadt** F̄ capital *f* **hauptstädtisch** da capital **Hauptstraße** F̄ estrada *f* (*od* rua *f*) principal **Haupttreffer** M̄ → Hauptgewinn **Hauptverfahren** N̄ processo *m* principal **Hauptverhandlung** F̄ JUR audiência *f* principal **'Hauptverkehrsstraße** F̄ estrada *f* principal **Hauptverkehrszeit** F̄ horas *fpl* do maior movimento; BAHN *a.* horas *fpl* de ponta **'Hauptversammlung** F̄ WIRTSCH assembleia *f* (*bras *é*) geral **Hauptwohnsitz** M̄ domicílio *m* principal **Hauptwort** N̄ ⟨-(e)s; ¨er⟩ GRAM substantivo *m*

Haus [haus] N̄ ⟨-es; ¨er⟩ casa *f*; POL câmara *f*; *fig* casa *f*; família *f*; linhagem *f*; dinastia *f*; **außer ~** fora de casa; **ins ~ liefern** HANDEL ao (*bras* a) domicílio; **nach ~e** (*österr, schweiz* **nachhause**) para casa; **von ~ aus** *fig* por si, por natureza; **zu ~e** (*österr, schweiz* **zuhause**) em casa; **~ in** (*dat*) (*wohnhaft*) domiciliado, residente; (*stammend aus*) natural de; **das ~ hüten** *fig* não sair de casa **'Hausangestellte(r)** M/F/M ⟨-n⟩ criado *m*, -a *f*; empregado *m*, -a *f* doméstico, -a **'Hausapotheke** F̄ pequena farmácia *f* (de família); farmácia *f* portátil **'Hausarbeit** F̄ trabalho(s) *m(pl)* doméstico(s); tarefas *fpl* domésticas; SCHULE → Hausaufgabe **'Hausarrest** M̄ proibição *f* de sair de casa **'Hausarzt** M̄, **Hausärztin** F̄ médico *m*, -a *f* de família **'Hausaufgabe** F̄ SCHULE dever *m* (de casa); *bras a.* lição *f* de casa **'hausbacken** *fig* caseiro, simples; trivial **'Hausbar** F̄ bar *m*, garrafeira *f* **'Hausbedarf** M̄ ⟨-(e)s; *o. pl*⟩ uso *m* da casa, consumo *m* doméstico **'Hausbesetzer(in)** M/F ocupante *m/f* ilegal de casas (*od* selvagem) **'Hausbesitzer(in)** M/F proprietário *m*, -a *f* **'Hausbesuch** M̄ visita *f* ao (*bras* a) domicílio **'Hausbewohner(in)** M/F inquilino *m*, -a *f* **Hausboot** N̄ casa *f* flutuante **'Häuschen** ['hɔysçən] N̄ ⟨-s; -⟩ casinha *f*; *fig* **aus dem ~ sein/bringen** estar/fazer sair fora de si (**vor Freude** de contente) **'Hausdame** F̄ *hist* governanta *f* **Haus-**

diener M̲ criado m **Hauseingang** M̲ porta f de entrada; entrada f da casa '**hausen** ['hauzən] ⟨-t⟩ morar, viver; **übel ~** devastar '**Häuserblock** ['hɔyzərblɔk] M̲ quarteirão m (de casas) **Häusermeer** N̲ mar m de casas '**Hausflur** M̲ vestíbulo m; entrada f **Hausfrau** F̲ dona f de casa **Hausfreund** M̲ íntimo m **Hausfriedensbruch** M̲ violação f do lar (od de domicílio) **Hausgebrauch** M̲ ⟨-(e)s; o. pl⟩ → Hausbedarf **hausgemacht** de confe(c)ção caseira '**Haushalt** M̲ ⟨-(e)s; -e (Hauswirtschaft)⟩ governo m da casa; bras economia f doméstica; (Staatshaushalt) orçamento m; **(privater) ~** lar m; **(j-m) den ~ führen** governar a casa (de alg); bras cuidar da casa (j-m de alg) '**Haushälterin** ['haushɛltərɪn] F̲ governanta f **haushälterisch** económico (bras *ô); **~ umgehen mit** economizar '**Haushaltsausschuss** M̲ comissão f orçamental (od de contas) **Haushaltsdefizit** N̲ défice m orçamental **Haushaltsgegenstand** M̲ utensílio m doméstico **Haushaltsgeld** N̲ ⟨-(e)s; o. pl⟩ dinheiro m para o governo da casa **Haushaltsgeräte** N̲P̲L̲ ele(c)trodomésticos mpl **Haushaltshilfe** F̲ empregada f doméstica **Haushaltsjahr** N̲ ano m económico (bras *ô) **Haushaltsplan** M̲ orçamento m **Haushaltsvorstand** M̲ chefe m de família '**Hausherr(in)** M̲F̲ ⟨-en⟩ dono m, -a f da casa **haushoch** A̲D̲J̲ da altura de uma casa; fig enorme; A̲D̲V̲ **~ verlieren** perder com larga desvantagem **Haushund** M̲ cão m caseiro, cão m doméstico **hau'sieren** [hau'ziːrən] ⟨-⟩ vender pelas ruas; bras vender de porta em porta **Hausierer** M̲ vendedor m ambulante '**Hausjacke** F̲, **Hausjoppe** F̲ casaco m caseiro **Hauskleid** N̲ vestido m de (trazer em) casa **Hauslehrer(in)** M̲F̲ professor(a) m(f) particular '**häuslich** ['hɔyslɪç] caseiro (a. j-d), doméstico; **sich ~ niederlassen** instalar-se **Häuslichkeit** F̲ ⟨o. pl⟩ casa f; vida f doméstica; afeição f à vida caseira

'**Hausmacher...** GASTR I̲N̲ Z̲S̲S̲G̲N̲ feito em casa; caseiro **Hausmacht** F̲ ⟨-; o. pl⟩ POL domínios mpl dinásticos **Hausmädchen** N̲ criada f; bras empregada f doméstica **Hausmann** M̲ dono m de casa **Hausmannskost** F̲ ⟨o. pl⟩ comida f caseira **Hausmeister(in)** M̲F̲ porteiro m, -a f **Hausmittel** N̲ remédio m caseiro **Hausmusik** F̲ ⟨o. pl⟩ música f caseira **Hausnummer** F̲ número m da casa **Hausordnung** F̲ regulamento m da casa **Hausputz** M̲ ⟨-(e)s; o. pl⟩ limpeza f da casa

'**Hausrat** M̲ ⟨-(e)s; o. pl⟩ recheio m da casa; utensílios mpl domésticos; mobiliário m **Hausratversicherung** F̲ seguro m do recheio da casa; bras seguro m doméstico

'**Hausrecht** N̲ ⟨-(e)s; o. pl⟩ direito m doméstico; autoridade f doméstica **Hausschlüssel** M̲ chave f da casa **Hausschuh** M̲ chinelo m, chinela f, pantufa f

'**Hausse** ['hoːs] F̲ FIN alta f

'**Hausstand** M̲ casa f; (Möbel) mobiliário m **Hausstauballergie** F̲ alergia f ao pó **Haussuchung** ['haussuːxʊŋ] F̲ busca f domiciliária; **e-e ~ vornehmen** passar revista f à casa **Haussuchungsbefehl** M̲ JUR ordem f de busca domiciliária **Haustelefon** N̲ telefone m interno (od privativo) **Haustier** N̲ animal m doméstico **Haustür** F̲ porta f da rua **Hausverwalter** M̲ administrador m (da casa) **Hauswart** ['hauswart] M̲ ⟨-(e)s; -e⟩ → Hausmeister(in) **Hauswirt(in)** M̲F̲ senhorio m, -a f **Hauswirtschaft** F̲ ⟨o. pl⟩ governo m da casa; bras economia f doméstica **Hauswirtschaftsschule** F̲ escola f de economia doméstica **Hauszelt** N̲ tenda f de campismo; bras barraca f de campismo

Haut [haut] F̲ ⟨-; ⸚e⟩ pele f; (Oberhaut) a. cútis f; epiderme f; Milch: nata f; **ehrliche ~** fig pessoa f honrada (od de bem); **nur ~ und Knochen sein** umg ser só pele e osso; **sich seiner ~ wehren** defender-se; **auf der faulen ~ liegen** umg mandriar, não fazer nada; **aus der ~ fahren** enfurecer-se; embirrar; **ich möchte nicht in seiner ~ stecken** não queria estar na pele dele; **mit ~ und Haar** com toda a alma, completamente; **mit heiler ~ da-**

vonkommen escapar

'Hautabschürfung F esfoladela f
'Hautarzt M, **Hautärztin** F dermatologista f/m, dermatólogo m, -a f
'Hautausschlag M erupção f cutânea, eczema m

'Häutchen ['hɔytçən] N película f; membrana f, MED a. túnica f (a. BOT); Ei: vitelina f

'Hautcreme ['hautkre:m] F creme m para a pele

'häuten ['hɔytən] ⟨-e-⟩ despelar, tirar a pele a (od de); Tier a. esfolar; **sich ~** mudar a pele; pelar-se

'hauteng ['haut?ɛŋ] muito justo **Hautentzündung** inflamação f da pele; dermatite f **Hautfarbe** F cor f da pele; tez f

'Hautjucken N ⟨-s; o. pl⟩ comichão f; prurido m **Hautkrankheit** F dermatose f, doença f da pele **hautnah** muito próximo **Hautpflege** F ⟨o. pl⟩ higiene f da pele

Ha'vanna [ha'vana] F ⟨-; -s⟩, **Havannazigarre** F havano m; bras (charuto m) havana m

Hava'rie [hava'riː] F SCHIFF avaria f **hava'riert** avariado

Hbf ABK (Hauptbahnhof) Estação Central

'Headhunter ['hɛdhantɐr] M ⟨-s; -⟩ caçador m de cabeças

'Hebamme ['heːbamə] F parteira f

'Hebebaum ['heːbəbaum] M alavanca f **Hebebühne** F TECH plataforma f elevatória; THEAT palco m elevatório **Hebekran** M guindaste m

'Hebel ['heːbəl] M alavanca f; **alle ~ in Bewegung setzen** empregar todos os meios

'heben ['heːbən] M levantar; alçar; içar; fig elevar; (anheben) aumentar; Schatz desenterrar; **sich ~** (Vorhang) subir; **e-n ~** umg (trinken) matar o bicho

'Heber M CHEM sifão m; (Stechheber) argal m **'Hebevorrichtung** F, **'Hebewerk** N elevador m, dispositivo m de elevação

He'bräer(in) [heˈbrɛːar(ɪn)] M(F) hebreu m, hebreia (bras *é) f **hebräisch** hebraico

'Hebung ['heːbʊŋ] F elevação f; levantamento m, aumento m; Vers: sílaba f tónica (bras *ô), ársis f

'hecheln ['hɛçəln] ⟨-le⟩ Hund arfar
Hecht [hɛçt] M ⟨-(e)s; -e⟩ lúcio m
'Hechtsprung M salto m de cabeça
Heck [hɛk] N ⟨-(e)s; -e, -s⟩ SCHIFF popa f; AUTO retaguarda f

'Hecke F sebe f **'Heckenrose** F rosa-do-chão f **'Heckenschütze** M franco-atirador m

'Heckfenster N janela f traseira **'Heckmotor** M motor m à retaguarda (od de popa) **'Heckscheibe** F vidro m traseiro

Heer [heːr] N ⟨-(e)s; -e⟩ exército m; tropa f; (Menge) multidão f **'Heeresleitung** F Alto Comando m **'Heerführer** M hist general m; comandante m supremo

'Hefe ['heːfə] F fermento m; (Backhefe) levedura f **Hefeteig** M massa f levedada

Heft[1] [hɛft] N ⟨-(e)s; -e⟩ (Schreibheft) caderno m, caderneta f; (Broschüre) folheto m; (Zeitschrift) fascículo m; (Scheckheft, Fahrscheinheft) caderneta f

Heft[2] N ⟨-(e)s; -e⟩ (Griff) punho m; (Stiel) cabo m

'heften ⟨-e-⟩ atar; (nähen) alinhavar; TYPO brochar; **den Blick ~ auf** (akk) fitar **'Hefter** M classificador m; (Tacker) agrafador m **'Heftfaden** M Näherei: linha f de alinhavar

'heftig ['hɛftɪç] ADJ violento; (stürmisch) impetuoso; etw a. veemente; Wind etc a. forte; **~ werden** Person irritar-se **Heftigkeit** F violência f; veemência f

'Heftklammer F clip m, gancho m, agrafo m **Heftmaschine** F (Büroheftmaschine) agrafador m; Bücher: brochadeira f **Heftnaht** F costura f alinhavada **Heftpflaster** N adesivo m **Heftzwecke** F percevejo m

Hegemo'nie [hegemoˈniː] F hegemonia f

'hegen ['heːgən] V/T cuidar de; guardar; criar; fig Gedanken, Verdacht nutrir, ter

Hehl [heːl] N **kein ~ aus etw machen** não dissimular a/c, não ocultar a/c **'hehlen** traficar com mercadorias roubadas **'Hehler(in)** M(F) traficante m(f) de mercadorias roubadas **Hehle'rei** [heːlaˈraɪ] F tráfico m de mercadorias roubadas

'Heide[1] ['haɪdə] M ⟨-n⟩ REL pagão; pl a. gentios mpl

Heide² F̄, **Heideland** N̄ ⟨-(e)s; o. pl⟩ charneca f **Heidekraut** N̄ ⟨-(e)s; o. pl⟩ urze f

Heidelbeere F̄ arando m

Heidenangst ['haɪdən?aŋst] F̄ umg medo m terrível, grande horror m (**vor** dat de) **Heidengeld** N̄ ⟨-(e)s; o. pl⟩ umg dinheirão m **Heidenlärm** M̄ umg barulho m infernal **Heidenspaß** M̄ umg **e-n ~ haben** divertir-se à grande

Heidentum ['haɪdəntu:m] N̄ ⟨-s; o. pl⟩ paganismo m **Heidin** ['haɪdɪn] F̄ pagã f **heidnisch** ['haɪtnɪʃ] pagão

heikel ['haɪkəl] ⟨-kl-⟩ Person melindroso, delicado; umg bicudo; Lage etc precário

heil [haɪl] ADJ inteiro, inta(c)to; (gesund) são (a salvo); (geheilt) curado

Heil [haɪl] N̄ ⟨o. pl⟩ salvação f, felicidade f; bem m **Heiland** ['haɪlant] M̄ ⟨-s; o. pl⟩ REL Salvador m **Heilbad** N̄ banhos mpl medicinais; (Badeort) termas fpl; estação f termal **heilbar** curável; **~ sein** curar-se **Heilbarkeit** F̄ ⟨o. pl⟩ curabilidade f

Heilbutt M̄ ⟨-(e)s; -e⟩ solha f nórdica

heilen curar; VT a. sarar **Heilerfolg** M̄ efeito m terapêutico **Heilgymnastik** F̄ ⟨o. pl⟩ ginástica f terapêutica

heilig ['haɪlɪç] santo, sagrado; **die Heilige Schrift** a Bíblia (Sagrada); **das Heilige Land** a Terra Santa; **die Heiligen Drei Könige** os três reis magos

Heilig'abend M̄ (Véspera f do) Natal m, noite f de Natal

heiligen ['haɪlɪɡən] santificar; (con)sagrar

Heiligenbild N̄ imagem f (de um santo) **Heiligenschein** M̄ nimbo m; auréola f **Heiligenschrein** M̄ relicário m

Heiligkeit F̄ santidade f **heiligsprechen** canonizar **Heiligsprechung** ['haɪlɪçʃprɛçʊŋ] F̄ canonização f **Heiligtum** ['haɪlɪçtu:m] N̄ ⟨-s; ⁻er⟩ santuário m; templo m

Heilkraft F̄ virtude f curativa **heilkräftig** curativo, salutar **Heilkraut** N̄ planta f (od erva f) medicinal **Heilkunde** F̄ ⟨o. pl⟩ medicina f **heillos** ADJ Durcheinander monstruoso; ADV desesperadamente **Heilmethode** F̄ terapêutica f; terapia f **Heilmittel** N̄ remédio m **Heilpflanze** F̄ planta f medicinal **Heilpraktiker(in)** M̄/F̄ osteópata m/f **Heilquelle** F̄ fonte f de água medicinal **heilsam** salutar **Heilsarmee** F̄ ⟨o. pl⟩ Exército m de Salvação **Heilstätte** F̄ sanatório m **Heilung** F̄ cura f; Wunde cicatrização f **Heilverfahren** N̄ terapia f **Heilwirkung** F̄ efeito m terapêutico

heim [haɪm] ADV para casa

Heim [haɪm] N̄ ⟨-(e)s; -e⟩ lar m, casa f; (Wohnheim) asilo m; (Hospiz) hospício m

Heimarbeit F̄ ⟨o. pl⟩ indústria f caseira (od doméstica); trabalho m no domicílio

Heimat ['haɪma:t] F̄ ⟨o. pl⟩ pátria f; país m natal, terra f natal **Heimatanschrift** F̄ morada f no país de origem **Heimatdichter** M̄ poeta m regionalista **Heimatdichtung** F̄ ⟨o. pl⟩ poesia f regionalista **Heimathafen** M̄ SCHIFF porto m de matrícula; porto-sede (od -base) m **Heimatkunde** F̄ ⟨o. pl⟩ ≈ geografia f local (od regional) **Heimatland** N̄ terra f (natal) **heimatlich** natal, pátrio **heimatlos** sem pátria; apátrida; desterrado **Heimatstaat** M̄ país m de origem **Heimatstadt** F̄ cidade f natal **Heimatvertriebene(r)** M̄/F̄(M) ⟨-n⟩ refugiado m, -a f; expatriado m, -a f

'heimbegeben ⟨-⟩ VR **sich ~** regressar a casa **heimbringen** levar (od acompanhar) a casa

Heimchen ['haɪmçən] N̄ ZOOL grilo m

Heimcomputer M̄ computador m doméstico **heimelig** aconchegado; acolhedor **Heimfahrt** F̄ regresso m, volta f **heimführen** VT geh acompanhar (od reconduzir) a casa **Heimgang** M̄ ⟨-(e)s; o. pl⟩ REL, poet falecimento m, óbito m; trespasse m **heimgehen** ⟨s.⟩ voltar, regressar; REL, poet (sterben) falecer

heimisch A ADJ domiciliado (**in** dat em); (einheimisch) indígena (a. BOT, ZOOL); natal; local; a. HANDEL nacional B ADV Gefühl: à vontade, como em casa; **~ in** (dat) fig versado em; **sich ~ fühlen** sentirse aclimatado; **~ werden** aclimatar-se (**in** dat em)

Heimkehr F̄ ⟨o. pl⟩ volta f; regresso m (**nach, in** akk a) **heimkehren** ⟨s.⟩, **heimkommen** ⟨s.⟩ voltar, regressar **heimleuchten** ⟨-e-⟩ umg **j-m ~** dar uma ensinadela a alg, mandar alg passear **heimlich** Ⓐ ADJ secreto; clandestino; oculto; *a.* j-d dissimulado; íntimo, familiar Ⓑ ADV em segredo; à socapa; **~ vor** j-m às escondidas de **Heimlichkeit** F segredo *m*, mistério *m* **Heimreise** F → Heimfahrt **Heimservice** M (serviço *m* de) entregas *fpl* em (*a.* a) domicílio **Heimspiel** N ‹-(e)s; -e› SPORT jogo *m* em casa **Heimstätte** F casa *f*; domicílio *m*, lar *m* **heimsuchen** visitar; castigar **Heimsuchung** ['haɪmzuːxʊŋ] F visitação *f*; prova *f*, tribulação *f*

Heimtücke F ‹o. pl› perfídia *f* **heimtückisch** pérfido

heimwärts ['haɪmvɛrts] ADV para casa **Heimweg** M regresso *m* **Heimweh** N ‹-s; o. pl› nostalgia *f*; saudades *fpl* da terra **Heimwerker** ['haɪmvɛrkɐ] M pessoa *f* que faz bricolage, bricoleur *m*; *bras* artesão *m* doméstico **heimzahlen** *fig* **es** j-m **~** pagar alg na mesma (moeda)

Heinzelmännchen ['haɪntsəlmɛnçən] N duende *m*

Heirat ['haɪraːt] F casamento *m* **heiraten** ‹-e-› casar(-se) (j-n com alg)

Heiratsantrag M pedido *m* de casamento **Heiratsanzeige** F participação *f* de casamento **heiratsfähig** casadouro; núbil **Heiratskandidat** M ‹-en› pretendente *m* **heiratslustig** casadouro **Heiratsschwindler** M burlão *m* (*od* vigarista *m*) casamenteiro **Heiratsurkunde** F certidão *f* de casamento **Heiratsvermittler(in)** M(F) agente *m/f* de matrimónios (*bras* *ô); casamenteiro, -a *f* **Heiratsvermittlung** F agência *f* de matrimónios (*bras* *ô)

heiser ['haɪzɐ] rouco; **~ machen, ~ werden** enrouquecer **Heiserkeit** F ‹o. pl› rouquidão *f*

heiß [haɪs] quente; (*kochend*) a ferver; *fig* ardente; **es ist ~** está calor, faz calor!; **mir ist ~** estou com (*od* tenho) calor!

heißblütig ['haɪsblyːtɪç] ardente, fogoso

heißen ['haɪsən] Ⓐ V/T chamar; (*befehlen*) mandar; **j-n willkommen ~** dar as boas vindas a alg Ⓑ V/I chamar-se; (*bedeuten*) significar; querer dizer; **das heißt** isto é; **es heißt** dizem, diz-se, consta; **wie heißt ... auf Deutsch?** como se diz ... em alemão?; **was soll das ~?** o que quer isso dizer?

Heißhunger M apetite *m* irresistível (**auf** *akk* de) **heißhungrig** com (grande) apetite **heißlaufen** ‹S.› TECH (**sich**) **~** aquecer **Heißluftheizung** F aquecimento por ar quente **Heißwasserbereiter** M esquentador *m* de água **Heißwasserspeicher** M termossifão *m*

heiter ['haɪtɐ] sereno; (*lustig*) alegre; *iron* bonito; *Himmel* limpo **Heiterkeit** F ‹o. pl› serenidade *f*, alegria *f*; (*Gelächter*) hilaridade *f*; risos *mpl*

heizbar ['haɪtsbaːr] aquecível; que se pode aquecer **heizen** (*s*) aquecer; *Ofen* acender **Heizer** M TECH fogueiro *m* **Heizgerät** N aparelho *m* para aquecer **Heizkissen** N almofada *f* eléc(tri)ca **Heizkörper** M calorífero; radiador *m* **Heizkraft** F ‹o. pl› potência *f* calorífica **Heizkraftwerk** N central *f* térmica **Heizmaterial** N combustível *m*, combustíveis *mpl* **Heizöl** N ‹-(e)s; -e› óleo *m* combustível **Heizschlange** F serpentina *f* de aquecimento **Heizsonne** F radiador *m* parabólico **Heizung** F aquecimento *m*; calefa(c)ção *f* **Heizwert** M poder *m* calorífero

Hektar ['hɛktaːr] M/N ‹-s; -e› hectare *m*

Hektik ['hɛktɪk] F ‹-; o. pl› pressa *f*; nervosismo *m* **hektisch** nervoso; estressado

Hektoliter ['hɛktoliːtɐ] M/N hectolitro *m*

Held [hɛlt] M ‹-en› herói *m*; LIT *a.* protagonista *m*

Heldendichtung ['hɛldəndɪçtʊŋ] F ‹o. pl› poesia *f* épica **Heldenepos** ['hɛldənʔeːpɔs] N, **Heldengedicht** N poema *m* épico; epopeia (*bras* *ê) *f* épica **heldenhaft, heldenmütig** ['hɛldənmyːtɪç] heróico **Heldenmut** M heroísmo *m* **Heldensage** F lenda *f* heróica **Heldentat** F a(c)ção *f* heróica; façanha *f*; proeza *f* **Heldentenor** M tenor *m* dramático **Heldentod** M ‹-(e)s; o. pl› morte *f* heróica; **den ~ sterben** morrer pela pátria **Heldentum** ['hɛldəntuːm] N ‹-s; o. pl› heroísmo *m*

Heldin ['hɛldɪn] F heroína *f*; LIT *a.* protagonista *f*

'helfen ['hɛlfən] **1** *Person* ajudar, auxiliar, socorrer, assistir (**j-m** a alg; **j-m bei etw** alg em a/c *od* a *inf*); **~ aus** (*dat*) tirar de; **sich nicht zu ~ wissen** não saber que fazer; **kann ich Ihnen ~?** posso ajudar-lhe/lhes?; **so wahr mir Gott helfe!** valha-me Deus! **2** MED, *fig* **~ gegen** ser bom para; **~ zu** servir para; **nichts ~** não valer nada; **es hilft (alles) nichts** não adianta
'Helfer(in) M/F ajudante m/f; assistente m/f **Helfershelfer** M *pej* cúmplice m (**bei** em)
'Helgoland ['hɛlgolant] N GEOG Helgolândia f
Heli'kopter [heli'kɔptɐr] M helicóptero m
Helio'trop [helio'tro:p] N ⟨-s; -e⟩ BOT heliotrópio m **'Helium** ['he:liʊm] N ⟨-s; *o. pl*⟩ CHEM hélio m
hell [hɛl] **1** claro; (*erleuchtet*) alumiado, iluminado; **es ist ~** há luz; é dia; **~(er) werden** aclarar-se, desanuviar-se; **~ werden morgens**: amanhecer, alvorecer; **am ~en Tage** em pleno dia **2** *Person, umg* **~e** (*aufgeweckt*) esperto **3** *fig Freude etc* grande; **in ~er Verzweiflung** desesperado
'hellblau azul claro **hellblond** louro **Helldunkel** N ⟨*o. pl*⟩ penumbra f, KUNST claro-escuro m **Helle** ['hɛlə] F ⟨*o. pl*⟩ claridade f
'Heller ['hɛlɐr] M *hist* óbulo m, real m; **auf ~ und Pfennig** até ao último tostão
'hellhörig ['hɛlhø:riç] **~ sein** *j-d* ter o ouvido apurado; **~ werden** aguçar o ouvido; **diese Wohnung ist sehr ~** nesta casa ouve-se tudo **Helligkeit** F ⟨*o. pl*⟩ claridade f; TV luminosidade f **helllicht** ADJ **am ~en Tage** em pleno dia
'hellsehen N visão f sobrenatural **Hellseher(in)** M/F vidente m/f **hellseherisch** ADJ **~e Fähigkeiten** FPL faculdade f de visão sobrenatural **hellsichtig** ['hɛlhø:çtıç] clarividente; (*scharfblickend*) lúcido **Hellsichtigkeit** F ⟨*o. pl*⟩ clarividência f; lucidez f
'hellwach bem desperto
Helm [hɛlm] M ⟨-(e)s; -e⟩ elmo m; (*Schutzhelm*) capacete m; ARCH zimbório m
Hemd [hɛmt] N ⟨-(e)s; -en⟩ camisa f

'Hemdbluse F camisola f **'Hemdengeschäft** N camisaria f **Hemdenknopf** M botão m da camisa **Hemdkragen** M colarinho m **Hemdsärmel** M manga f de camisa **hemdsärmelig** em mangas de camisa; *umg fig* à vontade; desenvolto
Hemi'sphäre [hemi'sfɛ:rə] F hemisfério m

'hemmen ['hɛmən] impedir, deter, obstruir; (*bremsen*) travar; (*lähmen*) tolher **hemmend** ADJ inibitivo; obstrutivo **Hemmnis** F ⟨-ses; -se⟩ obstáculo m; estorvo m (*bras* *ô); entrave m **Hemmschuh** M travão m; *a. fig* empecilho m **Hemmschwelle** F inibição f **Hemmung** F **1** PSYCH inibição f; complexo m; **~en haben** sentir-se embaraçado; ter escrúpulos; PSYCH ter inibições (*od* complexos) **2** TECH bloqueamento m; MIL travanca f; *Uhr etc* escapo m **hemmungslos** ⟨-este⟩ desenfreado
Hengst [hɛŋst] M ⟨-(e)s; -e⟩ garanhão m
Henkel ['hɛŋkəl] M asa f **Henkel...** IN ZSSGN com asa(s); asado
'henken ['hɛŋkən] enforcar **Henker** M carrasco m; verdugo m **Henkersmahlzeit** F última refeição f
'Henne ['hɛnə] F galinha f; *junge* franga f
her [he:r] ADV cá; aqui; **~ mit ...**, **damit!** que venha(m)!; **von ... ~** de; **von da ~** daí, dali; **Hin und Her** n vaivém m; **hinter etw** *od* **j-m ~ sein** andar atrás de *akk od* alg; **es ist ein Jahr** *etc* **~, dass** há um ano que; **es ist lange ~** há muito tempo; *fig* **nicht weit ~ sein (mit)** não ser grande coisa (em)
he'rab [hɛ'rap] ADV para baixo; abaixo; **von oben ~** de cima; *fig* sobranceiro **herabfallen** ⟨s.⟩ cair **herabhängen** pender, estar pendurado; (**bis**) **auf den Boden ~** bater no chão **herabhängend** ADJ suspenso; *Ohr* caído **herabklettern** ⟨-re; s.⟩ descer (a trepar)
he'rablassen baixar; **sich ~** descer; *fig* condescender; dignar-se (**zu** *inf* a); abaixar-se **herablassend** **A** ADJ condescendente; (*geringschätzig*) desdenhoso **B** ADV com ar de desprezo **Herablassung** [hɛ'raplasʊŋ] F condescendência f
he'rabmindern ⟨-re⟩ diminuir, reduzir **herabschweben** ⟨s.⟩ (vir a) descer

lentamente **herabsehen** olhar para baixo, olhar de cima; *fig* ~ **auf** (*akk*) olhar com desprezo para **herabsetzen** ⟨-t⟩ baixar, reduzir; HANDEL *a.* abater; *Geschwindigkeit* diminuir; *fig j-n a.* desacreditar, difamar **Herabsetzung** [hɛˈrapʦɛtsʊŋ] $\bar{F}$ redução *f*, abatimento *m*, abate *m*; abaixamento *m* (*a. fig*) *Wert*: depreciação *f* **herabsinken** ⟨s.⟩ (vir a) descer vagarosamente **herabspringen** ⟨s.⟩ saltar para baixo **herabsteigen** ⟨s.⟩ descer **herabstoßen** VII ⟨s.⟩ *Vogel* cair, precipitar-se (**auf** *akk* sobre); FLUG descer em voo (*bras* *ô*) picado **herabstürzen** ⟨-t; s.⟩ cair; precipitar-se; (*abstürzen* FLUG) despenhar-se **herabwürdigen** degradar **Herabwürdigung** $\bar{F}$ degradação *f*; abaixamento *m*

he'ran [hɛˈran] ADV para cá; ~ **an** (*akk*) para junto de; **nur ~!** venha(m) cá!; chegue(m)-se! **heranarbeiten** ⟨-e-⟩ VIR *sich* ~ **an** (*akk*) conseguir aproximar-se de **heranbilden** ⟨-e-⟩ criar; formar **herandrängen** VIR *sich* ~ **an** (*akk*) acercar-se (aos empurrões) de, *an j-n*: empurrar até **herangehen** ⟨s.⟩ ~ **an** (*akk*) aproximar-se de; *fig an ein Problem*: meter-se a **heranholen** apanhar **herankommen** ⟨s.⟩ aproximar-se; **an sich** (*akk*) ~ **lassen** ficar na espe(c)tativa **heranmachen** VIR *sich* ~ **an** (*akk*) aproximar-se de; **sich an j-n** ~ *fig pej* insinuar-se na confiança de alg **herannahen** ⟨s.⟩ *geh* aproximar-se **Herannahung** $\bar{N}$ ⟨*o. pl*⟩ aproximação *f*, chegada *f* **heranreichen** VII ~ **an** (*akk*) alcançar **heranrücken** VIT ⟨h.⟩, VII ⟨s.⟩ aproximar(-se), abeirar(-se) (**an** *akk* de) **heranschaffen** arranjar, trazer **heranschleichen** ⟨s.⟩ (*sich*) ~ aproximar-se cautelosamente (**an** *akk* de) **herantragen** trazer **herantreten** ⟨s.⟩ aproximar-se de; **an j-n** ~ dirigir-se a alg **heranwachsen** ⟨s.⟩ crescer; ir crescendo **heranwagen** VIR *sich* ~ **an** (*akk*) ousar aproximar-se de; *fig tarefa* ter coragem para **heranwinken** *j-n* ~ fazer sinal para que se aproxime **heranziehen** A VIT atrair; *fig* recorrer a; ~ **zu** chamar para, empregar em; fazer contribuir para; MIL **zum Wehrdienst** ~ chamar, alistar B VII aproximar-se (**an** *akk* de)

he'rauf [hɛˈrauf] ADV acima, (cá) para cima **heraufbeschwören** ⟨-⟩ evocar; *Gefahr*, *Unheil*, *Streit* provocar **heraufbringen** trazer (*od* levar) para cima **heraufführen** acompanhar para cima **heraufhelfen** ajudar a subir **heraufholen** fazer subir **heraufkommen** ⟨s.⟩ (vir a) subir **heraufschrauben**, **heraufsetzen** ⟨-t⟩ *Preis* aumentar, fazer subir **Heraufsetzung** [hɛˈraufʦɛtsʊŋ] $\bar{F}$ aumento *m* **heraufsteigen** ⟨s.⟩ subir **heraufziehen** A VIT içar, alçar B VII ⟨s.⟩ *Gewitter* aproximar-se

he'raus [hɛˈraʊs] ADV (para) fora; (*meist* **raus!**) *a.* rua!; MIL às armas!; **aus etw** ~ de dentro de a/c; **frei** ~, **offen** ~ francamente, com franqueza; ~ **damit!** diga lá! **herausbekommen** VIT ⟨-⟩ conseguir arrancar (*od* tirar) (**aus** *dat* de; **aus j-m** a alg); *Geld* ter que receber; *Geheimnis* (chegar a) descobrir; *Rätsel* adivinhar; *bras j-d* ficar sabendo (**etw de** a/c); *Rechenaufgabe* resolver; *Wort* → herausbringen **herausbringen** levar para fora; *Buch* publicar; *Produkt* lançar; *Wort* dizer, proferir; THEAT estrear; **kein Wort** ~ não conseguir dizer nenhuma palavra **herausdrehen** des(a)parafusar, destarraxar **herausfinden** distinguir (**aus** *dat*, **zwischen** *dat* entre); descobrir; (*klären*) apurar; (*sich*) ~ encontrar a saída

He'rausforderer [hɛˈraʊsfɔrdərər] $\bar{M}$ desafiador *m* **herausfordern** ⟨-re⟩ provocar; **zum Duell** *etc*: desafiar **Herausforderung** $\bar{F}$ provocação *f*, desafio *m*

He'rausgabe $\bar{F}$ entrega *f*; JUR restituição *f*; *Buch*: publicação *f*; edição *f* **herausgeben** devolver, restituir; *Buch* publicar, editar; **können Sie mir** ~? tem troco? **Herausgeber(in)** $\overline{\text{M(F)}}$ editor(a) *m(f)*; *e-r Sammlung*, *Zeitschrift*: dire(c)tor(a) *m(f)*

he'rausgehen ⟨s.⟩ sair (**aus** *de*) **herausgreifen** escolher **herausgucken** *umg* olhar para fora **heraushaben** VIT ter a solução de **heraushängen** pendurar para fora **herausheben** tirar; *fig* acentuar, salientar **herausholen** VIT ~ **aus** tirar de (*a. fig*); ir buscar em **heraushören** *j-n* distinguir a voz de (**aus** entre); *etw* perceber (**aus** *de*)

herauskehren *fig* den (*bzw* die) ... ~ dar-se ares de ... **herausklauben** apanhar; ~ **aus** (es)colher de entre **herausklingeln** ⟨-le⟩ j-n ~ tocar a campainha insistentemente

he'rauskommen ⟨s.⟩ sair, aparecer; *Geheimnis* descobrir-se; vir à luz; vir a saber-se; **dabei kommt nichts heraus** não dá (nenhum) resultado; não se lucra nada com isto; **das kommt auf eins heraus** é o mesmo

he'rauskönnen poder sair **herauskriechen** ⟨s.⟩ sair de rastos **herauskriegen** *umg* → herausbekommen **herauslassen** deixar sair; **die Luft aus etw ~** esvaziar a/c **herauslaufen** ⟨s.⟩ sair **herauslocken** fazer sair; *Geheimnis* fazer confessar **herauslügen** V/R sich ~ sair-se com mentiras **herausnehmen** (re)tirar; extrair; **sich** (*dat*) **etw ~** tomar liberdades, ser atrevido; permitir-se (**zu** *inf*) **herausplatzen** ⟨-t⟩ ⟨s.⟩ ~ **mit** dar a (*inf*); sair-se com **herauspressen** ⟨-t⟩ espremer; sacar **herausputzen** ⟨-t⟩ enfeitar; **sich ~** enfeitar-se **herausquellen** ⟨s.⟩ brotar, emanar

he'rausragen V/I ~ (**aus** *dat*, **über** *akk*) destacar-se (de), sobressair (entre) **herausragend** *fig* extraordinário

he'rausreden ⟨-e-⟩ V/R sich ~ desculpar-se, arranjar pretextos **herausreißen** arrancar **herausrücken** *umg* **A** V/T ⟨h.⟩, V/I ⟨s.⟩ **das Geld** (*od* **mit dem Geld**) ~ dar o dinheiro **B** V/I ⟨s.⟩ **mit der Sprache ~** falar, explicar-se **herausrufen** chamar (para fora) **herausschaffen** tirar, levar para fora **herausschauen** olhar para fora **herausschlagen** *Geld* lucrar (**aus** com) **herausschrauben** desatarraxar **herausspringen** ⟨s.⟩ sair a saltar, saltar para fora; *fig* ~ **bei** ganhar-se com **herausspritzen** ⟨-t⟩ ⟨s.⟩ espirrar **herausprudeln** ⟨-le⟩ ⟨s.⟩ borbotar **herausstecken** mostrar; ostentar; **den Kopf zum Fenster ~** assomar à janela, debruçar-se à janela **herausstellen** *Stiefel* pôr à porta; (*hervorheben*) salientar; focar; pôr em relevo, destacar; **sich ~** (**als**) (*sich erweisen*) provar-se, evidenciar-se, verificar-se; dar-se o caso (de) **herausstrecken** mostrar **herausstreichen** riscar; *fig* salientar, focar

he'rausstürmen ⟨s.⟩ sair arrebatado *od* precipitadamente (**aus** de) **herausstürzen** ⟨-t; s.⟩ precipitar(-se) para fora **he'raussuchen** escolher; sele(c)cionar **heraustreten** ⟨s.⟩ ~ (**aus**) sair (de); sobressair (entre) **herauswachsen** ⟨s.⟩ brotar, sair; (**aus** *e-m Kleid*) ~ já não caber (em) **herauswinden** V/R sich ~ *fig* (conseguir) desembaraçar-se **herauswollen** querer sair; **nicht mit der Sprache ~** não querer falar; teimar em calar-se **herausziehen** V/T ~ (**aus**) sacar (de); extrair (de); → herausreißen

herb [hɛrp] ADJ acerbo, acre, áspero; *Wein* seco

her'bei [hɛr'baɪ] ADV para aqui; ~! *a.* venham! **herbeieilen** ⟨s.⟩ acorrer, acudir; vir de abalada **herbeiführen** trazer; *fig* causar, produzir, levar a **herbeiholen** trazer; ir buscar **herbeirufen** chamar **herbeischaffen** trazer; arranjar **herbeisehnen** ansiar (a chegada de) **herbeiströmen** ⟨s.⟩ afluir **herbeiwinken** V/T j-n ~ fazer sinal a alg para vir

'her**bekommen** ['heːrbəkɔmən] ⟨-⟩ conseguir trazer **herbemühen** V/T j-n ~ pedir que alg venha; mandar vir alg; **sich ~** dar-se ao incómodo (*bras* *ô) de vir

'**Herberge** ['hɛrbɛrgə] F albergue *m*; hospedaria *f*; pousada *f*

'**herbestellen** ['heːrbəʃtɛlən] mandar vir; chamar **herbeten** ⟨-e-⟩ rezar; *fig* recitar maquinalmente

'**Herbheit** ['hɛrphaɪt] F ⟨*o. pl*⟩ acrimónia *f* (*bras* *ô), aspereza *f*

'**herbitten** convidar; chamar **herbringen** trazer

Herbst ['hɛrpst] M ⟨-(e)s, -e⟩ Outono *m*; **im ~** no Outono '**herbstlich** outonal, do Outono '**Herbstzeitlose** F BOT cólquico *m*, lírio-verde *m*

Herd [heːrt] M ⟨-(e)s, -e⟩ fogão *m*; *offener*: lareira *f*; fornalha *f*; *e-r Seuche, bei Erdbeben*: foco *m*

'**Herde** ['heːrdə] F rebanho *m*, tropel *m*; *fig* grei *f* **Herdentrieb** M ⟨-(e)s; *o. pl*⟩ instinto *m* gregário

he'rein [hɛ'raɪn] ADV para (aqui) dentro; cá para dentro; INT ~! entre! **herein...** IN ZSSGN *oft übersetzt durch*: entrar (a *inf*)

hereinbekommen ⟨-⟩ HANDEL receber; *Sender* apanhar **hereinbitten** mandar entrar **hereinbrechen** ⟨s.⟩ irromper; sobrevir; *Nacht* ~ **über** (*akk*) *a.* cair **hereinbringen** *etw* trazer (para dentro); *j-n* fazer entrar **hereinfallen** ⟨s.⟩ *umg* (*sich täuschen lassen*) deixar-se apanhar, deixar-se enganar; **auf etw** ~ *umg* cair em a/c **hereinführen** introduzir; trazer (para dentro); *j-n a.* acompanhar para dentro **hereingehen** ⟨s.⟩ entrar; (*Platz haben*) caber **hereinholen** *j-n* fazer entrar; *etw* → hereinbringen **hereinkommen** ⟨s.⟩ entrar **hereinlassen** deixar entrar **hereinlegen** *fig* enganar; apanhar; *bras a.* botar **hereinplatzen** *umg* ⟨-t; s.⟩ aparecer (de repente); irromper **hereinregnen** ⟨-e-⟩ chover para dentro **hereinrufen** chamar (para dentro) **hereinschleichen** V/R sich ~ entrar (*od* introduzir-se) furtivamente; *fig* insinuar--se **hereinschneien** ⟨s.⟩ *fig umg* aparecer inesperadamente **hereinstürmen, hereinstürzen** ⟨-t; s.⟩ irromper, entrar de arremesso (*od* precipitadamente)

'**herfahren** ['heːrfaːrən] **A** V/T ⟨h.⟩ trazer (no carro); *etw a.* acarretar **B** V/I ⟨s.⟩ vir de carro; **vor** *etc*, *j-m* ~ preceder **herfallen** ⟨s.⟩ ~ **über** (*akk*) cair sobre, lançar-se sobre **herfinden** encontrar o caminho (para cá) **herführen** trazer; levar para aqui

'**Hergang** M ⟨-(e)s; o. pl⟩ acontecimento m; desenrolar m; (*Verlauf*) marcha f

'**hergeben** dar (cá); *fig a.* render; **sich ~ zu** prestar-se a **hergebracht** ['heːrɡəbraxt] **A** PP → herbringen **B** ADJ tradicional; *umg* da praxe

'**hergehen** ⟨s.⟩ ~ **hinter** (*dat*) seguir; ir atrás de; ~ **neben** (*dat*) acompanhar, ir ao lado de; ~ **vor** (*dat*) preceder, ir diante de; *fig* **es ging hoch her** havia grande alvoroço

'**herhaben** V/T **wo hast du das ~?** onde arranjaste isso?; *Nachricht* onde ouviste essa? **herhalten** apresentar; **~ müssen** ter que sofrer; ter que servir (**als de**) **herholen** V/T ir buscar; **weit hergeholt** *fig* rebuscado; pouco convincente **herhören** ouvir, escutar; **alle mal ~!** ouçam todos!

'**Hering** ['heːrɪŋ] M ⟨-s; -e⟩ arenque m; *Zelt:* estaca f; **wie die ~e** *fig* (apinhados) como as sardinhas na lata

'**herkommen** ⟨s.⟩ vir (cá); *fig* derivar, provir **herkömmlich** ['heːrkœmlɪç] tradicional

'**Herkunft** ['heːrkʊnft] F ⟨o. pl⟩ origem f; proveniência (*a.* HANDEL); (*Abstammung*) filiação f; ascendência f; linhagem f **Herkunftsbezeichnung** F (**geschützte**) ~ denominação f de origem (protegida)

'**herlaufen** ⟨s.⟩ correr (**hinter** *dat* atrás de); **hergelaufener Kerl** *fig* vagabundo m **herleiten** ⟨-e-⟩ aduzir; *fig* ~ **aus** derivar de; (*folgern*) deduzir de **hermachen** V/R **sich ~ über** (*akk*) lançar-se sobre; *Arbeit* meter-se a; *Essen* pôr-se a comer

Herme'lin [hɛrmə'liːn] ⟨-s; -e⟩ **A** N ZOOL arminho m **B** M *Pelz:* arminho m **her'metisch** [hɛr'meːtɪʃ] hermético **her'nach** [hɛr'naːx] ADV depois, a seguir; mais tarde

'**hernehmen** ['heːrneːmən] tomar, tirar **Hero'in** [hero'iːn] N ⟨-s; o. pl⟩ heroína f **heroinsüchtig** heroinómano (*bras* °ô) **he'roisch** [he'roːɪʃ] heróico **Hero'ismus** M heroísmo m

'**Herpes** ['hɛrpɛs] M ⟨-; sem pl⟩ MED herpes m

Herr [hɛr] M ⟨-n; -en⟩ **1** senhor m; cavalheiro m; ~ (**und Frau**) **Gomes** o senhor (os senhores) Gomes; ~ **der Lage sein** ter o controle da situação; **den großen ~en spielen** dar-se ares de grande senhor; **aus aller ~en Länder** de todo o mundo **2** (*Besitzer*) dono m; patrão m; *des Dieners a.:* amo m; ~ **über sich** senhor de si; **sein eigener ~ sein** ser independente **3** *Anrede:* ~ **Horn!** Senhor Horn; **mein ~** Senhor; ~ **Oberst!** meu coronel!; *im Brief:* **sehr geehrter ~ Barbosa** Excelentíssimo *od* Exmo. (*bras* Prezado) Senhor Barbosa **4** (*Gott*) **der ~** Nosso Senhor m

'**Herrenartikel** M artigo m para homens **Herrendoppel** N *Tennis:* dupla f masculina **Herreneinzel** N *Tennis:* singular m (*bras* individual m) masculino **Herrenhaus** N solar m; casa f senhorial **Herrenkleidung** F ⟨o. pl⟩ vestuário m para homens; *bras* roupa f masculina **herrenlos** sem dono; abandonado;

HERU

Tier: vadio; JUR jacente **Herrenmode** F moda f masculina **Herrensitz** M solar **Herrentoilette** F casa f de banho para homens

'Herrgott M ⟨-(e)s; o. pl⟩ der ~ Deus m Nosso Senhor

'herrichten ['he:rrɪçtən] ⟨-e-⟩ preparar, arranjar

'Herrin F senhora f; ama f; *des Hauses*: dona f; *(Besitzerin)* a. patroa f **herrisch** imperioso, autoritário

herr'je(mine) [hɛr'je:(mine:)] INT umg ~! meu Deus!

'herrlich magnífico, esplêndido; ~ **und in Freuden leben** viver de grande, viver à grande, viver à larga **Herrlichkeit** F magnificência f; REL glória f

'Herrschaft F ⟨-; -en⟩ domínio m *(a. Gebiet)*; dominação f; *(Macht)* poder m; POL governo m; **meine ~en!** minhas senhoras e meus senhores!; **die ~ verlieren über** (akk) perder o domínio (de) **herrschaftlich** senhoril **Herrschafts...** IN ZSSGN senhorial; *stärker*: imperial(ista)

'herrschen mandar; *Monarch* reinar *(a. fig)*; ~ **über** (akk) a. dominar **herrschend** ADJ reinante *(a. fig)* **Herrscher(in)** M(F) soberano m, -a f; regente m/f **Herrscherhaus** N casa f reinante, dinastia f **Herrschsucht** F ⟨o. pl⟩ despotismo m; ambição f do poder **herrschsüchtig** despótico

'herrufen chamar **herrühren** (pro)vir, derivar, emanar (von de) **hersagen** *Gedicht* recitar **herschaffen** trazer; arranjar **herstammen** j-d descender; ~ **aus** e-m Ort: ser natural de; *Produkt etc* (pro)vir de

'herstellen ['he:rʃtɛlən] fazer; fabricar; produzir; *Verbindung* estabelecer **Hersteller(in)** M(F) fabricante m/f; WIRTSCH produtor(a) m(f) **Herstellung** F ⟨o. pl⟩ fabrico m; fabricação f; produção f **Herstellungskosten** PL custos mpl de produção

he'rüber [hɛ'ry:bar] ADV para este lado; para aqui, para cá **herüber...** IN ZSSGN → *hinüberbringen etc* **herüberheben** passar **herüberkommen** vir cá **herüberreichen** passar

he'rum [hɛ'rʊm] ADV em redor, em volta; **um ... ~** em volta de; **dort ~** por ali; **hier ~** por aqui; **um j-n ~ sein** estar com alg, acompanhar alg **herumalbern** brincar; gracejar **herumärgern** VR **sich ~ mit** aborrecer-se *(od* maçar-se) com **herumbummeln** ⟨-le; -e-⟩ passear **herumdrehen** virar, voltar; **sich ~** girar; volver-se

he'rumfahren A VI/T ⟨h.⟩ **j-n ~** *(in dat)* levar alg a dar uma volta (bras para passear) de carro (em) B VI ⟨s.⟩ andar às voltas (de carro); ~ **um** dar a volta de; *Ecke, Kap* dobrar; *fig* **erschrocken ~** virar-se assustado

he'rumfuchteln ⟨-le⟩ VI **mit ~** agitar **herumführen** VI/T ~ **in** *(dat)* levar por; *bras* servir de cicerone em **herumgeben** → *herumreichen* **herumgehen** ⟨s.⟩ *etw* circular; *a.* **j-d ~ um** dar a volta (bras em); ~ **in** *(dat)* andar por **herumhorchen** procurar informar-se **herumirren** ⟨s.⟩ errar, vadiar *(in dat por)* **herumirrend** ADJ vadio **herumkommen** ⟨s.⟩ **um etw ~** evitar a/c; **nicht ~ um** não poder evitar; **weit herumgekommen sein** ser muito viajado, ter corrido mundo **herumkramen** VI **~ in** *(dat)* remexer *(od* andar a revolver) *(akk)* **herumkriegen** umg j-n convencer; *Zeit* passar, matar **herumlaufen** ⟨s.⟩ dar voltas (um a); *umg* andar a abanar moscas; *bras* andar às moscas; **frei ~** andar à solta **herumliegen** ⟨s.⟩ *etw* estar espalhado **herumlungern** ⟨-re⟩ fazer cera **herumreichen** fazer circular; *bei Tisch*: passar **herumreisen** ⟨-t; s.⟩ viajar, andar (viajando) *(in dat por)* **herumreiten** ⟨s.⟩ *fig* ~ **auf** *(dat)* não largar **herumschleppen** VI/T **mit sich ~** arrastar consigo **herumschnüffeln** ⟨-le⟩ *fig* andar a espiar *(bras* espionar) **herumsprechen** VR **sich ~** divulgar-se; espalhar-se **herumspringen** ⟨s.⟩ *Kind* andar aos saltos, andar aos pulos **herumstehen** ⟨h. u. s.⟩ *Möbelstück etc* estar no meio do caminho; ~ **um** estar em volta de; *(müßig)* ~ estar a mandriar; *bras* estar à toa **herumstöbern** ⟨-re⟩ ~ **in** *(dat)* andar a remexer **herumstreichen, herumstreifen** ⟨s.⟩ ~ **in** *(dat)*, ~ **durch** andar a vag(ue)ar por **he'rumstreiten** VI & VR **(sich)** ~ andar a discutir *(od* a disputar); *bras* andar discutindo **herumtanzen** ⟨-t⟩ (andar a) dançar; *fig umg* **j-m auf der Nase ~** fazer pouco de alg

he'rumtreiben V/R **sich ~** (andar a) vag(ue)ar; andar a estroinar, vagabund(e)ar **Herumtreiber** M vagabundo m

he'rumwälzen ⟨-t⟩ V/R **sich ~** revolver-se **herumwerfen** (fazer) virar **herumwühlen** → herumkramen **herumzanken** andar às turras (*bras* brigas) **herumziehen** A V/T ⟨h.⟩ *e-n Graben etc* **um etw** ~ rodear a/c de ...; cercar a/c de ... B V/I ⟨s.⟩ **~ in** (*dat*) andar por **herumziehend** ADJ ambulante

he'runter [hɛˈrʊntɐr] ADV (cá) para baixo; **die Treppen ~** as escadas abaixo **herunterbringen** trazer para baixo; *fig* reduzir; *j-n* arruinar **herunterfallen** ⟨s.⟩ cair **herunterhandeln** ⟨-le⟩ HANDEL regatear; conseguir mais barato **herunterhauen** *umg* **j-m e-e ~** chegar a alg; *bras* dar uma bofetada em alg **herunterholen** ir buscar em cima; *Flagge* arrear; FLUG derrubar **herunterklappen** fechar; V/I *a.* vir abaixo **herunterkommen** ⟨s.⟩ descer; vir para baixo; *a. fig* vir (*od* ir-se) abaixo; *fig* arruinar-se **herunterladen** V/T *aus dem Internet*: baixar **herunterlassen** baixar; **sich mit dem Fallschirm ~** descer em pára-quedas **herunterleiern** ⟨-re⟩ V/T lengalengar **heruntermachen** *fig* falar mal de; *j-n a.* descompor **herunternehmen** tirar **herunterpurzeln** V/I dar cambalhotas (*a.* para baixo; *bras* descer às cambalhotas **herunterputzen** ⟨-t⟩ *umg j-n* descompor **herunterreißen** arrancar **herunterschlucken** engolir **herunterschrauben** baixar; *fig* reduzir **herunterwerfen** deitar abaixo; *bras a.* derrubar **herunterziehen** puxar para baixo

her'vor [hɛrˈfoːr] ADV para fora; para diante; **hinter ... ~** (por) detrás de; **zwischen ... ~** de entre **hervorblicken** aparecer, ver-se (**aus** em); sobressair **hervorbrechen** ⟨s.⟩ rebentar, irromper **hervorbringen** produzir; *Worte* proferir **hervordrängen** V/R **sich ~** aflorar, brotar; *fig* pôr-se à frente **hervorgehen** ⟨s.⟩ sair, nascer, provir; *fig* *a.* **~ aus** (*dat*) resultar de; depreender-se de; **als Sieger ~ aus** sair vencedor de **hervorheben** acentuar; salientar **hervorlocken** chamar (para fora); fazer sair **hervorquellen** ⟨s.⟩ brotar **hervorragen** (*a. fig*) sobressair, distinguir-se (**aus** entre) **hervorragend** ADJ saliente; *fig* eminente; excelente, distinto **hervorrufen** chamar; *fig* provocar, causar **hervorschauen** → hervorblicken **hervorstechen** *fig* sobressair; destacar-se **hervorstehen** sobressair; salientar-se **hervortreten** ⟨s.⟩ adiantar-se; *fig* distinguir-se; pôr-se em evidência **hervortun** V/R **sich ~** distinguir-se **hervorzaubern** ⟨-re⟩ fazer surgir como que por encanto **hervorziehen** tirar

'herwagen [ˈheːrvaːɡən] V/R **sich ~** ousar vir

'Herweg [ˈheːrveːk] M ida f; *bras* vinda f; caminho m para cá; **auf dem ~** a caminho para cá

Herz [hɛrts] N ⟨-ens; -en⟩ coração m; (*Mut*) *a.* ânimo m; *Kartenspiel:* ≈ copas fpl; **gebrochenes ~** coração m destroçado; **das ~ auf der Zunge haben** ter o coração nas mãos; **ein ~ haben für** gostar de; ser amigo de; **ein ~ und e-e Seele sein** ser unha com carne; **sich ein ~ fassen** cobrar ânimo; *umg* fazer das tripas coração; **am ~en liegen** importar-se com; **etw (nicht) übers ~ bringen** (não) ser capaz de (fazer) a/c; **von ~en gern** com todo o gosto; **es tut mir von ~en leid** sinto muito; **mir fällt ein Stein vom ~en** sinto um grande alívio; **sich** (*dat*) **zu ~en nehmen** afligir-se com

'Herzanfall M ataque m cardíaco **Herzass** N ás m de copas **Herzbeklemmung** F angústia f **Herzbeschwerden** FPL perturbações fpl cardíacas **Herzbeutel** M pericárdio m **Herz'bube** M ⟨-n⟩ (*Karte*) valete m de copas **Herz'dame** F (*Karte*) dama f de copas

'herzeigen [ˈheːrtsaɪɡən] mostrar

'Herzensangst F angústia f **Herzensbrecher** [ˈhɛrtsənsbrɛçɐ] M destruidor m de corações **Herzensfreude** F satisfação f sincera **herzensgut** ADJ muito bondoso; **ein ~er Kerl** um bom rapaz **Herzenslust** F ⟨*o. pl*⟩ nach

~ à vontade Herzenswunsch M̄ desejo m ardente
'herzergreifend ADJ comovente
Herzfehler M̄ afe(c)ção f cardíaca
herzförmig ADJ cordiforme, em forma de coração **herzhaft** ADJ corajoso; resoluto; *Schluck* grande; *Kuss* efusivo
'herziehen ['heːrtsiːən] (*hierher ziehen*) mudar para cá; **~ über** (*akk*) *fig* falar mal de
'herzig ['hɛrtsɪç] caro, encantador
Herzinfarkt M̄ enfarte m cardíaco (*od* do miocárdio) **Herzkammer** F̄ ventrículo m **Herzkirsche** F̄ cereja f garrafal **Herzklappe** F̄ válvula f cardíaca **Herzklappenfehler** M̄ lesão f valvular **Herzklopfen** N̄ ⟨-s; *o. pl*⟩ palpitações fpl (do coração); **~ haben** estar/ficar com o coração palpitante **herzkrank** doente de coração, cardíaco **Herzkranzgefäß** N̄ vaso m coronário **Herz-'Kreislauf-Erkrankungen** pl doenças fpl cardiovasculares **Herzleiden** N̄ doença f do coração, afe(c)ção f cardíaca
'herzlich cordial, efusivo, afe(c)tuoso; ADV a. do coração; **~ gern** com muito gosto **herzlos** ⟨-este⟩ desalmado; insensível; sem coração **Herzlosigkeit** ['hɛrtsloːzɪçkaɪt] F̄ ⟨o. pl⟩ crueldade f; falta f de sensibilidade; desumanidade f
Herz-'Lungen-Maschine F̄ coração-pulmão m artificial **Herzmuskel** M̄ miocárdio m
Herzog ['hɛrtsoːk] M̄ ⟨-(e)s; -e, ⸚e⟩ duque m **Herzogin** ['hɛrtsoːgɪn] F̄ duquesa f **herzoglich** ducal **Herzogtum** ['hɛrtsoːktuːm] N̄ ⟨-s; ⸚er⟩ ducado m
'Herzrhythmusstörungen FPL MED arritmia f cardíaca **Herzschlag** M̄ 1 ANAT palpitação f; *rhythmischer*: palpitações fpl 2 MED (*Todesursache*) ataque m cardíaco, apoplexia f **Herzschrittmacher** M̄ estimulador m cardíaco; pacemaker m **Herzspezialist(in)** M|F̄ ⟨-en⟩ cardiólogo m, -a f, cardiologista m/f **herzstärkend** cordial; *fig* reconfortante; **~es Mittel** m tónico m cardíaco **Herzstillstand** M̄ ⟨-(e)s; *o. pl*⟩ MED paragem f cardíaca **Herztransplantation** F̄ transplantação f cardíaca
her'zu [hɛr'tsuː] ADV *geh* → herbei, heran

'Herzverpflanzung F̄ transplantação f cardíaca, enxerto m cardíaco **herzzerreißend** lacerante, pungente
'Hessen ['hɛsən] N̄ GEOG Hesse (*o. art*)
hessisch de Hesse
hetero'gen [hetero'geːn] heterogéneo (*bras* *ê*) **heterosexu'ell** heterossexual
'Hetzartikel ['hɛtsʔartiːkəl] M̄ artigo m provocador (*od* demagógico) **Hetzblatt** N̄ panfleto m
'Hetze ['hɛtsə] F̄ (*Eile*) pressa f; (*Jagd*) caçada f; (*Verfolgung*) perseguição f; *fig* campanha f difamatória; POL demagogia f **hetzen** ⟨-t⟩ A V/T ⟨h.⟩ acossar; dar caça a B V/I ⟨h.⟩ 1 *pej* agitar; fazer propaganda (subversiva); *allg* provocar; **gegen j-n** ~ difamar alg; intrigar contra alg 2 ⟨s.⟩ (*sehr eilen*) precipitar-se, andar (*od* correr) depressa C V/R **sich** ~ (*sich beeilen*) precipitar-se **Hetzer** M̄ *fig* agitador m; provocador m **Hetzjagd** F̄ caçada f **Hetzrede** F̄ *pej* discurso m demagógico
Heu [hɔy] N̄ ⟨-s; *o. pl*⟩ feno m; **Geld wie ~ haben** ser podre de rico **'Heuboden** M̄ palheiro m
Heuche'lei [hɔyçə'laɪ] F̄ hipocrisia f; (*Verstellung*) dissimulação f **'heucheln** ⟨-le⟩ ser hipócrita; fingir **'Heuchler(in)** ['hɔyçlɐ(rɪn)] M|F̄ hipócrita m/f **'heuchlerisch** hipócrita
'heuer ['hɔyɐr] ADV *reg* este ano
'Heuer F̄ ⟨-; -n⟩ SCHIFF paga f (dos marinheiros); *bras* soldo m **heuern** ⟨-re⟩ alistar; *Schiff* fretar
'Heuernte F̄ sega f do feno, ceifa f do feno; *bras* fenação f **Heugabel** F̄ forcado m **Heuhaufen** M̄ meda f de feno
'heulen ['hɔylən] uivar; *Hund* ganir; *umg* chorar **'Heulen** N̄ uivo m
'heurig ['hɔyrɪç] *reg* deste ano; *Wein* novo
'Heuschnupfen M̄ MED febre f dos fenos (*bras* de feno) **Heuschober** M̄ meda f de feno **Heuschrecke** F̄ locusta f, gafanhoto m
'heute ['hɔyt(ə)] hoje; **~ Morgen** esta manhã; **noch ~** hoje mesmo; **von ~ auf morgen** de repente; **~ vor 8 Tagen (ist)** faz (*od* há) oito dias (que ...); **~ in 8 Tagen** de hoje a oito dias, aqui a oita dias; *bras* daqui a oito dias **heutig** de hoje; a(c)tual **heutzutage** ADV hoje em dia

'**Hexe** ['hɛksə] F bruxa f; feiticeira f **hexen** ⟨-t⟩ fazer bruxarias **Hexenjagd** F fig perseguição f **Hexenkessel** M fig pandemónio m (bras *ö) **Hexenmeister** M bruxo m; feiticeiro m **Hexensabbat** M ⟨-(e)s; -e⟩ festa f das bruxas; fig barulho m terrível **Hexenschuss** M ⟨-es; o. pl⟩ MED lumbago m **Hexe'rei** [hɛtsə'raı] F bruxaria f, bruxedo m; **das ist keine** ~ (nicht schwierig) é muito simples **Hieb** [hi:p] M ⟨-(e)s; -e⟩ golpe m; pancada f; pl **es setzt** ~**e** apanha(s); apanham **'hieb- und 'stichfest** invulnerável **'Hiebwaffe** F arma f branca

hier [hi:r] ADV aqui, cá; (am Ort) nesta; ~! (anwesend) presente!; **der/die** ~ este/esta; ~ **ist,** ~ **sind** eis (aqui); ~ **ist sie! i-la!**; bras aqui está ela!; **von** ~ **ab, von** ~ **an** de aqui em diante; ~ **und da** örtlich: aqui e ali; zeitlich: às vezes; ~ **(nimm)!** toma!; ~ **sein** estar presente

'**hieran** ADV (para) aqui; bei Verben: nisto, disto; ~ **kann man sehen, dass** daí pode concluir-se que

Hierar'chie [hi(e)rar'çi:] F hierarquia f **hierarchisch** [hi(e)'rarçiʃ] hierárquico

'**hierauf** ADV örtlich: nisto, em cima; zeitlich: em seguida **hieraus** ADV disto; daqui **hierbei** ADV com isto, nisto; (anbei) aqui junto **hierbleiben** ficar aqui **hierdurch** ADV por aqui; fig por este meio; desse modo; ~ **hiermit** hierfür ADV para isso; (im Tausch) em compensação, em troca

'**hier'her** ['hi:r'he:r] ADV (para) cá; **bis** ~ até aqui; ~ **gehören** pertencer a isto; fazer parte disto; fig vir a propósito; **das gehört nicht hierher!** isto não é para aqui chamado!; bras aqui não é o lugar disto!

'**hierher'um** ADV por aqui; aqui em volta **hierhin** ADV (para) cá; ~ **und dorthin** de um lado para o outro **hierin** ADV aqui dentro; nisto **hiermit** ADV com isto; Brief: na presente **hiernach** ADV zeitlich: depois (disto); logo; (demnach) a. segundo isto; (folglich) portanto

Hiero'glyphe [hiero'gly:fə] F hieróglifo m

'**hierüber** ADV sobre isto; a este respeito; Richtung: para este lado **hierunter** ADV örtlich: cá abaixo; (unter diesen) entre estes; zu verstehen; sob isto **hiervon** ADV disto; daqui **hierzu** ADV a isto **hierzulande** ADV neste país

'**hiesig** ['hi:zıç] local; de aqui; bras daqui; Land: deste país, nacional

'**Hi-Fi-Anlage** ['haifı:ʔanla:gə] F aparelhagem f hi fi; bras aparelho m de alta fidelidade

'**Hilfe** ['hılfə] F ajuda f; auxílio m; socorro m; a. → Hilfeleistung; **erste** ~ primeiros socorros mpl; INT **(zu)** ~**!** socorro!; ~ **leisten** prestar auxílio; **mit** ~ **von** com o auxílio de; **um** (od **zu**) ~ **rufen** pedir socorro (j-n a alg); **um** ~ **bitten** pedir auxílio; **um** ~ **flehend** suplicante; **j-m zu** ~ **eilen** socorrer a alg; **etw zu** ~ **nehmen** recorrer a a/c **Hilfeleistung** F assistência f **Hilferuf** M grito m de socorro '**hilflos** ⟨-este⟩ ['hılflo:s] desamparado; abandonado; sem forças **Hilflosigkeit** ['hılflo:zıçkaıt] F ⟨o. pl⟩ desamparo m; abandono; fraqueza f **hilfreich** solícito; prestimoso

'**Hilfsarbeiter** M auxiliar m; servente m **hilfsbedürftig** necessitado, indigente **hilfsbereit** solícito **Hilfsbereitschaft** F ⟨o. pl⟩ solicitude f; REL caridade f **Hilfskraft** F j-d: auxiliar m/f; assistente m/f **Hilfslinie** F MATH linha f auxiliar **Hilfsmittel** N remédio m, expediente m; meio m, recurso m **Hilfsmotor** M motor m auxiliar **Hilfsquelle** F recurso(s) m(pl) **Hilfsverb** N (verbo) auxiliar m **Hilfswerk** N obra f de assistência

Hi'malaya [hi'ma:laja] M GEOG Himalaias m

'**Himbeere** ['hımbe:rə] F framboesa f **Himbeersaft** M sumo m (bras suco m) de framboesas **Himbeerstrauch** M framboeseiro m

'**Himmel** ['hıməl] M ⟨-s; o. pl⟩ céu m; (Betthimmel) sobrecéu m; bras dossel m; **am** ~ no céu, no firmamento; fig **in den** ~ **heben** enaltecer; **unter freiem** ~ ao ar livre; **um** ~**s willen!** por amor de Deus!; **das schreit zum** ~ isso brada aos céus

'**himmel'angst** ADV mir ist ~ umg tenho um medo louco **Himmelbett** N cama f com sobrecéu; bras cama f de dossel **himmelblau** azul celeste **Himmelfahrt** F REL (Christi) Ascenção f; **Mariä** ~ Assunção f **Himmel-**

reich N ‹-(e)s; o. pl› reino m dos céus; paraíso m **himmelschreiend** que clama ao céu; inaudito, incrível **'Himmelserscheinung** F meteoro m; REL visão f celeste **Himmelsgewölbe** N abóbada f celeste **Himmelskörper** M ASTRON corpo m celeste **Himmelsrichtung** F ponto m cardial **Himmelsschlüssel** M BOT primavera f, prímula f **Himmelszelt** N ‹-(e)s; o. pl› poet firmamento m

'himmelweit A ADJ Unterschied enorme B ADV ~ (entfernt) muito longe **himmlisch** ['hɪmlɪʃ] celeste; do céu; divino (a. fig) fig encantador

hin [hɪn] ADV **1** (para) lá, ali; ~ **und her** para cá e para lá; de trás para diante; **das Hin und Her** fig o vaivém; ~ **und zurück** BAHN ida e volta; **auf die Gefahr** ~ com risco de **2** ~ **sein** (verloren) estar (od ser) perdido; (kaputt) estar (od ser) estragado od avariado; ~ **(und weg) sein** (hingerissen) estar entusiasmado; **alles ist** ~ tudo lá vai **3** zeitlich: **lange** ~ **bis** faltar muito para; ~ **und wieder** de vez em quando; de quando em quando; uma vez por outra

hi'nab [hi'nap] ADV para baixo **hinabgehen** ‹s.›, **hinabsteigen** ‹s.› descer **hinabstürzen** ‹-t; s.› despenhar-se

'hinarbeiten ‹-e-› **auf etw** (akk) ~ procurar conseguir a/c; **darauf** ~ **zu** (inf) propor-se (inf)

hi'nauf [hi'nauf] ADV (lá) para cima; **den Fluss** etc ~ rio acima **hinaufarbeiten** ‹-e-› V/R **sich** ~ fazer o seu caminho, fazer carreira **hinaufbringen** levar (od trazer) para cima; fazer subir **hinauffahren** V/T ‹h.›, V/I ‹s.› subir; V/T a. levar (no carro) **hinaufgehen** ‹s.› subir **hinaufklettern** ‹-re; s.› subir a trepar; escalar **hinauflassen** deixar subir **hinauflaufen** ‹s.› correr para cima; subir a correr **hinaufreichen** ‹s.› chegar; alcançar; V/T etw passar para cima **hinaufschrauben** fig Preise fazer subir **hinaufsetzen** fig Preis aumentar **hinaufsteigen** ‹s.› subir (**auf** akk a) **hinauftragen** → hinaufbringen

hi'naus [hi'naus] ADV **1** (nach draußen) para fora; **zur Tür** ~ pela porta **2** fig **auf Jahre** ~ por muitos anos; **über ... ~** mais além de ...; ~ **sein über** (akk) zeitlich: ter (ultra)passado (akk); fig ser superior a; estar acima de **hinausbegleiten** ‹-e-; -› acompanhar até à porta **hinausbringen** levar para fora; j-n acompanhar até à porta **hinausfahren** A ‹s.› B V/T levar (ao campo od para fora) **hinausfliegen** A ‹s.› sair (a voar); fig ser despedido, ser posto na rua **hinausgehen** ‹s.› sair; ~ **auf** (akk) Fenster dar para; ~ **über** (akk) ultrapassar; exceder **hinausjagen** expulsar **hinauskönnen** poder sair **hinauslaufen** ‹s.› sair a correr (bras correndo); ~ **auf** (akk) acabar em, chegar a ser; **auf eins** ~, **auf dasselbe** ~ dar no mesmo **hinauslehnen** V/R **sich** ~ debruçar-se (**zum Fenster** pela janela) **hinausschaffen** tirar, levar para fora **hinausscheren** V/R **umg sich** ~ sair; **scher dich hinaus!** tira-te daqui; bras suma daqui! **hinausschicken** mandar sair **hinausschieben** puxar para fora; zeitlich: adiar, protelar **hinausschleichen** ‹s.› sair furtivamente, sair às furtadelas **hinausschmeißen** umg → hinauswerfen **hinaussehen** olhar para fora **hinausstürzen** ‹-t; s.› precipitar(-se) para fora; **zum Fenster** ~ precipitar(-se) pela janela **hinaustragen** levar para fora **hinauswagen** V/R **sich** ~ ousar sair **hinauswerfen** lançar para fora; **aus dem Fenster** ~ atirar pela janela; a. fig **j-n** ~ pôr alg na rua **hinauswollen** querer sair; fig **auf etw** (akk) ~ intentar a/c; (sagen wollen) querer dizer a/c (com); **hoch** ~ querer ir longe **hinausziehen** A V/I ‹s.› sair B V/T puxar para fora; fig demorar; protelar **hinauszögern** ‹-re› demorar; protelar; contemporizar

'hinbegeben ‹-› V/R geh **sich** ~ dirigir-se, deslocar-se (**nach** a, para) **Hinblick** M ‹-(e)s; o. pl› **im** ~ **auf** (akk) considerando (akk); com vista a **hinbringen** levar (para lá)

'hinderlich ['hɪndɐlɪç] embaraçoso; impeditivo, contrário **hindern** ‹-re› impedir; estorvar, obstar a **Hindernis** N ‹-ses; -se› obstáculo m; impedimento m; entrave m; estorvo m **Hindernisrennen** N corrida f de obstáculos **Hinderungsgrund** M (motivo m de) im-

pedimento *m*
'hindeuten ⟨-e-⟩ auf etw (akk) ~ indicar a/c, assinalar a/c, apontar a/c; *Sache a.* referir-se a a/c
hin'durch ADV & PRÄP ⟨akk, nachgestellt⟩ örtlich: durch ... ~ através de; zeitlich: por, durante; ao longo de hindurch... IN ZSSGN → durch... **hindurchgehen** ⟨s.⟩ passar (por), atravessar
hi'nein ['hɪnaɪn] ADV (para) dentro; em; bis in die Nacht ~ até às tantas da noite **hineinbegeben** VR sich ~ entrar **hineindenken** VR sich in etw (akk) ~ imaginar a/c; sich in j-n ~ pôr-se na situação de alg **hineindrängen** empurrar para dentro **hineinfahren** VI ⟨s.⟩ entrar **hineinfallen** ⟨s.⟩ cair; *fig* deixar-se apanhar, deixar-se enganar **hineinfinden** VR sich ~ in (akk) (sich abfinden mit) conformar-se com; resignar-se com; (vertraut werden) (chegar a) compreender **hineinführen** acompanhar para dentro **hineingehen** ⟨s.⟩ entrar; (hineinpassen) caber **hineingeraten** ⟨s.⟩ cair (in akk em) **hineingießen** deitar, pôr **hineinknien** VR sich ~ in (akk) *fig umg* dedicar-se afincadamente a; meter mãos a **hineinkommen** ⟨s.⟩ entrar, penetrar **hineinkönnen** poder entrar **hineinkriechen** ⟨s.⟩ entrar de rastos **hineinlassen** deixar entrar **hineinlegen** meter, colocar; *bras a.* botar **hineinpassen** ⟨-t-⟩ caber **hineinreden** ⟨-e-⟩ interromper; intrometer-se **hineinschlüpfen** ⟨-t-; s.⟩ in etw (akk) ~ deslizar para dentro de a/c; in ein Kleidungsstück hineinschlüpfen enfiar **hineinspringen** ⟨s.⟩ ~ in (akk) entrar a saltar, saltar para dentro de **hineinstecken** introduzir, meter, colocar, pôr; *Kapital* investir **hineinstoßen** VT ~ in (akk) empurrar para dentro **hineintun** meter; *e-n Blick* deitar **hineinwagen** VR sich ~ ousar entrar **hineinwerfen** lançar (bras jogar) em (od para) dentro de; *Blick* deitar **hineinziehen** A VT ⟨h.⟩ puxar para dentro; *fig in Intrige*: comprometer, envolver B VI ⟨s.⟩ in e-e Wohnung mudar para; entrar; (v)ir habitar **hineinzwängen** introduzir à força; encaixar
'hinfahren A VT ⟨h.⟩ levar (no carro) B VI ⟨s.⟩ ir (lá); ir-se **Hinfahrt** F ida *f*; Hin- und Rückfahrt ida e volta
'hinfallen ⟨s.⟩ cair (ao chão) **hinfällig** caduco (a. JUR); (schwach) débil; (zwecklos) ilusório; nulo; ~ werden caducar **Hinfälligkeit** F ⟨o. pl⟩ debilidade *f*; *bes JUR* caducidade *f* **hinfinden** encontrar o caminho (zu a) **hinfliegen** ⟨s.⟩ voar para lá; *umg (fallen)* cair; escorregar **hinführen** levar (para lá); wo soll das ~? *fig* onde é que isso vai levar?
'Hingabe F ⟨o. pl⟩ (Preisgabe) abandono *m*; körperliche a.: entrega *f*; (Selbstverleugnung) abnegação *f*; (Eifer) dedicação *f*; fervor *m* (an akk por)
'hingeben dar, entregar; (preisgeben) abandonar; sich e-r Sache (dat) ~ (widmen) dedicar-se a a/c **Hingebung** ['hɪngebuŋ] F ⟨o. pl⟩ → Hingabe **hingebungsvoll** dedicado; abnegado
hin'gegen ADV pelo contrário; porém; em contrapartida
'hingehen ⟨s.⟩ 1 zu e-m Ort: ir (lá) 2 (vergehen) Zeit passar, correr; *fig* ~ lassen deixar passar; (nicht beachten) não reparar (em) **hingehören** VI da ~ estar no seu lugar; *fig* vir ao acaso, vir a propósito **hingelangen** ⟨s.⟩, **hingeraten** ⟨s.⟩ ~ (nach) chegar (a); ir parar (a) **hingerissen** encantado; enlevado **hinhalten** VT etw estender; apresentar; oferecer; *fig j-n* fazer esperar; mit Versprechungen: entreter **hinhaltend** ADJ dilatório; moratório **hinhören** escutar, ouvir; *genau*: prestar atenção
'hinken ['hɪŋkən] ⟨s.⟩ coxear; andar coxo; claudicar; **hinkend** ADJ coxo
'hinknien ⟨s.⟩ ajoelhar; sich ~ v/r ajoelhar-se **hinkommen** VI ⟨s.⟩ 1 ir (para lá); wo kämen wir denn hin? onde é que íamos parar? 2 (in etwa zutreffen) estar certo; bater certo **hinlänglich** A ADJ suficiente B ADV a. bastante **hinlegen** pôr, deitar; pousar; *flach* ~ espalmar; ~! MIL depor! **hinnehmen** tomar, aceitar; *fig* aguentar, suportar; *Beleidigung* engolir **hinneigen** *geh* ~ zu propender a; *fig a.* tender a; sich ~ zu inclinar(-se) para **hinraffen** *geh Tod* arrebatar
'hinreichen A VT passar; oferecer; *Hand* estender B VI alcançar; chegar **hinreichend** ADJ bastante; ADV ~ bekannt suficientemente conhecido

'Hinreise F̲ ida f; → Hinweg **hinreisen** ⟨-t; s.⟩ ir lá

'hinreißen arrebatar; enlevar, abalançar; entusiasmar; **sich ~ lassen** deixar-se levar ⟨**von** por; **zu** a⟩ **hinreißend** A̲D̲J̲ irresistível; arrebatador

'hinrichten ⟨-e-⟩ executar **Hinrichtung** F̲ execução f

'hinschaffen levar (para lá) **hinschauen** → hinsehen **Hinscheiden** ⟨s.⟩ poet falecer **Hinscheiden** N̲ poet falecimento m; desenlace m **hinschicken** enviar, delegar **hinschlachten** degolar; assassinar **hinschlagen** ⟨s.⟩ cair **hinschleppen** arrastar; fig (dauern, verzögern) demorar **hinschmieren** escrevinhar; escrever à pressa **hinschreiben** escrever; assentar **hinschwinden** ⟨s.⟩ desvanecer-se **hinsehen** olhar ⟨**nach** para⟩; **genau ~** fixar bem

'hinsetzen ⟨-t⟩ pôr, colocar; **sich ~** sentar-se

'Hinsicht F̲ respeito m; **in ~ auf** (akk) com respeito a; **in dieser ~** a esse respeito **hinsichtlich** P̲R̲Ä̲P̲ ⟨gen⟩ a respeito de, com respeito a

Hinspiel N̲ S̲P̲O̲R̲T̲ jogo m de ida

'hinstellen colocar; **~ als** fig apresentar como **hinstrecken** estender; (niederwerfen) derrubar **hinstürzen** ⟨-t; s.⟩ (fallen) cair; (eilen) precipitar-se (para ali)

hint'ansetzen ⟨-t⟩, **hintanstellen** pôr de lado; zeitlich: postergar; (vernachlässigen) descuidar

'hinten ['hɪntən] A̲D̲V̲ atrás; detrás; (im Hintergrund) no fundo; **nach ~** para atrás; **weiter ~** mais atrás **hinten'an** A̲D̲V̲ atrás, no fim **hintenherum** A̲D̲V̲ por detrás; fig pelas costas (de) **hinten'über** A̲D̲V̲ de costas, às avessas

'hinter ['hɪntər] A̲ P̲R̲Ä̲P̲ ⟨dat, Richtung: akk⟩ detrás, atrás de; **~ etw** (akk) **kommen** fig descobrir a/c; **~ j-m stehen** fig apoiar alg; proteger alg; **2 Jahre Dienst ~ sich haben** ter passado por dois anos de serviço; **~ sich** (dat) **lassen** ultrapassar, adiantar-se a B̲ A̲D̲J̲ posterior; traseiro; derradeiro

'Hinterachse F̲ eixo m traseiro **Hinterausgang** M̲ porta f traseira **Hinterbacke** F̲ nádega f **Hinterbein** N̲ pé m traseiro; **sich auf die ~e stellen** levantar-se; Pferd empoleirar-se; empinar; fig ser teimoso **Hinter'bliebenen** [hɪntər'bliːbənən] P̲L̲ **die ~** a família do falecido **hinter'bringen** ⟨-⟩ **j-m etw ~** denunciar (od revelar) a/c a alg **Hinterdeck** N̲ S̲C̲H̲I̲F̲F̲ tombadilho m; convés m da popa

hinterei'nander A̲D̲V̲ um atrás do outro; em linha; em fila indiana; **drei Tage ~** três dias seguidos

'Hintergedanke M̲ intenção f reservada; **~n haben** levar água f no bico; bras estar com segundas intenções **hinter'gehen** j-n enganar, iludir **'Hintergrund** M̲ fundo m; **in den ~ treten** fig passar para o segundo plano **hintergründig** enigmático **Hinterhalt** M̲ ⟨-(e)s; -e⟩ cilada f, emboscada f; **aus dem ~** fig nas costas **hinterhältig** ['hɪntərhɛltɪç] pérfido; manhoso **'Hinterhand** F̲ ■ des Pferdes: pata f traseira ■ Spiel: **in ~ sein** ser o último a jogar ■ fig **etw in der ~ haben** ter um trunfo na manga **Hinterhaus** N̲ traseiras fpl da casa

hinter'her [hɪntər'heːr] A̲D̲V̲ zeitlich: depois; a seguir; örtlich: atrás **hinterher'gehen** ⟨s.⟩ ir atrás, seguir **hinterher'laufen** ⟨s.⟩ correr atrás

'Hinterhof M̲ saguão m **Hinterkopf** M̲ occípício m; occipital m **Hinterland** N̲ ⟨-(e)s; o. pl⟩ hinterland m; interior m do país

hinter'lassen A̲ V̲T̲ deixar; (vererben) a. legar; **~, dass** deixar o recado de que ... B̲ A̲D̲J̲ **~e Werke** N̲P̲L̲ obras fpl póstumas **Hinterlassenschaft** F̲ herança f; sucessão f; espólio m

'Hinterlauf M̲ pata f traseira

hinter'legen depositar; J̲U̲R̲ consignar **Hinter'legung** [hɪntər'leːgʊŋ] F̲ depósito m; consignação f

'Hinterlist F̲ perfídia f, insídia f **hinterlistig** pérfido; insidioso **Hintermann** M̲ M̲I̲L̲ soldado m (da fila) posterior; (Auftraggeber) comitente m; fig responsável m

'Hintern M̲ umg traseiro m; vulg cu m **'Hinterrad** N̲ roda f traseira **Hinterradantrieb** M̲ T̲E̲C̲H̲ tra(c)ção f às rodas traseiras

'hinterrücks ['hɪntərrʏks] A̲D̲V̲ por detrás; pelas costas; fig a. traiçoeiramente

Hinterseite F̄ (re)verso m; costas fpl
Hinterteil N̄ parte f posterior; SCHIFF popa f; umg → Hintern **Hintertreffen** N̄ **ins ~ geraten** fig perder terreno m; ficar atrás
hinter'treiben ⟨-⟩ Sache impedir; contraminar; frustrar
'**Hintertreppe** F̄ escada f traseira (od de serviço) **Hintertür** F̄ porta f traseira; fig saída f; escapatória f; **sich** (od **e-e** ~) **offenhalten** manter uma saída (od solução) de emergência **Hinterwäldler** ['hɪntɐvɛltlɐ] M̄ homem m primitivo
hinter'ziehen ⟨-⟩ defraudar; Steuern subtrair **Hinterziehung** F̄ defraudação f
'**Hinterzimmer** N̄ quarto m traseiro
'**hintragen** levar (para lá) **hintreten** ⟨s.⟩ ~ **vor j-n** apresentar-se a alg **hintun** pôr, meter
hi'nüber [hi'ny:bɐr] ADV para lá; para aquele lado; para o outro lado, para a outra banda; **über etw** (akk) ~ por cima de a/c **hinüberbringen** levar para o outro lado **hinüberfahren** A V̄/T ⟨h.⟩ levar para o outro lado B V̄/I ⟨s.⟩, **hinübergehen** ⟨s.⟩ passar para o outro lado; ~ **über** (akk) atravessar
'**hinwerfen** deitar od atirar (ao chão) **Hinz** [hɪnts] M̄ ⟨-; o. pl⟩ ~ **und Kunz** M̄ Fulano m e Sicrano m
'**hinzeigen** V̄/I ~ **auf** (akk) → hindeuten **hinziehen** A V̄/T ⟨h.⟩ puxar (**zu** para); fig (erstrecken) estender; zeitlich: demorar B V̄/I ⟨s.⟩ ir-se; passar C V̄/R ⟨h.⟩ **sich ~** estender-se, alongar-se; (dauern) demorar; **sich über 2 km ~** ter dois quilômetros (bras *ô) de extensão **hinzielen** V̄/I ~ **auf** (akk) ter em vista; mit Worten: aludir a **hinzögern** V̄/T ⟨-re⟩ demorar
hin'zu ADV para além de; a isso; além disso **hinzufügen** acrescentar **hinzukommen** ⟨s.⟩ acrescer; (erscheinen) aparecer **hinzurechnen** ⟨-e-⟩ MATH acrescentar; fig ter em conta **hinzusetzen** ⟨-t⟩, **hinzutun** acrescentar **hinzutreten** ⟨s.⟩ juntar-se (**zu** a) **hinzuziehen** chamar; Arzt a. consultar
'**Hiobsbotschaft** ['hiːɔpsboːtʃaft] F̄ má notícia f
'**Hip-Hop** ['hɪphɔp] M̄ ⟨-(s)⟩ hip-hop m
Hirn [hɪrn] N̄ ⟨-(e)s; o. pl⟩ cérebro m
'**Hirngespinst** N̄ ⟨-(e)s; -e⟩ quimera f; fantasma m, alucinação f '**Hirnhaut** F̄ meninge f '**Hirnhautentzündung** F̄ meningite f '**Hirnschädel** M̄, '**Hirnschale** F̄ crânio m;

---

hin'weg [hɪn'vɛk] geh ADV ~ **über** (akk) por cima de
'**Hinweg** ['hɪnveːk] M̄ ⟨-(e)s; -e⟩ ida f; **auf dem** ~ a caminho de, estar a ir (bras indo) para
hinweg... IN ZSSGN a. → weg... **hinweggehen** ⟨s.⟩ ~ **über** (akk) passar por cima de **hinwegkommen** ⟨s.⟩ ~ **über etw** (akk) conformar-se (od consolar-se) com a/c **hinwegsehen** V̄/I ~ **über** (akk) não fazer caso de **hinwegsetzen** ⟨-t⟩ V̄/R **sich ~ über** (akk) não se importar com **hinwegtäuschen** V̄/T **j-n über etw** (akk) ~ enganar alg acerca de a/c; ocultar a/c a alg
'**Hinweis** ['hɪnvaɪs] M̄ ⟨-es; -e⟩ indicação f; (**unter**) ~ **auf** (akk) (com) referência f a **hinweisen** V̄/I ~ **auf** (akk) indicar; apontar para; referir-se a; (anspielen) aludir a; **j-n auf etw** (akk) ~ chamar a atenção de alg para a/c; remeter alg para a/c **hinweisend** ADJ GRAM demonstrativo **Hinweisschild** N̄ ⟨-(e)s; -er⟩ placa f (od tabuleta f) indicadora

umg cachola *f* **'hirnverbrannt** ['hɪrnfɛrbrant] louco, doido, absurdo, paradoxo **Hirsch** [hɪrʃ] M̄ ⟨-(e)s; -e⟩ veado *m* **'Hirschkäfer** M̄ vaca-loura *f* **'Hirschkalb** N̄ enho *m* **'Hirschkuh** F̄ cerva *f*

'Hirse ['hɪrzə] F̄ ⟨*o. pl*⟩ milho-miúdo *m*, painço *m* **Hirsebrei** M̄ papas *fpl* de milho-miúdo

Hirt [hɪrt] M̄ ⟨-en; -en⟩ pastor *m*; (*Rinderhirt*) vaqueiro *m* **'Hirtenbrief** M̄ REL pastoral *f* **'Hirtenflöte** F̄ charamela *f*; gaita *f* **'Hirtenstab** M̄ cajado *m*; REL báculo *m* **'Hirtentasche** F̄ surrão *m* **'Hirtenvolk** N̄ povo *m* de pastores **'Hirtin** ['hɪrtɪn] F̄ pastora *f*

His [hɪs] N̄ ⟨-⟩ MUS si *m* sustenido **'hissen** ['hɪsən] ⟨-t⟩ *Flagge etc* içar; arvorar

His'torie [hɪs'to:riə] F̄ história *f* **Historiker(in)** [hɪs'to:rɪkər(ɪn)] M̄(F̄) historiador(a) *m*(*f*); historiógrafo *m*, -a *f* **historisch** [hɪs'to:rɪʃ] histórico

Hit [hɪt] M̄ ⟨-s; -s⟩ MUS êxito; sucesso *m* **'Hitparade** F̄ hit-parade *f*

'Hitze ['hɪtsə] F̄ ⟨*o. pl*⟩ calor *m* (vor *dat* de); (*Glut*) *a. fig* ardor *m*; *fig* ímpeto *m*; **in ~ geraten** *fig* alterar-se **hitzebeständig** resistente aos calor **hitzeempfindlich** sensível ao calor **Hitzewelle** F̄ onda *f* (*od* vaga *f*) de calor **hitzig** *fig* fogoso, veemente **Hitzkopf** M̄ homem *m* colérico; *umg* bota-fogo *m* **Hitzschlag** M̄ MED insolação *f*; congestão *f* (por excesso de calor)

HIV M̄ ABK (Human Immunodeficiency Virus), **HI-Virus** M̄ VIH *m* (vírus da imunodeficiência humana) **HIV-'negativ** [ha:ʔi:fau'ne:gati:f] seronegativo **HIV-'positiv** seropositivo

'H-Milch ['ha:mɪlç] F̄ ⟨*o. pl*⟩ leite *m* UHT **HNO-Arzt** [ha:ʔɛn'o:ʔartst] M̄, **HNO-Ärztin** F̄ → Hals-Nasen-Ohren-Arzt

'Hobby ['hɔbi] N̄ ⟨-s; -s⟩ hobby *m* **'Hobel** ['ho:bəl] M̄ plaina *f*; cepilho *m* **Hobelbank** F̄ banco *m* de carpinteiro **Hobelmaschine** F̄ aplainador *m* **hobeln** ⟨-le⟩ aplainar, acepilhar **Hobelspan** M̄ apara *f*; PL Hobelspäne *a.* acepilhadura *fsg*

hoch [ho:x] ⟨höher, höchste; *ch vor e wird zu* h: hohe(r, -s)⟩ A ADJ alto; *Alter* avançado; *Preis, Rang* elevado; *Ehre* grande; (*erhaben*) sublime; **wie ~ ist …?** que altura tem …?; **3 Meter ~** de (*od* Lage a) três metros de altura; **3 Treppen ~** no terceiro andar; MATH **3 ~ 5** três (elevado) à quinta (potência); (**er lebe**) **~!** viva!; **das ist mir zu ~** *umg* não compreendo B ADV **~ oben** muito alto; **~ oben in** (*dat*), **~ oben auf** (*dat*) muito em cima de; **~ über** muito por cima de; *fig* muito superior a; **~ und heilig** solenemente; *fig umg* **~ hinauswollen** ter planos ambiciosos; **~ achten, ~ schätzen** ter em grande estima, apreciar muito

Hoch¹ ⟨-⟩ viva *m*; brinde *m*; **ein ~ ausbringen auf** (*akk*) dar vivas a; brindar por

Hoch² N̄ ⟨-s; -s⟩ → Hochdruckgebiet **'Hochachtung** F̄ ⟨*o. pl*⟩ grande estima *f*; alta consideração *f*; **mit vorzüglicher ~** com a maior consideração **hochachtungsvoll** *Brief*: com a maior consideração

'Hochaltar M̄ altar-mor *m* **Hochamt** N̄ missa *f* solene **Hochantenne** F̄ antena *f* exterior (*od* aérea) **hocharbeiten** VR ⟨-e-⟩ **sich ~** *fig* vencer pelo seu trabalho **Hochbahn** F̄ metropolitano *m* aéreo **Hochbau** M̄ ⟨-(e)s⟩ 1 ⟨*o. pl*⟩ construção *f* alta 2 ⟨*pl* -ten⟩ → Hoch- und Tiefbau

'hochbegabt sobredotado; *bras* superdotado **hochberühmt** muito ilustre, celebérrimo **hochbetagt** muito idoso, de muita idade

'Hochbetrieb M̄ ⟨-(e)s; *o. pl*⟩ grande a(c)tividade *f*, grande movimento *m*; (*Andrang*) grande afluência *f*; **es herrschte ~** existia um grande movimento

'hochbringen *umg* → hinaufbringen; *fig* desenvolver, fazer prosperar; *j-n* elevar; (*reizen*) irritar **Hochburg** F̄ *fig* centro *m*, foco *m* **hochdeutsch** alto alemão

'Hochdruck M̄ ⟨-(e)s; *o. pl*⟩ alta pressão *f*; TYPO ⟨*pl* -e⟩ impressão *f* em relevo; **mit ~** a todo vapor **Hochdruckgebiet** N̄ METEO anticiclone *m*

'Hochebene F̄ planalto *m* **'hochempfindlich** ultra-sensível **hocherfreut** encantado

'hochfahren ⟨s.⟩ **aus dem Schlaf ~** acordar de sobressalto **hochfahrend**

altivo; arrogante
'Hochfinanz F̲ alta finança f **Hochfläche** F̲ planalto m **hochfliegend** altaneiro; *fig a.* ambicioso; *Plan* grande **Hochfrequenz** F̲ ⟨*o. pl*⟩ ELEK alta frequência f **Hochgebirge** N̲ altas montanhas *fpl* **Hochgefühl** N̲ ⟨-(e)s; *o. pl*⟩ entusiasmo m, exaltação f
'hochgehen ⟨s.⟩ subir; explodir; *See* estar encapelado, estar agitado; *fig* irritar-se; indignar-se; abespinhar-se **hochgelegen** elevado **hochgelehrt** douto
'Hochgenuss M̲ ⟨-es; *o. pl*⟩ delícia f, alto prazer m **hochgeschlossen** *Kleid* de decote subido **Hochgeschwindigkeitszug** M̲ comboio m (*bras* trem m) de alta velocidade
'hochgespannt *fig Erwartungen* alto; exagerado **hochgestellt** de (alta) categoria **hochgestochen** ['hoːxɡəʃtɔxən] empolado **hochgewachsen** crescido, alto
'Hochglanz M̲ ⟨-es; *o. pl*⟩ lustre m **hochgradig** ['hoːxɡraːdɪç] ADV altamente, em alto grau **hochhalten** levantar; *fig* ter em grande estima **Hochhaus** N̲ arranha-céus m **hochheben** levantar
'hoch'herrschaftlich *Familie* ilustre; *Wohnung* de luxo **hochherzig** magnânimo
hochklappen levantar **hochkommen** ⟨s.⟩ subir; *fig a.* prosperar; **wenns hochkommt** quando muito
'Hochkonjunktur F̲ período m de grande prosperidade **Hochland** N̲ país m montanhoso **hochleben** V̲I̲ **~ lassen** dar vivas a, brindar por; **... lebe hoch!** viva ...! **Hochleistungssport** M̲ ⟨-(e)s; *o. pl*⟩ desporto m de alta competição
'hochmo'dern moderníssimo
'Hochmut M̲ ⟨-(e)s; *o. pl*⟩ altivez f; soberba f **hochmütig** ['hoːxmyːtɪç] altivo; soberbo **hochnäsig** ['hoːxnɛːzɪç] arrogante, sobranceiro
'Hochofen M̲ TECH alto-forno **Hochparterre** N̲ sobreloja f **hochprozentig** de alta percentagem **hochragend** elevado, alto **Hochrechnung** F̲ sondagem f **Hochrelief** N̲ alto-relevo m **Hochruf** M̲ viva m **Hochsaison** F̲ estação f alta

'hochschlagen V̲T̲&V̲I̲ *Kragen, Wellen* levantar **hochschnellen** ⟨s.⟩ subir de repente **hochschrauben** fazer subir (*a. fig*)
'Hochschulabschluss M̲ diploma m de formatura **Hochschule** F̲ universidade f; escola f superior; *especial a.*: academia f **Hochschulreife** F̲ ⟨*o. pl*⟩ aptidão f universitária **Hochschulstudium** N̲ ⟨-s; *o. pl*⟩ estudo m universitário
hochschwanger em estado avançado de gravidez; **~ sein** estar no fim da gravidez
'Hochseefischer M̲ pescador m do alto mar **Hochseefischerei** F̲ ⟨*o. pl*⟩ pesca f do alto mar **Hochseeflotte** F̲ esquadra f do alto (mar) **Hochsitz** M̲ posto m alto (de caça) **Hochsommer** M̲ alto verão m; pino m do verão; estio m **Hochspannung** F̲ alta tensão f; *fig a.* ânsia f **Hochspannungsleitung** F̲ linha f (*od* fio m) de alta tensão **Hochsprung** M̲ ⟨-(e)s; *o. pl*⟩ salto m em altura
höchst [høːçst] ADV extremamente, altamente, bem
'hochstämmig de alto tronco **Hochstape'lei** ['hoːxʃtaːpəˈlaɪ] F̲ intrujice f; vigarice f **Hochstapler(in)** ['hoːxʃtaːplɐ(ɪn)] M̲ vigarista m/f
'Höchstbelastung F̲ carga f máxima **Höchstbetrag** M̲ máximo m **Höchstdauer** F̲ ⟨*o. pl*⟩ duração f máxima
'höchste [høːçstə] ADJ ⟨*sup v.* → hoch⟩ (o) mais alto; *fig* supremo; sumo; magno; (*größte*) maior; PHYS, TECH, HANDEL máximo; (*vornehmste*) da mais alta categoria; (*äußerste*) extremo; **am ~n** (o) mais alto; **es ist ~ Zeit** são horas; não há tempo a perder
hochstehend em (*od* de) posição elevada, de categoria
'höchstens ['høːçstəns] ADV quando muito; no máximo
'Höchstgehalt¹ M̲ (*maximaler Anteil*) percentagem f máxima
'Höchstgehalt² N̲ *Arbeitslohn*: ordenado m máximo
'Höchstgeschwindigkeit F̲ velocidade f máxima **Höchstgrenze** F̲ limite m máximo **Höchstleistung** F̲ re-

cord(e) m **Höchstmaß** N ‹-es; -e› máximo m (**an de**) **höchstpersönlich** ADV em pessoa **Höchstpreis** M preço m máximo **Höchststand** M ‹-(e)s; o. pl› nível m máximo **höchstwahrscheinlich** ADV com certeza, muito provavelmente **hochtönend** altissonante **Hochtouren** pl **auf ~** fig a toda a marcha **hochtrabend** fig patético **hochtreiben** impelir para cima; fazer subir **Hoch- und Tiefbau** M engenharia f civil **hochverehrt** ['ho:xfɐʔeːɐt] muito venerado **Hochverrat** M alta traição f **Hochverräter** M réu m de alta traição **hochverzinslich** de altos juros **Hochwald** M floresta f **Hochwasser** N enchente f; crescente f; cheia f **hochwertig** ['ho:xveːɐtɪç] de alto valor; BERGB rico **Hochwild** N caça f grossa **Hochwürden** ['hoːxvʏrdən] ‹o. pl› **Euer/Seine ~** Vossa/Sua Reverendíssima f **Hochzeit** ['hɔxtsait] F casamento m; núpcias fpl; **silberne/goldene ~** bodas fpl de prata/ouro **hochzeitlich** nupcial **Hochzeitsfeier** F ‹-; -› núpcias fpl **Hochzeitsgast** M convidado m, -a f ao casamento **Hochzeitsmarsch** M MUS marcha f nupcial **Hochzeitsreise** F viagem f de núpcias **Hochzeitstag** M dia m do casamento; Jahrestag: aniversário m de casamento

'**hochziehen** levantar; SCHIFF içar

Hocke ['hɔkə] F cócoras fpl; Turnen: salto m de pernas encolhidas; **in die ~ gehen** agachar-se; bras agacharse **hocken** ‹s.› estar (od pôr-se) de cócoras; acocorar-se **Hocker** M banquinho m

Höcker ['hœkɐ] M corcunda f, corcova f; MED bossa f; GEOG eminência f **höckerig** corcovado, corcunda

'**Hockey** ['hɔkə] N ‹-s; o. pl› hóquei m **Hockeyspieler** M hoquista m; bras jogador m de hoquei

Hoden M ANAT testículo m **Hodensack** M escroto m

Hof [hoːf] M ‹-(e)s; ⸚e› **1** (Innenhof) pátio m; (Hühnerhof) capoeira f **2** (Gut) quinta f, casal m **3** e-s Fürsten: corte f; **bei, zu ~e** na corte, à corte; **j-m den ~ machen** cortejar alg **4** (Mondhof) aréola f, halo m **'Hofdame** f hist dama f de honor (od honra) **'hoffähig** admitido à corte

'**hoffen** ['hɔfən] V/I esperar (**auf j-n, etw** alg, a/c); **~ dass** esperar que ⟨subj⟩ **hoffentlich** ADV oxalá que, espero que **'Hoffnung** ['hɔfnʊŋ] F esperança f; **die ~ aufgeben** perder a esperança; **j-m ~en machen** dar esperanças a alg; **sich** ⟨dat⟩ **~en machen** ter esperanças, estar esperançado (**auf** akk em); **guter ~ sein** fig estar no seu estado interessante **hoffnungslos** ‹-este› sem esperança **Hoffnungslosigkeit** ['hɔfnʊŋsloːzɪçkait] F ‹o. pl› desesperança f **hoffnungsvoll** esperançoso; cheio de esperança

'**Hofhaltung** F corte f **Hofhund** M cão m de guarda

ho'fieren [-'fiːrən] ‹-› cortejar

höfisch ['høːfɪʃ] cortesão, palaciano **höflich** cortês, delicado **Höflichkeit** F ‹o. pl› cortesia f, delicadeza f

'**Hoflieferant** M ‹-en› fornecedor m da casa real

Höfling ['høːflɪŋ] M ‹-s; -e› cortesão m **Hofmarschall** M hist mordomo-mor m **Hofnarr** M ‹-en› bobo m **Hofrat** M (Person) conselheiro m áulico **Hofstaat** M ‹-(e)s; o. pl› corte f

'**Höhe** ['høːə] F altura f (a. SCHIFF u. fig); (Erhebung) elevação f; **über dem Meer**: altitude f; **in der ~, auf der ~** à altura (**von** de); **in gleicher ~** no mesmo nível, ao nível; **in die ~** ao alto, para o ar; bei Verben: → **hoch** etc; **in ~ von** HANDEL no valor de, que monta a; **nicht auf der ~ sein** fig não estar em forma; fig **das ist die ~!** é o cúmulo!

'**Hoheit** ['hoːhait] F grandeza f; nobreza f; (Oberhoheit) soberania f; Titel: Alteza f **Hoheitsgebiet** N território m (de soberania) **Hoheitsgewässer** NPL águas fpl territoriais **Hoheitszeichen** N emblema m, insígnia f

Hohe'lied N ‹-(e)s; o. pl› **das ~** REL o Cântico dos Cânticos

'**Höhenflosse** F FLUG estabilizador m **Höhenflug** M FLUG voo m (bras *ô) de grandes alturas (a. fig) **Höhenkrankheit** F mal m das alturas **Höhenlage** F GEOG altitude f; nível m; altura f **Höhenlinie** F curva f de nível **Höhenluft** F ‹o. pl› ar m das montanhas **Höhenmesser** M altímetro m **Höhenrekord** M recorde m de altura

Höhenruder N̄ FLUG leme *m* de profundidade **Höhensonne** F̄ ⟨*o. pl*⟩ sol *m* de altitude; *Gerät*: **Höhensonne®** lâmpada *f* de raios ultravioletas **Höhensteuer** N̄ FLUG leme *m* de profundidade **Höhenunterschied** M̄ diferença *f* de altura (*od* nível) **Höhenzug** M̄ cumeada *f*

Hohe'priester M̄ pontífice *m*
'Höhepunkt M̄ ponto *m* culminante, cume *m*, cúmulo *m*, auge *m*; *fig* a. apogeu *m*

'höher ['høːər] ⟨*kompar v.* → **hoch**⟩ mais alto *etc*; *fig* superior; *Gewalt* maior; **~e Schule** *f* escola *f* secundária; instituto *m* de ensino secundário; *bei Verben a.*: → hoch *etc*; **~ machen** levantar, erguer

hohl [hoːl] oco (*a. fig*); côncavo; *Auge, Wange* encovado; *Schall* surdo; *Zahn* furado; **aus der ~en Hand trinken** beber da mão **'hohläugig** ['hoːlɔʏɡɪç] de olhos cavados, com olheiras

'Höhle ['høːlə] F̄ ⟨*a.* MED⟩, cova *f*, gruta *f* **Höhlenbewohner** M̄ troglodita *m* **Höhlenforscher** M̄ espeleólogo *m* **Höhlenforschung** F̄ espeleologia *f* **Höhlenmensch** M̄ ⟨-en⟩ homem *m* das cavernas

'Hohlfläche F̄ concavidade *f* **hohlgeschliffen** côncavo **Hohlheit** F̄ *fig* nulidade *f*; insignificância *f* **Hohlkopf** M̄ *fig* cabeça *f* oca; imbecil *m* **Hohlmaß** N̄ ⟨-es; -e⟩ medida *f* de capacidade **Hohlraum** M̄ cavidade *f* **Hohlsaum** M̄ bainha *f* aberta **Hohlspiegel** M̄ espelho *m* côncavo

'Höhlung [ˈhøːlʊŋ] F̄ (con)cavidade *f*
'Hohlweg M̄ desfiladeiro *m*; azinhaga *f*
Hohn [hoːn] M̄ ⟨-(e)s; *o. pl*⟩ escárnio *m*; ironia *f*; (*dat*) **zum ~** em desprezo *m* de

'höhnen ['høːnən] V̄T̄ escarnecer, fazer troça de **Hohngelächter** N̄ riso *m* sardónico (*bras* *ô), riso *m* de mofa

'höhnisch ['høːnɪʃ] irónico (*bras* *ô), sardónico (*bras* *ô); ADV **~ grinsen** sorrir sardonicamente

'Hohnlächeln N̄ ⟨*o. pl*⟩ sorriso *m* irónico (*bras* *ô) **hohnlachend** com riso irónico (*bras* *ô) **hohnsprechen** *gh* (*dat*) ser incompatível com, desmentir

Hokus'pokus [hoːkʊsˈpoːkʊs] M̄ ⟨-; *o. pl*⟩ charlatanaria *f*, peloticas *fpl*

'Holdinggesellschaft ['hɔldɪŋɡəzɛl- ʃaft] F̄ sociedade *f* holding

'holen ['hoːlən] V̄T̄ (v)ir buscar; (v)ir procurar; **~ lassen** mandar buscar; **sich** (*dat*) **etw ~** *Schnupfen etc*: apanhar a/c; **Atem ~** tomar ar; respirar; **da ist nichts zu ~** não há nada a ganhar; **der Teufel** (*od* **Kuckuck**) **soll ihn ~!** diabos o levem!; raios o partam!

'Holland ['hɔlant] N̄ GEOG Holanda *f*
'Holländer(in) ['hɔlɛndər(ɪn)] M̄/F̄ holandês *m*, -esa *f* **holländisch** holandês, da Holanda

'Hölle ['hœlə] F̄ ⟨*o. pl*⟩ inferno *m*; **j-m die ~ heißmachen** dar que fazer a alg; apertar alg; **j-m das Leben zur ~ machen** fazer a vida num inferno a alg; **es war die ~ los** *umg* estava um inferno

'Höllen... IN ZSSGN MEIST infernal **Höllen'lärm** M̄ *umg* barulho *m* infernal **Höllenqual(en)** F̄(PL) suplício *m* **'höllisch** ['hœlɪʃ] infernal

Holm [hɔlm] M̄ ⟨-(e)s; -e⟩ *e-r Leiter*: banzo *m*; *Turnen*: barra *f*; GEOG ilha *f*

'holp(e)rig ['hɔlp(ə)rɪç] escabroso, desigual; acidentado **holpern** ⟨-re; *s.*⟩ dar solavancos

Ho'lunder [hoˈlʊndər] M̄ sabugueiro *m*
Holz [hɔlts] N̄ ⟨-(e)s; ̈-er⟩ madeira *f*; pau *m*; (*Brennholz*) lenha *f*; (*Gehölz*) mata *f*, bosque *m*; **Stück** *n* **~** cavaca *f*; *bras* tora *f*, lasca *f*; **~ verarbeitende Industrie** *f* indústria *f* de transformação de madeiras

'Holzapfel M̄ maçã *f* silvestre **'Holzbein** N̄ perna *f* de pau **'Holzblock** M̄ talho *m*, cepo *m*; *bras* tora *f* **'Holzbock** M̄ cavalete *m*; *Käfer*: carrapato *m*

'holzen V̄Ī ⟨-t⟩ cortar lenha no bosque; *umg fig* sovar **Holze'rei** [hɔltsəˈraɪ] *umg* F̄ pancadaria *f*

'hölzern ['hœltsərn] de madeira; de pau; *fig* desajeitado

'Holzfäller ['hɔltsfɛlər] M̄ lenhador *m* **Holzfaserplatte** F̄ placa *f* de fibra lenhosa; *bras* compensado *m* **Holzfeuerung** F̄ combustão *f* de lenha **holzfrei** *Papier* sem celulose **Holzhacker** M̄ → Holzfäller **Holzhammer** M̄ maço *m* **Holzhandel** M̄ ⟨-s; *o. pl*⟩ negócio *m* (*od* comércio *m*) de madeiras **Holzhändler** M̄ negociante *m* (*od* comerciante *m*) de madeiras **Holzhaus** N̄ isbá *f*

'holzig lenhoso

Holzindustrie F̲ indústria f de madeiras **Holzkitt** M̲ massa f de colar madeiras **Holzklotz** M̲ → Holzblock **Holzkohle** F̲ sobro m; carvão m vegetal **Holzpflock** M̲ estaca f; tarugo m **Holzscheit** N̲ cavaca f; bras tora f, lenha f **Holzschlag** M̲ corte m de mato **Holzschnitt** M̲ gravura f em madeira **Holzschnitzerei** F̲ obra f de talha; escultura f em madeira **Holzschuh** M̲ tamanco m, soco m **Holzschutzmittel** N̲ produto m para a prote(c)ção de madeiras **Holzspan** M̲ ⟨-(e)s, ⸚e⟩, lasca f **Holzstoß** M̲ pilha f de lenha **Holztaube** M̲ pombo m bravo; torcaz m **Holzverkleidung** F̲ revestimento m de madeira **Holzweg** M̲ **auf dem ~ sein** fig estar enganado **Holzwolle** F̲ ⟨o. pl⟩ maravalhas fpl **Holzwurm** M̲ bicho-carpinteiro m; caruncho m

'**Homepage** ['ho:mpe:tʃ] F̲ ⟨-; -s⟩ homepage f

'**Homo-Ehe** ['homo?e:a] F̲ umg casamento m homossexual

homo'gen [homo'ge:n] homogéneo (bras *ê) **Homogeni'tät** [homogeni'tɛ:t] F̲ ⟨o. pl⟩ homogeneidade f

Homöo'path [homœo'pa:t] M̲ ⟨-en⟩ homeopata m **Homöopa'thie** [homœopa'ti:] F̲ homeopatia f **homöo'pathisch** [homœo'pa:tɪʃ] homeopático **Homosexuali'tät** [homozɛksuali'tɛ:t] F̲ ⟨o. pl⟩ homossexualidade f **homosexu'ell** homossexual

Hon'duras [hɔn'duras] N̲ GEOG Honduras (o. art)

'**Honig** ['ho:nɪç] M̲ ⟨-s; o. pl⟩ mel m; **j-m ~ um den Bart schmieren** dar manteiga a alg **Honigbiene** F̲ abelha f **Honigkuchen** M̲ bolo m de mel **honigsüß** muito doce; fig melado; melífluo **Honigwabe** F̲ favo m

Hono'rar [hono'ra:r] N̲ ⟨-s; -e⟩ honorário m **Hono'ratioren** [honorats'jo:rən] P̲L̲ notabilidades fpl **hono'rieren** [hono'ri:rən] ⟨-⟩ pagar; fig recompensar

'**Hopfen** ['hɔpfən] M̲ ⟨-s; o. pl⟩ lúpulo m; fig **an j-m ist ~ und Malz verloren** alg é incorrigível **Hopfenstange** F̲ estaca f de lúpulo

'**hopsen** ['hɔpsən] ⟨-t; s.⟩ saltar, dar pulos **Hopser** ['hɔpsər] M̲ pulo m

'**Hörapparat** ['hø:r?apara:t] M̲ → Hörgerät **hörbar** audível, perceptível **Hörbuch** N̲ audiolivro m

'**horchen** ['hɔrçən] escutar; **auf etw** (akk) **~ estar à escuta de a/c Horcher(in)** M̲/F̲ escutador(a) m/f; curioso m, -a f; espia f

'**Horde** ['hɔrdə] F̲ horda f; bando m

'**hören** ['hø:rən] V̲T̲ & V̲I̲ ouvir (**von** falar de); UNIV **Vorlesung** assistir a; **auf j-n ~ auf** escutar alg; **(sagen) ~** ouvir dizer; **sich ~ lassen** fazer-se ouvir; (annehmbar sein) poder ser; **etw von sich ~ lassen** dar notícias suas; **auf den Namen ... ~** dar (bras atender) pelo nome de ...

'**Hören** ['hø:rən] N̲ audição f; **j-m vergeht ~ und Sehen** alg está tonto **Hörensagen** N̲ **vom ~** de ouvir dizer '**Hörer**[1] ['hø:rər] M̲ TEL auscultador m '**Hörer**[2] ['hø:rər] M̲, **Hörerin** ['hø:rərɪn] F̲ ouvinte m/f; UNIV aluno m, -a f, estudante m/f **Hörerschaft** F̲ auditório m '**Hörfehler** M̲ erro m de audição; MED defeito m do ouvido; **e-n ~ haben** ouvir mal **Hörfunk** M̲ radiodifusão f **Hörgerät** N̲ aparelho m acústico (bras de surdez)

'**hörig** (dat) sujeito a; dependente de; servo de **Hörigkeit** F̲ ⟨o. pl⟩ sujeição f

Hori'zont [hori'tsɔnt] M̲ ⟨-(e)s; -e⟩ horizonte m **horizon'tal** [horitsɔn'ta:l] horizontal

Hor'mon [hɔr'mo:n] N̲ ⟨-s; -e⟩ hormona f; bras hormônio m **hormo'nell** [hɔrmo'nɛl] A̲D̲J̲ hormonal

'**Hörmuschel** F̲ TEL auscultador m

Horn [hɔrn] N̲ ⟨-(e)s; ⸚er⟩ corno m (a. Material); ZOOL a. chifre m, ponta f; MED, MUS, bes MIL corneta f; (Jagdhorn) trompa f; (Bergspitze) pico m '**Hörnchen** ['hœrnçən] N̲ Gebäck: croissant m

'**Hörnerv** M̲ nervo m auditivo

'**Hornhaut** F̲ ⟨o. pl⟩ calo m, calosidade f; im Auge: córnea f

Hor'nisse [hɔr'nɪsə] F̲ vespão m, moscardo m

Hor'nist(in) M̲/F̲ ⟨-en⟩ corneta m/f, corneteiro m, -a f **Hornochse** M̲ sl (Idiot) (grande) burro m **Hornsignal** N̲ sinal m de corneta **Hornvieh** N̲ gado m cornífero

'**Hörorgan** N̲ ouvido m, órgão m auditivo

Horo'skop [horo'skoːp] N ‹-s; -e› horoscópio m, horóscopo m
hor'rend [hɔ'rɛnt] horroroso; exorbitante
'**Hörsaal** M sala f de aula; auditório m; *großer*: anfiteatro m **Hörschärfe** F ‹o. pl› sensibilidade f auditiva **Hörspiel** N peça f radiofónica (*bras* *ô)
Horst [hɔrst] M ‹-(e)s; -e› ZOOL ninho m; GEOL horst m
'**Hörsturz** M derrame m no canal auditivo
Hort [hɔrt] M ‹-(e)s; -e› (*Schatz*) tesouro m; (*Schutzhort*) refúgio m; (*Kinderhort*) infantário m; *bras* creche f '**horten** ‹-e-› açambarcar, acumular
Hor'tensie [hɔr'tɛnzjə] F BOT hortênsia f
'**Hörweite** F ‹o. pl› alcance m da voz; **in/außer ~** ao alcance/fora do alcance da voz
'**Höschen** ['høːsçən] N ‹-s; -› calcinha f, cueca f; (*Slip*) *meist*: cuecas fpl
Hose ['hoːzə] F, *a.* **~n** PL calças fpl; *bras a.* calça f; **kurze ~** calções mpl
'**Hosenanzug** M fato m, terno m **Hosenbein** N perna f, cano m das calças **Hosenboden** M fundilhos m(pl) **Hosenrock** M saia-calça f **Hosenschlitz** M barguilha f, braguilha f **Hosentasche** F bolso m **Hosenträger** MPL suspensórios mpl, alças fpl
Hospi'tal [hɔspi'taːl] N ‹-s; -e *od* ¨er› hospital m **Hospi'tant** [hɔspi'tant] M, **Hospi'tantin** F ouvinte m/f; voluntário m, -a f **hospi'tieren** ‹-› assistir (como ouvinte *od* como voluntário) **Hos'piz** [hɔs'piːts] N ‹-es; -e› hospício m
Hos'tess [hɔs'tɛs] F ‹-; -en› hospedeira f
'**Hostie** ['hɔstjə] F REL hóstia f
'**Hotdog** ['hɔtdɔk] N ‹-s; -s› GASTR cachorro m quente
Ho'tel [ho'tɛl] N ‹-s; -s› hotel m **Hotelbesitzer** M hoteleiro m **Hotelfachschule** F escola f de hotelaria **Hotelgast** M hóspede m/f de (*od* do) hotel **Hotelgewerbe** N indústria f hoteleira **Hotelhalle** F hall m do hotel **Hotelier** [hotelˈieː] M hoteleiro m **Ho'telzimmer** N quarto m de hotel
'**Hotline** ['hɔtlaɪn] F ‹-s; -s› hotline f
hott [hɔt] INT ~! (*halt*) alto!
hü [hyː] INT ~! (*los geht's*) arre!
Hub [huːp] M ‹-(e)s; ¨e› elevação f; levantamento m; MED inalação f; TECH curso m; carreira f '**Hubraum** M AUTO cilindrada f

hübsch [hypʃ] A ADJ bonito, lindo, gentil B ADV *umg* bem, muito; *oft übersetzt durch Diminutiv*: -inho: **~ still sein** ficar quietinho; **das lässt du ~ bleiben!** não vá fazer nada disso!
'**Hubschrauber** ['huːpʃraʊbər] M helicóptero m **Hubschrauberlandeplatz** M heliporto m
'**huckepack** ['hʊkəpak] ADV às cavalitas; *bras* a cavalo
Huf [huːf] M ‹-(e)s; -e› casco m '**Hufeisen** N ferradura f '**Huflattich** ['huːflatɪç] M ‹-(e)s; *o. pl*› BOT tussilagem f; *umg* unha-de-cavalo f '**Hufnagel** M cravo m de ferradura '**Hufschlag** M tropel m; coice m '**Hufschmied** M ferrador m
'**Hüftbein** ['hʏftbaɪn] N osso m ilíaco, osso m da anca **Hüfte** ['hʏftə] F anca f; quadril m **Hüftgelenk** N articulação f coxo-femural **Hüftgürtel** M, **Hüfthalter** M cinta f **Hüfthose** F calças fpl de cós baixo *od* cintura descaída
'**Huftier** N ungulado m
'**Hüftknochen** M → Hüftbein
'**Hügel** ['hyːgəl] M ‹-s; -› colina f; outeiro m; cabeço m; (*Grabhügel*) túmulo m **hügelig** acidentado, ondulado **Hügelland** N terreno m acidentado (*od* ondulado)
Huhn [huːn] N ‹-(e)s; ¨er› galinha f; *junges*: franga f
'**Hühnchen** ['hyːnçən] N frango m, -a f; **mit j-m ein ~ zu rupfen haben** *fig* ter que ajustar contas com alg
'**Hühnerauge** ['hyːnɐʔaʊgə] N calo m **Hühneraugenpflaster** N penso m para os calos **Hühnerbrühe** F canja f **Hühnerei** N ovo m de galinha **Hühnerfarm** F aviário m; criação f de galinhas **Hühnerhof** M capoeira f; galinheiro m **Hühnerhund** M perdigueiro m, podengo m **Hühnerleiter** F poleiro m **Hühnerpest** F ‹o. pl› peste f aviária (*od* de galinhas) **Hühnerstall** M → capoeira f; galinheiro m **Hühnerstange** F, **Hühnerstiege** F poleiro m **Hühnersuppe** F canja f **Hühnerzucht** F criação f de galinhas
'**huldigen** ['hʊldɪgən] *geh* prestar homenagem; *e-m Brauch* cultivar, ter o culto

de; *e-r Sache* ser afeiçoado a **Huldigung** F̲ homenagem f **huldvoll** clemente, afável, benévolo

'Hülle ['hylə] F̲ invólucro m (a. BOT); envoltório m; (*Schutzhülle*) capa f; **sterbliche ~** restos mpl mortais, despojos mpl mortais; **in ~ und Fülle** em grande abundância; à farta **hüllen** envolver; (en)cobrir; **sich in Schweigen ~** guardar silêncio

'Hülse ['hylzə] F̲ estojo m, caixa f; BOT vagem f, folhelho m, casca f; MIL cartucho m **Hülsenfrucht** F̲ leguminosa f

hu'man [hu'maːn] humano **Huma'nismus** [huma'nɪsmʊs] M̲ ⟨-; o. pl⟩ humanismo m **Huma'nist(in)** M̲F̲ ⟨-en⟩ humanista m/f **huma'nistisch** humanístico; *Schule, Studium a.* clássico **humani'tär** [humani'tɛːr] humanitário **Humani'tät** [humani'tɛːt] F̲ ⟨o. pl⟩ humanidade f

'Humbug ['hʊmbuːk] M̲ ⟨-s; o. pl⟩ disparate(s) m(pl)

'Hummel ['hʊməl] F̲ ⟨-; -n⟩ abelhão m, zangão m

'Hummer ['hʊmər] M̲ lavagante m; bras lagostim m

Hu'mor [hu'moːr] M̲ ⟨-s; o. pl⟩ humor m; graça f; LIT humorismo m **Humo'reske** [humo'rɛskə] F̲ peça f humorística, farça f **Humo'rist** M̲ ⟨-en⟩ humorista m **humo'ristisch** humorístico **humorlos** ⟨-este⟩ sem graça, sem (ou falta de) humor **humorvoll** humorístico

'humpeln ['hʊmpəln] ⟨-le, h. u. s.⟩ coxear

'Humpen ['hʊmpən] M̲ caneca f

'Humus ['huːmʊs] M̲ ⟨-; o. pl⟩ humo m

Hund [hʊnt] M̲ ⟨-(e)s; -e⟩ cão m; bras cachorro m; **bei jdm auf den ~ kommen** cair na miséria; **vor die ~e gehen** umg ir abaixo; arruinar-se; **wie ~ und Katze leben** umg ser como cão e gato; **(das ist) ein dicker ~!** umg essa é forte!

'Hundeausstellung F̲ exposição f canina **Hundeelend** umg miserável **Hundefutter** N̲ comida f para cães **Hundehütte** F̲ casota m **Hundekälte** F̲ ⟨o. pl⟩ frio m de rachar (pedras) **Hundeleben** N̲ vida f miserável (od de cão) **Hundeleine** F̲ trela f; bras coleira f **Hundemarke** F̲ chapa f (de cão) **hundemüde** umg estafado **Hunderasse** F̲ raça f canina

'hundert ['hʊndərt] NUM cem; *mit Zahl*: cento; **etwa Hundert ...** uma centena de ...

'Hundert ['hʊndərt] F̲ *Zahl*: cem m; **~e, hunderte** pl centenas; **zu ~en** às centenas **Hunderter** M̲ número m centenário; umg nota f de cem **hunderterlei** ['hʊndərtərlaɪ] ADJ ⟨inv⟩ centenas de **hundertfach** ['hʊndərtfɛltɪç] A ADJ cêntuplo B ADV cem vezes **Hundert'jahrfeier** F̲ centenário m **hundertjährig** ['hʊndərtjɛːrɪç] centenário; fig secular **hundertmal** ADV cem vezes **hundertprozentig** ['hʊndərtprotsɛntɪç] A ADJ cem por cento; fig perfeito B ADV absolutamente **hundertste** NUM centésimo m **Hundertstel** N̲ centésimo m **hunderttausend** NUM cem mil

'Hundesteuer F̲ imposto m sobre os cães **Hundewetter** N̲ tempo m dos diabos **Hundezwinger** M̲ canil m **'Hündin** ['hʏndɪn] F̲ cadela f **hündisch** canino; fig servil

'hundsge'mein infame **Hundstage** MPL canícula (s) f(pl)

'Hüne ['hyːnə] M̲ ⟨-n⟩ gigante m **Hünengrab** N̲ dólmen m, anta f **hünenhaft** gigantesco

'Hunger ['hʊŋər] M̲ ⟨-s; o. pl⟩ fome f; **~ bekommen** ficar com fome; **~ haben** estar com fome; **den ~ stillen** matar o fome; **vor ~ de**, com fome **Hungerkur** F̲ dieta f absoluta **Hungerleider** ['hʊŋərlaɪdər] M̲ pobre diabo m; pobretão m **Hungerlohn** M̲ salário m miserável; bras salário m de fome **hungern** ⟨-re⟩ ter (od passar) fome; (*fasten*) jejuar; (*fasten*) fazer dieta **Hungersnot** F̲ fome f **Hungerstreik** M̲ greve f de fome **Hungertod** M̲ ⟨-(e)s; o. pl⟩ **den ~ sterben** morrer de fome **Hungertuch** N̲ **am ~ nagen** fig viver na miséria

'hungrig ['hʊŋrɪç] faminto; **~ sein** estar com fome, ter fome

'Hunne ['hʊnə] M̲ ⟨-n⟩ hist huno m

'Hupe ['huːpə] F̲ buzina f **hupen** buzinar, tocar a buzina

'hüpfen ['hʏpfən] ⟨h. u. s.⟩ saltar, dar pulos

'Hürde ['hʏrdə] F̲ barreira f; sebe f; obstáculo m **Hürdenlauf** M̲ corrida f de barreiras (bras obstáculos)

'**Hure** ['huːrə] F prostituta f; puta f; meretriz f
hur'ra [hu'raː] INT ~! hurra!, viva! **Hurrapatriotismus** M ‹-; o. pl› pej patrioteirismo m
'**hurtig** ['hʊrtɪç] ADJ ágil, ligeiro; ADV depressa
'**huschen** ['hʊʃən] ‹s.› deslizar
'**hüsteln** ['hyːstəln] ‹-le› tossicar
'**husten** ['huːstən] ‹-e-› A VI tossir; ter tosse B VT **Blut** ~ tossir sangue
'**Husten** ['huːstən] M ‹-s; o. pl› tosse f **Hustenmittel** N peitoral m **Hustensaft** M, **Hustensirup** M xarope m para a tosse
Hut[1] [huːt] M ‹-(e)s; ⸚e› chapéu m; e-n ~ **aufsetzen** pôr um chapéu; **unter e-n ~ bringen** fig conjugar; conciliar; ~ **ab!** fig respeito!
Hut[2] F ‹o. pl› geh (Schutz) prote(c)ção f; (Aufsicht) custódia f; **auf der ~ sein** estar com cautela; estar de vigilância; abarreirar-se
'**hüten** ['hyːtən] ‹-e-› guardar, vigiar; **das Bett** ~ estar de cama; **sich** ~ **vor** (dat) ter cautela com **Hüter(in)** M(F) guarda m/f; (Hirte, Hirtin) pastor(a) m(f)
'**Hutgeschäft** N, **Hutladen** M chapelaria f **Hutkrempe** F, **Hutrand** M aba f **Hutmacher(in)** M(F) chapeleiro m, modista f de chapéus **Hutschachtel** F ‹-; -n› chapeleira f **Hutschnur** F ‹o. pl› **das geht mir über die** ~ fig umg é demais para mim
'**Hütte** ['hʏtə] F cabana f; TECH fundição f; BERGB mina f **Hüttenindustrie** F ‹o. pl› indústria f metalúrgica (od siderúrgica) **Hüttenkäse** M GASTR ≈ requeijão m **Hüttenkunde** F ‹o. pl› metalurgia f; (Eisenhüttenkunde) siderurgia f **Hüttenwerk** N ferraria f; fundição f **Hüttenwesen** N metalurgia f; siderurgia f
'**hutz(e)lig** ['hʊts(ə)lɪç] giboso
Hy'äne [hyˈɛːnə] F hiena f
Hya'zinthe [hyaˈtsɪntə] F jacinto m
hy'brid [hyˈbriːt] ADJ híbrido **Hybridauto** N automóvel m ‹od carro› híbrido **Hybride** [hyˈbriːdə] F BIOL híbrido **Hybridmotor** M motor m híbrido
Hy'drant [hyˈdrant] M ‹-en› boca f de incêndio; bras hidrante m
Hy'draulik [hyˈdraʊlɪk] F ‹o. pl› hidráu-

lica f **hydraulisch** hidráulico
Hygi'ene [hygiˈeːnə] F ‹o. pl› higiene f **hygienisch** higiénico (bras *ê)
'**Hymne** ['hʏmnə] F hino m **hymnisch** hínico
hyperak'tiv [hypɐrakˈtiːf] PSYCH hipera(c)tivo **Hyperaktivaktivi'tät** F hipera(c)tividade f
Hy'perbel [hyˈpɛrbəl] F ‹-; -n› hipérbole f
'**Hyperlink** ['haɪpɐlɪŋk] M ‹-s; -s› hyperlink m
Hyp'nose [hʏpˈnoːzə] F hipnose f **Hypnoti'seur** [hʏpnotiˈzøːr] M ‹-s; -e› hipnotizador m **hypnoti'sieren** ‹-› hipnotizar
Hypo'chonder(in) [hypoˈxɔndɐ(rɪn)] M(F) hipocondríaco m, -a f **hypochondrisch** hipocondríaco
Hypote'nuse [hypoteˈnuːzə] F hipotenusa f
Hypo'thek [hypoˈteːk] F hipoteca f; **e-e ~ auf etw** (akk) **aufnehmen, etw mit e-r ~ belasten** hipotecar a/c **hypothe'karisch** [hypoteˈkaːrɪʃ] hipotecário **Hypothekenbank** F banco m hipotecário **Hypothekenzinsen** MPL juros mpl hipotecários
Hypo'these [hypoˈteːzə] F hipótese f **hypothetisch** [hypoˈteːtɪʃ] hipotético
Hyste'rie [hysteˈriː] F histerismo m **hy'sterisch** [hysˈteːrɪʃ] histérico

I, i [iː] N ‹-; -› I, i m
i. A. ABK (im Auftrag) p/p (por poder), p. o. (por ordem), por, pelo, pela
I'berer [iˈbeːrɐr] M ibero m **iberisch** ibérico; **Iberische Halbinsel** f Península f Ibérica **iberoamerikanisch** iberoamericano
IC® [iˈtseː] M ABK ‹-s; -s› (Intercity) BAHN IC m (Intercidades)
ICE® [iːtseˈʔeː] M ‹-s; -s› ABK (Intercityexpress) BAHN IC (comboio m intercidades)

IMMA

ich [ɪç] PRON eu; **'~ bin es** sou eu; **hier 'bin ~** aqui estou, eis-me **Ich** N ⟨-s; -s⟩ eu m **'Ichform** F **in der ~** na primeira pessoa

ide'al [ideˈaːl] ADJ ideal
Ide'al [ideˈaːl] N ⟨-s; -e⟩ ideal m **Idealfall** M caso m ideal **ideali'sieren** [ideali'ziːrən] ⟨-⟩ idealizar **Idea'lismus** M ⟨-; o. pl⟩ idealismo m **Idea'list(in)** M(F) ⟨-en⟩ idealista m/f **idea'listisch** idealista
I'dee [i'deː] F ideia (bras *é) f
ide'ell [ideˈɛl] ideado, ideal
I'deengut [i'deːənɡuːt] N ⟨-(e)s; o. pl⟩ ideário m, ideologia f **ideenreich** [i'deːənraɪç] rico em ideias (bras *é); fantasioso **Ideenverbindung** F associação f de ideias (bras *é)
identifi'zieren [idɛntifi'tsiːrən] ⟨-⟩ identificar **Identifi'zierung** F, **Identifikation** [idɛntifikatsi'oːn] F identificação f
i'dentisch [i'dɛntɪʃ] idêntico **Identi'tät** [idɛnti'tɛːt] F identidade f
Ideolo'gie [ideolo'ɡiː] F ideologia f **ideo'logisch** [ideo'loːɡɪʃ] ideológico
Idi'om [idi'oːm] N ⟨-s; -e⟩ idioma m **idiom'atisch** [idio'maːtɪʃ] idiomático
Idi'ot(in) [idi'oːt(ɪn)] M(F) ⟨-en⟩ idiota m/f **Idio'tie** [idio'tiː] F idiotia f **idiotisch** idiota
I'dol [i'doːl] N ⟨-s; -e⟩ ídolo m
I'dyll [i'dʏl] N, **Idylle** [i'dʏlə] F idílio m **i'dyllisch** idílico
Igel [ˈiːɡəl] M ouriço m
Igno'rant(in) [ɪɡno'rant(ɪn)] M(F) ⟨-en⟩ ignorante m/f **Igno'ranz** [ɪɡno'rants] F ⟨o. pl⟩ ignorância f **igno'rieren** [ɪɡno'riːrən] ⟨-⟩ ignorar; **j-n** ~ não fazer caso de alg, não se importar com alg
ihm [iːm] PRON ⟨dat v. er, es⟩ a ele; unbetont: lhe; **ich gebe es ~** dou-lho
ihn [iːn] PRON ⟨akk v. er⟩ j-n a ele; unbetont u. etw: o; **ich sehe ~** vejo-o; **sie sehen ~** vêem-no
ihnen [ˈiːnən] PRON ⟨dat pl v. er, sie, es⟩ a eles, a elas; unbetont: lhes, os (as)
'Ihnen PRON ⟨dat v. Sie⟩ a Você(s); ao(s) Senhor(es), à(s) Senhora(s); unbetont: lhe(s), o(s), a(s)
ihr [iːr] PRON A ⟨dat v. sie sg⟩ a ela; unbetont: a, lhe B ⟨nom pl v. du⟩ (in Briefen a. **Ihr**) vós, vocês; bras nur vocês C besitzanzeigend: (o) seu, (a) sua; dela(s), dele(s)

Ihr(e) PRON SG Höflichkeitsform A (o) seu, (a) sua; sehr höflich: do(s) Senhor(es), da(s) Senhora(s) B pl os seus, as suas; sehr höflich: do(s) Senhor(es), da(s) Senhora(s)
'ihre [ˈiːrə] PRON os seus, as suas; dela(s), dele(s)
'ihrer PRON SG ⟨gen v. sie, gen u. dat v. ihre⟩ dela(s) f(pl)
'Ihrer ⟨gen v. Sie, gen u. dat v. Ihre⟩ de od do(s) seu(s), de od da(s) sua(s); do(s) Senhor(es), da(s) Senhora(s)
'ihrerseits [ˈiːrərzaɪts] ADV da parte dele(s) od dela(s), da sua parte, por sua vez
'Ihrerseits ADV da sua parte; da parte de Você(s); da parte do(s) Senhor(es) od da(s) Senhora(s)
'ihresgleichen, 'Ihresgleichen PRON seu od sua igual, seus od suas iguais
'ihrethalben [ˈiːrəthalbən] ADV, **'Ihrethalben** ADV → ihretwegen, Ihretwegen
'ihretwegen ADV por sua causa, por amor od por causa dela; (wegen ihnen) por causa deles (od delas) **'Ihretwegen** ADV por causa de Você(s); por causa deles (od delas)
'ihretwillen ADV, **'Ihretwillen** ADV **um ~** → ihretwegen, Ihretwegen
illegal [ˈɪleɡaːl] ilegal **Illegali'tät** [ɪleɡaliˈtɛːt] F ilegalidade f
illegitim [ˈɪleɡitiːm] ilegítimo
Illuminati'on [ɪluminatsi'oːn] F iluminação f **illumi'nieren** ⟨-⟩ iluminar
Illusi'on [ɪluzi'oːn] F ilusão f **illu'sorisch** [ɪlu'zoːrɪʃ] ilusório
Illustrati'on [ɪlustratsi'oːn] F ilustração f **illust'rieren** ⟨-⟩ ilustrar **Illust'rierte** F revista f (ilustrada)
Iltis [ˈɪltɪs] M ⟨-ses; -se⟩ tourão m
im [ɪm] PRÄP § ART (in dem) → in
Image [ˈɪmɪtʃ] N ⟨-s; -s⟩ reputação f; imagem f; aparência f
imagi'när [imaɡi'nɛːr] imaginário
Imbiss [ˈɪmbɪs] M ⟨-es; -e⟩ pequena refeição f, merenda f **Imbissbude** F botequim m, roulote m **Imbissstube** F pronto-a-comer m
Imitati'on [imitatsi'oːn] F imitação f **imi'tieren** [imi'tiːrən] ⟨-⟩ imitar, copiar
'Imker [ˈɪmkər] M abelheiro m, apicultor m **Imker'ei** [ˈɪmka'raɪ] F apicultura f
Immatrikulati'on [ɪmatrikulatsi'oːn] F UNIV inscrição f; matrícula f **immatri**

ku'lieren ⟨-⟩ **(sich) ~ (lassen)** inscrever (-se), matricular(-se)

'immer ['ɪmɐ] ADV sempre (**wenn que**); *vor Komparativ*: cada vez; **~ noch, noch ~** ainda; continuar (a); **~ wieder** sempre de novo; **auf ~, für ~** para sempre; **wer auch ~** quem quer que seja que; **immerfort** ADV continuadamente, sempre **immergrün** sempre-verde **Immergrün** N ⟨-s; o. pl⟩ BOT perevince f, congrossa f **immerhin** ADV sempre, todavia, ainda assim; **~!** embora!; *(wenigstens)* pelo menos **immerwährend** contínuo, perpétuo **immerzu** ADV continuadamente, sempre

Immissi'on [ɪmɪsi'oːn] F imissão f **Immissionsschutz** M ⟨-es; o. pl⟩ prote(c)ção f contra imissões

Immo'bilien [ɪmo'biːliən] FPL inv imóveis mpl; bens mpl de raiz *(od* imobiliários) **Immobilienhändler** M, **Immobilienmakler** M agente m, corretor m imobiliário **Immobilienmarkt** M mercado m imobiliário

im'mun [i'muːn] imune; POL a. inviolável **immuni'sieren** [ɪmuni'ziːrən] ⟨-⟩ imunizar **Immuni'tät** [ɪmuni'tɛːt] F imunidade f; POL a. inviolabilidade f **Immunschwäche** F MED imunodeficiência f **Immunsystem** N MED sistema m imunológico *(od* imunitário)

'Imperativ ['ɪmperatiːf] M ⟨-s; -e⟩ imperativo m **Imperfekt** ['ɪmpɛrfɛkt] N ⟨-s; -e⟩ imperfeito m

Imperia'lismus [ɪmperia'lɪsmus] M ⟨-; o. pl⟩ imperialismo m **Imperia'list** M ⟨-en⟩ imperialista m **imperia'listisch** imperialista

'impfen ['ɪmpfən] vacinar **Impfpass** M ⟨-es; -e⟩ boletim m sanitário; bras caderneta f de saúde **Impfschein** M certificado m de vacina(ção) **Impfstoff** M vacina f **Impfung** F vacina(ção) f **Impfzwang** M ⟨-(e)s; o. pl⟩ vacinação f obrigatória

impo'nieren [ɪmpo'niːrən] ⟨-⟩ impressionar (**j-m alg**) **imponierend** ADJ impressionante, imponente

Im'port [ɪm'pɔrt] M ⟨-(e)s; -e⟩ importação f; IN ZSSGN *a.* → **Einfuhr** etc **Importbeschränkung** F restri(c)ção f da importação **Impor'teur** [ɪmpɔr'tøːr] M ⟨-s; -e⟩ importador m **impor'tieren** ⟨-⟩ importar

impo'sant [ɪmpo'zant] imponente
'impotent ['ɪmpotɛnt] MED impotente
imprä'gnieren [ɪmprɛg'niːrən] ⟨-⟩ impregnar, impermeabilizar **imprägniert** ADJ impermeável

Impressio'nismus [ɪmpresio'nɪsmus] M ⟨-s; o. pl⟩ impressionismo m **impressio'nistisch** impressionista

Improvisati'on [ɪmprovizatsi'oːn] F improvisação f **improvi'sieren** ⟨-⟩ improvisar

Im'puls [ɪm'pʊls] M ⟨-es; -e⟩ impulso m **impul'siv** [ɪmpʊl'ziːf] impulsivo

im'stande [ɪm'ʃtandə] ADJ (**nicht**) **~ sein zu** (inf) (não) ser capaz de

in¹ [ɪn] 1 *örtlich, Lage*: ⟨dat⟩ em; *unbestimmt a.*: por; **im Norden** etc ao norte; **~ der Sonne** ao sol; **im Schatten** à sombra 2 *Richtung*: ⟨akk⟩ para, a; **~ ... (hinein)** a, em, para dentro de 3 *zeitlich*: ⟨dat⟩ em; *unbestimmt a.*: por; *(innerhalb von)* dentro de, daqui a; **~ der Nacht** de noite; **~ diesen Tagen** por estes dias; **im Winter** no *(od* de) inverno

in² ADJ umg **~ sein** estar em voga *(od* na moda)

'inaktiv ina(c)tivo; MIL reformado
In'angriffnahme [ɪn'?aŋgrɪfnaːmə] F ⟨o. pl⟩ começo m; **bei ~** *(gen)* ao começar
Inanspruchnahme F ⟨o. pl⟩ TECH desgaste m; *(Benutzung)* uso m, emprego m; **starke ~ e-r Person**: muitos afazeres mpl

'Inbegriff M suma f, essência f; mais alta representação f **inbegriffen** PRÄP ⟨nom⟩ *(nachgestellt)* incluído, inclusive, incluso

Inbetriebnahme [ɪnbə'triːpnaːmə] F ⟨o. pl⟩ começo m da exploração; TECH entrada f *(od* colocação f) em funcionamento

'Inbrunst F ⟨o. pl⟩ geh fervor m, ardor m **'inbrünstig** fervoroso

in'dem KONJ traduzido por gerúndio; *(während) a.* ao (inf), enquanto (que); quando; ao mesmo tempo que

'Inder(in) ['ɪndɐ(rɪn)] M(F) indiano m, -a f **in'des(sen)** A ADV no entretanto; *(jedoch)* porém, contudo, ainda assim B KONJ enquanto que

'Index ['ɪndɛks] M ⟨-; Indizes⟩, **Indexzahl** F índice m

Indi'aner(in) [ɪndi'aːnɐ(rɪn)] M(F) índio m,

-a f **indianisch** índio
'Indien ['ɪndiən] N̄ India f
'indifferent ['ɪndɪfərɛnt] indiferente
indi'gniert [ɪndɪ'gniːrt] indignado
'Indigo ['ɪndɪgo] M̄ ⟨-s; o. pl⟩ índigo m, anil m **indigoblau** azul índigo
Indikati'on [ɪndikatsi'oːn] F̄ MED prescrição f **'Indikativ** ['ɪndikatiːf] M̄ ⟨-s; -e⟩ indicativo m **Indi'kator** M̄ indicador m
'indirekt ['ɪndɪrɛkt] indire(c)to
'indisch ['ɪndɪʃ] indiano; hindu
indiskret ['ɪndɪskreːt] indiscreto **Indiskreti'on** [ɪndɪskretsi'oːn] F̄ indiscrição f
'indiskutabel ['ɪndɪskutaːbəl] inadmissível, inaceitável
Individua'lismus [ɪndividua'lɪsmus] M̄ ⟨-; o. pl⟩ individualismo m **Individua'list(in)** M/F ⟨-en⟩ individualista m/f **Individuali'tät** [ɪndividuali'tɛːt] F̄ individualidade f **individu'ell** [ɪndividu'ɛl] individual **Individuum** [ɪndi'viːduʊm] N̄ ⟨-s; Individuen⟩ indivíduo m
In'diz [ɪn'diːts] N̄ ⟨-es; -ien⟩ indício m (**für de**) **Indizienbeweis** [ɪn'diːtsiənbəvaɪs] M̄ JUR prova f indiciária
'Indogermanen ['ɪndoːɡɛrmaːnən] MPL hist indo-europeus mpl **indogermanisch** indo-europeu
Indukti'on [ɪndʊktsi'oːn] F̄ indução f **In'duktionsherd** M̄ fogão m de indução
industriali'sieren [ɪndʊstriali'ziːrən] ⟨-⟩ industrializar **Industrialisierung** F̄ industrialização f
Indus'trie [ɪndʊs'triː] F̄ indústria f **Industrie...** IN ZSSGN industrial **Industriegebiet** N̄ zona f industrial
industri'ell [ɪndʊstri'ɛl] industrial **Industrielle(r)** M/F/M ⟨-en⟩ industrial m/f **Indus'triestaat** M̄ país m industrial **Industriestadt** F̄ cidade f industrial
inein'ander ADV um no outro; PL uns nos outros; F/PL uma(s) na(s) outra(s) **ineinanderfügen** juntar **ineinandergreifen** engrenar
in'fam [ɪn'faːm] infame **Infa'mie** [ɪnfa'miː] F̄ infâmia f
Infante'rie [ɪnfantə'riː] F̄ MIL infantaria f **Infante'rist** M̄ ⟨-en⟩ soldado m de infantaria
In'farkt [ɪn'farkt] M̄ ⟨-(e)s; -e⟩ enfarte m
Infekti'on [ɪnfɛktsi'oːn] F̄ infecção f **In'fektionskrankheit** F̄ doença f infecciosa **infekti'ös** infeccioso

'Infinitiv ['ɪnfinitiːf] M̄ ⟨-s; -e⟩ infinitivo m
infi'zieren [ɪnfi'tsiːrən] ⟨-⟩ infe(c)tar, contagiar
Inflati'on [ɪnflatsi'oːn] F̄ WIRTSCH inflação f **Inflationsrate** F̄ taxa f de inflação
'Info ['ɪnfo] F̄ ⟨-; -s⟩ umg informação f
in'folge PRÄP ⟨gen⟩ em consequência de, devido a **infolge'dessen** KONJ por conseguinte
Infor'matik [ɪnfɔr'maːtɪk] F̄ ⟨o. pl⟩ informática **Informatiker(in)** M/F/M informático m, -a f
Informati'on [ɪnfɔrmatsi'oːn] F̄ informação f; **sich ~en verschaffen** buscar informações **Informationsbroschüre** F̄ folheto m informativo **Informationsgesellschaft** F̄ sociedade f da informação **Informationstechnik** F̄ tecnologia f da informação **Informationszentrum** N̄ centro m de informações
infor'mieren [ɪnfɔr'miːrən] ⟨-⟩ **(sich)** ~ informar(-se)
'Infostand M̄ stand m (bras estande m) de informações
in'frage ADV ~ **stehend** em questão; ~ **stellen** colocar (od pôr) em questão; ~ **gestellt sein** ser duvidoso
'infrarot infravermelho **Infrastruktur** F̄ infra-estrutura f
Infusi'on [ɪnfuzi'oːn] F̄ MED, CHEM infusão f **Infu'sorien** [ɪnfu'zoːriən] PL BIOL infusórios mpl
Ingeni'eur [ɪnʒeni'øːr] M̄ ⟨-s; -e⟩ engenheiro m **Ingenieurwesen** N̄, **Ingenieurwissenschaft** F̄ engenharia f
Ingredi'enz [ɪnɡredi'ɛnts] F̄ ingrediente m
'Ingwer ['ɪŋvɐ] M̄ ⟨-s; o. pl⟩ gengibre f
'Inhaber(in) ['ɪnhaːbar(ɪn)] M/F/M proprietário m, -a f; dono m, -a f; e-s Papiers: portador(a) m(f); e-s Ordens: condecorado m, -a f (gen com); e-s Regiments: chefe m; JUR, Macht, Titel: detentor(a) m(f) **Inhaberaktie**, F̄ **Inhaberpapier** N̄ FIN título m od a(c)ção f ao portador
inhaf'tieren [ɪnhaf'tiːrən] ⟨-⟩ prender, deter **Inhaftierung** F̄ prisão f, detenção f
Inhalati'on [ɪnhalatsi'oːn] F̄ inalação f **Inhalati'onsapparat** M̄, **Inha'la-**

tor [inha'la:tɔr] M ‹-s; -en [-to:rən]› inalador m **inha'lieren** ‹-› inalar
'Inhalt ['ɪnhalt] M ‹-(e)s; -e› conteúdo m; *Brief*: teor m; (*Rauminhalt*) capacidade f; MATH volume m **Inhaltsangabe** F resumo m, sumário m **inhaltsleer**, **inhaltslos** ‹-este› vazio; *fig* fútil **inhaltsreich** substancial, substancioso, interessante **Inhaltsverzeichnis** N índice m
Initi'ale [initsi'a:lə] F inicial f
Initia'tive [initsia'ti:və] F iniciativa f; *die* ~ *ergreifen* tomar a iniciativa
Injekti'on [injɛktsi'o:n] F inje(c)ção f **inji'zieren** [inji'tsi:rən] ‹-› inje(c)tar
In'kasso [ɪn'kaso] N ‹-s; -s› HANDEL cobrança f **Inkassobüro** N empresa f de cobrança
inklu'sive [ɪnklu'zi:və] ADV inclusive; incluído, incluso
In'kognito [ɪn'kɔgnito] N ‹-s; -s› incógnito m
'inkonsequent inconsequente
'inkorrekt incorre(c)to **Inkorrektheit** F incorre(c)ção f
'Inkrafttreten N ‹o. pl› entrada f em vigor
'Inland ['ɪnlant] N ‹-(e)s; o. pl› país m; interior m (do país) **Inland(s)flug** M voo m (*bras* vôo m) doméstico **'inländisch** ['ɪnlɛndɪʃ] nacional; interno
'Inlaut M ‹-(e)s; -e› letra f medial; *im* ~ no interior da palavra
'Inlett ['ɪnlɛt] N ‹-(e)s; -e› travesseiro m; saco m (da cama)
'inliegend ['ɪnli:gənt] incluso, junto
'inlineskaten ['ɪnlainskɛtən] V/I andar de patins em linha **Inlineskater(in)** M(F) patinador(a) m(f) de patins em linha **Inlineskates** PL patins pl em linha
in'mitten PRÄP ‹gen› no meio (de)
'innehaben ['ɪnəha:bən] ter, possuir; *Amt* ocupar; *Macht* deter **innehalten** V/I parar, deter-se
'innen ['ɪnən] ADV (por) dentro, no interior; *nach* ~ **(hinein, zu)** para dentro; adentro; *von* ~ **her(aus)** de dentro **'Innenarchitekt(in)** M(F) ‹-en› decorador(a) m(f) **Innenaufnahme** F (tomada f de) interior m **Innendienst** M ‹-(e)s; o. pl› serviço m interno **Innenleben** N ‹o. pl› vida f íntima, vida f (senti)mental **Innenminister(in)** M(F) Mi-

nistro m, -a f do Interior **Innenministerium** N Ministério m do Interior **Innenpolitik** F ‹o. pl› política f interna **innenpolitisch** respeitante à política interna **Innenraum** M interior m **Innenspiegel** M AUTO espelho m retrovisor (interior) **Innenstadt** F centro m
'innerbetrieblich interno (da empresa)
'innere ['ɪnərə] interior; *Dienst*, MED interno; *Wert etc* intrínseco; MED ~ **Krankheiten** fpl doenças fpl internas **In'ner'eien** [ɪnə'raiən] FPL entranhas fpl; *Geflügel*: miudezas fpl; *bras* miúdos mpl
innerhalb A ADV (por) dentro B PRÄP ‹gen› dentro de **innerlich** A ADJ interno; (*geistig, seelisch*) mental; *Gemüt* contemplativo B ADV internamente **innerste** (mais) íntimo **Innerste(s)** N íntimo m, âmago m, centro m, fundo m
'innewohnen *geh* e-r Sache (dat) ~ ser inerente a a/c, ser próprio de a/c
'innig ['ɪnɪç] A ADJ íntimo; efusivo; profundo; (*herzlich*) afe(c)tuoso B ADV *sich* ~ *lieben* amar-se profundamente **Innigkeit** F ‹o. pl› intimidade f, cordialidade f, afe(c)to m
Innovati'on [ɪnovatsi'o:n] F inovação f
innovativ [ɪnova'ti:f] inovativo
'Innung ['ɪnʊŋ] F corporação f; grémio m (bras *ê*)
'inoffiziell ['ɪn?ɔfitsjɛl] não oficial
Inquisiti'on [ɪnkvizitsi'o:n] F *hist* inquisição f **Inqui'sitor** M ‹-s; -toren [-'to:rən]› inquisidor m
ins [ɪns] PRÄP & ART (in das) → in
'Insasse ['ɪnzasə] M ‹-n›, **Insassin** F habitante m/f; *Haus a.*: morador(a) m(f), ocupante m/f; *e-r Einrichtung*: internado m, -a f; *im Fahrzeug*: passageiro m, -a f
insbe'sondere ADV especialmente, particularmente, nomeadamente
'Inschrift F inscrição f; *Gebäude a.*: epígrafe f; *Grab*: epitáfio m
In'sekt [ɪn'zɛkt] N ‹-(e)s; -en› inse(c)to m **'insektenfressend** inse(c)tívoro **Insektenfresser** M inse(c)tívoro m **Insektenkunde** F ‹o. pl› entomologia f **Insektenstich** M picada f de inse(c)to **Insekti'zid** [ɪnzɛkti'tsi:t] N ‹-s; -e› inse(c)ticida m
'Insel ['ɪnzəl] F ‹-n› ilha f; *kleine*: ilhota f; (*Verkehrsinsel*) placa f; *bras* ilha f **Insel-**

bewohner M ilhéu m, insular m, insulano m **Inselgruppe** F arquipélago m **Inselvolk** N povo m insular
Inse'rat [ɪnzeˈraːt] N ⟨-(e)s; -e⟩ anúncio m **inserieren** ⟨-⟩ inserir, anunciar
insge'heim ADV em segredo **insge'samt** ADV em soma; no total; em globo
'Insider [ˈɪnsaɪdɐ] M ⟨-s; -⟩ insider m **Insiderinformationen** FPL, **Insiderwissen** N FIN informação f privilegiada
in'sofern [ɪnzoˈfɛrn] A ADV neste ponto; nisso; até aqui B KONJ **~ (als)** contanto que
insol'vent [ˈɪnzɔlvɛnt] insolvente **Insol'venz** F WIRTSCH insolvência f; **~ anmelden** declarar insolvência
in'soweit → insofern
Inspekti'on [ɪnspɛktsɪˈoːn] F inspe(c)ção f; vistoria f **Inspektor** [ɪnˈspɛktor] M ⟨-s; -en [-ˈtoːrən]⟩ inspe(c)tor m; AGR administrador m
Inspirati'on [ɪnspiratsɪˈoːn] F inspiração f **inspi'rieren** ⟨-⟩ inspirar
Inspizi'ent [ɪnspɪtsɪˈɛnt] M ⟨-en⟩ inspe(c)tor m; THEAT contra-regra m **inspi'zieren** ⟨-⟩ inspe(c)cionar
'instabil instável
Installa'teur [ɪnstalaˈtøːɐ] M ⟨-s; -e⟩ instalador m; ELEK ele(c)tricista m; Wasser: canalizador m **Installati'on** [ɪnstalatsɪˈoːn] F instalação f **Installati'onsgeschäft** N casa f de instalações **instal'lieren** ⟨-⟩ a. IT instalar
in'stand ADV **~ halten** conservar (em bom estado); **~ setzen** arranjar, conservar; **wieder ~ setzen** consertar, reparar **Instandhaltung** F manutenção f
'inständig [ˈɪnʃtɛndɪç] A ADJ instante; **~e Bitte** f instância f B ADV com insistência; encarecidamente
In'standsetzung F arranjo m; restauração f; conserto m, reparação f
'Instantgetränk [ˈɪnstantɡətrɛŋk] N bebida f instantânea
In'stanz [ɪnˈstants] F JUR instância f **Instanzenweg** M instâncias fpl
In'stinkt [ɪnˈstɪŋkt] M ⟨-(e)s; -e⟩ instinto m **instink'tiv** [ɪnstɪŋkˈtiːf] instintivo
Insti'tut [ɪnstiˈtuːt] N ⟨-(e)s; -e⟩ instituto m **Instituti'on** [ɪnstitutsɪˈoːn] F instituição f
Instrukti'on [ɪnstrʊktsɪˈoːn] F instrução f

INTE

instruk'tiv instrutivo
Instru'ment [ɪnstruˈmɛnt] N ⟨-(e)s; -e⟩ instrumento m; **ein ~ spielen** tocar um instrumento **instrumen'tal** [ɪnstrumɛnˈtaːl] instrumental **instrumen'tieren** ⟨-⟩ orquestrar
Insu'lin® [ɪnzuˈliːn] N ⟨-s; o. pl⟩ insulina f
insze'nieren [ɪnstseˈniːrən] ⟨-⟩ ensaiar; encenar **Inszenierung** F encenação f
in'takt [ɪnˈtakt] inta(c)to; fig íntegro
Inte'gralrechnung [ɪnteˈɡraːlrɛçnʊŋ] F ⟨o. pl⟩ MATH cálculo m integral
Integrati'on [ɪnteɡratsɪˈoːn] F integração f **inte'grieren** ⟨-⟩ integrar
Integri'tät [ɪnteɡriˈtɛːt] F ⟨o. pl⟩ integridade f
Intel'lekt [ɪntɛˈlɛkt] M ⟨-(e)s; o. pl⟩ intele(c)to m **intellektu'ell** [ɪntɛlɛktuˈɛl] intele(c)tual **Intellektu'elle(r)** M/F(M) intele(c)tual m/f **intelli'gent** [ɪntɛliˈɡɛnt] inteligente **Intelli'genz** [ɪntɛliˈɡɛnts] F inteligência f
Inten'dant [ɪntɛnˈdant] M ⟨-en⟩ THEAT intendente m; bras supervisor m geral, diretor m **Intendan'tur** [ɪntɛndanˈtuːɐ] F intendência f
Intensi'tät [ɪntɛnziˈtɛːt] F intensidade f
intensiv [ɪntɛnˈziːf] intenso; AGR intensivo **intensi'vieren** [ɪntɛnziˈviːrən] ⟨-⟩ intensificar **Inten'sivkurs** M curso m intensivo **Inten'sivstation** F MED sala f de observações
interak'tiv intera(c)tivo
Inter'city® [ɪntɐˈsɪti] M ⟨-s; -s⟩, **Intercityzug** M intercidades m
Intercityexpress® M → ICE®
interes'sant [ɪntərɛˈsant] interessante **Inte'resse** [ɪntəˈrɛsə] N ⟨-s; -n⟩ interesse m (**an** dat em); **~ für etw zeigen** demonstrar interesse por a/c; Sache **nicht von ~ sein** não ser de interesse **interesselos** desinteressado **Interessengebiet** N esfera f de interesses **Interessengruppe** F grupo m de interesses **Interes'sent(in)** [ɪntərɛˈsɛnt(ɪn)] M(F) ⟨-en⟩ interessado m, -a f **Interessenvertretung** F representação f de interesses **interes'sieren** ⟨-⟩ V/T & V/R interessar (**an** dat); **j-n ~** interessar alg; **sich ~ für** interessar-se por
interi'mistisch [ɪnteriˈmɪstɪʃ], **'Interims...** [ˈɪntərɪms-] IN ZSSGN interino, pro-

visório

'Interjekti'on [ɪntɐrjɛktsi'o:n] F̄ interjeição f **Interkontinen'talrakete** F̄ MIL foguetão m (bras foguete m) intercontinental **Inter'mezzo** [ɪntɐr'mɛtso] N̄ ⟨-s; -s, -zzi⟩ MUS intermédio m, entremez m; fig incidente m, episódio m

in'tern [ɪn'tɛrn] interno

'Internat [ɪntɐr'naːt] N̄ lar m estudantil, internato m

'internatio'nal internacional

'Internet ['ɪntɐrnɛt] N̄ ⟨-s⟩ internet f; **im ~ surfen** navegar na internet; **Zugang zum ~ haben** ter acesso à internet **Internetadresse** F̄ endereço m na internet **Internetanschluss** M̄ conexão f à internet **Internetauktion** F̄ leilão m na internet **Internetcafé** N̄ cibercafé m **internetfähig** com acesso internet **Internetnutzer(in)** M(F) utilizador(a) m(f) de internet; bras usuário m, -a f de internet **Internetportal** M̄ portal m (de internet) **Internetprovider** M̄ provedor m de internet **Internetserver** M̄ servidor m de internet **Internetshop** M̄ loja f virtual **Internetsurfer(in)** M(F) cibernauta m/f **Internetzugang** M̄ acesso m à internet

inter'nieren [ɪntɐr'niːrən] ⟨-⟩ internar **Internierung** [ɪntɐr'niːrʊŋ] F̄ internamento m, internação f **Internierungslager** N̄ campo m de concentração

Inter'nist(in) [ɪntɐr'nɪst(ɪn)] M(F) ⟨-en⟩ MED médico m, -a f internista

Inter'pret(in) [ɪntɐr'preːt(ɪn)] M(F) ⟨-en⟩ intérprete m/f **Interpretati'on** [ɪntɐrpretatsi'oːn] F̄ interpretação f **interpre'tieren** [ɪntɐrpre'tiːrən] ⟨-⟩ interpretar

Interpunkti'on F̄ pontuação f **Inter'vall** [ɪntɐr'val] N̄ ⟨-s; -e⟩ intervalo m **inter've'nieren** [ɪntɐrve'niːrən] ⟨-⟩ intervir **Interventi'on** [ɪntɐrvɛntsi'oːn] F̄ intervenção f **'Interview** ['ɪntɐrvjuː] N̄ ⟨-s; -s⟩ entrevista f **inter'viewen** [ɪntɐr'vjuːən] ⟨-⟩ entrevistar

in'tim [ɪn'tiːm] íntimo **Intimi'tät** [ɪntimi'tɛːt] F̄ intimidade f **Intimsphäre** F̄ privacidade f; **Schutz m der ~** bes IT prote(c)ção f à privacidade

'intolerant ['ɪntolerant] intolerante **Intoleranz** F̄ ⟨o. pl⟩ intolerância f

Intonati'on [ɪntonatsi'oːn] F̄ entoação f

'intransitiv ['ɪntranzitiːf] intransitivo

intrave'nös [ɪntrave'nøːs] MED intravenoso, endovenoso

Intri'gant(in) [ɪntri'gant(ɪn)] M(F) ⟨-en⟩ intrigante m/f **Intrige** [ɪn'triːgə] F̄ intriga f, trama f **intri'gieren** [ɪntri'giːrən] ⟨-⟩ intrigar, tramar

introver'tiert [ɪntrovɛr'tiːrt] introvertido

'intus ['ɪntʊs] umg **etw ~ haben** ter compreendido (od topado) a/c; **e-n ~ haben** estar com um grão na asa; bras estar com a cara cheia

Inva'lide [ɪnva'liːdə] M̄ ⟨-n⟩ inválido m; MIL mutilado m **Invalidenrente** F̄ pensão f de invalidez **Invalidi'tät** [ɪnvalidi'tɛːt] F̄ ⟨o. pl⟩ invalidez f

Invasi'on [ɪnvazi'oːn] F̄ invasão f

Inven'tar [ɪnvɛn'taːr] N̄ ⟨-s; -e⟩ inventário m; **~ aufnehmen** inventariar **inventari'sieren** [ɪnvɛntari'ziːrən] ⟨-⟩ inventariar

Inven'tur [ɪnvɛn'tuːr] F̄ inventariação f

inve'stieren [ɪnvɛ'stiːrən] ⟨-⟩ colocar, investir

Investiti'on [ɪnvɛstitsi'oːn] F̄ investimento m **Investitionshilfe** F̄ ajuda f de investimento

'inwendig A ADJ interior B ADV a. por dentro; **in- und auswendig kennen** conhecer de cor e salteado

inwie'fern, inwie'weit KONJ & ADV até que ponto; (wieso) como

In'zest [ɪn'tsɛst] M̄ ⟨-(e)s; -e⟩ incesto m **'Inzucht** F̄ ⟨o. pl⟩ cruzamento m consanguíneo

in'zwischen ADV entretanto

I'on [i'oːn] N̄ ⟨-s; -en⟩ ião m **ioni'sieren** [ioni'ziːrən] ⟨-⟩ ionizar

'i-Punkt M̄ ponto m sobre o i

I'rak [i'raːk] M̄ Iraque m **Iraker(in)** M(F) iraquiano m, -a f **irakisch** iraquiano

I'ran [i'raːn] M̄ Irão m **Iraner(in)** M(F) iraniano m, -a f **iranisch** iraniano

'irden ['ɪrdən] geh de barro **irdisch** terreno; terrestre; (weltlich) temporal; mundano; (sterblich) mortal

'Ire ['iːrə] M̄ ⟨-n⟩ irlandês m

'irgend ['ɪrgənt] ADV **so ein ...** um determinado ...; **wenn ~ möglich** se (por)ventura) for possível **irgendein(e)** PRON algum(a); qualquer; seja qual for **irgendeiner** PRON alguém, uma pessoa qualquer, seja quem for **irgendein-**

mal ADV alguma vez **irgendetwas** PRON ~ **(Gutes)** qualquer coisa (de bom), algo (de bom) **irgendjemand** PRON qualquer pessoa; alguém **irgendwann** ADV qualquer dia, em qualquer altura **irgendwas** PRON umg qualquer coisa **irgendwelche** PRON PL alguns mpl, algumas fpl **irgendwer** PRON umg de qualquer modo
'irgendwo ADV algures, em qualquer (bras algum) lugar **irgendwoher** ADV de algures **irgendwo'hin** ADV para algures
'Irin ['iːrɪn] F irlandesa f **irisch** irlandês, da Irlanda **Irland** N Irlanda f
Iro'nie [iro'niː] F ironia f **ironisch** [i'roːnɪʃ] irónico (bras *ê)
'irre ['ɪrə] ADJ (verirrt) perdido, desviado; extraviado; a. fig desorientado; (wirr) confuso; MED a. m/f alienado, demente, louco; ~ **werden** MED enlouquecer, endoidecer; perder o juízo
Irre ['ɪrə] F **in die ~ führen** enganar; induzir em erro; **in die ~ gehen** perder-se; fig enganar-se **irreführen** VT ⟨irregeführt⟩ enganar; desorientar; conduzir em erro **irreführend** ADJ fig enganador, falso
'irrelevant ['ɪrelevant] sem importância **'irremachen** VT ⟨irregemacht⟩ j-n desconcertar, confundir
'irren VI (herumirren) errar; (sündigen) pecar; V/R **sich** ~ a. enganar-se
'Irrenanstalt F pej, **Irrenhaus** N pej manicómio m (bras *ô)
'irrereden ⟨-e-⟩ delirar, desatinar **irre-werden** VI ⟨-⟩ ~ **an** (dat) perder a confiança em, desconfiar de
'Irrfahrt ['ɪrfaːrt] F odisseia f (bras *é)
Irrgarten M labirinto m **Irrglaube** M heresia f **irrig** equivocado, erróneo (bras *ô)
Irritation [ɪritatsi'oːn] F irritação f **irri'tieren** [ɪri'tiːrən] ⟨-⟩ ⟨ärgern⟩ irritar; (verwirren) desconcertar; **irritiert sein** estar irritado
'Irrlicht N fogo m fátuo **Irrsinn** M ⟨-(e)s; o. pl⟩ loucura f **irrsinnig** ADJ louco, doido; ADV fig umg (sehr) demais, demasiadamente **Irrtum** ['ɪrtuːm] M ⟨-s; ⸚er⟩ erro m, equívoco m; **im ~ sein** estar errado, equivocado, enganado **irrtümlich** ['ɪrtyːmlɪç] ADV por equívoco, por engano **Irrweg** M caminho m errado; **auf ~e geraten** desviar-se, extraviar-se
'Ischias ['ɪʃias] F/M/N ⟨o. pl⟩ (dor f) ciática f **Ischiasnerv** M nervo m ciático
ISDN [iːʔɛsdeːʔɛn] N ABK (Integrated Services Digital Network) RDIS f (Rede Digital com Integração de Serviços) **ISDN-Anschluss** M conexão f RDIS (od ISDN)
Is'lam [ɪsˈlaːm] M ⟨-s; o. pl⟩ islame m, islamismo m **islamisch** islâmico **Islamismus** [ɪslaˈmɪsmʊs] M ⟨-; o. pl⟩ islamismo m radical **islam'istisch** islâmico radical
'Island ['iːslant] N GEOG Islândia f **'Isländer(in)** ['iːslɛndər(ɪn)] M/F islandês m, -esa f **isländisch** islandês, da Islândia
Isolati'on [izolatsi'oːn] F isolação f, isolamento m **Iso'lier...** IN ZSSGN isolador **Iso'lierband** N fita f isoladora **iso-'lieren** ⟨-⟩ isolar **Iso'lierung** [izo'liːrʊŋ] F isolamento m, isolação f
'Isomatte ['iːzomatə] F colchão m isolador; colchonete m
Iso'top [izo'toːp] N ⟨-s; -e⟩ isótopo m
Isra'el [ɪsra'eːl] N GEOG Israel (o. art) **Israeli** [ɪsra'eːli] M/F ⟨-(s); -s⟩ israelense m/f, israelita m/f **israelisch** israelense, israelita
'Ist-Bestand ['ɪstbəʃtant] M HANDEL existência f efe(c)tiva (od real)
'Isthmus ['ɪstmʊs] M ⟨-; Isthmen⟩ GEOG istmo m
IT [aɪ'tiː] F ABK (Informationstechnologie) TI f (Tecnologia da Informação)
Italien [ita'liən] N GEOG Itália f **Italiener(in)** [itali'eːnər(ɪn)] M/F italiano m, -a f **italienisch** italiano, da Itália
'i-Tüpfelchen N fig último retoque m
i. V. ABK (in Vertretung) pelo, pela; em substituição (de)
IWF [iːveːˈʔɛf] M ABK ⟨-⟩ (Internationaler Währungsfonds) FMI m (Fundo Monetário Internacional)

J, j [jɔt] N̄ ⟨-; -⟩ J, j m
ja [ja:] ADV & KONJ sim; **o ~!, ~ doch!** sim pois!; bras sim!; **das ist ~ zum** (inf) (pois) é de ...; **ich habe ~ schon ...** (+ Partizip Perfekt) mas eu já ... (+ Verb in der Vergangenheit); **~** (sogar) até mesmo, e até; **sei ~ vorsichtig!** (não deixes de ter) cautela!; **geh ~ nicht!** não vás!
Ja [ja:] N̄ inv sim m; **~ sagen** dizer que sim; **mit ~ stimmen** votar a favor
Jacht [jaxt] F iate m **Jachthafen** M marina f **Jachtklub** M clube m naval
Jacke ['jakə] F casaco m; blusão m **Jack'ett** [ja'kɛt] N̄ ⟨-s; -s, -e⟩ jaqueta f; bras paletó m
Jagd [ja:kt] F caça f, caçada f; **auf der ~** na caça; **auf die ~ gehen** ir à caça; **~ machen auf** (akk) dar caça a; **~ nach** (a. fig) caça f a, perseguição f de **'Jagdaufseher** M monteiro m; couteiro m **'Jagdbeute** F caça(da) f **'Jagdbomber** M MIL caçador-bombardeiro m **'Jagdflieger** M aviador m de caça **'Jagdflugzeug** N̄ (avião m de) caça m **'Jagdfrevel** M caça f ilegal (od criminosa); delito m de caça **'Jagdgeschwader** N̄ MIL esquadra f de caças **Jagdgewehr** N̄ espingarda f caçadeira (od de caça) **'Jagdhorn** N̄ buzina f (od corneta f) (de caça) **'Jagdhund** M cão m de caça **'Jagdrevier** N̄ tapada f, coutada f **'Jagdschein** M licença f de caça **'Jagdzeit** F temporada f de caça
'jagen ['ja:gən] A V/T caçar; correr; (verjagen) varrer (**aus de**) B V/I ⟨s.⟩ correr; ir a galope; **~ nach** Ruhm, Geld etc andar a busca de
'Jäger [ˈjɛ:gɐ] M caçador m; FLUG caça m **Jägerlatein** N̄ patranhas fpl; bras histórias fpl de caçador
'Jaguar [ˈja:gua:r] M ⟨-s; -e⟩ jaguar m; bras a. onça f

Jaguar

Die **Onça-pintada** (*Panthera onca*) war der unbestrittene und gefürchtete Herrscher des brasilianischen Urwaldes. Heute ist die nach Löwe und Tiger drittgrößte Großkatze der Welt vom Aussterben bedroht.
Der einzelgängerische Jaguar lebt in der Regel in der Nähe von Flüssen oder Wasserflächen und ist nicht nur ein hervorragender Kletterer, sondern auch ein guter Schwimmer. Er springt ohne Anlauf bis zu 3 Meter hoch und kann bis zu 4 Meter tief fallen, ohne sich zu verletzen. Um den Jaguar ranken sich zahlreiche indianische Mythen und Märchen. Der Jaguar ist für manche Indianerstämme heilig und wird nur aus besonderem Grund gejagt, meist im Zusammenhang mit Mannbarkeitsriten.

jäh [jɛ:] geh repentino; súbito; brusco; (heftig) precipitado; (steil) íngreme **'jählings** ['jɛ:lɪŋs] geh ADV de repente; precipitadamente

Jahr [ja:r] N̄ ⟨-(e)s; -e⟩ ano m; **ein halbes ~** meio ano, seis meses; **im ~e ...** em ..., no ano de ...; **übers ~** daqui a um ano; 20 etc **~e alt** com ... anos de idade; 20 etc **~e alt sein** ter ... anos; **nach ~en** anos depois; **in die ~e kommen** entrar na idade, estar em idade avançada; **in den besten ~en** na flor da idade; **~ für ~** todos os anos, ano por ano; **(ein) gutes neues ~!** Feliz Ano Novo!
jahr'aus ADV **~, jahrein** todos os anos, ano por ano
'Jahrbuch N̄ anuário m; **Jahrbücher** pl a. anais mpl
'jahrelang A ADJ de muitos anos B ADV durante (muitos) anos
'jähren ['jɛ:rən] unpers V/R **sich ~** fazer anos; **sich zum ersten/zweiten** etc **Mal ~** fazer um ano/dois anos etc
'Jahres... ['ja:rəs-] IN ZSSGN oft anual **Jahresabonnement** N̄ assinatura f anual **Jahresabschluss** M HANDEL balanço m anual **Jahresbericht** M relatório m anual **Jahresdurchschnitt** M média f anual **Jahreseinkommen** N̄ receita f anual **Jahresfrist** F **in ~** no prazo de um ano, dentro de um ano; **nach ~** após o prazo de um ano **Jahresgehalt** N̄ ordenado m anual **Jahresmittel** N̄ média f anual **Jahresra-**

te f̲ anu(al)idade f **Jahresring** m̲ BOT cerne m **Jahrestag** m̲ aniversário m **Jahreswechsel** m̲, **Jahreswende** f̲ passagem f do ano; Ano m Novo **Jahreszahl** f̲ data f; ano m **Jahreszeit** f̲ estação f (do ano)

'Jahrgang m̲ der **~** ... *Wein*: do ano de ...; *Schule*: finalistas mpl do ano de...; *bras a.* série f; MIL classe f de ...

Jahr'hundert n̲ ⟨-s; -e⟩ século m **Jahrhundertfeier** f̲ (festa f do) centenário m **Jahrhundertwende** f̲ passagem f do século

'jährig ['jɛːrɪç] de um ano; **drei~** *etc* de três *etc* anos **jährlich** A ADJ anual B ADV a. por ano

'Jahrmarkt m̲ feira f **Jahr'tausend** n̲ ⟨-s; -e⟩ milénio m; *bras* milênio m **Jahr'zehnt** [jaːrˈtseːnt] n̲ ⟨-(e)s; -e⟩ decénio m, *bras* decênio m; década f

'Jähzorn cólera f; (*Eigenschaft*) irascibilidade f **jähzornig** irascível, colérico

Jalou'sie [ʒaluˈziː] f̲ persiana f

'Jambus m̲ ⟨-; Jamben⟩ LIT iambo m

'Jammer ['jamɐ] m̲ ⟨-s; *o. pl*⟩ (*Klage*) lamento m, lamentação f; (*Kummer*) dor f; (*Elend*) miséria f; **es ist ein ~** (, **dass**) é uma lástima (que) **'jämmerlich** ['jɛmɐlɪç] lastimoso, lastimável; (*minderwertig*) miserável **'jammern** ⟨-re⟩ lamentar-se **Jammerschade** ADJ **~ sein** ser uma grande pena

'Januar ['janua:r] m̲ ⟨-s; -e⟩ Janeiro m; **im ~** em Janeiro; **Anfang/Mitte/Ende ~** no início de/a meados de/no final de Janeiro

Japan [ja:pan] n̲ Japão m **'Japaner(in)** [jaˈpaːnər(ɪn)] m(f) japonês m, -esa f **ja'panisch** japonês, do Japão

'japsen ['japsən] ⟨-t⟩ *umg* **(nach Luft) ~** (estar a) ofegar

Jar'gon [ʒarˈgõː] m̲ ⟨-s; -s⟩ calão m; gíria f

'Jasmin [jasˈmiːn] n̲ ⟨-s; -e⟩ jasmim m

'Jaspis ['jaspɪs] m̲ ⟨-; -ses; -se⟩ jaspe m

'Jastimme ['jaːʃtɪmə] f̲ voto m favorável

'jäten ['jɛːtən] ⟨-e-⟩ mondar, sachar

'Jauche ['jauxa] f̲ estrume m

'jauchzen ['jauxtsən] VI ⟨-t⟩ jubilar **'Jauchzen** ['jauxtsən] n̲ júbilo m, clamor m **'jaulen** ['jaulən] uivar; berrar, ganir

ja'wohl ADV pois sim; sim senhor

'Jawort n̲ ⟨-(e)s; -e⟩ sim m; consentimento m; **j-m das ~ geben** dizer sim, consentir

Jazz [dʒɛz, jats] m̲ ⟨-; *o. pl*⟩, **Jazzmusik** f̲ ⟨*o. pl*⟩ jazz m, música f de jazz **Jazzband** [ˈdʒɛzbɛnt] f̲ ⟨-; -s⟩ banda f (*od* grupo m) de jazz

je [je:] A ADV ▮ **~ (ein/eine/einer)** cada um, uma; **~ drei** de três em três; **~ zwei (und zwei)** dois a dois; **~ drei auf einmal** a três e três; *bras* de três em três ▮ *zeitlich*: nunca, jamais; **von ~** desde sempre ▮ KONJ *mit comp*: **~ ..., ~** (*od* **desto**) quanto mais ..., tanto mais ...; **~ nach** conforme a, segundo; de acordo com; **~ nachdem** conforme; **~ nachdem!** depende!

Jeans [dʒiːns] PL, **Jeanshose** f̲ jeans mpl, calças fpl de ganga; *bras* calça f jeans **'Jeansjacke** f̲ blusão m de ganga; *bras* jaqueta f jeans

jede(r, -s) ['jeːdə] PRON cada, todo o/toda a, todos os/todas as; **ein ~r/e-e ~, ~r Einzelne** cada um/uma; **~r** (*Beliebige*) qualquer; **~n Tag** todos os dias **'jedenfalls** ['jeːdənfals] ADV em todo o caso, em qualquer caso **'jedermann** PRON todo o mundo, qualquer, cada qual **jederzeit** ADV a qualquer hora; sempre **jedesmal** ADV cada vez; *a.* **~ Mal**

je'doch [jeˈdɔx] KONJ todavia, contudo, no entanto

Jeep® [dʒiːp] m̲ ⟨-s; -s⟩ jipe m

'jegliche ['jeːklɪçə] → **jede(r, -s)**

'jeher ['jeːheːr] ADV **seit ~, von ~** desde sempre

jein [jaɪn] ADV *umg* sim e não

'jemals ['jeːmaːls] ADV jamais

'jemand ['jeːmant] PRON alguém; *verneint*: ninguém; **ist da ~?** tem alguém aí?

'Jemen [je:man] m̲ GEOG Iémen m

'jene ['jeːna] PRON aquele, aquela, PL aqueles, aquelas;

'jenseitig ['jɛnzaɪtɪç] ADV do outro lado, oposto, de além **jenseits** ADV & PRÄP ⟨*gen*⟩ do outro lado de, oposto a, além de **Jenseits** n̲ ⟨-; *o. pl*⟩ outro mundo m, Além m

Je'rusalem [jeˈruːzalɛm] n̲ GEOG Jerusalém (*o. art*)

Jesu'it [jezuˈiːt] m̲ ⟨-en⟩ jesuíta m **Jesuitenorden** m̲ Companhia f de Jesus

'Jetlag ['dʒɛtlɛk] m̲ jet lag m; *bras* doen-

ça f do fuso (horário)
'**jetzig** ['jɛtsɪç] ADJ a(c)tual, presente
jetzt [jɛtst] ADV agora; **bis ~** até aqui; **von ~ an** a partir de agora
'**jeweilig** ['je:vaɪlɪç] respe(c)tivo '**jeweils** ['je:vaɪls] ADV respe(c)tivamente, cada vez
Job [dʒɔp] M ⟨-s; -s⟩ emprego m (ocasional) **jobben** VI umg trabalhar em empregos casuais; **~ als** trabalhar temporariamente como **Jobbörse** F bolsa f de empregos **Jobsharing** ['dʒɔpʃɛːrɪŋ] N ⟨-(s); o. pl⟩ meação f do lugar de trabalho
Joch [jɔx] N ⟨-(e)s; -e⟩ jugo m; canga f; (*Bergjoch*) cume m; *Maß:* jogada f '**Jochbein** N osso m malar, osso m zigomático; *bras* osso m do rosto
'**Jockei, Jockey** ['dʒɔke] M ⟨-s; -s⟩ joquei m
Jod [joːt] N ⟨-s; o. pl⟩ iodo m
'**jodeln** ['joːdəln] ⟨-le⟩ cantar à tirolesa
jodhaltig ['joːthaltɪç] ADJ ⟨-s; o. pl⟩ que contém iodo; *Salz* iodado
'**joggen** ['dʒɔɡən] fazer jogging **Jogger(in)** M(F) corredor(a) m(f) '**Jogging** ['dʒɔɡɪŋ] N ⟨-s; o. pl⟩ jogging m **Jogginganzug** M jogging m
'**Joghurt, Jogurt** ['joːɡʊrt] M/N ⟨-s; -s⟩ iogurte m
Jo'hannis [joˈhanɪs] N → Johannistag **Johannisbeere** F groselha f, **Johannisbeersaft** m sumo m (*bras* suco m) de groselha **Johannisbeerstrauch** M groselheira f **Johannisbrot** N ⟨-(e)s; o. pl⟩ alfarroba f **Johannisbrotbaum** M alfarrobeira f **Johanniskraut** N hipericão m **Johannistag** m dia m (od festa f) de São João
'**johlen** [joˈlən] berrar, uivar
Joint [dʒɔynt] umg M ⟨-s; -s⟩ joint m, charro m
'**Joker** ['dʒoːkər] M joker m; *bras* coringa m
'**Jolle** ['jɔlə] F SCHIFF iole f
Jong'leur [ʒɔŋˈløːr] M ⟨-s; -e⟩ equilibrista m; *bras* malabarista m **jonglieren** ⟨-⟩ fazer jogo de equilibrista; *bras* fazer malabarismo
'**Joppe** ['jɔpə] F jaquetão m, gibão m
'**Jordan** ['jɔrdaːn] M Jordão m **Jordanien** [jɔrˈdaːnɪən] N Jordânia f **jordanisch** jordaniano
Jour'nal [ʒʊrˈnaːl] N ⟨-s; -e⟩ jornal m **Journalismus** [ʒʊrnaˈlɪsmʊs] M ⟨-; o. pl⟩ jornalismo m **Journa'list(in)** M(F) ⟨-en⟩ jornalista m/f **journa'listisch** jornalístico
jovi'al [joviˈaːl] condescendente
'**Joystick** ['dʒɔystɪk] M ⟨-s; -s⟩ IT alavanca f de controlo; aparelho m de comando
'**Jubel** ['juːbəl] M ⟨-s; o. pl⟩ júbilo m **Jubeljahr** N **alle ~e einmal** umg raríssimas vezes **jubeln** ⟨-le⟩ (re)jubilar
Jubi'lar(in) [jubiˈlaːr(ɪn)] M(F) ⟨-s; -e⟩ festejado m, -a f **Jubiläum** [jubiˈlɛːʊm] N ⟨-s; Jubiläen⟩ jubileu m
'**jucken** ['jʊkən] VI fazer comichão; *bras* coçar; **sich ~** coçar-se **Jucken** N, **Juckreiz** M comichão f, prurido m
Jude ['juːdə] M ⟨-n⟩ judeu m '**Judentum** N ⟨-s; o. pl⟩ judaísmo m **Judenverfolgung** F perseguição f aos judeus **Judenviertel** N *hist* judiaria f; *bras* bairro m juden **Jüdin** ['jyːdɪn] F judia f **jüdisch** judaico; judeu
'**Judo** ['juːdo] N ⟨-s; o. pl⟩ judo m
'**Jugend** ['juːɡənt] F ⟨o. pl⟩ juventude f, mocidade f; **früheste ~** infância f; **von ~ an** desde pequeno **Jugendalter** N idade f juvenil **Jugendamt** N tutoria f; *bras* juizado m de menores **Jugendarbeitslosigkeit** F ⟨o. pl⟩ desemprego m juvenil **Jugendbuch** N livro m juvenil **Jugenderinnerung** F recordação f de juventude **jugendfrei** *Film* (livre) para menores (*od* todos) **Jugendfreund(in)** M(F) amigo m, -a f de infância **Jugendgericht** N tribunal m para menores
'**Jugendherberge** F albergue m da (*od* pousada f de) juventude **Jugendherbergsausweis** M carteira f de alberguista
'**Jugendjahre** NPL (anos mpl da) juventude f **Jugendklub** M clube m juvenil **Jugendkriminalität** F delinquência f juvenil **jugendlich** juvenil; jovem **Jugendliche(r)** M/F(M) jovem m/f; **die Jugendlicheen** a. os adolescentes **Jugendliebe** F ⟨o. pl⟩ primeiros amores mpl **Jugendschutz** M ⟨-es; o. pl⟩ prote(c)ção f de menores **Jugendschutzgesetz** N lei f de prote(c)ção de menores **Jugendstil** M ⟨-s; o. pl⟩ Arte f Nova **Jugendsünde** F pecado m da juventude **Jugendzentrum** N

centro m para a juventude
Jugo'slawe [jugo'slaːvə] M, **Jugoslawin** [jugo'slaːvɪn] F hist jugoslavo m, -a f; bras jugoslavo m, -a f **Jugoslawien** N hist Jugoslávia f **jugoslawisch** hist jugoslavo; bras iugoslavo

'**Juli** ['juːli] M ⟨-; -s⟩ Julho m; **im ~** em Julho

jung [jʊŋ] jovem, novo (a. Wein); Gemüse verde; **Jung und Alt** velhos e novos mpl; **~er Mann** meu menino m, rapaz m; **~es Mädchen** n menina f; **wieder ~ machen** (od **werden**) rejuvenescer; → jünger, jüngste

'**Jungbrunnen** M fonte f de juventude
'**Junge** ['jʊŋə] ⟨-n⟩ M rapaz m; **kleiner ~** menino m; **schwerer ~** umg fig criminoso m **Junge(s)** N ZOOL cria f; filhote m; **~ bekommen** (od **werfen**) parir **jungenhaft** pueril, arrapazado **Jungenstreich** M dummer **~** estroinice f

'**jünger** ['jʏŋɐ] ⟨kompar v. → jung⟩ mais jovem, mais novo

'**Jünger** M REL, fig discípulo m
'**Jungfer** ['jʊŋfɐ] F ⟨-; -n⟩ pej **alte ~** solteirona f **Jungfernfahrt** F viagem f inaugural **Jungfernhäutchen** N ANAT hímen m

'**Jungfrau** F donzela f; menina f; poet virgem f; REL **die Heilige ~** a Virgem **jungfräulich** ['jʊŋfrɔʏlɪç] virginal **Junggeselle** M ⟨-n⟩ solteiro m, celibatário m; **eingefleischter ~** solteirão m

'**Jüngling** ['jʏŋlɪŋ] M ⟨-s; -e⟩ geh adolescente m, jovem m, rapaz m

jüngst [jʏŋst] ADV recentemente, há pouco **jüngste** [jʏŋstə] ADJ ⟨sup v. jung⟩ mais jovem, mais novo; zeitlich: recente, último; Bibel: **das Jüngste Gericht**, **der Jüngste Tag** o dia do Juízo, o Juízo Final

'**Jungstier** M novilho m
'**Juni** ['juːni] M ⟨-, -s; -s⟩ Junho m; **im ~** em Junho

'**junior** ['juːniɔr] júnior, filho
'**Junior** M, **Juniorchef** M, **Juniorchefin** F chefe m/f junior

'**Junkfood** ['dʒaŋkfuːt] N ⟨-s⟩ umg comida-lixo f, comida-porcaria f

'**Junkie** ['dʒaŋki] M ⟨-s; -s⟩ drogado m, -a f

'**Junkmail** [dʒaŋkmeːl] F ⟨-; -s⟩ umg spam m, correio m lixo

'**Jura** ['juːra] NPL inv JUR Direito msg

Ju'rist(in) [ju'rɪst(ɪn)] M(F) ⟨-en⟩ jurista m/f; (Student) estudante m/f de Direito **juristisch** jurídico; **~e Fakultät** f faculdade f de Direito

'**Jury** ['ʒyːri] F ⟨-; -s⟩ júri m
just [jʊst] ADV geh justamente
jus'tieren ⟨-⟩ TECH ajustar
Jus'tiz [jʊs'tiːts] F ⟨o. pl⟩ justiça f **Justiziar** M [jʊstitsi'aːr(ɪn)] M(F) ⟨-s; -e⟩ consultor m jurídico de uma empresa **Justizirrtum** M erro m judiciário **Justizminister(in)** M(F) Ministro m, -a f da Justiça **Justizministerium** N Ministério m da Justiça **Justizmord** M assassínio m jurídico **Justizpalast** M palácio m da Justiça

'**Jute** ['juːtə] F ⟨o. pl⟩ juta f **Jutetasche** F bolsa f de juta

Ju'wel [ju'veːl] N ⟨-s; -en⟩ jóia f **Juwe'lier** [juva'liːr] M joalheiro m, ourives m **Juwe'liergeschäft** N joalharia f, ourivesaria f; bras a. joalheria f

Jux [jʊks] umg M ⟨-es; -e⟩ piada f, brincadeira f

jwd [jɔtveː'deː] ADV umg no cu de Judas

K

K, k [kaː] N ⟨-; -⟩ K, k m
Kaba'rett [kaba'rɛt] N ⟨-s; -e⟩ revista f; bras teatro m de revista **Kabaret'tist(in)** [kabarɛ'tɪst(ɪn)] M(F) artista m/f de revista

'**Kabel** ['kaːbəl] N cabo m **Kabelanschluss** M TV ligação f (od conexão f) de TV a cabo **Kabelfernsehen** N ⟨-s; o. pl⟩ televisão f por cabo

'**Kabeljau** ['kaːbəljaʊ] M ⟨-s; -e, -s⟩ bacalhau m (fresco)

'**Kabelnetz** N TEL rede f de cabo
Ka'bine [ka'biːnə] F SCHIFF camarote m, beliche m; FLUG, TEL, (Ankleidekabine) cabine f

Kabi'nett [kabi'nɛt] N ⟨-s; -e⟩ gabinete m; POL a. conselho m de ministros **Kabinettsumbildung** F POL remodelação f do governo

'Kachel [kaxəl] F ⟨-; -n⟩ azulejo m; ladrilho m kacheln ⟨-le⟩ pôr azulejos, pôr ladrilhos (em) Kachelofen M fogão m de azulejos
Ka'daver [ka'da:vər] M cadáver m
Ka'denz [ka'dɛnts] F cadência f
Kader ['ka:dər] M quadro m
'Käfer ['kɛ:fər] M escaravelho m; coleóptero m; bras a. besouro m
Kaff [kaf] N ⟨-s; -s⟩ umg aldeola f; lugarejo m
'Kaffee [kafe] M ⟨-s; -s⟩ café m; ungemahlener café m em grão; löslicher ~ café instantâneo; schwarzer ~ café sem leite; ~ mit Milch café com leite; ~ kochen/trinken fazer/tomar café Kaffeebaum M cafézeiro m; bras cafeeiro m Kaffeebohne F grão m de café Kaffeegeschirr N serviço m de café Kaffeehaus ['kafe:haʊs] café m Kaffeekanne F cafeteira f Kaffeeklatsch umg M mexericos mpl Kaffeelöffel M colher f de café Kaffeemaschine F máquina f para fazer café Kaffeemühle F moinho m de café Kaffeeplantage F, Kaffeepflanzung F cafezal m Kaffeesatz M ⟨-es; o. pl⟩ depósito m; borras fpl Kaffeetasse F chávena f, chícara f de café

▶ Kaffee

Der ursprünglich aus Afrika stammende Kaffee ist das brasilianische Nationalgetränk. An jeder Ecke kann man diese Köstlichkeit kaufen und genießen. Das Frühstück heißt in Brasilien **café da manha** ‚Morgenkaffee'.
Brasilien war jahrelang der größte Kaffeeproduzent der Welt mit 2 Mio. Tonnen Kaffeebohnen, ca. 28 Prozent der Welternte. Allerdings wird über ein Drittel der brasilianischen Ernte im Land selbst konsumiert. Die Portugiesen brachten die Kaffeepflanze im 18. Jahrhundert nach Brasilien. Brasilianische Kaffeesorten haben ein außergewöhnlich feines Aroma und wenig Säure. ◀

'Käfig ['kɛ:fɪç] M ⟨-s; -e⟩ gaiola f; jaula f; in e-n ~ sperren meter numa jaula, enjaular

kahl [ka:l] j-d calvo; BOT desfolhado; Tier pelado; Gegend escalvado; a. fig nu, despido, raso 'Kahlheit F ⟨o. pl⟩ nudez f, pobreza f (a. fig); Kopf: calvície f 'Kahlkopf M calva f; j-d: calvo m, umg careca f 'Kahlschlag M corte m parcial; fig destruição f, derrocada f
Kahn [ka:n] M ⟨-(e)s; ⸚e⟩ barco m, bote m, batel m; ~ fahren andar de barco (od bote); (Fischerkahn) barca f; (Lastkahn) batelão m
Kai [kaɪ, ke:] M ⟨-s; -s⟩ cais m, molhe m 'Kaigebühr F, 'Kaigeld N direitos mpl de cais 'Kaimauer F muro-cais m, paredão m (de cais)
'Kaiser ['kaɪzər] M imperador m Kaiserin F imperatriz f kaiserlich imperial Kaiserreich N hist império m Kaiserschnitt M MED cesariana f
'Kajak ['ka:jak] N ⟨-s; -s⟩ barco m de pesca dos esquimós; SPORT canoa f; ~ fahren praticar canoagem
Ka'jüte F camarote m
'Kakadu ['kakadu] M ⟨-s; -s⟩ cacatua f, catatua f
Ka'kao [ka'ka:o] M ⟨-s; o. pl⟩ cacau m Kakaobaum M cacaueiro m Kakaobohne F grão m de cacau
'Kakerlak ['ka:kərlak] M ⟨-s od -en; -en⟩, 'Kakerlake F barata f
Kak'teen [kak ['kaktʊs]te:ən] PL → Kaktus 'Kaktus ['kaktʊs] M ⟨-; Kak'teen⟩ cacto m
'Kalauer ['kalaʊər] M umg calembur m; bras jogo m de palavras, trocadilho m
Kalb [kalp] N ⟨-(e)s; ⸚er⟩ bezerro m; GASTR vitela f; bras vitelo m 'kalben ['kalbən] parir 'Kalbfleisch N (carne f de) vitela f
'Kalbsbraten M vitela f assada Kalbshachse ['kalpshaksə] F, Kalbshaxe F pernil m de vitela Kalbsleder N (pele f de) vitela f; bezerro m Kalbsschnitzel N bife m de vitela; bras escalope m
Kal'daunen [kal'daʊnən] FPL GASTR tripas fpl
Ka'lender [ka'lɛndər] M calendário m; almanaque m; bras folhinha f Kalenderjahr N ano m civil Kalendertag M dia m
kal'fatern [kal'fa:tərn] ⟨-re⟩ calafetar
'Kali ['ka:li] N ⟨-s; o. pl⟩ potassa f

Ka'liber [ka'liːbər] N̄ calibre m
Ka'lif [ka'liːf] M̄ ⟨-en⟩ califa m
'Kalisalz N̄ potassa f **Kalium** ['kaːliʊm] N̄ ⟨-s; o. pl⟩ CHEM potássio m
Kalk [kalk] M̄ ⟨-(e)s; -e⟩ GEOL cal f; MED cálcio m; **gelöschter ~** cal extinta, apagada; **ungelöschter ~** cal virgem, viva **'Kalkanstrich** M̄ caiadura f **'Kalkbrennerei** F̄ caieira f, forno m de cal; fábrica f de cal **'Kalkbruch** M̄ caleira f **'kalken** caiar **'kalkhaltig**, **'kalkig** calcário **'Kalkhütte** F̄, **'Kalkofen** M̄ caieira f, forno m de cal **'Kalkmangel** M̄ ⟨-s; o. pl⟩ falta f de cálcio **'Kalkspat** M̄ ⟨-(e)s; o. pl⟩ espato m calcário **'Kalkstein** M̄ ⟨-(e)s; o. pl⟩ calcário m; pedra f de cal
Kalkulati'on [kalkulatsi'oːn] F̄ cálculo m **kalku'lieren** [kalku'liːrən] ⟨-⟩ calcular
Kalo'rie [kalo'riː] F̄ caloria f **kalorienarm** [kalo'riənʔarm] que contém poucas calorias **kalorienreich** que contém muitas calorias
kalt [kalt] ⟨⸚er, ⸚este⟩ frio; **mir ist ~** tenho frio, estou com frio; **es ist ~** está frio; **~ werden; offener ~** lareira f **Kaminfewerden** arrefecer; **~ stellen** pôr ao fresco; fig **j-m die ~e Schulter zeigen** ignorar alg **'kaltblütig** ['kaltblyːtɪç] de ⟨adv com⟩ sangue frio; fig a. sereno **'Kaltblütigkeit** F̄ ⟨o. pl⟩ sangue-frio m
'Kälte ['kɛltə] F̄ ⟨o. pl⟩ frio m; fig frieza f **Kälteeinbruch** M̄ onda f ⟨od vaga f⟩ súbita de frio **kälteerzeugend** TECH frigorífero, frigorífico **Kältetechnik** F̄ técnica f de refrigeração **Kältewelle** F̄ vaga f ⟨od onda f⟩ de frio
'Kaltfront F̄ frente f de (ar) frio **kaltherzig** frio, indiferente **kaltlassen** V/T **das lässt mich ~** não me afe(c)ta **Kaltluft** F̄ ⟨o. pl⟩ ar m frio **kaltmachen** sl fig matar **Kaltmiete** F̄ renda f sem aquecimento **Kaltschale** F̄ sopa f fria **kaltschnäuzig** frio; indiferente **kaltstellen** fig afastar
'Kalzium ['kaltsiʊm] N̄ ⟨-s; o. pl⟩ cálcio m
Ka'mel [ka'meːl] N̄ ⟨-(e)s; -e⟩ camelo m; Schimpfwort: burro m **Kamelhaar** N̄ ⟨-(e)s; o. pl⟩ lã f de camelo
Ka'melie [ka'meːli̯ə] F̄ BOT camélia f; Strauch: cameleira f
Ka'meltreiber M̄ cameleiro m

'Kamera ['kamera] F̄ ⟨-; -s⟩ FOTO câmara f ⟨od máquina f⟩ fotográfica; (Filmkamera) máquina f de filmar
Kame'rad [kame'raːt] M̄ ⟨-en⟩, **Kameradin** [kame'raːdɪn] F̄ camarada m/f, companheiro m, -a f **Kameradschaft** F̄ camaradagem f; MIL (Gruppe) esquadra f; bras tropa f **kameradschaftlich** de camarada(gem) **Kameradschaftsgeist** M̄ ⟨-(e)s; o. pl⟩ espírito m de companheirismo m; solidariedade f
'Kameramann M̄ ⟨-(e)s; ⸚er, -leute⟩, **Kamerafrau** F̄ operador(a) m(f) de câmara
'Kamerun ['kaməruːn] N̄ Camarões mpl
Ka'mille [ka'mɪlə] F̄ macela f, camomila f **Kamillentee** M̄ ⟨-s; o. pl⟩ chá m de camomila
Ka'min [ka'miːn] M̄ ⟨-s; -e⟩ chaminé f; fogão m; **offener ~** lareira f **Kaminfeger** M̄, **Kaminkehrer** [ka'miːnkeːrər] M̄ limpa-chaminés m **Kaminsims** [ka'miːnzɪms] N̄ parapeito m da lareira
Kamm [kam] M̄ ⟨-(e)s; ⸚e⟩ pente m; runder: travessa f; TECH carda f; (Hahnenkamm) crista f; (Gebirgskamm) cumeada f; **alles über e-n ~ scheren** fig passar tudo pela mesma fieira (bras peneira), medir tudo pelo mesmo rasoiro **'kämmen** ['kɛmən] pentear; TECH cardar **'Kammer** ['kamər] F̄ ⟨-; -n⟩ câmara f (a. TECH); quarto m **'Kämmerer** ['kɛmərər] M̄ ADMIN tesoureiro **Kammerjäger** M̄ exterminador m de inse(c)tos caseiros **Kammermusik** F̄ ⟨o. pl⟩ música f de câmara **Kammerton** M̄ ⟨-(e)s; o. pl⟩ MUS diapasão m normal
'Kammgarn N̄ (fio m de) estambre m
Kampf [kampf] M̄ ⟨-es; ⸚e⟩ combate m; MIL a. a(c)ção f; campanha f; (Nahkampf) peleja f; (Ringen, a. fig) luta f; SPORT desafio m; **im ~ stehen (gegen)** combater, lutar (contra) **Kampf...** IN ZSSGN MIL oft de combate; fig combativo **'Kampfansage** F̄ desafio m para a luta; fig campanha f (**gegen** contra) **'Kampfbahn** F̄ estádio m; pista f, arena f **'kampfbereit** pronto para o combate **'Kampfeinheit** F̄ unidade f de combate
'kämpfen ['kɛmpfən] combater (**gegen** akk), lutar (**für, um** por); miteinander: **um etw ~** disputar-se a/c

'**Kampfer** ['kampfər] M ‹-s; o. pl› cânfora f

'**Kämpfer(in)** M(F) combatente m/f (**für** por)

'**Kampfflugzeug** N avião m de combate **Kampfgefährte** M ‹-n› camarada m, companheiro m de armas **Kampfhandlung** F operação f (militar) **kampflustig** belicoso **Kampfplatz** M arena f; MIL campo m de batalha **Kampfrichter** M árbitro m **Kampfsport** M ‹-(e)s; o. pl› desporto m de luta **Kampfsportarten** pl artes fpl marciais **Kampfstoff** M MIL substância f (química) de combate **kampfunfähig** incapaz de combater; ~ **machen** pôr fora de combate **Kampfverband** M unidade f de combate

kam'pieren [kam'pi:rən] V/I ‹-› acampar

'**Kanada** ['kanada] N Canadá m **Kanadier(in)** [ka'na:diər(ɪn)] M(F) canadiano m, -a f, canadense m/f **kanadisch** [ka'na:dɪʃ] ADJ canadiano, canadense, do Canadá

Ka'nal [ka'na:l] M ‹-s; ⸚e› canal m; (Rinne) via f; (Röhre) tubo m; GEOG (Ärmelkanal) (Canal m da) Mancha f

Kanalisati'on [kanalizatsi'o:n] F canalização f; städtische: saneamento m **kanali'sieren** [kanali'zi:rən] V/T ‹-› canalizar

Ka'naren [ka'na:rən] PL **die ~** as Canárias **Kanarienvogel** [ka'na:riənfo:gəl] M canário m **kanarisch** [ka'na:rɪʃ] ADJ **die Kanarischen Inseln** as Canárias

Kandi'dat(in) [kandi'da:t(ɪn)] M(F) ‹-en› candidato m, -a f; **fürs Lehramt**: estagiário m, -a f **Kandi'datenliste** F lista f de candidatos **Kandida'tur** [kandida'tu:r] F candidatura f **kandi'dieren** ‹-› apresentar a sua candidatura, candidatar-se

kan'dieren [kan'di:rən] V/T ‹-› cristalizar (com açúcar) '**Kandis** ['kandɪs] M ‹-; o. pl›, **Kandiszucker** M açúcar m cândi (od cande)

'**Känguru** ['kɛŋguru:] N ‹-s; -s› canguru m

Ka'ninchen [ka'ni:nçən] N coelho m **Kaninchenbau** M ‹-(e)s; -e› toca f **Kaninchenjagd** F caça f ao coelho **Kaninchenstall** M coelheira f

Ka'nister [ka'nɪstər] M lata f; bidão m

'**Kännchen** ['kɛnçən] N caneca f

'**Kanne** ['kanə] F jarro m; caneca f; (Gießkanne) regador m; (Kaffeekanne) cafeteira f; (Milchkanne) leiteira f; (Teekanne) bule m

Kanni'bale [kani'ba:lə] M ‹-n› canibal m **kannibalisch** canibalesco

'**Kanon** ['ka:nɔn] M ‹-s; -s› MUS cânon(e) m; fig regra f, norma f

Kano'nade [kano'na:də] F canhoneio m; bras descarga f (od salva f) de canhões **Ka'none** [ka'no:nə] F canhão m; umg SPORT ás m; **unter aller ~** sl detestável **Ka'nonenboot** N canhoneira f **Kanonendonner** M canhonada f **Kanonenfutter** N MIL fig carne f de canhão **Kanonenkugel** F bala f de canhão **Kanonenrohr** N tubo m de canhão **Kanonenschuss** M canhonaço m, tiro m de canhão

ka'nonisch [ka'no:nɪʃ] canónico (bras *ô)

Kan'tate [kan'ta:tə] F cantata f

'**Kante** ['kantə] F canto m; bordo m, borda f; MATH aresta f; Stoff: orla f, ourela f; **auf die hohe ~ legen** fig economizar **kanten** ‹-e-› pôr de canto **Kanten** M canto m **kantig** anguloso; esquinado

Kan'tine [kan'ti:nə] F cantina f

Kan'ton [kan'to:n] M ‹-s; -e› schweiz cantão m

'**Kantor** ['kantɔr] M ‹-s; -e› bes REL cantor m, chantre m

'**Kanu** ['ka:nu, ka'nu:] N ‹-s; -s› canoa f **Kanufahrer(in)** M(F) canoeiro m, -a f

Ka'nüle [ka'ny:lə] F cânula f; MED agulha f

Ka'nute M ‹-n; -n›, **Kanutin** F canoeiro m, -a f

'**Kanzel** ['kantsəl] F ‹-; -n› REL púlpito m; FLUG carlinga f

Kanz'lei [kants'laɪ] F chancelaria f; e-s Rechtsanwalts: escritório m de advocacia '**Kanzler** ['kantslər] M chanceler m **Kanzleramt** N ‹-(e)s; o. pl› chancelaria f federal **Kanzlerin** F chancelera f **Kanzlerkandidat(in)** M(F) candidata m/f ao posto de chanceler

Kap [kap] N ‹-s; -s› GEOG cabo m, promontório m

Ka'paun [ka'paʊn] M ‹-s; -e› capão m

Kapazi'tät [kapatsi'tɛ:t] F capacidade f; fig Person: sumidade f **Kapazitätsauslastung** F ‹o. pl› aproveitamento f de capacidade

Ka'pelle [ka'pɛlə] F̲ capela f; *im Freien*: ermida f; MUS banda f (de música), orquestra f **Kapellmeister** M̲ mestre m (*od* regente m) de orquestra; MIL chefe m de banda

'**Kaper** ['ka:pər] F̲ ⟨-; -n⟩ BOT, GASTR alcaparra f

'**kapern** ⟨-re⟩ SCHIFF capturar

ka'pieren [ka'pi:rən] ⟨-⟩ *umg* compreender, topar

Kapil'lare [kapi'la:rə] F̲, **Kapillargefäß** N̲ MED vaso m capilar

Kapi'tal [kapi'ta:l] N̲ ⟨-s; -e, -ien⟩ capital m; *pl a.* fundos mpl **Kapitalanlage** F̲ colocação f (*od* aplicação f) de capitais **Kapitalaufwand** M̲ ⟨-(e)s; *o. pl*⟩ dispêndio m de capital **Kapitalbesitz** M̲ capitais mpl

Kapitälchen [kapi'tɛ:lçən] NPL TYPO versaletes mpl

Kapi'talertragssteuer F̲ FIN imposto m de rendimento do capital **Kapitalflucht** F̲ evasão f (*od* fuga f) de capitais **Kapitalgesellschaft** F̲ WIRTSCH sociedade f por capitais **kapitali'sieren** ⟨-⟩ capitalizar

Kapita'lismus [kapita'lɪsmʊs] M̲ ⟨-; *o. pl*⟩ capitalismo m **Kapita'list(in)** [kapita'lɪst(ɪn)] M̲(F̲) ⟨-en⟩ capitalista m/f **kapita'listisch** capitalista

Kapi'talmarkt M̲ mercado m de capitais **kapitalschwach** sem recursos suficientes **Kapitalverbrechen** N̲ crime m capital **Kapitalzins** M̲ FIN juro m de capital

Kapi'tän [kapi'tɛ:n] M̲ ⟨-s; -e⟩ capitão m (**zur See** de mar e guerra) **Kapitänleutnant** M̲ MIL capitão-tenente m

Ka'pitel [ka'pɪtəl] N̲ capítulo m; REL *a.* cabido m; **das ist ein ~ für sich** isso é um caso à parte

Kapi'tell [kapi'tɛl] N̲ ⟨-s; -e⟩ ARCH capitel m

Kapitulati'on [kapitulatsi'o:n] F̲ capitulação f, rendição f **kapitu'lieren** [kapitu'li:rən] ⟨-⟩ capitular, render-se

Ka'plan [ka'pla:n] M̲ ⟨-s; ⸚e⟩ capelão m

'**Kappe** ['kapə] F̲ boné m; gorra f; *bras* gorro m; (*Priesterkappe*) barrete m; (*Käppi*) casquete m; ARCH cúpula f, TECH contraforte m; (*Schuhkappe*) biqueira f; **etw auf seine ~ nehmen** *fig* tomar a responsabilidade de a/c **kappen** cortar; *Baum* podar; *Hahn* capar

Käppi ['kɛpi] N̲ ⟨-s; -s⟩ casquete m; *bras* boné m

Kapri'ole [kapri'o:lə] F̲ cabriola f; *bras* cambalhota f **kaprizi'ös** [kapritsi'ø:s] caprichoso

'**Kapsel** ['kapsəl] F̲ ⟨-; -n⟩ cápsula f; caixa f

'**Kapstadt** ['kapʃtat] N̲ Cidade f do Cabo **ka'putt** [ka'pʊt] *umg* (*zerbrochen*) partido, quebrado; (*zerrissen*) roto; (*müde*) estafado; (*bankrott*) arruinado; **~ machen** partir; estragar; (*ruinieren*) arruinar, quebrar **kaputtgehen** partir-se; estragar-se; quebrar-se

Ka'puze [ka'pu:tsə] F̲ capuz m **Kapu'ziner** [kapu'tsi:nər] M̲ (frade m) capuchinho m

Kapverden [kap'vɛrdən] PL GEOG (Ilhas fpl do) Cabo Verde m **kapverdisch** caboverdiano

▶ **Kapverden**

Die Kapverden sind ein Inselstaat, der 460 Kilometer vor der Westküste Afrikas liegt. Bis 1975 waren sie eine portugiesische Kolonie. Die meist bergige Inselgruppe hat eine Landfläche von ca. 4.000 qkm, die Hauptstadt heißt passenderweise **Praia**, ,Strand'. Neben der Amtssprache Portugiesisch gibt es noch die Nationalsprache, das Kapverdische Kreolisch (**o crioulo caboverdiano**) mit seinen Varianten. Die wichtigsten Wirtschaftszweige der kleinen afrikanischen Republik sind der Fischfang und der Tourismus. Die bekannteste Kapverdierin ist die Sängerin Cesária Évora. ◀

Kara'biner [kara'bi:nər] M̲ carabina f **Karabinerhaken** M̲ mosquetão m, gancho m de pressão

Ka'raffe [ka'rafə] F̲ garrafa f

Karambo'lage [karambo'la:ʒə] F̲ colisão f; *bras* capotagem f

Kara'mell [kara'mɛl] M̲/N̲ ⟨-s; *o. pl*⟩ caramelo m **Karamellpudding** M̲ pudim m de caramelo

Ka'rat [ka'ra:t] N̲ ⟨-(e)s; -e⟩ quilate m

Karate [ka'rata] N̲ ⟨-; *o. pl*⟩ karate m, caratê m

...**karätig** [ka'rɛ:tɪç] **10-~** de dez quilates; **24-~es Gold** ouro m de lei
Kara'wane [kara'va:nə] F caravana f
Kar'bunkel [kar'bʊŋkəl] M carbúnculo m
'Kardangelenk [kar'daŋɡəlɛŋk], a. ['kardaŋvɛlə] N TECH junta f cardânica **Kardanwelle** F TECH eixo m cardânico
Kardi'nal [kardi'na:l] M ⟨-s; -näle⟩ cardeal m **Kardinalfehler** M defeito m principal **Kardinalshut** M barrete m cardinalício **Kardinalzahl** F número m cardinal
Ka'renzzeit [ka'rɛntstsaɪt] F prazo m
Kar'freitag [ka:r'fraɪta:k] M ⟨-s; -e⟩ Sexta-feira f Santa (od da Paixão)
karg [kark] escasso, pobre, parco; (geizig) mesquinho **'Kargheit** F ⟨o. pl⟩ escassez f, parcimónia f (bras *ô) **'kärglich** ['kɛrklɪç] escasso
ka'riert [ka'ri:rt] ADJ aos quadrados; quadriculado
'Karies ['ka:riɛs] F ⟨o. pl⟩ MED cárie f
Karika'tur [karika'tu:r] F caricatura f **Karikatu'rist** [karikatu'rɪst] M ⟨-en⟩ caricaturista m **kari'kieren** ⟨-⟩ caricaturar
kari'ös [kari'ø:s] MED cariado
karitativ [karita'ti:f] caritativo, caridoso **Karme'sin** [karma'zi:n] N ⟨-s; o. pl⟩ carmesim m **Kar'min** [kar'mi:n] N ⟨-s; o. pl⟩ carmim m **kar'minrot** carmim
'Karneval ['karnəval] M ⟨-s; -e, -s⟩ carnaval m, entrudo m

▶ **Karneval**

Der Karneval in Rio de Janeiro (**Carnaval Carioca**) ist eine der Hauptattraktionen des Landes. Die farbenfrohe vielfältige Karnevalsparade gehört zu den bekanntesten Festen der Welt. Aber nicht nur Rio de Janeiro feiert tagelang Karneval. Genauso schön ist es, dieses Fest in São Paulo oder Bahia zu erleben.
Für den Carnaval bereiten sich die zahlreichen Sambagruppen (**escolas de Samba**) das ganze Jahr hindurch vor. Es werden Themen, Kostüme und kleine Sambanummern (**samba-enredos**) kreiert und einstudiert. ◂

Kar'nickel [kar'nɪkəl] umg N coelho m
'Karo [ka:ro] N ⟨-s; -s⟩ quadrado m; Kartenspiel: ≈ ouros mpl
Ka'rosse [ka'rɔsə] F coche m **Karosse'rie** [karɔsə'ri:] F carroçaria f; bras carroceria f
Ka'rotte [ka'rɔtə] F cenoura f
'Karpfen ['karpfən] M carpa f **Karpfenteich** M viveiro m de carpas
'Karre ['karə] F carroça f; carro m; carreta f; umg (altes Auto) carripana f
Kar'ree [ka're:] N ⟨-s; -s⟩ quadr(ad)o m
'karren ['karən] acarretar
Karri'ere [kari'ɛ:rə] F carreira f; ~ **machen** fazer carreira **Karrierefrau** F mulher f de carreira
Kar'samstag [ka:r'zamsta:k] M sábado m de aleluia
Karst [karst] M ⟨-(e)s; -e⟩ GEOG carso m
'Karte ['kartə] F ❶ (Eintrittskarte) bilhete m, entrada f; (Fahrkarte) bilhete m, passagem f ❷ Einladung: convite m; (Grußkarte) participação f; (Postkarte) bilhete m postal; (Visitenkarte) cartão m (de visita) ❸ (Landkarte) carta f (geográfica), mapa m ❹ (Speisekarte) lista f; ementa f; bras cardápio m; **nach der ~** à lista ❺ (Spielkarte) carta f; **~n legen** deitar cartas; **~n spielen** jogar às (bras jogar) cartas; **mit offenen ~n spielen** fig fazer jogo franco; **alles auf e-e ~ setzen** apostar tudo numa carta ❻ Fußball: cartão m; **Gelbe, Rote ~** cartão amarelo/vermelho; **j-m die Rote ~ zeigen** fig mostrar o cartão vermelho à alg
Kar'tei [kar'taɪ] F ficheiro m; bras fichário m **Karteikarte** F ficha f; verbete m
Kar'tell [kar'tɛl] N ⟨-s; -e⟩ cartel m, sindicato m industrial **Kartellamt** N repartição f anti-trust **Kartellgesetz** N lei f anti-trust
'Kartenhaus N castelo m de cartas; **wie ein ~ zusammenstürzen** desmoronar-se como um castelo de cartas **Kartenkunststück** N passe-passe m; bras truque m de cartas **Kartenleger(in)** ['kartənlə:gɐr(ɪn)] M(F) cartomante m/f **Kartenspiel** N jogo m de cartas; (Spielkarten) baralho m **Kartentelefon** N credifone m **Karten(vor)verkauf** M venda f (antecipada) de bilhetes **Kartenwerk** N obra f cartográfica **Kartenzeichner** M cartógrafo m

Kar'toffel [kar'tɔfəl] F ⟨-; -n⟩ batata f **Kartoffelbrei** M puré m de batatas **Kartoffelchips** [kar'tɔfəltʃɪps] MPL batatas fpl fritas de pacote **Kartoffelfeld** N batat(eir)al m **Kartoffelkäfer** M escaravelho m da batateira; *bras* caruncho m **Kartoffelmehl** N ⟨-(e)s⟩ farinha f de batata **Kartoffelpuffer** M bolo m de batata **Kartoffelsalat** M salada f de batatas **Kartoffelschäler** M faca f de descascar batatas **Kartoffelsuppe** F sopa f de batata

Kartogra'fie [kartogra'fiː] F cartografia f

Kar'ton [kar'tɔŋ, kar'toːn] M ⟨-s; -s⟩ cartolina f, cartão m (a. Schachtel) **karto'nieren** [kartoˈniːrən] ⟨-⟩ cartonar

Karus'sell [karu'sɛl] N ⟨-s; -e, -s⟩ carrocel m

'Karwoche ['kaːrvɔxə] F REL Semana f Santa

Karzi'nom [kartsi'noːm] N ⟨-s; -e⟩ MED carcinoma m

Ka'schemme [ka'ʃɛmə] F *umg pej* tasca f, taberna f

'Kaschmir ['kaʃmiːr] M ⟨-s; -e⟩ casimira f

'Käse ['kɛːzə] M ⟨-s; -⟩ queijo m **Käseblatt** N *umg pej* jornaleco m **Käsebleich** branco como a cal **Käsegebäck** N bolinhos mpl de queijo **Käseglocke** F queijeira f

Kase'matte [kaza'matə] F casamata f

Käse'rei F queijaria f

Ka'serne [kaˈzɛrnə] F MIL quartel m; aquartelamento m **kaser'nieren** ⟨-⟩ aquartelar

'käsig ['kɛːzɪç] pálido

Kas'kade [kasˈkaːdə] F cascata f

'Kaskoversicherung F seguro m contra todos os riscos; *bras* seguro completo

'Kasper(le) ['kaspər(lə)] MN polichinelo m (a. fig) **Kaspertheater** N robertos mpl, teatro m de fantoches

'kaspisch ['kaspɪʃ] ADJ GEOG cáspio; **das Kaspische Meer** o Mar Cáspio

'Kasse ['kasə] F caixa f; THEAT *etc* bilheteira f; *bras* bilheteria f; **(gut) bei ~ sein** *umg* ter dinheiro; **~ machen** fazer de dinheiro

'Kassenabschluss M balanço m **Kassenarzt** M médico m da Caixa **Kassenbericht** M prestação f de contas **Kassenbestand** M dinheiro m em caixa; **den ~ aufnehmen** dar balanço **Kassenbon** M talão m de caixa **Kassenbuch** N livro m de caixa **Kassenerfolg** M êxito m de bilheteira (*bras* bilheteria) **Kassenpatient** M ⟨-en⟩ doente m da caixa; *bras* paciente m (as)segurado **Kassenrevision** F balanço m **Kassenschlager** M FILM → Kassenerfolg **Kassenstunden** FPL horas fpl de serviço (*od* de despacho); *bras* horário m de atendimento **Kassensturz** M balanço m **Kassenzettel** M vale m

Kasse'rolle [kasə'rɔlə] F GASTR caçarola f; tacho m

Kas'sette [ka'sɛtə] F Behälter: cofre m; estojo m; (Filmkassette, Tonkassette) cassete m, cassette f **Kassettendeck** N tape-deck m; *bras* toca-fitas m **Kassettenrekorder** M leitor m (*od* gravador m) de cassetes; *bras* a. cassete m

kas'sieren [ka'siːrən] ⟨-⟩ HANDEL cobrar; JUR anular, cassar **Kassierer(in)** M(F) caixa m/f

Kas'tanie [kasˈtaːniə] F (Esskastanie) castanha f; (Rosskastanie) castanha-da-índia f; Baum: castanheiro(-da-índia) m **Kastanienbaum** M castanheiro m; *bras* castanheira f **kastanienbraun** castanho

'Kästchen ['kɛstçən] N caixinha f, cofrezinho m

'Kaste ['kastə] F casta f, classe f

kas'teien [kasˈtaɪən] VR ⟨-⟩ **sich ~** mortificar-se **Kasteiung** F mortificação f; maceração f

Kas'tell [kasˈtɛl] N ⟨-s; -e⟩ castelo m

'Kasten ['kastən] M ⟨-s; ⸚⟩ caixa f; alter ~ *umg* (Haus) velho pardieiro m; SCHIFF xaveco m; **etw auf dem ~ haben** *fig umg* ser inteligente (*od* esperto) **Kastenwagen** M vagão m; furgoneta f

Kas'tilien [kasˈtiːliən] N ⟨-(s)⟩ GEOG Castela f **Kastilier(in)** [kasˈtiːliər(ɪn)] M(F) castelhano m, -a f **kastilisch** ADJ castelhano, de Castela

Kas'trat [kasˈtraːt] M ⟨-en⟩ castrado m, eunuco m **kas'trieren** ⟨-⟩ castrar, capar

'Kasus M ⟨-; -⟩ GRAM caso m

Kat M ⟨-s; -s⟩ → Katalysator

Kata'lane [kata'laːnə] M ⟨-n⟩ catalão m **Katalanin** F catalã f **katalanisch** catalão

Kata'log [kata'loːk] M ⟨-(e)s; -e⟩ catálogo m **katalogi'sieren** [katalogi'ziːrən] ⟨-⟩ catalogar

Katalonien [kata'loːniən] N ⟨-(s)⟩ GEOG Catalunha f

Kataly'sator [kataly'zaːtɔr] M ⟨-s; -en [-zaˈtoːrən]⟩ CHEM, AUTO catalisador m

Kata'pult [kata'pʊlt] N ⟨-(e)s; -e⟩ catapulta f **katapul'tieren** [katapʊl'tiːrən] ⟨-⟩ catapultar

Ka'tarr(h) [ka'tar] M ⟨-s; -e⟩ MED catarro m

Ka'taster [ka'tastər] M/N cadastro m **Ka'tasteramt** N conservatória f do registo predial

katastro'phal [katastro'faːl] catastrófico **Katas'trophe** [katas'troːfə] F catástrofe f **Katas'trophengebiet** N zona f de catástrofe **Katas'trophenschutz** M ⟨-es; o. pl⟩ prote(c)ção f contra catástrofes

Kate'chismus [kate'çɪsmʊs] M ⟨-; Katechismen⟩ catecismo m

Katego'rie [katego'riː] F categoria f **kate'gorisch** [kate'goːrɪʃ] A ADJ categórico B ADV categoricamente

'Kater ['kaːtər] M gato m; fig nach Alkoholgenuss: ressaca f; **e-n ~ haben** estar com uma ressaca

Ka'theder [ka'teːdər] N cátedra f **Kathe'drale** [kate'draːlə] F catedral f, sé f

Ka'thete [ka'teːtə] F cateto m

Ka'theter [ka'teːtər] M MED cateter m

Ka'thode [ka'toːdə] F cátodo m **Kathoden...** IN ZSSGN catódico

Katho'lik(in) [kato'liːk(ɪn)] M(F) ⟨-en⟩ católico m, -a f **katholisch** [ka'toːlɪʃ] católico **Katholi'zismus** [katoli'tsɪsmʊs] M ⟨-; o. pl⟩ catolicismo m

Kat'tun [ka'tuːn] M ⟨-s; -e⟩ chita f

'katzbuckeln ['katsbʊkəln] ⟨-le⟩ **vor j-m ~** fig dar manteiga a alg

'Kätzchen ['kɛtsçən] N gatinho m; BOT amentilho m, candeia f

'Katze ['katsə] F gato m, gata f

'Katzenauge N TECH refle(c)tor m **katzenhaft** felino **Katzenjammer** M ⟨-s; o. pl⟩ dece(p)ção f; moralischer: abatimento m; a. → Kater **Katzenmusik** F ⟨o. pl⟩ pej miadura f; pandorga f **Katzensprung** M (Entfernung) **nur ein(en) ~ (entfernt)** fig (a) dois passos

'Kauderwelsch ['kaʊdərvɛlʃ] N ⟨-(s); o. pl⟩ algarvia f, geringonça f, gíria f

'kauen ['kaʊən] mastigar, mascar

'kauern ⟨-re⟩ V/R **sich ~** acocorar-se, pôr-se de cócoras (**auf den Boden** no chão)

Kauf [kaʊf] M ⟨-(e)s; ⸚e⟩ compra f; a. (Gekauftes) aquisição f; **vorteilhafter ~** umg pechincha f; **(mit) in ~ nehmen** aceitar **'Kaufanreiz** M estímulo m de compra **'Kaufauftrag** M ordem f de compra(r) **'kaufen** comprar

'Käufer(in) ['kɔyfər(ɪn)] M(F) comprador(a) m(f); (Kunde, -in) freguês m, -esa f

'Kauffrau F comerciante f, negociante f **Kaufhaus** N armazém m, armazéns mpl **Kaufkraft** F ⟨o. pl⟩ poder m de compra **kaufkräftig** com poder m de compra **Kaufleute** PL → Kaufmann

'käuflich ['kɔyflɪç] comprável; (bestechlich) venal, compradiço; **~ sein** a. estar à venda; **~ erwerben** adquirir por compra **Käuflichkeit** F ⟨o. pl⟩ venalidade f

'Kauflust F ⟨o. pl⟩ interesse m; (Nachfrage) demanda f **Kaufmann** M ⟨-(e)s; -leute⟩ comerciante m, negociante m **kaufmännisch** ['kaʊfmɛnɪʃ] ADJ, **Kaufmanns...** IN ZSSGN comercial, mercantil **Kaufpreis** M, **Kaufsumme** F preço m (de compra) **Kaufvertrag** M contrato m de compra **Kaufzwang** M obrigação f de comprar

'Kaugummi ['kaʊgʊmi] M pastilha f elástica; bras chiclete m, goma f de mascar; **~ kauen** mascar pastilha elástica (bras chiclete)

'Kaulquappe ['kaʊlkvapə] F girino m

kaum [kaʊm] ADV apenas, mal (als que); **~ glauben können** custar (a alg) crer; **wohl ~!** não me parece!

kau'sal [kaʊ'zaːl] causal **Kausalzusammenhang** M nexo m causal

'Kautabak M tabaco m (bras fumo m) de mascar

Kauti'on [kaʊtsi'oːn] F caução f, fiança f; **~ stellen** depositar fiança; **auf ~ freilassen** libertar sob caução

'Kautschuk ['kaʊtʃʊk] M ⟨-s; -e⟩ cauchu m, borracha f

Kauz [kaʊts] M ⟨-es; ⸚e⟩ ZOOL coruja f; **komischer ~** fig tipo m esquisito

Kava'lier [kava'liːr] M ⟨-s; -e⟩ cavalheiro

m **Kavaliersdelikt** N crime *m* de colarinho branco
Kavallerie [kavaləri:] F cavalaria *f* **Kavallerist** M ⟨-en⟩ soldado *m* de cavalaria
Kaviar ['ka:via:r] M ⟨-s; -e⟩ caviar *m*
KB [ka:'be:] ABK → Kilobyte
keck [kɛk] atrevido, destemido; ousado **Keckheit** F atrevimento *m*, ousadia *f*
Kegel ['ke:gəl] M ⟨-; -⟩ MATH cone *m*; (Spielkegel) pau *m* de jogar; bola *f*; **mit Kind und ~** fig com todos os seus; bras de mala e cuia **Kegelbahn** F pista *f* de bowling (bras boliche) **kegelförmig** cónico (bras *ô) **Kegelklub** M clube *m* de bowling (bras boliche) **Kegelkugel** F bola *f* de bowling (bras boliche) **kegeln** ⟨-le⟩ jogar os paus, jogar bowling (bras boliche) **Kegelschnitt** M MATH se(c)ção *f* cónica (bras *ô) **Kegelspiel** N jogo *m* de bowling (bras boliche) **Kegelstumpf** M MATH tronco *m* de cone
Kehle ['ke:lə] F garganta *f*; (Gurgel) a. goela *f*; TECH entalha *f*, chanfradura *f*; ARCH canelura *f*, estria *f*; **aus voller ~** a plenos pulmões *mpl*; umg **etw in die falsche ~ bekommen** od **kriegen** engasgar-se com a/c; fig melindrar-se (bras magoar-se) com a/c
Kehlkopf M laringe *f* **Kehlkopfentzündung** F, **Kehlkopfkatarr(h)** M laringite *f* **Kehlkopfkrebs** M cancro *m* (bras câncer *m*) de laringe **Kehlkopfspiegel** M MED laringoscópio *m*
Kehllaut M som *m* gutural
Kehre ['ke:rə] F volta *f*, curva *f*
kehren 1 (fegen) varrer; Kamin limpar 2 (wenden) volver; **(sich) ~ gegen** dirigir (-se) contra; **in sich gekehrt** ensimesmado; **das Oberste zuunterst ~** revolver tudo
Kehrreim M estribilho *m*, refrão *m*
Kehrseite F reverso *m*
kehrtmachen ['ke:rtmaxən] voltar atrás; MIL dar meia volta **Kehrtwendung** F volta *f* atrás (a. fig)
keifen ['kaifən] berrar
Keil [kail] M ⟨-(e)s; -e⟩ cunha *f*; im Stoff: nesga *f* **keilen** A VT apertar (od segurar) com uma cunha; fig umg (werben) angariar; apanhar B VR umg **sich ~ brigar
Keiler M ZOOL javali *m* **Keilerei** [kailə'rai] umg F pancadaria *f* **keilförmig** ['kailfœrmiç] em forma de cunha; cuneiforme **Keilriemen** M TECH correia *f* trapezoidal **Keilschrift** F ⟨o. pl⟩ caracteres *mpl* cuneiformes
Keim [kaim] M ⟨-(e)s; -e⟩ germe *m*, gérmen *m* **Keimblatt** N ectoderme *f* **Keimdrüse** F glândula *f* generativa **keimen** ⟨h. u. s.⟩ germinar; brotar **keimfähig** germinativo **keimfrei** esterilizado **Keimling** M ⟨-s; -e⟩ germe *m*; embrião *m* **keimtötend** bactericida **Keimträger** M porta-bacilos *m* **Keimzelle** F célula *f* germinativa, embrião *m*
kein [kain] PRON M/N, **keine** ['kainə] PRON F 1 adjektivisch: não; não ... nenhum(a); não ... algum(a); **~e** *pl* não ... nenhuns/nenhumas; **ich habe ~e Zeit** não tenho tempo (nenhum); **ich habe ~ Geld** não tenho dinheiro (nenhum od algum); **es ist noch ~e Woche her** ainda não há uma semana 2 SUBST ⟨n keines⟩ nenhum(a); (niemand) ninguém; **~e** *pl* nenhuns/nenhumas; **~er/~(e)s von beiden** nenhum dos dois, nem um nem outro; **~e(r) weiß** *es* ninguém o sabe
keinerlei ['kainərlai] ADJ ⟨inv⟩ nenhum **keinesfalls** ADV, **keineswegs** ['kainəsve:ks] ADV em caso algum; (não ...) de modo nenhum; INT **~!** nada! **keinmal** ADV (não ...) nem uma vez, nunca; **einmal ist ~!** uma vez não são duas vezes!
Keks [ke:ks] M ⟨-es; -e⟩ bolacha *f*
Kelch [kɛlç] M ⟨-(e)s; -e⟩ cálice *m* **Kelchblatt** N sépala *f* **Kelchglas** N taça *f*
Kelle ['kɛlə] F colherão *m*; (Suppenkelle) concha *f*; ARCH trolha *f*
Keller ['kɛlər] M cave *f*; bras porão *m*; (Luftschutzkeller) abrigo *m*; (Weinkeller) adega *f*; bras cave *f* **Kellerassel** F bicho-de-contas *m* **Kellerei** [kɛlə'rai] F adegas *fpl* **Kellergeschoss** N cave *f*, subterrâneo *m* **Kellermeister** M despenseiro *m*, botelheiro *m*
Kellner ['kɛlnər] M criado *m*; empregado *m*; bras garçom *m* **Kellnerin** F criada *f*; empregada *f*, garçonete *f*
Kelte ['kɛltə] M ⟨-n⟩ hist celta *m*
Kelter ['kɛltər] F ⟨-; -n⟩ lagar *m*, lagariça *f* **Keltern** ⟨-re⟩ Wein, Saft espremer
Keltin F hist celta *f* **keltisch** celta
Kenia ['ke:nia] N GEOG Quénia *m* (bras

*ê) **kenianisch** [keni'a:nɪʃ] queniano
'kennen ['kɛnən] conhecer; (*wissen*) saber; **nicht ~** a. desconhecer **kennenlernen** (chegar a) conhecer **Kenner** M̄ conhecedor m, perito m, versado m **Kennkarte** F̄ bilhete m (*bras* carteira f) de identidade **kenntlich** conhecível, identificável

'Kenntnis ['kɛntnɪs] F̄ ‹-; -se› conhecimento m; *pl* ~**se** a. noções *fpl*; **~ nehmen (von)** tomar nota (*od* conhecimento) (de); **j-n von etw in ~ setzen** informar alg de a/c; *amtlich:* notificar a/c a alg, oficiar a/c a alg; **etw zur ~ nehmen** tomar conhecimento de a/c **Kenntnisnahme** ['kɛntnɪsna:mə] F̄ ADMIN **zur ~** para a sua informação

'Kennwort N̄ ‹-(e)s; ⸚er› lema m; contra-senha f, palavra-passe f **Kennzeichen** N̄ distintivo m, sinal m, marca f; AUTO matrícula f; *bras* chapa f (de matrícula); **besondere ~** *pl* sinais *mpl* particulares **kennzeichnen** ‹-e-› assinalar, marcar; **j-n** cara(c)terizar **Kennzeichnung** F̄ cara(c)terização f (**als** de); marcação f **Kennziffer** F̄ código m; *Inserat:* referência f

'kentern ['kɛntərn] ‹-re; *s.*› sossobrar, virar-se; *bras* virar

Ke'ramik [ke'ra:mɪk] F̄ cerâmica f **Keramiker(in)** M̄/F̄ ceramista m/f

'Kerbe ['kɛrbə] F̄ entalho m, mossa f, corte m

'Kerbel M̄ cerefólio m, cerefolho m

'kerben entalhar, cortar **Kerbholz** N̄ talha f, marca f; **etw auf dem ~ haben** *fig* ter culpas no cartório **Kerbtier** N̄ insecto m

'Kerker ['kɛrkər] M̄ cárcere m; (*Verlies*) calabouço m **Kerkermeister** M̄ carcereiro m

Kerl [kɛrl] M̄ ‹-(e)s; -e› homem m, sujeito m; *umg* gajo m, tipo m; *bras* cara m; **großer ~** homenzarrão m; **netter ~** tipo simpático; **komischer ~** tipo esquisito

Kern [kɛrn] M̄ ‹-(e)s; -e› núcleo m; (*Kirschkern, etc*) caroço m; (*Apfelkern etc*) pevide f; *Weintraube:* grão m; (*Nusskern*) miolo m; *fig* núcleo m; âmago m; (*Gehalt*) substância f, essência f **Kernbrennstab** M̄ barra f nuclear **Kernbrennstoff** M̄ combustível m nuclear **Kernchemie** F̄ química f nuclear **Kernenergie** F̄ energia f nuclear **'Kernfach** N̄ *Schule:* disciplina f principal **Kernforschung** F̄ ‹*o. pl*› investigação f nuclear **'Kernfrage** F̄ questão f principal **'Kernfusion** F̄ fusão f nuclear **'Kerngehäuse** N̄ coração m **'kerngesund** são como um pero; *bras* vendendo saú de **'Kernholz** N̄ coração m da madeira **'kernig** *fig* vigoroso, enérgico; (*stämmig*) robusto **Kernkompetenz** F̄ HANDEL, SCHULE competências *fpl* essenciais

'Kernkraft F̄ força f atómica (*bras* *ô) (*od* nuclear) **Kernkraftbefürworter(in)** M̄/F̄ apoiante m/f da energia nuclear **Kernkraftgegner(in)** M̄/F̄ ativista m/f antinuclear **Kernkraftwerk** N̄ central f atómica (*bras* *ô) (*od* nuclear); *bras* usina f termonuclear

'kernlos *Frucht* sem caroço **'Kernobst** N̄ fruta f de caroço principal

'Kernphysik F̄ ‹*o. pl*› física f nuclear **'Kernpunkt** M̄ ponto m essencial **'Kernreaktor** M̄ rea(c)tor m nuclear **'Kernseife** F̄ sabão m (doméstico) **'Kernspaltung** F̄ cisão f nuclear **'Kerntechnik** F̄ ‹*o. pl*› técnica f nuclear **'Kernwaffe** F̄ arma f nuclear **'kernwaffenfrei** *Zone* livre de armas nucleares, desnuclearizado

Kero'sin [kero'zi:n] N̄ ‹-s; *o. pl*› CHEM, FLUG querosene m

'Kerze ['kɛrtsə] F̄ vela f; REL círio m **'kerzengerade** aprumado **'Kerzenleuchter** M̄ candelabro m **'Kerzenlicht** N̄, **'Kerzenschein** M̄ luz f de vela

kess [kɛs] ‹-er; -este› *umg* fresco; pimpão; *bras* faceiro; viçoso

'Kessel ['kɛsəl] M̄ caldeira f; (*Teekessel*) chaleira f; (*Talkessel*) barranco m; MIL bolsa f **Kesselpauke** F̄ timbale m **Kesselraum** M̄ casa f das caldeiras **Kesselstein** M̄ ‹-(e)s; *o. pl*› incrustação f; pedra f **Kesseltreiben** N̄ *Jagd:* batida f (**gegen** a); **ein ~ veranstalten** *fig* fazer uma batida; *bras* fechar cerco

'Ket(s)chup ['kɛtʃap] M̄ *od* N̄ ‹-(s); -s› ketchup m

'Kette ['kɛtə] F̄ cadeia f, corrente f; (*Halskette*) colar m; (*Bergkette*) serra f; (*Reihe*) enfiada f; *fig* série f

'ketten ['kɛtən] ‹-e-› encadear

'Kettenantrieb M transmissão f por cadeia **Kettenbrief** M carta f de cadeia (*bras* corrente) **Kettenglied** N elo m (*od* argola f) da cadeia **Kettenhund** M mastim m **Kettenraucher** M fumador m (*bras* fumante m) inveterado **Kettenreaktion** F rea(c)ção f em cadeia **Kettensäge** F serra f de cadeia
'Ketzer(in) ['kɛtsər(ın)] M(F) herege m/f, herético m, -a f **Ketzer'ei** [kɛtsəˈraɪ] F heresia f **ketzerisch** herético **Ketzerverbrennung** F auto-de-fé m
'keuchen ['kɔʏçən] ofegar, arquejar, arfar **Keuchhusten** M ⟨-s; *o. pl*⟩ coqueluche f, tosse f convulsa
'Keule ['kɔʏlə] F clava f; maça f; moca f; (*Mörserkeule*) pilão m; GASTR perna f; **Keulenschlag** M cacetada f
keusch [kɔʏʃ] casto **'Keuschheit** F ⟨*o. pl*⟩ castidade f
'Keyboard ['ki:bɔrt] N ⟨-s; -s⟩ MUS, IT teclado m
Kf'z [ka:ʔɛfˈtsɛt-] IN ZSSGN a. → Kraftfahrzeug... **Kfzsteuer** F imposto m sobre veículos motorizados
kg ABK (Kilogramm) kg (quilograma)
KG [ka:ˈge:] ABK ⟨-s; -s⟩ → Kommanditgesellschaft
'Kichererbse ['kıçərɛrpsə] F grão-de-bico m **kichern** ⟨-re⟩ rir-se à socapa
'Kiebitz ['ki:bɪts] M ⟨-es; -e⟩ ZOOL abibe m, galispo m; *fig* umg mirão m
'Kiefer¹ [ki:fər] M ANAT queixada f, maxila f, maxilar m
Kiefer² F ⟨-; -n⟩ BOT pinheiro m bravo **'Kieferhöhle** F seio m maxilar
'Kiefernadel F caruma f **Kiefernholz** N (madeira f de) pinheiro m **Kiefernwald** M pinhal m
Kieferorthopäde ['ki:fərʔɔrtopɛːdə] M, **Kieferorthopädin** F MED ortodontista m/f **Kieferorthopädie** ['ki:fərʔɔrtopɛːdiː] F ⟨*o. pl*⟩ ortodontia f
Kiel [ki:l] M ⟨-(e)s; -e⟩ SCHIFF quilha f; (*Federkiel*) cano m da pena; **auf ~ legen** assentar a quilha **'Kielraum** M sentina f; (*Ladekielraum*) porão m **'Kielwasser** N ⟨-s; *o. pl*⟩ esteira f
'Kieme ['ki:mə] F ZOOL guelra f; brânquia f **Kiemen...** IN ZSSGN branquial
Kies [ki:s] M ⟨-es; -e⟩ saibro m, cascalho m; *sl* (*Geld*) cascalho m; *bras* grana f
'Kiesel ['ki:səl] M seixo m, calhau m;

CHEM sílex m, sílice m **Kieselerde** F silício m **Kieselsäure** F ⟨*o. pl*⟩ ácido m silício **Kieselstein** M → Kiesel
'Kiesgrube F cascalheira f
Killer ['kɪlər] M ⟨-s; -⟩ *umg* assassino m **'Killerspiel** N jogo m violento
'Kilo ['ki:lo] N ⟨-s; -s; *Maß*: 3 -⟩, **Kilogramm** N quilo(grama) m **Kilobyte** ['ki:lobaɪt] N ⟨-s; -s⟩ kilobyte m **Kilohertz** N ⟨*inv*⟩ quilociclo m, quilohertz m
Kilo'meter M quilómetro m (*bras* *ô) **Kilometergeld** N despesas fpl por quilómetro (*bras* *ô) **Kilometerleistung** F quilometragem f **Kilometerstand** M quilometragem f **Kilometerstein** M marco m quilométrico **Kilometerzähler** M conta-quilómetros m
'Kilowatt N quilovátio m, quilowatt m **Kilowattstunde** F quilovátio-hora m, quilowatt-hora f

'Kimme ['kımə] F javre m, entalho m, mira f (*a.* MIL); SCHIFF horizonte m
Kind [kınt] N ⟨-(e)s; -er⟩ criança f; menino m, -a f; *od* **bekommt ein ~** vai ter um filho; **sie erwartet ein ~** está à espera de um filho; **sich bei j-m lieb ~ machen** *fig* insinuar-se nas graças de alg
'Kindbett N ⟨-(e)s; *o. pl*⟩ parto m **Kindbettfieber** N febre f puerperal
'Kinderarbeit F trabalho m infantil **Kinderarmut** F pobreza f infantil **Kinderarzt** M, **Kinderärztin** F medico m, -a f de crianças, pediatra m/f **Kinderbetreuung** F ⟨*o. pl*⟩ assistência f a crianças **Kinder'ei** [kındəˈraɪ] F criancice f **Kinderermäßigung** F desconto m para crianças **Kinderfrau** F ama f seca; *a.* → Kindermädchen **Kinderfreibetrag** M abatimento m nos impostos para cada filho
'Kindergarten M jardim m de infância, jardim-escola m **Kindergärtnerin** F educadora f de crianças, professora f de jardim (de infância)
'Kindergeld N ⟨-(e)s; *o. pl*⟩ abono m de família **Kinderheilkunde** F pediatria f **Kinderheim** N lar m (*od* colónia f) infantil **Kinderhort** M centro m de tempos livres; *bras* ≈ ATL fpl (Actividades de Tempos Livres) **Kinderkrankheit** F doença f infantil **Kinderkrippe** F

creche f, infantário m **Kinderlähmung** F ⟨o. pl⟩ MED paralisia f infantil; poliomielite f **kinderleicht** facílimo **kinderlieb** ADJ **~ sein** gostar de crianças **Kinderlied** N canção f infantil **kinderlos** sem filhos **Kindermädchen** N criada f (od empregada f) para as crianças; bras babá f **Kindermärchen** N conto m infantil **Kinderpflege** F puericultura f **kinderreich** ADJ **~e Familie** F família numerosa **Kinderschar** F rancho m (bras bando m) de crianças **Kinderschuh** M sapato m infantil; **noch in den ~en stecken** fig estar ainda nos seus princípios **Kindersitz** M AUTO assento m para criança, cadeira f de bebé (para automóvel); am Fahrrad: assento m de bicicleta para crianças **Kinderspiel** N jogo m infantil; fig bagatela f **Kinderspielplatz** M parque m infantil **Kindersterblichkeit** F ⟨o. pl⟩ mortalidade f (od mortandade f) infantil **Kinderstube** F **eine/keine gute ~ gehabt haben** fig ter/não ter tido uma boa educação **Kindertagesstätte** F → Kindergarten, Kinderhort **Kinderwagen** M carrinho m de bebé (bras *ê) **Kinderzimmer** N quarto m das crianças **Kinderzulage** F → Kindergeld

'**Kindesalter** ['kɪndəsaltɐ] N meninice f, infância f ⟨NPL⟩ geh **von ~n an** desde pequeno **Kindesentführung** F rapto m de menores **Kindesmisshandlung** F violência f contra crianças **Kindesmord** M JUR infanticídio m **Kindesmörder(in)** M(F) infanticida m/f

'**Kindheit** F ⟨o. pl⟩ meninice f, infância f **kindisch** ['kɪndɪʃ] pej pueril; **~ sein** a. ser muito criança **kindlich**, infantil, ingénuo (bras *ê); de criança; Liebe filial '**Kindskopf** M umg criançola m **Kindstaufe** F ba(p)tismo m, ba(p)tizado m '**Kinkerlitzchen** ['kɪŋkɐlɪtsçən] NPL umg bugigangas fpl

Kinn [kɪn] N ⟨-(e)s; -e⟩ queixo m '**Kinnbacke(n)** M(F/M) maxila f, queixada f '**Kinnhaken** M Boxen: direito m ao queixo, gancho m

'**Kino** ['ki:no] N ⟨-s; -s⟩ cinema m; **ins ~ gehen** ir ao cinema **Kinobesucher(in)** M(F) espectador(a) m(f) de cinema **Kinofilm** M filme m cinematográfico (od de cinema) **Kinovorstellung** F sessão f cinematográfica (od de cinema)

'**Kiosk** ['kiːɔsk] M ⟨-(e)s; -e⟩ quiosque m
'**Kippe** ['kɪpə] F Turnen: dominação f; umg (Zigarettenkippe etc) beata f; ponta f de cigarro m; **auf der ~ stehen** estar para pique, estar para cair; HANDEL estar para falir **kippen** A VT voltar, virar B VI ⟨h. u. s.⟩ perder o equilíbrio; cair; virar-se **Kipper** M camião m basculante **Kippfenster** N janela f basculante **Kippschalter** M comutador m basculante

'**Kirche** ['kɪrçə] F igreja f; **in die ~ gehen** a. ir à missa

'**Kirchenälteste(r)** M decano m; deão m **Kirchenbann** M ⟨-(e)s; o. pl⟩ hist excomunhão f **Kirchenbuch** N registo m (bras registro m) paroquial **Kirchenchor** M coro m de igreja **Kirchendiener** M sacristão m **Kirchenfenster** N vitral m **Kirchenfürst** M ⟨-en⟩ REL príncipe m da Igreja **Kirchengemeinde** F paróquia f **Kirchengeschichte** F ⟨o. pl⟩ história f eclesiástica (od da Igreja) **Kirchenjahr** N ano m eclesiástico **Kirchenlied** N hino m religioso, canção f religiosa; cântico m; coral m **Kirchenmusik** F música f sacra **Kirchenrat** M Gremium: consistório m; sínodo m; conselho m paroquial; Amtsträger: conselheiro m consistorial **Kirchenrecht** N ⟨-(e)s; o. pl⟩ direito m canónico (bras *ô) **Kirchenregister** N → Kirchenbuch **Kirchenspaltung** F ⟨o. pl⟩ cisma m **Kirchenstaat** M ⟨-(e)s; o. pl⟩ Estado m do Vaticano **Kirchensteuer** F imposto m paroquial **Kirchentag** M katholisch: congresso m eucarístico; protestantisch: congresso m evangélico **Kirchenvater** M Padre m da Igreja

'**Kirchgänger(in)** ['kɪrçgɛŋɐ(rɪn)] M(F) praticante m/f; eifrige(r): papa-cantos m/f, papa-missas m/f **Kirchhof** M cemitério m **kirchlich** eclesiástico; da Igreja; religioso; JUR canónico (bras *ô) **Kirchturm** M campanário m
'**Kirchweih** F ⟨-⟩, **Kirchweihfest** N, '**Kirmes** ['kɪrməs] F ⟨-; -sen⟩ quermesse f, romaria f **Kirchweihe** F REL consagração f da igreja

Kirsch [kɪrʃ] M ⟨-(e)s; o. pl⟩ → Kirschwasser **'Kirschbaum** M cerejeira f **'Kirsche** ['kɪrʃə] F cereja f; *saure*: ginja f; **mit j-m ist nicht gut ~n essen** alg não está para brincadeiras **'Kirschkern** M caroço m de cereja **'Kirschkuchen** M torta f de cerejas **'kirschrot** acerejado, cor de cereja **'Kirschwasser** N ⟨-s; o. pl⟩ aguardente f de cereja

'Kissen ['kɪsən] N almofada f; *länglich rund*: travesseiro m **Kissenbezug** M fronha f

'Kiste ['kɪstə] F caixa f; *groß*: caixote m

Kitsch [kɪtʃ] M ⟨-es; o. pl⟩ pej kitsch m; bugiganga f **'kitschig** pej pires

Kitt [kɪt] M ⟨-(e)s; -e⟩ betume m, argamassa f, almocega f **'Kittchen** [ˈkɪtçən] N ⟨-s⟩ cadeia f, prisão f

'Kittel ['kɪtəl] M bata f, guarda-pó m; *für Kinder a.*: bibe m; *bras* babador m

'kitten ⟨-e-⟩ betumar; argamassar

Kitz [kɪts] N ⟨-es; -e⟩ (*Zicklein*) cabrito m; (*Rehkitz*) cria f da corça

'Kitzel ['kɪtsəl] M ⟨-s; o. pl⟩ cócegas fpl; MED comichão f, pruridade f; (*Gelüst*) desejo m **kitz(e)lig** ['kɪts(ə)lɪç] *fig Angelegenheit* melindroso; **~ sein** ter cócegas **'kitzeln** ⟨-le⟩ fazer cócegas, fazer (*bras* dar) comichão; *fig* lisonjear

Kiwi ['kiːvi] F ⟨-; -s⟩ kiwi f

'Kladde ['kladə] F caderno m de rascunhos

'klaffen ['klafən] ⟨h. u. s.⟩ estar (entre)aberto; ter uma fenda; (*sich öffnen*) abrir-se

'kläffen ['klɛfən] ladrar, latir, ganir

'klaffend ADJ *Spalt, Wunde* aberto

'Kläffer M ladrador m

'Klage ['klaːɡə] F queixa f, lamentação f, JUR querela f, demanda f, a(c)ção f; **~ einreichen** *od* **erheben (gegen)** apresentar queixa (contra); intentar a(c)ção judicial; **~ führen** mover a(c)ção judicial **Klagelied** N canto m fúnebre; lamentação f **klagen** queixar-se (**j-m etw** de a/c a alg); **~ über** *akk* queixar-se de; JUR **~ (gegen)** dar queixa (de), instaurar processo (contra)

'Kläger(in) ['klɛːɡər(ɪn)] M(F) queixoso m, -a f; acusador(a) m(f) **Klägerpartei** F parte f queixosa

Klageruf M gemido m; *pl* lamúrias fpl **Klageschrift** F JUR libelo m

'kläglich ['klɛːklɪç] (*weinerlich*) lastimoso; (*elend*) lastimável; (*kümmerlich*) triste, ridículo

'klaglos ['klaːkloːs] ADV sem queixar-se

Kla'mauk [kla'maʊk] M ⟨-s; o. pl⟩ barulho m; algazarra f

klamm [klam] ADJ *Kleidung etc* (h)úmido e pegado; *vor Kälte*: inteiriçado; *fig finanziell*: apertado

Klamm F GEOG garganta f, desfiladeiro m

'Klammer ['klamər] F ⟨-; -n⟩ (*Metallklammer*) gancho m; gato m; MED *a.* érina f; (*Wäscheklammer*) mola f; TYPO parêntese m; **in ~n** entre parênteses; **eckige/ runde ~n** parênteses re(c)tos/curvos **Klammeraffe** M IT arroba f **'klammern** ⟨-re⟩ enganchar, engatar, segurar com ganchos *etc*; **sich ~ an** (*akk*) agarrar-se a

Kla'motten-lage [kla'mɔtən] FPL *umg* trapos *mpl*; roupa f

Klang [klaŋ] M ⟨-(e)s; ¨e⟩ som m; **mit Sang und ~** com grande aparato **'Klangfarbe** F timbre m; tonalidade f **'Klanglehre** F ⟨o. pl⟩ acústica f **'klanglos** afónico (*bras* *ó); áfono; *fig* **sang- und ~** sem dizer ai nem ui, sem uma palavra **'Klangregler** M regulador m de som **'klangrein** nítido **'Klangreinheit** F ⟨o. pl⟩ nitidez f **'klangvoll** sonoro

'Klappbett ['klapbɛt] N ⟨-(e)s; -en⟩ cama f articulada (*bras* desdobrável)

'Klappe ['klapə] F portinhola f; válvula f (*a.* MED); batente f; MUS lingueta f chave; (*Tischklappe*) aba f; *umg* (*Bett*) cama f; *umg* (*Mund*) boca f; **die ~ halten** calar o bico **klappen** A V/T bater; (*aufklappen*) abrir B *umg* V/I (*gelingen*) dar certo, bater certo; **nicht ~** não andar, não dar certo

'Klapper ['klapər] F ⟨-; -n⟩ matraca f **klapper'dürr** magríssimo; *bras* magérrimo **klapperig** fraco **Klapperkasten** *umg* M carripana f; chocolateira f **klappern** ⟨-re⟩ bater (**mit** *akk*); matraquear; dar estalos (*a.* Storch); *Mühle u. fig* taramelar **Klapperschlange** F (cobra f) cascavel f **Klapperstorch** M *umg* cegonha f

'Klappfahrrad N bicicleta f dobradiça **Klappfenster** N janela f de bandeira

Klappmesser N faca f (od navalha f) de ponta e mola **Klappsitz** M assento m desdobrável (od articulado) **Klappstuhl** M cadeira f articulada (od dobradiça) **Klapptisch** M mesa f desdobrável (od articulada) **Klappverdeck** N capota f dobrável

Klaps [klaps] M <-es; -e> pancada f, palmada f **Klapsmühle** F sl manicómio m (bras *ó)

klar [klaːr] **A** ADJ claro; fig a. evidente; (rein) nítido; **~ werden** aclarar-se; fig evidenciar-se; **sich über** (akk) **im Klaren sein** não ter dúvidas sobre; **alles ~?** tudo bem?; **~ zum ...!** SCHIFF, MIL pronto a ...! (inf) **B** ADV **~ blickend** inteligente, perspicaz; **sich über etw** (akk) **~ werden** compreender a/c

'Kläranlage ['klɛːranlaːɡə] F estação f de tratamento de água (od de águas residuais)

'klären clarificar; CHEM filtrar; fig esclarecer; **sich ~** aclarar-se

'Klarheit F claridade f, clareza f; **~ in etw** (akk) **bringen** esclarecer a/c

Klari'nette [klari'nɛtə] F clarinete m **Klarinet'tist(in)** M(F) <-en> clarinetista m/f

'klarkommen umg arranjar-se com a/c **klarmachen** esclarecer; **j-m etw ~** explicar a/c a alg **Klarsichtfolie** F folha f plástica transparente **Klarstellung** F esclarecimento m, **klarstellen** esclarecer; **ich möchte das klarstellen** quero esclarecer isto **Klartext** M fig **im ~** em termos claros; falando claro

'Klärung ['klɛːrʊŋ] F clarificação f; fig esclarecimento m

'klasse F umg bestial; bras ótimo

'Klasse ['klasə] F Schule, a. Gesellschaft: classe f; **an höheren Schulen**: ano m

'Klassenarbeit F exercício m **Klassenbuch** N sumários mpl da aula; bras livro m escolar **Klassengeist** M <-(e)s; o. pl> exclusivismo m **Klassenhass** M ódio m de classes **Klassenkamerad** M <-en> condiscípulo m, colega m **Klassenkampf** M luta f de classes **Klassenlehrer(in)** M(F) professor(a) m(f) titular de turma; bras professor(a) m(f) responsável **Klassenunterschied** M diferença f de classes **Klassenzimmer** N sala f de aula

klassifi'zieren [klasifi'tsiːrən] <-> classificar **Klassifizierung** F classificação f

'Klassik ['klasik] F <o. pl> classicismo m **Klassiker** ['klasikɐ] M clássico m **klassisch** clássico **Klassi'zismus** [klasi-'tsɪsmʊs] M <-; o. pl> classicismo m

Klatsch [klatʃ] M <-es; -e> bisbilhotice f **'Klatschbase** F mexeriqueira f **'Klatsche** ['klatʃə] F (Fliegenklatsche) moscadeiro m **'klatschen** **1** Peitsche estalar, dar estalos; Regen etc bater; **Beifall ~** a. aplaudir; **in die Hände ~** bater od dar palmas **2** (schwatzen) ser indiscreto, mexericar **'Klatschmaul** N indiscreto m, mexeriqueiro m **'Klatschmohn** M <-(e)s; o. pl> papoila f; bras papoula f **'klatsch'nass** ['klatʃ'nas] umg ensopado; molhado até aos ossos **'klatschsüchtig** mexeriqueiro **'Klatschtante** F mexeriqueira f; bras a. fofoqueira f

'Klaue ['klauə] F unha f; Raubtier, Greifvogel: garra f; umg (Schrift) letra f horrível **'klauen** sl rapinar, roubar, furtar

'Klause ['klauzə] F cela f; ermida f

'Klausel ['klauzəl] F <-; -n> cláusula f

Klau'sur [klau'zuːr] F REL clausura f; Schule, UNIV prova f escrita **Klausurtagung** F congresso m (od jornadas fpl) em regime de clausura

Klavia'tur [klavia'tuːr] F teclado m

Kla'vier [kla'viːr] N <-(e)s; -e> piano m; **~ spielen** tocar piano **Klavierauszug** M partitura f para piano **Klavierlehrer(in)** M(F) professor(a) m(f) de piano **Klavierschule** F método m de piano **Klavierspieler(in)** M(F) pianista m/f **Klavierstimmer** [kla'viːrʃtɪmɐ] M afinador m de pianos **Klavierunterricht** M <-(e)s; o. pl> lições fpl de piano

'Klebeband ['kleːbəbant] N fita f adesiva (bras a. durex) **Klebefolie** F folha f plástica adesiva **Klebemittel** N cola f; MED aglutinante m

'kleben colar, pegar (v/i a. estar pegado); **j-m e-e ~** umg chegar a alg, dar uma bofetada (od um bofetão) em alg **'Kleber** M (Klebstoff) cola f, goma f; (Eiweißstoffe) glúten m, glute m **'klebrig** ['kleːprɪç] pegajoso; (schleimig) viscoso **Klebstoff** M cola f **Klebstreifen** M fita f adesiva (bras a. durex)

'kleckern ['klɛkɐrn] <-re> sujar-se; pin-

gar, manchar **Klecks** [klɛks] M ⟨-es; -e⟩ borrão m; nódoa f; mancha f '**klecksen** ⟨-t-⟩ pôr nódoas; borrar; manchar **Klee** [kle:] M ⟨-s; o. pl⟩ trevo m '**Kleeblatt** N folha f de trevo; **vierblättriges ~** trevo de quatro folhas
Kleid [klaɪt] N ⟨-(e)s; -er⟩ vestido m; traje m '**kleiden** ['klaɪdən] ⟨e-⟩ vestir; **j-n gut ~** ficar bem a alg
'**Kleiderablage** ['klaɪdərʔapˌlaːgə] F vestuário m, guarda-roupa f **Kleiderbügel** M cruzeta f, cabide m **Kleiderbürste** F escova f (para fatos) **Kleiderhaken** M cabide m **Kleiderschrank** M guarda-roupa m, guarda-fato m **Kleiderständer** M cabide m
'**kleidsam** ['klaɪtzaːm] geh bonito; **~ sein** a. ficar bem, vestir bem
'**Kleidung** ['klaɪdʊŋ] F vestuário m; roupa f; vestidos mpl; **warme ~** abafo m, agasalho m **Kleidungsstück** N peça f de vestuário
'**Kleie** ['klaɪə] F farelo(s) m(pl); sêmea f
klein [klaɪn] **A** ADJ **1** pequeno; *j-s Gestalt* baixo; *(winzig), Geld* miúdo; **der ~e Mann** fig o homem do povo; **~ kriegen, ~ machen** *(zerkleinern)* esmiuçar; *Holz* **~ machen** partir lenha; **~er machen, ~er werden** diminuir **2** PL **die Kleinen** *(die Kinder)* os pequenos, os miúdos; **die ~en Leute** a gente miúda, os pequenos burgueses; **bis ins Kleinste** até ao mais pequeno detalhe; *bras* até nos mínimos detalhes **B** ADV **~ anfangen** partir do nada; **~ beigeben** ceder; deixar de resistir; **von ~ auf** desde pequeno; **ein ~ wenig, ein ~ bisschen** (um) poucochinho, (um) bocadinho; *bras* (um) pouquinho
'**Kleinanzeige** F pequeno anúncio m **Kleinbauer** M pequeno lavrador m **Kleinbetrieb** M pequena empresa f **Kleinbildkamera** F máquina f fotográfica para pequena imagem **Kleinbuchstabe** M ⟨-n⟩ letra f minúscula **Kleinbürger(in)** M(F) pequeno burguês m, pequena burguesa f **Kleinbus** M pequeno autocarro m; *bras* caminhonete f, perua f **Kleinflugzeug** N avioneta f **Kleingedruckte(s)** N ⟨-n; o. pl⟩ impresso m em letra pequena **Kleingeld** N ⟨-(e)s; o. pl⟩ (dinheiro m) miúdo m, troco m **Kleinhändler** M retalhista m, retalheiro m; *bras* varejista m **Kleinheit** F ⟨o. pl⟩ pequenez(a) f **Kleinhirn** N ANAT cerebelo m **Kleinholz** N ⟨-es; o. pl⟩ lenha f
'**Kleinigkeit** ['klaɪnɪçkaɪt] F bagatela f, insignificância f
'**Kleinkalibergewehr** N espingarda f de pequeno calibre **Kleinkind** N criança f pequena **Kleinkram** M ⟨-(e)s; o. pl⟩ bagatelas fpl; ninharias fpl **Kleinkrieg** M (guerra f de) guerrilhas fpl; *bras* escaramuça f **kleinkriegen** *umg* **j-n ~** dar cabo de alg; *bras* acabar com alg **kleinlaut** desanimado, modesto **kleinlich** mesquinho **Kleinlichkeit** F mesquinhez f **kleinmachen** VR **sich ~** baixar-se **Kleinmut** M ⟨-(e)s; o. pl⟩ pusilanimidade f, desalento m **kleinmütig** desanimado

---

▶ Kleidung

Textilien gehören zu den wichtigsten Exportgütern Portugals. Auf den Textilmärkten, den **feiras**, können Sie gut und günstig einkaufen. Diese Wörter sollen Ihnen beim Shoppen helfen:

Anzug	o fato, *bras* o terno
Bluse	a blusa
Gürtel	o cinto
Hemd	a camisa
Hose	a calça
Jacke	o casaco
Jeans	a (calça de) ganga
Kleid	o vestido
Rock	a saia
Schlafanzug	o pijama
Schuhe	os sapatos
Strümpfe	as meias
Unterwäsche	a roupa interior
Baumwolle	o algodão
Leinen	o linho
Leder	o couro
Wolle	a lã

'Kleinod ['klaɪnoːt] N̄ ⟨-es; -odien⟩ geh jóia f
'kleinschreiben V/T Wort escrever com letra minúscula
'Kleinstaat M̄ pequeno Estado m **Kleinstaate'rei** [klaɪnʃtaːtəˈraɪ] F̄ hist particularismo m **Kleinstadt** F̄ vila f, cidade f na província **Kleinstädter(in)** M(F) provinciano m, -a f **kleinstädtisch** provinciano **Kleintransporter** M̄ camioneta f **Kleinvieh** N̄ ⟨-(e)s; o. pl⟩ gado m miúdo; **~ macht auch Mist** fig de grão em grão a galinha enche o papo **Kleinwagen** M̄ carro m (od automóvel m) pequeno
'Kleister ['klaɪstɐr] M̄ cola f; grude m; pegamasso m **kleistern** ⟨-re⟩ grudar, colar
'Klemme ['klɛmə] F̄ aperto m; TECH pinça f; ELEK borne m; (Mundklemme) trismo m; fig apuro m, embaraço m; **in der ~ stecken** estar numa situação muito difícil **klemmen** A V/I TECH estar entalado B V/T (einklemmen) entalar, apertar; **sich** (dat) **etw ~** apertar a/c, entalar a/c **Klemmschraube** F̄ parafuso m de aperto
'Klempner ['klɛmpnɐr] M̄ latoeiro m; funileiro m; umg (Installateur) canalizador m; bras encanador m **Klempner'ei** [klɛmpnəˈraɪ] F̄ latoaria f
'Klepper ['klɛpɐr] M̄ pej rocim m
kleri'kal [kleriˈkaːl] clerical **'Kleriker** ['kleːrikɐr] M̄ clérigo m; sacerdote m **'Klerus** F̄ ⟨-; o. pl⟩ REL clero m
'Klette ['klɛtə] F̄ BOT bardana f; pegamassa f; fig umg Person: chato m
'Kletterer ['klɛtərɐr] M̄ trepador m, alpinista m **klettern** ⟨-re, s⟩ trepar, subir (**auf** akk a) **Kletterpflanze** F̄ (planta f) trepadeira f **Kletterseil** N̄ corda f **Kletterstange** F̄ vara f vertical **Kletterwand** F̄ muro m de escalada; parede f de alpinismo
'Klettverschluss® M̄ fecho m de fita; bras velcro® m
Klick [klɪk] M̄ ⟨-s; -s⟩ clique m **klicken** ['klɪkən] V/I ⟨h.⟩ clicar; IT **~ auf** (akk) clicar em
Kli'ent [kliˈɛnt] M̄ ⟨-en⟩ cliente m; freguês m **Klient'el** [kliɛnˈteːl] F̄ clientela f **Klientin** F̄ cliente f; freguesa f
'Klima ['kliːma] N̄ ⟨-s; -s, Klimate⟩ clima m **Klimaanlage** F̄ ar m condicionado **Klimakatastrophe** F̄ catástrofe f climática **Klimaschutz** M̄ protecção f climática **klimatisch** [kliˈmaːtɪʃ] climático, climatérico **klimati'sieren** [klimatiˈziːrən] aclimatar **Klimaveränderung** F̄ alteração f climatérica **Klimawandel** M̄ alterações fpl climáticas, mudança f do clima **Klimawechsel** M̄ mudança f de clima
Klim'bim [klɪmˈbɪm] M̄ inv umg alarido m
'klimmen ['klɪmən] ⟨h. u. s.⟩ → **klettern** **'Klimmzug** M̄ elevação f
'klimpern ['klɪmpɐrn] umg ⟨-re⟩ arranhar; **mit Münzen ~** fazer tilintar moedas
'Klinge ['klɪŋə] F̄ lâmina f; folha f; (Schwert) espada f; **j-n über die ~ springen lassen** passar alg pelas armas; matar alg
'Klingel ['klɪŋəl] F̄ ⟨-; -n⟩ campainha f **Klingelbeutel** M̄ saquinho m de peditório (bras esmolas) **Klingelknopf** M̄ botão m da campainha **klingeln** ⟨-le⟩ **(an der Tür) ~** tocar (a campainha); **es klingelt** estão a tocar a campainha **Klingelton** M̄ Handy: tom m de toque; bras toque m
'klingen ['klɪŋən] soar **klingend** sonante; sonoro; Vers feminino
Klinik ['kliːnɪk] F̄ clínica f; casa f de saúde; **psychiatrische ~** clínica psiquiátrica **klinisch** clínico
'Klinke ['klɪŋkə] F̄ tranqueta f; puxador m
'Klinker M̄ ARCH tijolo m holandês; ladrilho m
klipp [klɪp] ADV umg **~ und klar** redondamente, claramente
'Klippe ['klɪpə] F̄ escolho m, recife m (a. fig); bras rochedo m **Klippfisch** M̄ bacalhau m
'klirren ['klɪrən] soar; bater; Gläser etc tinir, tilintar
Kli'schee [kliˈʃeː] N̄ ⟨-s; -s⟩ FOTO cliché (bras *ê) m; fig estereotipo m **Klischeevorstellung** f ideia f estereotipada; bras estereótipo m, chavão m
Klis'tier [klɪsˈtiːr] N̄ ⟨-s; -e⟩ clister m; irrigador m **Klistierspritze** F̄ seringa f
'klitschig ['klɪtʃɪç] umg pastoso; (klebrig) viscoso, pegadiço
Klo [kloː] N̄ ⟨-s; -s⟩ umg retrete f; bras

privada f, toalete f; **aufs ~ gehen** ir à retrete (bras toalete)
Klo'ake [klo'aːkə] F̄ cloaca f
'Klobecken N̄ sanita f, vaso m sanitário
'klobig ['kloːbɪç] maciço; fig grosseiro, bruto
'Klobürste F̄ escova f (od pincel m) de retrete; bras escova f sanitária
'Klon [kloːn] M̄ ⟨-s; -e⟩ clone m **klonen** ['kloːnən] V/T ⟨h.⟩ clonar
Klopapier N̄ ⟨-s; o. pl⟩ umg papel m higiénico (bras *ê)
'klopfen ['klɔpfən] bater (**auf** akk em); **es klopft** estão a bater à porta; **auf den Busch ~** fig estudar o terreno; sondar (**bei** akk) **Klopfer** M̄ (Türklopfer) ferrolho m; (Teppichklopfer) batedor m **klopffest** AUTO antidetonante
'Klöppel ['klœpəl] M̄ (Spitzenklöppel) bilro m; (Glockenklöppel) badalo m **klöppeln** ⟨-le⟩ fazer rendas de bilro
Klops [klɔps] M̄ ⟨-es; -e⟩ almôndega f
'Kloschüssel F̄ umg sanita f, vaso m sanitário
Klo'sett [klo'zɛt] N̄ ⟨-s; -e, -s⟩ retrete f, casa f de banho; bras banheiro m, toalete f; (Becken) sanita f, vaso m sanitário **Klosettspülung** F̄, **Klospülung** F̄ autoclismo m
Kloß [kloːs] M̄ ⟨-es; ⸚e⟩ (Erdkloß) torrão m; (Fleischkloß) almôndega f; bolinho m
'Kloster ['kloːstɐr] N̄ ⟨-s; ⸚⟩ mosteiro m; (Nonnenkloster) a. convento m; **ins ~ gehen** Mann tomar o hábito, Frau tomar o véu; a. ir para o convento **Klosterbruder** M̄ freire m, frade m; irmão m **Klosterfrau** F̄ freira f **Klosterkirche** F̄ igreja f conventual **Klosterleben** N̄ vida f monástica
'klösterlich ['kløːstɐrlɪç] monástico, conventual
'Klosterregel F̄ regra f monástica **Klosterschule** F̄ colégio m conventual **Klosterzelle** F̄ cela f
Klotz [klɔts] M̄ ⟨-es; ⸚e⟩ tronco m, cepo m, talho m; fig **grober ~** bruto m; **ein ~ am Bein sein** fig (Hemmnis) ser um peso a (carregar) **'klotzig** maciço; fig bronco
Klub [klʊp] M̄ ⟨-s; -s⟩ clube m; (Gesellschaftsklub) a. círculo m **'Klubmitglied** N̄ sócio m de clube **'Klubsessel** M̄ maple m, poltrona f

Kluft[1] [klʊft] F̄ GEOG abismo m (a. fig), precipício m
Kluft[2] F̄ umg [klʊft] (Kleidung) traje m
klug [kluːk] ⟨⸚er; ⸚ste⟩ inteligente, esperto; prudente; **~ werden aus** compreender; **durch Schaden ~ werden** aprender com as catástrofes da vida
'Klugheit F̄ ⟨o. pl⟩ inteligência f; prudência f
'Klumpen ['klʊmpən] M̄ torrão m; montão m; (Geronnenes) grumo m, coágulo m **Klumpfuß** M̄ pé m equino, pé m aleijado **klumpig** grumoso, granuloso
'Klüngel ['klʏŋəl] M̄ pej camarilha f; clique f; bras a. bando m
Klüver ['klyːvɐr] M̄, **Klüverbaum** M̄ SCHIFF bujarrona f
'knabbern ['knabɐrn] ⟨-re⟩ V/T & V/I **~ (an** dat) roer, debicar, mordiscar
'Knabe ['knaːbə] M̄ ⟨-n⟩ lit rapaz m, menino m **Knabenchor** M̄ coro m de meninos **knabenhaft** como um rapaz **Knabenkraut** N̄ ⟨-es; o. pl⟩ BOT satirião m (espécie de orquídea)
'Knäckebrot ['knɛkəbroːt] N̄ ⟨-(e)s; o. pl⟩ pão m sueco
'knacken ['knakən] A V/T quebrar B V/I estalar; crepitar **knackig** rijo; estaladiço; umg fig viçoso; fresco **Knackmandel** F̄ amêndoa f com casca **Knackpunkt** M̄ fig busílis m **Knacks** M̄ ⟨-es; -e⟩ estalo m; fig **e-n ~ haben** Person não regular bem **knacksen** V/I → knacken B **'Knackwurst** F̄ salchicha f
Knall [knal] M̄ ⟨-(e)s; -e⟩ estalo m; estampido m; (Krachen) detonação f; (Peitschenknall) estalido m; **(auf) ~ und Fall** de repente; **e-n ~ haben** umg não regular bem; estar louco **Knallbonbon** M/N rebuçado m (bras bombom m) de estalo
'Knalleffekt M̄ ⟨-(e)s; o. pl⟩ efeito m teatral, efeito m espe(c)tacular **'knallen** A V/I estalar, dar estalos; Schuss detonar B V/T (mit Wucht werfen) lançar (od pôr) com ímpeto; **j-m e-e ~** umg dar uma bofetada a alg **'Knallerbse** F̄ estalinho m **'Knallfrosch** M̄ bicha f de rabiar; bras traque m; bombinha f **'Knallgas** N̄ gás m detonante **'knallig** Farbe, Ton gritante, berrante; (sehr) umg muitíssimo **knall'rot** muito encarnado
knapp [knap] A ADJ escasso, raro; (eng) estreito; Stil conciso, sucinto; **mit ~er**

Not a muito custo; ~ **werden** faltar; escassear B ADV apenas; mal; **~ an** Zeit, Geld com falta de; **~ 10 Minuten knapphalten** j-n ~ apertar alg **Knappheit** F escassez f; (Enge) estreiteza f; Stil: concisão f

'Knappschaft F BERGB corpo m de mineiros

'Knarre ['knarə] F matraca f; umg (Gewehr) espingarda f; (Pistole) pistola f **knarren, knarzen** chiar, ranger

Knast [knast] M ⟨-(e)s; -e⟩ umg (Gefängnis) prisão f; bras xadrez m; (Haftstrafe) pena f de prisão

knattern ['knatɐn] ⟨-re⟩ crepitar, estalar; Gewehr mosquetear **Knatterrn** N ⟨-s⟩ mosquetaria f; estalos mpl; crepitar m

'Knäuel ['knɔʏəl] N/M Schnur etc: novelo m; Menschen: aglomeração f

Knauf [knaʊf] M ⟨-(e)s; ⸚e⟩ (Degenknauf) maçã f do punho; Tür, Fenster: maçaneta f; ARCH capitel m, remate m

'Knauser ['knaʊzɐ] M forreta m, sovina m; bras pão-duro m **Knause'rei** [knaʊzəˈraɪ] F mesquinhez f, sovinice f **knauserig** avaro, mesquinho **knausern** ser forreta (od pão-duro) com; ~ **mit** ser sovina (od pão-duro) com

'knautschen ['knaʊtʃən] umg amarrotar, amachucar, amassar **Knautschzone** F auto zona f deformável

'Knebel ['kneːbəl] M (Mundknebel) mordaça f; zum Würgen: garrote m **knebeln** ⟨-le⟩ pôr mordaça a, amordaçar; pôr garrote a; fig oprimir

'Knecht [knɛçt] M ⟨-(e)s; -e⟩ servo m **'Knechtschaft** ['knɛçtʃaft] ⟨o. pl⟩ servidão f

'kneifen ['knaɪfən] beliscar; fig fugir, ser covarde **Kneifer** M hist lunetas fpl **Kneifzange** F tenaz f, alicate m, turquês m

'Kneipe ['knaɪpə] F taberna f

'Kneippkur ['knaɪpkuːɐ] F tratamento m hidroterápico kneippista (bras de Kneipp)

'Knete F plasticina f; umg (Geld) massa f **kneten** ['kneːtən] ⟨-e-⟩ amassar **Knetmasse** F plasticina f

Knick [knɪk] M ⟨-(e)s; -e, -s⟩ prega f; dobra f; quebra f; fig mata f **'knicken** quebrar, rachar, vergar **'knickerig** → knauserig **'Knicks** M ⟨-es; -e⟩ cortesia f, mesura f

Knie [kniː] N joelho m; Fluss: curva f; TECH Rohr: sifão m; **auf (den) ~ n liegen** estar de joelhos; **etw übers ~ brechen** fig precipitar a/c **'Kniebeuge** F flexão f **'Kniefall** M ⟨-(e)s; ⸚e⟩ genuflexão f; fig prostração f; **kniefällig** (devot) humilde **'Kniegelenk** N ⟨-(e)s; -e⟩ articulação f do joelho **'Kniekehle** F jarrete m **'knien** estar de joelhos, ajoelhar; prostrar-se **'Kniescheibe** F rótula f; **'Knieschützer** M joelheira f **'Kniestrumpf** M meia f pelo joelho **'knietief** ADJ & ADV até aos joelhos

Kniff [knɪf] M ⟨-(e)s; -e⟩ (Kneifen) beliscão m; (Falte) prega f; vinco m; fig manha f, jeito m **'kniffelig** ['knɪf(ə)lɪç] complicado; (heikel) bicudo **'kniffen** dobrar; vincar **'knifflig** ['knɪflɪç] → kniffelig

'knipsen ['knɪpsən] ⟨-t⟩ Fahrkarten furar; Foto tirar; **mit den Fingern:** dar estalos **(mit com)**

Knirps [knɪrps] M ⟨-es; -e⟩ homenzinho m; anão m; (Kind) petiz m; bras guri m

'knirschen ['knɪrʃən] VI **(mit den Zähnen)** ~ ranger (os dentes)

'knistern ['knɪstɐn] ⟨-re⟩ crepitar, estalar; Papier resmalhar

'Knitterfalte F ruga f **knitterfrei** ['knɪtɐfraɪ] anti-rugas; **~ sein** não amarrotar **knittern** VI engelhar, amarrotar

'knobeln ['knoːbəln] ⟨-le⟩ umg 1 (würfeln) jogar aos dados; bras jogar dados 2 **an etw** (dat) ~ tentar solucionar a/c

'Knoblauch ['knoːplaʊx] M ⟨-(e)s; o. pl⟩ alho m **Knoblauchpresse** F espremedor m de alho **Knoblauchzehe** F dente m de alho

'Knöchel ['knœçəl] M nó m; (Fußknöchel) maléolo m, tornozelo m **Knöchelbruch** M fra(c)tura f do tornozelo **knöcheltief** até os tornozelos

'Knochen ['knɔxən] M osso m **Knochenbruch** M fra(c)tura f **Knochengerüst** N esqueleto m, ossamenta f; bras ossatura f **Knochenhaut** F ⟨o. pl⟩ periósteo m **Knochenmark** N ⟨-es; o. pl⟩ medula f; tutano m **Knochensplitter** M esquírola f; bras lasca f, fragmento m

'knöchern ['knœçɐn] ósseo

'knochig ['knɔxɪç] ossudo

'Knödel ['knøːdəl] M almôndega f (de

pão *od* batata) **'Knolle** ['knɔlə] F BOT bolbo *m*, tubérculo *m* **Knollen...** IN ZSSGN BOT tuberoso, tuberculoso; *Aussehen* abatatado **Knollennase** F nariz *m* abatatado **knollig** tuber(cul)oso; abatatado; nodular
Knopf [knɔpf] M ⟨-(e)s; ⁼e⟩ botão *m*; (*Stockknopf*) castão *m*; (*Deckelknopf*) meão *m*
'knöpfen ['knœpfən] abotoar
'Knopfloch N casa *f* (de botão)
'Knorpel ['knɔrpəl] M cartilagem *f*; GASTR tendão *m* **knorpelig** cartilagíneo, cartilaginoso
'Knorren ['knɔrən] M nó *m* **knorrig** nodoso
'Knospe ['knɔspə] F (*Blütenknospe*) botão *m*; (*Blattknospe*) broto *m* **knospen** brotar; abotoar
'knoten ⟨-e-⟩ fazer um nó **Knoten** ['kno:tən] M nó *m*; (*Nervenknoten*) gânglio *m*; (*Geschwulst*) caroço *m* **Knotenpunkt** M *Verkehr*: entroncamento *m* **knotig** nodoso
Know-'how [no:'hau] N ⟨-(s)⟩ know-how *m*
Knuff [knʊf] M ⟨-(e)s; -e⟩ murro *m*; empurrão *m* **'knuffen** V/T dar um murro a (*bras* em)
'knüllen ['knʏlən] enrugar; amarrotar
'knüpfen ['knʏpfən] ligar, atar; *Beziehungen* travar
'Knüppel ['knʏpəl] M cacete *m*, (vara-) pau *m*; cachamorra, moca *f* **Knüppelschaltung** F AUTO mudanças *fpl* de alavanca
'knurren ['knʊrən] *Hund, Magen* rosnar; *j-d* resmungar **knurrig** resmungão
'knusp(e)rig ['knʊsp(ə)rɪç] tostado; *Brot* estaladiço
'knutschen ['knu:tʃən] *umg* (*küssen etc*) estar na marmelada com alg; *bras* trocar uns beijinhos com alg
k.o. [ka'o:] ABK *j-n* ~ **schlagen** pôr alg fora de combate
koa'lieren [koʔa'li:rən] ⟨-⟩ coligar-se **Koaliti'on** [koʔalitsi'o:n] F coligação *f*; *bras a.* coalizão *f*
Ko'balt [ko'balt] N ⟨-s; *o. pl*⟩ cobalto *m*
'Kobold ['ko:bɔlt] M ⟨-(e)s; -e⟩ duende *m*; *fig* brincalhão *m*
Koch [kɔx] M ⟨-(e)s; ⁼e⟩ cozinheiro *m*
'Kochbuch N livro *m* de cozinha (*od* de receitas) **'kochen** A V/T cozer, cozinhar; *Milch, Wasser* ferver; *Kaffee, Tee* fazer B V/I *Wasser etc* (estar a) ferver; **vor Wut** ~ ferver de raiva **'Kochen** N CHEM cocção *f*; (*Sieden*) ebulição *f* **'kochend** ~ (**heiß**) a ferver **'Kocher** M fervedor *m*
'Köcher ['kœçər] M aljava *f*, carcás *m*
'kochfest resistente à fervura
'Kochgerät N, **Kochgeschirr** N trem *m* de cozinha; MIL marmita *f* **Kochherd** M fogão *m*
'Köchin ['kœçɪn] F cozinheira *f*
'Kochkessel M marmita *f* **Kochkunst** F arte *f* culinária **Kochlöffel** M colher *f* de pau **Kochnische** F kitchenette *f* **Kochplatte** F boca *f* (de fogão); *Elektroherd*: disco *m* de aquecimento **Kochsalz** N ⟨-es; *o. pl*⟩ sal *m* (comum *od* das cozinhas); CHEM cloreto *m* de sódio **Kochsalzlösung** F CHEM solução *f* salina (de cloreto de sódio) **Kochtopf** M *hoher*: panela *f*; *flacher*: tacho *m*; *mit Stiel*: caçarola *f*; (*Dampfkochtopf*) panela *f* de pressão; *für Milch*: fervedor *m*; *bras für Wasser*: chaleira *f*

'Kode [ko:də] M ⟨-s; -s⟩ código *m*; chave *f*
'Köder ['kø:dər] M isca *f*, engodo *m* (*a. fig*) **ködern** ⟨-re-⟩ iscar, engodar (*a. fig*)
'Kodex ['ko:dɛks] M ⟨-es, -; -e, Kodizes⟩ códice *m*; JUR código *m*
ko'dieren [ko'di:rən] ⟨-⟩ escrever em código, codificar **Kodierung** F codificação *f*
Koffe'in [kɔfe'i:n] N ⟨-s; *o. pl*⟩ cafeína *f*
koffeinfrei sem cafeína, descafeinado
'Koffer ['kɔfər] M mala *f*; (*Handkoffer*) mala *f* de mão **Kofferkuli**® M carrinho *m* de bagagem **Kofferradio** N rádio *m* portátil **Kofferraum** M AUTO porta-malas (*od* -bagagem) *m*, mala *f*
'Kognak ['kɔnjak] M ⟨-s; -s⟩ conhaque *m*
Kohl [ko:l] M ⟨-(e)s; *o. pl*⟩ BOT couve *f*
'Kohldampf *umg* M ⟨-(e)s; *o. pl*⟩ fome *f*; ~ **haben** *od* **schieben** passar fome
'Kohle ['ko:lə] F carvão *m*; (*Holzkohle*) carvão *m* vegetal; (*Steinkohle*) carvão *m* de pedra; hulha *f*; **glühende ~n** *pl* brasa *fsg*; **weiße ~** hulha *f* branca; ~ **bunkern** SCHIFF abastecer-se de carvão; (**wie**) **auf ~n sitzen** estar sobre brasas **Kohle-**

hydrat N̄ hidrato m de carvão **Kohlekraftwerk** N̄ central f elé(c)trica de carvão (od hulha)

'**Kohlenbecken** N̄ braseira f; BERGB bacia f (carbonífera), jazigo m (hulhífero) **Kohlenbergwerk** N̄ ‹-(e)s; -e› mina f de carvão **Kohlendioxid** ['ko:ləndi:?ɔksi:t] N̄, **Kohlendioxyd** ['-di:?ɔksy:t] N̄ dióxido m de carbono **Kohlenflöz** N̄ filão m de hulha **Kohlenhändler** M̄ carvoeiro m **Kohlenkeller** M̄ carvoeira f **Kohlenmonoxid** ['ko:lanmo:nɔksi:t] N̄, **Kohlenmonoxyd** N̄ ‹-(e)s; o. pl› óxido m de carvão **Kohlenrevier** N̄ região f (od bacia f) carbonífera **kohlensauer** carbónico (bras *ô) **Kohlensäure** F ‹o. pl› ácido m carbónico (bras *ô); Getränk: **ohne/mit** ~ sem/com gás **Kohlenstaub** M̄ ‹-(e)s; o. pl› cisco m **Kohlenstoff** M̄ ‹-(e)s; o. pl› CHEM carbono m **Kohlenwagen** M̄ BAHN ténder m **Kohlenwasserstoff** M̄ hidrocarboneto m; hidrogénio m (bras *ê) carburado

'**Kohlepapier** N̄ ‹-s; o. pl› papel m químico

'**Köhler** ['kø:lər] M̄ carvoeiro m

'**Kohlestift** M̄ carvão m **Kohletablette** F pastilha f de carvão **Kohlezeichnung** F desenho m a carvão

'**Kohlkopf** M̄ repolho m; cabeça f de couve **Kohlmeise** F mejengra f **kohl(raben)schwarz** preto como o carvão **Kohlrabi** [ko:l'ra:bi] M̄ ‹-, -s; -, -s› couve-rábano f **Kohlrübe** F nabo m **Kohlweißling** ['ko:lvaıslıŋ] M̄ ‹-s; -e› ZOOL borboleta f da couve

'**Koitus** [ko:itus] M̄ ‹-;-› coito m

'**Koje** ['ko:jə] F SCHIFF beliche m; umg cama f

Koka'in [koka'i:n] N̄ ‹-s; o. pl› cocaína f; ~ **schnupfen** tomar (bras cheirar) cocaína **koka'insüchtig** cocainómano (bras *ô), viciado em cocaína

Koke'rei [koka'raı] F fábrica f de coque

ko'kett [ko'kɛt] coquete; janota **Koketterie** coquetismo m **koket'tieren** ‹-› ~ namori(isc)ar, brincar com; fig **mit etw** ~ mit e-r Idee: cogitar a/c; mit e-m Laster: brincar com

Ko'kon [ko'kõ:] M̄ ‹-s; -s› casulo m

'**Kokosnuss** F ‹-; Kokosnüsse› coco m **Kokosöl** N̄ óleo m de coco (od copra) **Kokospalme** F coqueiro m **Kokosraspeln** PL raspas fpl de coco

Koks [ko:ks] M̄ ‹-es; -e› coque m

'**Kolben** ['kɔlbən] CHEM alambique m, balão m; TECH êmbolo m, pistão m; bras pistom m; (Gewehrkolben) coronha f; BOT (Maiskolben) espiga f (de milho), maçaroca f **Kolbenhub** M̄ TECH curso m de êmbolo **Kolbenstange** F AUTO haste f do êmbolo

'**Ko'lik** ['ko:lık, ko'li:k] F cólica f

kollabieren [kola'bi:rən] Vİ ‹-› MED colapsar, ter um colapso

Kollabora'teur(in) [kolabora'tø:r(ın)] M̄/F ‹-s; -e› colaborador(a) m(f)

'**Kollaps** ['kɔlaps] M̄ ‹-es; -e› MED colapso m

Kol'leg [kɔ'le:k] N̄ ‹-s; -s› curso m; einzelnes: aula f, conferência f **Kollege** [kɔ'le:gə] M̄, **Kollegin** F colega m/f, companheiro m, -a f (de trabalho) **kollegi'al** [kolegi'a:l] de colega **Kollegium** [kɔ'le:giʊm] N̄ ‹-s; Kollegien› colégio m; Lehrer: corpo m docente

Kol'lekte [kɔ'lɛktə] F REL colheita f; peditório m; cole(c)ta f

Kollekti'on [kɔlɛkti'o:n] F cole(c)ção f **Kollek'tiv** [kɔlɛk'ti:f] N̄ ‹-s; -e› cole(c)tivo m **Kollek'tiv...** IN ZSSGN cole(c)tivo **Kollekti'vierung** [kɔlɛkti'vi:rʊŋ] F cole(c)tivização f

Koller ['kɔlər] M̄ ‹-s; -› Tierkrankheit: vertigem f; fig doidice f, telha f **kollern** ‹-re› Truthahn gorgolejar; Magen, Darm etc roncar

kolli'dieren [kɔli'di:rən] ‹-› colidir; zeitlich: coincidir; ~ **mit** haver incompatibilidade com **Kollision** [kɔlizi'o:n] F colisão f

Kol'loquium [kɔ'lo:kviʊm] N̄ ‹-s; Kolloquien› colóquio m

Köln ['kœln] N̄ Colónia f '**Kölnischwasser** ['kœlnıʃvasər] N̄ ‹-s; -› água f de colónia (bras *ô)

koloni'al [koloni'a:l], **Kolonia...** IN ZSSGN colonial **Kolonia'lismus** [kolonia'lısmʊs] M̄ ‹-; o. pl› colonialismo m **kolonia'listisch** colonial

Kolo'nie [kolo'ni:] F colónia f (bras *ô) **koloni'sieren** [koloni'zi:rən] ‹-› colonizar **Kolonist(in)** M̄/F ‹-en› colono m, -a f

Kolon'nade [kɔlɔ'na:də] F arcada f

KOMM

Ko'lonne [ko'lɔnə] F coluna f
Kolo'phonium [kolo'fo:nium] N ⟨-s; o. pl⟩ colofónia f; bras colofônio m
Kolora'tur [kolora'tu:r] F MUS trinado m
kolo'rieren [kolo'ri:rən] ⟨-⟩ colorir **Ko-lo'rit** [kolo'ri:t] N ⟨-(e)s; -e⟩ colorido m
Ko'loss [ko'lɔs] M ⟨-es; -e⟩ colosso m
kolos'sal [kɔlɔ'sa:l] colossal
Ko'lumbianer(in) [ko'lumbian] M(F) colombiano m, -a f **kolumbianisch** colombiano, da Colômbia f **Kolumbien** [ko'lumbiən] N ⟨-s⟩ GEOG Colômbia f
Ko'lumne [ko'lumnə] F coluna f **Kolum'nist** M ⟨-en⟩, **Kolum'nistin** F colunista m/f
Koma ['ko:ma] N ⟨-s; -s od -ta⟩ coma m; ins Koma fallen entrar em coma; im Koma liegen estar em coma
'Kombi ['kɔmbi] A M ⟨-s; -s⟩ → Kombiwagen B F umg → Kombination
Kombinati'on [kɔmbinatsi'o:n] F combinação f **Kombina'tionsgabe** F ⟨o. pl⟩ talento m para combinar **kombi-'nieren** [kɔmbi'ni:rən] combinar (mit com)
'Kombiwagen M carrinha f (station), combi m **Kombizange** F alicate m universal
Ko'met [ko'me:t] M ⟨-en⟩ cometa m **Ko-metenbahn** F órbita f do cometa
Kom'fort [kɔm'fo:r] M ⟨-s; o. pl⟩ conforto m; comodidades fpl; **mit allem ~** com todo conforto **komfor'tabel** [kɔmfɔr-'ta:bəl] confortável, cómodo (bras *ô)
'Komik ['ko:mɪk] F ⟨o. pl⟩ cómico m (bras *ô) **Komiker(in)** ['ko:mikər(in)] M(F) cómico m, -a f (bras *ô) **komisch** (lächerlich) cómico (bras *ô), ridículo; (merkwürdig) esquisito; THEAT burlesco; **~e Oper** F ópera f bufa
Komi'tee [komi'te:] N ⟨-s; -s⟩ comissão f; junta f
'Komma ['kɔma] N ⟨-s; -s, -ta⟩ vírgula f; **ein ~ setzen** colocar uma vírgula
Komman'dant [kɔman'dant] M ⟨-en⟩ MIL comandante m **Kommandan'tur** [kɔmanda'tu:r] F governo m militar **Komman'deur** [kɔman'dø:r] M ⟨-s; -e⟩ MIL comandante m; chefe m **kom-man'dieren** [kɔman'di:rən] ⟨-⟩ comandar
Komman'ditgesellschaft [kɔman-'di:tɡəzɛlʃaft] F sociedade f em comandita, comandita f
Kom'mando [kɔ'mando] N ⟨-s; -s⟩ (Befehl) comando m; (Abteilung) destacamento m; **das ~ führen** (od **haben**) chefiar **Kommandobrücke** F SCHIFF ponte f de comando
'kommen ['kɔmən] ⟨s.⟩ ❶ vir; (ankommen) chegar; **angelaufen** od **angerannt ~** → **anlaufen, anrennen; nach Hause ~** voltar em casa; **ich komme schon!** já vou!; **~ lassen** mandar vir ❷ teuer (**zu stehen**) **~** custar, resultar; fig a. sair; **wie es gerade kommt** como calha(r); **woher** (od **wie**) **kommt es, dass ...?** como se explica que ...?; **es musste so ~** tinha de acontecer; **das kommt davon** eis as consequências; **hinzu kommt, dass ...** acresce que ...; além disso, ... ❸ mit präp: **an den Tag ~** vir à luz; **auf etw** (akk) **~** (erreichen) alcançar a/c; (sich erinnern) lembrar-se de a/c; (sich belaufen) montar a a/c; Anteil: **auf ihn kommt ...** cabe(m)-lhe, ele fica com ...; **auf seine Kosten ~** HANDEL não ficar prejudicado; fig ficar satisfeito; **~ durch** passar por; **hinter etw** (akk) **~** (chegar a) descobrir; **ins Laufen etc ~** começar a ser; **um etw ~** ficar sem; **zu etw ~** conseguir a/c; **wieder zu sich ~** tornar a si; **wie kommst du dazu, ...?** quem te deu o direito (de ...)?; para que fazes isto?; bras como você chegou a essa conclusão?
'Kommen ['kɔmən] N chegada f; **~ und Gehen** vaivém m **'kommend** ADJ vindouro, futuro; Monat etc que vem
Kommen'tar [kɔmɛn'ta:r] M ⟨-s; -e⟩ comentário m **Kommentator** [kɔmɛn'ta:tɔr] M ⟨-s; -en [-'to:rən]⟩, **Kommenta-'torin** [kɔmɛnta'to:rin] F comentador(a) m(f) **kommen'tieren** comentar
Kom'merz [kɔ'mɛrts] M ⟨-es; o. pl⟩ comércio m **kommerzialisieren** [kɔ-mɛrtsiali'si:rən] ⟨-⟩ comercializar **kom-merzi'ell** [kɔmɛrtsi'ɛl] comercial
Kommili'tone M ⟨-n⟩, **Kommilito-nin** F colega m/f; companheiro m, -a f de estudos
Kommis'sar(in) [kɔmi'sa:r(in)] M(F) ⟨-s; -e⟩ Polizei, POL comissário m, -a f **Kom-missari'at** [kɔmisari'a:t] N ⟨-(e)s; -e⟩ comissariado m **kommissarisch** A ADJ provisório; em exercício B ADV provisoriamente

Kommissi'on [kɔmɪsi'oːn] F̲ comissão f
Kommissio'när [kɔmɪsɪoˈnɛːr] M̲ ⟨-s; -e⟩ comissionário m **Kommissi'onsgeschäft** N̲ (contrato m de) comissão f
Kom'mode [kɔ'moːdə] F̲ cómoda f (bras *ô)
kommu'nal [kɔmu'naːl] comunal, municipal **Kommu'nalpolitik** F̲ ⟨o. pl⟩ política f municipal (od comunal) **Kommu'nalwahl** F̲ eleições fpl municipais (od comunais)
Kom'mune [kɔ'muːnə] F̲ município m
Kommunikati'on [kɔmunikatsi'oːn] F̲ comunicação f **Kommunikationsmittel** N̲ meio m de comunicação
Kommuni'on [kɔmuni'oːn] F̲ REL comunhão f
Kommu'nismus M̲ ⟨-; o. pl⟩ comunismo m **Kommu'nist(in)** M̲(F̲) ⟨-en⟩ comunista m/f **kommu'nistisch** comunista
kommuni'zieren [kɔmuni'tsiːrən] ⟨-⟩ comunicar; REL comungar
Komödi'ant(in) [kɔmøː'diˑant(ɪn)] M̲(F̲) ⟨-en⟩ comediante m/f; a(c)tor m cómico (bras *ô) a(c)triz f cómica (bras *ô) **Ko'mödie** [ko'møːdiə] F̲ comédia f
'Kompagnon ['kɔmpanjɔn] M̲ ⟨-s; -s⟩ sócio m
kom'pakt [kɔm'pakt] compa(c)to; espesso
Kompa'nie [kɔmpa'niː] F̲ companhia f
'Komparativ ['kɔmparatiːf] M̲ ⟨-s; -e⟩ comparativo m
'Kompass ['kɔmpas] M̲ ⟨-es; -e⟩ bússola f **Kompassnadel** F̲ agulha f de marear (od magnética)
kompa'tibel [kɔmpa'tiːbəl] compatível **Kompatibili'tät** [kɔmpatibili'tɛːt] F̲ compatibilidade f
Kompensati'on [kɔmpɛnsatsi'oːn] F̲ (Ausgleich) compensação f; (Erstattung) a. inde(m)nização f **Kompensati'onsgeschäft** N̲ Börse: mercado m de aplicação **kompen'sieren** ⟨-⟩ compensar
kompe'tent [kɔmpe'tɛnt] competente; autorizado; categorizado **Kompe'tenz** F̲ competência f, autoridade f **Kompe'tenzbereich** M̲ âmbito m de competência
komplemen'tär [kɔmplemɛn'tɛːr] complementar **Komplementärfarbe** F̲ cor f complementar

kom'plett [kɔm'plɛt] completo
kom'plex [kɔm'plɛks] ADJ complexo
Kom'plex [kɔm'plɛks] M̲ ⟨-es; -e⟩ complexo m (a. PSYCH); ARCH a. conjunto m
Komplikati'on [kɔmplikatsi'oːn] F̲ complicação f; **es gab ~en** MED houveram complicações
Kompli'ment [kɔmpli'mɛnt] N̲ ⟨-(e)s; -e⟩ cumprimento m; elogio m; **(mein) ~!** meus parabéns!
Kom'plize [kɔm'pliːtsə] M̲ ⟨-n⟩ cúmplice m **kompli'zieren** [kɔmpli'tsiːrən] ⟨-⟩ complicar **kompli'ziert** complicado **Kompli'zin** [kɔm'pliːtsɪn] F̲ cúmplice f
Kom'plott [kɔm'plɔt] N̲ ⟨-(e)s; -e⟩ conspiração f, trama f, intriga f
Kompo'nente [kɔmpo'nɛntə] F̲ componente f **kompo'nieren** [kɔmpo'niːrən] ⟨-⟩ compor **Kompo'nist(in)** M̲(F̲) ⟨-en⟩ compositor(a) m(f) **Kompositi'on** [kɔmpozitsi'oːn] F̲ composição f
Kom'post [kɔm'pɔst] M̲ ⟨-(e)s; -e⟩ estrume m
Kom'pott [kɔm'pɔt] N̲ ⟨-(e)s; -e⟩ compota f, doce m de frutas cozidas
Kom'presse [kɔm'prɛsə] F̲ compressa f
Kompressor [kɔm'prɛsɔr] M̲ ⟨-s; -en [kɔmprɛ'soːrən]⟩ TECH compressor m
kompri'mieren [kɔmpri'miːrən] ⟨-⟩ comprimir; Daten a. compactar
Kompro'miss [kɔmpro'mɪs] M̲ ⟨-es; -e⟩ compromisso m, acordo m **kompromisslos** ⟨-este⟩ intransigente **Kompromisslösung** F̲ compromisso m
kompromit'tieren [kɔmprɔmɪ'tiːrən] ⟨-⟩ comprometer
Konden'sat [kɔndɛn'zaːt] N̲ ⟨-(e)s; -e⟩ CHEM produto m de condensação **Kondensator** [kɔndɛn'zaːtɔr] M̲ ⟨-s; -en [-za'toːrən]⟩ condensador m **kondensieren** ⟨-⟩ condensar
Kon'densmilch [kɔn'dɛnsmɪlç] F̲ ⟨o. pl⟩ leite m condensado **Kondensstreifen** M̲ FLUG rasto m (bras rastro m) de condensação **Kondenswasser** N̲ ⟨-s; o. pl⟩ CHEM água f condensada
Konditi'on [kɔndɪtsi'oːn] F̲ condição f (a. körperlich) **Konditionstraining** N̲ ⟨-s; -s⟩ SPORT treino m de condição física
Kon'ditor [kɔn'diːtɔr] M̲ ⟨-s; -en⟩ confeiteiro m; pasteleiro m **Konditor'ei** [kɔndiːto'raɪ] F̲ confeitaria f; pastelaria f
Kondo'lenz [kɔndo'lɛnts] F̲ pêsame(s)

m(pl); condolência(s) f(pl) **Kondo'lenzbesuch** M̄ visita f de condolências **kondo'lieren** ⟨-⟩ j-m dar os pêsames a **Kon'dom** [kɔn'do:m] N̄ od M̄ ⟨-s; -e⟩ preservativo m
Kon'fekt [kɔn'fɛkt] N̄ ⟨-(e)s; -e⟩ doces mpl; confeitos mpl **Konfekti'on** [kɔnfɛktsi'o:n] F̄ ⟨o. pl⟩ confe(c)ção f pronto-a-vestir
Konfe'renz [kɔnfe'rɛnts] F̄ conferência f; reunião f **Konferenztisch** M̄ mesa f de conferências **Konferenzzimmer** N̄ sala f de conferências **konfe'rieren** [kɔnfe'ri:rən] ⟨-⟩ conferenciar; estar em conselho; reunir-se em conselho
Konfessi'on [kɔnfɛsi'o:n] F̄ religião f, confissão f **konfessionslos** sem confissão
Kon'fetti [kɔn'fɛti] PL inv papelinhos mpl; bras confete m
Konfigura'tion [kɔnfiguratsi'o:n] F̄ ⟨-; -en⟩ configuração f **konfigu'rieren** ⟨-⟩ configurar
Konfir'mand(in) [kɔnfɪr'mant (-'mandɪn)] M(F) ⟨-en⟩ REL protestantisch: jovem que se prepara para a confirmação ou já a recebeu **Konfirmati'on** [kɔnfɪrmatsi'o:n] F̄ protestantisch: confirmação f **konfir'mieren** ⟨-⟩ confirmar
konfis'zieren [kɔnfɪs'tsi:rən] ⟨-⟩ confiscar
Konfi'türe [kɔnfi'ty:rə] F̄ compota f, doce m
Kon'flikt [kɔn'flɪkt] M̄ ⟨-(e)s; -e⟩ conflito m; innerer: dilema m **konfliktgeladen**, **konfliktreich** conflituoso **Konfliktsituation** F̄ situação f conflituosa
kon'form [kɔn'fɔrm] conforme; idêntico
Konfrontati'on [kɔnfrɔntatsi'o:n] F̄ confrontação f **konfron'tieren** [kɔnfrɔn'ti:rən] ⟨-⟩ confrontar
kon'fus [kɔn'fu:s] confuso
Kon'gress [kɔn'grɛs] M̄ ⟨-es; -e⟩ congresso m **Kongressteilnehmer(in)** M(F) congressista m/f
'König ['kø:nɪç] M̄ ⟨-s; -e⟩ rei m **Königin** ['kø:nɪgɪn] F̄ rainha f **Königinmutter** F̄ rainha-mãe f **'königlich** ['kø:nɪklɪç] real; régio **'Königreich** N̄ reino m
'Königs... IN ZSSGN oft real, régio **Königshaus** N̄ casa f real **Königskerze** F̄ BOT verbasco m **Königspaar** N̄ reis mpl **königstreu** legitimista, monárquico

'konisch ['ko:nɪʃ] cónico (bras *ô)
Konjugati'on [kɔnjugatsi'o:n] F̄ conjugação f **konju'gieren** ⟨-⟩ conjugar
Konjunkti'on [kɔnjʊŋktsi'o:n] F̄ conjunção f **'Konjunktiv** ['kɔnjʊŋkti:f] M̄ ⟨-s; -e⟩ subjuntivo m, conjuntivo m
Konjunk'tur [kɔnjʊŋk'tu:r] F̄ conjuntura f; bes WIRTSCH **steigende ~** alta f; **fallende ~** baixa f **konjunkturell** [kɔnjʊŋktu'rɛl] conjuntural **Konjunkturschwankungen** FPL flutuação fsg dos mercados (od conjuntural); bras flutuações fpl do mercado
kon'kav [kɔn'ka:f] côncavo
Konkor'dat [kɔnkɔr'da:t] N̄ ⟨-(e)s; -e⟩ concordata f
kon'kret [kɔn'kre:t] concreto
Konkur'rent(in) [kɔnkʊ'rɛnt(ɪn)] M(F) ⟨-en⟩ concorrente m/f; competidor(a) m(f) **Konkurrenz** [kɔnkʊ'rɛnts] F̄ concorrência f, competição f **konkurrenzfähig** capaz de concorrer **Konkurrenzkampf** M̄ luta f de concorrência **konkurrenzlos** único **konkurrieren** ⟨-⟩ concorrer, competir
Kon'kurs [kɔn'kʊrs] M̄ ⟨-es; -e⟩ falência f, quebra f; **~ machen**, **in ~ gehen** abrir falência; **~ anmelden** apresentar-se à falência **Konkurseröffnung** F̄ abertura f da falência **Konkursmasse** F̄ massa f falida **Konkursverfahren** N̄ processo m de falência **Konkursverwalter** M̄ administrador m da massa falida
'können ['kœnən] poder; (gelernt haben) saber; Sprache saber (falar); **ich kann nichts dafür** a culpa não é minha; **es kann sein, dass** pode ser que **'Können** N̄ saber m; capacidade f; talento m; virtuosidade f **'Könner(in)** M(F) virtuoso m, -a f
Kon'sens [kɔn'zɛns] M̄ ⟨-es; -e⟩ consenso m
konse'quent [kɔnzə'kvɛnt] consequente **Konsequenz** [kɔnzə'kvɛnts] F̄ consequência f; **~en ziehen aus** arcar com as consequências
konserva'tiv [kɔnzɛrva'ti:f] conservador **Konserva'torium** [kɔnzɛrva'to:riʊm] N̄ ⟨-s; Konservatorien⟩ instituto m de

música; *staatlich*: conservatório m de música

Kon'serve [kɔn'zɛrvə] F̄ conserva f **Konservenbüchse** F̄, **Konservendose** F̄ lata f de conservas **kon'servieren** [kɔnzɛr'viːrən] ‹-› conservar **Konser'vierungsmittel** N̄ conservante m

Konsis'tenz [kɔnzɪs'tɛnts] F̄ ‹*o. pl*› consistência f **Konsis'torium** [kɔnzɪs'toːriʊm] N̄ ‹-s; Konsistorien› consistório m

Kon'sole [kɔn'zoːlə] F̄ ‹-; -n› **1** IT (*Spielkonsole*) consola f; *bras* console m **2** ARCH mísula f

konsoli'dieren [kɔnzoli'diːrən] ‹-› consolidar

Konso'nant [kɔnzo'nant] M̄ ‹-en› LING consoante f

Kon'sortium [kɔn'zɔrtsiʊm] N̄ ‹-s; Konsortien› consórcio m

konsta'tieren [kɔnsta'tiːrən] ‹-› verificar; afirmar

konstitu'ieren [kɔnstitu'iːrən] ‹-› constituir **Konstituti'on** [kɔnstitutsi'oːn] F̄ constituição f **konstitutio'nell** [kɔnstitutsio'nɛl] constitucional

konstru'ieren [kɔnstru'iːrən] ‹-› construir

Konstruk'teur [kɔnstrʊk'tøːr] M̄ ‹-s; -e› construtor m **Konstrukti'on** [kɔnstrʊktsi'oːn] F̄ construção f **Konstruktions...** IN ZSSGN de construção **konstruk'tiv** construtivo

'Konsul ['kɔnzʊl] M̄ ‹-s; -n› cônsul m **konsu'larisch** [kɔnzu'laːrɪʃ] consular **Konsu'lat** [kɔnzu'laːt] N̄ ‹-(e)s; -e› consulado m **Konsu'lats...** IN ZSSGN consular; do consulado

Konsultati'on [kɔnzʊltatsi'oːn] F̄ consulta f **konsul'tieren** [kɔnzʊl'tiːrən] ‹-› consultar

Kon'sum [kɔn'zuːm] M̄ ‹-s; *o. pl*› consumo m **Konsu'ment** [kɔnzu'mɛnt] M̄ ‹-en›, **Konsu'mentin** F̄ consumidor(a) m(f) **Kon'sumgesellschaft** F̄ sociedade f de consumo **Kon'sumgüter** NPL bens mpl de consumo **konsu'mieren** ‹-› consumir, gastar **Kon'sumverhalten** N̄ ‹-s; *o. pl*› atitude f (*od* comportamento m) de consumo

Kon'takt [kɔn'takt] M̄ ‹-(e)s; -e› conta(c)to m; **~ aufnehmen mit** entrar em conta(c)to com; **in ~ stehen** *od* **sein** (**mit**) manter conta(c)to com **Kontaktanzeige** F̄ anúncio m de conhecimentos **Kontaktlinse** F̄ lente f de conta(c)to **Kontaktperson** F̄ conta(c)to m

'Konterfei ['kɔntɐfaɪ] N̄ ‹-s; -e› retrato m **kontern** ['kɔntɐn] responder; defender-se **Konterrevolution** F̄ contra-revolução f

Konti'nent [kɔnti'nɛnt] M̄ continente m **kontinen'tal** [kɔntinɛn'taːl] continental

Kontin'gent [kɔntɪŋ'gɛnt] N̄ ‹-(e)s; -e› contingente m **kontingen'tieren** ‹-› limitar

kontinu'ierlich [kɔntinu'iːrlɪç] contínuo **Kontinui'tät** [kɔntinui'tɛːt] F̄ ‹*o. pl*› continuidade f

'Konto ['kɔnto] N̄ ‹-s; Konten› FIN conta f (corrente) **Kontoauszug** M̄ extra(c)to m da conta **Kontoinhaber** M̄ titular m da (*od* de uma) conta **Kontokor'rent** [kɔntoko'rɛnt] N̄ ‹-s; -e› FIN conta-corrente f

Kon'tor [kɔn'toːr] N̄ ‹-s; -e› HANDEL escritório m

'Kontostand M̄ saldo m (da conta corrente)

'kontra ['kɔntra] ADV contra **Kontrabass** M̄ contrabaixo m **Kontra'hent(in)** [kɔntra'hɛnt(ɪn)] M(F) ‹-en› contraente m/f; parte f contratante; (*Gegner,-in*) adversário m, -a f

Kon'trast [kɔn'trast] M̄ ‹-es; -e› contraste m **kontras'tieren** [kɔntras'tiːrən] ‹-› contrastar **Kon'trastmittel** N̄ MED meio m de contraste

Kon'trollabschnitt [kɔn'trɔlapʃnɪt] M̄ senha f, talão f **Kon'trolle** [kɔn'trɔlə] F̄ controle m; AUTO revisão f; inspe(c)ção f; vistoria f; **die ~ verlieren** (**über** *akk*) perder o controle (**sobre**); **alles unter ~ haben** ter (*od* estar com) tudo sob controle **Kontrol'leur(in)** [kɔntrɔ'løːr(ɪn)] M(F) ‹-s; -e› controlador(a) m(f); revisor(a) m(f) **kontrol'lieren** [kɔntrɔ'liːrən] ‹-› controlar; (*prüfen a.*) revisar, examinar; fazer a revisão de

Kon'trolllampe F̄ lâmpada-piloto f **Kontrollmarke** F̄ senha f (de saída) **Kontrollturm** M̄ FLUG torre m de controlo (*bras* controle)

Kontro'verse [kɔntro'vɛrzə] F̄ controvérsia f

Kon'tur [kɔn'tu:r] F̲ contorno m
Konventi'on [kɔnvɛntsi'o:n] F̲ convénio m (bras *ê); convenção f **Konventio'nalstrafe** F̲ multa f convencional **konventio'nell** [kɔnvɛntsio'nɛl] convencional
Konversati'on [kɔnvɛrzatsi'o:n] F̲ conversa(ção) f **Konversationslexikon** N̲ enciclopédia f
konver'tierbar [kɔnvɛr'ti:rba:r] IT conversível, convertível **konvertieren** ‹-› IT converter
kon'vex [kɔn'vɛks] convexo
Kon'voi [kɔn'vɔy] M̲ ‹-s; -s› comboio m
Konzen'trat [kɔntsɛn'tra:t] N̲ ‹-(e)s; -e› (produto m) concentrado m **Konzentra'tion** [kɔntsɛntratsi'o:n] F̲ concentração f **Konzentra'tionslager** N̲ campo m de concentração **konzen'trieren** ‹-› concentrar; **sich nicht ~ können** não conseguir concentrar-se
kon'zentrisch [kɔn'tsɛntrɪʃ] concêntrico
Kon'zept [kɔn'tsɛpt] N̲ ‹-(e)s; -e› rascunho m; bras esboço m; minuta f, borrão m; **aus dem ~ kommen/bringen** perder/fazer perder o fio **Konzepti'on** [kɔntsɛptsi'o:n] F̲ conce(p)ção f
Kon'zern [kɔn'tsɛrn] M̲ ‹-(e)s; -e› grupo m empresarial **Konzernchef(in)** M̲/F̲ chefe m/f do grupo empresarial
Kon'zert [kɔn'tsɛrt] N̲ ‹-(e)s; -e› concerto m **Konzertsänger(in)** M̲/F̲ concertista m/f; cantor(a) m/f de concerto
Konzessi'on [kɔntsɛsi'o:n] F̲ alvará m, concessão f **konzessio'nieren** V̲/T ‹-› conceder
Kon'zil [kɔn'tsi:l] N̲ ‹-s; -e, -ien› REL concílio m
Kooperati'on [ko?ɔpɛratsi'o:n] F̲ ‹o. pl› cooperação f **koopera'tiv** [ko?ɔpɛra'ti:f] cooperativo **Koopera'tive** [ko?ɔpɛra'ti:va] F̲ cooperativa f **koope'rieren** ‹-› cooperar
Koordi'nate [ko?ɔrdi'na:ta] F̲ coordenada f **Koordinati'on** F̲ coordenação f **koordi'nieren** ‹-› coordenar
Kopen'hagen [kopən'ha:gən] N̲ GEOG Copenhaga (o. art); bras Copenhague (o. art)
Kopf [kɔpf] M̲ ‹-(e)s; ⸚e› cabeça f; fig inteligência f; **~ an ~** ombro a ombro; **~ hoch!** ânimo!; **den ~ hängen lassen** andar cabisbaixo, andar desanimado; **j-m den ~ waschen** fig dar uma ensaboadela a alg; bras passar o sabão em alg; **sich den ~ zerbrechen** quebrar a cabeça; **nicht auf den ~ gefallen sein** umg não ser tolo; **j-m etw auf den ~ zusagen** dizer a/c na cara de alg; **auf den ~ hauen** umg fig gastar; **auf den ~ stellen** remexer, revolver, pôr às avessas; **sich (dat) etw aus dem ~ schlagen** desistir de a/c; **sich (dat) etw in den ~ setzen** meter-se a/c na cabeça; **j-m über den ~ wachsen** fig exceder as forças de alg, emancipar-se (da autoridade) de alg; **von ~ bis Fuß** dos pés à cabeça; **j-n vor den ~ stoßen** fig ofender alg; escandalizar alg
'Kopfarbeit F̲ trabalho m intele(c)tual **'Kopfball** M̲ bola f (od remate m) de cabeça **'Kopfbedeckung** F̲ resguardo m da cabeça
'köpfen ['kœpfən] 1 SPORT Ball dar cabeçada 2 j-n decapitar (a. fig); cortar a cabeça a
'Kopfende N̲ cabeceira f **Kopfhörer** M̲ auscultador m; bras fone m **Kopfkissen** N̲ travesseiro m **kopflos** ‹-este› sem cabeça; fig a. desnorteado **Kopfrechnen** N̲ cálculo m mental **Kopfsalat** fsg alface m **kopfscheu** espantado, medroso **Kopfschmerz** M̲ dor f de cabeça **Kopfschuppen** F̲PL MED caspa fsg **Kopfschütteln** N̲ abanar m da cabeça, gesto m negativo da cabeça **Kopfsprung** M̲ salto m de cabeça; **e-n ~ machen** dar um salto de cabeça **Kopfstand** M̲ pino m **Kopfsteuer** F̲ capitação f; imposto m pessoal (bras per cápita) **Kopfstimme** F̲ (voz f de) falsete m **Kopfstütze** F̲ apoio m para a cabeça; AUTO encosto m **Kopftuch** N̲ lenço m (para a cabeça); bras lenço m de cabeça **kopf'über** ADV de cabeça (para baixo) **Kopfzerbrechen** N̲ ‹-s; o. pl› preocupação f; **j-m ~ machen** causar preocupações a alg; pôr a cabeça de alg em água
Ko'pie [ko'pi:] F̲ cópia f **kopieren** ‹-› copiar
Ko'pierer [ko'pi:rər] M̲, **Kopiergerät** N̲ fotocopiadora f, fotocopiador m; bras xérox m **Kopierpapier** N̲ papel m de fotocópia (bras de xérox) **Kopierstift** M̲ lápis m de copiar

'Kopilot(in) ['koːpiloːt(ɪn)] M(F) ⟨-en⟩ co--piloto m/f
'Koppel[1] ['kɔpəl] F ⟨-; -n⟩ *Pferde*: récua f; *Weide*: campo m, couto m
'Koppel[2] N MIL cinturão m **koppeln** ⟨-le⟩ ligar; TECH, ELEK acoplar; *Tiere*: aparelhar, atrelar **'Kopp(e)lung** ['kɔp(ə)lʊŋ] F TECH acoplamento m; copulação f
'Koproduktion ['koːprodʊktsioːn] F FILM co-produção f
Ko'ralle [koˈralə] F ⟨-n⟩ coral m **Korallen...** IN ZSSGN *meist* de coral, de corais **Korallenfischer** M coraleiro m **Ko'rallenriff** M recife m de corais
Ko'ran [koˈraːn] M Alcorão m
Korb [kɔrp] M ⟨-(e)s; -̈e⟩ cesto m, cesta f; canastra f; (*Einkaufskorb*) cesto m de compras; (*geschlossener Henkelkorb*) cabaz m; *henkelloser, offener, flacher*: açafate m; *fig* **j-m e-n ~ geben** recusar a/c (*od* de) alg, rejeitar alg **'Korbball** M bola-ao--cesto f **'Korbballspieler(in)** M(F) jogador(a) m(f) de bola-ao-cesto **'Korbflasche** F garrafão m **'Korbflechter** ['kɔrpflɛçtər] M cesteiro m, vimeiro m **'Korbmöbel** NPL móveis mpl de vime **'Korbwaren** FPL artigos mpl de vime **'Korbweide** F BOT vimeiro m
'Kordel ['kɔrdəl] F ⟨-; -n⟩ cordão m, cordel m
Ko'rea [koˈreːa] N Coreia f
Ko'rinthe [koˈrɪntə] F passa f, corinto m
Kork [kɔrk] M ⟨-(e)s; -e⟩ cortiça f **'Korkeiche** F sobreiro m **'korken** VT rolhar **'Korken** M (*Propfen*) rolha f **'Korkenzieher** ['kɔrkəntsiːər] M saca--rolhas m
Korn [kɔrn] N ⟨-(e)s; -̈er, *Getreide*: -arten⟩
1 AGR grão m, (*Getreide*) cereais mpl; (*Weizen*) trigo m; (*Saatkorn*) semente f
2 GASTR (*Schnaps*) aguardente f de trigo
3 MIL (ponto m de) mira f; **aufs ~ nehmen** (*akk*) visar; ter em mira **'Kornblume** F BOT escovinha f
'körnen ['kœrnən] granular
'Kornfeld N campo m de cereais, seara f; (*Weizenfeld*) campo m de trigo, trigal m
'körnig ['kœrnɪç] granuloso, granulado
'Kornkammer F celeiro m (*a. fig*)
Kornspeicher M celeiro m, silo m
'Körper ['kœrpər] M corpo m **Körperbau** M ⟨-(e)s; *o. pl*⟩ estatura f **Körperbehindert** deficiente físico **Körperbehinderte(r)** M/F(M) diminuído m, -a f (*bras* deficiente m físico, deficiente f física) **Körperfülle** F ⟨*o. pl*⟩ corpulência f **Körpergeruch** M cheiro m corporal (*bras* de corpo); *bras* ce-cê m **Körpergewicht** N peso m corporal **Körpergröße** F estatura f **Körperhaltung** F atitude f; porte m **Körperkraft** F força f física **körperlich** corpóreo; físico **körperlos** sem corpo; imaterial **Körperpflege** F ⟨*o. pl*⟩ cultura f física; higiene f do corpo; (*Reinlichkeit*) asseio m pessoal **Körperschaft** F entidade f; corporação f **Körperteil** M parte f do corpo **Körperverletzung** F lesão f corporal; ferida f
Korpo'ral [kɔrpoˈraːl] M ⟨-s; -e⟩ cabo m (de esquadra)
Korps [koːr] N ⟨-; -⟩ MIL corpo m (do exército)
korpu'lent [kɔrpuˈlɛnt] corpulento **Korpu'lenz** [kɔrpuˈlɛnts] F ⟨*o. pl*⟩ corpulência f
kor'rekt [kɔˈrɛkt] corre(c)to **Korrektheit** F ⟨*o. pl*⟩ corre(c)ção f
Korrek'tur [kɔrɛkˈtuːr] F emenda f, corre(c)ção f; TYPO revisão f **Korrekturabzug** M → Korrekturbogen **Korrekturband** N ⟨-(e)s; -bänder⟩ fita f de corre(c)ção **Korrekturbogen** M ⟨-s; -*u*. -̈⟩ prova f (tipográfica) **Korrekturfahne** F prova f de granel **Korrekturlesen** N TYPO corre(c)ção f de provas; *bras* revisão f de manuscrito **Korrekturzeichen** N TYPO sinal m de revisão
Korrespon'dent(in) [kɔrɛspɔnˈdɛnt(ɪn)] M(F) ⟨-en⟩ correspondente m/f; (*Zeitungskorrespondent*) *inländisch*: delegado m, -a f **Korrespon'denz** [kɔrɛspɔnˈdɛnts] F correspondência f **korrespon'dieren** ⟨-⟩ corresponder-se
'Korridor ['kɔridoːr] M ⟨-s; -e⟩ corredor m
korri'gieren [kɔriˈgiːrən] ⟨-⟩ corrigir, emendar
Korrosi'on [kɔroziˈoːn] F corrosão f **Korrosionsschutzmittel** N anticorrosivo m
kor'rupt [kɔˈrʊpt] corru(p)to **Korrupti'on** [kɔrʊptsiˈoːn] F corru(p)ção f
'Korse ['kɔrzə] M ⟨-n⟩ corso m
Kor'sett [kɔrˈzɛt] N ⟨-(e)s; -e, -s⟩ esparti-

KRAF

lho m; colete m

'Korsika ['kɔrzika] N̄ Córsega f **Korsin** F̄ corsa f **korsisch** corso, da Córsega

Ko'sak [kɔ'zak] M̄ ⟨-en⟩ cossaco m

'koscher ['kɔ:ʃər] jüdische REL kosher; puro, limpo

'kosen ['ko:zən] ⟨-t⟩ geh acariciar; fazer festas a **Kosename** M̄ nome m familiar (od de carinho); alcunha f

'Kosinus ['ko:zinʊs] M̄ ⟨-; -, -se⟩ MATH co-seno m

Kos'metik [kɔs'me:tɪk] F̄ ⟨o. pl⟩ cosmética f **Kosmetikerin** F̄ esteticista f **kosmetisch** cosmético

'kosmisch ['kɔsmɪʃ] cósmico

Kosmo'naut(in) [kɔsmo'naʊt(ɪn)] M(F) ⟨-en⟩ cosmonauta m/f **Kosmopo-'lit(in)** [kɔsmopo'li:t(ɪn)] M(F) ⟨-en⟩ cosmopolita m/f

'Kosmos ['kɔsmɔs] M̄ ⟨-; sem pl⟩ cosmos m

Kost [kɔst] F̄ ⟨o. pl⟩ comida f, alimento m; (Unterhalt) sustento m; **leichte ~, leicht verdauliche ~** alimentação f leve

'kostbar precioso; (teuer) caro **Kostbarkeit** F̄ preciosidade f

'kosten ['kɔstən] ⟨-e-⟩ **A** V/T custar; **was kostet das?** quanto custa?; **koste es, was es wolle** custe o que custar; a todo o transe **B** V/T (versuchen) provar; saborear; gozar de

'Kosten pl inv custo m; despesas fpl; gastos mpl; **auf ~ gen, auf ~ von** à custa de; a expensas de; **auf meine ~** por minha conta; **auf seine ~ kommen** satisfazer-se **Kostenaufwand** M̄ ⟨-(e)s, o. pl⟩ dispêndio m; gastos pl; despesas fpl **Kostendämpfung** F̄ ⟨o. pl⟩ redução f de despesas **kostendeckend** que cobre as despesas (od os custos) **Kostenfrage** F̄ questão f de (od do) preço **kostenfrei** sem despesas, livre de despesas **kostengünstig** de custos favoráveis **kostenlos** gratuito **kostenpflichtig** ['kɔstənpflɪçtɪç] **~ sein** pagar, ser sujeito a taxa **Kostenpunkt** M̄ preço m **Kostenrechnung** F̄ cálculo m de custos **Kostenvoranschlag** M̄ orçamento m (dos custos)

'köstlich ['kœstlɪç] delicioso

'Kostprobe F̄ bocadinho m; fig amostra f

'kostspielig ['kɔstʃpi:lɪç] dispendioso, caro

Kos'tüm [kɔs'ty:m] N̄ ⟨-s; -e⟩ traje m; (Damenkostüm) saia f e casaco m; (Verkleidung) disfarce m; bras fantasia f **Kos-'tümball** M̄, **Kos'tümfest** N̄ baile m de máscaras (bras a. fantasia) **kos-tü'mieren** [kɔsty'mi:rən] ⟨-⟩ V/R **sich ~** disfarçar-se; bras fantasiar-se (**als de**)

Kot [ko:t] M̄ ⟨-(e)s; o. pl⟩ BIOL, geh excrementos mpl

Kote'lett [kot(ə)'lɛt] N̄ ⟨-(e)s; -s⟩ costeleta f

'Köter ['kø:tər] M̄ ⟨-s⟩ cão m, mastim m

'Kotflügel M̄ AUTO guarda-lama m

'kotzen ['kɔtsən] pop ⟨-t⟩ vomitar; **zum Kotzen sein** Person: ser nojento; Sache: meter nojo

Krabbe ['krabə] F̄ crustáceo m; fig mocinha f **krabbeln** ⟨-le⟩ Käfer etc formigar, mexer; Baby gatinhar

Krach [krax] M̄ ⟨-(e)s⟩ **1** ⟨o. pl⟩ (Lärm) ruído m; barulho m; fracasso m; **~ schlagen** fazer barulho **2** ⟨pl -e⟩ (Streit) arrelia f; bras bagunça f **3** ⟨pl -e⟩ WIRTSCH, Börse: quebra f **krachen** estalar; rebentar **Krachen** N̄ ⟨-s⟩ estalido m, estampido m **'Krachmandel** F̄ amêndoa f com casca

'krächzen ['krɛçtsən] ⟨-t⟩ grasnar

kraft PRÄP ⟨gen⟩ em virtude de

Kraft [kraft] ⟨-; ¨e⟩ F̄ **1** physische: força f, vigor m (a. JUR); geistige: faculdade f; **in ~** em vigor; **außer ~** JUR nulo; sem efeito; **außer ~ setzen** anular; pl **nach Kräften** tanto quanto possível **2** TECH potência f; ELEK a. energia f; **mit voller ~** SCHIFF a toda a força, a todo o vapor

'Kraftanstrengung F̄, **'Kraftaufwand** M̄ ⟨-(e)s; o. pl⟩ esforço m **'Kraftausdruck** M̄ palavrão m **'Kraftbrühe** F̄ caldo m **'Kraftfahrer** M̄ automobilista m; motorista m; bras volante m

'Kraftfahrzeug N̄ automóvel m **Kraftfahrzeugbrief** M̄ certificado m de registo (bras registro) de propriedade **Kraftfahrzeugschein** M̄ livrete m de circulação do veículo **'Kraftfahrzeugsteuer** F̄ imposto m sobre veículos

'Kraftfeld N̄ PHYS campo m elé(c)trico

'Kraftfutter N̄ forragem f concentrada

'kräftig [ˈkrɛftɪç] forte; vigoroso; robusto; (*wirksam*) eficaz; (*nahrhaft*) substancioso; *fig a.* enérgico **kräftigen** [ˈkrɛftɪgən] V/T fortalecer; vigor(iz)ar; corroborar; MED tonificar **Kräftigung** F fortalecimento *m*; MED tonificação *f* **Kräftigungsmittel** N MED tónico *m* (*bras* *ô)

'kraftlos ⟨-este⟩ fraco; sem forças **Kraftprobe** F prova *f* (de forças) **Kraftsport** M culturismo *m*, musculação *f* **Kraftstoff** M combustível *m*, gasolina *f* **Kraftstoffverbrauch** M ⟨-s; *o. pl*⟩ consumo *m* de combustível **kraftstrotzend** pujante, robusto **kraftvoll** vigoroso **Kraftwagen** M auto(móvel) *m* **Kraftwerk** N ELEK central *f* (de energia) elé(c)trica

'Kragen [ˈkraːgən] M colarinho *m*; gola *f*; **es geht j-m an den ~** alg está perdido; **ihm platzt der ~** *umg* está furioso **Kragenweite** F medida *f* do colarinho

'Krähe [ˈkrɛːə] F gralha F **krähen** *Hahn* cantar **Krähenfüße** [ˈkrɛːənfyːsə] MPL *umg* (*Fältchen*) pés-de-galinha *mpl*; *Schrift*: rabiscos *mpl*; gatafunhos *mpl*

'Krake [ˈkraːkə] M ⟨-n; -n⟩ polvo *m* **kraˈkeelen** [kraˈkeːlən] *umg* fazer barulho **Krakeeler** M *umg* brigão *m* **Kralle** [ˈkralə] F unha *f*, garra *f* **krallen** V/R **sich ~ an** (*akk*) agarrar-se a

Kram [kraːm] M ⟨-(e)s; *o. pl*⟩ tralha *f*; **j-m nicht in den ~ passen** *umg* não convir a alg **'kramen** V/I **~ in** (*dat*) remexer, revolver **Kramladen** M mercearia *f*

'Krampe [ˈkrampə] F TECH gancho *m*, gato *m* (de ferro), grampo *m*

Krampf [krampf] M ⟨-(e)s; ⸚e⟩ cãibra *f*, breca *f*; (*Zuckung*) convulsão *f*, espasmo *m* **'Krampfader** F variz *f* **'krampfhaft** convulsivo, espasmódico; *fig* forçado **krampflösend** MED antiespasmódico

Kran [kraːn] M ⟨-(e)s; ⸚e⟩ TECH guindaste *m*, grua *f* **Kranführer** M condutor *m* (*od* maquinista *m*) de guindaste

'Kranich [ˈkraːnɪç] M ⟨-(e)s; -e⟩ grou *m* **krank** [kraŋk] ⟨⸚er; ⸚ste⟩ doente; enfermo; **~ werden** adoecer **'kränkeln** [ˈkrɛŋkəln] ⟨-le⟩ estar doente, estar adoentado, ser doentio **'kranken** [ˈkraŋkən] **an etw** (*dat*) ~ sofrer de a/c; *fig* ter o defeito de a/c

'kränken [ˈkrɛŋkən] ofender, melindrar **'Krankenbericht** M boletim *m* médico **Krankenbesuch** M visita *f* a um doente; **e-n ~ machen** visitar um doente **Krankenbett** N **auf dem ~ liegen** estar de cama; *bras a.* estar acamado **Krankengeld** N diária *f* paga pelas Caixas de Previdência em caso de doença **'Krankengymnast(in)** [ˈkraŋkəngymnast(ɪn)] M|F| ⟨-en; -en⟩ fisioterapeuta *m*/*f* **Krankengymnastik** F fisioterapia *f*, cinesioterapia *f*

'Krankenhaus N hospital *m*, casa *f* de saúde; **ins ~ kommen** dar entrada no hospital **Krankenkasse** F Caixa *f* de Previdência **Krankenpflege** F ⟨*o. pl*⟩ assistência *f* aos enfermos; enfermagem *f* **Krankenpfleger(in)** M|F| enfermeiro *m*, -a *f* **Krankenschein** M atestado *m* de doença; *bras* atestado *m* médico **Krankenschwester** F enfermeira *f* **Krankenversicherung** F (*Krankenkasse*) caixa *f* de previdência; **private ~** seguro *m* de saúde; seguro *m* médico **Krankenwagen** M ambulância *f* **Krankenwärter(in)** M|F| enfermeiro *m*, -a *f* **Krankenzimmer** N quarto *m* de doente(s); enfermaria *f*

'krankfeiern ⟨-re⟩ *umg* fingir-se doente, dar baixa (*bras* estar de licença) por doença simulada; *bras a.* enforcar trabalho **krankhaft** patológico, doentio **Krankheit** F doença *f*, mal *m* **'Krankheitsbild** N MED nosografia *f* **Krankheitserreger** M micróbio *m* patogénico (*bras* *ê) **Krankheitserscheinung** F sintoma *m*

'kranklachen V/R *umg* **sich ~** escangalhar-se a rir; *bras* morrer de rir **'kränklich** [ˈkrɛŋklɪç] doentio, achacado **'krankmelden** V/R **sich ~** dar parte de doente; *fig* justificar a ausência **Krankmeldung** F baixa *f* por (motivo de) doença

'Kränkung [ˈkrɛŋkʊŋ] F ofensa *f*, agravo *m*

Kranz [krants] M ⟨-es; ⸚e⟩ coroa *f*, grinalda *f*; ARCH cornija *f*

'Krapfen [ˈkrapfən] M *reg* bola *f* de Berlim; *bras* sonho *m*

krass [kras] ⟨-er; -este⟩ crasso; flagrante; *umg jugendspr* **voll ~!** (*super*) baril!; porreiro!; (*schlimm*) que gaita!; que canudo!

'Krater ['kra:tər] M̄ cratera f
'kratzbürstig ['kratsbʏrstɪç] fig rabugento Kratze ['kratsə] F̄ raspador m, carda f
'Krätze ['krɛtsə] F̄ ⟨o. pl⟩ MED sarna f, morrinha f
'kratzen ['kratsən] ⟨-t⟩ raspar; coçar; arranhar; (ritzen) esgravatar (an dat em); sich ~ coçar-se Kratzer ['kratsər] M̄, Kratzwunde F̄ arranhão m
'kraulen ['kraʊlən] A V̄ī schwimmen: nadar ao crawl B V̄T Fell, Rücken acariciar; bras a. fazer cafuné
'Krause ['kraʊzə] F̄ Haar: cachos mpl; (Halskrause) colar m, golilha f, cabeção m
'kräuseln ['krɔʏzəln] A V̄T ⟨-le⟩ enrugar, encrespar, franzir; Haar frisar, ondular; fazer cachos B V̄R sich ~ Haar encrespar-se; Wasseroberfläche ondular
Kraut [kraʊt] N̄ ⟨-(e)s; ⸚er⟩ allg: erva f; reg (Kohl) couve f; wie ~ und Rüben numa grande desordem

'Kräuterbutter F̄ manteiga f com ervas Kräuterkäse M̄ ⟨o. pl⟩ queijo m de ervas Kräuterlikör M̄ licor m de ervas Kräutertee M̄ chá m de ervas medicinais; tisana f

Kra'wall [kra'val] M̄ ⟨-s; -e⟩ tumulto m, desordem f Krawallmacher M̄ brigão m, vândalo m
Kra'watte [kra'vatə] F̄ gravata f
Kreati'on F̄ criação f krea'tiv [krea-'ti:f] creativo Kreativi'tät F̄ ⟨o. pl⟩ creatividade f Kreatur [krea'tu:r] F̄ criatura f
Krebs [kre:ps] M̄ ⟨-es; -e⟩ caranguejo m; MED cancro m; bras câncer m; ASTRON Câncer m 'krebsartig canceroso 'krebserregend cancerígeno 'Krebsforschung F̄ cancerologia f 'Krebsgeschwulst F̄ carcinoma m; tumor m canceroso 'krebskrank canceroso 'Krebsvorsorge F̄ prevenção f do cancro (bras câncer) 'Krebszelle F̄ célula f cancerosa
Kre'dit¹ [kre'di:t] M̄ ⟨-(e)s; -e⟩ crédito m; laufender ~ crédito m aberto; auf ~ a crédito; e-n ~ eröffnen, geben dar um crédito
Kredit² ['kre:dɪt] N̄ ⟨-s; -s⟩ FIN haver m
Kre'ditbank F̄ banco m de crédito Kreditbrief M̄ carta f de crédito kre'ditfähig solvente Kreditgeschäft N̄ negócio m a crédito Kredithai M̄ fig agiota m
kredi'tieren ⟨-⟩ FIN creditar, lançar em crédito de; dar a crédito
Kre'ditkarte F̄ cartão m de crédito Kreditlinie F̄ HANDEL linha f de crédito kreditwürdig solvente
'Kreide ['kraɪdə] F̄ cré m, greda f (branca); (Schreibkreide) giz m 'kreidebleich branco como a parede (bras como cal) Kreidefelsen M̄ rocha f cretácea Kreidezeichnung F̄ desenho m a giz
Kreis [kraɪs] M̄ ⟨-es; -e⟩ círculo m; ELEK circuito m; ADMIN (Bezirk) concelho m, distrito m, comarca f; (Gesellschaftskreis) roda f; fig a. esfera f; die höheren (od besseren) ~e a alta roda; im engsten ~(e) na maior intimidade
'Kreisabschnitt M̄ MATH segmento m
Kreisausschnitt M̄ MATH sector m
Kreisbahn F̄ ASTRON órbita f Kreisbewegung F̄ rotação f Kreisbogen M̄ arco m
'kreischen ['kraɪʃən] gritar; Räder etc guinchar, chiar
'Kreisdrehung F̄ rotação f
'Kreisel ['kraɪzəl] M̄ pião m Kreiselkompass M̄ bússola f giroscópica kreiseln rodopiar Kreiselpumpe F̄ bomba f centrífuga
'kreisen ['kraɪzən] ⟨-t⟩ Blut, Geld circular; PHYS gravitar Kreisfläche F̄ círculo m kreisförmig ['kraɪsfœrmɪç] circular Kreislauf M̄ ⟨-(e)s; o. pl⟩ circulação f Kreislaufstörung F̄ perturbação f circulatória Kreislinie F̄ linha f circular kreisrund circular; orbicular Kreissäge F̄ serra f circular
'Kreißsaal M̄ MED sala f de partos 'Kreisstadt F̄ capital f de distrito (od concelho) Kreisumfang M̄ circunferência f Kreisverkehr M̄ sentido m giratório, tráfego m circular
Krem(e) [kre:m] F̄ ⟨-; -s⟩ → Creme
Krema'torium [krema'to:rium] N̄ ⟨-s; Krematorien⟩ crematório m
Kreml ['krɛml] M̄ ⟨-s⟩ POL Cremlim m
'Krempe ['krɛmpə] F̄ aba f; rebordo m
'Krempel¹ M̄ ⟨-s⟩ umg trastes mpl; farraparia f
'Krempel² F̄ ⟨-; -n⟩ TECH carda f
Kre'ole [kre'o:lə] M̄ ⟨-n; -n⟩, Kreolin F̄ crioulo m, -a f kreolisch crioulo
kre'pieren [kre'pi:rən] ⟨-; s.⟩ (platzen) re-

bentar; *umg* (*sterben*) esticar o pernil **Krepp** [krɛp] M̄ ⟨-s; -e, -s⟩ crepe *m*; (*Trauerflor*) *a.* fumo *m* **'Krepppapier** N̄ papel *m* de crepe
'Kresse ['krɛsə] F̄ mastruço *m*; (*Brunnen-Kresse*) agrião *m*
kreuz [krɔyts] ADV ~ **und quer** em todos os sentidos
Kreuz [krɔyts] N̄ ⟨-es; -e⟩ cruz *f* (*a. fig*); ANAT espinha *f*, cruzes *fpl*; ZOOL (*Kruppe*) garupa *f*; MUS (sinal *m* de) sustenido *m*; *Kartenspiel*: ≈ paus *mpl*; ASTRON ~ **des Südens** cruzeiro *m* do sul; **j-n aufs** ~ **legen** *umg* enganar alg; **über** ~ cruzado **'Kreuzabnahme** F̄ ⟨o. pl⟩ descimento *m* (*bras* descida *f*) da cruz **'Kreuzblütler** ['krɔytsbly:tlər] M̄ BOT crucífera *f* **'kreuzen** ⟨-t⟩ cruzar (*a.* SCHIFF); (**gegen den Wind**) ~ barlaventear; pôr-se a barlavento **'Kreuzer** M̄ SCHIFF cruzador *m*; *hist Münze*: cruzado *m* **'Kreuzfahrt** F̄ SCHIFF cruzeiro *m*; REL cruzada *f* **'Kreuzfeuer** N̄ fogo *m* cruzado **kreuzfi'del** *umg* folgazão; muito alegre **'kreuzförmig** ['krɔytsfœrmiç] cruciforme **'Kreuzgang** M̄ claustro *m* **'kreuzigen** ['krɔytsɪɡən] crucificar **'Kreuzigung** ['krɔytsɪɡʊŋ] F̄ crucificação *f* **'Kreuzkümmel** M̄ cominho *m* **'kreuzlahm** derreado **'Kreuzotter** F̄ ⟨-; -n⟩ víbora *f* cruzeira **'Kreuzschmerzen** MPL dores *fpl* lombares **'Kreuzspinne** F̄ aranhão *m*, aranha *f* cruzeira **'Kreuzstich** M̄ ponto *m* de cruz **'Kreuzung** F̄ cruzamento *m*; MATH intersecção *f* **'Kreuzverhör** N̄ interrogatório *m* contraditório; *bras* acareação *f* **'Kreuzweg** M̄ encruzilhada *f* **'kreuzweise** ADV em cruz; ADJ cruzado; atravessado **'Kreuzworträtsel** N̄ palavras *fpl* cruzadas **'Kreuzzug** M̄ cruzada *f*
'kribbelig ['krɪbəlɪç] *umg* nervoso **'kribbeln** ⟨-le⟩ *umg* formigar; (*jucken*) irritar; *fig* apetecer
'kriechen ['kri:çən] ⟨h. u. s.⟩ arrastar-se; rastejar; **aus dem Ei** ~ sair do ovo **'Kriecher** M̄ *fig* homem *m* servil, adulador *m* **Krieche'rei** ['kri:çə'raɪ] F̄ *fig* servilismo *m* **kriecherisch** ['kri:çərɪʃ] servil **'Kriechspur** F̄ AUTO faixa *f* para viaturas lentas **'Kriechtempo** N̄ passo *m* de boi **'Kriechtier** N̄ réptil *m*

Krieg [kri:k] M̄ ⟨-(e)s; -e⟩ guerra *f*; ~ **führen (gegen)** fazer guerra (a), guerrear; ~ **führend** beligerante
'kriegen ['kri:ɡən] *umg* (*bekommen*) receber, obter; *Ohrfeige etc* apanhar; **sich** ~ *a.* casar
'Kriegerdenkmal N̄ monumento *m* aos mortos da guerra **'kriegerisch** guerreiro, belicoso; *Aussehen* marcial; *Handlung* bélico
'Kriegsausbruch F̄ eclosão *f* da guerra; início *m* das hostilidades **'Kriegsberichterstatter** M̄ correspondente *m* de guerra **Kriegsbeschädigte(r)** M/F(M) mutilado *m*, -a *f* de guerra **Kriegsdienst** M̄ serviço *m* militar; **den** ~ **verweigern** declarar obje(c)ção ao serviço militar **Kriegsdienstverweigerer** M̄ obje(c)tor *m* de (armas por motivos de) consciência **Kriegserklärung** F̄ declaração *f* de guerra **Kriegsfall** M̄ caso *m* de guerra **Kriegsflotte** F̄ armada *f*, marinha *f* de guerra **Kriegsflüchtling** M̄ refugiado *m*, -a *f* de guerra **Kriegsfuß** M̄ ⟨-es; o. pl⟩ *fig* **auf (dem)** ~ **stehen mit** estar em pé de guerra com **Kriegsgebiet** N̄ zona *f* de guerra **Kriegsgefangene(r)** M/F(M) prisioneiro *m*, -a *f* de guerra **Kriegsgefangenschaft** F̄ ⟨o. pl⟩ cativeiro *m*; **in** ~ **geraten** ser feito prisioneiro **Kriegsgericht** N̄ conselho *m* de guerra **Kriegsgeschädigte(r)** M/F(M) sinistrado *m*, -a *f* (*bras* ferido, -a *f*) da guerra **Kriegsgott** M̄ deus *m* da guerra **Kriegslist** F̄ estratagema *m* **Kriegsmacht** F̄ força *f* militar **Kriegsmarine** F̄ → Kriegsflotte **Kriegsopfer** N̄ vítima *f* da guerra **Kriegsrat** M̄ ~ **halten** *umg* reunir o conselho *m* de guerra **Kriegsrecht** N̄ ⟨-(e)s; o. pl⟩ lei *f* marcial **Kriegsschäden** MPL estragos *mpl* da guerra **Kriegsschauplatz** M̄ cenário *m* de guerra **Kriegsschiff** N̄ navio *m* guerra, vaso *m* de guerra **Kriegsschuld** F̄ ⟨o. pl⟩ responsabilidade *f* da guerra; (*Geld*) dívida *f* de guerra **Kriegsverbrecher** M̄ criminoso *m* de guerra **Kriegszug** M̄ expedição *f* militar **Kriegszustand** M̄ ⟨-(e)s; o. pl⟩ estado *m* de guerra
Krim ['krɪm] F̄ ⟨-⟩ **die** ~ a Crimeia

'Krimi ['krɪmi] M̄ ⟨-s; -s⟩ *umg Roman*: romance *m* policial; *Film*: filme *m* policial
Krimi'nalbeamte(r) [krɪmi'naːlbəˀamtə(r)] M̄, **Kriminalbeamtin** F̄ agente *m/f* da polícia (judiciária) **kriminali'sieren** [krɪminaliˈziːrən] criminalizar **Kriminali'tät** [krɪminaliˈtɛːt] F̄ ⟨*o. pl*⟩ criminalidade *f*, delinquência *f* **Kriminalpolizei** F̄ ⟨*o. pl*⟩ polícia *f* judiciária **Kriminalroman** M̄ romance *m* policial
kriminell [krɪmiˈnɛl] criminoso, criminal **Kriminelle(r)** M̄/F(M) criminoso *m*, -a *f*, criminal *m/f*
'Kripo ['kriːpo] F̄ ⟨-⟩ (*Kriminalpolizei*) *umg* judite *f*
'Krippe ['krɪpə] F̄ manjedoura *f*; (*Kinderkrippe*) infantário *m*; creche *f*; (*Weihnachtskrippe*) presépio *m*
'Krise ['kriːzə] F̄ crise *f*; **in der ~ stecken** estar em crise **kriseln** ⟨-le⟩ estar em crise **Krisenmanagement** N̄ gerenciamento *m* de crise **Krisensituation** F̄ situação *f* de crise **Krisenstab** M̄ gabinete *m* de crise
Kris'tall [krɪsˈtal] M̄/N̄ ⟨-s; -e⟩ cristal *m* **Kristallglas** N̄ cristal *m* (fino, talhado), bacará *m* **kristalli'sieren** [krɪstaliˈziːrən] ⟨-; *s.*⟩ cristalizar **kristallklar** cristalino **Kristallzucker** M̄ (açúcar *m*) pilé *m*, açúcar *m* cristalizado
Kri'terium [kriˈteːriʊm] N̄ ⟨-s; Kriterien⟩ critério *m*
Kri'tik [kriˈtiːk] F̄ crítica *f*, reparo *m*; **~ üben (an** *dat*) criticar; fazer reparo em **'Kritiker(in)** [ˈkriːtɪkər(ɪn)] M̄/F̄ crítico *m*, -a *f* **kritisch** crítico **kriti'sieren** [kriti-
ˈziːrən] ⟨-⟩ criticar
Kritte'lei [krɪtəˈlaɪ] F̄ critiquice *f* **'kritteln** ⟨-le⟩ fazer crítica mesquinha
Kritze'lei [krɪtsəˈlaɪ] F̄ garatujas *fpl*; *bras* rabiscos *mpl* **'kritzeln** ⟨-le⟩ rabiscar
Kro'ate [kroˈaːtə] M̄ ⟨-n⟩, **Kroatin** F̄ croata *m/f* **Kroatien** [kroˈaːtsiən] N̄ Croácia *f* **kroatisch** croata; da Croácia
Kro'kette [kroˈkɛtə] F̄ croquete *m*
Kroko'dil [krokoˈdiːl] N̄ ⟨-s; -e⟩ crocodilo *m* **Krokodilstränen** FPL *fig* **~ weinen** chorar por um olho azeite e por outro vinagre
'Krokus ['kroːkʊs] M̄ ⟨-; -se, -⟩ croco *m*
'Krone ['kroːnə] F̄ coroa *f* (*a. Währung*); (*Baumkrone*) copa *f*; (*Blütenkrone*) corola *f*; **e-r Sache** (*dat*) **die ~ aufsetzen** ser o cúmulo de a/c; **e-n in der ~ haben** *umg* ter um grão na asa; *bras* estar de pileque **'krönen** ['krøːnən] coroar; ARCH rematar
'Kronkorken M̄ cápsula *f* **Kronleuchter** M̄ lustre *m* **Kronprinz** M̄ ⟨-en⟩ príncipe *m* herdeiro (*od* real) **Kronprinzessin** F̄ princesa *f* real
'Krönung [ˈkrøːnʊŋ] F̄ coroação *f*; ARCH *a*. remate *m*; *fig* cúmulo *m*
'Kronzeuge M̄ ⟨-n⟩, **Kronzeugin** F̄ JUR testemunha *f* principal
Kropf [krɔpf] M̄ ⟨-(e)s; ⸚e⟩ papo *m*; MED bócio *m*
'Kröte ['krøːtə] F̄ sapo *m*
'Krücke ['krʏkə] F̄, **Krückstock** M̄ muleta *f*
Krug [kruːk] M̄ ⟨-(e)s; ⸚e⟩ cântaro *m*; (*kleiner Schöpfkrug*) púcaro *m*; *einhenkliger* jarro *m*; (*Bierkrug*) caneca *f*; *bras* canecão

---

▶ **Kritik und Ablehnung**

So können Sie Kritik oder Ablehnung ausdrücken:

Der Ausflug hat mir nicht gefallen.	Não gostei da excursão.
Das Essen hat mir nicht geschmeckt.	Não gostei da comida.
Das ist keine gute Idee!	Não é boa ideia!
... mag ich überhaupt nicht.	... não me agrada para nada.
Nein, das interessiert mich nicht.	Não, isto não me interessa.

Eine etwas höflichere Ablehnung könnte so klingen:

Ich bin leider schon verplant.	Lamento, mas já tenho um compromisso.

◀

m

ˈKrume [ˈkruːmə] F (*Erdkrume*) solo *m*; (*Brotkrume*) migalha *f*; miolo *m* de pão

ˈKrümel [ˈkryːməl] M migalha *f* **krümelig** esmigalhado **krümeln** ⟨-le⟩ esmigalhar(-se)

krumm [krʊm] curvo; (en)curvado; torto; (*verbogen*) torcido; (*gewunden*) sinuoso, tortuoso (*a. fig*); ~ **nehmen** *fig* levar a mal **ˈkrummbeinig** [ˈkrʊmbaɪnɪç] de pernas tortas, cambado, cambeta

ˈkrümmen [ˈkrʏmən] (en)curvar; torcer, dobrar; arquear; *a.* **sich** ~ vergar; *Holz a.* empenar; **gekrümmt** *a.* MATH curvo

Krümmung [ˈkrʏmʊŋ] F curva *f*, curvatura *f*, sinuosidade *f*

ˈKruppe [ˈkrʊpə] F garupa *f*

ˈKrüppel [ˈkrʏpəl] M aleijado *m*, mutilado *m* **krüppelhaft** aleijado, mutilado

ˈKruste [ˈkrʊstə] F crusta *f*, crosta *f*; *a.* (*Brotkruste*) côdea *f*; *bras* casca *f* **Krustentiere** NPL crustáceos *mpl*

Kruzifix [ˈkruːtsɪfɪks] N ⟨-es; -e⟩ crucifixo *m*

ˈKrypta [ˈkrʏpta] F ⟨-; -ten⟩ ARCH cripta *f*

Kto. ABK (*Konto*) cta. (conta)

Kuba [ˈkuːba] N Cuba (*o. art*)

ˈKübel [ˈkyːbəl] M cuba *f*; tina *f*

Kuˈbikmeter [kuˈbiːkmeːtɐ] M metro *m* cúbico **Kubikwurzel** F MATH raíz *f* cúbica **ˈkubisch** [ˈkuːbɪʃ] cúbico **ˈKubus** [ˈkuːbʊs] M ⟨-; -, Kuben⟩ cubo *m*

ˈKüche [ˈkʏçə] F cozinha *f*; **kalte** ~ pratos *mpl* frios

ˈKuchen [ˈkuːxən] M bolo *m*, pastel *m*; *bras a.* torta *f*; ~ **backen** fazer (*od* assar) bolo, pastel *etc* **Kuchenblech** N tabuleiro *m*

ˈKüchenchef(in) M(F) cozinheiro-chefe *m*, cozinheira-chefe *f*; *bras* chefe *m*/*f* de cozinha

Kuchenform F forma *f* (para bolos)

ˈKüchengerät N utensílio *m* de cozinha **Küchengeschirr** N trem *m* de cozinha **Küchenherd** M fogão *m* de cozinha **Küchenkräuter** NPL ervas *fpl*; temperos *mpl* **Küchenmaschine** F máquina *f* de cozinha **Küchenschrank** M armário *m* de cozinha **Küchentisch** M mesa *f* de cozinha **Küchenzeile** F módulos *mpl* de cozinha

ˈKuckuck [ˈkʊkuːk] M ⟨-s; -e⟩ cuco *m*; *umg* **zum ~!** com mil diabos!; *umg* **der ~ soll sie holen!** diabos a levem!, raios a partam!

ˈKufe [ˈkuːfə] F *Schlittschuh*: patim *m*; **~n** *pl am Schlitten*, FLUG varais *mpl*

ˈKugel [ˈkuːgəl] F ⟨-; -n⟩ **1** MATH esfera *f*; (*Erdkugel*) globo *m* (terrestre) **2** (*Geschoss*) bala *f*; **sich** (*dat*) **e-e ~ durch den Kopf jagen** (*od* **schießen**) dar-se um tiro na cabeça **3** (*Spielkugel*) bola *f* **Kugelabschnitt** M MATH segmento *m* **kugelförmig** [ˈkuːgəlfœrmɪç] esférico; globular **Kugelgelenk** N articulação *f* esférica (*od* móvel) **kugelig** → kugelförmig **Kugellager** N TECH rolamento *m* de esferas

ˈkugeln A VII ⟨-le⟩ ⟨s.⟩ rolar; ⟨h.⟩ rotar por esferas B VIR ⟨s.⟩ rebolar-se, rolar-se; *fig* **sich vor Lachen ~** fartar-se de rir

ˈkugelrund redondo como uma bola **Kugelschreiber** M esferográfica *f* **kugelsicher** à prova de bala **Kugelstoßen** N SPORT lançamento *m* de peso

Kuh [kuː] F ⟨-; ⸚e⟩ vaca *f* **Kuhfladen** M bosta *f* **Kuhglocke** F chocalho *m* **ˈKuhhandel** M *fig* regateio *m* **ˈKuhhirt** M ⟨-en⟩ vaqueiro *m*

kühl [kyːl] A ADJ fresco; *fig* frio; *Getränk* bem gelado; ~ **werden** arrefecer B ADV com frieza **ˈKühlanlage** F frigorífico *m*

ˈKuhle [ˈkuːlə] F cova *f*, *bes bras* concavidade *f*

ˈKühle [ˈkyːlə] F ⟨*o. pl*⟩ frescura *f*; fresco *m*; *fig* j-*s*: reserva *f*; **in der ~** ao fresco **kühlen** arrefecer, (*erfrischen*) refrescar, esfriar; TECH, CHEM refrigerar **Kühler** M AUTO radiador *m* **Kühlerhaube** F tampa *f* do radiador **Kühlflüssigkeit** F AUTO refrigerante *m*; líquido *m* de refrigeração **Kühlhaus** N armazém *m* frigorífero **Kühlraum** M câmara *f* fria **Kühlschiff** N barco *m* frigorífero **Kühlschlange** F radiador *m* **Kühlschrank** M frigorífico *m*; *bras* geladeira *f* **Kühltasche** F mala *f* (*bras* bolsa *f*, sacola *f*) térmica **Kühltruhe** F arca *f* frigorífica, congelador *m* **Kühlung** F TECH refrigeração *f*, refrigério *m* **Kühlwagen** M camião *m* (*bras* caminhão *m*) frigorífico **Kühlwasser** N ⟨-s; *o. pl*⟩ água *f* de arrefecimento (*bras* refrige-

ração)
'Kuhmilch F ⟨o. pl⟩ leite m (de vaca) **Kuhmist** M bosta f
kühn [ky:n] temerário, ousado, audaz **'Kühnheit** F ⟨o. pl⟩ audácia f; ousadia f; arrojo m
'Kuhstall M curral m; vacaria f
'Küken ['ky:kən] N pintainho m; bras pintinho m
ku'lant [ku'lant] amável; atencioso **Ku'lanz** [ku'lants] F ⟨-; o. pl⟩ cortesia f
'Kuli¹ ['ku:li] M ⟨-s; -s⟩ → Kugelschreiber
kuli'narisch [kuli'na:rɪʃ] culinário
Ku'lisse [ku'lɪsə] F bastidor m in **Kulissenschieber** [kʊlti'vi:rən] ⟨-⟩ cultivar
kullern ['kʊlɐn] Ball, Tränen rolar
Kulminati'on [kʊlminatsi'o:n] F culminação f **Kulminationspunkt** M ponto m culminante
kulmi'nieren [kʊlmi'ni:rən] ⟨-⟩ culminar
Kult [kʊlt] M ⟨-(e)s; -e⟩ culto m **'kultig** ['kʊltɪç] ADJ umg (in Mode) de culto **kulti'vieren** [kʊlti'vi:rən] ⟨-⟩ cultivar
Kul'tur [kʊl'tu:r] F cultura f; a. AGR cultivo m; e-s Landes: civilização f **Kulturabkommen** N acordo m cultural **Kulturangebot** N programa f de a(c)tividades culturais **Kulturaustausch** M intercâmbio m cultural **kultur'ell** [kʊltu'rɛl] cultural **Kulturgeschichte** F história f da cultura (od da civilização) **Kulturpflanze** F planta f cultivada **Kulturprogramm** N programa m cultural **Kulturstufe** F grau m de cultura (od de civilização) **Kulturvolk** N povo m civilizado
'Kultus ['kʊltʊs] M ⟨-; o. pl⟩ culto m **Kultusminister(in)** M(F) Ministro m, -a f da Educação (Nacional od de Instrução Pública), **Kultusministerium** n Ministério m da Educação (Nacional od de Instrução Pública)
'Kümmel ['kyməl] M ⟨-s; o. pl⟩ alcaravia f; (Schnaps) kümel m; (Kreuzkümmel) cominho m
'Kummer ['kʊmɐ] M ⟨-s; o. pl⟩ aflição f, pena f; (Ärger) a. desgosto m; **j-m ~ bereiten** causar pena a alg
'kümmerlich ['kʏmɐlɪç] pobre, miserável **kümmern** ⟨-re⟩ preocupar, afligir; (wichtig sein) **j-n (nicht) ~** (não) importar alg, (não) interessar alg; **sich ~ um** tratar de, cuidar de, interessar-se por

'kummervoll aflito, muito preocupado
Kum'pan [kʊm'pa:n] M ⟨-s; -e⟩ companheiro m, compadre m; JUR cúmplice m
'Kumpel ['kʊmpəl] M companheiro m; Angola pai m; BERGB mineiro m
'kündbar ['kʏntba:r] revogável, rescindível
'Kunde¹ ['kʊndə] M ⟨-n⟩ freguês m; cliente m
'Kunde² F ⟨o. pl⟩ (Kenntnis) conhecimento m; (Nachricht) notícia f, nova f
'Kundendienst M ⟨-(e)s; o. pl⟩ serviço m à clientela; TECH serviço m pós-venda, assistência f técnica **'kundenfreundlich** ADJ Benutzung, Anleitung de fácil manuseio; **~e Dienstleistung** f bom serviço m de atendimento **Kundennummer** F número m de cliente **Kundenstamm** M clientela f
'kundgeben ['kʊntge:bən] manifestar; mit Worten a.: exprimir **Kundgebung** F öffentliche: manifestação f, demonstração f; (Ausdruck) expressão f

'kundig ['kʊndɪç] conhecedor; perito; versado (gen em)
'kündigen ['kʏndɪgən] Arbeitsstelle despedir-se; Vertrag denunciar; rescindir; **j-m ~** despedir alg; mandar alg embora; **die Wohnung ~** rescindir o contrato de aluguer (bras aluguel)
'Kündigung F j-s: despedida f; Vertrag: denúncia f; rescisão f; Wohnung: aviso m de mudança (od de saída, bras de despejo) **Kündigungsfrist** F prazo m (para o aviso) de denúncia, prazo m de rescisão **Kündigungsschreiben** N declaração f de rescisão **Kündigungsschutz** M ⟨-es; o. pl⟩ prote(c)ção f contra despedimento
'Kundin ['kʊndɪn] F freguesa f; cliente f
'Kundschaft ['kʊntʃaft] F clientela f; freguesia f
'Kundschafter(in) M(F) emissário m, -a f; espia m/f; explorador(a) m(f)
kundtun geh manifestar, exprimir
'künftig ['kʏnftɪç] futuro
Kunst [kʊnst] F ⟨-; ⁼e⟩ arte f; **bildende ~** arte f plástica; arte f gráfica; **das ist keine ~!** umg isso não é nada! **'Kunstakademie** F (Academia f das) Belas Artes fpl **'Kunstausstellung** F exposição f de (obras de) arte; salão m **'Kunstdruck** M ⟨-s; -e⟩ impressão f artística

'**Kunstdünger** M̄ adubo m (químico)
'**Kunsteisbahn** F̄ SPORT pista f de gelo artificial
'**Kunsterziehung** F̄ ⟨o. pl⟩ educação f estética **Kunstfaser** F̄ fibra f artificial **Kunstfehler** M̄ erro m médico '**kunstfertig** hábil, destro **Kunstfertigkeit** F̄ habilidade f; destreza f
'**Kunstflieger** M̄ aviador m acrobático **Kunstflug** M̄ voo m (bras vôo m) acrobático **Kunstgegenstand** M̄ obje(c)to m de arte **Kunstgenuss** M̄ prazer m estético **kunstgerecht** ADJ & ADV conforme às regras da arte **Kunstgeschichte** F̄ ⟨o. pl⟩ história f de arte **Kunstgewerbe** N̄ arte f aplicada; artesanato m **kunstgewerblich** decorativo, artesanal **Kunstgriff** M̄ artifício m, jeito m; umg truque m **Kunsthandel** M̄ ⟨-s; o. pl⟩ comércio m (de obras) de arte **Kunsthändler(in)** M̄/F̄ negociante m/f (de obras) de arte **Kunsthandwerk** N̄ ⟨-(e)s; o. pl⟩ artesanato m **Kunstharz** N̄ resina f sintética **Kunsthistoriker(in)** M̄/F̄ historiador(a) m(f) de arte **Kunstkenner(in)** M̄/F̄ conhecedor(a) m(f) de arte, versado m, -a f em matéria de arte **Kunstkritik** F̄ crítica f de arte **Kunstkritiker(in)** M̄/F̄ crítico m, -a f de arte **Kunstleder** N̄ couro m artificial
'**Künstler(in)** ['kʏnstlɐr(ın)] M̄/F̄ artista m/f; THEAT a(c)tor m, a(c)triz f **künstlerisch** artístico, estético **Künstlername** M̄ nome m artístico
'**künstlich** ['kʏnstlɪç] artificial; CHEM sintético, plástico; (unecht) falso; Gebiss, Haar postiço
'**kunstlos** ⟨-este⟩ sem arte (a. adv); simples, natural
'**Kunstmaler(in)** M̄/F̄ pintor(a) m(f) (artista) **Kunstreiter(in)** M̄/F̄ Zirkus: cavaleiro m artístico, cavaleira f artística **Kunstrichtung** F̄ estilo m **Kunstsammlung** F̄ cole(c)ção f (de obje(c)tos) de arte **Kunstschätze** MPL tesouros mpl artísticos **Kunstseide** F̄ seda f vegetal, seda f artificial **Kunstsinn** M̄ ⟨-(e)s; o. pl⟩ sensibilidade f estética
'**Kunststoff** M̄ (material m) plástico m **Kunststoff...** IN ZSSGN a. → **Plastik** etc
'**Kunststück** N̄ habilidade f **Kunsttischler** M̄ ebanista m, marceneiro m

Kunsttischlerei F̄ marcenaria f **Kunstturnen** N̄ ⟨-s; o. pl⟩ ginástica f artística **kunstvoll** artístico, engenhoso **Kunstwerk** N̄ obra f de arte
'**kunterbunt** ['kʊntɐbʊnt] ADV ~ **durcheinander** baralhado; bras embaralhado '**Kupfer** ['kʊpfɐr] N̄ ⟨-s; o. pl⟩ cobre m **Kupferblech** N̄ cobre m laminado **Kupferdraht** M̄ fio m de cobre **kupferfarben, kupferfarbig** cor-de-cobre; acobreado **kupferhaltig** ['kʊpfɐrhaltɪç] cuprífero **Kupfermünze** F̄ moeda f de cobre **kupfern** de cobre **Kupferstich** M̄ gravura f em cobre; estampa f **Kupfervitriol** N̄ ⟨-s; o. pl⟩ sulfato m de cobre
'**Kuppe** ['kʊpə] F̄ GEOG cimo m; cume m; (Fingerkuppe) ponta f do dedo
'**Kuppel** ['kʊpəl] F̄ ⟨-; -n⟩ cúpula f; abóbada f; zimbório m
'**kuppeln** ⟨-le⟩ alcovitar; TECH acoplar, ligar; AUTO embraiar; bras embrear; BAHN engatar **Kuppler(in)** ['kʊplɐr(ın)] M̄/F̄ alcoviteiro m, -a f, casamenteiro m, -a f '**Kupplung** F̄ ligação f; TECH acoplamento m; engate m; AUTO embraiagem f; bras embreagem f
Kur [ku:r] F̄ tratamento m, cura f; **e-e ~ machen, in ~ gehen** fazer uma cura (od um tratamento)
Kür [ky:r] F̄ SPORT exercício m livre
Ku'rator(in) [kuˈraːtoːr(ın)] M̄/F̄ ⟨-en [kuraˈtoːrən]⟩ curador(a) m(f), administrador(a) m(f) **Kura'torium** [kuraˈtoːriʊm] N̄ ⟨-s; Kuratorien⟩ conselho m administrativo
'**Kuraufenthalt** M̄ cura f; (Sommerfrische) vilegiatura f
'**Kurbel** ['kʊrbəl] F̄ ⟨-; -n⟩ manivela f **kurbeln** ⟨-le⟩ A VĪ dar à manivela B VĪT (aufziehen) dar corda a **Kurbelwelle** F̄ cambota f
'**Kürbis** ['kʏrbɪs] M̄ ⟨-ses; -se⟩ abóbora f
'**küren** ['kyːrən] eleger
'**Kurfürst** M̄ ⟨-en⟩ hist Príncipe m Eleitor **kurfürstlich** eleitoral
'**Kurgast** M̄ banhista m, aquista m **Kurhaus** N̄ estabelecimento m balnear; sanatório m **Kurhotel** N̄ (grande) hotel m das termas
'**Kurie** ['kuːri̯ə] F̄ ⟨o. pl⟩ REL cúria f
Ku'rier [kuˈriːr] M̄ ⟨-s; -e⟩ mensageiro m; **per ~** por (serviço de) mensageiro **Ku-**

rierdienst M̄ serviço m de correio (od de mensageiro)
ku'rieren [ku'ri:rən] ⟨-⟩ curar
kuri'os [kuri'o:s] curioso, estranho **Kuriosi'tät** [kuriozi'tɛ:t] F̄ curiosidade f
'**Kurklinik** ['kʊrkli:nɪk] F̄ clínica f de reabilitação
'**Kürlauf** M̄ SPORT corrida f livre
'**Kurort** M̄ estação fpl termal, termas fpl; bras estação f de águas; (Luftkurort) estação f climática **Kurpfuscher** M̄ pej curandeiro m, charlatão m **Kurpfusche'rei** F̄ pej curandice f, charlatanaria f
Kurs [kʊrs] M̄ ⟨-es; -e⟩ **1** (Fahrtrichtung) rumo m, curso m; **den ~ ändern** od **wechseln** mudar de rumo **2** (Lehrgang) curso m (**in** dat de) **3** FIN câmbio m **Kursänderung** F̄ mudança f de rumo (a. fig) **Kursanstieg** M̄ FIN subida f de curso (od câmbio) '**Kursbericht** M̄ FIN boletim m da bolsa; cotações fpl
'**Kursbuch** N̄ BAHN horário m dos comboios (bras dos trens)
'**Kürschner** ['kʏrʃnər] M̄ peleiro m **Kürschne'rei** [kʏrʃnə'raɪ] F̄ pelaria f
'**Kursgewinn** M̄ lucro m de bolsa
kur'sieren [kʊr'zi:rən] ⟨-⟩ circular
kur'siv [kʊr'zi:f] em itálicos **Kursivdruck** M̄ ⟨-(e)s; -e⟩, **Kursivschrift** F̄ itálico m
'**Kursnotierung** F̄ cotação f
kur'sorisch [kʊr'zo:rɪʃ] Lektüre corrente; seguida
'**Kursrückgang** M̄ FIN baixa f de curso (od câmbio) **Kursschwankungen** FPL FIN flutuação f de cotação
'**Kursus** ['kʊrzʊs] M̄ curso m
'**Kursverlust** M̄ FIN perda f ao câmbio **Kurswagen** M̄ BAHN carruagem f dire(c)ta; bras vagão m direto **Kurswechsel** M̄ mudança f de rumo (a. fig) **Kurswert** M̄ valor m cotizado **Kurszettel** M̄ FIN boletim m de cotação; lista f de câmbios
'**Kurtaxe** F̄ taxa f de turismo
'**Kürübung** F̄ → Kür
'**Kurve** ['kʊrvə] F̄ curva f; (Temperaturkurve) gráfico m; **e-e ~ fahren** fazer uma curva; **in die ~ gehen** entrar na curva **kurvenreich, kurveig** [kʊrvɪç] sinuoso
kurz [kʊrts] ⟨ü̈er; -este⟩ **A** ADJ **1** Größe: curto; **~ und klein schlagen** espancar,

escangalhar, surrar; **kürzer machen** encurtar; abreviar; **den Kürzeren ziehen** perder, ficar atrás; **zu ~ kommen** ficar atrás **2** zeitlich, fig breve; (vergänglich) efêmero (bras *ê); **es ~ machen** ser breve; **~e Zeit** f pouco (tempo); **in** (od **binnen**) **Kurzem, in ~er Zeit** (dentro) em breve, dentro de pouco; **vor Kurzem** há pouco; recentemente; **nach ~er Zeit** pouco depois, passado pouco tempo **B** ADV breve; **~ (und gut)** numa palavra, enfim; em resumo; **~ und bündig** adv a. em poucas palavras; **~ angebunden** fig lacónico (bras *ô), de poucas palavras; **~ entschlossen** adv de resolução repentina; **~ nachdem ...** pouco depois (de inf); **über ~ oder lang** mais dia menos dia
'**Kurzarbeit** F̄ trabalho m reduzido **kurzatmig** ['kʊrtsa:tmɪç] ofegante, asmático
'**Kürze** ['kʏrtsə] F̄ ⟨o. pl⟩ curteza f; zeitlich: brevidade f; Ausdruck: concisão f; **in ~** (dentro) em breve **Kürzel** ['kʏrtsəl] N̄ abreviatura f **kürzen** ['kʏrtsən] ⟨-t⟩ abreviar; räumlich a.: encurtar; Text cortar; MATH Bruch reduzir (a. mindern)

'**kurzerhand** ADV sem rodeios, sem mais nada **kurzfassen** V̄R **sich ~** ser breve **Kurzfassung** F̄ versão f abreviada (od resumida) **Kurzfilm** M̄ filme m de curta metragem **kurzfristig** ADJ & ADV ['kʊrtsfrɪstɪç] a curto prazo **kurzgefasst** breve, sucinto, resumido **Kurzgeschichte** F̄ história f breve; short story f; bras conto m **kurzlebig** ['kʊrtsle:bɪç] efêmero (bras *ê); de curta duração
'**kürzlich** ['kʏrtslɪç] ADV recentemente, há pouco; vor pp: recém-...; **er ist ~ angekommen** acaba de chegar
'**Kurznachrichten** FPL noticiário m breve **Kurzschluss** M̄ curto-circuito m **Kurzschrift** F̄ estenografia f, taquigrafia f **kurzsichtig** ['kʊrtszɪçtɪç] míope **Kurzsichtigkeit** F̄ ⟨o. pl⟩ miopia f
'**Kurzstrecke** F̄ VERKEHR curta distância f **Kurzstreckenläufer(in)** M(F) SPORT corredor(a) m(f) de curta distância **Kurzstreckenrakete** F̄ MIL foguete m de curto alcance
'**kurzum** ADV numa palavra; enfim
'**Kürzung** ['kʏrtsʊŋ] F̄ (Minderung) corte m, redução f (a. MATH)

'**Kurzwahl(nummer)** F número m direto **Kurzwahltaste** F tecla f (de) memória
'**Kurzwaren** FPL artigos mpl de costura **Kurzwarengeschäft** N retrosaria f; bras loja f de retroses
'**Kurzweil** F ‹-; o. pl› geh passatempo m, divertimento m **kurzweilig** divertido, agradável
'**Kurzwelle** F onda f curta **Kurzwellensender** M emissora f de ondas curtas
'**Kurzzeitgedächtnis** N memória f de curto prazo '**kurzzeitig** temporário
'**kuscheln** ['kʊʃəln] ‹-le› (**sich**) **~** aninhar(-se), aconchegar(-se) (**an** akk em, a)
Ku'sine [ku'ziːnə] F prima f
Kuss [kʊs] M ‹-es; ⸚e› beijo m; im Brief: **Küsschen!** beijinhos!
'**küssen** ['kʏsən] ‹-t› beijar
'**kussfest** à prova de beijo **Kusshand** F beijos mpl (atirados com a mão); **mit ~** com todo o prazer
'**Küste** ['kʏstə] F costa f; litoral m; **an der ~ von** ao largo de
'**Küstenbewohner(in)** M/F habitante m/f do litoral **Küstenfischerei** F pesca f costeira **Küstengewässer** NPL águas fpl litorais **Küstenschifffahrt** F ‹o. pl› navegação f costeira, cabotagem f **Küstenschutz** M ‹-es; o. pl› prote(c)ção f costeira **Küstenwachschiff** N patrulha-costeiro m
'**Küster** ['kʏstɐ] M REL sacristão m
'**Kustos** ['kʊstɔs] M ‹-; Kus'toden› Museum: conservador m
'**Kutschbock** ['kʊtʃbɔk] M boleia (bras *é) f **Kutsche** ['kʊtʃə] F coche m; umg carro m **Kutscher** M cocheiro m **kut'schieren** ‹-› umg ir de carro; hist conduzir num coche, ir de coche
'**Kutte** ['kʊtə] F hábito m
Kutteln FPL tripas fpl; bras dobradinha f
Kutter M SCHIFF balandra f, chalupa f
Ku'vert [ku'vɛrt] N ‹-(e)s; -s› **1** (Briefkuvert) sobrescrito m, envelope m **2** (Gedeck) talher m
Kyber'netik [kybɐ'neːtɪk] F ‹o. pl› cibernética f
kyrillisch [ky'rɪlɪʃ] LING cirílico
KZ [kaː'tsɛt] N ABR (Konzentrationslager) hist, Nationalsozialismus: campo m de concentração

L

L, l [ɛl] N ‹-; -› L, l m
Label ['leːbl̩] N ‹-s; -s› HANDEL marca f
la'bil [la'biːl] instável **Labili'tät** [labiliˈtɛːt] F ‹o. pl› instabilidade f
La'bor [la'boːɐ] N ‹-s; -s od -e› laboratório m **Labo'rant(in)** [laboˈrant(ɪn)] M/F ‹-en› praticante m/f de laboratório; assistente m/f de analista **Labora'torium** [laboraˈtoːriʊm] N ‹-s; -torien› laboratório m **Laborversuch** M ensaio m laboratorial
Laby'rinth [labyˈrɪnt] N ‹-(e)s; -e› labirinto m
'**Lache**[1] ['laxə] F (Lachen) gargalhada f
'**Lache**[2] ['laːxə] F Wasser etc: poça f, charco m
'**lächeln** ['lɛçəln] VI ‹-le› sorrir (**über** akk de) '**Lächeln** N sorriso m **lächelnd** ADJ sorridente
'**lachen** [laxən] VI ‹-t› rir(-se) (**über** akk de); **laut ~** soltar uma gargalhada; **dass ich nicht lache!** umg não me faças (bzw faça) rir! '**Lachen** N riso m; **zum ~** ridículo; **mir ist nicht zum ~** não estou para brincadeiras
'**lächerlich** ['lɛçɐlɪç] ridículo; irrisório; **~ machen** ridiculariz(ar), tornar ridículo; **sich ~ machen** ser ridículo
'**Lachgas** N gás m hilariante **lachhaft** ridículo, caricato, irrisório **Lachkrampf** M riso m convulso
Lachs [laks] M ‹-es; -e› salmão m
'**Lachsalve** ['laxsalvə] F gargalhada f
'**Lachsfang** M ‹-(e)s; o. pl› pesca f de salmão **lachsfarben** cor-de-salmão, assalmonado **Lachsforelle** F truta f salmonada **Lachsschinken** M lombo m de porco defumado; bras lombo m tipo canadense
Lack [lak] M ‹-(e)s; -e› (Lackfarbe) verniz m, laca f; charão m (a. Glanzlack) '**Lackaffe** ['lakʔafə] M ‹-n› umg janota m **la'ckieren** [laˈkiːrən] ‹-› envernizar; acharoar
'**Lackleder** N cabedal m envernizado; polimento m '**Lackmus** M ‹-; o. pl›

tornassol m **'Lackschuh** M̄ sapato m de polimento (od de verniz)
'Lade ['la:də] F̄ (Schublade) gaveta f
'Ladefähigkeit F̄ capacidade f; SCHIFF tonelagem f **Ladefläche** F̄ área f de carga **Ladegerät** N̄ carregador m de pilhas; (Handyladegerät) carregador m para celular **Ladegewicht** N̄ tonelagem f **Ladehemmung** F̄ MIL encravamento m
'laden ['la:dən] V̄T carregar (a. ELEK); JUR citar; IT a(c)tivar; (einladen) convidar
'Laden¹ M̄ ⟨-s; ≃⟩ (Geschäft) loja f; (Fensterladen) porta(da) f de janela
'Laden² M̄ ⟨-s; o. pl⟩ Gewehr, ELEK carregar; IT a(c)tivação f
'Ladendiebstahl M̄ furto m em estabelecimento **Ladenhüter** M̄ umg mono m; bras mercadoria f encalhada **Ladeninhaber(in)** M̄⟨F⟩ lojista m/f, comerciante m/f **Ladenpreis** M̄ preço m de venda (Buch: de capa) **Ladenschluss** M̄ ⟨-es; o. pl⟩ encerramento m, hora f de fechar **Ladentisch** M̄, **Ladentheke** F̄ balcão m
'Ladeplatz M̄ embarcadouro m **Laderampe** F̄ rampa f de carga **Laderaum** M̄ SCHIFF porão m; MIL câmara f **Ladeschein** M̄ SCHIFF conhecimento m (de carga)
lä'dieren [lɛˈdiːrən] ⟨-⟩ lesar
'Ladung ['la:dʊŋ] F̄ carga f (a. MIL, ELEK); carregamento m; JUR citação f
'Lage ['la:gə] F̄ situação f; (Stellung) posição f; SCHIFF bordada f; (Ort) a. condições fpl; (Zustand) estado m; fig a. condições fpl; (Schicht) camada f; Wolle: meada f; **in der ~ sein zu ...** estar em condições de ...; **sich in j-s ~ versetzen** pôr-se na situação de alg
'Lager ['la:gɐ] N̄ ◼ HANDEL armazém m; depósito m; (Vorrat) sortido m; stock m; bras sortimento m, estoque m; **etw auf ~ haben** (vorrätig) ter algo em stock (bras estoque) ◪ bes MIL acampamento m; arraial m; POL campo m ◾ TECH caixa f; mancal m; chumaceira f ◾ (Lagerstätte) jazigo m (a. GEOL, BERGB); (Bett) a. cama f, leito m **Lageraufseher** M̄ guarda m **Lagerbestand** M̄ stock m, estoque m **lagerfähig** conservável **Lagerfeuer** N̄ fogueira f de acampamento **Lagergebühr** F̄, **Lagergeld** N̄

HANDEL direitos mpl (od taxa f) de armazenagem **Lagerhalter** M̄ armazenista m **Lagerhaltung** F̄ ⟨o. pl⟩ armazenamento m **Lagerhaus** N̄ armazém m
lagern ⟨-re⟩ Ⓐ V̄/I ⟨h., s.⟩ ◼ HANDEL estar armazenado; Wein estar na adega ◪ a. v/r **(sich)** ~ acampar, MIL a. bivacar; (ausruhen) descansar Ⓑ V̄T HANDEL armazenar; Wein pôr na adega
'Lagerplatz M̄ acampamento m **Lagerraum** M̄ depósito m, armazém m **Lagerstätte** F̄ depósito m; jazigo m **Lagerung** F̄ armazenagem f; GEOL estratificação f; TECH → Lager **Lagerverwalter(in)** M̄⟨F⟩ armazenista m/f
'Lagune [laˈguːnə] F̄ lagoa f
lahm [la:m] teilweise: aleijado; ganz: paralítico; (hinkend) coxo; fig j-d sem forças; etw sem efeito **'lahmen** coxear **'lähmen** ['lɛːmən] paralisar; tolher **'lahmlegen** paralisar **'Lähmung** ['lɛːmʊŋ] F̄ MED paralisia f; fig paralisação f
Laib [laip] M̄ ⟨-(e)s; -e⟩ ~ **Brot** pão m (grande)
Laich [laiç] M̄ ⟨-(e)s; -e⟩ desova f, ovas fpl **'laichen** desovar **'Laichen** N̄, **'Laichzeit** F̄ desova f
'Laie ['laiə] M̄ ⟨-n⟩ leigo m; REL a. profano m; fig amador m; não-versado m **Laienbruder** M̄ irmão m leigo (od converso) **laienhaft** leigo; REL a. profano; fig estranho ao assunto; ignorante **Laienpriester** M̄ padre m secular **Laienspiel** N̄ teatro m de amadores
La'kai [laˈkai] M̄ ⟨-en⟩ lacaio m
'Lake [laːkə] F̄ salmoura f
'Laken ['laːkən] N̄ ⟨-s; -⟩ lençol m
la'konisch [laˈkoːnɪʃ] lacónico (bras *ô)
La'kritze [laˈkrɪtsə] F̄ alcaçuz m
'lallen ['lalən] balbuciar; gaguejar
'Lama¹ [laːma] N̄ ⟨-(s); -s⟩ lama m
'Lama² [laːma] N̄ ⟨-(s); -s⟩ REL lama m
La'melle [laˈmɛlə] F̄ lamela f
lamen'tieren [lamɛnˈtiːrən] ⟨-⟩ lamentar-se
La'metta [laˈmɛta] N̄ ⟨-s; o. pl⟩ fios mpl de prata
Lamm [lam] N̄ ⟨-(e)s; ¨er⟩ cordeiro m; bis 1 Jahr: borrego m **'Lammfell** N̄ agnelina f **'lammfromm** manso como um borrego **'Lammwolle** F̄ ⟨o. pl⟩ lã f agnelina; aninho m
'Lampe ['lampə] F̄ candeeiro m, lâmpa-

da f **Lampenfieber** N̄ hora f de burro; *allg*: nervosidade f, nervosismo m; **~ haben** ter medo (*od* do) palco **Lampenschirm** M̄ abaju(r) m; abaixa-luz m **Lampi'on** [lampi'ɔŋ] M̄ ⟨-s; -s⟩ lampião m

lan'cieren [laˈsiːrən] ⟨-⟩ lançar (*a. fig*)

Land [lant] N̄ ⟨-(e)s; ⸚er⟩ (*Festland, Boden*) terra f; *Ggs zu Stadt*: campo m; (*Gelände*) *a*. terreno m; **Stück ~** terra f, fazenda f; POL país; **an ~ gehen** desembarcar; **auf dem/aufs ~** no/ao campo; **außer ~es gehen** emigrar, sair; **des ~es verweisen** expulsar; **zu ~e** por terra; **hier zu ~e** neste país; **bei uns zu ~e** no nosso país, na nossa terra

'**Landarbeit** F̄ lavoura f **Landarbeiter** M̄ trabalhador m agrícola; lavrador m; *bras* peão m **Landarzt** M̄ médico m de aldeia **Landaufenthalt** M̄ estância f (*bras* permanência f) no campo **Landbau** M̄ ⟨-(e)s; *o. pl*⟩ agricultura f, lavoura f; **ökologischer ~** agricultura f orgânica (*od* biológica) **Landbesitz** M̄ bens *mpl* de raiz; propriedade(s) f(*pl*); *bras* terras *fpl*; *großer a.*: latifúndio m; *bras* fazenda f **Landbesitzer** M̄ proprietário m; *bras a.* dono m **Landbevölkerung** F̄ população f rural **Landbewohner(in)** M(F) camponês m, -esa f

'**Landebahn** F̄ FLUG pista f de aterragem m; *bras* pista f de aterrissagem (*od* de pouso)

land'einwärts ADV terra adentro

'**landen** [ˈlandən] ⟨-e-⟩ **A** V/T desembarcar; **e-n Treffer ~** *Boxen, a. fig* acertar **B** V/I **1** *Schiff* abicar; *bras a.* aportar; *Passagiere* desembarcar; FLUG aterrar; *bras* aterissar, pousar **2** *umg Boxhieb* chegar

'**Landenge** F̄ GEOG istmo m

'**Landeplatz** [ˈlandəplats] M̄ desembarcadouro m; FLUG campo m de aterr(iss)agem; *Hubschrauber*: heliporto m

Länderei'en [lɛndəˈraɪən] FPL bens *mpl* de raiz; terras *fpl* '**Länderkampf** M̄ SPORT campeonato m internacional '**Länderspiel** N̄ jogo m (*od* desafio m) internacional

'**Landesfarben** FPL cores *fpl* nacionais **Landesgrenze** F̄ fronteira f **Landesherr** M̄ ⟨-en⟩ soberano m **Landesinnere** N̄ ⟨*o. pl*⟩ interior m do país **Landeskirche** F̄ Igreja f nacional (*od* regional) **Landesregierung** F̄ governo m **Landessprache** F̄ língua f (*od* idioma m) nacional **landesüblich** *usual*; **~ sein** ser costume nacional, ser uso nacional **Landesverrat** M̄ ⟨-(e)s; *o. pl*⟩ crime m de lesa-pátria **Landesverräter(in)** M(F) traidor(a) m(f) à pátria **Landesverteidigung** F̄ ⟨*o. pl*⟩ defesa f nacional **landesweit** ADJ & ADV em todo o país

'**Landflucht** F̄ ⟨*o. pl*⟩ êxodo m rural **Landfrau** F̄ camponesa f **Landgericht** N̄ juízo m de primeira instância, juízo m de comarca **Landgut** N̄ quinta f; *bras* propriedade f rural, sítio m **Landhaus** N̄ casa f de campo; *bras* chácara f **Landkarte** F̄ mapa m, carta f geográfica **Landkreis** M̄ distrito m; comarca f **landläufig** usual, corrente **Landleben** N̄ vida f rústica **Landleute** PL camponeses *mpl*; gente *fsg* do campo; lavradores *mpl*

'**ländlich** [ˈlɛntlɪç] campestre, rústico, aldeão; *a.* POL rural

'**Landmann** M̄ ⟨-(e)s; -leute⟩ camponês m; lavrador m **Landmaschine** F̄ máquina f agrícola **Landpartie** F̄ excursão f, passeio m ao campo; pique-nique m **Landplage** F̄ calamidade f, praga f, flagelo m **Landrat** M̄ administrador m do concelho **Landregen** M̄ chuva f geral **Landrücken** M̄ alto m

'**Landschaft** F̄ paisagem f; POL província f, região f **landschaftlich** regional; *Anblick, Bild* da paisagem; paisagístico

'**Landschaftsarchitekt(in)** M(F) ⟨-en⟩ paisagista *m/f* **Landschaftsbild** N̄ panorama m; paisagem f **Landschaftsgärtner(in)** M(F) arquite(c)to m, -a f paisagista **Landschaftsmaler** M̄ paisagista m **Landschaftsschutz** M̄ ⟨-es; *o. pl*⟩ prote(c)ção f da paisagem

'**Landschildkröte** F̄ tartaruga f **Landschule** F̄ escola f rural **Landschulheim** N̄ ⟨-(e)s; -e⟩ colónia f (*bras* *ô) escolar **Landsitz** M̄ ⟨-es; -e⟩ quinta f

'**Landsmann** M̄ ⟨-(e)s; -leute⟩, **Landsmännin** [ˈlantsmɛnɪn] F̄ compatriota *m/f*, patrício m, -a f

'**Landspitze** F̄ cabo m **Landstraße** F̄ estrada f (nacional) **Landstreicher**

LANG

M̄ vagabundo m **Landstreitkräfte** PL MIL forças fpl terrestres **Landstrich** M̄ região f **Landtag** M̄ POL dieta f; bras câmara f dos deputados **Landtier** N̄ animal m terrestre

'Landung ['landʊŋ] F̄ SCHIFF arribação f; *j-s*: desembarque m; FLUG aterragem f; bras aterrissagem f **Landungsbrücke** F̄ ponte f de desembarque **Landungssteg** M̄ prancha f, ponte f de atracar

'Landvermesser M̄ agrimensor m **Landvermessung** F̄ geodesia f **Landweg** M̄ via f terrestre; **auf dem ~** por via terrestre **Landwein** M̄ vinho m da região **Landwirt** M̄ agricultor m, lavrador m

'Landwirtschaft F̄ ⟨o. pl⟩ agricultura f **landwirtschaftlich** agrícola; agronómico (bras *ô) **Landwirtschaftsminister(in)** M(F) Ministro m, -a f da Agricultura **Landwirtschaftsministerium** N̄ ⟨-s; -ministerien⟩ Ministério m da Agricultura

'Landzunge F̄ língua f de terra

lang [laŋ] ⟨*̈er; ̈ste⟩ **1** *örtlich*: comprido; **einen Meter ~ sein** ter um metro de comprimento; **~ und breit, des Langen und Breiten** com todos os pormenores **2** *zeitlich*: longo, largo; **ein Jahr ~** durante um ano; **seit Langem** desde (*od* há *od* faz) muito tempo; **von ~ер Hand** fig de antemão; **die Zeit wird mir ~** estou aborrecido; *bras* é enfadonho; → **lange, länger**

'langatmig ['laŋʔa:tmɪç] fig prolixo; circunstanciado; (*langweilig*) enfadonho

'lange ADV (há) muito tempo; **brauchen** demorar; **nicht ~** pouco (tempo); **es ist ~ her, dass** faz muito tempo que; **noch ~ nicht** falta ainda muito; **so ~, bis** até que, até (+ *pron u. inf pers*); **wie ~?** (há) quanto tempo?; **wie ~ (noch)?** até quando?

'Länge ['lɛŋə] F̄ **1** *Raum*: comprimento m; extensão f; longura f; **der ~ nach, in die ~** ao longo, ao comprido; *Stoff*: esticar **2** *Zeit*: duração f; **(sich) in die ~ ziehen** prolongar(-se); demorar **3** GEOG, MATH longitude f

'langen ['laŋən] **A** V̄/i (*genügen*) chegar, bastar; (*greifen*) **~ nach** estender a mão para; **jetzt langt's mir!** umg basta! **B**

V̄/t (*greifen nach*) umg apanhar; (*geben*) passar; **j-m e-e ~** dar um bofetão m (*od* uma bofetada) em alg

'Längengrad M̄ GEOG (grau m de) longitude f **Längenkreis** M̄ GEOG meridiano m **Längenmaß** N̄ comprimento m

'länger ['lɛŋər] ⟨*kompar v.* lang⟩ mais comprido, mais longo; *zeitlich*: mais (tempo); **~e Zeit** (durante) algum tempo; **~ machen** alongar, esticar

'Langeweile F̄ ⟨o. pl⟩ aborrecimento m, tédio m; **~ haben, ~ bekommen** aborrecer-se, ficar aborrecido; **aus, vor ~** de tédio

'Langfinger M̄ sl ladrão m, gatuno m **langfristig** ['laŋfrɪstɪç] a longo prazo **langhaarig** de cabelo comprido **langjährig** de muitos anos; antigo **Langlauf** M̄ SPORT corrida f de fundo **Langlaufski** M̄ esqui m de fundo **langlebig** longevo, de longa vida; (*haltbar*) a. durável; BOT vivaz **Langlebigkeit** F̄ ⟨o. pl⟩ longevidade f

'länglich ['lɛŋlɪç] oblongo; alongado

'Langmut F̄ ⟨o. pl⟩ geh paciência f, longanimidade f **langmütig** ['laŋmy:tɪç] *geh* paciente

längs [lɛŋs] PRÄP ⟨*gen, dat*⟩ ao longo de

langsam lento; ADV devagar; **~er werden** diminuir (*od* baixar) o ritmo; **~er fahren** diminuir a velocidade **Langsamkeit** F̄ ⟨o. pl⟩ vagar m; lentidão f

'Langschläfer M̄ dorminhão m, dorminhoco m

'Längsschnitt M̄ corte m longitudinal

längst [lɛŋst] ADV há muito (tempo); **~ nicht** nem por sombras **längste** ⟨*sup v.* lang⟩ o mais comprido, o mais longo

'längstens ADV o mais tardar

'langstielig ['laŋʃti:lɪç] BOT com pé alto; com cabo longo

'Langstreckenlauf M̄ ⟨-(e)s; ̈e⟩ SPORT corrida f de longa (*od* grande) distância **Langstreckenrakete** F̄ foguetão m (*bras* foguete m) de longo alcance

Lan'guste [laŋˈgʊstə] F̄ lagosta f

'langweilen aborrecer, maçar; *bras* enfadar; **sich ~** ficar aborrecido (*bras* entediado) **langweilig** ['laŋvaɪlɪç] aborrecido, maçador **Langwelle** F̄ onda f comprida (*bras* longa) **langwierig** ['laŋviːrɪç]

moroso; MED crónico (bras *ô) **'Langzeitwirkung** F̲ efeito m de longa duração, efeito m prolongado
'Lanze ['lantsə] F̲ lança f; geh **e-e ~ brechen für** defender **Lan'zette** [lan'tsetə] F̲ MED lanceta f
lapi'dar [lapi'daːr] lapidar
Lap'palie [la'paːliə] F̲ bagatela f; insignificância f
'Lappe ['lapə] M̲ ⟨-n⟩ lapão m, lapónio m (bras *ô)
'Lappen M̲ trapo m; farrapo m; ANAT lobo m; lóbulo m; (Pflicht) responsabilidade f; **j-m durch die ~ gehen** escapar(-se) m a alg **lappig** trapento; BOT, ZOOL lobado
'Lappin F̲ lapoa f, lapónia f (bras *ô)
'läppisch ['lɛpɪʃ] parvo, pueril; trivial
'Lappland N̲ GEOG Lapónia f (bras *ô)
Laptop ['lɛptɔp] M̲ ⟨-s, -s⟩ computador m portátil, laptop m; bras a. notebook m
'Lärche ['lɛrçə] F̲ BOT larício m
Lärm [lɛrm] M̲ ⟨-(e)s; o. pl⟩ ruído m, barulho m; **~ machen** fazer barulho; **~ schlagen** tocar a rebate **'lärmen** fazer barulho **'lärmend** ADJ ruidoso, barulhento
'Lärmpegel M̲ intensidade f de ruído
'Lärmschutz M̲ ⟨-es; o. pl⟩ prote(c)ção f contra ruídos **'Lärmschutzwall** M̲ barreira f de prote(c)ção contra ruídos, barreira anti-ruído
Larve ['larfə] F̲ máscara f; ZOOL larva f
lasch [laʃ] frouxo; lasso; umg mole
Lasche F̲ TECH encaixe m; (Schuhlasche) pala f, presilha f
'Laschheit F̲ ⟨o. pl⟩ frouxidão f; lassidão f; fig a. inércia f
'Laser ['leːzər] M̲ ⟨-s; -⟩ laser m **Laserdrucker** M̲ IT impressora f laser **Lasermedizin** F̲ medicina f de laser **Lasershow** F̲ show m de laser **Lasertechnik** F̲ técnica f laser **Laserstrahl** M̲ raio m laser **Lasertherapie** F̲ terapia f laser
'lassen ['lasən] ⟨zulassen⟩ deixar; (geben) dar; **j-m Zeit ~** dar tempo a alg; (sich (dat) **Zeit ~** não ter pressa; Möglichkeit: **sich auswechseln etc ~** poder-se, deixar--se; **niemanden zu sich ~** não receber ninguém ⟨aufgeben, unterlassen⟩ deixar (ficar), deixar-se de; **~ von** desistir de, renunciar a; **das Rauchen ~** deixar (od parar) de fumar; **sein Leben ~** sacrificar a vida; **lass das (sein)!** deixa isso!; **lass**

nur! deixa estar! ⟨veranlassen⟩ mandar, fazer; **sich** (dat) **ein Kleid machen ~** mandar fazer um vestido **~** **sich sehen ~** aparecer; **sich sehen ~ können** fig apresentar-se bem
'lässig ['lɛsɪç] ⟨gelassen⟩ descontraído; ⟨sorglos, nachlässig⟩ negligente, indiferente; descuidado **Lässigkeit** F̲ ⟨o. pl⟩ à-vontade m; (Nachlässigkeit) indiferença f
'Lasso ['laso] N̲ ⟨-s; -s⟩ laço m
Last [last] F̲ carga f; (Gewicht, Bürde) peso m, fardo m; (Pflicht) responsabilidade f; **j-m zur ~ fallen** ser uma carga para alg; **j-m etw zur ~ legen** imputar a/c a alg; atribuir a alg a responsabilidade de a/c; incriminar alg de (od por) a/c; HANDEL **zu ~en (von)** → zulasten **'Lastauto** N̲ camião m; bras caminhão m
'lasten ['lastən] ⟨-e-⟩ pesar, carregar (**auf** dat sobre) **Lastenaufzug** M̲ monta--cargas m, elevador m de cargas **Lastenausgleich** M̲ ⟨-(e)s; o. pl⟩ perequação f (bras adequação f) de encargos
'Laster[1] ['lastər] M̲ umg camião m; bras caminhão m
'Laster[2] ['lastər] N̲ ⟨-s; -⟩ Neigung: vício m
'Lästerer ['lɛstərər] M̲ difamador m; detra(c)tor m; REL blasfemo m
'lasterhaft vicioso; perverso; corru(p)to
'Lästermaul ['lɛstərmaʊl] N̲ má-língua m/f; bras fofoqueiro m, língua-de-trapo m **lästern** ⟨-re⟩ REL blasfemar (**über** j-n contra alg); (schmähen) ofender, difamar (**über** j-n alg) **Lästerung** F̲ blasfémia f; bras blasfêmia f
'lästig ['lɛstɪç] importuno, enfadonho, maçador; bras a. chato; **j-m ~ fallen** molestar, maçar; bras chatear, importunar
'Lastkahn M̲ batelão m de carga, barcaça f **Lastkraftwagen** M̲ → Lastwagen
Last-'Minute-Angebot N̲ oferta f (od promoção f) de última hora **Last--Minute-Flug** [laːstˈmɪnɪtfluːk] M̲ last minute m
Lastschrift F̲ HANDEL, FIN débito m
Lastwagen M̲ camião m; bras caminhão m **Lastwagenfahrer** M̲ camionista m; bras caminhoneiro m, chofer m de um caminhão m **Lastzug** M̲ camião m (bras caminhão m) com reboque

LAUT

La'sur [la'zuːɐ̯] F (camada f de) verniz m

La'tein [la'taɪn] N ⟨-s; o. pl⟩ latim m; **mit seinem ~ am Ende sein** fig chegar ao fim da sua ciência **Lateinamerika** N América f Latina **lateinamerikanisch** latino-americano **lateinisch** latino; Buchstabe romano

La'terne [la'tɛrnə] F lanterna f; candeeiro m; SCHIFF, BAHN farol m

'latschen ['laːtʃən] ⟨s.⟩ umg arrastar os pés

'Latschen MPL umg chinelos mpl; (Schuhe) sapatos mpl velhos e gastos; **aus den ~ kippen** (ohnmächtig werden) desmaiar

'Latte ['latə] F ripa f, fasquia f, sarrafo m; bras a. estaca f; Fußball: trave f **'Lattenrost** M ⟨-(e)s; -e⟩ grade f de ripas **Lattenzaun** M taipa f, estacada f

Latz [lats] M ⟨-es; ⸚e⟩ (Brustlatz) peitilho m; (Hosenlatz) braguilha f

'Lätzchen ['lɛtsçən] N babete m, babadouro m; bras babador m **'Lätzchenhose** ['latsho:sə] F calças mpl de peitilho

lau [laʊ] tépido, morno; fig tíbio

Laub [laʊp] N ⟨-(e)s; o. pl⟩ folhagem f; **dürres ~** folhas fpl secas **'Laubbaum** M árvore f de folha caduca

Laube ['laʊbə] F caramanchão m **Laubenkolonie** F colónia f (bras agrupamento m) de hortas pequenas com chalés

'Laubfrosch M rela f, reineta f; bras perereca f **Laubsäge** F serra f mecânica **Laubwald** M floresta f de folha (bras folhagem) caduca **Laubwerk** N folhagem f, ramagem f

Lauch [laʊx] M ⟨-(e)s; -e⟩ alho-porro m; bras a. alho-poró m

'Lauer ['laʊɐ] F ⟨o. pl⟩ **auf der ~ liegen** estar à espreita; **sich auf die ~ legen** emboscar-se, pôr-se de emboscada **lauern** ⟨-re⟩ **auf** (akk) estar (od andar) à espreita de; (warten) aguardar, esperar **lauernd** à espera; à espreita; Blick furtivo

Lauf [laʊf] M ⟨-(e)s; ⸚e⟩ [1] carreira f; curso m; SPORT corrida f; MUS passagem f [2] Wasser: corrente f [3] TECH, (Verlauf) marcha f; fig decurso m, decorrer m; **seinen ~ nehmen** seguir o seu curso; **freien ~ lassen** dar livre curso; **im ~(e) des Lebens** pela vida fora; **im ~(e) der Zeit** com o tempo [4] (Rohr, Gewehrlauf) cano m [5] ZOOL pata f

'Laufbahn F fig carreira f **Laufbursche** M ⟨-n⟩ moço m de recados; contínuo m

'laufen ⟨s.⟩ correr (a. fließen); (gehen) andar; marchar; TECH a. funcionar; Film exibir-se, proje(c)tar-se; **die Dinge ~ lassen** deixar correr as coisas **laufend** A ADJ corrente; Nummer corrido B ADV (regelmäßig) permanentemente; **auf dem Laufenden (halten)** (pôr) ao corrente

'Läufer ['lɔʏfɐ] M Teppich: passadeira f; Schach: bispo m **'Läufer(in)** ['lɔʏfɐ(ɪn)] M(F) SPORT corredor(a) m(f)

Laufe'rei [laʊfə'raɪ] F correria f **'Laufeuer** N **sich wie ein ~ verbreiten** espalhar-se como um rastilho (bras fio de pólvora) **'Laufgitter** N → Laufstall **'Laufgraben** M trincheira f

'läufig ['lɔʏfɪç] Hündin **~ sein** estar no cio **'Laufkäfer** M cárabo m **Laufkundschaft** F ⟨o. pl⟩ clientela f ocasional **Laufmasche** F malha f caída **Laufschritt** M passo m acelerado; **im ~** em passo de corrida (od acelerado) **Laufstall** M parque m de bébé; bras chiqueirinho m **Laufsteg** M passadouro m; bras passarela f **Laufwerk** N Uhr: mecanismo m de relógio; TECH mecanismo m de movimento; IT drive m, unidade f **Laufzeit** F SPORT tempo m de corrida; FIN, HANDEL prazo m de pagamento; Sparbuch prazo m de duração **Laufzettel** M circular f; guia f

'Lauge ['laʊɡə] F barrela f, lixívia f

'Laune ['laʊnə] F humor m; (plötzlicher Einfall) capricho m; **gute ~ haben, guter ~ sein** estar bem disposto; **bei guter ~** bem disposto **launenhaft** caprichoso, esquisito **Launenhaftigkeit** F ⟨o. pl⟩ esquisitice f, casmurrice f **launig** alegre, jovial, humorístico **launisch** → launenhaft

Laus [laʊs] F ⟨-; ⸚e⟩ (Blattlaus) pulgão m; (Kopflaus) piolho m; (Filzlaus) chato m **'Lausbub** M ⟨-en⟩ maroto m

'lauschen ['laʊʃən] escutar; heimlich: estar à escuta, espreitar **lauschig** aconchegado, sossegado, agradável

'lausen ⟨-t⟩ catar **lausig** piolhento; umg fig pelintra; miserável

laut[1] [laʊt] A ADJ Stimme alto, sonoro; (lärmend) ruidoso B ADV em voz alta; fig **~ werden** Stimmen correr **laut**[2] [laʊt]

LAUT

PRÄP ⟨gen⟩ segundo; conforme a; (Kraft) em virtude de **Laut** M ⟨-(e)s; -e⟩ som m; **keinen ~ von sich geben** ficar calado **Laute** F MUS alaúde m
lauten ⟨-e-⟩ Text dizer; rezar; **~ auf** (akk) HANDEL ir em nome de; JUR Urteil **auf 3 Jahre** Gefängnis etc **~** determinar 3 anos de prisão etc
'läuten ['lɔytən] ⟨-e-⟩ **A** V/T tocar; Kirchenglocken a. repicar **B** V/I (ertönen) soar; **es läutet** estão a tocar **'Läuten** N ⟨-s⟩ toque m, repique m
'lauter[1] ['lautər] ADJ ⟨kompar v. → laut⟩ mais alto
'lauter[2] ADV (nichts als) não ... senão; só; mero; (viel) uma data de; bras um monte de; **aus** (od **vor**) **~ Angst** de tanto medo
'lauter[3] ADJ (rein) puro; fig sincero **Lauterkeit** F ⟨o. pl⟩ pureza f; fig sinceridade f, integridade f (moral)
'läutern ['lɔytərn] ⟨-re-⟩ purificar, apurar; fig sublimar **Läuterung** F purificação f; sublimação f
'Lautgesetz N ⟨-es; -e⟩ LING lei f fonética **Lautlehre** F ⟨o. pl⟩ fonética f **lautlos** silencioso **Lautmalerei** F onomatopeia (bras *é) f **lautmalerisch** onomatopeico **Lautschrift** F transcrição f fonética
'Lautsprecher M alto-falante m **Lautsprecheranlage** F aparelhagem f de som **Lautsprecherbox** F altifalante m, coluna f; bras caixa f de som, alto-falante m
'lautstark potente; intenso; ADV **~ protestieren** protestar vigorosamente **Lautstärke** F volume m do som, intensidade f do som; Radio a. potência f sonora (od do som) **Lautverschiebung** F, **Lautwandel** M LING mutação f consonântica
'Läutwerk ['lɔytvɛrk] N ⟨-(e)s; -e⟩ e-r Uhr: mecanismo m de toque
'lauwarm ⟨o. pl⟩ morno
'Lava ['la:va] F ⟨o. pl⟩ lava f
La'vendel [la'vɛndəl] M ⟨-s; o. pl⟩ BOT alfazema f; bras a. lavanda f
la'vieren [la'vi:rən] ⟨-; h. u. s.⟩ SCHIFF bordejar; fig oscilar, manobrar
La'wine [la'vi:nə] F alude m, avalancha f (a. fig); bras a. avalanche f
lax [laks] desleixado, frouxo, lasso **'Laxheit** F ⟨o. pl⟩ lassidão f

Lay'out [leɪaʊt] N ⟨-s; -s⟩ lay-out m; bras leiaute m
Laza'rett [latsa'rɛt] N ⟨-(e)s; -e⟩ hospital m (militar)
LC'D-Bildschirm [ɛltse:'de:biltʃɪrm] M IT tela f de cristal líquido, ecrã m LCD
'leasen ['li:zən] V/T fazer leasing **Leasing** ['li:zɪŋ] N ⟨-s; -s⟩ leasing m **Leasingvertrag** M contrato m de leasing
'Lebemann M pândego m; homem m galante
'leben ['le:bən] viver; **gut ~** levar boa vida; **~ Sie wohl!** adeus!; **(hoch)~ lassen** dar vivas a; **es lebe ...!** viva ...!
'Leben N vida f; **am ~ sein** ser (bras estar) vivo, estar com vida; **am ~ bleiben** sobreviver; **ums ~ bringen** matar, assassinar; **ums ~ kommen** perder a vida, perecer, morrer; **ein aufregendes/ruhiges Leben führen** levar uma vida emocionante/tranquila; **etw für sein ~ gern tun** adorar fazer a/c; **ins ~ rufen** fundar, criar; **sich** (dat) **das ~ nehmen** suicidar-se; **mein ~ lang** (em) toda a minha vida
'lebend ADJ vivo, vivente **Lebendgewicht** N peso m vivo
le'bendig [le'bɛndɪç] vivo **Lebendigkeit** F ⟨o. pl⟩ vida f, vitalidade f; vivacidade f
'Lebensabend M ⟨-s; o. pl⟩ velhice f **Lebensader** F ⟨-; -n⟩ artéria f (a. fig) **Lebensalter** N ⟨o. pl⟩ idade f **Lebensart** F modo m de vida; (Umgangsformen) maneiras fpl **Lebensaufgabe** F tarefa f de (toda) uma vida; **sich** (dat) **etw zur ~ machen** consagrar-se (od consagrar a vida inteira) a a/c **Lebensbaum** M BOT tuia f **Lebensbedingungen** FPL condições fpl de vida **Lebensbeschreibung** F biografia f **Lebensdauer** F ⟨o. pl⟩ (tempo m da) vida f; (Haltbarkeit) durabilidade f **Lebensende** N fim m da vida; morte f; **bis an mein ~** até o fim da minha vida **Lebenserfahrung** F experiência f da vida **Lebenserwartung** F ⟨o. pl⟩ esperança f de vida; expe(c)tativa f (média) de vida **lebensfähig** em condições de viver, robusto, vital **Lebensfähigkeit** F ⟨o. pl⟩ vitalidade f **Lebensfrage** F questão f vital **Lebensfreude** F ⟨o. pl⟩ → Lebenslust **Lebensgefahr** F ⟨o. pl⟩ perigo m de morte **le-**

bensgefährlich muito perigoso, muito grave **Lebensgefährte** M̄, **Lebensgefährtin** F̄ consorte m/f, companheiro m, -a f **Lebensgeister** MPL espíritos mpl vitais; vitalidade fsg **Lebensgemeinschaft** F̄ comunidade f; vida f (em) comum **Lebensgeschichte** F̄ biografia f **Lebensgröße** F̄ **in ~** ⟨o. pl⟩ de tamanho natural; Bild: vida f por inteiro **Lebenshaltungskosten** FPL custo msg da vida f **Lebenskraft** F̄ vitalidade f; força f vital **lebenslänglich** perpétuo; Rente, Stellung etc vitalício **'Lebenslänglich** N̄ ⟨-; o. pl⟩ pena f maior, prisão f perpétua **Lebenslauf** M̄ vida f; carreira f; Schrift: curriculum m vitae **Lebenslust** F̄ alegria f de viver **lebenslustig** alegre, folgazão
'Lebensmittel NPL víveres mpl; géneros mpl (bras *ê) alimentícios **Lebensmittelabteilung** F̄ se(c)ção f alimentar **Lebensmittelgeschäft** N̄ mercearia f; loja f de produtos alimentares **Lebensmittelskandal** M̄ escândalo m de alimentos (od de géneros alimentícios) **Lebensmittelvergiftung** F̄ envenenamento m alimentar
'lebensmüde cansado da vida; farto de viver **Lebensmut** M̄ ⟨-(e)s; o. pl⟩ energia f vital, vitalidade f **lebensnah** realista **lebensnotwendig** vital; indispensável à vida
'Lebenspartner(in) M(F) companheiro m, -a f da vida **Lebenspartnerschaft** F̄ BRD: **eingetragene ~** casamento m homosexual **Lebensqualität** F̄ ⟨-; o. pl⟩ qualidade f de vida **Lebensraum** M̄ espaço m vital **Lebensregel** F̄ regra f (od norma f) de conduta, máxima f **Lebensretter** M̄ **(mein) ~** salvador m da (minha) vida **Lebensstandard** M̄ ⟨-s; o. pl⟩ nível m de vida **Lebensstellung** F̄ (Posten) lugar m da vida; bras cargo m vitalício **Lebensstil** M̄ estilo m de vida **lebensüberdrüssig** desgostoso da vida **Lebensunterhalt** M̄ ⟨-(e)s; o. pl⟩ subsistência f; sustento m; **sich** (dat) **s-n ~ verdienen** ganhar a (sua etc) vida **Lebensversicherung** F̄ seguro m de vida **Lebenswandel** M̄ vida f (j-s que alg leva), estilo m de vida **Lebensweg** M̄ vida f; carreira f **Lebensweise** F̄ hábito m; MED regime m **Lebensweisheit** F̄ filosofia f prática **Lebenswerk** N̄ **sein ~** a obra da sua vida **lebenswichtig** (de interesse) vital **Lebenszeichen** N̄ sinal m de vida **Lebenszeit** F̄ **auf ~** por toda a vida; vitalício

'Leber ['le:bar] F̄ fígado m; **frisch von der ~ weg** fig sem rodeios; umg sem papas na língua **Leberfleck** M̄ ⟨-(e)s; -e⟩ sinal m; bras a. pinta f **leberkrank** doente do fígado; **~ sein** a. sofrer do fígado, ser hepático **Leberleiden** N̄ MED doença f do fígado; hepatismo m **Lebertran** M̄ ⟨-(e)s; o. pl⟩ óleo m de fígado de bacalhau **Leberwurst** F̄ chouriço m de fígado (picado); bras patê m de fígado **Leberzirrhose** F̄ MED cirrose f do fígado
'Lebewesen N̄ ser m vivo **Lebe'wohl** N̄ ⟨-s; o. pl⟩ adeus m; **~ sagen** despedir-se
'lebhaft ['le:phaft] vivo; animado; caloroso; Verkehr intenso **Lebhaftigkeit** F̄ ⟨o. pl⟩ vivacidade f; animação f; Verkehr: intensidade f
'Lebkuchen ['le:pku:xən] M̄ ≈ broa f de mel **leblos** sem vida, inânime **Lebzeiten** FPL **zu j-s ~** em vida de alg
leck [lɛk] ADJ roto; bras furado; **~ sein** lecken¹; **~ werden** meter (bras fazer) água
Leck N̄ ⟨-(e)s; -e⟩ furo m; SCHIFF rombo m
'lecken¹ VI (leck sein) deitar (água), vazar, escorrer; Schiff estar com água aberta
'lecken² V/T lamber; **sich** (dat) **die Finger nach etw ~** fig umg lamber-se todo por a/c
'lecker ['lɛkər] delicioso, apetitoso; bras gostoso **Leckerbissen** M̄ petisco m
'Leder ['le:dar] N̄ couro m; feines: cabedal m, napa f; pele f, pelica f; **vom ~ ziehen** desembainhar (a espada) **Leder(ein)band** M̄ encadernação f em couro **Lederhaut** F̄ MED derme f esclerótica **Lederhose** F̄ calças mpl de cabedal (od de couro) **Lederjacke** F̄ casaco m de cabedal (od de couro) **ledern** ADJ de couro, de cabedal **Lederwaren** FPL artigos mpl de cabedal (od de couro)
'ledig ['le:dɪç] livre; (unverheiratet) soltei-

ro; celibatário **lediglich** ['le:dıklıç] ADV meramente; pura e simplesmente

Lee [le:] F/N ⟨-s; o. pl⟩ SCHIFF sotavento m

leer [le:r] vazio; oco (a. fig); Drohung, Versprechen, Gerede vão; (unbewohnt) desocupado; (unbeschrieben) em branco; fig vão, fútil; TECH HANDEL tara f; **~ machen** esvaziar; **~ stehen** estar desocupado; **~ stehend** desocupado; sem mobília; **~ werden** esvaziar-se, ficar vazio; **mit leeren Händen** com as mãos a abanar; bras com as mãos vazias

'Leere F ⟨o. pl⟩ vazio m; PHYS vácuo m; fig vaidade f **'leeren** esvaziar; Briefkasten etc fazer a tiragem de

'Leergewicht N ⟨-(e)s; o. pl⟩ peso m em vazio; TECH HANDEL tara f **Leergut** N ⟨o. pl⟩ vasilhame m; embalagens fpl vazias **Leerlauf** M TECH funcionamento m (od marcha f) em vazio; AUTO Motor: ponto m morto; **im ~** em ponto morto **leerlaufen** TECH correr em vazio, andar em ponto morto **Leertaste** F tecla f de espaço **Leerung** F tiragem f; esvaziamento m **Leerzeile** F linha f em branco

'Lefze ['lɛftsə] F ZOOL beiço m

le'gal [le'ga:l] legal **legali'sieren** [legali'zi:rən] ⟨-⟩ legalizar **Legali'tät** [legali'tɛ:t] F ⟨o. pl⟩ legalidade f

▶ **legal**

Die Brasilianer benutzen das Wort **legal** sehr oft. Es bedeutet wörtlich „gesetzlich, legal", wird aber in der Umgangssprache für „nett", „o.k." oder sogar „super, toll" verwendet. Die Bedeutung ist dabei am mehr oder weniger begeisterten Tonfall erkennbar. Die Verkleinerungsform **legalzinho** wird oft gebraucht, wenn man eigentlich sagen will, dass etwas nicht so toll ist.
◀

Legasthe'nie [legaste'ni:] F dislexia f **Legas'theniker(in)** [legas'te:nıkɐr(ın)] M(F) dislexico m, -a f

Le'gat [le'ga:t] A M ⟨-en⟩ legado m, núncio m B N ⟨-(e)s; -e⟩ JUR legado m

'Legehenne ['le:gəhɛnə] F galinha f de pôr, galinha f poedeira

'legen ['le:gən] A V/t pôr (a. Eier); bras a. botar; Grund(stein) lançar; Schienen assentar, colocar; (hineinlegen) **~ in** (akk) a. meter; **zur Last ~** atribuir, imputar B V/R **sich ~** (nachlassen) acalmar-se, abrandar, passar; (hinlegen) deitar-se; estender-se

legen'där [legɛn'dɛ:r] legendário **Le'gende** [le'gɛndə] F lenda f, legenda f **le'ger** [le'ʒɛ:r] (lässig) descuidado; à vontade; Mode descontraído; port a. desportivo

le'gieren [le'gi:rən] ⟨-⟩ TECH ligar **Legierung** F liga f

Legisla'tive [legisla'ti:və] F poder m legislativo **Legisla'tur** [legisla'tu:r] F legislação f; legislatura f **Legisla'turperiode** F período m legislativo

legi'tim [legi'ti:m] legítimo **Legitimati'on** [legitimatsi'o:n] F (Berechtigung) legitimação f; (Ausweis) documento m (od bilhete m) de identidade **legiti'mieren** [legiti'mi:rən] ⟨-⟩ legitimar; **sich ~** provar a sua identidade

'Lehen ['le:ən] N hist feudo m

Lehm [le:m] M ⟨-(e)s; -e⟩ barro m; argila f **'Lehmboden** M terreno m argiloso **'Lehmgrube** F barreiro m **'lehmig** argiloso **'Lehmwand** F taipa f **'Lehmziegel** M adobe m

'Lehne ['le:nə] F (Armlehne) braço m; (Rückenlehne) espaldar m, costas fpl; (Stütze) apoio m; (Abhang) pendor m, encosta f **lehnen** (sich) **~ an** (akk) od **gegen** apoiar(-se) em, encostar(-se) a; **sich ~ aus** debruçar-se de **Lehnstuhl** ['le:n-ʃtu:l] M cadeira f de braços, cadeirão m, poltrona f **Lehnswesen** N ⟨o. pl⟩ hist feudalismo m, sistema m feudal **Lehnwort** N palavra f de origem estrangeira

'Lehrauftrag M UNIV **e-n ~ haben** ser encarregado da regência de um curso **Lehrbuch** N manual m, método m, compêndio m

'Lehre ['le:ra] F ❶ (Unterricht) ensino m, ensinamento m; Handwerk: aprendizagem f; **in der ~ sein** ser aprendiz, (estar a) aprender; **in die ~ kommen** ir de aprendiz ❷ (Theorie, Wissen) doutrina f; Naturwissenschaften: teoria f; ciência f; einzelne: lição f; **lass dir das e-e ~ sein!** não te esqueças desta lição! ❸ TECH calibre m; modelo m **lehren** ensinar; le(c)cionar

'Lehrer(in) M(F) professor(a) m(f) **Leh-**

rerschaft F professorado m, corpo m docente **Lehrerzimmer** N sala f dos professores
'**Lehrfach** N disciplina f **Lehrfilm** M filme m didá(c)tico **Lehrgang** M curso m; **praktischer ~** tirocínio m **Lehrgeld** N fig **~ zahlen müssen** pagar cara a lição **Lehrjahr** N ano m (Handwerk: de aprendizagem, Schule: escolar) **Lehrkörper** M corpo m docente **Lehrkraft** F professor m **Lehrling** M ‹-s; -e› aprendiz m, aprendiza f **Lehrmeister** M patrão m; mestre m **Lehrmethode** F método m de ensino **Lehrmittel** NPL material msg didá(c)tico **Lehrplan** M programa m instrutivo **Lehrreich** fig instrutivo **Lehrsatz** M tese f; REL dogma m; MATH teorema m **Lehrstelle** F lugar m de aprendiz(agem) **Lehrstoff** M matéria f (de ensino); programa m **Lehrstuhl** M UNIV cátedra f, cadeira f (**für** de) **Lehrtätigkeit** F ensino m **Lehrvertrag** M contrato m de aprendizagem **Lehrwerkstatt** F oficina f de aprendizagem **Lehrzeit** F (tempo m de) aprendizagem f

Leib [laip] M ‹-(e)s; -er› corpo m; (Bauch) ventre m; barriga f; (Unterleib) abdómen m (bras *ô); **am eigenen ~** no próprio corpo; **j-m auf den ~ rücken** atacar alg; **bei lebendigem ~(e)** vivo; **mit ~ und Seele** de corpo e alma; **sich** (dat) **j-n vom ~(e) halten** manter alg afastado de si; **bleib mir vom ~e!** deixa-me em paz! '**Leibeigene(r)** M/F(M) ‹-n› hist servo m, -a f '**Leibeigenschaft** F ‹o. pl› servidão f
'**Leibesfülle** F corpulência f; obesidade f **Leibeskräfte** FPL fig **aus ~n** a mais não poder **Leibesübungen** F hist educação f física **Leibesvisitation** F revista f
'**Leibgarde** F → Leibwache **Leibgericht** N prato m favorito (od predileto) **leibhaftig** mesmo, em pessoa; **der Leibhaftige** o demónio (bras *ô) '**leiblich** corporal, carnal; Verwandter consanguíneo **Leibrente** F renda f vitalícia **Leibschmerzen** MPL dores fpl de barriga **Leibspeise** F → Leibgericht **Leibwache** F guarda f privativa (od pessoal) **Leibwächter** M guarda-costas m; bras a. capanga m **Leibwäsche** F roupa f branca, roupa f de interior (bras de baixo)

'**Leiche** ['laiçə] F cadáver m; corpo m; **über ~n gehen** umg não recuar perante nenhum meio '**leichenblass** ‹o. pl› lívido
'**Leichengift** N toxina f **Leichenhalle** F capela f mortuária **Leichenhemd** N mortalha f **Leichenöffnung** F autópsia f **Leichenrede** F oração f fúnebre **Leichenschändung** F profanação f do(s) morto(s) **Leichenschau** F ‹o. pl› autópsia f **Leichenschauhaus** N necrotério m, morgue f **Leichenstarre** F ‹o. pl› rigidez f cadavérica **Leichenverbrennung** F cremação f **Leichenwagen** M carro m fúnebre **Leichenzug** M cortejo m fúnebre, préstito m '**Leichnam** ['laiçna:m] M ‹-(e)s; -e› cadáver m, corpo m

leicht [laiçt] ligeiro; leve; zu tun fácil (**zu** de); ADV à vontade; **zu ~ sein** Gewicht: não ter o peso; **es ist ~ möglich** é bem possível; **es war ihm ein Leichtes** não lhe foi difícil; **j-m etw ~ machen** facilitar a/c a alg; **~ verdaulich** ligeiro; bras a. leve; fácil de digerir; **~ verwundet** levemente ferido
'**Leichtathlet(in)** M(F) ‹-en› atleta m/f **Leichtathletik** F ‹o. pl› atletismo m (ligeiro) **Leichtbauweise** F TECH (modo m de) construção f ligeira
'**Leichter** M SCHIFF lancha f, lanchão m '**leichtfallen** j-m dar pouco trabalho a '**leichtfertig** leviano; frívolo **Leichtfertigkeit** F leviandade f; frivolidade f **leichtfüßig** ['laiçtfy:sɪç] ágil, ligeiro '**Leichtgewicht** N SPORT leve m '**leichtgläubig** crédulo **Leichtgläubigkeit** F ‹o. pl› credulidade f
'**leichthin** ADV ao de leve; ligeiramente; sem pensar
'**Leichtigkeit** F ‹o. pl› facilidade f; (Behändigkeit) ligeireza f; agilidade f; a. fig desenvoltura f, desembaraço m '**leichtlebig** ['laiçtle:bɪç] leviano, descuidado **Leichtmatrose** M ‹-n› grumete m **Leichtmetall** N metal m ligeiro (bras leve) **leichtnehmen** não se importar **Leichtsinn** M ‹-(e)s; o. pl› leviandade f, descuido m '**leichtsinnig** leviano, descuidado

leid [laɪt] ADJ inv **ich bin es ~** estou farto; → leidtun **Leid** [laɪt] N ⟨-(e)s; o. pl⟩ (Übel) mal m; (Schmerz) pena f, dor f, mágoa f; **j-m sein ~ klagen** desabafar com alg; **zu ~e** → zuleide **'leiden** ['laɪdən] A VI sofrer, padecer (**an** dat de); **~ unter** (dat) ressentir-se de B VT tolerar, sofrer, admitir, suportar; **nicht ~ können** detestar, não suportar; **gut ~ können** gostar de; simpatizar com **'Leiden** ['laɪdən] N sofrimento m, dor f, MED doença f, padecimentos mpl; REL paixão f **leidend** MED doente

'Leidenschaft F paixão f (**für** por); afe(c)to m **leidenschaftlich** apaixonado **leidenschaftslos** impassível, frio

'Leidensgefährte M ⟨-n⟩, **Leidensgenosse** M ⟨-n⟩ companheiro m de infortúnio **Leidensgeschichte** F ⟨o. pl⟩ história f trágica; REL paixão f **Leidensweg** M calvário m

'leider ['laɪdɐ] ADV infelizmente, por desgraça; sinto que... **leidig** triste, maçador, enfadonho **leidlich** razoável, sofrível; **es geht mir ~** vou andando **leidtragend** enlutado; **der Leidtragende sein** fig ser o prejudicado **leidtun** V/UNPERS **es tut mir leid** tenho pena (um de), lamento, sinto (muito) **Leidwesen** N ⟨-s; o. pl⟩ **zu meinem ~** com grande pena minha; com desgosto meu; bras para minha infelizidade

'Leier ['laɪɐ] F ⟨-; -n⟩ lira f; **immer die alte ~** fig sempre a mesma cantiga (bras lengalenga) **Leierkasten** M realejo m **Leierkastenmann** M tocador m de realejo **leiern** ⟨-re⟩ tocar o realejo; fig salmodiar

'Leiharbeit ['laɪʔarbaɪt] F trabalho m temporário **Leihbibliothek** F, **Leihbücherei** F biblioteca f pública **leihen** ['laɪən] VT **j-m etw ~** emprestar a/c a alg; Aufmerksamkeit, Hilfe prestar; **etw von j-m ~** pedir a/c emprestada a alg **Leihgabe** F empréstimo m; obje(c)to m emprestado gratuitamente a um museu **Leihgebühr** F (propina f, bras taxa f de) empréstimo m **Leihhaus** N casa f de penhores **Leihschein** M cautela f de penhor **Leihwagen** M carro m de aluguer (bras aluguel) **leihweise** ADV emprestado

Leim [laɪm] M ⟨-(e)s; -e⟩ cola f; **j-m auf den ~ gehen** fig umg deixar-se apanhar por alg; deixar-se intrujar por alg; **aus dem ~ gehen** desfazer-se **'leimen** colar; bras a grudar

'Leine [laɪnə] F ⟨-; -n⟩ corda f; (Angelleine) linha f; (Hundeleine) trela f; SCHIFF sirga f; **an der ~ führen** levar preso por uma corda

'leinen de linho **'Leinen** N linho m; tela f **Leinkraut** N BOT linária f **'Leinöl** N ⟨-(e)s; o. pl⟩ óleo m de linhaça **'Leinsamen** M linhaça f **'Leintuch** N lençol m **'Leinwand** F ⟨o. pl⟩ tela

'Leipzig ['laɪptsɪç] N GEOG Lípsia (o. art)

'leise ['laɪzə] baixo; fig leve, suave, manso; ADV a. em voz baixa; sem ruído; **~r stellen a. machen** Radio etc abaixar o som de; bras abaixar o volume de **Leisetreter** ['laɪzətre:tar] M umg pisa-mansinho m; bras sonso m

'Leiste ['laɪstə] F ① (Zierleiste) orla f, borda f; (Fußleiste) rodapé m ② TECH régua f; remate m, limite m ③ ANAT virilha f

'leisten ⟨-e-⟩ fazer (a. Gesellschaft), realizar; Zahlung a. efe(c)tuar; Dienst, Schwur, Hilfe prestar; TECH render, produzir; Versprochenes cumprir; **e-r Sache** (dat) **Folge ~** Aufforderung, Bitte: aceitar; Befehl: acatar; **Widerstand ~** resistir; **sich** (dat) **etw ~** permitir-se a/c; **das kann ich mir nicht ~** não me posso permitir esse luxo

'Leisten M encospas fpl, encóspias fpl; **alles über e-n ~ schlagen** fig medir tudo pela mesma bitola

'Leistenbruch M MED hérnia f inguinal **Leistengegend** F região f inguinal

'Leistung ['laɪstʊŋ] F ① (Arbeit) trabalho m, obra f; realização f; (Erfolg) resultado m, êxito m; Schule: aproveitamento m ② WIRTSCH rendimento m; (Gesamtleistung) productividade f; TECH a. força f, potência f; capacidade f ③ (Dienstleistung) prestação f; (Zahlung) pagamento m, débito m

'Leistungsbilanz F balanço m de transa(c)ções **Leistungsdruck** M ⟨-(e)s; o. pl⟩ competição f **leistungsfähig** capaz, produtivo; eficiente; HANDEL solvente, de crédito; TECH potente, eficiente **Leistungsfähigkeit** F força f, capacidade f; TECH a. potência f, eficiência f; HANDEL solvência f **Leistungsgesellschaft** F̲ sociedade f de rendimento **Leistungsprinzip** N̲ ⟨-s; o. pl⟩ princípio m de competição; princípio m de distribuição segundo o rendimento do trabalho **Leistungsprüfung** F̲ prova f de resistência **leistungsschwach** que produz pouco; de baixa capacidade **Leistungssport** M̲ ⟨-(e)s; o. pl⟩ desporto m (bras esporte m) de competição **leistungsstark** que produz muito; de alta capacidade **Leistungssteigerung** F̲ valorização f **Leistungszulage** F̲ prémio m (bras prêmio m) de rendimento

'**Leitartikel** ['laɪt?artiːkəl] M̲ editorial m, artigo m de fundo

'**leiten** ['laɪtən] ⟨-e-⟩ conduzir (a. ELEK), guiar; fig dirigir; Orchester reger; **in die Wege ~** preparar; iniciar; encaminhar; **sich von etw ~ lassen** guiar-se por a/c **leitend** ADJ ▯1▯ (führend) dirigente ▯2▯ ELEK condutor m

'**Leiter**¹ F̲ ⟨-; -n⟩ escada f de mão (od móvel); escadote m

'**Leiter**² M̲ ELEK condutor m

'**Leiter(in)** ['laɪtər(ɪn)] M̲|F̲ dire(c)tor/a m(f), chefe m/f; HANDEL a. gerente m/f; (Schulleiter) reitor(a) m/f;

'**Leitersprosse** F̲ degrau m, escalão m **Leiterwagen** M̲ carro m com xalmas '**Leitfaden** M̲ (Lehrbuch) método m, guia m **leitfähig** ELEK condutivo/a **Leitfähigkeit** F̲ ⟨o. pl⟩ condutibilidade f **Leitgedanke** M̲ ideia f (bras *é) fundamental **Leithammel** M̲ carneiro--mestre m **Leitmotiv** N̲ MUS motivo m condutor (od principal) **Leitplanke** F̲ AUTO barra f de segurança (od de delimitação) **Leitsatz** M̲ dire(c)triz f; máxima f **Leitschiene** F̲ TECH barra f de guia, trilho m **Leitspruch** M̲ lema m; divisa f **Leitstern** M̲ (estrela f do) norte m

'**Leitung** ['laɪtʊŋ] F̲ ▯1▯ Funktion, Amt: dire(c)ção f; HANDEL gerência f; **die ~ übernehmen** assumir a dire(c)ção (od gerência); **unter seiner/ihrer ~** sob a sua dire(c)ção ▯2▯ ELEK, TECH instalação f (eléctrica, bras elétrica); ELEK a. linha f; TECH a. condução f; (Rohrleitung) canalização f; fig umg **e-e lange ~ haben** ser muito lento

'**Leitungsdraht** M̲ fio m elé(c)trico

'**Leitungsnetz** N̲ ▯1▯ ELEK rede f elé(c)trica ▯2▯ Gas, Wasser etc: canalização f; tubulação f '**Leitungsrohr** N̲ tubo m (bras cano m) (de gás etc) '**Leitungswasser** N̲ ⟨-s; o. pl⟩ água f da torneira, água f encanada

'**Leitvermögen** N̲ ELEK condutibilidade f **Leitwährung** F̲ moeda-patrão f **Leitzins** M̲ FIN taxa f de desconto **Lekti'on** [lɛkt͡siˈoːn] F̲ lição f; **e-e ~ erteilen** dar uma lição (a. fig) **Lektor** ['lɛktɔr] M̲ ⟨-s; -toren [-'toːran]⟩, **Lek'torin** F̲ leitor(a) m/f **Lekto'rat** [lɛktoˈraːt] N̲ ⟨-(e)s; -e⟩ leitorado m **Lek'türe** [lɛkˈtyː-rə] F̲ leitura f

'**Lende** ['lɛndə] F̲ (Hüfte) anca f, coxa f; **~n** pl rins mpl; Tier: lombo m '**Lendenbraten** M̲ lombo m assado **Lendengegend** F̲ região f renal **Lendenschurz** M̲ ⟨-(e)s; -e⟩ tanga f

'**lenkbar** dirigível; (folgsam) dócil **lenken** Wagen guiar, conduzir; a. fig dirigir; governar; FLUG, SCHIFF pilotar; Blick virar, fitar **Lenker** M̲ Zweirad: guidor m; Person condutor m; bras a. direção f. **Lenkrad** N̲ volante m; bras a. direção f. **Lenkradschloss** N̲ fechadura f de dire(c)ção **Lenksäule** F̲ TECH coluna f da dire(c)ção **Lenkstange** F̲ guiador m; bras guidom m **Lenkung** F̲ condução f, dire(c)ção f, governo m

'**Lepra** ['leːpraː] F̲ ⟨o. pl⟩ lepra f **leprakrank** leproso **Leprakranke(r)** M̲/F̲(M̲) ⟨-n⟩ leproso m, -a f

'**Lerche** ['lɛrçə] F̲ ZOOL cotovia f

'**Lernbegier(de)** ['lɛrnbagiːr(də)] F̲ ⟨o. pl⟩ interesse m, curiosidade f **lernbegierig** estudioso **Lerneifer** M̲ aplicação f, zelo m **lernen** aprender; estudar **Lernhilfe** F̲ (meio m) auxiliar m de ensino **Lernspiel** N̲ jogo m didá(c)tico **Lesart** ['leːsʔart] F̲ lição f; variante f; versão f **lesbar** legível

Lesbe F̲ umg, **Lesbierin** ['lɛsbjərɪn] F̲ lésbica f **lesbisch** lésbica f

'**Lese** ['leːzə] F̲ colheita f; (Weinlese) vindima f **Lesebändchen** N̲ fita f **Lesebuch** N̲ livro m de leitura; antologia f **Lese gerät** N̲ TECH leitor m

'**lesen**¹ VT̲ ▯1▯ Text ler; (entziffern) decifrar; Korrektur ~ rever ▯2▯ Messe dizer ▯3▯ UNIV Professor dar aula; **~ über** (akk) prele(c)cionar sobre '**lesen**² *Ähren* apanhar; *Früchte* colher; *(verlesen)* escolher

'**Lesen** N̄ ⟨-s⟩ leitura *f* **lesenswert** digno de ser lido, interessante **Leseprobe** F̄ ensaio *m* de leitura; *aus e-m Buch*: trecho *m* **Lesepult** N̄ estante *f*, púlpito *m* **Leser** M̄ **1** (*Lesender*) leitor *m* **2** TECH leitor *m* **Leseratte** F̄ *umg* leitor *m* apaixonado

'**Leserbrief** M̄ carta *f* de leitor **Leserin** F̄ leitora *f* **Leserkreis** M̄ (círculo *m* de) leitores *mpl*, público *m* **leserlich** legível **Leserschaft** F̄ → Leserkreis

'**Lesesaal** M̄ sala *f* de leitura **Lesestoff** M̄ leitura *f* **Lesezeichen** N̄ marca *f*, sinal *m*

'**Lesung** ['le:zʊŋ] F̄ leitura *f*; versão *f*
Lethargie [letar'gi:] F̄ ⟨*o. pl*⟩ letargia *f*
lethargisch [le'targɪʃ] letárgico
'**Lette** ['lɛtə] M̄ ⟨-n⟩ letão *m*
'**Letter** ['lɛtɐ] F̄ TYPO letra *f*, cará(c)ter *m*
'**Lettin** F̄ letã *f* **lettisch** letão *m* **Lettland** N̄ GEOG Letónia *f* (*bras* *ô*)
Letzt [lɛtst] NUR IN **zu guter ~** por último
'**letzte** [lɛtstə] ADJ último, derradeiro; (*äußerste, höchste*) o extremo, supremo; (*vorige*) passado; HANDEL próximo passado; **in ~r Zeit** nos últimos tempos; **zum ~n Mal** pela última vez; **das ist das Letzte!** é o cúmulo!

'**letztens** ['lɛtstəns] ADV em último lugar, finalmente; (*letzthin*) ultimamente '**letztere** ['lɛtstərə] PRON **der Letztere**, **der Letztere** o último, este; **die Letztere** a última, esta '**Letzteres** PRON o último, este '**letzthin** ADV ultimamente '**letztlich** ADV ao fim e ao cabo
'**letztwillig** testamentário; **~e Verfügung** *f* testamento *m*

'**Leuchtboje** ['lɔʏçtbɔjə] F̄ SCHIFF bóia *f* luminosa **Leuchtdiode** F̄ ELEK diodo *m* luminoso

'**Leuchte** ['lɔʏçtə] F̄ candeeiro *m*, lâmpada *f*; lanterna *f*; *fig* gênio *m*, *bras* gênio *m* '**leuchten** ⟨-e-⟩ luzir; (*glänzen*) brilhar; (*beleuchten*) alumiar **leuchtend** ADJ luminoso; *fig* brilhante **Leuchter** M̄ castiçal *m*; (*Handleuchter*) palmatória *f*; (*Kronleuchter*) lustre *m*

'**Leuchtfarbe** F̄ tinta *f* luminosa **Leuchtfeuer** N̄ fanal *m*; SCHIFF farol *m* **Leuchtgas** N̄ gás *m* de iluminação **Leuchtkäfer** M̄ pirilampo *m*

Leuchtkraft F̄ ⟨*o. pl*⟩ intensidade *f* de luz; luminescência *f* **Leuchtkugel** F̄ bala *f* luminosa **Leuchtmarker** M̄ marcador *m* fluorescente **Leuchtrakete** F̄ foguete *m* luminoso **Leuchtreklame** F̄ reclamo *m* (*bras* reclame *m*) luminoso **Leuchtstoffröhre** F̄ tubo *m* fluorescente **Leuchttafel** F̄ tabuleta *f* luminosa **Leuchtturm** M̄ farol *m* **Leuchtturmwärter** M̄ faroleiro *m* **Leuchtzeichen** N̄ sinal *m* luminoso **Leuchtzifferblatt** N̄ mostrador *m* luminoso

'**leugnen** ['lɔʏgnən] ⟨-e-⟩ negar; **nicht zu ~** incontestável; inegável
Leukä'mie [lɔʏkɛ'mi:] F̄ leucemia *f*
Leuko'zyt [lɔʏko'tsy:t] M̄ ⟨-en⟩ leucócito *m*

'**Leumund** ['lɔʏmʊnt] M̄ ⟨-(e)s; *o. pl*⟩ reputação *f*, fama *f* **Leumundszeugnis** N̄ JUR certificado *m* criminal; *bras* atestado *m* de boa conduta

'**Leute** ['lɔʏtə] PL gente *fsg*; pessoas *fpl*; (*Angestellte*) pessoal *msg*; **viele ~** muita gente; **die jungen ~** os jovens, a gente *f* nova; **die kleinen ~** o povo (miúdo); **unter die ~ bringen** divulgar

'**Leutnant** ['lɔʏtnant] M̄ ⟨-s; -s; *a*. -e⟩ MIL (segundo-)tenente *m*

'**leutselig** ['lɔʏtzeːlɪç] afável, urbano **Leutseligkeit** F̄ ⟨*o. pl*⟩ afabilidade *f*, urbanidade *f*

'**Level** ['lɛvl] N̄ ⟨-s; -s⟩ *Computerspiel etc*: nível *m*

Lev'koje [lɛfˈkoːjə] F̄ BOT goivo *m*
lexi'kalisch [lɛksiˈkaːlɪʃ] lexical **Lexikogra'fie** [lɛksikograˈfiː] F̄ lexicografia *f* **Lexikon** ['lɛksikɔn] N̄ ⟨-s; Lexika⟩ dicionário *m*; (*Konversationslexikon*) enciclopédia *f*

lfd. ABK (*laufend*) c.te (corrente)
Li'ane [liˈaːnə] F̄ BOT cipó *m*
Li'belle [liˈbɛlə] F̄ **1** ZOOL libélula *f*, libelinha *f* **2** TECH nível *m* de bolha de ar
libe'ral [libeˈraːl] liberal **Liberale(r)** M/F(M) liberal *m/f* **liberali'sieren** [liberaliˈziːrən] ⟨-⟩ liberalizar **Libera'lismus** M̄ ⟨*o. pl*⟩ liberalismo *m*
Li'beria [liˈbeːria] N̄ Libéria *f*
Libyen ['liːbyən] N̄ Líbia *f* **Libyer(in)** M(F) líbio *m*, -a *f* **libysch** líbio

licht ADJ claro, luminoso; *Haar, Wald* raro, ralo; **~er Augenblick** *m* momento *m*

Licht [lɪçt] N ⟨-(e)s; -er⟩ luz f (a. Beleuchtung); (Kerze) vela f; bras lume m; **~ machen** abrir (od acender) a luz; **das ~ der Welt erblicken** nascer; **ans ~ kommen** vir à luz, vir a lume; **ans ~ bringen** trazer à luz; **bei ~ besehen** visto à luz; **gegen das ~** a contra-luz; **j-n hinters ~ führen** fig enganar alg, intrujar algo; **ins rechte ~ rücken** (od **setzen**) fig pôr os pontos nos ii; pôr em relevo; **jetzt geht mir ein ~ auf** agora percebo

'**Lichtanlage** F instalação f da luz; luzes fpl; iluminação f '**Lichtbild** N diapositivo m '**Lichtblick** M fig rasgo m de esperança; bras raio m de luz '**Lichtbogen** M ⟨-s; ⇌⟩ ELEK arco m voltaico '**Lichtbrechung** F refra(c)ção f '**Lichtdruck** M ⟨-(e)s; -e⟩ fototipia f

'**lichtdurchlässig** translúcido, diáfano '**lichtecht** insensível à luz; **~ sein** Stoff, Tapete não desbotar **lichtempfindlich** sensível à luz '**lichten** ⟨-e-⟩ A VT Baum podar; Wald aclarar, desbastar; **den Anker ~** levantar ferro; bras sarpar B VR **sich ~** Haare etc rarear; a. fig aclarar-se '**lichter'loh** ['lɪçtɐ'lo:] ADV **~ brennen** estar em chamas

'**Lichtgeschwindigkeit** F velocidade f da luz '**Lichthof** M claraboia f; Mond etc, FOTO halo m '**Lichthupe** F sinal m de luzes; bras sinal m luminoso '**Lichtjahr** N ano-luz m '**Lichtkegel** M cone m de luz '**Lichtmaschine** F AUTO dínamo m '**Lichtmess** ['lɪçtmɛs] F Candelária f, festa f das candeias '**Lichtquelle** F fonte f luminosa (od de luz) '**Lichtschacht** M clarabóia f '**Lichtschalter** M interruptor m (od comutador m) de luz '**Lichtschein** M ⟨-(e)s; o. pl⟩ clarão m '**lichtscheu** lucífugo; **~ sein** a. temer a luz (do dia) '**Lichtschutzfaktor** M fa(c)tor m de prote(c)ção solar '**lichtschwach** pouco luminoso, de pouca luz '**Lichtsignal** N sinal m luminoso '**lichtstark** muito luminoso, de luz intensa '**Lichtstärke** F intensidade f luminosa (od de luz) '**Lichtstrahl** M raio m de luz '**lichtundurchlässig** opaco '**Lichtung** F Wald: aberta f, clareira f; Anker: leva f

Lid [li:t] N ⟨-(e)s; -er⟩ pálpebra f '**Lidschatten** M sombra f para os olhos

lieb [li:p] caro, querido, amado; (angenehm) agradável; Person a. amável, simpático; Gott bom; **es wäre mir ~, wenn ... conviná-me que ...**, prefiro que ...; **sei so ~ und ...** faz-me o favor de ...; **es ist mir ~** estimo; convém-me (muito); **~ gewinnen** afeiçoar-se a; **~ haben** querer a; **den ~en langen Tag** todo o dia; **um des ~en Friedens willen** por amor da paz; → lieber, liebste; im Brief: **Alles Liebe, Dein(e)** Tudo de bom, seu/sua

'**liebäugeln** ⟨-le-⟩ **mit j-m/etw ~** namorar alg/a/o; **mit e-r Idee ~** acariciar uma ideia (bras idéia)

'**Liebe** ['li:bə] F amor m (**zu** de, a, por); (Nächstenliebe) caridade f; bras a. amor m do próximo **Liebe'lei** [li:bə'laɪ] F pej namorico m

'**lieben** ['li:bən] amar; (gernhaben) gostar de; ser amigo de; **sich ~** körperlich: fazer amor **Liebende(r)** M/F(M) ⟨-n⟩ amante m/f **liebenswert** encantador **liebenswürdig** amável, gentil **Liebenswürdigkeit** F amabilidade f, gentileza f

'**lieber** ['li:bɐ] ADV ⟨kompar v. lieb, gern⟩ antes; **~ haben**, **~ mögen**, **~ wollen** gostar mais de, preferir

'**Liebesabenteuer** ['li:bəs?abɛntɔyɐ] N aventura f amorosa **Liebesbrief** M carta f de amor **Liebeserklärung** F declaração f (de amor) **Liebesgabe** F oferta f, dádiva f (de caridade) **Liebesgedicht** N poema m de amor **Liebesgeschichte** F história f de amor(es), história f amorosa **Liebesheirat** F casamento m de amor **Liebeskummer** M desgosto m amoroso **Liebeslied** N canção f (od cantiga f) de amor **Liebespaar** N (casal m de) namorados mpl **Liebesroman** M romance m de amor '**liebevoll** afe(c)tuoso

'**Liebhaber(in)** ['li:pha:bɐr(ɪn)] M(F) amante m/f; namorado m, -a f; Kunst, Sport: amador(a) m(f), aficionado m, -a f; THEAT galante m, dama f **Liebhaberwert** M valor m de estimação **liebkosen** geh acariciar **Lieb'kosung** [li:p'ko:zʊŋ] F geh carícia f **lieblich** lindo; ameno **Lieblichkeit** F ⟨o. pl⟩ graça f; amenidade f **Liebling** M ⟨-s; -e⟩ j-s: favorito m; *Kosewort:* amor m, querido m, -a f **Lieblings...** IN ZSSGN favorito, predile(c)to, preferido **lieblos** insensível, sem carinho, rude **Lieblosigkeit** ['liːploːzɪçkaɪt] F ⟨o. pl⟩ falta f de carinho; rudeza f **Liebreiz** M ⟨-es; o. pl⟩ geh encanto m, graça f **Liebschaft** F namoro m

liebste [liːpstə] ⟨*sup v.* lieb, gern⟩ preferido, favorito; **am ~n haben** preferir a todos; bras preferir sobretudo; **am ~n würde ich ...** o que mais gostaria era ... **Liebste(r)** M/F(M) ⟨-en⟩ querido m, -a f, amor m

Lied [liːt] N ⟨-(e)s; -er⟩ canção f, cantiga f; canto m; REL a. cântico m; fig **immer das alte ~** sempre a mesma cantiga; **davon kann ich ein ~ singen** umg sei-o de sobra; bras sei disso muito bem

Liederabend ['liːdɐrʔaːbənt] M recital m de canto **Liederbuch** N cancioneiro m

liederlich desmazelado; descuidado; devasso; desregrado **Liederlichkeit** F ⟨o. pl⟩ descuido m, desleixo m; devassidão f

Liedermacher(in) ['liːdɐrmaxɐ(rɪn)] M(F) poeta-cantor m, poetisa-cantora f; *Chansons:* cançonetista m/f

Liefe'rant [liːfəˈrant] M ⟨-en⟩, **Lieferantin** F fornecedor(a) m(f); abastecedor(a) m(f) **Lieferanteneingang** M entrada f de serviço

lieferbar à venda; em estoque; HANDEL **in 3 Tagen ~** a entregar no prazo de três dias **Lieferbedingungen** FPL condições fpl de entrega **Lieferfirma** F casa f fornecedora **Lieferfrist** F prazo m de entrega

liefern ⟨-re⟩ ▮ *Material, Waren* fornecer; *(abliefern)* entregar ▯ MIL **j-m e-e Schlacht ~** dar batalha a alg ▮ umg **ich bin geliefert** estou arrumado; bras estou frito (od perdido)

Lieferschein M guia f, recibo m **Liefertermin** M; (data f od dia m de) entrega f **Lieferung** F fornecimento m; *(Ablieferung)* entrega f; *Buch:* fascículo m **Lieferungsgeschäft** N negócio m a prazo **Lieferwagen** M furgoneta f; bras furgão m **Lieferzeit** F → Lieferfrist

Liegegeld ['liːgəgɛlt] N ⟨-(e)s; -er⟩ SCHIFF direito m (bras taxa f) de ancoragem

liegen ['liːgən] ▮ *Position:* estar deitado; *im Bett, a. (krank sein)* estar de cama; *im Grab:* jazer; **~ bleiben** ficar (*im Bett:* deitado); AUTO *etc* ficar imobilizado; **~ lassen** deixar; *Arbeit* suspender, abandonar; *(vergessen)* esquecer-se de ▯ *(sich befinden)* encontrar-se; ficar; GEOG estar situado; ficar; *Zimmer, Fenster etc* **nach ... zu ~** dar a (od para); **10 km von ... entfernt ~** ficar a 10 km de ... ▮ fig **es liegt am Auto/an mir** é culpa do carro/é minha culpa; **es liegt an** (od **bei**) **ihm, zu ...** é com ele ...; **woran liegt es?** qual é a causa?; **es liegt mir daran, dass ...** tenho empenho em que ... ▯ *(gefallen)* **das liegt mir (nicht)** isso agrada-me (não me agrada)

liegend ADJ deitado **Liegenschaften** FPL JUR bens mpl de raiz, imóveis mpl

Liegeplatz M SCHIFF ancoradouro m **Liegesitz** M, **Liegestuhl** M cadeira f articulada; cadeira f de repouso; bras cadeira f desdobrável (od de armar) **Liegestütz** M ⟨-es; -e⟩ flexão f **Liegewagen** M BAHN carruagem-beliche f; bras vagão-leito m **Liegezeit** F SCHIFF estadia f

Lift [lɪft] M ⟨-(e)s; -e, -s⟩ elevador m, ascensor m

'Liga ['liːga] F ⟨-; -en⟩ liga f

Li'guster [liˈgʊstɐ] M ⟨-s; -⟩ BOT ligustro m, alfena f

Li'kör [liˈkøːr] M ⟨-s; -e⟩ licor m **Likörglas** N cálice m

'lila ['liːla] *inv* lilás

'Lilie ['liːliə] F BOT lírio m; *weiße:* açucena f; *Wappen:* lis m, flor-de-lis f

Limo ['liːmoː] F umg ⟨-; -(s)⟩, **Limo'nade** [limoˈnaːdə] F limonada f (gasosa), gasosa f

Limou'sine [limuˈziːnə] F limusine f

'Linde ['lɪndə] F BOT tília f **Lindenblütentee** M ⟨-s; o. pl⟩ chá m de tília f

'lindern ['lɪndɐrn] ⟨-re⟩ mitigar, atenuar, aliviar; **den Reiz ~** aliviar, atenuar **lindernd** ADJ atenuante, paliativo **Linderung** F alívio m **Linderungsmittel** N calmante m; paliativo m

Line'al [lineˈaːl] N ⟨-s; -e⟩ régua f

Lingu'ist(in) [lɪŋguˈɪst(ɪn)] M(F) ⟨-en⟩ lin-

guista *m/f* **Linguistik** *f* linguística *f* **linguistisch** linguístico
'**Linie** [ˈliːniə] *f* linha *f*; **in erster ~** *fig* em primeiro lugar; **auf seine ~ achten** *umg* ter cuidado com a linha
'**Linienblatt** *N* pauta *f* **Linienbus** *M* autocarro *m* de carreira **Linienflug** *M* voo *m* de carreira; *bras* vôo *m* regular **Linienmaschine** *F* avião *m* de carreira **Linienpapier** *N* papel *m* pautado **Linienrichter** *M hist SPORT* juiz *m* de linha
li'n(i)ieren [liˈniːrən] (liˈniːrən) ⟨-⟩ pautar
Link [lɪŋk] *M/N* ⟨-s; -s⟩ IT ligação *f*
'**linke** [lɪŋkə] esquerdo; **~ Seite** *f* e-s Stoffes etc: avesso *m* '**Linke** *F* esquerda *f* (*a.* POL); **zur ~n** à esquerda; **die ~** *BRD Partei*: partido *m* de esquerda alemão '**linkisch** acanhado; desajeitado
links [lɪŋks] ADV à esquerda; **von ~** da esquerda; *umg fig* **j-n ~ liegen lassen** não se importar com alg '**Linksaußen** *M SPORT* (dianteiro *od* avançado) extremo-esquerdo *m*; ponta-esquerda *m* '**linksextrem** de extrema esquerda '**Linksextremismus** *M* ⟨-; *o. pl*⟩ extremismo *m* de esquerda '**linksgerichtet** POL esquerdista, das esquerdas '**Linkshänder(in)** [ˈlɪŋkshɛndər(ɪn)] M(F) canhoto *m*, -a *f* '**linkshändig** canhoto '**linksradikal** de extrema esquerda **Linksverkehr** *M* ⟨*o. pl*⟩ circulação *f* pela esquerda
Li'noleum [liˈnoːleʊm] *N* ⟨-s; *o. pl*⟩ linóleo *m*, oleado *m*
'**Linse**¹ [ˈlɪnzə] *F BOT, GASTR* lentilha *f*
'**Linse**² [ˈlɪnzə] *F Optik*: lente *f*; *im Auge*: cristalino *m* **linsenförmig** [ˈlɪnzənfœrmɪç] lenticular
'**Lippe** [ˈlɪpə] *F* lábio *m*; (*Unterlippe*) beiço *m*; **an j-s ~n hängen** *fig* estar suspenso nas palavras de alg **Lippenbalsam** *M* bálsamo *m* para os lábios **Lippenstift** *M* bâton *m*; *bras* batom *m*
Liquidati'on [likvidatsiˈoːn] *F* liquidação *f* **liqui'dieren** ⟨-⟩ liquidar; pagar
'**lispeln** [ˈlɪspl̩n] ⟨-le⟩ sibilar, ciciar
'**Lissabon** [ˈlɪsabɔn] *N GEOG* Lisboa (*o. art*) '**Lissabonner** ADJ lisboeta, de Lisboa '**Lissabonner(in)** M(F) lisboeta *m*, lisbonense *f*
List [lɪst] *F* astúcia *f*, manha *f*
'**Liste** *F* lista *f*; **e-e ~ aufstellen** organizar uma lista; **(nicht) auf der ~ stehen** (não) estar na lista **Listenplatz** *M* lugar *m* na lista **Listenwahl** *F* escrutínio *m* por listas
'**listig** astuto; ADV com manha, com astúcia
Lita'nei [litaˈnaɪ] *F* ladainha *f*; lengalenga *f*
'**Litauen** [ˈlɪtaʊən] *N GEOG* Lituânia *f* **Li'tauer(in)** [ˈlɪtaʊər(ɪn)] M(F) lituano *m*, -a *f* **litauisch** ADJ lituano, da Lituânia
'**Liter** [ˈliːtər] *M* litro *m*; **1 ~ Milch** um litro de leite
lite'rarisch [liteˈraːrɪʃ] literário **Lite'rat(in)** M(F) ⟨-en⟩ literato *m*, -a *f*; homem *m* de letras, mulher *f* de letras
Litera'tur [literaˈtuːr] *F* literatura *f*; **schöne ~** belas-letras *fpl* **Literaturangaben** FPL bibliografia *f* **Literaturgeschichte** *F* história *f* da literatura **Literaturwissenschaft** *F* ciência *f* da literatura; *bras* ciência *f* literária
'**Litfaßsäule** [ˈlɪtfasz̊ɔʏlə] *F* coluna *f* para (colar) cartazes
Litho'graf [litoˈgraːf] *M* ⟨-en⟩ litógrafo *m* **Lithogra'fie** [litograˈfiː] *F* litografia *f* **lithogra'fieren** ⟨-⟩ litografar
'**Litschi** [ˈlɪtʃi] *F* ⟨-; -s⟩ BOT líchia *f*
Litur'gie [lɪturˈgiː] *F* liturgia *f* **litur'gisch** [lɪˈtʊrgɪʃ] litúrgico
'**Litze** [ˈlɪtsə] *F* cordão *m*, sutache *m*; *bras* trancinha *f*, MIL galão *m*
live [laɪf] ADV ao vivo; **~ senden** transmitir ao vivo '**Livesendung** *F*, '**Liveübertragung** *F* transmissão *f* ao vivo
Li'zenz [liˈtsɛnts] *F* licença *f*, autorização *f*; alvará *m* da patente **Lizenzgeber** *M* proprietário *m* da patente **Lizenzinhaber** *M*, **Lizenznehmer** *M* concessionário *m* **Lizenzspieler** *M* jogador *m* profissional
Lkw, LKW [ˈɛlkaː veː] *M ABK* ⟨-s; -s⟩ (*Lastkraftwagen*) camião *m*; *bras* caminhão *m* **Lkw-Maut** *F* portagem *f*; *bras* pedágio *m*
Lob [loːp] *N* ⟨-(e)s; -e⟩ elogio *m*; louvor *m*
Lobby *F* ⟨-; -s⟩ POL lobby *m* **Lobbyist(in)** M(F) lobista *m/f*
'**loben** [ˈloːbən] louvar, elogiar **lobend** ADJ elogioso **lobenswert** louvável, digno de louvor **Lobeshymne** *F* hino *m*, elogio *m* **Lobhudelei** [ˈloːphuːdəlaɪ]

LÖBL | 1004

$\overline{F}$ *pej* adulação *f*, lisonja *f*
'löblich ['lø:plɪç] louvável
'Loblied $\overline{N}$ hino *m*, elogio *m* **Lobrede** $\overline{F}$ elogio *m*, panegírico *m*
Loch [lɔx] $\overline{N}$ ⟨-(e)s; ⸚er⟩ buraco *m*; *(Bohrloch)* furo *m*; *(Luftloch)* vácuo *m*; *in Kleidung etc:* rasgão *m*; *(Öffnung)* abertura *f*; *umg (Gefängnis)* prisão *f*; **auf** *(od* **aus) dem letzten ~ pfeifen** *umg* estar nas últimas; **j-m ein ~ in den Bauch fragen** *umg* não parar de fazer perguntas a alg
'lochen furar; *Fahrkarte* picar **Locher** $\overline{M}$ *TECH* perfurador *m*, vazador *m* **'löch(e)rig** ['lœç(ə)rɪç] (per)furado, poroso
'Lochkarte $\overline{F}$, **Lochstreifen** $\overline{M}$ *IT* ficha *f* perfurada **Lochung** $\overline{F}$ perfuração *f* **Lochzange** $\overline{F}$ alicate *m* vazador *(od* saca-bocados *m)*
'Locke ['lɔkə] $\overline{F}$ caracol *m*; *bras* cacho *m*
'locken[1] $\overline{V/R}$ *Haare* encaracolar, frisar; *bras* fazer cachos
'locken[2] ['lɔkən] $\overline{V/T}$ *(anlocken)* atrair; *Tier* engodar; chamar **lockend** $\overline{ADJ}$ sedutor, atra(c)tivo
'Lockenkopf $\overline{M}$ cabelo *m* encaracolado *(bras* cacheado*)* **Lockenstab** $\overline{M}$ modelador *m* de cabelos *(od* cachos*)* **Lockenwickler** $\overline{M}$ rolo *m* para o cabelo; *bras* bóbi *m (od* bob *m)*
'locker ['lɔkɐ] frouxo; fofo; *(beweglich)* movediço; *fig* lássigo; *moralisch:* pouco sério; **~ sitzen** *Kleidung* abanar; **etw ~ nehmen** não levar a/c (muito) a sério **lockerlassen** ceder; **nicht ~** *fig* não desistir **lockermachen** *Geld* arranjar, dar; *umg* largar **lockern** ⟨-re⟩ afrouxar, afofar, alargar; desvincular; *Erde* cavar; *fig* relaxar
'lockig encaracolado; *bras* cacheado
'Lockmittel $\overline{N}$ engodo; *bras* chamariz *m* **Lockspitzel** $\overline{M}$ agente *m* provocador **Lockvogel** $\overline{M}$ chamariz *m*, reclamo *m*
'Loden ['lo:dən] $\overline{M}$ burel *m*
'lodern ['lo:dɐn] ⟨-re⟩ chamejar; arder em *(bras* soltar*)* labaredas
'Löffel ['lœfəl] $\overline{M}$ colher *f*; **j-n über den ~ barbieren** *(od* **balbieren)** *umg* intrujar alg; *bras* burlar alg **löffeln** ⟨-le⟩ comer com a colher **löffelweise** $\overline{ADV}$ às colheradas
Loga'rithmentafel [loga'rɪtməntaːfəl]

$\overline{F}$ ⟨-, -n⟩ tábua *f* de logaritmos **Logarithmus** [loga'rɪtmʊs] $\overline{M}$ ⟨-; Logarithmen⟩ logaritmo *m*
'Logbuch ['lɔkbuːx] $\overline{N}$ SCHIFF diário *m* de bordo
Loge ['loːʒə] $\overline{F}$ THEAT camarote *m*; *(Freimaurerloge)* loja *f* **lo'gieren** [lo'ʒiːrən] $\overline{V/I}$ ⟨-⟩ estar hospedado
'Logik ['loːɡɪk] $\overline{F}$ ⟨*o. pl*⟩ lógica *f*
Lo'gis [lo'ʒiː] $\overline{N}$ ⟨-; -⟩ alojamento *m*
'logisch ['loːɡɪʃ] lógico; **(ist doch) ~!** é lógico, não é?
Lo'gistik [loˈɡɪstɪk] $\overline{F}$ ⟨*o. pl*⟩ HANDEL logística *f* **logistisch** logístico
'logo ['loːɡo] $\overline{INT}$ *umg* **(na) ~!** (é) claro!
'Logo ['loːɡo] $\overline{M/N}$ ⟨-s; -⟩ HANDEL logotipo *m*
Logo'päde [loɡo'pɛːdə] $\overline{M}$ ⟨-n; -n⟩, **Logo'pädin** $\overline{F}$ terapeuta *m/f* da fala; *bras* fonoaudiólogo *m*, -a *f* **Logopä'die** [loɡopɛ'diː] $\overline{F}$ ⟨-⟩ terapia *f* da fala, logopedia *f*; *bras* fonoaudiologia *f*
Lohn [loːn] $\overline{M}$ ⟨-(e)s; ⸚e⟩ salário *m*; *(Tagelohn)* diária *f*; *fig* recompensa *f*, prémio *m (bras* *ê)* **'Lohnarbeit** $\overline{F}$ trabalho *m* assalariado **'Lohnausfall** $\overline{M}$ perda *f* de salário **'Lohnbuchhalter** $\overline{M}$ contabilista *m (bras* contador *m)* de salário **'Lohnempfänger(in)** $\overline{M/F}$ assalariado *m*, -a *f*
'lohnen (re)compensar, pagar; **sich (nicht) ~** (não) valer a pena **lohnend** $\overline{ADJ}$ lucrativo, vantajoso
'Lohnerhöhung $\overline{F}$ aumento *m* de salário **Lohnforderung** $\overline{F}$ reivindicação *f* salarial **Lohngruppe** *m* grupo *m* salarial **Lohnkürzung** $\overline{F}$, **Lohnsenkung** $\overline{F}$ redução *f* dos salários **Lohnliste** $\overline{F}$ lista *f* de salários **Lohnsteuer** $\overline{F}$ imposto *m* de trabalho; *bras* imposto *m* salarial **Lohnsteuerkarte** $\overline{F}$ cartão *m* de contribuinte fiscal **Lohnstopp** $\overline{M}$ bloqueio *m* de salários
'Löhnung ['løːnʊŋ] $\overline{F}$ paga *f*, pagamento *m*
'Lohnzahlung $\overline{F}$ pagamento *m* do salário
'Loipe ['lɔypə] $\overline{F}$ SPORT pista *f* de fundo
Lok $\overline{F}$ ⟨-; -s⟩ → Lokomotive
lo'kal [lo'kaːl] $\overline{ADJ}$ local
Lo'kal [lo'kaːl] $\overline{N}$ ⟨-(e)s; -e⟩ restaurante *m*; *(Bar, Café)* café *m* **lokali'sieren** [lokaliˈziːrən] ⟨-⟩ localizar **Lokali'tät** [lo-

kali'tɛːt] F̅ localidade f; lugar m

Lo'kalpatriotismus M̅ ⟨-; o. pl⟩ regionalismo m; bairrismo m **Lokalpresse** F̅ imprensa f (od jornal m) regional **Lokaltermin** M̅ JUR reconstituição f do crime etc

'Lokführer(in) ['lɔkfyːrər(ɪn)] M(F) maquinista m/f

Lokomo'tive [lokomo'tiːvə] F̅ locomotiva f, máquina f **Lokomotivführer(in)** M(F) maquinista m/f

Lom'bardgeschäft [lɔmˈbartɡəʃɛft] N̅ negócio m de empréstimos **Lombardkredit** M̅ FIN crédito m sob penhor **Lombardsatz** M̅ FIN taxa f de juro de empréstimo sob garantia

'London ['lɔndən] GEOG Londres ⟨o. art⟩

'Lorbeer ['lɔrbeːr] M̅ ⟨-s; -en⟩ lour(eir)o m; fig **~en** pl laureis; **sich auf seinen ~en ausruhen** umg dormir sobre os louros

'Lore ['loːrə] F̅ BERGB vagoneta f; bras vagonete m

los A̅ ADJ (frei) livre B̅ ADV **was ist ~?** que é?; que há?; **mit … ist nichts ~** … não presta para nada, … não serve para nada; **etw** (od **j-n**) **~ sein** ver-se livre de a/c (od de alg) C̅ INT **~!** vamos!

Los [loːs] N̅ ⟨-es; -e⟩ sorte f; (Schicksal) a. destino m; (Anteil) lote m; (Lotterielos) bilhete m (de lotaria); bras loteria); (Teillos) cautela f; **das große ~ ziehen/gewinnen** tirar a sorte grande; umg ganhar a taluda; bras fig ganhar na loteria

'lösbar ['løːsbaːr] Problem etc solúvel; solucionável; Aufgabe resolúvel

'losbinden desatar, desligar; soltar **losbrechen** V̅T̅ ⟨h.⟩, V̅I̅ ⟨s.⟩ desprender(-se), romper; fig rebentar; estalar

'Löschblatt ['lœʃblat] N̅ mata-borrão m **löschen** ['lœʃən] 1 Feuer apagar; Brand a. extinguir (a. fig Schuld); Geschriebenes borrar; IT cancelar; Tinte chupar; **den Durst ~** matar a sede 2 HANDEL, FIN Firma, Hypothek liquidar; Ladung desembarcar; SCHIFF descarregar **Löschkalk** M̅ cal f apagada **Löschkopf** M̅ cabeça f de apagamento **Löschmannschaft** F̅ bombeiros mpl **Löschpapier** N̅ → Löschblatt **Löschtaste** F̅ tecla f de apagar (IT cancelamento)

LÖSU

'lose ['loːzə] ADJ solto, desapertado; (locker) frouxo, movediço; desarticulado; (beweglich) móvel; Ware avulso; a granel; **e-e ~ Zunge haben** fig ter língua solta **'Lösegeld** ['løːzəɡɛlt] N̅ resgate m; **~ bezahlen für** pagar resgate por

'losen ['loːzən] ⟨-t⟩ deitar sortes; sortear **'lösen** ['løːzən] ⟨-t⟩ A̅ V̅T̅ 1 (losmachen) soltar, desligar (a. fig) (auflösen) Vertrag anular; rescindir 2 Aufgabe, Zweifel resolver; Problem solucionar; Rätsel adivinhar; THEAT Konflikt desenlaçar 3 CHEM dissolver 4 (kaufen) Eintrittskarte, Fahrkarte tomar, comprar B̅ V̅R̅ **sich ~ Schuss** disparar; **sich ~ von** (ablösen) soltar-se de; PSYCH libertar-se de

'losfahren ⟨s.⟩ pôr-se em marcha, partir; arrancar **losgehen** ⟨s.⟩ 1 pôr-se em marcha, partir; ir andando; **auf j-n ~** fig umg ir direito a alg; arrojar-se sobre alg 2 (sich lösen) desligar-se; Feuerwaffe descarregar-se 3 (beginnen) começar **loshaken** Ösen desenganchar **loskaufen** j-n resgatar **losketten** ⟨-e-⟩ desencadear, soltar **loskommen** ⟨s.⟩ conseguir livrar-se, conseguir desembaraçar-se **loslassen** largar (a. fig); soltar **loslegen** umg começar; (antworten) desfechar

'löslich ['løːslɪç] solúvel **Löslichkeit** F̅ ⟨o. pl⟩ solubilidade f

'loslösen, losmachen desprender, despegar; tirar; → losbinden **losreißen** arrancar **lossagen** V̅R̅ **sich ~ von** separar-se de; renunciar a; REL renegar; abjurar **losschießen** 1 ⟨h.⟩ MIL disparar; fig umg começar a falar; **(dann) schießen Sie (mal) los!** (então) diga lá! 2 ⟨s.⟩ **~ auf** (akk) lançar-se sobre **losschlagen** A̅ V̅I̅ MIL atacar; **~ auf** (akk) bater em, golpear B̅ V̅T̅ tirar com golpes; Ware vender a qualquer preço **losschnallen** desafivelar, desapertar **losschrauben** desatarraxar, desaparafusar **lossprechen** absolver **losstürmen** ⟨s.⟩, **losstürzen** ⟨-t; s.⟩ arremessar-se (**auf** akk a, contra, sobre) **lostrennen** separar; desprender

'Losung ['loːzʊŋ] F̅ sorteio m; MIL (contra-)senha f

'Lösung ['løːzʊŋ] F̅ solução f (a. MATH, CHEM); (Ausgang) desenlace m; desfecho m; (Trennung) separação f; descolamento

m; *e-s Vertrags*: rescisão f; TECH desengate m **Lösungsmittel** N solvente m
'**loswerden** ⟨s.⟩ livrar-se de; desembaraçar-se de; ficar sem; *Geld a.* gastar **losziehen** ⟨s.⟩ pôr-se em marcha, partir; abalar
Lot [lo:t] N ⟨-(e)s; -e⟩ MATH perpendicular m; vertical f; *(Senkblei)* prumo m; SCHIFF sonda f; **das ~ fällen** deixar cair o prumo; **(wieder) ins ~ bringen** pôr em ordem; arranjar '**loten** ⟨-e-⟩ tomar o prumo; SCHIFF sondar
'**löten** ['lø:tən] ⟨-e-⟩ soldar
Loti|on [lotsi'o:n, 'loufən] F ⟨-; -en, -s⟩ loção f
'**Lötkolben** ['lø:tkɔlbən] M soldador m, ferro m de soldar **Lötlampe** F maçarico m **Lötmittel** N solda f
'**Lotos** ['lo:tɔs] M ⟨-; -⟩, **Lotosblume** F BOT nenúfar m
'**lotrecht** perpendicular, vertical
'**Lotse** ['lo:tsə] M ⟨-n⟩ piloto m **lotsen** ⟨-t⟩ pilotar; *umg* arrastar **Lotsendienst** M pilotagem f
'**Lötstelle** F soldadura f
Lotte'rie [lɔtə'ri:] F lotaria f; *bras* loteria f; *(Verlosung)* rifa f; **Lotterielos** N bilhete m de lotaria (*bras* loteria); *(Teillos)* cautela f
'**Lotterleben** N boémia f, estroinice f
'**Lotto** ['lɔto] N ⟨-s; -s⟩ loto m
'**Lotung** F SCHIFF sondagem f
'**Lötung** ['lø:tuŋ] F soldagem f
'**Löwe** ['lø:və] M ⟨-n⟩ leão m **Löwenanteil** M *fig* maior parte f; **Löwenmaul** N ⟨-(e)s; o. pl⟩ BOT antirrino m, pé-de-bezerro m **Löwenzahn** M ⟨-(e)s; o. pl⟩ BOT dente-de-leão m **Löwin** F leoa f
lo'yal [loa'jaːl] leal **Loyali'tät** [loajali-'tɛːt] F ⟨o. pl⟩ lealdade f
lt. ABK (laut) segundo, conforme
Luchs [luks] M ⟨-es; -e⟩ lince m
'**Lücke** ['lykə] F lacuna f; *(Öffnung)* abertura f; fenda f; *fig* vácuo m; **e-e ~ reißen/füllen** *fig* deixar/preencher um vazio **Lückenbüßer** M suplente m; substituto m; ARCH rípio m **lückenhaft** cheio de lacunas; deficiente (*a. fig*) **lückenlos** contínuo, completo
'**Luder** ['lu:dər] N ⟨-s; -⟩ *umg pej* malandro m, -a f; *pop* **faules ~** (grande) preguiçoso m, -a f; **dummes ~** besta f

Luft [luft] F ⟨-; ⸚e⟩ ar m; *umgebende*: atmosfera f, ambiente m; **die ~ herauslassen** TECH esvaziar, deixar escapar o ar (**aus** de); **(frische) ~ schöpfen** respirar, tomar ar; **keine ~ bekommen** (*od* **kriegen**), **nach ~ schnappen** não poder respirar; **ter falta de ar**; **sich** (*dat*) **od seinem Herzen**) **~ machen** desabafar; **an die ~ setzen** pôr na rua; **aus der ~ gegriffen** *fig* sem fundamento; **in frischer ~** ao ar livre; **in die ~ gehen** explodir; **in der ~ hängen** *fig* estar no ar; **in der ~ liegen** andar no ar (*a.* alg); **in die ~ sprengen** fazer explodir; dinamitar '**Luftabwehr** F ⟨o. pl⟩ defesa f antiaérea **Luftangriff** M ataque m aéreo **Luftaufnahme** F aerofotografia f **Luftballon** M balão m aerostático, aeróstato m **Luftbild** N aerofotografia f **Luftblase** F bolha f de ar; *Fisch:* bexiga f de peixe **Luftbrücke** F ponte f aérea **luftdicht** hermético **Luftdruck** M ⟨-(e)s; o. pl⟩ *Atmosphäre:* pressão f atmosférica; TECH pressão f do ar **Luftdruckbremse** F freio m pneumático **luftdurchlässig** permeável ao ar
'**lüften** ['lyftən] ⟨-e-⟩ arejar, ventilar; *Schleier* erguer; **schlecht gelüftet** abafado '**Lüfter** M ventilador m, exaustor m
'**Luftfahrt** F aviação f; transportes *mpl* aéreos **Luftfahrtgesellschaft** F companhia f de transportes aéreos, companhia f de aviação
'**Luftfeuchtigkeit** F ⟨o. pl⟩ humidade f (*bras* umidade f) atmosférica **Luftflotte** F aviação f, frota f de aviões **Luftfracht** F ⟨o. pl⟩ frete m aéreo **luftgekühlt** ['luftgəky:lt] refrigerado por ar **Luftgewehr** N espingarda f de pressão de ar **Lufthauch** M ⟨-(e)s; o. pl⟩ sopro m (de vento) **Lufthoheit** F ⟨o. pl⟩ soberania f aérea **luftig** aéreo; *(windig)* ventoso; *Zimmer:* arejado; *Kleid* ligeiro **Luftkampf** M combate m aéreo **Luftkissen** N almofada f pneumática (*od* de ar) **Luftkissenfahrzeug** M aerodeslizador m; hovercraft m **Luftklappe** F válvula f **Luftkorridor** M corredor m aéreo **Luftkrieg** M guerra f aérea **Luftkühlung** F refrigeração f por ar **Luftkurort** M estação f climática **luftleer** vácuo; **~er Raum** m vácuo m **Luftlinie** F linha f re(c)ta; FLUG linha f

aérea Luftloch N̄ ARCH respiradouro m; FLUG vácuo m, poço m de ar **Luftmatratze** F̄ colchão m pneumático **Luftpirat** M̄ ⟨-en⟩ pirata m do ar **Luftpost** F̄ ⟨o. pl⟩ correio m aéreo; **durch ~, mit ~** por avião, via aérea **Luftpumpe** F̄ bomba f pneumática; *Auto, Rad:* bomba f de ar **Luftraum** M̄ ⟨-(e)s; o. pl⟩ PHYS atmosfera f; FLUG espaço m aéreo **Luftreifen** M̄ pneu (-mático) m **Luftröhre** F̄ ANAT traqueia (*bras* *é) f **Luftschacht** M̄ BERGB poço m de ventilação; ARCH clarabóia f **Luftschifffahrt** F̄ ⟨o. pl⟩ aeronáutica f **Luftschlauch** M̄ *des Reifens:* câmara-de-ar f **Luftschloss** N̄ castelo m no ar; **Luftschlösser bauen** construir castelos no ar **Luftschraube** F̄ hélice f **Luftschutz** M̄ ⟨-es; o. pl⟩ defesa f civil; defesa f do espaço aéreo **Luftschutzkeller** M̄, **Luftschutzraum** M̄ abrigo m antiaéreo **Luftspiegelung** F̄ miragem f **Luftsprung** M̄ salto m, pulo m **Luftstreitkräfte** FPL forças fpl aéreas; aviação f militar **Luftstrom** M̄ corrente f de ar **Luftströmung** F̄ corrente f atmosférica **Luftstützpunkt** M̄ base f aérea **Lufttemperatur** F̄ temperatura f ambiente

'**Lüftung** ['lʏftʊŋ] F̄ arejamento m; ventilação f **Lüftungs...** in Zssgn de ventilação

'**Luftveränderung** F̄ mudança f de ar(es) **Luftverkehr** M̄ ⟨-s; o. pl⟩ serviço(s) m(pl) aéreo(s); tráfego m aéreo **Luftverkehrslinie** F̄ linha f aérea, carreira f aérea **Luftverschmutzung** F̄ ⟨o. pl⟩ poluição f do ar **Luftwaffe** F̄ arma f aérea; aviação f (militar) **Luftweg** M̄ via f aérea; **auf dem ~** por via aérea **Luftwiderstand** M̄ ⟨-(e)s; o. pl⟩ resistência f do ar **Luftziegel** M̄ ARCH adobe m **Luftzufuhr** F̄ ventilação f **Luftzug** M̄ ⟨-(e)s; o. pl⟩ corrente f de ar

'**Lüge** ['ly:gə] F̄ mentira f; *pl* **j-n ~n strafen** desmentir alg

'**lugen** ['lu:gən] mirar, espiar (**aus** *dat* por)

'**lügen** ['ly:gən] mentir **Lügendetektor** ['ly:gəndetɛktɔr] M̄ dete(c)tor m de mentiras **lügenhaft** mentiroso '**Lügner(in)** ['ly:gnɐr(ɪn)] M̄(F̄) mentiroso, -a f **lügnerisch** mentiroso

'**Luke** ['lu:kə] F̄ gateira f; (*Dachluke*) clarabóia f; SCHIFF escotilha f

lukra'tiv [lukra'ti:f] lucrativo

'**lullen** ['lʊlən] **in den Schlaf ~** embalar, arrulhar, ninar

'**Lümmel** ['lʏməl] M̄ malcriado m, maroto m, patife m

Lump [lʊmp] M̄ ⟨-en⟩ velhaco m; patife m; **armer ~** pobretão m '**Lumpen** ['lʊmpən] M̄ farrapo m, trapo m '**Lumpengesindel** N̄ *pej* canalha f '**Lumpensammler** M̄ trapeiro m '**lumpig** ['lʊmpɪç] *umg fig* miserável, ruim

'**Lunge** ['lʊŋə] F̄ pulmão m '**Lungenentzündung** F̄ pneumonia f '**Lungenflügel** M̄ pulmão m **lungenkrank** tuberculoso **Lungenkrankheit** F̄, **Lungenleiden** N̄ doença f dos pulmões; tuberculose f **Lungenkrebs** M̄ cancro m (*bras* câncer m) de pulmão

'**Lunte** ['lʊntə] F̄ morrão m, mecha f; **~ riechen** *fig* cheirar a caça

'**Lupe** ['lu:pə] F̄ lupa f; *bras a.* lente f de aumento; **unter die ~ nehmen** *fig* examinar bem (*od* de perto)

Lu'pine [lu'pi:nə] F̄ BOT tremoceiro m **Lupinenkern** M̄ ⟨-(e)s; -e⟩ tremoço m

Lust [lʊst] F̄ ⟨-; ⁓e⟩ (*Genuss*) prazer m, gozo m; (*Verlangen*) vontade f, gosto m, desejo m; **~ auf** (*akk*) apetite m de; **ich habe keine ~** não me apetece; **hättest du ~ zu ...?** apetece-te ...?; *bras* está com vontade de ...?, não gostaria de ...? '**Lüsterklemme** ['lʏstɐrklɛmə] F̄ ELEK borne m de lustre

'**lüstern** ['lʏstɐrn] cobiçoso (**nach** de); (*geil*) lascivo, concupiscente **Lüsternheit** F̄ ⟨o. pl⟩ concupiscência f

'**lustig** ['lʊstɪç] alegre, divertido; *Person a.* jovial; **sich ~ machen** fazer troça, fazer pouco (**über** *akk* de) **Lustigkeit** F̄ ⟨o. pl⟩ jovialidade f

'**Lüstling** ['lʏstlɪŋ] M̄ ⟨-s; -e⟩ (homem m) lascivo m; libertino m

'**lustlos** desanimado, pouco animado '**Lustobjekt** N̄ obje(c)to m sexual '**Lustprinzip** N̄ ⟨-s; o. pl⟩ princípio m do prazer **Lustschloss** N̄ palácio m (*od* palacete m) de recreio **Lustspiel** N̄ comédia f

'**lutschen** ['lʊtʃən] chupar; **am Daumen**

~ chuchar no dedo **Lutscher** M̄ chucha f; bras chupeta f **Lutschtablette** F̄ pastilha f
Luv [luːf] F̄ ⟨-; o. pl⟩ SCHIFF barlavento m **'luven** ['luːvən] orçar
luxuri'ös [lʊksuri'øːs] luxuoso, sumptuoso
'Luxus ['lʊksʊs] M̄ ⟨-; o. pl⟩ luxo m **Luxusartikel** M̄ artigo m de luxo **Luxushotel** N̄ hotel m de luxo **Luxusleben** N̄ vida f de luxo **Luxussteuer** F̄ imposto m de luxo
Lu'zerne [lu'tsɛrnə] F̄ BOT alfafa f, luzerna f
'Lychee ['lɪtʃi] F̄ → Litschi
'Lymphdrüse ['lʏmfdryːzə] F̄ ANAT glândula f linfática **Lymphe** F̄ linfa f **Lymphgefäß** N̄ vaso m linfático **Lymphknoten** M̄ gânglio m linfático **'lynchen** ['lʏnçən] linchar **Lynchjustiz** F̄ ⟨o. pl⟩ linchamento m
'Lyrik ['lyːrɪk] F̄ ⟨o. pl⟩ (poesia f) lírica f **Lyriker(in)** M(F) poeta m lírico, poet(is)a f lírica **lyrisch** lírico

M

M, m [ɛm] N̄ ⟨-; -⟩ M, m m
Maas [maːs] F̄ Mosa m
Maat [maːt] M̄ ⟨-(e)s; -e od -en⟩ SCHIFF marinheiro-cabo m
'Machart ['maxʔart] F̄ feitio m; forma f **machbar** praticável; possível
'Mache F̄ ⟨o. pl⟩ umg dissimulação f; fig afe(c)tação f; etw in der ~ haben ter a/c em mão
'machen ['maxən] A V/T fazer; mit adj oft: tornar; mit subst oft: dar; **schnell ~** despachar-se, fazer depressa; **sich (dat) etw ~ lassen** mandar fazer a/c; **was macht ...?** que é feito de ...?; **was machst du (da)?** que estás a fazer?; bras o que você está fazendo?; **was (od wie viel) macht es?** quanto é?; **das macht nichts** não faz mal, não tem importância; **was ist da zu ~?** que quer que se faça?; **da (od es) ist nichts zu ~** não há nada que fazer B V/R **sich (gut) ~ etw**: ir (bem); j-d: fazer boa figura; **sich ~ lassen** etw arranjar-se; **sich auf den Weg ~** pôr-se a caminho; **sich (dat) die Arbeit (od Mühe) ~** dar-se ao trabalho (zu de); **sich (dat) etw ~ aus** fig fazer caso de, importar-se com; **gemacht** adj Mann feito, de fortuna; bras a. bem sucedido; (gespielt) afe(c)tado **Machenschaft** F̄ intriga f; manobra f
'Macher M̄ homem m de a(c)ção **Macherlohn** M̄ preço m de feitio
'Macho ['matʃo] M̄ umg machista m
Macht [maxt] F̄ ⟨-; ̈-e⟩ poder m; (Staat) potência f; (Kraft) força f; (Einfluss) ascendente m, autoridade f; **an die ~ kommen** chegar ao poder **Machtapparat** M̄ aparelho m de poder **'Machtbefugnis** F̄ autoridade f; poder m **'Machtbereich** M̄ alcance m; esfera f de poder; competência f **Machthaber** ['maxthaːbər] M̄ detentor m do poder; governante m; potentado m
'mächtig ['mɛçtɪç] ADJ poderoso; (imponierend a.) imponente, impressionante; TECH potente; (groß) imenso; **des Deutschen etc ~ sein** saber alemão etc; dominar o alemão etc; **seiner nicht ~ sein** não ser senhor de si
'Machtkampf ['maxtkampf] M̄ luta f pelo poder **machtlos** ⟨-este⟩ impotente; **~ sein** não se poder fazer nada (gegen contra) **Machtlosigkeit** ['maxtloːzɪçkaɪt] F̄ ⟨o. pl⟩ impotência f **Machtpolitik** F̄ ⟨o. pl⟩ imperialismo m **Machtübernahme** F̄ advento m (od subida f) ao poder (durch de) **Machtvollkommenheit** F̄ ⟨o. pl⟩ autoridade f absoluta **Machtwort** N̄ decisão f autoritária; **ein ~ sprechen** intervir com autoridade (bei em); (etw beenden) pôr termo (bei a)
'Machwerk N̄ pej obra f mal feita
'Mädchen ['mɛːtçən] N̄ moça f; port rapariga f; (Dienstmädchen) empregada f, criada f; **junges od kleines ~** menina f; **~ für alles** umg empregada f (od criada f) para todo o serviço **mädchenhaft** de menina; juvenil **Mädchenhandel** M̄ escravatura f branca **Mädchenname** M̄ apelido m (bras sobrenome m) de solteira **Mädchenschule** F̄ escola f feminina

'Made ['maːdə] F bicho m, verme m, gusano m

Ma'deira [ma'deːra] N GEOG Madeira f

 Madeira

Die portugiesische Insel Madeira liegt 700 km westlich der marokkanischen Küste im Atlantik. Sie bildet mit den Inseln **Porto Santo**, den **Ilhas Desertas** und den **Ilhas Selvagens** die Inselgruppe Madeira und hat ca. 265.000 Einwohner auf einer Fläche von 800 qkm. Bei den Touristen ist die malerische Insel wegen ihrer Flora und Fauna als Wanderparadies beliebt. Zu den Exportschlagern der Insel gehört neben dem Madeira-Süßwein auch der in der Hauptstadt **Funchal** geborene Fußballer Cristiano Ronaldo.

madig bichoso, cheio de vermes
Ma'donna [ma'dɔna] F ⟨-; Madonnen⟩ Virgem f; Nossa Senhora f
Ma'drid [ma'drit] N Madrid (o. art)
'Mafia ['mafia] F ⟨-; -s⟩ máfia f **Mafi'oso** [mafi'oːzo] M ⟨-(s); -si⟩ mafioso m
Maga'zin [maga'tsiːn] N ⟨-s; -e⟩ armazém m; depósito m; MIL a. arsenal m; Bibliothek a. arquivo m; (Zeitschrift) revista f
Magd [maːkt] F ⟨-; ⸚e⟩ criada f; servente f
'Magen ['maːɡən] M ⟨-s; ⸚⟩ estômago m; Geflügel: moela f; **auf den ~ schlagen** fig fazer mal ao estômago; **schwer im ~ liegen** ser indigesto; **j-m im ~ liegen** fig umg afligir alg **Magenbeschwerden** FPL dores fpl de estômago; indigestão fsg **Magen-'Darm-Kanal** M ANAT tubo m digestivo **Magendrücken** N ⟨-s; o. pl⟩ peso m no estômago **Magengeschwür** N úlcera f no estômago **Magenkrampf** M convulsão f estomacal **magenkrank** doente do estômago **Magenkrebs** M ⟨-es; o. pl⟩ cancro m (bras câncer m) de estômago **Magenleiden** N doença f de estômago **Magensaft** M suco m gástrico **Magensäure** F ácido m gástrico **Magenschmerzen** MPL dores fpl de estômago **Magenverstimmung** F indisposição f gástrica (od do estômago), indigestão f

'mager ['maːɡɐr] magro, fig insuficiente, pouco satisfatório; **~ werden** emagrecer **Magerkeit** F ⟨o. pl⟩ magreza f **Magermilch** F ⟨o. pl⟩ leite m desnatado **Magersucht** F anorexia f nervosa **magersüchtig** anoré(c)tico; bras a. anoréxico
Ma'gie [ma'ɡiː] F ⟨o. pl⟩ magia f '**Magier** ['maːɡiɐr] M mago m '**magisch** ['maːɡɪʃ] mágico
Magis'trat [magɪs'traːt] M ⟨-(e)s; -e⟩ conselho m municipal; município m
Ma'gnesium [ma'ɡneːziʊm] N ⟨-s; o. pl⟩ magnésio m
Ma'gnet [ma'ɡneːt] M ⟨-(e)s od -en; -e od -en⟩ magnete m; íman m (od ímã m); ELEK electroíman m (od -ímã m) **Magnetband** N fita f magnética **Magnetfeld** N campo m magnético
ma'gnetisch magnético **Magneti'sieren** [magneti'ziːran] ⟨-⟩ magnetizar
Magne'tismus M ⟨-; o. pl⟩ magnetismo m
Ma'gnetkarte F cartão m magnético **Magnetnadel** F agulha f magnética **Magnetplatte** F disco m magnético **Magnetspule** F bobina f do ele(c)troíman (od -imã) **Magnetstreifen** M tala f magnética **Magnetzündung** F TECH ignição f de (od por) magneto
Ma'gnolie [ma'ɡnoːlia] F BOT magnólia f
Maha'goni [maha'ɡoːni] N ⟨-s; o. pl⟩, **Mahagoniholz** N ⟨-es; o. pl⟩ mogno m
'Mähdrescher ['mɛːdrɛʃɐr] M ceifeira-debulhadora f **mähen** ['mɛːən] ceifar; segar
Mahl [maːl] N ⟨-(e)s; ⸚er od -e⟩ refeição f, comida f; (Festmahl) banquete m '**mahlen** moer '**Mahlzeit** F refeição f; **(gesegnete) ~!** bom proveito!
'Mähmaschine ['mɛːmaʃiːna] F ceifeira f; gadanheira f
'Mahnbescheid ['maːnbəʃaɪt] M intimação f judicial de pagamento **Mahnbrief** M carta f de reclamação f
'Mähne ['mɛːna] F crina f; (Löwenmähne) juba f
'mahnen ['maːnən] advertir, admoestar; **j-n an etw** (akk) **~** lembrar a/c a alg; (ermahnen) **j-n ~ (zu** inf) exortar alg (a); **~ wegen** reclamar **Mahnmal** ['maːnmaːl] N ⟨-(e)s; -e⟩ monumento m **Mah-**

nung F̄ advertência f; admoestação f; *zu etw a.*: exortação f; HANDEL reclamação f

'Mähren ['mɛːrən] N̄ ⟨-s⟩ GEOG Morávia f

Mai [mai] M̄ ⟨-(s), -e⟩ Maio m **Maiglöckchen** ['maiglœkçən] N̄ lírio m do vale **Maikäfer** M̄ besouro m

'Mail [meːl] E̊ ⟨-, -s⟩ → E-Mail **Mailbox** ['meːlbɔks] E̊ E-Mail: caixa f do correio electrónico (*bras* ~ô); TEL caixa f de correio de voz; *bras* caixa postal (*od* de mensagens); **j-m auf die ~ sprechen** deixar uma mensagem na caixa de correio de voz (*bras* na caixa postal) de alg **mailen** ['meːlən] V/T & V/I j-m etw ~ mandar a/c a alg por e-mail; j-m ~ mandar um e-mail a alg

Main [main] M̄ ⟨-(e)s⟩ GEOG Meno m

Mainz [maints] N̄ GEOG Mogúncia f (*o. art*)

Mais [mais] M̄ ⟨-es; -e⟩ milho m **Maisbrei** M̄ papa f (*bras* mingau m) de milho **Maisbrot** N̄ broa f (de milho)

'Maische ['maiʃə] F̊ mosto m de malte **maischen** molhar o malte

'Maisfeld N̄ milheiral m; *bras* milharal m **Maiskolben** M̄ maçaroca f, espiga f de milho

Majestät [majɛs'tɛːt] F̊ majestade f; Titel: Majestade f **majestätisch** majestoso

'Majonäse F̊ → Mayonnaise

Ma'jor [ma'joːr] M̄ ⟨-s; -e⟩ major m

Majo'ran [majo'raːn, 'majoran] M̄ ⟨-s; -e⟩ BOT manjerona f

Majori'tät [majori'tɛːt] F̊ maioria f

ma'kaber [ma'kaːbər] macabro

'Makel ['maːkəl] M̄ mácula f, mancha f

Make'lei [mɛːkə'lai] F̊ critiquice f; *bras* mania f de criticar

'makellos ⟨-este⟩ imaculado, impecável

'mäkeln ['mɛːkəln] ⟨-le⟩ **an** (*dat*) criticar *akk*, censurar *akk*

Make-'up [meikˈap] N̄ ⟨-s; -s⟩ maquilagem f; *bras* maquiagem f **Make-up-Entferner** M̄ removedor m de maquilhagem (*bras* maquiagem), desmaquilhante m

Makka'roni [makaˈroːni] PL macarrão *msg*; massa *fsg*

'Makler ['maːklər] M̄ corretor m, agente m; *beeidet*: solicitador m

'Mäkler(in) ['mɛːklər(in)] M̄ *umg* critiqueiro, -a m,f, rabugento, -a m,f, impertinente m/f

'Maklergebühr F̊ corretagem f, comissão f **Maklergeschäft** N̄ agência f, corretagem f **Maklerin** F̊ corretora f, agente f

Ma'krele [ma'kreːlə] F̊ cavala f

Ma'krone [ma'kroːnə] F̊ bolinho m de amêndoa (*od* de avelã *od* de coco)

Makula'tur [makulaˈtuːr] F̊ maculatura f **mal** ADV *umg* uma vez; MATH vez; **zwei ~ drei ist sechs** duas vezes três são seis; **sagen Sie ~** ora diga lá; **nicht ~** nem sequer

Mal¹ [maːl] N̄ ⟨-(e)s; -e⟩ vez f; **jedes ~** cada vez, todas as vezes; **jedes ~, wenn** cada vez que, todas as vezes que; **mit e-m ~** de repente; **zum ersten Mal** pela primeira vez; **ein für alle ~** de uma vez para sempre (*bras* por todas); de vez

Mal² N̄ ⟨-(e)s, -e, *a.* =er⟩ **1** (*Fleck, Zeichen*) sinal m, marca f; (*Muttermal*) *a.* lunar m **2** (*Denkmal, Mahnmal*) monumento m

Ma'laie [maˈlaiə] M̄ ⟨-n⟩ **Malaiin** F̊ malaio, -a f **malaiisch** malaio, da Malásia

Ma'laria [maˈlaːria] ⟨*o. pl*⟩ malária f; paludismo m; sezonismo m **Malariaanfall** M̄ sezões *fpl* **Malariabekämpfung** F̊ ⟨*o. pl*⟩ campanha f anti-sezonática (*od* contra a malária)

Malaysia [maˈlaiziːa] N̄ GEOG (a) Malásia f

'malen ['maːlən] V/T & V/I pintar; (*porträtieren*) retratar **'Maler(in)** ['maːlər(in)] M̄(F) pintor(a) m(f) **Male'rei** [maːləˈrai] F̊ pintura f **malerisch** pitoresco; (*gemalt*) pictórico **Malermeister** M̄ mestre m pintor (*bras* de pintura) **'Malkasten** M̄ caixa f de cores (*bras* de tintas)

Mallorca [maˈjɔrka, *umg* **Malle** [maˈlə] N̄ GEOG Mallorca (*o. art*)

'malnehmen multiplicar (**mit** por)

Malve ['malvə] F̊ BOT malva f

Malz [malts] N̄ ⟨-es; *o. pl*⟩ malte m **'Malzbier** N̄ ⟨-(e)s; *o. pl*⟩ cerveja f de malte **'Malzbonbon** M̄ rebuçado m (*bras* bala f) de malte **Malzextrakt** M̄ maltina f **'Malzkaffee** M̄ ⟨-s; *o. pl*⟩ (café m de) cevada f, (café m de) malte m

'Ma'ma [ma'maː, 'mama] F̊ ⟨-; -s⟩ mamã f; *bras* mamãe f

'Mammon ['mamɔn] M̄ ⟨-s; *o. pl*⟩ *pej* ouro m, riquezas *fpl*

MANN

'Mammut ['mamu:t] N ⟨-s; -e od -s⟩ mamute m Mammutbaum M BOT sequóia f

man [man] PRON a gente, se; a. reflexiv übersetzt od durch 3. Person pl: ~ sagt diz-se, dizem; ~ muss é preciso (inf od que subj)

'Management ['mɛnɪdʒmənt] N ⟨-s; -s⟩ dire(c)toria f managen ['mɛnɪdʒən] gerir, dirigir; umg organizar; arranjar Manager(in) MIF gestor(a) m(f), dire(c)tor(a) m(f); bras executivo m, -a f Managerkrankheit F ⟨o. pl⟩ esgotamento m nervoso provocado por stress

manch [manç] PRON ~ ein(e) mais que um(a) m(f) mancher(, -s) ['mançɐ(r, -s)] PRON mais que um(a) m(f); PL ~ (Leute) muitos mpl, muitas fpl; alguns mpl, algumas fpl; muita gente, há quem (subj); ~s Mal muitas (od algumas) vezes; so ~s Mal tanta(s) vez(es) mancher'lei [mantʃɐr'laɪ] ADJ ⟨inv⟩ vários, muitos; PRON várias coisas manchmal ADV às vezes, por vezes, de vez em quando

Man'dant(in) [man'dant(ɪn)] MIF ⟨-en⟩ JUR constituinte m/f, cliente m/f

Manda'rine [manda'riːnə] F BOT, GASTR tangerina f

Man'dat [man'daːt] N ⟨-(e)s; -e⟩ mandato m; (Befehl) ordem f Mandatsgebiet N ADMIN território m sob administração estrangeira

'Mandel ['mandəl] F ⟨-; -n⟩ BOT amêndoa f; ANAT amígdala f; gebrannte ~n pl amêndoas fpl torradas Mandelbaum M amendoeira f Mandelblüte F flor f de amendoeira Mandelentzündung F angina f; amigdalite f Mandelöl N ⟨-(e)s; o. pl⟩ óleo m de amêndoas

Mando'line [mandoˈliːnə] F bandolim f

Ma'nege [maˈneːʒə] F ⟨-⟩ picadeiro m; Zirkus: arena f

Man'gan [manˈgaːn] N ⟨-s; o. pl⟩ manganésio m, manganês m Manganeisen N ferro m manganífero

'Mangel[1] ['maŋəl] M ⟨-s; ⸚⟩ falta f; (Fehler) defeito m; (Not) penúria f; MED carência f; ~ an Anstand indecoro m; aus ~ an (dat) por falta de; ~ leiden an (dat) carecer de, ter falta de

'Mangel[2] F ⟨-; -n⟩ TECH, (Wäschemangel) calandra f; bras máquina f de passar; j-n in die ~ nehmen, in der ~ haben fig apertar com alg; bras pegar pesado com alg

'Mangelerscheinung F MED sintoma m carencial mangelhaft ADJ defeituoso, imperfeito, deficiente; insuficiente; ADV mal Mangelkrankheit F doença f de carência

'mangeln[1] ⟨-le⟩ (fehlen) (vir a) faltar, fazer falta; es mangelt j-m an (dat) alg carece (od tem falta)

'mangeln[2] TECH calandrar; bras passar 'Mangeln N TECH calandragem f

'mangels PRÄP ⟨gen⟩ por falta de Mangelware F mercadoria f escassa

'Mango ['maŋgo] F ⟨-; -s⟩ BOT manga f Mangobaum M mangueira f

'Mangold ['maŋgɔlt] M ⟨-(e)s; -e⟩ BOT acelga f

Ma'nie [maˈniː] F mania f

Ma'nier [maˈniːr] F ⟨-; o. pl⟩ (Art und Weise) modo m; KUNST estilo m Manieren PL maneiras fpl manie'riert [maniˈriːrt] afe(c)tado, amaneirado manierlich bem educado, de boas maneiras

Mani'fest [maniˈfɛst] N ⟨-(e)s; -e⟩ manifesto m manifes'tieren ⟨-⟩ manifestar; exprimir; sich ~ manifestar-se

Mani'küre [maniˈkyːrə] F manicura f

Manipulati'on [manipulatsiˈoːn] F manipulação f manipu'lieren ⟨-⟩ manipular

'manisch ['maːnɪʃ] maníaco manisch-depressiv PSYCH maníaco-depressivo

'Manko ['maŋko] N ⟨-s; -s⟩ defeito m; HANDEL défice m; bras déficit m

Mann [man] N ⟨-(e)s; ⸚er; poet -en⟩ MIL, SCHIFF 10 -⟩ homem m; (männliches Wesen) varão m; (Ehemann) marido m; ~ für ~ um atrás do outro; todos sem exceção; ~ gegen ~ MIL corpo a corpo; an den ~ bringen Ware vender; mit ~ und Maus SCHIFF com toda a carga; seinen ~ stehen cumprir; fazer boa figura; ~s genug sein, um ... umg ser homem para .. wenn Not am ~ ist em caso de necessidade; umg (oh) ~! pá!, rapaz!

'Männchen ['mɛnçən] N homenzinho m; ZOOL macho m; ~ machen Hund pôr-se nas patas traseiras, ficar em pé

'Mannequin [ˈmanəkɛ̃] N ⟨-s; -s⟩ manequim f

'Männerchor [ˈmɛnarkoːr] M̄ coro m masculino **Männergesangverein** M̄ orfeão m

'Mannesalter [ˈmanasʔaltar] N̄ ⟨-s; o. pl⟩ virilidade f; idade f viril **Manneskraft** F̄ virilidade f, força f viril **'mannhaft** viril, varonil; (tapfer) valente

'mannigfach [ˈmaniçfax], **mannigfaltig** [ˈmaniçfaltiç] vário, diferente, variado, diverso, múltiplo **Mannigfaltigkeit** F̄ ⟨o. pl⟩ variedade f

'männlich [ˈmɛnliç] másculo; varonil (a. fig); (Tier) macho; GRAM masculino; **~en Geschlechts** Kind a. varão **Männlichkeit** F̄ ⟨o. pl⟩ virilidade f

'Mannschaft F̄ MIL homens mpl, praças fpl, tropas fpl; SCHIFF, FLUG tripulação f; SPORT grupo m, equipa f; bras equipe f **Mannschaftsführer** M̄, **Mannschaftskapitän** M̄ SPORT chefe m (do grupo)

Ma'növer [maˈnøːvər] N̄ manobra(s) fpl **manöv'rieren** [manøˈvriːrən] ⟨-⟩ manobrar **manöv'rierfähig** SCHIFF governável **manöv'rierunfähig** SCHIFF não governável

Man'sarde [manˈzardə] F̄, **Mansardenzimmer** N̄ águas-furtadas fpl

'manschen [ˈmanʃən] umg remexer

Man'schette [manˈʃɛtə] F̄ punho m; TECH gaxeta f; **~n haben vor** (dat) umg ter medo de **Manschettenknopf** M̄ botão m de punho; bras abotoadura f

'Mantel [ˈmantəl] M̄ ⟨-s; ⸚⟩ **1** Kleidung: sobretudo m, casaco m; (Umhang) capa f, manto m **2** TECH invólucro m; (Hülle), Geschoss, Reifen: camisa f **3** MATH superfície f (lateral) **Mäntelchen** [ˈmɛntəlçən] N̄ ⟨-s; -⟩ **das ~ nach dem Winde hängen** fig mudar facilmente de opinião, ser cataventos **'Manteltarif (-vertrag)** M̄ WIRTSCH contrato m cole(c)tivo de trabalho

manu'ell [manuˈɛl] manual; ADV à mão **Manufak'tur** [manufakˈtuːr] F̄ manufa(c)tura f

Manu'skript [manuˈskrɪpt] N̄ ⟨-(e)s; -e⟩ manuscrito m; TYPO a. original m

'Mappe [ˈmapə] F̄ pasta f

Mara'cuja [maraˈkuːja] F̄ ⟨-; -s⟩ maracujá m

'Marathon [ˈmaːratɔn] M̄ ⟨-s; -s⟩, **Marathonlauf** M̄ maratona f

'Märchen [ˈmɛːrçən] N̄ conto m (de fadas); história f (a. fig); lenda f; **wie im ~** como num conto de fadas **Märchenbuch** N̄ livro m de contos **märchenhaft** fabuloso, fantástico **Märchenprinz** M̄ ⟨-en⟩ príncipe m encantado (a. fig)

'Marder [ˈmardər] M̄ marta f; (Steinmarder) fuinha f

Marga'rine [margaˈriːnə] F̄ ⟨o. pl⟩ margarina f

Ma'rienbild [maˈriːənbɪlt] N̄ imagem f da Virgem, imagem f de Nossa Senhora **Marienkäfer** M̄ joaninha f **Marienkult** M̄ ⟨-(e)s; o. pl⟩ culto m mariano

Marihu'ana [marihuˈaːna] N̄ ⟨-s; o. pl⟩ marijuana f; bras maconha f

Mari'nade [mariˈnaːda] F̄ GASTR escabeche m; bras marinada f

Ma'rine [maˈriːnə] F̄ (Handelsmarine) marinha f (mercante); MIL armada f; bras marinha f de guerra **marineblau** azul-marinho **Marineoffizier** M̄ oficial m da Armada od Marinha **Marinestützpunkt** M̄ base f naval

mari'nieren [mariˈniːrən] ⟨-⟩ pôr de escabeche; bras marinar

Mario'nette [marioˈnɛtə] F̄ marioneta f, fantoche m; bras marionete f; fig a. boneco m **Marionettentheater** N̄ teatro m de marionetas (bras marionetes)

Mark¹ N̄ ⟨-(e)s; o. pl⟩ ANAT (Rückenmark) medula f; (Knochenmark) tutano m; BOT miolo m; **j-m durch ~ und Bein gehen** fig fazer estremecer alg

Mark² [mark] F̄ ⟨-; -⟩ hist Währung: **(Deutsche) ~** marco m (alemão)

mar'kant [marˈkant] marcado, marcante, cara(c)terístico

'Marke [ˈmarkə] F̄ marca f (bes HANDEL); sinal m; (Briefmarke) selo m, estampilha f; (Erkennungsmarke) placa f de identidade; (Kontrollmarke) senha f; (Spielmarke) ficha f; HANDEL **eingetragene ~** marca f registada (bras registrada) **Markenartikel** M̄ HANDEL artigo m regist(r)ado (od de marca) **Markenimage** [ˈmarkənˌʔɪmɪtʃ] N̄ imagem f de marca **Markenschutz** M̄ ⟨-es; o. pl⟩ HANDEL prote(c)ção f legal das marcas regist(r)adas **Markenzeichen** N̄ HANDEL logomarca f; símbolo-marca m

'Marker ['ma:kər] M̄ ⟨-s; -⟩ *Stift*: marcador *m*
'markerschütternd horripilante
'Marketing ['markətıŋ] N̄ ⟨-s; *o. pl*⟩ marketing *m* **Marketingabteilung** F̄ departamento *m* de marketing
mar'kieren [mar'ki:rən] ⟨-⟩ marcar; *Ton* acentuar; (*vortäuschen*) simular (*a.* MIL)
Markierung F̄ marcação *f*, sinalização *f*; sinais *mpl*
'markig ['markıç] *fig* meduloso; vigoroso
Mar'kise [mar'ki:zə] F̄ toldo *m*
'Markknochen M̄ osso *m* com tutano
Markstein M̄ marco *m*; **ein ~ sein, e-n ~ bilden** marcar **Markstück** N̄ *hist* moeda *f* de um marco
Markt [markt] M̄ ⟨-(e)s; ⸚e⟩ mercado *m*, praça *f*; (*monatlicher, Jahrmarkt*) feira *f*; **auf den ~ bringen** lançar no mercado; **Gemeinsamer ~** EU: Mercado *m* Comum
'Marktanalyse F̄ análise *f* de mercado **'Marktanteil** M̄ cota *f* de mercado **'Marktbericht** M̄ boletim *m* (do mercado) **'Marktbude** F̄ barraca *f*
'Marktflecken M̄ vila *f* **'Marktforschung** F̄ sondagem *f* do mercado **'Markthalle** F̄ praça *f* (coberta); mercado *m* **'Marktlücke** F̄ lacuna *f* da oferta; falta *f* de um produto no mercado **Marktnische** F̄ nicho *m* de mercado **'Marktplatz** M̄ praça *f* (do mercado) **'Marktpreis** M̄ preço *m* corrente **'Marktstand** M̄ stand *m* (*bras* estande) de vendas **'Markttag** M̄ dia *m* da feira (*od* do mercado) **'Marktweib** N̄ ⟨-(e)s; -er⟩ regateira *f*, vendedora *f* **'Marktwert** M̄ ⟨-(e)s; *o. pl*⟩ valor *m* de mercado **'Marktwirtschaft** F̄ economia *f* mercantil; *bes BRD*: **soziale ~** economia *f* social de mercado
Marme'lade [marmə'la:də] F̄ doce *m*, compota *f*; *bras* geléia *f*; (*Quittenmarmelade*) marmelada *f*
'Marmor ['marmɔr] M̄ ⟨-s; -e⟩ mármore *m* **Marmorbruch** M̄ canteira *f* (*bras a.* pedreira *f*) de mármore **marmo'rieren** ⟨-⟩ marmorizar **Marmorplatte** F̄ placa *f* de mármore; *auf Möbeln etc*: tampo *m* de mármore
ma'rode [ma'ro:də] arruinado
Marok'kaner(in) [marɔ'ka:nər(ın)] M̄/F̄ marroquino *m*, -a *f* **marokkanisch** ADJ marroquino, de Marrocos **Ma'rokko** [ma'rɔko] N̄ Marrocos *mpl*
Ma'rone [ma'ro:nə] F̄ castanha *f* comestível
Ma'rotte [ma'rɔtə] F̄ capricho *m*, mania *f*
Mars¹ [mars] M̄ ⟨-s⟩ ASTRON Marte *m*
Mars² M̄ ⟨-; -e⟩ SCHIFF (cesto *m* da) gávea *f*
marsch INT MIL **~!** marche!; *umg* embora!
Marsch¹ [marʃ] M̄ ⟨-(e)s; ⸚e⟩ marcha *f*; **auf dem ~** em marcha; **j-m den ~ blasen** *umg* meter alg na ordem
Marsch² F̄ GEOG lezíria *f*
'Marschall ['marʃal] M̄ ⟨-s; ⸚e⟩ marechal *m*
'Marschbefehl M̄ ordem *f* de partir **mar'schieren** ⟨-; s.⟩ marchar
'Marschland N̄ ⟨-(e)s; ⸚er⟩ lezíria *f* **'Marschrichtung** F̄ rumo *m* (*a. fig*) **Marschroute** F̄ itinerário *m* **Marschverpflegung** F̄ ração *f* de marcha
Marssegel N̄ SCHIFF vela *f* de gávea
'Marter ['martər] F̄ ⟨-; -n⟩ martírio *m*, tortura *f*; suplício *m* **martern** ⟨-re⟩ torturar
'Märtyrer(in) ['mɛrty:rər(ın)] M̄/F̄ mártir *m/f* **Märtyrertod** M̄ ⟨-es; *o. pl*⟩ morte *f* por martírio **Märtyrertum** N̄ ⟨-s; *o. pl*⟩ martírio *m*
Mar'xismus [mar'ksısmus] M̄ ⟨-; *o. pl*⟩ marxismo *m* **Marxist(in)** M̄/F̄ ⟨-en⟩ marxista *m/f* **marxistisch** marxista
März [mɛrts] M̄ ⟨-(es); -e⟩ Março *m*; **im ~** em Março
Marzi'pan [martsi'pa:n] N̄ ⟨-s; -e⟩ maçapão *m*; *bras* marzipã *m*
'Masche ['maʃə] F̄ malha *f*; *fig* truque *m* **Maschendraht** M̄ ⟨-(e)s; *o. pl*⟩ rede *f* de arame
Ma'schine [ma'ʃi:nə] F̄ máquina *f*; FLUG aparelho *m*; avião *m*; **mit der ~ schreiben** escrever à máquina **maschi'nell** [maʃi'nɛl] ADJ mecânico; ADV *a.* à máquina
Ma'schinenbau M̄ ⟨-(e)s; *o. pl*⟩ construção *f* de máquinas **Maschinenbauingenieur(in)** M̄/F̄ engenheiro *m* mecânico, engenheira *f* mecânica **Maschinenfabrik** F̄ fábrica *f* de construções mecânicas **maschinengeschrieben** da(c)tilografado **Maschinengewehr** N̄ metralhadora *f* **Ma-**

schinenöl N óleo m lubrificante **Maschinenpistole** F pistola f automática **Maschinenraum** M bes SCHIFF casa f (od secção f) das máquinas **Maschinenschaden** M avaria f **Maschinenschlosser** M mecânico m **Maschinenschrift** F da(c)tilografia f; **in ~** da(c)tilografado

Maschine'rie [maʃinəˈriː] F mecanismo m, maquinaria f; bras maquinário m

Maschin'ist ⟨-en⟩ maquinista m

'Maser [ˈmaːzər] F ⟨-; -n⟩ veia f; nó m

Maserholz N madeira f betada, madeira f listrada

masern ⟨-re⟩ veiar

Masern PL MED sarampo msg

Maserung F veio m, list(r)a f, beta f, veias fpl

'Maske [ˈmaskə] F máscara f; THEAT cara(c)terização f; (Verkleidung a.) disfarce m

Maskenball M baile m de máscaras

Maskenbildner(in) M(F) cara(c)terizador(a) m(f)

Maske'rade [maskəˈraːdə] F mascarada f; disfarce m

mas'kieren ⟨-⟩ mascarar, disfarçar

Mas'kottchen [masˈkɔtçən] N ⟨-s; -⟩ mascote f

masku'lin [maskuˈliːn] masculino

'Maskulinum [ˈmaskulinʊm] N ⟨-s; -lina⟩ masculino m

Maso'chismus [mazoˈxɪsmʊs] M ⟨-; -men⟩ masoquismo m

Masochist(in) M(F) masoquista m/f

masochistisch masoquista

Maß[1] [maːs] N ⟨-es; -e⟩ medida f; (Ausmaß) proporção f; extensão f; (Grad) grau m; escala f; fig medida f; **nach ~** à/por/sob medida; **~ nehmen** tomar as medidas; **in vollem ~(e)** plenamente; **in dem ~(e) wie** na (od à) medida que, conforme; **in hohem ~(e)** em alto grau

Maß[2] F ⟨-; -e, aber 3 -⟩ caneca f de litro

Mas'sage [maˈsaːʒə] F massagem f

massa'krieren [masaˈkriːrən] ⟨-⟩ massacrar

'Maßanzug M fato m por medida; bras terno m sob medida

Maßarbeit F confe(c)ção f por (bras sob) medida

'Masse [ˈmasə] F massa f; (Menschenmenge a.) multidão f; pej vulgo m; (Anzahl) quantidade f; (Umfang) volume m; PHYS a. mole f

'Maßeinheit F unidade f métrica

Maßeinteilung F graduação f; **mit ~** graduado

'Massenabfertigung F ⟨o. pl⟩ despacho m (od expedição f) em massa

Massenabsatz M ⟨-es; o. pl⟩ venda f em grande escala

Massenarbeitslosigkeit F ⟨o. pl⟩ desemprego m em massa

Massenartikel M artigo m de grande consumo

Massenentlassung F despedimento m cole(c)tivo (od em massa); bras demissão f coletiva

Massengrab N vala f comum

massenhaft ADV em grande quantidade; enorme

Massenkarambolage F colisão f em cadeia

Massenkundgebung F manifestação f popular

Massenmedien NPL meios mpl de comunicação social, mass-média mpl

Massenmord M morticínio m; matança f

Massenpsychose F psicose f geral (bras coletiva)

Massentourismus M ⟨-; o. pl⟩ turismo m de massas

Massenverkehrsmittel N meio m de transporte em massas

massenweise ADV em massa(s)

Mas'seur [maˈsøːr] M ⟨-s; -e⟩ **Masseuse** [maˈsøːzə] F massagista m/f

'Maßgabe F ⟨o. pl⟩ **nach ~** (gen) conforme a; na medida que, à razão de

maßgebend, maßgeblich [ˈmaːsgəplɪç] ADJ j-d: competente, abalizado; etw: normativo B ADV **~ beteiligt sein an** (dat) contribuir em larga escala para; ter intervenção decisiva em

maßhalten moderar-se, conter-se

mas'sieren [maˈsiːrən] ⟨-⟩ 1 MED dar (bras fazer) massagem a 2 MIL Truppen concentrar

'massig [ˈmasɪç] maciço

'mäßig [ˈmɛːsɪç] moderado, frugal, sóbrio; (mittelmäßig) medíocre, regular

mäßigen [ˈmɛːsɪgən] moderar; reprimir; temperar; **sich ~** conter-se

Mäßigkeit F ⟨o. pl⟩ moderação f; frugalidade f; sobriedade f; temperança f

Mäßigung [ˈmɛːsɪgʊŋ] F moderação f

mas'siv [maˈsiːf] maciço, sólido

Mas'siv N ⟨-s; -e⟩ maciço m

'Maßkrug M caneca f de litro; bras a. canecão m

Maßliebchen N BOT bem-me-quer m

maßlos ⟨-este⟩ desmedido; imenso, enorme; fig imoderado, excessivo

Maßlosigkeit [ˈmaːsloːzɪçkaɪt] F imoderação f; excesso m

'Maßnahme [ˈmaːsnaːmə] F, **Maßre-**

gel F medida f; (Vorkehrung) prevenção f; providência f; **~n treffen** tomar medidas **maßregeln** ⟨-le-⟩reprender, castigar **Maßregelung** F castigo m disciplinar
'**Maßschneider** M alfaiate m (que trabalha por medida) **Maßstab** M metro m; bitola f; craveira f; Karten: escala f; fig critério m, norma f; **e-n anderen ~ anlegen** fig seguir diferentes critérios **maßvoll** moderado
Mast[1] [mast] M ⟨-(e)s; -e(n)⟩ **1** SCHIFF mastro m **2** (Strommast etc) poste m
Mast[2] F ⟨-; -en⟩ AGR engorda f, ceva f
'**Mastbaum** M → Mast[1] **1**
'**Mastdarm** M (intestino m) re(c)to m
'**mästen** ['mɛstən] ⟨-e-⟩engordar, cevar
'**Master** ['ma:stər] M UNIV mestrado m, mestre m; bras a. pos-graduação f
'**Mastfutter** N cevadura f, ceva f
Mastkorb M SCHIFF (cesto m da) gávea f
Masturbati'on [masturbatsi'o:n] F masturbação f **mastur'bieren** [mastur'bi:rən] ⟨-⟩masturbar(-se)
'**Mastvieh** N ⟨-(e)s; o. pl⟩gado m cevado (od para cevar)
Materi'al [materi'a:l] N ⟨-s; -ien⟩material m **Materialermüdung** F ⟨o. pl⟩ TECH fadiga f do material
Materia'lismus [materia'lismus] M ⟨-; o. pl⟩materialismo m **Materia'list** M ⟨-en⟩ **Materia'listin** materialista m/f **materia'listisch** materialista
Materi'alkosten PL preço m do material **Materialschaden** M prejuízo m material; a. prejuízos mpl materiais
Ma'terie [ma'te:riə] F matéria f **materi'ell** [materi'ɛl] material
Mathema'tik [matema'ti:k] F ⟨o. pl⟩ matemática(s) f(pl) **Mathe'matiker(in)** [mate'ma:tikər(in)] M|F matemático m, -a f **mathe'matisch** [mate'ma:tiʃ]matemático
Mati'nee [mati'ne:] F ⟨-; -n⟩matinée f; bras matinê f, vesperal f
Ma'tratze [ma'tratsə] F colchão m; enxergão m
Matriar'chat [matriar'ça:t] N ⟨-(e)s; -e⟩ matriarcado m **Matri'archin** F matriarca f
Ma'trikel [ma'tri:kəl] F ⟨-; -n⟩matrícula f

'**Matrixdrucker** ['ma:triksdrukər] M IT impressora f matricial
Ma'trize [ma'tritsə]TYPO matriz f
Ma'trose [ma'tro:zə] M ⟨-n⟩marinheiro m, marujo m **Matrosin** F marinheira f
Matsch [matʃ] M ⟨-(e)s; o. pl⟩lama f, lodo m '**matschig**lamacento, lodoso
matt [mat] ⟨-este⟩fraco, débil; Person a. abatido, extenuado; Farbe apagado; baço; Glas fosco; Licht a. mortiço; Metall, Papier mate; Metall a. embaciado; Schach mate; **~!** xeque-mate!
'**Matte** ['matə] F esteira f
'**Mattheit** F, **Mattigkeit** F ⟨o. pl⟩fraqueza f, abatimento m **Mattscheibe** F vidro m fosco; umg (Bildschirm) ecrã m; bras tela f de TV; **~ haben** fig umg estar tonto **mattsetzen**j-n dar mate a, pôr em xeque; bras a. dar xeque-mate em
'**Mauer** ['mauər] F ⟨-; -n⟩ muro m; (Stadtmauer) muralha f; (Wand) parede f; **Berliner ~** hist muro m de Berlim **Mauerblümchen** ['mauərbly:mçən] N fig umg **~ sein** ficar sem par; fig ser pouco requestado **Mauerfall** M hist BRD: queda f do muro de Berlim '**mauern** ⟨-re-⟩ **A** V/I levantar parede; fig Kartenspiel: esperar, guardar **B** V/T murar; Wand levantar **Mauersegler** M andorinhão-preto m **Mauerstein** M tijolo m, ladrilho m **Mauerwerk** N muros mpl; alvenaria f
Maul [maul] N ⟨-(e)s; ⸚er⟩ boca f; umg pej (Mund) bico m; (Schnauze) focinho m; sl **ein großes ~ haben**, **das ~ weit aufreißen** ser gabarola; bras ser muito prosa; sl **(das) ~ halten** calar o bico
'**Maulbeerbaum** M amoreira f
'**Maulbeere** F amora f '**maulen** umg (estar a) amuar '**Maulesel**mulo m, macho m '**maulfaul**de poucas palavras '**Maulheld** M ⟨-en⟩fanfarrão m
'**Maulkorb** M açamo m, focinheira f, mordaça f; e-m Tier **e-n ~ anlegen** abarbilhar '**Maulschelle** F bofetada f,
'**Maulsperre** F trismo m '**Maultier** N muar m; → Maulesel
'**Maul- und Klauenseuche** F Tierseuche: febre f aftosa '**Maulwurf** M toupeira f
'**Maure** ['maurə] M ⟨-n⟩mouro m
'**Maurer** ['maurər] M pedreiro m; trolha m **Maurerkelle** F trolha f **Maurer-**

meister M̄ mestre-pedreiro m
'Maurin ['maʊrɪn] F̄ moura f **maurisch** mourisco
Maus [maʊs] F̄ ⟨-; ≃e⟩ rato m (a. port IT); bras a. camundongo m; IT bras mouse m
'Mäuschen ['mɔʏsçən] N̄ ratinho m; fig umg amor m **'mäuschen'still** ⟨o. pl⟩ caladinho **'Mausefalle** ['maʊzəfalə] F̄ ratoeira f **Mauseloch** N̄ buraco m de rato
'mausen ['maʊzən] A Vi̅ ⟨-t⟩ Katze apanhar ratos B Vt̅ fig umg roubar **Mauser** F̄ ⟨o. pl⟩ muda f; **in der ~ sein** mudar, estar de muda **mausern** ⟨-re⟩ Vr̅ **sich ~** mudar, estar de muda **mausetot** ⟨o. pl⟩ umg morto; bem morto **Mausklick** M̄ **per ~** com um clique do rato (bras do mouse) **Mauspad** N̄ almofada f do rato (bras para mouse) **Maustaste** F̄ tecla f (od botão m) do rato (bras do mouse)
Maut(gebühr) ['maʊt(gəbyːr)] F̄ portagem f; bras pedágio m **Mautstelle** F̄ portagem f; bras pedágio m **Mautstraße** F̄ (auto)estrada f com portagem; bras rodovia f com pedágio **'Mautsystem** N̄ sistema m de portagem (bras de pedágio)
maxi'mal [maksi'maːl], **Maxi'mal...** ZSSGN máximo
Ma'xime [ma'ksiːmə] F̄ máxima f; axioma m; norma f
maxi'mieren [maksi'miːrən] ⟨-⟩ tirar o aproveitamento máximo de **Maximierung** F̄ aproveitamento m máximo **'Maximum** ['maksimʊm] N̄ ⟨-s; Maxima⟩ máximo m; **Auditorium** n **maximum** aula f máxima
Mayon'naise [majɔˈnɛːzə] F̄ maionese f
Mä'zen [mɛˈtseːn] M̄ ⟨-s; -e⟩ mecenas m
MB [ɛmˈbeː] M̄ → Megabyte
Me'chanik [meˈçaːnɪk] F̄ mecânica f **Mechaniker(in)** M|F mecânico m, -a f **mechanisch** mecânico **mechani'sieren** [meçaniˈziːrən] ⟨-⟩ mecanizar **Mechani'sierung** F̄ mecanização f **Mecha'nismus** M̄ ⟨-; Mechanismen⟩ mecanismo m
'Meckerer ['mɛkərər] M̄ fig umg critiqueiro m **meckern** ⟨-re⟩ berrar; fig umg criticar; fazer critiquice (od críticas)
'Mecklenburg-'Vorpommern ['meːklənbʊrk'foːrpɔmərn] N̄ Mecklemburgo-Pomerânia m

Me'daille [meˈdaljə] F̄ medalha f **Medaillon** [medalˈjɔŋ] N̄ ⟨-s; -s⟩ medalhão m
'Medien ['meːdiən] NPL media mpl; bras mídia f **Medienkonzern** M̄ companhia f no ramo dos media **Medienlandschaft** F̄ panorama m dos media **Medienspektakel** N̄ espe(c)táculo m de médio **medienwirksam** mediático
Medika'ment [medikaˈmɛnt] N̄ ⟨-(e)s; -e⟩ medicamento m, remédio m **medikament'ös** [medikamɛnˈtøːs] medicamentoso
Medita'tion [meditatsi'oːn] F̄ meditação f **medi'tieren** ⟨-⟩ meditar
'Medium ['meːdiʊm] N̄ ⟨-s; Medien⟩ médio m; médium m; meio m
Medi'zin [mediˈtsiːn] F̄ ⟨-⟩ 1 ⟨o. pl⟩ medicina f 2 ⟨pl -en⟩ (Medikament) remédio m **Mediziner(in)** M|F (Arzt) médico m, -a f; UNIV Student: estudante m|f de medicina; Lehrkraft: professor(a) m(f) de medicina **medizinisch** medicinal, médico; **~e Fakultät** f Faculdade f de Medicina
Meer [meːr] N̄ ⟨-(e)s; -e⟩ mar m; **am ~ (gelegen)** marítimo; **ans ~ fahren** ir à praia **'Meeraal** M̄ congro m **'Meerbusen** M̄ golfo m, baía f **'Meerenge** F̄ estreito m
'Meeresbiologie F̄ biologia f marítima **Meeresboden** M̄ fundo m do mar **Meeresfrüchte** FPL mariscos mpl **Meeresgrund** M̄ ⟨-(e)s; o. pl⟩ → Meeresboden **Meereskunde** F̄ ⟨o. pl⟩ oceanografia f **Meeresspiegel** M̄ ⟨-s; o. pl⟩ nível m do mar **Meeresströmung** F̄ corrente f (marítima) **Meeresungeheuer** N̄ monstro m marítimo
'meergrün verde-mar, glauco **Meerkatze** F̄ ZOOL cercopiteco m **Meerrettich** M̄ rábano m **Meersalz** N̄ ⟨-es; o. pl⟩ sal m marinho **Meerschaum** M̄ ⟨-(e)s; o. pl⟩ escuma f (od espuma f) do mar **Meerschweinchen** N̄ ZOOL cobaia f, porquinho-da-índia m **Meerwasser** N̄ ⟨-s; o. pl⟩ água f do mar
Megabyte ['meːgabait] N̄ ⟨-(s); -(s)⟩ megabyte m **Mega'fon** [megaˈfoːn] N̄, **Megaphon** N̄ ⟨-s; -e⟩ megafone m

Mega'hertz [mega'hɛrts] N ⟨inv⟩ megahertz m **Mega'tonne** F megaton m **Mehl** [me:l] N ⟨-(e)s; o. pl⟩ farinha f; *sehr feines:* flor f de farinha **'Mehlbrei** M papa(s) f(pl) **'mehlig** farinhoso; farinhento **'Mehlspeise** F österr pudim m, creme m **'Mehltau** M ⟨-(e)s; o. pl⟩ AGR alforra f, mílio m **'Mehlwurm** M bicho m (bras caruncho m) da farinha **mehr** [me:r] ADV ⟨kompar v. viel⟩ mais (als do que); **nicht ~** já não; **nicht ~ als** apenas; **nicht ... sondern ~** senão; **nicht ~** (inf) deixar de; (nicht wieder) não voltar a **Mehr** N ⟨-(s); o. pl⟩ excedente m
'Mehrarbeit F ⟨o. pl⟩ trabalho m adicional **Mehraufwand** M ⟨-(e)s; o. pl⟩, **Mehrausgaben** FPL aumento m de gastos; gastos mpl adicionais **Mehrbetrag** M ⟨-(e)s; o. pl⟩ excedente m **mehrdeutig** ['me:rdɔytɪç] ambíguo, equívoco **Mehreinnahme(n)** F(PL) aumento m de receitas (od da renda); (Überschuss) excedente m de receitas **'mehren** aumentar **mehrere** ['me:rarə] PRON PL vários **mehreres** PRON NSG várias coisas **mehrfach** A ADJ reiterado, várias vezes B ADV reiteradamente; várias vezes; múltiplo **'Mehrfahrtenkarte** F bilhete m múltiplo **'Mehrfarbendruck** M impressão f policroma **mehrfarbig** de várias cores; policromo, multicolor **'Mehrheit** F maioria f; pluralidade f **Mehrheitsbeschluss** M decisão f por maioria **Mehrheitsentscheidung** F decisão f maioritária **Mehrheitswahlrecht** N ⟨-(e)s; o. pl⟩ sistema m maioritário
'mehrjährig de vários anos **'Mehrkosten** PL excesso msg; gastos mpl adicionais (od suplementares) **'mehrmalig** ['me:rma:lɪç] reiterado, repetido **'mehrmals** ['me:rma:ls] ADV várias vezes **'Mehrparteiensystem** N multipartidarismo m **'mehrphasig** ['me:rfa:zɪç] ELEK polifásico **'mehrsilbig** ['me:rzɪlbɪç] polissílabo **'mehrsprachig** ['me:rʃpra:xɪç] poliglótico; poliglota **'mehrstimmig** ['me:rʃtɪmɪç] polifónico (bras *ô), a várias vozes
'Mehrverbrauch M ⟨-(e)s; o. pl⟩ consumo m adicional, excedente m de consumo **Mehrflasche** F garrafa f com depósito **Mehrwert** M ⟨-(e)s; o. pl⟩ excedente m, aumento m de valor **Mehrwertsteuer** F imposto m de valor acrescentado **Mehrzahl** F maioria f; GRAM plural m **Mehrzweck...** IN ZSSGN para fins múltiplos
'meiden ['maɪdən] evitar, fugir (a) **'Meile** ['maɪlə] F légua f; (deutsche u. Seemeile) milha f **Meilenstein** M pedra f miliária **meilenweit** ADV **~ entfernt** muito longe
'Meiler M (Atommeiler) rea(c)tor m nuclear; (Kohlenmeiler) carvoaria f
mein(e) ['maɪn(ə)] PRON (o) meu, (a) minha; pl **~e** (os) meus, (as) minhas; **der/das ~e** o meu; **die ~e** a minha; **~e Geschwister** pl os meus irmãos mpl (e irmãs fpl); **die Meinen** geh a minha família
'Meineid M perjúrio m; juramento m falso; **e-n ~ schwören** perjurar **meineidig** ['maɪnaɪdɪç] perjuro
'meinen ['maɪnən] pensar, achar; ser de opinião, opinar; (verstehen unter) querer dizer, entender; (sagen) dizer; **ich meine** a. parece-me; **j-n ~** referir-se a alg; **damit bin ich gemeint** isto é comigo; **das will ich ~!** pois é claro!; **es gut ~** ter as melhores intenções; **es gut mit j-m ~** ser amigo de alg, querer bem a alg; **was ~ Sie?** que lhe parece?
'meiner ['maɪnər] PRON ▮ meu; **das ist ~!** é meu! ▯ ⟨gen u. dat v. meine⟩ da(s) minha(s), à(s) minha(s) ▮ ⟨gen v. ich⟩ de mim **meinerseits** ['maɪnərzaɪts] ADV da (od por) minha parte **meinesgleichen** PRON meu igual, meus iguais **meinetwegen** ADV, **meinethalben** ['maɪnət'halbən] ADV por (amor de) mim; **~!** cá por mim!; seja! **meinige** ['maɪnɪɡə] PRON **der/das ~** o meu; **die ~** a minha
'Meinung ['maɪnʊŋ] F opinião f, parecer m; (Absicht) intenção m; **vorgefasste ~** preconceito m; **seine ~ sagen** dar a sua opinião; **e-r ~ sein (mit)** ser da mesma opinião (como); **j-m (gehörig) die ~ sagen** umg dizer as verdades a alg; **meiner ~ nach** no meu entender
'Meinungsaustausch M troca f de impressões **Meinungsforschung** F ⟨o. pl⟩ sondagem f de opinião (pública) **Meinungsumfrage** F inquérito m à opinião pública **Meinungsverschie-**

denheit $\overline{F}$ divergência f (de opinião)
'Meise ['maizə] $\overline{F}$ abelheira f; **ne ~ haben** fig umg não regular bem
'Meißel ['maisəl] $\overline{M}$ cinzel m, escopro m
'meißeln ‹-le-› cinzelar
meist [maist] ADV em geral, geralmente
'Meistbegünstigung $\overline{F}$ preferência f **Meistbegünstigungsklausel** $\overline{F}$ cláusula f de nação mais favorecida
'meistbietend ADV **~ verkaufen** vender em leilão **meiste** PRON ‹sup v. viel› **die ~n** (Fälle etc) a maioria (de); a. **das ~** a maior parte (de); **am ~n** (o) mais
'meistens ADV na maior parte (das vezes); em geral, geralmente
'Meister ['maistɐ] $\overline{M}$ mestre m; SPORT campeão m **meisterhaft, meisterlich** magistral **Meisterin** $\overline{F}$ mestra f; SPORT campeã f **meistern** V/T ‹-re-› dominar; vencer **Meisterschaft** $\overline{F}$ mestrado m; mestria f; SPORT campeonato m **Meistersinger** $\overline{M}$ mestre-cantor m **Meisterstück** $\overline{N}$ obra-prima f **Meistertitel** $\overline{M}$ SPORT título m de campeão **Meisterwerk** $\overline{N}$ obra-prima f, obra-mestra f
Melancholie [melaŋko'li:] $\overline{F}$ melancolia f **Melancholiker(in)** [melaŋ'ko:likɐ(in)] M(F) melancólico m, -a f **melancholisch** [melaŋ'ko:lɪʃ] melancólico
Me'lasse [me'lasə] $\overline{F}$ melaço m
'Meldeamt ['mɛldəʔamt] $\overline{N}$ repartição f de regist(r)o (od de recenseamento) **Meldefrist** $\overline{F}$ prazo m para a apresentação (od inscrição); prazo m para a participação (de)
'melden ‹-e-› anunciar; TECH sinalizar; (mitteilen) participar, comunicar; der Polizei: denunciar; (anmelden) participar à polícia; **sich zu etw ~** oferecer-se para a/c; **sich zu Wort ~** pedir a palavra
'Meldepflicht $\overline{F}$ participação f obrigatória **Meldeschluss** $\overline{M}$ ‹-es; o. pl› fim m do prazo para a participação **Meldezettel** $\overline{M}$ boletim m de alojamento
'Meldung ['mɛldʊŋ] $\overline{F}$ participação f, informe m, relatório m; (Zeitungsmeldung) informação f; notícia f; amtliche: comunicado m
Me'lisse [me'lɪsə] $\overline{F}$ BOT melissa f, erva-cidreira f
'melken ['mɛlkən] mungir, ordenhar **Melkmaschine** $\overline{F}$ máquina f de ordenhar

Melo'die [melo'di:] $\overline{F}$ melodia f **melodisch** [me'lo:dɪʃ] **melodi'ös** [melodi'ø:s] melodioso
Me'lone [me'lo:nə] $\overline{F}$ melão m; (Honigmelone) meloa f; (Wassermelone) melancia f; umg (Hut) coco m; bras chapéu-coco m
Mem'bran(e) [mɛm'bra:n(ə)] $\overline{F}$ ‹-; -n› membrana f; ELEK diafragma m
'Memme ['mɛmə] $\overline{F}$ umg cobarde m, poltrão m; bras covarde m, medroso m
Memoiren [memo'a:rən] PL memórias fpl
Memo'randum [memo'randʊm] $\overline{N}$ ‹-s; -randen› memorando m
'Menge ['mɛŋə] $\overline{F}$ quantidade f; MATH conjunto m; (Menschenmenge) multidão f; **e-e ~** (+ subst) grande número de, uma data de; **e-e ~ Wasser** uma abada de água; bras água f em quantidade
mengen misturar **Mengenlehre** $\overline{F}$ MATH teoria f dos conjuntos **Mengenrabatt** $\overline{M}$ desconto m por a(d)quisição em grandes quantidades; bras desconto m de atacado
Me'niskus [me'nɪskʊs] $\overline{M}$ ‹-; -ken› ANAT menisco m
'Mennige ['mɛnɪgə] $\overline{F}$ ‹o. pl› CHEM mínio m, vermelhão m
'Mensa ['mɛnza] $\overline{F}$ ‹-; -s, a. Mensen› UNIV cantina f universitária
Mensch [mɛnʃ] $\overline{M}$ ‹-en› homem m; ser m humano; **~en** pl (Leute) a. gente fsg; **kein ~** ninguém; umg **~, ...!** ó pá,...!; bras ... meu irmão!, ... meu chapa!
'Menschenaffe $\overline{M}$ ‹-n› antropóide m **Menschenalter** $\overline{N}$ idade f humana; geração f **Menschenfeind** $\overline{M}$ misantropo m **Menschenfresser** ['mɛnʃənfrɛsɐ] $\overline{M}$ antropófago m; canibal m **Menschenfreund** $\overline{M}$ filantropo m **menschenfreundlich** filantrópico; humano; humanitário **Menschengedenken** **seit ~** desde tempos imemoráveis **Menschengeschlecht** $\overline{N}$ ‹-(e)s; o. pl› género m (bras *ê) humano, geração f humana; humanidade f **Menschenhandel** $\overline{M}$ ‹-s; o. pl› tráfico m de escravos, prostitutas ou outras pessoas **Menschenhass** $\overline{M}$ ‹-es; o. pl› misantropia f **Menschenkenner** $\overline{M}$ conhecedor m dos homens **Men-**

schenkenntnis F ⟨o. pl⟩ conhecimento m da natureza humana; **gute ~ haben** a. ser bom psicólogo **Menschenleben** N vida f humana **Menschenleer** despovoado; (öde) deserto **Menschenliebe** F ⟨o. pl⟩ filantropia f; amor m dos homens; caridade f **Menschenmenge** F multidão f **menschenmöglich** humanamente possível **Menschenrechte** NPL direitos mpl humanos (od do homem) **Menschenschlag** M ⟨-(e)s; o. pl⟩ raça f **Menschenseele** F **keine ~** nem viv'alma f **Menschenskind** umg INT **~!** caramba! **Menschenverstand** M ⟨-(e)s; o. pl⟩ **gesunder ~** senso m comum, bom-senso m; tino m **Menschenwürde** F ⟨o. pl⟩ dignidade f humana **menschenwürdig** digno dum homem; humano, civilizado

'**Menschheit** F ⟨o. pl⟩ humanidade f **menschlich** humano; humanitário **Menschlichkeit** F ⟨o. pl⟩ humanidade f; POL humanitarismo m **Menschwerdung** ['mɛnʃvɛrdʊŋ] F ⟨o. pl⟩ REL encarnação f

Menstruati'on [mɛnstruatsi'oːn] F menstruação f

men'tal [mɛn'taːl] mental **Mentali'tät** [mɛntaliˈtɛːt] F mentalidade f

Me'nü [meˈnyː] N ⟨-s; -s⟩ (Speisenfolge) ementa f; bras cardápio m; IT menu m **Menu'ett** [menuˈɛt] N ⟨-(e)s; -e⟩ minuete m

Me'nüleiste F IT barra f de (od do) menu

'**Mergel** ['mɛrgəl] M GEOL marga f **Meridi'an** [meridiˈaːn] M ⟨-s; -e⟩ GEOG meridiano m

'**merkbar** ['mɛrkbaːr] perceptível; sensível **Merkblatt** N aviso m; (folha f de) instruções fpl **merken** V/T notar; perceber; sentir; **sich** (dat) **etw ~** tomar nota de a/c; ficar sabendo a/c; **~ lassen** dar a perceber; **nichts ~ lassen** dissimular; deixar impenetrável **merklich** perceptível; visível **Merkmal** N ⟨-(e)s; -e⟩ indício m, marca f, sinal m cara(c)terístico; cara(c)terística f

'**merkwürdig** notável, estranho, esquisito **merkwürdiger'weise** ['mɛrkvyrdıgərˈvaɪzə] ADV **~ ...** é estranho que ... (subj) **Merkwürdigkeit** F coisa f notável, curiosidade f

'**Merkzettel** M lembrete m

me'schugge [mɛˈʃʊga] ADJ sl chalado, maluco; bras amalucado

'**Mesner** M → Messner

'**Messband** ['mɛsbant] N fita f métrica **messbar** mensurável **Messbecher** M copo m graduado **Messbereich** M alcance m de medição **Messbuch** N livro m de missa; missal m **Messdaten** PL dados mpl medidos (od de medição) **Messdiener** M acólito m

'**Messe** ['mɛsə] F **1** REL missa f; **die ~ lesen** dizer missa **2** HANDEL feira f (industrial) **3** SCHIFF, MIL messe f, sala f dos oficiais **Messegelände** N recinto m da feira; bras terreno m das feiras industriais **Messehalle** F pavilhão m

'**messen** ['mɛsən] medir; Temperatur tirar; **sich ~ mit** medir as forças com

'**Messer**[1] N faca f; (Klappmesser) navalha f; (Taschenmesser) canivete m; MED escalpelo m; **unters ~ kommen** (operiert werden) ir à faca; bras entrar na faca

'**Messer**[2] ['mɛsər] M **1** Person: medidor m **2** Gerät: medidor m, contador m

'**Messerklinge** F lâmina f da faca **Messerrücken** M costas fpl (bras dorso m) da faca **Messerspitze** F ponta f da faca; **e-e ~ (voll)** (...) uma medida (de ...) **Messersteche'rei** F (briga f de) facadas fpl **Messerstich** M facada f

'**Messgerät** N TECH medidor m, instrumento m de medição

Messgewand N REL casula f

'**Messing** ['mɛsɪŋ] N ⟨-s; o. pl⟩ latão m **Messingblech** N folha f de latão **Messingdraht** M fio m de latão

'**Messinstrument** N instrumento m de medição **Messlatte** F vara f de medição

'**Messner** ['mɛsnər] M REL sacristão m

'**Messplatte** F placa f graduada **Messtisch** M prancheta f '**Messung** ['mɛsʊŋ] F medição f; **e-e ~ vornehmen** medir

Mes'tize [mɛsˈtiːtsə] M ⟨-n⟩ **Mestizin** F mestiço m, -a f

Met [meːt] M ⟨-(e)s; o. pl⟩ hidromel m, água-mel f

Me'tall [meˈtal] N ⟨-s; -e⟩ metal m; **~verarbeitende Industrie** indústria f transformadora de metais **Metallar-**

beiter M̄ operário m metalúrgico **metallen** de metal, metálico **Metallgehalt** M̄ teor m metálico **Metallgeld** N̄ ⟨-(e)s; o. pl⟩ dinheiro m metálico; moedas fpl **metallhaltig** [meˈtalhaltɪç] metalífero **Metallindustrie** F̄ indústria f metalúrgica **metallisch** metálico **Metallsäge** F̄ serrote m (para metal); bras serra f **Metallur'gie** [metalʊrˈgiː] F̄ metalurgia f

Metamor'phose [metamɔrˈfoːzə] F̄ metamorfose f

Me'tapher [meˈtafɐr] F̄ ⟨-; -n⟩ metáfora f **metaphorisch** metafórico

Metaphy'sik [metafyˈzɪːk] F̄ ⟨o. pl⟩ metafísica f **meta'physisch** metafísico

Meta'stase [metaˈstaːzə] F̄ MED metástase f

Mete'or [meteˈoːr] M̄ ⟨-s; -e⟩ meteoro m **Meteor'it** [meteoˈriːt] M̄ ⟨-en⟩ meteorito m **Meteoro'loge** [meteoroˈloːɡə] M̄ ⟨-n⟩, **Meteoro'login** F̄ meteorologista m/f **Meteorolo'gie** [meteoroloˈɡiː] F̄ ⟨o. pl⟩ meteorologia f **Meteorstein** M̄ aerólito m

Meter [ˈmeːtɐr] M̄/N̄ metro m **Metermaß** N̄ Band: fita f métrica; Zollstock: metro m **meterweise** ADV ao metro

Me'thode [meˈtoːdə] F̄ método m **Methodik** F̄ metodologia f **methodisch** metódico

Me'thylalkohol [meˈtyːlʔalkohoːl] M̄ ⟨-s; o. pl⟩ álcool m metílico

'Metrik [ˈmeːtrɪk] F̄ métrica f **metrisch** métrico

'Metro [ˈmeːtro] F̄ ⟨-; -s⟩ metro m; bras metrô m

Metro'nom [metroˈnoːm] N̄ ⟨-s; -e⟩ MUS metrónomo m (bras *ô) **Metro'pole** [metroˈpoːlə] F̄ metrópole f

'Mette [ˈmɛtə] F̄ REL matinas fpl; (Christmette) missa-do-galo f

'Mettwurst [ˈmɛtvʊrst] F̄ salsicha f defumada

'Metzger [ˈmɛtsɡɐr] M̄ carniceiro m; talhante m; bras açougueiro m **Metzger'ei** [mɛtsɡəˈraɪ] F̄ talho m; bras açougue m

'Meute [ˈmɔʏtə] F̄ matilha f **Meute'rei** F̄ motim m; revolta f **Meuterer** M̄ revoltoso m; sublevado m; amotinado m **meutern** ⟨-re⟩ amotinar-se, revoltar-se, sublevar-se

Mexi'kaner(in) [mɛksiˈkaːnər(ɪn)] M̄(F̄) mexicano m, -a f **mexikanisch** mexicano, do México **'Mexiko** [ˈmɛksiko] N̄ GEOG México m

MEZ [ɛmʔeːˈtsɛt] ABK F̄ (**Mitteleuropäische Zeit**) HEC f (Hora da Europa Central)

mi'auen [miˈaʊən] ⟨-⟩ miar

mich [mɪç] PRON ⟨akk v. **ich**⟩ (a) mim; unbetont: me; **ich freue ~** alegro-me

mick(e)rig [ˈmɪkrɪç] umg miserável, mísero; ínfimo

'Mieder [ˈmiːdɐr] N̄ corpete m **Miederwaren** FPL roupa f interior para senhoras

Mief [miːf] M̄ ⟨-(e)s; o. pl⟩ sl cheirete m

'Miene [ˈmiːnə] F̄ cara f; ar m; **e-e ernste ~ aufsetzen** fazer cara séria; **gute ~ zum bösen Spiel machen** fazer das tripas coração; **ohne e-e ~ zu verziehen** sem pestanejar **Mienenspiel** N̄ ⟨-(e)s; o. pl⟩ mímica f; fisionomia f

mies [miːs] ⟨-este⟩ umg mau **'Miesmacher** M̄ desmancha-prazeres m; pessimista m **'Miesmuschel** F̄ ZOOL mexilhão m

'Miete [ˈmiːtə] F̄ (Vermietung) arrendamento m; bras locação f; (Hausmiete) renda f (da casa); (Schiffsmiete) frete m; **zur ~ wohnen** ser alugado (um andar etc) **'mieten** ⟨-e-⟩ alugar, arrendar; Schiff fretar

'Mieter(in) M̄(F̄) inquilino m, -a f; SCHIFF fretador m **Mieterschutz** M̄ ⟨-es; o. pl⟩ prote(c)ção f dos inquilinos **Mietpreis** M̄ aluguer m, aluguel m **Mietshaus** N̄ prédio m de andares (bras apartamentos), casa f arrendada **Mietvertrag** M̄ contrato m de arrendamento; bras contrato m de locação de imóveis **Mietwagen** M̄ carro m de aluguer (bras aluguel) **Mietwohnung** F̄ andar m, apartamento m (de aluguer)

Mi'gräne [miˈɡrɛːnə] F̄ ⟨o. pl⟩ enxaqueca f; hemicrania f; **~ haben** estar com enxaqueca

Mi'grant(in) [miˈɡrant(ɪn)] M̄(F̄) ⟨-en⟩ migrante m/f **Migra'tionshintergrund** M̄ Person **mit ~** com um background de migração

Mi'krobe [miˈkroːbə] F̄ micróbio m **'Mikrochip** [ˈmiːkroʧɪp] M̄ microchip m **Mikrocomputer** M̄ microcomputa-

dor m **'Mikroelektronik** F ⟨o. pl⟩ microele(c)trónica f (bras *ô) **Mikrofaser** F microfibra f **'Mikrofilm** M microfilme m **Mikro'fon** [mikro'fo:n] N ⟨-s; -e⟩ microfone m **'Mikroorganismus** M ⟨-; -men⟩ micro-organismo m **Mikro'phon** N → Mikrofon **'Mikroprozessor** M ⟨-s; -en⟩ microprocessador m **Mikro'skop** [mikro'sko:p] N ⟨-s; -e⟩ microscópio m **mikro'skopisch** microscópico **'Mikrowellenherd** M (forno m de) micro-onda f

'Milbe ['mɪlbə] F ácaro m

Milch [mɪlç] F ⟨o. pl⟩ leite m **'Milchbart** M fig imberbe m **'Milchbrei** M papas fpl; bras mingau m, papinha f **'Milchbrötchen** N pãozinho m de leite **'Milchdrüse** F ANAT glândula f mamária **'Milchflasche** F garrafa f de leite; Säugling: biberão m; bras mamadeira f **'Milchglas** N copo m de leite; Glasart: vidro m fosco **'milchig** lá(c)teo, leitoso **'Milchkaffee** M café m com leite **'Milchkanne** F leiteira f **'Milchkuh** F vaca f leiteira **'Milchmixgetränk** N batido m de leite **'Milchprodukt** N la(c)ticínio m **'Milchpulver** N leite m em pó **'Milchreis** M ⟨-es; o. pl⟩ arroz m doce **'Milchsäure** F ⟨o. pl⟩ ácido m lá(c)tico **'Milchshake** ['mɪlçʃeːk] M ⟨-s; -s⟩ batido m de leite; bras milkshake m, vitamina f **'Milchstraße** F ⟨o. pl⟩ ASTRON via f lá(c)tea **'Milchwirtschaft** F ⟨o. pl⟩ indústria f leiteira **'Milchzahn** M dente m de leite **'Milchzucker** M la(c)tose f

'mild(e) [mɪlt, 'mɪldə] ⟨-este⟩ suave, doce; Klima etc moderado; ameno; Person indulgente, clemente; meigo; Strafe ligeiro; **milde Gabe** f esmola f **'Milde** F ⟨o. pl⟩ suavidade f, amenidade f; e-s Richters, Urteils: indulgência f, clemência f **'mildern** ⟨-re⟩ suavizar; amenizar; (abschwächen) atenuar; Schmerz mitigar, aliviar; JUR comutar; **~de Umstände** mpl circunstâncias fpl atenuantes **'Milderung** ['mɪldəruŋ] F suavização f; amenização f; atenuação f; JUR comutaçãǒ f **'mildtätig** caritativo, caridoso **'Mildtätigkeit** F ⟨o. pl⟩ caridade f

Mili'eu [mi'ljøː] N ⟨-s; -s⟩ meio m, ambiente m

Mili'tär¹ N ⟨-s; o. pl⟩ tropa f; exército m

Mili'tär² [mili'tɛːr] M ⟨-s; -s⟩ militar m **Militär...** IN ZSSGN militar **Militärattaché** [mili'tɛːr:ʔataʃeː] M adido m militar **Militärdienst** M ⟨-es; o. pl⟩ serviço m militar (obrigatório) **Militärdiktatur** F ditadura f militar **Militärgeistliche(r)** M capelão m **Militärgericht** N tribunal m militar **Militärgerichtsbarkeit** F ⟨o. pl⟩ jurisdição f militar **militärisch** militar

Milita'rismus [milita'rɪsmus] M ⟨-; o. pl⟩ militarismo m **militaristisch** militarista

Mili'tärputsch M golpe m militar **Militärregierung** F governo m militar **Mi'liz** [mi'liːts] F milícia f **Milizsoldat** M miliciano m

Mil'lennium N ⟨-s; -ien⟩ milénio (bras *ê) **Millenniumsziele** NPL der UNO: objetivos mpl (od metas fpl) do milénio (bras *ê)

Milliar'där(in) [miliar'dɛːr(ɪn)] M(F) ⟨-s; -e⟩ multimilionário m, -a f **Milli'arde** [mɪli'ardə] F mil milhões mpl; bras bilião m

'Milligramm ['mɪligram] N ⟨-s; -e, aber 3 -⟩ miligrama m **'Millimeter** M milímetro m

Milli'on [mɪli'oːn] F milhão m **Millio'när(in)** [mɪljo'nɛːr(ɪn)] M(F) ⟨-s; -e⟩ milionário m, -a f

Milz [mɪlts] F baço m **'Milzbrand** M ⟨-(e)s; o. pl⟩ Tier: baceira f; MED esplenite f

'Mime ['miːmə] M ⟨-n⟩ mimo m **Mimik** F ⟨o. pl⟩ mímica f **Mimikry** ['mɪmɪkri:] F ⟨o. pl⟩ mimetismo m **mimisch** mímico **Mim'ose** [mi'moːzə] F BOT mimosa f (a. fig)

'minder ['mɪndər] ADV menos **minderbemittelt** modesto; menos abastado; geistig: estúpido **'mindere** ADJ (geringer, weniger) menor, inferior **Minderheit** F minoria f **Minderheitsregierung** F governo m minoritário **minderjährig** menor **Minderjährigkeit** F ⟨o. pl⟩ menoridade f **mindern** ⟨-re⟩ diminuir; reduzir **minderwertig** ['mɪndərveːrtɪç] inferior **Minderwertigkeit** F inferioridade f **Minderzahl** F ⟨o. pl⟩ minoria f; **in der ~ sein** ser a minoria

'Mindestabstand M distância f mínima 'mindeste [ˈmɪndəstə] ⟨sup v. mindere⟩ der/die/das Mindeste a. o/a menos; nicht das Mindeste nem a mínima parte; nada; nicht im Mindesten de modo nenhum mindestens ADV pelo menos, ao menos; no mínimo Mindestgebot N oferta f mínima Mindesthaltbarkeitsdatum N prazo m de validade, data f de durabilidade mínima Mindestlohn M ordenado m (od salário m) mínimo Mindestmaß N mínimo m (an dat em) Mindestpreis M preço m mínimo

'Mine [ˈmiːnə] F 1 MIL, BERGB mina f; ~n legen colocar minas; auf e-e ~ treten chocar com uma mina 2 Kugelschreiber: carga f

'Minenfeld N campo m minado (od de minas) Minensuchboot [ˈmiːnənzuːxboːt] N SCHIFF draga-minas m

Mine'ral [minəˈraːl] N ⟨-s; -e od -ien⟩ mineral m mine'ralisch mineral Mine'ra'loge [minəraˈloːɡə] M ⟨-n⟩ mineralogista m Mineralo'gie [minəraloˈɡiː] F ⟨o. pl⟩ mineralogia f

Mine'ralöl N ⟨-e; o. pl⟩ óleo m mineral Mineralölsteuer F imposto m sobre o óleo mineral Mineralquelle F fonte f de águas minerais Mineralwasser N ⟨-s; -⟩ água f mineral

Minia'tur [miniaˈtuːɐ] F miniatura f; ~... in Zssgn em miniatura Miniaturmaler M miniaturista m

'Minibar [ˈminibaːɐ] F minibar m Minibus M minibus m Minigolf [ˈminiɡɔlf] N mini-golfe m Minijob [ˈminidʒɔp] M ⟨-s; -s⟩ mini emprego m

mini'mal [miniˈmaːl] mínimo Minimum [ˈmiːnimʊm] N ⟨-s; Minima⟩ mínimo m

Mi'nister(in) [miˈnɪstɐ(ɪn)] M(F) ministro m, -a f (für m od de + art)

Ministeri'aldirektor [ministeriˈaːldirɛktɔɐ̯] M dire(c)tor-geral m Ministerialerlass M despacho m ministerial ministeri'ell [ministeriˈɛl] ministerial Minis'terium [minɪsˈteːriʊm] N ⟨-s; -ien⟩ ministério m (für m od de + art) Mi'nisterpräsident(in) M(F) Presidente m/f do Conselho (de Ministros); Primeiro Ministro m, Primeira Ministra f Mi'nisterrat M Conselho m de Ministros;

der ~ trat zusammen os ministros reuniram-se em conselho

Minis'trant(in) [minɪsˈtrant(ɪn)] M(F) ⟨-en⟩ REL acólito m, -a f ministrieren ⟨-⟩ acolitar

'minus [ˈmiːnʊs] ADV menos 'Minus N ⟨-; -⟩ HANDEL défice m; MATH menos m Minuspol M ELEK pólo m negativo Minuspunkt M ponto m negativo Minuszeichen N sinal m de menos

Mi'nute [miˈnuːtə] F minuto m; auf die ~ em ponto minutenlang A ADV durante minutos B ADJ de minutos Minutenzeiger M ponteiro m de minutos minuzi'ös [minutsiˈøːs] minucioso

'Minze [ˈmɪntsə] F BOT hortelã f

mir [miːɐ̯] PRON ⟨dat v. ich⟩ a mim; unbetont: me; mit ~ comigo; ein Freund von ~ ... meu; es gehört ~ é meu

Mira'belle [miraˈbɛlə] F abrunho m amarelo, ameixa f amarela 'mischbar misturável; PHYS miscível 'Mischbatterie F torneira f de mistura 'Mischbrot N pão m misto de trigo e centeio Mischehe F casamento m misto

'mischen misturar; Karten baralhar; bras embaralhar; (sich animieren) sich ~ in (akk) intrometer-se em, imiscuir-se em; gemischt misto; variado

'Mischling M ⟨-s; -e⟩ mestiço m Mischmasch [ˈmɪʃmaʃ] M ⟨-(e)s; -e⟩ pej misturada f, mixórdia f Mischmaschine F misturador m; (Betonmischer) betoneira f Mischpult N ⟨-(e)s; -e⟩ consola f de mistura Mischung F mistura f; misto m; bras a. mescla f; (Metallmischung) liga f; bras a. amálgama f Mischungsverhältnis N dosagem f Mischwald M bosque m misto, floresta f mista

'Mispel [ˈmɪspəl] F ⟨-; -n⟩ BOT nêspera f miss'achten ⟨-e-; -⟩ desprezar, menosprezar Miss'achtung F ⟨o. pl⟩ desprezo m, desdém m 'Missbehagen N desgosto m, desagrado m; körperlich: mal-estar m 'Missbildung F deformação f; deformidade f 'missbilligen ⟨-⟩ desaprovar 'Missbilligung F desaprovação f; reprovação f 'Missbrauch M abuso m miss'brauchen ⟨-⟩ abusar de 'missbräuchlich [ˈmɪsbrɔyçlɪç]

abusivo **miss'deuten** ⟨-e-; -⟩ interpretar mal **'Missdeutung** F̲ interpretação f falsa (od errada)
'missen ['mɪsən] V̲/T̲ ⟨-t-⟩ geh (vermissen) sentir a falta de; *etwas/j-n nicht ~ können* od *wollen* não prescindir de a/c/alg, não passar sem a/c/alg
'Misserfolg M̲ fracasso m, insucesso m; *e-n ~ haben* falhar **Missernte** F̲ má colheita f
miss'fallen ⟨-⟩ desagradar, não gostar **'Missfallen** N̲ ⟨-s; o. pl⟩ desagrado m, desgosto m
'Missgeburt F̲ criatura f deforme (bras disforme); monstro m (a. fig) **'Missgeschick** N̲ má sorte f; infortúnio m; contratempo m; *dauerndes a.:* adversidade f
'missgestaltet disforme, deformado
'missgestimmt de mau humor
miss'glücken ⟨-; s.⟩ falhar, fracassar, malograr-se, frustrar-se **miss'gönnen** ⟨-⟩ invejar
'Missgriff M̲ erro m **'Missgunst** F̲ ⟨o. pl⟩ inveja f **'missgünstig** invejoso
miss'handeln ⟨-le; -⟩ maltratar **Miss'handlung** F̲ maltrato m; sevícia f
Missi'on [mɪsi'oːn] F̲ missão f **Missio'nar** [mɪsio'naːr] M̲ ⟨-s; -e⟩ **Missio'narin** F̲ REL missionário m, -a f
'Missklang M̲ MUS dissonância f (a. fig); cacofonia f **'Misskredit** M̲ ⟨-(e)s; o. pl⟩ descrédito m; *in ~ geraten* cair em descrédito; *in ~ bringen* desacreditar
'misslich precário; (*heikel*) melindroso; (*unangenehm*) desagradável
miss'lingen [mɪs'lɪŋən] ⟨-; s.⟩ falhar **Miss'lingen** N̲ ⟨-s; -o. pl⟩ fracasso m
'Missmut M̲ mau humor m **missmutig** de mau humor, mal-humorado
miss'raten A̲ V̲/I̲ ⟨-; s.⟩ sair mal, falhar B̲ A̲D̲J̲ *Kind* mal-educado, ruim **Missstand** M̲ mal m, inconveniente m
'Missstimmung F̲ mau humor m; (*Verstimmung*) desavença f **Misston** M̲ nota f falsa, fig dissonância f (a. fig)
miss'trauen ⟨-⟩ (*dat*) desconfiar de, suspeitar de **'Misstrauen** N̲ ⟨-s; o. pl⟩ desconfiança f; suspeita f **Misstrauensantrag** M̲ moção f de desconfiança **Misstrauensvotum** N̲ ⟨-s; -voten⟩ voto m de desconfiança
'misstrauisch ['mɪstrauɪʃ] desconfiado (*gegen* de); *~ sein* estar de pé atrás

'Missverhältnis N̲ desproporção f **missverständlich** equívoco **Missverständnis** N̲ mal-entendido m, equívoco m **missverstehen** ⟨-⟩ entender mal **Misswirtschaft** F̲ ⟨o. pl⟩ desgoverno m; má administração f
Mist [mɪst] M̲ ⟨-es; -e⟩ esterco m; lixo m; (*Dünger*) estrume m; SCHIFF nevoeiro m; *fig* disparate m; *umg* (*so ein*) *~!* (*Unsinn*) que disparate!; (*Ärger*) que chatice!
'Mistel F̲ ⟨-; -n⟩ visco m **'misten** ⟨-e-⟩ estercar, estrumar; (*säubern*) limpar
'Mistfink M̲ ⟨-en⟩ *umg* porcalhão m
'Mistgabel F̲ forcado m **'Mistgrube** F̲, **'Misthaufen** M̲ esterqueira f, estrumeira f **'Mistkäfer** M̲ estercoreiro m; escaravelho m
mit [mɪt] A̲ PRÄP ⟨*dat*⟩ 1 *Begleitung:* com; *~ mir/dir/sich* comigo/contigo/consigo; *ihm/ihr/ihnen* etc com ele/ela/eles etc; *mit uns/euch* con(n)osco/convosco 2 *Mittel:* com, a, por; *Ergänzung* oft: de; em; *~ blauen Augen* de olhos azuis; *~ der Post®* pelo correio; *~ dem Zug* de comboio; *bras* de trem; *~ 20 Jahren* com (ao aos) 20 anos; *~ e-m Wort* numa palavra, em resumo 3 *Art u. Weise* oft: a; *~ Gewalt* à força B̲ A̲D̲V̲ *~ (dabei)* também
'Mitangeklagte(r) M̲/F̲(M̲) co-acusado m, -a f; co-réu m, co-ré f **Mitarbeit** F̲ colaboração f, cooperação f **Mitarbeiter(in)** M̲/F̲ colaborador(a) m(f); colega m/f **mitbekommen** ⟨-⟩ receber; (*verstehen*) compreender **Mitbenutzung** F̲ uso m comum; JUR participação f no usufruto; *unter ~ von* servindo-se também de **Mitbesitzer(in)** M̲/F̲ co-proprietário m, -a f **Mitbestimmung** F̲ ⟨o. pl⟩ co-gestão f; co-determinação f **Mitbewerber(in)** M̲/F̲ concorrente m/f, competidor(a) m(f) **Mitbewohner(in)** M̲/F̲ companheiro m, -a f de casa; P̲L̲ *die ~ a.* os outros inquilinos
'mitbringen trazer (consigo); (*beisteuern*) contribuir com **Mitbringsel** ['mɪtbrɪŋzəl] N̲ *umg* lembrança f
'Mitbürger(in) M̲/F̲ concidadão m, -ã f, compatriota m/f **Miteigentümer(in)** M̲/F̲ → Mitbesitzer(in) **miteinander** A̲D̲V̲ *adv.* um com o outro **mitempfinden** ⟨-⟩ simpatizar (*mit* com) **Mitempfinden** N̲ ⟨-s; o. pl⟩ simpatia f

Miterbe M, **Miterbin** F co-herdeiro m, -a f **miterleben** VT ⟨·⟩ assistir a **Mitesser** M MED espinha f; cravo m
'**mitfahren** ⟨s.⟩ acompanhar; (v)ir também **Mitfahrer(in)** M(F) companheiro m, -a f (de viagem); **die ~** pl os outros passageiros **Mitfahrgelegenheit** F boleia (bras *é); bras carona f; **j-m e-e ~ bieten** dar boleia (bras carona) a alg
'**mitfühlen** simpatizar **mitführen** levar (consigo) **mitgeben** entregar (para levar) **Mitgefühl** N simpatia f; → Mitleid **mitgehen** ⟨s.⟩ ir também; acompanhar; **~ mit** a. ir com **Mitgift** F hist dote m
'**Mitglied** N ⟨-(e)s; -er⟩ membro m; im Verein etc: sócio m **Mitgliedsbeitrag** M quota f, cota f; bras a. taxa f **Mitgliedschaft** F ⟨o. pl⟩ qualidade f de sócio (od de membro) **Mitgliedskarte** F cartão m de sócio **Mitgliedsstaat** M Estado-membro m
'**mithalten** VI ⟨·⟩ **können** poder seguir (od concorrer) **mithelfen** coadjuvar; colaborar; ajudar **Mitherausgeber(in)** M(F) co-editor(a) m(f) **Mithilfe** F colaboração f, cooperação f; concurso m; **unter ~ von** com a colaboração de
mit'hin KONJ pois, portanto **mithören** TEL escutar **Mitinhaber** M (con)sócio m; co-proprietário m **mitkommen** ⟨s.⟩ **~ mit** (v)ir com; acompanhar; fig → mithalten **mitkönnen** poder (v)ir também **mitkriegen** umg → mitbekommen
'**Mitläufer** M fig sequaz m; partidário m irrefle(c)tido; POL oportunista m **Mitlaut** M GRAM consoante f
'**Mitleid** N ⟨-(e)s; o. pl⟩ compaixão f; comiseração f; pena f; **~ wecken** fazer pena **Mitleidenschaft** F ⟨o. pl⟩ **in ~ ziehen** afe(c)tar **mitleidig** compassivo, piedoso **mitleid(s)los** despiedoso, impassível
'**mitmachen** acompanhar; tomar parte (**bei** em), assistir (**bei** a)
'**Mitmensch** M ⟨-en⟩ próximo m
'**mitnehmen** levar (consigo); Gelegenheit aproveitar; (**sehr**) **~ fig** tratar mal; Gebiet a. devastar; gefühlsmäßig: afe(c)tar muito; seelisch: abalar, deprimir
mit'nichten [mɪtˈnɪçtən] ADV de modo nenhum; **~!** nada!

'**mitrechnen** ⟨-e-⟩ A VT acompanhar a contar; bras contar junto; incluir (no cálculo etc) B VI etw contar **mitreden** ⟨-e-⟩ tomar parte na discussão; (**ein Wort** od **Wörtchen**) **mitzureden haben bei** ter voz em **Mitreisende(r)** M(F/M) → Mitfahrer(in) **mitreißen** arrastar (consigo); arrebatar; fig a. entusiasmar
mit'samt PRÄP ⟨dat⟩ (junto) com
'**mitschicken** juntar, incluir; mandar também, mandar acompanhado por **mitschleppen** arrastar consigo, arrastar atrás de si **mitschneiden** Film, Ton: gravar dire(c)tamente **mitschreiben** tomar apontamentos de **Mitschuld** F ⟨o. pl⟩ cumplicidade f **mitschuldig** cúmplice (**an** dat de), conivente
'**Mitschüler(in)** M(F) condiscípulo m, -a f, companheiro m, -a f, colega m/f
'**mitsingen** cantar também (od junto), acompanhar (a cantar) **mitspielen** tomar parte no jogo; SPORT, THEAT entrar (também); **j-m übel ~** fazer uma partida a alg **Mitspieler(in)** M(F) companheiro m, -a f; par m/f, parceiro m, -a f
'**Mitspracherecht** N ⟨-(e)s; o. pl⟩ allg direito m a opinião; JUR direito m a intervenção oral; **kein ~ haben** não ter direito a opinião **mitsprechen** → mitreden; Gründe entrar em conta; acrescer
'**Mittag** ['mɪtaːk] M ⟨-(e)s; -e⟩ meio-dia m; **am ~**, geh **des ~s** ao meio-dia; **zu ~ essen** almoçar **Mittagessen** N almoço m **mittags** ADV ao meio-dia **Mittagshitze** F calor m do meio-dia **Mittagspause** F hora f do almoço; **~ machen** fazer a pausa para o almoço **Mittagsruhe** F ⟨o. pl⟩, **Mittagsschlaf** M ⟨-(e)s; o. pl⟩ sesta f; **~ halten** dormir (od fazer) a sesta **Mittagstisch** M almoço m **Mittagszeit** F ⟨o. pl⟩ meio-dia m; hora f do almoço; **um die ~** por volta do meio-dia
'**Mittäter(in)** ['mɪtɛːtɐ(ɪn)] M(F) JUR cúmplice m/f; conivente m/f, coautor(a) m(f) **Mittäterschaft** F ⟨o. pl⟩ cumplicidade f, coivência f
'**Mitte** ['mɪtə] F meio m; (Mittelpunkt) centro m; **in der ~ (von)** no od ao centro (de); **~ Mai** etc em meados mpl de Maio etc; **in unsre(r) ~** entre nós, **aus unsrer ~** de (entre) nós

MÖBE

'mitteilen comunicar, participar; *amtlich a.*: oficiar **mitteilsam** expansivo **Mitteilung** F comunicação f, participação f; informação f; *amtliche a.*: ofício m

'Mittel ['mɪtəl] N meio m; (*Ausweg*) u. MED remédio m; MATH (*Durchschnitt*) média f; **~ pl** (*Gelder*) recursos mpl; **mit allen ~n** por todos os meios **Mittelalter** N idade f média **mittelalterlich** medieval **Mittelamerika** N América f Central **mittelamerikanisch** da América f Central **mittelbar** indire(c)to **Mittelding** N meio termo m; coisa f intermédia (*od* intermediária) **Mitteleuropa** N Europa f Central **mitteleuropäisch** da Europa f Central; **~e Zeit** f horário m da Europa Central **Mittelfeld** N: meio-campo m **Mittelfeldspieler** M médio(-centro) m **Mittelfinger** M dedo m médio **mittelfristig** a médio prazo **Mittelgebirge** N montanha f média; montanha f central **Mittelgewicht** N ⟨-(e)s; *o. pl*⟩ SPORT peso m médio **mittelgroß** ⟨*o. pl*⟩ mediano; meão; de tamanho médio; *Person* de estatura média **mittelhochdeutsch** médio alto alemão **Mittelklasse** F classe f média **Mittellinie** F MATH mediana f; SPORT linha f do meio **mittellos** sem meios, sem recursos **mittelmäßig** mediocre; regular **Mittelmäßigkeit** F ⟨*o. pl*⟩ mediocridade f **Mittelmeer** N ⟨-(e)s; *o. pl*⟩ **das ~** o (mar) Mediterrâneo **Mittelohr** N ⟨-(e)s; *o. pl*⟩ ouvido m médio **Mittelohrentzündung** F MED otite f média **Mittelpunkt** M centro m

mittels PRÄP⟨*gen*⟩ por meio de, mediante

'Mittelschule F escola f secundária de ensino médio **Mittelsmann** M ⟨-(e)s; ⁓er *od* -leute⟩ medianeiro m; intermediário m; *bras a.* mediador m **Mittelstand** M ⟨-(e)s; *o. pl*⟩ classe f média **mittelständisch** *Unternehmen* média **Mittelstreckenläufer** M SPORT corredor m de distâncias médias **Mittelstreckenrakete** F MIL foguetão m (*bras* foguete m) de médio alcance **Mittelstreifen** M faixa f central **Mittelstufe** F *Schule*: grau m médio dos liceus; *bras* curso m médio **Mittelstürmer** M SPORT avançado-centro m; *bras* centroavante m **Mittelweg** M **der goldene ~** meio-termo m **Mittelwelle** F RADIO onda f média

'mitten ['mɪtən] ADV **in, ~ auf, ~ unter** (*alle akk od dat*) no meio de; **~ durch** através de; **~ hinein** no meio, em pleno **mitten'drin** ADV mesmo no meio **mitten'durch** ADV de permeio, pelo meio, de meio a meio

'Mitternacht ['mɪtɐnaxt] F ⟨-; *o. pl*⟩ meia-noite f; **um ~** à meia-noite **mitternächtlich** de meia-noite

'Mittler(in) ['mɪtlɐ(ɪn)] M(F) medianeiro m, -a f, intermediário m, -a f **mittlere(r)** ADJ meio; *Größe*: meão; (*durchschnittlich*) mediano; *Lage* central, do meio, médio **mittler'weile** ADV (no) entretanto

'Mittwoch ['mɪtvɔx] M ⟨-(e)s; -e⟩ quarta-feira f; **am ~** na quarta-feira; → **Montag mittwochs** ADV às quartas-feiras

mit'unter ADV às vezes, por vezes, de vez em quando

'mitunterzeichnen ⟨-e-; -⟩ assinar também **'mitverantwortlich** co-responsável **'Mitwelt** F ⟨*o. pl*⟩ contemporâneos mpl **'mitwirken** cooperar, colaborar, concorrer (**bei** em); **bei etw mitgewirkt haben** *a.* não ser estranho a a/c **'Mitwirkung** F ⟨*o. pl*⟩ participação f; colaboração f; **unter ~ von** com a colaboração (*od* participação) de **'Mitwissen** N conhecimento m; **ohne mein ~** sem eu saber **'Mitwisser(in)** ['mɪtvɪsɐ(ɪn)] M(F) consabedor(a) m/f; confidente m/f; *bras* conivente m/f

Mix [mɪks] M ⟨-; *o. pl*⟩ misturada f **'mixen** ⟨-t⟩ misturar; *bras* mesclar **'Mixer** M barman m; (*Gerät*) batedeira f **'Mixgetränk** N batido m, coquetel m **'Mixtur** [mɪks'tuːr] F mistura f; (*Trank*) poção f

MMS [ɛm?ɛm?'ɛs] N ABK ⟨-⟩ (**Multimedia Messaging Service**) MMS m serviço de mensagens multimédia (*bras* multimídia)

Mob [mɔp] M ⟨-s; *o. pl*⟩ *pej* populaça f, plebe f **'mobben** ['mɔbən] assediar moralmente **Mobbing** ['mɔbɪŋ] N ⟨-s; -s⟩ assédio m moral

'Möbel ['møːbəl] N móvel m; **~ pl** *a.* mobiliário *msg* **Möbelfabrik** F fábrica f de móveis **Möbelgeschäft** N̄ armazém m (od loja f) de móveis **Möbeltischler** M̄ marceneiro m **Möbeltransport** M̄ mudança f; transporte m (de mobília) **Möbelwagen** M̄ carro m (port camioneta f) de mudanças, carro m de transporte

mo'bil [moˈbiːl] móvel; umg (rüstig) bem disposto; **~ machen** MIL mobilizar **Mobilfunk** M̄ rede f móvel **Mobilfunknetz** N̄ rede f móvel **Mobili'ar** [mobiliˈaːr] N̄ ⟨-s; -e⟩ mobília f; recheio m de casa **mobili'sieren** [mobiliˈziːrən] ⟨-⟩ mobilizar **Mobilmachung** [moˈbiːlmaxʊŋ] F̄ MIL mobilização f **Mobiltelefon** N̄ telemóvel m; bras telefone m celular

mö'blieren [møˈbliːrən] ⟨-⟩ mobilar; **möbliertes Zimmer** n quarto m mobil(i)ado

'**Mode** [ˈmoːdə] F̄ moda f; **die neueste ~** a última moda; **~ sein** a. estar na moda; **aus der ~ kommen** passar (od sair) da moda; **in ~** em voga, na moda **Modeartikel** M̄ artigo m de moda; novidade f **Modefarbe** F̄ cor f da moda **Modegeschäft** N̄ boutique f

'**Model** [ˈmɔdəl] N̄ ⟨-s; -s⟩ modelo m/f **Mo'dell** [moˈdɛl] N̄ ⟨-s; -e⟩ modelo m; ARCH maqueta f; (Gussmodell) molde m; (Muster) padrão m; **~ stehen** servir de modelo; KUNST posar **Mo'dellflugzeug** N̄ avião-modelo m **model'lieren** ⟨-⟩ modelar; TECH moldar **Mo'dellkleid** N̄ modelo m

'**Modem** [ˈmoːdɛm] N̄ ⟨-s; -s⟩ modem m '**Modenschau** F̄ exposição f de modas; passagem f (bras desfile m) de modelos '**Moder** [ˈmoːdər] M̄ ⟨-s; o. pl⟩ mofo m **Mode'rator** [modeˈraːtɔr] M̄, **Modera'torin** F̄ moderador(a) m(f); apresentador(a) m(f) **moderieren** ⟨-⟩ moderar; apresentar

'**mod(e)rig** [ˈmoːd(ə)rɪç] podre, mofento **mo'dern¹** [moˈdɛrn] moderno

mo'dern² [ˈmoːdərn] V/i ⟨-re⟩ apodrecer, criar mofo

moderni'sieren [mɔdɛrniˈziːrən] ⟨-⟩ modernizar **Moderni'sierung** F̄ modernização f

'**Modeschmuck** M̄ ⟨-(e)s; o. pl⟩ bijutaria f **Modeschöpfer** M̄ figurinista m; costureiro m **Modezeitschrift** F̄ revista f de moda; figurino m '**modisch** [ˈmoːdɪʃ] de moda; ADV à moda

Mo'dul [moˈduːl] N̄ ⟨-s; -s⟩ módulo m (a. UNIV) **Modulari'sierung** F̄ UNIV modulação f **modu'lieren** [moduˈliːrən] ⟨-⟩ modular

'**Modus** [ˈmoːdʊs] M̄ ⟨-; Modi⟩ modo m '**Mofa** [ˈmoːfa] N̄ ⟨-s; -s⟩ ciclomotor m **Moge'lei** [moːgəˈlaɪ] F̄ batota f '**mogeln** [ˈmoːgəln] ⟨-le⟩ fazer batota

'**mögen** [ˈmøːgən] **1** (wollen) gostar de; **lieber ~** gostar mais de, preferir; **j-n gern ~ (od leiden) ~ a.** achar alg simpático **2** (wahrscheinlich sein, können, dürfen) poder; **man möchte meinen** dir-se-ia; **was er/sie auch sagen mag** diga o que disser; **mag er/sie auch noch so reich sein** por mais rico/rica que seja

'**möglich** [ˈmøːklɪç] ADJ possível; **nicht für ~ halten** custar (a alg) acreditar; **alle ~en ...** todos (todas as) ... imagináveis; **das ist gut (od leicht) ~** é bem possível; **etw ~ machen** tornar possível a/c **möglicher'weise** ADV possivelmente, talvez

'**Möglichkeit** F̄ possibilidade f; eventualidade f; contingência f; **nach ~** na medida do possível **Möglichkeitsform** F̄ GRAM subjuntivo m; modo m conjuntivo

'**möglichst** ADV **~ groß/schnell** etc o maior/o mais rápido etc possível; **~ bald, ~ früh** a. quanto antes **möglichste** ADJ **sein Möglichstes tun** fazer todos os possíveis

Mo'hair, Mo'här [moˈhɛːr] M̄ ⟨-s; -e⟩ mohair m

Mohn [moːn] M̄ ⟨-(e)s; -e⟩ BOT papoila f, papoula f; GASTR semente f da papoula

'**Möhre** [ˈmøːrə] F̄, '**Mohrrübe** [ˈmoːrryːbə] F̄ cenoura f

mo'kant [moˈkant] malicioso **mokieren** ⟨-⟩ V/R **sich ~ über** (akk) fazer troça de

'**Mokka** [ˈmɔka] M̄ ⟨-s; -s⟩ café m de Moca, moca m

Molch [mɔlç] M̄ ⟨-(e)s; -e⟩ salamandra f **Mole** [ˈmoːlə] F̄ molhe m

Mole'kül [moleˈkyːl] N̄ ⟨-s; -e⟩ molécula f **moleku'lar** [molekuˈlaːr] ADJ molecular **Moleku'lar...** IN ZSSGN molecular

'**Molke** [ˈmɔlkə] F̄ soro m de leite **Molke'rei** [mɔlkəˈraɪ] F̄ leitaria f; vacaria f

Moll [mɔl] N ⟨-; o. pl⟩ MUS bemol m
'mollig ['mɔlıç] (weich) mole; Wärme agradável; (rundlich) roliço; umg ~ (**warm**) bem quentinho
'Mollton M ⟨-(e)s; -töne⟩, **Molltonart** F tom m menor
Mol'luske [mɔ'luska] F molusco m
Mo'ment[1] [mo'mεnt] M ⟨-(e)s; -e⟩ momento m, instante m
Mo'ment[2] N ⟨-(e)s; -e⟩ fa(c)tor m, elemento m; PHYS momento m
momentan [momεn'ta:n] ADJ momentâneo; ADV pelo momento, por agora **Momentaufnahme** [mo'mεnt?aufna:mǝ] F instantâneo m
Mo'narch [mo'narç] M ⟨-en⟩, **Mo'narchin** F monarca m/f **Monar'chie** [monar'çi:] F monarquia f **mo'narchisch** monárquico **Monar'chist(in)** M(F) ⟨-en⟩ monarquista m/f
'Monat ['mo:nat] M ⟨-(e)s; -e⟩ mês m; am 5. **dieses ~s** HANDEL corrente; **des vorigen ~s** HANDEL próximo passado **monatelang** A ADJ de alguns meses B ADV durante (od por) meses inteiros **monatlich** ADJ mensal; ADV a. por mês; todos os meses
'Monatsbeitrag M mensalidade f **Monatsgehalt** N ordenado m mensal; mesada f **Monatskarte** F bilhete m (bras a. carteira f) mensal, passe m mensal **Monatsrate** F mensalidade f; mesada f **Monatsschrift** F revista f mensal
Mönch [mœnç] M ⟨-(e)s; -e⟩ monge m, frade m; religioso m **'mönchisch** monástico, monacal; de frade
'Mönchskloster N mosteiro m **Mönchskutte** F hábito m, capelo m **Mönchsorden** M ordem f religiosa **Mönchstum** ['mœnçstu:m] N ⟨-s; o. pl⟩ monacato m, monaquismo m
Mond [mo:nt] M ⟨-(e)s; -e⟩ lua f; poet (Monat) mês m **'Mondfinsternis** F eclipse m da lua **'mondhell** lua clara; iluminado pela lua; **~e Nacht** f noite f de luar **'Mondlandung** F alunagem f **'Mondlicht** N, **'Mondschein** M ⟨-(e)s; o. pl⟩ luar m **'Mondsichel** F quarto m (da lua) crescente (od minguante) **'Mondstein** M pedra-lunar f, adulária f **'mondsüchtig** lunático; sonâmbulo **'Mondwechsel** M lunação

Mo'neten [mo'ne:tǝn] PL sl massa fsg
Mon'gole [mɔŋ'go:lǝ] M ⟨-n⟩, **Mongolin** F mongol m/f **Mongol'ei** [mɔŋgo'laı] F Mongólia f **mongolisch** mongol, da Mongólia; bes Sprache mongólico **Mongo'lismus** [mɔŋgo'lısmʊs] M ⟨-; o. pl⟩ MED neg! mongolismo m
mo'nieren [mo'ni:rǝn] ⟨-⟩ criticar, censurar
'Monitor ['mo:nitɔr] M ⟨-s; -e, -en⟩ monitor m, ecrã m
Monoga'mie [monoga'mi:] F ⟨o. pl⟩ monogamia f **Mono'gramm** [mono'gram] N monograma m **Monokel** [mo'nɔkǝl] N monóculo m **'Monokultur** F monocultura f **Mono'log** [mono'lo:k] M ⟨-s; -e⟩ monólogo m; solilóquio m **Mono'pol** [mono'po:l] N ⟨-s; -e⟩ monopólio m **monopoli'sieren** [monopoli'zi:rǝn] ⟨-⟩ monopolizar **mono'ton** [mono'to:n] monótono **Monoto'nie** [monoto'ni:] F monotonia f
'Monster ['mɔnstǝr] N ⟨-s; -⟩ monstro m
'Monstranz [mɔn'strants] F REL custódia f
mon'strös [mɔn'strø:s] monstruoso
'Monstrum ['mɔnstrʊm] N ⟨-s; Monstren⟩ monstro m
Mon'sun [mɔn'zu:n] M ⟨-s; -e⟩, **Monsunregen** M monção f
'Montag ['mo:nta:k] M ⟨-(e)s; -e⟩ segunda-feira f; **am** ~ na segunda-feira; **jeden** ~ todas as segundas-feiras; **nächsten/letzten** ~ na próxima/na última segunda-feira **Montagabend** M segunda-feira f ao final da tarde (od de noite); **am** ~ na segunda-feira ao final da tarde (od de noite)
Mon'tage [mɔn'ta:ʒǝ] F montagem f **Montageband** N linha f de montagem **Montagehalle** F oficina f de montagem
'Montagmorgen M segunda-feira f de manhã; **am** ~ na segunda-feira de manhã **montags** ADV às segundas-feiras
Mon'tanindustrie [mɔn'ta:n?ındʊstri:] indústria f mineira e metalúrgica
Mon'teur [mɔn'tø:r] M ⟨-s; -e⟩ AUTO, FLUG mecânico m; ELEK ele(c)tricista m; TECH montador m **Monteuranzug** M (fato m) macaco m **montieren** ⟨-⟩ montar

Mon'tur [mɔn'tuːr] F̲ farda f
Monu'ment [monu'mɛnt] N̲ ⟨-(e)s; -e⟩ monumento m **monument'al** [monumɛn'taːl] monumental
Moor [moːr] N̲ ⟨-(e)s; -e⟩ pântano m, paúl m **'Moorbad** N̲ banho m de lodo
'moorig pantanoso
Moos [moːs] N̲ ⟨-es; -e⟩ BOT musgo m; sl (Geld) massa f **'moosig** ['moːsɪç] musgoso
'Moped ['moːpɛt] N̲ ⟨-s; -s⟩ motorizada f
'mopsen ['mɔpsən] ⟨-t⟩ A V/T umg (stehlen) rapinar B V/R sich ~ umg aborrecer-se
Mo'ral [moˈraːl] F̲ moral f; (seelische Verfassung) moral m **Moralapostel** M̲ umg moralizador m **moralisch** moral **Moralpredigt** F̲ umg sermão m
Mo'räne [moˈrɛːnə] F̲ morena f, moreia f (bras *é)
Mo'rast [moˈrast] M̲ ⟨-(e)s; -e⟩ pântano m (a. fig); lamaçal m; lameiro m; lodaçal m **morastig** pantanoso
Mora'torium [moraˈtoːrɪʊm] N̲ ⟨-s; Moratorien⟩ moratória f
'Morchel ['mɔrçəl] F̲ ⟨-; -n⟩ míscaro m
Mord [mɔrt] M̲ ⟨-(e)s; -e⟩ assassínio m; (Totschlag) homicídio m **'Mordanschlag** M̲ atentado m (à vida) **'morden** ['mɔrdən] ⟨-e-⟩ geh A V/T assassinar, matar B V/I cometer homicídio
'Mörder(in) ['mœrdər(ɪn)] M̲/F̲ assassino m, -a f, homicida m/f **Mördergrube** F̲ ⟨o. pl⟩ fig aus seinem Herzen keine ~ machen ser franco **mörderisch** homicida, sangrento, mortal; fig umg danado
'Mordgier F̲ ⟨o. pl⟩ instintos mpl sanguinários, sede f de sangue **mordgierig** sanguinário **Mordkommission** F̲ brigada f de homicídios **Mordlust** F̲, -a F̲ Mordgier **Mordsärger** M̲ umg aborrecimento m muito grande **Mordskerl** M̲ umg tipo m formidável **mordsmäßig** formidável; umg danado **Mordverdacht** M̲ suspeita f de homicídio; **unter ~ stehen** estar sob suspeita de (autoria de) homicídio **Mordversuch** M̲ tentativa f de assassínio
'morgen ['mɔrgən] ADV amanhã; ~ früh amanhã cedo (od de manhã); ~ **Mittag/Abend** amanhã ao meio dia/à tarde od à noitinha) **'Morgen** ['mɔrgən] M̲ ⟨-s; -⟩ 1 manhã f; geh (Osten) oriente m; **frühe(r) ~** madrugada f; **heute/gestern ~** hoje/ontem de manhã; **am ~** de manhã, pela manhã; **am anderen ~** na manhã seguinte; **guten ~!** bom dia! 2 hist Flächenmaß: jugada f, jeira f
'Morgenausgabe F̲ edição f de manhã **Morgendämmerung** F̲ alvorada f **morgendlich** matutino; da manhã **Morgenfrühe** F̲ ⟨o. pl⟩ madrugada f; **in der ~** de madrugada **Morgengrauen** N̲ alvorada f **Morgengymnastik** F̲ ⟨o. pl⟩ ginástica f matinal **Morgenland** N̲ ⟨-(e)s; o. pl⟩ Oriente m, Levante m **Morgenrock** M̲ roupão m, robe m **Morgenrot** N̲ ⟨-(e)s; o. pl⟩, **Morgenröte** F̲ ⟨o. pl⟩ aurora f, alva f **morgens** ADV de manhã, pela manhã; **um 8 Uhr ~** às oito da manhã **Morgenstern** M̲ ⟨-(e)s; o. pl⟩ estrela f da manhã, Vénus f; bras Vênus f **Morgenstunde** F̲ hora f matutina **Morgenzeitung** F̲ jornal m (od diário m) da manhã; matutino m

'morgig ['mɔrgɪç] de amanhã
'Morphium N̲ ⟨-s; o. pl⟩ morfina f
morsch [mɔrʃ] podre
'Morsealphabet ['mɔrzəʔalfabeːt] N̲ ⟨-(e)s; o. pl⟩ alfabeto m Morse **morsen** ⟨-t⟩ transmitir sinais telegráficos
'Mörser ['mœrzər] M̲ morteiro m (a. MIL); almofariz m
'Morsezeichen N̲ sinal m de Morse
'Mörtel ['mœrtəl] M̲ argamassa f
Mosa'ik [mozaˈiːk] N̲ ⟨-s; -en⟩ mosaico m
Mosambik [mozamˈbiːk] N̲ GEOG Moçambique m **Mosambikaner(in)** [mozambiˈkaːnər(ɪn)] M̲/F̲ moçambicano m, -a f **mosambikanisch** moçambicano

▶ **Mosambik**

Die südostafrikanische Republik am Indischen Ozean erstreckt sich über ca. 800.000 qkm. Neben der Amtssprache Portugiesisch sprechen die 20,3 Mio. Einwohner über 20 afrikanische Sprachen. Maputo ist die Hauptstadt. Bis Juni 1975 war Mosambik eine portugiesische Kolonie. Nach der Unabhängigkeit folgte ein 16-jähriger Bürgerkrieg, der das Land in den wirtschaftlichen Ruin führte. In den

▶▶

ersten Jahren des 21. Jahrhunderts hat sich jedoch die politische und wirtschaftliche Lage deutlich verbessert. Der Landwirtschaftssektor und zunehmend der Tourismus sind die Motoren der Wirtschaft.
Die berühmte portugiesische Fado-Sängerin Mariza ist übrigens gebürtige Mosambikanerin. ◄

Mo'schee [mɔˈʃeː] F̄ mesquita f
'Moschus [ˈmɔʃʊs] M̄ ⟨-; o. pl⟩ almíscar m
'Mosel [ˈmoːzəl] F̄ ⟨-⟩ GEOG Fluss: Mosela f
Mos'kito [mɔsˈkiːto] M̄ ⟨-s; -s⟩ mosquito m **Moskitonetz** N̄ mosquiteiro m
'Moskau [ˈmɔskaʊ] N̄ GEOG Moscovo (o. art)
'Moslem [ˈmɔslɛm] M̄ ⟨-s; -s⟩, **Mos'lemin** [mɔsˈleːmɪn] F̄ muçulmano m, -a f **mos'lemisch** muçulmano
Most [mɔst] M̄ ⟨-(e)s; -e⟩ mosto m; (Apfelmost) cidra f
Mo'tel [moˈtɛl] N̄ ⟨-s; -s⟩ motel m
Mo'tiv [moˈtiːf] N̄ ⟨-s; -e⟩ motivo m **Motivati'on** [motivatsiˈoːn] F̄ motivação f **moti'vieren** [motiˈviːrən] ⟨-⟩ motivar
'Motor [ˈmoːtɔr, moˈtoːr] M̄ ⟨-s; -en⟩ motor m **Motorboot** N̄ barco m (od lancha f) a motor **Motorfahrzeug** N̄ veículo m motorizado **Motorhaube** F̄ capota f, capot m; bras tampo m do motor **motori'sieren** [motoriˈziːrən] ⟨-⟩ motorizar **Motorrad** N̄ moto(cicleta) f **Motorradfahrer** M̄ motociclista m **Motorroller** M̄ scooter m, motoneta f; bras lambreta f **Motorsäge** F̄ moto-serra f **Motorschaden** M̄ avaria f no motor **Motorsport** M̄ ⟨-(e)s; o. pl⟩ motorismo m
'Motte [ˈmɔtə] F̄ traça f; **von ~n zerfressen werden** ser corroído pela traça; traçar-se **Mottenfraß** M̄ ⟨-es; o. pl⟩ roedura f de traça **Mottenkugel** F̄ bola f de naftalina
'Motto [ˈmɔto] N̄ ⟨-s; -s⟩ lema m, divisa f; Text: mote m, epígrafo m
'Mountainbike [ˈmaʊntənbaɪk] N̄ bicicleta f todo-o-terreno, BTT m
'Mousepad [ˈmaʊspɛt] N̄ ⟨-s; -s⟩ almofada f do rato
mous'sieren [muˈsiːrən] ⟨-⟩ espumar

'Möwe [ˈmøːva] F̄ gaivota f
Mozza'rella [mɔtsaˈrɛla] M̄ ⟨-s; -s⟩ mozarela f
MP3-Player® [ɛmpeːˈdraɪplɛːər] M̄ ⟨-s; -⟩ MP3-player m; leitor m MP3; bras a. tocador m MP3
mtl. ABK (**monatlich**) mensal, por mês
'Mücke [ˈmʏkə] F̄ mosquito m
'mucken [ˈmʊkən] V/I estar com manha; fazer manhas; → mucksen **Mucken** PL umg caprichos mpl; **~ haben** estar com manha
'Mückenstich M̄ picada f de mosquito
'Mucks [mʊks] M̄ ⟨-es; o. pl⟩ pio m; **kein(en) ~!** nenhum pio! **'mucksen** [ˈmʊksən] ⟨-t⟩ mexer-se; **ohne (sich) zu ~** umg sem dar um pio
'müde [ˈmyːdə] cansado, fatigado; **~ sein** a. estar com sono; **~ machen** cansar; **~ werden** cansar-se **Müdigkeit** F̄ ⟨o. pl⟩ cansaço m, fadiga f; **umfallen vor ~** já não poder mais de cansaço
Muff [mʊf] M̄ ⟨-(e)s; -e⟩ ▮ für Hände: regalo m ▮ umg Geruch: mofo m
'Muffe F̄ TECH manga f
'Muffel M̄ umg rabugento m **'muffig** mofoso; Luft abafado; **~ riechen** cheirar a mofo
'Mühe [ˈmyːə] F̄ trabalho m, incómodo m (bras -ô); fadiga f; pena f; **sich** (dat) **die ~ machen** (inf) dar-se ao ...; **sich ~ geben** ter cuidado; esforçar-se; **geben Sie sich keine ~!** não se incomode!; **der ~ wert sein** valer a pena **mühelos** ⟨-este⟩ fácil; ADV a. com facilidade **mühen** V/R **sich ~** esforçar-se (**zu** por), afadigar-se **mühevoll** penoso
'Mühlbach [ˈmyːlbax] M̄ levada f, ribeiro m, arroio m **Mühle** F̄ moinho m; (Wassermühle) azenha f **Mühlen ...** IN ZSSGN moleiro **Mühlrad** N̄ roda f de moinho **Mühlstein** M̄ mó f; Ölmühle: galga f
'Mühsal [ˈmyːzaːl] F̄ ⟨-; -e⟩ labuta f, fadiga f, estafa f **mühsam, mühselig** ADJ penoso, dificultoso; ADV com muito trabalho
Mu'latte [muˈlatə] M̄ ⟨-n⟩, **Mulattin** F̄ mulato m, -a f
'Mulde [ˈmʊldə] F̄ (Erdmulde) depressão f **Muldenkipper** M̄ camião m (bras caminhão m) de caçamba
Mull [mʊl] M̄ ⟨-(e)s; -e⟩ musselina f,; gaza

f

Müll [mʏl] M ⟨-(e)s; o. pl⟩ lixo m **'Müllabfuhr** F städtische ~ Serviço m Municipal de Limpeza (bras Limpeza Pública) **Müllauto** N carro m de (bras caminhão m do) lixo **'Mülldeponie** F depósito m de lixo **'Mülleimer** M balde m (od caixote m) do lixo

'Müller(in) ['mʏlɐ(rɪn)] M(F) moleiro m, -a f

'Müllfahrer M condutor m (od motorista m) de carro de lixo **Müllhaufen** M (montão m de) lixo m **Müllkippe** F lixeira f **Müllmann** M lixeiro m **Müllschlucker** ['mʏlʃlʊkɐ] M conduta f de lixo **Mülltonne** F contentor m de lixo **Müllverbrennungsanlage** F instalação f de incineração de lixo **Müllverwertung** F ⟨o. pl⟩ industrialização f do lixo **Müllwagen** M carro m de lixo

'mulmig ['mʊlmɪç] abafado; fig umg crítico, suspeito; **mir ist ~** tenho uma sensação de desconforto

multifunktio'nal multifuncional **multikultu'rell** ['mʊltikʊltʊrɛl] multicultural **multilate'ral** ['mʊltilateral] multilateral **Multi'media...** IN ZSSGN multimédia; bras multimídia **Multi'mediashow** [mʊlti'me:diaʃo:] F espe(c)táculo m multimédia (bras multimídia) **multinatio'nal** multinacional **Multipli'kand** [mʊltipli'kant] M ⟨-en⟩ MATH multiplicando m **Multiplikati'on** [mʊltiplikatsi'o:n] F multiplicação f **Multipli'kator** [mʊltipli'ka:tɔr] M ⟨-s; -en⟩ multiplicador m **multipli'zieren** ⟨-⟩ multiplicar

Multivita'minsaft M sumo m (bras suco m) multivitaminas

'Mumie ['mu:miə] F múmia f **mumifi'zieren** [mumifi'tsi:rən] ⟨-⟩ mumificar

Mumm [mʊm] M ⟨-s; o. pl⟩ umg (**keinen**) ~ **haben** (não) ter fígado, (não) ter coragem

Mumps [mʊmps] M ⟨-; o. pl⟩ MED parotidite f; papeira f; bras cachumba f

'München ['mʏnçən] N GEOG Munique (o. art)

Mund [mʊnt] M ⟨-(e)s; ⁼er⟩ boca f; **den ~ halten** calar a boca; **nicht auf den ~ gefallen sein, kein Blatt vor den ~ nehmen** não ter papas na língua; **den ~ voll nehmen** fanfarrear; **j-m nach dem ~(e)** **reden** dar manteiga a alg; falar ao gosto de alg; → Mundvoll

'Mundart F diale(c)to m, idioma m **'mundartlich** diale(c)tal, idiomático

'Mündel ['mʏndəl] N/M pupilo m, pupila f **mündelsicher** pupilar, absolutamente seguro

'munden ['mʊndən] ⟨-e-⟩ geh saber bem; **sich ~ lassen** gozar, saborear

'münden ['mʏndən] ⟨-e-; s. u. h.⟩ desaguar, desembocar

'mundfaul umg de poucas palavras; muito lacónico (bras *ô) **Mundfäule** F ⟨o. pl⟩ estomatite f **Mundgeruch** M mau hálito m **Mundharmonika** F gaita f **Mundhöhle** F cavidade f bucal

'mündig ['mʏndɪç] maior

'mündlich ['mʏntlɪç] Examen, Überlieferung oral; Erklärung etc verbal; ADV de viva voz

'Mundpflege F ⟨o. pl⟩ higiene f da boca **Mundspülung** F bochecho m

M- und 'S-Reifen ['ɛm?ʊnt?'ɛsraifən] MPL pneus mpl para a neve

'Mundstück N Instrument: bocal m, embocadura f; Pfeife etc: bocadilha f

'Mündung ['mʏndʊŋ] F Fluss: foz f; Gefäß, Instrument, Gewehr: boca f

'Mundvoll M bocado m (de) **Mundvorrat** M víveres mpl; provisão f **Mundwasser** N ⟨-s; ⁼⟩ água f dentífrica **Mundwerk** N **ein großes ~ haben** umg não ter papas na língua **Mundwinkel** M canto m da boca, comissura f dos lábios **'Mund-zu-'Mund-Beatmung** F respiração f boca a boca **'Mund-zu-'Mund-Propaganda** F propaganda f oral

Muniti'on [munitsi'o:n] F munição f **Munitionsdepot** N MIL paiol m

'munkeln ['mʊŋkəln] ⟨-le-⟩ murmurar; **man munkelt** consta, corre

'Münster ['mʏnstɐ] N ⟨-s; -⟩ catedral f, sé f

'munter ['mʊntɐ] alegre, vivo; (wach) acordado; **gesund und ~** são e salvo; **~ werden** acordar **Munterkeit** F ⟨o. pl⟩ alegria f, saúde f, vivacidade f

'Münzamt ['mʏnts?amt] F, **Münzanstalt** F Casa f da Moeda **Münze** F moeda f, peça f; (Gedenkmünze) medalha f; **für bare ~ nehmen** acreditar piamente; **j-m mit gleicher ~ heimzahlen** pagar a alg na mesma moeda A *Institution:* → **Münzamt Münzeinheit** F unidade f monetária **münzen** ‹-t› cunhar; **auf j-n gemünzt sein** ser com alg **Münz(en)sammlung** F cole(c)ção f numismática (*od* de moedas) **Münzkunde** F ‹o. pl› numismática f **Münzrecht** N direito m de cunhar moeda **Münzstempel** M cunho m **Münztankstelle** F posto m de gasolina self-service **Münztelefon** N telefone m público (a moedas) **Münzzeichen** N marca f

'**mürbe** ['mʏrbə] mole; bem cozido; *Person fig* cansado; **~ werden** *fig* acabar por ceder **mürbemachen** *fig* domar **Mürbeteig** M massa f tenra

'**Murmel** ['mʊrməl] F ‹-; -n› berlinde m; *bras* bola f de gude **murmeln** ‹-le› murmurar; *bras* bisbilhar; *Spiel:* jogar aos berlindes (*bras* às bolas de gude) **Murmeln** N murmúrio m **Murmeltier** N marmota f; *umg* **schlafen wie ein ~** dormir como uma pedra

'**murren** ['mʊrən] resmungar '**Murren** ['mʊrən] N queixas fpl

'**mürrisch** ['mʏrɪʃ] rabugento; *Miene* de poucos amigos

Mus [muːs] N ‹-es; -e› puré m; *v. Früchten a.* doce m

'**Muschel** ['mʊʃəl] F ‹-; -n› amêijoa f; (*Miesmuschel*) mexilhão m; *Ohr:* pavilhão m **Muschelbank** F burgalhão m **Muschelkalk** M ‹-(e)s; o. pl› GEOL calcário m conchífero **Muschelschale** F concha f; *halbe:* valva f

'**Muse** ['muːzə] F ‹-; -n› musa f

Museum [muˈzeːʊm] N ‹-s; Museen› museu m

'**Musical** ['mjuːzɪkəl] N ‹-s; -s› musical m **Mu'sik** [muˈziːk] F ‹o. pl› música f **Musikabend** M ‹-s; -e› concerto m; sarau m musical **musi'kalisch** [muziˈkaːlɪʃ] musical; *Person* músico; **~ sein** a. ter sensibilidade musical; gostar de música **Musi'kant** [muziˈkant] M ‹-en› músico m **Musikbegleitung** F acompanhamento m musical **Musiker(in)** ['muːzɪkər(ɪn)] M/F músico m, -a f **Musikfreund** M amador m (*od* apaixonado m) da música; *bras* musicista m **Musikhochschule** F conservatório m de música **Musikkapelle** F, **Musikkorps** N MIL banda f de música **Musikkritiker(in)** M/F crítico m, -a f musical **Musiklehrer(in)** M/F professor(a) m(f) de música **Musikstück** N peça f de música **Musikunterricht** M ‹-(e)s; o. pl› ensino m da música; lições fpl de música **Musikwissenschaft** F musicologia f

'**musisch** ['muːzɪʃ] amante das artes; artista **musi'zieren** [muziˈtsiːrən] ‹-› tocar música

Mus'kat [mʊsˈkaːt] M ‹-(e)s; -e›, **Muskatnuss** F noz-moscada f

'**Muskel** ['mʊskəl] M ‹-s; -n› músculo m **Muskelkater** M *umg* dores fpl musculares **Muskelkraft** F força f muscular **Muskelkrampf** M cãibra f **Muskelprotz** M ‹-es; -e› *umg* valentão m **Muskelriss** M MED rotura f muscular **Muskelschwäche** F ‹o. pl› debilidade f muscular **Muskelschwund** M ‹-(e)s; o. pl› MED atrofia f muscular **Muskelzerrung** F MED distensão f muscular

Muskula'tur [mʊskulaˈtuːr] F musculatura f **musku'lös** [mʊskuˈløːs] ‹-este› musculoso

'**Müsli** ['myːsli] N ‹-s; -s› muesli m

'**Muslim** ['mʊslɪm] M ‹-s; -s›, **Mus'lima** [mʊsˈliːma] F ‹-; -s›, **Mus'limin** F *etc* → Moslem *etc*

'**Müsliriegel** M barra f (*od* barrinha f) de cereais

Muss N ‹-; o. pl› obrigação f; dever m; necessidade f; **ein ~ sein** ser obrigatório

'**Muße** ['muːsə] F ‹-; o. pl› vagar m, ócio m

Musse'lin [mʊsəˈliːn] M ‹-s; -e› musselina f

'**müssen** ['mʏsən] dever; *innerer Zusammenhang a.:* haver de; *Notwendigkeit:* precisar de; carecer de; *Zwang:* ter que, ter de, ser obrigado a; ser preciso que (*subj*)

'**müßig** ['myːsɪç] ocioso **Müßiggang** M ‹-(e)s; o. pl› ociosidade f

'**Muster** ['mʊstər] N modelo m; (*Stoffmuster, Musterung*) padrão m; (*Zeichnung*) desenho m; (*Warenmuster*) amostra f **Musterbeispiel** N exemplo m modelar **Musterbild** N protótipo m; ideal m **Musterexemplar** N exemplar m modelo **mustergültig, musterhaft**

⟨-este⟩ exemplar, modelar, perfeito **Musterkollektion** F cole(c)ção f de amostras **Mustermesse** F feira f (de amostras) **'mustern** VT ⟨-re⟩ **1** (*untersuchen*) examinar **2** *Stoff* desenhar; modelar **3** MIL passar revista a, inspe(c)cionar **'Musterprozess** M JUR processo-modelo m **Musterschüler** M aluno m exemplar **Musterschutz** M ⟨-es; o. pl⟩ prote(c)ção f legal (das marcas regist(r)adas) **Musterung** F inspe(c)ções fpl; MIL revista f; recrutamento m **Mut** [muːt] M ⟨-(e)s; o. pl⟩ coragem f; ânimo m; **~ fassen** (*od* **schöpfen**) cobrar ânimo; *bras* criar coragem; **j-m ~ machen** animar alg; **den ~ sinken lassen** (*od* **verlieren**) desanimar; perder o ânimo; **guten ~es** optimista; **zu ~e** → zumute **Mutati'on** [mutatsi'oːn] F mutação f **'mutig** corajoso, valente **mutlos** ⟨-este⟩ desanimado, desalentado **Mutlosigkeit** ['muːtloːzɪçkaɪt] F ⟨o. pl⟩ desânimo m, desalento m **'mutmaßen** ['muːtmaːsən] ⟨-t; -⟩ presumir; *Böses* suspeitar **mutmaßlich** presuntivo **Mutmaßung** F conje(c)tura f, presunção f **'Mutter**[1] ['mʊtɐ] F ⟨-; ⸚⟩ mãe f **'Mutter**[2] F ⟨-; -n⟩ TECH (*Schraubenmutter*) porca f **'Mutterboden** M ⟨-s; o. pl⟩ solo m nativo; humo m **Mutterbrust** F ⟨o. pl⟩ seio m maternal **Mutter'gottesbild** N imagem f da Nossa Senhora **Mutterhaus** N casa-mãe f; central f; sede f **Mutterkorn** N ⟨-(e)s; -e⟩ BOT cravagem f; fungão m **Mutterkuchen** M MED placenta f, secundinas fpl **Mutterland** N país m natal **Mutterleib** M ⟨-(e)s; o. pl⟩ ventre m materno **'mütterlich** ['mʏtɐlɪç] materno; maternal **mütterlicherseits** ['mʏtɐlɪçɐzaɪts] ADV (pelo lado) materno **'Mutterliebe** F ⟨o. pl⟩ amor m maternal **Muttermal** N sinal m; nevo m (materno); *bras* pinta f **Muttermilch** F ⟨o. pl⟩ leite m materno **Muttermund** M ⟨-(e)s; o. pl⟩ ANAT colo m do útero **Mutterschaft** F ⟨o. pl⟩ maternidade f **Mutterschaftsurlaub** M férias fpl de maternidade **Mutterschiff** N navio-mãe m **Mutterschutz** N ⟨-es; o. pl⟩ prote(c)ção f da maternidade (*od* das mães) **mutterseelenal'lein** completamente sozinho **Muttersöhnchen** ['mʊtɐzøːnçən] N menino m amimado; *bras* filhinho m de papai **Muttersprache** F língua f materna **Muttersprachler(in)** M(F) falante m/f nativo, -a **Mutterstelle** F ⟨o. pl⟩ **bei j-m die ~ vertreten** ser como uma mãe para alg **Muttertag** M Dia da Mãe **Mutterwitz** M ⟨-es; o. pl⟩ senso m comum; graça f natural; **~ haben** ter graça **'Mutti** ['mʊti] F ⟨-; -s⟩ *ums* mãezinha f **'Mutwille** M ⟨-ns; o. pl⟩ maldade f, malícia f; *Unart*: diabrura f, travessura f **mutwillig** traquinas; travesso; maligno; *adv* de propósito, intencionalmente **'Mütze** ['mʏtsə] F boné m; barrete m; (*Zipfelmütze*) gorro m **Mützenschirm** M pala f **MwSt** ABK (**Mehrwertsteuer**) IVA m (Imposto de Valor Acrescentado); *bras* ICMS m (Imposto sobre a Circulação de Mercadorias e Prestação de Serviços) **My'om** [my'oːm] N ⟨-s; -e⟩ MED mioma m **Myri'ade** [myri'aːdə] F miríade f **'Myrte** ['mʏrtə] F BOT murta f, mirto m **mysteri'ös** [mʏsteri'øːs] ⟨-este⟩ misterioso **Myst'erium** [mʏs'teːrium] N ⟨-s; Mysterien⟩ mistério m **Mystifikati'on** [mʏstifikatsi'oːn] F mistificação f, burla f **mystifi'zieren** [mʏstifi'tsiːrən] ⟨-⟩ mistificar, burlar **'Mystik** F ⟨o. pl⟩ mística f; misticismo m **'Mystiker(in)** M(F) místico m, -a f **'mystisch** místico **Mytholo'gie** [mytolo'giː] F mitologia f **mytho'logisch** [myto'loːgɪʃ] mitológico **'Mythos** ['myːtɔs], **Mythus** ['myːtus] M ⟨-; Mythen⟩ mito m

N, n [ɛn] N̄ ⟨-; -⟩ N, n *m*
na [na] INT *umg* ~!: ora!; ~ (**also**) então!; ~ **so was!** ora essa!
'**Nabe** ['na:bə] F̄ TECH meão *m*; cubo *m*
'**Nabel** ['na:bəl] M̄ umbigo *m* **Nabelbruch** M̄ hérnia *f* umbilical **Nabelschnur** F̄ cordão *m* umbilical
nach [na:x] A PRÄP ⟨dat⟩ **1** örtlich, für vorübergehenden Aufenthalt: a; für dauernden Aufenthalt: para; Reihenfolge: após; depois; ~ ... (**zu**) do lado de **2** zeitlich: depois de; passado; ~ (**Ablauf von**) ao cabo de; **5 Minuten** ~ **eins** uma e cinco **3** (gemäß) (je) ~ segundo, conforme a, de acordo com; por; ~ **meiner Meinung** na minha opinião; ~ **meinem Geschmack** a meu gosto **4** (wie) **riechen/schmecken** ~ cheirar/saber a (*od* ter sabor de) B ADV **mir** ~! siga(m)-me!; ~ **und** ~ sucessivamente, pouco a pouco; ~ **wie vor** (depois) como dantes; como de costume
'**nachäffen** ['na:xʔɛfən] *pej* ⟨dat *od* akk⟩ arremedar, macaquear; → nachahmen
'**nachahmen** ['na:xʔa:mən] imitar **nachahmenswert** digno de imitação **Nachahmer** M̄ imitador *m* **Nachahmung** F̄ imitação *f*
'**Nachbar(in)** ['naxba:r(ɪn)] M(F) ⟨-s *od* -n; -n⟩ vizinho *m*, -a *f* **Nachbarland** N̄ país *m* vizinho **nachbarlich** vizinho **Nachbarschaft** F̄ vizinhança *f*; **in der** ~ na vizinhança
'**Nachbehandlung** F̄ (Verbesserung) retoque *m*; MED tratamento *m* após a doença **nachbestellen** V̄T̄ ⟨-⟩ mandar vir mais; fazer outra encomenda **Nachbestellung** F̄ encomenda *f* suplementar; nova encomenda *f* **nachbeten** ⟨-e-⟩ repetir (maquinalmente) **nachbezahlen** ⟨-⟩ pagar o resto (mais tarde) **nachbilden** ⟨-e-⟩ copiar, imitar **Nachbildung** F̄ cópia *f*, imitação *f*, reprodução *f* **nachblicken** ⟨dat⟩ seguir com a vista **nachdatieren** ⟨-⟩ pós-datar

nach'dem A KONJ depois que ...; depois de (inf) B ADV **je** ~ conforme (subj Futur)
'**nachdenken** meditar, cismar; considerar; ~ (**über** akk) refle(c)tir (sobre), ponderar **Nachdenken** N̄ reflexão *f*, consideração *f*, ponderação *f* **nachdenklich** pensativo, meditativo **Nachdichtung** F̄ versão *f* poética
'**Nachdruck¹** M̄ ⟨-(e)s; *o. pl*⟩ (Bestimmtheit) ênfase *f*; insistência *f*; ~ **auf etw** (akk) **legen** insistir em a/c; (Tatkraft) energia *f*
'**Nachdruck²** M̄ ⟨-(e)s; -e⟩ TYPO reprodução *f*; reimpressão *f*; **unerlaubter** ~ reprodução *f* pirata **nachdrucken** reimprimir
'**nachdrücklich** ['na:xdrʏklɪç] enérgico, expresso; enfático **nachdunkeln** ⟨-le; s.⟩ ficar (mais) escuro **nacheifern** ⟨-re⟩ (dat) procurar imitar; emular; pôr os olhos em **nacheilen** ⟨s.⟩ (dat) correr atrás de **nachei'nander** ADV um atrás do outro; sucessivamente **nachempfinden** ⟨-⟩ → nachfühlen
'**nacherzählen** ⟨-⟩ narrar, contar **Nacherzählung** F̄ narração *f*
'**Nachfahr** ['na:xfa:r] M̄ ⟨-en⟩ descendente *m*; ~**en** *pl a.* posteriores *mpl* **nachfahren** ⟨s.⟩ (dat) seguir, ir atrás de

'**Nachfolge** F̄ ⟨*o. pl*⟩ sucessão *f* **Nachfolge...** IN ZSSGN sucessor **nachfolgen** ⟨s.⟩ (dat) seguir(-se) a; suceder a **nachfolgend** seguinte **Nachfolger(in)** M(F) sucessor/a *m(f)*
'**nachfordern** V̄T̄ ⟨-re⟩ pedir a mais (**von etw** de a/c, **von j-m** a alg) **Nachforderung** F̄ exigência *f* suplementar (*od* a mais) **nachforschen** (dat) indagar, investigar; informar-se sobre **Nachforschung** F̄ investigação *f*; indagação *f*; HANDEL busca *f*; *polizeiliche a.* pesquisa *f*; ~**en anstellen** fazer, realizar pesquisas
'**Nachfrage** F̄ ~ (**nach**) informação *f* (sobre); interesse *m* (por); HANDEL procura *f* (de), demanda *f* (de) **nachfragen** perguntar, informar-se
'**nachfühlen** compreender; **es j-m** ~ **können** compreender os sentimentos de alg **nachfüllen** deitar mais, reabastecer **Nachfüllpackung** F̄ (embala-

gem f de) recarga f **nachgeben** ⟨VII⟩ ceder; *Boden* abater(-se); *Preise* baixar **Nachgeben** N̄ ceder m; *Preise*: baixa f; ARCH assentamento m **Nachgebühr** F̄ sobretaxa f **Nachgeburt** F̄ MED páreas fpl, secundinas fpl **'nachgehen** ⟨s.⟩ (dat) j-m seguir; *Geschäft* ocupar-se de; *Vergnügen* entregar-se a; (*untersuchen*) examinar, estudar; ⟨VII⟩*Uhr* estar (od andar) atrasado **'nachgeordnet** subordinado **nachgerade** ADV pouco a pouco; ir + ger; acabar por **Nachgeschmack** M̄ ⟨-(e)s; o. pl⟩ ressaibo m; a. fig travo m **nachgewiesenermaßen** ['na:xgəvi:zənarma:sən] ADV como está provado **nachgiebig** ['na:xgi:bɪç] flexível; fig transigente (**gegenüber** para com) **Nachgiebigkeit** F̄ flexibilidade f; fig transigência f (**gegenüber** para com) **nachgießen** deitar mais; voltar a encher; TECH reabastecer **nachgrübeln** ⟨-le⟩ (dat, **über** akk) meditar (sobre), ruminar, matutar **Nachhall** M̄ ⟨-(e)s; -e⟩ ressonância f; eco m **nachhallen** ressoar, retumbar, ecoar **nachhaltig** ['na:xhaltɪç] duradouro, persistente; ÖKOL sustentável **Nachhaltigkeit** F̄ sustentabilidade f **nachhängen** e-m *Gedanken* entregar-se (a); acariciar **nachhause** → Haus **Nach'hauseweg** [na:x'haʊzəve:k] M̄ caminho m para casa; regresso m **nachhelfen** (dat) auxiliar **nach'her** ADV depois; em seguida; **bis ~!** até logo! **'Nachhilfe** F̄ ajuda f, auxílio m; *Schule*: (*Nachhilfestunde*) lição f (bras aula f) particular **Nachhilfestunde** F̄ explicação f; lição f (bras aula f) particular **'nachhinken** ⟨VII⟩ ⟨s.⟩ (dat) fig ficar atrás, vir atrás; vir tarde **Nachholbedarf** M̄ ⟨-(e)s; o. pl⟩ necessidade f de recuperar; **~ haben** ter necessidade de recuperar **nachholen** recobrar; reparar; *Zeit* recuperar **Nachhut** F̄ MIL retaguarda f **nachjagen** ⟨s.⟩ (dat) perseguir, correr atrás (de) **Nachklang** M̄ fig reminiscência f; → *Nachhall* **nachklingen** → nachhallen

'Nachkomme M̄ ⟨-n⟩ descendente m **nachkommen** ⟨s.⟩ (dat) seguir; *später*: vir (od chegar) mais tarde; *e-r Bitte* aceder a, satisfazer; *e-r Pflicht* cumprir **Nachkommenschaft** F̄ descendência f; *bes zahlreiche*: prole f **'Nachkriegszeit** F̄ após-guerra m **Nachkur** F̄ cura f complementar **Nachlass** ['na:xlas] M̄ ⟨-es; ⸚e⟩ ❶ HANDEL (*Preisnachlass*) redução f, abatimento m ❷ (*Erbe*) herança f; espólio m; *literarischer a.*: obras fpl póstumas **'nachlassen** A VT *Seil* alargar, relaxar; *Preis* reduzir, abater (em) B VII diminuir, abater, esmorecer; *Spannung, Druck a.* afrouxar; *Regen, Wind a.* abrandar; acalmar; *Widerstand a.* enfraquecer; **nicht ~** *Person* não desistir (**in** dat de) **nachlassend** MED, METEO remitente **'nachlässig** negligente, desleixado, descuidado, desmazelado **Nachlässigkeit** F̄ negligência f, descuido m, desleixo m; incúria f; **aus ~** por incúria **'nachlaufen** ⟨s.⟩ (dat) correr atrás (de) **nachlegen** *Feuerholz etc* deitar mais, pôr mais **Nachlese** F̄ respiga(dura) f; *Buch*: suplemento m **nachlesen** respigar; *in e-m Buch*: ler em, ver em; consultar **'nachliefern** ⟨-re⟩ entregar mais tarde; suprir; mandar ainda (o que falta) **Nachlieferung** F̄ remessa f suplementar **'nachlösen** ⟨-t⟩ *Fahrkarte* comprar no comboio (bras trem) **nachmachen** imitar; copiar; contrafazer; falsificar; **j-m etw ~** imitar a/c de alg (od a alg) **nachmalen** copiar; repintar **nachmessen** remedir, medir outra vez; verificar **'Nachmittag** M̄ ⟨-(e)s; -e⟩ tarde f; **am ~, des ~s** à tarde, pela tarde **nachmittags** ADV de tarde, à tarde, pela tarde **Nachmittags...** IN ZSSGN da tarde **Nachmittagsvorstellung** F̄ matiné f; bras matinê f **'Nachnahme** F̄ *Postsendung*: reembolso m; cobrança f; **gegen, per ~** à cobrança **Nachname** M̄ apelido m **nachplappern** ⟨-re⟩ repetir apenas **Nachporto** N̄ sobretaxa f **nachprüfen** examinar, averiguar; conferir **Nachprüfung** F̄ revisão f **nachrechnen** ⟨-e-⟩ verificar (uma conta); conferir **Nachrede** F̄ epílogo m; **üble ~** má língua f, difamação f **nachreifen** ⟨s.⟩ (a)madurecer depois de colhido **nachreisen** ⟨-t; s.⟩ (dat) seguir, viajar

atrás de
'**Nachricht** ['naːxrɪçt] F notícia f; nova f; informação f; (*Mitteilung*) aviso m, recado m; *bes* IT mensagem f; **j-m e-e ~ hinterlassen** deixar uma mensagem a alg '**Nachrichten** FPL RADIO, TV notícias fpl, noticiário m **Nachrichtenagentur** F agência f noticiosa **Nachrichtendienst** M serviço m de informações; MIL serviço m de comunicações; *Zeitung*: serviço m informativo; POL *geheimer*: serviço m secreto **Nachrichtensatellit** M ⟨-en⟩ satélite m de comunicações **Nachrichtensendung** F noticiário m **Nachrichtensperre** F bloqueio m de comunicações

'**nachrücken** ⟨s.⟩ seguir; avançar; *im Amt a*. ser promovido **Nachruf** M necrológio m **Nachruhm** M ⟨-(e)s; *o. pl*⟩ fama f (póstuma) **Nachrüstung** F rearmamento m **nachsagen** dizer (j-m etw a/c de alg) **Nachsaison** F fim m da estação, pós-temporada f **Nachsatz** M *Brief*: pós-escrito m **nachschauen** → nachblicken **nachschicken** fazer seguir, remeter (nach para) **nachschlagen** consultar; **~** (in *dat*) procurar (em) **Nachschlagewerk** N obra f de consulta **nachschleichen** ⟨s.⟩ (*dat*) seguir furtivamente **nachschleppen** arrastar (atrás de si) **Nachschlüssel** M gazua f **Nachschub** M MIL *v. Material*: (re)abastecimento m, aprovisionamento m; *Truppen*: reforços mpl

'**nachsehen** A VI/T etw **~** (*suchen*) procurar a/c; (*prüfen*) examinar a/c; **j-m etw ~** deixar passar a/c; fazer vista grossa a alg B VI **j-m ~** seguir alg com os olhos; **in e-m Buch ~** consultar um livro, ver num livro; **~, ob** ... verificar, se ...; ir ver, se ...

'**Nachsehen** N **das ~ haben** ficar a ver navios, ficar a chuchar no dedo

'**nachsenden** fazer seguir, remeter (nach para) **nachsetzen** ⟨-t⟩ VI ⟨s.⟩ **j-m ~** perseguir alg

'**Nachsicht** F ⟨*o. pl*⟩ tolerância f, indulgência f; **~ üben, ~ haben** ser tolerante (*od* indulgente) **nachsichtig** indulgente (**mit** para com)

'**Nachsilbe** F sufixo m **nachsinnen** meditar; **~ über** (*akk*) cogitar em **nach-**

'**sitzen** *Schule*: **~ (müssen)** ficar retido **Nachsommer** M verão m de São Martinho **Nachsorge** F ⟨-; *o. pl*⟩ MED cuidados mpl pós-operatórios **Nachspeise** F sobremesa f **Nachspiel** N epílogo m; *fig* consequências fpl **Nachspielzeit** F SPORT desconto m (de tempo); tempo m extra **nachsprechen** repetir; **j-m etw ~** repetir as palavras de alg **nachspüren** (*dat*) seguir o rasto (*bras* rastro) de; *bras a*. seguir as pegadas de

nächst [nɛːçst] PRÄP ⟨*dat*⟩ perto de, ao pé de; (*nach*) depois de; (*logo*) a seguir a '**nächstbeste** ADJ, PRON **der/die/das Nächstbeste** o primeiro/a primeira que se apresente; (*zweitbeste*) o segundo/a segunda em qualidade '**nächste** [nɛːçstə] ADJ ⟨*sup v*. nahe⟩ mais perto, mais chegado, mais próximo (*a. zeitlich*); *Weg a*. mais curto; **in ~r Nähe** (*gen*) nas imediações de; **in ~r Zeit** em breve; brevemente '**Nächste(r)** M/F(M) próximo m, -a f; *der Reihe*: seguinte m/f; **der ~, bitte!** o próximo! '**Nächste(s)** N o mais próximo; **das müssen wir als ~s tun** isto é a próxima coisa a fazer

'**nachstehen** ficar atrás (*dat* de); *fig a*. ser inferior (*dat* a) **nachstehend** ADJ seguinte; que segue (*dat* a, a seguir to

'**nachstellen** VI/T GRAM pôr detrás (de); *Uhr*: atrasar; TECH reajustar; VI **j-m ~** perseguir alg, armar ciladas a alg **Nachstellung** F *Verfolgung*: perseguição f; cilada f; GRAM inversão f

'**Nächstenliebe** F ⟨*o. pl*⟩ amor m ao próximo; caridade f **nächstens** ADV em breve, dentro em pouco **nächstliegend** mais perto; **das Nächstliegende** *fig* o mais indicado

nachsuchen procurar; **um etw ~** solicitar a/c, requerer a/c

Nacht [naxt] F ⟨-; ⸚e⟩ noite f; **heute ~** hoje à noite; **bei ~** de noite; **in der ~ arbeiten** fazer serões m; **über ~** durante a noite; (*plötzlich*) de um dia para outro; **über ~ bleiben** passar a noite; **gute ~!** ... boa(s) noite(s); **j-m gute ~ wünschen** dar as boas noites a alg; **~ werden** anoitecer; **bei Einbruch der ~** ao anoitecer '**Nachtarbeit** F trabalho m no(c)turno; serão m, vigília f '**Nachtbar** F clube m no(c)turno '**nachtblind** hemeralópico, hemeralope **'Nachtblindheit** F ⟨o. pl⟩ hemeralopia f **'Nachtcreme** F creme m para a noite **'Nachtdienst** M ⟨-es; o. pl⟩ serviço m no(c)turno (od de noite); bras plantão m noturno; **~ haben** fazer o turno (bras plantão) no(c)turno

'Nachteil ['na:xtail] M desvantagem f, defeito m, inconveniente m; (Schaden) prejuízo m; **zum ~ für** em detrimento de **nachteilig** desvantajoso; prejudicial

'nächtelang ['nɛçtəlaŋ] ADV noites inteiras

'Nachtessen N reg ceia f **Nachteule** F umg noctívago m; noctâmbulo m **Nachtfahrverbot** N ⟨-(e)s; -e⟩ proibição f de circular de noite **Nachtfalter** M falena f **Nachtflug** M voo m (bras vôo m) no(c)turno **Nachtfrost** M geada f **Nachthemd** N camisa f de noite (od de dormir)

'Nachtigall ['naxtigal] F rouxinol m

'nächtigen ['nɛçtigən] pernoitar

'Nachtisch ['na:xtiʃ] M ⟨-(e)s; o. pl⟩ sobremesa f

'Nachtklub ['naxtklʊp] M clube m no(c)turno **Nachtlager** N cama f; pousada f; acampamento m no(c)turno

'nächtlich ['nɛçtliç] no(c)turno

'Nachtlokal N bar m, boate f **Nachtportier** M porteiro m no(c)turno **Nachtquartier** N alojamento m (para a noite)

'Nachtrag ['na:xtra:k] M ⟨-(e)s; ⁼e⟩ suplemento m, aditamento m **nachtragen** levar atrás (dat de); fig (hinzufügen) acrescentar; **j-m etw** ~ fig guardar rancor a alg por a/c **nachtragend** rancoroso **nachträglich** ['na:xtrɛ:klɪç] ulterior; posterior **Nachtrags...** IN ZSSGN suplementar, adicional **nachtrauern** j-m ~ chorar a perda de alg; ter saudades de alg; **e-r Sache** (dat) ~ lamentar a perda de a/c

'Nachtruhe ['naxtru:ə] F ⟨o. pl⟩ sono m **nachts** ADV de noite; **~ arbeiten** fazer serões **Nachtschatten** M BOT erva-moura f **Nachtschattengewächs** N solanácea f **Nachtschicht** F turno m da noite; **~ haben** fazer o turno da noite **Nachtschwärmer** M ZOOL falena f, noitibó m (a. fig); bras notívago m (a. fig) **Nachtschwester** F enfermeira f de noite **Nachttarif** M tarifa f no(c)turna **Nachttisch** M mesinha f de cabeceira **Nachtwache** F velada f; vigília f; MIL vigia f; **~ halten (bei)** velar **Nachtwächter** M guarda-no(c)turno m **nachtwandeln** ⟨-le; s.⟩ ser sonâmbulo **Nachtzug** M comboio m (bras trem m) da noite

'nachwachsen ⟨s.⟩ voltar (a crescer); deitar rebentos **nachwachsend** Rohstoffe: renovável **Nachwahl** F segunda eleição f; eleição f complementar **Nachwehen** FPL MED dores fpl puerperais; fig consequências fpl **nachweinen** (dat) ter saudades de

'Nachweis M ⟨-es; -e⟩ prova f; atestado m, documento m comprovativo; documentação f; (Indiz) índice m; **den ~ erbringen, dass** trazer, apresentar um atestado (bras a. um comprovante) **nachweisbar** → nachweislich **nachweisen** (com)provar, demonstrar; (zeigen) apontar, indicar **nachweislich** A ADJ demonstrável; que se pode provar (od demonstrar); declarado B ADV segundo se pode provar

'Nachwelt F ⟨o. pl⟩ posteridade f **nachwirken** fazer sentir-se; continuar a a(c)tuar, continuar a produzir efeito **Nachwirkung** F consequência f; repercussão f **Nachwort** N epílogo m; posfácio m **Nachwuchs** M ⟨-es; o. pl⟩ (Kinder) filhos mpl; (Baby) bebé m; bras bebê m; fig nova geração f; os jovens mpl **nachzahlen** pagar a diferença; pagar depois **nachzählen** contar; verificar **Nachzahlung** F (pagamento m da) diferença f; im Zug etc: (pagamento m do) suplemento m **nachzeichnen** ⟨-e-⟩ copiar; tirar (de um modelo) **nachziehen** arrastar atrás de si; Linie destacar; Schraube apertar mais **Nachzügler(in)** ['na:xtsy:klɐ(rɪn)] M(F) atrasado m, -a f; MIL retardatário m

'Nacken ['nakən] M nuca f, pescoço m; Tier: cachaço m; **den Kopf in den ~ werfen** empertigar-se **Nackenschlag** M pancada f na nuca; fig revés m **Nackenstütze** F AUTO encosto m da cabeça **nackt** [nakt] nu m, nua f; (unbekleidet) despido; **ganz ~** em pêlo; fig **die ~e Wahrheit** a verdade nua e crua **Nackt-**

badestrand M praia f de nudismo
'Nacktheit F ⟨o. pl⟩ nudez f
'Nadel ['na:dəl] F ⟨-; -n⟩ agulha f (a. BOT); (Stecknadel) alfinete m **Nadelbaum** M (árvore) f conífera **Nadeldrucker** M impressora f de agulhas **Nadelöhr** N ⟨-(e)s; -e⟩ olho m (da agulha), fundo m **Nadelstich** M picad(el)a f **Nadelwald** M floresta f de coníferas; pinhal m
'Nagel ['na:gəl] M ⟨-s; ⸚⟩ ANAT unha f; TECH prego m; (Holznagel) cavilha f; **eingewachsener ~** unha f encravada; fig **den ~ auf den Kopf treffen** acertar em cheio; **an den ~ hängen** deixar, abandonar; desistir (de); **auf** od **unter den Nägeln brennen** ser urgente
'Nagelfeile F lima f (para unhas) **Nagellack** M verniz m para unhas; bras esmalte m de unhas **Nagellackentferner** M acetona f **nageln** ⟨-le⟩ pregar, cravar **nagelneu** ⟨o. pl⟩ novo em folha **Nagelpflege** F ⟨o. pl⟩ higiene f das unhas **Nagelschere** F tesoura f para unhas
'nagen ['na:gən] roer **Nagetier** N roedor m
nah(e) ['na:(ə)] A ADJ ⟨⸚er; nächste⟩ perto; a. zeitlich: próximo; (bevorstehend) iminente; **ganz ~** muito perto B ADV **~ (bei)** perto de, ao pé de, próximo de; **~ daran sein zu** (inf) estar para; **j-m zu ~ treten** ofender alg, magoar alg, melindrar alg; **von ~ und fern** de todas as partes **'Nahaufnahme** F FOTO foto (-grafia) f a pouca distância
'nahe ['na:ə] → nah(e); **~ kommen** (dat) aproximar-se (de); **~ liegend** perto; a. → nahebringen, naheliegen etc
'Nähe ['nɛ:ə] F ⟨o. pl⟩ proximidade f, vizinhança f; **aus der ~** de muito perto; **in der ~** muito perto
'nahe'bei ['na:abaɪ] ADV muito perto, ao pé, próximo **nahebringen** V/T j-m etw **~** fazer compreender a/c a alg, familiarizar alg com a/c **'nahegehen** ⟨s.⟩ j-m **~** sensibilizar alg; (bekümmern) afligir alg **'nahekommen** ⟨s.⟩ j-m **~** fig chegar a conhecer alg bem; entrar na intimidade de alg **'nahelegen** sugerir, dar a entender **'naheliegen** ⟨h. & s.⟩ fig ser de supor, ser natural **'naheliegend** fig fácil de compreender, natural, evidente **'nahen** ⟨s.⟩ geh aproximar-se
'nähen ['nɛ:ən] coser; (schneidern) costurar **'Nähen** ['nɛ:ən] N costura f
'näher ['nɛ:ɐ] ⟨comp v. nahe⟩ mais perto; ADV mais de perto; fig **~ ausführen** pormenorizar; **~ kennen** conhecer de perto; **~ kommen** aproximar-se; **die ~en Umstände** os pormenores
'näherbringen fig explicar; j-m etw **~** fazer compreender melhor a/c a alg
'Nähere(s) N (mais) pormenores mpl
Nähe'rei [nɛ:ə'raɪ] F costura f
'Näherin ['nɛ:ərɪn] F costureira f
'näherkommen ⟨s.⟩ **~** (dat) fig aproximar-se (de); compreender (melhor); começar a compreender; **sich ~** (Zuneigung entwickeln) aproximar-se **nähern** ⟨-re⟩ V/T (& V/R) **(sich) ~** aproximar(-se); chegar (-se) **'nähertreten** ⟨s.⟩ aproximar(-se); **treten Sie näher!** entre!, pode entrar!
Näherungswert M valor m aproximativo
'nahestehen ⟨h. & s.⟩ (dat) fig simpatizar (com); j-m a. ser (amigo) íntimo de
'nahestehend fig íntimo
'nahezu ADV quase
'Nähgarn ['nɛ:garn] N linha f, fio m para coser
'Nahkampf M luta f corpo a corpo; combate m a pouca distância
'Nähkorb M cestinha f de costura **Nähmaschine** F máquina f de costura **Nähnadel** F agulha f
'Nährboden ['nɛ:rbo:dən] M solo m alimentício (bras frutífero); fig foco m **nähren** nutrir, alimentar (a. fig)
'nahrhaft ['na:rhaft] nutritivo
'Nährsalz N sal m alimentício (od nutritivo) **Nährstoff** M substância f nutritiva
'Nahrung ['na:rʊŋ] F alimento m, alimentação f, comida f; für Tiere: pasto m
Nahrungsaufnahme F ⟨o. pl⟩ alimentação f **Nahrungsmangel** M ⟨-s; o. pl⟩ falta f de víveres **Nahrungsmittel** N alimento m; **~ pl** géneros mpl (bras **-ê**) alimentícios
'Nährwert ['nɛ:rve:rt] M valor m nutritivo
'Nähseide F retrós m
Naht [na:t] F ⟨-; ⸚e⟩ costura f; MED sutura f **'nahtlos** ADJ & ADV sem costura; ADV fig **~ ineinander übergehen** passar

'Nahverkehr ['naːfɛrkeːr] M ⟨-s; o. pl⟩ BAHN tráfego m suburbano, transportes mpl suburbanos **Nahverkehrszug** M comboio m (bras trem m) suburbano

'Nähzeug ['nɛːtsɔyk] N ⟨estojo m⟩ de costura f

'Nahziel ['naːtsiːl] N obje(c)tivo m imediato

na'iv [na'iːf] ingénuo (bras *ê) **Naive(r)** M/F(M) ingénuo m, -a f (bras *ê) **Naivi'tät** [naivi'tɛːt] F ⟨o. pl⟩ ingenuidade f

'Name ['naːmə] M ⟨-ns; -n⟩ nome m; (Familienname) apelido m; (Rufname) primeiro nome m; **dem ~n nach** de nome; pelo nome; **im ~n von** em nome de; **die Dinge beim ~n nennen** chamar as coisas pelo seu nome; dizer as coisas como são **namenlos** sem nome, anónimo (bras *ô), indizível

'namens A ADV chamado; de nome B PRÄP ⟨gen⟩ em nome de **Namensaktie** F a(c)ção f pessoal, a(c)ção f nominativa **Namenstag** M dia m onomástico, dia m do santo **Namensvetter** M homónimo m (bras *ô); xará m, tocaio m **Namenszug** M rubrica f, monograma m

'namentlich ['naːməntlɪç] nominal; ADV por nomes; (besonders) nomeadamente, sobretudo, especialmente, particularmente **namhaft** considerável, notável; ilustre; **~ machen** nomear, denominar

'nämlich ['nɛːmlɪç] A ADJ mesmo B ADV a saber; begründend: é que ...

na'nu [na'nuː] INT ~! essa agora!

Napf [napf] M ⟨-(e)s; ¨-e⟩ tigela f; (Essnapf) gamela f; (Fressnapf) comedouro m **Napfkuchen** M bolo m de forma

'Nappa ['napa] N ⟨-s⟩ **Nappaleder** N napa f

'Narbe ['narbə] F ⟨-n⟩ ANAT cicatriz f; BOT estigma m; Leder: grão m **narbig** cheio de cicatrizes, Leder granoso

Nar'kose [nar'koːzə] F narcose f; anestesia f **Narkosearzt** M, **Narkoseärztin** F anestesista m/f **Narkotikum** [nar'koːtikum] N ⟨-s; -tika⟩ narcótico m **narkoti'sieren** [narkoti'ziːrən] ⟨-⟩ narcotizar; anestesiar

Narr [nar] M ⟨-en⟩ louco m; bobo m, tolo m; THEAT, hist gracioso m; fig **an j-m e-n ~en gefressen haben** estar doido por alg; **j-n zum ~en halten** fazer troça de alg, fazer pouco de alg **'narren** V/T j-n fazer troça (od zombar) de

'narrensicher absolutamente seguro **'närrisch** ['nɛrɪʃ] doido, louco

Nar'zisse [nar'tsɪsə] F narciso m, junquilho m

Na'sal [na'zaːl] M ⟨-s; -e⟩, **Nasallaut** M som m nasal

'naschen ['naʃən] petiscar **Nasche'rei** F, **Näsche'rei** [nɛʃə'raɪ] F gulodice f **naschhaft** ['naʃhaft] guloso **Naschkatze** F Person: petiscador(a) m(f), lambiscador(a) m(f)

'Nase ['naːzə] F nariz m; fig olfa(c)to m; **die ~ putzen/rümpfen** assoar/torcer o nariz; **e-e gute ~ haben** ter bom nariz; **pro ~** por pessoa; **auf die ~ fallen** umg espalhar-se; falhar; **s-e ~ in etw** (akk) **stecken** meter o nariz em a/c; **die ~ voll haben von** umg estar farto de; **j-n an der ~ herumführen** fazer troça de alg; fazer gato-sapato de alg; **j-m auf der ~ herumtanzen** não se importar nada com alg; fazer pouco de alg; **j-m etw unter die ~ reiben** umg atirar a/c à cara de alg; **j-m die Tür vor der ~ zuschlagen** umg dar com a porta na cara de alg; **immer der ~ nach** umg sempre a direito **naselang** umg **alle ~** a cada passo **'näseln** ['nɛːzaln] ⟨-le⟩ falar pelo nariz; ser fanhoso **näselnd** fanhoso **Nasenbein** N vómer m **Nasenbluten** N hemorragia f nasal, epistaxe f; **~ haben** deitar sangue pelo nariz **Nasenflügel** M asa f do nariz **Nasenhöhle** F fossa f nasal **Nasenloch** N narina f, narícula f, venta f **Nasenspitze** F ponta f do nariz **Nasentropfen** MPL gotas fpl para o nariz

'naseweis ['naːzəvaɪs] indiscreto; espevitado **'Naseweis** M ⟨-es; -e⟩ indiscreto m, espevitado m

'Nashorn ['naːshɔrn] N rinoceronte m

nass [nas] ⟨¨-er od -er; ¨-este od -este⟩ molhado; (feucht) húmido; bras úmido; **~ machen/werden** molhar/molhar-se **'Nässe** ['nɛsə] F ⟨o. pl⟩ humidade f, bras umidade f **nässen** ⟨-t⟩ V/T molhar, humedecer; bras umedecer; V/I transpirar a. MED; ins Bett: urinar **'nasskalt** frio e húmido (bras úmido)

Nati'on [natsi'oːn] F nação f **natio'nal**

[natsio'naːl] nacional
Natio'nalelf F̲ Fußball: equipa f (bras equipe f) nacional; bras seleção f **Nationalfeiertag** M̲ feriado m nacional, dia m de festa nacional **Nationalgericht** N̲ prato m típico **Nationalhymne** F̲ hino m nacional, **National'ismus** [natsiona'lɪsmʊs] M̲ ⟨-; o. pl⟩ nacionalismo m **National'ist(in)** M̲/F̲ ⟨-en⟩ nacionalista m/f **national'istisch** nacionalista **Nationali'tät** [natsionali'tɛːt] F̲ nacionalidade f **Nationalmannschaft** F̲ SPORT equipa f (bras equipe f) nacional **Nationalökonomie** F̲ ⟨o. pl⟩ ciências fpl económicas (bras *ô); economia f política **Nationalpark** M̲ parque m nacional **Nationalsozialismus** M̲ ⟨-ses⟩ nacionalsocialista m/f **Nationalsozialist(in)** M̲/F̲ ⟨-en⟩ nacionalsocialista m/f **Nationalversammlung** F̲ assembleia f (bras *ê) nacional

NATO, Nato ['naːto] F̲ ABK (**Nordatlantikpakt-Organisation**) OTAN f (Organização do Tratado do Atlântico Norte)

'Natrium ['naːtrium] N̲ ⟨-s; o. pl⟩ sódio m **Natron** ['naːtrɔn] N̲ ⟨-s; o. pl⟩ bicarbonato m de sódio

'Natter ['natɐ] F̲ ⟨-; -n⟩ cobra f; giftige: víbora f

Na'tur [na'tuːɐ] F̲ **1** natureza f; **freie ~** campo m **2** Körper: físico m; (Körperbeschaffenheit) constituição f, compleição f **3** (Geistesart, Gemütsart) → Naturell; **in j-s ~ liegen** ser próprio de alg

Natu'ralien [natu'raːliən] PL produtos mpl do solo; obje(c)tos mpl de história natural; **in ~** em géneros (bras *é) **naturali'sieren** [naturali'ziːrən] ⟨-⟩ POL naturalizar **Natura'lismus** M̲ ⟨-; o. pl⟩ naturalismo m **natura'listisch** naturalista

Natu'rell [natu'rɛl] N̲ ⟨-s; -e⟩ índole f; génio m, bras génio m; feitio m

Na'turereignis N̲, **Naturerscheinung** F̲ fenómeno m (bras *ô) natural **Naturforscher(in)** M̲/F̲ naturalista m/f **Naturforschung** F̲ ⟨o. pl⟩ (estudo m das) ciências fpl naturais **Naturfreund** M̲ amigo m da natureza **naturgemäß** natural; normal **Naturgeschichte** F̲ ⟨o. pl⟩ história f natural **Naturgesetz** N̲ lei f natural, lei f da natureza **naturgetreu** (ao) natural **Naturheilkunde** F̲ ⟨o. pl⟩ medicina f natural **Naturheilverfahren** N̲ terapêutica f naturalista **Naturkatastrophe** F̲ catástrofe f natural **Naturkunde** F̲ ⟨o. pl⟩ hist ciências fpl naturais **Naturlehrpfad** M̲ trilho m

na'türlich [naˈtyːrlɪç] **A** ADJ natural **B** ADV evidentemente, claro; umg **aber ~!** pois é claro! **Natürlichkeit** F̲ naturalidade f

Na'turprodukt N̲ produto m natural **Naturrecht** N̲ ⟨-(e)s; o. pl⟩ direito m natural **naturrein** natural **Naturreservat** N̲ reserva f (natural) **Naturschätze** [na'tuːɐ̯ʃɛtsə] MPL riquezas fpl naturais

Na'turschutz M̲ ⟨-es; o. pl⟩ prote(c)ção f da natureza **Naturschützer(in)** ecologista m/f, defensor(a) m(f) da natureza **Naturschutzgebiet** N̲ reserva f ecológica

Na'turtrieb M̲ instinto m **Naturvolk** N̲ povo m primitivo **Naturwissenschaften** FPL ciências fpl (físicas e naturais) **Naturzustand** M̲ ⟨-(e)s; o. pl⟩ estado m natural, estado m primitivo

'Nautik ['nautɪk] F̲ ⟨-; o. pl⟩ náutica f **nautisch** náutico

'Navi ['naːvi] N̲ ⟨-s; -s⟩ umg → Navigationsgerät

Navigati'on [navigatsi'oːn] F̲ ⟨o. pl⟩ navegação f **Navigations...** IN ZSSGN náutico **Navigationsgerät** N̲, **Navigationssystem** N̲ AUTO aparelho m, sistema m de navegação

navi'gieren [navi'giːrən] VT & VI Schiff, Flugzeug navegar (a. im Internet)

'Nazi ['naːtsi] M̲/F̲ ⟨-s; -s⟩ nazi(sta) m/f

'Nebel ['neːbəl] M̲ nevoeiro m, névoa f; poet: neblina f; SCHIFF bruma f; ASTRON nebulosa f **nebelhaft** (-este) nebuloso, vago **Nebelhorn** N̲ SCHIFF sereia f (bras *ê) f **nebelig** ≈ neblig **Nebelscheinwerfer** M̲ farol m de (od para) nevoeiro **Nebelschlussleuchte** F̲ farolim m de nevoeiro **Nebelschwaden** MPL tufos mpl de nevoeiro

'neben ['neːbən] PRÄP **1** Lage: ⟨dat⟩ Richtung: ⟨akk⟩ junto de, ao pé de, ao lado de **2** (außer) ⟨dat⟩ fora de, a par de, além de **3** (in Verbindung mit) ⟨dat⟩ (juntamente) com; acompanhado por **neben'an** ADV ao lado **Nebenanschluss** M TEL extensão f; BAHN → Nebenlinie **Nebenausgang** M saída f lateral **Nebenbedeutung** F significado m secundário **neben'bei** ADV fig de passagem; (*außerdem*) além disso **nebenberuflich** ADJ & ADV como ocupação secundária **Nebenbeschäftigung** F ocupação f acessória (*bras* extra) **Nebenbuhler(in)** M(F) rival m/f **nebenei'nander** ADV um ao lado do outro **nebeneinanderstellen** pôr junto; justapor; *fig* confrontar, comparar **Nebeneingang** M entrada f lateral (*od* de serviço) **Nebeneinkünfte** FPL, **Nebeneinnahme(n)** F(PL) emolumentos *mpl*; acumulações *fpl*; receitas *fpl* acessórias (*od* eventuais) **Nebenfach** N disciplina f complementar (*od* secundária) **Nebenfigur** F figura f (*od* personagem f) secundária **Nebenfluss** M afluente m; tributário m **Nebengebäude** N dependência f; (*Anbau*) (edifício m) anexo m **Nebengedanke** M ⟨-ns; -n⟩ segunda intenção f **Nebengeräusch** N *Radio*: ruído m parasita, interferência f **Nebengleis** N contra-carril m; *bras* contratrilho m **Nebenhandlung** F THEAT episódio m **Nebenhaus** N casa f ao lado; casa f vizinha **neben'her, neben'hin** ADV → nebenbei; acessoriamente **Nebenhöhle** F MED seio m da face; *bras* seio m paranasal **Nebenjob** M ocupação f secundária; emprego m adicional (*bras a*. extra) **Nebenkläger(in)** M(F) JUR co-autor(a) m(f); assistente m/f, litisconsorte m/f **Nebenkosten** FPL gastos *mpl* acessórios (*od* suplementares); *Wohnung* despesas *fpl* de água, luz, etc; *bras* despesas *fpl* de condomínio **Nebenmann** M vizinho m; companheiro m; **linker/rechter ~** companheiro m do lado esquerdo/direito **Nebenniere** F MED cápsula f supra-renal **Nebenperson** F personagem f secundária **Nebenprodukt** N subproduto m; CHEM derivado m **Nebenraum** M → Nebenzimmer **Nebenrolle** F THEAT papel m secundário **Nebensache** F coisa f secundária; **~ sein** não importar, não interessar **nebensächlich** secundário; de pouca importância **Nebensatz** M oração f (*od* proposição f) subordinada **nebenstehend** ADJ & ADV ao lado; à margem **Nebenstelle** F filial f; sucursal f **Nebenstraße** F travessa f; *Kreuzung*: estrada f secundária **Nebentisch** M mesa f ao lado **Nebenverdienst** M ganhos *mpl* casuais (*od* adicionais) **Nebenwinkel** M MATH ângulo m adjacente **Nebenzimmer** N quarto m contíguo

'neblig ['ne:blɪç] nebuloso; nevoento; brumoso; **es ist ~** está (*od* há) nevoeiro **nebst** [ne:pst] PRÄP ⟨*dat*⟩ *geh* (juntamente) com; acompanhado por **'necken** ['nɛkən] V/T troçar, fazer troça de; brincar; (*reizen*) provocar **neckisch** engraçado

'Neffe ['nɛfə] M ⟨-n⟩ sobrinho m
'negativ ['ne:gati:f] negativo
'Negativ ['ne:gati:f] N ⟨-s; -e⟩ FOTO negativo m
'Neger(in) ['ne:gɐr(ɪn)] M(F) neg! negro m, -a f; *pej* preto m, -a f
'nehmen ['ne:mən] (*greifen*) pegar (em); tomar; (*annehmen*) aceitar; (*mitnehmen*) levar; (*wegnehmen*) tirar; *Hindernis* vencer; **Platz ~** tomar lugar; **~ als, bei, für, zum** tomar por; **j-n beim Wort ~** levar a sério a palavra de alg; **etw an sich** (*akk*) **~** ficar com a/c; **etw auf sich** (*akk*) **~** tomar a/c a seu cargo; **in Empfang ~** receber; **zu sich** (*dat*) **~** *j-n a*. acolher, *etw* tomar, comer; ingerir; **wie man's nimmt** conforme; **im Ganzen genommen** afinal, depois de tudo

Neid [naɪt] M ⟨-(e)s; *o. pl*⟩ inveja f; **~ erregen** causar inveja **'neiden** ['naɪdən] ⟨-e-⟩ *geh* invejar **'Neider(in)** ['naɪdɐr(ɪn)] M(F) invejoso m, -a f **'neidisch** ['naɪdɪʃ] invejoso (**auf** *akk* de)

'Neige ['naɪgə] F resto m; fundagem f; (*Bodensatz*) borra f, pé m; **zur ~ gehen** esvaziar-se **neigen** V/T & V/R (**sich**) inclinar(-se); *fig a*. tender (**zu** para); **geneigt sein** *a*. estar disposto (**zu** a); *j-m* ser afeiçoado a; **sich (zum Ende) ~** *Tag* declinar **Neigung** F inclinação f (**zu** para) (*a*. MATH); *fig a*. tendência f; (*Zuneigung*) afeição f; simpatia f; (*Abhang*) declívio m, pendor m

nein [naɪn] ADV não; **Nein sagen** dizer que não; **mit (e-m) Nein antworten** responder que não; **mit Nein stimmen** votar contra; **~ so (et)was!** parece impossível!; vejam lá! ˈ**Neinstimme** F̲ voto m negativo

Nekta'rine [nɛktaˈriːnə] F̲ nectarina f, umg pêssego m careca

ˈ**Nelke** [ˈnɛlkə] F̲ cravo m; (*Gewürznelke*) cravo-da-índia m

▶ Nelkenrevolution

Die **Revolução dos Cravos** ist ein wichtiger Meilenstein in der portugiesischen Geschichte. Sie begann am 25. April 1974 mit einem Militärputsch gegen die Diktatur des António de Oliveira Salazar (seit 1933) und ebnete den Weg für die Herstellung demokratischer Verhältnisse sowie für die soziale und wirtschaftliche Neugestaltung des Landes. Bei dieser friedlichen Revolution hatte das Volk den aufständischen Soldaten Nelken in die Gewehrläufe gesteckt. Die rote Nelke gilt auch heute noch in Portugal als Symbol der Freiheit. ◀

ˈ**nennen** [ˈnɛnən] nomear; dizer *od* indicar; chamar; *mit Spitznamen*: alcunhar (de); (*benennen, betiteln*) designar de, qualificar de; (*erwähnen*) mencionar; referir; **das nenne ich** *Glück etc* isto é que é ...; que grande ... **nennenswert** digno de menção **Nenner** M̲ MATH denominador m **Nennform** F̲ infinitivo m **Nennung** F̲ denominação f **Nennwert** M̲ FIN valor m nominal

Neofa'schismus [ˈneofaʃɪsmʊs] M̲ ⟨-; *o. pl*⟩ neo-fascismo m **Neolo'gismus** [neoloˈɡɪsmʊs] M̲ ⟨-; -gismen⟩ neologismo m

ˈ**Neon** [ˈneːɔn] N̲ ⟨-s; *o. pl*⟩ néon m, neónio m (*bras* *ô) **Neonröhre** F̲ tubo m de néon

Nepp [nɛp] M̲ ⟨-s; *o. pl*⟩ umg burla f **neppen** intrujar

Nerv [nɛrf] M̲ ⟨-s; -en⟩ nervo m; BOT nervura f; **auf die ~en fallen** (*od gehen*) enervar; *bras* dar nos nervos; **die ~en verlieren** perder a cabeça

ˈ**Nervenarzt** M̲, **Nervenärztin** F̲ especialista m/f em doenças nervosas, neurologista m/f **Nervenbündel** N̲ feixe m de nervos; *fig* pilha f de nervos **Nervenentzündung** F̲ nevrite f, neurite f **Nervengas** N̲ gás m neurotóxico **Nervengift** N̲ neurotoxina f **Nervenheilkunde** F̲ neurologia f **Nervenkitzel** M̲ sensação f **Nervenknoten** M̲ gânglio m **nervenkrank** nervoso **Nervenkrankheit** F̲, **Nervenleiden** N̲ doença f nervosa **Nervensäge** F̲ umg chato m **Nervenschmerzen** MPL neuralgia f, nevralgia f **Nervenschock** M̲ ataque m nervoso; abalo m **nervenschwach** neurasténico (*bras* *ê) **Nervenschwäche** F̲ ⟨*o. pl*⟩ neurastenia f **Nervensystem** N̲ sistema m nervoso **Nervenzusammenbruch** M̲ crise f nervosa (*od* de nervos)

ˈ**nervig** [ˈnɛrvɪç] nervudo **nerˈvös** [nɛrˈvøːs] nervoso; ~ **machen** irritar **Nervosi'tät** [nɛrvoziˈtɛːt] F̲ ⟨*o. pl*⟩ nervosismo m

Nerz [nɛrts] M̲ ⟨-es; -e⟩, ˈ**Nerzfell** N̲ marta f do Canadá

ˈ**Nessel** [ˈnɛsəl] F̲ ⟨-; -n⟩ BOT urtiga f; *fig* **sich in die ~n setzen** *umg* meter-se em sarilhos (*od* encrencas) **Nesselfieber** N̲ MED urticária f

Nest [nɛst] N̲ ⟨-(e)s; -er⟩ ninho m; (*kleiner Ort*) aldeiazinha f; *fig* **elendes ~** lugarejo m, aldeola f ˈ**nesteln** ⟨-le⟩ atar, ligar; ~ **an** (*dat*) (estar a) mexer em ˈ**Nesthäkchen** [ˈnɛstheːkçən] N̲ *umg* tilho m, -a f mais novo, -a; benjamim m; *bras* caçula m/f

nett [nɛt] simpático; (*freundlich*) a. gentil; (*hübsch*) engraçado, bonito; **das ist ~ von dir** és (*bras* é) muito amável ˈ**Nettigkeit** F̲ gentileza f

ˈ**netto** [ˈnɛto], **Netto...** IN ZSSGN líquido **Nettoeinkommen** N̲ rendimento m líquido

Netz [nɛts] N̲ ⟨-es; -e⟩ rede f (*a.* ELEK, IT); (*Schleppnetz*) arrastão m; ANAT redenho m; **das ~** (*Internet*) a rede; **(j-m) ins ~ gehen** cair no laço (de *alg*); **kein ~ haben** *Handy*: não ter cobertura ˈ**Netzanschluss** m ELEK ligação f à corrente; IT ligação f à rede ˈ**netzförmig** [ˈnɛtsfœrmɪç] reticular, reticulado ˈ**Netzgerät** N̲ (fonte f de) alimentação f ˈ**Netzhaut** F̲ retina f ˈ**Netzkarte** F̲ passe m (para os transportes públicos) **Netz-**

spannung F ELEK tensão f da rede **netzunabhängig** autónomo (*bras* *ô) da rede **'Netzwerk** N rede f (*a. fig*, IT); entrelaçamento m; ARCH entrelaçado m

neu [nɔy] novo; (*kürzlich*) recente; moderno; **fast ~**, **wie ~** em estado de novo; **~este Mode** última moda f; **das ist mir ~** não sabia; para mim é novidade; **~** (*adv*), **von Neuem** de novo, voltar a (*inf*), outra vez; **~ gestalten** reorganizar; **~ vermählt** recém-casado

'Neuankömmling ['nɔyʔankœmlɪŋ] M ⟨-s; -e⟩ recém-chegado m **'Neuanschaffung** F **~ von ...** aquisição f de novos (-as) ... **'neuartig** moderno **'Neuauflage** F reimpressão f **'Neubau** M ⟨-(e)s; -ten⟩ **1** (*Gebäude*) casa f nova, casa f recém-construída; casa f em construção **2** (*erneuter Aufbau*) reconstrução f **'Neubearbeitung** F edição f refundida **'Neubildung** F reprodução f; *Wort*: neologismo m; MED neoplasma m **'Neudruck** M ⟨-(e)s; -e⟩ reimpressão f

'Neue(s) N novo m (*etw algo de*); **nichts ~s** nada de novo; **aufs ~** de novo, outra vez

'Neueinteilung F nova classificação f **'neuerdings** ['nɔyərdɪŋs] ADV recentemente, agora; novamente **Neuerer** M inovador m

'Neuerscheinung F novidade f (literária) **Neuerung** ['nɔyərʊŋ] F inovação f; reforma f **Neueste(s)** ['nɔyəstə(s)] N a(c)tualidades fpl, novidades fpl

'neugeboren recém-nascido; **sich wie ~ fühlen** sentir-se como rejuvenescido **Neugeborene(s)** N ⟨-en⟩ recém-nascido m **Neugestaltung** F reorganização f

'Neugier(de) F ⟨*o. pl*⟩ curiosidade f **neugierig** curioso (**auf** *akk* por); indiscreto

'Neuheit F novidade f **Neuigkeit** F notícia f; novidade f; *umg* nova f **Neuinszenierung** F reposição f

'Neujahr N ⟨-(e)s; *o. pl*⟩ Ano-Novo m **Neujahrstag** M dia m do Ano-Novo **Neujahrswünsche** MPL votos mpl de feliz Ano-Novo

'Neuland N ⟨-(e)s; *o. pl*⟩ terra f virgem; *fig* novos horizontes **neulich** ADV recentemente, ADV o outro dia, há pouco **Neuling** M ⟨-s; -e⟩ principiante m, novato m **neumodisch** à última moda **Neumond** M ⟨-(e)s; *o. pl*⟩ lua f nova

neun [nɔyn] NUM nove

Neun F *Zahl*: nove m

'Neunauge N ZOOL lampreia f **'neunerlei** ['nɔynərlaɪ] ADJ ⟨*inv*⟩ nove espécies de **'neunhundert** NUM novecentos **'neunjährig** nove anos (de idade) **'neunmal** ADV nove vezes (repetido) **'neunmalklug** *umg* sabichão; espevitado **'neuntausend** NUM nove mil **'neunte** NUM nono **'Neuntel** N nono m **'neuntens** ADV (em) nono (lugar) **'neunzehn** NUM dezanove; *bras* dezenove **'neunzehnte** NUM décimo nono **'neunzig** ['nɔyntsɪç] NUM noventa **'neunziger** ['nɔyntsɪɡər] **in den ~ Jahren** na década de noventa; *Person* **in den Neunzigern (sein)** (andar) na casa dos noventa (anos) **'neunzigste** NUM nonagésimo

'Neuphilologe M ⟨-n⟩ **Neuphilologin** F filólogo m, -a f de línguas modernas; *Lehrer*, **-in**: professor(a) m(f) de línguas vivas

Neural'gie [nɔyral'ɡiː] F neuralgia f **neuralgisch** [nɔy'ralɡɪʃ] neurálgico **'Neuregelung** F reorganização f **'neureich** novo-rico

Neuro'loge [nɔyro'loːɡə] M ⟨-n; -n⟩ **Neuro'login** F neurólogo m, -a f, neurologista m/f **Neu'rose** [nɔy'roːzə] F neurose f **neu'rotisch** [nɔy'roːtɪʃ] neurótico

'Neuschnee M neve f recém-caída **Neu'seeland** [nɔy'zeːlant] N Nova-Zelândia f **Neusilber** N cristofle m **neu'tral** [nɔy'traːl] neutral (*bes* POL), neutro **neutrali'sieren** [nɔytrali'ziːrən] ⟨-⟩ neutralizar **Neutrali'tät** F ⟨*o. pl*⟩ [nɔytrali'tɛːt] F neutralidade f

'Neutron ['nɔytrɔn] N ⟨-s; -en⟩ [-'troː-nən] neutrão m; *bras* nêutron m **Neutronenbombe** F bomba f de neutrões f **Neutrum** ['nɔytrʊm] N ⟨-s; -tra *od* -tren⟩ género m (*bras* *ê) neutro

Neuvermählte PL **die ~n** os noivos mpl **Neuwahl(en)** F(PL) novas eleições fpl **neuwertig** como novo **Neuzeit** F ⟨*o. pl*⟩ *Epoche*: tempos mpl modernos; idade f moderna **neuzeitlich** moderno

New York [nju:'jɔrk] N̄ Nova **A**orque f
nicht [nɪçt] não; **~ wahr?** não é verdade?; **auch ~** nem, também não; tão-pouco; **gar ~** nada, de modo algum; **~ einmal** nem sequer; **~ mehr** já não; **~ öffentlich** privado, particular; **~ rostend** inoxidável
'Nichtachtung F̄ ⟨o. pl⟩ irreverência f; falta f de respeito **Nicht'angriffspakt** M̄ pa(c)to m de não-agressão **Nichtannahme** HANDEL F̄ recusa f; não-aceitação f **Nichtbeachtung** F̄, **Nichtbefolgung** F̄ inobservância f; desrespeito m **Nichtbezahlung** F̄ não-pagamento m, falta f de pagamento
'Nichte [ˈnɪçtə] F̄ sobrinha f
'Nichteinhaltung F̄ ⟨o. pl⟩ inobservância f **Nichteinmischung** F̄ ⟨o. pl⟩ não-ingerência f; não-intervenção f **Nichterfüllung** F̄ ⟨o. pl⟩ falta f ao compromisso; não-execução f **Nichterscheinen** N̄ ⟨-s; o. pl⟩ falta f, ausência f, não-comparência f; bras não-comparecimento m; JUR contumácia f; Zeitung: suspensão f
'nichtig [ˈnɪçtɪç] fútil, vão; **(null und) ~** nulo **Nichtigkeit** F̄ futilidade f, nulidade f **Nichtigkeitserklärung** F̄ JUR anulação f
'Nichtpaktgebundenheit F̄ ⟨o. pl⟩ POL não-alinhamento m
'Nichtraucher(in) M(F) não-fumador(a) m(f); bras não-fumante m/f **Nichtraucherabteil** N̄ compartimento m para não-fumadores (bras não-fumantes) **Nichtraucherschutz** M̄ prote(c)ção f para não-fumadores (bras não-fumantes) **Nichtraucherzone** F̄ zona f de não-fumadores (bras não-fumantes)
nichts [nɪçts] PRON ⟨ohne ...⟩ nada; **~ Neues** nada de novo; **für** (od **um**) **~ und wieder ~** por nada; **mir ~, dir ~** sem mais nem menos; **das macht ~** não faz mal; **~ ahnend** sem saber de (od suspeitar) nada **Nichts** [nɪçts] N̄ ⟨-; o. pl⟩ nada m, vácuo m
'Nichtschwimmer(in) M(F) não-nadador(a) m(f) **Nichtschwimmerbecken** N̄ piscina f para não-nadadores
'nichtsdesto'weniger ADV nem por isso, não obstante, contudo **'Nichtsnutz** M̄ ⟨-es; -e⟩ mandrião m; abana-moscas m; bras preguiçoso m, indolente m **'nichtsnutzig** ruim, sem préstimo

'nichtssagend insignificante **'Nichtstun** N̄ ⟨-s; o. pl⟩ ócio m (od descanso m) completo
'Nichtzutreffende(s) N̄ ⟨o. pl⟩ **~s streichen** riscar o que não diz respeito
'Nickel [ˈnɪkəl] M̄ ⟨-s; o. pl⟩ níquel m
'nicken [ˈnɪkən] inclinar a cabeça, acenar com a cabeça; zustimmend: abanar a cabeça, fazer que sim; umg (schlafen) dormitar **Nickerchen** [ˈnɪkərçən] N̄ umg soneca f; **ein ~ machen** tirar um cochilo (od uma soneca)
'Nickituch [ˈnɪkituːx] N̄ bandana f
nie [niː] ADV **~ (und nimmer)** nunca, jamais; **~ wieder** nunca mais
'nieder [ˈniːdər] **A** ADJ baixo; Rang, Wert inferior; fig a. ignóbil **B** ADV abaixo; **~ mit ...!** abaixo ...! **niederbrennen** queimar, destruir pelo fogo **niederdeutsch** baixo-alemão **niederdrücken** abaixar; oprimir; fig a. deprimir **niederdrückend** ADJ abatedor; deprimente **niederfallen** geh ⟨s.⟩ cair para o chão; precipitar-se; **~ vor** (dat) prostrar-se (od prosternar-se) diante de
'Niederfrequenz F̄ ELEK baixa frequência f
'Niedergang M̄ decadência f **Niedergehen** ⟨s.⟩ descer; FLUG a. aterrar, baixar; aufs Wasser: amarar
'niedergeschlagen deprimido, abatido **Niedergeschlagenheit** F̄ ⟨o. pl⟩ depressão f, abatimento m, desânimo m
'niederholen SCHIFF, a. Flagge arrear (od ator) **niederknallen** abater (por tiro) **niederknien** ⟨s.⟩ ajoelhar **niederkommen** ⟨s.⟩ geh parir; **~ mit** dar à luz **Niederkunft** F̄ ⟨-; ⁼e⟩ geh parto m
'Niederlage F̄ derrota f (a. MIL), fracasso m; **j-m e-e ~ beibringen** derrotar alg **'Niederlande** [ˈniːdərlandə] NPL **die ~** Neerlândia fsg, Países-Baixos mpl **'Niederländer(in)** [ˈniːdərlɛndər(ɪn)] M(F) neerlandês m, -esa f, holandês m, -esa f **niederländisch** neerlandês, holandês, dos Países-Baixos
'niederlassen abaixar; **sich ~** (sich setzen) sentar-se; (s-n Wohnsitz nehmen) estabelecer-se, instalar-se; **sich als Rechtsanwalt ~** abrir cartório de advogado; bras abrir escritório de advocacia Nie-

'derlassung ['niːdɐlasʊŋ] F colónia f (bras *ô); HANDEL estabelecimento m; (Zweigniederlassung) sucursal f, filial f **'niederlegen** A V/T 1 pôr no chão; deitar; *Kranz, Waffen* depor 2 *schriftlich*: assentar; expor 3 *Amt* renunciar a; demitir-se de; *Arbeit* abandonar B V/R sich ~ deitar-se **'niedermachen** abater **niedermetzeln** ⟨-le⟩ assassinar; massacrar **niederreißen** abater; derrubar; ARCH a. demolir; deitar abaixo **Niedersachsen** ['niːdɐzaksn̩] N GEOG Baixa-Saxónia f **'niederschießen** matar (a tiros) **'Niederschlag** M 1 CHEM precipitado m, sedimento m; fig manifestar-se (**in** dat em); 2 **Niederschläge** pl(Regen) chuvas fpl **niederschlagen** V/T abater, derrubar, derrubar; fig abater, abafar; **sich** ~ CHEM precipitar-se **niederschlagsarm** com poucas precipitações **niederschlagsreich** com muitas precipitações **'niederschmettern** ⟨-re⟩ derrubar, fulminar; fig aterrar, esmagar **niederschmetternd** ADJ fulminante; fig desolador, esmagador **niederschreiben** assentar **Niederschrift** F minuta f; escrito m; relação f; manuscrito m **niedersetzen** ⟨-t-⟩ pôr no chão; posar; **sich** ~ sentar-se **niedersinken** ⟨s.⟩ *geh* ir descendo; deixar-se cair; sumir-se **Niederspannung** F ELEK baixa tensão f **niederstechen** matar à punhaladas **Niedertracht** F *geh* infâmia f **niederträchtig** *geh* infame; abje(c)to **niedertreten** *geh* calcar aos pés; acalcanhar **Niederung** F terreno m baixo; chã f **'niederwerfen** *geh* derrubar; *Aufstand* reprimir; (**sich**) ~ prostrar(-se) **Niederwerfung** ['niːdɐvɛrfʊŋ] F repressão f **'niedlich** ['niːtlɪç] engraçado **'niedrig** ['niːdrɪç] baixo; *Preis* moderado; **~er machen/hängen** abaixar/pendurar mais abaixo **Niedrigkeit** F baixeza f; *der Herkunft*: humildade f **Niedrigwasser** N baixa-mar f **'niemals** ['niːmaːls] ADV (não ...) nunca, jamais **niemand** ['niːmant] PRON (não ...) ninguém **Niemandsland** N ⟨-(e)s; *o. pl*⟩ terra f de ninguém

'Niere ['niːrə] F rim m **Nierenentzündung** nefrite f **nierenkrank** nefrítico, doente dos rins; ~ **sein** sofrer dos rins **Nierenstein** M cálculo m renal **'nieseln** ['niːzln̩] ⟨-le⟩ chuviscar; *bras* garoar **Nieselregen** M chuvisco m; *bras* garoa f **niesen** ['niːzn̩] ⟨-t-⟩ espirrar **'Nießbrauch** ['niːsbraʊx] M ⟨-(e)s; *o. pl*⟩ JUR usufruto m **Niet** [niːt] M/N ⟨-(e)s; -e⟩ rebite m **'Niete¹** F 1 *Los:* sorte f em branco 2 *umg (Versager, -in)* nulidade f; zero m à esquerda **'Niete²** F TECH rebite m **nieten** ⟨-e-⟩ rebitar **'niet- und 'nagelfest** absolutamente seguro **Nihi'lismus** [nihi'lɪsmʊs] M ⟨-; *o. pl*⟩ niilismo m **Nihilist(in)** M(F) ⟨-en⟩ niilista m/f **nihilistisch** niilista **Niko'tin** [niko'tiːn] N ⟨-s; *o. pl*⟩ nicotina f **nikotinfrei** sem nicotina **nikotinhaltig** [niko'tiːnhaltɪç] com nicotina **Nikotinvergiftung** F intoxicação f de nicotina **'Nil** [niːl] M ⟨-s⟩ GEOG Nilo m **'Nilpferd** ['niːlpfeːrt] N hipopótamo m **'Nimbus** ['nɪmbʊs] M ⟨-; -se⟩ nimbo m; *a. fig* auréola f **'nimmer** ['nɪmɐ] ADV, **nimmermehr** ADV *poet* nunca mais; jamais **Nimmersatt** M ⟨-(e)s; -e⟩ comilão m **Nimmer'wiedersehen** N **auf** ~ para (todo o) sempre; para nunca mais voltar **'Nippel** ['nɪpl̩] M TECH bocal m, niple m **nippen** ['nɪpn̩] ~ (**an** dat) provar; *umg* beberricar **Nippes** PL, **Nippsachen** FPL nicas fpl, quinquilharias fpl **'nirgends** ['nɪrgn̩ts] ADV, **nirgendwo** ['nɪrgn̩tvoː] ADV em parte alguma; nenhures **'Nische** ['niːʃə] F nicho m **'nisten** ['nɪstn̩] ⟨-e-⟩ aninhar; nidificar **Ni'trat** [ni'traːt] N ⟨-(e)s; -e⟩ nitrato m **Nitroglyze'rin** [nitroglytseˈriːn] N ⟨-s; -e⟩ nitroglicerina f **Ni'veau** [niˈvoː] N ⟨-s; -s⟩ nível m **nivel'lieren** [nivɛˈliːrən] ⟨-⟩ nivelar; aplanar **Nivellierung** F nivelamento m **'Nixe** ['nɪksə] F ninfa f **No.** ABK (**Nummer**) n.º (número) **'nobel** ['noːbl̩] ⟨-bl-⟩ generoso; distinto **Nobelhotel** N hotel m de luxo **No'belpreis** [noˈbɛlpraɪs] M prémio m

NÖRG

Nordportugal

Die **Região Norte** ist der nördlichste und regenreichste Teil Portugals. Sie grenzt an die nordspanische Region Galicien. Zu Nordportugal gehören die Provinzen **Trás-os-Montes**, **Douro** und **Minho**. Zusammen hat das wirtschaftlich starke Gebiet eine Fläche von ca. 21.000 qkm und 3,7 Millionen Einwohner. Die Provinz **Minho** wird wegen ihrer üppigen Vegetation gerne als der grüne Garten Portugals bezeichnet. Hier liegt auch das Anbaugebiet des **vinho verde**. Beliebtes Ausflugsziel ist der Nationalpark Peneda-Gerês mit jahrhundertealten Korkeichenwäldern. Die Provinz **Douro**, nach dem gleichnamigen Fluss benannt, ist die Wiege des Portweins (→ Info bei **Porto**) und erstreckt sich im Norden bis zur Provinz **Trás-os-Montes** (wörtlich: ‚Hinter den Bergen'). Neben dem Montesinho-Naturpark gibt es in Trás-os-Montes noch jahrhundertealte Traditionen, die von den Einwohnern liebevoll gepflegt werden: die Kunst des Dudelsacks (**gaita de foles**), die Holzstocktänze der **Pauliteiros** und das einzigartige Mirandesisch, eine Minderheitensprache aus der Gegend um Miranda do Douro.

(bras prêmio m) Nobel **Nobelpreisträger(in)** M|F titular m/f de prémio (bras *ê) Nobel

noch [nɔx] **A** ADV ainda; outro, -a; mais um, -a; **~ einmal** outra vez (**so viel/breit** tanto/a largura); **~ immer, immer ~** ainda, sempre; **immer ~ etw tun** continuar a fazer a/c; **~ zu** (inf) **sein** etc ficar por (inf); **heute ~** hoje mesmo; **~ etw?** mais alguma coisa?; **auch das ~!** era o que faltava! **B** KONJ **weder ... ~ ...** (não) nem ... nem ...

'nochmalig ['nɔxmaːlɪç] repetido, reiterado **nochmals** ADV outra vez, mais uma vez

'Nocken ['nɔkən] M TECH came f, excêntrico m **Nockenwelle** F árvore f de cames

No'made [noˈmaːdə] ⟨-n⟩, **Nomadin** F nómada m/f; bras nômade m/f

nomi'nal [nomiˈnaːl], **Nominal...** IN ZSSGN nominal **Nominaleinkommen** N receita f nominal **Nominalwert** M valor m nominal

'Nominativ ['nominatiːf] M ⟨-s; -e⟩ nominativo m

nomi'nell nominal **nominieren** ⟨-⟩ nomear

No-'Name-Produkt [noːˈnɛːmprodʊkt] N produto m sem marca

'Nonne ['nɔnə] F freira f

Non'stop-Flug [nɔnˈʃtɔpfluːk] M voo m (bras vôo m) non stop

Nord ['nɔrt] M ⟨-(e)s; o. pl⟩ norte m; poet → Nordwind **'Nord...** IN ZSSGN mit Länder- und Völkerbezeichnungen: do Norte,

setentrional **Nordafrika** N África f do Norte **Nordamerika** N America f do Norte **'Nordameri'kaner(in)** M|F norte-americano m, -a f **'nordameri-'kanisch** norte-americano **Nordatlantik** M ⟨-s; o. pl⟩ Atlântico m Norte **Nordat'lantikpakt** M ⟨-(e)s; o. pl⟩ tratado m do Atlântico Norte **norddeutsch** norte-alemão **Norddeutschland** N Norte m da Alemanha f **'Norden** ['nɔrdən] M ⟨-s; o. pl⟩ norte m; **im/nach ~** no/ao norte **Nordeuropa** N Norte m da Europa **'nordisch** ['nɔrdɪʃ] do Norte; nórdico

'nördlich ['nœrtlɪç] **A** ADJ setentrional; do norte; Breite norte; Erdhälfte a. boreal; Polarkreis ár(c)tico **B** ADV ao norte; **~ von** (od gen) ao norte de

'Nordlicht N aurora f boreal **Nordost(en)** M ⟨-ens; o. pl⟩ nordeste m **nord'östlich** ADJ do nordeste; ADV ao nordeste **Nordpol** M ⟨-s; o. pl⟩ pólo m norte, pólo m ár(c)tico **Nordrhein-Westfalen** N Renânia f do Norte-Vestefália **Nordsee** F ⟨o. pl⟩ Mar m do Norte **Nord'west(en)** M ⟨-ens; o. pl⟩ noroeste m **nord'westlich** ADJ do noroeste; ADV ao noroeste **Nordwind** M vento m norte, nortada f

Nörge'lei [nœrgəˈlaɪ] F critiquice f; bras críticas fpl **'nörgeln** ⟨-le⟩ fazer critiquice; estar descontente (od insatisfeito); bras a. ficar criticando (od reclamando) **'Nörgler(in)** M|F critiqueiro m, -a f; sempre descontente m/f; bras sempre insatisfeito m, -a f

NORM | 1046

▶ Notfälle

Die mobile Pannenhilfe des **Automóvel Clube de Portugal** ist täglich von 8.00 bis 23.30 Uhr im Einsatz. Auf Landstraßen und Autobahnen finden Sie in regelmäßigen Abständen die orangefarbenen SOS-Telefone. Die Notrufnummer lautet landesweit 112. Sie ist gebührenfrei und gilt für Feuerwehr, Rettungsdienst und Polizei. Die **farmácias** (Apotheken) sind von 9.00 bis 13.00 Uhr und von 15.00 bis 19.00 Uhr geöffnet. Ihr Kennzeichen ist ein weißes Kreuz auf grünem Grund.

Hier einige Wendungen, die Sie hoffentlich nie brauchen werden:

Hilfe!	Socorro!
Bitte helfen Sie mir!	Ajudem-me, por favor!
Ich fühle mich nicht wohl.	Não me sinto bem.
Ich brauche einen Arzt!	Preciso de um médico!
Rufen Sie bitte einen Krankenwagen!	Por favor, chamem uma ambulância!
Rufen Sie bitte die Polizei / die Feuerwehr!	Por favor, chamem a polícia / os bombeiros!
Wo ist die nächste Apotheke?	Onde é a próxima farmácia?

Norm [nɔrm] F̲ norma f; padrão m
nor'mal [nɔrˈmaːl] normal **Normal-benzin** N̲ ‹-s; o. pl› (gasolina f) normal m **Normalspur** BAHN via f normal **normali'sieren** [nɔrmaliˈziːrən] ‹-› normalizar **Normali'sierung** F̲ normalização f **Normalverbraucher** M̲ umg Otto ~ o consumidor médio **Normalzeit** F̲ hora f oficial
'normen [ˈnɔrmən] normalizar **Norm(ier)ung** F̲ normalização f
'Norwegen [ˈnɔrveːɡən] N̲ Noruega f **Norweger(in)** [ˈnɔrveːɡɐr(ɪn)] M̲/F̲ norueguês m, -esa f **norwegisch** norueguês, da Noruega
Not [noːt] F̲ ‹-; ⁼e› ❶ (Elend) miséria f; ~ **leiden** estar na miséria; ~ **leidend** necessitado ❷ (Mangel a.) falta f ❸ (Notlage) urgência f, precisão f; **wenn ~ am Mann ist** em caso de urgência ❹ (Gefahr) perigo m ❺ (Kummer, Mühe) pena f; aflição f; **seine (liebe) ~ haben mit** ver-se a braços com; ter dificuldades com; ver-se aflito com ❻ (Notwendigkeit) necessidade f; **zur ~** no pior dos casos
No'tar(in) [noˈtaːr(ɪn)] M̲/F̲ ‹-s; -e› notário m, -a f; tabelião m, tabeliã f **Notari'at** [notariˈaːt] N̲ ‹-(e)s; -e› Amt: notariado m; Büro: cartório m de notário **notari'ell** [notariˈɛl] ADJ notarial; ADV por no-

tário
'Notarzt M̲, **Notärztin** F̲ médico m, -a f de urgência
'Notaufnahme F̲ banco m (de urgências) **Notausgang** M̲ saída f de emergência **Notbehelf** M̲ ‹-(e)s; -e› provisório m, expediente m, recurso m **Notbremse** F̲ BAHN travão m (bras freio m) de emergência **Notdienst** M̲ ‹-(e)s; o. pl› bes MED serviço m de urgência **Notdurft** F̲ ‹o. pl› geh necessidade f; **s-e ~ verrichten** fazer as suas necessidades **notdürftig** necessitado; provisório; ADV a. mal
'Note [ˈnoːtə] F̲ nota f; MUS pl ~**n** a. música fsg; bras a. cédula f
Notebook [ˈnoːtbʊk] ‹-s; -s› troca nComputer: (computador m) portátil m; bras notebook m
'Notenaustausch M̲ ‹-(e)s; o. pl› POL troca f de notas **Notenbank** F̲ FIN banco m emissor **Notenblatt** N̲ MUS folha f de música **Notenheft** N̲ MUS caderno m de música **Notenpult** N̲, **Notenständer** M̲ estante f de música
'Notfall M̲ caso m de necessidade (od urgência) **notfalls** ADV em caso de necessidade **notgedrungen** forçoso; ADV à força **Notgroschen** M̲ mealheiro m; pecúlio m **Nothilfe** F̲ serviço m

de emergência
no'tieren [noˈtiːrən] ⟨-⟩ V/T **1** (*aufschreiben*) notar; tomar nota (de); anotar **2** FIN cotizar **Notierung** F **1** apontamento m, anotação f **2** FIN cotação f
'nötig [ˈnøːtɪç] preciso, necessário; **~ haben** precisar de, necessitar; ter necessidade de **nötigen** [ˈnøːtɪgən] *j-n* obrigar; coagir; (*drängen*) urgir; **sich ~ lassen** fazer-se rogar, fazer cerimónias (bras *-ô*) **nötigenfalls** ADV em caso de necessidade; se for preciso **Nötigung** [ˈnøːtɪɡʊŋ] F intimação f; (*Zwang*), a. JUR coa(c)ção f, obrigação f
No'tiz [noˈtiːts] F nota f, apontamento m, anotação f; (*Zeitungsnotiz*) notícia f; **~ nehmen von** (*bemerken*) dar por, reparar em; **sich** (*dat*) **~en machen** tomar apontamentos **Notizblock** M bloco m de notas **Notizbuch** N livro m de notas; agenda f
Notlage F situação f de emergência; calamidade f; apuros mpl **notlanden** ⟨-e-; s. u. h.⟩FLUG fazer uma aterragem (bras *a.* aterrissagem) forçada **Notlandung** F FLUG aterragem f (bras aterrissagem f) forçada (od de emergência) **Notlösung** F solução f provisória (od de emergência) **Notlüge** F mentira f forçada (od oficiosa) **Notmaßnahme** F medida f urgente
no'torisch [noˈtoːrɪʃ] notório, notável **'Notruf** M grito m de socorro; TEL chamada f de urgência **Notrufsäule** F poste m de socorro; telefone m de urgência **Notschlachtung** F abate m de urgência **Notsignal** N sinal m de alarme **Notsitz** M AUTO lugar m sobresselente **Notstand** M estado m de emergência; calamidade f pública **Notstandsgebiet** N território m em estado de emergência **Notstromaggregat** N grupo m gerador de emergência **Notverband** M MED ligadura f provisória **Notverordnung** F decreto-lei m de emergência **Notwehr** F ⟨o. pl⟩legítima defesa f; **aus** od **in ~** em legítima defesa **notwendig** preciso, necessário **Notwendigkeit** F necessidade f
'Nougat [ˈnuːɡat] M/N ⟨-s; -s⟩nogado m; bras *a.* nugá m
No'velle [noˈvɛla] F novela f
No'vember [noˈvɛmbɐ] M Novembro m; **im ~** em Novembro
Novi'tät [noviˈtɛːt] F novidade f
No'vize [noˈviːtsa] M ⟨-n⟩ **Novizin** [noˈviːtsɪn] F noviço m, -a f
'Novum [ˈnoːvʊm] N ⟨-s; Nova⟩caso m novo; situação f sem precedente
Nr. ABK **(Nummer)** n.º (número)
Nu [nuː] N **im ~** num ai, num instante
Nu'ance [nyˈãːsa] F grau m, matiz f; cambiante f; **e-e ~** + *comp* uma coisa de nada mais ..., um nadinha mais ... **nuan'cieren** [nyãˈsiːrən] ⟨-⟩ graduar, matizar
'nüchtern [ˈnʏçtɐn] **1** (*ohne gegessen zu haben*) em jejum **2** (*ohne Alkohol getrunken zu haben*) não alcoolizado, sóbrio; **wieder ~** de novo sóbrio **3** *fig, a. etw* prosaico; (*sachlich*) obje(c)tivo **Nüchternheit** F ⟨o. pl⟩ sobriedade f; *fig a.* prosaísmo m
'nuckeln [ˈnʊkəln] ⟨-le⟩ chuchar; chupar **'Nudel** [ˈnuːdəl] F ⟨-; -n⟩ *meist* PL **~n** GASTR massa(s) f(pl); (*Fadennudel*) aletria f; *italienische:* macarrão m; talharim m **Nudelholz** N GASTR rolo m de pastel (bras para massa)
Nu'dist(in) [nuˈdɪst(ɪn)] M(F) ⟨-en⟩nudista m/f
'Nugat [ˈnuːɡat] M/N → Nougat
nukle'ar [nukleˈaːr] nuclear **Nukleartechnik** F técnica f nuclear
null [nʊl] NUM zero; **~ (und nichtig)** nulo; **~ Bock** *umg* na vontade f **Null** F Zahl: zero m; **drei Grad unter/über ~** três graus negativos/positivos; *fig* nulidade f **'Nullpunkt** M zero m; Achsenkreuz: origem f **'Nulltarif** M **zum ~** sem custos; gratuito **'Nullwachstum** N ⟨o. pl⟩ crescimento m zero
nume'rieren → nummerieren
'Nummer [ˈnʊmɐ] F ⟨-; -n⟩número m; Bibliothek: cota f **numme'rieren** [nʊməˈriːrən] ⟨-⟩numerar **Numme'rierung** F numeração f **'Nummernkonto** N conta f numerada **'Nummernschild** N AUTO *etc*: placa f (od chapa f) de matrícula, matrícula f
nun [nuːn] ADV agora; então; **~ überleitend**: ora; **~ ja!** ora bem!, pois bem!; **~ gut!** seja!, **von ~ an** de agora em diante
'nunmehr ADV de ora avante; agora; daqui em diante

'Nuntius ['nʊntsiʊs] M ⟨-; Nuntien⟩ REL núncio m

nur [nuːr] ADV só, apenas, somente, não ... senão; ~ **(noch)** não ... mais que; **nicht** ~ ..., **sondern auch** ... não só ... mas (od como) também ...; ~ **zu!** vamos!

'nuscheln ['nʊʃəln] ⟨-le⟩ umg falar de forma indistinta

Nuss [nʊs] F ⟨-; ¨-e⟩ (Walnuss) noz f; (Haselnuss) avelã f; fig **harte** ~ bico-de-obra m **'Nussbaum** M Holz: nogueira f

'Nussknacker M quebra-nozes m

'Nussschale F casca f (da noz); fig (Boot) casquinha-de-noz f

'Nüstern ['nʏstɐrn] FPL ventas fpl, narinas fpl

'Nut(e) ['nuːt(ə)] F TECH ranhura f, entalho m **nuten** ⟨-e-⟩ entalhar

'Nutte ['nʊtə] F vulg puta f

nutz [nʊts] ⟨nur präd⟩ **zu nichts ~e sein** não prestar para nada **'nutzbar** útil, proveitoso; ~ **machen** AGR cultivar **'nutzbringend** útil

'nutzen ['nʊtsən], **'nützen** ['nʏtsən] ⟨-t⟩ A V/i servir, prestar, ser útil (**zu** para); **j-m** ~ valer a alg; **nichts** ~ ser inútil; não adiantar (nada) B V/t aproveitar, utilizar, tirar proveito de

'Nutzen M ⟨o. pl⟩ utilidade f; proveito m, vantagem f; HANDEL a. benefício m; **zum** ~ **von** em benefício de

'Nutzer(in) M(F) utente m/f, usuário m, -a f; bes IT utilizador(a) m(f) **nutzerfreundlich** IT de fácil manejo

'Nutzfahrzeug N veículo m utilitário **Nutzgarten** M horta f **Nutzholz** N madeira f aproveitável **Nutzlast** F TECH carga f útil

'nützlich ['nʏtslɪç] útil; **sich** ~ **machen** tornar-se útil **Nützlichkeit** F ⟨o. pl⟩ utilidade f; proveito m

'nutzlos inútil **Nutzlosigkeit** ['nʊtsloːzɪçkaɪt] F ⟨o. pl⟩ inutilidade f

'Nutznießer(in) ['nʊtsniːsɐr(ɪn)] M(F) beneficiário m, -a f, usufrutuário m, -a f **Nutzpflanze** F planta f útil **Nutzung** F uso m; usufruto m, gozo m; HANDEL, AGR exploração f **Nutzungsbedingungen** FPL bes IT condições fpl de uso (od de utilização) **Nutzungsrecht** N direito m de usufruto

'Nylon ['naɪlɔn] N ⟨-s; -s⟩ nylon m **Nylonstrümpfe** MPL meias fpl de nylon

'Nymphe ['nʏmfə] F ninfa f
nympho'man [nʏmfoˈmaːn] ninfomaníaca; bras ninfômana

O, o [oː] N ⟨-; -⟩ O, o m

o. Ä. ABK ⟨oder Ähnliches⟩ (ou semelhante)

O'ase [oˈaːzə] F oásis m (a. fig)

ob [ɔp] A KONJ se; **als** ~ como se; **und** ~ **(...)!** se ...!; pois (é claro que ...)! B PRÄP ⟨gen⟩ 1 GEOG ⟨dat⟩ por cima de 2 geh (wegen) por causa de

OB [oːˈbeː] M ABK ⟨-s; -s⟩ → Oberbürgermeister(in)

o. B. ABK ⟨ohne Befund⟩ MED negativo

'Obacht ['oːbaxt] F ⟨o. pl⟩ cuidado m, atenção f; ~ **geben** ter od tomar cuidado, prestar atenção

'Obdach ['ɔpdax] N ⟨-(e)s; o. pl⟩ casa f; abrigo m; asilo m; ~ **gewähren** dar asilo, abrigar **obdachlos** sem casa, desabrigado **Obdachlosenasyl** N, **Obdachlosenheim** N albergue m; asilo m de mendicidade (bras mendigos) **Obdachlosigkeit** ['ɔpdaxloːzɪçkaɪt] F ⟨o. pl⟩ desabrigo m; bras mendicância f

Obdukti'on [ɔpdʊktsiˈoːn] F autópsia f **obdu'zieren** [ɔpduˈtsiːrən] ⟨-⟩ fazer a autópsia

'O-Beine [ˈoːbaɪnə] NPL pernas fpl curvas, pernas fpl arqueadas **o-beinig** [ˈoːbaɪnɪç] cambado

Obe'lisk [obeˈlɪsk] M ⟨-en⟩ obelisco m
'oben [ˈoːbən] ADV em cima, por cima; (in der Höhe) no cimo; **da** ~, **dort** ~ lá em cima; **hier** ~ cá em cima; **nach** ~ para cima; **von** ~ **bis unten** de cima para baixo; **von** ~ **herab** fig sobranceiro; bras orgulhoso; ~ **ohne** umg topless; ~ **erwähnt**, ~ **genannt** supracitado, mencionado atrás

oben'an ADV em cima; em primeiro lugar **oben'auf** ADV, umg **obendrauf** ADV → **oben oben'drein** ADV de mais a mais; por cima **ob'en'hin** ADV ao de leve, superficialmente

'**Ober** M GASTR empregado m (de mesa); *umg* (**Herr**) ~! chefe!

'**Oberarm** M braço m **Oberarzt** M, **Oberärztin** F médico-chefe m, médica-chefe f **Oberaufsicht** F m/f de serviço **Oberaufsicht** F ‹o. pl› inspe(c)ção f geral; superintendência f **Oberbau** M ‹-(e)s; -ten› superestrutura f; construção f superior **Oberbefehl** M ‹-(e)s; o. pl› comando m supremo **Oberbefehlshaber** M comandante-em-chefe m **Oberbekleidung** F ‹o. pl› vestuário m **Oberbett** N edredão m; *bras* edredom m **Oberbürgermeister(in)** M(F) presidente m, -a f da câmara (municipal); *bras* prefeito m, -a f

'**obercool** [o:bɐkuːl] *umg* super fixe, porreiro; *bras* super legal

'**Oberdeck** N SCHIFF tolda f, tombadilho m

'**obere** ['oːbərə] ADJ superior

'**Oberfläche** F superfície f; *Wasser* a. tona f; **an der** ~ ‹gen› à flor de, à superfície do **oberflächlich** ['oːbɐflɛçlɪç] superficial; sumário

'**Obergeschoss** N andar m superior **oberhalb** PRÄP ‹gen› na parte de cima de; acima de; *am Fluss*: o rio acima **Oberhand** F ‹o. pl› **die** ~ **gewinnen** sobrepor-se, impor-se (**über** *akk* a); **die** ~ **haben** predominar, prevalecer **Oberhaupt** N chefe m **Oberhaus** N Câmara f Alta, Câmara f dos Pares **Oberhaut** F ‹o. pl› epiderme f; cútis f **Oberhemd** N camisa f **Oberherrschaft** F soberania f; supremacia f, hegemonia f **Oberhoheit** F suserania f; supremo poder m

'**Oberin** F REL madre-superiora f; MED enfermeira-dire(c)tora f; *bras* enfermeira-chefe f

'**oberirdisch** aéreo

'**Oberkellner** M chefe m de mesa (*od* dos empregados); *bras* maître m **Oberkiefer** M maxila f (*bras* maxilar m) superior **Oberkommando** N alto-comando m **Oberkörper** M busto m, meio-corpo m, tronco m **Ober'landesgericht** N tribunal m de relação **Oberlauf** M curso m superior **Oberleder** N cabedal m; *bras* couro m para calçados

Oberleitung F dire(c)ção f geral; linha f aérea; TECH catenária f **Oberleutnant** M ‹-s; -s› primeiro-tenente m **Oberlicht** N ‹-(e)s; -er› *Fenster*: clarabóia f **Oberlippe** F lábio m superior **Oberschenkel** M coxa f **Oberschicht** F POL classes fpl superiores **Oberschwester** F MED primeira-enfermeira f **Oberseite** F face f superior

'**Oberst** M ‹-en› MIL coronel m

'**Ober'staatsanwalt** M procurador m geral da República

'**oberste** ['oːbɐstə] ‹sup v. → obere› o mais alto; supremo; sumo '**Oberst-'leutnant** M MIL tenente-coronel m

'**Oberstufe** F *Gymnasium*, 10.-12. Klasse (*früher a.* 13.): últimos três anos do ensino secundário (*bras* médio) **Oberteil** N parte f superior, parte f de cima; *Bekleidung*: corpo m **Oberwasser** N ‹-s; o. pl› *umg* ~ **bekommen** *fig* conseguir sobrepor-se (*od* impor-se); ~ **haben** estar (*od* sentir-se) numa situação vantajosa

ob'gleich [ɔpˈɡlaɪç] *geh* → obgleich

'**Obhut** ['ɔphuːt] F ‹o. pl› *geh* guarda f; prote(c)ção f; **in j-s** ~ aos cuidados de alg, sob a custódia de alg

'**obig** ['oːbɪç] sobredito, supradito

Ob'jekt [ɔpˈjɛkt] N ‹-(e)s; -e› obje(c)to m; GRAM complemento m **objekt'iv** obje(c)tivo **Objekt'iv** [ɔpjɛkˈtiːf] N ‹-(e)s; -e› obje(c)tiva f **Objektivi'tät** [ɔpjɛktiviˈtɛːt] F ‹o. pl› obje(c)tividade f **Objektträger** M porta-obje(c)to m

O'blate [oˈblaːta] F obreia f; REL hóstia f

ob'liegen V/UNPERS ‹s. *u. h.*› **j-m** ~ cumprir a alg, caber a alg

Obli'gati'on [obligatsiˈoːn] F FIN obrigação f **obligat'orisch** [obligaˈtoːrɪʃ] obrigatório

'**Obmann** M, **Obmännin** F chefe m/f, representante m/f; *Schiedsgericht*: chefe m/f dos árbitros

O'boe [oˈboːə] F oboé m

'**Obrigkeit** ['oːbrɪçkaɪt] F autoridade(s) f(pl)

ob'schon KONJ ainda que, se bem que, embora (*subj*)

Observa'torium [ɔpzɛrvaˈtoːrium] N ‹-s; -torien› observatório m

obs'kur [ɔpsˈkuːr] obscuro

Obst [oːpst] N ‹-es; -sorten› fruta f

'Obstbau M ⟨-(e)s; o. pl⟩ fruticultura f
'Obstbaum M árvore f de fruto, árvore f frutífera 'Obsternte F colheita f de fruta 'Obstgarten M pomar m de fruta 'Obsthändler(in) M(F) vendedor(a) m(f) de fruta; fruteiro m, -a f; bras a. quitandeiro m, -a f 'Obstkuchen M bolo m de frutas 'Obstmesser N faca f de fruta 'Obstplantage F pomar m de fruta 'Obstsaft M sumo m (bras suco m) de fruta 'Obstsalat M salada f de frutas 'Obstschale F pele f da fruta, casca f da fruta; Schüssel: fruteira f

▶ Obst aus Brasilien

Brasilien ist bekannt für seine zahllosen, manchmal nur regional verbreiteten Obstsorten. Der Größte Teil des in Brasilien angebauten Obstes, besonders Orangen, Zitronen, Bananen, Papaya, wird ins Ausland exportiert. Auch Äpfel und Trauben werden mittlerweile im kälteren Süden des Landes angebaut. Einige besonders typische oder exotische Sorten:

abacaxi	Ananas
acerola	Acerolakirsche
fruta do conde, pinha	Zimtapfel
goiaba	Guave
jabuticaba	Baumstammkirsche
laranja	Orange
mamão	Papaya-Art
manga	Mango
maracujá	Maracuja
pitanga	Surinamkirsche

obs'zön [ɔps'tsøːn] obsceno
ob'wohl KONJ ainda que, se bem que, embora (subj)
'Ochse ['ɔksə] M ⟨-n⟩ boi m; fig burro m
ochsen umg ⟨-t⟩ estudar; marrar Ochsenschwanzsuppe F sopa f de rabo de boi
'Ocker ['ɔkər] M/N ocra f; (Rötel) almagre m

'Ode ['oːdə] F ode f
'öde ['øːdə] ADJ deserto, despovoado, ermo; fig aborrecido, desolador
'Öde F deserto m, ermo m; solidão f
'oder ['oːdər] KONJ ou; ~ aber, ~ auch ou então
Odys'see [ody'seː] F odisseia f (bras odisséia) (a. fig)
'Ofen ['oːfən] M ⟨-s; ⸚⟩ fogão m; bras estufa f; (Backofen) u. TECH forno m; der ~ ist aus fig acabou-se Ofenrohr N cano m do fogão (bras da estufa) Ofensetzer M estufeiro m
'offen ['ɔfən] A ADJ aberto, descoberto; (unbesetzt) vago, livre; (unausgefüllt) em branco; Betrag por liquidar; Frage em suspenso; Kredit ilimitado; fig franco, sincero; ~ lassen Fenster deixar aberto; auf ~er See em alto mar; auf ~er Straße em plena rua B ADV ~ gesagt, ~ gestanden com franqueza; ~ stehen estar aberto; ~ stehend aberto
'offen'bar ADJ evidente, manifesto, patente; ADV pelos vistos; ~ werden evidenciar-se, revelar-se offenbaren [ɔfən'baːrən] ⟨-⟩ manifestar; (aufdecken) revelar Offenbarung [ɔfən'baːruŋ] F revelação f; ~ (Johannis) Apocalypse m Offenbarungseid M JUR declaração f ajuramentada de insolvência
'offenbleiben Frage ficar em aberto
offenhalten fig reservar
'Offenheit F ⟨-; o. pl⟩ franqueza f, sinceridade f offenherzig franco, sincero offenkundig notório; evidente offenlassen Frage deixar em aberto offensichtlich evidente, óbvio; ADV pelos vistos; ~ sein a. saltar aos olhos Offensive [ɔfɛn'ziːvə] F ofensiva f; die ~ ergreifen tomar a ofensiva offenstehend Geschäft pendente; Stelle vago, vacante
'öffentlich ['œfəntlɪç] público, notório; ADV em público; ~e Hand f fisco m; ~ bekannt machen publicar Öffentlichkeit F ⟨o. pl⟩ público m; publicidade f; an die ~ bringen fazer público, dar publicidade a; in der ~ em público; unter Ausschluss der ~ à porta fechada Öffentlichkeitsarbeit F relações fpl públicas; comunicação f öffentlich-'rechtlich de direito público
offe'rieren [ɔfə'riːrən] ⟨-⟩ HANDEL ofe-

recer **Of'ferte** [ɔˈfɛrtə] F̲ oferta f
offizi'ell [ɔfitsiˈɛl] A̲D̲J̲ oficial; A̲D̲V̲ oficialmente, de ofício
Offi'zier [ɔfiˈtsiːr] M̲ ⟨-s; -e⟩ oficial m; **Erster ~** SCHIFF imediato m **Offizierskorps** N̲ oficialidade f **Offizierspatent** N̲ MIL despacho m de oficial
offizi'ös [ɔfitsiˈøːs] pej oficioso
'offline [ˈɔflaɪn] A̲D̲V̲ INTERNET offline, desconectado; **~ gehen** desconectar-se
'öffnen [ˈœfnən] ⟨-e-⟩ abrir; *Gefäß* destapar **Öffner** M̲ abridor m **Öffnung** F̲ abertura f; aberta f; (*Ausgang*) saída f; (*Loch*) buraco m, orifício m; (*Spalt*) fenda f **Öffnungszeiten** F̲P̲L̲ horário m de abertura, horas fpl de serviço
'Offsetdruck [ˈɔfsɛtdrʊk] M̲ ⟨-(e)s; -e⟩ offset m; bras ofsete m
oft [ɔft] A̲D̲V̲ frequentemente; a miúdo; muitas vezes; **so ~** tantas vezes (**wie** que subj); **wie ~** quantas vezes
'öfter [ˈœftər] A̲D̲V̲ (comp v. oft) mais vezes; com mais frequência **öfters** A̲D̲V̲ às vezes
'oftmalig [ˈɔftmaːlɪç] frequente **oftmals** A̲D̲V̲ → oft
o. g. A̲B̲K̲ → obengenannt
OG [oːˈgeː] N̲ A̲B̲K̲ → Obergeschoss
oh [oː] I̲N̲T̲ oh; **~ je!, ~ weh!** ai, ai!
oHG [oːhaːˈgeː] F̲ A̲B̲K̲ (**offene Handelsgesellschaft**) sociedade f em nome cole(c)tivo
Ohm [oːm] n ⟨-s; -⟩ PHYS ómio m
'ohne [ˈoːnə] P̲R̲Ä̲P̲ (akk) **~ zu** (inf) sem; K̲O̲N̲J̲ **~ dass** sem que (subj); sem (nom + inf); **~ Weiteres** sem mais nada; sem as sentenças **ohne'dies** A̲D̲V̲ sem isso; → ohnehin **ohne'gleichen** sem igual, sem par **ohne'hin** A̲D̲V̲ mesmo assim, além disso
'Ohnmacht [ˈoːnmaxt] F̲ impotência f; fraqueza f; MED desmaio m, desfalecimento m; **in ~ fallen** desmaiar **ohnmächtig** impotente; MED desmaiado; **~ werden** desmaiar; perder os sentidos
Ohr [oːr] N̲ ⟨-(e)s; -en⟩ orelha f, ouvido m; **die ~en steifhalten** fig não desanimar; **bis über beide ~en verliebt in** (akk) doido por; **ganz ~ sein** ser todo ouvidos; **j-m etw ins ~ sagen** segredar a/c ao ouvido de alg; **j-m in den ~en liegen** maçar alg; **j-n übers ~ hauen** intrujar alg; explorar alg; bras enganar alg; **mir**

ist zu **~en gekommen, dass ...** ouvi dizer que ...
Öhr [øːr] N̲ ⟨-(e)s; -e⟩ olho m (da agulha), fundo m; asa f
'Ohrenarzt M̲, **Ohrenärztin** F̲ otologista m/f, médico m, -a f especializado, -a em doenças do ouvido **ohrenbetäubend** estrondoso **Ohrenentzündung** F̲ otite f **Ohrenheilkunde** F̲ ⟨o. pl⟩ otologia f **Ohrenleiden** N̲ doença f dos ouvidos **Ohrensausen** N̲ ⟨-s; o. pl⟩ zunido m (od zumbido m) dos ouvidos **Ohrenschmalz** N̲ ⟨-es; o. pl⟩ cerume m, cera f dos ouvidos **Ohrenschmaus** M̲ ⟨-es; o. pl⟩ encanto m para os ouvidos **Ohrenschmerzen** M̲P̲L̲ dor f nos ouvidos **Ohrenschützer** M̲P̲L̲ abafadores mpl **Ohrenzeuge** M̲ ⟨-n⟩ **Ohrenzeugin** F̲ testemunha f auricular
'Ohrfeige F̲ bofetada f **ohrfeigen** [ˈoːrfaɪgən] esbofetear; dar bofetada(s) em **Ohrhörer** M̲ auriculares mpl; bras fone m (de ouvido) **Ohrläppchen** [ˈoːrlɛpçən] N̲ lóbulo m **Ohrmuschel** F̲ concha f do ouvido **Ohrring** M̲ brinco m **Ohrstecker** M̲ brinco m **Ohrwurm** M̲ fig umg melodia f contagiante
o. k., okay [oːˈkeː] I̲N̲T̲ umg okay; bras tá legal!
Okkul'tismus [ɔkʊlˈtɪsmʊs] M̲ ⟨-; -en⟩ ocultismo m
Okku'pati'on [ɔkupatsiˈoːn] F̲ hist ocupação f **okkupieren** ⟨-⟩ ocupar
'Ökoaktivist(in) [ˈøːkoʔaktivɪst(ɪn)] M̲(F) ecologista m/f militante, ecomilitante m/f **Ökobilanz** F̲ balanço m ecológico **Ökolabel** N̲ rótulo m ecológico **Ökoladen** M̲ loja f de produtos biológicos (bras a. orgânicos)
Öko'loge [økoˈloːgə] M̲ ⟨-n⟩ **Öko'login** F̲ ecologista m/f **Öko'lo'gie** [økoloˈgiː] F̲ ecologia f **öko'logisch** ecológico
Öko'nom(in) [økoˈnoːm(ɪn)] M̲(F) ⟨-en⟩ economista m/f **Öko'nomie** [økonoˈmiː] F̲ economia f **öko'nomisch** [økoˈnoːmɪʃ] económico (bras *ô)
'Ökosiegel N̲ selo m ecológico **Ökosteuer** F̲ imposto m ambiental (od ecológico); ecotaxa f **Ökotourismus** M̲ turismo m ambiental (od ecológico)
Ok'tanzahl [ɔkˈtaːntsaːl] F̲ índice m de

octanas, octanagem f
Ok'tave [ɔk'ta:va] F oitava f
Ok'tober [ɔk'to:bər] M Outubro m; **im ~** em Outubro
Oku'lar [oku'laːr] N ⟨-s; -e⟩ ocular f
Öl [ø:l] N ⟨-(e)s; -e⟩ **1** GASTR (*Olivenöl*) azeite m; (*Erdnussöl etc*) óleo m **2** REL, KUNST, (*Schmieröl*) óleo m; **in ~ malen** pintar a óleo **Ölbaum** M oliveira f **Ölberg** M ⟨-(e)s; *o. pl*⟩ REL Horto m das Oliveiras **Ölbild** N pintura f a óleo, quadro m a óleo **Öldruck** M ⟨-(e)s; -e⟩ TECH pressão f do óleo; TYPO oleografia f

Ole'ander [ole'andər] M BOT (a)loendro m

'ölen [ø:lən] V/T TECH untar (*a. salben*), lubrificar; olear
Ölen N lubrificação f
'Ölfarbe F tinta f de óleo **Ölfeld** N ⟨-(e)s; -er⟩ campo m petrolífero **Ölfrucht** F fruto m oleaginoso **Ölgemälde** N quadro m a óleo **Ölgötze** M ⟨-n⟩ *fig umg* pateta m **Ölheizung** F aquecimento m a óleo
'ölig oleoso, gorduroso; **~ sein** *a.* ter óleo
Oligar'chie [oligar'çiː] F oligarquia f
O'live [o'liːvə] F azeitona f
O'livenbaum M oliveira f **Olivenhain** M olival m **Olivenöl** N azeite m
o'livgrün cor-de-azeitona f
'Ölkanister M lata f **Ölkanne** F azeiteira f **Öllampe** F candeeiro m de azeite **Ölleitung** F oleoduto m **Ölmalerei** F pintura f a óleo **Ölmühle, Ölpresse** F lagar m **Ölpest** F ⟨*o. pl*⟩ maré f negra **Ölpflanze** F planta f oleaginosa **Ölquelle** F poço m de petróleo **Ölsardine** F sardinha f em azeite (*od* em lata) **Ölstand** M nível m de óleo **Ölstandanzeiger** M indicador m do nível de óleo **Öltanker** M (navio-)petroleiro m **Ölteppich** M manto m de petróleo
'Ölung F **1** TECH lubrificação f **2** REL unção f; **Letzte ~** Extrema Unção f
'Ölwechsel M mudança f de óleo
Olympi'ade [olympi'aːda] F Olimpíada f **olympisch** [o'lʏmpɪʃ] olímpico; **Olympische Spiele** *npl* jogos *mpl* olímpicos
'Ölzeug N ⟨-(e)s; *o. pl*⟩ SCHIFF oleado m
'Oma [ˈoːma] F ⟨-; -s⟩ **1** *umg* avó(zinha) f; *bras* vovó f **2** *pej* (*alte Frau*) velha f

Ome'lett [om(ə)'lɛt] N ⟨-(e)s; -e⟩ omeleta f; *bras* omelete m
'Omen [ˈoːmən] N ⟨-s; Omina⟩ agouro m, augúrio m; **böses ~** mau presságio m (*od* augúrio) **omi'nös** [omi'nøːs] ominoso, de mau augúrio
'Omnibus [ˈɔmnibus] M ⟨-ses; -se⟩ ómnibus m; autocarro m; *bras* ônibus m
Ona'nie [ona'niː] F ⟨*o. pl*⟩ masturbação f **onanieren** ⟨-⟩ masturbar-se
'Onkel [ˈɔŋkəl] M tio m
'online [ˈɔnlaɪn] ADV, **'Online-...** IN ZSSGN IT online; **~ gehen** conectar-se *od* ligar-se (à internet) **Onlineauktion** F leilão m virtual (*od* online) **Onlineshop** [ˈɔnlaɪnʃɔp] M loja f virtual
OP [oːˈpeː] ABK A M (*Operationssaal*) sala f de operações B F (*Operation*) operação f
'Opa [ˈoːpa] M ⟨-s; -s⟩ **1** *umg* avô m; *bras* vovô m **2** *pej* (*alter Mann*) velho m
O'pal [oˈpaːl] M ⟨-s; -e⟩ ópalo m, opala f
'Open-'Air-... [ˈoːpən'ɛːr...] ... ao ar livre
'Oper [ˈoːpər] F ⟨-; -n⟩ ópera f; **komische ~** ópera f bufa
Opera'teur [opara'tøːr] M ⟨-s; -e⟩ operador m **Operati'on** [opəratsi'oːn] F operação f **Operati'onssaal** M sala f de operações **Operati'onsschwester** F enfermeira f instrumentista (*bras* de cirurgia) **ope'rativ** [opəra'tiːf] cirúrgico, operatório
Ope'rette [opəˈrɛta] F opereta f
ope'rieren [opəˈriːrən] ⟨-⟩ operar; **sich ~ lassen** fazer uma operação
'Opernglas N binóculo m **Opernhaus** N (teatro m da) ópera f **Opernsänger(in)** M(F) cantor(a) m(f) de ópera
'Opfer [ˈɔpfər] N sacrifício m (*a. fig*); *Lebewesen*: vítima f (*a. fig*); *e-s Raubtiers*: presa f; **~ bringen** fazer sacrifícios **Opferbereitschaft** F ⟨*o. pl*⟩ espírito m de sacrifício, abnegação f **Opfergabe** F oferenda f **Opferlamm** N vítima f (*fig inocente*) **opfern** ⟨-re⟩ sacrificar (*a. fig*); (*schlachten*) imolar; *Gabe* oferecer **Opferstock** M cepo m (de esmolas) **Opferung** F sacrifício m; imolação f **Opferwille** M ⟨-ns; *o. pl*⟩ abnegação f
Opi'at [opi'aːt] N ⟨-s; -e⟩ opiato m
'Opium [ˈoːpium] N ⟨-s; *o. pl*⟩ ópio m
Oppo'nent [ɔpoˈnɛnt] M ⟨-en⟩ oponen-

te m, opositor m **oppo'nieren** ⟨-⟩ opor-se
Opportu'nismus [ɔpɔrtu'nɪsmʊs] M ⟨-; o. pl⟩ oportunismo m **Opportu'nist(in)** M(F) ⟨-en⟩ oportunista m/f
Oppositi'on [ɔpozitsi'oːn] F oposição f **oppositio'nell** [ɔpozitsio'nɛl] oposicionista **Oppositionsführer** M chefe m da oposição
op'tieren [ɔp'tiːrən] ⟨-⟩ optar (**für** por)
'Optik ['ɔptɪk] ⟨o. pl⟩ ó(p)tica f **Optiker(in)** M(F) ó(p)tico m, -a f, oculista m/f
opti'mal [ɔpti'maːl] ó(p)timo
Opti'mismus [ɔpti'mɪsmʊs] M ⟨-; o. pl⟩ o(p)timismo m **Optimist(in)** M(F) ⟨-en⟩ o(p)timista m/f **optimistisch** o(p)timista
'Optimum ['ɔptimʊm] N ⟨-s; -ma⟩ ó(p)timo m
Opti'on [ɔptsi'oːn] F opção f
'optisch ['ɔptɪʃ] ó(p)tico
O'rakel [o'raːkəl] N, **Orakelspruch** M ⟨-(e)s; ⁻e⟩ oráculo m
O'range [o'raŋʒ(ə)] ADJ cor-de-laranja
O'range [o'raŋʒə] F laranja f **Orangeade** [oraŋ'ʒaːdə] F laranjada f **Orangenbaum** M laranjeira f **orangenfarben, orange(n)farbig** cor-de-laranja **Orangensaft** M sumo m (bras suco m) de laranja
'Orang-'Utan ['oːraŋ'uːtan] M ⟨-s; -s⟩ orangotango m
Ora'torium [ora'toːriʊm] N ⟨-s; Oratorien⟩ REL oratório m
Or'chester [ɔr'kɛstɐ] N orquestra f **orchest'rieren** [ɔrkɛst'riːrən] ⟨-⟩ orquestrar
Orchi'dee [ɔrçi'deː] F orquídea f
'Orden ['ɔrdən] M ordem f; (Ehrenzeichen) condecoração f; **j-m e-n ~ verleihen** condecorar alg
'Ordensbruder M ⟨-s; ⁻⟩ confrade m; (Mönch) frade m, religioso m **Ordensschwester** F ⟨-; -n⟩ freira f, religiosa f
'ordentlich ['ɔrdəntlɪç] A ADJ ordeiro, regular; metódico; Mitglied efe(c)tivo; Professor catedrático, ordinário B ADV a. devidamente; fig bastante; (kräftig) a valer
'Order ['ɔrdɐ] F ⟨-; -n⟩ HANDEL ordem f
Ordi'nalzahl [ɔrdi'naːltsaːl] F número m ordinal **ordi'när** [ɔrdi'nɛːr] pej ordinário, indecente **Ordinarius** [ɔrdi'naːriʊs] M ⟨-; Ordinarien⟩ (professor m) catedrático m **Ordinate** [ɔrdi'naːta] F MATH ordenada f **Ordinati'on** [ɔrdinatsi'oːn] F REL ordenação f **ordinieren** ⟨-⟩ 1 REL ordenar 2 MED receitar
'ordnen ['ɔrdnən] ⟨-e-⟩ ordenar; pôr em ordem **Ordner** A M, **Ordnerin** F ordenador(a) m; organizador(a) m(f) B M für Akten: classificador m **Ordnung** F ⟨o. pl⟩ ordem f; disciplina f; **in ~ sein** etw a. estar arrumado, estar arranjado; **in ~ bringen** pôr em ordem; arranjar; TECH a. compor
'ordnungsgemäß ADV devidamente; regularmente **Ordnungsliebe** F ⟨o. pl⟩ amor m da ordem **ordnungsliebend** ordeiro **Ordnungssinn** M ⟨-(e)s; o. pl⟩ espírito m ordeiro, espírito m da ordem **Ordnungsstrafe** F multa f; pena f disciplinar **ordnungswidrig** contrário à ordem; irregular **Ordnungszahl** F número m ordinal
Or'gan [ɔr'gaːn] N ⟨-(e)s; -e⟩ MED, POL órgão m; (Stimme) voz f **Organisati'on** [ɔrganizatsi'oːn] F organização f **Organi'sator** [ɔrgani'zaːtɔr] M ⟨-s; -en [-za'toː-rən]⟩ organizador m **organisa'torisch** [ɔrganiza'toːrɪʃ] organizador; de organização **organisch** [ɔr'gaːnɪʃ] orgânico **organi'sieren** [ɔrgani'ziːrən] ⟨-⟩ organizar **Organ'ismus** [ɔrga'nɪsmʊs] M ⟨-; -ismen⟩ organismo m
Orga'nist(in) M(F) ⟨-en⟩ organista m/f **Or'ganspender(in)** M(F) doador(a) m(f) de órgão **Organtransplantation** F transplantação f de órgãos
Or'gasmus [ɔr'gasmʊs] M ⟨-; -men⟩ orgasmo m
'Orgel ['ɔrgəl] F ⟨-; -n⟩ órgão m; (Drehorgel) realejo m **Orgelbauer** M organeiro m **Orgelkonzert** N recital m de órgão **orgeln** ⟨-(e)⟩ tocar o órgão **Orgelpfeife** F tubo m de órgão **Orgelspieler(in)** M(F) organista m/f
Orgie ['ɔrgiə] F orgia f
Orient ['oːriɛnt, o'riɛnt] M ⟨-s; o. pl⟩ oriente m **Orien'tale** [oriɛn'taːlə] M ⟨-n⟩, **Orien'talin** F oriental m/f **orien'talisch** oriental
orien'tieren [oriɛn'tiːrən] ⟨-⟩ orientar, informar; **sich ~ an** (dat) orientar-se por **Orientierung** F orientação f; **die ~ verlieren** ficar desorientado **Orientie-**

rungsphase F *Schule, Beruf:* fase f de orientação

origi'nal [origi'naːl] original **Origi'nal** N ⟨-s; -e⟩original m; *Person:* umg Original N; *mit Ländernamen:* Oriental **'Ostblock** M ⟨-s; o. pl⟩hist neg! Bloco m de Leste **'ostdeutsch** da Alemanha Oriental **Ost'deutschland** N Alemanha f Oriental

Orna'ment [ɔrnaˈmɛnt] N ⟨-(e)s; -e⟩ornamento m, adorno m

Or'nat [ɔrˈnaːt] M ⟨-(e)s; -e⟩hábito-talar m; toga f

Ort [ɔrt] M ⟨-(e)s; -e u. Örter⟩lugar m, sítio m; local m; → Ortschaft; **an ~ und Stelle** no próprio lugar **'orten** SCHIFF, FLUG tomar a situação de; localizar

ortho'dox [ɔrtoˈdɔks] ortodoxo

Orthogra'fie F, **Orthogra'phie** F ⟨o. pl⟩ortografia f **orthografisch** [ɔrtoˈgraːfɪʃ] **orthographisch** ortográfico

Ortho'päde [ɔrtoˈpɛːdə] M ⟨-n⟩ Ortho'pädin F ortopedista m/f **orthopädisch** ortopédico

'örtlich [ˈœrtlɪç] local **Örtlichkeit** F localidade f

'Ortsangabe F indicação f do lugar **ortsansässig** domiciliado; local; habitante

'Ortschaft [ˈɔrtʃaft] F lugar m; *kleine:* povoação f

'ortsfest TECH fixo; preso **ortsfremd** forasteiro **Ortsgespräch** N TEL chamada f *(od* ligação f*)* local **Ortsgruppe** F se(c)ção f local **Ortskenntnis** F conhecimentos mpl locais **ortskundig** ADJ ~ **sein** ter conhecimentos locais; conhecer os sítios *od* o lugar **Ortsname** M nome m de *(od do)* lugar **Ortsnetz** N rede f local **Ortsschild** N placa f indicativa de localidade **ortsüblich** local; *Preise etc* da praça **Ortsveränderung** F mudança f de lugar; locomoção f **Ortsverkehr** M ⟨-s; o. pl⟩movimento m local, tráfego m local **Ortszeit** F hora f local; **um 5 Uhr ~** às 5 horas hora local

'Ortung [ˈɔrtʊŋ] F localização f

'Öse [ˈøːzə] F olhal m, ilhó m, colcheta f; *bras* colchete m; **Haken und ~n** colchetes mpl; macho m e fêmea f

Ösi [ˈøːzi] M ⟨-s; -s⟩ F ⟨-; -s⟩ umg (Österreicher, -in) austríaco m, -a f

Ossi [ˈɔsi] M ⟨-s; -s⟩ F ⟨-; -s⟩umg *(Ostdeutsche)* alemão m, alemã f de *(od do)* leste

Ost [ɔst] M ⟨-(e)s; o. pl⟩poet → Osten, Ostwind **'Ost...** IN ZSSGN do leste, oriental; *mit Ländernamen:* Oriental **'Ostblock** M ⟨-s; o. pl⟩hist neg! Bloco m de Leste **'ostdeutsch** da Alemanha Oriental **Ost'deutschland** N Alemanha f Oriental

'Osten M ⟨-s; o. pl⟩leste m, oriente m; **der Ferne ~** o Extremo Oriente; **der Nahe ~** o Próximo Oriente; **der Mittlere ~** o Médio Oriente

ostenta'tiv [ɔstɛntaˈtiːf]ostentativo, ostensivo

'Osterei [ˈoːstɐʔaɪ] N ⟨-(e)s; -er⟩ovo m da (bras de) Páscoa **Osterlamm** N cordeiro m pasc(o)al **Oster'montag** M REL segunda-feira f de Páscoa

'Ostern [ˈoːstɐn] N ⟨-s; o. pl⟩Páscoa fsg; **frohe** *od* **fröhliche ~!** uma Páscoa feliz!; *bras* Feliz *(od* Boa) Páscoa

'Österreich [ˈøːstəraɪç] N Áustria f **Österreicher(in)** [ˈøːstəraɪçərɪn] M(F) austríaco, -a f **österreichisch** austríaco, da Áustria

'Oster'sonntag M REL Domingo m de Páscoa

'Osterweiterung F *der EU:* Alargamento m da UE a leste

'Osterwoche F, **Osterzeit** F REL Semana f Santa

'östlich [ˈœstlɪç] ADJ oriental, de leste; ADV ~ **von** a leste de

'Ostsee F ⟨o. pl⟩(mar m) Báltico m **Osttimor** N GEOG Timor-Leste m **Ostwind** M vento m leste

'Otter[1] [ˈɔtɐ] M (Fischotter) lontra f

'Otter[2] F ⟨-; -n⟩víbora f

out [aʊt] umg ~ **sein** estar out

'outen [ˈaʊtən] V/R **sich ~ (als)** revelar-se (como)

'Outfit [ˈaʊtfɪt] N (Kleidung) vestuário m

'outsourcen [ˈaʊtsɔːsən] V/T terceirizar

Ouver'türe [uvɛrˈtyːra] F abertura f

o'val [oˈvaːl] ADJ oval; ADV em oval

Ovati'on [ovatsɪˈoːn] F ovação f

'Overall [ˈoːvəralː] M ⟨-s; -s⟩fato-macaco m, macacão m

ÖVP [øːfaʊˈpeː] F ABK ⟨-⟩ (Österreichische Volkspartei)österr *Partei:* Partido m Popular Austríaco

O'xid [ɔkˈsiːt] N ⟨-(e)s; -e⟩ **O'xyd** [ɔkˈsyːt] N ⟨-(e)s; -e⟩ óxido m **oxi'dieren** [ɔksiˈdiːrən] ⟨-⟩ VT ⟨h.⟩ VI ⟨s.⟩ oxidar

'Ozean [ˈoːtseaːn] M ⟨-s; -e⟩ oceano m **Ozeandampfer** M transatlântico m **ozeanisch** [otseˈaːnɪʃ] oceânico

'Ozelot [ˈoːtsəlɔt] M ⟨-s; -e⟩ ocelote m; bras a. jaguatirica f

O'zon [oˈtsoːn] N ⟨-s; o. pl⟩ ozono m, ozónio m (bras *ô) **Ozonalarm** M alarme m do ozono **Ozonloch** N buraco m de ozono **Ozonschicht** F camada f de ozónio (bras *ô) **Ozonwert** M índice m de ozónio (bras *ô)

P

P, p [peː] N ⟨-; -⟩ P, p m

paar [paːr] PRON **ein ~ ...** alguns, algumas, uns poucos; **in ein ~ Tagen** dentro de poucos dias; **ein ~ Mal** algumas vezes, umas (poucas) vezes, várias vezes

Paar [paːr] N ⟨-(e)s; -e⟩ par m (de); (Brautpaar) noivos mpl; (Ehepaar) casal m (a. Tiere); bes Pferde: parelha f **'paaren** [ˈpaːrən] VR **sich ~** emparelhar; juntar (a. fig) Tiere: copular, acasalar **'Paarlauf** M SPORT patinagem f artística a dois **'Paarung** F cópula f **'paarweise** ADV aos pares; dois a dois, em fila de dois

Pacht [paxt] F renda f, arrendamento m **'pachten** ⟨-e-⟩ arrendar; tomar de renda (od arrendamento)

'Pächter(in) [ˈpɛxtər(ɪn)] M(F) arrendatário m, -a f, caseiro m, -a f

'Pachtgrundstück N terra f arrendada, terreno m (od prédio m) arrendado **Pachtvertrag** M contrato m de arrendamento **Pachtzins** M → Pacht

Pack[1] [pak] M ⟨-(e)s; -e a. ⸚e⟩ pacote m; großer: fardo m; Papier: maço m

Pack[2] N ⟨-(e)s; o. pl⟩ pej gentalha f, corja f

'Päckchen [ˈpɛkçən] N pacote m; Postsendung: encomenda f; **ein ~ Zigaretten** um maço m de cigarros

'Packeis N ⟨-es; o. pl⟩ gelos mpl movediços

'packen VT (einpacken) embrulhar, empacotar; HANDEL embalar; encaixar; Koffer fazer; (fassen) agarrar; filar; fig impressionar, arrebatar **Pack**[1] **packend** ADJ fig impressionante, empolgante

'Packer(in) M(F) empacotador(a) m(f); embalador(a) m(f) **Packesel** M burro m de carga (a. fig) **Packpapier** N ⟨-s; o. pl⟩ papel m de embrulho **Packsattel** M albarda f **Packung** F embalagem f; (Päckchen) pacote m; (Schachtel) caixa f; MED cataplasma m

Päda'goge [pɛdaˈɡoːɡə] M ⟨-n⟩ **Pädagogin** F pedagogo m, -a f **Pädagogik** F ⟨o. pl⟩ pedagogia f **pädagogisch** pedagógico

'Paddel [ˈpadəl] N pangaia f; remo m **Paddelboot** N ⟨-(e)s; -e⟩ canoa f **paddeln** ⟨-le-⟩ andar de canoa, remar, pangaiar **Paddler** M remador m; canoeiro m

paffen [ˈpafən] umg fumar a grandes fumaças; bras soltar baforadas; (keine Lungenzüge machen) fumar sem inalar

'Page [ˈpaːʒə] M ⟨-n⟩ paje(m) m

Pa'ket [paˈkeːt] N ⟨-(e)s; -e⟩ pacote m; embrulho m; (Postpaket) encomenda f (postal) **Paketannahme** F expedição f de encomendas **Paketausgabe** F entrega f de encomendas **Paketkarte** F guia f de encomenda postal **Paketpost** F ⟨o. pl⟩ serviço m de encomendas postais

Pakt [pakt] M ⟨-(e)s; -e⟩ pacto m; convénio m (bras *ê); acordo m **pak'tieren** ⟨-⟩ pej pactuar

Pa'last [paˈlast] M ⟨-(e)s; ⸚e⟩ palácio m **Paläs'tina** [palɛsˈtiːna] N Palestina f **Pa'lästi'nenser(in)** [palɛstiˈnɛnzər(ɪn)] M palestino m, -a f **palästi'nensisch** palestino, palestiniano

Pa'laver [paˈlaːvər] N umg palavreado m

Pa'lette [paˈlɛtə] F paleta f, palete m

Pali'sade [paliˈzaːdə] F paliçada f

Pali'sander [paliˈzandər] M ⟨-s; o. pl⟩ **Palisanderholz** N ⟨-es; o. pl⟩ palissandro m; bras palissandra f

'Palme [ˈpalmə] F palm(eir)a f; **j-n auf die ~ bringen** umg fazer alg ir aos arames **Palmenhain** M̄ palmar m **Palmöl** N̄ ⟨-(e)s; o. pl⟩ óleo m de palma **Palmsonntag** M̄ REL Domingo m de Ramos

Pampel'muse [pampəl'muːzə] F̄ toranja f, grapefruit m

Pam'phlet [pam'fleːt] N̄ ⟨-(e)s; -e⟩ panfleto m

Pande'mie [pande'miː] F̄ MED pandemia f

Pa'neel [pa'neːl] N̄ ⟨-s; -e⟩ ARCH painel m

pa'nieren [pa'niːrən] V̄ ⟨-⟩ panar, passar em farinha **Paniermehl** N̄ pão m ralado; bras farinha f de rosca

'Panik ['paːnɪk] F̄ ⟨o. pl⟩ pânico m **Panikmache** F̄ ⟨o. pl⟩ umg alarmismo m **panisch** pânico

'Panne ['panə] F̄ avaria f; bras pane f; **e-e ~ haben** estar avariado **Pannendienst** M̄ serviço m de desempanagem; bras oficina f mecânica de plantão

Pano'rama [pano'raːma] N̄ ⟨-s; -men⟩ panorama m

'panschen ['panʃən] aguar; *Wein a.* ba(p)tizar, adulterar

'Pansen ['panzən] M̄ ZOOL bucho m (dos ruminantes)

'Pant(h)er ['pantər] M̄ pantera f

Pan'toffel [pan'tɔfəl] M̄ ⟨-s; -n⟩ chinela f, pantufo m; *mit Absätzen* chinelo m; *(Holzpantoffel)* tamanco m; *fig* **er steht unter dem ~** está debaixo da férula da mulher; *bras* quem manda é a mulher

Panto'mime [panto'miːmə] A F̄ *Kunst:* pantomime f, pantomina f, mímica f B M̄/F̄ ⟨-n⟩ *Darsteller:* pantomimeiro m (od -mineiro m), -a f

'Panzer ['pantsər] M̄ ⟨-s; -⟩ *(Panzerung)* couraça f; *Fahrzeug:* tanque m; (carro m) blindado m **Panzerfaust** F̄ MIL bazuca f anti-tanque **Panzerkreuzer** M̄ (cruzador m) couraçado m **panzern** ⟨-re⟩ blindar; couraçar; **sich ~ gegen** *fig* defender-se de **Panzerschrank** M̄ cofre m forte **Panzerung** F̄ blindagem f; couraça f **Panzerwagen** M̄ tanque m; (carro m) blindado m

Papa [pa'paː], *umg* ['papa] M̄ ⟨-s; -s⟩ papá m, papai m

Papa'gei [papa'gaɪ] M̄ ⟨-en *od* -s; -en⟩ papagaio m **Papageienkrankheit** F̄ ⟨o. pl⟩ psitacose f

Pa'paya [pa'paːja] F̄ ⟨-s; -s⟩ BOT papaia f; *bras* mamão m

'Paperback ['peɪpəbɛk] N̄ ⟨-s; -s⟩ brochura f

Pa'pier [pa'piːr] N̄ ⟨-s; -e⟩ 1 *allg* papel m; **Fetzen m ~** pedaço m de papel; **geh zu ~ bringen** assentar, escrever 2 JUR (*Urkunde*) documento m 3 PL **~e** (*Ausweise*) documentação fsg 4 FIN (*Wertpapier*) título m, valor m **Papiereinzug** M̄ *Drucker, Kopierer:* alimentação f automática de papel **Papierfabrik** F̄ fábrica f de papel **Papiergeld** N̄ ⟨-(e)s; o. pl⟩ papel-moeda m **Papierindustrie** F̄ indústria f papeleira **Papierkorb** M̄ cesto m dos (*bras* de) papéis **Papierkrieg** M̄ ⟨-(e)s; o. pl⟩ *fig* burocracia f, guerra f burocrática **Papiermesser** N̄ corta-papel m **Papiertaschentuch** N̄ lenço m de papel **Papiertiger** M̄ tigre m de papel

'Pappband M̄ encadernação f em cartão; livro m cartonado **Pappdeckel** M̄ cartão m **Pappe** F̄ cartão m, papelão m; *bras a.* cartolina f

'Pappel ['papəl] F̄ ⟨-; -n⟩ BOT choupo m

'pappen ['papən] *umg* (*kleben*) pegar

'Pappenheimer ['papənhaɪmər] MPL **seine ~ kennen** *umg* conhecer a sua gente **Pappenstiel** M̄ *umg* **das ist kein ~** isso não é uma bagatela f

'pappig ['papɪç] pastoso **Pappkarton** M̄ cartão m, caixa f de papelão **Pappmaché** ['papmaʃeː] N̄, **Pappmaschee** ⟨-s; -s⟩ papel m maché **Pappschnee** M̄ neve f pegajosa

'Paprika ['paprɪka] M̄ ⟨-s; -(s)⟩ *Frucht:* pimento m; *Gewürz:* colorau m **Paprikaschote** F̄ pimento m, pimentão m

Papst [paːpst] M̄ ⟨-(e)s; ⸚e⟩ Papa m, Sumo Pontífice m

'päpstlich ['pɛːpstlɪç] papal, pontifical; *fig* **~er sein als der Papst** ser mais papista do que o papa

'Papsttum N̄ ⟨-(e)s; o. pl⟩ papado m; pontificado m; papismo m

'Papua-Neuguinea ['paːpua nɔʏgiˈneːa] N̄ Papuásia-Nova Guiné f

Pa'rabel [paˈraːbəl] F̄ ⟨-; -n⟩ parábola f

Para'bolantenne [paraboˈlʔantɛnə] F̄ antena f parabólica **Parabolspiegel** M̄ refle(c)tor m parabólico

Pa'rade [paˈraːdə] F̄ parada f (*a. Fecht-*

PART

kunst); MIL a. desfile m, revista f; MIL **die ~ abnehmen** (dat) passar em revista
Para'dies [pa'radiːs] N ⟨-es; -e⟩ paraíso m **paradiesisch** [paraˈdiːzɪʃ] paradisíaco
para'dox [paraˈdɔks] paradoxo, paradoxal
Paraf'fin [paraˈfiːn] N ⟨-s; -e⟩ parafina f
Para'graf [paraˈgraːf] F ⟨-en⟩ parágrafo m; (*Gesetzesparagraf*) artigo m
paral'lel [paraˈleːl] paralelo (**zu** a) **Par'allele** F paralela f (a. fig) **Parallelo'gramm** [paralelo'gram] N paralelograma m **Parallelschaltung** F ELEK ligação f em paralelo
Para'lyse [paraˈlyːzə] F paralisia f
parano'id [paranoˈiːt] MED paranóico
'Paranuss [ˈparanus] F noz-do-pará f
para'phieren [paraˈfiːrən] ⟨-⟩ rubricar **Paraphierung** F rubrica f
Para'sit [paraˈziːt] M ⟨-en⟩ parasita m
'Paratyphus [ˈparatyfus] M ⟨inv⟩ MED paratifo m
'Pärchen [ˈpɛːrçən] N casalinho m, parzinho m; *bras* casalzinho m
Par'don [parˈdɔŋ] M ⟨-s; o. pl⟩ perdão m
Par'füm [parˈfyːm] N ⟨-s; -e od -s⟩ perfume m **Parfüme'rie** [parfymøˈriː] F perfumaria f **parfü'mieren** [parfyˈmiːrən] ⟨-⟩ perfumar
pa'rieren [paˈriːrən] ⟨-⟩ (*gehorchen*) obedecer
Pa'ris [paˈriːs] N GEOG Paris (o. art) **Pariser** [paˈriːzɐ] A M umg (*Kondom*) camisa f de vénus (*bras* *ê*), camisinha f B M, **Pariserin** F parisiense m/f
Pari'tät [pariˈtɛːt] F igualdade f de direitos; paridade f **pari'tätisch** A ADJ igual B ADV **~ besetzt** *Kommission etc* constituído paritariamente
Park [park] M ⟨-s; -s⟩ parque m **'Parkanlage** F jardim m público **'parken** *Auto* estacionar **'Parken** N estacionamento m
Par'kett [parˈkɛt] N ⟨-(e)s; -e⟩ ❶ THEAT plateia f (*bras* *ê*) f ❷ (*Fußboden*) parquete m **Parkett(fuß)boden** M parquete m
'Parkhaus N edifício m para estacionamento de automóveis, de auto-silo m; *bras* edifício-garagem m **Parkkralle** F garra f de bloqueio das rodas **Parklücke** F lugar m livre para estacionamento **Parkplatz** M (*parque m de*) estacionamento m; *Taxis*: praça f **Parkscheibe** F disco m de estacionamento **Parkuhr** F parquímetro m **Parkverbot** N estacionamento m proibido; proibição f de estacionar
Parla'ment [parlaˈmɛnt] N ⟨-(e)s; -e⟩ parlamento m, Câmara f dos Deputados; *in Portugal*: Assembleia f Nacional **Parlamen'tarier(in)** [parlamɛnˈtaːriɐr(ɪn)] M(F) deputado m, -a f, parlamentar m/f **parlamen'tarisch** [parlamɛnˈtaːrɪʃ] parlamentar
Parme'san [parmeˈzaːn] M ⟨-s; o. pl⟩, **Parmesankäse** M queijo m parmesão m
Paro'die [paroˈdiː] F paródia f **paro'dieren** ⟨-⟩ parodiar **parodistisch** paródico
Parodon'tose [parodɔnˈtoːzə] F MED parodontose f
Pa'role [paˈroːlə] F MIL santo-e-senha f; slogan m
Par'tei [parˈtai] F partido m; POL a. fra(c)ção f; **in die ~ eintreten** filiar-seno partido; JUR parte f; **~ ergreifen für** tomar o partido de
Par'teiapparat M aparelho m partidário **Parteibuch** N caderneta f de membro do partido **Parteiführer(in)** M(F) chefe m/f do partido **Parteiführung** F dire(c)ção f do partido **Parteigänger** [parˈtaigɛŋɐ] M partidário m; adepto m **parteiisch, parteilich** fa(c)cioso, parcial **parteilos** independente; neutro **Parteimitglied** N ⟨-(e)s; -er⟩ membro m do partido; partidário m **Parteinahme** [parˈtainaːmə] F parcialidade f; **~ für** adesão f a **Parteitag** M Congresso m do Partido **Parteivorsitzende(r)** M(F/M) chefe (*od* líder) m/f do partido **Parteizugehörigkeit** F filiação f partidária
Par'terre [parˈtɛr(ə)] N ⟨-s; -s⟩ rés-do-chão m; *bras* (andar m) térreo m; **im ~ wohnen** morar no rés-do-chão; *bras* morar no (andar) térreo
Par'tie [parˈtiː] F ❶(*Spiel*) partida f; **mit von der ~ sein** tomar parte ❷ (*Teil*) parte f (a. MUS) ❸ HANDEL lote m ❹ (*Heirat*) partido m; **e-e gute ~ machen/sein** conseguir/ser um bom partido
parti'ell [partsiˈɛl] parcial
Par'tikel [parˈtikəl] N ⟨-s; -⟩ PHYS, F ⟨-; -n⟩ GRAM partícula f
Parti'san [partiˈzaːn] M ⟨-s *od* -en; -en⟩

guerrilha m, guerrilheiro m
Parti'tur [parti'tuːr] F partitura f
Parti'zip [parti'tsiːp] N ⟨-s; -ien⟩ particípio m; GRAM **~ Perfekt/Präsens** particípio m passado/presente
'Partner(in) M(F) companheiro m, -a f; HANDEL sócio m, -a f; *Gespräch*: interlocutor(a) m(f); *Spiel*: parceiro m, -a f; *Tanz*: par m/f; THEAT **j-s ~ sein** contracenar com alg **Partnerschaft** F associação f, parceria f a. HANDEL; *e-s Paares*: relacionamento m, relação f **Partnerstadt** F cidade f geminada; *bras* cidade-irmã f **Partnersuche** F procura f de parceiro
'Party ['paːrti] F ⟨-; -s⟩ festa f **Partyservice** M catering m, party service m **Partystimmung** F clima m de festa; **in ~ sein** estar em clima de festa
Par'zelle [par'tsɛla] F parcela f, lote m **parzel'lieren** ⟨-⟩ parcelar; lotar
'Paspel [paspal] F ⟨-; -n⟩ *an Stoffen*: galão m
Pass [pas] M ⟨-es; ⸚e⟩ **1** (*Reisepass*) passaporte m **2** GEOG desfiladeiro m **3** SPORT passe m; *Reiten*: → Passgang
pas'sabel [pa'saːbəl] aceitável, admissível
Pas'sage [pa'saːʒə] F passagem f; (*a. SCHIFF*) travessa f; (*Stück, Teil*) passo m
Passa'gier [pasa'ʒiːr] M ⟨-s; -e⟩ passageiro m; **blinder ~** passageiro m clandestino **Passagierflugzeug** N avião m de passageiros **Passagierschiff** N navio m de passageiros, paquete m
Pas'sant(in) [pa'sant(ɪn)] M(F) ⟨-en⟩ transeunte m/f
'Passbild N fotografia f de passaporte
'passen ['pasən] ⟨-t⟩ VI servir, caber; TECH ajustar; *Kleidung* assentar; (*genehm sein*) convir; *Kartenspiel*: passar; **zu etw ~** dizer bem com a/c, fazer jogo com a/c, prestar-se a a/c; *bras* combinar com a/c; *Person* **in etw** (*akk*) **~** caber em a/c; **das passt mir nicht** *fig* isso não me convém; **zu j-m ~** ser próprio de alg **B** VT & VI (**den Ball**) **~** fazer um passe (**zu** para) **passend** ADJ justo; próprio; conveniente; (*günstig*) oportuno **'Passgang** M *beim Reiten*: andadura f
pas'sierbar [pa'siːrbar] transitável; praticável **passieren** VT ⟨-; h.⟩, VI ⟨-; s.⟩ passar (*a. v/t*); suceder, acontecer; **ist etw passiert?** aconteceu a/c?

Passi'on [pasi'oːn] F paixão f; REL Paixão f **passio'niert** [pasio'niːrt] apaixonado **Passi'onsspiel** N Mistério m da Paixão **Passi'onszeit** F quaresma f
'passiv ['pasif] ADJ passivo
'Passiv N ⟨-s; *o. pl*⟩ GRAM voz f passiva **Passiva** [pa'siːva] NPL FIN passivo m **Passivi'tät** [pasivi'tɛːt] F ⟨-⟩ passividade f **Passivrauchen** N tabagismo m passivo
'Passkontrolle F controlo m (*bras* controle m) de passaportes **Passstelle** F repartição f de passaportes **Passwort** N password f, senha f
'Paste ['pasta] F pasta f
Pas'tell [pas'tɛl] N ⟨-(e)s; -e⟩ pastel m **Pastellfarbe** F cor f pastel **Pastellmalerei** F ⟨*o. pl*⟩ pintura f a pastel
Pas'tete [pas'teːta] F pastel m; empada f, *kleine*: rissol m
pasteuri'sieren [pastœri'ziːrən] ⟨-⟩ pasteurizar
'Pastor ['pastɔr] M ⟨-s; -en [-'toːran]⟩, **Pastorin** [pas'toːrɪn] F pastor(a) m(f); sacerdote m/f (protestante)
'Patchwork ['pɛtʃvœrk] M ⟨-s; *o. pl*⟩ patchwork m **Patchworkfamilie** F família f reconstituída
'Pate ['paːta] M ⟨-n⟩ padrinho m; **~ stehen bei** apadrinhar **Patenkind** N afilhado m, -a f **Patenschaft** F patrocínio m **Patensohn** M afilhado m
pa'tent [pa'tɛnt] ADJ *umg* prático; *Person a.* jeitoso
Pa'tent [pa'tɛnt] N ⟨-(e)s; -e⟩ patente f; diploma m **Patentamt** N registo m de patentes **Patentanwalt** M agente m de patentes
paten'tieren ⟨-⟩ patentear; **sich** (*dat*) **etw ~ lassen** tirar patente de a/c
Pa'tentinhaber M detentor m de uma patente
'Patentochter F afilhada f
Pa'tentrezept N *umg* **kein ~ haben für** não ter receita para **Patentschutz** M ⟨-es; *o. pl*⟩ prote(c)ção f da patente
'Pater ['paːtər] M ⟨-s; *- od* Patres⟩ REL Padre m **Paternoster** [patər'nɔstər] **A** N REL ⟨*inv*⟩ padre-nosso m, rosário m **B** M (*Aufzug*) elevador m contínuo
pa'thetisch [pa'teːtɪʃ] patético
Patho'loge [pato'loːgə] M ⟨-n⟩, **Pa-tho'login** F patologista m/f **Patholo-**

'gie [patolo'giː] F ⟨o. pl⟩ patologia f **patho'logisch** patológico
'Pathos ['paːtɔs] N ⟨-; o. pl⟩ patético m; *Stil*: ênfase f; patetismo m
Pati'ent(in) [patsi'ɛnt(ɪn)] M/F ⟨-en⟩ doente m/f **Patientenverfügung** F MED, JUR declaração f antecipada de vontade
'Patin ['paːtɪn] F madrinha f
Patri'arch [patri'arç] M ⟨-en⟩ patriarca m **patriarch'alisch** [patriar'çaːlɪʃ] patriarcal **Patriarch'at** [patriar'çaːt] N ⟨-s; o. pl⟩ patriarcado m
Patri'ot(in) [patri'oːt(ɪn)] M/F ⟨-en⟩ patriota m/f **patri'otisch** patriota **Patrio'tismus** [patrio'tɪsmʊs] M patriotismo m
Pa'tron(in) [pa'troːn(ɪn)] M/F ⟨-s; -e⟩ patrão m, patroa f; (*Schutzpatron*) padroeiro m, -a f; *pej* **übler** *etc* ~ mau sujeito m **Patron'at** [patro'naːt] N ⟨-(e)s; -e⟩ REL padroado m; *bras* patronato m; *Fest etc* patrocínio m
Pa'trone [pa'troːnə] F cartucho m **Patronengurt** M canana f, cartucheira f **Patronenhülse** F cápsula f, cartucho m vazio **Patronenmagazin** N carregador m
Pa'trouille [pa'trʊljə] F patrulha f; (*Stadtpatrouille*) ronda f **Patrouillenboot** N patrulha m **patrouil'lieren** ⟨-; s.⟩ patrulhar; fazer ronda
'Patsche¹ ['patʃə] F *umg* (*Hand*) mão f
'Patsche² ['patʃə] F *fig* **in der ~ sein** *od* **sitzen** estar num autêntico atoleiro; **j-m aus der ~ helfen** *umg* tirar alg de apuros **'patsch'nass** *umg* molhado até aos ossos
'Patzer ['patsər] M gafe f; **e-n ~ machen** cometer uma gafe **patzig** arrogante, impertinente; (*ärgerlich*) rabugento
'Pauke ['paʊkə] F timbale m; **auf die ~ hauen** *umg* (*feiern*) festejar ruidosamente; (*angeben*) armar aos cucos **pauken** *umg* (*lernen*) meter na cabeça, marrar **Pauker(in)** M/F **1** MUS timbaleiro m, -a f **2** *umg* (*Lehrer*) professor(a) m/f
'pausbäckig ['paʊsbɛkɪç] bochechudo
Pau'schal... [paʊ'ʃaːl] IN ZSSGN global **Pauschale** F soma f global **Pauschalhonorar** N honorário m global **Pauschalreise** F viagem f com tudo incluído **Pauschbetrag** M *Steuer*: valor m fixo (máximo) de despesas dedutíveis
'Pause¹ ['paʊzə] F (*Unterbrechung, Ruhepause*) pausa f; intervalo m; aberta f
'Pause² F *Zeichnung*: calco m, cópia f
'pausenlos ADV ininterruptamente **'Pausenzeichen** N MUS pausa f; RADIO sinal m (da rádio) **Pau'sieren** ⟨-⟩ pausar, parar; interromper (o trabalho)
'Pauspapier N papel m transparente; papel m químico
Pavian ['paːvi̯aːn] M ⟨-s; -e⟩ babuíno m
Pavillon ['pavɪljɔn] M ⟨-s; -s⟩ pavilhão m
Pazi'fismus [patsi'fɪsmʊs] M ⟨-; o. pl⟩ pacifismo m **Pazifist(in)** M/F ⟨-en⟩ pacifista m/f **pazi'fistisch** pacifista
PC® [peː'tseː] M ABK ⟨-s; -s⟩ (*Personalcomputer*) computador m pessoal
PDS [peːdeː'ʔɛs] F ABK *hist* (*Partei des Demokratischen Sozialismus*) PDS m (Partido do Socialismo Democrático)
Pech [pɛç] N ⟨-(e)s; o. pl⟩ pez m, breu m; *fig* azar m, má sorte f; *umg* macaca f **pechschwarz** ⟨o. pl⟩ *Haare etc* negro como azeviche m (*od* carvão m); *Nacht* escuro **'Pechsträhne** F *fig* maré f de azar **'Pechvogel** M azarento m, pessoa f de pouca sorte
Pe'dal [pe'daːl] N ⟨-s; -e⟩ pedal m
Pe'dant(in) [pe'dant(ɪn)] M/F ⟨-en⟩ pessoa f miúda (*od* mesquinha) **Pedante'rie** [pedantə'riː] F miudeza f; mesquinharia f **pedantisch** miúdo, mesquinho
Pedi'küre [pedi'kyːrə] F tratamento m dos pés; *Person*: pedicura f
'Pegel ['peːɡəl] M fluviómetro m (*bras* *ô*); marégrafo m **Pegelstand** M nível m da água
'Peilantenne ['paɪlʔantɛnə] F antena f radiogoniométrica **peilen** SCHIFF, FLUG orientar-se (por [radio]goniometria); *umg* **die Lage ~** sondar a situação **Peilfunk** M ⟨-(e)s; o. pl⟩ radiogoniometria f **Peilsender** M aparelho m de localização **Peilung** F SCHIFF, FLUG orientação f ([radio]goniométrica)
Pein [paɪn] F ⟨o. pl⟩ *geh* tormento m; sofrimento m; *hist* tortura f **'peinigen** ['paɪnɪɡən] atormentar, torturar **'Peiniger** ['paɪnɪɡər] torturador m **'peinlich**

penoso; *Person a.* meticuloso; **j-m ~ sein** ser constrangedor, ser embaraçoso; **~ sein** ser embaraçoso; **~ berührt** mal impressionado, melindrado

'**Peitsche** ['paɪtʃə] F chicote *m*; açoite *m*/f **peitschen** chicotear, fustigar, vergastar; *j-n a.* açoitar **Peitschenhieb** M chicotada f

'**Peking** ['peːkɪŋ] N GEOG Pequim (*o. art*)

pekuni'är [pekuni'ɛːr] pecuniário, financeiro

Pele'rine [pelə'riːnə] F capa f; manto *m*; *bras a.* pelerine f

Pelikan [peːli'kaːn] M ⟨-s; -e⟩ pelicano *m*

'**Pelle** [pelə] F *reg* casca f; pele f **pellen** descascar **Pellkartoffeln** FPL batatas *fpl* cozidas com a casca

Pelz [pɛlts] M ⟨-es; -e⟩ pele f; peliça f '**Pelzhändler** M peleiro *m* '**Pelzjacke** F casaco *m* (curto) de peles '**Pelzmantel** M casaco *m* de peles; peliça f **Pelzstiefel** M bota f forrada de peles '**Pelzwaren** FPL peles *fpl*

Pen'dant [pāˈdãː] N ⟨-s; -s⟩ correspondente *m*; **ein ~ bilden** fazer jogo (**zu** com)

'**Pendel** ['pɛndəl] N pêndulo *m*; (*Uhrpendel*) *a.* pêndula f **pendeln** ⟨-le⟩ VI̅T̅ ⟨h.⟩, V̅I̅ ⟨s.⟩ oscilar **Pendeltür** F porta f de vaivém **Pendelverkehr** M ⟨-s; *o. pl*⟩ serviço *m* (*od* tráfego *m*) de ida e volta '**Pendler(in)** ['pɛndlɐr(ɪn)] M/F trabalhador(a) *m*(f) que viaja diariamente entre a casa e o local de trabalho; (*Grenzgänger*,*-in*) trabalhador(a) *m*(f) fronteiriço,-a

pene'trant [peneˈtrant] *Geruch* penetrante; *Mensch pej* maçante

pe'nibel [peˈniːbəl] meticuloso, minucioso

Penicil'lin [penɪtsi'liːn] N ⟨-s; *o. pl*⟩, **Peni'zil'lin** N MED penicilina f

'**Penis** ['peːnɪs] M ⟨-; -se *a.* Penes⟩ pénis *m*; *bras* pênis *m* **Penisneid** M PSYCH inveja f do pénis (*bras* *ê)

'**pennen** *umg* dormir **Penner(in)** M/F *pej* vagabundo *m*, -a

Pensi'on [pāzi'oːn, penzi'oːn] F ⟨-en⟩ 1 pensão f; casa f de hóspedes 2 (*Alterspension*) reforma f (*a.* MIL); *bras a.* aposentadoria f **Pensio'när(in)** [pāzio'nɛːr(ɪn)] M/F ⟨-s; -e⟩ pensionista *m*/f **pensio'nieren** ⟨-⟩ reformar, aposentar; **sich ~ lassen** pedir a reforma; *bras* aposentar-se, MIL reformar-se **pensio'niert** [pāzioˈniːrt] reformado, aposentado, jubilado **Pensio'nierung** [pāzio'niːrʊŋ] F reforma f, aposentação f; *bras* aposentadoria f

pensi'onsberechtigt com direito à reforma (*bras* aposentadoria)

Pensi'onspreis M ⟨-es; -e⟩ diária f **Pensionszimmer** N quarto *m* de pensão

'**Pensum** ['pɛnzʊm] N ⟨-s; Pensa *od* Pensen⟩ matéria f, programa *m*

Pep [pɛp] M *umg* **~ haben** ter genica, ter temperamento

per [pɛr] PRÄP ⟨*nom, akk*⟩ por; **~ Adresse** ao cuidado de

per'fekt [pɛrˈfɛkt] ADJ perfeito; **~ machen** *Handel* concluir

Per'fekt ['pɛrfɛkt] N ⟨-(e)s; -e⟩ pretérito *m* (perfeito *od* definitivo), perfeito *m* **Perfekti'on** [pɛrfɛktsi'oːn] F ⟨*o. pl*⟩ perfeição f

perfo'rieren [pɛrfo'riːrən] ⟨-⟩ perfurar

Perga'ment [pɛrgaˈmɛnt] N ⟨-(e)s; -e⟩ pergaminho *m*

Peri'ode [peri'oːdə] F período *m* **periodisch** periódico

Periphe'rie [perifeˈriː] F periferia f; circunferência f **Peripheriegerät** N IT periférico *m*

Peri'skop [perɪsˈkoːp] N ⟨-s; -e⟩ periscópio *m*

'**Perle** ['pɛrlə] F pérola f (*a. fig*) **perlen** brilhar, borbulhar **Perlen...** IN ZSSGN de pérolas **perlgrau** aperolado **Perlhuhn** N galinha-de-angola f, galinha-d'índia f **Perlmuschel** F ostra f perolífera **Perlmutt** [ˈpɛrlmʊt] N ⟨-s; *o. pl*⟩, **Perlmutter** F ⟨*o. pl*⟩ madrepérola f, nácar *m*

perma'nent [pɛrmaˈnɛnt] permanente **Permanenz** F ⟨*o. pl*⟩ permanência f

per'plex [pɛrˈplɛks] perplexo; consternado

Per'senning [pɛrˈzɛnɪŋ] F ⟨-; -s⟩ SCHIFF lona f impermeável

'**Perser(in)** ['pɛrzɐr(ɪn)] M persa *m*/f **Persertteppich** M tapete *m* persa **Persi'aner** [pɛrziˈaːnɐr] M astracã *m* **Persien** ['pɛrziən] N *hist* Pérsia f **persisch** pérsio, persa; **der Persische Golf** o Golfo Pérsico

Per'son [pɛrˈzoːn] F pessoa f; THEAT per-

PFAR

sonagem f; **juristische ~** pessoa f jurídica; **in ~** em pessoa; **ich für meine ~** cá por mim
Perso'nal [pɛrzo'naːl] N̄ ⟨-s; o. pl⟩ pessoal m **Personalabbau** M̄ ⟨-s; o. pl⟩ redução f de pessoal **Personalabteilung** F̄ serviço m do pessoal (od dos recursos humanos) **Personalakte** F̄ folha f de serviços; processo m **Personalausweis** M̄ bilhete m (bras carteira f) de identidade; cédula f pessoal (bras de identidade) **Personalchef** M̄ ⟨-s; -s⟩, **Personalchefin** F̄ chefe m/f do pessoal, dire(c)tor(a) m(f) dos recursos humanos **Personalcomputer** M̄ computador m pessoal
Perso'nalien [pɛrzo'naːliən] PL dados mpl pessoais; papéis mpl de identidade; documentação fsg; **die ~ aufnehmen** (Polizei) controlar os dados pessoais
Perso'nalunion F̄ bes POL **in ~** em exercício de dois cargos
Per'sonenaufzug M̄ elevador m **Personenbeförderung** F̄ transporte m de passageiros; transporte m cole(c)tivo **Personenkraftwagen** M̄ automóvel m (od carro m) particular **Personenkult** M̄ culto m pessoal **Personenschaden** M̄ ⟨-s; o. pl⟩ dano m pessoal; danos mpl físicos **Personenstand** M̄ ⟨-(e)s; o. pl⟩ estado m civil **Personenverkehr** M̄ ⟨-(e)s; o. pl⟩ tráfego m de passageiros **Personenzug** M̄ comboio m; bras trem m
per'sönlich [pɛr'zøːnlɪç] ADJ pessoal; ADV a. em pessoa; **~ werden/nehmen** começar a ofender/ofender-se **Persönlichkeit** F̄ personalidade f; **(hohe) ~** personalidade f notável, celebridade f
Perspek'tive [pɛrspɛk'tiːvə] F̄ perspe(c)tiva f **perspektivisch** perspe(c)tívico
Pe'ru [pe'ruː] N̄ Peru m
Pe'ruaner(in) [peru'aːnɐr(ɪn)] M̄|F̄ peruano m, -a f **peruanisch** peruano, do Peru
Pe'rücke [pe'rʏkə] F̄ cabeleira f; chinó m
per'vers [pɛr'vɛrs] perverso, depravado
Pes'sar [pɛ'saːr] N̄ ⟨-s; -e⟩ MED pessário m
Pessi'mismus [pɛsi'mɪsmʊs] M̄ ⟨-; o. pl⟩ pessimismo m **Pessimist(in)** M̄|F̄ ⟨-en⟩ pessimista m/f **pessimistisch** pessimista

Pest [pɛst] F̄ ⟨o. pl⟩ MED hist peste f
'Pestbeule F̄ bubão m **Pesti'zid** [pɛsti'tsiːt] N̄ ⟨-s; -e⟩ pesticida m
Peter'silie [petɐr'ziːliə] F̄ salsa f
Petiti'on [petitsi'oːn] F̄ petição f
'Petrochemie ['peːtroçemiː] F̄ ⟨o. pl⟩ petroquímica f **petrochemisch** petroquímico
Pe'troleum [pe'troːleʊm] N̄ ⟨-s; o. pl⟩ petróleo m **Petroleumlampe** F̄ candeeiro m de petróleo; bras lampião m de querosene
'petto ['pɛto] NUR IN **etw in ~ haben** ter um trunfo na manga
'petzen ['pɛtsən] ⟨-t⟩ umg dar com a língua nos dentes
Pf. ABK hist → Pfennig
Pfad [pfaːt] M̄ ⟨-(e)s; -e⟩ atalho m (a. IT); senda f; trilho m **'Pfadfinder** M̄ escoteiro m
'Pfaffe ['pfafə] M̄ ⟨-n⟩ umg pej padreco m
Pfahl [pfaːl] M̄ ⟨-(e)s; ¨e⟩ estaca f; (Mast) poste m; (Baumpfahl, Weinpfahl) tanchão m, mourão m **'Pfahlbau** M̄ ⟨-(e)s; -ten⟩ habitação f lacustre (bras a. pala fita) **'Pfahlwerk** N̄ estacaria f; MIL paliçada f
Pfalz [pfalts] F̄ GEOG **die ~** o Palatinado m
Pfand [pfant] N̄ ⟨-(e)s; ¨er⟩ penhor m; fiança f; prenda f; (Flaschenpfand etc) depósito m **'Pfandbrief** M̄ FIN (título m de) hipoteca f
'pfänden ['pfɛndən] ⟨-e-⟩ etw penhorar; j-n a. executar **Pfänderspiel** N̄ jogo m de prendas
'Pfandflasche F̄ garrafa f com depósito **Pfandhaus** N̄ casa f de penhores; umg prego m **Pfandschein** M̄ cautela f de penhor
'Pfändung ['pfɛndʊŋ] F̄ JUR penhora f
'Pfanne ['pfanə] F̄ normal: frigideira f; groß: sertã f; ANAT (Gelenkpfanne) cótilo m **Pfannkuchen** M̄ crepe m; **(Berliner) ~** bola f (bras bolinho m) de Berlim; bras panqueca f
'Pfarramt ['pfar?amt] N̄ curato m; Funktion a. sacerdócio m **Pfarrbezirk** M̄ ⟨-(e)s; -e⟩, **Pfarre** F̄, **Pfarrei** [pfa'raɪ] F̄ paróquia f **Pfarrer** M̄ katholisch: cura m, pároco m; protestantisch: pastor m **Pfarrerin** F̄ protestantisch: pastora f

Pfarrgemeinde F paróquia f **Pfarrhaus** N; presbitério m **Pfarrkirche** F igreja f paroquial
Pfau [pfau] M ‹-(e)s; -en› pavão m
'Pfeffer ['pfɛfɐr] M pimenta f; *umg* **da liegt der Hase im ~** aí está o caso **Pfefferkuchen** M pão m de espécie; broa f de Natal **Pfefferminze** F BOT hortelã-pimenta f **Pfefferminztee** M chá m de hortelã-(pimenta) **Pfeffermühle** F moinho m de pimenta **pfeffern** ‹-re› apimentar; **gepfeffert** *fig* picante; *Preis* exorbitante **Pfefferstrauch** M pimenteiro m
'Pfeife ['pfaɪfə] F ■ *für Schiedsrichter, Polizist etc*: apito m, assobio m; *(Dampfpfeife)* sereia f; *bras* sirene f; MUS pífaro m; flautim m; *(Orgelpfeife)* tubo m ■ *(Tabakspfeife)* cachimbo m **pfeifen** apitar; *Person* assobiar; tocar o pífaro; **auf etw** *(akk)* **~** *fig* rir-se de, fazer pouco de **Pfeifenraucher(in)** M(F) fumador(a) m(f) *(bras* fumante m/f) de cachimbo
Pfeil [pfaɪl] M ‹-(e)s; -e› frecha f, seta f; *bras* flecha f **'Pfeiler** M pilar m, pilastra f **'Pfeilgift** N curare m **'pfeilschnell** ‹o. pl› como um raio **'Pfeilschuss** M setada f; *bras* flechada f
'Pfennig ['pfɛnɪç] M ‹-s; -e, aber 10 -› *hist* moeda alemã 0,01 DM **Pfennigfuchser** ['pfɛnɪçfʊksɐr] M *umg pej* sovina m
Pferch [pfɛrç] M ‹-(e)s; -e› redil m, aprisco m, curral m **'pferchen** encurralar **Pferd** [pfeːrt] N ‹-(e)s; -e› cavalo m; *Turngerät*: cavalo m de pau; **aufs ~ steigen** montar; **mit ihm/ihr kann man ~e stehlen** *fig* ele é um excelente companheiro/ela é uma excelente companheira
'Pferdeapfel ['pfeːrdəʔapfəl] M esterco m de cavalo **Pferdefuß** M *fig* senão m **Pferdehändler** M contratador m de cavalos **Pferderennbahn** F hipódromo m **Pferderennen** N corrida f (de cavalos); concurso m hípico **Pferdeschwanz** M cauda f de cavalo; *Frisur*: rabo m de cavalo **Pferdesport** M ‹-(e)s; o. pl› hipismo m **Pferdestall** M cavalariça f **Pferdestärke** F TECH, AUTO cavalo-vapor m, cavalo-força f **Pferdezucht** F ‹o. pl› criação f de gado cavalar *(bras* equino); coudelaria f
Pfiff [pfɪf] M ‹-(e)s; -e› assobio m, apito m; *fig* jeito m, manha f **'Pfifferling** ['pfɪfɐrlɪŋ] M ‹-s; -e› BOT cantarelo m; fungo m; *fig* **keinen ~ wert sein** não valer um figo *(bras* vintém) **'pfiffig** esperto; finório, manhoso **'Pfiffigkeit** F ‹o. pl› esperteza f, manha f; finura f **'Pfiffikus** ['pfɪfɪkʊs] M ‹-; -se› *iron* espertalhão m
'Pfingsten ['pfɪŋstən] N, *a. pl* ‹-; o. pl› REL Pentecostes m; **an ~** em Pentecostes **Pfingstrose** F BOT peónia f *(bras* *ô) **Pfingstsonntag** M Domingo m de Pentecostes
'Pfirsich ['pfɪrzɪç] M ‹-(e)s; -e› pêssego m **Pfirsichbaum** M pessegueiro m
'Pflanze ['pflantsə] F planta f; **~en fressend** herbívoro **pflanzen** ‹-t› plantar **'Pflanzenfett** N gordura f vegetal **Pflanzenkunde** F ‹o. pl› botânica f **Pflanzenreich** N ‹-(e)s; o. pl› reino m vegetal **Pflanzenschutzmittel** N inse(c)ticida m
'Pflanzer ['pflantsɐr] M AGR colono m **pflanzlich** vegetal **Pflanzung** F plantação f
'Pflaster ['pflastɐr] N ■ MED *(Heftpflaster)* adesivo m, esparadrapo m; *(Wundpflaster)* penso m rápido; *bras* curativo m adesivo; **ein ~ auflegen** aplicar um penso rápido *(bras* curativo adesivo) ■ *(Straßenpflaster)* calçada f, pavimento m; pavimentação f **pflastern** ‹-re› *Straße* calçar; calcetar; empedrar; *mit Fliesen*: ladrilhar, lajear **Pflasterstein** M pedra f de calçada
'Pflaume ['pflaʊmə] F ameixa f; **getrocknete ~** ameixa f seca; *fig* nabo m, palerma m **Pflaumenbaum** M ameix(o)eira f **Pflaumenmus** N doce m de ameixas
'Pflege ['pfleːɡə] F tratamento m, cuidado(s) m(pl); assistência f; *geistige*: cultivo m; *(Förderung)* prote(c)ção f; TECH manutenção f **pflegebedürftig** ADJ **~ sein** precisar de assistência *(od* de tratamento, *od* de cuidados) **Pflegeeltern** PL pais mpl de criação **pflegeleicht** de lavagem fácil; *fig* de bom *(od* fácil) trato **'pflegen** VT cuidar de, tratar (de) *(beide a. refl)*; atender a; *Freundschaft, Künste* cultivar; *Umgang* ter; **~ zu** *(inf)* costumar *(inf)* **'Pflegepersonal** N ‹-s; o. pl› pessoal m sanitário **Pfleger(in)** M(F)

MED enfermeiro m, -a f; JUR curador(a) m(f); (Vormund) tutor(a) m(f) **'pfleglich** ['pflɛklɪç] ADV cuidadosamente
Pflicht [pflɪçt] F dever m, obrigação f; obrigatoriedade f **'pflichtbewusst** consciente do(s) dever(es); cumpridor **'Pflichtbewusstsein** N ⟨-s; o. pl⟩ consciência f do(s) seu(s) dever(es) **'pflichteifrig** zeloso **'Pflichterfüllung** F cumprimento m do dever **'Pflichtfach** N UNIV disciplina f obrigatória; cadeira f obrigatória **'Pflichtgefühl** N ⟨-s; o. pl⟩ sentimento m do dever **'pflichtgemäß** devido **'Pflichtteil** M od N JUR Erbe: legítima f **'pflichtvergessen** descuidado (dos seus deveres); negligente; prevaricador **'Pflichtverletzung** F falta f (ao dever); negligência f; prevaricação f **'Pflichtversicherung** F seguro m obrigatório **'Pflichtverteidiger(in)** M(F) JUR defensor m oficioso (bras público); defensora f oficiosa (bras pública) **'pflichtwidrig** contrário ao dever; desleal
Pflock [pflɔk] M ⟨-(e)s; ⁻e⟩ cavilha f, estaca f, calço m
'pflücken ['pflʏkən] colher, apanhar
Pflug [pflu:k] M ⟨-(e)s; ⁻e⟩ arado m; charrua f
'pflügen ['pfly:gən] arar, lavrar
'Pflugschar F selha f
'Pforte ['pfɔrtə] F porta f, portão m
'Pförtner ['pfœrtnɐ] M ANAT piloro m
'Pförtner(in) ['pfœrtnɐ(ɪn)] M(F) porteiro m, -a f
'Pfosten ['pfɔstən] M poste m (a. Torpfosten); (Türpfosten) ombreira f
'Pfote ['pfo:tə] F pata f
'pfropfen ['pfrɔpfən] (ar)rolhar; tapar (od fechar) com rolha; AGR enxertar **'Pfropfen** M (Korkpropfen) rolha f; dicker: batoque m **'Pfropfreis** N ⟨-es; -er⟩ AGR enxerto m
pfui [pfʊi] INT ~! que feio!, que vergonha!
Pfund [pfʊnt] N ⟨-(e)s; -e; als Maß: 3 -⟩ arrátel m, meio quilo m; Währung ~ **Sterling** libra f esterlina
'pfuschen ['pfʊʃən] trabalhar mal; charlatanear; (betrügen) aldrabar **Pfuscher(in)** M(F) charlatão m, -ona f; (Betrüger, -in) aldrabão m, -ona f **Pfu-**

sche'rei [pfʊʃə'raɪ] F charlatanice f; trabalho m mal feito; (Betrug) aldrabice f
'Pfütze ['pfʏtsə] F poça f (de água), charco m, atoleiro m
Phäno'men [fɛno'me:n] N ⟨-s; -e⟩ fenómeno m (bras *ô) **phänome'nal** [fɛnome'na:l] fenomenal
Phanta'sie, Phan'tast etc → Fantasie, Fantast etc
Phan'tom [fan'to:m] N ⟨-s; -e⟩ fantasma m **Phantombild** N retrato-robot m
Phari'säer [fari'zɛ:ɐ] M fariseu m (a. fig)
'Pharmaindustrie ['farma?ɪndʊstri:] indústria f farmacêutica **Pharma'zeut(in)** M(F) ⟨-en⟩ [farma'tsɔʏt(ɪn)] farmacêutico m, -a f **pharma'zeutisch** farmacêutico **Pharma'zie** [farma'tsi:] F ⟨o. pl⟩ farmácia f
'Phase ['fa:zə] F fase f **phasenweise** ADJ por fases, faseado
Phenol [fe'no:l] N ⟨-s; -e⟩ CHEM fenol m
Philan'trop(in) [filan'tro:p(ɪn)] M(F) ⟨-en⟩ filantropo m, -a f
Philate'lie [filate'li:] F ⟨o. pl⟩ filatelia f
philhar'monisch [fɪlharmo'nɪʃ] filarmónico (bras *ô)
Philip'pinen [fili'pi:nən] PL Filipinas fpl
Philo'loge [filo'lo:gə] M ⟨-n⟩, **Philo'login** F filólogo m, -a f **Philologie** [filolo'gi:] F ⟨o. pl⟩ filologia f **philologisch** filológico
Philo'soph [filo'zo:f] M ⟨-en⟩ filósofo m **Philoso'phie** [filozo'fi:] F ⟨o. pl⟩ filosofia f **philoso'phieren** ⟨-⟩ filosofar, fazer filosofia; raciocinar **Philo'sophin** F filósofa f **philo'sophisch** [filo'zo:fiʃ] filosófico
Phi'ole [fi'o:lə] F frasquinho m
'Phlegma ['flɛgma] N ⟨-s; o. pl⟩ fleuma m
Phleg'matiker [flɛg'ma:tikɐ] M fleumático m **phlegmatisch** fleumático
pH-neutral [pe:'ha:nɔʏ'tra:l] pH neutro
Pho'netik [fo'ne:tɪk] F ⟨o. pl⟩ fonética f **phonetisch** fonético **Phonolo'gie** [fonolo'gi:] F fonologia f **Phonoty'pistin** [fonoty'pɪstɪn] F fonotipista f
Phos'phat [fɔs'fa:t] N ⟨-s; -e⟩ fosfato m **phosphatfrei** sem fosfato
'Phosphor ['fɔsfɔr] M ⟨-s; o. pl⟩ fósforo m **phospho'szieren** [fɔsfors'tsi:rən] ⟨-⟩ fosforescer **Phosphorsäure** F ⟨o. pl⟩ ácido m fosfórico

PHOT | 1064

'**Photo** etc → Foto etc
'**Phrase** ['fra:zə] F̱ frase f; P̱Ḻ **~en** palavras fpl; palavrório msg **Phrasendrescher** M̱ pej palavreiro m, tagarela m; bras prosa m **phrasenhaft** palavroso, verboso
pH-Wert M̱ <-(e)s; o. pl> valor pH m
Phy'sik [fy'zi:k] F̱ <o. pl> física f **physi'kalisch** [fyzi'ka:lɪʃ] físico '**Physiker(in)** ['fy:zɪkar(ın)] M̱F̱ físico m, -a f
Physiogno'mie [fyziɔgno'mi:] F̱ fisionomia f **Physio'loge** [fyzio'lo:gə] M̱ <-n>, **Physio'login** F̱ fisiologista m/f; fisiólogo m, -a f **Physiolo'gie** [fyziolo'gi:] F̱ <o. pl> fisiologia f **physio'logisch** [fyzio'lo:gɪʃ] fisiológico **Physiothera'peut(in)** M̱F̱ <-en> fisioterapeuta m/f **Physiothera'pie** F̱ fisioterapia f
'**physisch** ['fy:sɪʃ] físico
Pia'nist(in) [pia'nɪst(ın)] M̱F̱ <-en> pianista m/f
'**picheln** ['pıçəln] <-le> umg beberricar
'**Picke** ['pıka] F̱ picareta f
'**Pickel** ['pıkəl] M̱ Gerät: picareta f; MED borbulha f **pickelig** cheio de nódoas (od de borbulhas)
'**picken** ['pıkən] picar; debicar
'**Pickerl** ['pıkərl] Ṉ <-s; -n> österr (Aufkleber) auto-colante m
'**Picknick** ['pıknık] Ṉ <-s; -e od -s> piquenique m **picknicken** fazer um piquenique
'**Piefke** M̱ <-s; -s> österr pej (Bundesdeutscher) alemão m
'**pieken** ['pi:kən] umg reg picar **piekfein** umg muito elegante; Person muito janota
pieksen → pieken
'**piepen** ['pi:pən] piar, chiar; **bei dir piept's wohl!** umg não regulas bem!
Piepmatz ['pi:pmats] M̱ <-es; ¨e> umg passaroco m **piepsen** ['pi:psən] → piepen **piepsig** ['pi:psɪç] umg fraquinho; **e-e ~e Stimme** uma voz fininha
Pier [pi:r] M̱ <-s; -e od -s> ANZ <-; -s> Schiff molhe m; desembarcadouro m
'**piercen** ['pi:rsən] V/T fazer um piercing **Piercing** ['pi:rsɪŋ] Ṉ piercing m
Pie'tät [pie'tɛ:t] F̱ <o. pl> piedade f; respeito m; **aus ~ für** em memória de **pie'tätvoll** piedoso; discreto
Pig'ment [pıg'mɛnt] Ṉ <-(e)s; -e> pigmento m

Pik [pi:k] Ṉ <-s; -s> (Berg) pico m; Kartenspiel: ≈ espadas fpl
pi'kant [pi'kant] picante; interessante
'**Pike** lança; **von der ~ auf** desde o início
pi'kee: [pi'ke:] M̱ <-s; -s> piqué m
pi'kiert [pi'ki:rt] melindrado
Pikkolo M̱ <-s; -s> (Sekt) (vinho m) espumante m de 0,2 l
'**Pikkoloflöte** ['pıkoloflø:tə] F̱ flautim m
Pikto'gramm [pıkto'gram] Ṉ pictograma m
'**Pilger(in)** ['pılgər(ın)] M̱F̱ peregrino m, -a f; romeiro m, -a f **Pilgerfahrt** F̱ peregrinação f; romaria f, romagem f **pilgern** <-re, s.> peregrinar, ir em romaria (**nach** a) **Pilgerstab** M̱ bordão m
'**Pille** ['pılə] F̱ umg pílula f (a. umg Antibabypille), grajeia f; **die ~ nehmen** tomar a pílula
Pi'lot [pi'lo:t] M̱ <-en> piloto m **Pilotenschein** M̱ FLUG brevet m **Pilotprojekt** Ṉ proje(c)to m piloto
Pilz [pılts] M̱ <-es; -e> fungo m, cogumelo m **Pilzkrankheit** F̱ fungosidade f
PIN [pın] F̱ ABK <-; -s> (persönliche Identifikationsnummer) NIP m (Número de Identificação Pessoal)
'**pingelig** ['pıŋəlıç] umg meticuloso, miudinho
'**Pinguin** ['pıŋgu:ın] M̱ <-s; -e> pinguim m (bras *ü)
'**Pinie** ['pi:niə] F̱ pinheiro m **Pinienhain** M̱ pinhal m **Pinienkern** M̱ pinhão m
'**pinkeln** ['pıŋkəln] <-le> umg mijar
'**Pinscher** ['pınʃər] M̱ pinscher m
'**Pinsel** ['pınzəl] M̱ pincel m; grober: brocha f **pinseln** <-le> pincelar; (schmieren) borrar; MED dar uma tintura a **Pinselstrich** M̱ pincelada f
Pin'zette [pın'tsɛtə] F̱ pinça f
Pio'nier [pio'ni:r] M̱ <-s; -e> pioneiro m; fig a. iniciador m; MIL sapador m **Pio'nier...** IN ZSSGN NT pioneiro
'**Pipeline** ['paıplaın] F̱ <-; -s> oleoduto m, pipeline m
Pi'pette [pi'pɛtə] F̱ pipeta f
'**Pipi** ['pipi, pi'pi:] Ṉ umg **~ machen** fazer chichi '**Pipifax** ['pi:pifaks] M̱ <-(es); o. pl> umg disparate m, treta f; bras bobagem f
Pi'rat [pi'ra:t] M̱ <-en> pirata m **Piratensender** M̱ emissora f pirata

Pirsch [pɪrʃ] F̲ caça f **'pirschen** ⟨h. u. s.⟩ caçar; aproximar-se (od ir) sorrateiramente

'pissen ['pɪsən] ⟨-t⟩ vulg mijar

Pis'tazie [pɪs'ta:tsiə] F̲ port Pflanze f. Frucht: pistácia f; bras Frucht: pistácio m; Baum: pistácia f

'Piste ['pɪstə] F̲ pista f

Pis'tole [pɪs'to:lə] F̲ pistola f **Pistolenschuss** M̲ pistolada f

pitto'resk [pɪto'rɛsk] pitoresco

'Pixel ['pɪksɛl] N̲ ⟨-s; -⟩ IT ponto m; bras a. pixel m

'Pizza ['pɪtsa] F̲ ⟨-; -s, Pizzen⟩ pizza f

Pizze'ria F̲ ⟨-; -rien⟩ pizzaria f

Pkw, PKW ['pe:ka:ve:] M̲ ⟨-; -(s)⟩ Personenkraftwagen automóvel m

pla'cieren [pla'tsi:rən] ⟨-⟩ → platzieren

Placke'rei [plakə'raɪ] umg F̲ vexação f; maçada f

plä'dieren [plɛ'di:rən] ⟨-⟩ ~ (**für**) defender, advogar (a causa de) **Plädo'yer** [pledoa'je:] N̲ ⟨-s; -s⟩ JUR defesa f; discurso m final

'Plage ['pla:gə] F̲ mal m, calamidade f; (Landplage) praga f; flagelo m; (Last) maçada f; (Qual) dor f, tormento m **Plagegeist** M̲ demónio m (bras *ô); Person: maçador m; bras maçante m **plagen** atormentar; maçar; **sich ~** esfalfar-se, maçar-se

Plagi'at [plagi'a:t] N̲ ⟨-(e)s; -e⟩ plágio m

Plagiator [plagi'a:tɔr] M̲ ⟨-en⟩ plagiário m

Pla'kat [pla'ka:t] N̲ ⟨-(e)s; -e⟩ cartaz m, póster m

Pla'kette [pla'kɛtə] F̲ distintivo m, medalha f; (Wandplakette) placa f (comemorativa)

plan [pla:n] ADJ (eben) plano, liso

Plan [pla:n] M̲ ⟨-(e)s; ⸚e⟩ plano m; proje(c)to m; (Grundriss, Stadtplan) planta f; desenho m; **nach ~** BAHN à tabela; **auf den ~ rufen** provocar a rea(c)ção de

'Plane ['pla:nə] F̲ lona f

'planen ['pla:nən] proje(c)tar, planear; planificar **Planer(in)** M(F) planeador(a) m(f)

Pla'net [pla'ne:t] M̲ ⟨-en⟩ planeta m

planet'arisch [plane'ta:rɪʃ], **Planeten...** IN ZSSGN planetário, dos planetas

Plan'etarium [plane'ta:rium] N̲ ⟨-s; -rien⟩ planetário m

pla'nieren [pla'ni:rən] ⟨-⟩ aplanar; nivelar **Planierraupe** F̲ nivelador m de esteiras **Planierung** F̲ nivelação f, terraplenagem f

'Planke ['planke] F̲ prancha f; tábua f

'Plankton ['planktɔn] N̲ ⟨-s; o. pl⟩ plâncton m

'planlos sem plano, sem método; desorientado **Planlosigkeit** ['pla:nlo:zɪçkaɪt] F̲ ⟨o. pl⟩ falta f de método **planmäßig** segundo o plano; metódico, sistemático

planschen → plantschen

'Planstelle ['pla:nʃtɛlə] F̲ lugar m do quadro; bras função f prevista no quadro de funcionários

Plan'tage [plan'ta:ʒa] F̲ plantação f; bras a. fazenda f

'plantschen ['planʃən] patinhar, chapinhar; bras a. patinar

'Planung ['pla:nʊŋ] F̲ planificação f

Planwirtschaft F̲ economia f dirigida (od planificada); dirigismo m

'Plappermaul ['plapərmaʊl] N̲ palreiro m; bras a. mexeriqueiro m, linguarudo m

plappern ⟨-re⟩ palrar; Kind galrar; bras balbuciar

plärren ['plɛrən] umg chorami(n)gar

'Plastik¹ ['plastɪk] F̲ KUNST (arte f) plástica f; escultura f

'Plastik² N̲ ⟨-s; o. pl⟩ (Kunststoff) plástico m; **aus ~** de plástico **Plastiktüte** F̲ saco m plástico

plastisch plástico; **~e Chirurgie** f cirurgia f estética (od plástica) **Plastizi'tät** F̲ plasticidade f

Pla'tane [pla'ta:nə] F̲ plátano m

Pla'teau [pla'to:] N̲ ⟨-s; -s⟩ planalto m

'Platin ['pla:tialon] N̲ ⟨-s; o. pl⟩ platina f

pla'tonisch [pla'to:nɪʃ] geh platónico (bras *ô)

'plätschern ['plɛtʃərn] ⟨-re⟩ patinhar; Bach murmurar

platt [plat] plano; chato; Nase achatado; fig trivial; umg (erstaunt) pasmado, espantado; **~ gedrückt** achatado; umg **~ sein** (erstaunt) ficar pasmado **Plattdeutsch** N̲ **~, das ~e** o baixo-alemão

'Platte ['platə] F̲ chapa f; lâmina f; (Steinplatte) laje f; a. (CD) disco m; Geschirr: prato m; (Tischplatte) tampo m; umg (Glatze) careca f

Platte(r) M̲ ⟨-ns; -n⟩ **e-n ~n haben** ter um furo m

'Plätteisen, plätten *etc* → Bügeleisen, bügeln *etc*

'Plattensammlung F̄ cole(c)ção f de discos **Plattenspieler** M̄ gira-discos m; *bras* toca-discos m

'Plattform F̄ plataforma f **Plattfuß** M̄ pé m chato; *umg* AUTO furo m, pneu m furado **Plattheit** F̄ achatadura f; achatado m; *fig* trivialidade f

plat'tieren ⟨-⟩ TECH chapear

Platz [plats] M̄ ⟨-es; ≈e⟩ *öffentlicher*: praça f; *a.* Sitzplatz *u.* HANDEL lugar m; *(Ort)* sítio m; *bras* local m; *(Gelände, Raum)* recinto m; FLUG, SPORT campo m; *(Anzahl der Plätze)* lotação f; **~ finden** caber; **~ machen** abrir caminho; dar lugar; **~ nehmen** sentar-se; **nicht** *(od* **fehl) am ~(e) sein** *fig* estar fora do seu lugar, ser inoportuno, ser despropositado; **es ist ~ für zwei ...** cabem dois *(od* duas*)* ...

▶ **Platz – praça**

Diese beiden Wörter sind tatsächlich sprachgeschichtlich verwandt. Im Portugiesischen wird lateinisches **l** nach **p, b, k, g** zu **r**:

branco	weiß (blank)
escravo	Sklave
praça	Platz
nobre	edel, nobel
regra	Regel

Auch einige andere Vertauschungen von Konsonanten gibt es zwischen Portugiesisch und Deutsch:

| Argélia | Algerien |
| bacalhau | Kabeljau |

◀

'Platzangst F̄ MED ⟨o. pl⟩ claustrofobia f **'Platzanweiser(in)** ['plats?anvaɪzər(ɪn)] M̄(F̄) Kino, Theater arrumador(a) m(f); *bras* lanterninha m/f

'Plätzchen ['plɛtsçən] N̄ **1** *(Keks)* bolachinha f **2** *(kleiner od schöner Platz)* lugarzinho m, lugarejo m

'platzen ['platsən] ⟨-t, s.⟩ (ar)rebentar; estalar

pla'tzieren [pla'tsiːrən] ⟨-⟩ colocar; SPORT classificar **(an** *dat* **em) Platzierung** F̄ colocação f; classificação f

'Platzkarte F̄ BAHN (bilhete m de) marcação f de lugar; *bras* bilhete m numerado **Platzmangel** M̄ ⟨-s; *o. pl*⟩ falta f de espaço

'Platzpatrone F̄ cartucho m de pólvora seca **Platzregen** M̄ aguaceiro m

'Platzverweis M̄ SPORT expulsão f do campo **Platzwechsel** M̄ mudança f de lugar

'Platzwunde F̄ MED escoriação f

Plaude'rei [plaʊdəˈraɪ] F̄ palestra f; cavaco m, conversa(ção) f; *bras* (bate-)papo m **'plaudern** ⟨-re⟩ cavaquear; conversar; bater (um) papo; *fig (aus der Schule)* ser indiscreto

plau'sibel [plaʊˈziːbəl] plausível, razoável

pla'zieren → platzieren *etc*

Plebis'zit [plebɪsˈtsiːt] N̄ ⟨-(e)s; -e⟩ plebiscito m

'pleite ['plaɪtə] falido; **~ sein** estar falido **'Pleite** ['plaɪtə] *umg* F̄ bancarrota f; falência f; fracasso m; **~ machen** falir **pleitegehen** falir

Ple'narsaal [pleˈnaːrzaːl] M̄ ⟨-(e)s; -säle⟩ sala f plenária **Plenarsitzung** F̄ sessão f plenária

'Pleuelstange ['plɔʏəlʃtaŋə] F̄ AUTO biela f

Plis'seerock [pliˈseːrɔk] M̄ saia f plissada *od* pregueada

'Plombe ['plɔmbə] F̄ chumbo m **plom'bieren** [plɔmˈbiːrən] ⟨-⟩ chumbar; obturar; *mit Gold*: aurificar

'plötzlich ['plœtslɪç] ADJ súbito, repentino; ADV a. de repente

plump [plʊmp] *(schwer)* pesado; maciço; *(grob, ungeschickt)* grosseiro, deselegante **'Plumpheit** F̄ peso m; informidade f; *fig* grosseria f; deselegância f

'plumps ['plʊmps] INT **~!** bum!

'plumpsen ['plʊmpsən] ⟨-t; s.⟩ cair pesadamente

'Plunder ['plʊndər] M̄ ⟨-s; *o. pl*⟩ farraparia f; tarecos *mpl*; *bras* quinquilharia f, bugiganga f

'Plünderer ['plʏndərər] M̄ saqueador m; pilhador m **plündern** ⟨-re⟩ saquear **Plünderung** F̄ saque m, pilhagem f

'Plural ['pluːraːl] M̄ ⟨-s; -e⟩ plural m

plus [plʊs] MATH mais

Plus N ⟨o. pl⟩ vantagem f; **3 Grad ~** três graus positivos; HANDEL superavit m

Plüsch [plyːʃ] M ⟨-(e)s; -e⟩ pelúcia f

Plüschtier N boneco m de peluche

'Pluspunkt M ponto m a favor **Plusquamperfekt** ['plʊskvampɛrfɛkt] N ⟨-(e)s; -e⟩ mais-que-perfeito m **Pluszeichen** N sinal m de mais

Plu'tonium [pluˈtoːni̯ʊm] N ⟨-s; o. pl⟩ plutónio m (bras *ô)

PLZ ABK → Postleitzahl

Po [poː] M ⟨-s; -s⟩ umg traseiro m, rabete m

'Pöbel ['pøːbəl] M ⟨-s; o. pl⟩ plebe f; populaça f **pöbelhaft** plebeu, ordinário; indecente

'pochen ['pɔxən] bater; *Herz a.* palpitar; (fordern) reclamar; fig **~ auf** (akk) prevalecer-se de

'Pocken ['pɔkən] PL varíola fsg; bexigas fpl **Pockenimpfung** F vacinação f antivariólica **pockennarbig** bexigoso

Po'dest [poˈdɛst] N ⟨-(e)s; -e⟩ estrado m; (Treppen) patamar m

'Podium ['poːdi̯ʊm] N ⟨-s; Podien⟩ estrado m

Poe'sie [poeˈziː] F poesia f

Po'et [poˈeːt] M ⟨-en; -en⟩, **Poetin** F poeta m, poetisa f **Poetik** F poética f **poetisch** poético

Po'inte [poˈɛ̃ːtə] F graça f

Po'kal [poˈkaːl] M ⟨-s; -e⟩ taça f (a. Sport)

'Pökelfleisch [ˈpøːkəlflaɪ̯ʃ] N carne f salgada **pökeln** ⟨-le⟩ salgar, pôr de salmoura

'Poker ['poːkər] N ⟨-s; o. pl⟩ pôquer m, poker m **pokern** ⟨-re⟩ jogar ao poker; bras jogar poker; **hoch ~** fig arriscar muito

Pol [poːl] M ⟨-(e)s; -e⟩ GEOG, ELEK pólo m

po'lar [poˈlaːr] polar **Polarforscher** M explorador m das regiões polares **polari'sieren** [polariˈziːrən] ⟨-⟩ polarizar **Polari'tät** [polariˈtɛːt] F polaridade f **Polarkreis** M círculo m polar (od árc[c]-tico) **Polarmeer** N Oceano m Glacial; (Mar m) Árctico m **Polarstern** M estrela f polar

'Pole ['poːlə] M ⟨-n⟩ polaco m, polonês m

Po'lemik [poˈleːmɪk] F polémica f (bras *ê); controvérsia f **Polemiker(in)** [poˈleːmɪkər(ɪn)] M(F) polemista m/f **polemisch** polémico (bras *ê) **polemi'sieren** [polemiˈziːrən] ⟨-⟩ fazer polémica (bras *ê), polemicar, polemizar

'polen ['poːlən] V/T ELEK polarizar

'Polen ['poːlən] N GEOG Polónia f

Po'lice [poˈliːsə] F apólice f

Po'lier [poˈliːr] M ⟨-s; -e⟩ ARCH (pedreiro m) contra-mestre m **polieren** ⟨-⟩ polir, brunir, dar polimento a, dar lustro a **Poliermittel** N produto m de polimento

Poliklinik ['poːlikliːnɪk] F policlínica f; banco m (de hospital)

'Polin ['poːlɪn] F polaca f, polonesa f

Poli'tesse [poliˈtɛsə] F mulher-polícia f (auxiliar); bras polícia f feminina (auxiliar)

Poli'tik [poliˈtiːk] F política f **Po'litiker(in)** [poˈliːtɪkər(ɪn)] M(F) político m, -a f **po'litisch** político **politi'sieren** [politiˈziːrən] V/I ⟨-⟩ fazer política; discutir política **Politolo'gie** [politoloˈgiː] F politologia f

Poli'tur [poliˈtuːr] F polimento m; lustre m

Poli'zei [poliˈtsaɪ̯] F polícia f **Polizeiaufsicht** F ⟨o. pl⟩ policiamento m; vigilância f da polícia **Polizeibeamte(r)** M ⟨-n⟩, **Polizeibeamtin** F agente m/f da polícia **Polizeibehörde** F polícia f; entidade f policial **Polizeidienststelle** F → Polizeirevier **Polizeigewalt** F ⟨o. pl⟩ autoridade f (policial) **Polizeihund** M cão m de polícia **Polizeikommissar** M comissário (od delegado m) de polícia **polizeilich** ADJ policial; de polícia, da polícia; ADV pela polícia **Polizeipräsident** M ⟨-en⟩ chefe m da polícia **Polizeipräsidium** N ⟨-s; -dien⟩ sede f da polícia **Polizeirevier** N esquadra f de polícia; bras delegacia f (de polícia) **Polizeispitzel** M agente m secreto da polícia **Polizeistaat** M estado m policial **Polizeistreife** F patrulha f de polícia; (Razzia) rusga f **Polizeistunde** F hora f de encerramento (od recolha) **Polizeiwache** F → Polizeirevier

Poli'zist(in) [poliˈtsɪst] M ⟨-en⟩ polícia m/f, guarda m/f; bras policial m/f

'Polka ['pɔlka] F ⟨-; -s⟩ MUS polca f

'Pollen ['pɔlən] M pólen m

'polnisch ['pɔlnɪʃ] polaco m, polonês, da Polónia (bras *ô)

'Polo ['poːlo] N ⟨-s; o. pl⟩ pólo m **Polo-**

hemd N̄ camisa f de manga curta, camiseta f **Polo'naise** [polo'nɛːzə] F̄ MUS polaca f, polonaise f

'Polster ['pɔlstɐ] N̄ estofo m; (Kissen) almofada f, coxim m **Polstermöbel** N̄PL móveis mpl estofados **polstern** ⟨-re⟩ estofar; almofadar **Polsterung** F̄ estofo m

'Polterabend ['pɔltɐʔaːbənt] M̄ véspera f de núpcias **Poltergeist** M̄ duende m, diabrete m; bras a. diabrinho m **poltern** ⟨-re⟩ fazer barulho; wütend: raivar

Polyäthy'len [polyʔɛty'leːn] N̄ ⟨-s; -e⟩ polietileno m **Poly'eder** [poly'eːdɐ] N̄ poliedro m **Polyga'mie** [polyga'miː] F̄ poligamia f **Poly'gon** [poly'goːn] N̄ ⟨-s; -e⟩ polígono m

Po'lyp [po'lyːp] M̄ ⟨-en⟩ MED pólipo m; ZOOL polvo m; umg (Polizist) chui m

Poly'technikum [poly'tɛçnikum] N̄ ⟨-s; -ken⟩ escola f politécnica

Po'made [po'maːdə] F̄ pomada f **pomadig** fig umg fleumático

Pommes frites [pɔm'frit] PL batatas fpl fritas

Pomp [pɔmp] M̄ ⟨-(e)s; o. pl⟩ pompa f; fausto m **pomp'ös** [pɔm'pøːs] pomposo, faustoso

Pon'ton [pɔn'tɔn, pɔn'tõː] M̄ ⟨-s; -s⟩, **Pontonbrücke** F̄ pontão m

'Pony[1] ['pɔni] N̄ ⟨-s; -s⟩ ZOOL pónei m (bras *ô*)

'Pony[2] ['pɔni] M̄ ⟨-s; -s⟩ Frisur: franja f

'Popanz ['poːpants] M̄ ⟨-es; -e⟩ espantalho m; estaferno m

'Popcorn ['pɔpkɔrn] N̄ ⟨-s; o. pl⟩ pipoca(s) f(pl)

'popeln ['poːpəln] V̄/I umg **in der Nase ~** tirar macacos (bras meleca) do nariz

'Popmusik ['pɔpmuziːk] F̄ ⟨o. pl⟩ música f pop

Po'po [po'poː] M̄ ⟨-s; -s⟩ rabete m; Kinderspr.: fofo m, tutu m; bras bumbum m

'Popstar ['pɔpstaːr] M̄ ⟨-s; -s⟩ estrela f pop

popu'lär [popu'lɛːr] popular **Populari'tät** [populari'tɛːt] F̄ ⟨o. pl⟩ popularidade f

'Pop-up-Menü ['pɔpʔapmenyː] N̄ IT menu m pop-up

'Pore ['poːrə] F̄ poro m

'Porno ['pɔrno] M̄ ⟨-s; -s⟩ umg porno m; bras pornô m **Pornofilm** M̄ filme m

pornográfico **Pornogra'fie** [pɔrnogra'fiː] F̄ pornografia f **porno'grafisch** [pɔrno'grafiʃ] pornográfico

po'rös [po'røːs] poroso

'Porree ['pɔre] M̄ ⟨-s; -s⟩ reg alho-porro m

Por'tal [pɔr'taːl] N̄ ⟨-s; -e⟩ portal m (a. INTERNET)

Portemon'naie [pɔrtmɔ'neː] N̄ ⟨-s; -s⟩ porta-moedas m; bras porta-níqueis m

Porti'er [pɔr'tieː] M̄ ⟨-s; -s⟩ porteiro m **Portier(s)frau** F̄ porteira f **Portier(s)loge** F̄ cubículo m do porteiro; bras portaria f

Porti'on [pɔrtsi'oːn] F̄ porção f; ração f; port Restaurant a. dose f

Portmonee N̄ → Portemonnaie

'Porto ['pɔrto] N̄ ⟨-s; -s od Porti⟩ porte m; franquia f **portofrei** isento de porte, franco de porte **portopflichtig** sujeito a porte **Portozuschlag** M̄ porte m adicional

Por'trät [pɔr'trɛː] N̄ ⟨-s; -s⟩ retrato m **porträ'tieren** ⟨-⟩ retratar **Porträtmaler(in)** M̄(F) retratista m/f

'Portugal ['pɔrtugal] N̄ Portugal m; **nach ~ reisen** viajar (od ir) para Portugal **Portu'giese** [pɔrtu'giːzə] M̄ ⟨-n⟩, **Portu'giesin** F̄ português m, -esa f **portu'giesisch** português, de Portugal

'Portwein ['pɔrtvain] M̄ vinho m do Porto

Porzel'lan [pɔrtsə'laːn] N̄ ⟨-s; -e⟩ porcelana f **Porzellan...** IN ZSSGN de porcelana

Po'saune [po'zaunə] F̄ trombone m; fig trombeta f **posaunen** ⟨-⟩ tocar trombone; fig vociferar

'Pose ['poːzə] F̄ pose f; afe(c)tação f; postura f **po'sieren** [po'ziːrən] ⟨-⟩ posar

Positi'on [pozitsi'oːn] F̄ posição f; situação f; **in einer schwierigen ~ sein** estar (od ficar) numa posição difícil **Positionslichter** N̄PL luzes fpl de posição

'positiv ['poziti(ː)f] positivo **'Positiv** ['poziti(ː)f] N̄ ⟨-s; -e⟩ FOTO prova f positiva **Posi'tivismus** [poziti'vɪsmus] M̄ ⟨-; o. pl⟩ positivismo m **positi'vistisch** positivista

Posi'tur [pozi'tuːr] F̄ postura f; **in ~** perfilado; **sich in ~ setzen** compor-se

'Posse ['pɔsə] F̄ farsa f **possenhaft** burlesco **Possenreißer** M̄ charlatão

POST

▶ Kleine Geschichte Portugals

Iberer und Kelten besiedeln vor Christi Geburt den Südosten der Iberischen Halbinsel. Auch die Phönizier gründen hier Kolonien. Ab 27 v. Chr. wird das Gebiet zur römischen Provinz Lusitania.
Die Mauren erobern ab 711 das Land. Die christliche Rückeroberung (**Reconquista**) Portugals dauert vom 9. bis zur Mitte des 13. Jahrhunderts.
Im 15. und 16. Jahrhundert gründen portugiesische Seefahrer und Entdecker wie **Vasco da Gama** und **Pedro Álvares Cabral** Kolonien in Südamerika, Afrika, Arabien, Indien, Südostasien und China. Das Land steigt zur Weltmacht und reichsten Nation Europas auf. Von 1580 bis 1640 herrschen die spanischen Könige über Portugal.
1755 zerstört ein Erdbeben Lissabon. Der **Marquês de Pombal** baut die Stadt wieder auf und führt Portugal als Erster Minister in einen aufgeklärten Absolutismus.
1822 erlangt die größte Kolonie, Brasilien, ihre Unabhängigkeit.
Nach vielen Revolutionen und Kriegen schafft Portugal im 20. Jahrhundert als erstes europäisches Land die Monarchie ab und führt bereits 1911 die Republik ein.
1932 wird António de Oliveira Salazar Ministerpräsident. Er errichtet einen autoritären Einparteienstaat, den sogenannten **Estado Novo** (Neuer Staat), und unterdrückt jegliche Opposition. Am 2. Weltkrieg nimmt Portugal nicht teil, 1949 tritt es aber der NATO und 1955 den Vereinten Nationen bei. Seit den 1960er-Jahren führt Portugal gegen die Unabhängigkeitsbewegungen in seinen afrikanischen Besitzungen einen verlustreichen Kolonialkrieg. Am 25. April 1974 stürzen rebellische Offiziere in der unblutigen „Nelkenrevolution" das Regime. Das Kolonialreich wird kurz danach aufgelöst. Seit 1986 ist Portugal Mitglied der Europäischen Union. ◀

---

m; farsista m
'Possessivpronomen ['pɔsəsi:fprono:mən] N ⟨-s; - *od* -pronomina⟩ pronome *m* possessivo
pos'sierlich [pɔ'si:rlɪç] engraçado
Post® [pɔst] F correio *m*; (*Briefpost*) *a.* correspondência *f*; **auf die ~ bringen** pôr no correio; *bras* postar; **mit der ~, per ~** por correio; **mit getrennter ~** HANDEL separado **pos'talisch** [pɔs'ta:lɪʃ] postal **Postamt** N correio(s) *m*(*pl*), estação *f* de correios **Postanweisung** F vale *m* postal (*od* do correio) **Postauto** N carro *m* dos correios **Postbank** F banco *m* postal **Postbeamte(r)** M ⟨-n⟩, **Postbeamtin** F empregado *m*, -a *f* do correio **Postbote** M ⟨-n⟩, **Postbotin** F carteiro *m*; distribuidor(a) *m*(*f*) dos correios **Posteingang** M HANDEL correio *m* do dia, correspondência *f* do dia
'Posten ['pɔstən] M posto *m*; (*Amt*) *a.* cargo *m*; emprego *m*; (*Wachposten*) sentinela *f*; *Buchung*: entrada *f*; *Rechnung*: verba *f*; *Ware*: lote *m*, partida *f*, remessa *f*; **~ stehen** estar de sentinela; *fig* **nicht auf dem ~ sein** não se sentir bem; *mil* indisposto **Postenkette** F MIL linha *f* de sentinelas
'Poster ['pɔ:stər] N ⟨-s; -⟩ póster *m*
Postfach N apartado *m*, caixa *f* postal **Postflugzeug** N avião *m* de correio **Postgebühren** FPL taxas *fpl* postais **Postgeheimnis** N segredo *m* postal **post'hum** [pɔs'tu:m] póstumo
pos'tieren [pɔs'ti:rən] ⟨-⟩ colocar
'Postkarte F bilhete *m* (*bras* cartão *m*) postal **Postkutsche** F *hist* diligência *f* **postlagernd** posta restante **Postleitzahl** F código *m* postal **Postpaket** N encomenda *f* postal **Postsack** M saco *m* postal (*od* de correspondência) **Postscheck** M *hist* cheque *m* postal **Postschließfach** N → Postfach **Postsparbuch** N caderneta *f* de poupança **Poststempel** M carimbo *m* postal
Postu'lat [pɔstu'la:t] N ⟨-s; -e⟩ postulado *m* **postu'lieren** [pɔstu'li:rən] ⟨-⟩ postular
pos'tum [pɔs'tu:m] póstumo
'Postvermerk M nota *f* postal **postwendend** ADV na volta do correio; imediatamente **Postwertzeichen** N selo

POST | 1070

▶ Postwesen

In Portugal ist das Postamt (**CTT Correios**) durch einen roten Reiter gekennzeichnet. Rot ist auch die Farbe der Briefkästen (**marco de correio**) für die normale Post. Die blauen Kästen hingegen sind der Eilpost (**correio azul**) vorbehalten. Briefmarken (**selos**) sind übrigens auch in Tabak- und Zeitschriftenläden (**tabacarias**) erhältlich. Wenn Sie eine **carta postal**, also eine Postkarte, frankieren wollen, können Sie z. B. so fragen:

Fünf Briefmarken für Deutschland, bitte. **Cinco selos para Alemania, por favor.**

In Brasilien sollte man, selbst wenn Briefkästen vorhanden sind, die Briefe am besten direkt im Postamt abgeben. Natürlich übernehmen auch größere Hotels gerne die Weitergabe. ◀

---

m postal **Postwurfsendung** F avença f; *bras* anúncio m postal **Postzug** BAHN M comboio-correio m
Potenti'al *etc* → **Potenzial** *etc*
Po'tenz [po'tɛnts] F potência f **Potenzi'al** [potɛntsi'aːl] N ⟨-s; -e⟩ potencial m **poten'ziell** [potɛntsi'ɛl] potencial **po'tenzieren** ⟨-⟩ elevar a uma potência
'Pottasche ['pɔtʔaʃə] F ⟨o. pl⟩ potassa f; *reine:* carbonato m de potássio **pott'hässlich** medonho; *bras a.* feioso
Pottwal M cachalote m
Pou'larde [pu'lardə] F GASTR frango m, -a f, galinha f
'Power [ˈpaʊər] F ⟨-; *o. pl*⟩ *umg* energia f, genica f; **er/sie hat ~** ele/ela tem energia *od* genica **Powerfrau** F *umg* mulher f de armas; *bras* (mulher f) poderosa f **powern** ['paʊərn] V/i *umg* trabalhar no duro
PR [peː'ʔɛr] F ⟨-; *o. pl*⟩ ABK (Public Relations) relações fpl públicas
Prä'ambel [prɛ'ambəl] F ⟨-; -n⟩ preâmbulo m
Pracht [praxt] F ⟨o. pl⟩ fausto m, luxo m, esplendor m, magnificência f; pompa f
'prächtig ['prɛçtɪç] magnífico, vistoso, faustoso, sumptuoso
'Prachtkerl M jóia f de rapaz; *bras* rapagão m **Prachtstück** N exemplar m primoroso **prachtvoll** *a.* prächtig
Prädi'kat [prɛdi'kaːt] N ⟨-(e)s; -e⟩ GRAM predicado m; *Adel:* título m; *allg:* **mit ~** *Note:* com distinção
'Präfix ['prɛːfɪks] N ⟨-es; -e⟩ GRAM prefixo m
Prag [praːk] N GEOG Praga ⟨o. art⟩
'prägen ['prɛːɡən] estampar; *Münze* cunhar **Prägestempel** M cunho m

prag'matisch [praɡ'maːtɪʃ] pragmático
präg'nant [prɛ'ɡnant] expressivo; conciso; *bras a.* sucinto
'Prägung F cunho m
'prahlen ['praːlən] gabar-se, vangloriar-se (**mit de**) **Prahler** M fanfarrão m **Prahle'rei** [praːləˈraɪ] F bazófia f, fanfarronice f, jactância f **prahlerisch** ['praːlərɪʃ] fanfarrão **Prahlhans** ['praːlhans] M ⟨-en; ⸚e⟩ *pej* fanfarrão m
Prakti'kant(in) [prakti'kant(ɪn)] M(F) ⟨-en⟩ praticante m/f; estagiário m, -a f
'Praktiken ['praktɪkən] PL *pej* manobras fpl, maquinações fpl **Praktiker** M homem m prático **Praktikum** ['praktɪkʊm] N ⟨-s; -ka⟩ estágio m; **ein ~ machen** estagiar **praktisch** prático; *Arzt* de clínica geral **prakti'zieren** ⟨-⟩ praticar; exercer (*a.* MED)
Prä'lat [prɛ'laːt] M ⟨-en⟩ prelado m
Pra'line [pra'liːnə] F bombom m (de chocolate) **Prali'né** [prali'neː] N ⟨-s; -s⟩, **Prali'nee** N bombom m de chocolate
prall [pral] ADJ apertado, justo; (*voll u. rund*) repleto; *Backe etc* gordo, cheio; *Muskel* marcado; *Sonne* pleno; **~ gefüllt** repleto **'prallen** V/i & V/t ressaltar; ricochetear; **~ gegen** embater em
Prä'ludium [prɛ'luːdiʊm] N ⟨-s; -dien⟩ prelúdio m
'Prämie ['prɛːmi̯ə] F prémio m, *bras* prêmio m **präm(i)'ieren** [prɛm(i)'iːrən] ⟨-⟩ premiar **Präm(i)'ierung** F distinção f; (*Preisverteilung*) distribuição f de prémios (*bras* *ê)
'Pranger ['praŋər] M *hist* pelourinho m; **j-n an den ~ stellen** expor alg no pelourinho
Pranke ['praŋkə] F garra f; *fig* (*große*

Hand) manápula f, manopla f

Präpa'rat [prɛpa'raːt] N̄ ⟨-(e)s; -e⟩ preparado m **präparieren** ⟨-⟩ preparar; MED dissecar

Präpositi'on [prɛpozitsi'oːn] F̄ ⟨-; -en⟩ preposição f

'**Präsens** ['prɛːzɛns] N̄ ⟨-; Präsentia⟩ presente m

Prä'sent [prɛ'zɛnt] N̄ ⟨-(e)s; -e⟩ presente m **präsen'tieren** [prɛzɛn'tiːrən] ⟨-⟩ apresentar; MIL **das Gewehr** ~ apresentar armas **Prä'senz** [prɛ'zɛnts] ⟨o. pl⟩ assistência f, frequência f **Prä'senzbibliothek** F̄ biblioteca f de consulta

Präserva'tiv [prɛzɛrva'tiːf] N̄ ⟨-s; -e⟩ preservativo m

Präsi'dent(in) [prɛzi'dɛnt(ɪn)] M(F) ⟨-en⟩ presidente m/f; a. presidenta f **Präsi'dentschaft** F̄ presidência f **präsi'dieren** [prɛzi'diːrən] ⟨-⟩ presidir

Prä'sidium [prɛ'ziːdiʊm] N̄ ⟨-s; -dien⟩ dire(c)ção f, presidência f; mesa f

'**prasseln** ['prasəln] ⟨-le⟩ crepitar; *Regen* bater

'**prassen** ⟨-t⟩ *pej* dissipar; banquetear-se

Prä'teritum [prɛ'teːritʊm] N̄ ⟨-s; -ta⟩ pretérito m

Prävention [prɛvɛntsi'oːn] F̄ prevenção f **präven'tiv** [prɛvɛn'tiːf], **präven...** IN ZSSGN preventivo

'**Praxis** ['praksɪs] F̄ ⟨-; Praxen⟩ prática f; JUR, MED consultório m; MED *a.* clínica; JUR *a.* escritório m **Praxisgebühr** F̄ MED BRD *etw*: taxa f adicional paga pelos segurados da caixa de saúde (bras seguro saúde) para consultas médicas num trimestre

Präze'denzfall [prɛtsɛ'dɛntsfal] M̄ precedente m, antecedente m

prä'zis(e) [prɛ'tsiːs ⟨-zə⟩] preciso, exa(c)to **präzi'sieren** [prɛtsi'ziːrən] ⟨-⟩ precisar, especificar **Präzisi'on** F̄ precisão f **präzisions...** IN ZSSGN TECH de precisão f

'**predigen** ['preːdɪɡən] pregar, fazer um sermão **Prediger** M̄ pregador m; capelão m **Predigt** ['preːdɪçt] F̄ sermão m

Preis [praɪs] M̄ ⟨-es; -e⟩ preço m; (*Gewinn*) prémio m, bras prêmio m; **e-n** ~ **ansetzen für** cotizar; **e-n** ~ **ausschreiben** abrir concurso; **im** ~ **steigen** subir de preço; **um jeden** ~ custe o que custar; **um keinen** ~ de modo algum; **zum** (od **im**) ~ **von** ao preço de '**Preisangabe** F̄ indicação f do preço '**Preisanstieg** M̄ subida f de preços '**Preisaufschlag** M̄ sobretaxa f; aumento m '**Preisausschreiben** N̄ concurso m, *künstlerisches a.*: certame m '**Preisbindung** F̄ acordo m sobre preços; bras tabelamento m

'**Preiselbeere** ['praɪzəlbeːrə] F̄ arando m vermelho

'**Preisempfehlung** F̄ recomendação f sobre preços

'**preisen** ['praɪzən] ⟨-t⟩ elogiar, exaltar '**Preiserhöhung** F̄ alta f; aumento m de (od dos) preços **Preiserhöhung** F̄ abatimento m (do preço), desconto m **Preisfrage** F̄ questão f de preço; *fig* problema m **preisgekrönt** ['praɪsɡəkrøːnt] premiado **preisgünstig** barato, em conta **Preislage** F̄ preço m **Preisliste** F̄ tabela f **Preisnachlass** M̄ → Preisermäßigung **Preisrichter** M̄ juiz m; membro m do júri **Preisschwankung** F̄ flutuação f dos preços **Preissenkung** F̄ baixa f de preço; redução f dos preços **Preissteigerung** F̄ → Preiserhöhung **Preisstopp** M̄ congelamento m de preços **Preissturz** M̄ queda f (od baixa f) súbita dos preços **Preisträger** M̄ premiado m **Preistreiberei** [praɪstraɪbə'raɪ] F̄ alta f forçada; especulação f **Preisverteilung** F̄ distribuição f de (od dos) prémios (bras *e)* **Preisverzeichnis** N̄ tabela f **preiswert** barato, em conta

pre'kär [preˈkɛːr] precário

'**Prellbock** ['prɛlbɔk] M̄ BAHN pára-choque m **prellen** mantear; (*verletzen*) contusionar; (*betrügen*) lograr **Prellung** F̄ MED contusão f

Premi'ere [premi'ɛːrə] F̄ THEAT estreia (bras **é*) f **Premierminister(in)** [prəmi'eːmɪnɪstɐ(ɪn)] M(F) Primeiro, -a Ministro m, -a f

'**Prepaid-Karte** ['priːpeːtkartə] F̄ cartão m pré-pago

'**Presse** ['prɛsə] F̄ prensa f; TYPO *a.* prelo m; (*Zeitungswesen*) imprensa f; (*Ölpresse, Weinpresse*) lagar m **Pressebericht** M̄ relatório m de imprensa **Pressefotograf** M̄ ⟨-en⟩ repórter m fotográfico **Pressefreiheit** F̄ ⟨o. pl⟩ liberdade f da imprensa **Pressekonferenz** F̄

conferência f de imprensa; bras entrevista f coletiva; e-e ~ **abhalten** realizar uma conferência de imprensa (bras entrevista coletiva)
'**pressen** ⟨-t⟩ apertar, prensar, comprimir; (auspressen) Früchte espremer
'**Presse**|**referent(in)** M(F) ⟨-en⟩ chefe m/f de imprensa **Pressestimmen** FPL vozes fpl da imprensa
'**Pressluft** F ⟨o. pl⟩ ar m comprimido **Presslufthammer** M martelo m pneumático
Pres'tige [prɛs'ti:ʒə] N ⟨-s; o. pl⟩ prestígio m
'**Preuße** ['prɔʏsə] M ⟨-n⟩, **Preußin** F prussiano m, -a f **preußisch** prussiano, da Prússia
'**prickeln** ['prɪkəln] ⟨-le⟩ picar; (jucken) arder, fazer comichão; Wein espumar **prickeln** ['prɪkəln] N comichão f **prickelnd** ADJ excitante; Sekt espumoso; fig **nicht so ~** não muito interessante
'**Priester** ['pri:stər] M sacerdote m **Priesteramt** N sacerdócio m **Priestergewand** N sota(i)na f, batina f **priesterlich** sacerdotal **Priesterseminar** N seminário m **Priesterweihe** F ordenação f
'**prima** ['pri:ma] primeira qualidade; primoroso; umg a. esplêndido **Primaballe'rina** F ⟨-; -rinen⟩ primeira bailarina f
pri'mär [pri'mɛːr] primário
Pri'mat [pri'maːt] M/N ⟨-(e)s; -e⟩ primazia f; primado m **primaten** MPL ZOOL primates mpl
'**Primel** ['pri:məl] F ⟨-; -n⟩ primavera f; prímula f
primi'tiv [primi'tiːf] primitivo
'**Primzahl** ['pri:mtsaːl] F número m primo
Prinz [prɪnts] M ⟨-en⟩ príncipe m **Prin'zessin** [prɪn'tsɛsɪn] F princesa f
Prin'zip [prɪn'tsiːp] N ⟨-s; -ien⟩ princípio m; **aus ~** por princípio **prinzipi'ell** [prɪntsipi'ɛl] em princípio, de princípio **prinzipientreu** fiel aos princípios
Priori'tät [priori'tɛːt] F prioridade f
'**Prise** ['pri:zə] F SCHIFF hist presa f; Tabak, Salz: pitada f
'**Prisma** ['prɪsma] N ⟨-s; Prismen⟩ prisma m **Prismenglas** N binóculo m prismático
'**Pritsche** ['prɪtʃə] F catre m; MIL tarimba

f **Pritschenwagen** M AUTO camião m de caixa aberta
pri'vat [pri'vaːt] particular; privado, pessoal; **~ untergebracht sein** estar alojado em casa particular
'**Privat**|**adresse** F morada f particular; bras residência f **Privatangelegenheit** F assunto m particular; **j-s ~ sein** ser (só) com alg **Privataudienz** F audiência f particular **Privatauto** N automóvel m particular **Privatbesitz** M propriedade f particular (od pessoal); **in ~ sein** ser de propriedade particular (od privada) **Privatdetektiv(in)** M(F) dete(c)tive m/f particular **Privatdozent(in)** M(F) ⟨-en⟩ professor(a) m/f livre **Privateigentum** N ⟨-(e)s; o. pl⟩ → Privatbesitz **Privatfernsehen** N ⟨o. pl⟩ televisão f privada **Privatinteresse** N interesse m pessoal (od particular) **Privatleben** N vida f privada; intimidade f **Privatlehrer(in)** M(F) professor(a) m/f particular **Privatmann** M ⟨-(e)s; -leute⟩, **Privatperson** F particular m **Privatpatient(in)** M(F) paciente m/f particular **Privatquartier** N alojamento m particular **Privatrecht** N ⟨-(e)s; o. pl⟩ direito m privado (od civil) **Privatsache** F negócio m particular **Privatschule** F colégio m (privado); bras a. escola f particular **Privatsphäre** F privacidade f, intimidade f; **Schutz** m **der ~** IT prote(c)ção f da privacidade **Privatstunde** F lição f particular **Privatunterricht** M ⟨-(e)s; o. pl⟩ ensino m particular **Privatweg** M caminho m privado **Privatwirtschaft** F ⟨o. pl⟩ economia f privada
Privi'leg [privi'leːk] N ⟨-(e)s; -ien⟩ privilégio m **privile'gieren** [privile'giːrən] ⟨-⟩ privilegiar **privile'giert** privilegiado
P'R-Manager(in) M(F) relações m/f públicas
pro [proː] por; **~ Kopf** (od **Person**) por pessoa; **~ Stück** por unidade
'**Probe** ['proːbə] F prova f; HANDEL amostra f; THEAT ensaio m; Versuch a. experiência f; **auf, zur ~** de, para, como prova; **auf die ~ stellen** pôr à prova **Probeabzug** M prova f **Probebetrieb** M ⟨-(e)s; o. pl⟩ TECH ensaio m de funcionamento **Probefahrt** F test m

drive **proben** provar, experimentar; THEAT ensaiar **Probesendung** F̲, **Probestück** N̲ amostra f **probeweise** A̲D̲J̲ ̲&̲ ̲A̲D̲V̲ a título de experiência **Probezeit** F̲ período m de experiência **pro'bieren** [pro'biːrən] ⟨-⟩ provar, experimentar

Pro'blem [pro'bleːm] N̲ ⟨-s; -e⟩ problema m; **kein ~!** não faz mal!, não há problema! **Proble'matik** [proble'maːtɪk] F̲ ⟨o. pl⟩ problemática f **proble'matisch** problemático

Pro'dukt [pro'dʊkt] N̲ ⟨-(e)s; -e⟩ produto m **Produkti'on** [prodʊktsi'oːn] F̲ produção f **Produkti'ons...** I̲N̲ ̲Z̲S̲S̲G̲N̲ de produção **produk'tiv** [prodʊk'tiːf] produtivo **Produktivi'tät** [prodʊktivi'tɛːt] F̲ ⟨o. pl⟩ produtividade f **Produktmanagement** N̲ gestão f de produtos **Produktpiraterie** F̲ ⟨o. pl⟩ pirataria f

Produ'zent(in) [produ'tsɛnt(ɪn)] M̲(F̲) ⟨-en⟩ produtor(a) m(f), fabricante m(f); FILM produtor(a) m(f) cinematográfico m, -a f; MUS produtor(a) m(f) musical **produzieren** ⟨-⟩ produzir, fabricar

pro'fan [pro'faːn] profano

professio'nell [profɛsio'nɛl] profissional **Pro'fessor** [pro'fɛsɔr] M̲ ⟨-s; en [-'soː-rən]⟩, **Profes'sorin** [profɛ'soːrɪn] F̲ professor(a) m(f); (Universitätsprofessor) a. lente m/f; **ordentlicher ~** a. catedrático m **Profes'sur** [profɛ'suːr] F̲ cadeira f; cátedra f (**für** de)

'Profi ['proːfi] M̲ ⟨-s; -s⟩ umg profissional m

Pro'fil [pro'fiːl] N̲ ⟨-s; -e⟩ perfil m **Profilreifen** M̲ pneu m com banda de rodagem

Pro'fit [pro'fiːt] M̲ ⟨-(e)s; -e⟩ proveito m; lucro m **Profitgier** F̲ cobiça f, ganância f **profi'tieren** [profi'tiːrən] ⟨-⟩ lucrar, aproveitar (**bei, von** com)

Pro'gnose [pro'gnoːzə] F̲ prognóstico m; **e-e ~ abgeben** fazer um prognóstico

Pro'gramm [pro'gram] N̲ ⟨-s; -e⟩ programa m **Programmgestaltung** F̲ organização f do programa **program'mieren** ⟨-⟩ programar **Program'mierer(in)** M̲(F̲) programador(a) m(f) **Program'miersprache** F̲ linguagem f de programação **Pro'grammzeitschrift** F̲ TV revista f televisiva

Progressi'on [progrɛsi'oːn] F̲ progressão f **progres'siv** [progrɛ'siːf] progressivo

Pro'jekt [pro'jɛkt] N̲ ⟨-(e)s; -e⟩ proje(c)to m **Projekti'on** [projɛktsi'oːn] F̲ proje(c)ção f **Pro'jektmanagement** N̲ gestão f de proje(c)tos **Pro'jektor** [pro'jɛktɔr] M̲ ⟨-s; -en⟩ aparelho m (od máquina f) de proje(c)ções; proje(c)tor m **proji'zieren** [proji'tsiːrən] ⟨-⟩ proje(c)tar

Proklamati'on [proklamatsi'oːn] F̲ proclamação f **prokla'mieren** ⟨-⟩ proclamar

Pro'kura [pro'kuːra] F̲ ⟨o. pl⟩ procuração f; **j-m e-e ~ erteilen** passar uma procuração a alg **Proku'rist(in)** [proku'rɪst] M̲ ⟨-en⟩ procurador(a) m(f); HANDEL gerente m/f

Pro'let [pro'leːt] M̲ ⟨-en⟩ proletário m; umg grosseirão m **Proletari'at** [proletari'aːt] N̲ ⟨-(e)s; -e⟩ proletariado m **Prole'tarier(in)** [prole'taːriər] M̲(F̲) proletário m, -ária f **prole'tarisch** proletário

prollig [prɔlɪç] pej proletário

Pro'log [pro'loːk] M̲ ⟨-(e)s; -e⟩ prólogo m

Prome'nade [promə'naːdə] F̲ passeio m

'Promi ['prɔmi] M̲ ⟨-s; -s⟩ umg famoso m, -a f, celebridade f

Pro'mille [pro'mɪlə] N̲ ⟨-(s); -⟩ proporção f por mil; **2 ~ haben** ter uma taxa de alcoolemia (bras alcoolemia) de 2

Promi'nent [promi'nɛnt] proeminente, ilustre **promi'nenz** [promi'nɛnts] F̲ ⟨o. pl⟩ celebridade f; notabilidade f

Promoti'on[1] [promotsi'oːn] F̲ doutoramento m

Promoti'on[2] [prə'moːʃən] F̲ ⟨-; o. pl⟩ HANDEL promoção f, publicidade f **promo'vieren** [promo'viːrən] ⟨-⟩ A̲ V̲/T̲ promover; doutorar B̲ V̲/I̲ ⟨h.⟩ formar-se; doutorar-se

prompt [prɔmpt] A̲D̲J̲ pronto; rápido; A̲D̲V̲ rapidamente

Pro'nomen [pro'noːmən] N̲ ⟨-s; - od Pronomina⟩ pronome m

Propa'ganda [propa'ganda] F̲ ⟨o. pl⟩ propaganda f **Propa'ganda...** I̲N̲ ̲Z̲S̲S̲G̲N̲ de propaganda **Propagan'dist** M̲ ⟨-en⟩ propagandista m **propagieren** ⟨-⟩ propagar; divulgar

Pro'pangas [pro'paːŋgaːs] ⟨-es; o. pl⟩

gas m propano
Pro'peller [proˈpɛlɐr] M̲ hélice m/f
Pro'phet(in) [proˈfeːt(ɪn)] M̲(F̲) ⟨-en⟩ profeta m, profetisa f **proˈphetisch** proférico **propheˈzeien** [profeˈtsaɪən] ⟨-⟩ profetizar; *bes Wetter* prognosticar; prever **Propheˈzeiung** F̲ profecia f; vaticínio m
prophyˈlaktisch [profyˈlaktɪʃ] profilá(c)tico **Prophyˈlaxe** [profyˈlaksə] F̲ MED profilaxia f
Proportiˈon [propɔrtsɪˈoːn] F̲ proporção f **proportioˈnal** [propɔrtsɪoˈnaːl] MATH proporcional; **~ sein** a. estar na razão dire(c)ta; **umgekehrt ~** na razão inversa *od* indire(c)ta (**zu** de)
Propst [proːpst] M̲ ⟨-(e)s; ⸚e⟩ prior m; (padre m) prepósito m; *protestantischer*: primeiro-pastor m
'Prosa [ˈproːza] F̲ ⟨*o. pl*⟩ prosa f
proˈsaisch [proˈzaːɪʃ] prosaico; em prosa
'prosit [ˈproːzɪt] INT ~! à sua saúde!; **~ Neujahr!** Feliz Ano Novo!
Prosˈpekt [prɔsˈpɛkt] M̲ ⟨-(e)s; -e⟩ prospe(c)to m, folheto m
prost [proːst] INT ~! → **prosit!**
Prosˈtata [ˈprɔstata] F̲ ⟨-; -tae⟩ ANAT próstata f **Prosˈtatakrebs** M̲ cancro m (*bras* câncer) de próstata
prostituˈieren [prɔstituˈiːrən] ⟨-⟩ prostituir **Prostituˈierte** [prɔstituˈiːrtə] F̲ prostituta f **Prostitutiˈon** [prɔstitutsɪˈoːn] F̲ ⟨*o. pl*⟩ prostituição f
proteˈgieren [proteˈʒiːrən] ⟨-⟩ proteger **Protektiˈon** [protɛktsɪˈoːn] F̲ prote(c)ção f **Protektoˈrat** [protɛktoˈraːt] N̲ ⟨-(e)s; -e⟩ prote(c)torado m; patrocínio m
Proˈtest [proˈtɛst] M̲ ⟨-(e)s; -e⟩ protesto m; **~ erheben** protestar
Protesˈtant(in) [protɛsˈtant(ɪn)] M̲(F̲) ⟨-en⟩ REL protestante m/f **protesˈtantisch** protestante **Protesˈtantismus** M̲ ⟨-; *o. pl*⟩ protestantismo m
protesˈtieren [protɛsˈtiːrən] ⟨-⟩ protestar
Proˈthese [proˈteːza] F̲ prótese f
Protoˈkoll [protoˈkɔl] N̲ ⟨-s; -e⟩ a(c)ta f, auto m; protocolo m; **~ führen** secretariar, ser o secretário; **zu ~ nehmen** registar **protoˈkollarisch** [protokoˈlaːrɪʃ] protocolar **Protoˈkollführer(in)** M̲(F̲) secretário m, -ária f **protoˈkollieren** ⟨-⟩ registar; **e-e Sitzung ~** registar (*od*

protocolar) uma reunião
'Proton [ˈproːtɔn] N̲ ⟨-s; -en [proˈtoːnən]⟩ ELEK protão m; *bras* próton m
'Prototyp [ˈprototyːp] M̲ TECH protótipo m
Protz [prɔts] M̲ ⟨-en⟩ *reicher* ricaço m; (*Angeber*) gabarola f **'protzen** ⟨-t⟩ *umg* **~ mit** ostentar, gabar-se de **'protzig** empolado, ostentoso
Proviˈant [proviˈant] M̲ ⟨-(e)s; -e⟩ provisões fpl, víveres mpl; abastecimento m
Proˈvider [proˈvaɪdɐr] INTERNET provedor m
Proˈvinz [proˈvɪnts] F̲ província f **Provinz...** IN ZSSGN, **provinziˈell** [provɪntsiˈɛl] provincial, provinciano, da província **Proˈvinzler(in)** M̲(F̲) *pej* provincial m/f, provinciano, -a f
Provisiˈon [provizɪˈoːn] F̲ comissão f **Provisiˈonsbasis** F̲ **auf ~** à (*bras* por) comissão **proviˈsorisch** [proviˈzoːrɪʃ] provisório, interino **Proviˈsorium** [proviˈzoːrɪʊm] N̲ ⟨-s; -rien⟩ provisório m (*a.* MED)
Provokaˈteur(in) M̲(F̲) provocador(a) m(f) **Provokatiˈon** [provokatsɪˈoːn] F̲ provocação f **provoˈzieren** [provoˈtsiːrən] ⟨-⟩ provocar
Prozeˈdur [protseˈduːr] F̲ procedimento m, processo m
Proˈzent [proˈtsɛnt] N̲ ⟨-(e)s; -e⟩ por cento m; **~e** *pl* juros mpl, interesses mpl **Proˈzentsatz** M̲ percentagem f (*bras* porcentagem); **ein hoher ~** uma grande percentagem (*bras* porcentagem) **prozentuˈal** [protsɛntuˈaːl] proporcional, a tanto por cento
Proˈzess [proˈtsɛs] M̲ ⟨-es; -e⟩ processo m; **j-m den ~ machen** processo alg; proceder contra alg; **e-n ~ führen** conduzir um processo; **kurzen ~ machen mit** *fig* dar despacho rápido a; acabar com **Proˈzessakte** F̲ *auto* m **Proˈzessgegner** M̲ parte f contrária
prozesˈsieren [protsɛˈsiːrən] ⟨-⟩ pleitear, litigar, processar
Prozessiˈon [protsɛsɪˈoːn] F̲ REL procissão f
Proˈzesskosten P̲L̲ custas fpl de processo
Proˈzessor [proˈtsɛsor] M̲ ⟨-s; -en [-ˈsoːrən]⟩ IT processador m
Proˈzessordnung F̲ procedimento m

PULS

judicial **Prozessrecht** N ⟨-(e)s; o. pl⟩ direito m processual (od judicial)
'**prüde** ['pry:də] pudico, pudibundo **Prüderie** [pryda'ri:] F ⟨o. pl⟩ pudor m afe(c)tado
'**prüfen** ['pry:fən] examinar; (nachprüfen) verificar, conferir; (erproben) experimentar, provar **Prüfer(in)** MF examinador(a) m(f); HANDEL revisor m **Prüfling** M ⟨-s; -e⟩ candidato m, examinando m **Prüfstand** M banco m de ensaio; **auf dem ~ stehen** ser testado **Prüfstein** M pedra-de-toque f
'**Prüfung** F 1 UNIV etc exame m; prova f; **mündliche/schriftliche ~** prova f oral/escrita; **e-e ~ ablegen** fazer um exame; **die ~ bestehen** passar; ficar (bras a. ser) aprovado; **in der ~ durchfallen** não passar, ficar reprovado 2 fig (Heimsuchung) provação f, tribulação f 3 HANDEL revisão f; TECH ensaio m
'**Prüfungsaufgabe** F ponto m **Prüfungsausschuss** M, **Prüfungskommission** F júri m **Prüfungsgebühren** FPL propinas fpl (bras taxa f) de exame **Prüfungszeugnis** N diploma m
'**Prügel** ['pry:gəl] M pau m, cacete m; pl pancada fsg; **~ bekommen** levar uma sova **Prügelei** [pry:gə'laı] F pancadaria f, briga f **Prügelknabe** M ⟨-n⟩ malhadeiro m **prügeln** ⟨-le⟩ bater; dar pancada a; **sich ~** pegar-se; andar à pancada **Prügelstrafe** F corre(c)ção f (od castigo m) corporal
Prunk [pruŋk] M ⟨-(e)s; o. pl⟩ pompa f, fausto m '**Prunk...** IN ZSSGN oft de luxo, de gala '**prunken** brilhar '**prunkvoll** sumptuoso, luxuoso, faustoso
PS [pe:'ʔɛs] N abk 1 (Pferdestärke) CV m (cavalo-vapor) 2 (Postskriptum) P.S. m (post-scriptum)
Psalm [psalm] M ⟨-(e)s; -en⟩ salmo m
Pseudo'nym [psɔydo'ny:m] N ⟨-s; -e⟩ pseudónimo m (bras *ô)
'**Psyche** ['psy:çə] F alma f; psique f **Psychi'ater(in)** [psyçi'a:tɐr] MF psiquiatra m(f) **psychisch** psíquico, mental **Psychoana'lyse** [psy:ço,ana'ly:zə] F ⟨o. pl⟩ psicanálise f **Psychoana'lytiker(in)** MF psicanalista m/f **Psycho'loge** [psyço'lo:gə] M ⟨-n⟩ psicólogo m **Psycholo'gin** F psicóloga m, -a F **Psycholo'gie** F ⟨o. pl⟩ psicologia f **psycho'logisch** psicológico **Psycho'path(in)** [psyço'pa:t(ın)] MF ⟨-en⟩ psicopata m/f **psycho'pathisch** psicopático **Psychopharmakon** [psyço'farmakɔn] N ⟨-s; -ka⟩ PHARM psicofármaco m **Psychose** [psy'ço:zə] F psicose f **Psychoterror** M coa(c)ção f psicológica; **~ ausüben** exercer terror psicológico **Psychotherapeut(in)** MF psicoterapeuta m/f **Psychothera'pie** F ⟨o. pl⟩ psicoterapia f, psicoterapêutica f
Puber'tät [pubɐr'tɛ:t] F ⟨o. pl⟩ puberdade f
pu'blik [pu'bli:k] público; ADJ **~ machen** tornar público **Publika'tion** [publikatsi'o:n] F publicação f **Publikum** [publi:kum] N ⟨-s; o. pl⟩ público m, audiência f **publi'zieren** [publi'tsi:rən] ⟨-⟩ publicar **Publizist(in)** MF ⟨-en⟩ publicista m/f **Publizistik** F ⟨o. pl⟩ publicismo m; jornalismo m
'**Pudding** ['pudıŋ] M ⟨-s; -s⟩ pudim m
'**Pudel** ['pu:dəl] M caniche m; bras pudel m **Pudelmütze** F carapuça f **pudelnass** ⟨o. pl⟩ umg molhado até aos ossos **pudelwohl** VR **sich ~ fühlen** umg sentir-se ó(p)timamente bem
'**Puder** ['pu:dɐr] M talco m pó m (-de-arroz); talco m em **Puderdose** F caixa f de pó(-de-arroz) **pudern** ⟨-re⟩ pôr pó (em); empoar **Puderzucker** M açúcar m em pó
Puff[1] [puf] M ⟨-(e)s; ⁓e⟩ (Stoß) murro m; safanão m; Spiel: ganha-perde m
Puff[2] [puf] M ⟨-s; -s⟩ umg bordel m
'**puffen** empurrar, dar um murro a; (bauschen) afofar **Puffer** M 1 GASTR bolinho m de batata ralada 2 TECH, BAHN para-choque m, tampão m de choque 3 IT memória-tampão f, buffer m '**Pufferstaat** M POL estado-tampão m '**Puffreis** M ⟨-es; o. pl⟩ arroz m tofado
'**Pulle** ['pʊlə] F umg garrafa f
'**Pulli** ['puli] M umg ⟨-s; -s⟩, **Pul'lover** [pu'lo:vɐr] M camisola f, pulôver m (bras *ô); bras suéter m
Puls [puls] M ⟨-es; -e⟩ pulso m; **j-m den ~ fühlen** tomar o pulso de alg '**Pulsader** F artéria f **puls'ieren** [pʊl'zi:rən] ⟨-⟩ pulsar, latejar, palpitar; Blut circular; **~des Leben** vida f intensa '**Pulsschlag** M pulsação f

Pult [pʊlt] N ⟨-(e)s; -e⟩ (*Rednerpult*) púlpito *m*; (*Schreibpult*) escrivaninha *f*; (*Notenständer*) estante *f*; (*Schaltpult*) painel *m*
'Pulver ['pʊlvɐ] N pó *m*; MED pós *mpl*; (*Schießpulver*) pólvora *f* **Pulverfass** N *fig* barril *m* de pólvora **pulverförmig** ['pʊlvɐfœrmɪç] em pó **pulveri'sieren** [pʊlvəri'ziːrən] ⟨-⟩ pulverizar **Pulverkaffee** M café *m* solúvel **Pulverschnee** M neve *f* solta
'pummelig ['pʊməlɪç] *umg* rechonchudo, gorducho
Pump [pʊmp] M ⟨-s; *o. pl*⟩ *umg* crédito *m*; empréstimo *m*; **auf ~ kaufen** *etc* comprar *etc* a crédito **'Pumpe** F bomba *f*
'pumpen dar à bomba; *bras a.* bombear; *fig umg* **j-m ~** emprestar a alg; **von j-m ~** pedir emprestado a alg **'Pumpwerk** N máquina *f* hidráulica, central *f* hidráulica
Punk [paŋk] M MUS música *f* punk **Punker(in)** [paŋkɐ(rɪn)] M(F) punk *m/f*
Punkt [pʊŋkt] M ⟨-(e)s; -e⟩ ponto *m*; PL **~e** *für Auslassungen*: reticências *fpl*; **~ 3 Uhr** às três em ponto; **der springende ~** *fig* o que interessa; o busílis; **~ für ~** ponto por ponto; **nach ~en** SPORT por pontos **'Pünktchen** ['pʏŋktçən] NPL *für Auslassungen*: reticências *fpl* **pünkt'lieren** ⟨-⟩ pontear, pontilhar; MED puncionar **Punkti'on** [pʊŋktsi'oːn] F MED punção *f*
'pünktlich ['pʏŋktlɪç] A ADJ pontual, exa(c)to B ADV *a.* em ponto; BAHN à tabela **Pünktlichkeit** F ⟨*o. pl*⟩ pontualidade *f*; exa(c)tidão *f*
'Punktsieg M SPORT vitória *f* por pontos **Punktwertung** F marcação *f* (*od* avaliação *f*) por pontos
Punsch [pʊnʃ] M ⟨-(e)s; -e⟩ ponche *m*
Pu'pille [pu'pɪlə] F pupila *f*, menina-do-olho *f*
'Puppe ['pʊpə] F boneca *f*; THEAT títere *m*; ZOOL ninfa *f*; crisálida *f* **Puppenspiel** N, **Puppentheater** N teatro *m* de títeres (*od* marionetes) **Puppenwagen** M carrinho *m* de bonecas
pur [puːr] puro; **~er Unsinn** *m* autêntico disparate *m*
Pü'ree [py'reː] N ⟨-s; -s⟩ puré *m*
Puri'taner [puri'taːnɐ] M puritano *m*
'Purpur ['pʊrpʊr] M ⟨-s; *o. pl*⟩ púrpura *f* **purpurfarbig, purpurn, purpurrot** purpúreo, purpurino
'Purzelbaum ['pʊrtsəlbaʊm] M cambalhota *f*; **Purzelbäume schlagen** dar cambalhotas **purzeln** ⟨-le; s.⟩ cair; dar um trambolhão *etc*
'Puste ['puːstə] F ⟨*o. pl*⟩ *umg* **aus der ~ kommen, keine ~ mehr haben** perder o fôlego **Pustel** ['pʊstəl] F ⟨-; -n⟩ MED pústula *f* **pusten** ⟨-e-⟩ soprar
'Pute ['puːtə] F perua *f* **Puter** M peru *m* **puter'rot** ⟨*o. pl*⟩ vermelho que nem uma lagosta; *bras* vermelho como um camarão
Putsch [pʊtʃ] M ⟨-(e)s; -e⟩ revolta *f*, golpe *m* (de Estado) **Putsch'ist** M ⟨-en⟩ reviralhista *m*; *bras* golpista *m* **'Putschversuch** M intentona *f*
'Putte ['pʊtə] F KUNST anjinho *m*
Putz [pʊts] M ⟨-es; *o. pl*⟩ ARCH reboco *m* **'putzen** ⟨-t-⟩ limpar; (*blank machen*) polir; *Metalle a.* arrear; *Schuhe a.* engraxar; ARCH rebocar; *Zähne* lavar; *bras* escovar; **sich ~** *Katze etc* lamber-se; **sich** (*dat*) **die Nase ~** assoar-se
'Putzfrau F *neg!* mulher *f* a dias (*od* de limpeza); *bras* faxineira *f*, arrumadeira *f* **'putzig** engraçado **'Putzlappen** M pano *m* (*od* trapo *m od* farrapo *m*) para limpar **'Putzmittel** N detergente *m* **'putz'munter** ⟨*o. pl*⟩ *umg* vivíssimo; cheio de energia
'Puzzle ['pazl] N ⟨-s; -s⟩ puzzle *m*; *fig* quebra-cabeças *m*
Py'jama [py'dʒaːma] M, *a.* N ⟨-s; -s⟩ pijama *m*
Pyra'mide [pyra'miːdə] F pirâmide *f*
Pyre'näen [pyra'nɛːən] PL Pirenéus *mpl*
Pyro'technik [pyro'tɛçnɪk] F ⟨*o. pl*⟩ pirotécnica *f*
'Python ['pyːtɔn] M ⟨-s; -s⟩, **Pythonschlange** F pitão *m*; *bras* píton *m*

Q

Q, q [kuː] N ⟨-; -⟩ Q, q m
'Quacksalber ['kvakzalbɐr] M curandeiro m; *pej* charlatão m
'Quaddel ['kvadəl] F ⟨-; -n⟩ MED pápula f
'Quader ['kvaːdər] M MATH paralelepípedo m; cantaria f **Quaderstein** M (pedra f) cantaria f
Quadrant [kva'drant] M ⟨-en⟩ quadrante m
Qua'drat [kva'draːt] N ⟨-(e)s; -e⟩ quadrado m **quadratisch** quadrado; *Gleichung* do segundo grau **Quadratkilometer** M quilómetro m (*bras* °ô) quadrado **Quadratmeter** M, *a.* N metro m quadrado **Quadratmeterpreis** M preço m por metro quadrado **Quadra'tur** [kvadra'tuːr] F quadratura f **Quadratwurzel** F raiz f quadrada **Quadratzahl** F número m quadrado
qua'drieren [kva'driːrən] ⟨-⟩ elevar ao quadrado
'quaken ['kvaːkən] grasnar, coaxar
'quäken ['kvɛːkən] *Kind* vagir
Qual [kvaːl] F dor f, pena f, tormento m, tortura f, martírio m
'quälen ['kvɛːlən] atormentar, torturar; (*belästigen*) importunar; (*beunruhigen*) afligir, preocupar; (*plagen*) maçar; *bras* aborrecer, chatear **Quäle'rei** [kvɛːlə'rai] F tormento m, tortura f; (*Plackerei*) maçada f **Quälgeist** M umg importuno m
Qualifikati'on [kvalifikatsi'oːn] F qualificação f; aptidão f **qualifi'zieren** [kvalifi'tsiːrən] ⟨-⟩ qualificar; **sich ~** (*fortbilden*) aperfeiçoar-se
Quali'tät [kvali'tɛːt] F qualidade f **quali'tativ** [kvalita'tiːf] qualitativo
Qualitätserzeugnis N produto m de qualidade **Qualitätskontrolle** F controle m de qualidade **Qualitätssicherung** F prote(c)ção f da qualidade
'Qualle ['kvalə] F medusa f
Qualm ['kvalm] M ⟨-(e)s; *o. pl*⟩ fumo m, fumaça f; fumaceira f **'qualmen** fum(eg)ar **'qualmig** verqualmt cheio de fumo

'**qualvoll** doloroso; torturoso
'Quantensprung M *a. fig* salto m quântico **Quantentheorie** ['kvantənteoriː] F teoria f dos quantas **Quanti'tät** [kvanti'tɛːt] F quantidade f **quanti'tativ** [kvantita'tiːf] quantitativo **Quantum** ['kvantʊm] N ⟨-s; Quanten⟩ quantidade f, porção f
Quaran'täne [karan'tɛːnə] F quarentena f; **in ~** em quarentena
Quark [kvark] M ⟨-(e)s; *o. pl*⟩ queijo m mole; requeijão m; *fig umg* disparate m
Quart [kvart] F MUS *u. Fechten*: quarta f
Quar'tal [kvar'taːl] N ⟨-s; -e⟩ trimestre m **quartal(s)weise** ADV trimestral; de três em três meses **Quart'ett** [kvar'tɛt] N ⟨-(e)s; -e⟩ MUS, *Spiel*: quarteto m
Quar'tier [kvar'tiːr] N ⟨-s; -e⟩ alojamento m; MIL quartel m; aquartelamento m
Quarz [kvarts] M ⟨-es; -e⟩ quarço m; quartzo m **'Quarzuhr** F relógio m de quartzo
'quasi ['kvaːzi] ADV quase; por assim dizer
'quasseln ['kvasəln] V/I ⟨-le⟩ umg cavaquear
Quatsch [kvatʃ] M ⟨-(e)s; *o. pl*⟩ umg parvoice f, disparate(s) m(pl) **'quatschen** dar à língua, palrar; *bras* tagarelar **'Quatschkopf** M umg pateta m
'Quecke ['kvɛkə] F BOT grama f
'Quecksilber ['kvɛksɪlbɐr] N ⟨-s; *o. pl*⟩ mercúrio m **Quecksilber...** IN ZSSGN MED mercurial, de mercúrio; CHEM mercúrico
'Quellcode ['kvɛlkoːt] M IT código m fonte **Quelle** ['kvɛlə] F fonte f (*a. fig*), manancial m, nascente f; **aus sicherer ~** de fonte fidedigna **quellen** V/I ⟨s.⟩ brotar, saltar, nascer; *Erbsen etc* inchar **Quellenangabe** F, **Quellennachweis** M indicação f das fontes **Quellensteuer** F imposto m de retenção na fonte **Quellgebiet** N terreno m para captação de águas **Quellwasser** N água f de fonte
Quenge'lei [kvɛŋə'lai] F umg quezília f; *bras* birra f **'quengelig** quezilento; *bras* birrento **'quengeln** ⟨-le⟩ quezilar, embirrar; *bras a.* fazer manha
quer [kveːr] ADV de través; **~ durch, ~ über** (*akk*) através de; **~ gestreift** à riscas transversais **'Querbalken** M travessão

m **'Quere** F̲ ⟨o. pl⟩ **j-m in die ~ kommen** contrariar (os proje[c]tos de) alg **querfeld'ein** A̲D̲V̲ (a) corta-mato **'Querflöte** F̲ flauta f transversa **'Querlatte** F̲ Fußball: travessão m **'Querschiff** N̲ ARCH nave f transversal **'Querschnitt** M̲ corte m (od secção f) transversal; fig panorama m, visão f geral **querschnitt(s)gelähmt** fig hemiplégico **querstellen sich ~** opor-se, resistir **'Querstraße** F̲ travessa f **'Querstrich** M̲ risco m (od linha f) transversal m; TYPO barra f transversal **'Quersumme** F̲ soma f dos algarismos dum número **'Quertreiber** M̲ pej intrigante m **Quertreibe'rei** [kveːrtraɪbəˈraɪ] F̲ pej intriga f **Queru'lant** [kveruˈlant] M̲ ⟨-en⟩ querelante m **'Querverbindung** F̲ ligação f transversal

'Quetsche ['kvɛtʃə] F̲ prensa f **quetschen** esmagar; pisar **Quetschung** F̲, **Quetschwunde** F̲ contusão f; pisadura f

'quickle'bendig ['kvɪklə'bɛndɪç] ⟨o. pl⟩ umg vivíssimo

'quieken ['kviːkən] Schwein etc grunhir; Person guinchar

'quietschen ['kviːtʃən] chiar **'quietsch'vergnügt** umg divertidíssimo

Quint(e) ['kvɪnt(ə)] F̲ ⟨-; -en⟩ F̲ MUS quinta f **Quintessenz** F̲ quinta-essência f **Quint'ett** [kvɪnˈtɛt] N̲ ⟨-(e)s; -e⟩ MUS quinteto m

Quirl [kvɪrl] M̲ ⟨-(e)s; -e⟩ batedor m **'quirlen** remexer (com o batedor) **'quirlig** Kind vivo

quitt [kvɪt] livre; quite; **wir sind ~** estamos pagos (bras quites)

'Quitte F̲ marmelo m **Quittenmarmelade** F̲ marmelada f

quit'tieren V̲T̲ ⟨-⟩ etw ~ passar um recibo de a/c **'Quittung** F̲ recibo m; **e-e ~ ausstellen** passar um recibo **'Quittungsblock** M̲ livro m de recibos

Quiz [kvɪs] N̲ inv concurso m **'Quizmaster** ['kvɪsmaːstər] M̲ animador m **'Quizsendung** F̲, **Quizshow** F̲ TV concurso m (de televisão); bras game show m

'Quote ['kvoːtə] F̲ quota f, cota f **Quotenregelung** F̲ regulamentação f (od regime m) por quotas **Quoti'ent** [kvotsiˈɛnt] M̲ ⟨-en⟩ quociente m **quot'tieren** [kvoˈtiːrən] ⟨-⟩ HANDEL quotizar

R

R, r [ɛr] N̲ ⟨-; -⟩ R, r m

Ra'batt [raˈbat] M̲ ⟨-(e)s; -e⟩ desconto m, abatimento m

Ra'batte F̲ (Beet) alegrete m

'Rabbi ['rabi] M̲, **Rab'biner** [raˈbiːnər] M̲ rabino m

'Rabe ['raːbə] M̲ ⟨-n⟩ corvo m **'Rabeneltern** pl pais mpl desnaturados **raben'schwarz** ⟨o. pl⟩ muito preto; Nacht escuro como breu

rabi'at [rabiˈaːt] raivoso

'Rache ['raxə] F̲ ⟨o. pl⟩ vingança f; **~ nehmen** vingar-se (**für** de) **Racheakt** M̲ a(c)to m de vingança

'Rachen ['raxən] M̲ goela f; Tier: fauces fpl; MED garganta f, faringe f

'rächen (sich ~) vingar(-se) (**an** dat de; **für, wegen** de)

'Rachenhöhle F̲ faringe f **Rachenkatarr(h)** M̲ faringite f

'Rächer ['rɛçər] M̲ vingador m

Ra'chitis [raˈxiːtɪs] F̲ ⟨o. pl⟩ raquitismo m **rachitisch** raquítico

'Rachsucht ['raxzʊçt] F̲ ⟨o. pl⟩ sede f de vingança; rancor m **rachsüchtig** vingativo, rancoroso

'Racker ['rakər] M̲ umg maroto m **'rackern** ['rakərn] V̲I̲ umg (schuften) matar-se a (bras de) trabalhar

Rad [raːt] N̲ ⟨-(e)s; ⸚er⟩ 1 roda f; a. → Rädchen 2 (Fahrrad) bicicleta f; **~ fahren** andar de bicicleta 3 Bewegung a.: pirueta f; **ein ~ schlagen** fazer uma pirueta

Ra'dar ['raːdar, raˈdaːr] M̲ od N̲ ⟨-s; -e⟩ radar m; → Radargerät **Radarfalle** F̲ armadilha f de radar **Radargerät** N̲ aparelho m de radar **Radarkontrolle** F̲ controlo m (bras controle m) por radar **Radarschirm** M̲ écran m bras de radar

Ra'dau [ra'daʊ] M ⟨-s; o. pl⟩ umg barulho m; gritaria f; **~ machen** fazer barulho

'Rädchen ['rɛːtçən] N rodinha f

'Raddampfer M vapor m de rodas

'radebrechen ['raːdəbrɛçən] **Deutsch** etc ~ arranhar o alemão etc

'radeln ['raːdəln] ⟨-le; s.⟩ umg andar de bicicleta; pedalar

'Rädelsführer ['rɛːdəlsfyːrər] M pej cabecilha m

'Räderwerk ['rɛːdərvɛrk] N trem de engrenagens; fig engrenagem f

'Radfahrer(in) M(F) ciclista m/f **Radhose** F calções mpl (bras bermuda f) de ciclismo

'Radi ['raːdiː] M reg umg rábano m

Radi'alreifen [radi'aːlraɪfən] M pneu m radial

ra'dieren [ra'diːrən] ⟨-⟩ Schrift etc raspar; bras apagar; TECH gravar **Radiergummi** M borracha f **Radierung** F raspadura f; água-forte f

Ra'dieschen [ra'diːsçən] N rabanete m

radi'kal [radi'kaːl] radical; POL a. extremista **radikali'sieren** [radikali'siːrən] ⟨-⟩ radicalizar **Radikalkur** F MED cura f (od terapia f) radical; bras dieta f (od regime m) radical

'Radio ['raːdio] N ⟨-s; -s⟩ Gerät rádio m; **~ hören** ouvir a rádio **radioaktiv** radioa(c)tivo **Radioaktivi'tät** F ⟨o. pl⟩ radioa(c)tividade f **Radioapparat** M aparelho m de rádio m **Radiohörer(in)** M(F) rádio-ouvinte m/f **Radiolo'gie** F ⟨o. pl⟩ radiologia f **Radiorekorder** M radiogravador m **Radiosender** M emissora f **Radiosendung** F emissão f (radiofónica) **Radioübertragung** F transmissão f radiofónica (bras *ô); radiodifusão f **Radiowecker** M rádio-despertador m **Radiowerbung** F propaganda f radiofónica (bras *ô)

'Radium ['raːdiʊm] N ⟨-s; o. pl⟩ rádio m **Radiumtherapie** F ⟨o. pl⟩ radioterapia f

'Radius ['raːdiʊs] M ⟨-; Radien⟩ raio m

'Radkappe F tampa f do cubo; bras capota f **Radler(in)** M(F) ciclista m/f **Radmantel** M capa f

Radon [ra'doːn] N ⟨-s; o. pl⟩ CHEM rádon m; bras radônio m

'Radrennbahn F velódromo m **Radrennen** N corrida f de bicicletas **Radsport** M ⟨-(e)s; o. pl⟩ ciclismo m **Radstand** M TECH distância f entre eixos **Radtour** F passeio m de bicicleta **Radweg** M pista f de velocípedes; faixa f (od via f) para ciclistas

'raffen ['rafən] a(rre)panhar, arrebatar; Vorhang apanhar, prender; umg **es (nicht) ~ (kapieren)** (não) pescar; umg **etw an sich** (akk) **~** apanhar (a toda a pressa) **Raffgier** F ⟨o. pl⟩ rapacidade f **raffgierig** ávido, rapace

Raffi'nade [rafi'naːdə] F açúcar m refinado **Raffine'rie** [rafinə'riː] F refinaria f **raffinieren** ⟨-⟩ refinar **raffiniert** [rafi'niːrt] fig finório

'ragen ['raːɡən] erguer-se (**aus** de)

Ra'gout [ra'ɡuː] N ⟨-s; -s⟩ GASTR guisado m; bras ragu m

'Rahe ['raːə] F SCHIFF verga f

Rahm [raːm] M ⟨-s; o. pl⟩ reg nata f; creme m

'rahmen ['raːmən] emoldurar; encaixilhar **'Rahmen** ['raːmən] M (Bilderrahmen) moldura f; (a. Fensterrahmen, Türrahmen) caixilho m; TECH armação f; AUTO chassi m; (Stickrahmen) bastidor m; fig quadro m; ambiente m **Rahmenabkommen** N POL acordo m básico **Rahmenantenne** F antena f de quadro **Rahmenbedingungen** FPL condições fpl gerais (od básicas) **Rahmenrichtlinie** F EU dire(c)triz f básica

'Rahmkäse M queijo m amanteigado

Rain [raɪn] M ⟨-(e)s; -e⟩ ourela f, linda f

Ra'kete [ra'keːtə] F Feuerwerk: foguete m; bras rojão m; MIL, FLUG foguetão m, míssil m; bras foguete m; **e-e ~ steigen lassen** fazer subir um foguete **Raketenantrieb** M propulsão f por foguete (od a ja(c)to) **Raketenbasis** F base f de foguetões (bras foguetes) **Raketenflugzeug** N avião m a ja(c)to **Raketentriebwerk** N → Raketenantrieb **Raketenwerfer** M MIL lança-foguetes m

'Rallye ['rɛli] F ⟨-; -s⟩ rali m

'Ramme ['ramə] F bate-estacas m; maço m de calceteiro, malho m

'rammeln ⟨-le⟩ Hase etc estar com cio, rolar

'**rammen** TECH cravar, bater estacas; (anstoßen) avalorar

'**Rammler** M̄ macho m de lebre

'**Rampe** ['rampə] F̄ BAHN plataforma f; a. THEAT rampa f **Rampenlicht** N̄ ribalta f

rampo'nieren [rampo'niːrən] ⟨-⟩ estragar, avariar; **ramponiert aussehen** Person: parecer ferido od magoado (bras machucado); fig ter um ar descomposto; Sache: estar estragado od danificado

Ramsch [ramʃ] M̄ ⟨-(e)s; o. pl⟩ pej (Billigware) quinquilharia f **'Ramschladen** M̄ barateiro m

RAM-Speicher ['ramʃpaiçər] M̄ IT memória f volátil (od RAM)

ran [ran] umg ADV → heran

Rand [rant] M̄ ⟨-(e)s; ⸚er⟩ borda f; bordo m; bes. von Texten margem f; Fluss a. beira f (a. Grab); (Kante) canto m; (Münze: serrilha f; (Saum) orla f; pl **Ränder unter den Augen** olheiras fpl; **äußerster ~** extremidade f; **außer ~ und Band sein** andar fora dos eixos; **bis an den ~ füllen** abarrotar; **bis an den ~ voll** a abarrotar; **zu ~e →** zurande

Ran'dale [ran'daːlə] F̄ ⟨o. pl⟩ umg zaragata f **randa'lieren** [randa'liːrən] ⟨-⟩ brigar, zaragatear, a. fazer desordem

'Randbemerkung F̄ nota f marginal **Randerscheinung** F̄ fenómeno m (bras *ô) marginal (od secundário) **Randgebiet** N̄ periferia f **Randgruppe** F̄ Gesellschaft: (grupo m de) marginais mpl

Rang [raŋ] M̄ ⟨-(e)s; ⸚e⟩ categoria f; (Würde) dignidade f; posição f; (Rangstufe) grau m; MIL posto m, patente f; THEAT balcão m; **j-m den ~ ablaufen** levar as lampas a alg, deixar alg para trás **'Rangabzeichen** N̄ distintivo m **'rangälteste(r,-s)** mais velho

Ran'gierbahnhof [raŋ'ʒiːrbaˌnhoːf] M̄ estação f de manobras **rangieren** [raŋ'ʒiːrən] A V̄T ⟨-⟩ BAHN manobrar B V̄I ocupar um lugar, ter uma categoria **Rangiergleis** N̄ via f (bras *trilho) de manobras

'Rangliste F̄ MIL anuário m militar **'Rangordnung** F̄ hierarquia f, jerarquia f; precedência f **Rangstufe** F̄ grau m

'Ranke [ˈraŋkə] F̄ gavinha f; abraço m; (Kletterranke) trepadeira f

'Ränke [ˈrɛŋkə] MPL intrigas fpl; **~ schmieden** intrigar

'ranken [ˈraŋkən] V̄R **sich ~ um** trepar por; bras subir por

'Ranzen [ˈrantsən] M̄ reg (Schultasche) pasta f (escolar); umg (Bauch) pneu m

'ranzig [ˈrantsɪç] rançoso

Rap [rɛp] M̄ ⟨-s; -s⟩ MUS rap m

ra'pide [raˈpiːdə] rápido

'Rappe [ˈrapə] M̄ ⟨-n⟩ (cavalo m) morzelo m; **auf Schusters ~n (unterwegs sein)** (ir) a pé; (estar) caminhando

'Rappel [ˈrapəl] M̄ umg **e-n ~ kriegen** não regular bem, ter manias fpl **rappeln** ⟨-le⟩ fazer ruído

'rappen [ˈrapən] V̄I cantar rap **'Rapper(in)** [ˈrɛpər(ɪn)] M̄(F) cantor(a) m(f) de rap

Raps [raps] M̄ ⟨-es; -e⟩ BOT, AGR colza f

Ra'punzel [raˈpʊntsəl] F̄ ⟨-; -n⟩ raponço m, rapôncio m

rar [raːr] raro, escasso **Rarität** [rariˈtɛːt] F̄ raridade f, curiosidade f

ra'sant [raˈzant] rápido; fig rapidíssimo

rasch [raʃ] ADJ rápido; ADV a. depressa

'rascheln [ˈraʃəln] ⟨-le⟩ sussurrar; fazer ruído

'rasen [ˈraːzən] V̄I 1 ⟨s.⟩ andar (od correr) a toda a pressa 2 ⟨h.⟩ vor Wut: raivar; enfurecer-se; estar furioso; (stürmen) tempestear

'Rasen M̄ relva f, relvado m; bras grama f, gramado m

'rasend ADJ (schnell) a toda a pressa; **~e Wut** fúria f violenta; **~ (vor Wut)** furioso, raivoso

'Rasenfläche F̄ relva f, relvado m; bras grama f, gramado m **Rasenmäher** M̄ cortador m de (od máquina f de cortar) relva (bras grama) **Rasensprenger** M̄ repuxo m de rega, borrifador m; bras irrigador m

Rase'rei [raːzəˈrai] F̄ raiva f, fúria f; MED delírio m; (Fahrt) correria f louca

Ra'sierapparat [raˈziːrʔapaˌraːt] M̄ máquina f (bras aparelho m) de barbear; aparelho m para fazer a barba **rasieren** ⟨-⟩ V̄R **sich ~ (lassen)** (mandar) fazer a barba **Rasierklinge** F̄ lâmina f de barbear **Rasierpinsel** M̄ pincel m de barba **Rasierschaum** M̄ espuma f de barbear **Rasierseife** F̄ sabão m de barbear **Rasierwasser** N̄ ⟨-s; ⸚⟩ água f (od loção f) de barbear **Rasierzeug**

RAUC

N̄ ⟨-(e)s; o. pl⟩ utensílios mpl de barbear
'Raspel [ˈraspəl] F ⟨-; -n⟩ lima f grossa, limatão m; *Küche*: ralador m **raspeln** ⟨-le⟩ raspar, limar; ralar; **Süßholz ~** *fig* namorar; galantear
'Rasse [ˈrasə] F raça f
'Rassel [ˈrasəl] F ⟨-; -n⟩ matraca f **rasseln** matraquear; fazer ruído; **durchs Examen ~** *umg* chumbar, reprovar (*bes bras*)
'Rassen... IN ZSSGN racial **Rassenhass** M ⟨-es; o. pl⟩ ódio m racial **Rassentrennung** F ⟨o. pl⟩ segregação f racial **Rassenunruhen** FPL distúrbios mpl raciais
'Rassepferd N̄ cavalo m de raça **rassig** de raça pura, castiço **rassisch** racial **Rassismus** [rasɪsmʊs] M ⟨-; o. pl⟩ racismo m **rassistisch** racista
Rast [rast] F descanso m; repouso m; MIL alta f **'rasten** ⟨-e-⟩ descansar; MIL fazer alta **'Raster** M TYPO retículo m **'Rasthaus** N̄ estalagem f de beira de estrada **'rastlos** infatigável, sem descanso **'Rastlosigkeit** [ˈrastloːzɪçkaɪt] F ⟨o. pl⟩ a(c)tividade f infatigável **'Rastplatz** M área f de descanso **'Raststätte** F AUTO área f de serviço; *bras* pontos mpl de parada e serviços
Ra'sur [raˈzuːɐ] F raspagem f, raspadura f
Rat [raːt] M ⟨-(e)s; ¨-e⟩ conselho m; (*Berater*) conselheiro m; (*Mittel*) remédio m; **sich bei j-m ~ holen, j-n um ~ fragen** pedir conselho a alg, consultar alg, aconselhar-se com alg; **sich** (*dat*) **keinen ~ mehr wissen** já não saber que fazer; **da ist guter ~ teuer** é difícil encontrar uma solução; **zu ~e →** zurate
'Rate [ˈraːtə] F prestação f; (*Quote*) quota f; cota f; **in ~n** em prestações
'raten [ˈraːtən] (*beraten*) aconselhar; (*erraten*) adivinhar, acertar; **zu etw ~** recomendar a/c
'ratenweise ADV a prestações **Ratenzahlung** F pagamento m a prestações
'Ratgeber M conselheiro m; *Buch*: prontuário m
'Rathaus N̄ Câmara f Municipal
ratifi'zieren [ratifiˈtsiːrən] ⟨-⟩ ratificar
Rati'on [ratsiˈoːn] F ração f, porção f **rati'onal** [ratsioˈnaːl] racional **rationali'sieren** [ratsionaliˈziːrən] ⟨-⟩ racionalizar **ratio'nell** [ratsioˈnɛl] racional, razoável

ratio'nieren ⟨-⟩ racionar **Rationie'rung** [ratsioˈniːrʊŋ] F racionamento m
'ratlos perplexo **Ratlosigkeit** [ˈraːtloːzɪçkaɪt] F ⟨o. pl⟩ perplexidade f; desespero m **ratsam** conveniente, oportuno, de aconselhar **Ratschlag** M conselho m
'Rätsel [ˈrɛːtsəl] N̄ enigma m, problema m (*a. fig*); *Spiel*: adivinha f; *bras* adivinhação f **rätselhaft** enigmático; misterioso
'Ratsherr [ˈraːtshɛr] M vereador m **Ratskeller** M restaurante m da Câmara
'Ratte [ˈratə] F ratazana f; *bras a.* rato m **Rattengift** N̄ veneno m para ratos; mata-ratos m
'rattern [ˈratərn] ⟨-re⟩ estalar; crepitar **'Rattern** N̄ ⟨-s; o. pl⟩ estalos mpl; crepitação f
'ratz'fatz [ˈratsˈfats] ADV *umg* enquanto o diabo esfrega um olho
rau [rau] áspero; *Klima* agreste; (*heiser*) rouco
Raub [raʊp] M ⟨-(e)s; -e⟩ roubo m; (*Beute*) *a*. presa f; (*Entführung*) rapto m **'Raubbau** M ⟨o. pl⟩ cultura f exaustiva; *a. fig* abuso m; **~ treiben** abusar (**an** *dat*, **mit** *dat*) **'Raubdruck** M ⟨-(e)s; -e⟩ TYPO edição f pirata
raubeinig [ˈraʊbaɪnɪç] rude, brusco, grosseiro
'rauben [ˈraʊbən] *etw* roubar; *j-n* raptar
'Räuber [ˈrɔʏbɐ] M ladrão m; (*Straßenräuber*) salteador m, bandido m **Räuberbande** F quadrilha f de ladrões **räuberisch** de ladrão; rapace **räubern** ⟨-re⟩ roubar, saquear
'Raubfisch M peixe m predador **Raubgier** F ⟨o. pl⟩ rapacidade f **raubgierig** rapace, carniceiro **Raubkopie** F cópia f pirata **Raubmord** M assassínio m (seguido de roubo) **Raubmörder** M assassino m e ladrão **Raubritter** M *hist* salteador m **Raubtier** N̄ animal m de presa; *bras* animal m carnívoro; *großes*: fera f **Raubüberfall** M assalto m (à mão armada) com arrombamento **Raubvogel** M *umg* ave f de rapina **Raubzug** M saque m
Rauch [raʊx] M ⟨-(e)s; o. pl⟩ fumo m; *dichter*: fumaça f **'rauchen** *Person* fumar; *bras* pitar; *etw* fumegar, deitar fumo;

bras soltar fumaça; **Rauchen verboten!** proibido fumar! **'Raucher(in)** M/F fumador(a) *m(f)*; *bras* fumante *m*/*f* **'Raucherabteil** N compartimento *m* de fumadores (*bras* para fumantes)

'Räucherhering ['rɔyçərheːrɪŋ] M arenque *m* fumado (*bras* defumado) **Räucherkammer** F fumeiro *m*, fumigatório *m* **Räucherkerze** F pivete *m*; *bras* incenso *m*

'Raucherkneipe F taberna *f od* restaurante *m* para fumadores (*bras* fumantes)

'Räucherlachs M salmão *m* defumado **räuchern** ⟨-re⟩ defumar; fumigar; REL incensar

'Rauchfahne F fumaça *f* **Rauchfang** M fumeiro *m* **Rauchfleisch** N carne *f* defumada **rauchfrei** *Zone* livre de fumo *od* tabaco **rauchig** fumarento; cheio de fumo **rauchlos** sem fumo **Rauchsäule** F coluna *f* de fumo **Rauchschwaden** M fumaçada *f*, fumarada *f* **Rauchverbot** N proibição *f* de fumar **Rauchwolke** F (nuvem *f* de) fumaça *f*, fumarada *f*

'Räude ['rɔydə] F *Hunde*: rabugem *f*; *Pferde, Schafe*: ronha *f* **räudig** sarnoso; *Hund* rabugento; *Pferde etc* ronhoso

rauf [rauf] *umg* → **herauf**

'Raufbold ['raufbɔlt] M ⟨-(e)s; -e⟩ brigão *m*; arruaceiro *m* **Raufe** F grade *f* de manjedoura **raufen** V/T (6 V/R) (sich) ~ brigar; *sich* (*dat*) **die Haare** ~ arrancar **Raufe'rei** [raufəˈraɪ] F briga *f*, rixa *f* **rauflustig** brigão, rixoso

rauh → **rau** **rauhbeinig** → **raubeinig**

'Rauheit ['rauhaɪt] F ⟨o. *pl*⟩ aspereza *f*, rudeza *f*; (*Heiserkeit*) rouquidão *f*

'Rauhreif → **Raureif**

Raum [raum] M ⟨-(e)s; ¨e⟩ espaço *m*; (*Ort*) lugar *m*; (*Platz*) *a.* sítio *m*; (*Ausdehnung, Gegend*) área *f*; (*Zimmer*) quarto *m*; *e-r Wohnung*: divisão *f*

'räumen ['rɔymən] *Gebiet* evacuar; *Wohnung* desocupar; sair de; (*frei machen*) despejar; (*säubern*) limpar; **aus dem Weg(e)** ~ tirar do caminho; *Schutt* desentulhar; (*ermorden*) assassinar

'Raumfähre F vaivém *m* espacial **Raumfahrer(in)** M/F astronauta *m/f*; cosmonauta *m/f* **Raumfahrt** F ⟨o. *pl*⟩ astronautica *f* **Rauminhalt** M capacidade *f*, volume *m*

'räumlich ['rɔymlɪç] espacial **Räumlichkeit** F quarto *m*; sala *f*, divisão *f*

'Raummangel M ⟨-s; *o. pl*⟩ falta *f* de espaço; **aus** ~ por falta de espaço **Raummeter** N *Holzmaß*: estere *m* **Raumschiff** N nave *f* espacial **Raumsonde** F sonda *f* interplanetária **Raumstation** F estação *f* espacial

'Räumung ['rɔymʊŋ] F evacuação *f* (*a.* MIL); *Wohnung*: desocupação *f*; JUR (**gerichtliche**) ~ despejo *m* (judicial) **Räumungsklage** F a(c)ção *f* de despejo **Räumungsverkauf** M liquidação *f* total

'raunen ['raunən] segredar; murmurar; *fig* sussurrar

'Raupe ['raupə] F lagarta *f* **Raupenschlepper** M TECH tra(c)tor *m* de lagarta

'Raureif M ⟨-s; *o. pl*⟩ geada *f*

raus [raus] *umg* → **heraus, hinaus**

Rausch [rauʃ] M ⟨-es; ¨e⟩ bebedeira *f*; embriaguês *f*; *fig* êxtase *m*; **e-n** ~ **haben** estar ébrio, estar embriagado; **seinen** ~ **ausschlafen** cozer a mona **'rauschen** rumorejar; *sanft*: murmurar; *Laub* ciciar, sussurrar, ramalhar; *heftig, Meer* marulhar; *Stoffe* fazer frufru **'Rauschen** N rumor *m*, murmúrio *m*; sussurro *m*; marulhada *f*; *Stoffe*: frufru *m* **'rauschend** ADJ rumoroso, rumorejante; sussurrante; *fig Fest* de arromba

'Rauschgift N estupefaciente *m*, droga *f* **Rauschgifthandel** M ⟨o. *pl*⟩ narcotráfico *m* **Rauschgifthändler** M narcotraficante *m* **rauschgiftsüchtig** toxicómano (*bras* *ô), toxico-dependente **Rauschgiftsüchtige(r)** M/F/M toxicómano *m* (*bras* *ô), -a *f*, viciado *m*, -a *f*

'räuspern ['rɔyspərn] ⟨-re⟩ V/R **sich** ~ tossir levemente; pigarr(e)ar

'rausschmeißen ['rausʃmaɪsən] *umg* expulsar, pôr na rua **Rausschmeißer** M *umg* gorila *m*, segurança *m*; *bras* leão *m* de chácara

'Raute ['rautə] F BOT arruda *f*; MATH rombo *m*, losango *m*

Rave [reːv] M ⟨-s; -s⟩ rave *f* **Raveparty** F festa *f* rave

'Razzia ['ratsia] F ⟨-; -s, Razzien⟩ busca *f*, rusga *f*; *bras* batida *f*

Rea'gens [reaˈgɛns] N ⟨-s; Reagenzien⟩

CHEM reagente m **Reagenzglas** N proveta f **reagieren** ⟨-⟩ reagir **Reakti'on** [reaktsi'o:n] F rea(c)ção f **reaktionär** [reaktio'nɛ:r] rea(c)cionário **Reaktionsvermögen** N faculdade f de rea(c)ção **Re'aktor** [re'aktɔr] M ⟨-s; -toren⟩ rea(c)tor m **Reaktorsicherheit** F segurança f do rea(c)tor **re'al** [re'a:l] real, efe(c)tivo **Realien** [re'a:liən] PL coisas fpl reais **reali'sieren** [reali'zi:rən] ⟨-⟩ realizar, efe(c)tuar **Rea'lismus** M realismo m **Rea'list(in)** M(F) ⟨-en⟩ realista m/f **rea'listisch** realista **Reali'tät** [reali'tɛ:t] F realidade f **Reallohn** M salário m efe(c)tivo **Re'alo** [re'a:lo] M ⟨-s, -s⟩, F ⟨-; -s⟩ umg POL realista m/f **Realpolitik** F ⟨-; -⟩ política f realista

Re'alschule F escola f secundária de ensino médio **Realschüler(in)** M(F) aluno m, -a f de escola secundária

'**Rebe** ['re:bə] F vide f, videira f; (Ranke) sarmento m

Re'bell [re'bɛl] M ⟨-en⟩ rebelde m **rebell'ieren** ⟨-⟩ rebelar; insurgir-se **Rebelli'on** [rebɛli'o:n] F rebelião f; sublevação f **rebellisch** rebelde

'**Rebhuhn** ['rɛphu:n] N perdiz f **Rebstock** ['rɛpʃtɔk] M vide f, videira f

'**Rechen** ['rɛçən] M AGR ancinho m

'**Rechenart** F MATH operação f aritmética **Rechenaufgabe** F problema m de aritmética **Rechenbuch** N livro m de aritmética **Rechenfehler** M erro m de cálculo **Rechenmaschine** F máquina f de calcular (od de cálculo)

'**Rechenschaft** F conta f; ~ **ablegen** (über akk) dar satisfação (de); prestar contas (de); **j-n zur ~ ziehen** pedir contas fpl a alg **Rechenschaftsbericht** M relatório m

'**Rechenzentrum** N centro m de processamento de dados

Re'cherchen [ra'ʃɛrʃən] FPL inv pesquisas fpl **recher'chieren** ⟨-⟩ pesquisar

'**rechnen** ['rɛçnən] V/T & V/I ⟨-e-⟩ calcular; fazer a conta; ~ **auf** (akk), ~ **mit** contar com; ~ **zu** incluir em, acrescentar a:

'**Rechnen** ['rɛçnən] n ⟨-s⟩ cálculo m, aritmética f

'**Rechner** M computador m, ordenador m; (Taschenrechner) calculadora f **rechnerisch** ['rɛçnərɪʃ] aritmético, calculador; ADV **rein** ~ em números (od cifras) **Rechnung** ['rɛçnʊŋ] F cálculo m, operação f aritmética; HANDEL conta f; (Warenrechnung) fa(c)tura f; **e-r Sache** (dat) ~ **tragen** ter a/c em conta; **auf/für** ~ na/por conta; **auf eigene** ~ por conta própria

'**Rechnungsabschluss** M balanço m; saldo m **Rechnungsauszug** M extra(c)to m de contas **Rechnungsbetrag** M HANDEL quantia f, importância f **Rechnungshof** M ⟨-(e)s; o. pl⟩ Tribunal m de Contas **Rechnungsjahr** N ano m económico (bras financeiro) **Rechnungsprüfer** M fiscal m de contabilidade **Rechnungswesen** N contabilidade f

recht [rɛçt] **A** ADJ direito; MATH re(c)to; (passend) conveniente; (echt) verdadeiro, autêntico; **zur ~en Zeit** a tempo, (mesmo) a propósito **B** ADV bem; **gerade** ~ (zur rechten Zeit) a tempo, (mesmo) a propósito; (sehr) muito, bastante; **ganz** ~ exa(c)tamente; ~ **haben** ter razão; **j-m** ~ **geben** dar razão a alg; **erst** ~ com maior razão; **nun erst** ~ **(nicht)!** agora mais (menos) do que nunca!; **j-m ~ sein** parecer bem a alg, convir a alg; **keiner kann es ihr ~ machen** (ela) nunca está satisfeito; **das geschieht ihm ~** bem (o) merece; ~ **so!** bem feito!

Recht N ⟨-(e)s, -e⟩ direito m (**auf** akk a); (Gerechtigkeit) justiça f; ~ **sprechen** julgar, sentenciar, pronunciar sentença; **mit (vollem)** ~ com (toda a) razão; **von ~s wegen** de direito; JUR segundo a lei; **j-m ~ widerfahren lassen** fazer justiça a alg; **j-m zu seinem ~ verhelfen** cuidar de que seja feita justiça a alg; **ein ~ haben auf** (akk) ter direito a

'**Rechte** F Hand: (mão f) direita f; POL direita f; **zur ~n** à direita **Rechte(s)** N bem m; **nach dem ~n sehen** ver o que se passa **Rechteck** N ⟨-(e)s; -e⟩ re(c)tângulo m **rechteckig** re(c)tangular **rechtens** ADV legal **rechtfertigen** justificar; explicar **Rechtfertigung** F justificação f; explicação f **rechtgläubig** ortodoxo **Rechthabe'rei** [rɛçtha:bə'raɪ] F mania f de ter sempre razão; teimosia f '**rechthaberisch** ['rɛçtha:bərɪʃ] teimoso **rechtlich** JUR jurídico **recht-**

los destituído de direitos; sem direitos; ilegal **rechtmäßig** legítimo, legal **Rechtmäßigkeit** F legitimidade f; legalidade f
rechts [rɛçts] ADV do lado direito; à direita; POL ~ **stehen** ser das direitas; **nach ~ abbiegen** virar à direita
'**Rechtsabbieger** M veículo m que pretende virar (od tem virado) à direita **Rechtsabteilung** F serviço m jurídico **Rechtsanspruch** M direito m (**auf** akk a) **Rechtsanwalt** M, **Rechtsanwältin** F advogado m, -a f **Rechts-'außen** M SPORT extremo-direito m **Rechtsbeistand** M (Anwalt) consultor m jurídico; solicitador m **Rechtsberater** M jurisconsulto m **Rechtsbeugung** F JUR prevaricação f **Rechtsbruch** M violação f (od transgressão f) da lei
'**rechtschaffen** honrado, honesto, re(c)to, íntegro **Rechtschaffenheit** F ⟨o. pl⟩ honradez f, lealdade f, re(c)tidão f; integridade f
'**Rechtschreibung** F ⟨o. pl⟩ ortografia f
'**Rechtsdrall** ['rɛçtsdral] M ⟨-(e)s; -e⟩ torção f para a direita (a. POL) **rechtsextrem(istisch)** da extrema direita **Rechtsfähigkeit** F ⟨o. pl⟩ capacidade f jurídica **Rechtsfall** M caso m, causa f **Rechtsfrage** F questão f de direito **Rechtsgelehrte(r)** M|F|M jurista m/f, jurisconsulto m, -a f **Rechtsgrundlage** F fundamento m jurídico (od legal) **rechtsgültig** legal; autêntico **Rechtshänder(in)** M|F|M dextrímano m, -a f, manifestro m, -a f **Rechtshilfe** F assistência f jurídica **Rechtskraft** F ⟨o. pl⟩ força f de lei **rechtskräftig** válido; em vigor; ~ **sein** vigorar; ~ **werden** entrar em vigor **Rechtslage** F situação f jurídica **Rechtsmittel** N meio m legal; recurso m; **ein ~ einlegen** recorrer **Rechtsnachfolge** F ⟨o. pl⟩ sucessão f **Rechtspflege** F ⟨o. pl⟩ justiça f '**Rechtsprechung** ['rɛçtʃprɛçʊŋ] F jurisdi(c)ção f
'**rechtsradikal** da extrema direita '**Rechtssache** F processo m; causa f **Rechtsschutz** M ⟨-(e)s; o. pl⟩ prote(c)ção f das leis; bras proteção f legal **Rechtsschutzversicherung** F seguro m de assistência judiciária **Rechtsspruch** M sentença f **Rechtsstaat** M Estado m de Direito m **Rechtsstreit** M controvérsia f jurídica, litígio m; processo m **Rechtsverkehr** M ⟨-(e)s; o. pl⟩ JUR justiça f; (Verkehrswesen) circulação f pela direita **Rechtsvertreter** M procurador m **Rechtsweg** M trâmites mpl legais; via f judicial; **den ~ beschreiten** recorrer aos tribunais **rechtswidrig** ilegal **Rechtswidrigkeit** F ⟨o. pl⟩ ilegalidade f **Rechtswissenschaft** F ⟨o. pl⟩ jurisprudência f; UNIV Direito m
'**rechtwink(e)lig** re(c)tangular **rechtzeitig** oportuno, ADV a tempo; BAHN à tabela
Reck [rɛk] N ⟨-(e)s; -e⟩ barra f fixa '**recken** esticar; **sich ~ a.** espreguiçar-se
re'cyceln [ri'saikln] ⟨-e-; -⟩ reciclar **Recycling** [ri'saikliŋ] N ⟨-s; o. pl⟩ reciclagem f **Recyclingpapier** N ⟨o. pl⟩ papel m reciclado
Redak'teur(in) [redak'tø:r(ın)] M|F ⟨-s; -e⟩ reda(c)tor(a) m(f) **Redakti'on** [redaktsi'o:n] F reda(c)ção f
'**Rede** ['re:də] F discurso m (a. GRAM); feierliche: oração f; (Ansprache) alocução f; (Gerücht) boato m; (Unterhaltung) conversa f; **direkte/indirekte ~** GRAM discurso dire(c)to/(in)dire(c)to; **j-m ~ (und Antwort) stehen** dar contas a. alg, responder a alg, **j-n zur ~ stellen** pedir explicações a alg; **nicht die ~ sein können von** nem se discutir sobre (od de); nem pensar em; **nicht der ~ wert sein** não ter importância; **e-e ~ halten** fazer, pronunciar um discurso; **wovon ist die ~?** de que se trata? **Redefreiheit** F ⟨o. pl⟩ liberdade f de falar (od de expressão) **redegewandt** eloquente **Redekunst** F ⟨o. pl⟩ retórica f
'**reden** ⟨-e-⟩ falar (**über** akk de, sobre); **mit sich ~ lassen** não ser intransigente, ser flexível; **wie ein Buch ~** falar que nem um missal, falar pelos cotovelos '**Redensart** F locução f; frase f; expressão f idiomática; **das ist nur so eine ~** é só uma maneira de falar **Redeschwall** M ⟨-(e)s; o. pl⟩ verbosidade f; verborreia (bras *é) f **Redeweise** F modo m de falar; linguagem f; estilo m **Redewen-**

dung F → Redensart
redi'gieren [redi'gi:rən] ⟨-⟩ *Text* redigir; *Zeitung* dirigir
'redlich ['re:tlɪç] honrado, honesto; sério **Redlichkeit** F ⟨o. pl⟩ honradez f; probidade f; seriedade f
'Redner(in) [-'re:dnər(ɪn)] M orador(a) m(f) **Rednerbühne** F tribuna f
'redselig ['re:tze:lɪç] falador **Redseligkeit** F ⟨o. pl⟩ loquacidade f
Redukti'on [reduktsi'o:n] F redução f
redu'zieren ⟨-⟩ reduzir (**auf** *akk* a)
'Reede ['re:də] F ancoradouro m; **auf der ~ liegen** estar fundeado **Reeder** M armador m **Reede'rei** [re:də'raɪ] F companhia f de navegação
re'ell [re'ɛl] real (*a. MATH*); *Ware* bom; *Geschäft* sério, de confiança; *Preis* módico
Reep [re:p] N ⟨-(e)s, -s⟩ SCHIFF cabo m
Refe'rat [refe'ra:t] N ⟨-(e)s, -e⟩ relatório m; exposição f; *Kongress*: comunicação f; **ein ~ halten** dar uma palestra **Referen'dar(in)** [referɛn'da:r(ɪn)] M(F) ⟨-s; -e⟩ estagiário m, -a f **Refe'rendum** [refe'rɛndʊm] N ⟨-s; -den⟩ referendo m **Refe'rent(in)** [refe'rɛnt(ɪn)] M(F) ⟨-en⟩ relator(a) m(f); informador(a) m(f); *Behörden, Institute* enc a. dire(c)tor(a) m(f) de uma se(c)ção (*od* repartição) **Refe'renz** [refe'rɛnts] F referência f **Refe'renzen** FPL *bei Bewerbung*: referências fpl **refe'rieren** [refe'ri:rən] ⟨-⟩ ~ **über** (*akk*) referir, relatar; apresentar um relatório (sobre)
'reffen ['rɛfən] SCHIFF (**die Segel**) ~ rizar (as velas)
reflek'tieren [reflɛk'ti:rən] ⟨-⟩ PHYS refle(c)tir **Reflektor** [re'flɛktɔr] M ⟨-en [-'to:rən]⟩ *am Fahrrad etc*: refle(c)tor m
Re'flex [re'flɛks] M ⟨-es, -e⟩, **Reflexbewegung** F reflexo m **Reflexi'on** [reflɛksi'o:n] F reflexão f **reflex'iv** [reflɛ'ksi:f] reflexivo
Re'form [re'fɔrm] F reforma f **Reformati'on** [refɔrmatsi'o:n] F REL Reforma f **Refor'mator** [refɔr'ma:tɔr] M ⟨-s; -en⟩ reformador m **Reformhaus** N loja f de produtos dietéticos **refor'mieren** [refɔr'mi:rən] ⟨-⟩ reformar **Reformpolitik** F ⟨o. pl⟩ política f de reforma **Reformprogramm** N programa m

de reformas
Re'frain [rə'frɛː] M ⟨-s, -s⟩ estribilho m
Re'gal [re'ga:l] N ⟨-s, -e⟩ estante f; (*Bücherregal*) estante f de livros
Re'gatta [re'gata] F ⟨-; Regatten⟩ regata f
'rege ['re:gə] a(c)tivo; (*lebhaft*) vivo; *Unterhaltung* animado; *Verkehr* movimentado, intenso
'Regel ['re:gəl] F ⟨-; -n⟩ regra f; norma f; MED menorreia f, menstruação f; **in der ~** em regra geral **regellos** desordenado, confuso, irregular **Regellosigkeit** ['re:gəllo:zɪçkaɪt] F irregularidade f; desordem f **regelmäßig** regular **Regelmäßigkeit** F regularidade f
'regeln ⟨-le⟩ regular; *Angelegenheit* arranjar; *gesetzlich*: regulamentar **regelrecht** A ADJ corre(c)to B ADV literalmente, realmente **'Regelung** F regulamento m **'regelwidrig** irregular, contra a regra
'regen [re:gən] mover; mexer; **sich ~** *fig etw* fazer-se sentir; dar conta de si
'Regen M chuva f; *feiner*: chuvisco m; *bras* garoa f; *saurer* ~ chuva f ácida
'Regenbogen M arco-íris m **Regenbogenhaut** F íris f **Regenbogenpresse** F ⟨o. pl⟩ imprensa f do coração; *bras* imprensa f marrom
'regendicht impermeável
Regenerati'on [regenəratsi'o:n] F regeneração f **regene'rieren** ⟨-⟩ regenerar
'Regenfälle MPL chuvada f; chuvas fpl **Regenguss** M chuvada f, aguaceiro m **Regenhaut** F capa f de borracha **Regenmantel** M impermeável m; gabardine f **Regenmenge** F pluviosidade f; *bras* volume m pluviométrico **Regenmesser** M pluviómetro m (*bras* *ô), pluvímetro m **regenreich** chuvoso **Regenrinne** F goteira f, caleira f; *bras* a. calha f
'Regensburg ['re:gənsbʊrk] N Ratisbona f
'Regenschauer M → Regenguss **Regenschirm** M guarda-chuva m; chapéu-de-chuva m
Re'gent(in) [re'gɛnt(ɪn)] M(F) ⟨-en⟩ regente m/f
'Regentropfen M gota f de chuva
Re'gentschaft F regência f
'Regenwald M mata f pluvial **Regen-**

wasser N ⟨-s; o. pl⟩ águas fpl pluviais **Regenwetter** N tempo m de chuva **Regenwolke** F nuvem f de chuva **Regenwurm** M minhoca f **Regenzeit** F estação f (od época f) das chuvas

> **Regenwald**
>
> Der weltweit größte tropische Regenwald erstreckt sich über das Amazonasbecken in Südamerika und gilt als einer der artenreichsten Lebensräume der Erde. Kennzeichnend sind die heftigen, ganzjährigen Niederschläge. Allein auf einem Hektar Urwald können sich zehnmal so viele Baumarten befinden, wie es in Europa insgesamt gibt. Diese werden jeweils von einer Vielzahl von Lebewesen bewohnt, die oft nur hier und nirgendwo sonst vorkommen.
> Dieses einzigartige Biotop ist jedoch besonders bedroht. Seit 1970 hat der Amazonas-Regenwald bereits über 700.000 Quadratkilometer durch Brandrodung und Holzeinschlag verloren, ein Gebiet von der zweifachen Größe Deutschlands. Trotzdem umfasst das Urwaldgebiet im Tiefland des Amazonas heute immer noch rund sechs Millionen Quadratkilometer.

'**Reggae** ['rɛgeː] M MUS reggae m
Re'gie [reˈʒiː] F THEAT dire(c)ção f artística; **~ führen** dirigir
re'gieren [reˈɡiːrən] V/T ⟨-⟩ a. **über** (akk) governar; GRAM reger; fig dirigir; (herrschen) reinar (sobre) **Regierung** F governo m; e-s Königs: reinado m; **an der ~ sein** governar; beteiligt: pertencer ao (od fazer parte do) governo
Re'gierungsantritt M advento m ao poder, subida f ao poder (Herrscher: ao trono); tomada f de posse; bras a. empossamento m **Regierungsbezirk** M distrito m **regierungsfeindlich** antigovernamental **Regierungsform** F regime m **regierungsfreundlich** governamental; bras de apoio ao governo **Regierungskrise** F crise f ministerial (od governamental) **Regierungspartei** F partido m governamental **Regierungssprecher(in)** M(F) porta-voz m/f do governo **Regierungszeit** F reinado m; bras período m governamental

Regi'me [reˈʒiːm] N ⟨-s; -s⟩ regime m
Regi'ment [regiˈmɛnt] N **1** ⟨-(e)s; -e⟩ POL regime m; **das ~ führen** mandar, chefiar **2** ⟨pl -er⟩ MIL (Einheit) regimento m

Regi'on [regiˈoːn] F região f **region'al** [regioˈnaːl] regional
Regis'seur(in) [reʒiˈsøː·r(in)] M(F) ⟨-s; -e⟩ dire(c)tor(a) m(f) artístico, -a, ensaiador(a) m(f), encenador(a) m(f); FILM realizador(a) m(f)
Re'gister [reˈɡɪstɐ] N registo m; bras registro (a. MUS u. fig); im Buch: índice m; **alle ~ ziehen** fig tentar tudo **Registertonne** F SCHIFF tonelada f de registo (bras registro)
Registra'tur [registraˈtuːr] F registo m, arquivo m; bras registro m **registr'ieren** ⟨-⟩ registar; arquivar; bras registrar **Registr'ierkasse** [regisˈtriːrkasə] F caixa f registadora (bras registradora) **Registr'ierung** F registo m; averbamento m; bras registro m
Regle'ment [reɡləˈmɑ̃ː] N ⟨-s; -s⟩ regulamento m
'Regler ['reːɡlɐ] M regulador m; ELEK reóstato m
'reglos ['reːklos] imóvel; inerte
'**regnen** ['reːɡnən] ⟨-e-⟩ chover; fein: chuviscar; bras garoar **Regner** M AGR aparelho m de irrigação **regnerisch** ['reːɡnərɪʃ] chuvoso
Re'gress [reˈɡrɛs] M ⟨-es; -e⟩ JUR, HANDEL recurso m **regresspflichtig** responsável
'**regsam** ['reːkzaːm] geh a(c)tivo, mexido, vivo

regu'lär [reguˈlɛːr] regular, normal **regulieren** [reguˈliːrən] ⟨-⟩ regul(ament)ar **Regulierung** F regulação f
'**Regung** ['reːɡʊŋ] F movimento m; fig emoção f, sentimento m; plötzliche: acesso m **regungslos** imóvel, inerte; fig a. impassível **Regungslosigkeit** ['reːɡʊŋsloːzɪçkaɪt] F ⟨o. pl⟩ imobilidade f, inércia f
Reh [reː] N ⟨-(e)s; -e⟩ corça f
'**Reha** ['reːha] F ⟨-; -s⟩ umg, **Rehabilitati'on** [rehabilitatsiˈoːn] F a. MED reabilitação f **rehabili'tieren** ⟨-⟩ reabilitar

Rehabili'tierung f̄ JUR reabilitação f
'Rehaklinik f̄ clínica f de reabilitação
'Rehbock m̄ corço m **Rehkitz** n̄ cria f de corço
'Reibe ['raɪbə] f̄, **Reibeisen** ['raɪpʔaɪzən] n̄ ralo m, ralador m **Reibelaut** m̄ GRAM fricativa f **reiben** esfregar; *leicht*: roçar; GASTR ralar; (*abreiben*) esfregar; MED fri(c)cionar; **gerieben** *fig* finório, sabido **Reibe'reien** FPL atritos mpl **Reibung** f̄ fri(c)ção f; atrito m (*a. fig*) **reibungslos** ADJ & ADV *fig* sem dificuldade(s), sem atritos

reich [raɪç] rico (**an** *dat* em); **~ machen, ~ werden** enriquecer; **Land ~ sein an** (*dat*) abundar em

Reich n̄ ⟨-(e)s; -e⟩ império m (*a. Kaiserreich*); (*Königreich*) reino m (*a. fig*)

'reichen A V/T (*geben*) passar; *Hand* estender B V/I (*sich erstrecken*) ir, estender-se; (*genügen*) chegar, bastar **reichhaltig** ['raɪçhaltɪç] abundante, rico **Reichhaltigkeit** f̄ ⟨o. pl⟩ abundância f, riqueza f **reichlich** ⟨o. pl⟩ reichhaltig; ADV bastante; abastadamente; **~ vorhanden sein** abundar

Reichtum m̄ ⟨-s; ¨-er⟩ riqueza f **Reichweite** f̄ alcance m (**in** ao); proje(c)ção f; FLUG, SCHIFF, AUTO autonomia f; **außer ~** fora de alcance

reif [raɪf] maduro; *fig* (*entwickelt*) *a*. feito; **~ werden** → **reifen**

Reif m̄ ⟨-(e)s; *o. pl*⟩ (*Frost*) geada f
'Reife ['raɪfə] f̄ ⟨o. pl⟩ maturidade f, madureza f; maturação f
'reifen ['raɪfən] ⟨s.⟩ (a)madurecer, madurar; maturar; *Oliven, Kartoffeln* vingar; **~ lassen** *fig* aboborar

'Reifen m̄ arco m; roda f; AUTO pneu (-mático) m **Reifendruck** m̄ ⟨-s; ¨-e⟩ pressão f dos pneus **Reifenpanne** f̄ furo m do pneu **Reifenprofil** n̄ perfil m dos pneus **Reifenwechsel** m̄ mudança f de pneu

'Reifeprüfung f̄ exame m final do liceu (*bras* de curso secundário) **Reifezeugnis** n̄ carta f do curso liceal; *bras* certificado m de conclusão do curso secundário

'reiflich maduro, refle(c)tido
'Reigen ['raɪɡən] m̄ roda f
'Reihe ['raɪə] f̄ fil(eir)a f; (*Folge*) enfiada f; série f; *Menschen*: bicha f; **der ~ nach** por ordem; **ich bin an der ~** é a minha vez; **wer ist jetzt an der ~?** quem segue?; *bras* quem é o próximo?; **in Reih und Glied** em fila

'Reihenfolge f̄ ordem f **Reihenhaus** n̄ casa f geminada **Reihenschaltung** f̄ ELEK ligação f em série **Reihenuntersuchung** f̄ exame m em série; rastreio m **reihenweise** ADV por filas; HANDEL em série

'Reiher ['raɪər] m̄ garça f

reih'um [raɪˈʔʊm] por turno; por turmas **Reim** [raɪm] m̄ ⟨-(e)s; -e⟩ rima f **'reimen (sich)** ⟨-⟩ rimar **'reimlos** sem rima; (*Vers a.*) solto; *bras a.* branco

rein[1] [raɪn] limpo; (*unvermischt*) *u. fig* puro; (*nur*) *a.* mero; *Gewicht* líquido; HANDEL *Akzept* incondicional; **~ gar nichts** absolutamente nada; **mit etw (j-m) ins Reine kommen** resolver a/c, arranjar a/c (arranjar-se com alg); **ins Reine bringen** pôr em pratos limpos

rein[2] *umg* → **herein, hinein**
'Reinemachefrau f̄ *neg* mulher f de limpeza **Reinertrag** m̄, **Reingewinn** m̄ produto m líquido **Reinfall** m̄ *umg* fracasso m; engano m **reinfallen** *umg* ⟨s.⟩ fracassar, enganar-se **Reinheit** f̄ ⟨o. pl⟩ limpeza f; pureza f (*a. fig*); (*Klarheit*) nitidez f

'reinigen ['raɪnɪɡən] limpar; assear; *Flüssigkeit* depurar; *Luft u. fig*: purificar; MED abluir **reinigend** MED abluente, ablutor **Reinigung** f̄ limpeza f; depuração f; purificação f; MED ablução f; **chemische ~** limpeza f a seco **Reinigungsmittel** n̄ detergente m

'Reinkultur f̄ **in ~** puro; castiço
'reinlegen *umg* j-n **~** enganar, intrujar alg
'reinlich limpo; asseado **Reinlichkeit** f̄ ⟨o. pl⟩ limpeza f; asseio m **reinrassig** de raça pura; castiço; *bras a.* puro-sangue **Reinschrift** f̄ cópia f a limpo

Reis[1] [raɪs] m̄ ⟨-es; *o. pl*⟩ arroz m
Reis[1] n̄ ⟨-es; -er⟩ AGR (*Zweig, Trieb*) rebento m
'Reise ['raɪzə] f̄ viagem f; **auf ~n sein** estar de viagem; **auf ~n gehen** partir para uma viagem **Reiseapotheke** f̄ farmácia f portátil **Reisebüro** n̄ agência f de viagens (*od* de turismo) **Reisebus** m̄ autocarro m (*bras* ônibus m) de turís-

mo **reisefertig** pronto para partir **Reisefieber** N excitação f que antecede uma viagem **Reiseführer** A M *Buch:* guia f turístico B M, **Reiseführerin** F guia m/f turístico, -a **Reisegefährte** M ⟨-n⟩, **Reisegefährtin** F companheiro m, -a f de viagem **Reisegepäck** N bagagem f **Reisegepäckversicherung** F seguro m de bagagem f **Reisegesellschaft** F cheque m de viagem de turistas **Reiseleiter(in)** M(F) guia m/f **reiselustig** ~ **sein** gostar de viajar **'reisen** ['raɪzən] ⟨-t; s.⟩ viajar; ~ **nach** partir para; ir a; ~ **über** (*akk*) passar por; ~ **durch** atravessar **Reisende(r)** M(F(M)) passageiro m, -a f; turista m/f; viajante m/f
'Reisepass M passaporte m **Reiseroute** ['raɪzəruːtə] F itinerário m **Reisescheck** M cheque m de viagem **Reiseschreibmaschine** F máquina f de escrever portátil **Reisespesen** pl despesas fpl de viagem **Reisetasche** F mala f **Reiseveranstalter** M operador m turístico **Reiseverkehr** M ⟨-s; *o. pl*⟩ turismo m; tráfego m turístico; movimento m (de passageiros) **Reiseziel** N destino m
'Reisfeld N arrozal m
'Reisig ['raɪzɪç] N ⟨-s; *o. pl*⟩ chamiço m **'Reißbrett** ['raɪsbrɛt] N estirador m, prancheta f de desenho
'reißen A VT (*ab-, wegreißen*) tirar, arrancar; (*zerreißen*) rasgar; *Witze* dizer, fazer; **an sich** (*akk*) ~ apoderar-se de, usurpar; abarcar; **mit sich (fort)** ~ arrastar consigo; **in Stücke** ~ fazer em pedaços B VI rasgar; (*kaputtgehen*) romper-se; partir; **mir reißt die Geduld** já não tenho paciência C VR **sich um etw** ~ disputar-se a/c; *a.* → **gerissen Reißen** N ⟨-⟩ MED reumatismo m; dores fpl reumáticas; (*Abreißen*) arrancamento m; (*Zerreißen*) rotura f **reißend** ADJ rápido; *Schmerz* agudo, reumático; *Strom* caudaloso, torrencial; HANDEL **~en Absatz finden** vender-se num instante
'Reißer M *umg* artigo m de moda; THEAT êxito m teatral **reißerisch** espampanante; *bras* espalhafatoso **Reißfeder** F tira-linhas f **Reißfeste** F resistência ao rasgamento **Reißnagel** M percevejo m **Reißschiene** F régua f

Reißverschluss M fecho m de correr, fecho m ecler; *bras a.* zíper m **Reißwolf®** M esfarrapadeira f; *bras* trituradora f de papel **Reißzeug** N ⟨-(e)s; *o. pl*⟩ estojo m de desenho **Reißzwecke** F percevejo m
'Reitbahn ['raɪtbaːn] F picadeiro m **reiten** ⟨h. u. s.⟩ montar; andar a cavalo, ir a cavalo **Reiten** N equitação f
'Reiter ['raɪtɐ] M cavaleiro m; MIL a. soldado m de cavalaria; **spanischer** ~ cavalo m de frisa **Reiter'ei** [raɪtə'raɪ] F cavalaria f **Reiterin** F amazona f
'Reitgerte F chibata f **Reithose** F calções mpl de montar; *bras* culote m **Reitkunst** F ⟨*o. pl*⟩ equitação f **Reitlehrer(in)** M(F) professor(a) m(f) de equitação **Reitpeitsche** F chicote m **Reitpferd** N cavalo m de sela (*od* de montar) **Reitschule** F escola f de equitação; picadeiro m **Reitsport** M hipismo m **Reitstall** M picadeiro m **Reitstiefel** M bota f alta, bota f de montar **Reittier** N cavalgadura f; *bras* montaria f **Reitweg** M caminho m para cavaleiros (*bras* para montaria)
Reiz [raɪts] M ⟨-es; -e⟩ (*Empfindung*) sensação f; (*Anreiz*) estímulo m; (*Reizung*) irritação f; (*Juckreiz*) comichão f; (*Schönheit*) encanto m, atra(c)tivo m; **den** ~ **lindern** abirritar, aliviar a dor; *bras a.* sedar **'reizbar** irritável; sensível **'Reizbarkeit** F ⟨*o. pl*⟩ irritabilidade f; sensibilidade f **'reizen** ⟨-t⟩ estimular, excitar; irritar; provocar; (*locken*) atrair; interessar **'reizend** ADJ excitante; (*hübsch*) encantador **'reizlindernd** abirritante; *bras* sedativo **'reizlos** sem graça; (*fade*) insípido **'Reizmittel** N MED estimulante m; excitante m **'Reizung** F MED irritação f **'reizvoll** encantador, interessante
rekapitu'lieren [rekapitu'liːrən] ⟨-⟩ recapitular
'rekeln ['reːkəln] *umg* ⟨-le-⟩ VR **sich** ~ espreguiçar-se
Reklamati'on [reklamatsi'oːn] F reclamação f
Re'klame [re'klaːmə] F reclamo (*bras* reclame) m; propaganda f; publicidade f; **für etw/j-n** ~ **machen** fazer publicidade a a/c/alg; *bras* fazer propaganda para od de a/c/alg

rekla'mieren [rekla'miːrən] ⟨-⟩ reclamar **rekonstru'ieren** [rekɔnstru'iːrən] ⟨-⟩ reconstruir **Rekonstrukti'on** [rekɔnstrukti'oːn] F̲ reconstrução f

Rekonvales'zent(in) [rekɔnvales'tsɛnt(ɪn)] M̲/F̲ ⟨-en⟩ convalescente m/f **Rekonvales'zenz** F̲ convalescença f

Re'kord [re'kɔrt] M̲ ⟨-(e)s, -e⟩ recorde m; **e-n ~ aufstellen** marcar, estabelecer um recorde; **e-n ~ brechen/schlagen** quebrar/bater um recorde **Rekordhalter(in)** M̲/F̲ recordista m/f

Re'krut [re'kruːt] M̲ ⟨-en⟩, **Rekrutin** F̲ MIL recruta m/f **rekrut'ieren** [rekru'tiːrən] ⟨-⟩ recrutar **Rekrut'ierung** F̲ recrutamento m

'Rektor [ˈrɛktɔr] M̲ ⟨-s, -en [-'toːrən]⟩, **Rektorin** [rɛk'toːrɪn] F̲ Schule, UNIV reitor(a) m(f) **Rektor'at** [rɛkto'raːt] N̲ ⟨-(e)s, -e⟩ reitoria f; (Amtszeit) a. reitorado m

Re'lais [rə'lɛː] N̲ ⟨-; -⟩ ELEK relé m **rela'tiv** [rela'tiːf] relativo **Relativi'tät** [relativi'tɛːt] F̲ relatividade f **Relativpronomen** [rela'tiːfproˌnoːmən] N̲ GRAM pronome m relativo **Relativsatz** [rela'tiːfzats] M̲ GRAM oração f relativa **rele'vant** [rele'vant] relevante **Reli'ef** [reli'ɛf] N̲ ⟨-s; -s⟩ relevo m **Religi'on** [religi'oːn] F̲ religião f **Religi'onsfreiheit** F̲ ⟨o. pl⟩ liberdade f de culto **Religionsgemeinschaft** F̲ comunidade f religiosa **Religionskrieg** M̲ guerra f religiosa **Religionsunterricht** M̲ (ensino m da) doutrina f; catequese f

religi'ös [religi'øːs] ⟨-este⟩ religioso **'Reling** ['reːlɪŋ] F̲ ⟨-; -s⟩ SCHIFF balustrada f

Re'liquie [re'liːkvɪə] F̲ REL relíquia f **Reliquienschrein** M̲ REL relicário m

Re'make [ri'meːk] N̲ ⟨-s; -s⟩ FILM remake m, reposição f

Re'mis [rə'miː] N̲ inv Schach: remis m

Remit'tenden [remi'tɛndən] F̲PL Buchhandel: devoluções fpl

'rempeln ['rɛmpəln] umg ⟨-le⟩ empurrar; atropelar

Ren [rɛn, reːn] N̲ ⟨-s, -s⟩ ZOOL rena f, rangífero m

Renais'sance [rənɛ'sãːs] F̲ renascimento m; ⟨o. pl⟩ Epoche: Renascença f

Ren'dite [rɛn'diːtə] F̲ rendimento m

'Rennbahn ['rɛnbaːn] F̲ pista f de corridas **Rennboot** N̲ barco m de corrida **rennen** V̲I̲ ⟨s.⟩ correr; gegen: dar **Rennen** N̲ corrida f **Rennfahrer** M̲ corredor m **Rennpferd** N̲ cavalo m de corridas **Rennsport** M̲ (desporte m de) corridas fpl **Rennstall** M̲ cavalariça f **Rennstrecke** F̲ percurso m **Rennwagen** M̲ carro m de corridas

Renom'mee [renɔ'meː] N̲ ⟨-s; -s⟩ reputação f, fama f **renomm'iert** ADJ de boa reputação

reno'vieren [reno'viːrən] ⟨-⟩ renovar; restaurar **Renovierung** F̲ restauração f; renovação f

ren'tabel [rɛn'taːbəl] ⟨-bl-⟩ rentável; lucrativo **Rentabili'tät** [rɛntabili'tɛːt] F̲ ⟨o. pl⟩ produtividade f; rendimento m

'Rente ['rɛntə] F̲ reforma f, pensão f; **in ~ gehen** reformar-se, aposentar-se **Rentenanspruch** M̲ direito m a uma pensão **Rentenempfänger(in)** M̲/F̲ → Rentner(in) **Rentenversicherung** F̲ seguro-velhice m (od de reforma)

'Rentier ['rɛnˌtiːr] N̲ → Ren

ren'tieren [rɛn'tiːrən] ⟨-⟩ V̲/R̲ **sich ~** render, ser lucrativo, dar lucro

'Rentner(in) ['rɛntnar(ɪn)] M̲/F̲ pensionista m/f, reformado m, -a f

Reorganisati'on [reɔrganizatsi'oːn] F̲ reorganização f

Reparati'onen [reparatsi'oːnən] F̲PL reparações fpl **Repara'tur** [repa'ruːr] F̲ reparação f; conserto m **Repara'turwerkstatt** F̲ oficina f; AUTO estação f de serviço **repar'ieren** ⟨-⟩ reparar, consertar

repatri'ieren [repatri'iːrən] ⟨-⟩ repatriar

Reper'toire [repɛr'toˌaːr] N̲ ⟨-s; -s⟩ repertório m

Repor'tage [repɔr'taːʒə] F̲ reportagem f **Re'porter(in)** [re'pɔrtər(ɪn)] M̲/F̲ repórter m/f

Repräsen'tant(in) [reprɛzɛn'tant(ɪn)] M̲/F̲ ⟨-en⟩ representante m/f **Repräsentati'on** F̲ representação f **repräsenta'tiv** [reprɛzɛnta'tiːf] representativo **repräsen'tieren** ⟨-⟩ representar

Repres'salien [reprɛ'saːlɪən] F̲PL represálias fpl

reprivati'sieren [reprivati'ziːrən] ⟨-⟩ reprivatizar **Reprivatisierung** F̲ repri-

vatização f
Reprodukti'on f̄ reprodução f **reprodu'zieren** [reprodu'tsiːrən] ⟨-⟩ reproduzir
Rep'til [rɛp'tiːl] N̄ ⟨-s; -e, Reptilien⟩ réptil m
Repu'blik [repu'bliːk] F̄ república f **Republi'kaner** [republiˈkaːnər] M̄ republicano m **republik'anisch** republicano
'Requiem ['reːkviɛm] N̄ ⟨-s; -s⟩ a. MUS (missa f de) réquiem m; *bras* réquiem m **requi'rieren** [rekvi'riːrən] ⟨-⟩ requisitar
Requi'sit [rekvi'ziːt] N̄ ⟨-(e)s; -en⟩ requisito m; THEAT pl apetrechos m
Reser'vat [rezɛr'vaːt] N̄ ⟨-s; -e⟩ reserva f
Re'serve [re'zɛrvə] F̄ reserva f **Reserve...** IN ZSSGN MIL, HANDEL de (od da) reserva **Reservekanister** M̄ lata f (od bidão m) de reserva (de gasolina); *bras* galão m de reserva **Reserverad** N̄ roda f sobresselente **Reservespieler** M̄ SPORT jogador m da reserva **reser'vieren** ⟨-⟩ reservar, guardar; *Platz a.* marcar **Reser'vierung** F̄ reserva f **Reser'vist** M̄ ⟨-en⟩ reservista m **Reservo'ir** [rezɛrvo'aːr] N̄ ⟨-s; -e⟩ depósito m, tanque m
Resi'denz [rezi'dɛnts] F̄ residência f **residieren** ⟨-⟩ residir
Resignati'on [rezignatsi'oːn] F̄ resignação f **resign'ieren** ⟨-⟩ resignar-se
reso'lut [rezo'luːt] resoluto **Resoluti'on** [rezolutsi'oːn] F̄ resolução f; deliberação f
Reso'nanz [rezo'nants] F̄ ressonância f **Resonanzboden** M̄ caixa f de ressonância
Resoziali'sierung [rezotsiali'ziːruŋ] F̄ ⟨o. *pl*⟩ ressocialização f
Re'spekt [re'spɛkt] M̄ ⟨-(e)s; o. *pl*⟩ respeito m (**vor** *dat* por) **respek'tabel** [respɛk'taːbəl] ⟨-bl-⟩ respeitável **respek'tieren** ⟨-⟩ respeitar **respek'tive** [respɛk'tiːvə] ADV respe(c)tivamente **res'pektlos** irreverente **Respektlosigkeit** [re'spɛktloːzɪçkaɪt] F̄ falta f de respeito, irreverência f **respektvoll** respeitoso
Ressenti'ment [rɛsɑ̃ti'mɑ̃] N̄ ⟨-s; -s⟩ ressentimento m
Res'sort [rɛ'soːr] N̄ ⟨-s; -s⟩ repartição f; competência f
Rest [rɛst] M̄ ⟨-(e)s; -e⟩ resto m; CHEM resíduo m; **~ 3** MATH três de resto; *fig* **j-m den ~ geben** *umg* acabar com alg
'Restauflage F̄ resto m da edição
Restau'rant [rɛsto'rãː] N̄ ⟨-s; -s⟩ restaurante m
Restau'rator [rɛstau'raːtɔr] M(F) ⟨-s; -en [-ra'toːrən]⟩, **Restaura'torin** [rɛstaura'toːrɪn] F̄ restaurador(a) m(f) **restaurieren** ⟨-⟩ restaurar **Restaurierung** F̄ restauro m, restauração f
'Restbestand M̄ HANDEL saldo m; resto m **Restbetrag** M̄ resto m; troco m **restlich** restante **restlos** ADV completamente, inteiramente **Restmüll** M̄ resíduo m sólido doméstico **Restposten** M̄ refugo m **Restschuld** F̄ dívida f restante **Resturlaub** M̄ ⟨-s; o. *pl*⟩ resto m de dias de férias
Resul'tat [rezul'taːt] N̄ ⟨-(e)s; -e⟩ resultado m **resul'tieren** ⟨-⟩ resultar (**aus** *de*) **Resü'mee** [rezy'meː] N̄ ⟨-s; -s⟩ resumo m
Re'torte [re'tɔrtə] F̄ retorta f; alambique m **Retortenbaby** N̄ bébé-proveta m; *bras* nenê m de proveta
'retten ['rɛtən] ⟨-e-⟩ salvar **Retter** M̄ salvador m; (*Befreier*) libertador m
'Rettich ['rɛtɪç] M̄ ⟨-s; -e⟩ BOT rábano m
'Rettung ['rɛtʊŋ] F̄ salvação f; a. SCHIFF salvamento m; (*Befreiung*) libertação f **Rettungsaktion** F̄ a(c)ção f de salvação (*bras* salvamento) **Rettungsanker** M̄ âncora f de salvação **Rettungsboot** N̄ (barco m) salva-vidas m **rettungslos** sem remissão; irremediavelmente **Rettungsmannschaft** F̄ corpo m de socorros; *bras* equipe f de salvamento **Rettungsring** M̄ salva-vidas m **Rettungsschwimmer** M̄ nadador-salvador m **Rettungsstation** F̄ posto m de socorros **Rettungswagen** M̄ pronto-socorro m **Rettungsweste** F̄ colete m salva-vidas
Re'tusche [re'tʊʃə] F̄ retoque m **retu'schieren** [retu'ʃiːrən] V/T ⟨-⟩ FOTO retocar, dar um retoque a
'Reue ['rɔʏə] F̄ ⟨o. *pl*⟩ arrependimento m **reuen** fazer arrepender; **es reut mich** estou arrependido **reuevoll** arrependido
'Reuse ['rɔʏzə] F̄ nassa f
Re'vanche [re'vãː(ʃ)ə] F̄ desforra f; desagravo m **revan'chieren** [revã'ʃiːrən]

⟨⟩ VR sich ~ pagar (od tirar) a desforra, desforrar-se; **sich bei j-m für etw** ~ retribuir a/c a alg
Re'vers [re'vɛːr] N ⟨-; -⟩ *Kleidung:* virado *m*; *bras* avesso *m*
revi'dieren [revi'diːrən] ⟨-⟩ rever; corrigir; *Meinung* reconsiderar
Re'vier [re'viːr] N ⟨-s, -e⟩ distrito *m*, comarca *f*; *(Polizeirevier)* esquadra *f*; *(Jagdrevier)* coutada *f*
Revisi'on [revizi'oːn] F revisão *f*; vistoria *f*; inspe(c)ção *f*; ~ **einlegen** recorrer **Revisor** [re'viːzɔr] M ⟨-s, -en [-'zoːrən]⟩ revisor *m*; inspe(c)tor *m*
Re'volte [re'vɔltə] F revolta *f* **revol'tieren** ⟨-⟩ revoltar-se
Revoluti'on [revoluti'oːn] F revolução *f* **revolutio'när** [revolutsio'nɛːr] revolucionário **Revolutio'när** M ⟨-s, -e⟩, **Revolutio'närin** F revolucionário *m*, -a *f*
Re'volver [re'vɔlvər] M revólver *m* **Revolverblatt** N *umg* jornal *m* sensacionalista de crimes e catástrofes; *bras* imprensa *f* marrom **Revolverheld** M pistoleiro *m*
Re'vue [re'vyː] F revista *f* (a. THEAT)
Rezen'sent [retsɛn'zɛnt] M ⟨-en⟩, **Rezen'sentin** F crítico *m*, -a *f* **rezen'sieren** ⟨-⟩ criticar **Rezensi'on** [retsɛnzi'oːn] F recensão *f*; crítica *f*
Re'zept [re'tsɛpt] N ⟨-(e)s, -e⟩ receita *f* *(einlösen* aviar); **rezeptpflichtig** [re-'tsɛptpflɪçtɪç] que só se vende com receita médica
Rezessi'on [retsɛsi'oːn] F recessão *f*
rezi'prok [retsi'proːk] recíproco
Rezita'tiv [retsita'tiːf] N ⟨-s, -e⟩ recitativo *m* **rezi'tieren** ⟨-⟩ recitar
'R-Gespräch ['ɛrɡaʃprɛːç] N ⟨-(e)s, -e⟩ TEL chamada *f* paga pelo destinatário; *bras* ligação *f* a pagar pelo destinatário
Rha'barber [ra'barbar] M ⟨-s; *o. pl*⟩ ruibarbo *m*
Rhein [raɪn] M **der** ~ o Reno *m* **rheinisch** renano, do Reno **Rheinland** ['raɪnlant] N Renânia *f* **Rheinländer(in)** ['raɪnlɛndər(ɪn)] M(F) renano *m*, -a *f* **Rheinland-Pfalz** N Renânia-Palatinado *f*
Rhe'torik [re'toːrɪk] F ⟨*o. pl*⟩ retórica *f* **rhetorisch** retórico
'Rheuma ['rɔyma] N ⟨-s; *o. pl*⟩, **Rheuma'tismus** M ⟨-; *o. pl*⟩ reumatismo *m* **rheumatisch** [rɔy'maːtɪʃ] reumático
Rhi'nozeros [ri'noːtsərɔs] N ⟨-, -ses; -se⟩ rinoceronte *m*
'Rhombus ['rɔmbʊs] M ⟨-; Rhomben⟩ rombo *m*; *bras* losango *m*
'Rhone ['roːnə] F **die** ~ o Ródano *m*
'Rhythmik ['rʏtmɪk] F ⟨*o. pl*⟩ rítmica *f* **rhythmisch** rítmico **Rhythmus** M ⟨-; Rhythmen⟩ ritmo *m*

'Richtantenne ['rɪçtʔantɛnə] F antena *f* dire(c)cional **richten** ⟨-e-⟩ dirigir (**auf, an** *akk* a, para); *Brief a*. endereçar a; TECH ajustar; *Geschütz* apontar; JUR julgar; pronunciar; condenar; *(herrichten)* arranjar; **(gerade)** ~ endireitar; **sich nach** *e-m Vorbild* **richten** guiar-se por, regular-se por; orientar-se por; atender a
'Richter(in) ['rɪçtər(ɪn)] M(F) juiz *m*, juíza *f*; *(Schiedsrichter)* árbitro *m* -a *f* **Richteramt** N magistratura *f* **richterlich** jurisdicional, judicial, judiciário, de juiz **Richterspruch** M sentença *f*
'Richtfest N ARCH festa *f* do pau de fileira *(bras* da cumeeira) **'Richtgeschwindigkeit** F velocidade *f* dire(c)triz
'richtig corre(c)to; justo; certo; *(echt)* autêntico, verdadeiro, típico; ~! exa(c)tamente!; **sehr ~**! apoiado!; ~ **gehen** *Uhr* estar certo; ~ **singen** afinar; **das Richtige treffen** acertar; **für** ~ **halten** ter por bem; aprovar
'Richtigkeit F ⟨*o. pl*⟩ corre(c)ção *f*; exa(c)tidão *f*; **seine ~ haben** estar certo, estar em ordem **richtigstellen** re(c)tificar; corrigir **Richtigstellung** F re(c)tificação *f*
'Richtlinie F norma *f*, dire(c)tiva *f*, instrução *f* **Richtpreis** M preço *m* de referência **Richtscheit** N ARCH regra *f* **Richtschnur** F ARCH fio *m* de alinhar; prumo *m*; *fig* norma *f* **Richtstrahler** M antena *f* dirigida; onda *f* dirigida
'Richtung ['rɪçtʊŋ] F dire(c)ção *f* (**in** em, com; **auf** *akk* a); sentido *m*; orientação *f*; *fig a.* tendência *f*; KUNST escola *f*, estilo *m*; **nach allen ~en** *a. em* todos os sentidos **Richtungsanzeiger** M indicador *m* de dire(c)cão; → **Blinker richtungweisend** determinador; orientador
'Richtzahl F índice *m*

'**Ricke** ['rɪkə] F̄ ZOOL corça f
'**riechen** ['riːçən] A V/T sentir; (wittern) farejar; umg **j-n nicht ~ können** fig não poder ver alg; **etw (doch) nicht ~ können** fig não poder adivinhar a/c B V/I cheirar (**nach** a); a. ter cheiro **Riecher** M̄ umg nariz m; fig **e-n guten ~ haben** umg ter bom faro **Riechnerv** M̄ nervo m olfa(c)tivo
Ried [riːt] N̄ ⟨-(e)s; -e⟩ cana f; canavial m '**Riedgras** N̄ caniço m, esparto m
'**Riege** ['riːgə] F̄ turma f
'**Riegel** ['riːgəl] M̄ **1** ferrolho m, tranca f, trinco m; **den ~ vorschieben** correr o ferrolho **2** (Schokoladenriegel) barrita f (od barrinha) f (de chocolate)
'**Riemen** ['riːmən] M̄ TECH correia f, tira f; SCHIFF remo m **Riemenantrieb** M̄ transmissão f por correia
'**Riese** ['riːzə] M̄ ⟨-n⟩ gigante m
'**rieseln** ['riːzəln] ⟨-le⟩ correr; *Sand* escorregar; *Wasser* manar, murmurar
'**Riesenärger** M̄ umg → Mordsärger **Riesenerfolg** M̄ umg êxito m retumbante **riesengroß, riesenhaft** gigantesco, enorme **Riesenrad** N̄ roda f gigante **Riesenschlange** F̄ boa f, giboia f **Riesenschritt** M̄ **mit ~en** a passos mpl de gigante **Riesenslalom** M̄ SPORT slalom m gigante
'**riesig** ['riːzɪç] A ADJ gigantesco; enorme B ADV **es hat mich ~ gefreut** umg tive grande prazer **Riesin** F̄ gigante f
Riff [rɪf] N̄ ⟨-(e)s; -e⟩ recife m
'**riffeln** ⟨-le⟩ TECH esbaganhar; ARCH canelar
rigo'ros [rigo'roːs] rigoroso
'**Rille** ['rɪlə] F̄ canela f, encaixe m, estria f; *Schallplatte*: sulco m
Rind [rɪnt] N̄ ⟨-(e)s; -er⟩ bezerro m; bras boi m; GASTR carne f de vaca; **~er** pl a. gado msg bovino
'**Rinde** ['rɪndə] F̄ casca f; (Baumrinde) córtice m; (Brotrinde) côdea f; ANAT córtex f
'**Rinderbraten** M̄ carne f de vaca assada **Rinderherde** F̄ manada f de bois; *bras* boiada f **Rinderpest** F̄ ⟨o. pl⟩ peste f bovina **Rinderzucht** F̄ ⟨o. pl⟩ criação f de gado bovino
'**Rindfleisch** N̄ carne f de vaca **Rind(s)leder** N̄ bezerro m **Rindvieh** N̄ gado m bovino; fig umg burro m, estúpido m

Ring [rɪŋ] M̄ ⟨-(e)s; -e⟩ anel m; (Ehering) aliança f; (Reifen) aro m; (Kettenglied) elo m; (Kreis) ciclo m; círculo m; (Turnring, Serviettenring) u. *an Vorhängen*: argola f; *Boxsport*: rungue m; **~e** pl **um die Augen** olheiras fpl '**Ringbahn** F̄ ferrovia f de circunvalação '**Ringbuch** N̄ dossier m; *bras* fichário m
'**ringeln** ['rɪŋəln] ⟨-le⟩ encaracolar, anelar; **sich ~** contorcer-se **Ringelnatter** F̄ cobra-de-água f; *bras* cobra f d'água **Ringeltaube** F̄ rola f
'**ringen** ['rɪŋən] A V/T **die Hände ~** torcer as mãos B V/I lutar (a. fig **nach, um** por); **mit dem Tode ~** a. agonizar; **nach Atem ~** respirar com dificuldade '**Ringen** N̄ ⟨o. pl⟩ luta f **Ringer** M̄ lutador m
'**Ringfinger** M̄ dedo m anular **ringförmig** ['rɪŋfœrmɪç] em anel; circular **Ringkampf** M̄ luta f greco-romana **Ringkämpfer** M̄ lutador m **Ringmauer** F̄ cerca f de circunvalação **Ringrichter** M̄ SPORT árbitro m **rings, rings(her)-'um** ADV ao redor, em redor, em volta, em torno (**um** de) **Ringstraße** F̄ estrada f de circunvalação (*bras* circular)
'**Rinne** ['rɪnə] F̄ rego m, calha f; (Dachrinne) caleira f; ARCH canelura f **rinnen** V/I ⟨s.⟩ correr **Rinnsal** ['rɪnzaːl] N̄ ⟨-(e)s; -e⟩ regato m, arroio m; regueira f
'**Rippe** ['rɪpə] F̄ costela f; *kurze*: costeleta f; BOT nervo m; a. ARCH nervura f; TECH alheta f; SCHIFF entre-costado m **rippen** estriar; acanelar **Rippenfell** N̄ pleura f **Rippenfellentzündung** F̄ pleurisia f **Rippenstoß** M̄ pancada f nas costelas **Rippenstück** N̄ entrecosto m
Rips [rɪps] M̄ ⟨-es; -e⟩ gorgorão m
'**Risiko** ['riːziko] N̄ ⟨-s; -s, Risiken⟩ risco m; **auf eigenes ~** por risco próprio
ris'kant [rɪs'kant] arriscado, perigoso **riskieren** ⟨-⟩ arriscar(-se a); ousar
Ri'sotto [ri'zɔto] M̄ a. N̄ ⟨-(s); -s⟩ risoto m
'**Rispe** ['rɪspə] F̄ panícula f
Riss [rɪs] M̄ ⟨-es; -e⟩ rotura f; *Stoff*: rasgão m, rasgadela f, rasgadura f; *Mauer*: fenda f, racha f; *Haut*: arranhadura f; (Plan) planta f, plano m, desenho m; (Spaltung) cisão f; **e-n ~ bekommen**

ARCH gretar, fender-se **rissig** rachado, fendilhado, com fendas
Rist [rɪst] M̄ ⟨-es; -e⟩ (*Fußrist*) metatarso m; (*Handrist*) metacarpo m
Ritt [rɪt] M̄ ⟨-(e)s; -e⟩ corrida f a cavalo; (*Spazierritt*) passeio m a cavalo
'**Ritter** [ˈrɪtər] M̄ cavaleiro m; **fahrender ~** cavaleiro m andante; **zum ~ schlagen** armar cavaleiro; GASTR **arme ~** pl GASTR rabanada f; fatias fpl douradas **Ritterburg** F̄ castelo m feudal **Rittergut** N̄ solar m, morgado m **ritterlich** cavalheiresco **Rittersporn** M̄ BOT espor(eir)a f **Rittertum** N̄ ⟨-(e)s; o. pl⟩ cavalaria f
'**rittlings** [ˈrɪtlɪŋs] ADV às cavaleiras; bras a cavalo
Ritu'**al** [ritu̯ˈaːl] N̄ ⟨-s; -e, -ien⟩ ritual m
ritu'**ell** [ritu̯ˈɛl] ritual
'**Ritus** [ˈriːtʊs] M̄ ⟨-; Riten⟩ rito m
'**Ritze** [ˈrɪtsə] F̄ fenda f, racha f; *Fenster:* frincha f **ritzen** ⟨-t⟩ rachar, arranhar
Ri'**vale** [riˈvaːlə] M̄ ⟨-n⟩, **Rivalin** F̄ rival m/f, concorrente m/f **rivali**'**sieren** [rivaliˈziːrən] ⟨-⟩ rivalizar, concorrer **Rivali**'**tät** [rivaliˈtɛːt] F̄ rivalidade f, concorrência f
'**Rizinusöl** [ˈriːtsinʊsʔøːl] N̄ ⟨-(e)s; o. pl⟩ óleo m de rícino
'**Roadmap** [ˈroːtmɛp] F̄ ⟨-; -s⟩ road-map m
'**Roastbeef** [ˈroːstbiːf] N̄ ⟨-s; -s⟩ rosbife m
'**Robbe** [ˈrɔbə] F̄ foca f
'**Robe** [ˈroːbə] F̄ vestido m; JUR toga f
'**Roboter** [ˈrɔbɔtər] M̄ robot m; bras robô m
ro'**bust** [roˈbʊst] robusto
'**röcheln** [ˈrœçəln] ⟨-le⟩ estertorar, agonizar
'**Röcheln** [ˈrœçəln] N̄ estertor m
'**Rochen** [ˈrɔxən] M̄ raia f
Rock[1] [rɔk] M̄ ⟨-(e)s; ⸚e⟩ (*Frauenrock*) saia f
Rock[2] M̄ ⟨-(s); o. pl⟩, **Rockmusik** F̄ ⟨o. pl⟩ música f rock **Rocksänger(in)** M(F) roqueiro m, -a f **Rockstar** M̄ estrela f de (od do) rock
'**Rodelbahn** [ˈroːdəlbaːn] F̄ pista f de trenós **rodeln** ⟨-le⟩ andar de trenó **Rodelschlitten** M̄ trenó m **Rodelsport** M̄ desporte m (bras esporte m) de trenó

'**roden** [ˈroːdən] ⟨-e-⟩ arrotear, desbravar; desmoitar **Rodung** F̄ desmoita f; derrubada f
'**Rogen** [ˈroːɡən] M̄ ⟨-s; o. pl⟩ ovas fpl de peixe; ovário m do peixe
'**Roggen** [ˈrɔɡən] M̄ ⟨-s; o. pl⟩ centeio m **Roggenbrot** N̄ pão m de centeio
roh [roː] cru; não cozido; (*unbearbeitet*) tosco, bruto; fig rude, brutal; (*unvollkommen*) rudimentar '**Rohbau** M̄ ⟨-(e)s; -bauten⟩ ARCH prédio m em construção; construção f em bruto '**Rohbaumwolle** F̄ ⟨o. pl⟩ algodão m em rama '**Rohdiamant** M̄ ⟨-en⟩ diamante m em bruto '**Roheisen** N̄ ⟨-s; o. pl⟩ ferro m em bruto
'**Roheit** F̄ → Rohheit
'**Rohertrag** M̄ HANDEL receita f bruta '**Rohfabrikat** N̄ produto m em bruto (od não manufa[c]turado) **Rohfassung** F̄ primeira reda(c)ção f '**Rohheit** [ˈroːhaɪt] F̄ crueza f; fig rudeza f; brutalidade f '**Rohkost** F̄ ⟨o. pl⟩ regime m vegetariano; comida f não cozida **Rohling** M̄ ⟨-s; -e⟩ **1** *Person:* bruto m **2** *CD:* cd m virgem **Rohmaterial** N̄ matéria-prima f '**Rohöl** N̄ petróleo m em rama; bras petróleo m bruto
Rohr [roːr] N̄ ⟨-(e)s; -e⟩ **1** TECH tubo m; MIL cano m **2** BOT cana f, junco m; **spanisches ~** cana f da Índia '**Rohrbruch** M̄ rotura f de tubo; tubo m roto
'**Röhre** [ˈrøːrə] F̄; ANAT a. trompa f; cano m; PHYS vaso m; *Radio:* lâmpada f **röhren** *Hirsch* bramar **röhrenförmig** [ˈrøːrənfœrmɪç] tubular **Röhrenhose** F̄ calças fpl afuniladas; bras (calça f) jeans m cigarrete
'**Rohrflöte** F̄ charamela f '**Röhricht** [ˈrøːrɪçt] N̄ ⟨-s; -e⟩ canavial m, juncal m
'**Rohrleger** [ˈroːrleːɡər] M̄ canalizador m '**Rohrleitung** F̄ conduta f; tubagem f, canalização f **Rohrpost** F̄ ⟨o. pl⟩ correio m pneumático **Rohrschelle** F̄ TECH braçadeira f para tubos **Rohrspatz** M̄ ⟨-en⟩ **wie ein ~ schimpfen** *umg* barafustar, rezingar; bras resmungar **Rohrstock** M̄ cana f **Rohrstuhl** M̄ cadeira f de palhinha **Rohrzange** F̄ TECH chave f de tubos (bras de cano) **Rohrzucker** M̄ açúcar m de cana
'**Rohseide** F̄ seda f crua
'**Rohstoff** M̄ matéria-prima f **roh-**

stoffarm pobre em matérias primas
rohstoffreich rico em matérias primas
Rokoko ['rɔkoko] N ⟨-s; o. pl⟩ rococó m
'Rollladen → Rollladen **Rollbahn** ['rɔlbaːn] F FLUG pista f de descolagem
'Rolle F rolo m; TECH roldana f; (Winde) polé f; (Garnrolle) carrinho m; (Spule) bobina f; (Walze) cilindro m; (Tuchrolle) peça f; (Wäscherolle) calandra f; THEAT papel m (a. fig; **spielen** fazer, desempenhar); **keine ~ spielen** fig não ter importância; **aus der ~ fallen** fig sair do seu papel; *umg* perder a linha
'rollen A VI ⟨h., bei Ortsveränderungen: s.⟩ rodar; SCHIFF balançar(-se); *Donner* retumbar; *Geld* correr; gastar-se B VT rolar; (einrollen) enrolar
'Rollenbesetzung F THEAT distribuição f (dos papéis) **rollend** ADJ rolante; *Material* rodoviário **Rollenlager** N TECH mancal m de rolos **Rollenverhalten** N ⟨-s; o. pl⟩ comportamento m típico de um certo grupo social
'Roller M *Kinderspielzeug:* trotinete f; *bras* patinete f **Rollfeld** N FLUG pista f de aterragem **Rollfilm** M película f **Rollkragen** M gola f alta **Rollkragenpullover** M camisola f de gola alta; *bras* pulôver m de gola f olímpica **Rollladen** ['rɔlaːdən] M gelosia f; *bras* persiana f; **den ~ herunterlassen** correr a persiana **Rollmops** M GASTR arenque de escabeche enrolado **Rollschinken** M GASTR paio m **Rollschuh** M patim m (de rodas); **~ laufen** patinar (sobre rodas) **Rollsplitt** M gravilha f (*bras* lasca f) solta **Rollstuhl** M cadeira f de rodas **Rollstuhlfahrer(in)** M(F) deficiente m/f em cadeira de rodas **Rolltreppe** F escada f rolante
Rom [roːm] N GEOG Roma f
'Roma ['roːma] MPL Roma mpl
Ro'man [roˈmaːn] M ⟨-s; -e⟩ romance m **Romanautor(in)** M(F) romancista m/f
Ro'manik F ⟨o. pl⟩ estilo m românico **romanisch** românico **Roma'nist** [romaˈnɪst] M ⟨-en⟩, **Roma'nistin** F romanista m/f **Roma'nistik** [romaˈnɪstɪk] F ⟨o. pl⟩ filologia f românica
Ro'mantik [roˈmantɪk] F ⟨o. pl⟩ romant(ic)ismo m **Romantiker(in)** M(F) romântico m, -a f **romantisch** romântico

Ro'manze [roˈmantsə] F romance m, romança f; balada f
'Römer ['røːmɐ] M *Glas:* copo m (verde para vinho branco) **Römer(in)** M(F) romano m, -a f **römisch** romano, de Roma
'röntgen ['rœntɡən] VT tirar uma radiografia de, radiografar **Röntgenaufnahme** F radiografia f **Röntgenbehandlung** F radioterapia f **Röntgenbild** N radiografia f **Röntgenstrahlen** MPL raios-X mpl, raios mpl de Röntgen **Röntgenuntersuchung** F radioscopia f
'rosa ['roːza] ⟨inv⟩, **rosafarben** cor-de--rosa
'Rose ['roːzə] F rosa f; MED erisipela f
Rosé [roˈzeː] M ⟨-s; -s⟩ vinho m rosé
'Rosenbusch M → Rosenstock **Rosenkohl** M ⟨-(e)s; o. pl⟩ couve f de Bruxelas **Rosenkranz** M REL rosário m **Rosenmontag** M segunda-feira f de Carnaval **Rosenöl** N ⟨-(e)s; o. pl⟩ essência f de rosas **Rosenstock** M, **Rosenstrauch** M rosal m, roseira f; **wilder ~** roseira f brava **Rosenwasser** N ⟨-s; o. pl⟩ água f de rosas **Rosenzüchter** M roseirista m
Ro'sette [roˈzɛta] F roseta f; ARCH rosetão m **'rosig** ['roːzɪç] rosado, róseo; **die Lage ist nicht gerade ~** a situação não é das melhores
Ro'sine [roˈziːnə] F passa f de uva
Rosma'rin [rosmaˈriːn] M ⟨-s; o. pl⟩ BOT alecrim m; rosmaninho m
Ross [rɔs] N ⟨-es; ¨-er⟩ cavalo m **'Rosskur** F *umg* tratamento m (*od* regime m) rigoroso; *fig* solução f (*od* medida f) drástica
Rost [rɔst] M ⟨-(e)s; o. pl⟩ ferrugem f; (*Bratrost*) grelha f **'Rostbraten** M carne f grelhada, carne f assada na grelha
'Röstbrot ['rœstbroːt] N torrada f, pão m torrado
'rosten ['rɔstən] ⟨-e-; h. u. s.⟩ enferrujar
'rösten ['rœstən] ⟨-e-⟩ grelhar; tostar; *Brot*, *Kaffee* torrar; *Flachs* cuecir
'rostfrei inoxidável **rostig** ferrento, enferrujado **Rostschutzanstrich** M pintura f anti-corrosiva **Rostschutzmittel** N anticorrosivo m, agente m antiferruginoso

rot [roːt] ⟨⸚er; ⸚este⟩ vermelho, encarnado; *Haar* ruivo; *Wein* tinto; **~ werden** *Person* corar, enrubescer; **~ glühend** candente, em brasa; **~e Zahlen** *fig* números *mpl* negativos **Rot** [roːt] N̄ ⟨-s; -s⟩ vermelho *m*, encarnado *m*
Rotati'onsdruck [rotatsiˈoːnsdrʊk] M̄ ⟨-(e)s; -e⟩ TYPO impressão *f* rotativa **Rotationspresse** F̄ (máquina *f*) rotativa *f*
'**rotbackig** [ˈroːtbakɪç] de faces vermelhas (*bras* rosadas); *Apfel* vermelha **Rotbarsch** M̄ ⟨-(e)s; -e⟩ ZOOL perca *f* **rotblond** *adj* **rotbraun** moreno; castanho **Rotbuche** F̄ faia *f* vermelha
'**Röte** [ˈrøːta] F̄ ⟨*o. pl*⟩ rubor *m*; vermelhidão *f* **Rötel** [ˈrøːtal] M̄ ⟨-s; *o. pl*⟩ KUNST almagra *f* **Röteln** PL MED rubéola *f* **röten** ⟨-e-⟩ avermelhar; corar
Rotes 'Kreuz N̄ ⟨-es; *o. pl*⟩ Cruz Vermelha *f*
'**rothaarig** ruivo **Rothaut** F̄ *pej* pele-vermelha *m*
ro'tieren [roˈtiːrən] ⟨-⟩ girar **rotierend** ADJ giratório, rotativo
'**Rotkäppchen** N̄ ⟨-s; *o. pl*⟩ Capuchinho *m* (*bras* Chapeuzinho *m*) Vermelho **Rotkehlchen** [ˈroːtkeːlçən] N̄ pintarroxo *m*, pisco *m* **Rotkohl** M̄ ⟨-(e)s; *o. pl*⟩ repolho *m* roxo
'**rötlich** [ˈrøːtlɪç] avermelhado
'**Rotor** [ˈroːtɔr] M̄ ⟨-s; -en [roˈtoːrən]⟩ rotor *m*
Rotstift M̄ lápis *m* vermelho
'**Rotte** [ˈrɔta] F̄ bando *m*, quadrilha *f*; assuada *f*; turma *f*; MIL fila *f*; pelotão *m*
Rotwein M̄ vinho *m* tinto **Rotwild** N̄ veado *m*, caça *f* de veação
Rotz [rɔts] M̄ ⟨-es; *o. pl*⟩ ranho *m*, muco *m* **rotzfrech** *umg* ADJ atrevido '**Rotznase** F̄ nariz *m* mucoso; *fig* fedelho *m*
Rouge [ruːʒ] N̄ ⟨-s; -s⟩ blush *m*; **~ auflegen** aplicar *od* passar blush
Rou'lade [ruˈlaːda] F̄ GASTR rolinho *m* de carne; bife *m* enrolado **Roulette** [ruˈlɛt] N̄ ⟨-s; -e, -s⟩ roleta *f*
'**Route** [ˈruːta] F̄ rumo *m*, rota *f*; itinerário *m* **Routenplaner** [ˈruːtənplaːnər] M̄ roteiro *m* digital
Rou'tine [ruˈtiːnə] F̄ rotina *f* (*a.* IT); prática *f*, experiência *f* **Routinekontrolle** F̄ controle *m* de rotina **routinemäßig** rotineiro

routi'niert [rutiˈniːrt] experimentado
'**Rowdy** [ˈraʊdi] M̄ ⟨-s; -s⟩ brigão *m*, vândalo *m*
'**Rübe** [ˈryːba] F̄ *weiße*: nabo *m*; *gelbe*: cenoura *f*; *rote*: beterraba *f*
'**Rubel** [ˈruːbal] M̄ rublo *m*
'**Rübenzucker** M̄ açúcar *m* de beterraba
Ru'bin [ruˈbiːn] M̄ ⟨-s; -e⟩ rubi(m) *m*
Ru'brik [ruˈbriːk] F̄ rubrica *f*; coluna *f*; quadro *m*
Ruck [rʊk] M̄ ⟨-(e)s; -e⟩ empurrão *m*, arranque *m*, solavanco *m*, aban(ã)o *m*; **mit e-m ~ de um golpe, num pulo; sich e-n ~ geben** *fig* esforçar-se
'**Rückansicht** F̄ (re)verso *m* **Rückantwort** F̄ resposta *f*; *mit ~ Brief*: com resposta paga **rückbezüglich** GRAM relativo; reflexivo **Rückbildung** F̄ involução *f*; regressão *f* **Rückblende** F̄ flashback *m* **Rückblick** M̄ olhar *m* retrospe(c)tivo, retrospe(c)tiva *f*
'**rücken** [ˈrʏkən] V̄T̄ (V̄Ī *an dat ~*) mover; (*schieben*) empurrar; (*beiseiterücken*) afastar; tirar do seu lugar; (*zurechtrücken*) assestar B̄ V̄Ī ⟨*s.*⟩ sair do sítio; (*Platz machen*) mudar para lá (*od* para cá); *an j-s Stelle ~ substituir alg*
'**Rücken** M̄ costas *fpl*; dorso *m*; *Berg*: espinhaço *m*; *Buch*: lombada *f*; GASTR lombo *m*; *auf dem ~ (tragen)* (trazer) às costas; *auf den ~ fallen* cair de costas; *auf den ~ nehmen* pôr nas costas; *hinter j-s ~* às escondidas; *j-m in den ~ fallen fig* trair alg; *j-m den ~ stärken fig* apoiar alg **Rückendeckung** F̄ MIL prote(c)ção *f* da retaguarda; *fig* apoio *m* **Rückenlehne** F̄ costas *fpl* da cadeira; espaldar *m*; → Rückenstütze **Rückenmark** N̄ ⟨-(e)s; *o. pl*⟩ medula *f* espinhal **Rückenschmerzen** MPL dores *fpl* de costas **Rückenschwimmen** N̄ natação *f* (*bras* nado *m*) de costas **Rückenstütze** F̄ encosto *m* **Rückenwind** M̄ vento *m* em popa **Rückenwirbel** M̄ vértebra *f* espinhal
'**rückerstatten** ⟨-⟩ restituir; reembolsar **Rückerstattung** F̄ restituição *f*; *Geld*: reembolso *m*
'**Rückfahrkarte** F̄ bilhete *m* (*bras* passagem *f*) de ida e volta **Rückfahrscheinwerfer** M̄ AUTO luz *f* (*od* farol *m*) de marcha atrás **Rückfahrt** F̄ volta

RÜCK | 1096

f; regresso m **Rückfall** M̄ recaída f; MED, JUR a. recidiva f, reincidência f **rückfällig** recidivo, reincidente **Rückflug** M̄ voo m (bras vôo) de regresso **Rückfluss** M̄ refluxo m **Rückfracht** F̄ carga f (od frete m) de retorno **Rückfrage** F̄ pergunta f, dúvida f; **~ halten** pedir mais informações **Rückführung** F̄ POL repatriação f; TECH retrocesso m **Rückgabe** F̄ restituição f, devolução f; retorno m

'**Rückgang** M̄ 〈-(e)s; o. pl〉 retrocesso m; Temperatur: descida f; fig diminuição f; HANDEL a. baixa f, quebra f **rückgängig** regressivo; **~ machen** anular '**Rückgewinnung** F̄ 〈o. pl〉 recuperação f **Rückgrat** N̄ 〈-(e)s; -e〉 espinha f dorsal; fig aprumo m; dignidade f **Rückhalt** M̄ 〈-(e)s; o. pl〉 reserva f, (Stütze) apoio m **rückhaltlos** ADV sem reserva; abandonadamente **Rückhand** F̄ SPORT golpe m de revés **Rückkauf** M̄ rea(d)quisição f resgate m **Rückkehr** ['rʏkkeːɐ̯] F̄ volta f; regresso m **Rückkopp(e)lung** F̄ rea(c)ção f (a. ELEK) **Rücklage** F̄ reserva f; **~n machen** acumular reservas **Rücklauf** M̄ retrocesso m; Tonband etc: rebobinagem f **rückläufig** retrógrado **Rücklicht** N̄ AUTO farolim m traseiro, (luz f do) retrovisor m **Rücklieferung** F̄ restituição f; retorno m

'**rücklings** ['rʏklɪŋs] ADV para trás; (von) ~ pelas costas

'**Rückmarsch** M̄ volta f; regresso m **Rückporto** N̄ Brief: franquia f de volta **Rückprall** M̄ 〈-(e)s; o. pl〉 recuo m, rechaço m **Rückreise** F̄ viagem f de regresso

'**Rucksack** ['rʊkzak] M̄ saco m alpino, mochila f **Rucksacktourist(in)** M̄(F̄) turista m/f pé-descalço (od de mochila) '**Rückschau** F̄ 〈o. pl〉 retrospe(c)ção f, vista f retrospe(c)tiva; **~ halten** olhar para trás **Rückschlag** M̄ recuo m, contragolpe m; fig revés m **Rückschluss** M̄ conclusão f **Rückschritt** M̄ retrocesso m; POL rea(c)ção f **rückschrittlich** retrógrado; rea(c)cionário; atrasado **Rückseite** F̄ (re)verso m; costas fpl; Gebäude: traseiras fpl **rückseitig** ['rʏkzaɪtɪç] ADV no verso **Rücksendung** F̄ remessa f

'**Rücksicht** F̄ consideração f; **auf etw** (akk) **~ nehmen** tomar a/c em consideração; **auf j-n ~ nehmen** respeitar alg, atender alg; **mit ~ auf** (akk) tendo presente; atendendo a; considerando que **rücksichtslos** desconsiderado; pouco delicado; brutal **Rücksichtslosigkeit** ['rʏkzɪçtsloːzɪçkaɪt] F̄ falta f de consideração (od de delicadeza od de atenção); desrespeito m; brutalidade f **rücksichtsvoll** atencioso, delicado '**Rücksitz** M̄ assento m de trás, banco m traseiro **Rückspiegel** M̄ espelho m retrovisor (od de retrovisão) **Rückspiel** N̄ jogo m de segunda mão **Rücksprache** F̄ **~ halten** od **nehmen mit** conferenciar com; **nach ~ mit** depois de consultar alg **Rückstand** M̄ resto m; CHEM resíduo m; refugo m; MED reliquat m; HANDEL atraso(s) m(pl); **im ~ sein** estar atrasado **rückständig** atrasado; mit Zahlungen a.: (ainda) devedor (de) **Rückständigkeit** F̄ atraso m **Rückstau** M̄ refluxo m; Verkehr: longa fila de engarrafamento **Rückstoß** M̄ MIL retrocesso m; rechaço m, recuo m **Rückstrahler** M̄ refle(c)tor m; (Schlusslicht) farolim m (da retaguarda) **Rücktausch** M̄ FIN, HANDEL recâmbio m **Rücktritt** M̄ demissão f; **den ~ einreichen** pedir a demissão **Rücktrittbremse** F̄ Fahrrad: travão m de pé; bras freio m contra-pedal **Rücktrittsklausel** F̄ HANDEL cláusula f de rescisão **Rückübersetzung** F̄ retroversão f **rückvergüten** 〈-〉 reembolsar **Rückvergütung** F̄ reembolso m **Rückversicherung** F̄ resseguro m **Rückwand** F̄ parede f traseira **Rückwanderung** F̄ remigração f **rückwärtig** ['rʏkvɛrtɪç] Bewegung retrógrado; de retirada; Verbindung, Gelände MIL da retaguarda **rückwärts** ['rʏkvɛrts] ADV para trás; **~ einparken** estacionar em marcha atrás (bras em ré) **Rückwärtsgang** M̄ AUTO, TECH marcha f atrás; bras marcha-ré f; **den ~ einlegen** meter a marcha atrás; bras engatar (a marcha) a ré **Rückweg** M̄ **auf dem ~** de (od na) volta

'**ruckweise** ADV aos arrancos; por intervalos

'**rückwirkend** rea(c)tivo; JUR retroa(c)tivo **Rückwirkung** F̄ rea(c)ção f; fig *a.* repercussão *f*; JUR retroa(c)tividade *f* **rückzahlbar** reembolsável **Rückzahlung** F̲ reembolso *m* **Rückzieher** M̲ *umg* fig e-n ~ **machen** recuar **Rückzug** M̲ MIL retirada *f*

'**Rucola(salat)** ['ru:kola(zala:t)] M̲ eruca *f*; *bras* rúcula *f*

'**Rüde** ['ry:də] M̲ ⟨-n⟩ cão (lobo, raposa *etc*) macho

'**Rudel** ['ru:dəl] N̲ bando *m*; tropel *m*; *Hunde:* matilha *f*; *Hirsche:* manada *f*; *Wölfe:* alcateia *f* (*bras* 'é)

'**Ruder** ['ru:dər] N̲ remo *m*, timão *m*; (*Steuerruder*) leme *m*; **ans ~ kommen** *fig* subir ao poder **Ruderbank** F̲ banco *m* de remar **Ruderblatt** N̲ pá *f* do remo; leme *m* **Ruderboot** N̲ barco *m* a remo **Ruderer** M̲, **Ruderin** F̲ remador(a) *m(f)*

'**rudern** ⟨-re; h. u. s.⟩ remar; SCHIFF *a.* vogar '**Rudern** N̲ remo *m* '**Ruderregatta** F̲ regata *f* de barcos a remo **Ruderschlag** M̲ remada *f*

Ruf [ru:f] M̲ ⟨-(e)s; -e⟩ grito *m*; (*Anruf*) chamada *f*; (*Ansehen*) reputação *f*, fama *f*; (*Berufung*) convite *m*; nomeação *f*; **im ~ stehen zu ...** ter fama de ...; UNIV **e-n ~ erhalten** *auf e-n Lehrstuhl etc*: ser convidado para reger a cadeira de; **in üblen ~ bringen** desacreditar, difamar; **besser als sein ~ sein** melhor do que se diz dele

'**rufen** chamar (**nach** por); (*schreien*) gritar; **j-n ~ lassen** mandar chamar alg; **um Hilfe ~** pedir socorro; **wie gerufen kommen** *fig* vir (mesmo) a propósito

'**Rüffel** ['rʏfəl] M̲ *umg* ensaboadela *f*; *bras* pito *m*; **e-n ~ bekommen** levar uma ensaboadela; *bras* levar um pito **rüffeln** V̲T̲ ⟨-le⟩ *umg* dar uma ensaboadela a; *bras* passar um pito em alg

'**Rufname** M̲ ⟨-ns; -n⟩ primeiro nome *m*; nome *m* próprio **Rufnummer** F̲ TEL número *m* de telefone **Rufweite** F̲ ⟨-; o. pl⟩ alcance *m* da voz

'**Rugby** ['ragbi] N̲ ⟨-s; o. pl⟩ rugby *m* '**Rüge** ['ry:gə] F̲ repreensão *f*; descompostura *f*; **j-m e-e ~ erteilen** censurar alg **rügen** V̲T̲ censurar, repreender

'**Ruhe** ['ru:ə] F̲ ⟨-; o. pl⟩ (*Ausruhen*) descanso *m*, repouso *m* (*a.* MED); (*Stille*) silêncio *m*; **~!** silêncio!; SCHIFF calma *f* (*a. des Gemüts*); tranquilidade *f*, sossego *m*; (*Friede*) paz *f*; **in ~ lassen** deixar em paz, deixar em sossego; **sich nicht aus der ~ bringen lassen** (não) abalar-se; **sich zur ~ begeben** *geh* ir deitar-se; **sich zur ~ setzen** retirar-se dos negócios; *Beamter* aposentar-se **ruhebedürftig** A̲D̲J̲ **~ sein** precisar de descansar **ruhelos** agitado, irrequieto **Ruhelosigkeit** ['ru:əlo:zɪçkaɪt] F̲ ⟨o. pl⟩ agitação *f*, desassossego *m*, irrequietude *f*

'**ruhen** descansar, repousar; *Arbeit, Verkehr* suspender-se; (*liegen*) jazer; **~ lassen** deixar (em paz) **ruhend** *Person* a descansar, a repousar; *etw* inerte; (*unterbrochen*) suspenso

'**Ruhepause** F̲ pausa *f*, intervalo *m*; **e-e ~ machen** fazer uma pausa **Ruhestand** M̲ ⟨-(e)s; o. pl⟩ **im ~** jubilado, aposentado, reformado; **in den ~ versetzen** jubilar, aposentar, reformar **Ruhestätte** F̲ **letzte ~** jazigo *m* **Ruhestörer** ['ru:əʃtø:rər] M̲ perturbador *m* **Ruhestörung** F̲ alteração *f* da ordem, perturbação *f* da ordem **Ruhetag** M̲ ⟨-(e)s; -e⟩ dia *m* de repouso (*od* de descanso); dia *m* de folga **Ruhezustand** M̲ → Ruhelage

'**ruhig** ['ru:ɪç] quieto, tranquilo; calmo (*a. Meer*); (*beruhigt*) sossegado; (*sanft*) suave (*a.* TECH); **~ sein** ficar quieto; **sich ~ verhalten** manter a calma

Ruhm [ru:m] M̲ ⟨-(e)s; o. pl⟩ glória *f*; fama *f*; renome *m*; **er hat sich nicht gerade mit ~ bekleckert** *umg* ele não ficou orgulhoso de '**rühmen** ['ry:mən] *j-n* elogiar; *etw* enaltecer; *Gott* glorificar; **sich ~ gabar-se** '**ruhmlos** sem glória, inglório, obscuro '**ruhmreich**, **ruhmvoll** glorioso '**ruhmsüchtig** ambicioso

Ruhr [ru:r] F̲ ⟨o. pl⟩ MED disenteria *f* '**Rührei** ['ry:ʔraɪ] N̲ ⟨-(e)s; -er⟩ ovos *mpl* mexidos '**rühren** V̲T̲ (re)mover; (re)mexer; **zu Tränen ~** abalar; MIL descansar; V̲R̲ **sich ~** mexer-se; abelhar-se '**rührend** A̲D̲J̲ emocionante, enternecedor, comovedor, comovente

Ruhrgebiet N̲ ⟨-(e)s; o. pl⟩ GEOG Região *f* do Ruhr

'**Rührgerät** N̲ TECH batedor *m* **rührig** a(c)tivo; mexido **Rührigkeit** F̲ ⟨o. pl⟩ a(c)tividade *f* **rührselig** sentimental **Rührung** F̲ comoção *f* **Rührwerk** N̲ TECH batedor-misturador *m*

Ru'in [ruˈiːn] M ⟨-s; o. pl⟩ ruína f **Ruine** F ruína f **ruin'ieren** [ruiˈniːrən] ⟨-⟩ arruinar; umg estragar **ruin'ös** [ruiˈnøːs] ruinoso

'rülpsen [ˈrʏlpsən] ⟨-t⟩ arrotar **Rülpser** M arroto m

rum [rʊm] ADV, **rum...** IN ZSSGN umg → herum etc

Rum M ⟨-s; o. pl⟩ rum m

Ru'mäne [ruˈmɛːnə] M ⟨-n⟩, **Rumänin** F romeno m, -a f **Rumänien** N Roménia f **rumänisch** romeno, da Roménia (bras *ê)

'Rummel [ˈrʊməl] M barulho m, sarilho m **Rummelplatz** M feira f popular

ru'moren [ruˈmoːrən] ⟨-⟩ rumorejar

'Rumpelkammer [ˈrʊmpəlkamər] F umg arrecadação f, casa f de despejo **rumpeln** ⟨-le⟩ umg dar um som de solavancos

Rumpf [rʊmpf] M ⟨-(e)s; ⁓e⟩ ANAT tronco m; SCHIFF casco m; FLUG fuselagem f; KUNST busto m, torso m

'rümpfen [ˈrʏmpfən] torcer (a. Nase)

rund [rʊnt] A ADJ redondo; curvo; (kreisförmig) circular; **⁓er Tisch** m POL mesa f redonda B ADV 1 (ungefähr) aproximadamente; à volta de 2 umg fig (**für j-n**) **⁓ laufen** correr bem (a alg)

'Rundbau M ⟨-(e)s; -ten⟩ rotunda f **Rundblick** M panorama m **Rundbogen** M arco m redondo, cimbre m; cambota f; bras cambalhota f

'Runde [ˈrʊndə] F volta f; Boxen: round m; MIL ronda f; (Gesellschaft) grupo m; círculo m; (Rundheit, Umkreis) redondeza f; circuito m; **e-e ⁓ machen** od **drehen** dar uma volta; **die ⁓ machen** Gerücht correr de boca em boca **runden** ⟨-e-⟩ arredondar; bolear

'runderneuern ⟨-e-; -⟩ AUTO recauchutar (a. fig)

'Rundfahrt F circuito m; volta f **Rundflug** M circuito m aéreo **Rundfrage** F inquérito m

'Rundfunk M ⟨-s; o. pl⟩ rádio f, radiodifusão f; Sender: emissora f **Rundfunkgebühr** F taxa f radiofónica (bras *ô) **Rundfunkgerät** N aparelho m de rádio **Rundfunkhörer** M radiouvinte m **Rundfunkmeldung** F notícia f radiofónica (bras *ô) **Rundfunksender** M (estação f) emissora f **Rundfunksendung** F emissão f pela rádio; radiodifusão f **Rundfunksprecher** M locutor m (da rádio) **Rundfunkstation** F (estação f) emissora f **Rundfunkübertragung** F radiodifusão f, transmissão f radiofónica (bras *ô)

'Rundgang M volta f; MIL ronda f **rundheraus** francamente; rendondamente **rundherum** ADV ao redor, em torno, em volta **Rundholz** N madeira f redonda **Rundlauf** M passos mpl de gigante **rundlich** redondinho **Rundreise** F circuito m; volta f **Rundreisekarte** F bilhete m circular; bras passagem f de ponto a ponto **Rundschau** F panorama m; LIT revista f **Rundschreiben** N circular f **rund'um** ADV ao redor **Rundung** [ˈrʊndʊŋ] F redondeza f; rotundidade f; curva f, curvatura f **rundweg** [ˈrʊntvɛk] ADV redondamente

Rune [ˈruːnə] F runa f

'Runkelrübe [ˈrʊŋkəlryːbə] F beterraba f de forragem

'runter [ˈrʊntər] umg etc → herunter, hinunter etc

'Runzel [ˈrʊntsəl] F ⟨-; -n⟩ ruga f; **⁓n bekommen** enrugar-se **runz(e)lig** rugoso, enrugado; **⁓ werden** enrugar-se **runzeln** ⟨-le⟩ enrugar; Stirn franzir

'Rüpel [ˈryːpəl] M malcriado m **rüpelhaft** malcriado

'rupfen [ˈrʊpfən] Gras arrancar, tirar; Federn u. fig depenar

'ruppig [ˈrʊpɪç] (frech) malcriado; (barsch) desabrido; (struppig) desgrenhado, andrajoso

'Rüsche [ˈryːʃə] F rufo m, folho m; bras babado m; jabô m

'Rushhour [ˈraʃʔaʊər] F ⟨-; -s⟩ hora f de ponta

Ruß [ruːs] M ⟨-es; o. pl⟩ ferrugem f; fuligem f

'Russe [ˈrʊsə] M ⟨-n⟩ russo m

'Rüssel [ˈrʏsəl] M tromba f; Schwein: focinho m

'rußen [ˈruːsən] ⟨-t⟩ causar fuligem; fumegar **rußig** fuliginoso

'Russin [ˈrʊsɪn] F russa f **russisch** russo, da Rússia **Russland** N Rússia f

'rüsten [ˈrʏstən] ⟨-e-⟩ preparar; MIL armar **rüstig** robusto, forte, vigoroso **Rüstigkeit** F ⟨-; o. pl⟩ robustez f, força f, vigor m **Rüstung** F MIL armamento m; (Harnisch) armação f, armadura f

Rüstungsindustrie F indústria f de armamento **Rüstungswettlauf** M corrida f ao armamento **Rüstzeug** N ⟨-(e)s; o. pl⟩ TECH ferramenta f; fig conhecimentos mpl

'**Rute** ['ru:tə] F vara f; zum Schlagen: verga f, açoute m; ZOOL (Schwanz) cauda f **Rutengänger** M vedor m

Rutsch [rutʃ] M guten ~ (ins neue Jahr)! boa passagem de ano! **Rutschbahn** F resvaladouro m (a. TECH); escorregadoiro m **Rutsche** F escorrega m, escorregão m; bras a. escorregador m; → Rutschbahn '**rutschen** ⟨h. u. s.⟩ resvalar, escorregar, AUTO derrapar '**rutschfest** antiderrapante '**Rutschgefahr** F Verkehr: perigo m de derrapagem '**rutschig** escorregadio

'**rütteln** ['rʏtəln] ⟨-le⟩ ~ **an** (dat) sacudir; abalar; abanar; Wagen dar sola vancos

S

S, s [ɛs] N ⟨-; -⟩ S, s m
s. ABK (siehe) ver, veja(-se)
S. ABK (Seite) p., pág. (página); PL págs., pp. (páginas)
Saal [za:l] M ⟨-(e)s; Säle⟩ sala f
'**Saar** [za:r] F, '**Saarland** N Sarre m
Saat [za:t] F ⟨Säen⟩ sementeira f; (Samen) semente(s) f(pl) '**Saatgetreide** N ⟨-s; o. pl⟩ grãos mpl, semente(s) f(pl) '**Saatgut** N ⟨-(e)s; o. pl⟩ semente(s) f(pl) '**Saatkorn** N grão m; semente f '**Saatkrähe** F gralha f calva '**Saatzeit** F (tempo m de) semeação f; bras semeadura f

'**Sabbat** ['zabat] M ⟨-s; -e⟩ sábado m
'**sabbern** ['zabərn] umg babar-se
'**Säbel** ['zɛ:bəl] M sabre m; espada f **Säbelhieb** M espadeirada f; bras a. espadada f '**säbeln** ⟨-le⟩ acutilar **Säbelrasseln** N ⟨-s; o. pl⟩ fig ameaças fpl de guerra
Sabo'tage [zabo'ta:ʒə] F ⟨o. pl⟩ sabotagem f **Saboteur** [zabo'tø:r] M ⟨-s; -e⟩ sabotador m **sabotieren** [zabo'ti:rən]

⟨-⟩ sabotar
Saccha'rin [zaxa'ri:n] N ⟨-s; o. pl⟩ sacarina f, **Saccha'rose** F CHEM sacarose f
'**Sachbearbeiter(in)** ['zaxba?arbaɪtər(ɪn)] M(F) relator(a) m(f); encarregado m, -a f **Sachbeschädigung** F danos mpl materiais **Sachbuch** N livro m técnico **sachdienlich** útil; **~ sein** a. ter utilidade, vir a propósito

'**Sache** F (Ding) coisa f; (Gegenstand) obje(c)to m; (Angelegenheit) assunto m; negócio m; JUR, POL causa f, questão f; (Fall) caso m; (Stoff) matéria f; **zur ~ gehören, zur ~ kommen** vir ao caso; **nichts zur ~ tun** nada fazer ao caso; **bei der ~ bleiben** cingir-se (bras ater-se) ao assunto, não fugir do assunto; **nicht bei der ~ sein** estar distraído; **in ~n** (gen) em matéria de ...; JUR na causa; **j-s ~ sein** caber a alg; **nicht j-s ~ sein** a. não ser com alg; **~n** pl (Habe) a. bens mpl haveres mpl; (Wäsche) roupa f

'**Sachgebiet** N matéria f, domínio m **sachgemäß** apropriado, próprio, específico; obje(c)tivo **Sachkatalog** M catálogo m de assuntos **Sachkenner** M experto m, perito m, versado m **Sachkenntnis** F conhecimento m da matéria; perícia f **sachkundig** experto, versado na matéria **Sachlage** F situação f; estado m de coisas; circunstâncias fpl **Sachleistung(en)** F(PL) pagamento m em géneros (bras *ê)

'**sachlich** obje(c)tivo; pragmático; Person a. prático, realista
'**sächlich** ['zɛçlɪç] GRAM neutro
'**Sachlichkeit** F ⟨o. pl⟩ obje(c)tividade f; realismo m; pragmatismo m **Sachlieferung** F fornecimento m (od entrega f) de géneros (bras *ê) **Sachregister** N índice m de matérias **Sachschaden** M dano m material

'**Sachse** ['zaksə] M ⟨-n⟩ saxão m '**Sachsen** ['zaksən] N Saxónia f '**Sachsen-'Anhalt** ['zaksən'?anhalt] N Saxonia-Anhalt f '**Sächsin** ['zɛksɪn] F saxónia f (bras *ô) '**sächsisch** saxónio (bras *ô), da Saxónia (bras *ô)
'**sacht(e)** ['zaxt(ə)] A ADJ lento B ADV a. (leise) de mansinho; (vorsichtig) com jeito; (langsam) devagarinho
'**Sachverhalt** ['zaçfɛrhalt] M ⟨-(e)s; -e⟩ fa(c)tos mpl; circunstâncias fpl; constela-

ção f; JUR tipo m legal **Sachverständig** perito, técnico **Sachverständige(r)** M/F(M) perito m, -a f **Sachwalter(in)** ['zaxvaltər] M(F) administrador m, -a f **Sachwert** M valor m real, valor m efe(c)tivo **Sachwörterbuch** N enciclopédia f

Sack [zak] M ⟨-(e)s; ⸚e⟩ saco m, saca f; *umg* **mit ~ und Pack** com armas e bagagens **Sackbahnhof** M estação f terminal **Sackgasse** F beco m sem saída; *fig* impasse m **'Sackleinen** N ⟨-s; *o. pl*⟩ linhagem f

Sa'dismus [za'dɪsmʊs] M ⟨-; -men⟩ sadismo m **Sadist(in)** M(F) sadista m/f **sa'distisch** sádico, sadista

'säen ['zɛ:ən] semear

Sa'fari [za'fa:ri] F ⟨-; -s⟩ safári m

'Safe [seɪf] M ⟨-s; -s⟩ cofre(-forte) m

'Saffian ['zafian] M ⟨-s; *o. pl*⟩, **Saffianleder** N marroquim m

'Safran ['zafra:n] M ⟨-s; *o. pl*⟩ açafrão m

Saft [zaft] M ⟨-(e)s; ⸚e⟩ sumo m, suco m; (*Fruchtsaft*) sumo m; BOT seiva f; **Säfte** *pl* humores *mpl*; *fig* (*Kraft*) força f **'saftig** suculento; sumarento; *fig umg* (*derb*) forte **'saftlos** seco; *fig a.* mole; sem vitalidade **'Saftpresse** F espremedor m

'Sage ['za:gə] F lenda f (heróica); mito m

'Säge ['zɛ:gə] F serra f **Sägeblatt** N lâmina f de serra, folha f de serra **Sägebock** M cavalete m de serrador **Sägefisch** M peixe-serra m **Sägemehl** N ⟨-(e)s; *o. pl*⟩ serradura f

'sagen ['za:gən] dizer (**zu** a; **über** *akk* sobre, acerca de); **ja/nein ~** dizer que sim/não; *fig* **nichts zu ~ haben** *etw* não querer dizer nada; não ter importância; *Person* não mandar; **was Sie (nicht) ~!** não me diga!; **sich** (*dat*) **gesagt sein lassen** ficar sabendo; **sich nichts ~ lassen (wollen)** não ouvir ninguém; **damit ist nicht gesagt, dass** isto não quer dizer que (*conj*); **wie man sagt** como se costuma dizer; **was ~ Sie dazu?** o que diz a isso?; **wenn man so ~ darf** por assim dizer

'sägen ['zɛ:gən] serrar

sagenhaft lendário; *umg* espantoso

'Sägespäne ['zɛ:gəʃpɛ:nə] MPL serradura *fsg*; *bras a.* serragem f **Sägewerk** N serração f, serraria f

Sa'hara [za'ha:ra] F ⟨-; *o. pl*⟩ GEOG (deserto m do) Saara m

'Sahne ['za:nə] F ⟨*o. pl*⟩ nata f; creme m; (*Schlagsahne*) nata f batida; chantilly f **Sahnetorte** F torta f de chantilly **'sahnig** ['za:nɪç] cremoso

Sai'son [zɛ'zɔ̃:] F ⟨-; -s⟩ estação f; (*Badesaison etc*) época f (de ...) **saisonabhängig** dependente da estação do ano **Saisonarbeit** F trabalho m de estação, trabalho m durante a época de ... **saisonbedingt** → saisonabhängig

'Saite ['zaɪtə] F corda f; *fig* **andere ~n aufziehen** mudar de tom, ser mais rigoroso **Saiteninstrument** N instrumento m de cordas

'Sakko ['zako] M/N ⟨-s; -s⟩ casaco m

Sakra'ment [zakra'mɛnt] N ⟨-s; -e⟩ sacramento m

Sakris'tan [zakrɪs'ta:n] M sacristão m **Sakris'tei** [zakrɪs'taɪ] F sacristia f

Sala'mander [zala'mandər] M ZOOL salamandra f

Sa'lami [za'la:mi] F ⟨-; -s⟩ salame m

Sa'lat [za'la:t] M ⟨-(e)s; -e⟩ salada f; (*Kopfsalat*) alface f; *fig* confusão f; disparates *mpl*; **da haben wir den ~!** *umg* estamos arranjados! **Salatschüssel** F saladeira f **Salatsoße** F molho m para salada

'Salbe ['zalbə] F pomada f; bálsamo m

Salbei ['zalbaɪ] M ⟨-s; *o. pl*⟩ BOT salva f; *bras* sálvia f

salben ungir, untar **salbungsvoll** untuoso; cheio de salamaleques

'Saldo ['zaldo] M ⟨-s; -den *od* Saldi⟩ saldo m

Sa'line [za'li:nə] F salina f

Sali'zylsäure [zali'tsy:lzɔʏrə] F ⟨*o. pl*⟩ ácido m salicílico

'Salmiak ['zalmiak] M ⟨-s; *o. pl*⟩ sal m amoníaco **Salmiakgeist** M ⟨-(e)s; *o. pl*⟩ amoníaco m

Salmo'nellen [zalmo'nɛlən] FPL MED salmonelas *fpl*

Sa'lon [za'lɔ̃:] M ⟨-s; -s⟩ salão m; sala f (de visitas) **salonfähig ~ sein** ser (*od* estar) apresentável; *Person a.* ter boas maneiras

sa'lopp [za'lɔp] à vontade; desenvolto; descuidado, relaxado

Sal'peter [zal'pe:tər] M ⟨-s; *o. pl*⟩ salitre m; nitrato m de potássio **Salpetersäure** F ⟨*o. pl*⟩ ácido m nítrico

'Salsa ['zalsa] M ⟨-(s); *o. pl*⟩, **Salsamu-**

sik f (música f) salsa f
Sa'lut [za'luːt] M ⟨-(e)s; -e⟩ salva f; ~ **schießen** MIL salvar **salu'tieren** [zalu'tiːrən] ⟨-⟩ saudar; MIL fazer (a) continência
'**Salve** MIL ['zalvə] f salva f; descarga f
Salz [zalts] N ⟨-es; -e⟩ sal m '**salzarm** com pouco sal '**Salzbergwerk** N mina f de sal, salina f '**salzen** ⟨-t⟩ salgar, pôr sal em '**Salzgehalt** M ⟨-(e)s; o. pl⟩ salinidade f '**Salzgurke** F pepino m de conserva '**salzhaltig** ['zaltshaltɪç] salino '**salzig** salgado '**Salzkartoffeln** FPL batatas fpl cozidas '**Salzsäure** F ⟨o. pl⟩ ácido m clorídrico '**Salzsee** M marinha f de sal '**Salzstreuer** ['zaltsʃtrɔyɐr] M saleiro m '**Salzwasser** N ⟨-s; o. pl⟩ água f salgada
'**Sämaschine** ['zɛːmaʃiːnə] F semeador m
'**Samba** ['zamba] F MUS samba f '**Sambaschule** F escola f de samba
'**Same** ['zaːmə] M ⟨-ns; -n⟩, **Samen** M ⟨-s; -⟩ semente f; a. grão m; pevide f; ANAT männlicher: esperma m, sémen m
'**Samenbank** F ⟨-; -en⟩ MED banco m de esperma **Samenerguss** M ejaculação f; polução f **Samenkapsel** F cápsula f **Samenkorn** N grão m **Samenleiter** M canal m seminífero **Samenzucht** F AGR cultura f de sementes
'**Säme'reien** [zɛːmə'raɪən] FPL sementes fpl
'**sämig** ['zɛːmɪç] espesso; ligado
'**Sämling** M ⟨-s; -e⟩ AGR planta f de viveiro
'**Sammelanschluss** ['zaməlʔanʃlʊs] M TEL cole(c)tiva **Sammelband** M ⟨-(e)s; ⸚e⟩ miscelânea f, colectânea f **Sammelbecken** N reservatório m, depósito m; fig ponto m de convergência **Sammelbestellung** F HANDEL encomenda f cole(c)tiva **Sammelbüchse** F mealheiro m; bras caixinha f **Sammellager** M acampamento f; HANDEL depósito m geral; armazém m central **Sammellinse** F OPT lente f convergente **Sammelmappe** F álbum m '**sammeln** ⟨-le⟩ A V/T reunir, juntar; (einsammeln) recolher; Früchte colher; Bilder etc cole(c)cionar; fazer cole(c)ção (etw de a/c) B V/I fazer um peditório (bras uma coleta) C V/R sich ~ reunir-se; fig concentrar-se; recolher-se consigo

'**Sammelname** M nome m cole(c)tivo **Sammelplatz** M, **Sammelpunkt** M lugar m (od ponto m) de concentração; ponto m de encontro (od de reunião) **Sammelstelle** F depósito m central, depósito m geral **Sammel'surium** [zaməl'zuːriʊm] N ⟨-s; -surien⟩ umg grande mistura f; mixórdia f **Sammeltransport** M transporte m cole(c)tivo '**Sammler(in)** M(F) ⟨zamlɐr(ɪn)⟩ (Liebhaber,-in) cole(c)cionador(a) m(f); cole(c)cionista m/f; (Spendensammler) cole(c)tor(a) m(f) **Sammlung** F cole(c)ção f; cole(c)tânea f; v. Daten: recolha f; (Auswahl) sele(c)ta f; (Straßensammlung, Spendensammlung) peditório m; bras coleta f; fig recolhimento m; REL concentração f espiritual
'**Samstag** ['zamstaːk] M ⟨-(e)s; -e⟩ sábado m; → **Montag samstags** ADV aos sábados
samt [zamt] A PRÄP ⟨dat⟩ com; mais B ADV ~ **und sondern** todos juntos; sem exce(p)ção
Samt M ⟨-(e)s; -e⟩ veludo m '**samtartig** aveludado; de veludo '**samten** de veludo '**Samthandschuh** M fig j-n **mit ~en anfassen** tratar alg com luvas de seda
'**sämtliche** ['zɛmtlɪçə] PRON todos, todas; ~ **Werke** npl Obras fpl Completas
Sana'torium [zana'toːriʊm] N ⟨-s; -torien⟩ (Kurklinik) sanatório m; (Erholungsheim) casa f de repouso
Sand [zant] M ⟨-(e)s; -e⟩ areia f; **mit ~ bestreuen** cobrir de areia; **j-m ~ in die Augen streuen** fig deitar poeira nos olhos de alg, intrujar (bras enganar) alg, deslumbrar alg; **den Kopf in den ~ stecken** fig meter a cabeça debaixo da asa; **im ~(e) verlaufen** fig ir por água abaixo, ficar em nada
San'dale [zan'daːlə] F sandália f
'**Sandbank** F banco m (de areia), alfaque m; restinga f; **auf e-e ~ geraten** encalhar **Sandboden** M terreno m arenoso **Sandfloh** M nigua f; bras pulga-do-mar f **Sandgrube** F areal m **sandig** ['zandɪç] arenoso **Sandkasten** M caixote m de areia; Spielplatz: canteiro m com areia **Sandkorn** N grão m de areia **Sandmann** M ⟨-es; o. pl⟩ fig

João Pestana m **Sandpapier** N̄ papel m de lixa **Sandstein** M̄ ⟨-(e)s; o. pl⟩ arenito m, grés m **Sandstrahlgebläse** N̄ ⟨o. pl⟩ aparelho m de ja(c)to de areia **Sanduhr** F̄ ampulheta f

Sandwich ['sɛntvɪtʃ] M/N ⟨-(e)s; -(e)s⟩ sanduíche m, sande f

sanft [zanft] **A** ADJ suave, brando; fig afável; (sanftmütig) manso **B** ADV docemente, suavemente

Sänfte ['zɛnftə] F̄ liteira f

Sanftheit F̄ ⟨o. pl⟩ suavidade f, brandura f **Sanftmut** F̄ ⟨o. pl⟩ mansidão f **sanftmütig** ['zanftmy:tɪç] manso; meigo

Sänger(in) ['zɛŋɐ(ɪn)] M(F) cantor(a) m(f); (Singende) cantador(a) m(f), cantante m/f

sanglos ADV umg **sang- und klanglos** sem dizer ai nem ui; bras sem uma palavra

sa'nieren [za'ni:rən] ⟨-⟩ sanear **Sanierung** F̄ saneamento m; ARCH restauro m

sani'tär [zani'tɛ:r] sanitário **Sanitäranlagen** FPL instalações fpl sanitárias **Sanitärinstallateur** M̄ técnico m de instalações sanitárias **Sanitärkeramik** F̄ ⟨o. pl⟩ cerâmica f sanitária **Sani'täter** [zani'tɛ:tar] M̄ enfermeiro m; socorrista m **Sanitätsauto** N̄, **Sanitätswagen** M̄ ambulância f

Sankt [zaŋkt] vor Vokal am Wortanfang: Santo m, Santa f; vor Konsonant am Wortanfang: São m, Santa f od Sã f

Sanktion [zaŋktsi'o:n] F̄ JUR sanção f **sanktio'nieren** [zaŋktsio'ni:rən] ⟨-⟩ sancionar

Saphir ['za:fir] M̄ ⟨-s; -e⟩ safira f

Sar'delle [zar'dɛla] F̄ anchova f

Sar'dine [zar'di:nə] F̄ sardinha f

Sarg [zark] M̄ ⟨-(e)s; ⸚e⟩ caixão m; ataúde m, féretro m

Sar'kasmus [zar'kasmʊs] M̄ ⟨-; -men⟩ sarcasmo m **sarkastisch** [zar'kastɪʃ] sarcástico

Sarko'phag [zarko'fa:k] M̄ ⟨-s; -e⟩ sarcófago m

Satan ['za:tan] M̄ ⟨-s; -e⟩ Satanás m **sa'tanisch** [za'ta:nɪʃ] satânico

Satel'lit [zatɛ'li:t] M̄ ⟨-en⟩ satélite m **Satellitenbild** N̄ imagem-satélite f **Satellitenfernsehen** N̄ ⟨o. pl⟩ televisão f via satélite **Satellitenfoto** N̄ imagem-satélite f **Satellitenschüssel** F̄ umg antena f parabólica **Satellitenstadt** F̄ cidade-satélite f

Sa'tin [za'tɛ̃:] M̄ ⟨-s; -s⟩ cetim m

Sa'tire [za'ti:ra] F̄ sátira f **Satiriker(in)** [zati'ri:kar(ɪn)] M(F) satírico m, -a f **satirisch** satírico

satt [zat] farto, satisfeito; Farbe vivo, intenso; **sich ~ essen/trinken** saciar-se; fartar-se de comer/beber; **~ sein** estar farto

Sattel ['zatəl] M̄ ⟨-s; ⸚⟩ sela f; Fahrrad: selim m; (Bergsattel) cumeeira f em forma de sela; (Packsattel) albarda f; **ohne ~ reiten** montar em pelo; **aus dem ~ heben** fig derribar; superar **Satteldecke** F̄ manta f; xairel m **sattelfest** firme na sela; fig seguro; versado **Sattelgurt** M̄ cilha f **satteln** ⟨-le⟩ selar **Sattelschlepper** M̄ tra(c)tor m de semi-reboque, tra(c)tor m-camião m **Sattelzeug** N̄ ⟨-(e)s; o. pl⟩ arreios mpl

satthaben V/T etw ~ ficar (od estar) farto de a/c

'sättigen ['zɛtɪgən] saciar (**mit** de), fartar; CHEM saturar **sättigend** substancioso; nutritivo **Sättigung** F̄ saciedade f; CHEM saturação f

Sattler ['zatlar] M̄ seleiro m **Sattler'ei** [zatla'raɪ] F̄ selaria f

sattsam ADV geh abundantemente; amplamente

Satz [zats] M̄ ⟨-es; ⸚e⟩ **1** (Sprung) salto m; **mit einem ~** de um salto **2** GRAM frase f, oração f; Logik, MATH teorema m; proposição f; axioma m; (Behauptung) tese f **3** im Spiel: série f; MUS a. andamento m **4** Zusammengehöriges: jogo m, conjunto m **5** (Bodensatz) borra f, pé m **6** TYPO composição f **Satzaussage** F̄ GRAM predicado m; verbo m **Satzbau** M̄ ⟨-(e)s; o. pl⟩ construção f (da frase), fraseologia f **Satzgefüge** N̄ período m **Satzgegenstand** M̄ sujeito m **Satzlehre** F̄ ⟨o. pl⟩ sintaxe f **Satzteil** M̄ parte f da oração; elemento m sintá(c)tico

Satzung F̄ estatuto m; regulamento m; norma f; REL dogma m **satzungsgemäß** consoante o estatuto (od regulamento)

Satzzeichen N̄ sinal m de pontuação

Sau [zaʊ] F ⟨-; ⸚e, a. -en⟩ porca f; fig a. porcalhona f; (Wildsau) javalina f
'sauber ['zaʊbər] limpo (a. fig),Person a. asseado; (blank) polido; (hübsch) bonito (a. iron) **Sauberkeit** F ⟨o. pl⟩ limpeza f; j-s a. asseio m
'säuberlich ['zɔʏbərlɪç] limpo; Trennung nítido; ADV a. com limpeza; bem **säubern** ⟨-re⟩ limpar; MED lavar; desinfe(c)tar; fig depurar; POL a. sanear **Säuberung** F limpeza f; fig depuração f
'sau'dumm umg estúpido como um burro
'sauer ['zaʊər] ADJ ⟨saurer; sauerste⟩ ◫ Geschmack: azedo; acre; CHEM ácido; ~ **werden** azedar; ficar azedo; Milch estragar-se ◨ fig (verdrießlich) aborrecido, carrancudo; ~ **sein** ficar aborrecido; **auf j-n** ~ **sein** estar zangado com alg ◰ fig (mühsam) penoso, árduo
'Sauerampfer M ⟨-s; o. pl⟩ azedas fpl **Sauerbraten** M assado m de carne posta de molho em vinagre; bras assado m azedo **Sauer'ei** [zaʊə'raɪ] F sl porcaria f **Sauerkirsche** F ginja f **Sauerkohl** M ⟨-(e)s; o. pl⟩, **Sauerkraut** N ⟨-(e)s; o. pl⟩ choucroute, couve f fermentada e picada; bras repolho m azedo
'säuerlich ['zɔʏərlɪç] azedo; acídulo
'Sauermilch F ⟨o. pl⟩ leite m coalhado **'säuern** ['zɔʏərn] ⟨-re⟩ azedar; avinagrar; CHEM acidificar, oxidar; Teig meter levedura em; (fazer) fermentar
'Sauerstoff M ⟨-(e)s; o. pl⟩ oxigénio m (bras *ê) **Sauerstoffflasche** F garrafa f de oxigénio (bras *ê) **Sauerstoffzelt** N MED tenda f de oxigénio (bras *ê)
'Sauerteig M ⟨-(e)s; o. pl⟩ massa f azeda, fermento m
'saufen ['zaʊfən] Tier beber; sl Mensch embriagar-se, beber muito **'Säufer** ['zɔʏfər] M sl alcoólico m; umg beberrão m, borrachão m **Saufe'rei** [zaʊfə'raɪ] F sl, **'Saufgelage** N bebedeira f; patuscada f; borracheira f
'saugen ['zaʊɡən] chupar; Kind mamar; TECH aspirar **'säugen** ['zɔʏɡən] V/T amamentar; bes Tier criar **'Säugen** ['zɔʏɡən] N la(c)tação f **'Sauger** ['zaʊɡər] M Flasche: tetina f; bras bico m (da mamadeira); (Schnuller) chupeta f; TECH aspirador m **'Säugetier** ['zɔʏɡətiːr] N mamífero m **'saugfähig** absorvedor, absorvente

'Saugflasche F biberão m; bras a. mamadeira f
'Säugling ['zɔʏklɪŋ] M ⟨-s; -e⟩ bébé m; criança f de peito (od de mama); bras bebé m, nenê m; MED lactante m **Säuglingspflege** F ⟨o. pl⟩ puericultura f **Säuglingssterblichkeit** F ⟨o. pl⟩ mortalidade f infantil
'Saugnapf M ventosa f **Saugpumpe** F bomba f aspirante (od de su(c)ção) **Saugrohr** N tubo m de aspiração **Saugrüssel** M chupador m; bras sugadouro m **Saugventil** N válvula f de aspiração
'Sauhaufen M sl fig cambada f, corja f
'Säule ['zɔʏlə] F coluna f; (Pfeiler) pilar m **Säulengang** M arcada f; colunata f; claustro m; **Säulenhalle** F pórtico m; alpendre m
Saum [zaʊm] M ⟨-(e)s; ⸚e⟩ (Rand) orla f; Gebirge: aba f, sopé m; Kleid: bainha f, debrum m **'säumen** ['zɔʏmən] V/T debruar, abainhar; zum Schmuck: orlar
'säumig demorado, tardio, lento; HANDEL moroso; ~ **sein** demorar(-se); tardar
'Saumpfad M senda f; vereda f **Saumtier** N besta f de carga
'Sauna ['zaʊna] F ⟨-; -s od Saunen⟩ sauna f
'Säure ['zɔʏrə] F ácido m **Säurebildung** F acidificação f **säurefest** à prova de ácidos; ~ **sein** resistir aos ácidos **Säuregehalt** M ⟨-(e)s; o. pl⟩ (grau m de) acidez f
Saure'gurkenzeit [zaʊrə'ɡʊrkənsaɪt] F umg estação f morta
'Saurier ['zaʊriər] M sáurio m
Saus [zaʊs] NUR IN **in ~ und Braus leben** viver à farta; sl estróina f
'säuseln ['zɔʏzəln] ⟨-(e)le⟩ Wind soprar levemente; fig sussurrar, murmurar
'sausen ['zaʊzən] ⟨-t⟩ sibilar; zunir; umg (eilen) correr
'Saustall M umg fig pocilga f **Sauwetter** N ⟨-s; o. pl⟩ umg tempo m horrível
'S-Bahn® ['ɛsbaːn] F comboio m suburbano (od linha f rápida) **S-Bahnhof** M estação f de comboio suburbano
'scannen ['skɛnən] V/T IT digitalizar; bras (e)scanear **Scanner** ['skɛnər] M leitor m, scanner m
'Schabe ['ʃaːbə] F ZOOL barata f **Schabefleisch** N carne f raspada **scha-**

ben ra(s)par **Schaber** M raspador m

'Schabernack ['ʃaːbɐnak] M ⟨-(e)s; -e⟩ travessuras fpl; partidas fpl; **~ treiben** fazer diabruras; **j-m einen ~ spielen** pregar uma partida (bras peça) a alg

'schäbig ['ʃɛːbɪç] pelintra, mesquinho (a. fig)

Scha'blone [ʃaˈbloːnə] F padrão m; molde m; TECH matriz f; escantilhão m

schablonenhaft mecânico; fig rotineiro

Schach [ʃax] N ⟨-s; o. pl⟩ xadrez m; **~!** xeque!; **~ bieten** dar xeque; **im ~ stehen** estar em xeque; **in ~ halten** fig manter em xeque; meter respeito a **'Schachbrett** N tabuleiro m de xadrez

'Schacher ['ʃaxɐ] M pej regateio m; übler a.: baldroca f; bras trapaça f **schachern** ⟨-re⟩ regatear; bras traficar, baldrocar

'Schachfigur F peça f de xadrez

schach'matt ⟨o. pl⟩ xamate; xeque-mate; fig alquebrado; vencido **Schachmeister(in)** M(F) campeão m, campeã f de xadrez **Schachmeisterschaft** F campeonato m de xadrez **Schachspiel** N ⟨jogo m de⟩ xadrez m **Schachspieler(in)** M(F) jogador(a) m(f) de xadrez

Schacht [ʃaxt] M ⟨-(e)s; ¨-e⟩ ARCH clarabóia f; BERGB a. poço m

'Schachtel ['ʃaxtəl] F ⟨-; -n⟩ caixinha f; länglich: cartucho m; **e-e ~ Zigaretten** um maço de cigarros; **alte ~** fig umg carcassa f **Schachtelhalm** M BOT cavalinha f, equiseto m **Schachtelsatz** M frase f longa e complicada

'Schachturnier N concurso m de xadrez **Schachzug** M lance m; fig estratagema m

'schade ['ʃaːdə] **es ist ~** é uma pena; **~ um ...** mal empregado (nom); **(wie) ~!** que pena!

'Schädel ['ʃɛːdəl] M crânio m; (Totenschädel) caveira f; fig cabeça f **Schädelbruch** M fra(c)tura f do crânio **Schädeldecke** F abóbada f craniana

'schaden ['ʃaːdən] ⟨-e-⟩ j-m, e-r Sache prejudicar; fazer mal a; **es schadet nichts** não faz mal nenhum; **das schadet ihm/ihr gar nichts** não lhe faz mal nenhum

'Schaden M ⟨-s; ¨-⟩ dano m, estrago m; a. (Nachteil) prejuízo m, detrimento m; SCHIFF, TECH avaria f; **~ anrichten** causar dano; **~ nehmen, zu ~ kommen** etw estragar-se; Person ferir-se, ficar prejudicado; **den ~ haben** fig não levar a melhor; **durch ~ klug werden** escarmentar; receber uma lição; **zum ~ von** ao detrimento de

'Schadenersatz M ⟨-es; o. pl⟩ inde(m)nização f; reparação f; **j-m ~ leisten** inde(m)nizar alg **Schadenersatzpflicht** F ⟨-; o. pl⟩ responsabilidade f por danos e perdas

'Schadenfreude F ⟨o. pl⟩ alegria f (od satisfação f) maliciosa **schadenfroh** malicioso

'Schadensfall M caso m de dano; **im ~** em caso de dano **Schadensregulierung** F ⟨o. pl⟩ regularização f de danos

'schadhaft ['ʃaːthaft] deteriorado; defeituoso; MED lesado; Zahn cariado; **~ sein** a. ter um defeito; estar estragado

'schädigen ['ʃɛːdɪɡən] prejudicar; lesar (um em) **Schädigung** F danificação f; lesão f; prejuízo m

'schädlich ['ʃɛːtlɪç] nocivo, pernicioso; JUR prejudicial; BOT, ZOOL daninho **Schädlichkeit** F ⟨o. pl⟩ nocividade f **Schädling** M ⟨-s; -e⟩ parasita m (a. fig); BOT a. planta f daninha; ZOOL a. bicho m daninho **Schädlingsbekämpfungsmittel** N pesticida m; inseticida m

'schadlos ['ʃaːtloːs] ADV **(sich) ~ halten** compensar(-se) **(für** de)

'Schadstoff ['ʃaːtʃtɔf] M substância f nociva; Luft: substância f poluente **Schadstoffemission** f emissões fpl nocivas **schadstofffrei** sem substâncias poluentes

Schaf [ʃaːf] N ⟨-(e)s; -e⟩ ovelha f; fig umg pateta m; simplório m; **schwarzes ~** fig ovelha f ranhosa (bras negra) **'Schafbock** M carneiro m

'Schäfchen ['ʃɛːfçən] N ⟨-s; -⟩ cordeiro m, anho m; fig **sein(e) ~ ins Trockene bringen** pôr-se no seguro; prevenir-se **Schäfchenwolken** FPL cirros mpl **'Schäfer** ['ʃɛːfɐ] M pastor m **Schäferhund** M cão-de-pastor m; Rasse: pastor m (alemão) **Schäferin** F pastora f

'Schaffell N tosão m

'schaffen ['ʃafən] A VT ⟨h.⟩ (bewirken) criar; produzir (verschaffen) arranjar, con-

SCHA

seguir; *an e-n Ort:* levar; **es ~ können** conseguir; levar a cabo; **aus der Welt ~** acabar com **B** *VI* ⟨h.⟩ **1** *umg (arbeiten)* trabalhar **2** **j-m zu ~ machen** dar que fazer a alg; **sich** *(dat)* **zu ~ machen mit** ver-se em trabalhos com; *umg* ver-se à nova com

'Schaffenskraft F̄ ⟨-; *o. pl*⟩ força f criadora *(od* produtiva)

'Schaffner(in) [ˈʃafnɐr(ɪn)] M(F) BAHN revisor(a) *m(f)*; *Straßenbahn, Autobus:* condutor(a) *m(f)*

'Schaffung F̄ ⟨*o. pl*⟩ criação f; produção f; organização f

'Schafgarbe F̄ BOT milefólio m; *bras* milfolhas f **Schafleder** N̄ carneira f

Scha'fott [ʃaˈfɔt] N̄ ⟨-(e)s; -e⟩ *hist* cadafalso m

'Schafpelz M̄ pele f de carneiro **Schafschur** F̄ tosquia f **Schafskäse** M̄ queijo m de ovelha **'Schafskopf** M̄ *fig* parvo m; idiota m; imbecil m **Schafstall** M̄ redil m

Schaft [ʃaft] M̄ ⟨-(e)s; ⁼e⟩ cabo m; *(Blütenschaft)* escapo m; *(Gewehrschaft)* coronha f; TECH haste f; *a. (Säulenschaft)* fuste m; *(Stiefelschaft)* cano m **'Schaftstiefel** M̄ bota f alta

'Schafzucht F̄ criação f de gado ovino **Schafzüchter** M̄ criador m de gado ovino

Schah [ʃa:] M̄ ⟨-s; -s⟩ Xá m

Scha'kal [ʃaˈka:l] M̄ ⟨-s; -e⟩ chacal m

'schäkern [ˈʃɛːkɐrn] ⟨-re⟩ gracejar, brincar; **~ mit** namoricar

schal [ʃa:l] sensaboro, insípido; *fig* sem graça; **~ schmecken** não saber a nada, ser insípido

Schal M̄ ⟨-s; -e *od* -s⟩ chaile m, xaile m; manta f; *bras* chale m; *(Halstuch)* cachecol m

'Schale [ˈʃa:lə] F̄ **1** BOT casca f; *dünne:* pele f; *(Muschelschale)* concha f **2** *Gefäß:* taça f; *Waage:* prato m **3** *(Umhüllung)* invólucro m; **sich in ~ werfen** *umg* arranjar-se; *bras* arrumar-se

'schälen [ˈʃɛːlən] **A** *VT* descascar, pelar; *Baum* descortiçar **B** *VR* **sich ~** *Haut* pelar-se

'Schalentier N̄ crustáceo m

Schalk [ʃalk] M̄ ⟨-(e)s; -e *od* ⁼e⟩ maganão m; *bras* pândego m **'schalkhaft** maganão, travesso; chistoso

Schall [ʃal] M̄ ⟨-(e)s; -e *od* ⁼e⟩ som m; *(Widerhall)* ressonância f; **~ und Rauch sein** *fig* ser insignificante; ser oco **'Schallbrechung** F̄ refra(c)ção f do som **'Schalldämmung** F̄ isolamento m acústico; insonorização f **'Schalldämpfer** M̄ abafador m; *Motor:* amortecedor m de som; AUTO, *Pistole:* silenciador m; MUS surdina f **'schalldicht** à prova de som **'schallen** ressoar **'schallend** ADJ sonoro, retumbante; **~es Gelächter** n gargalhada f

'Schallgeschwindigkeit F̄ velocidade f do som **'Schallisolierung** F̄ → Schalldämmung **'Schallmauer** F̄ barreira f do som **'Schallmesser** M̄ fonómetro m *(bras* *ô) **'Schallplatte** F̄ disco m **'schallschluckend** ADJ que absorve o som **'Schalltrichter** M̄ MUS pavilhão m **'Schallwelle** F̄ onda f sonora

Schal'mei [ʃalˈmaɪ] F̄ MUS charamela f

'Schaltanlage [ˈʃalt?anlaˌgə] F̄ ELEK instalação f *(bras* sistema m) de distribuição elé(c)trica **Schaltbrett** N̄ ELEK → Schalttafel

'schalten ⟨-e-⟩ ELEK comutar; ligar; AUTO meter uma mudança, mudar de marcha; *fig (verstehen)* perceber; *fig* **~ und walten** mandar; pôr e dispor

'Schalter M̄ **1** BAHN, KINO *etc:* bilheteira f; *bras* bilheteria f; *allg:* guiché m, *bras* guichê m **2** ELEK interruptor m; comutador m **Schalterstunden** FPL horas fpl de despacho *(od* de serviço)

'Schaltgetriebe N̄ AUTO caixa f de velocidades **Schalthebel** M̄ ELEK alavanca f de comutação *(od* manobra); AUTO alavanca f de mudança de velocidade **Schaltjahr** N̄ ano m bissexto **Schaltkreis** M̄ ELEK circuito m; **integrierter ~** circuito m integrado **Schaltplan** M̄ ELEK esquema m de circuito *(od* ligações) **Schaltpult** N̄ ELEK consola f *(od* terminal m; *bras* console m) de comando **Schalttafel** F̄ ELEK painel m de distribuição; quadro m de comando **Schalttag** M̄ dia m intercalar **Schaltung** F̄ ligação f; conta(c)to m; ELEK circuito m; AUTO caixa f de velocidades; embraiagem f; *bras* embreagem f; RADIO montagem f

Scha'luppe [ʃaˈlʊpə] F̄ chalupa f, lancha f

Scham [ʃaːm] F ⟨o. pl⟩ vergonha f; pejo m; pudor m; ANAT órgãos mpl genitais; vergonhas fpl **'Schambein** N pubes m, púbis m **'schämen** ['ʃɛːmən] VR sich ~ ter vergonha, envergonhar-se, estar envergonhado (**für** akk, **wegen** gen por causa de); **ich schäme mich, zu** (inf) tenho vergonha de ... **'Schamgefühl** N pudor m **Schamhaar** N púbis m **schamhaft** púdico; (beschämt) envergonhado **schamlos** desavergonhado, impudente; indecente; bras sem-vergonha inv; (frech) descarado **Schamlosigkeit** ['ʃaːmloːzɪçkaɪt] F falta f de vergonha, descaramento m **'schamrot** corado de vergonha (od de pejo) **Schamröte** F ⟨o. pl⟩ pudor m, rubor m **Schamteile** PL vergonhas fpl, partes fpl (genitais)

'Schande ['ʃandə] F ⟨o. pl⟩ vergonha f; desonra f; ignomínia f; **zur** ~ **von** para vergonha de; **j-m** ~ **machen** deixar alg ficar mal; **zu** ~**n** → zuschanden **'schänden** ['ʃɛndən] ⟨-e-⟩ desonrar; violar; REL profanar **'Schandfleck** M mácula f **'schändlich** ['ʃɛntlɪç] vergonhoso, infame **'Schandmaul** N má-língua m/f **Schandtat** F patifaria f; infâmia f **'Schändung** ['ʃɛndʊŋ] f violação f; REL profanação f

'Schankbetrieb ['ʃaŋkbətriːp] M venda f de bebidas (a retalho) **'Schankbier** N cerveja f de barril **'Schankwirt** M taberneiro m; bras dono m de bar **'Schankwirtschaft** F taberna f; bras bar m, botequim m

'Schanze ['ʃantsə] F MIL trincheira f; reduto m; SPORT pista f de salto; SCHIFF castelo m de popa **schanzen** ⟨-t⟩ MIL entrincheirar

Schar [ʃaːr] F grupo m, bando m; Kinder: rancho m; große: multidão f; AGR (Pflugschar) relha f; **in** (hellen) ~**en** em bandos, em massa

Scha'rade [ʃaˈraːdə] F charada f

'scharen ['ʃaːrən] reunir, juntar **scharenweise** ADV em bandos, em massa

scharf [ʃarf] A ADJ 1 cortante, afiado; (spitz) u. fig Stimme, Geist agudo; Blick, Kälte penetrante; Wind frio, cortante; Brille nítido; Gehör fino; FOTO focado; (deutlich) claro, nítido; (genau) preciso; (streng) rigoroso, severo 2 CHEM ácido 3 Geruch acre; Geschmack picante; bras a. apimentado 4 Hund feroz; mau; fig Zunge mordaz B ADV ~ **ansehen** fitar; ~ **einstellen** FOTO focar bem; ~ **bewachen** vigiar severamente; ~ **bremsen** meter os travões a fundo; bras dar uma freiada brusca; MIL ~ **schießen** atirar com bala(s); ~ **sein auf** (akk) umg cobiçar; desejar; bras estar ansioso por **'Scharfblick** M ⟨-(e)s; o. pl⟩ perspicácia f

'Schärfe ['ʃɛrfə] F corte m, fio m; agudeza f; CHEM acidez f; fig acrimónia f (bras *ô); (Deutlichkeit) nitidez f; (Geistesschärfe) agudeza f; (Genauigkeit) precisão f; (Strenge) rigor m; → Scharfsinn

'Scharfeinstellung F FOTO focagem f **'schärfen** ⟨-e-⟩ afiar, aguçar **Schärfentiefe** F ⟨o. pl⟩ FOTO profundidade f (bras nitidez f) de campo

'scharfkantig anguloso **Scharfmacher** M POL, fig agitador m, instigador m **Scharfrichter** M hist verdugo m, carrasco m **Scharfschütze** M ⟨-n⟩ bom atirador m, caçador m destro **scharfsichtig** ['ʃarfzɪçtɪç] fig perspicaz **Scharfsinn** M ⟨-(e)s; o. pl⟩ penetração f, sagacidade f, perspicácia f **scharfsinnig** fino, sagaz

'Scharlach ['ʃarlax] 1 M ⟨-s; -e⟩ Farbe: escarlate m 2 M ⟨-s; o. pl⟩ MED escarlatina f **scharlachrot** ⟨o. pl⟩ escarlate

'Scharlatan ['ʃarlataːn] M ⟨-s; -e⟩ pej charlatão m

Schar'mützel [ʃarˈmʏtsəl] N escaramuça f

Schar'nier [ʃarˈniːr] N ⟨-s; -e⟩ charneira f, dobradiça f

'Schärpe ['ʃɛrpə] F faixa f, cinto m, banda f

'scharren ['ʃarən] VT & VI esgravatar; patear; raspar

'Scharte ['ʃartə] F Messer: mossa f, falha f; Mauer: brecha f; **die** ~ **auswetzen** fig tirar a desforra

'Schaschlik ['ʃaʃlɪk] M/N ⟨-s; -s⟩ GASTR ≈ espetada f

'Schatten ['ʃatən] M sombra f; KUNST sombras fpl; Augen: olheira f; **im** ~ na sombra; **in den** ~ **stellen** fig superar; sobrepujar; eclipsar; **nicht über seinen** ~ **springen können** fig não poder (od conseguir) proceder de outra forma; **e-n ~ haben** *umg fig* não regular bem **Schattenbild** N̄ silhueta f, perfil m **schattenhaft** vago **Schattenriss** M̄ silhueta f **Schattenseite** F̄ sombra f; *fig* lado m fraco, reverso m, inconveniente m; **auf der ~** na sombra **Schattenspiel** N̄ sombras fpl chinesas, sombrinhas fpl

schat'tieren [ʃa'tiːrən] ⟨-⟩ sombrear; (*abtönen*) matizar **Schattierung** F̄ matiz m, cambiante f; sombreado m **'schattig** sombrio, sombroso

Scha'tulle [ʃa'tʊlə] F̄ cofre m, caixa f

Schatz [ʃats] M̄ ⟨-es; ⸚e⟩ tesouro m; património m (*auch* *ô*); *umg* (*Liebling*) **(mein) ~** (meu) amor m **'Schatzamt** N̄ Tesouraria f **'Schatzanweisung** F̄ FIN título m do Tesouro

'schätzen ['ʃɛtsən] ⟨-t⟩ (*abschätzen*) avaliar (**auf** *akk* em); (*wertschätzen*) apreciar, estimar (*a.* HANDEL); **wie alt ~ Sie ihn?** que idade julga que tem?; **sich glücklich ~** congratular-se (**über** *akk* com) **schätzenswert** estimável

'Schatzgräber ['ʃatsgrɛːbər] M̄ pesquisador m (*bras* caçador m) de tesouros **Schatzkammer** F̄ tesouro m **Schatzmeister** M̄ tesoureiro m **'Schätzung** ['ʃɛtsʊŋ] F̄ avaliação f; cálculo m; taxação f; estima(ção) f **'schätzungsweise** ADV aproximadamente **'Schätzwert** M̄ valor m de estimação, valor m estimativo

Schau [ʃaʊ] F̄ vista f; (*Ausstellung*) exposição f; (*Gewerbeschau*) exibição f; (*Musterschau*) *a.* mostra f; (*Revue*) revista f; **e-e ~ sein** *umg* ser o máximo; **j-m die ~ stehlen** *umg* pôr alg na sombra; **zur ~ stellen** expor, exibir, pôr à mostra; **zur ~ tragen** ostentar; (*heucheln*) afe(c)tar **'Schaubild** N̄ diagrama m

'Schauder ['ʃaʊdər] M̄ arrepio m; calafrio m; **~ einflößen** causar horror; horrorizar **schauderhaft** horrível, horripilante **schaudern** VI ⟨-re⟩ estremecer; arrepiar-se, horripilar-se; *vor Kälte* ter calafrios

'schauen ['ʃaʊən] ver, olhar; mirar; **schau mal!** olha lá!; *bras a.* olha!

'Schauer ['ʃaʊər] M̄ ⟨*Schauder*⟩ arrepio m, horror m; (*Frösteln*) calafrio m; (*Regenschauer*) aguaceiro m, borrasca f

Schauergeschichte F̄ história f horripilante **schauerlich** horrível, horripilante **schauern** ⟨-re⟩ estremecer; arrepiar-se; *vor Kälte* ter calafrios

'Schaufel ['ʃaʊfəl] F̄ ⟨-; -n⟩ pá f; (*Radschaufel*) palheta f **Schaufelbagger** M̄ escavador m de pás **schaufeln** ⟨-le⟩ trabalhar (*od* remexer) com a pá; *Grab, Graben* abrir **Schaufelrad** N̄ roda f de palhetas

'Schaufenster N̄ montra f; *bras* vitrina f **Schaufensterdekorateur** M̄ decorador m de montras (*bras* vitrinas) **Schaukasten** M̄ vitrina f

'Schaukel ['ʃaʊkəl] F̄ ⟨-; -n⟩ baloiço m; *bras* balanço m **schaukeln** VT ⟨-le⟩ VI (& V/R) **(sich)** ~ baloiçar(-se), balançar **Schaukelpferd** N̄ cavalo m de baloiço (*bras* balanço) **Schaukelstuhl** M̄ cadeira f de baloiço (*bras* balanço)

'Schaulust ⟨*o. pl*⟩ curiosidade f **schaulustig** curioso **Schaulustige(r)** M/F/M curioso m, -a f

Schaum [ʃaʊm] M̄ ⟨-(e)s; ⸚e⟩ espuma f, escuma f **'schäumen** ['ʃɔʏmən] espumar; *vor Wut* ~ espumejar de raiva **'schäumend** ADJ espumante, espumoso **'Schaumfestiger** M̄ espuma f fixadora **'Schaumgummi** M̄ espuma f de borracha **'schaumig** espumoso **'Schaumlöffel** M̄ escumadeira f **'Schaumlöscher** M̄ extintor m de espuma **'Schaumschläger** M̄ *fig* pantomineiro m; aldrabão m; *bras* trapaceiro m **'Schaumstoff** M̄ espuma f **'Schaumwein** M̄ vinho m espumante

'Schauplatz F̄ cenário m, cena f

'schaurig ['ʃaʊrɪç] horripilante

'Schauspiel N̄ espe(c)táculo m; THEAT drama m, peça f (de teatro) **Schauspieler** M̄ a(c)tor m; comediante m **Schauspielerin** F̄ a(c)triz f; comediante f **schauspielern** ⟨-re⟩ ser a(c)tor (*od* a(c)triz); *fig* simular **Schauspielhaus** N̄ teatro m

'Schausteller M̄ expositor m **Schaustellung** F̄ exibição f **Schauturnen** N̄ exibição f de ginástica

Scheck [ʃɛk] M̄ ⟨-s; -s⟩ cheque m; **ungedeckter ~** cheque m careca; **e-n ~ einlösen** trocar um cheque; **mit ~ bezahlen** pagar em cheque **'Scheckbuch** N̄, **Scheckheft** N̄ *od* livro m (*bras* talonário

rio m) de cheques **'Scheckgebühr** F̄ comissão f pelo pagamento de um cheque **'Scheckinhaber** M̄ portador m de um cheque **'Scheckkarte** F̄ cartão m de cheque

'Scheffel ['ʃɛfəl] M̄ sein Licht unter den ~ stellen não mostrar o que se sabe (od vale) **scheffeln** ⟨-le⟩ Geld acumular **scheffelweise** ADV fig a granel; bras aos montes

'Scheibe ['ʃaɪbə] F̄ **1** disco m; (Fensterscheibe) vidro m; (Schießscheibe) alvo m; AUTO getönte ~n vidros mpl fumados **2** Brot, Käse etc: fatia f; Obst etc: talhada f, rodela f **3** (Drehscheibe) torno m

'Scheibenbremse F̄ travão m (bras freio m) de disco **Scheibengardine** F̄ (pequena) cortina f **Scheibenrad** N̄ BAHN roda f maciça **Scheibenschießen** N̄ tiro m ao alvo **Scheibenwaschanlage** F̄ AUTO lava-pára-brisas m **Scheibenwischer** M̄ AUTO limpa-vidros m; limpa-pára-brisas m; bras limpador m de pára-brisa

Scheich³ [ʃaɪç] M̄ ⟨-s; -s⟩ xeque m; bras xeique m

'Scheide ['ʃaɪdə] F̄ **1** e-s Schwerts: bainha f; **in die ~ stecken** embainhar; **aus der ~ ziehen** desembainhar **2** ANAT vagina f **'Scheidelinie** F̄ linha f divisória

'scheiden A VT separar; CHEM decompor; **sich ~ lassen** divorciar-se B VT/i ⟨s.⟩ despedir-se; **aus dem Amt ~** demitir-se; ser jubilado; **(freiwillig) aus dem Leben ~** falecer (suicidar-se) **scheidend** ADJ que parte; demissionário

'Scheidewand F̄ parede f divisória, tabique m; BOT, ELEK diafragma m; ANAT septo m **Scheideweg** M̄ encruzilhada f, bifurcação f; fig dilema m

'Scheidung ['ʃaɪdʊŋ] F̄ **1** (Ehescheidung) divórcio m; **die ~ einreichen** pedir o divórcio **2** (Unterscheidung) separação f; CHEM decomposição f **Scheidungsgrund** M̄ causa f de divórcio **Scheidungsklage** F̄ a(c)ção f de divórcio

Schein¹ [ʃaɪn] M̄ ⟨-(e)s; o. pl⟩ (Lichtschein) luz f, brilho m; clarão m; **im ~ der Laterne** à luz do candeeiro (od da lanterna)

Schein² [ʃaɪn] M̄ ⟨-(e)s; o. pl⟩ (Anschein) aparência(s) f(pl); **der ~ trügt** as aparências iludem; **den ~ wahren** manter as

aparências; **zum ~** para manter as aparências; **nur zum ~** para disfarçar; umg para inglês ver

Schein³ [ʃaɪn] M̄ ⟨-(e)s; -e⟩ (Bescheinigung) certificado m; (Geldschein) nota f; (Fahrschein) bilhete m; (Gepäckschein) senha f; (Quittung) recibo m; (Gutschein) abono m

'Scheinangriff M̄ ataque m simulado (od fingido) **'scheinbar** aparente **'Scheinehe** F̄ matrimónio m fictício **'scheinen**¹ VT/i Licht, Sonne etc brilhar; **die Sonne scheint** a. faz sol; **~ auf**, **die Sonne scheint auf** (akk) bater em a/c; **in etw** (akk) **~ a.** entrar em a/c

'scheinen² VT/UNPERS parecer; **mir scheint, dass...** parece-me que...

'Scheinfirma F̄ HANDEL firma f fictícia **scheinheilig** hipócrita **Scheinheiligkeit** F̄⟨o. pl⟩ hipocrisia f **Scheinlösung** F̄ solução f aparente **Scheintod** M̄ ⟨-(e)s; o. pl⟩ catalepsia f **scheintot** cataléptico **Scheinvertrag** M̄ contrato m fictício

'Scheinwerfer ['ʃaɪnvɛrfər] M̄ proje(c)tor m; AUTO farol m

'Scheiße ['ʃaɪsə] F̄ ⟨o. pl⟩ vulg merda f **scheiß'egal** sl **das ist mir ~** estou-me a cagar para isso; tanto se (me, lhe etc) dá como se (me, lhe etc) deu; bras estou pouco ligando, estou cagando e andando **scheißen** vulg cagar (**auf** akk para) **Scheiße'rei** F̄⟨o. pl⟩ vulg cagaheira f **Scheißhaus** N̄ vulg cagatório m **Scheißkerl** M̄ sl tipo m de merda; bras filho m da puta

Scheit [ʃaɪt] N̄ ⟨-(e)s; -e⟩ cavaca f, acha f **'Scheitel** ['ʃaɪtəl] M̄ vértice m (a. MATH u. fig); Haar: risca f; Berg: cume m; **vom ~ bis zur Sohle** dos pés (até) à cabeça **Scheitellinie** F̄ linha f vertical **scheiteln** ⟨-le⟩ **das Haar ~** fazer a risca **Scheitelpunkt** M̄ vértice m; ASTRON zenite m; fig a. auge m

'Scheiterhaufen ['ʃaɪtərhaʊfən] M̄ fogueira f

'scheitern ['ʃaɪtərn] ⟨-re; s.⟩ falhar, fracassar **'Scheitern** N̄ fracasso m

Schellack ['ʃɛlak] M̄ ⟨-(e)s; -e⟩ goma-laca f

'Schelle ['ʃɛlə] F̄ cascavel m, guizo m; TECH braçadeira f; (Klingel) campainha f **'schellen** reg tocar (a campainha)

'Schellfisch ['ʃɛlfɪʃ] M arinca f
Schelm [ʃɛlm] M ‹-(e)s; -e› maroto m, maganão m; LIT pícaro m **'Schelmenroman** M LIT romance m picaresco **'Schelmenstreich** M garotice f; bras marotice f **'schelmisch** maganão; chistoso; bras pândego
'Schelte ['ʃɛltə] F descompostura f; ~ **bekommen** levar uma descompostura **schelten** ralhar
'Schema ['ʃeːma] N ‹-s; -s od Schemata› esquema m **sche'matisch** [ʃeˈmaːtɪʃ] esquemático **schemati'sieren** [ʃemati'ziːrən] ‹-› esquematizar
'Schemel ['ʃeːməl] M escabelo m, banquinho m
'Schemen ['ʃeːmən] M ‹-s; -› sombra f, fantasma m **schemenhaft** fantasmagórico
Schengener ADJ EU: ~ **Abkommen** Acordo m de Schengen **Schengen-Raum** M EU: Espaço f Schengen
'Schenke ['ʃɛŋkə] F taberna f, bodega f
'Schenkel ['ʃɛŋkəl] M ANAT (Oberschenkel) coxa f, (Unterschenkel) perna f (a. e-s Zirkels); MATH Winkel: lado m **'Schenkelbruch** M fra(c)tura f femoral
'schenken ['ʃɛŋkən] oferecer, dar de presente; **j-m etw** ~ *a.* presentear alg com a/c; JUR legar a/c a alg; *(erlassen)* dispensar alg de a/c; *Freiheit etc* restituir a alg **Schenkung** F doação f; dotação f **Schenkungssteuer** F imposto m sobre doação
'Scherbe ['ʃɛrbə] F caco m; **in ~n gehen** fazer-se em cacos
'Schere ['ʃeːrə] F tesoura f; ZOOL *pl* tenazes *fpl*
'scheren[1] V/T *Schafe etc* tosquiar; *Haare* cortar; *Bart* fazer
'scheren[2] **A** V/T (*kümmern*) **j-m** ~ importar a alg; **was schert das dich?** que tens tu com isso?; bras que você tem com isso? **B** V/R **1** **sich ~ um** fazer caso de; *umg* dar cavaco de **2** *umg* **scher dich zum Teufel!** vai para o diabo!
'Scherenschnitt M ‹-(e)s; -e› silhueta f
Schere'rei [ʃeːrə'raɪ] F maçada f
Scherz [ʃɛrts] M ‹-es; -e› brincadeira f, gracejo m; *derber*: piada f; **aus ~, im ~, zum ~** por brincadeira; **~ beiseite!** deixemo-nos de brincadeiras! **'Scherzartikel** M artigo m humorístico **'scherzen** ‹-t› brincar, gracejar **'scherzhaft** engraçado, jovial **'Scherzwort** N gracejo m

scheu [ʃɔʏ] tímido, envergonhado; *Pferd u. fig* medroso; ~ **machen** espantar; ~ **werden** espantar-se **Scheu** [ʃɔʏ] F ‹-; *o. pl*› timidez f; medo m
'scheuchen ['ʃɔʏçən] F espantalho m; espantar, afugentar
'scheuen ['ʃɔʏən] V/I (& V/R) (**sich**) ~ ter medo de; *Pferd* espantar-se (**vor** *dat* de); **keine Kosten/Mühe** ~ não olhar a gastos/a canseiras; bras não poupar gastos /esforços
'Scheuerbürste F escova f de esfregar **Scheuerlappen** M esfregão m **Scheuermittel** N produto m de limpeza **scheuern** ‹-re› (*reinigen*) esfregar, lavar; *umg* **j-m e-e** ~ dar uma bofetada a alg **Scheuersand** M ‹-es; *o. pl*› areia f de limpar **Scheuertuch** N serapilheira f; bras estopa f
'Scheuklappen FPL antolhos *mpl* (*a. fig*)
'Scheune ['ʃɔʏnə] F celeiro m, granja f
Scheusal ['ʃɔʏzaːl] N ‹-s; -e› *umg* monstro m **'scheußlich** ['ʃɔʏsliç] monstruoso, horrível; *Tat* atroz **Scheußlichkeit** F monstruosidade f; atrocidade f
Schi [ʃiː] M *etc* → **Ski** *etc*
Schicht [ʃɪçt] F **1** camada f (*a. fig*); *a.* GEOL estrato m; *Farbe*: demão m; *Holz*: pilha f; *Luft*: região f **2** *Arbeiter*: turma f; *(Arbeitsschicht)* turno m **'schichten** ‹-e-› acamar, empilhar, dispor em camadas; (**sich**) ~ estratificar-se **'Schichtung** F GEOL estratificação f, camadas *fpl* (*sedimentares*); *Holz*: empilhamento m **'Schichtwechsel** M mudança f de turno **'Schichtwolke** F estrato m
schick [ʃɪk] ADJ chique, elegante **Schick** M elegância f
'schicken[1] ['ʃɪkən] V/T *Brief, E-Mail* mandar, enviar; remeter; **nach j-m** ~ mandar buscar alg
schicken[2] ['ʃɪkən] V/R **sich ~ für** convir a; **sich ~ in** (*akk*) conformar-se com; resignar-se a
Schicke'ria [ʃɪkəˈriːa] F ‹o. *pl*› *umg* gente f fina
'Schicksal ['ʃɪkzaːl] N ‹-s; -e› destino m; (*Los*) sorte f; (*Fatum*) fado m; *launenhaf-*

tes: fortuna *f* **schicksalhaft** fatal **Schicksalsfrage** F̲ questão *f* vital **Schicksalsschlag** M̲ revés *m* **'Schiebedach** ['ʃiːbadax] N̲ te(c)to *m* de correr; AUTO tejadilho *m* de abrir **Schiebefenster** N̲ janela *f* corrediça (*od* de correr) **'schieben** empurrar, impelir; *Kegel* jogar; *Schuld* ~ **auf** (*akk*) atribuir a, imputar a; **zur Seite** ~ afastar, tirar **'Schieber** M̲ **1** (*Riegel*) ferrolho *m*, trinco *m*; tranca *f*; TECH corrediça *f* **2** *Gauner*: fig traficante *m* **Schiebetür** F̲ porta *f* de correr; porta *f* deslizante **'Schiebung** ['ʃiːbʊŋ] F̲ (*Schiebergeschäft*) tráfico *m*; traficância *f*; (*Betrug*) patifaria *f*; umg batota *f*; bras marmelada *f*

'Schiedsgericht ['ʃiːtsɡərɪçt] N̲ tribunal *m* arbitral (*od* de arbitragem) **Schiedsrichter(in)** M̲/F̲ *Fußball*: árbitro *m*, -a *f*; bras juiz *m*, juíza *f* **Schiedsrichterassistent(in)** M̲/F̲ árbitro *m*, -a *f* assistente **schiedsrichterlich** arbitral **Schiedsspruch** M̲ sentença *f* arbitral, arbítrio *m*, arbitragem *f*

schief [ʃiːf] **A** ADJ oblíquo; enviezado; (*geneigt*) inclinado; (*krumm*) torto, *fig* equívoco **B** ADV *a*. de través; de viés; ~ **ansehen** fig olhar (*od* mirar) com desprezo

'Schiefer ['ʃiːfɐ] M̲ ardósia *f* (*a*. GEOL), lousa *f* **Schieferbruch** M̲ louseira *f* **Schieferdach** N̲ telhado *m* de lousa **Schiefertafel** F̲ lousa *f*, pedra *f*

schiefgehen, schieflaufen umg correr mal **schieflachen** V/R sich ~ partir-se a rir; bras morrer de rir

'schielen ['ʃiːlən] V/I ser vesgo, ser estrábico; *umg verstohlen v. der Seite*: olhar de soslaio (*od* de través); **nach etw** ~ *fig* cobiçar a/c **'Schielen** ['ʃiːlən] N̲ MED estrabismo *m* **'schielend** ADJ vesgo, estrábico

'Schienbein ['ʃiːnbaɪn] N̲ canela *f*, tíbia *f* **'Schiene** F̲ BAHN carril *m*; bras trilho *m*; MED tala *f*; TECH chapa *f* **'schienen** MED entalar, encanar; TECH chapear, calçar

'Schienenbus M̲ automotora *f*; bras automotriz *f* **Schienenfahrzeug** N̲ veículo *m* ferroviário **Schienennetz** N̲ rede *f* ferroviária **Schienenstrang** M̲ via *f* férrea, carris *mpl*; bras trilhos

mpl **Schienenverkehr** M̲ ⟨*o. pl*⟩ trânsito *m* ferroviário **Schienenweg** M̲ via *f* (ferrea)

schier [ʃiːɐ̯] puro, mero; *Fleisch* limpo; ADV ~ **(nicht)** quase (não)

'Schießbefehl M̲ ordem *f* para disparar **Schießbude** F̲ barraca *f* de tiro ao alvo **Schießbudenfigur** F̲ bonifrate *m*

'schießen ['ʃiːsən] **A** V/T atirar; (*abschießen*) disparar; *Fußball*: lançar, chutar, arrojar; *Tor* marcar **B** V/I fig ⟨s.⟩ (*stürzen*) precipitar-se; ~ **lassen** largar; (*sprießen*) crescer; espigar; **in die Höhe** ~ medrar (bras crescer) a olhos vistos (*a. Kind*); **ins Kraut** ~ fig atingir proporções inesperadas **'Schießen** ['ʃiːsən] N̲ tiros *mpl*; tiroteio *m*

Schieße'rei [ʃiːsəˈraɪ] F̲ tiroteio *m* **'Schießgewehr** N̲ espingarda *f* **'Schießplatz** M̲ carreira *f* de tiro; bras clube *m* de tiro ao alvo **'Schießpulver** N̲ pólvora *f* **'Schießscheibe** F̲ alvo *m* **'Schießsport** M̲ tiro *m* **'Schießstand** M̲ carreira *f* de tiro; bras barraca *f* de tiro ao alvo **'Schießübung** F̲ exercício *m* de tiro

Schiff [ʃɪf] N̲ navio *m*; (*Dampfschiff*) vapor *m*; *kleines*: embarcação *f*; ARCH nave *f* **'schiffbar** navegável **Schiffbarkeit** F̲ ⟨*o. pl*⟩ navigabilidade *f* **Schiffbau** M̲ ⟨-(e)s; *o. pl*⟩ construção *f* de navios; construção *f* naval **Schiffbauingenieur** M̲ engenheiro *m* naval **'Schiffbruch** M̲ naufrágio *m*; ~ **erleiden** naufragar; fig fracassar **'schiffbrüchig** náufrago **'Schiffchen** ['ʃɪfçən] N̲ TECH (*Webschiffchen*) lançadeira *f*; naveta *f* **'schiffen** V/I navegar; *vulg* (*urinieren*) mijar **'Schiffer** M̲ marinheiro *m*; (*Kahnschiffer*) barqueiro *m* **'Schifferknoten** M̲ nó *m* de marinheiro **'Schifferpatent** N̲ carta *f* de piloto; bras patente *m* de navegação **'Schifffahrt** F̲ ⟨*o. pl*⟩ navegação *f* **'Schifffahrtslinie** F̲ companhia *f* de navegação

'Schiffsagent ['ʃɪfsʔaɡɛnt] M̲ ⟨-en⟩ agente *m* de navegação **Schiffsarzt** M̲ médico *m* de bordo **Schiffsbesatzung** F̲ tripulação *f* **Schiffseigentümer** M̲, **Schiffseigner** M̲ armador *m*; patrão *m* **Schiffsjunge** M̲ ⟨-n⟩ grumete m **Schiffskran** M guindaste m para navios **Schiffsladung** F carga f, frete m **Schiffsmodell** N navio-miniatura m **Schiffspapiere** NPL papéis mpl de bordo **Schiffsraum** M porão m; (Tonnengehalt) tonelagem f **Schiffsreise** F viagem f de barco **Schiffsrumpf** M casco m **Schiffsschraube** F hélice f **Schiffsverkehr** M ‹-s; o. pl› tráfego m marítimo, movimento m marítimo

Schi'kane [ʃi'ka:nə] F chicana f **schika'nieren** [ʃika'ni:rən] VT ‹-› fazer chicanas a, chicanar **schika'nös** [ʃika'nø:s] chicaneiro

Schikoree M → Chicorée

Schild[1] N ‹-(e)s; -er› letreiro m, (Etikett) rótulo m; (Ladenschild) tabuleta f; (Nummernschild) placa f; (Verkehrsschild) sinal m de trânsito

Schild[2] [ʃɪlt] M ‹-(e)s; -e› escudo m; kleiner: broquel m; etw im ~e führen fig levar água no bico; bras estar com segundas intenções **Schildbürgerstreich** M tolice f, disparate m **'Schilddrüse** F ANAT (glândula f) tireóide f

'schildern ['ʃɪldɐrn] ‹-re› descrever **'Schilderung** F descrição f

'Schildkröte F tartaruga f **Schildlaus** F ZOOL cochinilha f **Schildpatt** N ‹-(e)s; o. pl› Material: tartaruga f **'Schildwache** F sentinela f

Schilf [ʃɪlf] N ‹-(e)s; -e› canavial m **'Schilfmatte** F esteira f **'Schilfrohr** N cana f, junco m

'schillern ['ʃɪlɐrn] ‹-re› cintilar; reluzir; Stoff ser de cores cambiantes, ser furta-cor **schillernd** ADJ Stoff furta-cor

'Schilling M ‹-s; -e› hist Österreich: xelim m

'Schimmel[1] ['ʃɪməl] M Pferd: cavalo m branco

'Schimmel[2] ['ʃɪməl] M BOT bolor m, mofo m **schimmelig** bolorento; ~ werden criar bolor **schimmeln** VI ‹-le› criar bolor **Schimmelpilz** M penicilo m; bras penicilina f

'Schimmer ['ʃɪmɐr] M brilho m; fig vislumbre m; umg ideia f (bras *é), sombra f; keinen (blassen) ~ haben von umg não fazer a mínima ideia de; não perceber patavina de **schimmern** ‹-re› brilhar, cintilar, vislumbrar

Schim'panse [ʃɪm'pansə] M ‹-n› chimpanzé m

Schimpf [ʃɪmpf] M mit ~ und Schande vergonhosamente **'schimpfen** ralhar (auf akk com); auf j-n ~ vociferar contra alg; über j-n ~ dizer mal de alg **Schimpfe'rei** [ʃɪmpfə'raɪ] F invectivas fpl **'Schimpfwort** N palavrão m; injúria f

'Schindel ['ʃɪndəl] F ‹-; -n› ripa f **Schindeldach** N telhado m de ripas **'schinden** ['ʃɪndən] esfolar, maltratar; sich ~ matar-se a trabalhar **Schinder** M hist esfolador m **Schinde'rei** [ʃɪndə'raɪ] F (Quälerei) esfoladura f; fig vexame m **Schindluder** N pej ~ treiben mit vexar **Schindmähre** F pej rocim m

'Schinken ['ʃɪŋkən] M roher ~ presunto m; bras presunto m cru; gekochter ~ fiambre m; bras presunto m cozido **Schinkenbrötchen** N sanduíche f de fiambre (od presunto) **Schinkenspeck** M ‹-(e)s; o. pl› toucinho m

'Schippe ['ʃɪpa] F pá f; ~(n) (pl) Kartenspiel → Pik **schippen** trabalhar (od remexer) com a pá

Schirm [ʃɪrm] M ‹-(e)s; -e› **1** (Regenschirm) guarda-chuva m, chapéu-de-chuva m; (Sonnenschirm) guarda-sol m, chapéu-de-sol m **2** (Lampenschirm) abajur m, abaixa-luz m; pantalha f (Mützenschirm) pala f; (Wandschirm) biombo m **3** TV, IT ecrã m **4** fig (Schutz) abrigo m, amparo m **'Schirmherr** M ‹-en›, **'Schirmherrin** F ‹-en›, prote(c)tor(a) m(f); patrocinador(a) m(f) **'Schirmherrschaft** F patrocínio m; bes POL prote(c)torado m **'Schirmmütze** F boné f de pala **'Schirmständer** M bengaleiro m

Schiss [ʃɪs] M vulg ‹-es; o. pl› fig cagaço m, medo m danado; ~ haben (vor) umg ter um medo danado de

Schlacht [ʃlaxt] F batalha f; die ~ bei/von a batalha de; e-e ~ schlagen/gewinnen/verlieren lutar/ganhar/perder uma batalha; sich (dat) e-e ~ liefern (mit) dar batalha (a) **'Schlachtbank** F matadouro m; a. fig açougue m **'schlachten** ‹-e-› matar; (opfern) imolar; (Vieh) ~ abater (reses) **'Schlachten** N matança f **'Schlachtenbummler** M SPORT espe(c)tador m de torneios esportivos

'Schlachter ['ʃlaxtɐ] M̲, **'Schlächter** ['ʃlɛçtɐ] M̲ (Fleischer) carniceiro m; bras açougueiro m; abatedor m; Verkäufer: talhante m, cortador m **Schlachter'ei** [ʃlaxtɐ'raɪ] F̲ Laden: talho m; bras açougue m; fig, **Schlächterei** f matança f; carnificina f
'Schlachtfeld N̲ campo m de batalha **Schlachthof** M̲ matadouro m **Schlachtschiff** N̲ navio m de linha (od de guerra) **Schlachtvieh** N̲ reses fpl; bras a. gado m de corte
'Schlacke ['ʃlakə] F̲ escória f; BERGB ganga f **'Schlackwurst** F̲ salsichão m
Schlaf [ʃlaːf] M̲ ⟨-(e)s; o. pl⟩ sono m **'Schlafabteil** N̲ BAHN compartimento m de cama; bras cabine-leito f **'Schlafanzug** M̲ pijama m **'Schläfchen** ['ʃlɛːfçən] N̲ soneca f **'Schlafcouch** F̲ sofá-cama m
'Schläfe ['ʃlɛːfə] F̲ ANAT fonte f
'schlafen ['ʃlaːfən] dormir; ~ **gehen** (ir) deitar-se; **(sich)** ~ **legen** deitar(-se); ~ **Sie gut!** durma bem!; **miteinander** ~ fazer amor; **mit j-m** ~ fazer amor com alg **'Schläfer(in)** ['ʃlɛːfɐ(rɪn)] M̲(F̲) adormecido m, -a f; dorminhoco m, -a f; fig (Terrorist, -in) sleeper m/f
schlaff [ʃlaf] frouxo; bland; Person a. indolente, mole **'Schlaffheit** F̲ ⟨o. pl⟩ frouxidão f; j-s: indolência f
'Schlafkrankheit F̲ ⟨o. pl⟩ doença f do sono, pedra-escrófula f **Schlaflied** N̲ canção f de embalar **schlaflos** sem dormir **'Schlaflosigkeit** f ['ʃlaːfloːzɪçkaɪt] F̲ ⟨o. pl⟩ insónia f **Schlafmatte** F̲ Camping: colchonete m **Schlafmittel** N̲ soporífero m; dormitivo m; bras sonífero m **Schlafmütze** F̲ touca f; fig dorminhão m; pateta m **Schlafraum** M̲ dormitório m
'schläfrig ['ʃlɛːfrɪç] sonolento; fig lento; ~ **sein** a. ter sono; ~ **machen** provocar sonolência; ~ **werden** ficar com sono **Schläfrigkeit** F̲ ⟨o. pl⟩ sonolência f; fig indolência f
'Schlafsaal M̲ dormitório m **Schlafsack** M̲ saco-cama m **Schlafsucht** F̲ ⟨o. pl⟩ modorra f; sonolência f **schlaftrunken** sonolento; tonto de sono **Schlaftrunkenheit** F̲ ⟨o. pl⟩ sonolência f **Schlafwagen** M̲ BAHN carruagem-cama f, carruagem-leito f **schlafwandeln** ⟨-le⟩ ser sonâmbulo **Schlafwandeln** N̲ sonambulismo m **Schlafwandler(in)** ['ʃlaːfvandlɐ(rɪn)] M̲(F̲) sonâmbulo m, -a f **Schlafzimmer** N̲ quarto m (de dormir); bras camarinha f

Schlag [ʃlaːk] M̲ ⟨-(e)s; ⸚e⟩ golpe m; pancada f; ELEK choque m; Herz: palpitação f; Puls: pulsação f; MED (Herzanfall) síncope f; apoplexia f; (Hitzschlag) insolação f; fig (Art) espécie f, raça f; ~ **3 Uhr** às duas em ponto; **harter** ~, **schwerer** ~ fig golpe rude, grande perda; ~ **auf** ~ fig sem cessar; **mit e-m** ~ de um golpe; **e-n** ~ **bekommen** apanhar um choque
'Schlagader F̲ artéria f **Schlaganfall** M̲ MED ataque m de apoplexia (od do coração) **schlagartig** repentino **Schlagball** M̲ péla f **Schlagbaum** M̲ barreira f **Schlagbohrer** M̲ berbequim m de percussão
schlagen ['ʃlaːgən] **A** V̲/t̲ 1 (einen Schlag versetzen) bater (a. Rekord); Holz talar; bras derrubar; **in die Flucht** ~ pôr em fuga 2 (besiegen) bater, vencer 3 (machen) Kreis descrever; Falten, Feuer fazer; Brücke, Wurzel lançar; Schlacht ferir; **Wurzeln** ~ fig pegar de estaca; bras criar raízes; **Kapital aus etw** (dat) ~ explorar a/c 4 **sich auf j-s Seite** ~ a. pôr-se do lado de alg; (tun) ~ **zu** juntar **B** V̲/i̲ 1 ⟨h.⟩ bater; Herz a. palpitar; Gewissen acusar; Uhr dar horas; **es** (od **die Glocke**) **schlägt drei** estão a dar as três; bras estão ao bater das três; **jetzt schlägt's dreizehn!** umg passa das marcas!; bras passa dos limites! 2 ⟨s.⟩ **an** (od **auf**) **etw** (akk) ~ dar contra a/c; **aus der Art** ~ degenerar, abastardar; **in j-s Fach** ~ ser com alg, ser da especialidade de alg; **interessar** a alg; **nach j-m** ~ (geraten) sair a alg; **e-e geschlagene Stunde** uma hora inteira **schlagend** A̲D̲J̲ fig concludente, convincente
'Schlager M̲ MUS canção f (que está na moda); modinha f; HANDEL (Verkaufsschlager) êxito m da temporada
'Schläger ['ʃlɛːgɐ] M̲ 1 Person: brigão m, rixoso m 2 Gerät: Golf, Hockey: club m, clava f; Tennis: raqueta f; bras raquete f **Schläger'ei** [ʃlɛːgə'raɪ] F̲ briga f, pancadaria f
'Schlagersänger(in) M̲(F̲) cantor(a) m(f) de música ligeira (od popular)

'schlagfertig fig de resposta pronta; **~ sein** a. não ter papas na língua; ter boas saídas **Schlagfertigkeit** F ⟨o. pl⟩ fig prontidão f (na resposta); presença f de espírito

'Schlagholz N SPORT palheta f **Schlaginstrument** N instrumento m de percussão **Schlagkraft** F ⟨o. pl⟩ força f; MIL força f combativa (od ofensiva) **schlagkräftig** MIL de grande força combativa; Grund concludente **Schlaglicht** N golpe m de luz **Schlagloch** N buraco m na estrada, cova f **Schlagring** M punho m de ferro **Schlagsahne** F ⟨o. pl⟩ nata f batida; (creme m) chantilly f **Schlagseite** F SCHIFF balanço m; **~ haben** adernar **Schlagstock** M cacete m, moca f **Schlagwerk** N mecanismo m de dar horas **Schlagwetter** N BERGB grisu m **Schlagwort** N tópico m, divisa f; slogan m **Schlagzeile** F cabeçalho m; título m **Schlagzeug** N MUS instrumentos mpl de percussão, bateria f

'schlaksig ['flaksıç] umg magricela; desajeitado

Schlamassel [ʃla'masəl] M/N ⟨-s; o. pl⟩ umg apuros mpl, encrencas fpl

Schlamm [ʃlam] M ⟨-(e)s; -e od ⸚e⟩ lodo m, lama f (a. MED) **'schlammig** lamacento

'Schlampe ['ʃlampə] F umg pej porcalhona f **Schlamperei** F umg porcaria f; Arbeit f mal feita **schlampig** mal feito; desmazelado

'Schlange ['ʃlaŋə] F serpente f, cobra f; giftige: víbora f; TECH serpentina f; fig víbora f; (Reihe) fila f; port a. bicha f; **~ stehen** fazer fila; estar na fila

▶ **Schlangen**

In Brasilien gibt es ca. 250 Schlangenarten, 70 davon sind giftig. Für die Menschen am gefährlichsten sind die **jararaca** (Lanzenotter) und die **cobra coral** (Korallenschlange). Die **sucuri** (Anakonda) ist die größte Schlange Brasiliens. Sie kann bis zu 7 Meter lang und 70 cm dick werden. Diese ungiftige Würgeschlange ist stark genug, einen Hund oder Affen zu erwürgen, zieht jedoch in der Regel kleinere Beute, Vögel oder Frösche vor.

▶▶

Achtung: Wenn Brasilianer oder Portugiesen von einer **cobra** reden, meinen sie nicht unbedingt eine Kobra. Das Wort bedeutet ganz allgemein ‚Schlange'. ◀

'schlängeln ['ʃlɛŋəln] ⟨-le⟩ V/R **sich ~** serp(ent)ear; (kriechen) arrastar-se; um etw enroscar-se

'Schlangenbiss M mordedura f de serpente **Schlangenfarm** F serpentário m **Schlangenfraß** M ⟨-es; o. pl⟩ umg porcaria f; comida f mal feita **Schlangengift** N ⟨-(e)s; o. pl⟩ veneno m de serpente **Schlangenlinie** F linha f sinuosa **Schlangenmensch** M ⟨-en⟩ contorcionista m

schlank [ʃlaŋk] delgado/a; Wuchs elegante, esbelto, esguio; **~ werden** emagrecer; **~er machen** adelgaçar; **~e Linie** f esbelteza f **'Schlankheit** F ⟨o. pl⟩ esbelteza f; a. elegância f **'Schlankheitskur** F cura f (bras regime m) de emagrecimento

schlapp [ʃlap] frouxo; Person mole **'Schlappe** F umg derrota f; **e-e ~ erleiden** umg ser derrotado, ficar escarmentado **'Schlappheit** F ⟨o. pl⟩ moleza f, frouxidão f **'Schlapphut** M chapéu m mole de aba caída **schlappmachen** V/I umg ir-se abaixo das pernas; bras ficar com os joelhos frouxos **Schlappschwanz** M umg pej cobardola m; molengão m; bras frouxo m

Schla'raffenland [ʃla'rafənlant] N ⟨-(e)s; o. pl⟩ país m das delícias; bras país m de cucanha

schlau [ʃlau] ADJ ⟨-este od -ste⟩ esperto; astuto **'Schlauberger** ['ʃlaubɛrɡɐ] M umg espertalhão m

Schlauch [ʃlaux] M mangueira f; tubo m (de borracha); (Reifen) pneu(mático) m; innerer: câmara-de-ar f; (Weinschlauch) odre m **'Schlauchboot** N barco m pneumático; bras barco m de borracha **'schlauchen** umg (ermüden) cansar; esfalfar **'schlauchlos** sem câmara-de-ar

'Schläue ['ʃlɔyə] F ⟨-; o. pl⟩ esperteza f, astúcia f

'Schlaufe ['ʃlaufə] F laço m

'Schlauheit F ⟨o. pl⟩ esperteza f; astúcia f **Schlaumeier** M umg espertalhão m

schlecht [ʃlɛçt] A ADJ mau m, má f;

ruim; *Zahn* podre; *Essen* (*verdorben*) estragado; **~ werden** estragar-se; deteriorar-se B ADV mal; **mir ist/wird ~** sinto-me mal (disposto); **~ auf j-n zu sprechen sein** estar arreliado com alg; estar (de) mal com alg; **~ gelaunt** mal disposto; **~ und recht** sofrivelmente

'**schlechter** ADJ & ADV <*kompar v. schlecht*> pior; **~ als** *a.* inferior a; (**immer**) **~ werden** ir de mal em pior (*bras* a pior); ficar (cada vez) pior '**schlechterdings** ['ʃlɛçtɐdɪŋs] ADV simplesmente

'**schlechteste** ['ʃlɛçtəstə] SUP pior; o (mais) inferior **schlecht'hin** ADV pura e simplesmente **Schlechtigkeit** F maldade f; inferioridade f **schlecht'machen** caluniar; falar mal de

'**schlecken** ['ʃlɛkən] lamber **Schlecke'rei** F lambarice f; *bras* petisco m

'**Schlegel** ['ʃle:gəl] M malho m, maço m; MUS baqueta f; (*Wildschlegel*) perna f

'**Schlehe** ['ʃle:ə] F *Frucht:* abrunho m bravo; *Baum:* abrunheiro m bravo

'**schleichen** ['ʃlaɪçən] <s.> andar às furtadelas; andar devagarinho; (**sich**) **~ in** (*akk*) coar(-se) em; entrar furtivamente em **schleichend** ADJ furtivo; *Übel etc* lento; insidioso; latente; ADV *a.* às furtadelas **Schleicher** M *fig* hipócrita m, surrateiro m **Schleichhandel** M <-s; *o. pl*> contrabando m; mercado m negro **Schleichweg** M atalho m; caminho m secreto **Schleichwerbung** F *pej* publicidade f indire(c)ta (*od* dolosa)

'**Schleie** ['ʃlaɪə] F tenca f; *bras* tainha f dos rios

'**Schleier** ['ʃlaɪɐ] M véu m **Schleiereule** F coruja-das-torres f **schleierhaft** *fig* misterioso

'**Schleife** ['ʃlaɪfə] F laço m; nó m (*a. Krawatte*); (*Runde, Kurve*) volta f; curva f; **e-e ~ fliegen** FLUG voar em círculos

'**schleifen**¹ VT ❶ (*glätten*) afiar, amolar; *spitz:* aguçar; OPT *Glas* graduar; *Stein etc* polir; lavrar *fig j-n* vexar; fazer suar (*sangue*)

'**schleifen**² A VT <h., *a. s.*> (*mitschleppen*) arrastar; ARCH demolir B VI TECH (*reiben*) arrastar, roçar; deslizar; **am Boden ~** rojar pelo chão

'**Schleiflack** M verniz m para polir **Schleifmaschine** F máquina f de afiar (*od* de amolar); polideira f **Schleifmittel** N abrasivo m **Schleifpapier** N lixa f **Schleifscheibe** F rebolo m **Schleifstein** M pedra f de afiar, amoladeira f

Schleim [ʃlaɪm] M <-(e)s; -e> ANAT muco m; escarro m; mucosidade f '**Schleimabsonderung** F secreção f mucosa '**Schleimbeutel** M MED saco m anti-choque '**schleimen** produzir mucosidade; *fig* adular; lamber as botas a alg; *bras* puxar saco de alg '**Schleimhaut** F mucosa f '**schleimig** viscoso; MED mucoso; *fig pej* adulador; *bras* puxa-saco

'**schlemmen** ['ʃlɛmən] regalar-se; patuscar **Schlemmer** M patusco m; *bras* farrista m/f **Schlemme'rei** [ʃlɛmə'raɪ] F patuscada f, comes e bebes mpl

'**schlendern** ['ʃlɛndɐn] <-re> vadiar, (andar a) passear **Schlendrian** ['ʃlɛndria:n] M <-(e)s; *o. pl*> praxe f; (*Schlamperei*) desleixo m

'**schlenkern** ['ʃlɛŋkɐn] A VT <-re> *u.* **~ mit** agitar, menear B VI gingar

'**Schleppdampfer** ['ʃlɛpdampfɐ] M rebocador m **Schleppe** F cauda f '**schleppen** VT arrastar; ir carregado de; SCHIFF rebocar **schleppend** ADJ lento **Schlepper** M rebocador m **Schleppkahn** M batelão m de carga **Schlepplift** M telesqui m; *bras* teleférico m **Schleppnetz** N arrastão m **Schlepptau** N reboque m; **ins ~ nehmen** levar de reboque

'**Schleswig-Holstein** [ʃlɛsvɪç'hɔlʃtaɪn] N Eslésvico-Holsácia m

'**Schleuder** ['ʃlɔydɐ] F <-; -n> funda f; *bras* estilingue m; centrifugadora f (*a. Wäscheschleuder*); FLUG catapulta f **Schleudergefahr** F <*o. pl*> perigo m de derrapagem **Schleudermaschine** F TECH centrífuga f

'**schleudern** ['ʃlɔydɐn] <-re> A VT (*werfen*) arrojar; lançar; arremessar; *Wäsche* centrifugar B VI AUTO derrapar '**Schleudern** ['ʃlɔydɐn] N lançamento m; AUTO derrapagem f; **ins ~ geraten** derrapar

'**Schleuderpreis** M preço m muito baixo **Schleudersitz** M assento m de eje(c)ção

'**schleunig** ['ʃlɔʏnɪç] ADJ rápido; ADV *a.*

depressa **schleunigst** ADV quanto antes, o mais depressa possível
'**Schleuse** ['ʃlɔyzə] F (re)presa f; açude m; comporta f '**Schleusentor** N comporta f '**Schleusenwärter** M guarda (-represa) m
Schliche ['ʃliçə] MPL pej artimanhas fpl; rodeios mpl; **j-m auf die ~ kommen** descobrir os manejos (bras as artimanhas) de alg
schlicht [ʃliçt] ⟨-est⟩ simples; despretencioso; TECH (glatt) liso '**schlichten** ⟨-e-⟩ TECH aplanar, alisar; fig apaziguar; arranjar '**Schlichter(in)** M(F) árbitro m, -a f '**Schlichtheit** F ⟨o. pl⟩ simplicidade f '**Schlichtung** F arbitragem f '**Schlichtungsausschuss** M comissão f de arbitragem
Schlick [ʃlɪk] M ⟨-(e)s; -e⟩ lama f; lodo m
'**schließen** ['ʃliːsən] A VT fechar; (beenden) Geschäft, Veranstaltung encerrar; Freundschaft travar; estreitar; Kreis formar; **in sich** ⟨a⟩ (enthalten) incluir, abranger; **in seine Arme** abraçar; **Frieden ~** fazer as pazes B VI (enden) terminar, acabar; (folgern) deduzir, concluir (aus de); (gut, dicht) **~** vedar (bem)
Schließfach N im Postamt: apartado m, caixa f postal, caixa f do correio; Bank: cofre m; (Gepäckschließfach) cacifo m
schließlich definitivo; final; ADV finalmente, por fim; **~ etw tun** acabar por fazer a/c **Schließmuskel** M esfíncter m; músculo m anal **Schließung** F encerramento m
Schliff [ʃlɪf] M ⟨-(e)s; -e⟩ gume m, fio m; (Glätte) polimento m; MIL umg rigorosa instrução f militar; **etw** (dat) **den letzten ~ geben** fig dar o último retoque a a/c
schlimm [ʃlɪm] A ADJ mau m, má f; Zustand, Folge grave; Zahn doente B ADV mal '**schlimmer** pior; **~ werden** piorar '**schlimmste** o/a pior '**schlimmstenfalls** ADV na pior das hipóteses, no pior dos casos
'**Schlinge** ['ʃlɪŋə] F laço m; (Falle) a. armadilha f; **sich aus der ~ ziehen** fig tirar-se de apuros **Schlingel** M maroto m **schlingen** (binden) atar; ineinander: entrelaçar; (schlucken) engolir, tragar; **sich ~ um** enroscar-se à **schlingern** ⟨-re⟩ SCHIFF balançar, balouçar, rolar **Schlingpflanze** F trepadeira f

Schlips [ʃlɪps] M ⟨-es; -e⟩ gravata f
'**Schlitten** ['ʃlɪtən] M trenó m; TECH carro m; **~ fahren** andar de trenó **Schlittenfahrt** F passeio m de (od em) trenó **schlittern** ⟨-re⟩ resvalar (sobre o gelo) **Schlittschuh** M patim m; **~ laufen** od **fahren** patinar (sobre o gelo) **Schlittschuhlaufen** N patinagem f **Schlittschuhläufer(in)** M(F) patinador(a) m(f)
Schlitz [ʃlɪts] M ⟨-es; -e⟩ abertura f; Hose: braguilha f; Rock: racha f; (Riss) rasgão m; (Spalt) fenda f; für Münzen: ranhura f '**Schlitzaugen** NPL olhos mpl oblíquos '**schlitzen** ⟨-t⟩ fender, rachar '**Schlitzohr** N umg espertalhão m
Schloss[1] [ʃlɔs] N ⟨-es; ⸚er⟩ fechadura f; fecho m; (Gewehrschloss) gatilho m, cão m; (Vorhängeschloss) cadeado m; **j-n hinter ~ und Riegel bringen** umg meter alg na cadeia
Schloss[2] M ARCH palácio m, castelo m
'**Schlosser** ['ʃlɔsər] M serralheiro m **Schlosser'ei** [ʃlɔsə'raɪ] F serralharia f '**Schlossherr(in)** M(F) ⟨-en⟩ senhor(a) m(f) do castelo; castelão m, castelã f **Schlosspark** M ⟨-s; -s⟩ parque m do palácio (od castelo)
Schlot [ʃloːt] M ⟨-(e)s; -e⟩ chaminé f (a. GEOL); **rauchen wie ein ~** fumar como uma chaminé
'**schlott(e)rig** ['ʃlɔt(ə)rɪç] a tremer; tremulante; Kleidung desleixado **schlottern** ⟨-re⟩ vor Kälte, Angst tremer; cambalear; Anzug cair, estar muito largo
Schlucht [ʃlʊxt] F garganta f, barranco m
'**schluchzen** ['ʃlʊxtsən] VI ⟨-t⟩ soluçar '**Schluchzen** N, '**Schluchzer** M soluços mpl
Schluck [ʃlʊk] M ⟨-(e)s; -e⟩ gole m, trago m '**Schluckauf** M ⟨-s; o. pl⟩ soluços mpl '**schlucken** engolir, tragar; deglutir; (aufstoßen) arrotar '**Schlucker** M **armer ~** pobre diabo m '**Schluckimpfung** F MED vacinação f oral
'**schlud(e)rig** ['ʃluːd(ə)rɪç] umg aldrabão; desleixado **schludern** ⟨-re⟩ umg desleixar; aldrabar
'**Schlummer** ['ʃlʊmər] M ⟨-s; o. pl⟩ sono m (ligeiro); soneca f **schlummern** ⟨-re⟩ dormitar
Schlund [ʃlʊnt] M ⟨-(e)s; ⸚e⟩ goela f, fauce f; garganta f; (Abgrund) abismo m

'schlüpfen ['ʃlʏpfən] VI meter-se, enfiar-se; ~ **aus** sair de **Schlüpfer** M cuecas fpl (de senhora); bras calcinha f
'Schlupfloch ['ʃlʊpflɔx] N esconderijo m
'schlüpfrig ['ʃlʏpfrɪç] escorregadiço, escorregadio; fig lascivo, obsceno
'Schlupfwespe F icneumon m **Schlupfwinkel** M esconderijo m
'schlurfen ['ʃlʊrfən] arrastar os pés
'schlürfen ['ʃlʏrfən] sorver
Schluss [ʃlʊs] M ⟨-es; ⸚e⟩ fim m; termo m; logischer: conclusão f; (Schlussteil) final m; **zum** ~ por fim; ~ **machen mit** pôr termo (od fim) a, pôr cobro a, acabar com **'Schlussbemerkung** F observação f final **Schlussbilanz** F HANDEL balanço m de encerramento
'Schlüssel ['ʃlʏsəl] M ⟨-s; -⟩ chave f; MUS clave f; IT código m **Schlüsselbein** N clavícula f **Schlüsselblume** F primavera f **Schlüsselbund** N ⟨-(e)s; -e⟩ molho m de chaves **schlüsselfertig** ADJ & ADV chave na mão; pronto para habitar **Schlüsselfigur** F fig personagem-chave f **Schlüsselindustrie** F indústria-chave f **Schlüsselloch** N buraco m de fechadura **Schlüsselring** M argola f de chaves **Schlüsselstellung** F posição-chave f **Schlüsselwort** N ⟨-(e)s; ⸚er⟩ palavra-chave f
'Schlussfolgerung F conclusão f
'schlüssig ['ʃlʏsɪç] decidido; Beweis concludente; **sich** (dat) ~ **werden** decidir-se, resolver-se
'Schlusskurs M cotização f de última hora **Schlusslicht** N farolim m traseiro (od da retaguarda); bras farolete m traseiro; fig último m **Schlusspfiff** M SPORT apito m final **Schlusspunkt** M ponto m final **Schlussrechnung** F balanço m **Schlussrunde** F SPORT final m **Schlusssatz** M conclusão f; MUS final m **Schlusssitzung** F sessão f de encerramento **Schlussstein** M chave f (od fecho m) da abóbada **Schlussstrich** M fig **e-n** ~ **ziehen unter** (akk) pôr um ponto final a **Schlussverkauf** M saldos mpl; bras queima f **Schlusswort** N ⟨-(e)s; -e⟩ epílogo m; JUR, POL última palavra f
Schmach [ʃmaːx] F ⟨o. pl⟩ vergonha f
'schmachten ['ʃmaxtən] ⟨-e-⟩ geh languir; ~ **nach** suspirar por; estar sequioso de
'schmächtig ['ʃmɛçtɪç] magro, franzino
'schmachvoll infame, ignominioso
'schmackhaft ['ʃmakhaft] saboroso, gostoso **Schmackhaftigkeit** F ⟨o. pl⟩ sabor m, bom gosto m, bom paladar m
'schmähen ['ʃmɛːən] injuriar, insultar; (herabsetzen) difamar **schmählich** ignominioso, vergonhoso **Schmähschrift** F panfleto m **Schmähung** F insulto m, injúria f; difamação f
schmal [ʃmaːl] estreito; Person magro; definhado; fig escasso, pouco
'schmälern ['ʃmɛːlərn] ⟨-re-⟩ reduzir, estreitar, minguar **Schmälerung** f ['ʃmɛːlərʊŋ] F redução f; míngua f
'Schmalfilm M filme m de formato reduzido **Schmalseite** F lado m estreito **Schmalspur...** ['ʃmaːlʃpuːr-] IN ZSSGN, **schmalspurig** de via reduzida; bras de bitola estreita
Schmalz [ʃmalts] N ⟨-es; -e⟩ pingue m; banha f **Schmalzbrot** N pão m com banha **'schmalzig** fig sentimental
'Schmankerl ['ʃmaŋkərl] N ⟨-s; -n⟩ reg petisco m
schma'rotzen [ʃmaˈrɔtsən] ⟨-t-⟩ parasitar **Schmarotzer(in)** M(F) parasita m/f
'Schmarre ['ʃmarə] F reg umg gilvaz m; (Narbe) cicatriz m **Schmarren** M GASTR filhó m; reg umg (dummes Zeug) disparates mpl
schmatzen ['ʃmatsən] ⟨-t-⟩ mastigar alto
Schmaus [ʃmaʊs] M ⟨-es; ⸚e⟩ regalo m, repasto m; festim m **'schmausen** ['ʃmaʊzən] ⟨-t-⟩ regalar-se
'schmecken ['ʃmɛkən] (kosten) provar; ~ **(nach)** saber (a); ter gosto (de); **gut** ~ ser saboroso; **sich** (dat) **etw** ~ **lassen** gozar; **es schmeckt ihm** sabe-lhe bem
Schmeiche'lei [ʃmaɪçəˈlaɪ] F lisonja f; adulação f **'schmeichelhaft** lisonjeiro **'schmeicheln** ⟨-le-⟩ (dat) lisonjear, adular; Bild ser lisonjeiro; **sich geschmeichelt fühlen** sentir-se lisonjeado **'schmeichelnd** lisonjeiro **'Schmeichler(in)** ['ʃmaɪçlər(ɪn)] M(F) lisonjeador(a) m(f); adulador(a) m(f) **'schmeichlerisch** lisonjeiro, adulador, bajulador
'schmeißen ['ʃmaɪsən] umg atirar, arro-

jar, arremessar **Schmeißfliege** F̄ ZOOL varejeira f

Schmelz [ʃmɛlts] M̄ ⟨-es; -e⟩ esmalte m (a. Zahn); (Glanz) brilho m **'schmelzbar** fusível **'Schmelze** F̄ fundição f; fusão f; (Schneeschmelze) degelo m **'schmelzen** ⟨-t⟩ A V̄/T derreter; Metall fundir B V̄/I ⟨s.⟩ derreter-se; Metall fundir-se **'schmelzend** ADJ Eis fundente; fig MUS melodioso; sentimental; bras a. meloso **'Schmelzkäse** M̄ queijo m fundido **'Schmelzofen** M̄ forno m de fundição **'Schmelzpunkt** M̄ ponto m de fusão **'Schmelztiegel** M̄ crisol m, cadinho m (a. fig) **'Schmelzwasser** N̄ ⟨-s; ≈⟩ água f de degelo

'Schmerbauch ['ʃmeːrbaux] M̄ umg pança f

Schmerz [ʃmɛrts] M̄ ⟨-es; -en⟩ dor f; (Kummer) pena f, mágoa f, desgosto m **'schmerzen** ⟨-t⟩ causar dor; (wehtun) doer; fig magoar, afligir **'schmerzend** ADJ dorido **'Schmerzensgeld** N̄ inde(m)nização f **'schmerzhaft**, **'schmerzlich** doloroso; fig a. aflitivo **'schmerzlindernd** calmante; lenitivo **'schmerzlos** sem dor; MED anestésico, anélgico **'Schmerzmittel** N̄ analgésico m **'schmerzstillend** analgésico; sedativo; paliativo **'Schmerztablette** F̄ comprimido m para as dores **'schmerzvoll** doloroso

'Schmetterball ['ʃmɛtɐbal] M̄ Tennis: smash m **Schmetterling** ['ʃmɛtɐlɪŋ] M̄ ⟨-s; -e⟩ borboleta f; bras mariposa f **Schmetterlingsstil** M̄ ⟨-s; o. pl⟩ Schwimmen: estilo m mariposa (bras borboleta)

'schmettern ['ʃmɛtɐn] ⟨-re⟩ A V̄/T arrojar (od atirar) com força; Lied cantar com brio; **zu Boden ~** derribar; fig a. esmagar B V̄/I MUS ressoar **'Schmettern** ['ʃmɛtɐn] N̄ estrépito m **'schmetternd** ADJ retumbante

Schmied [ʃmiːt] M̄ ⟨-(e)s; -e⟩ ferreiro m **'Schmiede** ['ʃmiːdə] F̄ forja f, ferraria f **schmiedeeisern** de (od em) ferro forjado **Schmiedehammer** M̄ martelo m **schmieden** ⟨-e-⟩ forjar; **Ränke ~** tramar (od urdir) intrigas

'schmiegen ['ʃmiːɡən] V̄/R **sich ~ an** (akk) ajustar-se a, adaptar-se a; Person estar com mimo **schmiegsam** flexível; fig dócil, insinuante **Schmiegsamkeit** F̄ ⟨o. pl⟩ flexibilidade f; fig docilidade f

'Schmiere ['ʃmiːrə] F̄ graxa f; (Wagenschmiere) unto m; TECH lubrificante m; THEAT barraca f; **~ stehen** sl estar à espreita, fazer de espia **schmieren** A V̄/T untar; Brot barrar; TECH lubrificar; engraxar; fig **j-n ~** umg dar luvas a alg, peitar alg; **j-m e-e ~** umg dar uma bofetada a alg B V̄/I (schmutzen) sujar; Stift borrar; (schreiben) rabiscar, garatujar **Schmiere'rei** [ʃmiːrə'raɪ] F̄ porcaria f, borratada f **Schmierfink** M̄ umg pej porcalhão m **Schmiergeld** N̄ umg peita f **schmierig** ensebado, engordurado; fig sórdido, ignóbil **Schmiermittel** N̄ lubrificante m **Schmieröl** N̄ óleo m (lubrificante) **Schmierseife** F̄ sabão m mole

'Schminke ['ʃmɪŋkə] F̄ maquilhagem f **schminken** pintar; maquilhar; THEAT cara(c)terizar

'Schmirgel ['ʃmɪrɡəl] M̄ esmeril m **schmirgeln** ⟨-le⟩ esmerilhar **Schmirgelpapier** N̄ (papel m de) lixa f

Schmiss [ʃmɪs] M̄ ⟨-es; -e⟩ (Narbe) cicatriz f; (Schneid) brio m; elegância f

'Schmöker ['ʃmøːkɐ] M̄ umg alfarrábio m; bras livro m de sebo

'schmollen ['ʃmɔlən] amuar; estar amuado

'Schmorbraten ['ʃmoːrbraːtən] M̄ carne f estufada (bras refogada) **schmoren** estufar; bras refogar; fig **(in der Hitze) ~** abafar de calor

Schmu [ʃmuː] M̄ ⟨-s; o. pl⟩ umg batota f; **(keinen) ~ machen** (não) intrujar, (não) fazer batota

Schmuck [ʃmʊk] M̄ ⟨-(e)s; o. pl⟩ **1** (Schmuckstücke) jóias fpl **2** (Zierde) adorno m, enfeite m; ornamento m **'schmücken** ['ʃmʏkən] enfeitar, adornar, ornamentar

'Schmuckkästchen ['ʃmʊkkɛstçən] N̄ cofre m (od estojo m) de jóias **schmucklos** simples; sem adorno **Schmuckstück** N̄ jóia f **Schmuckwaren** P̄L bijutaria f; bras bijuteria f

'schmudd(e)lig ['ʃmʊd(ə)lɪç] umg sebento, sujo

'Schmuggel ['ʃmʊɡəl] M̄ ⟨-s; o. pl⟩ con-

trabando m **schmuggeln** ⟨-le⟩ fazer contrabando; *bras* contrabandear **Schmuggelware** F̄ contrabando m **Schmuggler** M̄ contrabandista m
'**schmunzeln** ['ʃmʊntsəln] ⟨-le⟩ sorrir (-se) satisfeito
Schmus [ʃmuːs] M̄ ⟨-es; *o. pl*⟩ *umg* palavrório m **'schmusen** ['ʃmuːzən] ⟨-t⟩ **mit j-m ~** trocar carícias com alg; *umg* estar na marmelada com alg; *bras* trocar uns beijinhos com alg
Schmutz [ʃmʊts] M̄ ⟨-es; *o. pl*⟩ sujeira f; sujidade f; porcaria f; (*Abfall*) lixo m; **durch den ~ ziehen** *fig* infamar; poluir '**schmutzen** ⟨-t⟩ sujar-se, manchar-se '**Schmutzfink** M̄ ⟨-en⟩ porcalhão m '**Schmutzfleck** M̄ nódoa f '**schmutzig** sujo; *fig* indecente '**Schmutzliteratur** F̄ literatura f pornográfica
'**Schnabel** ['ʃnaːbəl] M̄ ⟨-s; ⸚⟩ bico m; **halt deinen ~!** *umg* cala o bico!
'**Schnake** ['ʃnaːkə] F̄ ZOOL mosquito m
'**Schnalle** ['ʃnalə] F̄ fivela f **schnallen** afivelar; **enger ~, fester ~** apertar mais
'**schnalzen** ['ʃnaltsən] ⟨-t⟩ dar estalos com a língua (*od* com os dedos)
'**Schnäppchen** ['ʃnɛpçən] N̄ ⟨-s; -⟩ *umg* pechincha f
'**schnappen** ['ʃnapən] (*fassen, bes. Dieb*) apanhar; *mit dem Mund a.*: abocar; **nach Luft ~** respirar com dificuldade; *Tür* **ins Schloss ~** estalar no fecho **Schnappschloss** N̄ fechadura f com mola (*od* de salto) **Schnappschuss** M̄ FOTO instantâneo m, flagrante m
Schnaps [ʃnaps] M̄ ⟨-es; ⸚e⟩ aguardente f; *bras* cachaça f '**Schnapsbrennerei** F̄ destilaria f '**Schnapsglas** N̄ copinho m de aguardente f '**Schnapsidee** F̄ *umg* disparate m
'**schnarchen** ['ʃnarçən] ressonar, roncar '**schnarren** ['ʃnarən] ranger, roncar, chilr(e)ar '**schnattern** ['ʃnatərn] ⟨-re⟩ grasnar; *fig umg* palrar '**schnauben** ['ʃnaʊbən] soprar; bufar, bafejar; *Pferd* fungar; *vor Wut*: esbravejar; *Nase* → schnäuzen '**schnaufen** ['ʃnaʊfən] ofegar
'**Schnauzbart** ['ʃnaʊtsbart] M̄ *umg* bigode m **schnauzbärtig** *umg* com bigode **Schnauze** F̄ 1 focinho m; TECH bica f 2 *sl fig* tromba f, bico m; **halt die ~!** cala o bico!; **die ~ voll haben von** estar farto de **schnauzen** *umg* ⟨-t⟩ ralhar '**schnäuzen** ['ʃnɔʏtsən] ⟨-t⟩ V̄R **sich ~** assoar-se
'**Schnecke** ['ʃnɛkə] F̄ ZOOL caracol m (*a.* ANAT); (*Nacktschnecke*) lesma f; ARCH voluta f; TECH (*parafuso m*) sem-fim m; **j-n zur ~ machen** *umg* descompor alg; *bras* massacrar alg
'**schneckenförmig** ['ʃnɛkənfœrmɪç] espiral; TECH enroscado; helicoidal **Schneckengetriebe** N̄ engrenagem f helicoidal **Schneckenhaus** N̄ cas(c)a f de caracol, concha f de caracol **Schneckentempo** N̄ ⟨-s; *o. pl*⟩ **im ~** *umg* a passo de caracol
Schnee [ʃneː] M̄ ⟨-s; *o. pl*⟩ neve f; **zu ~ schlagen** *Eier* bater (*steif*: em castelo) '**Schneeball** M̄ bola f de neve '**schneebedeckt** coberto de neve '**Schneebesen** M̄ *Küche*: batedor m de claras '**schneeblind** cegado (*bras* ofuscado) pela neve '**Schneedecke** F̄ lençol m de neve '**Schneefall** M̄ nevada f '**Schneefeld** N̄ campo m de neve '**Schneeflocke** F̄ floco m de neve '**schneefrei** sem neve '**Schneegestöber** N̄ nevão m, nevasca f '**Schneeglöckchen** N̄ BOT campânula f branca '**Schneegrenze** F̄ limite m de altitude das neves '**Schneehöhe** F̄ espessura f de neve '**Schneekette** F̄ AUTO cadeia f anti-deslizante; *bras* corrente f anti-derrapante '**Schneemann** M̄ boneco m de neve '**Schneepflug** M̄ limpa-neve m '**Schneeregen** M̄ neve f e chuva f '**Schneeschmelze** F̄ degelo m '**schneesicher** à prova de neve '**Schneesturm** M̄ temporal m de neve, nevão m '**Schneetreiben** N̄ → Schneegestöber '**Schneeverhältnisse** NPL condições fpl de neve '**Schneewehe** F̄ monte m (*od* acumulação f) de neve trazido, -a pelo vento '**schneeweiß** branco como a neve **Schnee'wittchen** [ʃneːˈvɪtçən] N̄ ⟨-s; *o. pl*⟩ Branca f de Neve
Schneid [ʃnaɪt] M̄ ⟨-(e)s; *o. pl*⟩ brio m '**Schneidbrenner** M̄ TECH maçarico m de corte **Schneide** ['ʃnaɪdə] F̄ corte m; fio m, gume m '**schneiden** A V̄T cortar, partir; *Fleisch*

etc a. talhar; AGR *(beschneiden)* podar; *(mähen)* ceifar; TECH gravar; *Holz* serrar; **sich (mit etw) ~** cortar-se (com a/c); **Gesichter ~** fazer caretas; *fig* **j-n ~** deixar de cumprimentar alg; **ins Herz ~** partir o coração **'schneidend** ADJ cortante; *fig* agudo

'Schneider ['ʃnaɪdɐ] M alfaiate *m* **Schneide'rei** [ʃnaɪdə'raɪ] F alfaiataria *f* **Schneiderin** F costureira *f* **schneidern** ‹-re› VI trabalhar como alfaiate/modista; VT fazer

'Schneidezahn M (dente *m*) incisivo *m*

'schneidig ['ʃnaɪdɪç] elegante, brioso

'schneien ['ʃnaɪən] V/UNPERS nevar; **es schneit** cai neve

'Schneise ['ʃnaɪzə] F *(Weg)* atalhada *f*

schnell [ʃnɛl] A ADJ rápido; veloz; *Schritt* acelerado B ADV depressa; **mach ~!** despacha-te!; *bras* despache-se! **'Schnellbahn** F comboio *m* (*bras* trem *m*) urbano **'Schnellboot** N vedeta *f* (*bras* lancha *f*) rápida **'schnellen** VI ‹s.› **in die Höhe ~** dar um salto; *Preis* subir rapidamente

'Schnellgericht¹ N GASTR prato *m* rápido *(od* pré-cozinhado)

'Schnellgericht² N JUR tribunal *m* sumário

'Schnellhefter M classificador *m*; *bras* fichário *m* **Schnelligkeit** F ‹o. pl› rapidez *f*; *a.* PHYS, TECH velocidade *f* **Schnellimbiss** M refeição *f* rápida, lanchonete *f* **Schnellkochtopf** M panela *f* de pressão **Schnellkraft** F ‹o. pl› elasticidade *f* **Schnellkurs** M curso *m* rápido *(od* intensivo) **schnellstmöglich** tão rápido quanto possível **Schnellstraße** F via *f* rápida; *bras* pista *f* de velocidades **Schnellverfahren** N JUR processo *m* sumário **Schnellvorlauf** N *Tonbandgerät etc*: avanço *m* rápido **Schnellzug** M rápido *m*

'Schnepfe ['ʃnɛpfə] F ZOOL galinhola *f*

'schneuzen → schnäuzen

'Schnickschnack ['ʃnɪkʃnak] M ‹-s; o. pl› *umg* quinquilharia *f*; disparates *mpl*

'Schnippchen ['ʃnɪpçən] N **j-m ein ~ schlagen** fazer troça de alg, pregar uma partida a alg **schnippeln** ‹-le› *umg* retalhar com faca ou tesoura

schnippisch impertinente

'Schnipsel ['ʃnɪpsəl] M/N bocado *m*, retalho *m*; apara *f*

Schnitt [ʃnɪt] M ‹-(e)s; -e› corte *m*; *v. Kleidung*: feitio *m*; talhe *m*; TECH *a.* talho *m*; ARCH *a.* se(c)ção *f*; MATH (inter)se(c)ção *f*; *Buch*: borda *f*; *(Einschnitt)* incisão *f*; *Kunst*: gravura *f*; **im ~** em média **'Schnittblumen** FPL flores *fpl* cortadas **'Schnittbohnen** FPL feijão *msg* verde; *bras* vagem *f* **'Schnitte** F talhada *f*; *Brot etc*: fatia *f* **'Schnittfläche** F superfície *f* do corte **'schnittig** elegante, chique **'Schnittlauch** M ‹-(e)s; o. pl› cebolinha *f* francesa **'Schnittlinie** F secante *f*; linha *f* de interse(c)ção **'Schnittmuster** N molde *m*, risco *m*, padrão *m* **'Schnittpunkt** M (ponto *m* de) interse(c)ção *f* **'Schnittstelle** F IT interface *f* **'Schnittwunde** F golpe *m*, cortadela *f*

'Schnitzel ['ʃnɪtsəl] N **1** GASTR escalope *m*; *mit Brot*: bifana *f*; *bras* bife *m* à milanesa; **Wiener ~** escalope *m* de vitela (à moda de Viena) **2** → Schnipsel **Schnitzeljagd** F gincana *f*

'schnitzen ['ʃnɪtsən] ‹-t› entalhar, esculpir **Schnitzer** M entalhador *m*; *(Fehler)* *umg* lapso *m*, gafe *f* **Schnitze'rei** [ʃnɪtsə'raɪ] F, **Schnitzwerk** N ‹-(e)s; o. pl› escultura *f*; entalhe *m* **Schnitzmesser** N cinzel *m*, buril *m*

'schnodd(e)rig ['ʃnɔd(ə)rɪç] *umg* irreverente, impertinente

'Schnorchel ['ʃnɔrçəl] M tubo *m* respirador

'Schnörkel ['ʃnœrkəl] M floreado *m*; arabesco *m*; ARCH *a.* voluta *f*

'schnorren ['ʃnɔrən] *umg* cravar; *bras* filar **Schnorrer** M *umg pej* pedinchão *m*; crava *m*; *bras* fila-bóia *m*

'schnüffeln ['ʃnyfəln] ‹-le› tomar o faro; *bras* farejar; *fig umg* meter o nariz, ser indiscreto **Schnüffler** M *umg pej* espia *m*; indiscreto *m*

'Schnuller ['ʃnʊlɐ] M chupeta *f*

'Schnulze ['ʃnʊltsə] F *umg Musik*: canção *f* sentimental; *Film*: filme *m* sentimental

'schnupfen ['ʃnʊpfən] *Tabak* tomar rapé **Schnupfen** M constipação *f*; defluxo *m*; *bras* resfriado *m*; **e-n ~ haben** estar constipado (*bras* resfriado); **e-n ~ krie-**

gen, sich (*dat*) **e-n ~ holen** constipar-se; *bras* resfriar-se **'Schnupftabak** M rapé m

'schnuppe ['ʃnupə] *umg* **das ist mir ~** pouco me importa; quero lá saber!

'schnuppern ['ʃnupɐn] ⟨-re⟩ tomar o faro

Schnur ['ʃnu:r] F ⟨-; ≈e⟩ cordão m, cordel m; (*Bindfaden*) guita f; fio m; *bras* barbante m **'Schnürchen** ['ʃny:rçən] N **wie am ~ gehen** *umg* ir que é uma beleza **schnüren** ['ʃny:rən] atar, apertar; **sich** (*dat*) **die Schuhe ~** atar os (laços dos) sapatos **'schnurge'rade** ADJ & ADV direitinho

'Schnurrbart ['ʃnurbart] M bigode m **schnurrbärtig** de bigode, com bigode **schnurren** fazer ronrom; ronronar

'Schnürschuh M sapato m de atacadores (*bras* de cordão); (*Damenschnürschuh*) sapato m abotinado **Schnürsenkel** M atacador m; *bras* cordão m de sapato **Schnürstiefel** M bota f (*od* botina f) de atacadores (*bras* de cordão)

'schnurstracks ['ʃnu:rʃtraks] ADV *umg* dire(c)tamente

'Schober ['ʃo:bar] M AGR *reg* feneiro m

Schock [ʃɔk] M ⟨-(e)s; -s⟩ choque m; MED *a.* abalo m **'Schockbehandlung** F MED terapia f de choque **schockieren** [ʃɔ'ki:rən] ⟨-⟩ chocar **schockierend** chocante **'Schocktherapie** F MED terapia f de choque

'schofel ['ʃo:fəl] *umg* miserável, pelintra; *bras* pilantra

Schöffe ['ʃœfə] M ⟨-n⟩, **Schöffin** F jurado m, -a f; vereador(a) m(f) **Schöffengericht** N tribunal m de jurados; vereamento m

'Schoko... ['ʃɔ:ko-] IN ZSSGN de chocolate **Schoko'lade** [ʃɔko'la:də] F chocolate m (*a. Getränk*); **dunkle/weiße ~** chocolate preto/branco **schoko'ladenbraun** achocolatado **Schoko'ladenfabrik** F chocolataria f; *bras* fábrica f de chocolate **Schoko'ladenseite** F *fig* lado m bom (*od* agradável) **Schoko'ladentafel** F tablete f (*bras* barra f) de chocolate **'Schokoriegel** M barra f de chocolate m (*bras* barrinha f) de chocolate m

Scho'lastik [ʃo'lastik] F ⟨o. pl⟩ Escolástica f, escolasticismo m **Scho'lastiker** M escolástico m **scholastisch** escolástico

Scholle[1] ['ʃɔlə] F 1 (*Erdscholle*) leiva f; (*Landscholle*) gleba f 2 (*Eisscholle*) pedaço m de gelo

Scholle[2] ['ʃɔlə] F ZOOL solha f

schon [ʃo:n] ADV já; **~ jetzt** agora mesmo; **~ lange** desde há muito; **~ der Gedanke** a própria ideia (*bras* *é); **~ gut** está bem; **wenn er ~ geht** *etc*, (**dann ...**) uma vez que vai (...)

schön [ʃø:n] A ADJ belo, lindo; formoso; *Wetter* bom; (*nett*) bonito (*a. iron*), amável; **~e Literatur** f belas-artes fpl; **die ~en Künste** as belas-artes; **das wäre noch ~er** *iron* não faltava mais nada!; *bras* só falta isso! B ADV *a.* bem; **bitte ~!** à vontade!; (*Antwort auf Dank*) não há de quê!; **danke ~!** muito obrigado!

'Schonbezug M AUTO forro m (dos assentos)

schonen ['ʃo:nən] poupar; **sich ~** *a.* cuidar de si (*od* da saúde) **schonend** ADJ cuidadoso; ADV *a.* com cuidado; **~ behandeln** tratar bem, tratar com cuidado **Schoner** M 1 (*Schutzdecke*) capa f de prote(c)ção 2 SCHIFF escuna f

'schönfärben pintar cor-de-rosa **Schönfärbe'rei** F ilusionismo m; o(p)timismo m **schöngeistig** estético; **~e Literatur** F belas-letras fpl **Schönheit** F beleza f; formosura f **'Schönheitsfehler** M defeito m **Schönheitsideal** N ideal m de beleza **Schönheitsmittel** N cosmético m **Schönheitsoperation** F operação f de estética; *bras* operação f plástica **Schönheitspflege** F ⟨o. pl⟩ cosmética f

'Schonkost ['ʃo:nkɔst] F dieta f
'Schönling M ⟨-s; -e⟩ *pej* bonitão m **schönmachen** VR **sich ~** arranjar-se, embelezar-se **Schönschrift** F caligrafia f

'Schonung ['ʃo:nuŋ] F 1 cuidado m; conservação f; (*Rücksicht*) consideração f, deferência f 2 *Wald*: tapada f, vedação f, viveiro m **schonungslos** ADJ impiedoso; cruel; ADV sem piedade **Schonzeit** F veda f, defeso m

Schopf [ʃɔpf] M ⟨-(e)s; ≈e⟩ poupa f, topete m; **die Gelegenheit beim ~ packen** (*od* **fassen**) aproveitar a ocasião

'Schöpfbrunnen ['ʃœpfbrunən] M poço m; nora f **Schöpfeimer** M̄ alcatruz m; bras caçamba f **schöpfen** mit e-m Gefäß: tirar; **leer ~** vasar; **Atem ~** tomar fôlego; **Hoffnung, Mut ~** cobrar ânimo; **Verdacht ~** suspeitar (**gegen** de) **Schöpfer** M̄ criador m **schöpferisch** criador, produtivo **Schöpfkelle** F̄, **Schöpflöffel** M̄ concha f, colherão m **Schöpfrad** N̄ nora f **Schöpfung** F̄ criação f **Schöpfungsgeschichte** F̄ ⟨o. pl⟩ Gênese m, bras Gênese m

'**Schoppen** ['ʃɔpən] M̄ quartilho m; copo m (pequeno)

Schorf [ʃɔrf] M̄ ⟨-(e)s; -e⟩ escara f; crosta f; bras a. casca f **Schorfbildung** F̄ escarificação f **schorfig** escarificado

Schornstein ['ʃɔrn(t)ʃtaɪn] M̄ chaminé f **Schornsteinfeger** M̄ limpa-chaminés m

Schoss [ʃɔs] M̄ ⟨-es; -e⟩ BOT → Schössling

Schoß [ʃoːs] M̄ ⟨-es; ¨e⟩ regaço m; bes fig seio m, colo m; **die Hände in den ~ legen** fig cruzar os braços; **ihm fällt alles in den ~** fig vem-lhe tudo parar às mãos; bras tudo cai nas suas mãos '**Schoßhund** M̄ cãozinho m fraldeiro '**Schoßkind** N̄ mimalho m

'**Schössling** ['ʃœslɪŋ] M̄ ⟨-s; -e⟩ BOT rebento m, pimpolho m

'**Schote** ['ʃoːtə] F̄ BOT vagem f; (Erbsenschote) ervilha f

'**Schotte** ['ʃɔtə] M̄ ⟨-n⟩ escocês m

'**Schotter** M̄ cascalho m; BAHN balastro m '**schottern** ⟨-re⟩ encher de cascalho; balastrar

'**Schottin** F̄ escocesa f '**schottisch** escocês, da Escócia **Schottland** [ʃɔtlant] N̄ Escócia f

schrafˈfieren [ʃraˈfiːrən] ⟨-⟩ tracejar **Schraffierung** F̄, **Schrafˈfur** [ʃraˈfuːr] F̄ tracejado m

schräg [ʃrɛːk] **A** ADJ oblíquo; MATH transversal, diagonal; (geneigt) inclinado; fig (auffallend, merkwürdig) excêntrico **B** ADV de través, de esguelha; **~ gegenüber** (quase) em frente

'**Schräge** ['ʃrɛːgə] F̄ obliquidade f '**Schräglage** F̄, '**Schrägstellung** F̄ inclinação f

'**Schramme** ['ʃramə] F̄ arranhadura f, esfoladela f; beliscadura f **schrammen** arranhar, roçar

Schrank [ʃraŋk] M̄ ⟨-(e)s; ¨e⟩ armário m; (Kleiderschrank) guarda-vestidos m; bras guarda-roupa m; (Küchenschrank) guarda-louça m '**Schrankbett** N̄ armário-cama m

'**Schranke** F̄ barreira f; bras cancela f; fig limite m; **j-n in ~n halten** conter; **sich in ~n halten** não passar das medidas **schrankenlos** ilimitado **Schrankenwärter** M̄ guarda-barreira m

'**Schrankfach** N̄ prateleira f '**Schrankkoffer** M̄ mala-armário f, mala-cabide f

'**Schraubdeckel** ['ʃraʊpdɛkəl] M̄ tampa f roscada '**Schraube** ['ʃraʊbə] F̄ parafuso m; SCHIFF, FLUG hélice m/f; umg fig **bei j-m ist e-e ~ locker** alg não regula bem '**schrauben** (a)parafusar; atarraxar; **in die Höhe ~** Preis fazer subir; **geschraubt** fig torcido; amaneirado; afe(c)tado

'**Schraubendampfer** M̄ vapor m de hélice **Schraubenflügel** M̄ pá f de hélice **schraubenförmig** ['ʃraʊbənfœrmɪç] em forma de parafuso, helicóide, helicoidal **Schraubengewinde** N̄ rosca f **Schraubenmutter** F̄ ⟨-; -n⟩ porca f de parafuso **Schraubenschlüssel** M̄ desandador m, chave f inglesa **Schraubenwindung** F̄ volta f de parafuso, espira f **Schraubenzieher** F̄ [ʃraʊbantsiːər] M̄ chave f de fenda(s) '**Schraubstock** M̄ torno m, tornilho m **Schraubverschluss** M̄ tampa f (od fecho m) de rosca **Schraubzwinge** F̄ sargento m

'**Schrebergarten** ['ʃreːbargartən] M̄ horta f pequena (independente)

Schreck [ʃrɛk] M̄ ⟨-(e)s; -e⟩ susto m, medo m; sobressalto m; espanto m; **j-m e-n ~ einjagen** pregar um susto a alg; **e-n ~ bekommen** apanhar um susto '**schrecken** V̄T assustar; **das schreckt mich nicht** isso não me assusta '**Schrecken** M̄ horror m '**Schreckensherrschaft** F̄ terrorismo m; hist a. Terror m '**Schreckgespenst** N̄ espe(c)tro m, fantasma m '**schreckhaft** medroso, assustadiço '**schrecklich** terrível, horrível; espantoso, medonho, tremendo '**Schreckschuss** M̄ tiro m de prevenção '**Schrecksekunde** momento m de susto (od de rea(c)ção) **Schrei** [ʃraɪ] M̄ ‹-(e)s; -e› grito m; berro m; **e-n ~ ausstoßen** soltar um grito '**Schreibarbeit** ['ʃraɪpʔarbaɪt] F̄ ‹o. pl› trabalho m de escritório **Schreibbedarf** M̄ ‹-(e)s; o. pl› artigos mpl de escritório **Schreibblock** M̄ bloco m de papel '**schreiben** ['ʃraɪbən] escrever; früher: **auf der Schreibmaschine** ~ bater à máquina **Schreiben** N̄ carta f; amtliches: ofício m **Schreiber(in)** M̄F̄ autor(a) m(f); HANDEL escrevente m/f; escrivão m (a. JUR); secretário m, -a f **schreibfaul** ADJ ~ **sein** não gostar muito de escrever

'**Schreibfeder** F̄ aparo m, pena f de escrever **Schreibfehler** M̄ erro m ortográfico **Schreibheft** N̄ caderno m **Schreibkraft** F̄ empregado m, -a f de escritório; da(c)tilógrafo m, -a f **Schreibmappe** F̄ pasta f **Schreibmaschine** F̄ máquina f de escrever **Schreib(maschinen)papier** N̄ papel m para (máquina de) escrever **Schreibpult** N̄, **Schreibtisch** M̄ secretária f, escrivaninha f (bes bras)

'**Schreibung** ['ʃraɪbʊŋ] F̄ escrita f; ortografia f

'**Schreibunterlage** F̄ pasta f **Schreibwaren** F̄PL artigos mpl de escritório **Schreibwarengeschäft** N̄ papelaria f **Schreibweise** F̄ (orto)grafia f; (Stil) estilo m **Schreibzeug** N̄ ‹-(e)s; o. pl› utensílios mpl para escrever

'**schreien** ['ʃraɪən] gritar; Kind chorar; laut: berrar; zornig: vociferar, clamar; **um Hilfe ~** pedir socorro '**Schreien** N̄ gritos mpl '**schreiend** ADJ a gritar; bras aos gritos; a. fig (grell) berrante; Unrecht que clama aos céus '**Schreier** M̄ clamador m, vociferador m '**Schreihals** M̄ Kind: chorami(n)gas m

Schrein [ʃraɪn] M̄ ‹-(e)s; -e› hist armário m; cofre m; REL escrínio m

'**Schreiner** M̄ marceneiro m; carpinteiro m **Schreine'rei** F̄ marcenaria f

'**schreiten** ['ʃraɪtən] ‹s.› geh andar, caminhar; ~ **zu** fig proceder a

Schrift [ʃrɪft] F̄ escrita f; (Handschrift) a. letra f; TYPO cara(c)teres mpl, corpo m, tipo(s) m(pl); LIT publicação f, escrito m; UNIV a. dissertação f; (Werk) obra f; (**Heilige**) ~ Escritura f Sagrada '**Schriftauslegung** F̄ REL exegese f '**Schriftbild** N̄ TYPO olho m '**Schriftdeutsch** N̄ alemão m literário '**Schriftführer** M̄ secretário m; **mit ... als ~** secretariado por ... '**Schriftleitung** F̄ reda(c)ção f '**schriftlich** ADJ escrito; ADV por escrito '**Schriftsachverständige(r)** M̄/F̄(M) grafólogo m, -a f '**Schriftsatz** M̄ JUR libelo m; TYPO composição f '**Schriftsetzer** M̄ tipógrafo m, compositor m '**Schriftsprache** F̄ ‹o. pl› linguagem f literária (od escrita)

'**Schriftsteller(in)** ['ʃrɪftʃtɛlər(ɪn)] M̄F̄ escritor(a) m(f), autor(a) m(f) **schriftstellerisch** literário

'**Schriftstück** N̄ escrito m, documento m **Schrifttum** N̄ ‹-s; o. pl› letras fpl; literatura f **Schriftverkehr** M̄ ‹-s; o. pl› correspondência f **Schriftwechsel** M̄ (troca f de) correspondência f **Schriftzeichen** N̄ cará(c)ter m **Schriftzug** M̄ assinatura f, rubrica f; **Schriftzüge** pl letra fsg

schrill [ʃrɪl] estridente, agudo; fig (Farbe) berrante; (Person) excêntrico

Schritt [ʃrɪt] M̄ ‹-(e)s; -e› 1 passo m; fig diligência f; **(im) ~ fahren** conduzir a passo (de caracol); ~ **für** ~ passo a passo; **j-m auf ~ und Tritt folgen** não largar alg, seguir os passos de alg; ~ **halten mit** aguentar; estar à altura de 2 Mode, Hose: junta f '**Schrittmacher** M̄ fig pioneiro m, precursor m; MED pace-maker m, estimulador m cardíaco; bras marca-passo m '**schrittweise** ADV passo a passo

schroff [ʃrɔf] Berg escarpado; fig brusco, rude '**Schroffheit** F̄ ‹o. pl› escarpado m; fig rudeza f, brusquidão f

'**schröpfen** ['ʃrœpfən] V̄/T̄ MED aplicar ventosas a; fig esfolar, cardar, lograr

Schrot [ʃroːt] M̄ ‹-(e)s; -e› 1 GASTR farinha f grossa; fig **von echtem ~ und Korn** da gema, às direitas 2 Jagd: chumbo m '**schroten** ‹-e-› triturar '**Schrotflinte** F̄ espingarda f de caça **Schrotkorn** N̄, **Schrotkugel** F̄ grão m de chumbo '**Schrotmühle** F̄ moinho m de farinha

Schrott [ʃrɔt] M̄ ‹-(e)s; -e› sucata f; ferros-velhos mpl '**Schrotthändler** M̄ ferro-velho m '**Schrottplatz** M̄ suca-

teiro m; Autos: cemitério m de automóveis **'schrottreif** bom (od pronto) para o ferro-velho
'schrubben ['ʃrʊbən] esfregar **Schrubber** M̅ escova f de esfregar
'Schrulle ['ʃrʊlə] F̅ capricho m, mania f **schrullig** caprichoso, extravagante; esquisito
'schrump(e)lig ['ʃrʊmp(ə)lɪç] umg enrugado
'schrumpfen ['ʃrʊmpfən] 〈s.〉 enrugar-se; engelhar; encolher; MED atrofiar, ficar atrofiado **Schrumpfniere** F̅ MED rim m atrofiado **Schrumpfung** F̅ encolhimento m; MED atrofia f; fig diminuição f
Schub [ʃuːp] M̅ 〈-(e)s; ⸚e〉 **1** empurrão m; TECH impulso m; empuxo m; BAHN, Postwesen: transporte m **2** (Krankheitsschub) surto m **'Schubfach** N̅ gaveta f **'Schubkarren** M̅ carrinho m de mão, carreta f **'Schublade** F̅ gaveta f
'schubsen ['ʃʊpsən] umg empurrar
'schubweise ADV aos empurrões, aos surtos
'schüchtern ['ʃʏçtɐn] tímido, acanhado **Schüchternheit** F̅ 〈o. pl〉 timidez f
Schuft [ʃʊft] M̅ 〈-(e)s; -e〉 patife m **'schuften** 〈-e-〉 umg labutar; trabalhar como um condenado **'schuftig** vil, infame
Schuh [ʃuː] M̅ 〈-(e)s; -e〉 sapato m; TECH sapata f; (Bremsschuh) calço m; fig fig j-m etw in die ~e schieben imputar a/c a alg; **wo drückt der ~?** onde é que está o mal? **'Schuhanzieher** ['ʃuːʔantsiːɐ] M̅ calçador m, calçadeira f **'Schuhbürste** F̅ escova f (para o calçado) **'Schuhcreme** F̅ graxa f para calçado **'Schuhgeschäft** N̅ sapataria f **'Schuhgröße** F̅ número m de calçado; **welche ~ haben Sie?** que número calça? **'Schuhmacher** M̅ sapateiro m **'Schuhputzer** M̅ engraxador m; bras engraxate m **'Schuhsohle** F̅ (meia) sola f **'Schuhwerk** N̅ 〈-(e)s; o. pl〉 calçado m
'Schukosteckdose® ['ʃuːkoʃtɛkdoːzə] F̅ tomada f de segurança **Schukostecker®** M̅ ELEK ficha f de conta(c)to de segurança
'Schulabschluss M̅ curso m dos liceus **Schulamt** ['ʃuːlʔamt] N̅ → Schulbehörde **'Schulanfang** M̅ abertura f das au-

las; início m do ano escolar **Schularbeit** F̅ dever m (bras lição f) escolar; **~en machen** a. preparar a lição, estudar **Schulausflug** M̅ excursão f escolar **Schulbehörde** F̅ inspe(c)ção f do ensino (primário od secundário) **Schulbesuch** M̅ frequência f da escola **Schulbildung** F̅ instrução f; habilitações fpl escolares **Schulbuch** N̅ livro m escolar
schuld [ʃʊlt] ADJ **an etw** (dat) **~ sein** ter culpa de, em a/c
Schuld [ʃʊlt] F̅ **1** culpa f; (Fehler) falha f; (Sünde) pecado m; **j-m (die) ~ geben** atribuir a culpa a alg; **zu ~en** od **zuschulden 2** FIN dívida f; OFT PL **~en** dívidas fpl; **~en machen** contrair dívidas; **in ~en geraten** endividar-se; fin **in j-s ~ stehen** (a. fig) estar em dívida com alg **'Schuldbekenntnis** N̅ confissão f de culpa **'Schuldbewusst** consciente da sua culpa(bilidade) **'Schuldbewusstsein** N̅ 〈-s; o. pl〉 consciência f da (sua) culpa(bilidade)
'schulden ['ʃʊldən] 〈-e-〉 dever **schuldenfrei** sem dívidas **Schuldenlast** F̅ dívidas fpl; cargos mpl **Schuldentilgung** F̅ amortização f
'schuldfähig JUR imputável **Schuldforderung** F̅ dívida f a(c)tiva, crédito m **Schuldfrage** F̅ (questão f das) responsabilidades fpl **schuldhaft** culposo; culpado
'Schuldienst M̅ **im ~ tätig sein** estar no serviço escolar (od magistério)
'schuldig ['ʃʊldɪç] culpado; HANDEL devedor; **j-m etw ~ sein** dever a/c a alg; **sich ~ bekennen** confessar-se culpado; **(j-m) die Antwort ~ bleiben** não responder (a alg) **Schuldige(r)** ['ʃʊldɪɡə(r)] M̅/F̅(M̅) culpado m, -a f; JUR a. réu m, ré f **Schuldigkeit** F̅ 〈o. pl〉 obrigação f, dever m; **s-e ~ getan haben** ter cumprido o seu dever
'Schuldkomplex M̅ complexo m de culpa **schuldlos** 〈-est〉 inocente, sem culpa; bras inculpe; **~ angeklagt** falso culpado **Schuldlosigkeit** ['ʃʊltloːzɪçkaɪt] F̅ 〈o. pl〉 inocência f **Schuldner(in)** M̅/F̅(M̅) devedor(a) m(f) **Schuldschein** M̅ título m de dívida **Schuldverschreibung** F̅ FIN obrigação f; promissória f
'Schule ['ʃuːlə] F̅ (Grundschule) escola f;

(weiterführende Schule) escola f secundária, de ensino médio; *(Gymnasium) a.* liceu m; bras ginásio m; **die ~ besuchen** ir à escola *etc*; **~ haben** ter aula; **keine ~ haben** ter feriado; **aus der ~ plaudern** *fig* ser indiscreto **schulen** instruir; formar; adestrar

'Schüler(in) ['ʃyːlər(ɪn)] M(F) aluno m, -a f; *Wissenschaft, Kunst*: discípulo m, -a f **Schüleraustausch** M intercâmbio m de alunos **Schülerlotse** M ⟨-n⟩ pessoa f que auxilia alunos a atravessar a rua **'Schulfeier** F, **Schulfest** N festa f escolar **Schulferien** PL férias fpl escolares **schulfrei** feriado; **~ haben** ter feriado **Schulfreund(in)** M(F) companheiro m, -a f de escola *(od de liceu od de colégio)* **Schulgarten** M horto m escolar **Schulgebäude** N edifício m escolar *(od da escola od do liceu)* **Schulgeld** N propina f escolar; bras taxa f *(od* mensalidade f*)* escolar **Schulhof** M pátio m de recreio **schulisch** escolar **Schuljahr** N ano m le(c)tivo, ano m escolar **Schulkamerad** M ⟨-en⟩ colega m, condiscípulo m; → Schulfreund **Schulkind** N aluno m; criança f em idade escolar **Schullandheim** N instalações escolares situadas no campo *para acolhimento de grupos escolares*; bras ≈ acampamento m escolar **Schulleiter(in)** M(F) dire(c)tor(a) m(f); reitor(a) m(f) **Schulmappe** F → Schultasche **Schulmedizin** F ⟨o. pl⟩ medicina f convencional **Schulordnung** F regulamento m escolar **Schulpflicht** F ⟨o. pl⟩ ensino m obrigatório, escolaridade f obrigatória **schulpflichtig** *Kind* em idade escolar **Schulrat** M, **Schulrätin** F inspe(c)tor(a) m(f) do ensino **Schulreform** F reforma f do ensino escolar **Schulschiff** N navio-escola m **Schulschluss** M ⟨-es; o. pl⟩ fim m das aulas; termo m do ensino escolar **Schulstunde** F aula f **Schultag** M dia m de aula **Schultasche** F pasta f; carteira f; bras *a.* mala f

'Schulter ['ʃʊltɐ] F ⟨-; -n⟩ ombro m; espádua f; **~ an ~** lado a lado; **j-m die kalte ~ zeigen** *umg* ignorar alg; **etw auf die leichte ~ nehmen** *umg* não fazer caso de a/c **Schulterblatt** N ANAT omoplata f **schultern** ⟨-re⟩ pôr ao ombro; MIL **das Gewehr ~** carregar armas **Schulterriemen** M **(am) ~ (em)** bandoleira f; (a) tira-colo m **Schulterstück** N GASTR pá f; MIL dragona f, galão m

'Schulung ['ʃuːlʊŋ] F curso m **Schulunterricht** M ⟨-(e)s; o. pl⟩ ensino m escolar **Schulweg** M caminho m da escola **Schulwesen** N ⟨-s; o. pl⟩ ensino m, instrução f pública **Schulzeit** F horas fpl de aula; *(Schuljahre)* anos mpl de escola **Schulzeugnis** N certidão f, certificado m, diploma m escolar **Schulzimmer** N sala f de aula

Schumme'lei [ʃʊmə'laɪ] F *umg* batota f; bras tramóia f **'schummeln** ⟨-le⟩ *umg* fazer batota

Schund [ʃʊnt] M ⟨-(e)s; o. pl⟩ refugo m; *pej* porcaria f; *Ware a.* rebotalho m **'Schundliteratur** F ⟨o. pl⟩ literatura f barata; *Pornografie*: literatura f pornográfica

'Schuppe ['ʃʊpə] F *Fisch*: escama f; *(Kopfschuppe)* caspa f **schuppen** escamar; **sich ~** escamar-se

'Schuppen ['ʃʊpən] M alpendre m; *(Lagerschuppen)* armazém m

'Schuppenflechte F MED psoríase f **schuppig** escamoso

Schur [ʃuːɐ̯] F tosquia f, tosadura f

'schüren ['ʃyːrən] *Feuer, Unruhe* atiçar

'schürfen ['ʃʏrfən] arranhar; BERGB fazer sondagens **(nach** de**) Schürfwunde** F escoriação f

'Schurke ['ʃʊrkə] M ⟨-n⟩ malandro m; patife m **Schurkenstreich** M malandrice f

'Schurwolle ['ʃuːɐ̯vɔlə] F lã f virgem

Schurz [ʃʊrts] M ⟨-es; -e⟩ mandil m; tanga f; avental m **'Schürze** ['ʃʏrtsə] F avental m *(a.* AUTO*)* **Schürzenjäger** M mulherengo m, Dom João m; bras Dom Juan m

Schuss [ʃʊs] M ⟨-es; ⁀e⟩ **1** MIL tiro m; *Fußball*: pontapé m, chuto m; **e-n ~ abgeben** disparar um tiro; **ein ~ ins Blaue** *fig* um tiro no escuro; **ein ~ ins Schwarze** *fig* um tiro em cheio; **ein ~ in den Ofen** *umg fig* um tiro em falso **2** GASTR **ein ~** *Rum etc* uma pinguinha de **3** *Weberei*: trama f **4** *fig* **(gut) in ~ sein** *umg* estar em forma *(od* em condições*)*; **in ~ bringen** compor, arranjar; **weit vom ~ sein**

estar longe, estar afastado **'schussbereit** pronto para disparar
'Schussel ['ʃʊsəl] M̄ umg desajeitado m, -a f
'Schüssel ['ʃʏsəl] F̄ ⟨-; -n⟩ prato m, travessa f; *tiefe*: tigela f; alguidar m; *mit Deckel*: terrina f; (*Waschschüssel*) bacia f
'schusselig [ˈʃʊsəlɪç] umg desajeitado
'Schussfahrt F̄ Ski: descida f em linha re(c)ta **Schusslinie** F̄ linha f de proje(c)ção; *aus der ~ nehmen* fig j-n afastar da linha-de-fogo **Schusswaffe** F̄ arma f de fogo **Schussweite** F̄ *in ~ a* alcance de tiro **Schusswunde** F̄ tiro m, ferida f de bala
'Schuster ['ʃuːstɐ] M̄ sapateiro m
Schutt [ʃʊt] M̄ ⟨-(e)s; *o. pl*⟩ escombros *mpl*, entulho m, lixo m **Schuttabladeplatz** M̄ lixeira f
'Schüttelfrost ['ʃʏtəlfrɔst] M̄ calafrios *mpl* **schütteln** ⟨-le⟩ sacudir; *Gefäß* agitar; *Kopf* abanar; *Hand* apertar **Schüttelreim** M̄ rima f trocada
'schütten ['ʃʏtən] ⟨-e-⟩ deitar, despejar; *bras a.* derramar; *es schüttet* umg chove a potes **schütter** *Haar* ralo, raro **Schüttgut** N̄ mercadoria f a granel
'Schutthalde F̄ escorial m, depósito m de escória **Schutthaufen** M̄ montão m de entulho (*od* de lixo)
Schutz [ʃʊts] M̄ ⟨-es; *o. pl*⟩ prote(c)ção f; (*Obhut*) amparo m; (*Zuflucht*) refúgio m, abrigo m; (*Verteidigung*) defesa f (*vor dat* de, *gegen*) contra); *in ~ nehmen* defender; *im ~(e)* ⟨*gen*⟩ ao abrigo de; a coberto de **'Schutzanstrich** M̄ pintura f prote(c)tora; MIL camuflagem f
'Schutzblech N̄ guarda-lamas m; *bras* pára-lamas m **'Schutzbrief** M̄ salvo--conduto m **'Schutzbrille** F̄ óculos *mpl* prote(c)tores (*od* de resguardo)
'Schutzdach N̄ telheiro m, abrigo m
Schütze ['ʃʏtsə] M̄ ⟨-n⟩ atirador m; MIL fusileiro m; (*Jäger*) caçador m; ASTRON Sagitário m
'schützen ⟨-t-⟩ ~ *vor* ⟨*dat*⟩/*gegen* proteger de/contra, amparar de, defender de/contra; (*schirmen*) abrigar de, resguardar de; *geschützt vor* ⟨*dat*⟩ ao abrigo de
'Schutzengel M̄ anjo m custódio, anjo m da guarda
'Schützengraben M̄ trincheira f
'Schutzfarbe F̄ cor f de prote(c)ção

Schutzgebiet N̄ *ökologisch*: reserva f; POL prote(c)torado m **Schutzgitter** N̄ grade f de prote(c)ção; *gegen Feuer*: guarda-fogo m **Schutzheilige(r)** M/F(M) padroeiro m, -a f **Schutzhelm** M̄ capacete m de prote(c)ção **Schutzherr(in)** M(F) ⟨-en⟩ prote(c)tor(a) m(f) **Schutzherrschaft** F̄ ⟨*o. pl*⟩ prote(c)torado m **Schutzhülle** F̄ capa f **Schutzhütte** F̄ abrigo m **Schutzimpfung** F̄ vacinação f (preventiva) **Schutzkontakt** M̄ ELEK conta(c)to m de segurança
'Schützling ['ʃʏtslɪŋ] M̄ ⟨-s; -e⟩ protegido m, -a f **'schutzlos** desamparado, desprotegido
'Schutzmacht F̄ potência f prote(c)tora **Schutzmann** M̄ ⟨-(e)s; ¨er *od* -leute⟩ polícia m, guarda m **Schutzmaske** F̄ máscara f prote(c)tora **Schutzmaßnahme** F̄ medida f preventiva **Schutzpatron(in)** M(F) ⟨-s; -e⟩ padroeiro m, -a f **Schutzpolizei** F̄ ⟨*o. pl*⟩ polícia f de segurança pública, guarda f **Schutzpolizist(in)** M(F) ⟨-en⟩ guarda m/f, polícia m/f **Schutzraum** M̄ MIL abrigo m **Schutzschicht** F̄ camada f prote(c)tora **Schutzzoll** M̄ direitos *mpl* alfandegários proibitivos **Schutzzollpolitik** F̄ ⟨*o. pl*⟩ prote(c)cionismo m
'Schwabbelbauch M̄ *sl* pneus *mpl*; gordura f na barriga **'schwabb(e)lig** ['ʃvab(ə)lɪç] umg balofo; gelatinoso
schwach [ʃvax] ⟨¨er; ¨ste⟩ fraco; débil; *Stimme a.* sumido; *~e Stunde* f momento m de fraqueza; *~e Seite* f fraca m, ponto m fraco; *~ werden* enfraquecer; *fig* ceder
'Schwäche ['ʃvɛçə] F̄ fraqueza f; MED *a.* astenia f; *fig* fraco m (*für por*) **Schwächeanfall** M̄ fraqueza f; MED astenia f **Schwächegefühl** N̄ sensação f de fraqueza **'schwächen** enfraquecer
'Schwachheit F̄ fraqueza f **Schwachkopf** M̄ umg pej imbecil m **schwachköpfig** ['ʃvaxkœpfɪç] umg pej imbecil
'schwächlich ['ʃvɛçlɪç] fraquinho; MED doentio, delicado; *a. fig* sem energia, fraco **Schwächling** M̄ ⟨-s; -e⟩ homem m fraco (*od* sem energia); umg fracote m; *bras* banana m
'Schwachsinn M̄ ⟨-(e)s; *o. pl*⟩ umg pej

imbecilidade f **schwachsinnig** imbecil **Schwachstrom** M ⟨-(e)s; o. pl⟩ corrente f de baixa tensão
'**Schwächung** ['ʃvɛçʊŋ] F enfraquecimento m
'**Schwaden** ['ʃvaːdən] M (Nebelschwaden) nevoeiro m, nuvens fpl; (Rauchschwaden) fumaçada f
'**schwafeln** ['ʃvaːfəln] ⟨-le⟩ umg tagarelar; disparatar
'**Schwager** ['ʃvaːɡar] M ⟨-s; ⸚⟩ cunhado m '**Schwägerin** ['ʃvɛːɡərɪn] F cunhada f
'**Schwalbe** ['ʃvalbə] F andorinha f **Schwalbenschwanz** M ZOOL papilião m; TECH cauda f de andorinha
Schwall [ʃval] M ⟨-(e)s; -e⟩ torrente f; Menge: multidão f, data f
Schwamm [ʃvam] M ⟨-(e)s; ⸚e⟩ esponja f; BOT (Pilz) fungo m, cogumelo m; fig **~ drüber!** umg já não se fala nisso!; o que lá vai, lá vai! '**schwammig** esponjoso; abalofado; fig mole
Schwan [ʃvaːn] M ⟨-(e)s; ⸚e⟩ cisne m
'**schwanen** V/UNPERS **mir schwant (Böses)** tenho um (mau) pressentimento
Schwang [ʃvaŋ] M **im ~e sein** estar em voga
'**schwanger** [ʃvaŋər] grávida; prenhe (a. fig) **Schwangere** F ⟨-n; -n⟩ grávida f
'**schwängern** ['ʃvɛŋərn] ⟨-re⟩ engravidar; umg emprenhar; fig impregnar
'**Schwangerschaft** F gravidez f **Schwangerschaftsabbruch** M interrupção f de gravidez; aborto m (provocado) **Schwangerschaftstest** M teste m de gravidez
Schwank [ʃvaŋk] M ⟨-(e)s; ⸚e⟩ THEAT farsa f; LIT conto m burlesco '**schwanken** abanar; a. fig vacilar, oscilar; Person a. hesitar '**schwankend** ADJ oscilante, vacilante; (unentschlossen) indeciso; Gesundheit precário m '**Schwankung** F oscilação f
Schwanz [ʃvants] M ⟨-es; ⸚e⟩ cauda f (a. ASTRON); rabo m; vulg (Penis) caralho m 'schwänzeln ['ʃvɛntsəln] ⟨-le⟩ agitar (od mover) a cauda; fig saracotear-se 'schwänzen ⟨-t⟩ umg **die Schule ~** gaze(te)ar, cabular; bras matar aulas
'**Schwanzfeder** F pena f da cauda **Schwanzflosse** F ZOOL barbatana f; FLUG deriva f caudal

Schwarm [ʃvarm] M ⟨-(e)s; ⸚e⟩ **1** Vögel: bando m; Bienen: enxame m; Fische: cardume m; Menschen: multidão f; chusma f **2** fig j-s: paixão f, amor m
'**schwärmen** ['ʃvɛrmən] ⟨h. u. s.⟩ **1** ZOOL voltear; vaguear; Bienen enxamear **2** ⟨h.⟩ (verehren) **~ von** delirar de, imaginar; **~ für** apaixonar-se por, andar doido por **Schwärmer** M **1** Person: exaltado m; REL visionário m; fanático m **2** ZOOL esfinge f **Schwärme'rei** [ʃvɛrməˈraɪ] F paixão f; pej exaltação f '**schwärmerisch** entusiástico; exaltado
'**Schwarte** ['ʃvartə] F pele f de porco, couro m de toucinho; (altes Buch) cartapácio m, calhamaço m
schwarz [ʃvarts] ⟨⸚er; ⸚este⟩ preto; negro (a. Meer); fig a. ilegal, ilícito; HANDEL **~e Zahlen** fpl números mpl positivos; **~ auf weiß** por escrito; em letra redonda; **~ machen, ~ werden** enegrecer; **ins Schwarze treffen** acertar, dar em cheio; fig dar no vinte; **j-m wird ~ vor den Augen** foge a vista a alg; **warten, bis man ~ wird** fig esperar até ter barba; bras esperar uma tempão
'**Schwarzarbeit** F trabalho m ilegal (od ilícito) **Schwarzarbeiter(in)** M(F) trabalhador(a) m(f) clandestino, -a
'**schwarzäugig** ['ʃvartsˀɔʏɡɪç] de olhos pretos **schwarzbraun** moreno; Pferd baio escuro **Schwarzbrot** N pão m escuro (od de centeio) **Schwarzdorn** M abrunheiro m silvestre **Schwarzdrossel** F (Amsel) melro m
'**Schwärze** ['ʃvɛrtsə] F negridão f; (Druckerschwärze) tinta f
'**Schwarze(r)** M(F/M) ⟨-n; -n⟩ negro m, -a f; fig POL conservador m, -a f
'**schwärzen** ⟨-t⟩ enegrecer, pintar preto
'**Schwarzfahrer(in)** M(F) in Bus, Zug etc: passageiro m, -a f sem bilhete (od clandestino); AUTO motorista m sem licença (bras carteira) **Schwarzgeld** N ⟨-(e)s; o. pl⟩ dinheiro m sujo **schwarzhaarig** de cabelos pretos **Schwarzhandel** M mercado m negro **Schwarzhändler(in)** M(F) traficante m do mercado negro **Schwarzhörer(in)** M(F) radiouvinte m/f clandestino, -a
'**schwärzlich** ['ʃvɛrtslɪç] enegrecido
'**Schwarzmarkt...** IN ZSSGN do merca-

do negro **schwarzsehen** ser pessimista **Schwarzseher** M̄ tele-espe(c)tador *m* clandestino; *fig* pessimista *m* **Schwarz-'Weiß-Film** M̄ filme *m* a (*bras* em) preto e branco **Schwarzwild** N̄ ⟨-(e)s; *o. pl*⟩ javalis *mpl* **Schwarzwurzel** F̄ escorcioneira *f*

Schwatz [ʃvats] M̄ ⟨-es; -e⟩ cavaco *m*; *bras* prosa *f*, papo *m* **'schwatzen** ⟨-t⟩, **schwätzen** ⟨-t⟩ palrar, cavaquear; *bras* prosear, bater papo; (*etw auspaludern*) ser indiscreto **'Schwätzer(in)** M̄(F̄) falador(a) *m(f)*, indiscreto *m*, -a *f*; tagarela *m/f* **'schwatzhaft** palrador; indiscreto

'Schwebe ['ʃveːbə] F̄ ⟨*o. pl*⟩ **in der ~** pendente, em suspensão **'Schwebebahn** F̄ teleférico *m* **Schwebebalken** M̄ trave *f* olímpica **schweben** ⟨h. *u.* s.⟩ pairar; estar suspenso; *in Gefahr*: estar **schwebend** ADJ suspenso; *fig a.* pendente, em suspensão **Schwebestoffe** MPL CHEM matérias *fpl* em suspensão **'Schwebung** ['ʃveːbʊŋ] F̄ PHYS interferência *f*

'Schwede ['ʃveːdə] M̄ ⟨-n⟩, **'Schwedin** F̄ sueco *m*, -a *f* **Schweden** N̄ GEOG Suécia *f* **schwedisch** sueco, da Suécia

'Schwefel ['ʃveːfəl] M̄ ⟨-s; *o. pl*⟩ enxofre *m* **Schwefel...** IN ZSSGN sulfuroso, sulfúrico, sulfúreo **Schwefel'dioxid** [ʃveːfalˈdɪɔksiːt] N̄ ⟨-s; *o. pl*⟩ CHEM anidrido *m* sulfuroso **schwefelfarbig**, **schwefelgelb** sulfurino **schwefelhaltig** ['ʃveːfəlhaltɪç] sulfúreo, sulfuroso **schwefelig** sulfuroso **Schwefelkies** M̄ ⟨-es; *o. pl*⟩ pirite *f* sulfúrea **schwefeln** ⟨-le⟩ enxofrar, sulfurar **Schwefelquellen** FPL águas *fpl* sulfurosas **Schwefelsäure** F̄ ⟨*o. pl*⟩ ácido *m* sulfúrico **Schwefel'wasserstoff** M̄ ⟨-(e)s; *o. pl*⟩ ácido *m* sulfídrico

Schweif [ʃvaɪf] M̄ ⟨-(e)s; -e⟩ cauda *f* **'schweifen** A VĪ ⟨h. *u.* s.⟩ *geh* vaguear; errar; **~ lassen** *Blick* passar B VT̄ TECH chanfrar, abaular; **geschweift** *a.* curvado (*bes* TYPO)

'Schweigegeld ['ʃvaɪɡəɡɛlt] N̄ suborno *m* (para impor silêncio) **Schweigemarsch** M̄ marcha *f* silenciosa **'schweigen** ['ʃvaɪɡən] VĪ calar(-se); estar calado, ficar calado; **~ über** (*akk*), **~ von** calar **'Schweigen** N̄ silêncio *m*; **zum ~ bringen** fazer calar **'schweigend** ADJ calado, silencioso; (*stillschweigend*) tácito **'Schweigepflicht** F̄ ⟨*o. pl*⟩ segredo *m* profissional **'schweigsam** ['ʃvaɪkzaːm] calado, silencioso, taciturno **Schweigsamkeit** F̄ ⟨*o. pl*⟩ taciturnidade *f*, silêncio *m*

Schwein [ʃvaɪn] N̄ ⟨-(e)s; -e⟩ porco *m*, varrão *m*, suíno *m*; *umg* (*Glück*) bambúrrio *f*; **~ haben** *umg* ter sorte **'Schweinebraten** M̄ porco *m* assado **Schweinefleisch** N̄ (carne *f* de) porco *m* **Schweinegrippe** F̄ gripe A *f* **Schweinehachse** F̄ GASTR perna *f* de porco **Schweinehund** M̄ *umg* patife *m*, velhaco *m* **Schweine'rei** [ʃvaɪnəˈraɪ] F̄ porcaria *f* **Schweineschmalz** N̄ ⟨-es; *o. pl*⟩ banha *f* **Schweinestall** M̄ pocilga *f*; chiqueiro *m* (*a. fig*) **Schweinezucht** F̄ ⟨*o. pl*⟩ criação *f* de porcos

'schweinisch ['ʃvaɪnɪʃ] porco; obsceno; pornográfico

'Schweinsborste F̄ cerda *f* **Schweinshaxe** F̄ *reg* → Schweinehachse **Schweinskopf** M̄ cabeça *f* de porco (*od Wildschwein*: de javali) **Schweinsleder** N̄ couro *m* de porco; pergaminho *m*

Schweiß [ʃvaɪs] M̄ ⟨-es; *o. pl*⟩ suor *m* (*a. fig*); transpiração *f*; *Jägersprache*: sangue *f*; (*Angstschweiß*) **kalter ~** suores *mpl* frios; **in ~ geraten** começar a suar **'Schweißabsonderung** F̄ transpiração *f* **'Schweißbrenner** M̄ maçarico *m* de soldar **'Schweißdrüse** F̄ glândula *f* sudorífera **'schweißen** ⟨-t⟩ VĪ/T̄ TECH soldar **'Schweißer** M̄ TECH soldador *m* **'Schweißfüße** MPL suor *m* dos pés; MED hiperidrose *f* dos pés **'schweißig** em suor, suarento **'Schweißnaht** F̄ TECH soldadura *f* **'schweißtreibend** sudorífico **'schweißtriefend** suado, banhado em suor **'Schweißtropfen** M̄ gota *f* de suor

Schweiz [ʃvaɪts] F̄ GEOG **die ~** a Suíça *f* **'Schweizer(in)** ['ʃvaɪtsɐ(ɪn)] M̄(F̄) suíço *m*, -a *f*; ADJ ⟨*inv*⟩ suíço; **~ Käse** gruyère *m*, queijo *m* suíço **schweizerisch** suíço, helvético, da Suíça

'Schwelbrand ['ʃveːlbrant] M̄ fogo *m* de combustão lenta **schwelen** ['ʃveːlən]

arder sem chama **Schwelen** N̄ TECH carbonização f incompleta
'**schwelgen** ['ʃvɛlgən] gozar; ~ **in** (dat) regalar-se com **Schwelger** M̄ patusco m **Schwelge'rei** [ʃvɛlgə'raɪ] F̄ patuscada f; excesso m **schwelgerisch** luxuoso; Mahl opíparo; bras suntuoso, pomposo
'**Schwelle** ['ʃvɛlə] F̄ limiar m (a. fig); soleira f, umbral m; BAHN travessa f, dormente f
'**schwellen** A V̄T & V̄I inchar; entumecer, tumefazer B V̄I Wasser crescer **Schwellung** F̄ inchaço m
'**Schwemme** ['ʃvɛmə] F̄ vau m; bebedouro m; umg cervejaria f popular **schwemmen** levar; fazer flutuar **Schwemmland** N̄ <-(e)s; o. pl> aluvião m
'**Schwengel** ['ʃvɛŋəl] F̄ manivela f; (Glockenschwengel) badalo m
'**schwenkbar** ['ʃvɛŋkbaːr] giratório **schwenken** A V̄T agitar; (drehen) virar, fazer girar; in Wasser: lavar; GASTR **in Öl** ~ alourar em óleo/azeite B V̄I virar-se; **nach rechts/links** ~ dar uma guinada para a direita/esquerda **Schwenkung** F̄ conversão f, evolução f; volta f
schwer [ʃveːr] A ADJ 1 Gewicht: pesado (a. MIL); **drei Kilo** ~ **sein** pesar 2 (schwierig) difícil; (mühevoll) penoso, duro; (ernst) grave; **es j-m** ~ **machen** dificultar (od tornar difícil) a alg; **j-m das Leben** ~ **machen** tornar a vida negra a alg; bras dificultar a vida de alg 3 fig Wein forte; Strafe severo B ADV arbeiten, wiegen muito; krank gravemente; **ich habe es** ~ **mit ihm** (ele) dá-me muito que fazer; ~ **krank** gravemente doente (bras enfermo); ~ **verdaulich** indigesto; ~ **verletzt**, ~ **verwundet** gravemente ferido; ~ **verständlich** difícil de compreender
'**Schwerarbeit** F̄ <o. pl> trabalho m de indústrias pesadas **Schwerarbeiter** M̄ operário m de indústrias pesadas **Schwerathletik** F̄ <o. pl> atletismo m pesado **Schwerbehindert** com deficiência grave **Schwerbehinderte(r)** M/F(M) pessoa f com deficiência grave **Schwerbeschädigte(r)** M/F(M) aleijado m, -a f, gravemente danificado m, -a f
'**Schwere** F̄ <o. pl> peso m; fig a. gravidade f; (Schwierigkeit) dificuldade f **schwerelos** liberto de gravidade **Schwerelosigkeit** F̄ <o. pl> ausência f de gravidade
'**schwerfallen** fig custar **schwerfällig** pesado(nho), lento, parado '**Schwerfälligkeit** F̄ <o. pl> lentidão f '**Schwergewicht** N̄ (SPORT pesado) '**schwerhörig** mouco; surdo '**Schwerhörigkeit** F̄ <o. pl> surdez f '**Schwerindustrie** F̄ indústria f pesada '**Schwerkraft** F̄ <o. pl> gravitação f, força f da gravidade '**Schwerlastzug** M̄ AUTO camião m de pesados
'**schwerlich** ADV dificilmente
'**Schwermetall** N̄ metal m pesado '**Schwermut** F̄ <o. pl> melancolia f; MED hipocondria f '**schwermütig** ['ʃveːrmyːtɪç] melancólico, triste '**schwernehmen** V̄T etw ~ tomar a/c ~ a peito '**Schweröl** N̄ óleo m pesado '**Schwerpunkt** M̄ centro m de gravidade; fig ponto m principal; acento m '**schwer'reich** umg muito rico
Schwert [ʃveːrt] N̄ <-(e)s; -er> espada f '**Schwertfisch** M̄ peixe-espada m '**Schwertlilie** F̄ íris f
'**schwertun** V̄R sich ~ mit ter dificuldades com
'**Schwerverbrecher** M̄ grande criminoso m **schwerwiegend** fig grave, transcendente
'**Schwester** ['ʃvɛstər] F̄ <-; -n> irmã f; (Krankenschwester) enfermeira f **schwesterlich** de (od como) irmã **Schwesternhelferin** F̄ ajudante f de enfermeira **Schwesternschule** F̄ escola f de enfermagem **Schwesternschiff** N̄ navio m irmão, navio m gêmeo
'**Schwiegereltern** ['ʃviːgərʔɛltərn] PL sogros mpl **Schwiegermutter** F̄ sogra f **Schwiegersohn** M̄ genro m **Schwiegertochter** F̄ nora f **Schwiegervater** M̄ sogro m
'**Schwiele** ['ʃviːlə] F̄ calo m, calosidade f **schwielig** caloso
'**schwierig** ['ʃviːrɪç] difícil **Schwierigkeit** F̄ dificuldade f
'**Schwimmbad** ['ʃvɪmbaːt] N̄, **Schwimmbecken** N̄ piscina f **Schwimmblase** F̄ ZOOL bexiga f natatória **Schwimmdock** N̄ doca f flu-

tuante
'schwimmen ⟨s.⟩ flutuar, boiar; *Person* nadar; *in Tränen:* desfazer-se; **es schwimmt mir vor den Augen** foge-me a vista **Schwimmen** N̄ natação f **Schwimmer** M̄ TECH bóia f; flutuador m (a. *Angel*) **Schwimmer(in)** M̄(F̄) nadador(a) m(f)
'Schwimmflosse F̄ barbatana f **Schwimmgurt** M̄, **Schwimmgürtel** M̄ cinto m de natação **Schwimmhaut** F̄ membrana f **Schwimmlehrer(in)** M̄(F̄) professor m, -a f de natação **Schwimmmeisterschaft** F̄ campeonato m de natação **Schwimmsport** M̄ ⟨-(e)s; o. pl⟩ natação f **Schwimmvogel** M̄ ave f aquática **Schwimmweste** F̄ (colete m) salva-vidas m

'Schwindel¹ ['ʃvɪndl] M̄ ⟨-s; -⟩ (Betrug) burla f, intrujice f; (Lüge) mentira f

'Schwindel² ['ʃvɪndl] M̄ ⟨-s; -⟩, **Schwindelanfall** M̄ vertigem f, tonturas fpl **Schwindelei** [ʃvɪndə'laɪ] F̄ (Lüge) mentira f, peta f; → Schwindel² **schwindelerregend** vertiginoso **schwindelfrei** ADJ ~ **sein** não ter vertigens; **nicht ~ sein** ter vertigens **Schwindelgefühl** N̄ sensação f de vertigens **schwindelig** vertiginoso; **j-m ist ~** alg está com vertigens, alg tem tonturas

'schwindeln¹ V̄/UNPERS ⟨-le⟩ **j-m schwindelt** alg está com vertigens

'schwindeln² V̄/ī ⟨-le⟩ umg (lügen) mentir, dizer petas, ser mentiroso

'schwinden ['ʃvɪndn] ⟨s.⟩ (abnehmen) diminuir; (hinschwinden) desvanecer; fugir; (verschwinden) desaparecer; **j-m ~ die Sinne** alg perde os sentidos

'Schwindler ['ʃvɪndlɐ] M̄, **Schwindlerin** F̄ aldrabão m, -ona f;, embusteiro m, -a f **Schwindsucht** F̄ ⟨o. pl⟩ MED tísica f **schwindsüchtig** tísico

'Schwingachse ['ʃvɪŋʔaksə] F̄ AUTO eixo m de suspensão independente **Schwinge** F̄ geh (Flügel) asa f **schwingen** A V̄/ī agitar; *Lanze* arrojar B V̄/ī vibrar; *Pendel* oscilar C V̄/R **sich ~** lançar-se, arrojar-se **Schwingtür** F̄ porta f de bater (bras de vaivém) **Schwingung** F̄ vibração f; *Pendel:* oscilação f **Schwingungskreis** M̄ circuito m oscilante **Schwingungszahl** F̄ frequência f

Schwips [ʃvɪps] M̄ ⟨-es; -e⟩ umg piela f, perua f; bras pileque m

'schwirren ['ʃvɪrən] ⟨h. u. s.⟩ vibrar; zunir; *pfeifend:* sibilar; *Gerücht* circular

'Schwitzbad ['ʃvɪtsba:t] N̄ banho m de vapor **Schwitze** F̄ GASTR refogado m **schwitzen** ⟨-t⟩ suar, transpirar

'schwören ['ʃvø:rən] V̄/ī & V̄/T jurar; **e-n Eid ~** prestar juramento; **~ bei** jurar por

schwul [ʃvu:l] umg homossexual

schwül [ʃvy:l] abafado; pesado

'Schwüle F̄ ⟨o. pl⟩ calor m sufocante (od abafadiço); abafamento m

'Schwule(r) M̄ ⟨-n⟩ umg homossexual m; pej maricas m; bras puto m

Schwulst [ʃvʊlst] M̄ ⟨-(e)s; ⸚e⟩ estilo m empolado; LIT cultismo m, gongorismo m **schwülstig** ['ʃvʏlstɪç] empolado, bombástico

Schwund [ʃvʊnt] M̄ ⟨-(e)s; o. pl⟩ bes HANDEL redução f, diminuição f; MED atrofia f

Schwung [ʃvʊŋ] M̄ ⟨-(e)s; ⸚e⟩ arranco m; (Antrieb) impulso m, ímpeto m; fig a. brio m; *in die Höhe:* elevação f; **in ~ bringen** (akk) pôr em marcha; fig dar impulso a, a(c)tivar **'Schwungfeder** F̄ remígio m **'schwunghaft** ⟨-este⟩ florescente, próspero, lucrativo **'Schwungkraft** F̄ força f motriz (od centrífuga); fig elasticidade f; brio m **'schwunglos** ⟨-est⟩ monótono, aborrecido **'Schwungrad** N̄ volante m **'schwungvoll** dinâmico; brioso; HANDEL florescente

Schwur [ʃvu:r] M̄ ⟨-(e)s; ⸚e⟩ juramento m **'Schwurgericht** N̄ (tribunal m de) jurados mpl, júri m

'Science-Fiction ['saɪəns'fɪkʃən] F̄ ⟨o. pl⟩ fi(c)ção f científica

sechs [zɛks] NUM seis

Sechs F̄ ⟨-; -en⟩ seis f **'Sechseck** N̄ hexágono m **'sechseckig** hexagonal **Sechserpack** M̄ ⟨-s; -s⟩ HANDEL embalagem f de seis unidades **'sechsfach** ADJ & ADV sêxtuplo **'sechshundert** NUM seiscentos **'sechsjährig** ['zɛksjɛ:rɪç] de seis anos (de idade) **'sechsmal** ADV, **sechsmalig** ADV seis vezes (repetido) **Sechs'tagerennen** N̄ corridas fpl de seis dias **'sechstausend** NUM seis mil '**sechste** NUM sexto '**Sechstel** N̄ sexto m '**sechstens** ['zɛkstəns] ADV sexto, em sexto lugar '**sechzehn** ['zɛçtse:n] NUM dezasseis; *bras a.* dezesseis **sechzehnte** NUM décimo sexto; **Ludwig der Sechzehnte** Luís XVI (dezasseis) **Sechzehntel** N̄ décimo m sexto **Sechzehntelnote** F̄ MUS semicolcheia f

'**sechzig** ['zɛçtsɪç] NUM sessenta **Sechziger(in)** ['zɛçtsɪgər(ɪn)] M(F) sexagenário m, -a f; **in den ~n (sein)** (andar) na casa dos sessenta **sechzigjährig** ['zɛçtsɪçjɛ:-rɪç] sexagenário **sechzigste** ['zɛçtsɪçstə] NUM sexagésimo **Sechzigstel** N̄ sexagésimo m

See[1] [ze:] F̄ ⟨-; *o. pl*⟩ (*Meer*) mar m; **an der ~** à beira-mar; **auf hoher ~** em alto mar; **in ~ gehen** (*od* **stechen**) fazer-se ao mar, embarcar; **zur ~ fahren** ser marinheiro

See[2] M̄ ⟨-s; -n⟩ lago m; **am ~** à beira-lago

'**Seeaal** M̄ congro m '**Seeadler** M̄ águia f marítima '**Seeanemone** F̄ anémona f (*bras *e) do mar '**Seebad** N̄ banho m de mar; *Ort:* praia f '**Seebär** M̄ ⟨-en⟩ *fig* velho marujo m; lobo m do mar '**Seebeben** N̄ maremoto m '**Seeblick** M̄ ⟨-(e)s; *o. pl*⟩ vista f para o lago *bzw* mar '**Seefahrer** M̄ marinheiro m; navegador m '**Seefahrt** F̄ navegação f; (*Reise*) viagem f marítima '**Seefisch** M̄ peixe m de água salgada '**Seefrachtbrief** M̄ conhecimento m de frete marítimo '**Seegang** M̄ ⟨-(e)s; *o. pl*⟩ marulho m '**Seegras** N̄ sargaço m '**Seehafen** M̄ porto m marítimo '**Seehecht** M̄ ZOOL pescada f '**Seehund** M̄ ZOOL foca f '**Seeigel** ZOOL ouriço m do mar '**Seejungfer** F̄ sereia f; ZOOL libelinha f '**Seekabel** N̄ cabo m submarino '**Seekarte** F̄ mapa m náutico '**Seeklima** N̄ ⟨-s; *o. pl*⟩ clima m marítimo '**seekrank** enjoado; **~ sein, ~ werden** *a.* enjoar '**Seekrankheit** F̄ ⟨*o. pl*⟩ enjoo m (*bras* enjôo m); '**Seekrieg** M̄ guerra f naval '**Seelachs** M̄ ZOOL salmão-do-mar m

'**Seele** ['ze:lə] F̄ alma f; **e-e ~ von Mensch** uma santa pessoa; **j-m in der ~ wehtun** afligir alg muito; *bras* magoar alg; **j-m aus der ~ sprechen** pensar como alg

'**Seelenamt** N̄ REL ofício m de defuntos **Seelengröße** F̄ ⟨*o. pl*⟩ magnanimidade f **Seelenheil** N̄ ⟨-s; *o. pl*⟩ REL salvação f **Seelenleben** N̄ ⟨-s; *o. pl*⟩ vida f espiritual **seelenlos** desalmado; insensível **Seelenmesse** F̄ REL sufrágio m **Seelenruhe** F̄ ⟨*o. pl*⟩ serenidade f **seelenruhig** sereno; todo sossegado **Seelenverwandtschaft** F̄ (de) afinidades *fpl* espirituais **Seelenwanderung** F̄ metempsicose f '**Seeleute** MPL marinheiros *mpl* '**seelisch** ['ze:lɪʃ] psíquico, anímico; íntimo

'**Seelöwe** M̄ ⟨-n⟩ ZOOL leão-marinho m '**Seelsorge** F̄ ⟨*o. pl*⟩ cura f de almas; *bras* assistência f espiritual **Seelsorger(in)** M(F) pastor(a) m(f) de almas '**Seeluft** F̄ ⟨*o. pl*⟩ ar m marítimo; ares *mpl* do mar **Seemacht** F̄ poder m naval; *Staat:* potência f naval, potência f marítima; *Flotte:* forças *fpl* navais **Seemann** M̄ ⟨-(e)s; -leute⟩ marinheiro m **seemännisch** ['ze:mɛnɪʃ] de marinheiro; náutico **Seemeile** F̄ milha f (*od* légua f) marítima **Seenot** F̄ ⟨*o. pl*⟩ perigo m marítimo (*od* de naufrágio) **Seepferdchen** N̄ ZOOL cavalo-marinho m **Seeräuber** M̄ pirata m **Seerecht** N̄ ⟨-(e)s; *o. pl*⟩ direito m marítimo **Seereise** F̄ viagem f marítima (*od* por mar) **Seerose** F̄ BOT nenúfar m **Seesack** M̄ saco m de marinheiro; saco m de lona **Seeschlacht** F̄ batalha f naval **Seestern** M̄ estrela-do-mar f '**Seestraße** F̄ via f marítima **Seestreitkräfte** FPL forças *fpl* navais **Seetang** M̄ ⟨-s; *o. pl*⟩ sargaço m; algas *fpl* '**seetüchtig** em condições de navegar '**Seeufer** N̄ beira f do lago **Seewarte** F̄ observatório m marítimo **seewärts** ADV ao largo, para o mar, do lado do mar **Seewasser** N̄ ⟨-s; *o. pl*⟩ água f salgada, água f do mar **Seeweg** M̄ via f marítima; **auf dem ~** por via marítima, por mar **Seezeichen** N̄ bóia f **Seezunge** F̄ ZOOL linguado m

'**Segel** ['ze:gəl] N̄ vela f; **mit vollen ~n** a todo o pano **Segelboot** N̄ barco m à vela **Segelflieger** M̄ planador m; *Person:* piloto m de planador **Segelflug** M̄ voo m (*bras* vôo m) à vela (*od* de planador) **Segelflugzeug** N̄ aeroveleiro m, planador m **segeln** V/I & V/T ‹-le› velejar, andar à vela **Segelregatta** F regata f de barcos à vela **Segelschiff** N (navio m) veleiro m **Segelsport** M desporto m de barco à vela; *bras* esporte m de vela **Segeltuch** N ‹-(e)s; -e› lona f; brim m **Segelwerk** N ‹-(e)s; *o. pl*› velame m

'**Segen** ['ze:gən] M REL bênção f; *fig a.* prosperidade f, felicidade f; **j-m den ~ erteilen** dar a benção a *alg* **segensreich** abençoado; propício, benéfico **Segenswunsch** M felicitação f; voto m

'**Segment** [zɛg'mɛnt] N ‹-(e)s; -e› segmento m

'**segnen** ['ze:gnən] ‹-e-› abençoar; REL *a.* benzer; **gesegnet** *a.* bendito **Segnung** F bênção f

'**sehbehindert** com deficiência visual '**sehen** ['ze:ən] ver; (*ansehen, hinsehen*) *a.* olhar (**auf** *akk* para; *sorgend:* por); **zu ~ sein** ver-se; **sich ~ lassen** aparecer; **sich ~ lassen können** apresentar-se bem; fazer boa figura; **j-m ähnlich ~** parecer-se com *alg*; **gern ~** gostar de ver, ver com agrado; **siehe …!** vide …!

'**Sehen** ['ze:ən] N vista f; visão f; **vom ~ kennen** conhecer de vista

'**sehenswert** ‹-este›, **sehenswürdig** notável, interessante **Sehenswürdigkeit** F coisa f interessante; curiosidade f; **~en** monumentos *mpl*

'**Sehfehler** ['ze:fe:lɐr] M defeito m visual (*od nos olhos*) **Sehkraft** F ‹*o. pl*› vista f, força f visual

'**Sehne** ['ze:nə] F ANAT tendão m, nervo m; MATH *u.* (*Bogensehne*) corda f

sehnen ['ze:nən] V/R **sich nach etw ~** ter saudades de *a/c*; *nach Zukünftigem:* ansiar *a/c*

'**Sehnenscheidenentzündung** F MED tendinite f **Sehnenzerrung** F distensão f do tendão

'**Sehnerv** M nervo m ó(p)tico, nervo m visual

'**sehnig** ['ze:nɪç] *Person* musculoso, nervudo; *Fleisch* tendinoso

'**sehnlich** ['ze:nlɪç] ardente, veemente; **~(st) erwarten** esperar ansiosamente **Sehnsucht** F *nach Vergangenem:* saudade f; *nach Künftigem:* ânsia f (**nach** *de*) **sehnsüchtig** ‹-keit› saudoso; ansioso

sehr [ze:r] ADV **~** (**viel**) muito; **so ~ tanto**; **wie ~** quanto; **wie ~ auch** por mais que (*subj*)

'**Sehrohr** N SCHIFF periscópio m **Sehschärfe** F ‹*o. pl*› → **Sehkraft Sehstörung** F perturbação f visual **Sehtest** M teste m visual; *bras* exame m de vista **Sehvermögen** N capacidade f (*od* força f) visual **Sehweise** F *fig* modo m de ver *a/c* **Sehweite** F alcance m da vista

seicht [zaɪçt] baixo, pouco profundo; *fig* superficial; fútil

'**Seide** ['zaɪdə] F seda f; **aus ~** de seda '**seiden** de seda **Seidenindustrie** F indústria f de sedas **Seidenpapier** N papel m de seda **Seidenraupe** F bicho-da-seda m **Seidenraupenzucht** F criação f de bichos-da-seda **Seidenwaren** FPL sedas *fpl* **seidenweich** sedoso, macio como seda '**seidig** ['zaɪdɪç] sedoso

'**Seife** ['zaɪfə] F sabonete m; (*Waschseife*) sabão m **Seifenblase** F bola f de sabão '**Seifendose** F saboneteira f **Seifenfabrik** F saboaria f **Seifenflocken** FPL flocos *mpl* de sabão **Seifenlauge** F lixívia f **Seifenoper** *umg pej* telenovela f, soap opera f **Seifenpulver** N sabão m em pó **Seifenschale** F saboneteira f **Seifenschaum** M espuma f de sabão '**seifig** ['zaɪfɪç] saponáceo

'**seihen** ['zaɪən] coar, passar, filtrar

Seil [zaɪl] N ‹-(e)s; -e› corda f; cabo m '**Seilbahn** F teleférico m; (*Standseilbahn*) funicular m '**Seilschaft** F corda-me m '**seilspringen** ‹s.› saltar à corda; *bras* pular corda '**Seiltänzer** M saltimbanco m, funâmbulo m '**Seilwinde** F guincho f; SCHIFF cabrestante m '**Seilzug** M tensão m do cabo

sein¹ [zaɪn] ‹s.› V/AUX **1** *Eigenschaft:* ser; *Ort u. Zustand:* estar; *Ergebnis a.* ficar; **es ist schönes Wetter** está (*od* faz) bom tempo; **es ist 3 Uhr** são três horas; **was ist (los)?** que se passa?; **was ist mit dir?** o que tens?; *bras* o que você tem?; **wie wär's?** que lhe (*od* te) parece?; **nicht zu machen etc ~** não se poder …; **ich bin dran, ich bin an der Reihe** é a minha vez; **es sei denn, dass** a não ser que (*subj*); a menos que (*subj*) **2** *Perfekt der intransitiven Verben:* ter **3** haver; **es ist zwei**

etc Jahr(e) her há (*od* faz) dois, *etc* anos; **es ist** (*od* **sind**) **... vorhanden** há ... 4 **~ lassen** deixar; **lass das sein!** não faças isso!; *bras* não faça isso!

sein² PRON 1 *possessiv:* (o) seu, (a) sua; **~ Vater** o seu pai; **~e Leute** (*die Familie*) a sua gente; *bras* os seus parentes 2 ⟨*gen v. er*⟩ dele

Sein N ⟨-s⟩ ser *m*, existência *f*; vida *f*
'**seiner¹** PRON dele; **das ist ~!** é dele!
'**seiner²** PRON do(s) seu(s), da(s) sua(s)
'**seinerseits** [ˈzaɪnɐzaɪts] ADV da sua parte, pela sua parte, da parte de
'**seinerzeit** ADV a seu tempo, naquele tempo '**seinesgleichen** ADV (seu) igual; **nicht ~ haben** *a.* não ter rival
'**seinetwegen** ADV por ele, por causa dele **seinetwillen** ADV **um ~ →** seinetwegen
'**seinige** [ˈzaɪnɪɡə] PRON **der ~**, **das ~** (o) seu; **die ~** (a) sua
Seismo'graf [zaɪsmoˈɡraːf] M ⟨-en⟩ sismógrafo *m*
seit [zaɪt] A PRÄP ⟨*dat*⟩ *Zeitpunkt:* desde, a partir de; *Zeitdauer:* (desde) há, faz ... que; **~ Kurzem/Langem** há pouco/muito tempo; **~ e-r Woche** há uma semana B KONJ desde que **seit'dem** A ADV desde então B KONJ desde que
'**Seite** [ˈzaɪtə] F 1 lado *m*; *e-s Körpers* a.: ilharga *f*; MIL, SCHIFF *a.* flanco *m*; SCHIFF *u. Fluss a.:* banda *f* 2 *Buch, Zeitung:* página *f* 3 *Münze:* face *f*/verso *m*; *Stoff:* rechte/linke ~ Münze: face *f*/verso *m*; *Stoff:* avesso *m* 4 *fig* aspe(c)to *m*; **j-s schwache ~** o fraco de alg; **an ~** ao lado a (lado); **auf die ~ gehen**, **zur ~ gehen** passar para o lado; **auf die ~ bringen** pôr de lado; **j-n auf seine ~ bringen** convencer alg; **von der ~ ansehen** olhar de soslaio, de esguelha; **von seiten →** vonseiten; **j-m zur ~ stehen** assistir (a) alg; (**auch**) **seine guten ~n haben** *Person* ser (também) boas qualidades; *Sache* ter as suas vantagens
'**Seitenairbag** M airbag *m* lateral **Seitenansicht** F perfil *m* **Seitenblick** M relance *m* **Seiteneingang** M entrada *f* lateral (*od* de lado) **Seitenflügel** M ARCH ala *f* (lateral) **Seitengebäude** N anexo *m* **Seitengewehr** N MIL baioneta *f* **Seitenhieb** M revés *m*; *fig* remoque *m* **Seitenlinie** F linha *f* lateral; BAHN linha *f* secundária; *Stammbaum:* linha *f* colateral **Seitenruder** N dire(c)ção *f* lateral, condução *f* lateral **seitens** PRÄP ⟨*gen*⟩ da parte de **Seitenschiff** N ARCH nave *f* lateral **Seitensprung** M *fig* escapadela *f*, aventura *f* (amorosa); *bras a.* caso *m* **Seitenstechen** N MED pontada(s) *f*(pl) no lado **Seitenstraße** F travessa *f* **Seitenstreifen** M faixa *f* lateral **seitenverkehrt** de imagem invertida **Seitenzahl** F número *m* de páginas
seit'her ADV desde então '**seitlich** lateral; **~ zu** de flanco para; ADV de lado
'**seitwärts** [ˈzaɪtvɛrts] ADV de lado, ao lado

Se'kante [zeˈkantə] F secante *f*
Se'kret [zeˈkreːt] N ⟨-(e)s; -e⟩ secreção *f*
Sekre'tär(in) [zekreˈtɛːr(ɪn)] M(F) ⟨-s; -e⟩ secretário *m*, -a *f* **Sekretari'at** [zekretaˈrǐaːt] N ⟨-(e)s; -e⟩ secretaria *f*; secretariado *m*
Sekreti'on [zekretsǐˈoːn] F secreção *f*
Sekt [zɛkt] M ⟨-(e)s; -e⟩ (vinho *m*) espumante *m*, champanhe *m*
'**Sekte** F seita *f* **Sek'tierer** [zɛkˈtiːrɐr] M se(c)tário *m*
Sekti'on [zɛktsǐˈoːn] F se(c)ção *f*; MED autópsia *f*, disseс(c)ção *f*
'**Sektkelch** M flute *f* de champagne '**Sektkübel** M, '**Sektkühler** M balde *m* de gelo
'**Sektor** [ˈzɛktɔr] M ⟨-s; -en [-ˈtoːrən]⟩ se(c)tor *m*
Sekun'dant [zekʊnˈdant] M ⟨-s; -en⟩ *hist* padrinho *m*, testemunha *f*
sekun'där [zekʊnˈdɛːr] secundário; subsidiário
Se'kunde [zeˈkʊndə] F segundo *m* **Sekundenkleber** M cola *f* instantânea **Sekundenzeiger** M ponteiro *m* de segundos
sekun'dieren [zekʊnˈdiːrən] ⟨-⟩ *j-m* servir de padrinho, servir de testemunha
'**selbe** [ˈzɛlbə] PRON mesmo; **zur ~n Zeit** ao mesmo tempo
selbst [zɛlpst] A ADV mesmo, próprio; **von ~** por si (mesmo), espontâneamente; TECH automaticamente B KONJ mesmo, até; **~ wenn** ainda que (*subj*); **~ gemacht** feito por mim *etc*; feito em casa; **~ verschuldet** por sua (própria) culpa '**Selbstachtung** F ⟨*o. pl*⟩ dignidade *f*
'**selbständig** *etc* → selbstständig *etc*

Selbstaufopferung F ⟨o. pl⟩ abnegação f **Selbstauslöser** M FOTO disparador m automático **Selbstbedienung** F auto-serviço m, self-service m **Selbstbefriedigung** F onanismo m, masturbação f **Selbstbeherrschung** F ⟨o. pl⟩ auto-domínio m, sangue-frio m **Selbstbestätigung** F PSYCH auto-afirmação f **Selbstbestimmung** F ⟨o. pl⟩ independência f; auto-determinação f **Selbstbestimmungsrecht** N ⟨-(e)s; o. pl⟩ direito m à auto-determinação, direito m a autonomia **Selbstbetrug** M ⟨-(e)s; o. pl⟩ ilusão f
'**selbstbewusst** consciente de si; (stolz) presunçoso **Selbstbewusstsein** N ⟨-s; o. pl⟩ consciência f do seu valor (od da sua dignidade); (Stolz) presunção f
'**Selbstbildnis** N auto-retrato m **Selbstdisziplin** F ⟨o. pl⟩ auto-disciplina f **Selbsteinschätzung** F consciência f do valor próprio **Selbsterfahrungsgruppe** F ⟨o. pl⟩ PSYCH grupo m de apoio **Selbsterhaltung** F ⟨o. pl⟩ PSYCH auto-conservação f **Selbsterhaltungstrieb** M ⟨-(e)s; o. pl⟩ instinto m de auto-conservação **Selbstkenntnis** F ⟨o. pl⟩ conhecimento m de si próprio; bras auto-conhecimento m; prüfende a.: introspe(c)ção f **selbsterklärend** Software autodecifrável **Selbstgebrauch** M ⟨-(e)s; o. pl⟩ uso m pessoal
'**selbstgefällig** vaidoso, presunçoso **Selbstgefälligkeit** F ⟨o. pl⟩ vaidade f, presunção f **selbstgerecht** presumido, presunçoso
'**Selbstgespräch** N monólogo m, solilóquio m **selbstherrlich** autocrático **Selbsthilfe** F ⟨o. pl⟩ defesa f própria (od pessoal) **Selbstironie** F ⟨o. pl⟩ auto-ironia f **Selbstjustiz** F ⟨o. pl⟩ JUR justiça f feita pelas próprias mãos **Selbstklebefolie** F folha f autocolante **selbstklebend** autocolante **Selbstkostenpreis** M custo m (bras preço m) de fábrica, preço m do custo **Selbstkritik** F auto-crítica f **Selbstladepistole** F pistola f automática **Selbstlaut** M vogal f
'**selbstlos** altruísta, desinteressado; abnegado(r) **Selbstlosigkeit** F ⟨o. pl⟩ ['zɛlpstloːzɪçkaɪt] altruísmo m; desinteresse m; abnegação f
'**Selbstmitleid** N ⟨-s; o. pl⟩ auto-compaixão f
'**Selbstmord** M suicídio m **Selbstmordattentäter(in)** M(F) terrorista m/f suicida **Selbstmörder(in)** M(F) suicida m/f **selbstmörderisch** suicida **Selbstmordversuch** M tentativa f de suicídio
'**selbstredend** ADV naturalmente, claro que ... **selbstreinigend** de limpeza automática **Selbstreinigung** F ⟨o. pl⟩ Biologie: depuração f natural
'**Selbstschutz** M ⟨-es; o. pl⟩ auto-prote(c)ção f; defesa f legítima **selbstsicher** seguro de si (próprio); aprumado **Selbstsicherheit** F ⟨o. pl⟩ aprumo m **selbstständig** ['zɛlpftʃtɛndɪç] independente, autónomo (bras *ô); sich ~ machen tornar-se (od fazer-se) independente **Selbstständigkeit** F ⟨o. pl⟩ independência f, autonomia f **Selbstsucht** F ⟨o. pl⟩ egoísmo m **selbstsüchtig** egoísta
'**selbsttätig** auto-a(c)tivo; automático
'**Selbsttäuschung** F ilusão f **Selbstüberwindung** F ⟨o. pl⟩ auto-domínio m **Selbstverleugnung** F abnegação f **Selbstversorgung** F auto-abastecimento m
'**selbstverständlich** ADJ natural; indiscutível; ADV A. evidentemente **Selbstverständlichkeit** F naturalidade f; coisa f natural (od evidente)
'**Selbstverstümmelung** F mutilação f voluntária **Selbstverteidigung** F auto-defesa f, legítima defesa f **Selbstvertrauen** N ⟨-s; o. pl⟩ confiança f (em si mesmo) **Selbstverwaltung** F autonomia f administrativa **Selbstverwirklichung** F PSYCH auto-realização f **Selbstwertgefühl** N ⟨-(e)s; o. pl⟩ orgulho m/ dignidade f própria **selbstzufrieden** contente; pej vaidoso, presunçoso **Selbstzweck** M ⟨-(e)s; o. pl⟩ ~ **sein** ter o seu fim em si mesmo
selek'tiv [zelɛk'tiːf] sele(c)tivo
Se'len [ze'leːn] N ⟨-s; o. pl⟩ CHEM selénio m (bras *ê)
'**selig** ['zeːlɪç] bem-aventurado; fig feliz; (verstorben) saudoso; que Deus haja **Seligkeit** F bem-aventurança f, glória f; felicidade f **seligsprechen** REL beati-

ficar **Seligsprechung** ['zeːlɪçʃprɛçʊŋ] F̄ REL beatificação f
Sellerie ['zɛləri] M̄ ⟨-s; -s⟩, F̄ ⟨-; -⟩ aipo m; bras salsão m
'selten ['zɛltən] ADJ raro; ADV A. raras vezes; **nicht ~** frequentemente **Seltenheit** F̄ raridade f, coisa f rara
Selters® ['zɛltɐs] N̄ ⟨-; o. pl⟩, **Selterswasser** ['zɛltɐsvasɐ] N̄ ⟨-s; =⟩ água f gasosa, água f de seltz
'seltsam ['zɛltzaːm] estranho, esquisito, singular **Seltsamkeit** F̄ singularidade f, estranheza f, esquisitice f
Se'mester [zeˈmɛstɐ] N̄ semestre m **Semesterferien** pl férias fpl de semestre
Semi'kolon [zemiˈkoːlɔn] N̄ ⟨-s; -s, Semikola⟩ ponto m e vírgula
Semi'nar [zemiˈnaːr] N̄ ⟨-s; -e⟩ seminário m; UNIV (Institut) instituto m **Seminararbeit** F̄ UNIV trabalho m escrito
Se'mit(in) [zeˈmiːt(ɪn)] M/F ⟨-en⟩ semita m/f **semitisch** semita, semítico
'Semmel ['zɛml] F̄ ⟨-; -n⟩ pãozinho m; PL **~n** pãezinhos mpl; **weggehen wie warme ~n** umg fig vender-se muito bem **Semmelmehl** N̄ ⟨o. pl⟩ pão m ralado
Se'nat [zeˈnaːt] M̄ ⟨-(e)s; -e⟩ senado m **Senator** [-s; -en [-ˈtoːrən]], **Sena'torin** F̄ senador(a) m(f)
Sendeanlage ['zɛndəʔanlaːgə] F̄ (instalação f) emissora f **Sendebereich** M̄, **Sendegebiet** N̄ raio m de alcance; zona f de emissão **Sendeleiter** M̄ dire(c)tor m de emissão **senden** enviar, mandar, expedir; remeter; RADIO, TV emitir, transmitir **Sendepause** F̄ intervalo m de emissão **Sender** M̄ RADIO, TV (estação f) emissora f **Senderaum** M̄ estúdio m **Sendereihe** F̄ série f de emissões; bras programa m em série **Sendeschluss** M̄ ⟨-es; o. pl⟩ fim m de emissão **Sendezeit** F̄ RADIO, TV tempo m de antena
'Sendung ['zɛndʊŋ] F̄ RADIO, TV emissão f; programma m; HANDEL, (Postsendung) remessa f; fig missão f; **auf ~ sein** estar no ar
Senf [zɛnf] M̄ ⟨-(e)s; -e⟩ mostarda f; fig (Unsinn) disparates mpl **'Senfgurke** F̄ pepino m de conserva **'Senfkorn** N̄ semente f de mostardeira, mostarda f; MED mostarda f branca

'sengen ['zɛŋən] chamuscar
se'nil [zeˈniːl] senil
'senior ['zeːnjɔr] sénior (bras *ê), pai **'Senior** ['zeːniɔr] M̄ ⟨-s; -en [zeniˈoːrən]⟩, **Seni'orin** [zeniˈoːrɪn] F̄ decano m, -a f; **die ~en** os idosos; SPORT os veteranos **Seniorenpass** M̄ passe m (social) para reformados, cartão m dourado
'Senkblei ['zɛŋkblai] N̄ prumo m, sonda f **Senke** F̄ depressão f do terreno
'Senkel (Schnürsenkel) atacador m; bras cordão m de sapato
'senken (a)baixar; abater; diminuir; **sich ~** baixar; in etw hinein: **(sich) ~** mergulhar **Senkfuß** M̄ pé m chato **Senkgrube** F̄ desaguadouro m, escoadouro m
'senkrecht ADJ vertical, perpendicular; ADV A. a prumo; **~ zu** normal a **Senkrechte** F̄ vertical f, perpendicular f **Senkrechtstarter** M̄ êxito m fulgurante; Person: pessoa f que faz uma carreira fulgurante (od brilhante)
'Senkung F̄ descida f; ARCH, GEOL abaixamento m; HANDEL baixa f, redução f, abatimento m; Vers: tésis f; MED Blut: sedimentação f
'Senn [zɛn] M̄ ⟨-(e)s; -e⟩, **'Senner(in)** ['zɛnɐr(ɪn)] M/F ⟨-n⟩ vaqueiro m, -a f (nos Alpes) **'Sennhütte** F̄ vacaria f alpina; bras curral m alpino
Sensati'on [zɛnzatsiˈoːn] F̄ sensação f, acontecimento m sensacional **sensatio'nell** [zɛnzatioˈnɛl], **Sensations...** IN ZSSGN sensacional **Sensationsprozess** M̄ causa f célebre
'Sense ['zɛnzə] F̄ foice f, gadanha f
sen'sibel [zɛnˈziːbəl] sensível **Sensibili'tät** [zɛnzibiliˈtɛːt] F̄ ⟨o. pl⟩ sensibilidade f
Sen'tenz [zɛnˈtɛnts] F̄ sentença f; (Spruch) adágio m
sentimen'tal [zɛntimɛnˈtaːl] sentimental **Sentimentali'tät** [zɛntimɛntaliˈtɛːt] F̄ sentimentalismo m
sepa'rat [zepaˈraːt] ADJ separado, particular, reservado; Eingang etc independente; ADV à parte **Separa'tismus** [zeparaˈtɪsmʊs] M̄ ⟨-; o. pl⟩ separatismo m **Separa'tist(in)** M/F ⟨-en⟩ separatista m/f **separa'tistisch** separatista
Sep'tember [zɛpˈtɛmbɐ] M̄ setembro m; **im ~** em setembro
'Serbe ['zɛrbə] M̄ ⟨-n⟩ sérvio m **Serbien**

N̄ Sérvia f **Serbin** sérvia f **serbisch** sérvio, da Sérvia

Sere'nade [zere'na:də] F̄ serenata f

Ser'geant [sɛr'ʒant] M̄ ⟨-en⟩ sargento m

'**Serie** ['ze:riə] F̄ série f **Serienausstattung** F̄ equipamento m de série **Serienfertigung, Serienherstellung** F̄ produção f em série **serienmäßig** ADJ & ADV, **serienweise** ADV em (od de) série **serienreif** pronto a ser fabricado **Serienreife** F̄ ⟨o. pl⟩ estado m industrial

seri'ös [zeri'øːs] sério

Serpen'tine [zɛrpɛn'tiːnə] F̄ serpentina f

'**Serum** ['ze:rʊm] N̄ ⟨-s; Sera od Seren⟩ soro m, linfa f **Serumbehandlung** F̄ soroterapia f, seroterapia f

'**Server** ['zœrvar] M̄ ⟨-s; -⟩ IT servidor m

Ser'vice[1] [zɛr'viːs] N̄ *Geschirr*: baixela f

Ser'vice[2] ['zœrvɪs] M̄ *im Hotel, Café etc*: serviço m; *Kundendienst*: assistência f técnica, serviço m (pós-venda) **Servicecenter** ['zœrvɪssɛntar] N̄ ⟨-s; -⟩ centro m de serviço, centro-serviço m **Servicenetz** N̄ rede f serviço **Servicewerkstatt** F̄ estação f de serviço

ser'vieren [zɛr'viːrən] ⟨-⟩ servir

Servi'ette [zɛrvi'ɛta] F̄ guardanapo m

'**Servolenkung** ['zɛrvolɛŋkʊŋ] F̄ dire(c)ção f assistida

'**Sesam** ['ze:zam] M̄ ⟨-s; -s⟩ BOT sésamo m

'**Sessel** ['zɛsəl] M̄ cadeira f (de braços), poltrona f, maple m **Sessellift** M̄ cadeira f teleférica '**sesshaft** ['zɛshaft] sedentário; (*wohnhaft*) domiciliado

Set [zɛt] N̄/M̄ 1 (*Satz*) conjunto m; jogo m; TECH kit m 2 *Tennis*: set m

'**setzen** ['zɛtsən] ⟨-t⟩ A V̄T̄ pôr (*a. fig*), meter, colocar; *bras a.* botar; *Frist* fixar, estabelecer; *Denkmal* levantar, erguer; MUS, TYPO compor; (*pflanzen*) plantar; *Schläge* haver, dar; *Segel* is içar vela; *Spiel*: entrar com; (*wetten*) apostar (**auf** *akk* em); **in Brand** ~ lançar fogo a, pôr fogo em; **gesetzt den Fall, dass** pressuponde que B V̄T̄ ⟨s.⟩ *über e-n Fluss*: transportar C V̄R̄ sentar-se; *Flüssigkeit* assentar; (**sich**) **in Betrieb** ~ entrar em funcionamento

'**Setzer** ['zɛtsar] M̄ tipógrafo m, compositor m **Setze'rei** [zɛtsə'raɪ] F̄ tipografia f

'**Setzling** M̄ ⟨-s; -e⟩ BOT tanchão m, estaca f; (*Fisch*) peixinho m

'**Seuche** ['zɔʏçə] F̄ epidemia f **seuchenartig** epidémico (*bras* *ê) **Seuchenbekämpfung** F̄ luta f antiepidémica (*bras* *ê) **Seuchengefahr** F̄ perigo m de epidemia **Seuchenherd** M̄ foco m de contágio

'**seufzen** ['zɔʏftsən] ⟨-t⟩ suspirar; *schwer*: gemer **Seufzer** M̄ suspiro m; gemido m

Sex [zɛks] M̄ ⟨*inv*⟩ sexualidade f; sexo m; (*Geschlechtsakt*) coito m; **mit j-m ~ haben** ter relações sexuais com alg **Sex...** IN ZSSGN sexual **Sexismus** M̄ sexismo m **sexistisch** sexista

Sex'tett [zɛks'tɛt] N̄ ⟨-(e)s; -e⟩ MUS sexteto m

'**Sextourismus** ['zɛkstu:rɪsmʊs] M̄ turismo m sexual **Sexu'aldelikt** N̄ delito m sexual **Sexuali'tät** [zɛksuali'tɛːt] F̄ ⟨o. pl⟩ sexualidade f **Sexu'alstraftäter(in)** M̄|F̄ delinquente m/f sexual **Sexu'alverbrechen** N̄ crime m sexual **sexu'ell** [zɛksu'ɛl] sexual

'**sexy** ['zɛksi] ADJ & ADV *umg* sexy

se'zieren [ze'tsiːrən] ⟨-⟩ dissecar; fazer a autópsia de, autopsiar **Seziermesser** N̄ bisturi m, escalpelo m

Shampoo ['ʃampu:] N̄ ⟨-s; -s⟩ champô m

'**Sherry** ['ʃɛri] M̄ ⟨-s; -s⟩ xerez m

'**shoppen** ['ʃɔpən] V̄Ī & V̄T̄ ~ (**gehen**) ir às compras; *bras umg* ir fazer umas comprinhas **Shopping** ['ʃɔpɪŋ] N̄ ⟨-s; -s⟩ compras fpl

Shorts [ʃɔrts] PL calções mpl

Show [ʃoː] F̄ ⟨-; -s⟩ espe(c)táculo f **Showmaster** ['ʃoːmastar] M̄ animador m

'**Shuttle** [ʃatəl] N̄, **Shuttlebus** M̄ autocarro m shuttle

sich [zɪç] PRON se; *mit präp*: si; **an** ~ em si; propriamente; **außer sich sein** estar fora de si; **bei** ~ *denken* para consigo; **für** ~ para si; **von** ~ **aus** por si; **nichts auf** ~ **haben** não ter importância; **mit** ~ **bringen** trazer (consigo); *Konsequenzen*: acarretar

'**Sichel** ['zɪçəl] F̄ ⟨-; -n⟩ foicinha f; (*Mondsichel*) crescente m (da lua)

'**sicher** ['zɪçar] A ADJ seguro; (*gewiss*) certo; (*treffsicher*) certeiro; ~ **vor** (*dat*) ao abrigo de B ADV sem falta, sem dúvida; (*aber*) ~! claro (que sim)!; com certeza! **'sichergehen** ⟨s.⟩ ir pelo seguro **'Sicherheit** F̲ segurança f; certeza f; HANDEL garantia f, caução f; (Treffsicherheit) acerto m; precisão f; im Auftreten: aprumo m; firmeza f; **in ~ bringen** pôr a salvo

'Sicherheits... IN ZSSGN de segurança; HANDEL a. de caução **Sicherheitsdienst** M̲ serviço m de segurança **Sicherheitsgurt** M̲ cinto m de segurança **sicherheitshalber** ADV por precaução **Sicherheitskräfte** FPL pessoal m de segurança **Sicherheitslücke** F̲ TECH falha f de segurança **Sicherheitsmaßnahme** F̲ medida f de segurança **Sicherheitsnadel** F̲ alfinete m de dama (bras segurança) **Sicherheitspolizei** F̲ polícia f de segurança pública **Sicherheitsrat** M̲ ⟨-(e)s; o. pl⟩ UNO: Conselho m de Segurança **Sicherheitsschloss** N̲ fechadura f de segurança **Sicherheitsvorkehrungen** FPL medidas fpl de precaução

'sicherlich ADV certamente, sem dúvida **sichern** V̲T̲ ⟨-re-⟩ (as-)segurar; garantir; (beschlagnahmen) confiscar; HANDEL garantir; (befestigen) consolidar; (schützen) pôr a salvo, abrigar **'Sicherung** F̲ segurança f; garantia f; (Schutz) prote(c)ção f; (Befestigung) consolidação f; ELEK fusível m **Sicherungs...** IN ZSSGN de segurança **Sicherungskasten** M̲ ELEK caixa f de fusíveis

Sicht [zɪçt] F̲ vista f; Wetter a.: visibilidade f; fig perspectiva f; **auf ~** HANDEL à vista; **auf kurze/lange ~** a curto/longo prazo; **aus der ~ von** do ponto de vista de; **in ~** visível **'sichtbar** visível; evidente **'Sichtbarkeit** F̲ ⟨o. pl⟩ visibilidade f **'sichten** ⟨-e-⟩ avistar (a. SCHIFF); (ordnen) ordenar; classificar **'sichtlich** ADV visivelmente **'Sichtung** F̲ exame m, classificação f **'Sichtvermerk** M̲ visto m **'Sichtweite** F̲ horizonte m; alcance m visual (od da vista)

'Sickergrube F̲ desaguadouro m, escoadouro m **'sickern** ['zɪkɐn] ⟨-re; h. u. s.⟩ passar, infiltrar-se **'Sickerwasser** N̲ ⟨-s; o. pl⟩ água f de infiltração **sie** [ziː] PRON A 3. Person fsg (u. pl): ela(s), akk, unbetont: -a(s) B 3. Person mpl u. npl: eles; akk, unbetont: -os

Sie PRON 1 SG höfliche Anrede: o Senhor, a Senhora + (Titel u.) Familienname; weniger förmlich, nur port Você; akk unbetont beim Verb: -o, -a 2 PL höfliche Anrede: os Senhores; as Senhoras; weniger förmlich nur port Vocês pl; akk unbetont beim Verb: -os, -as 3 umg **~ (Esel)!** seu (burro)!

Sieb [ziːp] N̲ ⟨-(e)s; -e⟩ crivo m; peneira f; (Küchensieb) passador m; bras coador m **'Siebdruck** M̲ serigrafia f

'sieben¹ ['ziːbən] NUM sete m

'sieben² ['ziːbən] V̲T̲ peneirar; bes Flüssigkeiten passar; bras coar; fig escolher

'Sieben F̲ Zahl: sete m **Siebeneck** N̲ ⟨-(e)s; -e⟩ heptágono m **siebeneckig** heptagonal **siebenfach** ADV séptuplo; sete vezes tanto **Siebengestirn** N̲ ⟨-(e)s; o. pl⟩ Plêiades fpl **siebenhundert** NUM setecentos **siebenjährig** de sete anos (de idade) **Siebenkampf** M̲ heptathlon m **Siebenkämpferin** F̲ heptatleta f **siebenmal** sete vezes, **siebenmalig** ADJ sete vezes (repetido) **'Siebensachen** FPL coisas fpl; trouxa fsg; **s-e ~ packen** fazer as malas; ir-se embora **Siebenschläfer** M̲ ZOOL arganaz m **siebente, siebentel, siebentens** → siebte etc

'siebte ['ziːptə] NUM sétimo **Siebtel** N̲ sétimo m **'siebtens** ADV sétimo, em sétimo lugar

'siebzehn ['ziːptseːn] NUM dezassete; bras dezessete **siebzehnte** NUM décimo sétimo **Siebzehntel** N̲ décimo sétimo m; bras um dezessete avos

'siebzig ['ziːptsɪç] NUM setenta **Siebziger(in)** ['ziːptsɪɡɐ(ɪn)] M(F) septuagenário m, -a f; **in den ~n (sein)** (andar) na casa dos setenta **siebzigjährig** septuagenário **siebzigste** NUM septuagésimo **Siebzigstel** N̲ septuagésimo m

'sieden ['ziːdən] ⟨-e-⟩ ferver **siedend** ADJ a ferver; bras fervendo, em ebulição; ADV **~ heiß** a ferver **Siedepunkt** M̲ ponto m de ebulição

'Siedler ['ziːdlɐ] M̲ colono m **Siedlung** F̲ colónia f (bras *ô); (Wohnviertel) bairro m económico (bras popular) **Siedlungspolitik** F̲ ⟨o. pl⟩ política f de colonização interna (bras de povoamento)

Sieg [ziːk] M̲ ⟨-(e)s; -e⟩ vitória f, triunfo m; **den ~ bringen** trazer a vitória; **j-m**

zum ~ verhelfen fazer triunfar alg
'Siegel ['ziːɡəl] N selo m **Siegellack** M lacre m **siegeln** ⟨-le⟩ selar; *mit Siegellack:* lacrar **Siegelring** M anel m para selar
'siegen ['ziːɡən] V/I ~ **(über** akk**)** vencer; triunfar (de) **Sieger(in)** M(F) vencedor(a) m(f) **'siegesgewiss** certo da vitória **Siegeszug** marcha f triunfal (a. fig)
'siegreich ['ziːkraɪç] vitorioso, triunfal
'siehe ['ziːə] ADV veja, vide; **~ oben/unten** veja acima/abaixo
'siezen ['ziːtsən] tratar por Vossa Excelência (*od* por Você); *bras* chamar de Senhor (*od* Senhora)
'Sigel ['ziːɡəl] N sigla f, abreviatura f
Sig'nal [zɪɡˈnaːl] N ⟨-s; -e⟩ sinal m **Signalanlage** F sinalização f **Signalfeuer** N almenara f; *bras* facho m **Signalflagge** F bandeira f de sinalização **signali'sieren** [zɪɡnaliˈziːrən] ⟨-⟩ dar sinal, assinalar, avisar **Signallampe** F lâmpada-piloto f **Signalmast** M ⟨-es; -en⟩ semáforo m **signalrot** cor f vermelha de sinalização
Signa'tur [zɪɡnaˈtuːr] F assinatura f; (*Zeichen*) marca f; sinal m; *auf Landkarten:* sinais mpl topográficos **sig'nieren** [zɪɡˈniːrən] ⟨-⟩ assinar; (*bezeichnen*) marcar
'Silbe ['zɪlbə] F sílaba f **'Silbenrätsel** N charada f **Silbentrennung** F divisão f silábica
'Silber ['zɪlbər] N ⟨-s; *o. pl*⟩ prata f **silberfarben, silberfarbig** prateado, argênteo **Silberfischchen** N ZOOL lepisma m **Silberfuchs** M raposa f branca **Silbergehalt** M lei f **Silbergeschirr** N pratas fpl; *bras* baixelas fpl **silberhaltig** ['zɪlbərhaltɪç] argentífero; com prata **Silberhochzeit** F bodas fpl de prata **Silbermedaille** F medalha f de prata **silbern** de prata; argentino, argênteo **Silberpapier** N papel m prateado (*od* de estanho) **Silberpappel** F álamo m branco **Silberschmied** M ourives m de prata
'silbrig M prateado
Silhou'ette [ziluˈɛtə] F silhueta f
Si'lizium [ziˈliːtsiʊm] N ⟨-s; *o. pl*⟩ silício m
'Silo ['ziːlo] M/N ⟨-s; -s⟩ silo m **Silofutter** N silagem f
Sil'vester [zɪlˈvɛstər] M/N, **Silvesterabend** M véspera f do Ano Novo; noite f de São Silvestre
'simpel ['zɪmpəl] papalvo, simplório
Sims [zɪms] M/N ⟨-es; -e⟩ ARCH cornija f; friso m
'simsen ['zɪmzən] V/I *umg* TEL mandar um SMS
Simu'lant(in) [zimuˈlant(ɪn)] M ⟨-en⟩ F simulador(a) m(f) **Simulati'on** [zimulatsiˈoːn] F simulação f **Simu'lator** [zimuˈlaːtɔr] M ⟨-s; -en [-ˈtoːrən]⟩ TECH simulador m **simu'lieren** [zimuˈliːrən] ⟨-⟩ simular
simul'tan [zimʊlˈtaːn] simultâneo **Simultananlage** F sistema m de tradução simultânea **Simultandolmetschen** N tradução f simultânea
Sinfo'nie [zɪnfoˈniː] F sinfonia f **Sinfonieorchester** N orquestra f sinfónica (*bras* *ô)
'Singapur ['zɪŋapuːr] N ⟨-s⟩ Singapura f
'singbar ['zɪŋbaːr] cantável; de cantar **singen** cantar **Singen** N canto m coral
'Single [sɪŋl] A F ⟨-; -(s)⟩ CD: single m B N ⟨-(s); -(s)⟩ SPORT single m; *bras* individual m C M ⟨-(s); -s⟩ *Person:* single m, solteiro m, -a f
'Singsang M ⟨-(e)s; *o. pl*⟩ ladainha f **Singstimme** F voz f; parte f vocal; parte f do canto
Singular ['zɪŋɡulaːr] M ⟨-s; -e⟩ singular m
'Singvogel M ave f cantora
'sinken ['zɪŋkən] V/I ⟨s.⟩ descer; baixar; abaixar(-se); *a. fig* ir(-se) abaixo; SCHIFF *a.* afundar-se, ir-se a pique; (*abnehmen*) diminuir; (*fallen*) cair; *Person a.* deixar-se cair **'Sinken** N ⟨-s⟩ baixa f, descida f; afundimento m; (*Abnahme*) diminuição f
Sinn [zɪn] M ⟨-(e)s; -e⟩ ❶ sentido m; (*Bedeutung*) a. significado m; **keinen ~ haben** não fazer sentido; **ohne ~ (und Verstand)** sem sentido, insensato ❷ (*Geist, Verstand*) mente f, espírito m; **~ für** interesse m por, gosto m de; inclinação f para, disposição f para; **~ für etw haben** ter o sentido de a/c; interessar-se por a/c; **j-m in den ~ kommen** dar na cabeça a alg, ocorrer a alg; **das will mir nicht in den ~** não (o) compreendo; **das geht mir nicht aus dem ~** não me posso esquecer disto; (isso) não me sai da cabeça;

sich (dat) **etw aus dem ~ schlagen** deixar-se de a/c, abandonar a ideia de a/c; **von ~en sein** (wütend) estar fora de si; **nicht recht bei ~en sein** estar louco
'**Sinnbild** N̄ símbolo m; emblema m; alegoria f **sinnbildlich** simbólico; alegórico; **~ darstellen** simbolizar
'**sinnen** ['zɪnən] V̄i geh meditar, refle(c)tir, cismar; **~ auf** (akk) pensar em; a. → gesonnen, gesinnt **sinnend** A ADJ pensativo; meditativo B ADV a. a meditar, a refle(c)tir, a cismar **Sinnenlust** F̄ ⟨o. pl⟩ sensualidade f, volúpia f; prazeres mpl sensuais
'**sinnentleert** ['zɪnʔɛntleːrt] vazio de sentido, sem sentido
'**Sinnesänderung** F̄ mudança f de ideias (bras *é) **Sinnesorgan** N̄ sentido m **Sinnestäuschung** F̄ alucinação f
'**sinnfällig** manifesto, patente, evidente **sinngemäß** por analogia, correspondente **sinnlich** sensual, erótico; PHYS físico **Sinnlichkeit** F̄ ⟨o. pl⟩ sensualidade f; volúpia f **sinnlos** absurdo; sem sentido; *Handlung* a. insensato; **~ sein** não fazer sentido **Sinnlosigkeit** ['zɪnloːzɪçkaɪt] F̄ absurdo m, insensatez f **Sinnspruch** M̄ sentença f, adágio m **sinnverwandt** sinónimo (bras *ô) **sinnvoll** razoável; conveniente **sinnwidrig** absurdo
'**Sinter** ['zɪntɐ] M̄ concreção f calcária
'**Sintflut** ['zɪntfluːt] F̄ ⟨o. pl⟩ dilúvio m
'**Sinti** ['zɪnti] MPL Sinti mpl
'**Sinus** ['ziːnʊs] M̄ ⟨-; -, -se⟩ MATH seno m **Sinuskurve** F̄ sinusóide f
Si'phon [zi'fõ] M̄ ⟨-s; -s⟩ sifão m
'**Sippe** ['zɪpə] F̄, **Sippschaft** F̄ clã f, parentela f; *verächtlich*: malta f; bras a. bando m
Si'rene [ziˈreːnə] F̄ sereia f; bras sirene f
'**Sirius** ['ziːriʊs] M̄ ⟨-; o. pl⟩ ASTRON Sírio m
'**Sirup** ['ziːrʊp] M̄ ⟨-s; -e⟩ xarope m; (Melasse) melaço m
'**Sisal** ['ziːzal] M̄ ⟨-s; o. pl⟩ ⟨-s, o. pl⟩, **Sisalhanf** M̄ sisal m
'**Sitte** ['zɪtə] F̄ costume m
'**Sittenlehre** F̄ ⟨o. pl⟩ moral f; ética f **Sittenpolizei** F̄ ⟨o. pl⟩ polícia f de costumes **sittenstreng** austero **Sittenstrenge** F̄ ⟨o. pl⟩ austeridade f

'**Sittenverfall** M̄ ⟨-(e)s; o. pl⟩ corrupção f; decadência f moral
'**Sittich** ['zɪtɪç] M̄ ⟨-s; -e⟩ periquito m
'**sittlich** ['zɪtlɪç] moral; ético '**Sittlichkeit** F̄ ⟨o. pl⟩ moralidade f '**sittsam** ['zɪtzaːm] geh honesto; decente
Situati'on [zituatsi'oːn] F̄ situação f
'**Sitz** [zɪts] M̄ ⟨-es; -e⟩ lugar m; assento m; (a. fig HANDEL, POL) sede f; (Wohnsitz) domicílio m, residência f **Sitzbad** N̄ banho m de assento, semicúpio m
'**sitzen** ['zɪtsən] ⟨h. u. s.⟩ estar (sentado); *Vogel* estar pousado; *Hieb, Schuss, gut* acertar bem; *Kleid* assentar; ficar; (**im Gefängnis**) **~** estar preso; **locker ~** abanar; **~ lassen** abandonar; *e-e Beleidigung etc* **auf sich** (dat) **~ lassen** engolir; **~ bleiben** ficar sentado; SCHULE chumbar; bras repetir (de ano) **sitzend** ADJ sentado; **~e Tätigkeit** f trabalho m sedentário
'**Sitzfleisch** N̄ umg **~ haben** ser perseverante; **kein ~ haben** não poder parar, ser irrequieto; fig desistir facilmente **Sitzgelegenheit** F̄ assento m, lugar m (sentado); lugar m para se sentar **Sitzkissen** N̄ almofada f **Sitzplatz** M̄ lugar m sentado **Sitzreihe** F̄ bancada f; fila f **Sitzstreik** M̄ greve f de braços caídos
'**Sitzung** ['zɪtsʊŋ] F̄ sessão f (a. IT); JUR a audiência f **Sitzungsbericht** M̄ a(c)ta f **Sitzungsperiode** F̄ legislatura f **Sitzungsprotokoll** N̄ → Sitzungsbericht **Sitzungssaal** M̄ sala f de sessões; JUR sala f de audiências
'**Skala** ['skaːla] F̄ ⟨-; -s u. Skalen⟩ escala f (), graduação f; MUS, *Farbe*: gama f; **gleitende ~** escala f variável
Skalp [skalp] M̄ ⟨-s; -e⟩ escalpo m **Skal'pell** [skal'pɛl] N̄ ⟨-s; -e⟩ escalpelo m **skal'pieren** [skal'piːrən] ⟨-⟩ escalpar
Skan'dal [skan'daːl] M̄ ⟨-s; -e⟩ escândalo m; (Lärm) alvoroço m **skanda'lös** [skanda'løːs] escandaloso **Skandalpresse** F̄ ⟨o. pl⟩ imprensa f de escândalos
skan'dieren [skan'diːrən] ⟨-⟩ escandir
Skandi'navien [skandi'naːvjən] N̄ GEOG Escandinávia f **Skandi'navier(in)** m(f) escandinavo m, -a f **skandi'navisch** escandinavo, da Escandinávia
'**Skateboard** ['skeːtbɔrt] N̄ ⟨-s; -s⟩ skateboard m, skate m **skaten** V̄i andar de

Small Talk

Einige nützliche Wendungen, um eine Unterhaltung anzuknüpfen:

Kennen Sie sich hier aus?	**Conhece este lugar?**
Was für ein schönes / schlechtes Wetter!	**Que tempo bonito / mau que está hoje!**
Haben Sie schon ... besichtigt?	**Já visitou ...?**
Wie lange sind Sie schon hier?	**Há quanto tempo está aqui?**
Was halten Sie von ...?	**O que acha de ...?**
Haben Sie Familie?	**Tem família?**
Was machen Sie beruflich?	**Qual é a sua profissão?**
Was machen Sie morgen?	**O que é que faz amanhã?**
Sprechen Sie Deutsch / Englisch?	**Fala alemão / inglês?**

skate **Skater(in)** M/F skater m/f
Ske'lett [skeˈlɛt] N ⟨-(e)s; -e⟩ esqueleto m
'Skepsis [ˈskɛpsɪs] F ⟨o. pl⟩ cepticismo m **Skeptiker(in)** [ˈskɛptikɐr(ɪn)] M/F céptico m, -a f **skeptisch** [ˈskɛptɪʃ] céptico
Ski [ʃiː] M ⟨-s; -er⟩ esqui m; **~ fahren** od **laufen** andar de esqui, esquiar **'Skibindung** F fixação f de esqui **'Skifahrer(in)** M/F esquiador(a) m(f) **'Skigebiet** N zona f de esqui **'Skigymnastik** F ⟨o. pl⟩ ginástica f de esqui **'Skilanglauf** M esqui m de fundo **'Skilauf** M ⟨-s; o. pl⟩ corrida f de esqui **'Skiläufer(in)** M/F esquiador(a) m(f) **'Skilehrer(in)** M/F professor(a) m(f) de esqui **'Skilift** M cadeira f teleférica
'Skin [skɪn] M ⟨-s; -s⟩, **'Skinhead** [ˈskɪnhɛt] M ⟨-s; -s⟩ cabeça-rapada m
Skistock M pau m (od bastão m) de esqui **'Skiurlaub** M férias fpl para praticar esqui; **in den ~ fahren** fazer férias de ski
'Skizze [ˈskɪtsə] F esboço m; rascunho m; MIL a. croquis m **'skizzenhaft** esboçado rapidamente **skiz'zieren** [skɪˈtsiːrən] ⟨-⟩ esboçar
'Sklave [ˈsklaːvə] M ⟨-n⟩ escravo m **Sklavenhandel** M ⟨-s; o. pl⟩ tráfico de escravos **Sklavenhändler** M tangarnhão m, negociante m de escravos **Sklave'rei** [sklavəˈraɪ] F ⟨o. pl⟩ escravidão f **Sklavin** F escrava f
Skle'rose [skleˈroːzə] F MED esclerose f; **multiple ~** esclerose f múltipla

skon'tieren [skɔnˈtiːrən] ⟨-⟩ descontar **'Skonto** [ˈskɔnto] M/N ⟨-s; -s⟩ HANDEL desconto m
Skor'but [skɔrˈbuːt] M ⟨-(e)s; o. pl⟩ MED escorbuto m
Skorpi'on [skɔrpiˈoːn] M ⟨-s; -e⟩ escorpião m; lacrau m
Skript [skrɪpt] N ⟨-s; -s⟩ argumento m
'Skrupel [ˈskruːpəl] M escrúpulo m; **keine ~ haben** não ter escrúpulos **skrupellos** ADJ & ADV sem escrúpulos
Skulp'tur [skʊlpˈtuːr] F escultura f
skypen® [ˈskaɪpən] V/I skypar; falar no skype® (**mit** com)
'Slalom [ˈslaːlɔm] M ⟨-s; -s⟩ slalom m
'Slawe [ˈslaːvə] M ⟨-n⟩, **Slawin** F eslavo m, eslava f **slawisch** eslavo
Slip [slɪp] M ⟨-s; -s⟩ (Unterhose) cueca(s) f(pl), slip m; SCHIFF resvalamento m; FLUG recuo m da hélice **Slipeinlage** F penso m diário
Slowa'kei [slovaˈkaɪ] F Eslováquia f **slo-'wakisch** eslovaco
Slo'wenien [sloˈveːniən] N Eslovénia f **slo'wenisch** esloveno
Slum [slam] M ⟨-s; -s⟩ port bairro m da lata; bras favela f
'Small Talk [ˈsmɔːltɔːk] M ⟨-s; -s⟩ umg conversa fiada (od de chacha)
Sma'ragd [smaˈrakt] M ⟨-s; -e⟩ esmeralda f **smaragden** esmeraldino
Smog [smɔk] M ⟨-s; -s⟩ smog m **'Smogalarm** M alarme m de smog
'Smoking [ˈsmoːkɪŋ] M ⟨-s; -s⟩ smoking m

SMS [ʔɛsʔɛmˈʔɛs] F ⟨-; -⟩ ABK (Short Message Service) SMS; **j-m e-e ~ schicken** mandar um SMS a alg

Snack [snɛk] M ⟨-s; -s⟩ merenda f

Snob [snɔp] M ⟨-s; -s⟩ snobe m **Sno'bismus** [snoˈbɪsmʊs] M ⟨-; -men⟩ snobismo m **sno'bistisch** snobe

'Snowboard [snoːbɔrt] N ⟨-s; -s⟩ snowboard m **Snowboarder(in)** M(F) snowboarder m/f

so [zoː] ADV **1** assim; *im Nachsatz:* (dann) então (*od unübersetzt*); **~?** é verdade?, será verdade?; (**ach**) **~!** já compreendo!; **nicht so:** (bras de uma) maneira ou doutra (bras de outra); **~ wie** assim como **2** *vor adj & adv:* tão; **~ groß, ~ hoch** *a.* tamanho; **~ groß wie möglich** o maior possível, tão ... quanto possível; **~ bald wie möglich** quanto antes; **~ lange bis** até que; **~ genannt** → sogenannt; **um ~ →** umso **3** **~ (sehr od viel)** tanto; **noch einmal ~ viel** outro tanto; **~ wenig** tão pouco; **wir sind ~ weit** estamos prontos; **~ ziemlich** quase **4** *mit pron:* **~ ein(e)** tal; INT **~ ein(e) ...!** que ...!; **~ etwas** tal coisa, uma coisa assim; **~ etwas!** essa!; *bras* que coisa!. **5** *als konj:* **~ viel ich weiß** que eu saiba; **~ viel ... auch** (*inf*) mag por mais que (*subj*); **~ dass** → sodass

s. o. ABK (**siehe oben**) ver acima

so'bald KONJ **~ (als)** logo que, assim que; mal

'Socke [ˈzɔkə] F peúga f; *bras* meia f

'Sockel [ˈzɔkəl] M pedestal m; base f, soco m

'Soda [ˈzoːda] F ⟨*o. pl*⟩ soda f

sodass [zoˈdas] KONJ de modo que, de maneira que

'Sodawasser N ⟨-s; *o. pl*⟩ soda f, água f gasosa

'Sodbrennen [ˈzoːtbrɛnən] N ⟨-s; *o. pl*⟩ azia f, azedume m do estômago

so'eben ADV agora mesmo; **~ etw getan haben** acabar de fazer a/c

'Sofa [ˈzoːfa] N ⟨-s; -s⟩ sofá m **Sofakissen** N almofada f de sofá

so'fern KONJ contanto que (*subj*); **~ nicht** a não ser que (*subj*)

so'fort ADV imediatamente, logo a seguir **sofortig** imediato **Sofortmaßnahme** F medida f imediata

'Softball [ˈzɔftbɔːl] M ⟨-s; -bälle⟩ softball m **Softballspieler(in)** M(F) jogador(a) m(f) de softball

'Software [ˈzɔftvɛːr] F ⟨-; -s⟩ software m

Sog [zoːk] M ⟨-(e)s; -e⟩ SCHIFF esteira f; *Brandung:* ressaca f; FLUG su(c)ção f

so'gar [zoˈɡaːr] ADV até, mesmo; **~ der** *etc* ... o próprio ... **'sogenannt** ADJ assim chamado, pretenso **so'gleich** ADV *geh* imediatamente, logo a seguir

'Sogwirkung F aspiração f

'Sohle [ˈzoːlə] F (*Fußsohle*) planta f (do pé); (*Schuhsohle etc*) (meia-)sola f; (*Talsohle*), BERGB fundo m; *fig* **auf leisen ~n** com pezinhos mpl de lã; *bras* na ponta dos pés

Sohn [zoːn] M ⟨-(e)s; ⸚e⟩ filho m; REL **der verlorene ~** o filho pródigo

Soi'ree [soaˈreː] F ⟨-; -n⟩ sarau m

'Soja [ˈzoːja] F ⟨-; Sojen⟩ BOT soja f **Sojabohne** F feijão m de soja **Sojasoße** F molho m de soja

so'lange KONJ tanto tempo; enquanto

So'laranlage [zoˈlaːrʔanlaɡə] F ELEK painel m solar **Solarbatterie** [zoˈlarbataˌriː] F bateria f solar **Solarenergie** F energia f solar **Solarium** [zoˈlaːriʊm] N ⟨-s; -rien⟩ solário m **Solarpark** M parque m solar **Solarzelle** F ELEK célula f solar

'Solbad [ˈzoːlbaːt] N banho m de águas salinas; *Ort:* caldas *fpl*

solch [zɔlç] PRON **~ ein(e) ...** tal ...; ... semelhante; INT **~ ein(e) ...!** que ...! **'solcherlei** [ˈzɔlçɐrˌlai] ADV ⟨*inv*⟩ tais, semelhantes

Sold [zɔlt] M ⟨-(e)s; -e⟩ MIL pré m, soldo m, paga f **Sol'dat** [zɔlˈdaːt] M ⟨-en⟩, **Sol'datin** F soldado m, mulher-soldado f; *militar m/f* **sol'datisch** militar

'Söldner [ˈzœldnɐr] M mercenário m

'Sole [ˈzoːlə] F água f salina; CHEM solução f salina; (*Salzlake*) salmoura f **Solei** N ovo m cozido em água salgada (*bras* com sal)

soli'darisch [zoliˈdaːrɪʃ] solidário **solidari'sieren** [zolidariˈziːrən] ⟨-⟩ V/R **sich ~ mit** solidarizar-se com **Solidari'tät** [zolidariˈtɛːt] F ⟨*o. pl*⟩ solidariedade f

so'lide [zoˈliːdə] sólido; *Person* sério; *Ware* de boa qualidade **Solidi'tät** [zolidiˈtɛːt] F ⟨*o. pl*⟩ solidez f

So'list(in) [zoˈlɪst(ɪn)] M(F) ⟨-en⟩ solista m/f

Soll [zɔl] N ⟨-(s); -(s)⟩ FIN débito m; **~ und**

Haben *n* deve *m* e haver *m*; *bras* débito *m* e crédito *m* **'Sollbestand** M̄ HANDEL existências *fpl* teóricas

'sollen ['zɔlən] V̄T **1** dever; (müssen) ser obrigado a; **ich soll** quer(em) que eu (*subj*); **soll ich lesen** *etc*? *a*. leio *etc*?; **was soll ich tun?** que quer(es) que eu faça?; *Befehl:* oft übersetzt durch *subj;* **er soll kommen** que venha; **du sollst nicht töten!** não matarás! **2** *unpersönlich:* **was soll das?** que significa isto?; **was soll das heißen?** que quer isto dizer?; **man sollte meinen** ór-se-ia que ...; *Behauptung:* **es soll ... diz-se que ...; dizem que ...; er soll reich sein** dizem que é rico **4** *Möglichkeit:* **sollte er kommen** *od* **falls** (*od* **wenn**) **er kommen sollte** se (ele) vier

'Sollseite F̄ se(c)ção *f* do débito **Sollzinsen** PL juros *mpl* devedores

'Solo ['zoːlo] N̄ ⟨-s; -s *u*. Soli⟩ MUS solo *m* **Soloinstrument** N̄ MUS instrumento *m* solo **Solostimme** F̄ MUS voz *f* solo

'Solquelle ['zoːlkvɛlə] F̄ fonte *f* de águas salinas

sol'vent [zɔl'vɛnt] HANDEL solvente **Sol'venz** [zɔl'vɛnts] F̄ HANDEL solvência *f*

so'mit [zoˈmɪt, 'zoːmɪt] ADV por consequência, por conseguinte

'Sommer ['zɔmɐr] M̄ Verão *m*; estio *m*; **im ~** no Verão **Sommeranfang** M̄ princípio *m* do verão **Sommerfahrplan** M̄ horário *m* de verão **Sommerferien** PL férias *fpl* de verão **Sommerfrische** F̄ vilegiatura *f*, veraneio *m* **Sommergast** M̄ veraneante *m*, turista *m*; *bras* veranista *m* **sommerlich** estival; de verão **Sommerschlussverkauf** M̄ saldos *mpl* de verão **Sommersonnenwende** F̄ solstício *m* de verão **Sommersprosse** F̄ sarda *f* **Sommerzeit** F̄ verão *m*; (*Uhrzeit*) hora *f* de verão

So'nate [zoˈnaːta] F̄ MUS sonata *f*

'Sonde ['zɔndə] F̄ sonda *f*

'Sonder... ['zɔndər-] IN ZSSGN especial; (*Einzel...*) particular **Sonderangebot** N̄ oferta *f* especial **Sonderausgabe** F̄ edição *f* especial **sonderbar** estranho; esquisito; singular **Sonderfahrt** F̄ viagem *f* especial (*od* extraordinária) **Sonderfall** M̄ caso *m* particular, **sondergleichen** ADV sem igual, sem par **sonderlich** ADV **nicht ~ groß** *etc* não

muito grande, *etc* **Sonderling** M̄ ⟨-s; -e⟩ original *m*; homem *m* esquisito; *umg* tipo *m* esquisito **Sondermarke** F̄ (*Briefmarke*) selo *m* postal de série limitada **Sondermaschine** F̄ FLUG avião *m* especial **Sondermüll** M̄ ⟨-s; *o*. *pl*⟩ lixo *m* tóxico

sondern KONJ senão; mas sim

Sondernummer F̄ *Zeitschrift:* número *m* especial **Sonderpreis** M̄ HANDEL preço *m* especial (*od* reduzido); *Wettbewerb:* prémio *m* especial **Sonderrecht** N̄ privilégio *m* **Sonderschule** F̄ *pej* → Förderschule **Sonderstellung** F̄ posição *f* privilegiada, situação *f* privilegiada **Sondervollmachten** FPL poderes *mpl* extraordinários **Sonderzug** M̄ BAHN comboio *m* (*bras* trem *m*) especial

son'dieren [zɔnˈdiːrən] ⟨-⟩ sondar **Sondierung** F̄ sondagem *f* **Sondierungsgespräche** NPL série *f* de conversas exploratórias

So'nett [zoˈnɛt] N̄ ⟨-(e)s; -e⟩ soneto *m*

'Sonnabend ['zɔnˌʔaːbənt] M̄ sábado *m*; → Montag **sonnabends** ADV aos sábados

'Sonne F̄ sol *m* **sonnen** pôr ao sol; expor ao sol; assoalhar; **sich ~** tomar um banho de sol, bronzear-se; *fig* **sich ~ in** (*dat*) gozar de

'Sonnenaufgang M̄ nascer *m* (*od* nascimento *m*) do sol **Sonnenbad** N̄ banho *m* de sol **sonnenbaden** apanhar banhos de sol **Sonnenbank** F̄ cama *f* (*bras a.* câmara) de bronzeamento **Sonnenbatterie** F̄ bateria *f* solar **Sonnenblende** F̄ FOTO pára-sol *m* **Sonnenblume** F̄ girassol *m* **Sonnenbrand** M̄ queimadura *f* do sol **Sonnenbrille** F̄ óculos *mpl* escuros **Sonnencreme** F̄ creme *m* de bronzear, creme *m* de prote(c)ção solar **Sonnendach** N̄ toldo *m* **Sonnenenergie** F̄ PHYS energia *f* solar **Sonnenfinsternis** F̄ eclipse *m* solar **Sonnenfleck** M̄ mancha *f* solar **sonnengebräunt** queimado, bronzeado **Sonnenhut** M̄ chapéu *m* de sol **sonnenklar** evidente **Sonnenkollektor** M̄ ELEK painel *m* solar **Sonnenöl** N̄ óleo *m* de bronzear, óleo *m* de prote(c)ção solar **Sonnenschein** M̄ ⟨-(e)s; *o*. *pl*⟩ (luz *f* do) sol *m*; **im ~** à luz do sol **Sonnenschirm** M̄ guarda-sol m, sombrinha f **Sonnenstich** M̱ MED insolação f **Sonnenstrahl** M̱ raio m solar **Sonnenstudio** Ṉ solário m **Sonnensystem** Ṉ ASTRON sistema m solar **Sonnenuhr** F̱ relógio-de-sol m **Sonnenuntergang** M̱ pôr-do-sol m **Sonnenwende** F̱ solstício m

'**sonnig** ['zɔnɪç] soalheiro; *bras* ensolarado; exposto ao sol; *fig Gemüt etc* radiante

'**Sonntag** ['zɔnta:k] M̱ domingo m; **am** ~ no domingo; → Montag **sonntäglich** dominical; de domingo **sonntags** ADV aos domingos

Sonntags... IN ZSSGN → sonntäglich **Sonntagsausflügler** M̱ passeante m (*bras*) passeador m) dominguero **Sonntagsfahrer** M̱ *umg pej* condutor m (*bras* motorista m) de domingo **Sonntagskind** Ṉ pessoa f que nasceu num domingo; *fig* felizardo m

sonst [zɔnst] ADV (*einst*) outrora, antes; (*oder aber*) senão; (*übrigens*) aliás; ~ (**noch**) mais; **wie** ~ como de costume; ~ **nichts** nada mais; ~ **niemand** mais ninguém; ~ **nirgends** em parte alguma; **mehr als** ~ mais do que de costume; **was/wer** ~ **als ...?** que/m senão ...? **was/wer** ~ **noch?** que/m mais?; **wie** ~? como, senão assim?; '~ **wo** noutra parte

'**sonstig** ADJ outro

so'oft KONJ sempre que (*subj*)

So'pran [zo'pra:n] M̱ ‹-s; -e›, **Sopra'nistin** F̱ soprano m, tiple m

'**Sorge** ['zɔrgə] F̱ cuidado m (a. *Fürsorge*, *Sorgfalt*); *stärker*: preocupação f, inquietação f; **keine** ~!, **seien Sie ohne** ~ fique descansado, pode ficar descansado; **sich** (*dat*) ~**n machen** preocupar-se; **sich** (*dat*) **keine** ~**n machen** não se preocupar; **lassen Sie das meine** ~ **sein!** deixe isto comigo!

'**sorgen** ['zɔrɡən] V/I ~ **für** cuidar de, tratar de; (*beschaffen*) arranjar, procurar; (*wachen über*) velar por; **sich** ~ preocupar-se, inquietar-se (**um** com) **sorgenfrei** descansado, despreocupado **Sorgenkind** Ṉ **ein** (*od* j**-s**) ~ **sein** dar muito cuidado (a alg); *bras* causar muita preocupação (a alg) **sorgenvoll** cheio de cuidados; muito preocupado **Sorgerecht** Ṉ ‹-(e)s; *o. pl*› JUR pátrio poder m

'**Sorgfalt** ['zɔrkfalt] F̱ ‹*o. pl*› cuidado m

'**sorgfältig** ['zɔrkfɛltɪç] cuidadoso; esmerado **sorglos** despreocupado, sem cuidados; (*fahrlässig*) descuidado **Sorglosigkeit** ['zɔrkloːzɪçkaɪt] F̱ ‹*o. pl*› (*Ruhe*) sossego m, descanso m; (*Nachlässigkeit*) descuido m **sorgsam** *geh* cuidadoso

'**Sorte** ['zɔrtə] F̱ qualidade f, espécie f; (*Art*) género m **sor'tieren** [zɔr'tiːrən] ‹-› classificar; separar **Sor'tierung** F̱ classificação f; separação f; IT triagem f **Sorti'ment** [zɔrti'mɛnt] Ṉ ‹-(e)s; -e› HANDEL sortido m; sortimento m

so'sehr KONJ por mais que

so'so [zoˈzoː] INT ~! com que então!

'**Soße** ['zoːsə] F̱ molho m **Soßenschüssel** F̱ molheira f

Souff'leur [zuˈfløːr] M̱ ‹-s; -e›, **Souff'leuse** F̱ [zuˈfløːzə] ponto m **souff'lieren** [zuˈfliːrən] ‹-› ser o ponto, servir de ponto; *fig* sugerir

'**Soundkarte** ['zaʊntkartə] F̱ placa f de som **Soundtrack** ['zaʊnttrɛk] M̱ FILM banda f sonora

Sou'tane [zuˈtaːnə] F̱ sotaina f, batina f

Souter'rain [zutɛˈrɛ̃ː] Ṉ ‹-s; -s› (*Keller*) cave f, subsolo m; *bras a.* porão m

Souve'nir [zuvaˈniːr] Ṉ ‹-s; -s› lembrança f, recordação f; *bras a.* suvenir m **Souvenirladen** M̱ loja f de lembranças (*od* recordações)

souve'rän [zuvəˈrɛːn] soberano **Souverä**ni'tät [zuvərɛniˈtɛːt] F̱ ‹*o. pl*› soberania f

so'viel KONJ tanto; soviel + *Satz*: quanto; *a.* → so 2 **so'weit** KONJ enquanto; *a.* → so 2 **so'wenig** KONJ → so 4 **so'wie** KONJ (*sobald*) logo que, assim que **sowie'so** ADV em todo o caso, duma maneira ou doutra

'**Sowjet** ['zɔvjɛt] M̱ ‹-s; -s› *hist* soviete m **Sowjetuni'on** F̱ *hist* União f Soviética

so'wohl KONJ ~ **als auch** tanto ... como; não só ..., como ainda ...

sozi'al [zotsi̯aːl] social **Sozialabbau** M̱ ‹-(e)s; *o. pl*› redução f das regalias sociais **Sozialabgabe** F̱ contribuição f social **Sozialamt** Ṉ serviços mpl de assistência social **Sozialarbeiter(in)** M(F) assistente m/f social

Sozi'aldemokrat(in) M(F) ‹-en› social-democrata m/f **Sozialdemokratie** F̱ ‹*o. pl*› social-democracia f **sozialdemokratisch** social-democrata, social-

SPÄR

democrático
Sozi'alhilfe F ⟨o. pl⟩ assistência f social; **~ bekommen** receber assistência social
Sozialhilfeempfänger(in) M(F) pessoa f que beneficia de assistência social
soziali'sieren [zotsiali'zi:rən] ⟨-⟩ PSYCH socializar **Soziali'sierung** F socialização f
Sozia'lismus M ⟨o. pl⟩ socialismo m
Sozia'list(in) M(F) ⟨-en⟩ socialista m/f
sozia'listisch socialista
Sozi'alleistungen FPL regalias fpl sociais **Sozialpädagoge** M ⟨-n⟩, **Sozialpädagogin** F etwa: assistente m/f social **Sozialpartner** M parceiro m social **Sozialpolitik** F ⟨o. pl⟩ política f social **Sozialprodukt** N HANDEL produto m nacional **Sozialreform** F reforma f social **Sozialversicherung** F seguro m social **sozialverträglich** social **Sozialwohnung** F habitação f social
Sozio'loge [zotsio'lo:gə] M ⟨-n⟩, **Sozio'login** F sociólogo m, -a f **Soziolo'gie** [zotsiolo'gi:] F ⟨o. pl⟩ sociologia f **sozio'logisch** sociológico
'Sozius ['zo:tsius] M ⟨-; -se⟩ sócio m **Soziussitz** M Motorrad: assento m suplementar
'sozu'sagen ['zo:tsu'za:gən] ADV por assim dizer, como quem diz; quase
'Spachtel ['ʃpaxtəl] M espátula f **Spachtelmasse** F ⟨o. pl⟩ massa f de betume **spachteln** ⟨-le⟩ betumar; umg (essen) devorar
Spa'ghetti, **Spa'getti** [ʃpa'gɛti] PL esparguete m
'spähen ['ʃpɛ:ən] **nach j-m/etw ~** estar à espreita de alg/alc **Spähtrupp** M ⟨-s; -s⟩ MIL patrulha f
Spa'lier [ʃpa'li:r] N ⟨-s; -e⟩ AGR ramada f, latada f; (Weinspalier) parreira f; MIL, fig **~ stehen** formar alas (od fileiras)
Spalt [ʃpalt] M ⟨-(e)s; -e⟩ fenda f, racha f; **e-n ~ (weit) offen stehen** Tür etc: ter uma nesga (bras fresta) aberta **'spaltbar** CHEM físsível; PHYS **~es Material** m material m físsil **'Spalte** F TYPO coluna f; a. → Spalt **'spalten** ⟨-e-⟩ ❶ fender, rachar; Baum esgalhar; **Holz ~ a.** partir lenha ❷ CHEM dissociar; a. PHYS cindir ❸ fig dividir, separar **'Spaltung** F separação f, desdobramento m; divisão f;

Atomphysik: fissão f, cisão f (a. fig)
Spam [spɛm] N ⟨-s; o. pl⟩ IT spam m (correio electrónico não solicitado)
Span [ʃpa:n] M ⟨-(e)s; ¨-e⟩ falha f, apara f; (Hobelspan) lasca f; Metall: limalha f **'Spanferkel** N leitão m
'Spange ['ʃpaŋə] F broche m; (Armspange) bracelete m; (Haarspange) travessão m
'Spanien ['ʃpa:niən] N Espanha f **Spanier(in)** ['ʃpa:niər] M(F) espanhol(a) m/f) **spanisch** espanhol, da Espanha; **es kommt mir ~ vor** fig acho muito esquisito
Spann [ʃpan] M ⟨-(e)s; -e⟩ peito m do pé **'Spannbeton** N ⟨-s; -e⟩ ARCH betão m pré-esforçado; bras (concreto) protendido m **Spannbetttuch** N lençol m de baixo ajustável; bras lençol m com elástico **'Spanne** F Längenmaß: palmo m; (Zeitspanne) espaço m (de tempo)
'spannen ⟨-⟩ A VT esticar, tender, estirar; Feder, Bogen etc armar; **in den Schraubstock:** pôr; **weit ~** estender; **auf die Folter ~** fig excitar; a. → **gespannt** B VI apertar **'spannend** fig muito interessante, palpitante **'Spanner** M ❶ TECH esticador m ❷ umg (Voyeur) voyeur m, espreita m **'Spannkraft** F ⟨o. pl⟩ elasticidade f; energia f **Spannlaken** N → Spannbetttuch
'Spannung F tensão f; ELEK a. voltagem f; (Erwartung) interesse m; (Ungeduld) impaciência f **Spannungsherd** M POL centro m de conflitos **Spannungsmesser** M ELEK voltímetro m **Spannungsprüfer** M ELEK polariscópio m
'Spannweite F envergadura f (a. fig); ARCH (lichte Weite) vão m
'Sparbuch ['ʃpa:rbu:x] N caderneta f de depósitos **Sparbüchse** F, **Spardose** F mealheiro m **Spareinlage** F depósito m bancário (od de poupança) **sparen** poupar, fazer economias **Sparer(in)** M(F) economizador(a) m/f)
'Spargel ['ʃpargəl] M espargo m
'Spargelder NPL economias fpl; pecúlio msg **Sparguthaben** N depósito m bancário **Sparkasse** F caixa f económica (bras °ô) (od de depósitos) **Sparkonto** N conta f de poupança **Sparkurs** M POL austeridade f
'spärlich ['ʃpɛ:rliç] escasso, raro; parco;

Mahl frugal
'**Sparmaßnahme** F (medida f de) economia f '**sparsam** ['ʃpaːrzaːm] económico (*bras* *ô), poupado '**Sparsamkeit** F ⟨o. pl⟩ economia f; parcimónia f (*bras* *ô)
spar'tanisch [ʃparˈtaːnɪʃ] espartano
'**Sparte** ['ʃpartə] F se(c)ção f, coluna f
Spaß [ʃpaːs] M ⟨-es; ⸚e⟩ brincadeira f; (*Vergnügen*) prazer m; (*Witz*) graça f, gracejo m; **j-m den ~ verderben** *fig* estragar a festa a alg; **~ verstehen** gostar de brincadeiras; **keinen ~ verstehen** não estar para brincadeiras; **~ beiseite!** a sério!, fora de brincadeira!; **zum ~** por brincadeira '**Spaßbremse** F *umg Person*: desmancha-prazeres m/f '**spaßen** ⟨-t⟩ brincar, fazer brincadeira '**spaßig** engraçado '**Spaßmacher** M, '**Spaßvogel** M brincalhão m, trocista f
Spat [ʃpaːt] M ⟨-(e)s; -e⟩ GEOL espato m
spät [ʃpɛːt] A ADJ tardio, atrasado; *Stunde* adiantado; *Alter, verspätet*: seródio B ADV tarde; **wie ~ ist es?** que horas são?; **bis ~ in die Nacht** até alta noite
'**Spatel** ['ʃpaːtəl] M/F espátula f
'**Spaten** ['ʃpaːtən] M pá f
'**später** ['ʃpɛːtər] A ADJ posterior; (*weiter*) ulterior B ADV mais tarde '**späteste** último '**spätestens** ADV o mais tardar '**Spätherbst** M fim m do outono; **im ~** ao fim do outono '**Spätsommer** M fim m do verão; **im ~** no fim do Verão '**Spätwerk** N obra f da fase tardia
Spatz [ʃpats] M ⟨-en⟩ ZOOL pardal m
'**Spätzündung** F ignição f retardada
spa'zieren [ʃpaˈtsiːrən] ⟨-; s.⟩ **~ (gehen)** passear, dar um passeio; **~ führen** levar a dar um passeio; **~ fahren/reiten** dar um passeio de carro/a cavalo
Spa'zierfahrt [ʃpaˈtsiːrfaːrt] F, **Spaziergang** M passeio m; **e-n ~ machen** dar um passeio **Spaziergänger(in)** [ʃpaˈtsiːrgɛŋər(ɪn)] M/F passeante m/f **Spa'zierstock** M bengala f
SPD [ʔɛspeːˈdeː] F ABK ⟨-⟩ (*Sozialdemokratische Partei Deutschlands*) BRD, *Partei*: Partido m Social-Democrata da Alemanha
Specht [ʃpɛçt] M ⟨-(e)s; -e⟩ ZOOL picanço m, picapau m
Speck [ʃpɛk] M ⟨-(e)s; -e⟩ toucinho m; *bras* a. toicinho m '**speckig** gordo, sebento '**Speckschwarte** F pele f de toucinho

Spedi'teur [ʃpediˈtøːr] M ⟨-s; -e⟩ despachante m; *bras* agente m de transportes **Spediti'on** [ʃpeditsiˈoːn] F, **Spediti'onsfirma** F agência f de transportes
'**Speer** [ʃpeːr] M ⟨-(e)s; -e⟩ lança f, dardo m '**Speerwerfen** N SPORT lançamento m de dardo
'**Speiche** ['ʃpaɪçə] F raio m
'**Speichel** ['ʃpaɪçəl] M ⟨-s; o. pl⟩ saliva f; *bras* a. baba m, baba f '**Speichellecker** M *umg pej* bajulador m; manteigueiro m, sabujo m
'**Speicher** ['ʃpaɪçər] M armazém m, depósito m; IT memória f; (*Kornspeicher*) celeiro m **Speicherchip** M IT chip f de memória **Speicherkapazität** F IT capacidade f da memória **Speicherkarte** F IT cartão m de memória '**speichern** ⟨-re⟩ armazenar; IT arquivar '**Speicherung** F armazenagem f (*a.* IT)
'**speien** ['ʃpaɪən] cuspir; *fig* vomitar; lançar
'**Speise** ['ʃpaɪzə] F comida f; (*Gericht*) prato m **Speiseeis** N gelado m; *bes bras* sorvete m **Speisekammer** F despensa f **Speisekarte** F carta f, lista f; ementa f; *bras* cardápio m **speisen** ⟨-t⟩ A V/T alimentar (*a.* TECH); TECH encher B V/I comer **Speiseöl** N óleo m (*od* azeite m) de mesa **Speiseröhre** F ANAT esófago m (*bras* *ô) **Speisesaal** M sala f de jantar; *Kloster, Kaserne*: refeitório m **Speisewagen** M vagão-restaurante m **Speisezimmer** N sala f de jantar '**Speisung** ['ʃpaɪzʊŋ] F *geh*, TECH alimentação f
'**speiübel** ['ʃpaɪʔyːbəl] ADJ *umg* **mir ist ~** estou muito enjoado(a)
Spek'takel [ʃpɛkˈtaːkəl] 1 M *umg* (*Lärm*) ruído m, barulho m 2 N espe(c)táculo m; escândalo m
Spek'tralanalyse [ʃpɛkˈtraːlʔanalyːzə] F análise f espectral '**Spektrum** ['ʃpɛktrʊm] N ⟨-s; Spektren⟩ espectro m
Speku'lant [ʃpekuˈlant] M ⟨-en⟩ especulador m **Spekulati'on** [ʃpekulatsiˈoːn] F especulação f **spekula'tiv** [ʃpekulaˈtiːf] especulativo **speku'lieren** [ʃpekuˈliːrən] ⟨-⟩ especular
Spe'lunke [ʃpeˈlʊŋkə] F *pej* espelunca f; taverna f; tasca f
spen'dabel [ʃpɛnˈdaːbəl] *umg* generoso

'Spende F̲ donativo m, dádiva f; **~n sammeln** fazer um peditório 'spenden ⟨-e-⟩ dar; Lob fazer; Sakrament administrar; Segen lançar 'Spendenkonto N̲ conta f de donativos 'Spender(in) M̲(F̲) doador(a) m(f) spen'dieren ⟨[ʃpɛnˈdiːrən] ⟨-⟩ j-m etw ~ fazer regalo de a/c a alg; oferecer a/c a alg
'Sperber ['ʃpɛrbɐr] M̲ ZOOL gavião(-da-europa) m 'Sperling ['ʃpɛrlɪŋ] M̲ ⟨-s; -e⟩ ZOOL pardal m
'Sperrbalken ['ʃpɛrbalkən] M̲ tranca f **Sperre** F̲ barreira f, barricada f; (Handelssperre) bloqueio m; (Verbot) interdição f, vedação f **sperren** A V̲T̲ (versperren) obstruir, impedir; bes HANDEL bloquear; (schließen) fechar; (verbieten) proibir, vedar; Straße vedar ao trânsito; Gas, Wasser, Verbindung cortar; SPORT Spieler suspender; TYPO Text espaçar; umg **j-n ins Gefängnis ~** meter alg na cadeia B V̲R̲ **sich ~** opor-se (**gegen** a) **Sperrfeuer** N̲ MIL fogo m de barragem **Sperrholz** N̲ contraplacado m; bras compensado m **sperrig** esc(arr)anchado; perro; bras escarrapachado, emperrado; Güter volumoso **Sperrkette** F̲ tranca f, tranqueta f; MIL cordão m **Sperrklinke** F̲ travinca f, lingueta f **Sperrkonto** N̲ FIN conta f bloqueada **Sperrsitz** M̲ THEAT lugar m (od assento m) reservado **Sperrung** F̲ encerramento m; MIL, SCHIFF, BAHN bloqueio m; Straße: impedimento m **Sperrzone** F̲ zona f interdita; vedação f
'Spesen ['ʃpeːzən] P̲L̲ despesas fpl **Spesenrechnung** F̲ conta f de despesas **Spezi'al...** IN ZSSGN oft especial **Spezialgebiet** [[ʃpeˈtsiaːlɡəbiːt] N̲ especialidade f spezi'alisieren [[ʃpetsiaˈliˈziːrən] ⟨-⟩ especializar **Spezi'alist(in)** M̲(F̲) ⟨-en⟩ especialista m/f **Speziali'tät** [[ʃpetsialiˈtɛːt] F̲ especialidade f **spezi'ell** [[ʃpeˈtsiɛl] ADJ especial, particular; ADV especialmente
'Spezies ['ʃpeːtsiɛs] F̲ ⟨-; -⟩ espécie f
spe'zifisch [ʃpeˈtsiːfɪʃ] específico **spezifi'zieren** [[ʃpetsifiˈtsiːrən] ⟨-⟩ especificar
'Sphäre ['sfɛːra] F̲ esfera f; fig a. ambiente m **sphärisch** esférico
Sphinx [sfɪŋks] F̲ ⟨-; -e⟩ esfinge f
'spicken ['ʃpɪkən] A V̲T̲ 1 GASTR lardear 2 umg fig (bestechen) untar as unhas B V̲I̲ umg SCHULE (abschreiben) copiar, cabular **Spicknadel** F̲ GASTR lardeadeira f **Spickzettel** M̲ umg cábula f, chicha f; bras cola f
'Spiegel ['ʃpiːɡəl] M̲ espelho m; Wasser: nível m; MED espéculo m; **sich im ~ betrachten** mirar-se ao espelho **Spiegelbild** N̲ imagem f, reflexo m **Spiegelei** N̲ ovo m estrelado (bras frito) **Spiegelglas** N̲ cristal m espelhado; **spiegelglatt** liso, espelhado; **~ sein** a. parecer um espelho **spiegeln** ⟨-le⟩ refle(c)tir; **sich ~ in der Sonne**: espelhar-se; brilhar **Spiegelreflexkamera** F̲ FOTO câmara f de reflexão **Spiegelschrift** F̲ escrita f invertida **Spiegelung** F̲ reflexo m; (Täuschung) miragem f **spiegelverkehrt** inverso
Spiel [ʃpiːl] N̲ ⟨-(e)s; -e⟩ 1 allg jogo m; fig **leichtes ~ haben** não ter problemas (**mit** com); **aufs ~ setzen** arriscar; **auf dem ~ stehen** estar em jogo; **aus dem ~ lassen** deixar de fora; **die Hand im ~ haben** ter mão no jogo 2 THEAT j-s: realização f; interpretação f; e-r Gruppe: representação f; interpretação f; MUS a. execução f 3 TECH folga f; **~ haben** ter folga 4 (Set, Satz) **ein ~ Karten** um baralho m de cartas
'Spielart F̲ variedade f; MUS maneira f de tocar **Spielautomat** M̲ ⟨-en⟩ caça-níqueis m **Spielball** M̲ péla f, pelota f, bola f; fig joguete m **Spielbank** F̲ casa f de jogo **Spieldose** F̲ MUS caixa f de música **Spielekonsole** ['ʃpiːləkɔnzoːlə] F̲ consola f de jogos
'spielen A V̲T̲ jogar; MUS tocar; Kinderspiele etc brincar a; THEAT Rolle desempenhar; Stück representar; **Ball ~** jogar à bola; **Billard/Karten ~** jogar bilhar/às cartas; **den Dummen ~** fingir-se tolo B V̲I̲ Handlung passar-se 'spielend ADV fig com facilidade
'Spieler(in) M̲(F̲) SPORT, Spiel: jogador(a) m(f); MUS tocador(a) m(f); artista m/f **Spiele'rei** [ʃpiːləˈraɪ] F̲ brincadeira f **spielerisch** ['ʃpiːlərɪʃ] ligeiro, leve; de brincadeira **'Spielfeld** N̲ campo m de jogo(s) **Spielfilm** M̲ filme m de longa metragem **Spielführer** M̲ SPORT capitão m **Spielgefährte** M̲ ⟨-n⟩, **'Spielkamerad** M̲ ⟨-en⟩ Kind: companheiro m de brincadeira; parceiro m de jogo; bras baralho m **Spielhalle** F̲ sa-

lão m de jogo **'Spielkarte** F̲ carta f de jogo **'Spielkasino** N̲ casino m **'Spielleiter** M̲ dire(c)tor m; realizador m **'Spielmannszug** M̲ MUS banda f de música **'Spielmarke** F̲ ficha f **'Spielplan** M̲ THEAT programa m; repertório m **'Spielplatz** M̲ (Kinderspielplatz) parque m infantil **'Spielraum** M̲ fig margem f, espaço m; TECH folga f **'Spielregel** F̲ regra f do jogo **'Spielsachen** F̲PL brinquedos mpl **'Spielsalon** M̲ sala f de jogo **'Spielschuld** F̲ dívida f de jogo **'Spieltisch** M̲ mesa f de jogo **'Spieluhr** F̲ → Spieldose **'Spielverbot** N̲ SPORT interdição f **'Spielverderber** M̲ desmancha-prazeres m

'Spielwaren F̲PL brinquedos mpl **Spielwarengeschäft** M̲ loja f de brinquedos

'Spielzeit F̲ SPORT período m; THEAT estação f, época f

'Spielzeug N̲ brinquedos mpl; einzelnes: brinquedo m

Spieß ([ʃpiːs], M̲ ⟨-es; -e⟩ pique m, alabarda f; (Bratspieß) espeto m; (Speer) lança f; **den ~ umdrehen** fig dar a volta por cima **'Spießbürger(in)** M̲F̲ pequeno-burguês m, pequeno-burguesa f **'spießbürgerlich** fig pequeno-burguês **'Spießer** M̲ umg → Spießbürger **'spießig** pequeno-burguês **'Spießrute** F̲ nur in **~n laufen** fig correr as ruas; bras expor-se a a/c

'Spikes ([paɪks], M̲PL SPORT sapatos mpl ferrados

Spill ([ʃpɪl], N̲ ⟨-(e)s; -e⟩ SCHIFF cabrestante m

Spi'nat ([ʃpiˈnaːt], M̲ ⟨-(e)s; -e⟩ espinafre m

Spind ([ʃpɪnt], N̲/M̲ ⟨-(e)s; -e⟩ armário m **Spindel** (['ʃpɪndəl], F̲ ⟨-; -n⟩ fuso m; TECH árvore f roscada **spindel'dürr** muito magro, magro como um espeto

'Spinne (['ʃpɪnə], F̲ aranha f **spinnen** A̲ V̲T Wolle fiar; fig Ränke tramar B̲ V̲I umg (verrückt sein) ser maluco, não regular bem **Spinner(in)** M̲F̲ fiandeiro m, -a f **Spinne'rei** ([ʃpɪnəˈraɪ], F̲ (fábrica f de) fiação f **Spinnmaschine** F̲ máquina f de fiar **Spinnrad** N̲ roda f de fiar **Spinnweben** F̲PL teia f de aranha

Spi'on (['ʃpiːoːn], M̲ ⟨-s; -e⟩ espião m **Spio'nage** ([ʃpioˈnaːʒə], F̲ espionagem f **Spio'nageabwehr** F̲ ⟨o. pl⟩ contra-espionagem f Spion **Spio'nagering** M̲ rede f de espionagem **spio'nieren** ([ʃpioˈniːrən], ⟨-⟩ espiar, fazer espionagem

Spi'onin F̲ espia f

Spi'ralbohrer ([ʃpiˈraːlboːrər], M̲ broca f helicoidal **Spirale** F̲ espiral f (a. MED) **Spiralfeder** F̲ mola f espiral **spiralförmig** ([ʃpiˈraːlfœrmɪç], espiral, em hélice

Spiri'tismus ([ʃpiriˈtɪsmʊs], M̲ ⟨-; o. pl⟩ espiritismo m **Spiritist(in)** M̲F̲ ⟨-en⟩ espiritista m/f **spiri'tistisch** espiritista **Spiritu'osen** ([ʃpirituˈoːzən], P̲L̲ bebidas fpl alcoólicas

'Spiritus (['ʃpiːrɪtʊs], M̲ ⟨-; -se⟩ álcool m **Spirituskocher** M̲ fogareiro m a álcool

Spi'tal ([ʃpiˈtaːl], N̲ ⟨-s; ⸚er⟩ schweiz hospital m

spitz ([ʃpɪts], ADJ ⟨-est⟩ pontiagudo; aguçado; Nase a. afilado; fig Bemerkung mordaz

Spitz ([ʃpɪts], M̲ ⟨-es; -e⟩ Hund: lulu m **'Spitzbart** M̲ pera f **'Spitzbogen** M̲ ⟨-s; ⸚⟩ ogiva f; arco m ogival **'Spitzbube** M̲ ⟨-n⟩ ladrão m, patife m **'spitzbübisch** de gatuno, velhaco; (verschmitzt) gaiato

'spitze (['ʃpɪtsə], umg → klasse

'Spitze F̲ ❶ ponta f; vordere: frente f; (Ende) extremidade f; topo m (a. SCHIFF); Feder: bico m; (Zigarrenspitze) boquilha f; **an der ~** à frente; **sich an die ~ setzen** tomar a dianteira; fig **auf die ~ treiben** exagerar, abusar ❷ (Bergspitze) pico m, cume m ❸ Handarbeit: renda f ❹ fig (kritische Bemerkung) alusão f, remoque m; bras indireta f

'Spitzel (['ʃpɪtsəl], M̲ espião m; denunciante m; umg bufo m

'spitzen V̲T̲ ⟨-t⟩ aguçar, apontar; abicar; **die Ohren ~** arrebitar as orelhas

'Spitzenbelastung F̲ TECH carga f máxima **Spitzengruppe** F̲ SPORT sele(c)ta f **Spitzenklasse** F̲ HANDEL primeira qualidade f **Spitzenleistung** F̲ recorde m (a. SPORT); TECH rendimento m máximo **Spitzenreiter** M̲ líder m; número m um **Spitzensportler(in)** M̲F̲ recordista m/f **Spitzentechnologie** F̲ tecnologia f de ponta

'spitzfindig subtil, sofístico **Spitzfindigkeit** F̲ subtileza f, sofisma m **Spitz-

hacke F alvião m **spitzig** → spitz **spitzkriegen** *umg* etw ~ topar a/c, dar conta de a/c **Spitzmaus** F musaranho m **Spitzname** M alcunha f; *bras* apelido m **spitzwink(e)lig** acutângulo **Spleen** [ʃpliːn] M ⟨-s; -e *u.* -s⟩ mania f, spleen m **spleenig** excêntrico **Splint** [ʃplɪnt] M ⟨-(e)s; -e⟩ alburno m; TECH pino m fendido **Splitt** [ʃplɪt] M ⟨-s; -e⟩ brita f **Splitter** M estilha f; (*Glassplitter, Granatsplitter*) estilhaço m; (*Holzsplitter, Steinsplitter*) lasca f; (*Knochensplitter*) esquírola f **Splitterbombe** F bomba f de fragmentação **'splitter'faser'nackt** nu (em pêlo), em couro, despido **Splittergruppe** F POL grupo m dissidente **'splittern** ⟨-re; *h. u. s.*⟩ lascar(-se); (*zersplittern*) estilh(aç)ar; (*sich spalten*) fender-se **SPÖ** [ɛspɛˈʔøː] F ABK ⟨-⟩ (Sozialdemokratische Partei Österreichs) *österr Partei:* Partido m Social-Democrata da Áustria **'Spoiler** [ˈʃpɔʏlɐr] M AUTO, FLUG spoiler m, defle(c)tor m **'sponsern** [ˈʃpɔnzɐrn] ⟨-⟩ patrocinar **'Sponsor** [ˈʃpɔnzɔr] M ⟨-s; -en [-ˈzoː- rən]⟩, **Spon'sorin** [ʃpɔnˈzoːrɪn] F patrocinador(a) m(f) **spon'tan** [ʃpɔnˈtaːn] ADJ espontâneo; ADV espontaneamente **Spontanei'tät** [ʃpɔntaneiˈtɛːt] F espontaneidade f **spo'radisch** [ʃpoˈraːdɪʃ] esporádico **'Spore** [ˈʃpoːrə] F BIOL esporo m **'Sporn** [ʃpɔrn] M ⟨-(e)s; Sporen *od* -e⟩ espora f; *Vögel:* esporão m; *am Berg:* crista f **Sport** [ʃpɔrt] M ⟨-(e)s; -e⟩ desporto m; *bras* esporte m; ~ **treiben** fazer (*od praticar*) desporto (*bras* esporte) **'Sportabzeichen** N insígnia f desportiva (*bras* esportiva) **'Sportanlage** F instalações fpl desportivas (*bras* esportivas); estádio m **'Sportart** F modalidade f desportiva (*bras* esportiva) **'Sportartikel** M artigo m de desporto(s) (*bras* de esporte) **'Sportfischen** N ⟨-s; *o. pl*⟩ pesca f desportiva (*bras* esportiva) **'Sportflugzeug** N avião m de desporto (*bras* esporte) **'Sportgeschäft** N loja f de artigos desportivos (*bras* esportiva) **'Sportjournalist(in)** M(F) ⟨-en⟩ jornalista m/f desportivo/-a (*bras* esportivo/-a) **'Sportlehrer(in)** M(F) professor(a) m(f)

de educação física **'Sportler(in)** M(F) desportista m; *bras* esportista m/f **'sportlich** desportivo; *bras* esportivo **'Sportmediziner** M médico m de desporto (*bras* esporte) **'Sportnachrichten** FPL notícias fpl desportivas (*bras* esportivas) **'Sportplatz** M campo m de desportos (*bras* esporte) **'Sporttaucher** M mergulhador m desportivo (*bras* amador) **'Sportunfall** M acidente m desportivo (*od* de desporto) **'Sportunterricht** M ⟨-s; *o. pl*⟩ educação f física **'Sportveranstaltung** F evento m desportivo (*bras* esportivo) **'Sportverein** M clube m desportivo (*bras* esportivo) **'Sportverletzung** F lesão f desportiva (*bras* esportiva) **'Sportwagen** M **1** AUTO carro m de desporto; *bras* carro m esporte **2** (*Kinderwagen*) carrinho m de crianças

Spott [ʃpɔt] M ⟨-(e)s; *o. pl*⟩ escárnio m, troça f **'spott'billig** baratíssimo, ao desbarato; ~ **sein** ser uma pechincha **'spotten** [ˈʃpɔtən] ⟨-e-⟩ fazer troça (*bras a.* gozação) (**über** *akk* de); escarnecer; **jeder Beschreibung** ~ ultrapassar todos os limites (*bras* todas as expectativas) **'Spötter** [ˈʃpœtɐr] M trocista m; *bras a.* gozador; REL blasfemo m **'spöttisch** [ˈʃpœtɪʃ] trocista; *bras a.* de gozação **'Spottlied** N canção f satírica **'Spottpreis** M a/o m de graça **'sprachbegabt** [ˈʃpraːxbəɡaːpt] que tem jeito m (*od* talento m) para línguas **'Sprache** [ˈʃpraːxə] F língua f (*a. Sprachfähigkeit*); idioma m; (*Ausdrucksweise*) linguagem f; (*Sprechart*) fala f; **zur** ~ **kommen** ser tratado; **zur** ~ **bringen** trazer à discussão; *umg* **raus mit der** ~! lá dá!; desembucha! **'Sprachfehler** M MED defeito m de língua **'Sprachforscher** M filólogo m, linguista m **'Sprachführer** M manual m de conversação **'Sprachgebiet** N **deutsches** ~ países mpl de língua alemã **'Sprachgebrauch** M ⟨-(e)s; *o. pl*⟩ uso m; ~ **sein** *a.* ser corrente **'Sprachgefühl** N ⟨-(e)s; *o. pl*⟩ sensibilidade f estilística **'sprachgewandt** eloquente, loquaz **'Sprachgrenze** F fronteira f linguística **'Sprachkurs** M curso m de línguas **'Sprachlabor** N laboratório m de línguas **'Sprachlehrer(in)** M(F) profes-

sor m, **-a** f de língua(s) **'sprachlich** de língua, de linguagem, linguístico **'sprachlos** mudo, sem fala; **~ sein, ~ dastehen** fig ficar pasmado, ficar de boca aberta **'Sprachregelung** f POL versão f oficial **'Sprachreise** f viagem f a um país para aprender a língua **'Sprachrohr** n porta-voz m (a. fig) **'Sprachschatz** m ⟨-es; o. pl⟩ vocabulário m **'Sprachstörung** f disfasia f, dislalia f **'Sprachunterricht** m ⟨-(e)s; o. pl⟩ ensino m de língua(s); **deutscher** etc **~ Unterricht** aula f de alemão etc **'Sprachwissenschaft** f linguística f **'Sprachwissenschaftler(in)** m(f) linguista m/f

'Spray [ʃpreː, spreː] n ⟨-s; -s⟩, **Spraydose** f aerossol m, spray m **Sprayer(in)** m(f) (Künstler) artista m/f de graffiti, grafiteiro m, -a f

'Sprechanlage ['ʃprɛçʔanlaːgə] f interfone m **Sprechblase** f Comics: balão m **Sprechchor** m coro m falado **'sprechen** falar (über akk de, sobre); Gedicht recitar; Worte dizer; a. Urteil pronunciar; proferir; **j-n ~** falar a alg; **schuldig ~** condenar; **Anzeichen** etc **~ für** denotar, indicar; **zu ~ sein** estar (em casa); **für j-n zu ~ sein** receber alg; **auf** (akk) **nicht gut zu ~ sein** não gostar de, não simpatizar com; estar zangado com

'Sprecher(in) m(f) orador(a) m(f); Beauftragter: porta-voz m/f, representante m/f; RADIO locutor(a) m(f) **'Sprechfunk** m ⟨-s; o. pl⟩ radiotelefonia f, radiofonia f **'Sprechstunde** f JUR, MED horas fpl de consulta; Krankenhaus: horas fpl de visita; **~ haben** receber; dar consulta **'Sprechübung** f exercício m de conversação; exercício m de fonética **'Sprechweise** f modo m de falar; fala f **Sprechzimmer** n MED consultório m; Kloster: locutório m

'spreizen ['ʃpraɪtsən] ⟨-t⟩ estender; Finger, Beine escarranchar, abrir; ARCH espetar; **sich ~** fig pavonear-se; **gegen etw.** ser teimoso

'Sprengel ['ʃprɛŋəl] m (Schulsprengel) zona residencial ao qual é atribuída a escola primária mais próxima; REL diocese f; (Kirchspiel) freguesia f

'sprengen ['ʃprɛŋən] V/T ❶ mit Wasser: Garten etc regar; mit Weihwasser aspergir ❷ Kette romper; **e-e Versammlung ~** fig dissolver (od fazer dispersar) uma reunião; **(in die Luft) ~** dinamitar; fazer saltar; fazer ir pelos ares

'Sprengkapsel f detonador m **'Sprengkopf** m MIL ogiva f **Sprengkörper** m corpo m explosivo **Sprengkraft** f ⟨o. pl⟩ força f explosiva **Sprengladung** f carga f explosiva **Sprengmeister** m operário m que deita fogo à mina (bras que trata da explosão da mina) **Sprengsatz** m carga f explosiva **Sprengstoff** m explosivo m **Sprengstoffanschlag** m atentado m bombista **Sprengung** f destruição f por meio de dinamite; a. fig rotura f **Sprengwirkung** f → Sprengkraft; efeito m explosivo

'Spreu [ʃprɔy] f ⟨o. pl⟩ debulho m; moinha f

'Sprichwort ['ʃprɪçvɔrt] n ⟨-(e)s; ⸚er⟩ provérbio m, dito m, adágio m; bras a. ditado m **sprichwörtlich** proverbial

'sprießen ['ʃpriːsən] ⟨h. u. s.⟩ brotar, nascer

'Springbrunnen ['ʃprɪŋbrʊnən] m repuxo m; bras a. chafariz m **springen** ⟨s. u. h.⟩ **~ (über** akk**)** saltar (por cima de); galgar; (hüpfen) pular, dar pulos; (zerspringen, bersten) estalar; Wasser brotar, jorrar; fig **in die Augen ~** saltar aos olhos; ser evidente; **Geld ~ lassen** gastar um dinheirão; **der ~de Punkt** o principal; o bussilis **Springer** m saltador m; Schach: cavalo m **Springflut** f (maré f de) águas-vivas fpl; bras ressaca f **Springmaus** f gerbo m; bras chinchila f **Springreiten** n ⟨-s; o. pl⟩ salto m de obstáculos **Springseil** n corda f de saltar (bras pular)

Sprint [ʃprɪnt] m ⟨-s; -s⟩ sprint m **'sprinten** correr **Sprinter(in)** m(f) corredor(a) m(f)

Sprit [ʃprɪt] m umg ⟨-(e)s; -e⟩ álcool m; umg gasolina f

'Spritze ['ʃprɪtsə] f MED seringa f; (Einspritzung) inje(c)ção f; **e-e ~ geben** dar uma inje(c)ção **spritzen** Ⓐ V/T ⟨-t⟩ deitar água a; esguichar; Garten etc regar; MED inje(c)tar Ⓑ V/T & V/I ⟨h. u. s.⟩ esguichar **Spritzer** m salpico m, esguicho m, salpicadura f **Spritzgebäck** n, **Spritzkuchen** m fartura f **Spritzguss** m moldagem f por inje(c)ção **Spritzpistole** f pistola f pulverizado-

ra, pulverizador m **Spritztour** F umg volta f; giro m
'spröd(e) ['ʃprøːt(-də)] frágil, quebradiço; *Haut* áspero, gretado; *Person* reservado, arisco; frio; *Metall* imaleável; *(rau)* áspero
Sprödigkeit F ⟨o. pl⟩ fragilidade f; aspereza f; *Haut*: cieiro m; *j-s*: reserva f, esquivez f
Spross ['ʃprɔs] M BOT rebento m **Sprosse** ['ʃprɔsə] F *e-r Leiter*: degrau m **sprossen** ⟨-t⟩ brotar, nascer **'Sprössling** ['ʃprœslɪŋ] M ⟨-s; -e⟩ BOT rebento m; *fig* filho m
'Sprotte ['ʃprɔtə] F pequeno arenque m
Spruch [ʃprʊx] M ⟨-(e)s; ⁻e⟩ sentença f; JUR a. veredi(c)to m; *(Bibelspruch)* versículo m; *(Sinnspruch)* dito m, provérbio m, adágio m; *(Zauberspruch)* fórmula f (mágica) **'Spruchband** N letreiro m, dístico m **'spruchreif** ADJ **~ sein** estar maduro; estar suficientemente esclarecido

'Sprudel ['ʃpruːdəl] M *Getränk*: água f gasosa *(bras* mineral*)* **sprudeln** ⟨-le; s. u. h.⟩ brotar, borbulhar; *Getränk* espumar; *fig* falar muito depressa **sprudelnd** ADJ espumoso, espumante
'Sprühdose ['ʃpryː'doːzə] F pulverizador m **sprühen** ⟨-⟩ faiscar; saltar; *(regnen)* chuviscar; *bras* garoar **sprühend** ADJ brilhante, cintilante **Sprühregen** M chuvisco m; *bras* garoa f
Sprung [ʃprʊŋ] M ⟨-(e)s; ⁻e⟩ salto m, pulo m; *(Riss)* fenda f, racha f; **e-n ~ machen** dar um salto; **auf dem ~ sein zu** *(inf)* estar para; **j-m auf die Sprünge helfen** dar uma ajuda a alg **'Sprungbrett** N trampolim m **'Sprungfeder** F mola f *(helicoidal)* **'Sprunggelenk** N ANAT articulação f tibiotarsiana; *Tier*: jarrete m, curvejão m **'sprunghaft** saltitante; *fig* incoerente **'Sprungschanze** F pista f de saltos **'Sprungtuch** N pano m salva-vidas **'Sprungturm** M torre f de saltos

'Spucke ['ʃpʊkə] F ⟨o. pl⟩ cuspo m; *bras* cuspe m; escarro m; esputo m; *bras a.* babo m, baba f; **mir blieb die ~ weg** umg fig fiquei pasmado, -a **spucken** cuspir, escarrar; *beim Sprechen*: perdigotar; MED vomitar; *Blut etc* expe(c)torar; umg vomitar **Spucknapf** M escarrador m
Spuk [ʃpuːk] M ⟨-(e)s; -e⟩ *(aparição f* de) fantasmas *mpl*; assombração f **'spuken** V/UNPERS **es spukt** andam fantasmas (pela casa) **'Spukgeschichte** F conto m fantástico *(od* de fantasmas*)*
'Spülbecken ['ʃpyːlbɛkən] N tina f
'Spule ['ʃpuːlə] F bobina f; fuso m; FOTO rolo m; *Nähmaschine*: canilha f
'Spüle F *Küche*: pia f
'spulen dobar, bobinar
'spülen ['ʃpyːlən] lavar; enxaguar; passar por água; *an den Strand*: arrojar; **den Mund ~** bochechar **'Spülmaschine** F máquina f de lavar loiça *(bras* louça*)* **'Spülmittel** N detergente m para a loiça *(bras* louça*)* **'Spülung** F lavagem f; MED a. irrigação f; *WC*: autoclismo m; *bras* descarga f
'Spulwurm ['ʃpuːlvʊrm] M ascáride f; lombriga f; oxiúro m
Spund [ʃpʊnt] M ⟨-(e)s; ⁻e⟩ batoque m; rolha f **'Spundloch** N batoqueira f; orifício m da pipa
Spur [ʃpuːr] F **1** *(Fährte)* pista f *(a. Tonspur)*; rasto m; *bras* rastro m; *(Fußspur)* pisada f; *bras* pegada f; *(Radspur)* carril m; *bras* sulco m; **e-r Sache auf die ~ kommen** descobrir a/c; **j-m auf der ~ sein/bleiben** ir/ficar no encalço de alg **2** *Straße*: faixa f, mão f; *bras* faixa f *(Spurweite)* via f; *bras* bitola f **3** *Rest*: vestígio m *(a. fig)*; **keine ~** fig umg nada, nem rasto; nem patavina
'spürbar ['ʃpyːrbaːr] sensível, perce(p)tível **spüren** V/T *(fühlen, merken)* sentir, notar, perceber; *Jagd*: **~ nach** encontrar *(od* seguir*)* a pista de
'Spurenelement N oligoelemento m
'Spürhund M cão m de busca
'spurlos ADJ & ADV sem deixar vestígios
'Spürnase F farejador m **Spürsinn** M ⟨-(e)s; o. pl⟩ faro m; fig sagacidade f
Spurt [ʃpʊrt] M ⟨-(e)s; -s⟩ corrida f; arranque m, sprint m
'Spurweite F BAHN via f; *bras* bitola f; AUTO distância f entre as rodas
'sputen ['ʃpuːtən] ⟨-e-⟩ V/R **sich ~** mexer-se, aviar-se, abelhar-se
Squash N ⟨-s; o. pl⟩ SPORT squash m
St. ABK **1** *(Stück)* peça(s) f(pl) **2** *(Sankt)* S. (São) **3** *(Stunde)* h (hora)
Staat [ʃtaːt] M ⟨-(e)s; -en⟩ **1** POL Estado m **2** *(Prunk)* gala f, luxo m; aparato m; **~ machen** brilhar; **~ machen mit** fazer

alarde de; **in vollem ~** *umg* vestido de gala '**Staatenbund** M̄ confederação f '**staatenlos** sem nacionalidade, apátrida '**staatlich** público, do Estado, nacional; estatal; *bras* estadual; **~ anerkannt** oficializado; **~ geprüft** diplomado '**Staatsakt** M̄ cerimónia f *(bras* *ô)* **Staatsangehörige(r)** M̄/F/M cidadão m, cidadã f; **die ~n** *pl a.* os nacionais '**Staatsangehörigkeit** F̄ ⟨o. *pl⟩* nacionalidade f; **doppelte ~** nacionalidade f dupla; **die ... ~ erwerben** naturalizar-se ... **Staatsanleihe** F̄ obrigação f do Estado **Staatsanwalt** M̄, **Staatsanwältin** F̄ procurador m, -a f da República **Staatsanwaltschaft** F̄ ministério m público **Staatsbeamte(r)** M̄, **Staatsbeamtin** F̄ funcionário m público, funcionária f pública **Staatsbegräbnis** N̄ funerais mpl nacionais '**Staatsbürger(in)** M̄/F cidadão m, cidadã f **staatsbürgerlich** civil; cívico **Staatsbürgerschaft** F̄ cidadania f '**Staatsdienst** M̄ ⟨-(e)s; *o. pl⟩* serviço m público **Staatseigentum** N̄ ⟨-s; *o. pl⟩* património m nacional **Staatsexamen** N̄ exame m do Estado; licenciatura f **staatsfeindlich** hostil ao Estado **Staatsform** F̄ forma f do *(bras* de) governo **Staatsgebiet** N̄ território m nacional **staatsgefährdend** subversivo **Staatsgeheimnis** N̄ segredo m de Estado **Staatsgewalt** F̄ ⟨o. *pl⟩* autoridade f pública **Staatshaushalt** M̄ orçamento m nacional **Staatshoheit** F̄ ⟨o. *pl⟩* soberania f (nacional) **Staatskasse** F̄ Tesouro m (do Estado) **Staatskirche** F̄ Igreja f nacional **Staatsmann** M̄ estadista m **staatsmännisch** ['ʃtaːtsmɛnɪʃ] político; de estadista **Staatsminister(in)** M̄/F ministro m, -a f do Estado **Staatsoberhaupt** N̄ chefe m do Estado **Staatspapier** N̄ documento m; FIN **~e** pl fundos mpl (*od* valores mpl) públicos **Staatsrat** M̄ conselho m de Estado; *Person:* conselheiro m de Estado '**Staatsrecht** N̄ ⟨-(e)s; *o. pl⟩* direito m público **Staatsrechtler** ['ʃtaːtsrɛçtlər] M̄ professor m de direito público '**Staatsschatz** M̄ Tesouro m público **Staatsschuld** F̄ dívida f pública **Staatssekretär** M̄ secretário m de Estado **Staatssicherheitsdienst** M̄ ⟨-es; *o. pl⟩* hist DDR: serviços mpl de segurança do nacional **Staatsstraße** F̄ estrada f nacional **Staatsstreich** M̄ golpe m de estado **Staatsvertrag** M̄ tratado m político; acordo m estatal **Staatswissenschaft** F̄ ciências fpl políticas **Staatswohl** N̄ ⟨-(e)s; *o. pl⟩* bem m público

Stab [ʃtaːp] M̄ ⟨-(e)s; ¨e⟩ bastão m; haste f; *(Eisenstab)* barra f; *zum Springen:* vara f; MIL Estado-Maior m; **den ~ über j-n brechen** *fig* condenar alg **Stäbchen** ['ʃtɛpçən] N̄ *(Essstäbchen)* pauzinho m '**Stabhochsprung** M̄ ⟨-(e)s; *o. pl⟩* salto m à vara (em altura)

sta'bil [ʃtaˈbiːl] estável; *(fest)* seguro, sólido **stabili'sieren** [ʃtabiliˈziːrən] ⟨-⟩ estabilizar **Stabili'sierung** F̄ estabilização f **Stabili'tät** [ʃtabiliˈtɛːt] F̄ ⟨o. *pl⟩* estabilidade f

'**Stabreim** M̄ LIT aliteração f '**Stabs...** IN ZSSGN do Estado-Maior **Stabschef** M̄ MIL chefe m do Estado-Maior **Stabsquartier** N̄ quartel m geral

'**Stachel** ['ʃtaxəl] M̄ ponta f, pico m; aguilhão m; ZOOL a. ferrão m; espinho m (a. BOT) '**Stachelbeere** F̄ BOT va-espim f '**Stacheldraht** M̄ arame m farpado **Stacheldrahtverhau** M̄ linha f de arame farpado **stachelig** espinhoso, eriçado **Stachelschwein** N̄ porco-espinho m

'**Stadion** ['ʃtaːdiɔn] N̄ ⟨-s; *Stadien⟩* estádio m **Stadium** N̄ ⟨-s; *Stadien⟩* fase f, estado m

Stadt [ʃtat] F̄ ⟨-; ¨e⟩ cidade f; *kleinere:* vila f; *bras* cidade f do interior '**Stadtautobahn** F̄ via f rápida; via f de circunvalação '**Stadtbahn** F̄ caminho m de ferro urbano '**stadtbekannt** notório '**Stadtbibliothek** F̄ biblioteca f municipal '**Stadtbild** N̄ vista f da cidade, panorama m da cidade '**Stadtbummel** M̄ volta f (od passeio m) pela cidade

'**Städtchen** ['ʃtɛːtçən] N̄ vila f; *bras* cidadezinha f do interior

'**Städtebau** ['ʃtɛːtəbaʊ] M̄ ⟨-(e)s; *o. pl⟩* urbanização f **Städtebauer** M̄ urbanizador m **städtebaulich** urbanístico **Städtepartnerschaft** F̄ geminação f de cidades; *bras* parceria f entre cidades **Städter(in)** M̲/F̲ habitante m/f da cidade; urbano m, -a f **Städtetag** M̲ congresso m de delegados municipais

'**Stadtgebiet** N̲ área f urbana, área f municipal **Stadtgemeinde** F̲ município m **Stadtgespräch** N̲ TEL → Ortsgespräch; *fig* ~ **sein** estar na boca de toda a gente

'**städtisch** ['ʃtɛːtɪʃ] urbano; POL municipal

'**Stadtkern** M̲ centro m (histórico) da cidade **Stadtmauer** F̲ muralha f **Stadtmitte** F̲ centro m **Stadtpark** M̲ parque m municipal (*od* da cidade) **Stadtplan** M̲ planta f da cidade **Stadtplanung** F̲ (plano m de) urbanização f **Stadtrand** M̲ periferia f (*od* abas fpl) da cidade **Stadtrat** M̲ <-(e)s; ·-e> *Gremium:* câmara f municipal; *Person:* vereador m **Stadtrundfahrt** F̲ passeio m (*od* volta f) pela cidade **Stadtteil** M̲ bairro m **Stadttheater** N̲ teatro m municipal **Stadtväter** MPL edilidade fsg **Stadtverordnete(r)** M̲/F̲(M̲) vereador(a) m(f) **Stadtverwaltung** F̲ serviços mpl municipais; câmara f; *bras* administração f pública **Stadtviertel** N̲ bairro m **Stadtwappen** N̲ armas fpl (*od* emblema m) da cidade **Stadtzentrum** N̲ centro m da cidade

Sta'fette F̲ estafeta f

Staf'fage [ʃtaˈfaːʒə] F̲ cenário m; enfeite m

'**Staffel** ['ʃtafəl] F̲ <-; -n> degrau m; HANDEL escalão m; MIL, SPORT *a.* turma f; FLUG esquadrilha f; TV temporada f **Staffe'lei** [ʃtafəˈlaɪ] F̲ cavalete m **Staffellauf** M̲ corrida f de estafetas (*bras* de revezamento) **staffeln** <-le> escalonar; graduar **Staffeltarif** F̲ tarifa f escalonada **Staffelung** F̲ escalonamento m; graduação f

Stagnati'on [stagnatsi̯oːn] F̲ estagnação f; paralização f **stag'nieren** [ʃtagˈniːrən] <-> estagnar; estar paralizado

Stahl [ʃtaːl] M̲ <-(e)s; ·-e> aço m; **aus ~ de** aço **Stahlarbeiter** M̲ metalúrgico m '**Stahlbau** M̲ <-(e)s; *o. pl* > ARCH construção f de aço '**Stahlbeton** M̲ <-s; -s> ARCH betão m (*bras* cimento m) armado '**stahlblau** azul ferrete; *bras* azul-aço '**Stahlblech** N̲ chapa f de aço '**stählen** ['ʃtɛːlən] ace(i)rar, temperar com aço; *fig* fortalecer **stählern** de aço; *fig* de ferro

'**Stahlhart** *fig* duro como o aço **Stahlhelm** M̲ capacete m de aço **Stahlindustrie** F̲ indústria f do aço **Stahlkammer** F̲ casa-forte f **Stahlrohrmöbel** NPL móveis mpl de tubos de aço **Stahlstich** M̲ gravura f em aço **Stahltrosse** F̲ cabo m de aço **Stahlwerk** N̲ aceraria f; *bras* aceraria f

'**staken** ['ʃtaːkən] levar (*bras* impulsionar) à vara

Stalag'mit [ʃtalakˈmiːt] M̲ <-en> estalagmite f **Stalag'tit** [ʃtalakˈtiːt] M̲ <-en> estalactite f

'**Stall** [ʃtal] M̲ <-(e)s; ·-e> estábulo m, curral m; (*Pferdestall*) caval(h)ariça f '**Stallungen** FPL estrebarias fpl, cavalariças fpl

Stamm [ʃtam] M̲ <-(e)s; ·-e> BOT tronco m; (*Geschlecht*) estirpe f, linhagem f, raça f; (*Volksstamm*) tribo f; GRAM raiz f; *Personal:* quadro m '**Stammaktie** F̲ FIN a(c)ção f primitiva '**Stammbaum** M̲ árvore f genealógica '**Stammbuch** N̲ álbum m; *bras* crônica f genealógica

'**stammeln** <-le> balbuciar

'**stammen** <s.> *etw* (pro)vir; GRAM derivar; *Person* **aus** ~ ser (natural) de; ~ **von** descender de, ser descendente de

'**Stammgast** M̲ freguês m (*od* cliente m) habitual; *bras* frequentador m assíduo '**Stammhalter** M̲ (filho m) primogénito m (*bras* *ê*), morgado m '**Stammhaus** N̲ HANDEL casa-mãe f, central f '**Stammholz** N̲ madeira f em toro

'**stämmig** ['ʃtɛmɪç] robusto

'**Stammkapital** N̲ <-s; *o. pl* > fundos mpl **Stammkneipe** F̲ *umg* *j*-s: bar m habitualmente frequentado por alg **Stammkunde** <-n> habituado m; *bras* habitué m, frequentador m assíduo **Stammkundschaft** F̲ clientela f **Stammlokal** N̲ → Stammkneipe **Stammpersonal** N̲ <-s; *o. pl* > pessoal m do quadro; *bras* pessoal m fixo **Stammsilbe** F̲ radical f **Stammtisch** M̲ mesa f reservada para clientes habituais

'**stampfen** ['ʃtampfən] bater com o(s) pé(s); patear; calcar; moer; AGR *Trauben* pisar; SCHIFF arfar; TECH machucar **Stampfer** M̲ pilão m, calcador m

Stand [ʃtant] M ⟨-(e)s; ⁓e⟩ **1** posto m; (*Lage*) posição f, situação f; (*Höhe*) altura f; FIN câmbio m, cotização f; *Preis, Wasser*, TECH nível m; (*Zustand*) estado m; **e-n schweren ⁓ haben** estar numa situação difícil; **auf den neuesten ⁓ bringen** a(c)tualizar, pôr em dia **2** (*Klasse*) a. classe f, condição f; (*Rang*) categoria f; (*Beruf*) profissão f **3** (*Zeitungsstand*) quiosque m; (*Ausstellungsstand*) stand m **4** *de Ausdr.* **⁓e** → außerstande; **im ⁓e, in ⁓e** imstande, instand; **zu ⁓e** → zustande

'Standard [ʃtandart] M ⟨-s; ⁓e⟩ norma f; modelo m **standardi'sieren** [ʃtandardiˈziːrən] ⟨-⟩ normalizar, estandardizar **Standardwerk** N obra f modelo

Stan'darte [ʃtanˈdartə] F estandarte m

'Standbild N estátua f; FOTO foto f fixa; TV imagem f parada

'Ständchen [ˈʃtɛntçən] N serenata f; **j-m ein ⁓ bringen** fazer uma serenata a alg

'Ständer [ˈʃtɛndər] M suporte m; (*Gestell*) cavalete m

'Standesamt [ˈʃtandəsʔamt] N registo m (*bras* registro m) civil **standesamtlich** civil; (*bras* registro m) civil **Standesbeamte(r)** M, **Standesbeamtin** F funcionário m, -a f do registo (*bras* registro) civil **Standesdünkel** M ⟨-s; *o. pl*⟩ altivez f, arrogância f **standesgemäß** conforme à (sua) categoria **Standesunterschied** M diferença f de classes

'standfest firme, inabalável **Standgericht** N conselho m de guerra **standhaft** constante, firme **Standhaftigkeit** F ⟨*o. pl*⟩ constância f, firmeza f **standhalten** resistir (a)

'ständig [ˈʃtɛndɪç] permanente, contínuo **'Standlicht** N mínimos *mpl* **Standort** M posição f; posto m; MIL praça f, guarnição f; (*bes.*) ⁓ **feststellen** localizar **Standpauke** F *umg* descompostura f; **j-m e-e ⁓ halten** dar (*bras* passar) uma descompostura a alg, ler a cartilha a alg **Standplatz** → Standort **Standpunkt** M ponto m de vista; **auf dem ⁓ stehen, dass** ser de opinião que, defender o ponto de vista de que **standrechtlich** ADV **⁓ erschießen** fuzilar, (fazer) passar pelas armas **Standspur** F faixa f de paragem de emergência **Standuhr** F relógio m de pé alto (*bras* de pêndulo)

'Stange [ˈʃtaŋə] F (*Holzstange*) estaca f; *kürzere:* vara f; (*Metallstange*) barra f; (*Bohnenstange*) vara f, rama f; *im Hühnerstall:* poleiro m; *Zigaretten:* pacote m; **j-m die ⁓ halten** *fig* ajudar alg; **bei der ⁓ bleiben** *fig* não fugir (od desistir); **von der ⁓ kaufen** comprar já feito; **e-e ⁓ Geld kosten** *umg* custar bom dinheiro

'Stängel [ˈʃtɛŋəl] M caule m; haste f; (*Blütenstängel*) pedúnculo m

'Stangenbohne F fava f estacada (*od* de estaca) **Stangenspargel** M espargo m comprido

'Stänkerer [ˈʃtɛŋkərər] M *umg pej* quezilento m; rezingão m; *bras* resmungão m **stänkern** ⟨-re⟩ cheirar mal, feder; *fig* **⁓ (gegen)** (andar a) intrigar (*od* protestar) contra

Stanni'ol [ʃtaniˈoːl] N ⟨-s; -e⟩ folha f de estanho

'Stanze [ˈʃtantsə] F TECH prensa f de estampar; máquina f de puncionar **stanzen** ⟨-t⟩ (per)furar; puncionar **Stanzmaschine** F máquina f de puncionar

'Stapel [ˈʃtaːpəl] M HANDEL depósito m; *Holz etc:* pilha f (*a.* IT), montão m; SCHIFF **(auf) ⁓ (legen)** (colocar na) carreira f; **vom ⁓ laufen** ser lançado à água; **vom ⁓ lassen** lançar à água; *fig* apresentar; *umg Rede* pronunciar **Stapellauf** M lançamento m à água, botas-fora m **stapeln** ⟨-le⟩ empilhar, amontoar **Stapelplatz** M depósito m

'stapfen [ˈʃtapfən] andar com passo pesado

Star[1] [ʃtaːr] M ⟨-(e)s; -e⟩ ZOOL estorninho m

Star[2] [ʃtaːr] M ⟨-(e)s; -e⟩ MED **grauer ⁓** catarata f; **grüner ⁓** glaucoma m

Star[3] [ʃtaːr, staːr] M ⟨-s; -s⟩ THEAT estrela f, vedeta f **'Starallüren** FPL caprichos *mpl* de diva; *bras* estrelismo m, vedatismo m **'Starbesetzung** F THEAT elenco m de primeira

stark [ʃtark] ⟨⁓er; ⁓ste⟩ robusto; *a. fig* vigoroso, forte, enérgico; (*dick*) *Person* gordo; *Gefühl* intenso (*heftig*) violento; (*zahlreich*) numeroso; ADV *a.* muito; **⁓e Seite** forte m; **das ist ein ⁓es Stück!** *fig umg* é forte!; *bras* não é brincadeira!; **100 Mann ⁓ sein** contar ...; **stärker werden** aumentar; robustecer

'Starkbier N̄ cerveja f (tipo) bock
'Stärke¹ ['ʃtɛrkə] F̄ robustez f, vigor m; TECH potência f; a. fig força f, intensidade f; (Anzahl) quantidade f, número m; MIL a. efe(c)tivo m; (Dicke) grossura f; **j-s ~ sein** ser o forte de alg
'Stärke² F̄ CHEM fécula f, amido m; Wäsche: goma f **'stärkehaltig** ['ʃtɛrkəhaltɪç] feculento, feculoso, amidólico **'Stärkemehl** N̄ ‹-(e)s; o. pl› fécula f, amido m **'stärken** fortificar, fortalecer; robustecer; vigorizar; (bestärken) corroborar; MED a. tonificar; Wäsche engomar; **sich ~** tomar a/c, comer a/c **stärkend** ADJ tonificante; fortificante
'starkknochig ossudo, robusto
'Starkstrom M̄ ‹-(e)s; o. pl› ELEK corrente f de alta tensão (od intensidade)
'Starkstromleitung F̄ ELEK linha f de alta tensão
'Stärkung ['ʃtɛrkʊŋ] F̄ fortalecimento m; (Imbiss) refeição f **Stärkungsmittel** N̄ tónico m (bras *ô); fortificante m
starr [ʃtar] rígido (a. FLUG); Blick fixo; (unbeweglich) imóvel, teso, hirto; vor Kälte: enteiriçado; (unbeugsam) inflexível; intransigente; **~ ansehen** fixar, fitar; **~ vor Entsetzen** etc atónito (bras *ô)
'starren VII ~ **auf** (akk), fitar, cravar os olhos em; **~ von** od **vor** (dat) estar cheio de, estar repleto de **'Starrheit** F̄ ‹o. pl› rigidez f; (Blick) fixidez f; fig intransigência f **'Starrkopf** M̄ teimoso m **'starrköpfig** ['ʃtarkœpfɪç] teimoso **'Starrköpfigkeit** F̄ ‹o. pl› teimosia f **'Starrkrampf** M̄ tétano m **'Starrsinn** M̄ ‹-es; o. pl› teimosia f, obstinação f **'starrsinnig** teimoso
Start [ʃtart] M̄ ‹-(e)s; -s od -e› partida f, FLUG a. descolagem f; bras decolagem f, SCHIFF a. largada f; AUTO arranque m; SPORT arrancada f; punto m de partida **'Startautomatik** F̄ ‹o. pl› automatismo m de arranque **'Startbahn** F̄ FLUG pista f de descolagem (bras decolagem) **'startbereit** pronto para a partida **'starten** ‹-e-; h. u. s.› partir (**nach** para); FLUG a. descolar; AUTO arrancar **'Starter** M̄ AUTO motor m de arranque **'Starterlaubnis** F̄ FLUG autorização f de descolagem **'Starthilfekabel** N̄ AUTO cabo m de c\arga a bateria **'Startnummer** F̄ SPORT número m (de ordem) de partida **'Startplatz** M̄ ponto m de partida; FLUG → Startbahn
'Startschuss M̄ sinal m de partida
'Startseite F̄ INTERNET página f principal
'Start-up ['sta:ʔap] N̄ ‹-s; -›, **Start-up-unternehmen** N̄ empresa f em arranque
Stasi ['ʃta:zi] F̄ hist umg → Staatssicherheitsdienst
'Statik [ʃta:tɪk] F̄ ‹o. pl› estática f
Station [ʃtatsɪ'o:n] F̄ BAHN estação f; MED se(c)ção f, enfermaria f; Polizei: posto m; (Halt) apeadeiro m; **~ machen** parar, ficar **stationär** [ʃtatsɪo'nɛ:r] ADJ estacionário; **~e Behandlung** f tratamento m hospitalar; **~ aufnehmen/behandeln** hospitalizar; admitir no hospital **stationieren** [ʃtatsɪo'ni:rən] ‹-› estacionar **Stationsvorsteher** M̄ chefe m de estação
'statisch ['ʃta:tɪʃ] estático
Statist [ʃta'tɪst] M̄ ‹-en›, **Statistin** F̄ figurante m/f, comparsa m/f
Statistik [ʃta'tɪstɪk] F̄ estatística f **Statistiker(in)** M̄(F̄) estatístico m, -a f **statistisch** estatístico
Stativ [ʃta'ti:f] N̄ tripé m
statt [ʃtat] PRÄP ‹gen›, **~ zu** (inf) em vez de, em lugar de; **~ meiner** em meu lugar; **an ... ~** em lugar de; **an Eides ~** a. como se fosse sob juramento; **an Kindes ~ annehmen** perfilhar, ado(p)tar
'Stätte ['ʃtɛtə] F̄ lugar m, sítio m, local m
'stattfinden ter lugar, haver, realizar-se **stattgeben** (dat) admitir, permitir, aceder a; dar seguimento a **statthaft** lícito, admissível **stattlich** imponente, etw a. considerável
'Statue ['ʃta:tuə] F̄ estátua f
Statuette [ʃtatu'ɛtə] F̄ estatueta f
statuieren [ʃtatu'i:rən] ‹-› **ein Exempel ~** estabelecer um exemplo (de aviso)
Statur [ʃta'tu:r] F̄ estatura f
'Status ['ʃta:tʊs] M̄ inv situação f; estado m **Statussymbol** N̄ símbolo m (od sinal m externo) de posição social
Sta'tut [ʃta'tu:t] N̄ ‹-(e)s; -en› estatuto m; **~en** pl a. regulamento m
Stau [ʃtaʊ] M̄ ‹-(e)s; -s› Verkehr: engarrafamento m, congestionamento m; Wasser: acumulação f; bras acúmulo m; **im ~ stehen** estar metido num engarrafa-

mento; **bras** estar (*od* ficar) preso num congestionamento (*od* no trânsito) '**Stauanlage** ['ʃtaʊ?anlaːgə] F̲ represa f, barragem f
Staub [ʃtaʊp] M̲ ⟨-(e)s; ⸚e⟩ pó m; **~ aufwirbeln** fazer pó, espalhar pó; *fig* causar sensação f; *pej* ser um escândalo; **~ saugen** aspirar; **sich aus dem ~ machen** safar-se; **bras** sumir '**Staubbeutel** M̲ BOT antera f
'**Staubecken** N̲ represa f
'**stauben** ['ʃtaʊbən] ⟨h. *u.* s.⟩ fazer pó; **es staubt** *a.* tem poeira
'**stäuben** ['ʃtɔʏbən] V/T (*abstäuben*) desempoeirar; (*bestäuben*) empoeirar; V/I → staubeben
'**Staubfaden** M̲ BOT estame m **Staubfänger** ['ʃtaʊpfɛŋɐ] M̲ guarda-pó m **staubfrei** sem pó, limpo; *Luft* puro **Staubgefäß** N̲ BOT estame m **staubig** ['ʃtaʊbɪç] poeirento, cheio de pó **Staubkörnchen** ['ʃtaʊpkœrnçən] N̲ cisco m **Stmublappen** M̲ pano m de pó **staubsaugen** aspirar **Staubsauger** M̲ aspirador m **Staubtuch** N̲ pano m de pó **Staubwedel** M̲ espanador m **Staubwolke** F̲ poeirada f
'**stauchen** ['ʃtaʊxən] comprimir; TECH recalcar **Stauchung** F̲ TECH recalcamento m
'**Staudamm** M̲ represa f, dique m, barragem f
'**Staude** ['ʃtaʊdə] F̲, **Staudengewächs** N̲ BOT subarbusto m
'**stauen** ['ʃtaʊən] *Wasser* estancar; represar; SCHIFF estivar; **sich ~** MED *Blut* congestionar-se; *Verkehr* congestionar-se
'**Stauer** ['ʃtaʊɐ] M̲ SCHIFF estivador m
'**staunen** ['ʃtaʊnən] admirar-se (**über** *akk* de), ficar admirado **Staunen** N̲ admiração f
'**Staupe** ['ʃtaʊpə] F̲ MED *Tierkrankheit*: mo(n)quilho m
'**Stausee** M̲ represa f, albufeira f **Staustufe** F̲ degrau m de barragem '**Stauung** F̲ estancação f; *bras* estancamento m; MED congestão f **Stauwasser** N̲ água f estancada, água f morta; *bras* água f parada **Stauwerk** N̲ represa f, barragem f
Std. ABK (*Stunde*) h (hora)
Steak [steːk, ʃteːk] N̲ ⟨-(e)s; -s⟩ bife m; **gut/wenig durchgebratenes ~** bife bem/mal passado

Stea'rin [ʃteaˈriːn] N̲ ⟨-s; -e⟩ esteraina f
'**Stechapfel** ['ʃtɛç?apfəl] M̲ ⟨-s; ⸚⟩ estramónio m (*bras* *ô); figueira-do-inferno f
'**stechen** [ʃtɛçən] picar; *Biene* ferrar; *Sonne* queimar; ferir; *Karte* cortar; *in Kupfer*: gravar; *Loch* fazer; *Spargel* cortar; *Torf* tirar, cavar; **in See ~** SCHIFF fazer-se ao mar; *fig* **ins Auge ~** dar na vista; **ins Grüne ~** olivar (*bras* sair) para o verde; *fig* **ihn sticht der Hafer** o êxito sobe-lhe à cabeça **stechend** ADJ *Blick* penetrante; *Schmerz* agudo
'**Stechfliege** F̲ moscardo m **Stechginster** M̲ tojo m **Stechmücke** F̲ mosquito m **Stechpalme** F̲ aquifólio m, azevinho m **Stechuhr** F̲ hodómetro m; relógio m de ponto **Stechzirkel** M̲ MATH compasso m de pontas
'**Steckbrief** ['ʃtɛkbriːf] M̲ mandado m de captura '**steckbrieflich** ADV por mandado de captura **Steckdose** F̲ tomada f '**stecken** A V/T **~ an** (*akk*) pôr em; **~ in** (*akk*) meter em (*a. fig*); TECH encaixar; *Geld in eine Firma*: colocar; **in Brand ~** incendiar; deitar fogo a; *bras* botar (*od* atear) fogo em; *fig umg* **j-m etw ~** sugerir a/c a alg; *unfreundlich*: dar a entender a/c a alg; **~ bleiben** atolar-se, atascar-se; *beim Sprechen*: atrapalhar-se; *bras* afobar-se; **~ lassen** deixar (metido) B V/I estar (metido), encontrar-se; **dahinter steckt etwas** ali há coisa
Stecken ['ʃtɛkən] M̲ ⟨-s; -⟩ bastão m, pau m **Steckenpferd** N̲ cavalo m de cana; *fig* mania f; passatempo m
'**Stecker** ['ʃtɛkɐ] M̲ ELEK ficha f; *bras* plugue m **Steckkontakt** M̲ ELEK tomada f **Steckling** M̲ ⟨-s; -e⟩ BOT estaca f **Stecknadel** F̲ alfinete m **Steckschlüssel** M̲ chave f tubular
Steg [ʃteːk] M̲ ⟨-(e)s; -e⟩ atalho m, vereda f; (*Brücke*) ponte f pequena; SCHIFF prancha f; *größer*: ponte f de embarque; MUS, TYPO cavalete m; *Hose*: presilha f
'**Stegreif** M̲ ⟨-(e)s; *o. pl*⟩ **aus dem ~ sprechen** improvisar (um discurso)
'**Stehaufmännchen** ['ʃteːʔaʊfmɛnçən] N̲ sempre-em-pé m; *fig* lutador(a) m(f); pessoa que não se deixa ir abaixo **Stehcafé** N̲ café m sem lugares sentados (*bras* sem assentos)
'**stehen** ['ʃteːən] ⟨h. *u.* s.⟩ estar; (*aufrecht*

stehen) estar em pé; Uhr estar parado; GRAM empregar-se; Zeiger etc ~ **auf** (dat) estar em; **auf dem Programm ~** estar no programa, figurar; (geplant sn) estar planeado; Kleid etc **gut ~** cair (od ficar) bem; **~ für** substituir; (einstehen) responder por; **bei j-m ~** fig depender de alg; **j-n teuer zu ~ kommen** sair (od vir a custar) caro a alg; **es steht zu hoffen, dass** é de esperar que; JUR **darauf steht ...** é punido com ...; bras a punição para isso é ...; **wie steht es mit** (od **um**) **...?** que tal vai ...?; bras como vai ...?; **sich gut mit j-m ~** dar-se bem com alg; **s-n Mann ~** cumprir; **hinter j-m ~** fig apoiar alg; **über den Dingen ~** fig ser superior às circunstâncias; **~ bleiben** parar, ficar parado; **~ lassen** deixar (lá od ficar); (vergessen) esquecer; **sich** (dat) **e-n Bart ~ lassen** deixar crescer a barba; **zum Stehen bringen** Auto etc deter; **im Stehen** de pé **'stehend** ADJ em pé, de pé; a. etw direito; aufrecht: ao alto; Heer permanente; Wasser estagnado, manente; **~en Fußes** geh sem demora, imediatamente

'Stehkragen M̄ colarinho m alto **'Stehlampe** F̄ candeeiro m **'Stehleiter** F̄ escada f de mão; escadote m **'stehlen** ['ʃteːlən] A V̄T̄ roubar, furtar B V̄R̄ **sich ~ aus** sair furtivamente de, sair às escondidas de; **sich ~ in** (akk) entrar furtivamente em, entrar às escondidas em; fig insinuar-se em; **der/die kann mir gestohlen bleiben!** umg que vá passear!; **das kann mir gestohlen bleiben!** umg não quero ter nada a ver com isso! **'Stehplatz** M̄ lugar m de pé; geral f **Stehpult** N̄ estante f

steif [ʃtaɪf] teso, rígido, rijo, inteiriçado; Wäsche engomado; fig Benehmen acanhado, constrangido; cerimonioso; Grog, Wind forte; Stil duro; **~er Hals** m torcicolo m; **~ werden** enteiriçar-se; Eiweiß ficar em castelo; Sahne engrossar; **~ und fest behaupten** afirmar com toda a certeza; **sich** (dat) **~ und fest einbilden, dass** estar absolutamente persuadido de que; **~ gefroren** ultracongelado; **die Ohren ~ halten** fig não desanimar **'Steifheit** F̄ 〈o. pl〉 rigidez f; fig a. formalidade f; constrangimento m

'Steigbügel M̄ ['ʃtaɪkbyːgəl] M̄ estribo m **'Steigeisen** N̄ degrau m de ferro; SPORT gancho m de trepador (bras de escalada)

'steigen ['ʃtaɪgən] 〈s. u. h.〉 subir (**auf, in** akk a); Wasser crescer; (zunehmen) a. aumentar; aufs Pferd: montar (**auf** akk a); **~ vom Pferd, ~aus** dem Auto etc descer de; **über etw** (akk) **~** passar (od trepar) por cima de a/c; **~ lassen** Ballon, Rakete lançar; bras soltar; **zu Kopf ~** subir à cabeça **steigend** ADJ fig crescente

'Steiger M̄ BERGB capataz m (de minas) **'steigern** V̄T̄ 〈-re〉 fazer subir; aumentar; elevar; desenvolver; fig a. intensificar; GRAM formar os graus de comparação de; **sich ~** intensificar-se; acentuar-se **'Steigerung** F̄ aumento m, subida f; desenvolvimento m; (Ertragssteigerung) melhoramento m; GRAM comparação f; MUS, Rhetorik: gradação f; intensificação f **'Steigerungsrate** F̄ taxa f de aumento (od crescimento)

'Steighöhe F̄ FLUG altura f alcançada **Steigleitung** F̄ ELEK cabo m vertical **Steigung** F̄ subida f

steil [ʃtaɪl] íngreme, abrupto, escarpado, alcantilado; ADV a pique **'Steilhang** M̄ escarpa f **'Steilheit** F̄ ingremidade f, escarpado m **'Steilküste** F̄ riba f; a. **'Steilufer** N̄ ribanceira f **'Steilwand** F̄ escarpa f

Stein [ʃtaɪn] M̄ 〈-(e)s; -e〉 pedra f; MED a. cálculo m; Spiel: peão m; Obst: caroço m; (Gedenkstein) lápide f; **der ~ des Anstoßes** a pedra de escândalo; **der ~ der Weisen** a pedra filosofal; fig **~ und Bein schwören** por todos os santos; **bei j-m e-n ~ im Brett haben** ser muito estimado por alg; **j-m fällt ein ~ vom Herzen** alg sente um grande alívio **'Steinadler** M̄ xofrango m **'stein'alt** umg muito velho **'Steinbock** M̄ cabra f montês; ASTRON Capricórnio m **'Steinboden** M̄ terreno m pedregoso; → Steinfußboden **'Steinbruch** M̄ pedreira f **'Steinbutt** ['ʃtaɪnbʊt] M̄ 〈-(e)s; -e〉 ZOOL rodovalho m **'steinern** de pedra **'Steinfußboden** M̄ chão m (od soalho m) de pedra **'Steingarten** M̄ rocheira f **'Steingut** N̄ 〈-(e)s; o. pl〉 louça f (de pó de pedra), faiança f **'stein'hart** duro como pedra **'steinig** pedregoso **'steinigen** ['ʃtaɪnɪɡən] apedrejar **'Steinigung** ['ʃtaɪnɪɡʊŋ] F̄ apedrejamento m, lapidação f **'Steinkohle** F̲ carvão m de pedra; hulha f **'Steinkohlenbergbau** M̲ ⟨-s; o. pl⟩ BERGB indústria f mineira de carvão (od hulha) **'Steinmarder** M̲ fuínha f **'Steinmetz** ['ʃtainmɛts] M̲ ⟨-en⟩ canteiro m **'Steinobst** N̲ ⟨-(e)s; o. pl⟩ drupa f **'Steinpilz** M̲ boleto m comestível **'stein-'reich** umg muito rico **'Steinsalz** N̲ ⟨-es; o. pl⟩ sal m gema **'Steinschlag** M̲ desabamento m de pedras **'Steinschleuder** F̲ funda f; catapulta f; (Spielzeug) fisga f; bras atiradeira f, estilingue m **'Steinwurf** M̲ pedrada f; **nur e-n ~ entfernt von** mesmo ao pé de **'Steinzeit** F̲ idade f da pedra lascada; **ältere ~** paleolítico m; **jüngere ~** neolítico m; **mittlere ~** mesolítico m

Steiß [ʃtais] M̲ ⟨-es; -e⟩ traseiro m; Vögel: uropígio m **'Steißbein** N̲ cóccix m

'Stelldichein [ˈʃtɛldɪçʔain] N̲ ⟨-s⟩ entrevista f

Stelle ['ʃtɛlə] F̲ lugar m, sítio m; im Buch: passo m, trecho m; (Arbeitsplatz) emprego m, colocação f, ADMIN (Dienststelle) repartição f; serviços mpl; e-r Zahl: casa f; **freie ~** vaga f; **j-s schwache ~** fig ponto fraco; **an ~ von** (od gen) em lugar de, em substituição de; **an j-s ~ treten** substituir alg; **auf der ~** (sofort) já, imediatamente, sem demora; **auf der ~ treten** marcar passo; **nicht von der ~ kommen** não avançar, não adiantar o trabalho; **an Ort und ~ sein** estar no seu lugar; **ich an deiner ~** eu no teu lugar

'stellen Ⓐ V̲/̲T̲ pôr, colocar, meter; Antrag fazer; POL, JUR propor; Bürgen, Zeugen trazer, apresentar; Bürgschaft dar; Falle armar; Frage fazer, pôr, formular; Frist marcar; Uhr acertar; Wild parar; (liefern) fornecer; Dieb etc apanhar Ⓑ V̲/̲R̲ **sich ~** (erscheinen) apresentar-se; JUR comparecer; krank etc: fingir-se ...; **sich ~, als ob** fingir (inf); bras fingir que (konjugiertes Verb); **sich quer ~** atravessar-se; fig opor-se

'Stellenabbau M̲ redução f de postos de trabalho **Stellenangebot** N̲ oferta f de emprego **Stellenanzeige** F̲ anúncio m de oferta de emprego **Stellengesuch** N̲ procura f de emprego **stellenweise** A̲D̲V̲ parcialmente; aqui e acolá; por vezes **Stellenwert** M̲ importância f

'Stellplatz M̲ AUTO (local m de) estacionamento m **Stellschraube** F̲ parafuso m limitador (od de fixação)

'Stellung ['ʃtɛlʊŋ] F̲ posição f; (Haltung) atitude f; (Amt) emprego m, colocação f; (Lage) situação f; **~ nehmen** tomar posição, definir a sua posição; (sich äußern) pronunciar-se (**zu** sobre) **Stellungnahme** ['ʃtɛlʊŋnaːmə] F̲ tomada f de posição; (Erklärung) declaração f; (Urteil) parecer m **Stellungskrieg** M̲ MIL guerra f de trincheiras **stellungslos** desempregado **Stellungswechsel** M̲ mudança f de posição

'stellvertretend vice-..., substituto, interino; adjunto **Stellvertreter(in)** M̲(̲F̲)̲ representante m/f, substituto m, -a f; lugar-tenente m

'Stellwerk N̲ BAHN guarita f de sinais

'stelzen ⟨-t; h. u. s.⟩ andar sobre andas **'Stelzen** ['ʃtɛltsən] F̲P̲L̲ andas fpl; bras pernas fpl de pau

'Stemmeisen ['ʃtɛmʔaizən] N̲ escopro m; (Hebel) alavanca f de ferro **stemmen** fincar; Löcher abrir; Gewichte levantar; **sich ~ gegen** encostar-se contra; fig opor-se a

'Stempel ['ʃtɛmpəl] M̲ carimbo m; selo m; (Münzstempel) u. fig cunho m; (Warenstempel) marca f; ARCH, BERGB pilão m, punção m; BOT estilete m **Stempelfarbe** F̲ tinta f para carimbos **Stempelgebühr** F̲ taxa f de selo **Stempelkissen** N̲ almofada f para carimbos **stempeln** ⟨-le⟩ carimbar; Marke inutilizar; bes Wertpapiere selar; **j-n ~ zu** fig qualificar alg de; **~ gehen** umg estar desempregado

'Stengel M̲ → Stängel

'Stenoblock ['ʃtenoblɔk] M̲ bloco m de estenografia **Steno'graf** [ʃtenoˈgraːf] M̲ ⟨-en⟩ estenógrafo m, taquígrafo m **Stenogra'fie** [ʃtenograˈfiː] estenografia f, taquigrafia f **stenogra'fieren** [ʃtenograˈfiːrən] ⟨-⟩ estenografar, taquigrafar **Steno'grafin** F̲ estenógrafa f, taquígrafa f **steno'grafisch** estenográfico, taquigráfico **Steno'gramm** N̲ taquigrama m, apontamentos mpl estenográficos **Stenoty'pist** [ʃtenotyˈpɪst] M̲ ⟨-en⟩ **Stenoty'pistin** F̲ estenodactilógrafo m, -a f

'Steppdecke ['ʃtɛpdɛkə] F̲ colcha f; edredão m; *bras* edredom m

Steppe ['ʃtɛpə] F̲ estepe f

steppen ['ʃtɛpən] V̲T̲ (*nähen*) pespontar

'Stepptanz ['ʃtɛptants] M̲ sapateado m

'Sterbebett ['ʃtɛrbəbɛt] N̲ leito m de morte **Sterbefall** M̲ falecimento m; óbito m; **im ~** em caso de falecimento **Sterbegeld** N̲ lutuosa f **Sterbehaus** N̲ casa f mortuária

'sterben ⟨s.⟩ morrer (**an** *dat* de); falecer **'Sterben** N̲ morte f, falecimento m; **im ~ liegen** estar moribundo, agonizar **Sterbende(r)** M̲/F̲(M̲) moribundo m, -a f **sterbenskrank ~ sein** estar à morte **sterbenslangweilig** *umg* chatíssimo, muito enfadonho **Sterbenswörtchen** N̲ **kein ~** nem palavrinha, nem (um) pio

'Sterbesakramente N̲P̲L̲ últimos sacramentos mpl, viático m **Sterbestunde** F̲ hora f da morte **Sterbeurkunde** F̲ certidão f (de assento) de óbito

'sterblich ['ʃtɛrplɪç] mortal **Sterblichkeit** F̲ mortalidade f, mortandade f **Sterblichkeitsrate** F̲ índice m de mortalidade

'Stereoanlage ['ʃtɛreoʔanlaːgə] F̲ aparelhagem f estereofónica; *bras* aparelho m estereofônico **Stereofonie** [ʃtɛreofoˈniː] F̲ ⟨*o. pl*⟩ estereofonia f **Stereometrie** [ʃtɛreomeˈtriː] F̲ ⟨*o. pl*⟩ estereometria f **Stereo'skop** [ʃtɛreoˈskoːp] N̲ ⟨-s; -e⟩ estereoscópio m **Stereoton** M̲ estereofonia f **stereo'typ** A̲D̲J̲ estereotípico; estereotipado **Stereo'typ** ⟨-s; -e⟩ P̲S̲Y̲C̲H̲ *etc* estereótipo m **Stereoty'pie** [ʃtɛreotyˈpiː] F̲ ⟨*o. pl*⟩ estereotipia f

ste'ril [ʃtɛˈriːl] estéril **Sterilisa'tion** [ʃtɛriliɪzatsiˈoːn] F̲ esterilização f **sterili'sieren** [ʃtɛriliˈziːrən] ⟨-⟩ esterilizar **Sterili'tät** [ʃtɛriliˈtɛːt] F̲ ⟨*o. pl*⟩ esterilidade f

Stern [ʃtɛrn] M̲ ⟨-(e)s; -e⟩ estrela f; A̲S̲T̲R̲O̲N̲ *a.* astro m **Sternbild** N̲ A̲S̲T̲R̲O̲N̲ constelação f **'Sternchen** ['ʃtɛrnçən] N̲ T̲Y̲P̲O̲ asterisco m; F̲I̲L̲M̲ starlet f **'Sterndeuter** ['ʃtɛrndɔʏtɐ] M̲ astrólogo m **'Sternenbanner** N̲ *USA:* bandeira f estrelada **'Stern(en)himmel** M̲ céu m estrelado **'stern(en)klar** estrelado **'Sternenzelt** N̲ ⟨-(e)s; *o. pl*⟩ *geh* cúpula f celeste, esfera

f celeste **'sternförmig** ['ʃtɛrnfœrmɪç] estrelado **'Sternkarte** F̲ carta f (*od* mapa m) celeste **'Sternkunde** F̲ ⟨*o. pl*⟩ astronomia f **'Sternschnuppe** F̲ estrela f cadente **'Sternstunde** F̲ *fig* hora f decisiva; momento m glorioso **'Sternwarte** F̲ observatório m astronómico (*bras* *ô)

Stethoskop [ʃtɛtoˈskoːp] N̲ estetoscópio m

stetig ['ʃteːtɪç] contínuo; constante **Stetigkeit** F̲ ⟨*o. pl*⟩ continuidade f; constância f

stets [ʃteːts] A̲D̲V̲ sempre

'Steuer¹ ['ʃtɔʏɐ] F̲ ⟨-; -n⟩ imposto m; contribuição f

'Steuer² N̲ S̲C̲H̲I̲F̲F̲, F̲L̲U̲G̲ leme m, timão m; A̲U̲T̲O̲ volante m; **am ~** ao volante

'Steuerabzug M̲ desconto m do imposto (sobre os salários) **Steueraufkommen** N̲ total m de impostos; receita f fiscal **steuerbar** dirigível **Steuerberater(in)** M̲(F̲) consultor(a) m(f) fiscal **Steuerbord** N̲ ⟨-(e)s; -e⟩ S̲C̲H̲I̲F̲F̲ estibordo m; *bras* boreste m

'Steuererhebung F̲ cobrança f de impostos, levantamento m de impostos **Steuererhöhung** F̲ aumento m de impostos **Steuererklärung** F̲ declaração f de rendimentos (*bras* de imposto de renda) **Steuerermäßigung** F̲ redução f de impostos **Steuererstattung** F̲ reembolso m de impostos **Steuerfahndung** F̲ fiscalização f tributária **Steuerflucht** F̲ sonegação f de impostos **steuerfrei** isento de impostos **Steuerfreibetrag** M̲ montante m isento de impostos **Steuerfreiheit** F̲ ⟨*o. pl*⟩ isenção f de impostos **'Steuergerät** N̲ equipamento m (*od* dispositivo m) de comando

'Steuergesetzgebung F̲ legislação f fiscal **Steuerhinterziehung** F̲ fraude f fiscal

'Steuerknüppel M̲ F̲L̲U̲G̲ alavanca f (do leme)

'Steuerlast F̲ impostos mpl, contribuições fpl **steuerlich** tributário, fiscal **'steuerlos** *Fahrzeug* desavorado; *bras* desgovernado **Steuermann** M̲ ⟨-es; ⸚er, -leute⟩ piloto m, S̲C̲H̲I̲F̲F̲ *a.* timoneiro m **steuern** ⟨-re⟩ S̲C̲H̲I̲F̲F̲ governar, estar ao leme; *a.* F̲L̲U̲G̲ dirigir, pilotar;

AUTO guiar, conduzir; IT, fig controlar **'steuerpflichtig** sujeito a impostos; *Person* contribuinte; **~ sein** *a.* pagar impostos **Steuerprüfer(in)** M̲/F̲ funcionário *m*, *in f* de fiscalização tributária; *bras* fiscal *m/f* do imposto de renda **'Steuerrad** N̲ SCHIFF roda *f* do leme; AUTO volante *m* **'Steuerrecht** N̲ ⟨-(e)s; *o. pl*⟩ JUR direito *m* fiscal **Steuerreform** F̲ reforma *f* fiscal **'Steuerruder** N̲ leme *m*, timão *m* **'Steuersache** F̲ matéria *f* fiscal (*od* de impostos) **Steuersatz** M̲ taxa *f* de impostos **Steuerschraube** F̲ **die ~ anziehen** *fig* aumentar os impostos **'Steuerung** F̲ SCHIFF manobra *f*; governo *m*; FLUG pilotagem *f*; TECH, FLUG, AUTO comando *m*; (*Führung*) comando *m*; condução *f*; → Steuer² **Steuerungstaste** F̲ IT tecla *f* de comando **'Steuervorauszahlung** F̲ pagamento *m* adiantado de impostos **Steuerzahler(in)** M̲/F̲ contribuinte *m/f* **Steuerzeichen** N̲ IT sinal *m* de comando **'Steven** ['ʃte:vən] M̲ SCHIFF roda *f* de proa **'Steward** ['stjuːart] M̲ ⟨-s; -s⟩ SCHIFF, FLUG assistente *m* (*bras* comissário *m*) de bordo **Stewar'dess** ['stjuːades] F̲ ⟨-; -en⟩ FLUG hospedeira *f*; assistente *f* (*bras* comissária *f*) de bordo **sti'bitzen** [ʃti'bɪtsən] ⟨-t-⟩ *umg* empalmar, bifar, ladripar, surripiar **Stich** [ʃtɪç] M̲ ⟨-(e)s; -e⟩ **1** picad(el)a *f*; *a.* MED pontada *f*; (*Insektenstich*) ferrada *f*; *Näherei:* ponto *m* **2** *Kartenspiel:* vaza *f* **3** (*Kunstwerk*) gravura *f* **4** *fig* **e-n ~ bekommen** *Essen:* estragar-se; **e-n ~ haben** *Essen:* estar estragado; **e-n ~ ins Grüne** *etc* **haben** atirar a; *bras* dar para **5** **im ~ lassen** abandonar; *Gedächtnis* falhar **'Stichel** M̲ TECH buril *m*, cinzel *m* **Stiche'lei** [ʃtɪçə'laɪ] F̲ picada *f*; *fig a.* alusão *f*; quezília *f* **'sticheln** ⟨-le⟩ coser; *fig* picar; quezilar **'Stichflamme** F̲ dardo *m* de chama; língua *f* de fogo **'stichhaltig** ['ʃtɪçhaltɪç] plausível, convincente; sólido **'Stichling** M̲ ⟨-s; -e⟩ ZOOL gastrósteo *m*, carapau *m* **'Stichprobe** F̲ prova *f* (feita ao acaso) **'Stichtag** M̲ dia *m* marcado **'Stichwaffe** F̲ arma *f* de ponta **'Stichwahl** F̲ escrutínio *m* decisivo; eleição *f* de desempate **'Stichwort** N̲ ⟨-(e)s; ⁻er, -e⟩ (*Notiz*) apontamento *m*, nota *f*; THEAT deixa *f*; TYPO título *m*; *Wörterbuch:* termo *m* **'Stichwunde** F̲ ferida *f* perfurante (*od* profunda) **'sticken** ['ʃtɪkən] V̲/T̲ bordar **Sticke'rei** [ʃtɪkə'raɪ] F̲ bordado *m* **Stickerin** ['ʃtɪkərɪn] F̲ bordadora *f* **Stickgarn** N̲ linha *f* de bordar **'stickig** abafado, abafadiço **'Stickmuster** N̲ padrão *m* para bordados **Stickrahmen** M̲ bastidor *m* **'Stickstoff** CHEM M̲ ⟨-(e)s; *o. pl*⟩ azoto *m*, azote *m*; nitrogénio *m* (*bras* *ê) **Stickstoffdünger** M̲ adubos *mpl* azotados **stickstoffhaltig** ['ʃtɪkʃtɔfhaltɪç] azotado **Stick(stoff)oxid** N̲ ⟨-s; -e⟩ CHEM óxido *m* de nitrogénio (*bras* *ê) **'Stiefbruder** ['ʃtiːfbruːdər] M̲ meio-irmão *m* **Stiefel** ['ʃtiːfəl] M̲ bota *f* **'stiefeln** V̲/I̲ ⟨-le⟩ *umg* andar (a grandes passos) **'Stiefelschaft** M̲ cano *m* da bota **'Stiefeltern** P̲L̲ padrastos *mpl* **Stiefgeschwister** P̲L̲ meios-irmãos *mpl* **Stiefkind** N̲ → Stiefsohn, Stieftochter **Stiefmutter** F̲ madrasta *f* **Stiefmütterchen** ['ʃtiːfmʏtərçən] N̲ BOT amor-perfeito *m* **stiefmütterlich** de (*od* como) madrasta; A̲D̲V̲ *fig* com indiferença; com desprezo **Stiefschwester** F̲ meia-irmã *f* **Stiefsohn** M̲ enteado *m* **Stieftochter** F̲ enteada *f* **Stiefvater** M̲ padrasto *m* **'Stiege** ['ʃtiːgə] F̲ (*Treppe*) escada *f* **Stiel** [ʃtiːl] M̲ ⟨-(e)s; -e⟩ cabo *m*; BOT talo *m*, haste *f*; *a.* ANAT pedículo *m*; (*Blattstiel*) pecíolo *m*; (*Blütenstiel*) pedúnculo *m*; (*Fruchtstiel*) pé *m* **Stier** [ʃtiːr] M̲ ⟨-(e)s; -e⟩ touro *m*; **den ~ bei den Hörnern packen** *fig* fazer frente **'stieren** fitar, olhar fixamente **'Stierkampf** M̲ tourada *f*, corrida *f* de touros **'Stierkampfarena** F̲ praça *f* de touros **'Stierkämpfer** M̲ toureiro *m* **Stift¹** [ʃtɪft] M̲ ⟨-(e)s; -e⟩ ponta *f*, agulheta *f*; cavilha *f*; TECH pino *m*; (*Nagel*) prego *m*; (*Bleistift*) lápis *m*; *im Schloss:* broca *f*; (*Zahnstift*) arruela *f*; *umg* (*Lehrling*) marçano *m* **Stift²** N̲ ⟨-(e)s; -e⟩ fundação *f*; asilo *m*, instituto *m*; REL (*Kloster*) convento *m*;

STIR

(*Domstift*) capítulo *m* **'stiften** ‹-e-› fundar; instituir; (*schenken*) doar; (*hervorrufen*) causar, provocar; **Frieden ~** restabelecer a paz; **~ gehen** *umg* raspar-se, fugir **'Stifter(in)** M(F) fundador(a) *m*(*f*) **'Stiftung** ['ʃtɪftʊŋ] F fundação *f*; instituição *f*; (*Schenkung*) doação *f*; donativo *m* **'Stiftzahn** M pivô *m*

Stil [ʃtiːl, stiːl] M ‹-(e)s; -e› estilo *m*; **im großen ~** em grande estilo **'Stilblüte** F deslize *m* (*od* lapso *m*) estilístico **'Stilbruch** M quebra *f* de estilo **Stil'ett** [stɪ'lɛt] N estilete *m* **stilgerecht** estilizado, adequado (ao estilo) **stili'sieren** ‹-› [ʃtili'ziːrən] estilizar **Sti'listik** [ʃtɪ'lɪstɪk] F ‹o. *pl*› estilística *f* **sti'listisch** estilístico **Stil'kunde** F ‹o. *pl*› estilística *f*

still [ʃtɪl] **1** (*ruhig*) quieto, sossegado; tranquilo; calmo, imóvel; (*lautlos*) silencioso; (*heimlich*) secreto **2** HANDEL *Geschäft* parado; **~er Teilhaber** *m* comanditário **3** GEOG **der Stille Ozean** o Pacífico **'Stille** ['ʃtɪlə] F tranquilidade *f*; silêncio *m*; sossego *m*; SCHIFF, HANDEL calma *f*; **im ~n** para si; em segredo; **in aller ~** na intimidade; em segredo **stillen** VT (a)calmar; sossegar; *Blut* estancar; *Durst*, *Hunger* matar; *Kind* amamentar **Stillhalteabkommen** N WIRTSCH, POL convenção *f* de moratória **stillhalten** ficar quieto, estar quieto; não se mexer; POL conceder uma moratória **Stillleben** N idílio *m*; KUNST natureza *f* morta **'stilllegen** VT TECH par(alis)ar; *Betrieb* suspender; *Firma* fechar **Stilllegung** ['ʃtɪlə'leːɡʊŋ] F suspensão *f*; encerramento *m*; paralisação *f* **'stillliegen** não se mexer; HANDEL, TECH estar par(alisa)do **'stillos** sem estilo; sem gosto **'stillschweigen** estar calado, ficar calado **Stillschweigen** N silêncio *m*; **~ bewahren** guardar silêncio (**über** sobre) **stillschweigend** calado; *fig* tácito, implícito **'stillsitzen** estar quieto, não se mexer **Stillstand** M ‹-(e)s; *o. pl*› pausa *f*; *Arbeit*: suspensão *f*, paralisação *f* (a. WIRTSCH, TECH); *Bewegung*: cessação *f* **stillstehen** *Person* parar; não se mexer; TECH estar parado; HANDEL ficar paralisado **'Stilmöbel** NPL móveis *mpl* estilizados, móveis *mpl* de estilo **stilvoll** estilizado; de (bom) estilo

'Stimmabgabe ['ʃtɪmʔapɡaːbə] F voto *m*, votação *f* **Stimmbänder** NPL cordas *fpl* vocais **stimmberechtigt** com direito de votar (*bras* de voto); vogal, votante **Stimmbruch** M ‹-(e)s; *o. pl*› muda *f* de voz, mudança *f* de voz; **im ~ sein** estar na mudança de voz **'Stimme** ['ʃtɪmə] F voz *f*; MUS (*Part*) *a.* parte *f*; POL voto *m*; **seine ~ abgeben** votar; **die ~n zählen** apurar o escrutínio (*od* a votação); *bras* fazer a apuração dos votos **'stimmen** A VT MUS afinar; *j-n* **(un)günstig ~** (in)dispor; **milder ~** apaziguar B VI MUS estar afinado, *mehrere*: ir de acordo; *fig* estar certo; *Rechnung* estar conforme; POL **~ für** votar em **'Stimmenfang** M ‹-s; *o. pl*› POL caça *f* aos votos **Stimmengewirr** N vozes *fpl*; balbúrdia *f*, algazarra *f* **Stimmengleichheit** F ‹o. *pl*› empate *m* **Stimmenmehrheit** F maioria *f* (de votos) **'Stimmenthaltung** F abstenção *f* **Stimmgabel** F diapasão *m* **stimmhaft** sonoro **Stimmlage** F registo *m*; *bras* registro *m* **stimmlos** áfono; afónico; *Laut* mudo **Stimmrecht** N direito *m* de votar; voto *m*, sufrágio *m* **Stimmritze** F glote *f*

'Stimmung F MUS afinação *f*; *fig* disposição *f*; *allgemeine*: ambiente *m*, atmosfera *f*; WIRTSCH tendência *f*; MIL moral *f*; **in ~ kommen** animar-se **'Stimmungsbild** N impressão *f* **'stimmungsvoll** impressionante; íntimo; expressivo

'Stimmzettel M voto *m*, lista *f* **stimu'lieren** [ʃtimu'liːrən] ‹-› estimular **'Stinkbombe** ['ʃtɪŋkbɔmbə] F bomba *f* de mau cheiro **'stinken** cheirar mal, feder **stinkend** ADJ fedorento, fétido **'stink'faul** *umg* **~ sein** ser muito mandrião (*bras* preguiçoso) **'stinkig** ADJ (*schlecht gelaunt*) *umg*(im)birrento **'stink'langweilig** *umg* muito aborrecido **'Stinktier** N zorilha *f*; *bras* gambá *m* **Stipendi'at(in)** [ʃtipɛndi'aːt(ɪn)] M(F) ‹-en› bolseiro *m*, *-a f*; *bras* bolsista *m*/*f* **Sti'pendium** [ʃti'pɛndiʊm] N ‹-s; Stipendien› bolsa *f* (de estudos) **'stippen** ['ʃtɪpən] molhar **Stirn** [ʃtɪrn] F testa *f*; *fig* (*Frechheit*) descaro m, descaramento m; **j-m od etw die ~ bieten** fig fazer frente a alg/a/c **'Stirnband** N̄ testeira f; frontal m; *Schmuck:* diadema m **'Stirnhöhle** F̄ seio m frontal **'Stirnhöhlenentzündung** F̄ MED sinusite f frontal **'Stirnrunzeln** N̄ ⟨-s; o. pl⟩ enrugar m da testa **'Stirnseite** F̄ ARCH fachada f, frontaria f, lado m frontal

'stöbern ['ʃtøːbərn] ⟨-re⟩ ~ **in** (dat) remexer

'stochern ['ʃtɔxərn] ⟨-re⟩ ~ **in** (dat) *Essen* remexer; *Feuer* atiçar; *Zähne* esgaravatar, palitar

Stock¹ [ʃtɔk] M̄ ⟨-(e)s; ⸚e⟩ **1** (*Stab, Stecken*) bastão m; (*Knüppel*) cacete m; *Billard:* taco m; (*Rohrstock*) cana f; junco m (*Spazierstock*) bengala f; **über ~ und Stein** por paus e pedras, por montes e vales **2** (*Bergstock*) varapau m; bordão m; GEOL maciço m **3** (*Bienenstock*) colmeia f **4** (*Rosenstock*) pé m; (*Weinstock*) cepa f

Stock² [ʃtɔk] M̄ ⟨-s; -⟩ ARCH andar m, piso m; **im dritten ~** no terceiro andar (*od* piso)

'stock'dumm ⟨o. pl⟩ idiota, estúpido **'stock'dunkel** ⟨o. pl⟩ escuro como breu

'Stöckelschuh ['ʃtœkəlʃuː] M̄ sapato m de salto alto

'stocken ['ʃtɔkən] ⟨h. u. s.⟩ interromper-se; *beim Sprechen a.* hesitar; (*Halt machen*) parar; HANDEL ficar paralisado; *Verkehr a.* congestionar-se **'stock'finster** ⟨o. pl⟩ escuro como breu **'Stockfisch** M̄ bacalhau m **'Stockfleck** M̄ ⟨-(e)s; -e(n)⟩ caruncho m

'stock'heiser *umg* rouquíssimo **'Stockhieb** M̄ paulada f

'Stockholm ['ʃtɔkhɔlm] N̄ GEOG Estocolmo (*o. art*)

'stock'sauer *umg* muito zangado, furioso **'Stockschnupfen** M̄ **e-n ~ haben** ter o (*bras* estar com) nariz entupido **'stock'steif** *umg* teso como um carapau **'stock'taub** ⟨o. pl⟩ *umg* mouco de todo, surdo de todo **'Stockung** F̄ interrupção f; paralisação f; congestionamento m; MED congestão f

'Stockwerk N̄ andar m, piso m; **das Haus ist fünf ~e hoch** a casa tem cinco andares

Stoff [ʃtɔf] M̄ ⟨-(e)s; -e⟩ matéria f; material m; (*Kleiderstoff*) fazenda f, tecido m, estofo m; (*Thema*) assunto m; *umg* (*Rauschgift*) droga f **'stofflich** material **'Stofftier** N̄ animal m (*od* bicho m) de peluche; *bras* pelúcia f **'Stoffwechsel** M̄ BIOL metabolismo m

'stöhnen ['ʃtøːnən] gemer; ~ **über** (akk) fig queixar-se de

'Stoiker ['ʃtoːikər] M̄ estóico m **stoisch** estóico

'Stola ['ʃtoːla] F̄ ⟨-; -len⟩ estola f

'Stollen ['ʃtɔlən] M̄ **1** BERGB galeria f **2** GASTR bolo m de Natal **3** SPORT taco m; *bras* salto m

'stolpern ['ʃtɔlpərn] ⟨-re; s.⟩ ~ **über** (akk) tropeçar em, topar com

stolz [ʃtɔlts] ⟨-est⟩ orgulhoso; *a. Sache* soberbo; (*stattlich*) imponente; ~ **sein auf** (akk) orgulhar-se de, ufanar-se de **Stolz** [ʃtɔlts] M̄ ⟨-es; o. pl⟩ orgulho m, soberba f

stol'zieren [ʃtɔlˈtsiːrən] ⟨-⟩ pavonear-se

'stopfen ['ʃtɔpfən] meter (**in** akk em); (*füllen*) encher (**mit** de); *Gänse, Wurst a.* embuchar, cevar; *Loch* tapar; *Pfeife* carregar; *Strumpf* passajar, pontear; *bras* cerzir; MED, *Essen* obstipar, produzir prisão de ventre **Stopfgarn** N̄ algodão m de passajar; *bras* linha f de cerzir **Stopfnadel** F̄ agulha f de passajar (*bras* cerzir)

stopp [ʃtɔp] INT ~! alto!

'Stoppel ['ʃtɔpəl] F̄ ⟨-; -n⟩ restolho m **Stoppelbart** M̄ barba f rala **Stoppelfeld** N̄ restolhal m

'stoppen ['ʃtɔpən] *Auto etc* parar; *Zeit* cronometrar **Stoppschild** N̄ sinal m de paragem **Stopptaste** F̄ tecla f de stop **Stoppuhr** F̄ cronómetro m (*bras* *ô*)

'Stöpsel ['ʃtœpsəl] M̄ *e-r Flasche:* rolha f; TECH válvula f; ELEK ficha f **stöpseln** ⟨-le⟩ arrolhar; tapar

Stör [ʃtøːr] M̄ ⟨-(e)s; -e⟩ ZOOL esturjão m **Storch** [ʃtɔrç] M̄ ⟨-(e)s; ⸚e⟩ ZOOL cegonha f **'Storchschnabel** M̄ BOT gerânio m; ZOOL bico m de cegonha

'stören ['ʃtøːrən] estorvar, perturbar; *j-n* incomodar, molestar; *bras a.* amolar; *Ordnung* alterar; *Plan* causar transtorno a; ELEK, RADIO interromper **störend** ADJ perturbador, incómodo (*bras* *ô*); molesto **Störenfried** ['ʃtøːrənfriːt] M̄ ⟨-(e)s; -e⟩ arrolhar; tapar perturbador m; desmancha-prazeres m; *bras* estorvo m **'Störgeräusch** N̄ TEL,

RADIO interferências fpl

stor'nieren [ʃtɔrˈniːrən] ⟨-⟩ HANDEL anular, estornar; bras a. cancelar **'Storno** [ˈʃtɔrno] N ⟨-s; -s⟩ HANDEL estorno m **'Stornogebühr** F comissão f (bras taxa f) de estorno

'störrisch [ˈʃtœrɪʃ] teimoso, recalcitrante, obstinado; *Person a.* cabeçudo

'Störsender M emissor m perturbador **'Störung** [ˈʃtøːrʊŋ] F perturbação f; MED. desordem f, desarranjo m; *(Belästigung)* incómodo m *(bras *ô)*, *(Hindernis)* estorvo m; PHYS interferência f; RADIO parasita m; avaria f; *(Unannehmlichkeit)* transtorno m; *Verkehr*, ELEK interrupção f **'Störungsstelle** F TEL central f de avarias

Stoß[1] [ʃtoːs] M ⟨-es; ⁻e⟩ golpe m; *(Anprall)* choque m, encontrão m; *(Erschütterung)* sacudida f, sacudidela f; *a. fig* abalo m; *Fechten:* estocada f; *(Schub)* empurrão m; *Schwimmen:* braçada f; *Wagen:* solavanco m; **j-m e-n ~ versetzen** causar abalo a alg; **sich** *(dat)* **e-n ~ geben** *umg fig* fazer das tripas coração

Stoß[2] M ⟨-es; ⁻e⟩ *(Stapel)* maço m, monte m

'Stoßdämpfer M amortecedor m **'Stößel** [ˈʃtøːsəl] M pilão m

'stoßen [ˈʃtoːsən] A V/T empurrar; impelir; *(klein stoßen)* moer, pilar, pisar; **sich ~ an** *(dat)* dar contra *(akk)*; *fig* ofender-se com, escandalizar-se com; *j-n* **vor den Kopf ~** *fig* ofender; escandalizar; **von sich ~** repelir; *fig* repudiar B V/I ⟨h. u. s.⟩ **~ an** *(akk)* bater em, dar contra; *stolpernd* tropeçar em; *(grenzen)* confinar com; **~ auf** *(akk)* encontrar, topar com; **~ gegen** bater contra; **ins Horn ~** tocar corneta; **mit den Hörnern ~** dar cornada(s); **zu j-m ~** juntar-se a alg

'stoßfest antichoque, à prova de choques **Stoßkraft** F ⟨o. pl⟩ TECH força f de propulsão; *a. fig* impulso m; MIL força f ofensiva **Stoßseufzer** M suspiro m ardente, grito m de aflição **Stoßstange** F AUTO pára-choque(s) m **Stoßtrupp** M ⟨-s; -s⟩ MIL destacamento m de tropas de choque *(od de assalto)* **Stoßverkehr** M ⟨-s; o. pl⟩ trânsito m de hora de ponta **stoßweise** ADV aos empurrões; intermitente(mente) **Stoßzahn** M defesa f; *bras* presa f **Stoßzeit** F hora f de ponta

'Stotterer [ˈʃtɔtərər] M gago m **stottern** ⟨-re⟩ gaguejar, tartamudear; *(stammeln)* balbuciar **Stottern** N gaguez f

Str. ABK (*Straße*) R. (Rua)

'Strafanstalt [ˈʃtraːfʔanʃtalt] F prisão f; cadeia f **Strafantrag** M requisitório m, queixa-crime f; **e-n ~ stellen** fazer requisitório **Strafanzeige** F denúncia f; **~ erstatten** fazer uma denúncia **Strafarbeit** F SCHULE castigo m **Strafaufschub** M suspensão f de pena **Strafaussetzung** F JUR suspensão f de execução da pena **strafbar** punível; criminal; **sich ~ machen** cometer delito; ser sujeito a procedimento **Strafbefehl** M auto m; intimação f

'Strafe F castigo m; JUR pena(lidade) f; sanção f penal; *(Geldstrafe)* multa f; **~ zahlen müssen** ser multado; **bei ~ von ...** JUR sob pena de ... **'strafen** punir; *Kind* castigar **strafend** *Blick* repreensivo **'Straferlass** M ⟨-es; -e⟩ remissão f da pena; a(m)nistia f; *bras* indulto

straff [ʃtraf] teso, rígido; *Seil, Saiten* esticado; *Person* rijo; *fig* enérgico; *Regelung* rigoroso; **~ gespannt** esticado; **~ sitzen** estar apertado; **~ ziehen** esticar; *Gurt, Gürtel* apertar

'straffällig ADJ *Person* criminoso; **~ werden** JUR tornar-se punível, incorrer numa pena

'straffen tender; esticar **Straffheit** F ⟨o. pl⟩ tensão f, rigidez f; *fig a.* rigor m **'straffrei** [ˈʃtraːfˌfraɪ] → straflos **'Straffung** [ˈʃtrafʊŋ] F rigor m; tensão f **'Strafgefangene** M preso m, recluso m **Strafgericht** N julgamento m; castigo m; punição f; JUR tribunal m correc(c)ional **Strafgesetz** N, **Strafgesetzbuch** N código m penal **Strafkammer** F tribunal m correc(c)ional **Straflager** N campo m penitenciário *(od prisional)*; *bras* penitenciária f

'sträflich [ˈʃtrɛːflɪç] imperdoável **Sträfling** M ⟨-s; -e⟩ presidiário m; recluso m **'straflos** impune; **~ ausgehen** ficar impune **Strafmandat** N multa f **Strafmaß** N rigor m grau m da penalidade **Strafmaßnahme** F sanção f **strafmildernd** atenuante **Strafmilderung** F comutação f da pena **strafmündig** ADJ **~ sein** estar na idade da responsabilidade criminal *(bras civil)*

Strafporto N sobretaxa f postal, multa f **Strafpredigt** F prédica f, descompostura f; **j-m e-e ~ halten** dar uma ensaboadela a alg; *bras* dar uma bronca em alg **Strafprozess** M JUR processo m criminal **Strafprozessordnung** F JUR código m do processo criminal **Strafrecht** N ‹-(e)s; *o. pl*› direito m penal (*od* criminal) **Strafrechtler(in)** ['ʃtra:frɛçtlɐ(rɪn)] M(F) criminalista m/f **strafrechtlich** ADJ penal; ADV ~ **verfolgen** autuar; ~ **verfolgt werden** *Vergehen* sujeito a procedimento criminal; *Person* sujeito a perseguição penal **Strafregister** N cadastro m judiciário **Strafrichter** M juiz m criminal **Strafsache** F causa f criminal **Strafstoß** M *Fußball*: (pontapé de) livre indire(c)to m; *bras* (chute m de) penálti m **Straftat** F JUR delito m **Strafverfahren** N JUR processo m criminal **strafverschärfend** agravante **Strafversetzung** F degradação f; transferência f disciplinar **Strafverteidiger** M JUR defensor m em processo penal; *bras* advogado m de defesa **Strafvollzug** M ‹-s; *o. pl*› execução f penal (*od* da pena) **Strafzettel** M *umg* → Strafmandat

Strahl [ʃtra:l] M ‹-(e)s; -en› raio m; (*Wasserstrahl*) ja(c)to m **'strahlen** (ir)radiar; brilhar; *fig* estar radiante **'Strahlenbelastung** F PHYS exposição f à radiação **Strahlenbrechung** F refra(c)ção f **Strahlenbündel** N PHYS feixe m luminoso **strahlend** ADJ radiante, radioso **Strahlendosis** F PHYS dose f de radiação **strahlenförmig** ['ʃtra:lənfœrmɪç] radiado **Strahlenschutz** M ‹-es; *o. pl*› prote(c)ção f contra radiações **Strahlentherapie** F MED radioterapia f

'Strahler ['ʃtra:lɐ] M *Lampe*: proje(c)tor m

'Strahltriebwerk N motor m a ja(c)to **'Strahlung** ['ʃtra:lʊŋ] F radiação f **Strahlungswärme** F ‹*o. pl*› calor m irradiado

'Strähnchen ['ʃtrɛ:nçən] NPL madeixa f **Strähne** ['ʃtrɛ:nə] F madeixa f **strähnig** liso; desgrenhado

stramm [ʃtram] → straff; *fig* direito, robusto **'strammstehen** MIL estar em posição de sentido

'Strampelanzug ['ʃtrampəl?antsu:k] M, **Strampler** M baby-grow m; *bras* macacãozinho m **strampeln** ‹-le› estrebuchar; espernear

'Strand [ʃtrant] M ‹-(e)s; -e› praia f; beira-mar f; **am ~** na praia; **an den ~ gehen** ir à praia **'Strandbad** N balneário m **'stranden** ['ʃtrandən] ‹-e-; h. *u. s.*› encalhar, naufragar **'Strandgut** N despojos *mpl* do mar, bens *mpl* naufragados **Strandkleid** N vestido m de praia **'Strandkorb** M cadeira f de praia **'Strandpromenade** F passeio m marítimo; *bras* avenida f beira-mar **'Strandung** ['ʃtrandʊŋ] F encalhe m, naufrágio m

Strang [ʃtraŋ] M ‹-(e)s; ⸚e› corda f; cordão m; *Wolle*: meada f; **an e-m ~ ziehen** *fig* lutar pela mesma causa; **über die Stränge schlagen** *umg* passar dos limites **strangu'lieren** [ʃtraŋgu'li:rən] ‹-› estrangular

Stra'paze [ʃtra'pa:tsə] F fadiga f, faina f, estafa f **strapa'zieren** [ʃtrapa'tsi:rən] ‹-› cansar, estafar; *etw* gastar **strapa'zierfähig** resistente **strapazi'ös** [ʃtrapatsi'ø:s] cansativo; desgastante

'Straßburg ['ʃtra:sbʊrk] N Estrasburgo (*o. art*)

'Straße [ʃtra:sə] F rua f; (*Landstraße*) estrada f; (*Weg*) caminho m, via f pública; SCHIFF via f marítima; GEOG estreito m; **j-n auf die ~ setzen** *fig* pôr alg na rua **'Straßenanzug** M traje m de passeio **Straßenarbeiten** FPL trabalhos *mpl* de estrada **Straßenarbeiter** M cantoneiro m **Straßenbahn** F eléctrico m, carro m eléctrico; *bras* bonde m **Straßenbahner(in)** ['ʃtra:sənba:nɐ(rɪn)] M(F) condutor(a) m(f) de (carro) eléctrico (*bras* de bonde) **Straßenbahnhaltestelle** F parágem f de eléctrico (*bras* bonde) **'Straßenbau** M ‹-(e)s; *o. pl*› arruamento m **Straßenbeleuchtung** F iluminação f das ruas **Straßenbenutzungsgebühr** F portagem f; *bras* pedágio m **Straßencafé** N esplanada f; *bras* café m ao ar livre **Straßendecke** F pavimento m **Straßenecke** F esquina f **Straßenglätte** F ‹*o. pl*› piso m escorregadio **Straßengraben** M valeta f **Straßenhändler(in)** M(F) vendedor(a) m(f) ambulante, vendilhão m,

-ona f **Straßenkampf** M̲ combate m nas ruas **Straßenkarte** F̲ mapa m rodoviário **Straßenkehrer(in)** M̲(F̲) varredor(a) m(f) **Straßenkehrmaschine** F̲ varredouro m mecânico **Straßenkind** N̲ menino m, -a f de rua; **~er** pl meninos mpl de rua **Straßenkreuzung** F̲ encruzilhada f; encruzamento m de ruas **Straßenlage** F̲ ⟨o. pl⟩ AUTO estabilidade f **Straßenlaterne** F̲ candeeiro m, lampião m da rua; bras poste m de iluminação **Straßennetz** N̲ rede f de estradas **Straßenrand** M̲ bordo m (bras beira f) da calçada **Straßenraub** M̲ ⟨-(e)s; o. pl⟩ assalto m **Straßenreinigung** F̲ serviços mpl de limpeza pública **Straßenrennen** N̲ SPORT corrida f em estrada **Straßensänger(in)** M̲(F̲) cantadeiro m, -a f; bras cantador(a) m(f) **Straßenschild** N̲ placa f (bras tabuleta f) indicativa dos nomes das ruas **Straßenseite** F̲ Haus: frente f (da casa); **auf der anderen ~** do outro lado da rua **Straßensperre** F̲ vedação f da rua **Straßentunnel** M̲ túnel m sobre uma estrada; bras pontilhão m **Straßenverhältnisse** N̲P̲L̲ estado m de conservação das estradas **Straßenverkehr** M̲ ⟨-s; o. pl⟩ trânsito m, circulação f; movimento m nas ruas **Straßenverkehrsordnung** F̲ código m das estradas **Straßenverzeichnis** N̲ índice m (bras lista f) das ruas (od estradas) **Straßenzug** M̲ ARCH arruamento m **Straßenzustandsbericht** M̲ informação f sobre o estado do tráfego

Stra'tege [ʃtra'te:gə] M̲ ⟨-n⟩ estrategista m **Strateg'ie** [ʃtrate'gi:] F̲ estratégia f **Strategin** F̲ estrategista f **strategisch** estratégico

Strato'sphäre [ʃtratɔ'sfɛ:ra] F̲ ⟨o. pl⟩ estratosfera f

'**sträuben** ['ʃtrɔʏbən] F̲ eriçar; **sich ~** arrepiar-se; fig opor-se, resistir (**gegen** a); teimar em não (inf)

Strauch [ʃtraʊx] M̲ ⟨-(e)s; ⸚er⟩ arbusto m '**straucheln** ⟨-le; s.⟩ tropeçar '**Strauchtomate** F̲ tomate m com rama

Strauß[1] [ʃtraʊs] M̲ ⟨-es; ⸚e⟩ Blumen: ramo m (de flores), ramalhete m

Strauß[2] M̲ ⟨-es; -e⟩ ZOOL avestruz m/f

'**Strebe** ['ʃtre:bə] F̲ escora f, espeque m '**streben** V̲I̲ **~ nach** aspirar a, ambicionar, esforçar-se por alcançar **Streben** N̲ ⟨-s⟩ **~ (nach)** aspiração f (a), tendência f (para), ambição f (de) '**Strebepfeiler** M̲ botaréu m, contraforte m '**Streber(in)** M̲(F̲) pej ambicioso m, -a f; SCHULE marrão m, marrona f; bras cu-de-ferro m '**streberhaft** pej ambicioso, marrão '**strebsam** ['ʃtre:pza:m] aplicado; assíduo; ambicioso '**Strebsamkeit** F̲ ⟨o. pl⟩ aplicação f, assiduidade f, zelo m

'**Strecke** ['ʃtrɛkə] F̲ espaço m; lanço m; bras lance m; (Reise) traje(c)to m; (Wegstrecke) pedaço m de caminho; troço m; distância f; BAHN linha f (**nach** de); (Gleis) via f; BERGB galeria f (de avanço); (Jagdbeute) caça f; **e-e ~ zurücklegen** percorrer uma distância; **auf der ~ bleiben** fig não alcançar a meta; ir por água abaixo; **zur ~ bringen** matar

'**strecken** V̲T̲ estender, distender, alongar; Waffen depor; Vorräte racionar; a. v/r (**sich**) **~** esticar(-se); espreguiçar(-se); **zu Boden ~** j-n derribar; derrubar; **in gestrecktem Galopp** a rédea solta '**Strecken** N̲ ⟨-s⟩ repuxamento m

'**Streckenwärter** M̲ BAHN guarda-linha m '**streckenweise** A̲D̲V̲ aqui e acolá; de tempos a tempos

'**Streckmuskel** M̲ músculo m extensor **Streckverband** M̲ MED penso m extensor

Streich [ʃtraɪç] M̲ ⟨-(e)s; -e⟩ golpe m, pancada f; fig partida f; **dummer ~** tolice f, disparate m; garotice f; **lustiger ~** travessura f; **j-m e-n ~ spielen** fazer, pregar uma partida a alg; bras pregar uma peça em alg

'**streicheln** ⟨-le⟩ acariciar, afagar; bras umg fazer cafuné

'**streichen** V̲I̲ ⟨s. u. h.⟩ passar (**über** akk por, sobre); (herumstreichen) vag(ue)ar; **mit der Hand über etw ~** passar a mão sobre **B** V̲T̲ **1** Brot (bras passar) manteiga em; barrar (com manteiga); Wand (**frisch**) **~** pintar (de fresco); **2** Messer passar (**über** akk por, sobre); Haar **glatt ~** alisar **3** SCHIFF Flagge arrear; Segel a. amainar; (ausstreichen) riscar **4** Auftrag anular, cancelar; HANDEL Betrag abater

Streicher M̲P̲L̲ MUS (tocadores mpl de)

instrumentos mpl de corda **'Streich-holz** N̄ fósforo m **'Streichholz-schachtel** F̄ caixa f de fósforos **'Streichinstrument** N̄ instrumento m de corda **'Streichkäse** M̄ queijo-creme m; bras queijo m cremoso **'Streichkonzert** N̄ concerto m de instrumentos de corda **'Streichor-chester** N̄ orquestra f de instrumentos de corda **'Streichquartett** N̄ MUS quarteto m de cordas **'Streichung** F̄ cancelamento m, anulação f
Streife F̄ MIL patrulha f
'streifen A V/t roçar; vom Finger: tirar; (berühren) a. fig tocar (ao de leve) B V/i **~ an** (akk) tocar as raias de; fig chegar a ser; **~ durch** vag(ue)ar por
'Streifen M̄ tira f; risca f; estria f; schmaler ~ filete m; ~ pl MIL galões mpl **Streifenkarte** F̄ BAHN etc módulo m **Streifenwagen** M̄ carro m de patrulha; bras radiopatrulha f **Streiflicht** N̄ reflexo m de luz, raio m de luz **Streif-schuss** M̄ tiro m de raspão **Streifzug** M̄ correria f; MIL incursão f
Streik [ʃtraɪk] M̄ ⟨-(e)s; -s⟩ greve f; **den ~ brechen** furar a greve; **in den ~ treten** declarar-se em greve **'Streikbrecher** ['ʃtraɪkbrɛçɐr] M̄ anti-grevista m, não-grevista m **'streiken** estar em greve; fazer greve; fig Gerät não andar **'Streiken-de(r)** [ʃtraɪkəndə(r)] M/F(M) grevista m/f **'Streikposten** M̄ sentinela f dos grevistas **'Streikrecht** N̄ ⟨-(e)s; o. pl⟩ direito m à greve
Streit [ʃtraɪt] M̄ ⟨-(e)s; -e⟩ contenda f, conflito m; (Kampf) luta f; JUR litígio m, questão f; (Wortstreit) disputa f, controvérsia f, (Zank) briga f, rixa f; **~ suchen** andar de brigas; bras procurar briga **'streitbar** fig militante; bras briguento **'streiten** V/i & V/R **1** ⟨sich⟩ **~ um, über** (akk) lutar por; brigar por; **sich ~** a. disputar-se; **~ für** a. defender **2** JUR vor Gericht: pleitear, litigiar; **die ~den Parteien** as partes litigantes **'Streiter** M̄ combatente m, lutador m **'Streitfall** M̄ litígio m; **im ~** em caso de litígio **'Streitfra-ge** F̄ questão f; diferendo m; bras a. diferença f **'streitig** duvidoso, discutível; **j-m etw ~ machen** disputar a/c a alg, negar a/c a alg **'Streitigkeit** F̄ desavença f; contenda f; quizília f **'Streitkräfte** FPL forças fpl (armadas) **'Streitobjekt** N̄ obje(c)to m do litígio **'Streitpunkt** M̄ ponto m litigioso **'Streitsache** F̄ causa f; → Streitobjekt **'Streitschrift** F̄ polémica f (bras *ê), libelo m **'Streit-sucht** F̄ ⟨o. pl⟩ mania f das discussões (od das polémicas); bras mania f de discutir **'streitsüchtig** polémico (bras *ê); brigoso; quezilento
streng [ʃtrɛŋ] severo, rigoroso; a. Sitte austero; (genau) exa(c)to; Geschmack acerbo, agro; ADV **~, ~stens, aufs Strengste** a. à risca; **~ genommen** em rigor **'Strenge** F̄ ⟨o. pl⟩ severidade f; rigor m; (Genauigkeit) exa(c)tidão f; (Sittenstrenge) austeridade f **'streng-gläubig** ortodoxo
Stress [ʃtrɛs] M̄ ⟨-es; -e⟩ stress m, estresse m **stressen** ⟨-t⟩ umg causar (od provocar) stress, estressar **stressfrei** relaxante **stressgeplagt** stressado, com stress **stressig** (e)stressante **Stress-test** M̄ FIN teste m stress (od estresse)
Stretch [ʃtrɛtʃ] M̄/N̄ ⟨-s; -s⟩ TEXT stretch m **'Stretchhose** F̄ calças mpl stretch
Streu [ʃtrɔy] F̄ cama f (de gado), bras cama f de palha); (Stroh) palha f **'Streu-bombe** F̄ bomba f de fragmentação **'streuen** espalhar, semear, polvilhar; disseminar
'streunen ['ʃtrɔynən] umg vadiar
'Streusand M̄ ⟨-(e)s; o. pl⟩ areia f
Strich [ʃtrɪç] M̄ ⟨-(e)s; -e⟩ traço m; risco m; am Kompass: rumo m; (Querstrich) travessão m; (Streifen) estria f; MUS mit dem Bogen: arcada f; mit der Bürste: escovadela f; mit dem Pinsel: pincelada f; **gegen den ~** a contrapelo; **j-m gegen den ~ gehen** fig não convir a alg; **j-n e-n ~ durch die Rechnung machen** fig contrariar alg, frustrar os planos de alg; **e-n ~ unter etw machen** (od ziehen) fig dar a/c por terminada; **auf den ~ gehen** sl andar no giro; bras fazer trottoir
'stricheln ⟨-le⟩ tracejar
'Stricher M̄ sl, **'Strichjunge** M̄ ⟨-n⟩ umg prostituto m (homossexual) **'Strichkode** M̄ código m de barras **'Strichmädchen** N̄ umg prostituta f, meretriz f **'Strichpunkt** M̄ ponto m e vírgula f **'Strichregen** M̄ chuva f parcial, chuvas fpl locais **'strichweise** ADV local; regional; ADV em alguns pontos

'Strichzeichnung F̲ desenho m a traço

Strick [ʃtrɪk] M̲ ⟨-(e)s; -e⟩ corda f; baraço m; *bras* laço m; *fig* maroto m; **wenn alle ~e reißen** *umg fig* no pior dos casos **'Strickarbeit** F̲, **Stricke'rei** F̲ (trabalho m de) malha f **'stricken** fazer malha (*bras* tricô), tricotar; *Strümpfe* fazer meia; *Netze* fazer rede; **gestrickt** de malha **'Strickgarn** N̲ estambre m; *bras* fio m de tecelagem **'Strickjacke** F̲ casaco m de malha **'Strickleiter** F̲ escada f de corda **'Strickmaschine** F̲ máquina f de tricotar **'Stricknadel** F̲ agulha f de fazer malha; *bras* agulha f de tricô **'Strickwaren** FPL malhas *fpl* **'Strickzeug** N̲ trabalho m de malha (*bras* tricô)

'Striegel [ˈʃtriːɡəl] M̲ brossa f, almofaça f **'striegeln** ⟨-le⟩ almofaçar

'Strieme [ˈʃtriːmə] F̲, **'Striemen** M̲ ⟨-s; -⟩ vergão m

strikt [ʃtrɪkt] estrito, rigoroso; **~ dagegen sein** opor-se estritamente a a/c

'String [ʃtrɪŋ] M̲ ⟨-s; -s⟩, **'Stringtanga** [ˈʃtrɪŋtaŋɡa] M̲ ⟨-s; -s⟩ tanga f string

'Strippe [ˈʃtrɪpə] F̲ corda f

'Stripper(in) [ˈʃtrɪpər(ɪn)], *a.* **'stripər(ɪn)** M/F stripteaser m/f **Striptease** [ˈʃtrɪptiːs, ˈstrɪptiːs] M̲ ⟨*inv*⟩ striptease m

'strittig [ˈʃtrɪtɪç] duvidoso, discutível; JUR litigioso

Stroh [ʃtroː] N̲ ⟨-(e)s; *o. pl*⟩ palha f **stroh'blond** loiro claro **'Strohblume** F̲ perpétua f **'Strohdach** N̲ telhado m de colmo (*bras* palha) **'stroh'dumm** ADJ̲ *umg* muito burro, tapado **'Strohfeuer** N̲ *fig* entusiasmo m passageiro **'strohgedeckt** *Haus* colmado, coberto de palha **'Strohhalm** M̲ palhinha f, cálamo m; *bras* canudinho m **'Strohmann** M̲ *fig* HANDEL testa-de-ferro m; *Spiel:* morto m **'Strohmatte** F̲ esteira f de palha

Strolch [ʃtrɔlç] M̲ ⟨-(e)s; -e⟩ vadio m, vagabundo m **'strolchen** ⟨s.⟩ vadiar, vaguear; *bras a.* vagabundar

Strom [ʃtroːm] M̲ ⟨-(e)s; ⁼e⟩ **1** (*Wasser*) corrente f, rio m; *fig* torrente f; (*Strömung*) caudal m; *bras* correnteza f; **in Strömen regnen** chover a cântaros; **mit dem/gegen den ~ schwimmen** *fig* ir com/contra a corrente (*bras* correnteza)

2 ELEK corrente f; *v. Blut:* golfada f; *fig v. Menschen:* multidão f **strom'ab(-wärts)** ADV̲ rio abaixo **'Stromabnehmer** M̲ ELEK cole(c)tor m de corrente **'Stromanschluss** M̲ ligação f à corrente **strom'auf(wärts)** ADV̲ rio acima **'Stromausfall** M̲ ELEK falha f (*bras* falta f) de ele(c)tricidade

'strömen [ˈʃtrøːmən] ⟨s.⟩ correr; *Regen* chover torrencialmente (*od* a cântaros); *fig* (*herbeiströmen*) **~ nach** afluir a; **~ aus** sair em massa de **'strömend** ADJ̲ *Regen* torrencial

'Stromerzeuger M̲ ELEK gerador m; dínamo m **'Stromkreis** M̲ ELEK circuito m **'Stromkunde** M̲ consumidor m de corrente elé(c)trica **'Stromleiter** M̲ ELEK fio m condutor **'Stromlinie** F̲ forma f aerodinâmica **stromlinienförmig** aerodinâmico **'Strommesser** M̲ ELEK amperímetro m, amperómetro m (*bras* *ô) **'Stromnetz** N̲ ELEK rede f elé(c)trica **'Stromschnelle** F̲ salto m, rápido m; *bras* corredeira f **'Stromstärke** F̲ ELEK intensidade f da corrente; amperagem f **'Stromstoß** M̲ ELEK impulso m de corrente

'Strömung [ˈʃtrøːmʊŋ] F̲ corrente f; *bras a.* correnteza; PHYS fluxo m

'Stromverbrauch M̲ ⟨-(e)s; *o. pl*⟩ ELEK consumo m de energia (elé(c)trica) **Stromverlust** M̲ ELEK perda f de corrente **Stromverschwendung** F̲ desperdício m de energia **Stromversorgung** F̲ abastecimento m de energia (elé(c)trica) **Stromzähler** M̲ contador m (*bras* relógio m) de ele(c)tricidade

'Strontium [ˈʃtrɔntsiʊm] N̲ CHEM estrôncio m

'Strophe [ˈʃtroːfə] F̲ estrofe f; estância f **'strotzen** [ˈʃtrɔtsən] ⟨-t⟩ regorgitar **'strotzend** ADJ̲ regorgitante, pujante, cheio (**vor** *dat,* **von** de)

'strubb(e)lig [ˈʃtrʊb(ə)lɪç] *umg* → struppig

'Strudel [ˈʃtruːdəl] M̲ turbilhão m (*a. fig*); re(de)moinho m; *bras* jupia f

Struk'tur [ʃtrʊkˈtuːr] F̲ estrutura f **struktu'rell** [ʃtrʊktuˈrɛl] estrutural **struk'turschwach** *Region* de estrutura débil **Struk'turwandel** M̲ transformação f de estruturas

Strumpf [ʃtrʊmpf] M̲ ⟨-(e)s; ⁼e⟩ meia f;

(Socke) peúga f; bras meia f **'Strumpfhose** F̲ meia-calça f; collant m

Strunk [ʃtrʊŋk] M̲ ⟨-(e)s; ̈-e⟩ talo m (de couve), tronco m

'struppig [ˈʃtrʊpɪç] desgrenhado, esguedelhado, hirsuto; Bart eriçado

'Stube [ˈʃtuːbə] F̲ quarto m; (bras de segundo grau od de ginásio) **Studienreferendar(in)** M̲/F̲ professor(a) m(f) estagiário(-a)

stu'dieren [ʃtuˈdiːrən] ⟨-⟩ estudar **Studierte(r)** M̲/F̲(M̲) pessoa f formada **'Studium** [ˈʃtuːdiʊm] N̲ ⟨-s; Studien⟩ estudo(s) m(pl); bras curso m universitário

'Stube [ˈʃtuːbə] F̲ quarto m; gute ~ sala f **'Stubenälteste(r)** M̲ MIL chefe m de turma **Stubenarrest** M̲ MIL proibição f de sair **Stubenfliege** F̲ mosca f doméstica **'Stubenhocker** M̲ umg ein ~ sein ser muito caseiro **stubenrein** limpo

Stuck [ʃtʊk] N̲ ⟨-(e)s; o. pl⟩ estuque m

Stück [ʃtʏk] N̲ ⟨-(e)s; -e; als Maß: 3 -⟩ ganzes: peça f (a. THEAT, MIL, MUS); Teil: pedaço m; (Bruchstück) fragmento m; Land a.: lote m; Weg a.: parte f, pedaço m; Strecke troço m; Vieh: cabeça f; ~ **Zucker** m torrão m; ~ **für** ~ peça por peça, um por um; ... **pro** ~ HANDEL a ... cada um; **das ist ein starkes ~!** é forte!, não há direito!; bras isso é demais!; **große** ~**e auf j-n halten** fig estimar alg muito, ter alg em muita consideração; **aus freien** ~**en** espontaneamente; mótu-próprio; **in** ~**e schlagen** partir, despedaçar

'stückeln ⟨-le⟩ despedaçar; (aufteilen) dividir (a. FIN Aktien) **'Stückgut** N̲ carga f geral **'Stücklohn** M̲ salário m por peça **'stückweise** ADV aos pedaços; por partes; HANDEL a retalho; avulso **'Stückwerk** N̲ ⟨-(e)s; o. pl⟩ ~ **sein** ser incompleto, ser fragmentário **'Stückzahl** F̲ número m de peças

Stu'dent [ʃtuˈdɛnt] M̲ ⟨-en⟩ UNIV estudante m (da Universidade) **Studentenausweis** M̲ cartão m (bras carteira f) de estudante **Studentenfutter** N̲ ⟨-s; o. pl⟩ mistura f de frutos secos **Studentenschaft** F̲ estudantes mpl; (Körperschaft) Associação f Académica (bras *é) **Studentenwohnheim** N̲ residência f universitária; bras república f de estudantes **Studentin** F̲ UNIV estudante f (da Universidade)

'Studie [ˈʃtuːdiə] F̲ estudo m

'Studienabschluss M̲ fim m do curso **Studienaufenthalt** M̲ estadia f para fins de estudo **Studiendirektor(in)** M̲/F̲ reitor(a) m(f) de liceu; bras diretor(a) m(f) de segundo grau (od de ginásio) **Studienfach** N̲ curso m **Studiengang** M̲ decorrer m do curso **Studiengebühren** FPL UNIV propina f **Studienplatz** M̲ UNIV admissão f **Studienrat** M̲ ⟨-(e)s; ̈-e⟩, **Studienrätin** F̲ professor(a) m(f) efe(c)tivo, -a de liceu

'Stufe [ˈʃtuːfə] F̲ degrau m; TECH andar m; Geschwindigkeit: velocidade f; fig grau m; (Rangstufe) categoria f **'stufenförmig** [ˈʃtuːfənfœrmɪç] gradual; Anordnung em escadaria **'Stufenleiter** F̲ escala f; fig hierarquia f **'stufenlos** infinitamente variável (od graduável); contínuo; TECH não-escalonado; ~ **verstellbar** que pode ser ajustado gradualmente **'stufenweise** ADV gradualmente

Stuhl [ʃtuːl] M̲ ⟨-(e)s; ̈-e⟩ cadeira f; **der Heilige** ~ a Santa Sé f **'Stuhlgang** M̲ ⟨-(e)s; o. pl⟩ MED evacuação f; (Kot) fezes fpl; flüssiger: soltura f, diarreia f (bras *é)

'Stulle [ˈʃtʊlə] F̲ umg reg fatia f de pão (com manteiga)

'Stulpe [ˈʃtʊlpə] F̲ canhão m (de bota); (Manschette) punho m **'stülpen** [ˈʃtʏlpən] (aufstülpen) tapar; (umstülpen) virar

stumm [ʃtʊm] mudo; fig calado

'Stummel M̲ Glied: coto m; Kerze a.: toco m; a. Zahn: arnela f; Zigarette: ponta f

'Stummheit F̲ ⟨o. pl⟩ mudez f; mutismo m; fig a. silêncio m

'Stümper [ˈʃtʏmpər] M̲ ignorante m; remendão m; **ein** ~ **sein** a. não ter jeito **Stümpe'rei** [ʃtʏmpaˈraɪ] F̲ obra f mal feita **'stümperhaft** remendão **'stümpern** ⟨-re⟩ fazer a/c sem jeito

stumpf [ʃtʊmpf] ADJ embotado, rombo; Klinge a. gasto; bras a. cego; MATH Kegel troncado; Winkel obtuso; fig Person apático; ~ **machen** embotar; ~ **werden** embotar-se **Stumpf** [ʃtʊmpf] M̲ ⟨-(e)s; ̈-e⟩ Baum: cepo m; tronco m; Bein: coto m; **mit** ~ **und Stiel ausrotten** exterminar, extirpar **'Stumpfheit** F̲ ⟨o. pl⟩ embotamento m; fig apatia f; toleima m, parvoíce f **'Stumpfsinn** M̲ ⟨-(e)s; o. pl⟩ estupidez f **'stumpfsinnig** estúpido, parvo **'stumpfwink(e)lig** obtusângulo, obtusangulado

'Stunde ['ʃtʊndə] F̄ hora f; (Unterrichtsstunde) lição f, aula f; Honorar, Lohn a tanto por hora; **festgesetzte ~** hora certa, prefixa; **pro ~** bes. Honorar: por hora **'stunden** ['ʃtʊndən] VT̄ ‹-e-› **j-m etw ~** adiar o prazo de a/c a alg

Stundengeschwindigkeit F̄ velocidade f horária **Stundenkilometer** M̄ quilómetro m (bras *ô) do (por horário) **stundenlang** ADV por horas (inteiras), horas e horas **Stundenlohn** M̄ salário m por hora; bras salário-hora m **Stundenplan** M̄ horário m **stundenweise** ADV por horas; Unterricht por lições; bras por aula **Stundenzeiger** M̄ ponteiro m de horas

'stündlich ['ʃtʏntlɪç] ADV de hora a hora; de uma hora para outra; einmal stündlich por hora

'Stundung ['ʃtʊndʊŋ] F̄ (gen) prorrogação f

Stunk [ʃtʊŋk] M̄ ‹-s; o. pl› umg bronca f; **~ machen** armar um pé-de-vento

Stunt [stant] M̄ **e-n ~ machen** fazer de duplo **Stuntman** ['stantmɛ:n] ‹-s;-s›, **Stuntwoman** F̄ ['stantvʊmən] ‹-;-women› duplo m/f

stu'pid(e) [ʃtu'pi:d(ə)] parvo; estúpido

'stupsen ['ʃtʊpsən] dar um ligeiro empurrão a **'Stupsnase** F̄ nariz m arrebitado

stur [ʃtu:r] obstinado, cabeçudo

Sturm [ʃtʊrm] M̄ ‹-(e)s; ̈-e› **1** Wetter: tempestade f, tormenta f (a. fig); (Gewittersturm) trovoada f **2** MIL assalto m; fig tumulto m; **~ laufen gegen** assaltar; fig fazer uma campanha contra; **~ läuten** tocar (a) rebate; MIL **im ~ de** assalto **3** LIT **~ und Drang** m Titanismo m, Impetuosismo m **'Sturmangriff** M̄ assalto m

'stürmen ['ʃtʏrmən] **A** VT̄ assaltar, tomar de assalto; forçar **B** VĪ MIL dar assalto, assaltar; gegen: arremessar-se; Wetter **es stürmt** há tempestade, há temporal **Stürmer** M̄ SPORT avançado m; bras ponteiro m

'Sturmflut F̄ grande cheia f, inundação f **sturmfrei** fig **~e Bude** umg quarto m independente **Sturmglocke** F̄ sino m de rebate

'stürmisch ['ʃtʏrmɪʃ] tempestuoso, SCHIFF proceloso; a. fig turbulento; Person impetuoso

'Sturmschaden M̄ prejuízos mpl causados pela tempestade **Sturmwarnung** F̄ aviso m de tempestade

Sturz [ʃtʊrts] M̄ ‹-es; ̈-e› queda f; FIN, METEO baixa f (repentina od súbita); POL derrube m **'Sturzbach** M̄ torrente f, enxurrada f

'stürzen ['ʃtʏrtsən] ‹-t› **A** VT̄ deitar abaixo; derribar; bras derrubar (a. fig); (kippen) vazar; (werfen) precipitar, lançar, arrojar; **ins Unglück ~** arruinar **B** VR̄ **sich ~** atirar-se (auf akk a; aus dem Fenster: de); precipitar-se, lançar-se, arrojar-se (auf akk sobre); **sich ~ in** (akk) fig Gefahr expor-se a; **sich in Schulden ~** fazer dívidas **C** VĪ ‹s.› (fallen) cair; (eilen) correr; (abstürzen) FLUG despenhar-se; (einstürzen) derribar; bras derrubar; vir (od ir-se) abaixo

'Sturzflug M̄ FLUG voo m (bras vôo m) picado **Sturzhelm** M̄ capacete m **Sturzsee** F̄, **Sturzwelle** F̄ vagalhão m

'Stute ['ʃtu:tə] F̄ égua f, jumenta f

Stuttgart ['ʃtʊtɡart] N̄ GEOG Estugarda (o. art)

'Stützbalken ['ʃtʏtsbalkən] M̄ esteio m, escora f **Stütze** F̄ **1** apoio m; estaca f; TECH suporte m; ARCH → Stützbalken **2** fig amparo m, auxílio m

'stutzen¹ ['ʃtʊtsən] VĪ ficar perplexo, ficar surpreendido; pasmar

'stutzen² ['ʃtʊtsən] ‹-t› VT̄ (kürzen) cortar; Bart aparar; AGR podar

Stutzen M̄ TECH bocal m

'stützen ['ʃtʏtsən] ‹-t› apoiar, suster; Mauer amparar; fig Behauptung corroborar; **sich ~ auf** (akk) apoiar-se a, encostar-se a; fig a. fundar-se em, basear-se em

'stutzig ['ʃtʊtsɪç] perplexo, surpreendido, admirado; **~ machen** deixar desconfiado; **~ werden** ficar desconfiado

'Stützmauer F̄ muro m de apoio **Stützpfeiler** M̄ esteio m, pilar m **Stützpunkt** M̄ TECH ponto m de apoio; POL, FLUG, MIL, SCHIFF base f

'Styling ['staɪlɪŋ] N̄ ‹-s; -s› estilo m, visual m

Styro'por® [ʃtyro'po:r] N̄ ‹-s› esferovite f

s. u. ABK (siehe unten) ver abaixo
Sub'jekt [zʊpˈjɛkt] N ‹-(e)s; -e› sujeito m
subjek'tiv [zʊpjɛkˈtiːf] subje(c)tivo
Subjektivi'tät [zʊpjɛktiviˈtɛːt] F ‹o. pl› subje(c)tivismo m; bras subjetividade f
subli'mieren [zubliˈmiːrən] sublimar
Subskripti'on [zʊpskrɪptsiˈoːn] F subscrição f, assinatura f
substanti'ell → substanziell
Substan'tiv [ˈzʊpstantiːf] N ‹-s; -e› substantivo m **substan'tivisch** [ˈzʊpstantiːvɪʃ] substantivo
Sub'stanz [zʊpˈstants] F substância f
substanzi'ell [zʊpstantsiˈɛl] substancial; substancioso
subtra'hieren [zuptraˈhiːrən] ‹-› subtrair **Subtrakti'on** [zuptraktsiˈoːn] F subtra(c)ção f
Subunternehmer(in) subempresário m, -a f
Subventi'on [zʊpvɛntsiˈoːn] F subvenção f **subventio'nieren** [zʊpvɛntsioˈniːrən] ‹-› subvencionar
'Suche [ˈzuːxə] F busca f, procura f; IT pesquisa f; BERGB prospe(c)ção f; **auf der ~ nach** à procura de, em busca de, à cata de; **suchen** procurar; **~ zu** inf a. tratar de; **gesucht** adj raro; fig afe(c)tado; rebuscado; Ware **gesucht werden** precisar-se (de) **Sucher** M FOTO visor m; BERGB prospe(c)tor m **'Suchgerät** N BERGB aparelho m de prospe(c)ção **Suchmaschine** F IT motor m de pesquisa (od busca)
Sucht [zʊxt] F ‹-; ⸚e› vício m; mania f (**nach** de) **'süchtig** [ˈzʏçtɪç] **~ sein nach** ter o vício de; bras ser viciado em **'Suchtkranke(r)** M/F(M) tóxicodependente m/f **'Suchtmittel** N droga f
Süd'afrika [zyːtˈʔafrika] N África f do Sul **Südafrikaner(in)** [ˈzyːtʔafrikaːnər(ɪn)] M/F sul-africano m, -a f **'südafrikanisch** sul-africano **Süda'merika** N América f do Sul **Südamerikaner(in)** M/F sul-americano m, -a f **'südamerikanisch** sul-americano
Su'dan [zuˈdaːn] M Sudão m **sudanesisch** sudanês
'süddeutsch da Alemanha do Sul, da Alemanha meridional **'Süddeutschland** N Alemanha f do Sul
Sude'lei [zuːdəˈlaɪ] F umg porcaria f, coisa f mal feita

'Süden [ˈzyːdən] M ‹-s; o. pl› sul m; **im ~ von** a sul de
'Südfrucht F fruta f meridional (od tropical) **'südländisch** [ˈzyːtlɛndɪʃ] meridional **'südlich** A ADJ meridional, do sul; ASTRON Zone austral; **~e Breite** f latitude f sul B ADV ao sul (**von** de) **Süd'ost(en)** M ‹-(e)s; o. pl› sudeste m **süd'östlich** ADJ do sudeste; ADV ao sudeste (**von** de) **'Südpol** M ‹-s; o. pl› pólo m sul **Süd'west(en)** M ‹-(e)s; o. pl› sudoeste m **süd'westlich** ADJ de sudoeste; ADV ao sudoeste (**von** de) **'Südwind** M vento m sul
Suff [zʊf] M ‹-(e)s; o. pl› umg bebedeira f; **im ~** borracho; bras bêbado **'süffig** [ˈzʏfɪç] Wein **~ sein** ter bom paladar
'Suffix [ˈzʊfɪks] N ‹-es; -e› sufixo m
sugge'rieren [zʊgeˈriːrən] ‹-› sugerir **Suggesti'on** [zʊgɛstiˈoːn] F sugestão f
'Sühne [ˈzyːnə] F expiação f; JUR a. desagravo m; REL a. penitência f **'sühnen** expiar; desagravar
Suite [sviːt(ə)] F ‹-; -n› suíte f
Sul'fat [zʊlˈfaːt] N ‹-(e)s; -e› sulfato m
Sultan [ˈzʊlta:n] M ‹-s; -e› sultão m
'Sülze [ˈzʏltsə] F geleia f de carne; bras gelatina f natural
sum'marisch [zuˈmaːrɪʃ] sumário
'Summe [ˈzʊmə] F soma f; (Anzahl) número m; (Betrag) quantia f; (Gesamtbetrag) a. total m
'summen A V/I Insekten zumbir B V/T Melodie sussurrar, cantarolar **'Summen** N zumbido m; sussurro m **'Summer** M ELEK oscilador m
sum'mieren [zuˈmiːrən] ‹-› somar
Sumpf [zʊmpf] M ‹-(e)s; ⸚e› pântano m; paúl m; abafeira f; bras brejo m **'Sumpfdotterblume** F BOT malmequer-dos-brejos m **'Sumpffieber** N MED malária f, sezões fpl, paludismo m **'sumpfig** pantanoso **'Sumpfpflanze** F planta f palustre (bras do brejo) **'Sumpfvogel** M ave f palustre (bras do brejo)
'Sünde [ˈzʏndə] F pecado m **Sündenbock** M bode m expiatório (od emissário) **Sündenfall** M ‹-(e)s; o. pl› pecado m original (od de Adão) **Sünder(in)** M/F pecador(a) m/f **sünd'haft, sündig** pecaminoso, vicioso, pecador **sündigen** [ˈzʏndɪɡən] pecar (**an** dat contra)

'super ['zuːpɐr] umg porreiro, fixe; bras legal 'Super N̄, 'Superbenzin N̄ gasolina f super 'Supermarkt M̄ supermercado m

'Suppe ['zʊpə] F̄ sopa f; caldo m; j-m die ~ versalzen fig umg estragar os planos de alg

'Suppenfleisch N̄ ⟨-(e)s; o. pl⟩ cozido m; roh: carne f para cozer (bras para ensopado) Suppengrün N̄ ⟨-s; o. pl⟩ verdura f Suppenhuhn N̄ galinha f para cozer Suppenkelle F̄ concha f Suppenlöffel M̄ colher f de sopa Suppenschüssel F̄ terrina f; bras ensopadeira f, sopeira f Suppenteller M̄ prato m de sopa

'Surfbrett ['søːrfbrɛt] N̄ prancha f de surf surfen praticar surf; IT navegar na rede Surfer(in) M(F) praticante m/f de surf, surfista m/f

'surren ['zʊrən] vibrar, zunir, zumbir Surro'gat [zʊroˈɡaːt] N̄ ⟨-(e)s; -e⟩ sucedâneo m, substituto m

suspen'dieren [zʊspɛnˈdiːrən] ⟨-⟩ suspender (vom Amt das suas funções)

süß [zyːs] doce; açucarado; Wein abafado; bras doce; fig suave; (reizend) encantador 'Süße F̄ ⟨o. pl⟩ doçura f 'süßen ⟨-t⟩ adoçar; açucarar, deitar açúcar em 'Süßholz N̄ ⟨-es; o. pl⟩ ~ raspeln fig umg galantear, fazer a corte 'Süßigkeit F̄ doçura f; ~en pl doces mpl 'Süßkartoffel F̄ BOT batata f doce 'süßlich adocicado; fig a. sentimental 'süßsauer agridoce 'Süßspeise F̄ GASTR doce m 'Süßstoff M̄ sacarina f; bras adoçante m (artificial) 'Süßwasser N̄ água f doce

SV'P [ɛsfaʊˈpeː] F̄ ABK ⟨-⟩ (Schweizerische Volkspartei) schweiz Partei: União f Democrática do Centro

'Sweatshirt ['swɛtʃøːt] N̄ ⟨-s; -s⟩ sweat-shirt m

'Swimmingpool ['svɪmɪŋpuːl] M̄ ⟨-s; -s⟩ piscina f

Sym'bol [zʏmˈboːl] N̄ ⟨-s; -e⟩ símbolo m; emblema m symbolisch simbólico symboli'sieren [zʏmboliˈziːrən] ⟨-⟩ simbolizar

Symme'trie [zʏmeˈtriː] F̄ simetria f sym'metrisch [zʏˈmeːtrɪʃ] simétrico Sympa'thie [zʏmpaˈtiː] F̄ simpatia f Sympathi'sant(in) [zʏmpatiˈzant(ɪn)] M(F) ⟨-en⟩ simpatizante m/f sym'pathisch [zʏmˈpaːtɪʃ] simpático sympathi'sieren [zʏmpatiˈziːrən] ⟨-⟩ simpatizar Sympho'nie etc → Sinfonie etc

Sym'posium [zʏmˈpoːzium] N̄ ⟨-s; -sien⟩ simpósio m

Symp'tom [zʏmpˈtoːm] N̄ ⟨-s; -e⟩ sintoma m sympto'matisch [zʏmptoˈmaːtɪʃ] sintomático

Syna'goge [zynaˈɡoːɡə] F̄ sinagoga f

syn'chron [zʏnˈkroːn] sincrónico (bras *ô) Synchrongetriebe N̄ AUTO caixa f de velocidades sincronizada; bras câmbio m automático Synchronisa'tion F̄ sincronização f; FILM dobragem; bras dublagem f synchroni'sieren [zʏnkroniˈziːrən] ⟨-⟩ sincronizar; FILM dobrar Synchronsprecher(in) M(F) a(c)tor m, a(c)triz f de dobragem (bras dublagem)

Syndi'kat [zʏndiˈkaːt] N̄ ⟨-(e)s; -e⟩ sindicato m

'Syndikus ['zʏndikus] M̄ ⟨-; Syndiken od Syndizi⟩ síndico m

Syn'drom [zʏnˈdroːm] N̄ ⟨-s; -e⟩ MED síndroma m; síndrome m; transtorno m

Syner'gie [zynɛrˈɡiː] F̄ ⟨-; -n⟩ sinergia f Synergieeffekt M̄ ⟨-s; -e⟩ efeito m sinérgico

'Syn'kope [zʏnˈkoːpə] F̄ MUS síncope f

Sy'node [zyˈnoːdə] F̄ REL sínodo m

syno'nym [zynoˈnyːm] sinónimo (bras *ô)

syn'taktisch sintá(c)tico 'Syntax ['zʏntaks] F̄ ⟨o. pl⟩ sintaxe f

Syn'these [zʏnˈteːzə] F̄ síntese f 'Synthesizer ['zʏntəsaɪzɐ] M̄ ⟨-s; -⟩ MUS sintetizador m syn'thetisch [zʏnˈteːtɪʃ] sintético

Sy'philis ['zyːfilɪs] F̄ ⟨o. pl⟩ sífilis f

Syrer(in) ['zyːrɐr(ɪn)] M(F) sírio m, -a f 'Syrien N̄ Síria f 'syrisch sírio, da Síria

Sys'tem [zʏsˈteːm] N̄ ⟨-s; -e⟩ sistema m syste'matisch [zʏsteˈmaːtɪʃ] sistemático

'Szene ['stseːnə] F̄ cena f; (Streit) a. disputa f; escândalo m; fig künstlerische: mundo m artístico; in ~ setzen pôr em cena; THEAT a. levar ao palco; j-m e-e ~ machen umg fig fazer uma cena a alg Szenenwechsel M̄ mudança f de cena Szene'rie [stsenaˈriː] F̄ cenário m szenisch cénico (bras *ê)

T

T, t [te:] N ⟨-; -⟩ T, t m
'Tabak ['ta:bak] M ⟨-s; -e⟩ tabaco m; bras fumo m **Tabak(an)bau** M ⟨-(e)s; o. pl⟩ cultura f de tabaco **Tabakhändler** M estanqueiro m; bras comerciante m de tabacos **Tabakladen** M tabacaria f; estanco m; bras charutaria f **Tabakspfeife** F cachimbo m **Tabaksteuer** F imposto m sobre o tabaco
tabel'larisch [tabɛ'la:rɪʃ] tabelar; em forma de tabela, sinóptico **Tabelle** [ta-'bɛlə] F tabela f, lista f; quadro m sinóptico **Tabellen(kalkulations)programm** N IT folha f de cálculo
Ta'blett [ta'blɛt] N ⟨-(e)s; -e⟩ bandeja f, tabuleiro m
Ta'blette [ta'blɛtə] F comprimido m; *zum Lutschen*: pastilha f
ta'bu [ta'bu:] ADJ tabu **Ta'bu** N ⟨-s; -s⟩ tabu m
Tabu'lator [tabu'la:tor] M ⟨-s; -en [-'to:rən]⟩ tabulador m
Tacho'meter [taxo'me:tər] M/N taquímetro m; bras tacômetro m
'Tadel [ta:dəl] M ⟨-s; -⟩ repreensão f; *scharfer*: descompostura f **tadellos** irrepreensível, perfeito, sem defeito; *(ausgezeichnet)* impecável **tadeln** ⟨-le-⟩ censurar, criticar; *j-n a.* repreender; **hart ~** increpar, repreender severamente **tadelnswert** repreensível, de censurar
'Tafel ['ta:fəl] F ⟨-; -n⟩ **1** *(Holztafel)* tábua f; *(Metalltafel)* placa f; *(Schalttafel)* painel m; *(Schild)* letreiro m; *bras a.* tabuleta f; *(Wandtafel)* quadro m **2** *(Tisch)* mesa f **3** *(Tabelle)* tabela f; TYPO *(Bild)* lâmina f **4** *Schokolade*: barra f, tablette f **'Tafelbesteck** N faqueiro m **'Tafelgeschirr** N baixela f, louça f **'tafeln** ⟨-le-⟩ jantar, estar à mesa; banquetear
'täfeln ['tɛ:fəln] ⟨-le-⟩ forrar de madeira lavrada, assoalhar
'Tafelobst N ⟨-(e)s; o. pl⟩ fruta f de mesa **Tafelservice** N serviço m de mesa, baixela f
'Täfelung ['tɛ:fəlʊŋ] F lambrim m; *bras* lambris m; *Wand a.* revestimento m de madeira; *Decke, Tür a.* paneis mpl; apainelamento m; *Fußboden*: soalho m embutido
'Tafelwein M vinho m de mesa
Taft [taft] M ⟨-(e)s; -e⟩ tafetá m
Tag[1] [ta:k] M ⟨-(e)s; -e⟩ **1** dia m; **guten ~!** *vormittags*: bom dia!; *nachmittags*: boa tarde!; **~ werden** amanhecer; **~ für ~** dia por dia; **am ~(e), bei ~(e)** de dia; **am hellichten ~(e)** em pleno dia; **am ~ danach** no dia seguinte; **am ~e vor** *(dat)* na véspera de; **an den ~ bringen** revelar, descobrir, trazer a lume; **an den ~ kommen** revelar-se, descobrir-se; **an den ~ legen** manifestar; **in den ~ hinein leben** viver ao Deus dará; **in drei ~en** daqui a *(od* hoje a *od* dentro de) três dias; **vor ~e ~en** faz quatro dias; **zu ~e →** zutage **2** *allg Zeitangaben*: **dieser ~e** um dia destes; **e-s (schönen) ~es** qualquer dia, *Vergangenheit*: um dia; **e-n ~ um den anderen** dia sim, dia não **3** BERGB **über ~e** à superfície da terra; **unter ~e** debaixo da terra, subterrâneo **4** *(Tagung)* congresso m; jornada f **5** REL **der Jüngste ~** o Dia do Juízo **6** BIOL *(Periode)* **sie hat ihre ~e** *umg* está com o período; *bras* está de chico
Tag[2] [tɛk] M IT tag m
'Tag... IN ZSSGN t/t diurno
tag'aus [ta:k'ʔaus] ADV **~, tagein** dia após dia
'Tagebau ['ta:gəbau] M ⟨-s; -e⟩ BERGB extra(c)ção f à superfície **Tagebuch** N diário m **Tagedieb** M mandrião m **Tagegeld** N ajuda f de custos; diária f **tagelang** ADV por dias inteiros, dias a fio **Tagelohn** M diária f; jornal f **Tagelöhner** ['ta:gəløːnər] M jornaleiro m; *bras* diarista m
'tagen A V/I *(beraten)* estar reunido em conselho *(od* em congresso); (estar a) deliberar B *geh* V/UNPERS *(Tag werden)* amanhecer
'Tagesanbruch M ⟨-(e)s; o. pl⟩ romper m do dia; alvorada f, madrugada f; **bei ~** ao romper do dia **Tagesdecke** F colcha f **Tagesgericht** N prato m do dia **Tagesgespräch** N assunto m de todas as conversas; **~ sein** ser notório **Tageskarte** F bilhete m diário; *Restaurant*: ementa f *(bras* cardápio *m)* do dia

Tageskasse F THEAT bilheteira f (aberta de dia) **Tageskurs** M FIN câmbio m do dia **Tagesleistung** F (produção f) diária f; rendimento m por dia **Tageslicht** N ⟨-(e)s; o. pl⟩ luz f do dia m **Tagesmutter** F ⟨-; ¨⟩ ama f (bras tia f) de dia **Tagesnachrichten** FPL notícias fpl do dia; noticiário msg **Tagesordnung** F ordem f do dia; **an der ~** na ordem do dia **Tagespresse** F ⟨o. pl⟩ imprensa f diária **Tagesschau** F ⟨o. pl⟩ TV telejornal m **Tageszeit** F hora f do dia **Tageszeitung** F (jornal m) diário m

'**tageweise** ADV por dia(s) '**Tagewerk** N ⟨-(e)s; o. pl⟩ geh trabalho m diário '**Tagfalter** M borboleta f diurna '**taggen** ['tɛgən] V/T IT formatear **tag'hell** ADJ **~ sein** (od estar) pleno dia; ADV **~ erleuchten** acender todas as luzes

'**täglich** ['tɛːklɪç] A ADJ diário; (alltäglich) quotidiano, cotidiano; B ADV a. todos os dias; **zweimal ~** duas vezes ao dia **tags** [taːks] ADV de dia, durante o dia; **~ darauf** no dia seguinte; **~ zuvor** na véspera '**tagsüber** ADV de dia, durante o dia **tag'täglich** dia por dia, todos os dias; bras dia a dia '**bringen** desconcertar (a. fig) **Tagund'nachtgleiche** [taːk?ʊnt'naxtɡlaɪçə] F equinócio m

'**Tagung** ['taːɡʊŋ] F congresso m; colóquio m; reunião f **Tagungsort** M local m do congresso **Tagungsteilnehmer(in)** M(F) congressista m/f **Tai'fun** [taɪˈfuːn] M ⟨-(e)s; -e⟩ tufão m **Taille** ['taljə] F Körper: cintura f; Kleidung: corpinho m; cinta f **tail'liert** [talˈjiːrt] cintado

Take'lage [takəˈlaːʒə] F cordame m (e) talha f '**takeln** ['taːkəln] ⟨-le⟩ aparelhar **Takt** [takt] M ⟨-(e)s; -e⟩ ❶ MUS compasso m; (Rhythmus) cadência f; Motor: tempo m; **im ~** ao compasso; **im 3/4-~** a três tempos; **den ~ angeben/halten/schlagen** marcar/observar/bater o passo; **aus dem ~ kommen** ir fora do compasso; **aus dem ~ bringen** desconcertar (a. fig) ❷ fig (Taktgefühl) ta(c)to m, delicadeza f '**Taktgefühl** N ⟨-(e)s; o. pl⟩ ta(c)to m, delicadeza f

'**Taktik** ['taktɪk] F tá(c)tica f '**Taktiker(in)** M(F) tá(c)tico m, -a f '**taktisch**

tá(c)tico

'**taktlos** indiscreto, grosseiro, pouco delicado '**Taktlosigkeit** ['taktloːzɪçkaɪt] F falta f de ta(c)to, indiscrição f '**Taktstock** M batuta f '**Taktstrich** M traço m de compasso '**taktvoll** discreto, delicado

Tal [taːl] N ⟨-(e)s; ¨er⟩ vale m **Ta'lar** [taˈlaːr] M ⟨-s; -e⟩ hábito m talar; JUR toga f

Ta'lent [taˈlɛnt] N ⟨-(e)s; -e⟩ talento m, jeito m **talen'tiert** [talɛnˈtiːrt] talentoso, com muito jeito

'**Talfahrt** F BAHN descida f (a. fig); SCHIFF passagem f (od transporte m) rio abaixo

Talg [talk] M ⟨-(e)s; -e⟩ sebo m '**Talgabsonderung** F secreção f de sebo, krankhaft: seborreia f (bras *é) '**Talgdrüse** F glândula f sebácea '**talgig** ['talgɪç] seboso, sebento

Talisman ['taːlɪsman] M ⟨-s; -e⟩ talismã m, amuleto m

Talk [talk] M ⟨-(e)s; o. pl⟩ GEOL talco m '**Talkessel** M GEOG vale m rodeado por montanhas

'**Talkshow** ['tɔːkʃoː] F talk-show f **Talmi** ['talmi] N ⟨-s; o. pl⟩, **Talmigold** N ⟨-(e)s; o. pl⟩ pechisbeque m '**Talmulde** F, **Talsohle** F fundo m do vale **Talsperre** F represa f, barragem f **Tambu'rin** [tambuˈriːn] N ⟨-s; -e⟩ pandeiro m, pandeireta f

Tam'pon ['tampɔn, tãˈpõː, tamˈpoːn] M ⟨-s; -s⟩ MED tampão m **tampo'nieren** [tampoˈniːran] ⟨-⟩ MED tapar, pensar

Tand [tant] M ⟨-(e)s; o. pl⟩ geh futilidades fpl

'**Tandem** ['tandɛm] N ⟨-s; -s⟩ tandem m **Tang** [taŋ] M ⟨-(e)s; -e⟩ BIOL sargaço m, algas fpl

'**Tanga** ['taŋɡa] M ⟨-s; -s⟩ tanga f **Tan'gente** [taŋˈɡɛnta] F tangente f '**Tango** ['taŋɡo] M ⟨-s; -s⟩ MUS tango m **Tank** [taŋk] M ⟨-(e)s; -s⟩ depósito m, tanque m, carro m blindado '**tanken** meter (od abastecer-se de) gasolina; bras botar gasolina '**Tanker** M, '**Tankschiff** N navio-tanque m, petroleiro m '**Tankstelle** F posto m de gasolina (od de abastecimento); bras estação f de serviço '**Tankverschluss** M AUTO tampão m de gasolina '**Tankwagen**

TANK | 1172

M̄ AUTO camião-cisterna m 'Tankwart M̄ ‹-(e)s, -s› empregado m de posto de gasolina
'Tanne ['tanə] F̄, 'Tannenbaum M̄ abeto m; (Weihnachtsbaum) árvore f de Natal 'Tannenholz N̄ abeto m 'Tannennadel F̄ agulha f de abeto, caruma f 'Tannenzapfen M̄ pinha f
'Tante ['tantə] F̄ **1** tia f **2** pej (Frau) gaja f, fulana f
Tanti'eme [tanti'e:mə] F̄ participação f nos lucros; THEAT direitos mpl de autor
Tanz [tants] M̄ ‹-es, ⸚e› dança f; baile m; (Ballett) bailado m, 'tänzeln ['tɛntsəln] ‹-le; h. u. s.› dançar; saracotear-se 'tanzen ['tantsən] ‹-t; h. u. s.› dançar; bailar; bras baiar 'Tänzer(in) M(F) dançarino m, -a f; (Berufstänzer) bailarino m, -a f
'Tanzfläche F̄ pista f de dança Tanzlehrer M̄ mestre m (od professor m) de dança Tanzlokal N̄ salão m de baile; boate f Tanzmusik F̄ ‹o. pl› música f de dança Tanzschule F̄ escola f de dança Tanzstunde F̄ lição f de dança
Ta'pete [ta'pe:tə] F̄ papel m de parede; gewirkte: tapeçaria f Tapetenwechsel M̄ umg fig mudança f (de ambiente)
tape'zieren [tape'tsi:rən] ‹-› forrar a (parede com) papel; revestir de papel Tapezierer M̄ estofador m, forrador m
'tapfer ['tapfər] valente, corajoso Tapferkeit F̄ ‹o. pl› valentia f, coragem f
'tappen ['tapən] ‹h. u. s.› apalpar, tatear; im Dunkeln ~ fig andar às apalpadelas
Tara ['ta:ra] F̄ ‹-; Taren› HANDEL tara f
Ta'rantel [ta'rantəl] F̄ ‹-; -n› ZOOL tarântula f; wie von der ~ gestochen fig como o picado pela tarântula
Ta'rif [ta'ri:f] M̄ ‹-s; -e› tarifa f, tabela f, pauta f; nach ~ bezahlen pela tabela Tarifautonomie F̄ ‹o. pl› autonomia f tarifária Tarifkonflikt M̄ conflito m cole(c)tivo de trabalho tariflich tarifário Tariflohn M̄ salário m tarifário Tarifpartner M̄ WIRTSCH parte f negociante de um contrato cole(c)tivo Tarifverhandlungen FPL negociações fpl cole(c)tivos Tarifvertrag M̄ contrato m cole(c)tivo de trabalho

'tarnen ['tarnən] disfarçar, dissimular; MIL a. camuflar Tarnkappe F̄ carapuça f mágica Tarnung F̄ disfarce m; MIL a. camuflagem f
'Tasche ['taʃə] F̄ bolso m, algibeira f; (Beutel, Geldtasche) bolsa f; (Hand-, Reisetasche) malinha f; bras sacola f; **in die ~ stecken** meter no bolso etc; fig **j-m auf die ~ liegen** umg viver à custa de alg; fig **j-n in die ~ stecken** umg ser superior a alg; **etw in der ~ haben** fig ter a/c assegurada
'Taschenbuch N̄ livro m de bolso Taschendieb M̄ carteirista m Taschengeld N̄ semanada f; mesada f; dinheiro m para despesas miúdas Taschenkalender M̄ agenda f Taschenkrebs M̄ caranguejo m Taschenlampe F̄ lâmpada f de mão Taschenmesser N̄ navalha f, canivete m Taschenrechner M̄ calculadora f de bolso; bras a. minicalculadora f Taschentuch N̄ lenço m (de bolso) Taschenuhr F̄ relógio m de bolso Taschenwörterbuch N̄ dicionário m de bolso
'Tasse ['tasə] F̄ chávena f; bes bras xícara f; **nicht alle ~n im Schrank haben** umg não regular bem
Tasta'tur F̄ teclado m (a. IT)
'Taste F̄ tecla f tasten ‹-e-› apalpar, tocar Tastenkombination F̄ combinação f de teclas Tastentelefon N̄ telefone m de teclado (od de teclas) Tastsinn M̄ ‹-(e)s; o. pl› ta(c)to m
Tat [ta:t] F̄ feito m; (Handlung) a(c)ção f, a(c)to m; (Heldentat) a. façanha f, proeza f; (Verbrechen) crime m, delito m; **auf frischer ~ ertappen** apanhar em flagrante; **in der ~ de** fa(c)to, com efeito; realmente; **in die ~ umsetzen** realizar, levar a cabo
'Tatbestand M̄ (conjunto m dos) fa(c)tos mpl; JUR a. tipo m legal; **den ~ aufnehmen** registar os fa(c)tos; JUR proceder à instrução judiciária 'Tatendrang M̄ ‹-(e)s; o. pl›, 'Tatendurst M̄ ‹-(e)s; o. pl› (espírito m de) iniciativa f 'tatenlos ina(c)tivo, passivo
'Täter(in) ['tɛ:tər(in)] M(F) autor(a) m(f); JUR agente m/f do crime; criminoso m, -a f, réu m, ré f Täterschaft F̄ ‹o. pl› autoria f

tätig ['tɛːtɪç] a(c)tivo; *etw a.* efe(c)tivo; *Vulkan em* a(c)tividade; **~ sein als** exercer (*od* desempenhar) as funções de, fazer de **tätigen** ['tɛːtɪɡən] fazer, efe(c)tuar **Tätigkeit** F̲ a(c)tividade *f*; a(c)ção *f*; (*Verrichtung*) a(c)tuação *f*; MED funções *fpl*

'**Tätigkeitsbereich** M̲ âmbito *m* (*od* esfera *f od* campo *m*) de a(c)tividade (*od* de a(c)ção) **Tätigkeitsbericht** M̲ relatório *m* de (*od* das) a(c)tividades

'**Tatkraft** F̲ ⟨*o. pl*⟩ energia *f*, a(c)tividade *f* **tatkräftig** enérgico, a(c)tivo

'**tätlich** ['tɛːtlɪç] **~ werden** vir às mãos; passar a vias de fa(c)to **Tätlichkeit** F̲ a(c)to *m* de violência; **~en** *pl* vias *fpl* de fa(c)to

'**Tatort** M̲ ⟨-(e)s; -e⟩ local *m*; *e-s Verbrechens*: teatro *m* **Tatortbesichtigung** F̲ exame *m* ao local

täto'wieren [tɛto'viːrən] ⟨-⟩ tatuar **Tätowierung** F̲ tatuagem *f* permanente

'**Tatsache** F̲ fa(c)to *m*; **j-n vor vollendete ~n stellen** apresentar os fa(c)tos consumados a alg **'Tatsachenbericht** M̲ relato *m* verídico **tat'sächlich** ADJ real, positivo, efe(c)tivo; ADV a. de fa(c)to, com efeito

'**tätscheln** ['tɛtʃəln] V̲/T̲ ⟨-le⟩ fazer festas a; acariciar

'**tatterig** ['tatərɪç] *umg* tremeluzente

Tat'too [ta'tuː] N̲ ⟨-s; -s⟩ tatuagem *f* não-permanente

'**Tatze** ['tatsə] F̲ pata *f*, garra *f*

Tau[1] [taʊ] N̲ ⟨-(e)s; -e⟩ (*Seil*) corda *f*; cabo *m*; SCHIFF *a.* amarra *f*

'**Tau**[2] M̲ ⟨-(e)s; *o. pl*⟩ (*Morgentau*) orvalho *m*

taub [taʊp] *Person* surdo; *etw* oco, vazio; *Gestein* estéril; MED *u. fig* insensível; **~ machen, ~ werden** ensurdecer; **sich ~ stellen** fazer ouvidos de mercador

'**Taube** ['taʊbə] F̲ pomba *f*, pombo *m*

'**Taube(r)** ['taʊbə(r)] M̲/F̲/N̲ surdo, -a *f*

'**Täuberich** ['tɔʏbərɪç] M̲ ⟨-s; -e⟩ pombo *m*

'**Taubheit** F̲ ⟨*o. pl*⟩ surdez *f* **Taubnessel** F̲ ortiga *f* morta **taubstumm** ADJ surdo-mudo **Taubstumme(r)** M̲/F̲/N̲ surdo-mudo *m*, surda-muda *f*

'**tauchen** ['taʊxən] V̲/I̲ ⟨h. *u. s.*⟩ mergulhar, v̲/t̲ *a.* embeber, molhar; *U-Boot* submergir **Taucher** M̲ mergulhador *m*; homem-rã *m* **Taucheranzug** M̲ fato *m* (*bras* roupa *f*) de mergulhador, escafandro *m* **Taucherausrüstung** F̲ equipamento *m* de mergulho **Taucherbrille** F̲, **Tauchermaske** F̲ máscara *f* de mergulhar **tauchfähig** submersível **Tauchsieder** ['taʊxziːdər] M̲ aquecedor *m* de imersão

'**tauen** ['taʊən] V̲/UNPERS ⟨h. *u. s.*⟩ descongelar; degelar; *Schnee* derreter-se; **es taut** ⟨h.⟩ degela

'**Taufbecken** ['taʊfbɛkən] N̲ pia *f* ba(p)tismal '**Taufe** F̲ ba(p)tismo *m* '**taufen** ba(p)tizar '**Täufling** ['tɔʏflɪŋ] M̲ ⟨-s; -e⟩ ba(p)tizando *m*, -a *f*; neófito *m*, -a *f*; afilhado *m*, -a *f* '**Taufname** nome *m* de ba(p)tismo '**Taufpate** M̲ ⟨-n⟩ padrinho *m* '**Taufpatin** F̲ madrinha *f* '**Taufschein** M̲ certidão *f* de ba(p)tismo

'**taugen** ['taʊɡən] prestar, valer, servir (**für, zu** para) '**Taugenichts** M̲ ⟨-es; -e⟩ maroto *m* '**tauglich** útil; (*befähigt*) apto; *etw* próprio, bom (**zu** para)

'**Taumel** ['taʊməl] M̲ ⟨-s; *o. pl*⟩ cambaleio *m*, vertigem *f*; *fig* delírio *m* '**taumeln** ⟨-le; h. *u. s.*⟩ cambalear; vacilar

Tausch [taʊʃ] M̲ ⟨-(e)s; -e⟩ troca *f*; câmbio *m*; (*Austausch*) permuta *f*; MATH permutação *f*; → Tauschgeschäft '**tauschen** trocar; HANDEL cambiar; (*austauschen*) permutar

'**täuschen** ['tɔʏʃən] enganar, iludir; (*betrügen*) burlar; lograr; (*hintergehen*) abusar de; *j-s Hoffnung* frustrar; **sich ~** enganar-se **täuschend** ADJ ilusório; ADV muito; *bras* demais; **sich ~ ähnlich sehen** ser muito parecido; **~ echt aussehen** parecer mesmo verdadeiro

'**Tauschgeschäft** N̲, **Tauschhandel** M̲ ⟨-s; *o. pl*⟩ (negócio *m* de) câmbio *m*

'**Täuschung** ['tɔʏʃʊŋ] F̲ engano *m*; ilusão *f*; **optische ~** ilusão de ó[p]tica

'**tausend** ['taʊzənt] NUM mil '**Tausend** N̲ ⟨-s; -e⟩ *Zahl*: milhar *m*; **zu ~en** aos milhares **Tausender** ['taʊzəndər] M̲ mil *m*; (*Banknote*) nota *f* de mil **tausender'lei** [taʊzəndər'laɪ] ADJ ⟨*inv*⟩ mil(hares de) **tausendfach** milenário; ADV mil(hares de) vezes **Tausendfüß(l)er** ['taʊzəntfyːs(l)ər] M̲ centopeia *f* (*bras* *é) **tausendjährig** de mil anos, milenário

TAUS | 1174

tausendmal ADV mil vezes **Tausendschön** N ⟨-s; -e⟩ BOT margaridados-prados f, bonina f **tausendste** NUM milésimo m **Tausendstel** N milésimo m; milésima parte f

'Tautropfen M gota f de orvalho **Tauwetter** N ⟨tempo m de⟩ degelo m **Tauziehen** N SPORT luta f de tra(c)ção à corda; *bras* luta f de puxar a corda

Taxa'meter [taksa'me:tɐr] N *od* M taxímetro m

'Taxe ['taksə] F taxa f, tarifa f, tabela f; *umg* → Taxe

'Taxi [[ˈtaksi] N ⟨-s; -s⟩ táxi m

ta'xieren [ta'ksi:rən] ⟨-⟩ avaliar, estimar, taxar (**auf** *ak* em)

'Taxifahrer(in) M(F) condutor(a) m(f) ⟨*bras* motorista m/f⟩ de táxi, taxista m/f **Taxistand** M praça f ⟨*bras* ponto m⟩ de táxis

Teak [ti:k] N ⟨-s; *o. pl*⟩, **'Teakholz** N ⟨madeira f de⟩ teca f

Team [ti:m] N ⟨-s; -s⟩ equipa f; *bras* equipe f **'Teamarbeit** F, **'Teamwork** [ˈtiːmvœrk] N ⟨-s; *o. pl*⟩ trabalho m de equipa (*bras* de equipe)

'Technik [ˈtɛçnɪk] F ⟨*o. pl*⟩ técnica f; MUS *a.* execução f **Techniker** M técnico m **Technikum** N ⟨-s; -ka *od* -ken⟩ escola f técnica **'technisch** [ˈtɛçnɪʃ] técnico

'Techno [ˈtɛkno] N ⟨-s; -⟩ MUS tecno m **Technolo'gie** [tɛçnoloˈgiː] F tecnologia f **Technolo'gietransfer** N ⟨-s; *o. pl*⟩ transferência f de tecnologia **techno'logisch** [tɛçnoˈloːgɪʃ] tecnológico

Techtel'mechtel N ⟨-s; -⟩ *umg* namorico m

'Teddy [ˈtɛdi] M ⟨-s; -s⟩, **'Teddybär** M ursinho m de peluche ⟨*bras* pelúcia⟩

Tee [teː] M ⟨-s; -s; -⟩ chá m; MED infusão f, tisana f **'Teebeutel** M saquinho m de chá; *Kräutertee*: saquinho m para infusão **'Teekanne** F bule m **'Teekessel** M chaleira f **'Teelöffel** M colher f de chá

'Teenager [ˈtiːnɛɪdʒɐr] M adolescente m/f **Teenie** [ˈtiːni] N ⟨-s; -s⟩ jovem m/f adolescente

Teer [teːr] M ⟨-(e)s; -e⟩ alcatrão m, breu m; *bras* piche m **'teeren** alcatroar, brear **'Teerfarbe** F cor f de anilina

'Teerose F rosa-chá f **'Teesieb** N passador m ⟨*od* coador m⟩ de chá **'Teestrauch** M planta f de chá **'Teetas-**

se F chávena f ⟨de chá⟩ **'Teewagen** M carrinho m de chá

Tehe'ran [tehe'raːn] N GEOG Teerão (*o. art*)

Teich [taɪç] M ⟨-(e)s; -e⟩ tanque m, lagoa f; (*Fischteich*) viveiro m

Teig [taɪk] M ⟨-(e)s; -e⟩ massa f; pasta f **'teigig** [ˈtaɪɡɪç] pastoso **'Teigwaren** FPL massas fpl alimentícias

Teil [taɪl] **A** M N ⟨-(e)s; -e⟩ parte f; (*Anteil*) *a.* porção f, quota f, cota f; (*Bestandteil*) *a.* elemento m; **zum ~** em parte; **ein großer ~** (*gen*) grande parte (de) **B** N (*Einzelteil*) peça f; **ich für meinen ~** pelo que me toca **'teilbar** divisível; PHYS cindível **'Teilbarkeit** F ⟨*o. pl*⟩ divisibilidade f **'Teilbetrag** M parte f ⟨da quantia⟩ **'Teilchen** [ˈtaɪlçən] N partícula f **'teilen** dividir; (*aufteilen*) partir; (*verteilen*) repartir; *in Einzelteile*: partir; *mit j-m*: compartilhar; (*Meinung*) partilhar **'Teiler** MATH M divisor m **'Teilhaben** tomar parte, participar, compartilhar (**an** *dat* em) **'Teilhaber** [ˈtaɪlhaːbɐr] M sócio m; *stiller ~* sócio comanditário **'Teilkasko** F ⟨-; -s,⟩ **'Teilkaskoversicherung** F seguro m parcial do veículo **'Teilnahme** [ˈtaɪlnaːmə] F ⟨*o. pl*⟩ *~* (**an** *dat*) participação f (em); interesse m (por), simpatia f (por); (*Anwesenheit*) assistência f (a); (*Beileid*) condolência f, pêsames mpl **teilnahmslos** [ˈtaɪlnaːmsloːs] indiferente, impassível, sem interesse; MED apático **Teilnahmslosigkeit** [ˈtaɪlnaːmsloːzɪçkaɪt] F ⟨*o. pl*⟩ indiferença f, desinteresse m; MED apatia f

'teilnehmen V/I *~* **an** (*dat*) tomar parte em; (*mitwirken*) *a.* colaborar em; (*beiwohnen*) assistir a; *fig* interessar-se por **teilnehmend** participante; *fig* compassivo, amigo **Teilnehmer(in)** [ˈtaɪlneːmɐr(ɪn)] M(F) participante m/f (**an** *dat* em); TEL assinante m/f; (*Anwesender*) assistente m/f, ouvinte m/f; **die ~** *pl a.* a assistência, o público **…teilnehmer(in)** N ZSSGN *oft* … -ista m/f, z. B. **Kongress~** congressista m/f

teils ADV em parte; *~* …, *~*… já …, já …; meio …, meio … **'Teilstrecke** F zona f

'Teilung [ˈtaɪlʊŋ] F divisão f; PHYS, CHEM partição f; (*Aufteilung, Verteilung*) distribuição f; *Erbe*: partilha f **Tei-**

Telefon und telefonieren

Auch in Portugal benutzen die meisten Leute ein Handy (port. **telemóvel**, bras. **celular**) und immer weniger Personen haben ein Festnetztelefon (**telefone de rede fixa**). Die Telefonzelle (**cabine telefónica**) funktioniert mit Münzen (**moedas**) oder Karte (**cartão credifone**). Telefonkarten bekommt man auf dem Postamt sowie in jedem Kiosk oder Tabakladen.
Die Landesvorwahl von Portugal nach Deutschland lautet **0049**, von Deutschland nach Portugal **00351** und nach Brasilien **0055**.

Hallo?	Está?, *in Brasilien:* Alô?
Hallo, hier ist João.	Estou? Aqui fala o João.
Hallo, João, wie geht's?	Olá, João, como estás?
Danke, gut! Ist Isabel da?	Bem, obrigado! A Isabel está?
Ja, einen Moment bitte. Sie kommt gleich.	Sim, um momento por favor. Já vai.
Tschüs, bis bald!	Ciao, até breve!

---

lungsartikel M̄ GRAM artigo m partitivo
'**teilweise** ADJ parcial; ADV a. em parte
Teilzahlung F̄ prestação f; pagamento m em prestações; **auf ~, in ~en** a prestações **Teilzeit** F̄ (in) ~ **arbeiten** trabalhar em part-time **Teilzeitarbeit** F̄ trabalho m a tempo parcial **Teilzeitjob** M̄ emprego m em part-time
Teint [tɛ̃ː] M̄ <-s, -s> tez f
'**Tele** ['teːlə] N̄ <-(s), -(s)> ABK → Teleobjektiv 'Telefax ['teːləfaks] N̄ <-; *o. pl*> telefax m; IN ZSSGN *a.* → Fax...
'**Telefon** [te'lefoːn] N̄ <-s; -e> telefone m; **ans ~ gehen** atender o telefone; **am ~ sein** estar ao telefone
Tele'fonanbieter M̄ *Firma:* empresa f de telefonia **Telefonanruf** M̄ chamada f telefónica **Telefonanschluss** M̄ ligação f telefónica (bras *ô) **Telefonbuch** N̄ lista f telefónica (bras *ô) **Telefongesellschaft** F̄ companhia f de telefones **Telefongespräch** N̄ telefonema m, chamada f telefónica (bras *ô); *bras* telefonada f, ligada f
telefo'nieren [telefo'niːrən] <-> telefonar **tele'fonisch** [te'leˈfoːnɪʃ] ADJ telefónico (bras *ô); ADV por telefone
Tele'fonkarte F̄ cartão m credifone **Telefonleitung** F̄ linha f telefónica (bras *ô) **Telefonmarke** F̄ ficha f para telefonar **Telefonnetz** N̄ rede f telefónica (bras *ô) **Telefonnummer** F̄ número m de telefone **Telefonseelsorge** F̄ serviço m de assistência telefónica (bras *ô) a pessoas em dificuldades **Telefonzelle** F̄ cabine f telefónica (bras *ô) **Telefonzentrale** F̄ central f telefónica (bras *ô)
Telegra'fie [telegra'fiː] F̄ <*o. pl*> telegrafia f; **drahtlose ~** telegrafia f sem fios **telegra'fieren** [telegra'fiːrən] <-> telegrafar; *mander um telegrama* **tele'grafisch** [tele'grafɪʃ] telegráfico; ADV por telegrama **Tele'gramm** [tele'gram] N̄ <-s; -e> telegrama m
'**Telekommunikation** ['teːlekɔmunikatsioːn] F̄ <-; *o. pl*> telecomunicação f
'**Teleobjektiv** N̄ teleobje(c)tiva f
Telepa'thie [telepa'tiː] F̄ <*o. pl*> telepatia f
Tele'skop [tele'skoːp] N̄ <-s; -e> telescópio m **teleskopisch** telescópico
'**Telex** ['teːlɛks] N̄ <-; -(e)> telex m **tele'xen** telexar
'**Teller** ['tɛlər] M̄ prato m; **flacher/tiefer ~** prato m raso/fundo **Tellergericht** N̄ GASTR combinado m; *bras* prato m feito **Tellerwärmer** ['tɛlərvɛrmər] M̄ aquecedor m de pratos **Tellerwäscher** M̄ lavador m de pratos
Tel'lur [tɛ'luːr] N̄ <-s; *o. pl*> CHEM telúrio m **tellurisch** telúrico
'**Tempel** ['tɛmpəl] M̄ templo m

Tempera'ment [tɛmpara'mɛnt] N ⟨-(e)s; -e⟩ temperamento m, índole f, feitio m **temperamentlos** frio; sossegado **temperamentvoll** vivo, fogoso
Tempera'tur [tɛmpara'tuːr] F temperatura f **Temperaturregler** [tɛmpara'tuːrreːglər] M termóstato m; *bras* termostato m **Temperaturschwankung** F oscilação f de temperatura **Temperatursturz** M queda f de temperatura **tempe'rieren** [tɛmpa'riːrən] ⟨-⟩ temperar

'Tempo ['tɛmpo] N ⟨-s; -s *od* Tempi⟩ MUS andamento m; TECH velocidade f; **~ machen** dar pressa, apressar **Tempolimit** N ⟨-s; -s *u.* -e⟩ limite m de velocidade

'Tempotaschentuch® N *umg* lenço m de papel

Ten'denz [tɛn'dɛnts] F tendência f **tendenzi'ell** tendencialmente **tendenzi'ös** [tɛndɛntsi'øːs] *pej* tendencioso
'Tender ['tɛndər] M BAHN tênder m; SCHIFF aviso m

ten'dieren [tɛn'diːrən] ⟨-⟩ tender (**zu** para)

'Tennis ['tɛnis] N ⟨-; *o. pl*⟩ ténis m, *bras* tênis m **Tennisball** M bola f de ténis (*bras* *ê) **Tennisschläger** M raqueta f; *bras* raquete f **Tennisspieler(in)** M(F) tenista m/f; jogador(a) m(f) de ténis (*bras* *ê) **Tennisturnier** N campeonato m de ténis (*bras* *ê)

Te'nor¹ [te'noːr] M ⟨-s; ⸚e⟩ MUS tenor m
'Tenor² ['teːnɔr] M ⟨-s; *o. pl*⟩ (*Gehalt*) teor m

'Teppich ['tɛpɪç] M ⟨-s; -e⟩ tapete m; carpete m; **auf dem ~ bleiben** *fig* manter os pés bem assentes na terra **Teppichboden** M alcatifa f

Ter'min [tɛr'miːn] M ⟨-s; -e⟩ prazo m; termo m; data f; *Arzt:* hora f marcada; consulta f; JUR citação f; **e-n ~ haben** ter uma entrevista marcada; JUR ser chamado (a juízo); *beim Arzt:* ter uma consulta; **e-n ~ vereinbaren** marcar uma entrevista; *beim Arzt:* marcar uma consulta

'Terminal ['tøːrminəl] M/N ⟨-s; -s⟩ IT, FLUG terminal m

Termingeschäft N FIN operação f a prazo **Terminkalender** M agenda f **Terminmarkt** M FIN *Börse:* mercado m de futuros

Terminolo'gie [tɛrminolo'giː] F terminologia f

Terminplan M cronograma m **Terminvereinbarung** F marcação f de entrevista; *Arzt:* marcação f de consulta
Ter'mite [tɛr'miːtə] F ZOOL térmita f, térmite f, formiga f branca **Termitenhügel** M formigueiro m

Terpen'tin [tɛrpɛn'tiːn] N ⟨-s; -e⟩ terebintina f **Terpentinöl** N aguarrás f

Ter'rain [tɛ'rɛ̃ː] N ⟨-s; -s⟩ terreno m; campo m

Terra'kotta [tɛra'kɔta] F ⟨-; -tten⟩ terracota f

Ter'rasse [tɛ'rasə] F terraço m

Ter'rine [tɛ'riːnə] F terrina f, sopeira f, ensopadeira f; *bras a.* tigela f

territori'al [tɛritori'aːl] territorial **Territorium** [tɛri'toːrium] N ⟨-s; -ien⟩ território m

'Terror ['tɛrɔr] M ⟨-s; *o. pl*⟩ terror m; POL terrorismo m **terrori'sieren** [tɛrori'ziːrən] ⟨-⟩ terrorizar **Terro'rismus** M *inv* terrorismo m **Terro'rist(in)** M(F) ⟨-en⟩ terrorista m/f **terro'ristisch** terrorista

ter'tiär [tɛr'tsiɛːr] ADJ terciário **Ter'tiär** [tɛr'tsiɛːr] N ⟨-s; *o. pl*⟩ GEOL terciário m

Terz [tɛrts] F terça f; MUS *a.* terceira f; **große/kleine** terça f maior/menor **Ter'zett** [tɛr'tsɛt] N ⟨-(e)s; -e⟩ terceto m; MUS *a.* trio m

Tesafilm® M fita-cola f; *bras* durex® m
Test [tɛst] M ⟨-(e)s; -s⟩ teste m, prova f
Testa'ment [tɛsta'mɛnt] N ⟨-(e)s; -e⟩ testamento m; **sein ~ machen** fazer o seu testamento **testamen'tarisch** [tɛstamɛn'taːrɪʃ] testamentário **Testamentseröffnung** F abertura f do testamento **Testamentsvollstrecker(in)** M(F) testamenteiro m, -a f

Tes'tat [tɛs'taːt] N ⟨-(e)s; -e⟩ certificado m

Testbild N mira f **testen** ['tɛstən] ⟨-e-⟩ testar **Testpilot** M ⟨-en⟩ FLUG piloto m de ensaio (*bras* teste)

'Tetanus ['teːtanus] M ⟨-s; *o. pl*⟩ MED tétano m **Tetanusimpfung** F vacina f contra o tétano

'teuer ['tɔyər] caro; *im Betrieb, im Verbrauch:* gastar muito, não ser económico (*bras* *ô); **j-m** *od* **j-n ~ zu stehen kommen** custar caro a alg; **wie ~ ist …?** quanto

TIEF

custa ...? **Teuerung** F carestia f
Teuerungsrate F taxa f de infla(c)ção
'Teufel ['tɔyfəl] M diabo m; demônio m (bras *ô); **armer ~** pobre diabo; **zum ~!** que diabo!, com mil diabos!; **j-n zum ~ jagen** umg mandar alg ao diabo
'Teufelskerl M diabo m de homem; umg levado m da breca **Teufelskreis** M fig círculo m vicioso **'teuflisch** ['tɔyflɪʃ] diabólico, infernal
Text [tɛkst] M ⟨-(e)s; -e⟩ texto m; letra f, palavras fpl **Textbuch** N livro m de textos; MUS libreto m **Textdichter** M MUS libretista m **'texten** ⟨-e-⟩ bes Werbung: escrever textos publicitários **'Texter(in)** M(F) MUS compositor(a) m(f) de textos; Werbung: escritor(a) m(f) de textos publicitários
Tex'tilien [tɛks'tiːliən] PL produtos mpl têxteis, tecidos mpl **Textilindustrie** F indústria f têxtil **Textilwaren** FPL → Textilien
'Textverarbeitung F IT processamento m de texto(s)
TH [teː'haː] F ABK ⟨-; -s⟩ (Technische Hochschule) Instituto m Superior Técnico
The'ater [teˈaːtər] N teatro m; (Vorstellung) espe(c)táculo m; ~ **spielen** representar; fig simular; fingir **Theaterabonnement** N assinatura f **Theateraufführung** F representação f de uma peça de teatro **Theaterbesucher** M espe(c)tador m; ~ pl público msg **Theaterkarte** F bilhete m de teatro (od de entrada); bras entrada f para o teatro **Theaterkasse** F bilheteira f; bras bilheteria f **Theaterkritik** F crítica f teatral **Theaterprobe** F ensaio m **Theaterstück** N peça f dramática (od de teatro)
thea'tralisch [teaˈtraːlɪʃ] teatral; dramático; Person a. patético
'Theke [ˈteːkə] F umg balcão m
'Thema [ˈteːma] N ⟨-s; Themen⟩ assunto m; a. MUS tema m **Thematik** [teˈmaːtɪk] F temática f **thematisch** [teˈmaːtɪʃ] temático
'Themse [ˈtɛmzə] F GEOG Tamisa f
Theo'loge [teoˈloːɡə] M ⟨-n⟩ teólogo m **Theo'logie** [teoloˈɡiː] F teologia f **theo'logisch** teológico
Theo'retiker [teoˈreːtɪkər] M teórico m,

teorista m **theo'retisch** teórico, teorista **Theo'rie** [teoˈriː] F teoria f
Thera'peut(in) [teraˈpɔyt(ɪn)] M(F) ⟨-en⟩ terapeuta m/f **Thera'peutik** F ⟨o. pl⟩ terapêutica f **thera'peutisch** terapêutico **Thera'pie** [teraˈpiː] F terapia f, terapêutica f; **e-e ~ machen** fazer uma terapia
Ther'malbad [tɛrˈmaːlbaːt] N banho m termal **Thermalquelle** F águas fpl termais, caldas fpl **Thermalschwimmbad** N piscina f termal **'Thermen** FPL termas fpl; caldas fpl
'Thermody'namik [tɛrmodyˈnaːmɪk] F PHYS termodinâmica f **Thermo'meter** [tɛrmoˈmeːtər] N termómetro m (bras *ô) **'thermonuklear** ['tɛrmonukleːar] termonuclear **'Thermosflasche®** [ˈtɛrmɔsflaʃə] F, **'Thermoskanne®** [ˈtɛrmɔskanə] F garrafa-termo f; termo m; bras garrafa f térmica **Thermo'stat** [tɛrmɔsˈtaːt] M ⟨-en⟩ termostato m
'These [ˈteːzə] F tese f; dissertação f
'Thriller [ˈθrɪlər] M FILM filme m de suspense, thriller m; LIT thriller m
Throm'bose [trɔmˈboːzə] F MED trombose f
Thron [troːn] M ⟨-(e)s; -e⟩ trono m; **den ~ besteigen** subir ao trono **'Thronanwärter** M pretendente m (ao trono) **'Thronbesteigung** F subida f ao trono **'thronen** estar sentado no trono; (herrschen) dominar **'Thronfolge** F sucessão f (ao trono) **'Thronfolger(in)** M(F) príncipe m herdeiro, princesa f herdeira
'Thunfisch [ˈtuːnfɪʃ] M ⟨-(e)s; -e⟩ atum m
'Thüringen [ˈtyːrɪŋən] N GEOG Turíngia f
'Thymian [ˈtyːmiaːn] M ⟨-s; -e⟩ tomilho m, serpão m, timo m
Tick [tɪk] M ⟨-(e)s; -s⟩ **1** MED tique m **2** fig (Schrulle) mania f, telha f; fig **e-n ~ haben** umg ter pancada na mola; bras ser meio pancada **'ticken** fazer tique-taque; **nicht richtig ~** umg não regular bem
'Ticket N ⟨-s; -s⟩ bilhete m, passagem f
'Tide [ˈtiːdə] F SCHIFF maré f
tief [tiːf] **A** ADJ fundo; bes fig profundo; (niedrig), a. Ton baixo; Stimme profundo, grave; Schlaf pesado, profundo; Schnee espesso; Trauer pesado; **2 Meter ~ (sein)**

(ter) dois metros de profundidade (od nach hinten de fundo); **im tiefen Winter** em pleno Inverno **B** ADV **~ in etw** (dat) **stecken** estar metido em a/c; **~ blicken lassen** ser muito significativo, dar que pensar; **~er legen** baixar o nível de; **~ gehend** SCHIFF de grande calado; **~ greifend** radical

Tief N ⟨-(e)s; -s⟩ depressão f atmosférica, baixa f de pressão; *moralisch*: depressão f **'Tiefbau** M ⟨-(e)s; *o. pl*⟩ construção f subterrânea **'tiefblau** azul-escuro **'Tiefdruck** M ⟨-(e)s; *o. pl*⟩ TYPO ocogravura f **'Tiefdruckgebiet** N zona f de baixa pressão f **'Tiefdruckverfahren** N TYPO ocogravura f **'Tiefe** F ⟨-; -n⟩ profundidade f; profundeza f; (*Abgrund*) abismo m; (*Grund, Hintergrund*) fundo m **'Tiefebene** F planície f baixa **'Tiefenmesser** M batímetro m, batómetro m (*bras* *ô) **'Tiefenpsychologie** F ⟨*o. pl*⟩ psicologia f analítica **Tiefenschärfe** F FOTO profundidade f de campo

'Tiefflug M FLUG voo m (*bras* vôo m) rasante **Tiefgang** M ⟨-(e)s; *o. pl*⟩ SCHIFF calado m; *fig geistiger*: profundidade f **Tiefgarage** F garagem f subterrânea **tiefgekühlt** congelado **tiefgründig** ['tiːfgryndɪç] profundo **'Tiefkühlfach** N congelador m **Tiefkühlkost** F ⟨*o. pl*⟩ comida f congelada **Tiefkühltruhe** F arca f congeladora **'Tieflader** M AUTO zorra f **Tiefland** N ⟨-(e)s; -e *od* -er⟩ país m baixo; planície f baixa **Tiefpunkt** M ponto m mais baixo; *fig* crise f; desânimo m **Tiefschlag** M SPORT golpe m baixo **tiefschürfend** profundo, penetrante **Tiefsee** F ⟨*o. pl*⟩ oceano m **Tiefseeforschung** F investigação f oceanográfica **tiefsinnig** profundo **Tiefstand** M ⟨-(e)s; *o. pl*⟩ baixo nível m; *Barometer u.* WIRTSCH depressão f

Tiegel ['tiːgəl] M caçarola f; (*Schmelztiegel*) cadinho m

Tier [tiːɐ] N ⟨-(e)s; -e⟩ animal m; *vierbeiniges a.*: besta f; *wildes*: fera f, *kleines u. Insekt*: bicho m; *fig* (*brutaler Mensch*) bruto m; *fig* **hohes ~** *umg* pessoa f importante **'Tierarzt** M (médico m) veterinário m **'tierärztlich** veterinário **'Tierbändiger** M domador m (de feras) **'Tierfreund** M zoófilo m **'Tiergarten** M jardim m zoológico **'Tierheilkunde** F ⟨*o. pl*⟩ veterinária f **'tierisch** animal; *fig* bestial, brutal **'Tierkreiszeichen** N signo m zodiacal **'Tierkunde** F zoologia f **'tierlieb** que ama os animais **'Tiermedizin** F ⟨*o. pl*⟩ veterinária f **'Tierpark** jardim m zoológico **'Tierquälerei** F mau trato m dos animais **'Tierreich** N ⟨-(e)s; *o. pl*⟩ reino m animal **'Tierschutzverein** M Sociedade f de Prote(c)tora dos Animais **'Tierwelt** F ⟨*o. pl*⟩ fauna f; → Tierreich **'Tierzucht** F ⟨*o. pl*⟩ criação f

Tiger ['tiːgɐ] M tigre m **Tigerauge** N GEOL olho de tigre m **Tigerin** F tigra f **'Tilde** ['tɪldə] F til m

'tilgbar ['tɪlkbaːr] apagável; FIN *a.* amortizável, extinguível **tilgen** ['tɪlgən] exterminar, extinguir, anular; (*streichen*) *a.* riscar, apagar; FIN *Schuld* pagar, amortizar **Tilgung** ['tɪlɡʊŋ] F anulação f; FIN pagamento m, amortização f **Tilgungsrate** F montante m de amortização

Timing ['taɪmɪŋ] N ⟨-s; *o. pl*⟩ timing m **Tink'tur** [tɪŋk'tuːɐ] F tintura f **'Tinte** ['tɪntə] F tinta f; **in der ~ sitzen** *fig umg* ver-se em apuros **Tintenfass** N tinteiro m **Tintenfisch** M lula f, calamar m; choco m, sépia f **Tintenfleck** M, **Tintenklecks** M borrão m, nódoa f de tinta

Tip M → Tipp

Tipp [tɪp] M ⟨-s; -s⟩ *umg* SPORT prognóstico m; *a. fig* bom conselho m; **ein guter ~** *umg* um bom conselho; **heißer ~** *umg* dica f

'tippeln ['tɪpəln] ⟨-le; s.⟩ *umg* andar, caminhar

'tippen ['tɪpən] **A** V/I **1. ~ auf** (*akk*), **~ an** (*akk*) tocar levemente; **~ auf** (*vermuten*) apostar que **2** *beim Lotto*: apostar em **B** V/T (*schreiben*) digitar **'Tippfehler** M erro m de da(c)tilografia **'tipp'topp** ['tɪp'tɔp] *umg* impecável **'Tippzettel** M, **'Tippschein** M *Lotto*: boletim m de aposta

Tisch [tɪʃ] M ⟨-(e)s; -e⟩ mesa f; **am ~, bei ~** à mesa; **auf dem ~** sobre a mesa, na mesa; **vor/nach ~** antes/depois da refeição; **den ~ decken/abdecken** pôr/levantar (*bras* tirar) a mesa; **sich an den** (*geh zu*) **~ setzen** sentar-se à mesa; **zu ~ bit-**

ten convidar para o almoço (od para o jantar) **'Tischdame** F̄ vizinha f (od companheira f) de mesa **'Tischdecke** F̄ toalha f de mesa **'Tischgebet** N̄ oração f de graças **'Tischgespräch** N̄ conversa f à mesa **'Tischherr** M̄ vizinho m (od companheiro m) de mesa **'Tischlampe** F̄ candeeiro m de mesa **'Tischler** ['tɪʃlɐ] M̄ carpinteiro m; (Möbeltischler) marceneiro m; (Kunsttischler) ebanista m **Tischle'rei** [tɪʃlə'raɪ] F̄ carpintaria f; marcenaria f **'Tischnachbar** M̄ vizinho m de mesa **'Tischplatte** F̄ tampo m da mesa **'Tischrede** F̄ discurso m à mesa; brinde m **'Tischtennis** N̄ ⟨-; o. pl⟩ pingue-pongue m **'Tischtuch** N̄ toalha f de mesa **'Tischwein** M̄ vinho m de mesa **Ti'tan**¹ [ti'ta:n] N̄ ⟨-s; o. pl⟩ CHEM Metall: titânio m

Ti'tan² [ti'ta:n] M̄ ⟨-en; -en⟩ MYTH titã m **titanisch** titânico

'Titel ['ti:təl] M̄ título m **Titelbild** N̄ vinheta f **Titelblatt** N̄ frontispício m **Titelfigur** F̄ personagem f principal **Titelgeschichte** F̄ história f (od reportagem f) da primeira página **Titelgestalt** F̄ personagem-título f **Titelrolle** F̄ papel m titular **Titelverteidiger(in)** M(F) SPORT defensor(a) m(f) do título

titu'lieren [titu'li:rən] ⟨-⟩ ~ **als** tratar de, chamar

Toast [to:st] M̄ ⟨-(e)s; -e od -s⟩ GASTR torrada f; (Trinkspruch) brinde m; **e-n ~ auf j-n ausbringen** brindar à saúde de alg **'Toastbrot** N̄ pão m para torrada, pão m de forma **'toasten** ⟨-e-⟩ tostar **'Toaster** M̄ torradeira f

'toben ['to:bən] ▪1 vor Wut: raivar; estar furioso; gegen: vociferar, bramar, clamar ▪2 Meer estar bravo; Sturm etc desencadear-se, bramir ▪3 Kinder, a. ⟨s.⟩ fazer algazarra

'Tobsucht ['to:pzʊxt] F̄ ⟨o. pl⟩ raiva f, frenesi(m) m; a. fig fúria f **tobsüchtig** raivoso, frenético

'Tochter ['tɔxtɐ] F̄ ⟨-; ⸚⟩ filha f **'Tochtergesellschaft** F̄ WIRTSCH sucursal f, filial f

Tod [to:t] M̄ ⟨-(e)s; o. pl⟩ morte f; falecimento m; **auf Leben und ~** de vida e morte; **bis zum ~, bis in den ~** até a morte; **sich zu ~e ärgern** arreliar-se muito; **sich zu ~e fürchten** sofrer mil mortes **'Todesangst** ['to:dəs?aŋst] F̄ angústia f mortal; **Todesängste** pl **ausstehen** sofrer mil mortes **Todesanzeige** F̄ participação f de morte (od de óbito) **Todesfall** M̄ morte f, falecimento m; óbito m; **im ~** em caso de morte **Todeskampf** M̄ agonia f **todesmutig** desafiando a morte **Todesstoß** M̄ golpe m mortal; **j-m den ~ geben** (a. fig) dar o golpe de misericórdia a alg **Todesstrafe** F̄ pena f capital; **bei ~** sob pena de morte **Todesstunde** F̄ hora f suprema (od da morte) **Todestag** M̄ dia m da morte; Jahrestag: aniversário m da morte **Todesurteil** N̄ sentença f de morte **Todesverachtung** F̄ ⟨o. pl⟩ desprezo m da morte

'Todfeind M̄ inimigo m figadal **todkrank** ⟨o. pl⟩ ~ **sein** estar à morte, estar doente de morte

'tödlich ['tø:tlɪç] mortal; ADV a. de morte; ~ **verunglücken** sofrer um acidente mortal; **tödlich beleidigt sein** estar muito ofendido

'tod'müde ⟨o. pl⟩ cansadíssimo **tod'sicher** ⟨o. pl⟩ absolutamente seguro (od certo) **Todsünde** F̄ pecado m mortal

Toi'lette [toa'lɛtə] F̄ retrete f; casa f de banho; bras toalete f, banheiro m; im Restaurant: lavabo m; **wo ist die ~?** onde é a casa de banho?; onde são os lavabos? **Toilettenartikel** M̄ artigo m de toilette **Toilettenbecken** N̄ sanita f **Toilettenpapier** N̄ ⟨-s; o. pl⟩ papel m higiénico (bras *e)

'Tokio ['to:kio] N̄ GEOG Tóquio (o. art) **tole'rant** [tole'rant] tolerante **Tole'ranz** F̄ tolerância f **tole'rieren** [tole'ri:rən] ⟨-⟩ tolerar

toll [tɔl] umg porreiro, bestial; bras umg bacana; **das ist ja ~!** é fantástico! **'tollen** fazer algazarra, barulhar **'Tollkirsche** F̄ BOT beladona f **'tollkühn** ⟨o. pl⟩ audacioso, audaz, temerário **'Tollkühnheit** F̄ ⟨o. pl⟩ audácia f, temeridade f **'Tollpatsch** ['tɔlpatʃ] M̄ ⟨-(e)s; -e⟩ desastrado m; pateta m **tollpatschig** desastrado, pateta **'Tollwut** F̄ raiva f **'tollwütig** raivoso, danado **'Tolpatsch** etc → Tollpatsch etc

'Tölpel [ˈtœlpəl] M pateta m **'tölpelhaft** pateta; grosseiro
To'mate [toˈmaːtə] F tomate m **Toma'tenmark** N ⟨-s; o. pl⟩ concentrado m de tomate, pasta f (bras massa f) de tomate **Toma'tensaft** M sumo m (bras suco m) de tomate **Toma'tensoße** F molho m de tomate
'Tombola [ˈtɔmbola] F ⟨-; Tombolen⟩ tômbola f, rifa f
Ton¹ [toːn] M ⟨-(e)s; ⸚e⟩ (Laut) som m; bes fig tom m; der Tonleiter: voz f; GRAM acento m (tónico, bras tônico); den ~ **angeben** fig mandar; **zum guten ~ gehören** ser de bom tom
Ton² [toːn] M ⟨-(e)s; o. pl⟩ (Lehm) barro m, argila f; **aus ~ de barro**
'Tonabnehmer M Plattenspieler: pickup m **'tonangebend** ADJ ~ **sein** dar o tom; fig a. mandar **'Tonart** MUS tom m, tonalidade f **'Tonaufnahme** F gravação f de od do som **'Tonband** N fita f magnética **'Tonbandgerät** N gravador m de fita magnética
'tönen [ˈtøːnən] A V/I (klingen) soar; laut: ressoar B V/T (färben) colorir; pintar (a. Haare)
'Toner [ˈtoːnɐ] M toner m
'Tonerde F ⟨o. pl⟩ argila f; CHEM alumina f; **essigsaure ~** acetato m de alumina **'tönern** [ˈtøːnɐn] de barro
'Tonfall M ⟨-(e)s; o. pl⟩ entoação f, intonação f, tom m **'Tonfilm** M filme m sonoro **Tongeschirr** N louça f de barro **tonhaltig** argiloso **Toningenieur** M engenheiro m de som **Tonkopf** M Tonband etc: cabeça f de leitura **Tonlage** F MUS tonalidade f **Tonleiter** F escala f de tons **tonlos** átono, atónico (bras *ô); MED afónico (bras *ô)
Ton'nage [tɔˈnaːʒə] F tonelagem f **'Tonne** [ˈtɔnə] F tonel m; (Fass) barril m; für Trockenware: barrica f; SCHIFF bóia f; Maß: tonelada f **'Tonnengewölbe** N ARCH abóbada f cilíndrica (od de berço)
'Tonpfeife F cachimbo m de barro **Tonschiefer** M argilite f **Tonsilbe** F sílaba f tónica **Tonspur** F FILM pista f sonora
Ton'sur [tɔnˈzuːr] F tonsura f, coroa f **'Tontaubenschießen** N ⟨-s; o. pl⟩ tiro m aos pratos

'Tönung [ˈtøːnʊŋ] F (Färbung) matização f; Haare: coloração f
'Tonwaren FPL louça f (de barro)
Top [tɔp] N ⟨-s; -s⟩ (Kleidungsstück) top m
To'pas [toˈpaːs] M ⟨-es; -e⟩ topázio m
Topf [tɔpf] M ⟨-(e)s; ⸚e⟩ pote m; (Blechgefäß) lata f; (Blumentopf) vaso m; (Kochtopf) panela f; flacher: tacho m; **alles in e-n ~ werfen** umg fig meter tudo no mesmo saco
'Töpfer(in) [ˈtœpfɐr(ɪn)] M(F) oleiro m, -a f **Töpfe'rei** [tœpfaˈraɪ] F olaria f **'Töpferscheibe** F torno m de oleiro **'Töpferwaren** FPL artigos mpl de barro
'top'fit [ˈtɔpˈfɪt] em forma
'Topflappen M pega f **Topfpflanze** F planta f de vaso
Topogra'fie [topograˈfiː] F topografia f **topo'grafisch** [topoˈgraːfɪʃ] topográfico
Topp [tɔp] M ⟨-s; -en od -s⟩ SCHIFF topo m, tope m **'Toppsegel** N sobrejoanete f

Tor¹ [toːr] N ⟨-(e)s; -e⟩ **1** portão m; (Stadttor) porta f **2** SPORT golo m; bras gol m; **ein ~ schießen** meter um golo; bras marcar (um gol)
Tor² M geh ⟨-en⟩ tolo m, doido m
Torf [tɔrf] M ⟨-(e)s; o. pl⟩ turfa f **'Torfmoor** N turfeira f
'Torheit F tolice f, loucura f; disparate m
'Torhüter M → Torwart
'töricht [ˈtøːrɪçt] geh Person tolo; doido; etw disparatado, insensato
'torkeln [ˈtɔrkəln] umg ⟨-le; s. u. h.⟩ cambalear
'Torlauf M slalom m **'Torlinie** F SPORT linha f (de golo; bras de gol)
Tor'nado [tɔrˈnaːdo] M ⟨-s; -s⟩ tornado m
torpe'dieren [tɔrpeˈdiːrən] ⟨-⟩ torpedear **Torpedierung** F torpedeamento m **Tor'pedo** [tɔrˈpeːdo] M ⟨-s; -s⟩ torpedo m **Tor'pedoboot** N torpedeiro m
'Torpfosten M poste m **Torschuss** M remate m
'Torte [ˈtɔrtə] F torta f, bolo m **Tortenboden** M base f de torta **Tortenheber** M, **Tortenschaufel** F pá f para bolos (od tortas)
Tor'tur [tɔrˈtuːr] F tortura f

TRÄG

'Torwart ['tɔːrvart] M ‹-(e)s; -e› SPORT guarda-redes m; bras goleiro m
'tosen ['toːzən] ‹-t; h. u. s.› Wellen bramir; Sturm, Applaus retumbar; Wind rugir **tosend** ADJ retumbante
tot [toːt] ‹o. pl› morto (a. fig); (leblos) inânime; Ort deserto; Rennen empatado; **~er Punkt** M fig ponto m morto; **~ geboren** nado-morto, nascido morto
to'tal [toˈtaːl] total; ADV umg completamente **Totalansicht** F vista f de conjunto; panorama m **Totale** F FILM grande plano m **totali'tär** [totaliˈtɛːr] POL totalitário **Totalschaden** M AUTO dano m total
'totarbeiten VR sich ~ umg matar-se a (bras morrer de) trabalhar **totärgern** VR sich ~ umg arreliar-se (bras aborrecer-se) muito
'Tote(r) M/F/M ‹-n› morto m, -a f
'töten ['tøːtən] ‹-e-› matar; (ermorden) assassinar; Nerv cauterizar
'Totenbahre F féretro m **Totenbett** N leito m mortuário **totenblass, totenbleich** lívido **Totenblässe** F ‹o. pl› lividez f (cadavérica); palidez f mortal **Totenfeier** F funerais mpl **Totenglocke** F sino m de finados, dobre m de sinos **Totengräber** ['toːtəngrɛːbər] M coveiro m; ZOOL necróforo m **Totenkopf** M caveira f; ZOOL átropos m **Totenmesse** F missa f de corpo presente **Totenschein** M certificado m de óbito **Totenstarre** F ‹o. pl› regidez f cadavérica **Totenstille** F ‹o. pl› silêncio m sepulcral (od solene) **Totenwache** F **die ~ halten bei** velar
'totfahren atropelar mortalmente; esmagar **Totgeburt** F aborto m **totlachen** VR sich ~ fartar-se (bras morrer) de rir **totlaufen** umg sich ~ fig acabar em nada
'Toto ['toːto] N/M ‹-s; -s› totobola m; bras toto m **Totoschein** M boletim m de totobola; bras bilhete m de toto
'totschießen matar a tiro **Totschlag** M homicídio m **totschlagen** matar (a pancadas), abater; fig **die Zeit ~** fazer cerar **Totschläger** M Person: homicida m; Waffe: cacete m **totschweigen** calar; passar em silêncio; Fall abafar **totstellen** VR sich ~ fingir-se morto
'Tötung ['tøːtʊŋ] F morte f; homicídio m; (Hinrichtung) execução f; **fahrlässige ~** homicídio m por imprudência (od por negligência)
'Touchscreen ['tatʃskriːn] M ‹-s; -s› TI ecrã m táctil (od sensível ao toque))
Tou'pet [tuˈpeː] N ‹-s; -s› chinó m **tou'pieren** [tuˈpiːrən] ‹-› ripar, riçar; bras eriçar
Tour [tuːr] F TECH u. (Rundfahrt) volta f; (Ausflug) excursão f; (Spazierfahrt) passeio m; (Weg) itinerário m; **in e-r ~** umg sem cessar (od parar); **auf vollen ~en** a todo o vapor; **krumme ~en** umg fig truques sujos **'Tourenrad** N bicicleta f de lazer **'Tourenzahl** F TECH número m de rotações **'Tourenzähler** M conta-rotações m
Tou'rismus [tuˈrɪsmʊs] M inv turismo m **Tourist(in)** M(F) ‹-en› turista m/f, excursionista m/f **Touristenklasse** F classe f turística
Tour'nee [tʊrˈneː] F ‹-; -s, od -n› digressão f artística; bras turnê f; (Rundreise) volta f; **auf ~ sein** estar em tournée
'Tower ['tauər] M FLUG torre m de controlo (bras de controle)
Trab [traːp] M ‹-(e)s; o. pl› trote m; **im ~** ao trote; fig **j-n auf ~ bringen** fazer andar alg
Tra'bant [traˈbant] M ‹-en› ASTRON u. fig satélite m **Trabantenstadt** F cidade-satélite f
'traben ['traːbən] ‹s.› trotar, ir ao trote **Traber** M trotador m **Trabrennen** N corridas fpl a trote
Tracht [traxt] F **1** Kostüm: traje m **2** Prügel sova f
'trachten ‹-e-› **~ nach** ambicionar; aspirar a; pretender; **j-m nach dem Leben ~** atentar contra a vida de alg
'Trachtenanzug M fato m de traje **'Trachtengruppe** F grupo m folclórico
'trächtig ['trɛçtɪç] Tier prenhe **Trächtigkeit** F ‹o. pl› gestação f
Traditi'on [traditsiˈoːn] F tradição f **traditio'nell** [traditsioˈnɛl] tradicional
'Tragbahre ['traːkbaːrə] F maca f; für Särge: andas fpl; in Prozessionen: andor m **Tragbalken** M travessa f **tragbar** portátil; fig suportável **Trage** F → Tragbahre
'träge ['trɛːɡə] preguiçoso; indolente;

PHYS inerte

'**tragen** ['traːgən] A VT trazer, levar; *Kleid* vestir, usar; *Früchte* produzir; (*ertragen, stützen*) suportar, aguentar; *Kosten* pagar; carregar com; *Schuld* ter (**an** *dat* de); **sich mit dem Gedanken ~ zu** (*inf*) estar a pensar fazer a/c; *a.* → **getragen** B VI 1 *Eis* estar sólido; **~ bis** (*reichen*) chegar até, alcançar 2 ZOOL (*trächtig sein*) estar prenhe **Tragen** N ‹-s› *e-s Kleides*: uso m **tragend** ADJ ARCH *Wand* mestra; *fig* fundamental, principal; ZOOL prenhe

'**Träger**[1] ['trɛːɡar] M, **Trägerin** F *Person*: portador(a) m/f; *fig* representante m/f; (*Inhaber*, *-in*) detentor(a) m/f; *e-s Titels*: titular m/f

'**Träger**[2] ['trɛːɡar] M *an Kleidung*: alça f; TECH, ARCH suporte m, esteio m **Trägerrakete** F foguete m de lançamento **Trägerrock** M saia f de alças

Tragetasche F saco m; sacola f **Tragezeit** F ZOOL (tempo m da) gestação f '**tragfähig** TECH capaz; resistente; *fig Kompromiss* sustentável; **~ sein** *a.* render **Tragfähigkeit** F ‹o. *pl*› capacidade f (TECH de carga; FLUG de suporte), resistência f **Tragfläche** F FLUG asa f, superfície f de suporte

'**Trägheit** ['trɛːkhait] F ‹o. *pl*› indolência f, preguiça f; PHYS inércia f

Tragik ['traːɡik] F ‹o. *pl*› *die* **~** *o* (elemento m) trágico m; tragicidade f **Tragiker** M poeta m trágico **tragikomisch** [traːɡiˈkoːmɪʃ] tragicómico (*bras* *ô*) **Tragikomödie** F tragicomédia f '**tragisch** trágico; *etw* **~ nehmen** levar a/c para o trágico

Tragkorb M canastra f, cesto m; *flacher a.*: alcofa f **Traglast** F carga f

Tra'gödie [traˈɡøːdiə] F tragédia f

Tragriemen M correão m, correia f; MIL bandoleira f; *Lasttier*: cilha f **Tragseil** N tirante m **Tragsessel** M cadeirinha f; liteira f **Tragweite** F alcance m; *fig a.* transcendência f, envergadura f

'**Trainer(in)** ['trɛːnar(in)] M(F) treinador(a) m(f), instrutor(a) m(f) **trai'nieren** [trɛˈniːrən] ‹-› treinar(-se), exercitar(-se); fazer exercícios '**Training** ['trɛːnɪŋ] N ‹-s; -s› treino m, exercício m '**Trainingsanzug** M fato m (*bras* roupa f) de treino

Trakt [trakt] M ‹-(e)s; -e› ARCH ala f

Trak'tat [trakˈtaːt] M ‹-(e)s; -e› tratado m **trak'tieren** ‹-› tratar

'**Traktor** ['traktɔr] M ‹-s; -en [-ˈtoːrən]› tra(c)tor m

'**trällern** ['trɛlɐrn] ‹-re› cantarolar

Tram ['tram] F ‹-; -s›, '**Trambahn** F (carro m) elé(c)trico m; *bras* bonde m

'**trampeln** ['trampəln] ‹-le› patear; *bras* bater com os pés no chão; *Fahrrad* pedalar **Trampeln** N pateada f **Trampelpfad** M trilha f; caminho m (*od* vereda f) trilhada **Trampeltier** N camelo m (*a. fig*)

'**trampen** ['trɛmpən] viajar à (*bras* na) boleia '**Tramper(in)** M(F) pessoa f que viaja à (*bras* na) boleia

Trampolin ['trampoliːn, -ˈliːn] N ‹-s; -e› SPORT trampolim m

Tran [traːn] M ‹-(e)s; -e› óleo m de fígado de bacalhau

'**Trance** ['trɔ̃s] F transe m **Trancezustand** M estado m de transe

Tran'chierbesteck [trãˈʃiːrbəʃtɛk] N talher m de trinchar **tranchieren** ‹-› talhar, trinchar **Tranchiermesser** N faca f de trinchar

'**Träne** ['trɛːnə] F lágrima f; **in ~n ausbrechen** romper em lágrimas; **zu ~n gerührt sein** estar muito comovido **tränen** lagrimejar; chorar **tränend** ADJ lacrimoso; a chorar

'**Tränendrüse** F glândula f lacrimal **Tränenfluss** M choro m; MED lacrimação f **Tränengas** N ‹-es; *o. pl*› gás m lacrimogéneo (*bras* *ê*) **Tränensack** M saco m lacrimal **tränenüberströmt** banhado em lágrimas

'**tranig** ['traːnɪç] gordurento; *schmecken etc*: a óleo de fígado de bacalhau; *fig* lento

Trank [traŋk] M ‹-(e)s; ¨e› bebida f; MED poção f; (*Zaubertrank*) filtro m

'**Tränke** ['trɛŋkə] F bebedouro m **tränken** *Tiere* dar de beber a; *Vieh a.* abeberar; *Stoff etc* (*durchtränken*) impregnar; **etw ~ in** (*dat*) molhar a/c en

Transakti'on [transʔakt͡sˈioːn] F transa(c)ção f **transat'lantisch** transatlântico **Trans'fer** [transˈfeːr] M *v. Daten, Personen*: transferência f **transfe'rieren** [transfeˈriːrən] ‹-› transferir **Transfor'mator** [transfɔrˈmaːtɔr] M ‹-s; -en

[-'to:rən]⟩ ELEK transformador m **Transfusi'on** F̲ transfusão f
Tran'sistor [tran'zɪstɐ] M̲ ⟨-s; -en [-'to:rən]⟩ ELEK transistor m **Transistorradio** N̲ transistor m, rádio m portátil
'Tran'sit [tran'zi:t, 'tranzɪt] M̲ ⟨-s; -e⟩ HANDEL trânsito m
'transitiv ['tranzitiːf] GRAM transitivo
Tran'sitstrecke F̲ zona f de tráfego de passagem por um país **Transitverkehr** M̲ ⟨-s; o. pl⟩ trânsito m (de passagem) por um país **Transitvisum** N̲ visto m de trânsito
transpa'rent [transpa'rɛnt] transparente
Transpa'rent N̲ ⟨-(e)s; -e⟩ transparente m **Transpa'renz** F̲ ⟨-; -en⟩ transparência m
transpi'rieren [transpi'riːrən] ⟨-⟩ transpirar **Transplantati'on** [transplantatsi'oːn] F̲ MED transplante m; transplantação f **transpo'nieren** [transpo'niːrən] ⟨-⟩ MUS transportar
Trans'port [trans'pɔrt] M̲ ⟨-(e)s; -e⟩ *Verkehr*: transporte m **transpor'tabel** transportável **Transportarbeiter** M̲ operário m dos transportes **Transportband** N̲ cinta f transportadora **Transporter** M̲ (*kleiner Lkw*) carrinha f; → Transportschiff; Transportflugzeug **transportfähig** transportável; MED em estado de ser transportado **Transportflugzeug** N̲ avião m de transportes **transpor'tieren** [transpɔr'tiːrən] ⟨-⟩ transportar; transferir **Transportkosten** P̲L̲ frete m; despesas fpl (*od* custos mpl) de transporte **Transportmittel** N̲ meio m de transporte **Transportschiff** N̲ navio-transporte m **Transportunternehmen** N̲ empresa f de transportes **Transportversicherung** F̲ seguro m de transporte **Transportwesen** N̲ ⟨-s; o. pl⟩ transportes mpl
Transves'tit [transvɛsˈtiːt] M̲ ⟨-en⟩ travesti m
Tra'pez [tra'peːts] N̲ ⟨-es; -e⟩ trapézio m **Trapezkünstler(in)** M̲(F̲) trapezista m/f
'Trasse [tra'sə] F̲ traçado m
Tratsch [tratʃ] M̲ ⟨-(e)s; o. pl⟩ umg bisbilhotice f, mexerico m **'tratschen** umg mexericar, bisbilhotar
'Traualtar ['trauˌʔaltaːr] M̲ **vor den ~ führen** levar (até) ao altar
'Traube ['traubə] F̲ cacho m (de uvas); uva f **Traubenlese** F̲ vindima f **Traubensaft** M̲ sumo m de uvas **Traubenzucker** M̲ glucose f, glicose f
'trauen¹ ['trauən] V̲/T̲ *Brautpaar* casar; **sich ~ lassen** casar-se
'trauen² A V̲/I̲ ~ (*dat*), ~ **auf** (*akk*) confiar em; acreditar em; **j-m ~** *a.* fiar-se em alg, ter confiança em alg; **s-n Augen/Ohren nicht ~** não acreditar no que se vê/ouve; **dem Frieden nicht ~** estar de pé atrás B V̲/R̲ **sich ~ zu** (*inf*) atrever-se a (*inf*)
'Trauer ['trauɐ] F̲ ⟨o. pl⟩ 1 (*Traurigkeit*) tristeza f; (*Kummer*) aflição f; dó m 2 (*Totentrauer*), a. *Kleidung*: luto m; **tiefe/halbe ~** luto m carregado/aliviado; **~ anlegen/tragen** pôr luto/estar de luto; **~ tragen**, **in ~ sein** estar de luto **Trauerfall** M̲ caso m de morte **Trauerfeier** F̲ exéquias fpl **Trauerflor** M̲ ⟨-(e)s; -e⟩ crepe m **Trauerkleid** N̲ vestido m de luto **Trauerkleidung** F̲ luto m; **in ~** de luto **Trauermarsch** M̲ marcha f fúnebre **trauern** ⟨-re⟩ estar de luto; **~ um etw** afligir-se por a/c; *a.* **um** *j-n* chorar **trauernd** enlutado **Trauerspiel** N̲ tragédia f; *fig* miséria f **Trauerweide** F̲ chorão m **Trauerzeit** F̲ luto m **Trauerzug** M̲ séquito m fúnebre, préstito m fúnebre
'Traufe ['traufə] F̲ goteira f
'träufeln ['trɔyfəln] ⟨-le⟩ V̲/T̲ MED instilar
Traum [traum] M̲ ⟨-(e)s; =e⟩ sonho m; **das fällt mir nicht im ~ ein!** nem por sombras penso em ...; *bras* nem em sonho penso em ...
'Trauma N̲ ⟨-s; -en *od* -ta⟩ trauma m
'Traumbild N̲ visão f **'Traumdeutung** F̲ interpretação f dos sonhos
'träumen ['trɔymən] sonhar (**von** com); **das hätte ich mir nie ~ lassen** isso nem por sonhos; nunca teria imaginado tal coisa **Träumer(in)** M̲(F̲) sonhador(a) m(f); *fig* visionário m, -a f **Träume'rei** [trɔymə'rai] F̲ sonho m, fantasia f **träumerisch** sonhador, distraído
'Traumfrau F̲ mulher f ideal **traumhaft** visionário; fantástico; (*herrlich*) de sonho **Traummann** M̲ homem m ideal **Traumwelt** F̲ ⟨o. pl⟩ mundo m fantástico (*od* imaginado *od* visionário)

'traurig ['traʊrɪç] triste (a. iron); (bekümmert) a. aflito; ~ machen causar tristeza a, entristecer, afligir **Traurigkeit** F tristeza f, aflição f
'Trauring M aliança f **Trauschein** M certidão f de casamento **Trauung** F casamento m; kirchliche/standesamtliche ~ casamento m religioso/civil **Trauzeuge** M ⟨-n⟩, **Trauzeugin** F padrinho m, madrinha f de casamento
'Trecker ['trɛkɐr] M tra(c)tor m
Treff [trɛf] M ⟨-s; -s⟩ umg → Treffen, Treffpunkt
'treffen ['trɛfən] A V/T & V/I 1 acertar (a. fig erraten); Schuss, Schlag a. apanhar; Licht cair (auf akk em); (verwunden) ferir; nicht ~ Schuss etc errar (o alvo); es gut ~ fig ter sorte; gut getroffen Bild, Foto bem apanhado; bras bem acertado 2 (betreffen), Los tocar, atingir; j-n ~ (antreffen) encontrar; (betreffen) ser com alg, interessar a alg; Verantwortung caber a alg; getroffen sein, sich getroffen fühlen sentir-se atingido 3 Maßnahmen tomar; Abkommen, Vorbereitungen fazer B V/I auf j-n ~ dar com alg, encontrar alg C V/R sich ~ encontrar-se, reunir-se; (geschehen) suceder; ~ wir uns morgen? vemo-nos amanhã?
'Treffen ['trɛfən] N ⟨-s; -⟩ (Begegnung) encontro m; (Zusammenkunft) reunião f, congresso m **treffend** ADJ acertado; exa(c)to; Bemerkung bem apanhado; fig a. justo, oportuno **Treffer** M MIL acerto m, bom tiro m; Los: sorte f, prémio m, bras prêmio m; SPORT tento m; Fußball: golo m, bras gol m **Treffpunkt** M ponto m de reunião **treffsicher** certeiro **Treffsicherheit** F ⟨o. pl⟩ precisão f; pontaria f; acerto m
'Treibeis ['traɪbʔaɪs] N ⟨-es; o. pl⟩ gelo m flutuante
'treiben ['traɪbən] A V/T 1 (bewegen) mover, fazer andar; Vieh conduzir; (antreiben) impelir; fig estimular (a. MED), dar impulso a; levar; TECH a(c)cionar; Metall amolgar; Nagel, in die Wand: pregar, cravar; Preis (in die Höhe) ~ fazer subir 2 (tun) fazer; (betreiben) praticar; Künste cultivar + art; Handel ~ negociar; fazer negócios (mit de) 3 BOT Blüten, Knospen fazer brotar 4 fig in die Enge ~ apertar; bras acuar; es zu weit ~ abusar; etw zu weit ~ abusar de a/c B V/I ⟨h. u. s.⟩ SCHIFF ir à deriva; (a)boiar; a. Ballon vogar; vor Anker: estar surto; BOT brotar, germinar; Jagd: ⟨h.⟩ levantar a caça; ~de Kraft f força f motriz; j-d: promotor m (bei de)
'Treiben N (Bewegung, Verkehr) movimento m, vida f, tráfego m; (Beschäftigung) ocupação f; (Tun) a(c)tividade f; → Treibjagd
'Treiber ['traɪbɐr] M 1 IT driver m 2 Jagd: batedor m; (Viehtreiber) vaqueiro m
'Treibgas N gás m propulsor **Treibhaus** N estufa f **Treibhauseffekt** M ⟨-(e)s; o. pl⟩ efeito m estufa **Treibhausgas** N gás m (com efeito de) estufa **Treibholz** N lenha f (od madeira f) de arribação **Treibjagd** F batida f, montaria f **Treibrad** N roda f motriz **Treibriemen** M correia f (de transmissão) **Treibsand** M ⟨-(e)s; o. pl⟩ areia f movediça **Treibstoff** M combustível m
'Trekking ['trɛkɪŋ] N ⟨-s; -s⟩ trekking m, caminhada f **Trekkingbike** ['trɛkɪŋbaɪk] N ⟨-s; -s⟩, **Trekkingrad** N bicicleta f (para) cross-country
'Trema ['tre:ma] N ⟨-s; -s od -ta⟩ LING trema m
Trend [trɛnt] M ⟨-s; -s⟩ moda f; tendência f; im ~ liegen estar na moda
'trendig, 'trendy umg que está na moda **Trendwende** F WIRTSCH mudança f (od viragem f) da moda; POL viragem f política
'trennbar ['trɛnba:r] separável **trennen** ['trɛnən] separar; dividir; partir; (loslösen) desligar; dissociar; Ehe dissolver; Freunde desunir; ELEK, TEL cortar, interromper; sich ~ Ehegatten separar-se **Trennschärfe** F RADIO sele(c)tividade f
'Trennung ['trɛnʊŋ] F separação f; divisão f; dissolução f **Trennungslinie** F linha f divisória **Trennungsstrich** M traço m de separação
'Trense F Zaumzeug: bridão m
trepp'ab [trɛp'ap] ADV escada(s) abaixo **trepp'auf** ADV escada(s) acima
'Treppe ['trɛpa] F escada f; (Stockwerk) andar m; GEOL lanço m; e-e ~/zwei ~n hoch no primeiro/segundo andar; auf der ~ nas escadas
'Treppenabsatz M patamar m **Treppengeländer** N corrimão m **Trep-**

penhaus N̄ escadaria f; vão m da escada **Treppenstufe** F̄ degrau m **Treppenwitz** M̄ disparate m; **ein ~ sein** a. não ter graça nenhuma

'**Tresen** ['treːzən] M̄ balcão m

Tre'sor [treˈzoːr] M̄ ⟨-s; -e⟩ tesouro m; (Stahlkammer) cofre m **Tresorraum** M̄ compartimento m do cofre-forte, casa-forte f

'**Tresse** ['trɛsə] F̄ galão m

'**Trester** ['trɛstər] M̄ bagaço m

'**Tretboot** ['treːtboːt] N̄ ⟨-(e)s; -e⟩ barco m a pedal **treten** ['treːtən] 🅰 V/I (gehen) ir, andar; Fahrrad pedalar; (sich stellen) pôr-se, colocar-se; comparecer; **~ auf** (akk) pisar; Bühne etc subir a; **auf der Stelle ~** MIL marcar o passo; **~ aus** (dat) Raum sair de; **~ in** (akk) pisar, Raum, Dienst, entrar em; **in j-s Fuß(s)tapfen ~** seguir o exemplo de alg; **in Verbindung ~ mit** entrar em contacto com; **über die Ufer ~** trasbordar; **j-m unter die Augen ~** apresentar-se a alg; **zu j-m ~** dirigir-se a alg 🅱 V/T pisar; Pferd dar um coice; fig j-n espezinhar, maltratar; **mit (den) Füßen ~** carregar aos pés

'**Tretmühle** F̄ fig rotina f; maçada f
'**Tretroller** M̄ trotinete m

treu [trɔy] fiel, leal '**Treue** F̄ fidelidade f, (a. historische) lealdade f; **j-m ~ schwören** jurar fidelidade a alg '**Treueid** M̄ ⟨-(e)s; -e⟩, '**Treueschwur** M̄ juramento m de fidelidade

'**Treuhänder** ['trɔyhɛndər] M̄ fiel depositário m '**Treuhandgesellschaft** F̄ WIRTSCH sociedade f fiduciária

'**treuherzig** franco, ingénuo, cândido '**Treuherzigkeit** F̄ ⟨o. pl⟩ franqueza f, ingenuidade f; candura f '**treulos** desleal, infiel '**Treulosigkeit** ['trɔyloː-zɪçkaɪt] F̄ ⟨o. pl⟩ deslealdade f, infidelidade f; traição f

Triangel ['triaŋəl] M̄ MUS triângulo m

Tri'bun [triˈbuːn] M̄ ⟨-(e)s; -e⟩ hist tribuno m **Tribu'nal** [tribuˈnaːl] N̄ ⟨-s; -e⟩ tribunal m **Tri'büne** [triˈbyːnə] F̄ tribuna f

Tri'but [triˈbuːt] M̄ ⟨-(e)s; -e⟩ tributo m; **tributpflichtig** [triˈbuːtpflɪçtɪç] tributário

Tri'chine [triˈçiːnə] F̄ ZOOL triquina f
'**Trichter** ['trɪçtər] M̄ funil m; TECH tremonha f; (Vulkantrichter, Granattrichter) cratera f **trichterförmig** ['trɪçtərfœr-mɪç] afunilado

Trick [trɪk] M̄ ⟨-s; -s⟩ truque m '**Trickaufnahme** F̄ trucagem f; truque m fotográfico '**Trickfilm** M̄ (filme m de) desenhos mpl animados '**tricksen** ['trɪk-sən] ⟨-t⟩ umg usar truques (od manhas) **Trickse'rei** F̄ umg artimanhas fpl

Trieb [triːp] M̄ ⟨-(e)s; -e⟩ impulso m (a. fig); (Neigung) inclinação f; ZOOL instinto m; BOT rebento m '**Triebfeder** F̄ mola f; motor m; fig móbil m; motivo m '**triebhaft** instintivo '**Triebhandlung** F̄ PSYCH a(c)ção f instintiva '**Triebkraft** F̄ força f motriz '**Triebrad** N̄ roda f motriz '**Triebwagen** M̄ automotora f '**Triebwerk** N̄ FLUG rea(c)tor m

'**triefen** ['triːfən] pingar; estar molhado; **~ von** od **vor** (dat) escorrer **triefend** ADV **~ nass sein** estar a escorrer **triefnass** → triefend

'**triezen** ['triːtsən] ⟨-t⟩ sl maçar, moer

Trift [trɪft] F̄ AGR pastagem f; várzea f; SCHIFF corrente f '**triftig** Grund concluente, importante

Trigonome'trie [trigonomeˈtriː] F̄ ⟨o. pl⟩ trigonometria f **trigono'metrisch** [trigonoˈmeːtrɪʃ] trigonométrico

Tri'kot [triˈkoː] M̄/N̄ ⟨-s; -s⟩ TEXT malha f; tricot m; bras tricô m; SPORT camisola f; bras camisa f, camiseta f

'**Triller** ['trɪlər] M̄ trilo m; Gesang: trinado m; **~ pl** a. trinados mpl, gorjeio m **trillern** ['trɪlərn] trinar, gorjear **Trillerpfeife** F̄ apito m

Trilo'gie [triloˈgiː] F̄ trilogia f

Tri'mester [triˈmɛstər] N̄ trimestre m
'**Trimm-dich-Pfad** M̄ percurso m de treino desportivo '**trimmen** ['trɪmən] 🅰 V/T Ladung, FLUG estabilizar; SCHIFF Kohlen carregar 🅱 V/T (& V/R) SPORT **(sich) ~** treinar(-se), exercitar(-se) **Trimmer** M̄, **Trimmvorrichtung** F̄ FLUG estabilizador m

'**trinkbar** ['trɪŋkbaːr] potável; **~ sein** a. beber-se **Trinkbecher** M̄ copo m **trinken** beber; Kaffee, Tee tomar; **aus etw ~** beber de a/c; **auf j-n/etw ~** brindar a alg/a/c **Trinker** M̄ bebedor m; (Säufer) alcoólico m; umg borrachão m **trinkfest** ADJ **~ sein** ser bom copo **Trinkgelage** N̄ orgia f, bacanal f

Trinkgeld N gorjeta f **Trinkglas** N copo m **Trinkkur** F cura f (od tratamento m) de águas (medicinais) **Trinkspruch** M brinde m; **e-n ~ ausbringen auf** (akk) brindar a
'**Trinkwasser** N água f potável **Trinkwasseraufbereitung** F tratamento m de água potável **Trinkwasseraufbereitungsanlage** F estação f de tratamento de água potável **Trinkwasserbrunnen** M fonte f de água potável
Trio ['tri:o] N ⟨-s; -s⟩ MUS, fig trio m
Tri'ole [tri'o:lə] F MUS tresquiáltera f
Trip [trɪp] M ⟨-s; -s⟩ viagem f curta; volta f; (Drogentrip) trip m
'**trippeln** ['trɪpəln] ⟨-le, s. u. h.⟩ andar a passos pequenos; estar a patear; bras dar passos curtos
'**Tripper** M MED gonorreia f
Triptyk ['trɪptyk] N ⟨-s; -s⟩, '**Triptychon** ['trɪptyçɔn] N ⟨-s; -s⟩ tríptico m
trist [trɪst] desconsolado; tristonho
Tritt [trɪt] M ⟨-(e)s; -e⟩ (Fußtritt) pontapé m; (Schritt) passo m; passada f; (Stufe) escalão m; TECH pedal m; Spur: → **Trittspur**; **~ fassen** MIL marchar ao compasso; **auf Schritt und ~** a cada passo; **im ~ gehen** andar a passo '**Trittbrett** N estribo m '**Trittleiter** F escadote m '**Trittspur** F vestígio m; rasto m; bras rastro m
Tri'umph [tri'ʊmf] M ⟨-(e)s; -e⟩ triunfo m **Triumphbogen** M arco m de triunfo **trium'phieren** [trɪʊm'fiːrən] ⟨-⟩ triunfar (**über** akk de) **Triumphzug** M cortejo m (od viagem f) triunfal; **im ~** triunfalmente
trivi'al [trivi'aːl] trivial
'**trocken** ['trɔkən] seco (a. fig); enxuto; AGR lacónico; Stil lacónico (bras *ô); **~ reiben** esfregar (até secar); **~ werden** secar; **noch nicht ~ hinter den Ohren sein** fig umg ser fedelho; **auf dem Trockenen sitzen** fig umg estar entalado, ficar em seco; **im Trockenen sitzen** estar ao abrigo; fig finanziell: ter um pé de meia **Trockenboden** M estendedoiro m; bras lugar m de secar roupa **Trockendock** N SCHIFF doca f seca **Trockeneis** N neve f carbónica **Trockenfutter** N forragem f seca **Trockengemüse** N legumes mpl secos **Trockengestell** N secadouro m **Trockenhaube** F secador m **Trockenheit** F ⟨o. pl⟩ seca f, secura f; AGR aridez f; Wetter: estiagem f **trockenlegen** VT pôr a secar, pôr a enxugar; Sumpfland desaguar; Baby mudar as fraldas a **Trockenlegung** ['trɔkənleːɡʊŋ] F desaguamento m **Trockenmilch** F ⟨o. pl⟩ leite m em pó **Trockenobst** N ⟨-(e)s; o. pl⟩ frutos mpl secos **Trockenrasierer** M máquina f de barbear elé(c)trica **Trockenraum** M casa f de secagem da roupa; bras lugar de secar roupa **trockenreiben** esfregar (até secar) **Trockenzeit** F (período m da) seca f; estiagem f
'**trocknen** ['trɔknən] VT & VI ⟨-e-⟩ secar; (abtrocknen) enxugar **Trockner** M máquina f de secar roupa
'**Troddel** ['trɔdəl] F ⟨-; -n⟩ borla f
'**Trödel** ['trøːdəl] M ⟨-s; o. pl⟩ trapalhada f, tralha f; coisas fpl velhas **Tröde'lei** [trøːdə'laɪ] F demora f '**trödelig** lento, demorado '**Trödelladen** M ferro-velho m '**Trödelmarkt** M feira f da ladra, feira f de trapos (bras pulgas) '**Trödeln** ⟨-le⟩ demorar(-se); ser lento '**Trödler(in)** ['trøːdlɐr(ɪn)] M(F) adelo m, -a f; trapeiro m, -a f
Trog [troːk] M ⟨-(e)s; ⁼e⟩ selha f; bras tina f; (Backtrog) amassadeira f; (Fresstrog) comedouro f
'**Trommel** ['trɔməl] F ⟨-; -n⟩ tambor m (a. TECH) **Trommelfell** N pele f de tambor; ANAT (membrana f do) tímpano m **Trommelfeuer** N MIL metralha f, canhoneio m '**trommeln** ⟨-le⟩ rufar o tambor; **mit den Fingern ~** tamborilar **Trommelschlag** M toque m de tambor **Trommelstock** M baqueta f de tambor **Trommelwirbel** M rufo m '**Trommler** ['trɔmlɐr] M tambor m
Trom'pete [trɔm'peːtə] F trombeta f **trompeten** ⟨-e-⟩ tocar (a) trombeta **Trompeter(in)** M(F) trombeteiro m, -a f
'**Tropen** ['troːpən] FPL trópicos mpl, zonas fpl tropicais **Tropenhelm** M capacete m colonial **Tropenhitze** F calor m tropical **Tropenklima** N clima m tropical
Tropf¹ [trɔpf] M ⟨-(e)s; -e⟩ MED soro m gota a gota; **am ~ hängen** umg estar a soro

Tropf² [trɔpf] M ‹-(e)s; ⸚e› umg pateta m, palerma m; **armer ~** pobre diabo m
'tröpfeln ['trœpfəln] ‹-le, h. u. s.› → tropfen **'tropfen** ['trɔpfən] ‹h. u. s.› gotejar, pingar, deitar **'Tropfen** ['trɔpfən] M ‹-s› gota f, pinga f **'tropfenweise** ADV a gotas **'Tropfstein** M hängend: estala(c)tite f; v. Boden hochwachsend: estalagmite f **Tropfsteinhöhle** F gruta f de estala(c)tites e estalagmites
Tro'phäe [tro'fɛːə] F troféu m
'tropisch ['troːpɪʃ] tropical; **~er Regenwald** m floresta f tropical húmida
'Trosse ['trɔsə] F SCHIFF cabo m, amarra f
Trost [troːst] M ‹-es; o. pl› consolação f, consolo m, conforto m; **nicht recht bei ~ sein** umg ser doido; não regular bem **'trösten** ['trøːstən] ‹-e-› consolar **tröstend, tröstlich** ADJ consolador **Tröster(in)** M(F) consolador(a) m(f)
'trostlos Anblick desconsolador, aflitivo; Lage desesperado; j-d desconsolado, aflito **Trostpflaster** N umg fig consolação f **Trostpreis** M prémio m (bras prémio m) de consolação **Trostwort** N palavra f de consolo (od reconforto)
Trott [trɔt] M ‹-(e)s; -e› trote m; fig rotina f; **im ~** ao trote; fig **täglicher ~** umg dia-a-dia m
'Trottel M umg pateta m, imbecil m
trotz [trɔts] PRÄP ‹gen, a. dat› apesar de, não obstante **Trotz** M ‹-es; o. pl› teimosia f, obstinação f; (dat) **zum ~** a despeito de **'trotzdem** ADV apesar disso, a despeito disso, não obstante isso; umg (obwohl) apesar de (que), embora **'trotzen** ‹-t-› opor-se (dat), resistir (a); **j-m ~** a. desafiar alg; e-m Feind, e-r Gefahr enfrentar, fazer frente a; (trotzig sein) ser teimoso **'trotzig** teimoso; obstinado **'Trotzkopf** M teimoso m, -a f **'trotzköpfig** ['trɔtskœpfɪç] teimoso
trüb [tryːp], **'trübe** ['tryːbə] Flüssigkeit turvo; optisch: opaco; Glas baço; Himmel coberto, nublado; fig sombrio, triste; **im Trüben fischen** pescar nas (bras em) águas turvas
'Trubel ['truːbəl] M tumulto m, confusão f
'trüben ['tryːbən] turvar (a. fig); Glas embaciar; Freude estragar; perturbar; (verdunkeln) escurecer; **sich ~ Himmel** cobrir-se, anuviar-se
'Trübsal ['tryːpzaːl] F ‹-; -e› aflição f, tristeza f; melancolia f; (Not) miséria f; tribulação f; **~ blasen** umg estar melancólico **trübselig** triste; melancólico
Trübsinn M ‹-(e)s; o. pl› tristeza f, melancolia f **trübsinnig** melancólico, triste, tristonho **Trübung** ['tryːbʊŋ] F turvação f, opacidade f; fig perturbação f
'trudeln ['truːdəln] ‹-le› rebolar; FLUG entrar em parafuso
'Trüffel ['trʏfəl] F ‹-; -n› trufa f
'Trugbild ['truːkbɪlt] N ilusão f, miragem f, fantasma m **'trügen** ['tryːɡən] iludir, enganar **trügerisch** ['tryːɡərɪʃ] ilusório, fictício; enganador, mentiroso **'Trugschluss** M sofisma m; paralogismo m
'Truhe ['truːə] F arca f, cofre m
'Trümmer ['trʏmɐ] PL destroços mpl, ruínas fpl, escombros mpl; **in ~ fallen** cair em ruínas, arruinar-se; **in ~ schlagen** destruir, arruinar **Trümmerbruch** M MED fractura f múltipla **Trümmerfeld** N campo m de ruínas **Trümmerhaufen** M montão m de destroços
Trumpf [trʊmpf] M ‹-(e)s; ⸚e› trunfo m; **e-n ~ ausspielen** jogar um trunfo **'trumpfen** cortar
Trunk [trʊŋk] M ‹-(e)s; ⸚e› geh bebida f **'Trunkenbold** ['trʊŋkənbɔlt] M ‹-(e)s; -e› alcoólico m; beberrão m; borrachão m **'Trunkenheit** F ‹o. pl› bebedeira f, embriaguez f; fig ebriedade f; **~ am Steuer** JUR condução f em estado de embriaguez **'Trunksucht** F ‹o. pl› alcoolismo m **'trunksüchtig ~ sein** beber, ser um alcoólico
Trupp [trʊp] M ‹-s; -s› grupo m, bando m; MIL destacamento m **'Truppe** F MIL tropa f; THEAT companhia f; elenco m
'Truppenbewegung F movimento m de tropas **Truppengattung** F arma f **Truppenschau** F revista f **Truppenteil** M unidade f **Truppenübungsplatz** M campo m de treino **Truppenverschiebung** F deslocação f de tropas
Trust [trast] M ‹-s; -e od -s› WIRTSCH consórcio m; truste m
'Truthahn ['truːtha:n] M peru m **'Truthenne** F perua f

'Tscheche ['tʃɛçə] M ⟨-n⟩, **Tschechin** ['tʃɛçɪn] F checo m, -a f **'Tschechien** N GEOG Chéquia f **tschechisch** checo; **Tschechische Republik** f República f Checa (bras a. Tcheca)

tschüs, tschüss [tʃyːs, tʃʏs] INT umg adeus

'T-Shirt ['tiːʃøːt] N ⟨-s; -s⟩ t-shirt m

TU [teːˈʔuː] F abk ⟨-; -s⟩ (Technische Universität) Universidade f Técnica

'Tuba ['tuːba] F ⟨-; -ben⟩ MUS tuba f

'Tube ['tuːbə] F bisnaga f; tubo m

Tu'berku'lose [tubɛrkuˈloːzə] F tuberculose f

Tuch [tuːx] N ⟨-(e)s⟩ ❶ ⟨pl -e⟩ (Stoff) fazenda f, tecido m ❷ ⟨pl =er⟩ pano m; (Halstuch, Kopftuch, Taschentuch) lenço m; (Handtuch) toalha f **'Tuchfühlung** F ⟨o. pl⟩ fig estreito conta(c)to; ~ **halten** manter contacto **'Tuchhändler** M fanqueiro m; bras negociante m de tecidos

'tüchtig ['tʏçtɪç] ADJ hábil; capaz; ADV muito; a valer; iron que é uma beleza **Tüchtigkeit** F ⟨o. pl⟩ habilidade f, capacidade f; a(c)tividade f

'Tücke ['tʏkə] F perfídia f, insídia f **tückisch** pérfido, insidioso

Tuff [tʊf] M ⟨-(e)s, -e⟩, **'Tuffstein** M tufo m

Tüfte'lei [tʏftaˈlaɪ] F subtileza f, subtilidade f **'tüfteln** ⟨-le⟩ subtilizar

'Tugend ['tuːɡənt] F virtude f **'tugendhaft** virtuoso

Tüll [tʏl] M ⟨-s; -e⟩ TEXT tule m

Tülle ['tʏlə] F e-r Kanne: bico m

'Tulpe ['tʊlpa] F tulipa f, túlipa f **Tulpenzwiebel** F bolbo m de tulipa

'tummeln ['tʊməln] ⟨-le⟩ VR sich ~ mover-se (a. sich üben); mexer-se **Tummelplatz** M (Spielplatz) campo m de jogos; parque m infantil

'Tümmler ['tʏmlɐ] M ZOOL toninha f

'Tumor ['tuːmoːr] M ⟨-s; -en, -e⟩ MED tumor m

'Tümpel ['tʏmpəl] M charco m, poça f

Tu'mult [tuˈmʊlt] M ⟨-(e)s; -e⟩ tumulto m; alvoroço m; desordem f **tumultartig** tumultuário, tumultuoso

tun [tuːn] V/T fazer; (handeln) agir; Pflicht cumprir; Schritt dar; etw **an etw** ⟨akk⟩ ~ pôr em a/c; **in etw** ⟨akk⟩ ~ meter em a/c; bras colocar em a/c; Blick deitar a a/c; bras lançar a a/c; **alle Hände voll zu ~ haben** não ter mãos a medir; **zu ~ haben mit** ter (que ver) com; **es zu ~ haben mit** ter de lidar com; **das tut nichts (zur Sache)** não importa, não tem importância; **es ist mir sehr darum zu ~ importa-me** muito, tenho muito empenho (**dass** em que subj); **so ~, als ob (man nichts merkt)** fingir (não notar nada); **nichts zu ~ haben** não ter que fazer; **damit ist es nicht getan** isso não basta **Tun** [tuːn] N ⟨-s⟩ j-s ~ (und Treiben) (tudo) o que alg faz, os a(c)tos (od feitos) de alg

'Tünche ['tʏnçə] F caio m, caiadura f; fig verniz m **'tünchen** V/T caiar

'Tuner ['tjuːnɐr] M sintonizador m

Tu'nesien [tuˈneːziən] N Tunísia f **tunesisch** tunísio

'Tunfisch M → Thunfisch

'Tunichtgut ['tuːnɪçtɡuːt] M ⟨-(e)s; -e⟩ patife m; maroto m; bras moleque m

'Tunke ['tʊŋkə] F molho m **tunken** ensopar; molhar

'tunlichst ['tuːnlɪçst] ADV se as circunstâncias o permitirem

'Tunnel ['tʊnəl] M ⟨-s; -od -s⟩ túnel m

'Tunte ['tʊntə] F sl pej maricão m; bras veado m

'Tüpfelchen ['tʏpfəlçən] N ponto m; **das ~ auf dem i** o pontinho no i **tüpfeln** ⟨-le⟩ pontear, salpicar

'tupfen ['tʊpfən] tocar ao de leve **Tupfen** M ponto m; pinta f **Tupfer** M MED mecha f

Tür [tyːr] F porta f; (Autotür) a. portinhola f; **~ und Tor öffnen** fig dar livre acesso (od entrada); **hinter verschlossenen ~en** à porta fechada; **(j-m) mit der ~ ins Haus fallen** dar de chofre (a alg); **j-n vor die setzen** pôr alg na rua; **vor der ~ stehen** estar à porta; fig estar iminente; **zwischen ~ und Angel** ao sair, no último momento **'Türangel** F gonzo m; bisagra f

Tur'ban [tʊrˈbaːn] M ⟨-s; -e⟩ turbante m

Tur'bine [tʊrˈbiːnə] F turbina f **Turbinentriebwerk** N turbo-rea(c)tor m

'Turbolader ['tʊrbolaːdɐr] M AUTO turbocompressor m de sobrealimentação

turbu'lent [tʊrbuˈlɛnt] turbulento **Turbu'lenz** F bes FLUG turbulência f

'Türdrücker M̄ trinco m **Türflügel** M̄ batente m (de porta), meia-porta f
Türfüllung F̄ almofada f da porta
'Türke ['tʏrkə] M̄ ⟨-n⟩ turco m **Tür'kei** F̄ GEOG **die ~** Turquia f **'Türkin** F̄ turca f
Tür'kis [tʏrˈkiːs] M̄ ⟨-es; -e⟩ turquesa f
'türkisch turco
'Türklingel F̄ puxador m; rund maçaneta f **Türklinke** F̄ tranqueta f; bras maçaneta f, trinco m
Turm [tʊrm] M̄ ⟨-(e)s; ⸚e⟩ torre f, Schach a. roque m; (Glockenturm) campanário m; (Wachturm) atalaia f
'türmen[1] ['tʏrmən] V/T & V/R acumular; **sich ~** a. elevar-se; Wolken acastelar-se
'türmen[2] V/I ⟨s.⟩ umg (fliehen) safar-se
'Turmfalke M̄ ⟨-n⟩ milhafre m **turmhoch** muito alto; gigantesco **Turmspitze** F̄ agulha f (od flecha f) de torre **Turmuhr** F̄ relógio m de torre
'turnen ['tʊrnən] fazer (exercícios de) ginástica **Turnen** N̄ ginástica f (aplicada) **Turner(in)** M/(F) ginasta m/f **turnerisch** ['tʊrnərɪʃ] ginástico **Turngerät** N̄ aparelho m de ginástica **Turnhalle** F̄ ginásio m; bras sala f de ginástica **Turnhose** F̄ calções mpl (bras calção m) de ginástica
Turnier [tʊrˈniːr] N̄ ⟨-s; -e⟩ torneio m
Turnlehrer(in) M/(F) professor(a) m(f) de ginástica (od de educação física) **Turnschuhe** MPL sapatos mpl de ginástica; sapatilhas fpl **Turnstunde** F̄ aula f de ginástica **Turnunterricht** M̄ ⟨-(e)s; o. pl⟩ educação f física
Turnus ['tʊrnʊs] M̄ ⟨-; -se⟩ turno m
'turnusmäßig por turnos
Turnverein M̄ clube m desportivo (bras esportivo)
'Türöffner M̄ **automatischer ~** trinco m automático **Türpfosten** M̄ ombreira f (da porta), umbral m **Türrahmen** M̄ almofada f (da porta); bras batente m (da porta) **Türschloss** N̄ fechadura f da porta **Türspalte** F̄ **durch die ~** pela porta encostada (od entreaberta) **Türsteher** ['tyːrʃteːɐr] M̄ guarda-portão m
'Turteltaube ['tʊrtəltaʊbə] F̄ rola f
Tusch [tʊʃ] M̄ ⟨-(e)s; -e⟩ toque m de clarins; fanfarra f
'Tusche ['tʊʃə] F̄ tinta f da China, tinta f de aguarela (bras aquarela)

tuscheln ['tʊʃəln] ⟨-le⟩ cochichar
tuschen ['tʊʃən] lavar (com tinta da China), pintar a aguarela (bras aquarela)
'Tuschzeichnung ['tʊʃtsaɪçnʊŋ] F̄ aguarela f (bras aquarela)
'Tussi ['tʊsi] F̄ ⟨-s; -s⟩ umg pej gaja f
'Tüte ['tyːtə] F̄ cartucho m, saco m de papel; **das kommt nicht in die ~!** umg está fora de questão!
'tuten ['tuːtən] ⟨-e-⟩ buzinar, tocar a buzina; TECH, SCHIFF a. tocar a sereia; **keine Ahnung von Tuten und Blasen haben** umg não saber (od perceber) patavina
Tutor ['tuːtɔr] M̄ ⟨-s; -en [-'toːrən]⟩, **Tutorin** [tuˈtoːrɪn] F̄ tutor(a) m(f)
'twittern® ['tvɪtɐrn] V/I ⟨-e-⟩ twittar; bras tuitar
Typ [tyːp] M̄ ⟨-s; -en⟩ tipo m; j-d: umg gajo m; bras cara m; toller ~ umg magano **'Type** F̄ tipo m; TYPO a. corpo m
'Typhus ['tyːfʊs] M̄ ⟨-; o. pl⟩ MED tifo m; (Unterleibstyphus) febre f tifóide
'typisch ['tyːpɪʃ] típico; **~ Grete!** é típico da Grete! **Typus** M̄ ⟨-; Typen⟩ tipo m
Ty'rann [tyˈran] M̄ ⟨-en⟩ tirano m **Ty'rannei** [tyraˈnaɪ] F̄ tirania f **tyrannisch** tirânico **tyranni'sieren** [tyraniˈziːrən] ⟨-⟩ tiranizar

U, u [uː] N̄ ⟨-; -⟩ U, u m
u. a. ABK (und anderes) e outras coisas; (unter anderem) entre outros
'U-Bahn F̄ metro m; bras metrô m **U-Bahnhof** M̄ estação f de metro (bras metrô) **U-Bahn-Netz** N̄ rede f de metro (bras metrô)
'übel ['yːbəl] **A** ADJ ⟨kompar übler, sup übelste⟩ mau m, má f; **nicht ~!** não está mal!; nada mal!; **~ sein** a. cheirar mal **B** ADV mal; **mir ist ~, mir wird ~** não me sinto bem; tenho náuseas; **wohl oder ~** quer queira quer não; **~ gelaunt** mal disposto, mal-humorado; **~ gesinnt** mal-intencionado; **~ nehmen** levar a mal; **~ riechend** fétido; **j-m ~ wollen** querer

ÜBEL | 1190

mal a alg; **~ wollend** mal-querente, malévolo
Übel N̄ mal m; **das kleinere ~** o menor dos males; **notwendiges ~** mal necessário **Übelkeit** F̄ ⟨o. pl⟩ náusea f; enjoo m (bras *); nojo m; **~ erregend** nauseabundo **übelst** ADV, **übelste** ADJ pior **Übeltat** F̄ má a(c)ção f, crime m, delito m **Übeltäter(in)** M(F) malfeitor(a) m(f)
üben ['y:bən] exercitar, praticar (a. fig); estudar; Sport treinar-se; **sich in Geduld ~** ter paciência
'über ['y:bar] A PRÄP 1 Lage: ⟨dat⟩; Richtung: ⟨akk⟩ sobre, acima de; sprechen etc: (acerca de); sobre; **~ die Straße gehen** atravessar a rua; **~ ...** (hin) por, por cima de, por sobre; **~ ...** (hinaus) (para) além de; **~ ...** (hinweg) por cima de; **fliegen ~** passar por cima de, sobrevoar; **reisen** (od **kommen**) **~** passar por 2 (mehr als) mais de; **Fehler über Fehler** ... sobre ...; ... e mais ...; **~ etw** ⟨akk⟩ **hinausgehen** (ultra)passar a/c, exceder a/c 3 zeitlich: ⟨akk⟩ **~ Ostern** durante a Páscoa; **den Tag ~** durante o dia 4 Scheck **~ 1000 Euro de** 1000 euros B ADV **~ 40 (Jahre alt) sein** ter passado os 40, estar na casa dos 40; **~ und ~** completamente; (zu viel) **etw ist mir ~, ich habe etw ~** estou farto de a/c; **j-m ~ sein** ser superior a alg
über'all ADV por toda a parte **über'altert** antiquado, envelhecido **Überangebot** N̄ HANDEL oferta f superior à demanda **über'anstrengen** ⟨-⟩ extenuar, cansar, fatigar **Über'anstrengung** F̄ esforço m, excessivo **über'antworten** ⟨-e-; -⟩ entregar **über'arbeiten** ⟨-e-; -⟩ retocar, dar um retoque a; LIT a. refundir; **sich ~** trabalhar excessivamente; cansar-se **Über'arbeitung** F̄ retoque m; refundição f; j-s: excesso m de trabalho
über'aus ADV geh sumamente, extremamente, sobremaneira
über'backen ⟨-⟩ gratinar; pp gratinado **'Überbau** M̄ ⟨-(e)s; -e u. -ten⟩ superestrutura f **Überbeanspruchung** F̄ super-exigência f; desgaste m excessivo **Überbein** N̄ MED sobreosso m, exostose f
'überbelasten ⟨-e-; -⟩ sobrecarregar **Überbelastung** F̄ sobrecarga f **überbelichten** V̄T̄ ⟨-e-; -⟩ FOTO dar

exposição demais a **Überbelichtung** F̄ ⟨o. pl⟩ sobreexposição f **überbewerten** V̄T̄ ⟨-e-; -⟩ exagerar o valor de; superestimar
über'bieten V̄T̄ ⟨-⟩ oferecer mais, puxar; Auktion: **j-n ~** tirar o lanço a alg; fig sobrepujar
'Überbleibsel ['y:barblaɪpsəl] N̄ resto m, sobejo m; **~** pl CHEM resíduos mpl; Essen: sobras fpl
'Überblick M̄ vista f geral; vista f de conjunto, visão f de conjunto; panorama m, relance m; fig ideia f geral; (Zusammenfassung) resumo m, sumário m, exposição f sumária **über'blicken** V̄T̄ ⟨-⟩ abranger com a vista; rasch **~** lançar um olhar rápido a; fig dar-se conta de, ter presente
über'bringen ⟨-⟩ levar; (herüberbringen) trazer; (liefern) entregar; Grüße transmitir **Über'bringer(in)** ['y:bar'brɪŋər(ɪn)] M(F) portador(a) m(f)
über'brücken V̄T̄ ⟨-⟩ lançar uma ponte sobre; fig vencer **Überbrückung** ['y:bar'brʏkʊŋ] F̄ construção f de uma ponte; (Überführung) viaduto m **zur ~** ⟨gen⟩ fig para vencer **Überbrückungshilfe** F̄ ajuda f a curto prazo (od transitória) **Überbrückungskredit** M̄ FIN crédito m de emergência (od transitório)
über'dachen [y:bar'daxən] ⟨-⟩ telhar, cobrir **über'dauern** V̄T̄ sobreviver a **über'decken** ⟨-⟩ sobrepor a **über'denken** V̄T̄ ⟨-⟩ refle(c)tir (sobre) **über'dies** ADV de mais a mais, além disso **'Überdosis** F̄ dose f excessiva **über'drehen** ⟨-⟩ forçar
'Überdruck M̄ TECH pressão f excessiva **'Überdruss** ['y:bardrʊs] M̄ ⟨-es; o. pl⟩ tédio m; fastio m; **bis zum ~** até fartar **'überdrüssig** ['y:bardrʏsɪç] farto, enfastiado **'überdurchschnittlich** extraordinário, acima da média **'Übereifer** M̄ zelo m excessivo (od exagerado) **'übereifrig** precipitado, zeloso; **~ sein** a. ser uma abelha
über'eignen ⟨-e-; -⟩ transmitir, ceder **Über'eignung** F̄ transmissão f **über'eilen** ⟨-⟩ precipitar **über'eilt** precipitado; prematuro **Über'eilung** [y:bar'aɪlʊŋ] F̄ ⟨o. pl⟩ precipitação f
überei'nander ADV um por cima do outro, um sobre o outro **übereinan-**

derlegen sobrepor; *Beine* cruzar **übereinanderschlagen** cruzar **über'einkommen** ⟨s.⟩ pôr-se de acordo, acordar, combinar, convir (**über** *akk* sobre; **zu** *inf*, **dass** *de inf*) **Übereinkommen** N̄, **Übereinkunft** [y:bər-'?aınkʊnft] F̄ ⟨-; ⸗e⟩ acordo *m*, convénio *m* (*bras* *ê*), ajuste *m* **übereinstimmen** concordar (*a.* GRAM.); estar conforme; conjugar-se; **mit j-m ~** estar de acordo com alg **übereinstimmend** **A** ADJ conforme, análogo; consentâneo **B** ADV de acordo **Übereinstimmung** F̄ concordância *f*, harmonia *f*; **in ~** de acordo

'**überempfindlich** hipersensível **über'essen** V̄R **sich ~** comer demais; **sich an etw** (*dat*) **überessen haben** estar enjoado (*od* farto) de comer a/c **über'fahren** ❶ ⟨-⟩ *j-n* atropelar ❷ *Meer, See* atravessar; *Signal* passar '**Überfahrt** F̄ travessia *f*, passagem *f*, traje(c)to *m* '**Überfall** M̄ assalto *m*; MIL *a.* investida *f*, ataque *m* de surpresa **über'fallen** ⟨-⟩ assaltar; MIL *a.* atacar de surpresa **über'fällig** FLUG, SCHIFF atrasado; MED caduco '**Überfallkommando** N̄ esquadra *f* **über'fliegen** V̄T ⟨-⟩ voar sobre, voar por cima de; *fig* correr com os olhos '**überfließen** ⟨s.⟩ transbordar **über'flügeln** [y:bər'fly:gəln] V̄T ⟨-le⟩ sobrepujar, exceder '**Überfluss** M̄ ⟨-es; *o. pl*⟩ abastança *f*, (super)abundância *f*, profusão *f* (**an** *dat* de); (*überflussmaß*) excesso *m*; **im ~** em demasia; **zum ~** demais, a mais **Überflussgesellschaft** F̄ ⟨*o. pl*⟩ sociedade *f* de fartura (*od* abastança) **über'flüssig** supérfluo; **~ sein** *a.* sobejar; *fig* ser escusado **über'fluten** ⟨-e-⟩ inundar (**mit** de) **Über'flutung** [y:bər'flu:tʊŋ] F̄ inundação *f* (**mit** de) **über'fordern** ⟨-re; -⟩ exigir demais a '**Überfracht** F̄ ⟨*o. pl*⟩ excesso *m* de bagagem, excesso *m* de carga **Über'fremdung** [y:bər'frɛmdʊŋ] F̄ *pej* invasão *f* de estrangeiros

'**überführen**[1] transportar **über'führen**[2] ⟨-⟩ trasladar; JUR provar a culpabilidade **über'führt** [y:bər'fy:rt] conví(c)to **Über'führung** F̄ trasla(da)ção *f*; *Verkehr:* passagem *f* aérea, viaduto *m*; *Leiche:* transferência *f*, trasladação *f* **über'füllt** [y:bər'fʏlt] repleto; apinhado **Über'füllung** F̄ ⟨*o. pl*⟩ superlotação *f*; **wegen ~** por estar cheio; por estar superlotado **über'füttern** ⟨-re; -⟩ dar alimento demais a

'**Übergabe** F̄ entrega *f*; *Amt, Geschäft, (Weitergabe)* transmissão *f*; MIL rendição *f*; **schlüsselfertige ~** entrega *f* chave na mão)

'**Übergang** M̄ passagem *f*; *fig* transição *f*; *in anderen Besitz:* transferência *f* **Übergangsbestimmung** F̄ JUR disposição *f* transitória **Übergangsfrist** F̄ regime *m* de transição **Übergangskleidung** F̄ ⟨*o. pl*⟩ vestuário *m* de meia-estação **Übergangsstelle** F̄ passagem *f* **Übergangszeit** F̄ período *m* transitório

über'geben ⟨-⟩ **A** V̄T entregar; *Amt* transmitir **B** V̄R **sich ~** MED vomitar '**übergehen**[1] V̄I ⟨s.⟩ **~ zu** passar para; (*beginnen*) passar a; tornar-se a; **~ in** (*akk*) transformar-se em; **in Fäulnis ~** apodrecer

über'gehen[2] V̄T ⟨-⟩ *etw* passar por cima de; passar por alto (*od* em silêncio); omitir; **j-n ~** passar por alg; não fazer caso de alg; *bei Beförderungen:* preterir alg '**übergenug** ADV de sobra '**übergeordnet** superior '**Übergepäck** N̄ ⟨-s; *o. pl*⟩ FLUG excesso *m* de bagagem '**Übergewicht** N̄ ⟨-(e)s; *o. pl*⟩ sobrepeso *m*; excesso *m* de peso; *fig* preponderância *f*; **das ~ bekommen** perder o equilíbrio; *fig* ficar na maioria; (ficar a) preponderar

über'gießen ⟨-⟩ **mit etw ~** deitar (*od* verter) a/c sobre '**überglücklich** muito feliz; radiante '**übergreifen** TECH sobrepor; *Übel:* **auf** (*akk*) estender-se a; alastrar para; propagar-se a '**Übergriff** M̄ abuso *m*; usurpação *f* (**auf** *akk* de); JUR **~e** *pl* abusos *mpl* '**übergroß** enorme; grande '**Übergröße** F̄ AUTO sobreperfil *m*

'**überhaben** *Mantel* trazer; (*übrig haben*) ficar com; *ter demais a/c;* **~** *umg* estar farto de a/c **über'hand** ADV **~ nehmen** aumentar; chegar a ser excessivo '**Überhang** M̄ ARCH saliência *f*; *fig* excesso *m* (**an** *dat* de) '**überhängen** **A** V̄I sobressair; pender; *Wand* estar inclinado **B** V̄T

pôr **über'häufen** ⟨-⟩ (a)cumular, sobrecarregar; cobrir (**mit** de); **j-n mit Vorwürfen ~** increpar (*od* acusar) alg
über'haupt ADV em geral, de todo; **~ nicht** nada, de modo algum (*od* nenhum)
über'heben V/R ⟨-⟩ **sich ~ (mit etw** levantar a/c) **überheblich** [y:bər'he:plɪç] presunçoso, petulante, arrogante **Überheblichkeit** F presunção f, petulância f, arrogância f
über'heizen ⟨-t; -⟩ aquecer demasiado
über'hitzen [y:bər'hɪtsən] ⟨-t; -⟩ sobreaquecer **über'höhen** [y:bər'hø:ən] ⟨-⟩ fazer sobressair, alçar **über'höht** *a.* exagerado **Über'höhung** [y:bər'hø:ʊŋ] F sobrelevação f; alçamento m; altura f exagerada
'überholen[1] *über e-n Fluss etc*: (v)ir buscar (na outra banda)
über'holen[2] V/T ⟨-⟩ **1** AUTO ultrapassar (*a. fig*); passar além de, passar para diante de **2** TECH (*prüfen*) examinar, recondicionar **Überholspur** F faixa f de ultrapassagem **überholt** ADJ *fig Ereignis* consumado, ultrapassado; (*altmodisch*) antiquado **Überholung** F TECH recondicionamento m **Überholverbot** N proibição f de ultrapassagem (*od* de ultrapassar)
über'hören ⟨-⟩ não ouvir, não reparar
'überirdisch TECH, ELEK aéreo; REL celeste, sobrenatural **'überkippen** ⟨h. *u. s.*⟩ virar(-se); perder o equilíbrio
über'kleben ⟨-⟩ colar por cima
'überkochen ⟨h. *u. s.*⟩ GASTR deitar por fora; *umg* (*wütend werden*) explodir
über'kommen V/T ⟨-⟩ *Gefühl* **j-n ~** apoderar-se de alg **'überkriegen** *umg etw* ~ fartar-se de a/c **über'laden** ⟨-⟩ sobrecarregar (*a. fig*), abarrotar
über'lagern V/T ⟨-re; -⟩ sobrepor(-se) a **Über'lagerung** F sobreposição f; ELEK interferência f
'Überlandbus M camioneta f de carreira; *bras* ônibus m de viagem **'Überlandleitung** F ELEK linha f de transporte de energia a grandes distâncias
über'lassen ⟨-⟩ abandonar; (*abtreten*) ceder; **etw j-m ~** deixar a/c com alg; **sich e-r Sache** (*dat*) **~** entregar-se a a/c, abandonar-se a a/c **Über'lassung** [y:bər'lasʊŋ] F cessão f; entrega f
'Überlast F sobrecarga f, sobrepeso m

über'lasten sobrecarregar **über'lastet** sobrecarregado de, estafado **'Überlastschutz** M ⟨-es; *o. pl*⟩ TECH prote(c)ção f contra sobrecarga **Über'lastung** [y:bar'lastʊŋ] F excesso m de carga; *fig* excesso m de trabalho
über'laufen[1] ⟨-⟩ ⟨s.⟩ deitar por fora, sair, *Wasser a.* transvazar; *See a.* transbordar; MIL desertar (**zu** para)
über'laufen[2] ⟨-⟩ **A** V/T importunar com visitas; *Furcht, Schauer etc* **j-n** (**kalt**) **~** arrepiar alg, dar calafrios a alg **B** ADJ muito concorrido; (*überfüllt*) estar superlotado
'Überläufer M MIL, POL desertor m
über'leben V/T ⟨-⟩ sobreviver a; **sich ~** passar de moda **Über'lebende(r)** M/F(M) sobrevivente m/f **'überlebensgroß** de (*od* em) tamanho sobrenatural
über'legen[1] V/T ⟨-⟩ (**es sich** *dat*) refle(c)tir (sobre), pensar (em); **noch einmal ~** reconsiderar
über'legen[2] ADJ superior **Überlegenheit** F ⟨*o. pl*⟩ superioridade f **Über'legung** [y:bər'le:gʊŋ] F reflexão f; consideração f, raciocínio m; **ohne ~** à doida
'überleiten ⟨-e-⟩ **zu** conduzir a, levar a; LIT *a.* servir de transição para; TECH transmitir a **'Überleitung** F transmissão f; transição f
über'lesen ⟨-⟩ percorrer **über'liefern** ⟨-re; -⟩ transmitir; (*ausliefern*) entregar **Über'lieferung** F tradição f **über'listen** [y:bər'lɪstən] ⟨-e-; -⟩ enganar, lograr, iludir
'überm [y:bərm] PRÄP & ART (über dem) → über
'Übermacht F ⟨*o. pl*⟩ superioridade f numérica; prepotência f **'übermächtig** superior, prepotente
über'malen ⟨-⟩ retocar **über'mannen** [y:bar'manən] ⟨-⟩ vencer, dominar
'Übermaß N ⟨-es; *o. pl*⟩ excesso m (**an** *dat* de; **im** com); **im ~** *a.* em demasia **'übermäßig** excessivo, desmedido; exorbitante; ADV demais, em demasia
'Übermensch M ⟨-en⟩ super-homem m **'übermenschlich** sobre-humano
über'mitteln [y:bər'mɪtəln] ⟨-le; -⟩ transmitir; (*senden*) remeter **Über'mittlung** [y:bər'mɪtlʊŋ] F transmissão f
'übermorgen ADV depois de amanhã

über'müdet [y:bər'my:dət] estafado **Über'müdung** [y:bər'my:duŋ] F fadiga f, cansaço m **'Übermut** M ‹-(e)s; o. pl› alegria f doida; *kränkend:* petulância f, arrogância f; *Kind:* traquinice f **'übermütig** ['y:bərmy:tıç] doido de alegria; atrevido; *Kind* travesso **über'nächste** ADJ *auf e-r Liste:* a seguir ao próximo; **am ~n Tag** dois dias mais tarde

über'nachten [y:bər'naxtən] ‹-e-; -› pernoitar; passar a noite **über'nächtigt** [y:bər'nɛçtıçt] tresnoitado; fatigado (de velar); **~ aussehen** ter olheiras **Über'nachtung** [y:bər'naxtuŋ] F hospedagem f; pernoita f; *bras* pernoite m; *auf Rechnungen:* quarto m

'Übernahme ['y:bərna:mə] F recepção f, aceitação f, tomada f; *e-s Amtes, Besitzes:* (acto m, *bras* ato m da) posse f; **~ der Macht** subida f ao poder; SCHIFF u. *Personen:* embarque m; *Waren:* carga f, carregamento m

'übernational supranacional **'übernatürlich** sobrenatural **über'nehmen** ‹-› *Amt, Besitz, Verantwortung* assumir; *(annehmen) aceitar; etw u. j-m* receber; **e-e Verpflichtung ~** comprometer-se; **sich ~** exceder-se; abarbar-se; abusar das suas forças **'überordnen** ‹-e-› antepor, prepor **'überparteilich** imparcial **'Überproduktion** F superprodução f **über'prüfen** VT ‹-› rever; examinar, inspe(c)cionar **Über'prüfung** F revisão f; inspe(c)ção f **'überquellen** brotar **über'queren** [y:bər'kve:rən] ‹-› atravessar **über'ragen** ‹-› sobressair, dominar; *(übertreffen)* exceder (**an** *dat* em); *(vorherrschen)* predominar **über'ragend** ADJ predominante; *fig a.* transcendente

über'raschen [y:bər'raʃən] ‹-› surpreender **über'raschend** surpreendente **Über'raschung** [y:bər'raʃuŋ] F surpresa f

über'reden ‹-e-; -› persuadir **Über'redung** [y:bər're:duŋ] F persuasão f **Über'redungskunst** F dom m de persuasão

'überregional supraregional **'überreich** profuso; **~ sein an** (*dat*) *a.* abundar em **über'reichen** ‹-› entregar, apresentar **'überreichlich** (super)abundante **Über'reichung** [y:bər'raɪ-çuŋ] F entrega f **'überreif** demasiado maduro **über'reizen** ‹-t; -› sobreexcitar **über'reizt** ADJ nervoso **Über'reizung** F sobreexcitação f **über'rennen** ‹-› atropelar; *a.* MIL derribar, esmagar; *bras* derrubar

'Überrest M resto m; CHEM resíduo m; **~e** *pl Essen:* sobras fpl; **sterbliche ~e** *pl* despojos mpl mortais

über'rumpeln ‹-le; -› assaltar; surpreender; tomar de surpresa **Über'rumpelung** [y:bər'rumpəluŋ] F surpresa f, assalto m *(imprevisto)* **über'runden** ‹-e-; -› sobrepujar

'übers [y:bərs] PRÄP & ART *(über das)* → über

über'säen ‹-› **mit** semear de, salpicar com; cobrir de **'übersatt** cheio, farto, saciado **über'sättigen** ‹-› fartar; *bras* saciar; CHEM sobressaturar

'Überschall M ‹-(e)s; o. pl› suprasom m **Überschallflugzeug** N avião m supersónico *(bras* *ô) **Überschallgeschwindigkeit** F velocidade f supersónica *(bras* *ô)

über'schatten ‹-e-; -› (as)sombrear **über'schätzen** VT ‹-t; -› sobrestimar; exagerar o valor de; *fig* atribuir (*od* dar) demasiada importância a **Über'schätzung** F sobrestimação f, avaliação f exagerada

über'schauen ‹-› abranger com a vista **'überschäumen** sair (escumando); *fig* **~ vor** *(dat) Freude* rebentar de; *Wut* espumar de **'überschäumend** ADJ exuberante **über'schlafen** ‹-› *umg* **(es) ~** consultar a almofada (*od* o travesseiro)

'Überschlag M cálculo m aproximativo; *Turnen:* cambalhota f

'überschlagen[1] *Beine* cruzar; *(umlegen)* dobrar; *Funke* saltar

über'schlagen[2] **A** VT *(auslassen)* omitir, passar por alto; *(berechnen)* calcular **B** V/R **sich ~** voltar-se; dar voltas sobre si; *Auto,* FLUG *a.* capotar; *Stimme* esganiçar-se; *Ereignisse* precepitar-se

'überschnappen ‹s.› TECH saltar; soltar-se; *Stimme ou um fifia; j-d* enlouquecer; *fig* **übergeschnappt sein** *umg* estar louco

über'schneiden ‹-› V/R **sich ~** cruzar-se; PHYS *Wellen* interferir; *fig* ser incompatível (um com outro) **Über'schnei-**

dung [bɐrˈnaɪdʊŋ] F entrecruzamento m; PHYS interferência f; incompatibilidade f **über'schreiben** ‹-› transcrever; *Text* intitular; JUR transferir; HANDEL transportar, passar, averbar **über-'schreien** VT ‹-› gritar mais alto que **über'schreiten** VT ‹-› atravessar; *fig* (ultra)passar, exceder; transcender; *Befugnis* abusar de; JUR transgedir; violar **Überschreitung** [-bɐrˈʃraɪtʊŋ] F passagem f (gen de); *e-s Flusses a.*: travessia f; JUR transgressão f, infra(c)ção f **'Überschrift** F título m **'Überschuh** M galocha f **'Überschuss** M excesso m; excedente m; HANDEL saldo m (a(c)tivo); *staatlich a.* superavit m **'überschüssig** [ˈyːbɐrʃʏsɪç] excedente, a mais **'Überschussproduktion** F produção f excedentária **über'schütten** ‹-e-; -› ~ **mit** cobrir de; *fig a.* (a)cumular de **'Überschwang** M ‹-(e)s; o. pl› excesso m, transporte m **'überschwänglich** [ˈyːbɐrʃvɛŋlɪç] exaltado, efusivo **über'schwemmen** ‹-› inundar (**mit** de); submergir **Überschwemmung** [yːbɐrˈʃvɛmʊŋ] F inundação f **Überschwemmungsgebiet** N (terreno m) alagadiço m; região f inundada **'überschwenglich** → überschwänglich **Übersee** F ‹o. pl› Ultramar m, ultramar m **Überseehandel** M ‹-s; o. pl› SCHIFF comércio m ultramarino **über'sehen** VT ‹-› abranger com a vista; *(nicht sehen)* não ver, não reparar; não dar por; *fig* dar-se conta de; ter presente **über'senden** ‹-› remeter, enviar **Übersendung** F envio m, remessa f **'übersetzen**[1] VT ‹-t› transportar *(od* levar) para a outra banda; VI passar para a outra banda **über'setzen**[2] ‹-t; -› traduzir, verter (**ins** para o) **Übersetzer(in)** M(F) tradutor/a m(f) **Übersetzung** F ❶ ~ (**ins Spanische**) tradução f (para o espanhol) ❷ TECH transmissão f **Übersetzungsbüro** N agência f de traduções **'Übersicht** F vista f geral; *(Zusammenfassung)* resumo m; **(tabellarische)** quadro m (sinóptico) **'übersichtlich** claro, distinto; nítido; compreensível **Übersichtlichkeit** F ‹o. pl› clareza f **Übersichtskarte** F mapa f geral **'übersiedeln** ‹-le; s.› mudar (**nach para**) **'Übersiedlung** F mudança f; *(Auswanderung)* emigração f **'übersinnlich** sobrenatural; transcendente; metafísico **über'spannen** ‹-› ❶ ~ **mit** cobrir de ❷ *(zu sehr spannen)* esticar demasiado; *fig* exgerar **über'spannt** [yːbɐrˈʃpant] ADJ *fig etw* exagerado; *j-d* exaltado, excêntrico **Über'spanntheit** F exaltação f, extravagância f; excentricidade f **über'spielen** ‹-› *Kassette* gravar; *fig* dissimular **über'spitzen** ‹-t; -› exagerar **'überspringen**[1] VI ‹s.› ~ **(auf** *akk)* saltar (para); *fig* passar (para) **über'springen**[2] VT ‹-› saltar por cima (de), passar por cima (de); *fig a.* ~ übergehen[2] **'übersprudeln** ‹-le; s.› jorrar, brotar, cachoar; *fig* ~ **vor** *(od* **von)** *Witz* ter imensa graça, ser muito engraçado **'überstehen**[1] sobressair **über'stehen**[2] VT ‹-› passar; *(acabar por)* vencer; **glücklich** ~ sair ileso de **über'steigen** VT ‹-› passar por cima de; *fig* ultrapassar, exceder **über'steigern** ‹-re; -› encarecer **über'steigert** excessivo, exagerado **über'stimmen** ‹-› derrotar; vencer por maioria de votos; **überstimmt werden** ficar na minoria **über'strahlen** ‹-› eclipsar, ofuscar; *fig* deslumbrar **über'streichen** ‹-› **mit Farbe** ~ pintar **über'strömen** ‹s.› transbordar **über'strömt** inundado **'Überstunde** F hora f extraordinária (de serviço), serão m **'Überstundenzuschlag** M bonificação f por horas extraordinárias **über'stürzen** ‹-t; -› precipitar. **Über-'stürzung** [yːbɐrˈʃtʏrtsʊŋ] F precipitação f **über'teuern** excessivamente caro **über'tölpeln** [yːbɐrˈtœlpəln] ‹-le; -› burlar **über'tönen** ‹-› *Lärm etc* dominar **'Übertrag** [ˈyːbɐtraːk] M ‹-(e)s; ⸚e› transporte m (a. HANDEL) **über'tragbar** transmissível; MED *a.* contagioso; **nicht** ~ FIN não endossável **übertragen** A ADJ ‹-› confiar, **j-m** ~ *a.* encarregar alg de; FIN transferir; *Betrag a.* transportar; TECH, RADIO, MED

ÜBUN

(vererben) transmitir; *Krankheit* contagiar, *umg* pegar; MUS, MATH u. (*abschreiben*) transcrever; (*übersetzen*) traduzir, verter (**ins** ... **para o** ...) B ADJ **~e Bedeutung** F sentido *m* figurado **Übertragung** [y:bərˈtra:gʊŋ] F transporte *m*; RADIO, TV transmissão F; *e-s Amts*: transferência *f*; *e-s Texts*: tradução *f* (**ins Englische** para o inglês) **Übertragungswagen** N RADIO, TV carro *m* de exteriores (*od* de transmissão)

über'treffen ⟨-⟩ exceder, ultrapassar, superar, ser superior a (**an** *dat* em) **über'treiben** ⟨-⟩ exagerar **Über-'treibung** [y:bərˈtraɪbʊŋ] F exagero *m* **über'treten**[1] VI ⟨s.⟩ *Fluss* transbordar; SPORT pisar a linha; **~ zu** passar para (o outro lado); **~ zu** REL converter-se a **über'treten**[2] VT ⟨-⟩ transgredir, violar, infringir **Übertretung** [y:bərˈtre:tʊŋ] F violação *f*, transgressão *f*, contravenção *f*, infra(c)ção *f*

über'trieben [y:bərˈtri:bən] exagerado **'Übertritt** M passagem *f* (**zu** para); REL conversão *f* (**zu** a) **über'trumpfen** ⟨-⟩ recortar; dar sota e ás; *fig* sobrepujar **über'tünchen** ⟨-⟩ retocar; disfarçar **über'völkert** superpovoado **Übervölkerung** F superpovoamento *m*, superpopulação *f* **'übervoll** ⟨o. *pl*⟩ repleto **über'vorteilen** [y:bərˈfɔrtaɪlən] ⟨-⟩ prejudicar, lograr; enganar **über-'wachen** ⟨-⟩ vigiar; fiscalizar; controlar **Überwachung** [y:bərˈvaxʊŋ] F vigilância *f*, fiscalização *f*; **polizeiliche ~** policiamento *m* **über'wältigen** [y:bərˈvɛltɪɡən] ⟨-⟩ dominar, subjugar **über'wältigend** ADJ *fig* imponente

über'weisen ⟨-⟩ FIN, MED transferir; ADMIN enviar, remeter **Überweisung** F FIN, MED transferência *f*; ADMIN envio *m*, remessa *f*; **e-e ~ vornehmen** fazer uma transferência **Überweisungsschein** M impresso *m* de transferência bancária

'überwerfen[1] VT (sich) **~** cobrir(-se) de, pôr

über'werfen[2] V/R sich (**mit** *j-m*) **~** zangar-se (com alg) **über'wiegen** ⟨-⟩ preponderar, estar na maioria; prevalecer (**etw** sobre a/c) **über'wiegend** A ADJ preponderante; *Mehrheit* grande B ADV na sua maioria **über'winden** ⟨-⟩ superar, vencer; *a. Gefühle* dominar; **sich ~, etw zu tun** fazer das tripas coração **Über'windung** F dominação *f*; *fig* **~ kosten** ser um grande sacrifício; custar **über'wintern** [y:bərˈvɪntərn] ⟨-re; -⟩ VI invernar, hibernar; *j-d a.* passar o inverno; VT fazer invernar **über'wuchern** ⟨-re; -⟩ cobrir inteiramente, sufocar

'Überwurf M capa *f*, manta *f* **'Überzahl** F ⟨o. *pl*⟩ número *m* superior, maioria *f*; **in der ~ sein** estar na maioria **'überzählig** [y:bərˈtsɛ:lɪç] **~ sein** estar a mais; ser supernumerário

über'zeichnen ⟨-e-; -⟩ (*übertreiben*) exagerar, pintar em cores demasiado carregadas; FIN exceder

über'zeugen ⟨-⟩ convencer **Überzeugung** F convicção *f* **Überzeugungskraft** F ⟨o. *pl*⟩ força *f* convincente (*od* persuasiva)

'überziehen[1] VT *Mantel* pôr, vestir; *umg* **j-m eins ~** dar pancada em alg **über'ziehen**[2] ⟨-⟩ cobrir (**mit** de); FIN *Konto* exceder (a cobertura de); **ein Bett frisch ~** mudar a roupa da cama; *Kissen* enfronhar **Überziehungskredit** M crédito *m* para sacar a descoberto **'Überzug** M cobertura *f*; revestimento *m*; (*Schicht*) capa *f*; *Kissen*: fronha *f*

'übler [ˈy:plər] ADJ & ADV pior

'üblich normal, habitual, de costume; **~ werden** generalizar-se; **wie ~** como de costume

'U-Boot N submarino *m*

'übrig [ˈy:brɪç] 1 restante; **das Übrige** o resto, o demais; PL **die Übrigen** os outros, os demais; **im Übrigen** de resto; a propósito; **ein Übriges** *tun* mais do que o necessário 2 *mit Verb*: **ich behalte ... ~ a.** ficam-me ...; **~ sein, ~ bleiben** ficar, restar, sobrar; **was bleibt mir anderes ~?** que remédio (tenho)?; **~ haben, ~ behalten** ficar com; *fig* **etw ~ haben für** interessar-se por; (*mögen*) gostar de; **nichts ~ haben für** não se interessar por, não gostar de; **~ lassen** deixar; **viel zu wünschen ~ lassen** deixar muito a desejar **'übrigens** [ˈy:brɪɡəns] ADV de resto; aliás; a propósito

'Übung [ˈy:bʊŋ] F exercício *m*; (*Ausübung*) *a.* prática *f*; MIL (*Ausbildung*) tirocínio *m*; (*Manöver*) manobras *fpl*,

ÜBUN | 1196

(Scheingefecht) simulacro m; (Kolleg) aula f prática; (Brauch) uso m, hábito m; **aus der ~** destreinado (a. fig) sem prática; **aus der ~ kommen** perder o hábito, perder a prática **Übungsbuch** N̄ livro m de exercícios **Übungsflug** M̄ voo m (bras vôo m) de instrução (od de treino) **Übungsplatz** M̄ MIL polígono m; campo m de manobras

'Ufer ['u:fɐr] N̄ margem f; borda f; (Flussufer) a. ribeira f; erhöhtes: riba f; (Meeresufer) costa f, beira-mar f, praia f; **am ~** (gen) Lage: no, na; sobre; **über die ~ treten** transbordar **uferlos** ilimitado, infinito, sem fim **Uferpromenade** F̄ passeio m marítimo **Uferstraße** F̄ estrada f marginal

'Ufo ['u:foː] N̄ ⟨-s; -s⟩ OVNI m

UG [uːˈgeː] N̄ ABK → Untergeschoss

'U-Haft F̄ → Untersuchungshaft

Uhr [uːr] F̄ relógio m; Zeit: hora; **wie viel ~ ist es?** que horas são?; **es ist ein ~** é uma hora; **es ist zwei ~** são duas horas; **um ein/zwei ~** à uma hora/às duas horas; **rund um die ~** umg fig noite e dia **'Uhr(arm)band** N̄ correia f de relógio **'Uhrengeschäft** N̄ relojoaria f **'Uhrenindustrie** F̄ indústria f relojoeira **'Uhrmacher** M̄ relojoeiro m **'Uhrwerk** N̄ mecanismo m de relógio **'Uhrzeiger** M̄ ponteiro m **'Uhrzeigersinn** **im ~** no sentido dos ponteiros do relógio; bras no sentido horário **'Uhrzeit** F̄ hora f

'Uhu ['uːhuː] M̄ ⟨-s; -s⟩ bufo m

UKW [uːkaːˈveː] → Ultrakurzwelle

Ulk [ʊlk] M̄ ⟨-(e)s; -e⟩ gracejo m, piada f, pilhéria f **'ulken** gracejar **'ulkig** engraçado; cómico (bras *ô); **~ sein** a. ter piada

'Ulme ['ʊlmə] F̄ olm(eir)o m

Ulti'matum [ʊltiˈmaːtʊm] N̄ ⟨-s; -s, -ten⟩ ultimato m; **j-m ein ~ stellen** apresentar um ultimato a alg

'Ultimo ['ʊltimoː] M̄ ⟨-s; -s⟩ fim m do mês; **zu(m) ~** no fim do mês

'Ultrakurzwelle F̄ onda f ultracurta; RADIO modulação f de frequência **'Ultraschall** M̄ ⟨-(e)s; o. pl⟩ ultra-som m **ultraviolett** ultravioleta

um [ʊm] A PRÄP ⟨akk⟩ ❶ örtlich:: **~ (... herum)** em volta de, ao (od em) redor de ❷ zeitlich:; Aufeinanderfolge: a; ungefähr: **~ (... herum)** cerca de, perto de, Uhrzeit: pela(s); **Jahr ~ Jahr** ano por ano ❸ Grund: **~ ...** (gen) **willen** por; por causa de, no interesse de; **~ meinetwillen** por (amor de) mim; **~ Gottes willen** por (bras pelo) amor de Deus ❹ Maß zunehmen etc: por; **~ e-n Meter höher** um metro; **~ so besser** → umso; **~ etw kommen** perder a/c ❺ Preis: por, pelo preço de; **~ keinen Preis** fig (não) de nenhum modo B KONJ **~ zu** (inf) para C ADV **~ und ~** por todos os lados; completamente; **~ sein** (vorbei sein) **das Jahr ist um** o ano acabou od terminou; **→ a.** umhaben

'umändern ⟨-re⟩ mudar, transformar, reorganizar **'umarbeiten** ⟨-e-⟩ refazer, modificar; Buch refundir

um'armen [ʊmˈʔarman] V̄T ⟨-⟩ abraçar, dar um abraço a **Umarmung** F̄ abraço m

'Umbau M̄ ⟨-(e)s; -ten⟩ reconstrução f; THEAT mudança f de decoração; fig a. reforma f, reorganização f **'umbauen** reconstruir; reformar, reorganizar

'umbesetzen ⟨-⟩ THEAT alterar a distribuição dos papéis **'umbetten** ⟨-e-⟩ mudar de cama; Leiche trasladar **'umbiegen** dobrar, torcer **'umbilden** ⟨-e-⟩ transformar; reformar; POL a. remodelar **'Umbildung** F̄ transformação f; fig reorganização f; POL bes Ministerium: remodelação f, recomposição f **'umbinden** ligar (em volta); (sich dat) **~** Krawatte pôr **'umblättern** ⟨-re⟩ virar a(s) folha(s) **'umblicken** V̄R **sich ~** olhar em volta, olhar para trás, virar a cabeça (**nach** à procura de)

'umbrechen[1] romper; AGR surribar **um'brechen**[2] ⟨-⟩ TYPO Text compaginar, Zeilen recorrer

'umbringen matar, assassinar

'Umbruch M̄ AGR surriba f; TYPO compaginação f; POL revolução f, mudança f radical **umbuchen** passar para outra conta; Reise alterar, transferir **Umbuchung** F̄ FIN transferência f conta a conta; e-r Reise: alteração f **umdatieren** ⟨-⟩ mudar a data **umdisponieren** ⟨-⟩ alterar os planos **umdrehen** A V̄T virar, dar uma volta a; **zweimal ~** dar duas voltas a; **j-m den Hals ~** torcer o pescoço a alg B V̄R **sich ~** virar-se, voltar-se, volver a cabeça **Um'drehung** F̄ rotação f; volta f, giro m **Um-**

'drehungszahl F TECH número m de rotações **Umerziehung** F bes POL reeducação f

'umfahren[1] derribar; j-n atropelar

um'fahren[2] V/T ⟨-⟩ dar a volta de; SCHIFF dobrar; rondar

'umfallen ⟨s.⟩ cair; tombar; *Wagen* virar-se; *fig* retratar-se, mudar de opinião, mudar de atitude; **zum Umfallen müde sein** *umg* estar a cair (*bras* estar caindo) de sono

'Umfang M ⟨-(e)s; ⸚e⟩ circunferência f, circuito m; MATH perímetro m; (*Tragweite*) envergadura f; (*Ausdehnung*) extensão f; MUS a. diapasão m; *körperlich*: volume m; *fig* proporções fpl, envergadura f **um'fangen** abraçar **'umfangreich** volumoso; *fig* extenso, de grande envergadura

'umfärben retingir

um'fassen ⟨-t; -⟩ abranger, abarcar, compreender; *mit der Faust*: empunhar; MIL cercar, *a. fig* envolver **umfassend** ADJ extenso, amplo; abarcador **Umfassung** F cerca f, circuito m **Umfassungsmauer** F muralha f de circunvalação

'Umfeld N PSYCH ambiente m

um'fliegen V/T ⟨-⟩ voar em volta de **um'fließen** ⟨-⟩, **um'fluten** V/T ⟨-e-; -⟩ correr ao redor de, banhar

'umformen transformar **'Umformer** M ELEK transformador m **'Umformung** F transformação f

'Umfrage F (*sondagem-*)inquérito m

Um'friedung [ʊmˈfriːdʊŋ] F cerca f

'umfüllen transvasar; mudar (**in** *akk* para)

'Umgang M (*Verkehr*) trato m, relações fpl; **schlechter ~** má companhia; ARCH galeria f; volta f; REL procissão f; **~ haben mit** lidar com; **mit j-m ~ haben** *a*. dar-se com alg **'umgänglich** [ˈʊmɡɛŋlɪç] tratável; sociável **'Umgangsformen** FPL modos mpl; maneiras fpl, trato msg **Umgangssprache** F linguagem f corrente **umgangssprachlich** A ADJ da linguagem corrente B ADV na linguagem corrente

um'garnen [ʊmˈɡarnən] ⟨-⟩ enredar; *fig* iludir; seduzir

um'geben ⟨-⟩ rodear, cercar (**mit** de); envolver **Um'gebung** [ʊmˈɡeːbʊŋ] F

❶ arredores mpl, arrabaldes mpl; *nähere*: imediações fpl, vizinhança f ❷ *j-s persönliche*: companhia f, intimidade f; *e-s Fürsten etc*: séquito m, corte f **'Umgegend** F → Umgebung 1

'umgehen[1] V/I ⟨s.⟩ circular; *Geist* andar; **mit** *j-m* **~** ter relações com, dar-se com; **mit etw ~** tratar de a/c, lidar com a/c; manejar a/c; *gut etc*: tratar a/c; **mit e-r Absicht etc ~** ter **'umgehend** A ADJ imediato B ADV imediatamente; *Postwesen*: na volta do correio

um'gehen[2] V/T ⟨-⟩ dar a volta de; MIL envolver; (*meiden*) evitar; iludir **Umgehung** [ʊmˈɡeːʊŋ] F *j-s*: exclusão f; MIL envolvimento m; **unter ~** (*gen od* **von**) *a*. evitando (*akk od* que …) **Umgehungsstraße** F desvio m

'umgekehrt A ADJ inverso B ADV às avessas; ao contrário; **und ~** e vice-versa

'umgestalten ⟨-e-; -⟩ transformar; remodelar, *fig* reorganizar **'Umgestaltung** F transformação f; remodelação f; *fig a*. reorganização f **'umgießen** ❶ (*umfüllen*) transvasar, trasfegar; mudar (**in** *akk* para) ❷ (*umschütten*) verter; LIT, TECH refundir **'umgraben** escavar **'umgrenzen** ⟨-t; -⟩ limitar; demarcar; (*umzäunen*) cercar; *fig* delimitar, determinar **'umgruppieren** V/T ⟨-⟩ mudar a disposição de, dar outra disposição a; reorganizar

'umgucken V/R **sich ~** *umg* → umsehen **'umgürten** ⟨-e-; -⟩ cingir **'umhaben** ter posto; usar, trazer; *bras a*. estar de …

'Umhang M ⟨-(e)s; ⸚e⟩ capa f; manta f **'umhängen** V/T *Bilder* mudar (para outro lugar); (**sich** *dat*) **~** pôr **'Umhängetasche** F sacola f (*od* malinha; *bras* bolsa f) a tiracolo **'umhauen** ❶ *Baum* abater, derribar ❷ *fig umg* **j-n ~** (*verblüffen*) deixar alg de boca aberta

um'her ADV em volta, em redor **umherblicken** olhar em volta **umherfahren** ⟨s.⟩, **umhergehen** ⟨s.⟩ (andar a) passear **umherirren** ⟨s.⟩ (andar a) vaguear; errar **umherirrend** ADJ vadio **umherlaufen** ⟨s.⟩ correr de um lado para o outro **umherschleichen** ⟨s.⟩ (andar a) rodar **umherziehen** ⟨s.⟩ **~ in** (*dat*) andar por **umherziehend** ADJ ambulante

um'hinkönnen V/I **nicht ~ zu** não po-

der deixar de
'umhören V/R sich ~ informar-se (**nach** de)
um'hüllen ⟨-⟩ envolver, encapar, encobrir **Umhüllung** F capa f; invólucro m; BOT, CHEM camisa f
um'jubeln ⟨-le; -⟩ acolher com júbilo, aplaudir freneticamente, ovacionar
um'kämpft disputado
'Umkehr ['ʊmkeːr] F ⟨o. pl⟩ volta f; regresso m; fig conversão f; → Umkehrung **'umkehrbar** reversível **'umkehren** A V/T virar, mudar; MATH, ELEK, GRAM inverter; **alles ~** revolver tudo, remexer tudo; a. → umgekehrt B V/I ⟨s.⟩ voltar (para trás), regressar (pelo mesmo caminho) **'Umkehrung** F inversão f

'umkippen A V/T virar B V/I ⟨s.⟩ voltar-se, virar-se; *Gewässer* morrer biologicamente; fig mudar de opinião, mudar de atitude

um'klammern V/T ⟨-re; -⟩ apertar; a. fig agarrar-se a **Umklammerung** F aperto m; MIL cerco m

'umklappen dobrar; virar

'Umkleide F vestiário m **Umkleidekabine** F cabine f **'umkleiden**[1] ⟨-e-⟩ j-n mudar a roupa a; **sich ~** mudar de roupa

um'kleiden[2] ⟨-e-; -⟩ revestir (**mit** de)
'Umkleideraum M vestiário m
'umknicken A V/T dobrar, quebrar B V/I ⟨s.⟩ cair; **mit dem Fuß ~** torcer o pé
'umkommen ⟨s.⟩ perecer; morrer; *umg etw* perder-se

'Umkreis M circuito m; circunferência f; periferia f; *Raum*: âmbito m; **im ~ von ...** numa área de ... **um'kreisen** V/T ⟨-t; -⟩ girar à volta de

'umkrempeln ⟨-le⟩ volver; *Hose* arregaçar; fig revolver **'umladen** carregar doutra maneira; baldear, tra(n)sbordar **'Umlage** F repartição f; quota f (*od* cota f) extraordinária **um'lagern** ⟨-e-; -⟩ sitiar, cercar

'Umlauf M circulação f; ASTRON revolução f; TECH rotação f completa; **in ~ bringen, in ~ setzen** fazer circular; **in** *od* **im ~ sein** circular **Umlaufbahn** F ASTRON órbita f

um'laufen[1] V/I ⟨s.⟩ circular
'umlaufen[2] A V/I (*in Umlauf sein*) circu-

lar B V/T (*zu Fall bringen*) atropelar
'Umlaut M ⟨-(e)s; -e⟩ metafonia f
'umlegen (*umklappen, falten*) dobrar; abater; (*hinlegen*) deitar; ARCH derrubar, apear; *Schal, Mantel* pôr; MED *Verband* aplicar; (*verteilen*) **~ auf** (*akk*) repartir por
'umleiten ⟨-e-⟩ desviar **'Umleitung** F (via f de) desvio m **'Umleitungsschild** N placa f de desvio **'umlenken** fazer voltar; (*umleiten*) desviar
'umlernen mudar de método, mudar de hábito; seguir uma orientação diferente **'umliegend** (circun)vizinho; adjacente; circunjacente

um'mauern ⟨-re; -⟩ amuralhar
'ummelden V/R sich ~ comunicar a mudança de residência

um'nebeln [ʊmˈneːbəln] ⟨-le; -⟩ ofuscar, enevoar

'umpacken reempacotar, reembalar; *Koffer* fazer de novo **'umpflanzen** ⟨-t⟩ transplantar **'umpflügen** arar, lavrar, surribar **'umpolen** V/T inverter a polaridade de **'umprogrammieren** ⟨-⟩ reprogramar **'umquartieren** ['ʊmkvarˌtiːrən] ⟨-⟩ dar outro alojamento a

um'rahmen ⟨-⟩ encaixilhar; emoldurar; **~ mit** enquadrar em; rodear de **um'randen** [ʊmˈrandən] ⟨-e-; -⟩ orlar (**mit** de); **schwarz ~** a. tarjar **um'ranken** V/T ⟨-⟩ cobrir com ramagem; enroscar(-se)

'umräumen mudar (a disposição)
'umrechnen ⟨-e-⟩ **~ in** (*akk*) passar para; converter em; MATH reduzir a **Umrechnung** F câmbio m; conversão f; redução f **Umrechnungskurs** M câmbio m

'umreißen[1] (*niederreißen*) derribar, demolir; *bras* derrubar

um'reißen[2] ⟨-⟩ *Plann, Idee* esboçar
'umrennen *j-n* atropelar; *etw* derribar; *bras* derrubar **um'ringen** V/T ⟨-⟩ rodear
'Umriss M esboço m; perfil m, contorno m; **in groben ~en** em traços largos
'umrühren mexer; revolver

ums [ʊms] PRÄP & ART (**üm das**) → um
'umsatteln V/T ⟨-le⟩ mudar de sela; fig mudar de profissão

'Umsatz M movimento m; volume n de vendas **Umsatzprovision** F comissão f de vendas **Umsatzrückgang** M ⟨-(e)s; *o. pl*⟩ baixa f de vendas **Umsatzsteuer** F imposto m sobre a venda

um'säumen ⟨-⟩ cercar, orlar (**mit** de)
'umschalten ⟨-e-⟩ ELEK comutar; AUTO mudar a velocidade **Umschalter** M̄ comutador m **Umschalttaste** F̄ comutador m; TYPO tecla f de maiúsculas **Umschaltung** F̄ ELEK comutação f
'Umschau F̄ ⟨o. pl⟩ (Rundblick) panorama m; fig revista f; **~ halten (nach)** estar à espreita de **umschauen** V/R **sich ~** olhar em volta; olhar para trás, virar a cabeça; **sich ~ nach** fig procurar; **sich in der Welt ~** ver (od correr) mundo
'umschichten ⟨-e-⟩ fig reagrupar; reajustar **um'schiffen** V/T ⟨-⟩ circum-navegar; bras circunavegar; Kap dobrar; fig evitar **um'schiffung** [ʊmˈʃɪfʊŋ] F̄ circum-navegação f; bras circunavegação f
'Umschlag M̄ embrulho m; (Briefumschlag) sobrescrito m, envelope m; (Buchumschlag) capa f; HANDEL v. Waren: transbordo m; MED cataplasma m; compressa f **umschlagen** A V/I ⟨s.⟩ (kippen) virar-se; Wetter mudar; **~ in** (akk) transformar-se em B V/T Tuch pôr; (falten) dobrar; (wenden) virar; Ärmel etc arregaçar; HANDEL transbordar, rotar **Umschlag(e)tuch** N̄ xaile m, manto m; bras xale m **Umschlaghafen** M̄ porto m de transbordo **Umschlagplatz** M̄ ponto m de transbordo
um'schließen V/T ⟨-⟩ cercar, abarcar; fig abranger **umschließend** ADJ abarcador **um'schlingen** ⟨-⟩ abraçar, abarcar **um'schmeicheln** ⟨-⟩ lisongear, bajular; fig acariciar **um'schmeißen** V/T umg deitar abaixo **'umschmelzen** refundir **'umschnallen** cingir
um'schreiben[1] ⟨-⟩ (beschreiben) circunscrever; fig parafrasear
'umschreiben[2] (ändern) refundir; JUR, HANDEL transferir
Um'schreibung[1] F̄ circunscrição f; perífrase f
'Umschreibung[2] F̄ HANDEL transcrição f, transferência f
'Umschrift F̄ transcrição f
'umschulden ⟨-e-⟩ converter dívidas **'Umschuldung** F̄ FIN conversão f de dívidas **'umschulen** mudar de escola; Beruf readaptar; bras reciclar **'Umschulung** F̄ mudança f de escola; Beruf: readaptação f (profissional); POL reeducação f
'umschütten ⟨-e-⟩ verter; entornar
um'schwärmen V/T ⟨-⟩ esvoaçar em volta de; voar em volta de; MIL envolver; Frau adorar; fazer a corte a; namorar
'Umschweife MPL **ohne ~** sem rodeios **'umschwenken** fig mudar de atitude; mudar de opinião **'Umschwung** M̄ mudança f, revolução f, reviravolta f
um'segeln ⟨-le; -⟩ circum-navegar; bras circunavegar; Kap dobrar **Umsegelung** [ʊmˈzeːgəluŋ] F̄ circum-navegação f; bras circunavegação f
'umsehen V/R **sich ~** olhar em volta, olhar para trás, virar a cabeça (**nach** à procura de); **sich ~ nach** fig procurar; **sich in der Welt ~** fig ver (od correr) mundo
'umseitig [ˈʊmzaɪtɪç] ADJ & ADV no verso **'umsetzbar** [ˈʊmtsɛtsbaːr] convertível; HANDEL vendável **'umsetzen** ⟨-t⟩ HANDEL vender, colocar; MUS transpor; AGR transplantar; **~ in** (akk) transformar em, converter em **'Umsicht** F̄ ⟨o. pl⟩ vista f, panorama m; fig cautela f, circunspe(c)ção f **'umsichtig** [ˈʊmzɪçtɪç] cauteloso, prudente, circunspe(c)to **'umsiedeln** trasladar; expatriar **'umsinken** ⟨s.⟩ (deixar-se) cair
umso KONJ **~ besser** tanto melhor
um'sonst ADV (unentgeldlich) de graça, gratuito; umg de borla; (vergebens) em vão, debalde, inutilmente **um'sorgen** ⟨-⟩ cuidar de
'umspannen[1] ELEK transformar
um'spannen[2] ⟨-⟩ abraçar; abarcar; fig abranger
umspringen Ampel mudar de cor; **mit j-m übel ~** tratar alg mal (akk); portar-se mal com alg **'umspulen** rebobinar **'Umstand** M̄ circunstância f **Umstände** MPL circunstâncias fpl, condições fpl; (Lage) a. situação f; **~ machen** Person fazer cerimónias (bras *ô*); j-m causar transtorno a; **sich** (dat) **~ machen** incomodar-se; **in anderen ~n** no seu (bras em) estado interessante; **unter ~n** a. talvez; **unter allen ~n** a todo o custo, a todo o transe, em todo o caso; **unter keinen ~n** de modo algum **'umständehalber** ADV circunstancialmente, por força das circunstâncias **'umständlich** [ˈʊmʃtɛntlɪç] etw complicado; Bericht circunstanciado,

pormenorizado; *j-d* cerimonioso; maçador
'Umstandskleidung F ⟨o. pl⟩ vestuário m (od roupa f) para futuras mães od para grávidas **'Umstandskrämer** M formalista m; maçador m **'Umstandswort** N ⟨-(e)s; ⸚er⟩ advérbio m
um'stehen ⟨-⟩ rodear, cercar **'umstehend** ADJ (umseitig) no verso; **die Umstehenden** pl as pessoas presentes, os circunstantes
'Umsteigebahnhof M (estação f de) correspondência **Umsteigefahrschein** ['ʊmʃtaɪɡəfaːrʃaɪn] M, **Umsteigekarte** F bilhete m de transbordo **umsteigen** ⟨s.⟩ mudar de carro (in BAHN de comboio); *bras* baldear
um'stellen[1] ⟨-⟩ *Polizei* cercar
'umstellen[2] VIT mudar; dispor de outra forma; **sich ~** mudar de orientação; adaptar-se às circunstâncias **'Umstellung** F GRAM inversão f; TECH conversão f; *fig* nova orientação f; adaptação f (**auf** *akk* a)
'umstimmen MUS mudar (para outra tonalidade); *fig* demover; fazer mudar de parecer **umstoßen** derrubar, deitar abaixo; *fig a.* anular, revogar
um'stricken ⟨-⟩ *fig* iludir, seduzir
um'stritten [ʊm'ʃtrɪtən] duvidoso, discutido
'umstrukturieren ⟨-⟩ reestruturar **Umstrukturierung** F reestruturação f
'umstülpen emborcar; *Ärmel* arregaçar **'Umsturz** M ⟨-es; o. pl⟩ subversão f; revolução f **'umstürzen** ⟨-t⟩ A VIT virar, entornar; derrubar (*a. fig*) B VII ⟨s.⟩ entornar-se, cair (*a. fig*) **umstürzlerisch** subversivo **'umtaufen** VIT mudar o nome de (od a); **sich ~ lassen** mudar de nome; REL converter-se
'Umtausch M ⟨-es; o. pl⟩ troca f
'umtauschen trocar (**gegen** por) **'Umtauschkurs** M curso m de câmbio
'Umtriebe ['ʊmtriːbə] PL intrigas fpl; maquinações fpl; manejos mpl
'umtun (**sich** dat) **etw ~** pôr a/c; *fig* **sich ~** ver, procurar; informar-se **'umwälzen** ⟨-t⟩ revolver; transformar **'Umwälzung** ['ʊmvɛltsʊŋ] F revolução f, reviravolta f; TECH circulação f; revolução f

'umwandeln ⟨-le⟩ transformar (*a.* ELEK), mudar; FIN converter; JUR comutar
'Umwandlung F transformação f; comutação f **'umwechseln** ⟨-le⟩ trocar; (abwechseln) alternar(-se)
'Umweg M volta f, desvio m; *a. fig* rodeio m; **auf ~en** *a.* indire(c)tamente
um'wehen[1] ⟨-⟩ rodear
'umwehen[2] derribar; *bras* derrubar
'Umwelt F ⟨o. pl⟩ (meio) ambiente m **umweltbedingt** devido ao meio ambiente **Umweltbedingungen** FPL condições fpl ambientais **Umweltbelastung** F poluição f do meio ambiente **umweltbewusst** sensível aos problemas do meio ambiente **Umweltbewusstsein** N ⟨o. pl⟩ sensibilidade f aos problemas do meio ambiente **Umwelteinflüsse** MPL influências fpl (meio) ambiente **umweltfreundlich** não poluente **Umweltgift** N ecotóxico m **Umweltkatastrophe** F catástrofe f ecológica, ecocatástrofe f **Umweltkriminalität** F criminalidade f ambiental (od ecológica) **Umweltminister(in)** M(F) Ministro m, -a f do Ambiente **Umweltministerium** N Ministério m do Ambiente **Umweltpapier** N papel m ecológico **Umweltpolitik** F política f ambiental **Umweltschäden** MPL degradações fpl do meio ambiente **umweltschädigend** nocivo ao meio ambiente **Umweltschutz** M ⟨-es; o. pl⟩ prote(c)ção f do meio ambiente **Umweltschützer(in)** M(F) ecologista m/f **Umwelttechnologie** F tecnologia f do ambiente **Umweltverschmutzung** F poluição f do meio ambiente **umweltverträglich** não-poluente **Umweltzerstörung** F destruição f do meio ambiente **Umweltzone** F zona f ambiental
'umwenden virar; **sich ~** *a.* voltar-se, volver a cabeça **um'werben** ⟨-⟩ *Frau* namorar, cortejar; *etw* solicitar **umwerfen** A VIT derrubar, deitar abaixo; *Mantel* pôr (aos ombros) B VII *Wagen* virar; *bras* capotar; HANDEL falir, quebrar **umwerfend** *fig* espantoso **um'wickeln** ⟨-le; -⟩ envolver; embrulhar; MED ligar **umwühlen** revolver, remexer
um'zäunen [ʊm'tsɔʏnən] ⟨-⟩ cercar **Umzäunung** [ʊm'tsɔʏnʊŋ] F (Zaun)

grades *mpl*; *Gebiet*: cercado *m*, tapada *f*
'umziehen [A] *V/i* mudar (de casa) (**nach** para) [B] *V/t* j-n ~ mudar a roupa a alg [C] *V/R* **sich** ~ mudar de roupa (*od* de fato)
um'zingeln [ʊm'tsɪŋɡəln] ‹-le; -› envolver, cercar
'Umzug *M* [1] mudança *f* (de casa) (**nach** para) [2] (*Festzug*) cortejo *m*; REL procissão *f*

unab'änderlich ['ʊn²apʔɛndɐrlɪç] inalterável, invariável; *Beschluss* irrevogável **unab'dingbar** indispensável; essencial; imprescindível **'unabhängig** independente **'Unabhängigkeit** *F* ‹o. *pl*› independência *f* **'unabkömmlich** indispensável; não disponível **'unablässig** contínuo, ininterrupto **unab'sehbar** imenso, ilimitado; interminável; *Folge* incalculável **'unabsichtlich** [A] ADV involuntário [B] ADV sem querer **unab'weisbar** [ʊn²ap'vaɪsbaːr], **unab'weislich** imperioso; irrecusável; ~ **sein** *a.* impor-se **unab'wendbar** inevitável, fatal
'unachtsam distraído; descuidado **'Unachtsamkeit** *F* distra(c)ção, inadvertência *f*, descuido *m* **'unähnlich** (*dat*) diferente; pouco (*od* nada) parecido (com) **'unan'fechtbar** incontestável, indiscutível **'unangebracht** ['ʊn²anɡəbraxtən] inoportuno, descabido, despropositado **'unangefochten** ['ʊn²anɡəfɔxtən] tranquilo, incólume, sem ser molestado; (*unbestritten*) incontestado; ~ **lassen** *a.* deixar em paz **unangemeldet** sem ser anunciado **'unangemessen** inconveniente, → unangebracht **'unangenehm** desagradável; j-d antipático **'unangetastet** ['ʊn²anɡətastət] inta(c)to **unan'greifbar** inatacável; intangível **unan'nehmbar** inaceitável **'Unannehmlichkeit** *F* desgosto *m*, transtorno *m* **'unansehnlich** feio; *fig* insignificante, mesquinho **unanständig** indecente, indecoroso **'Unanständigkeit** *F* indecência *f*; patifaria *f* **unan'tastbar** [ʊn²an'tastbaːr] intocável, inviolável **'unappetitlich** repugnante
'Unart *F* (*Fehler*) vício *m*, mau costume *m*; (*Unhöflichkeit*) descortesia *f*; *Kind*: maldade *f* **'unartig** mau; *bras* feio; mal-educado
'unästhetisch feio, de mau gosto

'unaufdringlich, **'unauffällig** discreto **unauf'findbar** [ʊn²aʊf'fɪntbaːr] **er ist** ~ não há maneira de o encontrar **'unaufgefordert** ['ʊn²aʊfɡəfɔrdɐrt] ADV espontâneo **'unaufgeklärt** ainda não esclarecido; misterioso **'unaufgeräumt** desarrumado **unauf'haltsam** [ʊn²aʊf'haltzaːm] irresistível; imparável **unauf'hörlich** [ʊn²aʊf'høːrlɪç] [A] ADJ incessante, constante, contínuo [B] ADV *a.* sem cessar **unauf'löslich** insolúvel; *fig* indissolúvel **'unaufmerksam** desatento, distraído; descuidado **'Unaufmerksamkeit** *F* falta *f* de atenção, distra(c)ção *f*, descuido *m* **'unaufrichtig** falso, pouco sincero **'Unaufrichtigkeit** *F* ‹o. *pl*› falta *f* de sinceridade **unauf'schiebbar** urgente; impreterível
unaus'bleiblich [ʊn²aʊs'blaɪplɪç] inevitável, fatal **unaus'führbar** irrealizável, impraticável, inexecutável, inexequível **'unausgebildet** não desenvolvido; *Organ* rudimentar; j-d sem instrução **'unausgeführt** não realizado; (*nur skizziert*) esboçado **'unausgefüllt** vago, em branco **'unausgeglichen** desequilibrado **unaus'löschlich** [ʊn²aʊs'lœʃlɪç] indelével **unaus'rottbar** [ʊn²aʊs'rɔtbaːr] inexterminável; *fig* incorrigível **unaus'sprechlich** [ʊn²aʊs'ʃprɛçlɪç] indizível; inefável **unaus'stehlich** [ʊn²aʊs'ʃteːlɪç] insuportável **unaus'weichlich** inevitável
'unbändig indómito (*bras* *ô*), indomável; *Freude* exuberante; *umg* doido **unbarmherzig** despiedoso, desumano **Unbarmherzigkeit** *F* ‹o. *pl*› despiedade *f*, desumanidade *f* **unbeabsichtigt** ['ʊnbəʔapzɪçtɪçt] involuntário; despropositado **unbeachtet** despercebido; ~ **bleiben** passar despercebido; ~ **lassen** não fazer caso de **unbeanstandet** sem oposição; sem reclamação **unbeantwortet** sem resposta, por responder **unbearbeitet** tosco, não trabalhado; AGR inculto **unbebaut** sem construções; AGR inculto, ermo **unbedacht** inconsiderado, irrefle(c)tido
'unbedarft ingénuo (*bras* *ê*); desajeitado **unbedeckt** descoberto **unbedenklich** ADV sem hesitar; ~ **sein** *etw* não ter inconveniente

'**unbedeutend** insignificante, sem importância **unbedingt** Ⓐ ADJ incondicional, absoluto Ⓑ ADV a. sem falta; ~ **nötig** indispensável, imprescindível **unbeeinflusst** ['ʊnbəʔaɪnflʊst] sem ser influenciado (**von** por); independente (**durch** de); **unbefahrbar** impraticável, intransitável; SCHIFF inavegável **unbefangen** desembaraçado, despreocupado; JUR imparcial; (offen) franco; (arglos) ingénuo (bras *ê), cândido **Unbefangenheit** F ⟨o. pl⟩ desenvoltura f; ingenuidade f; JUR imparcialidade f **unbefleckt** sem mancha; a. REL imaculado **unbefriedigend** pouco satisfatório, nada satisfatório **unbefriedigt** descontente, insatisfeito **unbefristet** sem prazo; ~ **sein** a. não ter prazo **unbefugt** não autorizado; TECH estranho ao serviço; JUR incompetente

'**unbegabt** sem talento **unbegreiflich** incompreensível, inconcebível **unbegrenzt** ilimitado; ~ **haltbar** de duração (od resistência) ilimitada **unbegründet** infundido, sem fundamento; injustificado; ~ **sein** a. não ter fundamento (od base) **Unbehagen** N ⟨-s; o. pl⟩ mal-estar m **unbehaglich** desagradável; (lästig) incómodo (bras *ô); Zimmer pouco confortável; MED indisposto; **~es Gefühl** n mal-estar m **unbehelligt** sem ser molestado **unbeherrscht** descontrolado; imoderado **unbehindert** Ⓐ ADJ livre; desimpedido Ⓑ ADV a. sem ser impedido, sem encontrar obstáculo **unbeholfen** ['ʊnbəhɔlfən] acanhado, desajeitado **Unbeholfenheit** F ⟨o. pl⟩ acanhamento m, falta f de jeito **unbeirrt** ['ʊnbəʔɪrt] firme **unbekannt** desconhecido; ~ **sein mit** desconhecer, ignorar, não conhecer; **die Unbekannte** MATH a incógnita **unbekleidet** despido, nu

'**unbekümmert** indiferente; (sorglos) despreocupado (**um** com) **Unbekümmertheit** F ⟨o. pl⟩ indiferença f, despreocupação f

'**unbelastet** sem carga; Grundstück sem hipotecas; fig despreocupado **unbelebt** inanimado, sem vida, inânime; Ort pouco frequentado **unbelehrbar** incorrigível; fanático **unbeliebt** impopular (**bei** entre); malvisto, malquisto (**bei** por) **Unbeliebtheit** F ⟨o. pl⟩ impopularidade f; falta f de simpatia **unbemannt** não tripulado; sem tripulação **unbemerkt** Ⓐ ADJ despercebido Ⓑ ADV sem ser notado, sem ser visto **unbenannt** ['ʊnbənant] anónimo (bras *ô), sem nome **unbenommen** ADV **es bleibt j-m ~ zu** alg está livre de **unbenutzbar** inutilizável **unbenutzt** sem proveito; **noch ~** novo **unbeobachtet** inobservado, despercebido, sem ser notado **unbequem** incómodo (bras *ô) **Unbequemlichkeit** F ⟨o. pl⟩ incomodidade f **unberechenbar** incalculável (a. fig); imprevisível (a. fig) **unberechtigt** etw injustificado; j-d não autorizado **unberücksichtigt ~ lassen** não tomar em consideração, não fazer caso de

'**unberufen** sem autorização; **~!** que o diabo seja surdo! **unberührt** inta(c)to **unbeschadet** ['ʊnbəʃaːdət] (gen) salvo (akk), sem prejuízo de **unbeschädigt** inta(c)to, indemne; j-d ileso, são e salvo; HANDEL em boas condições **unbeschäftigt** desocupado **unbescheiden** imodesto; indiscreto; impertinente **Unbescheidenheit** F ⟨o. pl⟩ imodéstia f **unbescholten** ['ʊnbəʃɔltən] íntegro, irrepreensível; JUR sem antecedências judiciárias **Unbescholtenheit** F ⟨o. pl⟩ integridade f, reputação F inta(c)ta; irrepreensibilidade f **unbeschränkt ~er Bahnübergang** M passagem f de nível sem guarda **unbeschränkt** ilimitado **unbe'schreiblich** [ʊnbəˈʃraɪplɪç] indescritível **unbeschrieben** ['ʊnbəʃriːbən] em branco; **er ist ein ~es Blatt** fig umg ele é uma folha em branco **unbeschwert** fig etw ligeiro; j-d despreocupado **unbesehen** sem (o) ver, sem olhar (para ...) **unbesetzt** livre, desocupado; Amt vago **unbesiegbar** ['ʊnbəziːkbaːr] invencível, inexpugnável

'**unbesonnen** inconsiderado, irrefle(c)tido; j-d a. imprudente **Unbesonnenheit** F ⟨o. pl⟩ imprudência f; desatino m

'**unbesorgt** descansado; **seien Sie ~!** esteja oḋ fique descançado **unbeständig** inconstante, instável; variável; pouco seguro **Unbeständigkeit** F instabilidade f; inconstância f; vicissitude f 'unbestätigt não confirmado **unbestechlich** incorrupto, incorruptível; íntegro; *Urteil* obje(c)tivo **Unbestechlichkeit** F integridade f (moral); obje(c)tividade f **unbestellt** AGR inculto, baldio **unbestimmbar** indeterminável **unbestimmt** indeterminado, indefinido; vago; indeciso; incerto **unbe'streitbar** incontestável **unbestritten** ['unbaʃritan] incontestado; incontroverso **unbeteiligt** desinteressado (**bei** em) **unbetont** não acentuado, átono **unbeträchtlich** insignificante **unbeugsam** ['unbɔykza:m] inflexível; *fig* a. inabalável **Unbeugsamkeit** F firmeza f; inflexibilidade f **unbevölkert** despovoado, deserto

'**unbewacht** não guardado; não vigiado; *Augenblick* a. de fraqueza
'**unbewaffnet** desarmado; sem armas; inerme **unbewandert** pouco versado; ignorante (**in** *dat* de) **unbewässert** *Land* de sequeiro, não irrigado **unbeweglich** imóvel; *fig* impassível; **~es Gut** n bens *mpl* imóveis, bens *mpl* de raiz **Unbeweglichkeit** F ⟨*o. pl*⟩ imobilidade f; *fig* impassibilidade f **unbewegt** imóvel; *fig* impassível **unbeweisbar** indemonstrável; **~ sein** a. não se poder provar **unbewiesen** ['unbavi:zan] não provado **unbewohnbar** inabitável **unbewohnt** inabitado; despovoado; deserto; *vorübergehend*: desabitado **unbewusst** A ADJ inconsciente (a. MED); instintivo, involuntário B ADV a. sem reparar **Unbewusste(s)** N ⟨-n; *o. pl*⟩ PSYCH inconsciente m **unbe'zahlbar** impagável **unbezahlt** não pago; por pagar **unbe'zähmbar** indomável **unbe'zwinglich** invencível, inexpugnável **Unbilden** PL *geh* **~ der Witterung** intempérie *fsg*, inclemências *fpl* do tempo; *bras* intempéries *fpl* **unblutig** não sangrento; incruento; sem derramação (*bras*) derramamento) de sangue **unbotmäßig** ['unbo:tme:sɪç] insubordinado, insubmisso **Unbotmäßigkeit** F insubordinação f, rebeldia f **unbrauchbar** inútil; **~ sein** a. não prestar; **~ machen** inutilizar; (*unfähig*) incapaz **unbürokratisch** não burocrático **unchristlich** pouco cristão

und [unt] KONJ e; **~ nicht** e não; **~ so weiter** etcétera, e assim por diante; **~ zwar** e (precisamente), e (nomeadamente)
'**Undank** M ⟨-(e)s; *o. pl*⟩ ingratidão f **undankbar** ingrato **Undankbarkeit** F ⟨*o. pl*⟩ ingratidão f
'**undatiert** ['undati:rt] sem data **undefinierbar** indefinível **un'denkbar** inconcebível, inimaginável; **seit ~en Zeiten** desde tempos imemoriais **undeutlich** indistinto; confuso; ininteligível; *Schrift* ilegível '**undicht** permeável; **~ sein** a. vedar mal; *Gefäß* deitar, vazar
'**Unding** N absurdo m, disparate m
'**undiszipliniert** indisciplinado
'**unduldsam** intolerante **Unduldsamkeit** F ⟨*o. pl*⟩ intolerância f
undurch'dringlich impenetrável; PHYS impermeável **undurch'führbar** inexequível, inexecutável; irrealizável; impossível '**undurchlässig** impermeável '**undurchsichtig** opaco; não transparente; *fig* enigmático, impenetrável '**Undurchsichtigkeit** F ⟨*o. pl*⟩ opacidade f

'**uneben** desigual, irregular; *Gelände, Weg* acidentado; **nicht ~ sein** *umg fig* não estar mal **Unebenheit** F desigualdade f, irregularidade f; sinuosidade f; desnível m; *stilistische*: deslize m
'**unecht** falso; (*nachgemacht*) imitado; *bras* de imitação; (*gefälscht*) contrafeito; (*künstlich*) artificial; *Haar, Zahn* postiço; *Farbe* não fixo **unehelich** ilegítimo, natural **Unehre** F ⟨*o. pl*⟩ desonra f **un'ehrenhaft** desonroso, indigno, indecoroso **unehrlich** desonesto, desleal **Unehrlichkeit** F deslealdade f; má fé f **uneigennützig** desinteressado, altruísta **Uneigennützigkeit** F desinteresse m, altruísmo m **uneigentlich** impróprio
'**uneingeschränkt** ilimitado; absoluto **uneinig** desunido; em desacordo **Uneinigkeit** F discórdia f, desacordo m, desunião f **unein'nehmbar** [un?aɪn-'ne:mba:r] MIL inexpugnável
'**uneins** → uneinig
'**unempfänglich ~ für** insensível a, não susceptível de; MED imune contra **Unempfänglichkeit** F ⟨*o. pl*⟩ insensibilidade f
'**unempfindlich** insensível (**gegen** a);

(stumpf) indiferente, apático; **~ machen** MED anestesiar **Unempfindlichkeit** F ⟨o. pl⟩ insensibilidade f; apatia f
un'endlich infinito, imenso **Unendlichkeit** F ⟨o. pl⟩ infinito m, infinidade f
'unentbehrlich indispensável, imprescindível **'unentgeltlich** A ADJ gratuito B ADV a. de graça, grátis
'unentschieden ADJ indeciso; pendente; *Spiel* empatado; **~ spielen** empatar **'Unentschieden** N *Ergebnis:* empate m
'unentschlossen indeciso, irresoluto **Unentschlossenheit** F ⟨o. pl⟩ indecisão f, irresolução f **unentschuldbar** imperdoável, indesculpável; **~ sein** a. não ter desculpa **unentwegt** constante, tenaz **unentwickelt** pouco desenvolvido, rudimentar; FOTO não revelado **unent'wirrbar** [ʊn'ʔɛnt'vɪrbaːr] inextricável
'unerbittlich ['ʊn'ʔɛrbɪtlɪç] inexorável; implacável **unerfahren** inexperiente **Unerfahrenheit** F ⟨o. pl⟩ inexperiência f **'unerfindlich** incompreensível **unerforscht** inexplorado **unerfreulich** desagradável **'unerfüllbar** irrealizável **unergiebig** improdutivo **un-er'gründlich** impenetrável, insondável *a. fig* **unerheblich** insignificante **'uner'hört** inaudito; incrível; nunca visto; **das ist ~!** ja se viu? **unerkannt** ['ʊn'ʔɛrkant] incógnito, sem ser conhecido **'uner'klärlich** inexplicável **'uner'lässlich** ['ʊn'ʔɛrlɛslɪç] indispensável, imprescindível **unerlaubt** ilícito; proibido; não permitido **unerledigt** por despachar; *Frage* pendente **'uner'messlich** ['ʊn'ʔɛrmɛslɪç] imenso **'uner'müdlich** incansável, infatigável **'uner'quicklich** pouco agradável **'uner'reichbar** inacessível; fora do alcance; inigualável **unerreicht** sem igual, sem par **'uner'sättlich** ['ʊn'ʔɛr'zɛtlɪç] insaciável **unerschlossen** ['ʊn'ʔɛrʃlɔsən] virgem; inexplorado **'un-er'schöpflich** ['ʊn'ʔɛr'ʃœpflɪç] inesgotável **unerschrocken** intrépido, destemido, intemerato, arrojado **Unerschrockenheit** F ⟨o. pl⟩ intrepidez f, desassombro m, arrojo m, ousadia f
'uner'schütterlich ['ʊn'ʔɛr'ʃʏtɐlɪç] *j-d* imperturbável; *Wille* inabalável **'uner'schwinglich** exorbitante; *für j-n:* inacessível **'uner'setzbar, 'uner'setzlich** *etw* irreparável; *j-d* insubstituível **'unerträglich** insuportável **unerwähnt ~ bleiben** não ser mencionado; **~ lassen** não fazer menção de **'unerwartet** A ADJ inesperado, imprevisto B ADV a. de improviso, inopinadamente **'unerwidert** sem resposta; *Liebe* não correspondido **'unerwünscht** A ADJ não desejado; inoportuno B ADV fora de propósito **'unerzogen** ['ʊn'ʔɛrtso:-gən] → ungezogen
'unfähig incapaz (**zu** de) **Unfähigkeit** F ⟨o. pl⟩ incapacidade f
unfair ['ʊnfɛːr] desleal; injusto
'Unfall M ⟨-(e)s; ⁼e⟩ acidente m, *stärker:* desastre m **Unfallflucht** F ⟨o. pl⟩ fuga f em caso de acidente **Unfallgefahr** F perigo m de acidente **Unfallhergang** M ⟨-(e)s; o. pl⟩ decorrer m do acidente **Unfallklinik** F, **Unfallkrankenhaus** N hospital m cirúrgico para vítimas de acidentes; *bras* pronto-socorro m **Unfallopfer** N vítima f de acidente **Unfallort** M, **Unfallstelle** F local m do acidente **Unfallstation** F posto m de socorros (urgentes); *bras* estação f de urgência, pronto-socorro m **Unfalltod** M ⟨-(e)s; o. pl⟩ morte f por acidente **Unfallversicherung** F seguro m contra acidentes **Unfallwagen** M viatura f que sofreu o acidente; *bras* veículo m acidentado
'unfassbar, unfasslich inconcebível **'unfehlbar** ['ʊn'feːlbaːr] infalível **Unfehlbarkeit** F ⟨o. pl⟩ infalibilidade f **unfein** pouco delicado, deselegante; grosseiro **unfern** → unweit **unfertig** incompleto, imperfeito, não acabado **'Unflat** M ⟨-(e)s; o. pl⟩ porcaria f, imundície f **unflätig** ['ʊnflɛːtɪç] *geh* porco; obsceno, torpe
unfolgsam desobediente **unförmig** ['ʊnfœrmɪç] disforme; informe **Unförmigkeit** F ⟨o. pl⟩ deformidade f; informidade f **unförmlich** informe **unfrankiert** sem franquia **unfrei** servo; sem liberdade; *Bewegung* acanhado **unfreiwillig** involuntário; forçado
'unfreundlich pouco amável; *Wetter* pouco agradável; *j-d* mal-humorado; *Ge-*

sicht carrancudo; *umg* de poucos amigos **Unfreundlichkeit** F falta f de delicadeza, pouca amabilidade f
'**Unfriede** M ‹-ns; *o. pl*› discórdia f
'**unfrisiert** despenteado
'**unfruchtbar** estéril (*a. fig*); infecundo, árido **Unfruchtbarkeit** F ‹*o. pl*› esterilidade f (*a. fig*); infertilidade f
'**Unfug** M ‹-(e)s; *o. pl*› abuso m; *e-s Kindes*: travessura f; *a. Rede*: disparates *mpl*; **grober ~** JUR desordem f; **~ reden** estar a disparatar; **~ treiben** *a.* fazer disparates; *bras* bebagem
'**Ungar** ['ʊŋgar] M ‹-n›, **Ungarin** F húngaro *m*, -a f **ungarisch** húngaro **Ungarn** ['ʊŋgarn] N GEOG Hungria f
'**ungastlich** pouco hospitaleiro; inóspito
'**ungeachtet** ['ʊngəʔaxtət] **A** ADJ pouco estimado **B** PRÄP ⟨gen⟩ não obstante, apesar de, a despeito de **ungeahnt** ['ʊngəʔaːnt] imprevisto
'**ungebeten** não convidado, não rogado; espontâneo; **~er Gast** intruso *m* **ungebeugt** direito; *fig* firme, inabalado **ungebildet** inculto, sem educação; iletrado **ungeboren** por nascer **ungebräuchlich** desusado, pouco usado; obsoleto; **~ werden** deixar de ser usado, cair em desuso **ungebraucht** novo; *Geschirr etc* limpo **ungebrochen** ['ʊngəbrɔxən] *fig* forte, inquebrantável
'**ungebührlich** inconveniente, impertinente; irreverente; (*ungerecht*) injusto
'**ungebunden** *Buch* não encadernado; (*lose*) solto; *fig* livre, independente; (*zügellos*) dissoluto; **~e Rede** prosa f **Ungebundenheit** F ‹*o. pl*› liberdade f, independência f; (*Zwanglosigkeit*) à-vontade *m*
'**ungedeckt** descoberto; *Tisch* não posto **ungedruckt** ['ʊngədrʊkt] LIT inédito **Ungeduld** F ‹*o. pl*› impaciência f **ungeduldig** impaciente; **machen** impacientar; **~ werden** impacientar-se **ungeeignet** impróprio, inadequado; pouco apropriado; *vor Zahlen a.* uns (umas); **~ um ein Uhr** pela uma (hora); **von ~** por acaso **ungefährdet** sem perigo **un-**

gefährlich não perigoso, sem perigo; (*harmlos*) inofensivo **ungefällig** pouco atencioso; pouco obsequioso; descortês **ungefärbt** ['ʊngəfɛrpt] de cor natural, não pintado **ungefragt** sem ser perguntado **ungegerbt** ['ʊngəgɛrpt] não curtido **ungehalten** descontente, indignado, irritado (**über** *akk* com); **~ werden** zangar-se **ungehemmt** ['ʊngəhɛmt] **A** ADJ livre **B** ADV *a.* sem entraves
'**ungeheuer** ['ʊngəhɔyər] enorme; monstruoso, ingente; ADV enormemente; **~ groß** gigantesco '**Ungeheuer** N monstro *m* **ungeheuerlich** enorme; monstruoso, ingente **Ungeheuerlichkeit** F monstruosidade f
'**ungehindert** ['ʊngəhɪndərt] → ungehemmt **ungehobelt** ['ʊngəhoːbəlt] não aplainado; *fig* grosseiro, rústico **ungehörig** impertinente **Ungehörigkeit** F impertinência f **ungehorsam** ADJ desobediente **Ungehorsam** M ‹-s; *o. pl*› desobediência f **ungekämmt** ['ʊngəkɛmt] despenteado, desgrenhado **ungeklärt** ['ʊngəklɛːrt] obscuro, inexplicado **ungekündigt** ['ʊngəkʏndɪçt] não despedido **ungekünstelt** natural **ungekürzt** *Text* integral **ungeladen** não convidado; MIL não carregado **ungeläufig** pouco familiar **ungelegen** inoportuno; **~ kommen** não vir a jeito **Ungelegenheit** F incómodo *m* (*bras* *ô); maçada f; **j-m ~en machen** causar incómodo (*bras* *ô) a alg **ungelehrig** indócil **ungelenk(ig)** acanhado; mal jeitoso; *bras* desajeitado **ungelernt** ['ʊngəlɛrnt] sem preparação; *Arbeiter* não qualificado **ungelogen** *umg* sem exagerar, de verdade **ungelöscht** ['ʊngəlœʃt] não apagado; *Kalk* viva **ungelöst** *Problem* pendente, por resolver
'**ungemein** **A** ADJ extraordinário **B** ADV *a.* extremamente **ungemütlich** pouco confortável, incómodo; *j-dm* desagradável **ungenannt** ['ʊngənant] anónimo (*bras* *ô)
'**ungenau** inexa(c)to, impreciso **Ungenauigkeit** F inexa(c)tidão f, imprecisão f
'**ungeniert** ['ʊnʒəniːrt] tranquilo; *j-d* desembaraçado; sem cerimónia (*bras* *ô); (com) à-vontade

'**ungenießbar** péssimo, intragável; ~ **sein** não se poder comer (od beber); fig ser insuportável **ungenügend** insuficiente **ungenützt, ungenutzt** inaproveitado, inutilizado; ~ **lassen** deixar passar **ungeordnet** ['ʊŋgəʔɔrtnət] em desordem; desorganizado; *Leben* desregrado **ungepflastert** ['ʊŋgəpflastərt] não calçado **ungepflegt** ['ʊŋgəpfle:kt] descuidado, desleixado, descurado **ungeprüft** ['ʊŋgəpry:ft] **A** ADJ não examinado **B** ADV sem examinar **ungerade** torto; *Zahl* ímpar **ungerechnet** ['ʊŋgəreçnət] ADV sem contar, não contado
'**ungerecht** injusto **ungerechtfertigt** injustificado **Ungerechtigkeit** F injustiça f
'**ungeregelt** ['ʊŋgəre:gəlt] não regulado; irregular
'**ungereimt** ['ʊŋgəraimt] não rimado; fig absurdo, disparatado **Ungereimtheit** F absurdo m, disparate m
'**ungern** ADV de má vontade; **ich tue es ~** faço-o de má grado; **er sieht es (nicht)** ~ vê-o com maus (bons) olhos
'**ungerührt** insensível, impassível **ungesagt** ['ʊŋgəza:kt] **~ bleiben** não ser mencionado; **~ lassen** não fazer menção de **ungesalzen** sem sal, ensosso **ungesattelt** ['ʊŋgəzatəlt] sem sela **ungesäuert** ['ʊŋgəzɔʏərt] ázimo **ungeschehen ~ machen** desfazer; anular; **das lässt sich nicht ~ machen** o que lá vai, lá vai; bras já que está, deixa ficar
'**Ungeschick** N ⟨-(e)s; o. pl⟩, **Ungeschicklichkeit** F falta f de jeito **ungeschickt** desajeitado
'**ungeschlacht** ['ʊŋgəʃlaxt] informe; *j-d* rude, grosseiro **ungeschlechtlich** BIOL assexuado, assexual **ungeschliffen** ['ʊŋgəʃlifən] impolido; fig bruto, tosco **ungeschmälert** ['ʊŋgəʃmɛːlərt] inteiro **ungeschminkt** ['ʊŋgəʃmɪŋkt] fig sem disfarce, franco; *Wahrheit* puro **ungeschoren** ['ʊŋgəʃo:rən] não tosquiado; fig **~ lassen** *umg* deixar em paz **ungeschrieben** ['ʊŋgəʃri:bən] oral; **~es Gesetz** n fig convenção f, tradição f; direito m consuetudinário **ungeschützt** ['ʊŋgəʃʏtst] indefeso, desprotegido; desamparado **ungesehen** despercebido, sem ser visto **ungesellig** insociável, intratável; selvagem; ZOOL solitário

ungesetzlich ilegal **ungesittet** inculto, incivilizado; bárbaro; (wild) selvagem **ungespritzt** *Obst etc* não tratado **ungestört** ['ʊŋgəʃtøːrt] **A** ADJ imperturbado, tranquilo; *Besitz* não perturbado; *Ruhe* a. absoluto **B** ADV a. em paz **ungestraft** ['ʊŋgəʃtra:ft] impune, impunido **ungestüm** ['ʊŋgəʃty:m] ADJ impetuoso **Ungestüm** N ⟨-(e)s; o. pl⟩ ímpeto m, impetuosidade f **ungesund** *j-d* doentio; achacoso; *Gewohnheit, Klima* malsão; *Ort a.* insalubre, não higiénico (bras *ê); **~ sein** *Essen etc* fazer mal (à saúde) **ungetan** ['ʊŋgəta:n] **~ lassen** não fazer, não executar; **~ bleiben** ficar por fazer **ungeteilt** ['ʊŋgətailt] indiviso; (einstimmig) unânime; (rückhaltlos) sem reserva
'**ungetrübt** ['ʊŋgətry:pt] claro, transparente; fig a. puro, sereno **Ungetüm** ['ʊŋgəty:m] N ⟨-(e)s; -e⟩ monstro m **ungeübt** sem prática; desajeitado **ungewaschen** sujo **ungewiss** incerto; duvidoso; *Lage* precário; **im Ungewissen** na incerteza, na dúvida **Ungewissheit** F incerteza f, dúvida f **ungewöhnlich** invulgar, extraordinário; insólito; (seltsam) estranho **ungewohnt** desacostumado; insólito **ungewollt** não intencional, involuntário **ungezählt** ['ʊŋgətsɛːlt] não contado, inúmero, inumerável **ungezähmt** ['ʊŋgətsɛːmt] indómito (bras *ô), indomado **Ungeziefer** ['ʊŋgətsi:fər] N bicharada f, bichos mpl, bicharia f; bras bicharedo m **Ungezieferbekämpfung** F ⟨o. pl⟩ luta f anti-parasitária **ungezogen** ['ʊŋgətso:gən] mal-educado; malcriado; *Kind a.* ruim; (unhöflich) descortês **Ungezogenheit** F ruindade f; má-criação (bras malcriação) f; descortesia f **ungezügelt** ['ʊŋgətsy:gəlt] desenfreado **ungezwungen** fig desembaraçado, natural; sem constrangimento **Ungezwungenheit** F ⟨o. pl⟩ desembaraço m, naturalidade f; sem-cerimónia m (bras *ô)
'**ungiftig** atóxico, não venenoso
'**Unglaube** M ⟨-ns; o. pl⟩ incredulidade f, descrença f **ungläubig** incrédulo; descrente; ateu; (heidnisch) infiel **unglaublich** incrível **unglaubwürdig** não fidedigno; pouco digno de fé (od de crédito); *etw a.* invero(s)símil

UNKO

'**ungleich** A ADJ desigual; (*verschieden*) diferente (*dat* de) B ADV ~ größer, schneller *etc* sem comparação, muito **ungleichartig** heterogéneo (*bras* *ê) **ungleichförmig** ['ʊnglaiçfœrmiç] desproporcionado; MATH assimétrico **Ungleichheit** F desigualdade f, diferença f, disparidade f **ungleichmäßig** desigual; irregular; *Dreieck* escaleno

'**Unglück** N <-(e)s; -e> infelicidade f; desgraça f; desdita f; *dauernde:* infortúnio m; (*Pech*) má sorte f, pouca sorte f; → Unglücksfall; **ins ~ stürzen** arruinar **unglücklich** infeliz; desgraçado; desditoso **unglücklicherweise** ADV infelizmente, por desgraça **unglückselig** desditoso; malfadado; *etw* funesto **Unglücksfall** M acidente m, desastre m; sinistro m **Unglücksrabe** M <-n> azarento m **Unglückstag** M dia m infausto, dia m aziago; *bras* dia m de azar

'**Ungnade** F <*o. pl*> desgraça f; desfavor m; **in ~ fallen** cair em desgraça **ungnädig** pouco benévolo, de mau humor

'**ungültig** inválido, nulo, sem valor; **~ machen**, **für ~ erklären** anular, invalidar; inutilizar, suprimir **Ungültigkeit** F <*o. pl*> nulidade f, invalidade f, invalidez f; caducidade f **Ungültigkeitserklärung** F declaração f de invalidade

'**Ungunst** F <*o. pl*> desfavor m, prejuízo m; **zu j-s ~en** a. em detrimento de alg, em desabono m de alg; **zu meinen ~en** a. em meu desfavor **ungünstig** desfavorável; pouco propício; SCHIFF contrário **ungut** **nichts für ~!** não (o) leve a mal!; sem desfazer! **unhaltbar** insustentável **unhandlich** difícil de manejar **unharmonisch** desarmonioso

'**Unheil** N <-(e)s; *o. pl*> desgraça f; calamidade f; **~ bringend** nefasto, funesto, fatal **unheilbar** incurável; irremediável **unheilvoll** funesto, calamitoso

'**unheimlich** inquietante; sinistro, lúgubre, medonho; numinoso; *umg fig* enorme(mente); **mir ist ~ zumute** tenho medo **unhöflich** descortês **Unhöflichkeit** F descortesia f **Unhold** M <-(e)s; -e> monstro m, malvado m **unhörbar** A ADJ imperceptível B ADV sem ruído **unhygienisch** não higiénico (*bras* *ê)

'**uni** ['yni] *Stoff* unicolor

'**Uni** ['ʊni] F <-; -s> *umg* universidade f
'**Uniform** [uniˈfɔrm] F uniforme m, farda f **uniforˈmiert** [unifɔrˈmiːrt] de uniforme, fardado

'**Unikum** ['uːnikʊm] N <-s; -s *od* -ka> exemplar m único; *fig* coisa f única; *umg j-d:* (tipo m) original m

'**uninteressant** sem interesse, pouco interessante **uninteressiert** ['ʊnˌɪntəresiːrt] desinteressado; indiferente

Uniˈon [uniˈoːn] F união f, POL BRD: **die ~** (CDU) a União Democrata-Cristã; **die Europäische ~** a União Europeia

univerˈsal [unɪvɛrˈzaːl] universal **Uniˈverˈsalerbe** M <-n>, **Universalerbin** F herdeiro m, -a f universal **univerˈsell** [univɛrˈzɛl] ADJ universal; ADV universalmente

Universiˈtät [unɪvɛrziˈtɛːt] F universidade f

Universitätsausbildung F formação f universitária **Universitätsbibliothek** F biblioteca f universitária **Universitätsklinik** F clínica f universitária **Universitätsprofessor(in)** M(F) <-s; -en> professor(a) m(f) universitário, -a (*od* da universidade) **Universitätsstadt** F cidade f universitária

Uniˈversum [uniˈvɛrzʊm] N <-s;-en> universo m

'**unkameradschaftlich** nada camarada, pouco amigo; **~ sein** a. não ser bom companheiro

'**Unke** ['ʊŋkə] F ZOOL sapo m doméstico, rela f **unken** *fig umg* (estar a) augurar mal

'**unkenntlich** irreconhecível; desfigurado; **~ machen** desfigurar; disfarçar **Unkenntnis** F <*o. pl*> ignorância f; desconhecimento m **unkindlich** pouco infantil; pouco filial; (*frühreif*) precoce **unklar** pouco claro; confuso; (*trübe*) turvo; **über** (*akk*) **im Unklaren sein** não saber bem (*akk*); **j-n im Unklaren lassen** não informar alg **Unklarheit** F falta f de clareza; confusão f; *einzelne:* ponto m obscuro **unklug** imprudente; tolo **Unklugheit** F imprudência f; tolice f **unkompliziert** simples, pouco complicado **unkontrollierbar** incontrolável; difícil de comprovar (*od* de controlar *od* de fiscalizar) **unkonventionell** não convencional **unkonzentriert** não concentrado, distraído '**Unkosten** PL despesas fpl; **sich in ~ stürzen** meter-se em (bras fazer muitas) despesas **Unkostenbeitrag** M contribuição f para as despesas '**Unkraut** N erva f má (od daninha) **Unkrautvertilgungsmittel** N herbicida f

'**unkritisch** pouco crítico **unkultiviert** inculto; bárbaro '**un'kündbar** HANDEL irremível; inconvertível; Stellung permanente; **~ sein** j-d ser inamovível; bras ser irremovível; Vertrag irrevogável **unkundig** ignorante, sem conhecimentos; **~ sein** (gen) ignorar; ser pouco versado em; não saber (akk od inf) '**unlängst** ADV há pouco; recentemente **unlauter** impuro, ilícito, desleal (a. Charakter) **unleidlich** ['ʊnlaɪtlɪç] insuportável, intolerável **unleserlich** ilegível **unleugbar** ['ʊnlɔʏkbaːr] inegável, incontestável, insofismável '**unlieb** j-m **~ sein** desagradar a alg **unliebenswürdig** pouco amável **unliebsam** desagradável **unlogisch** ilógico **unlösbar** insolúvel **Unlust** F ⟨o. pl⟩ falta f de vontade; repugnância f; **mit ~** contrariado **unlustig** A ADJ mal-humorado B ADV de mau humor '**unmanierlich** pouco educado, de maneiras grosseiras **unmännlich** efeminado; pouco viril; (feige) cobarde; bras covarde **Unmasse** F umg → **Unmenge unmaßgeblich** incompetente, não categorizado; (bescheiden) despretensioso **unmäßig** imoderado, descomedido, excessivo **Unmenge** F umg quantidade f enorme; sem-número m '**Unmensch** M ⟨-en⟩ monstro m **unmenschlich** desumano; bárbaro **Unmenschlichkeit** F desumanidade f, barbaridade f

'**unmerklich** imperceptível **unmilitärisch** pouco militar, pouco garboso; paisano **unmissverständlich** inequívoco; categórico **unmittelbar** imediato, dire(c)to; espontâneo **unmöbliert** vazio, sem mobília umodernos fora da moda, antiquado **unmöglich** impossível; **ich kann ~** (inf) é-me impossível; **das ist ~** a. não pode ser **Unmöglichkeit** F ⟨o. pl⟩ impossibilidade f **unmoralisch** imoral **unmotiviert**

inexplicável, sem razão; JUR fictício '**unmündig** menor **Unmündigkeit** F ⟨o. pl⟩ hist menoridade f '**unmusikalisch** sem sensibilidade musical; **~ sein** a. não ter jeito para a música '**Unmut** M ⟨-(e)s; o. pl⟩ mau humor m; (Ärger) desgosto m

'**unnachahmlich** ['ʊnnaxʔaːmlɪç] inimitável **unnachgiebig** inflexível; j-d a. intransigente **unnachsichtig** inconivente, severo '**un'nahbar** ['ʊn'naːbaːr] inacessível **unnatürlich** desnaturado, pouco natural; afe(c)tado '**un'nennbar** ['ʊn'nɛnbaːr] indizível, inexplicável **unnormal** anormal **unnotiert** FIN não cotizado

'**unnötig** inútil, desnecessário; (überflüssig) escusado; Wort redundante '**unnötiger'weise** ['ʊnnøːtɪgɐr'vaɪzə] ADV sem necessidade; inutilmente

'**unnütz** ['ʊnnʏts] ADJ inútil; **~ sein** a. não servir para nada

UNO ['uːno] ABK (Organisation der Vereinten Nationen) ONU f (Organização das Nações Unidas)

'**unordentlich** em desordem, desordenado, desarranjado; Zimmer a. desarrumado; j-d desleixado **Unordnung** F desordem f, confusão f, desarranjo m, desalinho m; **in ~ bringen** desarranjar, pôr em desordem, desordenar '**unorganisch** inorgânico

'**unpaar(ig)** ímpar **unparteiisch** imparcial **Unparteiische(r)** M SPORT árbitro m **Unparteilichkeit** F imparcialidade f **unpassend** impróprio (**für** de); inconveniente, descabido; Betragen incorre(c)to; Zeit inoportuno; **zu ~er Zeit** a. a desoras, fora de tempo **unpassierbar** intransitável **unpässlich** ['ʊnpɛslɪç] indisposto **Unpässlichkeit** F indisposição f **unpersönlich** impessoal **unpolitisch** não político; impolítico; (unklug) a. pouco diplomático **unpopulär** impopular **unpraktisch** pouco prático **unproblematisch** simples, sem complicação (od problema) **unproduktiv** improdutivo **unpünktlich** impontual; (verspätet) atrasado **Unpünktlichkeit** F ⟨o. pl⟩ impontualidade f; falta f de pontualidade **unqualifiziert** não qualificado; **~e Arbeit** f trabalho m não qualificado; **~e Bemerkung** f observação f desapropositada (bras sem procedência) **unrasiert** sem a barba feita, com a barba por fazer, não barbeado **Unrast** F ⟨o. pl⟩ desassossego m; irrequietude f **Unrat** M ⟨-(e)s; o. pl⟩ imundície f; lixo m; **~ wittern** fig ter as suas suspeitas; cheirar a caça **unrationell** pouco racional **unrealistisch** irrealista

'**unrecht** A ADJ injusto; (schlecht) mau; Zeit inoportuno; **zu ~er Zeit** a. fora de tempo B ADV mal, sem razão; **~ haben** não ter razão

'**Unrecht** N ⟨-(e)s; o. pl⟩ injustiça f; angetanes: agravo m; **mit ~, zu ~** injustamente, sem razão; **im ~ sein** não ter razão; não estar no seu direito; **~ tun** fazer mal; j-m ser injusto para com **unrechtmäßig** A ADJ ilegítimo; ilegal B ADV a. sem direito; **sich** (dat) **etw ~ aneignen** usurpar a/c **Unrechtmäßigkeit** F ilegitimidade f; ilegalidade f

'**unredlich** desleal, desonesto; HANDEL fraudulento **unreell** desleal; de pouca confiança; pouco sério

'**unregelmäßig** irregular, anormal; anómalo (bras *ô); assimétrico **Unregelmäßigkeit** F irregularidade f, anormalidade f; anomalia f; assimetria f

'**unreif** não maduro, verde; imaturo **Unreife** F ⟨o. pl⟩ falta f de madureza; imaturidade f; fig falta f de experiência

'**unrein** impuro; (schmutzig) sujo; MUS dissonante; **ins Unreine schreiben** fazer um rascunho

'**unrentabel** pouco lucrativo; **~ sein** a. não render **un'rettbar** ['ʊnˈrɛtbaːr] A ADJ perdido, fatal B ADV sem remédio, irremediavelmente; **~ verloren** irremediavelmente perdido **unrichtig** inexa(c)to; errado, incorre(c)to

'**Unruhe** F agitação f; desassossego m; (Sorge) inquietação f; (Störung) perturbação f; (Gemurmel) rumores mpl; **~n** pl distúrbios mpl; **j-n in ~ versetzen** inquietar alg **Unruhestifter** M perturbador m (da ordem pública); amotinador m **unruhig** inquieto, agitado; j-d a. irrequieto, desassossegado

'**unrühmlich** inglório

uns [ʊns] PRON ⟨dat u. akk v. wir⟩ nos; betont: a nós; **ein Freund von ~** um amigo nosso

'**unsachgemäß** impróprio **unsachlich** sem obje(c)tividade; (unverschämt, beleidigend) impertinente **Unsachlichkeit** F ⟨o. pl⟩ falta f de obje(c)tividade; (Frechheit) impertinência f **un'sagbar** [ʊnˈzaːkbaːr] ADV imensamente **un'säglich** [ʊnˈzɛːklɪç] pej indizível, indescritível **unsanft** rude, duro, áspero **unsauber** sujo **unschädlich** inofensivo; **~ machen** neutralizar; j-n **~ machen** reduzir alg à ina(c)tividade (od à ina[c]ção) **unscharf** FOTO desfocado, pouco nítido **unschätzbar** [ˈʊnʃɛtsbaːr] inestimável, incalculável **unscheinbar** de pouca aparência, pouco vistoso; (zurückhaltend) discreto **unschicklich** indecoroso, indecente **'un'schlagbar** invencível; umg inimitável **unschlüssig** irresoluto, indeciso **Unschlüssigkeit** F ⟨o. pl⟩ irresolução f, indecisão f **un'schön** feio; deselegante **Unschuld** F ⟨o. pl⟩ inocência f; **seine Hände in ~ waschen** lavar as mãos de a/c **unschuldig** inocente **unschwer** fácil **'unselbstständig** j-d dependente; sem personalidade, sem iniciativa; Arbeit feito com auxílio alheio **Unselbstständigkeit** F ⟨o. pl⟩ falta f de independência; falta f de iniciativa; falta f de personalidade

'**unselig** funesto, fatal, desgraçado

'**unser** ['ʊnzɐr] PRON 1 ⟨gen v. wir⟩ de nós 2 (o) nosso, (a) nossa **unsere** PRON **das ~, der ~** o nosso; **die ~** a nossa **unsereiner, unsereins** PRON cá nós, a gente **unser(er)seits** ADV da nossa parte **unser(e)sgleichen** ADV o nosso igual **unser(e)twegen** ADV por causa de nós, por nossa causa

'**unsicher** inseguro; (ungewiss) incerto; (zweifelhaft) duvidoso; Existenz, Gesundheit precário; (riskant) arriscado, perigoso; **~ machen** Gegend infestar; j-n confundir **Unsicherheit** F incertitude f; incerteza f; insegurança f

'**unsichtbar** invisível **Unsichtbarkeit** F ⟨o. pl⟩ invisibilidade f

'**Unsinn** M ⟨-(e)s; o. pl⟩ absurdo m, disparate(s) m(pl) **unsinnig** absurdo, disparatado **Unsinnigkeit** F ⟨o. pl⟩ absurdidade f, loucura f

'**Unsitte** F mau hábito m, costume m,

vício m **unsittlich** imoral **Unsittlichkeit** F ⟨o. pl⟩ imoralidade f

'**unsolid(e)** HANDEL de pouca confiança; *Arbeit* mal feito; *j-d* pouco sério; *a. Leben* desregrado, desordenado **unsozial** anti-social; *j-d* egoísta **unsportlich** pouco desportivo (*bras* esportivo)

'**unsr(ig)e** ['ʊnsr(ɪg)ə] PRON **das, der Unsr(ig)e** o nosso; **die Unsr(ig)e** a nossa '**unstatthaft** ilícito, inadmissível, proibido **un'sterblich** A ADJ imortal B ADV *umg* **~ verliebt** eternamente apaixonado **Un'sterblichkeit** F ⟨o. pl⟩ imortilidade f

'**Unstern** M ⟨-(e)s; o. pl⟩ má estrela f, má sorte f

'**unstet** inconstante; *Charakter* volúvel, irrequieto; *Leben* agitado; errante '**un'stillbar** insaciável

'**Unstimmigkeit** F desacordo m; discrepância f; (*Zwist*) desavença f

'**unstreitig** A ADJ indiscutível, incontestável B ADV *a.* sem dúvida alguma '**Unsumme** F quantia f enorme; **e-e ~ (Geld)** um dinheirão

'**unsymmetrisch** assimétrico **unsympathisch** antipático **untadelig** irrepreensível, impecável **Untat** F crime m **untätig** ina(c)tivo **Untätigkeit** F ⟨o. pl⟩ ina(c)tividade f

'**untauglich** inútil; *geistig, a.* MIL incapaz (**für** de); (*unzulänglich*) insuficiente; **~ sein** *a.* não prestar **Untauglichkeit** F ⟨o. pl⟩ inutilidade f; *geistige*: incapacidade f; (*Unzulänglichkeit*) insuficiência f

'**un'teilbar** indivisível **Unteilbarkeit** F ⟨o. pl⟩ indivisibilidade f

'**unten** ['ʊntən] ADV em baixo, abaixo; **da ~, dort ~** lá em baixo; **hier ~** cá em baixo; **nach ~** para baixo, abaixo; **von oben bis ~** de cima para baixo; **von ~ herauf** de baixo, a subir; **weiter (nach) ~** mais abaixo, mais para baixo; **siehe ~!** veja-se mais abaixo (*od* mais adiante)!; **~ in** ⟨*dat*⟩ no fundo de; **~ genannt, ~ stehend** abaixo mencionado, abaixo indicado

'**unter** ['ʊntɐ] A PRÄP **1** *örtlich, Lage*: ⟨*dat*⟩, *Richtung*: ⟨*akk*⟩ debaixo de, sob, por baixo de, abaixo de; **~ freiem Himmel** a céu aberto; **~ etw** ⟨*dat*⟩ **hervor** de baixo de a/c; **~ vier Augen** a sós; **~ der Hand** *fig* à socapa, sub-repticitamente; *bras* furtivamente, ilicitamente **2** ⟨*dat*⟩ (*zwischen, von*) entre; **~ Tränen** entre, com; **~ uns** entre nós; **~ anderem** entre outras coisas **3** ⟨*dat*⟩ **~ dem Preis** abaixo do preço; **~ aller Kritik** (*s/ Sau*) inqualificável **4** ⟨*dat*⟩ *Abhängigkeit*: sob; **~ seiner Leitung** sob a sua dire(c)ção **5** ⟨*dat*⟩ *Art u. Weise*: sob, com; **~ diesen Umständen** nestas condições **B** ADV (*weniger als*) menos de; **~ zehn Jahren** a menos de dez anos; **nicht ~ ...** não menos do que ...

'**Unterabteilung** F, **Unterabschnitt** M subdivisão f; *Text a.* alínea f **Unterarm** M antebraço m **Unterart** F sub-espécie f **Unterausschuss** M subcomissão f

'**Unterbau** M ⟨-(e)s; -ten⟩ infra-estrutura f; substrução f; TECH pedestal m; AUTO chassi m **unterbelichten** V/T ⟨-e-; -⟩ dar exposição insuficiente a, de pouca exposição a **Unterbelichtung** F exposição f insuficiente, pouca exposição f **Unterbeschäftigung** F ⟨o. pl⟩ subemprego m **unterbewerten** ⟨-e-; -⟩ depreciar; não avaliar devidamente; desprezar **unterbewusst** subconsciente **Unterbewusstsein** N ⟨-s; o. pl⟩ subconsciente m **unter'bieten** V/T ⟨-⟩ oferecer melhor preço que; SPORT bater um recorde (de tempo) **unter'binden** ⟨-⟩ fazer ligadura; *fig* impedir, acabar com **unter'bleiben** ⟨-⟩ não ter lugar, não se realizar, não ser levado a cabo

unter'brechen ⟨-⟩ interromper; quebrar; (*einstellen*) suspender; ELEK desligar **Unterbrecher** M ELEK interruptor m; AUTO platinado m **Unterbrecherkontakt** M AUTO conta(c)to m de interrupção **Unterbrechung** F interrupção f; suspensão f

unter'breiten ⟨-e-; -⟩ *fig* submeter, apresentar '**unterbringen** colocar; acomodar; *Gast* alojar, hospedar '**Unterbringung** ['ʊntɐbrɪŋʊŋ] F ⟨o. pl⟩ acomodação f; (*Wohnung*) alojamento m '**unterbuttern** *umg* oprimir **unter'des(-sen)** [ʊntɐ'dɛs(ən)] ADV entretanto

'**Unterdruck** M ⟨-(e)s; o. pl⟩ depressão f

unter'drücken ⟨-⟩ reprimir; *gänzlich*: suprimir; *Volk* oprimir; submeter; (*vertuschen*) abafar **Unterdrücker(in)** M(F) opressor(a) m(f) **Unterdrückung** [ʊntɐˈdrʏkʊŋ] F repressão f; supressão f; opressão f

untere ADJ inferior; (unten gelegen) de baixo; (niedrig) baixo

'untereinander ADV entre eles, nós etc, uns com os outros; reciprocamente

'unterentwickelt subdesenvolvido

'unterernährt subalimentado **'Unterernährung** F alimentação f deficiente, subalimentação f **Unter'fangen** N ⟨o. pl⟩ geh atrevimento m; empreendimento m (arriscado) **'unterfassen** VT ⟨-t⟩ dar o braço a; **sich ~** de braços dados **Unter'führung** F passagem f subterrânea **'Unterfunktion** F MED hipofunção f **unter'füttern** ⟨-re; -⟩ forrar

'Untergang M SCHIFF naufrágio m; (Sinken) afundamento m; ASTRON pôr m (do sol); a. fig ocaso m; fig queda f, declínio m

unter'geben subordinado, inferior, subalterno **'untergehen** ⟨s.⟩ SCHIFF afundar-se, ir ao fundo, ir a pique; Sonne, Mond pôr-se; fig acabar, declinar **'untergeordnet** [ˈʊntɐgəʔɔrtnət] subordinado, subalterno; an Bedeutung: inferior, secundário **'Untergeschoss** F rés-do-chão m **'Untergewicht** N ⟨-(e)s; o. pl⟩ falta f de peso **unter'gliedern** ⟨-re; -⟩ subdividir **unter'graben** ⟨-⟩ sapar; a. fig minar; Gesundheit estragar, dar cabo de

'Untergrund M ⟨-(e)s; o. pl⟩ subsolo m; KUNST fundo m; POL resistência f clandestina **Untergrundbahn** F metro (-politano) m; bras metrô m **Untergrundbewegung** F F movimento m clandestino **Untergrundorganisation** F organisação f clandestina

'unterhalb A PRÄP ⟨gen⟩ por baixo de; bras abaixo de B ADV da parte de baixo

'Unterhalt M ⟨-(e)s; o. pl⟩ sustento m; subsistência f; manutenção f; **~ zahlen** JUR pagar alimentos; bras pagar pensão alimentícia

unter'halten ⟨-⟩ conservar; (ernähren) manter, suster; Personal pagar; finanziell: subvencionar; im Gespräch: entreter; **sich ~** conversar; (vergnügen) divertir-se, distrair-se **unterhaltend, unterhaltsam** interessante; divertido; LIT ameno

Unterhaltskosten PL despesas fpl de manutenção **'unterhaltspflichtig** JUR que deve alimentos

Unter'haltung F conversa f; (Vergnügen) divertimento m, distra(c)ção f; ARCH, TECH manutenção f, conservação f **Unterhaltungsbeilage** F Zeitung: suplemento m literário; folhetim m **Unterhaltungselektronik** F ⟨o. pl⟩ ele(c)trónica f (bras -tô) recreativa **Unterhaltungsliteratur** F ⟨o. pl⟩ literatura f amena (od ligeira) **Unterhaltungsmusik** F ⟨o. pl⟩ música f ligeira **unter'handeln** ⟨-le; -⟩ **~ über** (akk) negociar; tratar de **'Unterhändler** M negociador m; delegado m; HANDEL agente m; POL parlamentário m **Unter'handlung** F negociação f

'Unterhaus N ⟨-es; o. pl⟩ Câmara f Baixa (od dos Comuns) **'Unterhemd** N camisola f; bras camiseta f

unter'höhlen [ʊntɐˈhøːlən] ⟨-⟩ sapar; a. fig minar **'Unterholz** N ⟨-es; o. pl⟩ mata f de corte **'Unterhose** F kurze: cuecas fpl; bras cueca f; lange: ceroulas fpl **'unterirdisch** subterrâneo **unter'jochen** [ʊntɐˈjɔxən] ⟨-⟩ subjugar **unter'kellern** ⟨-re; -⟩ **(das Haus) ~** construir uma cave (bras um porão) por baixo (da casa) **'Unterkiefer** M ANAT maxila f inferior; mandíbula f **'unterkommen** ⟨s.⟩ encontrar alojamento, (im Beruf: encontrar colocação; (Raum haben) caber **'unterkriegen** umg vencer, dominar; **sich nicht ~ lassen** umg não desanimar **unter'kühlt** fig frio, distante **'Unterkunft** [ˈʊntɐkʊnft] F ⟨-; ⸚e⟩ alojamento m, hospedagem f; (Schutz) abrigo m **'Unterlage** F base f (a. fig); fundo m; (Schreibunterlage) pasta f; MED borracha f; (Beleg) documento m; **~n** pl documentação fsg; papéis mpl; elementos mpl **'Unterland** N ⟨-(e)s; o. pl⟩ país m baixo **'Unterlass** [ˈʊntɐlas] M **ohne ~ sem cessar unter'lassen** ⟨-⟩ deixar (**zu de**); etw **~** deixar-se de a/c, deixar de fazer a/c **Unter'lassung** [ʊntɐˈlasʊŋ] F omissão f, falta f **'Unterlauf** M curso m inferior

unter'laufen[1] ⟨-; s.⟩ Fehler cometer um erro; deixar escapar um erro

unter'laufen[2] ADJ **mit Blut ~** inje(c)tado de sangue; pisado

'**unterlegen**[1] VT pôr por baixo, colocar por baixo; *fig Sinn* atribuir; MUS *e-n Text e-r Melodie* ~ adaptar à música

unter'legen[2] ⟨-⟩ VT ~ *mit Stoff* forrar de

unter'legen[3] ADJ ~ *sein* ficar vencido; *j-m sein inferior* (**an** *dat* em)

'**Unterleib** M ⟨-(e)s; -er⟩ baixo-ventre m; abdómen m

unter'liegen ⟨-; s.⟩ sucumbir; MIL *a.* ser vencido; *fig* estar sujeito a, ser susceptível de; **keinem Zweifel** ~ não admitir dúvida

'**Unterlippe** F beiço m (*od* lábio) inferior

'**unterm** [ʊntɐm] PRÄP & ART (unter dem) → unter

unter'malen ⟨-⟩ empastar **Unter'malung** F **musikalische** ~ fundo m musical **unter'mauern** ⟨-re; -⟩ alicerçar, cimentar '**untermengen** misturar '**Untermiete** F sublocação f, subarrendamento m '**Untermieter** M sublocatário m, subarrendatário m **unter-termi'nieren** ⟨-⟩ minar *a. fig* '**untermischen** misturar

'**untern** [ʊntɐn] PRÄP & ART (unter den) → unter

unter'nehmen ⟨-⟩ empreender **Unter'nehmen** N empresa f; empreendimento m **unternehmend** empreendedor, de iniciativa **Unter'nehmensberater** M consultor m de empresas **Unternehmensberatung** F consultadoria f de empresas **Unter'nehmer(in)** M(F) industrial m/f, patrão m, patroa f; ARCH empreiteiro m, -a f

Unter'nehmung F empreendimento m; empresa f **Unternehmungsgeist** M ⟨-(e)s; *o. pl*⟩ espírito m empreendedor; iniciativa f; **unternehmungslustig** empreendedor, com espírito de iniciativa

'**Unteroffizier** M sargento m **unter-ordnen** ⟨-e-⟩ subordinar; *a.* ~ untergeordnet **Unterordnung** F ⟨*o. pl*⟩ subordinação f **Unterpfand** N penhor m **Unter'redung** [ʊntɐˈreːdʊŋ] F conversa f, conferência f, entrevista f

'**Unterricht** [ˈʊntɐrɪçt] M ⟨-(e)s; *o. pl*⟩ ensino m; instrução f; *Deutschunterricht etc* lições fpl de ...; **der ~ fällt aus** não há aula; ~ **nehmen (bei)** ter lições (com) **unter'richten** [ʊntɐˈrɪçtən] ⟨-e-; -⟩ ensinar; **j-n in etw** (*dat*) ~ ensinar a/c a alg, dar lições de a/c a alg; **j-n** ~ instruir alg; informar alg (**über** *akk* de) **Unterrichtsfach** N disciplina f **Unterrichtsgegenstand** M matéria f (de ensino) **Unterrichtsstunde** F aula f **Unterrichtswesen** N ⟨-s; *o. pl*⟩ ensino m **Unter'richtung** [ʊntɐˈrɪçtʊŋ] F ⟨*o. pl*⟩ informação f, instrução f

'**Unterrock** M saiote m; *bras* anágua f; (*Trägerkleid*) combinação f

'**unters** [ʊntɐs] PRÄP & ART (unter das) → unter

unter'sagen ⟨-⟩ proibir, interdizer, vedar '**Untersatz** M suporte m, esteio m; *Gefäß*: prat(inh)o m; *Sockel*: pedestal m **unter'schätzen** ⟨-t; -⟩ subestimar; menosprezar; ter em pouco, não estimar bem **unter'scheiden** ⟨-⟩ distinguir; **sich voneinander** ~ diferir entre si **unter'scheidend** distintivo

Unter'scheidung F distinção f **Unterscheidungsmerkmal** N cara(c)terística f **Unterscheidungsvermögen** N discernimento m

'**Unterschenkel** M perna f, parte f inferior da coxa **Unterschicht** F camada f inferior **unterschieben** pôr de baixo, meter por baixo; *fig* substituir; **j-m etw** ~ imputar a/c a alg **Unterschied** [ˈʊntɐʃiːt] M diferença f **unterschiedlich** [ˈʊntɐʃiːtlɪç] distinto, diferente; diverso **unterschiedslos** ADV indistintamente; sem distinção, indiscriminadamente

unter'schlagen ⟨-⟩ defraudar, desfalcar; *Dokumente* extraviar; *a. Tatsache* abafar; ocultar

Unter'schlagung [ʊntɐˈʃlaːɡʊŋ] F fraude f, dolo m, desfalque m **Unterschlupf** [ˈʊntɐʃlʊpf] M ⟨-(e)s; ⁼e⟩ abrigo m, refúgio m **unter'schreiben** ⟨-⟩ assinar, subscrever (*a. fig*) **unter'schreiten** ⟨-⟩ *Umfang etc* não alcançar **Unterschrift** F assinatura f; *e-s Bildes*: legenda f **Unterschriftensammlung** F lista *od* recolha f de assinaturas **unterschriftsberechtigt** que tem o direito de assinar **unterschwellig** ADV subconscientemente **Unterseeboot** N submarino m **Unterseite** F lado m inferior (*od* de baixo) **Unterset-**

zer M suporte; (*Glas*) base f; ARCH soco m **unter'setzt** [untərˈtsɛtst] baixo(te)
unter'spülen ‹-› minar, escavar, corroer
'**Unterstadt** F (*bras* cidade f) Baixa f
Unterstand M abrigo m
'**unterste** inferior, mais baixo, (*niedrigste*) a. ínfimo; **das ~ zuoberst kehren** virar ao avesso, pôr de cabeça para baixo
unter'stehen ‹-› depender (*dat* de); **sich ~ zu** (*inf*) atrever-se a
unter'stellen[1] pôr debaixo de
unter'stellen[2] ‹-› (*unterordnen*) subordinar; *Absicht* supor; atribuir; *Schuld* imputar; **als wahr ~** dar como provado **Unter'stellung** F subordinação f; (*Behauptung*) imputação f; suposição f
unter'streichen ‹-› sublinhar; *fig* a. acentuar
'**Unterstufe** F SCHULE grau m inferior de ensino
unter'stützen ‹-t; -› apoiar; *fig* proteger; (*helfen*) auxiliar; WIRTSCH subvencionar, subsidiar **Unter'stützung** F apoio m; *fig* prote(c)ção f; auxílio m, socorro m; *Geldmittel*: subvenção f, subsídio m **Unterstützungsempfänger** M subvencionado m, subsidiado m
unter'suchen ‹-› examinar (*a.* MED); investigar (*a. forschen*); inquirir; CHEM analisar **Untersuchung** F exame m; MED a. observação f; CHEM análise f; *polizeiliche, wissenschaftliche*: investigação f, pesquisa f; JUR instrução f (judiciária *od* criminal); *disziplinarische*: sindicância f; **e-e ~ einleiten gegen** instaurar uma instrução (em processo penal) contra **Untersuchungsausschuss** M comissão f de inquérito **Untersuchungshaft** F ‹o. pl› detenção f preventiva, prisão f preventiva **Untersuchungskommission** F → Untersuchungsausschuss **Untersuchungsrichter** M juiz m de instrução criminal
Unter'tagebau M ‹-(e)s; o. pl› BERGB extra(c)ção f subterrânea **unter'tags** *umg* durante o dia '**Untertan** [ˈʊntɐtaːn] M ‹-en› súbdito m; *bras* súdito m
'**Untertasse** F pires m '**untertauchen** mergulhar; submergir; *fig* esconder-se; desaparecer '**Unterteil** MN suporte m; parte f de baixo **unter'teilen** ‹-› subdividir **Unter'teilung** F subdivisão f '**Untertemperatur** F MED temperatura f inferior à normal '**Untertitel** M subtítulo m '**Unterton** M *fig* tom m velado; matiz m **unter'tunneln** [ʊntɐˈtʊnəln] V/T ‹-le; -› abrir um túnel por baixo de **unter'vermieten** ‹-e-; -› sublocar '**unterversichert** subsegurado '**Unterversorgung** F subabastecimento m **unter'wandern** ‹-› infiltrar-se **Unter'wanderung** F infiltração f **Unterwäsche** F ‹o. pl› roupa f interior; *bras* roupa f de baixo **Unter'wassermassage** F massagem f subaquática **Unter'wassersport** M desporto m (*bras* esporte m) subaquático **unter'wegs** [ʊntɐˈveːks] ADV de caminho, no caminho; **~ nach** a caminho de **unter'weisen** ‹-› instruir, ensinar **Unter'weisung** F instrução f '**Unterwelt** F ‹o. pl› inferno(s) m(pl); reino m dos mortos; *sozial*: mundo m do crime **unter'werfen** ‹-› V/T (& V/R) (**sich**) **~** sujeitar(-se), submeter(-se); subjugar **Unter'werfung** F [ʊntɐˈvɛrfʊŋ] F sujeição f, submissão f (**unter** *akk* a) **unter'würfig** [ʊntɐˈvʏrfɪç] submisso, servil '**Unterwürfigkeit** F submissão f, servilismo m

unter'zeichnen ‹-e-; -› assinar; firmar **Unterzeichner(in)** M(F) signatário m, -a f **Unterzeichnung** F assinatura f '**Unterzeug** N ‹-(e)s; o. pl› *umg* roupa f interior (*bras* de baixo)
'**unterziehen**[1] *Kleidung* pôr por baixo
unter'ziehen[2] ‹-› V/T (& V/R) (**sich**) **e-r Sache** (*dat*) **~** submeter(-se) a a/c; sujeitar (-se) a a/c; *e-r Aufgabe* encarregar-se de a/c, tomar conta de a/c
'**Unterzucker** M MED hipoglicemia f; *umg* **~ haben** ter hipoglicemia
'**Untiefe** F baixio m; *fig* abismo m **Untier** N monstro m '**un'tragbar** insuportável '**untrainiert** destreinado, sem treino '**un'trennbar** inseparável '**untreu** infiel, HANDEL a. desleal; *dat* **~ werden** abandonar *od* renegar (a causa de); **sich** (*dat*) **selbst ~ sein** ser inconsequente, desmentir-se a si mesmo '**Un'treue** F ‹o. pl› infidelidade f, deslealdade f '**un'tröstlich** desconsolado, inconsolável '**un'trüglich** [ˈʊnˈtryːklɪç] infalível, seguro '**Untugend** F vício m, defeito m '**untypisch** atípico

'unüber'brückbar [ˈʊnʔyːbɐrˈbrʏkbaːr] *fig* insuperável; *Gegensatz* irreconciliável **'unüberlegt** [ˈʊnʔyːbɐrleːkt] inconsiderado, irrefle(c)tido; leviano **'Unüberlegtheit** F imprudência f, irreflexão f; leviandade f **'unüber'sehbar** [ˈʊnʔyːbɐrˈzeːbaːr] imenso, ilimitado **'un'über'setzbar** [ˈʊnʔyːbɐrˈzɛtsbaːr] intraduzível **'unübersichtlich** desordenado, confuso, difuso, intricado, complicado; *Gelände* de orientação difícil **'un'über'trefflich**, **'un'über'troffen** [ˈʊnʔyːbɐrˈtrɔfən] insuperável **'unüberwindlich** invencível; *Festung* inexpugnável

'unum'gänglich inevitável, indispensável **'unum'schränkt** [ˈʊnʔʊmˈʃrɛŋkt] absoluto **'unum'stößlich** [ˈʊnʔʊmˈʃtøːslɪç] irrefutável; *Behauptung a.* peremptório; *Beschluss* irrevogável **'un'um'stritten** incontestável; incontroverso **'unum'wunden** [ˈʊnʔʊmˈvʊndən] A ADJ franco B ADV *a.* sem rodeios, sem reservas

'ununter'brochen [ˈʊnʔʊntɐrˈbrɔxən] A ADJ ininterrupto, contínuo B ADV *a.* sem cessar, sem interrupção **'unver'änderlich** invariável, inalterável; imutável **'unver'ändert** inalterado; como sempre; **~ sein** *a.* continuar na mesma **'unver'antwortlich** irresponsável; injustificável; *(unverzeihlich)* imperdoável **'Unver'antwortlichkeit** F ⟨o. pl⟩ irresponsabilidade f; *(Unverzeihlichkeit)* imperdoável m **'unver'arbeitet** tosco, não lavrado; *bras* não trabalhado; *fig* mal assimilado **'unver'äußerlich** inalienável **'unver'besserlich** incorrigível **'unver'bindlich** sem compromisso; facultativo **'unver'blümt** nu e cru; ADV sem rodeios; **~ reden** *umg* não ter papas na língua **'unver'braucht** *fig* bem conservado **'unver'bürgt** não garantido, sem garantia; *Gerücht* não confirmado **'unver'dächtig** insuspeito **'unver'daulich** indigesto **'unver'daut** mal digerido **'unver'derblich** não deteriorável; *fig* incorruptível **'unver'dient** imerecido, indevido **'unver'dorben** em bom estado; *a. fig* inta(c)to, incorrupto; puro; *Kind* inocente, ingénuo *(bras *ê)* **'unver'drossen** infatigável **'unver**-

dünnt não diluído **'unvereidigt ~ bleiben** não prestar juramento **'unver'einbar** incompatível **'unver'fälscht** autêntico; *(rein)* puro; natural **'unver'fänglich** inofensivo; nada capcioso **'unver'froren** descarado **'Unver'frorenheit** F descaramento m **'unver'gänglich** imorredouro, imperecível; eterno **unvergessen**, **unver'gesslich** inolvidável, inesquecível **'unver'gleichlich** incomparável, sem igual **'unver'hältnismäßig** desproporcionado; ADV excessivamente **'unverheiratet** solteiro; celibatário **'unver'hofft** [ˈʊnfɛrˈhɔft] inesperado **'unver'hohlen** [ˈʊnfɛrˈhoːlən] franco, sincero; → unverblümt; ADV *a.* redondamente; *bras* declaradamente **'unver'käuflich** invendível; *bras a.* invendável; **~ sein** não se vender, não estar à venda **'unver'kennbar** evidente, inconfundível **'unver'langt** não solicitado; espontâneo **'unver'letzlich** invulnerável, inviolável; *parlamentarisch:* imune **'Unver'letzlichkeit** F ⟨o. pl⟩ invulnerabilidade f, inviolabilidade f; *parlamentarische:* imunidade f; *Gebiet:* integridade f

'unver'letzt ileso; são e salvo **'unver'meidbar**, **'unver'meidlich** inevitável **'unver'mindert** indiminuto, sem diminuição; *bras a.* sem alteração **'unver'mischt** puro **unver'mittelt** repentino, súbito; dire(c)to; ADV de repente, de improviso **'Unver'mögen** N ⟨-s; o. pl⟩ incapacidade f; impotência f *(a.* MED*)* **'unver'mutet** inesperado **'Unver'nunft** F ⟨o. pl⟩ desrazão f; insensatez f; imprudência f **'unver'nünftig** *j-d* insensato; *(unklug)* imprudente; *etw* absurdo **'unveröffentlicht** inédito **'unver'packt** HANDEL sem embalagem **'unver'richtet** ADJ **~er Dinge**, **~er Sache** sem ter feito nada, sem ter conseguido nada **'unver'rückbar** *fig* inalterável **unver'schämt** descarado; desavergonhado **'Unver'schämtheit** F descaramento m; desvergonha f **'unver'schlossen** não fechado **'unver'schuldet** imerecido; FIN isento de dívidas **'unver'sehens** ADV de repente, inopinadamente; de improviso **'unver-**

sehrt ileso, incólume; a salvo; *etw* inta(c)to **'unversichert** sem seguro **'unversiegelt** sem selo **'unver'söhnlich** irreconciliável; implacável; *Haltung* intransigente **'unversorgt** desamparado **'Unverstand** M ‹-(e)s; *o. pl*› insensatez *f*

'unverstanden incompreendido **'unverständig** insensato, desajuizado, irrefle(c)tido **'unverständlich** incompreensível; *Wort* a. ininteligível **'unver'steuert** isento de impostos **'unver'sucht** ['unfɛr'zu:xt] **nichts ~ lassen** tentar todos os meios **'unverträglich** *j-d* intratável; *etw* nocivo; MED inassimilável; incompatível **'Unverträglichkeit** F ‹o. pl› j-s: mau génio *m* (*bras* gênio *m*); e-r *Sache:* nocividade, MED inassimilabilidade *f*; incompatibilidade *f* **'unverwandt** fixo; ~ **anblicken** fixar, fitar **'unver'wechselbar** inconfundível; incomparável **'unver'wundbar** invulnerável **'unver'wüstlich** ['unfɛr'vy:stlɪç] indestrutível **unverzagt** intrépido; ~ **sein** *a*. não desanimar **'unver'zeihlich** imperdoável

'unverzinslich ADJ ~ **sein** não vencer juros **'unverzollt** *einführen:* sem pagar direitos; **noch** ~ ainda não sujeito a direitos **'unver'züglich** ['unfɛr'tsy:klɪç] A ADJ imediato B ADV *a.* sem demora, a(c)to contínuo

'unvollendet incompleto **unvollkommen** imperfeito; defeituoso **Unvollkommenheit** F imperfeição *f* **unvollständig** incompleto

'unvorbereitet não preparado; *j-d a.* desprevenido; *etw a.* improvisado **'unvoreingenommen** imparcial **'unvorhergesehen** ['unfo:rhe:rgəze:ən] imprevisto **unvorsichtig** imprudente, descuidado; **~ sein** *a.* não ter cautela **'Unvorsichtigkeit** F imprudência *f*, descuido *m*, incauto *m*, falta *f* de cautela; improvidência *f* **'unvor'stellbar** inimaginável; inconcebível **'unvorteilhaft** desvantajoso; *gekleidet:* com mau gosto; ~ **wirken** *j-d* fazer má figura; *etw* não fazer efeito

'un'wägbar imponderável

unwahr falso; *j-d a.* mentiroso **Unwahrheit** F falsidade *f*; (*Lüge*) mentira *f*; **eine ~ sagen** faltar à verdade **unwahrscheinlich** improvável, inveros(s)ímil *umg fig* incrível **Unwahrscheinlichkeit** F ‹o. pl› improbabilidade *f*, inveros(s)imilhança *f*

'un'wandelbar imutável, inalterável; constante **unwegsam** ['unvɛˈkza:m] intransitável, impraticável **'unweiblich** ADJ ~ **sein** ser pouco feminino **'un'weigerlich** ['un'vaigɐlɪç] necessário; forçoso; absoluto; ADV *a.* sem falta **'unweit** PRÄP ‹gen› perto de, não longe de **'Unwesen** N ‹-s; *o. pl*› desordem *f*; ruindade *f*; **sein ~ treiben** fazer das suas **'unwesentlich** não essencial; secundário; (*zufällig*) acidental, acessório; → unwichtig **'Unwetter** N temporal *m*; *a. fig* borrasca *f* **'unwichtig** insignificante, sem importância, de pouca importância; **~ sein** *a.* não ter importância **'unwider'legbar** ['unvi:dɐˈleːkbaːɐ] irrefutável **'unwider'ruflich** irrevogável; **~ letzter** *Termin* improrrogável **'unwider'stehlich** ['unvi:dɐˈʃte:lɪç] irresistível

'unwieder'bringlich ['unvi:dɐˈbrɪŋlɪç] irreparável

'Unwille M ‹-ns; *o. pl*› indignação *f*; mau humor *m* **unwillig** A ADJ mal-humorado; ~ **über** (*akk*) indignado com, irritado com; ~ **werden** indignar-se, irritar-se B ADV de mau humor **unwillkommen** *j-d* importuno, maçador; *etw* inoportuno; ADV *a.* não (*od* pouco) a propósito **unwillkürlich** ADJ involuntário; ADV *a.* sem querer

'unwirklich irreal **unwirksam** ineficaz

'unwirsch ['unvɪrʃ] mal-humorado, rude, áspero

'unwirtlich inóspito (*a. fig*), hospitaleiro

'unwirtschaftlich pouco económico (*bras* *ô); não rendível

'unwissend ignorante **Unwissenheit** F ‹o. pl› ignorância *f* **unwissenschaftlich** sem valor científico, sem método científico, sem rigor científico **unwissentlich** inconscientemente, sem saber, sem querer

'unwohl ADV indisposto, mal; **mir ist ~** sinto-me mal **Unwohlsein** N ‹-s; *o. pl*› indisposição *f*; incómodo *m* (*bras* *ô) **'unwohnlich** pouco confortável **un-**

würdig indigno; *(gen)* **~ sein** desmerecer de **Unzahl** F *⟨o. pl⟩* sem-número m, infinidade f **'un'zählig** ['ʊn'tsɛːlɪç] inumerável, inúmero **'un'zähmbar** indom(estic)ável

'Unze ['ʊntsə] F *altes Maß:* onça f

'Unzeit F **zur ~** fora de tempo, inoportunamente **unzeitgemäß** inoportuno; *(zu früh)* prematuro

'unzer'brechlich inquebrável **'unzer'reißbar** ilacerável **'unzer'störbar** ['ʊntsɛrˈʃtøːrbaːr] indestrutível **'unzer'trennlich** ['ʊntsɛrˈtrɛnlɪç] inseparável

'unzivilisiert não civilizado, inculto, bárbaro **'Unzucht** F *⟨o. pl⟩* impudicícia f; lascívia f **'unzüchtig** impúdico; obsceno, pornográfico

'unzufrieden descontente **Unzufriedenheit** F *⟨o. pl⟩* descontentamento m; insatisfação f **unzugänglich** inacessível **unzulänglich** insuficiente **Unzulänglichkeit** F insuficiência f **unzulässig** inadmissível **unzurechnungsfähig** irresponsável; imbecil **Unzurechnungsfähigkeit** F *⟨o. pl⟩* irresponsabilidade f; imbecilidade f **unzureichend** insuficiente **unzusammenhängend** incoerente; desconexo **unzuständig** incompetente **unzutreffend** inexa(c)to; errado; **Unzutreffendes streichen!** *Formular:* risque o que não diz respeito **unzuverlässig** pouco seguro; pouco sério; de pouca confiança **Unzuverlässigkeit** F *⟨o. pl⟩* falta f de seriedade; **j-s ~ a.** a pouca confiança que alg merece

'unzweckmäßig inoportuno; inconveniente; *(schädlich)* contraproducente **un'zweideutig** inequívoco **unzweifelhaft** indubitável; ADV a. sem dúvida

'Update ['apdeɪt] N *⟨-s; -s⟩* IT actualização f

'üppig ['ʏpɪç] BOT exuberante; *Wald* frondoso; *(reich)* sumptuoso, opulento, *Mahl* a. opíparo, lauto; *(sinnlich)* voluptuoso **Üppigkeit** F *⟨o. pl⟩* exuberância f; opulência f, sumptuosidade f; voluptuosidade f

Ur [uːr] M *⟨-(e)s; -e⟩* ZOOL uro m **'Urabstimmung** F primeira votação f **'Urahn(e)** M/F *⟨-(e)s; -en⟩* antepassado m; *(Stammvater)* tronco m **'uralt** velhíssimo; *etw a.* antiquíssimo; *Zeit* remoto

U'ran [uˈraːn] N *⟨-s; o. pl⟩* urânio m **uranhaltig** uranífero

'urauf'führen estrear **Uraufführung** F estreia f *(bras* *é)*

ur'ban [ʊrˈbaːn] urbano **Urbani'sierung** F urbanização f

urbar [ˈuːrbaːr] lavradio, cultivável, arável; **~ machen** desbravar, arrotear, desmoitar **Urbarmachung** ['uːrbaːrmaxʊŋ] F arroteamento m

Urbevölkerung F aborígenes mpl **Urbild** N original m; protótipo m, modelo m **ureigen** intrínseco; específico **Ureinwohner(in)** M/F indígena m/f, aborígene m/f

▶ **Die Ureinwohner Brasiliens**

Viele der etwa 190 Millionen Einwohner Brasiliens berufen sich stolz auf indianische Vorfahren, aber nur wenige Indianerstämme leben heute noch traditionell in unberührten Gebieten. Diese befinden sich meist im Urwald des Amazonasbeckens, wo sie nach althergebrachter Weise für sich selbst sorgen und ihre Kultur pflegen können.

Bekannt ist vor allem der 1961 gegründete, 35.000 qkm große Xingu-Nationalpark am Oberlauf des Xingu-Flusses, wo neun verschiedene Stämme mit mehreren Tausend Indianern leben. Leider bleiben die Indianer aber heute selbst in diesen letzten Rückzugsgebieten nicht ungestört. Durch Abholzung verkleinert sich ihr Lebensraum ständig. Immer wieder wird auch von Massakern unter der brasilianischen Urbevölkerung berichtet, z. B. durch umherziehende Goldsucher (**garimpeiros**). ◀

Urenkel(in) M/F bisneto m, -a f **Urfassung** F versão f original **urge'mütlich** *umg j-d* muito jovial; *etw* muito aconchegado **Urgeschichte** F história f primitiva, proto-história f **Urgestein** N rocha f primitiva **Urgroßeltern** PL bisavós mpl **Urgroßmutter** F bisavó f **Urgroßvater** M bisavô m **'Urheber(in)** M/F autor(a) m/f) **Urheberrecht** N direito m de autor; **~e** pl *bras* direitos *mpl* autorais **Urheberschaft** F ⟨o. pl⟩ autoria f **Urheberschutz** M ⟨-es; o. pl⟩ prote(c)ção f da propriedade intelectual; *bras* garantia f dos direitos autorais

'**urig** ['uːrɪç] original; estranho

U'rin [uˈriːn] M ⟨-s; -e⟩ urina f; **~ lassen** urinar **uri'nieren** [uriˈniːrən] ⟨-⟩ urinar

'**urkomisch** ['uːɐˈkoːmɪʃ] *umg* engraçadíssimo

'**Urkunde** F documento m **Urkundenfälschung** F falsificação f de documentos **urkundlich** documental; ADV com documentos; **~ belegen** documentar

'**Urlaub** ['uːrlaʊp] M ⟨-(e)s; -e⟩ férias fpl; licença f; *a.* MIL **auf ~** de licença; **in ~** em férias fpl; **schönen ~!** boas férias!; **~ nehmen** tirar férias **Urlauber(in)** ['uːrlaʊbɐ(rɪn)] M(F) veranista m/f, turista m/f '**Urlaubsanschrift** F morada f de férias **Urlaubsantrag** M pedido m de licença de férias **Urlaubsgeld** N subsídio m de férias **urlaubsreif ~ sein** *umg* estar a precisar de férias **Urlaubsschein** M MIL licença f **Urlaubsvertretung** F substituto m, -a f durante as férias **Urlaubszeit** F período m de férias

'**Urmensch** M ⟨-en⟩ homem m primitivo

'**Urne** ['ʊrnə] F urna f ⟨a. POL⟩ **Urnengang** M POL ida f às urnas

Uro'loge [uroˈloːgə] M ⟨-n⟩ urologista m

'**urplötzlich** ['uːɐˈplœtslɪç] ADV *umg* todo de repente **Ursache** F causa f; (*Beweggrund*) motivo m; (*Grund*) razão f; **keine ~!** não há de quê!, não tem de quê!, *umg* de nada!; **alle ~ haben zu ...** ter toda a razão em ... **ursächlich** causal; causativo **Urschrift** F original m **Ursprung** M origem f, procedência f **ursprünglich** ['uːɐˈʃprʏŋlɪç] primitivo, original; *fig* espontâneo **Ursprungsnachweis** M, **Ursprungszeugnis** N HANDEL certificado m de origem **Urstoff** M CHEM elemento m; HANDEL matéria f prima

'**Urteil** ['ʊrtaɪl] N ⟨-(e)s; -e⟩ juízo m; JUR sentença f; (*Gutachten*) parecer m; **ein ~ fällen** proferir, pronunciar uma sentença **urteilen** VI **~ über** (*akk*) julgar; JUR *a.* sentenciar; **~ nach etw ~** julgar por a/c **Urteilsbegründung** F JUR considerandos *mpl* **urteilsfähig** capaz de julgar; em uso da razão; criterioso **Urteilskraft** F ⟨o. pl⟩ juízo m, razão f → Urteilsvermögen **Urteilsspruch** M sentença f **Urteilsvermögen** N discernimento m; critério m **Urteilsvollstreckung** F JUR execução f da sentença

'**Urtext** ['uːɐtɛkst] M original m **Urtierchen** ['uːɐtiːɐçən] N protozoário m **urtümlich** ['uːɐtyːmlɪç] originário **Ururgroßeltern** PL trisavós *mpl* **Urwald** M floresta f virgem; selva f **Urwelt** F mundo m antediluviano **urwüchsig** ['uːɐvyːksɪç] original; dos quatro costados **Urzeit** F tempos *mpl* primitivos **Urzeugung** F geração f espontânea **Urzustand** M estado m primitivo

USB-Anschluss [uːʔɛsˈbeːʔanʃlʊs] M conexão f USB **USB-Stick** [uːʔɛsˈbeːstɪk] M ⟨-s; -s⟩ memória f USB

'**User(in)** ['juːzɐ(rɪn)] M(F) ⟨-s; -⟩ IT utilizador(a) m(f)

usf. ABK (und so fort) etc. (etcétera)

U'S-Norm [uːʔɛsnɔrm] F norma f americana

usw. ABK (und so weiter) etc. (etcétera)

Uten'silien [utɛnˈziːliən] PL utensílios *mpl*

Uto'pie [utoˈpiː] F utopia f **u'topisch** [uˈtoːpɪʃ] utópico **Uto'pist(in)** [utoˈpɪst(ɪn)] M(F) ⟨-en⟩ utopista m

U'V-Filter [uːˈfaʊfɪltɐ] M FOTO filtro m ultravioleta **UV-Strahlen** MPL raios *mpl* ultravioleta **UV-Strahlung** F PHYS radiação f ultravioleta

V, v [faʊ] N ⟨-; -⟩ V, v m

Vaga'bund [vagaˈbʊnt] M ⟨-en⟩ vagabundo m, vadio m **vagabun'dieren** [vagabʊnˈdiːrən] ⟨-⟩ vadiar, vagabundear

'**vage** ['vaːgə] vago, impreciso

'**Va'gina** ['vaːgina, vaˈɡiːna] F ⟨-; -nen⟩

vagina f
va'kant [va'kant] vacante, vago **Va'kanz** [va'kants] F̲ vaga f
Va'kuum [va'ku:ʊm] N̲ ⟨-s; Vakua, Vakuen⟩ vácuo m **vakuumverpackt** embalado com (bras a) vácuo
Va'luta [va'lu:ta] F̲ ⟨-; -ten⟩ Kurs: (taxa f de) câmbio m, cotização f; (Währung) moeda f (estrangeira)
Vamp [vɛmp] M̲ ⟨-s; -s⟩ vamp f, mulher f fatal **Vam'pir** [vam'pi:r] M̲ ⟨-s; -e⟩ vampiro m
Van'dale [van'da:lə] M̲ ⟨-n⟩ vândalo m (a. fig) **Vanda'lismus** M̲ ⟨inv⟩ vandalismo m
Va'nille [va'nɪl(j)ə] F̲ ⟨o. pl⟩ baunilha f **Vanillegeschmack** M̲ ⟨-(e)s; o. pl⟩ **mit ~** sabor a (od de) baunilha **Vanillesoße** F̲ molho m (od creme m) de baunilha
Vari'ante [vari'antə] F̲ variante f; ZOOL, BOT paterna F̲ **Variati'on** F̲ variação f **Varie'té** [varie'te:] N̲ ⟨-s; -s⟩, **Varie'tee** (teatro m) de variedades fpl **vari'ieren** [vari'i:rən] ⟨-⟩ variar
Va'sall [va'zal] M̲ ⟨-en⟩ hist vassalo m
'Vase [va:zə] F̲ jarro m, floreira f
Vase'line® [vazə'li:nə] F̲ ⟨o. pl⟩ vaselina f
'Vater ['fa:tər] M̲ ⟨-s; ⸚⟩ pai m; **der Heilige ~** o Santo Padre **Vaterhaus** N̲ casa f paterna **Vaterland** N̲ pátria f **vaterländisch** ['fa:tərlɛndɪʃ] patriótico; Boden pátrio, nacional **Vaterlandsliebe** F̲ ⟨o. pl⟩ patriotismo m, amor m pátrio **Vaterlandsverräter** M̲ hist traidor m à pátria
'väterlich ['fɛ:tərlɪç] paterno; bes Liebe paternal **väterlicherseits** ['fɛ:tərlɪçərzaɪts] ADV do lado paterno, do lado do pai **'vaterlos** órfão de pai
'Vaterschaft F̲ ⟨o. pl⟩ paternidade f **Vaterstadt** F̲ cidade f natal **Vaterstelle** F̲ **~ vertreten bei** ser tutor de **Vater'unser** N̲ padre-nosso m
Ve'ganer(in) [ve'ga:nər(ɪn)] M̲|F̲ vegano, -a f
Vege'tarier(in) [vege'ta:riər(ɪn)] M̲|F̲ vegetariano m, -a f **vegetarisch** vegetariano
Vegetati'on [vegetatsi'o:n] F̲ vegetação f **vege'tativ** [vege'ta:tɪf] vegetativo; MED **~es Nervensystem** n sistema neuro-vegetativo **vege'tieren** [vege'ti:rən] ⟨-⟩ vegetar
Ve'hikel [ve'hi:kəl] N̲ ⟨-s; -⟩ veículo m
'Veilchen ['faɪlçən] N̲ ⟨-s; -⟩ violeta f; umg **blaues Auge** olho m negro (bras roxo) **veilchenblau** azul-roxo
'Vene ['ve:nə] F̲ BIOL veia f
Ve'nedig [ve'ne:dɪç] N̲ GEOG Veneza f
'Venen... IN ZSSGN venoso **Venenentzündung** F̲ flebite f
ve'nerisch [ve'ne:rɪʃ] MED venéreo
Ven'til [vɛn'ti:l] N̲ ⟨-s; -e⟩ válvula f **Venti'lation** [vɛntilatsi'o:n] F̲ ⟨-s; -⟩ ventilação f **Venti'lator** [vɛnti'la:tɔr] M̲ ⟨-s; -en [-'to:rən]⟩ ventilador m; ventoinha f **venti'lieren** [vɛnti'li:rən] ⟨-⟩ ventilar a. fig
Venus ['ve:nʊs] F̲ ⟨-⟩ ASTRON Vénus f, bras Vênus f
ver'abreden ⟨-e-; -⟩ combinar; (vereinbaren) a. acordar, ajustar; **sich mit j-m ~** (combinar) encontrar-se com alg **Verabredung** F̲ compromisso m; (Treffen) encontro m; (Vereinbarung) acordo m, ajuste m
ver'abreichen ⟨-⟩ dar; ministrar; aplicar **Verabreichung** F̲ ministração f; aplicação f
ver'abscheuen ⟨-⟩ detestar **verabscheuenswert**, **verabscheuungswürdig** detestável
ver'abschieden [vɛr'ʔapʃi:dən] A V/T ⟨G V/R⟩ ⟨-e-; -⟩ despedir(-se) B V/T MIL licenciar; Beamte a. exonerar; Gesetz votar **Verabschiedung** [fɛr'ʔapʃi:dʊŋ] F̲ despedida f; MIL licenciamento m; exoneração f
ver'achten ⟨-e-; -⟩ desprezar, desdenhar **ver'ächtlich** [fɛr'ʔɛçtlɪç] A ADJ desprezível; (geringschätzig) desdenhoso B ADV com desdém **Ver'achtung** F̲ ⟨o. pl⟩ desdém m, desprezo m
ver'albern ⟨-⟩ umg troçar de, fazer pouco de, ridicularizar
verallge'meinern ⟨-re; -⟩ generalizar **Verallgemeinerung** F̲ generalização f
ver'alten ⟨-e-; -; s.⟩ passar da moda **veraltet** antiquado
Ve'randa [ve'randa] F̲ ⟨-; -den⟩ varanda f
ver'änderlich [fɛr'ʔɛndərlɪç] variável (a. MATH); mutável; (unbeständig) inconstan-

VERB

te **Veränderlichkeit** F̲ ⟨o. pl⟩ variabilidade f, mutabilidade f; *der Einstellung*: inconstância f

ver'ändern ⟨-re; -⟩ transformar, mudar, alterar; *wenig*: modificar; **sich ~** mudar **Veränderung** F̲ transformação f, mudança f, alteração f; *bes kleine*: modificação f

ver'ängstigt atemorizado; intimidado

ver'ankern ⟨-re; -⟩ SCHIFF ancorar; FLUG amarrar; ARCH cimentar; *a. fig* consolidar

ver'anlagen ⟨-⟩ avaliar, fixar; **j-n ~** *Steuer*: cole(c)tar alg **veranlagt** dotado, prendado; talentoso **Veranlagung** F̲ **1** *Steuer*: fixação f (**zu** de); colecta f **2** *geistige*: disposição f, dom m; *(Fähigkeit)* aptidão f **3** MED predisposição f

ver'anlassen ⟨-t; -⟩ *etw* causar, ocasionar; **j-n ~ zu** (*inf*) levar alg a; **das Nötige ~** tomar as medidas necessárias **Veranlassung** F̲ ocasião f, causa f; motivo m, razão f; **auf ~** (*gen*) (**hin**) por iniciativa de, por incumbência de

ver'anschaulichen V̲T̲ ⟨-⟩ ilustrar; concretizar, dar uma ideia (plástica) de **Veranschaulichung** F̲ ilustração f, concretização f, representação f plástica

ver'anschlagen ⟨-⟩ avaliar (**auf** *akk* em)

ver'anstalten ⟨-e-; -⟩ organizar, promover **Veranstalter(in)** M̲/F̲ organizador(a) *m(f)*, promotor(a) *m(f)* **Veranstaltung** F̲ organização f; *(Feier)* a(c)to m, cerimónia f *(bras *ô)*, festa f; *sportliche*: concurso m; desafio m; *gesellschaftliche*: reunião f; sarau m

ver'antworten V̲T̲ ⟨-e-; -⟩ responder por, tomar a responsabilidade de; **nicht zu ~ sein** não ter desculpa; **sich ~** justificar-se (**bei perante**) **verantwortlich** responsável (**für** de); **j-n für etw ~ machen** tornar alg responsável por a/c **Verantwortliche(r)** M̲/F̲/M̲ responsável *m/f*

Ver'antwortung F̲ responsabilidade f; **die ~ übernehmen** assumir a responsabilidade; **auf eigene ~** à própria responsabilidade; **j-n zur ~ ziehen** pedir contas a alg, responsabilizar alg **verantwortungsbewusst** consciente da sua responsabilidade; responsável **Verantwortungsbewusstsein** N̲ ⟨-s; *o. pl*⟩ consciência f da sua responsabilidade **verantwortungslos** irresponsável **verantwortungsvoll** de grande (*od* alta) responsabilidade

ver'äppeln [fɛrˈʔɛpəln] ⟨-le; -⟩ *umg* → veralbern

ver'arbeiten V̲T̲ ⟨-e-; -⟩ empregar; TECH fabricar; IT *Daten* processar; MED, PSYCH digerir, assimilar; *a.* → bearbeiten **Verarbeitung** F̲ emprego m; transformação f; fabricação f, manufa(c)tura f; MED *u. fig* assimilação f

ver'ärgern ⟨-re; -⟩ desgostar, aborrecer, irritar **verärgert** aborrecido, zangado

ver'armen ⟨-; *s.*⟩ empobrecer **Verarmung** F̲ empobrecimento m; POL *a.* depauperação f

ver'ästeln [fɛrˈʔɛstəln] ⟨-le; -⟩ V̲R̲ **sich ~** ramificar-se **Verästelung** F̲ ramificação f

ver'ausgaben ⟨-⟩ V̲R̲ **sich ~** ficar sem recursos; *a. fig* arruinar-se, esgotar-se

ver'äußern ⟨-⟩ alienar, vender **Veräußerung** F̲ venda f, alienação f

Verb [vɛrp] N̲ ⟨-s; -en⟩ verbo m **ver'bal** [vɛrˈbaːl] verbal

ver'ballhornen [fɛrˈbalhɔrnən] *umg* ⟨-⟩ estropiar **Verballhornung** F̲ abastardamento m

Ver'band M̲ ⟨-(e)s; ¨e⟩ **1** MED ligadura f, penso m **2** *(Vereinigung)* associação f, liga f; grémio m *(bras *ô)* **3** MIL unidade f, formação f **Verband(s)kasten** M̲ estojo m de cirurgia **Verband(s)zeug** N̲ ⟨-(e)s; *o. pl*⟩ ligaduras fpl; artigos mpl de penso

ver'bannen ⟨-⟩ desterrar, exilar **Verbannung** F̲ desterro m, exílio m

verbarrika'dieren [fɛrbarikaˈdiːrən] V̲T̲ ⟨-⟩ obstruir; abarreirar; MIL entrincheirar, *(verrammeln)* atravancar **ver'bauen** ⟨-⟩ obstruir; *Geld* gastar em obras; *(schlecht bauen)* construir mal; **die Aussicht ~** roubar a vista *(dat* a) **verbe'amten** ⟨-⟩ admitir ao *(bras* no) serviço público **ver'beißen** ⟨-⟩ V̲R̲ **sich** (*dat*) **etw ~** reprimir a/c, conter a/c; **sich in etw** (*akk*) **~** não largar a/c; *fig* aferrar-se a a/c **ver'bergen** ⟨-⟩ esconder, ocultar, dissimular

ver'bessern ⟨-re; -⟩ melhorar; reformar; *Schrift* corrigir, emendar; (*vervollkommnen*) aperfeiçoar **Verbesserung** F melhora f, melhoramento m; (*Korrektur*) corre(c)ção f; emenda f **verbesserungsfähig** susceptível de melhoramento; corrigível

ver'beugen ⟨-⟩ VR **sich ~** inclinar-se, abaixar a cabeça (**vor** *dat* perante *akk*); cumprimentar **Verbeugung** F reverência f, vénia f (*bras* *ê), cumprimento m

ver'beulen ⟨-⟩ amolgar, amachucar **ver'biegen** ⟨-⟩ torcer **ver'bieten** ⟨-⟩ proibir, vedar, interdizer **verbilligen** ⟨-⟩ baixar, reduzir (o preço *od* os custos) **Ver'billigung** F redução f do preço

ver'binden ⟨-⟩ A VT **1** juntar, unir; ligar (*a.* TEL; CHEM combinar; *Metalle* amalgamar; (*verpflichten*) obrigar; vincular (**mit** a); **mit** *Schwierigkeiten etc* **verbunden sein** apresentar, implicar, trazer; TEL **falsch verbunden sein** ser engano **2** MED pensar; *Augen* vendar **B** VR *a. fig* **sich ~** aliar-se, unir-se **verbindlich** obrigatório; (*gefällig*) solícito, amável **Verbindlichkeit** F **1** *Benehmen:* amabilidade f **2** JUR cará(c)ter m obrigatório; obrigatoriedade f; FIN obrigação f; compromisso m; **~en** *pl* dívidas *fpl*

Ver'bindung F **1** união f; POL *a.* liga f; relação f; (*Gesellschaft*) associação f (*a.Ideen*); *eheliche:* enlace m **2** *persönliche:* conta(c)to m *Verkehr,* TEL *einzelne:* ligação f: comunicação f; **sich mit j-m in ~ setzen** entrar em conta(c)to com alg; **in ~ stehen** estar em conta(c)to com **3** CHEM composição f, composto m **Verbindungsmann** M ⟨-(e)s; ¨er *od* -leute⟩ intermediário m **Verbindungsstück** N TECH peça f de junção (*od* ligação)

ver'bissen obstinado; aferrado **ver'bitten** ⟨-⟩ VT **sich** (*dat*) **etw ~** não admitir a/c, não consentir a/c

ver'bittern ⟨-re; -⟩ amargar **verbittert** ADJ amargurado; acrimonioso **Ver'bitterung** F amargura f, azedume m

ver'blassen [fɛr'blasən] ⟨-t; -; s.⟩ desbotar; *a. fig* perder a cor, desvanecer-se **Ver'bleib** [fɛr'blaɪp] M ⟨-(e)s; *o. pl*⟩ paradeiro m **ver'bleiben** ⟨-; s.⟩ ficar; permanecer; *Briefschluss:* ter a honra de ser **ver'bleit** [fɛr'blaɪt] *Benzin* com chumbo **ver'blenden** ⟨-e-; -⟩ cegar,

deslumbrar; obcecar; ARCH revestir **Ver'blendung** F ⟨o. pl⟩ cegueira f; deslumbramento m, desvairamento m; obcecação f; ARCH revestimento m **ver'blichen** desbotado, descorado; *fig* falecido **ver'blöden** [fɛr'blø:dən] ⟨-e-; -; s.⟩ embrutecer, imbecilizar; *umg* emparvecer

ver'blüffen [fɛr'blʏfən] ⟨-⟩ desconcertar, espantar; abananar **verblüffend** ADJ assombroso, estupendo **verblüfft** atónito (*bras* *ô), perplexo, estupefa(c)to **Verblüffung** F perplexidade f, estupefa(c)ção f

ver'blühen ⟨-; s.⟩ murchar, desflorecer; passar **ver'bluten** ⟨-e-; -; s.⟩ sangrar, perder o sangue; ficar exangue **ver'bogen** ADJ torto, deformado

ver'bohren ⟨-⟩ VR **sich in etw ~** matutar a/c; aferrar-se a a/c **verbohrt** ADJ obstinado; doutrineiro **Verbohrtheit** F ⟨o. pl⟩ obstinação f; aferro m

ver'borgen¹ A PP → **verbergen B** ADJ(*geheim*) secreto, clandestino, oculto; *Krankheit* latente; **im Verborgenen** às escondidas

ver'borgen² VT ⟨-⟩ emprestar **Ver'borgenheit** F ⟨o. pl⟩ segredo m; *j-s:* recolhimento m; **in der ~ leben** viver retirado, viver recolhido

Ver'bot [fɛr'boːt] N ⟨-(e)s; -e⟩ proibição f; interdição f **Verbotsschild** N sinal m (*od* placa f) de proibição

ver'brämen ⟨-⟩ debruar, orlar; *fig* dissimular

Ver'brauch M ⟨-(e)s; *o. pl*⟩ consumo m; desgaste m; **zum sofortigen ~** de consumo imediato **verbrauchen** ⟨-⟩ gastar, consumir **Verbraucher(in)** M(F) consumidor(a) *m(f)* **Verbraucherpreis** M preço m a retalho (*bras* no varejo) **Verbraucherschutz** M ⟨-es; *o. pl*⟩ prote(c)ção f do consumidor **Verbrauchsgüter** NPL bens *mpl* de consumo **Verbrauch(s)steuer** F imposto m sobre o consumo **verbraucht** gasto; esgotado

ver'brechen VT ⟨-⟩ cometer **Ver'brechen** N crime m **Verbrecher(in)** [fɛr'brɛçər(ɪn)] M(F) criminoso m, -a f **verbrecherisch** criminoso

ver'breiten ⟨-e-; -⟩ divulgar; propagar; RADIO difundir; **sich ~ über** (*akk*) esten-

der-se por, alargar-se sobre **ver'breitern** ⟨re; -⟩ alargar **Verbreiterung** [fɐrˈbraɪtərʊŋ] F alargamento m **ver'breitet** corrente, generalizado **Ver'breitung** F (Bekanntmachung) divulgação f, propagação f; (Ausbreitung) difusão f, disseminação f (a. BOT)
ver'brennen ⟨-⟩ A VT queimar; Haut escaldar; Tote incinerar, cremar B VI ⟨s.⟩ queimar-se; consumir-se com o fogo; arder; (umkommen) morrer queimado C VR sich ~ queimar-se **Verbrennung** F combustão f; Toter: cremação f; incineração f **Verbrennungsmotor** M motor m de explosão **Verbrennungsofen** M crematório m
ver'briefen [fɐrˈbriːfən] ⟨-⟩ lavrar em termo notarial; atestar notarialmente
ver'bringen ⟨-⟩ passar
ver'brüdern ⟨-⟩ VR sich ~ confraternizar **Verbrüderung** F confraternização f
ver'brühen ⟨-⟩ (sich) ~ escaldar(-se)
ver'buchen ⟨-⟩ assentar, registar
ver'bummeln ⟨-le; -⟩ umg VT perder
Ver'bund M ⟨-(e)s; -e⟩ conexão f **ver'bunden** [fɐrˈbʊndən] PP → verbinden; j-m sehr ~ sein (dankbar sein) ser muito obrigado a alg; (nah sein) ter muita amizade por alg **ver'bünden** [fɐrˈbʏndən] ⟨-e-; -⟩ VR sich ~ aliar-se, unir-se; Bundesstaat confederar-se **Ver'bundenheit** F ⟨o. pl⟩ (Dankbarkeit) gratidão f; (Nähe) amizade f; solidariedade f **Ver'bündete(r)** M/F(M) [fɐrˈbʏndətə(r)] aliado m, -a f; confederado m, -a f **Ver'bundglas** N ⟨-es; o. pl⟩ vidro m laminado
ver'bürgen ⟨-⟩ garantir; sich ~ für responder por, responsabilizar-se por **ver'bürgt** [fɐrˈbʏrkt] ADJ autêntico
ver'büßen ⟨-t; -⟩ expiar
ver'chromen ⟨-⟩ cromar
Ver'dacht [fɐrˈdaxt] M ⟨-(e)s; o. pl⟩ suspeita f (auf akk de); in ~ geraten cair em suspeita; j-n in od im ~ haben suspeitar de alg; ~ erregen/schöpfen levantar/ /cair em suspeita
ver'dächtig [fɐrˈdɛçtɪç] suspeito **ver'dächtigen** [fɐrˈdɛçtɪɡən] VT ⟨-⟩ suspeitar de, desconfiar de **Verdächtigung** F suspeição f; suspeita f **Verdachtsmoment** N ponto m suspeito
ver'dammen [fɐrˈdamən] ⟨-⟩ condenar

Verdammnis F ⟨-; -se⟩ REL condenação f **verdammt** ADJ maldito; INT ~! umg (raça de) diabo! **Verdammung** F condenação f
ver'dampfen ⟨-⟩ evaporar **Ver'dampfer** M vaporizador m **Ver'dampfung** F evaporação f
ver'danken ⟨-⟩ dever
ver'dattert [fɐrˈdatɐt] umg boquiaberto
ver'dauen [fɐrˈdaʊən] ⟨-⟩ digerir **ver'daulich** digerível; leicht ~ fácil de digerir, de fácil digestão; schwer ~ indigesto **Verdauung** F ⟨o. pl⟩ digestão f **Verdauungsbeschwerden** FPL indigestão fsg **Verdauungsstörung** F indigestão f
Ver'deck N ⟨-(e)s; -e⟩ SCHIFF convés m, coberta f; (Klappverdeck) capota f **ver'decken** ⟨-⟩ cobrir; fig encobrir, ocultar
ver'denken ⟨-⟩ ich kann es ihm nicht ~ não lho posso levar a mal
ver'derben [fɐrˈdɛrbən] A VT ⟨-⟩ estragar; arruinar (a. j-n); (schädigen) corromper; viciar, perverter; fig a. depravar; es mit j-m ~ perder a(s) simpatia(s) de alg; sich (dat) den Magen ~ apanhar uma indigestão B VI ⟨-; -s.⟩ (verfaulen) estragar--se; sittlich: corromper-se **Ver'derben** N ⟨-s; o. pl⟩ ruína f, perdição f; ins ~ stürzen perder, arruinar; ~ bringend funesto, desastroso **verderblich** (schädlich) pernicioso; leicht ~ sein estragar--se facilmente
ver'deutlichen [fɐrˈdɔʏtlɪçən] ⟨-⟩ elucidar; evidenciar; tornar explícito
ver.di [ˈvɛrdi] abk **Vereinte Dienstleistungsgewerkschaft** BRD: federação sindical alemã
ver'dichten ⟨-e-; -⟩ comprimir; a. fig condensar **Ver'dichtung** F condensação f; compressão f, concentração f
ver'dicken ⟨-⟩ engrossar, espessar **Ver'dickung** [fɐrˈdɪkʊŋ] F engrossamento m; espessura f; am Körper: caroço m **ver'dienen** ⟨-⟩ merecer; Geld ganhar; sich (dat) sein Brot ~ ganhar a vida; a. → verdient **Ver'diener** M pessoa f que ganha a vida
Ver'dienst¹ M ⟨-(e)s; -e⟩ ganho m
Ver'dienst² N ⟨-(e)s; -e⟩ mérito m; ~e pl um etw serviços mpl prestados a a/c **Ver'dienstausfall** M perda f de ganho **Verdienstkreuz** N cruz f de mérito(s)

Verdienstspanne F̲ HANDEL margem f de lucro **verdienstvoll** benemérito

ver'dient [fɛrˈdiːnt] A̲ PP → verdienen B̲ ADJ meritório; **sich ~ machen um** bem merecer de; **seine ~e Strafe bekommen** receber o merecido castigo

ver'dingen ⟨-⟩ *hist* **sich ~** ir servir **ver'donnern** ⟨-re; -⟩ *umg* condenar

ver'doppeln ⟨-le; -⟩ dobrar, duplicar; redobrar (*a. fig*) **Verdopp(e)lung** F̲ duplicação f; redobramento m

ver'dorben [fɛrˈdɔrbən] A̲ PP → verderben B̲ ADJ depravado, corrupto; **~er Magen** m indigestão f **Verdorbenheit** F̲ ⟨*o. pl*⟩ perversidade f, depravação f

ver'dorren [fɛrˈdɔrən] ⟨-; s.⟩ secar, ressequir

ver'drängen ⟨-⟩ desalojar; *fig a.* suplantar; PSYCH reprimir; *Wasser* deslocar **Verdrängung** F̲ desalojamento m; PHYS deslocamento m; PSYCH recalcamento m

ver'drehen ⟨-⟩ torcer; *Augen* virar, esgazear; *Worte* deturpar; **j-m den Kopf ~** fazer perder a cabeça a alg **verdreht** ADJ j-d tarado, perturbado; *etw* absurdo **Verdrehung** F̲ MED contorção f; *fig der Tatsachen etc* deturpação f

ver'dreifachen [fɛrˈdraifaxən] ⟨-⟩ triplicar **ver'dreschen** ⟨-⟩ *umg* espancar, dar uma sova a, dar pancada em

ver'drießen [fɛrˈdriːsən] ⟨-⟩ aborrecer; **sich nicht ~ lassen** não desanimar **ver'drießlich** aborrecido; *j-d a.* rabugento; *Gesicht* carrancudo **ver'drossen** [fɛrˈdrɔsən] A̲ PP → verdrießen B̲ ADJ verdrießlich **Verdrossenheit** F̲ ⟨*o. pl*⟩ mau humor m

ver'drücken ⟨-⟩ *umg (essen)* engolir, devorar; **sich ~** *umg* safar-se; *bras* sumir (-se)

Ver'druss [fɛrˈdrʊs] M̲ ⟨-es; -e⟩ desgosto m; dissabor m

ver'duften ⟨-e-; -; s.⟩ evaporar(-se), perder-se; *fig umg* sumir-se, safar-se

ver'dummen ⟨-⟩ estupidificar

ver'dunkeln ⟨-le; -⟩ escurecer; *a. fig* obscurecer, ofuscar, eclipsar; JUR encobrir **Verdunkelung** F̲ obscurecimento m; JUR encobrimento m

ver'dünnen ⟨-⟩ adelgaçar; *Flüssigkeit* diluir; *Luft* rarefazer **Verdünnung** F̲ diluição f; *der Luft:* rarefa(c)ção f

ver'dunsten ⟨-e-; -; s.⟩ evaporar(-se) **Verdunstung** F̲ ⟨*o. pl*⟩ evaporação f

ver'dursten ⟨-e-; -; s.⟩ morrer de sede

ver'düstern ⟨-re; -⟩ obscurecer, ensombrar **ver'dutzt** [fɛrˈdʊtst] perplexo, aparvalhado

ver'edeln ⟨-le; -⟩ enobrecer; *(verbessern)* melhorar; sublimar; *Rohstoffe* refinar, afinar; acabar; AGR enxertar **Veredelung** F̲ refinação f, afinação f; acabamento m

ver'ehren VT ⟨-⟩ venerar, honrar; REL *a.* adorar; **j-m etw ~** obsequiar alg com a/c **Verehrer(in)** M̲(F̲) venerador(a) m(f); adorador(a) m(f) **Verehrung** F̲ veneração f, adoração f; REL *a.* culto m **verehrungswürdig** venerando, venerável

ver'eid(ig)en [fɛrˈʔaid(ig)ən] ⟨-e-; -⟩ ajuramentar **Vereid(ig)ung** F̲ ajuramentação f; juramento m (MIL de bandeira); POL compromisso m de honra

Ver'ein [fɛrˈʔain] M̲ ⟨-(e)s; -e⟩ associação f, sociedade f, união f; *bes Freizeit*, SPORT clube m; **im ~ mit** em colaboração com

ver'einbar compatível **vereinbaren** [fɛrˈʔainbaːrən] VT ⟨-⟩ combinar (**mit j-m** com alg); acordar (*a. Gehalt*); *Arbeit*, *Preis* ajustar; **sich (nicht) ~ lassen** ser (in)compatível (**mit etw a** a/c) **Vereinbarung** [fɛrˈʔainbaːrʊŋ] F̲ acordo m (*a.* POL); ajuste m

ver'einfachen [fɛrˈʔainfaxən] ⟨-⟩ simplificar **Vereinfachung** [fɛrˈʔainfaxʊŋ] F̲ simplificação f **vereinheitlichen** [fɛrˈʔainhaitlɪçən] ⟨-⟩ unificar, uniformizar **vereinigen** ⟨-⟩ (re)unir; juntar; conjugar; **die Vereinigten Staaten** os Estados Unidos *mpl*; **sich ~** congregar-se; ligar-se **Vereinigung** F̲ união f; associação f; *(Zusammenfassung)* concentração f; conjugação f

ver'einnahmen [fɛrˈʔainnaːmən] ⟨-⟩ cobrar **vereinsamen** [fɛrˈʔainzaːmən] VI ⟨-; s.⟩ ficar isolado, ficar só **Vereinsamung** [fɛrˈʔainzaːmʊŋ] F̲ ⟨*o. pl*⟩ isolamento m

Ver'einsmitglied N̲ sócio m, membro m

ver'eint unido, reunido; aliado; **mit ~en Kräften** com esforços unidos; **Vereinte Nationen** *fpl* Nações *fpl* Unidas **vereinzelt** *(vereinzelt auftretend)* esporádico **ver'eisen** ⟨-t; -⟩ cobrir-se de gelo; gelar, congelar; GEOL cobrir-se de geleiras **Ver'eisung** [fɛrˈʔaɪzʊŋ] F̲ gelificação f **ver'eiteln** [fɛrˈʔaɪtəln] ⟨-le; -⟩ frustrar, fazer malograr, baldar **ver'eitern** ⟨-re; -; s.⟩ supurar; ab(s)ceder **Ver'eiterung** F̲ supuração f; ab(s)cesso m **ver'ekeln** ⟨-le; -⟩ j-m etw ~ estragar a/c a alg, fazer perder o gosto de a/c a alg **ver'elenden** [fɛrˈʔɛːlɛndən] ⟨-e-; -; s.⟩ empobrecer; ficar reduzido à miséria **Ver'elendung** [fɛrˈʔɛːlɛndʊŋ] F̲ ⟨o. pl⟩ depauperação f, depauperamento m **ver'enden** ⟨-e-; -; s.⟩ morrer

ver'engen [fɛrˈʔɛŋən], **verengern** ⟨-re; -⟩ estreitar; restringir **Verengung** F̲ estreitamento m, restringimento m, restrição f

ver'erben ⟨-⟩ legar, deixar; **(sich)** ~ **auf** (akk) transmitir(-se) a **vererbt** ADJ hereditário **Vererbung** F̲ transmissão f hereditária **Vererbungslehre** F̲ ⟨o. pl⟩ teoria f da hereditariedade

ver'ewigen [fɛrˈʔeːvɪɡən] ⟨-⟩ eternizar, perpetuar; Namen imortalizar **verewigt** [fɛrˈʔeːvɪçt] ADJ saudoso; defunto

ver'fahren A V̲I̲ ⟨-; s.⟩ agir; proceder; **mit j-m ...** ~ tratar alg ... B V̲T̲ ⟨h.⟩ Benzin, Geld gastar (em viagens etc) C V̲/R̲ **sich** ~ enganar-se, perder-se (no caminho)

Ver'fahren N̲ procedimento m; método m; TECH, CHEM, JUR processo m; **ein** ~ **einleiten/einstellen** instaurar/arquivar um processo

Ver'fall M̲ ⟨-(e)s; o. pl⟩ **1** (Ruin) decadência f (a. moralisch); declínio m; a.ARCH ruína f; der Sitten: corrupção f **2** HANDEL vencimento m; (Verjährung) prescrição f; **in** ~ **geraten decair ver'fallen** A V̲I̲ ⟨-; s.⟩ **1** decair; ARCH desmoronar-se, ruir **2** HANDEL vencer-se; JUR caducar **3** fig **j-m** ~ **sein** estar à mercê de alg; **e-r Sache** (dat) ~ **sein** estar entregue a a/c **4** ~ **auf** (akk) lembrar-se de; ~ **in** (akk) incorrer em B ADJ ARCH em ruínas; Fahrschein, Ausweis etc, JUR caduco **Verfallsdatum** N̲ data f de perda de validade; bras limite m de validade **Verfallserscheinung** F̲ sinal m de decadência (od degeneração) **Verfallstag** M̲ → Verfallsdatum

ver'fälschen ⟨-⟩ falsificar, falsear; viciar, adulterar **Verfälschung** F̲ falsificação f, adulteração f

ver'fangen ⟨-⟩ A V̲I̲ valer, servir; fazer efeito B V̲/R̲ **sich** ~ embrulhar-se, atrapalhar-se, prender-se **ver'fänglich** [fɛrˈfɛŋlɪç] capcioso; insidioso **ver'färben** ⟨-⟩ V̲/R̲ **sich** ~ mudar de cor; descorar

ver'fassen ⟨-t; -⟩ compor, escrever, Artikel a. redigir **Verfasser(in)** M̲(F̲) autor(a) m(f)

Ver'fassung F̲ (Zustand) estado m, disposição f (a. MED); condição f, a. condições fpl; POL Constituição f; **in guter** ~ **sein** estar em boas condições **verfassunggebend** POL constituinte **Verfassungsbruch** M̲ violação f da Constituição **verfassungsgemäß** conforme à Constituição **Verfassungsgericht** N̲ tribunal m constitucional **verfassungsmäßig** constitucional **Verfassungsmäßigkeit** F̲ ⟨o. pl⟩ constitucionalidade f **Verfassungsrecht** N̲ ⟨-(e)s; o. pl⟩ direito m constitucional **verfassungswidrig** anticonstitucional, inconstitucional

ver'faulen ⟨-; s.⟩ apodrecer

ver'fechten V̲T̲ ⟨-⟩ defender

ver'fehlen V̲T̲ ⟨-⟩ falhar, errar; Zug perder; j-n não encontrar; **einander** ~ desencontrar-se; **nicht** ~ **zu** (inf) não deixar de **ver'fehlt** ADJ errado; mal organizado; Leben fracassado **Ver'fehlung** F̲ falta f; delito m

ver'feinden [fɛrˈfaɪndən] ⟨-e-; -⟩ desavir; **sich** ~ **mit** desavir-se com

ver'feinern [fɛrˈfaɪnərn] ⟨-re; -⟩ refinar, requintar (a. fig); (vervollkommnen) aperfeiçoar **Verfeinerung** F̲ requinte m; aperfeiçoamento m

ver'fettet [fɛrˈfɛtət] adiposo **Verfettung** F̲ ⟨o. pl⟩ adipose f; adiposidade f

ver'feuern ⟨-re; -⟩ umg Munition gastar

ver'filmen ⟨-⟩ filmar; Buch tirar um filme de **Verfilmung** F̲ adaptação f cinematográfica

ver'filzen [fɛrˈfɪltsən] ⟨-t; -⟩ feltrar; bras estofar; fig **sich** ~ enredar-se

ver'finstern ⟨-re; -⟩ obscurecer; ASTRON **sich** ~ eclipsar-se **Verfinsterung** F̲ eclipse m

ver'flachen [fɛrˈflaxən] V̲I̲ ⟨-; s.⟩ fig trivializar-se **ver'flechten** ⟨-⟩ entrelaçar; fig implicar **Ver'flechtung** [fɛrˈflɛçtʊŋ] F̲ entrelaçamento m; fig interdependên-

cia f **ver'fliegen** ⟨-; s.⟩ evaporar-se; a. fig dissipar-se; Zeit passar, correr **ver'fluchen** VT ⟨-⟩ amaldiçoar **ver'flucht** A ADJ maldito; fig umg a. danado B ADV umg terrivelmente C INT umg ~! com mil raios! **ver'flüchtigen** [fɛrˈflʏçtɪɡən] ⟨-⟩ VR **sich ~** volatilizar-se
ver'flüssigen [fɛrˈflʏsɪɡən] ⟨-⟩ liquefazer, derreter; Luft condensar **Verflüssigung** F ⟨o. pl⟩ liquefação f, condensação f
ver'folgen ⟨-⟩ perseguir; JUR a. processar; etw weiter ~ prosseguir, continuar; genau: seguir de perto **Verfolger(in)** M(F) perseguidor(a) m(f) **Verfolgung** F perseguição f; fig e-r Absicht etc: prosseguimento m **Verfolgungswahn** M ⟨-(e)s; o. pl⟩ mania f da perseguição
ver'formen ⟨-⟩ A VT deformar B VR **sich ~** deformar-se
ver'frachten ⟨-e-; -⟩ fretar; embarcar **Ver'fremdung** F alienação f; distanciação f; bras distanciamento m
ver'fressen umg comilão **ver'froren** [fɛrˈfroːrən] umg friorento **ver'früht** [fɛrˈfryːt] prematuro; Nachricht etc antecipado
ver'fügbar [fɛrˈfyːkbaːr] disponível **Verfügbarkeit** F ⟨o. pl⟩ disponibilidade f **verfügen** ⟨-⟩ dispor (**über** akk de); amtlich: ordenar, decretar; **sich ~ nach** dirigir-se a **Verfügung** F disposição f; decreto m; **letztwillige ~** testamento m; **j-m zur ~ stehen** estar à disposição de alg **Verfügungsrecht** N ⟨-(e)s; o. pl⟩ direito m de dispor (**über** akk de); disponibilidade f
ver'führen ⟨-⟩ seduzir; **~ zu** levar a **Verführer(in)** M(F) sedutor(a) m(f) **verführerisch** [fɛrˈfyːrərɪʃ] sedutor, tentador **Verführung** F sedução f
ver'gaffen ⟨-⟩ VR **sich ~ in** (akk) perder a cabeça por
ver'gällen [fɛrˈɡɛlən] ⟨-⟩ CHEM desnaturar; fig envenenar, estragar
ver'gammeln ⟨-⟩ umg ⟨-le; -⟩ estragar-se, decair; j-d abandonar-se
ver'gangen [fɛrˈɡaŋən] A PP → **vergehen** B ADJ ido; transa(c)to **Vergangenheit** F ⟨o. pl⟩ passado m; GRAM pretérito m; **der ~ angehören** a. ter passado para a história **ver'gänglich** [fɛrˈɡɛŋlɪç] passageiro, transitório; efémero (bras *ê) **Vergänglichkeit** F ⟨o. pl⟩ transitoriedade f, inconstância f
ver'gasen ⟨-t; -⟩ (in Gas umwandeln) gas(e)ificar; Ungeziefer gasear **Vergaser** M AUTO carburador m **Vergasung** F CHEM gas(e)ificação f; TECH carburação f; Tötung: gaseamento m; bras envenenamento m a gás
ver'geben ⟨-⟩ 1 dar; Amt conferir; Auftrag a. adjudicar; **zu ~ haben** dispor de; **zu ~ sein** Arbeitsstelle estar vago, estar vacante 2 (verzeihen) perdoar; Sünde absolver de 3 **sich** (dat) **etw ~** fazer sacrifício (de a/c); **sich** (dat) **nichts ~** não fazer nenhum sacrifício **vergebens** em vão, debalde **vergeblich** ADJ inútil, frustrado, perdido B ADV em vão; debalde **Vergeblichkeit** F ⟨o. pl⟩ vaidade f, inutilidade f **Vergebung** F perdão m; REL a. absolvição f
vergegen'wärtigen [fɛrɡeːɡənˈvɛrtɪɡən] ⟨-⟩ apresentar; **sich** (dat) **~** ter presente
ver'gehen ⟨-; s.⟩ passar; (dahinschwinden) definhar; desvanecer-se; (zugrunde gehen) perecer; **~ vor** (dat) morrer de; **sich ~ an** (dat) violar; **sich ~ gegen** faltar ao respeito a; JUR transgredir **Ver'gehen** N ⟨-s⟩ falta f; JUR crime m, delito m
ver'geistigt [fɛrˈɡaɪstɪçt] ⟨-⟩ espiritualizado
ver'gelten ⟨-⟩ pagar; retribuir; Untat vingar-se de; **Gleiches mit Gleichem ~** pagar pela mesma moeda **Vergeltung** F paga f; (Rache) desforra f; (Strafe) retribuição f **Vergeltungsmaßnahme** F represália f
verge'sellschaften ⟨-e-; -⟩ VT socializar, nacionalizar **Vergesellschaftung** F socialização f, nacionalização f
ver'gessen [fɛrˈɡɛsən] ⟨-⟩ esquecer(-se de); olvidar; **sich ~** ser incorre(c)to **Vergessen** N ⟨-s⟩ esquecimento m **Vergessenheit** F ⟨o. pl⟩ esquecimento m; **in ~ geraten** cair no esquecimento **vergesslich** [fɛrˈɡɛslɪç] esquecido, distraído **Vergesslichkeit** F ⟨o. pl⟩ falta f de memória; **aus ~** por distra(c)ção
ver'geuden [fɛrˈɡɔʏdən] ⟨-e-; -⟩ dissipar, desperdiçar; bes Vermögen delapidar; Zeit gastar **Vergeudung** F ⟨o. pl⟩ desperdício m

verge'waltigen [fɛrgə'valtɪgn] ⟨-⟩ violar, estuprar **Vergewaltiger** M̄ violador m, estuprador m **Vergewaltigung** F̄ violação f, estupro m

verge'wissern [fɛrgə'vɪsɐn] ⟨-re; -⟩ V̄/R̄ **sich ~** certificar-se; **sich ~, dass** certificar-se de que

ver'gießen ⟨-⟩ verter; *a. fig* derramar

ver'giften ⟨-e-; -⟩ envenenar; MED intoxicar **Vergiftung** F̄ envenenamento m; intoxicação f

ver'gilben [fɛr'gɪlbn] ⟨-⟩ amarelecer; *bras a.* amarelar **ver'gilbt** [fɛr'gɪlpt] ADJ amarelado; *bras a.* amarelecido **ver'gipsen** ⟨-t; -⟩ engessar

Ver'gissmeinnicht [fɛr'gɪsmaɪnnɪçt] N̄ ⟨-(e)s; *o. pl*⟩ NOT miosótis m

ver'gittern ⟨-re; -⟩ gradear **ver'glasen** V̄/T̄ ⟨-; -t⟩ envidraçar; *Fenster* pôr vidros em

Ver'gleich M̄ ⟨-(e)s; -e⟩ confronto m, comparação f (**zu** com); paralelo m; (*Einigung*) compromisso m, acordo m; **e-n ~ ziehen** estabelecer um paralelo; **im ~ zu** (*od* **mit**) em comparação com **vergleichbar** comparável **ver'gleiche** vide, ver, veja-se **vergleichen** ⟨-⟩ comparar; (*gegenüberstellen*) confrontar; *Rechnungen etc* conferir; **sich ~**, JUR, HANDEL acordar(-se) **vergleichend** ADJ comparado; *bes* LING comparativo **Vergleichsmöglichkeit** F̄ possibilidade f de comparação **Vergleichsverfahren** N̄ JUR processo m de concordata **vergleichsweise** ADV relativamente, em comparação

ver'glimmen ⟨-⟩, **ver'glühen** ⟨-⟩ ir-se apagando

ver'gnügen [fɛr'gny:gən] ⟨-⟩ V̄/R̄ **sich ~** divertir-se (**an** *dat* com) **Vergnügen** N̄ prazer m; *Unterhaltung*: divertimento m, recreio m; **~ machen** dar prazer; **es macht mir ~!** tenho prazer; **mit ~!** com prazer!; **viel ~!** divirta(m)-se; **zum ~** por divertimento (*od* prazer) **vergnügt** ADJ alegre; contente, satisfeito **Vergnügung** F̄ divertimento m **Ver'gnügungslokal** N̄ estabelecimento m de recreio(s) **Vergnügungspark** M̄ parque m de diversões **vergnügungssüchtig** pândego; *bras* farrista **Vergnügungsviertel** N̄ bairro m no(c)turno (*od* de diversões)

ver'golden ⟨-e-; -⟩ dourar **Vergoldung** F̄ dourado m, douradura f

ver'gönnen ⟨-⟩ permitir, conceder

ver'göttern [fɛr'gœtɐn] ⟨-re; -⟩ deificar; *fig* adorar, idolatrar **ver'graben** ⟨-⟩ Ā V̄/T̄ enterrar B̄ V̄/R̄ *fig* **sich ~ in** (*akk*) enfronhar-se em **ver'grämt** [fɛr'grɛ:mt] azedado **ver'greifen** ⟨-⟩ V̄/R̄ **sich ~** enganar-se (na tecla *etc*); *fig a.* equivocar-se; **sich an j-m ~** *a.* maltratar alg; **sich an etw** (*dat*) **~** *a.* profanar a/c **ver'griffen** [fɛr'grɪfn] Ā P̄P̄ → vergreifen B̄ ADJ *Buch* esgotado

ver'größern [fɛr'grø:sɐn] ⟨-re; -⟩ aumentar (*a. optisch u. fig*); (*weiter od breiter machen*) amplificar, alargar; FOTO ampliar **Vergrößerung** F̄ aumento m; amplificação f; FOTO ampliação f **Vergrößerungsapparat** M̄ ampliador m **Vergrößerungsglas** N̄ lupa f

Ver'günstigung [fɛr'gʏnstɪgʊŋ] F̄ favor m, regalia f, facilidade(s) f(pl); bónus m (*bras* *ô)

ver'güten [fɛr'gy:tən] ⟨-e-; -⟩ **1** *Arbeit* remunerar; *Ausgaben* reembolsar **2** *e-n Schaden* reparar; **j-m etw ~** inde(m)nizar alg por a/c **3** TECH afinar; *Stahl* revenir **Vergütung** F̄ remuneração f, reembolso m; *e-s Schadens*: reparação f, inde(m)nização f

verh. ABK (**verheiratet**) casado

ver'haften ⟨-e-; -⟩ prender, deter **Verhaftung** F̄ prisão f, detenção f

ver'hallen ⟨-; *s.*⟩ perder-se

ver'halten ⟨-⟩ Ā V̄/T̄ reter, reprimir B̄ V̄/R̄ **sich ~** j-*d* comportar-se (**zu** para com); **sich ~ zu** *etw* ser em relação a; MATH estar para; (*reagieren*) reagir (**zu** contra, perante); **sich ruhig ~** ficar quieto **Ver'halten** N̄ *j-s*: conduta f, comportamento m; *e-r Sache*: rea(c)ção f **Verhaltensforschung** F̄ ⟨*o. pl*⟩ etologia f **verhaltensgestört** PSYCH que sofre de perturbações **Verhaltensmaßregel** F̄ regra f de conduta

Ver'hältnis [fɛr'hɛltnɪs] N̄ ⟨-ses; -se⟩ **1** (*Beziehung*) relação f **2** *umg* (*Liebesverhältnis*) ligação f, relação f (amorosa), relacionamento m (amoroso) **3** MATH proporção f; **im ~ zu** em relação a **4** P̄L̄ **~se** situação *fsg*, condições *fpl*; circunstâncias *fpl*; **unter diesen ~sen** nestas circunstâncias **verhältnismäßig** relativo;

MATH proporcional **Verhältniswahl** F̲ eleição f (od sufrágio m) proporcional **Verhältniswort** N̲ ‹-(e)s; ⸚er› preposição f
Ver'haltung F̲ MED retenção f
ver'handeln V̲T̲ & V̲I̲ ‹-le; -› negociar (über etw a/c); tratar (über de) **Verhandlung** F̲ POL, HANDEL negociação f; JUR am Gericht: audiência f **Verhandlungsweg** M̲ **auf dem ~** POL mediante negociações
ver'hangen [fɛr'haŋən] Himmel encoberto **ver'hängen** ‹-› cobrir; Strafe impor, infligir (**über** akk a); Belagerungszustand declarar
Ver'hängnis N̲ ‹-ses; -se› fatalidade f; (Schicksal) destino m **verhängnisvoll** fatídico, funesto
ver'harmlosen ‹-› minimizar
ver'härmt [fɛr'hɛrmt] acabrunhado **ver'harren** ‹-› permanecer, ficar, continuar; (beharren) persistir **ver'härten** ‹-e-; -› endurecer **ver'härtet** endurecido; fig obstinado **Ver'härtung** F̲ endurecimento m; MED a. calosidade f; (harte Stelle) calo m **ver'haspeln** ‹-le; -› V̲R̲ **sich ~** atrapalhar-se, embaraçar-se **ver'hasst** [fɛr'hast] odioso; **~ bei** odiado de **ver'hätscheln** ‹-le; -› amimar; bras mimar
Ver'hau [fɛr'hau] M̲ ‹-(e)s; -e› estacada f; MIL abatis m; (Drahtverhau) arame m farpado **ver'hauen** umg ‹-› A̲ V̲T̲ espancar, dar pancada em B̲ V̲R̲ **sich ~** enganar-se **ver'heddern** [fɛr'hɛdɐn] ‹-› umg **sich ~ etw** emaranhar-se; j-d enganar-se; atrapalhar-se
ver'heeren [fɛr'he:rən] ‹-› devastar, assolar **verheerend** A̲D̲J̲ devastador, assolador; **~ wirken** ter efeito devastador **Ver'heerung** F̲ devastação f; (Schaden) estrago m
ver'hehlen ‹-› encobrir, dissimular, ocultar **ver'heilen** ‹-; s.› sarar, cicatrizar **ver'heimlichen** ‹-› dissimular, ocultar
ver'heiraten ‹-e-; -› (sich) **~ casar**(-se); **verheiratet sein** ser casado **Verheiratung** F̲ casamento m
ver'heißen ‹-› prometer **Verheißung** F̲ promessa f; REL promissão f **verheißungsvoll** prometedor
ver'helfen ‹-› **j-m zu etw ~** proporcionar a/c a alg, arranjar a/c para alg
ver'herrlichen ‹-› glorificar, enaltecer **Verherrlichung** F̲ glorificação f
ver'hexen ‹-t; -› enfeitiçar, embruxar
ver'hindern ‹-re; -› impedir; evitar **verhindert** impedido; **~sein** Person ter já um compromisso **Verhinderung** F̲ impedimento m
ver'höhnen V̲T̲ ‹-› escarnecer, troçar de **Verhöhnung** F̲ escárnio m, troça f
Ver'hör [fɛr'hø:r] N̲ ‹-(e)s; -e› interrogatório m; **ins ~ nehmen** interrogar **ver'hören** ‹-› A̲ V̲T̲ interrogar B̲ V̲R̲ **sich ~** entender mal
ver'hüllen ‹-› (en)cobrir, velar; fig a. ocultar **ver'hungern** ‹-re; -; s.› morrer de fome; **verhungert aussehen** ter ar de esfomeado; **~ lassen** deixar morrer (od matar) à fome **ver'hunzen** [fɛr'huntsən] ‹-t; -› umg estropiar **ver'hüten** ‹-e-; -› impedir, evitar; preservar **verhütend** A̲D̲J̲ impeditivo; preservativo; MED a. profilá(c)tico **ver'hütten** [fɛr'hʏtən] ‹-e-; -› fundir **Ver'hüttung** F̲ fundição f
Ver'hütung [fɛr'hy:tuŋ] F̲ prevenção f, preservação f; MED profilaxia f **Verhütungsmittel** N̲ allgemein: método m contraceptivo; männlich: preservativo m; preventivo m; weiblich: contraceptivo m
ver'hutzelt [fɛr'hʊtsəlt] enrugado, engelhado; corcovado
ver'innerlichen ‹-› interiorizar
ver'irren ‹-› V̲R̲ **sich ~** perder-se **Ver'irrung** F̲ fig aberração f; leichte: deslize m
ver'jagen ‹-› afugentar, expulsar
ver'jähren ‹-; s.› prescrever, caducar **Verjährung** F̲ prescrição f **Verjährungsfrist** F̲ JUR prazo m de prescrição
ver'jubeln ‹-le; -› gastar na pândega; bras gastar à toa
ver'jüngen [fɛr'jʏŋən] ‹-› rejuvenescer; ARCH (sich) ~ diminuir(-se) **Verjüngung** F̲ rejuvenescimento m; diminuição f
ver'kabeln ‹-› cablar **Verkabelung** F̲ cablagem f
ver'kalken ‹-› A̲ V̲T̲ TECH calcinar B̲ V̲I̲ ‹s.› calcificar-se; MED esclerotizar **verkalkt** A̲D̲J̲ MED esclerótico; fig umg senil **Verkalkung** F̲ calcinação f, calci-

ficação f; MED esclerose f
ver'kannt [fɛr'kant] **A** PP → verkennen **B** ADJ incompreendido **ver'kappt** [fɛr'kapt] fig disfarçado (**als** de)
ver'katert umg ~ **sein** estar com (bras de) uma ressaca
Ver'kauf M ⟨-(e)s; ⸗e⟩ venda f **verkaufen** ⟨-⟩ vender; **zu** ~ à venda
Ver'käufer(in) M(F) vendedor(a) m(f)
verkäuflich vendável, vendível; ~ **sein** a. estar para vender; vender-se (**leicht** com facilidade)
Ver'kaufsleiter(in) M(F) chefe m/f de vendas **Verkaufspreis** M preço m de venda **Verkaufsstand** M posto m (od pavilhão m) de venda; bras barraca f de venda
Ver'kehr [fɛr'keːr] M ⟨-(e)s; o. pl⟩ **1** allg trânsito m, circulação f; (Straßenverkehr) a. viação f; bes HANDEL a. movimento m, tráfego m; **in ~ bringen** fazer circular; **aus dem ~ ziehen** retirar da circulação; **für den ~ freigeben** Straße abrir ao tráfego **2** sexuell: cópula f, coito m; ~ **haben mit** ter relações sexuais com
ver'kehren ⟨-⟩ V/I circular; efe(c)tuar-se; bras trafegar; ~ **bei** od **in** (dat) frequentar; **mit j-m** ~ lidar com alg, dar-se com alg
Ver'kehrsader F artéria f **Verkehrsampel** F semáforo m; bras a. sinaleira f **Verkehrsaufkommen** N ⟨-s; o. pl⟩ trânsito m **verkehrsberuhigt** com circulação reduzida **Verkehrsbetriebe** MPL transportes mpl públicos **Verkehrschaos** N ⟨-; o. pl⟩ caos m no trânsito **Verkehrsflugzeug** N avião m (od aeronave f) de carreira; avião m (od aeronave f) de transporte **Verkehrshindernis** N obstáculo m para a circulação **Verkehrsinsel** F ilha f para peões **Verkehrsknotenpunkt** M entroncamento m **Verkehrsmeldung** F RADIO informação f sobre o estado do trânsito **Verkehrsminister(in)** M(F) Ministro m, -a f dos transportes **Verkehrsministerium** N Ministério m dos transportes **Verkehrsmittel** N meio m de transporte; **öffentliche** ~ pl transportes mpl públicos **Verkehrsnetz** N rede f de transportes **Verkehrsordnung** F código m da estrada; bras regulamento m do trânsito

Verkehrspolizei F ⟨o. pl⟩ polícia f de trânsito; bras polícia f rodoviária **Verkehrspolizist(in)** M(F) ⟨-en⟩ polícia m(f) (bras a. guarda m/f) de trânsito **Verkehrsregelung** F regulamento m de trânsito; bras organização f do trânsito **verkehrsreich** movimentado **Verkehrsschild** N sinal m de trânsito **Verkehrssicherheit** F ⟨o. pl⟩ segurança f nas estradas **Verkehrsstauung** F, **Verkehrsstockung** F congestão f (od congestionamento m) do trânsito **Verkehrsstörung** F interrupção f do trânsito **Verkehrssünder** M condutor m que infringe as regras de trânsito; bras a. infra(c)tor m das regras de trânsito **Verkehrsunfall** M acidente m de viação (bras trânsito) **Verkehrsverbindung** F comunicação f, ligação f **Verkehrsverbund** M associação f dos transportes públicos **Verkehrsweg** M via f (pública) **Verkehrswesen** N ⟨-s; o. pl⟩ viação f **verkehrswidrig** contrário às regras de trânsito **Verkehrszeichen** N sinal m de trânsito
ver'kehrt [fɛr'keːrt] **A** ADJ invertido; às avessas; fig errado **B** ADV mal; ~ (**herum**) às avessas
ver'keilen ⟨-⟩ TECH chavetar
ver'kennen ⟨-⟩ desconhecer; não compreender; **nicht** ~ a. não negar
ver'ketten ⟨-e-; -⟩ encadear; a. fig concatenar **Verkettung** F encadeamento m, concatenação f
ver'kitten ⟨-e-; -⟩ (a)betumar **ver'klagen** ⟨-⟩ ~ (**bei**) acusar (perante); JUR denunciar (a); pôr demanda (**j-n** contra alg) **ver'klammern** ⟨-re; -⟩ engachar **Verklappung** F ÖKOL descarregamento m (bras alijamento m) (de resíduos) no mar **ver'klären** ⟨-⟩ transfigurar **Ver-'klärung** F transfiguração f; apoteose f **verklausu'lieren** [fɛrklauzuˈliːrən] ⟨-⟩ clausular, estabelecer cláusulas **ver'kleben** ⟨-⟩ tapar; colar
ver'kleiden ⟨-e-; -⟩ disfarçar; ARCH, TECH revestir; Holz forrar (**mit** de) **Ver'kleidung** F disfarce m; ARCH, TECH revestimento m; (Holzverkleidung) forro m
ver'kleinern ⟨-re; -⟩ reduzir (a. MATH); a. fig diminuir, apoucar **Verkleinerung** F redução f, diminui-

ção f **Ver'kleinerungswort** N̄ diminutivo m
ver'klemmt entalado; fig complexado
ver'klingen ⟨s.⟩ ir-se perdendo **ver'knallen** ⟨-⟩ V/R **sich in j-n** ~ umg apaixonar-se por alg; **in j-n verknallt sein** umg estar apaixonado por alg **Ver'knappung** [fɐrˈknapʊŋ] F̄ ⟨o. pl⟩ escassez f **ver'kneifen** umg ⟨-⟩ V/R **sich** (dat) **etw** ~ desistir de a/c; **das Lachen** conter a/c **ver'knöchert** ADJ fig umg burocrático
ver'knüpfen ⟨-⟩ ligar, juntar; fig a. associar, combinar **Ver'knüpfung** [fɐrˈknʏpfʊŋ] F̄ enlace m; fig combinação f, associação f
ver'kohlen ⟨-⟩ A VT carbonizar; umg (belügen) **j-n** ~ contar petas (bras mentiras) a alg B V/I ⟨s.⟩ carbonizar-se; reduzir-se a carvão **ver'koken** [fɐrˈkoːkən] ⟨-⟩ calcinar
ver'kommen A V/I ⟨-; s.⟩ ir-se arruinando, ir-se degenerando, decair; j-d ir-se depravando; ~ **lassen** abandalhar, deixar estragar B ADJ arruinado; moralisch: decadente, depravado **Verkommenheit** F̄ ⟨o. pl⟩ decadência f, depravação f
ver'korken ⟨-⟩ arrolhar **ver'korkst** [fɐrˈkɔrkst] estragado
ver'körpern ⟨-re; -⟩ personificar; encarnar; Rolle representar, interpretar **Verkörperung** F̄ encarnação f, personificação f; representação f
ver'krachen ⟨-; s.⟩ V/R umg **sich** ~ zangar-se (bras brigar) (**mit com**) **ver'kraften** ⟨-⟩ poder com; suportar, aguentar **ver'kramen** ⟨-⟩ umg extraviar **ver'krampfen** ⟨-⟩ V/R **sich** ~ contrair-se, crispar-se **ver'krampft** ADJ contraído; tenso; fig pouco natural **ver'kriechen** ⟨-⟩ V/R **sich** ~ esconder-se **ver'krümeln** ⟨-le; -⟩ esmigalhar; **sich** ~ umg fig sumir-se **Ver'krümmung** F̄ MED deformação f
ver'krüppelt aleijado, deformado
ver'krusten [fɐrˈkrʊstən] ⟨-e-; -⟩ Wunde etc incrustar; **verkrustete Strukturen** pl fig estruturas decrépitas **ver'kühlen** ⟨-⟩ V/R umg **sich** ~ constipar-se **ver'kümmern** ⟨-re; -; s.⟩ V/I enfezar, estiolar(-se); definhar-se; BOT, MED atrofiar-se **ver'kümmert** ADJ atrofiado;

MED raquítico
ver'künden ⟨-e-; -⟩ anunciar, preconizar; laut: proclamar; Gesetz promulgar; Urteil pronunciar **verkündigen** REL (predigen) pregoar; (weissagen) profetizar **Verkündigung** F̄ REL Anunciação f; → Verkündung **Verkündung** F̄ proclamação f, promulgação f
ver'kupfern ⟨-re; -⟩ (a)cobrear
ver'kuppeln ⟨-le; -⟩ TECH engatar; umg j-n alcovitar
ver'kürzen ⟨-t; -⟩ reduzir, encurtar, abreviar; Perspektive escorçar **Verkürzung** F̄ redução f; abreviação f, abreviamento m; MED encurtamento m
ver'laden ⟨-⟩ carregar; embarcar **Ver'ladeplatz** M̄ cais m de embarque **Ver'laderampe** F̄ rampa f de carga e descarga **Verladung** F̄ carga f, carregamento m; embarque m
Ver'lag [fɐrˈlaːk] M̄ ⟨-(e)s; -e⟩ (casa f) editora f
ver'lagern ⟨-re; -⟩ deslocar; transferir **Verlagerung** F̄ deslocação f
Ver'lagsbuchhändler M̄ livreiro m editor **Verlagsbuchhandlung** F̄ livraria f editora **Verlagsrecht** N̄ ⟨-(e)s; -e⟩ direitos mpl editoriais
ver'langen ⟨-⟩ **(von)** pedir (a), exigir (de); **nach etw** ~ ansiar a/c, ter saudades de a/c; **nach j-m** ~ chamar alg **Ver'langen** N̄ desejo m; (Forderung) exigência f, reclamação f; (Sehnsucht) ânsia f, saudade f (**nach** de); **auf** ~ quando for exigido
ver'längern [fɐrˈlɛŋɐrn] ⟨-re; -⟩ alongar, prolongar; Frist prorrogar **Verlängerung** F̄ alongamento m; prolongamento m, prorrogação f **Verlängerungskabel** N̄, **Verlängerungsschnur** F̄ ELEK extensão f
ver'langsamen ⟨-⟩ VT (& V/R) **(sich)** ~ retardar(-se)
Ver'lass [fɐrˈlas] M̄ ⟨-es; o. pl⟩ **es ist (kein)** ~ **auf** (akk) (não) se pode ter confiança em
ver'lassen A V/T ⟨-⟩ deixar, abandonar; Ort a. sair de; **sich** ~ **auf** (akk) fiar-se em, confiar em, contar com B ADJ abandonado; j-d a. desamparado; Haus a. desabitado **Verlassenheit** F̄ ⟨o. pl⟩ abandono m, solidão f **ver'lässlich** [fɐrˈlɛslɪç] seguro, de confiança; j-d sério; (treu) fiel;

(sicher) certo; Nachricht a. fidedigno **Ver'lauf** M ‹-(e)s; o. pl› decurso m, decorrer m; Handlung a. marcha f, progresso m, evolução f; **im ~ des Jahres** pelo ano fora, no decorrer do ano; **nach ~ von** ao cabo de **verlaufen** ‹-› **A** VI decorrer; passar(-se); **gut/schlecht ~** tomar rumo favorável/desfavorável **B** VR **sich ~** (auseinandergehen) dispersar-se; Wasser espalhar-se; nach Überschwemmungen: descer, baixar; (sich verirren) perder-se

ver'laust [fɛr'laust] piolhento

ver'lautbaren geh ‹-› **~ lassen** comunicar **Verlautbarung** F publicação f, comunicado m

ver'lauten ‹-e-; -› constar; **~ lassen** manifestar, mandar publicar (od divulgar); dizer; **nichts ~ lassen** calar-se

ver'leben ‹-› passar **verlebt** ADJ gasto

ver'legen[1] **A** VT ‹-› **1** an e-n Ort: transferir, trasladar, mudar (**auf** akk para); Gegenstand pôr fora do lugar; Handlung situar, localizar (**nach Paris, ins 19 Jahrhundert** etc em Paris, no século XIX etc); (einbauen, legen) assentar, colocar **2** (aufschieben) adiar; pôr no sítio **3** Buch publicar, editar **4** (versperren) trancar, cortar **B** VR **sich ~ auf** (akk) dedicar-se a

ver'legen[2] ADJ embaraçado; **nie um e-e Antwort ~ sein** estar sempre pronto a ripostar ao responder; **~ werden** embaraçar-se **Verlegenheit** F embaraço m; (Geldverlegenheit) apuros mpl; **j-n in ~ bringen** meter alg em apuros; **aus der ~ helfen** tirar de apuros

Ver'leger(in) [fɛr'le:gɐr(ɪn)] M(F)M editor(a) m(f) **Verlegung** F transferência f; zeitlich a.: adiamento m

ver'leiden ‹-e-; -› **j-m etw ~** estragar a/c a alg, fazer perder o gosto de a/c a alg

Ver'leih [fɛr'laɪ] M ‹-(e)s; -e› aluguer m; bras aluguel m **verleihen** VT ‹-› emprestar; (vermieten) alugar; Form, Glanz dar; Titel a. conferir; Orden a. agraciar com, condecorar com; Recht outorgar, conceder **Verleiher(in)** M(F) emprestador(a) m(f); (Vermieter, -in) alugador(a) m(f) **Verleihung** F Recht: concessão f; Orden: condecoração f; Würde: investidura f

ver'leiten ‹-e-; -› induzir; (verführen)

tentar (**zu** inf a)

ver'lernen ‹-› desaprender, esquecer

ver'lesen VT ‹-› Gemüse etc limpar; escolher; (vorlesen) ler; fazer a leitura de; **sich ~** enganar-se (na leitura)

ver'letzbar [fɛr'lɛtsba:r] vulnerável; fig j-d (**leicht**) (muito) melindroso **verletzen** ‹-t; -› ferir; lesar; Interesse prejudicar; Regel quebrar, infringir; j-n ofender, magoar **verletzend** fig ofensivo **verletzlich** → verletzbar **Verletzte(r)** M(F)M ferido m, -a f **Verletzung** F ferida f, lesão f; Gesetz: violação f; fig ofensa f

ver'leugnen ‹-e-; -› renegar (a. REL); **sich nicht ~** não se desmentir; **sich ~ lassen** negar-se

ver'leumden [fɛr'lɔʏmdən] ‹-e-; -› caluniar, difamar **Verleumder(in)** M(F) caluniador(a) m(f), difamador(a) m(f) **verleumderisch** [fɛr'lɔʏmdərɪʃ] caluniador, difamador, difamante **Verleumdung** F calúnia f, difamação f

ver'lieben ‹-› VR **sich ~ in** (akk) enamorar-se de, apaixonar-se por **verliebt** apaixonado **Verliebtheit** F paixão f; namoro m

ver'lieren [fɛr'li:rən] ‹-› perder; a. → verloren **Verlierer(in)** M(F) perdedor(a) m(f), -a f **Ver'lies** [fɛr'li:s] n ‹-es; -e› calabouço m

ver'linken ‹-› VT & VI IT umg linkar; **etw ~** (**mit, auf** akk) criar (od fazer) um link (para)

ver'loben ‹-› VR **sich ~** noivar-se, ficar noivo; **verlobt sein** estar noivo **Ver'lobte(r)** M(F)M noivo m, -a f **Verlobung** [fɛr'lo:bʊŋ] F noivado m **Verlobungsring** M ‹-(e)s; -e› anel m de noivado

ver'locken ‹-› atrair **verlockend** ADJ atra(c)tivo **Verlockung** F atra(c)ção f, sedução f

ver'logen [fɛr'lo:gən] mentiroso **Verlogenheit** F ‹o. pl› mentira f

ver'loren [fɛr'lo:rən] **A** PP → verlieren; **~ geben** considerar perdido; **~ gehen** perder-se **B** ADJ **der ~e Sohn** o filho pródigo

ver'löschen VI ‹-; s.› extinguir-se **ver'losen** ‹-t; -› sortear, rifar **Ver'losung** F sorteio m, rifa f **ver'löten** ‹-e-; -› soldar **ver'lottern** [fɛr'lɔtɐrn]

⟨-re; -⟩ degradar-se; *j-d* estroinar; ~ **lassen** abandalhar

Ver'lust [fɛrˈlʊst] M̄ ⟨-(e)s; -e⟩ perda *f*; (*Schaden*) prejuízo *m*; MIL baixa *f* **Verlustgeschäft** N̄ operação *f* deficitária **verlustig** *geh* e-r Sache (*gen*) ~ **gehen** perder a/c **Verlustliste** F̄ lista *f* das baixas **verlustreich** MIL sangrento

ver'machen ⟨-⟩ legar **Ver'mächtnis** N̄ ⟨-ses; -se⟩ legado *m*, património *m* (*bras* *ó); testamento *m*

ver'mählen [fɛrˈmɛːlən] ⟨-⟩ V̄T̄ (& V/R) *geh* (**sich**) ~ casar(-se) **Vermählte** PL [fɛrˈmɛːltə] **die ~n** *geh* os esposos, o casal **Vermählung** F̄ *geh, hist* enlace *m*, casamento *m*

ver'markten ⟨-⟩ HANDEL comercializar **Ver'marktung** F̄ ⟨*o. pl*⟩ comercialização *f* **ver'masseln** [fɛrˈmasəln] *umg* ⟨-le; -⟩ deitar (*od* pôr) a perder, estragar; **sie hat alles vermasselt** ela estragou tudo, ela pôs tudo a perder

ver'mehren ⟨-⟩ aumentar; **sich** ~ ZOOL multiplicar-se **Vermehrung** F̄ aumento *m*; multiplicação *f*, ZOOL *a*. reprodução *f*

ver'meidbar [fɛrˈmaɪtbaːr] evitável **ver'meiden** ⟨-⟩ evitar **Vermeidung** F̄ evitação *f*

ver'meintlich suposto, pretenso, fictício

ver'mengen ⟨-⟩ misturar; *fig a.* confundir

Ver'merk [fɛrˈmɛrk] M̄ ⟨-(e)s; -e⟩ nota *f* **vermerken** ⟨-⟩ notar; **übel ~** levar a mal

ver'messen¹ ⟨-⟩ V̄T̄ medir; *Land* agrimensar; levantar o plano topográfico de **ver'messen²** ADJ *geh* atrevido **Ver'messenheit** F̄ ⟨*o. pl*⟩ atrevimento *m* **Ver'messung** F̄ medição *f*; levantamento *m* topográfico **Vermessungsingenieur(in)** M/F/M ⟨-s; -e⟩ geodesista *m/f* **Vermessungskunde** F̄ ⟨*o. pl*⟩ geodesia *f*

ver'mieten ⟨-e-; -⟩ alugar, arrendar; **zu ~** aluga-se **Vermieter(in)** M/F/M senhorio *m*, alugador(a) *m/f* **Vermietung** F̄ aluguer *m*, *bras* aluguel *m*, arrendamento *m*

ver'mindern ⟨-re; -⟩ diminuir, reduzir **Verminderung** F̄ diminuição *f*, redução *f*

ver'minen [fɛrˈmiːnən] ⟨-⟩ MIL minar **ver'mischen** ⟨-⟩ misturar **vermischt** ADJ misto; **~e** *pl a*. vários **Vermischung** F̄ mistura *f*, mescla *f*

ver'missen V̄T̄ ⟨-t; -⟩ dar pela (*od* sentir a) falta de; **j-d vermisst etw** a/c faz falta a alg **vermisst** [fɛrˈmɪst] desaparecido; **als ~ melden** dar como desaparecido **Ver'misste(r)** M/F/M desaparecido *m*, -a *f*

ver'mitteln [fɛrˈmɪtəln] ⟨-le; -⟩ A̅ V̄Ī intervir; *zwischen Streitenden*: servir de mediador; *zwischen Meinungen etc*: conciliar B̅ V̄T̄ arranjar; *Kenntnisse* transmitir; **den Eindruck ~, dass** dar a impressão de (que) **vermittelnd** ADJ medianeiro, conciliatório **Vermittler(in)** M/F/M mediador(a) *m/f*, agente *m/f* **Vermittlung** [fɛrˈmɪtlʊŋ] F̄ mediação *f*; TEL central *f* **Vermittlungsgebühr** F̄ comissão *f*

ver'modern ⟨-re; -; *s.*⟩ apodrecer

Ver'mögen [fɛrˈmøːgən] N̄ ⟨-s; *o. pl*⟩ (*Besitz*) fortuna *f*, bens *mpl*; (*Macht*) poder *m* **vermögend** ADJ abastado **Vermögenssteuer** F̄ imposto *m* sobre o património (*bras* *ó) **Vermögensverhältnisse** NPL situação *fsg* financeira; recursos *mpl* **Vermögensverwaltung** F̄ administração *f* de bens

ver'mummen [fɛrˈmʊmən] ⟨-⟩ disfarçar **Vermummte(r)** M/F/M encapuzado *m*, -a *f* **Vermummung** F̄ disfarce *m*

ver'muten ⟨-e-; -⟩ supor, presumir; suspeitar **vermutlich** A̅ ADJ provável, presumível B̅ ADV provavelmente; **é de supor que Vermutung** F̄ suposição *f*, conje(c)tura *f*; (*Verdacht*) suspeita *f*; **~en anstellen** levantar suspeitas (**über** sobre)

ver'nachlässigen [fɛrˈnaːxlɛsɪgən] ⟨-⟩ descuidar, desleixar, negligenciar **Vernachlässigung** F̄ descuido *m*; desleixo *m*

ver'nageln ⟨-le; -⟩ encravar **ver'narben** [fɛrˈnarbən] ⟨-; *s.*⟩ cicatrizar **ver'narrt** [fɛrˈnart] ADJ **sein in** (*akk*) estar doido por **ver'naschen** ⟨-⟩ ❶ *Geld* gastar em gulodices ❷ *sl sexuell*: **j-n** comer alg; *bras* papar alg **ver'nebeln** ⟨-le; -⟩ enevoar

ver'nehmbar [fɛrˈneːmbaːr] perceptível **vernehmen** ⟨-⟩ ❶ (*hören*) perceber, sentir; ouvir (dizer); (*erfahren*) *a*. saber; **dem Vernehmen nach** segundo consta

2 JUR (*verhören*) interrogar **ver'nehmlich** distinto, claro, inteligível **Verneh-mung** F̄ JUR interrogatório m **ver-nehmungsfähig** em estado de depor **ver'neigen** ⟨-⟩ V/R *geh sich* ~ inclinar--se; cumprimentar **Verneigung** F̄ reverência f, vénia f (*bras* *ê), cumprimento m **ver'neinen** ⟨-⟩ negar; dizer que não **verneinend, verneint** ADJ negativo **Verneinung** F̄ negação f **ver'netzen** ⟨-⟩ IT ligar **vernetzt** ligado à rede **Vernetzung** F̄ ligação f à rede **ver'nichten** ⟨-e-; -⟩ aniquilar; (*ausrotten*) exterminar **Vernichtung** F̄ aniquilamento m; extermínio m **ver'nickeln** ⟨-le; -⟩ niquelar **ver'nieten** ⟨-e-; -⟩ TECH rebitar **Ver'nunft** [fɛrˈnʊnft] F̄ ⟨o. pl⟩ razão f, juízo m; **zur** ~ **bringen** chamar à razão; **zur** ~ **kommen**, ~ **annehmen** vir à razão, tomar juízo **Vernunftehe** F̄ casamento m de conveniência **ver'nünftig** [fɛrˈnʏnftɪç] razoável, sensato

ver'öden [fɛrˈʔøːdən] ⟨-e-; -; s.⟩ **A** V/I ficar deserto, ficar despovoado **B** V/T MED *Wunde etc* esclerosar **Verödung** F̄ despovoação f, despovoamento m

ver'öffentlichen ⟨-⟩ publicar; *Gesetz* promulgar **Veröffentlichung** F̄ publicação f; *Gesetz*: promulgação f

ver'ordnen ⟨-e-; -⟩ ordenar, decretar; MED receitar, prescrever **Verordnung** F̄ decreto m, portaria f, ordem f; MED receita f, prescrição f

ver'pachten ⟨-e-; -⟩ arrendar, dar em arrendamento **Ver'pächter** M̄ arrendador m **Ver'pachtung** F̄ arrendamento m

ver'packen ⟨-⟩ empacotar, embrulhar; HANDEL enfardar, embalar **Verpackung** F̄ embalagem f **Verpackungsmaterial** N̄ material m de embalagem **Verpackungsmüll** M̄ embalagens fpl não reutilizáveis

ver'passen ⟨-t; -⟩ perder; **j-n** ~ desencontrar-se com alg **ver'patzen** [fɛrˈpatsən] ⟨-t; -⟩ *umg* estragar; deitar a perder **ver'pesten** [fɛrˈpɛstən] ⟨-e-; -⟩ infestar **ver'petzen** *umg* ⟨-t; -⟩ denunciar **ver-'pfänden** ⟨-e-; -⟩ empenhar, penhorar; JUR hipotecar **Ver'pfändung** F̄ empenho m; JUR hipoteca f **ver'pfeifen** ⟨-⟩ *sl* denunciar **ver'pflanzen** ⟨-t; -⟩ transplantar **Ver'pflanzung** F̄ transplantação f, transplante m

ver'pflegen ⟨-⟩ alimentar; (*unterhalten*) suster; **j-n** ~ *a.* dar pensão a alg; *Heer* abastecer **Verpflegung** F̄ alimentação f; víveres mpl; *im Hotel*: comida f; refeições fpl; MIL aprovisionamento f

ver'pflichten ⟨-e-; -⟩ obrigar; **sich** ~ (**zu** inf) comprometer-se (a) **verpflichtend** ADJ obrigatório **Verpflichtung** F̄ obrigação f, dever m; compromisso m

ver'pfuschen ⟨-⟩ *umg* estragar **ver-'plappern** ⟨-re; -⟩ *umg* **sich** ~ dar com a língua nos dentes **ver'plem-pern** [fɛrˈplɛmpɐrn] ⟨-re; -⟩ *umg* mal-gastar; desperdiçar **ver'plomben** ⟨-⟩ selar **ver'pönt** [fɛrˈpøːnt] mal visto **ver-'prassen** ⟨-t; -⟩ desperdiçar; dissipar **ver'prügeln** V/T ⟨-le; -⟩ dar (uma) sova a, dar pancada em, bater **ver'puffen** ⟨-; s.⟩ *fig* não dar nada **ver'pulvern** [fɛrˈpʊlvɐrn] ⟨-re; -⟩ *umg* malbaratar **ver-'pumpen** ⟨-⟩ *umg* emprestar **ver-'puppen** ⟨-⟩ V/R **sich** ~ transformar-se em crisálida **ver'pus-ten** ⟨-e-; -⟩ *umg* (**sich**) ~ descansar **ver-'putzen** ⟨-t; -⟩ ARCH rebocar **ver-'qualmt** cheio de fumo **ver'quer** oblíquo **ver'quicken** [fɛrˈkvɪkən] confundir **ver'quollen** [fɛrˈkvɔlən] inchado **ver'rammeln** ⟨-le; -⟩ trancar, atravancar **ver'ramschen** [fɛrˈramʃən] ⟨-⟩ HANDEL vender ao desbarato; *bras* vender a preço de banana; *umg* vender por nada **ver'rannt** [fɛrˈrant] *fig* obstinado; **in etw** (*akk*) ~ **sein** ter a mania de a/c

Ver'rat [fɛrˈraːt] M̄ ⟨-(e)s; o. pl⟩ traição f **verraten** ⟨-⟩ atraiçoar; *a. etw* denunciar; *Geheimnis a.* revelar; *Glauben* quebrantar; *fig a.* deixar ver; **sich** ~ trair-se **Ver'räter(in)** [fɛrˈrɛːtɐr(ɪn)] M̄/F̄ traidor(a) m(f) **verräterisch** traiçoeiro

ver'rauchen V/I ⟨-; s.⟩ *fig* dissipar-se **ver'räuchern** ⟨-re; -⟩ defumar **ver-'rechnen** ⟨-e-; -⟩ descontar; **sich** ~ enganar-se na conta **Ver'rechnung** F̄ compensação f, clearing m **Ver'rech-nungsscheck** M̄ cheque m cruzado **ver'recken** ⟨-; s.⟩ *vulg* espichar **ver-'regnen** ⟨-e-; -⟩ ficar estragado com a chuva **ver'reisen** V/I ⟨-t; -⟩ (ir) viajar;

partir para uma viagem; **verreist sein** a. estar em viagem, estar para fora; bras estar fora **ver'reißen** ⟨-⟩ umg Kritik: criticar duramente **ver'renken** [fɛr'rɛŋkən] ⟨-⟩ deslocar; (**sich** dat) **etw ~** torcer a/c **Ver'renkung** [fɛr'rɛŋkʊŋ] F̱ deslocação f, torcedura f; luxação f **ver'rennen** ⟨-⟩ V/R **sich ~ in** (akk) aferrar-se a; obstinar-se em **ver'richten** ⟨-e-; -⟩ fazer; Gebet rezar **Ver'richtung** F̱ execução f; **~en** pl funções fpl; häusliche: afazeres mpl **ver'riegeln** [fɛr'riːɡəln] V/T ⟨-le; -⟩ aferrolhar, trancar

ver'ringern [fɛr'rɪŋərn] ⟨-re; -⟩ diminuir, reduzir **Verringerung** F̱ diminuição f, redução f

ver'rinnen ⟨-; s.⟩ passar, (es)correr

ver'rohen V/I ⟨-; s.⟩ embrutecer **Ver'rohung** F̱ embrutecimento m **ver'rosten** ⟨-e-; -; s.⟩ enferrujar **ver'rotten** ⟨-e-; -; s.⟩ apodrecer; a. fig corromper-se **ver'rottet** ADJ fig corru(p)to **ver'rucht** [fɛr'ruːxt] infame; j-d a. malvado

ver'rücken ⟨-⟩ remover **verrückt** ADJ louco, doido (**nach** por); alienado; **wie ~** à doida, loucamente; **~ werden** enlouquecer, endoidecer; **~ machen** fig pôr louco **Verrücktheit** F̱ loucura f, doidice f **Verrücktwerden** N̄ **es ist zum ~!** é de enlouquecer

Ver'ruf M̱ ⟨-(e)s; o. pl⟩ má fama f; **in ~ bringen** difamar; **in ~ kommen** ficar com má fama, cair em descrédito **ver'rufen** ADJ de má fama, de má reputação

ver'rühren ⟨-⟩ mexer; misturar

Vers [fɛrs] M̱ ⟨-es; -e⟩ verso m; Bibel: versículo m; (Strophe) estrofe f; **sich** (dat) **keinen ~ auf etw machen können** umg não saber explicar a/c

ver'sagen ⟨-⟩ A V/T geh negar, recusar; **sich** (dat) **etw ~** privar-se de a/c, desistir de a/c; **sich** (dat) **nicht ~ können zu** (inf) não poder deixar de B V/I falhar, ir(-se) abaixo; TECH a. não funcionar; Knie fraquejar; Kräfte etc faltar; Stimme ficar preso **Versagen** N̄ falha f, insuficiência f; **menschliches ~** falha f humana **Versager(in)** M/F falhado m, -a f

ver'salzen A V/T ⟨-t; -⟩ salgar em excesso; fig umg desmanchar; **j-m die Suppe ~** estragar a/c a alg B ADJ salgado em excesso

ver'sammeln ⟨-le; -⟩ reunir **Versammlung** F̱ reunião f, assembleia f (bras *é); (Volksversammlung) comício m

Ver'sand [fɛr'zant] M̱ ⟨-(e)s; o. pl⟩ expedição f, envio m; **Versandabteilung** F̱ HANDEL departamento m de expedição **versandbereit** pronto (a ser expedido)

ver'sanden [fɛr'zandən] ⟨-e-; -; s.⟩ assorear

Ver'sandhandel M̱ ⟨-s; o. pl⟩ comércio m por correspondência **Versandhaus** N̄ casa f de venda por correspondência

ver'sauen [fɛr'zaʊən] ⟨-⟩ sl 1 (beschmutzen) sujar 2 (verpfuschen) estragar; **sie hat uns den ganzen Abend versaut** ela estragou toda a noite

ver'sauern ⟨-re; -⟩ fig umg levar uma vida monótona, vegetar

ver'säumen [fɛr'zɔʏmən] V/T ⟨-⟩ Arbeit, Pflicht, Schule faltar a; Gelegenheit, Zeit, Zug perder; **~ zu** (inf) deixar de **Ver'säumnis** N̄ ⟨-ses; -se⟩ falta f; descuido m

ver'schachern ⟨-re; -⟩ vender ao desbarato **ver'schaffen** ⟨-⟩ arranjar, conseguir, proporcionar

ver'schalen [fɛr'ʃaːlən] ⟨-⟩ forrar, BERGB, ARCH (en)cofrar **Verschalung** F̱ forramento m, forro m; BERGB cofragem f

ver'schämt [fɛr'ʃɛːmt] ⟨-⟩ envergonhado

ver'schandeln [fɛr'ʃandəln] ⟨-le; -⟩ umg desfigurar; estragar

ver'schanzen ⟨-t; -⟩ entrincheirar; **sich ~** fig excusar-se (**hinter** dat com) **Verschanzung** F̱ MIL trincheiras fpl

ver'schärfen ⟨-⟩ agravar; Tempo acelerar **Verschärfung** F̱ agravamento m; Tempo: aceleração f

ver'scharren ⟨-⟩ soterrar; Leiche enterrar **ver'scheiden** V/I ⟨-; s.⟩ geh expirar, falecer **ver'schenken** dar, fazer presente de **ver'scherzen** ⟨-t; -⟩ perder por sua falta **ver'scheuchen** ⟨-⟩ afugentar; fig dissipar

ver'schicken ⟨-⟩ expedir, enviar; POL deportar **Verschickung** F̱ expedição f; envio m; transporte m; POL deportação f

ver'schiebbar [fɛr'ʃiːpbaːr] móvel **Verschiebebahnhof** M̱ estação f de manobras **verschieben** ⟨-⟩ **A** V/T **1** *örtlich*: deslocar, remover **2** *zeitlich*: adiar; protelar **3** *umg*, HANDEL *pej* traficar **B** V/R **sich ~ 1** *örtlich*: sair do sítio (*bras* lugar) **2** *zeitlich*: ficar adiado **Verschiebung** F modificação f; transposição f; *zeitlich*: adiamento m

ver'schieden¹ [fɛr'ʃiːdən] ADJ diferente, distinto, diverso; **~e** *pl a.* vários; **~ sein** *a.* diferir

ver'schieden² [fɛr'ʃiːdən] PP → verscheiden

ver'schiedenartig diverso, heterogéneo (*bras* *ê*) **Verschiedene(s)** N diversos *mpl*; *Zeitung*: ocorrências *fpl* diversas **verschiedenfarbig** variegado, de várias cores, polícromo **Verschiedenheit** F diversidade f; variedade f; heterogeneidade f **verschiedentlich** ADV diversas vezes

ver'schießen ⟨-⟩ V/T esgotar (a munição); TYPO transpor; *Fußball*: **den Elfmeter ~** falhar (*od* errar) penalty (*bras* pênalti)

ver'schiffen ⟨-⟩ embarcar; enviar por navio **Verschiffung** F embarque m, transporte m (*Flussweg*: fluvial; *Seeweg*: marítimo)

ver'schimmeln ⟨-le; -; s.⟩ criar bolor **ver'schlacken** [fɛr'ʃlakən] ⟨-; s.⟩ ficar cheio de escória

ver'schlafen A V/T ⟨-⟩ **1** acordar tarde; **die Zeit ~** passar o tempo a dormir **2** *fig Gelegenheit* perder **B** V/I não acordar a horas **C** ADJ sonolento

Ver'schlag M ⟨-(e)s; ⸚e⟩ tabique m; *bras* tapume m

ver'schlagen¹ V/T ⟨-⟩ **1** *mit Brettern*: revestir de tábuas **2** *Buchseite, Ball* perder; **~ werden** *Schiff* derivar; **~ werden nach** desviar-se para; *fig umg* vir parar em; **es verschlägt mir die Sprache** fico sem fala

ver'schlagen² ADJ *pej* astuto, manhoso **Verschlagenheit** F ⟨*o. pl*⟩ astúcia f, manha f

ver'schlammen [fɛr'ʃlamən] ⟨-⟩ V/T ⟨h.⟩, V/I ⟨s.⟩ encharcar(-se) **ver-'schlampen** [fɛr'ʃlampən] ⟨-⟩ *umg* (*verlieren*) perder

ver'schlechtern [fɛr'ʃlɛçtɐn] V/T (& V/R) ⟨-re; -⟩ (**sich**) **~** piorar; *etw a.* deteriorar; MED *Zustand a.* agravar(-se) **Verschlechterung** F piora f, pioramento

m; deterioração f; MED *a.* agravamento m

ver'schleiern ⟨-re; -⟩ disfarçar, velar; HANDEL, JUR encobrir, falsificar **Verschleierung** F encobrimento m

ver'schleimen ⟨-; s.⟩ ficar cheio de muco **Verschleimung** F mucosidade f; catarro m

Ver'schleiß [fɛr'ʃlaɪs] M ⟨-es; -e⟩ TECH desgaste m; *bras usura r* **verschleißen** ⟨-⟩ TECH (des)gastar; *Stoff* puir; estragar

ver'schleppen ⟨-⟩ **1** *j-n* raptar, sequestrar **2** *etw* desviar, roubar **3** *zeitlich*: demorar **4** MED, (*vernachlässigen*) descurar, descuidar **Verschleppung** F **1** *j-s*: rapto m **2** *e-r Sache*: roubo m **3** *zeitlich*: demora f **4** (*Vernachlässigung*) descuido m

ver'schleudern ⟨-re; -⟩ *Geld* dissipar, malbaratar

ver'schließbar [fɛr'ʃliːsbaːr] com fechadura; **~ sein** *a.* fechar(-se) **verschließen** ⟨-⟩ fechar à chave; *verstopfen* tapar; **sich ~ gegen** (*od dat*) fechar-se a

ver'schlimmern [fɛr'ʃlɪmɐn] ⟨-re; -⟩ V/T (& V/R) (**sich**) **~** piorar; *Zustand, a. fig* agravar(-se) **Verschlimmerung** F agravação f, agravamento m

ver'schlingen ⟨-⟩ devorar, tragar; **hastig ~** engolir; **viel Geld ~** custar um dinheirão

ver'schlissen [fɛr'ʃlɪsən] ADJ gasto; *Kleidung* puído

ver'schlossen [fɛr'ʃlɔsən] **A** PP → verschließen **B** ADJ *fig* reservado, pouco comunicativo **Verschlossenheit** F ⟨*o. pl*⟩ reserva f

ver'schlucken ⟨-⟩ **A** V/T engolir (*a. Buchstaben*); ingerir **B** V/R **sich ~** engasgar-se (**an** *dat* com)

Ver'schluss M ⟨-es; ⸚e⟩ fecho m, fechadura f; *Flasche*: rolha f de pressão; TECH, FOTO obturador m; **unter ~** (**halten**) (guardar) fechado

ver'schlüsseln ⟨-le; -⟩ cifrar **Verschlüsselung** F cifra f

Ver'schlusskappe F tampa f **Verschlusslaut** M oclusiva f

ver'schmähen ⟨-⟩ desdenhar, desprezar **ver'schmälern** ⟨-re; -⟩ estreitar **ver'schmelzen** ⟨-⟩ **A** V/T fundir, amalgamar **B** V/I fundir-se **Ver-'schmelzung** [fɛr'ʃmɛltsʊŋ] F fusão f

ver'schmerzen ⟨VT⟩ ⟨-t; -⟩ aguentar, consolar-se de, esquecer **ver'schmieren** ⟨-⟩ tapar (com barro etc); *Papier* borrar **ver'schmitzt** [fɛrˈʃmɪtst] manhoso; (*schalkhaft*) de maroto
ver'schmutzen ⟨-t; -⟩ VT ⟨h.⟩, VI ⟨s.⟩ sujar(-se); *Umwelt* poluir **Ver'schmutzung** F poluição f
ver'schnaufen ⟨-⟩ VI (& V/R) (sich) ~ descansar **Ver'schnaufpause** F pausa f para relaxar (*od* tomar alento)
ver'schneit coberto do neve, nevado **Ver'schnitt** M corte m; desperdícios mpl; *Alkohol*: loteamento m; *bras* mistura f **ver'schnörkelt** [fɛrˈʃnœrkəlt] com arabescos, florido **ver'schnupft** [fɛrˈʃnʊpft] constipado; *bras* resfriado; *fig* amuado **ver'schnüren** ⟨-⟩ atar **ver'schollen** [fɛrˈʃɔlən] ADJ ~ (**sein**) (ter) desaparecido **ver'schonen** ⟨-⟩ poupar, deixar em paz; **j-n mit etw** ~ *a*. dispensar alg de a/c
ver'schönern [fɛrˈʃøːnərn] ⟨-re; -⟩ embelezar, aformosear **Ver'schönerung** [fɛrˈʃøːnərʊŋ] F embelezamento m, aformoseamento m
ver'schossen [fɛrˈʃɔsən] A PP → **verschießen** B ADJ *umg* (*verliebt*) **verschossen sein in** (*akk*) estar perdidamente apaixonado por
ver'schränken [fɛrˈʃrɛŋkən] ⟨-⟩ cruzar **ver'schrauben** ⟨-⟩ aparafusar
ver'schreiben ⟨-⟩ MED receitar; JUR legar; **sich ~** enganar-se (a escrever), escrever errado; **sich e-r Sache** (*dat*) ~ dedicar-se a a/c **ver'schreibungspflichtig** MED que só se vende com receita médica
ver'schrie(e)n [fɛrˈʃriːən] ADJ mal-afamado **ver'schroben** [fɛrˈʃroːbən] excêntrico; *j-d a.* maluco **Ver'schrobenheit** F excentricidade f; *j-s a.* maluquice f **ver'schrotten** [fɛrˈʃrɔtən] ⟨-e-; -⟩ desmantelar para sucata, transformar em sucata **ver'schrumpeln** [fɛrˈʃrʊmpəln] ⟨-le; -⟩ *umg* enrugar-se **ver'schüchtert** intimidado
ver'schulden ⟨-e-; -⟩ A VT causar, ter a culpa de, ser a causa de B VI ⟨s.⟩ endividar-se **Ver'schulden** N *j-s* culpa f, falta f **verschuldet** endividado **Ver'schuldung** F dívidas fpl; hipoteca f
ver'schütten ⟨-e-; -⟩ (*ausschütten*) verter; (*zuschütten*) entulhar; *j-n* enterrar
ver'schwägert aparentado **ver'schweigen** ⟨-⟩ calar, ocultar
ver'schwenden [fɛrˈʃvɛndən] ⟨-e-; -⟩ dissipar, esbanjar; *Zeit* perder **Ver'schwender(in)** M(F) esbanjador(a) m(f), gastador(a) m(f); mãos rotas m/f **verschwenderisch** [fɛrˈʃvɛndərɪʃ] *j-d* esbanjador, dissipador; *etw* profuso **Ver'schwendung** F desperdício m, esbanjamento m, dissipação f; (*Überfluss*) profusão f **Verschwendungssucht** F ⟨*o. pl*⟩ prodigalidade f
ver'schwiegen [fɛrˈʃviːgən] calado; discreto; reservado **Verschwiegenheit** F ⟨*o. pl*⟩ discrição f; reserva f
ver'schwimmen ⟨-⟩ confundir-se; desvanecer-se **ver'schwinden** ⟨-; s.⟩ desaparecer; *umg* safar-se; **~ lassen** escamot(e)ar **Ver'schwinden** N desaparecimento m **ver'schwindend** ADV **~ klein** ínfimo, mínimo
ver'schwitzen ⟨-t; -⟩ suar; *umg* (*vergessen*) esquecer(-se de) **ver'schwitzt** suado
ver'schwommen [fɛrˈʃvɔmən] vago, difuso; *Farbe* esfumado; FOTO indistinto, pouco nítido
ver'schwören ⟨-⟩ V/R **sich ~** conjurar-se, conspirar **Verschwörer(in)** M(F) conjurado m, -a f, conspirador(a) m(f) **Verschwörung** F conjura f, conspiração f
ver'sehen ⟨-⟩ A VT *Amt* exercer, desempenhar; **~ mit** *Bildern etc* guarnecer de; **mit Bänken ~** abancar; (**sich**) **~ mit** abastecer(-se) de, munir(-se) de; equipar (-se) com B V/R **sich ~** (*irren*) enganar-se; equivocar-se; **ehe man sich's versieht** sem se dar por isso **Ver'sehen** N engano m; erro m; **aus ~** por engano **Versehentlich** ADV por engano
Ver'sehrte(r) M(F/M) ⟨-n⟩ mutilado m, -a f
ver'senden ⟨-⟩ enviar; (*absenden*) expedir, despachar **Versendung** F expedição f, envio m
ver'sengen ⟨-⟩ VT ⟨h.⟩, VI ⟨s.⟩ chamuscar(-se)
ver'senkbar [fɛrˈzɛŋkbaːr] submergível; TECH de (re)baixar (*od* enterrar) **ver'senken** ⟨-⟩ afundar; SCHIFF *a.* meter a pique; (*untertauchen*) submergir; TECH (re)-

baixar (od enterrar); Nagel rebater; embeber, mergulhar; **sich ~** fig mergulhar(-se), abismar-se **Versenkung** F̅ submersão f; MIL, SCHIFF afundamento m; THEAT alçapão m

ver'sessen [fɛrˈzɛsən] ADJ **~ auf** (akk) aferrado a; louco por

ver'setzen VT ⟨-t; -⟩ örtlich: mudar, deslocar; in Ruhe(lage): pôr; AGR transplantar; Beamte transferir; Schlag, Stoß aplicar; Tritt dar; (erwidern) replicar, acudir; als Pfand: empenhar; **in den Ruhestand ~** aposentar; Schüler **versetzt werden** passar de classe; **j-n in** (akk) **Angst** etc **~** causar a alg; **sich ~ in** (akk) Lage imaginar-se **Versetzung** F̅ transferência f; AGR transplantação f; SCHULE passagem f de classe; **~ in den Ruhestand** aposentação f; bras aposentadoria f

ver'seuchen ⟨-t⟩ contaminar; infestar; inquinar **verseucht** infestado **Verseuchung** F̅ infestação f; inquinação f

'Versfuß M̅ pé m de verso

Ver'sicherer M̅ segurador m **versichern** ⟨-re; -⟩(as)segurar; HANDEL **~ (lassen)** a. pôr no seguro; (bekräftigen) afirmar, asseverar **Versicherte(r)** M/F/M ⟨-n⟩ segurado m, -a f **Versicherung** F̅ afirmação f, garantia f; HANDEL seguro m

Ver'sicherungsagent(in) M/F ⟨-en⟩ agente m/f de seguros **Versicherungsbeitrag** prémio m (bras *ê) de seguro **Versicherungsfall** M̅ **im ~** em caso de doença od acidente **Versicherungsgesellschaft** F̅ companhia f de seguros; bras seguradora f **Versicherungskarte** F̅ cartão m de seguro; **grüne ~** carta f verde **Versicherungsnehmer(in)** M/F/M segurado m, -a f **Versicherungspflicht** F̅ ⟨o. pl⟩ obrigatoriedade f de seguro **Versicherungspolice** F̅ apólice f de seguro **Versicherungsprämie** F̅ prémio m de seguro **Versicherungsschein** M̅ apólice f **Versicherungssumme** F̅ valor m segurado

ver'sickern ⟨-re; -⟩ infiltrar-se; perder-se **ver'siegeln** ⟨-le; -⟩ selar, lacrar; Parkett envernizar **ver'siegen** ⟨-; s.⟩ secar; a. fig esgotar-se

ver'siert [vɛrˈziːrt] versado

ver'silbern ⟨-re; -⟩ pratear; fig umg vender **ver'sinken** ⟨-⟩ afundar-se, ir a pique; fig perder-se, abismar-se **ver'sinnbildlichen** ⟨-⟩ simbolizar

Versi'on [vɛrziˈoːn] F̅ versão f

ver'sklaven [fɛrˈsklaːvən] ⟨-⟩ escravizar

'Verslehre F̅ ⟨o. pl⟩ (arte f) métrica f **Versmaß** N̅ ⟨-es; -e⟩ metro m

ver'söhnen [fɛrˈzøːnən] ⟨-⟩ reconciliar; **sich ~** a. fazer as pazes **versöhnlich** conciliador, conciliante; Ausgang satisfatório **Versöhnung** F̅ reconciliação f

ver'sonnen [fɛrˈzɔnən] pensativo, sonhador

ver'sorgen ⟨-⟩ im Großen: abastecer, abastar, aprovisionar (**mit** de); Kranke cuidar de; j-n (unterbringen) colocar; **j-n mit etw ~** prover alg de a/c, fornecer a/c a alg; **versorgt sein** ter o futuro garantido (od assegurado) **Versorger** M̅ sustentador m **Versorgung** F̅ bes TECH abastecimento m; mit Pflege: cuidados mpl **versorgungsberechtigt** com direito a colocação (nos serviços públicos) **Versorgungsengpass** M̅ dificuldade f de abastecimento

ver'späten ⟨-e-; -⟩ VR **sich ~** atrasar-se; **sich (um 5 Minuten) ~** BAHN chegar com (5 minutos) de atraso **Verspätung** F̅ atraso m; **~ haben** estar atrasado

ver'speisen ⟨-t; -⟩ comer, consumir

ver'sperren ⟨-⟩ trancar; Aussicht tapar, impedir; Weg obstruir; vedar; a. fig abarreirar **ver'spielen** ⟨-⟩ perder no jogo; Zeit passar a brincar (bras brincando), passar a jogar (bras jogando) **ver'spielt** brincalhão **ver'spotten** ⟨-e-; -⟩ escarnecer, fazer troça de, zombar de **Ver'spottung** [fɛrˈʃpɔtʊŋ] F̅ (Hohn) escárnio m; (Neckerei) troça f; zombaria f

ver'sprechen ⟨-⟩ A VT prometer B VR **sich ~** enganar-se, dizer mal; **sich viel ~ von** esperar muito de **Ver'sprechen** N̅ promessa f; **sein ~ geben, dass** prometer (que); **sein ~ brechen** não cumprir a (sua) promessa

ver'spritzen ⟨-t; -⟩ derramar, salpicar **ver'sprühen** ⟨-⟩ borrifar, pulverizar; espalhar **ver'spüren** VT ⟨-⟩ sentir; Folgen ressentir-se de

ver'staatlichen ⟨-⟩ nacionalizar; Kirchengut secularizar; bras estatizar **Verstaatlichung** F̅ nacionalização f; secularização f

Ver'städterung [fɛrˈʃtɛ(ː)tərʊŋ] F ⟨o. pl⟩ urbanização f; urbanismo m

Ver'stand M ⟨-(e)s; o. pl⟩ entendimento m, inteligência f, intele(c)to m; (Vernunft) razão f; (Urteilskraft) juízo m; **den ~ verlieren** perder o juízo; **nicht recht bei ~ sein** não estar em seu perfeito juízo; **das geht über meinen ~** isso ultrapassa a minha compreensão

ver'standesmäßig intele(c)tual; racional **Verstandesmensch** M ⟨-en⟩ intele(c)tual m, racionalista m

ver'ständig sensato, razoável **ver'ständigen** [fɛrˈʃtɛndɪɡən] ⟨-⟩ informar; **sich ~ entender-se Verständigung** [fɛrˈʃtɛndɪɡʊŋ] F entendimento m; TEL ligação f, comunicação f **verständlich** compreensível; inteligível; **allgemein ~** ao alcance de todos; **leicht ~** fácil de entender; **sich ~ machen** fazer-se compreender

Ver'ständnis [fɛrˈʃtɛntnɪs] N ⟨-ses; o. pl⟩ compreensão f, inteligência f; **~ haben für** compreender **verständnislos** insensato; A. ADV incompreensivo **Verständnislosigkeit** [fɛrˈʃtɛntnɪsloːzɪçkaɪt] F ⟨o. pl⟩ incompreensão f **verständnisvoll** compreensivo

ver'stärken ⟨-⟩ reforçar; a. **sich ~** aumentar; Eindruck acentuar-se; RADIO amplificar **Verstärker** M FOTO reforçador m; RADIO amplificador m **Verstärkung** F reforço m; MIL reforços mpl; Ton: aumento m; amplifição f

ver'stauben ⟨-; s.⟩ ficar empoeirado, ficar cheio de pó

ver'stauchen [fɛrˈʃtaʊxən] ⟨-⟩ V/R **sich** (dat) **den Fuß ~** torcer o pé **Verstauchung** F luxação f

ver'stauen ⟨-⟩ arrumar; SCHIFF estivar **Ver'steck** [fɛrˈʃtɛk] N ⟨-(e)s; -e⟩ esconderijo m; (Hinterhalt) emboscada f; **~ spielen** jogar às escondidas **verstecken** ⟨-⟩ esconder, ocultar (**vor** dat de); **sich ~** esconder-se **Versteckspiel** N ⟨-(e)s; -e⟩ escondidas fpl **versteckt** ADJ escondido; Anspielung, Vorwurf indire(c)to

ver'stehen ⟨-⟩ entender (**unter** dat por), compreender, perceber; (können) saber; **sich ~** dar-se bem, entender-se; **zu ~ geben** dar a entender; **zu ~ sein** entender-se; compreender-se, perceber-se; **sich** **auf etw** (akk) **~** entender de a/c; **das versteht sich von selbst** isso é claro, isso subentende-se

ver'steifen ⟨-⟩ A V/T TECH reforçar; endurecer; ARCH apontoar B V/R **sich ~** MED ficar teso; fig j-d **sich ~ auf** (akk) teimar em (inf) **Versteifung** F reforço m, endurecimento m; MED anquilose f

ver'steigen ⟨-⟩ TECH ~ perder-se (nas montanhas); fig **sich ~ zu** atrever-se a

ver'steigern ⟨-re; -⟩ leiloar, arrematar; **öffentlich ~** vender em hasta pública **Versteigerung** F leilão m; arrematação f

ver'steinern [fɛrˈʃtaɪnɐrn] ⟨-re; -; s.⟩ petrificar(-se) **Versteinerung** F petrificação f; (Körper) fóssil m

ver'stellbar [fɛrˈʃtɛlbaːr] móvel **verstellen** ⟨-⟩ A V/T deslocar, remover; TECH mudar; regular; (versperren) obstruir; bras barrar; (Aussicht) vedar; Schrift etc disfarçar B V/R **sich ~** fingir, ser dissimulado **Verstellung** F fingimento m, (dis)simulação f

ver'steuern V/T ⟨-re; -⟩ pagar o imposto para, tributar

ver'stimmen ⟨-⟩ MUS desafinar; fig j-n desgostar; contrariar; indispor **verstimmt** ADJ fig amuado, melindrado, aborrecido **Verstimmung** F desgosto m, amuo m; gegenseitige desavença f

ver'stockt [fɛrˈʃtɔkt] obstinado, teimoso **Verstocktheit** F ⟨o. pl⟩ obstinação f, teima f

ver'stohlen [fɛrˈʃtoːlən] furtivo, clandestino

ver'stopfen ⟨-⟩ obstruir; Loch tapar; Rohr entupir **Verstopfung** F obstrução f; MED prisão f de ventre; Verkehr: engarrafamento m

ver'storben [fɛrˈʃtɔrbən] falecido, defunto

ver'stört [fɛrˈʃtøːrt] perturbado, transtornado

Ver'stoß M ⟨-es; ⁼e⟩ falta f (**gegen** a); JUR infra(c)ção f (**gegen** de); violação f (**gegen** de) **verstoßen** ⟨-t; -⟩ A V/T j-n repudiar B V/I **~ gegen** faltar a; JUR infringir **Verstoßung** F repúdio m, expulsão f

verstrahlt atingido por radioactividade **ver'streben** ⟨-⟩ reforçar; ARCH apontoar **Verstrebung** F reforço m; esco-

ramento *m*; pontões *mpl* **ver'strei-chen** ⟨-⟩ **A** *V/T* tapar; *Butter* pôr, barrar; *bras* passar **B** *V/I* ⟨s.⟩ passar; *Frist* vencer-se **ver'streuen** ⟨-⟩ espalhar, dispersar **ver'stricken** ⟨-⟩ envolver, enredar **ver'strömen** ⟨-⟩ escorrer **ver'stümmeln** [fɛrˈʃtymәln] ⟨-le; -⟩ mutilar; *fig a.* estropear **Verstümme-lung** *F* mutilação *f*
ver'stummen *V/I* ⟨-; s.⟩ emudecer **Ver'stummen** *N* emudecimento *m*
Ver'such [fɛrˈzuːx] *M* ⟨-(e)s; -e⟩ ensaio *m*, tentativa *f*; teste *m*; PHYS *etc*: experiência *f* **versuchen** *V/T* ⟨-⟩ experimentar; (*probieren*) *a*. provar; ensaiar (*a*. **~ zu** *inf*) **Versucher(in)** *M(F)* tentador(a) *m(f)* **Versuchsballon** *M* balão *m* de ensaio **Versuchskaninchen** *N*, **Versuchsperson** *F* cobaia *f* **Versuchsreaktor** *M* rea(c)tor *m* de ensaio **Versuchsreihe** *F* série *f* de experiências **Versuchstier** *N* cobaia *f* **versuchsweise** *ADV* a título de experiência (*od* de ensaio), em regime experimental **Versuchung** *F* tentação *f*; **in ~ führen** tentar; **in ~ geraten zu** (*inf*) cair na tentação de
ver'sumpfen [fɛrˈzʊmpfən] ⟨-; s.⟩ *Boden* atolar-se; *umg j-d* corromper-se
ver'sündigen ⟨-⟩ REL, *fig* **sich ~** (**an** *dat*) pecar (contra); ofender **Versündigung** *F* pecado *m*, ofensa *f*
ver'sunken [fɛrˈzʊŋkən] *PP* → **versinken**; *fig* **in etw ~** absorto em a/c; **in Gedanken ~** ensimesmado, pensativo **Versunkenheit** *F* ⟨*o. pl*⟩ *fig* meditação *f*
ver'süßen ⟨-⟩ adoçar, adocicar; *fig a*. atenuar; dourar
ver'tagen ⟨-⟩ adiar, transferir, protelar (**auf** *akk* para); **sich ~** interromper as sessões **Vertagung** *F* adiamento *m*
ver'täuen [fɛrˈtɔyən] ⟨-⟩ amarrar, abitar
ver'tauschen ⟨-⟩ trocar; (*verwechseln*) confundir
ver'teidigen [fɛrˈtaɪdɪɡən] ⟨-⟩ defender **Verteidiger(in)** *M(F)* defensor(a) *m(f)*; JUR advogado *m* -a *f* da defesa; SPORT defesa *f* **Verteidigung** *F* defesa *f*; **in der ~** MIL na defensiva
Ver'teidigungsbündnis *N* aliança *f* defensiva (*bras* de defesa) **Verteidigungsminister(in)** *M(F)* ministro *m*, -a *f* da Defesa **Verteidigungsminis-terium** *N* Ministério *m* da Defesa
ver'teilen distribuir, difundir; (*austeilen*) repartir; **sich ~** dispersar-se **Verteiler** *M* distribuidor *m*; ELEK quadro *m* de distribuição; *bras a*. caixa *f* de fusíveis; ADMIN **(nicht) auf dem Verteiler stehen** não constar (*od* estar) na lista de distribuição **Verteilerkasten** *M* ELEK caixa *f* de distribuição **Verteilung** *F* distribuição *f*; repartição *f*
ver'teuern ⟨-re; -⟩ encarecer **Verteuerung** *F* encarecimento *m*, subida *f* dos preços
ver'teufelt [fɛrˈtɔyfәlt] endiabrado
ver'tiefen [fɛrˈtiːfәn] ⟨-⟩ (a)profundar; **sich ~** abismar-se, enfronhar-se **Vertiefung** *F* aprofundamento *m*; (*Höhlung*) cavidade *f*; *im Gelände*: depressão *f*; (*Aushöhlung*) escavação *f*
verti'kal [vɛrtiˈkaːl] vertical
ver'tilgen ⟨-⟩ exterminar; *umg* (*essen*) consumir **Vertilgung** *F* extermínio *m*
ver'tonen ⟨-⟩ pôr em música **Vertonung** *F* música *f*, composição *f*
ver'trackt [fɛrˈtrakt] *umg* bicudo; *bras* árduo
Ver'trag *M* ⟨-(e)s; ̈-e⟩ contrato *m*; POL tratado *m*, pa(c)to *m*; (*Abkommen*) acordo *m* **vertragen** ⟨-⟩ suportar, aguentar; *Essen, Medikament* tolerar; **sich (gut) ~ mit** dar-se bem com; **sich wieder ~** fazer as pazes **vertraglich** por contrato, contratual, convencional **ver'träglich** [fɛrˈtrɛːklɪç] *Person* tratável, pacífico; *etw* MED assimilável; *a*. *fig* **~ (mit)** compatível (com)
Ver'tragsabschluss *M* conclusão *f* do contrato (*od* do tratado) **vertragsbrüchig** *ADJ* **~ werden** faltar ao contrato, violar o tratado
ver'tragschließend contratante
ver'tragsgemäß conforme o contrato, nos termos do contrato **Vertragshändler** *M* concessionário *m* **vertragskonform** → **vertragsgemäß** **Vertragspartner** *M* HANDEL parte *f* de um contrato, contratante *m* **Vertragsstrafe** *F* multa *f* convencional **Vertragswerkstatt** *F* garagem *f* concessionária, oficina *f* convencionada **vertragswidrig** contrário ao contrato (*od* ao tratado)
ver'trauen *V/I* **j-m ~, auf j-n/etw ~** con-

fiar em alg/a/c, ter confiança em alg/a/c; **darauf ~, dass** ter confiança de que **Ver'trauen** N̄ confiança f (**auf** akk, **zu** em); **~ erwecken** sério, de confiança, que inspira confiança; **e-r Sache** (dat) **~ schenken** ter confiança em a/c; **im ~** confidencialmente; **im ~ auf** (akk) confiando em; **j-n ins ~ ziehen** meter alg no segredo; bras confiar um segredo a

Ver'trauensbruch M̄ abuso m de confiança **Vertrauensfrage** F̄ questão f de (od da) confiança **Vertrauensmann** M̄ <-(e)s; ⁼er, -leute> delegado m; **j-s ~ a.** homem m da (od pessoa f) de confiança de alg **Vertrauenssache** F̄ caso m de confiança **vertrauensselig** crédulo **vertrauensvoll** confiado, confiante **Vertrauensvotum** N̄ <-s; -voten od -vota> voto m de confiança **vertrauenswürdig** (digno) de confiança, sério

ver'traulich confidencial; **mit j-m:** familiar, íntimo **Vertraulichkeit** F̄ cará(c)ter m confidencial; **mit j-m:** intimidade f **ver'träumen** <-> Zeit passar ... a sonhar **verträumt** ADJ sonhador, absorto, no elevado

ver'traut A P̄P → **vertrauen** B ADJ j-d íntimo; a. etw familiar; **~ sein mit** conhecer a fundo; **~ werden mit, sich ~ machen mit** familiarizar-se com **Vertraute(r)** M/F(M) íntimo m, -a f, confidente m/f **Vertrautheit** F̄ intimidade f; a. mit etw familiaridade f

ver'treiben <-> expulsar, desalojar; Schmerzen etc eliminar, tirar; MED a. curar; Nachrichten divulgar; **sich** (dat) **die Zeit ~** passar o tempo (**mit** + gerúndio) **Vertreibung** F̄ expulsão f

ver'tretbar justificável **vertreten** V̄T̄ <-> j-n substituir; a. POL, HANDEL representar; Meinung, Sache defender; **sich** (dat) **die Beine ~** umg estender as pernas; **sich** (dat) **den Fuß ~** deslocar o pé **Vertreter(in)** M/F substituto m, -a f; suplente m/f; (Beauftragter) representante m/f, delegado m, -a f; HANDEL a. agente m/f **Vertretung** F̄ substituição f; beauftragte, ständige: representação f, delegação f; **in ~** (gen od **von**) Unterschrift: pelo

Ver'trieb M̄ <-(e)s; -e> venda f **vertrieben** [fɛrˈtriːbən] A P̄P → **vertreiben** B ADJ expulso, desterrado, deslocado **Vertriebene(r)** M/F(M) <-n> expulso m, -a f; desalojado m, -a f

ver'trinken <-> gastar nas bebidas **ver'trocknen** <-e-; -; s.> secar **ver'trödeln** <-le; -> perder, desperdiçar **ver'trösten** <-e-; -> fazer esperar **ver'tun** <-> malgastar, desperdiçar; **sich ~** enganar-se **ver'tuschen** <-> encobrir, paliar **ver'übeln** [fɛrˈʔyːbəln] <-le; -> levar a mal **ver'üben** <-> Verbrechen cometer; perpetrar **ver'ulken** <-> V̄T̄ umg fazer troça de, zombar de

ver'unglimpfen [fɛrˈʔʊnɡlɪmpfən] <-> difamar **verun'glücken** <-> j-d ser vítima de um acidente; etw malograr-se; SCHIFF naufragar; **tödlich ~** morrer num acidente **Verunglückte(r)** M/F(M) sinistrado m, -a f **verunrei'nigen** <-> sujar; MED infe(c)tar; Luft, Wasser contaminar **Verunreinigung** F̄ impureza f; contaminação f **verun'sichern** <-> fazer ficar (od tornar) inseguro **verun'stalten** [fɛrˈʔʊnʃtaltən] <-e-; -> desfigurar, deformar, afear **verun'treuen** [fɛrˈʔʊntrɔyən] <-> desfalcar, defraudar; POL malversar **Veruntreuung** [fɛrˈʔʊntrɔyʊŋ] F̄ desfalque m, fraude f; malversação f

ver'ursachen [fɛrˈʔuːrzaxən] <-> causar, produzir **Verursacher** M̄ causador m **verur'teilen** <-> condenar (**wegen** por); JUR a. sentenciar **Verurteilung** F̄ condenação f (**zu** a)

ver'vielfältigen [fɛrˈfiːlfɛltɪɡən] <-> multiplicar; Bild reproduzir; FOTO tirar (mais) provas **Vervielfältigung** F̄ multiplicação f; reprodução f

ver'vollkommnen [fɛrˈfɔlkɔmnən] <-e-; -> aperfeiçoar **Vervollkommnung** F̄ aperfeiçoamento m, perfeição f **ver'vollständigen** [fɛrˈfɔlʃtɛndɪɡən] <-> completar

verw. ABK (**verwitwet**) viúvo **ver'wachsen** A V̄Ī <-; s.> Wunde cicatrizar; Knochen soldar B V̄R̄ **sich ~** ir desaparecendo C ADJ aleijado; (buckelig) corcovado, corcunda; Wald emaranhado; **~ mit** MED, BOT aderente a; **miteinander ~** muito juntos; fig unidos

ver'wackelt [fɛrˈvakəlt] FOTO tremido

ver'wahren ⟨-⟩ **A** VT guardar; **gut, sorgfältig ~** acautelar **B** V/R **sich ~** protestar veementemente (**gegen** contra) **verwahrlosen** **A** VT ⟨-t; -⟩ descuidar **B** VI ⟨s.⟩ ficar descuidado, ficar ao abandono **verwahrlost** [fɛr'va:rlo:st] desleixado, descuidado **Verwahrlosung** F abandono m; abandalhamento m **Verwahrung** F custódia f; *gegen*: protesto m; **in ~ geben** pôr em depósito, depositar; **in ~ haben** ter a/c guardada

ver'waist [fɛr'vaɪst] órfão; *fig* abandonado

ver'walten ⟨-e-; -⟩ administrar, gerenciar (*a.* IT); *Amt* exercer **Verwalter(in)** M(F) administrador(a) m(f); gerente m/f **Verwaltung** F administração f; gerência f

Verwaltungsangestellte(r) M/F(M) ⟨-n⟩ funcionário m, -a f administrativo, -a **Verwaltungsapparat** M aparelho m administrativo; burocracia f **Verwaltungsbezirk** M distrito m **Verwaltungsgericht** N tribunal m administrativo **Verwaltungskosten** PL despesas fpl de administração **Verwaltungsrat** M conselho m de administração **Verwaltungsrecht** N direito m administrativo **Verwaltungsreform** F reforma f administrativa

ver'wandeln ⟨-le; -⟩ **A** VT transformar, *Element* transmutar; *a.* JUR converter, comutar **B** V/R **sich ~ in** (*akk*) tornar-se (*od* transformar-se) em **Verwandlung** F transformação f; transmutação f; metamorfose f; *Strafe*: comutação f; THEAT mudança f de cena (*od* de cenário)

ver'wandt¹ [fɛr'vant] PP → verwenden

ver'wandt² [fɛr'vant] ADJ **1** *Leute* parente (**mit** de); aparentado; **er ist mit mir ~** é meu parente **2** *fig* (*ähnlich*) afim; (*entsprechend*) análogo (**mit** a) **Verwandte(r)** M/F(M) parente m/f **Verwandtschaft** F parentesco m; (*Verwandte*) parentes mpl, parentela f; *fig* afinidade f **verwandtschaftlich** ADJ de parente; ADV como parente **Verwandtschaftsgrad** M parentesco m

ver'wanzt [fɛr'vantst] infestado de percevejos

ver'warnen ⟨-⟩ advertir (*a.* SPORT); admoestar **Verwarnung** F repreensão f, admoestação f; SPORT advertência f

ver'waschen ⟨-⟩ ADJ pouco nítido; impreciso, *fig* vago **ver'wässern** ⟨-re; -⟩ aguar; diluir; *fig* trivializar **ver'weben** ⟨-⟩ entretecer; entrelaçar

ver'wechseln ⟨-le; -⟩ confundir; trocar **Verwechs(e)lung** F engano m, equívoco m, confusão f

ver'wegen temerário, audaz **Verwegenheit** F ⟨*o. pl*⟩ temeridade f, audácia f

ver'wehen ⟨-⟩ VT (h.), VI ⟨s.⟩ dispersar (-se), dissipar(-se); *Spur* apagar(-se)

ver'wehren ⟨-⟩ vedar; impedir, proibir **ver'weichlichen** ⟨-⟩ amimalhar, efeminar **Verweichlichung** F ⟨*o. pl*⟩ amolecimento m; enervação f, efeminação f

ver'weigern ⟨-re; -⟩ recusar; (de)negar **Verweigerung** F recusa f; (de)negação f **ver'weilen** ⟨-⟩ demorar(-se); ficar **ver'weint** [fɛr'vaɪnt] inchado de chorar **Ver'weis** [fɛr'vaɪs] M ⟨-es; -e⟩ repreensão f, censura f; **j-m e-n ~ erteilen** *Schule etc*: aplicar uma advertência a alg **ver'weisen** ⟨-⟩ remeter (**an** *akk* para, **auf** *akk* a), referir-se (**auf** *akk* a); **des Landes ~** expulsar, desterrar **Verweisung** F referência f; POL expulsão f, desterro m **ver'welken** ⟨-⟩ murchar

ver'weltlichen ⟨-; h. *u*. s.⟩ secularizar **ver'wendbar** [fɛr'vɛntba:r] utilizável **Verwendbarkeit** F ⟨*o. pl*⟩ utilidade f **ver'wenden** ⟨-e-; -⟩ empregar (**auf** *akk*, **für, zu** em); usar, utilizar, (*anwenden*) aplicar; **j-n ~** *a.* servir-se de alg (para); *Geld, Zeit* gastar (em); aplicar; **sich ~ für** interessar-se por, intervir a favor de **Verwendung** F emprego m, uso m; *fig* intervenção f **Verwendungszweck** M fim m (*od* finalidade f) de aplicação

ver'werfen ⟨-⟩ rejeitar, repudiar; REL condenar; JUR indeferir; **sich ~** *Holz* empenar; GEOL deslocar-se **verwerflich** rejeitável, reprovável; condenável **Verwerfung** F rejeição f; GEOL falha f

ver'wertbar aproveitável, utilizável **verwerten** ⟨-e-; -⟩ aproveitar, utilizar; HANDEL valorizar **Verwertung** F aproveitamento m, utilização f; valorização f

ver'wesen ⟨-t; -⟩ VI ⟨s.⟩ apodrecer, decompor-se **Verwesung** F ⟨*o. pl*⟩, **Ver-**

wesungsprozess M putrefa(c)ção f, decomposição f

ver'wetten ⟨-e-; -⟩ apostar; (verlieren) perder em apostas

ver'wickeln ⟨-le; -⟩ embrulhar; fig a. complicar; ~ **in** (akk) implicar em; **sich ~ in** Widersprüche incorrer em **verwickelt** ADJ fig complicado **Verwicklung** [fɛrˈvɪklʊŋ] F̄ complicação f, confusão f; a. LIT enredo m, entrecho m

ver'wildern ⟨-re; -; s.⟩ voltar à selvajaria, asselvajar-se; Garten não ser cuidado; Zustände anarquizar **verwildert** ADJ bárbaro, inculto; BOT subespontâneo; Zustand anárquico

ver'winden VT̄ ⟨-⟩ consolar-se de **ver'wirken** VT̄ ⟨-⟩ j-s Gunst perder; **sein Leben verwirkt haben** merecer a morte

ver'wirklichen ⟨-⟩ realizar **Verwirklichung** F̄ realização f

ver'wirren ⟨-⟩ emaranhar; a. j-n confundir, perturbar; Sache complicar; fig a. **j-n ~** desconcertar alg **verwirrend** ADJ desconcertante **verwirrt** ADJ confuso; fig j-d embaraçado; desnorteado; Haar despenteado **Verwirrung** F̄ confusão f

ver'wischen ⟨-⟩ sujar, confundir **ver'wittern** ⟨-re; -; s.⟩ decompor-se; aluir **Ver'witterung** F̄ decomposição f

ver'witwet [fɛrˈvɪtvət] enviuvado, viúvo **ver'wöhnen** ⟨-⟩ amimalhar; bras mimar

verworren [fɛrˈvɔrən] A PP → verwirren B ADJ confuso **Verworrenheit** F̄ ⟨o. pl⟩ confusão f

ver'wundbar vulnerável **verwunden** [fɛrˈvʊndən] ⟨-e-; -⟩ ferir; a. fig magoar

ver'wunderlich estranho **verwundern** A VT̄ ⟨-re; -⟩ causar surpresa a B VR̄ **sich ~** (über akk) admirar(-se com od de) **verwundert** admirado; **~ sein** admirar(-se) **Verwunderung** F̄ admiração f, surpresa f

Ver'wundete(r) [fɛrˈvʊndətə(r)] M/F(M) ferido m, -a f **Verwundung** F̄ ferida f, ferimento m

ver'wünschen ⟨-⟩ amaldiçoar; (verzaubern) encantar, enfeitiçar **Verwünschung** F̄ maldição f; imprecação f

ver'wurzeln ⟨-le; -; s.⟩ enraizar, arraigar

ver'wüsten ⟨-e-; -⟩ devastar **Verwüstung** F̄ devastação f

ver'zagen ⟨-⟩ desanimar **Verzagtheit** F̄ ⟨o. pl⟩ desalento m

ver'zählen ⟨-⟩ **sich ~** enganar-se na conta (**um** por); contar mal

ver'zahnen ⟨-⟩ engrenar, dentar **Verzahnung** F̄ engrenagem f

ver'zapfen ⟨-⟩ ARCH ensamblar; umg Unsinn ~ dizer disparates

ver'zärteln [fɛrˈtsɛrtəln] ⟨-le; -⟩ amimalhar; bras mimar **Verzärtelung** F̄ mimo m

ver'zaubern ⟨-re; -⟩ encantar, enfeitiçar; **~ in** (akk) transformar em **Verzauberung** F̄ encantamento m

Ver'zehr [fɛrˈtseːr] M ⟨-(e)s; o. pl⟩ consumo m **verzehren** ⟨-⟩ consumir, comer **verzehrend** ADJ fig ardente, consumptivo; bras consumidor

ver'zeichnen ⟨-e-; -⟩ 1 (notieren) registar, assinalar; bras registrar 2 Bild desenhar mal, desfigurar **Verzeichnis** N ⟨-ses; -se⟩ lista f, rol m; catálogo m; índice m

ver'zeihen ⟨-⟩ perdoar; **~ Sie!** desculpe! **verzeihlich** perdoável **Verzeihung** F̄ perdão m, desculpa f; **um ~ bitten** pedir perdão; INT **~!** a. desculpe!

ver'zerren ⟨-⟩ desfigurar, deformar; Gesicht etc torcer **Verzerrung** F̄ desfiguração f; MED contorção f; distorção f

ver'zetteln [fɛrˈtsɛtəln] ⟨-le; -⟩ VR̄ **sich ~** dispersar-se

Ver'zicht [fɛrˈtsɪçt] M ⟨-(e)s; -e⟩ **~ auf** (akk) renúncia f (**auf** akk a); desistência f (**auf** akk de); auf den Thron: abdicação f; **~ leisten** renunciar (auf) **verzichten** ⟨-e-; -⟩ **~ auf** (akk) renunciar a, desistir de; abdicar de; abnegar; prescindir de

ver'ziehen[1] ⟨-⟩ A VT̄Kind estragar com mimos; Mund etc (dis)torcer; **das Gesicht ~** a. fazer caretas; **keine Miene ~** nem pestanejar B VR̄ **sich ~** deformar-se; Holz empenar; Wolken dissipar-se; fig Gefahr desaparecer; umg Person safar-se C VĪ ⟨s.⟩ mudar, deslocar-se (**nach** para)

ver'ziehen[2] PP → verzeihen

ver'zieren ⟨-⟩ (ad)ornar, enfeitar, guarnecer **Verzierung** F̄ adorno m, ornamento m **ver'zinken** [fɛrˈtsɪŋkən] zincar, galvanizar **ver'zinnen** [fɛrˈtsɪ-

nan] ⟨-⟩ estanhar
ver'zinsen ⟨-t; -⟩ pagar juro (**mit** de); **sich (gut) ~** render (bom) juro; **mit 5% ~ pagar** 5% de juros **verzinslich** a juro **Verzinsung** [fɛrˈtsɪnzʊŋ] F̲ (Ertrag) rendimento m; (Zinsen) juros mpl; (Zinssatz) taxa f de juro, percentagem f
ver'zocken [fɛrˈtsɔkən] V̲/T̲ Geld perder (dinheiro) em especulações
ver'zögern ⟨-re; -⟩ retardar; **(sich) ~** demorar(-se) **Verzögerung** F̲ demora f; retardação f; bras retarde m, retardamento m
ver'zollbar sujeito aos direitos (de alfândega); bras sujeito à alfândega; **~ sein** estar sujeito aos direitos (de alfândega) **verzollen** V̲/T̲ ⟨-⟩ pagar direitos (bras taxa f de alfândega); **etw zu ~ haben** ter a/c a declarar **Verzollung** F̲ despacho m, pagamento m de direitos (bras da taxa) de alfândega
ver'zücken ⟨-⟩ arrebatar, extasiar
ver'zuckern ⟨-re; -⟩ açucarar **Ver'zückung** F̲ arrebatamento m, êxtase m
Ver'zug M̲ ⟨-(e)s; o. pl⟩ demora f, atraso m; **in ~ sein/geraten** estar em mora **Verzugszinsen** M̲P̲L̲ juros mpl de mora
ver'zweifeln ⟨-le; -⟩ desesperar (**an** dat de) **Verzweiflung** [fɛrˈtsvaɪflʊŋ] F̲ ⟨o. pl⟩ desespero m; **zur ~ bringen** fazer desesperar
ver'zweigen [fɛrˈtsvaɪɡən] ⟨-⟩ TECH **~ sich** ramificar-se **Verzweigung** F̲ ramificação f
ver'zwickt [fɛrˈtsvɪkt] intri(n)cado, bicudo
'Vesper ['fɛspɐ] F̲ ⟨-; -n⟩ REL véspera(s) f(pl) **Vesper(brot)** N̲ reg merenda f, lanche m **vespern** reg lanchar, merendar
Vete'ran [veteˈraːn] M̲ ⟨-en⟩ veterano m **Veteri'när(in)** [veteriˈnɛːr(ɪn)] M̲(F̲) ⟨-s; -e⟩ (médico m, -a f) veterinário m, -a f **Veterinärmedizin** F̲ medicina f veterinária
'Veto ['veːto] N̲ ⟨-s; -s⟩ veto m; **(sein) ~ einlegen (gegen)** opor veto (a) **Vetorecht** N̲ ⟨-(e)s; o. pl⟩ direito m ao veto
'Vetter ['fɛtɐ] reg primo m **Vetternwirtschaft** F̲ ⟨o. pl⟩ nepotismo m, amiguismo m

vgl. A̲B̲K̲ **(vergleiche)** cf. (comparar, conferir)
v. H. A̲B̲K̲ **(vom Hundert)** por cento
Via'dukt [viaˈdʊkt] M̲/N̲ ⟨-(e)s; -e⟩ viaduto m
Vibra'fon [vibraˈfoːn] N̲ ⟨-s; -e⟩ MUS vibrafone m **Vi'brator** [viˈbraːtɔr] M̲ ⟨-s; -toren [-toːrən]⟩ TEL vibrador m **vi'brieren** [viˈbriːrən] ⟨-⟩ vibrar
'Video ['viːdeo] N̲ ⟨-s; -s⟩ vídeo m; a. → Videoclip, Videofilm, Videokassette **Videoaufzeichnung** F̲ gravação f em vídeo **Videoclip** M̲ ⟨-s; -s⟩ vídeoclip m **Videofilm** M̲ vídeofilme m **Videogerät** N̲ gravador m de vídeo **Videokamera** F̲ videocâmara f, câmara f de vídeo **Videokassette** F̲ videocassete f, cassete f de vídeo **Videorekorder** M̲ → Videogerät **Videospiel** N̲ vídeo game m, videojogo m, jogo m de vídeo **Videotext** M̲ ⟨-(e)s; o. pl⟩ vídeotexto m **Video'thek** [videoˈteːk] F̲ ⟨-; -en⟩ videoteca f **Videoüberwachung** F̲ videovigilância f
Vieh [fiː] N̲ ⟨-(e)s; o. pl⟩ ❶ gado m; **Stück ~** cabeça f de gado, rês f ❷ fig j-d besta f; bruto m **'Viehbestand** M̲ número m de reses **'Viehdieb** M̲ ladrão m de gado **'Viehfutter** N̲ ⟨-s; o. pl⟩ forragem f, pasto m **'Viehhandel** M̲ ⟨-s; o. pl⟩ negócio m pecuário (od de gado); comércio m pecuário (od de gado) **'Viehhändler** M̲ marchante m, negociante m de gado **'viehisch** bestial **'Viehmarkt** M̲ feira f de gado **'Viehseuche** F̲ epizootia f **'Viehtreiber** M̲ vaqueiro m **'Viehwagen** M̲ BAHN vagão-jaula m **'Viehzucht** F̲ criação f de gado, pecuária f **'Viehzüchter** M̲ pecuário m, criador m de gado; bras pecuarista m
viel [fiːl] A̲D̲J̲ & A̲D̲V̲ ⟨comp mehr, sup meiste⟩ muito; **sehr ~** muitíssimo; **ziemlich ~** bastante; **~ Glück!** muitas felicidades!, boa sorte!; **~ beschäftigt** atarefado; **~ gereist** muito viajado
'vieldeutig ['fiːldɔʏtɪç] ambíguo **'Vieleck** N̲ ⟨-s; ≈e⟩ polígono m **'vieleckig** polígono m **'vielerlei** ['fiːlɐlaɪ] A̲D̲J̲ ⟨inv⟩ toda a espécie de; muitos **'vielfach** A̲D̲J̲ múltiplo; (häufig) frequente; (wiederholt) reiterado; A̲D̲V̲ muitas vezes **'Vielfalt** F̲ ⟨o. pl⟩ multiplicidade

f, variedade f **'vielfältig** [fiːlˈfɛltɪç] diversificado, variado **'vielfarbig** policromo, multic(ol)or **'Vielfraß** M ‹-es; -e› comilão m **'vielgestaltig** [fiːlˈɡəʃtaltɪç] multiforme **'Vielheit** F pluralidade f; (Buntheit) variedade f; (Menge) grande quantidade f **'vielköpfig** [fiːlˈkœpfɪç] de várias cabeças; fig numeroso **vielˈleicht** ADV talvez (subj); (etwa) por acaso, porventura **'vielmals** [ˈfiːlmaːls] ADV muitas vezes; **danke ~** muito obrigado; **er/sie lässt dich ~ grüßen** manda-te muitos cumprimentos; bras manda recomendações **vielˈmehr** ADV & KONJ antes (pelo contrário) **'vielsagend** significativo **'vielseitig** [ˈfiːlzaɪtɪç] polígono; fig vário, vasto; j-d de muitas facetas, versátil; Geist universal; Wissen enciclopédico **'Vielseitigkeit** F ‹o. pl› variedade f; geistige: universalidade f **'vielsprachig** [ˈfiːlʃpraːxɪç] poliglota, poliglótico **'vielstimmig** [ˈfiːlʃtɪmɪç] a várias vozes **'vielversprechend** prometedor **Vielˈvölkerstaat** [fiːlˈfœlkɐʃtaːt] m ‹-(e)s; -en› Estado m multinacional **'Vielzahl** F ‹o. pl› multiplicidade f; sem-número m **vier** [fiːɐ] NUM quatro; **auf allen ~en de gatinhas**; bras a. de quatro; **unter ~ Augen** a sós, cara a cara **Vier** F Zahl: quatro m

'vierbeinig [ˈfiːɐbaɪnɪç] de quatro pés; ZOOL a. quadrúpede **'vierblättrig** [ˈfiːɐblɛtrɪç] de quatro folhas; BOT a. quadrifoliado **'Viereck** N ‹-(e)s; -e› quadrângulo m **'viereckig** quadrado, quadrangular **'Vierer** M SPORT, SCHIFF barco m de quatro remadores **'viererlei** [fiːɐɐˈlaɪ] ADJ ‹inv› quatro espécies de **'vierfach** quádruplo; Größe etc quatro vezes o ... **'Vierfarb...** in Zssgn, **'vierfarbig** quadricolor, de quatro cores **'Vierfüß(l)er** [ˈfiːɐfyːs(l)ɐr] M quadrúpede m **'Vierganggetriebe** N AUTO caixa f de quatro velocidades **'vierhändig** [ˈfiːɐhɛndɪç] MUS a quatro mãos **'vierhundert** NUM quatrocentos **'Vier'jahres...** IN ZSSGN quadrienal **'vierjährig** [ˈfiːɐjɛːrɪç] de quatro anos **'Vierkanteisen** N ferro m quadrado **'Vierlinge** MPL quadrigémeos mpl (bras *ê) **'viermal** ADV quatro vezes **'vier-**

malig de quatro vezes **'viermotorig** [ˈfiːɐmotoːrɪç] a quatro motores; quadrimotor **'vierrädrig** [ˈfiːɐrɛːdrɪç] de quatro rodas **'vierschrötig** [ˈfiːɐʃrøːtɪç] fig robusto **'vierseitig** [ˈfiːɐzaɪtɪç] de quatro lados, quadrilateral **'vierspurig** [ˈfiːɐʃpuːrɪç] de quatro pistas **'vierstellig** [ˈfiːɐʃtɛlɪç] de quatro algarismos **'vierstimmig** [ˈfiːɐʃtɪmɪç] a quatro vozes

viert ADV **zu ~** aos (bras em) quatro; **wir waren zu ~** estávamos aos (bras em) quatro

'Viertaktmotor M motor m a quatro tempos **' viertausend** NUM quatro mil **'vierte** NUM quarto **' vierteilen** (es)quartejar, dividir em quatro partes **'Viertel** [ˈfɪrtal] N **1** MATH quarto m; (Stadtviertel) bairro m **2** Uhrzeit: **~ nach drei** três e um quarto; **~ vor drei** três menos um quarto, um quarto para as três **Viertelˈjahr** N trimestre m, três meses mpl **viertelˈjährlich** trimestral **'Viertelnote** F semínima f **Viertelˈstunde** F quarto m de hora **viertelˈstündig** [ˈfɪrtalʃtʏndɪç] de um quarto m de hora **viertelˈstündlich** ADJ & ADV todos os quartos de hora; bras a cada quarto de hora

'viertens [ˈfiːɐtəns] ADV (em) quarto (lugar) **Vier'vierteltakt** M compasso m quaternário

'vierzehn [ˈfɪrtseːn] NUM catorze, quatorze; **~ Tage** quinze dias, duas semanas **vierzehnˈtägig** [ˈfɪrtseːntɛɡɪç] quinzenal **vierzehnte** NUM décimo quarto; Könige: ... **der Vierzehnte** = Quatorze **'Vierzeiler** [ˈfiːɐtsaɪlɐr] M quadra f **'vierzig** [ˈfɪrtsɪç] NUM quarenta **Vierziger(in)** [ˈfɪrtsɪɡɐr(ɪn)] M|F quadragenário m, -a f; de quarenta anos mpl; **in den ~n (sein)** (andar) na casa dos quarenta **Viˈgnette** [vɪnˈjɛta] F vinheta f

Viˈkar(in) [viˈkaːr(ɪn)] M|F ‹-s; -e› vigário m, -a f

'Villa [ˈvɪla] F ‹-; Villen› vivenda f, moradia f **'Villenviertel** N bairro m de vivendas ou de moradias

Viˈola [viˈoːla] F ‹-; Violen› MUS viola f

vio'lett [vioˈlɛt] roxo

Vio'line [vioˈliːnə] F violino m **Violiˈnist(in)** M|F violinista m/f **Vioˈlinschlüssel** M clave f de sol **Violon-**

'cello [vi0lɔn'tʃɛlo] N ⟨-s; -celli⟩ MUS violoncelo m

'Viper ['vi:pər] F ⟨-; -n⟩ ZOOL víbora f

virtu'ell [vɪrtu'ɛl] virtual

virtu'os [vɪrtu'o:s] virtuoso **Virtu'ose** [vɪrtu'o:zə] M ⟨-n⟩, **Virtu'osin** F virtuoso m, -a f **Virtuosi'tät** [vɪrtuozi'tɛ:t] F ⟨o. pl⟩ virtuosidade f

'Virus ['vi:rʊs] M/N ⟨-; Viren⟩ MED, IT vírus m **Virusinfektion** F virose f

Vi'sier [vi'zi:r] N ⟨-s; -e⟩ am Sturzhelm etc: viseira f; am Gewehr: mira f

Visi'on [vizi'o:n] F visão f **visio'när** [vizio'nɛ:r] visionário

Vi'site [vi'zi:tə] F visita f **Visitenkarte** F cartão m de visitas

'Visum ['vi:zʊm] N ⟨-; Visa⟩ visto m; **ein ~ beantragen** pedir (od solicitar) um visto **Visumantrag** M pedido m de visto **Visumzwang** M ⟨-(e)s; o. pl⟩ visto m obrigatório

vi'tal [vi'ta:l] vital **Vitali'tät** F ⟨o. pl⟩ vitalidade f

Vita'min [vita'mi:n] N ⟨-s; -e⟩ vitamina f **Vitaminmangel** M ⟨-s; o. pl⟩ falta f de vitaminas **Vitaminpräparat** N preparado m de vitaminas **vitaminreich** rico em vitaminas

Vi'trine [vi'tri:nə] F vitrina f, montra f

Vitri'ol [vitri'o:l] N ⟨-s; -e⟩ vitríolo m

'Vize... ['fi:tsə] IN ZSSGN meist vice-...; a. ... **Vizekanzler(in)** M/F vice-chanceler m/f **Vizemeister(in)** M/F SPORT vice-campeão m, vice-campeã f

Vlies [fli:s] N ⟨-es; -e⟩ tosão m; Stoff: forro m polar

'V-Mann M ⟨-(e)s; ⸚er od V-Leute⟩ agente m infiltrado

'Vogel ['fo:gəl] M ⟨-s; ⸚⟩ ave f; kleiner: pássaro m; bras passarinho m; **den ~ abschießen** fig levar a palma (bras a. melhor); **e-n ~ haben** umg não regular bem **Vogelbauer** N/M gaiola f **Vogelbeere** F sorva f **vogelfrei** hist fora da lei; **j-n für ~ erklären** banir alg **Vogelfutter** N alpista f, alpiste m **Vogelgrippe** F gripe f aviária od das aves **Vogelhaus** N passareira f, aviário m **Vogelkunde** F ⟨o. pl⟩ ornitologia f

'vögeln ['fø:gəln] ⟨-le⟩ vulg foder; bras a. trepar

'Vogelnest N ninho m de pássaros **Vogelperspektive** F **aus der ~** visto do ar **Vogelschar** F bando m de pássaros; passar(inh)ada f **Vogelscheuche** F espantalho m **Vogelschwarm** M → Vogelschar **Vogelspinne** F aranha f caranguejeira **Vogel-'Strauß-Politik** F ⟨o. pl⟩ ilusionismo m político **Vogelwarte** F estação f ornitológica **Vogelzucht** F ⟨o. pl⟩ criação f de pássaros **Vogelzug** M migração f das aves

Vo'kabel [vo'ka:bəl] F ⟨-; -n⟩ vocábulo m **Vokabelheft** N caderno m de significados (bras de vocabulário) **Vokabu'lar** [vokabu'la:r] N ⟨-s; -e⟩ vocabulário m

Vo'kal [vo'ka:l] M vogal f **vokalisch** vocálico

Vo'lant [vo'lã] M/N ⟨-s; -s⟩ volante m

Volk [fɔlk] N ⟨-(e)s; ⸚er⟩ povo m; nação f; MIL tropa f; (Leute) gente f; **das gemeine ~** o vulgo m, a plebe f

'Völkerkunde ['fœlkərkʊndə] F ⟨o. pl⟩ etnologia f, etnografia f **völkerkundlich** ['fœlkərkʊntlɪç] etnológico, etnográfico **Völkermord** M genocídio m **Völkerrecht** N ⟨-(e)s; o. pl⟩ direito m internacional público **völkerrechtlich** do direito internacional público **Völkerverständigung** F ⟨o. pl⟩ entendimento m entre os povos **Völkerwanderung** F hist migração f

'volkreich populoso **Volksabstimmung** F plebiscito m **Volksauflauf** M motim m **Volksaufstand** M insurreição f popular **Volksbefragung** F, **Volksbegehren** N plebiscito m, referendo m **Volksbildung** F ⟨o. pl⟩ educação f popular, ensino m público **Volksdichtung** F poesia f popular **volkseigen** nacional(izado) **Volksentscheid** M ⟨-(e)s; -e⟩ referendo m **Volksfest** N festa f popular (od nacional) **Volksfront** F frente f popular **Volksherrschaft** F ⟨o. pl⟩ democracia f **Volkshochschule** F universidade f popular **Volkskunde** F folclore m **volkskundlich** folclorístico **Volkslied** N canção f popular **Volksmeinung** F opinião f pública **Volksmenge** F multidão f **Volksmund** M ⟨-(e)s; o. pl⟩ voz f do povo; fig linguagem f popular; **im ~** na voz do povo **volksnah** popular **Volksrepublik** F república f popular **Volks-**

VOLK | 1244

schicht F classe f **Volksschule** F hist escola f primária **Volksschullehrer(in)** M(F) professor(a) m(f) (de instrução) primária **Volkssprache** F linguagem f vulgar **Volksstamm** M tribo f; grupo m étnico **Volkstanz** M dança f folclórica **Volkstracht** F traje m nacional (od regional) **volkstümlich** ['fɔlksty:mlɪç] popular **Volkstümlichkeit** F ‹o. pl› popularidade f **Volksvertreter(in)** M(F) deputado m, -a f **Volksvertretung** F representação f de povo; deputados mpl; in Portugal: Assembleia f Nacional; in Brasilien: Câmara f dos Deputados

'Volkswirt(in) M(F) economista m/f **'Volkswirtschaft** F ‹o. pl› economia f política **'Volkswirtschaftler(in)** M(F) economista m/f **'volkswirtschaftlich** político-económico (bras *ô) **'Volkszählung** F censo m; recenseamento m

voll [fɔl] ADV cheio; fig a. repleto; (üppig) opulento; (gänzlich, völlig) completo, inteiro; (vollständig, voll besetzt) completo; umg (satt) repleto; sl (betrunken) bêbado, borracho; ~ **und ganz** inteiramente; ~ **von**, ~**er** (+subst) cheio de; fig pleno de, repleto de; ~ **gepfropft**, ~ **bis zum Rand** a abarrotar; **aus ~em Herzen** de todo o coração; **aus dem Vollen schöpfen** ter muito para gastar; **im ~en Lauf** em plena corrida; **mit ~er Kraft**, **mit ~em Halse** a toda a força; **mit ~en Segeln** a todo o pano; **(nicht) für ~ nehmen** fig (não) tomar a sério

'vollauf ADV completamente; ~ **genug** a. em abundância **vollautomatisch** inteiramente automático **Vollbad** N banho m de imersão **Vollbart** M barba f inteira; barba f cerrada **Vollbeschäftigung** F ‹o. pl› HANDEL pleno emprego m **Vollbesitz** M ‹-es; o. pl› plenitude f; **im ~ seiner Kräfte** em plena posse das suas forças **Vollblut** N, **Vollblüter** M, **Vollblutpferd** N puro sangue m **vollblütig** ['fɔlbly:tɪç] pletórico; fig exuberante **Vollbremsung** F travagem f brusca **voll'bringen** ‹-› realizar **Volldampf** M ‹-(e)s; o. pl› **mit ~** a todo o vapor **voll'enden** ‹-e-; -› terminar, concluir, ultimar; Jahr completar **voll'endet** ADJ perfeito; Tatsache, Kunst consumado **vollends** ['fɔlɛnts] ADV de todo **Voll'endung** F conclusão f; perfeição f; **bei ~ des ersten/zweiten** etc **Jahres** ao completar um/dois etc ano(s)

'Volleyball ['vɔliba:l] M ‹-s; Sportart: o. pl› voleibol m; ~ **spielen** praticar (od jogar) voleibol

voll'führen ‹-› realizar **vollfüllen** encher **'Vollgas** N ‹-es; o. pl› toda a velocidade; ~ **geben** acelerar tudo; **mit ~** a toda a velocidade **vollgießen** encher; j-n molhar **'Vollgummi** N ‹-s; o. pl› borracha f maciça **'Vollidiot** M ‹-en› umg idiota m chapado; bras perfeito idiota m

'völlig ['fœlɪç] A ADJ completo, inteiro B ADV completamente, totalmente

'volljährig ['fɔljɛ:rɪç] maior **Volljährigkeit** F ‹o. pl› maioridade f **Vollkaskoversicherung** F seguro m contra todos os riscos **voll'kommen** perfeito **Voll'kommenheit** F ‹o. pl› perfeição f **Vollkornbrot** N ‹o. pl› pão m integral **Vollkraft** F ‹o. pl› vigor m, plenitude f, pujança f

'vollLabern VT umg **j-n** ~ encher os ouvidos de alg **vollLaufen** encher-se (de água etc); ~ **lassen** encher (mit de); **sich ~ lassen** (sich betrinken) apanhar uma piela; bras encher a cara **vollmachen** encher; Summe completar; **das Maß ~** fig ser o cúmulo

'Vollmacht F pleno poder m; HANDEL, JUR procuração f **Vollmilch** F ‹o. pl› leite m inteiro **Vollmond** M ‹-(e)s; o. pl› lua f cheia **Vollnarkose** F MED anestesia f geral

'vollpacken encher **Vollpension** F ‹o. pl› pensão f completa **vollpfropfen** apinhar **vollsaugen** VR **sich ~ mit** abeberar-se de **vollschlank** umg cheio **vollständig** completo; integral; ADV A. de todo **Vollständigkeit** F ‹o. pl› integridade f; **der ~ halber** para completar **vollstopfen** abarrotar

voll'streckbar [fɔl'ʃtrɛkba:r] executável, exequível **voll'strecken** ‹-› executar **vollstreckend** ADJ executivo, executor **Voll'strecker(in)** M(F) executor(a) m(f) **Vollstreckung** F execução f **Vollstreckungsbefehl** M JUR mandado m executório

'volltanken encher o depósito **'voll-**

tönend sonoro **'Volltreffer** M golpe m dire(c)to (od certeiro); *Bombe*: bomba f em cheio **'Vollversammlung** F assembleia f (bras *é) magna; sessão f plenária **'Vollwaise** F órfão m, -ã f de pai e mãe **vollwertig** (de valor) integral; valioso, válido **'vollzählig** ['fɔltsɛ:lıç] completo

voll'ziehen ⟨-⟩ executar; *Ehe* consumar; *Vertrag* ratificar **vollziehend** ADJ executivo **Voll'ziehung** F, **Voll'zug** M ⟨-(e)s; *o. pl*⟩ execução f, ratificação f; *der Ehe*: consumpção f; bras consunção f **Voll'zugsmeldung** F participação f da execução

Volontär [vɔlɔn'tɛːr] M ⟨-s; -e⟩, **Volon'tärin** F estagiário m, -a f **Volontari'at** N ⟨-(e)s; -e⟩ estágio m

Volt [vɔlt] N vóltio m, volt m **'Voltmeter** N voltómetro m (bras *ô); bras a. voltímetro m **'Voltzahl** F voltagem f

Vo'lumen [vo'luːmən] N ⟨-s; Volumina⟩ volume m **volumi'nös** [volumi'nøːs] voluminoso

vom [fɔm] PRÄP & ART ⟨von dem⟩ → **von**
von [fɔn] PRÄP ⟨dat⟩ **1** de; **ein Freund ~ mir** um amigo meu; *nett, gemein etc* **~ ihm/ihr** da parte dele/dela; **nichts ~ etw haben** não lucrar nada com a/c; **~ mir aus** por mim **2** *zeitlich*: **~ ... ab,** ... **an** desde ... em diante, de ... em diante; **~ ... bis de** ... a(té) **3** *beim Passiv meist*: por; *a. de* **vonei'nander** ADV um do outro, uns dos outros, uma(s) da(s) outra(s) **von'nöten** [fɔn'nøːtən] ADV **~ sein** ser necessário, ser preciso **von'seiten** [fɔn'saıtən] PRÄP ⟨gen⟩ da parte de **von'stattengehen** [fɔn'ʃtaːtən] realizar-se

vor [foːr] **A** PRÄP **1** *örtlich, Lage*: ⟨dat⟩, *Richtung*: ⟨akk⟩ diante de, perante (a. fig); **~ allem** sobretudo; **~ dem Wind(e)** SCHIFF de vento em popa **2** *zeitlich*: ⟨dat⟩ antes de; **~ 5 Minuten** há 5 minutos; *Zeitangabe*: **5 Minuten ~ drei** três (horas) menos cinco (minutos), cinco para as três; **schon ~ drei Tagen** há três dias, faz três dias; **~ allen Dingen** antes de mais nada **3** *Ursache*: ⟨dat⟩ de, por; **~ Schmerz** de dor **B** ADV antes; **nach wie ~** (depois) como dantes, como de costume

vor'ab ADV (*zuerst*) em primeiro lugar; (*im Voraus*) de antemão

'Vorabdruck M ⟨-(e)s; -e⟩ pré-publicação f **Vorabend** M véspera f; **am ~** (*gen*) em vésperas (de) **Vorahnung** F pressentimento m

vo'ran [fo'ran] ADV à frente, adiante **vorangehen** ⟨s.⟩ ir à frente; ir adiante; *zeitlich*: preceder **vorankommen** ⟨s.⟩ avançar; *a. fig* fazer progressos

'Voranmeldung F pré-aviso m **Voranschlag** M *Kosten*: orçamento m

vo'ranstellen antepor; → **voranschicken**; (*vorwegnehmen*) antecipar **vorantreiben** levar por diante

'Voranzeige F anúncio m **Vorarbeit** F trabalho m preparatório (od preliminar) **vorarbeiten** ⟨-e-⟩ adiantar o seu trabalho; **j-m ~** facilitar o trabalho a alg, preparar o caminho para alg; **sich ~** ir avançando **Vorarbeiter** M capataz m

vo'raus [fo'raʊs] ADV para diante; **j-m ~ sein** *fig* levar vantagem sobre alg **'Voraus** ['foːraʊs] N **im ~** de antemão, adiantado, antecipadamente; **e-n Monat im ~ zahlen** pagar com um mês de antecedência

vo'rausahnen pressentir **vorausbezahlen** ⟨-⟩ adiantar, pagar adiantado **vorausdatieren** ⟨-⟩ antedatar; *bras* predatar **vorauseilen** ⟨s.⟩ correr adiante; *fig* antecipar-se a, preceder **vorausfahren** ⟨s.⟩ ir à frente **vorausgehen** ⟨s.⟩ ir à frente; ir adiante; *zeitlich*: preceder **vorausgesetzt** PP → **voraussetzen**; ADV **~, dass** contanto que (*subj*) **voraushaben** VT **j-m etw ~** exceder alg em a/c **Voraussage** F vaticínio m; *a.* MED prognóstico m **voraussagen** predizer; prognosticar; vaticinar **vorausschauen** prever **vorausschauend** ADJ prospe(c)tivo **vorausschicken** VT mandar adiante; *fig* (*bemerken*) dizer antes de mais nada **vorausschicken** prever, antever **voraussetzen** ⟨-t⟩ (*pres*)supor, presumir **Voraussetzung** F (*pres*)suposto m; *a.* MATH hipótese f; condição f prévia **Voraussicht** F ⟨*o. pl*⟩ previsão f **voraussichtlich A** ADJ presumível, presuntivo **B** ADV provavelmente **Vorauszahlung** F pagamento m antecipado

'Vorbau M ⟨-(e)s; -ten⟩ sacada f **vorbauen** VT *fig* **~** ⟨dat⟩ prevenir; evitar

Vorbedacht M̄ mit ~ premeditado; de propósito **Vorbedeutung** F̄ presságio m, agouro m **Vorbedingung** F̄ condição f prévia

'Vorbehalt M ⟨-(e)s; -e⟩ reserva f; **unter** ~ com reserva **vorbehalten** A V̄T ⟨-⟩ **sich** (dat) **das Recht ~ zu** (inf) reservar-se o direito de B ADJ **Irrtum ~ HANDEL** salvo erro ou omissão; **Änderungen ~** sujeito a alterações **vorbehaltlich** PRÄP ⟨gen⟩ ADMIN salvo; com a reserva de **vorbehaltlos** ADJ & ADV sem reservas

vor'bei ADV **1** örtlich: por diante (**an** dat de); junto de **2** zeitlich: (vergangen) ter passado, ter acabado; **~ sein** passar de; **es ist ~** já passou, já acabou; **es ist drei Uhr ~** passa das três **vorbeifahren** ⟨s.⟩, **vorbeigehen** ⟨s.⟩, **vorbeikommen** ⟨s.⟩ passar (**an** dat por, ao lado de, junto de); **bei j-m ~** (besuchen) fazer uma visita a alg **vorbeilassen** deixar passar **vorbeimarschieren** ⟨-; s.⟩ desfilar (**vor** dat diante de) **vorbeireden** ⟨-e-⟩ aneinander ~ falar sem se entender **vorbeischießen** errar o alvo **vorbeiziehen** ⟨s.⟩ passar; desfilar

'Vorbemerkung ['foːrbəmɛrkʊŋ] F̄ nota f prévia (od preliminar); Gesetz: preâmbulo m

'vorbereiten ⟨-e-; -⟩ preparar **vorbereitend** ADJ preparatório **Vorbereitung** F̄ preparação f; **~en** pl preparativos mpl **Vorbereitungszeit** F̄ estágio m

'Vorbericht M relatório m preliminar; Presse, Radio: reportagem f preliminar **Vorbesprechung** F̄ conferência f preliminar **vorbestellen** ⟨-⟩ mandar reservar; Platz marcar **Vorbestellung** F̄ reserva f; Platz: marcação f **vorbestraft** cadastrado; **~ sein** a. ter cadastro **vorbeten** ⟨-⟩ recitar (uma oração)

'vorbeugen A V̄R (**sich**) **~** debruçar (-se), inclinar(-se) para a frente B V̄I (dat) prevenir (a. MED); (vermeiden) evitar **vorbeugend** ADJ preventivo; MED a. profilá(c)tico **Vorbeugung** F̄ prevenção f **Vorbeugungsmaßnahme** F̄ medida f preventiva (od MED profilá(c)tica)

'Vorbild N̄ modelo m; exemplo m **vorbildlich** modelar, exemplar **Vorbildung** F̄ preparação f; instrução f preparatória

'Vorbote M ⟨-n⟩ precursor m; fig indício m; sintoma m **vorbringen** trazer (para a frente); Beweise, Gründe etc apresentar, alegar, aduzir **vorchristlich** anterior à era cristã **Vordach** N̄ alpendre m, telheiro m **vordatieren** ⟨-⟩ antedatar; bras predatar

'Vorderachse ['fɔrdɐrʔaksə] F̄ eixo m da frente, eixo m dianteiro **'Vorderansicht** F̄ vista f de frente; fachada f **'Vorderbein** N̄ ZOOL mão f; pata f dianteira **'Vorderdeck** N̄ proa f, antepopa f **'vordere** ADJ de diante, dianteiro; **die ~n Reihen** as primeiras filas; **der Vordere Orient** o Próximo Oriente **'Vorderfuß** M ZOOL pata f dianteira **'Vordergrund** M primeiro plano m **'vorder'hand** ADV por enquanto **'Vorderhaus** N̄ parte f dianteira da casa **vorderlastig** FLUG, SCHIFF pesado na frente **Vordermann** M homem m da frente; MIL a. cabo m de fila; **auf ~ bringen** umg fig pôr em ordem **Vorderrad** N̄ roda f da frente **Vorderradantrieb** M tra(c)ção f à frente **Vorderreihe** F̄ primeira fila f **Vorderschiff** N̄ proa f **Vorderseite** F̄ parte f anterior; frente f; ARCH frontaria f, fachada f **Vordersitz** M lugar m da frente **vorderste** ADJ der/die **~e** o primeiro, a primeira; o/a da frente **Vorderteil** N/M dianteira f; SCHIFF proa f **Vordertür** F̄ porta f da frente **Vorderzahn** M (dente m) incisivo m

'vordrängen empurrar; **sich ~** pôr-se à frente **vordringen** ⟨s.⟩ avançar **Vordringen** N̄ avanço m **vordringlich** mais urgente; de primeira necessidade **Vordruck** M ⟨-(e)s; -e⟩ impresso m **vorehelich** antenupcial; bras prenupcial

'voreilig precipitado, arrebatado **Voreiligkeit** F̄ ⟨o. pl⟩ precipitação f **vorei'nander** ADV um diante do outro **'voreingenommen** ['foːrʔaɪngənɔmən] parcial; prevenido; **~ gegen** a. desconfiado de **Voreingenommenheit** F̄ ⟨o. pl⟩ parcialidade f; preconceito m; gegen: animosidade f

'vorenthalten ⟨-⟩ reter; JUR deter; **j-m**

etw ~ privar alg de a/c; *Wahrheit* ocultar **Vorenthaltung** F̲ retenção f; JUR detenção f **Vorentscheidung** F̲ decisão f prévia; SPORT semi-final f **vorerst** A̲D̲V̲ em primeiro lugar; (*einstweilen*) por agora **Vorfahr** ['fo:rfa:r] M̲ ⟨-en⟩ antepassado m; **~en** pl a. avós mpl **vorfahren** ⟨s.⟩ *vor dem Haus*: parar; (*voranfahren*) passar para a frente; **vorgefahren sein** estar à porta

'**Vorfahrt** F̲ ⟨o. pl⟩ prioridade f; *bras* preferencial f; **~ (be)achten/gewähren!** respeite/ceda a prioridade (*bras* preferencial) **Vorfahrtsschild** N̲ sinal m (*od* placa f) de prioridade (*bras* de preferencial) **Vorfahrtsstraße** F̲ estrada f (*od* rua f) com prioridade (*bras* preferencial) '**Vorfall** M̲ acontecimento m; caso m; *ärgerlicher*: incidente m; MED prolapso m, descenso m **vorfallen** ⟨s.⟩ acontecer, suceder, dar-se **Vorfilm** M̲ programa m que antecede o filme; *bras* curta metragem m **vorfinanzieren** ⟨-⟩ pré-financiar **vorfinden** encontrar **Vorfreude** F̲ alegria f antecipada **Vorfrühling** M̲ princípios mpl da primavera **vorfühlen** fig sondar (**bei** j-m alg)

'**vorführen** (*zeigen*) apresentar; *Lichtbild* a. mostrar, proje(c)tar; *Film* a. exibir; THEAT representar; *Zeugen* produzir **Vorführer** M̲ FILM operador m **Vorführraum** M̲ cabine f **Vorführung** F̲ representação f; FILM apresentação f; exibição f, proje(c)ção f

'**Vorgabe** F̲ SPORT partido m; *bras* vantagem f; (*Behauptung*) afirmação f **Vorgang** M̲ sucesso m; caso m; (*Akte*), TECH, CHEM, MED processo m **Vorgänger(in)** ['fo:rgɛŋər(ɪn)] M̲/F̲ predecessor(a) m(f); antecessor(a) m(f) **Vorgarten** M̲ jardim m da frente

'**vorgaukeln** ⟨-le⟩ simular, fingir **vorgeben** (*behaupten*) pretender, afirmar; *Punkte im Spiel* dar de partido

'**Vorgebirge** N̲ cabo m, promontório m **vorgefasst** preconcebido; **~e Meinung** f preconceito m **vorgefertigt** pré-fabricado; *bras* pré-moldado **Vorgefühl** N̲ pressentimento m

'**vorgehen** V̲/I̲ ⟨s.⟩ ▮ passar para diante, passar pa a frente, ir à frente; *Uhr* estar (*od* ir) adiantado; MIL avançar; *im Rang*: preceder ▮ (*geschehen*) suceder, passar-se ▮ **~ gegen** agir contra '**Vorgehen** N̲ procedimento m; MIL avanço m

'**vorgenannt** ['fo:rgənant] atrás mencionado **vorgerückt** ['fo:rgərʏkt] A̲D̲J̲ *Alter* avançado; *Stunde* adiantado; **zu ~er Stunde** a horas mortas; *bras* a. a altas horas

'**Vorgeschichte** F̲ ⟨o. pl⟩ pré-história f; JUR antecedentes mpl **vorgeschichtlich** pré-histórico

'**Vorgeschmack** M̲ ⟨-(e)s; o. pl⟩ prova f, antegosto m **Vorgesetzte(r)** M̲/F̲(M̲) superior(a) m(f) **vorgestern** A̲D̲V̲ anteontem; **~ Abend/Morgen** anteontem à noite/de manhã **vorgestrig** de anteontem **vorgreifen** antecipar-se (**j-m a** alg) **Vorgriff** M̲ antecipação f; **im ~ auf** (*akk*) antecipando *od* em antecipação a

'**vorhaben** V̲/T̲ fig tencionar fazer; propor-se; *für den Abend etc*: **etwas ~** ter um compromisso '**Vorhaben** N̲ proje(c)to m, propósito m, intenções fpl **Vorhalle** F̲ vestíbulo m; *mit Säulen*: pórtico m, átrio m **vorhalten** ⓐ V̲/T̲ ▮ pôr em frente; (*zeigen*) mostrar, apresentar ▮ fig **j-m etw ~** repreender alg por a/c ⓑ V̲/I̲ chegar **Vorhaltung** F̲ repreensão f **Vorhand** F̲ ⟨o. pl⟩ *Tennis*: forehand m

vor'handen [fo:r'handən] existente; **~ sein** existir, haver **Vorhandensein** N̲ existência f

'**Vorhang** M̲ cortinado m, cortina f; *Tür*: reposteiro m; THEAT pano m; *hist* **Eiserner ~** Cortina f de Ferro **vorhängen** colgar, pendurar; *Schloss* pôr **Vorhängeschloss** N̲ cadeado m

'**Vorhaut** F̲ ANAT prepúcio m

vor'her ['fo:rhe:r] A̲D̲V̲ antes; (*im Voraus*) de antemão, adiantado; **kurz ~** antes pouco; **am Abend ~** na véspera **vor'herbestimmen** [fo:r'he:rbəʃtɪmən] ⟨-⟩ predeterminar **Vorherbestimmung** F̲ predeterminação f; predestinação f

vor'hergehend, vorherig A̲D̲J̲ precedente, anterior; prévio; a. antigo '**Vorherrschaft** F̲ predomínio m; supremacia f, hegemonia f **vorherrschen** predominar; fig a. prevalecer **vorherrschend** A̲D̲J̲ predominante

Vor'hersage F̄ previsão f (a. Wetter) **vorhersagen, vorhersehen** prever, antever

vor'hin ADV há pouco, há um bocado

'Vorhof M̄ átrio m; REL adro m; ANAT des Herzens: aurícula f **Vorhut** F̄ vanguarda f **vorig** precedente, anterior; **das ~e Mal** a última vez **Vorjahr** N̄ ano m passado **vorjährig** ['fo:rjɛːrɪç] do ano passado **Vorkämpfer** M̄ defensor m, propugnador m, campeão m **vorkauen** mastigar; umg fig explicar **Vorkauf** M̄ JUR preempção f **Vorkaufsrecht** N̄ ⟨-(e)s; o. pl⟩ prioridade f de compra, preferência f na compra **Vorkehrung** ['fo:rkeːrʊŋ] F̄ medida f, disposição f; precaução f; **~en treffen** tomar medidas od precauções **Vorkenntnisse** FPL conhecimentos mpl prévios

'vorkommen A V̄I ⟨s.⟩ (auftreten) aparecer, haver, encontrar-se; (geschehen) acontecer, suceder; (scheinen) parecer B V̄R **sich** (dat) **~ wie** sentir-se como (od akk) **Vorkommen** N̄ presença f; BERGB jazigos mpl **Vorkommnis** N̄ ⟨-ses; -se⟩ acontecimento m, caso m

'Vorkriegs... IN ZSSGN de antes da guerra

'vorladen JUR citar **Vorladung** F̄ JUR citação f, contrafé f

'Vorlage F̄ (Muster) modelo m; (Schablone) padrão m; POL proje(c)to m de lei, moção f **vorlassen** deixar passar (para a frente); zu sich: atender, receber **Vorläufer(in)** M̄(F̄) precursor(a) m(f) **vorläufig** ['fo:rlɔʏfɪç] A ADJ provisório, interino B ADV por enquanto, por agora **vorlaut** indiscreto, petulante, abelhudo **Vorleben** N̄ antecedentes mpl

'Vorlegebesteck ['fo:rleːgəbəʃtɛk] N̄ talher m de trinchar **'vorlegen** apresentar; (unterbreiten) submeter; Frage, Schloss pôr; Essen servir; Tempo acelerar a marcha, ir mais depressa **Vorleger** M̄ tapete m; (Türmatte) capacho m **Vorlegeschloss** N̄ cadeado m

'vorlesen ler **Vorlesung** F̄ leitura f (em voz alta); UNIV aula f, curso m (über akk de), prele(c)ção f, lição f; **eine ~e ~ halten** (über akk) dar uma palestra (sobre) **Vorlesungsverzeichnis** N̄ programa m de cursos od aulas

'vorletzte ADJ penúltimo

'Vorliebe F̄ predile(c)ção f (für por) **vorliebnehmen** V̄I geh contentar-se (mit com)

'vorliegen haver, existir; **fertig ~** estar pronto; **was liegt gegen ihn vor?** JUR que lhe é imputado?; que provas há contra ele?; **mir liegt etw vor** estou de posse de a/c **vorliegend** ADJ presente, em questão; Nachricht recebido

'vorlügen V̄T **j-m etw ~** enganar alg, iludir alg; fazer crer a/c a alg **vormachen** demonstrar; ensinar; → vorlügen; **sich** (dat) **nichts** (od **kein X für ein U**) **~ lassen** não se deixar enganar **Vormacht** F̄ ⟨o. pl⟩ POL hegemonia f, supremacia f **vormalig** ['fo:rmaːlɪç] antigo, anterior **vormals** ['fo:rmaːls] ADV antigamente, anteriormente **Vormarsch** M̄ MIL avanço m, ofensiva f; **auf dem ~ sein** a. fig aumentar; (sich durchsetzen) impor-se **vormerken** V̄T tomar nota de; marcar; **sich ~ lassen** inscrever-se

'Vormittag M̄ manhã f; **(morgen) ~, am ~** de manhã **vormittags** ADV de manhã, antes do meio dia

'Vormund M̄ ⟨-(e)s; -̈er⟩ tutor m **Vormundschaft** F̄ tutela f, tutoria f **Vormundschaftsgericht** N̄ tutoria f

vorn [fɔrn] ADV à frente, em frente; (por od em) diante; **von ~** örtlich: de frente; de topo; zeitlich: de novo; (von Beginn an) de início; **nach ~ hinaus liegen** dar para a rua

'Vorname M̄ ⟨-ns; -n⟩ prenome m; nome m de baptismo

vornehm ['fo:rneːm] distinto; nobre; Welt elegante, aristocrático; **~ tun** dar-se ares de grande senhor; fazer-se de distinto (bras a. de grã-fino) **vornehmen** A V̄T (anlegen) pôr; (tun) fazer, efe(c)tuar; Untersuchung proceder a B V̄R **sich** (dat) **etw ~** propor-se a/c; ocupar-se de a/c; **sich** (dat) **j-n ~** chamar alg, examinar alg; (kritisieren) chamar alg à attenção **Vornehmheit** F̄ ⟨o. pl⟩ distinção f; nobreza f; elegância f **vornehmlich** ADV geh principalmente, nomeadamente

'vornhe'rein ADV **von ~** desde o princípio; de antemão **vorn'über** ADV para a frente **vornüberfallen** ⟨-⟩ dar de

bruços

'**Vorort** M̄ subúrbio m **Vorortverkehr** M̄ ‹-s; o. pl› tráfego m suburbano **Vorortzug** M̄ comboio m suburbano; bras trem m de subúrbio

'**Vorplatz** M̄ átrio m; vestíbulo m; Treppe: patamar m **Vorposten** M̄ posto m avançado **vorprogrammiert** pré-programado (a. fig) **Vorprüfung** F̄ prova f eliminatória

'**Vorrang** M̄ ‹-(e)s; o. pl› precedência f, primazia f (**vor** dat em, **vor** j-m sobre alg); **~ haben** ter prioridade '**vorrangig** prioritário

'**Vorrat** M̄ ‹-(e)s; ≃e› provisão f; reserva f, estoque m; existências fpl; sortido m; **auf ~** para armazenar '**vorrätig** ['fo:rrɛ:tɪç] no armazém, em reserva; **~ sein** a. haver '**Vorratskammer** F̄, '**Vorratsraum** M̄ dispensa f

'**Vorraum** M̄ vestíbulo m; antecâmara f '**vorrechnen** ‹-e-› **j-m ~** fazer o cálculo a (od diante de) alg '**Vorrecht** N̄ ‹-(e)s; -e› privilégio m, prerrogativa f '**Vorrede** F̄ prefácio m, prólogo m '**Vorredner(in)** M(F) preopinante m/f '**Vorrichtung** F̄ dispositivo m, mecanismo m '**vorrücken** A V̄ī ‹s.› MIL avançar B V̄/T adiantar

'**Vorruhestand** M̄ pré-reforma f **Vorrunde** F̄ SPORT eliminatória f **Vorsaal** M̄ antessala f; sala f de espera **vorsagen** dizer, ditar; SCHULE segredar; THEAT fazer de ponto **Vorsaison** F̄ princípio m da época **Vorsänger** F̄ REL chantre m, antifoneiro m **Vorsatz** M̄ propósito m (**mit** de); TECH accessório m, aparelho m complementar **vorsätzlich** ['fo:rzɛtslɪç] ADJ premeditado; ADV de propósito

'**Vorschein** M̄ **zum ~ bringen** trazer à luz; revelar; **zum ~ kommen** aparecer; manifestar-se

'**vorschicken** mandar adiante; MIL fazer avançar **vorschieben** empurrar (od impelir) para a frente; Riegel fechar; fig escusar-se com **vorschießen** umg adiantar

'**Vorschiff** N̄ SCHIFF proa f

'**Vorschlag** M̄ 1 proposta f; **auf ~ von** (bras segundo) a proposta de 2 MUS appoggiatura f '**vorschlagen** propor **Vorschlagsliste** F̄ POL lista f de candidatos **Vorschlagsrecht** N̄ ‹-(e)s; o. pl› direito m de proposta

'**vorschneiden** trinchar **vorschnell** precipitado **vorschreiben** escrever; fig prescrever; Bedingung, Norm, Preis fixar

'**Vorschrift** F̄ prescrição f; amtliche: regulamento m; instrução f; **~ sein** ser de rigor; **Dienst** m **nach ~** greve f do zelo **vorschriftsmäßig** corre(c)to, regular **vorschriftswidrig** incorre(c)to, irregular

'**Vorschub** M̄ **~ leisten** (dat) favorecer **Vorschule** F̄ etwa: curso m elementar; bras curso m pré-primário **Vorschulkind** N̄ pré-escolar m/f **Vorschuss** M̄ adiantamento m; empréstimo m **vorschützen** ‹-t› tomar por pretexto **vorschweben** V̄ī **mir schwebt etw vor** tenho uma vaga ideia de a/c; **es schwebt mir vor, zu** (inf) penso em **vorschwindeln** V̄/T ‹-le› umg **j-m etw ~** enganar alg; iludir alg; fazer crer a/c a alg **vorsehen** prever; proje(c)tar; **sich ~ (vor** dat) ter cuidado (com), ter cautela (com), precaver-se (contra) **Vorsehung** ['fo:rze:ʊŋ] F̄ REL Providência f **vorsetzen** ‹-t› pôr à frente (de); **j-m** a. antepor (a); (anbieten) oferecer, servir '**Vorsicht** F̄ ‹o. pl› cautela f, cuidado m **vorsichtig** caut(elos)o, cuidadoso, prudente; **~ sein** a. ter cautela, ter cuidado **Vorsichtsmaßnahme** F̄ precaução f, providência f; **~n treffen** tomar precauções

'**Vorsilbe** F̄ prefixo m **vorsingen** cantar; entoar **vorsintflutlich** antediluviano (a. fig) **Vorsitz** M̄ presidência f; **den ~ übernehmen** assumir a presidência; **den ~ führen** presidir (**bei** a) **Vorsitzende(r)** M/F(M) presidente m/f; e-s Berufsverbands: bastonário m, -a f

'**Vorsorge** F̄ precaução f; **~ treffen** tomar providências (**dass** para que subj) **vorsorgen** providenciar **Vorsorgeuntersuchung** F̄ MED exame m preventivo **vorsorglich** ADJ providente; ADV por precaução

'**Vorspann** M̄ ‹-(e)s; -e› TV prefixo m **Vorspeise** F̄ warm: entrada f; kalt: acepipes mpl

'**vorspiegeln** ‹-le› simular, fingir **Vorspiegelung** F̄ miragem f, ilusão f;

(unter) ~ falscher Tatsachen JUR (com) mentira f, (com) impostura f

'Vorspiel N̄ prelúdio m (a. fig); Oper: abertura f; THEAT prólogo m vorspielen preludiar; j-m etw ~ tocar a/c a (bras para) alg; fig simular a/c a alg vorsprechen j-m etw ~ dizer (od pronunciar) a/c para que alg o repita; bei j-m ~ passar por casa de alg

'vorspringen ⟨s.⟩ dar um salto para a frente; (v)ir a saltar; ARCH saltar, sobressair vorspringend ADJ saliente Vorsprung M̄ 1 ARCH saliência f; Dach: algeroz m; TECH ressalto m; Küste: ponta f 2 (Abstand) vantagem f, dianteira f; e-n ~ haben vor j-m levar vantagem sobre alg (von 2 Minuten etc de 2 minutos)

'Vorstadt F̄ arrabalde m, subúrbio m vorstädtisch suburbano

'Vorstand M̄ dire(c)ção f; presidência f; director(a) m/f) Vorstandsvorsitzende(r) M/F(M) WIRTSCH presidente m/f da dire(c)ção

'vorstehen V/I 1 ARCH sobressair 2 (leiten) (dat) dirigir vorstehend ADJ saliente; (obig) dito, mencionado Vorsteher(in) M(F) dire(c)tor(a) m(f); chefe m/f; REL superior(a) m(f); Gemeinde: regedor m, presidente m da junta da freguesia

'vorstellen V/T 1 konkret: pôr (mais) à frente; Uhr adiantar 2 Bild, THEAT representar; (bedeuten) a. significar 3 (bekannt machen) apresentar; sich ~ apresentar-se 4 sich (dat) etw ~ imaginar a/c; sich (dat) ~ können fazer ideia de; calcular vorstellig ADJ ~ werden bei manifestar-se junto de, fazer uma representação a; wegen e-r Beschwerde: apresentar um protesto a Vorstellung F̄ j-s: apresentação f; (Begriff) ideia (bras 'é) f, noção f; THEAT representação f, espe(c)táculo m; (Kritik) repreensão f; (Ermahnung) advertência f Vorstellungsgespräch N̄ entrevista f Vorstellungskraft F̄ ⟨-; o. pl⟩ Vorstellungsvermögen N̄ ⟨-s; o. pl⟩ imaginação f

'Vorstopper M̄ Fußball: centro-defesa m Vorstoß M̄ investida f, ataque m; MIL a. avanço m; Schneiderei: pestana f vorstoßen V/I ⟨s.⟩ avançar Vorstrafe F̄ pena f anterior; j-s: ~n pl antecedências fpl judiciárias Vorstrafenregister N̄ cadastro m vorstrecken estender; Geld adiantar Vorstudie F̄ estudo m preliminar, estudo m preparatório Vorstufe F̄ primeiro grau m; Schule etc: curso m elementar vortanzen ⟨-t⟩ (beginnen) iniciar a dança; (zeigen) exibir uma dança vortäuschen simular; fingir; j-m etw ~ fazer crer a/c a alg

'Vorteil ['fɔrtail] M̄ ⟨-(e)s; -e⟩ vantagem f; (Gewinn) proveito m; im ~ sein levar vantagem; auf seinen ~ bedacht sein defender os seus interesses; seine Vor- und Nachteile haben ter vantagens e desvantagens vorteilhaft vantajoso, proveitoso Vorteilsnahme F̄ JUR benefícios mpl indevidos

'Vortrag ['fo:traːk] M̄ ⟨-(e)s; ⸚e⟩ conferência f, bras a. palestra f; (Bericht) relato m, exposição f; e-s Gedichts: recitação f; MUS interpretação f; FIN transporte m; e-n ~ halten fazer uma conferência (od dar uma palestra (über akk sobre) vortragen expor, recitar; MUS tocar; Lied cantar; FIN Saldo transportar Vortragende(r) M/F(M) conferente m/f, conferencista m/f Vortragsabend M̄ MUS recital m Vortragsreihe F̄ ciclo m de conferências

vor'trefflich geh excelente, primoroso; Arbeit a. esmerado Vortrefflichkeit F̄ ⟨o. pl⟩ excelência f, primor m; bras esmero m

'vortreiben impelir; BERGB abrir vortreten ⟨s.⟩ avançar; MIL sair da fila; ~! apresentar-se!, um passo em frente! Vortritt M̄ ⟨-(e)s; o. pl⟩ precedência f (vor dat sobre); j-m den ~ lassen ceder o passo a alg Vortrupp M̄ ⟨-s; -s⟩ MIL guarda f avançada

vo'rüber [fo'ryːbar] ADV passado; es ist ~! já passou! vorübergehen ⟨s.⟩ passar (an dat por, junto de); im Vorübergehen de passagem vorübergehend ADJ passageiro; (zeitweilig) interino, temporário; nur ~ da sein estar de passagem vorüberziehen ⟨s.⟩ passar

'Vorübung F̄ exercício m preliminar Voruntersuchung F̄ JUR inquérito m

'Vorurteil N̄ ⟨-s; -e⟩ preconceito m vorurteilsfrei, vorurteilslos sem preconceitos; imparcial

'Vorväter ['foːrfɛːtər] MPL antepassados mpl Vorverfahren N̄, Vorver-

handlung F̲ JUR preliminares mpl
'Vorverkauf M̲ venda f antecipada
Vorverkaufsstelle F̲ local m de venda f antecipada **vorverlegen** ⟨-⟩ adiantar; MIL *Front* avançar **Vorvertrag** M̲ HANDEL contrato m preliminar
'vorvorgestern ADV há três dias
'vorwagen V̲R̲ *sich* ~ TECH atrever-se a avançar; *fig* arriscar-se **Vorwahl** F̲ eleição f preliminar; TEL indicativo m **Vorwand** M̲ pretexto m; subterfúgio m **vorwärmen** aquecer **Vorwarnung** F̲ pré-aviso m
'vorwärts ['fɔrvɛrts] ADV avante **Vorwärtsbewegung** F̲ marcha f para diante; MIL avanço m **vorwärtsbringen** V̲T̲ levar para diante; **j-n ~** fig proteger alg **vorwärtskommen** fig a. progredir, fazer progressos, *j-d a.* fazer fortuna
'Vorwäsche F̲ *Waschgang*: pré-lavagem f
vor'weg [fo:r'vɛk] ADV antecipadamente, primeiro **Vorwegnahme** [fo:r'vekna:mə] F̲ antecipação f **vorwegnehmen** antecipar
'vorweisen apresentar, mostrar **'vorwerfen** lançar à frente; *fig* censurar, repreender (**j-m etw** alguém por a/c)
'vorwiegen preponderar; predominar
'vorwiegend A̲ ADJ preponderante, predominante B̲ ADV principalmente
'Vorwissen N̲ conhecimento m prévio; **ohne j-s ~** a. sem alg saber **'vorwitzig** indiscreto; abelhudo
'Vorwoche F̲ semana f passada **Vorwort** N̲ prefácio m
'Vorwurf M̲ censura f; repreensão f; **zum ~ machen** repreender **'vorwurfsvoll** repreensivo
'vorzählen contar; (*aufzählen*) enumerar **'Vorzeichen** N̲ augúrio m, presságio m; *a.* MATH, MUS sinal m **'vorzeichnen** ⟨-e-⟩ desenhar; *fig* traçar, indicar **'vorzeigen** apresentar, mostrar
'Vorzeit F̲ passado m; tempos mpl remotos **vorzeitig** A̲ ADJ prematuro B̲ ADV fora do tempo
'Vorzensur F̲ censura f prévia **vorziehen** tirar; *Vorhang* (fazer) correr; *fig* preferir; **vorzuziehen** preferível **Vorzimmer** N̲ antecâmara f, antessala f; (*Wartezimmer*) sala f de espera

'Vorzug[1] M̲ preferência f; (*Recht*) prioridade f; (*Vorteil*) vantagem f; (*gute Eigenschaft*) mérito m, qualidade f; (*Vorrecht*) prerrogativa f
'Vorzug[2] M̲ BAHN desdobramento m **vor'züglich** [foːrˈtsyːklɪç] A̲ ADJ ó(p)timo, primoroso, sumo B̲ ADV principalmente
'Vorzugsaktie F̲ FIN a(c)ção f preferencial **Vorzugspreis** M̲ preço m especial (*od* de amigo) **vorzugsweise** ADV de preferência
vo'tieren [voˈtiːrən] V̲I̲ ⟨-⟩ votar (**für** a favor de) **Vo'tivbild** [voˈtiːfbɪlt] N̲ ex-voto m **'Votum** ['voːtʊm] N̲ ⟨-s; Vota, Voten⟩ voto m; (*Gutachten*) parecer m
'Voucher ['vaʊtʃɐ] M̲ ⟨-s; -(s)⟩ *Tourismus*: vale m turístico, voucher m
Voy'eur [voaˈjøːr] M̲ ⟨-s; -e⟩ voyeur m
vul'gär [vʊlˈgɛːr] vulgar
Vul'kan [vʊlˈkaːn] M̲ ⟨-s; -e⟩ vulcão m **Vulkanasche** F̲ cinza f de vulcão **Vulkanausbruch** M̲ erupção f vulcânica **vulkanisch** vulcânico **vulkani'sieren** [vʊlkaniˈziːrən] ⟨-⟩ vulcanizar

W, w [veː] N̲ ⟨-; -⟩W, w m (v dobrado; *bras* v dáblio)
'Waage ['vaːgə] F̲ balança f; ASTRON *a.* Libra f; (*Dezimalwaage*) báscula f; **sich** (*dat*) **die ~ halten** equilibrar-se, estar em equilíbrio m **Waag(e)balken** M̲ travessão m **'waagerecht** horizontal **'Waagschale** F̲ prato m; **in die ~ werfen** *fig* fazer valer
wabb(e)lig ['vab(ə)lɪç] *umg* molenga **'Wabe** ['vaːba] F̲ favo m
wach [vax] acordado, desperto; **~ machen, ~ werden** acordar, despertar; **~ halten** desvelar, não deixar dormir; **~ rütteln** despertar
'Wachdienst M̲ serviço m de vigilância **'Wache** F̲ guarda f; (*Wachposten*) sentinela f; *Dienststelle*: esquadra f, posto m policial; *bras* delegacia f de polícia;

Dienst: SCHIFF, MIL vigia f, quarto m; ~ **stehen** estar de sentinela **wachen** estar acordado, estar desperto; ~ **bei** velar; ~ **über** (akk) vigiar; velar sobre **wachhabend** de guarda; de quarto **wachhalten** figInteresse etc manter vivo **Wachhund** M cão m (bras a. cachorro m) de guarda **Wachkoma** N ⟨-s; -s od -ta⟩ coma m vígil **Wachmannschaft** F esquadra f; (homens mpl da) guarda f **Wa'cholder** [va'xɔldər] M BOT zimbro m **Wacholderbeere** F bago m de zimbro **Wacholderschnaps** M genebra f **Wacholderstrauch** M zimbro m **'Wachposten** M sentinela f **'wachrufen** fig despertar; fig evocar **wachrütteln** ⟨-le⟩ j-n despertar, sacudir (a. fig)

Wachs [vaks] N ⟨-es; -e⟩ cera f **'Wachsabdruck** M molde m de cera **'wachsam** ['vaxza:m] vigilante **Wachsamkeit** F ⟨o. pl⟩ vigilância f **'wachsen**[1] ['vaksən] V/I ⟨s.⟩ crescer; fig aumentar; (steigen) subir; fig **j-m/e-r Sache gewachsen sein** estar à altura de alg/a/c; **gut gewachsen sein** ter boa figura

'wachsen[2] V/T ⟨-t⟩ Skier, Böden encerar **'wachsend** ADJ crescente, cada vez maior

'wächsern ['vɛksərn] de cera **'Wachsfigurenkabinett** N museu m de figuras de cera **Wachskerze** F círio m, vela f **Wachsstift** M giz m de cera **Wachstuch** N oleado m **'Wachstum** N ⟨-s; o. pl⟩ crescimento m; vegetação f **Wachstumsrate** F WIRTSCH taxa f de crescimento

'Wachtel ['vaxtəl] F ⟨-; -n⟩ codorniz f; bras codorna f

'Wächter(in) ['vɛçtər(in)] M(F) guarda m/f **'Wachtmeister** M umg (Schutzmann) guarda m **Wachtposten** M sentinela f **Wach(t)turm** M torre f de observação; atalaia f

'wack(e)lig ['vak(ə)lɪç] abalado; ~ **sein** = **wackeln Wackelkontakt** M ELEK conta(c)to m intermitente (od frouxo) **wackeln** ⟨-le⟩ (estar a) abanar, (estar a) dançar; a. fig estar pouco seguro

'Wade ['va:də] F barriga f (od batata f) da perna **Wadenbein** N perónio m (bras *ô) **Wadenkrampf** M breca f, cãibra f da barriga (od batata) da perna

'Waffe ['vafə] F arma f; **in ~n**, **unter ~n** em armas; **die ~n strecken** render-se; **zu den ~n greifen** pegar nas armas

'Waffel ['vafəl] F ⟨-; -n⟩ barquilho m; bras waffel m **Waffeleisen** N forma f de barquilhos (od bolachas)

'Waffenbesitz M ⟨-es; o. pl⟩ (unerlaubter) ~ posse f (ilícita) de armas **Waffengattung** F arma f **Waffengewalt** F ⟨o. pl⟩ **mit ~** à mão armada **Waffenhändler** M armeiro m **waffenlos** sem armas **Waffennarr** M fanático m por armas **Waffenruhe** F ⟨o. pl⟩ trégua(s) f(pl) **Waffenschein** M licença f de porte de armas **Waffenschmied** M alfageme m; bras a. armeiro m **Waffenschmuggel** M ⟨-s; o. pl⟩ contrabando m de armas **Waffenstillstand** M ⟨-(e)s; o. pl⟩ armistício m **Wagemut** M ⟨-(e)s; o. pl⟩ ousadia f, audácia f **wagemutig** ousado, audaz **'wagen** ['va:gən] ousar; atrever-se a; arriscar(-se); venturar; **sich an etw** (akk) ~ abalançar-se a a/c

'Wagen M carro m; BAHN carruagem f, vagão m; (Handkarren) carroça f; ASTRON **der Große/Kleine** ~ a Ursa Maior/Menor **Wagenheber** M macaco m (de automóvel) **Wagenladung** F carretada f; BAHN carga f de vagão; HANDEL vagão m (de) **Wagenpapiere** NPL documentos mpl (od papéis mpl) do carro **Wagenpark** M AUTO parque m automóvel **Wagenspur** F rodado m **Wagentür** F portinhola f, porta f (do carro)

Wag'gon [va'gɔŋ] M ⟨-s; -s⟩ BAHN vagão m, carruagem f

'waghalsig ['va:khalzɪç] arrojado; arriscado **Wagnis** N ⟨-ses; -se⟩ risco m, façanha f

Wa'gon M → Waggon

Wahl [va:l] F **1** (Auswahl) escolha f; **zwischen etw**: alternativa f; a. JUR opção f; **erste** ~ HANDEL primeira qualidade; **nach** ~ à escolha; **die** ~ **haben** ter a escolha; **in die engere** ~ **kommen** ser pré-seleccionado **2** POL eleição f; (Abstimmung) votação f; **zur** ~ **gehen** ir votar

'wählbar ['vɛ:lba:r] elegível **Wählbarkeit** F elegibilidade f

'wahlberechtigt com direito a voto; ~ **sein** ter voto; **die Wahlberechtigten** os

WÄHR

eleitores **Wahlberechtigung** F ⟨o. pl⟩ direito m ao voto **Wahlbeteiligung** F afluência f às urnas; *statistisch*: votação F **Wahlbetrug** M fraude f eleitoral **Wahlbezirk** M círculo m (bras distrito m) eleitoral
'**wählen** ['vɛːlən] ◼ (*auswählen*) escolher ◼ POL eleger; (*abstimmen*) votar ◼ TEL marcar (o número) '**Wähler(in)** ['vɛːlɐr(ɪn)] M(F) eleitor(a) m(f)
'**Wahlergebnis** N resultado m das eleições (*od* do escrutínio)
'**wählerisch** difícil, exigente; **im Essen ~ sein** *a.* ter má boca '**Wählerliste** F cadernos mpl eleitorais '**Wählerschaft** F eleitorado m, eleitores mpl '**Wahlfach** N disciplina f facultativa; cadeira f de opção; *bras* matéria f optativa **wahlfrei** facultativo **Wahlgang** M escrutínio m **Wahlheimat** F ⟨o. pl⟩ pátria f ado(p)tiva **Wahlkampf** M campanha f eleitoral **Wahlkreis** M círculo m (*bras* distrito m) eleitoral **Wahlliste** F lista f dos candidatos; *bras* cédula f **Wahllokal** N assembleia f de voto; *bras* posto m eleitoral **wahllos** indistinto, indiscriminado **Wahlmann** M delegado m **Wahlrecht** N ⟨-(e)s; o. pl⟩ direito m de sufrágio (*bras* de voto); **allgemeines ~** sufrágio m universal; **passives ~** eligibilidade f
'**Wählscheibe** F TEL disco m (do telefone)
'**Wahlschwindel** M fraude f eleitoral **Wahlspruch** M divisa f, lema m **Wahltag** M dia m das eleições
'**Wählton** ['vɛːltoːn] M (*Freizeichen*) sinal m de livre
'**Wahlurne** F urna f eleitoral **Wahlversammlung** F sessão f de propaganda eleitoral; *bras* comício m eleitoral **Wahlvorschlag** M → Wahlliste **Wahlvorstand** M mesa f eleitoral **wahlweise** ADV facultativo; à escolha **Wahlzettel** M (boletim m de voto m, lista f)
Wahn [vaːn] M ⟨-(e)s; o. pl⟩ ilusão f, *a.* → Wahnsinn '**wähnen** ['vɛːnən] julgar, presumir
'**Wahnsinn** M ⟨-(e)s; o. pl⟩ loucura f, demência f; MED *a.* alienação f mental **wahnsinnig** ◼ ADJ louco; demente, alienado ◼ ADV *umg* incrivelmente

'**Wahnvorstellung** F alucinação f **wahnwitzig** louco; absurdo
wahr [vaːɐ̯] verdadeiro, verídico; (*echt*) autêntico; (*richtig*) *a.* certo; **nicht ~?** não é (verdade)?; **~ machen** cumprir, realizar; **~ sein** *a.* ser verdade; **das darf doch nicht ~ sein!** como é possível uma coisa destas?! '**wahren** V/T cuidar de; *Rechte* defender; *Schein* salvar; *Würde* guardar; **Anstand ~** manter a compostura
'**währen** ['vɛːrən] V/T durar; continuar
'**während** ['vɛːrənt] ◼ PRÄP ⟨gen⟩ durante, a quando de ◼ KONJ enquanto; *Gegensatz*: enquanto que, ao passo que
'**wahrhaben** V/T **etw nicht ~ wollen** não admitir (a possibilidade de) a/c; negar a/c '**wahrhaft, wahrhaftig** [vaːɐ̯'haftɪç] ◼ ADJ verdadeiro, verídico ◼ ADV deveras, realmente
'**Wahrheit** F verdade f; (**nicht**) **die ~ sagen** (não) dizer a verdade; **nur die halbe ~ sein** ser apenas a meia verdade; **j-m** (**gehörig**) **die ~ sagen** dizer as verdades a alg **wahrheitsgemäß** verídico, conforme a verdade **Wahrheitsliebe** F amor m da verdade **wahrheitsliebend** verídico, amigo da verdade
'**wahrlich** ADV *geh* realmente, deveras
'**wahrnehmbar** ['vaːɐ̯neːmbaːɐ̯] perceptível **wahrnehmen** perceber, distinguir, notar; *Gelegenheit* aproveitar *Interessen, Rechte* defender **Wahrnehmung** F percepção f, observação f *Interessen, Rechte*: defesa f **Wahrnehmungsvermögen** N percepção f
'**wahrsagen** adivinhar **Wahrsager(in)** M(F) quiromante m/f, adivinho m, -a f **Wahrsage'rei** [vaːɐ̯zaɡəˈraɪ] F quiromancia f, adivinhação f
wahr'scheinlich provável, veros(s)ímil **Wahrscheinlichkeit** F probabilidade f, veros(s)imilhança f
'**Wahrung** ['vaːrʊŋ] F defesa f; **zur ~** ⟨gen⟩ em defesa de; **unter ~** sem prejuízo m ⟨gen de⟩
'**Währung** ['vɛːrʊŋ] F valor m da moeda; câmbio m; **gemeinsame ~** EU: moeda f comum **Währungspolitik** F ⟨o. pl⟩ política f monetária **Währungsreform** F reforma f monetária **Währungssystem** N sistema m monetário **Währungsunion** F união f monetá-

ria **Währungsverfall** M ‹-(e)s; o. pl› depreciação f (od desvalorização f) monetária
'Wahrzeichen N símbolo m
'Waidmann ['vaitman] M ‹-(e)s; -männer› caçador m (consumado) **'waidmännisch** ['vaitmɛnɪʃ] ADJ de caçador consumado; ADV como caçador consumado
'Waise ['vaizə] F órfã f, órfão m **'Waisenkind** N órfão m **Waisenrente** F subsídio m (bras pensão f) para órfãos
Wal [va:l] M ‹-(e)s; -e› baleia f
Wald [valt] M ‹-(e)s; ¨er› floresta f; bes dichter: mata f; kleiner: bosque m; **er sieht den ~ vor lauter Bäumen nicht** umg perdeu a visão geral **'waldarm** desarborizado **'Waldbrand** M fogo m (od incêndio m de floresta (bras da mata)
'Walderdbeere F morango m silvestre **'Waldfrevel** M delito m florestal
'Waldhorn N trompa f (od trombeta f) de caça **'waldig** ['valdɪç] selvoso
'Waldland N terreno m selvoso, selva(s) f(pl); bras a. mata f **Waldlauf** M corrida f na floresta **'Waldmeister** M BOT aspérula f **'Waldrand** M orla f da floresta od do bosque **'waldreich** selvoso, rico em florestas **Waldsterben** N ‹-s; o. pl› morte f lenta da floresta, degradação f de florestas **'Waldung** F mata f **Waldweg** M vereda f (od caminho; bras picada f) de floresta
'Waldwirtschaft F ‹o. pl› exploração f florestal
'Walfang M ‹-(e)s; ¨e› pesca f da baleia **'Walfänger** ['va:lfɛŋər] M baleeiro m
'Walfisch ['va:lfɪʃ] M baleia f
'walken[1] ['valkən] V/T TECH (a)pisoar, calcar
'walken[2] ['wɔ:kən] V/I SPORT praticar a caminhada (od marcha) nórdica **'Walkman**® ['wɔ:kmæn] M ‹-s; Walkmen› walkman® m
Wall [val] M ‹-(e)s; ¨e› terrapleno m; valado m; (Schutzwall) dique m; (Stadtwall) circunvalação f
'Wallach ['valax] M ‹-(e)s; -e› cavalo m capado; bras capão m
'wallen ['valən] ‹s. u. h.› flutuar, ondear; (sieden) ferver, efervescer
'Wallfahrer(in) M(F) peregrino m, -a f, romeiro m, -a f **Wallfahrt** F peregrinação f, romaria f **wallfahr(t)en** ‹s.› peregrinar, ir em romaria **Wallfahrtsort** M lugar m de peregrinação (od romaria)
'Wallung F ondulação f; (Sieden) ebulição f, fervura f; fig efervescência f; **in ~ bringen** excitar; **in ~ geraten** excitar-se
'Walnuss ['valnʊs] F BOT noz f **Walnussbaum** M nogueira f
'Walross ['va:lrɔs] N ZOOL morsa f
'walten ['valtən] ‹-e-› geh **seines Amtes ~** cumprir o seu dever; **Milde ~ lassen** usar de clemência; **das walte Gott!** assim seja!
'Walzblech ['valtsblɛç] N folha f laminada **Walze** ['valtsə] F rolo m; TECH cilindro m **walzen** ‹-t-› TECH laminar, cilindrar; Boden aplanar **'wälzen** ['vɛltsən] ‹-t-› rolar, revolver; **sich ~** revolver-se, dar voltas; am Boden: deitar e rolar (pelo chão) **'walzenförmig** ['valtsənfœrmɪç] cilíndrico
'Walzer ['valtsər] M valsa f
'Wälzer ['vɛltsər] M umg (Buch) calhamaço m
'Walzstahl M ‹-s; -e› aço m laminado **Walzstraße** F trem m de laminação **Walzwerk** N laminador m; fábrica f de laminagem
'Wampe ['vampə] F umg pança f
Wand [vant] F ‹-; ¨e› parede f; (Mauer) muro m, muralha f; (Felswand) escarpa f; hölzerne: tabique m; **spanische ~** biombo m, paravento m; **~ an ~** de paredes meias; **mit dem Kopf durch die ~ wollen** fig ser muito teimoso, ser cabeçudo; **an die ~ stellen** fuzilar; **an die ~ drücken** fig afastar do seu caminho; bras não dar colher de sopa **'Wandbehang** M tapeçaria f **'Wandbild** N pintura f mural
'Wandel M mudança f **wandelbar** variável; a. j-d inconstante **Wandelgang** M ‹-(e)s; ¨e›, **Wandelhalle** F sala f dos passos perdidos; bras saguão m; THEAT vestíbulo m **wandeln** ‹-le› geh A V/I ‹s.› pass(e)ar, andar, caminhar B V/T ‹h.› transformar
'Wanderameise ['vandər?amaɪzə] F ZOOL marabunta f; bras correição f; formiga f guerreira **Wanderarbeiter** M trabalhador m migratório **Wanderausstellung** F exposição f ambulante

Wanderdüne F médão m movediço, duna f movediça **Wanderer** M, **Wanderin** F caminhante m/f, viandante m/f **Wanderfalke** M ⟨-n⟩ falcão m peregrino **Wanderheuschrecke** F ZOOL gafanhoto m migratório **Wanderkarte** F mapa m turístico 'wandern VII ⟨-re; s.⟩ andar a pé, marchar 'Wandern N pedestrianismo m, excursionismo m; (*Verschiebung*) deslocamento m 'Wanderniere F rim m flutuante **Wanderpokal** M taça f ambulante **Wanderratte** F ZOOL ratazana f **Wanderschaft** F peregrinação f **Wanderschuh** M sapato m de marcha **Wanderstab** M bordão m; bras cajado m **Wanderstiefel** M bota f para marcha (*od* caminhada) **Wanderung** F excursão f (a pé); hist migração f **Wanderweg** M senda f, vereda f **Wanderzirkus** M circo m ambulante 'Wandgemälde N pintura f mural (*od* parietal) **Wandhaken** M escápula f **Wandlampe** F, **Wandleuchter** M aplique m, candelabro m de parede 'Wandlung F mudança f, transformação f, metamorfose f **wandlungsfähig** protéico, mutável 'Wandmalerei F pintura f mural (*od* a fresco), fresco m; bras afresco m **Wandschirm** M biombo m **Wandschrank** M armário m de parede **Wandtafel** F quadro m preto (bras negro), pedra f lousa **Wandteppich** M tapeçaria f **Wanduhr** F relógio m de parede **Wandzeitung** F jornal m de parede 'Wange ['vaŋə] F face f **wankelmütig** ['vaŋkəlmy:tɪç] inconstante, vacilante 'wanken ['vaŋkən] vacilar; (*unsicher gehen*) titubear; **ins Wanken bringen** fazer vacilar; **ins Wanken kommen, ins Wanken geraten** começar a vacilar; fig perder o moral **wann** [van] ADV a. fragend: quando 'Wanne F (*Badewanne*) tina f; bras banheira f; (*Becken*) a. alguidar m, bacia f **Wannenbad** N banho m de imersão; bras umg banho m de banheira **Wanst** [vanst] M ⟨-⟨⟩e⟩ umg pança f **Want** [vant] F SCHIFF ovém m 'Wanze ['vantsə] F percevejo m; umg fig microfone m oculto 'Wappen ['vapən] N brasão m, armas fpl **Wappenkunde** F ⟨o. pl⟩ heráldica f **Wappenschild** M escudo m, brasão m 'wappnen ['vapnən] ⟨-e-⟩ armar (**mit** de); **sich ~ gegen** armar-se contra 'Ware [va:rə] F mercadoria f; **~n** pl a. géneros mpl (bras *ê*) 'Warenautomat M ⟨-en⟩ distribuidor m automático **Warenbestand** M existências fpl, estoque m **Warenbörse** F bolsa f de mercadorias **Wareneinfuhr** F importação f **Warenhaus** N armazém m **Warenkorb** M Statistik: cesta f da compra; bras cestão m **Warenkunde** F ⟨o. pl⟩ merceologia f **Warenlager** N depósito m; armazém m **Warenprobe** F amostra f **Warensendung** F remessa f **Warenzeichen** N marca f de fábrica (*od* registada); bras registrada)

warm [varm] ⟨⟨*⟩er; *⟩ste⟩ quente; fig caloroso; **~e Kleidung** f abafo m, abafamento m; bras agasalho m; **es ist ~** está *od* faz calor; **mir ist ~** estou com calor, tenho calor; **sich ~ anziehen** agasalhar-se; **~ halten** conservar quente; **sich ~ laufen** aquecer(-se); **~ machen** aquecer; **~ werden** aquecer; fig Person sentir-se à vontade 'warmblütig ['varmbly:tɪç] de sangue quente 'Wärme ['vermə] F ⟨o. pl⟩ calor m **wärmebeständig** resistente ao calor **Wärmedämmung** F isolamento m térmico **Wärmeentwicklung** F geração f de calor f **wärmeerzeugend** calorífico, calorígero, termogénico (bras *ê*) **wärmeisolierend** calorífugo **Wärmekraftwerk** N ELEK central f térmica, central f (bras usina f) termoelé(c)trica **wärmeleitend** condutor de calor **Wärmeleiter** M condutor m de calor 'wärmen aquecer **Wärmepumpe** F TECH bomba f térmica **Wärmeregler** ['vɛrmərə:glər] M termostato m **Wärmflasche** F botija f 'Warmfront F METEO frente f quente 'warmhalten fig umg **sich** (*dat*) **j-n ~** conservar as simpatias de alg **Warmluft** F ⟨o. pl⟩ ar m quente **Warm'wasserbereiter** M esquentador m; bras aquecedor m **Warmwasserheizung** F̲ aquecimento m (bras calefação f) central (a água quente) **Warmwasserspeicher** M̲ termoacumulador m **Warmwasserversorgung** F̲ (instalação f od abastecimento m de) água quente f

'**Warnblinkanlage** F̲ AUTO sistema m de pisca-pisca de emergência **Warndreieck** N̲ AUTO triângulo m de sinalização

'**warnen** ['varnən] advertir, prevenir, avisar **Warnsignal** N̲ sinal m de aviso **Warnstreik** M̲ greve f de aviso; bras greve f preventiva **Warnung** F̲ advertência f, aviso m, prevenção f; MIL alarme m, rebate m **Warnweste** F̲ colete m reflector

'**Warschau** ['varʃau] N̲ GEOG Varsóvia (ohne art)

'**Warte** ['vartə] F̲ atalaia f, vigia f; ASTRON observatório m **Wartehalle** F̲ sala f de espera **Warteliste** F̲ lista f de espera **warten** ⟨-e-⟩ A V/I ~ **auf** (akk) aguardar, esperar (akk od por; bis que (sub)); **auf sich** (akk) ~ **lassen** fazer-se esperar, demorar(-se) B V/T TECH fazer a manutenção de

'**Wärter** ['vɛrtar], **Wärterin** F̲ guarda m/f; MED enfermeiro m, -a f

Warteraum M̲, **Wartesaal** M̲ sala f de espera **Warteschlange** F̲ fila f; port a. bicha f **Warteschleife** F̲ FLUG stand by m; TEL linha f de espera **Wartezeit** F̲ tempo m de espera **Wartezimmer** N̲ sala f de espera

'**Wartung** ['vartʊŋ] F̲ cuidados mpl, tratamento m; TECH manutenção f **Wartungsdienst** M̲ serviço m de manutenção **wartungsfrei** TECH que não precisa de manutenção

wa'rum [va'rʊm] ADV porque; fragend: ~? porquê?

'**Warze** ['vartsə] F̲ verruga f; bras umg berruga f; (Brustwarze) bico m do peito, mamilo m

was [vas] PRON 1 fragend: ~? o quê?; ~ **sagt man?** que se diz?; ~ **kostet ...?** quanto custa ...? 2 relativ: (o) que, o qual; umg (etwas) alguma coisa; ~ **für (ein)** ... que ..., qual ... 3 INT **ach** ~! nada disso!

'**Waschanlage** ['vaʃʔanla:gə] F̲ AUTO lavagem f automática **waschbar** lavável **Waschbär** M̲ ⟨-en⟩ ZOOL coati-lavadeiro m **Waschbecken** N̲ lavabo m, lavatório m **Waschbenzin** N̲ benzina f (para limpeza)

'**Wäsche** ['vɛʃə] F̲ ⟨-⟩ 1 ⟨o. pl⟩ roupa f (branca); ~ **zum Wechseln** muda f de roupa 2 ⟨pl -n⟩ (Waschung) lavagem f; **in die ~ geben** dar para lavar **Wäschebündel** N̲ trouxa f

'**waschecht** lavável; Farbe de cor fixa; fig autêntico, da gema

'**Wäschegeschäft** N̲ für Unterwäsche: camisaria f; für Bettwäsche etc: loja f de artigos de cama e mesa **Wäscheklammer** F̲ mola f; bras pregador m de roupa **Wäschekorb** M̲ cesto m de roupa, roupeiro f **Wäscheleine** F̲ corda f (para estender a roupa)

'**waschen** ['vaʃən] V/T (& V/R) **(sich)** lavar (-se); MED abluir; **sich** (dat) **etw** ~ lavar a/c

Wäsche'rei [vɛʃə'rai] F̲ lavandaria f; bras lavanderia f '**Wäscherin** F̲ lava(n)deira f '**Wäscheschleuder** F̲ centrifugadora f de roupa '**Wäscheschrank** M̲ (armário-)roupeiro m '**Wäscheständer** M̲ estendal m (bras estendedor m) de roupa '**Wäschetrockner** M̲ máquina f de secar roupa

'**Waschgang** M̲ ciclo m de lavagem **Waschküche** F̲ lavadouro m; bras lavanderia f **Waschlappen** M̲ toalhinha f de banho; umg fig palerma m; (Feigling) cobardolas m; bras perrengue m **Waschmaschine** F̲ máquina f de lavar roupa **Waschmittel** N̲, **Waschpulver** N̲ detergente m (para lavar roupa) **Waschraum** M̲ lavatório(s) m(pl), lavabo(s) m(pl) **Waschsalon** M̲ lavandaria f self-service **Waschschüssel** F̲ lavatório m, bacia f **Waschstraße** F̲ AUTO lavagem f automática de carros **Waschung** F̲ lavação f; a. MED lavagem f; a. REL abluição f **Waschzettel** M̲ rol m (da roupa); fig cinta f **Waschzeug** N̲ ⟨-s; o. pl⟩ utensílios mpl de toilette (bras toalete)

'**Wasser** ['vasar] N̲ água f; **stilles** ~ (Mineralwasser) água f mineral natural gasosa; fig Person: mosquinha f morta; ~ **abweisend** (od **abstoßend**) hidrófobo, hidrófugo; **auf dem** ~ na água; **ins** ~ **fallen** fig ir por água abaixo; **mit allen** ~n **ge-**

waschen sein *fig* ser um finório (*od* espertalhão); **sich über ~ halten** (manter-se a) flutuar; *fig* aguentar-se; **unter ~ setzen** inundar; **unter ~ stehen** estar inundado; **zu ~ und zu Lande** por mar e terra; **~ lassen** urinar; **j-m nicht das ~ reichen können** *fig* não chegar aos calcanhares de alg; **das ~ läuft j-m bei etw im Munde zusammen** a/c faz crescer a água na boca de alg

'**Wasserabfluss** M desaguamento *m*, desaguadouro *m*; *bras* ralo *m* **wasserarm** ⟨-(e)r; ⸗ste⟩ árido; **~ sein** *a.* ter falta de água (*bras* d'água) **Wasserarm** M braço *m* **Wasserbad** N GASTR banho-maria *m* **Wasserball** M water-polo *m*, polo *m* aquático **Wasserbecken** N bacia *f*, tanque *m* **Wasserbehälter** M depósito *m* de água **Wasserbett** N cama *f* de água **Wasserblase** F bolha *f* **Wasserbombe** F bomba *f* de profundidade

'**Wässerchen** ['vɛsɐrçən] N **er sieht aus, als ob er kein ~ trüben könnte** *fig* parece que não faz mal a uma mosca

'**Wasserdampf** M vapor *m* **wasserdicht** impermeável **Wasserfall** M cascata *f*, catarata *f*, queda *f* de água; *bras a.* cachoeira *f* **Wasserfarbe** F aguarela *f*; *bras* aquarela *f* **Wasserfläche** F toalha-de-água *f* **Wasserflasche** F garrafa *f* de água **Wasserflugzeug** N hidr(o)avião *m* **wassergekühlt** ['vasɐrɡəky:lt] arrefecido por água; hidroarrefecido **Wasserglas** N copo *m* para água; CHEM silicato *m* de potassa **Wassergraben** M rego *m*, fosso *m* **Wasserhahn** M torneira *f* **wasserhaltig** ['vasɐrhaltɪç] aquífero **Wasserhose** F tromba *f* (de água); *bras* tromba-d'água *f*

'**wässerig** ['vɛsrɪç] cheio de água (*bras* d'água), aguado, aquoso; *a. fig* insípido; **(j-m) den Mund ~ machen** dar (*od* fazer crescer) a água na boca (de alg)

'**Wasserjungfer** F ZOOL libelinha *f* **Wasserkanister** M lata *f* (*od* bidão *m*; *bras* galão *m*) de água **Wasserkessel** M chaleira *f*; TECH caldeira *f* **Wasserkocher** M jarro *m* elétrico; *bras* ebulidor *m* (de água) **Wasserkopf** M hidrocéfalo *m* **Wasserkraft** F ⟨*o. pl*⟩ força *f* hidráulica **Wasserkraftwerk** N central *f* hidr(o)elé(c)trica **Wasserkrug** M bilha *f*, cântaro *m*; *bras* moringa *f* **Wasserkühlung** F refrigeração *f* por água, hidroarrefecimento *m* **Wasserkur** F tratamento *m* hidroterápico **Wasserlache** ['vasɐrlaxə] F poça *f* de água **Wasserlauf** M corrente *f* de água **Wasserleitung** F canalização *f*; *hist* aqueduto *m* **Wasserlinie** F linha *f* de flutução **wasserlöslich** hidrossolúvel **Wassermangel** M ⟨-s; *o. pl*⟩ falta *f* de água (*bras* d'água), seca *f* **Wassermann** M ASTRON Aquário *m*; MYTH espírito *m* das águas **Wassermelone** F melancia *f* **Wassermühle** F azenha *f*; *bras* moinho *m* d'água

'**wassern** VI ⟨-re⟩ FLUG amarar; *bras a.* amerissar

'**wässern** ['vɛsɐrn] ⟨-re⟩ (*gießen*) regar; (*einweichen*) pôr de molho; (*verdünnen*) aguar; FOTO lavar

'**Wasserpfeife** F narguilé *m* **Wasserpflanze** F planta *f* aquática **Wasserrad** N roda *f* hidráulica; AGR nora *f* **Wasserratte** F 1 (*Seemann*) lobo *m* do mar 2 *fig* nadador(a) *m*(*f*) entusiástico(-a) **Wasserrecht** N ⟨-(e)s; *o. pl*⟩ domínio *m* (*od* direito *m* de tomada) de águas **wasserreich** abundante em águas; *Fluss* caudaloso **Wasserrohr** N cano *m* de água **Wasserschaden** M estrago *m* (*od* prejuízo *m*) causado pela água **Wasserscheide** F linha *f* divisória das águas; *bras* divisor *m* de águas **wasserscheu** hidrófobo; **~ sein** *a.* ter horror à água **Wasserschi** M → Wasserski **Wasserschlange** F serpente *f* aquática **Wasserschlauch** M mangueira *f* **Wasserski** M esqui *m* aquático (*od* náutico) **Wasserspeicher** M reservatório *m* de água **Wasserspiegel** M espelho *m* da água, nível *m* da água **Wasserspiele** NPL jogos *mpl* aquáticos **Wassersport** M desporto *m* (*bras* esporte *m*) aquático **Wasserspülung** F autoclismo *m*; *bras* descarga *f*

'**Wasserstand** M nível *m*, altura *f* da água **Wasserstandsanzeiger** M nível *m*, indicador *m* da altura de água **Wasserstelle** F aguada *f* **Wasserstoff** M ⟨-(e)s; *o. pl*⟩ hidrogénio *m* (*bras* *ê) **Wasserstoffbombe** F

bomba f de hidrogénio (bras *ê) **Wasserstoffsuperoxyd** N ‹-(e)s; o. pl› água f oxigenada
'Wasserstrahl M ja(c)to m de água, jorro m **Wasserstraße** F via f fluvial
Wasserturm M depósito m de água, castelo m de água
'Wasserung F FLUG amaragem f; bras amerrissagem f
'Wasserverschmutzung F poluição f aquática **Wasserversorgung** F ‹o. pl› abastecimento m de água; serviço m das águas **Wasservogel** M ave f aquática **Wasserwaage** F nível m de bolha (de ar) **Wasserweg** M **auf dem ~** por via f fluvial; (zur See) por via f marítima
Wasserwerfer M canhão m de água
Wasserwerk N central f hidráulica; **~e** pl a. serviços mpl hidráulicos **Wasserzähler** M contador m (bras relógio m) de água **Wasserzeichen** N TYPO filigrana f
'wässrig ['vɛsrɪç] → wässerig
'waten ['va:tən] ‹-e-; h. u. s.› passar a vau; **~ durch** Schlamm etc caminhar por
'watschen ‹-le; h. u. s.› gingar, ter andar de pato
Watt[1] [vat] N ‹-(e)s; -en› GEOG baixio m; bras baixio m costeiro
Watt[2] N ‹-(e)s; -s› ELEK watt m
'Watte ['vatə] F algodão m (em rama)
Wattebausch M tampão m (bras chumaço m) de algodão
'Wattenmeer N GEOG estuário m
wat'tieren [va'ti:rən] ‹-› enchumaçar, acolchoar
WC ['ve:tse:] N ‹-s; -s› retrete m; bras banheiro m, toalete f
Web [vɛp] N ‹-s; o. pl› INTERNET rede f; web f **'Webcam** ['vɛpkɛm] F ‹-; -s› IT webcam f
'weben ['ve:bən] tecer **Weber** ['ve:bɐ] M tecelão m, tecedor m **Weber'ei** [ve:bə'raɪ] F tecelagem f **Weberin** F tecedeira f
'Webmaster ['vɛpma:stɐ] M INTERNET webmaster m **Webseite** F, **Website** ['vɛpsaɪt] F ‹-; -s› sítio m, site m **Webshop** ['vɛpʃɔp] M ‹-s; -s› loja f virtual
'Webstuhl ['ve:pʃtu:l] M tear m
'Wechsel ['vɛksəl] M **1** allg mudança f; (Umschwung) reviravolta f; regelmäßiger: alternação f **2** (Tausch) troca f; v. Devi-
sen: câmbio m **3** HANDEL hist letra f de câmbio; (Monatswechsel) mensalidade f; **e-n ~ ausstellen** sacar uma letra de câmbio **Wechselaussteller** M sacador m
Wechselbeziehung F correlação f
Wechselbürgschaft F HANDEL aval m **Wechselfälle** ['vɛksəlfɛlə] MPL des Lebens: vicissitudes fpl, peripécias fpl
Wechselgeld N troco m **Wechselgesang** M canto m alternado, desafio m **Wechselgetriebe** N caixa f de velocidades **wechselhaft** instável (bes Wetter) **Wechseljahre** NPL climatério msg, menopausa fsg; **in die ~ kommen** entrar na menopausa **Wechselkurs** M câmbio m, cotação f
'wechseln ‹-le› **A** VIT (auswechseln), Worte trocar; Platz, Stellung, Kleidung, Wohnung mudar de; Geld cambiar; **können Sie ~?** tem troco? **B** V/I (abwechseln) alternar **wechselnd** ADJ alternante; diverso
'Wechselschalter M ELEK sele(c)tor m; interruptor m de três vias **wechselseitig** ['vɛksəlzaɪtɪç] mútuo, recíproco; **~e Durchdringung** f interpenetração f **Wechselseitigkeit** F ‹o. pl› reciprocidade f **Wechselstrom** M corrente f alternada **Wechselstube** F casa f de câmbio; agência f de câmbio **wechselvoll** cheio de vicissitudes; variado, variegado **wechselweise** ADV reciprocamente, alternativamente **Wechselwirkung** F a(c)ção f recíproca **Wechselwirtschaft** F ‹o. pl› AGR cultura f alterna(da)
'Weckdienst M TEL serviço m de despertar **wecken** acordar, despertar; a. fig **A**nteresse, Neugier chamar **Wecker** M (relógio m) despertador m; **j-m auf den ~ fallen** umg enervar alg; bras amolar alg
'Wedel ['ve:dəl] M ‹-s; -› abanador m, abano m; (Staubwedel) espanador m **wedeln** ‹-le› abanar; **mit dem Schwanz ~** dar ao rabo; bras balançar o rabo
'weder ['ve:dɐ] KONJ **~ ... noch** nem ... nem

weg [vɛk] ADV umg **~ sein** não estar; j-d a. estar fora, estar ausente, ter-se ido; fig umg **(hin und) ~** não caber em si, estar pasmado (**vor** dat de); **~ (damit)!** fora!, embora!

Weg [veːk] M ⟨-(e)s; -e⟩ caminho m (a. fig); (Straße) a. via f; (Strecke) traje(c)to m; TECH, SCHIFF a. carreira f; fig (Ausweg) remédio m; (Mittel) meio m; **auf dem/auf halbem ~** em/a meio caminho; **sich auf den ~ machen** pôr-se a caminho; **auf dem richtigen/falschen ~ sein** estar no caminho certo/errado (a. fig); **auf dem ~** (gen od zu ...) **sein** fig estar em vias de ...; **aus dem ~ gehen** (dat) afastar-se (de); fig evitar; **aus dem ~ räumen** tirar; a. fig afastar; **im ~ sein** (od **stehen**) estorvar; (dat) **in den ~ treten** impedir o caminho a; a. fig fazer frente a; **etw in die ~e leiten** encaminhar a/c; **zu ~e →** zuwege

'**Wegbereiter** ['veːkbəraɪtɐ] M fig precursor m, pioneiro m **Wegbeschreibung** F itinerário m **wegbleiben** ['vɛkblaɪbən] ⟨s.⟩ não vir; **nicht lange ~** não se demorar '**wegblicken** desviar o olhar '**wegbringen** levar '**wegdenken** V/T prescindir de, abstrair de '**wegdrängen** repelir, afastar

'**Wegebau** M ⟨-(e)s; o. pl⟩ construção f das estradas; bras abertura f de ruas **Wegekarte** ['veːgəkartə] F itinerário m **Wegelagerer** ['veːgəlaːgərɐ] M salteador m

'**wegen** ['veːgən] PRÄP ⟨gen; umg dat⟩ por (causa de); **von Amts ~** de ofício; **von Rechts ~** de direito; umg (eigentlich) a bem dizer

'**Wegenetz** N rede f de estradas; bras rede f de vias públicas **Wegerich** ['veːgərɪç] M ⟨-s; -e⟩ BOT tanchagem f '**wegessen** ['vɛkʔɛsən] umg **j-m etw ~** comer a/c a alg, comer a/c que era de alg **wegfahren** ⟨s.⟩ sair, partir **Wegfall** M ⟨-(e)s; o. pl⟩ supressão f; ausência f **wegfallen** ⟨s.⟩ cair; ficar suprimido; (ausfallen) não se realizar **wegfegen** varrer **wegfliegen** ⟨s.⟩ levantar voo (bras vôo); Ding ser levado pelo vento; mit dem Flugzeug: partir por avião **wegfließen** ⟨s.⟩ ser levado pela corrente **wegführen** levar (consigo) **Weggang** M ⟨-(e)s; o. pl⟩ saída f **weggeben** dar; desfazer-se de **weggehen** ⟨s.⟩ ir-se embora; sair; **beim Weggehen** ao partir **weggießen** despejar **weghaben** umg **etwas ~** ser inteligente

weghängen pendurar no guarda-fato (bras guarda-roupa); (umhängen) Bild mudar **wegholen** umg (vir) levar **wegjagen** despedir; afugentar **wegkommen** ⟨s.⟩ (conseguir) sair (fig **bei** de); (verloren gehen) perder-se; **machen Sie, dass Sie ~!** vá-se embora!, saia daí!; **gut/schlecht bei etw ~** sair bem/mal servido de a/c **wegkönnen** umg poder sair

'**Wegkreuzung** ['veːkkrɔʏtsʊŋ] F cruzamento m

'**weglassen** ['vɛklasən] etw suprimir; j-n deixar (sa)ir **weglaufen** ⟨s.⟩ fugir, sair a correr **weglegen** pôr de parte, guardar **wegmachen** umg tirar **wegmüssen** umg ter que ir-se embora; (ausgehen) ter que sair **Wegnahme** ['vɛknaːmə] F ⟨o. pl⟩ tomada f (a. MIL); roubo m; JUR confiscação f **wegnehmen** tirar; levar; roubar **wegpacken** pôr no seu lugar, arrumar, guardar **wegradieren** ⟨-⟩ apagar

'**Wegrand** ['veːkrant] **am ~** à beira do caminho

'**wegräumen** ['vɛkrɔʏmən] arrumar; remover **wegreißen** arrancar **wegrennen** ⟨s.⟩ fugir; sair a correr **wegrücken** tirar, afastar **wegrufen** chamar **wegschaffen** levar (para fora) **wegschenken** dar **wegscheren** V/R umg **sich ~** ir à fava **wegscheuchen** afugentar **wegschicken** mandar; j-n mandar embora **wegschieben** tirar, afastar; empurrar **wegschleichen** ⟨s.⟩ (**sich**) escapulir(-se) **wegschleppen** arrastar (consigo) **wegschließen** fechar **wegschmeißen** umg deitar fora **wegschnappen** umg apanhar **wegschneiden** cortar; MED extirpar **wegschütten** ⟨-e-⟩ despejar **wegschwemmen →** **wegschwimmen** ⟨s.⟩ etw ser arrastado pela corrente; j-d partir a nadar **wegsehen** desviar o olhar; fig umg **über etw** (akk) **~** não fazer caso de a/c **wegsetzen** ⟨-t-⟩ V/R umg **sich über etw** (akk) **~** desconsiderar a/c **wegspülen** lavar; Wellen arrastar **wegstecken** esconder; **etw ~ können** fig conseguir suportar (od aguentar) a/c **wegstellen** pôr de lado, guardar **wegstoßen** repelir, empurrar

'**Wegstrecke** ['veːkʃtrɛkə] F traje(c)to m

'**wegstreichen** ['vɛk∫traɪçən] riscar **wegtragen** levar (embora) **wegtreten** MIL ⟨s.⟩ retirar; **weggetreten!** retirar! **wegtun** → weglegen, wegstecken, wegwerfen **wegwehen** levar; v/i ⟨s.⟩ ser levado pelo vento

'**Wegweiser** ['veːkvaɪzɐ] M sinal m itinerário; fig guia m

'**Wegwerf...** ['vɛkvɛrf-] IN ZSSGN de desperdício, descartável **wegwerfen** deitar (bras jogar) fora **wegwerfend** ADJ desdenhoso; ADV A. com desdém **Wegwerfgesellschaft** F ⟨o. pl⟩ sociedade f de desperdício

'**wegwischen** umg limpar

'**wegwollen** umg querer ir-se embora

'**Wegzehrung** ['veːktseːrʊŋ] F farnel m, víveres mpl

'**wegziehen** ['vɛktsiːən] A v/t retirar; Vorhang correr B v/i ⟨s.⟩ ir-se (embora); (ausziehen) mudar (de casa); Vögel ir de passagem **Wegzug** M partida f; (Umzug) mudança f (**nach** para)

weh [veː] A ADJ umg magoado, doente; → wehtun B ADV **o ~!, au ~!** minha Nossa Senhora!, ai! **Weh** N ⟨-(e)s; -e⟩ dor f

'**Wehe**¹ F Schnee, Sand: acumulação f de neve/areia trazida pelo vento

'**Wehe**² F MED contra(c)ção f; **~n** pl a. dores fpl de parto

'**wehen** ['veːən] Wind etc soprar; Fahne flutuar; **~ lassen** desfraldar

'**Wehgeschrei** N lamúrias fpl; queixumes mpl **Wehklage** F lamento m, pranto m **wehklagen** v/i **über** (akk) lamentar(-se de) **wehleidig** dolorido, plangente **Wehmut** F ⟨o. pl⟩ melancolia f; saudade f **wehmütig** ['veːmyːtɪç] melancólico, triste; **~e Erinnerung** f saudade f

Wehr¹ [veːr] N ⟨-(e)s; -e⟩ (Stauwehr) açude m; barragem f

Wehr² [veːr] F ⟨-; o. pl⟩ **sich zur ~ setzen** defender-se

'**Wehrdienst** M ⟨-(e)s; o. pl⟩ serviço m militar **Wehrdienstverweigerer** M obje(c)tor m de consciência **Wehrdienstverweigerung** F obje(c)ção f de consciência

'**wehren** (dat) vedar; **sich ~** defender-se (**gegen** de, contra) **wehrfähig** apto para o serviço militar **Wehrkraft** F ⟨o. pl⟩ força f defensiva **wehrlos** inde-

feso; **~ machen** desarmar **Wehrpass** M MIL hist caderneta f militar '**Wehrpflicht** F ⟨o. pl⟩ serviço m militar obrigatório '**wehrpflichtig** sujeito ao serviço militar obrigatório

wehtun A v/i doer; **j-m ~** magoar alg B v/r **sich** (dat) **etw ~** magoar-se a/c

Weib [vaɪp] N ⟨-(e)s; -er⟩ umg pej gaja f; poet, hist (Ehefrau) esposa f '**Weibchen** ['vaɪpçən] N ZOOL fêmea f '**Weiberfeind** M misógino m '**Weiberheld** M Don Juan m '**weibisch** ['vaɪbɪʃ] pej efeminado, mulherengo **weiblich** feminino; BOT, ZOOL fêmea **Weiblichkeit** F ⟨o. pl⟩ feminilidade f; umg belo sexo m '**Weibsbild** N umg pej mulher f, criatura f; grobes: mulherão m

weich [vaɪç] mole, brando; j-d a. meigo, sensível; Ei quente; Haut, Stoff macio; Metall maleável; fig doce, suave; **~ machen** abrandar, amolecer; **~ werden** abrandar, amolecer-se; fig suavizar; j-d enternecer-se; **~ gekocht** Ei cozido durante três minutos

'**Weichbild** N arredores mpl

'**Weiche** [vaɪçə] F ❶ BAHN agulha f; **die ~n stellen** (**für**) fig abrir caminho (a/para) ❷ ANAT flanco m, ilharga f

'**Weichei** N Schimpfwort: mariquinhas m; bras bunda-mole m

'**weichen** ⟨s.⟩ ceder, retirar(-se), retroceder; **nicht von der Stelle ~** não se mexer

'**Weichenstellung** F mudança f de via '**Weichheit** F ⟨o. pl⟩ moleza f; brandura f; Haut: maciez f '**weichherzig** meigo '**weichlich** mole; j-d a. molenga '**Weichling** M ⟨-s; -e⟩ molengão m, fracote m '**weichmachen** fig suavizar '**Weichsel** ['vaɪksəl] F ⟨-; -n⟩, **Weichselkirsche** F BOT ginja f; Baum: ginjeira f

'**Weichspüler** M amaciador m **Weichteile** PL ANAT entranhas fpl **Weichtier** N molusco m

'**Weide**¹ ['vaɪdə] F BOT salgueiro m; (Korbweide) vimeiro m; Material: vime m '**Weide**² F ⟨-(e)s; ̈-er⟩ AGR pastagem f; pasto m, ervaçal m '**weiden** A v/t & v/i ⟨-e-⟩ pastar, pascer; a. fig apascentar B v/r **sich ~** deleitar-se, regalar-se (**an** dat com) '**Weidenkätzchen** N amentilho m

(bras espiga f) do salgueiro **Weidenkorb** M cesto m de vime, cabaz m **Weidenrute** F vime m
'**Weideplatz** M pasto m **Weiderecht** N direito m de pastagem
'**weidmännisch** → waidmännisch
'**weigern** ['vaɪgɐn] VR ⟨-re⟩ **sich ~ zu** recusar-se a, negar-se a **Weigerung** F recusa f
'**Weihbischof** M REL bispo m sufragâneo; bispo m coadjutor
'**Weihe** F REL consagração f; **~n** pl ordenação fsg; (Segen) bênção f; fig solenidade f **weihen** VT Priester ordenar; Wasser benzer; fig (sich) **e-r Sache** (dat) ~ consagrar(-se) a a/c; (widmen) a. dedicar (-se) a a/c; **geweiht** Ort sagrado m
'**Weihnacht** F, **Weihnachten** N Natal m; **frohe ~en!** feliz Natal! **weihnachtlich** natalício
'**Weihnachtsabend** M véspera f de Natal, consoada f **Weihnachtsbaum** M árvore f de Natal **Weihnachtsfeier** F, **Weihnachtsfest** N festa f de Natal **Weihnachtsferien** PL férias fpl de Natal **Weihnachtsgeld** N subsídio m de Natal **Weihnachtsgeschenk** N presente m de Natal **Weihnachtslied** N canção f de Natal **Weihnachtsmann** M Pai m Natal; bras Papai m Noel **Weihnachtsstern** M BOT eufórbio m escarlate **Weihnachtszeit** F ⟨o. pl⟩ época f de Natal; **zur ~** na época de Natal
'**Weihrauch** M ⟨-s; o. pl⟩ incenso m **Weihrauchfass** N incensário m, turíbulo m **Weihwasser** N ⟨-s; o. pl⟩ água f benta **Weihwasserbecken** N pia f de água f benta **Weihwedel** M hissope m, aspersório m
weil [vaɪl] KONJ porque; como; visto que
'**Weilchen** ['vaɪlçən] N bocado m
'**Weile** F (algum) tempo m, momento m; **e-e ganze ~** um bom bocado; **vor e-r ~** há pouco (tempo); **eile mit ~** devagar se vai ao longe '**weilen** geh encontrar-se, demorar-se '**Weiler** M aldeola f, povoado m
Wein [vaɪn] M **1** vinho m; **roter/weißer ~** vinho m tinto/branco; **edler ~** vinho m generoso; **süßer ~** vinho m abafado; **j-m reinen ~ einschenken** fig dizer a verdade a alg **2** BOT Rebe; → Weinrebe; wilder **~** vinha f virgem
'**Weinbau** M ⟨-(e)s; o. pl⟩ viticultura f **Weinbauer** M ⟨-n⟩ vinheiro m, viticultor m **Weinbeere** F bago m de uva **Weinberg** M vinha f **Weinbergschnecke** F ZOOL caracol m de Borgonha **Weinblatt** N folha f de parra (bras parreira) **Weinbrand** M conhaque m
'**weinen** ['vaɪnən] chorar **Weinen** N choro m; **zum ~ bringen** fazer chorar **weinerlich** choroso
'**Weinernte** F vindima f **Weinessig** M ⟨-s; o. pl⟩ vinagre m de vinho **Weinfass** N pipa f, barril m; (grande) **großes**: tonel m **Weinflasche** F garrafa f de vinho **Weingarten** M vinha f **Weingegend** F região f vinícola **Weingeist** M ⟨-(e)s; o. pl⟩ espírito m de vinho; álcool m (do comércio) **Weinglas** N copo m de vinho **Weinhändler** M negociante m de vinhos **Weinhandlung** F loja f de vinhos; casa f vinícola **Weinjahr** N ano m vinícola **Weinkarte** F lista f dos vinhos **Weinkeller** M adega f **Weinkelter** F lagar m
'**Weinkrampf** M choro m convulsivo '**Weinkühler** M balde m de gelo para vinho **Weinlaub** N ⟨-(e)s; o. pl⟩ parra f **Weinlese** F vindima f **Weinlokal** N taberna f; bar m; bras adega f de vinho **Weinprobe** F prova f de vinhos **Weinranke** F sarmento m, pâmpano m **Weinrebe** F videira f, vide f, cepa f **Weinschlauch** M odre m **Weinstein** M ⟨-(e)s; o. pl⟩ tártaro m **Weinstock** M → **Weinstube** F bar m **Weintraube** F (Obst), einzelne: uva f; (ganze Traube) cacho m de uvas
'**weise** ['vaɪzə] sábio
'**Weise** F maneira f, modo m; MUS melodia f
'**Weise(r)** M sábio m; REL **die ~n aus dem Morgenland** os Reis mpl Magos; **der Stein der ~n** a pedra f filosofal
'**weisen** VT (zeigen) mostrar, indicar; **j-m den Weg ~** indicar (od mostrar) o caminho a alg; **j-m die Tür ~** fig pôr alg na rua; **von sich ~, von der Hand ~** fig não querer saber de
'**Weisheit** ['vaɪshaɪt] F sabedoria f **Weisheitszahn** M dente m do siso **weismachen** VT j-m etw ~ fig fazer crer a/c a alg

weiß [vaɪs] **A** ADJ branco; **~e Haare** npl cãs fpl **B** ADV **gekleidet** vestido de branco; **~ glühend** candente, incandescente

'**weissagen** ⟨-⟩ predizer, vaticinar, profetizar **Weissagung** F profecia f, vaticínio m

'**Weißbier** N ⟨-(e)s; o. pl⟩ cerveja f de trigo **Weißblech** N folha-de-flandres f, lata f **Weißbrot** N pão m alvo; pão m de trigo **Weißbuch** N POL livro m branco **Weißbuche** F BOT faia f branca **Weißdorn** M ⟨-(e)s;-e⟩ BOT espinheiro m alvar

'**Weiße A** F brancura f **B** N branco m; im Ei: clara f **Weiße(r)** M(F/M) branco m, -a f **weißen** ⟨-t⟩, **weißeln** ⟨-le⟩ branquear; Wand caiar; Felle surrar **Weißglut** F ⟨o. pl⟩ incandescência f; **j-n zur ~ bringen** umg fig fazer alg ir aos arames; bras fazer alg subir a serra **Weißgold** N ⟨-(e)s; o. pl⟩ ouro m branco **weißhaarig** de cabelos brancos, de cãs **Weißkohl** M ⟨-(e)s; o. pl⟩ repolho m **weißlich** esbranquiçado **Weißmehl** N ⟨-(e)s; o. pl⟩ farinha-flor f

'**Weißrusse** ['vaɪsrʊsə] M, **Weißrussin** ['vaɪsrʊsɪn] F bielorrusso m, -a f **weißrussisch** bielorrusso **Weißrussland** ['vaɪsrʊslant] N Bielorrússia f

'**Weißtanne** F BOT abeto m **Weißwein** M vinho m branco

'**Weisung** F ordem f; instrução f; dire(c)tiva f **weisungsbefugt, weisungsberechtigt** que tem direito a dar ordens

weit [vaɪt] **A** ADJ (ausgedehnt) extenso, vasto; (geräumig) espaçoso; a. fig amplo; Kleid largo; Entfernung, Weg grande; Reise longo **B** ADV **~ entfernt** distante, longe (von de); **Tür ~ offen** de par em par; **2 km ~ von a ... de**; **wie ~?** até onde?; **wie ~ ist es bis ...?** que distância te até?; **es ~ bringen**, **~ kommen** fig chegar longe; **~ sein** fig a. estar adiantado; **~ + comp**, **bei Weitem + comp** muito; **bei Weitem (nicht)** (nem) de longe; **nicht ~ her sein** fig não ser grande coisa; **so ~** fig até este ponto; **fig zu ~ gehen** exagerar; a. **es zu ~ treiben** abusar; **~ und breit** por toda a parte; **von Weitem** de longe a. fig; **~ gereist** muito viajado; **~ verbreitet** → weitverbreitet

'**weit'ab** ADV (muito) longe, (muito) distante '**weit'aus** ADV de longe; muito '**Weitblick** M ⟨-(e)s; o. pl⟩ vistas fpl largas, perspicácia f; bras ampla visão f '**weitblickend** de vistas largas, de grande perspicácia f; bras de ampla visão '**Weite A** F largura f, amplidão f; a. fig amplitude f; MIL calibre m; (Ausdehnung) extensão f; (Entfernung) distância f; **lichte ~** ARCH vão m; TECH diâmetro m interior **B** N **das ~ suchen** pôr-se ao largo, fugir **weiten** ⟨-e-⟩ alargar

'**weiter** **A** ADJ comp v. ~ weit; **~ machen** Kleid alargar **B** ADV de mais a mais; (dann) a seguir; depois; **~ nichts** nada mais; **~ vorn/hinten** etc mais para frente/trás; **und so ~** etcétera; e assim por diante; **~!** adiante!; **~ so!** continue assim!; **~ etw tun** continuar a fazer a/c '**weiterbefördern** ⟨-re; -⟩ reexpedir **weiterbilden** ⟨-e-⟩ **A** V/T aperfeiçoar **B** V/R **sich ~** estudar, aperfeiçoar os seus conhecimentos **Weiterbildung** F ⟨o. pl⟩ formação f pós-profissional; reciclagem f **weiterbringen** adiantar; **das bringt mich nicht ~** isso não me adianta nada

'**weitere** PRON **1** PL demais **2** SG zeitlich: ulterior **3** SG **das Weitere, alles Weitere** o resto m; **bis auf Weiteres** por agora; HANDEL até nova ordem; **ohne Weiteres** sem mais nada

'**weiterfahren** ⟨s.⟩ seguir, continuar **weiterführen** continuar **weitergeben** transmitir **weitergehen** ⟨s.⟩ passar, seguir; a. fig continuar (o seu caminho) **weiterhelfen** ajudar

'**weiterhin** ADV mais (para lá) '**weiterkommen** ⟨s.⟩ avançar, progredir, fazer progressos **weiterleiten** ⟨-e-⟩ transmitir, fazer seguir **weitermachen** continuar; (pros)seguir **Weiterreise** F continuação f da viagem **weiterreisen** ⟨-t⟩ prosseguir, continuar a viagem **weitersagen** dizer a(os) outros, divulgar **weitervermieten** ⟨-e-⟩ sublocar

'**weitgehend** ADJ extenso, amplo, considerável; ADV consideravelmente, em grande parte **weit'her** ADV de (muito) longe **weitherzig** generoso **weit'hin** ADV (muito) ao longe **weitläufig** ADJ vasto; (ausführlich) pormenorizado; Verwandter afastado; ADV por extenso; → weitschweifig **weitmaschig** ['vaɪtmaʃɪç] de grandes malhas **weitreichend** ADJ extenso **weitschweifig** ['vaɪtʃvaɪfɪç] prolixo, verboso **Weitschweifigkeit** F prolixidade f, verbosidade f **weitsichtig** ['vaɪtzɪçtɪç] MED presbita; fig previdente **Weitsichtigkeit** F ‹o. pl› MED presbitia f; fig perspicácia f **Weitsprung** M salto m em comprimento **weittragend** ADJ de grande alcance; fig transcendente **weitverbreitet** ADJ muito frequente; popular **weitverzweigt** ADJ de vasta ramificação **Weitwinkelobjektiv** N lente f (bras objetiva f) grande-angular

'**Weizen** ['vaɪtsən] M ‹-s; o. pl› trigo m **Weizenbier** N cerveja f de trigo; bras a. weissbier f **Weizenbrot** N pão m de trigo **Weizenfeld** N trigal m **Weizenkeim** M gérmen m de trigo **Weizenmehl** N ‹-(e)s; o. pl› farinha f de trigo

welch [vɛlç] INT ~ (**ein** od **eine**) ...! que ...! '**welche** ['vɛlçə] ADV **1** fragend: que ...?; ~(**r**) **von** ...? qual de ...? **2** relativ: que; o/a qual; PL os/as quais; **ich habe** ~ tenho alguns/algumas; **ich habe** ~**s** tenho uns

welk [vɛlk] murcho, fanado; bras a. mirrado; (faltig) enrugado; ~ **werden** murchar '**welken** ‹s.› murchar

'**Wellblech** ['vɛlblɛç] N ‹-(e)s; o. pl› chapa f ondulada

'**Welle** ['vɛlə] F **1** Wasser: onda f (a. ELEK, PHYS); (Kältewelle) u. fig vaga f (de); im Boden: elevação f; im Haar: ondulação f; ~**n legen** ondular **2** TECH árvore f; eixo m, rolo m **3** Turnen: volta f, molinete m **wellen** ondular; (**sich**) ~ ondear(-se)

'**Wellenbereich** M gama f de ondas; RADIO banda f **Wellenberg** M PHYS bojo m **Wellenbewegung** F ondulação f **Wellenbrecher** ['vɛlənbrɛçɐ] M quebra-mar m, paredão m **wellenförmig** ['vɛlənfœrmɪç] ondulado **Wellengang** M ‹-(e)s; o. pl› ondulação f **Wellenkamm** M crista f (da vaga) **Wellenlager** N TECH cossinete m; bras coiceira f **Wellenlänge** F comprimento m de onda **Wellenlinie** F ondulação f **Wellenreiten** N ‹-s; o. pl› surf m **Wellenschlag** M ressaca f; golpe m

de mar **Wellensittich** M ZOOL periquito m **Wellental** N côncavo m; bras depressão f

'**Wellfleisch** N ‹-(e)s; o. pl› carne f de porco cozida **Wellholz** N GASTR rolo m de pastel **wellig** ondeado, ondulado; Landschaft acidentado

'**Wellness** ['vɛlnəs] F ‹-; o. pl› wellness f; bem-estar m **Wellnessbereich** M spa m **Wellnesszentrum** N wellness center m

'**Wellpappe** F papelão m canelado '**Welpe** ['vɛlpə] M ‹-n› cachorro m; bras filhote m de cachorro

Wels [vɛls] M ‹-es; -e› ZOOL siluro m **Welt** [vɛlt] F mundo m; universo m; **Dritte** ~ terceiro mundo m; **auf der** ~ ‹**sein**› (estar) no mundo; **nicht um alles in der** ~ nem por nada deste mundo; **zur** ~ **bringen** dar à luz; **aus der** ~ **schaffen** fig acabar com, resolver

Weltall N ‹-s; o. pl› universo m '**weltanschaulich** ideológico '**Weltanschauung** F concepção f (od visão f) do mundo; bras a. cosmovisão f; fig filosofia f **Weltausstellung** F exposição f mundial **weltbekannt**, '**weltberühmt** de fama universal; notório '**weltbewegend** → welterschütternd **Weltbild** N imagem f (od visão f) do mundo '**Weltbürger(in)** M(F) cosmopolita m/f '**Weltenbummler** M vagamundo m '**welterfahren** conhecedor do mundo

'**Weltergewicht** ['vɛltɐɡəvɪçt] N Boxen: peso m welter

'**welterschütternd** de repercussão universal; sensacional '**weltfremd** ingénuo (bras *ê*); desconhecedor do mundo

'**Weltfriede(n)** M paz f universal **Weltgeschichte** F ‹o. pl› história f universal; **in der** ~ **herumreisen** correr o mundo **Weltgesundheitsorganisation** F → WHO '**weltgewandt** ADJ ~ **sein** ter mundo '**Welthandel** M ‹-s; o. pl› comércio m internacional '**Welthandelsorganisation** F → WTO '**Weltherrschaft** F ‹o. pl› domínio m do mundo, hegemonia f mundial '**Weltkarte** F mapa-mundi m '**Weltkenntnis** F ‹o. pl› experiência f do mundo '**Weltkirchenrat** N ‹-(e)s; o.

pl〉 conselho *m* ecumênico (*bras* *ê*) das Igrejas **'Weltkrieg** M̄ guerra *f* mundial; **der Erste ~** *a.* a Grande Guerra **'Weltkugel** F̄ globo *m* (terrestre) **'Weltlage** F̄ 〈*o. pl*〉 situação *f* internacional **'weltlich** mundano; frívolo; REL profano; secular **'Weltliteratur** F̄ 〈*o. pl*〉 literatura *f* universal **'Weltmacht** F̄ Grande Potência *f*, potência *f* mundial **'Weltmann** M̄ 〈-(e)s; -männer〉 homem *m* do mundo **'weltmännisch** ['vɛltmɛnɪʃ] distinto, elegante **'Weltmarkt** M̄ mercado *m* mundial **'Weltmeer** N̄ oceano *m* mundial **'Weltmeister(in)** M/F campeão *m*, campeã *f* internacional (*od* do mundo) **'Weltmeisterschaft** F̄ campeonato *m* internacional (*od* do mundo) **'Weltraum** M̄ 〈-(e)s; *o. pl*〉 universo *m* **'Weltraumforschung** F̄ investigação *f* espacial **'Weltreich** N̄ império *m* (universal) **'Weltreise** F̄ volta *f* do (*od* ao) mundo **'Weltrekord** M̄ recorde *m* mundial; **e-n ~ aufstellen** estabelecer um recorde mundial **'Weltruf** M̄ 〈-(e)s; *o. pl*〉 **'Weltruhm** M̄ 〈-es; *o. pl*〉 **(von)** (de) fama *f* mundial **'Weltschmerz** M̄ 〈-es; *o. pl*〉 tédio *m* da vida **'Weltsprache** F̄ língua *f* universal **'Weltstadt** F̄ metrópole *f* **'Weltumseg(e)lung** F̄ circu(m)navegação *f*, volta *f* ao mundo

---

▶ Weltsprache Portugiesisch

Portugiesisch ist eine romanische Sprache, die über 210 Millionen Menschen auf vier Kontinenten sprechen: in Europa, Afrika, Südamerika und sogar in einigen kleinen Gebieten Asiens. Neben Portugal ist Portugiesisch in sieben weiteren Staaten Amtssprache: in Äquatorialguinea, Angola, Brasilien, auf den Kapverden, in Osttimor, Guinea-Bissau, Mosambik sowie auf São Tomé und Príncipe. In Brasilien sprechen rund 170 Millionen Portugiesisch, in Portugal sind es fast 11 Millionen. 1998 hat die portugiesische Sprache die höchste internationale Ehrung bekommen, als dem portugiesischen Schriftsteller José Saramago der Nobelpreis für Literatur verliehen wurde. ◀

'Weltuntergang M̄ 〈-(e)s; *o. pl*〉 fim *m* do mundo **'Weltverbesserer** M̄ reformador *m* do mundo **'weltweit** universal **'Weltwirtschaft** F̄ 〈*o. pl*〉 economia *f* mundial **Welt'wirtschaftsforum** N̄ 〈-s; -foren〉 Fórum *m* Econômico (*bras* *ô*) Mundial **'Weltwunder** N̄ maravilha *f*, prodígio *m*
wem [veːm] PRON 〈*dat v.* wer〉 **~?** a quem?; **von ~?** de quem?
wen [veːn] PRON 〈*akk v.* wer〉 **~?** (a) quem?; **an wen?** a (*od* para) quem?; **für wen?** para quem?
'Wende ['vɛndə] F̄ volta *f*; viragem *f*; (*Übergang*) transição *f*; POL reviralho *m*; reviravolta *f*; (*Wechsel*) *a.* POL mudança *f*; → Wendepunkt **Wendeboje** F̄ baliza *f* **'Wendehals** M̄ ZOOL torcicolo *m*, papa-formigas *m*; *fig pej* vira-casaca *m/f* **Wendekreis** M̄ GEOG trópico *m*; AUTO raio *m* de viragem
'Wendeltreppe ['vɛndəltrɛpə] F̄ escada *f* de caracol
'wenden ['vɛndən] V/T 〈& V/R〉 virar(-se); **sich ~ an** (*akk*) dirigir-se a, recorrer a *od* para; **bitte ~!** *Formular*: vire por favor!
'Wendepunkt M̄ *fig* momento *m* crítico, momento *m* de transição **wendig** ['vɛndɪç] ágil, hábil; AUTO maneável **Wendigkeit** F̄ 〈*o. pl*〉 jeito *m*, agilidade *f* **Wendung** F̄ ❶ *Bewegung*: volta *f*; *Auto etc*: viragem *f* ❷ *Weg*: curva *f* ❸ *sprachliche*: locução *f* ❹ (*Wechsel*) mudança *f*
'wenig ['veːnɪç] ADJ pouco; **ein (klein) ~** ... um bocad(inh)o de; **eins zu ~** um a menos **weniger** ['veːnɪɡɐ] ADV menos; **in ~ als** *zwei Tagen* em menos de ...; **~ werden** diminuir **wenigste** ['veːnɪçstə] PRON **das ~** o menos, o mínimo; **die ~n** muito poucos; **am ~n** menos **wenigstens** ADV pelo menos, ao menos
wenn [vɛn] KONJ se; (*falls*) caso que; *zeitlich*: quando; **~ es** (*od* **dem**) **so ist** assim sendo; **als ~, wie ~** (*subj*) como se (*subj*); **selbst ~, ~ auch →** wenngleich; **~ er auch noch so** ... por mais ... que (*subj*); **~ nur** contanto que (*subj*); **und ~ schon!** e daí?; **~ schon, denn schon!** se tiver que ser que seja a (*bras* pra) valer **wenn'gleich** KONJ se bem que (*subj*), ainda que (*subj*), embora (*subj*)
wer [veːr] PRON ❶ *fragend*: quem?; **~ da?**

WERT

MIL quem vive?; **~ von ...?** a. qual de ...? **2** relativ: aquele que, quem; **~ auch immer, ~ es auch sei** quem quer que seja, seja quem for

'**Werbeabteilung** [ˈvɛrbəʔaptaɪlʊŋ] F̄ serviço m od se(c)ção f de publicidade **Werbeagentur** F̄ agência f de publicidade **Werbefachmann** M̄ publicitário m **Werbefernsehen** N̄ publicidade f televisiva (od na TV) **Werbefilm** M̄ filme m publicitário **Werbegrafiker(in)** M(F) artista m/f publicitário **Werbekampagne** F̄ campanha f publicitária **Werbeleiter(in)** M(F) dire(c)tor(a) m(f) da publicidade **Werbematerial** N̄ ⟨-s; o. pl⟩ material m publicitário

'**werben** [ˈvɛrbən] **A** V/T Personal recrutar; (anwerben) engajar; MIL a. alistar **B** V/I **~ für** fazer propaganda de; **um j-s Gunst ~** cortejar alg **Werbespot**, ⟨-s; -s⟩ spot; publicitário **Werbespruch** M̄ slogan; publicitário

Werbung F̄ (Anwerbung) recrutamento m; HANDEL publicidade f, reclamo m, propaganda f (**für** de) **Werbungskosten** PL HANDEL despesas fpl publicitárias; Steuerrecht: despesas fpl profissionais

'**Werdegang** [ˈveːɐdəɡaŋ] M̄ desenvolvimento m, evolução f; j-s: carreira f; innerer: formação f; génese f (bras *ê); TECH processo m

'**werden** [ˈveːɐdən] ⟨s.⟩ **A** Hilfsverb **1** Futur: **sie ~ tun** farão, vão fazer; hão-de fazer; passam a fazer; **sie ~ es tun** fazê-lo-ão, vão fazer isso (bes bras); **sie würden tun** fariam **2** Passiv: ser; ficar; a. übersetzt durch refl od Verb 3. Person pl **B** V/I **1** mit subst od adj: ficar; a. resultar, sair, tornar-se; bras a. virar; oft übersetzt durch Verb auf: -ecer: **groß ~** engrandecer; **(zum/zur) ... ~** chegar a ...; **~ wollen** querer ser **2 ~ aus** oft resultar de; **was ist aus ... geworden?** que é feito de ...?; **was soll daraus ~?** onde vai isto parar?; **es wird nichts aus etw** a/c fracassa, a/c não se realiza; bras a/c não vai dar certo; **aus ihm/ihr wird nichts** ele/ela nunca será alguém **3 nun, wird's bald?** umg então, nunca mais?; bras então, como é?; **es wird schon ~** umg há-de arranjar-se

'**Werden** N̄ desenvolvimento m, evolução f; génese f (bras *gênese f); **im ~ (sein)** (estar) em desenvolvimento

'**werdend** ADJ **~e Mutter** F̄ futura mamã f (od mãe f); MED gestante f

'**werfen** [ˈvɛrfən] **A** V/T **1** atirar, lançar; Licht etc proje(c)tar (**an die Wand** na parede) **2** ZOOL (gebären) parir **B** V/I **1** **mit etw ~** lançar a/c (**nach** a/c); fig **mit Geld um sich ~** esbanjar dinheiro **2** ZOOL (Junge bekommen) dar à luz, dar cria **C** V/R **1 sich ~** Holz empenar **2 sich auf etw** (akk) **~** fig dedicar-se a a/c

Werft [vɛrft] F̄ estaleiro m '**Werftarbeiter** M̄ trabalhador m de estaleiro

Werg [vɛrk] N̄ ⟨-(e)s; o. pl⟩ estopa f

Werk [vɛrk] N̄ ⟨-(e)s; -e⟩ **1** (Arbeit) obra f; a. labor m, trabalho m; (Aufgabe) tarefa f; **ans ~ gehen** pôr mãos à obra; **ins ~ setzen** realizar; **am ~ sein** j-d estar a trabalhar; bras estar trabalhando **2** TECH mecanismo m **3** (Fabrik) fábrica f

'**Werkbank** F̄ ⟨-; ⸚e⟩ bancada f (od banco m) de trabalho; bras banca f de trabalho '**werken** trabalhar '**Werkmeister** M̄ capataz m, contra-mestre m; ARCH mestre m de obras '**Werksarzt** M̄ médico m de empresa '**Werkspionage** F̄ ⟨o. pl⟩ espionagem f industrial '**Werkstatt** F̄ oficina f; Kunst: estúdio m; AUTO garagem f '**Werkstoff** M̄ material m; (Ersatzstoff) substituto m; (Kunststoff) plástico m '**Werkstoffprüfung** F̄ TECH teste m de material '**Werkstück** N̄ peça f

'**Werktag** M̄ dia m útil, dia m de trabalho; **an ~en** nos dias úteis '**werktags** ADV nos dias úteis '**werktätig** trabalhador; **~ sein** trabalhar, ter uma profissão; **die ~n** os trabalhadores

'**Werkunterricht** M̄ ⟨-(e)s; o. pl⟩ (ensino m de) trabalhos mpl manuais '**Werkvertrag** M̄ contrato m de empreitada

'**Werkzeug** N̄ instrumento m (a. fig); ferramenta(s) f(pl) '**Werkzeugmacher** M̄ ferramenteiro m '**Werkzeugmaschine** F̄ máquina-ferramenta f '**Werkzeugtasche** F̄ saco m de ferramentas

'**Wermut** [ˈveːɐmuːt] M̄ ⟨-(e)s; o. pl⟩ BOT absínto m; Getränk: vermute m; fig amargura f

wert [veːɐt] (würdig, geehrt) estimado, prezado; **~ sein** valer; **j-d** merecer; **das**

ist der Mühe (nicht) ~ (não) valhe a pena; **nicht der Rede ~ sein** não ser nada
'**Wert** M ⟨-(e)s; -e⟩ valor m (a. FIN); (Verdienst) mérito m; **~ legen auf** (akk) ligar importância a; **unter ~ verkaufen** vender abaixo do valor (de mercado)
'**wertbeständig** estável; Börse consolidado; Währung estabilizado, sólido
'**Wertbrief** M carta f com valor declarado '**werten** ⟨-e-⟩ avaliar, estimar; SPORT qualificar (**nach** por) '**Wertgegenstand** M objeto m de valor
'**wertig** CHEM valente; **zwei~/drei~** bivalente/trivalente '**Wertigkeit** F ⟨o. pl⟩ bes CHEM valência f
'**wertlos** sem valor (algum) '**Wertlosigkeit** ['ve:rtlo:zɪçkaɪt] F ⟨o. pl⟩ desvalor m
'**Wertmesser** M medida f; **ein ~ sein für** dar medida de '**Wertminderung** F depreciação f; desvalorização f '**Wertpaket** N encomenda f com valor declarado '**Wertpapier** N papel m de crédito, título m; **~e** pl a. valores mpl '**Wertsache** F objeto m de valor; Brief etc: → Wertsendung '**wertschätzen** ⟨-t-⟩ estimar '**Wertschätzung** F ⟨o. pl⟩ estima f '**Wertsendung** F Brief etc: encomenda f com valor declarado '**Wertsteigerung** F valorização f '**Wertstoff** M material m reciclável '**Wertung** F valorização f; valorização f; SPORT qualificação f '**Werturteil** N apreciação f; juízo m valorativo '**wertvoll** valioso, precioso '**Wertzuwachs** M ⟨-es; -zuwächse⟩ acréscimo m de valor

'**Wesen** ['ve:zən] N **1** (Art) j-s: índole f, carácter m, génio m (bras gênio m); feitio m; (Benehmen) modos mpl; e-r Sache: natureza f; (Kern) essência f, substância f; **viel ~s machen von** fazer muito caso de **2** (Geschöpf) ser m; criatura f '**Wesensart** F índole f, modo m de ser '**wesensgleich** idêntico '**Wesenszug** M traço m de carác(t)er '**wesentlich** essencial, substancial; Teil integrante; ADV sensivelmente; vor ompo a. muit(íssim)o; **im Wesentlichen** em substância
'**weshalb** ADV relativ: pelo qual, razão essa por que; **~?** porquê?
'**Wespe** ['vɛspa] F vespa f; große: abelhão m '**Wespennest** N vespeiro m; **in ein ~ stechen** fig mexer num vespeiro
'**wessen** ['vɛsən] PRON **A** fragend: ⟨gen v. wer⟩ **~?** de quem?; cujo, -a?; ⟨gen v. was⟩ de que? **B** relativ: cujo, -a
Wessi ['vɛsi] M ⟨-s; -s⟩, F ⟨-; -s⟩ umg (Westdeutsche) alemão m, alemã f de (od do) oeste
West [vɛst] M ⟨-(e)s; o. pl⟩, '**Westen** M ⟨-s; o. pl⟩ oeste m, ocidente m; poet poente m '**Westafrika** M ⟨-s; o. pl⟩ África f Ocidental '**westdeutsch** da Alemanha f Ocidental **Westdeutschland** N Alemanha f Ocidental
'**Weste** ['vɛstə] F colete m; **e-e weiße ~ haben** fig ter as mãos limpas
'**Westeuropa** N Europa f Ocidental **West'fale** [vɛst'fa:lə] M ⟨-en⟩, **West'fälin** [vɛst'fɛ:lɪn] F habitante m/f da Vestefália **Westfalen** N GEOG Vestefália f **west'fälisch** [vɛst'fɛ:lɪʃ] da Vestefália '**Westgote** M ⟨-en⟩ hist visigodo m '**westgotisch** visigodo **Westjordanland** N GEOG Cisjordânia f '**westlich** ADJ ocidental, do oeste; ADV **~** (gen od **von**) ao oeste (de) '**Westmächte** ['vɛstmɛçtə] FPL hist potências fpl ocidentais '**Westseite** F lado m oeste '**westwärts** ['vɛstvɛrts] ADV (par)a oeste '**Westwind** vento m oeste
wes'wegen ADV **~** weshalb
'**Wettbewerb** ['vɛtbavɛrp] M ⟨-(e)s; -e⟩ concurso m; SPORT competição f, provas fpl; campeonato m; WIRTSCH concorrência f; **unlauterer ~** concorrência desleal **Wettbewerbsfähigkeit** F competitividade f
Wettbüro N agência f de apostas
'**Wette** F aposta f; **was gilt die ~?** quanto aposta?; **um die ~** à porfia, ao desafio, à compita
'**Wetteifer** M rivalidade f, emulação f '**wetteifern** VI ⟨-re⟩ rivalizar (**an** dat em), competir, emular
'**wetten** ⟨-e-⟩ apostar; **ich wette um 10 Euro, dass ...** aposto 10 euros que...; **~, dass ich recht habe?** quanto aposta(s) que tenho razão?
'**Wetter** ['vɛtər] N tempo m; (Unwetter) temporal m; **es ist schönes/schlechtes ~** está bom/mau tempo **bei diesem ~** com este tempo; **Wetteraussichten** FPL previsões fpl do tempo **Wetterbericht** M boletim m meteorológico

Wetterdienst M ⟨-es; o. pl⟩ serviço(s) m(pl) meteorológico(s) **Wetterfahne** F catavento m; a. fig veleta f **wetterfest** resistente, impermeável m **wetterfühlig** sensível às mudanças de tempo **Wetterkarte** F mapa m meteorológico **Wetterkunde** F ⟨o. pl⟩ meteorologia f **Wetterlage** F estado m do tempo, condições fpl atmosféricas **Wetterleuchten** N corisco m **Wettermeldung** F notícia f meteorológica

'**wettern** ⟨-re⟩ fig (schimpfen) praguejar '**Wettersatellit** M ⟨-en⟩ satélite m meteorológico **Wetterscheide** F limite m meteorológico **Wetterseite** F lado m do oeste; lado m de onde vem o mau tempo **Wetterstation** F posto m meteorológico **Wettersturz** M brusca depressão f atmosférica **Wetterumschlag** M mudança f do tempo **Wettervorhersage** F previsão f do tempo **Wetterwarte** F observatório m meteorológico

'**Wettfahrt** F corrida(s) f(pl); SCHIFF regata(s) f(pl) **Wettkampf** M desafio m, luta f; ~ im Weltbewerb **Wettkämpfer(in)** M(F) concorrente m/f **Wettlauf** M corrida f **Wettläufer** M concorrente m **wettmachen** V/T reparar, compensar **Wettrennen** N corrida(s) f(pl) **Wettrüsten** N ⟨-s; o. pl⟩ corrida f ao armamento **Wettschwimmen** N concurso m de natação **Wettspiel** N encontro m, desafio m **Wettstreit** M concurso m, desafio m; fig rivalidade f

'**wetzen** ['vɛtsən] ⟨-t⟩ amolar, afiar **Wetzstahl** M fuzil m; bras chaira f **Wetzstein** M pedra f de amolar(od de afiar)

W'G [ve:'ge:] F ABK → Wohngemeinschaft

'**Whirlpool** ['vœrlpu:l] M whirlpool m; a. jacuzzi m

'**Whisky** ['vɪski] M ⟨-s; -s⟩ uísque m, whisky m

WHO [ve:ha:'ʔo:] F ABK ⟨-⟩ (**Weltgesundheitsorganisation**) OMS f (Organização f Mundial da Saúde)

'**Wichse** ['vɪksə] F (Schmierfett) graxa f; umg (Prügel) pancada(s) f(pl) '**wichsen** ⟨-t⟩ A V/T Schuhe engraxar; Fußboden pôr cera (em), encerar B V/I vulg (onanieren) bater punheta **Wichser** ['vɪksɐ] M vulg punheteiro m; sl pej filho m da mãe **Wicht** [vɪçt] M ⟨-(e)s; -e⟩ sujeito m; joão-ninguém m; **armer ~** desgraçado m; **erbärmlicher ~** miserável m '**Wichtel** ['vɪçtəl] M ⟨-s; -⟩, **Wichtelmännchen** ['vɪçtəlmɛnçən] N duende m

'**wichtig** ['vɪçtɪç] importante; **~ sein** a. importar **Wichtigkeit** F importância f; stärker: transcendência f **wichtigmachen, wichtigtun** V/R **sich ~** dar-se ares de importância **Wichtigtuer(in)** ['vɪçtɪçtu:ɐ(ɪn)] M(F) pej presumido m, -a f; bras convencido m, -a f; **ein ~ sein** a. dar-se ares de importância **Wichtigtue'rei** F pej presunção f; ares mpl de importância

'**Wicke** ['vɪkə] F BOT ervilha-de-cheiro f; (Futterwicke) ervilhaca f

'**Wickel** ['vɪkəl] M novelo m; MED compressa f de ligaduras; umg **beim ~ kriegen** apanhar, prender **Wickelkind** N bébé m; bras nenê m, bebê m **wickeln** ⟨-le⟩ 1 enrolar; (einwickeln) a. embrulhar, envolver; Garn enovelar; **~ aus** desembrulhar 2 Baby pôr (od mudar) a fralda a **Wickelrock** M saia f cruzada; bras saia-envelope f

'**Widder** ['vɪdɐ] M carneiro m; ASTRON Carneiro m, Áries m

'**wider** ['vi:dɐ] PRÄP ⟨akk⟩ contra **wider'fahren** ⟨s.⟩ acontecer, suceder '**Widerhaken** M farpa f, barbela f '**Widerhall** M ⟨-(e)s; -e⟩ eco m, ressonância f; fig a. repercussão f '**widerhallen** ecoar, ressoar; dröhnend: retumbar; fig repercutir '**Widerlager** N TECH contraforte m

wider'legbar [vi:dɐ'le:kba:r] refutável **wider'legen** refutar, desmentir **Wider'legung** [vi:dɐ'le:guŋ] F refutação f, desmentido m

'**widerlich** ADJ repugnante, nojento; ADV **~ süß** de um doce enjoativo; doce de enjoar '**widernatürlich** contrário à natureza, perverso '**widerrechtlich** ilegal, contrário à lei '**Widerrede** F réplica f; (Widerspruch) protesto m; **ohne ~** sem protestar; **keine ~!** não conteste(s)! '**Widerruf** M revogação f; desmentido m; retra(c)tação f; HANDEL contra-ordem f; **bis auf ~** até nova ordem **wider'rufen** V/T revogar; abjurar; desmentir(-se); retra(c)tar(-se) '**wi-**

derruflich ['vi:dərru:flɪç] revogável 'Widersacher ['vi:darzaxər] M̄ adversário m, rival m 'Widerschein M̄ reflexo m
wider'setzen ⟨-t; -⟩ V̄R̄ sich ⟨dat⟩ opor-se (a), resistir (a) **wider'setzlich** [vi:dar'zɛtslɪç] insubordinado, recalcitrante **Wider'setzlichkeit** F̄ ⟨o. pl⟩ insubordinação f
'Widersinn M̄ ⟨-(e)s; o. pl⟩ contra-senso m, absurdo m 'widersinnig absurdo, paradoxo 'widerspenstig ['vi:dər-ʃpɛnstɪç] renitente, rebelde, recalcitrante 'Widerspenstigkeit F̄ ⟨o. pl⟩ renitência f, obstinação f, rebeldia f
'widerspiegeln ⟨-le⟩ refle(c)tir
wider'sprechen ⟨dat⟩ contradizer, contrariar, protestar contra, opor-se a **wider'sprechend** ADJ contraditório 'Widerspruch M̄ contradição f, protesto m; antinomia f; im ~ stehen zu estar em desacordo com 'widersprüchlich contraditório
'Widerstand M̄ resistência f, oposição f; ~ leisten fazer oposição, resistir widerstandsfähig resistente **Widerstandskraft** F̄ (força f de) resistência f **widerstandslos** ADJ & ADV sem resistência
wider'stehen, wider'streben resistir (a), contrariar; Essen repugnar (a); es widerstrebt mir repugna-me 'Widerstreit M̄ conflito m; antagonismo m; colisão f 'widerwärtig repugnante, nojento 'Widerwärtigkeit F̄ carác(t)er m repugnante; (Hindernis) adversidade f, contrariedade f 'Widerwille M̄ ⟨-ns; o. pl⟩ relutância f; repugnância f; má vontade f 'widerwillig ADJ relutante, contrariado; ADV a. de má vontade
'widmen ['vɪtman] ⟨-e-⟩ Buch etc j-m ~ dedicar a alg; s-e Zeit e-r Sache ⟨dat⟩ ~ consagrar (od dedicar) seu tempo a a/c; sich e-r Sache ⟨dat⟩ ~ dedicar-se a a/c 'Widmung F̄ dedicatória f
widrig ['vi:drɪç] contrário; Schicksal adverso 'Widrigkeit F̄ adversidade f; contrariedade f
wie [vi:] **A** ADV **1** como; umg nach comp (als) do que; ~ man sagt segundo, conforme; Ausruf: ~ ...! que ...!; ich sah, ~ er aufstand vi-o levantar-se; ~ sehr, ~ viel(e) quanto(s); zeitlich: (so) ~ quando, assim que; ich denke ~ du penso como tu; ~ dem auch sei seja como for **2** fragend: ~? como?; ~ viel? quanto?; aussehen ~ parecer(-se com), ter o aspe(c)to de; ~ breit etc ist ...? que largura etc tem?; ~ lange? quanto tempo?, até quando?; ~ oft? quantas vezes?; ~ spät ist es? que horas são?; ~ teuer ist ...? quanto custa ...?; ~ weit ...? até onde ...?; até que ponto ...?; ~ weit ist es bis ...? que distância é até ...? **B** KONJ (als) quando

'Wiedehopf ['vi:dəhopf] M̄ ⟨-(e)s; -e⟩ ZOOL poupa f
'wieder ['vi:dər] ADV de novo, novamente, outra vez; hin und ~ uma vez por outra; nie ~ nunca mais; immer ~ sempre de novo; ich bin gleich ~ da voltou já; ~ anfangen recomeçar; ~ anknüpfen reatar; ~ aufbauen reconstruir; ~ auferstehen ressurgir; ressuscitar; ~ aufführen repetir; ~ aufleben renascer; ~ aufnehmen ressumir; Arbeit retomar; JUR rever; ~ aufrichten repor, reedificar; ~ aufrüsten rearmar(-se); ~ einführen restabelecer, reintroduzir; HANDEL importar novamente; ~ eröffnen reabrir; ~ erscheinen reaparecer; ~ sagen umg repetir; ~ instand setzen → wiederherstellen; sich ~ verheiraten voltar a casar; ~ verkaufen (re)vender
'Wiederaufbau M̄ ⟨-(e)s; o. pl⟩ reconstrução f
'wiederaufbereiten Atommüll reprocessar **Wiederaufbereitung** F̄ ⟨o. pl⟩ TECH reprocessamento **Wiederaufbereitungsanlage** F̄ TECH instalação f de reprocessamento m
'Wieder'aufführung F̄ repetição f; reposição f **wieder'aufladbar** recarregável **Wieder'aufnahme** F̄ reassunção f, regresso m a; JUR revisão f; Mitglied: readmissão f **Wieder'aufnahmeverfahren** N̄ JUR revisão f do processo; Arbeit: retomar; JUR rever **Wieder'aufrüstung** F̄ rearmamento m **Wieder'aufstieg** M̄ ressurgimento m 'Wiederbeginn M̄ ⟨-(e)s; o. pl⟩ recomeço m 'wiederbekommen ⟨s.⟩ tornar a receber, reaver, recuperar; (Wechselgeld) receber de troco; ich habe das Buch ~ devolveram-me o livro 'wiederbeleben reanimar **'Wie-**

derbelebungsversuche MPL MED tentativas fpl de reanimação **'Wiederbewaffnung** F rearmamento m **'wiederbringen** devolver **Wieder-'einsetzung** F ⟨o. pl⟩ restabelecimento m; *Staatsform*: restauração f; *j-s*: reinstalação f, reintegração f **Wieder'einstellung** F *v. Angestellten*: readmissão f **Wieder'eintritt** M ⟨-(e)s; o. pl⟩ nova entrada f; regresso m
'wiedererhalten ⟨-⟩ → wiederbekommen **'wiedererkennen** reconhecer **'wiedererobern** ⟨-re; -⟩ reconquistar **Wiedereroberung** F ⟨o. pl⟩ reconquista f **Wiedereröffnung** F reabertura f **'wiedererstatten** ⟨-e-; -⟩ restituir; *Geld* reembolsar **'wiedererzählen** ⟨-⟩ repetir, narrar **'wiederfinden** (re)encontrar
'Wiedergabe F **1** (*Rückgabe*) restituição f; (*Übersetzung*) versão f; **wörtliche ~** versão f literal **2** *v. Text, Bild, Ton*: reprodução f **3** MUS interpretação f **'wiedergeben** devolver, restituir; *Text, Bild, Ton* reproduzir; (*übersetzen*) *a. Gedanken* traduzir, interpretar; **wörtlich ~** traduzir literalmente (*od ao pé da letra*) **'Wiedergeburt** F ⟨o. pl⟩ renascimento m; REL regeneração f **'wiedergewinnen** ⟨-⟩ recuperar; reconquistar **wieder'gutmachen** reparar, remediar **Wieder'gutmachung** [vi:dər'gu:tmaxʊŋ] F reparação f **'wiederhaben** reaver
'wieder'herstellen reparar, restabelecer, restaurar, reconstituir **'Wieder-'herstellung** F reparação f, restabelecimento m (*a.* MED); restauração f; reconstituição f
'wiederholen¹ ir buscar novamente
wieder'holen² ⟨-⟩ repetir; *bes Dank etc* reiterar, **wiederholt** [vi:dər'ho:lt] ADV repetidas vezes; amiúde **Wiederholung** [vi:dər'ho:luŋ] F repetição f; **kurze ~** recapitulação f, revisão f **Wiederholungsfall** M ⟨-(e)s; o. pl⟩ **im ~** JUR em caso de reincidência
Wiedern'standsetzung F → Wiederherstellung
'wiederkäuen ['vi:dərkɔyən] ruminar **'Wiederkäuer** M ⟨-⟩ ruminante m **'Wiederkehr** ['vi:dərke:r] F ⟨o. pl⟩ regresso m; *Jahrestag*: aniversário m; *a.* → Wiederholung **'wiederkehren, 'wiederkommen** ⟨s.⟩ voltar, regressar; *Gelegenheit a.* repetir-se (*a. Jahrestag*) **'wiederkehrend** ADJ regelmäßig ~ periódico **'wiedersehen** VT tornar a ver **'Wiedersehen** N reencontro m, novo encontro m; **auf ~!** até à vista!; até logo!; *umg* adeus! **'Wiedertäufer** M REL anaba(p)tista m
'wiederum ['wi:dərʊm] **A** ADV → wieder **B** KONJ por outro lado, em compensação, em contrapartida; por sua vez
'wiedervereinigen reunir, reunificar **'Wiedervereinigung** F ⟨o. pl⟩ reunião f; *bes Deutschland*: reunificação f
'Wiederverkauf M revenda f **'Wiederverkäufer** M revendedor m **'wiederverwendbar** reutilizável **'Wiederverwertung** F recuperação f, reciclagem f **Wiedervorlage** F nova apresentação f **Wiederwahl** F reeleição f **'wiederwählbar** reelegível **'wiederwählen** reeleger **Wieder-'zulassung** F readmissão f
'Wiege ['vi:ɡə] F berço m
'Wiegemesser N faca f para picar
'wiegen¹ ['vi:ɡən] VT & VI pesar; **ich wiege 60 Kilo** peso 60 quilos; *fig* **schwer ~** pesar muito
'wiegen² **A** VT *Kind* embalar; GASTR *Kräuter* picar **B** VR **sich ~** balançar(-se) (**im Wind** ao vento); *fig* **sich in Sicherheit ~** ter a ilusão de segurança
'Wiegenfest N *geh* dia m dos anos **Wiegenlied** N canção f de berço *od* de embalar (*bras* ninar)
'wiehern ['vi:ərn] ⟨-re⟩ rinchar, relinchar; **~des Gelächter** n *umg* gargalhada(s) f(pl) **'Wiehern** ['vi:ərn] N rincho m
Wien [vi:n] N GEOG Viena (*ohne art*) **'Wiener(in)** M(F) vienense m/f **'wienerisch** ADJ vienense, de Viena; → Schnitzel
'Wiese ['vi:zə] F prado m
'Wiesel N ZOOL doninha f
'Wiesenblume F flor f do prado
wie'so [vi:'so:] ADV porque, como; **~?** porquê?
wie'viel [vi:'sfi:l] ADV → wie **wie'vielte** [vi:'fi:ltə] PRON **der/die Wievielte?** qual?; *direkt vor dem subst*: que?; **den Wievielten haben wir heute?** que dia é hoje?,

WILD | 1270

a quantos estamos?
wild [vɪlt] ‹-este› **1** selvagem, selvático; AGR inculto; agreste; bravio; ZOOL bravo; BOT *a*. silvestre; *Raubtier u. fig* feroz; *Flucht* precipitado; *Gerücht* fantástico; *Kind* vivo, traquina; **~es Tier** n fera f; **~ wachsend** silvestre, agreste **2** *fig (irregulär)* irregular; *Streik* espontâneo **3** *(wütend)* furioso, raivoso; **~ machen** enfurecer, enraivecer; **~ werden** ficar furioso, enfurecer(-se), enraivecer; **~ sein auf etw** *umg* estar (*od* ser) maluco por a/c; **es ist halb so ~** *umg* não é tão grave como parece; **~es Durcheinander** n caos m, grande desordem f
Wild N̄ ‹-(e)s; *o. pl*› caça f, veação f '**Wildbach** M̄ torrente f '**Wildbret** ['vɪltbrɛt] N̄ ‹-s; *o. pl*› → Wild '**Wilddieb** M̄ caçador m furtivo, caçador m ilícito '**Wilde(r)** ['vɪldə(r)] M/F/M/ *oft pej* selvagem m/f '**Wildente** F̄ pato m bravo; *bras* pato m selvagem '**Wilderer** ['vɪldərər] M̄ caçador m furtivo, caçador m ilícito '**wildern** ‹-re› andar à caça ilícita '**Wildfang** ['vɪltfaŋ] M̄ ‹-(e)s; ⸚e› *Kind:* traquinas m/f '**wild'fremd** *umg* absolutamente desconhecido (*od* estranho) '**Wildgehege** N̄ → Wildpark '**Wildheit** F̄ ‹o. pl› selvajaria f; braveza f; ferocidade f; selvagismo m '**Wildhüter** M̄ couteiro m '**Wildkatze** F̄ gato m montês (*bras* do mato) '**Wildleder** N̄ camurça f '**Wildnis** ['vɪltnɪs] F̄ ‹-; -se› *(Wüste)* deserto m; selva f '**Wildpark** M̄ tapada f, coutada f '**Wildsau** F̄ javalina f '**Wildschaden** M̄ estrago m causado pela caça '**Wildschwein** N̄ javali m '**Wild'westfilm** M̄ filme f de cow-boys (*bras* de faroeste)
'**Wille(n)** M̄ ['vɪlə(n)] ‹(-s); -n› vontade f; **böser ~** malquerença f, má fé f; **freier ~** livre-arbítrio m; **Letzter ~** *a*. testamento m; **seinen ~n durchsetzen** impor-se; **aus freiem ~** espontaneamente, móturpróprio; **ich kann es beim besten ~ nicht (tun)** é-me de todo impossível; **gegen meinen ~** contra (a) minha vontade; **j-m zu ~ sein** fazer as vontades a alg; **wider ~n** contrariado; **um (Gottes, Evas** etc**) willen** por amor de (Deus, Eva, etc)
'**willenlos** indolente, sem vontade; MED abúlico '**Willenlosigkeit** ['vɪlənlo:zɪç-

kaɪt] ‹o. pl› falta f de vontade, inércia f; MED abulia f **willens** ADJ *geh* **~ sein** estar disposto (**zu** *inf* a)
'**Willensäußerung** F̄ expressão f da vontade **Willensentscheidung** F̄ decisão f **Willensfreiheit** F̄ ‹o. pl› livre-arbítrio m **Willenskraft** F̄ ‹o. pl› energia f, força f de vontade '**willensschwach** → willenlos **Willensschwäche** F̄ ‹o. pl› → Willenlosigkeit '**willensstark** com força de vontade '**willentlich** ADV propositadamente, voluntariamente '**willig** ADJ dócil; (*bereitwillig*) solícito; ADJ de boa vontade, de boa mente
'**will'kommen** ADJ *j-d* bem-vindo; *etw* oportuno; **j-n ~ heißen** dar as boas-vindas a alg **Will'kommen** N̄ boas-vindas *fpl*
'**Willkür** ['vɪlky:r] F̄ ‹o. pl› arbitrariedade f; **nach ~** ao arbítrio m **willkürlich** [vɪl'ky:rlɪç] arbitrário, despótico
'**wimmeln** ['vɪməln] ‹-le› formigar; pulular; **von Menschen ~** *a*. parecer um formigueiro
'**wimmern** ['vɪmərn] ‹-re› gemer, choramingar
'**Wimpel** ['vɪmpəl] M̄ SCHIFF galhardete m, flâmula f; MIL bandeirola f
'**Wimper** ['vɪmpər] F̄ ‹-; -n› pestana f; **ohne mit der ~ zu zucken** *fig* sem pestanejar **Wimperntusche** F̄ rímel m
Wind [vɪnt] M̄ ‹-(e)s; -e› vento m; MED flato m; **~ bekommen von** *umg* (chegar a) ter conhecimento de; **bei ~ und Wetter** com qualquer tempo; **in den ~ reden** *fig* falar para o boneco; *bras* falar para as paredes; **in den ~ schlagen** *fig* não querer saber de, desprezar; **mit** (*od* **vor**) **dem ~** de vento em popa; **mit halbem ~** com vento oblíquoco; **j-m den ~ aus den Segeln nehmen** *fig umg* fazer perder a bazófia a alg
'**Windbeutel** M̄ GASTR (*Gebäck*) sonho m; *fig j-d* cabeça-de-alhos m '**Windbruch** M̄ árvores *fpl* derribadas (*bras* derrubadas) pelo vento
'**Winde** ['vɪndə] F̄ TECH cabrestante m; quincho m; sarilho m; BOT convólvulo m '**Windei** N̄ ovo m sem casca; *fig* ideia f (*bras* ideia f) maluca (*od* no ar)
'**Windel** ['vɪndəl] F̄ ‹-; -n› fralda f; cueiro m '**Windelhöschen** N̄ fralda f reu-

tilizável 'windel'weich ADJ umg ~ schlagen espancar
'winden ['vɪndən] A VT torcer; *Garn* dobar; *Kranz* tecer, fazer; um etw ~ enrolar, envolver; j-m etw aus der Hand ~ arrancar a/c das mãos de alg; in die Höhe ~ guindar, içar B VR sich ~ TECH, BOT enroscar-se (um em); *Weg* serpear; *Person, vor Schmerz*: torcer-se; *fig (unentschlossen sein)* retorcer-se
'Windenergie F energia f eólica Windfahne F catavento m Windfang M ⟨-(e)s; ⸚e⟩ guarda-vento m windgeschützt ['vɪntɡəʃʏtst] ao abrigo do vento Windhose F tromba f Windhund M galgo m
'windig ['vɪndɪç] ventoso; ~ sein a. fazer (od estar) vento; *fig* leviano
'Windjacke F blusão m impermeável Windkanal M FLUG túnel m aerodinâmico Windkraft F energia f eólica Windlicht N lanterna f Windmesser M ⟨-(e)s; *bras* -ô⟩ anemómetro m (*bras* -ô) Windmühle F moinho m de vento Windpark M parque m eólico Windpocken FPL bexigas fpl doidas, varicela fsg Windrad N roda f eólica Windrose F SCHIFF rosa-náutica f, rosa-dos-ventos f Windschatten M ⟨-s; o. pl⟩ abrigo m do vento windschief torto windschlüpfig aerodinâmico Windschutzscheibe F pára-brisas m Windseite F lado m do vento; SCHIFF barlavento m Windspiel N *Gerät*: carrilhão m de vento; *Hund*: galgo m Windstärke F intensidade f do vento, força f e velocidade f do vento windstill calmo Windstille F ⟨o. pl⟩ calma(ria) f; SCHIFF a. bonança f Windstoß M pé-de-vento m; rajada f Windsurfen ['vɪntsøːfən] N ⟨-s; o. pl⟩ windsurfing m
'Windung ['vɪndʊŋ] F volta f; ANAT circunvolução f; TECH enrolamento m; *Schraube*: rosca f; *Weg*: curva f; a. *fig* sinuosidade f
Wink [vɪŋk] M ⟨-(e)s; -e⟩ aceno m; sinal m; *fig* aviso m, advertência m; (*Hinweis*) indicação f; j-m e-n ~ geben *fig* avisar alg
'Winkel ['vɪŋkəl] M ângulo m; (*Ecke*) canto m (a. *fig*); *entlegener*: recanto m; GEOL rincão m; → Winkelmaß Winkeladvokat M ⟨-en⟩ *pej* advogado m pouco sério Winkeleisen N esquadro m; ferro m angular winkelförmig ['vɪŋkəlfœrmɪç] (de forma) angular Winkelhaken M componedor m Winkelhalbierende F MATH bisse(c)triz f winkelig angular, anguloso; *Gasse* tortuoso ...winkelig IN ZSSGN wie acht~ etc de ... ângulos, ...angular Winkelmaß N angulário m Winkelmesser M transferidor m; SCHIFF, FLUG goniómetro m (*bras* -ô) Winkelmessung F goniometria f Winkelzug M *pej* subterfúgio m; sofisma m
'winken ['vɪŋkən] acenar; fazer sinal; SCHIFF, MIL fazer sinais semafóricos; mit etw ~ acenar a/c; ihm winkt ... espera-o ...
'winseln ['vɪnzəln] ⟨-le⟩ gemer, gemir, chorami(n)gar
'Winter ['vɪntər] M inverno m; es wird ~ começa o inverno Winteranfang M início m (od começo m) do inverno Wintereinbruch M ⟨-(e)s; o. pl⟩ chegada f súbita do inverno Winterfahrplan M horário m de inverno Wintergarten M estufa f Wintergetreide N ⟨-s; o. pl⟩ cereais mpl de inverno Winterkurort M estação f de inverno winterlich de inverno, invernal Wintermantel M sobretudo m (od casaco m) de inverno Winterolympiade F olimpíada f de inverno Winterreifen M pneu m de inverno Winterschlaf M ⟨-(e)s; o. pl⟩ hibernação f; ~ halten hibernar Winterschlussverkauf M saldos mpl de inverno Wintersemester N semestre m de inverno Wintersonnenwende F solstício m de inverno Wintersportzentrum N centro m de desportos (*bras* esportes) de inverno Winterzeit F tempo m (od temporada f) do inverno; zur ~ no inverno Winterwetter N invernia f
'Winzer(in) ['vɪntsər(ɪn)] M(F) vinhateiro m, -a f; vinicultor(a) m(f)
'winzig ['vɪntsɪç] diminuto, minúsculo; a. j-d miúdo 'Winzling M ⟨-s; -e⟩ umg pessoa f (od coisa f) pequenina
'Wipfel ['vɪpfəl] M copa f, cume m
'Wippe ['vɪpə] F arreburinho m, gangorra f wippen jogar ao arreburrinho; *bras* brincar de gangorra; mit dem Fuß ~ balançar os pés

wir [vi:r] PRON nós; *umg* a gente; ~ **mit** *subst*: nós, os...

'Wirbel ['vɪrbəl] M **1** ANAT vértebra f; *im Haar*: remoinho m; *Tier*: rodopelo m **2** *Wasser, Wind*: re(de)moinho m, turbilhão m **3** MUS *der Geige*: cravelha f; (*Trommelwirbel*) rufo m **4** (*Aufsehen*) agitação f **Wirbelbogen** M arco m vertebral **wirbeln** ⟨-le⟩ **A** VT agitar; **die Trommel ~** rufar **B** VI girar, rodopiar, re(de)moinhar **Wirbelsäule** F coluna f vertebral, espinha f dorsal **Wirbelsturm** M ciclone m **Wirbeltier** N vertebrado m **Wirbelwind** M remoinho m, turbilhão m

'wirken ['vɪrkən] **A** VI a(c)tuar (**als** de); TECH, CHEM agir; (**gut**) ~ fazer (bom) efeito (*a.* MED); *j-d* fazer (boa) figura; **schädlich ~** ser nocivo **B** VT produzir, operar; (*weben*) tecer **'Wirken** N ⟨-s; *o. pl*⟩ a(c)tividade f; a(c)tuação f

'wirklich ['vɪrklɪç] **A** ADJ real, efe(c)tivo; verdadeiro; **B** ADV de fa(c)to, deveras **Wirklichkeit** F realidade f **wirklichkeitsfremd** pouco realista **wirklichkeitsnah** positivo, realista **Wirklichkeitssinn** M ⟨-(e)s; *o. pl*⟩ realismo m

'wirksam ['vɪrkza:m] eficaz, eficiente, a(c)tivo; **~ sein** *a.* dar efeito **Wirksamkeit** F a(c)ção f, eficácia f; eficiência f

'Wirkstoff ['vɪrkʃtɔf] M substância f a(c)tiva; CHEM aditivo

'Wirkung ['vɪrkʊŋ] F efeito m; a(c)tuação f; (*Ergebnis*) resultado m; (*Eindruck*) impressão f; **~ zeigen** ter efeito **Wirkungsbereich** M âmbito m; MIL alcance m **Wirkungsfeld** N campo m de a(c)ção **Wirkungsgrad** M eficiência f; rendimento m **Wirkungskraft** F eficácia f, eficiência f **Wirkungskreis** M esfera f de a(c)tividade; campo m de a(c)ção **wirkungslos** ineficaz, sem efeito **Wirkungslosigkeit** ['vɪrkʊŋslo:zɪçkaɪt] F ⟨*o. pl*⟩ ineficácia f **wirkungsvoll** eficaz; LIT, *Kunst* impressionante

wirr [vɪr] confuso; *Haar* desordenado, despenteado; **~es Durcheinander** *n* grande confusão f, caos m **'Wirren** FPL desordens fpl, distúrbios mpl, motins mpl **'Wirrkopf** M cabeça f de alho chôcho; *bras* cabeça f oca **'Wirrwarr** ['vɪrvar] M ⟨-s; *o. pl*⟩ confusão f, trapalhada f

'Wirsing ['vɪrzɪŋ] M ⟨-s; *o. pl*⟩, **Wirsingkohl** M couve f lombarda

Wirt [vɪrt] M ⟨-(e)s; -e⟩, **'Wirtin** F dono m, -a f da casa (do café, do restaurante *etc*); patrão m, patroa f; taberneiro m, -a f; *Herberge*: estalajadeiro m, -a f, hospedeiro m, -a f

'Wirtschaft ['vɪrtʃaft] F economia f; (*Haushalt*) governo m da casa; *bras* administração f doméstica (*od do lar*); → Wirtshaus; *iron* (**schöne**) ~ (grande) desordem f **wirtschaften** ⟨-e-⟩ *Haushalt u.* POL governar; AGR explorar; HANDEL administrar; **sparsam ~** administrar com economia **Wirtschafterin** ['vɪrtʃaftərɪn] F *hist* governanta f **Wirtschaftler** ['vɪrtʃaftlər] M economista m **wirtschaftlich** económico (*bras* *ô) **Wirtschaftlichkeit** F ⟨*o. pl*⟩ economia f, rentabilidade f

'Wirtschaftsabkommen N acordo m comercial **Wirtschaftsaufschwung** M surto m económico (*bras* *ô) **Wirtschaftsberater** M conselheiro m económico (*bras* *ô), **Wirtschaftsbeziehungen** FPL relações fpl económicas (*bras* *ô) **Wirtschaftsflüchtling** M emigrante m/f por razões económicas (*bras* *ô) **Wirtschaftsgebäude** NPL edifício m agrícola, abegoaria f **Wirtschaftsgeld** N dinheiro m para governo da casa; *bras* mesada f doméstica **Wirtschaftsgeografie** F ⟨*o. pl*⟩ geografia f económica (*bras* *ô) **Wirtschaftshilfe** F ⟨*o. pl*⟩ assistência f económica (*bras* *ô), auxílio m económico (*bras* *ô) **Wirtschaftsjahr** N ano m (*od* exercício m) económico (*bras* *ô) **Wirtschaftskrise** F crise f económica **Wirtschaftslage** F situação f económica (*bras* *ô) **Wirtschaftsminister(in)** M(F) Ministro m, -a f de Economia **Wirtschaftsministerium** N Ministério m de Economia **Wirtschaftspolitik** F ⟨*o. pl*⟩ política f económica (*bras* *ô) **Wirtschaftspolitiker(in)** M(F) economista m/f **wirtschaftspolitisch** económico-político (*bras* *ô), económico-político (*bras* *ô) **Wirtschaftsprüfer(in)** M(F) revisor(a) m(f) de contas **Wirtschaftsstandort** M localização f **Wirtschaftswachstum** N ⟨*o. pl*⟩ crescimento m económico (*bras* *ô)

Wirtschaftswissenschaft F ciências fpl econômicas (bras *ô) e financeiras **Wirtschaftswissenschaftler(in)** M(F) economista m/f **Wirtschaftswunder** N hist milagre m econômico (bras *ô)

'**Wirtshaus** N restaurante m; taberna f; (Rasthaus) pousada f **Wirtsleute** PL patrões mpl, senhorio msg

Wisch [vɪʃ] M ‹-es; -e› umg papelucho m '**wischen** esfregar; (säubern) limpar; Staub a. tirar; KUNST esfumar '**Wischer** M Tuch: esfregão m; KUNST esfumonho m; a. → Scheibenwischer '**Wischlappen** M, '**Wischtuch** N rodilha f, esfregão m

'**Wisent** ['vi:zɛnt] M ‹-(e)s; -e› bisonte m

'**Wismut** ['vɪsmu:t] N ‹-(e)s; o. pl› CHEM bismuto m

'**wispern** ['vɪspɐn] ‹-re› cochichar

'**Wissbegier(de)** ['vɪsbəgi:rdə] F ‹o. pl› curiosidade f **wissbegierig** curioso, interessado, ávido de saber

'**wissen** saber (um de); **nicht ~** a. ignorar; **soviel ich weiß** que eu saiba; **was weiß ich!** sei lá!; **nicht, dass ich wüsste** que eu saiba, não; **man kann nie ~** nunca se sabe

'**Wissen** N saber m; (Gelehrsamkeit) erudição f; (Kenntnisse) conhecimentos mpl; **meines ~s** que eu saiba; **ohne mein ~** sem eu saber; bras sem meu conhecimento; **wider besseres ~** contra a sua própria convicção; **nach bestem ~ und Gewissen** em toda a consciência

'**Wissenschaft** F ciência f **Wissenschaftler(in)** ['vɪsənʃaftlɐ(ɪn)] M(F) cientista m/f; erudito m, -a f **wissenschaftlich** científico

'**Wissensdrang** M ‹-(e)s; o. pl›, **Wissensdurst** M curiosidade f **wissenswert** interessante

'**wissentlich** ['vɪsəntlɪç] consciente; ADV de propósito, de caso pensado

'**wittern** ['vɪtɐn] ‹-re› farejar; (sichern) tomar o vento; fig Gefahr ~ pressentir um perigo **Witterung** M (Wetter) tempo m; Jagd a.: faro m

'**Witterungseinfluss** M influência f atmosférica **Witterungsumschlag** M mudança f de temperatura, mudança f de tempo **Witterungsverhältnisse** NPL condições fpl atmosféricas

'**Witwe** ['vɪtvə] F viúva f **Witwenrente** F pensão f de viuvez **Witwer** M viúvo m

Witz [vɪts] M ‹-es; -e› graça f, espírito m; (Scherz) gracejo m, piada f, pilhéria f; **~e reißen** dizer piadas; **der ~ bei** fig o essencial de '**Witzblatt** N jornal m humorístico '**Witzbold** ['vɪtsbɔlt] M ‹-(e)s; -e› bom ponto m; bras brincalhão m '**witzeln** ‹-le› gracejar; **~ über** (akk) a. troçar de '**witzig** engraçado; **~ sein** a. ter graça **witzlos** sem graça; umg fig sem interesse; inútil

WM [ve:'ʔɛm] F ABK ‹-› (**Weltmeisterschaft**) mundial m

wo [vo:] ADV **1** onde; **auch (immer)** onde quer que (subj); **i ~!** qual! **2** fragend: **~?** onde? **wo'anders** ADV em outra parte; em outro lugar **wo'bei** KONJ oft übersetzt durch gerúndio; em que, no/na qual, pelo/pela qual; örtlich: perto de que, perto do/da qual; **~?** a. örtlich: onde?; zeitlich: quando?

'**Woche** ['vɔxə] F semana f; **heute in zwei ~n** de hoje a duas semanas; **unter der ~** umg durante a semana

'**Wochenarbeitszeit** F tempo m semanal de trabalho **Wochenbett** N (sobre)parto m; MED puerpério m **Wochenblatt** N semanário m **Wochenend...** IN ZSSGN do fim da semana, para o fim da semana **Wochenende** N fim-de-semana m; fim m da semana; **schönes ~!** bom fim de semana! **Wochenkarte** F passe m semanal **wochenlang** ADV (por od durante) semanas inteiras **Wochenlohn** M salário m semanal **Wochenmarkt** M feira f semanal **Wochentag** M dia m de semana; (Werktag) dia m útil **wochentags** ADV nos dias úteis

'**wöchentlich** ['vœçəntlɪç] ADJ semanal; ADV A. todas as semanas; **dreimal** etc **~** três vezes etc por semana '**wochenweise** ADV por semana, semanal

'**Wöchnerin** ['vœçnərɪn] F MED parturiente f

wo'durch ADV relativ: pelo que; pelo/pela qual; fragend: **~?** como?; de que modo?; örtlich: por onde?

wo'für ADV relativ: para o que; pelo/pela qual; fragend: **~?** para que?; a favor de que?

WOGE | 1274

▶ Wo ...? - Nach dem Weg fragen

Entschuldigung, wo ist ...?	**Desculpe, onde é ...?**
Wie komme ich nach / zu ...?	**Como vou para ...?**
Wie weit ist es?	**É muito longe?**
Ist das die Straße nach ...?	**Esta estrada vai para ...?**

Das bekommen Sie vielleicht als Antwort zu hören:

Gehen Sie immer geradeaus.	**Vá sempre em frente.**
Die nächste Straße links / rechts.	**A primeira rua à esquerda / à direita.**
Es ist nicht weit. Sie sind in fünf Minuten da.	**É aqui perto. Chegará em cinco minutos.**
Tut mir leid, das weiß ich nicht.	**Lamento, mas não sei.** ◀

'Woge ['vo:gə] F̲ vaga f, onda f
wo'gegen ADV ◼ contra que; contra o/a qual; *Tausch*: em troca de que; em troca do/da qual ◼ *fragend*: ~? contra que(m)?; *Tausch*: em troca de que?; *a.* → **wohingegen**
'wogen ondear, flutuar; *Meer* encapelar-se; *Menschenmenge* agitar-se
wo'her ADV donde **wo'hin** ADV para onde, aonde **wohin'gegen** KONJ enquanto que, ao passo que
wohl [vo:l] ADV ◼ bem; ~ **aber** mas, porém; ~ **oder übel** quer queira, quer não; ~ **dem, der** feliz aquele que, ditoso aquele que; **es sich** (dat) ~ **sein lassen** gozar ◼ (vielleicht) talvez; *fragend a.* porventura; *vermutend*: **sie hat** ~ ... **deve ter** ...; **ob er** ~ **kommt?** (será que) ele virá?
Wohl N̲ ⟨-(e)s; *o. pl*⟩ bem m; *a.* → **Wohlbefinden**; **zum** ~ (gen od von) pelo bem-estar de; **auf Ihr** ~!, **zum** ~! à sua saúde; *bras. a.* tintim!
wohl'auf ADJ ~ **sein** estar bem de saúde, estar com boa saúde **'Wohlbefinden** N̲ bem-estar m, boa saúde f **'Wohlbehagen** N̲ agrado m, prazer m **'wohlbehalten** são e salvo; *etw* inta(c)to, HANDEL em boas condições **'Wohlergehen** N̲ → Wohlbefinden; prosperidade f **'wohlerzogen** bem educado
'Wohlfahrt F̲ ⟨*o. pl*⟩ (*Fürsorge*) assistência f social **Wohlfahrtsstaat** M̲ estado-providência m
'wohlfühlen V̲R̲ sich ~ sentir-se bem

'Wohlgefallen N̲ agrado m; prazer m; **sich in** ~ **auflösen** *umg* desvanecer-se, resolver-se a contentamento de todos
'wohlgemeint bem-intencionado, amigável **'wohlgemerkt** INT ~! bem entendido! **'wohlgenährt** ['vo:lgənɛ:rt] bem nutrido **'wohlgeraten** j-d bem-educado; *etw* bem feito **'Wohlgeruch** M̲ bom cheiro m, fragrância f; perfume m **'wohlgesinnt** bem-intencionado; **j-m** ~ **sein** ser amigo de alg **'wohlgestaltet** bem proporcionado **'wohlhabend** abastado
'wohlig agradável; *Gefühl* de bem-estar **'Wohlklang** M̲ ⟨-(e)s; *o. pl*⟩ harmonia f **wohlklingend** harmonioso, eufónico **wohlmeinend** amigável **wohlriechend** aromático; perfumado **wohlschmeckend** saboroso, gostoso **Wohlsein** N̲ ⟨-s; *o. pl*⟩ bem-estar m; saúde f; **(zum)** ~! um brinde à saúde! **Wohlstand** M̲ ⟨-(e)s; *o. pl*⟩ abastança f, prosperidade f **Wohlstandsgesellschaft** F̲ sociedade f de abundância
'Wohltat F̲ benefício m, favor m; MED alívio m **Wohltäter(in)** M̲(F̲) benfeitor(a) m(f) **wohltätig** benéfico, caritativo **Wohltätigkeit** F̲ ⟨*o. pl*⟩ beneficência f, caridade f **Wohltätigkeits...** IN ZSSGN beneficência f, caridade f
'wohltuend ['vo:ltu:ənt] reconfortante, benéfico **'wohltun** fazer bem; REL *a.* bem-fazer **'wohlüberlegt** bem refle(c)tido **'wohlverdient** bem mere-

cido; *j-d* benemérito (**um** de) **'wohl-
'weislich** ADV prudentemente
'Wohlwollen N benevolência *f*, simpatia *f* **'wohlwollend** ADJ amigável; benévolo; ADV com simpatia, com benevolência
'Wohnblock ['vo:nblɔk] M bloco *m* residencial **wohnen** viver, habitar, morar, residir; *im Hotel etc*: estar alojado **Wohnfläche** F superfície *f* habitável **Wohngeld** N subsídio *m* de habitação **Wohngemeinschaft** F residência *f* comunitária **wohnhaft** domiciliado, residente **Wohnhaus** N casa *f* de habitação **Wohnheim** N lar *m* **Wohnküche** F cozinha *f* grande onde se tomam as refeições **wohnlich** confortável, cómodo (*bras* *ô) **Wohnmobil** N roulote *f* **Wohnort** M domicílio *m*, morada *f* **Wohnraum** M sala *f*; assoalhada *f* **Wohnsiedlung** F bairro *m* residencial **Wohnsitz** M domicílio *m*, residência *f* **Wohnung** F (*Unterkunft*) casa *f*, morada *f*; (*Etagenwohnung*) andar *m*, apartamento *m*; (*Wohnsitz*) domicílio *m*
'Wohnungsamt N repartição *f* de alojamento; serviços *mpl* de alojamento; *bras* serviço *m* de habitação e casa própria **Wohnungsbau** M ⟨-(e)s; *o. pl*⟩ construção *f* de habitações **Wohnungseigentum** N ⟨-s; *o. pl*⟩ propriedade *f* horizontal **Wohnungsmangel** M ⟨-s; *o. pl*⟩ falta *f* de habitações **Wohnungsnot** F ⟨*o. pl*⟩ crise *f* habitacional **Wohnungssuche** F procura *f* de alojamento **Wohnungstausch** M ⟨-(e)s; *o. pl*⟩ troca *f* de habitação **Wohnungswechsel** M mudança *f* de domicílio
'Wohnviertel N bairro *m* habitacional (*bras* residencial) **Wohnwagen** M roulote *f*; *bras* trailer *m* **Wohnzimmer** N sala *f* de estar
Wok [vɔk] M ⟨-s; -s⟩ GASTR wok *f*
'wölben ['vœlbən] ARCH arquear, abobadar; *a. sich ~* abaular; *Holz* empenar **Wölbung** F curva *f*; abaulamento *m*; ARCH arqueação *f*; (*Gewölbe*) abóbada *f*
Wolf [vɔlf] M ⟨-(e)s; ⸚e⟩ lobo *m*; GASTR →Fleischwolf **'Wölfin** ['vœlfɪn] F loba *f*
'Wolfram [vɔlfram] N ⟨-s; *o. pl*⟩ CHEM tungsténio *m* (*bras* *ê) , volfrâmio *m*
'Wolfshund M lobecão *m* **Wolfs-**

hunger M *umg* fome *f* canina **Wolfsmilch** F ⟨*o. pl*⟩ BOT ésula *f*, maleiteira *f*, eufórbio *m*
'Wolke ['vɔlkə] F nuvem *f*; *aus allen ~n fallen fig* cair das nuvens **Wolkenbruch** M chuva *f* torrencial; *kurzer*: aguaceiro *m* **Wolkenkratzer** ['vɔlkənkratsər] M arranha-céus *m* **wolkenlos** sem nuvens, límpido, desanuviado **Wolkenwand** F faixa *f* de nuvens **wolkig** nublado
'Wolldecke ['vɔldɛkə] F coberta *f* (*od* cobertor *m*) de lã **Wolle** F lã *f*; BOT cotão *m*, lanugem *f*; *sich in die ~ kriegen umg* altercar
'wollen[1] ['vɔlən] querer; (*wünschen*) desejar; (*beabsichtigen, behaupten*) pretender; *wie Sie ~* como quiser (*od* queira); *lieber ~* preferir; *wir ~ essen etc a.* vamos ...; *~ Sie bitte* (*inf*) tenha a bondade de; *hier* (*od* **da**) *ist nichts zu ~! umg* não se pode fazer nada!; **gewollt** propositado
'wollen[2] (*aus Wolle*) de lã
'Wollen N querer *m*; PSYCH volição *f*
'wollig lanoso; *Haar* crespo **'Wollstoff** M (tecido *m* de) lã
'Wollust ['vɔlʊst] F voluptuosidade *f*; *stärker*: luxúria *f* **'wollüstig** ['vɔlʏstɪç] voluptuoso; *stärker*: lascivo
'Wollwaren FPL artigos *mpl* de lã, lanifícios *mpl*
wo'mit com o/a qual; *~?* com que?, *~ kann ich Ihnen dienen?* em que posso servi-lo? **wo'möglich** ADV porventura **wo'nach** ADV: segundo o/a qual; *örtlich*: atrás de que; atrás do/da qual; *zeitlich*: depois de que; depois do/da qual; *~? örtlich*: atrás de que?; *zeitlich*: depois de que?; *~ fragt er?* que pergunta ele?; *~ riecht das?* a que cheira isso?
'Wonne ['vɔnə] F delícia *f*; encanto *m*; *Gefühl*: deleite *m* **'Wonnegefühl** N (sensação *f* de) enlevo *m*, deleite *m* **'wonnevoll, 'wonnig** ['vɔnɪç] delicioso
wo'ran [vo:'ran] ADV no/na qual; ao qual, à qual; *~?* a que?, em que?, onde?; *~ leidet er?* de que sofre?; *man ist nicht wissen, ~* não saber a que ater-se **wo'rauf** ADV depois do/da qual, sobre o/a qual; *~?* sobre que?; onde?, aonde?; *zeitlich*: depois de que?; *~ wartest du?* por que esperas? **wo'raus** ADV do/da qual;

~? de que?, donde? **wo'rin** [vo:'rɪn] ADV no/na qual; ~? em que?, onde?

'**Workshop** [wˈœːrkʃɔp] M ⟨-s; -s⟩ workshop m

Wort [vɔrt] N ⟨-(e)s, -e, ⸚er⟩ palavra f (a. *Versprechen*); (*Ausspruch*) frase f; dito m; sentença f; REL ~ **(Gottes)** Verbo m; **geflügeltes ~** dito m célebre, dito m histórico; **schöne ~e** palavrinhas fpl; **das ~ ergreifen** tomar a (od usar da) palavra; **das ~ führen** falar, ser o orador; iron ser fanfarrão, ostentar-se; ~ **halten** ter palavra; **viele ~e machen** falar muito, ser prolixo; **aufs ~** ~ *gehorchen* cegamente; **beim ~ nehmen** pegar na palavra; tomar ao pé da letra; ~ **für** ~ palavra por palavra; **in ~en** por extenso; **mit e-m ~** numa palavra; **mit anderen ~en** por outras palavras; **(nicht) zu ~(e) kommen lassen** (não) deixar falar

'**Wortakzent** M acento m tónico (bras *ô) 'wortarm ⟨-(e)s; ⸚ste⟩ lacónico (bras *ô) 'Wortart F espécie f de palavra 'Wortbildung F formação f de palavras 'Wortbruch M falta f de palavra, quebra f de palavra 'wortbrüchig ADJ ~ sein faltar à palavra

'Wörtchen N ⟨-s; -⟩ palavrinha f; **ein ~ mitreden können** ter competência; **ein ~ mitzureden haben** ter que ser ouvido 'Wörterbuch N dicionário m Wörterverzeichnis N vocabulário m, glossário m

'Wortfolge F ordem f das palavras Wortführer M orador m; porta-voz m; fig representante m **wortgetreu** → wortwörtlich **wortgewandt** eloquente **wortkarg** lacónico (bras *ô), de poucas palavras **Wortklauber** ['vɔrtklaubər] M pej subtilizador m **Wortklaube'rei** F pej logomaquia f, verbalismo m **Wortlaut** M íntegra f; teor m; **im ~** no original, textualmente; ... **hat folgenden ~** ... reza assim; bras ... é o seguinte

'**wörtlich** ['vœrtlɪç] ADJ literal, textual; ADV A. à letra, ao pé da letra; **etw ~ nehmen** levar a/c ao pé da letra 'wortlos silencioso; ADV sem dizer nada **wortreich** de rico vocabulário; *Stil* abundante, rico **Wortschatz** M ⟨-es; o. *pl*⟩ vocabulário m **Wortschwall** M ⟨-(e)s; o. *pl*⟩ verbosidade f **Wortsinn** M ⟨-(e)s; o. *pl*⟩ sentido m literal **Wortspiel** N jogo m de palavras, trocadilho m **Wortstellung** F → Wortfolge **Wortwechsel** M disputa f; altercação f '**wort'wörtlich** ADV palavra por palavra

wo'rüber [vo:'ry:bər] ADV 1 *relativ*: sobre o/a qual; do/da qual; no/na qual 2 *fragend*: ~? sobre que?; de que?; em que? **wo'rum** ADV em volta do/da qual; ~? em volta de que?; fig de que?

wo'runter ADV debaixo do/da qual; entre os/as quais; ~? debaixo de que?; entre quem?, entre quais pessoas?

wo'von ADV do/da qual; ~? de que? **wo'vor** ADV diante do/da qual; ~? diante de que?; ~ **fürchtest du dich?** que temes?

wo'zu ADV 1 *fragend*: ~? para que (fim)?; para que efeito? 2 *relativ*: para o que; para o/a qual

Wrack [vrak] N ⟨-(e)s, -e, -s⟩ destroços mpl de um navio (od avião); carcaça f '**wringen** ['vrɪŋən] torcer (a roupa)

WTO [veːteː'ʔoː] F ABK ⟨-⟩ **(Welthandelsorganisation)** OMC f (Organização Mundial do Comércio)

'**Wucher** ['vuːxər] M usura f; **mit Waren: ~** açambarcamento m; ~ **treiben** usurar **Wucherer** M, **Wucherin** F usurário m, -a f **wucherisch** usurário **wuchern** ⟨-re⟩ 1 BOT, a. fig pulular 2 HANDEL usurar **Wucherpreis** M preço m de usurário **Wucherung** F MED excrescência f, tumor m

Wuchs [vuːks] M ⟨-es; o. *pl*⟩ crescimento m; (*Gestalt*) estatura f; tamanho m, forma f; **schlanker ~** estatura f elegante

Wucht [vʊxt] F ímpeto m; (*Gewicht*) peso m; **mit voller ~** com toda a força '**wuchten** umg (*heben*) levantar com grande esforço; (*schlagen*) bater com toda a força '**wuchtig** impetuoso, pesado; fig impressionante

'**wühlen** VI ~ **in** (dat) revolver, remexer; **in der Erde:** escavar, esgaravatar **Wühlmaus** F arvícola f

Wulst [vʊlst] M ⟨-es; -e⟩ chumaço m; MED protuberância f '**wulstig** balofo; (*dick*) grosso

wund [vʊnt] ferido; (*wund gescheuert*) esfolado, escoriado; **sich ~ liegen** escoriar-se; ulcerar-se, chagar-se; **sich** (dat) **die**

Füße ~ laufen esfolar os pés; **~e Stelle** f esfoladela f; **~er Punkt** m fig ponto m delicado; ponto m fraco
'**Wunde** ['vʊndə] F̲ ferida f; offene a. chaga f; **j-m Salz in die ~ streuen** pôr o dedo na ferida de alg
'**Wunder** ['vʊndɐ] N̲ milagre m (bes REL); (Wunderwerk) maravilha f; (Wunderding) prodígio m, portento m; **~ wirken** fazer milagre; **es ist kein ~** não é de admirar, não é de estranhar; **glauben, ~ was getan zu haben** julgar ter feito maravilhas; **sich** (dat) **~ was auf ...** (akk) **einbilden** julgar sabe-se lá o quê de ...; **sein blaues ~ erleben** umg ver as do diabo; bras ter uma surpresa daquelas '**wunderbar** A̲ ADJ maravilhoso, prodigioso; bes REL milagroso; (herrlich) admirável B̲ ADV (ganz) ~ (à)s mil) maravilha(s) '**Wundering**⟨S⟩ prodígio m '**Wunderdoktor** M̲ curandeiro m, charlatão m '**Wunderglaube** M̲ ⟨-ns; o. pl⟩ crença f em milagres '**wunderhübsch** muito lindo, lindíssimo '**Wunderkind** N̲ menino-prodígio m '**Wunderland** N̲ país m das maravilhas '**wunderlich** esquisito, estranho '**wundern** ⟨-re⟩ (sich) ~ admirar (-se) **über** akk de) '**wundersam** geh estranho '**wunder·schön** muito formoso, magnífico '**wundertätig** REL milagreiro '**wundervoll** → wunderbar '**Wunderwelt** F̲ mundo m das maravilhas '**Wunderwerk** N̲ maravilha f
'**Wundfieber** N̲ febre f traumática '**Wundmal** N̲ (Narbe) cicatriz f; REL chaga f '**Wundstarrkrampf** M̲ ⟨-(e)s; o. pl⟩ MED tétano m
'**Wunsch** [vʊnʃ] M̲ ⟨-(e)s; ⸚e⟩ 1 desejo m (nach de); **auf ~** (gen od von) a pedido (de); **auf eigenen ~** a seu próprio pedido; **nach ~** à vontade; **haben Sie noch e-n ~?** deseja mais alguma coisa? 2 (Glückwunsch) voto m '**Wunschbild** N̲ ideal m '**Wunschdenken** N̲ quimeras fpl '**Wünschelrute** ['vʏnʃəlruːtə] F̲ vara f (bifurcada) de vedor
'**wünschen** ['vʏnʃən] desejar; **sehnsüchtig ~** ansiar, anelar; **j-m Glück ~** felicitar alg; **guten Tag ~** dar os bons dias; **(ganz) wie Sie ~** como quiser; **gewünscht werden** j-d ser chamado; HANDEL Ware ser pedido '**wünschenswert** desejável,

de desejar
'**wunschgemäß** conforme desejado **Wunschkonzert** N̲ RADIO programa m de música pedida pelos ouvintes **wunschlos** sem desejos; **~ glücklich** umg completamente feliz (od satisfeito) **Wunschtraum** M̲ ideal m, ilusão f **Wunschzettel** M̲ lista f de prendas pedidas; bras lista f de pedidos
'**Würde** ['vʏrdə] F̲ dignidade f; (Ernst) gravidade f; akademische: grau m; **ich halte es für unter meiner ~ ...** parece-me indigno ... **würdelos** indigno, indecoroso **Würdenträger** M̲ dignitário m **würdevoll** grave; decoroso; (feierlich) solene
'**würdig** ['vʏrdɪç] digno; (feierlich) solene; **sich e-r Sache** (gen) **~ erweisen** saber corresponder a a/c **würdigen** ['vʏrdɪɡən] apreciar; julgar digno; **j-n keiner Antwort ~** não se dignar a responder a alg **Würdigung** F̲ apreciação f; (Ehrung) homenagem f; LIT crítica f
Wurf [vʊrf] M̲ ⟨-(e)s; ⸚e⟩ lançamento m; arremesso m; a. Spiel: lance m; Würfel a. jogada f; ZOOL ninhada f; cria f; fig **großer ~** êxito m
'**Würfel** ['vʏrfəl] M̲ Spielgerät: dado m; MATH u. (Suppenwürfel) cubo m; auf Stoffen: quadrado m; **die ~ sind gefallen** fig os dados estão lançados **Würfelbecher** M̲ copo m **würfelförmig** ['vʏrfəlfœrmɪç] cúbico **Würfelmuster** N̲ quadrados mpl **würfeln** ⟨-le⟩ jogar (a)os dados; bras jogar dados; **gewürfelt** quadriculado **Würfelspiel** N̲ jogo m de dados **Würfelzucker** M̲ açúcar m em quadradinhos (bras em cubinhos)
'**Wurfgeschoss** N̲ arma f de arremesso, projé(c)til m **Wurfleine** F̲ SCHIFF espia f **Wurfsendung** F̲ Briefpost: (remessa f por) avença f; bras circular f de correio **Wurfspeer** M̲ venábulo m, dardo m
'**würgen** ['vʏrɡən] A̲ V/T sufocar, estrangular B̲ V/I reprimir os vómitos (bras vômitos); **~ an** (dat) ter dificuldade em tragar (od em engolir) a/c **Würger** M̲ ZOOL esmerilhão m
Wurm[1] [vʊrm] ⟨-(e)s; ⸚er⟩ M̲ verme m; (Holzwurm) caruncho m; (Regenwurm) minhoca f; MED lombriga f; oxiuro m; **da ist der ~ drin!** umg aí há gato!; bras isso não

está cheirando bem
Wurm² N umg (hilfloses Kind) **armes ~** coitad(inh)o m, -a f **'wurmen** VT mortificar, fazer embirrar a **'wurmförmig** ['vʊrmfœrmɪç] vermiforme **'Wurmfortsatz** M apêndice m **'Wurmfraß** M carcoma f **'wurmstichig** ['vʊrmʃtɪçɪç] carunchoso; Obst bichoso; bras bichado **wursch**t [vʊrʃt] umg **das ist mir wurscht** isso não me interessa
Wurst [vʊrst] F ⟨-; ⇒e⟩ allg: salsicharia f; enchido m; (Aufschnitt) a. carnes fpl frias; (geräuchert) chouriço m; bras linguiça f; (Brat-, Knackwurst) salsicha f; (Blutwurst) morcela f; **das ist mir wurst** umg isso não me interessa
'Würstchen ['vyrstçən] N salsicha f; umg fig (armes) **~** pobre diabo **Würstchenbude** F umg tenda f de salsichas **'wursteln** ['vʊrstəln] ⟨-le⟩ umg trabalhar sem entusiasmo, trabalhar sem interesse **wurstig** umg indiferente, desinteressado **Wurstwaren** FPL salsicharia f; carnes fpl frias
'Würze ['vYrtsə] F tempero m, condimento m; (Bierwürze) mosto m; (Geschmack etc) aroma m; a. fig sabor m
'Wurzel ['vʊrtsəl] F ⟨-; -n⟩ 1 BOT, MATH raiz f; LING a. radical m; Math **zweite/dritte ~ (aus)** raiz f quadrada/cúbica (de); **~n schlagen** lançar raízes, arraigar, pegar de estaca; MATH, MED **die ~ ziehen aus** extrair a raiz (de) 2 ANAT am Fuß: tarso m; der Hand: carpo m **Wurzelbehandlung** F MED tratamento m da raiz **Wurzelbildung** F radicação f **Wurzelfaser** F radícula f **Wurzelhautentzündung** F periosteíte f, periostite f **Wurzelknollen** M tubérculo m **wurzellos** fig desarraigado **wurzeln** ⟨-le⟩ radicar; **~ in** (dat) radicar-se em, ter suas raízes em **Wurzelstock** M rizoma m **Wurzelwerk** N ⟨-(e)s; o. pl⟩ raízes fpl **Wurzelzeichen** N MATH radical m
'würzen ['vYrtsən] ⟨-t⟩ condimentar, temperar; a. fig sazonar **würzig** aromático, bem temperado; fig forte, vigoroso
'wuschelig ['vʊʃəlɪç] Haar aos caracóis **Wuschelkopf** M umg cabelo m aos caracóis
Wust [vu:st] M ⟨-(e)s; o. pl⟩ trapalhada f
wüst [vy:st] (öde) deserto, ermo; (unbebaut) inculto; (ohne Ordnung) desordenado; (lärmend) tumultuoso; j-d brutal; a. Leben desregrado
'Wüste F deserto m; **j-n in die ~ schicken** fig mandar alg embora **'Wüstling** M ⟨-s; -e⟩ estróina m, perdulário m
Wut [vu:t] F ⟨o. pl⟩ raiva f, fúria f; **in ~ bringen, in ~ geraten** enfurecer **'Wutanfall** M ataque m de cólera **'wüten** ['vy:tən] ⟨-e⟩ estar furioso; Sturm desencadear-se com fúria; **~ in** (dat) a. causar estragos em; (verwüsten) devastar **'wütend** ADJ furioso, zangado; **j-n ~ machen** enfurecer alg, zangar alg; **~ werden** ficar furioso, enfurecer, zangar-se; **auf j-n ~ sein** estar furioso (od zangado) com alg **'wutentbrannt** ['vu:tʔɛntbrant] furibundo
WWW N ABK ⟨-; -⟩ (World Wide Web) w.w.w. m

X, x [ɪks] N ⟨-; -⟩ X, x m; **Herr X** fulano; **j-m ein X für ein U vormachen** fig vender gato por lebre
'X-Achse F MATH eixo m das abscissas **X-Beine** NPL **~ haben** ser cambaio; bras ser um perna-de-xis **x-beinig** ['ɪksbaɪnɪç] cambaio **x-beliebig** umg qualquer
Xerogra'fie [ksɛˈroɡraˈfiː] F xerografia f **Xeroko'pie** F xerocópia f
'x-mal ['ɪksmaːl] ADV umg não sei quantas vezes; imensas (od mil) vezes
x-te ['ɪkstə] ADJ **~ Potenz** potência x; **zum x-ten Mal** umg pela milhésima vez
Xylo'fon [ksyloˈfoːn] N ⟨-s; -e⟩ xilofone m **Xylo'graf** [ksyloˈɡraːf] M ⟨-en⟩ xilógrafo m

Y

Y, y ['ypsilɔn] N ⟨-; -⟩ Y, y m
'y-Achse F MATH eixo m das ordenadas
Yacht [jaxt] F → Jacht
'Yankee ['jɛŋki] M ⟨-s; -s⟩ ianque m
Yard [jaːrt] N ⟨-s; -s⟩ jarda m
'Yoga ['joːga] M/N ⟨-s; o. pl⟩ ioga m
Ysop ['iːzɔp] M ⟨-s; -e⟩ BOT hissope m
'Yuppie ['jʊpiː] M ⟨-s; -s⟩ yuppie m

Z

Z, z [tsɛt] N ⟨-; -⟩ Z, z m; **von A bis ~** de cabo a rabo, de ponta a ponta
'Zacke ['tsakə] F, **Zacken** M ⟨-s; -⟩ ponta f; (Spitze) pua f; TECH dente m **zackig** dent(e)ado; com puas
'zaghaft ['tsaːkhaft] tímido, medroso **'Zaghaftigkeit** F ⟨o. pl⟩ timidez f, medo m
zäh [tsɛː] ADJ tenaz, j-d a. teimoso; etw a. resistente; Fleisch duro; ADV A. com tenacidade **'zähflüssig** espesso; (klebrig) viscoso; Verkehr congestionado **'Zähigkeit** F ⟨o. pl⟩ tenacidade f; viscosidade f
Zahl [tsaːl] F número m; (Ziffer) algarismo m **'zahlbar** pagável; **~ werden** vencer **'zählbar** contável, numerável **'zahlen** pagar; HANDEL saldar; **~!** a conta, se faz favor!; **was habe ich zu ~?** quanto é? **'zählen** ['tsɛːlən] contar (**auf** akk com; **zu** entre); Bevölkerung recensear; **nicht bis drei ~ können** umg ser ignorante
'Zahlenangaben FPL elementos mpl estatísticos, dados mpl estatísticos **'zahlend** ADJ Mitglied contribuinte **Zahlenfolge** F série f de números **zahlenmäßig** numérico **Zahlenmaterial** N ⟨-s; o. pl⟩ → Zahlenangaben **Zahlenreihe** F → Zahlenfolge
'Zahler(in) ['tsaːlər(ɪn)] M(F) pagador(a) m(f)
'Zähler ['tsɛːlar] M ELEK, TECH contador m; MATH numerador m **Zählerablesung** F leitura f do contador
'Zahlgrenze F zona f **Zahlkarte** F vale m postal (od de correio) **zahllos** inumerável; **~e** pl um sem-número de **Zahlmeister** M tesoureiro m; MIL quartel-mestre m; SCHIFF comissário m **zahlreich** numeroso; **~e** pl a. grande número de **Zahlstelle** F caixa f **Zahltag** M dia m de pagamento **Zahlung** F paga f; pagamento m; **in ~ geben/nehmen** HANDEL dar/aceitar em pagamento
'Zählung ['tsɛːlʊŋ] F numeração f; contagem f; Statistik: recenseamento m
'Zahlungsanweisung F, **Zahlungsauftrag** M ordem f de pagamento **Zahlungsaufforderung** F aviso m de pagamento **Zahlungsaufschub** M prórroga f, moratória f **Zahlungsbedingungen** FPL condições fpl de pagamento **Zahlungsbefehl** M mandado m (bras ordem f) de pagamento **Zahlungsbilanz** F balanço m de pagamento **Zahlungseinstellung** F suspensão f de pagamentos **Zahlungsempfänger** M recebedor m; destinatário m **Zahlungserleichterungen** FPL facilidades fpl de pagamento **zahlungsfähig** solvente **Zahlungsfähigkeit** F ⟨o. pl⟩ solvência f **Zahlungsfrist** F (prazo m de) vencimento m **Zahlungsmittel** N moeda f; meio m de pagamento **Zahlungsort** M local m de pagamento **Zahlungstermin** M (dia m do) vencimento m **zahlungsunfähig** insolvente **Zahlungsunfähigkeit** F ⟨o. pl⟩ insolvência f **Zahlungsverkehr** M ⟨-s; o. pl⟩ (serviço m de) pagamentos mpl **Zahlungsweise** F modo m de pagamentos
'Zählweise F modo m de contagem **Zählwerk** N contador m
'Zahlwort N numeral m
zahm [tsaːm] manso; (gezähmt) domesticado; doméstico; **~ werden** amansar, domesticar-se **'zähmbar** ['tsɛːmbaːr] domável **'zähmen** amansar; a. (bändigen) domar; fig dominar **'Zahmheit** ['tsaːm-

hait] F̲ ‹o. pl› mansidão f 'Zähmung ['tsɛːmʊŋ] F̲ domesticação f

Zahn [tsaːn] M̲ ‹-(e)s; ⸚e› dente m; der ~ der Zeit fig a lima do tempo; Zähne bekommen ter os dentes a nascer; die Zähne putzen lavar (bras escovar) os dentes; die Zähne zeigen fig mostrar os dentes; j-m auf den ~ fühlen fig umg tomar o pulso a alg; mit den Zähnen klappern bater os dentes 'Zahnarzt M̲, 'Zahnärztin F̲ dentista m/f 'zahnärztlich dentário; Studium odontológico 'Zahnbelag M̲ sarro m 'Zahnbürste F̲ escova f de dentes 'Zahncreme F̲ →Zahnpasta

'Zähnefletschen ['tsɛːnəflɛtʃən] N̲ arreganho m 'Zähneklappern N̲ bater m de dentes 'Zähneknirschen N̲ ranger m

'zahnen ['tsaːnən] V̲/I̲ dentar, estar com os dentes a nascer (bras nascendo) 'Zahnersatz M̲ ‹-es; o. pl› dentadura f postiça; prótese f 'Zahnfäule F̲ ‹o. pl› cárie f (dos dentes) 'Zahnfleisch N̲ gengiva f 'Zahnfleischentzündung F̲ MED gengivite f 'Zahnfüllung F̲ MED obturação f 'Zahnheilkunde F̲ ‹o. pl› odontologia f 'Zahnklinik F̲ clínica f odontológica 'zahnlos desdentado 'Zahnlücke F̲ falta f (de um dente) 'Zahnmedizin F̲ ‹o. pl› odontologia f 'Zahnnerv M̲ nervo m dentário 'Zahnpasta F̲ ‹-; -en od -s› pasta f dentifrícia, pasta f dentifrica (bras de dente) 'Zahnpflege F̲ ‹o. pl› higiene f dos dentes 'Zahnprothese F̲ prótese f dentária 'Zahnrad N̲ roda f dentada 'Zahnradbahn F̲ elevador m de cremalheira 'Zahnradgetriebe N̲ engrenagem f 'Zahnschmelz M̲ ‹-es; o. pl› ANAT esmalte m 'Zahnschmerz(en) M̲(PL) dor(es) f(pl) de dentes 'Zahnseide F̲ fio m dental 'Zahnspange F̲ MED aparelho m de dentes 'Zahnstange F̲ TECH cremalheira f 'Zahnstein M̲ tártaro m; umg sarro m 'Zahnstocher ['tsaːnʃtɔxər] M̲ palito m 'Zahnstumpf M̲ arnela f 'Zahntechniker M̲ mecânico m dentista; bras protético m 'Zahnwurzel F̲ raiz f do dente

'Zander ['tsandər] M̲ ZOOL lúcio m

'Zange ['tsaŋə] F̲ tenaz f; (Greifzange) alicate m; MED pinça f; Geburtshilfe: fórceps m; ~n pl ZOOL pinças fpl 'Zangengeburt F̲ parto m com fórceps

Zank [tsaŋk] M̲ ‹-(e)s; o. pl› disputa f; briga f, rixa f 'Zankapfel M̲ ‹-s; o. pl› pomo m de discórdia 'zanken V̲/I̲ (& V̲/R̲) (sich) ~ brigar; querelar; sich mit j-m ~ zangar-se com alg; sich ~ um (od über akk) disputar sobre, disputar-se; bras brigar por 'zänkisch ['tsɛŋkɪʃ] embirrento, implicante, bulhento, quezilento

'Zäpfchen ['tsɛpfçən] N̲ ANAT úvula f, campainha f; MED supositório m Zäpfchen-r N̲ LING r m uvular

'zapfen ['tsapfən] V̲/T̲ Bier, Benzin etc tirar 'Zapfen M̲ am Gefäß: espiche m, batoque m, torneira f; TECH espiga f, clavija f; (Bolzen) perno m; (Eiszapfen) caramelo m; Holzstück: tarugo m; BOT cone m, estróbilo m; (Tannenzapfen) pinha f Zapfenstreich M̲ MIL toque m de recolher 'Zapfhahn ['tsapfhaːn] M̲ torneira f de bico curvo Zapfsäule F̲ bomba f (de gasolina)

'zapp(e)lig ['tsap(ə)lɪç] irrequieto; Kind a. rabino zappeln ‹-le› ficar irrequieto; mit den Armen etc ~ estrebuchar, agitar-se; j-n ~ lassen umg deixar alg pairar na incerteza

'zappen ['tsapən] V̲/I̲ umg fazer (bras praticar o) zapping

Zar [tsaːr] M̲ ‹-en› czar m

'Zarge ['tsargə] F̲ bes ARCH borda f; caixilho m; encaixe m

'Zarin ['tsaːrɪn] F̲ czarina f

zart [tsart] A̲ ADJ (zartfühlend) terno; (leicht zu kauen) tenro; (fein, empfindlich) delicado; frágil; mimoso; (dünn) delgado, ténue B̲ ADV behandeln com delicadeza; (zärtlich) com ternura; 'zartbesaitet ['tsartbəzaɪtət] melindroso, sensível; mimoso; ~ sein ser uma mimosa 'Zartbitterschokolade F̲ chocolate m meio amargo 'zartfühlend delicado 'Zartgefühl N̲ ‹-(e)s; o. pl› delicadeza f 'Zartheit F̲ ‹o. pl› fragilidade f; delicadeza f; fig a. ternura f

'zärtlich ['tsɛrtlɪç] terno, afe(c)tuoso (zu para com) Zärtlichkeit F̲ carinho m, ternura f

'Zaster ['tsastər] M̲ ‹-s; o. pl› umg massa f, patacos mpl; bras tutu m

Zä'sur [tsɛˈzuːr] F̲ cesura f; MUS pausa f

'Zauber ['tsaʊbər] M̲ encanto m, magia

f, feitiço m; *fig a.* fascinação f; → **Zauberei**; **fauler ~** *umg* intrujice f **Zauber'ei** [tsaʊbəˈraɪ] F̲ magia f; (*Hexerei*) feitiçaria f, bruxaria f **Zauberer** M̲ feiticeiro m; mágico m; bruxo m; *a.* Zauberkünstler **Zauberformel** F̲ → Zauberspruch **zauberhaft** encantador; mágico **Zauberin** F̲ feiticeira f, maga f; bruxa f **Zauberkraft** F̲ feitiço m; poder m mágico **Zauberkunst** F̲ magia f; ilusionismo m **Zauberkünstler** M̲ ilusionista m; prestidigitador m **Zauberkunststück** N̲ truque m de magia **Zauberlehrling** M̲ aprendiz m de feiticeiro

'**zaubern** ⟨-re⟩ A̲ V̲/̲I̲ fazer magia (*od* mágica); (*Zauberkunststücke vorführen*) fazer habilidades (de prestidigitador) B̲ V̲/̲T̲ produzir por encanto

'**Zauberspruch** M̲ fórmula f mágica (*od* de encantamento); conjuro m **Zauberstab** M̲ var(inh)a f mágica **Zaubertrank** M̲ filtro m, feitiço m **Zaubertrick** M̲ truque m de magia (*od* mágica) **Zauberwort** N̲ palavra f mágica '**zaudern** ⟨-re⟩ hesitar, temporizar; vacilar '**Zaudern** N̲ irresolução f, hesitação f

Zaum [tsaʊm] M̲ ⟨-(e)s; ⸚e⟩ freio m, rédea f; **im ~ halten** refrear; *fig a.* conter '**zäumen** [ˈtsɔʏmən] pôr a brida (*od* rédea) '**Zaumzeug** N̲ ⟨-(e)s; *o. pl*⟩ brida f, arreios *mpl*

Zaun [tsaʊn] M̲ ⟨-(e)s; ⸚e⟩ sebe f; cerca f; *bras* gradil m; (*Drahtzaun*) rede f; (*Holzzaun*) estacada f; **e-n Streit vom ~ brechen** *fig umg* provocar uma briga '**Zaungast** M̲ borlista m; *bras* penetra m '**Zaunkönig** M̲ carriça f '**Zaunpfahl** M̲ estaca f; **Wink** m **mit dem ~** *fig umg* lembrança f (pouco discreta)

'**zausen** [ˈtsaʊzən] ⟨-t⟩ puxar, arrepelar; *Haar* desgrenhar

z. B. A̲B̲K̲ (**zum Beispiel**) p. ex. (por exemplo)

'**Zebra** [ˈtseːbra] N̲ ⟨-s; -s⟩ Z̲O̲O̲L̲ zebra f '**Zebrastreifen** M̲ risca f de zebra, passadeira f

'**Zeche** [ˈtsɛçə] F̲ despesas *fpl*; *bras* consumação f; B̲E̲R̲G̲ mina f; **die ~ bezahlen müssen** *fig* (ficar a) pagar o pato '**zechen** (fartar-se de) beber '**Zechpreller** [ˈtsɛçprɛlɐ] M̲ burlador m, caloteiro m

'**Zecke** [ˈtsɛkə] F̲ carraça f; *bras* carrapato m '**Zeckenbiss** M̲ picada f de carraça (*bras* carrapato)

'**Zeder** [ˈtseːdɐ] F̲ ⟨-; -n⟩, '**Zedernholz** N̲ cedro m

Zeh [tseː] M̲ ⟨-s; -en⟩, '**Zehe** F̲ dedo m do pé; B̲O̲T̲ dente m; **großer Zeh, große Zehe** polegar m (*bras* dedão m) do pé '**Zehenspitze** F̲ ponta f do pé; **auf (den) ~n** nas pontas dos pés

zehn [tseːn] N̲U̲M̲ dez; **etwa ~ Stück** uma dezena (de) **Zehn** F̲ *Zahl:* dez m **Zehn-'centstück** N̲ ⟨-(e)s; -e⟩ moeda f de dez cêntimos '**Zehner** M̲ M̲A̲T̲H̲ dezena f; *Münze* → Zehncentstück '**Zehner...** I̲N̲ Z̲S̲S̲G̲N̲ decimal; de dez '**Zehnerkarte** F̲ bilhete m válido por dez vezes '**zehnfach** A̲D̲J̲ & A̲D̲V̲ dez vezes tanto; décuplo '**zehnjährig** de dez anos **Zehn'kampf** M̲ decatlo m '**Zehnkämpfer** M̲ decatlonista m **zehn'tausend** N̲U̲M̲ dez mil '**zehnte** N̲U̲M̲ décimo; **am ~n Mai** no dia dez de Maio; em dez de Maio '**Zehnte** M̲ décimo m; R̲E̲L̲ dízimo m '**Zehntel** [ˈtseːntl] N̲ décimo m, décima parte f '**zehntens** [ˈtseːntəns] A̲D̲V̲ décimo, em décimo lugar

'**zehren** [ˈtseːrən] *V/I* **an etw** (*dat*) **~** enfraquecer a/c; *a.* fig consumir a/c; **~ von** viver de a/c (*a. fig*), alimentar-se de a/c

'**Zeichen** [ˈtsaɪçən] N̲ sinal m; (*Abzeichen*) distintivo m, insígnia f; (*Anzeichen*) indício m; M̲E̲D̲ *a.* sintoma m; *Astronomie: a.* signo m; (*Merkzeichen*) *u.* H̲A̲N̲D̲E̲L̲ marca f; R̲E̲L̲ milagre m; símbolo m (*a.* C̲H̲E̲M̲, *fig*); (*Vorzeichen*) augúrio m; (*Wink*) *a. Zeichensprache:* senha f; **seines ~s ...** ... de ofício; **j-m ein ~ geben** fazer sinal a alg; **zum ~** (*gen*), **zum ~, dass** em sinal de (*subst*); **Ihr ~** H̲A̲N̲D̲E̲L̲ a sua referência

'**Zeichenbrett** N̲ estirador m, prancheta f **Zeichendreieck** N̲ M̲A̲T̲H̲ esquadro m (de desenho) **Zeichenerklärung** F̲ explicação f de sinais e abreviaturas; legenda f '**Zeichenfeder** F̲ pena f de desenhar '**Zeichenkohle** F̲ carvão m de desenhar; desenho m '**Zeichenlehrer(in)** M̲/̲F̲ professor(a) m/f de desenho '**Zeichenpapier** N̲ ⟨-s; *o. pl*⟩ papel m para desenhar **Zeichensaal** M̄ sala f de desenho **Zeichensatz** M̄ IT caracteres mpl **Zeichensetzung** ['tsaɪçənzɛtsʊŋ] F̄ GRAM pontuação f **Zeichensprache** F̄ linguagem f por senhas **Zeichenstift** M̄ lápis m **Zeichentisch** M̄ mesa f de desenho **Zeichentrickfilm** M̄ filme m de desenhos animados; bras desenho msg animado **Zeichenunterricht** M̄ ⟨-(e)s; o. pl⟩ (aulas fpl de) desenho m

'**zeichnen** ['tsaɪçnən] ⟨-e-⟩ desenhar; mit Kohle: esfumar; Plan delinear, traçar; Skizze esboçar; Wäsche etc marcar; (unterzeichnen) assinar; e-n Betrag, e-e Aktie subscrever-se com '**Zeichnen** N̄ desenho m **Zeichner(in)** M̄F̄ desenhador(a) m(f); bras desenhista m/f; FIN subscritor(a) m(f) '**zeichnerisch** ['tsaɪçnərɪʃ] gráfico '**Zeichnung** F̄ desenho m; TECH traçado m; FIN subscrição f '**zeichnungsberechtigt** com direito de assinar

'**Zeigefinger** ['tsaɪɡəfɪŋər] M̄ indicador m

'**zeigen** Ⓐ V̄/T̄ mostrar; (angeben) indicar, ensinar; (ausstellen) exibir, expor; (erklären) fazer ver; Flagge desfraldar; Veränderung etc assinalar, acusar; ~ **auf** (akk) apontar para Ⓑ V̄/R̄ **sich** ~ mostrar-se; **sich am Fenster** ~ assomar à janela; **das wird sich** ~ ver-se-á

'**Zeiger** M̄ indicador m; (Uhrzeiger) ponteiro m; (Waage) fiel m **Zeigestock** M̄ ponteiro m

'**Zeile** F̄ linha f; (Reihe) fila f, fileira f; **neue** ~ alínea f; **zwischen den** ~**n** nas entrelinhas **Zeilenabstand** M̄ entrelinha f

'**Zeisig** ['tsaɪzɪç] M̄ ⟨-(e)s; -e⟩ pintassilgo m

Zeit [tsaɪt] F̄ tempo m; (Zeitabschnitt) época f; hist a. idade f; REL século m; (Uhrzeit) hora f; begrenzte: prazo m; (Zeitraum) período m; **das hat** ~ isso tem tempo; **es ist (höchste)** ~ é tempo, são horas; ~ **meines Lebens** → zeitlebens; **auf** ~ a prazo; **für alle** ~ para (todo o) sempre; **e-e** ~ **lang** por (od durante) algum tempo; **seit einiger** ~ de algum tempo para cá; **von** ~ **zu** ~ de vez em quando; **vor langer** ~ há muito tempo; **zur** ~ → zurzeit; **zur rechten** ~ a tempo; ~ **finden (für)** achar tempo (para); **j-m** ~ **lassen** dar tempo a alg; **sich** (dat) ~ **lassen, sich** ~ **nehmen** não precipitar nada; **du liebe** ~! meu Deus!

'**Zeitabschnitt** M̄ período m, época f **Zeitalter** N̄ a. idade f; era f **Zeitangabe** F̄ data f; (indicação f da) hora f **Zeitansage** F̄ informação f horária **Zeitarbeit** F̄ trabalho m a prazo **Zeitaufwand** F̄ ⟨-(e)s; o. pl⟩ gasto m de tempo **Zeitbombe** F̄ bomba f de retardador, bomba-relógio f **Zeitdauer** F̄ ⟨o. pl⟩ duração f; período m **Zeitdifferenz** F̄ fuso m horário **Zeitdruck** M̄ ⟨-(e)s; o. pl⟩ aperto m (od falta f) de tempo

'**Zeitenfolge** F̄ concordância f dos tempos **Zeitersparnis** F̄ ⟨o. pl⟩ economia f de tempo **Zeitfahren** N̄ SPORT contra m relógio **Zeitgeist** M̄ ⟨-(e)s; o. pl⟩ espírito m (od génio m, bras gênio) da época **zeitgemäß** moderno, a(c)tual; oportuno

'**Zeitgenosse** M̄ ⟨-n⟩, **Zeitgenossin** F̄ contemporâneo m, -a f '**zeitgenössisch** ['tsaɪtɡənœsɪʃ] contemporâneo, coevo

'**Zeitgeschichte** F̄ ⟨o. pl⟩ história f contemporânea ' **Zeitgewinn** M̄ ganho m de tempo ' **zeitig** oportuno; ADV A. cedo, a tempo; (reif) maduro '**zeitigen** ['tsaɪtɪɡən] madurar, sazonar; fig produzir; Folgen trazer, acarretar '**Zeitkarte** F̄ assinatura f; passe m **zeit'lebens** ADV durante toda a (minha etc) vida '**zeitlich** temporal; **das Zeitliche segnen** dar a alma a Deus

'**Zeitlohn** M̄ salário m por hora '**zeitlos** independente da moda; de todos os tempos '**Zeitlupe** F̄ retardador m; bras câmera f lenta '**Zeitlupenaufnahme** F̄ filmagem f com retardador; bras tomada f em câmera lenta '**Zeitmanagement** N̄ gestão f (administração f do tempo) '**Zeitmangel** M̄ ⟨-s; o. pl⟩ **aus** ~ por falta de tempo '**Zeitmaß** N̄ MUS compasso m, tempo m '**Zeitmesser** M̄ crónometro m (bras *ô) '**Zeitmessung** F̄ cronometria f '**zeitnah** moderno, de a(c)tualidade '**Zeitnehmer** ['tsaɪtneːmər] M̄ apontador n; Person: cronometrista m '**Zeitplan** M̄ plano m de emprego do tempo

'**Zeitpunkt** M momento m; altura f; (*Datum*) data f
'**Zeitraffer** ['tsaɪtrafər] M acelerador m '**zeitraubend** demorado, (de)moroso
'**Zeitraum** M período m; lapso m
'**Zeitrechnung** F cronologia f; *christliche etc*: era f '**Zeitschaltuhr** F comutador m de relógio **Zeitschrift** F revista f '**Zeitspanne** F → Zeitraum
'**Zeittafel** F quadro m cronológico '**Zeittakt** F TEL impulso m '**Zeitumstände** MPL circunstâncias fpl, conjuntura fsg
'**Zeitung** ['tsaɪtʊŋ] F jornal m; periódico m, diário m; **in die ~ setzen** colocar no jornal; **in der ~ stehen** estar (*od* sair) no jornal

'**Zeitungsabonnement** N assinatura f de um jornal **Zeitungsannonce** F, **Zeitungsanzeige** F anúncio m **Zeitungsartikel** M artigo m de jornal **Zeitungsausschnitt** M recorte m **Zeitungsausträger** M distribuidor m de jornais; *bras* jornaleiro m **Zeitungsbeilage** F suplemento m **Zeitungsente** F *fig* peta f **Zeitungskiosk** M quiosque m (*bras* banca f) de jornais **Zeitungsnotiz** F notícia f de jornal **Zeitungspapier** N ⟨-s; o. pl⟩ papel m de jornal **Zeitungsverkäufer(in)** M(F) vendedor(a) m(f) de jornais; *bras* jornaleiro(a) m, -a f **Zeitungswesen** N ⟨-s; o. pl⟩ imprensa f, periodismo m **Zeitungswissenschaft** F ⟨o. pl⟩ jornalismo m

'**Zeitunterschied** M diferença f de tempo **Zeitverlust** M perda f de tempo **Zeitvertrag** M contrato m a tempo **Zeitvertreib** M ⟨o. pl⟩ passatempo m '**zeitweilig** ['tsaɪtvaɪlɪç] ADJ temporário; ADV de vez em quando **zeitweise** ADV de vez em quando; por momentos **Zeitwort** N verbo m **Zeitzeichen** N sinal m horário **Zeitzone** F fuso m horário **Zeitzünder** M espoleta f automática; **mit ~** de relógio m

zele'brieren [tsele'briːran] ⟨-⟩ celebrar '**Zelle** ['tsɛlə] F célula f; *Bienenstock*: alvéolo m; ARCH cela f; MIL calabouço m; (*Telefonzelle*) cabine f '**zellenförmig** ['tsɛlənfœrmɪç] celular '**Zellgewebe** F BIOL tecido m celular **Zello'phan** [tsɛlo'faːn] N ⟨-s; o. pl⟩ celofane m '**Zellstoff** M ⟨-(e)s; o. pl⟩ celulose f '**Zellteilung** F BIOL divisão f celular **Zellu'loid** [tsɛlu'lɔʏt] N ⟨-s; o. pl⟩ celulóide f **Zellu'lose** [tsɛlu'loːza] F celulose f '**Zellwand** F BIOL membrana f celular

Zelt [tsɛlt] N ⟨-(e)s; -e⟩ tenda f; *großes*: pavilhão m; (*Strandzelt*) barraca f '**Zeltbahn** F lona f '**Zeltdach** N toldo m '**zelten** ⟨-e-⟩ (**gehen**) fazer campismo, acampar **Zelten** N campismo m '**Zeltlager** N acampamento m '**Zeltplatz** M parque m de campismo '**Zeltstange** F pau m de fileira

Ze'ment [tseˈmɛnt] M ⟨-(e)s; -e⟩ cimento m **zemen'tieren** [tsemɛn'tiːran] ⟨-⟩ cimentar

Ze'nit [tse'niːt] M ⟨-(e)s; o. pl⟩ zénite m (*bras* *ê); **im ~ stehen** estar no zénite (*bras* *ê)

zen'sieren [tsɛn'ziːran] ⟨-⟩ censurar, submeter à censura; SCHULE classificar '**Zensor** ['tsɛnzɔr] M ⟨-s; -en⟩ censor m **Zen'sur** [tsɛn'zuːr] F censura f; SCHULE nota f, classificação f

Zenti'meter N centímetro m **Zentimetermaß** N fita f métrica

'**Zentner** ['tsɛntnar] M quintal m; cinquenta quilogramas (*od* quilos) **zentnerschwer** muito pesado **zentnerweise** ADV aos quintais

zen'tral [tsɛn'traːl] ADJ & ADV **~ (gelegen)** central **Zentrale** F central f **Zentralheizung** F aquecimento m (calefação f) central **zentrali'sieren** [tsɛntrali'ziːran] ⟨-⟩ centralizar **Zentrali'sierung** F centralização f **Zentra'lismus** M ⟨-; o. pl⟩ centralismo m **Zentralstelle** F **für** centro m de **Zentralverriegelung** F AUTO tranca f (*od* fecho m) central das portas

zen'trieren [tsɛn'triːran] ⟨-⟩ centralizar (*a.* TYPO, IT)

Zentrifu'galkraft [tsɛntrifu'gaːlkraft] F força f centrífuga **Zentri'fuge** F centrifugador m, centrífuga f

'**Zentrum** ['tsɛntrʊm] N ⟨-s; Zentren⟩ centro m; **im ~ (stehen)** (estar) no centro

Zeppelin® ['tsɛpəliːn] M ⟨-s; -e⟩ zepelim m, dirigível m

'**Zepter** ['tsɛptar] N ce(p)tro m

zer'beißen [tsɛr'baɪsan] ⟨-⟩ partir com os dentes, trincar **zer'bersten** ⟨-; s.⟩ rebentar, rachar, estalar **zer'brechen** ⟨-; VT (h.), VII (s.)⟩ partir(-se), quebrar (-se), despedaçar(-se) **zer'brechlich** [tsɛrˈbrɛçlɪç] frágil quebradiço **Zer'brechlichkeit** F ⟨o. pl⟩ fragilidade f **zer'bröckeln** ⟨-le; -⟩ VT (h.), VII (s.) esmigalhar(-se); desmoronar(-se) **zer'drücken** ⟨-⟩ esmagar; bras amassar; Stoff amarrotar; amachucar; umg esborrachar

Zeremo'nie [tseremoˈniː] F cerimónia f (bras *ô) **zeremoni'ell** ceremonioso **Zeremoni'ell** [tseremoniˈɛl] N ceremonial m

zer'fahren [tsɛrˈfaːrən] confuso; distraído

Zer'fall M ⟨-(e)s; o. pl⟩ ruína f, desmoronamento m, desagregação f; CHEM decomposição f; desintegração f; fig decadência f **zerfallen** ⟨-; s.⟩ desmoronar-se; cair em ruínas; (sich auflösen) desfazer-se; desintegrar-se; Stoffe decompor-se; fig decair, estar em (plena) decadência; ~ **in** (akk) (sich gliedern) dividir-se em, compor-se de **Zerfallsprodukt** N produto m de desintegração

zer'fetzen ⟨-t; -⟩ esfarrapar **zer'fleischen** [tsɛrˈflaɪʃən] ⟨-⟩ dilacerar **zer'fließen** ⟨-; s.⟩ derreter-se, diluir-se, desfazer-se **zer'fressen** ⟨-⟩ A VT roer; a. CHEM corroer; a. Würmer carcomer B ADJ corroído, carcomido **zer'gehen** ⟨s.⟩ desfazer-se; (schmelzen) derreter-se; **auf der Zunge** ~ fig desfazer-se na língua **zer'gliedern** ⟨-re; -⟩ desmembrar; ANAT dissecar; fig dividir; analisar **Zer'gliederung** F desmembramento m; dissecação f **zer'hacken** ⟨-⟩, **zer'hauen** ⟨-⟩ partir; despedaçar; rachar **zer'kauen** ⟨-⟩ esmoer, mastigar **zer'kleinern** [tsɛrˈklaɪnərn] ⟨-re; -⟩ esmiuçar; Steine britar **zer'klüftet** [tsɛrˈklʏftət] alcantilado, escabroso; bras escarpado **zer'knirscht** [tsɛrˈknɪrʃt] contrito; bras pesaroso **zer'knittern** ⟨-re; -⟩, **zer'knüllen** ⟨-⟩ amarrotar, amachucar **zer'kochen** ⟨s.⟩ desfazer(-se) **zer'kratzen** ⟨-⟩ riscar; arranhar, esgadanhar **zer'krümeln** ⟨-le; -⟩ esmigalhar **zer'lassen** ⟨-⟩ derreter; ADJ derretido **zer'laufen** ⟨-; s.⟩ desfazer-se; diluir-se

zer'legbar [tsɛrˈleːkbaːr] desmontável

zer'legen ⟨-⟩ decompor; ANAT dissecar; Braten trinchar; Tierkörper retalhar; TECH desmontar **Zer'legung** [tsɛrˈleːɡʊŋ] F decomposição f; dissecação f; TECH desmonte m

zer'lesen ADJ muito usado, muito lido **zer'lumpt** esfarrapado **zer'mahlen** A VT ⟨-⟩ triturar B ADJ triturado, em pó **zer'malmen** [tsɛrˈmalmən] ⟨-⟩ triturar, esmoer; a. fig esmagar **zer'martern** ⟨-re; -⟩ VR sich (dat) **das Hirn** ~ quebrar a cabeça, moer os miolos **zer'mürben** ⟨-⟩ roer, triturar; fig a. cansar; desmoralizar **zer'nagen** ⟨-⟩ roer **zer'pflücken** ⟨-⟩ (d)esfolhar; a. fig desfiar **zer'platzen** ⟨-t; -; s.⟩ (ar)rebentar, estoirar **zer'quetschen** ⟨-⟩ esmagar, machucar

'Zerrbild [ˈtsɛrbɪlt] N caricatura f **zer'reiben** ⟨-⟩ triturar **zer'reißbar** [tsɛrˈraɪsbaːr] **leicht** ~ fácil de rasgar **zer'reißen** ⟨-⟩ VT (h.), VII (s.) rasgar(-se); Faden partir; **in Stücke** ~ dilacerar, despedaçar; Raubtier devorar **Zer'reißprobe** F fig prova f decisiva; prova dura **'zerren** [ˈtsɛrən] puxar; (dehnen) estirar; MED distender; (schleppen) arrastar **zer'rinnen** ⟨-; s.⟩ desfazer-se, derreter-se, diluir-se; Zeit escorrer **Zer'rissenheit** [tsɛrˈrɪsənhaɪt] F ⟨o. pl⟩ desunião f; **j-s innere** ~ desequilíbrio m **'Zerrung** F MED distensão f

zer'rütten [tsɛrˈrʏtən] ⟨-⟩ MED, HANDEL arruinar; Nerven transtornar **zer'rüttet** Ehe destruído **Zer'rüttung** [tsɛrˈrʏtʊŋ] F desordem f; desorganização f; ruína f; geistige: perturbação f

zer'sägen ⟨-⟩ serrar **zer'schlagen** ⟨-⟩ destroçar; **sich** ~ fig malograr-se, falhar; **wie** ~ adj umg j-d moído **zer'schlissen** [tsɛrˈʃlɪsən] ADJ puído **zer'schmettern** ⟨-re⟩ esbarrar; Glieder esmagar; a. fig fulminar; a. MIL destroçar **zer'schneiden** ⟨-⟩ cortar (em pedaços), (re)talhar; Braten trinchar

zer'setzen ⟨-t; -⟩ decompor; CHEM a. desagregar; fig corromper; desmoralizar **zer'setzend** ADJ dissolvente; fig destrutivo **Zer'setzung** [tsɛrˈzɛtsʊŋ] F decomposição f; desagregação f; fig corrupção f; desmoralização f **zer'splittern** ⟨-re; -⟩ A VT estilh(aç)ar; fig (sich) ~ dissipar(-se); MIL dispersar; POL desunir

🅱 VII ⟨s.⟩ partir-se em estilhaços, despedaçar-se **Zer'splitterung** F fig desunião f, dispersão f; estilhaçamento m **zer'sprengen** ⟨-⟩ quebrar, partir; MIL dispersar **zer'springen** ⟨-; s.⟩ romper-se; (*platzen*) estalar **zer'stampfen** ⟨-⟩ triturar, pisar, quebrantar **zer'stäuben** ⟨-⟩ pulverizar **Zer'stäuber** [tsɛr-ˈʃtɔybər] M pulverizador m **zer'stechen** ⟨-⟩ picar; encher de picadas; esburacar **zer'stochen** [tsɛrˈʃtɔxən] PP → zerstechen; ADJ A. cheio de picadas **zer'stören** ⟨-⟩ destruir; ARCH a. demolir; *fig a.* fazer fracassar **zerstörend** ADJ destrutivo **Zerstörer** [tsɛrˈʃtøːrər] M destruidor m; MIL, SCHIFF a. contratorpedeiro **Zer'störung** F destruição f; demolição f; **~en** pl a. estragos mpl **Zerstörungswut** F selvajaria f, vandalismo m; *bras* salvajeria f

zer'stoßen ⟨-⟩ pisar, triturar

zer'streuen ⟨-⟩ dispersar, dissipar; *j-n* distrair, divertir; **sich ~** dispersar-se; (*amüsieren*) divertir-se **zerstreut** [tsɛrˈʃtrɔyt] ADJ disperso; *j-d* distraído **Zer'streutheit** F ⟨o. pl⟩ distra(c)ção f **Zer'streuung** F dispersão f; *j-s:* distra(c)ção f **Zerstreuungslinse** F lente f divergente

zer'stückeln [tsɛrˈʃtʏkəln] ⟨-le; -⟩ despedaçar; fragmentar; *Gebiet* parcelar; *Körper* esquartejar; *Reich* desmembrar **Zer'stückelung** F despedaçamento m; a. fig desmembramento m **zer'teilen** ⟨-⟩ dividir; → zerlegen, zerstückeln; *Nebel* dissipar

Zertifi'kat [tsɛrtifiˈkaːt] N ⟨-(e)s; -e⟩ certificado m **zertifi'zieren** [tsɛrtifiˈtsiːrən] ⟨-⟩ certificarr

zer'trampeln ⟨-le; -⟩ pisar; espezinhar **zer'treten** ⟨-⟩ calcar aos pés; pisar; *fig* aniquilar **zer'trümmern** [tsɛrˈtrʏmərn] ⟨-re; -⟩ destroçar; destruir; PHYS desintegrar **Zer'trümmerung** F destroço m, destruição f; a. PHYS desintegração f

Zerve'lat [tsɛrvəˈlaːt] F ⟨-; -e⟩, **Zervelatwurst** F ≈ salsichão m

Zer'würfnis [tsɛrˈvʏrfnɪs] N ⟨-ses; -se⟩ desavença f

zer'zausen ⟨-t; -⟩ sacudir; *Haar* desgrenhar; emaranhar; a. fig amarrotar

'**Zettel** [ˈtsɛtəl] M papelinho m; *bras* bilhete m; (*Blatt*) folha f; (*Etikett*) rótulo m; *e-r Kartei:* ficha f; *zum Anschlagen:* cartaz m '**Zettelkasten** M ficheiro m; *bras* fichário m

Zeug [tsɔyk] N ⟨-(e)s; -e⟩ matéria f; *Sammelwort:* coisas fpl; (*Werkzeug*) utensílios mpl; **warmes ~** agasalho m, abafo m; (**unnützes**) **~** trastes mpl inúteis; *fig umg* **dummes ~** disparates mpl; **das ~ haben zu** ter estofo (*bras* fibra) para; **was das ~ hält** *umg* até mais não poder; **sich ins ~ legen** meter-se a fundo (**bei** etw em a/c); *bras* dar duro

'**Zeuge** [ˈtsɔygə] M ⟨-n⟩ testemunha m; **~ sein von** assistir a, presenciar

'**zeugen**¹ VIT BIOL gerar, procriar; engendrar

'**zeugen**² VII *fig* **~ von** mostrar, revelar; **~ für** depor em favor de

'**Zeugenaussage** F testemunho m, depoimento m **Zeugenbeweis** M prova f testemunhal **Zeugenstand** M ⟨-(e)s; o. pl⟩ JUR banco m das testemunhas; **im ~** no banco das testemunhas **Zeugenvernehmung** F audição f (*bras* interrogatório m) das testemunhas

'**Zeugin** [ˈtsɔygɪn] F testemunha f

'**Zeugnis** [ˈtsɔyknɪs] N ⟨-ses; -se⟩ 🔳 SCHULE pauta f, (*bras* boletim m); (*Prüfungszeugnis*) diploma m, carta f (de curso) 🔳 (*Bescheinigung*) certificado m; atestado m 🔳 (*Aussage*) testemunho m **Zeugnisabschrift** F, **Zeugniskopie** F pública-forma f do diploma *etc*

'**Zeugung** [ˈtsɔygʊŋ] F geração f; procriação f **Zeugungsakt** M ⟨-(e)s; -e⟩ a(c)to m genésico, a(c)to m de procriação; (*Beischlaf*) coito m **zeugungsfähig** prolífico; potente **zeugungsfähig** impotente **Zeugungsunfähigkeit** F ⟨o. pl⟩ impotência f

z. H(d). ABK (**zu Händen**) ao cuidado de

Zi'chorie [tsiˈçoːriə] F chicória f

'**Zicke** [ˈtsɪkə] F cabra f (a. *umg pej Frau*); **~n machen** *fig umg* fazer tolices fpl **zickig** *umg bes Frau* atrevido, rabugento **Zicklein** [ˈtsɪkla͜in] N cabrito m

'**Zickzack** [ˈtsɪktsak] M ⟨-(e)s; -e⟩ ziguezague m; **im ~ gehen** a. ziguezaguear **Zickzacklinie** F linha f em ziguezague

'**Ziege** [ˈtsiːgə] F cabra f; *umg* **dumme ~**

(sua) palerma f
'**Ziegel** [ˈtsiːɡəl] M tijolo m; (*Dachziegel*) telha f '**Ziegelbau** M ⟨-(e)s; -bauten⟩ construção f em tijolos; *bras* casa f de alvenaria '**Ziegeldach** N telhado m '**Ziege'lei** [tsiːɡaˈlaɪ] F fábrica f de tijolos; telhas m, telheira f '**Ziegelerde** F ⟨o. pl⟩ barro m, terra f argilosa '**Ziegelstein** M → Ziegel
'**Ziegenbart** M pera f; *bras* cavanhaque m; *Angola*: barba f de bode '**Ziegenbock** M bode m, cabrão m '**Ziegenfleisch** N cabrito m '**Ziegenhirt** M ⟨-en⟩ cabreiro m '**Ziegenkäse** M queijo m (de leite) de cabra '**Ziegenleder** N pelica f de cabra '**Ziegenpeter** M *umg* → Mumps
'**ziehen** [ˈtsiːən] A V/T **1** *allg* puxar (**an** *dat* por); (*nachziehen*) arrastar; SCHIFF rebocar; *Draht* estirar; estender; ~ **durch** *e-e Öffnung*: passar por **2** (*heranziehen, hervorziehen*), *Hut, Los* tirar (*a. fig Schlüsse etc*); *Degen* desembainhar; *Zahn* arrancar; *Wurzel, a.* MATH extrair **3** *mit subst: Blasen* levantar; *Bilanz, Falten, Fratzen, Furchen* fazer; *Damm* construir; *Graben* abrir; *Linie* traçar; *Spielfigur* jogar; *Wechsel* sacar (**auf** *akk* sobre); **Fäden** ~ *Käse etc*: estar em ponto de fio **4** AGR, ZOOL criar; BOT *a*. cultivar **5** *mit präp:* **an sich** (*akk*) ~, **auf sich** (*akk*) ~ atrair, *Aufmerksamkeit a*. chamar; **ins Lächerliche** ~ meter a ridículo; **j-n ins Vertrauen** ~ confiar-se a alg; *in Zweifel* pôr em; **nach sich** ~ *fig* trazer consigo, arrastar; **vor Gericht** ~ entrar na justiça B V/I **1** (*zugig sein*) haver corrente de ar; *Ofen, Zigarre* ter tiragem **2** *Tee* abrir **3** *an der Zigarre*: chupar **4** *fig umg* (*Eindruck*) pegar; *Grund* convencer; *das zieht bei mir nicht umg* comigo isso não pega **5** ⟨s.⟩ ir (**nach** *a*; *dauernd*: para); *Wellen, Wolken* passar; MIL ~ **auf** (*akk*) marchar sobre; ~ **durch** *a*. atravessar; passar por; ~ **nach** (*umziehen*) mudar para; *gezogen kommen* vir C V/R ~ **sich** ~ *Holz* empenar; (*andauern*) demorar
'**Ziehen** N pontada f '**Ziehharmonika** F acordeão m; *bras* acordeom m '**Ziehung** F sorteio m
'**Ziel** [tsiːl] N ⟨-(e)s; -e⟩ alvo m; (*Ende*) fim m; (*Endpunkt*) termo m; SPORT meta f; *e-s Wunsches*: obje(c)tivo f, (*Absicht*) *a*. finalidade f; HANDEL prazo m; *das* ~ *treffen*

acertar no alvo; *das* ~ **verfehlen** falhar o alvo; (**als Erster**) **durchs** ~ **gehen** chegar (como primeiro) à meta; **ans** ~ **gelangen** *fig* alcançar a meta; **sich etw zum** ~ **setzen** propor-se (a fazer) a/c '**Zielband** N SPORT meta f '**zielbewusst** consequente, enérgico
'**zielen** apontar (**auf** *akk* a), visar; *fig* tender para; *j-d* aspirar a
'**Zielfernrohr** N alça f telescópica '**Zielgerade** F SPORT re(c)ta f final '**Zielhafen** M porto m de destinação '**Ziellinie** F SPORT linha f de chegada '**ziellos** desnorteado; desorientado, *j-d a*. indeciso '**Zielrichter** M SPORT juiz m de chegada '**Zielscheibe** F alvo m '**zielstrebig** [ˈtsiːlʃtreːbɪç] → zielbewusst '**Zielstrebigkeit** F ⟨o. pl⟩ consequência f; iniciativa f
'**ziemlich** [ˈtsiːmlɪç] ADV bastante grande; ~ **viel** bastante; ~ **gut** bastante bem; **so** ~ quase, pouco mais ou menos
'**Zier** [tsiːr] F ⟨o. pl⟩ *poet*, '**Zierde** F ⟨-; -n⟩ ornamento m, adorno m; *fig* honra f, glória f '**zieren** A V/T ornar, enfeitar; decorar; *fig* honrar B V/R **sich** ~ fazer cerimónias (*bras* *ô); fazer-se rogado; **geziert** *fig* afe(c)tado '**Ziergarten** M jardim m '**Zierleiste** F ARCH moldura f; friso m '**zierlich** gracioso; fino; elegante '**Zierlichkeit** F ⟨o. pl⟩ graça f; elegância f '**Zierpflanze** F planta f decorativa '**Zierrat** F ornamento m, adorno m
'**Ziffer** [ˈtsɪfər] F ⟨-; -n⟩ algarismo m; cifra f '**Ziffer(n)blatt** N mostrador m
zig [tsɪç] *umg* (*sehr viele*) inúmeros, uma infinidade (de)
Ziga'rette [tsiɡaˈrɛtə] F cigarro m **Ziga'rettenautomat** M ⟨-en⟩ máquina f automática de cigarros **Zigarettenetui** N cigarreira f **Zigarettenkippe** F *umg* beata f **Zigarettenpapier** N papel m de fumar (*bras* de cigarro), mortalha f; **Päckchen** *n* ~ livro m de mortalha **Zigarettenschachtel** F caixa f de cigarros **Zigarettenspitze** F boquilha f **Zigarettenstummel** M ponta f de cigarro; *umg* beata f
Ziga'rillo [tsiɡaˈrɪljo] M/N ⟨-; -s⟩ cigarilha f
Zi'garre [tsiˈɡarə] F charuto m **Zigarrenabschneider** M corta-charutos

m **Zigarrenkiste** F caixa *f* de charutos **Zigarrenspitze** F boquilha *f* **Zigarrenstummel** M ponta *f* de charuto
Zi'geuner(in) [tsi'gɔynər(in)] MF neg! cigano *m*, -a *f*
Zi'kade [tsi'ka:də] F cigarra *f*
Zimmer ['tsɪmɐr] N ⟨-s⟩ casa *f*; quarto *m*; (*Ess-, Wohnzimmer*) sala *f*; (*Schlaf-, Kinderzimmer*) quarto *m*; **das ~ hüten (müssen)** não (poder) sair **Zimmerantenne** F antena *f* interior **Zimmerdecke** F te(c)to *m* **Zimmereinrichtung** F mobília *f* **Zimmerflucht** F enfiada *f* (*bras* série *f*) de quartos (*od* de salas) **Zimmerhandwerk** N ⟨-(e)s; *o. pl*⟩ carpintaria *f* **Zimmerkellner** M empregado *m* do serviço dos quartos **Zimmerlautstärke** F ⟨*o. pl*⟩ **auf ~ stellen** baixar o som **Zimmermädchen** N criada *f* de quarto; *bras* arrumadeira *f* **Zimmermann** M ⟨-(e)s; -leute⟩ carpinteiro *m* **Zimmermeister** M mestre *m* carpinteiro **zimmern** ⟨-re⟩ carpintejar; *etw* construir **Zimmerpflanze** F planta *f* decorativa **Zimmerservice** M ⟨*inv*⟩ serviço *m* de quartos, room-service *m* **Zimmertemperatur** F temperatura *f* ambiente
'zimperlich ['tsɪmpɐrlɪç] melindroso, mimoso; **~ sein** ser sensível, melindroso
Zimt [tsɪmt] M ⟨-(e)s; -e⟩ canela *f* **Zimtstange** F pau *m* de canela
Zink [tsɪŋk] N ⟨-(e)s; *o. pl*⟩ zinco *m* **'Zinkblech** N chapa *f* de zinco **'Zinkblende** F blenda *f*
'Zinke ['tsɪŋkə] ponta *f*; pua *f*; *Gabel, Kamm*: dente *m*
'zinken ['tsɪŋkən] V/T *Karten* marcar
'Zinken ['tsɪŋkən] M ⟨-s; -⟩ → Zinke; *umg* (*Nase*) nariz *m*
Zinn [tsɪn] N ⟨-(e)s; *o. pl*⟩ estanho *m*
'Zinne F ameia *f*
'zinne(r)n de estanho; *legiert*: de peltre
'Zinngeschirr N baixela *f* de estanho
Zin'nober M ⟨-s; *o. pl*⟩ *Mineral, Farbe*: cinábrio *m*; **der ganze ~** *umg* tudo aquilo
'Zinnsoldat M ⟨-en⟩ soldado *m* de chumbo
Zins ['tsɪns] M ⟨-es⟩ ❶ FIN ⟨ *pl* -en⟩ juro *m*, interesse *m*; **3% ~en** 3% de juro(s) (*od* de interesse); **auf ~en** a juros ❷ *alt* (*Miete*) renda *f*; aluguer *m*; *bras a.* aluguel *m* **zinsbringend** lucrativo, rendoso

'Zinserhöhung F aumento *m* da taxa de juros **Zinseszins** M juro *m* composto **zinsgünstig** de juros favoráveis **zinslos** isento de juros **Zinsrechnung** F cálculo *m* de juros **Zinssatz** M taxa *f* de juros **Zinssenkung** F redução *f* da taxa de juros
Zio'nismus [tsio'nɪsmʊs] M ⟨-; *o. pl*⟩ sionismo *m* **zionistisch** sionista
'Zipfel ['tsɪpfəl] M ponta *f*; (*Rockzipfel*) cauda *f* **Zipfelmütze** F carapuça *f*
'Zipperlein ['tsɪpɐrlaɪn] N *umg* (*Krankheit*) doença *f*, indisposição *f*
'Zirbeldrüse ['tsɪrbəldryːzə] F glândula *f* pineal
'zirka ['tsɪrka] ADV cerca de, mais ou menos, à volta de
'Zirkel ['tsɪrkəl] M compasso *m*; (*Kreis*) círculo *m*; *fig a.* grupo *m* **zirkeln** ⟨-le⟩ compassar, medir a compasso **Zirkelschluss** M círculo *m* vicioso **zirku'lieren** [tsɪrku'liːrən] ⟨-⟩ circular; BAHN *a.* afe(c)tuar-se
'Zirkumflex ['tsɪrkʊmflɛks] M ⟨-es; -e⟩ acento *m* circunflexo
'Zirkus ['tsɪrkʊs] M ⟨-; -se⟩ circo *m* **Zirkus...** IN ZSSGN de circo **Zirkusreiter** M cavaleiro *m* de circo **Zirkuszelt** N tenda *f* de circo
'zirpen ['tsɪrpən] estridular, cantar
'zischeln ['tsɪʃəln] ⟨-le⟩ cochichar **zischen** sibilar; silvar **Zischen** N sibilo(s) *m*(*pl*), assobios *mpl* **Zischlaut** M letra *f* sibilante
zise'lieren [tsizə'liːrən] ⟨-⟩ cinzelar
Zis'terne [tsɪs'tɛrna] F cisterna *f*
Zita'delle [tsɪta'dɛla] F cidadela *f*
Zi'tat [tsi'taːt] N ⟨-(e)s; -e⟩ citação *f*
'Zither ['tsɪtɐr] F ⟨-; -n⟩ cítara *f* **Zitherspieler(in)** MF citarista *m*/*f*
zi'tieren [tsi'tiːrən] ⟨-⟩ citar
Zitro'nat [tsɪtro'naːt] N ⟨-(e)s; -e⟩ cidrão *m*
Zi'trone [tsi'troːna] F limão *m* **Zitronenbaum** M limoeiro *m* **zitronengelb** amarelo-limão **Zitronenlimonade** F limonada *f* **Zitronenpresse** F espremedor *m* **Zitronensaft** M sumo *m* de limão **Zitronensäure** F ⟨*o. pl*⟩ ácido *m* cítrico **Zitronenschale** F casca *f* de limão
'Zitrusfrüchte ['tsiːtrʊsfrʏçtə] FPL citrinos *mpl*; *bras* cítricos *mpl*

'**Zitteraal** ['tsɪtɐʔaːl] M̲ gimnoto m; bras peixe-elétrico m **Zittergras** N̲ bole-bole m

zittern ⟨-re⟩ tremer; (erzittern) estremecer; **vor Kälte ~** tremer de frio **Zittern** N̲ tremor m; vibração f **zitternd** A̲D̲J̲ trémulo (bras *ê); vibrante **Zitterpappel** F̲ choupo m tremedor **Zitterchen** M̲ ZOOL torpedo m; bras treme-treme m

'**Zitze** ['tsɪtsə] F̲ ZOOL teta f

'**Zivi** ['tsiːvi] M̲ ⟨-s; -s⟩ A̲B̲K̲ umg → Zivildienstleistender

zi'vil [tsiˈviːl] civil; *Preis* módico

Zi'vil [tsiˈviːl] N̲ ⟨-s; o. pl⟩ **in ~** à paisana; **~ tragen** vestir à paisana **Zivilbevölkerung** F̲ população f civil; civis mpl **Zivilcourage** F̲ ⟨o. pl⟩ coragem f cívica **Zivildienst** M̲ ⟨-(e)s; o. pl⟩ serviço m cívico **Zivildienstleistende(r)** M̲ prestador m de serviço cívico (od civil) **Zivilehe** F̲ casamento m civil **Zivilisati'on** [tsivilizatsi'oːn] F̲ ⟨o. pl⟩ civilização f **zivili'sieren** ⟨-⟩ civilizar **Zivi'list(in)** M̲(F̲) ⟨-en⟩ civil m/f **Zi'vilklage** F̲ a(c)ção f civil **Zivilkleidung** F̲ **in ~** à paisana **Zivilprozess** M̲ processo m civil, pleito m **Zivilprozessordnung** F̲ código m do processo civil **Zivilrecht** N̲ ⟨-(e)s; o. pl⟩ direito m civil **Zivilschutz** M̲ ⟨-es; o. pl⟩ prote(c)ção f civil

'**Zobel** ['tsoːbəl] M̲ zibelina f

'**Zoff** [tsɔf] M̲ ⟨-s; o. pl⟩ umg bronca f

'**zögerlich** ['tsøːɡɐlɪç] hesitante '**Zögerlichkeit** ['tsøːɡɐlɪçkaɪt] F̲ hesitação f '**zögern** ['tsøːɡɐn] ⟨-re⟩ hesitar (**mit, zu em**) '**Zögern** N̲ hesitação f

'**Zögling** ['tsøːklɪŋ] M̲ ⟨-s; -e⟩ educando m; aluno m; pupilo m

Zöli'bat [tsøliˈbaːt] N̲/M̲ ⟨-(e)s; o. pl⟩ celibato m

Zoll [tsɔl] M̲ ⟨-(e)s; ⸚e; *als Maß:* 4 -⟩ ❶ *Maß:* polegada f ❷ (*Abgabe*) direitos mpl (*bras* taxa f) de alfândega; (*Wegezoll*) portagem f; *fig* tributo m ❸ *Behörde:* alfândega f '**Zollabfertigung** F̲ despacho m aduaneiro (*od* da alfândega) '**Zollabkommen** N̲ acordo m aduaneiro

'**Zollamt** N̲ alfândega f '**zollamtlich** aduaneiro, alfandegário; **~ untersuchen** examinar, rever '**Zollbeamte(r)** M̲,

Zollbeamtin F̲ empregado m, -a f (*bras* encarregado m, -a f) da alfândega '**Zollbegleitschreiben** N̲ guia f de trânsito '**Zollbehörde** F̲ administração f de alfândegas '**Zollbescheinigung** F̲ atestado m aduaneiro '**Zolleinnahmen** F̲P̲L̲ receitas fpl alfandegárias '**zollen** tributar; *fig a.* prestar '**Zollerklärung** F̲ declaração f para a alfândega '**zollfrei** isento de direitos aduaneiros (*bras a.* de taxas de alfândega) '**Zollfreiheit** F̲ ⟨o. pl⟩ isenção f de direitos aduaneiros (*bras a.* de taxas de alfândega) '**Zollgebiet** N̲ zona f alfandegária '**Zollgebühren** F̲P̲L̲ direitos mpl aduaneiros *od* alfandegários; *bras a.* taxa f de alfândega '**Zollgrenze** F̲ barreira f aduaneira '**Zollkontrolle** F̲ (serviços mpl de) alfândega f; *bras* controle m alfandegário

'**Zöllner** ['tsœlnɐ] M̲ empregado m (*bras* encarregado m) da alfândega, alfandegário m

'**zollpflichtig** ['tsɔlpflɪçtɪç] sujeito a direitos aduaneiros (*bras* a taxas de alfândega) **Zollschranke** F̲ barreira f aduaneira **Zollstab** M̲, **Zollstock** M̲ duplo metro m articulado **Zollwesen** N̲ regime m aduaneiro

'**Zone** ['tsoːnə] F̲ zona f '**Zonen...** I̲N̲ Z̲S̲S̲G̲N̲ da zona; de zona(s), em zonas, por zonas

Zoo [tsoː] M̲ umg ⟨-, -s; -s⟩ M̲ jardim m zoológico '**Zoogeschäft** N̲, '**Zoohandlung** F̲ loja f de animais, petshop m **Zoo'loge** [tsooˈloːɡə] M̲ zoólogo m **Zoolo'gie** [tsooloˈɡiː] F̲ ⟨o. pl⟩ zoologia f **zoo'logisch** zoológico

Zoom [zuːm] N̲ ⟨-s; -s⟩ FOTO zum m

Zopf [tsɔpf] M̲ ⟨-(e)s; ⸚e⟩ trança f (de cabelo); rabicho m; **das ist ein alter ~** *fig* isso é coisa ultrapassada (*od* obsoleta), isso é um costume antiquado

Zorn [tsɔrn] M̲ ⟨-(e)s; o. pl⟩ cólera f, ira f; **im ~** irado, encolerizado; **in ~ bringen** encolerizar, irritar; **in ~ geraten** encolerizar-se '**zornig** irado, colérico, encolerizado; **~ werden** encolerizar-se, irritar-se

'**Zote** ['tsoːtə] F̲ obscenidade f; **~n reißen** dizer obscenidades '**zotig** obsceno

'**Zotte** ['tsɔtə] F̲ ANAT vilosidade f

'**Zotteln** ['tsɔtəln] F̲P̲L̲ *Haare:* melena f

'zottig hirsuto, cabeludo, guedelhudo; ANAT viloso

z. T. ABK (zum Teil) em parte

zu [tsu:] **A** PRÄP ⟨dat⟩ **1** örtlich, Lage: em; Richtung: a, para; ~ Hause em casa; ~ j-m gehen etc: (para) casa de alg; ~ e-m Arzt gehen ir a um médico; ~ Tür/~m Fenster hinaus pela porta/janela; von ... ~ ... de ... a, desde ... até **2** zeitlich: em; Stunde: a; ~m ersten Mal pela primeira vez; ~ jener Zeit naquele tempo, naquela altura **3** Mittel: ~ Fuß/Pferd a pé/cavalo; ~ Schiff de navio; ~ Lande por terra; ~r See por mar **4** Preis: ~ (je) 2 Euro a dois euros (cada um/uma) **5** Ziel, Zweck: para, a; ~ j-s Gunsten a favor de alg; ~m Frühstück ao pequeno almoço; bras no café da manhã **6** Anlass: por (motivo de); Thema, Sache: quanto a, com respeito a; **zum Geburtstag** pelo aniversário **7** Art u. Weise: **freundlich** etc ~ amável etc (para) com; ~ **dritt** etc aos (bras em) três etc; **zu Hunderten** às (bras em) centenas; ~ **meiner großen Freude** com grande alegria minha; bras para minha grande alegria **8** Verhältnis: a; (mal) por; **2 ~ 0** siegen por dois a zero **9** mit inf: a; para; de; que **B** ADV **ab und ~** uma vez por outra; (geschlossen) fechado; ~ **sehr**, ~ **viel** demais, demasiado, ~ **groß** etc demasdo ..., muito ..., ... demais; ~ **wenig** de menos; ~ **wenig sein** não chegar **C** INT **Tür ~!** fechar a porta!; **nur ~!** vamos!

zu'allererst [tsu:'ʔalɐr'ʔe:rst] ADV o primeiro de todos; antes de mais nada **zu'allerletzt** ADV o último de todos; em último lugar

'zubauen ['tsu:bauən] tapar; emparedar
'Zubehör ['tsu:bəhø:r] N equipamento m; acessórios mpl
'zubeißen morder **zubekommen** ⟨-⟩ conseguir fechar
'Zuber ['tsu:bɐr] M cuba f, tina f
'zubereiten ⟨-e-; -⟩ preparar **Zubereitung** F preparação f; apresentação f
'zubilligen conceder **zubinden** atar; ligar; Augen vendar **zubleiben** ⟨s.⟩ umg ficar fechado **zublinzeln** ⟨-le⟩ piscar um olho

'Zubringer ['tsu:brɪŋɐr] M → Zubringerbus, Zubringerstraße **Zubringerbus** M autocarro m de ligação **Zubringerdienst** M serviço m de ligação **Zu-**

bringerstraße F estrada f de ligação; zur Autobahn: acesso m rodoviário
Zucht [tsʊxt] F AGR criação f; a. BOT cultura f **'Zuchtbulle** M ⟨-n⟩ marel m
'**Zuchteber** M varrão m **'züchten** ['tsʏçtən] ⟨-e-⟩ AGR criar; BOT, MED cultivar **'Züchter(in)** M(F) AGR criador(a) m(f); cult(ivador)or(a) m(f)
'Zuchthaus N hist penitenciária f; Strafe: pena f de reclusão
'Zuchthengst M garanhão m
'züchtigen ['tsʏçtɪgən] açoutar; fig castigar **Züchtigung** ['tsʏçtɪgʊŋ] F castigo m
'Zuchtperle F pérola f de cultura (bras cultivada) **Zuchtstier** M marel m
Zuchtstute F égua f de criação (bras reprodutora) **Zuchttier** N animal m semental (bras reprodutor) **'Züchtung** ['tsʏçtʊŋ] F criação f; BOT, MED cultura f
'Zuchtvieh N ⟨-(e)s; o. pl⟩ gado m de criação (bras reprodutor) **Zuchtwahl** F sele(c)ção f
'zucken ['tsʊkən] palpitar; Blitz fulminar; Flamme oscilar; am ganzen Körper: contrair-se convulsivamente; (schaudern) estremecer; **mit den Achseln** ~ encolher os ombros; **mit den Wimpern** ~ pestanejar
'zücken ['tsʏkən] tirar; puxar por; Degen a. desembainhar
'Zucker ['tsʊkɐr] M ⟨-s; o. pl⟩ açúcar m; ~ **haben** MED umg ter diabetes **Zuckerdose** F açucareiro m **Zuckerfabrik** F refinaria f de açúcar **Zuckerguss** M cobertura f de açúcar; **mit** ~ (kandiert) confeitado; bras caramelado **zuckerhaltig** ['tsʊkɐrhaltɪç] açucarado **Zuckerhut** M pão-de-açúcar m; pilão m **zuckerig** açucarado **Zuckerindustrie** F indústria f de açúcar
'**zuckerkrank** diabético **Zuckerkranke** MF diabético m, -a f **Zuckerkrankheit** F ⟨o. pl⟩ diabete(s) f
'Zuckermandel F amêndoa f doce **zuckern** ⟨-re⟩ açucarar **Zuckerrohr** N cana f de açúcar **Zuckerrohrpflanzung** F canavial m de açúcar **Zuckerrübe** F beterraba f **zuckersüß** açucarado; muito doce; fig pej melífluo **Zuckerwasser** M ⟨-s; o. pl⟩ água f açucarada **Zuckerwatte** F algodão m doce **Zuckerzange** F pinça f para

Zuckerrohr

Brasilien produziert seit Langem weltweit die größte Menge an Zuckerrohr mit den gleichzeitig niedrigsten Produktionskosten. Dies ist nicht nur auf das günstige Klima und die fruchtbaren Böden zurückzuführen, die bis zu drei Ernten im Jahr zulassen, sondern beruhte in der Vergangenheit auch darauf, dass seit dem 16. Jahrhundert Millionen von Afrikanern nach Brasilien in die Sklaverei verschleppt wurden. So war der arbeitsintensive Plantagenanbau von Zuckerrohr hochrentabel.
Der Zuckerrohrsaft wird hauptsächlich zu Zucker verarbeitet, aber auch zu Schnaps (**cachaça, pinga**), oder ganz frisch getrunken (**caldo de cana**).
In den 70er-Jahren begann Brasilien außerdem, aus Rohrzucker Ethanol als Biotreibstoff zu herzustellen. Seit der Jahrtausendwende boomt der Absatz, auch im Export. Viele brasilianische Motoren können heute sowohl mit Benzin als auch mit Bioethanol fahren. Den Biosprit gibt es an fast jeder Tankstelle in Brasilien.

açúcar

'Zuckung ['tsʊkʊŋ] F̄ MED contra(c)ção f, convulsão f, palpitação f
'zudecken ['tsuːdɛkən] V/T (& V/R) (**sich**) ~ cobrir(-se); abafar(-se); *Öffnung* tapar
zu'dem ADV além disso, de mais a mais
'zudenken j-m etw destinar **zudrehen** fechar; **j-m den Rücken ~** virar as costas a alg **zudringlich** importuno; impertinente; abelhudo **Zudringlichkeit** F̄ importunidade f; impertinência f **zudrücken** fechar; **ein Auge ~** *fig* fechar os olhos (**bei** a); *bras* tapar um olho (**bei** para) **zueignen** ⟨-e-⟩ dedicar; JUR adjudicar **zueilen** ⟨s.⟩ ~ **auf** (*akk*) correr para
zuei'nander ADV um ao outro, uns ao outros, uma(s) à(s) outra(s) **zueinanderpassen** quadrar; adaptar-se; *fig* dar bem juntos
'zuerkennen ⟨-⟩ adjudicar; conceder; *Strafe* infligir
zu'erst [zuˈʔɛːrst] ADV (em) primeiro (lugar); **etw ~ tun** começar com a/c; começar por fazer a/c
'zufächeln ⟨-le-⟩ V/R **sich** (*dat*) **Luft** *od* **Kühlung ~** abanar-se **zufahren** ⟨s.⟩ *schon voraus*: ir andando; *weiter*: seguir; *schneller*: ir mais depressa; ~ **auf** (*akk*) dirigir-se para; *hastig*: precipitar-se sobre
'Zufahrt F̄ acesso m **Zufahrtsstraße** F̄ rua f de acesso
'Zufall M acaso m; **so ein ~!** que coincidência! **zufallen** ⟨s.⟩ ▊ *Tür etc* fechar-se ▋ **j-m ~** *tocar* a alg; *Los, Pflicht, um* caber a alg; (*leichtfallen*) não custar nada a alg **'zufällig** ▲ ADJ casual, acidental,

fortuito; MATH aleatório ▋ ADV por casualidade, por coincidência; por acaso **'Zufälligkeit** F̄ casualidade f **'Zufalls...** IN ZSSGN casual, acidental **Zufallstreffer** M̄ golpe m de acaso
'zufassen ⟨-t-⟩ deitar a mão (a) **zufaxen** V/T fax a alg (*od* via) fax a alg **zufliegen** ⟨s.⟩ ~ **auf** (*akk*) voar para; *fig* **j-m ~** não custar nada a alg **zufließen** ⟨s.⟩ afluir (a. *fig*) **Zuflucht** F̄ ⟨o. *pl*⟩ abrigo m, refúgio m, asilo m; (*Ausweg*) recurso m; **s-e ~ neh- men zu** recorrer a **Zufluchtsort** M̄ refúgio m, asilo m **Zufluss** M̄ afluência f (a. *fig*); GEOG afluente f **zuflüstern** ⟨-re-⟩ segredar
zu'folge [tsuˈfɔlgə] PRÄP ⟨*dat, nachgestellt*⟩ segundo; em consequência de
zu'frieden contente, satisfeito **zufriedengeben** V/R **sich ~** dar-se por satisfeito; **sich mit etw ~** contentar-se com a/c **Zufriedenheit** F̄ ⟨o. *pl*⟩ contentamento m, satisfação f; *des Gemütes*: sossego m; **zu j-s ~** a contento de alg **zufriedenlassen** deixar em paz **zufriedenstellen** *j-n* satisfazer, contentar **zufriedenstellend** ADJ satisfatório
'zufrieren ⟨s.⟩ gelar, cobrir-se de gelo
'zufügen acrescentar; *Schaden etc* causar, infligir **'Zufuhr** ['tsuːfuːr] F̄ transporte m (*a.* TECH); TECH (*Versorgung*) alimentação f; *v. Wasser*: adução f **'zuführen** levar (a); *Kunden* arranjar
Zug[1] [tsuːk] M̄ ⟨-(e)s; ⸚e⟩ ▊ *Bewegung*: tirada f; puxada f; *heftiger*: puxão m; tra(c)ção f; *im Spiel*: lance m, muda f; **im ~(e)** *der Maßnahmen etc* em virtude f

de; **zum ~(e) kommen** entrar em a(c)ção ② (*Atemzug*) folgo *m*; fôlego *m*; *Rauchen*: chupada *f*; *Trinken*: trago *m*; **auf e-n, in** *od* **mit e-m ~** de um trago; **in den letzten Zügen liegen** agonizar; *fig* (*fast fertig sein*) estar quase terminando (**mit etw** com a/c) ③ (*Luftzug*) corrente *f* de ar; *Ofen*: tiragem *f*, tragada *f* ④ (*Charakter-, Federzug*) rasgo *m*; *a.* (*Gesichtszug*) traço *m*; **in groben Zügen** *fig* a traços largos; *bras* grosso modo ⑤ (*Griff*) puxador *m*

Zug² [tsuːk] M ⟨-(e)s, ⸚e⟩ ① BAHN comboio *m*; *bras* trem *m*; **mit dem ~** de comboio; *bras* de trem ② (*Marsch*) marcha *f*; *umg* (*Festzug*) cortejo *m*; (*Leichenzug*) préstito *m* ③ (*Gruppe, Schar*) MIL pelotão *m*; *Reiter*: grupo *m*, cavalgada *f*; *Vögel*: bandada *f*; *bras* bando *m*

'**Zugabe** F suplemento *m*; acréscimo(s) *m*(*pl*); *Konzert*: número *m* extraprograma; *bras* bis *m*; **e-e ~ spielen** tocar extraprograma; *bras* bisar

'**Zugabteil** N compartimento *m* de comboio (*bras* trem)

'**Zugang** M acesso *m*; entrada *f* '**zugänglich** ['tsuːgɛŋlɪç] acessível **Zugangsberechtigung** F autorização *f* de acesso

'**Zuganschluss** M ligação *f* de comboio (*bras* trem) '**Zugbrücke** F ponte *f* levadiça

'**zugeben** ① (*dazugeben*) dar a mais ② *fig* admitir; reconhecer; (*bekennen*) confessar ③ (*erlauben*) permitir, deixar

zu'gegen ADV *geh* presente; **~ sein bei** *a.* assistir a, presenciar

'**zugehen** ⟨s.⟩ ① (*geschehen*) acontecer; ser possível; **nicht mit rechten Dingen ~** haver (*od* ter) gato ② (*schließen*) fechar ③ (*schon vorangehen*) ir andando; (*schneller gehen*) acelerar o passo; (*weitergehen*) seguir (já para a frente); **~ auf** (*akk*) aproximar-se de; **dem Ende ~** aproximar-se do fim ④ *Brief etc* **j-m ~** ser enviado a alg, chegar às mãos de alg; **~ lassen** enviar, mandar

'**zugehören** ⟨-⟩ pertencer **zugehörig** correspondente; afim; *j-m* pertencente **Zugehörigkeit** F pertença *f*; POL filiação *f*; *zu e-m Staat*: nacionalidade *f*

'**Zügel** ['tsyːgəl] M ⟨-s⟩ *m*; *a. fig* rédea(s) *f*(*pl*); **die ~ anziehen** apertar as rédeas; **die ~ lockern** *od* **schießen lassen** soltar, abandonar as rédeas **zügellos** desenfreado; abandonado **Zügellosigkeit** ['tsyːgəloːzɪçkaɪt] F ⟨*o. pl*⟩ desenfreamento *m*; *fig a.* libertinagem *f* '**zügeln** ⟨-le⟩ refrear, enfre(n)ar; *fig a.* reprimir

'**zugesellen** ⟨-⟩ *geh* (a)juntar; *j-m* associar, **sich j-m ~** *a.* acompanhar alg **Zugeständnis** N concessão *f* '**zugestehen** ⟨-⟩ conceder; (*eingestehen*) confessar **zugetan** ['tsuːɡaˌtaːn] *j-m, e-r Sache* dedicado a, afeiçoado a

'**Zugfestigkeit** F ⟨*o. pl*⟩ TECH resistência *f* à extensão '**Zugführer** M BAHN revisor *m* de (*od* do) comboio; *bras* cobrador *m* do trem; MIL comandante *m* de (*od* do) pelotão

'**zugießen** (*schließen*) chumbar; (*hinzufügen*) deitar (*od* pôr) mais

'**zugig** ['tsuːgɪç] ADV exposto à corrente de ar; **es ist ~** há corrente de ar '**zügig** ['tsyːgɪç] ADJ fluente; rápido; ADV rapidamente, sem interrupção

'**Zugkraft** F (força *f* de) tra(c)ção *f*; *fig* atra(c)ção *f* '**zugkräftig** HANDEL de boa venda; THEAT de êxito; **~ sein** atrair o público

zu'gleich ADV ao mesmo tempo (**mit mir** que eu); simultaneamente

'**Zugleine** F tirante *m*; SCHIFF cabo *m* de reboque **Zugluft** F ⟨*o. pl*⟩ corrente *f* de ar; ar *m* coado **Zugmaschine** F tra(c)tor *m* **Zugmittel** N reclamo *m* **Zugnummer** F número *m* do comboio (*bras* trem); *fig* atra(c)ção *f* **Zugpersonal** N pessoal *m* ferroviário **Zugpferd** N cavalo *m* de tiro **Zugpflaster** N MED emplastro *m* vesicatório

'**zugreifen** deitar a mão (a); apanhar, pegar; *bei Tisch*: servir-se; *fig* aproveitar a oportunidade

'**Zugriff** M tomada *f*; captura *f*; IT acesso *m* (**auf** a) **Zugriffsberechtigung** F IT autorização *f* de acesso **Zugriffsgeschwindigkeit** F IT rapidez *f* de acesso

zu'grunde [tsuˈɡrʊndə] ADV **~ gehen** perecer; arruinar-se; **~ gehen lassen** por a baixo, partir de; **~ liegen** (*dat*) servir de base a; (*der Grund sein für*) ser o motivo de, estar na origem de; **~ richten** arruinar

'**Zugschaffner** M revisor *m* **Zugtier** N animal *m* de tiro **Zugunglück** N

desastre m ferroviário
zu'gunsten [tsu'gʊnstən] PRÄP ⟨gen⟩, ADV ~ **(von)** a favor de; em defesa de **zu'gutehalten** não levar a mal; ter em conta; (*entschuldigen*) desculpar **zu'gutekommen** (*dat*) trazer proveito para; beneficiar
'Zugverbindung F ligação f **Zugverkehr** M ⟨-s; o. pl⟩ circulação f de comboios (*bras* trens) **Zugvogel** M ave f (*bras a.* pássaro m) de arribação
'zuhaben *umg* A VT ter fechado B VI estar fechado **zuhaken** acolchetar; fechar com gancho **zuhalten** A VT guardar fechado; cobrir com as mãos; (*sich dat*) etw ~ tapar a/c B VI *a.* (*akk*) dirigir-se para **Zuhälter** ['tsu:hɛltɐ] M chulo m, rufião m; *bras* cáften m **zuhängen** encobrir, velar **zuhauen** *umg* → zuschlagen
zu'hause [tsu'hauzə] ADV em casa; **bei mir/dir/ihr** ~ em (*od* na) minha/tua/sua casa; **bei ihr/ihm** ~ *a.* na casa dela/dele **Zu'hause** N ⟨-s; -⟩ em casa
'zuheilen ⟨s.⟩ *Wunde* sarar, cicatrizar **Zu'hilfenahme** [tsu'hɪlfəna:mə] F **unter** ~ (*gen od* **von**) com (o) auxílio de, servindo-se de, valendo-se de
'zuhören escutar; ouvir **Zuhörer(in)** M(F) ouvinte m/f **Zuhörerschaft** F auditório m
'zujubeln ⟨-le⟩ (*dat*) aclamar, vitorear, ovacionar **zukaufen** comprar ainda, comprar mais; *Spielkarte* tirar **zukehren** virar para; **j-m den Rücken** ~ virar as costas a alg **zuklappen** fechar **zukleben** colar **zuknallen** *umg* bater (com) **zuknöpfen** abotoar; **zugeknöpft** *adj fig* reservado
'zukommen ⟨s.⟩ ~ **auf** (*akk*) vir para, vir ao encontro de; **j-m** ~ competir a alg, caber a alg, pertencer a alg; **es auf sich** ~ **lassen** *fig* aguardar os acontecimentos; **j-m etw** ~ **lassen** proporcionar a/c a alg; *Brief, Nachricht* fazer chegar a/c às mãos de alg, deixar a/c (par)a alg; (*schicken*) mandar a/c a alg **zukorken** *Flasche* (ar)rolhar
'Zukunft ['tsu:kʊnft] F ⟨o. pl⟩ futuro m (*a. gram*), porvir m; **in** ~ de (*od* no) futuro, daqui em diante **'zukünftig** ADJ futuro, vindouro; ADV daqui em diante **'Zukünftige** M(F) *umg* **mein** ~**r, meine**

~ o meu futuro marido, a minha futura mulher **'Zukunftsforschung** F futurologia f **Zukunftsmusik** F ⟨o. pl⟩ *fig* quimeras fpl
'zulächeln ⟨-le⟩ *j-m* sorrir a, sorrir-se para **'Zulage** F aumento m; suplemento m **zu'lande** ADV → Land **'zulangen** (*tüchtig arbeiten*) trabalhar com afinco; *bei Tisch*: servir-se; **kräftig** ~ servir-se abundantemente **'zulänglich** suficiente
'zulassen admitir; (*erlauben*) permitir; *umg Tür* deixar fechado **'zulässig** admissível; (*erlaubt*) permitido; lícito **'Zulässigkeit** F ⟨o. pl⟩ legitimidade f **'Zulassung** F admissão f; autorização f **'Zulassungsbescheinigung** F carteira f profissional; AUTO livrete m; *bras* licença f **'Zulassungsprüfung** F exame m de admissão (*od* aptidão)
zu'lasten PRÄP ⟨gen⟩, ADV ~ **von** a cargo de; à (*bras* por) conta de; *Bank*: a débito de
'Zulauf M ⟨-(e)s; o. pl⟩ afluência f, concorrência f; **großen** ~ **haben** *a.* ser muito concorrido; THEAT ser muito frequentado; *Arzt etc a.* ter grande clientela f **zulaufen** ⟨s.⟩ **1** *j-m* ~ vir para alg **2** ~ **auf** (*akk*) correr para; **spitz** ~ terminar em ponta
'zulegen *umg* (*draufgeben*) acrescentar; *Gehalt* dar mais; (*Tempo steigern*) fazer (mais) depressa; **sich** (*dat*) **etw** ~ adquirir a/c; *umg* arranjar a/c
zu'leide [tsu'laidə] ADV *j-m* **etw/nichts** ~ **tun** fazer/não fazer mal a alg, ofender/ /não ofender alg
'zuleiten ⟨-e-⟩ (*verteilen*) distribuir (*entre*); TECH levar; *Wasser a.* aduzir **'Zuleitung** F TECH conduta f; canalização f
zu'letzt [tsu'lɛtst] ADV em último lugar; por fim; ~ **kommen** ser o último (a chegar)
zu'liebe PRÄP ⟨*dat, nachgestellt*⟩ **j-m** ~ por amor de alg
'Zulieferer M fornecedor m **Zulieferindustrie** F indústria f fornecedora
zum [tsum] PRÄP & ART (**zu dem**) → zu
'zumachen A VT fechar; (*zuknöpfen*) abotoar B VI fechar; *umg* (*sich beeilen*) fazer depressa, aviar-se **zumailen** VT *j-m etw* ~ enviar a/c por (*od* via) email

a alg

zu'mal [tsuˈmaːl] **A** ADV (*besonders*) sobretudo **B** KONJ (*da*) tanto mais (quanto é certo) que

'zumauern ⟨-re-⟩ emparedar

zu'meist ADV na maior parte; em geral, geralmente

'zumessen medir; **j-m sein Teil** ~ dar a ração a alg

zu'mindest ADV pelo (*od* ao) menos

'zumutbar razoável; exigível **zu'mute** [tsuˈmuːtə] ADV **mir ist nicht wohl** ~ não me sinto bem (**bei** com) **'zumuten** ⟨-e-⟩ exigir (**j-m de** alg); **sich** (*dat*) **zu viel** ~ abarbar-se, exagerar **'Zumutung** [ˈtsuːmuːtʊŋ] F exigência *f*; impertinência *f*

zu'nächst **A** ADV (em) primeiro (lugar); (*vorläufig*) por agora **B** PRÄP ⟨*dat*⟩ muito perto de

'zunageln ⟨-le-⟩ pregar **'zunähen** coser; consertar **'Zunahme** [ˈtsuːnaːmə] F aumento *m*, incremento *m*; *Mond*: crescer *m* **'Zuname** M apelido *m*

'zünden [ˈtsʏndən] ⟨-e-⟩ acender; pegar (*a. fig*); *Motor* fazer explosão; *fig* ele(c)trizar, arrebatar **'zündend** ADJ *fig* vibrante **'Zunder** [ˈtsʊndɐ] M isca *f* **'Zünder** [ˈtsʏndɐ] M MIL espoleta *f*

'Zündholz [ˈtsʏnthɔlts] N fósforo *m* **Zündholzschachtel** F caixa *f* de fósforos **Zündkerze** F vela *f* (de ignição) **Zündschloss** N ignição *f* **Zündschlüssel** M chave *f* de ignição **Zündschnur** F mecha *f* **Zündstoff** M matéria *f* (*od* material *m*) inflamável; *fig* (*brisante Sache*) assunto *m* explosivo **Zündung** [ˈtsʏndʊŋ] F inflamação *f*; AUTO ignição *f*

'zunehmen aumentar (**an** *dat* de, em); crescer (*a. Tage, Wasser*); *Mond* estar no crescente; *Fieber* subir; (*dicker werden*) engordar **zunehmend** ADJ crescente (*a. Mond*); progressivo

'zuneigen VR & VRI (**sich**) ~ (*dat*) inclinar-se para; simpatizar com; **sich dem Ende** ~ ir-se acabando **Zuneigung** F inclinação *f* (para), simpatia *f* (para com); *stärker*: afeição *f*

Zunft [tsʊnft] F ⟨-; ⁼e⟩ *hist* corporação *f* **'zünftig** [ˈtsʏnftɪç] *umg* em forma

'Zunge [ˈtsʊŋə] F língua *f*; TECH lingueta *f*; MUS *a*. palheta *f*; *Waage*: fiel *m*; **e-e**

böse ~ **haben** ser (*bras* ter) má língua; *Wort* **es liegt mir auf der** ~ *fig* está-me na ponta da língua **'züngeln** [ˈtsʏŋəln] ⟨-le-⟩ *Feuer* levantar-se em (*bras* lançar) labaredas; *Schlange* sibilar **'Zungenspitze** F ponta *f* da língua **'Züngłein** [ˈtsʏŋlaɪn] N ⟨-s; -⟩ *geh fig* **das** ~ **an der Waage sein** decidir

zu'nichte [tsuˈnɪçtə] ADV ~ **machen/werden** aniquilar/aniquilar-se; *Hoffnung* frustrar/frustrar-se; *Plan* malograr/malograr-se

'zunicken VT **j-m** ~ fazer sinal da cabeça a alg, saudar alg inclinando a cabeça **zu'nutze** [tsuˈnʊtsə] ADV **sich** (*dat*) ~ **machen** aproveitar-se de; utilizar **zu'oberst** ADV por cima, em cima; **das Unterste** ~ **kehren** transtornar tudo **'zuordnen** ⟨-e-⟩ agregar; coordenar **'zupacken** apanhar, pegar; (*mithelfen*) deitar a mão (**bei** a)

zu'pass [tsuˈpas] ADV *geh* ~ **kommen** vir a propósito, fazer jeito; **j-m** ~ **kommen** convir a alg

'zupfen [ˈtsʊpfən] puxar (**an** *dat* por); *Haar* arrepalar; *Mus* debilhar **'Zupfinstrument** N MUS instrumento *m* de debilhação

'zuprosten [ˈtsuːproːstən] ⟨-e-⟩ **j-m** ~ beber à saúde de alg

zur [tsuːɐ] PRÄP & ART (*zu der*) → **zu**

zu'rande ADV *nur* **mit etw** ~ **kommen** levar a/c a cabo, (*conseguir*) acabar a/c **zu'rate** ADV **j-n** ~ **ziehen** pedir conselho a alg, consultar alg, aconselhar-se com alg **'zuraten** recomendar, aconselhar (**zu etw** a/c)

'Zürcher [ˈtsyrçɐ] **A** ADJ de Zurique **B** M, **'Zürcherin** F habitante *m/f* de Zurique

zu'rechnen ⟨-e-⟩ acrescentar, juntar (na conta) **'zurechnungsfähig** JUR responsável, imputável **Zurechnungsfähigkeit** F ⟨*o. pl*⟩ responsabilidade *f* pessoal, imputabilidade *f*

zu'rechtbiegen endireitar, destorcer; *fig* arranjar **zurechtfinden** VR **sich** ~ poder orientar-se; (*den Ausgang finden*) encontrar saída; *fig im Leben*: arranjar-se; **sich nicht** ~ estar perdido; *fig* não entender nada **zurechtkommen** ⟨*s.*⟩ **mit j-m** ~ entender-se com alg; **mit etw** ~ arranjar-se com a/c **zurechtlegen** preparar, dispor, pôr em ordem; **sich** (*dat*) **etw ~** *fig* explicar-se a/c **zurechtmachen** arranjar, preparar **zurechtrücken, zurechtsetzen** ⟨-t⟩ pôr em ordem; regular **zurechtweisen** V/T **j-n ~** *fig* pôr alg no seu lugar, pôr alg a direito **Zurechtweisung** F repreensão f, reprimenda f; **e-e ~ bekommen** ser repreendido

'**zureden** V/I ⟨-e-⟩ **j-m** (**gut**) **~** procurar persuadir alg, animar alg **Zureden** N instâncias fpl, conselho(s) m(pl) **zureichen** bastar, chegar; **j-m etw ~** passar a/c a alg **zureiten** A M *Pferd* adestrar B V/I ⟨s.⟩ **~ auf** (*akk*) cavalgar para **Zureiter** M picador m

'**Zürich** ['tsy:riç] N GEOG Zurique (*ohne art*) '**Zürichsee** M, **Zürcher See** [ˈtsyrçarze:] M Lago m de Zurique

'**zurichten** ⟨-e-⟩ preparar; arranjar; TYPO ajustar; **übel ~** maltratar; *etw a.* estragar

Zur'schaustellung F ostentação f, exibição f

zu'rück [tsu'rʏk] ADV atrás, para trás; (*zurückgekehrt*) de regresso; *umg* (*zurückgeblieben*) atrasado; **~ sein** *a.* estar de volta; **hin und ~** ida e volta; **es gibt kein Zurück mehr** já não se pode voltar atrás **zu'rückbehalten** ⟨-⟩ guardar, reter; ficar com **zurückbekommen** ⟨-⟩ tornar a receber; recuperar; *Wechselgeld* receber de troco; **ich habe etw ~** devolveram-me a/c **zurückbeordern** ⟨-e-; -⟩ chamar **zurückbeugen** inclinar para trás **zurückbleiben** ⟨s.⟩ ficar (atrás *od* retido); **~ hinter j-s Erwartungen** não corresponder a **zurückblicken** olhar atrás; **~ auf** (*akk*) lançar um olhar retrospe(c)tivo (par)a; *fig* **~ können auf** (*akk*) ter **zurückbringen** j-n acompanhar (para casa); reconduzir; (*holen*) ir buscar; *etw* trazer; levar; (*geben*) devolver; *fig* (*zurückwerfen*) atrasar; **j-n a.** fazer perder tempo a

zu'rückdatieren ⟨-⟩ antedatar; *bras* predatar **zurückdenken** V/I **~ an** (*akk*) recordar(-se de) **zurückdrängen** repelir; fazer recuar; *fig* reprimir **zurückdrehen** virar para trás; baixar **zurückdürfen** ter licença *od* direito para voltar **zurückhalten** ⟨-⟩ → zurückbekommen **zurückerinnern** ⟨-re⟩ V/R **sich ~ an** (*akk*) recordar(-se de) **zurückerobern** ⟨-re; -⟩ reconquistar **zurückerstatten** ⟨-e-; -⟩ reembolsar **zurückerwarten** V/T ⟨-e-; -⟩ esperar o regresso de

zu'rückfahren A V/T reconduzir (no carro); levar para casa (no carro); *bras* levar de volta (no carro) B V/I ⟨s.⟩ voltar (de carro); *fig* recuar assustado **zurückfallen** ⟨s.⟩ cair para trás; *fig* **~ an, in** (*akk*) recair em; **~ auf** (*akk*) recair sobre **zurückfinden** (**sich**) **~** encontrar o caminho para trás (*od* para visita) **zurückfliegen** ⟨s.⟩ **~ nach** regressar a, voar novamente para **zurückfließen** ⟨s.⟩ refluir **zurückfordern** reclamar, reivindicar **zurückführen** reconduzir; **~ auf** (*akk*) reduzir a; *auf ein Versehen* atribuir a **zurückgeben** devolver; restituir; *Geld* reembolsar **zurückgeblieben** *fig geistig*: atrasado **zurückgehen** ⟨s.⟩ voltar atrás; recuar, retroceder; *Fieber, Preise* descer; *fig* **~ auf** (*akk*) remontar a; partir de; **~ lassen** devolver **zurückgewinnen** recuperar, reconquistar

zu'rückgezogen [tsu'rʏkɡətso:ɡən] retirado, recolhido **Zurückgezogenheit** F ⟨*o. pl*⟩ retiro m, recolhimento m **zu'rückgreifen** V/I **~ auf** (*akk*) recorrer a; remontar a, partir de **zurückhaben** V/T **~ wollen** reclamar, pedir a devolução de

zu'rückhalten deter; reter; conter; *fig* impedir; **sich ~** conter-se, observar certa reserva; **mit etw ~** abster-se de a/c **zurückhaltend** ADJ reservado, discreto **Zurückhaltung** F reserva f, discrição f

zu'rückholen ir buscar **zurückkehren** ⟨s.⟩ regressar, voltar **zurückklappen** abrir, desdobrar; (*hochklappen*) levantar **zurückkommen** ⟨s.⟩ voltar; regressar; *fig* ficar atrás; **~ auf** (*akk*) voltar a falar de **zurückkönnen** poder voltar (atrás) **zurücklassen** deixar (atrás *od* ficar) **Zurücklassung** [tsu'rʏklasʊŋ] F **unter ~** (*gen*) abandonando (*akk*), deixando (ficar) **zurücklaufen** ⟨s.⟩ correr para trás; retroceder; → zurückfließen **zurücklegen** pôr de parte, pôr de lado; *Weg* vencer, percorrer; **an s-n Platz ~** repor no seu lugar

zurücklehnen encostar **zurückliegen** ter passado; datar de; *(Rückstand haben)*; *bes* SPORT estar atrás **zurückmelden** ⟨-e-⟩ responder; **sich** ~ participar o seu regresso; **sich bei j-m** ~ apresentar-se a alg **zurückmüssen** *umg* ter de voltar; ter de recuar

Zu'rücknahme [tsu'rʏknaːmə] F̄ retirada *f*; *fig a. Äußerung:* retra(c)tação *f*; HANDEL anulação *f* **zurücknehmen** V̄T̄ retirar; *Ware* aceitar (quando devolvido), admitir a devolução de; *fig Äußerung* revogar; **seine Aussage** ~ retra(c)tar-se; **sein Wort** ~ desdizer-se

zu'rückprallen ⟨s.⟩ ressaltar; *j-d* recuar espantado **zurückrechnen** ⟨-e-⟩ fazer remontar o seu cálculo **zurückreichen** V̄T̄ **bis** remontar a, ter a sua origem em **zurückreisen** ⟨-t; s.⟩ voltar; regressar **zurückrufen** chamar; **ins Gedächtnis** ~ fazer recordar, fazer lembrar, evocar; **ins Leben** ~ reanimar, ressuscitar **zurückschalten** ⟨-e-⟩ AUTO **e-n Gang** ~ passar para a velocidade inferior **zurückschauen** → **zurückblicken zurückschicken** devolver; reenviar; *j-n* mandar voltar **zurückschieben** empurrar para trás; *(wegzurückschieben)* retirar **zurückschlagen** repelir *(a.* MIL*); Ball* devolver; *Decke* tirar *(a. Schleier)*, dobrar (para trás); *Verdeck* abrir **zurückschnellen** V̄T̄ ⟨s.⟩ ressaltar **zurückschrauben** *fig* reduzir **zurückschrecken** A V̄T̄ intimidar; fazer recuar B V̄T̄ ⟨s.⟩ ~ **(vor** *dat)* assustar-se (com), horrorizar-se (com), recuar (perante) **zurücksehnen** V̄R sich ~ **nach** ter saudades de

zu'rücksetzen ⟨-t-⟩ pôr atrás, *a. fig* pôr de parte; **j-n** ~ *fig* tratar alg injustamente; *im Rang:* preterir alg **Zurücksetzung** [tsuˈrʏkzɛtsʊŋ] F̄ injustiça *f*; preterição *f*, postergação *f*

zu'rücksinken ⟨s.⟩ *geh* cair para trás; ~ **in** *(akk) fig* recair em **zurückspringen** ⟨s.⟩ dar um salto para trás; *Ball etc* ressaltar **zurückspulen** rebobinar **zurückstehen** estar atrás; *fig* ~ **hinter** *(dat)* ser inferior a; ~ **müssen** ter de renunciar, ter de desistir **zurückstellen** → **zurücksetzen**; *Uhr* atrasar; *fig zeitlich:* deixar para mais tarde; pospor **zurückstoßen** repelir **zurückstrahlen** V̄T̄ refle(c)tir; V̄T̄ refle(c)tir-se **zurückstreifen** arregaçar **zurücktaumeln** ⟨-le; s.⟩ recuar estonteado **zurücktragen** levar, voltar a trazer; repor no seu lugar **zurücktreiben** A V̄T̄ repelir; *Vieh* recolher B V̄T̄ flutuar para trás **zurücktreten** ⟨s.⟩ dar um passo para trás; recuar; *fig v. e-m Amt:* demitir-se; abdicar; ~ **hinter** *(dat)* ficar atrás de **zurückverfolgen** ⟨-⟩ **etw** ~ **bis** regressar na história de a/c até **zurückverlangen** ⟨-⟩ reclamar, pedir a devolução *(od* a restituição*)* de **zurückversetzen** ⟨-e-⟩ *Schüler* obrigar a repetir o ano; *fig* **sich** ~ **in** *(akk)* transportar-se para **zurückverweisen** V̄T̄ ~ **auf** remeter a *(od* para*)* **zurückweichen** recuar; retirar-se; *fig* ceder

zu'rückweisen ⟨s.⟩ rejeitar, não aceitar; *(ablehnen)* recusar; ~ **auf** *(akk)* referir-se a, indicar **Zurückweisung** F̄ recusa *f*; rejeição *f*

zu'rückwerfen repilir *(a.* MIL*); Ball* devolver; *Licht* refle(c)tir **zurückwirken** reagir; exercer rea(c)ção **zurückwollen** querer voltar **zurückzahlen** reembolsar, devolver **Zurückzahlung** F̄ reembolso *m*, devolução *f* **zurückziehen** retirar; recolher; **sich** ~ retirar-se; *bes* MIL recuar

'Zuruf ['tsuːruːf] M̄ chamamento *m*, grito *m*; **auf** ~ kommen, zuteilen *etc* ao chamar; **durch** ~ por aclamação *f* **zurufen** *j-m etw* gritar, chamar

'zurzeit ADV a(c)tualmente, no momento

'Zusage F̄ resposta *f* afirmativa; *(Versprechen)* promessa *f*, palavra *f* **zusagen** A V̄T̄ prometer; **j-m etw auf den Kopf** ~ dizer a/c na cara de alg B V̄T̄ aceitar; *(gefallen)* **j-m** ~ agradar alg

zu'sammen [tsuˈzamən] ADV junto; em conjunto; *(im Ganzen)* ao todo, em soma; *bes* MATH, HANDEL no total; ~ **sein** estar juntos; **mit j-m** ~ *a.* em colaboração com alg

Zu'sammenarbeit F̄ ⟨o. *pl*⟩ colaboração *f*, cooperação *f* **zusammenarbeiten** ⟨-e-⟩ colaborar, cooperar *(an dat em)*

zu'sammenballen V̄T̄ (G V̄R) **(sich)** ~ conglobar(-se); *a. fig* aglomerar(-se); *fig* ~ *Gewitter, Wolken* acumular-se, acastelar-se **zusammenbauen** TECH montar **zusammenbeißen** *Zähne* cerrar; **zusammenbekommen** ⟨-⟩ conseguir juntar; *fig umg* recordar **zusammenbinden** atar, ligar **zusammenbleiben** ⟨s.⟩ ficar reunido, ficar junto **zusammenbrauen** misturar; *fig* tramar; **sich** ~ *Wolken* acastelar-se, acumular-se **zusammenbrechen** ⟨s.⟩ sucumbir; ir(-se) abaixo, vir abaixo; *Firma a.* quebrar; *Haus a.* abater-se; *Unternehmen a.* fracassar **zusammenbringen** amontoar; (conseguir) juntar; *fig wieder* ~ conseguir reconciliar **Zusammenbruch** M̲ desmoronamento *m*, ruína *f*; *fig*, MED colapso *m*; POL, MIL derrota *f* **zusammendrängen** apertar; *bras* empurrar; concentrar; *fig* resumir; **sich** ~ conglobar-se; concentrar-se **zusammendrücken** comprimir; *flach:* achatar **zusammenfahren** ⟨s.⟩ *fig j-d* estremecer **zusammenfallen** ⟨s.⟩ cair; *etw a.* abater(-se), desmoronar(-se); *zeitlich:* coincidir **zusammenfaltbar** dobradiço, de dobrar; *Möbel* dobrável, articulado **zusammenfalten** ⟨-e-⟩ dobrar **zu'sammenfassen** ⟨-t⟩ (*vereinigen*) reunir; concentrar, centralizar; coordenar; *Text, Bericht* (*kurz*) ~ resumir **zu'sammenfassend** A̲ ADJ resumido; ~e *Darstellung f* resumo *m* B̲ ADV em resumo **Zu'sammenfassung** F̲ resumo *m*; *Kräfte:* concentração *f*; coordenação *f* **zu'sammenfegen** varrer, juntar (o lixo) **zusammenfinden** VR̲ **sich** ~ encontrar-se, reunir-se, juntar-se **zusammenfließen** ⟨s.⟩ confluir; *a. fig* confundir-se **Zusammenfluss** M̲ confluência *f* **zusammenfügen** juntar, ligar; *Holz a.* ensamblar; *bras* encaixar; *fig* reunir **zusammenführen** reunir **zusammengehen** ⟨s.⟩ ir junto, andar junto; *fig* ir conforme, andar conforme

zu'sammengehören ⟨-⟩ pertencer ao mesmo grupo; (*zueinandergehören*) estar relacionado; *Personen* ser companheiros; *Dinge* fazer jogo **zusammengehörig** correspondente; par; do mesmo grupo **Zusammengehörigkeit** F̲ ⟨*o. pl*⟩ elo *m*; união *f*; afinidade *f* **Zusammengehörigkeitsgefühl** N̲ ⟨-(e)s; *o. pl*⟩ sentimento *m* de pertença (*bras*

de união) **zu'sammengesetzt** composto **zu'sammengewachsen** *Augenbrauen* unido; *Knochen* soldado **Zu'sammenhalt** M̲ ⟨-(e)s; *o. pl*⟩ consistência *f*; coesão *f*; *fig* união *f*, solidariedade *f* **zusammenhalten** A̲ VT̲ guardar junto(s); conservar intacto; *Geld* poupar B̲ VI̲ ter consistência; *Gruppe* estar unido, estar solidário **Zu'sammenhang** M̲ (co)nexo *m*, conexão *f*; *a.* PHYS coerência *f*; (*Beziehung*) relação *f*; (*Verknüpfung*) concatenação *f*; *fortlaufender:* continuidade *f*; *im Text:* contexto *m*; **in ~ bringen** concatenar; **im ~ stehen mit** estar ligado a **zusammenhängen** VI̲ **~ mit** estar ligado a, relacionar-se com, prender-se com; *Zimmer* comunicar **zusammenhängend** ADJ coerente; contínuo **zu'sammenhanglos** incoerente, desconexo

zu'sammenhauen *umg* despedaçar, destruir; **j-n ~** dar cabo de alg, dar tareia a alg; *bras* bater em alg **zusammenheften** ⟨-e-⟩ alinhavar; *Buch* brochar; *Papierblätter* agrafar **zusammenholen** ir buscar por toda a parte, juntar; recolher **zusammenkauern** VR̲ ⟨-re⟩ **sich** ~ acocorar-se, pôr-se de cócoras **Zusammenklang** M̲ consonância *f*; MUS acordo *m*; *a. fig* harmonia *f* **zu'sammenklappbar** [tsu'zamənklapbaːr] *Stuhl etc* dobrável, articulado **zusammenklappen** A̲ VT̲ dobrar; *Buch, Messer* fechar B̲ VI̲ ⟨s.⟩ *umg* cair; ter um colapso **zusammenkleben** VT̲ & VI̲ pegar; VI̲ *a.* estar pegado **zusammenkneifen** apertar; *Augen* piscar **zusammenknüllen** amarrotar, amachucar; *bras* amassar **zusammenkommen** ⟨s.⟩ reunir-se (**zu** em); *Umstände* concorrer, coincidir; **mit j-m ~** *a.* encontrar-se com alg **zusammenkrampfen** VR̲ **sich** ~ contrair-se; contorcer-se **zusammenkratzen** ⟨-t⟩ juntar; *umg fig Geld* arrebanhar **Zu'sammenkunft** [tsu'zamənkʊnft] F̲ ⟨-; ≠e⟩ encontro *m*; *a.* (*Besprechung*) reunião *f* **zu'sammenläppern** [tsu'zamənlɛpərn] *umg* **sich** ~ ir-se juntando **zusammenlassen** deixar junto, deixar juntar-se

zusammenlaufen ⟨s.⟩ concorrer, acorrer em massa; *lärmend*: amotinar-se; *(zusammenfließen)* confluir; *Farben* confundir-se; *Linien* convergir **zusammenlebbar** [tsu'zamanle:kba:r] → zusammenfaltbar **zusammenlegen** juntar; *(falten)* dobrar; HANDEL reunir; *Aktien* consolidar; *Geld* ~ cotizar-se **zusammenleimen** colar **zusammenliegen** estar junto; *Räume* confinar **zusammenlöten** ⟨-e-⟩ soldar **zusammennageln** ⟨-le⟩ encravar **zusammennähen** V/T *(wieder)* ~ (re)coser **zusammennehmen** tomar em conjunto; *(vereinigen)* juntar, reunir; *Gedanken* recolher; **sich ~** conter-se; fazer um esforço; controlar-se; **alles zusammengenommen** em soma **zusammenpacken** embrulhar, empacotar **zusammenpassen** ⟨-t⟩ V/T condizer; fazer jogo; TECH ajustar; dar-se; *Farbe* dizer bem, casar-se; *Töne* harmonizar **zusammenpferchen** amontoar, encerrar

Zu'sammenprall M ⟨-(e)s; -e⟩ choque m, embate m **zusammenprallen** ⟨s.⟩ chocar, embater

zusammenpressen ⟨-t⟩ comprimir; apertar **zusammenraffen** apanhar (a toda a pressa); *Reichtum* acumular; **sich ~** aprumar-se; fazer um (grande) esforço **zusammenrechnen** ⟨-e-⟩ somar; fazer a adição **zusammenreimen** **sich** *(dat)* **etw** ~ encontrar uma explicação para a/c **zusammenreißen** V/R **sich ~** conter-se; fazer um esforço **zusammenrollen** enrolar **zusammenrotten** [tsu'zamanrɔtən] ⟨-e-⟩ V/R **sich ~** reunir-se; abandoar-se; *Menge* amotinar-se **zusammenrücken** V/T ⟨h.⟩, V/I ⟨s.⟩ juntar(-se), chegar(-se); **näher ~** juntar-se mais **zusammenrufen** convocar; chamar **zusammenscheißen** *vulg* descompor, dar uma ensaboadela a; *bras* esculhambar **zusammenschieben** juntar **zusammenschlagen** A V/T *(vereinigen)* juntar; *(vernichten)* dar cabo de, partir com pancadas; *Hände* bater; **die Hände (über dem Kopf) ~** *fig* ficar pasmado; *umg* **j-n**

~ dar cabo de alg, dar uma surra em alg B V/I ⟨s.⟩ fechar-se; **über j-m ~** sepultar alg **zusammenschließen** juntar, encadear; **sich ~** unir-se **Zusammenschluss** M união f; WIRTSCH, POL **d.** fusão f **zusammenschmelzen** V/T ⟨h.⟩, V/I ⟨s.⟩ derreter(-se); *Metalle* amalgamar(-se); V/I *fig* ir se diminuindo **zusammenschnüren** atar; *fig Herz* confranger, apertar **zusammenschrauben** juntar por parafusos, aparafusar **zusammenschrecken** ⟨s.⟩ estremecer **zusammenschreiben** escrever numa palavra; *Text* compilar **zusammenschrumpfen** ⟨s.⟩ enrugar (-se), encolher; MED atrofiar; *fig* diminuir **zusammenschütten** ⟨-e-⟩ misturar **zusammenschweißen** ⟨-t⟩ soldar **Zusammensein** N ⟨-s; o. *pl*⟩ assembleia (*bras* *é) f, reunião f

zu'sammensetzen ⟨-t⟩ **1** compor; TECH montar, armar; **sich ~ aus** compor-se de **2** **sich ~** *Personen* sentar-se juntos, reunir-se; **sich mit j-m ~** reunir-se com alg **Zusammensetzung** F [tsu'zamanzɛtsʊŋ] F composição f

zu'sammensinken ⟨s.⟩ sucumbir; ir abaixo; desmoronar-se **zusammensitzen** V/I **mit j-m ~** estar (sentado) junto de alg; estar (reunido) com alg **zusammensparen** ir economizando **Zusammenspiel** N conjunto m; v. *Farben*: combinação f; v. *Kräften*: concurso m **zusammenspielen** MUS tocar ao mesmo tempo, concertar; THEAT contracenar; *fig* corresponder-se, combinar-se, entrar em combinação; SPORT **gut ~** formar uma boa equipa; *bras* formar um bom time **zusammenstauchen** *umg* **j-n ~** dar uma decompostura a alg **zusammenstecken** A V/T segurar com alfinetes; **die Köpfe ~** mexericar B V/I estar junto; *umg* **immer ~** *Personen* estar sempre pegado **zusammenstehen** estar junto, formar grupo(s); *fig* fazer causa comum, ajudar-se mutuamente **zu'sammenstellen** reunir; combinar; conjugar; TECH montar, armar; *schriftlich*: compilar; *Liste* organizar; *Ergebnisse* classificar **Zusammenstellung** F combinação f; lista f; compilação f; *(Tabelle)* quadro m sinóptico

Zu'sammenstoß M choque m, embate m; v. Kräften a.: colisão f; MIL encontro m; fig conflito m **zusammenstoßen** A VII ⟨h.⟩ chocar, embater, bater, colidir; SCHIFF abalroar; (sich berühren) tocar-se, encontrar-se; confinar B VII ⟨h.⟩ fazer chocar, fazer embater, fazer colidir **zu'sammenstreichen** cortar parte de, reduzir **zusammenströmen** ⟨s.⟩ confluir; *Leute* afluir, acorrer em massa **Zusammensturz** M̄ desmoronamento m; derrocada f; ruína f **zusammenstürzen** ⟨-t; s.⟩ desmoronar-se **zusammensuchen** rebuscar (a. fig), ir buscar por toda a parte **zusammentragen** reunir; juntar; *Texte a.* compilar **zusammentreffen** VII ⟨s.⟩ encontrar-se; reunir-se **Zusammentreffen** N̄ encontro m; *zeitlich u. Umstände:* coincidência f **zusammentreten** ⟨s.⟩ reunir-se **zusammentrommeln** ⟨-le⟩ reunir, convocar **zusammentun** juntar; **sich** ~ *a.* unir-se, fazer causa comum; associar-se **zusammenwachsen** ⟨s.⟩ concrescer; crescer junto; MED soldar-se **zusammenwerfen** juntar, amontoar; fig confundir **zusammenwirken** VII cooperar; *Umstände* concorrer **Zusammenwirken** N̄ cooperação f; concurso m **zusammenwohnen** coabitar; morar na mesma casa (**mit** que) **zusammenwürfeln** ⟨-le⟩ confundir, misturar; **bunt zusammengewürfelt** misturado, variegado **zusammenzählen** somar **zusammenziehen** A VII contrair; *Augenbrauen* franzir; (verengen) estreitar, apertar; MED adstringir; MIL concentrar; **sich** ~ apertar-se, constranger-se; *Stoff* encolher; *Gewitter* acumular-se B VII ⟨s.⟩ ir viver junto **zusammenzucken** ⟨s.⟩ sobressaltar-se

'Zusatz ['tsu:zats] M̄ *Text:* aditamento m; JUR codicilo m; CHEM aditivo m; (Beimischung) ingrediente m **'Zusatz...** IN ZSSGN adicional; suplementar **'zusätzlich** ['tsu:zɛtslɪç] A ADJ adicional; suplementar; acessório B ADV adicionalmente **'Zusatzstoff** M̄ CHEM aditivo m

zu'schanden [tsu'ʃandən] ADV ~ machen *Pläne* frustrar

'zuschanzen ['tsu:ʃantsən] VII ⟨-t⟩ **j-m etw** ~ *umg* arranjar a/c para alg

'zuschauen (*dat od* **bei etw**) ver, olhar; assistir (a), observar; ~, **dass** tratar de (*inf*) **Zuschauer(in)** M̄(F) espe(c)tador(a) m(f) **Zuschauerraum** M̄ sala f (de espe(c)táculo)

'zuschaufeln ⟨-le⟩ entulhar **zuschicken** enviar, mandar remeter **zuschieben** *Tür etc* fechar; *Riegel* correr; fig **j-m etw** ~ fazer passar a/c a alg; *Schuld* atribuir a/c a alg, imputar a/c alg **zuschießen** fig umg *Geld* ~ subsidiar, subvencionar

'Zuschlag M̄ **1** (Gebühr) suplemento m; sobretaxa f; aumento m **2** *Auktion, Ausschreibung:* adjudicação f, arrematação f; **den** ~ **erhalten** obter adjudicação **zuschlagen** A VII **1** fechar (a bater); *Buch* fechar; **j-m die Tür vor der Nase** ~ dar com a porta na cara de alg **2** *Auktion:* adjudicar; (zurechnen) acrescentar B VII **1** ⟨h.⟩ (schlagen) dar um golpe **2** ⟨s.⟩ *Tür* fechar-se (de golpe) **zuschlagspflichtig** sujeito à sobretaxa

'zuschließen fechar (à chave) **zuschmeißen** umg j-m etw atirar; *Tür* fechar com estrondo **zuschnappen 1** *Tier* abocar; *bras* abocanhar **2** *Tür* ⟨s.⟩ fechar-se de repente **zuschneiden** talhar **zuschneien** ⟨s.⟩ cobrir-se de neve **Zuschnitt** M̄ *Kleidung:* corte m; feitio m; fig cará(c)ter m, estilo m; *j-s:* talhe m **zuschnüren** a(per)tar; *Stiefel* abotinar; **j-m die Kehle** ~ estrangular alg **zuschrauben** aparafusar

'zuschreiben (dat) conferir (por escrito); assentar (na conta de); (hinzufügen) acrescentar; fig **j-m** atribuir; *Schuld a.* imputar; **zuzuschreiben sein** dever-se; **sie hat es sich selbst zuzuschreiben** a culpa é dela **'Zuschrift** F̄ carta f, participação f

zu'schulden ADV **sich** (dat) **etw** ~ **kommen lassen** cometer qualquer falta; cometer a falta de fazer algo

'Zuschuss M̄ subsídio m, subvenção f **Zuschussbetrieb** M̄ WIRTSCH empresa f mantida por subvenção

'zuschütten ⟨-e-⟩ entulhar

'zusehen ver, olhar, observar (**bei etw** a/c); assistir (**bei** a); ~, **dass** tratar de (*inf*) **zusehends** ADV a olhos vistos

'zusenden mandar; remeter **zusetzen** ⟨-t⟩ acrescentar; (verlieren) perder,

ZUVE

sacrificar; *Geldmittel* pôr do seu bolso; **j-m (hart)** ~ apertar alg, importunar alg; *und* abarrancar alg **zusichern** ⟨-re⟩ assegurar, asseverar; prometer **Zusicherung** F asseveração f, promessa f **zuspielen** *Ball* passar a; *fig* proporcionar a **zuspitzen** ⟨-t⟩ apontar, aguçar; *sich* ~ rematar em ponta, adelgaçar; *fig Lage* agravar-se

'**zusprechen** adjudicar; **j-m Mut** ~ animar alg; **j-m Trost** ~, **j-m gut** ~ consolar alg, sossegar alg; **dem Alkohol** ~ gostar da pinga; *bras* gostar de beber **Zuspruch** M ⟨-(e)s; o. pl⟩ **1** (*Rat*) conselhos *mpl*; (*Trost*) consolações *fpl*; *bras* consolo m **2** (*Zulauf*) afluência f; **viel ~ haben** ter muita clientela

'**Zustand** M estado m; (*Beschaffenheit*) condição f, condições *fpl*; **Zustände** *Lage*: situação f; **in gutem ~ sein** estar em boas condições

zu'stande [tsuˈʃtandə] ADV ~ **bringen** realizar; ~ **kommen** dar-se, realizar-se **Zustandekommen** N realização f '**zuständig** competente; responsável; (**nicht**) ~ **sein** (não) ser o *od* a responsável '**Zuständigkeit** F ⟨o. pl⟩ competência f

zu'stattenkommen [tsuˈʃtatnkɔmən] VI vir a propósito; *j-m* reverter em favor de

'**zustecken** segurar com alfinete; *fig* **j-m etw** ~ dar *od* passar a/c (furtivamente) a alg '**zustehen** *j-m* pertencer; caber '**zusteigen** ⟨s.⟩ entrar, subir

'**Zustellbezirk** [ˈtsuːʃtɛlbətsɪrk] M *Postverteilung*: zona f de distribuição **zustellen** *Tür* tapar; *Paket etc* remeter, entregar (ao domicílio); *Briefe* distribuir **Zustellung** F entrega f; envio m; distribuição f; *amtlich*: notificação f **Zustellungsgebühr** F *Pakete etc*: porte m, taxa f de entrega

'**zusteuern** ⟨-re⟩ VI ⟨s.⟩ ~ **auf** (*akk*) dirigir-se a *od* para; seguir o rumo de '**zustimmen** *e-r Sache*: concordar (com), anuir (a); estar de acordo (com); **j-m** ~ a. aprovar a opinião *etc* de alg '**zustimmend** ADJ afirmativo '**Zustimmung** F assentimento m, consentimento m; adesão f

'**zustopfen** tapar; vedar '**zustoßen** A VI fechar a empurrar B VI **1** ⟨h.⟩

dar um golpe; *beim Fechten*: dar uma estocada **2** ⟨s.⟩ (*geschehen*) *j-m* acontecer, suceder '**zustreben** dirigir-se (par)a; tender para

'**Zustrom** M ⟨-(e)s; o. pl⟩ afluência f '**zuströmen** ⟨s.⟩ (*dat*) afluir f '**zustürzen** ⟨-t; s.⟩ ~ **auf** (*akk*) arremessar-se para, precipitar-se sobre

zu'tage ADV ~ **fördern** trazer à luz, pôr a descoberto; BERGB estrair; *fig* revelar; ~ **treten** BERGB aflorar; *fig* ser evidente '**Zutat** F GASTR ingrediente m

'**zuteilen** *j-m etw* distribuir; *Aufgabe* atribuir, adjudicar; *j-n e-r Gruppe*: agregar '**Zuteilung** F partilha f; adjudicação f; (*Ration*) ração f, capitação f **zu'teilwerden** VI *j-m* cair em sorte; caber; ~ **lassen** proporcionar, oferecer

'**zutexten** VT *umg* **j-n** ~ (*vollabern*) encher os ouvidos a (*od* de) alg **zu'tiefst** ADV profundamente

'**zutragen** trazer; *fig* contar, denunciar; *sich* ~ acontecer, suceder, ocorrer '**Zuträger** M indiscreto m; denunciador m '**zuträglich** [ˈtsuːtrɛːklɪç] (*dat*) propício, salutar (a)

'**zutrauen** VT **j-m etw** ~ julgar alg capaz de a/c (*od de inf*); *sich* (*dat*) **zu viel** ~ exceder-se '**Zutrauen** N confiança f (**zu** em) '**zutraulich** confiado; familiar; *Kind* meigo; *Tier* manso

'**zutreffen** ser exa(c)to, ser justo; ser o caso; ~ **auf** (*akk*) acontecer com, ser o caso de '**zutreffend** adequado, exa(c)to; certo; **Zutreffendes ankreuzen** marcar a resposta mais adequada; **nicht Zutreffendes streichen** riscar o que não interessa

'**zutrinken** VI *j-m* ~ beber à saúde de alg

'**Zutritt** M ⟨-(e)s; o. pl⟩ entrada f; a. *fig* acesso m; **keinen ~ haben** não ser permitida a entrada

'**zutun** VT (*dazugeben*) juntar; (*schließen*) fechar; **kein Auge** ~ não fechar os olhos '**Zutun** N intervenção f; **ohne mein/ihr** ~ sem eu/ela intervir

zu'ungunsten [tsuʔʊnɡʊnstən] PRÄP ⟨*gen*⟩, ADV ~ **von** em prejuízo de, com prejuízo de **zu'unterst** ADV ao fundo (**in** *dat* de)

'**zuverlässig** [ˈtsuːfɛrlɛsɪç] seguro, de confiança; (*treu*) fiel; *Freund a.* certo;

Nachricht autêntico, fidedigno; TECH fiável **'Zuverlässigkeit** F ⟨o. pl⟩ confiança f, certeza f; *e-r Nachricht*: autenticidade f; *j-s*: seriedade f **'Zuverlässigkeitsprüfung** F TECH prova f de resistência (*od* de precisão)

'Zuversicht ['tsu:fɛrziçt] F ⟨o. pl⟩ confiança f, esperança f **'zuversichtlich** ADJ confiado; *Hoffnung* firme; ADV firmemente, com toda a certeza

zu'vor ADV antes, previamente; (em) primeiro (lugar) **zuvorkommen** ⟨s.⟩ antecipar-se a; *e-r Gefahr* a. prevenir **zuvorkommend** ADJ obsequioso, atencioso (**gegen** para com)

'Zuwachs ['tsu:vaks] M ⟨-es; o. pl⟩ aumento m, incremento m; acréscimo m; **auf ~** *berechnet* largo **'zuwachsen** ⟨s.⟩ fechar-se; *Garten, Haus* ficar coberto de plantas; *Wunde* sarar **'Zuwachsrate** F handel taxa f de crescimento

'Zuwanderer M, **'Zuwanderin** F imigrante m/f **'zuwandern** ⟨-re; s.⟩ (*einwandern*) imigrar **'Zuwanderung** F afluência f; (*Einwanderung*) imigração f

zu'wege ADV **~ bringen** conseguir fazer, chegar a fazer **zu'weilen** ADV às vezes, de vez em quando, de quando em quando

'zuweisen destinar; (*zuteilen*) atribuir **'zuwenden** (*dat*) virar para, voltar para; *fig* (*widmen*) dedicar a, dispensar a; **j-m etw ~** a. proporcionar a/c a alg; (*schenken*) doar a/c a alg; **sich ~** (*dat*) dirigir-se a **'Zuwendung** F donativo m; JUR doação f **'zuwerfen** atirar (a. *Tür*); *Blick* lançar; (*zuschütten*) entulhar; **j-m etw ~** atirar (*od* lançar) a/c a alg

zu'wider A PRÄP ⟨*dat, nachgestellt*⟩ contra, contrário a B ADV antipático, repugnante; **j-m ~ sein** a. repugnar a alg **zuwiderhandeln** ⟨-le⟩ (*dat*) contrariar; JUR *e-m Gesetz* transgredir, violar, infringir **Zuwiderhandlung** F contravenção f; transgressão f, violação f **zuwiderlaufen** ⟨s.⟩ (*dat*) contrariar **zuwiderlaufend** ADJ contrário a

'zuwinken fazer sinal a **'zuzahlen** pagar mais, pagar (... de) sobretaxa **'zuzählen** (*hinzufügen*) acrescentar, juntar (na conta)

'zuziehen A VT 1 fechar; *Vorhang* correr; (*fest zuziehen*) apertar 2 *Arzt etc* chamar, consultar 3 **sich** (*dat*) **etw ~** apanhar a/c, contrair a/c B VI ⟨s.⟩ ~ (**nach**) chegar (a); vir (residir em) **'Zuziehung** F ⟨o. pl⟩ **unter ~** (*gen od* **von**) consultando, com a assistência de

'Zuzug M ~ (**nach**) fixação f de residência (em); imigração f (em); (*Zustrom*) afluxo (**nach** a), afluência f (**nach** a) **'zuzüglich** ['tsu:tsy:klɪç] PRÄP ⟨*gen*⟩ com acréscimo de; inclusive

'zuzwinkern ⟨-re⟩ **j-m ~** piscar um olho a alg

Zwang [tsvaŋ] M ⟨-(e)s; Zwänge⟩ obrigação f; (*Druck*) pressão f; JUR coa(c)ção f; PSYCH obsessão f; **j-m ~ antun** exercer pressão sobre alg; **sich** (*dat*) **keinen ~ antun** a. estar à vontade **'zwängen** ['tsvɛŋən] apertar; **etw in etw** (*akk*) **~** fazer força para a/c entrar em a/c **'zwanglos** A ADJ sem violência; *fig* desembaraçado, íntimo B ADV à vontade, com à-vontade, sem cerimónia (*bras* *ô) **'Zwanglosigkeit** ['tsvaŋlo:zɪçkaɪt] F ⟨o. pl⟩ à-vontade m, desembaraço m **'Zwangsanleihe** F empréstimo m forçado **Zwangsarbeit** F trabalhos mpl forçados **Zwangshandlung** F PSYCH a(c)to m obsessivo **Zwangsjacke** F camisa-de-força f, colete-de-força m **Zwangslage** F posição f forçada; dilema m, apuros mpl; **in e-r ~** a. entre a espada e a parede **zwangsläufig** forçoso; TECH automático **Zwangsmaßnahme** F medida f coerciva **Zwangsräumung** F despejo m forçado **Zwangsumtausch** M ⟨-(e)s; o. pl⟩ câmbio m obrigatório **Zwangsversteigerung** F leilão m judicial **Zwangsvollstreckung** F JUR execução f (judicial) **Zwangsvorstellung** F alucinação f; obsessão f **zwangsweise** ADV forçosamente, por força, à força

'zwanzig ['tsvantsɪç] NUM vinte; **etwa ~** a. uma vintena **zwanzigste** ['tsvantsɪçstə] NUM vigésimo; *Datum, Jahrhundert* vinte **Zwanzigstel** N vigésimo m, vigésima parte f

zwar [tsva:r] ADV na verdade; é verdade que; **~ ... aber** embora ... (*subj*), não deixa de; **und ~** e (precisamente), e (nomeadamente); *Aufzählung*: a saber

Zweck [tsvɛk] M ⟨-(e)s; -e⟩ fim m; (*Ab-*

sicht) intenção f, desígnio m; *(Ziel)* obje(c)tivo m, finalidade f; **keinen ~ haben** ser inútil; não ter sentido; **zu diesem ~** para este fim, para esta finalidade **'Zweckbau** M ⟨-(e)s; -ten⟩ construção f funcional **'zweckdienlich** útil; oportuno; funcional; **~ sein** a. vir a propósito **'Zwecke** F pino m, preguinho m; *(Heftzwecke, Reißzwecke)* percevejo m **'zweckentfremden** ⟨-e-; -⟩ usar para fins estranhos *(od* para outros fins*)* **'Zweckentfremdung** F uso m impróprio, utilização f imprópria **'zweckgebunden** usado para um fim específico **'zwecklos** inútil **'Zwecklosigkeit** ['tsvɛklo:zɪçkaɪt] F ⟨o. pl⟩ inutilidade f **'zweckmäßig** conveniente, oportuno; prático, útil **'Zweckmäßigkeit** F ⟨o. pl⟩ conveniência f, utilidade f **'zwecks** PRÄP ⟨gen⟩ com o fim de, com vista a, para **'zweckwidrig** contraproducente, inoportuno

zwei [tsvaɪ] NUM ⟨gen -er, dat -en⟩ dois mpl, duas fpl; **um ~ (Uhr)** às duas (horas) **Zwei** F Zahl dois m **'Zweibeiner** M iron bípede m **'Zweibettzimmer** N quarto m de duas camas; bras quarto m para duas pessoas **'zweideutig** ['tsvaɪdɔɪtɪç] ambíguo, equívoco **'Zweideutigkeit** F ambiguidade f; equívoco m **Zwei'drittelmehrheit** F POL maioria f de dois terços **'zweieiig** ADJ **~e Zwillinge** PL gémeos mpl fraternos; bras gêmeos mpl fraternos *(od* bivitelinos*)* **'Zweier** M SCHIFF barco m de dois remos **'zweierlei** ['tsvaɪərlaɪ] ADJ ⟨inv⟩ de espécies de; PRON duas coisas distintas **'zweifach** duplo; **in ~er Ausfertigung** em duplicado; bras com uma duplicata **'zweifarbig** de duas cores, bicolor **'Zweifel** ['tsvaɪfəl] M dúvida f; **im ~** na dúvida; **es bestehen ~** há dúvidas; **~ hegen** ter dúvidas; **in ~ ziehen** pôr em dúvida, duvidar de; **ohne ~** sem dúvida **'zweifelhaft** duvidoso; *(ungewiss)* incerto, indeciso; *(verdächtig)* suspeito **'zweifellos** indubitável; ADV A. sem dúvida **'zweifeln** ⟨-le-⟩ duvidar, desconfiar **(an** dat de*)* **'Zweifelsfall** M **im ~** na dúvida, em caso de dúvida **zweifels'ohne** ADV sem dúvida **'Zweifler(in)** ['tsvaɪflər(ɪn)] M céptico m, -a f

Zweig [tsvaɪk] M ⟨-(e)s; -e⟩ ramo m; **auf keinen Zweig grünen ~ kommen** fig não ter sorte; não conseguir nada **'zweigeschlechtig** bissexual **'zweigleisig** ['tsvaɪglaɪzɪç] A ADJ BAHN de via dupla B ADV **~ fahren** fig seguir dupla estratégia **'Zweiglinie** F BAHN ramal m **Zweig-niederlassung** F, **Zweigstelle** F HANDEL. FIN delegação f; sucursal f, filial f **Zweigstellenleiter(in)** M(F) chefe m/f de delegação *(od* filial *od* sucursal*)* **zweihändig** ['tsvaɪhɛndɪç] ADJ & ADV bímano; MUS a duas mãos **zwei'hundert** NUM duzentos **zwei'hundertste** NUM ducentésimo **Zwei'hundertstel** N ducentésimo m **'zweijährig** ['tsvaɪjɛːrɪç] Alter: de dois anos (de idade); *(alle 2 Jahre)* bienal; bisanual **'zweijährlich** bienal; bisanual **Zwei'kammersystem** N POL sistema m de duas câmaras **'Zweikampf** M duelo m **'zweimal** ADV duas vezes; **~ monatlich/wöchentlich (erscheinend)** bimensal/bissemanal **zweimalig** ['tsvaɪmaːlɪç] duplo **'Zweimaster** ['tsvaɪmastər] M SCHIFF barco m de dois mastros **'zweimotorig** bimotor **Zwei'phasen...** IN ZSSGN bifásico **zweipolig** ['tsvaɪpoːlɪç] bipolar **'Zweirad** N bicicleta f **'zweirädrig** ['tsvaɪrɛːdrɪç] de duas rodas **'zweireihig** ['tsvaɪraɪɪç] de duas filas **'zweischneidig** ['tsvaɪʃnaɪdɪç] de dois gumes; fig a. perigoso, ambíguo **'zweiseitig** ['tsvaɪzaɪtɪç] bilateral; ADV dos dois lados **'zweisilbig** ['tsvaɪzɪlbɪç] de duas sílabas, dissílabo, dissilábico **'Zweisitzer** ['tsvaɪzɪtsər] M carro m de dois lugares; FLUG avião m de dois lugares **'zweispaltig** ['tsvaɪʃpaltɪç] de duas colunas **'zweisprachig** ['tsvaɪʃpraːxɪç] bilíngue **'zweispurig** ['tsvaɪʃpuːrɪç] de via dupla **'zweistellig** ['tsvaɪʃtɛlɪç] Zahl de dois algarismos **'zweistimmig** ['tsvaɪʃtɪmɪç] a duas vozes **'zweistöckig** ['tsvaɪʃtœkɪç] de dois andares, de dois pisos **'zweistündig** ['tsvaɪʃtʏndɪç] de duas horas **'zweistündlich** ADV de duas em duas horas

zweit [tsvaɪt] ADV **zu ~** os dois; aos pares; **zu ~ sein** ser dois

'zweitägig ['tsvaɪtɛːgɪç] de dois dias

'**Zweitaktmotor** M̄ motor m a dois tempos
'**zweitälteste** segundo em idade
'**zweitausend** N̄ŪM̄ dois mil **zweitausendste** ['tsvaɪtaʊzntstə] N̄ŪM̄ segundo milésimo
'**zweitbeste** ['tsvaɪtbɛstə] ĀD̄J̄ segundo melhor; **am ~n (sein)** (ser) o segundo melhor
'**zweite** ['tsvaɪtə] N̄ŪM̄ segundo; *Datum:* dois; **jeden ~n Tag** dia sim, dia não; **ein ~r Mozart** *etc* outro Mozart *etc*
'**Zweiteiler** M̄ TV mini-série f em duas partes (*od* em dois episódios); *Kleidung:* conjunto *m* de duas peças '**zweiteilig** ['tsvaɪtaɪlɪç] dividido em duas partes, de duas partes; *Tür* de dois batentes
'**zweitens** ['tsvaɪtəns] ĀD̄V̄ (em) segundo (lugar)
'**zweitgrößte** segundo em tamanho **zweitjüngste** penúltimo **zweitklassig** ['tsvaɪtklasɪç] de segunda ordem; de categoria inferior, de qualidade inferior **zweitletzte** penúltimo **zweitrangig** de importância secundária, secundário **Zweitschrift** F̄ segunda via f **Zweitstimme** f POL segundo voto m **Zweitwagen** M̄ segundo automóvel m **Zweitwohnung** F̄ segunda residência f
'**Zwerchfell** ['tsvɛrçfɛl] N̄ ANAT diafragma m; **das ~ erschüttern** umg desopilar o fígado
Zwerg [tsvɛrk] M̄ 〈-(e)s; -e〉 anão m
'**zwergenhaft** ['tsvɛrgənhaft] anão
'**Zwergin** ['tsvɛrgɪn] F̄ anã f '**Zwergwuchs** M̄ 〈-es; *o. pl*〉 nanismo m
'**Zwetschge** ['tsvɛtʃgə] F̄, **Zwetsche** ['tsvɛtʃə] F̄ ameixa f '**Zwetschgenbaum** M̄ ameixeira f '**Zwetschgenwasser** N̄ 〈-s; ¨-〉 aguardente f de ameixa
'**Zwickel** ['tsvɪkəl] M̄ nesga f; *bras* reforço m; *Hose:* entrepernas m; *Strumpf:* pinha f; *bras* risca f; ARCH canto m
'**zwicken** beliscar; *fig* importunar
'**Zwickmühle** F̄ *fig* dilema m; **in der ~ sein** encontrar-se em um dilema
'**Zwieback** ['tsviːbak] M̄ 〈-(e)s; ¨-e〉 tosta f; biscoito m; *bras* torrada f
'**Zwiebel** ['tsviːbəl] F̄ 〈-; -n〉 bot cebola f; (*Blumenzwiebel*) bolbo m **Zwiebelgewächs** N̄ planta f bolbosa **Zwiebelsuppe** F̄ sopa f de cebola **Zwiebelturm** M̄ ARCH torre f bulbiforme
'**Zwiegespräch** N̄ diálogo m; conversa f '**Zwielicht** N̄ 〈-(e)s; *o. pl*〉 lusco-fusco m, meia luz f '**zwielichtig** *fig* obscuro, dúbio '**Zwiespalt** M̄ discórdia f; discrepância f; **j-s innerer ~** dilema m '**zwiespältig** ['tsviːʃpɛltɪç] discrepante, discordante '**Zwiesprache** F̄ conversa f; **~ halten mit** falar a sós com '**Zwietracht** F̄ 〈*o. pl*〉 discórdia f; **~ stiften** (*od* **säen**) semear discórdia
'**Zwilling** ['tsvɪlɪŋ] M̄ 〈-s; -e〉 gêmeo m (*bras* *ê*), gêmea f (*bras* *ê*); **eineiige Zwillinge** *pl* gêmeos *mpl* idênticos (*bras* *ê*) univitelinos **Zwillingsbruder** M̄ irmão m gêmeo (*bras* *ê*) **Zwillingsgeburt** F̄ parto m (*od* nascimento m) de gêmeos (*bras* *ê*) **Zwillingspaar** N̄ irmãos *mpl* gêmeos (*bras* *ê*), irmãs *fpl* gêmeas (*bras* *ê*) **Zwillingsschwester** F̄ irmã f gêmea (*bras* *ê*)
'**Zwinge** ['tsvɪŋə] F̄ virola f; (*Schraubzwinge*) barrilete m; sargento m **zwingen** *j-n* obrigar, forçar; *etw* (*erreichen*) conseguir; (*bezwingen*) dominar; **sich ~** fazer força (**zu** *inf* para); **sich gezwungen sehen zu** (*inf*) ver-se obrigado a **zwingend** ĀD̄J̄ obrigatório; (*dringend*) grave, urgente; *Beweis* concludente **Zwinger** M̄ (*Tierkäfig*) jaula f; **für Hunde**: canil m
'**zwinkern** ['tsvɪŋkərn] 〈-re〉 **mit den Augen ~** piscar os olhos, pestanejar
'**zwirbeln** ['tsvɪrbəln] 〈-le〉 retorcer **Zwirn** [tsvɪrn] M̄ 〈-(e)s; -e〉 linha f; *feiner*: retrós m
'**zwischen** ['tsvɪʃən] PRĀP *örtlich, Lage:* 〈*dat*〉, *Richtung:* 〈*akk*〉 entre; *gehen, sitzen etc:* ladeado por
'**Zwischenakt** M̄ entrea(c)to m **Zwischenaufenthalt** M̄ estadia f (*od* permanência f) provisória **Zwischenbemerkung** F̄ obje(c)ção f; **eine ~ machen** *a.* dizer entre parênteses *mpl* **Zwischenbilanz** F̄ balancete m **Zwischendeck** N̄ entrecobertas *fpl*; entreponte(s) *f*(*pl*) **Zwischending** N̄ intermediário m; coisa f entre ... e ...
zwischen'durch ĀD̄V̄ entrementes; **etw ~ essen** comer a/c entre as refeições
'**Zwischenergebnis** N̄ resultado m provisório **Zwischenfall** M̄ incidente

m **Zwischengericht** N̄ prato *m* do meio; *bras* prato *m* intermediário **Zwischengeschoss** N̄ ARCH sobreloja *f* **Zwischenhandel** M̄ ⟨-s; *o. pl*⟩ comércio *m* intermediário **Zwischenhändler** M̄ intermediário *m*, corretor *m* **Zwischenlager** N̄ depósito *m* provisório **zwischenlagern** *Waren* depositar em local provisório; *Atomabfall* armazenar em depósito provisório **zwischenlanden** FLUG fazer escala **Zwischenlandung** F̄ SCHIFF, FLUG escala *f* **Zwischenlösung** F̄ solução *f* provisória **Zwischenraum** M̄ intervalo *m*; entremeio *m*; espaço *m* **Zwischenruf** M̄ voz *f*; interrupção *f*; exclamação *f* **Zwischenrunde** F̄ SPORT semifinal *f* **zwischenschalten** ⟨-e-⟩ intercalar, interpor; interpolar **Zwischenspiel** N̄ THEAT intermédio *m*; *lustiges:* entremez *m* **zwischenstaatlich** internacional **Zwischenstadium** N̄ grau *m* intermédio **Zwischenstation** F̄ estação *f* intermédia (*bras* intermediária); SCHIFF, FLUG escala *f* **Zwischenstock** M̄ ARCH sobreloja *f* **Zwischenstufe** F̄ grau *m* intermédio **Zwischensumme** F̄ subtotal *m* **Zwischenwand** F̄ parede *m* de tabique **Zwischenzeit** F̄ intervalo *m*; **in der ~** entrementes, entretanto **zwischenzeitlich** ADV entrementes, entretanto

Zwist [tsvɪst] M̄ ⟨-es; -e⟩, **'Zwistigkeit** F̄ dissenção *f*, desavença *f*; (*Feindschaft*) inimizade *f*; (*Streit*) discórdia *f*, contenda *f*, questão *f*

'zwitschern ['tsvɪtʃərn] ⟨-re⟩ gorjear, trinar

'Zwitter ['tsvɪtɐr] M̄ BIOL ser *m* híbrido; hermafrodita *m* **'zwittrig** híbrido; hermafrodita

zwölf [tsvœlf] NUM doze; **~ Stück** uma dúzia **Zwölf** F̄ *Zahl:* doze *m* **Zwölffingerdarm** M̄ duodeno *m* **'zwölfte** ['tsvœlftə] NUM duodécimo; *Datum, Jahrhundert:* doze **'Zwölftel** N̄ duodécimo *m*, duodécima parte *f*; *bras* décimo segundo, décima segunda parte **'zwölftens** ADV (em) duodécimo (lugar) **'Zwölftonmusik** F̄ ⟨*o. pl*⟩ dodecafonia *f*, música *f* dodecafónica

Zy'an [tsy'aːn] N̄ ⟨-s; *o. pl*⟩ CHEM cianogénio *m* (*bras* *ê) **Zyan'kali** N̄ ⟨-s; *o. pl*⟩ cianeto *m* de potássio

'zyklisch ['tsy:klɪʃ] cíclico

Zy'klon [tsy'kloːn] M̄ ⟨-s; -e⟩ ciclone *m*

Zy'klop [tsy'kloːp] M̄ ⟨-en⟩ ciclope *m*

Zyklo'tron [tsyklo'troːn] N̄ ⟨-s; -e⟩ PHYS ciclotrão *m*; *bras* ciclotron *m*

'Zyklus ['tsy:klus] M̄ ⟨-; Zyklen⟩ ciclo *m*; THEAT série *f*

Zy'linder [tsi'lɪndɐr] M̄ TECH, MATH cilindro *m*; (*Hut*) chapéu *m* alto **Zylinderkopf** M̄ AUTO cabeça *f* do cilindro, culatra *f* **Zylinderschloss** N̄ fechadura *f* cilíndrica **zylindrisch** [tsi'lɪndrɪʃ] cilíndrico

'Zyniker(in) ['tsy:nɪkɐr(ɪn)] M̄ cínico *m*, -a *f* **zynisch** cínico **Zynismus** [tsy'nɪsmus] M̄ ⟨-; -men⟩ cinismo *m*

'Zypern ['tsy:pɐrn] N̄ GEOG Chipre *m*

Zy'presse [tsy'prɛsə] F̄ cipreste *m* **Zypressenhain** M̄ ⟨-(e)s; -e⟩ ciprestal *m*

'Zyste ['tsystə] F̄ cisto *m*

zzt. ABK (**zurzeit**) act. (actualmente)

Anhang | Apéndice

Zahlen | Numerais	**1305**
Grundzahlen | Numerais cardinais	1305
Ordnungszahlen | Numerais ordinais	1306
Bruchzahlen | Numerais fraccionários	1306
Portugiesische Adjektive und Substantive	**1307**
Die Bildung der Femininformen	1307
Regelmäßige Pluralbildung	1307
Weitere Arten der Pluralbildung	1308
Konjugation der portugiesischen Verben	**1309**
Grammatische Abkürzungen	1309
Die Bildung der Zeiten	1309
Erste Konjugation (Verben auf -ar)	1311
Zweite Konjugation (Verben auf -er, pôr)	1316
Dritte Konjugation (Verben auf -ir)	1322
Verbos irregulares alemães	**1329**
Empfohlene neue Schreibweisen im Portugiesischen	**1334**
Verzeichnis der Info-Fenster	**1337**
Abkürzungen und Symbole | Abreviaturas e símbolos	**1339**

Zahlen | Numerais

Grundzahlen | Numerais cardinais

0	*null* zero	100	*hundert* cem
1	*eins* um, uma	101	*hunderteins* cento e um(a)
2	*zwei* dois, duas	200	*zweihundert* duzentos, -as
3	*drei* três	300	*dreihundert* trezentos, -as
4	*vier* quatro	400	*vierhundert* quatrocentos, -as
5	*fünf* cinco	500	*fünfhundert* quinhentos, -as
6	*sechs* seis	600	*sechshundert* seiscentos, -as
7	*sieben* sete	700	*siebenhundert* setecentos, -as
8	*acht* oito	800	*achthundert* oitocentos, -as
9	*neun* nove	900	*neunhundert* novecentos, -as
10	*zehn* dez	1000	*tausend* mil
11	*elf* onze	1985	*eintausendneunhundertfünfundachtzig;* als Jahreszahl: *neunzehnhundertfünfundachtzig* mil novecentos e oitenta e cinco
12	*zwölf* doze		
13	*dreizehn* treze		
14	*vierzehn* catorze, quartorze		
15	*fünfzehn* quinze	2000	*zweitausend* dois mil
16	*sechzehn* dezasseis*	2010	*zweitausendundzehn* (auch Jahreszahl!) dois mil e dez
17	*siebzehn* dezassete*		
18	*achtzehn* dezoito	5000	*fünftausend* cinco mil
19	*neunzehn* dezanove*	10 000	*zehntausend* dez mil
20	*zwanzig* vinte	100 000	*hunderttausend* cem mil
21	*einundzwanzig* vinte e um	500 000	*fünfhunderttausend* quinhentos mil
22	*zweiundzwanzig* vinte e dois		
30	*dreißig* trinta	1 000 000	*eine Million* um milhão (de)
31	*einunddreißig* trinta e um	2 000 000	*zwei Millionen* dois milhões (de)
40	*vierzig* quarenta		
50	*fünfzig* cinquenta	1 000 000 000	*eine Milliarde* mil milhões**
60	*sechzig* sessenta		
70	*siebzig* setenta	2 000 000 000	*zwei Milliarden* dois mil milhões (de)
80	*achtzig* oitenta		
90	*neunzig* noventa	1 000 000 000 000	*eine Billion* um bilião

* *brasilianisch:* dez**e**sseis, dez**e**ssete, dez**e**nove
** *brasilianisch:* um bilhão

Ordnungszahlen | Numerais ordinais

1.°, 1.ª	*erste* primeiro, -a	70.°	*siebzigste* septuagésimo
2.°, 2.ª	*zweite* segundo, -a	80.°	*achtzigste* octogésimo
3.°, 3.ª	*dritte* terceiro, -a	90.°	*neunzigste* nonagésimo
4.°, 4.ª	*vierte* quarto, -a	100.°	*hundertste* centésimo
5.°, 5.ª	*fünfte* quinto, -a	101.°	*hunderterste* centésimo primeiro
6.°, 6.ª	*sechste* sexto, -a	200.°	*zweihundertste* ducentésimo
7.°, 7.ª	*sieb(en)te* sétimo, -a	300.°	*dreihundertste* trecentésimo, tricentésimo
8.°, 8.ª	*achte* oitavo, -a	400.°	*vierhundertste* quadringentésimo
9.°, 9.ª	*neunte* nono, -a	500.°	*fünfhundertste* quingentésimo
10.°, 10.ª	*zehnte* décimo, -a	600.°	*sechshundertste* seiscentésimo
11.°	*elfte* undécimo, décimo primeiro	700.°	*siebenhundertste* septingentésimo
12.°	*zwölfte* duodécimo, décimo segundo	800.°	*achthundertste* octingentésimo
13.°	*dreizehnte* décimo terceiro	900.°	*neunhundertste* noningentésimo
14.°	*vierzehnte* décimo quarto	1000.°	*tausendste* milésimo
15.°	*fünfzehnte* décimo quinto	1001.°	*tausenderste* milésimo primeiro
16.°	*sechzehnte* décimo sexto	2110.°	*zweitausendeinhundertzehnte* dois milésimo centésimo décimo
17.°	*siebzehnte* décimo sétimo	3000.°	*dreitausendste* trimilésimo
18.°	*achtzehnte* décimo oitavo	5000.°	*fünftausendste* quinto milésimo
19.°	*neunzehnte* décimo nono	10 000.°	*zehntausendste* décimo milésimo
20.°	*zwanzigste* vigésimo	100 000.°	*hunderttausendste* centésimo milésimo
21.°	*einundzwanzigste* vigésimo primeiro	500 000.°	*fünfhunderttausendste* quingentésimo milésimo
22.°	*zweiundzwanzigste* vigésimo segundo	1 000 000.°	*einmillionste* milionésimo
30.°	*dreißigste* trigésimo	2 000 000.°	*zweimillionste* segundo milionésimo
40.°	*vierzigste* quadragésimo		
50.°	*fünfzigste* quinquagésimo		
60.°	*sechzigste* sexagésimo		

Bruchzahlen | Numerais fraccionários

$^1/_2$	*ein Halb* meio, meia	$^1/_4$	*ein Viertel* um quarto
$1^1/_2$	*eineinhalb, anderthalb* um e meio, uma e meia	$^3/_4$	*drei Viertel* três quartos
$^1/_3$	*ein Drittel* um terço	$^1/_5$	*ein Fünftel* um quinto
$^2/_3$	*zwei Drittel* dois terços	$^2/_{11}$	*zwei Elftel* dois undécimos, dois onzeavos

Portugiesische Adjektive und Substantive

1 Die Bildung der Femininformen

Portugiesische Adjektive haben im Singular in der Regel eine männliche und eine weibliche Form. Ähnliches gilt auch für Substantive, die Personen bezeichnen. Im Wörterbuch wird bei regelmäßigen Adjektiven jeweils nur die männliche Form angegeben.

Bei den Adjektiven auf -o wird -o durch -a ersetzt: **rico, rica**.

Bei den Adjektiven auf -or und -ol bzw. -u wird -a angehängt: **conservador, conservadora, espanhol, espanhola**.

Die Adjektive auf -ês bilden die weiblichen Formen in der Regel auf -esa: **português, portuguesa**.

Die meisten Adjektive auf -ão bilden die weiblichen Formen auf -ona oder -ã: **bonacheirão, bonacheirona** bzw. **alemão, alemã**.

Bei Adjektiven auf -e, -l, -m, -ar und -z sind die beiden Formen jedoch gleich: **breve, fatal, comum, solar, capaz**.

Wichtige Ausnahmen sind **bom, boa** *gut* und **mau, má** *schlecht*.

2 Regelmäßige Pluralbildung

Substantive und Adjektive, die im Singular auf einfachen **Vokal** enden, bilden den Plural in der Regel mit -s: **boca, arte, lindo**, Plural (**as**) **bocas**, (**as**) **artes, lindos**.

Substantive und Adjektive, die im Singular auf **Konsonant** enden, bilden den Plural in der Regel mit -es: **autor, voz**, Plural (**os**) **autores**, (**as**) **vozes**. Ausnahmen sind die Substantive auf -m; sie bilden den Plural mit -ns: **homem**, Pl. (**os**) **homens**.

Substantive, die auf -s enden und nicht auf der letzten Silbe betont werden, bleiben im Plural unverändert: **lápis**, Pl. (**os**) **lápis**.

3 Weitere Arten der Pluralbildung

Die Pluralformen von Substantiven und Adjektiven, die im Singular auf **-l** enden, werden in der Regel gebildet, indem **-l** bzw. betontes **-il** durch **-is**, aber unbetontes **-il** durch **-eis** ersetzt wird. Auf den dem **i** der Endung vorhergehenden Vokal, dessen Aussprache meist unverändert bleibt, muss ggf. ein grafischer Akzent gesetzt werden:

Singular	Plural	Beispiele
-al [aɫ]	**-ais** [aiʃ]	**animal** [ɐni'maɫ] Tier
		animais [ɐni'maiʃ] Tiere
betontes **-el** [ɛɫ]	**-éis** [ɛiʃ]	**papel** [pɐ'pɛɫ] Papier
		papéis [pɐ'pɛiʃ] Papiere
unbetontes **-el** [ɛɫ]	**-eis** [ɐiʃ]	**provável** [pru'vavɛɫ] wahrscheinlich
		prováveis [pru'vavɐiʃ] wahrscheinliche
betontes **-il** [iɫ]	**-is** [iʃ]	**barril** [bɐ'ʁiɫ] Fass
		barris [bɐ'ʁiʃ] Fässer
unbetontes **-il** [iɫ]	**-eis** [ɐiʃ]	**fóssil** ['fɔsiɫ] Fossil
		fósseis ['fɔsɐiʃ] Fossilien
betontes **-ol** [ɔɫ]	**-óis** [ɔiʃ]	**girassol** [ʒirɐ'sɔɫ] Sonnenblume
		girassóis [ʒirɐ'sɔiʃ] Sonnenblumen
unbetontes **-ol** [ɔɫ]	**-ois** [ɔiʃ]	**álcool** ['aɫkwɔɫ] Alkohol
		álcoois ['aɫkwɔiʃ] Alkohole
-ul [uɫ]	**-uis** [uiʃ]	**azul** [ɐ'zuɫ] blau
		azuis [ɐ'zuiʃ] blaue

Nach diesem Schema gebildete Pluralformen erscheinen in der Regel nicht im Wörterbuch; auf Ausnahmen wird jedoch hingewiesen.

Substantive, deren Singular auf **-ão** [ɐ̃ũ] endet, erhalten im Plural meist die Endung **-ões** [õĩʃ]. Das gilt auch für die maskulinen Formen der Adjektive:
decisão [disi'zɐ̃ũ], Plural **decisões** [disi'zõĩʃ],
bonacheirão [bunɐʃɐi'rɐ̃ũ], Plural **bonacheirões** [bunɐʃɐi'rõĩʃ].

Da es auch andere Pluralformen zur Singularendung **-ão** gibt, ist der Plural im Wörterbuch stets angegeben, wenn er nicht oder nicht nur mit **-ões** gebildet werden kann:
alemão [ɐɫi'mɐ̃ũ] M ⟨pl -ães⟩
guardião [gwɐr'djɐ̃ũ] M ⟨pl -ães, -ões⟩

Konjugation der portugiesischen Verben

In den folgenden Tabellen sind die Stämme in normaler Schrift, die Endungen in *kursiver* Schrift gedruckt. Unregelmäßige Formen sind durch fette Schrift hervorgehoben.

Grammatische Abkürzungen

Cond.	*Condicional*, Konditional	*Perf.*	*Perfeito*, Perfekt
Conj.	*Conjuntivo*, Konjunktiv	*Pers.*	Person
Fut.	*Futuro*, Futur	*Pl.*	Plural
Imperf.	*Imperfeito*, unvollendet	*Pres.*	*Presente*, Präsens
Indic.	*Indicativo*, Indikativ	*Pret.*	*Pretérito*, 1. Vergangenheit
Inf.	*Infinitivo*, Infinitiv	*Sg.*	Singular
Inf. Pess.	*Infinitivo Pessoal*, persönlicher Infinitiv	*Mais-que--perf.*	*Mais-que-Perfeito*, Plusquamperfekt

Die Bildung der Zeiten

Aus den nachstehenden Grundformen lassen sich folgende Ableitungen bilden:

1. Aus dem *Indikativ Präsens*, und zwar
   1.1. aus der 3. Person Singular **louva, vende, admite**:
   der *Imperativ* 2. Person Singular: **louva!, vende!, admite!**
   1.2. aus der 2. Person Plural **louvais, vendeis, admitis**:
   der *Imperativ* 2. Person Plural durch Weglassen des **-s**:
   louvai, vendei, admiti
   1.3. aus der 1. Person Singular **louvo, vendo, admito**
   der *Konjunktiv Präsens* durch Verwandlung des **o** in **e** bzw. **a**:
   louve, venda, admita

2. Aus dem *Konjunktiv Präsens*, und zwar aus der 2. und 3. Person Singular und der 1. – 3. Person Plural **louves, louve, louvemos, louveis, louvem** bzw. **vendas, venda, vendamos, vendais, vendam** bzw. **admitas, admita, admitamos** usw.:

der *Imperativ* der 1. Person Plural und der 3. Person Singular und Plural sowie die *verneinten* Formen der 2. Person Singular und Plural:
não louves, não louve, não louvemos usw.; **não vendas, não venda, não vendamos** usw.; **não admitas, não admita** usw.

3. Aus dem *Pretérito Perfeito*, 3. Person Plural: **louvaram, venderam, admitiram**
   3.1. der *Konjunktiv Futur* durch Weglassen der Endsilbe **-am**:
   louvar, vender, admitir[1]
   3.2. das *Plusquamperfekt* durch Weglassen des auslautenden **-m**:
   louvara, vendera, admitira
   3.3. der *Konjunktiv des Pretérito Imperfeito* durch Verwandlung der Endung **-ram** in **-sse**:
   louvasse, vendesse, admitisse

4. Aus dem *Infinitiv* **louvar, vender, admitir**
   4.1. das *Gerúndio* durch Austausch des **-r** mit **-ndo**:
   louvando, vendendo, admitindo
   4.2. das *Partizip* durch Verwandlung von **-ar** in **-ado**, **-er** und **-ir** in **-ido**:
   louvado, vendido, admitido
   4.3. der *Indikativ Futur* durch Anhängen der Präsensendungen von **haver**: **louvarei, venderei, admitirei**
   4.4. der *Konditional* durch Anhängen der Imperfektendungen von **haver**: **louvaria, venderia, admitiria**

5. Aus dem *Partizip* **louvado, vendido, admitido** alle *zusammengesetzten* Zeiten.

[1] Die Endungen des *Konjunktiv Futur* sind in der Regel identisch mit denen des persönlichen Infinitivs. Die beiden Formen unterscheiden sich nur, wenn der Perfektstamm des betreffenden Verbs nicht mit dem Stamm des Infinitivs übereinstimmt, z. B. bei **fazer**, *machen*: hier lautet der Konjunktiv Futur **fizer**.

1 Erste Konjugation

⟨1a⟩ **louvar**   Der Stamm bleibt in Schrift und Aussprache unverändert.

1. Einfache Zeiten

Indicativo

	Presente	Pretérito Imperfeito	Pret. Perfeito Simples
Sg.	louvo	louvava	louvei
	louvas	louvavas	louvaste
	louva	louvava	louvou
Pl.	louvamos	louvávamos	louvámos
	louvais	louváveis	louvastes
	louvam	louvavam	louvaram

	Futuro Imperfeito	Condicional Simples	Pret. Mais-que-perfeito Simples
Sg.	louvarei	louvaria	louvara
	louvarás	louvarias	louvaras
	louvará	louvaria	louvara
Pl.	louvaremos	louvaríamos	louváramos
	louvareis	louvaríeis	louváreis
	louvarão	louvariam	louvaram

Conjuntivo

	Presente	Pretérito Imperfeito	Futuro Imperfeito
Sg.	louve	louvasse	louvar
	louves	louvasses	louvares
	louve	louvasse	louvar
Pl.	louvemos	louvássemos	louvarmos
	louveis	louvásseis	louvardes
	louvem	louvassem	louvarem

Imperativo / Infinitivo Pessoal

	Imperativo	Infinitivo Pessoal
Sg.	–	louvar
	louva (não louves)	louvares
	louve	louvar
Pl.	louvemos	louvarmos
	louvai (não louveis)	louvardes
	louvem	louvarem

Particípio   louvado

Gerúndio   louvando

2. Zusammengesetzte Zeiten

» **Aktiv** (**ter**, selten **haver**, + unveränderliches Partizip)

Infinitivo Perfeito: ter louvado (haver louvado)
Gerúndio Perfeito: tendo louvado (havendo louvado)

Indicativo
Pretérito Perfeito Composto: tenho louvado (hei louvado)
Mais-que-perfeito Composto: tinha louvado (havia louvado)
Futuro Perfeito: terei louvado (haverei louvado)
Condicional Composto: teria louvado (haveria louvado)

Conjuntivo
Perfeito Composto: tenha louvado (haja louvado)
Mais-que-perfeito: tivesse louvado (houvesse louvado)
Futuro Perfeito: tiver louvado (houver louvado)

» **Passiv** (**ser** + veränderliches Partizip)

Infinitivo Presente: ser louvado, *Inf. Perfeito*: ter sido louvado
Gerúndio Presente: sendo louvado, *Ger. Perfeito*: tendo sido louvado

Indicativo
Presente: sou louvado, *Imperfeito*: era louvado
Perfeito: fui louvado, *Perf. Composto*: tenho sido louvado
Mais-que-perfeito Simples: fora louvado, *Mais-que-perf. Composto*: tinha sido louvado
Futuro Imperfeito: serei louvado, *Fut. Perfeito*: terei sido louvado
Condicional Simples: seria louvado, *Cond. Composto*: teria sido louvado

Conjuntivo
Presente: seja louvado, *Imperfeito*: fosse louvado
Perfeito Composto: tenha sido louvado
Mais-que-perfeito Composto: tivesse sido louvado
Futuro Imperfeito: for louvado, *Fut. Perfeito*: tiver sido louvado

	Presente do Indicativo	**Presente** do Conjuntivo	**Pret. Perfeito** do Indicativo
⟨1 b⟩ lavar [ɫɐ'var] Unbetontes *a* [ɐ], dem kein *m*, *n* od. *nh* folgt, wird in den stammbetonten Formen zu *a* [a].	lavo ['a] lavas lava lavamos lavais lavam	lave laves lave lavemos laveis lavem	lavei usw.
⟨1 c⟩ levar [ɫɨ'var] Unbetontes *e* [ɨ] wird mit Ausnahme der in ⟨1 d⟩ genannten Fälle in den stammbetonten Formen zu offenem *e* [ɛ].	levo ['ɛ] levas leva levamos levais levam	leve leves leve levemos leveis levem	levei usw.
⟨1 d⟩ acenar [ɐsɨ'nar] Unbetontes e [ɨ] wird in den stammbetonten Formen vor *m, n* zu geschlossenem *e* [e], vor *ch, j* zu [ɐi], vor *nh* zu [ɐ], vor *lh* zu [ɐ] bzw. [ɐi]	aceno ['e] acenas acena acenamos acenais acenam	acene acenes acene acenemos aceneis acenem	acenei usw.
⟨1 e⟩ aprovar [ɐpru'var] Unbetontes *o* [u] od. [o] wird außer den in ⟨1 f⟩ genannten Fällen in den stammbetonten Formen zu offenem *o* [ɔ].	aprovo ['ɔ] aprovas aprova aprovamos aprovais aprovam	aprove aproves aprove aprovemos aproveis aprovem	aprovei usw.
⟨1 f⟩ perdoar [pɨr'dwar] Unbetontes *o* vor *n* oder *nh* oder im Stammauslaut, mit wenigen Ausnahmen auch vor *m*, wird in den stammbetonten Formen zu geschlossenem *o* [o].	perdoo ['o] perdoas perdoa perdoamos perdoais perdoam	perdoe perdoes perdoe perdoemos perdoeis perdoem	perdoei usw.
⟨1 g⟩ adiar [ɐ'djar] Verben auf -*iar*¹ und -*uar* In den stammbetonten Formen wird das *i* bzw. *u* betont.	adio ['i] adias adia adiamos adiais adiam	adie adies adie adiemos adieis adiem	adiei usw.

	Presente do Indicativo	**Presente** do Conjuntivo	**Pret. Perfeito** do Indicativo
⟨1 h⟩ **odiar** [o'djar] Verben auf *-iar*² In den stammbetonten Formen verwandelt sich das *i* in *ei* [ɜi].	od**ei**o ['ɜj] od**ei**as od**ei**a odiamos odiais od**ei**am	od**ei**e od**ei**es od**ei**e odiemos odieis od**ei**em	odi**ei** usw.
⟨1 k⟩ **boiar** [bo'jar] Verben auf *-oiar* Das in den stammbetonten Formen offen ausgesprochene **o** erhält einen grafischen Akzent.	b**ói**o ['ɔj] b**ói**as b**ói**a boiamos boiais b**ói**am	b**ói**e b**ói**es b**ói**e boiemos boieis b**ói**em	boi**ei** usw.
⟨1 l⟩ **recear** [ʀi'sjar] Verben auf *-ear* In den stammbetonten Formen verwandelt sich das *e* in *ei* [ɜi].	rec**ei**o ['ɜj] rec**ei**as rec**ei**a receamos receais rec**ei**am	rec**ei**e rec**ei**es rec**ei**e receemos receeis rec**ei**em	rece**ei** usw.
⟨1 m⟩ **averiguar** [ɜviri'gwar] Verben auf *-guar* und *-quar* In den stammbetonten Formen wird das *u* betont und erhält in einigen Fällen einen Akzent.	averig**u**o ['u] averig**u**as averig**u**a averig**u**amos averig**u**ais averig**u**am	*averig**ú**e* ['u] averig**ú**es averig**ú**e averig**u**emos averig**u**eis averig**ú**em	averigu**ei** usw.
⟨1 ma⟩ **enxaguar** [ẽʃɜ'gwar] Zu den Verben auf *-guar*, *-quar* vgl. ⟨1 m⟩. Brasilien: Bei einigen dieser Verben Betonungsänderung und bis 2008 zusätzliches Trema auf *u* vor *e*.	enx**á**guo enx**á**guas enx**á**gua enxagu*amos* enxagu*ais* enx**á**guam	enx**á**güe enx**á**gües enx**á**güe enxagüemos enxagüeis enx**á**güem	enxagu**ei** etc.
⟨1 n⟩ **ficar** [fi'kar] Verben auf *-car* Der Stammauslaut *c* wird vor *e* zu *qu*.	fico ficas fica ficamos ficais ficam	fi**que** [k] fi**que**s fi**que** fi**que**mos fi**que**is fi**que**m	fi**qu**ei ficaste ficou fic*á*mos ficastes ficaram

	Presente do Indicativo	**Presente** do Conjuntivo	**Pret. Perfeito** do Indicativo
⟨1 o⟩ **ligar** [łi'gar] Verben auf *-gar* Der Stammauslaut *g* wird vor *e* zu *gu*.	ligo ligas liga ligamos ligais ligam	ligue [g] ligues ligue liguemos ligueis liguem	liguei ligaste ligou ligámos ligastes ligaram
⟨1 p⟩ **dançar** [dɜ̃'sar] Verben auf *-çar* Der Stammauslaut *ç* wird vor *e* zu *c*.	danço danças dança dançamos dançais dançam	dance dances dance dancemos danceis dancem	dancei dançaste dançou dançámos dançastes dançaram
⟨1 q⟩ **saudar** [sɜu'dar] Die Stammvokale *i* oder *u* erhalten in den stammbetonten Formen einen Akzent; der vorhergehende Vokal ist unbetont.	saúdo ['u] saúdas saúda saudamos saudais saúdam	saúde saúdes saúde saudemos saudeis saúdem	saudei usw.
⟨1 r⟩ **dar** [dar] Unregelmäßigkeiten im *Pres. do Indic.* und *Pres. do Conj.*, insbeson- dere durch den Akzentgebrauch; *Pret. Perf.* außer 1. Pers. *Sg.* nach der zweiten regelm. Konjugation; das *e* wird außer in der 3. Pers. *Sg.* jedoch offen gesprochen; sonst re- gelmäßig.	dou dás dá damos dais dão	dê ['e] dês dê dêmos deis dêem	dei deste ['ɛ] deu demos ['ɛ] destes ['ɛ] deram ['ɛ]
⟨1 s⟩ **estar** [iʃ'tar] Einige unregelmäßigen Formen im *Pres. do Indic.* und im ganzen *Pres. do Conj.*; außerdem *Pret. Perf.* vgl. ⟨2 v⟩; sonst regelmäßig.	estou estás está estamos estais estão	esteja ['ɜi] estejas esteja estejamos estejais estejam	estive estiveste ['ɛ] esteve ['e] estivemos ['ɛ] estivestes ['ɛ] estiveram ['ɛ]

2 Zweite Konjugation

⟨2a⟩ **vender**   Der Stamm bleibt in Schrift und Aussprache unverändert.

1. Einfache Zeiten

Indicativo

	Presente	Pretérito Imperfeito	Pret. Perfeito Simples
Sg.	vendo	vendia	vendi
	vendes	vendias	vendeste
	vende	vendia	vendeu
Pl.	vendemos	vendíamos	vendemos
	vendeis	vendíeis	vendestes
	vendem	vendiam	venderam

	Futuro Imperfeito	Condicional Simples	Pret. Mais-que-perfeito Simples
Sg.	venderei	venderia	vendera
	venderás	venderias	venderas
	venderá	venderia	vendera
Pl.	venderemos	venderíamos	vendêramos
	vendereis	venderíeis	vendêreis
	venderão	venderiam	venderam

Conjuntivo

	Presente	Pretérito Imperfeito	Futuro Imperfeito
Sg.	venda	vendesse	vender
	vendas	vendesses	venderes
	venda	vendesse	vender
Pl.	vendamos	vendêssemos	vendermos
	vendais	vendêsseis	venderdes
	vendam	vendessem	venderem

	Imperativo	**Infinitivo Pessoal**	
Sg.	–	vender	
	vende (não vendas)	venderes	**Particípio**
	venda	vender	vendido
Pl.	vendamos	vendermos	
	vendei (não vendais)	venderdes	**Gerúndio**
	vendam	venderem	vendendo

2. Zusammengesetzte Zeiten

wie 1. Konjugation.

	Presente do Indicativo	**Presente** do Conjuntivo	**Pret. Perfeito** do Indicativo
⟨2 b⟩ **abater** [ɐbɐ'ter] Geschlossenes *a* [ɐ] wird in den stammbetonten Formen zu offenem *a* [a].	abato ['a] abates abate abatemos abateis abatem	abata abatas abata abatamos abatais abatam	abati usw.
⟨2 c⟩ **beber** [bi'ber] Unbetontes *e* [i] wird zu offenem *e* [ɛ] in der 2. und 3. Pers. *Sg.* und der 3. Pers. *Pl.* des *Pres. do Indic.*, bzw. zu geschlossenem *e* [e] in den anderen stammbetonten Formen.	bebo ['e] bebes ['ɛ] bebe ['ɛ] bebemos bebeis bebem ['ɛ]	beba ['e] bebas beba bebamos bebais bebam	bebi usw.
⟨2 d⟩ **comer** [ku'mer] Unbetontes *o* [u] wird zu offenem *o* [ɔ] in der 2. und 3. Pers. *Sg.* und der 3. Pers. *Pl.* des *Pres. do Indic.*, zu geschlossenem *o* [o] in den übrigen stammbetonten Formen.	como ['o] comes [ɔ] come [ɔ] comemos comeis comem [ɔ]	coma ['o] comas coma comamos comais comam	comi usw.
⟨2 e⟩ **resolver** [ʁizoɫ'ver] Geschlossenes *o* [o] wird zu offenem *o* [ɔ] in der 2. und 3. Pers. *Sg.* und der 3. Pers. *Pl.* des *Pres. do Indic.*	resolvo ['o] resolves [ɔ] resolve [ɔ] resolvemos resolveis resolvem [ɔ]	resolva ['o] resolvas resolva resolvamos resolvais resolvam	resolvi usw.
⟨2 f⟩ **moer** [mwer] Verben mit unbetontem *o* [w] im Stammauslaut haben in der 2. und 3. Pers. *Sg.* des *Pres. do Indic. ói* [ɔi], in den übrigen stammbetonten Formen geschlossenes *o* [o]. Sie verlangen in einigen anderen Formen einen Akzent auf dem *i*:	moo ['o] móis [ɔi] mói [ɔi] moemos moeis moem [ɔ]	moa ['oɐ] moas moa moamos moais moam	moí moeste moeu moemos moestes moeram

Pret. Imperf.: moía, moías, moía, moíamos, moíeis, moíam; *Particípio:* moído

	Presente do Indicativo	**Presente** do Conjuntivo	**Pret. Perfeito** do Indicativo
⟨2 g⟩ **tecer** [ti'ser] Verben auf *-cer* Der Stammauslaut *c* wird zu *ç* vor *o* und *a* (Stamm wie ⟨2c⟩, falls nicht anders angegeben).	te**ç**o te**c**es te**c**e te**c**emos te**c**eis te**c**em	te**ç**a te**ç**as te**ç**a te**ç**amos te**ç**ais te**ç**am	te**c**i usw.
⟨2 h⟩ **reger** [ʁi'ʒer] Verben auf *-ger* Der Stammauslaut *g* wird zu *j* vor *a* und *o* (Stamm wie ⟨2 c⟩, falls nicht anders angegeben); *e* wird in der 1. Pers. des *Pres. do Indic.* und in den stammbetonten Formen des Konj. Präsens [ɜi] gesprochen.	re**j**o ['ɜi] re**g**es [ɛ] re**g**e re**g**emos re**g**eis re**g**em	re**j**a ['ɜi] re**j**as re**j**a re**j**amos re**j**ais re**j**am	re**g**i usw.
⟨2 i⟩ **erguer** [er'ger] Verben auf *-guer* Der Stammauslaut *gu* wird zu *g* vor *a* und *o* (Stamm wie ⟨2 c⟩, falls nicht anders angegeben).	er**g**o er**gu**es er**gu**e er**gu**emos er**gu**eis er**gu**em	er**g**a er**g**as er**g**a er**g**amos er**g**ais er**g**am	er**gu**i usw.
⟨2 k⟩ **crer** [krer] Unregelmäßigkeiten durch Einschub von *i* oder Gebrauch des Zirkumflex im Präsens; 2. Pers. Pl. des *Pres. do Indic.* auf *-edes*. Sonst regelmäßig. Ebenso **ler**.	cre**i**o ['ɜi] cr**ê**s [e] cr**ê** cremos cre**des** cr**ê**em	cre**i**a ['ɜi] cre**i**as cre**i**a cre**i**amos cre**i**ais cre**i**am	
⟨2 l⟩ **poder** [pu'der] Ersetzt in der 1. Pers. Sg. des *Pres. do Indic.* und im ganzen *Pres. do Conj.* das *d* durch *ss*; unregelmäßiges *Pret. Perfeito*.	po**ss**o ['ɔ] podes pode podemos podeis podem	po**ss**a ['ɔ] po**ss**as po**ss**a po**ss**amos po**ss**ais po**ss**am	pude pudeste ['ɛ] pôde pudemos ['ɛ] pudestes ['ɛ] puderam ['ɛ]
⟨2 m⟩ **ver** [ver] Die gleichen Unregelmäßigkeiten wie crer ⟨2 k⟩, nur Einschub von *j* statt *i*. Außerdem *Pret. Perfeito* nach der 3. Konjugation und unregelmäßiges Partizip: **visto**.	ve**j**o ['ɜi] v**ê**s [e] v**ê** vemos ve**des** v**ê**em	ve**j**a ['ɜi] ve**j**as ve**j**a ve**j**amos ve**j**ais ve**j**am	vi viste viu vimos vistes viram

		Presente do Indicativo	**Presente** do Conjuntivo	**Pret. Perfeito** do Indicativo
⟨2 ma⟩	**prover** [pru'ver] Wie **ver** ⟨2 m⟩, jedoch sind im Unterschied zu den übrigen Komposita von **ver** das *Pret. Perfeito* und die davon abgeleiteten Formen sowie das Partizip regelmäßig: **provido**.	provejo ['ʒi] provês [e] provê provemos provedes provêem	proveja ['ʒi] provejas proveja provejamos provejais provejam	provi usw.
⟨2 n⟩	**haver** [ɐ'ver] Unregelmäßigkeiten im *Presente* und *Pret. Perfeito*.	hei hás há havemos haveis hão	haja [ʒ] hajas haja hajamos hajais hajam	houve houveste ['ɛ] houve houvemos ['ɛ] houvestes ['ɛ] houveram ['ɛ]
⟨2 o⟩	**perder** [pir'der] Verwandelt in der 1. Pers. Sg. des *Pres. do Indic.* und im ganzen *Pres. do Conj.* das *d* in *c*; alle stammbetonten Formen haben ein offenes e [ɛ]; sonst regelmäßig.	perco perdes perde perdemos perdeis perdem	perca percas perca percamos percais percam	perdi usw.
⟨2 p⟩	**valer** [vɐ'ɫer] Verwandelt in denselben Formen wie **perder** ⟨2 o⟩ das *l* in *lh* [ʎ]; sonst regelmäßig.	valho [ʎ] vales vale valemos valeis valem	valha [ʎ] valhas valha valhamos valhais valham	vali usw.
⟨2 q⟩	**caber** [kɐ'ber] Unregelmäßiger Stammvokal in der 1. Pers Sg des *Pres. do Indic.* und im ganzen *Pres. do Conj.* sowie im *Pret. Perfeito*.	caibo cabes cabe cabemos cabeis cabem	caiba caibas caiba caibamos caibais caibam	coube coubeste ['ɛ] coube coubemos ['ɛ] coubestes ['ɛ] couberam ['ɛ]
⟨2 r⟩	**saber** [sɐ'ber] Wie **caber** ⟨2 q⟩ mit Ausnahme der unterschiedlichen 1. Pers. Sg. im *Pres. do Indicativo*.	sei [ʒi] sabes sabe sabemos sabeis sabem	saiba saibas saiba saibamos saibais saibam	soube soubeste ['ɛ] soube soubemos ['ɛ] soubestes ['ɛ] souberam ['ɛ]

	Presente do Indicativo	**Presente** do Conjuntivo	**Pret. Perfeito** do Indicativo
⟨2 s⟩ **querer** [ki'rer] Ausfall des *-e* in der 3. Pers. *Sg.* des *Pres. do Indic.*; Konjunktivstamm: **queir-**; unregelmäßiges *Pret. Perfeito*.	quero ['ɛ] queres quer queremos quereis querem ['ɛ]	queira ['ɐi] queiras queira queiramos queirais queiram	quis quiseste ['ɛ] quis quisemos ['ɛ] quisestes ['ɛ] quiseram ['ɛ]
⟨2 sa⟩ **requerer** [ʁiki'rer] Stamm der 1. Pers. *Sg.* des *Pres. do Indic.* und des ganzen *Pres. do Conj.* **requeir-**, außerdem im Unterschied zu **querer** ⟨2 t⟩ regelmäßiges *Pret. Perfeito*.	requeiro ['ɐi] requeres requer requeremos requereis requerem	requeira ['ɐi] requeiras requeira requeiramos requeirais requeiram	requeri requereste ['e] requereu requeremos ['e] requerestes ['e] requereram ['e]
⟨2 t⟩ **dizer** [di'zer] Ersetzt *z* vor *a* und *o* durch *g*; Ausfall von *-ze-* in *Fut.* und *Cond.* und des *-e* der 3. Pers. *Sg.* des *Pres. do Indic.* Unregelm. *Pret. Perfeito*. Futuro: direi, dirás, dirá, diremos, direis, dirão; Particípio: dito.	digo dizes diz dizemos dizeis dizem	diga digas diga digamos digais digam	disse disseste ['ɛ] disse dissemos ['ɛ] dissestes ['ɛ] disseram ['ɛ]
⟨2 u⟩ **trazer** [trɐ'zer] Ähnliche Unregelmäßigkeiten wie **dizer** ⟨2 v⟩. Partizip regelmäßig. Futuro: trarei, trarás, trará, traremos, trareis, trarão.	trago trazes traz trazemos trazeis trazem	traga tragas traga tragamos tragais tragam	trouxe trouxeste ['ɛ] trouxe trouxemos ['ɛ] trouxestes ['ɛ] trouxeram ['ɛ]
⟨2 v⟩ **fazer** [fɐ'zer] Ähnliche Unregelmäßigkeiten wie **dizer** ⟨2 v⟩. Vor *a* und *o* wird *z* zu *ç*. Futuro: farei, farás, fará, faremos, fareis, farão; Particípio: feito.	faço [s] fazes faz fazemos fazeis fazem	faça [s] faças faça façamos façais façam	fiz fizeste ['ɛ] fez [e] fizemos ['ɛ] fizestes ['ɛ] fizeram ['ɛ]
⟨2 w⟩ **ser** [ser] Unregelmäßig in den meisten Formen! *Pret. Imperf.*: era, eras, era, éramos, éreis, eram Imperativo: 2. Pers. *Sg.* sê; 2. Pers. *Pl.* sede ['e]	sou és é somos ['o] sois são	seja ['ɐi] sejas seja sejamos sejais sejam	fui foste ['o] foi fomos ['o] fostes ['o] foram ['o]

	Presente do Indicativo	Presente do Conjuntivo	Pret. Perfeito do Indicativo
⟨2 x⟩ **ter** [ter] Unregelmäßigkeiten im *Presente* und *Pret. Perfeito*. *Pret. Imperf.*: t**i**nha, t**i**nhas, t**i**nha, t**í**nhamos, t**í**nheis, t**i**nham	t**e**nho ['ɲ] t**e**ns t**e**m t**e**mos t**e**ndes t**ê**m	t**e**nha ['ɲ] t**e**nhas t**e**nha t**e**nhamos t**e**nhais t**e**nham	t**i**ve t**i**veste ['ɛ] t**e**ve ['e] t**i**vemos ['ɛ] t**i**vestes ['ɛ] t**i**veram ['ɛ]
⟨2 xa⟩ **reter** [ʁi'ter] Die Komposita von **ter** haben außer den unregelmäßigen Formen dieses Verbs ⟨2 za⟩ den Akut in der 2. und 3. Pers. Sg. des *Pres. do Indic.* und 2. Pers. Sg. des *Imperativo*. Pret. Imperf.: ret**i**nha, ret**i**nhas, ret**i**nha, ret**í**nhamos, ret**í**nheis, ret**i**nham	ret**e**nho ['ɲ] ret**é**ns ret**é**m ret**e**mos ret**e**ndes ret**ê**m	ret**e**nha usw.	ret**i**ve usw.
⟨2 y⟩ **aprazer** [ɐprɐ'zer] 3. Pers. Sg. des *Pres. do Indic.* ohne -e; unregelmäßiges *Pret. Perfeito*.	apr**a**zo apr**a**zes apr**a**z apr**a**zemos apr**a**zeis apr**a**zem	apr**a**za usw.	apr**ou**ve apr**ou**veste ['ɛ] apr**ou**ve apr**ou**vemos ['ɛ] apr**ou**vestes ['ɛ] apr**ou**veram ['ɛ]
⟨2 z⟩ **pôr** [por] Unregelmäßig in den meisten Formen! *Pret. Imperf.*: p**u**nha, p**u**nhas, p**u**nha, p**ú**nhamos, p**ú**nheis, p**u**nham Particípio: **posto**	p**o**nho ['oɲ] p**õ**es p**õ**e p**o**mos ['o] p**o**ndes p**õ**em	p**o**nha p**o**nhas p**o**nha p**o**nhamos p**o**nhais p**o**nham	p**u**s p**u**seste ['ɛ] p**ô**s p**u**semos ['ɛ] p**u**sestes ['ɛ] p**u**seram ['ɛ]

3 Dritte Konjugation

⟨3a⟩ **admitir**   Der Stamm bleibt in Schrift und Aussprache unverändert.

1. Einfache Zeiten

Indicativo

	Presente	Pretérito Imperfeito	Pret. Perfeito Simples
Sg.	admito	admitia	admiti
	admites	admitias	admitiste
	admite	admitia	admitiu
Pl.	admitimos	admitíamos	admitimos
	admitis	admitíeis	admitistes
	admitem	admitiam	admitiram

	Futuro Imperfeito	Condicional Simples	Pret. Mais-que-perfeito Simples
Sg.	admitirei	admitiria	admitira
	admitirás	admitirias	admitiras
	admitirá	admitiria	admitira
Pl.	admitiremos	admitiríamos	admitíramos
	admitireis	admitiríeis	admitíreis
	admitirão	admitiriam	admitiram

Conjuntivo

	Presente	Pretérito Imperfeito	Futuro Imperfeito
Sg.	admita	admitisse	admitir
	admitas	admitisses	admitires
	admita	admitisse	admitir
Pl.	admitamos	admitíssemos	admitirmos
	admitais	admitísseis	admitirdes
	admitam	admitissem	admitirem

	Imperativo	Infinitivo Pessoal	
Sg.	–	admitir	
	admite (não admitas)	admitires	**Particípio**
	admita	admitir	admitido
Pl.	admitamos	admitirmos	
	admiti (não admitais)	admitirdes	**Gerúndio**
	admitam	admitirem	admitindo

2. Zusammengesetzte Zeiten

wie 1. Konjugation.

	Presente do Indicativo	Presente do Conjuntivo	Pret. Perfeito do Indicativo
⟨3 b⟩ **partir** [pɐrˈtir] Unbetontes *a* [ɐ], dem kein *m*, *n* oder *nh* folgt, wird in den stammbetonten Formen zu offenem *a* [a].	p*a*rto [ˈa] p*a*rtes p*a*rte part*imos* part*is* p*a*rt*em*	p*a*rt*a* p*a*rt*as* p*a*rt*a* part*amos* part*ais* p*a*rt*am*	part*i* usw.
⟨3 c⟩ **despir** [diʃˈpir] Unbetontes *e* [ɨ] wird zu offenem *e* [ɛ] in der 2. und 3. Pers. *Sg.* sowie in der 3. Pers. *Pl.* des *Pres. do Indic.*, aber zu *i* [i] in der 1. Pers. *Sg.* und im ganzen *Pres. do Conj.*	disp*o* [ˈi] desp*es* [ˈɛ] desp*e* [ˈɛ] desp*imos* desp*is* desp*em* [ˈɛ]	disp*a* disp*as* disp*a* disp*amos* disp*ais* disp*am*	desp*i* usw.
⟨3 d⟩ **agredir** [ɐɣriˈdir] In einigen Verben wird unbetontes *e* [ɨ] zu *i* in allen stammbetonten Formen des *Pres. do Indic.* und im ganzen *Pres. do Conj.*	agrid*o* [ˈi] agrid*es* agrid*e* agred*imos* agred*is* agrid*em*	agrid*a* agrid*as* agrid*a* agrid*amos* agrid*ais* agrid*am*	agred*i* usw.
⟨3 e⟩ **sentir** [sẽˈtir] Nasaliertes *e* [ẽ] wird zu nasaliertem *i* [ĩ] in der 1. Pers. *Sg.* des *Pres. do Indic.* und im ganzen *Pres. do Conj.*	s*i*nto [ˈĩ] s*e*ntes s*e*nte sent*imos* sent*is* s*e*nt*em*	s*i*nt*a* s*i*nt*as* s*i*nt*a* s*i*nt*amos* s*i*nt*ais* s*i*nt*am*	sent*i* usw.
⟨3 f⟩ **dormir** [durˈmir] Unbetontes *o* [u] wird zu offenem *o* [ɔ] *in der 2.* und 3. Pers. *Sg.* sowie in der 3. Pers. des *Pres. do Indic.*, aber zu *u* [u] in der 1. Pers. *Sg.* und im ganzen *Pres. do Conj.*	d*u*rmo [ˈu] d*o*rmes [ˈɔ] d*o*rme [ˈɔ] dorm*imos* dorm*is* d*o*rm*em* [ˈɔ]	d*u*rm*a* [ˈu] d*u*rm*as* d*u*rm*a* d*u*rm*amos* d*u*rm*ais* d*u*rm*am*	dorm*i* usw.

	Presente do Indicativo	**Presente** do Conjuntivo	**Pret. Perfeito** do Indicativo
⟨3 g⟩ **polir** [pu'tir] Das unbetonte *o* wird in den stammbetonten Formen des *Pres. do Indic.* und im ganzen *Pres. do Conj.* zu *u*.	p*u*lo p*u*les p*u*le pol*i*mos pol*i*s p*u*lem	p*u*la p*u*las p*u*la p*u*lamos p*u*lais p*u*lam	pol*i* usw.
⟨3 h⟩ **subir** [su'bir] Der Stammvokal *u* wird zu offenem *o* [ɔ] in der 2. und 3. Pers. *Sg.* sowie in der 3. Pers. *Pl.* des *Pres. do Indic.*	subo s**o**bes ['ɔ] s**o**be ['ɔ] sub*i*mos sub*i*s s**o**bem ['ɔ]	suba usw.	sub*i* usw.
⟨3 i⟩ **fruir** [fru'ir] Verben mit *u* im Stammauslaut haben in der 2. und 3. Pers. *Sg.* des *Pres. do Indic. i* statt *e* und erhalten einen Akzent in einer Anzahl von Formen, z. B. im *Mais-que-per-feito* und im *Pret. Imperf.*	fruo fru**i**s [ui] fru**i** [ui] fru*í*mos fru*í*s fruem	fru*a* usw.	fru*í* fru*í*ste fru*i*u fru*í*mos fru*í*stes fru*í*ram

Pret. Imperf.: fruía, fruías, fruía, fruíamos, fruíeis, fruíam
Futuro do Conj. und *Inf. Pess.*: 2. Pers. *Sg.* fruíres, 3. Pers. *Pl.* fruírem
Imperativo: 2. Pers. *Pl.* frui; *Particípio*: fruído.

⟨3 k⟩ **destruir** [diʃtru'ir] Einige Verben mit *u* im Stammauslaut bilden neben -**uis**, -**ui** und -**uem** im *Pres. do Indic.* auch Formen mit -**óis**, -**ói** und -**oem**; im Übrigen wie ⟨3 i⟩. Akzentgebrauch in anderen Formen wie **fruir** ⟨3 i⟩.	destru*o* destr**ó**is (-**ui**s) destr**ó**i (-**ui**) destru*í*mos destru*í*s destr**oe**m (-**uem**)	destru*a* usw.	destru*í* vgl. *fruir*
⟨3 l⟩ **cair** [kɐ'ir] Verben mit *a* im Stammauslaut konjugieren wie **fruir** ⟨3 i⟩. Eine weitere Unregelmäßigkeit ist der Einschub von *i* in der 1. Pers. *Sg.* des *Pres. do Indic.* und im ganzen *Pres. do Conj.* Akzentgebrauch in anderen Formen wie **fruir** ⟨3 i⟩.	ca**i**o ['kaju] ca*i*s [kaiʃ] ca*i* [kai] ca*í*mos ca*í*s caem ['kajɐ̃j]	ca**i**a ['kajɐ] ca**i**as ca**i**a ca**i**amos ca**i**ais ca**i**am	ca*í* vgl. *fruir*

	Presente do Indicativo	**Presente** do Conjuntivo	**Pret. Perfeito** do Indicativo
⟨3 m⟩ **aduzir** [ɐdu'zir] Verben mit dem Stammauslaut *z*, dem ein Vokal vorausgeht, haben kein *-e* in der 3. Pers. *Sg.* des *Pres. do Indic.*	aduzo aduzes aduz aduzimos aduzis aduzem	aduza usw.	aduzi usw.
⟨3 n⟩ **surgir** [sur'ʒir] Verben auf *-gir* Der Stammauslaut *g* wird vor *a* und *o* zu *j*.	surjo surges surge surgimos surgis surgem	surja surjas surja surjamos surjais surjam	surgi usw.
⟨3 o⟩ **distinguir** [diʃtĩn'gir] Verben auf *-guir* und *-quir*: Das *u* wird nicht gesprochen. Der Stammauslaut *gu* bzw. *qu* wird vor *a* und *o* zu *g* bzw. *c* [k].	distingo [g] distingues distingue distinguimos distinguis distinguem	distinga distingas distinga distingamos distingais distingam	distingui usw.
⟨3 p⟩ **arguir** [ɐr'gwir] Verben auf *-guir* und *-quir*: Das *u* wird in allen Formen gesprochen. In den stammbetonten Formen wird [w] zu [u]; das *u* erhält ggf. einen grafischen Akzent (vgl. a. S. 1336, Trema).	arguo ['gu] argúis argúi arguimos arguis argúem	argua arguas argua arguamos arguais arguam	argui usw.
⟨3 q⟩ **ressarcir** [ʁisɐr'sir] Verben auf *-cir* Der Stammauslaut *c* wird vor *a* und *o* zu *ç*.	ressarço [s] ressarces ressarce usw.	ressarça ressarças usw.	ressarci usw.
⟨3 r⟩ **pedir** [pi'dir] Verwandlung des *d* in *ç* in der 1. Pers. *Sg.* des *Pres. do Indic.* und im ganzen *Pres. do Conj.* Unbetontes *e* [i] wird in den stammbetonten Formen zu offenem *e* ['ɛ]. Ebenso: **medir**.	peço ['ɛs] pedes ['ɛ] pede ['ɛ] pedimos pedis pedem ['ɛ]	peça ['ɛs] peças peça peçamos peçais peçam	pedi usw.

	Presente do Indicativo	**Presente** do Conjuntivo	**Pret. Perfeito** do Indicativo
⟨3 s⟩ **proibir** [prui'bir] In den stammbetonten Formen erhält *i* einen Akzent. Ebenso: **coibir**.	proíbo proíbes proíbe proib*imos* proib*is* proíbem	proíba proíbas proíba proibamos proibais proíbam	proib*i* usw.
⟨3 t⟩ **reunir** [ʁju'nir] In den stammbetonten Formen erhält *u* einen Akzent.	reúno reúnes reúne reun*imos* reun*is* reúnem	reúna reúnas reúna reunamos reunais reúnam	reun*i* usw.
⟨3 u⟩ **ouvir** [o'vir] In der 1. Pers. *Sg.* des *Pres. do Indic.* und im ganzen *Pres. do Conj.* wird der Stamm *ouv-* zu *oiç-* ['ois] oder *ouç-* ['os].	oiço, ouço ouves ouve ouvimos ouvis ouvem	oiça, ouça usw.	ouv*i* usw.
⟨3 v⟩ **rir** [ʁir] Einige Kontraktionsformen im *Pres. do Indic.*; nur 1. Pl. regelmäßig. Andere Formen regelmäßig.	rio ris ri rimos r**ides** riem	ria rias ria riamos riais riam	ri riste riu rimos ristes riram
⟨3 w⟩ **vir** [vir] Unregelmäßig in den meisten Formen! *Pret. Imperf.*: vinha, vinhas, vinha, vínhamos, vínheis, vinham *Particípio* und *Gerúndio*: vindo.	venho ['ɐ] vens vem vimos vindes vêm	venha ['ɐ] venhas venha venhamos venhais venham	vim vieste ['jɛ] veio ['ɐj] viemos ['jɛ] viestes ['jɛ] vieram ['jɛ]
⟨3 wa⟩ **convir** [kõ'vir] Die Komposita von **vir** haben in der 2. und 3. Pers. *Sg.* einen Akzent; im Übrigen gehen sie wie **vir**.	convenho convéns convém convimos convindes convêm	convenha convenhas convenha convenhamos convenhais convenham	convim convieste ['jɛ] conveio ['jɐ] conviemos ['jɛ] conviestes ['jɛ] convieram ['jɛ]

	Presente do Indicativo	**Presente** do Conjuntivo	**Pret. Perfeito** do Indicativo
⟨3 x⟩ **ir** [ir] Fast ganz unregelmäßig, da von verschiedenen Stämmen abgeleitet. *Pret. Imperf.:* **ia, ias,** usw., *Futuro:* **irei, irás** usw., *Particípio:* **ido**.	**vou** **vais** **vai** **vamos** **ides** **vão**	**vá** **vás** **vá** **vamos** **vades** **vão**	**fui** **fo**ste ['o] **foi** **fo**mos ['o] **fo**stes ['o] **fo**ram ['o]
⟨3 y⟩ **parir** [pɜˈrir] wie ⟨3 b⟩, aber 1. und 3. Pers. *Sg. Pres. do Conj.:* **pára**.	pa**ro** pa**res** pa**re** pa**rimos** pa**ris** pa**rem**	**pá**ra **pá**ras **pá**ra usw.	pa**ri** usw.
Die brasilianische Konjugation geht nach dem nebenstehenden Paradigma:	**pai**ro pa**res** pa**re** pa**rimos** pa**rís** pa**rem**	**pai**ra etc.	pa**ri** etc.

Verbos irregulares alemães

A lista não indica os paradigmas completos, mas menciona a 3ª pessoa (geralmente idêntica à 1ª pessoa) do singular do Presente e do Imperfeito, e o particípio. No caso de haver formas irregulares no presente, são em primeiro lugar enumeradas as formas do singular e, raramente, uma ou mais do plural. Para saber as formas dos verbos derivados (p.ex. **erfahren**, **auftreten**, **verschweigen** etc.) é preciso consultar os respectivos verbos simples.

Infinitivo	Presente	Pretérito	Particípio
backen	bäckt / backt	backte	hat gebacken
befehlen	befiehlt	befahl	hat befohlen
beginnen	beginnt	begann	hat begonnen
beißen	beißt	biss	hat gebissen
bergen	birgt	barg	hat geborgen
bersten	birst	barst	ist geborsten
betrügen	betrügt	betrog	hat betrogen
bewegen*	bewegt	bewog	hat bewogen
biegen	biegt	bog	hat / ist gebogen
bieten	bietet	bot	hat geboten
binden	bindet	band	hat gebunden
bitten	bittet	bat	hat gebeten
blasen	bläst	blies	hat geblasen
bleiben	bleibt	blieb	ist geblieben
braten	brät	briet	hat gebraten
brechen	bricht	brach	hat / ist gebrochen
brennen	brennt	brannte	hat gebrannt
bringen	bringt	brachte	hat gebracht
denken	denkt	dachte	hat gedacht
dreschen	drischt	drosch	hat gedroschen
dringen	dringt	drang	ist gedrungen
dürfen	darf**	durfte	hat gedurft
empfangen	empfängt	empfing	hat empfangen
empfehlen	empfiehlt	empfahl	hat empfohlen
empfinden	empfindet	empfand	hat empfunden
erlöschen	erlischt	erlosch	ist erloschen
erschrecken*	erschrickt	erschrak	ist erschrocken

Infinitivo	Presente	Pretérito	Particípio
essen	isst (tb. 2ª pessoa)	aß	hat gegessen
fahren	fährt	fuhr	hat / ist gefahren
fallen	fällt	fiel	ist gefallen
fangen	fängt	fing	hat gefangen
fechten	ficht	focht	hat gefochten
finden	findet	fand	hat gefunden
flechten	flicht	flocht	hat geflochten
fliegen	fliegt	flog	hat / ist geflogen
fliehen	flieht	floh	ist geflohen
fließen	fließt	floss	ist geflossen
fressen	frisst	fraß	hat gefressen
frieren	friert	fror	hat gefroren
gären	gärt	gärte / gor	hat / ist gegoren
gebären	gebärt	gebar	hat geboren
geben	gibt	gab	hat gegeben
gedeihen	gedeiht	gedieh	ist gediehen
gehen	geht	ging	ist gegangen
gelingen	gelingt	gelang	ist gelungen
gelten	gilt	galt	hat gegolten
genesen	genest	genas	ist genesen
genießen	genießt	genoss	hat genossen
geraten	gerät	geriet	ist geraten
geschehen	geschieht	geschah	ist geschehen
gewinnen	gewinnt	gewann	hat gewonnen
gießen	gießt	goss	hat gegossen
gleichen	gleicht	glich	hat geglichen
gleiten	gleitet	glitt	ist geglitten
glimmen*	glimmt	glomm	hat geglommen
graben	gräbt	grub	hat gegraben
greifen	greift	griff	hat gegriffen
haben	hat (2ª pessoa: hast)	hatte	hat gehabt
halten	hält	hielt	hat gehalten
hängen*	hängt	hing	hat gehangen
hauen	haut	haute / (hieb)	hat gehauen

Infinitivo	Presente	Pretérito	Particípio
heben	hebt	hob	hat gehoben
heißen	heißt	hieß	hat geheißen
helfen	hilft	half	hat geholfen
kennen	kennt	kannte	hat gekannt
klingen	klingt	klang	hat geklungen
kneifen	kneift	kniff	hat gekniffen
kommen	kommt	kam	ist gekommen
können	kann**	konnte	hat gekonnt
kriechen	kriecht	kroch	ist gekrochen
laden	lädt	lud	hat geladen
lassen	lässt	ließ	hat gelassen
laufen	läuft	lief	ist gelaufen
leiden	leidet	litt	hat gelitten
leihen	leiht	lieh	hat geliehen
lesen	liest	las	hat gelesen
liegen	liegt	lag	hat gelegen
lügen	lügt	log	hat gelogen
mahlen	mahlt	mahlte	hat gemahlen
meiden	meidet	mied	hat gemieden
melken*	milkt	molk	hat gemolken
messen	misst	maß	hat gemessen
mögen	mag**	mochte	hat gemocht
müssen	muss**	musste	hat gemusst
nehmen	nimmt	nahm	hat genommen
nennen	nennt	nannte	hat genannt
pfeifen	pfeift	pfiff	hat gepfiffen
preisen	preist	pries	hat gepriesen
quellen	quillt	quoll	ist gequollen
raten	rät	riet	hat geraten
reiben	reibt	rieb	hat gerieben
reißen	reißt	riss	hat / ist gerissen
reiten	reitet	ritt	hat / ist geritten
rennen	rennt	rannte	ist gerannt
riechen	riecht	roch	hat gerochen
ringen	ringt	rang	hat gerungen
rufen	ruft	rief	hat gerufen

Infinitivo	Presente	Pretérito	Particípio
salzen	salzt	salzte	hat gesalzen
saufen	säuft	soff	hat gesoffen
saugen*	saugt	sog	hat gesogen
schaffen	schafft	schuf	hat geschaffen
scheiden	scheidet	schied	hat / ist geschieden
scheinen	scheint	schien	hat geschienen
schelten	schilt	schalt	hat gescholten
schieben	schiebt	schob	hat geschoben
schießen	schießt	schoss	hat / ist geschossen
schinden	schindet	schindete	hat geschunden
schlafen	schläft	schlief	hat geschlafen
schlagen	schlägt	schlug	hat geschlagen
schleichen	schleicht	schlich	ist geschlichen
schleifen*	schleift	schliff	hat geschliffen
schließen	schließt	schloss	hat geschlossen
schlingen	schlingt	schlang	hat geschlungen
schmeißen	schmeißt	schmiss	hat geschmissen
schmelzen	schmilzt	schmolz	ist geschmolzen
schneiden	schneidet	schnitt	hat geschnitten
schreiben	schreibt	schrieb	hat geschrieben
schreien	schreit	schrie	hat geschrien
schreiten	schreitet	schritt	ist geschritten
schweigen	schweigt	schwieg	hat geschwiegen
schwellen	schwillt	schwoll	ist geschwollen
schwimmen	schwimmt	schwamm	hat / ist geschwommen
schwinden	schwindet	schwand	ist geschwunden
schwingen	schwingt	schwang	hat geschwungen
schwören	schwört	schwor	hat geschworen
sehen	sieht	sah	hat gesehen
sein	bin, bist, ist; sind, seid, sind	war	ist gewesen
senden*	sendet	sandte	hat gesandt
singen	singt	sang	hat gesungen
sinken	sinkt	sank	ist gesunken
sitzen	sitzt	saß	hat gesessen

Infinitivo	Presente	Pretérito	Particípio
sollen	soll**	sollte	hat gesollt
spalten	spaltet	spaltete	hat gespalten
speien	speit	spie	hat gespien
spinnen	spinnt	spann	hat gesponnen
sprechen	spricht	sprach	hat gesprochen
sprießen	sprießt	spross	ist gesprossen
springen	springt	sprang	ist gesprungen
stechen	sticht	stach	hat gestochen
stehen	steht	stand	hat gestanden
stehlen	stiehlt	stahl	hat gestohlen
steigen	steigt	stieg	ist gestiegen
sterben	stirbt	starb	ist gestorben
stinken	stinkt	stank	hat gestunken
stoßen	stößt	stieß	hat / ist gestoßen
streichen	streicht	strich	hat gestrichen
streiten	streitet	stritt	hat gestritten
tragen	trägt	trug	hat getragen
treffen	trifft	traf	hat getroffen
treiben	treibt	trieb	hat getrieben
treten	tritt	trat	hat / ist getreten
trinken	trinkt	trank	hat getrunken
trügen	trügt	trog	hat getrogen
tun	tut	tat	hat getan
verderben	verdirbt	verdarb	hat / ist verdorben
vergessen	vergisst	vergaß	hat vergessen
verlieren	verliert	verlor	hat verloren
verlöschen	verlischt	verlosch	ist verloschen
verzeihen	verzeiht	verzieh	hat verziehen
wachsen	wächst	wuchs	ist gewachsen
waschen	wäscht	wusch	hat gewaschen
weben	webt	wob	hat gewoben
weisen	weist	wies	hat gewiesen
wenden	wendet	wandte / wendete	hat gewandt / gewendet
werben	wirbt	warb	hat geworben
werden	wird	wurde	ist geworden

Infinitivo	Presente	Pretérito	Particípio
werfen	wirft	warf	hat geworfen
wiegen	wiegt	wog	hat gewogen
winden	windet	wand	hat gewunden
wissen	weiß**	wusste	hat gewusst
wollen	will**	wollte	hat gewollt
ziehen	zieht	zog	hat / ist gezogen
zwingen	zwingt	zwang	hat gezwungen

* Nesses casos também existe uma forma regular, por vezes com sentido distinto. Para mais informação ver o respectivo artigo dentro do dicionário.

** Esta forma é também utilizada para a 1ª pessoa.

Empfohlene neue Schreibweisen im Portugiesischen

In Brasilien gelten seit 2009 neue Richtlinien für die portugiesische Rechtschreibung. In Portugal hat man den bereits 1990 geschlossenen zwischenstaatlichen Vertrag zwar ratifiziert, wendet die neuen Regeln aber nicht an. Ziel der Rechtschreibreform ist es, die brasilianischen und portugiesischen Schreibkonventionen zu vereinheitlichen.

1. Alphabet

Die nur in Fremdwörtern gebrauchten Buchstaben **k**, **w** und **y** werden in das portugiesische Alphabet aufgenommen.

2. Bindestrich

In Zusammensetzungen wird der Bindestrich nach Präfixen wie **anti-**, **auto-**, **contra-**, **extra-**, **infra-**, **ultra-** etc. nicht mehr verwendet:

alt:	neu:
auto-escola (*Brasilien*)	autoescola
extra-parlamentar	extraparlamentar
intra-uterino	intrauterino

Beginnt das zweite Wort mit **r-** oder **s-**, wird dieser Konsonant verdoppelt:

alt:	neu:
anti-rugas	antirrugas
ante-sala	antessala
ultra-som	ultrassom

Ausnahmen: Zwischen gleichen Vokalen bzw. zwischen -r und r- wird weiterhin der Bindestrich verwendet: **anti-inflamatório**, **micro-ondas**, **hiper-realista**, **inter-regional**.
Gleiches gilt für Wörter, deren zweiter Bestandteil mit **h-** beginnt: **anti-higiénico**.

3. Stummes c bzw. p vor p, t, c

Wie bisher schon in Brasilien wird nicht mehr gesprochenes **c** oder **p** vor *p*, *t* und *c* nicht mehr geschrieben.

alt:	neu auch in Portugal:
acção (*Portugal*)	**ação**
actual (*Portugal*)	**atual**
óptimo (*Portugal*)	**ótimo**

Achtung: Wird **c** bzw. **p** jedoch gesprochen, darf es nicht entfallen: **perfecto, opção**.

4. Trema

Das Trema auf ausgesprochenem **u** nach *g* oder *q* und vor *e* oder *i* entfällt:

alt:	neu auch in Brasilien:
argüir (*Brasilien*)	**arguir**
freqüência (*Brasilien*)	**frequência**

5. Akut

Der Akut zur Unterscheidung von Wörtern entfällt:

alt:	neu:
pára (*1. Pers. Sg Präs. v. parar*) vs. **para** *präp*	**para** (*Verbform und Präposition*)

Der Akut auf **e** bzw. **o** vor *i* in der vorletzten Silbe entfällt:

alt:	neu:
européia, idéia (*Brasilien*)	**europeia, ideia**
apóio, jibóia	**apoio, jiboia**

Achtung: In Endsilben bleibt der Akzent erhalten: **herói, papéis**.

Bei bestimmten Verbformen entfällt der Akut auf **u** nach *g* oder *q* und vor *e* oder *i*:

alt:	neu:
averigúe (*Verbform v. averiguar*)	**averigue**
obliqúe (*Verbform v. obliquar*)	**oblique**

6. Zirkumflex

Der Zirkumflex auf **êe** und **ôo** entfällt:

alt:	neu:
crêem, lêem (*Verbform v. crer, ler*)	**creem, leem**
dêem (*Verbform v. dar*)	**deem**
enjôo, vôo (*Brasilien*)	**enjoo, voo**

Der Zirkumflex zur Unterscheidung von Wörtern bzw. der Aussprache entfällt:

alt:	neu:
pêlo *Haar, Behaarung*	**pelo** (*auch Kontraktion von por und o*)

Achtung: Die Unterscheidung von **pôr** (Verb) und **por** (Präposition) bleibt erhalten.

7. Einzelfälle

alt:	neu:
pêra *Birne*	**pera**
pólo *Pol*	**polo**
pôde (*Verbform v. poder*)	**pôde** (*unverändert!*)

Liste der Info-Fenster

Portugiesisch-Deutsch

Amazonas	73
azulejos: bunte Keramikfliesen	116
bacalhau: Stockfisch	116
batata-doce: Süßkartoffel	126
beija-flor: Kolibri	128
berimbau: Übersetzungen	131
Bossa Nova: Musik- und Tanzstil	141
Brasília: Hauptstadt Brasiliens	144
Cachaça und Caipirinha	152
Luis de Camões	159
Candomblé und Macumba	162
Capoeira: Kampf, Sport und Tanz	165
Corcovado und Zuckerhut	217
dose ≠ Dosis	276
esporte – desporto	315
Fado: port. Gesangsstil	333
Fátima: berühmter Pilgerort	337
feijoada: beliebter Eintopf	339
Galo de Barcelos	360
garimpeiros: Goldsucher im Urwald	361
guaraná: Limonade aus dem Urwald	372
Gulbenkian-Stiftung	374
Iguaçu-Wasserfälle	382
Independência ou morte! – Brasiliens Unabhängigkeit	392
Itamaraty: bras. Regierungssitz	408
kisomba: angolanischer Musikstil	414
Lissabon – Lisboa	427
luso = portugiesisch	432
Manaus: die Kautschukstadt	439
Minas Gerais: bras. Bundesstaat	456
pão de queijo: Gebäck	493
pastel de nata: Puddingtörtchen	500
pessoa – Pessoa: Person und Dichter	513
Piranhas und Pirarucus	518
Pororoca: Gezeitenwelle	526
Porto und der Portwein	528
Real: bras. Währung	559
Rio de Janeiro	585
samba: bras. Musik- und Tanzstil	596
saudade: Sehnsucht als Lebensgefühl	599
Tejo und Douro	632
telenovela	633
Transamazônica: Straße durch den Urwald	648
Vasco da Gama: port. Seefahrer	664
Vinhos de Portugal – Weine aus Portugal	672
você: du oder Sie?	675

Deutsch-Portugiesisch

Algarve	698
Angola	706
Azoren	742
Bank und Geld	745
Begeisterung	752
Begrüßung	753
Bitten und danken	772
Unterwegs mit dem Bus	786
Einladung	818
Entschuldigung	830
Fisch essen in Portugal	855
Fußball: bras. Nationalsport	869
Galicien	870
Glückwünsche	900
Gummi	908
Jaguar	950
Kaffee	954
Kapverden	957
Karneval	958

Kleidung	967	Geschichte Portugals	1069
Kritik und Ablehnung	983	Postwesen	1070
legal ≠ legal	996	Regenwald	1086
Madeira	1009	Schlangen	1113
Mosambik	1028	Small Talk	1139
Nelkenrevolution	1041	Telefon und telefonieren	1175
Nordportugal	1045	Ureinwohner Brasiliens	1216
Notfälle	1046	Weltsprache Portugiesisch	1264
Obst aus Brasilien	1050	Wo? nach dem Weg fragen	1274
Platz – praça	1066	Zuckerrohr und Zuckerprodukte	1290

Abkürzungen und Symbole | Abreviaturas e símbolos

Im Teil Portugiesisch-Deutsch werden portugiesische Abkürzungen, im Teil Deutsch-Portugiesisch deutsche Abkürzungen verwendet.
Na parte português-alemão são utilizadas abreviaturas portuguesas, na parte alemão-português abreviaturas alemãs.

a.	auch	também
abk, abr	Abkürzung	abreviatura
a/c	etwas	alguma coisa, algo
ac	Akkusativ	acusativo
ADJ, *adj*	Adjektiv	adjectivo
ADMIN	Administration, Verwaltung	administração
ADV, *adv*	Adverb	advérbio
AERO	Luftfahrt	aeronáutica
AGR	Landwirtschaft	agricultura
akk	Akkusativ	acusativo
alg	jemand	alguém
allg	allgemein	geralmente
ANAT	Anatomie	anatomia
ARCH, ARQUIT	Architektur	arquitectura
ART, *art*	Artikel	artigo
ARTE	Kunst, Kunstgeschichte	arte, história da arte
ASTRON	Astronomie	astronomia
AUTO	Auto	automobilismo
BAHN	Bahn	ferroviário
BERGB	Bergbau	mineração, indústria mineira
bes	besonders	especialmente
BIOL	Biologie	biologia
BOT	Botanik	botânica
bras	brasilianisches Portugiesisch	português brasileiro
CHEM	Chemie	química
CINE	Film, Kino	cinematografia
CJ, *cj*	Konjunktion	conjunção
COM	Handel	comércio
compar	Komparativ	comparativo

COMPUT	Computer	computador
conj	Konjunktiv	conjuntivo
contr	Zusammenziehung	contracção
cult	gehobener Sprachgebrauch	estilo culto
dat	Dativ	dativo
DESP	Sport	desporto
DIR	Rechtswesen	direito
ECOL	Ökologie	ecologia
ECON	Wirtschaft	economia
e-e	eine	uma (um)
ELECT, ELEK	Elektrotechnik, Elektrizität	electrotecnia, electricidade
e-m	einem	a um (uma)
em comp	in Zusammensetzungen	em palavras compostas
e-n	einen	um (uma)
e-r	einer	de uma (um), a uma (um)
e-s	eines	de um (uma)
espec	besonders	especialmente
etc	etc., und so weiter	et cetera
etw	etwas	alguma coisa, algo
F̲, *f*	Femininum	feminino
fachspr	fachsprachlich	termo técnico
fam	umgangssprachlich	uso familiar
FARM	Pharmazie, Pharmakologie	farmácia
FERROV	Bahn	ferroviário
FÍS	Physik	física
FILOS	Philosophie	filosofia
fig	figurativ, im übertragenen Sinn	em sentido figurado
FILM	Film, Kino	cinematografia
FIN	Finanzen, Bankwesen	finanças, banca
FLUG	Luftfahrt	aeronáutica
F̲/M̲, *f/m*	Femininum und Maskulinum	feminino e masculino
FOT, FOTO	Fotografie	fotografia
F̲P̲L̲, *fpl*	Femininum Plural	feminino plural
GASTR	Gastronomie und Kochkunst	gastronomia y arte culinária
geh	gehobener Sprachgebrauch	estilo culto
gen	Genitiv	genitivo
GEOG	Geografie	geografia
GEOL	Geologie	geologia

ger	allgemein	geralmente
GRAM	Grammatik	gramática
h.	Hilfsverb "haben"	(com) verbo auxiliar "haben"
HANDEL	Handel	comércio
hist	historisch	histórico
hum	humorvoll, scherzhaft	humorístico
ind	Indikativ	indicativo
inf	Infinitiv	infinitivo
INFORM	Informationstechnologie	informática
int	Interjektion, Ausruf	interjeição
interr	Interrogativpronomen	pronome interrogativo
INTERNET	Internet	Internet
inv	invariabel, unveränderlich	invariável
in Zssgn	in Zusammensetzungen	em palavras compostas
iron, irón	ironisch	irónico
irr	irregulär, unregelmäßig	irregular
IT	Informationstechnologie	informática
j-d	jemand	alguém
j-m	jemandem	a alguém (*dativo*)
j-n	jemanden	(a) alguém (*acus*)
j-s	jemandes	de alguém (genitivo)
jugendspr	jugendsprachlich(er Gebrauch)	linguagem juvenil
JUR	Rechtswesen	direito
kompar	Komparativ	comparativo
konj	Konjunktion	conjunção
KUNST	Kunst, Kunstgeschichte	arte, história da arte
LING	Sprachwissenschaft	linguística
ling juv	jugendsprachlich(er Gebrauch)	linguagem juvenil
LIT	Literatur	literatura
$\overline{M}$, *m*	Maskulinum	masculino
MAT, MATH	Mathematik	matemática
MED	Medizin	medicina
METEO	Meteorologie	meteorologia
$\overline{M/F}$, *m/f*	Maskulinum und Femininum	masculino e feminino
$\overline{M/F(M)}$, *m/f(m)*	Maskulinum und Femininum (mit zusätzlicher Maskulinendung in Klammern)	masculino e feminino (com segunda desinência masculina entre parênteses)
MIL	Militär, militärisch	militar, forças armadas

MIN	Bergbau	mineração, indústria mineira
MINER	Mineralogie	mineralogia
M/N, m/n	Maskulinum und Neutrum	masculino e neutro
MPL, mpl	Maskulinum Plural	masculino plural
MUS, MÚS	Musik	música
N, n	Neutrum	neutro
NÁUT	Schifffahrt, Marine	náutica, marinha
neg!	wird oft als beleidigend empfunden	frequentemente considerado ofensivo
N/F, n/f	Neutrum und Femininum	neutro e feminino
N/M, n/m	Neutrum und Maskulinum	neutro e masculino
nom	Nominativ	nominativo
nordd	norddeutsch	(do) Norte da Alemanha
NPL, npl	Neutrum Plural	neutro plural
num	Zahlwort, Numerale	numeral
od	oder	ou
ODONT	Zahnmedizin	odontologia
ÖKOL	Ökologie	ecologia
o. pl	ohne Plural	sem Plural
österr	österreichische Variante	alemão da Áustria
pej	pejorativ, abwertend	pejorativo
perf	Perfekt	perfeito
pers, pess	persönlich	pessoal
PHYS	Physik	física
PL, pl	Plural	plural
poet, poét	poetisch, dichterisch	poético
POL	Politik	política
pop	Slang, saloppe Umgangssprache	linguagem popular
port	Portugiesisch aus Portugal	português do Portugal
pp, pperf	Partizip Perfekt	particípio passado
präf, pref	Präfix, Vorsilbe	prefixo
präp, prep	Präposition	preposição
pres	Präsens	presente
PRON, pron	Pronomen	pronome
PSICOL, PSYCH	Psychologie	psicologia

QUÍM	Chemie	química
®	eingetragene Marke	marca regist(r)ada
RADIO	Radio, Rundfunk	rádio
reg	regional	regional
REL	Religion	religião
s.	Hilfsverb „sein"	(com) verbo auxiliar „sein"
SCHIFF	Schifffahrt, Marine	náutica, marinha
schweiz	schweizerische Variante	alemão da Suíça
s-e	seine	a sua (o seu)
		os seus, as suas
sem art	ohne Artikel	sem artigo
sep	trennbar	separável
sg	Singular	singular
sl	Slang, saloppe Umgangssprache	linguagem popular
s-m	seinem	ao seu (à sua)
s-n	seinen	o seu (a sua),
		os seus, as suas
SPORT	Sport	desporto
s-r	seiner	da sua (do seu),
		das suas, dos seus
s-s	seines	do seu, da sua
Stv	Stammveränderung	modificação da raiz
subst	Substantiv	substantivo
südd	süddeutsch	(do) Sul da Alemanha
sup	Superlativ	superlativo
tb	auch	também
TEAT	Theater	teatro
TECH, TECN	Technik, Technologie	tecnologia
TEL	Telekommunikation	telecomunicações
TEXT, TÊXT	Textilindustrie	indústria têxtil
THEAT	Theater	teatro
TIPO	Buchdruck, Typografie	tipografia
t/t	fachsprachlich	termo técnico
TV	Fernsehen	televisão
TYPO	Buchdruck, Typografie	tipografia
u.	und	e

umg	umgangssprachlich	uso familiar
UNIV	Universität	universidade
v.	von, vom	de
V/AUX	Hilfsverb	verbo auxiliar
V/I	intransitives Verb	verbo intransitivo
V/IMP	unpersönliches Verb	verbo impessoal
V/R	reflexives Verb	verbo reflexivo
V/T	transitives Verb	verbo transitivo
vulg	vulgär	vulgar, indecente
V/UNPERS	unpersönliches Verb	verbo impessoal
WIRTSCH	Wirtschaft	economia
ZOOL	Zoologie	zoologia
~	Tilde, ersetzt das Stichwort	o til, substitui o vocábulo
=	gleich	igual a
≈	etwa, ist in etwa gleich	corresponde a
→	siehe	veja, vide